les usuels
du **Robert**

Collection dirigée par
Henri MITTERAND et Alain REY

Collection « les usuels du Robert » (volumes reliés) :
— *Dictionnaire des difficultés du français,*
   par Jean-Paul COLIN,
   prix Vaugelas.
— *Dictionnaire étymologique du français,*
   par Jacqueline PICOCHE.
— *Dictionnaire des synonymes,*
   par Henri BERTAUD DU CHAZAUD,
   ouvrage couronné par l'Académie française.
— *Dictionnaire des idées par les mots...*
   (dictionnaire analogique),
   par Daniel DELAS et Danièle DELAS-DEMON.
— *Dictionnaire des mots contemporains,*
   par Pierre GILBERT.
— *Dictionnaire des anglicismes*
   (les mots anglais et américains en français),
   par Josette REY-DEBOVE et Gilberte GAGNON.
— *Dictionnaire des structures du vocabulaire savant*
   (éléments et modèles de formation),
   par Henri COTTEZ.
— *Dictionnaire des expressions et locutions,*
   par Alain REY et Sophie CHANTREAU.
— *Dictionnaire de proverbes et dictons,*
   par Florence MONTREYNAUD, Agnès PIERRON et François SUZZONI.
— *Dictionnaire de citations françaises,*
   par Pierre OSTER.
— *Dictionnaire de citations du monde entier,*
   par Florence MONTREYNAUD et Jeanne MATIGNON.

Dictionnaires édités par LE ROBERT
107, avenue Parmentier - 75011 PARIS (France)

DICTIONNAIRE DES MOTS CONTEMPORAINS

par

PIERRE GILBERT

Codirecteur des Archives
du français contemporain
à l'Université de la Sarre

PARIS

Nouvelle édition (1987).

Tous droits réservés pour le Canada.
© 1985, Les Dictionnaires ROBERT - CANADA S.C.C.,
Montréal, Canada.

*Tous droits de reproduction, de traduction et d'adaptation
réservés pour tous pays.*
© 1985, Dictionnaires LE ROBERT,
107, avenue Parmentier, 75011 Paris.

ISBN 2-85036-019-8   ISSN 0224-8697

INTRODUCTION

Le Dictionnaire des mots contemporains — désigné dans la suite de cette introduction par le sigle DMC — est issu d'un projet de réédition de notre *Dictionnaire des mots nouveaux* (1) — désigné ici DMN —. Au cours du travail de révision, le projet initial s'est quelque peu modifié, pour aboutir à un ouvrage dont la conception générale demeure certes proche de celle du DMN, mais dont le contenu a été profondément remanié, et surtout augmenté de plus de 50 %. En bref, le DMC est finalement assez différent de son prédécesseur — sans parler même du format et de la présentation — pour justifier un titre différent lui aussi. Ce dictionnaire a pour objet de présenter, et dans certains cas de décrire en détail, un échantillonnage d'unités lexicales — « mots » et « locutions » — qui nous semblent caractériser tel ou tel aspect de l'état du français contemporain en cette seconde moitié du XXe siècle. Comme dans le DMN, la description repose essentiellement sur un appareil d'exemples attestés, recueillis surtout dans la presse écrite et dans un choix d'ouvrages publiés pour la plupart après 1960, les dépouillements ayant été poursuivis pour le DMC jusqu'au milieu de l'année 1979.

Cette introduction est divisée en deux sections : la première présente quelques aspects de la nomenclature du DMC ; la seconde, beaucoup plus courte, donne un bref aperçu de la structure des articles.

Section I. La NOMENCLATURE.

1. Généralités.

En lexicographie, le terme « nomenclature » — certains auteurs parlent aussi de « macrostructure » (2) — désigne l'ensemble des « mots-vedettes », imprimés généralement en caractères gras. Ces « mots », dont chacun constitue le titre d'un article du dictionnaire, sont classés dans un ordre conventionnel, le plus souvent alphabétique, ce qui est le cas ici.

La nomenclature du DMC se compose pour les deux tiers de mots-vedettes choisis dans la nomenclature du DMN, et pour un tiers de mots qui n'y figuraient pas. Les nouveaux articles que ceux-ci introduisent sont d'ailleurs nettement plus nombreux dans les dernières lettres de l'alphabet que dans les premières. Ainsi, pour l'ensemble des lettres A, B et C, la proportion d'articles nouveaux est de 31 %, alors qu'elle dépasse 50 % pour les lettres S à V, qui représentent un total d'articles sensiblement égal. Ce décalage provient essentiellement du fait que la documentation disponible a pu être exploitée de plus en plus largement à mesure que le travail avançait.

La nomenclature d'un dictionnaire peut être étudiée sur un plan extra-linguistique (les réalités désignées par les mots) et sur un plan linguistique (les « mots » eux-mêmes). Celle du DMC sera présentée successivement ici sous ces deux aspects.

2. Aspects extra-linguistiques.

2.0. La nomenclature du DMC est peu étendue — elle équivaut à 1/20e environ de celle du Petit Robert —, ce qui signifie que bien des domaines ont été délibérément écartés ou à peine évoqués. Ainsi les termes scientifiques et techniques, qui occupent une si grande place dans les langues des sociétés industrialisées, sont-ils relativement peu nombreux dans la nomenclature du DMC, où sont toutefois assez largement représentés les emplois « figurés » de certains mots techniques (cf. aussi 3.7.1. ci-après).

D'autre part, il convenait de tenir compte des principaux « centres d'intérêt » qui excitent la curiosité ou retiennent l'attention du grand public, et auxquels la presse écrite et parlée consacre de fréquents commentaires.

On peut énumérer une douzaine de ces « centres d'intérêt », en donnant pour chacun d'eux quelques échantillons des mots-vedettes qui s'y rattachent et figurent à la nomenclature du DMC. Ces mots-vedettes sont cités dans l'ordre alphabétique, sans tenir compte de leur fréquence dans la documentation, ni de la longueur, très variable, des articles correspondants. D'autre part, leur classement dans telle ou telle rubrique est souvent arbitraire : certains d'entre eux pourraient être reportés d'une rubrique à une autre, ou classés dans plusieurs.

2.1. AUDIO-VISUEL :
Baffle, Cassette, Chaîne, Electrophone, Haute-fidélité, Magnétoscope, Microsillon, Télédistribution, Téléviseur, Télévisuel, Tuner, Vidéocassette, Vidéodisque, etc.

2.2. AUTOMOBILE, CIRCULATION ROUTIÈRE :
Alcootest, Autoradio, Autoroute urbaine, Bateau (d'un trottoir), *Bouchonner, Ceinture de sécurité, Échangeur, Parcmètre, Périphérique 2., Survirage, Survireur/euse, Vignette,* etc.

2.3. ÉCOLOGIE, ENVIRONNEMENT :
Doux/douce, Écolo, Écologie (et ses dérivés), *Environnement, Nuisance, Pollution, Propreté, Solaire, Vert/e,* etc.

2.4. ÉCONOMIE ET FINANCES :
Dégraissage, Dégraisser, Eurodevise, Flottement, Flotter (monnaies), *Pétrodollar, P.N.B., Serpent, S.M.E., Stagflation, Tertiaire,* etc.

2.5. INFORMATIQUE :
Bande magnétique, Bureautique, Calculatrice, Calculette, Digital/e, Mémoire, Ordinateur, Télématique, Terminal, etc.

2.6. LOISIRS (Jeux, Sports, Vacances, Voyages) :
Aéroglisseur, Airbus, Après-ski, Bande dessinée, Billard électrique, Charter, Cyclo-camping, Deltaplane, Disco, Fondeur (ski), *Jogging, Moto-cross, Naviplane, Planche à roulettes, Planche à voiles, Quarté, Scrabble, Skiable, Surbooking, Tiercé, Tour operator, Trampolin, Trimaran, Vacancier, Vélivole,* etc.

2.7. MÉDECINE, PHARMACIE :
Acharnement thérapeutique, Cabinet de groupe, Contraception, Monitoring, Pace-maker, Périnatal/e, Pilule, Prostaglandine, Scanner, Thermographie, etc.

2.8. NUCLÉAIRE (ÉNERGIE —) :
Château, Cœur, Déchets radioactifs, Diverger, Enrichi (uranium), *Retraitement, Surrégénérateur,* etc.

2.9. POLITIQUE :

Baron, Décrispation, Déstabiliser, Eurocommunisme, Finlandisation, Grand commis, Grand corps, Médiateur, Petite phrase, Supranational, etc.

2.10. QUOTIDIENNE (VIE —) :
Ancien (— Franc), *Centime, Cuisinette, Électro-ménager, Emballage perdu, H.L.M., Lave-linge, Mobilier urbain, Moquetter, Nouveau* (— Franc), *Piéton/ne* (rue —), *R.E.R., Semi-conserve, Spray, Supermarché, Tour (sf), Ville nouvelle,* etc.

2.11. SOCIO-PROFESSIONNELLE (VIE —) :
Action (— revendicative), *Cariste, Chômage technique, Formation continue, Grève bouchon, Grève du zèle, Horaire, Immigré, Masse salariale, O.S., Partenaires sociaux, Paupérisation, Petit chef, Posté, Rentrée sociale, Sous-emploi,* etc.

2.12. TOXICOMANIE :
Acide, Blanche, Camé, Défonce, Douce (drogue −), *Dure* (drogue −), *H, Joint, Junkie, Manque, Overdose, Stup, Tabagisme, Toxico, Trip, Voyage,* etc.

3. Aspects linguistiques.

3.0.
Les phénomènes de renouvellement que la lexicologie désigne sous différents noms (création néologique, créativité lexicale, formation des mots, etc.) posent toute une série de problèmes dont l'étude a donné et donne encore lieu à de très nombreuses recherches d'ensemble ou de détail, diachroniques ou synchroniques. Certaines d'entre elles tendent aujourd'hui à clarifier et à préciser une terminologie complexe où des termes traditionnels et contestés tels que « mot », « dérivé », « composé », « préfixe », « suffixe », etc., coexistent avec d'autres que propose la linguistique moderne : « lexème », « lexie », « morphème », « synapsie », « synthème », etc. Il n'est possible d'aborder, fût-ce brièvement, dans cette introduction, ni les problèmes de fond, ni les questions terminologiques qui sont liées à eux.

Pour le seul français contemporain, il ne manque pas d'excellentes études spécialisées, dont quelques-unes sont énumérées à l'*Index bibliographique, 2. Dictionnaires et ouvrages de référence.* Qu'il suffise de signaler ici trois d'entre elles : la première (3) parce qu'elle offre en raccourci une vue d'ensemble de la suffixation, de la préfixation et de la composition ; la seconde (4), parce qu'elle constitue une bonne synthèse accessible à un public non spécialiste, illustrée de nombreux exemples récents dont beaucoup sont tirés du DMN, auquel l'auteur se réfère souvent ; la troisième enfin (5), parce qu'elle est un inventaire statistique détaillé des « mots » contenus dans le DMN, classés selon les différents types de formation. Cet inventaire de 72 pages, qu'il faudrait d'ailleurs compléter avec les matériaux supplémentaires du DMC, ne saurait évidemment être résumé ici.

On se bornera ci-après à rappeler quelques-uns des principaux procédés de création lexicale, et à citer pour chacun d'eux quelques articles choisis dans la nomenclature du DMC. Le classement proposé est bien entendu discutable, et ici encore tel mot-vedette cité dans une rubrique devrait l'être également dans une ou plusieurs autres.

3.1. ÉLÉMENTS PRÉFIXAUX.

Dans cette rubrique sont groupés des « préfixes », au sens restreint, et des « premiers éléments » de composés.

On peut y classer d'abord des morphèmes qui n'ont pas d'« autonomie lexicale », comme *Co-, Dé-, Ex-, Hyper-, Hypo-, Méga-, Mi-, Pluri-, Post-, Re-/Ré-, Sub-, Supra-, Trans-,* etc.

Certains éléments grammaticaux fonctionnent comme préfixes, par ex. les prépositions *Après-, Avant-, Contre-, Sur-,* ou la négation *Non-*, qui concurrence de plus en plus le préfixe *In-/Il-/Im-*.

En outre la nomenclature du DMC contient un grand nombre de termes autonomes qui forment des composés par juxtaposition avec un second terme auquel ils sont reliés le plus souvent par un trait d'union. Ils sont parfois appelés pseudo-préfixes ou préfixoïdes. Ce sont surtout des substantifs (*Bloc-, Coin-, Crédit-, Loi-, Problème-, Tente-,* etc.), ou encore des formes verbales (*Essuie-, Lave-, Protège-, Traîne-,* etc.).

Au total on trouve à la nomenclature une centaine au moins de ces éléments préfixés, dont certains sont l'objet d'articles détaillés, avec de nombreux exemples, tels *Anti-, Auto-, Mini-, Non-, Sous-, Super-, Télé-,* et autres.

On peut y ajouter une quinzaine d'éléments qui servent à former des adjectifs composés ; ils sont constitués à partir d'adjectifs dont la terminaison *-ique* est modifiée en *-ico* pour faire la jonction avec le second élément : *Economico-, Historico, Médico-, Technico-* (en concurrence avec *Techno-*), *Toxico-,* etc.

3.2. ÉLÉMENTS SUFFIXAUX.

Ici encore sont réunis des « suffixes » stricto sensu et des « seconds éléments » de composés, appelés aussi pseudo-suffixes ou suffixoïdes.

Les suffixes sont rares à la nomenclature du DMC, et il est permis de le regretter. Toutefois, si l'on avait introduit un article pour chacun des suffixes les plus productifs (-*ation*, -*isme*, etc.), il eût été logique de donner, comme cela a été fait pour les préfixes, de nombreuses citations à l'appui, une au moins par mot construit avec le suffixe en cause. Mais, pour la commodité de l'utilisateur, il eût fallu en outre traiter tous ces mots à leur place alphabétique, ou au moins faire pour chacun d'eux un renvoi à l'article consacré au suffixe. Il en eût résulté un allongement inacceptable du volume. On s'est donc limité à quelques suffixes — proposés, si l'on veut, comme échantillons — sous lesquels sont énumérés les mots-vedettes introduisant des articles classés à leur place alphabétique.

Ainsi -*crate* renvoie à *Eurocrate, Phallocrate, Technocrate* ; -*el* renvoie à 23 articles ; -*isant/-isation/-iser* (traités ensemble) renvoient à 15 articles (c'est une sélection, la liste complète serait beaucoup plus longue) ; -*thèque* à 10 articles, etc.

En revanche les éléments « autonomes » (ou « suffixoïdes ») qui se trouvent en seconde position dans les composés à deux éléments sont nombreux à la nomenclature. Ce sont presque tous des substantifs : -*Bidon*, -*Cadeau*, -*Charnière*, -*Débat*, -*Dortoir*, -*Éclair*, -*École*, -*Espion*, -*Fleuve*, -*Gigogne*, -*Limite*, -*Maison*, -*Minute*, -*Miracle*, -*Modèle*, -*Prison*, -*Refuge*, -*Réponse*, -*Surprise*, -*Tour*, etc.

3.3. PARASYNTHÉTIQUES.

On appelle ainsi, traditionnellement, des mots formés avec un préfixe, une « base » (le « radical » des grammaires scolaires traditionnelles) et un suffixe (ex. : *dépannage/dépanner*, construits à partir de *pann[e]*). L. Guilbert (op. cit., p. 204) [4] conteste d'ailleurs cette définition, et propose une analyse plus précise. Quoi qu'il en soit, ce type de formation demeure, comme par le passé, très productif en français contemporain. Il sert en particulier à créer, en nombre à peu près illimité, avec le préfixe « négatif » (à valeur de négation) *dé(s)-*, des substantifs terminés en -*ation*, -*ification*, -*isation*, et des verbes en -*er*, -*ifier* ou -*iser*. La nomenclature du DMC contient une bonne centaine de mots-vedettes de ce type, sans compter une cinquantaine d'autres, formés avec le même préfixe, mais un autre suffixe (-*age*, -*ment*, etc.). Ces listes ne sont pas limitatives ; de nouveaux dépouillements permettraient facilement de les allonger.

En général, le terme « négatif » ainsi créé s'oppose à un terme « affirmatif » préexistant : *Déstabilisation* est l'antonyme de *Stabilisation*, au moins pour un des emplois de celui-ci. Il arrive d'ailleurs que le terme affirmatif et le terme négatif ne soient « antonymes » que par la forme, mais ne s'opposent pas directement par le sens. Ainsi *Dépénalisation* ne signifie pas « le contraire » ou « la suppression d'une pénalisation quelconque », mais, dans la terminologie juridique, la « suppression du caractère pénal d'un acte illicite ».

Ces mots préfixés en *Dé-* se présentent le plus souvent par « couples » : l'apparition du subst. suffixé en -*ation* entraîne celle du verbe correspondant en -*er*, et vice versa : *Décrispation/Décrisper, Déparisianisation/Déparisianiser, Dépolitisation/Dépolitiser*, etc.

3.4. TRONCATION et ACRONYMES.

3.4.1. Le procédé qui consiste à abréger les mots en les tronquant, c'est-à-dire en les réduisant à une ou plusieurs de leurs « syllabes » initiales, est appelé traditionnellement « apocope » (du grec *apokoptein*, « retrancher »). Il fonctionne surtout dans l'usage parlé, où il a créé, par ex. *Métro, Télé* (sf.), et bien d'autres qui, d'abord sentis comme « familiers », voire « populaires », entrent peu à peu dans le langage courant et se banalisent.

Il est difficile de dire à quel degré d'intégration dans le vocabulaire standard en sont ceux de ces mots que l'on trouve à la nomenclature du DMC, tels : *Manif*(estation), *Pub*(licité), *Réac*(tionnaire), *Stup[s]*(éfiants). Méritent-ils, mériteront-ils longtemps les marques *fam.* ou *pop.* dont ils sont suivis ? L'usage décidera.

Ceux qui méritent peut-être une mention particulière sont les mots tronqués terminés en -o. Les uns, comme *Écolo*(giste), *Maso*(chiste), *Phallo*(crate), ou *Stéréo*(phonie), sont abrégés selon le procédé tout simple qui avait déjà permis de créer *Auto, Moto* et *Vélo* en les coupant juste après un *o* déjà présent. Dans d'autres cas, moins fréquents peut-être, le *o* est introduit par une opération morphophonologique comparable à celle qui a donné *Dico* à partir de *Dictionnaire, Dirlo* (de *Directeur*), *Prolo* (de *Prolétaire*). Le DMC enregistre ainsi : *Facho* (de *Fasciste*, prononcé « *fachiste* »), *Projo* (de *Projecteur*), *Réviso* (de *Révisionniste*).

3.4.2. Les « acronymes » (du grec *acros*, « extrême ») sont des mots formés en mettant bout à bout la ou les syllabes initiales d'un mot préexistant d'une part, et d'autre part la totalité ou la syllabe finale d'un second mot préexistant. Tels sont *Alcootest, Altiport, Franglais, Héliport, Stagflation*, etc., qui figurent à la nomenclature du DMC.

3.5. CONVERSION ou DÉRIVATION IMPROPRE.

Le procédé fort ancien connu sous son nom traditionnel de dérivation impropre est désigné aussi par le terme « conversion », qui exprime mieux le fait qu'il s'agit là du changement de classe grammaticale d'un mot. Il en existe pour le français bien des exemples, dont certains sont célèbres, soit dans l'histoire littéraire (les *Précieuses*), soit dans l'Histoire tout court (les *Incroyables* ou les *Ultras*, par exemple). On trouvera dans le DMC quelques cas de « conversion » :
— de substantif en adjectif : *Piéton,ne* (rue piétonne).
— d'adjectif en substantif : *Affreux, Blanche, Nucléaire, Périphérique, Préalable, Verts* (subst., les Verts = les écologistes).
— d'adjectif en adverbe : *Sec* (ex. démarrer sec).

3.6. PROCÉDÉS SYNTAXIQUES.

On peut distinguer ici trois sous-ensembles.

3.6.1. Dans le premier, on classera des syntagmes lexicalisés ou en voie de lexicalisation, c'est-à-dire devenus des unités autonomes ou sur le point de le devenir. Il est difficile pour le lexicographe de savoir si cette autonomie est déjà atteinte — on cite souvent les cas de *chemin de fer* et de *pomme de terre* —, car les critères de lexicalisation ne sont pas tous très sûrs.

Quoi qu'il en soit, le DMC traite comme des unités, c'est-à-dire enregistre dans sa nomenclature :
Acharnement thérapeutique, Bras d'honneur, Cas de figure, Chômage technique, Clés en mains, Formation continue, Qualité de la vie, Paradis fiscal, Rente de situation, Structure gonflable, Table d'écoute, Tête de lecture, Traversée du désert (fig.), *Trêve des confiseurs, Ville nouvelle*, etc.

La majorité de ces syntagmes plus ou moins lexicalisés appartiennent aujourd'hui à l'un des deux types suivants :
a). substantif + adjectif ;
b). substantif + préposition + substantif.

Dans l'un et l'autre type, le premier subst. est le plus souvent « déterminé » — autrement dit, son sens est alors délimité, précisé — soit par l'adj., soit par le complément prépositionnel qui le suit.

Dans le type b), la préposition *de* est, semble-t-il, la plus fréquente.

3.6.2. Dans un second sous-ensemble, se rangent des tours construits sur un modèle-type à partir de locutions naguère « figées », mais dont l'un des éléments est devenu libre. Ces locutions jouent alors le rôle d'une sorte de moule dont on tire, à mesure des besoins, toute une série de locutions analogues.

Ainsi la loc. substantive *Empêcheur de danser en rond*, longtemps figée sous cette forme, a donné naissance au modèle *empêcheur de + (Infinitif) + en rond*, dans lequel deux éléments restés stables, *empêcheur* et *en rond*, encadrent un élément désormais « libre », l'infinitif, puisqu'à *danser* peut être substitué n'importe quel autre verbe d'action.

Selon le même procédé, dans la loc. adverbiale *Par personne interposée,* le substantif *personne* est remplacé par un substantif ou un syntagme nominal quelconque, désignant une personne, une collectivité ou même une chose qui servent d'intermédiaire ou de moyen. Sur le modèle *« par x interposé(e)(s) »* sont alors formées des loc. adverbiales qui ont le sens de : *par l'intermédiaire de x, par l'entremise de x, au moyen de x,* etc. Comme dans le cas précédent, un élément devenu « libre » — *personne* — est encadré par deux éléments demeurés stables, *par* et *interposé(e)(s).* C'est sous ce dernier mot que l'ensemble est traité dans le DMC.

3.6.3. Enfin, il faut signaler parmi les procédés syntaxiques diverses modifications qui peuvent affecter la construction de certains verbes.

Démarrer, longtemps intransitif, se construit aussi aujourd'hui transitivement, avec un régime « direct ». Ce changement syntaxique accompagne d'ailleurs un changement sémantique, puisque le sens de *démarrer* (v. tr.) est : *commencer* (qqch), *entreprendre* (une tâche, etc.), et non plus : *se mettre en mouvement.* En outre, le sujet du verbe transitif est un nom de personne, alors que celui du v. intr. est le plus souvent un nom de chose (à l'origine navire, puis véhicule quelconque, machine, moteur, etc.).

Le même genre de modifications s'observe dans le cas du verbe *Basculer,* avec une bien plus grande variété de constructions et de sujets, que présente en détail, avec de nombreux exemples, l'article du DMC consacré à ce mot.

3.7. PROCÉDÉS SÉMANTIQUES.

Le DMC contient plusieurs centaines de cas d'innovations sémantiques dont la plupart ne sont d'ailleurs que des applications récentes de procédés anciens : métaphore, métonymie, etc.

3.7.1. De nombreux exemples de métaphores récentes sont enregistrés dans la nomenclature : *Bahut* (= camion), *Bateau* (dans un trottoir), *Canard boiteux* (= entreprise en difficulté), *Cœur* (d'un réacteur), *Écrémage,* etc.

Les dictionnaires d'usage courants sont souvent contraints, faute de place, de ne mentionner que brièvement les emplois métaphoriques — généralement signalés par l'abréviation *fig.* (= au figuré) —. Le DMC, étant plus spécialisé, a pu y consacrer, au moins dans certains cas, des articles relativement longs et détaillés. Tels sont : *Locomotive* (qui désigne aujourd'hui tantôt des personnes, tantôt des choses diverses, concrètes ou abstraites, ayant un rôle d'entraînement), *Or* (substantif), *Orbite, Plage, Rail, Tissu* (tissu social, urbain), *Tournant, Train, Veau, Virage,* etc.

3.7.2. On trouvera des cas de métonymie dans les articles *Aubergine* (= employée qui porte un uniforme de la couleur de ce fruit), *Col blanc* (= employé de bureau, supposé porter un col blanc), *Tennis* (= chaussure de tennis), *Transistor* (= récepteur de radio équipé de transistors), etc.

3.7.3. Lorsqu'un changement se produit dans le contenu sémantique d'un mot, il peut s'agir soit d'une extension, soit d'une restriction de sens.

Le premier cas, qui semble être aujourd'hui le plus fréquent, est par exemple celui des subst. *amont/aval,* et des loc. adv. correspondantes *en amont/en aval.* A partir d'un sens restreint — localisation par rapport au cours d'une rivière ou d'un fleuve —, on est passé, dans le domaine spatial, à une localisation plus générale — « plus haut », « plus bas », dans *ski(eur) amont/ski(eur) aval* —, et même, quittant le domaine spatial pour le temporel, à la notion de « stade antérieur ou ultérieur » (dans un processus économique, technique, ou autre).

Le second cas — restriction de sens — est par ex. celui du mot « *pilule* » : employé sans déterminant, il a fini par désigner dans le langage courant une pilule anticonceptionnelle ou contraceptive, par ellipse de l'adjectif postposé. Ici sont donc étroitement liés un phénomène sémantique — spécialisation du sens — et un procédé syntaxique — suppression de l'adjectif —.

3.7.4. Il faut encore évoquer le cas de certains mots anciens, tombés parfois longtemps dans l'oubli, et repris récemment, soit avec le sens originel, soit avec un sens plus ou moins différent. *Farfelu* était connu des lecteurs de Rabelais bien avant de resurgir comme qualificatif à la mode, à peu près synonyme de bizarre, étrange, original. *Fiable* (attesté dès le XIIe siècle), *Maintenance* (revenu en usage probablement sous l'influence de l'anglais), *Mouvance* (dont l'un des sens au moins remonte à l'époque féodale), et bien d'autres encore figurent dans le DMC.

3.7.5. On peut enfin ajouter à ce chapitre les mots ou locutions qui comportent, à côté de leur sens « banal », un sens allusif que les non-initiés, notamment les non-francophones apprenant le français, risquent de ne pas percevoir ou de ne saisir qu'imparfaitement.

C'est, entre autres, à leur intention, que le DMC a enregistré un certain nombre de ces formules auxquelles on donne parfois le nom de « phrases codées », et qu'ils pourront peut-être ainsi « décoder » plus aisément : *Métro-boulot-dodo* ; *Nyaka/Niaqua/Y'a qua* ; *Oui, mais...* ; *Petite phrase* ; *Piège à cons* ; *Potion magique* ; *Ras-le-bol* ; *(à) Visage humain*, etc.

3.7.6. Sans que l'on puisse parler vraiment de sens allusif ou codé, il est cependant permis de compter parmi les phénomènes sémantiques le cas des mots à la mode, dits aussi « dans le vent ». Par le seul fait de leur fréquence élevée, ils sont significatifs, puisqu'ils contribuent à caractériser les habitudes langagières d'une génération, d'un milieu social (les cadres, par ex.) ou professionnel (les journalistes). Signalons seulement *débile* et *génial*, fréquents chez les jeunes, *assumer, clivage, contexte* chez les intellectuels et les journalistes, *départ* (au départ = au début), *niveau* (au niveau de) un peu chez tous, sans compter la nostalgie des « anciens francs », qui a ressuscité le *centime*, surtout utilisé, paradoxalement, pour chiffrer de fortes sommes.

Certains mots à la mode doivent leur popularité au fait qu'ils ont été lancés ou relancés par un personnage en vue. C'est au général de Gaulle qu'on doit le succès de formules ou de mots comme : *de papa, remettre le train* (ou tout autre chose) *sur les rails, grogne, quarteron*, etc.

Le sens de beaucoup de ces mots et formules à la mode tend évidemment à devenir de plus en plus vague à mesure qu'augmentent leur diffusion et leur fréquence d'emploi. A force d'être accouplés aux substantifs les plus divers, des adj. comme *fracassant, percutant, prestigieux* ou *sauvage* finissent par perdre une grande partie de leur expressivité. C'est pourquoi leur vogue risque de passer assez vite, comme est passée déjà celle de *formidable* ou de *sensationnel*, naguère encore sur toutes les lèvres (et que le DMC ne mentionne même pas).

3.8. EMPRUNTS.

On distinguera ici les emprunts à des langues étrangères et ceux qui ont lieu à l'intérieur du système français.

3.8.1. *Emprunts à des langues étrangères.*

Les plus nombreux de loin sont des emprunts à l'anglais — de Grande-Bretagne ou des Etats-Unis — qui sont introduits d'une part dans certains vocabulaires techniques (celui de l'informatique, par ex.), d'autre part dans la langue de la presse écrite ou parlée qui assure leur diffusion auprès d'un vaste public. Il est certes difficile de savoir dans quelle mesure ce public absorbe et « digère » les termes que les « medias » lui transmettent chaque jour. Mais le seul fait de cette transmission suffit à inquiéter, voire à scandaliser maints chroniqueurs du langage et autres défenseurs de la langue française.

Au risque d'aviver encore leurs inquiétudes, le DMC enregistre dans sa nomenclature un certain nombre d'« anglicismes » dont la liste leur paraîtra sans doute trop longue. Ils pourront toutefois constater que dans d'assez nombreux cas on a indiqué dans une remarque l'équivalent français recommandé officiellement (ex. : *matériel* pour *hardware*, *palmarès* pour *hit-parade*, *monitorage* pour *monitoring*, *logiciel* pour *software*, etc.). Il a été impossible, en revanche, de donner des indications sur le degré d'assimilation des anglicismes relevés. Certes, on se doute que *Box-office, Flipper* (subst.), *Gadget, Kit, Management,* ou *Scrabble* sont plus facilement assimilables, ne serait-ce que pour des raisons phonologiques, que *Engineering, Know-how* ou *Skate-board* (déjà bien concurrencé par *planche à roulettes).* Mais bien d'autres facteurs, socio-culturels entre autres, peuvent contribuer au succès ou à l'échec d'un emprunt. Quel sera, par exemple, le sort de *jogging*, si l'activité qu'il désigne vient à passer de mode ?

Les puristes sont en général moins sévères à l'égard des anglicismes « cachés » : calques, comme *libre-service ;* mots qui paraissent formés d'éléments latins ou grecs — *automation, escalator —*, ou qui le sont réellement — *déodorant, opérationnel, unidimensionnel,* etc.

Il faut signaler aussi certains emprunts récents à des langues étrangères autres que l'anglais. On trouvera ainsi, dans la nomenclature du DMC quelques mots
- allemands : *Ersatz, Kitsch, Ostpolitik, Putsch.*
- espagnols : *Fiesta, Macho.*
- italiens : *Pizzeria, Scampi.*
- japonais : *Kamikaze, Karatéka.*
- russes : *Apparatchik, Goulag, Samizdat, Spoutnik.*
- souahéli : *Safari.*
- suédois : *Ombudsman.*

3.8.2. *Emprunts à l'intérieur du système français.*

On peut certes comprendre l'irritation de certains esprits devant ce qu'ils appellent « l'invasion » des termes étrangers. Mais il ne faut pas perdre de vue que le français contemporain renouvelle bien davantage son vocabulaire en puisant très largement dans ses propres ressources, notamment dans les dialectes, sociolectes et technolectes.

L'influence des français régionaux demeure encore modeste sur le français de l'Hexagone. Toutefois, le réveil du sentiment régional dans certaines provinces, la prise de conscience entre autres de la *belgitude* ou de la *québécitude*, le développement des échanges et du tourisme sont de nature à battre en brèche le centralisme parisien encore très puissant. On trouvera dans le DMC quelques régionalimes qui paraissent bien acclimatés en français standard : *Bidule, Estivant, Motoneigiste* (s.v. Moto-Neige), *Piperade, Raclette, Redoux, Tomette, Vacancier*, etc.

Beaucoup plus nombreux sont les transferts d'un sociolecte à un autre : l'effacement progressif des barrières sociales, la libéralisation des mœurs et du langage contribuent à introduire dans le vocabulaire « général » ou « commun » une foule de mots ou de locutions d'origine populaire ou même argotique. Voici quelques-uns de ceux qui figurent dans le DMC : *Ascenseur* (renvoyer l' —), *Barbouze, Bomber, Boudin* (=fille laide), *Bouffe* (grande —), *Cailler* (=avoir froid), *Chapeau* (porter le —), *Charbon* (aller au —), *Conne, Cul* (gros — =camion), *Emmerde (s)* (subst.), *Fête* (faire sa — à qqn), *Flinguer, Frite* (avoir la —), *Gamberger, Magouille, Mégoter, Merdier, Nana, Parfum* (au —), *Partouze, Pied* (c'est le —), *Pinailler, Polar, Râpé* (c'est —), *Vap(e)*, etc.

Si répandus que puissent être beaucoup de ces termes, au moins dans l'usage parlé, la plupart d'entre eux sont encore « marqués » et sentis comme tels par bon nombre de locuteurs, notamment parmi les personnes « d'un certain âge ». Quant au choix d'une « marque » précise — « familier », « populaire », « vulgaire » — dont on pourrait affecter tel ou tel mot, il est difficile d'en décider, en l'absence de critères solides. Les quelques enquêtes faites jusqu'ici ont surtout révélé les incertitudes des sujets interrogés. L'examen attentif des « marques d'usage » dans les dictionnaires montre que les lexicographes n'échappent pas à ces incertitudes. Le lecteur du DMC ne devra donc pas s'étonner d'y rencontrer des « marques » qui lui paraîtront, selon les cas, trop indulgentes ou trop sévères. La question des « niveaux de langue » demeure un domaine encore mal exploré, et peut-être insaisissable.

Les vocabulaires scientifiques et surtout techniques — technolectes — constituent eux aussi une source quasi inépuisable de renouvellement pour le lexique commun (6). Le grand public se laisse plus ou moins imprégner par la terminologie de certaines sciences ou techniques qui l'intéressent ou le fascinent, et que vulgarisent les médias, telles l'astronautique, l'automobile, l'aviation, l'informatique, la médecine, la photographie, ainsi que les disciplines sportives, dont certaines, naguère encore considérées comme ésotériques — l'alpinisme, le ski, le tennis — se sont rapidement popularisées au cours des dernières décennies. Il faut compter aussi avec l'influence de la publicité qui fait parfois sortir de l'ombre un terme connu des seuls spécialistes, et réussit à l'imposer à l'attention du public profane, pendant un certain temps au moins, grâce à un « matraquage » intensif ; tel fut le cas, dans les années 60, du substantif *enzyme,* peut-être un peu oublié depuis.

Les termes et locutions scientifiques ou techniques qui s'implantent le mieux dans la langue commune sont surtout ceux qui ont acquis, à côté de leur sens originel, un ou plusieurs autres sens dits « figurés », obtenus par un des procédés sémantiques examinés plus haut (cf. 3.7.1. et 3.7.2.). Comme plusieurs exemples ont été donnés alors, il suffira ici d'en ajouter quelques autres, relevés dans la nomenclature du DMC :

Aiguillage, Aiguiller, Coordonnées (de qqun), *Cueillir* (qqun) *à froid, Dimension, Niveau* (au —), *Peloton, Plaque tournante, Sous-tendre, Touche* (sur la —), *Vecteur, Voie de garage,* etc.

3.9. SIGLES.

La siglaison est un procédé très productif en français contemporain, comme dans d'autres langues. Les sigles sont particulièrement nombreux dans les terminologies techniques et dans les dénominations d'organismes (partis, syndicats, organisations internationales) ou de firmes.

Le DMC n'a pu, faute de place, accueillir dans sa nomenclature que quelques dizaines de sigles, choisis surtout parmi ceux qui ne figuraient pas encore dans les dictionnaires d'usage.

On peut distinguer, au point de vue de la prononciation, deux catégories de sigles.

Dans la première, la plus nombreuse, chaque lettre se prononce séparément : *H.L.M, O.S., P.D.G., P.N.B., Q.I., R.E.R., T.V.A., U.E.R., V.R.P.*

A la seconde catégorie appartiennent des sigles dont les lettres constituent un « mot » prononçable : *D.E.U.G.* [dœg], *OVNI, Z.A.C.* [zak], *Z.A.D.* [zad], *Z.U.P.* [zyp]. Les sigles de cette catégorie donnent plus facilement que les précédents naissance à des dérivés, comme *Zupéen,* à partir de Z.U.P.

Section II. La MICROSTRUCTURE.

4.0. Un dictionnaire de langue ne se compose pas seulement de la liste des mots de sa nomenclature. A la suite de chacune des « vedettes » de celle-ci vient un article plus ou moins long, dont le contenu est désigné par certains auteurs (2) sous le nom de *«microstructure ».* Elle est constituée, dans le DMC comme dans la plupart des dictionnaires de langue, par un certain nombre d'informations concernant le mot-vedette. Ces informations ne figurent pas toutes dans tous les articles, mais chaque article en contient au moins quelques-unes. Ce sont, dans l'ordre où elles apparaissent le plus souvent :
— La transcription phonétique, ou prononciation figurée.
— La classe ou catégorie grammaticale.
— La datation.
— L'étymologie.
— Une ou plusieurs « marques » d'emploi ou de niveau.
— Une ou plusieurs subdivisions, grammaticales, syntaxiques et/ou sémantiques.
— Une ou plusieurs citations.
— Une ou plusieurs remarques.
— Un ou plusieurs renvois à d'autres articles.

Seuls quelques-uns de ces points seront l'objet des brèves observations qui vont suivre.

4.1. La transcription phonétique.

Elle est omise chaque fois qu'il s'agit d'un mot dont la forme est ancienne et la prononciation « régulière ». Dans les autres cas, et notamment pour les emprunts à des langues étrangères, la prononciation supposée la plus fréquente — par ex. d'après l'écoute de la radio-télévision — est transcrite à l'aide des signes de l'A.P.I. (Association phonétique internationale) placés entre crochets (cf. tableau de ces signes p. XXV).

Dans certains cas où l'hésitation est notoire, 2 ou plusieurs prononciations sont proposées (ex. *attaché-case, bulldozer, challenger*, etc.).

4.2. Les datations.

Lorsqu'une datation est indiquée, elle ne concerne bien entendu que le ou les emplois particuliers décrits dans l'article en cause, puisqu'il s'agit souvent d'un mot dont les autres emplois, non signalés ici, sont beaucoup plus anciens. Il est évident que *Bouchon, Intendance, Intoxication, Ramasser, Sage, Sauvage*, et tant d'autres, étaient bien vivants en français longtemps avant qu'apparaissent ceux de leurs emplois qui sont seuls traités et datés dans le DMC.

La datation indiquée est très souvent approximative, faute d'une information sûre. La mention est alors : mil. XXe (milieu du XXe siècle), ou bien l'année est précédée du signe ~ (vers...).

Dans quelques articles, il peut y avoir plusieurs datations différentes selon les domaines d'emploi du même mot. Elles sont alors indiquées au début non de l'article, mais de chacune de ses subdivisions (ex. *Terminal*).

4.3. Les citations.

En dépit de ses dimensions modestes et de sa nomenclature réduite, le DMC propose une abondante collection de plus de 22.000 exemples attestés, présentés sous forme de citations, à raison d'une au moins pour chaque article ou chaque subdivision d'article, mais souvent bien davantage, puisque certains articles en contiennent plusieurs dizaines.

4.3.1. La *« Bibliographie des sources citées »* (pp. XV-XXIV) donne la liste des périodiques et des ouvrages d'où sont tirées les citations. Les quotidiens et les hebdomadaires en ont fourni à eux seuls plus des deux tiers. Parmi les premiers, *Le Monde* est le plus souvent cité ; du côté des hebdomadaires, *L'Express, Le Nouvel Observateur* et *Le Point* viennent assez loin devant *Paris-Match, La Vie du rail* et quelques autres.

Quant aux livres dépouillés, ce sont soit des romans — y compris quelques romans policiers ou d'espionnage — soit surtout des ouvrages didactiques ou de vulgarisation. Mais les publications scientifiques et techniques sont peu représentées dans la documentation.

Celle-ci a été réunie en grande partie directement par l'auteur, ou sous sa direction aux *Archives du français contemporain* de l'Université de la Sarre. Des matériaux provenant d'autres «Observatoires» — Besançon, Montréal, Paris — ont été utilisés aussi, dans une moindre mesure.

4.3.2. Afin d'économiser la place, les références ont été réduites à un minimum d'informations, données entre parenthèses à la fin de chaque citation. Pour les périodiques, le titre est indiqué en abrégé — une ou plusieurs lettres initiales, le plus souvent —, suivi de la date de parution, en chiffres : jour (s'il y a lieu), mois et millésime de l'année. Pour les livres, on donne le nom de l'auteur en entier — précédé, en cas d'homonymie, de l'initiale de son prénom — et le millésime de l'année de publication, ce qui permet de retrouver le titre à l'index bibliographique.

4.3.3. Dans chaque citation, le mot-vedette qu'elle a pour fonction d'illustrer est imprimé en italique afin qu'il ressorte mieux du contexte. Ce procédé typographique, employé aussi par d'autres dictionnaires (le TLF, par exemple), a été critiqué : certains lexicologues lui reprochent d'introduire une ambiguïté gênante pour le lecteur, qui risque d'attribuer à l'auteur du texte cité ces italiques qu'il n'avait pas voulues. En fait, l'expérience des dépouillements a montré que le risque de confusion est rare. Les auteurs désireux de mettre un mot en évidence emploient plutôt les guillemets, qui sont toujours reproduits dans les citations du DMC. Si l'auteur a, par exception, utilisé les italiques, on présente entre guillemets le mot qu'il a ainsi souligné, ou l'on ajoute entre parenthèses la mention : « en italiques dans le texte ».

4.3.4. Dans certains articles du DMN, les citations étaient classées selon l'ordre alphabétique des « collocations » du mot-vedette, c'est-à-dire des mots qui le précèdent ou le suivent dans le contexte : sujet ou complément pour les verbes, déterminant ou déterminé pour les adjectifs et les substantifs.

Lorsque ce système n'était pas applicable, on avait utilisé le classement chronologique des citations. Il y avait ainsi deux types de classement, selon les articles, et l'unité en souffrait. Il eût donc été souhaitable d'adopter pour le DMC un système unique en choisissant le classement chronologique, seul applicable dans tous les cas. C'est ce qui a été fait pour tous les articles qui ne figuraient pas dans le DMN.

Quant aux articles repris du DMN, le reclassement chronologique de toutes les citations classées selon l'ordre alphabétique des collocations eût exigé une refonte totale qu'interdisaient les délais de publication. Il a donc fallu, pour les articles en question, présenter les citations en deux groupes distincts. Le premier, repérable par le signe O en marge, comprend les anciennes citations du DMN, classées d'après le critère alphabétique. Le second, signalé par deux OO, est celui des citations nouvelles, classées chronologiquement.

4.3.5. Certaines citations particulièrement intéressantes sont présentées à part, sous forme de remarques — annoncées par l'abréviation *Rem.* — placées généralement avant les autres. Ce sont des citations qui ont un contenu « métalinguistique », c'est-à-dire qui contiennent soit une définition du mot-vedette, soit un commentaire sur ce mot ; informations sur son origine, sur la date de son apparition, sur sa fréquence ou sa diffusion ; jugement sur sa forme, son utilité ou son inutilité, etc.

Voici quelques exemples d'articles du DMC où se trouvent en « Remarques » des citations de ce genre, contenant :
— une définition : *Environnement* (Rem. 1), *Ségrégation.*
— un commentaire négatif : *Ramassage, Reconversion.*
— un commentaire positif : *Aéroglisseur* (Rem. 1), *Recyclage.*
— plusieurs commentaires différents : *Vacancier* (Rem. 2).

Les commentaires en question sont le plus souvent signés soit de grammairiens ou de linguistes, soit de chroniqueurs qui tiennent ou ont tenu la rubrique du langage dans certains journaux. J. Batany, J. Cellard, G. Cohen, A. Dauzat, J. Dubois, R. Georgin, L. Guilbert, P. Imbs, R. Le Bidois, F. Mars, A. Martinet, G. Matoré, H. Mitterand, G. Mounin, Ch. Muller, J. Peytard, B. Quemada, A. Rey, J. Rey-Debove, N. Ruwet, A. Sauvageot, R.L. Wagner, et quelques autres noms bien connus des spécialistes, sinon du grand public, ont ainsi pu être cités dans le DMC.

Contribuer à faire mieux connaître au public des *« Usuels du Robert »* quelques-unes des ressources qui permettent au français contemporain de manifester sa créativité, tel est l'objectif de ce nouveau dictionnaire. Au lecteur de juger dans quelle mesure il a été atteint.

P. Gilbert
Archives du français contemporain
Université de la Sarre

Notes

(1) Hachette-Tchou, Les Usuels, 1971.
2ᵉ éd., revue et corrigée, 1975.

(2) cf. par ex. J. Rey-Debove, *Étude linguistique et sémiotique des dictionnaires français contemporains,* Mouton, 1971.

(3) L. Guilbert, *De la formation des unités lexicales,* in *Introduction au GLLF,* Larousse.

(4) L. Guilbert, *La créativité lexicale,* Larousse, 1975.

(5) A. Goosse, *La néologie française aujourd'hui,* C.I.L.F., 1975.

(6) cf. par ex. P. Gilbert, *Remarques sur la diffusion des mots scientifiques et techniques dans le lexique commun,* in *Langue française,* n° 17, 2-1973, pp. 31-43, Larousse.

LISTE DES ABRÉVIATIONS

abr. ou abrév.	abréviation, forme abrégée de...	fam.	familier
absol.	absolument, emploi absolu (= sans complément)	fém.	féminin
		F.E.N.	Fédération de l'Éducation nationale
abstr.	abstrait(e)	fig.	figuré
adj.	adjectif	F.O.	Force ouvrière
admin.	administratif, administration	fr.	français
		fse	française
adv.	adverbial, adverbe	géogr.	géographie, géographique
aéron.	aéronautique		
AFC	Archives du français contemporain	gr.	grec
		h.	heure(s)
alld.	allemand	ha	hectare(s)
alphab.	alphabétique	hab.	habitants
am. ou amér.	américain (des États-Unis)	hist.	Histoire
		I.F.O.P.	Institut français d'opinion publique
anal.	analogie, analogique	inf.	infinitif
angl.	anglais	infl.	influence
ann.	annonce(s)	inform.	informatique
anton.	antonyme	I.N.S.E.E.	Institut national de la statistique et des études économiques
appos.	apposition, en apposition		
arg.	argot	interj.	interjection
art.	article (grammatical)	intr.	intransitif
AS	Académie des sciences	inv., invar.	invariable
Ass. nle	Assemblée nationale	iron.	(par) ironie, ironique
astr.	astronomie	ital.	italien
astron.	astronautique	lat.	latin
autom.	automobile	ling.	linguistique
av.	avant (suivi d'une date)	loc.	locution
aviat.	aviation		
		m. ou masc.	masculin
bcp	beaucoup	mar.	marine, maritime
bioch.	biochimie	masc.	masculin
biol.	biologie	math.	mathématique(s)
C.E.E.	Communauté économique européenne	méd.	médecine, médical
		métaph.	métaphore
cf.	confer (voir...)	météo	météorologie
C.F.D.T.	Confédération française démocratique du travail	métrol.	métrologie
		mil.	milieu
C.G.T.	Confédération générale du travail	mil. XXe	(au) milieu du XXe siècle
		milit.	militaire
ch. de fer	chemins de fer	mod.	moderne
C.H.U.	centre hospitalier universitaire		
		navig.	navigation
cin.	cinéma	néol.	néologique, néologisme
cit.	citation	onom.	onomatopée
C.N.P.F.	Conseil national du patronat français	opp.	opposé (à), (par) opposition (à)
C.N.R.S.	Centre national de la recherche scientifique	O.R.T.F.	Office de Radiodiffusion-Télévision française (1964-1974)
comp.	(mot) composé		
compl.	complément		
constr.	construction	p. ex. ou par ex.	par exemple
C.R.S.	Compagnies républicaines de sécurité	p. ext. ou par ext.	par extension
		part.	participe
cybern.	cybernétique	path.	pathologie
		P.C. ou P.C.F.	Parti communiste (français)
dér.	dérivé		
did.	didactique	péj.	péjoratif
dr.	Droit	pharm.	pharmacie
Dr.	docteur (devant un nom propre)	phil.	philosophie
		phys.	physique
ds	dans	plur.	pluriel
Dt	dictionnaire	P.M.U.	Pari mutuel urbain
écon.	Économie, vie économique, Finances	P.N.B.	produit national brut
		pol. ou polit.	politique
éd., édit.	édition	pop.	populaire
E.D.F., E.d.F.	Électricité de France	pr.	pronominal
élec.	électricité	Pr.	professeur (devant un nom propre)
électron.	électronique		
élém.	élément (d'un mot composé)	préf.	préfixe
		prép.	préposition
empr.	emprunt, (mot) emprunté	pronom.	pronominal
		PS	Parti socialiste
E.N.A.	École nationale d'administration	P.S.U.	Parti socialiste unifié
		psychan.	psychanalyse
env.	environ	psychol.	psychologie
esp.	espagnol	psychopath.	psychopathologie
Eur I	Europe n° 1	pub.	publicitaire, publicité
ex.	exemple		
ext.	(par) extension	qqch	quelque chose
		qqn	quelqu'un
f. ou fém.	féminin	radio	radiodiffusion, radiotechnique
Fac.	Faculté		

LISTE DES ABRÉVIATIONS

R.A.T.P.	Régie autonome des transports parisiens
réfl.	réfléchi
Rem.	remarque
rép.	répandu
RMC	Radio Monte Carlo
RSR	Radio Suisse romande
RTF	Radio-télévision française (avant 1964)
RTL	Radio-télé-Luxembourg
s.	substantif
sc.	sciences, scientifique
scient.	scientifique
sf.	substantif féminin
sing.	singulier
sm.	substantif masculin
soc. ou sociol.	sociologie
spéc.	spécialement, spécial
spl.	substantif pluriel
statis.	statistique
strat.	stratégie, stratégique
subst.	substantif
suff.	suffixe
suppl.	supplément
s.v.	sub verbo (= voir à..., à l'article...)
syn.	synonyme
t.	tome
techn.	technique, technologie
tél. ou télév.	télévision
télécom.	télécommunications
tém. oral	témoignage oral
théol.	théologie
tr.	transitif
trad.	traduction, traduit de...
trans.	transitif
transp.	transports
v.	verbe
vocab.	vocabulaire
vol.	volume
vulg.	vulgaire

■ Précède une définition.

~ vers (suivi d'une indication de date)

→ (en fin d'article, placé devant un mot imprimé en majuscules fines). Renvoie à l'article dont ce mot est la vedette.

O (devant une série de citations). Indique que les citations qui suivent sont classées selon un critère alphabétique, par ex. ordre alphab. des déterminants, ou des mots déterminés, si le mot-vedette est un adj. ou un subst. ; ou bien : ordre alphab. des sujets, ou des compl., si le mot-vedette est un verbe, etc.

OO (devant une série de cit.). Indique que celles-ci, contrairement à celles de la série précédente, (marquée d'un seul O), sont classées dans l'ordre chronologique.

* (après un mot, dans le texte des définitions). Indique que ce mot figure comme vedette dans le « Dictionnaire des mots contemporains ».

* (devant un mot, une locution, etc.). Indique que ce mot, cette locution, ne sont pas attestés.

♦ (devant une citation ou un groupe de citations). Indique que la ou les citations qui suivent sont indépendantes de celle(s) qui illustre(nt) la remarque (Rem.) placée au-dessus.

+ (suivi, dans un titre ou un sous-titre d'article — vedette ou sous-vedette — d'un mot grammatical : adj., subst., etc.). Indique le type de construction syntaxique dans laquelle apparaît le mot vedette : suivi d'un adj., d'un subst., etc.

BIBLIOGRAPHIE DES SOURCES CITÉES

1. PÉRIODIQUES (journaux, revues)

A *L'Autojournal*, (bi-M.).
AAT ou A.A.T. *L'Action automobile et touristique*, (M.).
AF *L'Année ferroviaire*, (An.).
Air *Air et Cosmos*, (H.).
AL *Allemagne, bulletin du comité d'échanges avec l'Allemagne nouvelle*.
AM *Arts et Manufactures*, (M.).
Ar. *Arts*, (H.).
Au. *L'Aurore*, (Q.).

B.d.M. *La banque des mots*, (M.).
BMS *Bulletin mensuel de statistique*.
B.N.F. *Brèves nouvelles de France*, (H.).
BSLP *Bulletin de la Société de linguistique de Paris*, (ba.).

C *La Croix*, (Q.).
Can. *Le Canard enchaîné*, (H.).
Ca R. *Les Cahiers de la République*, (Bim.).
CC *Cahiers du cinéma*, (M.).
C Ch *Cahiers du Chemin*, (Trim.).
Ca. *Le Nouveau Candide*, (H.).
CFF *Bulletin des chemins de fer fédéraux (suisses)*, (M.).
Cfr *Carrefour*, (H.).
Ch. f. *Chemins de fer*, (Bim.).
Ch. fr. *Le Chasseur français*, (M.).
CI *Les Cahiers français d'information*, (P.).
CL *Cahiers de lexicologie*, (P.).
Cl f. *La Classe de français* (Les Méridiens) de 1953 à 1959, (Bim.).
CLTA *Cahiers de linguistique théorique et appliquée*, (Bucarest), (P.).
CM *Cahiers du Musée social*.
Com *Combat*, (Q.).
Co. T. *Coopération technique*.
Cs. *Constellation*, (M.).

Dém. *Démocratie (S.F.I.O.)*, (H.).
D. En *Les Dossiers de l'Entreprise*, (M.).
Dev. *Le Devoir*, Montréal, (Q.).
DLF *Défense de la langue française*, (P.).
Doc. Fr. 71 Rapports des Comités du VIe plan, Transports intérieurs, la Documentation Française

E *L'Express*, (H.).
EC. *Education et culture*.
Ec. M. *Aux Ecoutes du Monde*, (H.).
Educ. *L'Education*, (H.).
El. *Elle*, (H.).
ELA *Etudes de linguistique appliquée*, (P.).
EM *L'Echo de la mode*, (H.).
En. *Entreprise*, (H.).
ENa. *L'Education nationale*, (H.).
Ens. *L'Enseignement public*, (H.).
EP *Economie et prospective*, (M.).
Eq *L'Equipe*, (Q.).
ER *L'Est Républicain*, (Q.).
Es. *Esprit*, (M.).
Etu. *Les Etudes*, (M.).
Exp. *L'Expansion*, (M.).

F *Le Figaro*, (Q.).
Fa. *Femmes d'aujourd'hui*, (H.).
Fe. *Feuille d'avis de Lausanne*, (Q.).
Ff. *Film français*.
FL *Le Figaro littéraire*, (H.).
F. Mod. *Le Français moderne*, (Trim.).
F. Mon. *Le Français dans le monde*, (M.).
FP *Femme pratique*, (M.).
Fr. Inf. *France Informations* (Ministère des Aff. étr., Paris), (M.).
FS *France-Soir*, (Q.).

GL *Gazette de Lausanne*, (Q.).
GLL *Gazette de Lausanne, supplément littéraire*, (H.).

H *L'Humanité*, (Q.).

ILL. *L'Illustré*, (H.).
Inf. *L'Information*, (H.).
IS *Informations Sociales*, (bi-M.).

JF *Jours de France*, (H.).
JG *Journal de Genève*, (Q.).
J.O. *Journal officiel*.

Lan. fr. *Langue française*, (Trim.).
Lang. *Langages*, (Trim.).
LB *La Libre Belgique*, (Q.).
LF *Les Lettres françaises*, (H.).
Lib. *Libération*, (Q.).
Ling. *La linguistique* Paris, (M.).
LM *Larousse mensuel*, (M.).
Lm. *Les langues modernes*, (Bim.).
LN *Les Lettres nouvelles*.
LT *Lectures pour tous*, (M.).

M *Le Monde*, (Q.).
MC *La Maison de Marie-Claire*, (M.).
MCl *Marie-Claire*, (M.).
MD *Monde diplomatique*, (M.).
M. Ed. *Le Monde de l'éducation*, (M.).
Mer. *Le Mercure de France*, (M.).
Mes. *Messages du S.O.S.* (Secours catholique), (M.).
MF *Marie-France*, (M.).
MGEN *Bulletin de la Mutuelle générale de l'Education nationale*, (M.).
MPa. *Modes de Paris*, (H.).
MTr *Modes et Travaux*, (M.).

N *La Nef*, (Trim.).
NC *La Nouvelle Critique*, (M.).
NE *Nord-Eclair*.
Neophil. *Neophilologus*, (Trim.).
NL *Les Nouvelles littéraires*, (H.).
NRF *La Nouvelle Revue française*, (M.).

O *Le Nouvel Observateur (France-Observateur, L'Observateur)*, (H.).

P *Le Point*, (H.).
Pa. *Panorama aujourd'hui*, (M.).
P.Ac. *Presse-actualité*, (M.).
PJ *Paris-Jour*, (Q.).
PM *Paris-Match*, (H.).
PMéd. *La Presse médicale*, (H.).
PO *Presse-Océan*, (Q.).
Px *Journal de la Paix*, (M.).

R *Réalités*, (M.).
Rail *Rail et route*, (M.).
Ren. *Rencontres sous le signe de la langue française*, (H.).
R.E.S. *Revue de l'enseignement supérieur*, (Trim.).
R.F.S.P. ou R.S.P. *Revue française de science politique*, (M.).
R.G.C.F. *Revue générale des Chemins de fer*, (M.).
R.G.R.A. *Revue générale des routes et des aérodromes*, (M.).
RL *Le Républicain Lorrain*, (Q.).
RM *La Revue de Madame*, (M.).
RMG *Revue Municipale de Grenoble*, (M.).
RP *Revue de Paris*, (M.).
RPP *Revue politique et parlementaire*, (P.).
RPs. *Revue de Psychologie des peuples*, (P.).
RVC *Revue des voyages de la C.I.W.L.*, (P.).

S. *Le Sauvage*, (M.).
Ski *Ski* (Trim.).
SR *Sélection du Reader's Digest*, (M.).
ST *La Semaine Radio-Télévision*, (H.).
Sui. *La Suisse*, (Q.).
SV *Science et Vie*, (M.).

T *Tendances*, (M.).
TC *Témoignage chrétien*, (H.).
TCF *Revue du Touring-Club de France*, (M.).
TCo. *Télécommunications*, (P.).
Te. *Terre, Air, Mer*, (M.).
Téla *Télérama*, (H.).
TG *La Tribune de Genève*, (Q.).
Tj. *Télé 7 jours*, (H.).
TL *La Tribune de Lausanne*, (Q.).

T.L.L. *Travaux de linguistique et de littérature*, (Ba.).
TM *Les Temps modernes*, (M.).
TMa. *Télémagazine*, (H.).
Tour. *Touring, journal hebd. du Touring-Club Suisse*, (H.).
TR *La Table Ronde*, (M.).
Tra. *Transmondia*, (M.).

US *L'Université syndicaliste*, (bi-M.).

V.A. *Valeurs actuelles*, (H.).
VF *La Vie française*, (H.).

VL *Vie et Langage*, (M.).
VR *La Vie du Rail*, (H.).

ZRP *Zeitschrift für romanische Philologie*, (Trim.).

24 H.L. *24 Heures, Lausanne*, (Q.).

bi-M. = bi-mensuel. H. = hebdomadaire. An. = annuel. Q. = quotidien. M. = mensuel. P. = périodicité non précisée. Trim. = trimestriel. Bim. = bimestriel. Ba. = bisannuel.

2. DICTIONNAIRES ET OUVRAGES DE RÉFÉRENCE

Béziers et Overbeke, 68 : Monique Béziers et Maurits Van Overbeke : *Le Bilinguisme : Essai de définition et guide bibliographique*, Université catholique de Louvain.
Birou, 66 : Alain Birou : *Vocabulaire pratique des sciences sociales*, Économie et humanisme.
B.R. : W. Blochwitz et W. Runkewitz : *Neologismen der französischen Gegenwartssprache (Néologismes du français contemporain)*, Berlin 1971.

Cod. 65 *(Codex)* Pharmacopée française, 1965 (8).
Cohen, 50 : Marcel Cohen : *Regards sur la langue française*, Sedes ● Cohen, 63 : *Nouveaux Regards sur la langue française*, Éd. Sociales ● Cohen, 66 : *Encore des Regards sur la langue française*, Éd. Sociales ● Cohen, 71 : *Matériaux pour une sociologie du langage*, I et II, FM/Petite collection Maspero.

Dauzat, 49 : Albert Dauzat : *Précis d'histoire de la langue et du vocabulaire français*, Larousse.
DDM *Nouveau dictionnaire étymologique*, (Dauzat, Dubois, Mitterand), Larousse, 1964.
DFC *Dictionnaire du français contemporain*, Larousse, 1967.
DFV *Dictionnaire du français vivant* (Davau, Cohen, Lallemand), Bordas, 1972.
DMN *Dictionnaire des Mots nouveaux* (Pierre Gilbert), Hachette-Tchou, 1971. 2ᵉ tirage, 1975.
Dt. am. *Grand dictionnaire d'américanismes*, Éd. du Dauphin, 1966.
Dt. argots *Dictionnaire des argots*, Larousse, 1965.
Dt. astron. *Dictionnaire de l'astronautique*, Larousse, 1964.
Dt. at. *Dictionnaire de l'atome*, Larousse, 1964.
Dt. cin. *Dictionnaire du cinéma*, Larousse, 1963.
Dt. écol. *Encyclopédie de l'écologie* (ouvrage collectif), Larousse, 1977.
Dt. écon. *Dictionnaire de science économique*, Mame, 1968.
Dt. écon. cont. *Dictionnaire de l'économie contemporaine*, Marabout, Gérard, 1968.
Dt. électron. *Dictionnaire de l'électronique*, Larousse, 1966.
Dt. ét. *Dictionnaire étymologique*, A. Dauzat, Larousse, 1938.
Dt. f. *Dictionnaire de la foi chrétienne*, Cerf, 1968.
Dt. in. *Dictionnaire des injures*, Tchou, 1967.
Dt. l. ph. *Dictionnaire de la langue philosophique*, P.U.F., 1962.
Dt. méd. *Dictionnaire des termes techniques de médecine*, Maloine, 1967.
Dt. méd. biol. *Dictionnaire français de médecine et de biologie* (A. Manuila, L. Manuila, M. Nicole, H. Lambert), 4 vol. Masson, 1970-1972.
Dt. ms.*Dictionnaire des mots sauvages*, Rheims, Larousse, 1969.
Dt. ph. *Nouveau dictionnaire philosophique*, Colin, 1958.
Dt. psychol. *Dictionnaire de la psychologie*, Larousse, 1965.
Dt. psychol. mod. *Dictionnaire de la psychologie moderne*, Marabout, Gérard, 1967.
Dt. sc. *Dictionnaire des découvertes scientifiques*, Larousse, 1968.
Dt. tél. *Dictionnaire de la télévision*, Larousse, 1967.
Dubois, 62 : Jean Dubois : *Étude sur la dérivation suffixale*, Larousse.
Dubois, 71 : Jean Dubois et Cl. Dubois : *Introduction à la lexicographie : le dictionnaire*, Larousse.
Dubois, 73 : Jean Dubois et alii : *Dictionnaire de linguistique*, Larousse, 1973.
Dupré, 72 : P. Dupré : *Encyclopédie du bon français dans l'usage contemporain* (ouvrage collectif), Éd. de Trévise.

Encyclopédie du bon français..., cf. Dupré, 72.
Encyclopédie de l'écologie, cf. Dt. écol.
Esnault, 19 : Georges Esnault : *Le Poilu tel qu'il se parle*, Bossard ● Esnault, 65 : *Dictionnaire des argots*, Larousse.
Étiemble, 64 : Étiemble : *Parlez-vous franglais ?*, Gallimard ● Étiemble, 66 : *Le Jargon des sciences*, Hermann.
E.U. *Encyclopaedia universalis*, Paris, 1968 ss.

BIBLIOGRAPHIE DES SOURCES CITÉES

Fabre-Luce, 70 : Alfred Fabre-Luce : *Les mots qui bougent*, A. Fayard, 1970.
Foulquié, 62 : P. Foulquié : *Dictionnaire de la langue philosophique*, P.U.F.

Georgin, 52 ou 53 : René Georgin : *Pour un meilleur français*, A. Bonne ● Georgin, 56 : *La Prose d'aujourd'hui*, A. Bonne ● Georgin, 57 : *Jeux de mots*, A. Bonne ● Georgin, 64 : *Consultations de grammaire, de vocabulaire et de style*, Éd. Sociales françaises ● Georgin, 66 : *Problèmes quotidiens du langage*, Éd. Sociales françaises.
Giraud, 71 : Giraud, Pamart, Riverain : *Les mots dans le vent*, Larousse, 1971 ● Giraud, 74 : *Les nouveaux mots dans le vent*, Larousse, 1974.
G.L.E. *Grand Larousse Encyclopédique*, Larousse, 1960-1964.
G.L.E.S. *Grand Larousse Encyclopédique supplément*, Larousse, 1968.
G.L.E.S. 2 id. *supplément 2*, 1975.
GLLF *Grand Larousse de la langue française*, 1971-1978.
Gougenheim, 64 : Georges Gougenheim, et autres auteurs : *L'Elaboration du français fondamental*, Didier.
Grevisse, 59 : Maurice Grevisse : *Le Bon usage*, (7e édit.). Duculot.
Guilbert, 65 : Louis Guilbert : *La Formation du vocabulaire de l'aviation*, Larousse ● Guilbert, 67 : *Le Vocabulaire de l'astronautique*, Larousse ● Guilbert, 75 : *La créativité lexicale*, Larousse université, 1975.
Guiraud, 60 : Pierre Guiraud : *Les Locutions françaises*, P.U.F. ● Guiraud, 65 : *Les Mots étrangers*, P.U.F. ● Guiraud, 67 : *Structures étymologiques du vocabulaire français*, Larousse.

Le Bidois, 70 : Robert Le Bidois : *Les mots trompeurs ou le délire verbal*, Hachette.
Le Breton, 60 : Auguste Le Breton : *Langue verte et noirs desseins*, Presses de la Cité ● Le Breton, 75 : *L'argot chez les vrais de vrais*, Presses de la Cité.
Léon, 62 : Pierre.-R. Léon : *Laboratoire de langues et correction phonétique*, Didier.
Lexis *Dictionnaire de la langue française*, Larousse, 1975.
Ludovicy, 54 : Ernest Ludovicy : *Notes sur le bilinguisme*, cité d'après M. Béziers et M. Van Overbeke : *Le bilinguisme*, Revue de Psychologie des peuples.
L XXe *Larousse du XXe siècle*, Larousse, 1928-1933.

Malmberg, 66 : Bertil Malmberg : *Les nouvelles tendances de la linguistique*, P.U.F., 1966.
Marouzeau, 43 : Jules Marouzeau : *La Linguistique*, Librairie orientaliste Paul Geuthner.
A. Martinet, 42/45 : André Martinet : *Au sujet des fondements de la théorie linguistique de Hjelmslev* in Bulletin de la Société de linguistique de Paris.
Matériaux *Matériaux pour l'histoire du vocabulaire français* (n°, volume, année).
Matoré, 62 : Georges Matoré : *L'Espace Humain*, Éd. du Vieux Colombier ● Matoré, 68 : *Histoire des dictionnaires français*, Larousse.
Micro Robert, 71 : *Dictionnaire du français primordial*, S.N.L., Le Robert, 1971.
Mitterand, 61 : Henri Mitterand : *Zola, Œuvres, Notice sur Nana*, Pléiade ● Mitterand, 63 et 65 : *Les Mots français* (1re et 2e édit.), P.U.F. ● Mitterand, 64 : *Étude sur « Au bonheur des dames » d'É. Zola* in Zola, Pléiade.
Mounin, 63 : Georges Mounin : *Les problèmes théoriques de la traduction*, Gallimard ● Mounin, 65 : *Un champ sémantique : La dénomination des animaux domestiques*, in La Linguistique ● Mounin, 68 : *Clefs pour la linguistique*, Seghers ● Mounin, 74 : *Dictionnaire de la linguistique*, P.U.F.
MP ou MP 69 *Manuel alphabétique de psychiatrie clinique*, P.U.F., 1969.
Muller, 68 : Charles Muller : *Initiation à la statistique linguistique*, Larousse.

NDDF *Nouveau dictionnaire des difficultés du français*, Hachette-Tchou, 1971.
P.E.P. *Petite encyclopédie politique*, 1969.
Peytard, 70 : Jean Peytard, Émile Genouvrier : *Linguistique et enseignement du français*, Larousse ● Peytard, 71 : *Recherches sur la préfixation en français contemporain*, Thèse, Paris, H. Champion, 1975, 3 vol.
PL 65, etc. *Nouveau Petit Larousse*, Larousse 1965, etc.
PR *Le Petit Robert*, Sté du Nouveau Littré, Le Robert, 1967.
PR, 77 : id. *nouvelle édition*, 1977.

Quemada, 67 : Bernard Quemada : *Les Dictionnaires du français moderne*, Didier.
A. Rey, 67 : Alain Rey : Compte rendu de : *Dictionnaire de la langue française* de Émile Littré, abrégé par A. Beaujan, Nouv. édition 1963, in Zeitschrift für romanische Philologie (Tübingen) ● A. Rey, 68 : *Un champ préfixal : les mots français en anti-*, Cahiers de lexicologie, 12, 1968-1, pp. 37-57, Didier-Larousse ● A. Rey, 70 : *Littré, l'humaniste et les mots*, Gallimard ● A. Rey, 77 : *Le lexique : images et modèles. Du dictionnaire à la lexicologie*, Colin.
J. Rey-Debove, 71 : Josette Rey-Debove : *Étude linguistique et sémiotique des dictionnaires français contemporains*, Mouton.
Rheims, 69 : Maurice Rheims : *Dictionnaire des mots sauvages*, Larousse.
R., Rob. Paul Robert : *Dictionnaire alphabétique et analogique de la langue française*, Sté du Nouveau Littré, 1953-64.

R.S. ou RS Paul Robert : *Dictionnaire alphabétique et analogique de la langue française,* (tome 7), supplément, Sté du Nouveau Littré, 1970.
Ruwet, 67 : Nicolas Ruwet . *Introduction à la grammaire générative,* Plon.

A. Sauvageot, 62 : Aurélien Sauvageot : *Français écrit, Français parlé,* Larousse ● A. Sauvageot, 72 : *Analyse du français parlé,* Hachette.
Str. 66 : *Glossaire trilingue des termes stratégiques,* Ch. Lavauzelle, 1966.

T.A.M. *Tables d'anglicismes médicaux et de leurs équivalents* proposés par le Comité Clair-dire, 1968.
Thérive, 54 : André Thérive : *Libre Histoire de la langue française,* Stock ● Thérive, 56 : *Clinique du langage,* Grasset ●Thérive, 62 : *Procès de langage,* Stock.
TLF *Trésor de la langue française, Dictionnaire de la langue du XIXe et du XXe siècle.* Tomes 1 à 7 (A - épicurisme), Éditions du Centre national de la recherche scientifique, 1971-1979.

Vinay, 68 : Jean-Paul Vinay : *Le langage* in : Encyclopédie de la Pléiade.

Wagner, 62 : Robert-Léon Wagner, J. Pinchon : *Grammaire française classique et moderne,* Hachette ● Wagner, 67 : Robert-Léon Wagner : *Les Vocabulaires Français,* Didier ● Wagner, 70 : *Les Vocabulaires Français II,* Didier.
Webster, 60 : *New International Dictionary of the English Language,* Second Édition. G. & C. Merriam Company, Publishers, Springfield, Mass., USA ● Webster, 61 : *Third New International Dictionary of the English Language,* G. & C. Merriam Company.
Wexler, 55 : Peter J. Wexler : *La formation du vocabulaire des chemins de fer,* Droz.

Zumthor, 55 : Paul Zumthor : *Le Vocabulaire des idées* in : *Neophilologus,* Groningen.

3. OUVRAGES DIVERS (romans, essais, traités, etc.)

Agulhon, 71 : Maurice Agulhon, André Nouschi : *La France de 1914 à 1940,* Nathan.
Ailleret, 68 : Charles Ailleret : *L'Aventure atomique française,* Grasset.
Alexandre, 69 : Philippe Alexandre : *L'Élysée en péril,* Fayard.
Allauzen, 67 : Marie Allauzen : *La paysanne française aujourd'hui,* Gonthier.
Amblès, 72 : H. Amblès et alii : *Information et animation culturelle,* Éditions universitaires.
Andrieu, 68 : René Andrieu : *Les Communistes et la révolution,* Julliard.
Aragon, 36 : Louis Aragon : *Les Beaux Quartiers,* Gallimard ● Aragon, 56 : *Le Roman inachevé,* Gallimard.
Aranda, 72 : Gabriel Aranda : *L'État piégé,* Stock.
Ariel, 73 : Alexandre Ariel et J.-Ph. Barde : *Le temps du bruit,* Flammarion.
Armand et Drancourt, 63 : Louis Armand, Michel Drancourt : *Plaidoyer pour l'avenir,* Calmann-Lévy ● Armand, 68 : *Le pari européen,* Fayard.
Aron, 62 : Raymond Aron : *Paix et guerre entre les nations,* Calmann-Lévy.
Arondo, 75 : Maria Arondo : *Moi, la bonne,* Stock.
Auburtin, 66 : Jean Auburtin : *De Gaulle,* Seghers.
Aziz, 70 : Philippe Aziz : *Tu trahiras sans vergogne,* Fayard.

Barde, 73 : Ariel Alexandre, Jean-Philippe Barde : *Le temps du bruit,* Flammarion.
Barthes, 73 : Roland Barthes : *Le plaisir du texte,* Seuil.
Bastide, 62 : Fr.-R. Bastide : *La vie rêvée,* Seuil.
Bastide, 72 : Roger Bastide : *Anthropologie appliquée,* Payot.
Bataille, 66 : Michel Bataille : *La Ville des Fous,* Laffont.
Bauchard, 66 : Philippe Bauchard : *Les Technocrates et le Pouvoir,* Arthaud ● Bauchard, 72 : *Les syndicats en quête d'une révolution,* Buchet-Chastel.
Baudelot, 72 : Christian Baudelot, Roger Establet : *L'école capitaliste en France,* Maspero.
Bazin, 50 : Hervé Bazin : *La mort du petit cheval,* Grasset ● Bazin, 52 : *Lève-toi et marche,* Grasset ● Bazin, 72 : *Le cri de la chouette,* Grasset.
Beauvais, 70 : Robert Beauvais : *L'Hexagonal tel qu'on le parle,* Hachette.
Beauvoir, 54 : Simone de Beauvoir : *Les Mandarins,* Gallimard ● Beauvoir, 60 : *La force de l'âge,* Gallimard ● Beauvoir, 66 : *Les Belles Images,* Gallimard ● Beauvoir, 68 : *La femme rompue,* Gallimard.
Bedel, 50 : Maurice Bedel : *Tropiques noirs,* Hachette.
Beigbeder, 72 : Marc Beigbeder : *Le Contre-Monod,* Grasset.
Belloin, 73 : Gérard Belloin : *Culture, personnalité et sociétés,* Éd. sociales.
Bensoussan, 74 : Pierre Bensoussan : *Qui sont les drogués ?,* Laffont.
Bériot, 73 : Louis Bériot et Michel Péricard : *La France défigurée,* Stock.
Berl, 57 : Emmanuel Berl : *La France irréelle,* Grasset ● Berl, 69 : *A contretemps,* Gallimard.

BIBLIOGRAPHIE DES SOURCES CITÉES

Bernard, 64 : Marc Bernard : *Sarcellopolis*, Flammarion.
Bertin, 72 : Celia Bertin : *Je t'appellerai Amérique*, Grasset.
Bésus, 64 : Roger Bésus : *Paris-le-monde*, Albin Michel.
Beunat, 74 : Mario Beunat : *Journal d'un médecin*, J.-C. Lattès.
Binet, 61 : Léon Binet : *Gérontologie et Gériatrie*, P.U.F.
Birnbaum, 72 : Norman Birnbaum : *La crise de la société industrielle*, Éd. anthropos.
Bodard, 71 : Lucien Bodard : *Les plaisirs de l'Hexagone*, Gallimard.
Bonnecarrère, 72 : Paul Bonnecarrère : *La guerre cruelle*, Fayard.
Bordier, 73 : Roger Bordier : *Le progrès : pour qui ?*, Casterman.
Borniche, 73 : Roger Borniche : *Flic Story*, Fayard.
Bosquet, 73 : Michel Bosquet : *Critique du capitalisme quotidien*, Éd. Galilée.
Boudard, 70 : Alphonse Boudard, Luc Étienne : *La Méthode à Mimile*, La Jeune Parque.
Boulanger, 68 : Georges-R. Boulanger, etc. : *Le dossier de la cybernétique*, Marabout, Gérard.
Bourbon-Busset, 58 : Jacques de Bourbon-Busset : *Fugue à deux voix*, Gallimard ● Bourbon-Busset, 66 : *La Nature est un talisman*, Gallimard, 1966-69 ● Bourbon-Busset, 67 : *Les arbres et les jours*, Gallimard, 1966-69.
Bourcier, 64 : Roger Mucchieli, Arlette Bourcier : *La dyslexie, maladie du siècle*, Les Éd. sociales françaises.
Bouvard, 66 : Philippe Bouvard : *Petit Précis de sociologie parisienne*, Grasset.
Bruce, 69 : Josette Bruce : *OSS 117 récolte la tempête*, Presses de la Cité ● Bruce, 72 : *OSS 117 Traîtrise à Venise*, Éd. Presses de la Cité.
Burdeau, 56 : Georges Burdeau : *La Démocratie*, Seuil.

Calame, 72 : Paulette et Pierre Calame : *Les travailleurs étrangers en France*, Les Éd. ouvrières.
Calan, 74 : Pierre de Calan : *Les jours qui viennent*, Fayard.
Cambri, 69 : Gérard Cambri : *Mission Sibérie*, Les Presses noires.
Camus, 56 : Albert Camus : *La Chute*, Gallimard ● Camus, 57 : *L'Exil et le Royaume*, Gallimard.
Capelle, 70 : Guy et J. Capelle : *Le Français dans le monde*, Hachette.
Caplain, 67 : Jean-Marie Caplain : *L'Ombre et la Lumière*, Buchet-Chastel.
Cardinal, 77 : Marie Cardinal : *Les mots pour le dire*, Grasset.
Carlier, 72 : Jean Carlier : *Vanoise, victoire pour demain*, Calmann-Lévy.
Carrère, 78 : Hélène Carrère d'Encausse : *L'empire éclaté*, Flammarion.
des Cars, 55 : Guy des Cars : *L'Officier sans nom*, Flammarion.
Casamayor, 66 : Casamayor : *Le Prince*, Seuil.
Caviglioli, 72 : François Caviglioli, J.-M. Pontaut : *La grande cible*, Mercure de France.
Cazaux, 71 : Maurice Cazaux : *Transports, progrès et pénurie*, Horizons de France.
Cesbron, 52 : Gilbert Cesbron : *Les Saints vont en enfer*, Laffont ● Cesbron, 57 : *Libérez Barrabas*, Laffont ● Cesbron, 62 : *Entre Chiens et Loups*, Laffont ● Cesbron, 64 : *Une Abeille contre la vitre*, Laffont ● Cesbron, 68 : *Les Enfants aux cheveux gris*, Laffont ● Cesbron, 74 : *La ville couronnée d'épines*, Laffont ● Cesbron, 77a : *Ce qu'on appelle vivre*, Stock ● Cesbron, 77b : *Mais moi je vous aimais*, Laffont.
Chabanis et alii, 73 : Christian Chabanis et alii : *Dieu existe-t-il ? Non*, Fayard.
Chabaud, 70 : Jacqueline Chabaud : *Éducation et promotion de la femme*, Unesco.
Chaffard, 68 : Georges Chaffard : *Les orages de mai*, Calmann-Lévy.
Chaix, 74 : Marie Chaix : *Les lauriers du lac de Constance*, Seuil.
Chalais, 72 : François Chalais : *Les chocolats de l'entracte*, Stock.
Chandernagor, 67 : André Chandernagor : *Un Parlement, pour quoi faire ?*, Gallimard.
Charbonneau, 67 : Bernard Charbonneau : *L'Hommauto*, Denoël.
Charrière, 68 : Christian Charrière : *Le printemps des enragés*, Fayard.
Chartier, 72 : Michel Chartier : *Avortement et respect de la vie humaine*, Colloque du Centre catholique des médecins français, Seuil.
Chauchard, 56 : Paul Chauchard : *Le langage et la Pensée*, P.U.F.
Cheverny, 63 : Julien Cheverny : *Le Carnaval des Régents*, Julliard.
Choisir, 73 : Association « Choisir » : *Avortement : une loi en procès*, Gallimard.
Chombart, 68 : P.-H. Chombart de Lauwe : *Genèse et rôles des aspirations et des besoins dans les sociétés du XXe siècle*, Paris, document multigraphié.
Closets, 77 : François de Closets : *La France et ses mensonges*, Denoël.
Cocteau, 55 : Jean Cocteau : *Discours de réception à l'Académie française*.
Collange, 69 : Christiane Collange : *Madame et le management*, Tchou ● Collange, 72 : *Madame et le bonheur*, Robert Laffont.
Cornaton, 72 : Michel Cornaton : *Groupes et société*, Privat (Regard).
Courrière, 68 : Yves Courrière : *La Guerre d'Algérie*, I. *Les Fils de la Toussaint*, Fayard ● Courrière, 69 : II. *Le Temps des Léopards*, Fayard ● Courrière, 70 : III. *L'Heure des Colonels*, Fayard ● Courrière 71 : IV. *Les feux du désespoir*, Fayard.

Dabin, 57 : Jean Dabin : *L'État ou le politique*, Dalloz.
Daix, 73 : Pierre Daix : *Ce que je sais de Soljénitsyne*, Seuil ● Daix, 76 : *J'ai cru au matin*, Robert Laffont.
Daniel, 73 : Jean Daniel : *Le temps qui reste*, Stock.
Daninos, 53 : Pierre Daninos : *Comment vivre avec ou sans Sonia*, Plon ; *Tout Sonia*, Livre de poche ● Daninos, 54 : *Les Carnets du Major Thompson*, Hachette ● Daninos, 56 : *Le Secret du Major Thompson*, Hachette ● Daninos, 58 : *Vacances à tout prix*, Hachette ● Daninos, 60 : *Un certain Monsieur Blot*, Hachette ● Daninos, 69 : *Le Major tricolore*, Hachette ● Daninos, 70 : *Ludovic Morateur ou le plus que parfait*, Plon ● Daninos, 75 : *La première planète à droite en sortant de la voie lactée*, Fayard. - Livre de poche.
Debruyst, 71 : Chr. Debruyst, Julienne Joos : *L'enfant et l'adolescent voleurs*, Dessart.
Delacarte, 59 : Louis Delacarte : *Découverte du rail*, Fayard.
Delais, 70 : Jeanne Delais : *Les enfants de l'auto*, Gallimard.
Delaunay, 72 : Janine Delaunay : *Halte à la croissance. Enquête sur le Club de Rome et Rapport sur les limites de la croissance*, Fayard.
Delavenay, 59 : Émile Delavenay : *La machine à traduire*, P.U.F.
Delmas-Marty, 72 : Mireille Delmas-Marty : *Le mariage et le divorce*, P.U.F.
Deloncle, 72 : Jehanne Deloncle : *Orientations actuelles de la psychopédagogie*, Privat.
Deloraine, 73 : Maurice Deloraine : *Des ondes et des hommes*, Flammarion.
Déon, 70 : Michel Déon : *Les Poneys sauvages*, Gallimard.
Dolto, 71 : Françoise Dolto : *Psychanalyse et pédiatrie*, Seuil.
Drieux, 65 : Paul Drieux : *Archives interdites*, Hachette.
Droit, 64 : Michel Droit : *Le Retour*, Julliard.
Droit, 72 : Roger-Pol Droit, Antoine Gallien : *La chasse au bonheur*, Calmann-Lévy.
Drouet, 72 : Jacques Drouet : *École et sexualité*, Éd. ouvrières.
Druon, 63 : Maurice Druon : *La Chute des Corps, III. Le Krach Schoudler*, Julliard.
Dubois, 68 : Jean Dubois, *Le Cadre consommateur, homme du XXIe siècle*, in *Projet*.
Dubois, 72 : René Dubois : *Cet animal si humain*, Hachette.
Duchet, 69 : C. Duchet et P. de Comarmond : *Racisme et société*, Maspero.
Duhamel, 72 : Pierre-Georges Duhamel : *Cette vieillesse qui nous attend*, Hachette Littérature.
Dumont, 62 : René Dumont : *L'Afrique noire est mal partie*, Seuil.
Dunlop, 66 : Bernard Willerval : *Les Guides Dunlop, Provence, Côte d'Azur*, Arthaud.
Duquesne, 70 : Jacques Duquesne : *Dieu pour l'homme d'aujourd'hui*, Grasset.
Dutourd, 63 : Jean Dutourd : *Les Horreurs de l'amour*, Gallimard.
Duverger, 54 : Maurice Duverger : *Les partis politiques*, Colin ● Duverger, 73 : *Sociologie de la politique*, P.U.F.

École, 72 : *L'École émancipée. La répression dans l'enseignement*, Maspero.
Elgozy, 72 : Georges Elgozy : *Le désordinateur*, Calmann-Lévy.
Errera, 68 : Roger Errera : *Les Libertés à l'abandon*, Seuil.
Escarpit, 64 : Robert Escarpit : *Le Littératron*, Flammarion.

Fabre-Luce, 58 : Alfred Fabre-Luce : *Gaulle deux*, Julliard ● Fabre-Luce, 68 : *Le Général en Sorbonne*, Table ronde.
Faire, 73 : Alexandre Faire, Jean-Paul Sebord : *Le nouveau déséquilibre mondial*, Grasset.
Fallet, 64 : René Fallet, *Paris au mois d'août*, Denoël ● Fallet, 69 : *Comment fais-tu l'amour, Cerise ?*, Denoël.
Fallot, 60 : Jean Fallot : *Prestiges de la Science*, La Baconnière, Neuchâtel.
Faure, 73 : Edgar Faure : *Pour un nouveau contrat social*, Seuil.
Favrelière, 73 : Noël Favrelière : *Le Déserteur*, J.-C. Lattès éd. spéciale.
Florès, 72 : César Florès : *La Mémoire*, P.U.F. Que sais-je ?
Floriot, 70 : René Floriot : *La vérité tient à un fil*, Flammarion.
Freund, 65 : Julien Freund : *L'Essence du politique*, Sirey.
Friang, 71 : Brigitte Friang : *Regarde-toi qui meurs*, R. Laffont.

Gabaude, 72 : Jean-Marc Gabaude : *La pédagogie contemporaine*, Privat.
Gallois, 69 : Claire Gallois : *Une Fille cousue de fil blanc*, Buchet-Chastel.
Garaudy, 72 : Roger Garaudy : *L'Alternative*, Robert Laffont ● Garaudy, 73 : *Danser sa vie*, Seuil.
Garric, 72 : Daniel Garric : *L'homme électribal*, Grasset.
Gary, 56 : Romain Gary : *Les Racines du ciel*, Gallimard ● Gary, 70 : *Chien blanc*, Gallimard.
Gascar, 63 : Pierre Gascar : *Les Moutons de feu*, Gallimard ● Gascar, 67 : *Auto*, Gallimard.
de Gaulle, 70 : *Discours et Messages*, Plon.
Gaussel, 72 : Alain Gaussel : *Un panier de mensonges*, Seuil.
Gautier, 60 : Jean-Jacques Gautier : *Si tu ne m'aimes pas je t'aime*, Julliard ● Gautier, 62 : *Deux Fauteuils d'orchestre*, Flammarion ● Gautier, 65 : *Un Homme fait*, Grasset.

Gendarme, 59 : René Gendarme : *L'Économie de l'Algérie*, Colin.
Gérard, 74 : Nicole Gérard : *Sept ans de pénitence*, Laffont.
Gheorghiu, 69 : Virgil Gheorghiu : *La Vie du patriarche Athenagoras*, Plon.
Gilson, 67 : Étienne Gilson : *La Société de masse et sa culture*, J. Vrin.
Giroud, 73 : Françoise Giroud : *Si je mens...*, Stock.
Grapin, 76 : Jacqueline Grapin, Jean-Bernard Pinatel : *La guerre civile mondiale*, Calmann-Lévy.
Grello, 73 : Catherine Grello : *Les cailloux refleurissent*, Balland.
Gros, 70 : Brigitte Gros : *4 Heures de transport par jour*, Denoël.
Grosser, 69 : Alfred Grosser : *Au nom de quoi*, Seuil ● Grosser, 78 : *Les Occidentaux*, Fayard.
Groult, 65 : Benoîte et Flora Groult : *Le Féminin pluriel*, Denoël ● Groult, 68 : *Il était deux fois*, Denoël.
Groult, 72 : Flora Groult : *Maxime ou la déchirure*, Flammarion.
Guichard, 72 : Jean Guichard : *Église, luttes de classes et stratégies politiques*, CERF.
Guillain, 69 : Robert Guillain : *Japon Troisième Grand*, Seuil.
Guimard, 67 : Paul Guimard : *Les Choses de la vie*, Denoël.
Guitard, 69 : Louis Guitard : *De Gaulle - Mendès, aller et retour*, Éd. Jérôme Martineau.

Hacker, 72 : Friedrich Hacker : *Agression. Violence dans le monde moderne*, Calmann-Lévy.
Hailey, 69 : Arthur Hailey : *Airport*, Albin Michel.
Halimi, 74 : Gisèle Halimi : *La cause des femmes*, Grasset.
Hallier, 72 : Jean-Edern Hallier : *La cause des peuples*, Seuil.
Herp, 73 : Jacques van Herp : *Panorama de la science fiction*, Marabout.
Herzog, 72 : Philippe Herzog : *Politique économique et planification en régime capitaliste*, Éd. sociales.
Hetman, 69 : François Hetman : *Les Secrets des géants américains*, Seuil.
Hourdin, 74 : Georges Hourdin : *Dieu en liberté*, Stock.
Hoveyda, 65 : Hoveyda Feradoun : *L'Aérogare*, Gallimard.

Illich, 71 : Ivan Illich : *Une société sans école*, Seuil.
Imbert, 72 : Jean Imbert, Georges Levasseur : *Le pouvoir, les juges et les bourreaux*, Hachette.
Ionesco, 51 : Eugène Ionesco : *A propos de la Cantatrice chauve* ● Ionesco, 62 : *Le Roi se meurt*, Gallimard ● Ionesco, 66 : *Notes et Contre-notes*, Gallimard.
Isorni, 75 : Jacques Isorni : *Enigme rue des chrysanthèmes*, Flammarion.

Janeway, 72 : Elisabeth Janeway : *La place des femmes dans un monde d'hommes*, Denoël-Gonthier.
Jannès, 66 : Henri Jannès : *Le Progrès enchaîné*, Calmann-Lévy.
Joos, 71 : Chr. Debruyst, Julienne Joos : *L'enfant et l'adolescent voleurs*, Dessart.
Jouhaud, 69 : Edmond Jouhaud : *Ô mon pays perdu*, Fayard.
Jullien, 72 : Claude-François Jullien : *Les lycéens ces nouveaux hommes*, Stock.

Kenny, 54 : Paul Kenny : *Secteur Dangereux*, Fleuve noir ● Kenny, 66 : *Contacts Est-Ouest*, Fleuve noir.
Kubnick, 67 : Henri Kubnick : *Les Forçats du week-end*, Hachette.

Labro, 67 : Philippe Labro : *Des Feux mal éteints*, Gallimard.
Lacombe, 71 : E.-H. Lacombe : *Les changements de la société française*, Éd. ouvrières.
Laing, 72 : R. D. Laing, A. Esterson : *L'équilibre mental, la folie et la famille*, Maspero.
Lamour, 72 : Catherine Lamour, Michel R. Lamberti : *Les grandes manœuvres de l'opium*, Seuil.
Langlois, 71 : Denis Langlois : *Les dossiers noirs de la police française*, Seuil.
Lanoux, 56 : Armand Lanoux : *Le Commandant Watrin*, Julliard ● Lanoux, 63 : *Quand la mer se retire*, Julliard.
Lantier, 69 : Jacques Lantier : *Le temps des mercenaires*, Marabout.
Laplantine, 73 : François Laplantine : *L'ethnopsychiatrie*, Éd. universitaires.
Larmat, 73 : Jacques Larmat : *La génétique de l'intelligence*, P.U.F.
Larminat, 62 : Édouard de Larminat : *Chroniques irrévérencieuses*, Plon.
Lartilleux, 66 : Henri Lartilleux : *Demain le chemin de fer*, Sedes.
A. Laurent, 73 : Alain Laurent : *Libérer les vacances ?*, Seuil.
J. Laurent, 71 : Jacques Laurent : *Les Bêtises*, Grasset.
Lebel, 66 : Jean-Jacques Lebel : *Le Happening*, Les lettres nouvelles.
Le Dano, 73 : Jean-Guy Le Dano : *La Mouscaille*, Flammarion.
Lefebvre, 68 : Henri Lefebvre : *La Vie quotidienne dans le monde moderne*, Gallimard.
Leprince-Ringuet, 78 : Louis Leprince-Ringuet : *Le grand merdier*, Flammarion.
Lesparda, 70 : Richard de Lesparda : *La maffia du tiercé*, Collection J'ai lu.
Levine, 73 : Michel Levine : *Affaires non classées*, Fayard.
Lobrot, 72 : Michel Lobrot : *Troubles de la langue écrite et remèdes*, Éd. ESF.

Mallet-Joris, 70 : Françoise Mallet-Joris : *La Maison de papier*, Grasset.
Mandiargues, 63 : André Pieyre de Mandiargues : *La Motocyclette*, Gallimard.
Mandrin, 67 : Jacques Mandrin : *L'Énarchie ou les Mandarins de la société bourgeoise*, Table ronde.
Martin du Gard, 55 : Roger Martin du Gard : *Souvenirs autobiographiques et littéraires : Le Plan des « Thibault »* in *Œuvres complètes*, Pléiade.
G. Martinet, 68 : Gilles Martinet : *La Conquête des Pouvoirs*, Seuil ● Martinet, 73 : *Le système Pompidou*, Seuil.
Maschino, 73 : T. M. Maschino, Fadela M'Rabet : *L'Algérie des illusions*, Robert Laffont.
Massian, 72 : Michel Massian : *Les nouveaux péchés capitaux*, Hachette.
Massu, 71 : Jacques Massu : *La vraie bataille d'Alger*, Plon.
Mathieu, 70 : Suzanne Mathieu : *Le célibat féminin de l'image à la réalité*, Mame.
Mauduit, 71 : Jean Mauduit, Anne-Marie Raimond : *Elle. Ce que les femmes réclament*, Fayard.
Mauduit, 71 : Jean Mauduit : *La révolte des femmes*, Fayard.
Mauriac, 58 : Claude Mauriac : *L'Alittérature contemporaine*, Albin Michel.
Maurois, 55 : *Discours de réception de J. Cocteau à l'Académie française et réponse de A. Maurois* ● Maurois, 65 : André Maurois : *De Gide à Sartre*, Perrin ● Maurois, 70 : *Mémoires, 3e partie : Les années de malheur*, Flammarion.
Mélèze, 72 : Josette Mélèze : *Les fragilités du couple*, Centurion-Grasset.
Mengin, 71 : Robert Mengin : *La France vue par l'étranger*, La Table ronde.
Merle, 49 : Robert Merle : *Week-end à Zuidcoote*, Gallimard ● Merle, 72 : *Malevil*, Gallimard.
Merlin, 66 : Louis Merlin : *France ton passé f... le camp... et ton avenir aussi*, Planète.
Meynaud, 59 : Jean Meynaud : *Science Politique*, Colin.
Micha, 66 : René Micha : *Nathalie Sarrraute*, Éditions universitaires.
Michel, 64 : Andrée Michel, Geneviève Texier : *La condition de la Française d'aujourd'hui*, Gonthier.
Minces, 72 : Gérard Chaliand, Juliette Minces : *L'Algérie indépendante*, Maspero.
Minder, 48 : Robert Minder : *Allemagnes et Allemands*, Seuil.
Mollo, 69 : Suzanne Mollo : *L'école dans la société*, Dunod.
Monge, 62 : M. Monge, P. Ruff : *Ensembles et nombres*, Belin.
Monod, 70 : Jacques Monod : *Le hasard et la nécessité*, Seuil.
Monod, 71 : Jérôme Monod : *Une image de la France en l'an 2000*, La documentation française.
Montherlant, 36 : Henry de Montherlant : *Pitié pour les femmes*, Pléiade ● Montherlant, 37 : *Le démon du bien*, Pléiade.
Montmollin, 67 : M. de Montmollin : *L'Enseignement programmé*, P.U.F. ● Montmollin, 72 : *Les psychopitres*, P.U.F.
Morange, 69 : P. Morange : *Initiation à la programmation*, Dunod.
Moreau, 67 : Jean-Guy Moreau : *Le Règne de la télévision*, Seuil.
Morin, 73 : Edgar Morin : *Le paradigme perdu : la nature humaine*, Seuil.
Morin, 73 : Nicole Benoît, Edgar Morin, Bernard Paillard : *La Femme majeure*, Seuil.
Mosnat, 64 : Henri Mosnat : *La sauvette*, Julliard.
Moulin, 61 : Club Jean Moulin, Seuil ● Moulin, 68 : Club Jean Moulin : *Les Citoyens au pouvoir*, Seuil.
Moulin, 75 : Jean-Pierre Moulin : *Comment peut-on ne pas être Français ?*, Éd. Lattès.
Mounier, 66 : Emmanuel Mounier : *Communisme, anarchie et personnalisme*, Seuil.
Nord, 70 : Pierre Nord : *Le 13e suicidé*, Flammarion ● Nord, 71 : *L'intoxication*, Fayard.
Normandie, 57 : Guide Michelin : *Normandie*.
Nourrissier, 63 : François Nourrissier : *Un petit bourgeois*, Grasset ● Nourrissier, 68 : *Le maître de maison*.

Oléron, 72 : Pierre Oléron : *Langage et développement mental*, Charles Dessart.
Olievenstein, 77 : Dr. Claude Olievenstein : *Il n'y a pas de drogués heureux*, R. Laffont-Opéra mundi.
Onimus, 65 : Jean Onimus : *L'enseignement des lettres et la vie*, Desclée ● Onimus, 72 : *L'asphyxie et le cri*, Desclée de Brouwer ● Onimus, 73 : *Mutation de la culture*, DDB.
Oraison, 70 : Marc Oraison : *Les conflits de l'existence*, Le Centurion/Sciences humaines.
Orcival, 56 : Claude Orcival : *Le Compagnon*, Gallimard.
Oury, 73 : Louis Oury : *Les prolos*, Denoël.

Parmelin, 67 : Hélène Parmelin : *La Gadgeture*, Julliard.
Passeron, 62 : André Passeron : *De Gaulle parle*, Plon.
Pauwels, 72 : Louis Pauwels : *Lettre ouverte aux gens heureux*, Albin Michel.

BIBLIOGRAPHIE DES SOURCES CITÉES

Peretti, 72 : André de Peretti : *Risques et chances de la vie collective*, Epi.
Perret, 51 : Jacques Perret : *Bande à part*, Gallimard ● Perret, 53 : *Bâtons dans les roues*, Gallimard.
Perroux, 69 : François Perroux : *Indépendance de la Nation*, Aubier Montaigne.
Perry, 66 : Jacques Perry : *La beauté à genoux*, Laffont ● Perry, 71 : *Rue du dragon*, Éditions spéciales.
A. Peyrefitte, 73 : Alain Peyrefitte : *Quand la Chine s'éveillera*, Fayard ● A. Peyrefitte, 76 : *Le mal français*, Plon.
R. Peyrefitte, 70 : Roger Peyrefitte : *Des Français*, Flammarion.
Piaget, 72 : Jean Piaget : *Où va l'éducation*, Denoël.
Piéron, 63 : Henri Piéron : *Examens et Docimologie*, P.U.F.
Piettre, 72 : André Piettre : *Lettre aux voyous du cœur*, Fayard.
Pilorge, 69 : René Pilorge : *Pour comprendre l'informatique*, Delmas.
Porot, 69 : Antoine Porot : *Manuel alphabétique de psychiatrie*, P.U.F. (4e édit.).
Praderie, 68 : Michel Praderie : *Ni ouvriers, ni paysans : les tertiaires*, Seuil.
Prévert, 52 : Jacques Prévert : *Entendez-vous, gens du Vietnam ?*
Priouret, 70 : Roger Priouret : *Les Managers européens*, Denoël.

Quéffelec, 48 : Henri Quéffelec : *Portrait de la Suède*, Hachette.
Queneau, 55 : Raymond Queneau : *Bâtons, chiffres et lettres*, Gallimard ● Queneau, 59 : *Zazie dans le métro*, Gallimard.

Ragon, 63 : Michel Ragon : *Où vivrons-nous demain ?*, Laffont ● Ragon, 66 : *Les quatre murs*, Albin Michel ● Ragon, 71 : *Les erreurs monumentales*, Hachette.
Raimbault, 73 : Ginette Raimbault : *Médecins d'enfants*, Seuil.
Ras, 73 : Georges Ras : *Journal d'une infirmière*, J.-C. Lattès, Éd. spéciale.
Raspail, 73 : Jean Raspail : *Le camp des saints*. R. Laffont.
Régnier, 76 : Dr. François Régnier : *La médecine pour ou contre les hommes ?*, Belfond.
Rémond, 68 : René Rémond : *La droite en France*, Aubier (3e édition).
Repusseau, 68 : Jean Repusseau : *Pédagogie de la langue maternelle*, P.U.F. Collection SUP.
Revel, 59 : Jean-François Revel : *Le Style du Général*, Julliard ● Revel, 65 : *En France, la fin de l'opposition*, Julliard.
H.-F. Rey, 62 : Henry-François Rey : *Les pianos mécaniques*, Laffont.
Riou, 74 : Roger Riou : *Adieu la Tortue*, R. Laffont.
Rocard, 72 : Michel Rocard : *Questions à l'État socialiste*, Stock.
Rochefort, 61 : Christiane Rochefort : *Les petits enfants du siècle*, Grasset ● Rochefort, 63 : *Les stances à Sophie*, Grasset ● Rochefort, 72 : *Archaos ou le jardin étincelant*, Grasset.
Rolin, 68 : Céline Rolin : *La femme devant le divorce*, Casterman.
Roudy, 70 : Lydie Péchadre, Yvette Roudy : *La réussite de la femme*, Denoël.
Rougemont, 65 : Denis de Rougemont : *La Suisse*, Hachette ● Rougemont, 70 : *Lettre ouverte aux Européens*, Albin Michel ● Rougemont, 77 : *L'avenir est notre affaire*, Stock.
Rousselot, 64 : Jean Rousselot : *Un Train en cache un autre*, Albin Michel.
Rousset, 73 : David Rousset : *La société éclatée*, Grasset.
Roy, 52 : Jules Roy : *Chant Funèbre pour Galaad*, Grasset ● Roy, 71 : *L'Amour fauve*, Grasset.

Sadoul, 73 : Jacques Sadoul : *Histoire de la science-fiction moderne*, Albin Michel.
Sainderichin, 66 : Pierre Sainderichin : *Histoire Secrète d'une République*, Plon.
Saint-Lô, 64 : Michèle Saint-Lô : *Un cri silencieux*, Albin Michel ● Saint-Lô, 67 : *La Majesté nue*, Albin Michel.
Saint-Marc, 71 : Philippe Saint-Marc : *Socialisation de la nature*, Stock.
Saint Pierre, 54 : Michel de Saint Pierre : *Les Aristocrates*, éd. de la Table ronde ● Saint Pierre, 57 : *Dieu vous garde des femmes*, Gallimard ● Saint Pierre, 60 : *Les Nouveaux Aristocrates*, Calmann-Lévy ● Saint Pierre, 70 : *Le Milliardaire*, Grasset ● Saint Pierre, 72 : *L'Accusée*, Grasset.
San-Antonio, 58 : San-Antonio : *La Vérité en salade*, Fleuve noir ● San-Antonio, 65 : *Vas-y Béru*, Fleuve noir ● San-Antonio, 68 : *Passez-moi la Joconde*, Fleuve noir ● San-Antonio, 69 : *San-Antonio chez les MAC*, Fleuve noir.
Sarrazin, 65 : Albertine Sarrazin : *La Cavale*, J.-J. Pauvert.
Sartin, 68 : Pierrette Sartin : *La femme libérée*, Stock ● Sartin : 70 : *L'homme au travail, forçat du temps ?* Gamma.
Sartre, 47 : Jean-Paul Sartre : *La Mort dans l'âme*, Gallimard ; *Situations*, Gallimard ● Sartre, 48 : *Préface de « Portrait d'un inconnu » de N. Sarraute*.
J. Sauvageot, 68 : Jacques Sauvageot et alii : *La Révolte Étudiante. Les animateurs parlent*, Seuil.
Sauvy, 59 : Alfred Sauvy : *La Montée des Jeunes*, Calmann-Lévy ● Sauvy, 68 : *Les quatre roues de la fortune*, Flammarion ● Sauvy, 70 : *La révolte des jeunes*, Calmann-Lévy ● Sauvy, 72 : *De Paul Reynaud à Charles de Gaulle*, Casterman.
Schoendoerffer, 73 : Pierre Schoendoerffer : *Le crabe tambour*, Grasset.
Schwartz, 73 : Bertrand Schwartz : *L'Éducation demain*, Aubier-Montaigne.

BIBLIOGRAPHIE DES SOURCES CITÉES

Schwoebel, 68 : Jean Schwoebel : *La Presse, le Pouvoir et l'Argent,* Seuil.
Searle, 72 : John Searle : *La guerre des campus,* P.U.F.
Ségal, 77 : Patrick Ségal : *L'Homme qui marchait dans sa tête,* Flammarion.
Servan-Schreiber, 57 : Jean-Jacques Servan-Schreiber : *Lieutenant en Algérie,* Julliard ● Servan-Schreiber, 67 : *Le Défi américain,* Denoël.
Signoret, 75/78 : Simone Signoret : *La nostalgie n'est plus ce qu'elle était,* Seuil.
Simenon, 64 : Georges Simenon : *Maigret et le fantôme,* Presses de la Cité.
Simon, 56 : Pierre-Henri Simon : *Elsinfort,* Seuil.
Simonin, 53 : Albert Simonin : *Touchez pas au Grisbi !,* Gallimard (Série noire).
Simonnot, 72 : Philippe Simonnot : *L'avenir du système monétaire,* Laffont.
Soubiran, 51 : André Soubiran : *Les hommes en blanc,* Segep ● Soubiran, 65 : *Journal d'une femme en blanc,* Kent-Segep ● Soubiran, 75 : *Un coup de grâce,* Kent-Segep.
Stehlin, 66 : Paul Stehlin : *Préface de la traduction française « De l'escalade »* de H. Kahn *(On Escalation),* Calmann-Lévy.
Steiner, 73 : Georges Steiner : *La culture contre l'homme,* Seuil.
Stillman, 73 : Edmund Stillman : *L'envol de la France dans les années 80,* Hachette.
Sudreau, 67 : Pierre Sudreau : *L'Enchaînement,* Plon.
Sullerot, 65 : Evelyne Sullerot : *La vie des femmes,* Gonthier ● Sullerot, 73 : *Les Françaises au travail,* Hachette.

Tajan, 72 : A. Tajan, G. Delage : *L'analyse des écritures,* Seuil.
Thoenig, 73 : J.-Cl. Thoenig : *L'ère des technocrates,* Les éditions d'organisation.
Thorez, 63 : Maurice Thorez : *Fils du peuple,* Éditions sociales.
Todd, 72 : Olivier Todd : *L'année du crabe,* Robert Laffont.
Toesca, 56 : Maurice Toesca : *Paris, un jour d'avril,* Albin Michel.
Tournier, 70 : Michel Tournier : *Le Roi des Aulnes,* Gallimard.
Tripier, 72 : Philippe Tripier : *Autopsie de la guerre d'Algérie,* Éd. France-Empire.
Tron, 61 : Ludovic Tron : *Métamorphoses de la France,* Julliard.
Troyat, 35 : Henri Troyat : *Faux-jour,* Livre de poche.

Uri, 73 : Pierre Uri : *Plan quinquennal pour une révolution,* Fayard ● Uri, 73 : *L'Europe se gaspille,* Hachette littérature.

Vailland, 57 : Roger Vailland : *La Loi,* Gallimard ● Vailland, 60 : *La Fête,* Gallimard.
Valabrègue, 73 : Catherine Valabrègue : *L'homme déraciné,* Mercure de France.
Véry, 51 : Pierre Véry : *Un grand Patron,* Julliard.
Viansson, 71 : Pierre Viansson-Ponté : *Histoire de la République gaullienne,* Fayard.
Victor, 73 : Eliane Victor : *Les femmes... aussi,* Mercure de France.
Vigil, 67 : José-Luis Martin Vigil : *L'Homme Déchiré,* Casterman.
Vlatimo, 67 : Roger Vlatimo : *Coups Durs au West-Side,* Édit. de l'Arabesque.
Voyenne, 68 : Bernard Voyenne : *Conférence sur la dépolitisation de la presse,* Saarbrücken 24-01-68.

Wellers, 73 : Georges Wellers : *L'Étoile jaune à l'heure de Vichy,* Fayard.
Willerval, 66 : Bernard Willerval : *Provence,* Arthaud.

Yamarellos, 70 : Yamarellos et G. Kellens : *Le crime et la criminologie,* Marabout Université.
Young, 72 : Michael Young : *L'Europe de l'an 2000,* Fayard.

6e Plan transports, 71 : *Rapport des comités du 6e plan 1971-1975, transports intérieurs* (Tome 2), Documentation française.

TABLEAU DES SIGNES DE TRANSCRIPTION PHONÉTIQUE

Les signes de transcription sont ceux de l'A.P.I.
(Association phonétique internationale)
Les mots donnés comme exemples sont choisis pour la plupart dans la nomenclature du présent dictionnaire

VOYELLES ORALES

- [a] baraka, bénévolat, vacataire
- [ɑ] château, râpé, repas
- [ə] première, redoux, vedette
- [e] P.D.G., surrégénérateur, télé-, tiercé
- [ɛ] minet, problème, zeste
- [i] flexible, piraterie, recycler
- [ɔ] francophone, solaire
- [o] gaulliste, osmose, placebo
- [u] bouffe, plouc, zoom
- [y] gélule, super, tissu, ultra
- [ø] friteuse, juteux, kinésithérapeute
- [œ] cœur, pin-up, truster

VOYELLES NASALES

- [ã] environnement, tangente, trimaran
- [ɔ̃] reconversion, sondage, tronc commun
- [ɛ̃] impact, syntagme, zinzin
- [œ̃] parfum

SEMI-VOYELLES

- [j] embouteillage, gorille, volleyeur
- [ɥ] bilinguisme, huilé, suicidaire
- [w] mouroir, quartz, voyeurisme

H « ASPIRÉS »

- ['] handicapé, hippie, hobby, hold-up

CONSONNES

- [b] bidule, hobby, plombier, tabagisme
- [d] décideur, induire, tabloïd, tandem
- [g] ergonomie, gamme, hexagone, vague
- [p] approche, attrape-, papillon, redéploiement
- [t] marathon, rétro, va-t-en guerre
- [k] accordéon, karatéka, québécitude, smicard, technocrate
- [f] affreux, festif, phonique, sophistiqué
- [v] pavé, survirage, T.V.A., vélivole
- [s] ascenseur, minibus, saucissonnage
- [z] bazooka, cerise, transition, zeste
- [ʃ] brioche, chaîne, rechargeable, shampooineur
- [ʒ] belgitude, geler, organogénèse, sauvage
- [l] calculatrice, minéralier, pulsionnel
- [m] alcoolémie, gommer, performance, sémique
- [n] nana, panoplie, pénibilité, ténor
- [ɲ] grogne, hargne
- [r] baron, motard, tractoriste, trémie

SON ÉTRANGER (-ing anglais)

- [ŋ] camping, marketing, standing, zoning

À (Dans des locutions comme *à la carte, à l'heure ..., à part entière, à la sauvette, à tout-va*, etc.).
→ CARTE*, HEURE*, PART*, SAUVETTE*, TOUT*(-)VA, ETC.

ABANDONNIQUE adj. ■ Qui éprouve une crainte maladive d'être abandonné(e).
<small>Le caractère un peu difficile de cet enfant risque de lasser très vite des parents nourriciers. Il en changera sans cesse, il deviendra « *abandonnique* », comme disent les psychiatres (Cesbron, 77b).</small>

ABRIBUS [abribys] sm. 1965. (Nom déposé, formé avec *-bus*, deuxième élément de *autobus* ; cf. aussi *Airbus**). ■ Abri léger, installé aux arrêts d'autobus, et qui supporte des affiches publicitaires, parfois un téléphone public. Il fait partie du *mobilier** urbain.
<small>Depuis deux ans, mille cent *abribus* ont été équipés de téléphone (M. 10.10.74). En 1965-66, lors du lancement des *abribus* (...) (Exp. 12.77). Malgré la vive contestation qu'ils suscitent et malgré leurs défauts – ils n'ont pas de sièges et sont ouverts à tous les vents – les *abribus* ont l'avantage de réunir plusieurs fonctions (M. 27.9.78).</small>

ABSENTÉISME sm. Mot du XIXe s., répandu au milieu du XXe s., sous l'influence de l'anglais *absenteeism*. ■ Absence fréquente ou prolongée de quelqu'un (surtout d'un travailleur absent du lieu de son travail).
<small>Dans une ambiance favorable, les employés travaillent plus vite et mieux, les erreurs diminuent, les accidents sont moins nombreux, l'*absentéisme* régresse, le climat social s'améliore (En. 6.69). L'*absentéisme* individuel ou consécutif aux grèves (...) explique cette chute de production (en Italie) (En 19.6.71).
La direction de l'entreprise fait la chasse aux temps morts et à l'*absentéisme* : il y a beaucoup de licenciements pour absences prolongées (E. 12.6.78).</small>

● **Dans la vie scolaire.**
<small>Phénomène très développé : l'*absentéisme* que tous les enseignants constatent. Autrefois, quand on séchait le collège ou le lycée, c'était une affaire ; maintenant c'est devenu banal (E. 17.9.73). Les rhumes, grippes, bronchites gonflent chaque hiver les taux d'*absentéisme* scolaire (E. 16.9.74).</small>

Rem. <small>Chez les politiques, le mot « *absentéisme* » a conquis son droit de cité. Il est passé ensuite dans certains textes administratifs : des statistiques sur l'« *absentéisme* scolaire » sont publiées par le Ministère (de l'Éducation nationale). Ce barbarisme est un anglicisme (...), il a été mis à toutes les sauces et finit par signifier « abstention continuelle » (Thérive, 56).</small>

ABSENTÉISTE adj. et s. ■ Qui pratique l'*absentéisme**.
<small>Médecins, dentistes, vétérinaires, commerçants, tous *absentéistes* de leurs vignes, possèdent par plaisir ou placement 45 % des vignes méridionales (P. 11.8.75).</small>

ABSOLUTISATION sf. ■ Le fait d'*absolutiser** quelque chose.
<small>L'assaut contre l'*absolutisation* du pouvoir exécutif se livre, depuis deux ou trois ans, sur bien des terrains (E. 6.12.73).</small>

ABSOLUTISER v.tr. ■ Attribuer à quelque chose une valeur absolue.
<small>Le sens de la relativité de tout acte humain évite d'*absolutiser* telle forme d'institution civile ou religieuse (Guichard, 72).</small>

ACCÉLÉRATEUR (COUP D')
→ COUP D'ACCÉLÉRATEUR.

ACCEPTABILITÉ sf.
1. Ensemble des caractères qui font qu'une chose (par ex. une *nuisance**) est plus ou moins acceptable, tolérable.
   > De tels niveaux de bruit dérangent nettement l'écoute de la radio et obligent à interrompre les conversations. Ils constituent une limite d'*acceptabilité* à ne pas dépasser (...) Que le bruit soit acceptable ou non, ce n'est pas à celui qui le produit d'en déterminer l'*acceptabilité* (Ariel, 73).
2. Ling. Caractère d'un énoncé « *acceptable** ».
   > Le degré d'*acceptabilité* d'un énoncé peut (...) varier en fonction de (...) la rapidité du débit, l'absence ou la présence de bruit, etc. (Mounin, 74).

ACCEPTABLE adj. Ling.
On dit d'un énoncé qu'il est *acceptable* quand il est à la fois grammatical — toute phrase agrammaticale est inacceptable — et facilement compris (Dubois, 73).

ACCIDENT DE PARCOURS sm. Fig. Événement imprévu qui interrompt l'évolution, jusqu'alors positive, d'un phénomène, d'un processus économique, social, etc.
> « Bien sûr, en 1974, le trafic du port a baissé de 3 %. Mais c'est un petit *accident de parcours* », dit, avec optimisme, le directeur général (M. 23.2.75). Depuis l'automne, les résultats des élections professionnelles dans un certain nombre d'entreprises montrent un fléchissement de l'influence de la C.G.T. Sans contester le sens de cette évolution, la grande centrale (...) fait observer qu'un tel *accident de parcours* n'est pas le premier qui survienne (M. 30.5.78).

ACCIDENTEUR sm. ■ Auteur d'un accident.
> Un accident de la circulation a un responsable, la victime ou son *accidenteur*, suivant leurs positions respectives par rapport au code de la route (N. 10.72).

ACCIDENTOLOGIE sf. 1973. ■ Science qui étudie les accidents (de la route), leurs causes, leurs effets.
> Le développement de cette science nouvelle, que certains nomment déjà l'« *accidentologie* », a été poussé particulièrement en France (M. 20.3.73).

ACCORD-CADRE sm. Milieu du XXe s. Écon. Accord conclu (par exemple entre représentants du gouvernement et des syndicats, ou de ceux-ci et du patronat), et dont les termes sont assez généraux pour pouvoir servir de cadre à des accords ultérieurs plus diversifiés et plus détaillés (par exemple entre la direction et le personnel d'une même entreprise).
> Parvenir à un *accord-cadre* susceptible de fixer le contexte dans lequel devraient, par la suite, s'inscrire des accords particuliers (M. 16.2.60). Des *accords-cadres* devront être conclus au sommet. Les discussions devront ensuite « redescendre » dans les branches professionnelles ou régionales et dans les entreprises (M. 26.5.68).
> L'*accord-cadre* signé en mars assurera à la France la fourniture, en vingt ans, de 800 millions de tonnes de pétrole brut (E. 4.2.74).

ACCORDÉON (COUP D') Fig.
1. Econ. Procédé consistant à accomplir successivement deux opérations de sens contraire.
   > Pour assainir ses comptes, une importante société vient de réaliser ce que les financiers appellent un « *coup d'accordéon* » : ayant perdu, en 1969-70, près de 10 millions de francs, l'entreprise D. a décidé de réduire son capital de 60 %, puis de l'augmenter d'un peu d'argent frais (E. 8.2.71). En 1970, pour résorber ses pertes, Citroën réalisa un « *coup d'accordéon* » — réduction du capital, puis émission d'actions nouvelles — qui apporta 245 millions de francs (E. 29.4.74). L'opération de sauvetage de la sidérurgie se déroulera sous la forme d'un « *coup d'accordéon* » : il sera pris acte, dans un premier temps, de la réduction du capital des sociétés du fait de l'épuisement de leurs fonds propres ; et, dans un second temps, il y aura augmentation du capital par apport des créances de l'État et des banques (C. 21.9.78).
2. Par ext. Variations soudaines et de sens contraire dans une évolution.
   > Il n'était question que de crise longue. Voici déjà que l'on croit entrevoir le bout du tunnel et les Bourses ont la fièvre. Ce *coup d'accordéon* psychologique est en soi un phénomène digne d'attention. Il est inquiétant que l'opinion se laisse ainsi remuer à tout vent (M. 1.2.75).

(-)ACCORDÉON Deuxième élément de substantifs composés désignant des objets qui peuvent être repliés sur eux-mêmes.
> Canalisation « *accordéon* » (PM 22.11.69). Cloison-*accordéon* (Fa. 2.4.69). Portes-*accordéon* (E. 15.4.68).

ACCROCHAGE sm. Fig. Attesté 1937 (Montherlant, à propos de querelles entre amants). Répandu mil. XXe. (d'après l'emploi dans le vocab. milit.).

1. **Vive controverse, violente querelle.**
   Durs *accrochages* entre les Six avant le compromis sur l'accélération du Marché commun *(M. 22.12.60)*. *Accrochages* avec l'O.R.T.F. qui veut obliger la ville à lui fournir certaines salles *(O. 31.1.68)*.
   Engueulade générale. La scène était l'aboutissement de dizaines d'*accrochages* mineurs qui ne cessaient d'envenimer les relations entre les deux hommes *(Courrière, 71)*.

2. **Prise de contact, hostile ou non.**
   L'« *accrochage* » entre Paris et le F.L.N. paraît cette fois solide : les véritables négociations de paix semblent avoir des chances de s'ouvrir après plusieurs échecs *(M. 19.3.61)*. La phase préliminaire de l'opération (enlèvement d'une jeune fille, en vue d'un viol collectif), « l'*accrochage* », relève de la diplomatie sournoise ou de la brutalité pure et simple. Dans le premier cas, une jeune fille se voit livrée à la bande, au terme d'une promenade, par un ami de cœur *(M. 1.9.66)*.

3. **Économie, publicité : moyens employés pour attirer l'attention du public.**
   Le film n'aurait rien que de sinistre si son « *accrochage* » publicitaire n'était scandaleux *(M. 8.10.66)*. Le publicitaire est un guerrier sans cause. Dans son travail, toutes les métaphores sont guerrières : impact, choc, pénétration, *accrochage (M. 13.9.69)*.
→ DÉCROCHAGE.

ACCROCHER v. intr. et tr. Fig. Plusieurs emplois répandus au milieu du XXe s., avec des significations divergentes, voire opposées.

Accrocher (sans complément, avec pour sujet un nom de chose) (emploi fréquent dans le vocabulaire de la publicité). Attirer, retenir l'attention (du public, des spectateurs, etc.).

Un auteur-compositeur dont les premières chansons « *accrochent* » *(M. 8.5.66)*. Le disque *accroche* ou n'*accroche* pas, le succès est immédiat ou c'est le fiasco. Les auditeurs téléphonent, écrivent : on est violemment pour ou contre *(M. 3.5.68)*. Je connais peu de livres qui d'emblée *accrochent* aussi bien *(M. 27.6.70)*. Vous avez un nom pour votre bidule ? (= l'appareil que vous avez inventé). Un nom qui *accroche*, c'est la moitié de la bataille *(Escarpit, 64)*.
Le terrain de golf est encore rudimentaire, mais la formule « *accroche* » : stages de huit jours pour 200 francs, leçons et prêt de matériel compris *(O. 12.8.74)*.

● **(Sujet nom de personne).** Obtenir un vif succès de popularité.
Les journaux titrent des manchettes énormes : « De Lattre nommé en Indochine. » Et cela porte sur la rue. C'est la preuve : il a encore sa cote dans le grand public, il a « *accroché* », et plus tard, il saura bien émouvoir la nation tout entière *(E. 17.4.67)*.

Accrocher (sans complément, avec pour sujet un nom de chose). Être la cause ou l'objet d'un désaccord entre des partenaires.

La discussion (sur un projet de réforme) se prolonge, car plusieurs mesures *accrochent* encore *(R.T.F. 28.11.54)*.
À propos d'un événement, d'un fait qui constitue une difficulté, un obstacle. On l'observe, elle le sent, elle se trouble (...) Quelque chose *accroche* et tout se dérègle *(Gautier, 60)*. La mort de sa mère lui paraissait encore incroyable. Quelque chose avait dû « *accrocher* », ça n'était pas « normal », on ne meurt pas ainsi *(Rousselot, 64)*.

Accrocher quelqu'un (Le sujet est un nom de personne).
On remarque l'agressivité des reporters : ils *accrochent* aussi bien le Premier ministre que le représentant de l'opposition *(E. 25.2.74)*.

Accrocher (avec complément prépositionnel ; le sujet est un nom de personne). Trouver le contact ; éprouver une attirance, une sympathie, un intérêt.

(Cette adolescente) me donne beaucoup de souci, elle n'*accroche* pas avec la vie, rien ne l'amuse, elle ne sait pas ce qu'elle veut faire plus tard (...) *(Collange, 72)*. Français et Allemands, qui n'avaient eu de contacts qu'à travers les manifestations officielles, *accrochent* sur les problèmes de leur époque (...) On découvre une fraternité, un désir de mieux se connaître *(O. 23.12.72)*.

Accrocher (sans complément, avec sujet impersonnel). À propos de quelque chose qui réussit, d'un contact qui s'établit, etc.

« L'autre soir, tu as parlé avec cette fille. Vous vous regardiez. J'ai cru que « ça *accrochait* ». Est-ce que je me trompe ? » A. connut une agréable émotion : ce sentiment qui le portait vers Béatrice, mais de la réalité duquel il doutait encore, existait donc déjà aux yeux d'autrui ? *(Gascar, 63)*.

S'accrocher, (sans complément, avec pour sujet un nom de personne).

● **Faire preuve d'entêtement.**
Je ne veux pas vieillir, moi ! — Tu t'*accroches*, ma pauvre *(Rochefort, 63)*.
Si les conservateurs sont figés sur place, les (r)évolutionnaires ont la frénésie du mouvement. Si les premiers *s'accrochent*, les seconds décrochent *(M. 30.4.78)*.

● **Faire preuve d'énergie, de ténacité dans l'effort.**
Je dois *m'accrocher* pour travailler. Je suis sans cesse ailleurs. En discutant avec des clients, avec mes dessinateurs, je pars. Je dois me raccrocher pour revenir parmi eux *(Ragon, 66)*. Certains étudiants s'imaginent trop vite qu'ils ne sont pas doués pour un genre d'étude et abandonnent, il faut leur faire comprendre qu'il est indispensable de « *s'accrocher* » pour réussir *(C.I.T.A. 70)*.

ACCROCHER

S'accrocher à quelque chose (avec pour sujet un nom de personne).
- S'appliquer avec constance, s'intéresser durablement à quelque chose.
   Ce sont les paysans qui « *s'accrochent* » le plus aux programmes (de télévision), ayant l'impression d'avoir appris ; les ouvriers au contraire rejettent a priori certaines émissions *(M. 20.5.67).*
- Ne pas se laisser détourner de quelque chose à quoi l'on tient.
   À partir du moment où l'on s'est ligué pour nous marier de force, nous avons décidé de nous *accrocher* à notre célibat comme à un drapeau *(El. 22.2.71).*
→ DÉCROCHER.

ACCROCHEUR adj. et s.
- À propos de personnes : combatif (sport, politique, etc.).
   Le Belge, très *accrocheur*, poussa plusieurs attaques pendant la course *(M. 15.12.64).* Des hommes qui ont le goût du complot, de l'action révolutionnaire, L. est de loin le plus actif, le plus *accrocheur*, le plus violent dans l'action *(Courrière, 70).*
   Il faut, dans les classes préparatoires aux grandes Écoles, des élèves tenaces et *accrocheurs* (qui) tiendront la distance et supporteront le rythme *(P. 7.5.74).*
- À propos de choses : fait pour attirer l'attention, frapper l'imagination.
   Un *film* plus *accrocheur* que pathétique *(M. 24.1.61).* En matière de tourisme, il est prudent de se méfier des *prix* trop « *accrocheurs* » *(A.A.T. 2.70).* Le stand, conçu par le service de publicité (...) était très « *accrocheur* » *(VR 8.11.70).*

ACCULTURATION sf. ■ Adaptation d'un individu, et surtout d'un groupe, à une culture étrangère (manières d'agir, de juger, de parler, etc.).
   Phénomène surprenant d'*acculturation* dans le temps plus encore que dans l'espace. Les Tristans (peuple d'une petite île de l'Atlantique) continuent à vivre ensemble, mais leur bloc est en quelque sorte immergé dans la société anglaise des années 1960 *(FL 10.5.70).*
- Par extension :
   Promotion de la science, principalement dans les pays en voie de développement, bien moins par « l'importation » de connaissances et de techniques que par « l'*acculturation* de la science » grâce, surtout, au développement de l'enseignement scientifique *(C. 30.11.68).*
   Rem. « *Acculturation* » est un anglicisme créé par des ethnologues américains. Il a les mêmes avantages et présente la même ambiguïté que le mot « culture », à partir duquel il a été conçu. Il est exposé à subir les mêmes avatars : chacun se fait de la « culture » une idée qui correspond à sa propre formation et à son information, à ses préjugés, à ses préventions, à son idéologie *(Mars : C. 31.1.71).*
→ DÉCULTURATION.

ACCULTURÉ, E part. et adj. ■ Se dit d'un individu, d'un groupe, qui s'est adapté à une culture étrangère.
   Importés d'Europe, d'Afrique, des Indes et *acculturés* pendant trois siècles, les Martiniquais (...) *(E. 25.2.74).*

ACCUS sm. pl. abréviation de *accumulateur(s)*, courante en français parlé dès avant la seconde guerre mondiale. Fig. ~ 1950 : *Recharger les* ou *ses accus* : reconstituer, refaire ses forces physiques ou morales.
   Les vacances nous donnent l'occasion de « *recharger les accus* », image qui n'a de sens que dans la perspective d'un meilleur « rendement » ultérieur *(C. 12.7.70).*

ACHARNEMENT THÉRAPEUTIQUE Méd.
   L'*acharnement thérapeutique* n'est, en somme, qu'une façon médicale de nier la mort *(Soubiran, 75).* Ce qu'on appelle l'« *acharnement thérapeutique* » consiste à mettre tout en œuvre pour retarder jusqu'à l'extrême limite des possibilités techniques une échéance inéluctable, pour prolonger artificiellement une vie qui n'en est plus une et, du même coup, parfois la souffrance du mourant. Toutes les autorités morales, médicales, religieuses ont condamné cet *acharnement thérapeutique (M. 15.4.78).* Un téléfilm raconte la tragédie de cette jeune fille tombée dans le coma en 1975, et que l'« *acharnement thérapeutique* » a gardée en vie, ou plutôt en illusion de vie, depuis lors *(O. 19.6.78).*

ACIDE sm. ~ 1966. (Ellipse de *acide lysergique diéthylamide*). ■ Désignation familière du *LSD*.
   (...) le prix d'une dose d'« *acide* » : quelque dix millièmes de grammes d'un hallucinogène aux propriétés étonnantes, le LSD 25 *(O. 20.4.66).*
   J'ai commis l'erreur d'accepter un trip d'*acide* (L.S.D.) que j'ai mal supporté. L'autre en a profité pour me faucher mon passeport *(M. 19.7.78).*

ACIDE-PARTIE sf. (Calque de l'anglais *acid-party*). ■ Réunion au cours de laquelle les participants se droguent à l'« *acide* ».
   Il s'était payé une « *acide-partie* ». Il est allé « en excursion », avec un morceau de sucre imprégné de LSD *(E. 17.10.66).*

A-CINÉMA sm. ■ Manière, style (d'un cinéaste) qui est ou semble être la négation de l'art cinématographique.
   Pourquoi fais-tu de l'*a-cinéma*, pourquoi ne songes-tu qu'à détruire ? Tu as mis en route une dangereuse machine qui, si elle réussit, va tuer non pas le mauvais cinéma, mais tout le cinéma *(E. 9.11.70).*

ACOUSTICIEN sm.
- Spécialiste des appareils acoustiques destinés aux sourds.
  L'aide-ouïe invisible : votre *acousticien* l'adapte à votre degré de surdité *(Pub.M. 14.10.65)*.
- Spécialiste de l'acoustique des salles de spectacle.
  Aucune salle de spectacle ne s'érige sans les conseils et les études d'un *acousticien (E. 11.3.68)*.

ACTION sf. (Vie sociale : d'après le sens de *combat, opération militaire*). ■ Ensemble de moyens — grèves, manifestations, etc. — utilisés par des groupements de travailleurs pour appuyer leurs revendications.
  Ces arrêts de travail seront le sommet de la semaine d'*action* qui débute lundi *(E. 16.10.72)*. Une journée nationale d'*action* a été organisée par la C.G.T. et la C.F.D.T. pour protester contre le chômage et la vie chère *(M. 4.12.75)*. Les syndicats veulent sauvegarder les chances d'une *action* concertée à la rentrée *(O. 26.6.78)*.

Rem. Dans les exemples précédents, certains verront peut-être, dans l'emploi du mot *action* sans déterminant, une ellipse d'*action revendicative*, d'autant que la construction avec cet adjectif est usuelle.
  Lorsqu'on renouvelle le contrat d'un agent, on peut se souvenir de l'attitude qu'a eue l'intéressé au moment d'une *action revendicative (E. 25.11.74)*.

ACTION PSYCHOLOGIQUE loc. subst. fém. Avant 1960. ■ Méthode employée pour accréditer dans une population certaines idées (politiques, sociales), et qui prétend se fonder sur une analyse scientifique de la psychologie des masses.
  Les termes d'« *action psychologique* » et de « mise en condition des masses » que certains militaires, se jetant dans les perversités intellectuelles, avaient forgés (...) L'application de ces méthodes était rendue possible par le perfectionnement de l'information qui, cédant à un besoin de grossissement et n'ordonnant jamais les faits que dans une perspective quotidienne, donnait aisément aux réalités présentes un caractère fabuleux *(Gascar, 63)*. Dans la guerre révolutionnaire, l'action militaire pure cède le pas à l'*action psychologique*, à la propagande *(Courrière, 70)*.
→ INTOXICATION, MATRAQUAGE, MISE EN CONDITION*.

ACTIONNARIAT sm. Econ., pol. Repris au milieu du XXe s., à propos de projets tendant à octroyer aux salariés la possibilité de devenir actionnaires de l'entreprise.
  Constituons l'*actionnariat* en force plus autonome *(F. 11.11.66)*. Je (Premier ministre) vais établir le calendrier des réformes : entreprises nationalisées, expériences d'*actionnariat*, mensualisation des salaires, etc. *(PM 25.10.69)*. Au Crédit foncier de France, une expérience d'*actionnariat* a été menée. 30 000 actions ont été distribuées aux 2 500 employés *(M. 23.1.71)*. Le Conseil des ministres a entendu une communication du ministre des Armées et (de celui) des Finances sur l'extension de l'*actionnariat* au profit des salariés dans certaines entreprises nationalisées *(F. 17.6.71)*.

ACTIVE (SÉCURITÉ) sf. Autom. ■ Sécurité qui provient de la qualité du freinage et de la tenue de route (par opp. à la sécurité *passive**).
  Le constructeur a axé son effort sur la *sécurité active* : la tenue de route est servie par quatre roues indépendantes. Le freinage est à disques sur les quatre roues, avec double circuit *(C. 25.2.75)*.

ACTIVISME sm. Pol. ■ Ardeur à défendre une cause, en recourant au besoin à la violence. (Le terme a été souvent employé entre 1958 et 1962, pour désigner l'attitude des *activistes**, défenseurs les plus ardents de l'« Algérie française ».)
  Se considérant comme un chevalier chrétien, M. allait jusqu'à déplorer la tiédeur des Pieds Noirs (Européens d'Algérie) dans la défense de leur propre cause. Il me fut relativement facile de maintenir les enthousiasmes de M. et de ses semblables dans les limites d'une honnête prudence, tout en feignant de partager leur *activisme (Escarpit, 64)*. Des *activismes* agricoles plus redoutables que le laisser-aller (dans certains pays en voie de développement) *(M. 19.6.66)*. J'avoue être choqué par l'*activisme* du président (d'une cour d'assises), son art de transformer l'interrogatoire en réquisitoire *(E. 19.5.69)*. Grâce à son *activisme* contagieux, il (un ministre) pourra rassembler autour de lui des états-majors politiques affolés *(P. 12.4.76)*. Convaincu du danger du terrorisme, il avait exprimé son aversion pour ce type d'*activisme (M. 7.5.78)*.
- Par ext. Emploi des « grands moyens ». Interventionnisme.
  Aux États-Unis, les psychiatres emploient ce médicament en doses lourdes. Cet « *activisme* » thérapeutique se discute *(E. 17.9.73)*. L'internationalisation de l'économie française ne conduit pas à l'affaiblissement du rôle de l'État dans le secteur industriel, au contraire (...) La puissance des entreprises n'est-elle pas renforcée par l'« *activisme* » des pouvoirs publics ? *(M. 10.1.75)*.

ACTIVISTE adj. et subst.
1. Pol. Repris vers 1958, notamment à propos de certains Européens d'Algérie partisans d'une répression énergique de la « rébellion » ; étendu à d'autres personnes ou groupes qui préconisent des méthodes violentes dans la lutte politique.

ACTIVISTE

- **Adj.**
  Le général C. sait tout (en mai 1958) des mouvements *activistes* parisiens *(Courrière, 70)*.
- **Subst.**
  Dans le vocabulaire du lieu commun le militant est un homme de gauche qui distribue les tracts de la bonne conscience, l'*activiste* est un homme de droite qui distribue des bombes pour faire dérailler l'Histoire *(P.E.P. 69)*.
  Dans l'atmosphère algérienne le temps ne travaille pas pour la pacification. Certes, la lassitude grandit dans les deux communautés. Mais les *activistes* des deux clans se moquent de la lassitude *(M. 26.2.59)*. Ceux qui ne voient pas d'un très bon œil l'action de S., jugé trop libéral, ceux-là sont prêts à tout. On va les baptiser « *activistes* ». Ils veulent (en mai 1958) renverser la République et établir (en France) un régime autoritaire *(Courrière, 70)*.
2. **Par ext. Partisan actif d'un projet, d'une cause.**
   Activiste français de l'israélisme *(M. 19.1.68)*. Les *activistes* parlementaires U.N.R. de la troisième chaîne publicitaire (de télévision) *(E. 18.12.67)*.
   Les orateurs s'adressent aux jeunes *activistes* du parti conservateur *(O. 17.2.75)*. On se trouve en face de deux groupes d'*activistes*. Le Bénélux entraîne le premier groupe et ne jure que par le serpent monétaire (...) Selon le raisonnement du deuxième groupe d'*activistes*, il faut plutôt chercher à rapprocher les politiques économiques et monétaires des pays intéressés *(M. 9.6.78)*.

ACTUALISATION sf. Pol. Mise à jour (d'un programme).
Les délégués du parti communiste, du parti socialiste et du Mouvement des radicaux de gauche ont poursuivi leurs négociations sur l'*actualisation* du programme commun *(M. 23.9.77)*.

ACTUALISER v. tr. Pol. Mettre à jour (un programme).
Le programme commun de la gauche date de 1972. Il fallait donc l'*actualiser*, au moins quant aux chiffres *(M. 10.3.78)*.

ADAC Sigle pour « *A*vion à *d*écollage et à *a*tterrissage *c*ourts ».
Dans la meilleure des hypothèses, l'*ADAC* ferait gagner trente à quarante minutes aux clients de la ligne aérienne Paris-Lyon. Mais cela supposerait la construction d'aéroports spéciaux, les *ADAC-ports*, très proches des villes *(M. 15.12.70)*.

ADAPTABILITÉ sf. ~ 1960. ■ Faculté de s'adapter à un milieu, une situation, etc.
L'exaltation de la jeunesse et de ses attributs — le dynamisme, l'efficience, l'*adaptabilité*, etc. — encombrent les petites annonces *(M. 23.10.66)*.
« Il n'y a pas de tests d'*adaptabilité* ? » — « C'est très difficile, car il s'agit de juger d'une potentialité au lieu de mesurer une réalité. » *(E. 23.12.68)*. L'utilité de l'*adaptabilité* et de la créativité pèse beaucoup dans la vie sociale, économique et scientifique *(Peretti, 72)*.
- **À propos de choses.**
  Une clientèle désireuse de choisir un article de qualité, d'une *adaptabilité* excellente pour un usage quotidien *(El. 26.5.69)*.

ADHÉRISATION sf. Autom. ■ Moyen qui améliore l'adhérence d'un pneu sur le sol.
Les fentes d'*adhérisation* disposées sur la bande de roulement du pneu facilitent l'évacuation de l'eau *(C. 9.10.70)*. Les lamelles d'*adhérisation* aspirent l'humidité du sol et améliorent l'adhérence au freinage *(PM 24.10.70)*.

ADJECTIVAL, E adj.
1. **Qui a la fonction ou la valeur d'un adjectif.**
   Une manie qui consiste à créer de toutes pièces des *formes adjectivales* *(Le Bidois, M. 18.9.57)*. S'agit-il (dans les résultats d'une étude lexicale) d'un appauvrissement dans le nombre des *vocables adjectivaux* qu'on antépose ? *(ELA, n°1, 71)*.
2. **Qui sert à former des adjectifs.**
   La variété des *suffixes adjectivaux* que le français peut mettre en œuvre *(M. 19.5.70)*.
3. **Qui est construit à l'aide d'un adjectif.**
   Le *syntagme adjectival* « très fier de son fils » est constitué de l'adjectif < fier >, de l'adverbe de degré < très > et du complément < de son fils > *(Dubois, 73)*.

ADJECTIVITE sf.
→ -ITE (Suffixe).

ADOPTABLE adj. ■ Qui peut être adopté(e).
La diminution du nombre d'enfants *adoptables* s'explique par (...) l'amélioration du statut des mères célibataires et diverses mesures sociales qui ont limité les abandons au moment de la naissance *(P. 24.12.73)*. La loi permet de rendre *adoptables* les enfants dont les parents se sont manifestement désintéressés depuis plus d'un an *(E. 4.2.74)*.

ADRESSE sf. ■ Mot ou unité lexicale qui sert de titre — généralement en caractères gras — à un article de dictionnaire.
Le regroupement, ou adressage, des formes flexionnelles sous une *adresse* et le choix de cette *adresse* sont en général fixés par l'usage : en français, < va >, < ira >, < allé >, sont regroupés sous l'*adresse* « ALLER » *(Mounin, 74)*.
→ ENTRÉE, VEDETTE.

AÉROSOL

ADULTE adj. À propos de choses.
1. **Qui s'adresse à l'intelligence, à la raison plutôt qu'à la sensibilité.**
   Y avait-il dans le domaine de la fantaisie scientifique la possibilité d'une *littérature « adulte »* ? *(M. 7.6.67)*.
2. **Qui a dépassé le stade expérimental.**
   Sur la deuxième chaîne (de télévision) on programma toutes les semaines un bon film étranger en version originale. Devenue *adulte*, la chaîne balaya ces expériences « de laboratoire » : le grand public est allergique aux sous-titres *(E. 17.9.73)*.

AÉRO(-) Premier élément — d'origine grecque — d'adjectifs et de substantifs composés savants, dont beaucoup des plus récents sont hybrides — combiné avec un élément non grec. Ils appartiennent pour la plupart aux vocabulaires de l'astronautique, de l'aviation (civile ou militaire), ou de techniques qui s'en inspirent plus ou moins. *Aérosol** fait exception.

AÉROGARE sf. Rép. mil. XXe.
1. **Dans un aéroport : ensemble de bâtiments qui abritent les services destinés aux passagers, à leurs bagages, aux marchandises.**
2. **Au centre d'une ville : les mêmes installations, reliées à l'aéroport par des autocars, une voie ferrée, etc.**
   L'*aérogare* : bâtiment qui, par sa destination même, se trouve situé au carrefour des mouvements profonds qui ébranlent notre univers de terriens, nous ouvrent des horizons nouveaux, (...) *(Hoveyda, 65)*. Dans l'*aérogare* se crée un anonymat propice aux liaisons extra-conjugales. Et l'architecture de l'*aérogare* est lisse, sans bavures, d'acier et de verre *(Ragon, 66)*.

AÉROGLISSEUR sm. ~ 1965. ■ Véhicule amphibie se déplaçant sur *coussin** d'air, et utilisé notamment pour déplacer des passagers et des automobiles à travers la Manche.
Rem. 1. Le mot *aéroglisseur* est très expressif et de formation classiquement française *(F. Mars, C. 21.6.70)*.
Rem. 2. Ce terme tend à remplacer l'anglicisme *hovercraft** ; il s'emploie concurremment avec *naviplane** (cf.cit. ci-après).
Le général de Gaulle aura été le premier chef d'État à monter à bord de l'appareil appelé en anglais « hovercraft », et en français « *aéroglisseur* » *(M. 27.4.66)*. Le Conseil général a décidé de participer au financement de la construction d'un nouveau naviplane N-500. Deux *aéroglisseurs* de ce modèle avaient déjà été construits *(M. 17.6.78)*. L'*aéroglisseur* N-500 vient de prendre son service régulier sur la Manche (...) deux naviplanes de ce type étaient en construction (...) le second appareil transportera 400 voyageurs et 55 voitures à la vitesse moyenne de 45 nœuds. Il assure le parcours Boulogne-Douvres en 1/2 heure *(VR 13.8.78)*. La nouvelle gare d'*aéroglisseurs* de Boulogne-sur-Mer a été inaugurée le 24 juillet (...) On en est maintenant aux *aéroglisseurs* géants capables de transporter 400 passagers et 500 voitures *(M. 26.7.79)*.

AÉROMOBILITÉ sf. Milit. ■ Mise en œuvre massive d'hélicoptères de différents types, groupés en grandes unités, afin de tirer parti de la mobilité de ces appareils et de leur capacité à servir à diverses fins (observation, tir, transport, etc.).
Il ne faut pas conclure (...) que l'*aéromobilité* est la panacée pour une armée de terre. L'hélicoptère a des limites opérationnelles *(M. 30.5.78)*.

AÉROPORTUAIRE adj. ~ 1965. (De *aéroport* et *portuaire*). ■ Relatif aux aéroports.
En matière d'*infrastructure aéroportuaire*, il faut se garder de prendre trop tôt des décisions *(Air 7.11.70)*. Un billet qui constitue un nouveau progrès est actuellement testé : il a pour but de simplifier les formalités d'enregistrement pour le passager, notamment par l'inclusion de la *redevance aéroportuaire* *(M. 6.4.66)*. L'accroissement du transport aérien de fret est appelé à prendre une telle ampleur dans cet aéroport que, dès maintenant, on peut prévoir, à l'image de ce qui se passe dans les ports maritimes, le développement d'une *zone aéroportuaire* industrielle alimentée par ce trafic *(T. 2.67)*.
Plusieurs pays ont de grandes difficultés à trouver des sites *aéroportuaires* adéquats *(M. 21.7.73)*. Les autorités *aéroportuaires* ont mis en place, à l'aéroport de Roissy, des tracts invitant les passagers à (...) *(M. 1.6.78)*.

AÉROSOL [aerɔsɔl] sm. Rép. mil. XXe. (élément grec *aero—* et élément d'origine latine *sol—*, de solution). D'abord en chimie, en médecine, etc. Répandu ensuite dans le vocabulaire courant par la publicité.
■ Gaz — notamment l'air — qui contient en suspension de menues particules solides ou de fines gouttelettes liquides. — Par extension : système qui permet de disperser un liquide, une solution dans un gaz, ou de projeter par *nébulisation** (au moyen d'un *atomiseur**, d'une *bombe**, etc.) un *désodorisant**, un insecticide, une peinture, etc., réduits en brouillard.
Le lancement d'une nouvelle marque de déodorant est devenu une opération difficile. Une marque française, une marque américaine contrôlent à elles seules la moitié de la consommation d'*aérosols* ou billes déodorantes *(O. 17.3.69)*. Les produits en bombe à

AÉROSOL

aérosol sont maintenant nombreux. C'est un gaz liquéfié et non toxique contenu à l'intérieur de la bombe qui permet la vaporisation *(FP 7.71)*.
Les *aérosols* ont peut-être vécu leur âge d'or : depuis quelque temps ils sont mis en question par des médecins, des écologistes, des organes de défense des consommateurs (...) Après divers accidents et des expériences en laboratoire, les *aérosols* sont aujourd'hui considérés comme des coupables en puissance *(VR 5.2.78)*.
→ BOMBE, SPRAY.

AÉROSPATIAL, E ou AÉRO-SPATIAL, E adj. et subst. ~ 1960.
■ Relatif à l'espace interplanétaire, à son exploration, etc.

Rem. *Aérospatial*, « relatif à l'air et à l'espace », ne représente pas une formation isolée dans le champ sémantique de l'aéronautique où on a pu rencontrer « aéroterrestre », « dans les airs et sur la terre » (et) « aéroatomique » *(Guilbert, 67)*.

● Adj.
Quatre « réussites » industrielles : Lacq, les Forges de l'Adour, la ceinture industrielle de Bordeaux et les *centres aéro-spatiaux (M. 17.5.66)*. Ce *complexe aérospatial*, le plus grand de France, occupera 170 hectares *(M. 9.3.66)*. Inquiétude en ce qui concerne l'avenir de la *construction aérospatiale* française *(F. 6.1.67)*. Les principaux points de l'effort national dans le *domaine aérospatial (M. 25.5.66)*. L'*industrie aérospatiale*, indispensable à un pays moderne *(E. 2.11.64)*. Un groupe consultatif pour la *recherche* et les *réalisations aérospatiales (M. 27.3.66)*. Ce qu'on appelle le *transporteur aérospatial* permettra un jour de partir d'un aéroport pour rejoindre un satellite *(M. 11.5.66)*.
Toulouse affirme sa *vocation aérospatiale (E. 12.11.73)*.

● Sm.
Toulouse, capitale de l'*aérospatial (F. 13.12.66)*.

● Sf.
Ces activités de pointe que sont les techniques liées à l'*aérospatiale* et aux télécommunications *(M. 18.12.67)*.

AÉROTRAIN sm. ~ 1965. (Nom déposé). ■ Véhicule sur *coussin**
d'air, guidé par un rail, et propulsé par un moteur électrique linéaire ou par une turbine à gaz.

L'histoire de l'*aérotrain* commence en 1964. Des pays étrangers (...) sont tentés par le brevet de véhicule rapide sur coussin d'air déposé par l'ingénieur Bertin *(E. 7.1.74)*. L'*aérotrain* était un projet fort risqué. Le prestige de l'avant-garde, des perspectives de vente à l'étranger pouvaient le justifier. Encore eût-il fallu le bien conduire *(P. 22.7.74)*.

AFFABULATEUR, TRICE s. ~ 1964. ■ Qui pratique des *affabulations**.

L'auteur des lettres (anonymes ne peut pas passer) aux yeux des policiers pour un complet *affabulateur*, il a donné en effet trop de précisions et trop de détails troublants *(M. 19.6.64)*. L. B., *affabulateur* notoire, avait brodé sur quelques confidences qu'on lui avait faites *(M. 20.5.66)*.
Son mari, menteur, chimérique, *affabulateur* (Saint Pierre, 72). Odette, plus *affabulatrice* que jamais *(Laurent, 71)*.

AFFABULATION sf. Repris au milieu du XXe s. avec un sens nouveau.
■ Manière fantaisiste ou même mensongère de présenter, de rapporter des faits.

Rem. La plus récente proposition de « mise en garde » de l'Académie (séance du 11 mai) nous invite à ne pas confondre l'*affabulation* et la « fabulation ». La première désigne techniquement l'intrigue ou la trame d'un roman ou d'un drame (...) La « fabulation », elle, est à la fois la faculté et l'activité d'invention, au fil des jours, d'histoires données pour véridiques. Elle paraît moins associée à « une tendance maladive à tromper » (ce que dit l'Académie), qu'au désir d'attirer sur soi l'attention des auditeurs, et en fait de se donner une existence autre que celle que l'on a (...) L'usage est (hélas ou heureusement ?) plus complexe que ne le laisserait croire la mise en garde un peu tranchante de nos sages *(J. Cellard, M. 28.5.78)*.

♦ Le syndicat des vendeurs de voitures d'occasion va proclamer qu'il s'agit là (dans la publication par la presse d'une lettre du client qui prétend avoir été volé) d'*affabulations* mythomanes et diffamatoires *(A.A.T. 4.67)*. Une enquête-fleuve, sans cesse grossie par les *affabulations* et les témoignages contradictoires du milieu auquel appartenait la victime *(E. 17.3.69)*.
Ses divagations sur les sujets les plus divers, ce mélange de réalisme et de constante *affabulation* (Saint Pierre, 72). Un démenti cinglant vient d'être infligé à ces *affabulations* avec la publication des chiffres définitifs des accidents de la route *(AAT, 2.78)*.

AFFABULER v. intr. ■ Se livrer à des *affabulations**.

Rem. *Affabuler* est, à mon sentiment, de plus en plus souvent employé à la place de 'fabuler', raconter comme authentiques des faits ou des épisodes étonnants auxquels le narrateur aurait été mêlé, comme acteur ou témoin. *(J. Cellard, M. 28.5.78)*.
Dans le domaine mental, il n'y a, entre la maladie de quelques-uns et la santé de la plupart, qu'une différence d'intensité dans les constructions délirantes de celui qui *affabule (E. 27.9.65)*.
Comment revenir à de solides certitudes ? En appelant devant le tribunal le procès public de D., qui sera dès lors confondu, s'il *affabule (E. 15.1.73)*.

AFFAIRES (D') Dans des locutions récentes, créées par analogie d'après d'autres déjà anciennes, comme *agent/ cabinet/ homme d'affaires*, etc.

Plusieurs constructeurs s'intéressent à l'*aviation d'affaires* (...) Un nouveau type d'*avion d'affaires* a été présenté aux industriels *(VR 3.11.74)*. L'*hôtellerie « d'affaires »*, conçue pour ces cadres porteurs d'attachés-cases (...) *(M. 2.5.74)*. C'est sur le *tourisme d'affaires* que nous avons misé : qui dit congrès dit tourisme de toutes saisons *(M. 24.6.78).* Il faut signaler le succès des trains à supplément, dits *« trains d'affaires » (VR. 1.12.74).*

AFFICHAGE sm. (D'après l'emploi en *informatique**). ■ Système employé pour visualiser des informations, chiffrées ou non.

Une firme japonaise a lancé un système d'*affichage* par diodes de la vitesse — entre 1/2 seconde et 1/1000e de seconde — sélectionnée par l'appareil (photographique) *(AAT. 2.78).*

AFFREUX sm. ~ 1960. Mercenaire blanc au service d'une armée, en Afrique

Rem. Le sens de « mercenaire » remonte à une acception argotique du mot : *affreux*, « vilain » *(Guiraud : CL n° 10.67).*
♦ L'aventure katangaise comptera parmi les plus extravagantes de notre siècle. N'y a-t-on pas vu 200 mercenaires européens tenir en échec à maintes reprises 20 000 hommes des Nations Unies ? Ces mercenaires — les *« affreux »* comme on les surnomma — font désormais partie d'une certaine mythologie de la guerre moderne *(FL 9.3.63).* On peut nous appeler « mercenaires », *« affreux »* en tous cas, nous, nous sommes des hommes libres qui avons choisi le camp pour lequel nous nous battons. Beaucoup de soldats de métier ne peuvent en dire autant *(PM 29.7.67).* (Le premier ministre du Katanga) va faire appel une fois de plus (comme en 1961) aux *« affreux »,* ces officiers, sous-officiers, soldats de tous pays, ainsi surnommés par les diplomates de l'O.N.U. Ces soldats de tous les coins du monde (sont) des hommes qui aiment jouer à la guerre et dont le vrai lien est l'internationale de l'aventure *(PJ 19.8.64).* Les légionnaires sont appelés à jouer un rôle d'*affreux* pour le compte d'un régime impopulaire *(E. 1.9.69).*
Un ancien mercenaire, rentré du Zaïre, affirme qu'un camp de formation d'*« affreux »* a fonctionné sur le territoire français *(M. 20.3.76).* Ce mercenaire à la tête d'un État africain, c'est catastrophique. Les *« affreux »* sont ce que les Africains haïssent le plus *(O. 19.6.78).*
● **Par ext. (Avec connotation péjorative). Dans d'autres domaines.**
Les uns accusent les designers de se faire les mercenaires, les *affreux* de l'industrie *(E. 27.11.67).* Des *affreux* qui refusent de se plier aux règles de l'urbanité la plus élémentaire *(Bernard, 64).*

AFFREUX JOJO [ʒoʒo] sm. (D'après le nom d'un personnage abominable créé par un dessinateur américain). ■ Enfant insupportable, garnement.

Pourquoi les garnements, les *« affreux Jojos »* sont-ils insupportables à l'école et à la maison ? Quel est le secret de ces brise-fer ? *(E. 30.7.73).*
● **Par ext. : Personne qui refuse les conformismes, s'exprime sans ménagements, et passe pour un « enfant terrible ».**
Avec quelques phrases, un air buté et une agressivité à peine déguisée, le nouveau ministre des Affaires étrangères de Grande-Bretagne a ravi à Michel Jobert la qualité d'*« affreux Jojo »* de l'Europe *(P. 8.4.74).* Tout ce que la France compte de contestataires se reconnaît dans les dessins de J. M. Reiser. *Affreux Jojo* de la bande dessinée, il envoie à la tête de ses lecteurs (...) les pires horreurs *(M. 3.5.78).*

AFRICANISATION sf. Action d'*africaniser** ; résultat de cette action.

Le gouvernement congolais décida l'*« africanisation »* immédiate des cadres de l'armée. Les officiers belges ne devaient plus jouer qu'un rôle de conseillers techniques *(Lantier, 69).*

AFRICANISER v. intr. ou tr. ~ 1965. ■ Faire passer (une administration, un territoire, etc.) sous le contrôle des autorités africaines.

(Le premier ministre du Malawi) a réaffirmé qu'il n'*« africaniserait »* pas pour le plaisir d'*« africaniser » (M. 22.7.65).* Des terres appartenant à des colons britanniques ont été rachetées et redistribuées à des cultivateurs africains. C'est l'Angleterre qui a couvert les frais de l'opération, et les domaines ainsi *« africanisés »* ont été divisés *(M. 28.3.65).*
Au Gabon, hormis l'Administration, qui est *« africanisée »,* les Gabonais qui occupent des postes de responsabilité sont rares *(E. 21.5.73).* Beaucoup plus *africanisée* que par le passé, la plus ancienne université d'Afrique francophone reste fidèle à sa mission *(M. 3.3.74).*

AFRO- (De *africain*). Premier élément d'adjectifs et de substantifs composés.

L'extension des relations entre les *Afro-Américains* et les *Afro-Africains (Bastide, 72).* Un projet déposé par 18 pays *afro-asiatiques (M. 4.11.70).* Les généreuses idées de l'*afro-asiatisme (O. 11.2.74).*

AFTER-SHAVE [aftœrʃɛv] adj. et sm. ~ 1960. ■ Mot anglais, concurrencé par lotion *après*-rasage*.

Un film publicitaire avait été tourné à la gloire de l'*after-shave*. La clientèle visée a aimé le film, mais n'a pas acheté l'*after-shave (P. 8.7.74).*

ÂGE (PREMIER, DEUXIÈME, etc.) loc. subst. Milieu du XXe s.
1. Formules qui désignent les différentes périodes de la vie humaine.

Aliment démarrage *premier âge (FP 4.69).* Les convictions et les combats de l'étudiant ne représentent qu'une crise passagère, caractéristique du *deuxième âge* et qui ne sont pas du folklore tradionnel de la jeunesse *(O. 6.3.68).* Les périodes pré-électorales sont les temps des promesses. Il y a néanmoins un engagement que l'on ne trouve nulle part : celui d'élaborer enfin une politique du *« troisième âge » (F. 28.12.66).* Dans un « village-retraite » les retraités sont intégrés à la population et peuvent traverser ce que l'on a

ÂGE (PREMIER, DEUXIÈME, etc.)

appelé le *« troisième âge »* sans que leur personnalité en soit diminuée *(PM 18.2.67)*. Un magazine destiné aux plus de soixante ans peut contribuer, en traitant les problèmes juridiques, sociaux, médicaux, affectifs et autres du *« troisième âge »*, à suppléer au manque d'information habituel dans ce public *(M. 29.5.69)*. Les retraités sont de plus en plus nombreux. Avant peu, 25 % de la population française aura plus de 65 ans et la durée moyenne du *« troisième âge »* sera de 20 ans *(E. 5.4.71)*. Ce que l'on commence à appeler le *quatrième âge* — les plus de 75 ans — constitue une catégorie qui devient de plus en plus nombreuse *(C. 5.7.70)*.

L'opinion intègre, sans trop de mal, le *« troisième âge »* encore alerte et susceptible de rendre maints services. La même opinion oublie plus facilement l'arrière-grand-mère invalide, celles et ceux qui sont classés dans le *« quatrième âge » (C. 12.10.74)*. Le tourisme du *troisième âge* ne devrait plus être considéré comme un tourisme de raccroc *(M. 8.11.75)*.

2. **Personne qui se trouve dans l'une des périodes indiquées.**

   Le club du troisième âge de M. compte plus de 200 personnes d'environ 70 ans. Les *« troisième âge »* peuvent écouter de la musique, participer aux jeux de société *(C. 11.2.71)*.

3. **Par ext. Étapes successives de développement d'une entreprise, d'une institution, d'une technique, etc.**

   Le *deuxième âge* de la modernisation du commerce *(M. 8.9.70)*. Le stade Roland-Garros, pour ses cinquante ans, a commencé de vivre un *second âge (E. 12.6.78)*. C'est le début du *troisième âge* de la limonade (= la profession des débitants de boissons) *(M. 28.10.73)*.

→ GÉNÉRATION.

AGENT DE MAÎTRISE sm. ■ Contremaître, chef d'atelier, chef d'équipe.

Depuis la crise de mai 1968, les *agents de maîtrise* sont devenus la cible facile des contestataires, même si les attaques contre les « chefs-flics », les « adjudants », n'ont fleuri que dans certaines entreprises. (...) Le « petit chef », l'*agent de maîtrise* appartient, pour l'ouvrier, au camp de la direction. (...) L'*agent de maîtrise* se sent encore ouvrier, mais il aime qu'on le considère, voire qu'on l'appelle « monsieur » *(M. 22.10.74)*.

→ CADRE, PETIT CHEF.

AGENT DE VOYAGE sm. ■ Personne qui dirige ou qui gère une agence de voyages

Depuis une quinzaine d'années, les Agences de voyages (les tours-opérators, dans le jargon professionnel) ont connu une prospérité confortable. Mais, cette année, le marché ne semble plus aussi prospère. Le syndicat des *agents de voyages* ne cache pas son inquiétude *(C. 27.8.78)*.

AGENT HOSPITALIER sm. ■ Membre du personnel soignant auxiliaire.

L'*agent hospitalier*, qu'on appelle plus souvent *aide-soignant*, gagne nettement moins que l'infirmière *(O. 24.9.73)*. Les *agents hospitaliers* ne sont plus corvéables à merci comme il y a encore quelques années *(M. 2.6.78)*.

AGGIORNAMENTO [a(d)ʒɔrnameto] sm. ~ 1962. Mot italien (mise à jour), emprunté à l'occasion du concile Vatican II.

1. **À propos de l'Église catholique romaine.**

   Sous l'impulsion prophétique de Jean XXIII, c'est un tout autre esprit qui s'est établi, dès le début, dans la majorité du concile. Cet esprit nouveau est caractérisé par un mot qui a fait fortune et dont le sens s'est peu à peu précisé, l'*« aggiornamento »* ; on peut traduire : une révision de vie impliquant examen de conscience du catholicisme, prise de conscience de l'Église dans un esprit positif d'intelligence sympathique, de compréhension charitable pour l'homme et l'histoire *(M. 23.12.65)*. L'espérance (est née) que, dans les décennies à venir, l'*aggiornamento* soit plus qu'un jeu de mots et une simple adaptation de l'Église *(M. 6.8.66)*. L'*aggiornamento* postconciliaire qui a suivi Vatican II n'a pas encore réussi à convaincre, surtout parmi les jeunes *(E. 12.8.68)*.

2. **Par ext. : À propos d'autres Églises, ou d'autres religions.**

   Un courant réformiste que ses animateurs, séduits par les efforts d'*aggiornamento* entrepris par les Églises chrétiennes, veulent étendre à l'Islam *(M. 14.6.66)*.
   Il avait réfléchi à l'éventualité d'un *« aggiornamento »* de l'Église de Grèce *(M. 29.11.73)*.

3. **Dans d'autres domaines : modernisation, réforme.**

   O Est-ce que le gouvernement prévoit un *« aggiornamento »*, comme on dit, pour l'*apprentissage* ? *(O.R.T.F. 3.6.71)*. L'émission « Midi-magazine » entreprend son *aggiornamento (M. 10.10.69)*. L'*aggiornamento* en *haute couture (M. 11.10.70)*. Actuellement toute *méthode* d'action doit procéder à son *aggiornamento (C. 20.4.70)*. L'*aggiornamento* de la *politique* canadienne *(E. 14.4.69)*. Vis-à-vis du patronat français, la *tactique* syndicale est changée. Les « bonnes manières » du Conseil national du patronat ont aidé à cet *aggiornamento (M. 13.9.70)*. *Aggiornamento* des *thèmes* traditionnels de la gauche *(M. 18.1.68)*.

   OO Le Premier ministre s'est-il découvert un nouveau Mentor en Jean XXIII ? Le projet de réforme de la Justice qu'il a annoncé, est évoqué par un de ses collaborateurs comme un *« aggiornamento » (E. 25.6.73)*. On commence à parler de la nécessité de corrections, de rectifications, d'additifs, de compléments. Ceux qui ont rédigé le Programme commun souhaitent cet *aggiornamento (O. 24.9.73)*. La majorité du corps médical s'est prononcée en faveur de la libéralisation de l'avortement (...) Les médecins poursuivent leur *aggiornamento (Beunat, 74)*. Le chef de l'État (veut) donner la priorité à l'*« aggiornamento »* du service militaire *(M. 1.2.75)*. Un *aggiornamento* qui bouleverse les attitudes traditionnelles et les dogmes les plus anciens (de la gauche) *(P. 10.5.76)*.
   La C.F.D.T. se défend d'effectuer un virage politique. Ce qui doit changer, c'est le style de l'action syndicale ; il faut adapter les objectifs aux réalités (...) Dans le droit fil de cet *« aggiornamento »* (...) *(M. 28.4.78)*.

→ TOURNANT, VIRAGE.

AGRAMMATICAL, E adj. ~ 1965. Linguistique.

Quand il s'agit d'une langue bien connue comme le français, (on peut) constituer deux classes, nettement distinctes, l'une de phrases incontestablement bien formées, et l'autre de *phrases* incontestablement *agrammaticales*. Ainsi on peut, sans risque de se tromper, tenir «Pierre est encore arrivé en retard » pour grammatical, et « Pierre arrivé encore est en retard » pour nettement *agrammatical (Ruwet, 67).*

AGRESSÉ, E part. passé substantivé. ■ Victime d'une agression.

Le pistolet à gaz lacrymogène est déconseillé aux femmes pour se défendre contre les agressions. L'agresseur peut facilement le retourner contre l'*agressée* en lui tordant la main *(FP 9.70).*
Votre exposé renvoie dos à dos l'agresseur et l'*agressé (ORTF, 13.5.72).* Voilà comment il vivait sa situation d'*agressé*-agressif *(P. 15.4.74).*

AGRESSER v. tr. Repris et rép. mil. XXe.

1. **Attaquer physiquement une personne.**
   « Il est temps de mettre fin à la violence dans la rue », déclarait le Président de la République le 17 mars. Trois jours plus tôt s'ouvrait à Paris un centre d'enseignement des arts martiaux. Clientèle visée : les *femmes* qui vivent dans la crainte d'*être agressées*. Une dizaine d'entre elles participent au cours de jiu-jitsu *(E. 29.3.71).*

2. **Injurier, insulter (une personne, une collectivité, un parti, etc.).**
   Soudain un jeune homme *agresse* le ministre : « Vous êtes vendu aux États-Unis ! » *(P. 1.7.74).* Il apporte son concours à une subtile manœuvre en *agressant*, jour après jour, le P.C. « parti dictatorial et fascisant » *(M. 25.10.74).*

3. **(Le sujet du verbe actif, ou le complément d'agent du verbe passif est un nom de chose). Soumettre (qqn ou qqch) à des *agressions** diverses.**
   En entrant dans l'atelier, un effroyable vacarme *agresse* nos tympans *(Cs. 8.69).* La locomotive s'inscrit dans les courbes sans *agresser* la voie *(VR 7.12.69).* La raffinerie de Vernon n'*agresse* pas l'environnement *(C. 10.6.70).*
   Il y a une telle invasion de jouets que l'on se sent *agressé* par les jouets, eux-mêmes souvent vecteurs d'agressivité *(Daninos, 72).* Ce médicament apaise les agités ; il les déconnecte du monde qui les a *agressés (E. 17.9.73). Agressés* par les œillades publicitaires, les gens (...) *(O. 24.9.73).* Dans la vallée de l'Inn, jamais le voyageur n'est *agressé* par les formes qui l'entourent *(M. 15.6.74).* L'Europe est *« agressée »* par les troubles économiques et financiers mondiaux *(C. 15.9.74).*

Rem. Repris au XXe s. après plusieurs siècles d'oubli, condamné parfois comme synonyme inutile de *assaillir* et *attaquer, agresser* paraît néanmoins bien vivant.

Rem.
   Agresser déplaît généralement même irrite. Il a trouvé quelques défenseurs dont l'argument est le suivant : ce n'est pas un néologisme, c'est un archaïsme. Pas un néologisme ? C'est à voir ! Le mot a été usité au XVIe siècle, et même auparavant, mais croit-on que les journalistes qui l'ont lancé (...) sont allés le chercher chez des auteurs de la Renaissance et qu'ils ne l'ont pas tiré tout simplement d'agresseur/agression par dérivation... régressive ? Le français, qui a essayé ce verbe, s'en est débarrassé : il avait ses raisons. Terme inutile, à côté d'*attaquer* et d'*assaillir* « Terme laid », proclament à l'envi les lecteurs. Mais pourquoi « laid » ? J'incrimine une fâcheuse rencontre homonymique : « il est *agressé* – il est à graisser » *(Dauzat, 53).* Un vocable a soulevé naguère et soulève encore maintes colères et protestations. Il s'agit du verbe *« agresser »,* dont la prose contemporaine nous fournit de nombreux exemples. On voit mal, la nécessité de faire revivre un mot mort ou de créer un nouveau mot, puisque cet *« agresser »* ne dit rien de plus qu'assaillir ou attaquer *(Le Bidois, 70).*

AGRESSIF, IVE adj. Répandu mil. XXe. Déterminant un subst. nom de chose abstr. ou concrète.

1. **Dans le vocabulaire de la publicité commerciale. ■ Qui manifeste la combativité, la volonté de battre les concurrents, par ex. en essayant de séduire le client par tous les moyens.**
   Une publicité *agressive (M. 23.3.69).* Une politique commerciale très *agressive* basée sur un démarchage très actif *(En. 24.10.70).*
   Au salon de l'Auto, telle marque se vantait d'être *« agressive »* : on se flattait de performances « à vous couper le souffle » *(E. 12.11.73).* Les Italiens et les Belges se font remarquer par leurs politiques commerciales *agressives (Exp. 12.77).*

2. **À propos des *agressions**, des *nuisances** de la vie moderne.**
   Les ruraux vivent dans un environnement bien moins *agressif* que les citadins. L'actuelle vie urbaine, caractérisée par toutes les nuisances que l'on sait, est souvent ressentie comme déprimante et *agressive (Laurent, 73).* La laideur *agressive* de la plupart des monuments *(Bériot, 73).* Une musique pop plus ou moins *agressive (VR 30.11.75).*

AGRESSION sf. 1960. Choc nerveux infligé par l'*environnement**.

Agressions de la vie moderne : bruit, transports, pollution, stress émotionnels et surmenage professionnel *(E. 6.10.69).* Aucun conducteur n'est à l'abri des *agressions* dirigées par l'auto contre sa colonne vertébrale *(A.A.T. 5.70).*
Beaucoup de jeunes trafiquent leur deux-roues pour faire plus de bruit. Cette *agression* des tympans peut réveiller des enfants, troubler dangereusement des malades *(VR 1.6.75).*

● **Par extension.**
   L'intoxication, la plus offensive et la plus dangereuse de toutes les armes subversives, est une *agression intellectuelle* contre l'esprit humain *(Nord, 71).* Outre les lésions qu'elle entraîne, toute maladie coronarienne réalise une *agression psychologique (E. 20.1.75).*

AGRESSIVITÉ sf. Mil. XXe. ■ Combativité, dynamisme.

Ce qui fait le dynamisme, l'accrochage, l'*agressivité* d'Air Inter *(O.R.T.F. 4.10.69).* L'*agressivité* syndicale qui s'est manifestée chez Peugeot *(M. 6.3.69).*

AGRESSIVITÉ

On remarque l'*agressivité* des reporters à la télévision : ils accrochent aussi bien le Premier ministre que le représentant de l'opposition *(E. 25.2.74)*.

AGRO- Premier élément d'adjectifs ou de substantifs composés qui caractérisent ou désignent des choses relatives à l'agriculture et au domaine indiqué par le deuxième élément.

- Adj.

    L'agriculture doit perdre, d'ici à 1980, un million (de salariés), mais l'emploi dans le commerce *agro-alimentaire* se renforce. Et l'industrie de l'alimentation maintient à peu près ses effectifs *(E. 29.3.71)*. Combinats « *agro-industriels* » *(M. 9.1.70)*. Les parcs nationaux risquent de donner lieu à une véritable dépossession du domaine *agro-pastoral* par la transformation en friche de terres exploitées et en déserts de pâturages que ne fréquenteront plus les troupeaux *(M. 10.1.68)*. Une nouvelle économie *agro-touristique* fut proposée (pour les parcs naturels) *(M. 5.10.66)*.

- Subst.

    Une politique plus globale de l'économie alimentaire fondée sur l'existence d'« *agrostructures* » — c'est-à-dire d'ensembles articulés comprenant la recherche, la vulgarisation, la production, la transformation et la vente *(M. 24.5.68)*.

Rem. **Parmi les termes ci-dessus, *agro-alimentaire* paraît être le plus vivant. Il fonctionne comme adjectif et comme substantif :**

- Adj.

    L'industrie *agro-alimentaire* recherche des solutions (...) à partir de protéines non conventionnelles *(VR 2.1.77)*. Le bilan des échanges *agro-alimentaires* du pays se détériore *(E. 15.5.78)*.

- Subst.

    Ce déficit industriel du commerce extérieur est supérieur à notre excédent en *agro-alimentaire (Exp. 12.77)*.

AIDE- Premier élément de substantifs composés désignant des appareils qui servent à améliorer un état, à atténuer une infirmité, etc., ou des personnes qui ont une fonction d'assistance.

- À propos de choses.

    Parmi les appareils électriques « *aide-beauté* », il existe de nombreux séchoirs *(M. 2.6.66)*. Entendez de nouveau avec un *aide-ouïe* caché derrière votre oreille... C'est le plus perfectionné des *aide-ouïe* électriques à transistors *(M. 10.12.64)*.

- À propos de personnes.

    Emploi d'*aide médical* chez médecin ou kinésithérapeute *(M. 10.5.66)*. (On demande) *aide opérateur* apte à conduire une machine à cartes perforées *(En. 25.1.69)*. Deux *aides-soignantes* (dans un village), mais pas de médecin, pas de pharmacie, *(M. 18.6.66)*. Aménager la profession hospitalière pour y attirer les 100 000 infirmières et *aides soignantes* dont elle manque *(E. 30.12.68)*.
    Les *aides-soignantes* lavent par terre, font les lits ou les piqûres (...) *(O. 24.9.73)*. Les infirmières ne restent pas plus de cinq ans en moyenne et les *aides-soignantes* ne gardent leur emploi que faute de mieux *(M. 2.6.78)*.

AIGUILLAGE sm. Fig.

Absence d'*aiguillages* à l'université c'est-à-dire, de possibilités pour les étudiants de changer d'orientation *(PM 22.2.69)*. L'industrialisation est sur les rails, mais où sont les *aiguillages* ? *(Pa. 10.70)*.
L'hôpital devenu un centre d'*aiguillage* vers les voies latérales des professions paramédicales *(E. 22.10.73)*.

- Spécialement. *Erreur d'aiguillage* : au figuré, erreur d'appréciation, de calcul, d'interprétation, de jugement, d'orientation, etc.

    Un maître livre, mais si riche de sens et d'arrière-pensées qu'il risque fort d'être mal compris. Et pourtant que de précautions pour obvier aux *erreurs d'« aiguillage »* (VL 12.66). En parlant de son impuissance créatrice (de Benjamin Constant) en littérature, on commet une *erreur d'aiguillage (M. 4.10.67)*. J'ai commis une *erreur d'aiguillage* en suspectant la majordome *(San Antonio, 69)*.

AIGUILLER v. tr. Fig. Rép. mil. XXe. ■ Diriger, orienter.

Aiguiller qqn. ou qqch. sur (ou : vers) qqch.

Le milieu *aiguille* (un jeune acteur) *sur* un *coup* intéressant *(O. 21.10.68)*. Le prix Goncourt vous a *aiguillé sur* une *voie* différente *(NL 18.2.65)*.
La *carte* (du restaurant) *vers* laquelle la serveuse tente de vous *aiguiller (A. 14.8.69)*. Des milliers d'enfants sont *aiguillés vers* les *mathématiques (E. 4.7.66)*. Un secrétariat fixe pourra recevoir les appels des malades et grâce à un poste émetteur récepteur, *aiguiller vers le médecin*, en cours de visite, l'appel urgent de son malade *(F. 6.2.67)*. L'état des routes *aiguille* les touristes vers d'autres *pays (PM 26.9.64)*. Ils avaient la conversation *aiguillé* la politique *(Bourbon-Busset, 58)*.

Aiguiller qqn. (sans complément prépositionnel).

Les risques d'erreur augmentent : le généraliste s'expose à mal *aiguiller* le malade, et le spécialiste à mal apprécier la maladie *(Beunat, 74)*.

AIGUILLEUR DU CIEL sm. ~ 1964. Fam. D'après *aiguilleur* (chemin de fer). *Contrôleur* de la navigation aérienne.*

Les *aiguilleurs du ciel* sont en liaison radio avec le pilote et donnent le « feu vert » pour le décollage et l'atterrissage *(VR 1.2.70)*. Les « *aiguilleurs du ciel* », qui règlent le ballet hallucinant des décollages et des atterrissages s'étonnent que leur responsabilité, dont il est fait grand cas par les pilotes ne soit pas mieux rémunérée *(E. 1.3.71)*. Nulle part le problème de l'encombrement de l'espace aérien n'est ressenti avec autant d'acuité que dans les « zones terminales » entourant les grands aéroports. Là, dans un rayon de moins de 200 kilomètres, il arrive que plusieurs centaines d'avions se trouvent simultanément en vol... C'est aux contrôleurs de la navigation aérienne – les *« aiguilleurs du ciel »* – qu'il revient d'organiser ce trafic. Dirigeant les évolutions des appareils, ils sont directement responsables de leur sécurité. Aujourd'hui, leur tâche se fait de plus en plus lourde *(M. 19.5.71)*. Si un avion lance un appel de détresse, c'est l'*aiguilleur du ciel* qui doit modifier en catastrophe la position des autres appareils *(E. 31.7.78)*. Les *aiguilleurs du ciel* sont décidés à reprendre la grève du zèle si (...) *(M. 5.8.78)*.

AIMER (Dans des constructions elliptiques, surtout dans l'usage oral). Rép. mil. XXe.

Les feuilles des oliviers qui remuent. Moi j'*aime (Rochefort, 63)*. J'ai toujours vécu à Paris, et Paris j'*aime (E. 17.10.66)*. Les embouteillages, vous *aimez*? *(R. 3.70)*. La baleine en tranches, le requin enterré – c'est spécial, mais moi j'*aime (O. 19.8.69)*. Sous ses airs carrés, Ventura attache par des nuances adroites qui trahissent un homme. J'*aime (C. 23.12.69)*. Certains trouveront la préciosité, parfois très littéraire, du langage. Pourquoi? Moi j'*aime (C. 4.10.70)*. Le monde entier se trouve impliqué dans la même partie (...) M. Kissinger s'y ébat comme un poisson dans l'eau. Il *aime (E. 12.11.73)*. Il réussit à faire vendre ses produits tous les ridiculisant. On *aime*. Et on applaudit *(P. 1.4.74)*. Une campagne électorale, c'est un sport, j'*aime (P. 24.2.75)*. Il chante du rock ; on *aime* ou on est allergique. Le public, lui, adore *(E. 25.8.75)*.

AIR- Premier élément d'adjectifs et de substantifs composés.

AIR-AIR, AIR-SOL, AIR-TERRE adj. ~ 1950. Lexique militaire : (engin, fusée*, missile*) lancé d'un avion contre un objectif aérien ou terrestre.

L'engin *air-sol* Martel, guidé par radar et par télévision sur l'objectif, épargnant à l'avion-porteur d'entrer dans la zone ennemie *(M. 8.5.66)*.
Un avion de combat équipé de missiles *air-air* (...) des missions d'attaque nucléaire par missile *air-sol (M. 12.2.74)*.

AIRBUS [εrbys] 1966. (Nom déposé, formé avec -*bus*, second élément de *autobus* ; cf. aussi *abribus**). ■ Type d'avion à grande capacité, destiné surtout à transporter des passagers.

Cinquante *Airbus* ont été livrés, cent-seize sont en construction *(VR 28.5.78)*. Le ministre français des transports a tenu à affirmer (...) que l'*Airbus* ne faisait l'objet d'aucune interdiction ou restriction de vol aux États-Unis *(M. 31.5.79)*.

AIRE sf. ~ 1960. (Dans des locutions). ■ Surface.

Le toit de tours (d'habitation) est occupé par un restaurant, une terrasse ou même par une *aire d'atterrissage* pour hélicoptères *(FP 9.70)*. Des *aires de jeu* dans les espaces verts avec ce qu'il faut pour les jeunes (toboggans, bacs à sable, balançoires) *(M. 11.5.66)*. L'aménagement d'*aires de repos* tous les 10 kilomètres, avec bancs, tables, poubelles, etc., au bord de l'autoroute *(M. 15.3.67)*. (il faut) jalonner – tous les 30 kilomètres environ – les autoroutes par des *aires de services*, où l'automobilste peut quitter son volant, le temps de se dégourdir les jambes et de faire procéder au ravitaillement de son véhicule *(M. 21.2.71)*.
Dissuader l'automobile particulière au profit des transports collectifs en limitant la surface des garages et des *aires de stationnement (M. 7.3.74)*.

ALCOOLÉMIE sf. mil. XXe. (de *alcool* et -*émie*, du gr. *haima*, « sang »). Présence d'alcool dans le sang.

Avec une *alcoolémie* de 2 gr., 25 par litre de sang, H, se trouvait en état éthylique *(M. 1.11.68)*. À jeun le taux d'*alcoolémie* monte en flèche *(M. 6.12.73)*. Jusqu'à l'adoption, le 30 juin 1978, de la nouvelle loi, les contrôles du taux d'alcoolémie étaient réglementés par une législation de 1970 (...) Les contrôles d'*alcoolémie* pourront désormais avoir lieu, même en l'absence d'infraction ou d'accident, sur la demande du procureur de la République *(M. 3.11.78)*.
→ ALCOOTEST, IMPRÉGNATION.

ALCOOLOGIE sf. ~ 1970. Science qui étudie les effets de l'alcool sur l'organisme.

Il faudrait pallier la carence quasi générale de l'enseignement de l'*« alcoologie »* dans les études de médecine *(M. 5.12.74)*. Un institut d'*alcoologie* – science nouvelle – ouvrira ses portes dans un mois *(E. 3.2.75)*.

ALCOOTEST [alkɔtɛst] sm. ~ 1960 (De *alcool* et *test*). ■ Appareil portatif destiné à mesurer la teneur en alcool de l'air expiré par le sujet soumis au contrôle (test), afin d'évaluer instantanément son taux d'*alcoolémie**.

Police nationale et gendarmerie ont été équipées d'un grand nombre d'*alcootests (FP 9.70)*. L'*alcootest* n'est utilisé qu'après l'accident ou l'infraction *(E. 25.2.74)*. Parmi les contraintes imposées aux conducteurs pour motif de sécurité, c'est l'obligation de souffler dans l'*alcootest* qui soulève le plus de polémiques. Le secrétaire général d'Auto-Défense a spectaculairement, lors d'un contrôle, refusé de « souffler dans le ballon ». (...) Les « analyseurs d'haleine » vont bientôt remplacer (...) le double contrôle de l'*alcootest* et de la prise de sang *(M. 3.11.78)*.

ALÉATOIRE adj. Statis. ~ 1960.

Le principe du *sondage « aléatoire »* ou « probabiliste » réside dans le fait d'accorder à

ALÉATOIRE

chacun des individus de la population étudiée une chance connue, non nulle, d'être interrogé *(M. 21.8.64)*.

ALIÉNANT, E adj. mil. XXe. ■ Qui entraîne une *aliénation**.

L'effort physique, considéré (par certains Français) comme *aliénant (M. 24.10.68)*. Si tout Dieu est *aliénant*, refuser l'existence de Dieu, c'est, du même coup, prendre au sérieux l'homme, la liberté, l'histoire *(Duquesne, 70)*.
La durée moyenne d'un acte médical de généraliste est estimée à un quart d'heure. Le <colloque> ne peut pas s'établir en si peu de temps : Le médecin suit un scénario préétabli et demeure étranger, extérieur au malade. C'est miracle lorsque, dans ces conditions *aliénantes*, le contact peut avoir lieu *(Beunat, 74)*.

ALIÉNATEUR, TRICE adj. de *aliéner**.

Pour les contestataires, l'agent *aliénateur* c'est la « société de consommation » *(VL 6.69)*.

ALIÉNATION sf. Répandu au milieu du XXe s. par son emploi dans la terminologie marxiste.

« Le tiercé, dit l'archevêque de Marseille, devient comme une psychose collective, entraînant des familles aux faibles revenus vers une nouvelle forme d'*aliénation* » *(E. 20.1.75)*.
<Soyez Niki Lauda> (pilote de course), dit la publicité aux enfants pour leur faire désirer un jouet. On appelle vraiment à l'*aliénation*, au sens propre : <vous serez un autre>. Le rêve infantile de puissance produit des êtres immatures, sans conscience de leurs *aliénations (M. 23.4.78)*. Certains pays utilisent des banques de données américaines, sans en constituer sur le territoire national. Laisser à d'autres le soin d'organiser cette <mémoire collective>, en se contentant d'y puiser, équivaut à accepter une *aliénation culturelle (M. 20.5.78)*.

Rem. Le concept d'*aliénation* dans son usage politique, est d'origine hégélienne. Il est devenu aujourd'hui une notion passe-partout. On parle indifféremment de l'*aliénation* de l'humanité soumise, dans la société industrielle, aux mass-media, de la femme traitée comme objet. L'homme est aliéné — étranger à lui-même — économiquement par le fétichisme de la marchandise et de l'argent, politiquement, idéologiquement... *(PEP, 69)*. L'*aliénation* : le mot a fait fortune depuis les événements de mai 68. Il continue de pulluler par l'imprimé et les graffiti *(VL 6.69)*.
→ DÉSALIÉNATION.

ALIÉNER v. tr. Répandu au milieu du XXe s. Vulgarisé, comme *aliénation**, dans la terminologie marxiste.

Combien (de ménages) arrivent à former un vrai couple ? Un couple que le quotidien n'*aliène* pas ? *(Saint-Lô, 64)*. L'homme, c'est le piéton ; la société qui ne lui ménage pas un sentier témoigne ainsi qu'elle l'*aliène* à ses produits mécaniques *(Charbonneau, 67)*.

● Par extension :
Le désir d'assurer le recrutement des chercheurs fit accroître la part des mathématiques dans les études de médecine. Certains jugèrent qu'on *aliénait*, la médecine à la recherche *(FL 22.9.66)*.
→ DÉSALIÉNER.

ALIGNEMENT sm. Spéc. Mil. XXe. Pol. Attitude d'un groupe, d'un parti qui *« s'aligne »** sur (un autre parti, un régime, un système, etc.).

De concessions en concessions, l'*alignement* devient agenouillement *(E. 17.9.73)*. En politique étrangère, c'était l'*alignement* inconditionnel sur les États-Unis *(O. 6.1.75)*.

● Dans d'autres domaines : adaptation, normalisation.
D'assez nombreux *alignements* de détail (de l'orthographe française) seraient les bienvenus, principalement pour les consonnes doubles *(E. 6.5.68)*.
L'américanisation des hommes d'affaires japonais est en fait un *alignement* sur les façons de travailler et de calculer les plus efficaces *(Guillain, 69)*.
Si le Parlement venait à voter l'abolition de la peine de mort, encore faudrait-il que ce geste bien tardif d'*alignement* sur nos voisins (...) *(M. 30.6.78)*.

ALIGNER (quelque chose sur quelque chose) v. tr. Fig. ■ Adapter à.

Ces entreprises sont obligées d'*aligner* leur *comportement* sur celui de leurs concurrents *(M. 20.2.68)*. *Aligner* les *horaires* (scolaires) des enfants des campagnes sur ceux des jeunes citadins *(E. 9.10.67)*. Le *mode* de scrutin sera aligné sur la réalité électorale *(M. 6.7.66)*. Les chansonniers n'éprouvent pas le besoin de modifier (leurs *numéros*), de les *aligner* sur l'actualité *(M. 24.2.70)*. L'édition de 1835 du dictionnaire de l'Académie *aligne* l'*orthographe* sur la prononciation pour certains temps des verbes *(Matoré, 68)*. Les *prix* allemands seraient *alignés* sur les prix communs *(M. 6.11.69)*. Le mot « gril » tend à *aligner* sa *prononciation* sur celle de « griller », « grillade » *(Georgin, 57)*. Une société ne se retourne pas comme un homme. Il ne suffit pas de toucher deux ou trois centres nerveux pour que tout marche. Ou bien il faut y mettre la police, l'armée, la violence et la terreur pour *aligner* la *réalité* sur ce que quelques idéologues ont eu l'idée d'en faire *(E. 12.4.71)*.
Grâce à ces mesures, il sera possible d'économiser de l'énergie, tout en réduisant les inégalités et en *alignant* le niveau de vie moyen sur celui dont jouit actuellement le tiers le plus aisé de la population *(O. 26.6.78)*.

ALIGNER (S') SUR Fig. ■ S'adapter à, imiter (par conformisme, nécessité, opportunisme, etc.)

● Avec pour sujet un nom de personne ou de collectivité.
L'*Australie* ne s'est pas *alignée* sur le livre sterling *(E. 27.11.67)*. La limitation de vitesse risque d'inciter les *conducteurs* de véhicules moins rapides à *s'aligner* sur la vitesse maximum autorisée *(FP 4.70)*. L'*Église* ne saurait s'aligner ni sur les gouvernements temporels ni sur la haute couture qui a ses raisons pour changer chaque année de mode *(C.*

25.10.69). Certains personnages estimaient que *nous* devions secouer notre neutralité pour nous *aligner* sur le Reich victorieux *(TL 15.8.65).*
Il (le P.D.G. d'une entreprise de réparation de navires) ne peut plus *s'aligner* sur les prix des chantiers navals étrangers, et il doit déposer son bilan *(E. 15.5.78).*
→ COLLER (À)

● **Avec pour sujet un nom de chose.**
Si « Europe » ou « Luxembourg » (les *émetteurs* de radio) *s'alignent* sur les chaînes officielles, on n'écoutera plus rien du tout *(Revel, 65).* Quant aux fameux sept *noms* en « ou » qui faisaient leur pluriel en « oux », ils *s'aligneront* sur leurs congénères : « clous », « écrous », etc. *(Le Bidois : M. 21.4.65).* Les ressources des grandes villes doivent rester modulables et non *s'aligner* sur les impôts d'État *(M. 22.6.78).*
→ NON(-)ALIGNÉ, NON-ALIGNEMENT.

ALLERGIE sf. Fig. Rép. mil. XXe. sous l'influence de l'emploi médical.
■ **Antipathie, aversion, dégoût, etc.**
Le lauréat (du Concours général) se reconnaît une *allergie* à certains secteurs de la connaissance : « La géographie ne me va pas du tout », avoue-t-il *(M. 6.6.64).* L'*allergie* de la gauche au gaullisme *(Es. 2.66).* Toutes les *allergies* de F. T. (cinéaste) : *allergie* à la prédication et aux bons sentiments ; *allergie* à la science-fiction, *Allergie* à une dramatisation intense. *Allergie* au studio, aux langues étrangères, aux voyages *(E. 19.6.66).* Le gaullisme c'est simplement la forme moderne de l'*allergie* traditionnelle aux démocraties anglo-saxonnes *(E.5.6.67).* Cette *allergie* à la personne du président de la République est regrettable *(E. 24.2.69).* Son *allergie* (d'un homme politique) aux grands desseins et aux vastes réformes *(C. 5.7.70).*
Le P.D.G. de cette entreprise a une vieille *allergie* aux chercheurs plus fascinés par les techniques que par les profits *(O. 3.9.73).* La commission dénonce l'*allergie* des communes de la banlieue parisienne à des mesures restrictives de la circulation automobile *(M. 27.3.76).*

ALLERGIQUE (à quelque chose ou quelqu'un) adj. Fig. Très répandu pour : qui déteste, a en horreur, ne peut pas supporter (quelque chose ou quelqu'un).
Je suis *allergique* aux cimetières *(Lanoux, 63).* Mlle D. a dit : « Je n'aime pas Verlaine ». Elle a certes le droit d'être *allergique* à Verlaine *(Onimus, 65).* Henri Michaux (est) *allergique* à tout ce qui prétend arracher sa personne au secret *(E. 6.12.65).* Les Français ne sont plus *allergiques* au transport aérien *(E. 24.1.66).* On ne s'ennuie pas. À condition de ne pas être *allergique* à ce genre de films *(M. 27.12.66).* (Spectacle) à déconseiller aux spectateurs *allergiques* aux excès de bons sentiments *(M. 26.3.67).* Même si vous êtes *allergique* à la musique, vous ne pourrez pas résister à Salzbourg *(A.A.T. 6.67).* Les pacifiques marchands de R. *allergiques* à la tactique du coup de poing sur la table *(E. 21.6.67).* À condition qu'on ne soit pas *allergique* à la marche à pied *(VR 26.5.68).* Un débat quasi théologique autour du mot supranational, auquel certains sont *allergiques* (L. Armand : *E. 25.11.68).* Les Allemands, *allergiques* à l'inflation *(M. 30.9.69).*
Le grand public est *allergique* aux films étrangers télévisés en version originale sous-titrée *(E. 17.9.73).* Le rock (...) on aime ou on est *allergique (E. 25.8.75).* Le parti travailliste britannique s'approche de Marx dans la clause IV de ses statuts (...), mais il reste toujours *allergique* au marxisme *(M. 28.5.78).*

● **Emploi substantivé.**
Pour les *allergiques* au stylo-bille, on propose un marqueur à pointe plastique fine *(E. 27.1.75).*

ALLERGOLOGISTE ou ALLERGOLOGUE subst. ~ 1965. Méd. Spécialiste de l'allergologie, étude et thérapeutique des allergies.
Si un asthmatique va voir un *allergologiste*, celui-ci aura tendance à détecter une sensibilisation à la poussière *(Beunat, 74).*
Allergologue, le Dr. F. a établi que chacun de ces ingrédients synthétiques peut engendrer une allergie *(E. 30.7.73).*

ALLOCATION- Premier élément de substantifs composés désignant une allocation attribuée pour ce que désigne le deuxième élément.
Le ministre des Finances annonce une réduction des *allocations-voyage (Maschino, 73).* Les charges locatives ne figurent pas dans le calcul pour l'attribution d'une *allocation-logement (El. 4.3.74).*

ALLUME- Premier élément de substantifs composés, dont certains (allume-feu, allume-gaz) sont dans les dictionnaires d'usage.
Tableau de bord très complet (d'une voiture). Il comporte une montre, un compte-tours, un *allume-cigares* (...) *(Pub. E. 19.4.71).*

ALPHABÉTISATION sf. ■ Lutte contre l'analphabétisme.
Selon la nouvelle politique d'*alphabétisation* de l'UNESCO, on s'adressera en priorité aux individus actifs, qui ressentent fortement le besoin d'apprendre à lire et à écrire *(M. 21.3.65).* L'instituteur spécialisé fait la liaison entre les enseignants et l'équipe socio-éducative responsable de l'évolution de cette population, du passage de son actuel état de dépendance à une sorte d'autonomie, par l'*alphabétisation* et l'insertion dans la vie économique courante *(E. 17.3.69).* L'*alphabétisation* est l'une des préoccupations de l'UNESCO. Les cours d'*alphabétisation* sont donnés le soir, dans des arrière-salles de café *(VL 2.70).*
La Révolution de 1789 n'a pas fait régresser l'éducation populaire, au contraire elle a accéléré l'*alphabétisation (E. 27.8.73).* Un grand nombre de moniteurs d'origine petite-bourgeoise commencent à faire de l'*alphabétisation* par mauvaise conscience (...) Les moniteurs travailleurs immigrés luttent pour que l'*alphabétisation* réponde mieux aux besoins de leurs compatriotes *(M. 19.1.75).*

ALPHABÉTISER

ALPHABÉTISER v. tr. ~ 1953. ■ Enseigner la lecture et l'écriture, généralement à des adultes.

En France de nombreux organismes s'emploient à « *alphabétiser* » les travailleurs migrants, dont la plupart ne savent pas lire dans leur propre langue *(VL 2.70)*. L'Église avait commencé à largement *alphabétiser* au XVIIe et au XVIIIe siècle *(E. 27.8.73)*.

Rem. Un néologisme lancé dans les milieux français de l'UNESCO. D'après analphabète, analphabétisme, on a tiré « *alphabétiser* » une région, c'est-à-dire : apprendre à lire et à écrire aux indigènes d'une région. Voilà un excellent mot, expressif à souhait, qui évite une périphrase interminable *(Dauzat : M. 30.12.53)*.

ALPHABÉTISEUR sm. ■ Personne qui en *alphabétise** d'autres.

Ces centres font appel à (des) *alphabétiseurs*. Ce sont en général des instituteurs qui assurent le soir des cours pour adultes étrangers (...) Les cours à domicile facilitent les contacts humains entre l'*alphabétiseur* et son élève *(Co. T. 6.70)*.
L'illettré, au prix d'un long effort, découvre peu à peu comment les lettres s'assemblent. Un beau jour — ici, c'est un souvenir vécu d'*alphabétiseur* — le voilà qui, fier de son savoir, s'arrête à chaque affiche, et lit les mots (...) *(Gaussel, 73)*.

ALTERNATIVE sf. Repris au milieu du XXe s., de l'anglais *alternative*. Emploi critiqué mais fréquent au sens de : solution de remplacement.

La coexistence pacifique est la seule *alternative* à un péril dont le pape souligne la tragique gravité *(Thorez, 10.5.63)*. L'*alternative* au gaullisme doit être démocratique *(H. 15.2.64)*. Le secrétaire général de la C.G.T. a provoqué certains remous en invoquant dans un discours d'octobre 1969 la faiblesse du régime et une « proche *alternative* démocratique », c'est-à-dire la possibilité de la prise du pouvoir par les forces de gauche. Pour J.-J. S.-S. (homme politique) l'*alternative* politique c'est la politique « digne d'un pays industriel avancé », c'est-à-dire dont les premiers objectifs sont d'ordre économique *(VL 70)*.

Rem. Une politique de rechange, une *alternative*, comme on dit improprement *(M. 7.10.64)*. Le sens d'*alternative* est : ce qui est antagoniste à..., ce qui peut succéder à..., en s'opposant, il me semble que c'est un bon emploi du mot, qui préserve et renouvelle sa valeur initiale. Je demande à ceux qui ne seraient pas contents comment on pourrait dire mieux ? *(Cohen, 66)*.

ALTIPORT sm. De *alti*(tude) et *port*, d'après *aéroport*. ■ Petit aérodrome qui dessert une station de montagne.

Megève a inauguré aujourd'hui son terrain d'aviation, son *altiport*, pour employer le terme consacré *(O.R.T.F. 20.12.64)*. Cet *altiport* (de Megève) situé à 1 500 mètres d'altitude, est le troisième de ce genre en France *(M. 22.12.64)*. Une quinzaine (de stations de sports d'hiver dans les Alpes) possèdent leur *altiport*... Certaines y ajoutent la « dépose » en altitude des skieurs *(VL 2.67)*. Cet hiver un *altiport* des neiges dominant la cité pré-olympique de Font-Romeu recevra des avions de tourisme *(E. 9.10.67)*.
La compagnie Air Alpes dispose de quinze *altiports* *(O. 23.12.72)*.

ALUNIR 1959. De *alunissage**, sur le modèle du couple *atterrir/atterrissage*.

On a vu se développer dans la presse en 1959 une discussion sur l'orthographe de *alunir*. L'Académie penchant pour *allunir* par analogie avec *atterrir* (« deux LL ne seraient pas de trop pour voler jusqu'à la Lune »). (...) L'emploi de *alunir* et *alunissage* a suscité de nombreuses discussions et une prise de position de l'Académie des Sciences (le) 12 février 1962. Elle a adopté une suggestion du Comité consultatif du langage scientifique ainsi rédigée : « L'Académie rejette l'emploi des termes *alunir* et *alunissage* pour désigner l'action de prendre contact avec le sol lunaire. Les termes *atterrir* et *atterrissage* sont suffisants et n'introduisent pas d'ambiguïté. (...) L'Académie française, en septembre 1959, publiait un communiqué concernant ce mot : « L'Académie n'a pas pris position sur le néologisme « *alunir* » ou « *allunir* ». Elle estime prématuré de décider l'adoption d'un mot nouveau sur lequel l'usage ne s'est pas encore prononcé. » L'argumentation de l'Acad. française portait donc sur l'usage et la pénétration du terme dans la langue, tandis que celle de l'Académie des sciences porte sur la pertinence sémantique du signe et intervient à une époque où le néologisme a été fréquemment et continûment employé. Il reste que la fortune d'un mot ne réside pas, en priorité, dans une valeur sémantique intrinsèque, selon l'étymologie, mais dans l'emploi qui en est fait. C'est en définitive l'usage qui tranchera *(Guilbert, 67)*. Il faut ouvrir la porte aux innovations de vocabulaire et de terminologie. Ne perdons plus notre temps à des querelles comme celle qui a été suscitée par « *alunir* » (...) la langue est une création continue *(A. Sauvageot : VL 5.69)*.

ALUNISSAGE sm. Répandu ~1958. (De *alunir*, par analogie avec *atterrissage*) ■ Le fait d'arriver sur la lune.

Il y eut d'abord *alunir* et *alunissage*, dès lors que la fusée soviétique heurta la Lune. Cela sembla vieux jeu et bien terre à terre que de dire *atterrissage*. Pourquoi donc ? Souvenons-nous que Rabelais déjà parle des « territoires » célestes *(F. 26.5.61)*. L'opération d'un « *alunissage* en douceur » étant très difficile à réaliser, les Soviétiques ont dû prévoir de nombreux tirs d'essais *(M. 12.6.65)*. Avec Apollo 12 les Américains se proposent de réaliser un *alunissage* parfait et à leurs deux astronautes sélènes (...) ils vont demander d'effectuer une promenade (sur la lune) *(Air 11.10.69)*.

AMBIANCE (ÉCLAIRAGE D') loc. subst. ■ Éclairage qui fournit une lumière douce, favorable à la détente, mais insuffisante pour le travail.

Chaque poste de travail (dans un bureau) est pourvu d'une source de lumière assurant le niveau d'éclairement indispensable à l'accomplissement aisé des tâches visuelles. Un *éclairage d'ambiance* dissimulé complète l'équipement lumineux de l'ensemble *(RGCF 4.70)*.

AMBULANCIER sm. (Emprunt au vocabulaire militaire). ■ Conducteur, souvent propriétaire, d'une ambulance.

Jusqu'à une date récente, n'importe qui, avec un permis de conduire et un break peint en blanc muni d'un gyrophare, pouvait s'établir *ambulancier* (...) Les 3000 <amateurs>, *ambulanciers*-garagistes, *ambulanciers*-taxis ou *ambulanciers*-restaurateurs, qui profitent de la situation de leur commerce le long d'une grande route, devront s'équiper ou disparaître *(E. 25.6.73)*.

AMÉNAGEMENT DU TEMPS loc. subst. Mil. XXe.

Le ministre de la jeunesse, des sports et des loisirs a présenté une communication sur l'*aménagement du temps* (...) L'étalement des vacances sur un plus grand nombre de mois permettrait d'économiser plus de 1 milliard de francs d'investissements touristiques chaque année *(M. 20.7.78)*.

AMÉNAGEMENT DU TERRITOIRE loc. subst. Mil. XXe.

L'*aménagement du territoire* est une notion moderne et prospective. Politique économique à long terme, son but est l'amélioration cohérente de l'environnement où se déroulent les activités humaines. Town and country planning, Raumordnung, *Aménagement du Territoire* sont trois termes synonymes *(EU.68)*. La notion d'*aménagement du territoire* ne recouvre pas les mêmes réalités en France et en Belgique. En Belgique, par exemple, cet aménagement est conçu surtout comme une opération financière et ne comporte aucune prévision d'investissements publics *(M. 17.6.71)*.
Faut-il décourager les usagers de la R.A.T.P. et de la S.N.C.F. d'utiliser les transports en commun ? Les automobilistes ne sont-ils pas déjà trop nombreux dans les villes ? C'est un aspect important de la qualité de la vie et de l'*aménagement du territoire* (M. 26.4.78).
→ URBANISATION.

AMÉNAGEUR sm. ■ Qui travaille à l'*aménagement* du territoire.

L'informatique (est) un secours fragile entre les mains des *« aménageurs »* du territoire *(C. 7.10.70)*.
Les urbanistes et les *aménageurs* s'étaient penchés sur les difficultés des grandes métropoles *(E. 30.10.72)*. Ce sera à la Communauté urbaine et à l'*aménageur* de donner aux habitants de condition modeste la possibilité de demeurer dans leur quartier *(M. 20.5.78)*.

AMONT sm. employé comme adjectif. ■ Qui se trouve plus haut.

Le skieur « aval » a la priorité par rapport au skieur *« amont »* : c'est à ce dernier qu'il appartient d'éviter la collision en cédant le passage au skieur qui, sur la piste, se trouve en contre-bas par rapport à lui *(TCF 3.63)*. Le skieur *amont*, dont la position dominante permet le choix d'une trajectoire, doit prévoir une direction qui assure la sécurité du skieur aval *(M. 6.1.68)*.
→ AVAL.

AMONT (EN) loc. adv. ■ En un lieu que l'on atteint avant de parvenir à un autre.

Il faut que le passager arrivant à l'aéroport soit informé, suffisamment *« en amont »*, de la jetée d'où partira son avion *(Air 7.11.70)*.

● Fig. Économie : à un stade antérieur de la production.

Cet accord va permettre à (une firme de prêt-à-porter) de s'intégrer *« en amont »* avec un fabricant de tissu *(En. 15.3.69)*. Il aura fallu la double évolution des textiles chimiques — *en amont* — et des méthodes de distribution — en aval — pour qu'on découvre qu'il (le textile) pouvait devenir à nouveau une activité prospère *(En. 10.4.71)*.
La répercussion la plus grave de la récession dans le bâtiment se situera *en amont*, dans le bois et le verre *(E. 20.1.75)*. Une reprise de commandes pour les travaux publics bénéficierait aux entreprises *en amont*, comme les cimenteries, ou en aval, comme l'automobile *(M. 7.5.78)*.

● Par ext. (Dans un processus quelconque). À un stade antérieur.

Comment prévenir le viol ? Que faire *en amont* du crime ? Je ne vois qu'une démarche : contraindre la société à se remettre en question, par une transformation radicale des mentalités *(O. 22.5.78)*. La loi adoptée en 1978 se veut préventive, et tend à agir en *« amont »* des accidents (de la route) pour les éviter *(M. 3.11.78)*.

AMORCE sf. Fig. Début ; ébauche ; phase initiale, etc.

1. À propos de choses concrètes.

Un grand magasin, *amorce* du centre commercial *(M. 23.7.69)*. Il a fallu démolir plusieurs pâtés de maisons (...) Les Associations de défense craignent que cette trouée ne soit l'*amorce* d'une percée routière à travers le quartier *(M. 28.4.78)*.

2. À propos de gestes, de mimiques.

Elle les regarde, l'*amorce* d'un sourire aux lèvres *(E. 19.9.66)*.

3. À propos d'abstractions.

Une *action* des pouvoirs publics dont on peut voir une *amorce* dans les mesures annoncées *(M. 24.4.64)*. L'*amorce* d'un *changement* radical *(M. 5.8.65)*. L'*amorce* d'une *crise* politique *(E. 30.3.70)*. Cet entretien positif peut permettre l'*amorce* d'un *dialogue* *(C. 10.5.64)*. Les mesures prises pour protéger la sidérurgie ne constituent qu'une *amorce de protection* *(M. 22.1.64)*. Cette politique n'a pas encore permis une réelle *amorce de réforme* du système fiscal *(Ens. 1.67)*.

AMORCER v. tr. Fig. Emploi attesté dès le début du XXe s., et chez Proust, R. Martin du Gard, Valéry, etc. — Répandu mil. XXe. ■ Commencer, déclencher, entreprendre, etc.

1. À propos d'actes, de gestes, etc. accomplis par une personne.

Il fut cueilli par un direct et achevé, alors qu'il *amorçait* sa *chute*, par un crochet du

AMORCER

gauche à la mâchoire *(Fallet, 64)*. La fille *amorçait* une *danse* du ventre *(Saint-Lô, 64)*. J'esquissai un geste qui *amorçait* déjà la *dérobade (Escarpit, 64)*. Ses muscles *amorçaient* malgré lui des *mouvements* de fuite *(Caplain, 67)*.

2. **À propos d'entreprises humaines, dans le domaine concret.**
   Les travaux pour la traversée sous-fluviale (du métro-express) sont *amorcés*. Le tunnel doit être *amorcé* au courant de l'été *(M. 27.5.65)*.

3. **À propos de phénomènes de la nature.**
   Le Rhône a *amorcé* une lente décrue *(M. 7.1.66)*.

4. **Le complément direct de *amorcer* (ou son sujet, si ce verbe est au passif) désigne une notion abstraite.**
   Le football brésilien, après avoir atteint l'apogée, serait en train d'*amorcer la descente (M. 11.12.63)*. *Amorcer une détente* entre la France et l'O.T.A.N. *(M. 15.5.64)*. L'*étude* du style sera *amorcée* dans les classes de grammaire : on la développera ensuite dans les classes de littérature *(Wagner, 62)*. L'Église évangélique allemande a *amorcé* une *évolution* irrésistible *(M. 14.11.65)*. Pourquoi la Banque européenne des investissements ou des groupes privés ne prendraient-ils pas l'initiative d'opérations de recherche fondamentale en *amorçant* le *financement* d'une fondation européenne ? *(En. 30.1.71)*. Les déclarations du président *amorceraient* dans l'opinion *un mouvement* hostile *(M. 9.6.64)*. La France *amorce* avec le Kremlin *un rapprochement (M. 9.3.63)*. Si l'Église catholique n'*amorce* pas *un* vaste *rassemblement* de tous les croyants *(M. 24.12.65)*. L'Académie (française) dans l'édition de 1835 (de son dictionnaire), *amorcera le retour* à la concision des définitions *(Quemada, 67)*. *La stabilisation* de la monnaie *amorcée* par le gouvernement *(E. 21.11.66)*. Le grand *tournant amorcé* par la société *(E. 13.10.69)*.
   Ce projet permettra d'*amorcer le désenclavement* des Vosges *(M. 13.9.75)*.

→ DÉSAMORCER.

AMORCER (S') (Avec pour sujet un nom de chose.) ■ Commencer, débuter.

1. **Le sujet désigne une chose concrète.**
   Là s'*amorcerait* un quartier des affaires *(M. 14.1.68)*. En face de P. s'*amorce* la route du col *(Dunlop, 66)*.

2. **Le sujet désigne un phénomène physique.**
   Une réaction de fusion qui s'*amorce* vers 5 millions de degrés *(M. 11.5.66)*.

3. **Le sujet désigne un acte, un fait, un ensemble d'actes ou de faits, ou une abstration.**
   Un *acte* politique qui s'*amorce* sur le passé et débouche sur l'avenir *(M. 12.12.69)*. Une *baisse* précipitée des cours des monnaies s'*amorça (M. 14.1.68)*. La campagne électorale s'*amorce (M. 12.9.65)*. Un *dialogue* s'était *amorcé (M. 1.2.64)*. Il s'agit du premier exemplaire de ce journal « où s'*amorcent l'évolution* et les nouveautés » qu'il annonçait à ses lecteurs *(M. 22.9.70)*. On voit s'*amorcer une prise* de conscience *(EP 9.64)*. La *reprise* de l'expansion s'est *amorcée (M. 2.1.66)*. On pouvait voir s'*amorcer* une certaine *stabilisation (M. 19.5.64)*.

AMOUR- Premier élément de substantifs composés désignant différentes modalités de l'amour.

Née dans une famille où l'argent remplace l'*amour-affection*, Mme P. (…) *(Raimbault, 73)*. Pour elle, la première expérience de l'amour, plutôt de l'*amour-amourette*, aura été la première expérience de l'échec *(Victor, 73)*. Il ne s'agit dans ce film ni d'*amour-copinage*, ni d'*amour-solidarité*, mais bel et bien d'*amour-passion (M. 13.2.74)*. Pour les Suédois d'aujourd'hui, la renaissance de l'*amour-sentiment* passe par la libération sexuelle *(E. 18.1.65)*.

AMPHI sm. Abréviation de *amphithéâtre* (= salle de cours, dans le langage des étudiants). Exposé didactique ardu, ou fait d'un ton pédant.

Ces « *amphis* » sont émaillés de considérations très techniques *(F. 7.12.66)*.
Ils craignaient les « *amphis* » que le patron avait coutume de faire aux représentants du personnel *(Saint Pierre, 70)*.

AMPLITUDE sf. *Amplitude de la journée de travail* : laps de temps pendant lequel le salarié reste à la disposition de l'employeur.

Alors que pour un fonctionnaire qui travaille de 8 h à 12 h et de 14 h à 18 h, l'« *amplitude* » est de dix heures, c'est-à-dire de 8 h à 18 h — travail plus coupure de midi — pour le conducteur de train l'« *amplitude* » est très grande car elle comprend, par exemple, un travail de trois heures puis une coupure d'une heure, un autre travail de deux heures, un repos de huit heures et enfin un travail de trois heures *(M. 13.9.69)*.
Il devait fournir treize heures d'« *amplitude* », c'est-à-dire que pour neuf heures de travail, il avait quatre heures de temps mort au milieu de la journée *(E. 30.11.70)*. Grief supplémentaire des conducteurs de métro : des « *amplitudes* » pouvant aller jusqu'à treize heures *(O. 18.10.71)*.

AMPLI-TUNER [tjunœr] sm. ~ 1960. Élément d'une *chaîne* *haute* *fidélité* composé d'un « *ampli* » (amplificateur) et d'un *tuner**.

Une chaîne à trois composants : platine tourne-disque, *ampli-tuner* et enceintes (…) Des *ampli-tuners* qui dépassent les normes Hi-Fi par leurs performances peu communes *(Pub. E. 20.11.72)*.

AMPUTATION sf. Fig. ■ Suppression d'une partie d'un tout.

Ce plan c'est l'*amputation* définitive de la Jordanie, qui perdrait le territoire cisjordanien *(E. 15.1.68)*. Les crédits ne subiront pas de nouvelles *amputations (M. 29.11.68)*.

AMUSE-GUEULE sm. Fig. (Avec valeur ironique). ■ Entrée en matière, préambule.

En somme, ma chère, je suis pour toi un *amuse-gueule*. — Tout juste. Entre le saumon fumé et toi, je crois que je choisirais le saumon. Je te place un peu au-dessus de la chipolata, mais pas tout à fait au niveau du canapé de caviar *(Escarpit, 64)*. Quelques films qui agrémentent le menu de la Biennale, truffant les plats de résistance d'*amuse-gueule* qui valent quelquefois mieux que les spécialités obligatoires *(C. 26.8.65)*. La robe en série devient la principale ressource des spécialistes du modèle unique. Courrèges-Couture-Future, Saint-Laurent-Rive gauche, Miss Dior ne sont pas des *amuse-gueules* (sic) pour couturiers repus, mais le plat de résistance *(O. 27.1.69)*.
Auteurs et éditeurs n'avaient pas attendu le scrutin pour faire paraître des livres-portraits présentant les principaux candidats (...) Mais tout cela n'était en quelque sorte qu'*amuse-gueules*. Voici enfin le premier récit exhaustif du grand tournoi électoral *(M. 16.6.74)*.

Rem. Le deuxième élément, *-gueule*, reste souvent invariable au pluriel.

ANABOLISANT, E adj. et sm. 1969. ■ Se dit d'une substance qui favorise l'anabolisme.
● **Adj.**
Les effets « *anabolisants* » et virilisants des hormones *(M. 4.9.74)*. Une méthode qui permet de déceler la présence de substances *anabolisantes* dans le corps humain *(E. 12.11.73)*.
● **Sm.**
Les *anabolisants* ont la propriété de faciliter l'absorption des éléments nécessaires à la vie cellulaire *(E. 12.11.73)*. Le coureur (cycliste) a été convaincu de dopage pour avoir pris des *anabolisants*, produits qui sont maintenant sur la liste noire du sport *(C. 18.8.79)*.

ANALLERGIQUE adj. 1967. ■ Se dit d'une substance qui ne provoque pas d'allergie.
Conçues par des laboratoires pharmaceutiques, ces crèmes de beauté parfaitement *anallergiques* peuvent être employées par toutes les femmes *(El. 31.8.70)*.

ANALYSTE PROGRAMMEUR sm. Informatique. ■ Technicien qui analyse le problème à résoudre par un *ordinateur**, établit en conséquence le programme à appliquer et le traduit en « langage machine ».
Importante société recherche un ingénieur *analyste programmeur* pour calculs scientifiques et/ou gestion sur gros ordinateurs, aptitude à diriger une équipe de programmeurs *(M. 9.6.66)*. L'*analyste* dont la responsabilité se situe au niveau des systèmes de l'analyse de chacun des travaux a une rémunération de l'ordre de 2 000 à 3 000 F pour un système de base. Pour un système très évolué, en temps réel, la rémunération sera majorée de 50 % à 100 % *(Pilorge, 69)*. Société d'informatique recherche Analystes-Programmeurs confirmés : gestion, assembleur, cobol ; scientifique, fortran, PL I *(Ann. M. 10.2.71)*.
→ PROGRAMMEUR.

ANCIEN adj. Dans des locutions substantives désignant des sommes exprimées en francs français d'avant la réforme de 1959 qui a créé le *nouveau* franc* (parfois appelé *franc lourd**), valant cent « *anciens francs* ».
● Si le déterminé est le substantif *franc*, l'adj. *ancien* est soit postposé, soit, plus souvent, antéposé. Dans ce cas, le sigle *AF* — ancien(s) franc(s) — est parfois employé.
Quelques heures plus tard, je disposais de 500 francs : cinquante mille *francs anciens* *(Gérard, 74)*.
Trente milliards, c'est un concept. Le traduit-on, par un vieux réflexe, en *anciens francs*, cela devient imprononçable *(E. 14.1.74)*. La commune est déjà fort endettée : 250 millions d'*AF* *(C. 11.2.78)*. Nombreux sont encore les Français qui comptent en « *anciens francs* » (...) Que diraient les sociologues sur cet acharnement à préserver les « *anciens francs* » ? *(M. 13.6.78)*.
● Si le déterminé est un autre substantif, comme *million, milliard*, l'adj. *ancien* est toujours postposé.
Jamais aucun musicien n'avait gagné, en trois mois, autant d'argent : un *milliard ancien* *(PM 15.3.75)*. Le modèle le plus cher vaut 600.000 francs lourds, soit soixante *millions anciens* *(O. 29.4.78)*.

Rem. Les syntagmes *milliard(s) ancien(s), million(s) ancien(s)* sont souvent remplacés, surtout dans le langage parlé, à la radio et à la télévision notamment, par *milliard(s), million(s) de centimes**.
→ LÉGER (FRANC), LOURD (FRANC), NOUVEAU (FRANC).

ANGE GARDIEN sm. Fig. Fam.
1. Policier qui garde un prisonnier. Garde du corps d'un personnage officiel. *Gorille**. — Agent d'une entreprise de gardiennage.
   Il est seul, sans garde du corps, dans un pays où les principaux dirigeants politiques ne circulent plus qu'en voiture blindée, avec des « *anges gardiens* » armés de mitraillettes *(M. 5.8.78)*. « Nous sommes agents de protection », disent les deux *anges gardiens* du centre commercial d'A. *(M. 9.3.80)*.
2. Par ext. (Sports d'équipe). Joueur chargé de « marquer » (= de surveiller, neutraliser), un joueur de l'équipe adverse.
   G. s'est infiltré si vite dans la défense adverse et il saute si sèchement que son *ange gardien* madrilène S. ne peut l'empêcher de « planter » un nouveau panier (au basket ball) *(F. 26.12.66)*.

ANGÉLISME

ANGÉLISME sm. ~ 1955. De *ange, angélique*. ■ Désir de pureté extrême. Attitude qui consiste à refuser, soit par pudeur, soit par naïveté, soit par hypocrisie, d'envisager une réalité déplaisante.

L'*angélisme* culturel, c'est ce que P. Gaudibert a du mal à admettre. Pour lui la culture n'est pas innocente *(E. 18.9.72)*. Nier que le comportement des émigrés soit de nature à déranger les communautés sur lesquelles on les greffe au hasard des nécessités industrielles, c'est escamoter le problème par l'artifice d'un *angélisme* douteux *(E. 3.9.73)*. Ayant longtemps vécu dans la clandestinité, C. n'était pas transparent. On ne peut croire à l'*angélisme* non violent qu'il affichait (...) *(E. 15.5.78)*.

ANGLOPHONE adj. et subst. ~ 1950. ■ Qui parle, où l'on parle l'anglais.

Les pays *anglophones* d'Afrique occidentale *(M. 24.8.65)*. La crainte (qu'éprouvent les Québécois) de voir leur langue et leur culture se perdre dans l'océan *anglophone (M. 6.3.70)*.
→ DIALECTOPHONE, FRANCOPHONE, GERMANOPHONE.

ANIMALERIE sf. ■ Lieu où l'on garde des animaux vivants destinés à être vendus comme animaux d'agrément ou à servir à des expériences de laboratoire.

On peut acheter à crédit son compagnon à quatre pattes dans l'*animalerie* d'un supermarché de la banlieue parisienne *(E. 12.3.73)*. À l'usine d'A. se trouve une *animalerie* ultra-moderne de 24 000 rats blancs sur lesquels 640 chercheurs testent la toxicité des nouveaux produits *(P. 1.4.74)*.

ANIMATEUR, TRICE subst.

1. Personne chargée de l'*animation** d'un groupe humain.

   Les organisations « de » ou « pour » la jeunesse comportent obligatoirement des cadres, des moniteurs ou, selon le mot à la mode, des *« animateurs » (Merlin, 66)*.
   Des *animateurs* pour quoi faire ? Sur ce thème, 350 *animateurs* socio-culturels se sont réunis. Ils sont actuellement 6 500 en France qui travaillent comme « salariés bénévoles » dans des centres culturels, maisons de jeunes, clubs de quartier, villages de vacances, etc. *(E. 29.3.71)*.
   Je voudrais apporter mon témoignage d'*animateur* de jeunes *(E. 27.3.72)*. L'intervention d'un *animateur* de séminaire, de colloque, est tarifée selon le temps qu'il passe avec les participants *(Exp. 12.73)*. Qu'il s'occupe des vieillards ou des jeunes, qu'il participe à un club sportif ou à une troupe théâtrale, qu'il monte un ciné-club ou tienne une bibliothèque, il devient *animateur* social *(M. 29.6.78)*. Bitche a obtenu (...) un *animateur* culturel et touristique à temps plein *(C. 7.9.78)*.

● Subst. fém.

   Dans une ambiance agréable, élégante, très <club>, vous (...) ferez la connaissance des *hôtesses-animatrices*, toujours là pour vous aider à organiser des réunions, des sorties, des voyages *(F. 13.5.74)*. G. travaille comme vendeuse. Elle est également *animatrice* d'un groupe de pré-adolescents. Il s'agit d'une nouvelle conception de l'adulte <dans> le groupe, et vivant quelque chose <avec> le groupe *(Pa. 12.74)*. Sous la houlette d'une *animatrice* plusieurs dizaines d'enfants ont entrepris de peindre des fresques sur les murs en béton de la place *(M. 20.6.78)*.

2. Spécialement (radio, télév.). Personne qui présente des émissions, des spectacles (de variétés notamment), les « anime », fait participer le public, etc.

   Chaque collaborateur de l'O.R.T.F. a une fonction déterminée ; les uns sont des *animateurs* — Guy Lux, par exemple, « animant » son « Palmarès des chansons » — d'autres sont des commentateurs — comme Roger Couderc « commentant » un match de rugby — d'autres sont des « présentateurs » — Léon Zitrone « présentant » le journal télévisé *(VL 5.67)*. Auparavant le métier d'*animateur* consistait à enjoliver le programme musical de quelques gags sonores et de plaisanteries. L'avènement sur les ondes des journalistes a constitué une véritable métamorphose *(E. 20.1.69)*. Le « duplex », la liaison H.F. permet à l'*animateur*, micro en main, d'aller dans les rues, sur les pistes *(M. 28.2.69)*.
→ DISC-JOCKEY.

● Subst. fém.

   Madame Inter sera à la fois le porte-parole, l'ambassadrice, la confidente des auditrices. La nouvelle *animatrice* sera présente à l'antenne chaque jour *(F. 28.9.66)*.

ANIMATION sf. 1972. Ensemble de méthodes employées pour faire participer activement les membres d'une collectivité à la vie (culturelle, sociale, etc.) du groupe.

L'*animation* : rien de plus difficile à maîtriser que cette idée fixe de notre époque. Améliorer la qualité de la vie, susciter la participation, développer la convivialité entre habitants d'une même ville sont devenus des thèmes chers à tous les hommes politiques (...) L'Association pour l'*animation* des villes veut être un lieu d'échanges aussi ouvert que peut l'être la place du marché *(C. 16.4.78)*. Ce qui manque, ce sont les ressources financières permettant de créer un minimum d'*animation*, d'organiser les loisirs des jeunes avec le concours des adultes du < grand ensemble > *(C. 1.6.78)*. L'*animation* du quartier suppose une meilleure connaissance des besoins des habitants *(M. 20.6.78)*.
→ DYNAMIQUE* DE(S) GROUPE(S)

ANNEAU sm. ~ 1970. Par métonymie : ■ Emplacement de mouillage loué ou vendu à des *plaisanciers**, dans une *marina**, un port de plaisance.

Port-Deauville pourra loger 2.000 personnes dans la marina. Il proposera 1.250 *anneaux* aux plaisanciers *(E. 5.6.72)*.

ANTI (-)

-ANNONCE Deuxième élément de substantifs composés. Cin. *Bande-annonce, film-annonce*, courts extraits d'un film, présentés au public, en début de programme, lors d'une séance antérieure (de quelques jours en général) à celle où sera projeté le film en question.
> Une *bande-annonce* était passée dans 24 salles parisiennes alors que le tournage (du film) n'était même pas terminé *(E. 30.3.70)*. Les mille tracas qu'évoquait si drôlement le *film-annonce* de « Yoyo » *(E. 16.8.65)*.

ANNONCER LA COULEUR Fig. (Formule empruntée au langage des joueurs de cartes). Faire connaître clairement ses intentions ou son opinion.
> Pourquoi ne pas abattre les cartes et *annoncer la couleur* franchement ? En cette matière (le financement de la recherche médicale) le cynisme me paraît préférable à l'hypocrisie *(E. 17.9.73)*. Pourquoi tarder à prendre les mesures qui permettraient d'économiser le carburant ? En *annonçant la couleur* clairement et suffisamment tôt, le gouvernement aiderait les gens à se préparer à changer leurs habitudes *(M. 4.10.74)*. À la veille de la saison, les hôteliers de montagne se voient contraints d'*annoncer la couleur* : cet hiver, les joies du ski seront de 7 à 10 % plus chères que l'an dernier *(M. 11.10.75)*.

● Par métonymie (Sujet nom de chose). Iron.
> Les fromages avaient honte d'être maigres. Ils eussent souhaité passer pour gras. Méchant, le législateur leur imposa d'*annoncer la couleur* : tout fromage devait indiquer sa teneur en matières grasses sur une bande traversant l'étiquette *(Gaussel, 73)*.

ANNONCEUR, EUSE s.
→ SPEAKER, SPEAKERINE.

ANOVULATOIRE adj. ~ 1960. De *a* privatif et *ovulation*. Méd. destiné à empêcher l'ovulation.
> Nombre de techniques contraceptives modernes, de la prescription des pilules *anovulatoires* à l'insertion des appareils intra-utérins *(M. 26.5.66)*.

ANTENNE sf.
1. Radio, télévision. Par métonymie pour : émission.
> D'autres problèmes qui méritent quelques minutes supplémentaires d'*antenne (ST 14.6.69)*. Jusqu'à 11 h 30, hors *antenne*, nous allons jouer avec les jeunes *(R.S.R. 8.8.70)*.
2. Transports : ligne de chemin de fer ou voie d'eau greffée sur une voie de communication préexistante.
> En décembre 1975, une *antenne* ferroviaire longue d'environ 11 km desservira la ville nouvelle d'Evry *(VR 16.3.75)*. Des *antennes* fluviales seront créées dans la zone industrielle de Fos pour assurer la desserte des établissements industriels par voie navigable *(Doc.fr. 71)*.
3. Élément (établissement, organisme, etc.) subalterne détaché au loin par un organisme central qu'il est chargé d'informer, de représenter, etc.
> Selon l'*antenne-neige* que la météorologie nationale a installée près de Grenoble, les risques d'avalanches persistent *(C. 26.4.70)*. À C. il existe des *antennes* pédagogiques chargées de la liaison entre constructeurs et utilisateurs de bâtiments scolaires *(FP 9.72)*. La Délégation à l'aménagement du territoire a installé à Tokyo une *antenne d'information* à l'usage des patrons japonais susceptibles de s'installer en France *(E. 12.11.73)*. Son ami vient d'implanter à N. une *antenne clandestine* de la ligue dissoute *(P. 18.3.74)*.
4. Spécialement. *Antenne chirurgicale*. D'abord unité du service de santé militaire installée près du front. Par extension : centre de soins, fixe ou mobile (véhicule) notamment pour les victimes d'accidents de la route.
> Dans plusieurs régions, nous (les gendarmes chargés de la police de la route) pouvons faire appel (en cas d'accident) aux *antennes chirurgicales* fournies par les hôpitaux. Ces véhicules contiennent les moyens de réanimation complets, avec au minimum un infirmier ou une infirmière spécialisés *(C. 6.69)*. Six *antennes* de grand secours, formées chacune de deux équipes médicales ont été implantées le long des grandes (routes) nationales *(FP 9.70)*.
> L'*antenne chirurgicale* de l'hôpital le plus proche, équipée du matériel de réanimation, arrive sur les lieux de l'accident *(E. 25.6.70)*.

ANTI (-) Élément préfixal (du grec *anti*, « contre ») qui sert à former de nombreux composés exprimant l'opposition ou l'hostilité (à), ou une idée de protection (contre).
> **Rem. 1.** L'amplification au XIXe et au XXe s. de la productivité (de *anti*-) est attestée par Littré — 76 composés de *anti* + adj. ou n. — et plus encore par les dictionnaires contemporains (...) — le GLE traite 65 composés en *anti* + nom, 39 en *anti* + adj., et en signale une centaine d'autres (...) Quant au registre publicitaire il s'est superposé aux autres pour enrichir ce champ préfixal d'un sous-système productif à tous les niveaux d'usage, y compris la langue courante et dans tous les domaines conceptuels (...) Ces composés en *anti*- comme leurs bases, sont tous des substantifs ou des adjectifs. Ils restent souvent invariables. Ils ne prennent pas les marques de genre ni les degrés de comparaison : « *Cette solution n'est pas assez antigel, est plus antigel que* »... ne se disent pas — ou pas encore — *(A. Rey, 68)*.
> **Rem. 2.** L'emploi du trait d'union est assez rare dans les composés anciens, sauf ceux dont le second élément commence par un *i*, et dans quelques termes géographiques. Il est plus fréquent, et parfois hésitant, dans les composés de formation récente.
> **Rem. 3.** Quelques composés sont traités plus loin en articles séparés à leur place alphabétique. D'autres sont répartis dans les rubriques ci-après.

ANTI (-)

1. Composés à fonction d'adjectifs.
On peut distinguer deux sous-ensembles, selon la classe grammaticale du deuxième élément (base) :

- **Anti- + Adjectif.**
  Théâtre abstrait. Drame pur. *Anti-thématique, anti-idéologique,* (...) *anti-bourgeois (Ionesco, 51).* Prévert est *antimilitariste, antibelliciste, anticlérical, anticapitaliste,* (...) *anti-idéaliste (E. Henriot, M. 11.1.56).* Ici (dans une bande dessinée) la femme est objet, idée, *anti-érotique* à force de sophistication *(M. 27.2.66).* Vous avez dit que cette pièce était *anti-française* ; elle est en fait *anti-humaine (A. Malraux, M. 29.10.66).* Une (...) force *antibelliciste* qui s'oppose aux menaces d'une guerre atomique *(Birou, 66).* Notre enseignement est trop lourd et *anticulturel (E. 8.1.68).* Les médicaments *antinauséeux* (...) pris une demi-heure avant le départ (...) *(Fa. 3.6.70).* Mentalité *antiartistique (E. 3.1.72).* Courant d'opinion *antiétatique (E. 10.9.73).* Politique *anti-inflationniste (E. 11.2.74).* Personnage *antiromanesque (P. 1.7.74).* Vaccin *antipaludéen (PM 27.12.75).* Art *antiréaliste, anticubiste* et *anti-impressionniste* (de Chagall) *(VR 11.12.77).* Thèmes « *antiproductionnistes* » *(M. 6.6.78).*

- **Anti- + Substantif.**
  Les quartiers fréquentés par de nombreux « beatniks » ont été le théâtre d'une opération *anti-beatniks (F. 16.12.66).* Des campagnes de racisme *anti-jeunes* et *anti-étudiants (M. 19.6.71).* Lutte *anti-drogue* (...) plan *anti-hausse (C. 19.1.72).* Dispositifs *anticollision (FP 11.72).* Offensive *antifraude (E. 25.6.73).* Règlements *antivitesse (M. 5.2.74).* Législation *antigrève (M. 7.3.74).* Brigade *anticambriolages (M. 9.7.74).* Comité *anti-poids lourds* (= camions) *(M. 24.2.78).* Recette *antidragueurs (O. 12.6.78).* Stratégie *anti-cités* (= visant à détruire les villes de l'ennemi, en cas de guerre nucléaire) *(M. 15.6.78).* Prime *anti-grève (M. 2.7.78).* Péage *anti-nuisance* imposé aux camions *(P. 10.7.78).* Alarme *anti-vol* déclenchée par un cambrioleur qui abandonne sur place son outillage et même ses chaussettes *anti-traces (P. 10.7.78).*

2. Composés à fonction de substantifs.
Ici encore, on peut distinguer deux sous-ensembles :

- **Anti- + nom de chose (abstraite ou concrète).**
  Une *anti-pièce,* c'est-à-dire une vraie parodie de pièce, une comédie de la comédie *(Ionesco, 58).* Cette pièce (« les Paravents », de Jean Genêt) (...) constitue une véritable déclaration d'*antiréalisme (M. 16.4.66).* Cette « *anti-société* » qu'ils (les jeunes) forment avec ses signes distinctifs, son vocabulaire, son uniforme, ses règles intérieures (...) *(M. 23.4.66).* Une école qui, d'une certaine manière, est une *anti-école,* presque sans professeurs, sans livres, sans devoirs *(Fa. 12.6.68).* Le comble de l'*antinature* est réalisé dans les usines sans fenêtres *(E. 2.6.69).* A. Kristlein huit les mots. Il voudrait inventer des *anti-mots (M. 15.11.69).* Le mauvais goût volontaire (du poster) doit être regardé comme un effort vers l'*anti-art* homologue de l'alittérature *(VL 11.69).* L'*antitranspirant* (...) supprime ou limite l'humidité, donc les traces de transpiration sur les vêtements *(FP 9.70).* Pour marquer cette époque, c'est peut-être le contraire qu'il faudrait faire : un *anti-monument,* une architecture plate *(M. 26.11.70).* Une sorte d'*anticynisme,* d'*antimépris (E. 19.2.73).* L'*anticroissance (E. 2.4.73).* Un *antispectacle (O. 3.9.73).* Existe-t-il une *antigynécologie* ? *(M. 5.12.73).* Un *antimanuel* d'économie politique *(E. 25.2.74).* C'est de l'*anti-publicité (P. 1.4.74).* Cette *anti-conférence* de presse était un peu un *anti-cours* de sociologie *(M. 29.6.74).* Un *anti-festival (P. 1.7.74).* Une *antidémocratisation* du transport aérien *(VR 25.12.77).* Dépasser les limites de l'*anti-sportivité (M. 30.5.78).* Peut-on dire que le « Kit » est de l'*antibricolage* ? *(M. 8.7.78).*

- **Anti- + nom de personne.**
  Mlle A. est une *antistar.* Elle ne reçoit pas 17.000 lettres par semaine, aucun maharadjah ne vient se pendre à sa porte *(PM 17.8.68).* Être un *anti-de Gaulle,* c'est être un homme qui a des réactions tout à fait différentes de celles de de Gaulle *(PM 8.11.69).* Il est très difficile de trouver un héros à l'époque de l'*anti-héros (E. 29.3.71).* Cet éditeur est l'*anti-éditeur* type *(E. 18.2.74).* B. est une *antivedette,* une vedette malgré lui *(E. 16.9.74).* M. est un *antitechnocrate (E. 10.4.78).*

→ CONTRE-, PRO-.

ANTIBRUIT adj. ~ 1968.

À propos de choses. Destiné à atténuer le bruit, à protéger contre lui et ses *nuisances**.
  Écran *antibruit (E. 22.11.71).* Mur *antibruit (M. 14.12.71).* Législation *antibruit (E. 31.1.72).* Casques *antibruit (C. 27.6.74).*

À propos de personnes ou de collectivités. Qui lutte contre le bruit, cherche des moyens de protection contre lui.
  Militants *anti-bruit (M. 25.1.72).* Ligue *antibruit (M. 27.1.72).* Brigades *antibruit (M. 17.1.75).*

ANTICASSEURS adj. 1970.
Dans *loi anticasseurs* (réprimant des délits commis à l'occasion de manifestations, et ayant consisté notamment en destruction ou dégradation volontaire de biens matériels).
  De jeunes perturbateurs d'un bal, poursuivis en vertu de la *loi anticasseurs (E. 19.10.70).* Il a refusé de voter la *loi anticasseurs (E. 30.11.70).*

ANTIDÉPRESSEUR adj. et sm. Méd. ~ 1957.
■ Se dit de médicaments qui combattent les états dépressifs pathologiques.

- **Adj.**
  C'est en 1957 qu'apparurent les premiers médicaments *antidépresseurs.* La psychiatrie disposait dès lors d'une gamme de thérapeutiques chimiques actives qui de vait en bouleverser complètement l'exercice *(M. 23.4.66).*

- **Sm.**
  Dans la table de nuit (de la malade), nous avons trouvé (...) un tube de comprimés

(presque vide) (...) En voyant ce tube d'*antidépresseurs*, j'ai pensé à un suicide *(Soubiran, 75)*.

ANTIDOPING [ɑ̃tidɔpiŋ] adj. ~ 1960. ■ Se dit de ce qui s'oppose à l'usage de produits dopants par les concurrents qui participent à des compétitions sportives.

Un décret tendant à la répression de l'usage des stimulants à l'occasion des compétitions sportives, et pris en application de la loi *antidoping* du 1er juin 1965 (...) établit la liste des substances destinées à accroître artificiellement et passagèrement les possibilités physiques, et pouvant nuire à la santé *(M. 15.6.66)*.

ANTIGANG adj. ~ 1973. Dans *brigade antigang* (chargée de lutter contre les *gangs**, de rechercher et d'arrêter leurs membres).

Ces policiers appartiennent à la Brigade de recherche et d'intervention, la *Brigade « antigang »* *(E. 7.1.74)*. Il s'en est fallu de peu que la *« brigade antigang »* ne réussisse une nouvelle fois à arrêter une bande de gangsters sans tirer un coup de feu *(O. 30.12.74)*. Le patron de la *brigade antigang* et ses 50 hommes répartis en six groupes poursuivent leurs recherches *(PM 15.3.75)*.

ANTIPOLLUTION adj. ~ 1970.

À propos de choses. Destiné à combattre la pollution de la nature, à en atténuer les effets.

Les techniques *antipollution* ne sont pas toujours maîtrisées *(E. 5.10.70)*. Des dispositifs *antipollution* *(Exp. 3.7.2)*. Les activités *antipollution* (...) La recherche *antipollution* *(Exp. 7.7.2)*. La lutte *antipollution* (...) Un système *antipollution* efficace *(E. 6.8.73)*. Des mesures *antipollution* *(M. 24.1.74)*. Le réglage *antipollution* d'un moteur de voiture *C. 14.2.76)*. Les équipements *anti-pollution* coûtent cher *(P. 10.7.78)*.

À propos de personnes ou de collectivités. Qui lutte contre la pollution de la nature.

Les motos tout-terrain ont l'air d'avoir été inventées exprès pour donner une syncope à F., l'apôtre *antipollution* de Charlie Hebdo *(O. 1.4.72)*.

ANTIPSYCHIATRIE sf. ~ 1970.

C'est un psychiatre qui définit *antipsychiatrie*, ce concept d'origine britannique : le mot « psychiatrie » est souvent pris dans un sens péjoratif, car on lui reproche de violenter et même de « mystifier » par ses procédés thérapeutiques ceux qu'elle étiquette malades mentaux. Il faut donc accréditer la notion d'*antipsychiatrie* en opposant à l'hôpital classique, redouté des clients, l'anti-hôpital, véritable « lieu d'accueil » où l'équipe soignante vivra avec les sujets perturbés, afin de défendre ceux-ci, par des méthodes et des contacts humanisés, contre la « société oppressive ». C'est ainsi qu'on les délivrera de leurs angoisses et de leurs délires *(VL 5.71)*. Un mouvement se développe à l'heure actuelle auquel, par souci d'uniformisation, on donne le nom d'*antipsychiatrie*. Nous pensons qu'il est important d'en définir la teneur et la finalité. S'agit-il d'une négation de la psychiatrie en tant que discipline, savoir et praxis, ou bien de la contestation d'une certaine psychiatrie, ou encore de la protestation contre la ségrégation massive des malades mentaux. En réalité les trois tendances existent *(M. 19.5.71)*.
Pouvez-vous définir ce qu'on entend par *antipsychiatrie* ? — Ronald Laing : Un vaste programme : jeter bas les murs de l'asile, lutter contre l'isolement du malade, refuser les solutions oppressives et éphémères, calmants, électrochocs, etc. *(E. 23.7.73)*. L'*antipsychiatrie* est à la mode *(M. 19.4.74)*. Un mouvement de révolte contre les institutions psychiatriques : l'*antipsychiatrie* *(O. 17.3.75)*. Les apôtres de l'*antipsychiatrie*, Laing et Cooper (...) partageaient, 24 heures sur 24, la vie de leurs malades schizophrènes, sans recourir aux médicaments *(Olievenstein, 77)*.

ANTI-ROMAN sm. 1949.

Un des traits les plus singuliers de notre époque littéraire, c'est l'apparition, çà et là, d'œuvres vivaces et toutes négatives qu'on pourrait nommer des *anti-romans* *(Sartre, 49)*. « Portrait d'un inconnu » est le premier roman de Nathalie Sarraute. Lorsqu'il parut, en 1949, Jean-Paul Sartre y vit la contestation du roman par lui-même, la destruction du roman dans le temps qu'on semble l'édifier — « l'*anti-roman* ». L'expression fut bientôt étendue à d'autres livres. Elle fit fortune jusqu'au jour où, s'étant convaincu que l'évolution du genre romanesque se poursuit parallèlement à celle des autres genres, des autres arts, on parla, de façon à peine moins imprudente, de « nouveau roman » *(Micha, 66)*.

ANTISCIENCE ou ANTI-SCIENCE sf. ■ Attitude intellectuelle ou doctrine contraire à l'esprit scientifique.

Cette fausse science ou plutôt cette *anti-science* tire un trait sur 70 ans de progrès *(El. 11.2.74)*. Un plaidoyer pour l'*antiscience*, l'anti-médecine et l'anti-pharmacie *(M. 30.10.74)*. Cette doctrine n'est pas une science, c'est-à-dire un ensemble de propositions vraies ; mais elle n'est pas non plus une *anti-science*, c'est-à-dire un ensemble de propositions fausses *(M. 28.5.78)*.

ANTITABAC ou ANTI-TABAC adj. ~ 1960. Destiné à éclairer la population sur les méfaits du *tabagisme**, à atténuer ceux-ci, à dissuader de fumer, etc.

La campagne *antitabac* *(E. 25.5.70)*. Une offensive *antitabac* *(E. 28.12.70)*. Affiches *antitabac* *(O. 11.1.71)*. Dragée *anti-tabac* *(E. 20.11.72)*. Le comité d'experts que l'O.M.S. a constitué pour la lutte *antitabac* estime (...) *(M. 9.4.80)*.

AOÛTIEN, NE

AOÛTIEN, NE [ausjɛ̃, ɛn] adj. et s. ~ 1960. De *août*.
- Adj. Qui a lieu au mois d'août.
  Les vacances *aoûtiennes* (E. 17.2.69).
- Subst. Personne qui prend ses vacances en août.
  Le gigantesque embouteillage provoqué ce week-end sur les grands axes routiers par les « *aoûtiens* » (C. 4.8.70).
- Parisien resté à Paris au mois d'août parce qu'il n'est pas en vacances.
  Réservé aux « *aoûtiens* » de Paris (M. 21.7.70). Les « *aoûtiens* » qui sont à Paris retrouvent avec plaisir un peu plus d'espace (C. 5.8.70).
→ ESTIVANT. JUILLETTISTE, VACANCIER.

APARTHEID [apartajd] ou [apartɛd] sm. Rép. mil. XXe. (Mot afrikaans, « séparation »). *Ségrégation** des populations noire et blanche, en Afrique du Sud, et par ext., ailleurs.
  L'« *apartheid* », contre le maintien duquel les intellectuels américains ne cessent de multiplier les campagnes (M. 6.1.67). Certaines des lois les plus controversées de l'*apartheid*, telle que celle interdisant les mariages mixtes et celle fixant des zones de résidence déterminées aux divers groupes raciaux (M. 12.1.68). Les Noirs étaient tenus dans une sorte d'« *apartheid* » américain, isolés de la pleine participation à la vie économique et politique et traités comme un peuple colonisé à l'intérieur de nos frontières (M. 15.6.68). Peter A. a passé son enfance et son adolescence en Afrique du Sud. De condition pauvre comme ses compatriotes de couleur, il appartient au groupe des métis du Cap et a connu le régime des « esclaves » où sont rassemblés les non-Européens d'après les lois de l'*apartheid* (C. 19.1.69).

APESANTEUR sf. ~ 1960. Astron. ■ Absence de pesanteur d'un corps, sous l'effet d'un extrême affaiblissement ou de l'annulation du champ de gravitation.
  Les expériences faites sur les animaux avaient montré que la désorientation résultant de l'état d'*apesanteur* n'était pas due à l'impondérabilité elle-même mais à la privation brusque des impressions qui guident les êtres vivants (E. 13.4.61). Il a tenu sa conférence de presse avec un de ces sérieux ! L'*apesanteur* n'implique pas forcément l'absence de gravité ! (Can. 28.2.62, cit. Guilbert, 65). Les troubles imposés par une expérience si étrange sont dus (...) à ce qu'on appelle inexactement (...) l'*apesanteur*, et qui est simplement la sensation d'échapper à l'attraction de la Terre, cette force ayant beaucoup diminué (NL 23.5.63, cit. Guilbert, 65). Les astronautes ont passé sans dommage deux semaines en *apesanteur* (E: 1.9.69).
→ NON-PESANTEUR.

APOLITIQUE adj. ■ Qui n'est pas engagé dans un courant politique.
  Les femmes sont de plus en plus *apolitiques* en U.R.S.S. (M. 8.3.61). Des listes de candidats dites « *apolitiques* » (E. 8.3.65).

APOLITISME sm. De *apolitique**.
  Nous n'aurons jamais aucun député au Parlement, nous l'avons juré. L'*apolitisme* est notre règle d'or, et notre plus grande force (PM 24.6.72).

APPARATCHIK sm. ~ 1965. (Mot russe). ■ Membre important de l'*appareil** d'un parti communiste ou, par extension, d'un parti quelconque, d'un syndicat, etc. Au pluriel, le mot est généralement francisé, avec *s* (cf. cit. ci-après).
  Les organisations syndicales sont davantage préparées aux affrontements directs qu'aux manœuvres d'*apparatchiks* (P. 18.3.74). Il est mal implanté dans l'appareil du parti socialiste. De nombreux *apparatchiks* jugent ses choix économiques ambigus (E. 12.6.78).

APPAREIL sm. Milieu du XXe s. Organes et services administratifs d'un parti.
  Une carrière comme on en trouve tant dans les « *appareils* » des démocraties populaires (M. 7.1.68). Les parlementaires du parti tiennent à ce que leurs émissaires représentent authentiquement la base et soient moins sensibles que les hommes de l'« *appareil* » aux éventuelles pressions (M. 14.1.68).
  Dans le système de gestion de telles sociétés (totalitaires), les « *appareils* » ne gèrent plus que les cauchemars de leurs concitoyens, leurs propres rêves ou leurs seuls intérêts (M. 26.5.78).

APPARITEUR MUSCLÉ
→ MUSCLÉ.

APPLAUDIMÈTRE sm. Formation plaisante, sur *applaudi*(ssements) et -*mètre*.
  Tout le monde connaît l'ingénieux appareil grâce auquel les animateurs de jeux radiophoniques déterminent la popularité relative des candidats. La salle acclame tour à tour les champions et l'*applaudimètre* enregistre le volume sonore de l'enthousiasme populaire. Le plus riche en décibels gagne la partie (M. 24.9.61).
  Sans recourir aux ressources de l'*applaudimètre*, de telles lignes de force se dégagent facilement des réactions de l'auditoire (Etu. 12.56). Les spécialistes de l'« *applaudimètre* », toujours nombreux dans les cortèges officiels, se passionnent à mesurer les différences dans les degrés d'enthousiasme (E. 21.9.64). À l'*applaudimètre*, l'Europe, mot-clé, déclenche chez les démocrates centristes une rafale immédiate d'acclamations (M. 16.2.67).

D'autres films ont trouvé des défenseurs passionnés dans l'assistance. Celui de S. Bass l'aurait certainement emporté à l'*applaudimètre (E. 3.2.75).*
→ PIFOMÈTRE.

APPOINT (D') loc. adj. Fréquent dans différentes expressions, comme *salaire d'appoint* : complément qui s'ajoute au (salaire) principal, etc.

Chauffage d'appoint... chaleur rayonnante. Chauffage permanent... chaleur enveloppante *(MT 10.66).* Il est toujours possible de la dissimuler (la calvitie) sous la perruque, *« coiffure d'appoint » (E. 9.11.70).* Les professeurs traversent une crise d'adaptation. Certains disent déjà : « Ça devient un métier de femme » (...) Ce qui grave si on le prend sous l'angle péjoratif, de *« métier d'appoint » (E. 19.9.66).*

APPRENANT sm. Did. ■ Personne qui s'efforce d'acquérir des connaissances, notamment une langue étrangère.

L'enseignement des langues est resté longtemps centré sur des contenus linguistiques précis qu'il s'agissait de faire maîtriser par l'*apprenant.* Désormais les *apprenants* demandent de plus en plus que l'enseignement corresponde à leurs besoins spécifiques *(Éduc. 18.5.78).*

APPRENTI- Premier élément de substantifs composés.

Un spécialiste enseigne aux *apprentis-députés* l'art de se relaxer avant les réunions électorales *(F. 13.1.67).* Un *apprenti-gangster* chargé de prendre contact avec des trafiquants de drogue *(F. 27.1.67).* C'est dans les « Lettres de mon moulin » que les *apprentis-moines* (en Afrique noire) ânonnent leurs premières phrases en français *(M. 26.5.66).* Il a fallu endurer le spectacle d'*apprentis-vedettes* égarés dans les coulisses du théâtre *(M. 10.12.66).*
La leçon de ski se dégage d'un certain formalisme qui obligeait jusqu'à présent l'*apprenti-slalomeur* à décomposer chaque mouvement *(P. 24.12.73).*

APPROCHE sf Nouvel emploi (milieu XXe s.) dû à l'influence de l'anglais *approach*, et qui, bien que critiqué, s'est beaucoup répandu. ■ Manière d'aborder, de considérer un problème, une question.

Approche + O (par ellipse du subst. déterminant).

Le Premier ministre veut faire, de la concertation avec les partenaires sociaux, sa principale méthode d'*approche (C. 21.6.74).*

Approche + de + substantif.

Je vous propose une certaine *approche de l'art* et de la pensée de N. *(O.R.T.F. 19.4.70).* Marguerite Duras a voulu nous entraîner dans une *« approche » de l'homme* obsédé par son drame *(M. 2.10.66).* L'allègement des programmes anciens doit permettre une *approche* plus concrète et plus moderne des *mathématiques (F. 8.9.70).* L'« initiation technologique » qui est actuellement dispensée à titre expérimental dans environ la moitié des classes de quatrième et de troisième, doit-elle être considérée comme une discipline indépendante, qui permette une *approche du monde technique ? (M. 24.2.71).* Le mouvement de sympathie (d'un critique) dans l'*approche des œuvres* littéraires *(M. 25.8.65).* Un progrès irréversible (du théâtre) dans l'*approche des personnages* et la technique dramatique *(M. 24.10.64).* Notre génération doit avoir le courage d'aller plus loin dans l'*approche sincère de tous les problèmes* (PM 8.5.65). Les sondages fournissent des informations qui permettent une première *approche de la réalité* (Duquesne, 70).
En délimitant les frontières de la science et des techniques humaines, la « désacralisation » (...) contribue à épurer, décanter (...) notre *approche* du « sacré », du divin *(C. 16.7.72).*

Approche + adjectif.

On essaie de dépoussiérer les lois pour les adapter aux mœurs. C'est une *approche intelligente*, mais qui a ses limites *(P. 27.1.75).* L'*approche libérale* tend à confondre l'histoire et les lois économiques *(M. 26.5.78).*
Rem. L'emploi du mot *« approche »* au sens de « façon d'aborder un problème, d'envisager une question » constitue un anglicisme clandestin (...) Il est permis, sans faire acte de purisme, de rejeter ce sens *(Le Bidois : M. 8.12.65).*

APRÈS- Premier élément de composés invariables. Sa productivité augmente considérablement au milieu du XXe siècle. ■ Marque la postériorité dans le temps.

Rem. 1. Les composés en *après-* étant devenus de plus en plus nombreux depuis une quinzaine d'années, on n'en donnera ci-après que quelques exemples, relevés à partir de 1971. Certains d'entre eux sont d'ailleurs attestés antérieurement. Le classement chronologique des citations met en évidence la persistance de la productivité d'*après-* jusque dans la période la plus récente (1979).
Rem. 2. La plupart des composés sont des substantifs invariables. Quelques-uns fonctionnent également comme des adj. (lotion *après-rasage** ; service *après-vente** ; dîners *après-vacances*).
Rem. 3. Quelques composés seront traités plus loin sous des entrées séparées. Les autres sont répartis ici en deux rubriques.

1. **Le deuxième élément, la « base », est un subst. abstrait désignant un événement, une action, une période, une date, etc.**

La brasserie, où se presse jusqu'à une heure avancée de la nuit le monde de l'*après-spectacle* : spectateurs et comédiens *(E. 27.12.71).* Cette culture-là est morte, et nous voici dans une *après-culture* antirhétorique, hors du mot. Cette *après-culture* privilégie la musique, la danse, l'émotion collective *(E. 19.11.73).* Si le candidat de la gauche était élu à la Présidence de la République, les cadres responsables se rallieraient-ils à lui ? C'est une des grandes inconnues de l'*« après-19 mai » (M. 20.4.74).* J'emploie l'*après-réveil* à mes travaux personnels *(C. 18.5.74).* Les contrats publicitaires pour les coureurs, et la tournée des critériums d'*après-Tour* (de France) *(P. 1.7.74).* L'un des plus grands truands de l'*après-Libération (P. 1.7.74).* Les soubresauts de l'*après-grève* continuent *(P. 13.1.75).* Quel beau menu pour un *après-cinéma* : huîtres et choucroute *(M. 15.2.75).* Cette tragédie vécu par des millions de personnes : l'*après-divorce* (...) le conseil matrimonial a déjà assez de peine à éviter quelques ruptures, sans s'occuper aussi des problèmes de l'*après-rupture (PM 15.3.75).* Deux réveillons, des cocktails et des réceptions : au lieu de penser au régime d'*après-fêtes,* pourquoi ne pas vous mettre aux légumes pendant dix jours avant Noël ? *(VR 14.12.75).* L'entraîneur a répondu à de multiples interviews (...) L'heure d'*après-match* a ainsi passé *(M. 18.11.77).* La tradition de l'*après-théâtre* se perd : il faut chercher longtemps un restaurant ouvert *(M. 19.4.78).* À l'insouciance de l'*après-mai 68* a succédé une période d'accommodement *(M. 21.6.78).*

2. **Le deuxième élément est un substantif en** *-isme,* **formé sur le nom d'un homme (politique le plus souvent), d'un parti, d'une doctrine, etc.**
   Parmi les très nombreux composés de ce type, un des plus fréquents à l'époque récente, du moins dans la presse écrite, — au point qu'il a été qualifié de « mot journalistique » *(RS, 1970).* — est *après-gaullisme.* Il était déjà répandu plusieurs années avant que ne commence, le 28 avril 1969, la période qu'il désigne. Sur le même modèle on peut relever entre autres :
   Après-titisme (E. 20.10.72). Après-gauchisme (Droit, 72). *Après-péronisme* (Peron) *(E. 30.7.73). Après-franquisme* (Franco) *(M. 31.12.73). Après-bourguibisme* (Bourguiba) *(P. 21.1.74). Après-pradélisme* (Pradel, maire de Lyon) *(P. 24.2.75).*
→ AVANT-, POST-.

APRÈS-RASAGE adj. et sm. Création de la langue publicitaire, d'après l'anglais *after shave,* pour désigner des produits que l'on applique sur le visage après s'être rasé.

● Adj.
   Les lotions *après-rasage* sont peu alcoolisées *(M. 9.4.66).*
● Sm.
   La maison G. ajoute un savon à son eau de toilette et à son *après-rasage (M. 16.6.78).*

APRÈS-SKI adj. et sm. ~ 1964. Période de détente qui, aux sports d'hiver, succède en fin de journée à la pratique du ski.
Par ext. Distractions, occupations qui meublent cette période.

Rem. 1. **Le sens plus ancien** *bottillon* **(chaussure d'intérieur qu'on porte après une journée de ski), attesté dès 1941 chez Colette, et répandu vers 1950, est donné par les dictionnaires courants (PR 77, PL 78, Lexis, etc.). Il ne sera pas traité ici.**
Rem. 2. **Plusieurs dictionnaires présentent le composé comme invariable. On verra ci-après (cit. 30.11.75) qu'il prend parfois la marque du pluriel.**

● Adj.
   Les animateurs créent l'ambiance *après-ski* des hôtels-clubs *(M. 14.1.66).*
● Sm.
   La danse, les jeux de l'*après-ski (M. 19.12.64).* Frais d'*après-ski* : thé au retour des pistes, une sortie du soir *(M. 10.3.65).*
   Certaines stations sont très en avance dans l'organisation de l'*après-ski (M. 30.11.74).* Vous allez aux sports d'hiver pour la neige et pour skier, mais vous aimez aussi une vie sociale intense, les plaisirs de l'*après-ski (R. 11.75).* Des *après-skis* animés : les heures de détente ne manquent pas en février. Les électrophones n'ont guère le temps de refroidir *(VR 30.11.75).*
   Dans les stations françaises, la commercialisation de l'*après-ski* est trop poussée, l'étranger a toujours la main au portefeuille *(M. 25.2.78).*
Rem. 3. **Le dérivé verbal** *après-skier* **est attesté.**
   On *après-skie* toujours autant à C. *(En. 4.11.71).*

APRÈS-VENTE adj. et subst. ~ 1965. ■ Qui concerne l'entretien, les réparations (d'un appareil, d'une machine, d'un véhicule, etc.) que le constructeur ou le vendeur assument après la vente de l'objet.

● Adj.
   Un appareil électro-ménager risque d'être un jour en panne. Les fabricants y remédient par un service *après-vente (M. 11.2.65).* Directeur responsable de l'entretien *après-vente (M. 5.5.66).* Organiser un réseau *après-vente (FP 10.68).* Les deux groupes vont utiliser ensemble le même service *après-vente (E. 29.12.69).*
● Subst.
   Les deux firmes se sont associées pour la vente et l'*après-vente* du moteur *(E. 25.6.73).* Si l'on souhaite rentabiliser les capitaux, il faut des produits qui se vendent vite, qui occupent peu de place et n'exigent pas d'« *après-vente* » *(Pa. 10.74).*

AQUANAUTE sm. D'après *astronaute** ou *cosmonaute**. ■ Explorateur des profondeurs sous-marines.

Immergée par 140 mètres de fond, la capsule accueillera, pendant deux mois, cinq équipes d'*aquanautes.* Les hommes devront sortir travailler jusqu'à − 190 mètres *(E. 17.2.69).*
Les premières femmes *aquanautes* participent à une campagne de recherches sous-marines *(PM 29.9.70).*
→ -NAUTE.

AQUAPLANING ou AQUA-PLANING sm. Peut-être d'« *aquaplane* », sport nautique qui a précédé le ski nautique. ■ Autom. : dérapage provoqué par une pellicule d'eau qui, sur une chaussée où l'eau s'écoule mal, se forme entre le sol et le pneu.

Le profil de ce pneu comprend un canal central et des tunnels latéraux, les « *aquajets* »,

qui permettent une évacuation très importante d'eau et repoussent efficacement le seuil d'apparition de l'*aquaplaning (Pub. M. 9.10.70)*. La surface de ce revêtement ne possède pas encore une texture à gros grains permettant de diminuer le danger d'*aquaplaning (TG 12.2.71)*. La voiture roulait à une vitesse aberrante, sur une route détrempée par une très forte pluie. Il est très probable que le redoutable *aquaplaning* a joué son rôle dans cette catastrophe *(Fe. 19.2.71)*.
Les Ponts et Chaussées belges étudient avec attention le problème de l'*aquaplaning* et des accidents provoqués par la perte d'adhérence des véhicules en temps de pluie *(Tour. 21.6.79)*.

Rem. Le terme recommandé officiellement pour remplacer ce faux anglicisme est *aquaplanage* (1973).

ARBORÉ, E ou ARBORISÉ, E adj. Mil. XXe. Planté d'arbres.

Quartier résidentiel le plus *arborisé* de Genève *(GL 19.8.61)*. Villa provençale. Parc *arboré (M. 5.8.65)*.

ARCHI- Premier élément de nombreux adjectifs composés dans lesquels il exprime l'intensité (valeur : très + adj.) ou l'excès (valeur : trop + adj.). L'emploi du trait d'union est hésitant.

S'enliser dans les sentiers *archibattus* de l'art officiel *(M. 4.3.66)*. Le thème *archi-classique* de l'après-guerre atomique *(M. 7.6.67)*. Caves et greniers *archi-combles (E. 8.3.65)*. Une œuvre musicale *archi-connue, archi-jouée* (FL 23.6.66). Les leaders de l'opposition sont *archiconnus* de la police *(F. 7.2.67)*. Film *archicontestataire (E. 16.3.70)*. Jupes *archicourtes (F. 2.1.67)*. Problème *archi-difficile (M. 3.2.66)*. La mode *archi-juvénile (F. 28.1.67)*. Émission (de télévision), *archi-marrante (E. 8.3.65)*. Dialogue quotidien, *archiquotidien (E. 18.12.67)*. Cardinal *archiréactionnaire (E. 15.1.68)*. La mode d'été : une silhouette flottante, *archisouple* et totalement libre *(F. 2.1.67)*. On vous jette en pâture une vedette *archi-usée (M. 10.6.65)*. Le film est un ramassis de situations *archi-usées* (ST 15.10.66).

ARCHIVAGE sm. ■ Conservation d'archives.

Un spécialiste est allé jusqu'à dire que les fonctions d'*archivage* et de classement d'une compagnie d'assurances pourraient être assurées par une seule machine électronique et deux opérateurs *(M. 31.7.55)*. Toutes les sortes d'*archivage* n'ont pas en France valeur légale de preuve : c'est encore le cas des bandes magnétiques et des micro-documents *(En. 2.5.70)*.
Les rayonnages métalliques, solution rationnelle pour les stockages, rangements et *archivages (Exp. 11.71)*.

ARGUMENTAIRE adj. et subst. ~ 1970. (De *argument*). Écon. Qui concerne les arguments de vente. Liste d'arguments de vente.

Une fois qu'un projet d'*argumentaire* a été mis au point, il faut rendre opérationnel ce projet d'*argumentaire (En. 20.1.72)*.

ARME ABSOLUE loc. subst. Fig. A propos d'objets : méthodes, moyens, remèdes d'une efficacité totale ou réputée telle (fréquent dans le vocabulaire de la publicité).

Au cours de cette émission (sur la régulation des naissances), on a parlé avec insistance d'« *arme absolue* ». On a parlé « spermaticides » comme on parle insecticides. Or, même en matière d'insecticides, on s'aperçoit aujourd'hui que certaines réussites techniques du style « *arme absolue* » ont l'inconvénient de perturber des équilibres naturels précieux *(F. 22.12.66)*. Seule, la pilule pourrait être appelée l'*arme absolue* – échec pratique 0,80 % pour les œstro-progestatifs classiques *(M. 13.11.68)*. Ces super-spécialistes seront entraînés pendant deux ans au maniement efficace de l'analyse mathématique, de la prise de décision et de la recherche opérationnelle, ces *armes absolues* du technologue-patron d'aujourd'hui *(O. 31.3.69)*.
Le prix imposé, c'est l'*arme absolue* des libraires face à la concurrence des grandes surfaces *(E. 10.12.73)*. L'*arme absolue* des syndiqués : le ralentissement de la cadence *(P. 1.7.74)*.
Il y a quelques années, on considérait la télévision comme une *arme absolue* politique, surtout en période électorale *(M. 5.3.78)*.

AROMATHÉRAPIE sf.

L'*aromathérapie* est la méthode qui utilise les huiles essentielles des fleurs, des herbes, des racines et des fruits (pour le traitement des tissus, cellules) *(Fa. 9.3.69)*. La docteur V. croit à la vertu des plantes, à l'*aromathérapie*, cette vieille science qui redevient actuelle *(El. 7.9.70)*.

ARRACHÉ (À L') loc. adj. ou adv. Fig. (D'après le sens en haltérophilie).

1. **À propos d'un succès, électoral par exemple, obtenu de justesse grâce à un vigoureux effort.**
● Adj.
Après sa victoire « *à l'arraché* », V. Giscard d'Estaing (...) C'est une victoire étroite, remportée au tout dernier moment *(F. 21.5.74)*.
● Adv.
Il y a quatre ans, M. F. a conquis *à l'arraché* la mairie de S. *(P. 3.6.74)*.

2. **À propos de quelqu'un qui obtient un succès dans les mêmes conditions.**
● Adj.
Vainqueur *à l'arraché* au second tour, G. a démontré (...) Mais quelle difficile victoire ! *(P. 21.5.74)*. 57 députés élus ne l'ont emporté sur leurs adversaires qu'avec un avantage de moins de 1 %. Parmi ces vainqueurs *à l'arraché* figurent (...) *(M. 21.3.78)*.

ARRIÉRATION

ARRIÉRATION sf. Peut-être d'après l'emploi en psychologie *(arriération mentale).*
1. **État d'esprit rétrograde.**
   La ligne de démarcation entre le parti du mouvement et le parti de l'*arriération (E. 30.6.69).*
2. **Retard dans le développement économique.**
   Sur le plan des télécommunications, il faut faire disparaître l'*arriération* du pays *(M. 13.1.70).*
3. **Retard dans le domaine culturel.**
   Considérez la situation de la Russie en 1917, l'*arriération* culturelle, l'isolement international (...) *(P. 30.9.74).*

ARRIÈRE-PAYS sm. ■ D'abord, région proche des côtes. Par extension : région proche d'une ville.
   Grenoble se doit de maintenir dans son *arrière-pays* un certain nombre d'emplois que ne procure plus l'agriculture *(M. 2.1.68).*
   La bataille menée par les associations de défense de l'environnement contre l'urbanisation de l'*arrière-pays* de St. Paul de Vence *(M. 21.7.78).*

ARRIVÉE (À L') loc. adv. Fig. Probablement sous l'influence des emplois figurés de *« au départ* ».* ■ À la fin, en fin de compte.
   M. C. est moraliste, et il se veut tel au départ, alors qu'on ne l'est qu'*à l'arrivée*, je veux dire après coup, quand la moralité ressort des choses racontées *(Henriot : M.8.3.61).* La loi ne sera pas mauvaise au départ, elle sera meilleure *à l'arrivée (Com. 18.9.68).*
→ DÉPART (au −, dès le −, etc.).

ARTICULER (S') (autour de quelque chose).
● Avec pour sujet un nom de chose concrète (bâtiments, entreprises, etc.) : être groupé de manière à former un ensemble organisé.
   La nouvelle faculté des sciences comprendra trente-six tours (...) autour desquelles *s'articuleront* les futurs locaux *(F. 28.9.66).* Cinq sociétés textiles vont fusionner et la chimie lourde va *s'articuler* autour de deux pôles de développement, Le Pont-de-Claix et Fos-Lavéra *(M. 10.6.71).*
   La ville nouvelle de Cergy, *s'articule* autour d'une boucle de l'Oise *(M. 9.10.75).*
● Avec pour sujet un nom abstrait : être organisé (en fonction de quelque chose).
   Pour les stratèges giscardiens, la campagne électorale *s'articule* autour de la fédération des centres *(P. 27.5.74).* Le projet qui a servi de base aux discussions *s'articule* autour de trois axes (...) *(M. 8.7.78).*

ARTISANALEMENT adv. ■ De façon artisanale.
   Je veux une machine qui fasse automatiquement et en série ce qu'un homme muni de ce livre fait en quelque sorte *artisanalement (Escarpit, 64).* L'application de méthodes modernes, de procédés scientifiques, n'empêche pas M. B. et ses adjoints de travailler, si l'on ose écrire, *artisanalement*, à la recherche de la qualité *(M. 19.1.68).*

ASCENSEUR (RENVOYER L') Fig. ~ 1970. ■ Se montrer reconnaissant envers quelqu'un en lui « rendant la pareille ».
   C'est grâce à moi que Viviane (une compagne de détention) avait eu chaud l'hiver précédent. C'est grâce à elle que je n'ai pas eu trop froid l'hiver suivant. Viviane savait *renvoyer l'ascenseur (Gérard, 74).*

Ne pas renvoyer l'ascenseur. Faire preuve d'ingratitude.
   Nixon, qui reconnaît avoir bénéficié de l'appui de Pompidou dans le règlement du problème vietnamien, ne lui *renvoie pas l'ascenseur*. Dans la négociation (...) entre l'Europe et les États-Unis, Nixon ne fait pas la moindre gracieuseté à son < ami > Pompidou *(O. 9.4.73).*

ASCENSEUR-DESCENSEUR sm. ~ 1965. (Employé surtout dans la publicité immobilière). Synonyme redondant pour *ascenseur.*
   Des *ascenseurs-descenseurs* desservent tous les étages et le sous-sol *(M. 12.6.65).*

ASÉMANTIQUE adj. Ling. ■ Se dit d'une phrase qui n'a pas de sens, même si elle n'est pas *agrammaticale*.*
   Une phrase est *asémantique* quand, violant les règles sémantiques de la langue, elle n'est pas interprétable sémantiquement. Ainsi « le corridor élucide le trottoir » est une phrase *asémantique (Dubois, 73).*
Rem. La phrase citée par Dubois n'est pas agrammaticale.

ASEPTISÉ, E part. passé et adj. Fig. 1966. ■ Dépourvu d'originalité, de sensibilité.
   Confort *aseptisé (R. 12.66).* Une société sans âme, *aseptisée*, rationalisée et standardisée *(LF 27.12.67).* Style clinique, *aseptisé*, fonctionnel (d'un roman) *(P. 9.10.72).* Ce récit, résumé *aseptisé* par rapport à ce que le groupe avait perçu de cette malade *(Raimbault, 73).*

ASILAIRE adj. 1955. ■ Relatif aux asiles de vieillards ou aux hôpitaux psychiatriques.
   Des notions d'intégration sociale (des vieillards) qui ne peuvent s'accorder avec les structures *asilaires* (l'organisation des asiles) *(M. 6.10.67).* Les vieillards, habitants du ghetto *asilaire (E. 30.3.70).*
   On dénonce volontiers la violence *asilaire*, on rappelle que le schizophrène est « produit »

par le groupe au sein duquel il vit (M. 19.4.74). L'univers *asilaire* reproduisait celui de la prison avec, en plus, un alibi humanitaire qui le rendait plus odieux encore (M. 27.2.77).

ASOCIAL, E adj. et s. ~ 1965. Peut-être par analogie avec l'allemand *asozial*. ■ Non adapté à la vie dans la société existante.

● Adj.
Ceux dont les conduites, comme disent les sociologues, sont *asociales*: délinquance, L.S.D., etc. (PM 28.12.68).

● Subst.
L'individu qui s'accuse d'être l'assassin est de toute évidence un dégénéré, un *asocial* en proie à une crise d'agressivité (M. 5.6.64). La vie quasi animale d'une communauté d'*asociaux* et de parias des taudis d'un quartier de New York (M. 10.1.68).
→ MARGINAL.

ASSISTANAT sm. (De *assistant*, par analogie phonique, mais non graphique avec le couple *artisanat/artisan*). ■ Fonction d'assistant, dans l'enseignement supérieur.

Avoir été reconnu comme excellent professeur de l'enseignement secondaire n'est pas forcément une garantie de capacités sérieuses à l'*assistanat* (dans l'enseignement supérieur) (M. 12.4.66).

ASSUÉTUDE [asɥetyd] sf. (Du lat. *assuetudo*, habitude). ■ Accoutumance de l'organisme humain aux influences perturbatrices qui agissent sur lui.

Le tabac et l'alcool sont des drogues à part entière, car (...) la cigarette crée une *assuétude* (...) l'*assuétude* la mise en esclavage du sujet (ORTF 20.6.70).

ASSUMER v. tr. Spéc. Rép. mil. XXe. ■ Accepter (un état, une situation), se sentir concerné, engagé, solidaire.

Je n'en voulais pas, moi, de cette guerre, ni de cette défaite : par quel truquage m'obligeaton à les *assumer*? (Ce monologue a lieu en juin 1940) (Sartre, 47). Toi, tu *assumes* la guerre pour des tas de raisons préalables, et tu justifies ta position après coup. C'est du laïus (Merle, 49). Alors il l'admira franchement pour cette façon brave qu'elle avait d'*assumer* son passé (Lanoux, 63). Aucun autre poète de sa génération n'a su, comme lui (G. Grass), à travers son épopée, *assumer* en grand artiste lucide et courageux la condition allemande (M. 25.9.65). Sans de Gaulle, nous sommes parfaitement incapables, nous Français, d'*assumer* la France et la République ou de trouver parmi nous quelqu'un d'autre qui l'*assume* (M. 6.11.65).
L'homme moderne se juge capable d'*assumer* la transformation du monde et de la société (...) (Duquesne, 70). Certains médecins approfondissent la relation médecin-malade. Ils entrent en sympathie avec leurs malades, tentent de les *assumer* pleinement, avec leurs problèmes (...) Pour guérir le malade, il faut l'aimer, partager son anxiété, l'*assumer* (Beunat, 74). Il s'agit, pour le médecin, d'*assumer*, d'écouter la mort d'autrui (M. 11.10.74). Étant juif (...) décidé à *assumer* pleinement sa judéité (M. 16.12.76).

ASSUMER (S') v. pr. ■ S'accepter lucidement tel que l'on est.

Ce que je pense politiquement, ce que je crois religieusement se sent forcément à travers ce que j'écris. — En somme vous vous *assumez* comme écrivain ? (Mallet-Joris, 70).

● Avec pour sujet un nom de chose.
Aujourd'hui, Brasilia vient de fêter ses dix-huit ans (...) Il faut songer à mûrir, à devenir une ville (presque) comme les autres. Et *s'assumer* comme capitale d'un des plus grands pays du monde (M. 5.7.78).

ASTRO- Premier élément d'adjectifs et de substantifs composés.

ASTRONAUTE s. Répandu au milieu du XXe s., concurrencé par *cosmonaute**. ■ Membre de l'équipage d'un véhicule *spatial**.

Nous avions *astronaute* et astronautique, formés par Rosny l'aîné (1856-1940) romancier souvent anticipateur. Ce sont des termes que, jusqu'alors, consacrait l'usage. Alors disons *astronaute* et astronautique (F. 26.5.61). Stricto sensu, un *astronaute* est un homme qui voyage d'un astre sur un autre, et ce sont donc des équipages constitués d'*astronautes* qui iront sur la Lune. Le terme nous paraît avoir un sens restrictif par rapport à cosmonaute, les cosmonautes étant des hommes qui voyagent dans le cosmos, soit qu'ils se contentent de vols orbitaux à faible ou grande distance d'un astre, soit qu'ils se rendent sur un autre monde. Cela étant, il faut déplorer qu'un clivage se soit produit. Les Américains tiennent à dire qu'ils envoient des *astronautes* dans l'espace, de sorte qu'une habitude s'est peu à peu instaurée : on parle d'*astronautes* américains et de cosmonautes soviétiques ; gageons que les Européens enverraient des spationautes (Air 5.7.69).
→ COSMONAUTE, LUNAUTE.

ASTRONAUTIQUE sf. ou adj. ■ Science de la navigation *interplanétaire**. Relatif à cette science.

● Sf.
Une solution doit être trouvée si l'on veut passer de l'*astronautique* expérimentale à l'*astronautique* pratique, celle qui permettra l'exploration des planètes et de la Lune (Guilbert, 67). Si elle n'a pas été rejointe par son compagnon, la première femme de l'espace a beaucoup fait pour la gloire de son pays, et celle de l'astronautique en général (FS 19.6.63, in Guilbert, 67).

● Adj.
À la première vitesse cosmique (...) qui est de 11 km à la seconde, la fusée à trois étages

ASTRONAUTIQUE 30

venait de déposer à l'heure et à l'altitude prévues la première charge utile de l'*ère astronautique* (PM 22.4.61, in Guilbert, 67). Il est probable que chaque accessoire de l'*industrie astronautique* a aussi une longue histoire (E. 20.4.61, in Guilbert, 67). Continuons à avancer la *science astronautique* (F. 26.4.61).

ASTRONEF sm. ■ Véhicule interplanétaire.

Certains spécialistes estiment qu'un *astronef*, animé d'une vitesse proche de celle de la lumière, pourrait faire un tour de cosmos en trente-trois ans (E. 17.4.67).

ASTROPORT sm. D'après *aéroport*.

Cap Kennedy est l'*astroport* de départ (des véhicules spatiaux) (A. 9.4.70).

ASTUCE sf. Milieu du XXe s., pour : trouvaille ingénieuse.

La renaissance de la bicyclette pliante ou démontable ? Les plus brillantes *astuces* techniques ne ramèneront pas les temps glorieux où la bicyclette était la « petite reine » (M. 1.9.65). Le président de la République (en visite au Salon de l'automobile) juge que la banquette rabattable permettant de loger de nombreux bagages est « une grosse *astuce* » (M. 10.11.65). Une excellente « *astuce* » un bouton permet de bloquer la cellule (d'un appareil photographique) (M. 14.10.65). Voici pêle-mêle quelques « *astuces* » d'aménagement : les balcons déseneigés automatiquement grâce à un circuit électrique (M. 22.2.66). C'est un grand magasin, plein d'*astuces* et de gadgets (PM 10.9.66). Toutes les « *astuces* » qu'il faut voir sur place et dont rien ne peut donner une idée (F. 28.9.66).

● **Dans des composés.**
Astuce-beauté ; astuce-décoration (FP. 5.69).

ASTUCIEUX, EUSE adj. Repris au milieu du XXe s. À propos de choses : ingénieux.

La télévision nous a donné une émission avec quantité de trouvailles *astucieuses* et intelligentes (F. 18.10.65). Cet *astucieux* système d'emboîtage permettra de créer trois étages entièrement dépourvus de colonnades ou de pylônes (E. 25.10.65). Une caméra munie d'un *astucieux* dispositif (M. 12.10.66).

● **À propos de personnes : adroit, habile, malin. (Le sens péjoratif originel : rusé, a vieilli et n'est plus toujours compris.)**
Si vous êtes *astucieux*, vous saurez trouver (la solution d'une devinette) (FS. 11.8.65).

ATHÉRO- Premier élément de composés savants, dont certains se sont répandus au milieu du XXe s.

Les effets *athérogènes* — c'est-à-dire générateurs de dépôts graisseux sur les artères — du régime alimentaire (E. 12.8.68). Les dépôts jaunâtres qui tapissent l'intérieur des vaisseaux sanguins chez l'*athéroscléreux* (E. 4.12.67). L'*athérosclérose*, maladie artérielle caractérisée par un durcissement de la paroi des vaisseaux sanguins, qui se couvre de dépôts graisseux, rétrécissant leur calibre intérieur, favorise la survenue d'un infarctus (E. 4.12.67). Ces déséquilibres alimentaires sont parmi les facteurs qui expliquent le développement de l'*athérosclérose* (M. 25.10.75).

ATLANTISME sm. De *atlantique*. ■ Pol. Acceptation de la politique de l'O.T.A.N., organisme créé par le Pacte atlantique (1949). Pour certains, le mot désigne une soumission excessive à la politique étrangère des États-Unis.

Le candidat de la gauche est amené à corriger sérieusement son *atlantisme* et à condamner plus vigoureusement l'hégémonie américaine (M. 14.11.65). Les chères vieilles idées des années 50 : l'Europe supranationale, l'*atlantisme* inconditionnel, la soumission à la politique internationale du grand allié (M. 15.5.66). ... Créer en Europe un verrou diplomatique interdisant le retour à l'*atlantisme* (M. 16.1.68).
On accusa certains autres partenaires européens d'*atlantisme* capitulard (E. 3.1.72).

ATLANTISTE sm. ■ Partisan de l'*atlantisme**.

Un rapport présenté au nom de la commission des Affaires étrangères non pas par un *atlantiste* impénitent, mais par M. D. (M. 21.4.66).

ATOMIQUE adj. Mot du XVIe s., repris et répandu au milieu du XXe s., à la suite des premières explosions de bombes « atomiques » (1945). À partir de là, le mot a été employé pour qualifier des armes et engins de guerre dont la puissance de destruction est due à l'énergie atomique, puis des conflits dans lesquels ces armes ont été ou seraient employées. Par une extension d'emploi parfois critiquée, on a appliqué cet adjectif aux États ou nations qui fabriquent et possèdent les armes atomiques, ou encore à l'époque actuelle elle-même, caractérisée par la fabrication de ces armes et les menaces qui en résultent, etc.

La seule chance de l'humanité à l'*âge atomique* reste la sagesse (...). L'accession au *club atomique* a augmenté le prestige du pays. (...) Un *conflit atomique* généralisé risque d'atteindre mortellement le pays qui n'est pas préparé à cette éventualité. (...) L'*ère atomique* est beaucoup plus dangereuse que les autres. (...) Peut-on croire que le pays acceptera longtemps de se priver pour construire une *force atomique* ? (Sudreau, 67). Savoir si la France sera dans le camp des *nations atomiques* (M. 28.4.64). La politique de *nationalisme atomique* du général de Gaulle (M. 12.5.66). Devant le *péril atomique* qui est notre œuvre, allons-nous enfin reconnaître l'unité du monde ? (...) En devenant une *puissance atomique*, (la France) est devenue cible (Sudreau, 67).

Ceux qui, devant la guerre économique qui s'abat sur le monde, réclament davantage encore de bombes *atomiques*, sont bons pour la retraite. La réponse *atomique* (à la crise) est une réponse absurde *(E. 19.11.73).*
→ NUCLÉAIRE.

ATOMISATION sf. Fig. ■ Dispersion, fractionnement.

L'*atomisation* excessive *des forces* politiques *(F. 18.11.66).* Atomisation *de la profession* de transporteur routier *(En. 2.69).* Atomisation *des suffrages* modérés *(M. 11.2.69).* Au lieu de souhaiter l'*atomisation de l'Université*, il convient au contraire de la reconstruire autour des facultés, en regroupant à celles-ci tous les instituts, écoles ou autres centres qui vivent en marge d'elle *(M. 17.5.66).*
On veut augmenter les compétences et les pouvoirs des maires (...) dans l'espoir qu'ils décideront d'eux-mêmes de réagir contre une *atomisation* communale aberrante *(E. 19.6.78).*

ATOMISÉ, E participe passé et adj. Fig. ■ Dispersé, divisé en petites parcelles (avec parfois nuance de brutalité, de soudaineté, etc.).

Quand le parti communiste serait anéanti, la classe ouvrière découragée, désorientée, et pour risquer le néologisme, *atomisée (Sartre, 47).* Ce qui constitue la vie moderne bousculade, précipitation, instants volés, automation, abêtissement (...). Robots amoureux. Amour atomisé *(Saint-Lô, 64).* Aucun des actionnaires ne possède plus de 2 % de ce capital *« atomisé »* dans le public *(PM 25.1.69).* Formations politiques *atomisées (M. 8.10.69).*
Depuis mai 68, les mandarinats subsistent (dans les hôpitaux), mais sont *atomisés (O. 24.9.73).* Fumées et odeurs s'évanouissent au milieu des larges avenues de Brasilia, la promiscuité et l'entassement ne s'y font guère sentir. Mais c'est une arme à double tranchant : l'homme respire plus librement, mais se sent *atomisé*, seul face à l'architecture qui écrase *(M. 5.7.78).*

ATOMISER v. tr. Fig. ■ Anéantir, détruire, rendre inefficace.

Eddie Constantine a détrôné Tarzan, c'est de l'uranium qu'il a dans ses poings ! Il *atomise ses adversaires (M. 9.12.54).* La proposition de loi tend à *atomiser* entièrement *les décrets* (du gouvernement) *(Can. 16.3.66).*
Le nouveau propriétaire du journal a réussi à *« atomiser »* complètement l'œuvre patiemment accomplie par l'équipe de son prédécesseur *(C. 20.10.76).*

ATOMISER (S') v. réfl. Fig. ■ Se disperser, s'éparpiller.

Le contrôle parlementaire a tendance à s'*atomiser* à travers la multiplication des questions que les députés posent au gouvernement *(E. 10.7.78).*

ATOMISEUR ou ATOMIZER sm. ~ 1960. De *atomiser* : réduire en fines gouttelettes. ■ Petit appareil qui sert à vaporiser un liquide sous pression (désodorisant, insecticide, parfum, etc.).

Atomizer eau de Cologne à niveau visible *(M. 27.5.64).* Les plus belles lavandes, en *atomiseur (M. 8.6.65).* Parfums, lotions, *atomizer (Beauvoir, 66).*
Les *atomiseurs* rechargeables gagnent du terrain *(M. 16.6.78).*
→ AÉROSOL, BOMBE, SPRAY.

ATTACHÉ-CASE [ataʃekɛz] ou [kaz] sm. ~ 1960. (Mot angl. « mallette d'attaché d'ambassade »). ■ Mallette rectangulaire très plate utilisée comme porte*-documents.

Pour un homme d'affaires : le plus somptueux des *attaché-cases* contient une écritoire fort bien comprise *(M. 18.12.66).* Des imperméables qui se roulent, tel un foulard, dans le plus petit *attaché-case (En. 5.4.69).*
Jeunes cadres dynamiques aux dents longues et à l'*attaché-case* conquérant *(E. 27.5.74).* Il y a davantage d'*attachés-cases* dans les trains qu'auparavant : le train a gagné du terrain pour les voyages d'affaires *(P. 26.5.75).* Le paysan français doit vendre davantage. Après avoir remplacé son char à bœufs par un tracteur, il lui faut maintenant se munir de l'*attaché-case* du prospecteur de marché *(E. 15.5.78).*

ATTENDRI, E part. passé ■ Se dit d'une viande de boucherie qui a subi l'*attendrissage**.

La viande *attendrie* se reconnaît à de minuscules trous cachés sous la barde. (...) Une enquête faite sur 56 rosbifs a montré que deux seulement étaient affichés *« attendris » (E. 3.9.72).*

ATTENDRISSAGE sm. ■ Procédé qui consiste à attendrir la viande au moyen de l'*attendrisseur**.

Dans bien des cas, la dissimulation de l'*attendrissage* s'accompagne d'une hausse de prix de vente *(E. 3.9.72).*

ATTENDRISSEUR sm. ■ Sorte de peigne utilisé pour attendrir la viande de boucherie.

La loi oblige le boucher qui utilise l'*attendrisseur* à le signaler par une étiquette : <viande attendrie ce jour> *(E. 13.3.72).*

ATTERRIR v. intr. Fig. Fam. ■ Atteindre une destination.

● À propos de personnes
G., théoricien de l'architecture, avait *atterri* à l'université Harvard *(M. 2.9.65).*

ATTERRIR 32

● À propos de choses.
Le comité concluait en faveur de ce nouveau procédé. Son rapport *atterrissait* dans les tiroirs du ministre. Il y dort encore *(E. 28.11.66)*.

ATTRACTIF, IVE adj. Emploi d'abord littéraire, tend, peut-être sous l'influence de l'anglais, à se répandre à tous les niveaux. ■ Attirant, captivant, séduisant.

L'*aspect* révolutionnaire et *attractif* du monorail suspendu *(R.G.C.F. 5.66)*. Des personnalités dont la candidature (aux élections municipales) revêt un *caractère* original, nouveau, *attractif*, jeune *(M. 3.3.65)*. Offrir aux hommes de valeur des *carrières attractives (E. 11.5.68)*. Afin que les habitants de ces *cités* nouvelles disposent de tous les équipements qui les rendraient *attractives (M. 2.7.69)*. Ces motifs, ces *dessins* sont réellement « *attractifs* » en échantillons de papiers peints *(FP 11.70)*. À partir de ce seuil, la voie d'eau devient un *mode de transport attractif* et par conséquent rentable *(En. 23.1.71)*. Le formidable *pouvoir attractif* de la télévision *(M. 16.1.71)*. Le *prix* des repas est très *attractif (VR 16.2.69)*. Vaste, *attractif*, bien présenté, le *stand* de la S.N.C.F. *(VR 4.12.66)*. Les *voitures* qui constituaient à l'époque certains trains n'étaient guère *attractives (Tra. 12.61)*. La *zone* de vacances la plus *attractive* d'Europe *(E. 29.5.67)*.
La principale force de chaque camp est plus l'exploitation de la faiblesse de l'adversaire que ses propres *vertus attractives (C. 31.3.74)*. L'évolution technologique peut rendre cette *technique* de plus en plus *attractive (R.G.C.F. 5.74)*. Des *autobus* confortables et séduisants, « *attractifs* », comme on dit *(E. 21.10.74)*.
On cherche à stabiliser l'épargne populaire en créant de nouveaux *livrets* plus *attractifs* pour l'épargne durable *(E. 22.5.78)*. N. lance une *gamme attractive* de jeux de stratégie pour adultes *(M. 21.6.78)*.

ATTRACTIVITÉ sf. ■ Caractère de ce qui est *attractif**.

L'*attractivité* du transport collectif peut être augmentée par l'amélioration de sa qualité et de sa fréquence *(R.G.C.F. 5.74)*. Malgré l'*attractivité* de l'automobile, l'usager est de plus en plus sensible au service offert par des relations rapides entre grandes villes *(R.G.C.F. 7.77)*.

ATTRAPE- Premier élément de substantifs composés masculins, dont le deuxième élément désigne le plus souvent un groupe humain ou, par métaphore, l'être humain, sa sensibilité, ses passions, etc.

Rem. Ces composés sont construits d'après un modèle ancien qui a donné par ex. *attrape-nigauds* (= qui trompe, attrape les nigauds, les niais).

Les stations de thalassothérapie voient poindre un avenir doré. À condition de trouver quelque *attrape-patients* plus puissant que l'eau de mer *(E. 27.8.73)*. Ces dirigeants aiment plaire ; ce sont des *attrape-cœurs*, des séducteurs *(E. 16.9.74)*. Cet *attrape-client* efficace que sont les boutiques hors taxes dans les aéroports *(E. 28.8.77)*.

AUBERGE (NE PAS ÊTRE (ENCORE) SORTI DE L') Fig. Fam. ■ Ne pas être au bout de ses peines, avoir encore des difficultés à surmonter.

Peut-être que, maintenant, tout cela (= la sexualité) se passe pour le mieux entre les très jeunes gens. Je l'espère pour eux, et surtout pour elles, qui ne me paraissent *pas encore sorties de l'auberge* à cet égard *(Giroud, 73)*.

AUBERGINE sf. Fig. Fam. ~ 1972. ■ Surnom donné à certaines *contractuelles**, en raison de la couleur de leur uniforme.

Des essaims d'« *aubergines* », ces nouvelles contractuelles qui surveillent les rues récemment dotées de parcmètres *(E. 12.6.72)*. Il y a actuellement à Paris 21.600 emplacements de stationnements payants surveillés par 1080 contractuelles, soit une « *aubergine* » pour 20 emplacements *(C. 25.11.75)*.

AUDIENCE sf. ■ Auditoire, spectateurs, etc. (emploi critiqué).

Les annonceurs qui font de la publicité télévisée se préoccupent de connaître le plus exactement possible l'*audience* par tranche horaire, afin de situer avec le maximum d'efficacité les séquences publicitaires : l'*audience* est variable d'une heure à l'autre. Des rapports écrits par les téléspectateurs fournissent des renseignements sur la composition de l'*audience*, puisque chacun doit indiquer quel programme il a suivi par tranches de cinq minutes *(M. 9.6.65)*. L'*audience* a évolué, elle est plus sophistiquée *(E. 30.6.69)*.
Tous les ans, en vertu de la loi de 1974, des notes de qualité et d'*audience* sont attribuées aux 4 sociétés nationales de radio et de télévision. L'*audience* est calculée par des sondages *(RL 20.7.78)*.

AUDIO- Premier élément d'adj. et de subst. composés.

AUDIODRAME sm. ~ 1955. ■ Pièce de théâtre écrite pour la radiodiffusion.

« Le Téléphoniste », *audiodrame* de W. Jens *(Informations O.R.T.F. 20.7.58)*. Cet *audiodrame* est l'histoire d'un garçon condamné à vivre seul, en marge d'une bande de jeunes *(O.R.T.F. 20.2.66)*. L'action de l'*audiodrame* de W. Schaefer est très condensée *(M. 12.1.68)*.

AUDIOGRAMME sm. Méd. ■ Courbe de la sensibilité de l'oreille.

Un homme, sourd d'une oreille, va consulter un oto-rhino, qui pratique un *audiogramme* *(Beunat, 74)*.

AUDIOMÉTRIE sf. ■ Mesure de l'acuité auditive.

Au cours d'un test médical au centre de sélection militaire, un infirmier chargé des examens auditifs, modifiait la courbe électrique d'*audiométrie* du candidat pour obtenir la réforme de ce dernier *(M. 23.1.66)*.

AUDIO-PROTHÈSE sf.
La valeur de cet appareillage est attestée par tous les spécialistes d'*audio-prothèse (M. 15.10.74)*.

AUDIOPROTHÉSISTE s.
Un projet de loi réglementant la profession d'*audioprothésiste*. Il s'agit de ceux qui « procèdent à l'appareillage des déficients de l'ouïe » *(M. 27.6.66)*.

AUDIOVISUEL, LE ou AUDIO-VISUEL, LE adj. et sm. ~ 1955.
● **Adj. Relatif aux moyens de communication qui s'adressent à l'ouïe et à la vue, qui utilisent le son et l'image.**

Une mise en scène (au T.N.P.) conçue en noir et blanc, sur fond d'écran lumineux : elle s'accompagne de *commentaires audio-visuels (F. 19.11.66)*. La maison de retraite des vieillards doit être organisée avec les *distractions audio-visuelles (M. 24.9.68)*. Le marché *audiovisuel* est encore pour l'essentiel un marché d'avenir. C'est donc vers la télévision en couleur que se tournent les constructeurs de matériel *(M. 15.1.71)*. Salles de conférences équipées d'un *matériel audio-visuel* ultra moderne *(E. 18.10.65)*. Pour persuader autrui d'adhérer, acheter, soutenir, agir, le *message audio-visuel* a une grande puissance d'impact *(C. 10.2.70)*. Les anciens procédés de propagande (électorale) accordaient les mêmes possibilités à chaque candidat et il serait regrettable que l'apparition des *moyens audiovisuels* (radio et télévision) brise cette harmonie *(F. 9.12.66)*. L'influence de la *presse audio-visuelle* et de la presse écrite *(M. 28.1.65)*. Un des moyens les plus commodes de distribution des *programmes audiovisuels* par télévision est le magnétoscope. Le programme est inscrit sur une bande magnétique que l'on peut lire et effacer à son gré *(M. 15.1.71)*. L'enfant n'est pas seulement cerné par l'image, mais par un ensemble de *stimulations* auditives, visuelles et, selon un vocable désormais admis, *audio-visuelles (M. 7.1.66)*. La télévision n'est pas le seul *système audiovisuel* existant. Mais il faut reconnaître qu'elle est en train de devenir le principal. Le cinéma, (les) projections de diapositives et tous les autres systèmes moins répandus apparaissent, souvent à tort, plus onéreux que la télévision *(M. 15.1.71)*.
L'*enseignement* d'une langue vivante est de type *audio-visuel* ou audio-oral lorsqu'il est dispensé dans (...) un laboratoire audio-actif ou audio-correctif. (...) Si des adultes apprennent l'anglais en 60 heures, c'est dû aux *méthodes audio-visuelles (SV 4.70)*. Le lycée *audio-visuel* de M., le lycée climatique d'A. constituent des expériences à encourager *(Mauduit, 71)*.
Le *matériel audiovisuel* n'a pas réussi sa percée sur le marché de l'enseignement (...) Les moyens pédagogiques *audio-visuels* donnent souvent de bons résultats *(M. 18.4.78)*.

● **Sm. Électron. ■ Ensemble des matériels qui transmettent le son et l'image.**

Le souci de ne pas être en retard de l'époque les amène à une sorte de démagogie à l'égard de l'*audio-visuel (Revel, 65)*. Un individualisme que menacent la paperasserie étatique, la médecine sociale et l'invasion de l'*audio-visuel (M. 27.4.66)*. L'*audio-visuel* propose des métiers neufs : metteur en ondes, illustrateur sonore, cameraman ou programmeur *(E. 30.3.70)*. Le marché de l'*audio-visuel* : TV contre Hi-fi *(M. 31.12.70)*. On trouve au 2ᵉ Salon de l'*audio-visuel* 64 exposants en matériels électro-acoustiques, 8 en radio et télévision, 29 en équipement et matériels vidéo, 38 en photo-cinéma. (...) Le marché de l'*audio-visuel* est essentiellement international *(M. 15.1.71)*. Tous les observateurs s'accordent pour trouver un grand avenir à l'*audiovisuel* (...) et l'on a l'impression que 1972 pourrait être le véritable An 1 de l'*audiovisuel* dans le monde *(M. 27.6.71)*.
Dans la panoplie des médias qu'offre l'*audio-visuel*, la télévision tient la vedette, mais une redistribution des cartes est à faire au profit de la radio *(M. 22.9.74)*. L'*audio-visuel* envahit tout, même la rubrique matrimoniale. Les petites annonces risquent d'y être supplantées par les vidéo-cassettes *(M. 15.6.75)*. Les éditeurs de manuels scolaires pensent que l'introduction de l'*audiovisuel* dans l'enseignement et sa généralisation sont inéluctables *(M. 18.4.78)*.

AURA sf. Repris et rép. mil. XXᵉ s. ■ Atmosphère, rayonnement qui émane d'une personne ou d'une chose.

● **A propos de personnes.**

Ce qu'il avait bu d'alcool lui donnait une présence supplémentaire, une *aura*. Il était là, immobile derrière sa bouteille, mais son masque pathétique, ses mains aériennes qui scandaient le rythme (de la musique) emplissaient la pièce *(H.F. Rey, 62)*. Le professeur n'est plus entouré de cette *aura* de respect, de crainte et d'admiration que lui conféraient son rôle et son statut social *(C. 15.12.68)*. Est-ce que l'opération électorale actuelle fait faire un pas en avant à M. J.-J. S.-S. : est-ce que son *aura* est amplifiée depuis deux mois ? *(RSR 20.8.70)*.
Certaines personnes sont très impressionnées par le chirurgien. Il y a autour de lui une sorte d'*aura* créée par le masque, les instruments, le sang *(Beunat, 74)*. D. est de ceux qu'on suit, pour le meilleur et pour le pire. Il est dépositaire de cette *aura* particulière aux chefs de partisans *(E. 6.1.75)*.

● **A propos de choses.**

Le parfum est le prolongement naturel de la couture : enveloppant comme une robe invisible, il apporte à toute toilette une sorte d'« *aura* » quelque peu mystérieuse *(M. 7.6.68)*. Le romancier (...) s'est seulement proposé de dissiper l'*aura* dont s'enveloppe communément l'amour *(Le Bidois : M. 12.2.69)*. L'homme moderne a ses mythes, les grands mythes collectifs qui dispensent une *aura* sacrale autour des entreprises les plus passionnées de l'humanité *(Duquesne, 70)*. Cette espèce d'*aura* qu'on a mise autour du transport aérien, le transport aérien diplomate, le transport aérien drapeau *(O.R.T.F. 26.12.70)*.
Le paquebot « France » avait une clientèle très particulière (...) Son *aura* était telle qu'il aurait trouvé des participants pour n'importe quel voyage *(M. 26.10.74)*. Aux yeux de beaucoup, l'automobile a perdu cette *aura* qui on faisait un objet de passion *(P. 15.9.75)*.

AURA 34

Venise et son « *aura* » d'histoire *(M. 30.4.78)*. L'*aura* exquise de sa voix légère (d'une cantatrice) *(M. 18.7.78)*.

I. AUTO- Premier élément de très nombreux composés. Sa productivité, déjà élevée au XIXe siècle, surtout dans des termes savants, s'est fortement accrue au milieu du XXe siècle. (L'étude de Jean Peytard dont on trouvera ici un bref extrait fournit à ce sujet des données statistiques précises.)

Rem. 1. Si nous comparions le préfixal *auto-* aux autres préfixaux marqués comme « grecs », et sur la même période, nous verrions — d'après les relevés faits par ailleurs — que seuls les préfixaux *anti-* et *a- / an-* ont un coefficient moyen de mouvement supérieur. On peut aussi évaluer la productivité par le nombre de champs lexicaux que pénètre *auto-* approximativement. (Son) rendement affecte 15 champs, dont, par ordre d'importance — d'après le nombre d'unités créées — : la voiture automobile, la technique — avec un sous-ensemble, « automation » — ; ensuite la politique, la psychologie, les lettres et la littérature, la philosophie, la biologie, la chirurgie, les finances, la botanique, la pédagogie, la peinture, la géographie, la zoologie. (...) L'intuition du lecteur francophone (lui) permet de distinguer entre deux unités homonymes « *auto-1* » — de soi-même — . « *auto-2* », « véhicule automobile » *(Peytard : Lan. fr. n° 4, 69)*.

Rem. 2. Quelques composés (*autocritique, autodétermination, autoroute, etc.*) font l'objet d'articles séparés, classés à leur place alphabétique. Les autres sont répartis selon leur sens, dans les deux articles qui suivent immédiatement celui-ci. L'emploi du trait d'union est hésitant.

1. **AUTO-** De soi-même.

● Subst. (La « base » — second élément — est le plus souvent un nom d'abstraction).

○ « La Chute » (de Camus) c'était l'*autoaccusation*, la morale, la culpabilité *(E. 15.3.65)*. Les pays signataires de l'accord s'engagent à ne pas dépasser un « taux d'*auto-approvisionnement* correspondant au rapport existant entre leur production et leur consommation » *(M. 17.11.66)*. Jacques L., comme Stendhal, a multiplié les pseudonymes (...) Il a ajouté ensuite la particule pour s'appeler Cecil Saint-Laurent. Cette *autocanonisation* lui fut bénéfique *(PM 8.5.65)*. Pour évoluer, il faut savoir renoncer à soi-même, à ses goûts, à ses penchants, il faut accepter l'*autocastration* perpétuelle *(E. 9.3.70)*. Pourquoi le gouvernement pratiquerait-il ouvertement la censure ? L'*autocensure* supplée à la répression. Nos intellectuels sont huilés par l'esprit d'acquiescement. Le régime laisse les journalistes pratiquer l'*autocensure* *(Revel, 65)*. *Auto-censure* : le Pentagone vient de lancer un appel au patriotisme des journalistes, leur demandant de ne pas informer leurs lecteurs des mouvements de troupes *(M. 1.1.66)*. A côté de la censure officielle (du cinéma), il y a des censures officieuses ou occultes : celle des associations familiales, celle de différents ministères, et enfin l'*autocensure*, qui en est peut-être la forme la plus insupportable *(M. 2.5.66)*. Un *auto-commutateur* assure l'interconnection de diverses lignes téléphoniques reliées entre elles d'une part et avec le réseau d'autre part. C'est donc un central téléphonique automatique *(M. 10.4.69)*. Nous ne croyons pas à l'explication autonome, à l'*auto-conditionnement* (de la linguistique). Nous cherchons l'explication des phénomènes linguistiques dans l'histoire *(Wexler, 55)*. L'*autoconsommation* ? Connais pas ! dit (une agricultrice) qui remplit de conserves son coffre de voiture, tout comme une citadine. L'*auto-consommation*, c'est fini et n'est pas plus mal *(FP 9.70)*. L'*autocue* est un bien commode appareil. Cet instrument placé sous l'objectif d'une caméra , permet à la personne filmée de lire son texte (qui se déroule à la vitesse « ad hoc » tout en donnant au téléspectateur l'impression qu'elle ne regarde que lui *(M. 28.11.65)*.

Des mesures restrictives correspondaient à un souci de sélection et aussi, sans doute, à une *autodéfense* du corps professoral *(M. 27.7.65)*. Vous pouvez neutraliser six personnes d'un seul geste avec S.O.S., arme d'*autodéfense* légère, silencieuse, efficace *(Pub. Fa. 20.12.67)*. Si la police n'est pas mieux soutenue, (...) nous risquons de voir se former des milices civiles d'*autodéfense* *(F. 22.3.71)*. Le socialisme offre plus de garantie que « l'*auto-désignation* » de ceux qui détiennent le pouvoir économique *(M. 31.3.66)*. Cette vedette (de la télévision) auréolée par les prestiges d'une *autoglorification* délirante *(Guiraud, 65)*. Il y avait (dans l'Église) l'*autoglorification* et le triomphalisme. Il y a maintenant l'accusation globale *(M. 25.12.68)*. L'admiration pour le grand homme et le mépris pour les autres politiciens ne sont pas purs. Ils comprennent une bonne part d'*autojustification* *(M. 4.11.65)*. Le ministre et ses agents se décernent à eux-mêmes des certificats de satisfaction (...) le premier ministre prend part au concert d'*autolouange* dans son entretien télévisé *(US 9.12.63)*. Les orateurs se félicitèrent des résultats remarquables obtenus dans leurs pays respectifs, le sommet de l'*auto-louange* ayant été atteint par le délégué de C. *(M. 22.9.65)*. Des grèves de la faim, des *automutilations*, des tentatives de suicide *(M. 13.4.66)*. Par un système d'*auto-nettoyage*, les cuves (d'un pétrolier) sont lavées en circuit fermé. Ceci évite tout rejet d'hydrocarbure à la mer *(Fa. 17.3.71)*.

Le livre de Mme O. est un portrait, et, dans une certaine mesure, un *auto-portrait* puisqu'elle laisse abondamment Catherine parler d'elle-même à travers ses Mémoires *(M. 25.6.66)*. Ce documentaire dramatisé, cet « *auto-portrait* collectif » comme dit son auteur, « joué » par d'authentiques paysans sur un texte écrit avec leur collaboration *(M. 4.1.68)*. Une sorte de fatalisme voilé et de tragique résignation à base d'un fort complexe d'*auto-punition* *(Minder, 48)*. Tentative d'*autopunition* par laquelle le romancier cherche à se purger de sa verbosité et de sa pédanterie *(M. 10.10.64)*. L'autobiographie exige qu'on se déteste férocement, qu'on ne soit dupe de rien, pas même des crises d'*autopunition* *(E. 1.12.69)*. Le véhicule à coussin d'air pratique l'*autorégulation* *(E. 8.7.68)*. Le libéralisme est fondé sur l'*autorégulation* *(En 25.1.69)*. Le niveau des études et des diplômes avait, par une *autorégulation* spontanée, été établi de façon satisfaisante *(M. 21.3.69)*. Si l'Université refuse tout système d'*auto-régulation*, (...) la fiabilité de ses diplômes disparaîtra *(M. 15.4.70)*. Partenaires de la Communauté économique européenne qui tendent vers l'*autosuffisance* (capacité de subvenir à leurs propres besoins) *(M. 16.12.64)*. Si l'on entend par concept ce qui s'applique à la représentation ce qui n'a pas son *auto-suffisance* *(M. 10.1.68)*.

De nombreux pays ne sont pas parvenus à l'*autosuffisance* alimentaire. Leurs besoins progressent plus vite que leur agriculture *(E. 10.2.75)*.

∞ L'usage de la drogue est une *auto-agressivité*, qui fait partie d'un processus de suicide *(E.*

AUTODÉTERMINATION

24.1.72). L'*autorépression* imprègne manifestement la culture de ce peuple *(E. 5.6.72).* L'*auto-exaltation* est de règle dans une campagne électorale *(P. 7.5.74).* Les scientifiques ne sont pas d'accord sur la capacité d'*auto-épuration* de l'eau de mer *(M. 22.6.74).* Ce film est saupoudré d'humour, d'*auto-dérision,* de mélancolie *(P. 13.1.75).* Ils pratiquent l'*auto-dénigrement* comme un sport national *(M. 19.1.75).* L'*autonomination* des gouvernants par eux-mêmes *(E. 10.2.75).* Il faut informer les citoyens des risques de l'*auto-justice (M. 19.3.75).* Dans les manuels d'histoire (...) et les programmes de télévision, une renonciation à l'*autocontemplation* sera nécessaire (...) Il faut donner aux jeunes les moyens d'une *autoformation* et d'une *auto-orientation.* Ces groupes veulent lutter contre l'*autodestruction* de l'Église *(M. 23.7.75).* Un petit film documentaire sur le dépistage du cancer du sein par *auto-examen* avait été projeté (pour les téléspectatrices) *(Soubiran, 75).*

- **Adjectifs.**

    Les cuisinières adoptent les fours *autonettoyants (E. 9.3.70).* Des actes *autodestructeurs* commis dans les prisons *(E. 24.1.72).* Des bacs *autoportants* en aluminium (...) des bancs *autolavables (R.G.C.F. 6.74).* Jarry, victime d'un sombre acharnement *autodestructeur,* mourut à 34 ans, tué par l'alcool et la misère *(E. 16.9.74).* L'humour *auto-parodique* inhérent au mythe de Frankenstein *(Tél. 12.10.74).*

- **Verbes réfl.**

    La plupart des automobilistes (...) prétendent être capables de s'*autocontrôler* en buvant et en conduisant *(M. 15.8.74).* Saurons-nous imaginer une « nouvelle croissance » par laquelle l'humanité cesserait enfin de s'*autodétruire* ? *(M. 21.1.76).* Les foyers de jeunes travailleurs de S. « s'*autogèrent* » dans un calme social remarquable *(M. 22.1.78).* Dans ces villes, le métro devrait s'*autofinancer (M. 28.4.78).*

2. AUTO- de l'automobile.

L'*autoberge* est une voie de dérivation (sur la berge de la Seine) appelée à dégager un des quais les plus encombrés du monde *(M. 18.1.61).* Les *autocaristes* (entrepreneurs de transports par autocars) italiens cherchent à remplir leurs voitures pour le retour. Des *autocaristes* allemands essayent d'organiser une liaison régulière *(R.G.C.F. 7.62).* L'*auto-coat* (manteau court conçu pour être porté en voiture) en laine doublé Crylor *(JF 10.12.66).* Les trains *autos-couchettes* ont transporté 190 000 automobiles et 471 000 voyageurs en 1972. Cette formule — la voiture est transportée sur des wagons spéciaux et ses passagers en couchettes dans le même train — connaît un succès croissant *(E. 25.6.73).* Une nouvelle gare destinée aux trains *autos couchettes* a été mise en service à Paris le 28 mai *(VR 16.7.78).* Un « point noir » routier a disparu avec la mise en service d'un *autopont* enjambant le carrefour de P. sur la RN 12 *(C. 19.2.74).* Un *auto-pont* a été mis en service à l'intersection des RN 2 et 17 *(M. 30.11.74).* Les poids lourds venus d'Italie n'ont pu aller plus loin que C., où ils ont été « stockés » sur l'*autoport (F. 24.12.73).* L'« *autoport* » de B. sera un complexe moderne de transit, d'échanges et de dédouanement des marchandises *(M. 7.1.76).*

II. -AUTO Deuxième élément invariable de substantifs composés auxquels il donne toujours la valeur : de (ou : pour) l'automobile (ou : les automobiles).

Assurance-auto. Carburant-auto. Diminuez vos *frais auto.* Garages auto. Stationnement auto. Torchons-auto.

AUTOCOLLANT ou AUTO-COLLANT adj. et sm. ■ Qui colle de soi-même, par simple contact.

- **Adj.**

    Distribution de badges *autocollants (E. 3.9.73).* Des affichettes *auto-collantes* rappellent aux voyageurs (...) *(VR 7.5.78).*

- **Sm.**

    La diffusion de 8000 affiches et de 30 000 *auto-collants* est prévue *(M. 22.6.74).* Ils se combattent à coups de posters, d'*auto-collants* ou de décalcomanie *(P. 27.1.75).* Une voiture sur dix porte ce slogan en *autocollant (E. 15.5.78).*

AUTOCRITIQUE sf. et adj. Rép. mil. XXe. (influence du vocab. marxiste). Critique de ses propres actes. Fait de reconnaître ses torts.

- **Sf.**

    Dans une société sans classes, et dont la structure interne serait la révolution permanente, l'écrivain pourrait être médiateur pour tous et sa contestation de principe pourrait précéder ou accompagner les changements de fait. C'est à mon avis le sens profond qu'on doit donner à la notion d'*autocritique (Sartre, 47).* Si les orientations du gaullisme en politique étrangère rencontrent un si large assentiment, c'est qu'elles expriment les tendances profondes de l'opinion française. Si critique il doit y avoir, ce ne peut être qu'une *autocritique* collective *(C. 12.5.65).* Les chrétiens réformés, plus prompts à l'*autocritique,* plus instables dans leur position (que les catholiques) *(M. 21.9.65).*

- **Adj.**

    La première chaîne de télévision, en annonçant ses nouveaux programmes, fera un bilan « *autocritique* et sincère » *(M. 23.2.75).*

AUTODÉTERMINATION sf. Repris et répandu en 1959 à la suite d'une déclaration du général de Gaulle. ■ Libre choix que fait une collectivité (peuple, groupe social) de son statut politique ou social.

Compte tenu de toutes les données : algériennes, nationales et internationales, je considère comme nécessaire que ce recours à l'*autodétermination* soit dès aujourd'hui proclamé. Je m'engage à demander aux Algériens ce qu'ils veulent être en définitive *(Ch. de Gaulle : Déclaration radiodiffusée 16.9.59).* Les techniciens de l'équipe en arriveront à la conclusion que pour justifier une force de frappe digne de ce nom il fallait préalablement accorder l'*autodétermination* à la Bretagne, au Pays basque, au Roussillon, à la Lozère et à l'île de Ré *(Escarpit, 64).* L'unité allemande ne peut résulter que d'élections libres ou, comme on dit maintenant, de l'application du principe d'*autodétermination (M. 22.1.65).*

L'un des aspects valables et positifs des universités traditionnelles : leur esprit de corps, la compétition entre elles, leur capacité d'*autodétermination* (Monod, O. 20.10.65). Je revendique pour les écrivains le droit à leur *autodétermination* (E. 15.11.65). La déclaration contenant les « 14 points » du président Wilson (1918) est le premier document légitimant le recours à l'*autodétermination* et authentifiant ce concept au regard du monde (P.E.P. 69).

AUTODÉTERMINER (S') v. réfl. (De *autodétermination**).

Dans le monde, et singulièrement dans le Tiers-Monde on ne conçoit pas que la France entende rester en Algérie sans l'assentiment des Algériens. Pour que la pacification serve à quelque chose, il faut que la troupe et la population soient parfaitement d'accord. Il faut donc que les Algériens s'*autodéterminent* (Courrière, 70).

AUTODISCIPLINE sf. ■ Discipline librement établie entre les membres d'un groupe, sans contrôle venu de l'extérieur.

Les méthodes scolaires modernes qui consistent à laisser les élèves pratiquer l'*autodiscipline* sans la présence d'un surveillant d'étude (Revel, 65). Les élèves demandent que soit instaurée l'*autodiscipline* à l'intérieur de l'école et reconnues leurs responsabilités (M. 29.11.68). Par la contemplation, l'*autodiscipline*, le Zen (adaptation des principes fondamentaux du bouddhisme) entend procurer un haut degré de connaissance de soi et de paix intérieure (E. 14.4.69).
Le syndicat de la parfumerie avait établi en 1972 un projet d'« *autodiscipline* » de la profession (P. 1.4.74). L'État voudrait que les entreprises nationalisées se mobilisent pour rechercher les *autodisciplines* indispensables (M. 24.2.77).

AUTOGESTION sf. 1960.

Autogestion, qu'est-ce que ce mot représente ? C'est la gestion des entreprises par les travailleurs. C'est le pouvoir aux travailleurs (J. Sauvageot, 68).
L'*autogestion* a fait recette. On en parle partout (Exp. 6.73). Lip à l'heure de l'*autogestion* ? On s'y croirait en tous cas (...) Mais la fête finira. Les syndicalistes le savent : « Ce que nous faisons ici, ce n'est pas de l'*autogestion*, c'est de l'autodéfense » (E. 25.6.73).
Ce qui sous-tend la « philosophie » de l'*autogestion*, c'est une plus grande place à donner aux valeurs de convivialité par rapport à celles de notre société marchande (M. 13.5.78).
Un livre est paru ces jours-ci sous ce titre étrange : « L'*autogestion*, c'est pas de la tarte ! » (M. 21.6.78).

● **Dans d'autres domaines.**

L'*autogestion* agricole, en Algérie, est en train de prendre forme (M. 20.12.63). Il faut organiser la société, mais le principe d'organisation doit partir de la base, non du centre. Ce qui se réalise dans l'*autogestion* (M. 10.2.66). L'Université n'est pas l'école. Son originalité et sans doute sa fierté lui viennent non seulement du statut de ses maîtres, fait d'indépendance et d'*autogestion*, mais aussi de celui de ses étudiants (M. 14.10.66).
L'information doit naître d'un débat permanent au sein du public, d'une *autogestion* du matériel culturel par l'intelligence collective (E. 5.6.72).
Ces gens qui se groupent pour défendre dans leur milieu, leur lycée, leur communauté rurale, tels intérêts collectifs ou telles idées générales, sont autant d'inventeurs de l'*autogestion* (M. 16.7.75). Des essais d'*autogestion* d'associations et de clubs sportifs, dans lesquels la population du quartier assume les responsabilités de surveillance et d'encadrement (M. 22.1.78).

Rem. *Autogestion* : depuis 1968, le mot et l'idée sont tombés dans le domaine public, jusqu'à en perdre toute signification précise (O. 14.4.75).

AUTOGESTIONNAIRE adj. Relatif à l'*autogestion**.

Il existe dans cette partie du monde un fort courant *autogestionnaire* (E. 10.9.73). La puissance de l'aspiration *autogestionnaire* se manifestait (O. 14.4.75). D'autres expériences *autogestionnaires* seront relatées dans la revue (M. 16.7.75). Le socialisme *autogestionnaire* reste la doctrine de la C.F.D.T. (M. 28.4.78).

AUTOMATION sf. Mot américain (de *automatic organisation*), proscrit par l'Académie française et l'Académie des sciences (cf. ci-après *automatisation**).

L'*automation* est peut-être le plus grand défi auquel ait jamais dû faire face le capitalisme libéral. (...) Sur la consommation, les effets de l'*automation* ne sont pas moins radicaux. Impliquant en général de très grandes séries, elle requiert pour être rentable dans certaines branches une stabilité du marché. (...) Verra t-on, avec le triomphe de l'*automation*, une publicité faite pour fixer (les goûts des acheteurs) ? (M. 12.7.64). L'*automation*, à mesure qu'elle s'étend à des conséquences dans tous les domaines de la vie économique et sociale (...) Le problème essentiel que pose l'*automation* est de savoir comment contrôler les nouveaux pouvoirs qu'accordent ces techniques nouvelles à ceux qui les possèdent (Birou, 66).
→ AUTOMATIQUE, CYBERNÉTIQUE, FEED*-BACK.

AUTOMATIQUE sf. Parfois pour : *automation**.

Automatique : science visant l'emploi d'une machine où l'intervention humaine est limitée à la préparation préalable intellectuelle et matérielle d'un programme incorporé à la machine qui l'exécutera (Dt. écon. cont.). L'Institut de recherche d'informatique et d'*automatique* sera un établissement de type tout à fait nouveau (F. 10.11.66). La mission de l'Institut de recherche en informatique et *automatique* est d'abord de former des hommes pour la recherche fondamentale (Lichnerowicz : E. 8.1.68). Le branle-bas de l'*automatique* est trop récent, surtout en Europe, pour que des études exhaustives soient consacrées à ses conséquences humaines ou inhumaines (F. 9.2.67).
→ CYBERNÉTIQUE, FEED*-BACK.

AUTOMATISATION sf. Repris au milieu du XXe s. ■ Emploi généralisé, systématisé de machines automatiques (*ordinateurs**, etc.) auxquelles on confie de multiples tâches de programmation et de contrôle naguère encore dévolues à l'homme. Le mot a été recommandé par l'Académie française et l'Académie des sciences pour traduire l'américain *automation**.

> Deux auteurs envisagent l'*automatisation* des travaux de bureau et des services entraînant le déplacement d'un quart de la main-d'œuvre employée (E. 17.5.65). L'*automatisation* des chemins de fer est en cours (M. 5.12.67). L'*automatisation* a augmenté la fatigue des salariés. Certes il y a aujourd'hui moins de dépense musculaire. Mais l'usure nerveuse est plus forte (E. 5.4.71). Parmi les installations industrielles les plus réceptives aux bienfaits de l'*automatisation* totale, les raffineries de pétrole viennent en tête. À la raffinerie de P., l'ordinateur assurera une gestion précise des unités de production, ainsi que la surveillance des stocks et des mouvements des produits (En. 19.6.71).
> L'*automatisation* envahit la vie quotidienne des Japonais. Le plus effrayant dans l'*automatisation* au Japon est sans doute l'emploi de mannequins grandeur nature, habillés en policiers qui dirigent la circulation en cas de travaux (...) ou ces crèches automatiques où les bébés sont traités — fort bien — comme des poulets en élevage (M. 12.7.78).

● Spéc. Transformation d'un réseau téléphonique que l'on adapte pour la commutation automatique.

> Des délais de raccordement trop longs, une qualité médiocre du service à cause d'une *automatisation* insuffisante, (...) la pénurie du téléphone est devenue en France une entrave pour une véritable politique de décentralisation (M. 22.9.70).

AUTOMATISER v. tr. Repris au milieu du XXe s. ■ Introduire (dans une administration, un service) l'*automatisation**.

> Le gouvernement semble encore ignorer l'immense tâche qu'il devra entreprendre pour *automatiser* son *administration* (M. 26.5.66). La décentralisation universitaire rend nécessaire un accroissement du personnel administratif même si l'on *automatise* la *gestion* (M. 25.5.69).

● Spéc. À propos d'un réseau téléphonique.

> L'Administration des P.T.T. s'est engagée à *automatiser* et à mieux écouler le trafic téléphonique (M. 22.9.70).

AUTORADIO ou **AUTO-RADIO** sm. ~ 1958. ■ Récepteur de radio installé à bord d'un véhicule automobile.

> Pour ceux qui roulent beaucoup, il y a la gamme complète des *auto-radios* (...) S., le premier *auto-radio* à sélection électronique et touches préréglées (Pub. AAT 6.59). Le plus puissant et le plus musical des *autoradios* (AAT 5.70). Une radio de divertissement destinée au public du transistor et de l'*autoradio* (M. 22.9.74).

AUTOROUTE DE DÉGAGEMENT ~ 1960. En France, autoroute généralement de faible longueur, construite aux abords d'une grande ville, pour en dégager les issues. Par opposition à l'*autoroute** *de liaison*, on n'y perçoit aucun *péage**.

> Il fallait trouver l'image fausse et libératrice. Ce fut l'« *autoroute de dégagement* ». (...) Il fallait suggérer l'idée de fuite, de vacances, de libération, d'évasion du Paris monstrueux. Il fallait chasser l'idée que ces routes pouvaient aussi servir à gagner Paris. (...) Il ne faut pas le dire, seul compte le mot magique de « dégagement » (Sauvy, 68). Les compagnies républicaines de sécurité, chargées de la surveillance des *autoroutes de dégagement* (...) (AAT 5.70). Les *autoroutes de dégagement*, affirme l'auteur du rapport, engorgent autant qu'elles dégagent (M. 24.4.74).

AUTOROUTE DE LIAISON ~ 1960. En France, autoroute qui relie entre elles des régions séparées par de longues distances et pour l'utilisation de laquelle est perçu un *péage**.

> En 1969, on a dénombré en France, sur les quatre *autoroutes de liaison* en service, quatre tués pour 100 millions de véhicules/kilomètres (...) À 140 kilomètres à l'heure, vitesse de base des *autoroutes de liaison*, un automobiliste parcourt près de 40 mètres à la seconde (M. 21.2.71). (Pour) une *autoroute de liaison* (...) on sait évaluer relativement bien le service rendu directement à l'usager et on peut, par conséquent lui en demander le paiement sous forme d'un péage (En 12.6.71).
> 486 km d'*autoroutes de liaison* seront ouverts à la circulation en 1975. Une relative priorité est donc donnée aux autoroutes de rase campagne (M. 24.10.74).

AUTOROUTE URBAINE sf.

> Deux *autoroutes urbaines* vont être construites à Paris (...) Première *autoroute urbaine* : la voie express rive droite, le long de la Seine (...) Deuxième *autoroute urbaine* : le boulevard périphérique (A. 11.5.67). Un mètre d'*autoroute urbaine* coûte le prix d'un logement (M. 26.6.74).

AUTOROUTIER, ÈRE adj. Relatif aux *autoroutes**.

> ○ Un accès *autoroutier* est envisagé (C. 1.5.69). Aménager dans les agglomérations urbaines un réseau de voies rapides ayant un *caractère autoroutier* (M. 6.6.64). Le tunnel de F. et ses *dessertes autoroutières* (M. 28.12.65). Quelle que soit l'importance des *investissements autoroutiers* consentis par les pouvoirs publics (...) (VR 28.6.70). Un *motel autoroutier* (M. 25.5.69). Deux *opérations autoroutières* importantes (F. 28.1.67). Dans la grande banlieue, des *rocades autoroutières* contourneront la capitale (M. 21.2.71). S'adressant à des usagers circulant à très grande vitesse (...) *la signalisation autoroutière* doit donc « présignaliser » les points singuliers et les sorties (M. 21.2.71). Une véritable *toile d'araignée autoroutière*

s'étendrait sur l'hexagone (E. 3.2.69). Tunnel autoroutier (M. 30.11.67). Les voies autoroutières prévues dans la capitale (M. 14.1.66).
∞ Une accélération du programme autoroutier a été annoncée (M. 30.5.72). L'augmentation du tarif des péages autoroutiers est inévitable (E. 16.7.73). Après l'ouverture de la déviation autoroutière qui contourne V., le dernier « point noir » de la liaison autoroutière Paris-Marseille aura disparu (BNF 11.5.74). Le plan autoroutier prévoit la construction (...) d'un pont autoroutier près de B. (M. 3.4.76). À la fin de 1977, le réseau autoroutier atteignait 3 400 km (M. 28.1.78).

AUTOSATISFACTION ou AUTO-SATISFACTION sf. ■ Contentement de soi-même.

L'Europe a sauvé ses paysans. On ne peut qu'applaudir, mais l'autosatisfaction ne doit pas masquer les conséquences de cette option (M. 16.12.64). L'Église catholique est alourdie par de longues habitudes d'autosatisfaction (M. 21.9.65). Pendant longtemps nos universités ont vécu sur une sorte d'autosatisfaction désarmante. En science, l'autosatisfaction c'est la mort. L'autosatisfaction personnelle c'est la mort du savant. L'autosatisfaction collective c'est la mort de la recherche (Monod : O. 20.10.65). L'un des thèmes favoris de la propagande gouvernementale est l'autosatisfaction économique et financière. L'image de la prospérité est alimentée par l'autosatisfaction narcissique officielle (Revel, 65). C'est avec stupeur que 6 millions de foyers ont entendu ce récital d'autosatisfaction (M. 26.10.65). Pour la première fois la culture cessait d'être un thème d'autosatisfaction nationale et paraissait enfin prise au sérieux (M. 1.1.66). En matière économique et sociale, outre le message habituel d'auto-satisfaction et de promesses gratuites, l'exposé du général de Gaulle reprend des positions fort anciennes (M. 23.2.66). Plutôt que des données factuelles et chiffrées, le syndicat livre des déclarations d'autosatisfaction claironnante (O. 17.1.68). L'autosatisfaction de mise chez un jeune comédien qui réussit (E. 6.5.68). Pour la première fois le Premier ministre a fait son autocritique au lieu d'exprimer une autosatisfaction presque béate (M. 24.5.68).
Les Français, mal informés sur eux-mêmes par les manuels d'Histoire, la presse et la télévision, sont victimes du péché d'autosatisfaction (E. 12.2.73). L'autosatisfaction du ministre des finances devrait être nuancée (E. 5.11.73). La victoire de l'opposition réveilla ce pays engourdi dans l'autosatisfaction (M. 16.11.75).

AUTO-STOP sm. ~ 1950. ■ Procédé qui consiste à faire signe à un automobiliste, dans l'intention de se faire transporter gratuitement par lui.

L'auto-stop peut être une merveilleuse source de relations (Cesbron, 77a). Les femmes revendiquent le droit de faire de l'auto-stop sans être accusées de consentir au viol, voire de le rechercher (M. 26.4.78).
Rem. 1. La formule abrégée stop (le stop, faire du stop) est fréquente, surtout dans l'usage parlé.
Trois organismes d'auto-stop proposent « le stop par téléphone avec participation aux frais ». Économique pour le passager et l'automobiliste, cette formule offre plus de garanties que le stop « sauvage » (M. 29.6.78).
Rem. 2. Le dérivé auto-stoppé construit par analogie avec auto-stoppeur*, est attesté.
La portière de la voiture s'ouvre. L'auto-stoppé, avec une politesse un peu trop marquée, nous prie de monter (M. 27.10.74).
→ STOP 2.

AUTO-STOPPEUR, EUSE s. ~ 1950. ■ Personne qui fait de l'auto-stop*, qui voyage en auto-stop.

Le conducteur qui prend des auto-stoppeurs rend un service gratuit qui, par définition, est facultatif et (qui) peut présenter des risques (A. 10.9.70).
Piqués comme des chandelles au bord du trottoir, un pouce mollement levé, le sac à terre, les auto-stoppeurs sont au rendez-vous de la chance (M. 13.7.75).
● Sf.
Le tueur a supprimé une employée de magasin trop allumeuse et une auto-stoppeuse trop bavarde (E. 16.9.74).

AUTO (-) TAMPONNEUSE
→ TAMPONNEUSE (AUTO).

AVAL sm. employé comme adj.
1. **Sport. Qui se trouve en contrebas, en dessous.**
Le skieur amont doit prévoir une direction qui assure la sécurité du skieur aval (M. 6.1.68). Plantez le bâton au moment de la flexion, appuyez sur le ski aval ! (M. 3.2.73). Le skieur aval a priorité sur le skieur amont (M. 19.3.77).
2. **Techn. Qui se trouve à la suite d'un autre élément du même appareil, du même mécanisme, du même processus.**
Dans une chaîne haute-fidélité, quelle que soit la qualité du maillon aval, le son ne sera pas supérieur à celui que peut donner le maillon amont (...) Tout de suite derrière le disque, c'est la tête de lecture qu'on trouve (P. 13.3.78).
3. **Écon. Qui se trouve à un stade ultérieur de la production.**
L'électro-métallurgie s'est orientée vers une transformation plus poussée sur place, ce qui a l'avantage d'offrir aux industries aval des produits directement utilisables (C. 25.12.69).
→ AMONT.

AVAL (EN) loc. adv. Fig. (Écon., Techn.) ■ À un stade ultérieur de la production.
La pétrochimie et tous les secteurs qui sont en aval : engrais, plastiques, textiles (E. 10.12.73). En aval de la sidérurgie, les industries mécaniques (...) (E. 9.12.74).

En amont, le bâtiment fait travailler les cimentiers, la sidérurgie, la chimie, *en aval*, les fabriques d'ameublement, d'électro-ménager, de textiles (...) *(M. 6.7.78)*. Par ses filiales hôtelières et touristiques, Air France tend à contrôler en amont et *en aval* une grande partie du marché touristique *(M. 20.7.78)*.
→ AMONT (EN).

AVALANCHEUX, EUSE adj.

1. **Qui risque de provoquer des avalanches ; où risquent de se déclencher ou de passer des avalanches.**
    L'endroit où a été construit le chalet n'a jamais été considéré comme une « zone *avalancheuse* » *(C. 13.2.70)*. Il s'agit là d'une région réputée *avalancheuse (M. 26.2.70)*.
2. **Qui est constitué par des avalanches.**
    Le *front avalancheux* fut attaqué de deux côtés, pour déblayer la neige, les arbres et les rochers *(VR 5.3.78)*.

AVANT- Premier élément d'adjectifs et de substantifs composés qui expriment généralement une idée d'antériorité.

● **Adj.**
    Cette organisation est un *mouvement avant-gardiste (M. 9.9.69)*. Un magazine qui hésite maintenant entre son ancien *public « avant-gardiste »* et un public plus vaste *(M. 16.4.66)*. Même pour les œuvres les plus *avant-gardistes*, il y a foule au festival de musique d'Aix *(P. 1.7.74)*.

● **Subst.**
○ D'un côté le classicisme de la mécanique, de l'autre *avant-gardisme* technique, dans l'industrie automobile *(PM 5.10.68)*. Tous les *avant-gardistes* de l'art graphique *(E. 1.11.65)*. Bronzage systématique dans les piscines ou sur les berges ensoleillées afin de prendre déjà un léger *avant-hâle (M. 16.7.65)*. Les couloirs délabrés du château exhalent, en cet *avant-juillet*, un relent d'amertume *(E. 27.6.66)*. Nos confrères de province consacrent d'importants « *avant papiers* » au (futur) congrès radical *(F. 19.11.66)*. Cette formule de « village communautaire » qu'est le kibbouts appelle certaines transformations si elle veut rester à l'*avant-plan* des réalisations nationales *(C. 19.5.64)*. L'aéroport de Paris a présenté hier matin, en « *avant-première* », la mise en service étant fixée au 1er septembre, la déviation d'Orly de la route nationale 7 *(M. 1.9.59)*. Le salon du Prêt-à-Porter où sera présentée, en *avant-première* pour la presse et les professionnels détaillants, la mode que nous porterons cet hiver *(Fa. 15.4.70)*. Les deux assemblées auront à se prononcer sur l'*avant-programme* d'investissements *(M. 13.3.66)*. Un *avant-rapport* qui serait adopté en octobre prochain *(M. 2.6.66)*. Cette machine est la première d'une *avant-série* (pré-série) de dix machines *(F. 7.1.67)*.
∞ Il faut avoir vécu l'*avant-indépendance* (de l'Algérie) pour comparer la situation actuelle et celle d'alors *(Maschino, 73)*. L'entraîneur sait mettre les joueurs en confiance, créer l'atmosphère d'*avant-match (M. 26.1.74)*. À Pâques et jusqu'à la mi-juillet, la Bretagne était désertée par les touristes. L'*avant-saison* a été qualifiée de catastrophique par les professionnels *(C. 15.8.78)*.

Rem. **Les composés cités plus haut expriment tous une antériorité dans le temps. On rencontre aussi certains composés récents désignant, dans l'espace, la situation d'un lieu, d'un objet, placés en avant d'un autre (sur le modèle ancien qui a donné avant-bras, avant-port, avant-poste, etc.).**
    Au nord du pont Saint-Ange débute la tranchée longue de 700 m, large de 50, constituant l'*avant-gare* de Paris-Nord *(VR 11.12.77)*.
→ APRÈS-, POST-, PRÉ-.

AVENTURISME sm. ~ 1960. De *aventure*. Pol. Tendance à agir sans prudence suffisante, à risquer l'aventure.

Le groupe de Mao Tsé-toung a adopté une ligne politique où l'on trouve des éléments d'*aventurisme* petit-bourgeois *(M. 31.12.67)*. Un éditorial appelant à la lutte contre le « déviationnisme et l'*aventurisme* » *(M. 6.1.68)*.
Fini le temps où, à l'« *aventurisme* » de la C.F.D.T., on pouvait opposer une C.G.T. « sage et responsable » *(O. 3.9.73)*.

AVENTURISTE adj. Inspiré de l'*aventurisme**.

Une grève classique, sans *débordements aventuristes (Chaffard, 68)*. L'abandon de tout *esprit aventuriste*, condition préalable de la création (en France) de la fédération démocrate socialiste *(M. 13.7.65)*. La plupart des dirigeants communistes étrangers rejettent la *ligne « aventuriste »* qu'elle (la Chine) prône *(M. 24.3.66)*.

AVION- Premier élément de substantifs composés masculins. Le deuxième élément indique la fonction de l'avion.

Les *avions-cargos* (destinés au transport des marchandises) actuels sont capables de transporter les charges les plus volumineuses comme les plus lourdes (de l'armée américaine) *(E. 4.1.65)*. L'Italie est désormais desservie par les *avions-cargos (M. 28.11.67)*. Nord-Aviation fournira un certain nombre d'*avions-cibles* CT-20. Le CT-20 peut atteindre une altitude de 10 000 mètres et peut recevoir de la terre par télécommande des ordres de manœuvre lui permettant de simuler l'attitude d'un avion au combat *(M. 7.1.66)*. Un *avion-citerne* construit pour transporter des liquides était parti des Philippines à destination du porte-avions « Kitty Hawk » *(M. 14.4.66)*. *Avions-citernes* destinés à la lutte contre les feux de forêts *(M. 17.6.66)*. L'*avion-école* (équipé spécialement pour la formation des pilotes), et l'avion d'appui tactique dont deux versions sont définies, un monoplace tactique et un biplace école. (...) L'armée de l'air attend ses quarante premiers *avions-écoles* en 1971 *(M. 27.2.66)*. Un de ces *avions-hôpitaux* qui ont permis d'amener immédiatement dans un centre médical spécialisé les soldats blessés *(F. 22.12.66)*. Une collision entre un bombardier et son *avion-ravitailleur* qui le ravitaillait en carburant pendant le vol *(M. 10.2.66)*. Une compagnie (de navigation) va mettre en service des *avions-taxis* (destinés au transport des passagers à la demande) *(M. 16.7.64)*. Un *avion-taxi* assurant la liaison entre New York et les villes de banlieue (F. 7.1.67). L'avion-taxi : plusieurs sociétés exploitent cette faculté de louer un avion (...) Cette formule permet l'aller-retour dans la journée (SV 2.67).

AVIONIQUE sf. ~ 1960. (De *avion* et électron*ique*). Application de l'électronique à l'aviation.

M. J.M. a expliqué l'importance de l'électronique à bord des avions, l'« *avionique* » : la commande automatique de vol de l'Airbus comprend 17 coffrets électroniques d'une masse totale de 185 kg (R.G.C.F. 11.77).

AVIONNEUR sm. ~ 1950. Constructeur de cellules (fuselage, ailes, etc.) d'avions, par opposition à *motoriste*.

Les *avionneurs*, dont les commandes militaires s'amenuisent, cherchent de nouveaux débouchés (F. 12.5.61). Nous (les fabricants de moteurs d'avions) travaillons d'avance, avec un décalage sur les *avionneurs* (E. 25.3.68). Avant d'être *avionneur* militaire, il fut constructeur d'appareils civils (PM 9.11.68).

AXE sm. Fig. Autom. ■ Route ou autoroute reliant des centres importants.

L'autoroute (Paris-Avallon) constitue un *axe* : tout naturellement elle doit représenter un *axe* de développement (des régions traversées) (M. 28.5.65). Sur les grandes routes et aux carrefours, la vitesse est réglementée, même sur les *axes* prioritaires (M. 22.2.66).

● Dans d'autres domaines : ligne, direction.

La plupart (des professeurs) ont trouvé maintenant ces *axes* de références qui permettent d'accrocher l'attention du plus grand nombre (des auditeurs) (M. 27.6.54). Apollinaire constitue aujourd'hui l'un des *axes* principaux de la sensibilité du XXe siècle (E. 2.1.67). Ce grand parti socialiste démocrate qui sera l'*axe* de la majorité de demain (M. 5.1.68). La lutte contre la technocratisation de l'Université est bien un *axe* de lutte qui répond aux conditions politiques présentes (G. Martinet, 68).
Les deux *axes* prioritaires de la politique de l'aérospatiale (C. 5.7.78). Le ministre a indiqué les grands *axes* de la politique énergétique (M. 9.7.78).

Rem. *Axe* est un mot de la langue scientifique qui a pénétré depuis peu dans la langue courante avec divers sens figurés (Georgin, 52). *Axe* tend à devenir de plus en plus abstrait. Au point qu'on écrit couramment l'*axe d'une politique*, à peu près comme la *ligne* ou l'*esprit*. La fortune de ce mot provient de l'usure des images classiques telles que *voie*, *chemin*. (...) *Axe* garde du prestige parce qu'il évoque une image plus scientifique (Thérive, 56).

AZIMUTS (TOUS) [tuzazimy(t)] Loc. adj. et adv. Ellipse du tour *dans tous les azimuts*, qui, dans le vocabulaire militaire, se dit d'une arme susceptible de tirer dans tous les angles.

● I. Emploi adjectival.

1. **Milit. Par ext., à propos d'une stratégie conçue pour permettre d'intervenir partout dans le monde, notamment au moyen des armes *nucléaires*.**

Un article du général Ailleret, publié en décembre 1967 dans la Revue de la Défense nationale, était intitulé : « Défense dirigée ou défense *tous azimuts* ». L'expression *tous azimuts* fit immédiatement fortune (PM 23.3.68). La stratégie « *tous azimuts* » était essentiellement une affirmation de principe (M. 5.6.76). La défense « *tous azimuts* » (...) n'est plus qu'un souvenir (M. 15.6.78).

2. **Fig. fam. Dans tous les domaines, dans toutes les catégories ; de toutes espèces, de toute sorte ; en tous genres, en tous sens ; sur tous les plans, etc.**

● **À propos de choses (Le déterminé est le plus souvent un nom abstrait).**

Tiraillé de toutes parts, voulant faire plaisir à beaucoup sans en avoir les moyens, le gouvernement saupoudre sa sollicitude dans le budget comme ailleurs. Ce pointillisme part sans doute d'un bon sentiment, sinon d'une *ambition* politique « *tous azimuts* » (M. 10.10.69). Une *concurrence tous azimuts* : elle s'exerce d'abord sur le plan vertical de l'économie. Cette concurrence s'exerce également sur le plan horizontal, à l'intérieur même du territoire national comme à l'extérieur (En. 8.2.69). De déjeuner en dîner, les *contacts tous azimuts* (entre des hommes politiques) se multiplient, puis se relâchent, au fil des mois (E. 28.4.69). Des *croisières tous azimuts* (vers tous les pays) (A.A.T. 3.68). Son programme (celui d'un ministre gaulliste) a la simplicité des fortes pensées : ce sera la *fidélité tous azimuts* (inconditionnelle) au général de Gaulle (E. 10.11.69). Le président s'est cantonné dans les *généralités* affables « *tous azimuts* » (M. 23.3.69). Ce que les organisations agricoles appellent déjà le « réalisme ». C'est-à-dire une triste politique de *marchandage tous azimuts* (E. 24.11.69). *Négociations* « *tous azimuts* » : vingt-cinq heures de discussions ardues ont abouti (à un) compromis (M. 28.5.68). Les grossistes des pays voisins sont souvent dotés d'une technicité, d'un dynamisme et d'une *optique tous azimuts* (En. 8.2.69).
Les immeubles champignonnent en ordre dispersé ; ils sont de styles disparates ou prédomine la forme « boîte à chaussures », cette *panacée tous azimuts* de l'architecte en panne d'imagination (AJ 26.2.70). La *politique* étrangère « *tous azimuts* » bi et multilatérale s'effondrait sous les banalités et les vœux pieux (M. 10.10.68). Toute la politique économique a été subordonnée à la fausse idée d'un *prestige tous azimuts* (M. 12.6.69). « Je suis gaulliste avant tout », proclame-t-il (un député) tous jours-ci à tout vent. Gaulliste et gaullien : sa *stratégie* parlementaire est *tous azimuts* (E. 24.11.69). Explosera, explosera pas ? Atterrira, atterrira pas ? Divorcera, divorcera pas ? C'est le *suspense tous azimuts* (dans un film) (E. 9.6.69). S., le plus perfectionné des *transistors* « *tous azimuts* », qui permet d'écouter des émetteurs du monde entier (PM 12.10.68). La mode avec ses raccourcis ridicules, ses *transparents* « *tous azimuts* » est un symptôme et un élément de l'escalade de l'érotisme (C. 29.11.69). Lunettes adaptées à l'homme comme à la femme :

vision tous azimuts (PM 3.1.70). Agressions, cambriolages, vols à main armée, *viols tous azimuts* sont le pain quotidien de la 8e brigade (de police) *(PM 16.5.70).*

Rem. Ces emplois métaphoriques, déjà très fréquents, surtout dans la presse écrite, vers 1968-1970, n'ont fait que se multiplier depuis lors. Comme le schéma syntaxique est le même dans tous les exemples ci-après (substantif + *tous azimuts*), le syntagme *tous azimuts* a été remplacé par un tiret.

Paix — *(C. 26.2.72).* Générosité — *(E. 30.10.72).* Grève (=cessation de travail) — *(E. 26.11.73).* Expansion — de la science *(Beunat, 74).* Investigations — *(C. 16.2.74).* Spectacles — *(F. 19.2.74).* Croisières — *(C. 22.2.74).* Admonestations — *(M. 1.6.74).* Révolution — *(M. 8.6.74).* Attaque — (au football) *(M. 15.6.74).* Union — *(M. 27.9.74).* Négociation — *(M. 21.10.74).* Sécurité — *(M. 30.11.74).* Transports — *(VR 1.12.74).* Indépendance — *(E. 10.2.75).* Durcissement — (d'un parti politique) *(PM 15.3.75).* Activités — *(M. 20.5.75).* Réformisme — *(M. 14.6.75).* Modernisation — *(VR 6.7.75).* Nationalisme — *(E. 1.3.76).* Rallyes — *(M. 27.3.76).* Tendresse — *(M. 27.2.77).* Expérience — *(Exp. 12.77).* Tromperie — *(M. 14.2.78).* Discussions — *(M. 22.3.78).* Irrespect — (dans un journal satirique) *(M. 3.5.78).* Racisme — *(O. 19.6.78).* Riposte — (de la police) *(M. 29.6.78).*

● À propos de personnes ou de groupes. ■ Dont les activités, les capacités, les compétences, ou encore les origines, etc., sont extrêmement variées.

Une vraie politique commerciale ne consisterait pas à attendre le *client tous azimuts* (pour la publicité à la télévision), mais au contraire à lui soumettre des emplacements possibles avant ou après des émissions qui, par définition, touchent les acheteurs potentiels *(E. 5.4.71).* V. et Les Baux sont fréquentés par une *clientèle tous azimuts,* celle de C. demeure surtout lyonnaise *(AJ 9.4.70).* Flaine et Val-d'Isère inaugurent des pistes pour *skieurs tous azimuts* où certains passages atteignent 83 % de pente *(E. 17.11.69).*
Un *syndicaliste tous azimuts (C. 19.1.72).* Claude C. est un *homme tous azimuts (O. 18.2.74).* Nous autres, médecins de campagne, nous sommes *conseillers tous azimuts (Beunat, 74).* Ce rôle de *donneur de leçons tous azimuts* est difficile *(M. 5.1.78).*

● **II. Emploi adverbial.**

Aucun des partenaires ne peut se targuer d'un triomphe électoral. Mais curieusement, chacun se félicite de sa tactique : elle a aidé — dit-on *tous azimuts* — au développement de la gauche *(E. 22.3.71).*
La bande dessinée attaque *tous azimuts (P. 9.10.72).* La poursuite se déclenche tous azimuts *(C. 12.12.72).* L'esprit de rébellion souffle *tous azimuts (O. 22.1.73).* Leur domaine d'action s'est élargi *tous azimuts (Exp. 3.74).* Une campagne de propagande a été lancée *tous azimuts (US 26.6.74).* Il (un romancier) pense *tous azimuts (E. 25.11.74).* Le ministre de l'Intérieur attaque *tous azimuts (E. 3.2.75).* L'animatrice de l'émission fonce *tous azimuts (E. 8.12.75).* J'ai cherché *tous azimuts* (une situation) *(E. 21.11.77).* Il faut téléphoner *tous azimuts.(M. 25.12.77).*

AZURÉEN, NE

AZURÉEN, NE adj. et s. ~ 1960. De *Côte d'Azur,* avec influence probable de *azuré,* qui expliquerait la terminaison -éen (sur le modèle de *Coréen, Élyséen*), préférée à la terminaison *-ien,* qu'on aurait pu attendre (d'après *Finistérien, Tropézien*).

● **Adjectif, à propos de personnes.**

Le chiffre d'affaires des *boulangers azuréens (E. 15.4.68).* Les installations somptueuses de certains grands *promoteurs azuréens (M. 17.4.65).*

● **Adjectif, à propos de choses.**

Pour la rénovation des *palaces azuréens.* Les propriétaires et directeurs de palaces de la Côte d'Azur viennent de tenir une réunion *(F. 25.9.61).* Vrais et faux *scandales azuréens (Can. 27.9.67).* Qui dit Côte d'Azur dit « tourisme » L'industrie hôtelière est l'une des piles qui soutiennent l'édifice du *tourisme azuréen (F. 24.11.60).* Une chaussée du *tronçon azuréen* (de l'autoroute) Roquebrune-Menton *(A. 5.69).*

● **Substantif, à propos de personnes.**

Règle d'or des *azuréens* : avoir une peau bien brunie *(R. 6.68).*
Les douaniers ne fouilleront pas les bagages des 150 *azuréens* qui descendaient de l'avion venant de Nice *(M. 21.11.76).*

B

BABA subst. et adj. av. 1975. (Mot hindi, « papa », introduit en angl. puis en fr. par les *hippies**). ■ Jeune *marginal**, non violent, souvent mystique.

Son analyse [celle d'un jeune homme] est la suivante : à l'époque du grand mouvement contestataire du début des années soixante-dix, une socialité très large s'était établie entre tous les marginaux, du *baba* mystique au jeune prolo en rupture.
A partir de 1975 s'effectuent les premières scissions (...) Le mot *baba* commence à être utilisé de façon péjorative *(O. 29.12.80)*.

Rem. Le syntagme *baba cool*, dans lequel l'adj. *cool** renforce *baba*, est assez fréquent.

BABÉLISME sm. Mot du XIXe s., répandu au milieu du XXe s. Tendance à employer, dans certains milieux, certains ouvrages, un jargon ésotérique, obscur.

Le *babélisme* scientifique menace de devenir désastreux *(Dauzat, 49)*. (Le) vocabulaire du cinématographe n'est-il pas le premier visé par ce *babélisme* renaissant ? (...) Dès qu'on nomme les genres filmiques, personne ne s'entend plus sur eux. Les cinéastes encore moins que d'autres. (...) *(F. 2.12.66)*. Du fait même de son développement impétueux, la linguistique de 1968, au moins en apparence, a beaucoup changé. Partout surgissent des théories et des « modèles » linguistiques, des hypothèses, des terminologies ; jusqu'à l'émiettement, jusqu'au « *babélisme* » *(Mounin, 68)*.

BABY(-)BOOM [babibum] ou [bebibum] sm. ~1965. (De *baby* et de l'américain *boom*, « hausse ou prospérité soudaine ».) ■ Brusque augmentation de la natalité.

(Si) nous faisons confiance à tous ceux çà et là qui enrichissent l'idiome originel, (...) alors le lexique et la politique nous accorderont la force en effet que nous représentons déjà, avec ou sans « *baby-boom* » *(Etiemble, 64)*. À partir de 1946 la natalité remonte en flèche. On observe ce que les spécialistes appellent une « période de récupération ». Mais au grand étonnement des spécialistes, ce « *baby boom* » ne s'arrête pas à la date prévue *(E. 2.8.65)*. Les classes nombreuses du *baby-boom* de l'après-guerre *(E. 21.4.69)*. Ensuite ce fut l'explosion nataliste, le « *baby-boom* » *(M. 7.4.70)*.
L'offre de main d'œuvre a considérablement augmenté : coincidence de l'arrivée des classes nombreuses du « *baby-boom* » de l'après-guerre et du départ des classes creuses *(E. 29.5.78)*.

BABY-FOOT [babifut] sm. ~1950. De *baby* (au sens de : petit, en réduction) et *foot*, abréviation de *football*. ■ Jeu d'adresse, pratiqué à l'intérieur (cafés, maisons de jeunes, foyers d'étudiants, etc.) et dont les règles sont vaguement inspirées de celles du football (deux camps opposés, une petite balle qu'il s'agit de faire pénétrer dans le « but » du camp adverse, etc.).

Dans un coin de la salle du café, de jeunes ouvriers disputent des parties de *baby-foot (E. 9.12.68)*.
Au foyer de la caserne, un bar avec *baby-foot*, flipper et juke-box *(O. 6.1.75)*.

BABY-SITTER [babisitœr] ou [bebisitœr] sf. ou sm. ~1960. (De l'anglais *sitter*, personne assise, ou aussi : poule qui couve). ■ Jeune homme ou jeune fille qui, moyennant rétribution, garde un bébé en l'absence des parents de celui-ci.

Nous avons promis à la *baby-sitter* de la libérer à ce moment-là *(Fallet, 69)*. Possibilité de laisser ses enfants à la garde d'un *baby-sitter (En. 2.5.70)*.

BABY(-)SITTING [babisitiŋ] ou [bebisitiŋ] sm. (De l'anglais *sitting*, position assise, séance, ou aussi : couvaison). ■ Garde d'un enfant par un(e) *baby-sitter**.

    Alors, elle (une étudiante) fait de temps en temps du *baby-sitting* en supplément *(E. 2.11.64)*. Un service de *baby-sitting* permet aux parents de sortir le soir sans inquiétude *(M. 11.2.66)*. On préfère aller faire du *baby-sitting* payant chez le voisin plutôt que de garder le petit frère en l'absence des parents *(C. 19.4.70)*.
    En 1970, les étudiants en médecine développent le *baby-sitting*, créé en 1958, et lui trouvent un nom : l'« opération biberon » (...) 40 % des étudiants en médecine vivent du *baby-sitting* ou des gardes régulières d'enfants *(C. 27.2.72)*. Le jeune garçon fait du « *baby-sitting* » pour se procurer un peu d'argent de poche *(M. 24.2.78)*.

BADGE [badʒ] sm. ~ 1966 dans cet emploi. (Mot angl.). ■ Insigne rond, muni d'inscriptions à thème subversif ou humoristique, et que l'on porte sur un vêtement.

    Vous connaissez le *badge*? Cet insigne qui ne claironne plus seulement un sigle mais toute une phrase et qu'on met à la boutonnière pour exprimer ses haines, ses préférences, ses espoirs, ses états d'âmes. Les premiers *badges* qu'on vit en France arrivèrent des États-Unis au moment de la campagne électorale du général Eisenhower (1952 ou 1956). Depuis, le procédé a fait son chemin et aujourd'hui il déborde largement le secteur politique *(F. 22.12.66)*. Des milliers de jeunes bardés de *badges*, vêtus de blue-jeans ou de cuir *(M. 15.11.69)*. L'Aéroport de Paris envisage, pour les personnels appelés par leurs fonctions à circuler sur l'aire de manœuvre, le port obligatoire d'un « *badge* » permettant leur identification rapide *(Air 7.11.70)*.
    Distribution de brochures, de *badges* autocollants, de T-shirts portant les noms des radios pirates *(E. 3.9.73)*.

BAFFLE [bafl] sm. (Mot angl. « écran »). Panneau sur lequel est fixé le diffuseur d'un haut-parleur, et conçu pour obtenir une bonne sonorité.

● Par ext. *Enceinte** acoustique.

    Le choix des *baffles* est difficile pour le profane *(P. 13.3.78)*. Des inovations ont apparu : la stéréophonie, la quadriphonie, le *baffle* plat (...) Dans la triphonie, les *baffles* droit et gauche, destinés aux médiums et aux aigus, peuvent être de petite taille *(VR 23.4.78)*.

Rem. **L'Administration recommande de remplacer cet emprunt par** *écran.*
→ CHAÎNE, ENCEINTE, HAUTE FIDÉLITÉ.

BAHUT [bay] sm. Fam. (D'après l'emploi en argot au sens de « *voiture automobile, taxi* », attesté dès 1900). Camion, poids lourd.

    L'incompréhension entre les transporteurs routiers et l'opinion publique, hostile aux « *bahuts* » qui gênent, qui polluent et qui tuent *(M. 21.8.74)*. Ils accrochaient fièrement à l'arrière de leurs « *bahuts* » le slogan « les routiers sont sympa » *(O. 13.10.75)*. Le conseil général du Vaucluse convie les maires des communes riveraines de la RN 7 à interdire la circulation des véhicules de plus de 19 tonnes (...) Désormais, la chasse aux « *bahuts* » est assoit *(P. 10.7.78)*.
→ CUL (GROS).

BAIN sm. Emplois figurés dans diverses locutions.
Être dans le bain. Fam. Participer pleinement à quelque chose.

    Le film est excellemment raconté : la description du Pigalle nocturne, la présentation des personnages ont de la force et du mouvement. On *est* plongé *dans le bain*, comme on dit, et l'on n'a ni le temps ni l'envie de penser à autre chose *(M. 13.4.58)*.

● Être compromis dans une affaire, un complot, etc.

    Après avoir rappelé à ses compagnons qu'ils *sont* tous *« dans le bain »*, le vieux chef limogé se rassoit *(PM 13.4.68)*.

Mettre quelqu'un dans le bain Fam. Le mettre au courant, l'informer ou aussi le compromettre.

    Nombre de détenteurs du volume commenceront à le feuilleter en s'attachant surtout aux photographies. Cela les *mettra*, si j'ose dire, utilement *« dans le bain » (PM 15.10.66)*. La « méthode N. » vous *met dans le bain* de la langue courante, celle que les Anglais emploient chaque jour à la maison, chez les commerçants, avec leurs amis, en voyage ... *(Pub. M..12.1.68)*. L. (cinéaste) nous crie que nous sommes tous des assassins. Et si sa démonstration est convaincante, c'est sans doute qu'il nous *met « dans le bain »*, qu'il nous oblige longuement à partager l'intimité du condamné, (...) qu'il ne nous épargne aucun détail *(M. 31.1.69)*.

Jeter (ou : vider) l'enfant (ou : le bébé) avec le bain (ou : l'eau du bain). ~ 1960. Traduction de l'anglais *to throw out the baby with the bath water* (cf. aussi en allemand : *Das Kind mit dem Bad ausschütten*). ■ Compromettre l'essentiel d'une chose, en voulant en éliminer quelques inconvénients mineurs.

    On risque fort, selon une formule connue, de *jeter l'enfant avec l'eau du bain (E. 5.7.65)*. Pour reprendre une vieille expression anglaise devenue une sorte de mot de passe chez les théologiens, ils (certains chrétiens) risquent de *jeter le bébé avec l'eau du bain* (Duquesne, 70). Parce que ce système est vermoulu, faut-il accepter de *jeter l'enfant avec l'eau du bain* et les libertés avec le libéralisme ? *(E. 17.5.71)*.

Bain culturel. Contact avec la culture.

    Un objectif capital de l'enseignement doit être d'offrir un *bain culturel*, de mettre l'élève au contact d'une culture étrangère *(M. 13.9.66)*.

Bain de foule. ~ 1960. Contact direct qu'un personnage officiel prend, en général volontairement, avec la foule massée sur son passage lors d'une cérémonie officielle.

Hors de la capitale, le président a eu l'occasion de faire ces petites escapades dans le public, de prendre ces « *bains de foule* » qu'il semble préférer par-dessus tout *(M. 29.6.66)*. Le Premier ministre a été applaudi par la population de B. On lui demande s'il apprécie ces « *bains de foule* » *(M. 25.9.68)*. Pour serrer la main de ces enfants, il lui fallut prendre un « *bain de foule* » *(F. 27.2.69)*. Le Président recueille de nouveaux hommages de l'assistance qui se presse le long des barrières et il prend plusieurs *bains de foule (M. 7.4.70)*. M. P. fut irrité par son *bain de foule* forcé de C. *(M. 29.1.71)*.
Le Président se frayait difficilement un chemin à travers une foule empressée. Ballotté, bousculé, serré de toutes parts, au milieu d'une marée humaine (...), il semblait prendre plaisir à ce *bain de foule (M. 6.7.74)*.

Bain de langue. Did. Dans l'apprentissage d'une langue étrangère vivante : contacts intensifs — écoute, répétition — avec des textes parlés authentiques.

Le laboratoire de langues fait passer l'élève progressivement du *bain de langue* à la formation d'habitudes (...) *(SV 4.70)*. Un professeur d'anglais déclare : « Je suis partisan du *bain de langue* ; une semaine entière au début de chaque trimestre » *(FP 10.72)*.

BAISE-EN-VILLE sm. 1934. Rép. mil. XXe. (De *baiser*, v. intr., pop., « avoir des relations sexuelles »). Fam. ■ Trousse contenant les objets de toilette indispensables pour un déplacement de courte durée.

(Je ne peux pas partir) comme ça au débotté ! Il me faudrait téléphoner à ma femme, pour qu'elle m'apporte au moins une brosse à dents.
— « Téléphonez chez vous tout de suite, et faites vous apporter votre *baise-en-ville* à l'avion » *(Soubiran, 75)*.

BALADEUR, EUSE adj. Dans le syntagme *Micro baladeur* : microphone transportable que l'on utilise lorsque les membres d'une assemblée ne disposent pas de microphones individuels installés à leur place.

Le *micro baladeur* de P. recueille les interviews en direct devant une salle bourrée d'éditeurs et d'attachés de presse à l'affût d'un happening excitant *(P. 1.4.74)*.

BALANCELLE sf. ■ Sorte de balançoire ou d'échafaudage volant.

● Dans un théâtre.

Des femmes nues descendant des cintres sur des *balancelles* (dans une revue du Casino de Paris) *(Bodard, 71)*.

● À l'extérieur d'un immeuble où sont effectués des travaux.

Autour des terrasses du 58e étage de la tour Montparnasse s'accrochent les *balancelles* des vitriers *(FP 1.74)*.

BALAYAGE sm. Électron. ■ Exploration systématique des éléments d'un support d'information (image télévisée, etc.)

On annonce des téléviseurs qui ne comporteront plus que l'étage de *balayage* lignes à tubes *(C. 19.1.72)*.

BALKANISATION sf. D'abord à propos de l'Europe centrale, puis d'autres régions du monde.
1. Morcellement d'un pays, d'un empire.

Parmi les facteurs d'instabilité, la *balkanisation* du continent noir *(M. 28.4.66)*. M. S. avait toujours été contre la *balkanisation* de l'Afrique dont le développement est conditionné par son unité *(F. 5.12.66)*.
La « *balkanisation* » de l'Afrique provoque des interventions répétées des grandes puissances *(M. 26.7.78)*.

2. Par extension : dispersion, émiettement (fig.)

Dans l'état actuel de « *balkanisation* » de l'enseignement supérieur en Afrique noire et de dispersion des rares hommes qualifiés qui en résulte, il est impossible d'y poursuivre des recherches de valeur *(M. 20.5.67)*.
Balkanisation dans l'organisation hospitalière française *(M. 31.1.69)*. *Balkanisation* de la chasse en France *(M. 11.9.69)*. Tendance à la « *balkanisation* » du pouvoir entre les Unités d'enseignement et de recherche (dans les universités) *(M. 6.3.70)*.

BALKANISER v. tr. et réfléchi. De *balkanisation**.
1. À propos de pays.

Balkaniser l'Afrique *(O. 14.2.68)*. L'Asie du Sud-Est, *secteur balkanisé* du monde *(M. 18.7.69)*.

2. Par extension.

Si (les nouvelles universités) ne sont que la simple juxtaposition des différentes « unités » qui les composent, (...) on pourra nous accuser d'avoir *balkanisé* l'enseignement supérieur, près de six cents unités se substituant à une centaine de facultés *(M. 23.3.69)*. Les départements sont assez *balkanisés*. Nous (les universitaires) devons harmoniser nos critères respectifs pour que les examens aient une valeur nationales *(C. 30.4.69)*.
L'Université française va-t-elle se *balkaniser* ? *(M. 13.9.69)*.

BALLET sm. Fig. Activité intense (notamment politique) caractérisée par une série d'échanges, de rencontres à intervalles rapprochés.
> Commence un *ballet* de ministres : D. arrive chez J., suivi de F. On signale l'arrivée de T., chez le ministre de l'Intérieur. Puis le départ de J. vers une destination inconnue *(O. 15.5.68)*. Les figures compliquées du *ballet* des négociations sociales *(Exp. 3.72)*.
→ CARROUSEL.

BALLET(T)OMANE subst. ~ 1958. ■ Amateur de ballet.
> Le 28 juin 1941, les *balletomanes* de l'Opéra avaient la primeur d'applaudir la nouvelle « Giselle » *(M. 27.2.66)*. Les rappels furent innombrables. Quand les gens de cœur se mêlent aux *ballettomanes*, l'enthousiasme atteint des proportions inégalées *(F. 19.11.66)*. Le théâtre de la danse est une victoire des *balletomanes* *(O.R.T.F. 29.5.69)*.

Rem. La formation hybride de *balletomane* (*ballet* est un emprunt à l'italien, *-mane* un suffixe qui vient du grec) lui a valu d'être taxé de « monstre » *(F. 12.11.58)*.

1. BALLON sm. Techn. Objet, et notamment récipient ou réservoir, de forme sphérique ou cylindrique.
> Amélioration de l'éclairage au moyen de lampes à *ballons* fluorescents montées sur des candélabres disposés tous les 10 mètres *(R.G.C.F. 6.74)*. Lutte contre le gaspillage d'énergie : isolation thermique des immeubles, des fours, des *ballons* d'eau chaude *(O. 26.6.78)*.

2. BALLON (de bande* dessinée) sm. Répandu au milieu du XXe s. Traduction de l'anglais *balloon*.
> Dès 1900 apparaissent à l'intérieur des bandes dessinées des taches blanches cernées d'un trait fermé, issu le plus souvent de la bouche des personnages, et délimitant un espace vaguement circulaire destiné à recevoir le texte : ce sont les « *ballons* » *(GLE Suppl.)*. La bande dessinée ne serait rien sans ces fameux « *ballons* » polymorphes où, selon les circonstances, viennent s'inscrire les propos, les émotions et les pensées des personnages en situation, ou plus simplement les proliférantes onomatopées qui (...) *(M. 29.1.71)*.
→ BULLE.

BALNÉOTHÉRAPIE sf. ~ 1960. Médecine : traitement de certaines maladies par les bains.
> Vichy grâce à ses installations de *balnéothérapie* est devenu une véritable usine à « regonfler », comme le disent dans le jargon des stades, les athlètes *(PM 23.3.68)*.

BANALISATION sf. Action de *banaliser** ; état de ce qui est *banalisé**.
> Une élévation du niveau de vie moyen de la population, dont le taux de départ en voyage augmente avec les revenus et entraîne une « *banalisation* » du tourisme *(E. 22.4.68)*.
> La « *banalisation* » de la profession (du personnel navigant de l'aviation commerciale) paraît quasi inéluctable à plus ou moins long terme *(P. 29.4.74)*.

BANALISÉ, E part. passé adj. Se dit d'une chose mise à la disposition d'un nombre plus ou moins grand d'utilisateurs successifs, qui en sont ou non « propriétaires » à temps partiel.
● Dans les stations de tourisme.
> Déterminer les ensembles de lits *banalisés* susceptibles d'être commercialisés de façon plus ou moins industrielle *(M. 18.12.71)*. L'achat d'une propriété *banalisée* peut s'effectuer selon trois formules : (...) Enfin, la multipropriété : achat d'un espace et d'un temps *(Inf. 18.12.72)*.

● Dans la vie urbaine.
> Il s'agit de mettre à la disposition des citadins des *voitures* « *banalisées* » pouvant être utilisées pour les courses en ville. On pourra les abandonner dans des emplacements prévus où elles seront à nouveau à la disposition d'un autre utilisateur *(M. 24.2.71)*.

● Spécialement. ■ Qui ne porte aucun signe distinctif.
> Les gendarmes et C.R.S. ont fait la chasse aux contrevenants à bord de *voitures « banalisées »* qui se tenaient constamment en liaison avec un hélicoptère de la police *(C. 9.8.66)*. On peut prévoir que les *voitures « banalisées »*, plus couramment appelées « voitures pièges », seront une fois de plus utilisées. Il ne s'agit pas d'ailleurs d'une nouveauté : à Paris, par exemple, c'est depuis de nombreuses années que des policiers municipaux en civil sillonnent les rues de la ville, dans des voitures « anonymes » *(M. 22.3.67)*.

BANALISER v. tr.
1. Mettre une activité, un bien, etc. à la portée du plus grand nombre. Rendre banal.
> Cette double nature fait la force de ce livre, car elle rend quotidienne l'obsession. Elle la « *banalise* », comme on dit dans la maréchaussée *(E. 5.11.73)*.
2. Spécialement. ■ Mettre un terrain, un bâtiment administratif sous le régime du droit commun, dont il était dispensé jusqu'alors.
> La police est entrée, puisque le Recteur a « *banalisé* » le campus (universitaire) *(Saint Pierre, 70)*.
3. Ch. de fer. ■ Équiper une voie pour la rendre utilisable indifféremment dans les deux sens.
> Sur 27 km au nord de Dijon, la S.N.C.F. a « *banalisé* » ses voies. Ce qui signifie qu'aux heures de pointe les deux voies sont utilisées dans le même sens. Un pupitre de commande établi à Dijon règle un ballet entièrement automatisé qui, vieux de vingt ans, fait encore l'admiration des techniciens étrangers *(E. 22.3.71)*.

BANANE sf. Emplois figurés.
1. **Par analogie de couleur : médaille militaire, et par extension autres décorations.**
   Le général S., les épaules étoilées, les dix rangs de « *bananes* » plaquées sur la poitrine *(Courrière, 70).*
2. **Par analogie de forme. Autom. : butoir de pare-choc.**
   À l'extérieur, la voiture est protégée par deux pare-chocs dépourvus de *bananes (A. 10.9.70).*
3. **Aviation : grand hélicoptère.**
   Le colonel B. avait téléphoné au corps d'armée pour obtenir un ou deux détachements héliportés (sic) de dix « *bananes* » chacun *(Courrière, 70).*

BANC D'ESSAI sm. Fig. Ce qui permet d'essayer, d'éprouver, d'expérimenter quelque chose.
La RTF, *banc d'essai* du théâtre : série d'émissions qui s'est donné pour but de faire connaître des pièces de théâtre originales par leur sujet, inhabituelles par leur forme *(O.R.T.F. 15.11.59).* L'Irlande a été depuis cinq siècles le *banc d'essai* de toutes les formules : assimilation, peuplement, exploitation, proconsulat, répression, quadrillage, partition, autodétermination *(M. 12.1.65).*
La première répétition en costumes est un *banc d'essai* avec un petit public de parents, et d'ouvreuses *(Bodard, 71).* L'armée a servi (...) de *banc d'essai* pour la civilisation industrielle. Discipline, anonymat, hiérarchie : l'usine reproduit la caserne *(E. 5.11.73).* Les contrôleurs aériens mettent en cause le matériel radar-radio qui leur est fourni par un constructeur français et qu'ils estiment insuffisamment fiable. « Nous servons de *banc d'essai* à cet industriel et cela est intolérable quand il y va de la sécurité (...) » Si leurs dires sont exacts, on comprendrait mal que les tours de contrôle servent de *banc d'essai* à ces équipements *(C. 12.8.78).*

BANDE (PAR LA) loc. adv. Fig. (d'après les ricochets qu'on fait faire à la bille de billard en jouant « par la bande »). ■ Indirectement.
Il vous fera des sourires et il vous éjectera *par la bande (Escarpit, 64).* La jeunesse délinquante dépendait jusqu'ici, *par la bande*, du ministère de la Jeunesse et des Sports *(O.R.T.F. 9.5.70).*
Vous avez une de ces façons de poser vos questions *par la bande* ! *(Saint Pierre, 70).*

BANDE DESSINÉE sf. Peut-être d'après l'anglais *comic-strip* ■ Série de dessins, dont chacun est accompagné d'un texte bref (souvent présenté dans un *ballon**) et dont l'ensemble constitue un récit publié soit dans un illustré, soit sous forme de livre.
Cet épisode (d'une) célèbre *bande dessinée* américaine met en valeur une des clés de la *bande dessinée* : l'étrange, le fantastique, l'évasion dans des mondes parallèles *(E. 17.4.67).* La *bande dessinée* s'apparente plutôt au cinéma. Tout son art consiste à faire parler l'image à la place du mot ou à tirer des effets de l'association images-mots *(FP 9.70).* La *bande dessinée* s'offre aux lecteurs comme un mode d'expression original qui conjugue deux moyens de communication : le texte et l'image. (...) Bien qu'elle soit encore considérée comme une littérature marginale, la *bande dessinée* se dégage peu à peu de ses origines populaires (...) *(M. 29.1.71).*
→ BALLON, B.D., PHOTO-ROMAN, ROMAN-PHOTO.

BANDE MAGNÉTIQUE sf. Électron., Inform. ■ Ruban en matière plastique revêtu d'une matière magnétisable servant de support à des spots (= taches) aimantés qui représentent des informations.
La *bande magnétique* permet d'enregistrer quelques millions de caractères pour quelques dizaines de francs (...) Dans le cas d'une *bande magnétique* ordinaire, les informations sont enregistrées sur des pistes linéaires *(M. 30.4.75).*
→ BANDOTHÈQUE.

BANDOTHÈQUE sf. (D'après *bibliothèque*). ■ Collection de *bandes* magnétiques* ; meuble ou lieu dans lequel elle est entreposée.
Une « *bandothèque* » classique couvre souvent les rayonnages de plusieurs grandes pièces ; il faut de longues minutes pour retrouver le fichier désiré et le mettre en place sur un lecteur de bandes magnétiques *(M. 30.4.75).*
Rem. On peut relever le dérivé *bandothécaire* (d'après *bibliothécaire*), en concurrence avec le composé *agent de bandothèque*.
Les serviteurs de ces gros ordinateurs : pupitreurs ou *agents de bandothèque (E. 25.3.74).* Les *bandothécaires*, chargés de la gestion des bandes magnétiques à la Caisse d'assurance maladie de P. se sont mis en grève *(M. 9.4.77).*

BANG [bãg] sm. 1953. Onomatopée. (Le pluriel reste parfois invariable).
Le commandant de la base aéronautique de L. a regretté certaines attaques portées contre les avions générateurs de *bangs* néfastes. Il a précisé qu'un certain nombre de mesures venaient d'être prises pour diminuer les méfaits du « *bang* » supersonique pour la population. Jusqu'au 15 septembre, à titre expérimental, les avions ne feront de « *bang* » qu'au large de la côte *(M. 21.8.65).* Récemment on a parlé du *bang* des avions supersoniques. J'ai entendu quelqu'un l'employer au féminin, mais je ne lui connais pas de dérivé *(Cohen, 66).* Un fléau, non du progrès : les « *bang* » des avions à réaction (...) de nombreux édifices anciens sont dangereusement ébranlés, voire effondrés par ces « ondes de choc » sonores *(Merlin, 66).* Les « *bangs* » soniques ont atteint une fréquence et une intensité

exagérées. Ils ont provoqué l'effondrement d'une partie de la toiture de la mairie *(M. 16.3.66)*.

Rem. L'onomatopée *bang*, néologisme de 1953, que l'on pourrait enregistrer comme nom commun. L'an dernier en effet des aviateurs firent des expériences de « franchissement du mur du son » au-dessus de Paris, et toute la capitale connut le bruit violent produit par cet exploit supersonique, avec comme résultat tangible quelques vitrines brisées. Le lendemain, la presse parlait du *bang*, et l'onomatopée prit ainsi un sens nominal très précis *(Cl. f. 4.54)*.

BANLIEUE-DORTOIR
→ (-) DORTOIR

BANLIEUSARD, E adj. D'après l'emploi substantif originel (XIXe s.), à propos de personnes habitant une banlieue. ■ Milieu du XXe s., par extension : à propos de choses relatives à la banlieue (surtout celle de Paris).

Heureux si les familles (des étudiants) ne protestent pas avec indignation contre la barbarie qui envoie à Nanterre les ressortissants de l'ouest de Paris, alors que les études sur la répartition par arrondissement des classes sociales eussent dû les préserver de cette *déchéance banlieusarde (M. 14.10.66)*. La *mésaventure banlieusarde*, supposée cocasse et contée avec un humour laborieux *(Revel, 65)*. L'*urbanisme banlieusard (A. 5.6.69)*.
La foule des acheteurs est dirigée vers les « grandes surfaces » *banlieusardes*, les centres commerciaux *(M. 10.1.76)*.

1. BANQUE sf. Spécialement. (Dans une aérogare, un aéroport). Sorte de comptoir attribué à chaque compagnie aérienne, et où les passagers accomplissent diverses formalités (achat ou vérification du titre de transport, enregistrement des bagages, etc.).

À l'aéroport de Roissy, les *banques* de contrôle départ se trouvent au rez-de-chaussée *(M. 11.10.75)*.

2. BANQUE (+ de + subst.) Organisme et lieu où l'on recueille, conserve et distribue qqch.

1. **Méd.** Le subst. désigne un élément organique, constitutif du corps humain (sang, os, œil, organes, sperme, etc.), prélevé sur un donneur et mis en réserve pour d'éventuelles interventions (greffes, transfusions, etc.).

   Un système de contrôle pour les *banques du sang (Hetman, 69)*. Là où les exécutions capitales sont fréquentes, il faut craindre que naisse et se développe un ignoble trafic sous le couvert de prétendus « dons volontaires » ou grâce à une équivoque « *banque d'organes* » *(M. 14.1.68)*. La « Fondation », véritable « *banque d'organes* », abritera une série de laboratoires de recherches et de cliniques *(C. 8.2.69)*. Des méthodes permettant de conserver les organes greffables dans une « *banque* » où se trouvent centralisées les caractéristiques des receveurs en attente *(M. 13.5.69)*.
   La « *banque de sperme* » fonctionnant à l'hôpital de B. est officiellement reconnue sous le nom de « centre d'études et de conservation du sperme humain ». Cette « *banque* » permettra de faire face à certains cas de stérilité (...) Des *banques de sperme* fonctionnent dans divers pays du monde *(M. 14.2.73)*.
   Dès que le grand brûlé est en mesure de supporter l'anesthésie, on greffe sur ses blessures des fragments de peau prélevés sur un cadavre, par l'intermédiaire d'une « *banque de peau* » *(C. 14.7.78)*.

2. **Inform. Did.** Le subst. désigne des informations traitées ou à traiter sur *ordinateur*.

   De moins en moins les organismes disposeront en propre d'un ordinateur ; ils devront pouvoir accéder à des (...) *banques de données (M. 10.4.69)*. Contre cette menace d'utilisation tendancieuse et malhonnête des *banques de données* (...) il suffit de définir un code de déontologie informatique *(SV 10.70)*. Des possibilités considérables seront apportées par les progrès technologiques des ordinateurs. On voit en effet se précipiter la possibilité de collecter un très grand nombre de données statistiques et financières dans des « *banques d'informations* » régionales et nationales *(Moulin, 68)*. À l'heure où l'on parle de « *banques d'information* » la banque la plus extraordinaire devrait être l'ensemble des brevets déposés dans un pays *(En. 29.3.69)*.
   La mise sur ordinateur suppose un effort d'organisation (...) La constitution de *banques de données* va être à l'origine d'une restructuration rapide des connaissances *(M. 25.5.78)*.

● **Par extension :**
   Il s'est créé une « *banque des mots* ». L'expression est heureuse : les mots font partie du patrimoine de l'humanité ; ils représentent une valeur sur laquelle il faut veiller et dont il faut favoriser la circulation. Le terme de « banque » prend dans cet emploi le sens figuré qui est devenu courant depuis que l'on parle d'une « banque du sang », d'une « banque des yeux » *(Mars : C. 3.5.70)*. Une *banque des mots* scientifiques et techniques sera constituée par la revue internationale de terminologie française publiée à partir de l'automne 1970 *(Conseil international de la langue française, Paris, 70)*.

3. **Dans d'autres domaines.**
   Une « *banque* » *du volontariat* servira d'intermédiaire entre les organismes privés d'ordre social et culturel employant des volontaires, et tous ceux qui souhaiteraient s'engager dans une action bénévole (...) *(M. 15.1.75)*.
   L'énergie solaire de l'été est stockée dans une citerne, véritable « *banque de calories* » *(M. 20.5.78)*.

BAQUET sm. Fig. Mil. XXe. Autom. ■ Siège bas et très enveloppant dans les voitures de course ou de sport.

Bien calé dans le *siège-baquet* d'une voiture de sport *(Guimard, 67)*. Le *siège-baquet* bien dessiné, mais dont le dossier n'est pas réglable *(A. 30.11.69)*. Le *siège-baquet* du pilote est réglable — mais pas le dossier — et il s'encastre plus ou moins dans le capitonnage garnissant la cloison du moteur *(A. 12.2.70)*. Un *baquet* c'est une coquille de plastique, polyester et fibre de verre, recouverte de mousse de latex ou d'une substance similaire, et dûment capitonné. (...) De rares voitures de sport offrent des *baquets* qui vous corsettent de la hanche à l'épaule *(AAT 5.70)*.

- Dans d'autres domaines :
  Le *fauteuil-baquet* ou la ... bergère de demain ! Une coque en matière plastique blanche, doublée de coussins de cuir *(F. 1.2.67)*.

BAR- sm. Premier élément de substantifs composés.

Voiture *bar-bibliothèque* (dans un train rapide) qui, en dehors d'un bar de conception classique, comporte un comptoir de vente de livres, journaux, périodiques *(VR 16.2.69)*. Un ancien bougnat dont la boutique a été transformée en *bar-boudoir d'accueil (VF 1.12.67)*. Une charge de plastic a explosé devant un *bar-dancing* de Nice *(F. 11.1.67)*. Passer le temps aux *bars-dancings* (Dumont, 62). En pleine nuit, deux hommes ont pénétré dans le *bar-hôtel* tenu par M. T. *(F. 10.1.67)*. Un centre commercial comprenant un *bar-tabac*, une librairie *(M. 2.12.64)*.
En haut, une salle de lecture. En bas, un *bar-discothèque (E. 7.10.68)*. Ils envahissaient le *bar-fumoir* du bateau *(PM. 21.3.70)*.

BARAKA ou BARACCA [baraka] sf. Mot arabe (bénédiction). Répandu au milieu du XXe s., d'abord dans les milieux militaires.
■ Chance qui semble protéger une personne (souvent un chef militaire, politique, etc.) au milieu des dangers ou des risques auxquels sa fonction l'expose.

Les balles claquaient, de plus en plus rapprochées. — Oh ! ils peuvent bien continuer à gaspiller leurs munitions ! Je suis comme vous, mon lieutenant : Tabou ! Vous et moi nous avons des têtes à avoir la *baracca (des Cars, 55)*. Le nouveau directeur des variétés à la télévision a, dit-on, la *baraka* (...) Toujours gagnant *(E. 8.4.68)*. B. (officier de parachutistes) qui croit que sa *baraka* ne l'abandonnera jamais, voudrait — si d'aventure elle lui faisait faux bond — avoir une mort pareille. En seigneur *(Courrière, 69)*.
Tous ont en lui (un dirigeant syndicaliste) une confiance absolue. « Même quand nous ne sommes pas d'accord avec lui nous le suivons : il a la *baraka* » *(PM. 24.6.72)*. Le socialiste C. (...) est « l'homme à la *baraka* ». « Je n'attends rien, je ne demande rien, mais les résultats viennent », dit-il *(P. 27.2.78)*.

BARAQUE (CASSER LA) loc. verbale Fig. Fam.
1. **Chercher à détruire par la violence l'ordre établi.**
   Les « anar », résolus à « *casser la baraque* » quoi qu'il advienne *(C. 31.1.69)*. Tu n'imagines pas le nombre de bonnes volontés qu'on peut trouver dès qu'il s'agit de *casser la baraque* ! *(Saint Pierre, 70)*.
2. **À propos d'un acteur, d'un chanteur, d'une vedette, etc., qui se surpasse, obtient un succès « à tout casser » (triomphal).**
   Un jeune comédien en confiance a « *cassé la baraque* » *(C. 4.7.70)*. Les comédiens, eux *cassent* tout simplement *la baraque (C. 7.10.70)*.

BARBOUZE sf. (plus rarement sm.) De *barbe*. ■ D'abord pop. pour : *barbe*. Puis, ~ 1960, à cause de la fausse barbe dont on le suppose affublé :
1. **Membre d'une police *parallèle*.**
   Le super-préfet d'Oran a déclaré : « Je ne connais aucune « *barbouze* ». Je sais seulement que des fonctionnaires de la Sûreté nationale sont au service de la loi *(C. 28.1.62)*. Le « *barbouze* » — on emploie le masculin à Alger — joue un rôle fondamental dans l'univers politique élémentaire du « Pied-Noir ». Il cristallise l'ensemble des forces occultes qui s'acharnent à sa perte *(E. 5.4.62)*. On se demande si l'influence des romans policiers ne commence pas à produire sur le public et sur la presse de regrettables effets. On parle volontiers de polices parallèles, de « *barbouzes* » comme on dit maintenant *(M. 19.1.66)*. Ceux que les Algérois baptisent (en 1961 ou 1962) « *les barbouzes* » appliquent une tactique identique à celle de l'O.A.S. C'est la « loi du talion » : plastiquages et même enlèvements *(M. 2.2.66)*. Le ministre de l'Intérieur affirme solennellement qu'il n'y a pas de police parallèle et qu'il faut que cessent ces calomnies odieuses, ces racontars déshonorants, ces histoires de *barbouzes (M. 8.5.66)*. De Gaulle aura du mal à « maquiller les brèmes », comme on dit dans la langue des *barbouzes (TC 8.5.68)*.
   Les polices parallèles, c'est bien connu, n'existent pas (officiellement) (...) Dans son livre « Dossier B... comme *barbouzes* », l'auteur, qui a été l'une de ces *barbouzes*, offre un accablant déballage *(M. 29.11.75)*.
   Où est le temps des colonels ? Ce temps où ils faisaient trembler les pouvoirs, couraient les capitales (...), une horde de *barbouzes* à leurs trousses ? *(M. 22.7.78)*.
2. **Agent secret. (Ce terme se rencontre souvent dans les comptes rendus des films d'espionnage).**
   « *Les barbouzes* » c'est d'abord un très bon titre (de film). Affublé d'un nom pareil, l'agent secret perd tout son mystère, se dépouille de sa légende. Il devient un rigolo qui amuse au lieu d'inquiéter *(M. 18.12.64)*. D'où vient donc la popularité de James Bond, l'as des espions ? D'abord, il **est** un agent secret, une *barbouze*, et cela suffit à le coiffer d'une auréole mythique *(C. 14.3.65)*. Depuis le temps que le cinéma de série B se nourrit de burlesque à base d'espionnage, on a trop vu de « *barbouzes* » déguisées se disputant du plutonium dans des chambres d'hôtel *(M. 3.10.65)*. L'auteur a popularisé à travers son personnage principal, le « gorille », un type romanesque d'agent secret français d'après-guerre : la « *barbouze* ». C'est un personnage truculent, sympathique et sanguinaire, préoccupé d'action violente et qui « travaille » essentiellement pour et avec les civils *(M. 21.1.66)*. Une grande partie de la presse, attirée par l'atmosphère que créait l'évocation

des mystérieuses « *barbouzes* », professionnellement portée à tirer profit de l'inclination de beaucoup de lecteurs pour des histoires qui rappelleraient celles du « Gorille » de « James Bond », etc., s'est lancée dans l'exploitation de l'affaire *(Ch. de Gaulle, Conférence de presse. 23.2.66)*.

Rem. **On peut relever quelques dérivés dont la formation révèle parfois une intention ironique ou péjorative (cas du suffixe -*ard*, dans *barbouzard*, ci-après)**
Toutes les rouerires et les stratagèmes de la délation, de la *barbouzerie*, de l'espionnage *(Bodard, 71)*.
Les services secrets (...) ont joué un rôle de premier plan dans la guerre du Viet-Nam (...) Le gouvernement n'a pas encore réussi à contrôler cette énorme « *barbouzière* » *(O. 6.1.75)*.
Le tableau que dresse J. Saul des dessous « *barbouzards* » de la Ve République, des réseaux parallèles (...) est précis et fidèle *(O. 1.8.77)*.
→ GORILLE.

BARON sm. Fam. Iron.

1. **Dignitaire, personnage important du gaullisme.**
   À l'époque de la « traversée du désert » (1946-1958) s'était constitué un petit directoire des chevaliers du gaullisme (...) Dans les heurs et malheurs du gaullisme, ce directoire a survécu (...) Ce sont les « *barons* » *(FL 30.6.69)*. Pendant des années, ils ont dîné ensemble. Ils étaient cinq ou six, parfois sept. Ils avaient depuis longtemps l'habitude de travailler ensemble (...) Le père (= le général de Gaulle) ne participait pas à leurs rencontres. Son fantôme pourtant ne les quittait pas (...) C'étaient les « *barons* » *(M. 22.12.74)*. Les caciques du R.P.R. (= Rassemblement pour la République), ceux que l'on continue d'appeler les « *barons* » (...) *(M. 5.4.78)*.

2. **Personne qui exerce une fonction importante, qui a une grande influence dans un organisme, une profession, une branche de l'économie.**
   Selon les *barons* de la sidérurgie, H. a mal défendu les intérêts du patronat *(O. 23.12.72)*. Le siège de la compagnie sucrière de T. donne une idée de la puissance économique des « *barons du sucre* » *(M. 14.7.74)*. Le syndicat CFDT des cheminots dénonce « la volonté hégémonique des grands *barons de la route* » *(M. 14.2.75)*. Les deux survivants (à France-Inter) de l'ancienne équipe D., ceux que l'on appelle aussi les « *barons* » (...) *(O. 29.4.78)*.

BAROUD [barud] sm. (Mot arabe). Militaire, fam. ■ Combat (à la guerre).

Très grand, très beau, très « dans le vent ». De son père, qui est mort pendant la guerre d'Algérie, il a le goût des coups durs et du « *baroud* » *(M. 2.3.68)*.

● Par extension : combat, lutte quelconques.
Des *barouds* électoraux menés sans principes sur des thèmes démagogiques *(M. 9.12.65)*.

BAROUD D'HONNEUR Av. 1936.

1. **Milit. : combat que l'on sait perdu d'avance, mais qu'on livre pour sauver l'honneur.**
   Le lieutenant G. avait (en juin 1940) déclaré ouvertement son parti : tirer les dernières cartouches, abattre le plus d'adversaires possible et attendre la fin sur place. Le lieutenant S. n'était pas de cet avis. Toute sa formation le faisait répugner à la notion de « *baroud d'honneur* » *(Lanoux, 56)*. Le 25 avril (1961) à midi, je vois que tout est perdu. J'informe mes collègues de ma décision mais la foule (des Européens d'Alger) peut risquer un *baroud d'honneur*. Je décide de retarder mon départ vers la France afin d'éviter une effusion de sang *(Général Challe : Déclarations devant le tribunal. M. 31.5.61)*. Il n'était guère possible de ne pas céder à l'ultimatum japonais, faute d'armements et de munitions suffisants. Après un « *baroud d'honneur* » où mon jeune collègue D. devait périr glorieusement, il avait fallu accepter les conditions draconiennes imposées par les Nippons *(M. 3.4.65)*.
   Mal rasés, cheveux en broussaille, uniformes débraillés, les militaires chypriotes grecs sont restés à leur poste jusqu'à la dernière minute. Leur attitude relevait du *baroud d'honneur (M. 18.8.74)*.

2. **Combat, lutte quelconque, qu'on livre par amour-propre, mais sans illusion sur leur issue négative, dans le domaine social ou politique.**
   Nous (un syndicat) pouvions employer trois moyens : le « *baroud d'honneur* » d'une grève de 24 ou 48 heures, l'arrêt de travail illimité, qui était l'aventure, et les grèves de harcèlement *(M. 21.6.59)*. S'agit-il pour le ministre d'un combat d'arrière-garde, d'un simple *baroud d'honneur* ou bien d'un raidissement prêt aux dernières conséquences ? *(M. 7.11.61)*. *Baroud d'honneur*, opération de retardement, aventure romantique, mais certainement pas entreprise de gens sérieux et responsables (la révolte manquée des généraux à Alger, en avril 1961) *(Cheverny, 63)*. Le Sud ne mène plus qu'un « *baroud d'honneur* » au Parlement contre les projets de loi antiracistes du Président (des États-Unis) *(M. 7.2.64)*. Les Noirs (aux États-Unis) n'ont guère le choix qu'entre l'accommodation avec une administration Wallace reconduite ou un *baroud d'honneur* anti-Wallace sans aucune perspective de succès *(M. 6.5.66)*. Après des *barouds d'honneur* souvent limités à des vœux votés à l'unanimité, les conseils de faculté ont rapidement cédé *(M. 28.2.67)*. Un correspondant nous écrivait que l'encyclique « Humanae vitae » est un *baroud d'honneur (M. 12.7.67)*. L'essentiel est de savoir si la gauche veut s'engager dans la voie de la rénovation ou livrer seulement un *baroud d'honneur* pour la défense des conseils généraux et du Sénat *(O. 5.8.68)*. La grève des pilotes d'Air France loin d'être une action d'avant-garde, risque de constituer un *baroud d'honneur* pour les navigants *(En. 27.2.71)*.
   Cette lutte de l'« armée secrète » à la fin de la guerre d'Algérie, T. ne l'a pas prise très au sérieux ; pour lui ce ne fut qu'un « *baroud d'honneur* » *(M. 22.7.78)*.

3. **Dans d'autres domaines.**
   Il y a des femmes qui résistent quelque temps, même quand elles sont décidées à se rendre. Le *baroud d'honneur*... *(Montherlant, 36)*. Piqûres, médicaments, rayons, arsenal inutile ! Simple *baroud d'honneur* contre la maladie *(Bazin, 52)*. Jérôme et Jean (Tharaud) ont été des travailleurs infatigables puisqu'après le Prix Goncourt ils ont récrit « Dingley » une troisième fois comme pour un *baroud d'honneur (Maurois,55)*. Je crains que le *baroud*

BAROUD D'HONNEUR 50

d'honneur des philologues (sur la prononciation [lɛ̃di ou [lœ̃di] = lundi) ne soit bien vain *(VL 7.57).* Les hommes sont tous les mêmes. Ils jurent leurs grands dieux que jamais ils ne se laisseront mettre le grappin dessus (par une femme), et puis, un beau jour, après une course-poursuite plus ou moins mouvementée et un *baroud d'honneur* plus ou moins sincère, ils succombent à l'aube, comme la chèvre de M. Seguin *(M. 27.9.64).* Avant d'abandonner (le Tour de France), il (un coureur cycliste) avait voulu tirer un dernier *baroud d'honneur* : il s'était échappé du peloton *(C. 3.7.65).* Pour sauver les actualités cinématographiques, on inclut dans leur sommaire bandes dessinées et documentaires-express : *baroud d'honneur* ? *(E. 25.12.67).*
Ces diverses actions judiciaires en cours constituent autant de « *barouds d'honneur* » : il est peu probable que le cours des choses en soit modifié *(C. 20.10.76).*

BAROUDER v. intr. ■ Se battre (à la guerre).
● Par ext. Combattre, lutter (dans un domaine quelconque).
G., en bon Breton tranche-montagne, *baroude* contre les pouvoirs établis, pourfend les dirigeants autoritaires et incompétents *(E. 3.7.78).*

BAROUDEUR sm.
1. **Soldat, homme qui aime le *baroud*.**
Les *baroudeurs* de choc, ces centurions, ne sont pas faits pour la vie civile et le confort bourgeois *(PM 15.10.66).* Un *baroudeur,* Compagnon de la libération, décoré de la Military Cross *(E. 19.3.69).*
2. **Dans d'autres domaines (polit., social, etc.). Homme, groupe combatif.**
W., qui est chargé de fournir du travail à 800 métallos sur la zone industrielle de B., n'a pas pris la peine de consulter les syndicalistes. Comme s'il n'avait jamais entendu parler des « *baroudeurs* » de N. *(P. 18.3.74).*
C., ce *baroudeur* sans troubles de conscience, avait entrepris de briser, par la ruse autant que par la force, tous ceux qui s'opposaient au calcul de ses amis politiques *(O. 21.5.74).*
N., inspecteur des Finances, *baroudeur* de la Fonction publique, a l'habitude (...) *(E. 22.5.78).*

1. BARRE sf. (Urbanisme) ■ Grand immeuble d'habitation, de forme allongée.
Le ministre de l'Équipement interdisait la construction de tours et de « *barres* » de logements dans les petites villes *(E. 2.4.73).* La Z.A.C. de C. a été instituée pour réaliser des ensembles de *barres* parsemés de tours de 15 étages *(O. 24.9.73).*
Ici les enfants grandissent parmi les immeubles-tours et au milieu des immeubles bâtis en longueur, les « *barres* » *(M. 6.6.78).*
→ IMMEUBLE-.

2. BARRE sf. Fig. (D'après l'emploi dans le vocabulaire de certains sports : courses d'obstacles, saut en hauteur, etc. Le lien métaphorique avec ce vocabulaire apparaît souvent dans le choix des verbes dont *barre* est le complément : baisser, élever, franchir, remonter, etc. ; cf. cit. ci-après).
● Difficulté à surmonter, limite, obstacle (fig.), seuil (fig.).
La modification de la loi électorale élevait à 10 % des inscrits au lieu de 5 % (...) la « *barre* » (du pourcentage de voix nécessaire pour être élu) au premier tour des élections législatives *(Viansson, 71).*
La gauche n'a pas pu franchir la *barre* de la majorité absolue : son candidat n'a obtenu que 49,3 % des voix *(C. 21.5.74).* Seuls trois pays industriels sont restés au-dessous de la *barre* des 10 % d'inflation (...) *(P. 1.7.74).* Les aéroports de Paris ont traité 18 millions de passagers, alors qu'on espérait les voir franchir la *barre* des 20 millions *(M. 23.10.74).* Après avoir baissé la *barre* de ses exigences (...), le parti dut la remonter (...) *(P. 9.12.74).* Le resserrement du crédit élève la *barre* qui sépare les forts des faibles *(M. 10.1.75).* Pour le mois de janvier, la hausse des prix a franchi la *barre* des 1 % *(M. 28.2.75).* Le chômage aux États-Unis a franchi la *barre* des 9 % de la population active *(M. 11.6.75).* Cette moto se situe en dessous de la *barre* des 350 centimètres cubes, seuil au delà duquel double le prix des assurances *(M. 8.10.77).* Placer trop haut la *barre* des revendications, c'est risquer de faire échouer la négociation *(M. 2.6.78).*

BARRIÈRE D'ARRET sf. Aviat. ■ Câble ou filet tendu en travers d'une piste d'atterrissage très courte ou du pont d'un porte-avions, afin de freiner la course des avions.
Cent cinquante pilotes environ ont été à ce jour sauvés par les « *barrières d'arrêt* » installées en bout de piste des terrains militaires. Le problème est de savoir si les aéroports civils les adopteront à leur tour *(M. 31.3.66).*

BARRIÈRE DE DÉGEL sf. ■ Interdiction (matérialisée à l'origine par des barrières) imposée à certains véhicules lourds de circuler durant la période du dégel sur certaines routes.
La réglementation concernant les *barrières de dégel* vient d'être assouplie *(M. 14.12.72).*

BASCULEMENT sm. Fig. Changement profond, mutation (dans le comportement, la mentalité d'une collectivité).
Il n'est pas envisagé de modifier par voie d'autorité la répartition entre moyens de transports collectifs et individuels. Le *basculement* souhaité des seconds vers les premiers ne sera obtenu que (...) *(R.G.C.F. 3.74).* Tout ce que les hommes méprisaient, en tant que valeurs féminines, est en train de s'imposer. Nous assistons à une sorte de *basculement* dont les conséquences seront considérables pour nos sociétés *(Pa. 10.74).*

BASCULER DANS...

L'informatique permet l'avènement d'une société à haute productivité (...) Cette mutation est amorcée ; elle s'accompagnera d'un changement de structure des organisations et d'un *basculement* des attitudes à l'égard du travail *(M. 25.5.78)*.
→ BASCULER.

1. BASCULER v. intr. Fig. Rép. mil. XXe s. pour décrire un changement irréversible, presque toujours soudain, et qui met fin à une période d'attente ou d'hésitation. Ce changement affecte souvent, en bloc, tout un ensemble (par ex. un groupe humain).

BASCULER + O (sans complément).

● Avec pour sujet un nom de personne ou de groupe humain.

O La *bourgeoisie* d'argent a de nouveau *basculé (M. 17.12.65)*. Une *femme* moderne, Solange ? Elle aime la vie, elle en a profité comme un homme. Mais Laurent est venu et *Solange* a complètement *basculé*. Maintenant elle attend, elle dépend *(M. 19.9.64)*. La *majorité a basculé* au sein du comité central *(E. 18.11.68)*. Si cette région devait être perdue pour le gaullisme, *la nation* entière ne tarderait pas à *basculer (E. 18.12.67)*.

OO L'idée de la contraception progresse peu à peu, non pas à cause des mères, mais à cause des filles. Les *mères* ont *basculé* depuis un an ou deux *(Beunat, 74)*.
Les étudiants (après le 24 mai 1968) protestèrent contre l'interprétation officielle de leurs manifestations. Mais l'*opinion* publique leur donna tort, car elle avait *basculé* : le mouvement avait cessé d'être populaire. La roue tournait *(M. 3.5.78)*.

● Avec pour sujet un nom de chose (généralement abstrait).

O Il arrive un moment où la *confiance* (dans la monnaie) *bascule (F. 16.3.68)*. Mais voici la victoire de ce silence, atrocement payé (de Jean Moulin, mort sous la torture) : le *destin* bascule (Malraux : *M. 20.12.64)*. C'est en 1948 avec le vote de l'ONU créant l'État d'Israël que *bascule l'histoire* des juifs *(E. 18.11.68)*. L'illusion s'évanouissait, ce fut comme si *basculait* tout le *passé (Bésus, 64)*. Le *temps* avait *basculé*. J'avais été projetée dans un moment qui n'appartenait pas à ma vie *(Beauvoir, 60)*. Quelques mots sont échangés, quelques plaisanteries. Et puis, brusquement *tout bascule*. Les mains de Jeanne et de Bernard se joignent. C'est le miracle, le coup de foudre *(M. 9.11.58)*. C'est le lendemain que la véritable histoire commence, que sa *vie* si bien ordonnée *bascule (Fa. 21.5.69)*.

OO Une seule larme sur ce beau visage attentif. Le *film* a *basculé*, notre cœur s'est troublé. Un instant, l'interprète atteint au sublime ; grâce à lui, le film, brièvement, a perdu son équilibre *(E. 15.1.73)*. La *conjoncture* de l'emploi *bascule* brusquement : de sérieuses menaces de chômage pèsent sur la région *(E. 9.12.74)*. Il faut bien qu'ils se croient indispensables, sans quoi toute leur *vision* des choses *basculerait*, et personne n'aime cela *(Cesbron, 77a)*.

Faire basculer (quelqu'un, personne ou groupe humain)

On espérait *faire basculer l'armée (M. 30.6.64)*. Et si l'on pouvait *faire basculer* dans l'opposition la hiérarchie catholique ? Et si l'on pouvait *faire basculer l'électorat féminin* ? *(M. 4.10.64)*. Soixante à quatre-vingts sièges réellement en balance : assez pour *faire basculer la majorité (M. 6.7.66)*.

Faire basculer (quelque chose).

Un mélodrame freudien *fait* ensuite totalement *basculer le film (GL 13.3.65)*. Deux occasions auraient pu *faire basculer le match* (de football) *(C. 7.3.69)*.
Le roman était l'histoire d'un homme. L'actrice principale du film a *tout fait basculer*. (C'est) devenu le drame d'une femme *(M. 28.5.61)*. La scène de ménage *fait basculer l'univers* (du couple) *(Ragon, 66)*.
Ces joueurs de valeur, capables à tout moment de *faire basculer* un *match (M. 18.11.77)*.

BASCULER À (droite, gauche)

Le parti socialiste *bascule à droite (M. 10.1.57)*. C'est le « Marais » qui, progressivement, *bascule à gauche (E. 27.11.67)*.
Le féminisme ne doit pas nécessairement *basculer à* l'extrême-*gauche (F. 4.3.75)*.

BASCULER DANS...

● Avec pour sujet un nom de personne ou de groupe humain.

O Marcel Marceau (mime) *bascule dans l'allégorie (M. 8.10.69)*. La jeunesse *bascule dans l'angoisse (O. 13.3.68)*. Un service d'orientation qui a *basculé dans la bureaucratie (M. 4.1.68)*. L'intelligentsia et les paysans *ont basculé dans le communisme (C. 28.4.68)*. La France a *basculé dans l'économie d'abondance (en. 24.10.70)*. (Un jeune homme a) peur de *basculer dans l'état adulte (FP 12.68)*. La jeune génération littéraire ne cesse d'inventer des chemins pour éviter l'héroïque. Cela devrait rassurer ceux qui croient la France menacée de *basculer dans la grandeur* (Simon : *M. 4.3.64)*. Les Français reprendront confiance dans l'avenir ou *basculeront dans la hargne (E. 30.12.68)*. Ce whisky était faible, ce n'était pas avec cela qu'on *basculerait dans la joie (Fallet, 69)*. L'Alsace risque de *basculer dans l'orbite allemande (E. 17.3.69)*.

OO Un triste soir de 1941, les deux enfants (juifs) *basculent dans un autre monde (E. 29.10.73)*. En prenant la décision que vous prîtes, vous avez *basculé* d'un coup *dans l'illégalité (P. 8.7.74)*. Ce jour-là, la France aurait pu *basculer dans la peur et le chaos (Chaix, 74)*. Son père signe le contrat. Dès le lendemain, Isabelle *bascule dans l'enfer* doré du show business *(E. 20.1.75)*. Ils sentent avec un flair infaillible l'instant précis où la salle risque de *basculer dans la colère (E. 25.8.75)*. En trois jours, des millions de travailleurs ont *basculé dans la grève (M. 3.5.78)*.

● Avec pour sujet un nom de chose (généralement abstrait).

O Le roman ne *bascule* complètement ni *dans l'absurde* ni *dans le cauchemar (M. 2.10.65)*. Le badinage équivoque *bascule dans le drame définitif (PM 30.3.68)*. Les locutions sont toujours prêtes à *basculer dans la fausse étymologie* ou *dans le calembour (Guiraud, 60)*. S. voudrait la tenir entre ses mains crispées et serrer jusqu'à ce que ses yeux *basculent dans l'indifférence* (de la mort) *(H.-F. Rey 62)*. En dix mots le roman, qui virait au rose, *bascule dans la littérature noire* et criminelle *(M. 21.5.66)*. Le lycée brusquement *basculait* pour elle dans *un monde* enfantin *(Groult, 68).* La fête païenne et forcenée *bascule* alors *dans la mort (E. 16.2.70).* Les sommets encore éclairés s'empourprent, puis pâlissent et *basculent* doucement *dans la nuit (C. 3.8.66).* Les thèmes du Nouveau Roman, les édifices de la critique structurale, la philosophie du langage, tout cela est en train de *basculer* lentement *dans une poussière* mélancolique *(E. 15.3.65).* Une situation qui risquait au moindre faux pas de *basculer dans le ridicule (M. 27.6.64).* Si ces industries recevaient des moyens financiers, l'économie *basculerait dans la voie* du progrès *(Sauvy, 59).* Très vite cet art de la litote devient lourd, *bascule dans la vulgarité (M. 16.10.67).*

∞ C'est alors que ce film, jusque là grave et douloureux, *bascule dans le sublime (E. 17.9.73).* Le film alors brusquement change de ton, *bascule dans le mélo (M. 28.5.78).*

Faire basculer (quelqu'un ou quelque chose) dans...

O Des analyses aussi purement schématiques *font basculer* la pensée *dans l'arbitraire* et finalement dans l'obscurité *(Simon : M. 7.9.66). Faire basculer* le spectacle *dans l'artifice* d'une construction intellectuelle *(M. 5.1.68). Faire basculer* d'un seul coup des paysans noirs *dans la condition* ouvrière *(Cl. f. 3.54).* L'histoire, toujours prête à *faire basculer* la tranquillité du passé *dans l'incertitude* du futur *(Dubois : Projet 3.68).* Une sanction trop sévère ferait *basculer* J. H. *dans le monde* des mauvais garçons *(M. 24.11.67).* Sa réalisation (d'un canal) ferait « *basculer* » toute l'économie européenne *dans l'orbite* française *(F. 4.1.62).* D'autres réalités douloureuses vous ont *fait basculer dans le pessimisme (Fa. 11.9.68).* (Des erreurs politiques) peuvent *faire basculer* le pays d'un jour à l'autre *dans une récession (E. 16.12.68).*

∞ (...) va tenter de *faire basculer* l'Europe *dans le neutralisme (E. 12.11.73).* Qu'est-ce qui empêche la bureaucratie de *faire basculer* la France *dans le totalitarisme ? (P. 30.9.74).*

BASCULER DE... À...

La B.E.A. (compagnie aérienne) a réussi dans ses efforts pour *basculer du Bourget à Orly* l'essentiel de ses activités *(Air. 22.3.69). Basculant de la douceur* somnolente *au sommeil* brutal *(M. 24.3.68).*

Heure et jour *ont fait basculer* une émission *du plan* culturel distingué *à celui* de bouche-trou dominical *(FL 3.11.66).*

Le film *bascule du rêve* nostalgique *au collage* surréaliste *(E. 14.1.74).*

BASCULER DE... DANS...

Un jeune homme qui *a basculé* définitivement *des incartades* du sentiment *dans la déviation* avérée (l'homosexualité) *(M. 9.10.65).*

Il suffit de peu de chose pour *basculer du rêve dans la réalité (P. 1.7.74).*

BASCULER DU CÔTÉ (DE)...

Des opportunistes *basculeraient* vite, ce jour-là, *du côté du* plus *fort (M. 22.12.66).* Les financiers seraient contraints de *basculer du côté de la paix (O. 28.2.68).* Le Viet-nam, le Laos, le Cambodge *basculeront du côté de Pékin (E. 8.3.65).* Elle (une célibataire) souhaitait tout oublier (avec un homme), *basculer* d'un coup *du côté de tout le monde (Cesbron, 64).* La carrière politique, mieux que les vitamines et le yoga, préserve de *basculer* prématurément *du côté* où l'on croule sous le poids des ans *(E. 3.10.66).* La Bretagne *basculera,* en l'espace d'une génération, *du mauvais côté (M. 30.11.66).*

Le parti socialiste japonais craignait alors que son aile gauche ne *bascule du côté communiste (O. 23.12.72).*

Faire basculer du côté...

Un thème qui prend de plus en plus de place dans la science-fiction et la *fait basculer du côté du fantastique (M. 7.6.67). Faire basculer* les hésitants *du côté de la France (F. 20.7.61). Faire basculer* la majorité de la Cour *du côté des partisans* de la loi *(M. 10.10.69).* La personnalité du général de Gaulle *fait basculer* tout le pouvoir réel *du côté présidentiel (Grosser : C. 1.1.64).*

BASCULER EN DIRECTION DE...

Aucune des grandes sociétés capitalistes, pétrolières ou non, n'a jusque-là *basculé en direction de l'Orient (P. 24.12.73).*

BASCULER EN FAVEUR DE...

Dans le climat de 1947-1948, il eût suffi d'un coup de pouce donné au destin pour que tout *basculât* chez nous aussi *en faveur des* communistes *(FL. 2.12.68).* Les choses allèrent vite (...) le lundi 16 octobre. Le repas de midi fut le moment décisif. Grâce à l'intervention vigoureuse du cardinal Koenig, la majorité *a basculé en faveur du* cardinal Wojtyla (...) et son élection fut acquise deux scrutins plus tard *(M. 20.10.78).*

BASCULER VERS...

Quand la nuit *bascule vers l'aube (Daninos, 53).* Phrase qui commence sur le plan noble et qui *bascule vers le* familier *(Revel, 59).* La France *a basculé vers la force* politique la plus conservatrice *(E. 26.5.69).* Il suffirait qu'un tiers des voix du marais *bascule vers la gauche* pour que celle-ci devienne majoritaire *(E. 16.10.67). Basculer* de façon lente mais continue *vers la* vieillesse *(Sauvy, 59).*

Vers 1750, l'économie décolle. La France s'arrache à la terre. Elle *bascule vers la houille, la* suie, *les villes (E. 3.1.72).*

Faire basculer vers...

Cette fatigue qui *fait basculer* les citadins plus *vers l'oisiveté* vacante que *vers la joie* explosante *(E. 30.12.68).* Un déplacement de 4 000 voix avait *fait basculer* l'élection *vers le parti du* gouvernement *(E. 19.5.69). Faire basculer* l'armée *vers la* rébellion *(TC 8.5.68).* L'auteur (du film) *fait basculer* la comédie pure *vers la satire* de mœurs *(M. 10.5.64).* Il s'agit de *faire basculer vers un socialisme* vivant la société française entière *(M. 5.2.66).* La fronde qui a *fait basculer vers V. Giscard d'Estaing* une partie de l'électorat gaulliste *(P. 7.5.74).*

2. BASCULER v. tr. ~ 1960. Peut-être de *basculeur* « relais électrique pouvant prendre seulement deux positions de travail »
1. Télécomm. ■ **Faire passer.**

Des studios presse-boutons qui permettent de « *basculer* » automatiquement sur l'antenne *les communications* téléphoniques d'où qu'elles viennent *(M. 11.12.63)*. Le groom le guida jusqu'à la cabine (téléphonique) où le standard avait *basculé la communication (Bruce, 69)*. Nous allons *basculer France-Culture* sur l'émetteur d'ondes moyennes actuellement occupé par France-Inter *(O.R.T.F. 4.1.69)*.

2. Dans d'autres domaines. ■ **Transférer.**

Le 1ᵉʳ novembre, Air-France *basculera* les deux tiers de son trafic d'Orly à Roissy *(C. 31.10.74)*. Il aura fallu neuf heures pour « *basculer* » du Nord-Est dans le Midi de la France la moitié de la force aérienne tactique *(M. 11.10.75)*.

BASE sf. Répandu au milieu du XXᵉ s. Pol., sociol. : ensemble des adhérents et des militants d'un parti politique ou d'un syndicat, par rapport aux dirigeants.
Dans l'Église catholique : ensemble des prêtres et des fidèles, par rapport à la hiérarchie (pape et évêques).

O En 1936, le « désordre » venait des profondeurs mêmes de la société : c'était « *la base* » qui bougeait *(Hoffmann : RSP 1.56)*. C'est à peine si les statuts du syndicat envisagent l'hypothèse d'une « *base* » réfractaire aux recommandations du bureau central *(M. 1.2.57)*. (Il faudrait) alléger la tâche d'un État hydrocéphale tout en repolitisant, en réanimant « *la base* » par trop coupée du pouvoir *(M. 19.6.66)*. Comment régénérer la gauche ? Les militants ne sont pas prêts à accepter des rapports au sommet, les partis ayant montré leur impuissance. Il faut donc trouver de nouvelles formes de rapports en partant de la *base* qu'il faut repolitiser *(M. 24.1.68)*. Les espoirs œcuméniques éveillés depuis le concile ont été déçus. C'est le rôle des hommes de la *base* de signifier leur impatience devant des atermoiements qui paraissent trahir l'idéal entrevu *(M. 7.6.68)*. Les dirigeants paysans ont décidé en définitive de suivre la *base (M. 3.10.69)*. Les disputes entre les (chrétiens) « progressistes » ou les « intégristes ». Les débats entre la *base* et le sommet *(Duquesne, 70)*. Les querelles de fédérations (de parents) à l'échelon national sur des plans d'idéologie ou de représentativité paraissent souvent stériles aux « parents de la *base* » *(F. 8.9.70)*.

∞ Ce délégué qui a été élu par des parents d'élèves a des difficultés pour informer sa « *base* » : il ne connaît pas ses électeurs *(E. 24.6.72)*. Une grève des O.S. qui illustre les difficultés des syndicats à coller à leur *base (E. 2.4.73)*. La « *base* » européenne n'a pas la possibilité de faire entendre sa voix aujourd'hui, sauf dans la rue *(M. 29.11.75)*.
La classe ouvrière exige que l'action syndicale soit plus adaptée à chaque circonstance, en y associant le plus possible la « *base* » *(M. 30.5.78)*.

Substantif + de base.

Un groupe de *parlementaires de base (O. 3.9.73)*. Les *députés de base (P. 8.7.74)*. À la différence du spécialiste qui a des titres à faire valoir, le *généraliste de base* est tenu d'appliquer les tarifs de la sécurité sociale (...) c'est la *médecine de base*, par opposition à la médecine de pointe *(Beunat, 74)*.

BASKET [baskɛt] sf. Fam. ~ 1960. (De *basket-ball*). Ellipse pour *chaussure de basket* (-ball). ■ Chaussure semi-montante en toile, à semelle de caoutchouc, utilisée par les jeunes non seulement pour jouer au basket, mais comme chaussure courante.

V. a un trou dans sa chaussure, très visible « Mets *tes baskets*. — Je ne peux pas, J. les a jetées dans l'eau du bain. » Elles y sont toujours. Je les retire, les mets à sécher *(Mallet-Joris, 70)*. Chaussées de « tennis » ou de « *basket* », les élèves, parfois par les plus grands froids, grelottent dans leur pull trop léger. Mais à 80 % ils ont une auto *(Delais, 70)*.
Les gosses (d'une famille de condition très modeste) sont chaussés de « *baskets* » toute l'année. Les *baskets*, c'est le signe distinctif de la pauvreté ; c'est ce qui coûte le moins cher *(O. 14.2.77)*.

BATAILLE (EN) loc. adv. Milieu du XXᵉ s. ■ Autom. : en oblique par rapport à l'axe de la chaussée.

Le préfet de police rappelle que sur les contre-allées de l'avenue des Champs-Élysées, les véhicules de tourisme peuvent stationner « *en bataille* », l'arrière adossé au trottoir planté d'arbres. Cependant, du 1ᵉʳ avril au 1ᵉʳ octobre, sur ces emplacements, seul le stationnement en file est admis *(M. 6.3.57)*.

BATEAU sm. ■ Partie surbaissée d'un trottoir, au droit d'une entrée de garage ou d'immeuble, pour faciliter le passage des véhicules.

L'interdiction de stationner sur les trottoirs se heurte à la présence de nombreux « *bateaux* » qui offrent autant de tentations aux automobilistes abusifs *(M. 6.3.73)*. Stationnement dans les endroits interdits, sur les *bateaux* ou sur les trottoirs (...) *(M. 9.6.74)*.

BÂTON sm. Fig. Milieu du XXᵉ s. ■ Méthode de commandement, de gouvernement, autoritaire, énergique (par opposition à *carotte**, méthode indulgente, libérale).

Entre la « carotte » des accords contractuels et le « *bâton* » des ordonnances, patrons et syndicats devront choisir *(E. 16.10.67)*. Le gouvernement a agi avec une incroyable maladresse : il a brandi le *bâton* et oublié la *carotte (E. 5.4.71)*.
Certains patrons tentent de faire échouer une grève en jouant de la carotte et du bâton, de la séduction et de la provocation *(M. 14.6.75)*.

BATTANT sm.
1. **Sport : boxeur, escrimeur, etc., très combatif.**
   Psychologiquement, l'escrimeur est un « *battant* », toujours prêt à l'attaque ou à la contre-attaque, ce qui devient chez lui une seconde nature *(M. 1.11.66)*.
2. **Par ext. Dans d'autres domaines.**
   Le Président-Directeur Général de la firme est un « *battant* » qui juge très vite et agit aussitôt *(PM 25.1.69)*. Le chancelier K. n'est pas par goût ce qu'en termes sportifs on appelle un « *battant* » *(E. 22.9.69)*. C'est avant tout un animateur, un « *battant* » comme disent les sportifs, que le ministère des Affaires culturelles a choisi pour tenter de ranimer la flamme des théâtres lyriques nationaux *(M. 3.10.69)*. Par tempérament, le Premier ministre est un « *battant* » *(E. 29.3.71)*.
   Direct, fonceur, jovial, spontané, F. sait faire partager la force de ses convictions. C'est un « *battant* » qui préfère le langage de l'homme d'action à celui du diplomate *(C. 28.6.74)*. N. n'est pas un *battant*, il ne prend jamais d'initiatives, il préfère que d'autres les prennent à sa place *(C. 10.3.78)*.

Rem. On trouve parfois le sf. *battante*.
   Recordwoman de France de saut en hauteur (...) conseillère régionale d'athlétisme (...), une « *battante* » *(El. 19.8.68)*.
→ FONCEUR.

BATTERIE sf. Emplois figurés.
1. **Médecine, psychologie, etc. *Batterie de tests* : série de tests.**
   Une *batterie de tests* a été mise au point par l'équipe du professeur B. (...) Le docteur P. a mis au point la *batterie de tests* utilisée au centre de gérontologie *(M. 4.10.67)*. Le quotient intellectuel se calcule à partir d'une *batterie de tests* dont les résultats normaux sont connus pour tous les âges auxquels elle s'applique *(Dt. psychol. mod.)*.
2. **Dans d'autres domaines : série d'objets, de dispositifs, etc.**
   Le nouveau bureau est installé dans le hall « Grandes lignes », dans le prolongement de la *batterie des guichets* à billets sur une partie du sol occupé par la salle des bagages départ *(R.G.C.F. 4.70)*. Les réseaux d'informatique permettent l'accès à des *batteries de programmes* *(M. 10.4.69)*. (Dans une station de sports d'hiver) trois principaux domaines, fort distincts, se trouvent atteints par des *batteries de remontées* (mécaniques) *(A. 22.10.70)*.
   Deux *batteries de distributeurs automatiques* de billets sont installées de part et d'autre du hall de la gare *(R.G.C.F. 6.74)*.
3. **Série de choses abstraites.**
   Dans cette *batterie de mesures* nouvelles, une décision est particulièrement importante *(P. 1.7.74)*.

BATTLEDRESS ou BATTLE-DRESS [batɛldrɛs] sm. (Mot angl. : tenue -*dress*- de combat -*battle*-). D'abord (~ 1943) veste courte en usage dans l'armée. Par ext. Blouson de toile.
Le général ne porte pas la combinaison de vol, mais un foulard glissé dans son *battledress* *(M. 17.9.64)*. Les détenus ne portent plus un costume de bure rayé mais un uniforme discret, à peine décelable dans la rue : pantalon gris et blouson kaki, assez semblable à une veste de *battle-dress* *(F. 10.1.67)*.
Musiciens, chanteurs, comédiens sont confondus par le costume : tous portent le même *battle-dress* *(E. 16.3.70)*.

BAVURE sf. Fig. Erreur, faute, maladresse.
● **Par ext. et par euphémisme : exactions, excès (de brutalité, de répression, etc.).**
Celui qui écrit s'applique à écrire le plus correctement possible et se corrige avec soin : il élimine certaines *bavures*, refait une phrase mal venue, vérifie l'orthographe des mots difficiles *(Le Bidois : Com. 16.7.53)*. Les *bavures* de la décolonisation sur les plans psychologique, humain et de l'amour-propre *(M. 25.3.66)*. La gauche intellectuelle ne cessait de s'interroger sur l'engagement ou sur les « *bavures* » des révolutions *(M. 12.7.66)*. Les fils H., dans leur prime jeunesse, avaient des intentions progressistes. Depuis elles sont plus confuses. C'était fatal. On ne conquiert pas un tel empire (de presse) sans quelques *bavures* idéologiques *(O. 23.11.66)*. C'est quand l'humain entre en jeu qu'il y a des « *bavures* » : des officiers torturent *(O. 24.1.68)*. Le label officiel donné au repêchage et la revalorisation du livret scolaire devraient supprimer certaines « *bavures* » qui ont contribué à donner au bachot (baccalauréat) son aspect loterie *(E. 26.2.68)*. L'application « sur le terrain » des principes ainsi élaborés à l'échelon national ne sera pas exempt, ici et là, d'incidents et, comme on dit, de « *bavures* » *(M. 26.6.68)*. Lorsqu'un gouvernement prend le risque d'étaler sa force, encore doit-il éviter ce qu'il appelle « des *bavures* » et l'homme de la rue « des iniquités » *(E. 24.11.69)*.
(...) de criminelles erreurs, ces affreuses *bavures* que secrètent les situations de violence *(E. 27.3.72)*. Pas toujours parfaits ces matériels (électroniques) (...) *bavures* à part, ils valent bien ceux des concurrents *(O. 3.9.73)*. Il y a eu, pendant les premiers combats, des « *bavures* » (des prisonniers de guerre assassinés) *(E. 25.2.74)*. Trop de trains de luxe sont en retard. La S.n.c.f. explique ainsi ces *bavures* : (...) *(M. 25.10.74)*. L'opposition est convaincue (...) qu'elle gommera ces *bavures* de la société industrielle qui accélèrent l'inflation *(E. 12.7.76)*. Le drame de la presse, c'est une fausse confraternité qui fait qu'on couvre les « *bavures* » et les abus auxquels se livrent des « confrères » que l'on méprise *(Cesbron, 77a)*. Une « *bavure* » policière : la mort d'un automobiliste tué par un policier qui (...) avait fait erreur sur la personne *(M. 29.4.78)*.

Sans bavure(s) Fig. Fam. Sans défaut, irréprochable, parfait (en fonction d'adj.) ; impeccablement, à la perfection (en fonction d'adv.)
La démonstration (du président de la cour d'assises) était parfaite, exécutée *sans bavure* et, pour comble, sans apparence de démonstration *(Orcival, 56)*. L'auteur désirait passionnément que le bonheur de son héros fût *sans bavures* du début à la fin du roman *(Vailland,*

60). Son jeu (d'un acteur) net et *sans bavure* (Gautier, 62). Le réalisateur (d'un film) raconte dans un style net et *sans bavures* une histoire compliquée *(M. 3.1.65)*. M. S. est une « bête de radio ». Il improvise *sans bavure* devant le micro *(E. 25.10.65)*. Dans toutes les crises graves, Mauriac a constamment été du bon côté, presque *sans bavure* et en expliquant pourquoi *(E. 19.6.67)*. Tel est l'événement créé par un polytechnicien, devenu journaliste : un dossier lancé *sans bavures* au firmament des grandes œuvres *(NL 28.12.67)*. *Sans* la moindre *bavure*, le soliste proposait une version techniquement parfaite de ce concerto *(M. 22.9.74)*. Les reports de voix se sont faits, au second tour des élections, dans la quasi-totalité des circonscriptions, *sans* aucune « *bavure* » *(M. 21.3.78)*.

BAZOOKA [bazuka] sm. (Mot amér.) Petite fusée antichar.

L'arme utilisée à Orly contre l'avion d'El-Al n'était ni un *bazooka* ni un simple fusil lance-grenades (...) Dans un *bazooka*, le projectile est enfoncé dans un tube qui lui sert de guide (...) *(O. 27.1.75)*.

B. D. ou B D [bede] Sigle pour *Bande* dessinée*.

D'année en année la *B.D.* — bande dessinée — prend une place plus importante dans l'enseignement du français (...) il y a aussi des *B.D.* conçues à des fins pédagogiques. Les *B.D.* peuvent donner lieu à différents types d'exercice (...) Certains enseignants méconnaissent le phénomène B.D. *(F.Mon. 9.74)*.
Catherine, 10 ans, apprécie les *BD* ; son frère, 8 ans, aime aussi les *BD* (...) le fond de toute bibliothèque enfantine, c'est la BD *(E. 27.3.78)*.
→ BALLON, BULLE.

BEAT [bit] adj. et sm. ~ 1966. (Mot angl., ellipse de *beat generation*). Synonyme de *beatnik**.

● Adj.
L'essence même de la révolte « *beat* » : le refus des valeurs acquises (...) un retour aux sources *(FL. 18.8.68)*.

● Sm.
En fait, je ne suis pas un « *beat* », mais un mystique (...) étrange, solitaire et fou *(O. 25.8.69)*.

BEATNIK [bitnik] sm. et adj. Mot américain formé aux États-Unis avant 1960 à partir de l'expression *beat generation*, (la génération perdue) et du suffixe *-nik*, peut-être emprunté au mot russe *spoutnik**.
■ Désigne des jeunes gens à la tenue délibérément négligée, qui mènent une vie errante et entendent manifester ainsi leur refus du conformisme et du matérialisme de la *société* de consommation*.

● Subst.
On y voyait vivre (dans un film) des jeunes Russes, aussi bohèmes et désemparés que les « *beatniks* » occidentaux *(E. 13.9.65)*. On reproche aux *beatniks* d'être sales, sans ressources et sans profession *(M. 13.4.66)*. Un « *beatnik* » de l'antiquité, ce Diogène qui portait cheveux longs, marchait pieds nus et méprisait les conventions sociales *(F. 30.8.66)*. Les *beatniks* ressemblent aux milliers de saints hommes manqués, pouilleux, crasseux, fornicateurs, voleurs et ivrognes qui, aux Indes, sollicitent abusivement la charité publique. Ils sont la mousse un peu triste et sale des grandes vagues idéalistes qui déferlent sur les plages de l'âme *(F. 26.11.66)*. Il y a chez Sherlock Holmes un *beatnik* de génie, le goût de la solitude, un penchant avoué pour les stupéfiants, l'absence de toute raison de vivre, une accablante lucidité *(E. 5.6.67)*. Les contestataires de tous ordres, quant à eux, définissent (Jésus-Christ) comme le *beatnik* de la Judée, un paria, un exclu de la bonne société, un « sans-nom » (Duquesne, 70).
Il fut *beatnik* bien avant que le mot ne serve à désigner n'importe quel jeune homme à cheveux longs *(E. 10.9.73)*.

● Adj.
Civilisation beatnik (...) le prochain film de M. G. sur la civilisation des minijupes et des *beatniks (F. 24.11.66)*. La première kermesse hippy (était présidée par) le docteur T. L., pape du LSD, le poète A. G., rescapé de l'*épopée beatnik* et P. P. un organiste pop célèbre *(E. 27.3.70)*. Les habitants du quartier s'étaient plaints du tapage que faisaient sur la place des *orchestres « beatniks » (M. 17.7.69)*. 1960 semble être une année charnière (...) La *révolte beatnik* (a fait place) à une réaction encore émotive mais plus efficace : l'étudiant prend conscience de son rôle dans la société moderne *(M. 16.4.66)*.
→ HIPPY.

Rem. On trouve parfois les dérivés *beatnikisation* (E. 26.9.66), (jeune homme) *beatnikisé* (E. 22.8.66).

BÉBÉ (JETER LE) AVEC L'EAU DU BAIN
→ BAIN*.

BÉBÉ-ÉPROUVETTE sm. Fam.
1. **Bébé conçu à la suite d'une insémination artificielle.**
Le « *bébé-éprouvette* » est-il un cas de divorce ? Une plainte a été déposée par le Dr J. P. qui déclare que sa femme a eu un bébé par insémination artificielle sans qu'il ait donné son consentement. Il réclame en conséquence le divorce pour adultère caractérisé *(F. 5.1.67)*.

2. **Bébé conçu dans une éprouvette.**
Un enfant, conçu après la fécondation d'un ovule en laboratoire, est né dans la nuit du 25 au 26 juillet en Angleterre (...) C'est pour le monde entier, le premier « *bébé-éprouvette* ». En fait, le séjour, dans un tube de laboratoire, de l'ovule de sa mère et de la semence de son père n'aura duré que quelques heures pendant lesquelles la fécondation s'est faite

(M. 27.7.78). Trois *bébés-éprouvette* sont attendus d'ici à la fin de l'année, a-t-on révélé hier à l'hôpital d'O. *(RL 29.7.78).*

BELGITUDE sf. ■ Ensemble des traits caractéristiques propres aux Belges, à ce qui est belge. Sentiment d'appartenance à la Belgique.

Les dirigeants de ce parti ont peut-être l'idée secrète que c'est dans une Europe revivifiée qu'ils recouvreront leur *belgitude (E. 4.3.74).*

BÉNÉVOLAT ~ 1954. De *bénévole*. ■ Le fait d'accomplir une action ou d'assurer un service gratuitement et sans y être obligé.

L'anonymat et le *bénévolat* sont les deux principes de base de la Communauté théâtrale de la rue Mouffetard, à Paris *(O.R.T.F. 28.3.63).* Le ministre des Affaires culturelles a félicité la jeunesse pour l'exemple qu'elle donne de « *bénévolat* », ce mécénat de notre temps *(C. 14.1.70).* En écoutant le ministre des Affaires culturelles répondre à nos confrères spécialisés, on a appris un mot : « *Bénévolat* ». Vous pouvez toujours chercher dans le Littré *(ST 24.1.70).* Il faudra revaloriser le *bénévolat* gratuit. C'est-à-dire le sens de la générosité et du don de soi *(C. 20.4.70).*

Rem. Dans « Le Figaro littéraire » du 9 octobre (1954) M. Ch. Bruneau signale un mot nouveau : *bénévolat,* action d'être volontaire, bénévole, à propos des donneurs de sang *(Muller : Cl f12.54).*

BERMUDA(S) sm. ~ 1960. Mot américain (du nom des îles Bermudes). ■ Culotte étroite qui descend jusqu'au genou.

Des *bermudas* recouverts de manteaux-tuniques fendus *(M. 6.8.65).* Un géant blond en *bermuda* à carreaux et chemisette blanche *(Can. 27.9.67).* Les femmes très raffinées, que tentent les étoffes précieuses et que n'effraient pas quelques audaces telles que le *bermuda* ou la casquette de poulbot *(E. 11.12.67).*

BEST-SELLER [bɛstsɛlœr] sm. Mot américain. ■ Livre qui a eu un très grand succès auprès du public.

Pierre Daninos vient de remporter un très grand succès avec ses « Carnets du Major Thompson », un des « *best-sellers* » de l'année *(Cl. f. 12.54).* La vente d'un *best-seller* humoristique très connu a soudain fléchi. Sans doute le sens de l'humour (du public) a-t-il trop d'aliments dans la réalité pour avoir besoin d'en chercher dans la littérature *(M. 18.12.56).*

● Par extension : tout objet qui se vend très bien, qui attire beaucoup de clients, de visiteurs.

Le radôme de P. est en passe de devenir un *best-seller* du tourisme *(M. 8.11.64).* Les Ballets Roland Petit tiennent un *best-seller* international de la danse *(M. 19.3.66).* En 3 mois ce nouveau rasoir est devenu le *best-seller (F. 13.12.66). Best-seller* en Suède : comme tous les ans, un ouvrage fait à nouveau fureur ces temps-ci (en Suède) : il s'agit de la dernière édition mise à jour de la liste des gros contribuables suédois avec le total de leurs revenus *(F. 11.1.67).* Deux *best-seller* : la chemise de nuit de coton blanc et la robe à danser 1900 *(E. 3.7.67).*
Cette petite voiture économique s'annonce comme un *best-seller* que la crise du pétrole favorise encore *(PM 11.5.74).*

BÉTAILLÈRE sf. Milieu du XXe s. (De *bétail*). Autom. : camionnette ou remorque destinée au transport du bétail.

Une camionnette du type *bétaillère* immobilise son chargement de porcs à la limite de la Nationale *(Guimard, 67).* Un accident s'est produit au moment où son véhicule et une *bétaillère* se croisaient *(C. 11.10.69).*
Une voiture (...) s'est écrasée contre une *bétaillère* venant en sens inverse *(M. 28.12.74).*

BÊTE À CONCOURS sf. Fam. et parfois ironique ou même péjoratif. ■ Élève ou étudiant brillant qui a en outre toutes les qualités (concentration, énergie, nerfs solides, etc.) nécessaires pour réussir dans les concours, mais dont la culture semble surtout livresque et l'esprit trop conformiste.

Tu veux faire la *bête à concours,* suivre toute la filière ? (pour accéder à l'internat des hôpitaux, au lieu de reprendre tout simplement le cabinet de ton père, médecin de province) (La scène se passe en 1913) *(Aragon, 36).* Vous êtes exactement ce que je veux que mon mari ne soit pas : une *bête à concours,* un cynique, blasé, uniquement préoccupé d'arriver à tout prix ! *(Véry, 55).* Je n'étais pas une « *bête à concours* » : c'est ce qu'on dit pour se consoler de n'être doué qu'en une seule matière. Il n'empêche que cette sorte de bête-là gardait un grand prestige à mes yeux *(F. Mauriac, FL 7.4.66).*
Certains élèves des classes préparatoires aux grandes Écoles stigmatisent le « bachotage » et le « bourrage de crâne » qui ont pour seul but le « gavage » de « *bêtes à concours* » *(P. 7.5.74).*

BÉTON sm. Fig.

1. Dans le tour « *c'est du béton* » : on peut compter dessus, c'est très solide, très sérieux, inattaquable, digne d'une confiance absolue, etc.
● À propos d'un groupe humain, d'une troupe de *choc**.

Si le grand coup est pour demain (...) il y aura le 14e Régiment de Chasseurs Parachutistes, lui *c'est du béton (Courrière, 71).*

● À propos d'abstractions.

Le « parrain » de l'affaire (d'escroquerie et de meurtre) n'a pas assisté à la reconstitution. « Son système de défense, *c'est du béton* », a dit un avocat *(M. 6.12.76).*

2. Football. ■ Jeu systématiquement défensif.
Les explications (de la défaite de l'équipe de France de football) pleuvent, plus nombreuses même que les buts que nous avons « encaissés » malgré notre méthode de *béton (Merlin, 66)*.
Cette façon de se regrouper en masse devant le gardien de but comme un peloton de C.R.S. (...) est périmée. Elle a vécu le 23 juin 1974, à Stuttgart, où l'équipe de Pologne, Deyna et ses partenaires, ont joué les passe-murailles dans le « *béton* » italien *(O. 1.7.74)*.

BÉTONNER v. tr. Fig. ■ Consolider, renforcer.
M.B. assure ne viser que la réussite de l'U.d.f. (nouveau parti politique) (...) Il ne restera plus alors qu'à « *bétonner* » la nouvelle formation. Et à définir un programme. En attendant, le meilleur ciment, c'est (...) la personne du Président *(E. 22.5.78)*.

BI(-) Premier élément d'adjectifs et de substantifs composés. Ceux qui font l'objet d'un article sont classés à leur ordre alphabétique. Quelques autres, de formation ou de sens récent, sont énumérés ci-dessous.

Rem. La graphie de certains composés est hésitante dans l'emploi du trait d'union (ex. *bi-partisane*, ou *bipartisane*, cit. ci-après).

● **Adj.**
Les deux métiers (cover-girl et mannequin) sont parallèles et obéissent au même rythme *biannuel* (deux fois par an) *(E. 26.7.53)*. Une télécabine *bicâble* (qui fonctionne à l'aide de deux câbles) d'un débit de 1 200 personnes à l'heure *(M. 13.1.65)*. L'université *bicéphale* d'Orléans-Tours couvre six départements *(M. 14.4.65)*. Il s'agit (dans l'œuvre d'un peintre) d'une composition *bidimensionnelle* de formes-couleurs *(GLL 28.6.69)*. Des voitures de tramway *bi-directionnelles* avec un poste de conduite à chaque extrémité *(Ch. f. 3.68)*. Des projecteurs *biformats*, destinés au cinéma et pouvant servir à la fois pour les formats huit ordinaire et super-huit *(M. 12.10.66)*. Des conversations « *bilatérales* » (entre deux partenaires), pour employer le langage diplomatique, vont avoir lieu. *(C. 10.7.65)*. Cet aéroport *binational* (Bâle-Mulhouse) depuis sa création en 1949, est financé par la France et par la Suisse *(M. 22.5.65)*. L'Office franco-allemand de la jeunesse, institution *binationale (M. 21.1.68)*. La motion déposée (au Parlement britannique) par les conservateurs consacre la fin de la politique *bi-partisane* (qui engage deux partis) dans l'affaire rhodésienne *(M. 27.2.66)*. Les exigences d'une formule gouvernementale *bipartisane (E. 19.12.66)*. La fabrication des postes récepteurs (de télévision) dits *bistandards* (qui fonctionnent sur deux définitions) est plus complexe et plus coûteuse que celle des (postes) monostandards *(E. 2.10.67)*.

● **Subst.**
De Gaulle avait accepté (à Alger en 1942) un *bicéphalisme* en vertu duquel Giraud demeurait commandant en chef civil et militaire *(Auburtin, 66)*. Le *bilatéralisme* (qui n'engage que deux partenaires) sa forme la plus fruste, celle des accords de troc *(M. 27.6.66)*. Le *bilatéralisme* dans les relations internationales peut aisément conduire à des actions contradictoires *(F. 10.12.66)*. Au cours du dernier *bimestre* (période de deux mois) 31 octobre, 31 décembre *(M. 22.1.67)*. Ce *bi-partisme* (qui associe deux partis) si l'on peut employer ce barbarisme, mais je ne vois pas d'autre terme pour le dire, enfin cette division en deux partis *(O.R.T.F. 28.2.70)*. Couteau électrique en 220 V, 59,50 F. *Bi-voltage* (fonctionnement d'un appareil sur deux voltages différents) +5 F *(MT. 10.56)*.

BIBLIO- Premier élément d'adjectifs et de substantifs composés.

BIBLIOCAR Sm. De *biblio-* et (auto)*car.* Variante pour *bibliobus.*
Le « *bibliocar* » scolaire de T. est une véritable bibliothèque sur roues aménagée dans un car de tourisme. Ce « *bibliocar* » est destiné à ravitailler en livres les écoles publiques de la ville *(M. 8.12.57)*.

BIBLIOPOCHE sf. Librairie où l'on vend des livres de *poche**.
À la gare Montparnasse, une *bibliopoche* a fait son apparition, stand réservé à la vente des livres de poche *(VR 20.4.69)*.

BIBLIOVISUEL, LE adj. Qui combine l'emploi du livre et de certains autres supports visuels d'information (diapositives, etc.)
Pour la *collection bibliovisuelle* « Le Génie humain », la règle du jeu consiste à grouper en une ou plusieurs séries de diapositives en couleur et d'illustrations reproduites selon les formules classiques d'impression, un ensemble de documents caractéristiques d'une des grandes civilisations mondiales *(M. 6.10.66)*. La série d'*ouvrages bibliovisuels* publiés par « Rencontre » *(M. 6.10.66)*.

BIC adj. et sm. Milieu du XXe s. Nom de marque. ■ Stylo à bille de cette marque. Par ext. : stylo à bille quelconque.
Témoins de la civilisation moderne : ville surpeuplée, automobiles en file indienne, et jusqu'aux objets mêmes : magnétophone, pointe *bic*, flippers des cafés *(M. 26.3.66)*. Aujourd'hui on ne s'écrit plus qu'en *Bic* en langage télégraphic, à propos de détails pratic ! *(Groult, 68)*.

BIDASSE sm. Pop. Nom propre (dans la chanson « Avec l'ami Bidasse »). Repris ~ 1950. ■ Simple soldat.
Tiorkine est le simple soldat, le « *bidasse* » soviétique aux prises avec l'armée anonyme des bureaucrates sans tête *(M. 29.7.60)*. L'Élysée donne l'exemple. Une quinzaine de « *bidasses* » et officiers de réserve du contingent y sont affectés : trois au service de presse pour surveiller le télex, les autres comme secrétaires, garçons de bureau, valets de chambre *(E. 24.4.67)*.
Aujourd'hui les *bidasses* de dix-huit ans sont des citoyens qui ont le droit de vote et veulent être traités en adultes *(O. 6.1.75)*. Cafés remplis de *bidasses* et cités-cadres pour militaires d'active, ici l'Armée assure la principale activité économique *(E. 17.7.78)*.

→ GUS.

BIDE sm. De *bidon*.
1. Théâtre. ■ Échec d'une pièce, d'une représentation.
>M. est aussi le spécialiste du renflouement des *« bides »*. « La Queue du diable » de Y. Jamiaque, qui fait salles combles en Allemagne et dans les pays de l'Est depuis six ans avait fait à peine les trente représentations minimum au théâtre de l'Œuvre à Paris *(PM 28.12.68)*.
>(...) des gens du spectacle qui prennent avec autant de bonne humeur (...) et d'absence de vanité le triomphe (et) le *bide (Signoret, 75/78)*.

2. Échec d'un divertissement quelconque.
>Cette boîte de nuit improvisée est supposée distraire les étudiants. Pour l'heure, c'est le *« bide »* (...) la musique ne brasse que le vide. Les clients viendront peut-être après la sortie des cinémas *(M. 21.6.78)*.

3. Par ext. Échec dans un domaine quelconque.
>L'allocution télévisée du général de Gaulle annonçant le référendum, avait été un *« bide total »*, selon le mot d'un député. Tel un vieillard fatigué, il n'avait convaincu personne. Malgré les accords de Grenelle, signés à la hâte les ouvriers refusaient de reprendre le travail *(O. 7.6.68)*. La France a, cette année, collectionné assez de succès sportifs, pour ne pas s'amertumer (sic) de ce petit *« bide »* florentin (au prix Italia) *(ST 3.10.70)*. Il y a des grèves de la faim qui fonctionnent et d'autres qui ne fonctionnent pas, et alors c'est un *bide*, un fiasco *(Signoret, 75/78)*. Les contributions de chaque pays au retour à l'équilibre (économique) devront être chiffrées et datées, sinon le Sommet de Bonn sera un *« bide »* *(E. 24.7.78)*.

(-)BIDON Deuxième élément de substantifs composés (tantôt invariables, tantôt accordés au pluriel). ■ Faux, simulé.
Rem. L'emploi du trait d'union varie d'un composé à l'autre (cf. cit. ci-après).

O Le député a déclaré qu'il ne s'agissait pas d'un *attentat bidon* et il a fait observer que, parfois, dans la presse, on faisait mention d'enlèvements *bidon (C. 24.1.62)*. Le contrôle des changes, en ayant l'air d'y mettre un terme (aux exportations de capitaux) ne gêne que les humbles voyageurs. Les principales sociétés achètent à l'étranger des *brevets bidon*, y constituent des sociétés *bidon*, y participent à des sociétés *bidon (Peyrefitte, 70)*. Maquiller les livres comptables, fabriquer et encaisser des *chèques-bidon (Rousselot, 64)*. Le ministère, qui s'est laissé préférer des *créations « bidon »* de prestige (...) *(E. 8.6.70)*. Il y a plusieurs façons de se décentraliser : l'une consiste à aller s'installer en province, l'autre s'agglutiner autour de Paris : c'est la *décentralisation-bidon (Can. 25.9.63)*. Un être fantasque, replié sur les brumes de son passé incohérent. L. l'accuse de *mysticisme bidon (M. 31.10.64)*. *Régionalisme-bidon (M. 26.4.69)*. Donner des *rendez-vous bidons (Sainderichin, 66)*. Ces écarts d'imposition conduisent des entreprises à forme personnelle à passer en société. C'est ce que la direction des impôts appelle des *« sociétés-bidons » (M. 27.3.69)*.

∞ Le ministre qualifie de *« bidon »* le nouveau *plan* mis au point pour sauver l'entreprise L. *(E. 14.1.74)*.
Un *stage bidon* : c'est ainsi que les jeunes du centre de formation de S. qualifient le stage qu'ils effectuent : « Les conditions de formation ne nous permettent pas d'espérer un emploi intéressant » *(M. 9.2.78)*.

BIDONVILLE sm. ~ 1954 (De *bidon*, récipient de tôle, et *ville*).
■ Ensemble de constructions sommaires, improvisées à l'aide de matériaux de récupération, souvent auprès des grandes villes.
Rem. Le deuxième élément, *ville*, justifierait l'emploi du composé au féminin, attesté effectivement dans quelques exemples, antérieurs à 1960. Mais le masculin semble désormais bien établi.

♦ Ils étaient en train de traverser le *bidonville* de cabanes en tôles, planches et carton goudronné qui s'étendait à l'est de S. *(Gary, 56)*. Dans les *bidonvilles* de Barcelone des familles s'entassent à dix par pièce *(M. 17.7.58)*. N'osant pas prétendre aux logements décents, l'ouvrier algérien en France, s'oriente fatalement vers le *bidonville* ou les sordides baraques de la zone *(Tron, 61)*. « Qu'est-ce que c'est des *bidonvilles* ? » demandent les filles de Nice. Alors les garçons de Nanterre font un album sur les *bidonvilles (M. 5.7.64)*. Mieux que personne J. sait que les HLM sont un progrès sur les taudis et les *bidonvilles*. Mais encore faudrait-il ne pas trop médire des *bidonvilles*. Les *bidonvilles* sont une architecture naturelle, un urbanisme sécrété par la nécessité, témoignant souvent d'une richesse d'invention, d'organisation, de structure, qui devrait faire honte à bien des architectes *(Ragon, 66)*. Les pouvoirs publics ont acquis (ou sont en train d'acquérir) plus de 200 hectares « bidonvillisés » afin de faire disparaître les *bidonvilles*. (...) Personne ne peut avoir d'adresse, de domicile, dans un *bidonville*, puisque ce dernier n'a pas d'existence légale. Or, pour quantités d'actes de la vie courante, il faut bien avoir une adresse. Le « bidonvillien » est alors obligé de jouer au petit jeu des adresses de complaisance *(C. 1.10.70)*.
Ces cités satellites ne sont en fait que des *bidonvilles* faisant le siège de la grande ville *(M. 5.7.78)*.

BIDULE [bidyl] sm. Probablement de *bidoule, bedoule* (= boue, en Artois, Picardie, etc.). ■ D'abord (pop., ~1940-1945) désordre, puis (fam., ~1950) affaire compliquée et confuse ; ou : objet complexe et, de là : objet quelconque.
Rem. Du désordre d'une situation compliquée (*bidule*) est passé au sens d'un objet complexe, d'un appareil, d'une machine : un lance-flammes anti-char, dans une usine d'armement, et les ouvriers de cette usine désignent aussi du même nom un levier, un petit mécanisme (...) (*Bidule* signifie aussi) une machine à sous, un billard électrique, un fusil, un ascenseur, un stylographe, un soutien-gorge, etc., finalement n'importe quel objet : un gâteau, un dictionnaire. (...) *Bidule* peut (vouloir) dire « une affaire », avec un sens familièrement

désinvolte (...). Bidule en arrive à servir de nom à un café et même à nommer un homme, une femme, une chienne (...) Le mot est bien vivant, et certains le disent agréable (F. Mod. 7.70).

1. **Fam. Machin, truc.**
   On a chargé (dans une manifestation) avec nos casques, nos barres de fer et des tas de bidules qu'on leur balançait (aux policiers) (Saint Pierre, 70).

2. **Spéc. Longue matraque.**
   Entre une double haie de gendarmes mobiles, munis de boucliers et armés de « bidules » les manifestants sont poussés dans les cars (M. 3.5.78).

BILAN DE SANTÉ sm. Méd. Traduction de l'anglicisme *check-up**.

Le « check-up », que l'on aimerait voir se multiplier dans notre pays sous le nom de « bilan de santé » (M. 21.9.65).
Le système d'« Investigations pré-cliniques », organisme de bilans de santé automatisés créé (...) par un groupe de cliniciens (...) Les résultats de ces bilans de santé se traduisent par deux sortes de documents : (...) (M. 20.4.78).

BILINGUE adj. et s. Le mot connaît, ainsi que *bilinguisme**, une diffusion accrue, notamment en parlant de personnes, de populations qui, pour des raisons diverses, utilisent régulièrement deux idiomes.

Est-on bilingue si l'on s'exprime tant bien que mal en plusieurs langues ou même si on les comprend seulement ? Alors le nombre des bilingues est énorme et s'accroît constamment. Ou bien réservera-t-on cette désignation à ceux qui, ayant appris simultanément deux langues dès leur première enfance, s'en servent avec une égale facilité dans toutes les circonstances de leur vie, sans aucune distinction, sans même savoir laquelle il convient d'appeler la langue maternelle ? Dans ce cas on peut douter qu'il existe de vrais bilingues (Ludovicy, 54). Entrer dans une autre langue, c'est aussi entrer dans un autre univers, s'intégrer à une autre communauté, s'habituer à une autre manière de s'exprimer et de voir la réalité, et non seulement traduire ce qui est dit dans la première langue, non seulement se servir d'autres mots. Bilingue signifierait dans cette optique « adepte de deux horizons culturels au sens large » (Béziers et Overbeke, 68).

BILINGUISME [bilɛ̃gɥism] sm. De *bilingue**.

Le bilinguisme est un de ces concepts que la littérature spécialisée utilise dans son acception à la fois la plus large et la plus étroite. D'aucuns le voient partout, d'autres nulle part. Seule l'observation rigoureuse et objective de tous les phénomènes de bilinguisme peut nous autoriser à exprimer quelque chose d'universellement valable à leur propos. Le bilinguisme est un double moyen nécessaire ou facultatif de communication efficace entre deux ou plusieurs « mondes » différents à l'aide de deux systèmes linguistiques. Ce moyen de communication suppose aussi bien la phase passive que la phase active, aussi bien la forme écrite que la forme parlée. De nouvelles sciences consacrent une large part de leur intérêt au bilinguisme. C'est ainsi que la psycho-linguistique et la sociolinguistique contribuent depuis quelques années à l'analyse de ses origines, de ses conditions d'existence, de ses conséquences pour le sujet et pour le groupe bilingues. L'autarcie des pays devenant de moins en moins viable, il n'est pas hasardeux de présumer que le bilinguisme, comme moyen linguistique des rapports entre les peuples, n'en est qu'à ses débuts (Béziers et Overbeke, 68).

● **Par ext.**
L'enfant moderne doit acquérir un bilinguisme d'un genre particulier : il doit comprendre le langage de l'image (télévisée) et celui de l'écrit. Il doit pouvoir passer de l'un à l'autre aisément (C. 24.12.71).

BILLARD ÉLECTRIQUE sm. ■ Appareil qui comporte une bille à laquelle le joueur s'efforce de faire suivre un certain parcours.

Un bistrot plein de vacarme. Quelques jeunes ouvriers s'approchent du billard électrique (...) S. secoue brutalement, presque rageusement le billard électrique (M. 9.6.78).
→ FLIPPER.

BILLES (REPRENDRE SES) loc. verbale fig. ■ Se retirer d'une affaire, d'une entreprise quelconque, retirer sa mise.

Des hommes qui auraient pu devenir managers de firmes importantes ont préféré reprendre leurs billes et aller chercher fortune ailleurs (En. 29.3.69). Chacun de ces partis a l'air de reprendre plus ou moins ses billes, comme on dit, de vouloir se tenir à l'écart (d'une élection partielle) (RSR 20.8.70).

Rem. On trouve aussi les variantes *retirer* (ou *récupérer*) *ses billes.*
Si le parti a envie de présenter aux élections un jeune sans expérience, c'est son affaire. Moi, je retire mes billes (O. 23.12.72).

BILLETTERIE [bijɛtri] sf. ~ 1973 (de *billet*). ■ Ensemble des opérations qui consistent à établir, à délivrer, à vendre des billets de spectacles ou de voyages.

Le projet de construction d'une nouvelle gare à Lyon (...) prévoit un bâtiment principal côté Lyon et une billetterie côté Villeurbanne (M. 28.4.78).

BINAIRE adj. ■ Qui relève du système de numération de base *deux* (par opp. à la numération *décimale*), utilisé en *informatique**.

Les « 1 » et les « 0 », les « oui » et les « non », éléments du seul langage que comprend l'ordinateur : le langage binaire (SV 2.67).
À raison de huit chiffres binaires par caractère, on mesure la capacité de mémoires électroniques nécessaires pour alimenter les machines à traiter l'information (M. 30.4.75).

BIO- Premier élément d'adjectifs et de substantifs composés.
Rem. L'emploi du trait d'union est hésitant devant consonne.

● Adj.

Les journées alpines de l'asthme, placées sous l'égide du Centre de recherches *bioclimatiques* (relatives aux effets du climat sur l'organisme humain) *(M. 4.3.66).* P. est un produit de lavage 100 % *« biodégradable »* ce qui est extrêmement important. Le mot *« biodégradable »* signifie tout simplement qu'il se détruit tout seul, après usage *(Pub. F. 2.11.66).* Les détergents ne sont plus dans leur majorité *« bio-dégradables »*. Il en résulte des risques sérieux pour la santé publique *(Fa. 25.2.70).* L'étude climatique et *biogéographique* (de la répartition de la flore et de la faune sur le globe), si importante pour la connaissance des paysages naturels et agraires *(M. 26.7.67).* Recherches *biomédicales* et chimiques *(M. 25.12.66).*

La connaissance *biomédicale* met à nouveau la société devant un « fait accompli » technologique (la naissance du premier « bébé-éprouvette ») *(M. 27.7.78).*

Les phénomènes *bio-périodiques* sont inscrits dans le patrimoine génétique de chaque espèce, de chaque individu et de chaque cellule *(M. 19.7.78).*

● Subst.

N.S. était surtout connu pour ses études des effets des vols spatiaux sur l'organisme de l'homme, et notamment sur l'influence des radiations cosmiques sur les organismes vivants. Ce spécialiste de *bio-astronautique* était en effet *bio-chimiste* de profession *(M. 15.3.66).* La plus grande partie des produits entrant dans la constitution des lessives sont attaqués par les bactéries normalement contenues dans l'eau. On dit qu'il y a *biodégradabilité (C. 6.6.70).* La *bionique* est la science des systèmes dont le fonctionnement ou le principe ont été copiés sur des systèmes naturels, ou suggérés par ceux-ci. Née officiellement en 1960 de la réunion de sept cents chercheurs, biologistes, physiciens, psychologues, la *bionique* avait déjà d'illustres parrains, tels Icare et Léonard de Vinci, dont les machines volantes étaient inspirées de l'oiseau ou de la chauve-souris *(E. 12.8.68).*

Comme source d'énergie, la *biomasse* – plantes et déchets organiques – peut produire toute sorte de combustibles *(M. 20.5.78).*

Dès lors qu'un organisme cellulaire vit et fonctionne, il possède des activités rythmiques, c'est-à-dire une *bio-périodicité (M. 19.7.78).* Le corps de l'homme, et celui des animaux est une (...) usine chimique capable de transformer de nombreuses substances. Cette *« bio-transformation »* des composés étrangers peut parfois aboutir à leur inactivation *(M. 20.7.78).*

BIP-BIP Onomatopée imitant les signaux sonores de faible intensité émis, à intervalles réguliers et rapprochés, par certains appareils (de contrôle, de mesure, etc.).

Croyant que le *bip-bip* de l'électrocardiogramme importune le professeur, (l')interne) coupe le son : (...) le clignotement du voyant orange suffit pour surveiller le cœur *(Soubiran, 75).*

BIPOLAIRE ou BI-POLAIRE adj. Fig.

C'est le *centre* qui envahit la scène politique et devient lui-même « *bi-polaire* » *(C. 13.5.69).* La *métropole bipolaire* Lyon-Saint-Étienne *(VR 20.7.69).*

BIPOLARISATION sf. ■ Tendance au regroupement des forces politiques en deux partis seulement.

Que l'on juge saine ou malsaine une telle simplification de la vie politique (en France), c'est un fait que les tendances à la *« bipolarisation »* vont bon train *(M. 28.10.67).* Pourquoi faut-il une presse multiple alors que tout le monde semble se réjouir de la fusion des entreprises sidérurgiques et de la *« bipolarisation »* du système des partis ? *(M. 19.1.68).* La *bipolarisation* sommaire que cherchent à imposer depuis 1958, par désir de simplifier la vie politique française, les dirigeants de la Ve République *(Chaffard, 68).*

La *bipolarisation* du monde politique, M. a été un des premiers à l'accepter, car il ne croit pas au centrisme *(E. 3.7.72).* Le second tour des élections paraît avoir accompli une *bipolarisation* de l'électorat *(C. 13.3.73).* Bipolaire et bipartisan pour l'élection présidentielle, le régime américain répudie cette dichotomie dans la vie du Congrès, où les majorités de rechange et l'indiscipline des votes volatilisent bipartisme et *bipolarisation (P. 13.1.75).*

● Par extension, dans d'autres domaines.

L'urbanisation se ferait autour de centres privilégiés. On assisterait à une *bipolarisation* autour du chef-lieu de S., nettement séparés par une zone verte *(M. 27.6.66).*

Il y avait longtemps que l'État voulait imposer la *bipolarisation* à l'industrie nucléaire *(E. 21.5.73).*

BIPOLARITÉ ou BI-POLARITÉ sf. Rép. mil. XXe. Spéc.

Le mot philosophie présente aujourd'hui une *bi-polarité* sémantique *(Zumthor : ZRP 56).* La *bipolarité* n'a jamais été effective que sur le plan militaire et dans une région limitée de la planète *(Aron : FL 29.9.66).* Bipolarité de l'université *(M. 31.3.68).*

BIZUT(H) [bizy] sm. D'après l'emploi dans l'argot de certaines grandes écoles (élève de première année). Par ext. : débutant, novice dans un domaine quelconque.

Ch. Trénet reste d'un niveau auquel peuvent seuls prétendre à présent les « anciens », les Brassens, les Aznavour, les Ferré. Que les « bizuts » en prennent de la graine *(M. 11.10.61).* Six nouveaux joueurs faisaient leur apparition dans l'équipe de France de football, parmi lesquels (...) Les autres « bizuts » de l'équipe tricolore étaient (...) *(E. 29.3.65).*

BIZUT(H)AGE sm. Dans certaines grandes écoles, et parfois ailleurs: cérémonie burlesque d'initiation des *bizut(h)s**.

La tradition des *« bizutages »* reste vivace à Polytechnique, et seuls des esprits chagrins s'en indigneraient. Nous nous sommes fort divertis au récit des mésaventures survenues aux jeunes élèves que leurs anciens ont dispersés, l'autre nuit, aux quatre vents de Paris, nantis d'un slip, d'une couverture et chaussés d'espadrilles *(F. 13.10.61)*. À propos de l'état d'esprit « plastiqueur » qui sévit dans certaines classes préparatoires aux écoles militaires, un de nos lecteurs y voit l'effet de certains *« bizuthages »*. Voilà un ensemble de rites, de vexations et de sottises qui durent jusqu'à deux ou trois mois, écrit-il. On y trouve un infantilisme dont rougirait un apprenti de 15 ans, une grossièreté assez navrante, de la brutalité un peu sadique et parfois quelque entorse à la morale la plus élémentaire *(M. 1.3.62)*. Les *bizutages* peuvent se comprendre sinon se justifier dans les grandes écoles ou les classes préparatoires, à celles-ci. Les *bizutages* peuvent y être considérés comme une sorte d'initiation à la vie du groupe. Les *bizutages* ne sont dans les facultés qu'une brimade artificielle et sans objet. Toujours de mauvais goût, ils peuvent, dans les cas extrêmes, donner lieu à des démonstrations de sadisme ou d'obscénité *(Affiche Fac. des lettres de Besançon, 63)*.

BLACK-OUT [blakawt] sm. (Mot angl. : camouflage total des lumières exigé par la défense passive). Fig. Pol. Silence, secret gardé par décision d'une autorité officielle.

Black-out sur les bilans : sous prétexte de ne point faire à l'étranger une « contre-propagande » nuisible au tourisme français on s'est efforcé de ne pas insister sur ces bilans alarmants. Dans le vain espoir de dissimuler les dégâts, on a tenté d'« endormir » l'opinion par de subtiles manœuvres *(M. 28.10.54)*. Le *black-out* officiel sur sa mission (d'un diplomate) est maintenu *(M. 9.1.68)*. *Black-out* sur une enquête judiciaire *(E. 11.11.68)*.
Les responsables des Sociétés de courses aiment le *black-out*. Lorsqu'un cheval est dopé, ou qu'il y a substitution de chevaux, ils préfèrent étouffer l'affaire *(Lesparda, 70)*.

BLANC, BLANCHE adj. Fig. ■ Sans profit ni perte, sans résultat.

Cet ensemble (immobilier) qui devait rapporter gros, risque d'être une opération *blanche* et peut-être même déficitaire *(O. 26.10.66)*. Cette année pour moi n'est pas *« blanche »* (...) J'ai remporté (une course) dans des conditions difficiles *(PM 19.8.67)*.

BLANCHE sf. (Ellipse de *poudre blanche*). Fam. Héroïne (produit stupéfiant), dans le langage des drogués.

À Paris, un toxicomane peut passer une journée entière à courir d'un « contact » à l'autre sans trouver une seule dose de *blanche* *(E. 10.2.75)*.

BLOC- Premier élément de substantifs composés masculins et de locutions substantives.

BLOC-CUISINE Ensemble d'éléments normalisés groupant en un seul meuble les appareils essentiels d'une cuisine (cuisinière, évier, réfrigérateur, etc.).

Un petit *bloc-cuisine* est aménagé sous le siège du copilote (d'un cabin-cruiser, bateau de plaisance) *(A. 17.7.69)*.

BLOC-EAU

M.S. dénonce l'insuffisance des termes actuellement employés, « plomberie », « installation sanitaire » (on dit même le « sanitaire » tout court !) ou encore *« bloc-eau »*, néologisme récent, fabriqué par les services techniques du ministère de la Reconstruction et de l'Urbanisme. Il est certain que le mot composé *bloc-eau*, créé sur le modèle de bloc-moteur ou de bloc-évier, ne traduit qu'imparfaitement l'idée complexe de tuyauterie, réservoirs, vidange, etc. *(VL 1.54)*.
→ SANITAIRE.

BLOC-FUMEUR Autom : à bord d'une voiture, ensemble qui comprend un allume-cigares (ou -cigarettes) électrique et un cendrier.

Bloc-fumeur éclairé la nuit (à bord d'une voiture) *(En. 2.5.70)*.

BLOC TECHNIQUE Ensemble des installations techniques d'un aéroport (tour de contrôle, etc.).

Le *bloc technique* de l'aéroport gardé en permanence par la gendarmerie (après un accident inexplicable) *(PM 28.9.68)*.

BLOCAGE sm. Fig.

1. Pol., écon. : *blocage des prix, des salaires, des tarifs* : interdiction prononcée par le gouvernement de les modifier.

   La suppression du régime de *blocage* des prix à la production, c'est-à-dire le retour à la liberté totale et générale, est exclue *(M. 10.2.66)*. Les garagistes, hôteliers, restaurateurs, blanchisseurs, transporteurs risquent la « taxation », c'est-à-dire le *blocage* de leurs tarifs au niveau inférieur pratiqué plusieurs mois auparavant *(M. 7.1.68)*. Les adversaires d'une loi sur le *blocage* des salaires *(M. 19.1.68)*.

2. D'après l'emploi dans le lexique de la psychanalyse.

   Le remembrement (des terres) se heurte, en Normandie, à des *blocages* psychologiques très réels : « C'est la terre qui m'a vu naître, celle de mon père, celle que je destinais à mes enfants », etc. *(M. 19.10.66)*. *Blocage* des élèves dont témoigne une attitude éteinte et passive *(M. 18.1.69)*.
   Sur 12.000 cartes professionnelles (de journalistes), il n'y en a que 2000 décernées à des consœurs. Y a-t-il un *« blocage »* contre les femmes ? — C'est plus subtil. Le *blocage* est surtout à l'intérieur d'elles-mêmes (...) Il faut avoir confiance en soi *(C. 29.2.72)*.

3. Obstacle qui s'oppose à la poursuite d'une négociation, à la libre circulation des personnes et des biens, qui empêche le fonctionnement d'une institution, etc. Le fait de dresser un tel obstacle.

   Après les délibérations des cabinets belge et néerlandais, il semble acquis qu'il n'y aura pas de *« blocage »*. Bruxelles et La Haye n'ont l'intention ni de boycotter les travaux communautaires ni de reprendre à leur compte la politique de la « chaise vide » *(M.*

BLOCAGE 62

11.1.68). Le processus de *« blocage »* (de la circulation routière entre l'Allemagne de l'Ouest et Berlin) ne paraît devoir s'intensifier qu'à la veille des vacances d'été *(M. 15.6.68).* Le contrat de législature proposé par la gauche en vue de préserver la stabilité sans provoquer le *blocage* institutionnel *(M. 24.6.68).* Blocage des élections universitaires (par certains groupes) *(O. 13.1.69).*
Les *blocages* d'un système économique qui accule à la faillite le boulanger noir de Los Angeles (...) *(P. 1.7.74).*
Le premier monstre à cent têtes que le sociologue invite gouvernants, dirigeants, et aussi administrés, à réduire, porte le nom devenu commun de *« blocage(s) ».* Et chacun d'applaudir, y compris les fauteurs de ces *blocages,* qui continueront à nuire tant qu'ils ne seront pas plus précisément reconnus *(M. 23.7.78).*
→ DÉBLOCAGE.

BLOQUER v. tr. Fig.
Bloquer quelqu'un ou quelque chose (institution, négociation, etc.). Empêcher de réussir, de fonctionner, d'aboutir, etc. Immobiliser.

Nous vivons dans un monde à structures masculines et, malgré leurs désirs de changement, les femmes se trouvent *« bloquées »* dans de nombreux domaines *(M. 19.1.68).* La libération de B. et de ses compagnons allait très naturellement de pair avec la discussion du cessez-le-feu. En en faisant un préalable, les insurgés *bloquent* la négociation *(M. 22.11.59). Bloquer* le fonctionnement de l'opposition *(Auburtin, 66).* Il y a aussi un mythe de l'inégalité (nécessaire), très agréable et rassurant les élites installées et fatiguées, et très néfaste par l'immobilisation des valeurs sociales qu'il *bloque* à un niveau arbitraire *(M. 26.7.67).* Les négociations de Vienne avec le Marché commun, *bloquées* par le veto italien, ne semblent pas près de sortir de l'ornière *(M. 18.1.68). Bloquer* l'évolution de la Communauté européenne *(M. 29.11.68).* Des conseillers dont l'avancement est *bloqué (E. 6.1.69).*

Bloquer les prix, les salaires, etc. : interdire de les modifier sans autorisation du gouvernement.

Un arrêté a placé dernièrement sous le régime de la liberté contractuelle les *prix* du matériel électronique jusque-là *bloqués (M. 31.12.67).*

Bloquer (quelque chose) sur (une certaine période). Accumuler, concentrer.

La consommation d'un mois est *bloquée sur* un seul jour *(F. 28.12.66).* Système de la journée continue qui permet de *bloquer les enseignements sur* les quelques jours (du stage) *(M. 12.1.69).*
→ DÉBLOQUER.

BLOUSON NOIR sm. ~ 1960. ■ Nom donné à certains jeunes délinquants en raison des blousons de cuir noir qu'ils portaient.

Des agressions dont ceux qu'on appelle encore à Toulon les *« blousons noirs »* s'étaient rendus coupables : par bandes de 40 à 50, ils attaquaient les marins isolés *(M. 17.10.61).* « Croulant » ? Ce passant qu'un *« blouson noir »* avait qualifié de la sorte ne l'était pas du tout. Il le montra bien vite à son jeune insulteur *(M. 7.4.62).* Ceux que l'on appelait encore récemment les *« blousons noirs » (C. 25.6.66).* Quant aux *« blousons noirs »,* s'ils sont plus prompts à l'action que d'autres à recourir à la violence, c'est que la société ne leur donne pas d'autre issue *(J. Sauvageot, 68).*

BLUE JEAN [bludʒin] Mot anglais (*blue* : bleu ; *jean* : coutil, treillis). ■ Pantalon étroit de toile (à l'origine bleu, par la suite d'autres couleurs aussi) à piqûres apparentes, porté surtout par les jeunes des deux sexes.

Bleu, droit, solide, rugueux, garanti déteignant au lavage (...), le *blue-jean* garde ses partisans *(O. 3.9.73).*
→ JEAN.

BLUES [bluz] sm. (Mot am., « cafard, mélancolie »). D'abord chants et musique populaires des Noirs aux États-Unis, puis musique de jazz au rythme lent, qui en est issue.

Voulez-vous de quoi rêver, ou de quoi trépigner ? Il y a de tout au pays du *blues.* On s'en rend compte, une fois de plus en écoutant trois disques consacrés à cette bonne vieille musique des Noirs d'Amérique *(M. 11.12.64).* La musique fut une alliance ardente du *blues* et du chant grégorien *(F. 26.12.66).* La vedette dut se contenter de chanter le *blues* le plus « classique » de son répertoire *(C. 27.6.70).*
Il y a des *blues* doux, tendres et sexy (...) l'amour, le désir, la solitude, le désespoir, la pauvreté : tout ce que les *blues* expriment *(E. 3.9.73).*
Autant est nonchalant le *blues* de Louisiane, autant est agressivement tendu le *blues* de Chicago *(M. 19.7.78).*

BOF [bɔf] Interjection exprimant l'indifférence, le scepticisme, la résignation.

Rem. *« Bof !... »* Une façon comme une autre pour nos adolescents d'affirmer que tout est vanité. Rappeler l'Ecclésiaste avec une seule onomatopée, pourquoi pas ? *(O. 16.10.78).*

♦ Le Palais des Congrès a ce mérite essentiel : on s'y prenant bien, on ne le voit pas (...) Et puis, *bof !* c'est l'architecture que notre société mérite, c'est plutôt moins moche que Maine-Montparnasse *(M. 1.3.74).* La politique féminine actuelle ? *Bof !* Je ne crois pas que ce soit la meilleure *(P. 14.10.74).* Alors, la Grèce ? — *Bof !...* Pas mal. Mais rien d'extraordinaire ( ) — Et toi, la Suède ? — *Bof !* Tu sais, la Suède, c'est sans surprise *(M. 7.9.75).*

BOÎTE À IDÉES Destinée, dans certaines entreprises, à recueillir les suggestions du personnel.
>Ce nouveau Conseil de planification économique ne doit pas être la dernière « boîte à idées » à la mode. Des idées, aujourd'hui, il en pleut (M. 9.10.74).

BOÎTE À IMAGES Peut-être d'après *boîte à musique*. ■ Parfois péjoratif pour *télérécepteur, téléviseur**.
>Il devient de plus en plus difficile de fermer à clé le télérécepteur entre le 24 décembre et le 1er janvier. Les raisons mêmes qui, tout au long de l'année, peuvent justifier la sévérité des parents à l'égard de cette maudite *boîte à images*, autorisent alors toutes les libertés (F. 5.1.67).

BOÎTE NOIRE sf. Mil. XXe.
1. Aviat. Appareil enregistreur (d'altitude, de vitesse, etc.) placé à bord.
>Le fuselage du Boeing 707, tombé en mer, a été localisé vendredi par les équipes d'hommes-grenouilles. La récupération de ce fuselage permettra peut-être de connaître les causes de l'accident, car il contient la « *boîte noire* » (enregistreur de vol) (M. 6.12.69). Les sauveteurs ont retrouvé dans les décombres une partie de l'enregistreur de vol de l'avion, communément désigné sous le nom de « *boîte noire* », bien qu'elle soit revêtue d'une peinture orange phosphorescente (M. 5.3.74).

2. Par ext. Appareil enregistreur placé sur les camions.
>Cette fameuse *boîte noire* ou contrôlographe doit équiper progressivement tous les poids lourds. Elle enregistrera les vitesses, les temps de conduite et les temps de repos (C. 5.11.72). Le gouvernement a exigé que les routiers remplacent leur carnet de route par une sorte de *boîte noire* qui enregistre sur disque toutes les données de conduite (O. 13.10.75).

→ CONTRÔLOGRAPHE.

3. Fig. Centre de décision.
>Après une catastrophe aérienne, on interroge la « *boîte noire* » (...) Nous avons interrogé, nous, la « *boîte noire* » où s'enregistrent les décisions politiques (Exp. 6.73).

BOL (RAS LE)
→ RAS LE BOL.

BOMBE sf. Emplois en dehors du lexique militaire.
1. Par analogie de forme : sorte de grand atomiseur* qui sert à vaporiser un liquide sous pression (désodorisant, insecticide, laque, etc.).
>D... — un coup de *bombe* remplace un coup de fer (Pub. PM 29.6.68). Des *bombes* à raser accompagnées de leurs lotions après-rasage (M. 21.3.67). Apparus en *bombes* aérosols, ils (les antitranspirants) se présentent sous toutes les formes : en spray, en crème... (FP 9.70). Des inscriptions à caractère politique (...) faites avec une *bombe* de peinture sur le pont de Ch. (C. 7.10.70).
>Un conseil à l'automobiliste surpris par la neige : avoir une pelle et une *bombe* dégivrante à portée de la main (C. 5.1.71).
>Chaque famille possède aujourd'hui quelques unes de ces *bombes* faites d'un récipient en aluminium, en fer blanc, en plastique, soudé, qui contient avec le produit actif un gaz propulseur (VR 5.2.78). Peints à la *bombe* sur les murs (...) des slogans antitouristiques jalonnent les routes des vacances (M. 27.5.78). La *bombe* aérosol pour w.c., parfumée au pin des Landes (O. 12.6.78).

2. Fig. Décision ou révélation qui provoque la stupéfaction ou l'indignation, qui fait choc ou scandale.
>Le témoin vedette du scandale Watergate possède une série de *bombes* qu'il a l'intention de lâcher sur la Maison-Blanche. On dit qu'il possède des preuves accablantes (...) (E. 25.6.73). « C'est une *bombe* », disent les éleveurs. La *bombe*, c'est la décision prise par le ministère de l'Agriculture (O. 3.9.73). Son entourage manipule la *bombe* électorale tantôt comme une force d'agression, tantôt comme une arme de dissuasion (P. 27.5.74). Cette décision, c'est peu de dire qu'elle a plongé les habitants dans la plus grande surprise. Le terme de « *bombe* » si souvent employé convient parfaitement ici (M. 27.9.74).
>Nouvelle *bombe* dans la distribution : deux inconnus implantent une surface géante en région parisienne (E. 3.7.78).

BOMBER v. intr. Fig. ■ Foncer, rouler très vite (en voiture, etc.).
>Les D. avaient « *bombé* » toute la nuit sur l'autoroute, saucissonnant dans la voiture pour profiter de la mer dès le petit matin (O. 3.5.70).

BOND EN AVANT loc. subst. Fig. ■ Progrès subit et rapide.
>Le « *bond en avant* » n'était plus possible sans aide de l'État. « Vous nous donnerez cette aide ou il n'y aura plus de sidérurgie française en 1975 », plaide J.F. (PM 23.12.67). Le *bond en avant* qui devait permettre au Brésil de surmonter définitivement le stade du sous-développement (M. 9.1.70).
>Le thyristor permet à l'engin monophasé de faire un véritable *bond en avant* en quittant le stade de l'électrotechnique pour accéder au stade de l'électronique (...) C'est un double *bond en avant* que fait accomplir aux engins à courant continu l'avènement du hacheur de courant (R.G.C.F. 6.74). Ce dernier argument d'ordre économique accélérera le grand *bond en avant* du ski nordique (P. 11.11.74).

BOOM [bum] sm. Mot angl. Écon. et par extension, autres domaines : progression soudaine et très rapide, dont on peut, parfois, supposer qu'elle sera de courte durée.
>Voici un siècle, Bergès inventa la houille blanche. Ce fut le premier « *boom* » industriel qui secoua Grenoble (PM 10.2.68). Le *boom* des exportations allemandes est favorisé par la sous-évaluation du mark qui permet de vendre à très bas prix (O. 25.11.68). Un « *boom* »

des travaux publics causé par les Jeux Olympiques de Tokio. (...) Le « *boom* des transistors » (cède) peu à peu la place au « *boom* de la télévision » *(Guillain, 69)*. D'autres facteurs intervinrent pour faciliter l'acceptation du collectif et du grand ensemble comme moyen d'absorber le « *boom* » urbanistique *(C. 22.10.69).*
Une terre de pionniers, dont les grands espaces attendent encore le « *boom* » de la modernisation *(M. 11.6.72).* *Boom* touristique en Andorre : trois fois plus de touristes qu'en 1972 *(E. 3.9.73).* Le *boom* des prix du pétrole *(P. 21.5.74).* L'industrie avait connu pendant 20 ans un « *boom* » quasi permanent *(M. 20.7.74).* Le formidable *boom* du prix du papier, 87 % d'augmentation en un an et demi *(E. 23.6.75).*
Le gratte-ciel Pirelli, symbole du « *boom* » économique *(M. 19.4.78).* Plusieurs industries avaient mené, pendant les dernières années du « *boom* », une politique d'extension à tout-va *(M. 9.5.78).* Ce « *boom* » propre à toutes les sections d'Amnesty International (...) *(M. 30.5.78).* Le grand *boom* du tennis dans le monde *(E. 12.6.78).*
→ BABY(-)BOOM.

● **Spéc. Fête d'étudiants dans certaines grandes écoles.**
La grande fête annuelle de l'École des hautes études commerciales, le « *Boom 55* » se déroulera le 5 février *(M. 29.1.55).*

BOOMERANG [bumrãg] sm. Mot anglais. ■ Au fig. : acte hostile ou argument qui se retourne contre son auteur et lui cause un dommage.

Si le gouvernement cherche à casser la grève, sa tactique (...) risque d'avoir des effets de *boomerang* : l'intervention des forces de police (...) crée les conditions du ralliement à la grève de syndicats qui ne s'y étaient pas associés *(M. 16.11.74).*

● **Substantif en apposition ou adjectif.**
Cette *thèse-boomerang* permet d'associer dans un même mépris et une même réprobation les agresseurs impérialistes et les traîtres renégats de la cause socialiste *(F. 3.11.66).*
L'affrontement des deux communautés (blanche et noire) est une aveugle fatalité, une *passion boomerang* entretenue de part et d'autre et la « guérison » de B., symbole de la réconciliation, tourne à la revanche navrante *(E. 13.4.70).*
Vingt-sept sketches : la grande parade des tics et des tares de notre temps, le *défilé boomerang* de nos chimères, de nos travers *(E. 26.11.73).* La grève est une arme délicate à manier : par ses répercussions sur l'activité économique et le service aux usagers, elle risque d'avoir un *effet boomerang (M. 27.11.75).*

BORD sm. Dans quelques locutions.

À BORD DE... (suivi d'un nom de véhicule terrestre). **Dans ce véhicule.**
Roulant en direction de M. *à bord de* sa « Ford », J.-P. M. suivait une Renault pilotée par M. P. B. *(F. 10.11.66).*

SUR LES BORDS Fig. Fam. : **légèrement, accessoirement, à l'occasion.**
Être un peu tapette (= homosexuel) *sur les bords* vous aiderait énormément auprès de notre ami V. *(Escarpit, 64).* Un peu adultère *sur les bords*, mais bonne épouse *(Beauvoir, 66).* Votre conception de la lecture pour les jeunes est un peu pédagogique *sur les bords* *(O.R.T.F. 4.4.70).* P. serait plutôt un peu gauchiste *sur les bords* *(O.R.T.F. 13.6.70).*

BORDURETTE sf. (De *bordure*). ■ Dispositif matérialisant sur une chaussée la séparation entre plusieurs couloirs de circulation.

Les séparateurs physiques dits « *bordurettes* » installés sur le couloir de l'avenue F.R. ont permis aux autobus de doubler leur vitesse moyenne car l'utilisation du couloir par les automobilistes abusifs est tombée à 10 % de ce qu'elle était *(M. 20.3.74).*

BOUCHE À BOUCHE sm. ■ Procédé de réanimation dans lequel le sauveteur applique sa bouche sur celle du patient.

Quand respiration d'un accidenté s'arrête (en cas de noyade, d'électrocution, d'asphyxie, voire d'accident de la route), vous n'avez plus que 3 minutes pour éviter l'irrémédiable. Même si les secours venaient très vite, ils arriveraient trop tard. C'est vous qui devez agir en pratiquant immédiatement le *bouche à bouche*. *(M. 1.8.65).* Malgré la pratique du *bouche à bouche*, et des massages cardiaques, les deux jeunes gens, gravement brûlés, n'ont pu être ranimés *(M. 26.8.65).*

BOUCHE À OREILLE sm. (à partir du tour : dire qqch., parler *de bouche à oreille*). ■ Transmission directe d'une information par message oral d'individu à individu.

Un analphabétisme qui (...) réduit l'information à un *bouche à oreille* déformant *(Peyrefitte, 73).* Qui croirait que dans ce monde surinformé il peut y avoir place pour la rumeur ? (...) Pourtant le *bouche à oreille* a fait de nouveau son œuvre à C. *(M. 24.11.74).*

BOUCHON sm. Fig. Mil. XXe. Accumulation de véhicules qui provoque un embouteillage de la circulation.

Le poste de gendarmerie détermine la longueur du *bouchon* « acceptable » : 20 minutes, soit 500 voitures, soit en file simple 4 kilomètres. Après, on déviera la circulation *(Cs. 6.69).*
Un aspect de l'étude prévisionnelle du trafic routier est consacrée à la hiérarchisation des *bouchons* routiers : importance respective de chacun en tenant compte de leur fréquence, de leur durée et de leur longueur *(AAT 5.70).* Les routes françaises ont connu durant trois jours une circulation jamais atteinte, sous le signe des « *bouchons* ». De mémoire de gendarme, les embouteillages n'ont jamais été aussi nombreux *(C. 4.8.70).* J'ai voulu me rendre au Salon de l'auto – dite mobile. Je n'ai pas pu : les « *bouchons* » m'en ont empêché. J'ai alors voulu rentrer chez moi : les embouteillages m'ont bloqué *(C. 3.10.70).* Un de ces graves problèmes, assez fréquent sur les routes françaises et que l'on appelle tour à tour « point noir », « *bouchon* » ou « étranglement » *(M. 17.2.71).*
Paris est devenu la capitale française du *bouchon* : 62 % des encombrements recensés en

1975 l'ont été dans la région parisienne *(P. 17.5.76)*. Un million cinq cent mille heures ont été perdues dans les *bouchons* en 1977 *(M. 17.6.78)*.
→ POINT NOIR.
● **Attroupement qui gêne la circulation (des piétons ou des véhicules).**
Soulevant des tonnes de poussière, cette foule forma des *bouchons* qu'il devint impossible de fendre pour gagner les tribunes du stade *(M. 2.6.78)*.

BOUCHON (GRÈVE)
→ GRÈVE(-)

BOUCHONNER v. intr.
● **Le sujet désigne des véhicules ou leurs conducteurs ralentis par (ou qui se trouvent dans) un ou des *bouchons**.**
On *bouchonne* le matin, on *bouchonne* à midi, on *bouchonne* le soir. On *bouchonne* dans les poids lourds, sans les poids lourds (...) Vaut-il mieux *bouchonner* gratis par le tunnel, ou avoir la voie relativement libre mais payante en passant par l'autoroute ? *(M. 28.4.78)*.
● **Le sujet désigne un lieu où se forment des *bouchons**.**
Opéra, Notre-Dame, Saint-Lazare, Bastille, autant de quartiers qui « *bouchonnent* », autant de lieux où la circulation se bloque *(M. 1.6.76)*.

BOUCLAGE sm. ■ Opération militaire ou policière qui consiste à encercler un lieu ou une zone, de façon à empêcher toute entrée ou sortie.
Les points de destination formaient un vaste demi-cercle tracé sur la carte, autour de trois villages qu'il s'agissait de cerner. La dernière branche du « *bouclage* » était tenue par les blindés *(Servan-Schreiber, 57)*. La sage décision du ministre de l'Éducation nationale qui dispense la police du « *bouclage* » de Nanterre a fait tomber la tension universitaire *(C. 20.12.68)*.

BOUCLER v. tr. Spéc. ■ Encercler (un lieu) avec des troupes ou des forces de police.
Deux mois après le village sera encore « *bouclé* » *(PM 30.12.67)*. Les forces de police vont retrouver sa piste. Le secteur de l'avenue M. est *bouclé* en fin d'après-midi. À 19 heures, F. est interpellé et conduit au siège de la police judiciaire *(M. 12.12.67)*. À Nanterre les étudiants « *bouclés* » par la police n'ont pas travaillé. Toutes les discussions ont porté sur la « répression » *(C. 19.12.68)*.

BOUCLIER sm. Techn. (dans une centrale nucléaire). ■ Appareil de protection contre les radiations dangereuses.
L'incendie s'est déclaré dans le « *bouclier* » destiné à arrêter les neutrons. Ce *bouclier*, à base de bois imprégné de matière plastique, est protégé de la chaleur par un écran thermique. (...) Le nouveau *bouclier* neutronique sera-t-il du même matériau ? L'écran thermique ne devra-t-il pas être changé ou, du moins, modifié ? *(F. 7.1.67)*.

BOUDER v. tr.
Bouder quelqu'un. ■ **Avoir envers quelqu'un une attitude d'indifférence ou de méfiance ; éviter de le rencontrer.**
Le *candidat* à la présidence de la République était assuré d'être bien reçu dans cette ville. Il n'a pas été déçu : la presse locale ne l'a pas *boudé* *(M. 22.10.65)*. À la fin du XIXe siècle et au début du XXe siècle les familles françaises ont *boudé* les enfants *(M. 7.4.70)*. Les chefs d'entreprises *boudent* le gouvernement *(E. 20.10.69)*. Une époque où l'élite française *boudait* les *impressionnistes* *(En. 15.3.69)*.
Un *gestionnaire* efficace, mais *boudé* par les « grosses têtes » *(E. 5.6.72)*.
Bouder quelque chose. ■ **Être méfiant vis-à-vis de quelque chose, s'abstenir de l'acheter, de le consommer, d'en faire usage.**
Certains techniciens *boudent* l'Aérotrain et le Naviplane. Ils parlent de science-fiction *(E. 21.4.69)*. Les Français *boudent* les aliments surgelés *(E. 8.5.67)*. Les « Poids lourds » *boudent* l'autoroute Vienne-Valence *(M. 25.5.65)*. Les automobilistes n'ont plus de raison de *bouder* la ceinture de sécurité *(T.C.F. 10.62)*. *Bouder* plus longtemps *le franc* rajeuni, refuser de l'admettre à part entière dans notre vocabulaire de tous les jours, constituerait un aveu d'impuissance *(M. 29.12.65)*. Les *parkings* payants (sont) *boudés* par les automobilistes *(O. 19.8.68)*. Le Français, conservateur, a toujours *boudé* le rasoir électrique *(SV 1964)*. Les classes aisées ont *boudé* et *boudent* encore la télévision *(C. 12.2.70)*.
Une certaine catégorie de femmes *boude* résolument *la gastronomie* *(E. 12.6.78)*.
● **S'abstenir de fréquenter, de visiter (un pays, un lieu), d'assister à (une réunion, un spectacle, etc.), de participer à (une activité, une élection).**
Les *activités* physiques ne sont pas *boudées*. La natation, la voile et la pêche sous-marine ont un grand succès *(M. 2.9.65)*. Les Français qui, depuis plusieurs années, *boudaient* les *bureaux* des immeubles neufs, commencent à en reprendre le chemin *(E. 15.11.65)*. La plupart des étudiants ont *boudé* l'élection de leur conseil transitoire *(E. 27.1.69)*. Le président de la République *boudera*-t-il la finale de la Coupe (de football) ? *(E. 12.5.69)*. Les entreprises occidentales n'ont pas *boudé* la foire de Leipzig *(E. 27.3.67)*. De nombreux étrangers *boudent* notre pays à cause de sa politique extérieure *(E. 12.5.69)*. Depuis plusieurs années, les constructeurs d'automobiles *boudaient* le Salon de Paris. Ils préféraient celui de Genève *(EM 9.10.66)*. Les Français *boudent* les *voyages* en groupes *(E. 13.10.69)*.
Les parents ont conquis le droit officiel de participer aux décisions des Conseils d'établissements. Mais ils *boudent ce droit* *(E. 24.1.72)*. C'est un farfelu : il n'a pas la télévision (...) il *boude le supermarché* *(M. 24.9.74)*. Les passagers *boudent Roissy* : plusieurs d'entre eux expliquent les raisons pour lesquelles le nouvel aéroport est victime d'un certain

BOUDER

ostracisme de leur part *(M. 11.3.75)*. Un peu ignorées, un peu *boudées* même, *les Hautes-Alpes* (...) *(M. 22.3.75)*.
Les touristes *boudent la côte* bretonne *(RL 11.7.78)*.

Rem. Le sujet du verbe *bouder*, dans la construction « active », est parfois un nom de chose concrète ou abstraite.
L'autoroute A 6 *boude* Dijon *(E. 22.3.71)*. Les deux animateurs (d'une émission radiophonique) créent un magazine en 1962. Aucun spécialiste de la presse n'y croit, et pourtant *la fortune ne boude* pas *(P. 27.1.75)*.

BOUDERIE sf. Fig. ■ Abstention.

Les appartements sont proposés à des prix qui provoquent la *« bouderie »* des acheteurs éventuels *(E. 25.4.66)*.
La *« bouderie »* de la clientèle s'est traduite par une diminution sensible des achats *(M. 15.3.74)*.

BOUDIN sm. Fam. ~ 1966. ■ Jeune fille sans charme, laide, mal faite ou ridicule.

À Paris, c'est tout (sic !) des *boudins*. À Rome, au moins, on peut rencontrer des filles bien. J'en ai assez des *boudins* de Paris *(O. 12.6.78)*.

BOUFFE (GRANDE) ~ 1972. Fam. (De *bouffer* = manger). Le film *« La grande bouffe »* a pu contribuer à répandre la formule.

1. Le fait de manger sans retenue, avec gloutonnerie. Repas où l'on mange à l'excès.
Le clergé désirait dissuader les familles de confondre les cérémonies religieuses de la Première Communion avec la *grande bouffe*, la messe avec la kermesse, la communion avec le gueuleton *(P. 21.5.74)*. La *grande bouffe* actuelle n'est rien à côté de celle du siècle dernier. Aucun menu de banquet d'aujourd'hui n'approche ceux des repas officiels d'alors *(M. 18.4.76)*.

Rem. La *grande bouffe* : l'expression est passée dans le langage familier. À nous saumon fumé, foie gras, dinde, oie, gigot (...) *(M. 18.4.76)*.

2. Par ext. Dans d'autres domaines. ■ Consommation démesurée.
En submergeant les belligérants (de la guerre du Kippour, en oct. 73) sous leurs armes, en les étouffant presque sous une sorte de *« grande bouffe »* guerrière, les Grands escomptent peut-être l'arrêt des hostilités par embouteillage *(E. 22.10.73)*.

BOULDOZEUR [buldɔzœr] sm. ~ 1973. Graphie francisée de l'angl. *bulldozer*, admise par l'Académie française.

Rem. Notons que l'Académie française a retenu la graphie *« bouldozeur »* avec *« ou »*. Or (...) les prononciations les plus répandues comportent un [y] en première syllabe, et non pas un [u] *(Ling. 2/77)*.
→ BOUTEUR.

BOULOCHER v. intr. ~ 1965. (De *boule*, et *-ocher*). ■ Se dit de tissus, de tricots de laine, sur lesquels se forment, à l'usage, de petites boules de fibres.

Au laboratoire, les techniciens s'obstinent : non à la robe de plage en coton qui ne sèche pas en 48 h. ; non au pull qui *« bouloche »* *(E. 10.2.75)*.

BOULOT(-)MÉTRO(-)DODO Variante plus rare de la formule *métro*(-)*boulot*(-)*dodo*, qui symbolise le rythme fastidieux de la vie du salarié dans les grandes villes.

S., ouvrier immigré, quitte l'usine vers 17 h. Il est chez lui à 18 h. (...) Il fait son entretien, il grignote, puis il dort. C'est, au sens propre, *boulot, métro, dodo* *(E. 2.4.73)*.

BOUSCULER v. tr. Fig. ■ Déranger, modifier avec une certaine brusquerie.

Certaines réalités *bousculent les idées* reçues *(M. 17.9.65)*. On n'ose pas *bousculer les rites* des grandes vacances *(E. 14.4.69)*.

BOUTEUR sm. 1973. Terme recommandé par l'Administration (Arrêté du 12.1.73) pour remplacer *bulldozer*.

Les évolutions acrobatiques des énormes *bouteurs* préparent le chargement des camions *(M. 20.3.74)*. L'autoroute est née à coups de mines et de *bouteurs* qui ont ouvert deux tranchées (...) *(M. 22.6.74)*.

Rem. Quel francophone me comprend que le terme *« bulldozer »* ? Nous ne pouvons pas en dire autant de *bouteur* ! (...) D'après de petits sondages effectués auprès d'amis et de collègues, le terme *bouteur* ne semble avoir aucun succès, n'étant quasiment pas compris *(Ling. 2/77)*.

BOUTON-POUSSOIR sm. ■ Bouton sur lequel on appuie pour déclencher un mécanisme, fermer un circuit électrique, etc.

Depuis cette « passerelle » de commandement, aucun incident ne peut échapper au surveillant qui, à l'aide de simples *boutons-poussoirs*, peut régler la marche des files d'automobiles engagées dans le tunnel *(M. 10.7.65)*. Si un ticket est faux ou inapproprié, il est conservé par la machine et un signal d'alarme retentit, tandis que les deux bras s'abaissent. On imagine sans peine les sentiments des voyageurs qui attendent en longues files derrière le fautif, c'est pourquoi le *bouton-poussoir*, à la disposition de l'employé de surveillance, permet de remettre instantanément l'appareil en service *(VR 1.10.67)*. Cinq arrêts de secours sont prévus : par pression sur les *boutons-poussoirs* de secours montés aux postes des conducteurs dans les voitures (...) *(VR 11.5.69)*. Un émetteur radio équipé de sept *boutons-poussoirs (VR 14.9.69)*. Les installations de signalisation seront complétées par des tableaux spéciaux équipés de *boutons-poussoirs (VR 14.6.70)*.

BOWLING [boliŋ], [buliŋ] sm. Mot américain. ■ Jeu de quilles d'origine américaine qui se joue avec des boules très lourdes. Par extension : établissement avec pistes aménagées pour pratiquer ce jeu.

B. a mis au point des *bowlings* si accueillants, si bien agencés... B. fabrique tout ce qui est nécessaire au *bowling* : pistes, machines automatiques de remise en place des quilles, boules, quilles... B. leader de la technique du *bowling* automatique *(F. 17.12.69)*.
Le premier *bowling* d'U.R.S.S. a été inauguré récemment à Moscou *(M. 13.10.74)*.

BOX-OFFICE [bɔksɔfis] sm. (Mot am., « guichet de théâtre »). ■ Cote du succès d'un film, d'un spectacle, d'une vedette, calculée d'après le montant des recettes, des cachets.

Ce film est en tête du *box-office* avec 106.500 spectateurs en 13 jours *(E. 27.8.73)*. Le jeune prodige suédois Borg (...) a fait une entrée fracassante au *box-office* du tennis *(P. 1.7.74)*.

BOY-SCOUT [bɔjskut] sm. Fig. Iron. Idéaliste naïf.

Nous avons déjà A. (un chef de clinique) pour jouer au *boy-scout* et passer son temps à faire des B.A. (= bonnes actions) *(Soubiran, 75)*. Un grand dadais bien gentil, bien serviable, un peu naïf, plein de bonne volonté (...) un *« boy-scout » (M. 25.2.75)*. J'avais un jugement extrêmement puéril, sommaire, du genre *boy-scout (PM 15.3.75)*.

BRADAGE sm. (fig.) ■ Action de *brader**

Jugements qu'on portait, dans certains milieux universitaires, sur une politique qui voulait être une politique de mouvement : « *Bradage*, abandon des grandes traditions, vandalisme », disait-on *(M. 15.11.66)*.
Des producteurs protestent contre le *« bradage »* du prix du lait dans une grande surface *(M. 3.2.73)*. Non au *bradage* de la technique française ! *(M. 4.12.75)*.

BRADER v. tr. Fig. ■ Se débarrasser de quelque chose ou l'abandonner sans compensation suffisante.

Monsieur le président du Conseil, j'ai l'impression qu'après l'Inde vous *bradez* toute l'Union française *(M. 7.12.54)*. Les experts géographiques « ceux qui *bradent* la géographie au détail » *(M. 7.3.65)*. Les Rhodésiens soupçonnent le Premier ministre britannique de vouloir les sacrifier en *bradant* le pays qu'ils ont fait *(F. 24.1.67)*. Ceux qui se trouvent obligés de *brader* à vil prix leurs titres (en Bourse) *(M. 31.12.67)*. J.-J. S.-S. s'est vu accuser de *brader* la Lorraine au capitalisme étranger *(En. 27.6.70)*.
On avait tout fait pour décourager la culture de la betterave (...) on redoutait les surplus, qu'il fallait *brader* sur le marché mondial *(E. 10.2.75)*. La France a-t-elle *bradé* son agriculture lors des négociations multilatérales de G. ? *(M. 22.7.78)*.

BRADEUR sm. De *brader** (fig.).

Le Président (des U.S.A.) avait peur d'apparaître comme le *« bradeur »* du Sud-Est asiatique *(E. 15.4.68)*.
C. se présente comme le seul véritable défenseur de l'« Europe », par opposition à G. qui en serait le *« bradeur » (RL 25.7.78)*.

BRAIN(-) Mot anglais (cerveau), premier élément de substantifs composés.

BRAIN DRAIN [brɛndrɛn] sm. Mot anglais (drainage des cerveaux). ■ Expatriation outre-Atlantique de chercheurs, savants, spécialistes, surtout européens, attirés par les offres séduisantes que leur font des organismes nord-américains (centres de recherches, industries, universités, etc.). On a parfois traduit par *émigration, fuite* et même *traite des cerveaux* (d'après *traite des blanches, traite des Noirs*, etc.).

La conséquence la plus redoutable de cette situation est l'expatriation des chercheurs européens, attirés par les possibilités américaines. Ce *« brain drain »* — drainage des cerveaux — implique à la longue une paralysie de nos propres recherches *(M. 6.5.66)*. Il est capital pour l'Iran de redresser l'image hostile que beaucoup, à l'étranger, se font encore du régime, si l'on veut mettre fin au *« brain drain »*, l'émigration des cerveaux *(E. 15.4.68)*.
Ce n'est pas lui (le chef du gouvernement libyen) que tourmente le *brain-drain*, la fuite des meilleurs cerveaux arabes vers les États-Unis *(E. 17.9.73)*.

BRAIN(-)STORMING [brɛnstɔrmiŋ] sm. (Mot anglais). L. Armand a proposé la traduction *remue-méninges**, paronymie plaisante de *remue-ménage*.

Le travail en équipe stimule les esprits. On l'a bien vu à propos du *brain-storming*. Vous savez ce que c'est : des gens réunis autour d'une table lancent des idées, en vrac, toutes celles qui leur traversent la cervelle ; après, on met en commun les idées et on trie, on critique, on améliore. Au début, chez nous, cette méthode était considérée comme puérile. Maintenant, elle est répandue *(Armand : FP 10.68)*. B. (personnage d'un roman) découvre les vertus de l'écriture pour oublier les *« brain stormings » (E. 22.1.68)*.
→ DYNAMIQUE DES GROUPES.

BRAIN-TRUST

BRAIN-TRUST [brɛntrœst] sm. ■ Petite équipe de spécialistes, dont s'entoure un dirigeant (industriel, politique, etc.) et qui peut le conseiller, élaborer pour lui des projets, etc.

Programme politique élaboré par le *brain-trust* socialiste *(RL 15.2.55)*. Je (un jeune cinéaste) me cherche un petit *brain-trust (Rochefort, 63)*. Le *brain-trust* de P. élabora alors la doctrine, maintenant classique, de l'équilibre géo-financier de la défense *(Escarpit, 64)*. Les membres du *brain-trust* P. qui supervisent (les projets d'émissions de RTL) *(E. 17.10.66)*. *Brain-trust* d'un chanteur *(M. 31.10.68)*. Membre du *brain-trust* du premier ministre *(M. 30.9.69)*.

BRANCHER (qqn ou qqch sur qqch) v. tr. Fig. ■ Relier à..., mettre en contact avec..., sensibiliser à...

Ce fut l'avènement des transistors, sixième sens *branché* en direct *sur* les clameurs *(E. 20.1.69)*. L'article ne se situe pas dans le domaine du rêve et de l'anticipation. Il est *branché* en direct *sur* ce qui se passe *(Fa. 19.2.69)*.
Irriguer la vie économique, permettre l'épanouissement des régions, *brancher* le pays *sur* l'avenir *(E. 13.3.72)*. Je voulais, dit le journaliste, *brancher* le public *sur* l'affaire *(Saint Pierre, 72)*.

BRAQUAGE sm. Pop. Attaque à main armée, *hold*-up*.

De temps à autre les employés aux guichets du métro sont victimes de « mini-*braquages* » *(PM 5.5.73)*. Sa spécialité, c'est le « *braquage* », l'attaque à main armée : « truand de père en fils », comme il dit *(E. 3.12.73)*.

1. BRAQUER v. tr. Pop. Commettre un *braquage**.

Ils « *braquent* » deux entreprises dans la même journée, raflent la caisse (...) C'est leur dernier hold-up *(P. 16.12.74)*. Quand on est dans le box des Assises, on est moins fier qu'en train de « *braquer* » des employés de banque avec une mitraillette *(C. 23.12.77)*.

2. BRAQUER v. tr. Fam. Irriter, mécontenter ; provoquer l'opposition (de).

Braquer (qqn ou qqch) + O (sans complément prépositionnel).

Il y a là de quoi *braquer* les esprits d'une certaine famille *(FL 29.4.65)*. Dans les projets actuels une menace les a *braqués* (les cadres) *(PM 19.6.70)*.

Braquer (qqn) contre (qqn ou qqch).

Braquer le monde paysan *contre* le gouvernement *(M. 18.3.60)*. Le clergé est assez *braqué contre* la classe commerçante *(C. 25.12.69)*.

BRAQUEUR sm. Pop. Auteur d'un *braquage**.

Les policiers sont à la recherche des *braqueurs*, partis avec deux otages et un million de francs *(O. 12.4.76)*.

BRAS (GROS) sm. Fam.

1. **Homme vigoureux, énergique, chargé d'assurer l'ordre dans un meeting, une manifestation, etc.**

   Le candidat de la gauche pouvait compter sur le service d'ordre du parti socialiste et sur les « *gros bras* » du parti communiste *(M. 4.5.74)*.
   → MUSCLE 2, VIDEUR.

2. **Chauffeur de poids lourd.**

   Autrefois les « *gros bras* » au volant des « gros culs », c'étaient les seigneurs. « Je roule pour vous », proclamaient fièrement des pancartes fixées à l'arrière de leurs camions *(E. 20.8.73)*.
   Les contrôles sur la sécurité des poids lourds (...) ne peuvent durer plus de dix minutes sans que tous les routiers des environs soient prévenus. Les « *gros bras* » ont, en effet, mis au point divers signaux d'avertissement *(E. 24.7.78)*.

BRAS D'HONNEUR loc. subst. ■ Geste vulgaire de l'avant-bras dressé en l'air, effectué par défi ou dérision.

Rosie (une détenue), après avoir engueulé la sous-chef, lui a fait un *bras d'honneur (Saint Pierre, 72)*. Il (un footballeur) entame un tour triomphal qu'il ponctue, en passant devant le président du club, par un formidable « *bras d'honneur* ». Fureur du président, qui porte plainte *(E. 27.11.72)*. Des « *bras d'honneur* » (...) s'échangeaient de conducteur à conducteur (de deux partis rivaux, pendant une campagne électorale) *(Signoret, 75/78)*.

BRETELLE sf. Circulation routière. ■ Voie qui relie une *autoroute** avec le réseau routier ou avec une autre autoroute.

Une section de l'autoroute Lyon-Marseille sera ouverte le 17 décembre. Elle sera provisoirement raccordée à la RN 7 par deux courtes « *bretelles* » *(M. 4.12.64)*. Pour s'échapper (de l'autoroute) il faut rouler jusqu'à la *bretelle* par où l'on pourra regagner la ville par la (route ancienne) *(Cs. 6.69)*.
Les liaisons entre le périphérique, la voie express rive droite, l'autoroute A 4 et la voirie urbaine sont assurées par 22 *bretelles (C. 8.1.72)*.

Bretelle de contournement, de raccordement, etc.

Turin attend toujours les *bretelles de contournement (M. 4.8.68)*. Par des *bretelles de raccordement* à l'autoroute A 1, les villes de Picardie pourraient (...) *(M. 30.11.67)*.
→ BY-PASS 2., ÉCHANGEUR.

BRIEFING [brifiŋ] sm. ~ 1945. (Mot angl.). Répandu après la 2e guerre mondiale, d'abord dans les milieux militaires.
Rem. La forme francisée *brif[f]age*, parfois préconisée (cf. *M. 28.6.57*, in DMN), n'a pas pu s'imposer.
1. **Aéron.** Réunion organisée pour donner à des équipages militaires les dernières instructions tactiques peu avant leur départ en mission. Réunion du même genre destinée à des équipages civils peu avant leur envol.
   Lors du dernier *briefing* on l'avait informé (le pilote) que du fait de la tempête, les aéroports d'O., T. et D. étaient fermés *(Hailey, 69)*. Leur combinaison ouverte sur la poitrine, leur casque « intégral » posé sur la table à côté d'eux rappellent les *briefings* de pilotes de chasse à la veille d'un raid *(E. 20.8.73)*.
2. **Par ext.** Réunion d'information et de travail entre responsables d'une équipe dirigeante dans une entreprise, un ministère, etc.
   Le *briefing* de cet après-midi à l'O.N.U. pour les négociations sur le cessez-le-feu au Moyen-Orient *(RSR 3.8.70)*. Les responsables locaux (au Viêt-Nam) font la liste des « provocations agressives » chinoises, au cours d'interminables *briefings* (O. 16.10.78).

BRILLANCE sf. ■ Qualité de ce qui est brillant.
Vos cheveux reprennent vie. (La) moelle V. leur redonne nervosité, *brillance*... et beauté *(FP 10.70)*. « La Grande Écurie et la Chambre du Roy » annoncent le Grand Siècle et une conception, faite toute de *brillance*, de la musique *(O.R.T.F. 4.10.70)*.

BRIOCHE sf. Fig. Fam. ■ Ventre un peu trop gros.
Sa silhouette — une absence totale de *brioche* soulignée par des vestons légèrement cintrés — démentait son état de quinquagénaire *(Daninos, 70)*.

BRISE-SOLEIL sm. ■ Dispositif formé soit d'un cadre et de lamelles métalliques, soit d'éléments en béton, etc., fixé contre la façade d'un bâtiment et destiné à protéger des rayons du soleil les pièces munies de grandes baies vitrées.
Les *brise-soleil* sont calculés selon une épure rigoureuse de l'ensoleillement *(M. 7.1.66)*. Des *brise-soleil* en aluminium situés devant les baies de l'étage *(R.G.C.F. 9.66)*.

BRONZAGE [brɔ̃zaʒ] sm. ■ Le fait de bronzer par l'action du soleil. Hâle.
« Ah ! qu'il est bronzé ! » La foule a le culte du *bronzage (Bodard, 71)*. Le *bronzage* devient une manifestation de la société de consommation, et il est antiécologique lorsqu'il est uniquement motivé par le souci d'être « dans le vent » *(M. 1.7.78)*.

BROUILLEUR [brujœr] sm. ■ Appareil émetteur qui sert à rendre inaudibles des messages radiophoniques, téléphoniques, etc.
Contre les écoutes téléphoniques, atteinte majeure à la vie privée, la lutte s'organise. Plusieurs firmes fabriquent des *« brouilleurs »* téléphoniques (...) un *brouilleur* portatif permet d'utiliser 25 codes différents *(E. 30.7.73)*.

BRUSHING [brœʃiŋ] sm. 1966. (Mot angl., *brossage*). Nom d'un procédé déposé.
Le *brushing* : cette technique de mise en plis supprime le casque. Les cheveux mouillés sont séchés au séchoir à main en même temps qu'ils sont coiffés en roulant sur une brosse ronde *(E. 19.2.73)*. Mise en plis, *brushing* ou bouclage sont des opérations qu'on peut faire chez soi *(M. 29.11.75)*.

BULLDOZER [byldɔzɛr] ou [buldɔzœr] sm. Fig. ■ Personne audacieuse, intrépide (ou sans scrupules). Fonceur*.
Le Premier ministre, confirmant sa réputation de *« bulldozer »*, consulte deux fois en moins d'une semaine les partenaires sociaux *(C. 21.6.74)*. Le ressort de mon enthousiasme est cassé, je ne fonce plus en *bulldozer* (...) j'aspire à la retraite *(E. 21.11.77)*.

BULLE sf. Dans une *bande* dessinée* : espace délimité par une ligne courbe, situé au niveau de la bouche d'un personnage et où est inscrite sa réplique.
Un bébé d'affiche, dans les couloirs du métro, laisse échapper de sa bouche cette « *bulle* » : « Je ne veux pas mourir aliéné » *(VL 6.69)*. Les enfants de la *bulle* (titre d'un article sur les bandes dessinées) *(FP 9.70)*.
→ BALLON.

BUNKER [bunkœr] sm. ■ (Mot allemand, « casemate »).
1. **Milit.**
   Dans les silos de Haute-Provence, chaque missile est logé dans le puits central d'un *bunker* souterrain, à l'abri d'épaisses murailles de béton *(R. 2.70)*. Des tentes que l'on remplace par des *bunkers*, depuis que l'ennemi pilonne la base *(E. 22.3.71)*.
2. **Dans d'autres domaines.**
   Les écoutes téléphoniques n'existent pas seulement à Paris, dans le *bunker* du Groupe interministériel de contrôle *(E. 16.7.73)*.

BUREAU (-) PAYSAGE

BUREAU (-) PAYSAGE sm. ■ Vaste pièce, très peu compartimentée, où travaillent d'assez nombreuses personnes, dans un cadre moderne et plus ou moins décoré.

De nombreux sièges sociaux sont désormais dotés de *bureaux-paysages* avec des plantes vertes *(P. 21.5.74)*. Importé de Suède, le *bureau paysage* n'a pas réussi à entamer l'individualisme des Français, leur goût du secret. On s'entoure jalousement de meubles camouflés par des plantes, on remonte des cloisons mobiles *(E. 16.9.74)*.

BUREAUCRATISATION sf. Péj. ■ Augmentation jugée excessive des pouvoirs attribués aux services administratifs.

La lutte du pauvre contre l'opulence, et du citoyen contre la *bureaucratisation (M. 13.4.66)*.
La nationalisation (de certaines usines), trop souvent, ne s'est traduite que par une *bureaucratisation (M. 9.4.66)*.

BUREAUCRATISER v. tr. Péj. ■ Soumettre la société, une entreprise, etc., au pouvoir excessif des bureaucrates, des services administratifs.

Les bureaucrates ont réussi à *bureaucratiser* le monde *(Ragon, 66)*. Cette émission (de télévision) d'un comique à la fois subtil et mordant alliait la critique d'un monde *bureaucratisé* à une leçon d'humanité pleine de fraîcheur et de bon sens *(M. 2.5.66)*.

BUREAUCRATISME sm. ■ Puissance excessive des organes administratifs.

En vue d'alléger l'organisation interne et d'éviter le *bureaucratisme*, le secrétariat a décidé de réduire les effectifs permanents *(M. 31.8.65)*. Le socialisme, répète volontiers Fidel Castro, doit se méfier du *bureaucratisme* tout autant que de l'impérialisme *(M. 15.5.66)*.

BUREAUTIQUE sf. ~ 1976. (De *bureau* et informa*tique*). ■ Application systématique et généralisée de l'*informatique** aux travaux de bureaux.

La *bureautique*, c'est (...) un avatar de cette fameuse télématique, et peut-être le plus important de tous, puisqu'elle va révolutionner la vie professionnelle de tous les « tertiaires » (...) La *bureautique* porte en germe trop de bouleversements dans la structure des postes de travail et dans les hiérarchies pour ne pas (provoquer des) réactions de rejet *(O. 9.6.79)*.

Rem. Les dérivés bureautisation et bureautisé,e (part. passé/adj.) sont attestés.
Un spécialiste de la *bureautisation (O. 9.6.79)*.
La bonne marche des entreprises *bureautisées* voudrait que tout un chacun enfourne son emploi du temps dans une mémoire transparente. Ainsi, au nom de l'efficacité maximale, l'ordinateur serait-il en mesure d'ajuster les rendez-vous (...) *(O. 9.6.79)*.
→ TÉLÉMATIQUE.

-BUS [bys] Élément suffixal qui sert à former, sur le modèle *autobus* ou *omnibus*, des subst. masc. désignant des véhicules utilisés pour les transports terrestres — comme *microbus**, *minibus**, *muséobus**, etc. — ou même aériens — *Airbus** —.

Rem. Le suffixe -*bus* a une valeur différente dans *Abribus**.

BUTER SUR (quelque chose) v. intr. Fig. ■ Se heurter à une difficulté.

Certains vocables ont une valeur péjorative ici qu'ils n'ont point là. Ainsi a-t-on *buté* à plusieurs reprises *sur les concepts* de « régionalisme » et de « cosmopolitisme » que personne n'a su au juste définir *(M. 8.5.65)*. Les quadragénaires qui, à la recherche d'un emploi *butent sur la frontière* de l'âge *(M. 1.9.65)*. Tout a changé, dans la société, sauf l'Université. Dans tous les pays évolués (même les États-Unis) on *bute sur le* même *malaise (E. 19.9.66)*. L'exécution de ce programme *butait sur la question* de la participation allemande *(E. 19.12.66)*.

BUTOIR sm. Fig. ■ Limite stricte fixée par avance, pour enrayer une évolution (des prix, des salaires, etc.).

Le gouvernement a obstinément refusé d'aller au-delà des 25 points de majoration (des traitements) : on était arrivé à un mur, à un véritable « *butoir* » *(US 4.10.72)*.

BY-PASS [bajpas] sm. Mil. XXe. (Mot angl., « dérivation »).
1. Techn. Canal ou tuyauterie de dérivation sur le trajet d'un fluide (pour isoler un appareil, contrôler le débit du fluide, etc.). — Robinet ou vanne qui commande ce dispositif.
2. Circulation routière. ■ Route ou *bretelle** de contournement, de déviation (par ex. pour éviter un *bouchon**).
   Autoroute avec *by-pass* à Aubagne *(Dunlop, 66)*.
3. Méd. Opération (appelée aussi *pontage**) qui a pour but de rétablir la circulation sanguine en cas d'oblitération artérielle.

Rem. Divers termes ont été recommandés officiellement pour remplacer cet anglicisme : *contournement*, *déviation*, *dérivation*, *évitement*, ou la francisation *bipasse* [bipas].

La commission du dictionnaire de l'Académie de médecine a proposé une liste de termes (pour) remplacer (...) des « mots étrangers (...) », notamment : dérivation au lieu de *by-pass (M. 9.3.67)*.

CABINET DE GROUPE sm. ■ Cabinet de consultation tenu en commun par plusieurs médecins.

    Un jeune généraliste peut opter pour l'installation particulière ou le *cabinet de groupe*. Le nombre d'associés est de deux à quatre praticiens, en règle générale (...) Le premier *cabinet de groupe* féminin, formé par trois femmes généralistes, vient d'ouvrir à C. *(Beunat, 74)*.

CACHE- Élément qui sert à former divers composés dont quelques-uns sont récents.

    Toutes les longueurs (de robes) sont dans la rue : la mini, la *cache-genou*, la frôle-cheville *(Fa. 22.4.70)*. Des *cache-radiateur* d'appartement *(Pub. F. 28.9.66)*. On trouve le *cache-téléphone* de velours au drugstore de Neuilly *(F. 28.9.66)*.

CACIQUE sm. Le sens originel (chef) reparaît dans les emplois récents : personnalité politique ou autre qui a une fonction importante, occupe un poste clef, appartient à l'« establishment* ».

    Le fief d'un *cacique* de la S.F.I.O. (...) Les *caciques* de Paris lui ont préféré un membre du cabinet du ministre de l'Intérieur *(Chaffard, 68)*.
    La fronde gronde chez certains médecins qui désespèrent de déboulonner un jour les « *caciques* » du Conseil national de l'Ordre *(Beunat, 74)*. M., un des *caciques* de la IVe République *(M. 17.5.74)*.

CADDIE sm. Spéc. rép. mil. XXe.
1. **(Nom déposé). Dans un magasin à** *libre-service* (Supermarché*, etc.)* **: Chariot mis à la disposition des clients pour transporter jusqu'à la caisse (ou à leur voiture) ce qu'ils veulent acheter.**

    Une espèce nouvelle d'individu est née : l'individu-*caddie* poussant devant lui son chariot comme un énorme ventre supplémentaire et avide qu'il remplit avec application *(M. 14.1.70)*.

Rem. La graphie CADDY apparaît aussi dans la documentation consultée.

    Des ménagères rangent leur *caddy* devant le centre commercial *(Cs. 1.69)*. Dans cet hypermarché, trois inspectrices surveillent (...) - Excusez-moi, monsieur, est-ce que je peux faire un contrôle de *caddy* ? *(M. 8.4.78)*.

2. **Dans une gare, une aérogare : Chariot mis à la disposition des voyageurs pour transporter leurs bagages.**

    Disparition des porteurs dans les gares, multiplication des aéroports (...) assurent la fortune des chariots métalliques « *caddies* » *(E. 4.11.68)*. L'Aéroport de Paris a reçu six cents lettres protestant contre le manque de *caddies (M. 1.6.78)*.

(-) CADEAU Deuxième élément de nombreux subst. composés, dont on énumère seulement quelques-uns ci-après, avec les références, mais sans donner les contextes.

1. **Le premier élément du composé désigne un objet destiné à être offert en cadeau.**

    Billets-*cadeaux* *(El. 8.12.69)*. Chèque-*cadeau* *(E. 29.9.69)*. Dictionnaire-*cadeau* *(PM 2.12.67)*. Estampe *cadeau* *(O. 8.11.71)*. Livre(-)*cadeau* *(O. 22.12.69 ; El. 21.12.70 ; P. 9.10.72)*. Objet-*cadeau* *(E. 25.9.72)*. Produit-*cadeau* *(El. 21.9.70)*.

2. **Le premier élément du composé désigne un matériau ou un objet destiné à contenir, à emballer, à envelopper un cadeau.**

    Boîte-*cadeau* *(El. 24.11.69)*. Caissette *cadeau* *(O. 15.12.69)*. Coffret-*cadeau* *(El. 18.12.72)*. Écrin-*cadeau* *(E. 27.10.69)*. Emballage(-)*cadeau* *(M. 16.6.66 ; E. 17.2.69 ; El. 4.12.72)*. Étui *cadeau* *(FL 6.1.69)*. Papier-*cadeau* *(El. 2.6.69)*.

CADRE

CADRE sm. Fig.
- À propos d'une personne qui, dans une administration ou une entreprise, exerce une fonction de contrôle, d'encadrement du personnel ou qui participe à la direction.

Les *cadres*, grammaticalement, passe encore. Mais « le » *cadre*, c'est plus intrigant. Cette personnalisation, cette singularisation du terme, et puis des expressions telles que « *cadres* moyen, supérieur », « petit *cadre* », « il est passé *cadre* », correspondent au besoin de désigner une catégorie sociale nouvelle *(E. 12.6.67)*. L'immense catégorie, des travailleurs qui se situent, dans la hiérarchie professionnelle, « entre l'agent de maîtrise et le président-directeur général » et qu'on appelle d'un nom qui n'a pas de traduction dans aucune langue, celle des *cadres (M. 6.8.68)*.
Au singulier, le mot *cadre* est un peu dérisoire. Mettre « *cadre* » sur une carte de visite ferait rire tout le monde *(E. 3.1.72)*. Jeunes *cadres* dynamiques aux dents longues et à l'attaché-case conquérant *(E. 27.5.74)*. L'imprécision du mot *cadre* permet à beaucoup de gens de s'identifier à une fonction importante ou intéressante (...) le cliché du « jeune-*cadre*-qui-monte » se retrouve à tous les niveaux de la société (...) Le mot « *cadre* » sonne bien, ça rassure, c'est lié à l'idée d'un rôle clef dans la société. D'une certaine façon, tous les Français sont un peu *cadres* ! *(P. 24.3.75)*.

- Spéc. À propos d'une femme.

Lucie est *cadre* qu'est-ce que cela signifie ? pas grand-chose, car elle n'encadre que Ginette ; enfin, elle a des responsabilités, elle signe le courrier qu'elle a dicté à Ginette *(Vailland, 60)*. La femme *cadre*, le plus souvent issue d'un milieu aisé dans lequel le travail féminin ne va pas de soi, est particulièrement mal préparée à la vie professionnelle. Mais plus attachée à son travail qu'une employée, plus rivée à lui aussi que si elle exerçait une profession libérale (elle a un patron, des horaires à respecter, un salaire à discuter, sa promotion à assurer), elle se trouve au cœur des problèmes professionnels féminins *(M. 13.1.66)*.

CADRE (S) MOYEN(S), CADRE(S) SUPÉRIEUR(S) loc. subst.

Le milieu que les sociologues nomment aujourd'hui « *cadres moyens* » *(E. 21.9.64)*. Les chômeurs victimes de l'automation sont pour une grande partie des ouvriers, mais aussi des employés. Sont également atteints les *cadres moyens*, car l'automation assume les décisions simples et même déjà assez complexes *(M. 12.7.64)*. Des médecins, des avocats et autres *cadres supérieurs (E. 2.11.64)*. L'Institut National de Formation des *Cadres Supérieurs* de la Vente, créé avec le concours actif de la Fédération nationale des associations de directeurs commerciaux *(M. 24.9.66)*.
→ AGENT DE MAÎTRISE, PETIT CHEF.

CADRE-CONTAINER ou CADRE-CONTENEUR sm. Variante pour *container** ou *conteneur**.

La société internationale Intercontainer sera d'abord chargée de commander et de gérer les wagons spéciaux adaptés au transport des grands *cadres-containers (M. 14.11.67)*. 85 tonnes de nitrate d'ammonium isolé dans deux *cadres-containers (M. 6.1.68)*. Ce train transporte sur des wagons plats spéciaux de grands *cadres-conteneurs (M. 24.4.68)*.

CADRE (ACCORD)
→ ACCORD-CADRE.

CADRE (LOI)
→ LOI-CADRE.

CADREUR
→ CAMERAMAN.

CAFETERIA ou CAFÉTÉRIA [kafeterja] sf. ~ 1955. (Mot espagnol d'Amérique centrale). ■ Bar où l'on sert des boissons non alcoolisées, des repas légers, etc.

La *cafeteria* permet de prendre un moment de détente agréable à l'instant de la « pause-café » *(VR 20.3.66)*. On va dans les *cafeteria*, mais elles sont ouvertes à des heures bizarres *(O. 21.2.68)*. Pour la pause-café deux *cafeterias* sont ouvertes à toute heure du jour et de la nuit *(M. 20.7.69)*.
Le Bar-*cafétéria* (d'une voiture de chemin de fer) est situé dans la zone de circulation intense et de croisement des files de voyageurs *(VR 19.7.70)*.
Nous nous arrêtons pour le petit déjeuner sur une aire de repos de l'autoroute où se trouve une *cafétéria (M. 3.7.76)*. À la *cafétéria* de l'entreprise, des O.S. jouent aux échecs, d'autres somnolent *(E. 4.11.78)*.

CAFÉ-THÉÂTRE sm. ■ Café dans lequel ont lieu des représentations théâtrales.

Parce qu'elle permet à de jeunes auteurs de faire jouer leurs œuvres à moindres frais, la formule « *café-théâtre* » s'étend chaque mois davantage. Et c'est ainsi que, ces jours-ci, plusieurs spectacles vont être créés dans des lieux aussi divers que des caves, bistrots de quartier (...) *(M. 12.1.67)*. La désinvolture *(de J. Prévert)* en remontrerait aux modernes qui croient inventer la comédie dans les *cafés-théâtres (O. 24.1.68)*.
→ THÉÂTRE.

CAGOULÉ, E part. passé (d'un v. *cagouler non attesté). Qui a la tête cachée par une cagoule.

Deux hommes armés et *cagoulés* font irruption dans une banque ; sous la menace, ils se font remettre 80.000 F. *(C. 23.12.77)*.

CAÏDAT [kaida] sm. ■ Situation de caïd, de chef.
Une réforme (du régime des prisons) qui donnerait les moyens de (...) briser le *caïdat* des détenus les plus dangereux *(E. 24.11.75).*

CAILLER [kaje] v. intr. Pop. ■ Avoir froid.
● Emploi impersonnel *(ça caille,* il fait froid).
Un temps, on se serait cru à la fin de l'hiver (...) il portait un tricot et son pantalon de velours. Ce jour-là, hein, *ça caillait (Nourrissier, 68).*

CALCUL (PLAN-)
→ PLAN (-) CALCUL.

CALCULATRICE sf. ■ *Ordinateur*** qui effectue principalement des calculs.
Chacun aura la puissance de calcul d'une salle d'ordinateurs d'il y a quelques années à sa disposition pour 50 F dans les grands magasins. Déjà les *calculatrices* de poche nous habituent à cette idée. *(C. 15.9.78).*

CALCULETTE sf. ■ Petite *calculatrice** de poche.
Les *calculettes* sont maintenant sur tous les bureaux, mais souvent sous leur forme la plus fruste : avec les quatre opérations, la mise en mémoire additive, la mise en mémoire substractive (...) *(M. 30.5.79).*

CALL-GIRL [kɔlgœrl] sf. (angl. *to call,* appeler, et *girl,* fille). ■ Prostituée que le client appelle par téléphone, et qui « travaille » à domicile.
Essor de la prostitution à domicile : celle, luxueuse, de quelque 1200 *call-girls (E. 28.8.72).* Colette est une *call-girl* de grand luxe, une des meilleures « gagneuses » du plus vieux métier du monde *(P. 26.5.75).*

CAMÉ, E adj. et subst. (De *came,* drogue). Drogué(e), toxicomane.
● Adj.
Des types totalement *camés* (...) qui exigeaient des barbituriques en quantité massive *(Olievenstein, 77).*
● Subst.
Après la cure, les toxicomanes ne se réadaptent pas. La société ne les accueille pas (...) ils retournent à leurs copains, à leur bande de *camés,* le seul asile qu'ils aient *(Bodard, 71).*

CAMERAMAN ou CAMÉRAMAN [kameraman] sm. Mot angl. Cinéma, télévision : opérateur de prises de vues.
Ce pays, P. S. le connaît bien. Il y a vécu trois ans comme *cameraman* de l'armée *(F. 3.2.67).* Ce matin, B. Bardot a montré ses griffes à une équipe de la télévision qui voulait tourner sa sortie de l'hôtel. « Pourquoi ne venez-vous pas aussi me filmer dans mon lit ?» leur a-t-elle lancé. Le *caméraman* a baissé les armes *(E. 17.4.67).*

Cameramen ou caméramen Mot angl. Pluriel de *cameraman**.
Quatre *cameramen* de télévision ont effectué l'ascension du Cervin, en prélude à une ascension en groupe à laquelle prendront part soixante *cameramen* journalistes et alpinistes *(M. 13.7.65).* Des reporters et des *cameramen* ont été maltraités et leurs appareils confisqués *(M. 27.8.65).* L'équipe de production d'informations comprend : reporters, *caméramen,* électriciens, personnel de laboratoire, projectionnistes *(M. 30.6.66).*

Rem. L'Administration (Arrêté du 12.1.73) préconise l'emploi de *cadreur* au lieu de *cameraman.*
D'après l'arrêté, *cadreur* (désigne) l'agent d'exécution chargé du maniement d'une caméra, de la mise au point (...) L'opération s'appelle « cadrage » *(Ling. 2/77).*

CAMPING- [kɑ̃piŋ] Premier élément de substantifs composés.

CAMPING-CAR sm. ■ Sorte de camionnette équipée de couchettes, d'un mobilier de cuisine, et destinée au camping.
Si vous rêvez de vacances solitaires sans la promiscuité des camps de camping ou des hôtels (...) vous adopterez le *camping-car (P. 8.7.74).* Le *camping-car* est considéré tantôt comme une caravane par certaines municipalités, tantôt comme un poids lourd sur certaines autoroutes (...) L'an dernier, 1500 *camping-cars* ont été vendus en France *(M. 22.4.78).*

CAMPING-CARAVANING sm. ■ Ensemble englobant le camping et le *caravaning**. Lieux où ils sont pratiqués.
Le *camping-caravaning* représente 23 % des journées de vacances des Français (...) Les propriétaires et les gestionnaires des *campings-caravanings* se plaignent des tarifs trop peu rémunérateurs qui leur sont imposés *(M. 11.2.78).* Bond en avant du *camping-caravaning* : il se classe au deuxième rang des modes d'hébergement de vacances. Le *camping-caravaning* se porte bien *(M. 2.7.78).*

-CAMPING [kɑ̃piŋ] Deuxième élément de substantifs composés.
Un artisan transforme en *auto-camping* la Triumph 1300. (...) Des *autos-camping* de grande taille (...) Ce que l'on pourrait appeler l'exploration du littoral ou plus communément la *croisière-camping.* (...) Parallèlement à l'essor de la caravane se développe depuis quelques années une tendance vers la *voiture-camping (A. 22.5.69).*

CAMPUS [kãpys] sm. Mot latin emprunté par l'intermédiaire de l'américain. ■ Ensemble de bâtiments universitaires (salles de cours, bibliothèques, laboratoires ; et aussi homes d'étudiants, restaurants universitaires), terrains de sport, espaces verts, etc., groupés sur un vaste emplacement en dehors d'une ville.

Les participants ont estimé qu'il fallait « inviter » dans chaque région, les nouveaux organismes d'enseignement supérieur et de recherche à grouper sur un *campus* universitaire, situé à proximité des villes, leurs laboratoires, bibliothèques, salles de cours ainsi que les résidences des professeurs, chercheurs, étudiants et techniciens. Ces *campus* (...) *(M. 23.4.58)*. Les architectes envisagent la construction d'un « *campus* » universitaire de dix mille étudiants *(M. 17.6.65)*. Les *campus* se multiplient maintenant en France. (...) À ceux qui objectent que le nouveau *campus* est « loin », on répond, non sans raison, que la ville s'étend et que dans quelques années elle l'aura englobé *(M. 29.4.66)*. Des étudiants réunis sur le « *campus* » de la cité universitaire *(M. 14.1.68)*.
Il ne suffit pas de couper un *campus* de la ville pour qu'il développe une vie propre *(E. 5.6.72)*.

CANARD BOITEUX sm. Fig. ■ Entreprise en difficulté, en *perte* de vitesse*.

En réponse à une question orale, le Premier ministre a déclaré, le 31 mai, à l'Assemblée nationale : « je trouve fâcheuses des expressions telles que *canards boiteux* (...) En fait, il y a des entreprises susceptibles de retrouver un équilibre (...) et des entreprises gênées auxquelles le gouvernement n'apportera son aide que (...) » *(M. 2.6.78)*.

CANCER sm. Fig. ■ Danger insidieux qui menace une culture, une institution, une société, etc.

Si l'on admet qu'il vaut de consacrer des milliards à nous guérir peut-être du *cancer*, pourquoi chipoter sur quelques dizaines de millions qui guériraient sûrement notre langue (française) du *cancer* qui la ruine *(Etiemble : FL 1.12.66)*. Il y a un « *cancer* » qui ronge les institutions républicaines et engendre l'abaissement moral des personnes les plus honorables *(M. 14.1.68)*. Le « mensonge par omission », véritable *cancer* qui rongeait les actualités télévisées, semble avoir été exorcisé *(M. 12.12.70)*.

CANCÉRO- Méd. Premier élément d'adjectifs et de substantifs composés savants dans lesquels il a le sens de : relatif au cancer.

Le pouvoir *cancérogénique* (qui peut provoquer une tumeur cancéreuse) d'un virus ne tient pas seulement à son affinité pour un type déterminé de cellules qu'il viendrait à infecter *(M. 15.10.66)*. Au laboratoire *cancérologique* (où l'on étudie le cancer) de B. *(M. 15.10.66)*. Un rapport sur la *recherche cancérologique (F. 12.12.66)*. Trois *cancérologues*, les professeurs A. (directeur adjoint de l'institut de cancérologie de V.), T. (chef du département des radiations à l'institut de V.) et L. (chirurgien) *(M. 25.10.66)*.

CANCÉROGÈNE adj. et sm. ■ Susceptible de provoquer ou de favoriser l'apparition d'un cancer.

Rem. Le mot semble devenu plus fréquent que son synonyme *cancérigène*.

● Adj.
Le *pouvoir cancérogène* des produits chimiques touche surtout des ouvriers d'industrie (...) 17 substances sont reconnues *cancérogènes* (...) *(M. 26.10.74)*. Un colloque international a eu lieu à Lyon sur « la pollution de l'environnement et les *risques cancérogènes* » *(BNF 22.11.75)*.

● Sm.
Au congrès du cancer de Houston, en 1970, les chlorures de vinyle avaient été présentés comme des *cancérogènes* dangereux *(M. 26.10.74)*.

CANDELA [kãdela] sf. (Mot lat., cf. fr. *chandelle*). Phys. ■ Unité de mesure de l'intensité lumineuse.

La seizième conférence des poids et mesures (Paris, 8-12 oct. 1979) a redéfini la *candela* comme « l'intensité lumineuse, dans une direction donnée, d'une source qui émet un rayonnement monochromatique de fréquence 540×10^{12} hertz » *(M. 31.10.79)*.
→ LUMINANCE.

CAP sm. Emploi figuré dans plusieurs locutions verbales.

Changer de cap : changer d'orientation.

La politique française *change* ouvertement *de cap* en se réclamant de nouveau de la seule puissance nationale *(M. 31.3.66)*.

Dépasser, doubler le cap de (+ un nombre) : atteindre ce nombre, considéré comme une étape, un palier.

Pour la première fois l'industrie aérospatiale a *dépassé le cap* de cent mille personnes employées *(F. 5.1.67)*. Au rythme actuel, *le cap* des 50 millions d'habitants sera *doublé* en 1967 *(M. 27.9.64)*.

Franchir le cap (sans complément) : surmonter une difficulté, un obstacle.

Le gouvernement obtiendra son vote de confiance, car même si M.A.P. parvenait à entraîner quelques députés avec lui, la majorité resterait néanmoins suffisante pour *franchir le cap* *(F. 28.12.66)*.

CAPSULE (SPATIALE) sf. Astron. : élément du train spatial dans lequel prennent place les *cosmonautes** pour les voyages dans l'espace.

> Dernière *capsule* biplace du programme spatial (Gemini) *(F. 9.11.66)*. L'énorme assemblage qui s'est arraché au sol du Cap Kennedy (...) s'est énormément raccourci, ne consistant plus qu'en deux éléments : la *capsule-cabine* et la *capsule-usine* — Service Module — *(PM 28.12.68)*.

CAPTEUR sm. (De *capter*). ■ Dispositif qui permet d'emmagasiner de la chaleur provenant du soleil.

> Lors des journées d'études « Bâtir avec le soleil » organisées à Paris, architectes et chercheurs ont étudié l'installation de *capteurs* solaires sur des immeubles *(M. 20.6.75)*. Améliorer les moyens de retenir plus longtemps la chaleur emmagasinée par les *« capteurs »* *(M. 24.11.77)*. Le *capteur* solaire est un piège à calories qui fonctionne selon deux principes physiques combinés : l'effet de corps noir, pour mieux absorber les rayons du soleil, et l'effet de serre, pour mieux emmagasiner la chaleur *(M. 10.5.78)*. Un élégant édifice, surmonté de deux énormes *capteurs* pentus *(M. 20.5.78)*. Il suffirait d'environ 10 m² de *capteurs* pour chauffer une maison individuelle dans le nord de la France *(O. 19.6.78)*.

→ SOLAIRE.

CAPTIF, IVE adj. Fig. ■ Qui, pour des raisons financières ou autres, est limité dans ses choix (en parlant notamment des usagers des moyens de transport).

> La clientèle de la 2ᵉ classe était partiellement *captive*, mais son insatisfaction montrait qu'elle était prête à passer aux moyens de transport concurrents dès que son revenu s'améliorerait *(R.G.C.F. 11.74)*. En région parisienne, 45 % au moins de la population est, pour de multiples raisons, *« captive »* des transports en commun ; inversement, dans les zones moins denses, une part non négligeable est plus ou moins *captive* de l'automobile *(VR 15.6.75)*.

CAPOTER v. intr. ■ Échouer, subir un échec.

> Le projet de grande fédération (des partis de centre-gauche) *capote* définitivement le 17 juin 1965 *(M. 30.5.74)*. Dans la tourmente de mai 68, plusieurs magazines *capotent (P. 27.1.75)*.

CARACTÉRIEL, LE s. et adj. Répandu au milieu du XXᵉ s.

● Substantif.

> *« Caractériel »* — ayant des défauts ou au moins des difficultés de caractère, — créé par les psychologues, est employé à plein par les pédagogues *(Cohen, 63)*. Plus de 600 000 *« caractériels »*, c'est-à-dire d'enfants présentant des « troubles du comportement et de la conduite » *(M. 22.10.67)*.

● Adj. Même sens ou : se rapportant au caractère.

> Les défauts *caractériels* éventuels du futur étudiant *(PM 28.9.68)*.

CARACTÉRIELLEMENT adv.

> Des gens *caractériellement* anormaux *(M. 14.10.69)*.

CARAVANEIGE sf. ou sm. De *caravan(e)* et *neige*.

● Sf. Caravane construite pour permettre *le* caravaneige.

> Le constructeur d'une *« caravaneige »* vante sa fibre de verre bakélisée qui résiste à la neige, ses doubles vitres qui stoppent le froid, sa pompe à eau électrique qui trompe le gel *(M. 18.10.66)*.

● Sm. *Caravan(n)ing** d'hiver, notamment dans une station de sports d'hiver.

> Il y a le *caravaneige*. Certaines stations (de sports d'hiver) interdisent, faute de place, le stationnement des caravanes. D'autres ont créé des plates-formes spéciales, équipées de branchements d'eau et d'électricité *(A. 4.12.69)*. Plus de soixante stations françaises (de sports d'hiver) ont aujourd'hui leurs terrains de *caravaneige (E. 29.3.71)*.

CARAVANIER, ÈRE s. et adj. ■ Adepte du *caravaning**.

● Subst.

> Nous ne pouvons pas encore nous « aligner » sur les *caravaniers* d'outre-Manche et d'outre-Atlantique : un million d'Anglais vivent en permanence dans de magnifiques caravanes *(F. 18.1.60)*. Un nouveau venu aux sports d'hiver : « le *caravanier* de neige » *(M. 2.12.64)*. Entre ceux qui campent et ceux qui possèdent une résidence secondaire, se situent les *« caravaniers »* sédentaires, variété de nomades qui ne bougent pas *(Kubnick, 67)*. Les *caravaniers* ont longtemps figuré dans la catégorie du tourisme social parce qu'on les pensait trop pauvres pour louer une « vraie maison ». C'était une erreur. (...) La moitié des *caravaniers* sont des cadres moyens ou supérieurs *(E. 29.3.71)*.
> Si vous adoptez le camping-car, (...) contrairement aux *caravaniers*, vous pourrez vous installer où bon vous semblera *(P. 8.7.74)*.

● Adj.

> La toute puissante industrie automobile, lorsqu'elle prépare ses modèles, consulte les experts *caravaniers (E. 29.3.71)*. Si vous désirez être admis dans le *milieu caravanier* (...) *(F. 18.1.60)*. La ville (d'Aix-les-Bains) après avoir eu un mouvement de recul devant la *roture* campeuse et *caravanière*, lui tend maintenant les bras *(F. 23.2.70)*. Naguère les *skieurs caravaniers* plantaient leur remorque un peu au hasard. Ce laisser-aller n'est plus guère toléré *(A. 4.12.69)*.

CARAVAN(N)ING [karavaniŋ] sm. ~ 1950. (De l'angl. *caravan*, d'après *camping*). Forme de camping pratiquée dans une caravane.

Qu'est-ce que le *caravanning* ? Ce n'est pas seulement un mot nouveau : il est aussi le moyen de concilier les plaisirs du camping, de la vie de plein air et le confort du home. « *Caravaning* » est aussi le titre d'une nouvelle revue *(A. 1.2.54)*. Un temps ralentie par les restrictions de crédit, l'industrie du *caravaning* a recouvré son rythme d'avant l'austérité *(E. 29.3.71)*.

● Lieux (camps etc,) où peuvent s'installer les *caravaniers**.

L'ensemble va s'étendre encore et dès l'été prochain comprendra en outre un vaste *caravaning (C. 2.3.69)*.
La recherche d'un emplacement libre dans les campings et *caravanings* situés sur le littoral est encore plus aléatoire que toute autre recherche d'un lieu d'accueil *(M. 25.7.78)*.

Rem. **L'Administration recommande de remplacer ce mot par *caravanage*.**
→ CAMPING-CARAVANING.

CARCÉRAL, E adj. (Du latin *carcer*, prison ; cf. incarcérer). De prison ; qui concerne une prison ; qui évoque la prison.

Le centre psychothérapique est doté de toutes les installations permettant aux malades de mener une vie agréable et d'éviter le *caractère « carcéral »* des anciens établissements *(M. 15.12.64)*. Une tâche nouvelle est dévolue au psychiatre. Le courant humanitaire et scientifique qui a transformé l'attitude vis-à-vis de la délinquance le conduit, ici comme pour les malades mentaux, à préparer l'étape au-delà du *temps carcéral*. (...) La criminologie clinique, discipline nouvelle, dont l'épanouissement devrait entraîner une profonde transformation de l'*univers carcéral (M. 13.4.66)*.
Pour certains délinquants primaires, l'entrée dans le *monde carcéral* représente un traumatisme intolérable *(E. 30.10.72)*. Devant la faillite de l'*institution carcérale*, la réforme amorcée en 1958 est peu à peu complétée (...) le *régime carcéral* rend plus difficile la réadaptation future à la vie en société *(C. 7.1.76)*.

CAR-FERRY sm. Mot anglais, d'après *ferry-boat*. ■ Navire équipé spécialement pour l'embarquement et le débarquement rapides des véhicules automobiles et ferroviaires et leur transport sur un court trajet (traversée de fleuve, de lac ou d'étroit bras de mer).

La flotte Transmanche compte actuellement vingt et un paquebots, *car-ferries*, ferry-boats et cargos. Cette flotte sera bientôt renforcée par la mise en service du Chantilly, *car-ferry* de la S.N.C.F. *(M. 9.4.66)*. Les *car-ferries* français répondent à toutes les normes de sécurité *(F. 13.12.66)*.

CARGO adj. et sm. inv. Spéc. Qui concerne le transport aérien du fret.

Devant la montée du trafic, l'avenir appartient aux avions tout *cargo* (...) À distance égale, un vol *cargo* Paris-Jeddah coûte deux fois plus cher qu'un vol *cargo* Paris-Montréal *(M. 4.6.75)*.

CARISTE sm. 1972 (De : *car*). ■ Conducteur de chariot élévateur ou d'autres engins de manutention qui assurent le transport du matériel à l'intérieur d'une usine, sur un chantier.

À la suite d'une grève des *caristes*, la direction de la Régie Renault avait mis en chômage technique 4000 ouvriers *(O. 17.2.75)*. S. en a « ras le bol », comme tant d'autres O.S. Il souhaite devenir *cariste* ou, à tout le moins, ouvrier professionnel *(M. 9.6.77)*.

CAROTTE sf. Fig. ■ Méthode de commandement, de gouvernement qui cherche à obtenir l'assentiment, la confiance d'une catégorie de subordonnés, d'administrés en leur accordant divers avantages. (Par opposition à *bâton**.)

Il n'y a pas seulement divergence sur la méthode entre les partisans du « bâton » et les partisans de la « *carotte* ». Il y a conflit entre ceux pour qui le rôle de l'État est avant tout de maintenir l'ordre et ceux pour qui l'État doit répondre aux aspirations profondes des citoyens *(C. 2.1.69)*.
En France, on pratique encore à l'égard des associations la politique du bâton et de la *carotte (M. 29.1.75)*.

● Ces avantages eux-mêmes.

Bien qu'il s'agisse d'une « *carotte* » destinée à tenter les industriels et que M. Villiers ait déclaré au ministre de l'Économie que les « *carottes* » n'intéressaient pas le patronat, il semble bien que celui-ci apprécie déjà le nouvel avantage fiscal qui va lui être accordé *(M. 10.2.66)*. Le gouvernement a brandi le bâton et oublié la *carotte (E. 5.4.71)*.
Les pouvoirs publics ont décidé d'accorder une prime de mobilité aux jeunes travailleurs. C'est une *carotte* qui ne résoud rien *(O. 29.1.73)*.

CARRE [kar] sf. ■ Baguette en acier qui constitue la bordure longitudinale de la semelle d'un ski.

Aujourd'hui les *carres* sont devenues de vrais rasoirs *(E. 15.1.73)*. Indispensables à une bonne tenue du ski sur la neige très dure ou sur la glace, les *carres* sont faites d'un acier résistant, très rigide *(M. 13.2.74)*.

CARREFOUR sm.
1. Lieu où se nouent des relations humaines, où se rencontrent plusieurs civilisations, des cultures, des systèmes économiques ou politiques différents.

Bayonne a vu passer, au cours des siècles, bien des armées et les cohortes pacifiques des pèlerins de Saint-Jacques-de-Compostelle ; aujourd'hui elle veut rester un vivant *carrefour* d'idées *(C. 29.4.64)*. Le Levant est un *carrefour* où tout passe, religions, armées, empires *(Auburtin, 66)*. L'implantation (des universités) en banlieue est la plus mauvaise des solutions, car elle place les facultés en dehors des *carrefours* de relations *(M. 28.2.67)*. L'Alsace dans l'Europe de demain restera-t-elle une impasse ou deviendra-t-elle un *carrefour* ? *(M. 28.3.67)*. Avec la mise en service en 1967 de l'oléoduc transalpin qui relie Trieste à l'Allemagne, l'Autriche devient un *carrefour* européen des hydrocarbures *(M. 31.12.67)*.

● **Emploi figuré.**
Se situant au *carrefour* de plusieurs *disciplines* trop souvent hermétiques A. Sauvy (l'auteur du livre « L'Opinion publique ») procède par courts-circuits lumineux *(Es. 12.5.66)*. Un des *carrefours de l'œuvre* de Marivaux *(F. 12.5.66)*.

2. Situation où l'on est obligé de choisir entre plusieurs décisions possibles.
Le kibbouts est à un *carrefour*. Fondé sur un sionisme pionnier, idéaliste et agricole, il se trouve maintenant dépassé par l'expansion économique du pays. Les kibboutsim les plus anciens, qui se sont enrichis, ne satisfont plus pleinement à l'idéal pionnier des débuts *(C. 19.5.64)*.

3. Rencontre organisée pour permettre aux participants d'échanger leurs idées, d'exposer le résultat de leurs recherches, etc.
Un *carrefour* sur la réforme de l'Université a eu lieu à M. *(M. 16.9.68)*. Après le *carrefour* qui a réuni à R. des médecins de 23 pays *(M. 6.3.70)*.
→ COLLOQUE, SYMPOSIUM, TABLE RONDE.

CARRIÉRISTE adj. et sm. Péj. ■ Ambitieux sans scrupules ; souvent pour : *arriviste* (toutefois cit. Caplain, 67).

● **Subst.**
E. gagne passablement d'argent, néglige d'en profiter pour se livrer tout entier à la nécessité de régner. On pourrait donc dire qu'il est ambitieux, mais le mot ne convient guère : aussi le dira-t-on plus justement arriviste ou plutôt, vu le cadre étroit où son activité s'exerce, *carriériste (Caplain, 67)*. On trouve aujourd'hui, dans les cadres du parti, toute une échelle de *carriéristes*, d'hésitants, d'embourgeoisés, déchirés entre leurs servitudes et une secrète aspiration à la détente *(M. 8.3.61)*. Les rangs de certains partis se sont élargis. Y sont entrés toutes sortes d'éléments petits-bourgeois, de *carriéristes* et d'opportunistes *(M. 8.1.65)*. Finalement le héros, un jeune chimiste, rebuté par la bêtise de la bureaucratie et par la traîtrise des *carriéristes*, fuit *(M. 14.6.66)*. Revivez dans les « Mémoires d'outre-tombe », l'enlèvement du duc d'Enghien : la stupeur de Chateaubriand, les cœurs « glacés d'effroi », la panique des *carriéristes* consulaires *(Can. 5.7.67)*. Un étrange ramassis de fascistes, de conspirateurs, d'aventuriers, de *carriéristes*, d'affairistes *(O. 29.1.73)*. Toutes les conditions étaient réunies pour favoriser les *carriéristes* et les affairistes. Des fortunes se firent, des scandales éclatèrent *(E. 6.1.75)*.

● **Adj.**
Les suppôts de l'orthodoxie, dignitaires civils ou ecclésiastiques, hauts fonctionnaires, faune *carriériste (M. 26.3.66)*.

CARROUSEL sm. Fig. ■ Succession rapide de personnes en un même lieu ou dans la même fonction.

Quatre-vingts musiciens, tous remarquables, soumis à un *carrousel* de chefs d'orchestre, perdront vite leur cohésion *(F. 18.11.66)*. Le *carrousel* ministériel a commencé. Mais c'est la dernière fois que ces exercices diplomatiques traditionnels (rencontres périodiques de ministres des pays du Pacte atlantique) se déroulent à Paris *(F. 15.12.66)*.
→ BALLET.

CARTE (À LA) loc. adj. et adv. (D'après : *repas à la carte, manger à la carte*). Fig.

● **Adj. Qui tient compte des désirs, des goûts de chacun, de chaque groupe.**
Y a-t-il des remèdes à l'absentéisme ? Oui, sans doute. Parmi eux, les horaires souples, les *horaires* flexibles ou *à la carte (E. 21.5.73)*. Idéologies *à la carte* : brochures des non-violents, panneaux vantant l'action d'un parti ou d'un syndicat, tracts qui appellent à soutenir l'IRA ou les Palestiniens (...) *Meeting à la carte* aussi, puisque meeting non-stop *(E. 3.9.73)*. Les téléspectateurs sont invités à composer eux-mêmes leur programme (...) Cette *télévision à la carte* n'est pas une idée neuve *(E. 17.9.73)*. Les temps sont révolus où quelques techniciens préparaient pour une minorité fortunée un *tourisme « à la carte » (M. 4.5.74)*. Né en Allemagne de l'Ouest et en Suisse (...) l'*horaire à la carte*, élément de l'amélioration des conditions de travail, est aujourd'hui pratiqué dans 800 entreprises françaises *(M. 24.9.74)*. Nos alliés sont prêts à nous permettre une collaboration sélective au sein de l'Eurogroupe, une *participation « à la carte » (M. 11.10.74)*. Le nouveau divorce sera un *divorce à la carte (P. 24.2.75)*. La France et la Grande-Bretagne souhaitent transformer Eurocontrol en une sorte d'*organisation à la carte*, chaque État décidant ou non de placer son ciel sous surveillance européenne *(M. 17.5.75)*. On demandait aux intéressés s'ils préféraient la retraite à l'âge fixe et imposé, comme c'est actuellement le cas, ou la *retraite « à la carte »*. Réponse, à une écrasante majorité : *à la carte (M. 7.9.75)*. Chez Renault, l'*accord « à la carte »* proposé par la direction a été accepté par les syndicats *(E. 24.7.78)*.

● **Adv. Au gré de chacun.**
Les bébés, maintenant, *se font à la carte*, grâce à la régulation des naissances *(P. 1.7.74)*.

CARTIÉRISME sm. Du nom de R. *Cartier*, journaliste. ■ Tendance à contester l'utilité d'une aide financière officielle au *tiers** monde, et à demander la réduction de cette aide.

Le terme de dégagement a des relents de *cartiérisme (M. 7.9.61)*. Ce que ses amis (de Raymond Cartier) appellent avec respect — et ses adversaires avec ironie — le *cartiérisme* n'a jamais fait l'objet d'une définition précise, mais les lecteurs habituels de R. Cartier savent très bien ce qu'il signifie *(ST 23.3.68)*. Une France qui se rallierait librement au

« *cartiérisme* » et choisirait de respecter l'indépendance des États africains au point de les abandonner à leur sort aurait-elle pratiqué une morale internationale bien exaltante ? *(Grosser, 69).*
Seul des journalistes français contemporains, Raymond Cartier a donné son nom à une « *doctrine* » (...) Contentons-nous de constater que le « *cartiérisme* » a été répudié à la fois par le gouvernement et par l'opposition *(M. 15.2.75).* Les difficultés de l'emploi sont telles aujourd'hui que le « *cartiérisme* » renaît de ses cendres *(M. 14.10.77).*

CAS DE FIGURE sm. Hypothèse

Des forces conventionnelles, mobiles (...) sont indispensables à la France pour tous les *cas de figure* de ce qu'on appelle la « stratégie indirecte » *(P. 10.5.76).* Tel étant le bilan (après le premier tour des élections législatives), dans les 408 circonscriptions où les électeurs n'auront le choix qu'entre le bloc majoritaire et le bloc de gauche, il y a trois autres *cas de figure* : (...) *(M. 16.3.78).*

CASCADE (EN) loc. adj. et adv. Fig. ■ Par rebondissements successifs.

Dans chaque circonscription se trouve un guetteur. Si la neige tombe, il réveille quatre ouvriers habitant aux environs, qui, à leur tour, en réveillent chacun quatre autres, et ainsi de suite. C'est ce qu'on appelle le *réveil en cascade*. Deux ou trois heures après l'alerte, tous les effectifs (de déblayage) sont à pied d'œuvre *(M. 6.3.70).* Appliquer une *taxe* « *en cascade* », le produit étant taxé aussi souvent qu'il change de main *(M. 10.5.66).* Les *traductions en cascade* et révisions en série (que suppose l'élaboration) d'une encyclopédie des sciences et des techniques *(M. 13.3.69).*

CASCADEUR sm. Cin. : acrobate ou spécialiste qui double (remplace) un acteur lorsque sont filmées des scènes dangereuses ou nécessitant des aptitudes physiques particulières (escalades, voltige, accidents, combats, etc.)

Coincé entre ses monstres sacrés (acteurs) et les « *cascadeurs* » qui conduisaient les camions (à la place des acteurs) H. V. s'est contenté de conduire l'équipage jusqu'au… Festival de Cannes *(C. 25.4.64).* Ce western tourné en Bavière nous permet également d'apprécier les exploits de *cascadeurs* tyroliens, que l'on reconnaît successivement sous les traits d'officiers américains et d'Indiens *(GL 13.3.65).* Au générique de la plupart des films d'action ayant eu Jean Marais comme protagoniste, on avait pu lire le nom de C. C. sous la rubrique : *cascadeur* et maître d'armes *(C. 17.1.69).* Un témoin, *cascadeur* de cinéma, a de nouveau été interrogé *(C. 8.3.77).*

● Acrobate professionnel qui exécute des « tours » dangereux et spectaculaires.

Un *cascadeur* va tenter de franchir en voiture un mur de flammes de 100 mètres de long (...) Récemment, le *cascadeur* K. effectuait, devant 3000 spectateurs, un saut à motocyclette dans la Garonne *(M. 24.10.71).* Les duels et les combats auxquels se livrent sur la scène des « *cascadeurs* » éblouissants *(O. 23.12.72).*

● Par ext. : personne qui aime, recherche le risque physique (sport, etc.)

Il faut que la neige soit régulière : elle l'est. Sur des pentes qu'on nous promet sans cailloux, assez difficiles pour les « *cascadeurs* » et ailleurs assez tendres pour ceux qui débutent *(M. 27.12.66).*

CASCADEUSE sf.

Le cinéma fait souvent appel à des *cascadeuses* pour doubler telle ou telle vedette (...) Avant tout, la *cascadeuse* doit être une fille calme, décontractée, pour être toujours en pleine possession de ses moyens *(Fr. Inf. 4.78).*

CASH-FLOW [kaʃflo] sm. (Mot angl.) Écon.

En 1963 le montant du *cash-flow*, c'est-à-dire du cumul, après impôts, des amortissements et des bénéfices, s'était élevé, pour l'ensemble du groupe (d'industries chimiques) à environ 700 millions de francs *(M. 23.4.66).* Cette notion de bénéfice net est peu précise. Je lui préfère le critère du *cash-flow* c'est-à-dire de l'addition aux bénéfices nets des amortissements et des provisions non affectées *(En. 8.2.69).*
Dégager le « *cash-flow* » nécessaire aux investissements *(R.G.C.F. 3.74).* Le *cash-flow*, lui aussi source importante d'inflation, est devenu le vrai but de nombreuses firmes *(M. 10.11.74).*

CASQUETTE sf. Fig. ~ 1970. D'abord par métonymie, la casquette symbolisant la fonction de celui qui la porte ; puis par ext., à propos d'une fonction ou même d'une activité, d'une compétence, d'un rôle quelconques.

L'individu oublie qu'il peut agir sous trois « *casquettes* » : celle de l'utilisateur, qui décide de respecter la forêt ; celle du consommateur, qui choisit les produits les moins nocifs ; celle du citoyen, qui élit des notables efficaces *(E. 3.8.70).* A. est passé par les Mines, Sciences Po., l'E.N.A. C'est un autodidacte de l'économie (...) sa « *casquette* » principale est celle du Conseil d'État *(R 3.74).* Le nouveau ministre n'est pas seulement un technicien des prix. Il a deux autres « *casquettes* » : banquier et homme politique *(O. 3.6.74).* Les pouvoirs publics ne veulent mécontenter ni l'automobiliste, ni les usagers des transports collectifs, qui souvent portent les deux *casquettes (M. 4.10.74).* Le syndic d'un ensemble immobilier a plusieurs *casquettes* pour remplir sa difficile mission : juriste, psychologue, chef d'entreprise, gendarme *(C. 1.6.78).*

CASSER v. tr.

1. Milit. Infliger à l'adversaire des pertes ou des destructions importantes.

(Les) plus nobles expressions du snobisme militaire (...) ont déjà fait, comme disent les

gens de métier, *« casser »* beaucoup de monde (...) Le langage des officiers, lui aussi, subit l'influence de la machine, et a trouvé moyen d'introduire dans la mort au champ d'honneur un parfum de ferraille *(Daninos, 64).*
Imaginez un peu qu'on vous colle du fellouze (= des fellagha en argot militaire) à *casser (Escarpit, 64).* Nous n'aurons pas la victoire tant que nous n'aurons pas *cassé* l'infrastructure vietcong *(E. 17.10.66).*
Ce général qui négocia un marché à Tunis, vingt ans après avoir *« cassé »* du fellagha tunisien *(Can. 26.9.73).*

2. Fig. Vaincre une résistance (physique ou morale). Neutraliser un adversaire. Abattre un obstacle.

O Le pouvoir soviétique, pour consolider son prestige à l'intérieur du camp socialiste, ou pour *« casser »* l'*alliance* occidentale, avait cru pouvoir, d'un coup de poker, forcer l'Amérique à une concession sans contrepartie *(M. 3.3.64).* Le jeune clergé le juge autoritaire (un archevêque), parce qu'il a commencé sa carrière en *« cassant »* les *dirigeants* de la Jeunesse Étudiante Catholique *(E. 3.10.66).* (La) *gauche* est *cassée* par un désaccord irréductible sur l'intégration de l'Europe *(E. 16.10.67).* N'est-ce pas tenter de *casser le moral* de la population, la fatiguer, l'épuiser ? *(M. 20.12.66).* Je ne pense pas que les réformes suffiront à démobiliser les étudiants. Les vacances marqueront évidemment un recul mais elles ne *« casseront »* pas *le mouvement (J. Sauvageot, 68).* Il fallait lui *« casser les nerfs »* et cela je pouvais le faire *(de Larminat, 62).* Il faut *casser* l'ancienne *organisation* des secteurs. L'autre jour, Lecomte disait avoir *cassé* un concurrent auprès d'un gros client. Lévêque, féru de politique, parle volontiers de *casser* le parti adverse. Pourquoi toujours ce mot, mis à toutes les sauces ? Et pourquoi, pour le prononcer, ce relent de menace, cette nuance de dureté ? *(Caplain, 67).* Casser la *spéculation (RSR 21.11.68).* Casser la *suprématie* du dollar *(M. 28.6.68).* À l'heure où le régime (de la Ve République) fait peser sur tous les *syndicats* les menaces les plus précises, visant non plus certes à les *casser* brutalement mais à les désintégrer *(US 17.2.64).* Quelle est l'*université* idéale qui doit remplacer celle que vous voulez *« casser »* ? *(A. Sauvageot, 68).*

OO Un socialisme prudent (...) et qui saura *casser la technocratie (E. 15.1.73).* Les femmes les plus militantes s'habillent chez les fripiers pour *« casser la dictacture »* des couturiers *(E. 4.10.74).* Tout se passe comme si le pouvoir cherchait à *casser la grève* (des P.T.T.) *(M. 16.11.74).*

3. Écon. Désorganiser (un marché, etc.) ; provoquer une baisse forte et soudaine (des cours, prix, etc.) ; ralentir (l'expansion, le rythme, etc.).

O À moins de vouloir *casser la consommation* et l'économie, il est impossible d'augmenter les prix *(En. 8.2.69).* Une inflation généralisée qui pourrait *« casser l'Europe » (E. 21.9.64).* On va *casser l'expansion,* on va casser le Marché commun, on va essayer d'imposer un recul *(M. 17.12.63).* Un ancien ministre (de l'agriculture) a télégraphié (au ministre actuel) pour protester contre cette mesure (fiscale) qui, à son avis, va *« casser »* le marché *(M. 16.1.68).* À Palma les *prix* ne sont pas *« cassés »* ils sont en miettes *(M. 9.11.69).* La vente en masse (dans un magasin à grande surface) permet de *« casser »* les prix – 10 à 15 % – pour la plupart des articles *(FP 9.70).* Incontestablement *« cassé »,* le *rythme* de la construction française ne saurait se ralentir encore sans danger grave *(M. 19.12.57).*

OO Le gouvernement doit éviter les mesures de *« stabilisation »* pour ne pas *« casser »* la *croissance (O. 3.9.73).* Une banque (...) s'est vu reprocher de *casser le marché (E. 11.2.74).* On a lancé des tarifs promotionnels (de voyages par avion) ; partout on a *cassé les prix (PM 4.1.75).* Le patronat accuse ce parti de vouloir *casser la reprise (E. 12.7.76).* M. s'amuse à *« casser les prix »* des promoteurs *(P. 17.7.78).*

4. Modifier soudainement ; déranger, interrompre.

O Le moindre *« extérieur »* ne pouvait que *casser l'atmosphère* tragique d'une évocation *(C. 12.6.70).* Depuis qu'il vient de prendre cette décision de rompre avec l'obligation des horaires, depuis qu'il vient de *casser une habitude* (...) *(Ragon, 66).* L'ordre alphabétique *« casse »* provisoirement l'*imagination* ou la passion du lecteur *(CL 5.64).* Fabiola paraît peu dans les cérémonies officielles et elle *casse le protocole (PM 9.3.68).* Je cherche, dit (un réalisateur de cinéma), un rythme qui *« casse »* le *ronronnement* et les truquages d'improvisation *(E. 8.6.70).* Les questions *cassaient le rythme* de l'émission *(M. 10.4.68).*

OO *Casser la monotonie* : pas plus de 500 logements construits au même endroit par le même architecte *(E. 2.4.73).* Les habitants n'ont rien tenté pour *« casser » la routine (M. 26.5.74).*

5. Sciences, techniques. *Casser l'atome* : **provoquer la fission.**

Si l'on est parvenu à *« casser »* l'*atome* – dans des bombes ou dans des centrales atomiques – on ignore toujours de quoi sont faits les protons et les neutrons qui le constituent *(O. 23.11.66).* Après avoir *cassé l'atome* il (le Haut Commissaire à l'énergie atomique) va peut-être *casser* un autre mythe *(RTF 17.2.68).*

● **Dénaturer (un produit).**

La pasteurisation, opération nécessaire mais périlleuse, ne *casse* pas *la bière (E. 6.2.69).*

CASSER LA BARAQUE
→ BARAQUE (CASSER LA).

CASSETTE sf. ■ Petit boîtier en matière plastique contenant une bande magnétique et qui, utilisé dans un magnétophone spécial, permet d'enregistrer et de reproduire le son.

Chaque *cassette* contient un ruban magnétique sur support de polyester inaltérable, indéformable, incassable. Les cassettes ne demandent aucune manipulation, leur mise en place est automatique dans le magnétophone et le chargement est instantané *(AAT 6.67).* Quelle que soit la marque de la *cassette* elle peut être utilisée sur n'importe quel appareil. (...) Il suffit de glisser la *cassette* dans le magnétophone et d'appuyer sur un bouton. (...) Il n'y a pas que des *cassettes* préenregistrées : on peut fort bien acheter des chargeurs contenant des bandes vierges *(FP 9.70).* Jusqu'à ce jour la *cassette* de magnétophone était considérée comme un procédé d'un grand intérêt pour son extrême simplicité d'emploi mais non pour la fidélité de la reproduction sonore qu'elle permettait. Un fabricant a décidé d'exploiter au maximum les possibilités de la *cassette* et a réalisé pour elle un magnétophone aux performances poussées *(SV 2.71).*

CASSETTE 80

Grâce aux progrès de la bande magnétique et des magnétophones, la *cassette* peut rivaliser avec le disque *(VR 23.4.78).*

● **Emploi dans des composés.**

Pour 200 F, une boîte lectrice de bandes, de la taille d'un transistor, facile à glisser dans une voiture ou une valise, dans laquelle on insère une *cassette-programme* en prêt-à-consommer *(E. 18.11.68).*
→ MINI*(-)CASSETTE, MUSICASSETTE.

Rem. Le dérivé *cassettothèque*, construit d'après *bibliothèque* (comme *bandothèque) est attesté.**

Constituer une *cassettothèque*, à l'aide d'un catalogue de musicassettes *(E. 15.5.72).*

CASSEUR sm. ~ 1950.

1. **Professionnel qui achète des voitures automobiles hors d'usage ou mises « à la casse »** (= à la ferraille), **puis récupère et revend les pièces détachées encore utilisables.**

Le nombre des voitures-épaves ne cesse d'augmenter. Cinq cent mille véhicules « disparaissent » chaque année en France. En fait, on les retrouve chez les *« casseurs » (M. 14.11.67).*
De *casseur* en *casseur*, pièce par pièce, sept C 4 (voiture d'avant 1930) ont été remontées en deux mois *(E. 11.6.73).*

2. **Fig. Personne qui, au cours d'une manifestation publique, endommage volontairement des biens privés ou publics.**

Chaque magasin sera surveillé tous les quarts d'heure. Il est difficile à un *casseur* de pénétrer dans une boutique en si peu de temps *(M. 15.3.70).* Il s'agit de réprimer les agissements des *« casseurs » (C. 24.4.70).* L'O.R.T.F. a décidé de retransmettre en direct le débat sur les *« casseurs » (M. 30.4.70).*
Ces contestataires, parmi lesquels figurent sûrement des anarchistes, et peut-être des *« casseurs »* se montrent ici parfaitement disciplinés *(E. 3.9.73).*
→ ANTICASSEURS.

CASSEUR DE PRIX sm. ■ Commerçant, entreprise qui *casse** les prix, et désorganise ainsi un marché.

Les firmes belges de sidérurgie, respectant la solidarité européenne, n'ont pas joué les *« casseurs » de prix (M. 8.5.75).* La Direction générale de l'aviation civile a décidé de se lancer à la chasse des *casseurs de prix.* Une dizaine de compagnies aériennes et d'agences de voyages ont fait l'objet de poursuites *(E. 15.5.78).*

CATALYSER v. tr. Fig. ■ Déclencher, provoquer un processus, une réaction. Attirer et grouper (des forces).

Catalyser les forces qui résistent à l'évolution *(O. 20.2.68).* Nous ne voulons plus nous battre en ordre dispersé. Nous voulons, par notre unité, *catalyser les volontés* à l'intérieur comme à l'étranger *(M. 9.4.66).*

CATASTROPHE (EN) loc. adj. et adv.

1. **Aviation, astron. : dans des conditions très difficiles et périlleuses, en prenant des risques, mais pour éviter un accident certain et très grave.**

Retour en catastrophe d'un vaisseau spatial *(E. 23.12.68).* En réduisant la vitesse, on pouvait peut-être économiser assez de carburant pour aller jusqu'au bout. S. (un pilote d'avion) s'attendrait plutôt à devoir *se poser en catastrophe (Cs. 6.69).*

2. **Dans d'autres domaines : d'urgence, en toute hâte, pour éviter le pire.**

● **Adj.**

Un accident, la « surpression pulmonaire », peut survenir en cas de panique au fond et après un *retour en catastrophe* (d'un nageur) à la surface. L'air inspiré sous pression au fond va « exploser » et faire éclater les alvéoles pulmonaires *(VR 12.7.70).*
L'exode de 900.000 réfugiés lancés sur les routes, broyés au passage par la *retraite en catastrophe* des troupes gouvernementales *(M. 26.3.75).*

● **Adv.**

Si vous avez besoin de (...) millions de tonnes de pétrole, vous allez vous *adresser en catastrophe* à une société (...) *(O.R.T.F. 6.2.71).* Une fois de plus je suis obligé d'*annoncer en catastrophe* la fin de cette émission *(O.R.T.F. 30.1.71).* Victime d'une crise cardiaque, le chauffeur d'un poids lourd s'*arrêta « en catastrophe »* devant l'hôpital de D. *(C. 15.10.69).* Je (mère de famille) céderai à la dernière minute *en catastrophe* (aux désirs d'un enfant) (Groult, 68). Il ne s'agit pas d'*évacuer* (le Viêt-nam) *en catastrophe*, mais d'adopter un calendrier et un plan de compromis *(E. 20.10.69).* Beaucoup de filles mal parties dans la vie à cause d'expériences désastreuses. D'autres qu'on *marie « en catastrophe »* avec des garçons qui n'y tiennent pas tellement *(Fa. 21.1.70).* Certaines entreprises doivent *rapatrier en catastrophe* les sommes qu'elles ont envoyées (à l'étranger) *(E. 2.12.68).* Le ministre était *rentré en catastrophe (E. 12.5.69).* C'est peut-être cela le vrai miracle de l'hippodrome, plus que les performances réalisées, un tiercé difficile réussi, une cote record atteinte, une haie *sautée en catastrophe* (...) *(Bouvard, 66).* Voilà... Voilà comment *se terminent* toutes nos émissions, comme ça, *en catastrophe* (à cause de l'horaire) *(O.R.T.F. 25.4.70).*
Monté en catastrophe, le nouveau spectacle a sauvé ce théâtre de la démolition *(PM 24.6.72).* Les capitaux sont *partis en catastrophe* vers l'or, ce vieux refuge *(E. 21.5.73).* Le mark vient d'être *réévalué en catastrophe (E. 16.7.73).* Des gangsters qui avaient raté leur coup *se repliaient en catastrophe (PM 15.3.75).* Intervention chirurgicale *décidée en catastrophe (M. 16.11.76).* Quelques fonds de commerce ont été *bradés en catastrophe* au début des travaux *(M. 28.4.78).* Si un avion lance un appel de détresse, c'est l'aiguilleur du ciel qui doit *modifier en catastrophe* la position des autres appareils *(E. 31.7.78).*

CENTRE COMMERCIAL

CATASTROPHISME sm. ■ Pessimisme extrême, tendance à prédire des catastrophes.

La crise actuelle prouve que les technocrates (...) n'avaient rien prévu. Maintenant que la difficulté est là (...) ils passent au *catastrophisme* (M. 23.5.75). En France, actuellement, rien n'autorise ni le triomphalisme, ni le *catastrophisme* (E. 29.3.76).

CATASTROPHISTE adj. ■ Qui fait preuve de *catastrophisme**.

Ce film n'est ni porno, ni érotique, ni satanique, ni *catastrophiste* (P. 13.1.75). L'auteur du livre n'a négligé aucune de ces touches *catastrophistes*, du genre « déclin de l'Occident » (P. 29.3.76).

CATÉGORIEL, LE adj.
1. **Qui concerne une catégorie donnée de personnel, de salariés.**
   Actions catégorielles décidées par les syndicats (M. 21.7.67). À la suite de cette reprise « des *débrayages catégoriels* » lancés par deux centrales syndicales (F. 5.1.67). *Mesures catégorielles* dans les entreprises nationalisées (M. 13.3.69). *Problèmes « catégoriels »* mis en avant (lors de grèves des P.T.T.) (M. 3.10.69). Les revendications (du personnel d'Air France) sont très diverses : *reclassements catégoriels*, mesures pour les petits salariés, durée et conditions de travail (M. 2.4.66). La F.E.N. n'a pas de véritable plate-forme corporative, elle se contente de présenter une mosaïque de *revendications catégorielles* (Ens. 1.67).
   Les travailleurs ne se contentent plus de *revendications* purement salariales et *catégorielles* (E. 21.5.73). Les *revendications « catégorielles »* renaissent sans cesse (M. 5.2.75).
2. **Dans d'autres domaines : de catégorie, par catégorie.**
   Cultiver une forme de *compétitivité catégorielle* (Hetman, 69). Le mot « chanteur » est décomposable du fait qu'on y reconnaît deux signes de même qualité, le second, -eur, cumulant en lui un sens et un *indice catégoriel* (masculin singulier) (Wagner, 67).
   Les explications qu'on entend donner du malaise étudiant ne relèvent pas d'analyses affinées, mais plutôt d'ébauches de raisonnement. Des visions *catégorielles*, vaguement méprisantes pour le sujet observé (M. 21.6.78).

CATÉGORISATION sf. ■ Classement par catégories.

Il semble que l'élargissement du public intéressé (par les dictionnaires) n'ait cessé de multiplier les fautes à recenser et ait rendu difficile leur *catégorisation* (Quemada, 67).

CATÉGORISER v. tr. ■ Ranger dans telle ou telle catégorie.

Une fille qui « cède » dès le début, est, dès son acceptation, classée, « *catégorisée* » comme objet fonctionnel (Fa. 16.7.69).

CAVIARDAGE sm. Répandu au milieu du XXe s. De *caviarder* (fam. pour : censurer). ■ Suppression par la censure ou par un rédacteur en chef de certains passages d'un texte écrit destiné à être publié.

Toute cette information (du journal) avait été rendue incompréhensible par les *caviardages* de la censure (Roblès : N.R.F. 3.60). Le texte de présentation (d'extraits d'un livre) fut conçu alors qu'on comptait tout reproduire. À la dernière minute on fit des coupures. Qui a décidé ce *caviardage* ? (M. 15.9.61). Les partisans de la libre circulation des idées se réjouiront que « *caviardage* », et censure ne soient plus synonymes (M. 27.1.65).

CEINTURE DE SÉCURITÉ ou **(par ellipse) CEINTURE** sf. ~ 1970. ■ Dispositif d'attache destiné à diminuer les risques auxquels sont exposés les occupants d'un véhicule automobile en cas de choc, de freinage brusque, etc.

Depuis le 1er janvier (1975), le port de la *ceinture de sécurité* est obligatoire (...) On estime que la *ceinture* aura sauvé 1200 vies en 1974 (...) il suffit de pousser un petit bouton pour ouvrir la *ceinture* (...) Les *ceintures* « à enrouleur », rapides à boucler, laissent le conducteur libre de ses mouvements (E. 6.1.75).
Cette berline 5 places (...) a un pare-brise en verre feuilleté, un lave-glace et essuie-glace de lunette arrière, (...) des *ceintures* à enrouleur aux places arrière (C. 26.8.78).

CENTIME sm. Synonyme (surtout construit après *million, milliard de...*) des syntagmes *ancien* franc, franc ancien**.

D. a beaucoup parlé du million ancien qu'il touchait par réunion. Des superchampions comme lui se font (= gagnent) dans les 20 millions de *centimes* par an (O. 22.8.77). Ces dernières années, P. gagnait quelque 70.000 francs par jour, deux milliards et demi de *centimes* par an (E. 28.8.77).

CENTRE COMMERCIAL loc. subst.

Cette formule adoptée récemment est parfaitement adaptée à la civilisation de l'automobile et à la consommation de masse. Le *centre commercial* est un groupe de magasins de détail intégré dans un ensemble, conçu comme une unité, appartenant à une seule personne, à un groupe de personnes ou à une société, occupant tout un ensemble de bâtiments qui doit comprendre un nombre suffisant de magasins pour permettre une comparaison des prix, offrir une gamme complète de marchandises et jouir de l'attraction combinée de plusieurs magasins concurrents bien connus. Le tout entouré de vastes parcs à voitures (gratuits). Le *centre commercial* comprend également un certain nombre de services (poste, banques, médecins, dentistes, salons de coiffure, lieux de distraction, etc.) (TL 29.4.66). Deux *centres commerciaux* fonctionnent normalement. Nous avons pu constater aux « heures de pointe » qu'ils étaient animés d'une vie très réelle et proche de celle de tout autre centre similaire (F. 27.9.70).

CERISE [s(ə)riz] sf. Pop. Malchance.
Une sorte de tribunal où tu es seule devant les huiles de la taule (= les autorités de la prison) : avec sa *cerise* habituelle, Rosie a été condamnée au mitard (= cachot) *(Saint Pierre, 72)*.

C.E.R.N. [sɛrn] Sigle pour : *Centre européen pour la recherche nucléaire.*
Dans le grand Centre européen pour la Recherche nucléaire, le *C.E.R.N.*, (...) c'est de science fondamentale qu'il s'agit (...) la structure des particules (...) l'antimatière *(Leprince-Ringuet, 78)*.

CERTAINE IDÉE DE... loc. ■ Par imitation d'une phrase célèbre et souvent citée du général de Gaulle : « Toute ma vie, je me suis fait *une certaine idée de la France* » (Mémoires de Guerre, L'Appel, 1940-42).
Rem. Comme le schéma syntaxique est le même dans tous les exemples relevés (verbe + *une certaine idée* + de + complément), il a semblé inutile de répéter chaque fois le syntagme *une certaine idée*, qui a été remplacé par un tiret prolongé.

● Le complément est *la France* ou *les Français.*
Il est plus difficile (...) de continuer à avoir — *de la France (E. 13.3.72)*. Le Chef de l'État a fait — *des Français* et de leurs exigences prioritaires *(E. 5.11.73)*. Les énarques ont — *de la France* qui n'est pas celle qu'ont tous les Français (...) pour affirmer — *de la France* (...) *(P. 21.5.74)*. Réunir des hommes venus du socialisme et d'autre venus du conservatisme pour partager — *de la France (C. 21.6.74)*.

● Le complément est un nom désignant un pays, un parti, une activité, une profession, une notion abstraite quelconque, etc.
Au nom d' — *de l'olympisme*, le président du Comité international olympique a déclaré (...) *(E. 24.1.72)*. Avoir — *des élections* et des moyens de les gagner *(E. 13.3.72)*. Ce jeune groupe d'architectes très représentatif d' — *de l'Allemagne (E. 14.8.72)*. Mettre en pratique — *du bien public* (...) définir — *de la société* de demain *(C. 21.6.74)*. Débat qui porte sur — *de l'individu* dans le groupe social *(P. 27.1.75)*. — *de l'Occident (M. 15.2.75)*. — *du voyage (M. 22.2.75)*. — *de l'édition (M. 2.6.76)*. M. a réveillé — *de la gauche (P. 27.2.78)*.

CERTIFICATION sf. Aviat.
Rem.
La *certification* est l'opération par laquelle les responsables internationaux de l'aviation civile reconnaissent qu'un appareil est conforme aux normes et règlements en vigueur, en ce qui concerne tant ses performances que la sécurité des passagers *(M. 10.4.69)*.

Ces avions ne pourront être mis en service qu'au printemps prochain, et sans avoir obtenu la *certification* n° 3, exigée pour les vols tous temps *(E. 4.2.74)*. La mise au point de cet avion demandera 3 ans, *certification* comprise *(VR 31.8.75)*.

CERVEAU sm. Fig. ■ Personne ou groupe qui dirige une organisation plus ou moins clandestine ou illégale, qui en organise les activités.
Restait à savoir comment ce « club » s'était formé et s'il avait un « *cerveau* (...) J'étais inculpé de complicité de tentative d'escroquerie, ce qui était dérisoire pour un « *cerveau* » *(Lesparda, 70)*. Le pouvoir, voulant faire croire que le *cerveau* des groupuscules extrémistes était sous les verrous, a fait emprisonner Christian H. *(M. 5.8.78)*.

CERVEAU ÉLECTRONIQUE sm. ■ Appareil effectuant des opérations complexes qui portent sur de l'information et qui paraissaient naguère réservées au cerveau humain.
Dans la transmission automatique de cette voiture, la « régulation » est confiée à un « *cerveau électronique* » qui assimile instantanément la vitesse, l'effort que fournit le moteur, les ordres du conducteur (...) *(AAT 2.78)*.

CHAÎNE sf. (Emplois dans le domaine de l'*audiovisuel**).
1. Chaîne sans déterminant, ou dans les syntagmes *première chaîne, deuxième chaîne*, etc. (de radiodiffusion ou de télévision). Ensemble d'émetteurs qui diffusent simultanément le même programme.
« La Jeune fille Violaine » sera diffusée sur la *première chaîne (M. 20.2.66)*. Cette animatrice, présente à l'antenne de 15 h. à 17 h., sera le porte-parole et la confidente des auditrices de la *chaîne (F. 28.9.66)*.

2. Chaîne sans déterminant, ou dans les syntagmes *chaîne haute*(-)fidélité, chaîne Hi*(-)Fi, chaîne stéréo**. ■ Ensemble d'appareils (*tuner**, tourne-disque, amplificateur, *baffles**, etc.) permettant une très bonne reproduction du son.
Certains ne voient dans la *chaîne haute-fidélité* qu'un élément du standing social *(P. 18.3.74)*. Acheter une *chaîne haute fidélité* est toujours une aventure. Il n'existe pas deux *chaînes* de la même marque parfaitement identiques (...) la qualité d'une *chaîne* est toujours fonction de son moins bon élément *(E. 8.3.76)*. Je regarde des *chaînes stéréo* : des appareils si sophistiqués qu'on les croirait capables de faire partir une fusée ! *(M. 25.12.77)*. La publicité ne cesse de répéter que l'achat de telle *chaîne Hi-Fi* vous transformera en chef d'orchestre *(M. 23.4.78)*.

CHAÎNE (EN) loc. adj. Par analogie avec la formule *réaction en chaîne* (fig.). ■ Succession de faits dont chacun est la conséquence du précédent.

Selon un banquier italien, les désordres *en chaîne* actuels sont surtout d'origine économique *(P. 26.5.75)*.

CHAISE VIDE Dans la loc. *« politique de la chaise vide »*. ■ Attitude d'un gouvernement, d'un parti, qui s'abstient volontairement de participer à une réunion (internationale par exemple) à laquelle il a été invité, aux travaux d'une assemblée, etc.

Les travaillistes ayant décidé de pratiquer la politique de la *chaise vide*, la délégation britannique au Parlement européen ne sera que de 21 membres au lieu des 36 prévus *(C. 16.1.73)*. N'aurions-nous pas des arguments plus valables si nous participions à la négociation ? La politique de la *« chaise vide »* ne mène à rien *(M. 11.10.74)*.

CHALLENGER [ʃalãʒɛr] ou [ʃalãʒœr] sm. (Mot angl.).

Rem. L'Académie française a adopté le mot challenger dans sa graphie anglaise, à laquelle pourrait se substituer la forme francisée *challengeur*, qui serait plus conforme à la prononciation dominante de la syllabe finale.

1. **Sport.** D'abord boxeur, puis sportif ou équipe qui défie officiellement le détenteur (ou l'équipe détentrice) d'un titre, et cherche à l'en déposséder au cours d'une épreuve appelée **challenge** (sm.) où ce titre est mis en jeu.

   Il appartient aux « Tricolores » (l'équipe de France de football) d'aborder ce débat avec une mentalité de *« challenger »* *(F. 11.11.66)*. Le match (de football) se déroula bien à la manière d'un combat de boxe, où celui qu'on appelle le *« challenger »* jette dès l'entrée toutes ses forces dans la bataille *(M. 9.1.68)*. Honda (marque d'automobiles) s'inscrit comme le *challenger* en puissance *(AAT 5.70)*. Ferrari prétend qu'il ne se fera vraiment du souci que le jour où un constructeur aura gagné les 24 Heures du Mans autant de fois que lui. Il n'empêche que Porsche se montre un redoutable *challenger* *(AAT 6.70)*.

2. **Par ext., Pol.** Personnalité qui en affronte une autre (généralement plus connue) dans une lutte électorale.

   L'« Express » révèle à l'opinion endormie l'existence providentielle d'un adversaire secret du général de Gaulle. (...) Mais ce n'est pas l'« Express » qui va déchirer le voile et présenter la photo authentique du premier *challenger* du général de Gaulle (pour l'élection de décembre 1965 à la présidence de la République) *(Sainderichin, 66)*. Ce *challenger* a le même âge que l'ancien ministre des Finances. Il possède, tout comme lui, la connaissance et la passion des problèmes économiques *(F. 20.1.67)*. « L'union de la gauche se fera en 1973. » Ce n'est pas M. Mitterrand qui, à l'issue des élections municipales, serait risqué à une telle prédiction. Pourtant l'ancien *challenger* du général de Gaulle s'en réjouit déjà *(E. 29.3.71)*.
   Les deux *challengers* (= les deux candidats restés en lice au 2e tour de l'élection présidentielle) inquiètent presque autant l'un que l'autre les dirigeants arabes *(P. 7.5.74)*.

3. **Écon.** Entreprise qui en affronte une autre (plus ancienne ou plus puissante).

   Un *challenger* s'est déclaré, la General Electric. Son objectif : devenir en dix ans un « bon » second *(E. 2.1.67)*. Le *challenger*, Saint-Martin-de-Belleville (une station de montagne) : un deuxième tronçon de télécabine, deux télébennes, (...) une piste de vitesse *(A. 22.10.70)*. Babcock Atlantique, le *challenger* des deux grands de l'industrie nucléaire française *(E. 21.5.73)*.

CHAMPION, NE adj. et s. Fig. ■ Personne, groupe, ou chose qui surclasse les autres dans un certain domaine.

● À propos de personnes.

Les Français sont les *champions* absolus de la consommation d'alcool *(E. 14.1.74)*. Dans l'Italie actuelle, l'instituteur est *champion* de la grève *(P. 26.5.75)*.

● À propos de choses, de lieux, etc.

Les films *champions* du box-office sont toujours suspects *(E. 14.1.74)*. Nice et Toulouse sont, en province, les *championnes* de l'embouteillage *(E. 16.9.74)*.

CHAPEAU ! interjection. Fam. Emploi fréquent pour exprimer l'admiration.

Ou bien c'est du vrai, et en ce cas *chapeau !* Ou bien c'est une cornefesserie (fumisterie), et alors re-*chapeau !* *(Escarpit, 64)*. De plus en plus grisé, P. fit (une seconde fois) le récit de son exploit. Martin R. en oublia d'allumer sa pipe : — *« Chapeau*, mon pote, *chapeau !* » *(Fallet, 64)*. Alors là *chapeau !* suivant l'expression à la mode (lettre de lecteur, 69 ans) *(C. 21.6.70)*.
→ COUP DE CHAPEAU.

CHAPEAU (PORTER LE) loc. Fig. Pop. ■ Être rendu responsable d'une erreur, d'un échec, d'une décision impopulaire.

Je n'ai rien divulgué. Mais on me reproche chaque phrase que j'ai pu prononcer dans un moment d'humeur, on me fait *porter le chapeau (Bodard, 71)*. La pose des micros clandestins avait été un coup de la Préfecture de police dont on a voulu faire *porter le chapeau* à la D.s.t. (Direction de la surveillance du territoire) *(E. 14.1.74)*. Reste à prendre la décision plus délicate (...) Chacun va s'efforcer de faire *« porter le chapeau »* au voisin *(M. 31.3.76)*. Dans cette affaire, où l'on parle de fonds secrets destinés tel ou tel parti, les citoyens aimeraient savoir qui mérite, comme on dit vulgairement, de *« porter le chapeau »* *(M. 7.1.77)*. Comment éviter à J. de *porter le chapeau* et d'être le bouc émissaire des déceptions de sa femme ? *(FP 3.78)*.

CHAPEAUX DE ROUES (SUR LES) loc. adv. D'après la locution familière aux automobilistes : démarrer, prendre un virage, etc., *sur les chapeaux de roues*, (à très grande vitesse). Fig. À un rythme très rapide, avec beaucoup de dynamisme, d'entrain, etc.

> M.D. est le seul candidat à mener sa campagne (électorale) *sur les chapeaux de roues* (E. 26.5.69). Libéraux et sociaux-démocrates (allemands) ont voulu *démarrer sur les chapeaux de roue* et se sont mis d'accord pour réduire de cinq le nombre des ministères fédéraux (C. 21.10.69). Ce qui caractérise ce film, c'est la vitesse. Le film *démarre sur les chapeaux de roue* (...) et ne s'arrête plus (E. 16.2.70). Si je le dis, Francis, ce n'est pas pour *prendre un virage sur les chapeaux de roues* (pour changer brusquement le sujet de la discussion) (O.R.T.F. 3.4.71).

CHAPEAUTAGE sm. Fig. ■ Tutelle, surveillance exercée sur un organisme, un groupement par une autorité, une puissance (économique, politique, etc.).

> Le syndicalisme (étudiant) ne doit être inféodé à aucune idéologie ou parti politique. Il doit rester libre et refuser tout « *chapeautage* » de groupements économiques (F. 22.12.66).

CHAPEAUTER v. tr. Fig. ■ Exercer un contrôle sur quelqu'un ou quelque chose.

> Un Secrétariat d'État à l'Audio-Visuel *chapeautera* un Président-Directeur général de l'O.r.t.f. (E. 5.6.72) Cette entente internationale au niveau régional inquiétait le Quai d'Orsay, qui a décidé de la *chapeauter* par un organisme national (E. 12.2.73). Le ministre de l'Éducation « *chapeaute* » le Secrétariat d'État à la Jeunesse (P. 1.4.74). L'administration des P.T.T. *chapeaute* deux grands secteurs : les télécommunications et les postes (M. 15.7.78).
→ COIFFER.

CHARBON (ALLER AU) loc. Fig. Fam. ■ Assumer une fonction, une mission, une tâche dangereuse, désagréable, impopulaire, pénible, une corvée quelconque.

> On a vu M. (coureur cycliste) « *aller au charbon* », se détacher du peloton et se lancer à la poursuite de l'auteur de l'échappée (Bodard, 71). Des présidents de club doublent les primes en demandant aux joueurs (de rugby) d'« *aller au charbon* », c'est-à-dire de gagner par tous les moyens (E. 21.5.73). Il faudrait que la presse cesse de tirer à boulets rouges sur ceux qui, comme nous (= les policiers), *vont au charbon* (PM 15.3.75). La C.G.T. est « *allée au charbon* », en réclamant des négociations au gouvernement comme au patronat (M. 22.3.78).

CHARISMATIQUE adj. De *charisme* (théol.). Pol. : à propos d'une personnalité, de la fascination, du rayonnement qui émanent d'elle.

> L'*autorité* peut être *charismatique*, mais ce n'est qu'une modalité du concept (Freund, 65). Le *climat charismatique* qui caractérise le gaullisme (M. 13.9.69). (Le législateur) est entouré du *halo charismatique* du grand homme (Freund, 65). Ce que les sociologues contemporains appellent, depuis Max Weber un *leader* « *charismatique* », c'est-à-dire un leader doué du « don de grâce » qui n'appartient qu'aux prophètes, aux fondateurs de religions, aux grands inspirés (M. 31.5.66). *Pouvoir charismatique* du général de Gaulle (M. 19.2.67). L'analyse qui lie l'autorité à la valeur individuelle méconnaît la nature véritable de cette notion parce qu'elle la sacrifie au *romantisme charismatique* du prestige (Freund, 65). M. Pompidou, lui, n'est pas un *personnage charismatique* comme le général de Gaulle (E. 17.9.73). Le technicien n'est pas un *chef charismatique* qui, les yeux au ciel, divulgue le secret de l'action (...) (M. 23.5.75).

CHARISME [karism(ə)] sm. Did. ■ Influence, rayonnement d'une personnalité exceptionnelle.

> Ni l'un ni l'autre ne sont des personnages magiques. Mais ce n'est pas de sorcellerie ou de « *charisme* » qu'il s'agit d'user (pour gouverner un pays), mais de pédagogie (E. 27.5.74).

CHARME (OFFENSIVE DE) loc. subst. Pol. ■ Tentatives pour amadouer un partenaire, un adversaire.

> Le secrétaire général du Parti communiste d'URSS a lancé une *offensive de charme* auprès des sénateurs américains. Il en a invité 25 à déjeuner (E. 25.6.73). Le gouvernement lance sur le front social une vaste *offensive de charme* qu'il sera peut-être difficile aux syndicats de déjouer (P. 1.7.74).

CHARNIÈRE sf. Fig. D'après l'emploi dans le vocabulaire militaire (point de jonction entre deux éléments d'un système stratégique : troupes, fortifications, etc.). Par ext. Dans d'autres domaines.

> Les deux demis, dans une équipe de rugby, constituent ce qu'on appelle la « *charnière* ». Ils assurent la liaison entre le « paquet » d'avants, chargé de domestiquer, d'apprivoiser la balle, et les attaquants ou trois-quarts, chargés de l'exploiter (E. 22.1.68). Il faut faire de cet institut une véritable « *charnière* » entre les recherches fondamentale et appliquée (O. 30.1.68).

(-)CHARNIÈRE Fig. Deuxième élément de substantifs composés ; il a valeur d'adjectif, avec le sens de : intermédiaire, (point) de jonction, d'articulation, (période) de transition, etc.

> C'est un *âge-charnière*. Hier je n'étais pas encore adulte, et aujourd'hui je suis vieux (E.

27.9.65). Il est difficile d'indiquer avec précision le point de départ de la transformation qui a profondément affecté la vie et les lettres américaines de ces dernières années. Mil neuf cent soixante semble être une *année-charnière (M. 16.4.66).* Ce nouveau découpage — des universités — permet de tenir compte de (...) *disciplines charnières* entre plusieurs facultés — psychologie, biochimie, statistique, etc. *(M. 13.5.69).* Une *époque « charnière » (M. 10.1.68).* L'influence soviétique en Mongolie se trouve consolidée dans ce petit *État-charnière (M. 18.1.66).* Ceux qui rêvent de jouer les arbitres en s'appuyant sur un *groupe-charnière* et de peser ainsi sur la majorité de demain, ces hommes-là se trompent d'époque *(M. 27.6.66).* Servir le plus souvent de force d'appoint, c'est le sort malheureux des *groupes charnières (P. 3.6.74).*

Une espèce de *groupuscule* parlementaire *charnière*, tels ceux que nous avons connus pendant la IIIe et la IVe République *(Pompidou : M. 3.6.66).* Le film occupera une place capitale dans l'œuvre de C. C'est un *ouvrage charnière*, un ouvrage palier *(M. 29.1.55).* M. L. refuse le terme de *parti-charnière* et préfère se présenter comme un arbitre entre l'opposition et la majorité *(M. 28.6.66).* Le « Front du progrès » entend occuper une *position-charnière* à la limite de la majorité et de l'opposition *(M. 11.5.66).* N'est-ce pas au ministère des Affaires culturelles de confirmer l'intérêt exceptionnel d'un *quartier-charnière* entre le Palais-Royal et le Marais *(M. 23.12.70).* Il (un réalisateur) assume dans le nouveau cinéma polonais un *rôle-charnière*, à l'intersection entre les œuvres de A. F. et de J. S. *(M. 27.4.66).* Les *toiles-charnières* qui marquent les grandes étapes des découvertes de Picasso *(F. 25.11.66).* Ces bases (militaires) situées entre le Moyen-Orient, l'Afrique, l'Asie et l'Océan Indien *(M. 13.1.68).*

CHARTER [ʃartɛr] ou [(t)ʃartœr] sm. et adj. ~ 1950. (Mot. angl : *to charter*, « affréter »).

● Sm. **Avion affrété par une société de voyages ou un groupe pour y transporter des passagers (touristes le plus souvent) à des tarifs très réduits.**

De l'avis des transporteurs, le *« charter »* n'est pas encore entré dans les mœurs françaises *(M. 13.9.66).* La part relative de la compagnie nationale dans le trafic *charter* transatlantique a diminué ces dernières années au profit des compagnies américaines spécialisées dans le transport aérien à la demande *(M. 22.7.69).* Le transport régulier (est) en butte à la concurrence des compagnies de transport à la demande ou *charter*. (...) Les *charters* sont en principe remplis à 100 % ce qui abaisse de moitié le coût par personne. (...) On estime généralement que les compagnies de *charters* américaines se sont assuré les deux tiers environ du trafic *charter* sur l'Atlantique *(M. 8.9.70).*
Un *charter* (...) c'est un avion entier loué pour un prix fixe. Mieux on le remplit, moins la place est chère *(E. 27.8.73).* Lorsqu'en 1966 les États-Unis voulurent imposer le transport de masse, ils lancèrent les *charters*, avec des prix de place défiant toute concurrence (...) L'Europe, finalement se mit elle aussi à faire du *charter (PM 4.1.75).* Le prix moyen des *charters* mondiaux varie entre 12 et 30 centimes au kilomètre-passager *(M. 20.7.78).*

● Adj. (ou s. en apposition).

Certaines Caravelle « ont atteint la limite d'âge ». D'autres ont été refilées à bas prix à des *compagnies charters (PM 15.3.75).* Voyage à Tokyo à un *tarif charter (M. 21.11.76).* Air France a annoncé une nouvelle *politique charter (M. 20.7.78).*

Rem. Dans une réponse parue au Journal officiel du 26 octobre, le ministre de l'équipement indique : « (le) terme *charter* doit être remplacé par l'expression française <vol nolisé> ou <vol affrété> (...) » *(M. 26.11.77).*

CHÂTEAU sm. Techn. ~ 1970. Sorte de *conteneur** métallique spécialement conçu pour le transport de combustibles nucléaires irradiés (radioactifs).

Wagon pour le transport de *châteaux* d'uranium : En septembre 1968, la Revue Générale a publié une information sur le transport de combustibles irradiés pour l'Électricité de France. Il s'est avéré nécessaire d'étudier des wagons nouveaux sur lesquels le *« château* EDF »* serait mieux arrimé *(R.G.C.F. 7.73).* À la centrale nucléaire de Chinon, les agents d'E.D.F. « remettent » au représentant de la Cogema (Compagnie générale des matières nucléaires) un « colis » de 55 tonnes. Il s'agit d'un *« château »*, approximativement un cube de 2,50 mètres d'arête, contenant 240 éléments combustibles sortis de la centrale graphite-gaz de Chinon-2 (...) Ces éléments, totalisant 2,5 tonnes d'uranium, ont été placés dans le *château*, par plateaux de six cylindres métalliques sertis (...) À l'usine de retraitement de la Hague, on vient de recevoir (le lendemain) le *château* en provenance de Chinon (...) Les installations de la Hague ont déjà reçu près d'un millier de *châteaux* de combustibles nucléaires irradiés *(M. 15.11.78).*

CHAUD, E adj. Fig. Dans la vie sociale, politique : qui est marqué par une agitation violente et prolongée, des troubles divers (grèves, manifestations de rues, voire émeutes, etc.).

1. À propos d'un moment, d'une période.

O Ceux qu'on appelle les « gauchistes » ont promis un *« été chaud »* aux « bourgeois » (...) On peut s'attendre à ce que le sommeil d'un certain nombre de grands hôtels, le jeu d'un certain nombre de casinos, soient troublés par des opérations de commandos *(Pa. 8.70).* Ce discours sera-t-il troublé par les commandos para-militaires néo-fascistes venus de Milan ? Les deux *jours* à venir seront peut-être *chauds (M. 1.2.69).* Pour quelques-uns les *mois chauds* de la mutinerie (de l'armée française en 1917) conserveront le goût âcre d'une révolution manquée *(Cs. 3.69).* Réussira-t-on à faire l'économie d'une crise ? La *rentrée sociale* n'a pas été aussi *« chaude »* qu'on l'attendait, parce que les syndicats ont voulu déclencher des mouvements à partir de revendications salariales *(En. 24.10.70).*

∞ La première *soirée* de l'été a été *chaude, chaude* : cocktails Molotov, voitures qui brûlent, gendarmes mobiles chargeant des manifestants armés de barres de fer *(E. 26.5.73).* Sous la pression de la base, les syndicats vont réclamer des augmentations de salaires de 13 à 15 %. L'*automne* risque d'être *chaud (O. 3.9.73).* À Milan, les *années* vraiment *chaudes* ont été 1969, 1972 et 1974. Depuis, la situation de l'ordre public s'est légèrement améliorée *(M. 19.4.78).*

CHAUD, E

2. À propos d'un lieu.

Les incidents ne semblent nullement limités à certains *secteurs* traditionnellement « *chauds* ». La population noire est en effet très dispersée dans la ville *(M. 26.7.67)*. D'importantes forces de police patrouillaient aux environs des cinq « *zones chaudes* » *(F. 28.1.67)*.
La prostitution s'est répandue et banalisée hors des anciens *quartiers chauds (E. 28.8.72)*.
Le problème des jeunes délinquants ne se résoudra pas à coups de matraque. C'est l'avis du commandant de gendarmerie qui a sous sa responsabilité 14 *communes* parmi les plus *chaudes* de France *(E. 3.9.73)*. Dans les *régions* « *chaudes* », les cibles habituelles des plastiqueurs composent une liste fort longue *(M. 5.7.78)*.

3. À propos d'un domaine de la vie (sociale, politique, etc.).

À la fin du printemps 1965, il y avait déjà trois « *dossiers chauds* » : sécurité sociale, entreprises nationalisées, finances locales *(E. 2.1.67)*. Septembre dernier avait été marqué par de grandes grèves dans les transports. Cette année, c'est tout le *secteur* public et nationalisé qui risque d'être « *chaud* » *(En. 22.9.70)*.
→ GUERRE* CHAUDE, POINT* CHAUD.

CHAUFFE- Premier élément de substantifs composés.

Cuisinière avec tiroir *chauffe-assiettes (Fa. 26.2.69)*. Appareil électrique, bitension, qui fonctionne selon le principe du *chauffe-biberon (M. 14.7.66)*. C'est désormais le nom donné aux petites pièces de fourrure qui sont la grande folie de cet hiver. Parmi elles les écharpes, les boléros, les cache-cœur, les *chauffe-cœur* en vison *(M. 8.12.64)*.

CHAUSSÉ, E part. passé et adj. Fig. Autom. (à propos des pneus dont la voiture est équipée).

Avec des voitures en bon état et bien *chaussées (A. 19.6.69)*.

CHAUVINISTE adj. et sm. Pour : *chauvin*.

Il est heureux que l'Espagne soit sortie de l'univers clos, étouffant, aigrissant, éperdument *chauviniste*, où les circonstances l'avaient poussée au lendemain de la Seconde Guerre mondiale *(C. 30.10.65)*. Une lutte juste qui est en train de se transformer en une guerre injuste sous les coups conjugués des expansionnistes israéliens et des *chauvinistes* arabes *(O. 13.1.69)*.

CHECK-LIST [(t)ʃɛklist] sf. Mot anglais.

1. Aviat. Liste détaillée de questions dont l'équipage d'un avion se sert pour vérifier un à un tous les organes de l'appareil avant l'envol.

La litanie de la liste de contrôle — qui porte encore officiellement, mais pour peu de temps, dit-on, son nom anglo-saxon de « *check-list* » — défile *(M. 23.6.57)*. Tout en entamant la litanie de la *check-list* d'atterrissage, D. (chef pilote) se demandait comment ils allaient (atterrir sans accident) *(Hailey, 69)*.

2. Par ext., dans d'autres domaines.

Une *check-list* pour réussir une lettre commerciale *(En. 7.2.70)*. Les premiers arrivés au paradis du haut standing ne sont pas tous tellement heureux. Appartement, auto, vacances, super-gadgets, on a beau allonger la *check-list* du bonheur et tout hisser au coefficient « super », c'est loin d'être joué *(Pa. 10.70)*.
Chaque femme de ménage (dans un grand hôtel) a en tête une « *check-list* » établie par la maison-mère : ouvrir la fenêtre, arrêter la climatisation, vérifier le linge (...) *(M. 26.10.74)*.

CHECK-UP [(t)ʃɛkœp] sm. Mot anglais (traduit par *bilan* de santé*).

1. Méd. Examen médical complet.

Dans le dernier-né des centres de « *check-up* » parisiens (ont lieu) les examens classiques : électrocardiogramme, etc., complétés d'autres qui le sont moins (...). Quelques jours plus tard seront discutés les résultats du « *check-up* », et notamment ceux des analyses biologiques (...). La formule du bilan systématique semble de plus en plus indispensable *(E. 10.10.66)*. *Check-up* a pris en France le sens d'examen de santé périodique ou systématique. Les clients eux-mêmes font la différence entre ce terme et consultation *(TAM 68)*.
Un corps médical établira des *check-up* pour conseiller à chacun les activités sportives qui lui conviennent *(E. 18.9.72)*.

2. Par ext., dans d'autres domaines.

Il s'agissait d'établir un « *check-up* » de l'O.R.T.F. et de suggérer des solutions capables de le réveiller *(E. 27.7.70)*. Les centres de diagnostic pratiquent le « *check-up* » de votre voiture exactement comme un hôpital pratique le *check-up* d'un individu *(FP 9.70)*.
Tous les cinq ans, plus de 500 cours d'eau sont auscultés en 1200 points différents, pour vérifier leur degré de pollution. Le premier « *check-up* » eut lieu en 1971, le second en 1976 *(M. 9.7.78)*.

CHIENLIT [ʃjɑ̃li] parfois [ʃjɛ̃li] sf. Mot du XVIe s. (personnage grotesque de carnaval : de [il, qui] chie en lit), repris au milieu du XXe s., comme terme dépréciatif ou d'injure, appliqué à des choses,

Rem. Le général de Gaulle, le jour où il a refusé la *chienlit*, a plongé bien des Français dans la perplexité. (Certains ont) prononcé ce mot comme s'il dérivait de « chien », et j'ai entendu deux commères discuter sur la portée de ce terme qu'elles rapprochaient de « chiennerie » (...). Devenu féminin, il n'évoque plus qu'une idée de désordre carnavalesque et de débraillé trivial *(VL 10.68)*.

● **Spéc. Emploi répandu en 1968, surtout à la suite d'une remarque attribuée au général de Gaulle (cf. ci-après).** ■ **Désordre (dans la rue, la vie publique), situation chaotique, pagaille (fam.)**

« Minute », dans son éditorial, écrit : « Nous n'abandonnerons pas la rue à la *chienlit* des « enragés » *(M. 3.5.68)*. Le président de la République déclare (le 19 mai 1968) : « La réforme, oui ; la *chienlit*, non » *(J. Sauvageot, 68)*.

Le Président de la République trouve aujourd'hui une occasion d'apparaître comme un homme d'ordre, soucieux de ne pas laisser la *« chienlit »* envahir la France *(M. 8.11.74)*. À la vue du désordre, la jeunesse descend dans la rue (...) et voilà, attirés par la *chienlit*, les voyous qui fracassent les vitrines *(E. 10.2.75)*. Comme les structures de l'État étaient faibles, le chômage et la misère ne pouvaient déboucher que sur la *chienlit (P. 26.5.75)*. Le 13 mai 1958, à Alger, fut aussi proche de la *« chienlit »* que les jours qui suivirent à Paris, le 13 mai 1968. Mais elle était d'un tout autre genre : une *« chienlit »* politique et militaire *(M. 12.5.78)*.

CHIROPRACTEUR sm. ■ Praticien qui soigne par la *chiropractie** ou *chiropraxie**.

Mentionner côte à côte *« chiropracteurs »* et « rebouteux » est ignorer l'importance des études faites lors des cinq années dans les collèges américains et canadiens *(PM 29.6.69)*. L'activité des *chiropracteurs* est tolérée en France, bien que n'étant pas reconnue (...) *(Beunat, 74)*.

Rem. Le terme recommandé officiellement est *chiropraticien(ne)* [kiropratisjɛ̃].

CHIROPRACTIE ou CHIROPRAXIE sf. ■ Traitement au moyen de manipulations de vertèbres.

Les études diagnostiques faites (pendant les) cinq années nécessaires à l'enseignement de la *chiropractie (PM 29.6.69)*.
(Selon) une proposition de loi, un titre de docteur en *chiropraxie* serait décerné aux chiropracteurs en exercice *(Beunat, 74)*.

CHLOROFORMÉ, E adj. Fig. À propos de personnes et surtout de collectivités (peuples, etc.) : qui a été mis et maintenu (le plus souvent d'une façon délibérée) dans un état d'indifférence ou pour le moins d'insouciance vis-à-vis des questions d'intérêt général, notamment politiques.

Face à une opinion (publique) *chloroformée*, à un mouvement syndical et démocratique divisé et affaibli, nous (syndicalistes) avions pour tâche de maintenir et de résister *(US 17.2.64)*. L'indignation provoquée par le scandale s'oublie aussi vite qu'elle éclate, parce que le *pays* est *chloroformé (R. Peyrefitte, 70)*. Un sursaut de l'*opinion* publique américaine, *chloroformée* depuis des mois *(O. 23.12.72)*.

CHLOROPHYLLE [klɔrɔfil] sf. Fig. ■ Air pur, campagne (par opposition à ville), comme symbole de détente, repos ou vie plus saine qu'en ville.

Les autoroutes aménagées aux sorties de Paris n'ont-elles pas été en grande partie prévues pour permettre l'évasion des fins de semaine vers la *chlorophylle ? (F. 28.3.61)*.
Installez vos usines dans la *chlorophylle (Pub. M. 7.4.66)*.
Le Président s'est fixé comme but d'offrir 10 mètres carrés de *chlorophylle* à chaque citadin de l'Hexagone *(M. 9.11.74)*.

(-)CHOC Fig. Deuxième élément de substantifs composés (noms de choses), dans lesquels il signifie : qui frappe l'imagination, provoque une vive surprise, une forte émotion, donne un choc psychologique. Au pluriel la graphie des composés hésite entre *-chocs* et *-choc*.

○ *Argument choc* qui a emporté l'adhésion du chef de l'État *(E. 17.2.69)*. Ces *chiffres-choc*, J. M. les publie dans un excellent reportage *(O. 17.1.68)*. Des *clichés-chocs*, des images (publicitaires) destinées à renouveler l'intérêt (du public) et à le centrer sur certains articles typiques *(M. 7.6.68)*. Le ministre fit appel à son talent d'avocat et joua de toutes les cordes laissées par M. de C. qui l'avait accueilli par un *discours-choc (F. 27.2.69)*. Un metteur en scène sans scrupules qui veut faire un *documentaire-choc (F. 10.3.67)*. L'église en rond, c'est un *édifice-choc*. Sa conception est révolutionnaire *(M. 18.6.66)*. Toute discussion est bannie grâce à la *formule-choc* : « Ça ne peut être que comme ça » *(E. 19.12.65)*. Dans quelles *formules-chocs* et avec quels slogans convient-il de le résumer (un programme électoral) à l'intention de la masse des électeurs ? *(M. 8.9.66)*. Le recueil de bandes (dessinées) s'efforce d'accrocher l'œil par une *image-choc* en couverture *(FP 9.70)*. Un jeune garçon de Prague qui lance un coup de pied rageur dans les chenilles d'un char soviétique ; un soldat russe qui braque soudain sa mitraillette sur une foule qui lui tend le poing et l'injurie. Deux *instantanés-chocs* parmi d'autres que les téléspectateurs français ont pu voir au journal télévisé *(E. 2.9.68)*. Son *livre-choc* « Peut-on être chrétien aujourd'hui ? » *(M. 4.1.67)*. Trois *mesures-chocs* ont menacé le loisir préféré des Français (l'automobile). Le permis, la vignette, les taxes *(E. 24.7.67)*. De terribles images de misère associées dans un *montage-choc* à des images d'abondance, de guerre, ont donné aux téléspectateurs une émission scandaleuse, tout grondante de colère *(M. 11.3.66)*. Encore une *opération-choc* : des affaires exceptionnelles, des prix super-records *(F. 2.11.66)*. Projection de 1 500 *photos chocs (PM 15.10.66)*. Trente-quatre titres (de livres) parus au *prix-choc* de 2,50 F *(E. 19.12.65)*. Faut-il tuer les inadaptés ? Le Dr P. semble attiré par les *questions-chocs (C. 11.10.70)*. J'ai amorcé ma minceur avec le *régime-choc*. Ce régime consiste à remplacer les trois repas de la journée par un paquet de sablés *(Fa. 15.4.70)*. Le film prend figure de bande dessinée sauvée visuellement par quelques *scènes choc (C. 25.3.70)*. Ces vieux meubles, ces murs tristes (...). Redonnez leur une nouvelle jeunesse en les peignant sans timidité. Des dessins drôles, des *teintes-chocs (FP 9.70)*.
∞ *Opération choc* cet été sur les côtes pour faire la chasse aux pollueurs *(M. 22.6.74)*. Un *slogan choc* : « bouclez-la en toute circonstance (la ceinture de sécurité) » *(E. 6.1.75)*. Donner aux tribunaux l'audace d'appliquer enfin certains *articles-choc* de la loi Royer *(P. 11.8.75)*.

CHOC (DE)

CHOC (DE) loc. adj. D'après l'emploi dans le vocabulaire militaire (troupes de choc, etc.). Par ext., dans d'autres domaines.

1. À propos de personnes : très actif, dynamique, entreprenant. Non-conformiste.

O Mgr O'F., prélat de combat : les méthodes de ce *bienfaiteur de choc* n'eurent rien de conventionnel *(E. 15.1.68)*. A., *dialoguiste de choc* aux répliques percutantes *(C. 25.4.64)*. M. L., membre du Bureau politique du Parti. *Homme de choc*, mais non dépourvu de savoir-faire et doué d'un certain charme *(E. 24.2.67)*. Un roman paysan montrait une *Kolkhozienne de choc* prise entre deux amours *(M. 7.6.64)*. *Travailleuse de choc* (Sophia Loren, vedette de cinéma), on la récompensa souvent *(Cd. 17.10.66)*. Le *trio de choc*, formé du bondissant V., du subtil L. et du solide H. (3 basketteurs) est prêt à se surpasser *(F. 26.11.66)*. Tel *vicaire de choc* aurait dit à ses paroissiens éberlués que l'Évangile était un récit symbolique *(Duquesne, 70)*. Le *yéyé de choc*, hilare, promène une bouille réjouie en expliquant que le jazz, y'a que ça de vrai *(O. 25.11.68)*.

∞ L. devint en quelques années un *orateur de choc* du marxisme militant *(E. 25.6.73)*. Ce *hippie de choc*, self-made man accompli, fait sa publicité lui-même *(E. 16.7.73)*. Les quatre sœurs, chanteuses de jazz-rock ont pour elles (...) une *fan de choc* : leur grand-mère *(E. 11.2.74)*. Les *patrons* des petites et moyennes entreprises, qu'ils soient *« de choc »* ou non, on les connaît *(P. 1.4.74)*. L'Église en Amérique latine, ou du moins son *intelligentsia de choc*, ne veut plus (...) *(Pa. 10.7.74)*. À côté d'un procureur corrompu, on trouve aussi des *magistrats de choc* qui poursuivent les spéculateurs, osent inculper les intouchables, s'attaquent aux gangs (...) *(P. 26.5.75)*. Pour les fanatiques de la mode, plus besoin d'attendre le printemps pour savoir ce que préparent les *stylistes de choc (M. 25.1.78)*.

2. À propos de choses ou d'abstractions : qui est destiné à choquer ; très énergique ; d'avant-garde, de *pointe*.

G. (peintre) a une palette qui sent le soufre : un *art* figuratif *de choc (PM 9.3.68)*. Des cours audio-visuels accélérés. Les étudiants endurent le « drill » dix heures par jour. À la fin du stage, ils sauront vraiment parler anglais. Une seule réserve : ils paient très cher cet *enseignement de choc (E. 15.8.66)*. L'*importation de choc* (pour lutter contre la hausse des prix) *(M. 12.12.57)*. Voici Font-Romeu transformé en *laboratoire* pédagogique *de choc (E. 9.10.67)*. Lycée réactionnaire de choc *(M. 18.1.69)*. Un seul *modèle de choc* par marque (d'automobile) *(AAT 10.69)*. *Nationalisme de choc (M. 5.12.67)*. Ce magasin ne cesse de se moderniser, par le renouvellement de son décor, la mise en valeur de nombreux *rayons de choc (M. 12.12.67)*. Grâce à cette *thérapeutique de choc* (les greffes de cheveux) la calvitie totale est désormais vaincue *(E. 9.11.70)*.

→ ONDE* DE CHOC.

CHÔMAGE TECHNIQUE sm. ~ 1973. ■ Interruption forcée du travail (dans un atelier, une entreprise), due à une cause fortuite, soit matérielle — incendie, panne d'électricité, défaillance de machines — , soit extérieure — grève dans un autre atelier, une autre entreprise situés en *amont**.

La grève des cimenteries menace de *chômage technique* deux millions d'ouvriers du bâtiment *(E. 3.12.73)*. La grève des P.T.T. perturbe sérieusement l'activité économique ; elle aurait déjà entraîné la mise en *chômage technique* de 50.000 personnes *(M. 10.11.74)*. À la suite d'une grève des caristes, qui assurent le transport du matériel à l'intérieur de l'usine, la Régie Renault avait mis en *chômage technique* 4000 ouvriers *(O. 17.2.75)*.

→ GRÈVE-BOUCHON, GRÈVE-THROMBOSE.

Rem. 1. On ne devrait pas parler de *chômage technique* quand l'interruption de travail a une cause proprement économique : manque de matières premières (...), et surtout (dans le cas de la crise actuelle) insuffisance des crédits ou des commandes. Il faut alors parler de chômage partiel (...) (ou) de chômage provisoire (...) *(J. Batany, VR 9.2.75)*.

Rem. 2. **On trouve parfois aussi *chômeur technique*.**

Nous comptions 60.000 *chômeurs techniques (M. 10.11.74)*.

CHOSIFIER v. tr. De *chose*. Philosophie, religion, etc. ■ Identifier à un acte, à un objet concret.

On a *« chosifié »* la charité et je n'aime pas l'expression « faire la charité » *(Mgr Marty : Mess. 6.69)*. Les images spatiales, si dangereuses quand on les *« chosifie »*, quand on les prend à la lettre, sont riches de signification *(Duquesne, 70)*.
Une administration bureaucratique et centralisée ne peut gérer que des choses, pas des êtres vivants. Elle *« chosifie »* les êtres en quantifiant abstraitement les normes de la vie scolaire *(O. 3.9.73)*. Papa chosifiait les êtres et ne comprenait les rapports humains qu'en termes de possession *(P. 15.4.74)*. Une profession (celle de médecin) qui permet de dominer autrui, de le *« chosifier »*, de s'en emparer pour satisfaire un « besoin de guérir » (...) *(Soubiran, 75)*.

→ RÉIFIER.

CHRIS-CRAFT [kriskraft] sm. Mil. XXe. Nom déposé. (De l'anglais *craft*, petit bateau). Sport. ■ Sorte de canot automobile.

Le grand public qui l'appelait autrefois « canot automobile » a tendance à le nommer *« chris-craft »* c'est un tort, car le *chris-craft* n'est qu'un modèle de runabout très populaire en Amérique *(AAT 10.59)*. Le frère de Christiane était là... pour piloter le *chris-craft (F. 11.1.61)*.

→ RUNABOUT.

CHRONO sm. ■ Abrév. de *chronomètre*. Dans la construction « n km/h chrono ». Fam. Vitesse (d'un véhicule, surtout automobile) chronométrée, mesurée avec précision à l'aide d'un chronomètre (par opposition à *n km/h compteur* : indication approximative donnée par le compteur de vitesse).

> Elle (une voiture) s'accroche littéralement à la route, même à 145 kilomètres à l'heure « *chrono* » *(M. 11.3.66)*.
> Je peux narguer les plus grosses voitures : 180 *chrono* ! C'est vraiment une grande routière *(Daninos, 70)*.

● Sm. Sport : temps chronométré.

> F. L., troisième relayeur (dans une course de relais) connaissait le *chrono* de G. (le relayeur précédent) *(M. 13.9.69)*. Une accalmie et une piste quasiment sèche permirent à R. et I. de faire des « *chronos* ». Le premier tourna (fit le tour du circuit) en 3' 33" 5 et le second en 3' 34" *(AAT 5.70)*.
> Chaque matin, ils partent pour « faire un temps » ; car, ce qui compte, c'est le « *chrono* », la moyenne, bref la compétition *(M. 23.7.77)*.

CHRONOPHARMACOLOGIE sf.
L'action d'un médicament diffère-t-elle suivant l'heure à laquelle il est absorbé ? Peut-on (...) moduler les thérapeutiques médicamenteuses suivant les rythmes biologiques ? Telles sont les questions auxquelles tente de répondre une discipline nouvelle, la *chronopharmacologie*, qui n'est autre que l'étude de l'action des produits médicamenteux en fonction du temps *(M. 19.7.78)*.

CHRONORUPTEUR sm. Électr. : appareil qui coupe automatiquement le courant au bout d'un temps fixé.

> Cette couverture chauffante pourra être équipée d'un *chronorupteur* qui coupera automatiquement le courant *(FP 11.68)*. Un *chronorupteur* permet de commander d'avance la fin de la cuisson et la coupure du gaz *(VR 12.4.70)*.

CHUTE (POINT DE) loc. subst. Fig. Fam. Lieu pour s'établir, s'installer. Par ext. : place, poste, situation, etc.

> L'angoisse des jeunes qui, face à la vie, cherchent un *point de chute* professionnel, vocationnel, spirituel *(C. 30.3.69)*.

CHUTER v. intr. Fig. ■ Baisser (prix) ; diminuer (nombre).

> Lorsqu'une agence de voyages ou un club loue un avion et en utilise tous les sièges, le prix par personne *chute* aussitôt *(M. 17.3.68)*. Le public jeune n'a diminué que de 2 % dans les cinémas alors que l'ensemble a *chuté* de 60 % *(C. 12.2.70)*.
> Dans le dernier sondage, la cote du maire de B. *chute* de 42 à 38 % *(P. 29.4.74)*.

CIBLE sf. Fig. ■ Population visée par une campagne publicitaire, une étude de marché.

> Les Niçois sont intéressants pour les annonceurs publicitaires : leurs revenus élevés en font une « *cible* » de choix *(M. 6.6.74)*. Le film publicitaire est d'un maniement délicat. Parfois nous manquons notre *cible* *(P. 8.7.74)*. Ce nouveau journal visait la *cible* tous publics *(C. 20.10.76)*. Chaque soir au petit écran des spots publicitaires ont pour « *cible* » les cerveaux de téléspectateurs qu'ils frappent de mille manières *(M. 23.4.78)*. Dans une campagne du type « antitabac », la technique, copiée de la publicité de marques, fait « fuir la *cible* » : le tabagique, que l'on voulait atteindre, se voile la face, se bouche les oreilles *(E. 15.5.78)*.

CINÉMA sm. Dans des locutions substantives ou verbales.

Couple de cinéma Dans un film : couple dont les actes, les attitudes ne sont pas vraisemblables.

> Passant du film divers tragique à la fiction romanesque, nous cessons de croire aux personnages et de nous intéresser à leur sort. Des invraisemblances apparaissent. Ce couple traqué n'est plus qu'un *couple « de cinéma »* pareil à beaucoup d'autres *(M. 30.9.64)*.

C'est du cinéma Fig. Fam. C'est imaginaire, inventé. C'est de la fiction.

> « Aimeriez-vous être, comme le duc d'Édimbourg, le mari d'une reine ? — Tout ça, *c'est du cinéma*. » (C'est lui, le duc, qui règne pour de vrai) *(Arts 23.4.57)*. Puissent de telles hécatombes (dans un film de guerre) n'*être* plus désormais que *du cinéma (C. 9.6.64)*.

Faire du cinéma (à propos, autour de quelqu'un, quelque chose). Fig. Fam. Donner une importance excessive à ; faire une publicité tapageuse.

> Passons sur le « *cinéma* » fait autour de la jeune chanteuse B. S. : le « show business » sera toujours aussi écœurant *(C. 17.1.69)*.

● Elliptiquement. À propos de l'attitude d'une personne qui cherche à éblouir autrui.

> B., le colonel le plus voyant, le plus insolent, le plus soucieux de sa publicité avait reçu le général (de Gaulle) en déployant ses oriflammes, ses tentes, ses tapis. Le grand *cinéma* ! *(Courrière, 70)*.

CINÉMANIE sf. Goût ou engouement pour le cinéma.

> Le préjugé intellectuel contre le cinéma a diminué, de nouveaux ciné-clubs et des cinémas d'essai fleurissent, un souffle de « *cinémanie* » de style parisien est arrivé à Londres *(M. 15.3.66)*.

CINÉMA-VÉRITÉ
→ VÉRITÉ.

CINÉMOMÈTRE sm. ~ 1965. ■ Appareil utilisé par la police pour filmer des véhicules en mouvement afin de mesurer leur vitesse.
Les services de gendarmerie multiplient actuellement des contrôles à l'aide du *cinémomètre (M. 22.2.66)*. Ces appareils destinés à mesurer la vitesse (des voitures sur la route) qui s'appellent des *cinémomètres (FP 9.70)*.
Les *cinémomètres* – ces instruments permettant de « photographier » à partir d'un point d'observation extérieur la vitesse des véhicules – devront désormais être plus précis. Selon le décret publié le 2 février, les *cinémomètres* seront réglés de manière que l'erreur maximum tolérée soit de 5 km/h en plus ou en moins (...) *(M. 5.2.74)*.

CINÉPHILIE sf. Passion qu'éprouve le cinéphile pour l'art cinématographique.
La *cinéphilie* du snob bohème est « totale, globale ». Il a vu tous les films « possibles », une, deux ou trois fois *(E. 20.12.65)*.

CIRCUIT(S) INTÉGRÉ(S) sm. (souvent au plur.) Électron. Ensemble de conducteurs et de semi-conducteurs intégrés dans un *composant** unique.
Les *circuits intégrés*, comme l'indique leur nom, « intègrent » en un même fragment de matière tous les composants traditionnels d'un circuit électronique *(E. 8.5.67)*. Des ensembles extraordinairement petits, les *circuits intégrés*, où les composants électroniques (...) sont constitués par des régions d'une même minuscule plaquette de semi-conducteur convenablement traitée *(EU 69)*.
Les *circuits intégrés* sont les plus évolués des composants électroniques. Ils sont utilisés dans l'informatique, le téléphone, l'audiovisuel, l'électro-ménager, l'horlogerie, etc. *(O. 29.4.78)*. Pour pouvoir généraliser dans l'automobile l'allumage électronique, il faudra perfectionner les *circuits intégrés (M. 31.5.78)*.

CIRCUM- Mot latin (autour de). Premier élément d'adjectifs composés savants. Astron. Qui se trouve, qui évolue autour de... (la lune, la terre, etc.).
Un *engin circumlunaire* soviétique *(M. 11.1.68)*. Luna 12 est destiné à des recherches dans l'*espace circumlunaire (M. 25.10.66)*. La *mission circumlunaire* Apollo 8 *(C. 1.2.69)*. Lancement d'un *satellite circumlunaire (M. 12.10.66)*.
Partant le 1er juillet 1975, onze voiliers entreprendront un tour du monde (...) À la différence de bien d'autres *circumnavigateurs*, ceux-ci ne chercheront pas à aller le plus vite possible *(M. 26.10.74)*.
La troisième révolution industrielle, celle de l'électronique, de la domestication de l'atome, des fusées, de la conquête de l'*espace circumterrestre (F. 4.1.67)*. Les *révolutions circumterrestres* des vaisseaux cosmiques *(M. 14.10.69)*.

CISAILLEMENT sm. Fig. Croisement à niveau de deux courants de circulation (routes, rues, etc.)
Pour éviter les « *cisaillements* » de circulation provoqués par le raccordement de l'autoroute A 6 avec la nationale 6 *(M. 15.3.67)*.

CISAILLER (quelqu'un) v. tr. Fig. Fam. Nuire gravement à quelqu'un ; le discréditer.
Lorsqu'on lui (candidat à un poste important) demande : « Quelles sont vos idées politiques ? », il peut bien dire ce qu'il veut. Et même dans la mesure où il dirait la vérité, si c'est quelqu'un qui a une certaine valeur, je ne vois pas pourquoi on le *cisaillerait* pour une question politique *(E. 5.5.69)*.

CITÉ (-) DORTOIR
→ DORTOIR.

CLANDÉ [klɑ̃de] sm. (Diminutif de *clandestin*). Pop. Établissement (hôtel, etc.) où se pratique la prostitution clandestine.
Les vrais proxénètes sont les patrons de *clandés*. Eux n'ont pas d'embêtements avec la police *(E. 28.8.72)*.

CLANIQUE adj. Sociol. Du clan.
À l'extrême limite de cette notion de clan, on trouve, dans la délinquance, la Maffia, où l'ordre *clanique* prime tout *(P. 26.5.75)*.

CLARIFICATEUR, TRICE adj. Qui rend clair(e) un problème, une question, une situation.
Sur toutes (les grandes questions) il (un homme politique) a pris une position personnelle, servi par son *intelligence clarificatrice (F. 29.9.66)*. Le rapporteur se déclare convaincu des *vertus clarificatrices* de l'élection du président de la République au suffrage universel *(M. 29.4.66)*.

CLASH [klaʃ] sm. Mot anglais (choc d'opinions, conflit, désaccord violent).
Les clubs politiques ont manqué d'audace. Ayant exprimé poliment leur déception, ils ont reculé devant le « *clash* » : il aurait fallu qu'ils claquent les portes *(Sainderichin, 66)*. Il faut

que de Gaulle parte sans aucun *clash* en laissant le pouvoir à une équipe déterminée afin que tout se passe en douceur *(O. 13.1.69)*.
C., impavide, déclare qu'il fera un *clash*, qu'il ira jusqu'à la rupture, si jamais le Président de la République (...) *(P. 14.10.74)*. Les artifices des mois passés n'ont été que des pis-aller pour éviter un *clash* social avant les élections *(E. 27.3.69)*.

CLASSE(S) DE... loc. subst. D'abord dans la locution *classe(s) de neige*, puis, par extension, dans d'autres locutions *(classes de mer*, etc.). Séjour collectif (à la campagne, la mer, la montagne, etc.) de classes entières (d'écoliers, de lycéens) qui, au cours du séjour, ont des activités scolaires dirigées pendant une partie de la journée, le reste de celle-ci étant consacré à des activités sportives ou de plein air.

Les *classes de neige* constituent en France la première réalisation pratique d'un système de scolarité à mi-temps. Cette formule est extrêmement intéressante parce qu'elle permet d'étendre les activités compensatrices de plein air et de sport *(M. 31.12.67)*. Les *classes de mer* : classes à mi-temps installées dans les locaux vides des colonies de vacances, elles sont plus faciles à organiser que les classes de neige *(E. 29.4.68)*. Projet de *classes de mer* pour les écoliers, analogues aux *classes de neige (PM 18.10.69)*. Des classes blanches, pour des séjours scolaires en montagne d'enfants de santé déficiente et appartenant à des familles modestes, réunis pour la circonstance, suivant leur niveau de scolarité. Cette formule compléterait celle des *classes de neige* qui consiste en l'envoi à la montagne de classes entières *(M. 22.2.69)*.

CLAUSTRA sf. ou sm. Mot américain. ■ Sorte d'écran ou de cloison légère et de faible hauteur.

Un store vénitien, blanc de préférence, suspendu au plafond constitue un ersatz de « *claustra* » fort honorable *(E. 13.9.65)*. Deux tables de travail-secrétariat, séparées par une *claustra* en aluminium *(Ch. f. 6.68)*. Avec ses *claustras* en céramique aux formes multiples, il (un décorateur) a réalisé de nombreuses compositions *(MC 9.70)*. Quand deux filles partagent la même chambre, elles aiment à avoir chacune un coin bien à elle. C'est facile grâce à cette séparation légère et décorative, une *claustra* en grillage brodé *(Fa. 7.10.70)*. Le restaurant du sous-sol, avec ses éclairages raffinés et ses *claustras* de bois tourné *(FP 1.74)*.

-CLÉ ou -CLEF fig. Deuxième élément de nombreux substantifs composés.

● À propos de choses : qui a une importance décisive.

Un certain nombre de *concepts-clés* de la sociologie contemporaine *(M. 25.6.66)*. La qualité du service est un des *éléments-clés* (de l'action commerciale) *(VR 14.9.69)*. S'il veut se faire réélire, le président (des États-Unis) doit l'emporter dans les deux *États-clés (M. 10.1.68)*. « Le Carrosse d'or » (1952) est l'un des *films-clés* de Renoir puisqu'il rassemble les thèmes de plusieurs autres *(M. 18.1.68)*. L'une des *idées-clés* de la loi est celle de l'autonomie des universités *(M. 6.3.70)*. Le retour vers la Terre est la *manœuvre-clé* de la conquête humaine de la Lune *(F. 24.10.66)*. Les enzymes sont les *molécules-clés* du monde vivant *(M. 4.1.68)*. Le dollar, l'une des plus importantes *monnaies-clés* du monde *(M. 3.1.68)*. Les dirigeants des syndicats ouvriers ne croient pas que ces mots (dignité, participation) soient des *mots clés* ou des idées forces pour la masse *(E. 12.8.68)*. Pour le capitaine, la hiérarchie, la discipline, le devoir sont les *mots-clefs (E. 9.9.68)*. Akaba est devenu l'un de ces *noms-clés* qui, de Dantzig à Berlin, de Budapest à Cuba, dissimulent de plus profonds conflits *(E. 5.6.67)*.
Les difficultés (pour intéresser le grand public aux problèmes économiques) sont multiples : étrangeté du vocabulaire, abstraction des *notions-clés*, complexité des mécanismes *(M. 6.1.67)*. L'*ouvrage-clé* (de l'aménagement d'une vallée) est le barrage de S. *(M. 25.6.66)*. La *phrase-clé* a été prononcée au Congrès international de morale médicale *(E. 14.8.67)*. L'ourlet est le *point clé* de la mode de printemps *(VR 15.3.70)*. Les Pays-Bas occuperont une « *position-clé* » parce que toute acceptation de la part de La Haye sera automatiquement suivie par les autres (gouvernements) *(M. 11.1.66)*. (Les) *postes-clés* sont tenus par des hommes capables et soigneusement sélectionnés *(M. 5.5.66)*. La question du prix des céréales était devenue le *problème-clé* pour tout progrès de l'intégration européenne *(M. 4.12.64)*. Les revendications de salaires et la hausse de certains *produits-clés* feront l'objet de négociations préalables *(E. 12.9.65)*. La *question-clé* c'est la réalisation d'une entente *(E. 2.7.67)*. Un *secteur-clef* qui commande tous les autres (une exploitation pétrolière) *(O. 14.2.68)*. Ce *texte-clef*, capital pour la compréhension du caractère de l'écrivain *(M. 16.7.66)*. Sur les deux *thèmes-clés*, M. J. D. fut d'une extrême prudence *(M. 22.4.69)*.

● À propos de personnes : qui occupe une place ou exerce une fonction déterminante.

Le président-directeur général de C. est l'*homme-clef* d'une entreprise qui groupe près de 50 000 ouvriers et employés *(E. 11.10.65)*. Le *témoin-clé* du (procès) subit un contre-interrogatoire en règle *(M. 17.3.67)*.

CLÉS (ou CLEFS) EN MAIN loc. adj. Vendu prêt à fonctionner, pour un prix ferme et forfaitaire.

Berliet vend à Cuba un *atelier* « *clefs en main* » pour le montage d'autobus[a] *(E. 11.6.73)*. Les pays neufs ont besoin de machines, de technologie, d'*usines clefs en main (E. 18.2.74)*. Certains organismes internationaux ont une préférence pour la formule[b] de la livraison d'écoles « *clés en main* » aux pays du tiers-monde *(M. 15.6.74)*. Plusieurs sociétés offrent des contrats « *clés en main* » de construction et d'équipement d'aéroports *(VR 30.11.75)*.

CLIGNOTANT sm. Fig. ~ 1964. Écon. Indice révélateur qui annonce une difficulté grave, une crise, etc.

Nous chercherons (dans le Ve plan de développement) à établir des *clignotants*. Autrement dit, par le jeu des statistiques, nous chercherons à avoir un certain nombre d'indices révélateurs qui, à un moment ou à un autre, déclenchent le signal d'alarme et viennent dire qu'il y a quelque chose qui ne va pas *(M. 17.6.64)*. Tenir compte des aléas auxquels se heurte la planification. Les instruments d'alerte mis en place, les *« clignotants »* répondent à ce souci nouveau *(E. 14.8.67)*. En province et dans le secteur privé, la situation se révèle beaucoup plus difficile que ne le laissent croire les statistiques annonçant la régression du chômage ou la relance de la consommation. Le *clignotant* social s'y allume avec insistance depuis quelques semaines *(En. 30.1.71)*.

Nous allumons le *clignotant* des prix sur le tableau de bord de la conjoncture économique, précise un statisticien de l'Institut national de statistique *(E. 3.2.75)*.

CLIMATISATION sf. ■ Moyens techniques utilisés pour maintenir l'atmosphère d'un local dans un état constant. Par ext. : les appareils employés à cet effet.

La *climatisation* est le corollaire du chauffage des locaux. Elle a pour but de modifier les conditions de l'air ambiant pour les amener à des valeurs considérées comme confortables *(M. 6.6.74)*. Dans le domaine de la *climatisation*, de nouveaux appareils sont apparus sur le marché (...) La *climatisation* ne se réduit pas au refroidissement de l'air pendant l'été ; elle est également un moyen de chauffage *(BNF 1.2.75)*.
→ CONDITIONNEMENT (de l'air).

CLIMATISER v. tr. ■ Équiper (un local) d'une installation de *climatisation**.

Quelle chaleur ! Les jurés fondaient sur place comme neige au soleil. Il faudrait *climatiser* ce sacré Palais (de Justice) *(Saint Pierre, 72)*.
→ CONDITIONNER (l'air).

CLIMATISEUR sm. ■ Appareil de *climatisation**.

Le T. est le premier conditionneur d'air portatif qui vous assure les avantages des *climatiseurs* fixes. Il rafraîchit une zone d'air ambiant. Il déshumidifie l'atmosphère. Il filtre l'air. Il chauffe *(M. 22.5.64)*. Les physiologistes ont déterminé « la zone de confort » dans laquelle il fait bon vivre et aussi travailler. Ensuite ils ont créé l'appareil — le *climatiseur* — qui procure en permanence cette zone de confort *(C. 4.6.64)*.
Les *climatiseurs* fonctionnent selon le principe du circuit frigorifique à compression, utilisé pour les réfrigérateurs domestiques (...) Une nouvelle génération de *climatiseurs* est apparue sur le marché *(M. 6.6.74)*.
→ CONDITIONNEUR D'AIR.

CLIMATISME sm. Ensemble des problèmes posés par le choix, l'aménagement, l'exploitation, l'organisation des stations climatiques (dont le climat a des vertus curatives).

Le congrès international du thermalisme et du *climatisme* médical s'est ouvert jeudi *(M. 2.10.66)*.

CLIVAGE sm. Fig. Emploi fréquent en politique, sociologie : ce qui différencie, sépare ou oppose des groupes sociaux ou ethniques (classes, partis, peuples, etc.).

Cette classification demeure assez abstraite et beaucoup trop simplifiée ; elle correspond assez bien, malgré tout, aux grandes lignes de *clivage* de l'opinion, en même temps qu'aux divisions concrètes des partis *(Duverger, 54)*. Qui prouve que les options incarnées par les partis correspondent aux *clivages* réels de la société politique ? *(M. 3.3.64)*. Si les *clivages* s'effacent, les zones s'étendent où se recouvrent les opinions *(M. 19.5.64)*. Le bipartisme répond au *clivage* présent de l'opinion *(M. 29.9.65)*. Sans analyse sérieuse de la société, certains admettent que le *clivage* essentiel est celui qui sépare la gauche de la droite *(M. 2.10.65)*. Cette élection accentuait encore le *clivage* entre les deux communautés *(E. 15.11.65)*. Les vieux clivages sont en voie de disparition. Il reste à trouver des *clivages* différents, et il serait redoutable de se contenter d'un partage de la France politique entre gaullistes et antigaullistes *(M. 14.2.67)*. L'idée communément admise du *clivage* entre nations riches s'enrichissant et nations (pauvres) s'appauvrissant *(E. 17.4.67)*. Les *clivages* entre prolétaires et bourgeois *(M. 12.11.68)*. Le *clivage* droite/gauche est devenu un *clivage* factice *(O.R.T.F. 7.6.69)*.
La silhouette du candidat de la gauche s'effaçait devant celle d'un « rassembleur », par-delà les *clivages* traditionnels *(P. 21.5.74)*. La politique étrangère n'est pas, en 1974, l'un des principaux *clivages* qui divisent l'électorat *(C. 12.10.74)*. Les voyageurs les plus jeunes émettent, sur la voiture testée, des opinions moins favorables que les autres voyageurs, le *clivage* se faisant aux environs de 40 ans *(R.G.C.F. 11.74)*.
Cette inégalité dans la répartition des charges n'est pas pour effacer le *clivage* Paris-province *(M. 28.4.78)*. Le problème de l'abolition de la peine de mort dépasse les *clivages* politiques *(O. 26.6.78)*. Les *clivages* partisans se dissipent pour condamner la violence, et réapparaissent dès qu'il s'agit d'apprécier la nature et les causes du « mal breton » *(M. 29.6.78)*. L'« ouverture sociale » a consolidé pour l'instant le *clivage* entre la CGT et la CFDT *(C. 27.7.78)*.

● Par ext. : ce qui différencie, sépare deux choses quelconques.

Un *clivage* profond et persistant entre les dictionnaires de langue et les dictionnaires encyclopédiques *(Wagner, 67)*.
C'est sur la qualité des produits que s'opère désormais le *clivage* des cantines (d'entreprise) *(O. 13.3.73)*. Les *clivages* entre métiers masculins et métiers féminins ne vont pas en diminuant *(E. 21.5.73)*.

CLOCHARDISATION sf. 1957 (dans le titre d'un livre : cf. cit. 59).
■ Processus qui tend à transformer en clochards les membres d'une population.

D'autres peuples, par un processus quasi irréversible, passent peu à peu de la paupérisation à la *clochardisation* (M. 28.8.57). Malgré les efforts effectués en faveur d'une sédentarisation, l'esprit nomade subsiste. La première conséquence est un renforcement de l'exode rural vers les centres urbains qui risque de renforcer ce que Mme G. Tillion appelle « la *clochardisation* » *(Gendarme, 59)*. Ne va-t-on pas, si l'on continue à préconiser de telles exploitations, favoriser la *« clochardisation »* de la population agricole ? *(F. 23.8.66)*. Le paysan sicilien a connu la *« clochardisation »* qui accompagne les migrations forcées *(M. 20.2.68)*.
→ DÉCLOCHARDISATION.

CLOCHARDISER v. tr. et réfléchi. ■ Transformer (une population) ou : se transformer en clochards.

Le peuple des campagnes se paupérise en perdant ses terres, ses villages. La marée des réfugiés monte. Combien seront *clochardisés* dans un an ? *(M. 22.12.66)*.
Le risque de laisser *se clochardiser* plus de 3 millions d'agriculteurs *(PM 17.8.68)*.

● Par ext. : donner à quelque chose un aspect misérable.

La crasse de Paris a *clochardisé* Paris. Non pas une patine, mais le dépôt répugnant de l'industrie *(GL 24.7.65)*.
Les universités de Paris (...) *se clochardisent*. À la Sorbonne l'argent manque pour remplacer les ampoules électriques (...), pour nettoyer les couloirs *(E. 12.4.71)*.

CLOISONNEMENT sm. Fig. ■ Dispersion, émiettement, division.

Éviter la fragmentation, et le *cloisonnement* de la puissance stratégique de l'O.T.A.N. *(M. 9.3.66)*. La nouvelle raison d'État : l'élimination des *cloisonnements* de marchés entre les pays du Marché commun *(M. 14.1.68)*.
Les habitants de C. n'ont rien tenté pour lutter contre un *cloisonnement* dont tous se plaignent *(M. 26.5.74)*.
→ DÉCLOISONNEMENT.

CLOISONNER v. tr. Fig. ■ Diviser en groupes distincts entre lesquels il n'y a guère ou pas de relations.

Notre monde (est) *cloisonné*, compartimenté, engoncé encore dans un passé qui ne veut pas mourir *(M. 9.3.66)*. Comme pendant la résistance, on *« cloisonne »* pour qu'un faux déserteur ne puisse pas renseigner (l'adversaire) *(O. 6.3.68)*.
→ DECLOISONNER.

CLOSE-COMBAT sm. Mot anglais (combat corps à corps).

Exaltation lyrique du *close-combat* considéré comme une ascèse *(NL 20.10.66)*. Les paras s'entraînent au *close-combat* *(E. 17.3.69)*.
D'anciens parachutistes qu'on a vus parfois s'entraîner au *close-combat* et au tir *(M. 14.6.75)*.

(-)CLUB Deuxième élément de substantifs composés, dans lesquels il a le sens de : caractéristique d'un club ; qui offre un confort, un luxe considérés comme habituels dans un club.

Ambiance-club dans les bungalows *(Dunlop, 66)*. Un *country-club* où l'on peut jouer au base-ball, au golf ou au tennis, à l'intérieur d'un périmètre entouré de barbelés et d'une haie d'arbres géants *(M. 27.6.66)*. La couleur de la moquette de sol sera en harmonie avec les tons de la salle et en annoncera l'ambiance décorative. La salle sera traitée dans un *esprit « club »* *(M. 28.1.71)*. Les *hôtels-club V* apportent aux skieurs tout ce qu'ils désirent trouver pour profiter pleinement de leurs vacances *(F. 26.11.66)*. De vertes perspectives où seule apparaît la tache bleue d'une des huit *piscines-club* *(M. 18.6.66)*. Un *pizzeria-club* ouvert toute la nuit *(A. 5.6.69)*. Vous recevrez un album au *prix-club* *(Pub. VR 20.4.69)*. Les ouvrages sont présentés dans des *reliures Club* pleine toile, formant une luxueuse collection de bibliothèque *(Pub. M. 11.3.66)*. On organisera des voyages, des circuits, des séjours en hôtels ou en *résidence-club* pour des groupes *(M. 23.2.69)*.
Sujet du roman : un employé de bureau s'éprend, pendant des *vacances-club*, d'un python de 2,20 m de long *(P. 30.9.74)*.

CLUB-HOUSE ou CLUB HOUSE sm. Mot anglais. ■ Bâtiment, maison ou ensemble de locaux réunissant les différents services offerts aux membres d'un club (restaurant, salles de jeux, de réunion, etc.).

L'élégant *club-house* où l'on trouve, outre les vestiaires, un snack-bar et une salle de réunion *(M. 18.6.66)*. Véritable *« Club-House »* des jeunes. Auditorium, bar, piste de danse *(F. 26.11.66)*.
Une route bordée de campings (...) Un *« club house »* — bar-épicerie —, des bungalows, une discothèque (...) *(P. 17.7.78)*.

CO(-) Premier élément de nombreux composés dans lesquels il sert à marquer, selon les cas, l'adjonction, l'association, la participation, la simultanéité.

Rem. 1. On note une certaine incohérence graphique dans l'emploi du trait-d'union.

Rem. 2. Quelques composés *(coexistence, cogestion,* etc.) sont traités plus loin sous **des entrées séparées.**

Ceux qui sont énumérés ci-après dans cet article ont été relevés dans des textes tous postérieurs à 1972, bien que certains d'entre eux soient peut-être attestés antérieurement. Ils ne figurent pas (encore) dans les dictionnaires d'usage les plus

courants. Ils sont classés ici en trois rubriques, en fonction de la classe grammaticale et/ou du contenu sémantique de la « base ».

- **La base est un subst. désignant une ou plusieurs personnes.**

  L. Malle fut le *coréalisateur*, avec le commandant Cousteau, du « Monde du silence » *(E. 14.1.74)*. M.P. est *coarchitecte* en chef de cet ensemble immobilier (...) On s'est disputé entre banquiers pour être le chef de file de ce rassemblement, ou du moins figurer parmi les neuf *cochefs* de file *(E. 11.2.74)*. Voici deux interprètes féminines et *coauteurs* (d'un film), une bibliothécaire et une magicienne *(E. 16.9.74)*. On voit, dans ce film, D.S. *covedette* avec un autre joyeux drille, E.G. Un sacré duo ! *(Téla. 12.10.74)*. Le parti (...) est mort-né, faute d'accord entre ses *cofondateurs* (P. 27.1.75). *Coproducteur* heureux de (...), M.D. a été aussi le *co-héros* du feuilleton télévisé (...) *(E. 1.3.76)*. Un Fautrier, un Bazaine (...) entre autres *co-exposants* : toiles, pastels, dessins, gravures *(M. 14.5.78)*.

- **La base est un subst. abstrait désignant un état, une fonction, etc.**

  J.L. T. va prendre la *co-direction* d'un circuit automobile *(P. 30.9.74)*. Lors de mon *co-internement* avec des dirigeants du parti, j'ai compris (...) *(Chaix, 74)*. Une vaste sphère de *coprospérité* capitaliste, comprenant — outre la Communauté européenne — le Japon, le Canada (...) *(E. 25.6.75)*.

- **La base est un verbe.**

  La lettre, rédigée par le commandant S., a été *cosignée* par 44 de ses confrères pilotes *(E. 15.6.73)*. Ses partenaires ne lui proposaient que de *coproduire* quelques « navets » (= films médiocres) *(E. 10.2.75)*.

COACH [kotʃ] adj. et sm. (Mot angl. *« voiture »*). ~ 1963. Ch. de fer.
■ Type de voiture dans laquelle les sièges des voyageurs sont répartis de part et d'autre d'un couloir central.

La clientèle de la SNCF a déjà pu se familiariser avec la voiture *coach*, puisque depuis 1963, 800 voitures de ce type ont été mises en service (...) Le soir ou la nuit, il est plus difficile de créer une atmosphère de quiétude dans une voiture *coach* que dans une voiture à compartiments *(R.G.C.F. 11.74)*. La future voiture de la SNCF sera de type *« coach »*, sans compartiments (...) la majorité des personnes interrogées en 1972 étaient favorables à la formule *coach* *(E. 8.9.75)*.

Rem. Si l'on prend à la lettre le sens de *coach* = voiture, le syntagme *voiture coach* est un pléonasme fautif, parfois senti comme tel.

Le terme « voiture à couloir central » a fort heureusement pris la place de la pléonastique *voiture coach* *(VR 25.12.77)*.

COADAPTATEUR ou CO-ADAPTATEUR sm. Cinéma, télév. ■ Personne qui, en collaboration avec une autre, réalise l'adaptation d'une œuvre (dramatique, littéraire, etc.) pour le cinéma, la radio, la télévision.

Comme *co-adaptateur* avec A. H., M. F. a réussi à établir la complicité nécessaire *(M. 24.9.66)*. Un incident vient d'éclater entre M. O'G. et S. L. *coadaptateurs* (pour la télévision) de « Jacquou le Croquant » *(ST 18.10.69)*.

COCKTAIL [kɔktɛl] sm. Mot anglais.

Rem. Les graphies francisées, *coquetel, coquetèle*, proposées par divers auteurs (Marcel Aymé, R. Nimier, R. Queneau) apparaissent sporadiquement dans des livres ou des journaux mais n'ont pas réussi à supplanter la graphie d'origine.

- **Fig. Mélange de choses diverses, parfois opposées.**

  C'est cet ensemble, *cocktail* de rigueur et de passion froide, retenue, de labeur acharné et d'austérité, qui isole J. B. du monde traditionnel de la course *(E. 19.9.66)*. 9 500 logements, avec le *cocktail* habituel de ce qui est à louer et de ce qui est à vendre *(M. 11.1.67)*. Réalisant un *cocktail* explosif, audaces du jazz, sensualité du Rhythm and Blues, traditionalisme du folksong, ferveur du gospel, Ray Charles est enfin parvenu à son but *(E. 17.4.67)*. Mais, dans un *cocktail* aussi hétéroclite, les bons et les mauvais ingrédients (des programmes de télévision) s'annulent, et l'impression d'ensemble est pour le moins fâcheuse *(M. 5.1.68)*. Le *cocktail* des deux courants (aériens) stabilise la température (sur la Costa del Sol) aux environs de 28°. Jamais plus ! *(E. 25.3.68)*. Pour 200 F, une boîte lectrice de bandes, de la taille d'un transistor, facile à glisser dans une voiture ou une valise, dans laquelle on insère une cassette-programme en prêt-à-consommer offre une heure d'écoute : variétés ou *cocktail* aux extraits d'œuvres classiques *(E. 18.11.67)*. De Gaulle venait, par ce qu'on appellerait désormais l'autodétermination, d'éliminer ce savant *cocktail* de violence et de paternalisme qui devait — selon G. et ses amis — construire une Algérie selon leur cœur *(Courrière, 70)*. Un curieux *cocktail* de visions futuristes et de rêves du passé *(E. 6.4.70)*. Une Lombardie exotique, savant *cocktail* de cure de détente et de découverte de villages oubliés, d'églises romanes, de châteaux ou villas *(AAT 6.70)*.
  La « stagflation », *cocktail* déprimant de hausse des prix et de piétinement de la production *(E. 22.3.71)*. Dans le film « Les violons du bal », passé et présent se mêleront dans un *cocktail* de couleurs et de noir et blanc *(E. 3.9.73)*. La monnaie du monde serait une unité abstraite, composée d'un *« cocktail »* des meilleures devises *(E. 14.1.74)*. Une cloche d'air chaud emprisonne sous elle l'air frais, l'humidité, les gaz d'échappement, les poussières (...) : un *cocktail* particulièrement nocif pour les bronches *(M. 29.3.74)*. Une nouvelle voiture, *cocktail* des petites Fiat 126 et 127 *(PM 11.5.74)*. Ils aiment les *cocktails* religieux : un peu de shintoïsme, un peu de bouddhisme, un peu de christianisme *(Pa. 10.74)*. (...) des préparations nouvelles : un *cocktail* de diurétiques, d'anorexigènes et d'extraits thyroïdiens *(E. 12.6.78)*.

COCKTAIL MOLOTOV [kɔktɛlmɔlɔtɔf] sm. D'après l'emploi de cet engin par les partisans et les troupes soviétiques pendant la guerre civile espagnole et la seconde guerre mondiale. ■ Sorte de grenade à main, explosive ou incendiaire, de fabrication artisanale.

Un ingénieur fabrique des *cocktails Molotov* qui lui explosent à la figure. Il est blessé *(E.*

22.3.65). Certains (manifestants) étaient armés de *« cocktails Molotov »,* de briques, de chaînes de bicyclettes *(F. 14.11.66).* Les deux incendiaires ont déposé un engin du type *« cocktail Molotov »* composé de deux bidons d'essence, l'ont allumé et ont pris la fuite *(M. 11.6.67).* Deux *cocktails Molotov* ont été lancés contre les locaux de l'administration générale de l'université, où un incendie s'est déclaré *(M. 20.1.68).* Une barricade avait été dressée, des *cocktails (Molotov)* pleuvaient sur la police *(M. 2.11.69).*
La police charge des manifestants casqués qui lancent des *cocktails Molotov (E. 25.6.73).*

CODÉCISION sf. Pol. ■ Décision prise en commun par plusieurs gouvernements ou autorités.

On passera sous silence le problème du droit de *codécision* en matière nucléaire des puissances à armement classique *(M. 11.3.66).* Accepter les risques de l'alliance et rechercher une formule de *« codécision »* (entre les membres de l'alliance) qui nous permette de contrôler ces risques *(M. 28.4.66).*

CŒUR sm. Spéc. Techn. ■ Élément central d'un réacteur* nucléaire.

Le débat (...) tourne autour de ce qui se passe dans le *cœur* du réacteur, là où se trouvent le combustible et les produits radioactifs qu'il forme en « brûlant ». Ce *« cœur »* est constitué pour l'essentiel d'un ensemble d'éléments combustibles : des gaines métalliques où est entreposé l'uranium enrichi *(M. 9.6.74).*

CŒUR OUVERT (À) loc. adv. ou adj. Médecine, chirurgie : *Opération à cœur ouvert*, dans laquelle on ouvre une des cavités du cœur.

La première opération *« à cœur ouvert »* a été réalisée à l'hôpital régional de P. Une fillette qui présentait un rétrécissement de l'orifice de l'artère pulmonaire a été opérée. La circulation sanguine de l'enfant a été arrêtée pendant douze minutes *(M. 8.2.58).*
Si le public veut partager la vie d'un service de chirurgie cardiaque, il peut lire le récent document *« à cœur ouvert »* (...) *(P. 1.4.74).*

CŒUR-POUMON sm. Méd., chirurgie. ■ Appareil qui assure en cas de nécessité la circulation et la régénération du sang, à la place du cœur et des poumons.

Le sang provenant du *cœur-poumon* artificiel peut désormais circuler dans le cœur greffé *(M. 4.1.68).* Les prématurés sont placés dans un placenta artificiel relié à un *cœur-poumon* qui assure leur respiration *(E. 25.11.68).* En cas de nécessité on pourrait assurer la circulation sanguine, grâce au cœur implantable, pendant plusieurs jours au lieu des quelques heures que permet le recours au *cœur-poumon* artificiel classique *(E. 14.4.69).*

COEXISTENCE sf.

● **Présence simultanée en un même lieu de plusieurs choses ou phénomènes qui n'ont guère ou pas de contacts, ni d'influence les uns sur les autres.**

La *coexistence* dans certaines gares de courants électriques de traction différents a été un des problèmes techniques les plus difficiles à résoudre *(Rail 10.48).* Il y a souvent *coexistence* entre bégaiement et troubles psychosomatiques divers *(Chauchard, 56).* Ces salles d'exposition, de concert, de cinéma, de théâtre, ce club, cette cafeteria, cette discothèque qui sont destinés, par leur *coexistence* même, à exciter en permanence l'appétit culturel de milliers d'adhérents *(E. 26.7.65). Coexistence* entre le travail et le capital *(M. 18.11.65).* Son charme (d'une ville) tient à la *coexistence* d'un passé riche et d'un modernisme de bon aloi (...) *coexistence* harmonieuse d'une cité touristique avec une richesse industrielle *(Dunlop, 66).* Le problème de la *coexistence* d'un réseau de transport public et d'un réseau privé *(M. 1.3.67).* On pourrait se demander si entre les formes en *-esse* et celles en *-ise* il y a eu *coexistence* chronologique, géographique, stylisque *(CL 10.67).* Impératifs contradictoires dont la *coexistence* entraînait un épuisement nerveux pouvant aller jusqu'à l'effondrement *(Hailey, 69).*
Aussi longtemps que l'on acceptera la *coexistence* des voitures traditionnelles et des mini-voitures, celles-ci ne pourront pas profiter intégralement de l'avantage que constituent leurs faibles dimensions *(AAT 2.70). Coexistence* des 819 lignes du canal de 1re chaîne (de télévision) avec les 625 lignes de la chaîne couleur *(E. 16.3.70).* L'automobile : une des rares activités humaines à permettre la *coexistence* entre techniques d'avant-garde et formules préhistoriques *(A. 8.10.70).*
Les problèmes que posait la *coexistence* de deux systèmes différents de traction électrique *(R.G.C.F. 1.74).* La guerre entre compagnies régulières et charters va s'apaiser : il y a maintenant consensus pour une *coexistence* entre les deux modes de transport aérien *(P. 8.7.74).* Il y a au Japon *coexistence* de l'ordre et de la violence *(M. 22.9.74).*
Quelles règles, quelles valeurs communes présideront à la *coexistence* inévitable de trois formes d'organisations collectives : (...) ? *(M. 25.5.78).* Les Français tolèrent finalement assez bien la *coexistence* de grands principes proclamés et de leur méconnaissance *(M. 20.7.78).*

● **À propos de personnes (individus ou collectivités).**

Il semble impossible d'organiser la *coexistence* entre deux hommes qui viennent de s'affronter avec tant de rudesse *(E. 22.10.73).* M. Marchais a déclaré la guerre à M. Pompidou ; il lui reste à régler sa *coexistence* avec M. Mitterand *(E. 3.12.73).* L'histoire de la *coexistence* entre « résidents secondaires » et cultivateurs est riche d'anecdotes aigres-douces *(M. 25.12.76).*

COEXISTENCE PACIFIQUE loc. subst. ~ 1954. D'abord à propos de l'acceptation par les États-Unis et l'Union Soviétique du maintien du statu quo en ce qui concerne les deux blocs (occidental et oriental) et leurs zones respectives d'influence. ■ Par extension ; dans d'autres domaines.

Dans beaucoup de domaines les relations entre les transporteurs peuvent se résumer en disant qu'ils sont condamnés à vivre ensemble et que leur *coexistence* est loin d'être *pacifique (AM 12.66)*. Au rayon de la musique, l'O.R.T.F. a prévu une *coexistence pacifique* entre P. B. qui dirigera des co-productions avec la B.B.C., et G. A., qui s'occupera du bel canto *(ST 30.3.68)*. Cet athéisme qui souhaite ou admet une *coexistence pacifique* avec la foi ou la croyance en Dieu *(Duquesne, 70)*. À condition qu'un journal ne se considère pas lui-même essentiellement comme un « support » de publicité, il peut aisément établir les bases d'une *coexistence pacifique* entre la rédaction et la publicité *(M. 25.9.70)*.

COEXISTER v. intr. ■ Exister avec, ou simultanément (choses). Vivre ensemble et se supporter mutuellement (personnes).

● Avec pour sujet un nom de choses (abstr. ou plus rarement, concrètes).

Trois formules de service après-vente *coexistent (M. 11.2.65)*. Deux systèmes de découpage du temps de la journée ont *coexisté* à l'époque médiévale *(F. mod. 1.66)*. Bangkok fait *coexister* harmonieusement le bureau d'affaires et le temple bouddhique *(Can. 27.9.67)*. Pas de concurrence entre les grands noms de la confection, qui *coexistent* en bonne harmonie *(M. 19.11.67)*. Une nation où *coexistent* la tranquillité et la violence *(E. 18.3.68)*. Ces sentiments que je croyais contradictoires et que je voyais avec indignation *coexister* tranquillement dans le cœur de G. *(Groult, 68)*. Metz et Nancy sont appelées à *coexister* et peu à peu à se confondre *(En. 27.6.70)*.
Ainsi *coexistent* dans le carnet de commandes de la RATP des interventions légères — assistance à une compagnie d'autobus — et des interventions lourdes : élaboration du plan de transport de Téhéran *(Exp. 12.77)*.

● Avec pour sujet un nom de personne ou de collectivité.

Noirs et Blancs américains finiraient par *coexister* sans drame *(M. 11.4.68)*. Le soldat et le citoyen *coexistent* dans le même individu *(M. 21.12.68)*. Deux catégories de professeurs continueront à *coexister* dans le premier cycle *(M. 9.5.69)*. La logique de l'empire russe succédant à l'empire britannique veut que les Juifs et les Arabes *coexistent* un jour et même qu'ils se réconcilient *(Pa. 9.70)*.
Une trentaine de fabricants de matériel pour le chauffage solaire *coexistent* actuellement *(M. 20.5.78)*. Comment faire *coexister* deux sociétés dont les valeurs sont contradictoires ? *(M. 29.6.78)*.

● Certaines des personnes ou des choses qui coexistent sont sujets du verbe *coexister*, les autres sont compléments, introduits par la préposition *avec*.

A.., où bidonvilles et rats *coexistent* placidement *avec* les palaces *(FL 1.12.66)*. Des universités « nouveau modèle » *coexisteront avec* des facultés de type traditionnel *(M. 12.9.68)*. La plupart (des hommes) ont foi en un progrès presque indéfini de la science. Et cette foi *coexiste* chez beaucoup, *avec* des comportements et des croyances irrationnels *(Duquesne, 70)*. Laisser aux enfants le sentiment que tant de souffrance *coexiste* (dans le monde) *avec* tant de beauté *(Mallet-Joris, 70)*.
Ce sont des pays où le *sous-développement* dans la vie quotidienne *coexiste avec* le développement industriel *(E. 15.1.73)*.

COGÉRER v. tr. ■ Gérer quelque chose en commun.

Université *cogérée* par les professeurs et les représentants des étudiants *(E. 3.2.69)*.
Le mouvement écologique va être affronté au problème de la participation contestataire : *cogérer* en partenaire indépendant, non en agent auxiliaire de l'administration *(M. 21.1.76)*.

COGESTION ou CO-GESTION sf. ■ Administration, gestion en commun d'un organisme (surtout entreprises, universités, etc.) par différents membres de celui-ci.

Un des participants déclarait : « Au niveau de la *co-gestion* il y a une grande différence entre Paris et la province » *(M. 12.1.66)*. « La participation des travailleurs aux résultats, au capital, et aux responsabilités de nos entreprises françaises. » Un parfum de *cogestion* sourd de ce (texte) *(E. 8.1.68)*. Consacrer les principes d'autonomie, de *cogestion*, de liberté politique et syndicale à l'université *(M. 26.5.68)*.
Un chapitre de mon rapport a pour objet de détruire le mythe de la *cogestion* (...) *(M. 14.1.76)*. À mi-chemin du capitalisme et de l'autogestion, (...) une formule magique : la *cogestion (M. 31.12.76)*. Ce que nous voulons, c'est la *cogestion* et, à terme, l'autogestion *(E. 19.6.78)*.

COHABITER v. intr. Fig. En parlant de choses : *coexister**.

Les difficultés à faire *cohabiter* dans une même coalition des formations différentes, longtemps rivales et même souvent hostiles sont plus grandes à gauche qu'à droite *(M. 25.12.65)*. Jeunes Anglais, leurs parents, nouvelles et anciennes modes, tout cela *cohabite (FL 3.11.66)*. La Transat « *cohabitera* » avec la Compagnie des messageries maritimes *(M. 19.1.68)*.

COIFFER v. tr. Emplois figurés.

Coiffer (un concurrent). Sport. D'après l'emploi dans le lexique des courses hippiques (un cheval « coiffe » un autre cheval sur le poteau). ■ Dépasser et vaincre au dernier moment un concurrent qui était sur le point de l'emporter.

Le couple (de patinage artistique) causa la surprise en « *coiffant* » les favoris *(F. 7.2.69)*.

● Par extension : dans une compétition non sportive.

À l'importation en France, Opel se fit *coiffer* par Fiat *(O. 21.2.68)*.
Le chancelier allemand, qui était dès le départ le plus désireux d'avoir un sommet (...) a *coiffé* M. Pompidou au poteau d'arrivée : il a été le premier à confirmer (...) *(E. 18.9.72)*. LMT, qui appartient au groupe américain ITT, cherche à *coiffer* CIT au poteau *(P. 30.9.74)*.

Coiffer (un subordonné). ■ Être son supérieur hiérarchique ; le protéger, refuser de le désavouer.

Nouveau « scandale » : la désignation de M. le juge D. pour « *coiffer* » le commandant de

R. *(M. 5.12.54)*. Il vous *coiffera*, mais ne comptez pas sur lui pour obtenir de l'argent *(Escarpit, 64)*.

Coiffer (un ensemble d'organismes, de services, etc.). Exercer sur eux son autorité ou sa juridiction.
>La Fédération allemande des étudiants qui *coiffe* toutes les universités d'Allemagne fédérale *(M. 29.6.68)*.
>Le secteur « industries alimentaires » *coiffe* quatre chefs de marché : (...) *(M. 13.12.75)*.
>Renault véhicules industriels *coiffe* Berliet et Saviem *(E. 22.5.78)*.

→ CHAPEAUTER.

COIN(-) Premier élément de substantifs composés. Même sens que *coin** à (+ inf.).
>Le *coin-bureau* (...), le *coin-couture* (...), le *coin-jardin* *(FP 4.70)*.
>La mode des *coins-repas* est venue des pays scandinaves. Ils agrémentent une cuisine en lui donnant un air « *coin salle à manger* ». Il y a des *coins-repas* dans tous les styles, et leur confort est souvent très élaboré, le *coin-repas* peut devenir *coin-travail* ou *coin-lecture* *(VR 20.2.77)*. La direction de l'aéroport se voit obligée de raser le « *coin café* » du hall d'entrée pour le remplacer par des guichets (...) *(P. 17.7.78)*.

COIN À (+ infinitif) sm. D'après *chambre à coucher, salle à manger*, etc. ■ Dans un appartement, une maison : angle (ou autre partie) d'une pièce destiné à un usage particulier et installé en conséquence.
>« *Coin à manger* » dans le living près de la fenêtre *(Fa. 31.1.68)*. « *Coin à rêver* », d'une chambre à coucher *(Pub. M. 16.12.67)*.

COL BLANC loc. subst. Traduction de l'anglais *white collar*. ■ Employé de bureau ou de magasin, par opposition à *col** *bleu*.
>Les sociologues américains ont décrit les travailleurs tertiaires par une image qui a fait fortune : les « *cols blancs* » (white collars), autrement dit les travailleurs dont l'activité s'exerce en règle générale dans des conditions de propreté sans rapport avec celles que peuvent connaître ouvriers et paysans *(Praderie, 68)*. La discrimination entre les « cols bleus » payés à l'heure et les « *cols blancs* » payés au mois va disparaître *(En. 11.4.70)*. Le chômage frappe 1 250 000 « *cols blancs* » dont 114 000 cadres supérieurs *(En. 24.10.70)*.
>Nous ne sommes pas des *cols blancs*, nous ne travaillons pas dans un bureau, mais devant une machine *(E. 25.3.74)*. Dans bien des entreprises, les « *cols blancs* » sont plus nombreux en France qu'en Allemagne pour accomplir les mêmes tâches *(M. 10.1.75)*. Le P.C. reste trop ouvrier pour séduire les « *cols blancs* » *(M. 27.4.78)*. Le risque que les *cols blancs* qualifiés disparaissent des bureaux et fassent place à un employé dominé par une machine *(M. 16.6.78)*.

COL BLEU loc. subst. ■ Ouvrier (généralement payé à l'heure), par opposition à *employé* ou *col** *blanc*.
>Dès leur plus jeune âge les Japonais sont mis sur des rails au bout desquels ils endossent un col blanc ou un *col bleu* *(E. 16.3.70)*. Mensualiser un ouvrier ne signifie pas seulement le payer au mois (;) c'est aussi unifier le statut des ouvriers et des salariés, combler le fossé entre « *cols bleus* » et « cols blancs », reconnaître aux premiers une dignité nouvelle *(E. 16.3.70)*.
>Le système de l'horaire variable s'applique aussi bien aux « *cols bleus* » qu'aux « cols blancs » *(M. 24.9.74)*. Le style de vie — sinon le niveau de vie — des « *cols bleus* » tend à les intégrer dans la masse des salariés *(M. 27.4.78)*.

COLLABO sm. Péj. Fam. pour *collaborateur*. ■ En France, entre 1940 et 1945 : personne qui adoptait ou préconisait une attitude de collaboration — économique, politique, culturelle, etc. —, avec les autorités ou les troupes allemandes.
>Ceux qui (en août 1944 à Paris) fuyaient, se terraient ou étaient livrés à la vengeance des foules : les « *collabos* » ou les hommes marqués par le régime de Vichy *(M. 18.8.64)*.
>Quelques anciens « *collabos* » dans une ville où ils vivent ravagés de remords, imbibés d'alcool, déchus *(F. 1.12.66)*. Un ancien « *collabo* » aujourd'hui mis à l'écart *(E. 11.5.70)*.
>Certes, *collabo* il (= Drieu la Rochelle) le fut, quoique sans délations, (...) en sauvant des résistants *(E. 31.7.78)*.

● Par ext. Personne qui, de bon gré, accepte de frayer ou de travailler avec les ressortissants d'un pays étranger, les membres d'un groupe, d'un parti, alors que les compatriotes, les collègues, les camarades de cette personne considèrent le pays, le groupe, le parti en question comme exerçant indûment une domination (politique, économique, militaire, idéologique, etc.) à laquelle ils estiment qu'on doit résister. — Qui manifeste une admiration *inconditionnelle**, et de ce fait un peu agaçante, pour une civilisation, une culture, un peuple étrangers.
>Non, aucune envie d'entendre (à la radio) une conférence sur les Romains. La barbe, avec leurs Romains. Ils en ont plein la bouche des Romains. Voilà vingt siècles qu'ils sont les *collabos* des Romains. Et ils s'en flattent *(Ragon, 66)*. Il y aura toujours des *collabos*. J'en ai eu une nouvelle preuve l'autre soir. Un Français accompagnait un étranger à son avion. En lui faisant ses adieux, il s'écria : « Vous pouvez revenir ! Vous serez toujours le bienvenu, quoi qu'on dise ! » *(Daninos : F. 6.1.67)*.

COLLANT sm. ■ Maillot de danseuse ou de gymnaste. Par extension : pantalon de ski très étroit ; sous-vêtement féminin en jersey qui moule le corps de la taille à la pointe des pieds et remplace les bas.
>*Collant*-ski en chlorofibre T. *(MT 10.66)*. Un *collant* fin, c'est joli comme une peau fine *(Fa.*

15.4.70). Les *collants* super-moulants de S. sont tellement extensibles, ils s'adaptent si bien à tous les mouvements (...) *(Fa. 24.3.71).*
Avec le triomphe du *collant* est venu le déclin du porte-jarretelles *(PM 21.4.73).* Des adolescents échangent presque ostensiblement des roubles contre des francs... et des *collants,* qu'en U.R.S.S. on paie 6 roubles la paire *(M. 23.7.78).*

COLLECTIF sm. Ellipse pour : immeuble collectif d'habitation.

Les grands *collectifs* qu'une nécessaire politique du logement fait pousser à B. ne parviennent pas à s'organiser en quartier vivant *(M. 12.3.60).* Le médecin les connaissait bien les *« collectifs ».* Quartiers-dortoirs abandonnés toute la journée des adultes ; seuls y demeurent les femmes « sans profession » et les vieux *(C. 22.10.70).*

COLLÉGIALEMENT adv. Selon des règles de *collégialité*.*

Rien n'est mieux accepté que ce qui est librement discuté et *collégialement* décidé *(P. 30.9.74).*

COLLÉGIALITÉ sf. ■ Système de gouvernement d'un État, de direction d'une société, dans lequel le pouvoir de décision appartient à un conseil de quelques membres, tous égaux en principe.

Le Conseil de la révolution (en Algérie) s'est déjà transformé en un collège de résistants glorieux, en un chef d'État à vingt-six têtes, symbole d'une *collégialité* jalousement orientée contre le pouvoir personnel *(M. 20.7.65).* On commence à parler à Rome du synode épiscopal, qui sera composé en majorité d'évêques. Sa fonction sera consultative et parfois délibérative. Il constituera un signe visible de la doctrine de la *collégialité (M. 30.6.66).*

● Par extension : fait de travailler en commun.

Il est incontestable que la notion de *collégialité* s'affirme chaque jour davantage. Il faudra bien que les Français s'y habituent. Il est donc indispensable d'organiser les bureaux de manière que l'on puisse y travailler en commun *(Armand, Conférence 5.65 : M. 15.10.65).*

COLLER v. intr. Emplois figurés.

Coller (sans complément). Surtout en construction négative. *Ne pas coller* : ne pas convenir, ne pas être normal, en règle.

Il y a (dans un texte) des expressions qui ne *« collent »* pas *(Revel, 59).* Pour L. qui avait en mémoire son rapport où figurait déjà le nom (de l'un des accusés), cela devait montrer qu'il y avait bien quelque chose qui ne *collait* pas *(M. 24.9.66).*

Coller à (quelqu'un ou quelque chose) : s'adapter (à la mentalité de quelqu'un) ; se conformer (à quelque chose).

« Coller aux masses » et surtout aux paysans *(Dumont, 62).* Club Inter : tous les sujets qui intéressent les adolescents. Un souci de *« coller »* à l'actualité *(C. 22.11.68).* Le succès du camion (= du transport routier), obtenu par son dynamisme et le fait qu'il *« colle* à la réalité économique » *(C. 25.12.68).* Tiraillements dans les syndicats, où les jeunes ne *collent* pas aux anciennes consignes *(PM 29.11.69).*
L'histoire que vivent les personnages du film *« colle* » à la réalité *(E. 14.8.72).* La grève des O.S. illustre les difficultés des syndicats à *coller* à leur base *(E. 2.4.73).* Le corps préfectoral tout entier *« colle »* à l'État U.d.r. (...) Plusieurs facteurs ont hâté cette cohésion *(E. 11.6.73).*
→ ALIGNER (S') SUR.

Coller avec (quelqu'un ou quelque chose) : s'harmoniser avec.

Comme homme il (un jeune champion de ski) *« colle »* à merveille avec sa génération et son succès public s'égale là aux honneurs de l'homme d'État *(PM 24.2.68).* Combien de pièces (de théâtre) qui ne *« collent »* pas » avec la salle où on les présente *(C. 12.10.69).* R. D. a su prêter au narrateur une voix dramatisée, avec ce qu'il fallait de recul pour *« coller »* avec les images. (...) Il fallait rayer ces quelques images, gratuites et ne *« collant »* jamais avec le texte *(C. 6.11.69).*

COLLIMATEUR sm. Fig. (D'après l'emploi dans le lexique militaire). **Avoir, prendre (quelqu'un) dans le collimateur** : l'observer, le surveiller très attentivement, avec méfiance ou hostilité ; se préparer à le prendre pour cible, à l'attaquer.

Certains gaullistes orthodoxes attaquent avec violence le ministre des Finances. À travers lui, c'est tout le plan stratégique du chef de l'État qui est pris dans le *collimateur (Au. 27.9.69).* Les marchands de canon dans le *collimateur* (de la presse hebdomadaire) : l'affaire des canonnières de Cherbourg fait la tête d'affiche de la presse *(M. 11.1.70).* Dans le *collimateur* de la (Sté) C. pour les mois à venir : la représentation des petits actionnaires dans les assemblées générales, (...) la présentation des comptes pour améliorer l'information des actionnaires *(E. 5.4.71).*
Par cette punition collective dont je suis responsable, l'aspirant, qui m'a dans son *collimateur,* compte sans doute me « couper » de mes camarades *(O. 6.1.75).*

Être, se sentir, se trouver dans le collimateur : être la cible de qqn, l'objet de sa méfiance, de ses soupçons, de ses attaques.

● Sujet nom de personne.

Les athlètes noirs américains sont dans le *collimateur* du président du Comité olympique *(ORTF 16.9.72).* La prochaine monnaie à se trouver dans le *collimateur* de la spéculation pourrait être le franc *(Exp. 3.73).* Actuellement, on se sent (en tant que médecin) dans le *collimateur* de beaucoup de gens, ce qui nous gêne au point de vue thérapeutique *(Beunat, 74).*

● Sujet nom de chose.

Les privilèges fiscaux sont dans le *collimateur* du Premier ministre qui a rappelé que la prochaine loi de finances les examinera de près *(C. 9.6.78).*

COMMANDO

COLLOQUE sm. Rép. mil. XXe ■ Congrès, débat, etc.

Colloque ne fait pas double emploi avec conférence, conversation, entretien, etc. *(Grevisse : LB 29.5.56)*. Les gens qui se sont réunis pour un *colloque*, c'est le mot à la mode *(F. 16.2.59)*. Un cercle lisbonnais avait convié ces écrivains à un dîner-*colloque* *(M. 14.2.68)*. Ce fut un *colloque*-défi. Mgr D. ouvrit et clôtura ces deux journées par la proclamation du défi : Assez discuté, il est temps d'agir *(C. 19.12.69)*.
→ CARREFOUR, TABLE RONDE.

COLOMBE sf. Fig. D'abord aux États-Unis : partisan de la paix au Viet-nam, fût-ce au prix de concessions jugées dangereuses ou humiliantes par les *« éperviers* » ou *« faucons* ».

L'opposition classique entre ce qu'on appelle ici (aux États-Unis) les « éperviers » et les « colombes » *(F. 31.12.66)*.
« *Colombes* » pour désigner les pacifistes, « faucons » pour désigner les bellicistes : qui se souviendra, demain, que ces images furent inventées par le journaliste américain S. Alsop ? *(P. 3.6.74)*.

● Par extension : partisan d'une attitude ou d'une politique conciliante, tolérante.

Face à cette politisation croissante de l'agitation (chez les étudiants), le corps enseignant de Nanterre s'est divisé en « faucons » et « *colombes* »
Les premiers réclament les mesures autoritaires pour rétablir l'ordre. Les « *colombes* » en revanche, pensent que l'on ne mettra pas fin à cette agitation par des mesures autoritaires. Ces professeurs libéraux veulent faire des propositions de rénovation *(M. 4.5.68)*. Le gouvernement d'Israël ne peut pas faire la paix, pas plus les « *colombes* » que les « faucons » *(M. 9.1.69)*.
Nombre de « *colombes* » rejettent la philosophie des « faucons » sur la pérennité de la haine entre Arabes et Israéliens *(M. 10.3.74)*. Huit personnalités israéliennes connues pour leur appartenance au camp des « *colombes* » ont déclaré : (...) *(M. 6.5.78)*.

COLONISATION sf. Fig. Par ext.

Puisque tout cela (les grands prix littéraires) apparaît comme une affaire de goûts, d'influences, d'amitiés, la tentation est forte, pour l'éditeur, voire pour le romancier, de tenter la *colonisation*, en tout cas le noyautage de tel secteur plus ou moins limité du champ clos *(M. 30.9.59)*. On trouve des zones de paysage qui sont menacées dans leur pureté par la consommation anarchique, individuelle de l'espace ou, quand la spéculation sur le loisir s'en mêle, par la *colonisation* des sites *(M. 5.10.66)*.

COME-BACK [kɔmbak] sm. (Mot angl. « retour »). ■ Retour en vogue d'une personnalité, d'une vedette, après un temps d'inactivité ou d'oubli.

Le fameux *come-back* de Coco Chanel, qu'elle fit à la demande de l'industriel en parfums auquel elle avait cédé son nom (...) *(En. 22.9.70)*. Une succession de mauvais rôles et de mauvais films avait abouti à ce résultat : on se mettait à parler de B. B. au passé. Plus personne n'aurait osé parier sur un « *come-back* » *(M. 28.1.71)*. Devant un public magnétisé, Elvis Presley a réalisé le *come-back* de la décennie *(O. 29.1.73)*.

COMMANDO sm. et adj. (Mot portugais, emprunté par l'intermédiaire de l'alld. et de l'angl. pendant la 2e guerre mondiale). Rép. mil. XXe.
1. Milit. Petit groupe de combat spécialement entraîné pour des opérations ponctuelles, rapides, souvent effectuées par surprise.

● En apposition

On a compté, l'an dernier, près de 31.790 stagiaires, appartenant à des unités dites « de mêlée », ainsi que 755 officiers et sous-officiers qui ont subi l'entraînement « *commando* » dans dix centres spécialisés. Les cadres et appelés, victimes d'accidents au cours de l'instruction « *commando* » ont représenté 5,67 % des stagiaires *(M. 5.10.75)*.
Bitche (...) c'est le camp militaire. Des souvenirs de soldats : le froid des casernes, le dur régime *commando* *(C. 7.9.78)*.

2. Par ext. Dans d'autres domaines.

● Petit groupe armé qui appartient ou non à une organisation révolutionnaire clandestine, et qui emploie la violence (attentats, enlèvements, sabotages, *détournements* * d'avions, etc.) afin de faire pression sur les pouvoirs établis, de pousser ceux-ci à la répression, d'inquiéter l'opinion publique, etc.

Dans la nuit, un *commando* flamand a attaqué les maisons de cinq membres du conseil académique francophone *(M. 20.1.68)*. On peut s'attendre à ce que le sommeil d'un certain nombre de grands hôtels, le jeu d'un certain nombre de casinos, soient troublés par des opérations de *commandos* *(Pa. 8.70)*. Quatre avions commerciaux appartenant à quatre compagnies différentes, ont été détournés de leur destination par des *commandos* (palestiniens) *(M. 8.9.70)*. L'échec des mouvements de guérilla rurale, la violence de la répression, l'exaspération des minorités révolutionnaires : autant de raisons qui expliquent la généralisation des actions de *commandos* dans les villes *(M. 26.3.70)*.
Armés de chaînes, de boulons, les *commandos* gauchistes et fascistes sillonnaient la ville à moto, en auto *(P. 28.5.75)*. On est étonné de la facilité avec laquelle les *commandos* armés peuvent opérer en plein Paris *(M. 6.5.78)*. Le *commando*, fort de 3 ou 4 hommes armés et masqués, a tué trois personnes et en a blessé six, dans un bar (...) *(RL 14.7.78)*.

● Spéc. Membre d'un des groupes armés ci-dessus.

Jean B. B. un spécialiste de l'agitation, un dur, qui adore la bagarre. Ancien *commando*, résistant extraordinaire, ce petit homme est un génie de l'agitation *(Courrière, 69)*. L'amiral L., chef de la mission d'achats pour Israël, l'ancien *commando* qui fut aussi transporteur d'immigrants illégaux *(M. 11.1.70)*.

Rem. Dans cet emploi, on trouve parfois le mot au féminin.

Un des trois *commandos* avait été tué lors de l'attaque d'un avion sur l'aéroport de K. (...)

COMMANDO

La jeune *commando* palestinienne fut maîtrisée et désarmée par un passager *(RSR 8.9.70)*.
● **Petit groupe de personnes qui se livrent à une action collective ponctuelle destinée à rendre publique une protestation, à promouvoir une vente, une réforme, etc.**

Les traditionalistes envoyèrent un petit *commando* et un prêtre qui organisèrent une cérémonie (...) *(P. 21.5.74)*. Il avait pris la tête du *«commando»* du Pacifique, contre les explosions nucléaires *(C. 11.6.74)*. On transporta autour du monde un *commando* de vendeurs *(PM 1.2.75)*. Entouré d'un véritable *commando*, il a concocté une réforme (...) *(P. 30.10.78)*.

Action, opération de commando. ■ **Action ponctuelle, violente ou non, exécutée par un commando, armé ou non.**

Quatre hold-up de banque dans la même journée à Paris : des *opérations de commando*, un mort, plusieurs blessés *(C. 11.2.74)*. Les moyens du ministère de l'Industrie se limitent aux *actions de commando* ; la force de frappe est au ministère des Finances *(E. 19.2.75)*. Des *actions de commando* avaient eu lieu au centre universitaire sur l'initiative de groupes d'extrême droite *(M. 4.6.78)*. Des barrages sur l'autoroute et la voie ferrée, un camion d'abricots intercepté, cinq tonnes de fruits espagnols jetés à terre (...) Ces coups de main, montés comme des *opérations de commando* montrent l'inquiétude du Midi (...) *(E. 3.7.78)*.

COMME ÇA ! Fam. **Interjection admirative qu'accompagne le plus souvent un geste énergique : pouce de la main droite fermée dressé en l'air.** ■ **Excellent, remarquable, etc.**

(J'ai entendu) une manucure s'écrier : « Vous avez vu L. (un politicien jeune et séduisant) hier à la télé ?... *comme ça !* » Pouce levé pour saluer en champion le « coming man » (nouveau venu dont l'étoile monte rapidement) *(Daninos* : M. 4.12.66*)*. Le reportage *« comme ça »*, désapprouvé par un responsable de l'O.R.T.F., a pris fin. Il s'agissait de cette séquence inouïe filmée dans un camp américain de mise en condition des élèves officiers *(M. 24.11.67)*.
« Au club (...) climat, night-clubs, dépaysement, l'ensemble est *comme ça* », et elle dresse le pouce de la main droite, les autres doigts repliés *(P. 25.3.74)*.

COMPACT, E adj. ~ 1960 (De l'angl. *compact*, d'abord à propos de voitures de petites dimensions).
● **Par ext. Techn. Qui est de faible volume, d'encombrement minimal.**

Machines à écrire *« compactes »* *(E. 26.9.66)*. La cuisinière « ultra-*compacte* » comprend : rôtissoire, four à hauteur de vue, 4 plaques de cuisson (...) *(EI. 24.2.69)*. La chaîne dite *« compacte »* où sont rassemblés en un seul élément la platine, l'amplificateur, (...) le tuner. Elle est moins chère qu'une chaîne séparée *(VA 20.3.72)*. Chaîne haute fidélité *« compacte »* *(P. 9.10.72)*. Téléviseur *« compact »* *(E. 2.4.73)*.

COMPÉTENCE sf. Ling. (De l'angl. *competence*, chez Chomsky).

Dans la terminologie de la grammaire générative, la *compétence* est le système de règles intériorisé par les sujets parlants et constituant leur savoir linguistique, grâce auquel ils sont capables de prononcer ou de comprendre un nombre infini de phrases inédites (...) La *compétence* s'oppose à la performance (...) *(Dubois, 73)*.

Rem. **L'antonyme courant, *incompétence*, les adj. *compétent, incompétent*, ne relèvent pas de la terminologie linguistique.**
→ PERFORMANCE.

COMPÉTITIVITÉ sf. Écon. ■ **Aptitude à soutenir la concurrence.**

Les réalisations en série contribuent à diminuer les prix, donc à abaisser encore le seuil de la *« compétitivité »* *(M. 1.9.64)*. Le problème de la *compétitivité* de l'économie française est loin d'être réglé *(M. 23.2.66)*. La *compétitivité* du minerai de fer lorrain par rapport aux minerais riches importés est fortement entamée *(M. 15.5.66)*. La mise de notre agriculture en état de *compétitivité* *(F. 28.11.66)*. La direction (d'une entreprise) semble cultiver une forme de *« compétitivité* catégorielle », favorable à l'expansion des ventes d'un groupe de produits *(Hetman, 69)*.

1. COMPLEXE sm. **Ensemble de bâtiments, d'installations, groupés en fonction de leur destination commune.**
Complexe + adjectif.

Le gouvernement décida d'édifier un nouveau centre qui s'insérerait dans un *complexe aéro-spatial.* *(M. 10.4.69)*. Un *« complexe culturel »* comprenant une véritable salle de théâtre de cinq cents places, une Maison pour tous avec différentes salles d'activités et un foyer féminin *(M. 20.3.68)*. Un *complexe* hôtelier de deux cents chambres avec un restaurant, des boutiques et un garage en sous-sol *(M. 19.1.68)*. L'Institut de virologie et la nouvelle faculté des sciences ne peuvent que contribuer à accroître le rayonnement d'un *« complexe »* scientifique de premier plan *(M. 12.12.67)*. Un *complexe touristique*, groupant une dizaine d'hôtels, des villas, des magasins, des tennis, golfes, piscines, etc. *(E. 2.8.65)*.

Complexe + de + substantif.

Les travaux d'installation du nouveau *complexe d'antenne* de Radio-Andorre *(M. 5.10.66)*. M. C. et P. P. vont ouvrir de véritables *complexes de loisirs* nocturnes *(Cd. 17.10.66)*. Un véritable *complexe de spectacles* « selon le mot à la mode, installé dans l'ancien théâtre des Ambassadeurs, complètement rénové *(FP 11.70)*.
L'application d'un *complexe de feutre* bitumineux assure l'étanchéité (d'une toiture) *(R.G.C.F. 6.74)*.

**Complexe + substantifs (reliés entre eux par des traits d'union).
Ensemble d'éléments entre lesquels il existe une relation.**
> La technique du ramassage des blessés nécessite de savoir manier le *complexe crâne-cou-buste-abdomen* (AAT 6.65).
> Le chauffeur prend conscience de sa relative imprudence, il réévalue son estimation du *complexe distance-temps* (Guimard, 67).

2. COMPLEXE sm. D'après l'emploi dans le vocabulaire de la psychanalyse.
● Par ext. (Emploi souvent jugé abusif).
> Le terme *complexe* est si bien — ou si mal ! — entré dans le langage que l'on dit fréquemment de quelqu'un qu'il a « des *complexes* », qu'il est « complexé » ; on entend par là qu'il est timide, qu'il manque d'aisance sociale. Sans doute on utilise ce mot pour traduire une réalité juste, un comportement inhibé, gêné, mais on le traduit mal *(Sui. 29.12.68)*. Vive l'été, les jolies robes légères et les maillots à la dernière mode que je porte toute fière, *sans complexe*... mais avec beaucoup de succès ! *(Fa. 15.4.70)*.

COMPLEXÉ, E adj. ■ Qui souffre de *complexes**. Dans le vocabulaire courant : inhibé, timide.
> Rem. L'Académie a vivement repoussé l'adjectif *« complexé »* qui envahit la conversation courante : « On souffre de complexes, déclara René Clair, on n'est pas *« complexé »* (F. 3.12.66).
♦ Il y avait en Mauriac un de ces adolescents enfiévrés et *complexés* qui n'arrivent pas à se détacher de leur cocon, à oublier leur moi *(C. 4.10.70)*.
> Des petits et des moyens patrons, *complexés* en face des technocrates de l'Administration *(E. 30.10.72)*.

● Par ext. : à propos de choses.
> *Complexée* par l'étendue de son auditoire, la télévision (procède) avec d'infinies précautions *(E. 6.4.70)*.

COMPLEXIFIER v. tr. ■ Rendre plus complexe ; perfectionner.
> Le programme de la machine peut être singulièrement *complexifié* (PM 28.9.68). Vous croyez qu'on peut encore organiser d'autres liaisons, qu'on peut, comment dirais-je, *complexifier* encore ce réseau (d'Air Inter) ? *(O.R.T.F. 4.10.69)*.

COMPOSANT ÉLECTRONIQUE , ou (par ellipse) COMPOSANT sm.
> Les *composants* d'un circuit électronique sont : les transistors, (...) les diodes, (...) et les résistances *(E. 8.5.67)*. Les *composants* électroniques sont les éléments qui constituent fondamentalement les appareils électroniques. Suivant qu'ils sont, ou non, le siège d'émissions électroniques, on les divise en *composants* actifs (tels que les transistors) et passifs (tels que les condensateurs et les résistances) *(EU 69)*.
> Les semi-conducteurs, branche la plus élaborée du secteur des *composants* électroniques *(M. 21.11.74)*.
> Le gouvernement accordera une aide de 600 millions pour favoriser la production de *composants* électroniques *(O. 29.4.78)*. Les pouvoirs publics tentent de mettre sur pied un « plan *composants* » auxquels s'associeraient les grands utilisateurs de *composants (M. 5.8.78)*.
→ CIRCUIT INTÉGRÉ, TRANSISTOR.

COMPTE À REBOURS loc. subst. ~ 1960. D'après l'anglais *countdown* (compte à l'envers). ■ Énumération de nombres dans l'ordre décroissant (8,7,6,5,etc.), en terminant par le zéro, dont l'énonciation donne le signal pour déclencher une opération.
> Le tir (d'une fusée) a subi un retard en raison de deux arrêts du *compte à rebours (M. 16.2.67)*. Le *compte à rebours* de la fusée qui doit emporter trois astronautes vers la lune a commencé. Ces ultimes contrôles font suite à trois précédentes séries de vérifications complètes, dont un *« compte à rebours »* simulé *(M. 17.12.68)*. Le 5.4.3.2.1... c'est parti ! était employé à tout bout de champ, aussi bien pour le lancement des fusées interplanétaires que pour le moindre jeu radiophonique. Le *compte à rebours* était devenu la loi de cet univers avaleur de temps *(Daninos, 70)*.

● Fig. Constatation réitérée du nombre décroissant d'unités de temps (mois, semaines, jours, etc.) qui séparent le moment présent de l'échéance d'un événement futur dont la date est fixée (élection, livraison d'un travail, achèvement d'une entreprise, etc.).
> Il pensait à elle, parfois, comme si déjà elle n'y était plus. Il se retournait alors vite vers elle. Rassuré. Elle était encore là pour six jours. Puis quatre. Puis deux. Le *compte à rebours* était commencé *(Fallet, 64)*. Comme disent les spécialistes de l'espace, le *compte à rebours* est commencé. Ils étaient sept (candidats), au terme du délai fixé pour entrer dans la compétition présidentielle (l'élection du président de la République) du 5 décembre *(F. 18.11.65)*. Le planning (des travaux) fut établi dès 1963 en effectuant un *compte à rebours* à partir du 1er janvier 1966, en fixant les délais nécessaires pour chaque phase de l'opération *(VR 18.12.66)*. Dans le *« compte à rebours »* des Jeux Olympiques d'hiver 68, la S.N.C.F. vient d'affirmer une fois de plus, sa réputation d'exactitude *(VR 26.11.67)*. Nos vacances sont-elles décomptées à partir du lundi ? Envolons-nous le vendredi soir. Le samedi matin nous sommes à pied d'œuvre. Bénéfice : un week-end avant que le fatidique *compte à rebours* de nos vacances commence *(Pub. F. 16.10.69)*. Voici le *compte à rebours* de (la rentrée scolaire). « J. moins 4 », jeudi : accueil dans les établissements. « J. moins 3 », vendredi : plusieurs réunions. « J. moins 2 », samedi : mises au point. « J. moins 1 », dimanche : opération portes ouvertes *(F. 8.9.70)*.
> L'opinion se répand que le *compte à rebours* de la victoire de la gauche, en 1978, a déjà commencé *(M. 19.3.76)*.
→ PARTI (C'EST).

CON (À LA)

CON (À LA) loc. adj. Pop. ■ Ridicule, stupide.
Tu ne comprends donc pas que c'est fini (entre) Laurent et toi ? Ça va durer encore longtemps, ce romantisme *à la con* ? *(Saint Pierre, 72).*

CONCÉLÉBRATION sf. Rép. ~ 1965. Religion : célébration de la messe par plusieurs prêtres ensemble.
Liturgie solennelle avec *concélébration* *(M. 7.4.66).* Les possibilités offertes par la réforme en cours dans l'Église : liturgie pénitentielle, *concélébration* *(M. 29.3.69).*

CONCÉLÉBRER v. intr. et tr. ■ À propos de plusieurs prêtres qui célèbrent ensemble la messe, ou de cette messe elle-même.
La messe a été *concélébrée* par Mgr V. archevêque coadjuteur, entouré de deux évêques et de huit prêtres *(M. 12.1.65).* Mgr G. a *concélébré* avec dix prêtres une messe d'adieu *(M. 11.3.66).* Le patriarche Athénagoras espère pouvoir *concélébrer* avec le Pape *(F. 17.1.69).*

CONCENTRATIONNAIRE adj. Par ext. ■ Qui présente des aspects rappelant plus ou moins les camps de concentration.
La « conception vétuste » des hôpitaux psychiatriques qui ont été conçus trop grands, loin des villes, selon une architecture *concentrationnaire* *(M. 9.5.68).*
L'absurdité d'une politique *concentrationnaire* qui vise à créer une agglomération de 14 millions de Parisiens *(M. 1.2.69).*
(le) système absurde du métro-boulot-dodo, récompensé par un mois de loisirs *concentrationnaires* *(C. 21.9.74).*

CONCEPTEUR sm. ■ Celui qui conçoit, crée, invente un projet (décor, formule, usine, etc.).
Les équipes installées, il faudra trouver des patrons, les *« concepteurs »*, et c'est là que le district (de Paris) pourrait laisser la porte ouverte aux architectes *(M. 8.6.66).* Les *concepteurs* de P. (firme de publicité) qui ont préparé la campagne sur la forme (physique) des Français, avaient trouvé une formule parlante, mais qui fut refusée : « Qui s'encroûte, s'émiette » *(E. 12.6.67).* Il a été le *concepteur* de la station spatiale de P. et des laboratoires de télécommunications de L. *(E. 8.1.68).* Autrefois on décernait le nom de décorateur à l'homme qui recherchait les idées d'ameublement d'un ensemble. Aujourd'hui on lui décerne le nom de *« concepteur »*. L'Académie lui donnera-t-elle son approbation ? *(M. Pa. 2.69).* Les *concepteurs* et fabricants de ce pur cinéma de consommation *(E. 13.4.70).*
Le *concepteur* de la dernière-née des voitures M. *(E. 25.6.73).* Réunir tous les *« concepteurs »* du bâtiment, soit cent mille professionnels (...) *(P. 30.9.74).* (les) *concepteurs* d'émissions télévisées *(E. 3.2.75).* Le *concepteur* de l'immeuble de B. et de plusieurs autres réalisations « solaires » *(E. 3.7.78).*

CONCEPTUALISATION sf. ■ Fait de *conceptualiser*.
Il a toujours existé à l'intérieur du christianisme une tension entre un humanisme chrétien et une tendance antihumaniste. Il s'en est suivi une *conceptualisation* qui risquait à tout moment de figer la parole vivante *(M. 17.11.66).*

CONCEPTUALISER v. tr. et intr. Mil. XXe. (De *conceptuel* et suff. *-iser*). Did.

● V. tr. Élaborer des concepts à partir de (...) Organiser en concept.
L'intuition pratique et le flair de l'homme politique ouvrent par l'action même de nouvelles perspectives que les théoriciens de la politique essayeront de *conceptualiser* après coup. (...) Cette unité (du commandement dans l'État) est indispensable, et c'est pourquoi le commandement tend généralement vers l'unicité qui en est la conséquence. Bien qu'elle découle de la nature même du commandement, cette unicité se laisse difficilement *conceptualiser* *(Freund, 65).* Cette (théorie des systèmes) a été développée pendant la guerre en vue de *conceptualiser*, définir et diriger des ensembles complexes. Elle a été appliquée tout d'abord à la réalisation d'objectifs militaires *(Hetman, 69).* Cette sainte n'est aucunement visionnaire, elle *conceptualise* raisonnablement son expérience avec une grande maîtrise de pensée et une netteté incisive du style *(M. 26.4.69).*

● V. intr. S'en tenir aux idées abstraites, sans se préoccuper assez de leur application concrète.
F. D., pas du tout un intellectuel, mais un homme (d'affaires) qui a une formation solide : licence en droit et licence de philosophie. S'il refuse de « *conceptualiser* », ce n'est pas par inaptitude, mais de propos délibéré *(E. 11.3.68).* L'auteur du « Capital » multipliait les sarcasmes contre les jeunes hégéliens trop enclins à *conceptualiser* interminablement *(M. 23.3.69).*

CONCERNÉ, E participe passé et adj. (Probablement sous l'influence de l'anglais (to be) *concerned*.) ■ Atteint, intéressé, touché, visé.
Rem. Cet emploi a été critiqué, mais s'est néanmoins répandu.
(On) m'a demandé ce que je pensais de la phrase : « Six pays sont *concernés* par l'Euratom. » J'avoue que cette construction ne me plaît guère et que j'éviterais de m'en servir. Je préférerais écrire : Six pays sont intéressés par l'Euratom, ou : l'Euratom *concerne* six pays. Mais au nom de quel principe la condamner ? *Concerner* est un verbe transitif ; il peut donc — théoriquement du moins — être mis à la forme passive *(Georgin, 57).*

● À propos de personnes (individu, groupe, etc.).
Chrétiens ou non, croyants et incroyants, nous sommes tous *concernés* *(M. 5.11.65).* Les gens sont *concernés* par une bonne table *(Bouvard, 66).* L'auditoire (était) à priori mal choisi. En tout cas, peu *concerné* *(E. 12.6.67).* Enseigner consiste toujours à traiter collectivement une classe dont les élèves ne sont *concernés* qu'individuellement *(F. 16.3.68).* On est passé tout près de l'anarchie totale parce que des centaines de milliers de jeunes

adultes ne se sont pas sentis *concernés* par les appareils politiques et leurs confrontations *(M. 7.6.68).* L'hermétisme de certains (auteurs), les querelles qui opposent trop souvent chapelles et groupuscules, découragent les non-initiés. Ces derniers ne se sentent pas *concernés* et se détournent d'œuvres qui ne leur « disent rien » *(M. 23.11.68).* Personne ne se sent *concerné* par l'évocation des crimes commis sous l'effet de l'alcool *(E. 3.11.69).*
Les jeunes déclarent n'être pas « *concernés* » par les problèmes de l'âge mûr *(Saint Pierre, 70).*

- **À propos de choses.**
En avril 1967 la quinzaine de départements du Centre *concernés,* les principales villes contactées répondent à l'appel *(E. 18.12.67).* Aucune allusion n'est faite au double problème de la polysémie et de l'homographie pourtant directement *concernées* par ces distinctions. (...) Les synonymes poétiques ne seront pas *concernés.* (...) Certains aspects du bon usage littéraire sont directement *concernés.* (...) Les dictionnaires abrégés sont également *concernés* par cette généralisation *(Quemada, 67).* Les écrits les plus *concernés* par le conflit *(M. 9.3.68).* Les lignes (de chemin de fer) *concernées* (par les décisions récentes) *(R.G.C.F. 11.68).*

CONCERTATION sf. ■ Mode d'administration ou de gouvernement dans lequel les administrés, les citoyens, les salariés, etc., sont consultés, et les décisions élaborées en commun avec ceux qui auront à les appliquer ou à en supporter les conséquences.

Rem. Des mots très à la mode comme participation, *concertation,* sont nés dans ces milieux (des partis politiques chrétiens) *(En. 5.4.69).* Parmi les mots lancés à l'occasion des événements de mai 1968, « *concertation* » a joui d'une particulière faveur. Il est venu si naturellement aux lèvres qu'on s'est étonné de ne le trouver dans aucun dictionnaire *(VL 9.69).* Il y a quatre ou cinq ans, le mot « *concertation* » a fait quelques timides apparitions. Dans un quotidien du 25 janvier 1965, j'ai noté ce titre : « *Concertation* » patronale franco-allemande. (...) Le 24 février 1968, le Premier ministre se déclarait « prêt à tous les contacts », à « toutes les concertations ». Mais ce sont les « événements » du printemps de 1968 qui donnèrent au mot « *concertation* » ses lettres de noblesse (?) et consacrèrent définitivement son entrée dans notre vocabulaire quotidien (...). Il traduit un effort vers la compréhension mutuelle, la conciliation et la coopération. Il convient donc de souhaiter plein succès et longue vie au mot « concertation » et à l'idée nouvelle qu'il représente *(Le Bidois, 70).*

♦ La collaboration des syndicats à la politique économique est plus nécessaire que par le passé ; la *concertation,* puis l'association doivent se substituer progressivement à la revendication dans l'entreprise comme dans l'État *(Déclaration du Premier ministre : M. 12.10.66).* Le ministre suggère une *concertation* des pays à forte expansion agricole *(M. 29.10.66).* Le gouvernement envisage d'améliorer la « *concertation* » avec les industriels *(E. 8.1.68).* Je (un ministre) suis prêt à m'engager dans des voies nouvelles avec l'esprit le plus large, le plus ouvert à la *concertation (M. 15.6.68).* L'information des travailleurs est la première étape de toute *concertation* au sein de l'entreprise *(Chaffard, 68).* Reprise de la *concertation* des Quatre (grandes puissances) *(M. 1.11.69).*
Le Premier ministre veut faire, de la *concertation* avec les partenaires sociaux, sa principale méthode d'approche *(C. 21.6.74).*
→ INTÉRESSEMENT, PARTICIPATION.

CONCERTÉ, E adj. ■ Organisé, projeté « de concert » par plusieurs personnes ou collectivités.

Ceux qui s'intéressent à la protection des sites, agissent en ordre dispersé, sans organisation, sans moyens. Le but de la Fédération est de les réunir et de les organiser pour une *action concertée* auprès du public *(M. 16.1.68).* M. M. D., en parfaite unité de vues avec le chef de l'État à propos de la planification et de l'« *économie concertée* » *(E. 4.10.65).* Les conditions d'une *expérimentation concertée* sont indispensables pour une recherche pédagogique fructueuse *(M. 5.9.67).*

CONCOCTER v. tr. Fig. (De *concoction,* cuisson (cf. *décoction*), mot du XVIe s., aujourd'hui disparu). ■ Élaborer, envisager, imaginer, inventer, etc.

C'est le préposé aux effets spéciaux (dans un film de guerre). Il *concocte,* chaque matin, les étranges mélanges de sable, de terre, de liège, de plastic et d'explosifs qui donneront aux images l'odeur de la poudre *(E. 23.8.65).* Les égéries *concoctent* l'opportunité d'une candidature à l'Académie française *(Bouvard, 66).* La série (d'émissions télévisées) a vu le jour il y a quatre ans. P. S. la *concoctait* douloureusement depuis dix ans *(E. 22.9.69).* Un groupe important *concocte* (...) la formule d'un domaine de loisirs de 800 logements avec hôtel, motel et toutes les activités sportives souhaitables *(F. 12.12.69).* Ce matin-là, un rapport de G. sur l'inconvénient dimensionnel de l'horlogerie suisse lui avait mis les nerfs en pelote. Il *concoctait* déjà la petite note qu'il ferait envoyer le lendemain à G. *(Daninos, 70).*
Réunis en assemblée générale, les étudiants grévistes *concoctaient* une nouvelle forme d'action *(E. 11.12.72).* Cet appel, lancé devant les caméras de la télévision, il l'avait longuement *concocté* avec G., rencontré trois fois durant la semaine *(P. 7.5.74).* Le Conseil d'État remettra au gouvernement un rapport — *concocté* depuis 2 ans — sur les mensonges de la publicité *(P. 11.8.75).* Le conseil de l'université vient de *concocter* un nouveau mode de sélection *(E. 22.5.78).*

- **V. réfl. à sens passif : s'élaborer, être en cours d'élaboration.**
Le laboratoire secret où se *concoctent* les chefs-d'œuvre du cinéma français *(E. 9.3.70).*

CONDITION PHYSIQUE sf. Sport ■ (Être) en (bonne, excellente, grande) condition physique : être dans un état physique qui permet de bonnes performances.

L'excellent S. W. (rugbyman) en *grande condition physique* et très entreprenant sur le plan offensif *(M. 7.1.68).*

CONDITION PHYSIQUE

METTRE EN CONDITION (un athlète, une équipe, etc.).
Depuis 1947, le D' M. s'est occupé du conditionnement diététique des équipes internationales envoyées au Centre régional d'éducation physique et des sports, pour qu'elles soient *mises en condition* avant les Jeux Olympiques. Il a équilibré leur nourriture, non seulement en fonction de l'effort à fournir, mais aussi en tenant compte du tempérament de chacun *(E. 11.3.68)*. Les équipes sont sérieusement conseillées et *mises en condition* par d'anciens internationaux *(M. 9.1.70)*.

MISE EN CONDITION.
L'architecture intérieure (d'un club de culture physique) contribuera sûrement puissamment à la *mise en condition* des clubmen *(E. 26.6.67)*.

● Par ext., dans d'autres domaines. ■ Action d'améliorer les possibilités intellectuelles de quelqu'un.
C'est généralement dans le climat d'une œuvre d'art que S. N. trouve le point de départ, la *mise en condition* pour la composition d'un nouvel ouvrage *(M. 6.10.67)*.

● Moyens employés pour favoriser une activité.
Le chef de l'État a répété qu'il fallait obtenir une meilleure *mise en condition* de notre activité économique *(E. 25.10.65)*.
La *mise en condition* « opérationnelle » de l'administration centrale (du ministère de l'Intérieur) *(P. 18.3.74)*.

CONDITION PSYCHOLOGIQUE loc. substantive. ■ Peut-être d'après l'emploi précédent *(condition* physique)*.

METTRE EN CONDITION (une personne, une collectivité, etc.). Chercher à influencer à l'aide de moyens de pression, de propagande, etc., appliqués méthodiquement et avec continuité.
Pendant plusieurs semaines la voix du gouvernement a seule donné les explications, développé des arguments, exposé des justifications. Ainsi l'opinion a été *mise en condition* *(M. 7.10.64)*. La technique d'extermination fut portée au point de perfection par des « techniciens » calculateurs et psychologues, afin de *« mettre en condition »*, par de savants triages, les victimes, toutes vouées à la mort après l'avilissement qui en faisait des proies faciles et presque consentantes *(FL 31.3.66)*. Le président fait attendre son visiteur pour le *mettre en condition* (Bataille, 66).

MISE EN CONDITION.
● Sans complément.
Une véritable *mise en condition* psychologique : les radios, poussées par les maisons de disques, ont déversé, imposé de la chanson yéyé, la seule qui fût considérée comme commerciale *(F. 20.12.66)*.

● Avec un complément.
Il existe un Opus Dei de la médecine qui a procédé à une véritable *mise en condition du corps médical*, de l'opinion publique, et même du ministère. (...) Les membres de ce lobby ont intoxiqué le ministre *(P' Lichnerowicz : E. 24.11.69)*. Le chantage au chômage, les menaces assorties de promesses démagogiques expliquent seuls le désarroi d'une population plongée dans un trouble qui a permis la *mise en condition de l'électorat (M. 21.7.67)*. Excitation systématique de l'opinion locale allant jusqu'à la *mise en condition des jurés* et des juges (Errera, 68). *Mise en condition du public* par les ondes *(M. 27.3.69)*. L'Union européenne (de football) a supprimé les habituelles présentations avec exécution d'hymnes nationaux pour limiter les *« mises en condition » des spectateurs (M. 13.5.66)*.
→ ACTION PSYCHOLOGIQUE, CONDITIONNEMENT, INTOXICATION, MATRAQUAGE.

CONDITIONNEMENT sm.
● Écon. : Présentation d'une marchandise à vendre.
Conditionnement, conditionner s'appliquent à la façon de présenter une marchandise pour la vente, et ne se confondent pas avec « emballer ». « emballage » : il ne s'agit plus de protéger l'objet, mais de le rendre plaisant et tentant *(Cl. f. 11.53)*. Le vendeur s'effaçait, le « baratin » était aboli et passait son pouvoir d'attraction à l'emballage qui changeait de nom pour s'appeler *conditionnement (E. 16.12.68)*.
« Les *conditionnements* » de la viande, du poisson et des crustacés devraient porter en clair la date de fabrication ou la limite de la conservation *(F. 7.1.67)*. On trouve (dans un hypermarché) tous les produits de consommation courante (...) et avec des *conditionnements* géants *(FP 9.70)*.

● Fig. D'après l'emploi dans le vocabulaire de la psychologie : *mise en condition* (psychologique)*.
La propagande, l'information et le *conditionnement* psychologique sont importants *(M. 7.1.65)*. Cette satire (Knock, de J. Romains) du *« conditionnement »* moderne est une des comédies les plus solides du demi-siècle *(M. 13.2.65)*. Le *conditionnement* publicitaire n'a cessé de se développer depuis la création de Knock (en 1923) *(M. 17.12.65)*. Les techniques les plus raffinées du *conditionnement* des masses par la propagande et l'encadrement de tous les instants *(M. 31.8.66)*. Une esthétique architecturale trop déterminée par un *conditionnement* du goût *(M. 5.10.66)*. On sait combien le *« conditionnement »* peut rapidement convaincre un individu et lui enlever le désir de savoir (Merlin, 66). Le *conditionnement* passionnel auquel a été soumis le peuple français *(M. 18.6.67)*. Une société qui « conditionne » les jeunes, (alors) qu'il faut précisément aider ceux-ci à dominer le *conditionnement (O. 24.1.68)*. Le *conditionnement* des consciences par les techniques publicitaires *(M. 14.2.68)*. L'homme moderne a acquis, grâce à la psychologie, une meilleure connaissance de lui-même, de ses *conditionnements* et de ses possibilités *(Duquesne, 70)*.
(...) le degré de finlandisation auquel le *conditionnement* de la gauche a pu conduire *(E. 20.1.75)*. La jalousie est surtout le produit d'un *conditionnement* psychologique et social *(M. 27.2.77)*. Le terrorisme repose sur le *conditionnement* psychologique, l'endoctrinement volontaire et l'organisation militaire de petits groupes secrets et fanatisés *(E. 1.5.78)*.

→ ACTION PSYCHOLOGIQUE, INTOXICATION, LAVAGE DE CERVEAU, MATRAQUAGE.

CONDITIONNEMENT DE L'AIR loc. subst. Syn. de *climatisation**.

La climatisation devient une des exigences de la société moderne ; les chemins de fer l'offrent à leur clientèle (...) la seconde classe a maintenant droit au *conditionnement de l'air* (R.G.C.F. 4.74).

CONDITIONNER (l'air) v. tr.

L'appareil absorbe l'air intérieur et le *« conditionne »*. C'est-à-dire qu'il le dépoussière, le débarrasse des résidus gazeux, le rafraîchit et l'amène au degré d'humidité voulu. Après quoi il le renvoie dans la pièce climatisée (C. 4.6.64). L'air n'y parvenait (dans un grand ensemble) qu'après avoir été purifié, et *« conditionné »* (Cesbron, 68).

● **Participe passé et adjectif.**

Chauffage par air pulsé, *conditionné* (E. 25.4.66). Le confort des 200 chambres (d'un hôtel) *air-conditionné* (F. 25.2.69).
→ CLIMATISATION.

CONDITIONNER v. tr. Fig. ■ Influencer, *mettre en condition** (fig.).

La liberté d'expression existe, assurément. Mais elle est fortement, savamment *« conditionnée »* (M. 23.9.59). Ce que peuvent aujourd'hui les grands moyens publicitaires pour *conditionner* jusqu'aux jugements de la critique (M. 11.12.63). L'éducation, sourires, fessées, (école), lycée, communion, lectures, radio, régiment, télé, mariage, travail, tout ce qui *conditionne* – verbe atroce, mais utile – l'homme (E. 21.9.64). Ils (un couple) pensent comme leur journal, se servent du même langage qui les *conditionne*, comme ils le *conditionnent* (Saint-Lô, 64). J'étais très bien disposé à l'égard du héros et si je ne l'avais pas été j'aurais d'ailleurs été immédiatement *conditionné* par la publicité et par la ferveur du public (GL 13.3.65). Lorsque je vais au cinéma, je suis en quelque sorte *« conditionnée »* par l'actrice du film ; c'est-à-dire que, pendant quelques minutes après la fin du film, je me comporte comme elle (ST 5.11.65). On prétend que c'est à cause des guerres que les gens ne s'intéressent plus à rien, je n'en crois pas. Ils sont *conditionnés*. Voilà tout. Fabriqués. Empaquetés (PM. 8.10.66). Fellini avoue que sa passion pour la bande dessinée exalte et *conditionne* son imagination (E. 17.10.66). Le retraité automobiliste se sentira solidaire des automobilistes plutôt que des retraités. Il est solidement *conditionné* (par la publicité) pour réclamer des autoroutes plutôt que des jardins publics (M. 15.1.67). (Il faut) *conditionner* les esprits, les faire trembler d'horreur au mot guerre (O. 10.7.68). Nous sommes envahis, cernés, motivés, *conditionnés* par l'information (Collange, 69). Qu'est-ce que c'est, l'écrivain séparé de tout ce qui l'environne, le *conditionne*, le nourrit ? Un malheureux élève qui doit remettre une copie (Mallet-Joris, 70).
Nous (les femmes) sommes nous-mêmes vachement *conditionnées* : les femmes juges se montrent en général plus dures à notre égard (...) que les hommes (Saint Pierre, 72). Maintenant, la mode est de ne pas *conditionner* les enfants, de respecter la liberté vagissante de ces petits trésors (Cesbron, 77a).

CONDITIONNÉ (RÉFLEXE). (D'après l'emploi dans le vocabulaire de la psychologie) : réaction rapide ou habituelle qui semble devenue automatique.

Depuis le lycée, ou le régiment, certains mots, certains gestes, l'évocation de certaines situations, déclenchent en nous comme un *réflexe conditionné* d'hilarité (M. 4.11.59). Les *réflexes conditionnés* des producteurs sont aussi simples que ceux des chiens de Pavlov. Le bruit argentin des grosses recettes déclenche chez eux l'irrépressible besoin de copier le succès (E. 26.9.65).

CONDITIONNEUR D'AIR sm. Synonyme de *climatiseur**.

Depuis que ronronnent les *conditionneurs d'air*, les ventilateurs désaffectés semblent être de grands insectes piqués au plafond (E. 12.2.73).

CONFISCATOIRE adj. (De *confiscation* ou *confisquer* ; cf. *obligation, obligatoire ; libérer, libératoire*, etc.). ■ Qui est ou ressemble à une confiscation.

(...) Ainsi entendue, l'imposition des grosses fortunes n'aurait pas de caractère *confiscatoire* (...) Les droits de succession, eux, pourraient être considérés comme *confiscatoires* dans la mesure où (...) (M. 9.5.78).

CONFLICTUEL, LE adj. (De *conflit*.) ■ Qui suppose le conflit ; qui comporte ou provoque antagonisme, conflit, lutte.

La nature du (domaine) politique est d'être polémique et *conflictuelle* (M. 8.5.66). Les rencontres « paritaires » du département de sociologie (d'une université) sont véritablement *« conflictuelle »* (O. 21.2.68). Un système judiciaire moderne devrait tendre, dans une situation *conflictuelle* dangereuse pour autrui, à dédramatiser le cas (M. 27.2.69). Aux États-Unis, la publicité est *« conflictuelle »*. Elle sert des marques rivales, et souvent financées par le même capital (M. 13.9.69).
Le bassin méditerranéen, traversé de courants d'influences *conflictuels*, (...) (M. 8.5.75).

CONFORTABLE adj. Fig. Appliqué à un nombre, une somme : assez considérable, assez élevé(e) pour donner une sécurité.

L'inscription des projets de loi à l'ordre du jour a été obtenue à une *confortable* majorité (de 67 voix contre 17) (M. 28.3.64). K. a gagné le slalom géant avec la marge *confortable* d'une seconde 55/100 sur B. (M. 10.1.68). Un *confortable* budget annuel de 415 millions de francs (O. 17.1.68).
Le maire de F., réélu avec une *confortable* majorité, peut désormais (...) (M. 2.6.76).

● **Qui rassure, procure la tranquilité d'esprit en ne posant aucune question difficile.**

A. B. a organisé une étrange aventure. On ne trouvera pas ici un spectacle « *confortable* », mais une œuvre qui se veut moderne *(M. 19.1.68)*.

CONFORTER v. tr. Repris ~ 1960 au sens de : rendre plus fort, renforcer.

La position de l'accusé serait *confortée* si son procès s'ouvrait après le jugement de L. au lieu de le précéder *(M. 19.10.65)*. La télévision n'a pas modifié les opinions. En politique, elle les *conforte* *(E. 12.1.70)*. Trois constatations *confortent* son idée que l'intérêt national est en jeu *(E. 28.8.72)*.

● Verbe réfl.

Ce ne sont que deux coalitions étatiques qui *se confortent* mutuellement et enserrent le pays dans l'immobilisme *(E. 7.8.72)*.

CONFRONTÉ, E (à ou avec quelque chose) *Être confronté(e) à* (ou *avec*) une difficulté, un problème, une question : être obligé(e) d'y faire face, de s'employer à les résoudre.

L'expression « être *confronté* avec un problème » : ça, ce n'est pas du Littré ni même du Robert *(Revel, 59)*. Le problème auquel sont *confrontées* les générations actuelles, c'est de discerner les possibilités de changement culturel ouvertes par les nouveaux objets techniques *(Schwœbel, 68)*.

CONGÉ-FORMATION sm. ■ Congé accordé à un salarié pour lui permettre de suivre un stage de formation professionnelle, de perfectionnement, de *recyclage**.

Il faut (...) permettre aux jeunes d'acquérir une formation professionnelle et (...) pour cela développer le droit au *congé-formation* des jeunes travailleurs *(M. 4.6.75)*. Ce projet de loi a pour but d'étendre les dispositions existantes concernant le *congé-formation* (...) désormais tous les salariés ayant au moins deux ans d'ancienneté (...) pourront bénéficier d'un *congé-formation* *(M. 29.4.78)*.

CONGÉ(S) PAYÉ(S) sm. (Par métonymie). Iron. ou péj. Les salariés en vacances.

On peut s'attendre sur la béatitude des *congés payés* découvrant la Ville éternelle *(E. 16.9.74)*.

CONGÉLATEUR sm.

Rem. « Vitrine réfrigérée » pour les uns, « armoire à froid » pour les autres, le *congélateur* domestique est un appareil encore mal connu des Français, parfois confondu avec réfrigérateur, plus souvent avec conservateur. Le *congélateur* est en réalité un meuble capable de « conserver » à une température égale ou inférieure à − 18° et de « congeler » en un temps donné, une quantité définie de denrées *(VF 11.11.66)*.

♦ Le *congélateur* entre dans les mœurs. 600.000 vendus en 1973, soit un *congélateur* pour deux réfrigérateurs *(E. 4.3.74)*.

● Apposition ou adjectif.

Les chalutiers *congélateurs* pourront conserver toutes les espèces (de poissons) pêchées en même temps que la morue *(M. 2.2.66)*.
→ FREEZER.

CONGLOMÉRAT sm. ~ 1968. Repris de l'anglais *conglomerate*. Écon. : ensemble né de la fusion, en une même société financière, de plusieurs entreprises dont les activités sont souvent très différentes les unes des autres.

Une politique de diversification aussi systématique, et qui abat les barrières séparant le technique du financier dans l'industrie traditionnelle pour obéir au seul impératif du profit, est un fait nouveau, même aux États-Unis. Un néologisme est donc né : *conglomérat* *(E. 25.11.68)*. Le directeur financier de la Compagnie présentera la stratégie de fusions et concentrations et introduira une notion mal connue en France, celle de *conglomérat* *(M. 18.2.69)*. Qu'est-ce qu'une « conglomerate corporation » ? Pour une fois, l'expression anglo-saxonne se traduit facilement en français par *conglomérat* *(En. 5.4.69)*.
Le *conglomérat* disposait d'un avoir de 160 millions de dollars au Chili *(O. 3.9.73)*.

CONJONCTUREL, LE adj. Écon. ■ Qui concerne, qui est déterminé par la situation économique du moment. Souvent pour : de la conjoncture.

○ Les *fluctuations conjoncturelles* du prix des légumes verts *(M. 19.5.70)*. Le gouvernement a voulu agir, par une *mesure conjoncturelle*, c'est-à-dire temporaire, à la fois sur la décision d'investir et sur la possibilité d'investir *(M. 7.5.66)*. Sur le plan *conjoncturel* le gouvernement s'est contenté soit de remédier aux effets de la stagnation, soit d'assouplir le régime de blocage et les conditions de crédit *(M. 2.1.66)*. Il faut que soit obtenue une convergence effective des *politiques conjoncturelles* nationales *(M. 2.1.69)*. L'extrême *sensibilité conjoncturelle* suscite devant les investissements des hésitations *(M. 24.1.58)*. Les mesures de restriction de crédit font l'effet d'une douche froide. Depuis les vacances, le *ton conjoncturel* restait allègre *(M. 14.11.68)*.

∞ La stratégie du pouvoir consiste à déguiser en prétendue continuité ce qui est en réalité *opportunisme conjoncturel* *(E. 24.1.72)*. L'erreur des gouvernements occidentaux est de traiter, par des *moyens conjoncturels* un mal devenu chronique, structurel *(E. 2.4.73)*. On se borne à prendre quelques *mesures conjoncturelles* sans toucher à l'essentiel *(M. 27.11.74)*.
Certains employeurs camouflent des décisions politiques derrière des *difficultés conjoncturelles* *(M. 5.8.78)*.

Rem. L'antonyme de *conjoncturel* est *structurel* (cf. cit. *E. 2.4.73* ci-dessus).

CONJONCTURISTE sm. ■ Spécialiste qui étudie au moyen de l'analyse mathématique les données chiffrées de la conjoncture économique et s'efforce de calculer l'évolution future de celle-ci.

(Selon) le dernier diagnostic et le dernier pronostic des *conjoncturistes* de la commission (du Marché commun), le taux de croissance de l'Europe des Six atteindra 4,5 % cette année *(M. 30.10.66)*. Le quasi-sommeil — ou le non-réveil — de la consommation des biens non alimentaires donne des inquiétudes aux « *conjoncturistes* » officiels *(F. 26.11.66)*. L'embarras des *conjoncturistes* pour dresser un modèle économétrique qui permettrait de déterminer mathématiquement la consommation des ménages à partir de leurs liquidités s'explique *(M. 9.1.68)*. « Nous maintenons nos prévisions, établies au début de l'année », assure le Professeur G., un des *conjoncturistes* de la Société d'études et des mathématiques appliquées *(E. 17.2.69)*.

CONNAIS PAS (!) Fam. ■ Ellipse de la phrase : *« (Je ne) connais pas (cela) »*, employée par qqn qui entend signifier par là, et d'un ton catégorique, que le sujet en question ne l'intéresse pas du tout, ou qu'il refuse d'en parler.

Au siège de l'entreprise (...), on refuse tout dialogue. Le président est absent, le directeur en vacances (...) Intervention, *connais pas (E. 18.9.72)*.
Le maire reçoit tout le monde, sauf ceux qui se réclament d'organisations. Les syndicats ? *Connais pas*. Les associations de parents d'élèves, de locataires ? *Connais pas (PM 21.4.73)*. Ils pourront ainsi de nouveau imposer leurs idées et leurs règles aux minoritaires (...) Le droit à la différence ? *Connais pas (E. 18.2.74)*.
La marée noire, *connais pas* : les Bretons se demandent si la France officielle ne les a pas déjà oubliés (après la marée noire catastrophique de mars 78) *(E. 15.5.78)*.

CONNE sf. Pop. et péj. ■ Imbécile, idiote, maladroite.

Faites pas les *connes*, vous voyez bien qu'elle est encore à moitié dans le cirage (= évanouie). C'était Juliette, la petite prostituée, qui venait de parler (à d'autres détenues) *(Saint Pierre, 72)*.
Rem. Aujourd'hui, des mots qui naguère étaient bannis du langage policé sont de plus en plus répandus. Une femme du monde peut dire sans déchoir : « J'ai joué au tennis comme une *conne* ». Ce mot est devenu anodin *(P. 20.10.75)*.

CONNOTATION sf. Ling. ■ Ensemble des valeurs particulières (affectives, etc.) que peut prendre un mot, un énoncé, et qui s'ajoutent éventuellement au sens « ordinaire », en fonction du contexte et/ou de la situation.

● Dans le langage courant : Sens second qui s'attache à un mot.

Dans son sens restreint et d'ailleurs néologique le mot « drogue » a acquis une *connotation* décidément *pathologique (M. 13.11.69)*. Ce qui donne une *connotation politique* à l'appel des 343 (femmes), c'est que l'avortement légal ne pose pas de problème matériel aujourd'hui aux femmes informées qui ont quelque argent *(E. 12.4.71)*.
Les liens particuliers et passionnels unissant la France et son pinard ont sauvé plusieurs fois du désastre les viticulteurs du Midi (...) Il faut savoir cela pour apprécier les *connotations cocardières* que l'on trouve toujours dans un discours de dirigeant viticole *(M. 1.4.75)*. Si le mot « libéralisme » n'était pas faussé par une *connotation* purement économique, j'affirmerais que jamais autant de Français n'ont eu envie de tenter l'expérience libérale *(P. 26.6.78)*.

CONSCIENTISATION sf. ■ Effort pour rendre les hommes (surtout dans les pays du *tiers* monde* et les classes sociales défavorisées) plus conscients (de leur dignité, de leurs droits, de leurs possibilités, etc.).

Le travail de « *conscientisation* » auquel se consacrent tant de prêtres et d'évêques du Brésil, pour la montée humaine et spirituelle des hommes et des femmes *(C. 3.12.68)*. En assistant à une conférence sur la non-violence, j'ai entendu un mot qui revêt, à mon avis, le sens le plus actuel : la *« conscientisation »*. Éveiller les consciences endormies, convaincre ! Le processus est long, mais il faut le commencer avec toutes les formes d'une aide concrète. Oui, je crois à la force de la *conscientisation (Lettre d'un lecteur : Mes. 4.69)*. ◆
Face au problème vital qu'est la procréation consciente et volontaire (...) (il faut viser) une réelle liberté, c'est-à-dire une *conscientisation* des couples *(E. 11.6.73)*. On ne se bat pas pour les masses pauvres sans mettre en question les gouvernements. Dans ce combat sont entrés des hommes comme Helder Camara ou Freire, l'apôtre de la *conscientisation* des masses *(Pa. 10.74)*.

(-)CONSEIL Deuxième élément de substantifs composés, où il s'ajoute le plus souvent à un nom de profession. ■ Spécialiste qui est consulté par un client, une entreprise, sur des questions techniques, commerciales.

Au moment où la rue se tatoue de publicité et bariole ses devantures, les *coloristes-conseils* proposent des solutions, pour remédier à l'anarchie chromatique (des constructions) *(E. 16.6.69)*. Un examen approfondi du visage, suivi d'un contrôle physique et chimique de la peau, permettent aux *esthéticiennes-conseil* de rédiger leur ordonnance esthétique *(E. 8.3.65)*. Le projet (d'un barrage) a été établi par deux *ingénieurs-conseils (E. 16.8.65)*. Centre commercial : toutes les formules selon les commerces : libre-service, *vendeur-conseil* ou vendeur muet *(FP 9.70)*.

(-)CONSEIL

● **Ajouté à un nom de chose.**

Un accueil sympathique dans un cadre sobre et élégant, fait de cet *Institut-conseil* un salon où il est facile d'entrer, facile d'exposer ses problèmes *(E. 8.3.65)*.

CONSENSUS [kɔ̃sɛ̃sys] ou [kɔ̃sãsys] sm. (Mot latin). Repris et répandu au milieu du XXe s. par l'intermédiaire de l'anglais. ■ Accord ; opinion ou sentiment de la majorité.

Il ne reste donc plus au président en exercice, qu'à exprimer un « *consensus* », c'est-à-dire quelques phrases suffisamment vagues pour ne gêner personne et donc passer pour l'opinion de tous *(F. 4.11.66)*. Le même « *consensus* » tacite qui fait qu'aujourd'hui tous les « présidentiables » savent qu'ils agiraient à peu près de la même façon *(M. 1.10.67)*. Hier il y a eu sinon l'unanimité du moins un large *consensus* pour rendre hommage à de Gaulle *(O.R.T.F. 14.11.70)*. Je ne sais ce qui, sous la Révolution, l'emportait dans le *consensus* populaire, des pamphlets du Père Duchesne ou de (...) *(O.R.T.F. 2.1.71)*.
Il n'y a pas de défense nationale efficace sans *consensus* populaire *(M. 21.7.73)*. La majorité n'a pas le crédit nécessaire pour obtenir des syndicats un *consensus* à une politique des revenus *(E. 17.9.73)*. Un conservateur libéral qui veut seulement amender la société peut se contenter d'une majorité infime ; un révolutionnaire démocrate qui veut tout bouleverser a besoin d'un plus vaste *consensus (E. 27.5.74)*. Pour réaliser la réforme du statut des salariés dans l'entreprise, le vrai problème sera d'obtenir un *consensus (P. 1.7.74)*. Ce régime n'est pas né d'un complot ou d'un coup d'État, mais peut-être du plus vaste *consensus* qu'un chef ait jamais eu sous la République *(M. 25.4.75)*. Dans la mauvaise passe qu'elle traverse, la France a besoin d'un *consensus* social et politique renouvelé *(P. 11.8.75)*. Les patrons français envient le *consensus* social qui entoure l'action de leurs concurrents allemands *(E. 19.1.76)*. (...) la rupture progressive du *consensus* national *(M. 27.3.76)*. Il faudrait, selon le mot à la mode, un large « *consensus* » pour résoudre les problèmes qui se posent au pays *(C. 11.12.77)*. Il faudra trouver un « *consensus* », se mettre d'accord sur un programme politique minimal *(E. 19.12.77)*.
Ce comportement naturellement démocratique de pays comme la Grande-Bretagne, les Pays-Bas, les pays scandinaves, où la notion de *consensus* domine toujours le débat politique (...) Un maire peut prendre goût à la gestion d'intérêts très divers, à essayer d'obtenir un *consensus (P. 27.2.78)*. (...) créer ce fameux « *consensus* » qui suppose un large acquiescement à des valeurs communes et sans lequel toute politique se dégrade en technique *(M. 10.3.78)*. Pourquoi ce système est-il objet d'une très large tolérance et même d'un *consensus* ? *(M. 20.7.78)*. Le secrétaire général de la CFDT réaffirme que le « recentrage » de l'action de sa centrale ne suppose « aucun *consensus* implicite ou explicite » avec le gouvernement et le patronat *(C. 23.8.78)*.

Rem. 1. Un mot nouveau est apparu récemment dans le vocabulaire politique courant, le mot « *consensus* ». Pour accéder au pouvoir, il faut être élu (...) Pour gouverner convenablement, il faudrait en plus avoir ou conserver le « *consensus* » *(J. Fauvet, M. 27.3.76)*.

Rem. 2. On trouve parfois l'antonyme *dissensus*.

L'armée est nécessairement conservatrice. Parce qu'on ne peut, à la fois, défendre une collectivité et la détruire ; parce qu'on ne se prépare pas à la guerre dans le *dissensus (M. 18.1.75)*.

CONSERVATEUR sm. Techn. ■ Appareil de conservation des aliments par le froid.

Le *conservateur* est conçu pour l'entreposage et la conservation des produits surgelés du commerce *(VR 18.5.75)*.

-CONSIGNE Deuxième élément de substantifs composés.

Certaines gares sont munies d'*armoires-consignes, automatiques* dont le fonctionnement est indiqué sur les appareils eux-mêmes *(Indicateur Chaix, 66)*. Des *garages-consignes* où les voyageurs peuvent laisser leur voiture avant de prendre le train *(CI 5.69)*.

CONSIGNE AUTOMATIQUE sf. ~ 1955. Dans les aérogares, les gares : armoire métallique où le voyageur peut déposer ses bagages et qu'il peut fermer à clef après avoir introduit une ou plusieurs pièces de monnaie dans une fente disposée à cet effet.

Une charge de plastic avait été déposée dans une *consigne automatique* de la gare de Lyon *(M. 18.4.62)*. Dans un coffre de la *consigne automatique*, un employé de la gare, lors d'une inspection de routine, avait découvert (des) armes et (des) munitions dissimulées dans un sac contenant du linge *(M. 26.12.70)*.

CONSŒUR sf. (Souvent iron.) Féminin de *confrère*.

● **À propos d'avocates, de journalistes.**

(Un cinéaste) dédicace une photo à notre charmante *consœur* J. W. *(CC 8.56)*. « Pensez-vous que le diable y comprendra quelque chose (à une conférence internationale) ? — Je ne suis pas le diable ! Cela dépend des circonstances, fut la réponse impertinente d'une *consœur* » *(F. 25.11.60)*. Une de nos jeunes *consœurs* n'a pas caché qu'elle se sentait peu en sécurité quand elle devait assurer la permanence nocturne de l'information (à la Maison de la Radio à Paris) *(M. 11.12.63)*. Une de nos talentueuses *consœurs* de la presse écrite *(Beauvais, 70)*.

● **À propos d'autres activités, professions, etc., exercées par des femmes.**

Il faut citer la Soviétique G. V. un peu en marge, non par la beauté vocale et le talent, mais parce qu'elle voyage moins souvent que ses *consœurs (E. 15.1.68)*. À l'instar de ses *consœurs* du basket-ball, de l'athlétisme ou de la gymnastique, la « footballeuse » aimerait être considérée comme une sportive à part entière *(M. 20.3.71)*.
« Nous sommes en danger permanent », déclare Mme M., caissière dans une station de métro. Sa *consœur*, Mme S. ajoute : « J'ai demandé un autre poste » *(E. 29.3.71)*. Mme B., astrologue et voyante paie, comme la plupart de ses *consœurs*, une patente (...) *(E. 3.1.72)*. 16 prostituées avaient vendu leur appartement à des *consœurs (E. 14.1.74)*.

CONSOMMATION (DE) loc. adj. Dans quelques locutions dont la plus répandue, *« société* de consommation »*, est traitée à sa place alphabétique.

(Les supermarchés), ces nouvelles « cathédrales » que bâtit aujourd'hui notre *civilisation de consommation* (VR 20.7.69). On a inséré au programme « la fonction idéologique de l'écrivain », celui-ci étant souvent coupé du grand public qui subit une *culture dite de consommation* (M. 24.5.68). Une *économie de consommation* voire de gaspillage (C. 21.1.66). Il n'existe pas de pire *télévision de consommation* que celle-là, démagogique et lénifiante (M. 31.5.69). Le signe publicitaire consacre un acte de foi dans un *univers de consommation* (Errera, 68).

CONSOMMER v. tr. ~ 1964. ■ Faire usage de biens, de valeurs non consomptibles.

(...) *consommer* de la musique (M. 6.10.64). Dans les pays industrialisés, on « *consomme* » de plus en plus de « services » : garages, coiffeurs, etc. (E. 6.7.70). (Où) trouver de quoi se faire une idée des plus grands romanciers chinois modernes ? Il ne faudrait pas jouer avec les traductions « du chinois » : le lecteur a le droit de savoir ce qu'il *consomme* (O. 5.6.71). « *Consommer* » des journées de vacances (El. 18.10.71). *Consommer* de la télé (O. 14.2.72).

CONTACTER v. tr. Répandu mil. XXe s. (Sous l'influence de l'angl. *to contact*). Critiqué par les puristes. ■ Prendre contact, entrer en relations avec.

À la question : « quelles personnalités allez-vous *contacter* ? M. L. a répondu (...) (M. 14.10.65). La quinzaine de départements concernés, les principales villes *contactées* (E. 18.12.67). Un jeune interprète qu'il avait *contacté* (E. 8.1.68). Ensuite on « *contacte* » les correspondants par téléphone. Quand le contact est pris nous jugeons si la personne est intéressante (Fa. 10.7.68).

CONTAINER [kɔ̃tɛnɛr] sm. Anglicisme (encore en usage dans certains milieux professionnels). L'équivalent français officiel est *conteneur**.

La plus connue des techniques permettant l'utilisation combinée du rail et de la route est celle du *container* (R.G.C.F. 7.74).

Rem. Les dérivés **containerisable, containerisation, containeriser** (parfois « francisés » au moyen d'un *é* mis à la place du *e* de la 3e syllabe), sont encore attestés jusque vers **1970**, mais tendent à être remplacés par les dérivés correspondants de *conteneur**.
→ PORTE-CONTAINER, TRANSCONTAINER.

CONTENEUR sm. ~ 1956. Préconisé, notamment par R. Le Bidois (M. 31.10.56), pour remplacer l'anglicisme *container**. Introduit officiellement par l'arrêté du 12 janvier 1973 (J.O. 18.1.73). ■ Engin de dimensions normalisées, conçu pour contenir des marchandises et en permettre le transport sans rupture de charge, par voie maritime, terrestre (rail et route) ou aérienne.

Rem. La définition « officielle » de l'arrêté du 12.1.73 – « Caisse (...) utilisée pour le transport des marchandises » – est récusée par les milieux professionnels, parce qu'elle assimile le *conteneur* à un emballage (caisse), ce qui est pour eux inacceptable en raison des conséquences tarifaires que cela pourrait avoir.

Le porte à porte peut être assuré par toute une gamme de techniques rail-route dont la plus récente est le grand *conteneur* (M. 14.11.72). Défini désormais par accord international, le *conteneur* le plus courant est de 37 mètres cubes (M. 16.5.74).
→ PORTE-CONTENEUR, TRANSCONTENEUR.

CONTENEURISATION sf. ■ Utilisation systématique de *conteneurs**.

La 2e édition du rapport du Cercle du conteneur, qui vient de paraître, comprend trois parties : (...) impact économique de la *conteneurisation* ; inventaire des moyens au service de la *conteneurisation* (VR 14.12.75). Il n'y avait pas longtemps (en 1967) qu'était apparue la *conteneurisation* dans le transport maritime (R.G.C.F. 3.78).

CONTENEURISÉ, E part. passé du v. tr. *conteneuriser* (attesté ~ 1970), « utiliser des *conteneurs** pour transporter des marchandises ».

80 à 90 % du trafic des marchandises entre les États-Unis et l'Europe est « *conteneurisé* » (M. 16.5.74). Quelles sont les tendances du trafic *conteneurisé* des ports français ? (VR 21.11.76).

CONTESTANT, E adj. et s. ■ Variante (plus rare) pour *contestataire**.

● Adj.
Y. P. (peintre), personnalité *contestante* et radicale qui a le goût du scandale et du paradoxe (M. 2.2.68).

● Subst.
C'est aux *contestants* que je m'adresse, c'est la contestation que, d'une certaine façon, je conteste (M. 6.8.68). Perdu dans la manifestation, il (un écrivain américain) évoque ses peurs, ses surprises, ses agacements et l'absurdité de ce pot-pourri de *contestants*, blancs et noirs, jeunes et vieux, hippies et pasteurs (E. 13.4.70).

CONTESTATAIRE s. et adj. Rép. 1968. (De *contester*, probablement d'après le modèle *protester/protestataire*).

« *Contestataire* » : ce néologisme est né en 1968, lors des événements de mai. Sa structure savante sent son Quartier latin (VL 12.69).

CONTESTATAIRE 110

- **Subst. Personne, ou plus souvent, groupe (d'où l'emploi fréquent au pluriel collectif), d'abord d'étudiants, puis de jeunes en général, puis groupe social quelconque, qui met en question un ordre établi, un organisme, une tradition, une décision, ou même la société toute entière.**

    Non représentés au Parlement ou à peine, jeunes et *contestataires* vont se sentir à l'écart de la société légale *(O. 26.6.68)*. L'autonomie des universités, vivement réclamée par le colloque de Caen, et plus encore par les « *contestataires* » de mai *(M. 12.9.68)*. Emportés par l'enthousiasme les *contestataires* (ont) totalement oublié — ou parfois nié — la nécessité (à l'Université) d'un exécutif dans une institution autonome *(M. 17.9.68)*. Au reproche qui lui avait été fait de recevoir (...) beaucoup trop de « *contestataires* », le ministre avait répliqué avec bon sens que « la politique du dialogue ne se fractionne pas » *(M. 10.10.68)*. On ne parle plus de « tricheurs » ou de « blousons noirs », mais de « *contestataires* », d'« enragés » ou de « romantiques » *(E. 17.2.69)*. Rousseau, ce geignard, ce *contestataire*, c'est parce qu'il n'avait pas quatre sous qu'il est « triste, ennuyeux, méchant », *(H. Guillemin : Cs. 5.69)*. Nous rejetons l'étiquette de « *contestataires* » (trop négative aux yeux de l'opinion) *(M. 27.9.69)*. Les *contestataires* comptent sur l'appui de l'opinion *(E. 20.4.70)*. Le *contestataire* est celui qui s'oppose. Autrefois on « contestait quelque chose », maintenant on est *contestataire* *(FP 9.70)*. Les intellectuels, ces *contestataires* par fonction ou par habitude *(E. 17.5.71)*.
    Ces *contestataires*, parmi lesquels figurent sans doute des anarchistes, se montrent parfaitement calmes au Larzac *(E. 3.9.73)*. Des *contestataires* de la corrida font valoir que l'aspect tragique qui fonde sa beauté (...) s'est peu à peu estompé *(P. 27.5.74)*.
    C'est aux accents de marches funèbres jouées par un orchestre de *contestataires* qu'a été inaugurée, à Amsterdam, la première ligne de métro *(M. 28.4.78)*. La préoccupation esthétique de l'architecte l'emporte sur la préoccupation sociale, affirment les *contestataires (M. 5.7.78)*. Pour la C.G.T., il s'agit de freiner toute nouvelle offensive des *contestataires (C. 27.7.78)*.

- **Adj. (Après un nom de personne ou de collectivité).**

    Un mouvement de *commerçants contestataires* organise un rassemblement *(M. 13.9.69)*. Succès des *étudiants* « *contestataires* » (aux élections de) la faculté des lettres *(M. 26.2.69)*. Dans les *facultés contestataires* de la capitale *(E. 3.2.69)*. Les *Français* sont moins *contestataires* qu'on ne le croit communément *(M. 13.9.69)*. La peur d'être dépassés par des *groupes contestataires* très agités contraint certains représentants des petites et moyennes entreprises à un langage très agressif *(F. 1.9.69)*. Un *professeur* assez « *contestataire* », comme on dirait aujourd'hui *(C. 2.5.70)*.
    La démarche des *militantes contestataires* paraît incongrue aux dirigeants du Parti *(E. 19.6.78)*.

- **Adj. (Après un nom de chose).**

    Un incroyable *chaos contestataire* (...) *(M. 18.2.69)*. La contagion des succès modérés ne risque guère d'atteindre les *facultés contestataires* *(E. 3.2.69)*. (Ce) film *contestataire* et poétique ne plaira pas à tout le monde *(E. 1.12.69)*. Ceux qui voient se dessiner derrière cette *grève contestataire* l'ombre du drapeau noir et le spectre de l'anarchie *(M. 15.6.68)*. Le long mur de soutènement, constellé d'*inscriptions contestataires*, garde la marque des événements de mai *(M. 25.12.68)*. Ces *listes contestataires* ont remporté 34 des 63 sièges attribués aux étudiants *(M. 26.2.69)*. Quelques cas assez rares de *narcissisme contestataire* *(E. 23.12.68)*. La *tendance* dite modérée, non *contestataire* en principe *(PM 14.9.68)*. Seule « activité subversive » : le *théâtre contestataire* *(E. 19.8.68)*. Le principal problème qui divise l'*École* (d'administration) et (y) fait souffler par moments un *vent* étonnamment *contestataire* *(PM 28.12.68)*.
    Les animateurs du Comité d'information nucléaire tentent de mobiliser l'opinion. Avec un certain succès, car on se bouscule aux *réunions contestataires* *(P. 20.1.75)*. Le mouvement écologique va être affronté au problème de la *participation contestataire* *(M. 21.1.76)*. Il fallut déchanter bientôt de la belle *fête contestataire* (de mai 1968) *(M. 6.7.78)*.

CONTESTATEUR, TRICE adj. et s. Variante pour *contestataire**.

- **Adj.**

    Dans toutes les Églises du monde, une floraison peu commune de créations, d'initiatives variées, de *courants* et de *tendances contestateurs*. (...) *Mouvements* internes, presque toujours positifs mais divers, qui sont, en particulier, très souvent *contestateurs* des formules usées, des formes traditionnelles *(F. 3.11.66)*. Nous (jeunes gaullistes de gauche) avons une *conception contestatrice* de la société *(O.R.T.F. 7.11.70)*. Un campus en pleine *fièvre contestatrice* *(M. 27.6.70)*. Une *formation* majoritaire, plus gestionnaire que *contestatrice* *(E. 6.4.70)*. La revue « Ordre nouveau » représentait une autre *tendance* (qu'« Esprit ») moins *contestatrice* *(C. 4.10.70)*. La *vague contestatrice* qui soulève l'Amérique *(M. 8.12.70)*. Ce texte excite la *verve contestatrice* des gaullistes *(P. 17.5.76)*.

- **Subst.**

    Revenons à nos « *contestateurs* ». C'est sans étonnement que j'avais vu l'un d'eux discuter *(VR 20.4.69)*. Les *contestateurs* de la politique (actuelle) *(M. 5.3.70)*.

CONTESTATION sf. À partir de 1968, ce mot ancien (XIVe s.) et bien établi acquiert rapidement une fréquence élevée et une grande diffusion, en liaison étroite avec l'apparition et la diffusion de *contestataire**. Le mot est employé tantôt avec certains adjectifs qui semblent privilégiés (globale, permanente, politique, sauvage, etc.) tantôt, et plus souvent peut-être, sans aucun déterminant.

Le vieux chahut est en train de devenir une *contestation* politique *(O. 13.3.68)*. La *contestation* devient sauvage et nous commençons à vivre à Nanterre une situation sans précédent *(M. 15.5.68)*. Gide aura été, pour la fin de notre siècle, le leader de ce qu'une expression trop à la mode qualifie de « *contestation* » permanente *(M. 3.8.68)*. La *contestation* globale contre la société présente *(Chaffard, 68)*. Béjart (danseur) vient de donner le coup d'envoi du Festival d'Avignon et déjà on murmure le mot magique « *contestation* » *(PM. 27.7.68)*. L'année 1968 aura été l'année de la *contestation*. *Contestation* (en) France. *Contestation* un peu partout à travers le monde *(C. 31.12.68)*. On a reconnu dans tout cela la version japonaise de la *« contestation »*, mouvement maintenant bien connu et nouveau visage de la révolution *(Guillain, 69)*. Le flambeau de la *contestation* est passé des étudiants aux enseignants *(E. 16.6.69)*. L'humour parfois corrosif des textes de Prévert et de Queneau rend au terme *« contestation »* la force qu'il avait autrefois à Saint-Germain-des-Prés *(M. 27.6.70)*. Pendant l'hiver de 1967 à 1968, un mouvement d'opinion se dessina à propos du sort fait au quartier des Halles (...). Le mouvement tourna à l'opposition — on ne disait pas encore *« contestation »* — et le ton devint très vif *(M. 11.12.70)*.

CONTEXTE sm. Fig. Rép. ~1960, notamment dans la presse écrite et parlée. Sa fréquence élevée ne favorise pas la précision du sens, qui varie, selon les cas, entre : ensemble de circonstances, de conditions, de faits, etc., et : milieu, genre de vie, système de valeurs, ou même : situation.

Contexte + O (sans complément).

O Je fais mes valises. Je fignole les détails. Deux jours avec Jean ! Un monde de joie. Il faut que chaque chose soit aussi bien que le *contexte (Groult, 65)*. Il n'est pas raisonnable d'élire au suffrage universel, un homme tout seul isolé du *contexte (M. 12.10.65)*. Un accord-cadre, susceptible de fixer le *contexte* dans lequel devraient, par la suite, s'inscrire des accords particuliers *(M. 16.2.66)*. Sans chercher si l'épisode (d'un film) vient bien dans son *contexte (FL 1.12.66)*. C'est dans ce *contexte* que l'élection (du président de l'Assemblée nationale) a pris son importance politique *(E. 3.4.67)*. Replacer l'héroïsme dans son *contexte (C. 6.3.69)*.

OO La Corse vivait depuis quelques mois dans un climat de violence et d'attentisme (...) Dans ce *contexte* le Premier ministre n'avait pas la tâche facile *(P. 1.4.74)*. Il (un cadre qui a perdu son emploi) n'a pourtant pas démérité, mais c'est le *contexte* qui a dérapé : le prix du pétrole, la crise, etc. *(E. 16.12.74)*.

Contexte + adjectif. (C'est la construction de loin la plus fréquente).

Q Dans le *contexte actuel* des relations franco-américaines *(F. 28.9.66)*. Le *contexte contraignant* de la concurrence nationale *(CI 5.69)*. Le *contexte culturel* d'un roman *(M. 8.11.67)*. Les airs célèbres (d'un musical) détachés de leur *contexte dramatique* très prenant, perdent de leur pouvoir *(M. 7.1.68)*. Les techniques de management et les qualités des managers se sont développées aux États-Unis dans un *contexte économique* homogène *(En. 24.10.70)*. Le *contexte éthique* de la libération du comportement sexuel *(M. 8.8.68)*. « Pensez-vous que nous pouvons relever « le défi américain » ? — Dans un *contexte européen*, oui » *(E. 8.1.68)*. Poser le problème des relations de l'entreprise avec les syndicats dans un *contexte « familial » (Guillain, 69)*. Ajuster la technique de formation américaine au *contexte français (M. 3.12.68)*. Dans le *contexte géographique*, politique et culturel de l'Europe centrale et orientale entre les deux guerres *(Errera, 68)*. Saisir la politique dans le *contexte global* de l'existence humaine *(Freund, 65)*. Lorsque nous sommes ensemble pour quelques jours, hors de notre *contexte habituel*, je me sens sa femme et cela me rend gaie *(Groult, 66)*. À sa création, « Huis clos » (de J.-P. Sartre) prit, du fait du *contexte historique*, une coloration noire et désespérée *(M. 14.10.65)*. Les systèmes politiques contemporains replacés dans leur *contexte idéologique (M. 13.9.69)*. Cette région, son *contexte industriel*, sa structure sociale, son tissu urbain *(M. 26.3.67)*. (Voir la) révolte étudiante dans un *contexte international (G. Martinet, 68)*.
Bien des traits de cette accablante histoire ne s'expliquent que dans son *contexte italien (M. 11.1.68)*. La francophonie doit être conçue dans un *contexte mondial (O.R.T.F. 11.10.69)*. Quatre saxophonistes jaillirent du *contexte orchestral (O. 7.2.68)*. Le *contexte pluraliste* d'un pays *(M. 16.11.69)*. La formation d'un nouveau cabinet se place dans une atmosphère psychologique et un *contexte politique* profondément modifiés *(M. 17.2.67)*. Des populations vivant dans un *contexte* si *primitif* que la communication écrite n'avait aucun sens ni utilité pour elles *(M. 22.9.65)*. Dans le *contexte psychologique* qui règne au Moyen-Orient *(M. 11.1.69)*. Il faut replacer le phénomène (l'automatisme) dans son *contexte* le plus quotidien *(PM 30.9.67)*. Vocation d'un port qui ne peut se concevoir que dans un *contexte régional (M. 14.12.66)*. De bien curieux *contextes religieux* ou politiques *(M. 18.2.67)*. Jusqu'à présent toutes les stations (de montagne) étaient greffées sur un *contexte rural* : l'église, les chalets *(E. 6.11.67)*. La mode est, pour les écrivains jeunes, au roman poétique, dégagé de tout *contexte social (E. 27.9.65)*. Ce que l'accord sur le chômage partiel représente de nouveau dans le *contexte social* français *(O. 28.2.68)*. Un *contexte sociologique* ou, si l'on préfère, un ensemble de comportements qui ne se retrouve pas ailleurs au même degré *(M. 13.1.68)*. Le *contexte socio-psychologique* de la société américaine *(Hetman, 69)*. Se plier au *contexte vestimentaire* en vigueur *(FP 4.69)*.

OO Ce mauvais *contexte mondial* oblige à prévoir une baisse des exportations françaises *(C. 5.1.72)*. L'avenir de la famille dépend du *contexte culturel* et *social* que la société saura développer *(E. 16.9.73)*. Le *contexte international* ne sert pas ce dessein du parti (...) *(E. 16.12.74)*. Le bonheur, (...) on le sécrète soi-même, mais seulement dans un *« contexte » minimal (Cesbron, 77a)*.

Contexte + de + substantif.

O Il faut replacer (le film) dans le *contexte de l'après-guerre (M. 3.10.65)*. Le *contexte de la circulation* parisienne *(M. 25.12.68)*. La politique n'est jamais indépendante du *contexte de civilisation* environnant *(Freund, 65)*. Le *contexte de la coopération* entre les patrons et les ouvriers ou employés *(Freund, 65)*. Il y a intérêt à reprendre l'étude économique d'usines plus petites, dans le *contexte de l'économie* globale *(Dumont, 62)*. (Juger des) robes dans le *contexte de leur époque (M. 15.12.67)*. De nouvelles initiatives dans le domaine du contrôle des armements, dans le *contexte d'autres initiatives (M. 6.6.69)*. Les tâches d'enseignement, insérées dans un *contexte de jeunesse* débridée et d'effectifs pléthoriques *(M. 15.9.65)*. M., plaqué par son amie, demande si son problème personnel s'insère bien dans le *contexte de la lutte* des classes *(PM 10.10.70)*. Dans le *contexte du séjour* à Paris du président des U.S.A. *(M. 1.3.69)*. Tu es isolé, tu as un *contexte de vie*, qui t'empêche de réaliser tes souhaits *(Mes. 12.67)*.

OO Dans le *contexte du rapprochement* entre l'Est et l'Ouest (...) *(E. 27.8.73)*. Dans le *contexte des pourparlers* soviéto-américains de V., comme dans le *contexte de la dynamique* d'intégration européenne (...) *(E. 9.12.74)*. Dans le *contexte de la stratégie* de dissuasion nucléaire (...) *(F. 28.2.75)*. Les investisseurs s'intéressent surtout au rendement à long terme de leurs capitaux dans le *contexte du marché* mondial *(Exp. 12.77)*.

CONTEXTUEL, LE adj. ■ Qui concerne le contexte (pris au sens de : ensemble du texte, écrit ou parlé, qui précède ou suit un mot, une phrase et en éclaire le sens).

Au cours du conflit entre la France et l'Algérie, un mot comme « rebelle » s'entourait d'une aura romantique (...) ou au contraire se chargeait de mépris et de haine (selon la tendance des utilisateurs) : l'effet dépendait de l'*entourage contextuel (Mitterand, 63)*. (Mettre) en évidence le *lien contextuel* entre plusieurs énoncés *(F. mon. 4.70)*.

Rem. **Dans des textes didactiques, on trouve les dérivés *contextualisation, contextualisé.***

La *« contextualisation »* met en évidence le lien contextuel entre plusieurs énoncés proposés comme stimulus *(F. Mon. 4/5.70)*. Des batteries d'exercices structuraux intelligemment *contextualisés (F. Mon. 4/5.70)*.

CONTINGENTAIRE adj. Écon. ■ Qui concerne le contingentement des marchandises, la limitation des quantités dont l'exportation ou l'importation sont autorisées.

Des *dispositions* tarifaires et *contingentaires* spéciales pour certains produits *(M. 31.5.66)*. Les membres de cette association s'accordent des préférences d'ordre tarifaire ou *contingentaire (M. 30.6.66)*. Politique *contingentaire* (pour les importations) *(M. 14.10.69)*.

CONTRACEPTIF, IVE adj. et sm ■ (Méthodes, procédés, produits) qui permettent la *contraception**.

● Adj. Anticonceptionnel, (le)

La commission d'études des *méthodes contraceptives* créée par le ministère de la Santé *(M. 13.4.66)*. Pour ce qui concerne les *moyens contraceptifs* proprement dits et leur utilisation *(F. 2.10.66)*. Souhaiter que l'Église autorise l'usage de la *pilule contraceptive (O. 23.11.66)*.
Une éducation sexuelle bien faite ne se contente pas d'*informations* anatomiques ou *contraceptives (E. 11.6.73)*. Le développement des *techniques contraceptives* permettrait de ne plus soumettre au hasard le don de la vie *(M. 13.12.75)*.

● Subst. masculin.

L'étude médicale des conséquences pour l'organisme féminin, des *contraceptifs* absorbés par voie buccale ou inoculés *(M. 13.4.66)*. La mise en vente libre des *contraceptifs* féminins n'entraînait pas une baisse de la natalité *(M. 13.4.66)*.
Les propriétés et les inconvénients de chacun des *contraceptifs* oraux sont répertoriés *(E. 31.7.78)*.

CONTRACEPTION sf. ■ Infécondité humaine volontaire provoquée par des moyens, des produits, dits *contraceptifs**.

Confusion créée (par une loi) entre l'avortement et la *contraception (E. 15.11.65)*. Le rapport du ministère des Affaires sociales concernant la *« contraception orale » (M. 25.3.66)*. Faciliter la *contraception* ce serait, disent certains, provoquer une chute démographique *(M. 13.4.66)*. Une femme pauvre souhaite ne plus avoir d'enfants, un médecin lui propose un moyen de *contraception (E. 5.6.67)*. Tout est fait pour que la *contraception* apparaisse comme honteuse, culpabilisante *(O. 14.2.68)*.
La *contraception*, aujourd'hui, se heurte encore à l'ignorance, aux interdits, aux contradictions de la société « permissive » (...) Les médecins cherchent des méthodes de *« contraception* douce » adaptées à l'adolescence *(E. 31.7.78)*.
→ ORTHOGÉNIE, PILULE, PLANNING FAMILIAL, RÉGULATION DES NAISSANCES.

CONTRACTUALISATION sf. ■ Attribution d'un statut d'agent *contractuel** à des membres du personnel (d'une administration, d'une entreprise).

Le syndicat national de l'enseignement supérieur veut marquer son opposition totale à l'annonce d'une *« contractualisation »* des assistants *(M. 4.3.66)*. La contractualisation des personnels techniques se poursuit cette année *(Ens. 11.68)*. La contractualisation d'une partie du personnel enseignant *(M. 27.3.69)*.

CONTRACTUALISER v. tr. ■ Donner à quelqu'un le statut d'agent *contractuel**.

L'intention du gouvernement de *« contractualiser »* les assistants (des universités) a semé une vive inquiétude parmi ce personnel *(M. 27.4.66)*.

CONTRACTUEL, LE s.

1. Ellipse pour : agent contractuel (lié à l'administration qui l'emploie par un contrat de durée limitée).

Comme il élevait la voix, un jour, dans un conseil de professeurs, il se fit rabrouer par le proviseur, qui lui rappela qu'il n'était pas un enseignant à part entière, qu'il n'était qu'un *contractuel (M. 26.10.66)*.
L'Administration chiffre à 280.000 les vrais auxiliaires, et à 80.000 les *contractuels* ; l'Éducation et les P.t.t. ont le plus grand nombre de ces non-titulaires *(E. 25.11.74)*.

Rem. L'Académie française a admis l'emploi substantivé de *contractuel*, « agent auxiliaire engagé par contrat » *(M. 23.3.68)*.

2. Spéc. ~ 1959. ■ Auxiliaire de la police municipale chargé de constater les infractions des automobilistes aux règles de stationnement.

Le *Contractuel* est muni d'un brassard aux couleurs de la ville de Paris et d'une montre. Les automobilistes dans la Zone bleue doivent marcher à l'heure de la montre du *Contractuel (AAT 6.59)*. Un automobiliste tournait en rond, épié par l'œil gourmand des *« contractuels »* (...) *les contractuels* cernaient les gares, assurés de remplir à bon compte leurs carnets de stationnements irréguliers *(Fallet, 64)*. Un jour, elle laissa sa voiture en double

file. Un *contractuel* arrive, le genre mal vissé, et ordonne au chauffeur de dégager, ou sinon... *(PM 26.9.64).* (La femme) avait déjà accès à la magistrature, elle pouvait être *contractuelle* ou notaire *(F. 10.12.70).* À Stockholm, le sourire de ravissantes *contractuelles* a aidé les automobilistes fraudeurs à avaler la pilule amère du stationnement payant instauré dès 1957 *(E. 5.4.71).*
Paris a dépensé, en 1977, 45 millions pour rémunérer les 1.300 *contractuelles* chargées de surveiller le stationnement *(M. 23.4.78).*
→ AUBERGINE.

CONTRASTIF, IVE adj. Ling. *Méthode contrastive ou comparative* : qui cherche à expliquer les phénomènes en se servant des contrastes qui existent entre plusieurs langues ou entre diverses périodes de l'évolution d'une même langue.

Comme toutes les disciplines nouvelles, la linguistique appliquée est à la recherche d'une terminologie et de concepts communs à tous les secteurs de son domaine d'étude. C'était particulièrement sensible (lors d'un congrès) en ce qui concerne la *linguistique « contrastive »*, appelée aussi, selon les pays et les écoles de pensée, linguistique « comparative », « comparée », « distinctive », voire « différentielle » *(M. 30.9.69).*

CONTRE- Premier élément de composés, pour la plupart substantifs, dans lesquels il sert à exprimer une idée d'opposition, de riposte, de défense, d'hostilité, ou de contrôle, ou encore de voisinage.

Rem. 1. Quelques composés sont traités plus loin, sous des entrées séparées. Ceux qui sont énumérés ici ont été répartis en trois rubriques, selon la classe grammaticale de la « base ».

Rem. 2. Sur les composés en *contre-*, on pourra consulter, entre autres : Anne Zribi « La créativité lexicale (...) » *(F. mod. 1/1973, pp.58-67).*

● **La base est un substantif, le plus souvent nom abstrait, parfois nom de personne.**

○ Cette controverse, nourrie de part et d'autre de multiples arguments et *contre-arguments (M. 12.10.66).* La *contre-autopsie* (destinée à vérifier les résultats de la première) a révélé que la victime avait non pas été tuée d'un coup de cendrier, mais achevée d'une balle dans la nuque *(E. 11.11.68).* Reste la possibilité d'un de ces mystérieux coups de « bluff » et de *« contre-bluff »* dont les services de renseignements ne se privent pas d'user *(M. 22.7.65).* L'arrière a parfois tendance à déraper (dans les virages pris trop brusquement) mais le tracteur peut être rapidement et facilement remis en ligne au moyen d'un léger *contre-braquage* (mouvement du volant destiné à corriger le dérapage) *(A. 11.5.67).* Une *contre-campagne* de presse *(O. 20.3.68).* Présenter à l'élection un *contre-candidat (M. 6.6.69).* Il y a le chahut des étudiants et le *contre-chahut* des policiers, mais ce ne sont que des aspects anecdotiques, l'essentiel est ailleurs).C. 25.1.69). M. M. annonce qu'il tiendra une *contre-conférence* de presse (O.R.T.F. 13.10.66). Polémique et affrontements stériles entre « contestataires » et *« contre-contestataires » (C. 16.3.69).* Notre enseignement se voueraît à une inefficacité sans cesse plus nette devant la formidable *contre-éducation* à laquelle il se heurte *(M. 11.1.66).* Chantant à *contre-époque,* à *contre-mode* et parfois, semble-t-il, à *contrecœur,* il (G. Brassens) est celui qui garde et transmet un patrimoine *(E. 12.9.66).* Au moment où tout le monde veut rire, où tout le monde se déshabille, vous venez de faire (dans un livre) une révolution, en faisant du *contre-érotisme* et du *contre-rire (E. 29.3.71).* Espions et *contre-espions* se signalent aux foules (dans un film) par les caractéristiques les plus indiscrètes *(F. 22.10.66).* (La ville) est devenue un repaire d'espions et de *contre-espions* industriels *(E. 22.9.69).* Les agriculteurs voyaient les *« contre-feux »* (mesures préventives de défense) comme s'ils pressentaient une offensive prochaine du ministre des Finances contre le soutien des cours (des produits agricoles) *(M. 16.1.68).* Les Américains ont tenté (au Viêt-nam) l'expérience de la *contre-guérilla.* Ils ont constitué, avec des montagnards des minorités, de petites unités rustiques encadrées par des conseillers américains *(E. 26.9.65).* Les « Bérets verts », spécialistes des opérations de *contre-guérilla (O. 27.3.68).* Il faut tenter de découvrir les éléments d'une *contre-idéologie.* Ici s'ouvre le champ d'une anthropologie considérée des manifestations de la contestation *(M. 10.1.68).* Aucun homme politique ne peut proposer des mesures dans l'état actuel de *contre-information* du public. Quand (celui-ci) connaîtra bien les données, il acceptera peut-être des mesures raisonnables. Sans information large, il est inutile de proposer des solutions *(E. 19.2.68).* Le *contre-interrogatoire* par la défense d'un témoin de l'accusation, A. J., seul confident de l'accusé, a été très révélateur *(M. 10.10.69).* La gauche commence à prendre figure d'une *contre-majorité* plausible *(M. 21.4.67).* Propositions anglaises de création d'un *contre-Marché commun* élargi, sans la France et contre elle *(M. 13.1.68).* Les vrais « apolitiques », la majorité des étudiants, n'étaient pas au *contre-meeting.* Ils suivaient tranquillement leurs cours, indifférents aux deux réunions contradictoires *(E. 8.4.68).* Une musique qui prend le contrepied de l'opéra ; va donc pour la *contre-mélodie,* l'anti-grand-air du III *(C. 12.12.68).*
Cette nouvelle espèce sociale dont on peut chaque jour voir l'éloquence fleurir : le *contre-ministre* (candidat à un ministère dans un *contre-gouvernement*). Aujourd'hui, être chic, c'est être contre *(O. 14.2.68).* Le comité d'occupation (de locaux universitaires) a protesté contre « cette *contre-occupation* décidée par une poignée d'étudiants (de tendance opposée) qui donnent le pas à leurs petits intérêts individuels » *(M. 7.6.68).* Le point faible de l'attitude des salariés est constitué par l'absence d'un *contre-plan (M. 17.1.65).* Il faut parvenir à un règlement (du conflit). Sinon : « provocations et *contre-provocations* peuvent devenir si intolérables qu'un compromis sera hors de question » *(E. 20.1.69).* Vingt-cinq minutes (d'émissions publicitaires), ce n'est plus de la publicité, c'est de la *contre-publicité* : les téléspectateurs fermeront leur poste *(E. 11.3.68).* La démocratie supposerait que se fasse une *contre-sélection* destinée à combattre la sélection (des étudiants) par l'argent ou par la naissance *(M. 15.4.70).* Expériences plus spectaculaires que significatives, des *« contre-universités »,* rebaptisées Universités critiques, ont été mises sur pied *(E. 11.12.67).*

∞ Avant d'entamer des poursuites judiciaires, les avocats des fabricants de crèmes glacées ont fait faire des *contre-analyses (E. 13.3.72).* Le gouvernement a fait procéder à une *contre-enquête* qui a eu le même résultat que la première enquête *(E. 18.9.72).* (...) la lenteur des experts, du Parlement et des ministres à prendre des *contre-mesures,* alors que (...) *(Saint Pierre, 72)*. La démystification se retourne en *contre-mystification*, (...) se bornant à inverser les signes *(O. 13.3.73)*. Après des hésitations, des manœuvres et des *contre-manœuvres*, on a finalement opté pour la solution (...) *(E. 16.7.73)*. Irritant et provoquant, ce film propose des solutions neuves (...) C'est du *contre-cinéma* difficile (...) un antispectacle *(O. 3.9.73)*. Les nombreux rapports et *contre-rapports* discutés au cours du colloque *(M. 24.4.74)*. Le chef de l'opposition devra trouver un style qui ne soit ni celui d'un *contre-président*, ni celui d'un simple secrétaire du Parti *(E. 27.5.74)*. Le Japon constitue le *contre-exemple* prouvant que le progrès économique n'est pas forcément lié à l'importance du réseau routier *(VR 9.6.74)*. Sur le circuit de Monaco se succèdent virages, *contre-virages* (...) *(VR 7.7.74)*. Pendant que se tenait la réunion de la Banque mondiale, une « *contre-conférence* » était organisée pour dénoncer la stratégie de la Banque *(M. 19.10.74)*. Les inégalités de la société libérale dirigent de nombreuses énergies vers la *contre-société* du Parti communiste *(E. 27.1.75)*. La dictature de droite qui résulterait d'un *contre-coup d'État (E. 10.2.75)*. La plus mauvaise politique : celle des attentats et des *contre-attentats* extrémistes *(P. 26.5.75)*. Dans tout phénomène, il y a l'amorce du *contre-phénomène (P. 11.8.75)*. La « Cité de Dieu » de St. Augustin est un reflet, une *contre-image* de l'effondrement de la cité des hommes *(P. 29.3.76)*. Les Africains n'ont aimé mon livre : j'ai reçu beaucoup de témoignages spontanés, et aucun *contre-témoignage (Cesbron, 77a)*. L'image de ce régime n'a cessé de se dégrader, au point qu'il est devenu un *contre-modèle (O. 5.6.78)*.

- **La base est un adjectif.**

    Le gouvernement devra comprendre qu'il a eu tort de négliger les notables que nous sommes. Au besoin, nous (les dirigeants syndicalistes) déclencherons des mesures *contre-économiques* qui mettront sa trésorerie en péril *(M. 17.5.66)*.
    Les historiens de l'école *contre-factuelle* imaginent comment se serait développée l'économie si (...) l'on n'avait pas inventé les chemins de fer *(E. 27.8.73)*.

- **La base est un verbe.**

    La voiture amorce un dérapage très accentué. Le réflexe conditionné joue convenablement. Le conducteur *contre-braque* dans le dixième de seconde *(Guimard, 67)*. À l'Odéon, les machinistes « *contre-occupent* » (le théâtre, précédemment occupé par d'autres) *(PM 15.6.68)*.
    Avertis de cette manifestation, les adversaires sont venus *contre-manifester* pour protester contre (...) *(M. 27.2.74)*. Même si l'indexation de l'épargne est inopportune, il ne s'ensuit pas qu'il faille la « *contre-indexer* » *(M. 16.12.75)*.

→ ANTI (-), PARA (-).

CONTRE-CULTURE sf. ~ 1970. ■ Ensemble des actes, des déclarations, des comportements qui manifestent un refus des valeurs culturelles (art, traditions, etc.) de la société établie, voire une révolte contre cette société elle-même.

Où prolifère la *contre-culture*? Là où la société d'abondance gâte les meilleures énergies *(O. 29.1.73)*. L'esprit du blue-jean a évolué : le rejet du vêtement établi et du pli de pantalon est un des signes de « *contre-culture* », comme on dit aujourd'hui *(O. 3.9.73)*. La « culture de masse » se répand de plus en plus par la télévision, la radio, etc. Elle se pose volontiers comme une « *contre-culture* » qui concurrence la « culture savante », celle des « gens cultivés » *(F. Mon. 9.74)*.
Ce furieux rigolard met à sac (dans son livre) le bazar de la *contre-culture (M. 9.6.78)*.

Rem. On trouve aussi l'adj. dérivé **contre-culturel.**

Galilée, Pasteur (...) sont *contre-culturels*. Galilée s'est heurté aux dogmes religieux de son temps, Pasteur avait contre lui l'ordre des médecins *(Téla 12.2.75)*.

CONTRE-PERFORMANCE sf. Sport : résultat nettement inférieur à celui qu'aurait vraisemblablement dû atteindre l'athlète, l'équipe en question.

La *contre-performance* de la France (quatrième et dernière du groupe 1) dans la Coupe du Monde de football *(E. 25.7.66)*. Malgré quelques *contre-performances*, les (athlètes) français ont dominé les Britanniques et les Finlandais *(M. 4.10.66)*. On ne peut pas dire qu'ils (des coureurs à pied) aient été déçu ni qu'ils aient réalisé une *contre-performance (M. 17.10.68)*. Course bien peu spectaculaire, *contre-performances* inexplicables *(Lespardo, 70)*.

- **Dans d'autres domaines.**

    Ce retard de notre industrie est peu connu en France. Même la Grande-Bretagne et l'Italie, dont les *contre-performances* récentes sont souvent citées ont fait mieux *(M. 29.8.65)*. Cet homme (politique) sait qu'il peut faire une performance de ses *contre-performances (E. 19.5.69)*.
    On chercherait en vain dans les annales diplomatiques l'équivalent d'une *contre-performance* comme celle de ce voyage (d'un chef d'État) au Caire *(E. 16.7.73)*. La dépréciation du franc ne peut-elle pas effacer les effets d'une *contre-performance* boursière ? *(Exp. 12.77)*.

CONTRE-POUVOIR sm. ■ Pouvoir qui fait échec ou équilibre à un autre.

Le Président de la République détient une plénitude de pouvoirs, que n'arrête vraiment aucun *contre-pouvoir (O. 24.9.73)*. Cela rend l'État sourd aux appels des faibles, aux initiatives des régions, aux réflexions du Parlement, à l'expérience des maires : alors il néglige les *contre-pouvoirs (P. 21.5.74)*. Les agents de maîtrise voient ce qui leur reste de pouvoir concurrencé par le *contre-pouvoir* des syndicats et du comité d'entreprise *(M. 22.10.74)*.
On craint que la protection de l'environnement, et le relatif *contre-pouvoir* qu'elle représente, soient affaiblis si (...) *(M. 5.7.78)*.

CONTRER v. tr
Contrer quelqu'un. ■ S'opposer avec une certaine vigueur (parfois brutale) aux idées, aux efforts de quelqu'un ; faire obstacle à son action, à ses projets.

Au lieu du beau pansement aseptique que j' (un médecin) avais fait, j'ai trouvé sur la plaie un emplâtre d'herbes. Je n'ai pas eu de mal à deviner qui avait passé par là. — Et vous n'avez pas essayé de le *contrer*? — Je n'ai pas osé *(Soubiran, 51)*. D. a beau être ton ami, il faut le *contrer (Beauvoir, 54)*. Si vous n'aviez pas essayé de me couler vous n'en seriez pas où vous êtes. Je vous ai toujours dit de vous méfier, mais vous ne pensiez qu'à me *contrer (Escarpit, 64)*. Depuis longtemps M. S. guettait l'occasion de *contrer* certains personnages qui se croyaient « très malins » *(Bruce, 69)*. Pour *contrer* l'auteur du livre, la firme aurait mis au travail une centaine d'avocats, de documentalistes (...) *(O. 3.9.73)*. Tout se passe comme si le gouvernement voulait *contrer* le maire de Paris en mettant un frein à son ambition *(M. 29.4.78)*.

● Sujet nom d'abstraction.

Jamais elle n'a oublié la leçon de son grand-père, même lorsque la vie l'a *contrée (FP 11.70)*.

Contrer quelque chose. ■ Attaquer, critiquer (une institution). Neutraliser (une arme, une attaque). Empêcher, gêner.

Il y a le juré (de la cour d'assises) qui entend ne pas laisser échapper l'occasion qui lui est offerte de *contrer* un système social dont il éprouve les institutions *(CM 55)*. Ce que coûterait l'équipement défensif antimissile, des États-Unis, avec des engins Nike X, pour *contrer* les I.C.B.M. soviétiques *(E. 31.7.67)*. Loin de *contrer* la progression du commerce anglais, les États-Unis et l'Europe se préparent à l'aider *(E. 27.11.67)*. On demandait alors aux spécialistes de (...) *contrer* des projets aussi périlleux *(P. 24.12.73)*.

CONTRÔLEUR (de la navigation aérienne) sm. Aviat.
■ Technicien — parfois appelé familièrement *aiguilleur* du ciel* — qui contrôle et dirige les mouvements des avions.

Les hommes, inconnus des passagers, qui se tiennent dans les centres de contrôle régionaux, terminaux et dans les tours de contrôle, sont chargés d'écouler le trafic aérien en coordonnant les trajectoires des avions afin de garantir la sécurité des passagers. Les *contrôleurs (de la navigation aérienne)* sont chargés de définir les espacements à faire respecter entre les avions dans les trois dimensions, en fonction des conditions de sécurité, des moyens techniques dont ils disposent pour connaître la position des avions, et de leur capacité à coordonner les trajectoires de plusieurs appareils simultanément *(Air 13.6.70)*. L'Organisation européenne pour la sécurité de la navigation aérienne — Eurocontrol — va gérer un institut européen de formation des *contrôleurs de la navigation aérienne (M. 12.12.67)*. Les *contrôleurs de la navigation aérienne* de nouveau en « panne d'initiative » (...) Cette panne d'initiative signifie qu'au lieu de faire atterrir et décoller un avion toutes les deux minutes, ils observent un espacement de dix minutes entre deux avions. En appliquant cette procédure, ils respectent les normes officielles de sécurité *(C. 23.5.70)*.

Rem. Les variantes *contrôleur aérien, contrôleur du trafic aérien* et surtout l'ellipse *contrôleur* (sans déterminant) sont devenues fréquentes.

Les difficultés récentes rencontrées par les *contrôleurs du trafic aérien* rappellent un drame déjà ancien (...) Le 5 mars 1973, alors que les *contrôleurs* civils, en conflit avec l'administration, avaient été remplacés par des *contrôleurs* militaires, une collision entre deux avions (...) *(M. 5.8.78)*. Les aéroports (...) sont paralysés par la grève du zèle des *contrôleurs aériens* (...) Les *contrôleurs* ont expliqué les raisons de leur mouvement *(C. 12.8.78)*. La grève du zèle des *contrôleurs aériens* va reprendre (...) Cette décision découle de la déception exprimée par l'intersyndicale des *contrôleurs*, à l'issue des entretiens avec l'administration de la navigation aérienne *(M. 24.8.78)*.

CONTRÔLOGRAPHE sm.
■ Appareil enregistreur placé sur des véhicules pour permettre de contrôler diverses données.

● À propos de véhicules de transport routier.

(Le) *contrôlographe* doit équiper progressivement tous les poids lourds. Il enregistrera les vitesses, les temps de conduite et les temps de repos *(C. 5.11.72)*. Les temps de conduite et d'arrêt des routiers sont enregistrés sur un *contrôlographe*, que les chauffeurs ont baptisé « le menteur » *(E. 20.8.73)*. L'obligation de monter sur les camions et autocars un appareil enregistreur appelé « *contrôlographe* » ou « chronotachygraphe » n'avait guère suscité d'enthousiasme dans les milieux routiers *(VR 17.10.76)*.

→ BOÎTE NOIRE.

● À propos d'autres véhicules.

La direction des usines B. a fait placer, sur les chariots élévateurs, des *contrôlographes* précisant les distances parcourues, les tonnages transportés et élevés : des « mouchards », estiment les syndicats (...) *(C. 9.6.78)*.

CONURBATION sf. 1922.
D'abord dans le vocabulaire spécialisé de la géographie. Répandu au milieu du XXe s. Certains le qualifient encore de néologisme en 1970 (cf. cit. 3.3.70). ■ Vaste agglomération urbaine, composée soit d'une ville et de ses satellites (banlieue), soit de plusieurs villes voisines qui forment un ensemble (économique, politique, etc.).

Gorki, l'ancienne Nijni-Novgorod, flanqué de satellites, une *conurbation* d'un million d'habitants *(LM 3.57)*. Cette « *conurbation* » de près de 850 000 habitants, répartis en 57 communes, qui forme le grand Lyon *(M. 12.3.60)*. L'enflure des villes, qui pousse celles-ci à aller à la rencontre les unes des autres et à ne faire plus qu'une seule masse urbaine. C'est ce que (l'on a) appelé la *conurbation (Guillain, 69)*. Chicago, disent les technocrates (est) l'une des villes les plus avancées du monde dans le domaine de la « *conurbation* »

On aime les néologismes. Celui-ci a un certain contenu névrotique et surréel assez suggestif *(C. 3.3.70).* Avec des villes se touchant les unes les autres, ce corridor constitue une véritable *conurbation (VR 2.8.70).*
Le danger grandit qu'une seule et vaste *conurbation* s'étende depuis Paris jusqu'à la lointaine banlieue. Mettra-t-on fin à ce développement en tache d'huile ? *(M. 15.1.75).*
→ MÉGAPOLE, MÉTROPOLE D'ÉQUILIBRE.

CONVECTEUR sm. ■ Appareil de chauffage par convection.

La plupart des nouveaux radiateurs de chauffage central sont des *convecteurs* (...) ces radiateurs associent le rayonnement de la chaleur à une convection d'air chaud dans la pièce. Les *convecteurs* muraux se fixent sur une paroi, d'autres *convecteurs* peuvent être installés en plinthe *(M. 6.6.74).*

CONVENTIONNÉ, E adj. ~ 1953. Se dit d'un médecin, d'une clinique, liés à la Sécurité sociale (en France) par une convention de tarifs.

La plupart des médecins en France sont *conventionnés.* Leurs honoraires sont donc fixés par la convention ou les lie aux organismes de Sécurité sociale *(M. 6.3.74).*

● Par ext. Dans d'autres domaines.
Des formations musicales « *conventionnées* », c'est-à-dire subventionnées par le ministère des Affaires culturelles *(M. 16.11.69).*

CONVENTIONNEL, LE adj. Repris de l'anglais *conventional*. ■ Milit. : (arme, armement, engin) traditionnel (antérieur à l'ère atomique), par opposition à *nucléaire*.

La bombe atomique, décidément trop dangereuse, s'autoparalyserait d'elle-même, laissant le champ libre aux *armes* dites *conventionnelles (M. 7.1.65).* Touchée deux jours plus tôt par un *raid* aérien « *conventionnel* » une usine brûlait toujours *(Cs. 6.69).* Des *sous-marins conventionnels (E. 20.12.65).*

● Par ext. : non nucléaire, en parlant de production d'énergie.
Centrales (électriques) *conventionnelles* et atomiques *(M. 31.10.68).*

Rem. (En anglais) le mot « *conventionnel* » est devenu synonyme de « classique », et nous est revenu avec cette signification pour désigner les armements de type traditionnel, par opposition aux armes dites « atomiques » *(Mars : C. 30.4.61).* Beaucoup de grammairiens condamnent la formule « armement *conventionnel* », y voient un calque de l'anglais et préconisent « armement traditionnel » ou « classique », par opposition à « armement nucléaire » *(VL 9.64).*

● Dans d'autres domaines : traditionnel, habituel.
À ce malaise, provoqué par l'omniprésence de l'automatisation (sur un grand navire pétrolier), s'ajoute, pour quiconque a navigué sur des bateaux *conventionnels*, la déconcertante absence de la roue en bois (la barre) *(Fa. 26.4.67).*
Dix-huit professeurs leur (aux élèves d'un lycée de montagne) inculqueront l'enseignement *conventionnel.* Treize professeurs d'éducation physique les encadreront dans les gymnases et sur les stades *(E. 9.10.67).*

CONVERSION sf. Écon. ■ Adaptation (d'une personne, d'une entreprise) à une activité nouvelle, parce que l'ancienne n'est plus possible ou plus rentable.

Étant donné la variété des situations, une sorte de charte de la *conversion* des travailleurs paraît donc bien difficile à mettre au point *(M. 24.9.66).* C'est par milliers qu'ils (d'anciens officiers) ont été intégrés, passé la quarantaine, non seulement dans la fonction publique, mais aussi dans le « privé », après quelques mois de stage de *conversion (M. 23.10.66).* Demander aux patrons des usines en *conversion* de participer au capital des nouvelles entreprises *(F. 3.11.66).* La « *conversion* » progressive des entreprises katangaises a soutenu (en Bourse) les valeurs coloniales *(M. 7.1.68).* Le bilan de la politique de *conversion* des bassins houillers *(M. 29.5.69).*
→ RECONVERSION, RECYCLAGE.

CONVERTIR (SE) v. réfléchi. ■ Acquérir une nouvelle qualification professionnelle.

Quand auront été multipliés les centres de formation professionnelle il conviendra de récompenser les ouvriers qui acceptent de *se convertir (F. 3.11.66).*
→ RECONVERTIR(SE), RECYCLER(SE).

COOL [kul] adj. ~ 1975. (Mot angl. « frais, froid »). À propos d'une personne, d'une voix : froid(e), impassible.

« C'est à ce moment-là que j'ai entrevu la victoire », déclara B. de sa voix « *cool* » à la conférence de presse *(M. 13.6.78).* Il a acquis une faculté de se concentrer qui fait de lui, aujourd'hui, l'homme le plus calme, le plus « *cool* » du sport moderne. Rien ne le dérange, rien ne le distrait *(PM 23.6.78).*

COOPÉRANT sm. et adj. ■ Ressortissant d'un pays industrialisé mis par ce pays, au titre de la *coopération**, à la disposition d'un pays en voie de développement.

Une crise éclatait (en 1965 entre la Guinée et la France). Paris rappelait son ambassadeur et la plupart des *coopérants (M. 4.10.67).* L'arrivée récente (au Maroc) d'un millier d'enseignants (français), dont un bon nombre de *coopérants (M. 6.10.70).*
On parle échanges culturels. La France enverrait (en Syrie) des « instituteurs *coopérants* » *(PM 23.12.67).*

COOPÉRATION sf. Écon. ■ Aide qu'un pays industrialisé apporte à un autre, moins avancé, pour développer son équipement, former ses *cadres**, etc., notamment en mettant à sa disposition des enseignants, des ingénieurs, des médecins, des techniciens.
<small>Le mot *coopération* exerce (en Algérie) un prestige particulier *(M. 4.8.65)*.</small>

COORDINATEUR sm. et adj. ~ 1955. De *coordination*.
● Subst. Personne chargée d'harmoniser les activités de différents groupes ou organismes, d'assurer ou d'organiser la liaison entre eux.
<small>Pour proposer aux techniciens les services d'une géographie physique « appliquée », le géographe, inférieur au spécialiste dans la plupart des branches, jouerait le rôle de *coordinateur (RES 4.63)*. Société recherche *coordinateur* pour animer groupe de rédacteurs, documentalistes, traducteurs *(M. 3.2.66)*.</small>
● Adj. Qui assure la liaison, la cohésion.
<small>Le chef d'état-major des armées sera l'*élément coordinateur* de la force de dissuasion *(M. 25.9.68)*. Des investissements massifs consacrés sans *plan coordinateur* à des industries dont les marchés ne sont pas en expansion *(M. 12.7.64)*.</small>

COORDONNÉES (de quelqu'un) sf. Fig. Fam.
1. Indications utiles pour situer une personne : adresse, profession, lieux et moments où on peut la rencontrer, etc.
<small>Pour avoir l'adresse de quelqu'un on n'hésite pas, ce qui autrefois eût paru du plus haut comique, à demander ses *coordonnées*. Avec son parfum de grande école, *coordonnées* marque bien la tendance du langage à la technicité *(F. 13.12.61)*. L'essentiel sera que vos *coordonnées*, vos critères d'âge, d'ancienneté, de diplôme et de services soient mentionnés sur votre demande de poste *(US 11.11.63)*. Nous (des voyageurs européens en Extrême-Orient) avons retrouvé toutes nos *coordonnées* en remontant dans notre avion, fabriqué par notre industrie qui enrichissait nos magnats *(Groult, 68)*.
À la fin de la journée, elle demanda ses *coordonnées* à M. Morateur *(Daninos, 70)*. Le premier correspondant à Paris chez lequel on m'a envoyé, c'est Mauriac. Le second a été le conseiller général de Jarnac, M. (...) Telles ont été mes premières *coordonnées* parisiennes *(Exp. 7.72)*.</small>
2. Indications du même genre concernant un établissement, un organisme.
<small>Il se précipita dans un P.M.U. (= pari mutuel urbain ; ici, café où l'on peut parier sur les courses de chevaux) dont il avait repéré les *coordonnées* d'avance *(Lesparda, 70)*. Je te signale un poste de suppléant dans un lycée près de Paris. Veux-tu les *coordonnées* de l'établissement ? *(M. 26.9.74)*.</small>

COPIEUR ÉLECTROSTATIQUE sm. Variante pour *électro**-*copieur*.
<small>SCM produit des *copieurs électrostatiques*. L'électrostatique est un procédé bien plus simple et bien plus économique que la photocopie classique *(M. 16.3.66)*. En 5 secondes, sans préchauffage, le *copieur électrostatique* R. donne la première copie d'un original *(Pub. En. 5.9.70)*.</small>
→ XÉROCOPIE.

COPINAGE sm. ~ 1960. De *copiner*. Variante pour *copinerie* (relations de copains), avec une nuance péjorative.
<small>Cette affaire est une histoire de « *copinage* » S., qui ne sait pas quoi dire pour sa défense, veut laisser croire qu'il a été couvert *(M. 24.5.66)*. Avant lui ? L'époque des passe-droits, des sélections de faveur, du *copinage (E. 18.12.67)*. L'ancien agent de police est courageux, mais plus porté sur le *copinage* que sur la hiérarchie *(E. 22.1.68)*.
Les lourdeurs de l'administration étouffent la créativité. Les énergies sont détournées vers le « *copinage* » *(E. 13.3.72)*.</small>

COPRÉSIDENCE sf. ■ Présidence assurée conjointement par les représentants de plusieurs gouvernements, organismes, etc.
<small>Cette *coprésidence*, partagée avec l'Union soviétique, n'a aucun caractère permanent *(M. 1.1.66)*. De Gaulle vint à Alger exercer avec Giraud la *coprésidence* du Comité français de libération nationale *(M. 21.1.66)*. Dans le nouveau comité de gestion, les deux clubs (de football) seront représentés par un nombre égal de membres et le principe d'une *coprésidence* a été admis *(M. 19.6.66)*.</small>

COPRÉSIDENT, E ou **CO-PRÉSIDENT, E** subst.
<small>La Grande-Bretagne est décidée à poursuivre ses efforts, en qualité de *coprésident* de la conférence de Genève *(M. 27.8.65)*. La proposition de demander aux deux *coprésidents* un rapport périodique *(M. 5.2.66)*. L'empereur H. S. et le président K., *co-présidents* de la commission *(M. 29.5.66)*. La Grande-Bretagne et l'Union soviétique sont *co-présidentes* de la conférence de Genève sur l'Indochine *(M. 7.1.68)*.</small>

COPRÉSIDER ou **CO-PRÉSIDER** v. intr. ■ Se dit de plusieurs personnes ou puissances qui président conjointement un conseil ou un organisme.
<small>Le pape décida de créer une commission spéciale *coprésidée* par les cardinaux O. et B. *(M. 2.10.64)*. Une commission mixte avec les Églises luthériennes est *co-présidée* par l'évêque (catholique) de M. et par l'évêque luthérien D. *(M. 30.6.66)*.</small>

CORESPONSABILITÉ sf. ■ Partage des responsabilités entre plusieurs personnes, plusieurs groupes.
<small>Nous agissons pour faire prendre conscience aux laïcs de leur *coresponsabilité* dans la communauté ecclésiale *(M. 9.1.69)*. Certaines expressions connaissent aujourd'hui</small>

d'étonnants succès. Parmi celles qui sont aujourd'hui à la mode, on trouve « *coresponsabilité* » *(C. 28.11.69).*

CORESPONSABLE adj. ■ Qui partage des responsabilités avec quelqu'un.

Le ministre de l'Agriculture est *coresponsable* de la protection des massifs forestiers contre l'incendie, la responsabilité de la lutte proprement dite incombant au ministère de l'Intérieur *(M. 22.7.65).* L'U.R.S.S. et la Grande-Bretagne, en tant que coprésidents de la conférence, demeurent *coresponsables* de l'application (des accords) *(E. 15.5.67).* (Les Français d'origine israélite) tenus, en quelque sorte, comme *coresponsables* par nature de la politique israélienne *(E. 11.12.67).*

CORONARIEN, ENNE adj. et subst. Méd.

● Adj. Qui affecte les artères coronaires.

La multiplication des maladies *coronariennes* dans les pays développés est liée à la généralisation de l'esprit de compétition *(E. 20.1.75).*

● Subst. Personne atteinte d'une maladie coronarienne.

Hyperactivité, agressivité contenue, inquiétude (...), voilà des traits de personnalité que l'on trouve souvent chez les *coronariens* (...) Parce qu'il répondait à ce profil type du *coronarien*, M. a craqué *(E. 20.1.75).*

CORPUS [kɔrpys] sm. Ling. ■ Ensemble formé de textes écrits ou parlés (par ex. toutes les tragédies de Racine, tous les numéros d'un journal pendant un mois, etc.) que l'on prend comme objet de description, d'étude.

Les dictionnaires, faute d'un *corpus* fermé, décrivent un lexique à la fois hétérogène et incomplet *(A. Rey, CL 65).* Le structuraliste est conduit à délimiter soigneusement le langage qui servira de base à son étude. Il définit ainsi un « *corpus* » grammatical intangible pour la durée de son travail *(T. 6.70).*

● Dans d'autres domaines.

Il y a dans ce document un immense « *corpus* » d'informations disponibles, exploitées surtout par les banquiers et les financiers *(E. 26.10.70).*
L'ordinateur permet d'aborder de gigantesques *corpus* statistiques des siècles passés (...) On a pu établir ainsi, à partir du cadastre, un annuaire des habitants de Florence en 1437, indiquant, pour chacun (...) *(E. 27.8.73).*

CORRIDA sf. Sport. (En dehors de la tauromachie). ■ Course, avec peut-être nuance de spectacle coloré, populaire.

La plus originale des épreuves sportives aura lieu cette nuit à Sao Paulo : il s'agit de la course de la Saint-Sylvestre. Cent cinquante concurrents passeront d'une année à l'autre en courant dans les rues de la grande ville brésilienne. Le recordman des dix kilomètres devrait se trouver à l'aise dans cette *corrida (F. 31.12.66).*

● Fig. Fam. Affaire compliquée (avec nuance péjorative).

Je ne mettrai jamais un sou de ma poche dans une *corrida* pareille, a déclaré F.S. (à propos de son refus de subventionner un spectacle) *(M. 1.2.68).*
Elle (une jeune femme) trouve le moyen d'être jolie, après la *corrida* qu'elle vient de vivre (une scène très violente avec son mari qu'elle a fini par tuer) *(Saint Pierre, 72).*

COSMÉTOLOGUE sm. ■ Spécialiste des recherches sur les produits d'hygiène et de beauté (cosmétologie).

Société de produits cosmétiques recherche *cosmétologue.* Ingénieur ou licencié ayant forte expérience de la formulation pour développement de nouveaux produits *(F. 28.9.66).*

COSMIQUE adj. ■ Qui se rapporte au cosmos (au sens de : espace extra-terrestre). Parfois pour : *spatial** (cf. ci-après cit. 27.9.69).

À l'adjectif cosmique, ont été ajoutés (par l'Académie française dans son dictionnaire) les emplois de « vaisseau *cosmique* », et d'« espaces *cosmiques* » *(M. 27.9.69).*

● Fig. ■ Universel.

Un poème d'« amour fatal » aux dimensions « *cosmiques* ». Le spectacle (un ballet) a du souffle d'abord grâce aux « décors planétaires » *(M. 23.6.68).*

COSMODROME sm. 1961. ■ Base d'où sont lancés des vaisseaux *cosmiques**, *satellites** artificiels, etc. (surtout en U.R.S.S.).

Le Chef de l'État, lors de sa visite au *cosmodrome* de B. (...) *(M. 29.6.66).* Le 13 juillet 1969, profitant d'une fenêtre lunaire favorable, les techniciens soviétiques lancent Luna 15 depuis le *cosmodrome* de Tyuratam Baikonour *(SV 11.70).*

Rem. L'exploit de Gagarine, premier voyageur de l'espace, a provoqué dans la presse et à la R.T.F. le pullulement des termes « cosmonaute » et *cosmodrome*, construits de façon fort régulière, sur le modèle d'aéronaute et aérodrome. (...) Quant à *cosmodrome*, où « drome » contient l'idée de « course » — *cf.* hippodrome, autodrome — il est permis de contester qu'il s'applique parfaitement à la fusée. Mais par quoi le remplacerait-on ? Il faut donc accepter de bonne grâce « cosmonaute » et *cosmodrome (FL 22.4.61).*

COSMONAUTE sf. ou sm. Rép. ~ 1961 (cf. *cosmodrome**, cit. 22.4.61). Membre de l'équipage d'un engin spatial.

Quatre *cosmonautes* et quinze cents savants et techniciens (ont participé au Congrès d'Astronautique) *(E. 27.9.65).*
Les deux *cosmonautes* soviétiques, qui sont les passagers de la station orbitale Saliout 6, sont sortis dans l'espace le 29 juillet pendant 2 heures *(M. 30.7.78).*

Rem. Les membres (de l'Académie française) ont poursuivi les travaux de révision du dictionnaire où entrent quatre mots nouveaux. (...) *Cosmonaute* « celui ou celle qui navigue dans les espaces cosmiques » *(M. 27.9.69).*

COSMONEF sf. ~ 1963. ■ Vaisseau *spatial.**

Entraînement au rendez-vous dans l'espace de deux *cosmonefs (H. 16.5.63, in Guilbert, 67).* Vostok V est une *cosmonef* de la même série que celles qui emportent les cosmonautes soviétiques depuis Gagarine *(H. 16.6.63, in Guilbert, 67).* Les véhicules transportant des équipages à travers l'univers sont appelés vaisseaux cosmiques ou *cosmonefs.* Il ne saurait être question de les appeler vaisseaux astraux *(Air 5.7.69).*
→ SPATIONEF.

COTE (AVOIR LA) [kɔt] loc. Fam. ■ Être estimé, apprécié ; jouir d'une certaine popularité.

Ils empestent, ils emboutellent, ils polluent, ils réveillent des villages entiers en pleine nuit et, pour comble, ils tuent. Vraiment, ils n'*ont* pas *la cote,* les routiers *(O. 13.10.75).*
→ COTE D'AMOUR.

COTE D'ALERTE loc. subst. fém. Fig. D'après l'emploi à propos des crues de cours d'eau. ■ Chiffre, niveau qui représentent une limite au-delà de laquelle une crise se produit, un danger se précise.

En 1970 les produits nationaux ne représenteront plus que 45 % de la consommation. « *Cote d'alerte* », disent les pouvoirs publics. Il faut maintenir coûte que coûte un minimum de production nationale pour des raisons de sécurité *(E. 17.5.65).* La « *cote d'alerte* » retenue par le plan, celle qui déclencherait une intervention publique, est de 500 000 chômeurs réels *(O. 23.11.66).* En l'espace de trois jours, les réserves (de la Banque de France) tombent à moins de 3 milliards de dollars, au-dessous de la *cote d'alerte (O. 25.11.68).*

● Par ext. Situation inquiétante, proche de la crise (mais sans critère chiffré).

Les différents corps de la famille judiciaire s'inquiètent du dépérissement de leur profession, dont le recrutement est aujourd'hui tari au-delà de la *cote d'alerte (E. 17.5.65).* Le jeu dur continue à sévir en rugby, et cette dernière journée de championnat a vu des excès de violence intolérables. La *cote d'alerte* semble atteinte *(M. 8.11.66).* Aujourd'hui, nul ne peut dire jusqu'où ira, dans ce domaine (la télévision) le règne des médiocres. Bref, la *cote d'alerte* est dépassée *(O. 25.11.68).*
Moi (...), j'ai dépassé depuis longtemps la *cote d'alerte,* je (= un juge submergé de travail) succombe sous les dossiers *(Saint Pierre, 72).*

COTE D'AMOUR sf. Fam. Appréciation de la valeur morale, sociale des candidats à certains concours.

● Par ext. Dans d'autres domaines. ■ Estime dont jouit un individu, une collectivité.

Notre pays bénéficie d'une « *cote d'amour* » incontestable de la part de l'Iran et de l'Arabie saoudite *(E. 3.2.75).*
→ COTE (AVOIR LA).

COTISANT, E adj. et subst. mil. XXe. ■ (Personne) qui paie une cotisation (par ex. pour une future pension de retraite, pour la sécurité sociale, etc.)

Il y avait en France, en 1965, 4,39 *cotisants* pour un retraité ; il n'y en avait plus que 3,80 en 1970 *(M. 28.11.75).*

COUCHE-TARD subst. inv. ■ Personne qui se couche habituellement tard.

À 23 h. 45, le dimanche 23 avril 1961, les *couche-tard* encore devant leur poste de télévision ou à l'écoute de la radio entendent et vite le Premier ministre (...) *(Courrière, 71).* La nuit, pendant les vacances, on va, en longeant la Seine, jusqu'à la terrasse d'un snack-bar, refuge des *couche-tard (M. 6.10.75).*

Rem. L'antonyme *couche-tôt,* attesté vers 1900 déjà, semble plus répandu.
→ LÈVE-TARD, LÈVE-TÔT.

COUDE (SOUS LE) loc. adv. En attente, en suspens.

Si un maire n'est pas « persona grata » auprès du préfet, les dossiers de la commune n'avancent pas, ils restent *sous le coude (E. 11.6.73).*

COUDIÈRE sf. De *coude* (probablement d'après *jambe, jambière*). ■ Sorte de manchon protégeant les coudes, utilisé pour pratiquer certains sports.

Des protections sont recommandées aux « skateurs » : des *coudières* et des gants, et surtout des genouillères et un casque *(M. 30.11.77).* Indispensables à la protection du skater : le casque, les *coudières* et les genouillères *(E. 11.6.78).*

COULEUR (ANNONCER LA)
→ ANNONCER LA COULEUR.

COULOIR sm. Sur la chaussée d'une rue : espace délimité par une ou plusieurs bandes peintes sur le sol, et réservé à certains véhicules (par ex. de transport en commun).

L'autobus qui circulait dans le *couloir* de circulation à contresens réservé aux véhicules de la R.A.T.P. *(M. 2.1.68)*.
Sur les chaussées de Paris, 55 kilomètres de « *couloirs* » ont été réservés aux autobus (...)
On continuera d'isoler ces *couloirs* du reste de la chaussée en posant des « séparateurs » *(M. 7.3.74)*.

- Sur la chaussée d'une route, d'une autoroute : espace délimité comme précédemment et réservé à un sens déterminé de la circulation ou pour le dépassement, etc.

La déviation, d'une longueur de 4 100 mètres, aura une largeur de 10,50 m et trois *couloirs* de circulation, mais elle pourra être élargie *(F. 5.7.66)*.
L'engorgement de la circulation dû au blocage d'un *couloir* sur l'autoroute du Nord se répercutait jusque sur le boulevard périphérique *(M. 11.10.74)*.

COUP sm. Emploi figuré dans diverses locutions.

ACCUSER LE COUP Avoir une réaction qui montre que l'on a été atteint par une attaque de l'adversaire.

En entendant révéler au grand jour ce secret, (le Premier ministre) commit l'erreur d'*accuser le coup* et de confirmer sans le vouloir l'accusation de (l'opposition) *(M. 4.8.65)*.

ÊTRE, SE SENTIR DANS LE COUP.

- Avec pour sujet un nom de personne. ■ Être au courant de l'actualité, des idées en vogue, ou d'un projet, d'un secret, etc.

Ce n'est pas parce que je rencontre des personnalités (connues) que *je me sens « dans le coup »* (FL 29.9.66). Les « discothèques » sont des boîtes d'habitués, d'initiés, où celui qui « n'est pas *dans le coup* » bien souvent s'ennuie *(Cd. 17.10.66)*. On « conteste » le voisin en tendant à démontrer qu'il « n'y entend rien » et n'est « *pas dans le coup* »... alors que « soi » on possède tous les secrets et toute la vérité *(C. 16.3.69)*. Ici aux États-Unis tout bouge, tout change si vite que pour « *être dans le coup* » et y rester il ne faut jamais fermer l'œil ; une seconde d'inattention et vous voilà rejeté de l'autre côté du fameux fossé, le « generation gap » *(M. 19.4.70)*.
C'est tout de même vrai que nous *ne sommes pas dans le coup*. Pour ne parler que de mon secteur, nous restons des nains en face des grandes firmes américaines *(Saint Pierre, 70)*.

- Avec pour sujet un nom de chose. ■ Être au goût du jour, à la dernière mode.

M., le spécialiste de la chaussure des jeunes, a choisi (de) vous présenter une gamme de modèles jeunes, *dans le coup* (Pub. Fa. 11.9.68). Le dialogue (d'une pièce de théâtre) sonne faux l'argot « jeune » à force de se vouloir éperdument « *dans le coup* » *(M. 10.10.69)*.
→ COURSE (Être dans la).

TENIR LE COUP.

- Avec pour sujet un nom de personne. ■ Être capable de supporter (efforts, fatigue, difficultés, revers, etc.).

Mes voisins, apparemment satisfaits, avaient compris que le meilleur système pour « *tenir le coup* » est d'être toujours content de son sort *(M. 3.12.68)*.

- Avec pour sujet un nom de chose. ■ Bien résister (aux intempéries, à l'usure, au temps, etc.). Ne pas se démoder.

Ce croquis de Londres (émission de télévision) tourné il y a cinq ans, n'avait-il pas vieilli ? Il n'en est rien. (La) perfection formelle de ce document « *tient le coup* » *(M. 5.1.68)*. Le rhovyl est un écran plus puissant (contre la chaleur) que le coton et par ailleurs « il *tient le coup* » à l'air marin *(C. 29.6.69)*.

COUP D'ACCÉLÉRATEUR. Loc. Fig. Impulsion soudaine donnée à un processus.

C'est un endettement malsain à un moment où le pays aurait justement besoin d'un *coup d'accélérateur* pour rejoindre le niveau européen *(O. 27.4.70)*. En donnant ce *coup d'accélérateur* à l'économie, le gouvernement (...) *(E. 24.1.72)*. Le *coup d'accélérateur* risque d'être freiné par les pesanteurs psychologiques *(C. 27.6.74)*.

COUP D'ACCORDÉON
→ ACCORDÉON (COUP D').

COUP D'ARRÊT Loc. Fig. Action énergique, décision soudaine, destinées à bloquer un processus, à mettre fin sans délai à un état de choses.

Les déversements abusifs des pétroliers et autres navires, des raffineries, etc. viennent polluer les côtes. Une répression féroce pourrait donner un *coup d'arrêt* décisif *(P. 1.7.74)*.
L'« eurocommunisme » avait à se poser clairement le problème de la révolution en Occident (...) Le *coup d'arrêt* donné par le P.C.F. (= Parti communiste français) va sans doute freiner le mouvement en cours *(M. 30.4.78)*.

COUP DE BOUTOIR Loc. Fig. Effort vigoureux, mais sans lendemain.

Cette action persévérante, en profondeur, tranche heureusement avec la pratique des

« coups de boutoir » massifs mais éphémères, auxquels se livrent trop souvent les industriels français en quête de marchés (M. 19.2.57).

COUP DE CHAPEAU Loc. Fig. **Hommage que l'on rend à quelqu'un ou à quelque chose.**

Le chef du groupe parlementaire (chrétien-démocrate), après avoir donné à l'O.T.A.N. et à la puissante Amérique tous les coups de chapeau désirables (...) (M. 19.3.66). Quiconque a des idées concernant la radio-télévision nationale est invité à se faire entendre. Voilà une procédure démocratique, normale en démocratie, mais si peu habituelle qu'on la salue avec plaisir. Coup de chapeau, de même, aux pensées qui dominent le rapport P. (Pa. 9.70).
→ CHAPEAU !

COUP D'ENVOI Loc. Fig. **D'après l'emploi dans le vocabulaire du sport (football, rugby).**
■ **Acte, décision, déclaration, qui déclenche un processus ou en marque le début. Souvent cet acte émane d'une personne ou d'un organisme qui ont une certaine autorité ou une influence quelconque.**

○ S'engagea alors une bataille (industrielle) dont le coup d'envoi fut entendu comme une menace indirecte par (une firme) (En. 26.4.69). M. Béjart (danseur) vient de donner le coup d'envoi du festival d'Avignon (PM 27.7.68). Pourquoi la France ne donne-t-elle pas le coup d'envoi (de la lutte) contre la nuisance principale : celle de la souveraineté nationale ? (PM 10.10.70). (Le ministre des Finances va) donner le coup d'envoi des grandes manœuvres estivales : la préparation du budget (E. 8.6.70). Le président vient de donner le coup d'envoi du traditionnel marathon budgétaire (E. 5.4.71). La politique de fermeté dont le coup d'envoi a été donné avant-hier par diverses personnalités (Eu. 28.1.69). À 22 h 30 (...) dans le grand hall de la maison de l'O.R.T.F. José A. et son équipe donnaient le coup d'envoi du Pop Club qui doit être ouvert tous les soirs (M. 6.10.65). Les élections primaires ont donné le coup d'envoi de la précampagne pour les élections présidentielles (M. 9.3.68). Premier travail de M. D. avant de donner le coup d'envoi de la rentrée (politique) (E. 21.9.64). Le Salon de l'Automobile constitue pour nombre de commerçants et de provinciaux le coup d'envoi de la saison parisienne (E. 29.3.71).

∞ Donnant en quelque sorte le coup d'envoi politique d'une année particulièrement importante sur le plan international, le Président des États-Unis s'est expliqué le 2 janvier sur ses voyages à Pékin et à Moscou (C. 3.1.72). Le 20 février, l'Éthiopie inaugurait une ligne aérienne commerciale vers la Chine. Le coup d'envoi pour la conquête du ciel chinois est donc donné (F. 2.3.73). Le Premier ministre a donné le coup d'envoi de la rentrée scolaire en se faisant, dans sa conférence de presse, l'avocat de l'école privée (M. 4.9.73). Le livre « La femme mystifiée » donna le coup d'envoi du néo-féminisme (M. 11.11.73). La décision prise le 5 mars par le gouvernement (...) a marqué le coup d'envoi de la réalisation d'un futur réseau de voies ferrées à grande vitesse (M. 17.3.74). Le président de la Confédération nationale du logement mobilise ses troupes. Mardi, face aux journalistes, il a donné le coup d'envoi de la bataille pour la défense des locataires (P. 13.1.75).

Rem. **Assez souvent, les contextes cités plus haut indiquent la date, le jour, ou même l'heure (cf. cit. *M. 6.10.65*) du coup d'envoi. C'est un signe que le lien métaphorique demeure fort avec le sens originel, le coup d'envoi d'un match ayant toujours lieu à un instant précis.**

COUP DE FOUET Loc. Fig. **Action, circonstance qui encourage, stimule.**

Le secteur le plus dynamique est celui des fibres synthétiques qui reçoit un véritable « coup de fouet » du fait de l'édification d'importants complexes pétrochimiques (M. 31.12.67). Les dirigeants ont limité la vigueur du coup de fouet nécessaire à l'économie (M. 2.1.68). L'augmentation considérable des salaires va donner un coup de fouet à l'économie (E. 8.7.68). Les accords de mai 1968 ont donné un coup de fouet aux entreprises (C. 8.10.69).
Par la mise en chantier du port artificiel d'A., le commerce local a reçu un coup de fouet (M. 23.2.75).

COUP DE FREIN
→ FREIN* (COUP DE).

COUP DE POING Loc. Fig. (Apposition ou fonction d'adjectif). ■ **Qui fait une forte impression.**

Il (un photographe) est aux antipodes d'un photographe de choc, (qui fait des) images-coup-de-poing (O. 30.12.68). Un style coup de poing, des phrases incisives, un vocabulaire d'une extrême précision (Fa. 8.10.70). Nous étions décidés à donner à ce témoignage un retentissement exceptionnel, d'où le côté sommaire et excessif du titre. Notre titre est un titre coup de poing et nous le voulions ainsi. Il s'agissait d'attirer l'attention (M. 5.10.66). Souvent, dans le domaine du commerce extérieur, on se contente d'opérations « coup de poing », ponctuées de cris de victoire, mais sans lendemain. Les fameux contrats, décrochés lors du voyage d'un ministre, n'étaient que de vagues protocoles (PM 15.3.75).

COUP DE POUCE Loc. Fig. **Aide légère, intervention minime, mesure de faible ampleur.**

En versant trois millions de francs à la société pour la construction d'un modèle, le gouvernement a donné à cette équipe (de chercheurs et d'ingénieurs) un coup de pouce qui lui a permis d'essaimer dans la vie industrielle (E. 2.8.65). Le coup de pouce de 2 % pour quelque 400 000 « smigards » n'a rien arrangé. Le retard des salariés les moins favorisés continue à s'aggraver (E. 13.9.65). Il y a eu le coup de pouce du pouvoir, bien sûr, – l'occupation de la Sorbonne par la police – mais il est évident que cette gaffe monumentale n'est pas seule à l'origine du mouvement (J. Sauvageot, 68). L'annonce d'une grève décrétée par le F.L.N. pour fin janvier (1957) fut le dernier coup de pouce qui allait faire céder l'autorité civile (Courrière, 69). Un coup de pouce a été donné au financement

des équipements publics *(M. 13.9.70)*. (Le ministre des Finances) a prévu un *coup de pouce* budgétaire en faveur de la construction des logements sociaux *(En. 24.10.70)*. Le commissaire B. a bien quelques soupçons mais pas l'ombre d'une preuve. Il faudra un *coup de pouce* du destin, l'arrivée d'un petit homme insignifiant, furtif et rusé, pour confondre (l'assassin) *(Fa. 7.10.70)*. À l'occasion du 25ᵉ anniversaire de l'Organisation des Nations Unies, le président Nixon n'a pas donné un *coup de pouce* à l'ONU ; on pourrait presque dire qu'il lui a donné le coup de grâce *(O.R.T.F. 24.10.70)*. Un petit *coup de pouce* du ministre des Finances a suffi pour que, depuis l'été, s'éclaire le visage de maints vendeurs de récepteurs de télévision couleur (...) *Ce coup de pouce?* La décision de ramener de 33 à 23 % la T.V.A. sur les ventes du « petit écran » *(M. 31.12.71)*.
Les négociations patronat-syndicats piétinent depuis un an. Le Premier ministre a promis de leur donner un *coup de pouce (P. 1.7.74)*. Nouveau *coup de pouce* à l'industrialisation en province : une « surprime » de 5 % des investissements effectués pourra être accordée aux entreprises *(M. 6.7.75)*. Le scrutin majoritaire uninominal favorise l'établissement et le maintien d'une majorité en donnant un *coup de pouce* à sa représentation parlementaire *(P. 3.11.75)*. Ces « *coups de pouce* » financiers concernent une cinquantaine d'opérations de protection de l'environnement *(M. 24.12.76)*.
Ce complément de revenu distribué aux familles donnera un *coup de pouce* à l'activité économique *(E. 27.3.78)*. Le S.M.I.C. a bénéficié d'un *coup de pouce* : 1,08 % d'augmentation *(O. 12.6.78)*.

● **Péj. Manœuvre ou intervention discrète, plus ou moins frauduleuse.**

M. A. a cru qu'il suffirait d'un petit *coup de pouce* pour prendre le pouvoir. C'est une erreur de calcul *(E. 25.10.65)*. Il tombait dans le travers souvent constaté de vouloir donner à ce dossier ce qu'on appelle communément « des *coups de pouce* » *(M. 27.9.69)*.

COUP PAR COUP (AU) loc. adv. ou adj. (D'après l'emploi dans le vocab. milit. : *tirer, tir* au *coup par coup*, avec une arme automatique, par opp. à *tir par rafales*). Fig. Cas par cas, au jour le jour ; sans plan d'ensemble.

● **Loc. adv.** (C'est l'emploi le plus fréquent).

Les quatre gouvernements sont peu disposés à négocier des droits de trafic spéciaux pour les charters et préfèrent en général accorder des autorisations d'atterrissage au « *coup par coup* » *(M. 8.9.70)*. Ce genre de vol (par charter) se fait au « *coup par coup* » : on a réuni un nombre de personnes qui correspond au nombre de places dans l'avion *(FP 4.71)*.
Démontrez-moi donc qu'on peut gouverner en réglant *au coup par coup* de petits problèmes sectoriels *(E. 8.5.72)*. Le gouvernement essaie d'apaiser les mécontents *au coup par coup*, catégorie par catégorie *(E. 5.6.72)*. C'est une mesure partielle, de celles qui sont prises « *au coup par coup* », sous la pression des besoins. On est loin d'un plan cohérent, d'une politique globale *(C. 19.1.73)*. Les mesures fiscales prises actuellement *au coup par coup* sont des mesures à vue (...) il faudrait une politique d'ensemble *(E. 25.2.74)*. Le gouvernement abaissera cette taxe *au coup par coup*, selon les nécessités de la conjoncture *(E. 25.3.74)*. Les ventes de biens d'équipement sont conclues « *au coup par coup* », et varient brusquement d'une année à l'autre *(M. 9.12.77)*.
Nous voulons juger *au coup par coup* les actes du gouvernement *(E. 12.6.78)*. C'est *au coup par coup* que devrait être décidé (par les médecins) le sort d'un malade condamné *(M. 15.6.78)*. La commission n'est consultée qu'*au coup par coup*, sans pouvoir se prononcer sur un projet d'ensemble *(M. 7.7.78)*.

● **Loc. adj.**

Les plaintes *au coup par coup* et les inculpations successives avaient suffi à relancer l'instruction (d'un procès) *(E. 2.4.73)*. Chaque transport est l'objet d'une solution et d'une cotation « *au coup par coup* » *(VR 9.6.74)*. Ce que les dirigeants de l'entreprise écartent, c'est la diversification *au coup par coup*, par touches successives *(E. 10.2.75)*. Les mesures *au coup par coup* sont inefficaces à termes *(E. 3.7.78)*.

Rem. On trouve parfois *coup par coup*, subst. masculin.

La maison individuelle, c'est du « *coup par coup* », ne mettant en cause qu'un individu à chaque fois *(R 3.72)*. La politique aéronautique du *coup par coup* conduit à une succession de crises *(E. 25.3.74)*.

COUP(S) PARTI(S) sm. (souvent au plur.). Opération de grande envergure (ensemble immobilier, travaux publics, etc.) qui, une fois engagée, ne peut plus être que très difficilement abandonnée.

Avec le Concorde, comme naguère avec les abattoirs de la Villette, on s'est laissé enfermer dans l'impasse des « *coups partis* » *(E. 25.3.74)*. La nouvelle municipalité essaie de mieux maîtriser certains « *coups partis* » immobiliers. Mais c'est un peu tard *(M. 28.4.78)*.

COUPER (SE) (de quelqu'un) v. réfléchi. ■ Perdre le contact avec quelqu'un, ou son appui, sa faveur, sa sympathie. Provoquer son hostilité.

Les journaux, en privé, ne manquent pas de rappeler que le leader syrien n'a pas hésité à « *se couper* » de son opinion publique pour rester fidèle à ce qui était à l'époque « la ligne officielle » *(O. 6.3.68)*.

Rem. **On trouve aussi un emploi transitif de *couper* (qqn de qqn), au sens de « provoquer un désaccord, un malentendu, une rupture ».**

Par cette punition collective dont je suis responsable, l'aspirant (...) compte sans doute me « *couper* » de mes camarades *(O. 6.1.75)*.

COURSE (DANS LA)

COURANT sm. Fig. D'après les formules usuelles à propos du courant électrique, dont on dit qu'il *passe* ou ne *passe* pas. ■ Manifestation subtile, difficile à mesurer et pourtant sensible, d'un accord qui s'établit entre un acteur et le public, un chef et ses subordonnés, un gouvernement et les citoyens, entre deux personnes ou groupes de personnes.

> L'incident est révélateur du rôle que jouent les spectateurs dans une soirée comme celle-ci. Que le *courant* passe et la partie est gagnée. Qu'il faiblisse et l'amuseur risque de perdre pied *(M. 18.1.62)*. Si le « *courant* » passe, la C.G.T. sentira d'elle-même qu'elle doit freiner les mouvements (de grèves). S'il ne passe pas, elle multipliera les « actions » *(En. 19.9.69)*. La politique intérieure de la France est « en panne ». Le *courant* ne passe pas *(E. 20.10.69)*.
> La municipalité de M. reste de droite alors que le département vote à gauche. Entre les viticulteurs et les citadins, le *courant* ne passe pas *(E. 27.1.74)*. Entre M. P., timide mais dur en affaires, et le président B., de prime abord austère et glacé, le *courant* est passé *(E. 9.12.74)*.

COURONNE sf. Fig. Zone périphérique qui, à la manière d'une couronne, entoure une grande agglomération urbaine.

> L'amélioration de la desserte des villes de la *couronne* du Bassin parisien *(M. 16.5.73)*. Le dépeuplement de la commune principale de l'agglomération est compensé par une densification des communes de la *couronne* urbaine *(C. 19.10.75)*.

● Spéc. À propos de la région parisienne : *petite couronne*, proche banlieue de Paris ; *grande couronne*, banlieue plus éloignée ou « grande banlieue ».

> Ces prolongements de lignes feront bénéficier de leurs desserte des communes de la « *petite couronne* » *(VR 22.9.74)*. La *petite couronne*, c'est-à-dire les Hauts-de-Seine, le Val-de-Marne, et la Seine-Saint-Denis *(C. 7.3.76)*.
> Les départements dits de la « *grande couronne* » (Essonne, Seine-et-Marne, Yvelines, Val d'Oise) profitent de la baisse de population de Paris *(P. 11.8.75)*. Dans les communes périphériques proches de la *grande couronne*, la croissance est forte *(C. 7.3.76)*.

-COURRIER sm. Deuxième élément de substantifs composés.

COURT-COURRIER ■ Avion de transport conçu pour voler sur de courtes distances (jusqu'à 1 000 km).

> Les négociateurs discuteront les besoins futurs d'avions long, moyen et *court-courriers* *(M. 26.8.65)*. La société D. créera une filiale aux États-Unis pour la vente de son nouvel avion *court-courrier* *(C. 8.10.69)*. Mercure, le dernier-né des prototypes D., devait quitter dimanche le hall d'assemblage de l'usine. C'était sa première sortie. Pour l'instant, ce *court-courrier* fait penser à une gageure plus qu'au dieu romain du commerce *(E. 5.4.71)*. Les dix exemplaires du *court-courrier* M. vendus à Air Inter (...) *(E. 4.2.74)*. Le constructeur a décidé d'augmenter la cadence de sortie de cet avion *court-courrier* *(M. 30.6.78)*.

LONG-COURRIER ■ Avion de transport conçu pour voler sur de longues distances (plus de 2 000 km).

> Le 7 décembre, un jeune Français quittera l'aéroport du Bourget à bord d'un *long-courrier* à destination de Nouméa *(F. 4.11.66)*.

● Apposition.

> Les vols *long-courriers* d'Air France seront transférés d'Orly à Roissy le 1er novembre prochain *(M. 11.10.74)*.

MOYEN-COURRIER ■ Avion de transport conçu pour voler sur de moyennes distances (jusqu'à 2 000 km).

> L'utilisation d'un biréacteur d'affaires de la classe d'un *moyen-courrier* ne laisse aucune capitale d'Europe ou du bassin méditerranéen (non desservie) *(F. 22.11.66)*. Pour les transports aériens, les compagnies étrangères assurent en général leurs vols des *moyens-courriers* et longs-courriers, mais ont transféré leurs départs et arrivées dans des aéroports étrangers voisins *(M. 24.5.68)*.

● Apposition.

> La flotte *moyen-courrier* d'Air France est notoirement insuffisante *(M. 20.7.78)*.

COURROIE DE TRANSMISSION sf. Fig. Personne ou organisme qui joue un rôle de relais, qui sert à transmettre à un échelon subalterne les consignes, les directives, etc. émanant d'un organisme de décision.

> Le président de la Confédération nationale du logement serait, en fait, dit-on, une *courroie de transmission* entre le parti communiste et les locataires *(P. 13.1.75)*. Les généraux (au Pérou) ne veulent pas entendre parler des partis. Ils imaginent une *courroie de transmission* (entre eux et le peuple) et créent le « Service national de la mobilisation sociale », chargé d'embrigader la population *(E. 10.2.75)*.

COURSE (DANS LA) loc. adv. Fig. (Emprunt au vocab. des sports).

● À propos de personnes ou de collectivités : qui est capable de suivre l'évolution du monde moderne, sait convertir ses activités, se *recycler* à temps.

> Ce dont un individu moyen doit être capable pour se tenir simplement « *dans la course* », pour ne pas demeurer ou retomber dans les soutes de la société, devient vertigineux *(E. 26.6.67)*. L'Europe, trop attardée, n'est déjà plus *dans la course* (de la recherche spatiale) *(O. 13.1.69)*.
> Les Américains ont à notre égard une expression cruelle : « Vous n'êtes pas *dans la*

course» (Saint Pierre, 70). Plus de 70 villes d'Europe ont déjà interdit une partie de leur centre à la circulation automobile. Mais Paris entre à peine *dans la course* : elle n'aura son premier quartier piétonnier qu'à la fin de cette année *(O. 23.12.72).* La crise est une occasion opportune pour les concentrations d'entreprise. Oui, mais qui reste *dans la course? (E. 19.1.76).*

- **À propos de choses (notamment de techniques).**
  Le chemin de fer reste *dans la course,* et il n'est pas le plus mal placé *(VR 15.7.73).* On pouvait croire que le train n'était pas *dans la course,* mais la mise en service d'une voie ferrée entre la ville nouvelle d'Evry et Paris souligne l'« actualité » du rail *(M. 15.2.74).*
→ VENT (DANS LE).

COURSE À (+ substantif) loc. subst. Fig.

Les observateurs jouent le leader chrétien-social gagnant dans la *course au pouvoir (E. 4.3.74).* Chez les marchands de chaînes haute-fidélité, la musique est remplacée, chaque année davantage, par la *course aux watts* et *aux gadgets (P. 18.3.74).* Les partants dans la *course à la présidence* sont nombreux *(M. 7.4.74).* Dans la grande *course aux exportations,* l'industrie japonaise est partie bien placée *(M. 28.6.74).* Les nations qui forment le peloton de tête dans la *course à la croissance (M. 16.11.74).* Les entreprises nationales sont mal à l'aise dans la *course au profit (M. 27.11.74).* Cette recherche est un tournant essentiel dans la *course à l'éclaircissement* du dilemme qui paralyse la science médicale dans son combat contre le cancer *(E. 9.12.74).* Dans cette *course aux clients,* les Anglais (...) font preuve de leur science du commerce *(PM 4.1.75).*

COURSE(-)POURSUITE sf. Fig. (Emprunt au vocab. du sport cycliste).

■ **Compétition dans laquelle s'affrontent deux personnes, deux collectivités, deux forces de même nature, etc.**

- **À propos de personnes ou de collectivités.**
  C'est le plus étonnant combat, homme contre homme, qu'ait suscité l'élection du président de la République. Entre Chaban et Giscard, ce n'est plus un coude à coude. C'est une *course-poursuite* cruelle, menée à un rythme impitoyable *(P. 29.4.74).* L'inventaire des sites les plus intéressants (sur le littoral) montre qu'il faudrait acquérir (...) 50 000 hectares (pour éviter qu'ils ne soient bâtis). À la cadence actuelle cela prendrait 15 ans. Dans sa *course poursuite* avec les promoteurs, la collectivité serait sûrement perdante *(M. 5.7.78).*

- **À propos de choses.**
  L'escalade, la *course poursuite* entre les tarifs de péage et le coût de la construction (des autoroutes) *(E. 16.7.73).* La *course poursuite* du champagne continue. La hausse est générale (...) le prix des terrains viticoles suit le mouvement *(E. 14.1.74).*

COURT-CIRCUITER v. tr. Fig.

- **À propos de personnes ou de collectivités.** ■ **Faire en sorte de se passer de quelqu'un afin d'atteindre plus directement ou plus rapidement son but. Agir sans consulter ou informer (un collègue, un subordonné, un supérieur hiérarchique, etc.).**

O Certains (fabricants) vont jusqu'à *court-circuiter les détaillants (M. 24.3.56).* Construire une usine de centrifugation et *court-circuiter la France* qui n'a pas progressé dans ce domaine *(O. 27.3.68).* Des généraux se voyaient discrètement « enveloppés » et *court-circuités* par des officiers de moindre grade mais plus intimement associés au régime *(E. 18.12.67).* Certains fabricants croient profitable de *court-circuiter le grossiste (M. 24.3.56).* L'opération avait seulement dans l'esprit de ses organisateurs, la valeur d'un test : « *court-circuiter* » tous *les intermédiaires* qui prélèvent une dîme sur le produit de leur travail *(M. 8.11.53).* Ce régime *court-circuite* le *Parlement (M. 24.5.68).*

OO Irrité, le directeur décide de *court-circuiter* l'Administration, et prend contact avec des élus *(E. 12.11.73).* Le directeur général du groupe (I.t.t.) *court-circuite* le patron dans chaque pays *(E. 3.12.73).* Pompidou voulait (...) que les gouvernements européens *court-circuitent* les grandes compagnies pétrolières *(E. 10.12.73).* Parler directement à chaque électeur (par le canal de la télévision) (...) c'est un puissant moyen de *court-circuiter* les forces sociales *(E. 27.5.74).* La tentation, pour l'Allemagne fédérale, de « *court-circuiter* » ses alliés occidentaux en cherchant une entente directe avec l'U.R.S.S. *(M. 30.5.74).* Les cadres se plaignent d'être *court-circuités* ; ils disent : « on apprend les choses par les syndicats » *(P. 24.3.75).* En mai 1950 (...) Jean Monnet, Robert Schuman et leurs amis, *court-circuitant* la Grande-Bretagne, voulurent porter un coup décisif au séculaire antagonisme franco-allemand en suscitant une solidarité continentale(...) le « plan Schuman », ce fut d'abord cela *(M. 5.8.78).*

- **À propos de choses abstraites.**

O Cet homme-là (un industriel) a sauté une génération, *court-circuité l'apprentissage* des traditions et des vertus bourgeoises *(E. 12.9.66).* La correspondance de Churchill à Roosevelt *court-circuite la bureaucratie (O. 17.4.68).* La publicité commerciale, loin de chercher à instruire, s'est efforcée d'abord de convaincre par simples affirmations laudatives, puis de *court-circuiter l'intelligence* de l'individu en provoquant les réflexes conditionnés *(R.S.P. 5.51).* Il faudrait *court-circuiter l'obstruction* séculaire des administrations locales *(E. 23.3.70).*

OO Alors les Israéliens avaient excellé, inventant, innovant, *court-circuitant* avec génie les processus habituels *(E. 6.1.75).* Court-circuitant *le système politico-administratif,* lourd et bureaucratique, ils entrent en relations directes avec les maires urbains *(M. 4.6.75).*

- **À propos d'un lieu, d'un itinéraire.** ■ **Éviter ce lieu, utiliser un autre itinéraire (généralement plus court ou plus rapide).**

Il fallait donner au problème (de la traversée d'une ville par une route nationale) une solution radicale en *court-circuitant* l'ensemble de *l'agglomération (R.G.R.A. 9.57). Court-circuiter un canal de Suez* éventuellement remis en service (...). Atteindre l'Europe occidentale en *court-circuitant le cap de Bonne-Espérance (M. 12.6.69). Court-circuiter* (avec le pipe-line Méditerranée-Mer du Nord) *la route* maritime, qui, du Moyen-Orient, mène à la Mer du Nord via Gibraltar *(M. 23.2.58).*

COUSSIN D'AIR loc. subst. masc. Couche d'air injectée sous la surface inférieure d'un véhicule terrestre (*aérotrain**) ou marin (*aéroglisseur**) et qui le maintient au-dessus du sol ou de l'eau.
>La société B. a réalisé trois prototypes de véhicules à « *coussin d'air* » équipés de jupes souples destinées à orienter le jet de sustentation *(M. 25.11.65)*.
>Le brevet de véhicule rapide sur *coussin d'air* déposé par l'ingénieur J. Bertin *(E. 7.1.74)*. Ce prototype est équipé d'un turbo-moteur qui entraîne deux ventilateurs alimentant huit *coussins d'air* horizontaux, pour la sustentation *(BNF 23.3.74)*. Une tondeuse à gazon sur *coussin d'air* : pas de roues, pas de traces. Elle est portée à 6 mm du sol par un *coussin d'air (AAT 4.74)*.

COUSU MAIN loc. adj. Pour : *cousu à la main* (par opposition à : *cousu à la machine*). Fig. ■ Très bien fait, très soigné.
>C'est du cinéma d'aventures, solide, franc comme l'or et sans complexe. De l'article *cousu main*, qui ne brigue pas les succès de la mode, mais qui fera de l'usage *(M. 21.4.64)*. Cette cuisine minuscule mais où rien ne manque, c'est du « *cousu main* » *(FP 5.70)*.

COUVERTURE sf. Emplois figurés.
1. Journalisme : le fait de *couvrir** un événement.
>Le Washington Post a reçu le prix Pulitzer pour sa *couverture* de l'affaire Watergate *(E. 21.5.73)*. Des journalistes prennent le train pour aller assurer la *couverture* d'un match dans une autre ville *(P. 26.5.75)*.
2. Milit. : protection d'une région, d'une zone, au moyen d'un dispositif (par ex. le radar).
>Il est possible à un petit hydravion de voler à très basse altitude pour passer sous la *couverture radar (Bruce, 69)*.
3. Proportion dans laquelle un service est assuré.
>On devrait compter en France vingt postes (téléphoniques) pour cent habitants, le réseau automatique assurant de 85 à 90 % de l'acheminement du trafic. Les experts du Plan prévoyaient que dix-huit postes pour cent habitants et une « *couverture* » à 80 % par l'automatique *(M. 27.7.66)*.
4. Pourcentage de remboursements des frais (accident, maladie, etc.).
>Si tu avais la même *couverture* maladie que nous, tu serais de notre côté *(E. 30.3.70)*.
5. Fonction, profession fictives qui servent à camoufler une activité illicite ou clandestine.
>Le message confirmait qu'il ne fallait pas éventer sa *couverture* (d'un agent secret) *(Bruce, 69)*.
>On offre aux joueurs des « *couvertures* » professionnelles qui leur permettent de se consacrer au rugby (en étant rétribués, bien qu'officiellement « amateurs ») *(E. 21.5.73)*. Comme « *couverture* » à l'étranger, elle (une call-girl) utilise une carte de représentant en édition *(P. 26.5.75)*.

COUVRIR v. tr.
Rem. « *Couvrir* » néologisme calqué sur l'anglo-américain « to cover » et signifiant « assurer des informations complètes » d'un quelconque fait d'actualité. On dira que tel journal ou tel journaliste « *couvre* » le premier voyage du « Concorde » au-dessus de la Manche. (...) *Couvrir* tend à se répandre dans la langue de l'information. Il indique une idée de reportage exhaustif qui n'est pas nécessairement exprimée par « rendre compte » *(VL 10.69)*.
1. Journalisme.
>De 1958 à 1962 il (un reporter) « *couvre* » la guerre d'Algérie *(ST 21.3.70)*. Les correspondants de presse *couvrant* les opérations au Laos seront désormais admis dans un hélicoptère *(R.S.R. 25.2.71)*.
>Mille journalistes ont « *couvert* » pour la presse internationale la conférence d'Alger *(E. 17.9.73)*. O. et son gendre ont conçu et réalisé une grande ambition : *couvrir*, au sens journalistique, le monde entier *(E. 18.2.74)*. Il n'y a plus de place en France pour les grands quotidiens nationaux. Alors pourquoi continuer à « *couvrir* » la France à partir de Paris ? *(O. 30.6.75)*.
2. Radio, télév. : atteindre, desservir.
>Construction d'une station ondes moyennes destinée à *couvrir* le Moyen-Orient *(En. 2.5.70)*.
3. Dans d'autres domaines : inclure.
>Les touristes sont habitués à trouver dans tous les pays des « chaînes » (d'hôtels) qui « *couvrent* » la *totalité* des objectifs touristiques *(Tron, 61)*. Dans d'autres cas à ces conditions *couvrent* le transport (de Paris à Madrid) et à l'occupation d'un lit (d'une place de wagon-lit) ; ils donnent en outre droit à un dîner et à un petit déjeuner *(Pub. S.N.C.F. 1970)*.
>Il a fallu fouiller les cinémathèques pour trouver des films qui pouvaient « *couvrir* » l'ensemble de la biographie gaullienne *(E. 10.12.72)*.

CRACKAGE ou CRAQUAGE sm. Formes utilisées pour traduire l'anglais *cracking* et en concurrence avec lui. ■ Procédé de raffinage du pétrole.
>Les Britanniques ont commencé à fabriquer du gaz par le *crackage* des produits légers de la distillation du pétrole *(M. 11.2.66)*. Sa seule unité de *craquage* (d'une raffinerie) : un million de tonnes d'essence transformée chaque année en différents produits nécessaires à l'industrie chimique *(F. 7.12.66)*.

Rem. 1. L'arrêté du 12.1.1973 relatif à l'enrichissement du vocabulaire pétrolier stipule que *craquage* doit remplacer *cracking* dans les textes officiels.

Rem. 2.
>*Craquage* risque d'être très ambigu, étant trop proche de *craquement*, et ne renvoyant pas de manière explicite aux techniques de raffinage *(Ling. 2/77)*.

CRAPAHUT [krapay] sm. De *crapaud* prononcé [krapay] dans l'argot de certaines grandes écoles. Milit. : marche longue et pénible en terrain difficile semé d'obstacles naturels ou autres.

Le *crapahut* hebdomadaire de 50 ou 60 km, longue marche effectuée avec armes et matériel *(VL 12.66).*

CRAPAHUTER [krapayte] v. intr. De *crapahut**, peut-être d'après *chahut/chahuter.*

Des hommes du contingent qui, depuis un an « *crapahutent* dans le djebel » pour protéger les Européens (d'Algérie) *(Courrière, 68).* Des jeunes gens *crapahutent*, le week-end, dans les garrigues *(E. 3.11.69).*
Les militaires pourront « *crapahuter* » dans de vastes espaces dont les propriétaires ne pouvaient rien tirer : ce ne sont que des pierrailles *(E. 19.3.73).*

Rem. On trouve parfois le dérivé *crapahuteur.*

En deux jours de montagne nous avons rencontré en tout et pour tout trois jeunes *crapahuteurs (O. 24.9.73).*

CRAQUEMENT sm. Fig. Signe de désaccord, de mésentente.

Ce n'est pas une rupture, ni même un *craquement*. Simplement, une série de bruits et de signes convergents qui ont fait apparaître la fragilité de l'alliance entre la gauche communiste et la gauche non communiste *(E. 29.5.67).* (Il y a des) *craquements* dans la machine gouvernementale *(M. 12.7.67).*

CRAQUER v. intr. Emplois figurés.

1. Sport. (À propos d'un athlète, d'un champion qui a fourni des efforts trop prolongés ou trop violents) : avoir une grave défaillance physique.

   Quand la course partit vraiment ils (les coureurs français) « *craquèrent* » en 5 km *(M. 22.8.57).* G. M. a été complètement submergée. On pouvait espérer (pour elle) une place en finale sur 100 mètres et peut-être une médaille de bronze sur 200 mètres. Elle a *craqué*, mais peut-on lui en vouloir ? *(C. 10.9.66).* J'(un champion de ski) aurais peut-être *craqué* avant les Jeux (olympiques) si l'instinct soudain ne m'avait conduit là, me reposer pendant huit jours *(PM 2.3.68).*

2. Par ext. À propos d'une personne dont la résistance nerveuse s'effondre.

   Surmenés... vous êtes sur le point de « *craquer* » ! Notre monde mouvementé, au rythme harcelant, force notre organisme à résister à la fatigue pendant des années... Mais brutalement il vient un jour où le surmenage et la nervosité l'emportent ! Alors, sous peine de « *craquer* », il faut faire une coupure *(E. 18.4.63).* La Gestapo voulait faire « *craquer* » (un résistant arrêté) en lui répétant : « Nous avons arrêté votre femme et vos amis qui nous ont tout dit de vos activités » *(ST 24.4.65).* Cet homme, produit d'une civilisation curieusement intitulée « civilisation des loisirs », à quel âge *craquera*-t-il et de quoi ? D'un excès de travail, des scènes que lui fait à ce propos sa femme, de ses soixante cigarettes quotidiennes ou du sport qu'il s'est mis soudain à pratiquer frénétiquement après 40 ans ? *(E. 3.4.67).* Ce cousin (de l'héroïne du roman) est un personnage assez suicidaire. À notre époque, on dirait qu'il *craque* ; mais à cette époque-là, on ne disait rien du tout *(O.R.T.F. 13.4.68).* Nous sommes toutes fatiguées, nous sommes à bout, nous allons *craquer (C. 14.12.69).* La tristesse des yeux d'Alain D., leur solitude. Alain ne va-t-il pas « *craquer* » ? *(PM 10.10.70).*
   Savoir encaisser les critiques, cela fait partie du métier de secrétaire d'État (...) Mais M. K. a « *craqué* ». Ses nerfs ont lâché un homme émotif réagissant vivement aux compliments comme aux critiques *(M. 13.6.74).* Le juge ne cherchait-il pas à troubler B., à l'affoler, à l'étourdir, avant de lui porter le coup final ? B. s'effondrerait-il après l'estocade ? (...) Pourtant B. ne « *craque* » pas, il ne proteste pas, ne crie pas *(Isorni, 75).*
   Lorsqu'une détention se prolonge, cela rompt l'équilibre psychologique des détenus. « Cela fait 23 mois que je suis isolé (...) je n'en pouvais plus, a plaidé l'accusé, j'ai *craqué*. J'étais comme une bête, rendu dangereux » *(M. 30.6.78).*

CRASH [kraʃ] sm. mil. XXᵉ s. (Mot angl. « *to crash* », s'écraser). Aviat. ■ Atterrissage en *catastrophe**, « sur le ventre ».

À la demande du Premier ministre, une Commission a travaillé sur le vocabulaire militaire général pour le débarrasser des anglicismes (...) *crash* deviendra « atterrissage forcé avec dégâts » *(C. 16.1.71).*

-CRATE Élément suffixal qui sert à former, sur le modèle *bureaucrate*, *démocrate*, etc., des subst. masc. dont plusieurs ont une connotation péjorative, comme *eurocrate**, *phallocrate**, *technocrate**. Certains sont des formations plus ou moins fantaisistes : *abstractocrate*, *éconocrate*, *touristocrate*, *urbanocrate*, etc.

Une nouvelle race est en train de naître : celle des *abstractocrates*. Nourris d'abstrait, sans avoir pris contact avec la réalité, ils vont accéder aux postes de prévision ou de décision. Leur redoutable puissance d'abstraction risque de nous conduire au bord des catastrophes *(R. 5.72).*

CRAYON(-)FEUTRE
→ (-)FEUTRE.

CRÉATIF, IVE adj. Repris ~ 1960. (d'après l'angl. « *creative* »).

● Après un nom de personne : qui a un esprit inventif, des aptitudes au travail créateur.

Des *cadres* plus *créatifs (M. 12.1.68).* Société recherche ingénieur imagination constructive,

esprit curieux, créatif, constamment en éveil *(M. 19.7.64).* Vivre en *groupe* cohérent, dynamique et *créatif (E. 23.2.70).*
- **Après un nom d'abstraction : qui favorise le travail créateur, qui dénote l'esprit d'invention.**
    Faire une carrière passionnante dans l'*ambiance créative* d'un groupe puissant *(M. 9.4.66).* Un hommage rendu aux capacités des savants européens, à leur *génie créatif (Cs. 2.69).* Comment ne pas souhaiter développer son *potentiel créatif* pour contribuer à l'essor de son entreprise et garantir sa propre promotion *(M. 12.1.68).* Cette griffe correspond à une réalité « *créative* » *(A. 26.2.70).*
    Il faut espérer que le sérieux de l'un n'écrasera pas l'*imagination créative* de l'autre (associé) *(P. 1.7.74).* Bien des travailleurs manuels ne savent plus se servir de leurs mains d'une *façon créative (P. 20.1.75).*

CRÉATIVITÉ sf. ~ 1965. ■ Aptitude à créer, à inventer.
Est-il juste de dire que la *créativité* du mathématicien s'arrête très tôt ? *(E. 8.1.68).* Au moment où dans de nombreux milieux culturels on veut faire appel à la « *créativité* des masses », il est indispensable de bien prendre conscience que c'est à l'école que cette *créativité* peut trouver ses vrais chemins et un langage *(M. 12.9.68).* L'entreprise demande moins d'obéissance et de conformisme, plus de *créativité,* d'autonomie et d'ambition *(En. 9.8.69).* La *créativité* n'est pas tout (en matière de mode) *(En. 16.5.70).* Tout manager européen serait susceptible de devenir un très bon dirigeant aux États-Unis... après avoir été formé comme les Américains (...) car les Européens ont de l'imagination et le sens de la *créativité (En. 24.10.70).*
Une administration dont les lourdeurs étouffent la *créativité (E. 13.3.72).* Cette exposition présente au visiteur la *créativité* prodigieuse de Braque *(VR 11.11.73).*
Rem. Il semble que notre siècle connaisse un réel renouveau de la liberté lexicale ; c'est ce que, d'un néologisme que condamne l'Académie, mais que l'usage autorise, on appelle couramment la *créativité :* tous les jours (...) on entend naître des mots nouveaux *(P. Imbs, T.L.F. tome 1, Au Lecteur).*

CRÉDIBILITÉ sf. Mot du XVIIe s., repris et répandu au milieu du XXe s. (cf. cit C. 8.12.68) sous l'influence de l'anglais *credibility,* d'abord, semble-t-il, dans le vocabulaire militaire.
- **Milit.**
    Crédibilité ou « credibility » : caractéristique essentielle de la dissuasion susceptible de convaincre un adversaire potentiel qu'une menace sera exécutée, ou élément qui donne (à quelqu'un) la certitude que des engagements (pris) envers lui seront remplis *(Str. 66).* Un chef d'État atomique doit avoir des forces suffisantes, le faire savoir, et être effectivement prêt à les utiliser si son adversaire ne s'est pas laissé intimider. La « *crédibilité* » de la menace, comme disent les spécialistes, exige la réunion de ces trois conditions *(TC 9.5.68).* Chefs militaires et politiciens dissertent sans fin depuis des années sur la *crédibilité* de nos bombes atomiques, prenant bien soin d'esquiver le problème fondamental de la *crédibilité* de notre institution militaire elle-même *(M. 31.7.70).*
    Comment être sûr de la *crédibilité* d'une panoplie nucléaire ? *(P. 7.5.74).* Les exposés présidentiels (...) restent très discrets sur les conditions d'emploi éventuel de la force nucléaire, sur sa « *crédibilité* » et les moyens de l'assurer *(M. 26.4.75).*

- **Par ext.**
    Rem. Un mot est de plus en plus à la mode : « *crédibilité* ». La *crédibilité* d'une chose, c'est ce qui fait que l'on y croit ou que l'on n'y croit pas *(C. 8.12.68).*
    Les auteurs de (science-fiction) utilisent la science pour donner à leurs inventions romanesques la *crédibilité* chère à Paul Bourget *(E. 11.9.54).* Relue à la lumière des résultats du premier et du second tour (des élections), l'analyse de J. D. perd beaucoup de sa *crédibilité (O. 15.7.68).* La *crédibilité* que les électeurs accorderont aux candidats *(En. 17.5.69).* Les personnages du film s'imposent pour reprendre le terme clef de la campagne électorale, par leur « *crédibilité* » *(E. 9.6.69).* La critique ne présentait pas la moindre « *crédibilité* », selon le mot qui fait fureur, devant le corps électoral *(M. 14.10.69).*
    Pour cette entreprise, l'objectif prioritaire est la *crédibilité :* il faut que ses machines inspirent confiance *(E. 6.12.71).* Le nouvel ajustement monétaire a une certaine *crédibilité (Exp. 4.73).* Le Président Nixon est en train de perdre le peu de *crédibilité* qui lui reste *(E. 3.12.73).* Restaurer la *crédibilité* gouvernementale dans l'opinion publique *(E. 10.12.73).* Ce fait souligne la *crédibilité* que cette technique obtient à l'étranger *(M. 20.7.74).* Un historien dont les partis pris et les raccourcis ont souvent entaché la *crédibilité (M. 11.2.75).* Le PS s'aperçoit qu'il lui a manqué la « *crédibilité* économique » ; le PC, convaincu que la « *crédibilité* démocratique » lui fait défaut, (...) *(P. 10.5.76).* Céder aurait gravement entamé la *crédibilité* de notre plan d'austérité aux yeux des autres catégories de personnel *(M. 30.6.78).*

CRÉDIBLE adj. ~ 1965. (De *crédibilité**, d'après l'angl. « *credible* »). ■ Digne d'être cru.
Rem. 1. Cet adjectif détermine des noms de personnes (ou de collectivités) et de choses, à la différence de *croyable,* qui ne s'applique normalement pas aux personnes.

Rem. 2. Sur *crédible* et *crédibilité,* cf. A. Sauvageot, « Latinisation et économie » (ELA avril-juin 71).

- **Milit.**
    La mission des forces armées (consiste) dans la sauvegarde du territoire, grâce à une dissuasion *crédible (M. 5.5.66).* La question est de savoir si la dissuasion sera rendue plus « *crédible* » lorsque tous les responsables de l'alliance auront le moyen de conférer instantanément *(M. 26.3.70).*
    L'Inde entretenait une armée ruineuse et peu *crédible* d'un million d'hommes *(P. 27.5.74).*

- **Dans d'autres domaines.**
O La majorité doit rendre son *action* présente et à venir, plus *crédible.* Plus *crédible,* cela veut dire accélérer un certain nombre de réformes, mais aussi les mieux faire sentir au pays *(C.*

7.10.70). Ces *citoyens* simples mais honnêtes, aussi *crédibles* que d'autres *(M. 18.11.66).* Cela suppose que l'*Église* soit *crédible* par ses actes, car c'est seulement lorsqu'elle marche vers la sainteté qu'elle devient *crédible* (Duquesne, 70). Mon objectif était de rendre *crédible* l'*information* (E. 2.11.70). L'*institution* militaire n'est plus *crédible*, car elle s'est montrée incapable de s'adapter à notre époque par une vraie réforme du service militaire *(M. 31.7.70).* Il fallait se taire pour que naisse une *télévision* sincère et *crédible (M. 7.6.68).*

∞ Il faut donner son autonomie à cet *organisme*, afin qu'il devienne *crédible* (E. 5.6.72). Avec brio, l'acteur rend *crédible* son *personnage* (E. 15.1.73). À tort ou à raison l'*Aérotrain* n'est plus *crédible* dans l'opinion publique *(M. 1.2.74).* Les *efforts* du ministre seraient plus crédibles si (...) *(M. 7.3.74).* Rendre les *transports publics* crédibles auprès de citadins désabusés *(M. 12.2.75).* Ce *parti* devient de plus en plus « *crédible* », pour employer le jargon actuel *(M. 14.10.75).*

Une politique destinée à rendre les *évaluations prévisionnelles* plus *crédibles* aux yeux du client *(M. 26.4.78).*

CRÉDIT- Premier élément de subst. composés.

Ce soir, Éliane fera une heure de plus au bureau. Cette heure s'inscrira à son *crédit-travail* ; cela lui permettra de prendre une heure libre un autre jour *(FP 9.72).*

Emprunter de l'argent pour partir en vacances : certains organismes continuent à pratiquer le *crédit-vacances* (E. 16.7.73).

CRÉDIT-BAIL sm. Écon. : terme employé en concurrence avec l'anglicisme *leasing**.

Le *crédit-bail* — qui n'est ni la vente à tempérament, ni la location-vente — est très répandu aux États-Unis sous forme de contrats de leasing. Il se développe rapidement en France *(M. 19.6.66).* La formule du « leasing » ou *crédit-bail*, à laquelle ont presque toujours recours les cliniques et laboratoires privés (pour l'achat de leurs appareils) permet d'échelonner les paiements sur plusieurs années *(M. 3.12.68).* Le *crédit-bail* (ou « lease-back ») est conforme à une bonne gestion et bien adapté à l'économie moderne. Une entreprise vend un bien immobilier et en encaisse le montant. Elle devient aussitôt locataire en vertu d'un bail signé pour une longue durée et verse une somme pour le rachat progressif de l'immeuble *(M. 25.5.69).*

CRÉMATISTE subst. et adj. ~ 1960. ■ Partisan de l'incinération des morts, ou crémation.

● Subst.

Le XVe Congrès international des « *crématistes* » du monde entier a eu lieu à Vienne (Autriche) *(M. 19.6.66).* Pour les *crématistes*, il ne fait nul doute, malgré la répugnance des chrétiens à choisir l'incinération plutôt que l'inhumation, qu'un jour viendra où, pour des raisons d'urbanisme et d'hygiène publique, la crémation sera, sinon obligatoire du moins recommandée *(M. 6.9.66).*

● Adj.

Fédération *crématiste* internationale (...) *législation crématiste* (M. 9.9.69). Les *sociétés crématistes* de France, qui viennent de réunir leur vingt-sixième congrès à Marseille, estiment que la création d'un ministère de la protection de la nature et de l'environnement « souligne implicitement l'importance de la crémation dont la pratique supprime la pollution du sol, des eaux d'infiltration et même de l'air » *(M. 2.6.71).*

CRÉNEAU sm. Fig. Milieu du XXe s. (d'après les emplois figurés dans le vocabulaire militaire).

Rem. Sur l'interprétation linguistique de l'emploi figuré, cf. Langages, N° 36, déc. 74, pp. 28-29.

1. Créneau (dans l'espace) Autom. Entre deux véhicules en mouvement ou en stationnement : intervalle libre dans lequel peut s'intercaler un troisième véhicule. — Sur une route relativement étroite : section élargie pour faciliter les dépassements.

L'aménagement du réseau routier en 1971 devrait permettre un meilleur écoulement du trafic grâce à la création de déviations et de « *créneaux* » de dépassements *(M. 6.11.70).*
Parmi les aménagements routiers, il faut encore signaler la réalisation de *créneaux* sur la R.N. 3 entre V. et Meaux *(C. 20.2.72).*

● Spéc. Manœuvre consistant à insérer un véhicule dans un *créneau* (au sens ci-dessus). Cette manœuvre est aussi désignée par le tour verbal *faire un créneau.*

La présence d'une large baie vitrée à l'arrière (d'un camping-car) facilite les « *créneaux* » *(M. 22.4.78).*

2. Créneau (dans le temps).

Rem. La forme régulièrement dentelée d'une série de *créneaux* a conduit à baptiser de ce nom l'intervalle, le « creux » qui existe dans la représentation graphique d'un emploi du temps, du plan de charge d'une machine ou d'un atelier, et qui indique ainsi un intervalle de temps disponible (VL 10.69).

♦ Les organisateurs (d'un championnat de tennis) ont promis de laisser libre un *créneau* de deux semaines, qui permettrait aux joueurs de se rendre à Wimbledon (E. 11.6.73). Le 2 janvier, le Président de la République ne disposait que d'un seul « *créneau* » d'un quart d'heure pour recevoir le ministre algérien (E. 14.1.74).

● Spéc. Radio, télév. : temps de parole, d'antenne réservé à une personne, à un groupe.

Il (un critique) exerce son métier dans tous les *créneaux* qu'on lui laisse sur les différentes chaînes *(O.R.T.F. 4.1.69).* Une ouverture de la télévision, grâce à « des temps d'antenne » pour que puissent s'exprimer toutes les formations politiques et les organisations socio-professionnelles. Ces *créneaux* — comme on les appelle — devraient donner satisfaction aux organisations *(M. 19.9.69)*. l'Assemblée nationale va avoir son « *créneau* » à la télévision *(E. 16.2.70)*. Un temps de parole défini, des « *créneaux* » horaires fixes sont maintenant dévolus aux grandes formations politiques *(C. 4.3.70)*. Si vous avez à dire quelque chose d'important, (l'émission) le « Monde contemporain » vous ouvre ses portes, ses fenêtres et vous offre ses *créneaux (O.R.T.F. 6.2.71)*. L'O.R.T.F. a ouvert de nouveaux *créneaux* sur la 1re chaîne — autour de « Télé-Midi » et de « Télé-Nuit » — et sur la 2e, à 20 h 30 et à 21 h 15. De huit minutes en moyenne par jour, la publicité est passée à treize *(E. 5.4.71)*. Ce qu'on voit d'habitude après le Journal télévisé, entre deux *créneaux* publicitaires *(E. 7.8.72)*.

3. Créneau (dans d'autres domaines). Écon. : possibilité encore inutilisée, place encore libre sur le marché, (pour une firme, un produit, une technique).

L'étude de la concurrence permit de choisir des « *créneaux* » dans lesquels la nouveauté était possible *(M. 3.12.68)*. L'avion nécessite une infrastructure coûteuse. Le bateau est trop lent. L'hydravion se glisse dans le *créneau* ouvert *(E. 8.6.70)*. Concorde sera-t-il un « avion-gadget » réservé à quelques passionnés de la vitesse ou l'avion préféré des hommes d'affaires ? Ces questions montrent l'étroitesse du « *créneau* commercial » dans lequel se place Concorde *(M. 23.9.70)*. La Suisse, elle, choisit ses *créneaux* et ne peut avoir l'ambition d'en occuper beaucoup. Elle est présente dans cette chimie sophistiquée qu'est la pharmacie *(E. 29.3.71)*. Ce (terminal) vient prouver que même dans le secteur le plus technologiquement avancé, celui de l'informatique, une petite société, à condition de bien choisir ses « *créneaux* », peut rivaliser avec les géants mondiaux *(SV 6.71)*.
Pour une fois que les constructeurs américains d'avions n'ont pas pris d'avance, l'Europe pourrait se faire un *créneau (Exp. 6.73)*. Il s'agit de trouver un « *créneau* » pour ce nouveau moyen de transport *(M. 4.8.74)*. La règle selon laquelle les pouvoirs publics doivent, lorsqu'il le faut, occuper des *créneaux* délaissés par le « privé » *(M. 10.1.75)*.
Le paysan français doit (...) consolider ses *créneaux* à l'exportation : céréales, vins, produits laitiers *(E. 15.5.78)*. Les jeux de stratégie pour adultes, *créneau* exploité depuis longtemps dans les pays anglo-saxons *(M. 21.6.78)*. Avec quelque retard sur leurs concurrents, les constructeurs automobiles français se lancent à leur tour sur ce *créneau* (des circuits intégrés) *(M. 5.8.78)*.

CREVER L'ÉCRAN Loc. Fig. Cinéma, télév. : se dit d'un acteur, d'une personne, d'une émission qui font une très vive impression sur les spectateurs, les auditeurs.

Beaucoup de choses dépendent d'incidents menus, d'un clin d'œil mieux donné par l'un ou par l'autre (candidat) devant les caméras ; d'une certaine manière de *crever l'écran (C. 9.5.69)*.

CREVER LE PLAFOND Loc. Fig. Dépasser une limite maximum fixée.

En fin de semaine, quand les réservations « *crèvent le plafond* », la Caravelle est remplacée par un Boeing 727. Le nombre des places saute de 94 à 162 *(E. 23.12.68)*.

CRIMINOGÈNE adj. ~ 1960. ■ Qui favorise la criminalité.

(Il faudrait) créer des centres régionaux de criminologie. On y retrouverait des juristes, des médecins, des psychologues et des sociologues qui auraient pour tâche d'étudier les *tendances criminogènes (F. 30.10.61)*. Personne ne tue plus pour un pain ou un poulet. Mais on enregistre un autre *facteur criminogène* : la contrariété. On tue ce qui vous résiste *(F. 20.1.67)*. Voilà le scandale : la *prison* est, au pire, *criminogène* et au mieux, dégradante *(E. 12.4.71)*.
Une société qui porte en elle tant de *germes criminogènes* peut-elle condamner à mort des criminels qu'elle a plus ou moins enfantés ? *(M. 22.1.78)*.

CRIMINOLOGIQUE adj. ■ Qui a trait à la criminologie.

Le ministère de la Justice a confié au Comité de *recherches criminologiques* le soin d'étudier le problème de la formation des personnels pénitentiaires *(E. 24.1.72)*.
La « dangerosité », a déclaré ce magistrat, est un *critère* soi-disant *criminologique* et sans doute, par extension, psychiatrique *(M. 30.6.78)*.

CROISIÈRE (ALLURE, REGIME, VITESSE DE) loc. subst. Fig.
■ Rythme normal d'activité après une période d'adaptation, de *rodage**.

Lorsque les grands réseaux eurent trouvé ce que l'on appellerait aujourd'hui une « *allure de croisière* », leurs dirigeants comprirent rapidement la nécessité de raccorder entre elles les gares terminus dans Paris *(VR 6.11.66)*. Le gaz de Lacq a atteint cette année son *régime de croisière (M. 2.9.64)*. Les grèves ont atteint en quelque sorte leur « *vitesse de croisière* ». La marge d'extension des arrêts de travail est de plus en plus réduite *(M. 24.5.68)*. Le temps que nous vivons et dont la *vitesse de croisière* est vertigineuse *(C. 28.10.69)*. En tâtonnant, chaque femme arrive à trouver la *vitesse de croisière* (de son alimentation) qui lui permet de semer en route quelque 50 à 100 grammes *(Fa. 21.10.70)*.
Les autoroutes en *vitesse de croisière* : le rythme de construction est maintenant de 400 kilomètres par an. Tiendra-t-on ce *régime de croisière* ? *(M. 30.5.74)*.

CROISIÉRISTE subst. ■ Passager, touriste, qui participe à une croisière.

La clientèle des croisières est une clientèle d'habitués, de traditionnels *croisiéristes*, fidèles à ce mode de vacances *(M. 26.10.74)*.

CROISSANCE ZÉRO loc. 1972. (Traduction de l'angl. *zero growth*).
■ Modèle (proposé par le Club de Rome, le Massachussetts Institute of technology, etc.) selon lequel la croissance (économique, industrielle, etc.) devrait être fortement réduite, sinon arrêtée, afin d'éviter les graves crises et conflits qu'entraînerait une croissance illimitée.

Si nous ne voulons pas que le progrès se détruise lui-même et que la société d'abondance engendre des révolutions, il faut arrêter la croissance. Telle est la théorie de la « *croissance zéro* » *(C. 20.7.72).* Plus qu'une crise économique, c'est une crise de société que connaît l'Angleterre. À moins qu'elle ne soit simplement le bastion avancé de la *croissance zéro (E. 18.2.74).* La *croissance zéro*, nous y sommes. Les écologistes, il y a deux ans, lançaient l'idée de *croissance zéro* pour protéger l'environnement et les ressources naturelles (...) Ils ont gagné *(E. 9.12.74).* La *croissance zéro* est à la mode. Les hommes, dit-on, épuisent les stocks d'énergie et de matière première ; ils sont en train de tuer les espèces vivantes *(P. 13.10.75).*

● Par ext. À propos d'une ville dont on cherche à limiter l'expansion.

Fontainebleau, *croissance zéro*. Ce slogan est lancé par le comité de sauvegarde qui conteste la politique urbaine de la municipalité *(M. 2.6.76).*

CRYOBIOLOGIE sf. ~ 1970. ■ Utilisation des très basses températures pour conserver des substances biologiques, des tissus, etc.

La *cryobiologie* conserve les corps des morts dans des capsules à azote liquide par un froid de -200 degrés environ *(C. 9.9.70).*

CRYOGÉNIQUE adj. (Du grec *kruos*, froid). ■ Qui concerne la production des basses températures.

(Ces) sociétés ont décidé d'étendre le domaine d'activité de leur filiale commune en lui confiant la vente de nouvelles gammes de matériels et de machines *cryogéniques (M. 13.3.66).* Visite du centre d'études nucléaires de G. et du centre d'études *cryogéniques (F. 1.12.66).*

CRYPTO- Premier élément de quelques composés récents dans le lexique politique (du grec *kruptos*, caché). ■ Clandestin, occulte.

CRYPTO-CAPITALISME sm.

La manière dont le général de Gaulle définira le *crypto-capitalisme* français tel qu'il voudrait le voir introduire dans nos entreprises *(E. 24.10.66).*

CRYPTO-COMMUNISME sm. ■ Adhésion aux doctrines, aux idées communistes, mais non nécessairement au parti.

Je crains fort qu'on ne le (Adenauer) taxe à Washington d'anti-américanisme ou de *crypto-communisme (M. 24.6.66).*

CRYPTO-COMMUNISTE s. et adj.

Conscient des interprétations fort variées qu'entraînait son attitude, le leader en parla nettement : « Je m'exprime tel que je suis, dit-il, *crypto-communiste* pour d'aucuns, crypto-gaulliste pour d'autres » *(M. 19.1.66).*

CUBE (GROS) sm. Fam. ■ Motocyclette de grosse cylindrée (évaluée en centimètres cubes).

De la « tasse à café », la 50 cm^3, aux « *gros cubes* », les 750 et les 900 cm^3, toute la gamme des « bécanes », vélomoteurs et motocyclettes a ses passionnés *(P. 13.5.74).* Le « *gros cube* », dont la puissance et le prix peuvent atteindre ceux d'une automobile *(VR 1.6.75).* De la « pétrolette » au « *gros cube* » de 1200 cm^3, le choix est vaste et l'écart de prix énorme *(M. 8.10.77).*
→ TASSE À CAFÉ.

CUBER v. intr. (De cube). Fig. Fam. ■ S'élever à un chiffre, à un prix considérables ; rapporter un gros bénéfice.

Nous aurons la commande d'un équipement d'informatique. Et ça va *cuber*, c'est moi qui vous le dis ! *(Saint Pierre, 70).*

CUCUL [kyky] **(-)LA(-)PRALINE** loc. Fam. Redondance plaisante pour *cucul* (adj.) ■ Niais, ridicule.

J'en veux à ces films parce qu'ils ont imposé, du courage (à la guerre) et de la fraternité d'armes, une image *cucul-la-praline* dont on ne peut plus que sourire *(M. 11.6.76).* L'expression « *cucul la praline* » (excusez-m'en !) fait allusion à une variété de noix de coco de l'île Praslin et appelée « coco-fesse » *(M. 26.4.80).*

CUEILLIR (Qqn) À FROID loc. (Emprunt au vocab. de la boxe). Fam.
■ Prendre au dépourvu.

Notre ami T. n'est pas encore habitué au ton direct, sans ménagement (...) de nos réunions de travail. Et tout à coup, sans crier gare, vous vous faites agressifs, vous le *cueillez à froid (Droit, 64).*
Il n'est pas facile pour un écrivain de raconter les effets de la passion sans tomber dans la mièvrerie ou l'exaltation, fatigante pour un lecteur *cueilli à froid (P. 24.6.74).*

CUISINETTE sf. ~ 1973. Terme recommandé officiellement pour remplacer *kitchenette**. ■ Très petite cuisine ou emplacement aménagé dans une pièce et équipé pour faire la cuisine.

Un condensé d'installation de cuisine permet de préparer les repas dans un studio, une résidence secondaire (...) Un réfrigérateur, des plaques de cuisson et un évier sont rassemblés dans ce type de meuble-*cuisinette* livré prêt à fonctionner *(M. 9.2.73)*. Désormais il faudra écrire « *cuisinette* » et non plus kitchenette *(M. 27.2.74)*.

CUL (GROS) sm. Pop. ■ Camion, poids lourd.

Au début des années 1960, toute une mythologie se développe autour des « gros bras » pilotant des « *gros culs* ». Ces seigneurs de la route « roulent pour nous » *(O. 13.10.75)*. Il y a longtemps que les riverains souffrent de la circulation des poids lourds. « On passe son temps à calfeutrer les portes pour s'entendre, (...) mais dans 20 ans les *gros culs* seront toujours là à nous narguer ! » *(P. 10.7.78)*.
→ BAHUT, BRAS (GROS).

CULPABILISANT, E adj. ■ Qui *culpabilise**.

Tout est fait pour que la *contraception* apparaisse comme honteuse, *culpabilisante (O. 14.2.68)*. Je ne pense pas que vous puissiez trouver un seul *mot* réprobateur ou *culpabilisant* dans les réponses que je fais *(Fa. 14.8.68)*.
Ce grand tabou, hérité du Moyen Âge (...) reste aujourd'hui un *acte culpabilisant (E. 14.1.74)*. L'*image culpabilisante* de la « femme qui boit » est en train de changer *(E. 27.3.78)*.

CULPABILISATION sf. ■ Le fait de *culpabiliser** ; son résultat.

Il y a une entreprise de démoralisation de la France, de *culpabilisation* de la France, pour la rendre plus coupable qu'elle n'est *(O.R.T.F. 31.1.70)*.
L'avortement — lorsqu'il est pratiqué dans des conditions matérielles déplorables et dans un climat de *culpabilisation* — laisse toujours une marque profonde *(E. 14.1.74)*.

CULPABILISER v. tr. ■ Donner un sentiment de culpabilité.

Il ne s'agit pas de *culpabiliser les aînés*, ô jeunes . personne n'est juge et personne n'est accusé *(PM 15.10.66)*. Sa femme s'est suicidée. Cette mort le « *culpabilise* ». Petit à petit, il se découvre responsable *(C. 6.2.69)*. L'idée de faute (dans les devoirs d'écoliers) intime et *culpabilise les masses* scolaires *(M. 29.3.70)*. Il ne faut pas *culpabiliser l'opinion* (publique) au-delà de ce qui est raisonnable *(O.R.T.F. 4.4.70)*.
On a braqué les projecteurs sur les problèmes de l'enfance et de l'adolescence. On nous a fait honte, à nous les adultes, on nous a *culpabilisés (C. 12.10.74)*. L'idéologie capitaliste *culpabilise* le chômeur, en fait un exclu dont le seul désir « doit » être de retrouver un emploi *(O. 27.12.76)*.

● Au passif.

Quant à travailler sous le commandement d'une femme, 80 % des hommes s'y refusent. Mais les *femmes* elles-mêmes admettent n'être pas mûres pour un renversement des rôles aussi radical. *Culpabilisées*, peu sûres d'elles, elles risquent de compenser par l'agressivité *(O. 20.3.68)*. Le *médecin*, comme l'a dit le pasteur D., est très *culpabilisé* (par la législation actuelle sur l'avortement) *(O.R.T.F. 20.6.70)*.
Au moment où les *femmes* ont de plus en plus de raisons de travailler, elles se trouvent *culpabilisées* à l'idée de ne plus remplir comme il faut leur rôle d'éducatrices *(E. 21.5.73)*. Cette génération d'*adultes*, conditionnés, *culpabilisés*, démissionnaires *(C. 12.10.74)*. *Culpabilisée* par ses sentiments haineux envers sa belle-mère, *elle* aurait cherché à se punir (en se tuant) *(M. 7.7.78)*.
→ DÉCULPABILISER.

CULTURISTE subst. ~ 1965. ■ Personne qui pratique la culture physique analytique dite « culturisme », afin de développer de façon apparente certains groupes de muscles.

L. veut se prouver qu'il est un surhomme et qu'avec ses épaules de *culturiste* (...) il pourrait survivre en toutes circonstances *(E. 18.9.72)*.

CYBERNÉTIQUE [sibεrnetik] sf. et adj. Du grec *kubernêtikê*, par l'anglais *cybernetics*.

Rem. 1. Par un curieux paradoxe, plus on parle de *cybernétique*, et moins il semble que le mot ait le même sens pour tout le monde. Pour les uns la *cybernétique*, c'est une théorie mathématique très compliquée ou seulement une technique, celle des automates. Pour d'autres ce mot évoque immédiatement les grandes machines à calculer électroniques ou, plus simplement, la théorie de l'information. Pour d'autres encore il s'agit de la science qui étudiera désormais les analogies qui peuvent exister entre les machines et les êtres vivants, ou bien de quelque doctrine philosophique ou métaphysique s'attaquant au grand problème du mystère de la vie (...) La science des robots : telle est bien la définition la plus concise et la plus frappante de la *cybernétique*, qui construit ces machines extraordinaires dotées de réflexes conditionnés et du pouvoir d'apprendre, en bref ces machines qui s'efforcent d'imiter la vie *(Boulanger, 68)*.

Rem. 2. La « *cybernétique* » est entrée au dictionnaire de l'Académie avec la définition suivante : « Science qui s'applique à reconnaître, à analyser, comparer, dans des ensembles complexes, animés ou inanimés, les structures ou les relations fonctionnelles qui ont un rôle de commandement ou de régulation. La théorie de l'information et celle des mécanismes automatiques font partie du domaine de la *cybernétique* » *(M. 19.2.72)*.

● Subst.

L'ingénierie informatique, en incorporant la notion de systèmes et de programmes est peut-être l'approche la plus concrète de la *cybernétique (M. 11.10.75)*.

● Adj.

Le programme étant fixé, on va énumérer les moyens d'*essence cybernétique* en cours d'expérimentation (...) Pour rendre opérationnels les graphiques à sillons serrés (...) il convient d'utiliser des *moyens cybernétiques*, c'est-à-dire des moyens techniques relevant de l'automatique et de l'information *(R.G.C.F. 6.70).*

CYBERNÉTISATION sf. Application de la *cybernétique** (à une technique, etc.)

La société bureaucratique de consommation dirigée approche de son but. Sa finalité transparaît : la *cybernétisation* de la société par le biais du quotidien. (...) La *cybernétisation* de la société risque de se produire par cette voie : aménagement du territoire, institution de vastes dispositifs efficaces, reconstitution d'une vie urbaine selon un modèle adéquat *(Lefebvre, 68).* L. Armand, avec des arguments aussi précis que convaincants, préconise la *cybernétisation,* notamment dans le domaine ferroviaire *(VR 8.3.70).*

CYBERNÉTISER v. tr. Appliquer la *cybernétique**.

Le chemin de fer de l'avenir, très *cybernétisé* offrira plus encore de métiers « nobles » *(Armand : R.G.C.F. 4.64).*

CYCLO sm.
1. **Forme abrégée de** *cyclomoteur**.
    La pétarade des *cyclos* dans la rue *(O. 3.9.73).* Beaucoup de jeunes trafiquent leur *« cyclo »* pour en augmenter la vitesse ou faire plus de bruit *(VR 1.6.75).* On achète un million de *«cyclos»* chaque année en France *(E. 19.4.76).*
2. **Forme abrégée de** *cyclotouriste**.
    Ils sont 20.000 (...) C'est le peuple des *cyclos,* entendez des cyclotouristes (...) Qui dira les émotions du roue dans roue, ce cœur contre cœur des *cyclos* ? *(M. 22.3.75).*

CYCLO-CAMPING sm. ■ Forme de camping dont les adeptes se déplacent à bicyclette.

Pendant plusieurs années, j'ai fait du *cyclo-camping,* ensuite du camping pédestre *(Perry, 71).*

CYCLOMOTEUR sm. (Souvent abrégé en *cyclo**). ■ Bicyclette munie d'un moteur auxiliaire de moins de 50 cm^3, dotée de pédales, et dont la vitesse est limitée à 45 km/h.

Le *cyclomoteur* peut être utilisé dès l'âge de 14 ans, et sans permis de conduire *(VR 1.6.75).* La France est le premier producteur mondial de *cyclomoteurs* *(M. 8.10.77).*
→ DEUX(-)ROUES.

CYCLOMOTORISTE s. ■ Personne qui circule sur un *cyclomoteur**.

G. a pu être identifié comme le *cyclomotoriste* aperçu le soir du drame *(M. 5.1.68).*

CYCLO-POUSSE sm. ■ En Extrême-Orient, voiture légère traînée par un cycliste.

Ils décidèrent, dans l'intention de ridiculiser le représentant du gouvernement de Saigon, de lui faire effectuer le trajet en *cyclo-pousse* *(M. 2.4.66).* Les réfugiés fuyant à pied, bicyclette ou *cyclo-pousse,* vers les campagnes *(E. 1.5.67).*

CYCLO-SPORTIF sm. ■ Personne qui pratique le cyclisme de façon plus sportive que le *cyclo-touriste**.

Ce qui intéresse la famille J., c'est le vélo. Mais attention ! Pas les balades à bicyclette : « Nous ne sommes pas des cyclo-touristes, nous sommes des *cyclo-sportifs* » *(M. 23.7.77).*

CYCLOTOURISME sm. ■ Tourisme à bicyclette.

M. P. de V. « apôtre du *cyclotourisme* » *(M. 1.9.65).* La Fédération française de *cyclotourisme* a cette année près de sept mille (adhérents) *(M. 21.3.67).* Le célèbre dessinateur Jacques Faizant membre du conseil d'administration de la Fédération française de *cyclotourisme* (...) *(E. 12.4.71).*

CYCLOTOURISTE s. ■ Personne qui fait du *cyclotourisme**.

Reste fidèle à la bicyclette une catégorie de gens fort aimables, les *cyclotouristes,* ces « poètes de la route » *(M. 1.9.65).* Des activistes du voyage, des contemplatifs du sport : des cyclistes. Ou plutôt, pour exprimer à la fois l'effort qu'ils font et le regard qu'ils jettent : des *cyclotouristes* *(M. 21.3.67).* Le coureur (cycliste) baisse la tête et fonce. Le *cyclotouriste* la relève et contemple (...) Ils étaient prévenus, les *cyclotouristes* mal-aimés. Leur grand précurseur, le chantre de la cyclobalade, Paul de V. leur avait montré ce à quoi ils devaient s'attendre *(E. 12.4.71).*
Ils sont comme cela, les *cyclotouristes* : culottés de peau de chamois, bidon de thé sur le guidon, ils aiment rouler (...) en solitaire ou en peloton *(M. 22.3.75).*

Rem. On trouve aussi l'emploi adjectif.
Les groupements à *vocation* cycliste et *cyclotouriste,* regrettent l'absence en France d'un réseau de voies cyclables *(M. 27.3.76).*

D

DALLE-JARDIN sf. ■ Aménagement, en jardin public d'agrément, d'une dalle de béton recouvrant un bâtiment, un parc de stationnement souterrain, une gare, etc.

La réalisation d'une *dalle-jardin* au-dessus des voies de la gare Montparnasse (...) *(M. 14.12.72)*. Le parking sera souterrain. Une *dalle-jardin* ouverte au public le recouvrira (...) une de ces *dalles-jardins* si critiquées aujourd'hui *(M. 8.4.76)*.

DANGEROSITÉ sf. De *dangereux*, sur le modèle *généreux/générosité, précieux/préciosité*, etc. ■ État de quelqu'un (ou de quelque chose) qui constitue un danger.

Cette *dangerosité*, pour employer le terme dont la presse se sert beaucoup en ce moment *(O.R.T.F. 22.2.69)*. Les experts psychiatres s'accorderont pour lui décerner (à l'accusé) un certificat de « *dangerosité* » assez élogieux *(M. 27.9.69)*. La loi du 15 avril 1954 sur les alcooliques dangereux pour autrui autorise la préfecture à prendre une mesure autoritaire jusqu'à désintoxication complète et disparition de la *dangerosité (M. 17.4.70)*.
La notion de « *dangerosité* » a envahi, les 27 et 28 juin, la Cour d'assises de Paris. Le témoin cité par la défense a déclaré : « la <*dangerosité*> est un critère soi-disant criminologique et sans doute, par extension, psychiatrique. En fait est déclaré « dangereux » n'importe quel détenu qui (...) *(M. 30.6.78)*.

DATEUR ou **DATOGRAPHE** sm. ■ Dispositif qui indique la date sur le cadran d'une montre.

Dateur automatique sur une montre *(Pub. A. 5.6.69)*. Montre avec *datographe (Pub. A. 5.6.69)*.

DAUPHIN sm. Fig. ■ Successeur désigné ou probable d'un homme d'État ou d'une personnalité occupant une position importante.

« *Dauphin* » quasi officiel (du chef de l'État) : le Premier ministre *(F. 12.12.66)*. La question est de savoir comment Mao Tsé-toung et son *dauphin* parviendront à maintenir la pression des « gardes rouges » *(F. 9.1.67)*.
Pour la troisième fois, un *dauphin* présumé, parmi les dirigeants du Kremlin, meurt avant celui auquel il devait succéder *(E. 24.7.78)*.

DÉ- DÉS-, DES- Préfixe. (du lat. *dis-*) servant à former de nombreux verbes et subst. désignant l'action ou l'état inverse de ceux exprimés dans chaque cas par le terme simple.

Rem. 1. Un certain nombre de mots formés avec ce préfixe sont traités plus loin, en articles séparés, à leur place alphabétique.

Rem. 2. On me demande ce que je pense de la prolifération des mots formés avec le préfixe dé-, (comme) *désenclaver, désenclavement, dénucléarisation, décloisonnement, déconfessionnalisation* (...). L'objection qui pourrait être faite à certains de ces mots, c'est qu'ils sont un peu longs. Leur intérêt me semble être de bien exprimer l'effort de dégagement et d'ouverture, de désintoxication qui est une caractéristique de notre époque, dans ce qu'elle a de meilleur et de plus généreux *(F. Mars, C. 3.5.70)*.

DÉBARDEUR sm. Repris ~ 1970. Par ext. ■ Tricot collant, court, sans manches et à encolure très échancrée.

Le *débardeur* se superpose à une blouse, à un pull-over ou même à une robe chemisier *(Fa. 10.2.71)*.

-DÉBAT Deuxième élément de substantifs composés. Il signifie qu'un débat, une discussion organisée, ont lieu pendant ou aussitôt après l'événement (concert, conférence, déjeuner, etc.) auquel se réfère le premier élément. Le genre grammatical de ces composés est celui du premier élément.

La nécessité d'organiser à grande échelle des *assemblées-débats* publiques *(E. 30.3.70)*. Une *causerie-débat* à l'occasion de la remise du Grand Prix du Cinéma *(M. 17.5.66)*. *Conférences-débats* organisées en Sorbonne *(O. 7.6.68)*. *Conférences-débats* scientifiques, techniques et culturelles *(M. 9.11.69)*. Le Syndicat national de la presse quotidienne régionale a organisé un *déjeuner-débat* sur le thème : « L'information économique et les contacts entre la presse et les chefs d'entreprise » *(M. 15.10.65)*. Au cours d'un *déjeuner-débat* sur la construction des logements *(M. 6.5.66)*. Qu'est-ce que la Pologne pour l'étranger ? Tel était le thème d'un *dîner-débat* organisé mardi soir *(M. 21.1.65)*. M. G. qui présidait la réunion constitutive de la fédération Rhône-Alpes des républicains indépendants a pris la parole dans un *dîner-débat* *(M. 14.1.68)*. M. C. à un *dîner-débat* dans le XIIe arrondissement : « La première qualité d'un diplomate c'est la franchise car ainsi personne ne vous croit » *(PM 10.2.68)*. Une *émission-débat* a permis d'entendre diverses personnalités *(M. 6.6.69)*. Chaque jour on présente à la radio une *enquête-débat* sur l'avenir des différentes régions de France *(M. 6.4.69)*. Deux mille Strasbourgeois (étaient) venus assister au *gala-débat* organisé par le comité de grève de l'O.R.T.F. *(M. 15.6.68)*. Une *journée-débat* sous le patronage de M. Olivier G. *(M. 2.6.66)*. C'est sous les auspices des « Grandes Conférences catholiques » que cette *rencontre-débat* avait été organisée *(F. 22.12.66)*. La dernière des quatre *soirées-débats* organisées par le Centre d'études et d'éducation socialistes a rassemblé (diverses personnalités) *(M. 31.3.66)*.

DEBATER [debatœr] sm. (Mot angl.). Pol. ■ Orateur qui, dans une assemblée, une discussion, sait répondre habilement aux questions, aux objections, même aux attaques.

M. S., *debater* imperturbable, s'efforcera ainsi de contrer par avance les effets de manchettes et de menton (des) vrais ténors de l'opposition *(M. 26.9.54)*. M. C. s'est révélé un excellent et même féroce *debater* d'assemblée populaire *(M. 6.7.66)*. M. E., séduit par les qualités intellectuelles et les dons de *debater* de ce jeune homme, en fait son secrétaire *(M. 3.10.69)*.
→ DÉBATTEUR.

DÉBATTEUR sm. Graphie francisée de *debater*.

T. B. comparait les *débatteurs* en France à des boxeurs qui évolueraient chacun dans un ring particulier, parant à merveille les coups supposés de leurs adversaires *(Can. 27.9.67)*. Le leader des métallos est un ancien agent de maîtrise, excellent *débatteur* *(Exp. 6.73)*.

DÉBILE adj. Fam. Surtout dans le syntagme *« c'est débile »* : c'est ridicule, stupide. (Fréquent dans le langage des jeunes).

L., 13 ans, sait que ses camarades le trouvent trop sérieux. Il les juge sévèrement : « Le foot, la planche à roulettes, à côté du million et demi de chômeurs, *c'est débile* *(M. 24.2.78)*.

DÉBIT (d'un moyen de transport) sm. D'après le *débit* d'un cours d'eau. ■ Nombre de personnes, volume ou poids de marchandises qu'une voie de communication (voie d'eau, voie ferrée, route, etc.) permet de transporter en un temps donné.

Ces travaux de modernisation ont permis d'augmenter sensiblement le *débit* de la ligne (de métro) *(VR 11.1.70)*.

DÉBITER v. tr. À propos d'une voie de communication : permettre le transport en un temps donné d'un certain nombre de personnes, d'une certaine quantité de marchandises.

A N. les téléskis *débitent* 2 600 skieurs à l'heure *(M. 6.1.68)*.

DÉBLOCAGE sm. Fig. ■ Suppression des obstacles.

Des expériences de *déblocage* dans les rapports sociaux : les conventions de salaires, le démarrage de la mensualisation *(C. 11.6.70)*. Grâce au *déblocage* d'une situation européenne que marque le traité du 12 août entre Bonn et Moscou (...) *(O.R.T.F. 17.10.70)*.

● Écon.

Déblocage de l'ensemble des *prix* *(M. 9.9.69)*. *Déblocage* progressif des *salaires* *(M. 31.12.67)*.
→ BLOCAGE.

DÉBLOQUER v. tr. Fig. ■ Supprimer les obstacles qui empêchaient une action, une évolution, un progrès, etc.

Débloquer sinon la société, du moins l'*économie* française *(M. 30.9.69)*. *Débloquer* des situations qu'on croyait figées *(M. 3.12.64)*. *Débloquer* la *voie* vers un traité sino-japonais *(Guillain, 69)*.

● Spéc. Abolir une réglementation restrictive en matière de commerce, de dépenses publiques, d'échanges monétaires, de prix, de salaires, etc.

Les *avoirs* des sociétés américaines, après avoir été *débloqués* par l'État (algérien) *(M. 18.2.69)*. Les *crédits* pour la construction (d'une école) n'*ont* pas encore été *débloqués* *(M. 16.2.67)*. La France a accepté de *débloquer* un million d'hectolitres de *vin* *(M. 11.1.68)*.
→ BLOQUER.

DÉBLOQUER (SE) v. réfl. Fig. ■ Redevenir susceptible d'évoluer après une période d'immobilité.

La situation politique paraît en voie de *se débloquer* (M. 9.9.69).

DÉBOUCHER (dans ou sur quelque chose) v. intr. Fig. ■ Aboutir à, conduire à, mener à.

Rem. Cet emploi est devenu très fréquent depuis le milieu du XXe siècle.

DÉBOUCHER DANS...

La ligne définie par le Conseil des ministres ne *débouche* plus *dans le cul-de-sac* du retour à l'étalon-or *(O. 27.3.68)*. L'une des vieilles demoiselles (d'une pièce de Gr. Greene) atteint au pharisaïsme et *débouche dans la férocité* pure *(Gautier, 62)*. Il est à présumer qu'un autre volume fera *déboucher* les mémoires d'enfance et de jeunesse *dans le journal de l'homme mûr* (M. 17.4.63). Les problèmes de stratégie vont *déboucher dans la métaphysique* (VL 10.69). La période même à laquelle se sont limités (les auteurs d'un livre) prêtait à la philosophie la plus désabusée. Elle *débouche dans le noir* (M. 24.6.64). Le terme « mutation » a *débouché dans le vocabulaire* aujourd'hui en faveur *(VL 3.70)*.
Ce livre s'aventure dans les labyrinthes de l'immortalité, du péché, de la rédemption, pour *déboucher dans* une éthique *quasi freudienne* (M. 21.7.78).

DÉBOUCHER SUR... (C'est la construction de très loin la plus fréquente.)

O Une réforme qui un jour *débouchera sur l'abandon* du shilling (M. 6.11.69). La coopération scientifique peut et doit *déboucher sur des accords* commerciaux (M. 10.1.68). Sans doute suffirait-il que cette anthropologie culturelle et historique *débouche*, fût-ce malgré elle, *sur une anthropologie* philosophique (Lacroix : M. 10.1.68). La recherche fondamentale qui ne *débouche sur aucune application* économique immédiate *(O. 23.11.66)*. Ce « procès truqué » *déboucher sur le* plus atroce assassinat légal (M. 10.10.65). Chaque acte politique s'amorce sur le passé et *débouche sur l'avenir* (M. 12.12.69). Des études *débouchant sur des carrières* adaptées aux capacités de chacun (M. 2.10.69). Le marketing doit *déboucher sur des certitudes* commerciales (En. 1.2.69). La démarche de Mme A. *débouche sur une condamnation* du nazisme *(FL 1.12.66)*. La rencontre *débouchera-t-elle sur la convocation de grandes « assises de la démocratie »* (M. 26.3.63). La prolongation des troubles sociaux pourrait *déboucher sur une nouvelle « crise de mai »* (M. 12.1.69). Le travail patient qui doit *déboucher sur la définition* d'une plate-forme commune d'action (M. 31.12.67). La situation peut *déboucher sur une démocratisation* relative du régime *(O. 13.3.68)*.
L'impression que la résistance intérieure n'était qu'aventure et improvisation *débouchait sur un immense désordre* (M. 12.10.66). Cela nous ramènerait aux pires aventures qui *déboucheraient* probablement *sur la dictature* (M. 14.1.64). La tentative d'Althusser *débouche sur un nouveau dogmatisme* (G. Martinet, 68). « Le Manège espagnol » (roman) n'est pas toujours sombre et *débouche* finalement *sur l'espoir* (M. 21.12.60). Un langage qui *débouche sur le franglais* (VR 18.12.66). D'abord P. exige que ce soit une comédie, que les gens rient. Et tout d'un coup, on *débouche sur l'horrible* (M. 12.10.66). On risque fort de *déboucher sur des incohérences* et des anomalies qui frisent le gaspillage (En. 13.4.68). Tout en se demandant si l'auteur (d'un film) n'a pas atteint une limite au-delà de laquelle sa « méthode » et son style *déboucheraient sur le maniérisme* (M. 17.3.63). L'intrigue (du roman) *débouchait* inévitablement *sur ce mariage* (Mitterand, 64). Un athée matérialiste dans la tradition d'Épicure, sachant qu'une vie pleine et utile *débouchera sur une mort* chargée de sens *(E. 15.11.65)*. Les conversations pourront *déboucher sur des négociations* *(O. 30.4.68)*. L'auteur *débouche sur la notion* de non-anxiété (VR 1.2.70). P. de V. dont la passion pour les randonnées (à bicyclette) *déboucha sur une philosophie* naturiste (M. 1.9.65).
Les conversations à propos de l'élection présidentielle *débouchaient* avec une régularité intéressante non seulement *sur les problèmes* de politique intérieure, mais aussi sur le contrôle des naissances *(O. 20.10.65)*. Il faut que l'enseignement soit vivant, concret et « *débouche » sur le réel* (PM 25.10.69). Là où la lutte pour l'indépendance a *débouché sur une révolution* sociale plus ou moins profonde (M. 27.4.63). Multiplication d'examens supplémentaires qui, à la déception réciproque du médecin et de son malade, ne *débouchent sur rien* (FL 22.9.66). Un correctif indispensable de la technologie pour ne pas *déboucher sur une société* déshumanisée (M. 11.1.68). C'est *sur une technocratie* que *débouchent* ces travaux (économétriques) (M. 26.10.54). L'analyse politique *débouchait sur une théorie* de la méchanceté humaine *(Freund, 65)*.

∞ Comme l'État était faible, le chômage et l'affaiblissement du niveau de vie ne pouvaient *déboucher que sur le désordre* (P. 26.5.75). Le jeu de la libre concurrence finit par *déboucher sur une situation* anarchique (dans les transports) *(O. 13.10.75)*. Faire *déboucher* la contestation *sur des solutions* constructives (M. 21.1.76).
La vision du futur *débouche sur une société* post-industrielle apaisée (M. 26.5.78). Chacune des nouvelles de S. *débouche* finalement *sur quelque chose* de très drôle (M. 21.7.78). Après deux mois de pourparlers, nous *débouchons sur un texte* qui n'offre aucune garantie nouvelle *(E. 24.7.78)*. On voit mal comment la réunion pourrait *déboucher sur un accord* (C. 12.8.78).

DÉBOUSSOLAGE sm. Fig. ■ Action de *déboussoler** ; son résultat.

(Les jeunes hippies) viennent de familles séparées — parents divorcés ; on leur fait des cadeaux, on leur donne de l'argent, mais il y a une espèce de *déboussolage* à la base *(O.R.T.F. 24.10.70)*.

DÉBOUSSOLANT, E adj. Fam. ■ Qui *déboussole**.

Étrange époque, *déboussolante* époque, qui cherche des bouées, des points d'ancrage pour s'armer contre l'angoisse *(C. 30.9.70)*.

DÉBOUSSOLER v. tr. Fig. Fam. (De la locution familière *perdre la boussole*, perdre la tête, s'affoler, perdre la raison). ■ Déconcerter, décontenancer ou déséquilibrer.

Embarqué dans un procès kafkaïen, il ne se laisse pas *déboussoler*. On le bat, on l'humilie,

DÉBOUSSOLER 136

on le torture ou le drogue, on le tente. Le Juif refuse tout et ne veut que justice *(E. 4.12.67)*.

● Participe passé et adj.

G. (un cinéaste), pour franchir une censure *déboussolée*, doit amputer un de ses films des images qu'il avait photographiées dans la publicité d'un magazine des familles ! *(E. 1.9.69)*.

DÉBRAYAGE [debrɛjaʒ] sm. Fig. ■ Cessation momentanée, collective et concertée, du travail.

Les militants vont essayer de fomenter des grèves ou de simples *débrayages* *(Saint Pierre, 70)*. Chez M., des *débrayages* provoquent le chômage technique *(E. 16.10.72)*. La journée d'action organisée par la C.G.T. et la C.F.D.T. a été marquée par de nombreux arrêts de travail (...) D'autres *débrayages* ont eu lieu chez les dockers *(M. 4.12.75)*.

DÉBRAYER DE... [debrɛje] v. intr. Fig. ■ Cesser d'être en contact avec...

Les vieillards sont les seuls qui (...) parlent le même langage que les enfants, car ils ont *débrayé de* la réalité, et les enfants (...) n'ont pas encore embrayé sur elle *(Cesbron, 77a)*.
→ EMBRAYER.

DÉBROUSSAILLER v. tr. Fig. ■ Éclaircir, élucider (une affaire compliquée, embrouillée, une question complexe).

Débroussailler une intrigue très complexe *(M. 16.2.65)*.

DÉBUDGÉTISATION sf. Écon. Pol. ■ Action de *débudgétiser**, son résultat.

« *Débudgétisation* » de certains investissements publics *(M. 14.8.64)*. Le sénateur constate une « *débudgétisation* » de crédits pour les adductions d'eau, l'électrification, la voirie rurale *(M. 14.11.65)*. M. C. souligne l'hypocrisie de la politique de « *débudgétisation* » et rappelle les propos d'un ministre qui affirmait que l'État s'était contenté de « décentraliser le déficit » du budget *(M. 21.4.66)*. La *débudgétisation*, a répliqué le secrétaire d'État, n'est pas un artifice de présentation mais une amélioration des circuits de financement *(F. 15.12.66)*. La tendance générale à la *débudgétisation* des investissements *(M. 14.1.67)*.

DÉBUDGÉTISER v. tr. Écon. Pol. ■ Ne plus inscrire dans le budget de l'État une dépense qui, jusque-là, y figurait, et que l'on préfère financer par d'autres moyens.

M.L.T. dresse le bilan des dépenses qui ont été « *débudgétisées* ». Il souligne que certaines catégories de sommes *débudgétisées* n'ont fait que « glisser des caisses de l'État dans d'autres caisses publiques ». *(M. 15.12.66)*. « *Débudgétiser* » les Télécommunications *(E. 23.2.70)*.

DÉCAGÉNAIRE s. et adj. D'après *quadragénaire, sexagénaire*, etc. ■ Jeune fille, jeune garçon entre 10 et 19 ans. (Traduction approximative de l'anglicisme *teenager**).

● Subst.

Le succès de l'émission « Salut les copains » est immense chez les *décagénaires* : comment traduire teen-agers ? *(M. 6.7.63)*.

● Adj.

Ce héros « *décagénaire* » (du film) « Hitler, connais pas », ces copains dévoreurs d'idoles de leur âge, nous les connaissons moins... qu'ils ne connaissent Hitler *(M. 24.7.63)*.

DÉCALAGE sm. Fig. Mot du XIXe s., répandu au milieu du XXe s. ■ Différence, écart, manque de concordance entre plusieurs choses, notamment dans le domaine politique.

Décalage entre la mentalité de la masse et les objectifs que le marxisme assigne aux gouvernants *(Burdeau, 56)*. Le *décalage* psychologique qui sépare les images que les peuples possèdent les uns des autres, les mirages qui les empêchent de se voir tels qu'ils sont et de se comprendre *(M. 9.1.58)*. Un réel *décalage* entre la position modérée adoptée par les dirigeants, et l'indignation croissante de l'opinion publique *(E. 17.5.65)*. Dans toute action politique, il y a un *décalage* fatal entre ce qu'on voudrait, ce qu'on dit, ce qu'on fait et ce qui arrive *(M. 28.7.65)*. Ce « *décalage* » entre le droit pénal et les données scientifiques de l'homme *(M. 7.1.66)*. *Décalage* entre la contestation étudiante et la contestation ouvrière *(J. Sauvageot, 68)*. *Décalage* entre la politique du (chef de l'État) et le sentiment populaire *(O. 14.2.68)*. *Décalage* entre l'idée que patrons et cadres ont de leur fonction respective *(En. 15.3.69)*.

DÉCANAL, E adj. ■ Qui concerne le doyen d'une faculté ou qui émane de lui.

Un *arrêté décanal* *(M. 12.10.68)*. Nous (trois professeurs) nous sommes ainsi substitués à l'*autorité décanale* mais seulement en tant qu'il s'agissait d'organiser et de faire fonctionner le service des examens *(M. 29.6.68)*.

DÉCATHLONIEN sm. Sport : athlète qui pratique les dix disciplines du décathlon.

R. B. ex-champion de France de triple saut, lanceur de disque et *décathlonien* *(E. 29.9.69)*.

DÉCIDEUR

DÉCÉLÉRATION sf. ■ Accélération négative. Réduction de la vitesse, ralentissement d'un véhicule.

Ce petit instrument, fixé par des ventouses sur le pare-brise (d'une automobile) est destiné à mesurer la *décélération*, d'où son nom de décéléromètre *(M. 16.11.54)*. Lorsque Apollo 8 regagnera la Terre, il pénétrera dans l'atmosphère à la vitesse de 40 000 km/h. La *décélération* qui en résultera n'a jamais été supportée par aucun homme *(C. 22.11.68)*.

● Fig. Ralentissement d'une activité, d'une évolution.

La qualité de la vie suppose un équilibre harmonieux de périodes de *décélération (M. 3.9.77)*. L'activité économique reprendra-t-elle en Europe occidentale et au Japon ? (...) Mais beaucoup prévoient une *décélération* du rythme de croissance américain *(M. 22.7.78)*.

DÉCÉLÉROMÈTRE sm. (De *décélér(er)* et-*mètre*). ■ Appareil qui mesure la *décélération** d'un mobile (véhicule, etc.) en cours de ralentissement.

Ce petit instrument, fixé par des ventouses sur le pare-brise, est destiné à mesurer la décélération, d'où son nom de *décéléromètre (M. 16.11.54)*.

DÉCENNIE [desɛni] ou [desni] sf. Période de dix ans.

Rem. 1. Longtemps cantonné dans la langue soutenue, ce mot semble se répandre depuis quelques années, du moins dans la presse et à la radio, peut-être sous l'influence de certains grammairiens qui ont préconisé de l'utiliser de préférence à *décade*, employé abusivement, selon eux, dans ce sens.

Rem. 2. Il est préférable de ne pas prendre « décade » comme on le fait couramment aujourd'hui, au sens de dix années. Pour éviter (l'équivoque avec le sens de « dix jours ») pourquoi ne pas emprunter le terme *décennie*, très correctement formé et très clair, à l'administration des Eaux et Forêts *(Georgin, 53)*. Le mot « décennie » qu'enregistre la dernière édition du Petit Larousse a sur « décade » l'avantage de contenir le mot « année ». C'est un latinisme calqué sur « décennium » qui semble s'être introduit chez nous par l'intermédiaire du langage des forestiers *(Mars : C. 29.10.61)*.

♦ Aucun hôtel de classe internationale n'a été construit à Paris depuis des *décennies (E. 18.10.65)*. Une *décennie* d'intoxication et de propagande *(M. 22.10.67)*. La progression du transport aérien au cours de la *décennie* écoulée a surpris toutes les autorités *(Air 13.6.70)*. Dans les dernières *décennies* de ce siècle *(C. 27.9.70)*. La tolérance qui constitue, depuis des *décennies*, la loi non écrite de la vie à l'école (Normale supérieure) (...) *(E. 12.4.71)*. Pendant la dernière *décennie*, on construisait à peine 150 km d'autoroutes par an *(M. 30.5.74)*.

DÉCENTRALISÉ, E part. passé/adj. et subst. Spéc. À propos de membres d'une administration, d'une entreprise qui ont accepté de quitter Paris pour habiter et travailler en province.

● Adj.

On peut citer le cas d'une épouse « *décentralisée* » qui exerce comme assistante de faculté à Brest *(M. 24.1.68)*.

● Subst.

L'un des quatre cent cinquante « *décentralisés* » de l'usine I.B.M. de Montpellier *(M. 11.1.67)*. Ce qu'apprécient par-dessus tout les « *décentralisés* » c'est d'abord le contact avec la nature (...) Les « *décentralisés* » ne semblent guère avoir cherché à reconstituer une société entre eux *(M. 24.1.68)*. Mais, disent parfois les habitants des régions où arrivent les nouvelles venues, nous avons le sentiment d'être un peu envahis par tous ces Parisiens, ces « *décentralisés* » *(FP 5.70)*.

DÉCENTRALISER (SE) v. réfl. Spéc. À propos d'une administration, d'une entreprise parisiennes : s'installer ou installer des services, des succursales dans la banlieue de Paris ou en province.

C'est la première fois que des Grands Magasins *se décentralisent* et ouvrent une succursale en banlieue *(PM 23.3.68)*.

DÉCHETS RADIOACTIFS sm. plur. Substances radioactives inutilisables, mais dangereuses, qui s'accumulent notamment dans les réacteurs nucléaires comme résidus de combustion.

Sous la pelouse et le garage (d'une villa) gisaient depuis des années des *déchets radioactifs* (...) Autrefois, un atelier qui fabriquait là des aiguilles de radium déversait une partie de ses *déchets radioactifs* dans ce terrain *(M. 18.3.75)*.
C'est dans une usine de retraitement que sont envoyés les barreaux d'uranium irradiés, une fois qu'on les a retirés du cœur des réacteurs nucléaires. Il reste dans ces barreaux de l'uranium enrichi, du plutonium et des *déchets radioactifs* qu'il faut extraire et séparer. Ces *déchets* seront entreposés dans des sites surveillés *(C. 26.8.78)*.

DÉCHIRANTE (RÉVISION)
→ RÉVISION DÉCHIRANTE.

DÉCIDEUR sm. et adj. ~ 1969 (De *décider*, peut-être d'après l'angl. *decider*).

● Sm. Pol. Personne ou organisme qui a un pouvoir de décision.

Le courant autogestionnaire aux États-Unis ne vise pas à changer les « *décideurs* », mais à contrôler les décisions pour obliger éventuellement les « *décideurs* » à en changer *(E. 10.9.73)*. Une race de chefs : directeurs, concepteurs, « *décideurs* » ; les énarques sont modelés pour commander *(P. 21.5.74)*. Aider les *décideurs* à faire les bons choix pour la collectivité *(M. 31.5.78)*.

● **Adj. ou apposition.**
Dans le monde dur des affaires, on envie les technocrates *décideurs* (O. 24.9.73).

DÉCILE sm. (cf. lat. *decem*). Chacun des dix sous-ensembles, d'effectif égal, qui composent un ensemble statistique.
Si l'on fractionne en dix groupes de même effectif des ménages classés au préalable selon le montant de leur patrimoine (...) le premier *décile* correspond au montant au-dessus duquel 10 % seulement de la population se situent ; le neuvième *décile*, en dessous duquel il y a 10 % seulement de la population (M. 9.5.78).

DÉCIMALISATION sf. ■ Action de *décimaliser** ; son résultat.
Les conséquences de la *décimalisation* de la livre en Grande-Bretagne vont être examinées par un organisme (F. 3.2.67). Le chemin vers la *décimalisation* n'est pas semé de roses. Les autorités ont dû dédaigner l'attachement du peuple britannique à ses florins et ses demi-couronnes (M. 6.11.69). Cette révolution sans précédent dans les mœurs britanniques, la *décimalisation* de la monnaie (M. 9.2.71).

DÉCIMALISER v. tr. ■ Appliquer le système décimal à une mesure.
La décision de principe de *décimaliser* (la monnaie britannique) était annoncée (...) ; au moins 50 à 75 % du commerce (en Angleterre) seront *décimalisés* dès lundi (M. 9.2.71).

● **Participe passé et adjectif.**
Il a fallu frapper une pièce supplémentaire d'un demi-penny et ajouter à la monnaie *décimalisée* une fraction, puisque le demi-penny est exprimé par 1/2 p. On ôte ainsi au système décimal une partie de sa simplicité (M. 9.2.71).

DÉCISIONNEL, LE adj. ~ 1969. Relatif aux décisions.
Si le président de la République, en conflit avec une Assemblée hostile, était amené à se soumettre ou à se démettre, l'État y perdrait le bénéfice du système *décisionnel* mis en place en 1962 (M. 20.6.74).

DÉCLÉRICALISATION sf. Religion. ■ Action de *déclérical iser** ; son résultat.
Ces communautés (religieuses) prennent naissance à partir des communautés naturelles. Elles s'engagent « de bas en haut » dans la voie de la *déclérical isation* et de la décentralisation (M. 22.2.69).

DÉCLÉRICALISER v. tr. Religion. ■ Faire assurer, diriger, organiser par des laïcs tous les services (d'une paroisse, d'un organisme) qui ne sont pas directement du ressort du clergé.
En 1961 huit évêques ont condamné la décision du Saint-Synode de *« déclérical iser »* les paroisses (M. 7.4.66). Le recteur s'occupe à *déclérical iser* tout ce qui ne relève pas des attributions de la hiérarchie (TC 8.5.68). Certains catholiques veulent déconfessionnaliser, voire *« déclérical iser »* l'enseignement libre (PM 31.5.69).

DÉCLOCHARDISATION sf. ■ Politique qui a pour but de diminuer le nombre des clochards, de donner du travail aux chômeurs.
Procéder par le plan de Constantine à ce qui importe le plus, à une vaste *« déclochardisation »* de l'Algérie ? N'est-ce pas cela la véritable intégration ? (de Gaulle, déclaration à « L'Écho d'Oran », avril 1959 ; cité par F. 2.5.59).
→ CLOCHARDISATION.

DÉCLOISONNEMENT sm. Fig. Action de *décloisonner** ; son résultat.
Le progrès de l'esprit est souvent dans le *décloisonnement*. Le physicien a besoin du mathématicien qui est en liaison avec le biologiste ou l'inverse, ou l'économiste. L'ère du savant solitaire est close. La plupart des travaux se réalisent en groupe (Armand et Drancourt, 63). M. le doyen T. vient de se déclarer partisan d'un abaissement des barrières qui séparent en France les diverses facultés. Mais ce *« décloisonnement »* risque fort de demeurer illusoire (M. 30.6.66). Le développement d'un marché européen des capitaux passe par deux conditions ; le *décloisonnement* des marchés nationaux ; des rajustements techniques (F. 20.1.67). Il s'agit de faire sauter les cloisons étanches (entre divers établissements). Car l'un des maîtres mots des contestataires est celui de *décloisonnement* : on va sortir l'enseignement agricole de son « ghetto » et établir des liaisons avec les autres disciplines (M. 15.6.68). Une tentative de *« décloisonnement »* entre la culture et la distraction. Le compartimentage qui sépare France-Inter, France-Culture et France-Musique va-t-il disparaître ? (F. 4.2.71).
Le développement des échanges de chercheurs entre le C.N.R.S. et les laboratoires des grandes écoles amorcerait un certain *« décloisonnement »* (M. 15.6.74). Grâce au *« décloisonnement »* des activités, le Centre Pompidou devait mettre fin à l'ère des temples culturels (M. 5.1.78).
→ CLOISONNEMENT.

DÉCLOISONNER v. tr. Fig. ■ Supprimer des « cloisons » administratives ou psychologiques qui entravent les échanges entre des disciplines intellectuelles, des organismes, des pays, etc.
Il faut *décloisonner* l'Université et créer des départements (M. 17.5.66). La commission demande que les corps des fonctionnaires soient tout à la fois *« décloisonnés »* et « unifiés » (M. 30.8.69).
→ CLOISONNER.

DÉCODAGE sm. Linguistique. ~ 1960. ■ Fait de comprendre (un code, un texte, un mot).

L'usager moyennement cultivé maîtrise peut-être 1/10 du lexique total — encodage et *décodage*, — et même en envisageant seulement le *décodage* chez l'usager le plus cultivé, on est encore très loin de l'exhaustivité *(Rey-Debove : Langages 9.70)*. (Il arrive que) lors de la compréhension d'énoncés, l'élève opère un mauvais *décodage* sémantique, en prêtant à une unité lexicale du message le sens d'un terme plus ou moins équivalent de sa langue maternelle. Ex. : l'élève (italien) entend « mon frère est plus petit que moi » et décode « mon frère est plus jeune que moi », car il prête à « petit », le sens qu'aurait « piccolo » dans ce type d'énoncé *(F. mon. 6.71)*.

DÉCOLLAGE sm. Fig. Écon. ■ Fait de *décoller**.

Après la victoire (du Japon) dans la guerre russo-japonaise (1904-1905) c'est vraiment le « *décollage* », le take-off, selon l'expression des économistes américains d'aujourd'hui *(Guillain, 69)*. La région du Bas-Rhône vient d'amorcer son *décollage* économique *(En. 27.6.70)*.
À terme, l'équilibre et la prospérité du monde développé passe par le *décollage* du quart-monde *(M. 26.9.74)*. Une centrale nucléaire, ce serait pour cette région la possibilité d'un *décollage* économique *(E. 16.12.74)*. Ce contrat marquera le vrai « *décollage* » des ventes et assurera la rentabilité du programme Airbus *(E. 27.3.78)*. L'économie italienne avait connu, au cours des années 60, un *décollage* brillant *(E. 1.5.78)*.

● Par ext. Début d'un essor, d'une expansion, d'une vogue.

On attend toujours le *décollage* des stations de « ski social » *(O. 23.12.72)*. Dix ans après le *décollage* du ski et de la voile, c'est maintenant la vogue de l'équitation *(P. 9.12.74)*.

DÉCOLLER Fig. (D'après l'emploi dans le vocabulaire de l'aviation).
Décoller + O (sans complément).

● Écon. Entrer dans la voie du développement, de l'expansion.

Depuis 1959, la production a augmenté en Afrique noire de 1,7 %, alors que la population augmentait de 2,5 %. La situation a donc empiré. Cela est grave. Que faudrait-il pour que l'Afrique « *décolle* » ? *(FL 23.6.66)*. La technologie l'a emporté sur la routine et, après un temps mort, la production a *décollé* : + 8,5 % cette année et + 9 % pour les exportations *(E. 6.10.69)*.
Vers 1750, tout change. Sous la poussée des techniques, l'économie *décolle* *(E. 3.1.72)*. L'effort accompli semble formidable, sans que l'observateur puisse dire si, oui ou non, l'Inde *décolle* *(E. 12.2.73)*. Il a fallu attendre 1969 pour que l'affaire du couturier *décolle* vraiment *(P. 1.7.74)*. Les pays producteurs de pétrole veulent aider le « tiers monde » à *décoller* *(E. 20.1.75)*.

● Dans d'autres domaines. Accélérer soudain sa progression, prendre son essor.

Si la télévision en couleurs ne « *décolle pas* » c'est que l'O.R.T.F. n'organise pas sa promotion *(E. 16.3.70)*.
Le parti socialiste est (...) en train de *décoller*, il va devenir le plus fort des partis de gauche *(F. 8.2.73)*. Pourquoi la science moderne a-t-elle *décollé* de façon si soudaine au moment de la Renaissance ? *(E. 3.9.73)*. L'audience du film fantastique s'élargit, son prestige *décolle* *(E. 4.2.74)*.

● Plus rarement, avec pour sujet un nom de personne.

Les sondages témoignent du prestige du ministre des Finances face à un Premier ministre qui, lui, ne *décolle* pas *(E. 4.3.74)*.

Rem. L'antonyme est *plafonner**.

Décoller de (la réalité) v. intr. Quitter le domaine du réel pour celui de la fiction.

L'idéalisme des jeunes *décolle de la réalité* *(C. 8.11.69)*. Ce qui fait la supériorité du roman populaire, ce sont justement ces péripéties un peu folles qui *décollent de la réalité* *(Mallet-Joris, 70)*.

DÉCOLONISATION sf. Avant 1957. ■ Processus par lequel un pays, jusque-là colonisé, accède à l'indépendance. — Cette indépendance elle-même.

La façon brutale et cynique dont le général de Gaulle a posé le problème était peut-être nécessaire pour établir définitivement que la France est décidée à une *décolonisation* totale *(M. 15.4.61)*. Les Britanniques ont réussi la *décolonisation* *(F. 8.8.61)*.

● Par ext. Suppression de certaines contraintes, de certains obstacles au développement, au progrès.

Ce qu'attendent les Français, ce n'est pas une série de concessions particulières, localisées, mais un plan de *décolonisation* intérieure qui les place en face des problèmes réels et nouveaux du monde d'aujourd'hui *(M. 28.5.68)*. Une bonne administration est le contraire d'une administration tatillonne, lente et tracassière. Il faut « désadministrer » l'administration. Cette véritable *décolonisation* administrative doit se faire avec la participation active des cadres et des fonctionnaires *(En. 21.2.70)*.
→ AFRICANISER.

DÉCOMPLEXÉ, E adj. ■ Libre de complexes, de préjugés. Détendu, insouciant.

L'automobiliste américain est totalement *décomplexé* *(A.A.T. 10.69)*. Le genre « mon pote », alerte, *décomplexé* (à la télévision) *(E. 30.11.64)*.
Du côté du pouvoir, le ton est plus assuré. Le ministre des Finances a tenu devant les chefs d'entreprise le rude langage d'un ministre *décomplexé* *(P. 1.7.74)*.
→ DÉCONTRACTÉ, E.

DÉCOMPLEXER

DÉCOMPLEXER v. tr. ■ Libérer quelqu'un de ses *complexes** (d'infériorité), de ses doutes ou inquiétudes quant à sa propre valeur.

Notre succès nous (les responsables d'une chaîne de radiodiffusion) a *décomplexés* (E. 17.10.66). En posant avec ses lunettes sur les affiches, en les gardant pour chanter. N. M. (Vedette) a achevé de *« décomplexer »* des millions de femmes (Fa. 3.4.68).
L'entraîneur a redonné confiance aux footballeurs de l'équipe de France (...) Bref, il les a *décomplexés* (E. 22.10.73).

DÉCONCENTRATION sf.

1. Écon. ■ Augmentation des libertés d'initiative ou de décision laissées aux exécutants, et réduction parallèle des pouvoirs jusqu'alors concentrés sur l'organisme de direction.

    Ces nouvelles techniques risquent de rétablir dans la presse les possibilités d'une *« déconcentration »* et d'une concurrence à laquelle les bénéficiaires de la concentration actuelle ne sont nullement favorables (Schwœbel, 68).

2. Réduction ou suppression d'une concentration de personnes jugée inopportune.

    La *déconcentration* des vacanciers pendant l'été pourrait être suscitée par des aménagements de tarifs : les voyages hors saison coûteraient moins cher (M. 27.9.75).

DÉCONCENTRER v. tr. ■ Lutter contre la concentration urbaine.

Orienter la croissance urbaine, harmoniser l'essor des zones de développement, *déconcentrer* les secteurs saturés (M. 23.4.66).

DÉCONDITIONNER v. tr. ■ Soustraire quelqu'un à une *mise en condition**.

Par la nudité, les cris (dans une pièce de théâtre), les provocations il est question de *« déconditionner »* le badaud à tout prix (M. 25.4.69). On peut les (les *élèves*) *déconditionner* à l'échec en maths (R. 2.70). Les drogues anti-tabac restent souvent inefficaces. Il faudrait pouvoir *déconditionner* l'intoxiqué (En. 16.5.70). *Déconditionner* l'opinion américaine (O. 7.2.68).

DÉCONFESSIONNALISATION sf. Action de *déconfessionnaliser**.

Faire réfléchir les adhérents sur le sens de cette *« déconfessionnalisation »* (M. 3.12.64). Le congrès extraordinaire de novembre 1964 vit la majorité de l'ancienne Confédération française des travailleurs chrétiens opter pour la *« déconfessionnalisation »* (F. 10.1.67).
Les militants de la C.F.D.T. restent en majorité des chrétiens qui, après la *déconfessionnalisation*, ont souffert de ne plus avoir de dogme (E. 22.2.71). Objectif pour la C.F.D.T. : redevenir un syndicat. *Déconfessionnalisation* en 1964, socialisme en 1970, ça suffit pour la doctrine (Exp. 6.73).

DÉCONFESSIONNALISER v. tr. et réfléchi.

● V. trans. (Dans un organisme, une institution). ■ Réduire ou supprimer les attaches, la référence à une confession religieuse.

Évoquant la laïcisation de la C.F.D.T., le leader F.O. se demande si elle est (vraiment) *« déconfessionnalisée »* (M. 13.4.66). L'Église a décidé de *« déconfessionnaliser »* ses institutions (E. 13.1.69).

● V. réfl.

La gauche devient majoritaire à la C.F.T.C. et celle-ci se *déconfessionnalise* en prenant le nouveau sigle de C.F.D.T. (G. Martinet, 68).

DÉCONGESTION ou DÉCONGESTIONNEMENT sf. ou sm. Fig. Action de *décongestionner** ; son résultat.

Un crédit pour l'exécution d'un plan de *décongestion de la circulation* dans les centres urbains (M. 24.7.66). Une opération dite de *décongestion de la ville* a été mise au point à P. par un comité pour l'étalement des horaires. Le but de cette expérience est de trouver une solution aux embouteillages qui paralysent le trafic dans le centre de la ville (M. 8.1.65).
Une politique d'aménagement du territoire et de *« décongestionnement » de la région* parisienne (M. 17.6.65).

DÉCONGESTIONNER v. tr. Fig. ■ Réduire ou supprimer les causes d'encombrement dans une ville, sur une route, etc. Diminuer (dans une ville, une région), la densité jugée excessive, des industries, services, etc.

Décongestionner les aéroports actuels en donnant de nouveaux points d'atterrissage aux avions légers d'affaires et aux hélicoptères (E. 22.1.68).

DÉCONNECTER v. tr. Fig. ■ Séparer.

Peut-on, sous prétexte de sauver la conception classique de l'humanisme continuer à envisager l'enseignement en lui-même et le *déconnecter* du monde environnant où l'on a à gagner sa vie ? (M. 17.12.68).
Ce médicament apaise les schizophrènes, les agités, il engourdit leur sensibilité (...) Il les *déconnecte* du monde qui les a agressés (E. 17.9.73).

DÉCONNEXION sf. Fig. Action de *déconnecter** ; son résultat.

Agir sur les taux d'intérêt a pour effet « d'affaiblir les liens entre les conditions d'accès au crédit à l'intérieur et les flux internationaux de capitaux ». Cette *déconnexion* est dangereuse (M. 19.6.66).

DÉCONTAMINATION sf. Lexique militaire : action de *décontaminer** ; son résultat.

Le premier blindé français a être muni d'un dispositif de *décontamination* en ambiance nucléaire *(M. 29.7.66)*. Ce qu'on appelait autrefois la « défense passive » : protection contre les bombardements aériens, sauvetages, (...) *décontamination* après un éventuel bombardement atomique *(E. 24.4.67)*.

La villa est en cours de *décontamination*. Sous la pelouse et le garage gisaient (...) des déchets radioactifs *(M. 18.3.75)*. La photo montre le Centre de *décontamination* atomique de l'usine de L. *(C. 25.8.78)*.

DÉCONTAMINER v. tr. ■ Assainir un lieu, un objet contaminés par des radiations atomiques, des pollutions d'origine industrielle, etc.

Un programme pour *« décontaminer »* l'atmosphère (désulfurisation du pétrole) *(Guillain, 69)*. Régions *« décontaminées »* *(E. 15.4.68)*.

Autrefois, un atelier qui fabriquait là des aiguilles de radium déversait une partie de ses déchets radioactifs dans ce terrain. Rien ne fut entrepris pour le *décontaminer*, car le devis était élevé *(M. 18.3.75)*.

DÉCONTRACTÉ, E adj. et adv. Fam. ~ 1950 (Par emprunt au vocab. de l'éducation physique).

Emploi adjectif

● Avec un nom de personne : à l'aise, heureux de vivre, insouciant, sûr de soi, etc.

Désembourgeoisées, *décontractées*, décompliquées, les femmes se sont « redécouvertes » dans ces couleurs claires, ces vêtements nets, cette démarche assurée *(El. 2.9.65)*. Les défenseurs (d'une équipe de football) parurent moins *décontractés* que d'ordinaire *(F. 3.12.66)*. Il a trente-sept ans. Il est svelte, sympathique, *décontracté (Cs. 2.69)*.

La clientèle n'est pas riche, mais jeune et *décontractée (E. 13.3.72)*. Les jeunes députés, *décontractés* et turbulents, mènent grand tapage au Palais-Bourbon *(E. 25.6.73)*. J'étais en tenue de touriste *décontracté*, pantalon de toile et chemisette *(Riou, 74)*.

La cascadeuse doit être une fille calme, *décontractée (Fr. Inf. 4.78)*.

→ DÉCOMPLEXÉ, E.

● Avec un nom de chose ou d'abstraction : détendu, naturel, sans cérémonie, sans raideur.

○ L'ellipse, le saugrenu et l'espèce d'*absurdisme* « *décontracté* » dont s'alimentent nos rires imprègnent (le film) en profondeur *(M. 24.9.66)*. Quant aux hommes, il faut d'abord les mettre en confiance avant de les entendre proférer : « À propos, docteur... », d'un *air* faussement *décontracté (E. 29.8.66)*. Cet Américain bon enfant, affable, d'*allure* simple et *décontractée (M. 25.9.65)*. On pensait que (cet entretien entre deux hommes d'État) se déroulerait dans une *atmosphère* très « *décontractée* » *(M. 8.4.67)*. Des *magazines* (radiophoniques) qui, par leur ton et leur style se veulent didactiques et *décontractés (M. 24.6.64)*. Tout ici (dans un film) tient dans la *manière* habile et « *décontractée* » d'utiliser une idée, de conduire vivement l'intrigue *(M. 10.5.64)*. Un (acteur de cinéma) éblouissant de *nonchalance décontractée* et de préciosité efficace *(C. 9.6.64)*. Rien de plus « *décontracté* », de plus amusant, de plus satirique que ces *pages* qu'on lit d'un bout à l'autre avec ravissement *(FL 1.12.66)*. La jeunesse américaine accueille comme une bouffée d'oxygène le *romantisme décontracté*, sans technique ni finalité d'un film) *(E. 22.1.68)*. On s'est empressé de troquer les vêtements lourds et mouillés contre une *tenue* « *décontractée* » *(FP 5.69)*. À mesure que la voiture approchait de l'aéroport, le *ton* jusqu'alors *décontracté* allait changer, devenir plus sec, plus nerveux *(Halley, 69)*. Toute susceptibilité trahit une faiblesse. La véritable supériorité a un *visage décontracté (M. 10.7.55)*.

∞ Une politique moins soupçonneuse, un langage plus direct : oui, il pourra y avoir un *style* plus *décontracté*, au sens exact du terme (...) Pour lutter contre le danger inflationniste, une *politique* économique *décontractée* ne suffira pas. Il faudra dire des vérités s'accommodant mal du sourire *(M. 4.6.74)*. Des passants en quête d'une *mode* « *décontractée* » et d'un artisanat plus ou moins exotique *(M. 7.2.76)*. T. habille les jeunes dans un *style décontracté* et moderne *(M. 29.3.78)*.

Emploi adverbial

Naguère, ils ne pouvaient pas supporter le « négligé ». Maintenant ils s'habillent « *décontracté* », en col roulé et même en jean *(P. 14.10.74)*.

DÉCONTRACTER (SE) v. réfléchi. ~ 1950. Répandu peut-être par la formule « décontractez-vous » employée par les professeurs de danse, d'éducation physique, les masseurs, etc. ■ Relâcher consciemment ses muscles. — Par extension : parvenir au relâchement conscient d'une tension intellectuelle, nerveuse, etc.

Elle trouvait le moyen de faire du charme à toute personne susceptible d'être utile à son mari. Devant les autres, elle *se décontractait (Escarpit, 64)*. Les participants (à une émission télévisée) arrivent une bonne heure avant que l'on prenne l'antenne ; l'équipe les prend en charge : on bavarde, on essaie de *se décontracter (FP 10.70)*.

DÉCONTRACTION sf. Fig. ■ Aisance, naturel, souplesse. Parfois péjoratif pour : excès de désinvolture, négligence, sans-gêne.

(Les interprètes d'un film) se montrent admirables de verve, de faconde, de *décontraction (C. 23.5.64)*. Si la commission avait lancé sa bombe « politique » après la conclusion du règlement agricole, c'est avec beaucoup plus de *décontraction* que Paris aurait alors abordé le débat *(M. 22.7.65)*. On doit reprocher (aux organisateurs d'un festival) un laisser-aller « pagailleur », cause de bien des ennuis. Si la *décontraction* a ses charmes, elle présente en effet de sérieux revers lorsqu'elle est érigée en système *(M. 24.9.66)*. Dans le film de G. L., le ton du récit est celui de la « *décontraction* » totale. Il s'agit avant tout de ne pas se prendre au sérieux *(M. 27.12.66)*. Une maîtrise technique qui trahit le vieux

routier capable de faire un film de même style et dans les mêmes conditions que ses jeunes confrères, mais refusant de faire prendre pour de la « *décontraction* » voulue ce qui n'est que laisser-aller, impuissance et bâclé *(ST 27.1.68)*.
Dans ce monde de conventions, de contraintes, il apporte la spontanéité, la *décontraction*, le naturel *(E. 3.1.72)*. Elle avait organisé sa vie en prison, ne faisant jamais un drame de rien. Sa *décontraction* semblait inentamable *(Gérard, 74)*.

DÉCOTE sf. Économie : évaluation (d'une monnaie, d'une valeur boursière) inférieure au cours officiel ou à un cours précédent.

Le cours actuel (d'une valeur) fait apparaître encore une *décote* assez élevée *(M. 16.11.69)*.
À Genève, les banques achetaient du franc français au cours officiel, renonçant à la *décote* qu'elles lui faisaient subir depuis la dévaluation *(E. 30.3.70)*.

DÉCOUPAGE sm. Fig. ■ Division, répartition.

Le central (téléphonique) inauguré à la mi-janvier, nécessitera un nouveau « *découpage* » de la ville, 2 500 abonnés devant changer de numéro *(F. 28.12.66)*. (Le ministre du Travail) est gêné par le « *découpage* » des attributions qui en fait un ministre du Travail sans la tutelle du secteur nationalisé *(M. 11.9.69)*.

DÉCRISPATION sf. Fig. 1975. Renonciation aux attitudes, écrits, discours polémiques (notamment dans la vie politique).

La *décrispation* souhaitée par le président de la République est-elle conciliable avec les diatribes du ministre de l'Intérieur contre l'opposition ? *(M. 28.10.75)*. On note, depuis dix ans, une « *décrispation* » de la profession *(M. 27.3.76)*.
Les journalistes ont demandé au chef de l'opposition si des signes de « *décrispation* » avaient été perceptibles pendant la conversation qu'il a eue avec le chef de l'État *(M. 7.7.78)*.

Rem. Le président de la République n'a pas tort de prêcher à la classe politique ce qu'il appelle la *décrispation*. Encore que le terme, néologisme ignoré des dictionnaires, ne soit pas tout à fait heureux : un négatif dont on voit mal le positif *(C. 8.11.75)*.

DÉCRISPER v. tr. 1974. ■ Détendre (une situation), rendre moins agressif (un comportement), moins polémiques (les déclarations publiques), etc.

Le premier changement que pourrait apporter le président de la République, ce serait de tenter de *décrisper* l'affrontement (entre la droite et la gauche) *(P. 21.5.74)*. M. Giscard d'Estaing s'est donné pour objectif de « *décrisper* » une situation politique trop tendue *(M. 28.10.75)*.
Le gouvernement déclare vouloir « *décrisper* » la nation en mettant la croissance économique au service de la justice *(M. 18.4.78)*.
→ DÉPASSIONNER.

DÉCROCHAGE sm. Fig. D'après l'emploi dans le vocabulaire militaire (mouvement de repli d'une troupe pour éviter le contact avec l'ennemi ou l'encerclement). — Parfois euphémisme pour : recul, repli, retraite.

1. Politique.
Les partisans (aux États-Unis) d'un « *décrochage* » sans histoire au Viêt-nam) *(M. 9.10.69)*.
→ DÉSENGAGEMENT.

2. Par extension : Fait d'éviter un adversaire, d'échapper à une difficulté, de sortir d'une situation critique, etc.
F. D. raconte les péripéties de ses multiples évasions. Il évoque son acharnement à s'évader, la technique du *décrochage*, l'incessante recherche des filières *(ST 20.1.68)*. Tout voyage Terre-Lune et retour comporte des phases délicates : l'atterrissage sur la surface lunaire, le *décrochage* de l'orbite lunaire *(M. 23.7.69)*.

3. Fait d'interrompre discrètement les relations avec quelqu'un, de cesser une activité.
Le *décrochage*. — Toujours maître de la diplomatie et de la défense, le Président de la République a cessé, maintenant, de s'intéresser aux autres secteurs. Il ne voit pour ainsi dire plus les « ministres techniciens » *(E. 21.9.64)*. Leur opération — à ceux qui voudraient « faire sauter cette soudure du parti communiste et du monde ouvrier » — serait ce qu'en termes militaires on nomme un « *décrochage* », et l'on ne décroche pas dans le tumulte, non plus qu'en annonçant la manœuvre par voie de haut-parleur *(Mounier, 66)*. Menace de *décrochage* économique (d'un gouvernement à l'encontre d'un pays étranger) *(E. 25.3.68)*.

4. Écon. Recul, baisse.
Après un léger *décrochage*, les ventes de matériel électroménager ont bien repris *(Exp. 12.77)*.

5. Rupture, déséquilibre.
Il observait, depuis quelques secondes, dans la voix de Béatrice, ce « *décrochage* » de ton qui indique le dérèglement de l'esprit *(Gascar, 63)*. Le déclin intellectuel (du vieillard) ne devient significatif que lorsqu'il se produit un *décrochage* trop important entre le potentiel et l'expérience, c'est-à-dire lorsque l'habileté à manier l'outil n'arrive plus à compenser son usure *(M. 4.10.67)*.

6. Radio ~1955. Opération par laquelle un émetteur recommence à diffuser ses propres émissions après avoir relayé celles d'un autre émetteur.
Les programmes réguliers de Radio (Andorre) comporteront chaque jour de nombreux relais de Radio-Monte-Carlo, avec *décrochage* en fin de matinée et au milieu de l'après-midi pour des émissions propres à la station andorrane *(M. 25.6.64)*. Un émetteur local qui « en *décrochage* », diffusera tous les jours les émissions de la chaîne *(ST 27.6.70)*.
→ ACCROCHAGE.

DÉCROCHER v. intr. et tr. Emplois figurés.

Décrocher (sans complément). D'après l'emploi dans le vocabulaire militaire (rompre le contact avec l'adversaire, se replier). Le sujet est le plus souvent un nom de personne ou de collectivité.

1. Abandonner (une activité, une compétition), cesser de s'intéresser à quelque chose, par découragement, lassitude, mécontentement ou tactique.

    Un maire de grande ville. (...) Des journées de 16, 18 heures, (...) Vers 14 heures, le dimanche; le maire de M. « *décroche* ». Il se rend libre *(M. 5.3.59)*. Le téléspectateur (américain) étant un client, le principe fondamental de tout programme est de n'offenser personne, de crainte qu'il ne « *décroche* » au bénéfice d'un autre réseau *(F. 19.9.62)*. Au début du film J. V. est un homme apparemment sans problème. Un jour, il découvre qu'il est « bien » tout seul. Incroyablement « bien ». C'est comme une porte entrebâillée sur un bonheur ineffable. Sans raison particulière, il a épousé sa petite amie. Mais ce mariage ne l'empêche pas de « *décrocher* » de plus en plus souvent, de refuser un univers auquel il se sent de plus en plus étranger *(M. 28.6.64)*. Le chef de l'État *décroche* peu à peu. Il est « désintéressé » *(E. 21.9.64)*. Vers la fin d'une longue journée de travail, on connaît souvent une baisse de régime. Et pourtant ce n'est pas le moment de « *décrocher* », *(F. 3.12.66)*. Sentir le public, le tenir, le rattraper au besoin s'il *décroche* (ST 4.1.69). Sauf dans certains cas très rares où il est exclu de « *décrocher* », l'homme ou la femme qui tiennent pour une catastrophe de s'arrêter quelques jours ont franchi un seuil dangereux *(E. 26.5.69)*. Si nous (les dirigeants d'une chaîne d'hôtels) nous sommes trompés sur une implantation (d'hôtel) nous analysons la situation et n'hésitons pas à *décrocher* immédiatement *(En. 29.11.69)*. Les gosses *décrochent* (en) sixième et (en) cinquième. Deux fois sur trois à cause de l'algèbre *(R. 2.70)*.
    Le professeur prend à part les élèves qui « *décrochent* », qui ne suivent pas le rythme *(E. 12.2.73)*. Les jeunes délinquants tièdes « *décrochent* » après leur première arrestation *(E. 3.9.73)*. La désaffection des enfants de militants chrétiens de l'égard de l'Église est frappante : dans tous les milieux, ils *décrochent* (Pa. 10.74). Le livre avance à un tel rythme que le lecteur « *décroche* » *(M. 7.5.76)*.
    Quand j'entends le premier mot d'un dragueur, je sors mon carnet, et je note tout ce qu'il me dit. Il ne comprend pas, et il *décroche* assez vite *(O. 12.6.78)*.

2. Spéc. Abandonner ses activités professionnelles, soit temporairement (fin de journée, week-end, vacances, etc.), soit définitivement.

    Vue de loin, la retraite apparaît comme un havre qu'on est pressé d'atteindre ; mais à mesure qu'on s'en approche, on voudrait reculer le plus possible le moment de « *décrocher* » *(M. 7.9.75)*. Tous les week-ends, je *décroche* pour m'occuper de ma maison de campagne *(E. 21.11.77)*. 18 h 45 : l'équipage de l'avion *décroche*, sa journée terminée *(E. 16.7.78)*.

3. Radio. À propos d'un émetteur : procéder à l'opération dite de *décrochage**.

    L'émetteur de Toulouse diffuse le programme « parisien » la majeure partie du temps, mais à certaines heures, il « *décroche* » pour remplacer une partie du programme « parisien » par certaines émissions spéciales à Toulouse *(BMS 7.54)*.

Décrocher de quelque chose (sujet nom de personne). Se détacher de, se séparer de ; abandonner, quitter (provisoirement ou définitivement).

Les Européens d'Algérie ont démontré qu'en fait, ils *décrochent* d'une métropole à la fois idéalisée et condamnée *(M. 18.6.58)*. C'est le seul milieu dans lequel M. M. se sente encore libre, à 61 ans, de *décrocher* complètement de ses activités habituelles *(E. 22.8.66)*.

Décrocher (quelque chose de quelque chose). Désolidariser, séparer deux choses.

Le franc marocain ne sera vraisemblablement pas « *décroché* » du franc français. Une solution transactionnelle maintiendrait la parité entre (les deux monnaies) *(M. 21.12.57)*. Les « pro-américains » veulent *décrocher* le dollar de l'or et lier le sort de toutes les monnaies à leur parité par rapport à la devise américaine *(O. 20.3.68)*. Apollo 8 devait se placer sur une orbite telle qu'il soit possible de l'en « *décrocher* » pour le remettre sur une trajectoire *(M. 25.12.68)*.
→ ACCROCHER.

DÉCULPABILISATION sf. Action de *déculpabiliser** ; son résultat.

Une méthode de régulation des naissances bien adaptée s'accompagne d'un effort de « *déculpabilisation* » de la part du couple *(M. 16.2.66)*. Un film des années 1950 qui se rattache à tout un courant de « réveil historique » et de « *déculpabilisation* » du cinéma d'Allemagne de l'Ouest *(M. 21.2.69)*.

DÉCULPABILISER v. tr. et réfléchi.

- Avec pour complément un nom de personne. ■ Libérer quelqu'un d'un sentiment de culpabilité.

    Nous (médecins) essayons de sécuriser et de *déculpabiliser* les jeunes *(E. 2.6.69)*.
    Cette fascination de la morbidité, ce besoin en même temps de *déculpabiliser* les responsables des pires horreurs (...) se font sentir en art comme en littérature, au cinéma comme au théâtre *(M. 18.4.74)*. Une association dont le but est de *déculpabiliser* les couples qui ne veulent pas avoir d'enfants *(P. 3.6.74)* ont le souci commun de *déculpabiliser* (...) une profession mal aimée (la police) *(E. 16.9.74)*.

- Avec pour complément un nom de chose. ■ Cesser de considérer comme coupable une action, une situation donnée.

    Cette loi sur l'avortement *déculpabilise* toute une série de situations qui sont considérées comme criminelles abstraitement. Nous voudrions *déculpabiliser* ces situations *(O.R.T.F. 20.6.70)*.
    Pour donner un foyer à davantage d'enfants très jeunes, il faut *déculpabiliser* l'abandon par la mère au profit d'un couple inconnu qui adoptera l'enfant *(E. 4.2.74)*.

DÉCULPABILISER

● **Sans complément.**
Cet ouvrage remet en cause toute une tradition puritaine, sans porter de jugements de valeur, mais simplement en *déculpabilisant (E. 2.4.73).*
→ CULPABILISER.

DÉCULTURATION sf. Agriculture : le fait de ne plus cultiver une zone qui l'était jusqu'alors.

Le dépeuplement, mais aussi la *déculturation* de certaines zones rurales *(O.R.T.F. 9.5.70).*

● **Fig. Tendance à se dégager de l'influence de la culture traditionnelle.**
Une « *déculturation* progressive » qui remplacerait la « liturgie officielle » (dans l'art) par une esthétique nouvelle et révolutionnaire *(M. 3.8.68).*
Un phénomène de *déculturation* terrible se produit dans les familles de travailleurs immigrés. Leurs enfants refusent de parler la langue maternelle. Pour les parents, c'est dramatique de se dire qu'ils n'ont rien à transmettre *(C. 17.1.76).*
→ ACCULTURATION.

DÉDOUANEMENT sm. Fig. ■ Justification, réhabilitation de quelqu'un (à ses propres yeux ou vis-à-vis d'autrui).

Les auteurs (d'un spectacle) font une impitoyable auto-analyse des motivations d'une catégorie sociologique qui rêve à gauche et dort à droite. Peu à peu les limites de la bonne conscience et du *dédouanement* intérieur craquent *(M. 7.12.66).*

DÉDOUANER v. tr. et réfléchi. Fig. ■ Réhabiliter quelqu'un ou quelque chose. Lui servir de caution, le faire admettre par des personnes ou des milieux qui lui étaient hostiles ou fermés.

● **Avec pour complément un nom de personne ou de collectivité.**
Mme de C. s'était instituée l'Égérie despotique d'*Anatole France*, qu'elle avait pris inconnu encore, qu'elle avait en quelque sorte *dédouané* (Henriot : *M. 10.10.56).* Ou (l'auteur des lettres anonymes) est bien l'assassin ou il a été mis au courant en détail de ce crime. Dans la seconde hypothèse, en se manifestant, il cherche à *dédouaner* le véritable *criminel (M. 19.6.64).* La présence (à l'O.R.T.F.) de membres du Parti communiste « *dédouanait* » en quelque sorte *les gouvernements.* Cela faisait « chic », libéral *(M. 24.6.68).* En septembre 1944, de Gaulle remanie son gouvernement : deux communistes en font partie. Le P.C. (parti communiste) *est dédouané* (ST 8.10.66).

● **Avec pour complément un nom de chose.**
Ce *film* fut pratiquement mis à l'index par Krouchtchev. *Dédouané* par la dékrouchtchévisation, il marque une étape importante dans le lent dégel soviétique *(E. 13.9.65).*

● **V. réfléchi. Fig. Avec pour sujet un nom de personne. ■ Désarmer ses adversaires en leur donnant des gages. — Se justifier.**
Renoir, cinéaste, *se dédouana* en tournant une comédie de Feydeau (ST 26.10.68). Les parents *se dédouanent* (vis-à-vis de leur fille qu'ils désapprouvent d'épouser un étranger) en prétendant qu'il ne faut pas confondre fraternité et « conjugalité » *(Fa. 1.7.70).*

DÉDRAMATISATION sf. Action de *dédramatiser** ; son résultat.

Une des traditions qui pèsent le plus lourdement sur le fonctionnement du Parlement français est celle du drame. Pendant de longues années la menace quasi permanente de la crise a contribué à créer un climat. La « *dédramatisation* » est accomplie en ce qui concerne la discussion et le vote de la loi, puisque le gouvernement peut obtenir le vote d'un texte auquel il tient sans avoir à engager son existence *(Chandernagor, 67).* L'influence de la psychanalyse, une franchise nouvelle entre hommes et femmes, l'information sexuelle, la contraception opèrent, ensemble, une remarquable « *dédramatisation* » *(E. 1.9.69).*

DÉDRAMATISER v. tr. ~ 1965. ■ Atténuer ou supprimer le caractère dramatique de qqch.

Dédramatiser + O (Emploi « absolu », sans complément)

Autre sujet de préoccupation, la frigidité. Là encore, il faut *dédramatiser.* La frigidité n'atteint que 25 % des femmes, et elle n'est pas incurable *(E. 20.1.74).* Après des mois consacrés à *dédramatiser*, qui ont eu un effet démobilisateur et démoralisant sur les Français, ne pourrait-on pas leur dire que leur avenir est entre leurs mains (...) ? *(M. 12.6.75).* *Dédramatiser* demeure, en 1978, un objectif prioritaire en matière de contraception *(E. 31.7.78).*

Dédramatiser + subst. (nom de chose).

O On cherche en haut lieu à « *dédramatiser* » *la campagne* électorale *(C. 2.3.69).* « *Dédramatiser* » *la mort* pour apporter l'apaisement à l'entourage du défunt *(E. 6.9.65).* Il faut *dédramatiser le problème* de la régulation des naissances *(O.R.T.F. 11.10.68).* Il faut *dédramatiser cette question* de l'objectivité de l'O.R.T.F. *(M. 29.6.68).* Cette écriture impressionniste « *dédramatise* » totalement *la réalité (M. 14.1.67).* Vous pourrez tenter de rendre l'appétit à l'enfant en *dédramatisant les repas,* c'est-à-dire en lui servant de très petites portions et en retirant son assiette sans commentaire s'il ne mange pas (FP 9.70). On connaît des parents divorcés qui savent, en *dédramatisant leur situation*, maintenir autour de leur progéniture un climat serein *(E. 22.8.66).*

∞ P. Massé propose de « *dédramatiser* » *la crise du développement (E. 6.8.73).* Mme S. Veil déclare : « Il faut faire entrer la *contraception* dans le droit commun, la *dédramatiser* » *(C. 30.6.74).* Il faut *dédramatiser le phénomène de l'évasion* des détenus *(P. 16.12.74).*
La municipalité aurait aimé *dédramatiser l'affaire,* et se serait contentée de la démission du directeur de l'hôtel *(M. 31.5.78).*

Être dédramatisé, e (au passif).

Le peuple se prononcera sur ce projet en même temps qu'il élira le Président de la République. Ainsi le référendum ne prendra pas l'allure d'un plébiscite. Il sera *dédramatisé (E. 29.10.73).*

DÉFENESTRER v. tr. Repris au milieu du XXe s. ■ Précipiter quelqu'un par une fenêtre.
> L'étudiant soupçonné d'avoir *défenestré* depuis les toilettes d'un wagon, un autre étudiant, a été inculpé d'homicide volontaire *(M. 11.1.66)*. Victime d'une chute du 1er étage, Mme B. L. aurait été *défenestrée* par son mari. Celui-ci soutient qu'il s'agit d'un accident *(F. 29.1.66)*.

DÉFI sm. Mot dont la fréquence semble avoir fortement augmenté depuis 1965 environ, peut-être d'abord sous l'influence de l'anglais (cit. 10.1.67), puis avec l'ouvrage « Le Défi américain » (cf. cit. ci-après).
> Dans les sociétés comme pour les hommes il n'y a pas de croissance sans *défi* (...) Dans une société de liberté comme la nôtre, il n'y a pas de voie unique en politique (...) le débat fait la lumière, à la seule condition que l'objet du débat soit clairement reconnu, et admis, par tous. Cette fois c'est assez simple, nous n'avons pas le choisir, il nous est imposé : c'est le *défi* américain *(Servan-Schreiber, 67)*. Toutes les civilisations se sont trouvées aux prises avec ce que l'historien anglais Toynbee a appelé des *« défis »*, et ont survécu ou succombé suivant qu'elles ont su ou n'ont pas su y répondre. Mais ces *défis* ont été le plus souvent des *défis* naturels — changements climatiques, etc. — ou extérieurs — ambitions de puissants empires conquérants *(F. 10.1.67)*. À Washington, M. Johnson parlait du *« défi* mortel » lancé aux États-Unis *(PM 9.3.68)*. La construction de l'Europe, c'est la seule réponse vraie au *défi* dimensionnel qui est posé à nos pays *(C. 3.10.68)*. Cette fois sans doute le *« défi* européen » l'emporte sur l'américain *(PM 20.11.68)*. Une journée pour apprendre texte et musique, trois nuits pour répéter. C'est le *défi* théâtral que R. M. (directeur du théâtre Marigny) vient de relever *(PM 14.12.68)*. Pendant que nous nous obnubilons sur le *défi* américain, les Japonais foncent, ne cessent de marquer des points *(AAT 5.70)*.
> Remodeler l'économie, les habitudes de consommation, l'appareil industriel pour répondre au *« défi »* énergétique *(M. 9.10.74)*. Le *défi* actuel exige une mobilisation de toutes nos entreprises, affirme le président du groupe *(P. 14.10.74)*.
> Les Japonais lancent un véritable *« défi »* technologique à l'Occident *(M. 12.7.78)*. L'incapacité de ces sociétés pétrolières de relever le *défi* de la compétition avec les géants du pétrole mondial *(C. 1.9.78)*.

DÉFILEMENT sm. ~ 1959. ■ Déroulement continu d'une bande magnétique (dans un magnétophone), d'un film (dans un appareil de projection), etc.
> Les caractéristiques de la bande, la vitesse de *défilement*, la largeur de la piste d'enregistrement avaient été choisies, à l'origine des mini-cassettes, pour utiliser celles-ci avec un dictaphone *(M. 9.3.77)*.

DÉFINITION sf. Télév. ■ Nombre fixe de « lignes » qui subdivisent l'image à transmettre et déterminent la finesse de celle-ci.
> Le standard de 819 lignes est la *« définition »* de la première chaîne française de télévision depuis 1947 *(M. 12.2.75)*.

DÉFINITOIRE adj. Linguistique : qui donne une définition d'un mot, d'une expression.
> Un dictionnaire vise toujours à épuiser un certain type de vocabulaire sous forme *définitoire (M. 21.12.68)*.
> **Rem.** L'adj. **définitionnel, le** (« qui concerne la définition », « qui constitue une définition ») est également attesté.

DÉFLATIONNISTE adj. Qui entraîne la déflation.
> Ces réductions de pouvoir d'achat que l'on opère dans les phases de stabilisation, ont un effet *déflationniste (E. 19.6.67)*. Le taux d'escompte de la Banque d'Angleterre ne pourrait être abaissé au-dessous de ce *niveau* violemment *déflationniste* et antisocial *(M. 14.1.68)*. Les uns acceptent sans difficulté un taux d'inflation de 10 %, mais d'autres (pays) pratiquent une *politique* résolument *déflationniste (M. 26.4.78)*.

DÉFLECTEUR sm. ~ 1950. ■ Petit volet d'aération orientable, monté dans une portière de voiture automobile.
> Les *déflecteurs* des portières avant assurent une aération suffisante en temps normal, sans provoquer de courants d'air désagréables pour les passagers *(AAT, 2.78)*.

DÉFOLIANT adj. et sm. ■ Produit chimique qui fait tomber les feuilles des arbres.
● **Adj.**
> 5 700 millions de litres de produits *défoliants* versés en une semaine *(E. 27.3.67)*. Des experts se rendront au Cambodge pour examiner l'étendue des dégâts causés par les produits chimiques *défoliants (M. 6.6.69)*.
● **Subst.**
> L'usage massif (dans une guerre) des gaz, du napalm et des *défoliants* chimiques *(M. 25.5.66)*. Administré à des souris et à des rats, le principal *défoliant* provoquait « un taux anormalement élevé de malformations » *(E. 30.3.70)*.
> Les pêcheurs de C. rendent les *défoliants* responsables de la disparition du poisson *(C. 28.1.75)*.
> **Rem.** Il a été souvent question ces derniers temps, notamment au sujet de la guerre du Vietnam, de la « défoliation » et le produit employé pour obtenir ce résultat a été dénommé *« défoliant »*. Naturellement, à partir de ces prémisses, on a aussi employé le verbe « défolier ». Ces usagers, qui ne sont pas des techniciens mais des journalistes ou des industriels fabriquant des produits chimiques, ont trouvé tout naturel de se servir d'appellations qui

sont de simples adaptations du latin. Il ne semble pas leur être venu à l'esprit qu'ils pourraient utiliser des mots français, dans l'acception historique du terme. En effet, tout dictionnaire consulté leur aurait appris qu'il existe bien dans la tradition proprement française un verbe « défeuiller », et même une forme pronominale « se défeuiller », sur lequel on aurait pu construire « défeuillement » et aussi « défeuillant » qui auraient eu l'avantage sur les formes latinisantes de se trouver plus directement motivés par le vocable « feuille » (A. Sauvageot, ELA, n° 2, avril-juin 71).

DÉFOLIATION sf. Repris ~ 1966 (d'après l'américain). ■ Destruction massive des feuilles d'arbres et de la végétation au moyen de *défoliants**, pour des raisons militaires.

Trois ans après la fin de la *défoliation* massive subie par le Sud-Vietnam, la nature revient peu à peu à la vie. La guerre chimique était destinée à détruire la végétation le long des routes et des canaux afin de priver l'adversaire de lieux d'embuscade (C. 28.1.75).

DÉFOLIER v. tr. et intr. ■ Provoquer la chute des feuilles des arbres au moyen d'arrosages avec des *défoliants**.

Une zone dont la forêt a été complètement *défoliée* par les saupoudrages chimiques (M. 13.3.66). On débarquait, on bombardait, on *défoliait* (E. 27.3.67).

DÉFONCE sf. ~ 1972. (De *défoncer**). Fam. ■ État dans lequel on se trouve après avoir absorbé certains *hallucinogènes**.

Lorsque le chanvre indien a envahi l'Occident, les médecins ont voulu expliquer les causes de la « *défonce* », explorer ses effets sur le comportement (E. 29.10.73). Dans ce film, si le gouvernement lutte contre les gros trafiquants de drogue, c'est pour légaliser celle-ci à son profit et planifier la *défonce* (P. 27.5.74). Un hôtel de *défonce* (...) rendez-vous mondial de la drogue (Olievenstein, 77).

DÉFONCER v. tr. Fig. Fam. ~ 1969. (Vocab. du monde de la *drogue**). Provoquer la *défonce**.

Du « hasch » (haschisch), il y en a aussi, du meilleur, celui qui « *défonce* » tout de suite (PM 16.8.69).

DÉFONCER (SE) v. réfl. ~ 1969. Fam.
1. Atteindre, éprouver l'état dénommé *défonce**.

Chaque fois qu'ils (les consommateurs de drogue*) *se « défoncent »*, comme ils disent, n'est-ce pas autant de petits suicides, de refus d'une société où « la vraie vie est absente » ? (M. 22.1.70).
On *se « défonce »* avec n'importe quoi, Whisky, produit détachant ou pharmaceutique. Ce que l'on recherche, c'est la sensation, peu importe laquelle (E. 16.9.73). Quatre toxicos (...) *se sont défoncés* à l'acétone (Olievenstein, 77).

2. Investir toutes ses forces (physiques, intellectuelles, etc.) dans une activité, une entreprise, au service de qqn ou de qqch.

Et comme il (un chanteur) se sent à son aise, il force son talent, il en rajoute, il « *se défonce* » (C. 13.5.70). On assiste (dans ce ballet de B.) à une débauche de grands battements, de fouettés, de pirouettes où les danseurs « *se défoncent* » poignets cassés faunesques, accablements de noyés, agenouillements primitifs, attitudes en penseur de Rodin (M. 21.2.71).
Ce jeune confectionneur « en veut ». Il explique que, dans ce métier, il faut doubler chaque année son chiffre d'affaires, si l'on veut vraiment progresser. « Pour ça, je *me défonce* », dit-il (O. 24.9.73). Mon ambition est de servir un homme (politique) qui a prouvé son dévouement à la cause nationale. Et, pour lui, je suis capable de *me défoncer* (P. 8.7.74).
Quinze jours de rééducation intensive (après un accident) à *me défoncer* à coups de barres parallèles, d'haltères, de piscine (...) (Ségal, 77).

DÉFOULEMENT sm. 1949. Terme de psychanalyse.
● Par ext. Fait de donner libre cours à des sentiments longtemps contenus, de satisfaire des désirs longtemps réfrénés ou « refoulés ».

À écouter parler de l'automobile autour de soi, on finit par se demander si elle n'est pas devenue le moyen de *défoulement* d'êtres hypertendus au point qu'ils en oublient non seulement la courtoisie, mais la patience et la prudence (AAT 5.63). La nuit du Nouvel An est l'occasion pour les automobilistes d'un « *défoulement* » collectif. Les fêtes servent à cela aussi, expliquent les sociologues et les psychanalystes : à libérer périodiquement des instincts trop contenus. Les Parisiens organisent d'inextricables embouteillages (M. 2.1.68).

DÉFOULER (SE) v. réfléchi. Fam. D'après *défoulement**. ■ Cesser de maîtriser ses désirs, ses impulsions ; exprimer sans contrainte ce que l'on ressent. Dépenser ses forces, trouver à employer sa vitalité physique.

C'est son tempérament batailleur plus que l'appât du gain qui lui (à un boxeur amateur) fait abandonner l'étude des dossiers pour aller « *se défouler* » entre les cordes d'un ring (F. 19.11.66).

DÉGAGEMENT sm. Spéc. Mil. XXe. (Proposé à la place de *désengagement** pour traduire l'américain « *disengagement* »). Milit., pol. ■ Ensemble de mesures que prend un État pour se libérer de certains engagements contractés envers d'autres.

Le sujet (d'une conférence internationale) était le « désengagement » que (le représentant français) préfère, à juste titre, appeler le « *dégagement* », donnant un exemple de réaction,

dont on espère qu'il sera suivi, contre les barbarismes trop fréquents, hélas ! dans le jargon de la diplomatie *(M. 5.3.58)*. Les paragraphes de la conférence de presse que le général de Gaulle a consacrés à l'Algérie ont fait apparaître un mot nouveau, *« dégagement »*. Le terme *« dégagement »* confirme la volonté du chef de l'État de sortir au plus vite d'une situation qui empêche la France d'assumer ses autres missions *(M. 7.9.61)*.
Le premier ministre de Malaisie a accueilli avec calme la nouvelle du *dégagement* britannique *(M. 18.1.68)*.

DÉGAGEMENT (AUTOROUTE DE)
→ AUTOROUTE* DE DÉGAGEMENT

DÉGAGER v. intr. (Avec pour sujet un nom de personne). Employé surtout à l'impératif *(« Dégagez »)*, notamment par la police de la circulation routière, pour disperser un attroupement, mettre fin à un embouteillage, etc.

Celui des deux gendarmes qui s'efforce de rétablir la circulation (après un accident) à grands coups de gueule et de sifflet, ordonne aux automobilistes de *« dégager »* *(Guimard, 67)*.

Rem. Il s'agit là d'une ellipse du tour *dégager la place, la piste*, etc.

DÉGAZAGE sm. ■ Nettoyage des soutes d'un navire pétrolier.

Une installation industrielle de *dégazage*, opération qui consiste à débarrasser les navires (pétroliers) des résidus d'hydrocarbure demeurés dans les soutes et dans les citernes après déchargement *(M. 6.7.57)*. L'accident s'est produit au moment où le bateau, naviguant à vide, procédait au nettoyage de ses soutes, au *dégazage* comme on dit en termes de métier *(E. 26.1.70)*. Qui empêchera un pétrolier malhonnête de battre ses concurrents grâce à des économies sur le *« dégazage »*, de laisser dangereusement traîner du mazout un peu partout *(C. 4.10.70)*.

DÉGAZER v. intr. ■ Se dit d'un pétrolier qui nettoie ses soutes.

Des navires qui *« dégazent »* quotidiennement sur les deux voies du trafic commercial de la Manche *(M. 15.4.71)*. Un pétrolier a été surpris en train de *dégazer* dans le sud de la pointe de Penmarch. Ce bâtiment laissait derrière lui deux traînées, l'une de 15 km, l'autre de 10 km de long *(M. 24.6.71)*.

DÉGEL sm. Fig.
1. Reprise de l'activité, des relations (écon., pol., sociales, internationales, etc.) après une période de stagnation, une interruption.

« Dégel » indéniable qui se manifeste dans la vie politique du pays *(M. 12.9.64)*.
Il y a un grand *dégel* dans l'Université elle-même. Actuellement, franchement aidée et bien dirigée, la recherche pourrait faire des progrès très rapides *(O. 20.10.65)*. Les promoteurs sont unanimes : « Le *dégel* (dans les ventes d'appartements) s'est produit en octobre. (...) Il était temps ! » *(E. 15.11.65)*.
Parachever le *« dégel »* de la vie politique amorcé le 5 décembre *(M. 17.12.65)*. L'esprit dans lequel cette politique de *dégel* entre l'Est et l'Ouest a été commencée *(M. 25.6.66)*. *Dégel* des relations entre le Japon et l'Europe *(Guillain, 69)*.
Cette enquête montre que 11 % des entreprises envisagent des réductions d'effectifs, tandis que près de 16 % embaucheront. Chiffre révélateur d'un certain *« dégel »* *(E. 26.6.78)*.
Cet accord, le premier depuis 1972 qui ait été accepté par l'ensemble des syndicats, symbolise le *dégel* des relations sociales *(E. 24.7.78)*.

2. Écon. Fait de mettre ou remettre en circulation des sommes, des crédits qui étaient bloqués.

Le président a plusieurs fois fait allusion au *« dégel »* possible des réserves d'or *(M. 19.1.68)*.
→ GEL.

DÉGELER v. tr. Fig. ■ Détendre des relations, supprimer des obstacles.

Une réforme des entreprises qui puisse *dégeler* les rapports sociaux *(M. 12.10.66)*. Pour leur part les hors-statut – réalisateurs, producteurs, auteurs, etc. – décidaient de suggérer à l'inter-syndicale de demander une audience au premier ministre afin de *« dégeler »* la situation dans laquelle se trouve le conflit *(M. 23.6.68)*. Le psychodrame permet de faire rejouer aux malades, d'une façon imaginaire, les scènes traumatisantes qui sont à l'origine de leurs névroses et de *« dégeler »* ainsi les structures mentales qui sont restées figées *(M. 25.7.64)*.

● Remettre en mouvement quelque chose qui était bloqué.

Une série d'incidents donnèrent du relief aux retards de l'organisation (des Jeux Olympiques de Grenoble) et il fallut l'intervention du premier ministre pour *« dégeler »* les dossiers dans les ministères *(M. 11.1.68)*.
→ GELER.

DÉGÉNÉRATIF, IVE adj. ■ Qui a les caractères de la dégénérescence ; qui provoque celle-ci.

L'artériosclérose, un ensemble de lésions *dégénératives* des vaisseaux sanguins, découle de la sédentarité, du tabagisme, des excès alimentaires *(E. 20.1.75)*.

DÉGONFLAGE sm. Fig. Écon. ■ Baisse (des prix).

Les automobilistes n'ont aucune raison de déplorer ce *dégonflage* rapide des prix (de péage sur les autoroutes) *(A. 11.5.67)*.

DÉGONFLER v. tr. Fig. Écon. ■ Faire baisser (les prix).

De l'avis des experts, le problème est de *dégonfler* les prix *(M. 30.9.69)*.

DÉGONFLER

- Restreindre la portée de quelque chose.

   La tactique du gouvernement consiste à *« dégonfler »* l'importance de la convention salariale *(C. 7.1.70)*.

DÉGRAISSAGE ou DÉGRAISSEMENT sm. Fig. ~ 1973. Action de *dégraisser** (une entreprise).

Des experts, pour aider les chefs d'entreprise à lutter contre les gaspillages, leur donnent des recettes de *« dégraissage »*. On pense d'abord à l'énergie, aux dépenses de prestige, aux frais de mission. Mais il y a aussi gaspillage des hommes, surtout au niveau de l'encadrement *(M. 10.1.75)*. Certaines firmes seront contraintes, pour rester compétitives, d'alléger leurs effectifs et de pratiquer ce qu'on désigne du mot horrible de *« dégraissage »* *(O. 12.8.78)*.

Le nouvel administrateur (...) devra faire accepter par le personnel ce qu'on appelle le *« dégraissement »* — les licenciements, en jargon technocratique — *(E. 6.8.73)*.

DÉGRAISSER v. tr. Fig. ~ 1974. ■ Diminuer les frais de gestion d'une entreprise, faire des économies, par ex. en réduisant l'effectif du personnel.

Par où passe l'« assainissement » de la gestion ? (...) Dans le secteur nationalisé ont eu lieu des compressions d'effectif, les agents qui partent n'étant pas remplacés. La Sncf et les Charbonnages de France ont ainsi *« dégraissé »* leurs entreprises, comme on dit chez les technocrates *(M. 24.2.77)*. Faire la chasse effective aux inutiles (...) On désigne cette opération par un terme merveilleusement suggestif : on *« dégraisse »* l'entreprise *(Leprince-Ringuet, 78)*.

DÉHIÉRARCHISER v. tr. ■ Abolir les hiérarchies.

On doit *déhiérarchiser* la communauté française. « Il est temps de passer d'une société de sujets à une société de responsables » *(F. 19.12.69)*.

DÉJEUNER- Premier élément de nombreux substantifs composés. Le deuxième élément désigne une activité ou une manifestation qui accompagne le déjeuner.

Un *déjeuner-colloque* aura lieu le 24 novembre à l'hôtel L. *(F. 17.11.66)*. France-Musique : 12 h 43, *Déjeuner-concert* (émission de musique diffusée à l'heure du déjeuner) *(M. 9.1.66)*. Les avis sont modérément partagés sur l'allocution du président Pompidou au Club de la presse américaine. Pour un auditeur francophone, l'hôte d'honneur de la presse américaine et internationale a passé l'examen classique du *déjeuner-conférence de presse* avec une aisance qui n'était pas incompatible avec la sincérité *(M. 26.2.70)*. Depuis qu'elle est mariée, C.T., a élevé le *déjeuner-interview* à la hauteur d'une institution *(Bouvard, 66)*.
→ DÉJEUNER-DÉBAT*.

DÉLINÉATEUR sm. ~ 1970. (De *délinéer*). ■ Petite balise placée en bordure d'une route.

Les lignes blanches bordant la chaussée ne sont pas très visibles la nuit, par temps de pluie ou de brouillard. Aussi a-t-on commencé à baliser les routes de courts poteaux dotés de cataphotes et appelés *délinéateurs* (...) Plusieurs types de *délinéateurs* seront essayés *(C. 29.12.71)*.

DELTAPLANE sm. ~ 1975. (De *delta* — à cause de la forme triangulaire, analogue à celle d'un « delta » grec majuscule — et *planer* : cf. aéro*plane*, aqua*plane*, etc.).

- Sport. Sorte de petit planeur individuel sans carlingue, sous lequel le « pilote » s'attache au moyen d'un harnais avant de s'élancer du haut d'un lieu élevé (à-pic, sommet).

   Cette station de montagne a réussi à « intégrer » ski artistique, *deltaplane*, sauna, night-clubs, etc. *(M. 3.4.76)*. À l'hôpital N. sont allongés de jeunes hommes qui ont voulu jouer aux fils d'Icare sur leurs *deltaplanes* mal réglés *(Ségal, 77)*. Sur le podium se succèdent des démonstrations (...) sous l'aile protectrice d'un mannequin attaché à un grand *deltaplane*, symbole du mode de transport non polluant *(M. 14.5.78)*.

Rem. **On trouve aussi la variante** *aile(-)delta*, **emprunt au vocab. de l'aviation (cf.** *avion à aile delta*).

DEMANDE (TRANSPORT À LA) loc. ■ Système de transport collectif urbain ou suburbain, intermédiaire entre le taxi et les transports en commun « classiques ».

Héler un autobus ou un minibus qui s'arrête devant votre domicile, comme on interpellerait un taxi, faire ensuite arrêter le véhicule à sa convenance : cette formule, dite de *transport à la demande*, connaît un certain succès (...) Dans les banlieues ou les petites villes, la solution du *transport à la demande* a bien des avantages. Un coup de téléphone au poste central du réseau ou un simple signe de la main suffisent pour que l'usager voie venir à lui l'autobus *(M. 24.10.74)*.

DÉMANTÈLEMENT sm. Fig. Repris mil. XXe s. Pol. ■ Dispersion volontaire des éléments constitutifs d'un ensemble (institution, organisme, service public, etc.).

Le Foreign Office veut obtenir de ses partenaires européens le *démantèlement* de la politique agricole commune *(P. 1.4.74)*. Voulant libérer la télévision de la tutelle de l'État, le gouvernement avait demandé à une commission de passer l'ORTF au crible. En juillet 1970, elle publie son rapport. Les syndicats crient au *démantèlement (P. 1.7.74)*.

Il semble que se dessine un projet tendant à séparer la DICA (= Division de la coopération et de l'automatisation) du service des bibliothèques (...) Certains parlent même de *démantèlement* de l'organisation des bibliothèques *(M. 4.6.78)*. Depuis des années pèse la menace d'un *« démantèlement »* de l'administration des P.T.T. *(M. 15.7.78)*.
→ ÉCLATEMENT.

DÉMAQUILLANT adj. et sm. ~ 1960. (Produit) qui sert à (se) démaquiller le visage.

● Adj.
Laits *démaquillants* pour nettoyer (votre peau) en profondeur *(Pub. El. 22.2.71)*.
Rem. La variante *démaquilleur* est attestée.
Démaquilleur pour les yeux, 14 F le petit modèle *(P. 9.10.72)*.

DÉMARCHE sf. Fig. Répandu au milieu du XXe s. ■ Manière de conduire un raisonnement, une réflexion ; parfois aussi : méthode.

Cette déception n'est-elle pas caractéristique de toute *démarche* visant à trouver, par la science ou par la réflexion, cet Absolu qui ne se livre qu'à la foi religieuse *(GL 18.8.63)*. Cette mutation des « Scouts de France », cette nouvelle *démarche* pédagogique des dirigeants *(F. 29.7.64)*. La densité de la formulation n'arrête pas le lecteur tant celui-ci est entraîné par la *démarche* de l'auteur *(M. 2.10.66)*. La *démarche* logique qui inspire ces lignes *(C. 22.10.69)*.
Ce genre de film (...) restitue l'atmosphère d'une époque. Ce n'est pas une nouvelle façon d'écrire l'Histoire (...) c'est une *démarche* complémentaire qui peut et doit contribuer à l'explication de l'Histoire *(E. 25.2.73)*.

DÉMARQUER (SE) v. réfl. Fig. ~ 1963. ■ Prendre du recul, prendre ses distances par rapport à qqn ou à qqch.

(Un homme d'État) assurant ici la continuité, s'efforçant là de *« se démarquer »* de son prédécesseur *(M. 9.11.63)*.
Le leader des Républicains indépendants s'est manifestement efforcé de *se démarquer* de l'optimisme officiel, en déclarant : « nous entrons dans des temps difficiles » *(E. 10.12.73)*.

DÉMARRAGE sm. Fig. Répandu au milieu du XXe s., probablement sous l'influence du vocabulaire de l'automobile et des sports (course). ■ Début, commencement ; parfois aussi : essor.

La sixième est une classe de *démarrage* dans l'enseignement secondaire *(F. 27.12.60)*. Bien des fois, devant la feuille de papier sur laquelle nous nous proposons de fixer le texte d'un discours ou d'un article, nous avons senti douloureusement la difficulté du *démarrage* *(Foulquié, 62)*. Cinq entreprises ont signé des contrats. Au *démarrage*, elles emploieront 500 personnes *(VF 22.11.63)*. Samedi soir c'est le *démarrage* véritable de la seconde chaîne (de télévision) *(M. 19.4.64)*. Le *démarrage*, l'année prochaine, d'opérations « étalement des vacances » dans quelques régions pilotes *(M. 24.4.64)*. Les discussions techniques visent essentiellement à assurer le *démarrage* rapide de la production industrielle des récepteurs (de télévision) *(M. 2.10.66)*. Grâce au *démarrage* foudroyant du « miracle allemand », les actions Mercedes avaient monté de 5 000 % *(E. 3.10.66)*. L'élément le plus marquant de cette rentrée 1966 est le *démarrage* de la réforme de l'enseignement *(M. 13.10.66)*. (Il a fallu) sept ans pour (construire) 15 kilomètres (de boulevard périphérique). Le *démarrage* a été lent *(M. 26.10.66)*. Le char français revenait à 15,7 millions de francs belges ; il s'agit d'un prix dit de *« démarrage »* *(M. 12.7.67)*. L'animation doit avoir pour point de départ la constitution d'une équipe en vue du *démarrage* des clubs (de jeunes) *(M. 6.1.68)*. Les comptes d'épargne-logement ont connu un *démarrage* spectaculaire *(E. 22.1.68)*. Le *démarrage* de la pétrochimie (au Japon) *(Guillain, 69)*.
Le Président veut empêcher un *démarrage* prématuré de la campagne électorale *(E. 4.3.74)*. Tout est prêt pour l'installation d'un réseau de télédistribution à Nice, mais des difficultés (...) retardent le *démarrage* de l'opération *(M. 6.6.74)*. Le 20 juin, pour la première fois, un pétrolier pénètre dans le bassin du port à flot de D. Cet événement constitue un *« démarrage »* important pour ce port *(C. 20.6.74)*.
→ DÉPART.

DÉMARRER v. tr. Fig. ■ Commencer, débuter. La fréquence de ce verbe semble avoir beaucoup augmenté depuis 1950 environ, comme celle de *démarrage** et pour les mêmes raisons.

Un *centre* de formation professionnelle est prêt à *démarrer* à B. *(VF 22.11.63)*. La *construction* des facultés fut lente à *démarrer* *(M. 14.4.65)*. La *conversation démarre* très vite *(VR 13.4.69)*. Un *disque* qui ne *démarre* pas à la vente en quinze jours est un disque raté *(M. 21.1.68)*. Des difficultés matérielles qui auraient dû être éliminées pour que l'*entreprise* (un nouveau centre universitaire) *démarre* dans des conditions favorables *(M. 14.12.66)*. À la rentrée de 1965, l'*expérience démarra* : l'enseignement audio-visuel commença dans huit classes *(M. 13.9.66)*. Deux *expositions* se tiennent en ce moment : l'une à Bordeaux. L'autre *démarre* cette semaine à Nancy *(E. 27.11.67)*. Le *film* en question *démarre* en trombe. Dès avant le générique, nous sommes plongés dans le tumulte des quais du Pirée *(M. 10.5.60)*. La main-d'œuvre dont l'*industrie* avait besoin pour *démarrer* *(M. 15.9.65)*. Le nouveau *Japon « démarre »* avec un incroyable appétit de se moderniser au plus vite *(Guillain, 69)*. Le *jeu* (radiophonique) qui *démarre* le 3 octobre (à Radio-Luxembourg) *(PM 15.10.66)*. (Il faudrait) que notre enseignement gagne en souplesse et en audace, que les professeurs cessent d'être considérés par beaucoup de parents comme des laquais ineptes et inaptes, et que la loi d'orientation *démarre* enfin au lieu de piétiner derrière le corbillard du passé *(M. 26.3.70)*. Son dernier livre *démarrait* aussi brillamment que (le précédent) *(E. 25.10.65)*. Le *plan* auquel (le premier ministre) a fait allusion *démarrera* le 22 janvier, sur des bases relativement modestes *(M. 13.1.68)*. Les *prises* de vues (d'un film) *démarrèrent* fin janvier *(E. 17.5.65)*. Les *programmes* de France-Inter qui *« démarrent »* le 9 octobre *(ST 24.9.66)*. Les *réacteurs* à uranium enrichi *démarrent* en Europe *(E. 17.2.69)*. La *rencontre* de Ch. de Gaulle et de l'ex-président de la République *démarre* sous le signe de l'émotion

DÉMARRER

(E. 15.11.65). Au nom de la commission de la production M. C. se félicite que le « *réseau* d'autoroutes *démarre* » *(M. 13.10.65).*
La *construction* de l'autoroute (...) va pouvoir *démarrer (M. 3.4.76).* Une série de *négociations démarreront* en septembre *(E. 24.7.78).*

Rem. *Démarrer* s'employait dès le XVIIe s. au sens familier de partir, c'est proprement quitter ses attaches. Le mot est passé du vocabulaire de la marine dans celui de l'automobile au sens de « commencer à se mettre en mouvement » ; ce sens s'est popularisé, a gagné la langue des sports ; le sens familier de « quitter un lieu » s'est trouvé renouvelé sans que le locuteur pense aux amarres d'un navire. Enfin, dans une dernière extension, le mot a pris un sens figuré : « l'économie française a *démarré* » dit le dictionnaire *(F. Mod. 7.60).*

DÉMARRER (quelque chose) v. tr. Fig. (Emploi critiqué, mais fréquent). ■ Entreprendre, lancer, mettre en marche.

Si c'est nécessaire nous pouvons *démarrer la campagne* électorale à la fin du mois *(E. 12.9.66).* France-Inter a *démarré* lundi la première des *émissions* « 400 coups » qu'il compte (diffuser) chaque soir sur les ondes *(M. 6.10.65).* Ce mois-ci, Shell *démarre une* grosse *installation* de télétraitement *(E. 22.1.68).* La fourrure (celle qu'ils peuvent porter) ne fait plus peur aux hommes. L'exemple est venu de l'Est, où les hivers sont plus rigoureux. M. K. a *démarré le mouvement* il y a cinq ans en se promenant dans le monde entier en chapeau poilu *(E. 19.12.65). Démarrer le processus* d'allégement progressif de l'impôt *(M. 10.10.69).*

DEMI-BARRIÈRE sf. ■ Barrière de passage à niveau composée de deux (ou quatre) éléments qui se ferment séparément et dont chacun n'obstrue qu'une moitié de la chaussée.

1 861 (passages à niveaux) sont équipés de dispositifs automatiques qui abaissent de chaque côté de la voie deux ou quatre *demi-barrières (M. 30.6.66).* 260 passages à niveau seront équipés avec deux *demi-barrières* et 70 avec quatre *demi-barrières (F. 15.10.66).*

DEMI-FINALISTE s. Sports. ■ Concurrent admis à participer à la demi-finale d'une compétition.

Le quatrième *demi-finaliste* N. P. est un vieil habitué des tournois (de tennis) *(M. 9.4.66).*
La France affronte aujourd'hui et demain à Milan, l'Italie, *demi-finaliste* désignée d'office *(F. 24.11.66).*

DEMI-FONDEUR sm. Sports. ■ Coureur (à pied, cycliste) de demi-fond.

Chez le *demi-fondeur*, le cœur a une capacité à peine plus grande que la normale, mais une « écorce » bien plus épaisse (...) Un diététicien propose une alimentation spécifique à chaque tempérament sportif : des viandes aux sprinters ; des sucres aux fondeurs ; des viandes et des sucres, mais pas de graisse, aux *demi-fondeurs (E. 4.3.74).*

DÉMOBILISATEUR, TRICE adj. Fig. ~ 1963. (D'après le sens originiel dans le vocab. milit.) Pol. Qui affaiblit ou supprime la combativité (des militants, des travailleurs), l'intérêt (des citoyens) pour la chose publique.

Au premier degré, des films comme « Français, si vous saviez » sont *démobilisateurs (E. 19.2.73).* Le leader de la C.f.d.t. (...) préférait (dans le conflit Lip) un compromis au goût de victoire à un pourrissement *démobilisateur (E. 27.8.73).* Après des mois consacrés à dédramatiser, qui ont eu un effet *démobilisateur* et démoralisant sur les Français, pourquoi ne pas leurs dire que leur avenir est entre leurs mains, que leur capacité d'être lucides et responsables redonnera le sens des priorités (...) ? *(M. 12.6.75).* Des histoires qui sont (...) de belles histoires, qui ne sont pas *« démobilisatrices »* pour autant *(Signoret, 75-78).*

Rem. Le sf. *démobilisation* et le v. tr. *démobiliser* sont employés aussi dans un sens correspondant.

Faire rire les gens ou les émouvoir, ça ne veut pas dire les *démobiliser (Signoret, 75-78).*

DÉMOCRATISER v. tr. ■ Rendre quelque chose (biens matériels ou culturels) accessible à un grand nombre de gens.

Démocratiser l'acier inoxydable *(VR 20.3.66).* Pour arriver à *démocratiser la haute couture,* Courrège a étudié rigoureusement la construction de ses modèles *(E. 26.7.65).* Le turbotrain *démocratise la vitesse (VR 29.3.70).*
Les constructeurs ont tendance à concevoir des avions de grande capacité pour permettre aux compagnies aériennes de *« démocratiser »* le transport de passagers et de fret *(M. 5.3.74).* L'information était jadis un privilège. La voici répandue, offerte à tous et, comme on dit *« démocratisée » (M. 7.5.75).*

DÉMONSTRATEUR, TRICE s. ■ Personne qui explique aux acheteurs éventuels le fonctionnement ou l'utilisation d'un appareil, d'un objet.

Assurez-vous tout d'abord, que vous avez affaire à un vendeur qualifié et non à un simple *démonstrateur.* Demandez-lui quel est l'équipement nécessaire pour que l'appareil fonctionne *(M. 11.2.65).* Cette « personnalisation » du parfum est sans doute une des raisons pour lesquelles la parfumerie doit être vendue par des *démonstratrices* spécialisées qui conseillent les femmes *(M. 25.5.69).*
« Le seul événement dans notre vie », raconte une femme, « c'est lorque la *démonstratrice* de T. vient dans notre cité. La dernière fois, elle nous a appris à faire les yaourts » *(O. 29.1.73).*

DÉMOTORISATION sf. 1971. De *motorisation* (au sens de : situation de quelqu'un qui possède une voiture personnelle). ■ Fait qu'une personne, une famille renonce volontairement à posséder une voiture particulière.

La France occupe un rang honnête parmi les pays fortement motorisés, mais, chaque année, tandis que cinq ménages acquièrent une voiture, un y renonce. Le taux de *« démotorisation »* – rapport entre ceux qui suppriment leur voiture et ceux qui sont ou ont été motorisés – est en moyenne de 12,3 % pour l'ensemble de la population (...) La *« démotorisation »*, qui est de 8 % dans les villes moyennes et de 11 % dans les communes rurales, est de 17 % dans le District de Paris et de 25 % dans les arrondissements parisiens *(M. 19.6.71)*.

DÉMOUSTICATION ou DÉMOUSTIFICATION sf. ~ 1956. Action de *démoustiquer* ; son résultat.

La *démoustication* : la lutte contre les moustiques *(M. 13.11.65)*. Les opérations de « *démoustication* » massive qui détruisent ou détournent les oiseaux migrateurs *(M. 28.8.65)*.
Les moustiques sont là comme chez eux. Or l'opération « *démoustification* » se heurtait aux propriétaires de la région *(E. 16.8.65)*. Faut-il la *démoustification* ? Plus de moustiques, plus d'insectes. Plus d'insectes, plus d'oiseaux. Et vos poudres, en Camargues, ont même f... l'urticaire à des taureaux *(A. 10.9.70)*.

DÉMOUSTIQUER v. tr. ~ 1960. ■ Détruire systématiquement les moustiques dans une région.

On avait entrepris de *démoustiquer* la Camargue *(M. 4.12.64)*.

DÉMYSTIFICATEUR, TRICE adj. et subst. ~ 1960. (De *démystifier*). Qui démystifie.

Il (= un auteur de films satiriques) est devenu le *démystificateur* légendaire de notre société, celui qui a compris le manège des grands et qui le dévoile avec la malice et le rire du peuple *(PM 28.4.73)*.

DÉMYSTIFICATION sf. ■ Action de *démystifier* ; son résultat.

La position philosophique de Bayle n'est pas celle d'un sceptique, car il voit dans la raison un instrument de *démystification* et de progrès *(Freund, 65)*. Parmi les mots « dans le vent », il en est un qui, le jour où il passera de mode – car il passera – aura accompli plus de mal et accumulé plus de ruines que la bombe atomique, c'est la « *démystification* » *(Merlin, 66)*. On ne saurait parler de « *démystification* », puisqu'on n'analyse, ne conteste, ne réfute, et d'ailleurs ne raconte (dans une émission de télévision) rien du tout *(Cd. 17.10.66)*. On pourra regretter que de tels travaux soient trop rares pour répondre à tous nos besoins de *démystification* et de véritable connaissance *(M. 5.1.68)*.

Rem. 1. Comme l'a noté mon excellent confrère Félicien Mars, même des écrivains sérieux emploient couramment « *démystification* » pour désigner aussi bien la réduction d'un « mythe » que la réduction d'une erreur ou d'un mensonge *(Le Bidois, 70)*.

Rem. 2. La cit. ci-dessus (Rem. 1) fait allusion notamment à deux articles de F. Mars (C. 23.12.66, et C. 6.10.69).

DÉMYSTIFIER v. tr. ■ Détromper, désabuser.

Rem. 1. Depuis une douzaine d'années, nos contemporains emploient à contresens deux mots dérivés du verbe « mystifier », à savoir le composé « *démystifier* » et le substantif correspondant « démystification ». Ces deux dérivés sont d'ailleurs relativement récents. À ma connaissance, le Robert est le premier dictionnaire qui en fasse mention : sous le mot « mystifier », il signale en effet : « *Démystifier* » (néol.). Détromper les victimes d'une mystification (...) Ainsi « *démystifier* » est l'antonyme de mystifier et la démystification consiste à détruire une mystification au sens de « tromperie collective ». Rien ne semble plus logique et tout irait fort bien si la paronymie n'entrait alors en jeu. Rappelons que l'on appelle « paronymes » des mots qui, sans être tout à fait homonymes, ont des formes assez voisines (...) Beaucoup de nos contemporains emploient « *démystifier* » pour dire « démythifier » (...) Quand un chroniqueur cinématographique se propose de « *démystifier* » le Festival de Cannes, il est peu probable qu'il veuille mettre fin à une « mystification » : il entend seulement enlever à ce Festival son caractère de mythe, c'est-à-dire le « démythifier ». (...) C'est seulement en octobre 1965, soit quatre ans après que j'eus dénoncé l'emploi incorrect de « *démystifier* » au sens de « démythifier », que l'Académie française s'est émue de cette confusion et a publié la mise en garde suivante : « Il ne faut pas confondre « démythifier », qui veut dire ôter à un mot, à une idée, à un acte, à un événement sa valeur trompeuse de mythe, avec « *démystifier* », qui signifie détromper la victime d'une « mystification ». On dira : « Le critique a voulu démythifier le personnage de Chateaubriand », et non : « Le critique a voulu *démystifier* Chateaubriand ». Pour raisonnable qu'elle fût, cette mise en garde n'a pas été suivie de tous. Beaucoup de journalistes et même certains auteurs renommés continuent à confondre ces paronymes en « myth » et « myst » *(Le Bidois, 70)*.

Rem. 2. Les exemples qui suivent illustrent l'emploi abusif expliqué par R. Le Bidois et condamné par l'Académie française. (ci-dessus, Rem. 1.)

Démystifier + O.

L'objectif de la science politique n'est pas nécessairement, pour employer des mots à la mode, de « *démystifier* » ou de « démythifier », mais simplement d'expliquer *(Meynaud, 59)*.

Démystifier + subst. ou pronom compléments.

C'est le genre d'homme supérieur qui « *démystifie* » tout par des mots d'esprit ? – *Démystifie*? Voilà que tu te mets à parler le jargon à la mode maintenant ? Pourquoi pas « désacralise » pendant que tu y es ! *(Dutourd, 63)*. Il est temps de réformer de fond en comble l'éducation sportive des Français et de « *démystifier* » les médailles (distribuées

DÉMYSTIFIER 152

lors des Jeux Olympiques) *(E. 2.11.64)*. 12 millions de salariés vont partir en vacances. Il faut mieux informer le public et *« démystifier »* le mois d'août *(F. 29.7.64)*. L'esprit scientifique déploie tant de zèle à *démystifier* toute chose *(M. 5.9.64)*.
La tâche la plus urgente est d'expliquer, de *démystifier* le projet gouvernemental de réforme de l'enseignement *(US 30.1.74)*.

Être démystifié(e) (passif).

Le chirurgien explique au malade ce qui va se passer (avant une opération sous analgésie par acupuncture). (Comme) le patient a participé à l'opération d'un bout à l'autre, elle est *démystifiée* à ses yeux *(Peyrefitte, 73)*.
→ DÉMYTHIFIER.

DÉMYTHIFICATION sf. ■ Action de *démythifier* ; son résultat.

Une *démythification* du patriotisme dont la piétaille se laisse prendre *(M. 15.5.66)*. Il s'agit (dans un livre) d'une tentative de *démythification* de la littérature existentialiste et (...) « pseudo-structuraliste » *(M. 23.3.69)*. Il entre dans (cette émission télévisée) une part de *démythification*, ce qui est fort intéressant et utile dans ce domaine des variétés où l'on nous propose le plus souvent des manifestations de la mode et du succès sans chercher à nous expliquer les raisons de cette mode et de ce succès *(M. 13.10.70)*.
Ce film (« Français, si vous saviez ») est tout de même une sérieuse entreprise de *démythification*. Le mot s'impose, pour une fois *(E. 19.2.73)*. La réunion à Lyon (du Conseil des ministres) est une *démythification* du sacro-saint Conseil des ministres parisien *(E. 16.9.74)*.

DÉMYTHIFIER v. tr. ■ Enlever à quelque chose son caractère de mythe.

Rem. 1. Il n'est plus possible de lire un article, une déclaration ou un discours sans qu'il soit question de *démythifier* quelque chose *(Merlin, 66)*. (Le) verbe *« démythifier »* est assurément une création toute récente, mais nécessaire. (Il) est en train de s'implanter dans notre vocabulaire. Cependant nos dictionnaires hésitent encore à lui ouvrir leurs portes. Le « Petit Robert », qui, à ma connaissance, est le premier à l'avoir signalé définit ainsi ce verbe : « Supprimer en tant que mythe. » *Démythifier* » une notion. » (...) « Horrible mot ! », s'écrie péremptoirement le chroniqueur d'un journal (...). Mais « *démythifier* » est-il plus « horrible » que « diversifier », « frigorifier », « humidifier », « intensifier », « solidifier » et tant d'autres verbes en « -fier » ? *(Le Bidois, 70)*.

Rem. 2. Je rappelle la « mise en garde » prononcée par l'Académie française en octobre 1965 : « Il ne faut pas confondre *démythifier*, qui veut dire ôter à un mot, à une idée, à un acte, à un évènement sa valeur trompeuse de mythe, avec *démystifier* qui veut dire détromper la victime d'une mystification (...) ».
(...) Expliquer le fonctionnement des machines électroniques, c'est supprimer le « mystère » qui les entoure ; les débarrasser du « mythe » qui est né de ce mystère, c'est les *démythifier* (...) ; c'est, par le fait même, « démystifier » les gens qui les imaginaient toutes-puissantes *(F. Mars, C. 16.7.72)*.

O Le théâtre de Schnitzler *démythifie la Belle Époque* viennoise. C'est un théâtre réaliste et d'une amertume désespérée *(M. 10.2.66)*. La part qu'avait prise (le grand helléniste) G. P. « esprit critique et indépendant » pour *démythifier une Grèce* — images de marbre sous un ciel élyséen — créée de toutes pièces par Leconte de Lisle, Taine et Renan *(M. 11.1.66)*. Le film de R. L. nous prouve que la *guerre* est trop foncièrement grotesque pour être « *démythifiée* » par des humoristes de deuxième ordre *(M. 20.2.68)*. Max-Pol Fouchet a retracé la vie de Rembrandt en s'efforçant de *démythifier la légende de l'artiste maudit (M. 5.2.66)*. *Démythifier* par sa diffusion de plus en plus large, la *machine électronique* (...) *(M. 3.10.70)*. Des précisions nouvelles qui devraient aider à *démythifier une question* (celle des naissances illégitimes) trop souvent abordée sous le seul angle de la morale *(M. 29.12.66)*. Notre époque a produit de grandes tragédies, je dirai même qu'elle se caractérise par la renaissance du tragique à la scène, d'un tragique *« démythifié »*, certes, mais aussi démystifié. Cru et nu comme nous. Discordant comme notre peinture, dissonant comme notre musique *(E. 25.10.65)*. Je m'efforce de *« démythifier » les truands*. Dans la pègre, tout est poussé au paroxysme : le courage, la lâcheté, la colère *(F. 15.11.66)*. Le réalisateur (d'un film) semble avoir eu l'ambition de *« démythifier » le western (M. 15.6.68)*.

∞ À force de vouloir *démythifier la voiture* (automobile), on va finir par la tuer *(PM 11.5.74)*. Presque au faîte de leur carrière, deux policiers interrogent (dans leurs livres) leur métier (avec) un souci commun de (...) *démythifier une profession* mal aimée *(E. 16.9.74)*. La revue « 50 millions de Consommateurs » *démythifie la formule publicitaire* : « Vente au prix coûtant ». En fait, si la baisse de prix est parfois sensible, elle est limitée à quelques jours de vente et à un très petit nombre d'articles *(E. 10.2.75)*.
→ DÉMYSTIFIER.

DÉNATIONALISATION sf. ■ Action de *dénationaliser*.

« *Dénationalisation* » d'U. Le gouvernement avait décidé de rendre à ses propriétaires les usines d'U. qui avaient été nationalisées *(M. 14.2.67)*. Le mythe des nationalisations est de ceux qui, en France, ont la vie la plus tenace (...). Certains les considèrent comme un premier pas sur la voie de la socialisation (...). La *dénationalisation* des entreprises publiques aurait le double avantage de fournir à l'État, par la vente de ses actifs, des ressources financières considérables et de supprimer les subventions ruineuses auxquelles il est astreint chaque année *(En. 19.6.71)*.
La C.G.T. et la C.F.D.T. accusent le gouvernement de procéder à une *dénationalisation* déguisée *(E. 27.8.73)*.
→ DÉSÉTATISATION, PRIVATISATION.

DÉNATIONALISER v. tr. ■ Rendre au secteur privé une entreprise précédemment nationalisée.

Hier ont été introduites à la Bourse de Londres, les actions de la Société métallurgique *dénationalisée* « J. S. and S. » *(M. 13.10.54)*. Il faut *dénationaliser*. On en vient à se demander s'il ne faudrait pas *dénationaliser* les entreprises publiques. (...) Volkswagen a été *dénationalisée* en 1962 à la satisfaction de tous et pour le plus grand bien de l'industrie automobile allemande *(En. 19.6.71)*.
→ DÉSÉTATISER, PRIVATISER.

DÉNÉBULATION sf. ~ 1960. Synonyme de *dénébulisation**.

Un dispositif de dissipation des brouillards par réchauffement des pistes d'aéroports au moyen de réacteurs installés dans des fosses voisines. C'est le système de « *dénébulation* » *(VR 21.4.74)*.

DÉNÉBULISATION sf. ■ Action de *dénébuliser** ; son résultat.

Est-il concevable que l'aviation commerciale soit encore soumise aux aléas de la météo ? Les moyens de lutte sont connus : *dénébulisation* et atterrissage automatique *(E. 25.12.67)*. La visibilité verticale était de 30 à 80 mètres et la visibilité horizontale inférieure à 400 mètres. Les techniques de « *dénébulisation* » ont été mises en œuvre et on s'attendait, à l'Aéroport de Paris, à une légère amélioration de la situation *(M. 5.1.71)*.

DÉNÉBULISER v. tr. ■ Dissiper artificiellement le brouillard.

Même s'il y avait de la brume, l'utilisation d'une machine à *dénébuliser* doit permettre de suivre les courses (de ski) dans les meilleures conditions de visibilité *(RMG 6.66)*.

DÉNEIGEMENT sm. ■ Action de déblayer la neige qui bloque ou encombre un lieu (piste, route, voie ferrée, etc.).

Le *déneigement* des routes et des parcs de stationnement sera assuré par des camions spécialisés *(M. 2.1.68)*.
Huit cantonniers préposés au déglaçage et au *déneigement* restent bloqués deux jours. Puis ils sont dégagés par le chasse-neige rotatif *(VR 19.2.78)*.
→DÉSENNEIGER

DÉNIVELÉE sf. ~ 1950. Dans les stations de montagne : différence d'altitude entre deux points, notamment entre la station inférieure et la station supérieure d'un moyen de *remontée** mécanique.

Les remontées partiraient de l'altitude 1 450 vers les sommets, soit 1 200 mètres de *dénivelée* *(M. 22.3.66)*. Les montagnes du Centre ne sont pas très hautes, leurs *dénivelées* pas très importantes *(M. 8.2.70)*.

● Dans une installation souterraine : différence de niveau entre les étages.

Dans les stations profondes (du métro express à Paris, il a fallu) tronçonner la *dénivelée* verticale. Les escaliers mécaniques (sont utilisés) lorsque les *dénivelées* sont faibles. L'installation d'ascenseurs ne peut être envisagée que lorsque les *dénivelées* sont importantes *(T. 10.70)*.
Des passages en *dénivelée* seraient construits au rond-point des Champs-Élysées, à l'Étoile, etc. *(M. 18.1.75)*.

DÉNOMINATEUR COMMUN loc. subst. Fig. But commun, opinion commune à plusieurs personnes ou à plusieurs groupes. — Point commun à plusieurs choses.

Deux thèmes essentiels, celui de l'Europe et celui de la démocratie, fournissent le *dénominateur commun* des positions (des partis) *(M. 19.5.64)*. Dix interventions (du pape) ont eu comme *dénominateur commun* la nécessité de la paix *(M. 6.10.65)*. Pour se faire comprendre de tous, la solution de facilité consiste à choisir un *dénominateur commun*. Le malheur, c'est qu'il n'existe qu'au plus bas niveau *(F. 25.11.66)*. Il régnait entre tous une rivalité dont l'argent figurait le *dénominateur commun* *(Caplain, 67)*. Il est très difficile de trouver un *dénominateur commun* aux nombreuses variétés du mouvement socialiste *(C. 10.10.69)*. Ce n'est pas ce qu'aime le public qu'on lui propose aux heures de grande écoute, mais ce qui ne déplaira à personne. Le plus petit *dénominateur commun* autrement dit. Une série policière ne soulève pas d'opposition *(Pa. 10.70)*.
Le compromis s'est fait autour du plus petit *dénominateur commun* : le besoin impérieux de masquer les divergences *(E. 18.9.72)*. Deux hommes venus, l'un du Paraguay, l'autre du Brésil, vont être jugés dans quelques jours. Un *dénominateur commun* : le trafic d'héroïne *(E. 27.11.72)*. L'avion commercial le plus rapide au monde, le train le plus rapide aussi, le microscope électronique le plus puissant (...) À toutes ces réalisations, un *dénominateur commun* : elles appelaient le superlatif *(M. 5.11.74)*. On connaît le témoignage de M. sur « Pétain, *dénominateur commun* des Français » *(M. 25.4.75)*. Il existe quatre écoles de bergers. Entre les élèves, un *dénominateur commun* : l'amour de la campagne *(P. 26.5.75)*. Entre les 7 programmes de gauche les écarts sont énormes, même si leur *dénominateur commun* est le glas de l'économie libérale *(E. 6.3.78)*.

DENSIFICATION sf. ~ 1972. ■ Augmentation de densité de la population ou des constructions.

On peut s'adapter à l'encombrement, à la *densification* de la population. Mais si l'on vit dans un milieu trop dense, on perd le sens de la communication *(E. 16.10.72)*. La *densification* du nouveau quartier est excessive : les bâtiments sont à touche-touche *(P. 24.2.75)*. Sur le littoral, l'exploitation systématique des sites les plus réputés s'est traduite le plus souvent par une *densification*, un enlaidissement (...) *(M. 28.4.76)*. Le plan d'occupation des sols appliqué depuis un an (à Lyon) est plus restrictif, bien qu'il permette encore une *densification* d'environ 40 % *(M. 28.4.78)*.

DENSIFIER v. intr. et tr. Dans une agglomération : augmenter la densité des constructions.

Une *ligne de métro* autour de laquelle on *densifie* à tout prix *(F. 5.3.70)*. Le *tissu urbain* n'est pas encore *densifié* *(E. 13.4.70)*.
À l'origine, la Z.U.P. (= zone à urbaniser en priorité) de M. était prévue pour quelques centaines de logements, et non pour 9.000. Mais le prix des terrains et le coût de leur assainissement ont obligé à *densifier* *(E. 2.4.73)*. Pour le ministère des Finances, le meilleur moyen de récupérer l'argent de l'État serait de « *densifier* » la zone en question : construire le maximum de logements et de bureaux *(P. 1.4.74)*.

DENSITÉ (HAUTE)

DENSITÉ (HAUTE) loc. Aviation. ■ Concentration maximale des sièges dans un avion commercial, pour en augmenter la capacité.

Avec des sièges au pas de 34 pouces, l'appareil pourrait enlever 134 à 147 passagers ; et en version « *haute densité* » – sièges au pas de 30 pouces –, 176 passagers *(VR 31.8.75).* L'été prochain, des avions seront spécialement affectés au transport bon marché, avec des sièges plus serrés, à « *haute densité* », et des prestations réduites *(M. 20.7.78).*

DÉNUCLÉARISATION sf. ~ 1957. ■ Action de *dénucléariser** ; son résultat.

Le plan de « *dénucléarisation* » de l'Europe centrale *(M. 9.1.58).* Une conférence sur la *dénucléarisation* de l'Amérique latine (devra) déterminer (quels) pays doivent être englobés dans la zone de *dénucléarisation (M. 27.8.65).* Prendre des contacts internationaux en vue de la *dénucléarisation* de l'océan Pacifique *(M. 8.5.66).* Un traité sur l'internationalisation et la *dénucléarisation* de l'espace et des corps célestes *(F. 22.12.66).*

DÉNUCLÉARISER (un pays, une zone, etc.) v. tr. ~ 1957. ■ Interdire d'y fabriquer, d'y stocker des armes nucléaires.

Empêcher la prolifération des armes (nucléaires) et « *dénucléariser* » les grandes puissances elles-mêmes *(M. 21.1.65).* La décision des pays africains de *dénucléariser* le continent *(M. 17.6.65).*

● Part. passé et adjectif.

La proposition polonaise de création au centre de l'Europe d'une zone « *dénucléarisée* » *(M. 18.12.57).* Le souci de rééquilibrer l'alliance (atlantique), de mettre fin à une *Europe dénucléarisée (M. 18.6.66).* Le traité n'exclut pas la création de *zones* régionales *dénucléarisées (M. 20.1.68).*

→ DÉSATOMISER.

DÉODORANT sm. et adj. ~ 1955. (De *déodorer*, verbe sorti de l'usage ; repris de l'angl. *deodorant*). ■ *Désodorisant** qu'on utilise pour les soins corporels.

Rem. Maurice Grevisse, dans « La Libre Belgique » du 8.11.55, avait ironisé sur ce terme jugé (par lui) assez malotru (...) Par un communiqué du 17.2.66, l'Académie française prescrivait de dire « sans hiatus et avec le suffixe -iser, désodorisant » (au lieu de *déodorant*) (...) En 1970, le mot *déodorant* était admis au Petit Larousse (...) En octobre 1970, le Robert lui fit une place dans son « Supplément » *(F. Mars, C. 8.5.77).*

● Subst.

Les *déodorants* s'appliquent sur les régions de la peau les plus sensibles. C'est pourquoi il faut utiliser un *déodorant* dont aucun composant ne risque de provoquer de réactions de sensibilisation *(Fa. 14.10.70).*

● Adj.

R. savon *déodorant* supprime tout risque d'odeur de transpiration *(PM 15.10.66).*

DÉPANNAGE sm. Fig. ■ Service rendu à une personne ; aide à une collectivité.

À titre de « *dépannage* » quelques sections de collèges d'enseignement technique ont été ouvertes. Elles ne pourront accueillir que quelques milliers d'élèves *(M. 10.9.64).* Pour le « *dépannage* » des contribuables : les contribuables peuvent consulter le Centre de renseignements fiscaux *(M. 23.2.66).*

DÉPANNER v. tr. Fig. ■ Aider (une personne, une collectivité) à sortir d'une situation difficile.

Devant la pénurie actuelle d'enseignants, on utilise un certain nombre de professeurs (du secondaire) pour « *dépanner* » l'*Enseignement* supérieur *(US 7.11.60).* (Si votre appareil n'est) plus sous garantie, si vous avez égaré l'adresse du concessionnaire, voici quelques adresses qui pourront vous aider à *vous* faire *dépanner* rapidement *(M. 11.2.65).* Après qu'il (*un jeune* en difficulté) aura été restauré, hébergé et, si possible, « *dépanné* » *(ST 6.12.68).*

DÉPARISIANISATION sf. ■ Action de *déparisianiser** ; son résultat.

Les autoroutes transversales sont essentielles à une meilleure répartition des activités et des flux de circulation sur l'ensemble du territoire, à une *déparisianisation* de la France *(C. 3.7.76).*

DÉPARISIANISER v. tr. ■ Battre en brèche la prédominance ou le monopole de Paris.

Déparisianiser la radiodiffusion pour *déparisianiser* la culture *(O.R.T.F. 4.1.69).* « *Déparisianiser* » un peu *la* télévision et réanimer la vie culturelle des régions *(En. 2.5.70).*

DÉPART sm. Fig. Répandu au milieu du XXe s., à tous les niveaux de langue, comme substitut de : commencement, début, origine.

Rem. Le phénomène a probablement sa source dans le vocabulaire du sport (course), comme en témoignage d'une part des expressions telles que *donner le départ, prendre le départ* (cf. ci-après) ainsi que divers contextes dans lesquels *départ* au figuré, est employé conjointement avec certains mots (*course, ligne, sprint*) ou en opposition avec d'autres (*arrivée*), qui évoquent plus ou moins nettement une compétition sportive.

Départ + adj.

○ Une émission télévisée avait suscité, après un *bon départ*, des critiques de plus en plus nombreuses *(M. 3.4.65).* P. (un fixatif pour cheveux) chaque matin, voilà un *bon départ* pour une journée d'homme *(PM 15.10.66).* Le *départ* (a été) difficile (dans la recherche des ravisseurs d'un enfant), a déclaré le directeur de la Sûreté nationale *(M. 8.3.61)*. La nécessité pour près d'un tiers des enfants admis en sixième de redoubler cette classe ou la suivante. Ce *mauvais départ* s'explique en partie par la faiblesse initiale des élèves *(M. 7.12.66)*. Le 30 mai, les policiers révèlent qu'un message a été trouvé et que plusieurs coups de téléphone leur sont parvenus. C'est un *nouveau départ* de l'enquête *(M. 5.6.64)*. *Nouveau départ* pour la construction d'une Europe unie *(E. 19.5.69)*. Elle (une actrice) parvient à la gloire après un *départ* assez *semblable* à celui de l'héroïne qu'elle incarne *(TL 13.4.69)*. Le *départ* de l'enquête (de police) paraissait *solide (Drieux, 65)*.

∞ La construction en commun d'un nouvel avion de combat aurait été le *départ véritable* d'une industrie aéronautique européenne *(M. 11.6.75)*. Le titre du livre et du film, « les Mal-Partis » signifie que l'auteur n'ignore pas que ce *« mauvais départ »* a probablement traumatisé Claude et Denis pour la vie *(C. 14.2.76)*.

AU DÉPART loc. adv. C'est dans cette locution que l'usage de *départ* au figuré paraît le plus fréquent. Elle semble avoir quelque peu rejeté dans l'oubli la formule *au point de départ* (fig.), et surclasser en fréquence les tours *au commencement, au début, à l'origine*, encore usuels. Elle est presque un tic verbal chez certains locuteurs. Parfois utilisée pour *a priori*.

Il (Barrès) s'est penché sur mes premiers vers et il m'a comme béni *au départ (F. Mauriac : NL. 26.11.53)*. Pas une ligne de l'œuvre n'était écrite, que déjà elle était toute là, sous mes yeux. Ils étaient tous là, mes personnages, présents *au départ (Martin du Gard, 55)*. Elle (l'affaire de l'exécution sommaire d'un Arabe en Algérie) n'a pas été présentée *au départ* en toute franchise, dans sa simplicité cruelle *(M. 1.1.56)*. Il s'agissait *au départ* d'aménager 70 hectares pour des besoins militaires *(M. 5.7.57)*. On la (une actrice) sent *au départ* aveuglée par sa passion, son tempérament de fauve *(Gautier, 62)*. M. C. est moraliste, et il se veut tel *au départ*, alors qu'on ne l'est qu'à l'arrivée, je veux dire après coup, quand la moralité ressort des choses racontées *(Henriot : M. 8.3.61)*. Si quelqu'un, à une certaine époque de notre histoire, a pu sentir qu'en s'appuyant, *au départ*, sur ces îlots de Français dispersés on pouvait refaire l'image de la France, et finalement la France, c'est bien le général de Gaulle *(M. 23.9.64)*. Puisqu'il semble impossible de délimiter formellement le champ sémantique *au départ* de la recherche, il reste à vérifier si la chose ne serait pas possible au terme de cette recherche *(Mounin, 65)*. Bien que patronné *au départ* par d'éminents maîtres de l'Université de formation classique, le projet s'était heurté, pendant des années à des mauvais vouloirs ou incompréhensions *(M. 4.8.65)*. Les travaux retardés *au départ* par le mauvais temps persistant, prennent actuellement un rythme normal *(M. 14.8.65)*. Aviez-vous la vocation de l'enseignement ? — Non. Pas *au départ*. D'ailleurs, après mes études, j'ai travaillé un moment à la Recherche atomique *(E. 19.9.66)*. Les effets nocifs de ces tensions nerveuses ne s'exercent que lorsqu'il existe *au départ* un déséquilibre alimentaire marqué *(M. 7.12.66)*. Ce prénom d'Ève dont, par une ironie du sort, elle s'est trouvée nantie *au départ (Groult, 68)*. L'escalade est un échec militaire, car son principe même viole *au départ* une des lois fondamentales de la science de la guerre *(M. 9.1.68)*. Le petit véhicule urbain ne connaîtra le grand succès qu'à des conditions précises que les ingénieurs doivent s'imposer *au départ (AAT 9.68)*. La Maldonne (un film) démontre que tout le monde n'a pas les mêmes cartes *au départ (C. 19.3.70)*. En 1969 il a été décidé de poursuivre la construction d'un accélérateur européen de particules géant de 200 milliards d'électrons-volts. Sur les six pays engagés *au départ*, cinq participeront à cette réalisation *(En. 30.1.71)*.

On imaginait mal, *au départ*, les innombrables complicités que révèle cette histoire *(Saint Pierre, 72)*. L'erreur de quelques uns a entraîné une sorte d'écart dans le cheminement des sociétés, écart minime *au départ*, mais qui, à mesure que les années passent, grandit *(M. 12.7.74)*.

Le scénario est, *au départ*, identique chez M. : une grève du ras-le-bol *(O. 26.6.78)*.

DÈS LE DÉPART loc. adv. Tour très fréquent pour : dès le début.

Je n'éprouvai aucune jalousie. C'était pourtant la première fois, depuis que nous nous connaissions qu'une femme comptait pour S. Mais *dès le départ*, S. m'avait prévenue qu'il aurait des aventures *(Beauvoir, 60)*. Cet ambitieux programme n'a pas été réalisé. Il a souffert *dès le départ* d'absence d'études préalables et de cohérence *(E. 31.5.65)*. Devant l'ampleur de l'œuvre à réaliser il importe *dès le départ* de ne pas commettre d'imprudence *(R.G.C.F. 11.66)*. Il faut admettre *dès le départ*, qu'un mot, quel qu'il soit, avant d'être employé, avant de figurer dans un contexte quelconque appartient à un ensemble ou à des ensembles lexicaux *(Wagner, 67)*. C'est peut-être la première guerre pratiquement gagnée — *dès le départ* — par l'intelligence. Au sens de « Intelligence Service », c'est-à-dire l'information *(E. 19.6.67)*. *Dès le départ*, le Japon montrait des dons exeptionnels pour l'âge moderne *(M. 12.12.67)*. Il fallait *dès le départ*, définir une politique économique dont le point d'arrivée aurait été compatible avec la stabilité monétaire *(E. 9.12.68)*. Les préjugés et les idées reçues qui gênent et freinent *dès le départ* une réflexion *(Duquesne, 70)*.

Le chancelier Brandt était *dès le départ* le plus désireux qu'ait lieu un « sommet » *(E. 18.9.72)*.

Départ (complément d'un verbe transitif) La plupart des constructions verbales avec *départ* (fig.) comme complément sont d'origine sportive : *donner* ou *prendre le départ, faire* ou *prendre un* (bon, mauvais) *départ*.

L'activité intellectuelle *connaît un nouveau départ* avec la rentrée en force des auteurs interdits jusque-là *(ST 8.10.66)*.

Le Conseil des Ministres français *donne le départ* à la négociation *(RSR 16.3.61)*. Pour certains sociologues, les rassemblements de jeunes autour des billards électriques *donnent le départ* à la formation d'une bande qui peut rapidement dévier vers des activités moins anodines *(E. 5.4.65)*. Le 4 juin 1919, André Citroën *donnait le départ* à la production automobile française de grande série en lançant son premier modèle *(A. 3.9.70)*.

La parution en librairie des Guides (...) *donne* chaque année *le départ* de la saison touristique *(E. 4.3.74)*.

Vous (les jeunes filles) ne *faites* pas dans le mariage ni dans l'existence *un mauvais départ* (FP 9.70).
Un livre peut aussi bien *prendre le départ* d'un mas de Provence, d'un manoir breton que d'un hôtel de la rue Jacob ou du boulevard Saint-Germain *(M. 9.6.65)*. Son activité électorale (d'un politicien) a *pris le départ* dès le mois d'août *(M. 19.2.67)*. *Prendre le départ* pour une course à la puissance sidérurgique *(Guillain, 69)*. M. Pompidou a *pris le départ d'une longue course vers l'Élysée (C. 1.3.69)*.
M. S. a annoncé sa décision de ne pas *prendre le départ* de la course à la présidence *(M. 23.4.74)*.
La décentralisation en banlieue et en province a déjà *pris un bon départ (O. 3.1.68)*. La procédure a *pris* ces derniers jours *un départ en flèche*, expédiant en 48 heures ce qui aurait dû normalement se dérouler en 20 jours *(O. 23.11.66)*. Ainsi embrayé, le cycle (d'émissions sur) Freud a *pris un excellent départ (ST 25.1.69)*. À peine lancée en librairie, « Modesty Blaise » a *pris un départ foudroyant (E. 23.8.65)*. Il semble que, cette saison, le théâtre *prenne un nouveau départ* à Paris *(E. 1.12.69)*. Cet homme et cette femme qui *prennent un nouveau départ (FP 10.70)*.
Aux Assises, Me B. (avocat) a *pris un bon départ*. Son talent inédit a fait impression *(E. 13.3.72)*. Il est important de ne pas *prendre un mauvais départ* (pour l'élection présidentielle : ni trop tôt, ni trop tard *(E. 4.3.74)*. Une loi sur l'interruption de grossesse sera élaborée (...) la contraception *prendra* peut-être *un vrai départ* dans les esprits et dans les mœurs *(Beunat, 74)*. La Haute fidélité *a pris un départ foudroyant* en 1975 : les ventes ont augmenté de 40 % *(E. 8.3.76)*.

Substantif + de départ. Tantôt *de départ* a la fonction d'un adjectif (p. ex. *initial, e*), tantôt on le trouve dans une expression plus ou moins figée, comme *ligne de départ*, empruntée au vocabulaire du sport.

(Le) système traditionnel d'enseignement (est) assimilable seulement dans la mesure où existe (chez l'élève) un *bagage de départ* suffisant. On confond trop souvent « aptitudes » et bagage culturel initial *(M. 10.5.67)*. L'institut national de la consommation aura un *budget de départ* de 3,6 millions de francs *(E. 8.1.68)*. Nous demandons que le rail bénéficie, dans la concurrence, de ce qu'on a appelé « l'égalité des *conditions de départ* » *(R.G.C.F. 9.66)*. L'*idée de départ* de ce vaudeville avait du punch *(PM 11.10.69)*. Cet ensemble de mobilier simple plein d'ingéniosité et d'astuces offira à un jeune ménage une *installation de départ (C. 16.3.69)*. La même *ligne de départ*, un point d'arrivée différent, mais le but visé n'est pas le même. Un sociologue se mesure dans cette course avec un philosophe théologien *(M. 24.9.66)*. Les partis sur la *ligne de départ (F. 12.1.67)*. Progression vers la *ligne de départ* pour le « sprint » présidentiel *(M. 9.3.68)*. Un *postulat de départ* doit selon les ingénieurs précéder et éclairer toutes les recherches sur le petit véhicule urbain *(AAT 9.68)*. La différence entre la *rémunération de départ* et la rémunération définitive *(Ens. 12.60)*.
Le président de la République ironise sur les prétendants qui piaffent sur la *ligne de départ* de la course présidentielle *(E. 4.3.74)*.
→ DÉMARRAGE, DÉMARRER.

DÉPARTEMENT sm. Repris mil. XXe (sous l'influence de l'anglais *department*) ■ Service ou subdivision d'un service dans une administration, une entreprise, etc.

Il y a « l'anglicisme honteux » qui se cache et n'ose dire son nom ; c'est celui que nous commettons en disant *département* pour désigner une subdivision d'un service d'une administration *(Cl. f. 7.59)*.
C. recherche pour son *département* plastiques (un) collaborateur *(M. 10.5.66)*. Le contrôle du *département* électronique de la société O. *(E. 2.1.67)*.

DÉPARTEMENTALISER v. tr. 1972. ■ Donner aux départements une compétence qui appartenait antérieurement à une autre collectivité publique ou à l'État.

Loin de préconiser une étatisation des rivages maritimes, le Conservatoire du littoral souhaite les régionaliser et même les « *départementaliser* » *(M. 5.7.78)*.

DÉPASSIONNER (un débat, une question, etc.) v. tr. Adopter (dans un débat, une discussion, à propos d'une question) une attitude objective, un ton non polémique.

Tout ce qui touche à Aragon a pris dès longtemps une allure passionnée. Mais il faut justement *dépassionner le débat (M. 15.3.57)*. Le ministre des Affaires étrangères s'est attaché, selon ses propres termes, à « *dépassionner* » *un débat* « exagérément et inutilement passionné » *(M. 17.6.65)*. Les efforts (du Premier ministre turc) pour « *dépassionner* » le problème de Chypre *(M. 14.10.65)*.
→ DÉCRISPER.

DÉPENALISATION sf. Droit. ■ Suppression du caractère pénal d'un acte illicite.

Après avoir demandé en 1972 la disqualification en contravention de ces vols (dans les grands magasins), le Syndicat de la magistrature hésite davantage aujourd'hui. Une *dépénalisation* risquerait en effet d'aboutir à renforcer une justice privée *(M. 8.4.78)*.

DÉPERSONNALISANT, E adj. ■ Qui détériore la personnalité.

Comme si le développement des monopoles et des trusts à la fin du XIXe s. avait eu, sur la production romanesque de la même période, la moindre influence *dépersonnalisante* *(P.-H. Simon : M. 9.12.64)*. Certains (hallucinogènes) sont *dépersonnalisants (Cs. 1.69)*.

DÉPERSONNALISATION sf. ~ 1957. Action de *dépersonnaliser** son résultat. — État de quelqu'un qui est dépersonnalisé.

Des états de *dépersonnalisation* qui s'emparent parfois des automobilistes. Les gestes du conducteur atteignent un tel degré d'automatisme qu'il a l'impression qu'un autre est au volant *(AAT 1.61)*. Jamais les autres ne sont plus autres, étrangers, inquiétants, menaçants, que dans la vie urbaine, lorsqu'ils se constituent en foule. M. B. explique très bien le mécanisme de cette *dépersonnalisation (E. 3.10.66)*.
L'aliénation culturelle totale, la *dépersonnalisation* absolue a été le sort des Indiens du Pérou *(E. 11.6.73)*. La fonction d'agent de maîtrise a été peu à peu vidée de sa substance par (...) la *dépersonnalisation* des liens hiérarchiques dans l'entreprise *(Exp. 6.73)*. En ville, les contacts entre médecin et malade sont davantage personnalisés. À l'hôpital, le malade court le risque de devenir un cas (...) La *dépersonnalisation* est ressentie par le patient comme par le médecin *(Beunat, 74)*.

DÉPERSONNALISER v. tr.

- Avec pour complément un nom de personne. ■ Traiter quelqu'un sans tenir compte de sa personnalité. Lui faire oublier, perdre son individualité.

    Ce thème de la *femme dépersonnalisée* par la docilité à des normes commercialement inspirées *(M. 5.10.66)*. L'actuelle société industrielle, par le privilège qu'elle accorde à la technicité, à la production et à l'efficacité, aboutit à *dépersonnaliser l'homme*, à le faire chose *(M. 9.6.65)*.

- Avec pour complément un nom de chose. ■ Rendre banal, insignifiant.

    Le système hollywoodien *dépersonnalise* toute *intrigue*, désactualise tout problème, aseptise tout conflit *(Cd. 17.10.66)*. La banlieue la plus densément industrielle, celle dont on pouvait penser qu'elle ne laissait plus transparaître de l'homme que les *résultats dépersonnalisés* de son monstrueux labeur *(M. 8.6.68)*.
    Une administration bureaucratique et centralisée (...) impose partout des *solutions dépersonnalisées (O. 3.9.73)*.

- Écon., Pol., etc. : Rendre (le pouvoir) impersonnel.

    Certaines grandes entreprises américaines sont arrivées à *dépersonnaliser le commandement (O.R.T.F. 10.10.70)*. C'est avec le même souci de *dépersonnaliser le pouvoir* que les nouveaux dirigeants hésitent à engager contre le leader déchu un procès politique qui risquerait de ranimer sa popularité *(M. 20.7.65)*.

DÉPERSONNALISER (SE) v. réfléchi.

- Avec pour sujet un nom de personne. ■ Perdre son individualité ou y renoncer. — Prendre une attitude, un ton impersonnels.

    Il est difficile de demander à un commentateur de se *dépersonnaliser (M. 12.11.67)*.

- Avec pour sujet un nom de chose. ■ Devenir anonyme, banal.

    C'était comme si ce logement qu'il avait fini par aimer, s'était tout à coup *dépersonnalisé (Vigil, 67)*.

DÉPHASAGE sm. Fig. *Décalage**, retard (de quelque chose ou de quelqu'un) par rapport à une évolution, à une situation ; inadaptation (de quelqu'un) à son entourage, etc.

Nous sommes dans une société en évolution rapide, et au lieu de vivre avec elle en état d'équilibre mobile, nous sommes en plein *déphasage* entre ses divers éléments *(E. 24.6.68)*. La demande est en *déphasage* qualitatif par rapport à l'offre *(En. 5.4.69)*. Le *déphasage* culturel de la province par rapport à Paris *(E. 7.4.69)*. Il s'agit d'une désadaptation générale, d'un « *déphasage* » de chacun, professeur, élève, famille par rapport tous *(PM 27.6.70)*. Le « *déphasage* » qui existe depuis la seconde guerre mondiale entre un pays (la France) en pleine mutation et des structures politiques et administratives qui ont peine à se dégager des modèles passés *(F. Mon. 9.70)*.

DÉPHASÉ, E adj. Fig. ■ En retard par rapport à quelque chose. Qui ne peut s'adapter à quelque chose, s'entendre avec quelqu'un.

La *Chine* est *déphasée* de trente années par rapport à la Russie soviétique, mais elle suit forcément la même route *(M. 2.10.59)*. L'inadaptation est le fruit d'une évolution moderne trop rapide, qui trouve l'*individu déphasé (C. 30.3.69)*. Le *langage* que nous (les enseignants) employons est *déphasé* par rapport à ce que font les élèves par ailleurs *(US 13.3.68)*.
Déphasés, ou dépassés, les gradés ne se rendent pas compte que l'antimilitarisme gagne du terrain dans les casernes *(O. 6.1.75)*.

DÉPIGEONNISATION ou DÉPIGEONISATION sf. ■ Ensemble de mesures prises pour débarrasser un lieu (région, ville, etc.) des pigeons.

« *Dépigeonnisation* » : une vaste opération de capture des pigeons de Nice va être déclenchée. Ils seront rassemblés dans une immense volière avant d'être expédiés vers d'autres communes *(M. 27.1.65)*. Pigeons « go home ». Le conseil municipal de F. fatigué des plaintes de ses administrés a décidé une campagne de « *dépigeonisation* » *(PM 24.2.68)*.

Rem. On trouve aussi la forme *dépigeonnage*, attestée 1964 (PR 77)

DÉPILATION sf. ■ Fait de *dépiler** ; son résultat.

Toutes les autres méthodes de *dépilation* paraissent insuffisantes, compliquées, démodées. Finies les longues et parfois cuisantes séances de *dépilation* laissant des traces révélatrices *(FP 9.70)*.

DÉPILATOIRE adj. ou sm. ■ Produit qui élimine les poils superflus. Variante pour *épilatoire*.
> Ou vous laissez voir des jambes mal épilées ou (vous utilisez) le *lait dépilatoire* V. *(Fa. 14.10.70)*.

DÉPILER v. tr. 1950. Terme de médecine ancien repris au milieu du XXe s. ■ Épiler, éliminer les poils superflus.
> En quelques minutes, V. Lait *dépile* jusqu'à la racine *(Fa. 14.10.70)*.

DÉPISTAGE sm. ■ Action de rechercher méthodiquement et de découvrir quelque chose (un indice de maladie, un objet parmi un grand nombre d'objets semblables, etc.).
> Grâce aux installations électroniques (dans une bibliothèque), trente-cinq secondes, plus tard en moyenne, le titre recherché est décelé dans son rayon parmi quinze mille autres ouvrages. A la limite, le temps de *« dépistage »* peut atteindre trois minutes *(F. 23.11.66)*. Un moyen de *dépistage* très simple des états d'imprégnation alcoolique, c'est l'alcootest *(O. 23.6.69)*. Tous les (cardiologues) sont d'accord pour préconiser un *dépistage* systématique de l'hypertension artérielle *(F. 8.9.70)*.

DÉPLAFONNEMENT (de cotisations, salaires, etc.) sm. ■ Action de *déplafonner**.
> Les salariés qui gagnent plus de 1 180 F par mois devraient subir une retenue de 2 % sur la partie de leur salaire qui excède cette somme, alors qu'aujourd'hui, ils ne payent rien. C'est le fameux *« déplafonnement »* *(E. 8.5.67)*. Une menace entre toutes les a braqués (les cadres). Issue des cervelles d'experts, elle s'appelle le *« déplafonnement »* *(PM 19.6.70)*.

DÉPLAFONNER v. tr. Fig. ~ 1965. Spécialement : relever la limite supérieure — ou « plafond » (fig.) — au-delà de laquelle le salaire n'est plus soumis à la cotisation de Sécurité sociale.
> La réforme de l'assurance maladie se traduirait par une augmentation de la contribution des assurés sociaux : les *cotisations* des salariés seraient *« déplafonnées »* (actuellement, le plafond est de 1 080 F par mois) *(M. 24.3.66)*. *Déplafonner* le régime d'assurance vieillesse des artisans *(E. 23.12.68)*.
> La cotisation des cadres pour la retraite se calcule entre le chiffre du plafond de la Sécurité sociale et un salaire de 6.300 F. Si on *« déplafonne »* la cotisation à la Sécurité sociale, comment calculer celle de la retraite ? *(PM 19.6.70)*.

DÉPLANIFICATION sf. Politique : fait de *déplanifier** ; son résultat.
> La politique de *déplanification* qu'a poursuivie la Ve République : après trente ans d'interventionnisme de l'État, celle-ci s'est donné une doctrine tendant à un retour à une certaine économie libérale *(F. 11.11.66)*. Que le gouvernement ait démoli les rares et faibles mécanismes financiers qui existaient relève d'une volonté politique de *« déplanification »* *(E. 20.4.70)*.

DÉPLANIFIER v. intr. et tr. Politique : revenir à une économie plus libérale après une période de dirigisme ou de planification.
> La Ve République a *déplanifié* l'économie *(F. 11.11.66)*. M. Mendès-France a accusé le gouvernement de dessaisir l'État de ses moyens d'action sur l'économie, et particulièrement de *« déplanifier »* *(E. 5.6.67)*.

DÉPOLITISANT, E adj. Qui *dépolitise**.
> Cette presse d'aujourd'hui, qui doit se consacrer avant tout au divertissement et à l'évasion, et dont l'*action* est fondamentalement *« dépolitisante »* *(Schwœbel, 68)*.

DÉPOLITISATION sf. ~ 1959. Action de *dépolitiser** ; son résultat.
> Le gaullisme recouvre une conception du pouvoir et de l'État parfois décrite comme une *« dépolitisation* interne *» (M. 22.7.59)*. La presse de gauche put se livrer pendant des mois à des enquêtes sur la *« dépolitisation* de la jeunesse *» (Revel, 65)*. L'irresponsabilité du pouvoir conduit à l'indifférence des citoyens, à la *dépolitisation (M. 2.9.65)*.
> Les Français boudent la vie politique (...) L'orage approche, mais l'été aussi. Alors ils rêvent aux vacances (...) Inconscience ? *Dépolitisation* ? N'en croyez rien. S'ils participent peu, c'est que la participation est encore une idée en l'air *(P. 1.4.74)*.

DÉPOLITISER v. tr. et intr. ~ 1955. ■ Dégager (qqch) de toute influence politique.
> Cette soif de connaissance et de vérité, les écrivains et les artistes l'expriment par la lutte qu'ils mènent pour *« dépolitiser »* la culture *(M. 31.1.57)*.
> Tu vas fausser le débat en le *dépolitisant* (Droit, 64).

DÉPOLLUER v. tr. ~ 1970. ■ Atténuer ou éliminer la *pollution** (dans un site, une ville, etc.).
> Il faudrait donner au Service compétent les moyens de *dépolluer* les propriétés contaminées par des déchets radioactifs *(M. 18.3.75)*. 6.000 militaires ont été chargés de *dépolluer* les plages souillées par le pétrole du naufrage (d'un pétrolier) *(M. 15.6.78)*.

● Fig. Iron. Débarrasser d'une influence jugée néfaste.
> Contre l'industrialisation des rengaines, la mission de l'enseignement est (...) de *dépolluer* l'oreille des enseignés *(O. 3.9.73)*.

› POLLUER.

DÉPOLLUEUR sm. ~ 1975. Celui qui (par profession ou non) travaille à une tâche de *dépollution**.

Le premier âge (de la lutte contre la pollution) a consisté à consisté à coiffer de filtres les cheminées (d'usines) et à museler les égouts des entreprises avec des systèmes d'épuration. Ces « prothèses » font le bonheur d'une nouvelle branche industrielle, celle des *dépollueurs* (M. 20.12.75).
→ POLLUEUR.

DÉPOLLUTION sf. Action de *dépolluer** ; son résultat.

Il ressort du colloque sur la *dépollution* des océans (qui vient d'avoir lieu à Paris) que l'on est décidé à mettre en œuvre les techniques les plus modernes dans la bataille contre les pollutions marines par hydrocarbures *(Air 10.10.70)*.
Dans le cas où une propriété est dépolluée, c'est en principe le propriétaire qui supporte les frais de *dépollution* (M. 18.3.75). Concevoir des usines créant moins de déchets et de nuisances, cela coûte un peu d'argent, mais moins que la *dépollution* (M. 20.12.75).
Les charges occasionnées (à une raffinerie de pétrole) par le fonctionnement des installations de *dépollution* (de l'eau) étaient faibles *(P. 10.7.78)*.
→ DÉGAZAGE, ENVIRONNEMENT, NUISANCE, POLLUTION.

DÉPOSE sf. ■ Action ou fait de laisser en un lieu qqn ou qqch qu'on y a transporté (dans un véhicule).

La saison dernière, dans le massif du Mont-Blanc, un millier de skieurs ont été déposés par des hélicoptères sur 40 sommets. Devant le développement de ces *« déposes* sauvages », le responsable des secours en haute montagne déclarait : « Les *déposes* intempestives de skieurs de tous niveaux en tous points sont aberrantes et dangereuses » *(M. 3.4.76)*.

DÉPOUSSIÉRER v. tr. Fig. ■ Rafraîchir, renouveler.

(Le livre) donne au lecteur cultivé l'occasion de *dépoussiérer* ses connaissances *(M. 30.8.61)*. La réforme engagée est destinée à *« dépoussiérer »* la radio régionale *(M. 21.11.69)*.

DÉPOUSSIÉREUR adj. et sm. Techn. ■ (appareil, dispositif) qui absorbe les poussières.

● Adj.
Filtre *dépoussiéreur* et bac humidificateur (dans un appartement) *(M. 17.11.66)*.

● Subst.
Les fumées traversent un *dépoussiéreur* électrostatique *(VR 30.3.69)*.

DÉPRESSIONNAIRE adj. Météo : relatif à une dépression atmosphérique.

Le *couloir dépressionnaire* qui s'est ouvert sur la face orientale de l'anticyclone centré au sud de l'Islande, nous vaut un temps maussade *(F. 2.11.66)*. Une vaste *zone dépressionnaire* située sur l'Atlantique dirige des perturbations vers l'Europe occidentale *(M. 20.2.66)*.

DÉPRESSURISATION sf. Astron., Aviat. Cessation de l'état de *pressurisation**.

Un des moteurs (d'un avion) explosa. Une pièce projetée contre la cabine provoqua la *dépressurisation* de l'appareil *(M. 1.7.69)*. La catastrophe du DC-10 pourrait être due à une *dépressurisation* brutale de la soute à bagages *(M. 7.3.74)*.

DÉPRESSURISER v. tr. Astron., aviat. Faire cesser l'état de *pressurisation** dans la cabine d'un avion, d'un vaisseau spatial.

Au moment d'ouvrir la cabine (du vaisseau spatial) le pilote est contraint de liquider l'atmosphère artificielle qui règne normalement dans l'engin. La cabine *est dépressurisée* *(E. 19.9.66)*.
→ PRESSURISER.

DÉPRIME sf. 1973. (De *déprimer*). Fam. ■ Dépression nerveuse. Découragement, cafard (fam.).

Vivre dans ces clapiers (= les grands ensembles immobiliers), même s'ils sont bordés de verdure ? Rester des journées entières dans un glacis bétonné en attendant que les pelouses s'animent à la sortie des écoles, et quand même éviter la *déprime* ? *(O. 9.4.73)*.
La *déprime*, ou bien il (= un homme politique) ne la connaît pas, ou bien il la cache avec superbe. 18 heures après avoir connu son échec (à l'élection présidentielle) il annonçait qu'il reprenait la lutte *(P. 27.5.74)*.
Lui non plus (un étudiant) n'est pas très gai. Tout à l'heure il s'est senti incapable de regagner sa chambre après le médiocre repas (...) Crise de *déprime*, le cœur au bord des lèvres : « depuis mon entrée en fac, je cherche à comprendre pourquoi je vais mal. Enfin, pas vraiment mal, mais pas très bien » *(M. 21.6.78)*.

DÉPROLÉTARISER v. tr. ■ Atténuer ou faire disparaître les aspects, les caractères « prolétaires » d'un groupe social, d'une ville, d'un quartier.

Il s'agit d'achever de *déprolétariser* Paris *(O. 4.12.72)*.

DÉQUALIFICATION sf. ■ Baisse ou perte de la qualification, de la valeur professionnelle de quelqu'un.

Le processus actuel de *déqualification* du personnel (de l'Éducation nationale). (...) On combattrait la *déqualification* en rendant plus attirants les concours (de recrutement du

DÉQUALIFICATION

personnel enseignant) *(US 25.1.65)*. Sur 100 hommes changeant de profession manuelle, près de 55 le font à qualification égale, 23 acquièrent une qualification supérieure et 22 connaissent une perte de qualification. Il est malaisé de savoir dans quelle mesure ces *déqualifications* sont réelles ou factices *(M. 27.11.66)*.

DÉRAILLEMENT sm. Fig. (D'après l'emploi analogue du verbe *dérailler* depuis le XIXe s.). ■ Action ou fait de s'écarter de la normale, de la norme.

Se fixer sur une idée. La polir, la mettre au point. Mais, comme chaque fois, l'effort est vain. Le *déraillement* presque immédiat des pensées et des sensations. Je déraille. Mes images déraillent *(H.-F. Rey, 62)*. Les parents ont appris cela : lorsque leurs enfants « tournent mal », les mauvaises fréquentations sont plus souvent le signe que la cause du *déraillement (E. 9.12.68)*. Beaucoup de (journalistes) ne vont pas entendre un chef d'État étranger pour le seul plaisir d'écouter une conférence solide et réfléchie. Ce qu'ils espèrent, c'est tout le contraire, l'imprévu, le *déraillement*, l'aveu involontaire, en un mot matière à bons titres *(M. 26.2.70)*. Cette grève, c'est le premier *déraillement* de la politique contractuelle depuis que le gouvernement est en place *(E. 16.10.72)*.

DÉRAPAGE sm. Fig. ■ Changement défavorable, soudain ou non, mais imprévu et incontrôlé, d'une situation.

● Écon.

Il n'y a pas lieu de craindre un *dérapage* des prix. Ils sont et resteront surveillés *(O.R.T.F. 16.12.68)*. Il n'y a pas encore de flambée des prix, alors que la dévaluation pouvait entraîner un tel *dérapage (C. 30.10.69)*. Il est possible d'appuyer sur l'accélérateur sans trop modifier les évolutions en cours. La croissance peut être accélérée sans *dérapage (M. 16.1.70)*. Le Président de la République veut que l'on aille vers l'industrialisation et l'urbanisation principalement par le libre jeu des forces économiques privées, et accessoirement par des actions limitées de l'État pour éviter des dérapages ou des chocs trop graves *(E. 5.10.70)*. Depuis le début de l'année, la certitude d'un *dérapage* de moins en moins contrôlé des prix a poussé les consommateurs à acheter comme jamais *(P. 1.4.74)*. Le grand *dérapage*, la perte totale du contrôle par les pouvoirs publics des leviers de commande de l'économie est un danger plausible *(M. 28.6.74)*. Le coût des travaux du métro de Lyon serait de trois fois supérieur aux prévisions : les services compétents s'inquiètent de ce *« dérapage »* excessif *(M. 9.10.74)*.
Aux économistes de dire s'il est possible de relever le taux de croissance au-dessus du taux de productivité sans *« dérapage »* du commerce extérieur, et donc de la monnaie et des prix *(M. 2.7.78)*.

● Dans d'autres domaines.

Presque tout de suite le *dérapage* : l'héritage du père dilapidé en quelques mois *(M. 30.9.67)*. Ces dernières années, les cadres français ont bénéficié de la loi du marché. Ils étaient rares et chers. Désormais, ce n'est plus le cas. On exploite les cadres de 30 à 40 ans. Un praticien des salaires confirme ce *« dérapage » (E. 22.1.68)*. Sans un minimum de confiance, de dialogue entre le chef de l'exécutif et les représentants du pays actif, il n'y a plus de « contrat social ». C'est le *dérapage (E. 25.3.68)*. L'esprit de compétition n'est pas absent. Mais (la jeunesse) redoute ses effets (...) Est-ce un frein salutaire juste assez serré pour éviter le *dérapage* vers les névroses ? *(E. 24.2.69)*.
La mission du Premier ministre est précise : tenir l'U.d.r. (Parti gaulliste) contre vents et marées. Empêcher les *dérapages* et préserver (...) la majorité présidentielle *(E. 21.10.74)*. Beaucoup d'usagers de la SNCF se plaignent du *« dérapage »* des horaires : les voyageurs supportent mal les retards des trains rapides *(M. 25.10.74)*.
Un nouvel équilibre des forces sociales se cherche en France ces temps-ci. Cela ne fait pas disparaître les risques de *dérapage* : dérapage *si les syndicats jugent insuffisantes les concessions qu'ils obtiennent* ; dérapage *en sens inverse si les patrons lâchent sur les salaires en se rattrapant sur les prix (M. 7.5.78)*.
→ DÉRAILLEMENT.

DÉRAPER v. intr. Fig. (D'après l'emploi dans le vocabulaire de la circulation routière).

1. Avec pour sujet un nom de chose. Écon. ■ Échapper au contrôle des autorités, des dirigeants. – *Amorcer** une évolution, un mouvement soudains aux conséquences imprévisibles mais généralement fâcheuses.

L'*économie* française pourra-t-elle prendre, sans *déraper*, le virage que le Premier ministre tente de négocier ? *(E. 2.12.68)*. Le général Hiver devient un adversaire sur les marchés. Le *gouvernement* refait ses comptes. Sur ce terrain glissant la marge de manœuvre reste étroite. Il n'est pas permis de *déraper (PM 20.12.69)*. La *politique* (économique d'un ministre) semble avoir convaincu l'Élysée. Pour autant qu'elle ne *dérape* pas *(E. 2.3.70)*. Sans la discipline du grand commerce *les prix déraperaient* beaucoup plus vite qu'ils ne le font actuellement *(M. 6.8.68)*. Les *prix ne dérapent* pas encore brutalement en hausse *(E. 29.9.69)*.
L'apparition du métro à Lyon et à Marseille risque de faire *« déraper »* le budget de fonctionnement des transports collectifs de ces villes *(M. 28.4.78)*. Aux États-Unis, le commerce extérieur continue à *déraper* (...) alors on vend du dollar pour acheter du yen *(E. 31.7.78)*.

● Dans d'autres domaines. ■ S'écarter de la direction, de la ligne prévues.

J'en avertis mes lecteurs : il y a un risque pour que mon *feuilleton* d'aujourd'hui *dérape* vers la politique *(P.-H. Simon : M. 2.6.65)*.
Devant la commission de contrôle, le ministre de l'Information fait *« déraper »* la discussion du problème de l'ingérence de l'État (à l'Ortf) sur le scandale financier *(E. 22.10.73)*.

2. Avec pour sujet un nom de personne. ■ S'écarter de la norme (morale, sociale, etc.). – Glisser, passer (d'un état d'esprit, d'un sentiment à un autre).

Une jeune femme *« dérape »* malgré la vie confortable qu'elle mène. Elle (a) un bon mari ; un de ses collègues de bureau est devenu son amant *(M. 23.12.66)*. Dans un style envoyé,

profondément actuel, drôle et terrible, ce livre *nous fait déraper* de la joie à l'angoisse *(FP 11.70).*
J'ai lu très attentivement vos Mémoires. J'ai cherché, à travers vos souvenirs, à déterminer le moment où vous (Raoul Salan) avez commencé à ce que j'appelerai *« déraper ».* Car vous avez *dérapé (P. 8.7.74).*

DERNIER-NÉ, DERNIÈRE-NÉE subst. Emplois figurés. À propos de choses : le plus récent ; le dernier en date, le dernier modèle.

O Le ski de bois est trop souple, le métal, trop rigide. Nous avons essayé les alliages les plus inattendus : le zicral, *dernier-né de l'aviation (E. 5.6.67).* S. M., le dernier régleur de *bombes* de la Casbah, prit l'une de ses *dernières-nées* (...) régla le déclencheur à 2 mn 30 *(Courrière, 69).* La *dernière-née des bombes* de peinture *(A. 12.2.70).* Le *dernier-né des cabarets* (de Paris) présente un dîner-spectacle style rive gauche *(O. 20.12.67).* Le « public relations » du *dernier-né des déodorants français (O. 17.3.69).* Le *dernier-né des électro-copieurs (E. 2.11.64). Dernier-né des engins* habités soviétiques, le Soyouz : un vaisseau spatial composite *(M. 21.11.68).* La *dernière-née des facultés des lettres (M. 8.5.68).* La *dernière-née* de la grande famille *des fibres synthétiques* (Hetman, 69). Le *dernier-né de la gamme* S. est un cyclomoteur de conception entièrement nouvelle *(Pub. M. 31.5.69).* Le *dernier-né des outils* adaptables au bloc P. (...) *(VR 7.12.69).* La *dernière-née des soucoupes* (plongeantes), la plus profonde du monde, subit ses premiers essais *(E. 17.2.69).* La *dernière-née des engins* unités de surface (de la marine) permet de saisir la transformation profonde de la flotte d'escorte *(M. 28.1.71).*

∞ Le *turbotrain, dernier-né* de la traction ferroviaire *(M. 14.11.72).* La *dernière-née des voitures* grand tourisme de M. *(E. 25.6.73).* Le *dernier-né des missiles* antichars *(E. 22.10.73).* La *dernière-née des eaux* de toilette *(VR 2.12.73).* La *dernière-née des boutiques (E. 4.3.74).* Ce *domaine skiable, le dernier-né* de la région, compte 500 km de pistes *(P. 16.12.74).*
La *dernière-née des stations* nouvelles du Languedoc *(M. 6.5.78).*

DÉROULEUR sm. ■ Ensemble d'organes qui, dans un calculateur électronique, permet l'enroulement et le déroulement d'une bande magnétique.

Dans l'unité centrale de l'ordinateur, le seul mouvement, invisible et ultra-rapide, est celui du flux d'électrons. Tandis que les *dérouleurs* de bandes sont esclaves des limites de la mécanique *(E. 16.7.73).*

DÉROUTAGE ou DÉROUTEMENT sm. Action de *dérouter**.

(On) prie tous les États d'assurer le *déroutage* de n'importe lequel de leurs navires (...) à destination de la Rhodésie *(M. 9.4.66).* Un pilote français au service de l'État marocain a été *dérouté (M. 22.11.59).* Plusieurs lignes d'autobus sont *déroutées (C. 4.5.64).* Un commando argentin *déroute* un avion de ligne *(PO 29.9.66).* Le brouillard qui recouvrait ce matin l'aérodrome d'Orly a obligé les autorités à *dérouter* six avions *(M. 5.1.71).*
Un commandant de bord venant de Pointe-à-Pitre, et qui était attendu à Roissy, avait *dérouté* son avion et s'était posé à Orly *(P. 29.4.74).*

DÉROUTER v. tr. ■ Modifier, soit par mesure de précaution, soit par acte d'hostilité, la « route » ou la destination d'un avion, d'un navire, d'un véhicule de transport public.

Un épais brouillard a recouvert les aérodromes (de Paris). Les long-courriers ont été *déroutés* sur Lyon et Marseille *(M. 9.1.57).* Un pilote français au service de l'État marocain a été *dérouté (M. 22.11.59).* Plusieurs lignes d'autobus sont *déroutées (C. 4.5.64).* Un commando argentin *déroute* un avion de ligne *(PO 29.9.66).* Le brouillard qui recouvrait ce matin l'aérodrome d'Orly a obligé les autorités à *dérouter* six avions *(M. 5.1.71).*
Un commandant de bord venant de Pointe-à-Pitre, et qui était attendu à Roissy, avait *dérouté* son avion et s'était posé à Orly *(P. 29.4.74).*

DÉSACRALISATION sf. Action de *désacraliser** ; son résultat.

● À propos de personnes.

Le mystère qui entoure M. B. favorise l'oubli, la *« désacralisation ».* Le culte et le souvenir du *leader* s'effaceront d'autant plus vite que l'opinion sera privée de représentation concrète *(M. 20.7.65).*

● À propos de choses.

Les difficultés de la famille maghrébine se résument à la *désacralisation de l'autorité* patriarcale *(M. 16.6.66).* L'ouverture de Lanvin II marquera la *désacralisation d'une griffe* (de haute couture) réputée *(E. 14.10.68).* Le mouvement de la *désacralisation de la nature* s'est accompagné de la recherche d'un nouveau sacré *(Duquesne, 70).*
Expliquer (dans un livre) le fonctionnement des machines électroniques, c'est (...) finalement faire d'un objet « sacralisé » pour l'imagination des non-initiés un objet « utilisable », (...) « profane » : en ce sens on peut parler d'une *« désacralisation » (F. Mars, C. 16.7.72).*

Rem. *« Désacralisation »* est à la mode, c'est un signe des temps. N'est-ce pas aussi pour ce mot une preuve de vitalité ? (...) En délimitant les frontières de la science et des techniques humaines, la *« désacralisation »* contribue à épurer, décanter (...) notre approche du « sacré » (...) *(F. Mars, C. 16.7.72).*
→ SACRALISATION.

DÉSACRALISER v. tr. et réfl.

1. Retirer à une fête, à une notion, à un fait religieux leur caractère sacré.

Pour *désacralisé* qu'il soit, menacé par les sports d'hiver, (...) Noël demeure *(E. 30.12.68).*

2. Par ext. Retirer à une personne ou un groupe, à une chose, le caractère respectable ou quasi sacré qu'on leur reconnaissait jusqu'alors.

DÉSACRALISER

- **À propos de personnes.**
    Le général de Gaulle, *désacralisé*, se comporte de plus en plus en chef du gaullisme *(M. 15.3.66)*.
    La Révolution culturelle (en Chine) a *désacralisé* les enseignants aux yeux des élèves *(A. Peyrefitte, 73)*.
- **À propos de choses.**
    L'*automobile*, *désacralisée* et dépourvue de tout mystère en devenant produit de grande consommation *(AAT 10.69)*. Une sorte de « *gospel song* » *désacralisé* et modernisé *(O. 30.4.68)*. On aboutit à *désacraliser les mathématiques* *(O.R.T.F. 2.11.68)*. L'état actuel des relations entre l'homme matérialiste et une *nature désacralisée*, méprisée, souillée, incomprise *(M. 21.10.70)*.
    Humaniser les rapports de dame à monsieur, dédramatiser ces approches naguère si élaborées, en bref *désacraliser le rituel* des relations intersexes *(Daninos, 70)*. Le *Plan* est un rouage dans un système social et administratif. Il faut un peu le *désacraliser*. Il peut quelque chose, il ne peut pas tout *(Pa. 7.71)*. L'*impôt* sur le capital soulève des passions violentes (...) Il faudrait le *désacraliser* pour les uns, et le « dédiaboliser » pour les autres, qui y voient l'œuvre du diable *(E. 12.2.73)*.

Se désacraliser
   Un siècle dont le péril et le malheur sont évidemment qu'il se matérialise et *se désacralise* jusqu'à l'angoisse de l'absurdité et du néant *(P.-H. Simon : M. 18.6.71)*.
   La moto, leur déesse, *se désacralise*. Elle passe dans les mœurs. Elle devient un gadget pour jeune PDG *(P. 30.9.74)*.
→ SACRALISER.

DÉSALIÉNATION sf. Action de *désaliéner**.

L'important est de peser sur l'économique ; artisan de toutes les aliénations, celui-ci est aussi l'instrument de la *désaliénation (Freund, 65)*. M. M. a exposé les positions de son mouvement en matière de « *désaliénation* du salariat » *(F. 28.11.66)*. Une « *désaliénation* des variétés radio-télévisées par rapport aux intérêts commerciaux ». Voilà une bonne nouvelle *(ST 30.3.68)*.
→ ALIÉNATION.

DÉSALIÉNER v. tr. ■ Faire disparaître l'*aliénation**. Rendre libre. Libérer de contraintes ou d'entraves diverses.

- **Avec pour complément un nom de personne.**
    Il s'agit, pour reprendre un mot qui a fleuri partout au mois de mai dernier, de *désaliéner l'homme (M. 31.8.68)*. L'homme *désaliéné* — autrefois on disait libre — est celui dont les connaissances sont élevées et multiples *(E. 19.1.70)*.
- **Avec pour complément un nom de chose.**
    Si l'on arrive à *désaliéner* le *secteur économique*, on *désaliénera* également par répercussions, tous les autres *secteurs* de l'activité humaine *(Freund, 65)*.
- **Au passif.**
    Certains rêvent d'une *société* qui serait *désaliénée* du pouvoir de l'argent *(M. 19.3.76)*.
→ ALIÉNER.

DÉSAMORCER v. tr. Fig. ■ Neutraliser une attaque, une menace, etc.

Une réunion à quatre pour *désamorcer le conflit* (au Moyen-Orient). Le gouvernement des colonels a cru pouvoir *désamorcer la crise (E. 27.11.67)*. J. Y. (un chansonnier) *désamorce les critiques (M. 25.3.69)*. Une œuvre où la *mise à nu* des tares de la société contemporaine se trouve *désamorcée* par l'ingénuité de l'intrigue et de la philosophie *(H. Mitterand, 64)*. Il faut parfois (au Concile Vatican II) *désamorcer* certaines *pressions* comme celles qui se sont exercées à propos du texte sur les juifs *(O. 20.10.65)*.
Telle entreprise veut améliorer les conditions de travail pour *désamorcer les conflits sociaux (E. 12.6.78)*.
→ AMORCER.

DÉSATELLISATION sf. ~ 1955. Pol. À propos d'un pays « satellite » : accession à une plus grande indépendance par rapport à une autre puissance.

Des pays européens et sud-américains en cours de « *désatellisation* » *(M. 28.11.64)*. (La) *désatellisation* des pays de l'Est *(O. 13.3.68)*.

DÉSATOMISER v. tr. ~ 1957. *Dénucléariser**.

Le Pentagone s'est résigné à *désatomiser (la base d')* Okinawa *(M. 16.11.69)*. Créer une *zone* démilitarisée ou, du moins, *désatomisée (M. 20.5.66)*.

DESCENDRE (+ prép. + nom de lieu) v. intr. ■ Aller (d'un lieu à un autre). Venir (d'un lieu).

1. **Entre les deux lieux, la relation considérée est d'ordre géographique : le point de départ du sujet est situé plus au nord (ou parfois à une altitude plus élevée) que le lieu d'arrivée.**
    Ce vieux montagnard qui « *descend* » à Lyon pour y chercher sa fille *(Au. 21.9.66)*. J'avais mon pavillon près de Paris, et je ne voyais pas l'intérêt de *descendre* à Montpellier *(M. 11.1.67)*. (Un Écossais) « *descend* » à Londres et ouvre un snack-bar *(PM 23.3.68)*. Ils (les enragés) sont très jeunes, la plupart *descendus* (à Avignon) dans l'intention de créer ou d'exploiter des faits politiques *(O. 29.7.68)*. Le voyageur qui, par la R.N. 20, après Orléans, « *descend* » vers le sud (...) *(M. 17.2.71)*.
    À Juan-les-Pins, une bande de jeunes campeurs « *descendus* » de Paris pour l'été *(E. 3.9.73)*. À C.-sur-Seine (banlieue de Paris), où il s'est arrêté, (il répond) : « Je *descends* à Lyon, je vais chercher une maison, et vous m'y rejoindrez » *(Chaix, 74)*. Un échange devait

avoir lieu, non loin de L., dans l'Ain, entre un automobiliste venu de Suisse et un autre, *descendu* de Paris *(M. 23.7.75).*

2. **Entre les deux lieux, la relation considérée est d'un ordre moins géographique que « hiérarchique », en quelque sorte. Par ex. le point de départ est un grand centre urbain (capitale d'un pays, etc.), et le lieu d'arrivée est une ville de province, une région, un village, etc. Le sujet se rend du premier au second (à titre professionnel ou privé), soit temporairement, soit pour s'y établir en permanence.**

Des directeurs de société, de hauts fonctionnaires *« descendent »* de Paris à Lyon pour donner leurs ordres *(E. 7.8.72).* Clou de la soirée, le chef du parti, *descendu* de Paris, fera son apparition, consacrant par sa présence (...) *(Chaix, 74).* Deux jours au juste, ça remonte le moral (quand on est obligé de travailler à Paris). Deux fois par mois, Annie *« descend »* à D. *(O. 27.1.75).* Depuis que l'imprimerie (...) a été transférée à P., sur 120 employés parisiens *« descendus »* en province, trois seulement ont regagné Paris *(M. 31.10.75).* Dans le personnel, une majorité de ceux qui sont *« descendus »* à Lyon ne veulent plus *« remonter »* à Paris *(M. 29.10.77).*
→ MONTER (À PARIS).

DESCENDRE (QUELQU'UN) EN FLAMMES v. tr. Fig. (d'après la formule militaire familière *descendre* [= abattre] *un avion* [ennemi] *en flammes*). Attaquer ; critiquer sans ménagement, dénigrer violemment.

Je veux faire mon autocritique. Je veux aussi la faire pour la presse et les magazines qui « m'ont *descendu en flammes »* (M. 16.5.63). La Radio nationale doit aider les créateurs plutôt que de les *descendre en flammes* (ORTF 4.1.69). Il faut que ces champions (de football) réussissent leur examen de passage devant la foule déchaînée du stade, foule impitoyable qui ne cherche qu'à les *descendre en flammes* s'ils ne lui plaisent pas *(Bodard, 71).* Un éditorial de cet hebdomadaire *descendait en flammes* le candidat UDR (= parti gaulliste) à la Présidence *(C. 11.6.74).*
→ FLINGUER.

● Par ext. Avec pour complément un nom de chose.

Le projet de statut du sportif a été qualifié d'utopique par B. avec une vigueur inexpliquée. Il est tout de même curieux de *« descendre en flammes »* un projet qui (...) *(C. 14.2.76).*

DESCENTE EN FLAMMES loc. subst. Fig. Action de *descendre** quelqu'un en flammes.

L'ombre du disparu, le Président (de la Cour d'assises) l'avait dissipée en quelques adjectifs : « arriviste », « tyrannique », etc. Cette *descente en flammes* vengeait tous les ratés de la montée en flèche du jeune fonctionnaire assassiné *(Orcival, 56).*

DÉSÉGRÉGATION sf. Aux États-Unis, suppression de la ségrégation raciale et, par extension, de toute forme de *ségrégation**.

U.S.A. : les syndicats poussent à la *déségrégation (Dém. 15.10.64).* Les échanges de vues aussi bien que les repas en commun se sont passés dans une atmosphère de profonde *déségrégation*, non seulement sur le plan national et racial, mais aussi sur celui des disciplines et des générations *(M. 25.8.65).*

DÉSEMBOURGEOISER v. tr. ■ Atténuer ou faire disparaître le comportement bourgeois (de qqn), le caractère bourgeois (de qqch).

La vraie démocratisation ne consiste pas à admettre n'importe qui en Faculté, mais à *désembourgeoiser* l'enseignement secondaire pour ouvrir l'éventail du recrutement *(E. 16.10.67).*

DÉSEMBOUTEILLER v. tr. ■ Éliminer les embouteillages (de la circulation, d'un réseau téléphonique).

Pour tenter de *désembouteiller l'autoroute,* les services de police ont dû faire des déviations *(F. 1.7.68).* (On) veut tenter de *désembouteiller* le centre de Marseille *(M. 14.1.65). Désembouteiller* le quartier de la gare de Lyon (à Paris) en construisant un nouveau pont sur la Seine *(M. 21.7.78).*

DÉSEMBUAGE sm. Action de débarrasser une vitre de la buée qui la recouvre.

Un filament chauffant pour le *désembuage* et le dégivrage (des vitres d'un train) *(VR 18.1.70). Désembuage* de la vitre arrière d'une voiture *(En. 2.5.70).*

DÉSENCADRER v. tr. Écon. ■ Supprimer des mesures autoritaires d'*encadrement** du crédit.

Sur le plan monétaire, il conviendrait d'augmenter les liquidités en *désencadrant* sélectivement le crédit *(M. 2.4.75).*

DÉSENCLAVEMENT sm. Action de *désenclaver** ; son résultat.

Le *désenclavement* routier sera terminé prochainement grâce à la construction d'autoroutes *(M. 7.12.69).* La mise à voie normale de la ligne facilitait l'écoulement des productions de la région vers toute la France et l'étranger, donc le *« désenclavement »* de C. et sa région *(VR 29.3.70).*
La Banque européenne d'investissements manifeste ainsi l'intérêt qu'elle porte au *désenclavement* des régions les plus excentrées et les moins bien desservies *(M. 1.8.73).* Les sentiers de grande randonnée, ces moyens de *désenclavement* en douceur des coins perdus *(P. 21.5.74).* Le projet Métrovosges permettra d'amorcer le *désenclavement* des

Vosges *(M. 13.9.75)*. De délicieux coins tranquilles sont transformés en autodromes au nom du « *désenclavement* » *(C. 21.10.75)*.

DÉSENCLAVER v. tr. ~ 1960. ■ Faire sortir de l'isolement (une région, une ville, etc.) en améliorant les communications (ferroviaires, routières, téléphoniques, etc.) avec l'extérieur, les régions ou villes voisines.

La *vallée* doit être « *désenclavée* » et rattachée aux foyers d'expansion voisins *(M. 27.6.66)*. Pour « *désenclaver* » leurs *villes* nouvelles, les réalisateurs seraient prêts à participer au financement de certaines infrastructures *(M. 30.4.70)*. *Désenclaver* la *région* (pour) pouvoir l'atteindre sans délais ni détours excessifs *(AAT 5.70)*.
Actuellement le Gabon construit son chemin de fer. C'est pour ce pays le moyen de *désenclaver* toute une *zone* forestière de 3 millions d'hectares *(E. 21.5.73)*. *Désenclaver* la *Sambre* signifie qu'il convient de ne pas laisser cette zone industrielle enclavée dans la région rurale du Hainaut, à l'écart des grands axes de communication et des grands courants économiques *(M. 26.9.74)*.
Jadis, dans cette haute vallée, les *hameaux* vivaient de longs mois repliés sur eux-mêmes. Le train, les skieurs, la ruée vers l'or blanc les ont *désenclavés (E. 13.2.78)*. Les petites voies ferrées d'intérêt local permirent (...) de *désenclaver* les *campagnes* (M. 27.5.78).

Rem. Le mot « *désenclaver* » est à la mode. Pas une ville, pas un canton, où (...) l'on ne vous fasse part de la « priorité des priorités » : « *désenclaver* » le coin *(C. 21.10.75)*.

DÉSENCOMBRER v. tr. Fig. ■ Débarrasser de ce qui encombre.

Désencombrer les esprits (...) saturés par une surinformation quantitative *(NL 2.1.69)*. En 1958, le changement de style, révélateur d'une nouvelle attitude (politique), a permis d'avancer. En 1974, un changement analogue permet aussi de *désencombrer la voie* du possible *(M. 4.6.74)*.

DÉSENGAGEMENT sm. Mot ancien (XVe s.). Repris vers 1958, probablement sous l'influence de l'américain *disengagement*.

● Politique. À propos d'un État : fait de se libérer, sans éclat ni rupture, d'engagements contractés envers d'autres États.

M. S. (député) a exprimé le vœu que la diminution du budget de la coopération ne (correspondre) pas à un *désengagement* de la France par rapport à l'Afrique *(M. 10.10.64)*. Un *désengagement* économique marocain vis-à-vis de la France *(F. 28.9.66)*.
Le vide politique et militaire qui règnera en Europe occidentale après le *désengagement* probablement inéluctable des Américains *(E. 1.3.76)*.

● Par ext., dans d'autres domaines. À propos d'une personne, d'une collectivité, d'une institution.

L'homme (surmené qui a eu des échecs sur le plan sexuel) s'énerve, s'inquiète. Après deux ou trois fiascos, il n'ose plus recommencer. De *désengagement* en *désengagement*, la situation va s'aggraver jusqu'à l'impuissance totale *(E. 29.8.66)*. Le *désengagement* financier du Trésor oblige à ralentir l'effort en faveur des équipements collectifs *(TC 9.5.68)*. Le *désengagement* progressif du groupe E. de ses positions traditionnelles dans l'industrie *(En. 11.4.70)*.
Ce *désengagement* politique de l'Église hiérarchique, (...) les Français désirent le voir s'accélérer *(E. 16.10.72)*. Air France cherche à associer au financement de ses 4 Concorde l'État qui l'a poussée à s'engager dans cette « aventure ». On voit mal comment pourra s'opérer le « *désengagement* » financier de l'État *(M. 27.11.74)*.

→ DÉGAGEMENT, DÉSESCALADE.

DÉSENGAGER (SE) v. réfl. ■ Réduire ou supprimer sa participation (notamment financière, en parlant d'un État ou d'une collectivité publique) à un projet, une entreprise.

Les stagiaires (...) avaient pris le risque de quitter leur entreprise pour suivre un stage de promotion de deux ans, avec l'aide de l'État. Or, brusquement, le secrétaire d'État (...) proclamait qu'il ne donnerait « plus un sou (...) ». Le directeur du Centre accusait : « L'État *se désengage* de la formation (des cadres de l'industrie) » *(P. 27.1.75)*. Notre crainte est de voir le gouvernement *se désengager* financièrement, alors qu'il a voulu les villes nouvelles *(M. 9.12.77)*. L'État *se désengage* en réduisant ses subventions aux entreprises nationales *(M. 26.4.78)*.

DÉSENNEIGER v. tr. ■ Débarrasser (un lieu, un objet) de la neige.

Quelques « astuces » d'aménagement : les balcons *désenneigés* automatiquement grâce à un circuit électrique *(M. 22.2.66)*. Les automobilistes pourront désormais *désenneiger* en quelques secondes une roue bloquée *(F. 16.12.66)*.
→ DÉNEIGEMENT.

DÉSENSIBILISATION sf. Médecine : action de *désensibiliser**.

Méthode de *désensibilisation*, c'est-à-dire de tolérance progressivement induite du receveur (de cœur) envers les antigènes *(M. 1.7.67)*. La *désensibilisation* (à une allergie) est souvent longue. Depuis quelques années on semble s'orienter vers une *désensibilisation* plus rapide grâce à une nouvelle technique *(FP 10.70)*.

DÉSENSIBILISER v. tr. Médecine : rendre un malade progressivement insensible à des substances auxquelles il est allergique. Préparer un malade à supporter une greffe d'organes.

Il faut *désensibiliser* (le malade) contre la ou les substances qui déclenchent les crises (d'allergie) *(FP 10.70)*.

DÉSÉPARGNER v. intr. ~ 1970. Cesser d'épargner.

Quel est le comportement optimum d'un épargnant aux différentes étapes de sa vie ? Selon ses revenus et ses besoins, il a intérêt tantôt à épargner, tantôt à *désépargner* ou même à faire des dettes *(Exp. 2.73)*. À force d'être dupé, l'épargnant va renoncer à sacrifier ses satisfactions futures de plus en plus réduites. Mais si les gens *désépargnent*, l'inflation sera relancée, et l'investissement ralenti *(P. 14.10.74)*.

DÉSERT (TRAVERSÉE DU)
→ TRAVERSÉE DU DÉSERT.

DÉSERTIFICATION sf. ■ Disparition plus ou moins totale de toute activité humaine dans une région abandonnée peu à peu par ses habitants.

Dans certains secteurs (du Massif central) la *désertification* est telle qu'elle rend inutile la charge d'entretenir les infrastructures et les équipements de la vie économique et sociale : un seuil est franchi, qui fait le pays mort *(M. 22.5.66)*. Le « Centre-Bretagne » veut lutter contre un processus de *désertification* (qui apparaît) dans cette région, cet « Argoat » rural, marginal, saigné par l'exode *(C. 23.11.69)*.
Sans paysans, la montagne serait condamnée à la *désertification (E. 15.5.78)*. L'évolution des techniques agricoles a diminué considérablement les besoins de main-d'œuvre, d'où diminution de la population, *désertification* des campagnes *(C. 26.8.78)*.

Rem. La variante *désertisation* est attestée à partir de 1973 (cf. PR 77).

DÉSERTIFIER v. tr. et réfl. ~ 1975.

● V. tr. Provoquer la *désertification**.

Le développement prioritaire des métropoles régionales risque, comme celui de la région parisienne, de « *désertifier* » la France *(C. 5.1.75)*.

● V. réfl. Être atteint(e) par la *désertification**.

Ces projets risquent de favoriser le développement des grosses agglomérations au détriment des villes plus petites et des campagnes qui continueraient à *se « désertifier » (M. 1.2.75)*.

DÉSESCALADE sf. ~ 1965. D'après *escalade** (fig.) ■ Lexique politique et militaire.

1. D'abord à propos de la guerre du Vietnam et, par extension, à propos d'autres conflits (sociaux, etc.).

Rem. La *désescalade* est l'antonyme de l'« escalade », au sens militaire du mot. L'escalade étant une stratégie qui consiste à gravir les « échelons » de mesures militaires de plus en plus graves, la *« désescalade »* pourra se définir comme un relâchement progressif des mesures militaires draconiennes précédemment prises. Elle est une forme particulière de « désengagement » *(C. 3.5.70)*.

♦ Le ton conciliant employé par le maréchal C. est d'heureux augure (...) Un processus de *« désescalade »* verbale conduira à freiner l'escalade stratégique *(M. 8.9.66)*. Une prolongation de la trêve constituerait déjà un pas vers une *« désescalade » (F. 2.1.67)*. À la fin de juin, une sorte de trêve « de facto » s'installe sur le terrain et Washington annonce que les troupes ennemies ont commencé un mouvement de retrait vers le Nord. C'est la *désescalade* réciproque *(E. 20.10.69)*. Étant donné le rôle joué dans la *désescalade* (au Moyen-Orient) par la diplomatie américaine, M. G. J. n'est plus seulement l'envoyé spécial de (...) l'O.N.U. *(GL 12.8.70)*. En toute crise (sociale) il faut savoir attendre l'instant précis où, le sommet de la courbe étant atteint la *« désescalade »* va pouvoir s'amorcer *(M. 26.2.71)*.
→ DÉSENGAGEMENT, ESCALADE.

2. Par ext. Dans d'autres domaines. ■ Diminution, réduction. Baisse progressive (des prix, des tarifs).

Nous devrions proposer à nos concurrents (dans la vente des armes) une *désescalade* : ne plus inonder le tiers monde avec des matériels qui les ruinent (...) *(C. 19.1.72)*.
(Les commerçants) pratiquent dans certains aéroports des prix hors taxes défiant toute concurrence. Cette *désescalade* des prix (...) *(E. 22.8.77)*. Air Inter, souvent accusée de pratiquer des tarifs élevés, va-t-elle se lancer à son tour dans la *désescalade* ? *(E. 15.5.78)*.
→ ESCALADE.

DÉSÉTATISATION sf. Action de *désétatiser** ; son résultat.

Étant donné l'austérité (du budget du ministère de l'Équipement) une nouvelle politique s'impose : la *« désétatisation »*, c'est-à-dire l'appel au financement privé *(M. 15.11.69)*.
→ DÉNATIONALISATION, PRIVATISATION.

DÉSÉTATISER v. intr. Économie : réduire les contrôles et les subventions de l'État.

Sur le plan économique, le nouveau ministre cherchera à *« désétatiser »* et à rétablir la liberté des changes *(M. 3.6.66)*. *« Désétatisons »*, dit le ministre (de l'Équipement) *(C. 19.10.69)*.
→ DÉNATIONALISER, PRIVATISER.

DÉSEXUALISATION sf. ~ 1975. ■ Réduction ou répression des manifestations extérieures de l'intérêt porté à la sexualité.

Le catholicisme tridentin (= du Concile de Trente) et la Réforme protestante ont cherché (...) à faire entrer l'activité sexuelle dans un cadre strict. D'où une certaine *« désexualisation »* de la société occidentale à l'âge classique (...) *(J. Delumeau, leçon inaugurale au Collège de France, M. 23.2.75)*.

DÉSEXUALISER v. tr. 1972. (D'après l'emploi dans le vocab. de la psychan. et de la psychol.) ■ Atténuer ou supprimer le caractère sexuel (par ex. de la nudité).
> Les défilés d'étudiants et d'étudiantes nus — au pas gymnastique à cause du froid — *désexualisent* le nu. Le passant moyen est plus amusé que choqué (...) *(P. 18.3.74).*

● Part. prés. et adj.
> Dans le camp et sur les plages de nudistes, on ne fait plus attention (à la nudité). Finalement, le nu est si chaste qu'il devient *désexualisant (P. 15.7.74).*

DÉSHABILLOIR sm. ■ Cabine où l'on peut se déshabiller, se changer, essayer un (sous-)vêtement (dans un hôpital, un magasin, une piscine, sur une plage).
> Une « cabine de plage » en tissu éponge. Une fermeture à glissière permet de transformer ce *déshabilloir* en grand drap de plage *(M. 28.7.66).* Les sculptures abstraites qui remplacent (chez un couturier) les portemanteaux dans les *déshabilloirs (F. 28.9.66).*
> (Les deux médecins) bavardèrent un moment (...) afin de laisser le temps à la patiente de passer dans un *déshabilloir (Soubiran, 75).*

DÉSHUMANISATION sf. Action de *déshumaniser*; son résultat.
> Ce camp (de concentration) offrait un modèle exemplaire du « système » de *déshumanisation (FL 31.3.66).* La politique des revenus conduirait les sociétés, dit (un dirigeant syndicaliste) à « une sorte de *déshumanisation* » *(M. 14.7.66).* D'abord on frappe un homme pour en obtenir quelque chose... ensuite... parce qu'on est en colère... et ensuite pour le plaisir. P. M. a analysé ce phénomène de *déshumanisation (M. 11.1.68).* Ces découvertes récentes de criminologie entraînent, à la limite, une parfaite *« déshumanisation »* de la justice. Les magistrats s'en trouveraient réduits à l'état de comptables ayant charge de totaliser les expertises ; et d'appliquer à l'addition obtenue le barème de peines *(O. 27.3.68).*
> Les forces avilissantes que sont la vulgarisation, la commercialisation, la bureaucratie et la *déshumanisation (E. 3.9.73).* Les détaillants, certes, vendent plus cher que les supermarchés, mais évitent la *déshumanisation* totale du commerce *(Pa. 10.74).*
> Le génocide et la *déshumanisation* qui détruisent des millions d'êtres dans plusieurs pays ne nous arrachent que quelques balbutiements consternés *(E. 26.6.78).*

DÉSHUMANISÉ, E adj.
● À propos de personnes : qui a perdu, ou semble avoir perdu certains traits spécifiquement humains.
> Pour la majorité des enfants, le *professeur* est un être un peu lointain, un peu *déshumanisé (E. 19.9.66).*

● À propos de choses, d'institutions : ce qui a des aspects, des effets inhumains.
> La *machine* n'a pas su tenir compte des éléments purement humains, émotionnels, affectifs, pour la bonne raison qu'elle est *déshumanisée (E. 17.4.67).* Trop souvent l'importance de l'effectif d'un lycée en fait un *univers déshumanisé (F. 3.11.66).*

DÉSHUMANISER v. tr. et réfléchi. Repris au milieu du XXe s. ■ Amoindrir ou détruire en quelqu'un ce qu'il y a de spécifiquement humain, ou en quelque chose ce qui convient à l'homme.
● V. tr.
> En mécanisant l'*art* on l'*a déshumanisé (Gilson, 67).* Les organisations bureaucratiques *déshumanisent* l'homme *(C. 5.9.68).* La technocratie est, par essence *déshumanisée* et elle *déshumanise* l'individu *(MGEN 4.64).*

● V. réfléchi.
> La situation se compliquait, elle se *déshumanisait.* Il cherchait des hommes concrets et se heurtait à des idéologies, à des slogans, à des préjugés *(Vigil, 67).*

DESIGN [dizajn] sm. ~ 1965. Mot anglais (dessin, esquisse, plan, etc.). ■ *Esthétique*° industrielle moderne qui s'efforce d'harmoniser les formes et les couleurs d'une machine, d'un objet technique, d'un meuble, etc., avec sa fonction.
> Le vrai *design* consiste à s'attaquer à la nature même d'un produit, ses matériaux, sa technique, sa fonction, et (à) concevoir, à partir de ces éléments, la forme (...) qui s'accordera exactement à cette fonction *(E. 27.11.67).* Ces artisans américains sont farouchement opposés au *design,* cet uniforme de la société technologique *(E. 16.10.72).* Ce groupe compte aujourd'hui parmi les premiers bureaux français de *design* industriel. Il a collaboré à des réalisations très diverses : le métro aérien de L., la création de mobilier de bureau, d'une collection de lunettes, les aménagements d'un hélicoptère, d'un sous-marin ou d'un méthanier (...) *(M. 1.2.74). Design ?* Esthétique industrielle ? La querelle de mots importe peu (...) un certain nombre d'industriels admettent maintenant que beau et utile ne sont pas forcément incompatibles. La preuve : ils étaient plus de 200 à assister aux Journées françaises du *design* organisées en novembre 1973 *(P. 21.5.74).*
> Progressivement, le *design* envahit tous les aspects de l'environnement humain conditionné par la production industrielle *(E. 12.6.78).*

● En apposition ou adj.
> La salle à manger *« design »* de l'Élysée *(E. 5.6.72).* Ces mobiliers *design* en courbes translucides et barres chromées *(P. 1.7.74).* Un autobus plus confortable, sièges recouverts de tissu, extérieur *« design » (M. 12.2.75).*

Rem. 1. Avec les mots : avant-projet, étude, projet, présentation, type, modèle, formes, nous pouvons rendre (en français) toutes les acceptions bloquées dans l'usage pervers du

(mot) *design* (...) Je ne ferai pas un malheur si on parle de « création industrielle » *(Etiemble, FL 26.10.70).*
Rem. 2. Le créateur et l'utilisateur de l'objet moderne se rencontrent dans le dessin et le dessein. Il faut ajouter ces deux mots pour bien traduire l'idée de *design (En. 12.11.71).*
Rem. 3. Sur le mot « design » et divers termes français proposés pour le traduire, on pourra lire les résultats d'une enquête dans B.d.M. n° 5, 1973, pp. 9-20.

DESIGNER [dizajnœr] sm. Mot anglais (dessinateur). ■ Spécialiste du *design**.

Les « *designers* » — terme américain signifiant chercheurs, créateurs dans le domaine de l'habitation *(C. 19.10.69).* « *Designer* » : nouvelle espèce de décorateur spécialisé dans le « design » *(FP 9.7.70).* (La) cuisine conçue par un « *designer* » contemporain est résolument fonctionnelle *(M. 25.5.69).* Les *designers* très « farfelus » de Milan et de Paris, ces mercenaires qui se louent à qui reconnaît leurs talents *(En. 22.5.71).* Le rôle du « *designer* » de meubles est d'arriver à une synthèse entre une forme, une fonction et un prix *(M. 12.6.71).* Où, quand et comment peut intervenir le *designer* ? Partout, ou presque, et presque à chaque instant. En collaborant avec l'architecte à l'aménagement d'un immeuble (...) En dessinant une machine, un outil, un objet usuel (...) En jouant auprès d'une entreprise le rôle d'un conseiller (pour) l'étude des produits nouveaux *(M. 1.2.74).* Une équipe de jeunes *designers* qui ont tous la même formation : arts appliqués et brevet de technicien supérieur en esthétique industrielle *(P. 30.9.74).*
Le *designer*, styliste, coloriste, technicien, dessine aussi bien des petites cuillers que des centraux téléphoniques *(E. 12.6.78).*

DÉSINDUSTRIALISATION sf. Processus inverse de l'industrialisation (d'une région, d'une ville, d'un pays).

Paris perd plus vite ses résidents industriels que ceux travaillant dans le tertiaire. Ainsi se forme un Paris plus bourgeois, lié à la *désindustrialisation* de la ville *(C. 26.2.72).* Une *désindustrialisation* de la périphérie de Paris, un embourgeoisement de la population (...) *(M. 9.12.75).* Ivry était encore, au début des années 60, un des « bastions industriels » de la banlieue parisienne (...) Mais la *désindustrialisation* a durement frappé la commune au cours des dernières années *(M. 18.4.78).*

DÉSINSECTISATION sf. ■ Destruction systématique des insectes ; son résultat.

L'aide des services de désinfection peut être demandée pour toutes les opérations de désinfection et de *désinsectisation (M. 31.8.66).* Une *désinsectisation* systématique des avions et bateaux faisant escale dans les pays infestés (par la peste des chevaux) *(F. 14.11.66).*

DÉSINTÉRÊT sm. ■ Indifférence.
Désintérêt + O (sans complément)
Ce médicament apaise les schizophrènes, les agités (...) Il les plonge dans un total « *désintérêt* » *(E. 17.9.73).* Nous avons perçu la discrétion des pouvoirs politiques (au moment de l'élection du Pape Jean-Paul 1er) non comme un *désintérêt*, mais comme une volonté de non-ingérence *(C. 8.9.78).*
Désintérêt + prép. + subst.
Le *désintérêt* que ses prédécesseurs ont manifesté *envers* les problèmes de commercialisation ou de gestion financière *(M. 25.6.76).*
Menaces sur l'emploi, sur les niveaux de vie, sur la continuité du pouvoir. Et pourtant quel calme ! Et même, en apparence, quel *désintérêt pour* la politique *(P. 1.4.74).* Le citoyen d'aujourd'hui se caractérise par un inquiétant *désintérêt pour* la chose publique *(GL 31.7.74).* Beaucoup d'enseignants montrent du *désintérêt pour* la bande dessinée *(F. Mon. 9.74).* Certains constructeurs d'automobiles manifestent encore leur *désintérêt pour* le diesel *(M. 28.12.75).* Parmi les visiteurs du Centre Beaubourg (à Paris), combien ne viennent que pour (réparer) leur *désintérêt* passé *pour* la « chose culturelle » *(M. 5.1.78).*

DÉSINTOXIQUER v. tr. Fig. ■ Mettre fin à *l'intoxication** (fig.).
On en appelle à un peuple qu'on a abruti ou laissé abrutir de propagande, de publicité, de télévision. Le remède serait de le *désintoxiquer (M. 25.11.65).*

DÉSINVESTISSEMENT sm. Écon. ■ Fait de réduire ou de supprimer les investissements dans un secteur.

Le budget d'équipement doit servir la « lutte contre le *désinvestissement* » *(M. 19.6.66).* Des *désinvestissements* peuvent concerner des secteurs anachroniques de l'économie, tandis qu'au même moment des investissements dans un secteur décisif peuvent se révéler d'une efficacité considérable *(M. 14.1.68).*
La S.N.C.F. n'a pas obtenu depuis 1967 les autorisations d'investissement dont elle avait besoin (...) La situation actuelle se traduit encore par un *désinvestissement (R.G.C.F. 1.74).*

DÉSODORISANT adj. et sm. ■ Produit qui supprime les mauvaises odeurs.
● Adj.
D. contient un *élément désodorisant* qui vous protège parfaitement à toute heure *(MT 4.70).*
● Sm.
Le ton suave d'une « pub » pour un *désodorisant (P. 1.7.74).*
→ DÉODORANT.

DESSEIN (GRAND) sm. Pol. ■ Projet ambitieux, de grande envergure, propre à susciter l'enthousiasme.

Le problème monétaire international ne sera réglé que par un *grand dessein* politique capable de nous acheminer vers une Communauté internationale authentique *(E. 16.7.73).* La défense nationale ainsi comprise (...) repose sur une mobilisation psychologique permanente de tous les citoyens (...) Est-il réaliste de vouloir offrir pareil *grand dessein* aux Français de 1973 ? *(E. 6.8.73).* Le président de la République a décidé de chercher un *grand dessein* pour la France (...) une grande idée qui séduit les gaullistes *(O. 3.9.73).* Du ministre des Affaires étrangères, les députés attendaient un souffle, un *grand dessein* international, quelque chose qui ressemble à un frisson *(E. 22.10.73).*
Ce *grand dessein,* imaginer une forme nouvelle de pouvoir, ni « pesant » comme celui de l'Est, ni « distant » comme ceux de l'Ouest (...) *(M. 19.11.77).* Le *grand dessein* que le R.p.r. (parti gaulliste) prête (au Président de la République) de fondre la France dans un grand ensemble européen *(E. 12.6.78).*

DESSERREMENT (des entreprises) sm. ~ 1965.

Par *desserrement,* les spécialistes de l'aménagement du territoire entendent désormais décentralisation dans un rayon de 200 kilomètres autour de Paris, le mot décentralisation s'appliquant aux opérations réalisées à plus de 200 kilomètres de la capitale *(M. 24.7.66).*
Le *desserrement* des petites entreprises en région parisienne se heurte à des difficultés *(M. 20.7.66).* Favoriser le *desserrement* des activités tertiaires (autour de Paris) *(M. 15.10.70).*

DÉSTABILISATION sf. ~ 1975.

● Pol., Écon. Action de *déstabiliser** (un régime pol., l'économie d'un pays, d'une région, etc.). Résultat de cette action.

On peut imaginer que le terrorisme s'insère dans une stratégie de *déstabilisation.* Que dans le cas de l'Allemagne, par exemple, certains gouvernements aient intérêt à miner cet État, qui est le plus stable et le plus prospère d'Europe, en y créant une atmosphère d'hystérie *(E. 27.3.78).* Les dictatures de droite d'Argentine et d'Uruguay sont, dans une large mesure, une réaction contre des années de *déstabilisation* terroriste en Amérique latine (...) Le parti a organisé, de 1969 à 1976, la *déstabilisation* systématique d'une économie qui, au cours des années 60, avait connu un décollage brillant *(E. 1.5.78).* Les risques encourus par les entreprises ne cesseront d'augmenter, au moins encore pendant quelques années. La *déstabilisation* de l'économie internationale est relativement récente, et elle est loin encore d'avoir atteint son maximum *(M. 18.5.78).*

● Par ext. Dans d'autres domaines.

Ce que certains appellent, d'un mot peut-être un peu dur, la *déstabilisation* alimentaire, diététique des Esquimaux *(France-culture,* émission « Le monde contemporain », 9.9.78).

DÉSTABILISER v. tr. et réfl. ~ 1976. ■ Rompre un équilibre (écon., pol., social). Rendre instable (une situation).

● V. transitif.

Se servir abusivement du droit de grève pour *déstabiliser* une économie *(E. 12.12.77).* Le président Carter essaie d'endiguer le flot des ventes japonaises aux États-Unis par une réévaluation du yen. Mais, ce faisant, il *déstabilise* ce qui reste du système monétaire international *(Exp. 12.77).* Le parti communiste (ne veut) pas renforcer, par sa présence au pouvoir, le camp des adversaires de la détente en « *déstabilisant* » la situation en Europe occidentale *(M. 14.3.78).* Le terrorisme vise moins à s'emparer du pouvoir politique qu'à *déstabiliser* par la violence une société *(E. 27.3.78).* Les Brigades rouges cherchent à *déstabiliser* le Parti communiste italien lui-même, affaissé, selon elles, dans le « compromis » avec la bourgeoisie *(E. 1.5.78).* Avec un doublement des importations pétrolières depuis 1973, les États-Unis *déstabilisent* toute l'économie occidentale *(E. 24.7.78).*

● V. passif.

L'Uruguay et l'Argentine sont d'anciennes démocraties qui ont été « *déstabilisées* » par des groupes terroristes *(E. 30.1.78).* La logique interne des sociétés issues de la Déclaration des droits de l'homme, quand elles sont sciemment désorganisées, *déstabilisées,* terrorisées, conduit, par la ruine, à la dictature *(F. 1.3.78).* Toute région sensible vient d'être *déstabilisée* (par le coup d'État au Yemen) *(E. 3.7.78).*

● V. réfl.

L'histoire n'est pas morte en Afrique, qui, comme on dit, se « *déstabilise* », et nous voyons que des libérations peuvent se transformer aussitôt en leur contraire *(M. 2.6.78).*

DÉSTALINISATION sf. ~ 1956. Rejet, par un parti communiste, des conceptions et des méthodes du stalinisme.

La *déstalinisation,* la décolonisation, le concile, ont eu des effets qu'on n'a pas fini de mesurer. Il est impossible d'insuffler l'esprit de croisade à une société qui s'interroge sur les valeurs établies *(M. 7.4.66).* La furieuse exigence d'une *déstalinisation* intellectuelle *(O. 13.3.68).* Au moment de la *déstalinisation* M. Khrouchtchev dénonça le « culte stalinien de la personnalité » *(VL 1.70).*
M. J. Ellenstein apparaît aujourd'hui comme l'un des principaux contestataires (du P.C.F.), dénonçant les lenteurs et les insuffisances de la « *déstalinisation* » de son parti, aussi bien dans ses jugements vis-à-vis de l'URSS et les pays de l'Est que dans son fonctionnement interne *(C. 25.8.78).* En 1956, la *déstalinisation* en U.R.S.S. secoue terriblement les communistes occidentaux. Le Parti italien commence à se démarquer de Moscou. La direction du P.C.F., au contraire, résiste farouchement aux courants, à l'intérieur du Parti, qui poussent à la *déstalinisation (E. 24.7.78).*

DÉSTOCKAGE sm. Écon. ■ Mise en vente de produits précédemment stockés.

Cette année, 1 375 000 automobiles auront été produites, en léger retrait par rapport à l'année précédente, en raison du substantiel mouvement de *déstockage* intervenu au premier semestre 1965 *(M. 1.1.66).* Le redressement du taux d'autofinancement des entre-

prises en 1965 n'a fait qu'exprimer une réduction des investissements ainsi que des phénomènes de *déstockage*, par essence temporaires *(F. 9.10.66)*.
Le plan de refroidissement lancé par le gouvernement se traduisit par un *déstockage* brutal, et une chute non moins brutale des commandes *(M. 8.5.75)*.

DÉSUTILITÉ sf. Écon. ~ 1973. ■ Ensemble des aspects négatifs, des inconvénients que présentent un projet ou une réalisation.

La rentabilité de ce projet est très élevée pour la collectivité si l'on tient compte à la fois des avantages et des *désutilités* ressenties par tous les agents économiques *(R.G.C.F. 3.74)*. Il n'est plus possible de s'en tenir à la question de savoir si l'opération présente une utilité publique. Il faut mettre en balance ses inconvénients avec ses avantages, son coût avec son rendement ou, comme diraient les économistes, sa *« désutilité »* avec son utilité *(M. 26.5.74)*.

DÉSYNCHRONISER v. tr. mil. XXe s. ■ Perturber un synchronisme.

Les endocrinologues attribueraient cette perte du sens de l'heure (chez les spéléologues) à un bouleversement dans la production des hormones. Toute perturbation dans leur excrétion aurait pour effet de *désynchroniser* le rythme biologique de chacun *(E. 11.2.74)*.

DÉSYNDICALISATION sf. Processus inverse de la *syndicalisation**.

Une « crise de confiance » affecte l'ensemble du mouvement syndical. Tous les militants ont constaté cette année un phénomène de « *désyndicalisation* » *(M. 2.6.78)*.

DÉTAXATION sf. ~ 1960. ■ Diminution ou suppression de taxes.

C'est à la campagne que l'automobile est utile, c'est là qu'une sage politique aurait dû en encourager la diffusion, au besoin par des *détaxations* *(M. 16.10.74)*.

DÉTERGENCE sf. ~ 1954. De *déterger* (nettoyer).

La détersion étant l'action de déterger, autrement dit de nettoyer, le mot *« détergence »* semble avoir été forgé pour désigner à la fois le pouvoir des corps détergents, ainsi que l'étude de leurs propriétés et des phénomènes auxquels ils doivent leur efficacité. Le premier congrès mondial de la *« détergence »* se tiendra à Paris, en septembre prochain *(M. 9.6.54)*. Les produits détergents (connus) sous le nom de détersifs (...) ont fait naître la *détergence (F. 20.11.64)*.

DÉTONATEUR sm. Fig. ■ Ce qui déclenche une action (militaire, politique) ou, par ext., un processus quelconque.

Le meilleur *détonateur* ne serait pas l'utilisation de la force de frappe française, mais une agression contre les forces américaines stationnées en Europe *(M. 21.4.66)*. La victoire électorale des partis du Front populaire avait servi de *« détonateur »* à une formidable explosion sociale *(G. Martinet, 68)*.
Les dirigeants politiques du pays ont craint que ce groupe ne serve de *détonateur* à l'émancipation générale de l'esprit critique *(E. 27.8.73)*. La Marine, en Amérique latine, est souvent le *détonateur* d'un putsch *(E. 17.9.73)*. Pourquoi ce syndicat d'enseignants mobilise-t-il ses adhérents ? Le *détonateur* a été, avant la rentrée scolaire, le chômage des maîtres auxiliaires *(M. 27.9.74)*. La rencontre de V. De Sica avec le romancier et scénariste Zavattini fut le *détonateur* qui lui permit de trouver sa voie *(M. 15.11.74)*.
Le plus grand danger, pour les terroristes, serait qu'on fasse silence sur leurs opérations. La publicité qui leur est donnée agira, espèrent-ils, comme un *détonateur (E. 27.3.78)*. Le problème de l'emploi constitue aujourd'hui un véritable *détonateur* qui pourrait bien mettre le feu aux poudres *(E. 12.6.78)*.

DÉTOURNEMENT (D'AVION) sm. ~ 1967. ■ Action de contraindre sous la menace le pilote d'un avion de ligne à modifier la destination de l'appareil.

Quatre tentatives de *détournement* ont eu lieu à bord d'appareils de ligne se rendant à New York. Elles ont réussi dans trois cas : un DC 8 et un Boeing 707 ont été contraints de se poser en Jordanie sur un terrain militaire. Le premier *détournement* a échoué, les deux pirates de l'air, un homme et une femme qui avaient tenté d'atteindre le poste de pilotage, l'autre d'immobiliser les passagers, ont été capturés (...) Peu après, un avion venant de Zurich, transportant cent quarante-trois passagers, était détourné au-dessus de la France. Il devait atterrir par la suite en Jordanie. (...) Enfin un Jumbo-Jet, avec cent quarante passagers, était à son tour dérouté, toujours vers le Proche-Orient et devait atterrir au Caire *(M. 8.9.70)*. La brusque recrudescence des *détournements* forcés d'*avions* commerciaux met à nouveau en lumière le risque que de tels actes font peser sur le transport aérien et la relative impuissance des États à prévenir ce que l'on est convenu d'appeler — improprement d'ailleurs — la « piraterie » aérienne. Il existe certes des moyens permettant, au moins en théorie, de parer ces attaques (...) Le recours à des hommes armés à bord des avions, mesure envisagée par le gouvernement américain, est dangereux. Il vaut mieux accepter les frais supplémentaires et l'humiliation qu'entraîne pour les compagnies et les gouvernements un *détournement* d'avion que de risquer la vie (des passagers). Le droit international ignore la « piraterie » aérienne. Les organisations internationales parlent de *« détournement illicite d'aéronef »*, mais ceci ne constitue pas, pour l'heure, la qualification d'un crime, au regard du droit international. Plusieurs projets de convention internationale sont actuellement étudiés (afin) d'obliger les États signataires à extrader les « pirates » de l'air sur simple demande du pays sous le pavillon duquel volait l'avion dérouté. On estime qu'ainsi la répression serait plus sévère et son effet dissuasif plus grand *(M. 12.9.70)*.
Les États-Unis n'ont pas attendu que se dégage un consensus international pour réagir aux *détournements* d'avions dont ils ont grandement souffert dans le passé *(M. 18.10.77)*. Une réprobation générale des prises d'otages, des appels à la fermeté et à une action internationale : telles sont les réactions qu'ont suscitées dans le monde le *détournement* du Boeing de la Lufthansa et son épilogue *(M. 19.10.77)*.
→ DÉROUTAGE, PIRATERIE AÉRIENNE.

DÉTOXICATION sf. ~ 1950. ■ Atténuation ou suppression des effets toxiques d'une substance. Élimination des toxiques par un organisme vivant.

> Le corps de l'homme, et celui des animaux, est une véritable usine chimique capable de transformer de nombreuses substances. Cette « bio-transformation » des composés peut parfois aboutir à leur inactivation : il s'agit alors d'un mécanisme de *« détoxication »* (M. 20.7.78).

D.E.U.G. [dœg] sm. 1973. (Sigle de *D*iplôme d'*é*tudes *u*niversitaires *g*énérales). Diplôme qui sanctionne le premier cycle de l'enseignement supérieur en France.

> Le responsable du diplôme d'études universitaires générales — *DEUG* — de mathématiques appliquées et sciences sociales (MASS) à Paris-V, énumère les universités qui préparent à ce premier cycle. En 1970, Paris-V et Paris-VII créent en commun un diplôme universitaire d'études littéraires (DUEL) « mathématiques et sciences humaines ». En 1971, un arrêté étend cette possibilité à l'ensemble des universités. Deux ans plus tard, changement de terminologie : le DUEL devient *DEUG*, les sciences humaines : sciences sociales (M. Ed. 3.75).

DEUX(-)ROUES sm. ~ 1960. ■ Terme générique (d'abord administratif, puis entré dans l'usage courant,) pour : bicyclette, *cyclomoteur**, motocyclette, *scooter**, vélomoteur. On entend assez souvent la forme « un deux-roues » (peut-être par ellipse de « un cycle, un véhicule à deux roues » ; *cf.* « *une deux-chevaux* »).

> Un garage gratuit pour les *« deux roues »* (M. 4.10.67). Les essayeurs effectuent des tests en rapport avec la réalisation du nouveau type de *« deux-roues »* (C. 7.6.70).
> Rouler en *deux-roues* est, en France, un exercice périlleux, comme le montrent les statistiques d'accidents. À la faveur de la crise de l'énergie, les *deux-roues* devraient affirmer leur avantage, en particulier pour les courts trajets entre le domicile et le lieu de travail. Mais encore faut-il que rouler à *deux-roues* ne soit pas une contrainte dangereuse (M. 10.10.74).
> Les *deux-roues* ne sont pas seulement utilisés pour les loisirs, mais aussi dans les relations habitat-travail (...) la place du *deux-roues* est particulièrement importante dans les relations de banlieue à banlieue (C. 8.7.78).

DEUXIÈME ÂGE
→ ÂGE.

DEUXIÈME SOUFFLE
→ SOUFFLE.

DÉVALORISATION sf. Fig. ■ Avilissement, humiliation (d'une collectivité humaine).

> Le but de la conquête du Pérou par les Espagnols n'a pas été seulement le pillage économique, il a été l'anéantissement spirituel du vaincu (...) On a saccagé l'être latino-américain jusqu'à la *dévalorisation* absolue (E. 11.6.73).

DÉVALUATION sf. Fig. ■ Perte de crédit, de prestige.

> Dans l'enseignement primaire, les hommes ne forment plus que le quart des effectifs : cette féminisation de la profession a précipité sa *dévaluation* (E. 12.11.73).

DÉVELOPPEMENT sm. (Calque de l'angl. *development*, mise au point). Techn. ■ Élaboration, mise au point (d'un appareil, d'une machine, etc.).

> On pense que le *développement* du Mercure 200 (avion de transport) demandera trois ans (VR 31.8.75).

DÉVIANT sm. et adj. Fig. Sociol. ■ Qui s'écarte de la moyenne, de la norme.

● Sm.
> Celui qui fait le fou pour donner le change — c'est ce que l'on appelle sociologiquement un *« déviant »* (E. 11.3.68). Chez le *« déviant »* ou délinquant il y a celui qui conteste la société, le contestataire, et puis il y a celui qui accepte la loi mais la transgresse (O.R.T.F. 31.10.70).
> Jadis, quand un membre des grands corps empruntait le chemin politique, il apparaissait à ses pairs comme un *déviant*, trahissant un certain idéal de service (P. 21.5.74).

● Adj.
> Il y a lieu d'établir le coefficient culturel de chaque *acte « déviant »* (...) La *conduite « déviante »* est essentiellement relative ; il n'y a pas d'acte humain qui, à un certain moment de l'histoire, n'ait été considéré comme criminel (...) (EU 69).

DÉVIATION sf. Pol. ■ Attitude ou action non conforme à la doctrine officielle d'un parti dont on est membre.

> Si l'on en croit les officiels du parti, le « nationalisme bourgeois » n'est pas mort et il se manifeste encore dans la littérature. Ces *« déviations »* et bien d'autres subsistent (en Ukraine) plus largement qu'ailleurs (M. 3.11.59). (Un) groupement formé d'exclus du parti socialiste-démocrate pour *« déviation* extrémiste » (O. 3.1.68).

DÉVIATIONNISME sm. Politique : tendance de ceux qui refusent de se conformer en tout à la doctrine officielle (d'un parti, etc.).

Le *déviationnisme* et l'aventurisme, estime le journal, pourraient reparaître à la faveur de contradictions internes et de compromis impurs *(M. 6.1.68)*.

DÉVIATIONNISTE adj. et sm.
● Adj.
M. K. a dit : Nous avons toujours considéré que le trotskysme était un courant *déviationniste (F. 5.12.66)*.
● Subst.
Le Saint-Office (est) chargé moins de dénoncer les *déviationnistes* que de promouvoir la recherche théologique *(E. 15.1.68)*.
Arafat, l'an dernier, avait paru résolu à éliminer les « *déviationnistes* » de la résistance *(P. 27.1.75)*.

DIABÉTOLOGUE s. ■ Médecin spécialiste du diabète.

Tous les *diabétologues* savent que le diabète n'est pas une maladie commode à traiter *(E. 5.4.71)*.

DIALECTOPHONE adj. et subst. ■ Qui utilise fréquemment ou habituellement un dialecte, surtout pour la communication orale.

Le maire de Strasbourg estime que « l'apprentissage de l'allemand est pour un Alsacien *dialectophone* l'une des formes naturelles du développement intellectuel » *(M. 3.1.76)*.

DIALOGUE sm. Rép. mil. XXe. ■ Discussion(s), négociation(s), pourparlers.

La trame essentielle du « *dialogue* œcuménique » (entre les Églises chrétiennes), la redécouverte du « mystère de l'unité » (des chrétiens) *(F. 18.11.66)*. Homme de *dialogue*, le doyen B. s'efforce d'être le « Monsieur Bons Offices » d'un conflit qui dépasse de loin le cadre de l'Université *(C. 19.12.69)*. L'établissement d'un *dialogue* approfondi de la psychologie avec l'ensemble des sciences humaines *(M. 26.3.70)*.
Ils écoutaient placidement le *dialogue* patronat-salariat, et s'en allaient ensuite comme ils étaient venus *(Saint Pierre, 70)*. Finalement, tout s'arrange (...) : le *dialogue* Europe-États-Unis aura lieu *(E. 17.9.73)*.

DIALOGUER v. intr. Rép. mil. XXe. ■ Discuter, *négocier*.

Des professeurs libéraux avaient accepté de « *dialoguer* », comme on dit, avec les « enragés » *(E. 6.5.68)*. D'autres croyants ne se bornent pas à reconnaître l'existence de l'athéisme et à vouloir *dialoguer*, comme on dit maintenant à tout propos, avec lui *(Duquesne, 70)*.

DIALOGUISTE s. ■ Auteur du dialogue d'une émission de télévision, d'un film, etc.

Dialoguiste : coauteur du « texte », distinct du scénariste. Quand le scénariste n'a pas les dispositions qui lui permettent d'écrire lui-même les dialogues de son film, on a recours à un spécialiste, parfois à un auteur dramatique, qui écrit ou développe les dialogues selon les indications du scénario *(Dt. cin.)*. *Dialoguiste* : écrivain qui rédige et met au point le dialogue d'une émission dramatique ou d'un feuilleton télévisé *(Dt. tél.)*.

DIASPORA sf. Mot grec (dispersion). ■ À propos d'autres populations que le peuple juif.

On retrouve encore maintenant, dans toute l'Europe, des traces de cette *diaspora* spirituelle tchèque *(M. 12.9.68)*. Une association se fixe pour objectif le réinvestissement au pays natal de tous les talents, crédits et compétences acquis à l'extérieur par la « *diaspora* » basque *(M. 26.4.69)*. L'aliénation et l'éparpillement des Bretons (sur la planète) en une *diaspora* peuvent expliquer l'assimilation faite par certains avec le destin d'Israël. Dans la *diaspora* bretonne s'esquisse un mouvement de retour (en Bretagne) plus important que par le passé *(E. 3.8.70)*.

DIATHÈQUE sf. De *dia* (positive) et *thèque* (*cf. discothèque*, *magnétothèque*, etc.). ■ Meuble ou pièce où sont conservées des diapositives.

Rangées sur des cadres glissant sur des charnières, des diapositives apparaissent sur le fond lumineux d'une grande armoire : (une) « *diathèque* » *(M. 30.1.71)*.
→ -THÈQUE.

DIÉTÉTICIEN, NE s. ■ Spécialiste de la diététique.

Il n'est pas interdit au filmologue d'être également un cinéphile, pas plus qu'au *diététicien* d'être un gastronome *(CC 6.55)*. Des centres pour former des responsables (de restaurants d'entreprises) qui devraient être aussi des *diététiciens (M. 21.1.65)*. Le Français se méfie. Ces aliments (surgelés) raidis, poudrés de givre, lui sont suspects. À tort ont démontré (...) les *diététiciens (E. 8.5.67)*. Un hôpital voulait améliorer l'ordinaire (la nourriture des pensionnaires). Il engage une *diététicienne (E. 26.10.70)*.
Un *diététicien* avait dressé un tableau des tempéraments sportifs. À chacun il proposait une alimentation spécifique *(E. 4.3.74)*. Son père, cardiologue et nutritionniste, comptait déjà parmi les meilleurs *diététiciens* d'Europe *(E. 12.6.78)*.

DIFFUSEUR sm. ~ 1970. Circulation routière. ■ Système de raccordement d'une autoroute à des voies routières moins importantes.

L'autoroute longera la Seine jusqu'à la limite du bois de Vincennes. Cette section sera reliée à la voirie locale par trois *diffuseurs (C. 29.12.71)*.

DIFFUSEUR 172

→ ÉCHANGEUR.

DIGITAL, E adj. 1968 (De l'angl. *digit*, nombre ; cf. lat. *digitus*, doigt). D'après l'emploi en informatique. ■ Se dit d'appareils de mesure qui affichent un résultat numérique sur un écran.

La montre *digitale* n'est pas mécanique, mais électronique. À l'intérieur de son boîtier, plus de rouages, mais une barre de quartz minuscule, un circuit intégré et une pile. Plus d'aiguilles, mais un cadran où apparaissent des chiffres lumineux, quand on presse sur un bouton *(E. 17.11.75)*.

DIKTAT [diktat] sm. (Mot alld., dictée, etc., du lat. *dictum*). ■ Décision arbitraire, prise ou imposée sans discussion préalable avec ceux qu'elle concerne.

Où est la négociation ? Nous (les délégués syndicaux) ne voyons que bluff et *diktat (O. 3.9.73)*. Décidée puis abandonnée sur simple *diktat* présidentiel, l'affaire (...) *(P. 24.6.74)*. Ce renvoi indique, par la forme qu'il a prise — un *diktat* accompagné d'une « petite phrase », — les limites du système libéral *(M. 26.10.74)*. 8.659 disques nouveaux sont sortis en France, en 1974. Leur carrière dépend entièrement du *diktat* de trois ou quatre personnes : les programmateurs de la radio *(E. 27.1.75)*. Si le gouvernement continue à se plier aux *diktats* d'un patronat qui (...) *(O. 13.10.75)*. Le secrétaire général du P.C.F. s'est demandé si le P.S. cherche à esquiver la discussion en imposant un *« diktat »* à ses partenaires *(M. 19.5.77)*.

1. DIMENSION sf. Fig. Rép. mil. XXe. ■ Importance, signification, etc.

Dimension + adjectif (antéposé ou postposé)

O Il y a dans cet ouvrage une *dimension affective* qui dépasse la politique *(C. 30.9.69)*. Je bois pour trouver une *autre dimension*, comme je fume *(Mallet-Joris, 70)*. Le comédien sut donner à son personnage (d'usurier) une *dimension* vraiment *balzacienne (FL 31.3.66)*. Une nation de *dimension continentale (Hetman, 69)*. L'entreprise du compositeur Xenakis prend une *dimension démiurgique* fort impressionnante *(M. 12.4.66)*. Donner une *dimension dramatique* à son personnage *(M. 13.3.69)*. La *dimension économique*, psychologique et morale du retard français traditionnel *(E. 17.3.69)*. Prendre la mesure de la *dimension européenne (Hetman, 69)*. Ce film est un événement dont les promoteurs n'ont ni prévu ni décidé l'*exacte dimension (E. 19.12.66)*. Vouloir donner une *dimension extérieure* aux problèmes nationaux *(R.T.F. 9.5.70)*. On valorise la sexualité dans sa pleine *dimension individuelle* et sociale *(C. 27.6.70)*. De Gaulle, par son prestige personnel et sa *dimension historique*, a réussi à récrire l'Histoire *(E. 4.5.70)*. On va vers la généralisation de l'emploi des ordinateurs. Mais, ajoute M. B. ramenant ces analyses prospectives à une *dimension plus humaine*, si perfectionnées que seront les machines, il faudra toujours des hommes pour les surveiller *(M. 21.6.66)*. L'Université moderne a une double *dimension, internationale* et régionale *(FL 19.1.67)*. Les trois *dimensions* du drame (d'Israël) s'enchevêtrent. *Dimension internationale* : (...) *Dimension locale* (...) Dimension affective : Israël n'est pas un pays comme les autres *(E. 29.5.67)*. Une bataille (électorale) qui a pris une *dimension nationale (C. 23.6.70)*. Les responsables locaux du parlementaire ont pris ces temps derniers une *dimension nouvelle (Chandernagor, 67)*. C'est une nouvelle perspective, presque une *nouvelle dimension* que la grammaire générative nous apporte *(FM 6.70)*. L'analyse des conditions de la vie ouvrière amène à découvrir la *« dimension politique »* *(O. 23.11.66)*. La maladie physique (comporte) toujours une *dimension psychique (M. 13.9.69)*. Tenter d'appréhender les *dimensions sociales*, économiques, psychologiques et géographiques d'une architecture *(M. 15.6.68)*. L'évolution générale des grandes entreprises vers la *dimension transnationale (En. 29.3.69)*. La *« dimension urbanistique* de l'architecture » était la base de cet enseignement et non l'étude de l'urbanisme parallèlement à celle de l'architecture *(F. 24.11.66)*. Sa *véritable dimension* (de Louis XIV) : celle d'un homme confronté aux dimensions économiques de son temps *(E. 12.9.66)*.

∞ Sa perversité même (d'un séducteur) lui donnait à mes yeux une *dimension* nouvelle *(Saint Pierre, 72)*. Les problèmes atteignent très rapidement une *dimension* internationale *(O. 3.9.73)*. La froideur du technocrate incapable de saisir la *dimension* humaine des questions *(M. 27.11.74)*. Pour l'industrie du bâtiment, la *dimension* économique n'est pas l'essentiel *(E. 20.1.75)*. Ils ont voulu exprimer, avant tout, la *dimension* socialiste de leur projet *(O. 14.4.75)*. Voilà l'autre *dimension* politique de cette situation *(M. 20.10.76)*. Les aéroports qui ont une *dimension* internationale possèdent des boutiques hors taxes *(E. 22.8.77)*.

Dimension + de + substantif.

L'auteur (d'un roman) fait coïncider les *dimensions du concret* et du symbolique, de la sensualité et du mythe *(O. 23.11.66)*. Le système industriel se révèle incapable de tenir compte de certaines « *dimensions* » *de l'existence* qui n'ont pas d'utilité commerciale *(Duquesne, 70)*. La lecture incessante de romans policiers lui avait donné la *dimension de l'imaginaire* et du morbide *(M. 12.12.67)*. Élargir la *dimension du risque (Hetman, 69)*.

À la dimension de (quelque chose) ou Aux dimensions de (quelque chose). Tour à valeur d'adjectif : approprié à, qui convient à.

La télévision a (fait) un effort, mais (qui n'est) peut-être pas *à la dimension de notre époque (E. 12.9.66)*. Une politique industrielle *à la dimension de l'Europe (En. 5.4.69)*. Sur cette super-femme, les spectateurs peuvent transférer leur appétit de jouets géants *à la dimension de la dévorante technologie* qui nous entoure *(E. 2.5.66)*.

Prendre la (ou les) dimension(s) de quelque chose.

● Avec pour sujet un nom de personne : comprendre l'importance de, savoir évaluer.

Malraux a gardé intacte son extraordinaire puissance d'intuition et il est le seul à avoir *pris la dimension de* l'événement *(O. 26.6.68)*.

- Avec pour sujet un nom de chose : devenir.
    La première greffe (d'un cœur humain) a *pris les dimensions* d'une aventure nationale *(E. 6.5.68)*.

Rem. La « *dimension* » appartient sans nul doute quelquefois au « verbiage à la mode, pseudo-scientifique et confusionniste », mais il n'en est pas toujours ainsi, et la fréquence même du mot est révélatrice d'un certain mode de pensée. La « *dimension* » contemporaine est une notion dynamique : il s'agit de prendre une nouvelle « direction » qui se définit surtout par un certain nombre de relations avec les *dimensions* précédentes. Ainsi se trouvent révélées une nouvelle richesse et une nouvelle réalité de l'être ; il a semblé à nos philosophes et à nos écrivains que la « *dimension* » était susceptible d'indiquer comment une personne, un groupement humain, une situation psychologique pouvaient, sans subir de modification intrinsèque, acquérir une signification nouvelle. La « *dimension* » confère à la chose, sans en changer l'essence, un mode sinon supérieur, du moins supplémentaire d'existence : elle enrichit, prolonge, approfondit, mais sans altérer. Elle « signifie » *(Matoré, 62)*.

2. DIMENSION sf. Économie. À propos d'une entreprise : taille suffisante pour continuer à jouer un rôle sur le marché.

Le mur à franchir par les entreprises, c'est celui de l'argent et de la technique, ou, pour employer le mot à la mode, celui de la *dimension (M. 15.6.65)*. La notion de *dimension* sur laquelle on insiste tant, en matière industrielle et commerciale que si l'on entend par là la *dimension* en fonction d'un secteur déterminé d'activité *(En. 29.3.69)*. La « *dimension* » s'affirme maintenant en France comme une loi fondamentale de la stratégie industrielle *(R. 2.70)*.

DÎNER- Premier élément de quelques composés. Le deuxième élément désigne une activité ou une manifestation qui accompagne le dîner.

Un cercle littéraire avait convié des écrivains à un *dîner-colloque (M. 14.2.68)*. France-Musique : 20 h, *Dîner-concert (M. 9.1.66)*. Au cours d'un *dîner-conférence* organisé par la Chambre de Commerce suisse en France *(M. 20.3.66)*. La Fédération des amicales (...) organise dans les salons du Grand Hôtel un *dîner-spectacle (F. 5.1.67)*.
→ DÉBAT.

DINGUE adj. et subst. Fam.

- À propos de personnes. ■ Atteint(e) de folie. — Bizarre, extravagant(e), farfelu(e).
    Il est *dingue*, ce Lulu ! Mais vous ne dénicherez pas un psychiatre pour le déclarer tel *(Saint Pierre, 72)*. Foncer comme des *dingues* et s'ouvrir la route à grands coups d'avertisseur *(E. 25.6.73)*. Pour ça, il faut toute une éducation. Ou la foi. Ou encore s'aimer comme des *dingues (P. 1.4.74)*. Pendant sept semaines, il (un chauffeur de poids lourds) a roulé comme un *dingue* pour arriver à faire une moyenne hebdomadaire de 85 heures *(O. 13.10.75)*.

- À propos de choses abstraites ou, plus rarement, concrètes. ■ Bizarre, extravagant, saugrenu.
    Cette *discussion dingue* (entre un Français et un Italien) sur la différence qu'il y a entre autoroute et autostrade. Gildo affirmait qu'une autostrade était une autoroute puisqu'on dit tantôt l'autoroute et tantôt l'autostrade *(Parmelin, 67)*.
    Le *jeu* (d'un acteur) est *dingue*, rigolard, farci de trucs, de citns d'œil *(C. 5.1.72)*. Vingt-deux *magasins* aussi *dingues* que nostalgiques *(E. 13.3.72)*. « La psychiatrie ? C'est un *métier* complètement *dingue* », lui lance son nouveau patron *(M. 27.2.77)*. On a filé à la bergerie. Au moins cent brebis là-dedans, un *truc dingue (M. 28.5.78)*.

DINGUERIE sf. Fam. 1967. ■ Caractère, comportement *dingues**.

Cette promiscuité, ce mélange de drogués avec de pauvres dingues, cela me paraît la *dinguerie* suprême *(Bodard, 71)*. L'Amérique lui enseigna la cordialité, la générosité, la *dinguerie (E. 17.9.73)*.

DIRECT sm. D'après le tour « *en direct** ». ■ Radio, télévision : diffusion immédiate au fur et à mesure des prises de son ou de vues.

La télévision, pendant quelques jours, avait échappé à ce « *direct* » dont l'emploi en matière de spectacle se révèle de plus en plus vain *(M. 9.1.65)*. Conditionné au « *direct* » par la radio, c'est à la radio que l'homme moderne demande du « *direct* ». La télévision ne proposant encore que des spectacles sur rendez-vous, c'est le transistor qui reste l'écoute permanente et privilégiée du monde *(E. 17.10.66)* L'émission gardait toute la spontanéité de l'improvisation et du « *direct* » *(F. 24.11.66)*. Conscients du retentissement que les « *directs* » (de l'expédition des trois cosmonautes américains) ont eu à travers le monde et vraisemblablement même dans l'opinion soviétique, les Russes ont donné à leur expérience actuelle une publicité sans précédent *(C.17.1.69)*.
Chancel est devenu l'homme du *direct*. Tant à la radio qu'à la télévision *(E. 19.11.73)*.

DIRECT (EN) loc. adv.

- Radio, Télév. Diffusé au moment même de l'émission (par opp. à *en différé*).
    Une balle de revolver tirée à bout portant devant des millions de téléspectateurs « *en direct* » *(F. 5.1.67)*. Le théâtre « *en direct* » : la pièce jouée face aux téléspectateurs *(F. 27.1.67)*. Les conditions de prise de son et de prise de vues sont celles des émissions « *en direct* », c'est-à-dire sans séquences partielles ni montage *(M. 16.2.67)*. Le transistor, sixième sens branché *en direct* sur les clameurs (de la foule à Paris en mai 1968) *(E. 1.1.69)*. Chanter *en direct* à la télévision *(M. 10.10.69)*.

- Par ext. Dans d'autres domaines.
    Deux docteurs étudient la douleur « *en direct* », en implantant des micro-électrodes dans certaines cellules de la moelle épinière de chats *(E. 12.2.73)*. Suzanne P. qui s'est inspirée « *en direct* » de la vie des commerçants de son quartier, vient d'écrire un texte plein de

DIRECT (EN) 174

verve *(E. 19.2.73).* La nourriture naturelle, campagnarde, le pâté de foie *en direct* du terroir *(O. 13.3.73).*

DIRECTIF, IVE adj. Souvent péjoratif pour : autoritaire.

Rendre *l'enseignement* moins *directif (F. 25.2.69).* Les *méthodes* pédagogiques les moins *« directives » (M. 1.3.69).* Jugé trop *« directif »* le *président* de séance fut remplacé *(M. 24.9.68).*
→ NON*-DIRECTIF.

DIRECTIONNEL, LE adj. Milieu du XXe s. ■ Qui sert à diriger.

Une *commande directionnelle* des phares auxiliaires (d'une automobile) *(M. 6.10.67).* Les lignes diagonales blanches (sur la route) annonçant les *îlots directionnels* d'un carrefour *(A. 5.6.69).*

Rem. Ce néologisme d'allure un peu sévère joue sur le double sens de direction. Un portique, un panneau *uni-, bi-, pluri-directionnel,* placé à un carrefour, à l'entrée ou à la sortie d'une autoroute, permet de prendre sans hésiter la bonne direction (...) Emploi légèrement technocratique d'un suffixe à la mode *(VL 8.70).*

DISCAIRE ou DISQUAIRE sm. ~ 1950. ■ Marchand de disques.

Plusieurs librairies parisiennes ont créé un rayon de disques et déjà on les nomme *« libraires discaires » (NL 28.1.54).* Elle travaille chez un marchand de disques... — Quelle adresse, le *discaire? (San Antonio, 58).* Quel *disquaire* n'apprécierait pas les connaissances, l'exigence, le bon goût d'une clientèle informée d'abord par le prêt de disques *(M. 5.1.71).*

DISC-JOCKEY ou DISK-JOCKEY ou DISQUE-JOCKEY [diskʒɔkɛ] sm. ~ 1965. Mot américain.

Quand le directeur artistique ou la jeune vedette trouve une nouvelle chanson, la meilleure chose à faire c'est de courtiser le *« disc-jockey ».* Ce nouveau personnage, entré depuis peu dans les mœurs, prend un disque comme on monte un cheval et essaye de le conduire victorieusement au poteau. Il est la vedette des émissions les plus écoutées, l'égal des « idoles » *(M. 24.12.66).* « *Disc-jockey »,* l'expression est d'origine américaine. Le *« disc-jockey »* voit naître, monter, descendre les chanteurs, reçoit le disque et le fait passer sur l'antenne deux à trois fois par jour pendant une semaine. (...) Le *« disc-jockey »* donne la température d'un mode, d'un chanteur *(M. 3.5.68).*
Deux *« disk-jockeys »* dans le vent s'affronteront au cours d'une séquence particulièrement animée *(F. 4.2.67). Disque-jockey* la nuit, camionneur de jour, chansonnier d'occasion *(PM 5.10.68).* C'est le début de la surenchère à *« yéyé »* à toute heure et sur toutes les stations... Le présentateur animateur devient *« disc-jockey »,* c'est-à-dire qu'il tente de parler par le truchement d'une chambre d'écho, avec un débit qui se voudrait anglo-saxon *(M. 14.2.69).* Sans les discothèques et les *disc-jockeys* (...) le disco, ignoré par les radios, ne serait que ce qu'il est : une musique pour danser, pas plus *(P. 10.4.78).*

***Rem. 1.* L'arrêté du 12.1.73, relatif à l'enrichissement du vocab. de l'audio-visuel, recommande de remplacer *disk-jockey* par *animateur*,* qu'il définit : « responsable d'un programme de musique enregistrée, diffusé en direct, intervenant seul au cours de l'émission ».**

Rem. 2. *Animateur* représente une réalité extra-linguistique totalement différente de celle exprimée par *« disk-jockey »* (...) remplacer *« disk-jockey »* par *animateur* est une erreur, car celui-là est un type particulier de celui-ci ; le champ sémantique d'*animateur* inclut entièrement celui de *« disk-jockey » (Ling. 2/77, p.89).*

DISCO sm. et adj. Abréviation de *discothèque*.*

● **Sm. Musique au son de laquelle on danse dans les discothèques.**

Le *disco,* marée noire qui envahit toute la musique de variétés est né dans ces établissements où le décibel se marie avec le rayon laser (...) C. met le *disco* en accusation : « le *disco* est un mot prétentieux et vide de sens. Je me bats pour qu'on le bannisse du langage des variétés. On va revenir à une musique plus élaborée » *(P. 10.4.78).* L'amateur va d'un stand à l'autre, écoute ici un fragment de pop-music ou de *« disco »,* là une symphonie *(VR 23.4.78).*

● **Adj.**

Les rues de New York, la nuit, foules agglutinées dans de tristes boîtes *« disco » (E. 27.3.78).* Les jeunes Noirs se jettent maintenant dans le style *disco (M. 19.7.78).*

DISCOGRAPHIQUE adj. Relatif à l'enregistrement du son sur disques, à la gravure des disques.

L'un des événements de l'*année discographique* fut le lancement de la collection « gravures illustres » *(M. 5.6.57).* Il a réuni une *documentation discographique* auprès des éditeurs du monde entier *(O.R.T.F. 10.1.60).* La grève des *enregistrements discographiques (F. 10.11.66).* Les *productions* scéniques et *discographiques (E. 15.1.68).*

DISCOPHILIE sf. ~ 1955. De *discophile,* sur le modèle de *bibliophile/bibliophilie.* ■ Qualité de discophile (amateur, collectionneur de disques de musique enregistrée). Monde des discophiles.

Un disque qui marquera dans les annales de la *discophilie (M. 8.4.66).*

DISCOTHÉCAIRE s. ■ Personne qui dirige une *discothèque** de prêt.

Un *discothécaire* est capable d'assurer seul, le bon fonctionnement de la discothèque, qui implique le respect de nombreux détails d'organisation : à ce prix on sait qu'un disque peut être prêté à une moyenne de trente personnes différentes *(M. 5.1.71).*

DISCOTHÈQUE sf. D'abord (1932) collection de disques de musique enregistrée. — Par extension (~ 1961)
1. **Organisme qui prête des disques au public.**
   Le prêt de disques représente une possibilité importante d'expansion et de défrichage culturel. La *Discothèque* de France est une association culturelle chargée de promouvoir cette action dans tout le pays (...) Il existe en France une centaine de petites *discothèques* publiques de prêt : (c'était) l'objectif défini il y a dix ans par la *Discothèque* de France pour une action culturelle par le prêt des disques *(M. 5.1.71)*.
2. **Établissement où l'on va, surtout la nuit, pour boire et danser au son d'enregistrements de musique moderne.**
   Parfois l'animateur d'une *« discothèque »* de Cannes ou de Saint-Tropez monte à Paris croyant que, pendant les vacances, il a connu assez de monde pour emplir sa boîte (...) L'univers entier des nuits de Paris est en train de changer. Les *« discothèques »* qui ont mis à l'agonie une certaine forme de cabarets, doivent elles-mêmes changer (...) Avec son spectacle, ses gadgets, son confort climatisé, son minutieux entretien, le K. Club est la *« discothèque »* parvenue au point extrême de son évolution technique *(Cd. 17.10.66)*. Deux sous-sols assez vastes pour abriter un parc de stationnement de deux cent cinquante places, une *discothèque* pourvue des derniers engins électroniques et caméras pivotantes à projections psychédéliques. (Le maire) demanda au préfet de fermer désormais (l'établissement) à une heure du matin et interdit de danser dans la *discothèque* en instituant un règlement sur les bals publics *(M. 11.2.71)*. La fournaise sonore des *discothèques psychédéliques* (...) *(E. 29.11.71)*.
   Un club house (...). De l'autre côté de la route, une *discothèque*, qui sert aussi de snack-bar *(P. 17.7.78)*.

DISCOUNT [diskaunt] ou [diskunt] sm. (Mot anglais). Écon. rabais sur un prix.
   L'essentiel (dans les magasins C.) c'est le *« discount »*, le rabais sur les prix *(E. 16.12.68)*.
● **Par ext. Magasin à très grande surface.**
   Dix grands magasins non alimentaires, plusieurs *« discounts »* — établissements de très grande surface — et de nombreux super-marchés *(M. 2.5.66)*. Une firme concurrente est venue installer un *discount* face au centre (commercial déjà établi) *(En. 2.5.70)*.
→ HYPERMARCHÉ, SUPERMARCHÉ, GRANDE SURFACE.

DISCOURS sm. Répandu ~1970, sans doute sous l'influence du vocab. de la linguistique (cf. *discours* — ou *parole* — opposé à *langue*), et de celui de la logique (cf. univers du *discours*).
● **Manifestation (sous forme écrite ou verbale, dans des comportements, des décisions) d'un état d'esprit, d'une mentalité, individuels ou collectifs.**
   On est amené à penser que la nation (française) cherche dans un *discours* réformiste, dans une rhétorique du mouvement, la compensation d'un immobilisme de fait, plus conforme à son caractère *(J. Cellard, M. 10.3.74)*.
   Je me trouve en présence d'un *discours* contradictoire, souvent tenu par les mêmes personnes : d'un côté la condamnation scandalisée du viol, de l'autre, le *discours* sur l'exaltation du désir et la liberté sexuelle totale. Ce second *discours*, et la pédagogie qui en résulte, entraîne nécessairement le viol *(M. 3.1.78)*. Ce qui faisait, en 1974, l'ambiguïté et peut-être la séduction du *discours* de Giscard, c'était la coloration que lui donnaient des engagements humanistes et libertaires parfaitement étrangers au langage de la droite classique *(O. 5.6.78)*. R. est mal implanté dans l'appareil du parti. De nombreux apparatchiks et aussi des députés jugent son *discours* économique ambigu *(E. 18.6.78)*. Un reproche est formulé par les professionnels (du bâtiment) à l'égard des *discours* gouvernemental : il confond trop facilement besoins et demande *(M. 6.7.78)*. Dans la stratégie actuelle de la C.G.T. il y a deux aspects : un *discours* officiel et dur qui veut montrer qu'elle ne cautionne pas l'opération politique de « l'ouverture sociale » ; une pratique plus souple, qui vise à participer activement aux négociations *(C. 27.7.78)*.
Rem. 1. Depuis plusieurs mois, le mot fait fureur. Il est employé dans tous les domaines et chacun l'emploie. Pas de jour qu'on ne puisse le lire dans un journal, dans un magazine, dans une revue. Pas de jour qu'on ne l'entende de la bouche d'un tel ou de tel autre (...) C'est au mot *discours* que j'en ai. Si l'on peut comprendre à la rigueur, que le *discours philosophique* fasse la somme des doctrines et des énoncés des philosophes (...), je vois mal comment le *discours politique* peut regrouper tout ensemble les idéologies, les systèmes, les régimes, les institutions *(J. Majault, C. 27.12.77)*.
Rem. 2. En s'attaquant à l'abus que nous faisons actuellement du mot DISCOURS, J. Majault prend pour cible un vocable français très anciennement inscrit dans notre tradition littéraire et (...) aisément adaptable aux emplois les plus divers (...) L'intrusion du vocabulaire technique des linguistes dans le langage quotidien n'est pas dépourvue de quelque pédantisme : c'est le prix dont il faut payer les progrès d'une science qui est à la mode *(F. Mars, C. 11.2.78)*.

DISPERSANT adj. et sm. ■ Produit chimique utilisé notamment en cas de *marée* noire* pour émulsionner en fines gouttelettes le pétrole répandu sur la mer.
   Dès le début de la marée noire, de petits bâtiments ont déversé dans la mer des produits chimiques — des *« dispersants »* — destinés à fractionner les nappes de pétrole en milliers de petites taches plus aisément « digestibles » par le milieu marin *(E. 27.3.78)*. Depuis 1967, les *dispersants* ont été très améliorés. Leurs solvants étaient faits de produits très toxiques. Actuellement on utilise des solvants dont la toxicité est mille fois moins forte *(M. 26.4.78)*.

DISPONIBILITÉ sf. Ling. ~1955. Fait qu'un certain vocabulaire est en réserve dans la mémoire (notion voisine de *vocabulaire passif*). Par opposition à *fréquence*.

Seule une combinaison du vocabulaire de fréquence et du vocabulaire disponible nous donne le vocabulaire nécessaire. La *disponibilité* étant une notion très précise, il convient de chercher une méthode pour trouver (le) degré de *disponibilité* (des mots) *(Gougenheim, 64)*.

DISPONIBLE adj. Ling. ~1955. *Vocabulaire « disponible »*. Par opposition à vocabulaire *« fréquent »*.

Nos réflexions nous ont amenés à opposer aux mots fréquents les mots *disponibles*. Tel est le nom que nous donnerons à ces mots d'une fréquence faible et peu stable, qui sont cependant des mots usuels et utiles. Nous les appelons ainsi parce que, quoiqu'ils ne soient pas souvent prononcés ou écrits effectivement — hormis le cas où l'écrit ou la conversation traitent d'un sujet déterminé — ils sont à notre disposition *(Gougenheim, 64)*.

DISQUE DE STATIONNEMENT sm. ■ Plaquette que l'automobiliste pose contre le pare-brise de sa voiture au moment où il la laisse sur un emplacement où la durée de stationnement est limitée ; le cadran de cette plaquette indique l'heure-limite de la cessation du stationnement.

Le contractuel qui vous voit descendre de votre voiture ne prévient pas si vous avez omis d'apposer votre disque (...) Il a une fois pour toutes assigné un emplacement idéal au *disque de stationnement*. Malheur à vous si vous l'avez mis à gauche de votre pare-brise *(AAT 59)*.
Peut-on garer une voiture devant un parcmètre en panne ? Oui, à condition de mettre son *disque de stationnement (E. 25.3.74)*.

DISSENSUS
→ CONSENSUS Rem. 2.

DISSUASIF, IVE adj. ■ Qui a un effet de dissuasion. Pour : *« de dissuasion** ».

○ La mise en place par certains étudiants de *« piquets dissuasifs »* (devant la salle de perception des droits universitaires) *(M. 14.10.69)*. Le *prix* de leurs appareils est *« dissuasif »* disent (des industriels) *(E. 16.3.70)*. Les sous-marins atomiques poursuivent sous les mers une *ronde dissuasive (PM 5.10.68)*. La menace ne possède plus la *vertu dissuasive* qu'elle eût eue quatre ou cinq ans plus tôt *(E. 25.10.65)*.
∞ (...) Ailleurs, on décapite (les espions) à la hache, ce qui est plus romantique et me semble plus *« dissuasif »*, si je risque le néologisme *(Nord, 71)*. Les mesures nécessaires seront : réorganisation complète de la voirie, pression *dissuasive* considérable contre l'automobile *(E. 21.5.73)*. Pour conserver au superpériphérique son caractère de voie rapide, le péage devra être *dissuasif (E. 10.9.73)*. Les pays pétroliers accumulent des réserves en dollars telles qu'il leur suffirait de les changer d'un seul coup contre d'autres devises ou contre de l'or pour soulever des typhons monétaires. Ces réserves dépasseront probablement, en 1980, cent milliards de dollars : l'arsenal *dissuasif* d'une bombe à hydrogène monétaire *(E. 22.10.73)*. Les conditions de financement de la construction deviennent de moins en moins adéquates : les mensualités de remboursement atteignent des taux *dissuasifs (E. 25.2.74)*. Sur les 150.000 automobilistes parisiens en stationnement illicite, seuls quelques milliers par jour ont à payer contravention. Ces chiffres sont insuffisants pour être *dissuasifs (E. 21.10.74)*.

DISSUASION sf. Repris et rép. ~1960. Pol. Milit. Démarches diplomatiques, mesures militaires ou politiques, visant à dissuader un adversaire potentiel d'entreprendre une action hostile, en essayant de le convaincre qu'il s'exposerait à des représailles.

Rem. Voici qu'apparaît, dans le langage politique ou diplomatique, un mot quasi inusité jusqu'ici : *dissuasion*. Il somnolait certes sous la poussière du dictionnaire, et il est venu directement du latin dès le XIVe siècle. Mais on peut parier qu'aujourd'hui il est inspiré de l'anglais savant, qui le possède aussi. On parle de la politique de *dissuasion*. Elle consiste à « dissuader » l'ennemi éventuel de perpétrer des agressions. En somme, *dissuasion* est ici un galant euphémisme pour « intimidation » ! *(Thérive : Cfr. 15.6.60)*.
♦ Il faut disposer de l'instrument moderne de *dissuasion* que l'on appelle nucléaire *(de Gaulle, 10.60)*. La méthode qu'on appelle *dissuasion* en langage militaire et chantage dans un vocabulaire vulgaire *(E. 30.9.68)*.
L'Inde confirme que la *dissuasion* nucléaire, c'est la stratégie du pauvre *(P. 27.5.74)*.

DISSUASION (DE) loc. adj. C'est la construction syntaxique la plus fréquente du mot *dissuasion* dans ses emplois récents. Toutefois on peut distinguer : d'une part le domaine militaire, où le tour *force de dissuasion* est de loin le plus fréquent, avec une tendance à se figer ; et d'autre part les domaines les plus divers, où les tours sont nettement plus variés, malgré la fréquence assez élevée d'*« arme de dissuasion »* (au fig.).

1. Milit. ■ À propos d'armes nucléaires, de forces armées, etc., et de la politique dont elles sont l'instrument.

Aujourd'hui, la bombe c'est notre défense nationale. Si paradoxal qu'il y paraisse, cette *arme de dissuasion*, comme (de Gaulle) l'appelle, est aussi un instrument de paix *(Auburtin,*

66). Force de dissuasion : ensemble des moyens et de la politique permettant de dissuader par la menace de conséquences intolérables un adversaire d'un acte quelconque *(Str. 66).* La France aura-t-elle une *force de dissuasion* ? Tout dépend de ce que l'on exige pour baptiser « *force de dissuasion* » une « force de frappe » *(Aron, 62).* Notre *force de dissuasion* (est) susceptible de prévenir la guerre *(M. 10.1.68).* Le général A. suggéra que la *force nationale de dissuasion* puisse répondre à une attaque venant à tout moment de n'importe quel point du monde *(M. 23.2.69).* La *force de dissuasion française* devait être tous azimuts *(VL 1.70).* (Il est nécessaire) de posséder et une « *force de dissuasion* nucléaire » et une « *force de dissuasion* populaire » constituée par les forces terrestres *(M. 25.9.70).* Il faut disposer de l'*instrument* moderne *de dissuasion* que l'on appelle nucléaire *(de Gaulle, 10.60).*

Paul VI critiquait, pour les grandes puissances comme pour les petites, la *politique de dissuasion*, dérivée du « si vis pacem, para bellum » *(C. 19.1.72).* Le candidat de la gauche (à la Présidence de la République) mettrait la *force de dissuasion* « au frigidaire », se condamnant à placer la France sous le protectorat d'une de ces deux superpuissances *(M. 17.5.74).*

2. Par ext. Dans d'autres domaines. ■ Objet, moyen quelconques utilisés pour dissuader.

○ Le ministre des Finances dispose d'une terrifiante *arme de dissuasion* : les Caisses d'Épargne ; il leur donne la possibilité de concurrencer efficacement les banques *(E. 21.11.66).* Le général de Gaulle peut encore menacer ses partenaires d'une dévaluation « sauvage ». Mais cette *arme de dissuasion* monétaire est un peu émoussée *(O. 17.3.69).* L'*arme de dissuasion* contre la spéculation, c'est bien la conviction qu'une banque centrale pourra disposer de crédits quasi illimités *(M. 18.7.69).* La concurrence rail-route est à nouveau à l'ordre du jour (...). Le rail contre-attaque (avec le) service « transcontainer-express », *arme de dissuasion* ferroviaire face à la concurrence de la route *(C. 11.11.69).* Un guide en trois volumes (du Commissariat au Tourisme) « Où passer les vacances en France » : une *arme de dissuasion* contre l'exode des estivants *(A. 10.9.70).* Les experts ont cherché à mettre au point une *arme de dissuasion* contre la spéculation (sur les terrains) : c'est l'impôt foncier qui frapperait la détention, ou plutôt la rétention des terrains à bâtir *(M. 10.6.71).*

À Varsovie des *bistrots de dissuasion* ont été installés à la périphérie d'un parc pour filtrer les visiteurs et n'accueillir dans le sanctuaire que les amateurs authentiques *(M. 5.10.66).* Depuis quelque temps, les automobilistes en stationnement interdit à l'aéroport d'Orly retrouvent leur véhicule pourvu, à côté du timbre d'amende classique, d'un disque collé sur leur pare-brise, qui, s'ils le laissaient, leur boucherait toute visibilité. Il leur faut de nombreuses minutes pour s'en débarrasser. L'autorité qui a posé ces *disques de dissuasion* (...) *(M. 19.7.69).* « C'est intentionnellement que nous avons limité à quatre mètres la largeur des voies de pénétration, afin de rendre évidente l'interdiction de stationner. » — Soit. N'empêche que le même *effet de dissuasion* aurait été obtenu avec des voies de cinq mètres *(A. 4.6.70).* Le comité chargé de rédiger ce rapport (sur les résultats des hold*-up) en guise de « *force de dissuasion* » a choisi, au hasard, 58 jugements prononcés depuis 1964 *(FL 29.9.66).* La réhabilitation technique et commerciale du transport collectif (doit être) accompagnée de *mesures de dissuasion* efficaces à l'égard de l'automobile : stationnements payants, parcs périphériques en liaison avec les réseaux de transports *(VR 28.6.70).* *Piquets de dissuasion* placés près des bureaux de vote pour décourager les électeurs d'exprimer leur suffrage *(M. 12.6.69).* « *Piquets de dissuasion* » devant les guichets où les étudiants doivent payer leurs droits universitaires *(M. 27.9.69).* Pour éviter l'asphyxie totale (de la circulation dans les villes), la seule solution consiste à taxer le stationnement sur la voie publique, autant dire à pratiquer une *politique de dissuasion (E. 12.6.67).* Afin de réserver vraiment les logements sociaux à qui ils sont destinés une *politique de dissuasion* sera mise en application *(FP 10.68).* Sous prétexte d'urbanisme commercial, le gouvernement a mis en place un *système de dissuasion* à l'implantation de nouvelles grandes surfaces de vente *(E. 5.10.70).*

∞ La S.N.C.F. risque de ne pouvoir toujours répondre à la demande des voyageurs voulant emprunter les turbotrains. C'est la raison pour laquelle elle envisage de leur demander un *supplément* tarifaire *« de dissuasion » (M. 8.5.73).* L'entourage du Président manipule déjà la bombe électorale tantôt comme une force d'agression, tantôt comme une *arme de dissuasion (P. 27.5.74).* Vingt ans de réclusion criminelle requis à l'encontre des trois accusés, « *peine de dissuasion* » *(M. 29.6.74).* Le concours de l'internat de médecine conserve intacte sa *force de dissuasion (Beunat, 74).* La décongestion de la capitale est inséparable d'une *opération de dissuasion* vis-à-vis des habitants de la banlieue *(M. 16.10.74).*

Est-ce un bon choix pour une voie (routière) de contournement, pour un *parcours de dissuasion* ? *(M. 28.4.78).*

→ FRAPPE (FORCE DE), PARC DE DISSUASION.

DISTANCIATION sf. Traduction de l'allemand *Verfremdungseffekt* (Brecht). ■ Attitude de l'acteur qui refuse de s'identifier à son personnage ou du spectateur qui « prend ses distances » par rapport à l'action dramatique et garde son sens critique.

Il y a deux manières de traiter un film de cape et d'épée : demander au public « d'y croire », ou bien choisir la *distanciation*, le rire, la dérision *(M. 3.3.64).* J'ai fait un pas en arrière par rapport à moi-même et cette *distanciation* inhabituelle me permet pour la première fois de me considérer de l'extérieur, en spectateur *(Guimard, 67).* M. J. M. a commandé à tous ses acteurs une certaine froideur, une certaine « *distanciation* » *(E. 18.12.67).* Pour créer ce que Brecht appelait la « *distanciation* dramatique », M. a choisi de mauvais comédiens — ou, du moins, des comédiens qu'il oblige à mal jouer *(E. 15.1.68).* Suivre les débats et considérations sur le futur Pape et sur le Conclave avec une sorte de *distanciation*, permet des découvertes *(C. 26.8.78).*

Rem. On trouve aussi les v. *se distancier*, attesté 1963 *(PR 77).* et *se distancer*, attesté 1968 *(DMN 71),* au sens de « prendre ses distances » (par rapport à qqn, qqch).

DISTORSION sf. Fig. ■ Décalage, déséquilibre, écart.

La technique marche à 1 000 km à l'heure, les institutions et les mœurs à 5, certains hommes à 500, d'autres à 10. Les *distorsions* sont trop fortes. L'adaptation ne se fait pas

DISTORSION

ou mal *(E. 24.6.68)*. Les *distorsions* entre l'école et la famille, génératrices de nombreuses inadaptations *(M. 29.11.68)*. Les réformateurs croient que la *distorsion* entre provinces riches et pauvres finira par paralyser l'essor des riches *(E. 5.10.70)*.
Une *distorsion* entre les lois et leur application *(E. 24.1.72)*. A. Sauvy met en évidence les causes essentielles des *distorsions* économiques, sociales et politiques du monde actuel *(E. 2.4.73)*. En ce qui concerne la localisation des logements, la *distorsion* est considérable entre les objectifs et les résultats *(C. 21.10.75)*. La *distorsion* entre prix alimentaires et prix industriels est dommageable pour les entreprises *(Exp. 12.77)*. *Distorsions* entre la justice rendue par des professionnels et celle des jurés d'assises *(P. 10.7.78)*. Les *distorsions* engendrées par une croissance industrielle effrénée *(M. 12.7.78)*.

DISTRACTIF, IVE adj. Pour : *de distraction*. ■ Qui amuse, fait diversion.

Sans négliger le *rôle distractif* de la télévision *(TG 6.9.68)*. Si nous ne commençons pas la *soirée distractive* à 8h 30 du soir, nous n'avons plus la possibilité de construire un programme valable *(En. 2.5.70)*. Nos lecteurs se plaignent que la *télévision* ne soit pas assez *distractive* (En. 2.5.70). Venez à V. c'est une ville au *tourisme distractif* *(O.R.T.F. 15.5.67)*. Les (wagons-restaurants peuvent avoir aussi) une *vocation distractive* : celle de rompre la monotonie d'un long voyage *(R.G.C.F. 10.66)*.

DISTRIBUTIONNEL, LE adj. Ling. ~ 1960. (D'après l'am. *distributional*). Qui concerne la distribution des éléments d'un énoncé.

L'analyse *distributionnelle* est la méthode d'analyse caractéristique de la linguistique structurale. Elle a son origine dans la constatation empirique que les parties d'une langue ne se rencontrent pas arbitrairement les unes par rapport aux autres. L'analyse *distributionnelle* ne peut pas rendre compte des phrases ambiguës — du type : « j'ai acheté ce livre à mon frère » *(Dubois, 73)*.

DIVERGER v. intr. Spéc. mil. XXe s. Techn. ■ Se dit d'un réacteur nucléaire qui « entre en divergence », c'est-à-dire dans lequel s'établit une réaction en chaîne.

À un an d'intervalle, trois prototypes de puissance équivalente ont *divergé* dans le monde *(M. 18.1.75)*.

DIVERSIFICATION sf. Écon. ■ Fait de varier les biens que l'on produit, vend ou achète.

En dix ans (la Tunisie) a changé de visage. L'agriculture est en voie de modernisation et de *diversification* *(M. 31.5.66)*. Spécialisation et *diversification* paraissent indispensables à la grande industrie moderne *(M. 19.6.66)*. La politique énergétique française est fondée sur la *diversification* des sources d'approvisionnement *(M. 29.6.66)*.
Dans le cas des stations-services, faire de la *diversification* équivaut à vendre des produits autres que les produits pétroliers. Certains pompistes proposent aux automobilistes quelques articles de *diversification* *(En. 29.11.69)*.
Les sociétés nationales évitent désormais de se cantonner dans leurs activités traditionnelles. Elles pratiquèrent une politique de « *diversification* », notamment par le biais de filiales, souples à gérer. Ainsi Air France s'intéresse à l'hôtellerie et au tourisme *(M. 27.11.74)*.

● Dans l'enseignement, la recherche, les professions libérales : le fait de maintenir ou multiplier les possibilités de choix entre diverses branches, diverses matières d'études, etc.

Tous les élèves suivent d'abord un programme unique. Toutefois, depuis quelques années, on assiste à « un effort de *diversification* en vue de développer les intérêts et les aptitudes particulières » *(M. 9.3.66)*. Mettre l'Université en mesure de répondre aux exigences qui résultent de l'expansion démographique, de la *diversification* du savoir *(M. 30.6.66)*. La notion de *diversification* et de matières à option se heurte aux exigences requises pour l'obtention d'un diplôme national unique *(M. 25.5.69)*.

DIVERSIFIER v. tr. et réfl. Écon. ■ Pratiquer la *diversification**.

● Verbe transitif.
Renault a *diversifié* ses activités, allant jusqu'à prendre des intérêts dans l'industrie des aliments ou des tondeuses à gazon *(PM 11.5.74)*. Le P.d.g. a fini par *diversifier* l'activité de Bic après avoir juré longtemps qu'il resterait fidèle à la mono-production du stylo à bille *(P. 27.1.75)*. Nathan, spécialisé jusqu'alors dans le jeu éducatif, commence à *diversifier* ses productions en lançant des jeux de stratégie pour adultes *(M. 21.6.78)*.

● Verbe réfléchi.
Ce groupe d'aciéries *se diversifiera*, en aval de l'acier, dans la mécanique lourde *(E. 9.12.74)*.

DIVORCE sm. Fig. ■ Absence ou disparition d'une coordination, d'un accord, d'une entente, d'une harmonie.

Ces moments de *divorce* (chez l'automobiliste fatigué) entre la commande intellectuelle et les mouvements musculaires *(TCF 1.61)*. Le *divorce* « idéologique » affecte au premier chef les relations entre États *(M. 1.9.64)*. On n'était pas très loin du *divorce* entre « théoriciens et doctrinaires » et « tacticiens et électoralistes » *(M. 11.6.66)*. Le *divorce* s'accuse entre les locataires des immeubles détruits par la rénovation et ceux qui pourraient s'installer dans les logements rénovés *(M. 21.11.68)*. Il est en train de se produire entre le service postal et le public un *divorce* grave *(M. 23.10.69)*. La voiture se construit aujourd'hui autour du corps humain. Il y a là, avec l'habillement, une parenté qui s'impose. Pourquoi dès lors ne s'est-on pas aperçu plus tôt du *divorce* vêtement-voiture souvent si flagrant ? *(A. 23.10.69)*. Depuis un siècle et même plus, il y a *divorce* entre le public et la peinture abstraite *(Pa. 10.70)*.
Divorce à la Maison-Blanche : après quinze ans de vie commune, le président des États-Unis a décidé de séparer le pouvoir et la science *(E. 19.2.73)*. Le *divorce* entre l'enseigne-

ment des mathématiques et la réalité mathématique contemporaine *(E. 10.9.73)*. Le *divorce* dramatique entre l'idéal judéo-chrétien et les possibilités réelles de l'homme *(E. 19.11.73)*. La classe politique s'est trompée sur l'Italie et les Italiens : l'affaire du divorce a montré qu'il y avait surtout *divorce* entre le pays légal et le pays réel *(P. 21.5.74)*. Les premiers jours de janvier voient se précipiter, au Portugal, le *divorce* entre le Parti communiste et le Parti socialiste *(E. 3.2.75)*.

DOCIMOLOGIE sf. Bien qu'il ait été proposé par Piéron en 1922 ou au plus tard en 1929 (cf. ci-après, cit. *Piéron, 63*), le mot n'a commencé à se répandre qu'après la publication en 1963 du livre de Piéron cité ici. La docimologie est encore considérée par certains comme une science « nouvelle » en 1969.

Rem. J'ai proposé le terme *docimologie* à partir des mots grecs relatifs aux examens (...) Il était normal d'examiner les examens scolaires eux-mêmes, de les soumettre à une étude critique. C'est ainsi que j'entrepris la première recherche de *docimologie* (en) juin 1922 (...) j'ai publié en 1929 un article « Orientation professionnelle et *docimologie* » *(Piéron, 63)*. La *docimologie* : ce mot ne figure pas dans le dictionnaire de l'Académie. Cependant il désigne une science fort importante, qui a pour objet l'appréciation des examens scolaires ; on les regarde comme la pierre de touche de la valeur des candidats ; il importe donc d'en assurer le fonctionnement rationnel. Parviendra-t-on, en donnant aux correcteurs des leçons de *docimologie*, à parer aux erreurs (de notation) dues à leur équation personnelle ? *(JG 22.2.37)*.

♦ Les compositions (dans le système scolaire français) sont soumises à un système de notations de 0 à 20 dont les travaux de *docimologie* ont démontré l'inanité *(M. 19.1.66)*. Réexaminer le problème (du baccalauréat) en tenant compte des constatations aveuglantes réunies depuis plus de trente ans par des psychologues qui se sont spécialisés dans l'étude des examens, la *docimologie (M. 6.9.66)*. Une science nouvelle, la *docimologie*, met en lumière l'absurdité des examens traditionnels et propose des changements *(Cs. 1.69)*.

DOCIMOLOGIQUE adj. ■ Qui se rapporte à la *docimologie**.

La conclusion de ce premier *sondage docimologique* (...) l'intérêt d'une *investigation docimologique* (...). Des *recherches docimologiques* sont nécessaires *(Piéron, 63)*. Il serait souhaitable qu'une initiation aux *problèmes docimologiques* soit incluse dans la formation de tous les enseignants *(M. 6.9.66)*.

DOCIMOLOGUE s. ■ Spécialiste de la *docimologie**.

La mystérieuse « équation personnelle » de l'examinateur a été chiffrée par les *docimologues*, qui sont arrivés à la conclusion que pour prédire la note d'un candidat, il vaut mieux connaître son examinateur que lui-même *(M. 15.11.63)*.

DOLCE VITA [dɔlʃe vita] loc. subst. ~ 1960. Locution italienne (la belle vie). Répandue en français après la projection d'un film italien portant ce titre. ■ Façon de vivre luxueuse et oisive où seule compte la satisfaction de tous les désirs.

Les invités d'E. B. s'embarquaient par groupes (...). Le bateau était ancré au milieu de la baie. « Le plus beau bateau d'Espagne », avait dit J. — La « *dolce vita* », dit V., c'est ça, non ? » *(H.-F. Rey. 62)*. Pour oublier la tristesse de son passé provincial, elle se fait couper les cheveux à la garçonne, revêt un smoking d'homme et se lance dans la *dolce vita (E. 3.4.67)*. Tout ce monde-là vit en bandes (...) on boit sec, on appelle « passion » l'envie de coucher. Petits morceaux, d'ailleurs discrets, de « *dolce vita* » avec les habituels malheurs des riches désœuvrés (...). Ce roman devrait plaire *(M. 19.3.71)*.

DOLORISME sm. ■ Théorie qui donne à la douleur une valeur morale.

Qu'est-ce qui nous reste de la civilisation chrétienne ? Le culte du sacrifice sans joie, de la vertu sans but, le sens du péché sans le sens du pardon un *dolorisme* qui paraît l'austère antithèse du plaisir *(Mallet-Joris, 70)*.

DOLORISTE adj. (de *dolorisme**).

La revue publie trop d'articles austères, noirs, tristes, « *doloristes* », et cela nous (un groupe de lecteurs) déprime *(Pa. 10.74)*. Les jeunes parlent souvent de « tendresse ». Ils ne peuvent adhérer à un christianisme *doloriste*, rigoriste, culpabilisant *(M. 3.1.76)*.

D.O.M.-T.O.M. [dɔmtɔm] sm. ~ 1973. ■ Sigle pour **D**épartements, **T**erritoires d'**O**utre-**M**er.

Pompidou l'avait écarté du gouvernement parce qu'il avait blâmé la fraude électorale outre-mer, dialogué avec l'opposition dans les *Dom-Tom (P. 27.1.75)*. Le secrétaire d'État aux *DOM-TOM* se rendra à l'île Mayotte après son séjour à la Réunion *(C. 31.8.78)*.

DONNEUR, EUSE subst.

● Méd. (D'après *donneur de sang*.)

Il est 1 h du matin, lorsque l'épreuve aboutit à un résultat positif. Mais le « *donneur* pressenti » (pour une greffe du cœur) vit toujours *(PM 13.1.68)*. Pendant deux jours, la greffe du cœur a mobilisé tous les moyens d'information. Les familles du *donneur* et du receveur ont été interviewées, photographiées *(E. 6.5.68)*.
En 1958, il fait accomplir un pas décisif aux transplantations d'organes, en découvrant l'un des facteurs qui interdisent aux tissus des *donneurs* de vivre sur les tissus des receveurs *(E. 5.6.72)*. Avoir moins de 40 ans, être marié, avoir averti sa femme, être père au moins d'un enfant (normal) et accepter d'être bénévole : telles sont les conditions requises pour être *donneur de sperme (M. 14.2.73)*. Tout le monde ou presque peut donner ses yeux (...) Le donateur remplit un testament de « *donneur d'yeux* » *(F. 27.12.73)*.

• **Par ext. Dans d'autres domaines.**
   L'Association des *Donneurs de voix* offre aux aveugles et aux mal-voyants la possibilité d'écouter gratuitement des livres enregistrés bénévolement sur cassettes par les *Donneurs de voix* (VR 31.3.74).
→ BANQUE, GREFFE, RECEVEUR.

DOPAGE sm. ~ 1965. ■ Utilisation de *dopants**.

L'importance essentielle du résultat (sportif) a conduit à tous les excès et notamment au *dopage*. Les deux scandales de *dopage* officiellement avoués concernent deux sports professionnels (football en 1954 et cyclisme en 1967) *(M. 19.1.68)*.
Dans ce tableau (des championnats d'Europe d'athlétisme) il y a malheureusement une ombre : celle du *dopage*, qui affecte tout particulièrement les épreuves de puissance : poids, disque, marteau, etc. La mode est depuis quelques années aux « engrais musculaires » à base d'hormones *(C. 29.8.78)*.

DOPANT sm. ~ 1955. ■ Produit pharmaceutique utilisé comme excitant ou stimulant.

L'Académie de médecine a émis hier le vœu que les substances utilisées comme *dopants* par les étudiants en période d'examen, ne soient désormais délivrées que sur ordonnance médicale *(M. 9.6.55)*.

DOPER (quelque chose) v. tr. Fig. D'abord à propos de bombes, d'engins nucléaires dont on augmente la puissance.

D'après les premiers renseignements, il s'agit d'une *bombe atomique « dopée »*. Cette expression est employée par les techniciens pour désigner une bombe atomique dont l'énergie a été renforcée par l'addition d'éléments légers, susceptibles de subir un processus de fusion qui doit, en principe, augmenter la puissance de l'engin *(M. 11.5.66)*. *Doper la charge*, on dit aussi « farcir », signifie que l'on incorpore à l'explosif un entourage de substances légères qui favorisent la fission *(FL 12.5.66)*. Cette idée de tirer un meilleur parti de l'explosif nucléaire a conduit à l'élaboration de la *bombe « dopée »*, mais au lieu de demander cette amélioration du rendement au seul agencement de la matière fissile, on y fait concourir cette fois une matière fusible. L'explosion d'un tel *engin dopé* se déroule donc, schématiquement, en deux temps *(M. 6.10.66)*.

• **Dans d'autres domaines : améliorer la qualité, le rendement de quelque chose.**
   De grandes sociétés recourent aux plus sérieuses écoles (de langues vivantes), afin de « *doper* » l'anglais de leurs employés supérieurs *(E. 15.8.66)*.

DOPING [dɔpiŋ] sm. Fig. À propos de choses : moyen qui donne à quelque chose une force provisoire et plus apparente que réelle.

Pour l'appareil industriel français la cure actuelle peut conduire à un assainissement profond. En de tels moments joue la sélection naturelle impitoyable pour les inadaptés, vivant jusqu'ici grâce au *« doping »* artificiel de l'*inflation (M. 17.1.65)*.

(-)DORTOIR Deuxième élément de subst. composés désignant des localités proches d'une ville importante, et dont la plupart des habitants, qui travaillent à la ville voisine, sont absents pendant la journée, et ne sont guère chez eux que pour y dormir (le mot *dortoir* a souvent en français des connotations péjoratives).

Rem. Le genre grammatical est celui du premier élément. L'emploi du trait d'union est hésitant.

O Les inégalités entre (grands) centres commerciaux et *agglomérations dortoirs (Moulin, 68)*. L'*autobus-dortoir* est la conclusion de la *banlieue-dortoir (Charbonneau, 67)*. Les habitants des *banlieues-dortoirs* qui entourent Paris *(O. 6.3.68)*. Une *cité-dortoir* de la région parisienne, victime de l'ennui et du désœuvrement *(F. 22.11.66)*. À 25 km de Paris, Y. commune de 22 000 habitants dont la plupart travaillent dans la capitale, est ce qu'on appelle une *cité dortoir*. Sur le plan culturel, effectivement, elle a été longtemps endormie *(E. 9.2.70)*. Grâce à la construction en un temps record d'un ensemble commercial et de distractions d'une qualité exceptionnelle, la C. fut en un été débarrassée de son complexe de *cité-dortoir*... les habitants ne tardant pas à reconnaître eux-mêmes qu'on ne pouvait plus y dormir *(M. 11.2.71)*. Un décret paru ce matin au « Journal Officiel » (donne cette) définition de la *commune-dortoir* : les communes dont une partie importante de la population active travaille en dehors du territoire communal et qui se trouvent privées de ressources normales seront incluses dans des agglomérations comprenant la ou les communes attractives *(M 30.3.57)*. Sarcelles n'est pas encore une ville mais ce n'est plus une « *commune-dortoir* » sans personnalité et sans âme *(F. 13.1.67)*. *Quartiers-dortoirs* abandonnés toute la journée des adultes ; seuls y demeurent les femmes sans profession et les vieux *(C. 22.10.70)*. La municipalité affirme qu'il est nécessaire pour éviter de créer une simple « *ville dortoir* », de réserver une zone aux activités économiques susceptibles d'occuper de la main-d'œuvre *(M. 23.6.68)*. Les projets d'urbanisme des « villes tentaculaires » feront soit une ville verte et gaie, sillonnée d'aires de jeux pour les enfants, soit une *ville-dortoir (Fa. 2.4.69)*.

∞ Sous-équipées et mal desservies, les *cités-dortoirs* ne correspondent même plus à leu appellation. Elles sont devenues dortoirs sans jamais avoir été cités *(O. 29.1.73)*. À C l'emploi n'existe pas. Les transports sont nuls. Les équipements absents. C'est donc bie une *cité-dortoir* qu'on va plaquer sur le village *(O. 24.9.73)*. Les rapports entre l'implantatio des *villes dortoirs* et le développement de la criminalité juvénile suburbaine (...) *(E. 11.2.74)* On a fait *une cité-dortoir*, sans créer ni commerce ni emploi *(C. 11.2.78)*. Les habitants d Tama, *cité-dortoir* de la banlieue sud-ouest de Tokyo, sont les plus isolés des Japonais *(M. 12.7.78)*.

DOUX, DOUCE

DOUBLE AVEUGLE (EN) loc. adv. ou adj. (Traduction de l'anglais *double-blind.*) Méd.
« Double-blind procedure » désigne une méthode thérapeutique pratiquée à l'insu du malade et du médecin à la fois. Méthode *« double aveugle »* ou *« en double aveugle »* ou encore *« du double aveugle »* est un mot à mot peu conforme à la construction française et qui prête au quiproquo. Les expressions « méthode à double insu » ou « double anonymat » rendent fidèlement le caractère de l'expérimentation *(TAM 68).* Les expériences étaient réalisées en *double aveugle,* c'est-à-dire (que) les patients ignoraient quelle huile on leur donnait *(E. 4.12.67).* Comment mettre en œuvre les essais dits en *« double aveugle »* qu'exigent les statisticiens pour statuer sur l'efficacité d'une nouvelle drogue ? Pour éliminer les effets purement psychologiques d'une drogue, cette technique consiste à prescrire simultanément à des malades différents deux médicaments identiques, l'un contenant un « placebo », le malade ni le médecin prescripteur ne sachant où est le principe actif *(C. 18.1.69).*
→ PLACEBO.

DOUBLÉ sm. ■ Série de deux réussites, de deux victoires qui se succèdent en peu de temps.
Un *« doublé »* assez exceptionnel vient de se produire dans le domaine de la chirurgie cardiaque. Le docteur S. a greffé un deuxième cœur à un opéré sur qui une première intervention n'avait pas réussi. Presque dans le même temps, le docteur C. procédait à l'enlèvement du cœur placé en mai dernier dans la poitrine de M. T., le premier greffé américain, et le remplaçait par un organe tout neuf *(C. 23.11.68).*

DOUBLON sm. Fig. ■ Le fait que deux choses identiques ou analogues font double emploi.
L'organisation présente (du Ministère de l'Équipement) a le défaut de présenter des *« doublons »* entre services responsables des mêmes choses *(M. 5.7.78).*

DOUBLONNAGE sm. ■ Répétition d'une action.
La bombe sur Nagasaki est injustifiable, même si celle de Hiroshima était justifiée. Ce *« doublonnage »* aussi rapproché était sans aucune utilité militaire *(M. 6.8.65).*

DOUBLONNER v. intr. et tr. ~ 1965. ■ Faire double emploi.
Ce rapport *doublonnerait* avec les travaux du commissariat général du Plan *(M. 1.10.67).*
Ce long préambule sur la vie animale *« doublonnait » les émissions* (télévisées) de R. et D., sans en avoir le panache *(C. 6.11.69).*
(...) Reconsidérer la gamme des Simca dont certains modèles *« doublonnent »* avec la nouvelle (voiture) *(A.A.T. 2.78).*

DOUCE
→ DOUX.

DOUCEUR (EN) loc. adv. ou adj. Astronautique. ~ 1960 dans les tours *alunissage*, atterrissage « en douceur »* (cf. anglais *soft landing).*
1. À propos d'un engin spatial : sans choc violent, sans être endommagé ou se briser.
● Adj.
Un *« alunissage en douceur »* étant très difficile à réaliser, les Soviétiques ont dû prévoir de nombreux tirs d'essai *(M. 12.6.65).* (Un cosmonaute) tenterait un *atterrissage en douceur (Au. 19.6.63,* in Guilbert, *67).*
● Adv.
La sonde soviétique Vénus-4 *se pose en douceur* sur la planète Vénus *(M. 2.1.68).*
2. Dans d'autres domaines : sans surprises déségagréables, sans brutalité, sans scandale, sans douleur, etc.
● Adj.
Le *dépaysement en douceur* (en Tunisie) *(En. 11.4.70).* Par le miracle de ce qu'on appelle le *dressage en douceur,* il fit évoluer cinq tigres et deux tigresses avec autant d'aisance que s'il s'était agi de poneys paisibles *(FL 12.5.66). Limogeage en douceur* (d'un général) *(M. 18.6.67). Rasages en douceur (E. 15.11.65).*
Les sentiers de grande randonnée, ces moyens de désenclavement *en douceur* des coins perdus *(P. 21.5.74).*
● Adv.
Les prix (des boutiques « haute couture ») *démarrent en douceur* et sont abordables pour des budgets relativement limités *(M. 5.12.67).* Un budget de jeune ménage qui n'aime pas les fins de mois difficiles. Elle (une petite voiture) *se faufile en douceur* dans votre budget *(Pub. M. 14.2.69).* Interrogé par Alain S., Serge Reggiani *se livre, en douceur,* pourrait-on dire. De son métier à ses idées sur la vie et l'amour, de son « engagement » à ses bons sentiments, il est passé au crible avec tant de naturel qu'il s'étonne, au bout du compte, que « tout cela prenne une telle importance » *(M. 13.10.70).*

DOUX, DOUCE adj.
1. À propos de *« drogues* » (hallucinogènes*),* de médicaments, de soins, de thérapeutiques, etc. ■ Qui a sur l'organisme humain une action modérée, relativement peu traumatisante ou peu toxique.
Le futur Monsieur Drogue s'inspirera des idées suivantes : création en France d'un enseignement médical spécifique de la toxicologie ; renforcement des moyens de la Brigade des Stupéfiants ; maintien de l'interdiction des drogues dites *« douces » (O. 9.5.77).* L'homéopathie, médecine *douce* et naturelle, connaît un renouveau *(E. 12.6.78).* Les médecins cherchent des méthodes de « contraception *douce »* adaptées à l'adolescence *(E. 31.7.78).*

DOUX, DOUCE

Rem. Dans le cas particulier de *drogue*, l'antonyme courant de *« drogue douce »* (cf. cit. *O. 9.5.77* ci-dessus*)* est *« drogue dure »*.

2. À propos de techniques, de formes d'énergie, d'activités diverses (sports, tourisme, etc.). ■ Qui utilise des ressources naturelles en respectant le plus possible l'*environnement**. — Peu ou non *polluant*(e)*.

Des *techniques* qualifiées de *« douces »*, et dont le but est d'assurer, sans détruire l'équilibre du milieu naturel, la prospérité et l'indépendance de petites cellules sociales *(O. 5.6.72)*.
Le ski de fond, ski en *technologie douce*, permet de fuir les stations de ski alpin urbanisées, de doser l'effort sans risque de fracture, d'éviter les embouteillages et les frais des remontées mécaniques *(P. 11.11.74)*. Une révision draconienne du programme énergétique conduit à diminuer la part du nucléaire, et à augmenter celle de l'hydro-électricité et des *énergies douces* (géothermique et solaire) *(M. 18.3.75)*. *Industries douces* pour la Corse : de petites unités, propres et silencieuses *(M. 18.12.75)*. Un concours d'idées est ouvert pour rendre le *tourisme « doux »*, car la Corse autant que la Costa Brava souffrent d'une industrie touristique qui leur apporte peu et les abîme beaucoup *(M. 1.10.77)*. Le Commissariat à l'énergie solaire a une ambition identique à celle du Commissariat à l'énergie nucléaire, mais la manière sera différente (...) Même dans le domaine civil, le nucléaire a de sérieux problèmes de sécurité. Le solaire est tout le contraire : c'est un *produit doux*, qui ne nécessite pas toutes ces précautions (...) À la Foire de Paris, le visiteur fasciné s'attarde devant la plate-forme des *énergies douces*, éoliennes et capteurs solaires *(M. 20.5.78)*.

3. Écon. *« Croissance douce », « fiscalité douce »* : modérée.

La construction électrique est à son tour réduite à la *« croissance douce »*, ou même à la stagnation : pour 1978 les commandes ont diminué *(Exp. 12.77)*. Certains concurrents étrangers paient le pétrole brut beaucoup moins cher parce qu'ils ont des gisements (...) à *fiscalité douce (C. 1.9.78)*.

4. À propos de choses abstraites. ■ Qui met l'accent sur les aspects humains plutôt que techniques d'un système, d'un projet, d'une réforme, etc.

Jusqu'ici s'opposaient deux gestions de la socialisation de la crise : une *gestion « dure »* par l'endettement des entreprises et l'aide à l'emploi, et une *gestion « douce »* par la réduction des inégalités (...) La *gestion « douce »* constitue certainement une dimension essentielle de tout programme humainement acceptable *(M. 7.7.78)*.

DRAGUE sf. Fig. fam. ~ 1970. ■ Le fait de *draguer**.

Pour un certain nombre (de clients) la prostitution est une nécessité — quoique, à présent, avec (...) la *drague* (...) *(Cesbron, 77a)*. La *drague* est un viol qui n'aboutit pas ? D'accord. Soyons des femmes pratiques. Face à la *drague*, quelle tactique, quelle stratégie appliquer ? *(O. 12.6.78)*.

DRAGUER v. intr. et tr. Spéc. (d'abord argot, attesté 1914 ; cf. Esnault, 65 : « être en quête de qqn ou de qqch »). Rép. ~ 1960.

Draguer + O (emploi « absolu »). Errer, flâner, à la recherche d'une aventure galante facile.

Les « amazones » (catégorie de prostituées) *draguent* en voiture *(E. 28.8.72)*. On se retrouve pour rien, pour fumer une cigarette, pour *« draguer »*, pour passer le temps *(E. 3.9.73)*. On vient ici pour *draguer*, boire, danser, oublier que la vie n'est pas marrante *(M. 21.6.78)*.

Draguer qqn. L'aborder dans l'intention d'engager une aventure facile.

D. (personnage masculin d'un film) *« drague »* les filles (étrangères) séduites par l'exotisme *(M. 30.9.69)*.
Sophie et Laure voulaient le *draguer*, comme ça, devant moi, toutes les deux *(Saint Pierre, 70)*. Gaston, dans ce film, *drague* Mireille *(P. 24.12.73)*. On travaille sans excès, on se promène, on *drague* les belles *(E. 20.1.75)*.

Être dragué(e), se faire draguer.

Qui dira un jour le vertige de la femme *draguée*, le soir, après le cafard ? « Vous en avez de la chance, j'aimerais bien *me faire draguer*, moi » *(O. 12.6.78)*.

DRAGUEUR, EUSE subst. ■ Personne qui *drague**.

● Sm.

L'époux qui part en voyage et se méfie des *« dragueurs »* (...) *(E. 16.7.73)*. Les dragueurs sont des impuissants (...) Un monsieur qui est obligé de changer de femme tous les soirs est un impuissant *(Cesbron, 77a)*. Le violeur est le prolongement direct du *dragueur (M. 26.4.78)*. Le premier *dragueur* du matin, c'est réjouissant de l'envoyer paître *(O. 12.6.78)*.

● Sf.

Cette femme qu'on voit (dans un film) en classe, enseignant avec acharnement le langage à des enfants infirmes, se transforme, dès l'obscurité tombée, en *« dragueuse »*, selon l'argot bourbeux d'aujourd'hui *(E. 27.3.78)*.

DRAMATIQUE sf. ~ 1965. ■ Émission de théâtre à la télévision.

La « Jeune Fille Violaine », *dramatique* diffusée sur la première chaîne *(M. 20.2.66)*. La dernière *dramatique* jouée face aux téléspectateurs *(F. 27.1.67)*. Une *« dramatique »* nous invitait à regarder la première chaîne *(M. 10.10.68)*.

DRAMATISANT, E adj. ■ Qui donne une importance exagérée à de menus faits.

Qu'on me pardonne un jargon devenu courant : je crains que ces méthodes sécurisantes ne se révèlent plus défectueuses que la pédagogie dite *dramatisante (M. 4.2.69)*.

DRAMATISATION sf. ■ Le fait d'exagérer la gravité d'une chose, d'une situation.

La démoralisation est l'œuvre de certains journalistes s'acharnant à la *dramatisation* (E. 6.12.71). Ces mesures vont dans le sens d'une moindre *dramatisation* du passage de l'école élémentaire au collège (M. 3.9.77).

-DRAPEAU Deuxième élément de plusieurs substantifs composés dans lesquels il signifie : qui donne du panache, du prestige ; ou : qui a valeur de symbole.

On joue sur les mots. Mais le jeu est politique : la S.F.I.O. ne consentira jamais à l'abandon de son *adjectif-drapeau* (l'adj. ouvrière) (Sainderichin, 66). Port-Saint-Raphaël : demandez la *brochure-drapeau* et renseignez-vous (M. 3.8.68). Il est envisagé de porter de 150 à 160 km/h (la vitesse) des *trains-drapeaux* entre Paris et Nancy (VR 11.5.69). Cette espèce d'aura qu'on a mise autour du transport aérien : le transport aérien diplomate, le *transport aérien-drapeau* (O.R.T.F. 26.12.70).

DRASTIQUE adj. Du grec *drastikos* (qui agit). Dès le XVIIIe s., en médecine, à propos de remèdes. Repris au milieu du XXe s., sous l'influence de l'anglais *drastic*, pour : draconien, énergique.

Si les appels sérieux et solennels ne sont pas efficaces dans les prochains mois, si l'on passait de la température à la fièvre, le gouvernement serait conduit à prendre des *mesures* qui pourraient être *drastiques* (M. 12.6.71). Le sous-emploi, l'analphabétisme, le déséquilibre de la propriété : autant de raisons justifiant (au Chili) une réforme rapide et *drastique* (M. in VL 1.70).
Pour rester compétitive, la sidérurgie doit réduire ses coûts d'une manière *drastique* (C. 15.9.78).

DRILL [dril] sm. ~ 1965. (Mot angl.). Did. ■ Méthode d'apprentissage (notamment des langues étrangères) fondée sur la répétition intensive en vue d'acquérir des automatismes.

Des cours audio-visuels accélérés. Les étudiants endurent le « *drill* » dix heures par jour. À la fin du stage, ils sauront vraiment parler anglais (E. 15.8.66).

DRIVE IN ou **DRIVE-IN** [drajvin] sm. Mot américain (cf. *drive-in, drive-in bank, drive-in hotel*, etc.). De *to drive in*, entrer en voiture quelque part. ■ Installation qui permet à l'automobiliste de faire, sans quitter sa voiture, une action qui, autrement, l'aurait obligé à garer son véhicule et à en sortir, par ex. : assister à la projection d'un film, accomplir une opération bancaire, etc.

L'un des premiers avantages des « *drive-ins* » est de permettre aux spectateurs motorisés de pouvoir assister à une séance de cinéma sans avoir le souci de chercher un parking pour leur voiture (Ff. 6.3.70). Après Marseille et Nice, Paris va avoir son *drive in* — cinéma pour automobilistes (M. 24.3.70).
Les habitants de C. disposent désormais d'un « *drive-in* » de services, à l'entrée du parking du super-marché. La cliente reste au volant. Elle appuie sur un bouton. Une fenêtre s'ouvre. On lui prend son linge à laver, les chaussures à ressemeler, les couteaux à repasser (E. 10.7.72).

DROGUE sf. Rép. ~ 1965. *Hallucinogène**.

Une actualité trop souvent sensationnelle vient d'attirer, à de multiples reprises, l'attention du public sur ce qu'il est convenu d'appeler « *la drogue* » (M. 14.10.69). Dans son sens restreint, et d'ailleurs néologique, le mot « *drogue* » a acquis une connotation décidément pathologique (M. 13.11.69).
À la diversification des produits a correspondu un phénomène de prolétarisation des catégories de jeunes touchés par la *drogue* (...) À l'hôpital M. on ne traite que les sujets usant de « *drogues* » dures (M. 25.2.75).
→ DOUX, DOUCE.

Rem. Drogue, avec le sens ci-dessus, se rencontre aussi comme premier élément de subst. composés, notamment *drogue-partie* (= réunion de personnes qui consomment ensemble de la « *drogue* »), attesté en **1969** (O. 20.10.69).

♦ Le juge d'instruction a abandonné l'hypothèse de l'épilogue malheureux d'une *drogue-partie* : les viscères du défunt ne recélaient pas de traces de stupéfiants (M. 8.6.74).

● Fig. Chose, fait, qui grise, intoxique, comme une drogue.

Nasser s'en allait. Avec le verbe roi s'envolait leur *drogue* politique (des Égyptiens) (E. 1.9.69).
Ce journaliste (de la télévision) croit en son métier : il refuse la télé abrutissante, la télé *drogue* (O. 14.2.72).
→ ACID-PARTY, HALLUCINOGÈNE, LSD.

DROGUÉ, E adj. et s. Fig. ■ Intoxiqué comme par la *drogue**.

Les Français sont des « *drogués* de l'inflation ». Ils l'ont trop subie pour qu'une dangereuse accoutumance ne soit pas installée en eux (PM 23.12.67).

DROIT FIL loc. subst. Fig. *Dans le droit fil* : exactement dans la même ligne, dans la même direction.

(Cette mesure) est dans le *droit fil* de la nouvelle politique tendant à accélérer par tous les moyens l'élévation du niveau de vie du peuple (M. 6.2.54). Son propos (d'un ministre) reste dans le *droit fil* du discours qu'il a prononcé en 1965 (E. 6.4.70). Nous sommes dans le *droit fil* du gaullisme, a conclu le Premier ministre (M. 28.6.70). Il (un acteur comique) n'avait pas eu besoin d'emprunter la démarche et l'accent du comique paysan. Le person-

nage se découpait dans *le droit fil* de sa personnalité : tel qu'il se révélait à la scène et à l'écran, tel il était à la ville, aimant à rigoler et à blaguer *(M. 25.9.70)*. Dans *le droit fil* d'une politique qui sacrifie tout à l'« industrialisation », en fait au développement de quelques grands groupes industriels et financiers, s'inscrit l'aggravation générale des conditions de vie et de travail *(US 23.6.71)*.
L'imagerie qui assimile Mao à l'Étoile Rouge, au Soleil Rouge, à la Lumière Rouge sur laquelle tous se guident est dans le *droit fil* de l'enseignement de Confucius *(A. Peyrefitte, 73)*. Le courage de Saint-Exupéry, et aussi cette mort dans le *droit fil* de sa vie *(Cesbron, 77a)*. La C.F.D.T. se défend d'effectuer un virage politique. Ce qui doit changer, c'est le style de l'action syndicale ; il faut adapter les objectifs aux réalités. Dans le *droit fil* de cet « aggiornamento » (...) *(M. 28.4.78)*.

DROITIER, ÈRE adj. Pol. ■ De droite.

Rem. « Gauchiste » a une nuance « qui force, exagère vers la gauche » et *« droitier »* une nuance analogue en sens inverse *(Cohen, 63)*.

♦ Lutte sur deux fronts contre le doctrinalisme de gauche et le *révisionnisme droitier (H. 11.7.68)*. Un parti assailli par les *tentations* gauchistes et *droitières (Pa. 1.71)*.
L'Académie française avait octroyé son prix à un romancier élégant, sage et *droitier (E. 26.11.73)*. Avec lui, disent-ils, il y a risque de dérive *droitière*. Donc, risque de rupture de la stratégie de l'union de la gauche *(E. 12.6.78)*.

DROITISME sm. D'après *gauchisme**. Pol. ■ Tendance à adopter des attitudes de droite.

Le *« droitisme »* d'une fraction du patronat renforcerait le « gauchisme » du côté syndical *(C. 22.11.68)*. Il stigmatise l'« opportunisme », l'« ultra-gauchisme » ou le *« droitisme »* des « pédants » et « philistins » *(E. 17.3.69)*.

DROITISTE s. ou adj. D'après *gauchiste**. Pol. ■ Qui verse dans le *droitisme**.

● Subst.
Le mouvement a pu être utilisé par des éléments favorables aux personnages qui sont accusés comme *droitistes*, bourgeois ou révisionnistes *(M. 31.12.66)*.

● Adj.
Le *caractère* conservateur et *« droitiste »* de sa politique (du Japon) *(Guillain, 69)*. Face aux impasses de l'*illusionnisme droitiste* ou gauchiste *(E. 6.10.69)*.

DRUGSTORE ou DRUG-STORE [drœgstɔr] sm. Mot angl. Rép. ~1960. ■ Sorte de magasin à entrée libre comprenant un bar, un restaurant, différents stands de vente (librairie, papeterie, pharmacie, bibelots, produits de beauté, etc.), parfois une salle de spectacles.

Rem. Il n'existe pas dans la langue française de nom pour désigner un tel lieu et, n'en déplaise à M. Étiemble, c'est bien *drugstore* qu'il faut appeler un établissement où l'on peut boire, manger, voir un film, acheter à 2 heures du matin un parfum, une cravate, une bague, du papier à lettre, un somnifère, du dentifrice ou des cigares, voire une portion de camembert ou de caviar *(M. 21.9.65)*. Le *drugstore* se reconnaît à un certain style décoratif « belle époque », à ses lumières douces, ses passages sinueux, sa clientèle où dominent les jeunes gens et jeunes filles « à la mode ». On y vient pour acheter, mais aussi pour se retrouver *(VL 9.69)*.

♦ C'est ici que la vie du soir brille de tout son éclat : présentations de haute-couture, soirées dansantes, « nocturnes » : le *drug-store* – 1 500 m² – ne ferme jamais *(M. 18.6.66)*. La directrice du *drugstore* des Champs-Élysées était âgée de vingt-sept ans *(M. 9.1.68)*.

1. DUPLEX sm. ~ 1954. Radio, Télév. ■ Dispositif qui permet la transmission simultanée de programmes provenant de deux ou plusieurs stations différentes.

On avait envoyé une voiture émettrice et un *duplex* avait été installé *(Lesparda, 70)*.
Cette émission sur le Groenland est réalisée en *duplex* avec Copenhague *(France Culture, 9.9.78)*.

2. DUPLEX ~ 1960 (PR). ■ Appartement (souvent luxueux) réparti sur deux étages et qui peut donner l'impression d'une maison particulière à l'intérieur d'un immeuble collectif.

Son appartement à New York. Son *« duplex »* de l'avenue Foch. Il avait tout cela maintenant et trois yachts *(Saint-Lô, 64)*. Deux pigeons s'aiment d'amour tendre dans un *« duplex »* de Passy *(PM 20.1.68)*.

1. DUR, E adj. Spéc. Rép. ~1970, surtout dans le syntagme *« drogue* dure »*, désignant les *hallucinogènes** fortement toxiques, par opp. à *« drogue douce* »*.

À l'hôpital M. on ne traite que les sujets usant de *« drogues »* dures *(M. 25.2.75)*. Les « freaks », ces toxicomanes qui consomment des *drogues dures*, comme l'héroïne ou la morphine *(M. 19.7.78)*.

2. DUR, E adj. et sm. Pol. ■ Partisan d'une attitude très ferme.

● Adj.
Les commandos palestiniens sont plus que *durs* : intransigeants *(O. 17.4.68)*.

● Subst.
On voit se profiler la menace d'un retour à la solution de force. En Amérique les *« durs »* montrent l'intention de revenir sur ce qui a été dit *(P. 27.4.68)*.

Les *« durs »* voulaient, dit-on, faire passer S. en jugement et le condamner aux travaux forcés. Les *« mous »* voulaient étouffer l'affaire *(E. 18.2.74)*.
→ ÉPERVIER, FAUCON.

DUR (EN) loc. adv. ou adj. ■ À propos de bâtiments : en matériaux durs (pierres, béton, etc.), par opposition aux constructions provisoires en matériaux légers.

Je m'étonnais de voir une grande et belle *école en « dur »* utilisée pour stocker le riz *(M. 18.12.66)*. Le Club européen du tourisme (s'était) orienté vers la construction de *villages en « dur »*, le Club Méditerranée s'étant fait une spécialité des paillottes et de l'ambiance sportive *(M. 24.1.70)*.

● À propos d'une piste d'aéroport : bétonnée, par opposition à (piste) *de terre battue*, etc.

On dessina le plan d'un grand aéroport avec quatre *pistes en dur* au lieu d'une seule actuellement *(M. 24.6.71)*.

DURCIR v. tr. Fig. ■ Rendre plus énergique ou plus intransigeant.

Si nous *durcissons* notre *action* (une grève), nous rencontrerons l'appui des associations de parents d'élèves *(US 28.10.63)*.

DURCISSEMENT sm. Fig. ■ Le fait de devenir plus intransigeant.

Les discussions témoignent d'un net *durcissement*. Les journaux s'en font l'écho en publiant de nombreuses lettres de « citoyens indignés », prêts à se porter volontaires pour combattre aux côtés des Nord-Vietnamiens *(E. 17.5.65)*. Certains ont cru même déceler un certain *« durcissement »* dans la façon dont le chef de l'exécutif a énoncé les conditions américaines à l'ouverture de négociations *(M. 20.1.68)*.

DYNAMIQUE sf. Fig. ■ Ensemble de forces qui entraînent, provoquent un mouvement, un progrès.

La *dynamique* post-conciliaire et l'exigence de comportements nouveaux furent définies et analysées (au cours d'un congrès) *(M. 29.7.66)*. La *dynamique* du succès assure à son équipe (du directeur des programmes de l'O.R.T.F.) une euphorie « payante » *(E. 17.10.66)*. La *dynamique* de l'idée européenne, qui est promesse de liberté et de justice pour tous les peuples d'Europe, se trouve constamment entravée, contestée, rongée par la mentalité nationaliste du général de Gaulle *(Lecanuet : TC 9.5.68)*. La *dynamique* révolutionnaire reste ouverte tant qu'il y a une lutte de pied ferme pour modifier les rapports de force dans l'entreprise et la société *(M. 6.6.68)*. Il s'agit de savoir si la sexualité est la seule *dynamique* à laquelle l'homme doive obéir pour la conduite de sa vie. Il n'est pas d'homme qui n'ait en lui une *dynamique* indépendante de ses instincts de survie ou de sexe *(Fa. 14.8.68)*. La *dynamique* de l'enrichissement *(O.R.T.F. 19.4.69)*.
Cette politique, il faut la placer dans le contexte de la *dynamique* de l'intégration européenne. *(E. 9.12.74)*. En cette période cruciale, la *dynamique* des événements risque d'échapper au contrôle des hommes d'État *(E. 20.1.75)*. « La *dynamique* populaire ? Les partis de gauche l'ont brisée », déclare un leader syndical *(Exp. 12.77)*. (...) créer autour du PS une nouvelle *dynamique* capable de « rassembler » la gauche *(C. 23.8.78)*.

DYNAMIQUE DE(S) GROUPE(S) loc. subst. Sociol.

Rem. La *dynamique de groupe* (est) l'ensemble de procédés de psychologie sociale appliquée qui ont pour but de mieux connaître le fonctionnement du groupe en action et, si cela est nécessaire, de modifier son comportement en lui faisant prendre conscience des motifs de ses interactions *(Birou, 66)*. La *dynamique des groupes* fait appel à des notions élaborées par la Gestalt-psychologie — psychologie de la forme — et utilise largement des modèles mathématiques *(Dt. psychol.)*.

◆ Les enseignants de sciences humaines ont tenté d'initier les étudiants aux méthodes et aux recherches de leurs disciplines, de leur faire comprendre les problèmes des relations entre individus et entre groupes par des études concrètes ou des séances de *« dynamique de groupe »* *(M. 16.11.69)*. Il est essentiel (dans le brain-storming) d'adopter la forme démocratique et de ne tolérer aucune voix prépondérante. Une telle *dynamique de groupe* provoque un renforcement d'attitude, l'individu se dépasse *(VR 3.5.70)*.
→ BRAIN-STORMING.

DYNAMIQUE (EN) loc. adv. ■ En expansion, en progrès.

La situation des femmes s'améliore, elles se sentent *en dynamique (E. 17.2.69)*.

DYNAMISANT, E adj. ■ Qui *dynamise**.

Ces gens (qui aiment la nature) sont sains et leur compagnie est généralement fraternelle autant que *dynamisante* *(C. 30.9.70)*. Ingénieurs et cadres sont des éléments « *dynamisants* » (dans une école de préparation aux affaires) *(M. 24.12.67)*.

DYNAMISATION sf. ■ Action de *dynamiser**.

Le management est une *dynamisation* systématique de l'entreprise, à base d'efficacité, d'innovation et de cohérence économique *(Hetman, 69)*.
L'Armée organisa un meeting de *dynamisation* culturelle. En fait, une grande séance d'action psychologique *(E. 10.2.75)*.

DYNAMISER v. tr. ■ Communiquer, donner (à quelqu'un, à quelque chose) de l'énergie, de la vitalité.

Nous voulons *dynamiser le gouvernement* et le Parlement, dit M. P. G., pétillant député de l'Aube *(E. 24.11.69)*. Nous ne voulons pas dynamiter *Roquefort* (un lieu), mais le *dynamiser* *(C. 10.10.69)*. Le premier objectif sera d'harmoniser — J.-C. R. préfère dire *dynamiser* — le *travail* des deux groupes *(En. 2.5.70)*.

DYNAMITAGE sm. Fig. ~ 1967. ■ Action de *dynamiter**.

Ici, nulle dérision de principe, nul crachat à la face des dieux ou des idéologies, nul *dynamitage* du langage « bourgeois » ; simplement, passionnément, une voix refuse de prendre le monde tel qu'il est *(E. 6.7.70).*

DYNAMITER v. tr. Fig. ~ 1966. ■ Mettre en question avec virulence une doctrine, des principes, un système, des traditions, etc.

Cette caméra si leste (...) eût suffi, par sa mobilité virulente, à *dynamiter* de l'intérieur le système visé *(E. 26.5.69).*

Rem. Le sm. *dynamiteur* est aussi attesté au figuré : *dynamiteur* du langage *(O. 20.7.66).*

DYSFONCTIONNEMENT sm. Did. ■ Trouble dans le fonctionnement d'un organe, d'un système.

La répétition du travail de nuit risque de causer des troubles sérieux : affections nerveuses ou digestives, *dysfonctionnements* secondaires dûs à l'emploi alterné de tranquilisants pour dormir et de stimulants pour veiller *(M. 14.12.77).*

DYSLEXIE sf. Rép. mil. XXe. ■ Trouble de l'apprentissage de la lecture.

Une lésion congénitale du cerveau ou des troubles de latéralisation peuvent entraîner une vraie *dyslexie (E. 7.10.68).* La *dyslexie* est la manifestation apparente d'un ensemble de causes très complexes qui « interagissent » les unes sur les autres *(Fa. 9.12.70).*

DYSLEXIQUE adj. et s. ■ Qui est atteint de *dyslexie**.

Tous ceux qui apprennent mal ou lentement à lire ne sont pas des *dyslexiques*, mais nous pouvons admettre qu'ils présentent, à des degrés moins marqués, les mêmes difficultés que les *dyslexiques (F. 8.11.66).* C'est souvent à tort que l'on qualifie de *dyslexiques* des enfants perturbés par de mauvaises méthodes pédagogiques *(E. 7.10.68).*

DYSORTHOGRAPHIE sf. ~ 1960.

Au cours des études un certain nombre des élèves n'arrivent pas à avoir une maîtrise de l'orthographe suffisante pour affronter les examens (...) On a inventé un mot pour désigner leur cas, mot plus médical que scolaire : on parle de *dysorthographie* comme on parle de dyslexie, trouble nerveux portant spécialement sur la lecture *(Cohen, 66).*

DYSORTHOGRAPHIQUE ou **DYSGRAPHIQUE** s. ■ (Enfant) qui est atteint de *dysorthographie**.

Tous ceux qui apprennent mal ou lentement à lire et à écrire, ne sont pas des dyslexiques, ni des *dysgraphiques (F. 8.11.66).* Aujourd'hui un enfant bloqué... demain un être qui s'épanouit ; éducateurs psychologues reçoivent dyslexiques, *dysorthographiques*, retardés scolaires *(Pub. F. 20.12.66).*

ÉCHANGEUR sm. ~ 1960. ■ Ensemble routier (*bretelles**, ponts, etc.) qui permet les échanges, sans croisement à niveau, entre les courants de trafic d'une *autoroute** et ceux des voies (routes, rues) adjacentes, ou entre ceux de deux autoroutes qui se croisent.

Les jours de pointe, sur l'autoroute Sud, la fermeture de certains *échangeurs* pourra être décidée à titre d'essai *(C. 2.5.64)*. Trèfles indéfiniment compliqués : des *échangeurs*, paraît-il, mais on n'y échange que des bagnoles contre des bagnoles *(Charbonneau, 67)*. Beauté géométrique et envoûtante de l'autoroute. Courbes fantasmagoriques des *échangeurs* superposant fantastiquement les voies *(C. 30.9.70)*. L'*échangeur* de Bercy constitue un des nœuds les plus importants du boulevard périphérique de Paris. Il met en communication avec la grande radiale Râpée-Bercy, l'autoroute de l'Est, la voie urbaine de la capitale et celle de Charenton. Il est composé de trois passages souterrains, quatre viaducs, et deux ouvrages complémentaires. Les différentes parties aériennes supportent quotidiennement une très forte densité de trafic routier *(Pub. En. 20.2.71)*.
Cette section d'autoroute sera reliée à la voirie locale par trois diffuseurs (...) Peu avant ce dernier diffuseur, il y aura également un *échangeur* avec l'autoroute A 86 *(C. 29.12.71)*. L'autoroute Chartres – La Ferté-Bernard, ce sera aussi un peu, pour les Parisiens, l'autoroute Marcel Proust, puisque deux *échangeurs* leur donneront un accès plus rapide sur Illiers-Combray *(M. 18.12.75)*.
→ DIFFUSEUR.

● Par ext. À propos de voies ferrées.

Un *échangeur* ferroviaire est prévu avec la ligne actuelle Paris-Lyon, en amont de la gare de St F. ; il permettra à la ligne nouvelle des échanges dans le sens Paris-Dijon et inversement *(R.G.C.F. 1.70)*. La ligne nouvelle Paris Sud-Est franchit le canal de Bourgogne et la ligne actuelle Paris-Dijon à l'ouest de St F. ; l'aménagement d'un *échangeur* avec la ligne actuelle est prévu à cet endroit *(R.G.C.F. 11.76)*.

-ÉCLAIR Deuxième élément de plusieurs composés récents, construits sur le modèle de composés plus anciens (*fermeture Éclair*, *guerre éclair*, etc.). – Signifie que le phénomène désigné par le premier élément est accompli très rapidement. La graphie du pluriel est hésitante : *-éclair*, ou *-éclairs*.

Le Vietcong a lancé une série d'*attaques-éclair (F. 15.11.66)*. Il ne lui avait fallu que huit ans pour passer du grade de premier lieutenant à celui de général. La clef de cette *carrière-éclair* a été la protection du président *(M. 10.3.68)*. Je reprendrai, de temps à autre, ce *dialogue-éclair* avec mes correspondants *(F. 26.12.66)*. Une des histoires étudiées dans le film est la *conquête-éclair* d'une jeune femme *(PM 8.5.65)*. *Croissance-éclair* d'une marque de voitures *(O. 17.1.68)*. *Crues-éclair* dans le centre de la France *(C. 21.4.64)*. L'*enquête-éclair* à laquelle je me suis livré *(M. 7.2.66)*. Des habitudes d'*enseignement-éclair* prises dans son passé de bachotier intensif *(O. 13.3.68)*. (Après le tremblement de terre) la municipalité prévoit l'organisation de *funérailles-éclair (E. 28.4.69)*. La *grève-éclair* du personnel « roulant » des chemins de fer *(M. 13.9.69)*. Cent personnes ont été interrogées au cours d'*interviews éclairs (Duquesne, 70)*. Une série de *manifestations-éclairs* pour protester contre la décision du gouvernement *(M. 31.1.69)*. Des groupes d'étudiants organisaient des *meetings-éclairs (M. 11.8.68)*. *Noces-éclair* de la Rome catholique et de la « Rome protestante » : le Pape passe quelques heures à Genève *(M. 12.6.69)*. *Offensive-éclair* du Front de la Libération *(T. 19.2.68)*. Les généraux s'étaient mis d'accord pour renverser le régime : l'entreprise a pris la forme d'un « *putsch-éclair* » *(M. 10.10.68)*. De même que la première *rencontre-éclair* de B., celle-ci a été très brève *(M. 12.1.68)*. Les *résolutions-éclairs* que le Président fit adopter au Congrès durant la crise *(M. 23.7.65)*. Un *séjour-éclair* dans la capitale *(F. 10.2.67)*. La *victoire-éclair* remportée par Israël *(M. 2.1.68)*. La *visite-éclair* du président de la République à l'Hôtel de Ville *(M. 15.5.66)*. Les *voyages-éclairs* des émissaires américains *(M. 2.1.66)*.

-ÉCLAIR

Trop vite, trop peu, trop tard : telle est l'opinion de certains habitants du Finistère au lendemain du *voyage-éclair* que le président de la République a effectué sur les lieux de la catastrophe *(M. 5.8.78)*.

ÉCLAIRAGISME sm. avant 1950.

- **Technique de l'éclairage *fonctionnel**.**

  L'*éclairagisme* recherche l'éclairage rationnel — intensité, orientation, couleurs, etc. — des locaux de travail *(SV 10.52)*.
  Actuellement les études d'*éclairagisme* tiennent compte des impératifs liés à l'esthétique architecturale, aux nécessités fonctionnelles (…) *(R.G.C.F. 5.78)*.

- **Spéc. Technique de l'illumination des monuments.**

  L'*éclairagisme* (utilise) la lumière pour faire ressortir la pureté des lignes d'un édifice et mieux faire connaître les détails de son ornementation *(SV 11.52)*.

ÉCLAIRAGISTE sm. 1948 (PR) Spécialiste de l'*éclairagisme**.

Des journées d'études sur l'éclairage organisées par l'association française des *éclairagistes* *(M. 11.2.54)*. La lumière est importante pour créer l'atmosphère de cette musique : une demi-heure de répétition est prévue pour les *éclairagistes* *(PM 4.5.68)*.
La recherche (sur l'éclairagisme appliqué aux bâtiments) s'opère dans une collaboration entre l'architecte et l'*éclairagiste* *(R.G.C.F. 5.78)*.

ÉCLATEMENT sm. Emplois figurés.

1. **À propos de choses concrètes ou d'abstractions : dispersion, fragmentation d'un ensemble en plusieurs éléments.**

   L'*éclatement* du ministère de l'Information : trois décrets répartissent les attributions (déléguées) jusqu'ici en bloc au ministre *(M. 6.7.54)*. L'*éclatement* de l'agrégation des sciences physiques (divisée en une agrégation de physique et une agrégation de chimie) *(US. 15.1.57)*. Les facultés des sciences et des lettres — issues de l'*éclatement* de la vieille faculté des arts *(M. 29.10.66)*. L'*éclatement* du grand marché central et le transfert des fonctions bouchère, maraîchère… à divers points de la périphérie *(M. 7.12.66)*. C. et B. ports d'*éclatement* où de « petits » pétroliers viendraient décharger les navires mammouths *(E. 19.12.66)*. On doit prévoir la dispersion du courrier à partir des centres d'*éclatement* *(VR 3.12.67)*. Ce qui est troublant, à notre époque, c'est une sorte d'*éclatement* de la morale en plusieurs morales différentes et parfois opposées *(E. 3.11.69)*.
   Le professeur D. voulait l'*éclatement* de l'hôpital hors de ses murs, en dispensaires, en consultations, en services de dépistage *(E. 22.10.73)*.
   Groupeurs et transitaires jouent un rôle essentiel dans la préparation du fret avant son départ et dans son « *éclatement* » à l'arrivée *(M. 4.6.75)*.
   L'*éclatement* du ministère de l'équipement entre ceux des transports et de l'environnement complique la tâche des entreprises (de travaux publics) *(M. 7.5.78)*.
   → DÉMANTÈLEMENT.

2. **À propos d'un groupe humain (pol., social, etc.) : division, séparation consécutive à une mésentente.**

   Les dissensions apparues au cours du congrès menacent d'aboutir à l'*éclatement* définitif du mouvement *(M. 27.10.54)*. La rupture intervenue risque d'entraîner l'*éclatement* de la majorité *(M. 15.1.60)*. Les conséquences d'un « *éclatement* » possible du Marché commun (…) la perspective d'une dispersion des Six *(M. 7.11.64)*. À la menace d'un *éclatement* entre la gauche et la droite, le centre essaie de répondre en se donnant une cohésion qu'il n'a jamais connue *(M. 17.7.64)*. Cinq mois ont failli provoquer l'*éclatement* du gouvernement W. *(E. 17.5.65)*. Le secrétaire général s'efforce d'éviter l'*éclatement* du M.R.P. avant les élections *(E. 5.12.66)*. Laminé entre deux blocs (politiques), le centre était condamné à un *éclatement* progressif *(M. 24.6.68)*. L'équipe municipale se trouve menacée d'*éclatement* *(E. 19.5.69)*.

ÉCLATER v. intr. Emplois figurés.

1. **À propos de choses : être l'objet d'une répartition en plusieurs branches, directions, éléments, etc.**

   Une autoroute (va) aboutir et « *éclater* » (selon la formule désormais consacrée) sur la place Denfert-Rochereau *(M. 6.7.54)*. Pour telle commune de 74 habitants, *éclatée* en trois villages, il faut trois écoles *(M. 12.3.58)*. Une ville-jardin « *éclatée* » sur cent hectares de verdure *(M. 15.10.66)*. À S., l'autoroute *éclatera* en deux branches *(M. 26.10.66)*. Bien des villes ont vu leurs équipements universitaires *éclater* aux quatre points cardinaux *(M. 28.2.67)*. La revue N. *éclate* en cinq publications *(E. 26.5.69)*. La partie universitaire (du centre hospitalier) avait *éclaté* en plusieurs unités autonomes *(M. 19.11.69)*. La ville de T., *éclate* vers la campagne *(E. 27.6.70)*. Dans les cuisines modernes la cuisinière est souvent remplacée par des éléments *éclatés* : plaque à feu d'un côté, four de l'autre *(FP 9.70)*.
   Cette ville nouvelle sera *éclatée* sur 7.500 hectares en une série de bourgades séparées par des espaces verts *(VR 26.10.75)*.

2. **À propos d'un groupe humain (pol., social, etc.) : se diviser, se séparer par suite d'une mésentente.**

   Une tentative pour faire *éclater* de l'intérieur le Marché commun, en dressant les libéraux contre les protectionnistes *(Fabre-Luce, 58)*. En moins de deux ans la coalition (gouvernementale) *éclatera* *(M. 22.9.65)*. La pire faute serait de faire *éclater* l'Europe sur une question de procédure *(M. 25.1.66)*. (Les auteurs) peignent avec férocité ces familles *éclatées* *(E. 12.6.67)*. Politiquement, Nanterre est une mosaïque. La gauche est *éclatée*. Les anarchistes ne sont qu'une poignée *(O. 21.2.68)*.
   Une note de service annonce la démission de M. D. : l'équipe *éclate* aussitôt *(E. 24.1.72)*.

3. **À propos d'une personne : accéder soudainement à la célébrité.**

   On dit d'un skieur qu'il *éclate* lorsque, d'honnête membre de son équipe, il passe brutalement au stade de champion irrésistible *(A. 12.2.70)*. Le pilote (de course autom.) suédois a *éclaté* sur la scène internationale *(A. 29.1.70)*.

ÉCOLOGISME

-ÉCOLE Deuxième élément de substantifs composés formés d'après des composés plus anciens *(auto-école*, etc.)
- À propos d'un véhicule utilisé pour en enseigner la conduite, le pilotage.
  Les exploitants d'*auto-écoles* (M. 7.1.68). Le programme d'*avion-école* (M. 8.5.66). Les amateurs pourront s'initier à la voile sur des dériveurs, faire des sorties d'un jour ou deux à bord du « *bateau-école* » (M. 12.4.70). Le *voilier-école* « L. » a quitté Brest (F. 24.11.66). Un local ou un terrain pour recevoir la totalité des *voitures-écoles* utilisées (M. 7.1.68).
- À propos d'un lieu où est donné un enseignement.
  Les *ateliers-écoles* regroupent les apprentis d'une région pour leur assurer un enseignement technique (D. En. 6.69).

ÉCOLO subst. Fam. Forme abrégée pour *écologiste**.

Au sujet du nucléaire, les *écolos* font une erreur en faisant peur aux gens. Le problème est le coût : l'énergie nucléaire ne sera jamais gratuite (M. 3.5.78). Contre tel ou tel projet dévastateur, polluant ou dangereux, « une marée de deux cents *écolos* est plus efficace que 3 décrets » (O. 5.6.78). Comment les *écolos* passent-ils leurs vacances ? Certains essaient de trouver leur niche écologique, c'est-à-dire le milieu avec lequel ils établissent la plus grande connivence (M. 1.7.78).

ÉCOLOGIE sf. Mot du XIXe s., rép. ~1965 (campagnes contre les *nuisances**, la pollution de la nature, etc.)

Rem. 1. Le terme d'*écologie* (du gr. *oikos*, demeure et *logos*, science) a été proposé par E. Haeckel en 1866 pour désigner la science qui étudie les rapports entre les organismes et le milieu où ils vivent (EU 69). L'*écologie* est la science des relations des êtres vivants avec leur milieu ; elle vise à établir les lois qui règlent leurs rapports, à la fois avec leur environnement physico-chimique et les plantes et animaux avec lesquels ils vivent. Elle est en quelque sorte, et à la fois, une économie et une sociologie de la nature (M. 25.3.69).

Rem. 2. Bien peu de gens eussent été capables, il y a 10 ans, de donner une signification précise au terme « *écologie* » sans recourir au dictionnaire. Chacun sait désormais que les écologistes veulent défendre la nature et, de façon plus générale, l'environnement (C. 17.8.77).

♦ L'homme a longtemps cru qu'il était une espèce unique, « élue », capable de se couper de son milieu. L'*écologie* est venue heureusement lui rappeler qu'il n'était qu'une espèce parmi d'autres et que la Terre était un milieu fini, dont il est impossible de se couper (M. 20.11.75). La lame de fond de l'écologie a balayé le pavé des villes. Doctrine défendue au début du XXe siècle par une élite droitière, l'*écologie* a désormais droit de cité (P. 10.10.77). Cinq livres sur l'*écologie*, tous parus ou à paraître ces jours-ci (M. 22.1.78).
→ ENVIRONNEMENT.

Rem. 3. *Écologie* se rencontre aussi comme deuxième élément de quelques subst. composés.
La recherche peut être centrée sur une espèce (homme, mouflon, edelweiss, par exemple), dont on étudiera les relations avec le milieu ; c'est l'« *autoécologie* ». Elle peut aussi être axée sur un groupe d'espèces vivant dans un milieu particulier ou écosystème (forêt, vallée, etc.) ; c'est la « *synécologie* » (M. 20.11.75).

Rem. 4. Sur le modèle *écologie*, à l'aide du premier élément *éco-*, ont été formés *écographie* (~ 1972, in PR 77), *écosystème*, traité plus loin sous une entrée à part, et quelques autres termes plus ou moins fantaisistes, par ex. *écopartisan* (O. 23.12.72), *écopole*, *écopolitique*, *écorêveur* (M. 22.1.78), etc.

ÉCOLOGIQUE adj. Qui concerne l'*écologie**.

L'examen approfondi des *problèmes écologiques*, les campagnes pour la protection de la nature, visent avant tout notre bonheur (E. 6.4.70).
La *mode écologique* s'en mêle. De partout on crie à la pollution (E. 6.8.73). Les *dommages écologiques*, l'épuisement des ressources sont des problèmes (à) traiter par la coopération internationale (E. 3.9.73). Dans l'*enfer écologique* qu'est devenu leur pays, les Japonais (...) (O. 24.9.73). La « *conscience écologique* » de nos concitoyens n'est pas aussi développée qu'on le croit généralement (C. 6.10.74). Une étude d'*impact écologique* préalable à tout aménagement de centrale nucléaire devra être faite (M. 18.3.75). Nous sommes en train de détruire le mystérieux *équilibre écologique* qui a permis à l'homme de devenir ce qu'il est (P. 13.10.75). La faiblesse et, dans certains cas, l'inexistence de la *réflexion écologique* (...) (M. 27.3.76). De nombreux *candidats écologiques* ont décidé d'aller au combat électoral (...) Les jeunes du parti veulent jouer les traits d'union entre les *mouvements écologiques* (M. 18.12.76). La Défense : une *ville écologique* urbanistiquement en avance sur son époque (M. 22.1.78). Cette *catastrophe écologique* que l'on a décrite comme la plus grave de tous les temps (E. 15.5.78). L'*embryon écologique* qui s'était implanté dans le corps politique est sur le point d'être rejeté (O. 5.6.78). On parle aujourd'hui de « *vacances écologiques* » (M. 1.7.78).
→ VERT.

ÉCOLOGIQUEMENT adv.

Les autorités n'ont pas su profiter du département écologiquement le plus riche de France (O. 21.7.75). On s'entassera un peu plus dans les villes. Est-ce souhaitable ? *Écologiquement*, sûrement pas. Économiquement, pas plus (E. 15.5.78).

ÉCOLOGISME sm. ~ 1973. De *écologiste**.

L'écologie n'est pas une religion mais une science, l'*écologisme* étant par ailleurs une attitude politique construite à partir de cette science (M. 15.11.77). S'il y a des écologistes, il n'y a pas de doctrine écologique, encore moins d'*écologisme*, tant sont diverses les sensibilités et les positions sur tous les grands sujets abordés (M. 22.1.78). L'*écologisme* est né en Alsace puisque le premier candidat « vert » présenté à une élection le fut à Mulhouse en 1973 (M. 6.6.78).

ÉCOLOGISTE

ÉCOLOGISTE subst. Spécialiste de l'*écologie**. Personne qui s'intéresse à l'*écologie** ou qui appartient à un mouvement *écologique**.

Un nombre croissant de biologistes et *écologistes* ont (formulé) de graves mises en garde contre (des faits qui) peuvent bouleverser des équilibres globaux *(O. 25.11.68)*. Pour sauver la nature, un corps d'*écologistes* conseils (...) La plupart des erreurs qui sont commises dans l'aménagement du territoire seraient évitées par une consultation plus large de ces *écologistes*. Les pouvoirs publics feront (un pas) en créant des postes officiels pour les ingénieurs *écologistes (C. 7.1.70)*.
Protecteurs du patrimoine naturel et culturel, de la santé, de la beauté, de la joie de vivre, les *écologistes* n'ont-ils pas été, très souvent, les gardiens de l'avenir du pays? *(M. 21.1.76)*. Ces sujets doivent-ils rester des thèmes de discours électoraux destinés à séduire les *écologistes*? *(M. 26.4.78)*.
→ ENVIRONNEMENTALISTE.

- **En apposition ou adj.**
La majorité semble avoir profité presque partout (aux élections) du report de la plus grande partie des *voix écologistes (M. 21.3.78)*. L'explosion étudiante de 1968 fut un premier signal de cette transformation que le *mouvement écologiste* prolonge *(M. 25.5.78)*.

ÉCONOMÈTRE sm. Syn. de *économétricien*. Spécialiste de l'*économétrie**.

Le but de ces *économètres* (de l'école scandinave) était de fixer les formes modernes de l'économétrie *(Dt. écon.* De 1956 à 1960 de nombreux « modèles » sont publiés par les *économètres* célèbres *(M. 31.12.68)*.

ÉCONOMÉTRIE sf. ~ 1950.

Rem. *L'économétrie* est l'application des mathématiques et particulièrement des méthodes statistiques à l'examen et à l'étude des faits et processus économiques. Dans un sens plus spécifique et ordinairement utilisé, l'*économétrie* complète la théorie en utilisant les observations chiffrées pour vérifier concrètement les lois économiques *(Birou, 66)*.
♦ La « conscience écologique » de nos concitoyens n'est pas aussi développée qu'on le croit généralement, comme l'a montré l'enquête du laboratoire d'*économétrie* de l'École Polytechnique en 1973 *(C. 6.10.74)*.

ÉCONOMÉTRIQUE adj. Qui concerne l'*économétrie**.

La *connaissance économétrique* est encore dans l'enfance *(M. 26.10.54)*. La *méthode économétrique*, empirique à ses débuts, s'est peu à peu améliorée *(Dt. écon.)*. Dresser un *modèle économétrique* qui permettrait de déterminer la condition des ménages *(M. 9.1.68)*. Ce n'est qu'aux alentours des années trente que les *recherches économétriques* se firent systématiques *(Dt. écon.)*. Si l'on peut arriver un jour, à force de *travaux économétriques*, à une science presque exacte de la gestion nationale (...) *(M. 26.10.54)*.

ÉCONOMICO- (De *économique*) Premier élément de nombreux adj. composés, dont quelques uns sont énumérés ci-après dans l'ordre chronologique, sans contexte, ou avec un contexte très court.

Économico-financier *(M. 23.12.65)*. *Économico*-social *(M. 28.12.65)*. *Économico*-politique *(M. 20.3.66)*. *Économico*-administratif *(O. 25.11.68)*. *Économico*-dialectique *(N 4.69)*. *Économico*-technique *(LF 6.5.70)*. *Économico*-monétaire *(O. 10.5.71)*. *Économico*-stratégique *(E. 8.1.73)*. Arguments *économico*-démographiques au sujet de la natalité *(E. 25.11.74)*. Supériorité *économico*-démographique d'une région *(M. 15.1.75)*.

ÉCOSYSTÈME sm. ~ 1960. (De *écologie* et *système*). Did. Ensemble d'un milieu naturel et des organismes animaux et végétaux qui y vivent, les effets réciproques des uns et de l'autre formant un système relativement stable.

Cette prospérité, type société industrielle actuelle, ne peut pas être atteinte par le tiers monde, même stabilisé en nombre, en raison des limites imposées par les *écosystèmes* terrestres, dont l'homme ne pourra s'affranchir de façon durable *(E. 14.8.72)*. La synécologie est synthétique puisque, avec l'aide des méthodes statistiques, elle permet de comprendre l'ensemble d'un *écosystème* avec ses mécanismes *(M. 20.11.75)*.

ÉCOUTE(S) sf. Dans les syntagmes « *mettre qqn sur écoutes* (téléphoniques) » : brancher son téléphone sur une table d'écoute pour intercepter ses communications ; « *mise (de qqn) sur écoutes* ».

Les instigateurs de l'opération avaient tenté un recoupement en faisant *mettre sur écoutes* un haut fonctionnaire de la police *(E. 14.1.74)*. C'est du préfet que dépend la *mise sur écoutes* de tel ou tel « suspect ». En principe, après autorisation du Procureur de la République *(E. 16.7.73)*.

ÉCRASER v. tr. et réfl. Fig. Pop. (Emprunt à l'argot).

- **V. tr.** 1956. Renoncer à discuter, à se battre ; abandonner la partie, laisser tomber (fam.).
Il démissionne en faisant des aveux complets au lieu de se taire et d'« *écraser* » comme (on) le lui conseillait *(C. 2.10.70)*. Ta gueule, tu n'es pas chez toi *(Pa. 12.70)*.
Si l'on avait protesté, on aurait passé pour de vieux notables hostiles à la remise en question du système (...) Alors, on *écrase*... *(O. 29.4.78)*.

- **V. réfl.** ~ 1950.
« Dès qu'un salarié fronce le sourcil, les ingénieurs et les contremaîtres *s'écrasent* — comme diraient mes enfants » *(Saint Pierre, 70)*. « Si on *s'écrase*, on passe pour des minables, alors on cogne », dit un jeune de 17 ans *(E. 3.9.73)*. « Vous me la copierez 500 fois », ordonne le gradé. Fermement, le soldat refuse. Alors, comme on dit dans le rang, le

sous-officier *« s'écrase »* (E. 13.1.75). Des gosses muselés du matin au soir, coincés entre le *« tais-toi »* des professeurs et le *« écrase-toi »* du leader de leur bande (C. 17.1.78).

ÉCRÉMAGE sm. Fig.
1. Le fait d'*écrémer** un groupe humain.
L'*écrémage* des classes populaires par l'Université reste très limité, même aujourd'hui. Un grand nombre d'enfants bien doués demeurent encore écartés de l'enseignement supérieur (M. 20.5.64).
Les candidats à la sélection acceptent d'être soumis à la règle. Elle est impitoyable. Mais elle ose dire son nom. Il s'agit d'un véritable *écrémage* qui se fait en plusieurs temps (P. 7.5.74).

2. Écon. À propos de quelque chose dont on prélève les éléments les plus avantageux.
Les transporteurs routiers choisissent les transports qui rapportent le plus, laissant les autres au rail. Le terme *écrémage* est employé pour désigner ce phénomène (Sauvy, 68).
Ses concurrents (de la S.N.C.F.) disposent d'une latitude très supérieure. Grâce à cette situation avantageuse, ils pratiquent un véritable *écrémage* des dessertes, s'assurant de ce fait des profits (En. 29.3.69).

ÉCRÉMER v. tr. Fig. ■ Prélever dans un groupe humain, une société, les meilleurs éléments.
Nous avons besoin d'hommes de votre trempe (dans l'infanterie). Si l'on *écrème* systématiquement nos meilleurs éléments au profit des paras, que deviendrons-nous ? (Escarpit, 64). Le but de ces manifestations est de recruter — et même d'*écrémer* le meilleur parmi la jeunesse de quinze à dix-neuf ans (PM 6.7.68). L'exode féminin qui *« écrème »* les campagnes (Chaffard, 68).

ÉCRÊTER v. tr. Fig. mil. XXe. ■ Atténuer ou supprimer des éléments extrêmes.
Cas nouveaux horaires de travail contribuent du moins à *« écrêter »* les fameuses pointes de trafic (P. 6.1.75).

ÉCURIE sf. Fig. (D'après « écurie de chevaux de course »). ■ Équipe (de voitures de course, de coureurs, de collaborateurs, etc.) groupée autour d'une marque, d'un patron.
Tandis que M.D. se réclame de l'*écurie* G., le magistrat parisien arrive, lui, de l'*écurie* M., la seule qui ait droit au label U.D.R. (Chaffard, 68).
Ainsi fonctionnent les *« grosses écuries »* du rugby français (E. 21.5.73).

ÉDUCATIONNEL, LE adj. Qui concerne l'éducation.
Un rapport de l'Unesco sur les *problèmes éducationnels* dans le monde (O. 19.8.68).

ÉDUCATION PERMANENTE Loc. subst.
Rem. *Éducation permanente*, expression lancée en 1958 dans un projet de loi sur la réforme de l'enseignement — titre V, art. 17 : « L'*éducation permanente*, organisée par l'État, a pour mission de protéger, d'entretenir et compléter l'œuvre entreprise au nom de la scolarité ; de maintenir et de développer les connaissances professionnelles aux différents niveaux ; de permettre au travailleur de s'élever dans la hiérarchie professionnelle et sociale ; de faciliter l'adaptation et le reclassement des adultes appelés à changer de profession en raison des circonstances économiques et sociales. » Cette notion a été approfondie par Gaston Berger dans *L'Homme moderne et son éducation*, 1962, de même que par Henri Hartung, auteur de *Pour une « éducation permanente »*, Fayard, 1966, où il est rappelé « qu'au XXe s. hommes et femmes doivent s'éduquer tout au long de leur existence, s'ils veulent accomplir efficacement leurs tâches professionnelles et cheminer régulièrement vers leur accomplissement personnel ». *Éducation permanente* a un sens plus large que recyclage (VL. 3.70).
♦ La tendance à l'*éducation permanente* se développant toujours davantage, les non-diplômés ne se trouveront plus « rejetés dans les ténèbres extérieures » puisque tout le monde passera par le recyclage constant pour se maintenir dans la vie professionnelle (FP 9.70).
→ FORMATION PERMANENTE, RECYCLAGE.

EFFEUILLAGE sm. mil. XXe. Traduction proposée pour l'anglicisme *strip-tease**.
Mot hideux pour *« effeuillage »* (...), « strip-tease », à mon sens, n'a pas sa place dans un dictionnaire du français (Étiemble, 64). Sur la scène de l'Olympia avec quelques pétards de potache, *effeuillage* d'une stripteaseuse du Sexy (E. 16.10.72).

EFFEUILLEUSE sf. 1949. Syn. français de *stripteaseuse**.
« Ici, je ne suis pas sexy », dit-elle. Son passé d'*effeuilleuse* est déjà loin (E. 27.3.72). Les personnages (du film) : un hôtelier gigolo, une *effeuilleuse* au grand cœur. (...) (C. 30.6.74).

EFFICIENCE sf. 1947. (De l'anglais *efficiency*). ■ Efficacité.
Les millions de dollars que le Japon a accumulés depuis quelques années à force de travail et d'*efficiency* (E. 12.11.73).

EFFLUENT [ɛflyɑ̃] ou [eflyɑ̃] sm. mil. XXe. ■ Ensemble des eaux usées, etc., évacuées par les égouts.
Jusqu'ici nous rejetions tous les *effluents* dans le fleuve (...) Nous sommes décidés à recycler tous les *effluents* à terre (E. 19.2.73). La solution (de la pollution industrielle) consiste à exiger de l'industriel qu'il nettoie ses *effluents* avant de les rejeter (E. 6.8.73).
→ ÉMISSAIRE.

-EL Suffixe (Du lat. *-alem*) qui sert à former des adj. par transformation de subst.

Rem. 1. Les formations en *-el* ont connu un développement récent très important. Le suffixe se développe particulièrement dans le vocabulaire journalistique *(Dubois, 62)*.

Rem. 2. Le suffixe *-el* forme actuellement de nombreux adjectifs de relation dans les vocabulaires techniques ou subtechniques *(H. Mitterand, 63)*.

Certains adj. en *-el* sont traités dans ce dictionnaire en articles séparés, à leur place alphab : *catégoriel*, *conflictuel*, *conjoncturel*, *contextuel*, *distributionnel*, *éducationnel*, *événementiel*, *factuel*, *gestuel*, *inconditionnel*, *informel*, *nutritionnel*, *opérationnel*, *oppositionnel*, *optionnel*, *organisationnel*, *ponctuel*, *promotionnel*, *sectoriel*, *séquentiel*, *structurel*, *télévisuel*, *transformationnel*.
Les 3 principaux types représentés dans cette liste sont : a) type en *-nel* (10 mots) ; b) type en *-uel* (6 mots) ; c) type en *-iel* (4 mots).

Rem. 3. Sur le suffixe *-el*, voir aussi P. Gilbert, *F. Mon. 3.73*.

ÉLECTORALISME sm. Pol. ■ Attitude, déclarations (d'un homme, d'un parti) inspirées par une tactique électorale, et non par la fidélité à une doctrine.

Dans le climat actuel toute démarche politique est plus ou moins teintée d'*électoralisme* *(M. 15.5.66)*. Révolutionnarisme verbal, qui souvent se confond avec l'opportunisme, l'*électoralisme* de bas étage *(M. 18.2.69)*.
La démoralisation est l'œuvre de certains hommes politiques faisant de l'*électoralisme*, sans aucun respect des faits *(E. 6.12.71)*.
Vous oubliez de dire que notre « *électoralisme* de bas étage » permet à la coalition au pouvoir de s'assurer, entre autres, la clientèle des entrepreneurs de transports routiers *(M. 12.7.78)*. Le président Carter a fait du bas tarif aérien l'un de ses objectifs prioritaires. À la fois par conviction et *électoralisme* (défense du consommateur) *(P. 17.7.78)*.

ÉLECTORALISTE adj. et subst.

● Adj.

Les élus se virent reprocher certaines préoccupations « *électoralistes* », les spécialistes ne pouvant tenir les promesses faites lorsqu'elles sont insuffisamment réalistes *(M. 17.4.66)*. L'opposition pourrait admettre ces mesures si elles étaient appliquées de manière permanente. Présentées ainsi, elles sont trop circonstancielles et *électoralistes* *(F. 18.11.66)*.
La C.g.t. a une stratégie *électoraliste* alors que nous (la C.f.d.t.) voulons préserver l'autonomie du syndicalisme *(E. 25.3.74)*. Certains, sous prétexte de condamner une déviation *électoraliste* et réformiste du 22e congrès, veulent le jeter par-dessus bord, et l'on accuse certains communistes d'esprit *électoraliste* *(M. 5.7.78)*. Au-delà des réactions passionnelles et *électoralistes*, les responsables expriment des craintes pour l'emploi *(C. 15.9.78)*.

● Subst.

On n'était pas très loin du divorce entre « théoriciens et doctrinaires » et « tacticiens et *électoralistes* » *(M. 11.6.66)*.

ÉLECTRO(-) Premier élément de nombreux composés, adj. ou subst. récents, créés sur le modèle des composés anciens de ce groupe. L'emploi du trait d'union est hésitant lorsque le deuxième élément commence par une consonne.

Quelques composés sont traités plus loin à leur place alphab. D'autres sont énumérés ci-après.

Une toute récente découverte des *électro-acousticiens* *(PM 17.9.66)*. Le Salon international de l'*électro-acoustique* (présentera des matériels d'*électro-acoustique* *(M. 4.2.66)*. S. et sa musique « *électro-acoustique* » *(PM 18.5.68)*. Les rapports établis entre l'*électro-acoustique* et la musique instrumentale *(M. 6.3.70)*. A chaque révision les voitures (sont soumises) à un contrôle complet. Des bancs à rouleaux de contrôle de puissance fournissent un *électrocardiogramme* des moteurs *(A. 17.7.69)*. L'exercice de l'*électrocardiologie* est devenu de plus en plus difficile. (...) Les *électrocardiologistes* fermeront-ils leurs cabinets ? *(M. 10.5.66)*. L'*électrocopie* est un moyen de reproduction des documents plus simple et plus économique que la photocopie *(T. 18.10.65)*. L'*électrocopie* est le plus récent de tous les procédés reprographiques *(En. 5.4.69)*. Le dernier-né des *électrocopieurs* peut transmettre des copies à plus de 4 000 km de distance *(E. 2.11.64)*. Les *électrocopieurs* S. peuvent être installés partout et utilisés par tous *(Pub. M. 20.10.65)*. La taxe à la valeur ajoutée frappe les appareils *électrodomestiques* *(M. 16.5.57)*. Aspirateurs et cireuses, machines à coudre, petit matériel *électrodomestique* *(M. 19.3.66)*. L'activité a fléchi dans le secteur de l'*électrodomestique* *(M. 2.1.66)*. L'*électro-encéphalographe* est un instrument capable d'enregistrer les courants électriques que provoque le fonctionnement de l'écorce cérébrale *(FL 31.3.66)*. Le ministre avait consulté une commission de l'« *électro-industrie* » *(M. 13.10.54)*. Une photocopie toutes les 6 secondes : la qualité d'un *électrophotocopieur* de haute fidélité *(Pub. M. 25.5.66)*. Les portes sont à fermeture automatique grâce à une commande *électropneumatique* *(VR 21.9.69)*. Frein *électro-magnétique* avec dispositif de relevage *électropneumatique* *(VR 29.3.70)*. Dépenses et amortissement des *électropompes* *(M. 11.5.66)*. Un dispositif, branché sur l'*électropompe* et doté de jets d'eau puissants *(F. 11.1.67)*.

ÉLECTRO(-)MÉNAGER adj. et sm. 1949.

● Adj. Se dit d'appareils ménagers (aspirateur, lave-vaisselle, réfrigérateur, etc.) fonctionnant à l'électricité.

Appareils *électro-ménagers*, par exemple : machines à laver, téléviseurs *(F. 22.11.60)*. Un appareillage *électro-ménager* dont la marque est très connue *(F. 1.2.67)*. La société B., filiale « *électro-ménagère* » de H. *(M. 16.3.67)*. Ses participations majoritaires dans la fabrication des instruments *électro-ménagers* *(Saint Pierre, 70)*.
Comme l'électricité a fait croître les biens *électroménagers*, l'informatique doit amener de nouveaux modèles de consommation *(M. 16.6.78)*.

● Sm.
Dans l'*électro-ménager* une vive reprise *(E. 25.10.65)*. Pour s'insérer avec quelques chances de succès dans le maquis du petit *électroménager* ou des ustensiles de cuisine, les fabricants ont pensé (...) *(E. 12.6.78)*. Le bâtiment fait travailler (...) en aval, les usines d'ameublement, d'*électro-ménager*, de textile *(M. 6.7.78)*.

ÉLECTRONICIEN, IENNE subst. 1955. ■ Spécialiste de l'électronique.
Cette époque de technocrates et d'*électroniciens (Daninos, 70)*.

ÉLECTRONUCLÉAIRE adj. ~ 1950. Relatif à l'énergie électrique d'origine nucléaire.
Vœu à la fois radical et prudent qui demande l'arrêt du programme *électronucléaire* mais accepte les centrales irréversiblement engagées *(O. 26.6.78)*.

ÉLECTROPHONE sm. ~ 1950. ■ Appareil électrique qui reproduit des enregistrements phonographiques.
J'étais entré dans un magasin avec l'intention d'acheter un bon *électrophone*. Mais le vendeur m'a fait écouter une chaîne. Il n'y avait aucune comparaison possible *(E. 8.3.76)*.
→ CHAÎNE, HAUTE FIDÉLITÉ.

ÉLITAIRE adj. ~ 1968. (De *élite*). ■ Qui caractérise, concerne, intéresse une élite.
Cette *nostalgie élitaire* des années 1930 dans les milieux snobs *(E. 4.3.74)*. Ce clan si spécifique de Paris : une collection de personnes qui participent à la même *communauté élitaire (O. 6.1.75)*.
→ ÉLITISTE.

ÉLITISME sm. ■ Système (d'enseignement, de gestion, etc.) qui favorise une élite, mais néglige la masse (des élèves, etc.).
L'école est prise dans une contradiction entre la tendance à l'*élitisme* et la nécessité de la démocratisation *(E. 17.9.73)*.
L'*élitisme* est une vieille tradition française. Au XVIIIe siècle, les philosophes citaient en exemple le système mandarinal chinois *(P. 20.3.78)*. Dès leur entrée à l'école, les enfants sous-prolétaires prennent du retard (...) Pour y remédier, il faudrait (...) une moins grande vénération de l'*élitisme (M. 22.4.78)*.

ÉLITISTE adj. Inspiré par l'*élitisme**.
L'union des étudiants critique la conception « *élitiste* » du ministère de l'Éducation nationale *(M. 16.1.68)*.
Les contremaîtres, nés ouvriers, travaillent dur en vue d'une *promotion élitiste (Exp. 6.73)*.
Le système des grandes Écoles correspond bien aux *sentiments élitistes* des Français *(P. 7.5.74)*. Un *tourisme élitiste* pour estivants fortunés *(P. 11.8.75)*.
Les syndicats d'enseignants sont opposés à un *enseignement élitiste (M. 3.5.78)*. L'*informatique*, hier *élitiste*, (...), se transforme aujourd'hui en une activité de masse *(M. 20.5.78)*.
La presse spécialisée juge ces *films « élitistes »* et hermétiques *(C. 3.9.78)*.
→ ÉLITAIRE, MANDARINAL.

EMBALLAGE PERDU sm. ~ 1965. ■ Type d'emballage destiné à être jeté après le premier usage, et que l'expéditeur ou le vendeur ne reprend pas.
Le système de l'*emballage perdu*, difficilement destructible, ne servant qu'une seule fois, n'est-il pas une de ces hérésies imposées par ceux pour qui c'est tout bénéfice ? *(O. 24.9.73)*. Nous ne sommes entrés qu'à reculons dans l'ère des *emballages perdus*. Nos enfants, formés par nous au gaspillage, n'éprouvent pas cette mauvaise conscience *(E. 12.11.73)*. La face cachée d'une grande surface avec ses cageots brisés, ses *emballages perdus*, ses reliefs malsains *(M. 19.1.75)*.

EMBOUTEILLAGE sm. (Par analogie avec les embouteillages de rues). ■ Encombrement dû à un grand afflux de clients, d'usagers, de choses diverses.
L'« explosion » du nombre des étudiants et ses conséquences : l'*embouteillage* des facultés *(En. 11.5.68)*. Centraux archaïques et réseaux saturés ne parviennent plus à écouler le trafic : les *embouteillages* concernent aussi les lignes (téléphoniques) *(E. 7.4.69)*.
Si l'on ne multiplie pas le nombre des magistrats, gare aux *embouteillages* (des tribunaux, par accumulation des dossiers en souffrance) *(Saint Pierre, 72)*.

EMBRAYER v. intr. Fig.
Embrayer, sans complément. ■ Commencer, débuter.
Ayant ainsi *embrayé*, (l'émission) a pris un excellent départ *(ST 25.1.69)*.
J'arrivai en demandant un tout petit emploi (...) Mais, à ce moment-là (on) cherchait un secrétaire général (...) Et j'ai *embrayé* – en troisième vitesse, car il (= le secrétaire en place) est tombé malade juste à ce moment *(Cesbron, 77a)*.
Embrayer sur quelque chose, quelqu'un. ■ Avoir de l'autorité, de l'influence sur...
Le président du Conseil n'*embraye* plus *sur l'Assemblée (M. 24.1.58)*. Rien n'est plus grave, au fond, qu'une pensée qui n'*embraye* plus *sur l'événement*, lorsque l'événement, lui, se déroule en dehors de la pensée *(E. 17.3.69)*. Une hiérarchie d'états-majors préparée dès le temps de paix, en mesure à tout moment d'*embrayer sur des unités* déjà en place *(M. 11.3.66)*.

ÉMISSAIRE

ÉMISSAIRE sm. Techn. 1961. ■ Canalisation destinée à évacuer les eaux usées d'une agglomération vers une station d'épuration ou dans la mer.

La vraie solution contre la pollution consiste à prolonger l'égout assez loin au large pour que les bactéries soient détruites avant que les eaux déversées aient eu le temps de revenir vers la côte. C'est la solution adoptée à Saint-Tropez où le nouvel *« émissaire »*, pour employer le mot technique, a été inauguré *(E. 14.8.72)*. La mer se venge, et renvoie aux hommes les déchets qu'ils lui injectent par les longs *émissaires*, terme hypocrite pour désigner un tuyau d'égout *(M. 26.7.75)*.
→ EFFLUENT.

ÉMISSION- sf. Radio, télév. Premier élément de substantifs féminins composés. Le deuxième élément indique le type, le caractère de l'émission.

« Permis la nuit », catalogue d'insolences sans danger, était le type de l'*émission-alibi (E. 29.5.67)*. « *Émission-charnière* » de la chaîne « France-Culture » *(M. 3.10.69)*. Une *émission-débat* a permis d'entendre diverses personnalités *(M. 6.6.69)*. Cette *émission-fleuve*, prête depuis trois ans *(ST 11.10.69)*. Deux *émissions-jeux* seront organisées sur les antennes *(M. 7.5.66)*. C'est en quelque sorte une *émission-laboratoire*, elle le (un danseur) capte en plein effort de création *(M. 5.1.68)*. Une *émission-portrait*, (à la télévision) *(M. 17.1.70)*. France-Inter diffusera des *émissions-services* à l'usage des campeurs, des navigateurs, des pêcheurs *(M. 16.6.65)*. *Émission-souvenir* (sur un célèbre acteur disparu) *(M. 31.12.67)*. Les rediffusions d'une chaîne sur l'autre des *émissions-vedettes* seront systématisées *(ST 30.3.68)*.
→ (-)PIRATE.

EMMERDE subst. Pop. Forme abrégée (surtout dans le langage parlé) de *emmerdement*. ■ Difficulté, embêtement (fam.), grave ennui.

Écoute, vieux (...) on veut pas que tu aies des *emmerdes*. Tu vois, on a les flics au cul (= à nos trousses). Nous on s'arrangera, mais toi, tu vas descendre (de la voiture) *(Cesbron, 77b)*.

EMPÊCHEUR, EUSE DE (+ infinitif) EN ROND loc. subst. (D'après le tour longtemps figé : *empêcheur de danser en rond*). Avec le même sens, à propos de personnes : gêneur, importun, trouble-fête.

Rem. Dans ce tour, le syntagme en rond a pris une valeur adverbiale, et signifie : aisément, à son aise, à loisir, sans difficulté, sans être dérangé, etc.

O Celui qui formule des réserves sur certaines utilisations de l'ordinateur, risque de passer pour un attardé, pour un *empêcheur de calculer en rond (Sauvy, 68)*. La Chine de Mao est l'*empêcheuse de digérer en rond* de la planète *(O. 3.2.69)*. Je ne veux pas être l'*empêcheur d'idéaliser en rond (C. 7.10.69)*. La majorité de nos collègues (professeurs) nous prennent, selon le cas, pour des agités ou des traîtres. Pour ceux qui se sont enlisés dans la routine, nous sommes les *empêcheurs de professer en rond (E. 19.9.66)*. La France considérée comme un affreux *empêcheur de tourner en rond* parce que le gouvernement français s'est retiré de l'O.T.A.N. *(O.R.T.F. 21.2.70)*. Cet *empêcheur d'unifier en rond* qu'a toujours été le général de Gaulle *(RSR 21.11.68)*. K., lui, joue les *empêcheurs de voter en rond (TC 22.5.69)*.

OO Le skieur débutant n'est plus un *empêcheur de tourner en rond*. Il est celui qui fait « tourner » les stations de sports d'hiver *(E. 15.1.73)*. Le mistral est le grand *empêcheur de se baigner en rond (M. 8.11.75)*. Le Concorde (...) se présente comme un *empêcheur de voler en rond (C. 7.1.76)*. Le président se lance dans la lutte, écarte les *empêcheurs de gouverner en rond (M. 12.10.77)*. Des milliers de comités et d'associations, *empêcheurs de bétonner en rond*, forcent les autorités à changer de politique urbaine *(P. 10.10.77)*. Tous les enfants se demandent à quoi peut bien servir un mur, sinon à être peinturluré. Les parents sont des *empêcheurs de barbouiller en rond (P. 3.4.78)*.

EMPLOI (PLEIN)
→ PLEIN EMPLOI.

EMPORT (CAPACITÉ D') loc. subst. fém. Aviat. ■ Charge utile que peut transporter un avion à chaque voyage.

La *capacité d'emport* : il s'agit, pour les aviateurs, d'emporter le maximum de chargement, si possible, en une seule rotation *(M. 28.11.67)*. Un avion qui possède forte *capacité d'emport*, et fréquence de rotation très élevée *(Air 17.5.69)*.
La *capacité d'emport* de cet avion est de 147 à 166 passagers *(VR 28.9.75)*.

EMPOUSSIÈREMENT sm. ■ Densité de poussières que contient l'atmosphère d'un lieu donné.

Des moyennes mensuelles d'*empoussièrement* ont été établies : des jauges étaient installées pour mesurer l'*empoussièrement* ; la valeur de l'*empoussièrement* a été (calculée) dans les zones surveillées *(F. 18.9.64)*.

EN CATASTROPHE
→ CATASTROPHE.

EN DIRECT
→ DIRECT.

EN PRISE DIRECTE
→ PRISE DIRECTE (EN).

ÉNARCHIE sf. 1967. De *énarque** *(cf. monarchie/monarque)* ; peut-être aussi influence de *synarchie*.

« L'*Énarchie* ou les mandarins de la société bourgeoise » *(Titre, Mandrin, 67)*.
L'*Énarchie* continue une vieille tradition, que le développement technique renforce et infléchit. Elle ouvre à quelques rares individus des classes inférieures la porte de l'aristo-bourgeoisie ; elle permet surtout aux membres de celle-ci de s'initier à la modernité *(O. 20.1.69)*.

ÉNARCHISME sm. 1967. (De *énarchie**, peut-être par analogie ironique avec *anarchie/anarchisme*). ■ Attitude, comportement de l'*énarque** ; puissance des *énarques** dans l'État.

Les *énarques* gardent par-devers eux les informations au nom desquelles ils se prononcent (...) Tout l'*énarchisme* consiste à déguiser la politique en technique *(E. 4.12.67)*.

ÉNARCHISTE adj.

L'imposture technocratique est, selon Mandrin, l'épine dorsale du mythe *énarchiste (E. 4.12.67)*. Les jeunes gaullistes, jeunes loups déjà installés ou *énarchistes* frais émoulus *(O. 20.3.68)*.
→ MANDARINAL.

ÉNARQUE [enark] sm. ~ 1967. (cf. cit. E. 2.6.69). (De E.N.A., sigle pour École Nationale d'Administration). ■ Ancien élève de cette école.

Vers 1962, les fonctionnaires non issus de l'École Nationale d'Administration commencèrent à faire le compte des E.N.A. — on n'avait pas encore découvert le néologisme d'*Énarque* — qui essaimaient autour d'eux *(PM 28.12.68)*. Les « *énarques* », fils de la dernière-née de nos écoles : l'E.N.A. *(E. 4.12.67)*. Entre tel ou tel de nos « *énarques* » d'aujourd'hui et tel ou tel des anciens synarques, il y a toute la continuité d'un héritage : celui d'une technocratie de plus en plus conquérante *(O. 19.8.68)*. (Le nouveau ministre) vient de l'École normale supérieure et de l'École nationale d'administration. La culture littéraire s'est mêlée harmonieusement dans son esprit au juridisme exacerbé des *énarques*. Il administre comme il respire *(Charrière, 68)*. Le talent de J. Mandrin s'était manifesté par son livre L'*Énarchie* (publié en 1967) et la création du néologisme « *énarque* », lequel a fait fortune *(E. 2.6.69)*. Un « *énarque* », synonyme pour certain genre de technocrate *(M. 29.10.69)*.
Les X (= Polytechniciens) et les *énarques* sont modelés pour commander. Entre X et *énarques*, la hache de guerre n'est pas enterrée. Confusément l'X envie l'aisance de l'*énarque*, et celui-ci s'en veut de ne pouvoir acquérir la science de son collègue *(P. 21.5.74)*. Aux *énarques* dont le pouvoir s'est entouré, on reprochait déjà avant 1974 le péché de suffisance *(M. 19.3.76)*.
Les *énarques* investissent progressivement toute la haute fonction publique *(P. 20.3.78)*.

ENCADREMENT DU CRÉDIT loc. subst. Écon. ■ Limitation, par le gouvernement, des facilités monétaires que les banques sont autorisées à accorder aux entreprises.

La politique d'*encadrement du crédit* risque d'amener dans les prochains mois un renversement de la conjoncture *(M. 27.2.69)*. En France, l'« *encadrement* » *du crédit* est plus facile à réaliser parce que les banques sont moins libres de leurs mouvements *(M. 28.2.69)*. Le développement des exportations était freiné par l'« *encadrement du crédit* » *(M. 9.1.70)*. L'*encadrement du crédit*, prorogé depuis 1968 lors de chaque échéance fixée pour sa disparition, a été enfin supprimé en octobre 1970 *(D. En. 3.71)*.

ENCEINTE ACOUSTIQUE (ou, par ellipse, ENCEINTE). sf. ~ 1960. ■ Ensemble de plusieurs haut-parleurs constituant l'élément terminal d'une chaîne de *haute** fidélité (pour l'écoute de la musique en *stéréophonie**, etc.).

L'emplacement des *enceintes acoustiques* est délicat à déterminer. Les haut-parleurs doivent être placés à peu près à la hauteur des têtes des auditeurs *(M. 20.3.68)*. (Voici) les *enceintes acoustiques* proposées en complément de la chaîne haute fidélité que nous venons de décrire : le premier modèle comporte trois haut-parleurs (...) ; l'autre modèle utilise quatre haut-parleurs *(SV 12.69)*. Les magnétophones et électrophones destinés à nos classes seront pourvus d'*enceintes acoustiques* (...) L'indépendance de la source du message sonore par rapport aux organes de commande permet de choisir, en déplaçant l'*enceinte*, le point de la classe le plus favorable à une audition de qualité *(Lm. 7.70)*.

● Enceinte

Selon les marchands, il faut quatre *enceintes* au lieu de deux pour écouter Beethoven *(P. 18.3.74)*. Une table de lecture et un ampli brillants donneront un résultat médiocre si l'enceinte est mauvaise *(E. 8.3.76)*.
Le commerce propose plus de mauvaises *enceintes* que de bonnes *(P. 13.3.78)*. La qualité des *enceintes* est de plus en plus remarquable, mais le concurrent direct de l'*enceinte*, le casque, gagne du terrain *(VR 23.4.78)*.
→ BAFFLE.

ENCYCLOPÉDISME

ENCYCLOPÉDISME sm. ■ Tendance à demander à l'enseignement d'englober toutes les branches du savoir.
> Un heureux recul de l'*encyclopédisme* se marque dans les programmes de sciences naturelles *(M. 5.5.66)*. L'*encyclopédisme*, ennemi de l'étude, conduit au gavage *(F. 3.1.67)*. (Se libérer) de l'*encyclopédisme* qui caractérisait l'enseignement primaire *(M. 6.4.69)*.

ENDORMISSEMENT sm.

1. Passage de l'état de veille au sommeil de façon naturelle ou par anesthésie.
> Pour certains (insomniaques), il s'agit d'une difficulté d'*endormissement* : le sommeil ne vient pas (...) Chez l'enfant de 1 à 3 ans l'*endormissement* est parfois difficile *(C. 1.11.63)*. Les physiologues savent qu'on ne rêve jamais dès l'*endormissement (E. 26.5.69)*. Cet *endormissement* par l'électricité (électro-anesthésie) n'est ni agréable, ni aisé *(E. 16.9.74)*.

2. Par ext. Somnolence.
> V. a souvent conduit (sa voiture) chaque jour, et durant plusieurs jours en état d'*endormissement* : béatitude, bien-être transformant l'habitacle de la voiture en cocon douillet. Les camionneurs connaissent bien ce dangereux bonheur *(E. 3.12.73)*.

3. Fig.
> Concluant à l'*endormissement* général des masses à l'intérieur d'un système sans faille, certains voudront, par des actions dites exemplaires, sonner le réveil : commence la glissade vers le terrorisme *(M. 6.7.78)*.

ENFANT DE CHŒUR sm. Fig. et fam. ■ Personne naïve ou timorée. (Employé surtout dans des tours négatifs : *ne pas être un enfant de chœur*, ne pas s'embarrasser de scrupules).
> On ne fait pas la police avec des *enfants de chœur (M. 8.10.54)*. Nos farouches sahariens coloniaux n'étaient pas des *enfants de chœur (Larminat, 62)*. Comme les camionneurs (du film) ne sont pas des *enfants de chœur*, tous les moyens, mitraillette comprise, leur sont bons *(M. 21.4.64)*. D'un côté, douze crapules ; de l'autre, un commandant, qui n'est pas, lui non plus, un *enfant de chœur (M. 24.12.67)*. Aucun régime ne se passe de flics et aucun ne tolère qu'on les suspecte publiquement (...) Ne jouons pas les *enfants de chœur (E. 12.10.70)*.
> « Nous avons mis fin à la fusillade le plus vite possible », dit le chef de la brigade antigang. « Mais nos adversaires n'étaient pas des *enfants de chœur*. Il s'ensuivit un véritable corps à corps, très rude » *(PM 15.3.75)*.

ENGINEERING [enʒinirin] sm. ~ 1953. Mot anglais (art, science de l'ingénieur). Emprunt très discuté (1953-1965), car sa prononciation est difficile à franciser. On a proposé des traductions diverses : *logistique industrielle, ingénieurie, ingénieurat*, etc. Le terme recommandé officiellement est *ingénierie*.
> *Engineering*, ou ingénierie est tellement récent et mal connu en France que le terme même n'a pris sa forme nationale que depuis peu *(F. 28.9.66)*. Une profession qui au sens large est celle de l'*engineering*. L'intégration dans la structure économique nationale de cette activité nouvelle que le Comité d'études des termes techniques français voudrait baptiser du terme d'ingénierie (peut-être trop proche de l'anglais *engineering* pour passer dans les mœurs) est cependant en cours *(M. 18.11.66)*. L'*engineering* est une activité de création récente. C'est une fonction, une tournure d'esprit : étudier pour réaliser mieux, plus vite et moins cher. L'*engineering* apporte une efficacité qui se traduit par des gains notables sur les prix et les délais *(D. En. 6.69)*.
> *Engineering*, en français Ingénierie. « Mot barbare qui ne prête pas au rêve », admet un des responsables d'une des sociétés les plus importantes de ce secteur. « Génie industriel serait meilleur, mais on hésite à parler de génie pour une activité qui comporte autant de risques... » *(M. 1.6.74)*.

ENQUÊTRICE sf. et adj. ~ 1965. Féminin de *enquêteur*.

● **Sf.**
> Les critiques sur la technique d'enquête portent sur le travail des enquêteurs ; selon le témoignage d'une *enquêtrice*, il existe des enquêteurs remplissant eux-mêmes les questionnaires *(PM 21.4.73)*.

● **Adj.**
> Dès l'enfance, l'homme est curieux de savoir « comment ça marche ». Et il dévisse, démonte, décortique tout mécanisme tant soit peu à portée de sa manie *enquêtrice (M. 16.6.78)*.

ENRAGÉ(S) sm. (le plus souvent pluriel collectif). Spéc. 1968. ■ Surnom (d'abord à Paris, faculté des lettres de Nanterre, puis généralisé) de certains groupes de jeunes *contestataires** particulièrement violents dans leur langage ou leurs actes.
> Ce vendredi soir 22 mars 1968 dans l'amphithéâtre B2 de la faculté de Nanterre tout à coup, un bruit imprévu (à la fin d'un concert). Aussitôt après, la cavalcade, en direction du podium, d'une horde qui jure, se pousse, s'encourage. En un instant se trouve envahie la scène. Les *Enragés* viennent de signer leur entrée dans l'Histoire, une trentaine de jeunes gens débraillés, barbus et chevelus *(Charrière, 1968)*. Il n'y a pas que le doyen et les communistes pour protester contre les « *enragés* » — c'est ainsi qu'ils se nomment eux-mêmes — qui règnent à Nanterre *(PM 13.4.68)*. Les grandes manœuvres nanterroises de ceux qu'on a appelés les « *enragés* », qu'ils soient à la gauche de la gauche ou à l'extrême droite *(E. 6.5.68)*. « N'importe quoi, pourvu que ça bouge », telle est la devise des « *enragés* » *(PM 18.5.68)*.
> Il existe des *enragés*. Ils ne sont pas très nombreux et on les voit peu, on ne les entend

guère. Ils errent comme des loups solitaires, désespérés et vindicatifs. Ils ont entre 18 et 25 ans tout au plus. Pour eux, mai 68 appartient à une histoire qui n'est pas la leur. Tout les écorche, les agresse, les rend furieux (...) À tant de violences, de brutalités, de tortures morales ou sociales ils ne voient qu'une réponse : la violence *(M. 21.5.78)*. Ce film est l'histoire d'un jeune métis (mère noire, père blanc inconnu) qui tente de se faire une place dans la société blanche. Il est exploité, humilié ou toléré avec un mépris condescendant. Il devient un « enragé » *(M. 28.5.78)*.

ENRÉGIMENTATION sf. ou ENRÉGIMENTEMENT sm. ■ Action de faire entrer quelqu'un, souvent par contrainte, dans un groupe ayant une discipline stricte, constitué en vue d'activités politiques ou autres.

Un agitateur d'extrême droite a réussi l'*enrégimentation* de la masse des étudiants contestataires *(E. 24.2.69)*. L'amertume, la crainte d'un *enrégimentement* de la jeunesse par l'État définissent une attitude peu constructive *(M. 12.1.66)*.

ENRICHI adj. Techn. Rép. mil. XXe. Se dit d'un corps (notamment de l'uranium) dans lequel la proportion d'un des constituants a été augmentée.

Les réacteurs (nucléaires) actuels produisant de l'électricité brûlent de l'uranium *enrichi*. Or l'uranium *enrichi* peut servir à fabriquer des bombes. Mais l'uranium livré pour les réacteurs de puissance est faiblement *enrichi* (2,5 à 3 %), tandis que l'uranium d'une bombe atomique est *enrichi* à plus de 95 %. Un pays ne peut donc pas utiliser tel quel l'uranium *enrichi* qu'on lui fournit pour ses réacteurs s'il désire fabriquer une bombe. Il lui faudrait poursuivre le processus d'enrichissement avec des usines très coûteuses *(M. 10.7.74)*. Une usine de retraitement c'est d'abord une usine chimique (où) sont envoyés les barreaux d'uranium irradiés une fois qu'on les a retirés du cœur des réacteurs nucléaires. Il reste dans ces barreaux de l'uranium *enrichi*, du plutonium et des déchets *(C. 26.8.78)*.

ENSEIGNÉ, E subst. ~ 1968. (part. passé substantivé de *enseigner* ; formation parallèle à *enseignant*). ■ Personne qui reçoit un enseignement.

Une semaine après que nous avons traité de la mort d'un enseignant, je raconte aujourd'hui la mort d'un *enseigné*, ou plus exactement le suicide d'un gosse *(O. 10.1.72)*. Contre l'industrialisation des rengaines, la mission de l'enseignant (...) de dépolluer l'oreille des *enseignés (O. 3.9.73)*.

Rem. Cet emploi a parfois été critiqué.

Parler comme on le fait couramment des enseignants et des « *enseignés* » me paraît sinon barbare, du moins archaïque. Il n'existe pas d'« *enseignés* », car on enseigne quelque chose à quelqu'un, on n'enseigne pas quelqu'un *(O. 30.12.68)*.

ENSEIGNEMENT PROGRAMMÉ sm.
→ PROGRAMMER.

ENSEIGNEUR sm. Variante pour *enseignant* (subst).

Les auditoires du Collège de France, par leur caractère un peu disparate, ont amené (un professeur) à incliner vers un langage accessible à tous les dernières leçons de sa carrière d'*enseigneur (P. Méd. 19.5.56)*. L'image et le rôle anciens du maître, *enseigneur* et juge, s'accommodent mal aux modèles nouveaux, animateur, psychologue, orienteur *(F. 16.3.68)*.

ENSEMBLE sm. *Théorie des ensembles* (mathématiques) (traduction de l'alld. *Mengenlehre*), terme connu des spécialistes depuis longtemps (fin XIXe s.) mais répandu dans le grand public seulement vers 1960.

Les programmes de mathématiques élémentaires du 6 mars 1962 comportent d'abord quelques éléments de la *théorie des ensembles*. Les éléments de la *théorie des ensembles* n'offrent pas de difficultés réelles, ils permettent au contraire un facile et constant retour au concret *(Monge, 62)*. On appelle *ensemble* l'unité de raisonnement et de calcul constituée par une totalité d'éléments quelconques. (...) Indépendamment du renouvellement de l'enseignement des mathématiques dont la notion d'*ensemble* est responsable, celle-ci est d'une extrême utilité pour l'économiste *(Dt. sc. écon.)*.

Rem. L'adjectif dérivé *ensembliste* (= qui concerne la théorie mathématique des ensembles) se répand dans le vocabulaire didactique.
→ SOUS-ENSEMBLE.

ENSEMBLE (GRAND)
→ GRAND ENSEMBLE.

ENSEMBLE (+ adj.) sm. Véhicules (routiers, etc.) attelés ensemble.

Près d'A., une voiture a heurté un *ensemble* agricole, piloté par M. D. Les deux conducteurs ont été tués sur le coup *(F. 23.11.66)*. Un *ensemble* routier chargé de 20 tonnes a dérapé et accroché le mur d'une maison *(C. 16.4.69)*.

ENSEMBLE(-) Premier élément de substantifs composés.

Il (un architecte) a une idée assez formidable pour un des *ensembles-loisirs* qu'on est en train de bâtir là-bas *(Beauvoir, 66)*. Cet *ensemble-pont* (un restaurant construit au-dessus d'une autoroute) comprendra également des stands de vente de produits régionaux et des boutiques *(F. 3.4.70)*.
La Banque mondiale, qui chiffra le projet à 256 millions de dollars, estime plus rentable un *ensemble routes-fleuves* dont le coût s'élèverait à 82 millions de dollars *(E. 21.5.73)*. Toutes proportions gardées, les PTT ont compté, en 1972, trente fois plus de conflits que l'*ensemble industrie-commerce (Exp. 6.73)*.

ENTRE-DEUX- (+ subst. plur.) sm. D'après *(l') entre-deux-guerres* (cf. cit. M. 13.3.69). ■ Période, situation, etc., caractérisée par le seul fait qu'elle se situe entre deux autres plus remarquables.

Seul grand concert de l'*entre-deux-fêtes* (entre Noël et le 1er janvier) *(O. 27.12.67)*. Il est presque impossible de localiser ces transferts de voix de l'*entre-deux-tours* (de scrutin) *(E. 8.7.68)*. Un de ces écrivains protées qu'ont connus l'*entre-deux-guerres* et l'*entre-deux-pôles* de la vie intellectuelle parisienne *(M. 13.3.69)*.
Tout le monde est gaulliste, dans cet *entre-deux-tours*, et c'est à se demander pourquoi au premier (tour de l'élection présidentielle, le 5 mai 1974), le candidat qui, à tort ou à raison, disait l'être, a eu si peu de voix *(M. 17.5.74)*.

ENTRÉE sf. Did. Ling. Syn. d'*adresse** ou de *vedette** (dans un dictionnaire).

La plupart des dictionnaires (de langue) présentent des messages formés de deux parties : un élément linguistique, suivi d'un énoncé auquel il donne accès et qui s'y rapporte, constituant l'information explicite. L'élément linguistique s'appelle *ENTRÉE*, l'ensemble de l'*entrée* et du texte constitue un ARTICLE *(J. Rey-Debove, 71)*. On parle sans broncher du nombre des mots d'un dictionnaire, montrant par là que l'unité lexicale de la langue est confondue avec l'*entrée* en caractères gras sous laquelle on trouve le contenu du dictionnaire *(A. Rey, 77)*.

ENTRÉE DE JEU (D') Loc. adv. Dès le début.

Je puis dire, d'*entrée de jeu*, que ces deux romans se lisent avec intérêt et profit *(M. 5.10.66)*. Nos actuels dirigeants aiment à se sentir les coudées franches, et, d'*entrée de jeu*, un observateur attentif aurait pu s'en convaincre *(M. 12.10.66)*. D'*entrée de jeu*, avant même que certains de ses collègues soient assis, l'ancien Premier ministre s'emporte *(E. 22.10.73)*.

ENTRER EN (+ subst. abstrait) loc. Nombreuses formations sur le modèle *entrer en religion*

Après la défaite, le Japon se livra entièrement à son vainqueur et, adorant ce qu'il avait brûlé, *entra en démocratie* comme on entre en religion *(R 11.68)*.

Rem. Sont aussi attestés :

Entrer en psychanalyse (R 10.66). Entrer en technocratie (R 12.68). Entrer en chanson(s) (E. 3.69, etc.). Entrer en politique (O. 24.3.69, etc.). Entrer en gaullisme (E. 16.6.69). Entrer en littérature (LF 30.7.69), etc.

ENTRISME sm. De *entrer*. Pol. Variante pour *noyautage**.

Une vieille tactique des groupuscules : l'« *entrisme* ». Autrement dit, le noyautage, par les minorités extrémistes, des organisations jouissant d'une audience populaire suffisante pour entraîner des mouvements de masse. (...) Ces révolutionnaires ont pratiqué l'« *entrisme* » dans les organisations politiques, syndicales, ou de jeunesse de la classe ouvrière pour tenter de saper leur direction, de modifier leur orientation ou de détourner leur base *(E. 12.8.68)*.
Les « légalistes » (de la CFDT estiment que) on risque de revenir à la pratique de « fractions organisées » cherchant à « inféoder » la CFDT à des « groupements extérieurs ». Cette sourde crainte de « l'*entrisme* » leur fait juger une réunification « absolument impensable » *(C. 5.8.78)*.

ENVELOPPE sf. Pol. Montant total des crédits inscrits au budget d'un ministère, d'un organisme public.

L'« *enveloppe* » de la recherche est inférieure aux prévisions du Plan. Pour les crédits de fonctionnement, 1 250 millions au lieu de 1 345. Le budget de la recherche est insuffisant *(M. 4.11.67)*. Réclamer l'amélioration du contenu de l'« *enveloppe* » budgétaire *(M. 4.1.68)*. Le budget global, ce qu'on appelle l'*enveloppe* globale du Centre d'études spatiales (...) les sommes à l'intérieur de cette *enveloppe (O.R.T.F. 25.1.69)*. Ressources « *hors enveloppe* » *(M. 27.3.69)*. Le coût des aménagements est inférieur à l'*enveloppe* financière qui était imposée *(R. 2.70)*.
La part régionalisée des *enveloppes* du VIe Plan s'élève à 51 millions de Francs lourds, dont 14 pour la seule région parisienne *(E. 5.6.72)*. La S.N.C.F. n'a pas obtenu depuis 1967 les autorisations d'investissement dont elle avait besoin, le volume des « *enveloppes* » étant tombé aux 2/3 du volume antérieur *(R.G.C.F. 1.74)*. La direction des ports maritimes dispose d'une « *enveloppe* » d'une cinquantaine de millions de francs qui ne sont pas encore affectés *(M. 22.10.74)*.

ENVIRONNEMENT sm. Repris ~ 1965, peut-être sous l'influence de l'anglais *environment*. Cadre de vie, entourage, milieu, etc.

Rem. 1. L'*environnement* est défini, par le groupe de travail « Environnement »-Nuisances » du Conseil international de la langue française, comme étant « l'ensemble, à un moment donné, des agents physiques, chimiques, biologiques et des facteurs sociaux susceptibles d'avoir un effet direct ou indirect, immédiat ou à terme, sur les êtres vivants et les activités humaines » *(R.G.C.F. 5.75)*.

Rem. 2. Parmi les dizaines de milliers de mots du vocabulaire, celui d'« *environnement* » et son faire-valoir « pollution » ont connu la plus étonnante fortune de ces dernières années. Substantifs anonymes, il y a quelques années encore, les voici, en un lustre ou guère plus, promus au rang des mots totems, des mots tabous, de mots définitifs. D'« *environnement* » on fait l'expression d'une aspiration sociale *(C. 13.10.74)*.

Environnement (sans complément).

V. peint ce qui l'entoure. Son « *environnement* » c'est sa mère cousant dans le décor feutré du petit appartement *(M. 27.8.68)*. Les jardins du Palais-Royal, un bel espace architectural, un « *environnement* », puisque le mot est à la mode *(M. 10.10.68)*. Avec l'apparition d'un nouveau mot, l'*environnement*, la France s'est brusquement souciée de

ses richesses naturelles, de ses arbres et de ses sites, menacés par la pollution, le béton et le bitume *(E. 19.1.70)*.
Que peut-on faire dans la solitude ? Pas de l'art qui est communication. Robinson se construit donc un cocon, ou pour être plus actuel, un *environnement (E. 17.9.73)*. Il s'agit de créer un *environnement*, un tissu urbain qui permette l'épanouissement, le bonheur de chacun *(P. 30.9.74)*. Il semble que dans près de 80 % des cas un facteur d'*environnement* préside à l'apparition d'un cancer, même s'il n'est pas seul en cause *(M. 26.10.74)*. La participation des associations aux grands choix collectifs touchant l'*environnement* ne doit plus être une faveur mais un droit *(M. 21.1.76)*. Chacun sait désormais que les écologistes veulent défendre la nature et, de façon plus générale, l'*environnement (C. 17.8.77)*.
Nous avons trop tendance à admettre que le comportement humain est sous le seul contrôle de la volonté. On oublie que l'*environnement* joue également un rôle très important *(E. 15.5.78)*. Il faudrait que l'*environnement*, au lieu de favoriser le « réflexe cigarette », ne le sollicitât plus (...) Dans son ensemble, l'*environnement* reste protabac *(E. 15.5.78)*.
Depuis la création, en janvier 1971, du « ministre chargé de la protection de la nature et de l'*environnement* et du cadre de vie », (...) l'écologie a été l'apanage de dix ministres et secrétaires d'État *(M. 5.8.78)*.

Environnement + adj.

Tout déterminait, modifiait, dénaturait ou comblait ses besoins vitaux (de l'homme) : l'*environnement* spatial, l'*environnement* thermique, l'*environnement* visuel, l'*environnement* acoustique *(Saint-Lô, 67)*. Le pop'art trouve sa matière première dans l'*environnement* urbain *(VL 1.70)*.
Beaucoup d'études ont mis en valeur l'influence de l'*environnement* social, professionnel, familial, dans l'apparition de l'alcoolisme *(E. 17.9.73)*. Le consommateur survolté par un *environnement* de plus en plus sophistiqué — innovation, multitude des produits, publicité — n'est plus qu'un jouet entre les mains du producteur *(M. 5.6.74)*. L'*environnement* psychologique est très important : c'est ainsi qu'une expérience qui ne peut réussir à Sochaux peut réussir à Mulhouse ou vice-versa *(C. 27.6.74)*. Les clients — déjà enclins à la prudence du fait de l'*environnement* économique — ont raréfié leurs commandes *(M. 21.11.74)*. Les objets exposés sont volontairement de mauvais goût, afin de briser l'apparente harmonie de l'*environnement* technicien *(E. 27.1.75)*. Dorénavant il ne suffira plus aux firmes d'ingénierie de vendre une usine « bien balancée » sans se soucier de son *environnement* économique et humain *(M. 11.10.75)*.
Le sort de chacun dépend d'une manière croissante de l'*environnement* international *(M: 18.4.78)*. Progressivement le design envahit tous les aspects de l'*environnement* humain conditionné par la production industrielle *(E. 12.6.78)*. Où trouver un meilleur *environnement* universitaire qu'à Paris ? *(E. 19.6.78)*. Les thèmes de l'*environnement* moderne de l'homme : produits synthétiques qui entrent dans les aliments, dans les médicaments, dans l'air et même dans les vêtements *(M. 20.7.78)*.
→ ÉCOLOGIE.

ENVIRONNEMENTALISTE subst. 1972. Did. ■ Syn. (plus rare) de *écologiste**.

Contre la raffinerie de pétrole promise aux Bretons, les marins et les « *environnementalistes* » entrent en action *(PM 21.7.73)*. Les inconvénients de l'énergie nucléaire sont connus. Qu'il faille les approfondir pour y parer, certes, mais que les « *environnementalistes* » ne voient pas des montagnes là où il n'y a que des collines *(P. 20.1.75)*.

ENVISAGEABLE adj. ■ Prévisible, réalisable, ou : que l'on peut envisager, imaginer.

L'hypothèse il y a deux ans encore n'était même pas *envisageable*. Elle n'est plus aujourd'hui tout à fait absurde *(F. 29.11.66)*. À mi-course des « entretiens de T. » les deux issues étaient encore *envisageables (C. 6.3.69)*.

ENVOI (COUP D') sm. Fig.
→ COUP D'ENVOI.

ENVOLER (S') v. réfl. Écon. ■ Augmenter fortement, être l'objet d'une hausse importante.

Tandis qu'en 1974 le prix de vente des disques augmentait d'environ 10 %, les tarifs des ingrédients qui entrent dans sa fabrication s'*envolaient (E. 27.1.75)*.
La baisse du dollar a des conséquences diverses sur les monnaies européennes (...) Le franc français se tient relativement bien (...) Quant au franc suisse, il s'envole *(M. 25.7.78)*.

ENZYME [ãzim] sf. parfois sm. Mot du XIXe s., répandu seulement après 1960, grâce à la publicité tapageuse, mais parfois pittoresque, de certains produits de nettoyage dits « aux enzymes », dont on vantait la « gloutonnerie », c.-à-d. la capacité de « dévorer » les taches du linge. Cette large diffusion du mot a relancé la question controversée de son genre grammatical.

Rem. 1. L'Académie des Sciences n'a pas accepté la décision de la Commission du langage scientifique proposant le féminin pour le genre du substantif *enzyme*. (...) Le mot *enzyme* est un mot savant qui fut créé en 1877 par (un) physiologiste allemand. L'indécision a régné de 1920 à 1935 sur le genre de ce mot en français (...). *Enzyme*, mot dont la forme est parfaite, doit être pour les diverses raisons qu'envisage la grammaire française — étymologiques, sémantiques et historiques — un mot féminin (...) L'usage a abandonné la décision rationnelle par rapport à la forme originelle du mot, l'emploi du féminin, pour la décision instinctive, en faveur de ce masculin insexué dont l'invasion des mots anglais augmente sans cesse l'importance dans notre langue *(F.mod. 7. et 10.68)*.
Rem. 2. Un mot comme *enzyme* pouvait indifféremment être masculin ou féminin (...) l'Académie française vient de décréter qu'il serait féminin *(F. Mars, C. 22.2.70)*.

♦ Si, d'aventure ils (les enfants) faisaient une tache sur leur chemise blanche, celle-ci, traitée aux *enzymes* gloutons, deviendrait plus blanche).Daninos, 70).

ÉPARGNE- sf. Premier élément de substantifs fém. composés dont le deuxième élément indique à quoi sont destinées les sommes épargnées ou économisées et les primes accordées par l'État aux « épargnants ».

L'indice qui sert à calculer les « bonifications » d'*épargne-construction* (M. 10.6.65). *Épargne-logement* : inspirée des « Bausparkassen » allemandes, cette formule vise à développer l'épargne qui s'investit dans le logement. Au contraire de l'*épargne-crédit* qu'elle remplace, elle ne bénéficie plus uniquement à la construction neuve. Les titulaires d'un compte d'*épargne-logement* peuvent solliciter un prêt destiné à l'acquisition, l'amélioration et l'entretien d'immeubles anciens (M. 13.7.65). Le développement de l'*épargne-logement* et du marché hypothécaire (M. 13.1.68). L'*épargne-vacances* qui associe la formule du crédit et celle de l'épargne, réduit encore les soucis matériels des vacanciers (M. 26.3.69).

ÉPERVIER sm. Fig. Pol. 1966. ■ Partisan d'une attitude intransigeante, par opp. à *colombe**.

Le chef de la diplomatie soviétique a pris le parti des colombes contre les *éperviers* du Moyen-Orient (E. 16.6.69).
Les positions de M. W. sont souvent critiquées par les « *éperviers* » au sein de l'administration américaine (C. 31.8.78).
→ DUR, FAUCON.

ÉPIDÉMIOLOGIQUE adj. Méd. ■ Qui concerne l'étude des épidémies.

Une étude *épidémiologique* sur les maladies cardio-vasculaires (F. 7.12.66). Les conditions hygiéniques et *épidémiologiques* sont très particulières dans les différentes régions (O. 14.2.68). La sclérose en plaques obéit à des critères *épidémiologiques* comme les maladies infectieuses (E. 9.3.70).

ÉPONGE (JETER L') Loc. Fig. (emprunt au vocab. de la boxe). ■ Abandonner la lutte.

On sait quels combats d'arrière-garde l'industrie allemande a livrés ces dernières années, ici *jetant l'éponge*, là s'associant avec ses concurrents nippons pour fabriquer en Asie du Sud-Est (M. 26.6.74).

ÉPONGER v. tr. Fig.
1. Résorber (à l'aide de mesures fiscales, d'emprunts, etc.) un excédent de circulation monétaire.

Ce type d'emprunt n'a pas seulement pour effet d'« *éponger* » le marché des capitaux au détriment de l'investissement privé (Meynaud, 59). Ces mesures (fiscales décidées par le gouvernement) ont un effet déflationniste, puisqu'elles *épongent* du pouvoir d'achat (M. 13.1.68).
Ce nouvel emprunt d'État est destiné à « *éponger* » une partie de la monnaie mise en circulation (C. 5.7.78).

2. Par ext. Résorber un déficit ou un excédent ; combler un retard ; remédier à un inconvénient.

Pour franchir une passe difficile l'industrie automobile veut « *éponger* » ses stocks pour le 31 juillet prochain (M. 7.6.64). Actuellement le déficit (des transports parisiens) est *épongé* par le budget général (M. 15.9.65). Le retard des demandes de nouveaux postes téléphoniques) actuellement en instance (ne sera) pas « *épongé* », mais (devrait) diminuer (M. 27.7.66). Les rémunérations des fonctionnaires ont accusé un retard que les crédits prévus ne permettent pas d'*éponger* (Ens. 1.67). Paris ne risque-t-il pas d'*éponger* une trop grande partie de la croissance des activités économiques qui devraient au contraire être réparties de façon plus équilibrée ? (M. 20.2.68).
La banque parvient seulement maintenant à *éponger* la grève des trieuses de chèques (E. 25.3.74). Les taxes supportées par les journaux ne permettront pas d'*éponger* le déficit « presse » de la poste (C. 5.7.78). Il restera aux compagnies aériennes à *éponger* la grogne des derniers vacanciers et celle des hommes d'affaires qui risquent de rater leurs rendez-vous (E. 31.7.78). Les sociétés françaises (de raffinage) sont absentes des marchés extérieurs rémunérateurs qui permettent à leurs concurrents d'*éponger* leurs pertes en Europe (C. 1.9.78).

ÉPOUSER v. tr. Fig. (avec pour complément un nom de chose concrète). ■ Accueillir, adopter (une invention, un objet techn. etc.).

L'urbanisme doit *épouser* l'automobile parce que tous les citoyens ont *épousé* l'automobile ou vont l'*épouser* (M. 31.8.66).
En fait, la France n'a fait qu'*épouser* le grand boom du tennis dans le monde (E. 12.6.78).

Épouser son temps ■ S'y adapter, en accepter les contraintes, les usages.

Dans ce domaine (l'œcuménisme) la Suisse a su, selon l'expression consacrée, « *épouser son temps* » (C. 16.5.65). On « *épousait son temps* » : la pilule allait être mise en vente dans toutes les bonnes pharmacies (O. 14.2.68).
Faute d'avoir pu, jadis, *épouser son temps*, l'Espagne régularise à toute vitesse (E. 3.7.78).

ÉPOUSTOUFLANT, E adj. Rép. mil. XXe. ■ Extraordinaire, prodigieux.

Dès les premières pages, on se laisse éblouir par le talent *époustouflant* du romancier (E. 13.3.72). Tout lui a souri, tout lui a réussi, les faits et les hommes ont semblé s'incliner devant lui, comme dans un hommage à son *époustouflante* carrière (P. 8.7.74).
L'équipe de « Question de temps » (émission de télévision) a voulu faire le point sur la

« télématique ». Elle a rapporté un *époustouflant* reportage sur le Japon et les États-Unis *(C. 15.9.78)*.

ÉPROUVETTE (BÉBÉ)
→ BÉBÉ-ÉPROUVETTE.

ÉQUATION PERSONNELLE sf. ~ 1970. (emprunt au vocab. de la psychol.).
Par ext. Ensemble des chances, des possibilités que donnent à quelqu'un sa personnalité, son caractère, etc.

Des considérations, d'ordre local, et ce qu'on appelle « *l'équation personnelle* » des députés rendront, dans certaines circonscriptions, leur situation plus difficile *(E. 24.1.72)*. Le maire de Paris avait misé sur son *équation personnelle* pour secouer la tutelle de l'État et limiter la hausse des impôts locaux *(M. 29.4.78)*.

ÉQUILIBRE DE LA TERREUR loc. subst. Pol. ~ 1959. Équilibre international (entre les *superpuissances** notamment) fondé sur la possession, par chaque adversaire potentiel, d'un armement nucléaire suffisant pour dissuader les autres de déclencher un conflit.

Ce n'est qu'en 1959 ou en 1960 qu'une authentique parité dans la capacité de détruire l'autre s'est établie entre Union soviétique et États-Unis. L'« *équilibre de la terreur* » dont il est question depuis tant d'années est, en réalité, tout récent *(Aron. 62)*. La paralysie des blocs russe et américain, née de l'*équilibre de la terreur* et de la peur de toute « escalade* » *(M. 28.12.65)*. Un équilibre s'est établi (entre les deux grandes puissances) qu'une expression destinée à faire fortune a appelé « *équilibre de la terreur* » *(M. 4.6.66)*. Il suffit, pense-t-on à tort, de maintenir l'*équilibre de la terreur* et de disposer pour cela de l'instrument de dissuasion* jugé suffisant *(Stehlin, 66)*.
→ DISSUASION, ESCALADE.

ÈRE + adj. (dérivé d'un patronyme). Loc. Période marquée par une personnalité dont le nom sert à former l'adj. dérivé.

Dans cette transformation des rapports entre l'Union Soviétique et l'État nassérien, la personnalité de Khrouchtchev joua son rôle. Ainsi peut-on opposer à une *ère stalinienne* (...) une *ère khrouchtchévienne* qui fut celle de la confiance et des bons procédés *(O. 10.1.68)*.

Rem. Sont aussi attestés :
Ère mussolinienne *(O. 9.11.66)*. *Ère* adenauerienne *(R. 2.68)*. *Ère* nixonienne *(O. 7.9.70)*.

ERGOMÉTRIQUE adj. ~ 1970. (De *ergométrie*, « Mesure du travail fourni par certains muscles ou par l'organisme en général », PR 77).
La bicyclette *ergométrique* permet au médecin d'évaluer le genre de travail que le malade pourra effectuer *(Fa. 25.11.70)*.

ERGONOME subst. 1972. ■ Spécialiste de l'*ergonomie**.
Dans l'usine des ordinateurs et des *ergonomes*, les contremaîtres n'ont pas encore trouvé leur place *(Exp. 6.73)*.

ERGONOMIE sf. ~ 1949. (De l'angl. *ergonomics*, du gr. *ergon*, « travail »). Did. Étude scientifique des conditions d'adaptation réciproque de l'homme et de son travail, de l'homme et de la machine.

Il y a depuis plusieurs années, en Sorbonne, des cours d'*ergonomie*, et en France, des congrès d'*ergonomie* *(VL 9.65)*.
Au cours de ces dernières années, une science nouvelle est née (...) Il s'agit de l'*ergonomie* — le mot est né en 1949 — encore peu connue des profanes et qui s'est donné pour objectif l'étude des problèmes concernant l'homme et son milieu de travail, et des rapports qui les régissent *(C. 1.8.79)*.

ERGOTHÉRAPIE sf. ~ 1961. ■ Rééducation de certains malades ou infirmes par le travail manuel, en vue de leur *réinsertion** dans la vie sociale.
L'*ergon* grec, qui se dissimule dans « énergie », « énergétique », (s'étale) noblement dans « *ergothérapie* » *(C. 14.2.64)*.

ERGOTHÉRAPIQUE adj. (De *ergothérapie**).
Ces grandes maisons où on ne propose guère (aux vieillards) que de « tuer le temps » en faisant de la vannerie, des cendriers de terre, de « l'artisanat » *ergothérapique* *(O. 19.6.78)*.

ÉRODER v. tr. Fig. ■ Réduire peu à peu à néant.
Le président de la commission avait patiemment *érodé* les arguments de certains membres de l'état-major *(E. 15.4.68)*.

ÉROSION sf. Fig. ■ Lente usure, dégradation, désagrégation.
L'absence de tout renouvellement a provoqué une *érosion* sensible du comité central et du bureau politique, où se sont multipliés les vides, sous l'effet des décès et des limogeages *(M. 3.11.66)*. *Érosion* monétaire *(F. 28.12.66)*. Un État sujet à l'*érosion* idéologique à des aménagements nécessités par la réalité *(M. 12.11.67)*.
Compte tenu de l'*érosion monétaire* et de l'impact des charges financières diverses, le coût global du projet peut être estimé à 9,5 milliards de francs courants *(M. 5.5.73)*. Ni en Grande-Bretagne, ni aux États-Unis le contribuable ne peut déduire le taux d'*érosion* de la

monnaie de la plus-value qu'il a réalisée *(M. 18.1.75)*. L'inflation chronique, cette *érosion monétaire* tantôt rapide, tantôt feutrée, mais permanente, a incité les épargnants à se protéger (...) *(C. 6.9.78)*.

ÉROTICO- De *érotique*. Premier élément de plusieurs adjectifs composés.

Co-auteurs de best-sellers *érotico-historiques* (...) *(M. 8.2.66)*. L'amalgame *érotico-politique* n'avait réussi qu'à moitié au cinéaste *(E. 9.3.70)*. Dans tous les kiosques d'Italie, une presse *érotico-pornographique*, parmi les plus sophistiquées d'Europe *(P. 26.5.75)*.

Rem. On trouvera une cinquantaine de composés de ce type dans B.d.M. n°11, 1976).
→ HISTORICO-, ÉCONOMICO-, POLITICO-.

ÉROTISATION sf. Le fait d'*érotiser*° quelque chose ; son résultat.

L'érotisme ne triomphe pas dans le seul royaume du cinéma. Il y a *« érotisation »* constante et sans retenue de la publicité *(PM 10.2.68)*. L'*érotisation* du monde moderne traduit la nostalgie de la mère *(E. 2.6.69)*.

ÉROTISER v. tr. Donner un caractère érotique à quelque chose.

On *érotise* tout, même le mazout, ainsi ces affiches pour les poêles Z *(PM 10.2.68)*.
Le sein n'est pas, à proprement parler, un organe sexuel, mais (...) de tout temps, il a été sexualisé et *érotisé (Soubiran, 75)*.
→ SEXUALISER.

ÉROTOLOGUE adj. et subst. Qui se spécialise dans l'étude de l'érotisme.

Le thème est largement développé, et le film est tout prêt pour quelque cinéaste *érotologue* qui mettra sous la caméra les bains nocturnes des jeunes femmes nues *(Simon, M. 27.9.69)*.

ERSATZ [ɛrzats] sm. inv. au plur. (Mot alld. « remplacement, dédommagement, etc. » qui, dans cette langue, entre dans de nombreux composés, sans connotation péjorative).
D'abord en fr. pour « produit alimentaire qui en remplace un autre, de qualité supérieure, devenu rare » (PR 77).
Fig. (souvent péj). ■ Succédané.

1. **À propos de choses concrètes.**
   Un store vénitien suspendu au plafond constitue un *ersatz* de « claustra » fort honorable *(E. 13.9.65)*. Il y a vingt ans, les auditoires français étaient plutôt réservés (à l'égard) des matières plastiques. Ils manifestaient la plus grande réticence vis-à-vis de ces *« ersatz » (Armand, R. 7.68)*. Un *« ersatz »* (du canal de Suez) : les oléoducs *(M. 19.11.69)*.
   Des rues piétonnes, de vraies rues pour de vrais piétons, avec (...) tout un mobilier urbain et non ces *« ersatz »* que sont les rues-marchés, les rues-spectacles *(M. 12.1.74)*. C'est une boisson en poudre, un *ersatz* de jus de fruit *(P. 10.4.78)*. Peut-on dire que la tente est un *ersatz* de résidence secondaire ou le substitut économique de l'hôtel ? *(M. 2.7.78)*.

2. **À propos de choses plus ou moins abstraites auxquelles on a recours faute de mieux. Souvent pour *pis-aller*.**
   Ce voyage reste un *ersatz* de voyage de noces *(Bazin, 50)*. Tel est le vrai gaullisme : (...) un régime qui a trop hésité entre la contrefaçon de la démocratie et l'*ersatz* de la royauté *(Cheverny, 63)*. Cet *ersatz* de famille, ce trio reconstitué avec un élément nouveau (la maîtresse du père de l'enfant) *(Groult, 65)*. Les divergences relatives au principe de la supranationalité avaient conduit à substituer (cet) *ersatz* au projet primitif (d'intégration européenne) *(Sudreau, 67)*. À cent à l'heure, l'auto c'est l'illusion de l'immobilité et de l'abri ; pour le nomade moderne un *ersatz* de patrie *(Charbonneau, 67)*. Il ne demandait à Hélène qu'un peu de fausse paix, à Corinne le plaisir, à Dominique un *ersatz* de foyer *(Saint-Lô, 67)*. Son *ersatz* (de l'or) : les droits de tirage spéciaux *(R. 2.70)*. Autrefois les langues vivantes étaient traitées (dans l'enseignement) comme des *ersatz (M. 11.2.70)*. Ce n'est pas l'amour, bien entendu, à peine son *ersatz*, sa caricature plutôt *(C. 9.10.76)*.
   Immense solennité (à la mémoire du Général de Gaulle) à Notre-Dame, comme un *ersatz*, comme une cérémonie de compensation *(Bodard, 71)*. C'est l'ère des devins, des diseurs de bonne aventure, des astrologues, des guérisseurs, des gourous, l'*ersatz* de l'imagination, l'*ersatz* de l'aventure, le pauvre rêve *(Bodard, 71)*. Les Français en sont réduits à se construire un petit bonheur individuel dans les marges de la société du bonheur : l'*ersatz* de prédestination des horoscopes *(E. 29.11.71)*. Pour la C.g.t. et la C.f.d.t., il n'y a aucun *ersatz* à la réduction de la durée de travail *(E. 15.5.78)*.

3. **Par ext. À propos de personnes.**
   Tu aurais pu choisir un homme plus brillant. — Brillant ? Comparé à G. personne n'est brillant. J'aurais l'air de me contenter d'un *ersatz (Beauvoir, 66)*.

ESCALADE sf. Repris ~1964 pour traduire l'américain *escalation* (cf. cit. Stehlin, 66).

1. **Milit. (Employé surtout à propos de l'intervention des États-Unis au Viet-nam, parfois aussi à propos d'autres conflits armés).**
   Rem. Quelle signification H. Kahn donne-t-il au néologisme anglais *escalation* qui figure dans le titre de son livre et qu'en français nous traduisons par *« escalade »* ? Elle peut être définie comme une évolution ascendante d'une crise politique internationale qui comporte le risque croissant d'atteindre au paroxysme nucléaire *(Stehlin, 66)*.
   ♦ L'*« escalade »*, l'extension de la guerre était commencée *(M. 29.6.64)*. Si les ripostes indiennes à l'infiltration pakistanaise au Cachemire restent toujours limitées, le moment paraît néanmoins se rapprocher où le mécanisme de l'*« escalade »* risque d'échapper au contrôle des deux gouvernements *(M. 27.8.65)*. Puisque le terme *« escalade »* suppose une surenchère entre les deux ennemis, la Maison Blanche a raison d'affirmer qu'aucun nouvel échelon

n'a été franchi *(M. 22.4.66)*. L'*escalade aérienne* frapperait les installations industrielles, le port, peut-être la ville, peut-être même les grandes digues de retenue des eaux *(M. 26.5.66)*. De nouvelles *escalades militaires* auront comme effet d'exaspérer davantage l'armée et l'opinion (en Égypte) *(M. 31.12.67)*.
Ruineuse, terrifiante, l'*escalade* nucléaire continue : l'U.R.S.S. vient d'entreprendre l'installation de missiles treize fois plus destructeurs que leurs vis-à-vis américains *(E. 20.1.75)*.

2. **Par ext. (domaines non militaires).** ■ Augmentation progressive des moyens mis en œuvre dans un conflit non armé (privé ou public), ou dans une activité quelconque.

Escalade (sans complément).

Ce qu'on appelle « la mécanique de l'*escalade* », c'est-à-dire l'engrenage qui oblige chacune des deux parties à renchérir sur les initiatives de l'autre *(F. 28.9.66)*. Nous assistons (dans le procès B.) à une véritable *escalade*, et il n'est pas de jour où les éclaboussures ne montent plus haut *(M. 2.10.66)*. Après les premiers incidents, début juillet, et les premières représailles, la religion a poussé à l'*escalade* : les musulmans refusent de reconnaître la réunification de la Ville sainte de Jérusalem, le ministre israélien des Cultes prétend censurer les sermons dans les grandes mosquées *(E. 14.8.67)*. « Pour... que... » ou « quelque... que » impliquent un degré, une sorte d'*escalade* qui laisse du champ à la pensée : ils entraînent donc le subjonctif *(E. 22.1.68)*. L'augmentation incessante des tonnages, véhiculés de plus en plus loin à des prix de plus en plus bas (par) les moyens de transport classiques. Et l'avion est touché par la même *escalade (D. En. 2.69)*. Il semble bien qu'on soit en ce domaine (celui de la distribution) entré désormais dans un certain processus d'*escalade (C. 17.10.69)*.
L'*escalade* ne semble pas devoir s'arrêter. Si les compagnies pétrolières continuent à faire de tels profits, les producteurs réclameront encore davantage *(E. 29.10.73)*. Les watts-unité de mesure de la puissance des chaînes stéréo — continuent leur folle *escalade*. Il y a 10 ans il en fallait dix pour reproduire un allegro de Mozart. À en croire les professionnels, il en faudrait aujourd'hui dix fois plus *(P. 18.3.74)*. Faut-il accepter l'intempérance dans l'audace d'un cinéma en pleine *escalade? (P. 27.5.74)*. Les charges locatives n'ont pas cessé leur redoutable *escalade* — de 25 à 50 % selon les cas — depuis un an *(P. 30.9.74)*.

Escalade + adj.

○ *Escalade commerciale* à G. *(E. 8.9.69)*. Une *escalade diplomatique* qui ne présageait rien de bon *(O. 23.11.66)*. Le scénario constituait une nouvelle étape dans l'*escalade érotique (PM. 23.11.68)*. Jusqu'à présent, l'« engagement » du Festival de V. était d'ordre exclusivement culturel et cinématographique. Il semble que la première étape d'une *escalade idéologique* ait été accomplie *(M. 13.9.66)*. Le général de Gaulle semble avoir entrepris une de ces *escalades oratoires* dans lesquelles il est passé maître (...) en utilisant d'abord l'allusion, puis la répétition, enfin l'hyperbole *(M. 26.7.67)*. Le danger présenté par une périlleuse *« escalade » politique (M. 10.7.65)*. Le courant risque d'entraîner les prix dans une *escalade* purement *préventive (M. 31.3.66)*. Les à-côtés que la publicité doit mettre en valeur à grand renfort de titres de plus en plus frappants et de photographies de plus en plus alléchantes. Dans cette *escalade publicitaire* (...) *(M. 17.3.68)*. Des groupes séduits par l'idée de l'*escalade révolutionnaire* (ont) pu transformer des manifestations pacifiques en affrontements avec les forces policières *(O. 26.6.68)*. L'*escalade sexuelle* qu'ils (un cinéaste et une vedette) pratiquent de film en film *(E. 27.11.67)*. Cette *« escalade » verbale* s'accompagne heureusement d'une certaine retombée des passions *(M. 27.7.66)*.
∞ Les poids lourds roulent de plus en plus vite, servis par des mécaniques de plus en plus puissantes. À l'*escalade mécanique* s'ajoute l'*escalade* du profit. Plus un camion est mené rondement, plus il effectue de voyages *(C. 23.8.75)*. Après la déclaration du ministre des Transports, taxant cette grève du zèle de sabotage dont il faudra tirer les conséquences, les syndicats ont dénoncé *« l'escalade verbale »* du ministre *(C. 31.8.78)*.

Escalade + à + substantif.

Il était question de freiner l'*escalade* à la *puissance*, et à la *performance*, sur le vieux circuit (automobile du Mans) *(E. 19.6.67)*. L'*escalade* au *vice* qui caractérise le cinéma actuel *(M. 30.11.68)*.

Escalade + dans + substantif.

Escalade dans l'*agitation sociale (C. 31.10.69)*. L'« *escalade* » dans la *condamnation*, le durcissement du ton sont évidents *(M. 23.9.66)*. Cette *escalade* dans la *dépense* se justifie-t-elle? *(E. 13.11.67)*. « *Escalade* » dans les *moyens* de protection des marchés nationaux *(M. 6.6.69)*. *Escalade* dans le *perfectionnement* technique *(En. 31.8.68)*. Nous assistons à une *escalade* dans la *proposition* forcenée de biens d'équipement, de confort et de luxe *(C. 20.12.68)*. Les attentats provoquent une *escalade dramatique dans les représailles (O. 20.1.69)*. Une nouvelle *escalade* dramatique dans la *violence (M. 14.2.68)*. L'affaire ne doit pas être le signal d'une *escalade* dans le *vocabulaire*, ni dans les attitudes *(E. 1.5.67)*.

Escalade + de + substantif.

○ Il y a alors, entre parents et enfants, une *« escalade » d'agressivité*. Et les conséquences ne peuvent être que des éclats *(Fa. 17.4.68)*. L'*escalade de la blancheur* (du linge) cède le pas à la biologie. Et la bataille des lessives continue *(E. 23.12.68)*. Un nouvel échelon dans l'*« escalade » du choix* des termes pour stigmatiser l'action des « gardes rouges » *(F. 28.9.66)*. Quelques-uns pratiquent l'*escalade de la contestation (E. 17.3.69)*. Les pouvoirs publics voudraient éviter une *escalade des coûts* (d'un projet d'avion) *(M. 13.2.69)*. Poursuivant son *escalade de la cylindrée*, R. est parvenu au sommet avec la 3 litres à moteur V.8 *(A. 5.6.69)*. L'*escalade des déclarations* optimistes des chefs militaires *(E. 27.11.67)*. Le danger, c'est que ceux qui fument (de la marijuana) soient tentés de rechercher des sensations plus fortes, de se laisser entraîner dans l'*escalade de la drogue (E. 5.7.65)*. La plus inexorable des *escalades*, dans les films, celle de l'*érotisme* et, souvent, de la violence *((E. 27.11.67)*. Quand le dramaturge expose l'*escalade de la haine* et du crime *(GL 28.6. 69)*. Paris voit sur ses murs l'*escalade de l'impudeur* des sous-vêtements *(F. 17.1.69)*. De nouvelles étapes dans l'*escalade de l'inflation. 2.12.68)*. Aujourd'hui mûrissent, un peu partout à travers l'Église, les fruits de ce qu'un journaliste catholique américain appelle l'*« escalade de la liberté »* *(E. 13.9.65)*. Enrayer l'*escalade des mesures* de rétorsion *(E. 12.8.68)*. Il semble que l'*escalade* de l'*orgueil* entraîne l'*escalade* de la *violence (M. 31.12.68)*. La roulette russe n'est que le premier degré d'une *escalade* de la *peur (E. 4.12.67)*. Beaucoup plus grave que l'*escalade* de la *pornographie* est celle de l'*imbécillité (M. 12.1.69)*. L'*escalade*

ESCALADE 204

des *prix* des terrains *(E. 13.1.69)*. Une seule sorte d'« *escalade* », (au Japon) celle d'un *progrès* industriel acharné *(M. 13.12.67)*. (La nouvelle voiture) atteindra 175 km/h. Le constructeur franchit un pas dans l'*escalade* de la *puissance (E. 10.7.68)*. En utilisant des armes à feu, la police franchit un nouvel échelon dans l'*escalade* de la *répression (M. 1.3.69)*. Les vers par quoi Musset évoquait l'*escalade* de la *sensualité* de son temps *(F. 17.1.69)*. Le seul moyen d'arrêter l'*escalade* des *taux* d'intérêt est de mettre un terme à l'inflation *(M. 27.3.69)*. Cette « *escalade* » — comme disent les stratèges — de la *trahison*, au cours de laquelle les amis les plus fraternels et les serviteurs les plus fidèles rivalisent de fausseté et de perfidie *(F. 26.12.66)*. En décidant de fermer la faculté, le doyen avait brisé l'*escalade* de la *violence (E. 8.4.68)*.

∞ L'*escalade* des *coûts* (de l'avion Concorde) provoque un malaise croissant *(Exp. 6.73)*. Les cours d'information sexuelle vont inévitablement provoquer une *escalade* de *questions (E. 14.1.74)*. Pour cet enfant-phénomène c'est rapidement l'*escalade* de la *gloire* : interviews, photos à la « une » des magazines, conférences de presse, invitations aux plus grands shows de la télévision *(P. 1.4.74)*. La brusque *escalade* des *déclarations* syndicales et politiques *(M. 8.11.74)*. L'*escalade* du *crime* provoque l'*escalade* de la *peur (P. 24.2.75)*. Avec l'*escalade* des *cambriolages*, les appareils d'alarme, naguère réservés à quelques riches collectionneurs, aux banques et aux bijouteries, ont brusquement proliféré *(P. 10.7.78)*. Cette passion pour les résidences secondaires résiste à l'extraordinaire *escalade* des *prix (E. 18.9.78)*.

Escalade + vers + substantif.

L'*escalade* des centristes vers la *crise...* ou la *majorité (M. 15.2.67)*. Cette *escalade* de toutes les classes sociales vers un même *mode* de vie *(M. 25.2.68)*. Ce serait une *escalade* (d'un groupe d'entreprise) vers le *monopole* national *(M. 22.12.66)*. Deux rivaux s'étaient pris de querelle au sujet d'une partie de pétanque. Ils s'invectivèrent longtemps. Puis vint la mimique guerrière des poings fermés et des grondements, suivie de la dangereuse *escalade* vers les *voies de fait (M. 16.4.65)*. Une nouvelle étape de l'*escalade* vers le « *voyage* » total » que souhaitent vendre les compagnies (aériennes) *(M. 20.2.68)*.

→ DÉSESCALADE, DISSUASION.

ESCALATOR sm. 1948 (Mot am., de to *escala*de et elev*ator*). ■ Escalier mécanique ou escalier roulant (anglicisme parfois critiqué).

Un « *escalator* » à deux étages entre la ville basse et la ville haute *(C. 13.5.62)*.
Une douzaine de gares seront modernisées : construction d'abris de quais, d'accès nouveaux et d'*escalators (M. 14.11.72)*. La gare sera construite sous le bâtiment de l'aéroport, et les quais seront reliés par *escalators* ou tapis roulants aux salles d'attente, bars, restaurants, etc. *(VR 30.5.76)*.

ESPACE-VERT loc. subst. ■ Dans les villes, notamment au voisinage des *grands* * *ensembles* : jardins ou parcs publics traditionnels, ou surfaces gazonnées et plantées (d'arbres, de fleurs, etc.) entre les immeubles d'habitation.

Une récente visite de ce complexe, dont la première pierre fut posée il y a environ cinq ans, nous a permis de constater que beaucoup avait déjà été fait pour « humaniser » l'opération. L'aménagement des nombreux *espaces verts* et des terrains de jeux pour les enfants est terminée. La plupart des allées sont maintenant bordées d'arbres d'une taille déjà respectable. Un grand parc vallonné de quatre hectares a également été aménagé au centre du grand ensemble de S. *(F. 27.9.60)*. Avez-vous jamais eu envie d'être logés dans l'une de ces boîtes posées les unes contre les autres debout ou sur la tranche (...) et qui sont toutes entourées de terrains vagues sordides qui ne figuraient comme « *espaces verts* » que sur les plans remis aux chalands à la porte des « appartements-témoins » ? *(Merlin, 66)*. La proposition de créer un *espace vert* aux Halles a été très favorablement accueillie par l'Union pour la sauvegarde du quartier des Halles et l'avenir du centre de Paris. Dans un manifeste intitulé « Nous voulons respirer », cette association rappelle qu'elle réclame depuis 1963 un tel *espace vert*. Les arguments avancés par les partisans d'un *espace vert* sont notamment les suivants : l'ensemble de la capitale et les quartiers du centre en particulier sont victimes de l'insuffisance d'*espaces verts* et de lieux de détente. Le départ du marché des Halles offre une occasion inespérée d'aménager un grand jardin et de combler l'un des vœux les plus chers des Parisiens *(P. 2.10.70)*.
Le ministre de l'Environnement a demandé aux préfets d'établir un programme d'action en faveur des *espaces verts (C. 26.2.72)*. L'essentiel est de ne pas considérer les jardins comme de simples décors. Les *espaces verts* sont des équipements publics qui doivent structurer la ville. Alors ils concourent vraiment à la qualité de la vie *(M. 9.11.74)*. Au début de l'année 1975, Paris comptait près de 2.200 hectares d'*espaces verts* publics (...) L'essentiel de ce patrimoine de verdure est constitué par les bois de Boulogne et de Vincennes *(M. 16.5.78)*.

→ ÉCOLOGIE, ENVIRONNEMENT, VERT.

-ESPION Deuxième élément de substantifs composés indiquant que l'engin désigné par le premier élément sert à des activités de contrôle, d'observation ou d'espionnage.

Un *avion-espion* est abattu *(M. 21.2.69)*. Destruction d'un *avion-espion (M. 9.11.69)*. Des patrouilleurs avaient coulé un « *bateau-espion* » *(M. 23.6.68)*. (Le message) contient du *navire-espion (E. 29.1.68)*. L'activité grandissante des *navires-espions (E. 30.12.68)*. Les « *satellites-espions* » ont été utilisés pour l'observation des installations atomiques chinoises *(M. 11.5.66)*. Les acteurs (de théâtre) sont environnés par un bombardement d'images : celles de la *télévision-espion* omniprésente *(M. 23.10.69)*.
Il est petit, rond. C'est un *micro-espion* (= microphone de petit format) tel qu'il vient d'être découvert, dissimulé dans le bureau de S. *(E. 10.12.73)*.

ESPIONNAGE INDUSTRIEL loc. subst. ■ Ensemble de moyens employés pour tenter de surprendre des secrets de fabrication chez un concurrent.

> On met au point un nouveau prototype qui reste environné du plus grand mystère par crainte de l'*espionnage industriel* (F. 4.3.61).
> Ce qu'on appelle assez romantiquement l'*espionnage industriel*, quelle magnifique saloperie (Saint Pierre, 70).

ESPIONNITE sf. ■ Tendance à voir partout des espions.

> Pendant la guerre, alors que sévissait l'« *espionnite* » (M. 20.1.66). Étant donné le climat actuel et la vigilance dont doivent faire preuve les autorités – en termes clairs il faudrait appeler cela de l'*espionnite* – M. pouvait difficilement échapper à l'arrestation (M. 25.1.66).
> L'« *espionnite* » est, de toutes les formes de la terreur grégaire, l'une des plus dangereuses (C. 11.3.70).

→ -ITE.

ESSAIMAGE sm. Fig. : le fait qu'une collectivité (firme, ville, etc.) établit des ramifications dans des domaines d'activité, des lieux où elle n'était pas encore installée.

> L'*essaimage* rapide des cités neuves dans les zones intercalaires pousse les régions urbanisées à la rencontre les unes des autres (M. 10.12.67). Un véritable *essaimage* de jeunes chercheurs dans la profession de management (Hetman, 69).

ESSAYEUR sm. Autom. Professionnel qui essaie des véhicules, les soumet à différents tests.

> Je débutais, à l'époque, dans le métier de *journaliste essayeur* (A. 19.6.69). Les *essayeurs* effectuent des tests en rapport avec la réalisation d'un nouveau type de deux-roues (C. 7.6.70).

ESSENTIEL, LE adj. Méd.

> *Essentiel* veut dire en médecine : dont on ne sait pas la cause, par opposition à « organique » (O.R.T.F. 11.9.70). Très souvent la cause de l'hypertension est méconnue, l'affection est dite alors « *essentielle* » (F. 8.9.70).

ESSOUFFLER (S') v. pronom. Fig. (Avec pour sujet un nom de collectivité, de chose ou d'abstraction). ■ Ne pas ou ne plus fonctionner, ne pas réussir aussi bien que précédemment ; n'atteindre que difficilement ou imparfaitement son but.

> La discussion se complique et s'*essouffle*, ne parvenant plus à suivre toutes ces innovations (M. 7.1.65). Les essuie-glaces sur le point de s'*essouffler* contre la neige (Hailey, 69). Relancer une économie qui s'*essoufflait* (F. 16.3.68). Le tiercé s'*essouffle* : (il) n'est plus aussi rentable (E. 20.1.69). Les compagnies aériennes s'*essoufflent* à acheter des appareils toujours plus onéreux (M. 7.12.69). Les reportages (s'*essoufflent* à courir derrière l'événement (M. 11.1.70).
> Un second obstacle freine le développement actuel des ordinateurs. Les unités de disques magnétiques, de même que les dérouleurs de bandes s'*essoufflent* à suivre les computers (E. 16.7.73).

Rem. **Le subst. dérivé *essoufflement* est aussi attesté avec un sens fig. correspondant.**

> Les experts prédisent un ralentissement de l'expansion, de la demande, et de la croissance du P.n.b. Bref, un *essoufflement* de l'économie (E. 31.7.78).

ESSUIE- Premier élément de sm. composés, formés d'après les modèles plus anciens *essuie-main(s), essuie-glace*, etc.

> Le placard à serviettes du (restaurant X.) que délaissent malheureusement les habitués par négligence ou sujétion à la modernité : l'*essuie-bouche* en papier, quelle tristesse ! (O. 6.1.75). Ce modèle offrira une carrosserie noire à bandes rouges, des phares antibrouillard, des *essuie-phares*, des glaces teintées (M. 8.4.78).

ESSUYER LES PLÂTRES loc. Par métaph. ■ Être le premier à courir un risque, à subir les inconvénients d'une situation nouvelle.

> Il n'est pas sûr qu'un pays ait intérêt à développer, le premier, une nouvelle technologie. Au prix toujours croissant où se situe l'innovation, mieux vaut, souvent, laisser les autres *essuyer les plâtres* (E. 11.6.73).

EST- Premier élément d'adjectifs composés de sens ethnique.

> Un tribunal *est-allemand* a condamné P. F., annonce l'agence *est-allemande* (M. 1.10.67). Le gouvernement *est-allemand* (M. 9.1.70). Les observateurs occidentaux et *est-européens* (M. 20.5.66). Bucarest, siège du prochain « sommet », *est-européen* (M. 29.5.66). Le commerce *est-européen* (E. 1.9.69).

→ OUEST-.

ESTABLISHMENT [ɛstabliʃmɛnt] sm. (Mot anglais, d'abord employé en français à propos des pays anglo-saxons, puis à propos de pays ou de collectivités quelconques). ■ Ensemble des gens en place qui cherchent à imposer le maintien de l'ordre établi. Par ext., cet ordre lui-même.

> Personne n'a jamais pu définir ce qu'est l'*Establishment*, on sait seulement qu'il existe (E. 14.10.68). K. a été assassiné, alors qu'il s'apprêtait à prendre des positions qui menaçaient l'« *Establishment* » conservateur (O. 17.4.68). L'« *establishment* » anglais a des traditions

et des moyens de défense contre les minorités, si agissantes soient-elles *(M. 26.5.68)*. Ce changement est le résultat d'une fronde contre l'« *Establishment* » du parti *(M. 7.4.70)*. Il (un chansonnier) n'appartient à aucune coterie, à aucun « *establishment* » *(M. 19.5.70)*.

Rem. On emploie parfois, dans ce sens, le mot fr. *établissement*.
→ GROUPE DE PRESSION, LOBBY

ESTHÉTICIEN, NE subst. ■ Personne dont le métier consiste à donner des soins de beauté (du visage et du corps).

● Sm.
Un *esthéticien* (...) se charge des soins du visage et des maquillages *(C. 4.12.67)*.

● Sf.
Esthéticiennes-cosméticiennes : formation en 4 mois. Cours par docteur dermatologue : morphologie, maquillage ville et cinéma *(El. 3.11.69)*.

ESTHÉTICO- Premier élément d'adj. comp.

Une presse féminine de masse, en promouvant les thèmes *esthético-corporels* juvéniles et séducteurs, insuffle un dynamisme féminin qui ébranle le modèle conjugaliste et prépare sa crise interne *(Morin, 73)*.

Rem. On trouvera une douzaine de composés de ce type dans *B.d.m. n° 11, 1976*.

ESTHÉTIQUE INDUSTRIELLE sf. Équivalent français parfois utilisé à la place de l'anglicisme *design**.

Une exposition d'*esthétique industrielle* française se tient à Londres (...) Design ? *Esthétique industrielle* ? La querelle de mots importe peu *(P. 21.5.74)*. Certains industriels français ont compris que l'*esthétique industrielle* fait vendre *(E. 12.6.78)*.

ESTHÉTISANT, E adj. 1966. (De *esthétique*). Péj. ■ Qui accorde une importance exagérée à la beauté formelle.

Dans les œuvres qui nous sont présentées on ne remarque nulle trace d'académisme *esthétisant* *(LF 25.2.70)*.

Rem. Sont aussi attestés :
Mélodrame *esthétisant* *(LF 22.1.69)*. Œuvre *esthétisante* *(E. 24.5.71)*. Volonté *esthétisante* *(E. 14.6.71)*.

ESTHÉTISER v. intr. 1966. Péj. ■ Chercher à faire à tout prix de l'esthétique.

Le cinéaste ne juge pas ; il n'est pas non plus complice, dans le mauvais sens du terme : il n'*esthétise* pas, au contraire ! *(O. 18.11.68)*.

ESTIVANT, E subst. Attesté ~1920, rép. ~1950. ■ Personne qui séjourne l'été pour son plaisir dans un lieu de vacances.

Rem. Dans beaucoup de régions « *estivant* » forme avec « touriste » un véritable couple sémantique : l'« *estivant* » est celui qui séjourne, le « touriste » n'est qu'un oiseau de passage (...) *Estivant* et « touriste » n'ont pas su préserver nettement leur distinction sémantique : l'un se dit plutôt que l'autre selon les régions, et leurs sens très souvent se confondent *(F. mod. 1.57)*.

◆ S'il y a eu plus d'*estivants*, seuls les villages de toile en ont vraiment profité *(F. 23.9.61)*. Les *estivants*, craignant la bousculade, ont largement étalé leur sortie de la capitale *(M. 4.8.64)*. Une jeune *estivante* parisienne avait allumé un feu de sarments *(M. 13.7.65)*. Une communauté de jeunes en vacances, vivant trois semaines sur les plages, au contact des *estivants* *(M. 30.6.66)*.
Un tourisme élitiste pour *estivants* fortunés *(P. 11.8.75)*. Favoriser l'accueil des *estivants* dans les zones de moyenne montagne *(M. 25.7.78)*.
→ AOÛTIEN, HIVERNANT, JUILLETTISTE, VACANCIER.

ÉTABLISSEMENT sm. Traduction de *establishment**.

« E. » (titre d'une revue) représente l'*établissement* littéraire d'aujourd'hui *(M. 16.4.66)*. La mutation la plus difficile pour un (industriel) consiste à troquer la mentalité de l'*établissement* contre la mentalité de la mouvance *(En. 2.5.70)*.

ÉTAGE sm.

1. Astron. Chacun des éléments d'une fusée.

L'une des caractéristiques de l'astronef est sa structure composite obtenue par l'assemblage d'éléments ou *étages* indépendants destinés à fonctionner successivement et à se séparer de l'appareil lorsqu'ils ne sont plus d'aucune utilité *(Dt. astron)*.

2. Par métaphore.

Il y a l'homme et le respect qu'inspirent son passé de souffrance et son avenir menacé. Il y a les circonstances de la publication. Et il y a le livre, enfin. Les trois *étages* de la fusée Soljenitsyne, porteuse d'espérance, restent soudés jusque dans sa mise sur orbite, au ciel de la littérature mondiale *(E. 14.9.72)*. Le nouvel *étage* de la fusée majoritaire que M. Pompidou allait mettre à feu, seconde fusée qui mettrait l'U.D.r. et ses alliés sur orbite *(E. 12.2.73)*. Que va-t-il se passer dans 5 ans pour les cadres de 32-33 ans qui en sont déjà à 70.000 ou 80.000 francs par an et dont l'objectif est de dépasser très vite 100.000 ? Quand le troisième *étage* de leur fusée va s'éteindre, il faudra bien qu'ils se situent sur une autre trajectoire *(Exp. 6.73)*.

ÉTALEMENT sm. À propos des horaires de travail, des dates de congés, des vacances, etc. : le fait de les organiser par roulement, en les échelonnant sur une période assez longue (notamment en vue d'atténuer les inconvénients de trop fortes *pointes* de trafic).

Étalement (sans complément).
10 millions de Français sur 50 seront en vacances dans les deux premières semaines d'août. L'*étalement* est un échec *(En. 24.7.70)*. Le nombre des Français prenant simultanément leurs vacances augmente, au lieu que se réalise l'*étalement* que chacun préconise dans l'abstrait *(E. 17.8.70)*.

Étalement + de + substantif.
Les syndicats de pilotes (envisageaient) un *étalement* de leurs actions revendicatives dans le temps *(En. 27.2.71)*. Dans quelques jours sera publié le rapport sur l'aménagement du temps et l'*étalement* des congés *(M. 8.11.70)*. L'*étalement* des horaires de travail pourrait résoudre une partie de nos difficultés économiques *(M. 9.11.57)*. Cet *étalement* des retours de vacances a rendu assez fluide la circulation sur les grands axes (routiers) *(M. 19.5.64)*.

Étalement des vacances
Le gouvernement poursuit énergiquement l'opération « *étalement* des vacances » *(F. 30.10.64)*. Des incitations fiscales sont à l'étude en faveur des entreprises qui accepteront de contribuer à cette politique d'*étalement* des vacances *(En. 27.2.71)*.
Un meilleur *étalement des vacances* est indispensable à la mise en place des équipements et des conditions d'accueil *(M. 29.1.72)*. L'*étalement des vacances* est devenu une sorte de serpent de mer *(M. 26.6.74)*. L'*étalement des vacances* suppose que les entreprises ferment par roulement *(M. 27.9.75)*. L'*étalement des vacances* sur un plus grand nombre de mois permettrait d'économiser 1 milliard de francs d'investissements touristiques chaque année *(M. 20.7.78)*.

ÉTAT- Premier élément de substantifs composés masculins.

État(-)patron L'État en tant qu'employeur.
Cette indispensable révolution de la fonction publique et du secteur nationalisé, contre l'*État patron (M. 12.5.66)*. L'action revendicative se heurte à l'intransigeance du patronat et de l'*État-patron (M. 13.1.68)*.

État-providence Conception suivant laquelle l'État devrait mettre tous les citoyens à l'abri de tous les risques.
La confiance dans l'*État-providence* n'est pas moins puérile (que celle dans l'homme providentiel). Les hommes agissent comme si cet État était une personne extérieure à eux, une sorte de gouverneur étranger, ou un gérant auquel on demande constamment des fonds *(Sauvy, 60)*. Une population qui aspire à bien vivre et se satisfait de l'*État-providence (M. 2.4.66)*. Le principe de la médecine gratuite, élément fondamental de l'« *État-providence* » *(M. 18.1.68)*.

ÉTATSUNIEN, ÉTA(T)SUNIEN ou ÉTAZUNIEN [etazynjɛ̃] adj. ■ Des États-Unis d'Amérique.
Le livre (« Autopsie des États-Unis ») peut nous débarrasser des mythes *étazuniens (Es. 4.55)*. Au sein de la communauté noire *étasunienne (C. 24.2.65)*. J'ai trouvé dans une lecture l'adjectif « *étatsunien* » pour : des États-Unis *(VL 5.67)*.

ETHNOCIDE sm. ~ 1970. (de *ethno-*, du gr. *ethnos* « peuple », et *-cide*, cf. *génocide**). Did. Destruction d'un groupe ethnique, spécialement de sa civilisation.
Les prises de position sur l'*ethnocide* risquent de ne s'éloigner que rarement de l'indignation, si vigoureuse soit-elle, ou, au mieux, de l'analyse des modalités du fait ethnocidaire *(O. 22.1.73)*. Des militants se battent pour la survie de leur identité culturelle, contre ce que Yann F. appelle un *ethnocide* (...) *(E. 25.2.74)*.

Rem. L'adj. dérivé *ethnocidaire* est attesté (cf. ci-dessus cit. *O. 22.1.73*).
L'attitude *ethnocidaire* – négation faite de rejet puis d'assimilation – des sociétés dans lesquelles les populations tziganes se trouvent immergées depuis plusieurs siècles rend leur survie difficile *(M. 23.4.78)*.

ETHNOLINGUISTIQUE sf. mil. XXᵉ. Did. ■ Ensemble des disciplines qui étudient la langue en tant qu'expression d'une culture, en particulier les langues des peuples sans écriture et les relations, chez ces peuples, entre langage, culture et société.
Par un glissement de sens, (...) l'*ethnolinguistique* a fini par s'appliquer essentiellement aux sociétés dites « primitives ». Les problèmes abordés par l'*ethnolinguistique* touchent aux rapports entre la linguistique et la vision du monde (...) L'*ethnolinguistique* s'occupe également des problèmes de la communication entre peuples de langues différentes ou de l'utilisation par un peuple donné de deux ou plusieurs langues (plurilinguisme) *(Dubois, 73)*.

ÉTHOLOGISTE subst. ~ 1950. ■ Spécialiste de l'*éthologie*.
Les *éthologistes* américains – les spécialistes du comportement animal – ont obtenu ces dix dernières années des résultats considérables *(P. 22.4.74)*.

ÉTOILE sf. Dans des expressions comme : *un trois-étoiles* (cf. *une deux-chevaux*). ■ Précédé d'un nom de nombre, *étoile* indique le niveau de confort d'un hôtel, d'un restaurant, d'un terrain de camping, etc.

Un « *trois étoiles* » de 200 chambres, agrémenté de tous les gadgets à la mode *(M. 2.1.68)*. Les camps se verront accorder désormais des *étoiles* : *une étoile* au bas de l'échelle, *quatre étoiles* au sommet. Les « *quatre étoiles* » restent maîtres de leurs prix *(M. 14.2.68)*. Dans les hôtels *deux étoiles* et plus, le personnel de réception doit parler au moins deux langues *(E. 27.8.73)*. Ce n'est pas un *quatre étoiles* luxe, mais plus simplement un motel *trois étoiles (E. 3.9.73)*. Le Palais des congrès offre aux utilisateurs : restaurants, bars, bureaux, salles de réunion, 1000 chambres *quatre étoiles* (...) *(M. 1.3.74)*. Un camping *deux étoiles* de 400 places a vu le jour *(P. 21.5.74)*. Un des deux seuls « *quatre étoiles* » de France géré directement par une municipalité *(M. 31.5.78)*. Dans les Alpes-Maritimes, les quelques créations récentes de terrains (de camping) ne concernent que des aménagements de *trois* ou *quatre étoiles (M. 25.7.78)*.

● Par ext. À propos d'objets (appareils ménagers, machines, etc.) auxquels le fabricant attribue un nombre d'étoiles plus ou moins grand selon divers critères techniques.

Les nouveaux réfrigérateurs, classés *une* ou *deux étoiles*, ont un système de dégivrage automatique *(M. 2.3.74)*. Les visiteurs du Salon des Arts ménagers pourront s'informer sur ce que signifient « *trois étoiles* » sur un réfrigérateur *(E. 24.2.75)*.

ÉTUDIANT, E adj. Emploi qui paraît remplacer de plus en plus l'adj. *estudiantin, e*, au sens de : qui concerne les étudiants, ou de : organisé par les étudiants, ou encore de : qui est celui (celle) des étudiants, etc.

L'avant-garde *étudiante* (G. Martinet, 68). Les conseils *étudiants* *(M. 24.5.68)*. La contestation *étudiante* *(M. 5.6.69)*. De graves émeutes *étudiantes* *(E. 1.9.69)*. L'imprimerie étudiante la plus importante d'Europe ! *(M. 11.3.66)*. Le malaise *étudiant* (J. Sauvageot, 68). Une manifestation *étudiante* dispersée par la police *(M. 11.3.66)*. Une victoire du mouvement *étudiant* *(M. 28.5.68)*. L'immense majorité de l'opinion *étudiante* *(M. 14.2.68)*. La « parité *étudiante* » dans les conseils d'administration (des universités) *(M. 29.6.68)*. La formule de « pouvoir *étudiant* » est ambiguë (G. Martinet, 68).

EUPHORISANT sm. et adj.

● Sm. : médicament qui provoque l'euphorie.

(L'opposition) revient à l'attaque. Le chef du gouvernement s'énerve, comme si l'abandon-nait brusquement le secours de quelque *euphorisant* *(M. 26.10.60)*.
On vend en France, chaque année, plus de 35 millions de boîtes de tranquillisants, *euphorisants* et sédatifs de toute sorte *(M. 27.2.77)*.

● Adj. : qui incite à l'optimisme.

La tactique du rideau de fumée et des communiqués lénifiants et *euphorisants* suffit de moins en moins à dissimuler la réalité d'un malaise persistant *(M. 26.6.70)*. Il est confortable de retrouver les fétiches *euphorisants* : l'Or et l'Équilibre. (Il faut) éviter que ces mythes *euphorisants* ne puissent de nouveau nous nuire *(M. 28.1.65)*. (Le) mensonge *euphorisant*, celui que l'on fait à un malade condamné en lui cachant la vérité *(C. 4.10.70)*.
L'approche *euphorisante* des vacances de printemps *(P. 18.3.74)*. L'inflation *euphorisante* des années passées se fait menaçante *(E. 25.3.74)*. L'air du « changement », léger, *euphorisant*, trop peut-être, est désormais l'air du temps *(P. 1.7.74)*. Le résultat est d'une immoralité si tranquille, d'une joie si insolente que ce film est *euphorisant* *(P. 8.7.74)*.

EUPHORISATION sf. ■ Le fait d'*euphoriser** ; son résultat.

Ces problèmes d'*euphorisation*, de réconfort et de clarté (dans une station de métro) *(R. 2.70)*.

EUPHORISER v. tr. ■ Donner à quelqu'un une sensation de bien-être.

La climatisation, la musique, les couleurs, les lumières sont là pour « *euphoriser* » le client *(M. 14.12.69)*.

EUR(O)(-) (de *Eur*ope, *Euro*péen). ■ Préfixe qui sert à former des composés dont quelques uns sont traités ci-après sous entrées séparées.

EURAFRICAIN, E adj. ~ 1955. De *eur*(opéen) et *africain*. ■ Qui concerne à la fois l'Europe et l'Afrique.

Parlementaires africains et européens, membres de l'Association *eurafricaine*, sont réunis *(F. 12.12.66)*. Une société *eurafricaine* de manutention vient d'être créée *(M. 31.12.66)*.

EUROCOMMUNISME sm. ~ 1975. ■ Forme de communisme proposée par certains théoriciens et certains partis communistes d'Europe occidentale.

L'« *Eurocommunisme* » n'avait pas encore dépassé le stade des formulations un peu floues, des déclarations d'intention. Il constituait cependant le projet théorique — dont la pratique réelle restait à inventer — d'une nouvelle voie évitant autant les impasses de la social-démocratie que celles du stalinisme *(M. 30.4.78)*. Économiste et théoricien marxiste, M. Ernest Mandel vient de rassembler dans un ouvrage, « Critique de l'*eurocommunisme* », une série d'articles dans lesquels il critique divers aspects de l'*eurocommunisme* (...) L'*eurocommunisme*, à en croire M. Mandel, ne fait qu'accélérer l'évolution des P.C. dans le sens d'une social-démocratie *(M. 3.8.78)*. L'*eurocommunisme* reste une idée en marche (...) Au nom de quoi et de qui un Parti communiste aussi solide que le PCF (...) resterait-il à l'écart ou en retard par rapport à ce mouvement de rénovation du communisme qui s'amorce en Europe occidentale ? *(Elleinstein, M. 24.8.78)*.

EUROCRATE sm. ~ 1965. (De *Euro*(pe) avec le suffixe *-crate**).
■ Fonctionnaire des institutions « européennes ».

Bruxelles loge 5 000 « *Eurocrates* », techniciens ou fonctionnaires des pays du Marché commun *(E. 8.1.68)*. Les fonctionnaires européens, ceux qu'on appelle souvent les *eurocrates (M. 17.1.68)*.
Les « *eurocrates* », les fonctionnaires de l'Europe (...) sont quinze mille environ, à Bruxelles, Luxembourg ou Strasbourg (...) *(P. 28.5.79)*.
→ -CRATE, TECHNOCRATE.

EURODEVISE sf. ~ 1965. ■ Monnaie d'un pays d'Europe de l'Ouest placée à long terme dans un autre pays.

Le montant des *eurodevises* a augmenté de 53 millions de dollars en 1977 *(M. 6.5.78)*.

EURODOLLAR sm. ~ 1965. ■ Dollar américain placé dans des banques européennes.

L'*eurodollar* est détenu par des mains privées non américaines *(E. 22.12.69)*. Pour leur quasi-totalité, les *eurodollars* proviennent des déficits accumulés de la balance des paiements américaine et constituent des créances sur des banques situées aux États-Unis *(M. 5.6.74)*.

EUROFRANC sm. ■ Franc déposé dans une banque installée hors de France.

Le taux de l'intérêt sur le marché de l'*eurofranc*, s'élève à 200 % au jour le jour *(M. 16.3.76)*.

EUROMARCHÉ sm. 1970. ■ Marché financier européen.

La croissance la plus forte a été enregistrée par le marché des euromonnaies (...) la progression de l'*euromarché* se monte à 23 milliards de dollars pour le quatrième trimestre *(M. 6.5.78)*.

EUROPÉANISATION sf. 1949. Le fait d'*européaniser** ; son résultat.

Les propositions sur l'« *européanisation* » de la question allemande *(M. 24.8.65)*. En 1949, M.P.R. proposait à la conférence économique européenne l'« *européanisation* » du charbon, du fer, de l'acier, de l'énergie électrique et des transports *(M. 15.6.66)*.

EUROPÉANISER v. tr. ■ Envisager, traiter un problème non pas dans une perspective strictement nationale, mais dans celle d'une Europe considérée comme un ensemble que l'on souhaite faire accéder à l'unité économique et politique.

Louis Armand voudrait voir « *européaniser* » les études, c'est-à-dire faire passer par exemple à un futur ingénieur une année à l'École Centrale de Paris et deux ans au Polytechnicum de Zurich *(ST 11.10.69)*.

EUROPÉANISER (S') v. pronom. ■ Passer de la perspective nationale à la perspective européenne.

Le commerce suisse est en train de s'*européaniser*, et notamment, par des échanges accrus avec la Communauté économique européenne *(M. 16.4.66)*.

EUROPÉANISME sm. ■ Position politique favorable à l'unification de l'Europe.

Des formations politiques qui se définiront par des convictions et des priorités : nationalisme ou *européanisme (M. 7.10.69)*.
→ EUROPÉISME.

EUROPÉEN, NE adj. et subst. Spéc. Mil. XXe. ■ Partisan de l'unification de l'Europe, ou de l'intégration de son pays à la Communauté dite de l'Europe des Neuf*.

● Adj.
Pendant la « traversée du désert » du général de Gaulle (1946-1958), la France fut beaucoup plus atlantiste qu'*européenne (M. 5.8.78)*.

● Subst.
M. F. M., « *européen* » convaincu, héritera des responsabilités de M. G. T. en tant que « M. Europe » *(F. 9.1.67)*.
Un solide *européen*, Macmillan, succéda à Eden au Foreign Office (en 1955), mais n'y resta que quelques mois *(M. 5.8.78)*.

EUROPÉISATION sf. ■ Adaptation aux normes européennes.

L'*européisation* de l'armement nucléaire britannique *(M. 13.3.69)*. L'*européisation* de la livre sterling *(M. 30.4.68)*.

EUROPÉISME sm. ■ Variante pour *européanisme**.

Jeunesse allemande et « indice d'*européisme* » : une statistique sur l'attachement des Allemands à l'idée d'unification de l'Europe *(M. 3.1.68)*. La conversion du parti (socialiste allemand) à l'*européisme* est de date récente *(M. 2.10.70)*.

EUROPE VERTE
→ VERT, 1

EUROVISION sf. 1954. ■ Entente entre organismes *euro*péens de télé*vision* pour l'échange de programmes diffusés simultanément dans plusieurs pays d'Europe.

La bataille de fleurs du 2 février que Zitrone commentera pour l'*Eurovision* (F. 26.1.67).
→ MONDIOVISION.

EUTROPHISATION sf. ~ 1970. (Du gr. *eu*, « bon », et *trophê*, « nourriture »).
- Écologie : ■ Accumulation de déchets organiques dans l'eau des lacs ou des mers, qui provoque la prolifération de certaines algues.

La pollution organique secondaire résulte d'un phénomène d'*eutrophisation* (M. 22.6.74).

ÉVACUER (+ nom de chose abstr.) v. tr. Fig. ■ Se débarrasser de, refuser de tenir compte de.

L'enfant a compris qu'il peut liquider temporairement ses conflits externes et internes en recevant une bonne correction. Cela ne peut que l'engager à recommencer le lendemain puisqu'il a « *évacué* » le conflit précédent (E. 17.9.73).

ÉVASION sf. Fig.
Évasion fiscale, évasion de capitaux. ■ Fait que des détenteurs de capitaux essaient de soustraire ceux-ci à une taxation, aux conséquences d'une dévaluation, etc., en les dissimulant, en les plaçant à l'étranger.

En cas de victoire de la gauche (aux élections), la crainte que soit institué un impôt sur le capital provoquerait sans doute des *évasions* de capitaux *difficiles à enrayer sans un rigoureux contrôle des changes* (M. 23.2.78).

Évasion de trafic, etc. ■ Fait que la clientèle quitte un fournisseur, un transporteur pour s'adresser à un concurrent.

Pour se protéger contre une éventuelle *évasion de trafic*, les concurrents (d'une compagnie aérienne) ont intérêt à (...) (M. 30.5.75).

ÉVÉNEMENTS sm. pl. 1968. (souvent sans qualificatif et souvent entre guillemets). ■ Désigne les péripéties de la vie publique française (grèves, manifestations, crise politique) en mai et juin 1968.

La révolution ou non-révolution de mai : on dit maintenant les « *événements* » mais conservons le vieux mot de « révolution » (Aron : E. 12.8.68). Du fait des « *événements* » de mai-juin, enseignants et étudiants se sont trouvés à la rentrée devant une accumulation de tâches (M. 29.11.68). Différentes prises de position à propos des « *événements* » de mai (M. 22.2.69).
Le 31 mai 1968, au cœur des « *événements* », le Premier ministre reçoit les contestataires de Bretagne (E. 5.11.73). Les « *événements* » de mai 1968 avaient incité des industriels étrangers à renoncer à faire appel aux entreprises françaises du secteur (M. 1.6.74).

ÉVÉNEMENTIEL, LE adj. 1959.
1. D'abord employé en histoire, puis dans d'autres sciences humaines. ■ Qui se borne à décrire les événements ; parfois : qui s'en tient à une vue superficielle.

Rem. La Sorbonne a forgé le terme d'*événementielle* pour qualifier l'histoire des faits guerriers ou politiques et *non-événementielle* pour celle qui plane au-dessus, traite des mœurs, des institutions, de l'économie (Thérive, 62).

♦ Les historiens les plus estimables ne sont pas allés bien au-delà d'une description, *événementielle* de la guerre d'Espagne (E. 10.11.69). (Quelques sémanticiens) tentent de prémunir la sémantique contre le danger des explications parcellaires et contre l'abus des motivations « *événementielles* » (Wagner, 67).
Le succès grandissant de l'information-spectacle, de l'information *événementielle*, qui prend le pas sur l'autre, plus élaborée et plus réfléchie (Téla 25.5.74). Une radio de divertissement que ponctue à intervalles réguliers l'information *événementielle*. Elle est destinée à un auditoire passif (M. 22.9.74).

2. Par ext. Qui est lié à des événements particuliers.

L'échec de la gauche, dû selon ses leaders aux circonstances du mois de juin, s'inscrit dans un contexte, en fait, plus grave et moins *événementiel*, celui du déclin de la gauche (F. 16.12.68).

ÉVENTAIL sm. Fig. (Par métaph.). ■ Ensemble de grandeurs chiffrables (prix, salaires, revenus, etc.), qui prennent des valeurs extrêmes dont l'écart peut augmenter ou diminuer (comme s'ouvre ou se ferme un éventail).

La vraie démocratisation ne consiste pas à admettre n'importe qui en faculté, mais à désembourgeoiser le secondaire, pour ouvrir l'*éventail* du recrutement (E. 16.10.67). La CGT reste d'autant plus attachée à la hiérarchie des salaires que les résistances au resserrement de l'*éventail* se multiplient (E. 5.6.72). La tendance au rétrécissement de l'*éventail* des revenus, déjà amorcée avant 1968, se confirme aujourd'hui (C. 8.10.74).

ÉVOLUTIF, IVE adj. Dans les syntagmes « *méthode évolutive* », « *ski évolutif* ». ■ Méthode d'apprentissage du ski, dans laquelle l'élève utilise des skis « courts » pour les premières leçons, avant de pouvoir se servir des skis de longueur normale.

La méthode *évolutive* fait appel à trois longueurs différentes de skis. Ainsi le débutant brûle-t-il les étapes et peut très vite aborder la véritable longueur de skis correspondant à sa morphologie *(C. 25.11.72)*. Le « ski *évolutif* » — 1 mètre pour commencer — grandit au gré des progrès du skieur et lui permet de faire, sans terreur, ses premières glissades sur la neige *(E. 15.1.73)*. Toutes les formes de glisse qu'on pratique à N. : ski *évolutif*, ski de fond, ski acrobatique *(M. 26.11.77)*.

EX- Premier élément de nombreux composés, pour la plupart substantifs (quelques adjectifs aussi, cf. ci-après), désignant soit des personnes (considérées surtout quant à leur fonction, leur profession, leur rang, leur degré de parenté, etc.), soit plus rarement des collectivités, des institutions, des choses.
Cet élément semble être devenu nettement plus fréquent depuis 1950, et se substitue de plus en plus à l'adj. *ancien* dans le sens de : qui a cessé d'exercer une fonction, qui n'a plus l'état, la qualité indiqués par le substantif.

Ex- + substantif (nom de personne).

L'*ex-assistant* parlait devant des professeurs réputés *(F. 9.1.71)*. Un *ex-détenu* n'est pas forcément un chien répugnant, mais une personne *(E. 6.12.71)*. Notre *ex-belle-fille* était d'une famille correcte (...) ses *ex-meilleures amies* (...) n'avaient guère cherché à la revoir depuis son mariage *(Saint Pierre, 72)*. L'*ex-directeur commercial* d'A. a pris la place du directeur général *(E. 20.8.73)*. B. *ex-professeur* de philosophie, *ex-séminariste (E. 26.11.73)*. Ces *ex-premiers occupants* du site *(P. 11.8.75)*. Il avait passé ses vacances avec d'*ex-délinquants* (...) B.S. *ex-supporter* de Chaban, refait surface *(P. 27.1.75)*. La réinsertion des *ex-détenus (M. 22.1.78)*. Le général H., *ex-faucon* du service de renseignement de l'Armée *(E. 15.5.78)*.

Ex- + substantif (nom de collectivité, de choses, etc.)

M. J. s'oppose à l'*ex-minorité* du Parti radical *(E. 3.7.72)*. Remettre sur pied le secteur horloger de l'*ex-firme* L. *(E. 6.8.73)*. Achever l'usine d'Aulnay, y transplanter l'*ex-quai de Javel* (= l'ancienne usine du Quai de Javel) *(P. 1.7.74)*.

Ex- + adjectif.

Les premiers besoins de la population des pays *ex-pauvres* sont alimentaires *(E. 10.2.75)*.

EXCITANT, E adj. Fig. ■ Intéressant, stimulant, etc. (Cet emploi s'est répandu, peut-être sous l'influence de l'anglais *exciting*.).

Des similitudes existeraient entre la franc-maçonnerie et les jésuites. L'*affirmation* d'une telle parenté, pour *excitante* qu'elle soit, sera contestée dans les deux « familles » *(M. 1.3.64)*. L'*atmosphère* de la République fédérale allemande faute de capitale, n'est pas « *excitante* » pour le sens esthétique *(M. 3.3.62)*. C'est un des *livres* les plus toniques et *excitants* que j'aie lus depuis longtemps *(NL 20.10.66)*. Nous sommes arrivés à un *moment* particulièrement *excitant* de la recherche sur le romantisme français *(Tém. oral, 4.5.70)*. Voici sans doute le *programme* le plus intelligent et le plus *excitant* pour l'esprit qu'il nous a été donné d'entendre depuis longtemps à la radio *(M. 8.11.66)*.

EXPLORATOIRE adj. Pol. Préliminaire ; qui a pour but d'examiner la possibilité d'entreprendre une négociation ultérieure.

La démarche du Premier ministre ne devait pas aboutir à une conclusion par oui, ou par non. Elle n'avait qu'un *caractère exploratoire (F. 27.1.67)*. Le nouveau vice-président a été reçu par M. P. B., ministre d'État, avec lequel il a eu une première *conversation exploratoire (F. 19.11.66)*. Les *entretiens exploratoires* qui se sont ouverts il y a une semaine ne font pas jusqu'à présent entrevoir la moindre possibilité de négociations officielles *(M. 17.5.66)*. M. H. W. vient d'entreprendre une série de *visites exploratoires* dans les capitales du Marché commun *(F. 23.1.67)*.

EXPLOSER v. intr. Fig. ■ S'étendre, se développer considérablement ou soudainement.

M. (une ville) n'a « *explosé* », au loin et en hauteur, que très tard *(M. 11.1.67)*. En recréant la machine à ronéotyper de G., R. L. fit *exploser* les ventes *(E. 27.11.67)*. Le Japon *explose* sur l'Asie *(Guillain, 69)*. L'érotisme n'a pas *explosé*, un beau jour, tout seul. Il est une des manifestations d'un monde qu'il faut considérer dans son ensemble *(C. 21.10.69)*. Le marché de l'aviation commerciale *explose*. Après l'Amérique, d'autres pays découvrent les joies du ciel *(E. 24.1.72)*. L'accroissement du pouvoir d'achat des plus défavorisés fait *exploser* la demande de biens de première nécessité *(O. 24.9.73)*.
Dans la Drôme et l'Ardèche, les étrangers ont fait *exploser* les prix des terrains à bâtir : 700 % de hausse en dix ans *(E. 18.9.78)*.

EXPLOSIF, IVE adj. Fig.

1. Important(e) et soudain(e).

Hausses « *explosives* » à la Bourse de Paris *(Ens. 1.66)*. Nous sommes sortis de la *phase* « *explosive* » de diffusion de l'automobile *(C. 4.10.70)*. Il y a peu de pays qui aient jamais connu un *progrès* aussi *explosif* ; peu de pays où cette explosion ait éclaté sur un territoire aussi resserré (que celui du Japon) *(M. 16.12.67)*. Le *succès* véritablement *explosif* du « piggy back » aux États-Unis témoigne de ce que nous pouvons espérer d'une coordination des moyens de transport *(VR 12.6.66)*.

2. Susceptible de provoquer des bouleversements, des conflits, des scandales.

La jeunesse préfère ces innocentes distractions à d'autres, plus *explosives (P. 18.3.74)*. On demandera à cette commission de bien réfléchir, car le sujet est *explosif (M. 18.1.75)*. Il ne sera pas facile au gouvernement de faire face à une situation économique toujours critique et à une situation sociale *explosive (C. 11.12.77)*. Un document de soixante-cinq feuillets qualifié « d'*explosif* » *(M. 14.12.77)*.

EXPLOSION sf. Fig. ■ Développement soudain et considérable.
Explosion + O

Le tourisme (prend) dans notre civilisation des loisirs une dimension nouvelle. On assiste dans ce domaine à une véritable *explosion (TL 21.4.66)*.
Depuis 1968 on a ouvert une soixantaine de foyers de ski de fond, (...) Une telle *explosion* dépasse la simple mode *(P. 11.11.74)*.

Explosion + adjectif Fig. ■ Expansion soudaine, éclatante.

Cette expansion économique favorise l'*explosion culturelle* qui partout marque notre époque *(FL 31.3.66)*. Le rythme de croît de la population prend en Afrique occidentale l'allure d'une *explosion démographique (Dumont, 62)*. L'*explosion japonaise* continue, mais elle s'est retournée vers le dedans *(Guillain, 69)*. L'*explosion mathématique* des cinquante dernières années est peut-être plus importante que l'*explosion physique (Lichnerowicz, E. 8.1.68)*. Ce fut l'*explosion nataliste* : le « baby boom » *(M. 7.4.70)*. Cette *explosion scientifique* qu'on a l'habitude de représenter comme une conquête du rationalisme *(M. 24.9.66)*. L'*explosion scolaire* a nécessité le recrutement massif de maîtres *(M. 27.11.66)*. L'*explosion technologique* remet en question le fondement même des entreprises techniquement dépassées *(Hetman, 69)*. L'*explosion universitaire* : (...) les effectifs (d'étudiants) ont augmenté de 40 % entre 1963 et 1966 *(En. 11.5.68)*. L'*explosion urbaine* actuelle, le développement démesuré des villes (...) *(C. 21.10.69)*.

Explosion + de + substantif Fig. : même sens que le précédent.

Le danger d'une « *explosion* d'alcoolisme » *(Dumont, 62)*. Les effets de « l'*explosion* de la culture » (...) de la prospérité culturelle *(E. 26.6.67)*. La grosse *explosion* de l'informatique *(F. 26.9.68)*. Un phénomène caractérisera probablement notre époque : c'est l'*explosion* de l'irrationel *(Duquesne, 70)*. L'*explosion* de la mode apparaît comme l'exutoire normal d'une industrie textile en expansion *(O. 28.2.68)*. Une véritable *explosion* du trafic (postal) des imprimés publicitaires et du courrier commercial *(M. 3.10.69)*.
Cette « *explosion* » des dépenses consacrées aux voyages et aux loisirs est due en grande partie à l'allongement des week-ends fériés, à l'amélioration du niveau de vie *(M. 19.3.77)*. (...) L'*explosion*, parfois spectaculaire ou provocante, des mœurs (en Espagne) : nudisme autorisé – qui l'eût cru ? *(E. 3.7.78)*.

(-)EXPRESS Deuxième élément de substantifs composés
Rem. **L'emploi du trait d'union est hésitant.**

1. Qui assure un service rapide, permet une circulation rapide,

Auberges-express, oignons frits et hamburgers normalisés *(O. 7.2.68)*. Les voyageurs empruntant les services *autos-express* sont accueillis par une hôtesse *(VR 30.3.69)*. Moins de temps qu'il n'en faudra au cuisinier de la *cafeteria-express* pour servir un bifteck-frites *(M. 17.4.66)*. Profitez de la *consultation-express (M. 11.3.66)*. Un dessert pour invités imprévus : des boîtes de fruits au sirop. Bien présenté, cela peut faire un *dessert express* raffiné *(E. 27.3.67)*. Le vaste chantier du *métro-express (M. 20.7.66)*. La gare du *métro-express* régional *(M. 14.1.68)*. Une « *route-express* » met Le Creusot à 30 minutes en voiture de Chalon *(E. 5.12.66)*. La *route express* à quatre voies reliant B. à D. *(M. 31.12.67)*. Le secrétaire d'État a accepté que le terme de « *routes express* » soit substitué à celui de « voies rapides » *(M. 30.11.68)*. On perce le sous-sol pour faire passer une *voie-express (Dunlop, 66)*. La *mini-voie express* à deux chaussées annoncée par le panneau *(A. 27.3.69)*. Ce pont passera au-dessus de la *voie express* rive droite (de la Seine) *(M. 21.7.78)*. Considéré comme définitivement enterré depuis 1974, le projet de *voie express* rive gauche (à Paris) a brusquement resurgi *(E. 18.9.78)*.

2. Qui a été décidé, exécuté très rapidement ou à la hâte. Parfois pour : très court.

L'Assemblée (parlementaire) vit une *dissolution express (O. 7.6.68)*. *Romans-express*, nouvelles, rencontres, portraits *(M. 11.10.69)*. Un *verdict express* avait été rendu (par le tribunal) *(M. 13.3.69)*.

EXTRA- Premier élément d'adjectifs composés.
1. Exprime l'extériorité. (Valeur : *en dehors de* + substantif).

O Le missile intervient à des altitudes *extra-atmosphériques (M. 17.11.66)*. Une résolution de l'O.N.U. affirmant que l'espace *extra-atmosphérique* et les corps célestes ne sauraient faire l'objet d'une appropriation nationale *(M. 23.7.69)*. Les activités *extra-culturelles (PM 28.9.68)*. L'orientation des échanges *extra-européens (O. 14.2.68)*. Le contexte *extra-linguistique*, la situation dans laquelle (un) énoncé est prononcé ou écrit *(Malmberg, 66)*. L'opposition *extra-parlementaire (F. 7.4.69)*. L'éducation *extra-scolaire* des jeunes *(M. 3.11.66)*. Il est difficile de contrôler les activités *extra-sportives* de jeunes gens dont les occupations scolaires ou professionnelles sont épisodiques *(M. 10.2.67)*. Interdiction de toute banderole ou pancarte d'origine *extra-syndicale*, pour que le caractère purement syndical des manifestations ne soit pas altéré *(M. 8.5.68)*. Remodeler la plupart des sites urbains ou *extra-urbains (VR 20.7.69)*. Les problèmes qu'il (l'étudiant) rencontre dans la vie universitaire et *extra-universitaire (M. 28.12.65)*. Seule l'activité *extra-véhiculaire* des astronautes évoluant dans la non-pesanteur, pose encore de sérieux problèmes *(F. 9.11.66)*.

∞ Il arrive qu'un hématome *extra-dural* se manifeste brutalement *(E. 25.6.73)*. L'évêque parle en tant qu'évêque et engage nécessairement le poids de sa fonction. Il mêle donc position hiérarchique dans l'Église et position *extra-ecclésiale (M. 20.7.73)*. Une contradiction possible entre les besoins du tout-petit et les intérêts *extra-maternels* de la mère *(M. 13.12.75)*.

2. Exprime l'intensité (Valeur : *extrêmement*).

Montre *extra-épaisse (E. 26.7.65)*. On choisit (pour faire la bière) des malts *extra-pâles (En.*

5.4.69). De nouvelles enceintes acoustiques, *extra-plates* (M. 20.3.68). Mini-loupe *extra-plate* (E. 12.9.67). Montres *extra-plates* (E. 26.7.65). Poudrier de luxe *extra-plat* à charnière invisible (F. 16.12.66). Choux brocolis blancs *extra-tardifs* (VR 30.3.69).

G., porteur de la sempiternelle mallette noire *extra-plate* (Saint Pierre, 70). La montre *extra-plate*, merveille de la mécanique traditionnelle de précision (M. 14.12.76).

EXURBANISATION sf. De *urbanisation**. ■ Le fait de quitter le centre des villes et de s'établir à la périphérie.

L'*exurbanisation* forcée — rejet loin du centre de la cité —, la solitude des grands ensembles, la perte de la notion de groupe urbain, etc., peuvent déterminer des troubles graves (FL 1.12.66). Tout concourt à l'« *exurbanisation* » des étudiants et des professeurs, à leur installation sur des emplacements dont le choix est souvent commandé par le prix du terrain (M. 28.2.67).

EYE-LINER ou EYELINER [ajlajnœr] sm. ~ 1950. (Mot angl., de *eye*, « œil », et *liner*, de *line*, « ligne » ; d'abord « crayon spécial utilisé pour maquiller les yeux). ■ Produit cosmétique liquide dont on se sert dans le maquillage des yeux pour souligner d'un trait fin le bord des paupières.

Deux traits d'*eye-liner* brun et une touche d'or sous les sourcils pour accentuer l'éclat du regard (F. 2.2.67). Dans la large gamme R.S., vous trouverez toujours l'*eye-liner* qui s'harmonisera avec le fard et l'ombre à paupières (Pub. J F 10.5.69). Souligner d'un trait d'*eye-liner* vert à la racine des cils, épaissis de mascara brun foncé (Pub. El. 26.10.70). Le premier eye-liner qui réunit dans un élégant étui un *eyeliner* liquide qui ne peut couler et un fin pinceau de martre. Tirez le pinceau et vous aurez juste ce qu'il faut à vos yeux d'*eyeliner* (Pub. El. 15.2.71).

FABRIQUER (quelqu'un) v. tr. Fig. ■ Former, entraîner.

L'expérience avait pour but de « fabriquer » des champions de tennis (M. 3.4.64). On peut « fabriquer » des guérilleros (M. 3.1.68). Celui qui a « fabriqué » K. (champion de ski) abandonne la direction des équipes de France (O. 27.12.67).

FABULATION sf. ■ Le fait de *fabuler**.

En prison, la vie de groupe favorise le développement de la *fabulation*, de la mythomanie, le retour à la vie végétative (C. 7.1.76).
→ AFFABULATION.

FABULER v. intr. ■ Substituer un récit imaginaire à la réalité vécue.

À la préfecture, un porte-parole affecte un ton sarcastique : « Cette histoire nous semble hautement fantaisiste et paraît révéler une grande faculté d'imagination. Le plaignant n'a-t-il pas *fabulé* ? » (E. 10.12.73).
→ AFFABULER.

FAÇADE sf. Par ext. Région côtière.

Désenclavement des régions françaises les plus excentrées et les moins bien desservies, en particulier celles de la *façade* atlantique (M. 1.8.73).

FACE À FACE sm. Télév. ■ Émission qui consiste à mettre en présence deux personnalités représentatives d'intérêts, de milieux, d'opinions, de partis différents ou divergents, et qui leur donne l'occasion de confronter leurs points de vue.

Les « Face à face » constituent des progrès dans la voie de l'objectivité (F. 23.11.66). G. M. et J. D. se sont affrontés à l'occasion du deuxième « face à face » organisé par R.T.L. (M. 16.2.67). Un « face à face » télévisé entre les deux candidats à la Présidence (M. 25.5.69). Débats, causeries, tribunes, *face à face* constituent, en ce moment, l'essentiel des programmes de télévision (E. 10.2.75).

FACHO [faʃo] subst. et adj. (de *fasciste*, d'après la prononciation [faʃist]). Fam. Péj. ■ Personne que l'on accuse ou soupçonne de sympathies pour les régimes autoritaires.

Dans les ateliers, dans les bureaux, on traite souvent de jaunes, de traîtres à la cause ouvrière, de « *fachos* », ces employés, ces techniciens accusés d'être à la solde du patronat et du pouvoir (E. 19.6.78).
→ FAF.

FACTUEL, LE adj. ■ Qui s'en tient aux faits, sans chercher à les interpréter.

Il y a des journalistes qui font de l'information *factuelle* (O.R.T.F. 4.1.69). Il y a l'information *factuelle* ; et il y a l'information d'opinion (O.R.T.F. 22.2.69).

FAF subst. Fam. Syn. de *facho**.

Les étudiants modérés dénoncent la pression à laquelle ils sont soumis. Ils accusent les « *fafs* » (les fascistes) de brûler les panneaux syndicaux et d'occuper périodiquement le centre aux cris de : « Mort aux rouges et aux juifs ! » (E. 11.12.72).

FAIRE v. tr. Plusieurs expressions familières ou populaires construites avec ce verbe se sont beaucoup répandues depuis 1960 env., au moins dans l'usage oral.

Se le (la) faire, où *le (la)* désigne une personne. Pop. Dominer, tromper, tuer, vaincre, ou encore : posséder sexuellement.

> Vous vous êtes laissés avoir comme des enfants de chœur, disait l'un des irréductibles du camp à un groupe de ses amis. Moi, le commandant, je vais le buter (= tuer) ! Je vais *me le faire* au couteau *(Courrière, 69).*
> Elle est plutôt gironde, la nouvelle assistante ! *on se la ferait bien* ! *(Saint Pierre, 72).*

Il faut se le (la) faire, à propos d'une personne désagréable, difficile à supporter, ennuyeuse, etc.

> Rem. Le mois dernier, je mentionnais le tour récent : « Ce prof, *il faut se le faire* », où deux lecteurs voyaient l'équivalent de : « il faut le supporter, il faut s'y habituer ». Cette interprétation a provoqué une terrible levée de boucliers. Dix-huit correspondants ont estimé, que, dans ce tour, *« se le faire »* est un succédané euphémique de « se le farcir ». Selon ces lecteurs, cet emploi serait né aux armées et aurait littéralement envahi les milieux d'étudiants. L'observateur des faits de langue doit prendre acte de ce néologisme *(Le Bidois : M. 11.11.67).*

(Il) faut le faire [fɔlfɛr] , où *le* désigne une chose (activité, difficulté, épreuve, travail, etc.). Tour familier, répandu, semble-t-il, par l'animateur d'une émission radiophonique (cf. cit. E. 17.10.66), et qui signifie : il faut être passé par là pour comprendre les difficultés (d'une situation, d'une vie, etc.), pour savoir ce que c'est, pour avoir le droit d'en parler. Parfois aussi : ce n'est pas à la portée de n'importe qui ; tout le monde n'en est pas capable.

> Des soucis, j'en ai, comme tout le monde : V. (ma fille) seize ans, commence à courir le matou. G. (mon fils) n'apprend rien à l'école. Quant à Simone (ma femme) (...) dix-huit ans de mariage, montre en main. *« Faut le faire ! »*, comme dit B. (mon copain). Oui, *faut le faire (Fallet, 64).* Maurice B. c'est un cas. Depuis sept ans — *faut l'faire* — qu'il tient l'antenne trois heures par jour, son audience s'accroît sans cesse *(E. 17.10.66).* Il n'est pas rare d'entendre un coureur cycliste déclarer : « J'ai fait troisième… », pour indiquer qu'il a remporté la 3e place dans une course. Sans doute, arriver dans les premiers c'est bien, et, comme dit l'autre *« il faut le faire ! »* Mais pourquoi ne pas le dire en français… courant ? *(Le Bidois : M. 12.8.67).*
> Elle psalmodiait (des poètes) à la mode, elle s'évanouissait au milieu d'un vers (...) *Il faut le faire (Laurent, 71).* Rosie (une détenue) avait engueulé la sous-chef, à cause de la nourriture. Deux mouches et un hanneton dans la soupe, *faut le faire! (Saint Pierre, 72).* Une fois, j'ai même vu une gamine de quatorze ans briser le robinet d'une bouteille de gaz butane. *Il faut le faire ! (Riou, 74).* Avoir fondu au sommaire de la même émission télévisée un match de football, un face à face et une enquête sur les handicapés, avec, de temps en temps des échappées sur l'école du cirque, *il faut le faire (C. 7.11.75).*

Faire + dans + subst. (abstrait). S'occuper de, travailler dans, se spécialiser dans.

> Depuis quarante ans que je *fais dans* la recherche scientifique (...) *(Escarpit, 64).* Dupe de son rêve de gangster anarchiste, ce dur *fait dans* le culte de la personnalité *(E. 16.7.73).* Les amateurs français *faisaient dans* la qualité. Qui dit qualité dit prix. On a donné à la croisière une image de marque volontairement ou involontairement aristocratique *(M. 26.10.74).* L'auteur *fait dans* le « génie ». Ce n'est pas seulement la couverture de son livre qui l'affirme, lui-même en est convaincu, ou presque *(M. 24.1.75).*

FAIRE (+ substantif)

1. **Le subst. désigne un métier, une profession.** ■ Se préparer à exercer (ce métier, cette profession).

> Rem. (...) L'emploi très familier de « faire » suivi d'un nom de profession, par exemple *« faire instituteur »*, pris au sens d'étudier pour devenir instituteur (...) Une championne de ski au franc-parler déclarait à la télévision qu'elle aurait aimé *« faire médecin »* (...) Si ce tour est fort peu classique, il est fort bien implanté dans le langage d'une certaine classe sociale *(Le Bidois : M. 7.10.67).*

2. **Le subst. désigne un lieu (souvent un lieu touristique).** ■ Parcourir, traverser, visiter rapidement.

> Dans la journée nous avons *« fait »* trois châteaux, deux abbayes, quatre églises gothiques *(Kubnick, 67).*
> Vous avez *« fait »* Bangkok, connaissez-vous la France ? *(P. 8.7.74).* Les J. ne sont pas venus pour *« faire »* la route des vins d'Alsace *(M. 23.7.77).*

3. **Le substantif désigne un objet, un lieu dont on examine le contenu (peut-être d'après le tour familier : *faire les poches de quelqu'un*).** ■ Fouiller, prospecter, dans l'espoir de trouver quelque chose.

> G., décorateur d'avant-garde, se sert, lui, de casiers à œufs pour tapisser murs ou plafond. Pour s'en procurer : (...) *« faire »* les cageots vides, aux Halles, tous les matins *(E. 29.8.66).* Des officines minables avec des carreaux crasseux et des secrétaires qui *« font »* les corbeilles à papiers *(O. 10.2.69).*

4. **Le subst. constitue avec *faire* une locution « figée ».**

Faire le plein de… (D'après « faire le plein de carburant, d'essence ».)
- Fig. Réunir le maximum de…

> Le candidat communiste arrivé en tête s'est désisté pour un socialiste jugé mieux placé pour *faire le plein* des voix de gauche *(E. 16.1.67).*

FAIRE

● Sont aussi attestés :
> Faire le plein de renseignements (PM 18.11.67). Faire le plein d'opposants (E. 12.2.68). Faire le plein de rêve (E. 18.8.69).

Faire le poids
→POIDS.

Faire les couloirs (d'une assemblée). Préparer les décisions, les motions, etc., par des conversations privées en dehors des séances, et qui ont lieu le plus souvent dans les couloirs ou autres locaux annexes du bâtiment où se tient l'assemblée, le congrès, etc.
> Tous ces problèmes sont discutés dans les coulisses par les experts — les couloirs de l'O.N.U. sont plus difficiles à « faire » que ceux du Palais-Bourbon (M. 9.1.57).

Faire une fleur à quelqu'un
→FLEUR.

Faire une salle. Politique, théâtre. ■ Choisir ou contrôler les auditeurs, les spectateurs, afin d'écarter les opposants ; placer dans la salle des gens sûrs, des partisans, chargés de contrecarrer toute manifestation hostile.
> La salle a été « faite » soigneusement par ordre supérieur. Les employés du théâtre et les escouades de policiers en civil occuperont la majeure partie des places et aucun bruit discordant ne viendra couvrir les applaudissements (FL 27.11.54). Au nombre des amis de MM. L. et D., que l'on rencontrait au Palais d'Orsay, on pouvait juger que la salle avait été soigneusement « faite » (M. 3.12.60).

FAIRE-VALOIR sm. Théâtre. ■ Personnage de second plan qui sert à mettre en valeur le personnage ou l'acteur principal.
> D. étant ce qu'il est et ayant reçu la part que l'on sait, la tâche des autres comédiens est bien ingrate. La virtuosité du meneur de jeu les réduit à l'état de faire-valoir (M. 30.11.61). Assisté de son fidèle faire-valoir. L. M. met sur pied l'organisation du podium géant (ST 24.4.65).

● Par extension.
> La « gauche unie » n'est qu'un repoussoir et, par conséquent un faire-valoir pour l'U.d.r. (parti gaulliste) (E. 7.8.72).

FAISABILITÉ sf. mil. XXe. (De l'angl. « feasability », d'après faisable).
● Techn. Caractère de ce qui est faisable en fonction des possibilités techniques.
> Un système original (de disques vidéo) dont on fait étudier la « faisabilité » par une firme spécialisée en optique et en électro-optique (E. 11.2.74). Savoir ce qui, industriellement, est faisable ou non — ce que la direction des recherches et développements appelle la « faisabilité » — et à quel prix (M. 6.6.74).

Rem. Faisabilité (un exemple entre cent) au sujet duquel les protestations, pas nouvelles, s'appuient sur un raisonnement proche du sophisme : le mot ne peut pas être français puisque les Anglais ont feasability et que nous sommes dans une période d'envahissement par l'anglais. À bien meilleure raison les Anglais devraient-ils dire : le mot ne peut pas être anglais, puisque ni faire, ni faisable ne sont anglais. À quoi on ne peut que répondre, une fois encore que, dans sa virtualité, le mot est incontestablement français, et non anglais. Faisable remonte à 1361 : Six siècles ! ! ! et il engendre faisabilité aussi normalement et « françaisement » que notable engendre notabilité, affable : affabilité, stable : stabilité ; en voulez-vous cent ? (J. Cellard, M. 23.7.78).

FAN [fan] ou [fã] sm. ou sf. Mot anglais (abrév. de fanatic). Attesté dès 1923 (DDM), mais répandu après 1950. Ses emplois ne se confondent pas toujours avec ceux de fana. ■ Admirateur enthousiaste, fanatique, d'une vedette (de la chanson, du sport, etc.).
> Les nouvelles chansons de B. le disputeront bientôt aux anciennes dans les discothèques de ses « fans » (M. 12.11.53). Le récital avait attiré la grande foule des « fans ». On désigne de ce vocable, emprunté au jargon de Marie-Chantal, les piqués du jazz. Ils se recrutent très généralement parmi une certaine jeunesse (TC 28.10.55). Vous avez, que vous le sachiez ou non, des fanatiques... On appelle cela des fans dans le langage moderne (ST 25.10.59). Et les jeunes, les « fans » des idoles actuelles, comment les récupérer pour la culture ? (FL 29.9.66). Une jeune fan de M. N. [rapporteur d'une loi sur la contraception] réussit même à lui faire signer une boîte de pilules (M. 15.4.69).
> La rentrée de J. H. à Paris, conçue comme la grande confrontation entre lui et ses fans, c'était le match où il voulait les pousser à l'hystérie, où il voulait paraître leur dieu (Bodard, 71). B. B. se dirige vers sa petite loge caravane. Des fans locales la harcèlent : « Brigitte, signez, signez ! » (E. 18.6.73). Les quatre sœurs, chanteuses de jazz-rock ont pour elles une fan de choc, Roxie, 81 ans, leur grand-mère (E. 11.2.74). Brandie par une « fan », une pancarte proclame « Adieu Clo-Clo ». L'inhumation du chanteur devait avoir lieu en début d'après-midi (M. 16.3.78).

FANTOCHE adj. ou subst. en apposition ■ Qui n'est pas représentatif, ne mérite pas d'être pris au sérieux.
> Le danger d'effondrement de l'administration fantoche de S. (M. 15.5.68). Cette nouvelle stratégie a révélé les faiblesses de l'« armée fantoche » (M. 9.1.70). Le caractère « fantoche » des conseils transitoires de gestion qui, d'un côté, s'élèvent contre l'augmentation (des droits d'inscription) et de l'autre ne peuvent proposer aux étudiants que de s'incliner devant le décret gouvernemental (M. 10.10.69). Tous les orateurs ont violemment attaqué « le gouvernement fantoche », « les laquais de la cour » (M. 20.7.65).

FANTÔME Subst. en apposition ou deuxième élément de substantifs composés. ■ Imaginaire, inexistant ; ou encore : inexplicable, mystérieux.

Une *armée fantôme* tenue en main par le protecteur (étranger) *(E. 23.12.68)*. (Dans son rêve), la *charrette fantôme* (= le shopping basket de la femme dont il rêvait) lui passa sur le corps en un horrible grincement de roues *(Fallet, 69)*. En dépit des efforts considérables accomplis par les enseignants, qui ont dû, en un temps record, imaginer ces *facultés-fantômes* et les organiser, l'absence de locaux, de crédits ne pouvait que paralyser une entreprise qui relevait du défi *(M. 1.11.69)*. 25 000 bateaux (ont été) coulés pendant la dernière guerre. Leurs réservoirs à mazout, construits pour résister 30 ou 40 ans, vont « claquer » les uns après les autres. Quelques-uns sont sans doute responsables des *marées noires fantômes* repérées ces derniers jours *(E. 25.5.70)*.
Le percepteur, comptable de l'argent municipal, avait relevé certaines irrégularités financières. Les services du trésorier payeur général enquêtèrent et déposèrent un rapport, un « *rapport-fantôme* » que tout le monde a vu, mais que personne ne possède *(M. 31.5.78)*.

FARFELU adj. et s. Mot du XVIe s. (Rabelais), repris en 1928 (Malraux) avec un sens nouveau, mais répandu avec ce sens vers 1950.

Rem. 1. S'il est un mot présentement à la mode, tant dans la presse que chez les écrivains, c'est bien *farfelu*. Il semble qu'on le prenne aujourd'hui au sens de écervelé, fantaisiste, un peu fou. (...) Les commentateurs de Rabelais ne sont pas d'accord sur le sens de cet adjectif. (...) Quoi qu'il en soit, il semble bien que rien n'autorise (chez Rabelais) à donner à *farfelu* son sens actuel. Passer de farouche ou obèse à écervelé, c'est un saut sémantique un peu osé, je dirais volontiers une extension de sens légèrement... *farfelue* que peuvent expliquer l'influence phonétique de « fou », « follet » et « farfadet » et aussi la similitude avec l'italien « farfalla », papillon et, par surcroît, la sonorité amusante du mot *(Georgin, 64)*.

Rem. 2. Comme baliverne et fanfreluche, *farfelu* est un mot expressif par lui-même. Pour l'interprétation de ces mots-là, l'aspect graphique et le jeu des sonorités importent autant que le recours au sens originel. (...) Dans son acception actuelle, *farfelu* est parent de fantaisiste et fantasque. Un « individu *farfelu* », c'est un être dont les réactions sont imprévisibles parce qu'elles dépendent de sa sensibilité et de son imagination plus que de la logique et de la raison. On songe à des personnages évanescents, lunaires, et lunatiques, un peu « foufous », mais plutôt sympathiques. (...) La publication, en 1928, d'un essai d'André Malraux, « Royaume *farfelu* », a certainement contribué à répandre ce mot dans les milieux lettrés. Il s'agissait, si j'ai bonne mémoire, de la création poétique dont le royaume est souvent livré aux loufoqueries du baroque et du biscornu. Les journalistes s'étaient immédiatement emparés de cet adjectif amusant *(Mars C. 14.5.65)*.

Farfelu, e adj.

● À propos de personnes ou de collectivités : bizarre, original, peu sérieux, etc.

○ Des villes comme celles que nous proposent des *architectes farfelus* – plates-formes enjambant Paris ou pyramide la tête en bas *(Es. 12.63)*. Dans ce film Mme M. incarne une *aventurière un peu farfelue (GL 24.7.65)*. Il s'agit de ne laisser en présence que les personnalités représentant véritablement un courant d'opinion. Les *candidats « farfelus »* seront donc éliminés *(F. 18.11.66)*. Des portraits attendris : ah ! ce père charlatan de charme et, ce *grand-père inventeur et farfelu (E. 16.10.67)*. Camper le personnage original, attachant, de l'individu tendre, de l'ingénu sensible, de l'*idéaliste farfelu (O. 29.7.68)*. Dans un *milieu assez farfelu* d'intellectuels anarchistes et de bourgeois quelque peu toqués *(Simon : M. 6.3.63)*. Certains me considèrent comme une sorte de *savant farfelu* et irresponsable *(O. 24.1.68)*. Un de ces *technocrates*, visionnaire et *farfelu (VR 28.1.68)*.

○○ Un certain sens des affaires, bien paradoxal chez un *homme de lettres farfelu* ! *(Saint Pierre, 70)*. Derrière ce visage un peu conventionnel de gentleman britannique se cachait le plus *farfelu*, le plus cocasse des *humoristes (E. 17.9.73)*.

● À propos de choses : amusant, cocasse, drôle, pittoresque ; ou : déconcertant, inattendu, surprenant ; parfois péjoratif : absurde, ridicule, stupide, etc.

○ C'est la saison du frisson pour rire, de l'*aventure farfelue*, du « suspense » assaisonné d'humour *(M. 20.3.64)*. S. fut sauvé par le capitaine des pompiers dans les *conditions* les plus *farfelues (Bataille, 66)*. On fait, de l'enfer et du paradis, une *description farfelue* qui pouvait être à sa place au Moyen Âge *(O.R.T.F. 5.12.70)*. Dans la pure tradition montmartroise, les *dialogues farfelus* sont maintenant bien rodés *(M. 19.10.65)*. L'homme qui désire se lancer dans la politique doit se résigner à se livrer comme un jouet aux *exigences* les plus *farfelues* de ses électeurs éventuels *(Cd. 17.10.66)*. Un ami commun eut le premier cette *idée un peu farfelue (F. Mauriac : E. 12.6.54)*. Reproduire (dans un roman) des formules chimiques des pages de journaux, des listes de noms propres, etc., soit plaisanteries de collégien, *inventions farfelues* en deçà de l'originalité *(Simon : M. 11.12.63)*. Des *jeux* gais ou *farfelus* accrochent l'auditeur et le distraient *(M. 25.6.64)*. Le goût du scandale, l'anarchie et la négation réunirent, en des *manifestations farfelues*, quelques jeunes poètes et artistes *(FL 23.3.57)*. Pierrots des temps modernes, les trois personnages de ce roman courent après le vent et les étoiles. Ils cachent leur désespoir sous un *masque farfelu (E. 18.10.65)*. Beaucoup d'argent est dépensé, sous prétexte de géographie pour une « recherche » pseudo-scientifique qui multiplie les *missions farfelues*, les expéditions inutiles *(M. 15.8.59)*. Notre *monde farfelu* change si vite qu'il lui faut passer plus de temps à tenter de se connaître qu'à tenter de se faire *(M. 28.10.66)*. Des *objets* de consommation absolument inutiles et complètement *farfelus*, soigneusement mis au point par des commerçants roublards *(VR 11.9.66)*. Les *péripéties* humoristiques, *farfelues* d'un couple inimitable *(Sui. 16.8.63)*. Au tennis il savait disposer d'un coup droit-moulinet, d'un service en vrille et d'un *revers farfelu (Saint Pierre, 57)*. Le film raconte les *stratagèmes* burlesques et *farfelus* que le garçon invente pour atteindre son but *(M. 15.12.67)*. Un *vaudeville* policier *farfelu* « La Perruche et le Poulet » (titre d'une pièce) *(PM 15.10.66)*.

○○ Cette *proposition* paraît d'autant moins *farfelue* que la société française d'étude pour les transports urbains vient de conclure que le tramway est le moyen de transport le mieux adapté à la desserte des villes de 200.000 à 900.000 habitants *(M. 12.1.75)*. Mélanger (dans un centre éducatif culturel) les nourrissons, les basketteurs, les cinéastes, les « loulous » et les personnes du troisième âge en quête de loisirs paisibles, n'est-ce pas une *idée farfelue*? (M. 20.5.75). Des écoliers ont bâti un *livret farfelu*, pas plus que celui de beaucoup d'opéras dits sérieux (E. 24.7.78).

Farfelu, e subst.
● **À propos de personnes : fantaisiste, original, un peu fou, sans nuance péjorative le plus souvent.**

Quelqu'un connaît-il ce *farfelu*? Le commissaire dit que ce « *farfelu* » passait le plus clair de sont temps au fond de la brousse *(Gary, 56)*. Une bande de *farfelus* hystériques, auteurs d'une tirade ne reposant sur aucune analyse sérieuse de la situation *(Revel, 65)*. A l'atelier, on l'appelle le « *farfelu* ». Il entre autant de sympathie que de férocité dans l'expression (O. 23.11.66). Une poignée de *farfelus* s'obstinent à réciter Racine au milieu des « buildings » en béton et des automobiles (O. 21.2.68). Ils (les journalistes) sont las d'être considérés comme d'aimables *farfelus*, dans la meilleure des hypothèses *(Schwœbel, 68)*. Les autres groupes de conspirateurs ne pesaient pas lourd. Ils avaient pour chefs d'authentiques *farfelus*, de doux maniaques perdus dans un rêve désuet *(TC 8.5.68)*. Jean-Pierre n'a toujours pas la télévision, il fabrique ses meubles avec de vieilles poutres et boude les supermarchés : c'est un *farfelu*, un fada (M. 24.9.74).

FASCISANT, E adj. De *fascisme, -iste*. Pol. Qui rappelle le fascisme ; qui emploie ou préconise des méthodes fascistes ; qui cherche à instaurer un régime inspiré du fascisme.

Face aux *activistes fascisants* qui avaient été un moment ses alliés (M. 9.1.66). L'Union des groupes et clubs socialistes répudie une *tendance* nettement *fascisante* représentée par les milices appelées pudiquement Comités de défense de la République (M 11.1.69). Les *courants fascisants* à l'intérieur de la police (O. 2.7.73). En face du terrorisme, une société qui n'est pas fasciste peut être amenée adopter une *démarche fascisante*. Le terroriste, qui a utilisé la terreur comme moyen d'action, la rencontre à son tour (M. 19.10.77).

FASCISATION sf. ~ 1970. ■ Apparition ou introduction du fascisme ; emploi de méthodes fascistes.

Une masse de chômeurs grandissante serait utilisable par les partisans de la *fascisation* du régime (E. 7.1.74).

FASCISER (un groupe, un pays, etc.) v. tr. ■ Introduire le fascisme, ou des méthodes, un régime inspirés du fascisme.

Le plus rapidement « *fascisé* » de tous les pays soumis à l'hitlérisme (F. 3.11.66). L'Université, c'est une société à l'intérieur de l'autre. Et l'autre n'est pas en humeur et en situation de se laisser *fasciser* (E. 9.3.70).

FATIGABILITÉ sf. ■ Manque de résistance à la fatigue.

L'élévation du niveau de vie se solde par des professions de plus en plus sédentaires et des loisirs de plus en plus paresseux. Les conséquences s'en font bientôt sentir : *fatigabilité* accrue, ennui, désintérêt (En. 16.11.68). Le comportement d'insuffisance physique, d'incapacité intellectuelle, de fléchissement de l'attention, de la mémoire ou de la résistance — en un mot cette *fatigabilité* excessive (En. 20.9.69).
Cette expérience de vigilance et d'endurance : conduire une voiture pendant 15 jours, servira aux chirurgiens, aux pilotes de ligne, aux astronautes. La *fatigabilité* (du sujet) devant l'effort a augmenté par vagues, toutes les six heures (E. 3.12.73).

FAUCON sm. Fig. Pol. Partisan d'une attitude intransigeante, par opposition à *colombe**.

Les « *faucons* », au sein du gouvernement, réclament une riposte énergique (O. 23.11.66). (On) semble croire qu'un petit nombre d'inculpations spectaculaires suffira à apaiser les « *faucons* » et intimider les « colombes » (O. 24.1.68). Le gouvernement d'Israël ne peut pas faire la paix, pas plus les « colombes » que les « *faucons* » (M. 9.1.69). Il n'y a dans ce gouvernement que des *faucons* et des *super-faucons* (O.R.T.F. 9.1.71). Nombre de « colombes » rejettent la philosophie des « *faucons* » sur la pérennité de la haine des Arabes à l'égard des Israéliens (M. 10.3.74). Ses activités ont pu déranger tout aussi bien des « *faucons* » israéliens ou des « jusqu'au-boutistes » palestiniens (M. 7.5.78).

FAUX-MONNAYAGE sm. ■ Fabrication de fausse monnaie.

L'escroc aux cinquante noms, « vedette » des offices centraux français et belge pour la répression du *faux-monnayage* a été arrêté (M. 18.8.65). Des offices spécialisés, qui traitent des affaires de stupéfiants, de *faux-monnayage* (M. 5.1.68).

FÉDÉRALISATION sf. Pol. Introduction du fédéralisme ou d'un système qui s'en inspire.

Comment s'imaginer que la structure unitaire (de la Belgique) puisse résister à la *fédéralisation* de toutes ses organisations sociales et politiques (O. 27.3.68). La Tchécoslovaquie est devenue une fédération des États tchèque et slovaque. Le parti communiste tchécoslovaque doit s'adapter à la *fédéralisation* (M. 2.1.69).

FÉDÉRATEUR sm. Pol. Personne qui contribue à créer une fédération, ou à rassembler des éléments dispersés.

Les États-Unis et la Suisse : deux fédérations sans *fédérateur* (M. 24.10.65). Le projet de lui faire prendre, en « *fédérateur* de toutes les énergies françaises », la tête d'un gouvernement provisoire (M. 16.3.66). Le gaullisme finit par jouer le rôle de *fédérateur* des droites (M. 27.2.69). (Un ancien ministre) a déclaré qu'il pourrait être un « *fédérateur* » de la majorité (C. 21.10.69).

FEMME(-)

FEED-BACK [fidbak] sm. Mot anglais (*to feed*, nourrir, *back*, en retour).

● **Cybern. Action de contrôle en retour.**

Rem. Feed-back *ou* rétroaction : *dispositif d'autocorrection qui permet à une machine ou à un organisme de régulariser son action par le jeu des écarts mêmes de cette action. L'expression* « feed-back » *signifie littéralement* « nourrir à rebours » ; *elle a été employée initialement par les radio-électriciens pour des montages du type* « anti-fading » *permettant de régulariser l'amplitude du son des postes radios (Dt. psychol. mod.).* Les ingénieurs français se conformant à la décision du Comité d'étude des termes techniques, ont adopté « rétroaction » pour traduire *feed-back* dans ses applications industrielles diverses *(TAM 68).*

● **Par ext. dans d'autres domaines.**

Le principe du *feed-back* dont on a tendance à user largement dans les modèles actuels de sciences sociales *(Meynaud, 59).* L'élévation du pouvoir d'achat des consommateurs rétroagit sur la demande de produits consommables, mais avec une certaine inertie, ce qui se traduit par une évolution de *« feed-back » (Dt. psychol. mod.).* L'expression artistique nous importe moins que la communication, c'est-à-dire la question de savoir comment l'image ou le son (de la télévision) arrivent dans le public, ce qu'ils changent à sa mentalité, quel est le mouvement de retour, le *feed-back*, comme disent les cybernéticiens, de ces messages déversés sur les gens *(M. 24.1.69).*
Tout abus entraîne une réaction, et celle-ci n'est pas forcément retour en arrière : quelquefois simple rééquilibrage (...) Quelquefois le *feed-back* — c'est ainsi que les spécialistes appellent la réaction permettant le rééquilibrage d'un processus devenu abusif — vient de l'intérieur de la catégorie en cause, mais quelquefois il faut, en outre, une force extérieure pour venir à bout des résistances des gens qui profitent des abus en question *(C. 27.2.77).*

FÉMINISATION sf.

1. **Fait de donner à quelque chose ou quelqu'un des aspects, des traits féminins.**
   Assistons-nous à un retour de faveur du masculin (dans la formation des mots) comme si la *féminisation* du mot équivalait à une dépréciation de la chose *(US 15.2.58).*

2. **Élévation importante du pourcentage des femmes dans une profession, un groupe humain.**
   Risque-t-on une *« féminisation »* de la société de demain ? *(M. 24.9.68).* Les statistiques du ministère de l'Éducation nationale montrent qu'en 1969-70 la *féminisation* du personnel atteignait 100 % dans les écoles maternelles, 67 % à l'école élémentaire *(US 2.12.70).* La *« féminisation »* du secteur tertiaire ne se développe pas plus vite que ce secteur lui-même. Seule la bureaucratie du tertiaire tend à devenir féminine *(D. En. 2.71).*
   Il y a partout la même *féminisation* intense de certains secteurs, par exemple les soins aux malades, aux enfants *(E. 21.5.73).* Les hommes ne représentent plus qu'un quart des effectifs des instituteurs. Et la *féminisation* de la profession a précipité sa dévaluation *(E. 12.11.73).*

FÉMINISER (SE) v. réfl. (fonction de passif). Fig. À propos de métiers, de professions : être exercé de plus en plus par des femmes.

Les métiers qui *se féminisent* sont ceux dont les hommes ne veulent plus parce qu'ils ont baissé de statut. C'est le cas de la magistrature *(E. 21.5.73).*

FEMME(-) Premier élément de substantifs composés féminins dont le 2ᵉ élément désigne une activité, une fonction, un métier qui n'ont été longtemps exercés que par des hommes, et pour lesquels le français n'a pas trouvé de désignation au féminin. L'emploi du trait d'union est hésitant.

○ Les premières *femmes aquanautes* qui participent à l'une des plus vastes campagnes de recherches sous-marines *(PM 29.9.70).* Elle ne vaut pas ses livres, elle est pédante, tranchante, hommasse, *femme auteur* comme tous les diables *(FL 12.5.66).* Une *femme chauffeur de taxi* parisien est trouvée assassinée *(M. 27.11.59).* Parlons des *femmes chercheurs* au masculin, parce qu'il n'y a jamais de mots pour les femmes *(C. 28.5.69).* La *femme cinéaste* ou *peintre* se heurte encore à des barrières odieuses *(E. 4.12.67).* Après les *femmes cantonniers*, les *femmes terrassiers*, les *femmes ingénieurs*, l'U.R.S.S. a maintenant sa *femme cosmonaute (Guilbert, 67).* Une jeune *femme-détective* écrouée pour avoir fabriqué des faux-papiers *(M. 30.6.66).* Aujourd'hui on a un préjugé favorable à l'égard de la *femme écrivain (E. 4.12.67).* Les savants, réunis au congrès international de recherches spatiales, constatent qu'ils comptent déjà dans leurs rangs deux *« femmes-fusées »* (spécialistes des fusées) *(Guilbert, 67).* La *femme-gangster* et la princesse auxquelles elle s'est identifiée en lisant la presse ou en écoutant la radio *(M. 5.2.66).* Les États-Unis comptent une *femme-gouverneur* pour la première fois depuis quarante-deux ans *(F. 10.11.66).*
Un cosmonaute épouse une *femme ingénieur (M. 14.10.69).* Les femmes sont de plus en plus apolitiques en U.R.S.S. La grande époque du féminisme n'a pas survécu à plusieurs générations de *femmes maçons* et *cantonnières (M. 8.3.61).* On a essayé de dire, pour les *femmes-médecins*, Mme la doctoresse. Cette tentative n'a pas eu de succès *(Duhamel : F. 3.3.61).* A. V., l'une des très rares *femmes metteurs en scène (ST 5.2.66).* Des cours politiques de perfectionnement créés par les *femmes-patrons (F. 1.2.67).* Vostok VI (vaisseau spatial) et sa *femme pilote* ont été placés sur orbite *(Guilbert, 67).* La *« femme-pionnier »* avait suivi son époux en Rhodésie *(M. 20.7.66).* Il est quelques *femmes-poètes* au Canada *(F. 5.12.66).* (La femme) accède enfin au paradis des petits métiers saisonniers en devenant *femme-sandwich (F. 10.12.70).* (L'actrice d'un film) doit, pour échapper à ses persécuteurs, se déguiser en *femme-soldat (O. 27.3.68).* Les possibilités d'une *femme travailleur* avec les exigences d'une *femme-patron (Collange, 69).*

∞ Sur soixante-cinq *femmes-taxis* (= chauffeurs de taxi), quinze seulement font la nuit (...) Dans les embouteillages elle manifeste un sang-froid imperturbable : la *femme-taxi* a ses héroïsmes *(P. 29.4.74).* Les *femmes médecins* peuvent aborder n'importe quelle spécialité, même la chirurgie *(Beunat, 74).* Fatiguée par le rythme intensif du travail, la *femme métreur* propose au P.D.G. de l'entreprise d'être employée à mi-temps *(M. 3.1.76).* Mme F.

a réalisé une étude (...) pour l'organisation des *femmes-cadres* des industries de la mode *(M. 19.3.77).*

FEMME-OBJET sf. La femme en tant qu'« objet », ce mot étant pris soit au sens de la psychanalyse (cf. *« objet » pulsionnel, sexuel,* etc. ; [cf. *objectal**]) soit dans son sens courant : la femme réduite (par et pour elle-même, par et pour autrui, notamment un homme) à n'être qu'un jouet, un bibelot, un objet d'agrément de luxe, de plaisir.

Une Norvégienne de vingt ans veut entrer dans un harem. Ses motifs ? Le refus de l'émancipation de la femme. Son ambition ? Se hisser à la dignité de *femme-objet (E. 16.8.65).* Lui, architecte-promoteur, est très pris par son travail, elle, *femme-objet,* amoureuse et soumise, s'ennuie d'autant plus qu'elle ne peut avoir d'enfant *(M. 4.10.68).* Cette peinture fait régner la *« femme-objet »,* courtisane ou poétesse, devenue spectacle *(M. 2.1.69).* Ce qu'on appelle la *femme-objet,* miroir tantôt de l'érotisme, tantôt de la revendication féminine, tantôt de la détresse d'un sexe opprimé, et qui , de l'objet, possède les contours clos et la fonction utilitaire *(E. 12.10.70).*
Les deux facettes du rôle qui lui avait été confié dans ce film : la femme fragile dans sa vie privée ; la femme mythique, *femme-objet,* romantique sur l'écran *(Téla. 15.12.73).*

FENÊTRE sf. Astron. Durée pendant laquelle le lancement (ou *tir*) d'un engin spatial est possible.

Cette procédure de lancement présente l'avantage d'augmenter considérablement la largeur des *fenêtres de tir* ; on dispose ainsi, au lieu de quelques minutes, de plusieurs heures pendant lesquelles il est possible de lancer un engin vers la lune *(M. 9.4.66).* De tels tirs ne sont réalisables que lorsque Vénus ou Mars se trouvent en un point de leur orbite autour du Soleil tel que l'on puisse lancer un engin selon une trajectoire (...) et que parvenu auprès de l'orbite de la planète, l'engin y trouve sa cible. Ainsi définit-on des *« fenêtres de tirs »* qui, dans le cas de Vénus, ne s'ouvrent que tous les dix-huit mois *(M. 12.1.69).*

FÉODALISATION sf. ■ Fait de soumettre (quelque chose, quelqu'un) à l'autorité, jugée abusive, d'une « féodalité » (collectivité économique, politique ou sociale qui tend à s'attribuer des compétences ou des privilèges excessifs).

La participation est complémentaire de l'autonomie (des universités). On ne conçoit pas qu'elle soit confiée, sans risque de *féodalisation,* aux seuls grands professeurs *(M. 10.10.68).*

FER DE LANCE sm. Fig.
1. Milit. Unité d'élite, troupe de choc.
   Les commandos de parachutistes sont le *fer de lance* de cette armée *(PR 77).*
2. Par ext. ~ 1965. Élément le plus combatif, le plus dynamique d'une collectivité, d'un groupe. Activité (économique, industrielle, scientifique) *de pointe**.

   Le *fer de lance* de cette révolte des jeunes, c'est le *syndicalisme estudiantin (Cd. 13.9.65).* (Le) *peuple* doit être lui-même le *fer de lance* de la bataille qui le ramènera dans sa patrie *(F. 26.11.66).* Les *mineurs, fer de lance* de la classe ouvrière *(E. 10.4.67).* Au moindre danger de chômage reparaissent aussitôt la xénophobie, et le *racisme,* son *fer de lance (M. 23.3.68).* Les *petites voitures* constituent le *fer de lance* du constructeur *(E. 2.10.70).*
   Les *camionneurs,* tenants de l'entreprise privée, ennemis de l'étatisation, constituent le *fer de lance* de l'opposition (au Chili, en 1973) *(E. 27.8.73).* On ne saurait, dans une économie moderne, négliger les *activités* qui sont le *fer de lance* du progrès *(M. 10.3.74).* Les *postiers* ont souvent été le *fer de lance* de l'action syndicale dans la fonction publique *(M. 26.10.74).* Les *militaires* portugais, *fer de lance* de la révolution sociale *(E. 10.2.75).* Les *cyclotouristes* sont le *fer de lance* des escadrons de Français qui redécouvrent les vertus du vélo *(M. 22.3.75).* L'*industrie automobile* a été le *fer de lance* de la croissance récente dans la plupart des pays industrialisés *(M. 26.4.75).* L'*Institut de l'audiovisuel* est le *fer de lance* de la télévision en France *(M. 14.6.75).* Notre *industrie* (pharmaceutique) qui consomme peu de matières premières et d'énergie, mais beaucoup de matière grise, devrait être le *fer de lance* du redéploiement industriel *(P. 3.11.75).*
   L'*Airbus, fer de lance* de l'industrie aéronautique civile d'Europe *(E. 27.3.78).* Ces *voitures* arrivent sur le marché avec des atouts qui en feront le *fer de lance* de la firme *(M. 8.4.78).* L'*industrie* est le *fer de lance* des exportations *(E. 29.5.78).* L'*acier* fut le *fer de lance* de l'expansion des années fastes *(C. 20.9.78).*

Rem. Mot à la mode, *fer de lance* est utilisé à propos de n'importe quoi en général, mais plus particulièrement à propos de la recherche scientifique. « La recherche fondamentale est le *fer de lance* de notre effort », a déclaré (un ministre). À l'époque des missiles anti-missiles, des fusées spatiales et autres petites têtes chercheuses, parler de *fer de lance,* c'est assez piquant *(C. 6.11.67).*

FERMETTE sf. 1948. D'abord au sens de « petite ferme ». Répandu seulement plus tard au sens spécialisé de : ■ petit bâtiment agricole (grange, maison de ferme, etc.) désaffecté, puis, après rénovation, utilisé comme *résidence* secondaire* par des citadins.

Il y a encore deux ou trois ans, le rêve du Parisien avide d'air non pollué était la *« fermette ».* Ce sera peut-être demain la mini-ferme, une mini-maison *(VL 7.67).* L'agence lui avait déniché (à un Parisien) une *« fermette* simple, bien située ». (La *fermette*) était, pour l'instant, une sorte de grange délabrée (...) Le vendeur décrivit la *fermette* idéale, le palais qu'il était possible de réaliser à partir de cette ruine *(Kubnick, 67).* L'arrangement d'une *fermette* en résidence secondaire *(O. 14.2.68).* Leur *fermette* où ils passent leurs week-ends, une maison au toit de chaume *(Fa. 9.12.70).*

Les années 1962-1964, début de la grande course à la *fermette (O. 12.8.74).* C'est le rêve des Français : une *fermette* pas trop chère, pas trop loin de la ville, pas trop difficile à « retaper » (...) L'âge d'or de la *fermette* est révolu. Remplacé par l'âge de la *fermette* à prix d'or *(E. 18.9.78).*

FERMETURE À GLISSIÈRE
→ GLISSIÈRE (FERMETURE À).

FERRITE sf. Techn. Repris mil. XXe. ■ Oxyde complexe de fer et de divers métaux qui a des propriétés magnétiques permettant de l'utiliser dans les *ordinateurs**, les antennes de radio, etc.

De prodigieuses mémoires, bandes magnétiques, *ferrites,* disques et tambours où s'enregistraient à la vitesse de l'éclair une infinité de données *(Saint Pierre, 70).*

FERROUTAGE sm. ~ 1970. (De [chemin de] *fer, rout[e],* et suff. *-age).* Transport combiné de marchandises utilisant des camions ou des remorques routières que le chemin de fer achemine sur une partie de leur parcours.

Rem. Dans le vocabulaire des transports, *piggy back* (...) est traduit par *ferroutage* qui donne lieu au paradigme *ferrouter* (verbe) et *ferroutier* (adj.). *(Guilbert, 75).*

♦ Le Comité d'études (...) préconise la généralisation du *ferroutage* pour le transport des marchandises à travers les Alpes *(RSR 5.9.79).*

FESTIF, IVE adj. Du lat. *festivus* (de fête) Mot déjà ancien dans le lexique religieux où il s'oppose à *férial.*

● Par ext. Repris mil. XXe, peut-être à partir de *festivité* et par analogie avec *actif/activité,* etc. ■ Qui a un air de fête, qui tient de la fête.

Dix-huit mois après Mai 68, les « grèves sauvages » qui ont éclaté un peu partout n'ont pas présenté le même caractère *festif (Duquesne, 70).*

FESTIVALIER, ÈRE subst. et parfois adj. Parmi tous les dérivés de *festival, festivalier* paraît actuellement le plus répandu.

● Subst. Personne qui participe à un festival.

Le festival a donné naissance au *festivalier,* touriste d'un genre particulier. On le trouve dans les endroits à la mode *(E. 28.6.65).* Le cadre (du château de S.) convient admirablement au style de la comédie. Son actuel propriétaire a prêté le château aux « *festivaliers* » l'espace de trois nuits *(FL 23.6.66).* Projeté à la mi-temps du Festival de Cannes, (un) film réveilla proprement les *festivaliers (C. 7.10.70).*
Musique dans la rue (à Aix-en-Provence). C'est un festival sans « *festivaliers* ». Un antifestival, presque *(P. 1.7.74).*

● Adj. Relatif à un festival.

En quatre ans le festival de Pâques à S. est entré dans les mœurs *festivalières* internationales *(VR 14.6.70).*
Ce film figurait au programme du festival de Cannes 1968 ; il fut la première victime de la grève *festivalière (O. 3.9.73).*

FÊTE sf. Dans les loc. pop. « ça va être (ta, sa, etc.) fête », « on va (te, lui, etc.) faire (ta, sa, etc.) fête » : tu, il, etc. va(s) passer un mauvais quart d'heure.

Les gros mâles du quartier *vont* venir *te faire ta fête (Sarrazin, 65).*
A la réception après match, les Catalans avaient menacé : « Au match retour, ça va chauffer ». F. était particulièrement visé : « On *va te faire ta fête* » *(E. 3.2.75).*

FÉTICHISER v. tr. ■ Attribuer à quelque chose, à quelqu'un, un pouvoir quasi magique, comme à un fétiche.

Dans les deux cérémonies religieuses que j'ai évoquées (bénédiction des voitures, et bénédiction des bateaux de pêche), l'objet ne se trouve pas « *fétichisé* » au même degré. Chaque bateau de pêche a un nom qui le fait accéder à une existence mystique. La voiture automobile reste anonyme *(Gascar, 67).* P. (sociologue) commence à être *fétichisé* en Europe *(E. 29.5.67).*

FEU (suivi d'un adjectif de couleur) sm. Fig. (d'après la signification donnée, notamment dans la circulation ferroviaire, routière et urbaine, aux signaux lumineux de couleurs différentes, appelés aussi *feux de signalisation,* ou parfois *feux tricolores).*

FEU ORANGE ■ Accord, autorisation donnés seulement sous conditions ou avec réticence.

Bien trop subtil pour s'engager avec (le roi de Jordanie) dans une voie aussi dangereuse, le leader égyptien ne lui avait pas donné le feu vert. Mais seulement le *feu orange (E. 16.2.70).*
Les syndicats stationnent au *feu orange* (...) Pourquoi le surplace apparent des organisations syndicales ? Pourquoi cette prudence ? *(C. 8.9.74).*

FEU ROUGE ■ Obstacle. Décision d'arrêter, de cesser, d'empêcher quelque chose.

Le *feu rouge* que représentait la politique du (Brésil) pour certaines ambitions des États-Unis était en même temps un feu vert pour la politique française *(M. 31.12.64).* Les deux

« grands » du sondage d'opinion ont mis l'un le *feu rouge*, l'autre le feu orange (l'un a arrêté totalement, l'autre a diminué le recrutement d'étudiants utilisés comme enquêteurs) *(M. 29.4.70).*

FEU VERT ■ Accord, autorisation, ou ordre donnés (de commencer, d'entreprendre ou de faire quelque chose).

Feu vert pour (quelque chose) (Construction sans verbe).

Feu vert pour le Marché commun *(Titre M. 2.1.59). Feu vert* pour le métro express est-ouest : les ministres ont autorisé la mise à l'enquête *(M. 15.2.61).* « *Feu vert* » pour le rival américain du « Concorde » *(F. 3.12.66). Feu vert* pour l'exploration sous les mers *(M. 28.11.67).* Une série d'émissions de télévision, intitulée : « *feu vert* pour l'aventure » *(O. 27.3.68). Feu vert* pour votre moteur avec les équipements de bord *(A. 5.6.69).*

Attendre le feu vert.

Cet avion *attend* toujours le *feu vert* financier pour que commence la construction de série *(C. 28.5.64).* L'armée n'*attend* plus que le « *feu vert* » pour attaquer *(M. 9.7.65).* L'industrie est en mesure de produire la pilule en grandes quantités. Les pharmaciens sont prêts. Ils n'*attendent* plus qu'*un vrai feu vert* du gouvernement *(E. 3.10.66).* La base n'*a pas attendu* le *feu vert* de la hiérarchie pour prendre des initiatives *(PM. 14.1.67).*

Avoir le feu vert.

Le *feu vert* fait prime. On ne saurait rien faire dans la Maison *sans avoir le feu vert* du Patron *(F. 13.12.61).* Le Premier ministre suggère au Chef de l'État de (...), celui-ci hésite (...), enfin le Premier ministre *a le feu vert (E. 4.12.67).*

Déclencher le feu vert.

C'est la signature du marché d'études et de construction du prototype qui *déclenchera* réellement *le feu vert (M. 26.6.74).*

Demander le feu vert.

Il (un ministre) n'avait pas *demandé le* « *feu vert* » pour se rendre en Tunisie *(M. 5.10.66).* Ce que G. M. n'a pas admis, c'est que F. M. s'est permis d'y faire entrer (dans son groupe) des socialistes sans lui avoir *demandé le feu vert (Can. 5.7.67).*
Le ministre des Finances s'apprêtait à *demander* l'indispensable *feu vert* du Parlement pour procéder à un abaissement du taux de la taxe (...) *(C. 23.5.74).*

Donner le feu vert (ou parfois : un feu vert).

Le « *feu vert* » a été *donné* pour la reprise des discussions paritaires dans le secteur privé *(F. 27.11.59).* Après de laborieuses discussions : Les Six *donnent le* « *feu vert* » à l'accélération du Marché commun *(M. 22.12.60).* (Selon) cette Ligue contre le tabac, on a eu tort de *donner le feu vert* — puisque l'expression est à la mode — au « Disque Bleu » (marque de cigarettes) *(F. 12.6.61).* Le ministère des Finances s'apprête-t-il à *donner le feu vert* aux demandes de hausses de prix présentées par les industriels ? *(M. 7.3.64).* Le Chef de l'État a *donné le* « *feu vert* » au Premier ministre pour déclencher son opération de relance *(O. 17.1.68).* La loi N., doit *donner le feu vert* à l'éducation sexuelle dans l'enseignement *(E. 18.3.68).* La commission ministérielle a *donné* à la pilule ce que l'on a appelé le « *feu vert* » *(M. 13.11.68).* Le gouvernement s'apprête à *donner le* « *feu vert* » à la perception d'une taxe para-fiscale sur le poulet *(M. 23.3.69).* Comment (les parents d'un jeune qui veut partir à l'étranger en auto-stop peuvent-ils) décider quand *donner le feu vert*, quand actionner le signal stop ? *(FP 4.69).* Une conférence (internationale) à laquelle la France a *donné un feu vert* de principe *(C. 9.10.70).*
Travaux préparatoires commencés en 1964, *feu vert définitivement donné* en 1970, inauguration du tunnel (au Japon) prévue pour 1979 *(M. 11.6.72).* Le gouvernement a finalement *donné le feu vert* à cette opération *(M. 8.8.75). Le feu vert a été donné* pour deux tronçons d'autoroute *(M. 3.4.76).*

Obtenir le feu vert.

De tels incidents au moment où la fameuse pilule semble sur le point d'*obtenir le feu vert* du gouvernement risquent de laisser les femmes perplexes *(PM 15.10.66).* Le ministre a maintenant *obtenu le feu vert* (pour une émission de télévision d'abord interdite) *(E. 17.10.66).*
La S.N.C.F. *a obtenu* le *feu vert* des pouvoirs publics pour construire une voie ferrée nouvelle entre Paris et Lyon *(M. 6.6.74).*

Recevoir le feu vert.

C. ne se serait sans doute pas lancé dans une nouvelle entreprise *s'il n'avait reçu le* « *feu vert* » du seul homme politique qui garde sur lui une certaine autorité *(M. 2.7.64).* Le football féminin *a reçu le feu vert* sinon l'approbation officielle de la Fédération *(M. 5.11.69).*

FEUILLETAGE sm. ■ Action de feuilleter un livre, un journal, etc.

La réédition (d'un journal) en miniformat présente par rapport aux microfilms et aux microfiches d'incontestables avantages : (...) Elle conserve à la lecture du journal son caractère original en maintenant le support de papier et en autorisant l'indispensable *feuilletage*, qui seul permet de vagabonder dans le temps selon les besoins de la recherche *(M. 8.6.78).*

FEUILLETÉ, E adj. Techn. Dans les syntagmes « *verre feuilleté* », « *pare-brise feuilleté* ». ■ Constitué de minces lames de verre superposées (Par opp. à *verre trempé*).

Cette voiture a un *pare-brise feuilleté*, un lave-glace et un essuie-glace de lunette arrière *(C. 26.8.78).*

(-)FEUTRE Deuxième élément de subst. comp. dont le premier élément peut être : *crayon, pointe,* etc.

Stylos à *pointe-feutre (E. 26.2.68).*
Une dizaine d'ouvrières encapuchonnent des *crayons feutre* sous la surveillance d'un

contremaître (...) une merveille de *crayon-feutre* qui peut faire en pleins et en déliés 2 km 5 d'écriture *(E. 12.11.73)*. Les *stylos feutre* T. ont une position solide sur le marché mondial (...) Après son offensive dans la *pointe feutre*, voilà B. sur le marché du rasoir *(P. 27.1.75)*.

- **Sm. (Par ellipse, emploi absolu).**
  - On le voyait tracer du *feutre* rouge des colonnes de chiffres sur un bloc *(Lesparda, 70)*. Avec une production de 750.000 *feutres* par jour, la direction affirme être au même niveau que son principal concurrent *(P. 27.1.75)*.

→ STYLO-FEUTRE.

FIABILITÉ sf. Répandu ~ 1960. (de *fiable**).
1. Électron. Techn. À propos d'appareils, de dispositifs, de machines, etc.
Rem. En France, le néologisme « *fiabilité* », issu de l'adjectif « fiable » donné dans le Littré, fut admis à l'Académie des sciences en 1962, la définition la plus généralement admise de nos jours pour ce néologisme étant celle de la Commission électronique internationale : « La *fiabilité* est la caractéristique d'un dispositif, exprimée par la probabilité qu'il accomplisse une fonction requise dans des conditions données, pendant une durée donnée » *(M. 26.4.78)*.

♦ Le lanceur spatial D. est d'une *fiabilité* incomparable : 55 succès sur 58 tirs et aucun incident au cours des 25 dernières mises à feu *(E. 9.9.68)*. La *fiabilité* s'avère élevée puisque sur 909 incidents, 45 seulement ont causé des retards (de trains) *(VR 29.3.70)*. Un nouvel équipement assure la *fiabilité* des démarrages des turbomoteurs après la phase initiale d'allumage *(R.G.C.F. 6.74)*. Quoi qu'on dise de la *fiabilité* des circuits électroniques, plus un appareil s'automatise et s'électronise, plus il devient fragile *(M. 26.10.74)*. Les circuits intégrés assurent une bien meilleure *fiabilité* de l'électronique, les pannes sont moins nombreuses, parce que le nombre de composants est réduit *(M. 8.10.75)*. Pour certains systèmes non réparables, tels que les satellites artificiels, le paramètre « *fiabilité* » est prépondérant *(M. 26.4.78)*. La *fiabilité* se paie. L'expédition « Apollo », qui l'a poussée à son point de perfection, puisque les responsables avaient calculé que l'incroyable périple était sûr à 90 %, a coûté 24 milliards de dollars *(O. 17.7.78)*. Les syndicats des contrôleurs du trafic aérien estiment que les risques graves de collision aérienne augmentent dangereusement en cause, notamment, du manque de *fiabilité* du matériel (radar, liaisons téléphoniques, informatique) *(M. 18.7.78)*.

2. Dans d'autres domaines.
Caractère *fiable, sécurité (d'un projet, d'un système, d'une méthode, etc.).**

Si l'Université se laisse étouffer par des étudiants accueillis pêle-mêle, la *fiabilité* de ses diplômes surabondants disparaîtra *(M. 15.4.70)*. Voici le véritable test : celui de la « *fiabilité* » du nouvel ordre mondial rêvé par Kissinger *(O. 3.9.73)*. Pour des raisons de *fiabilité*, le tunnel débouchera directement sur l'autoroute *(M. 27.11.74)*. C'est une nouvelle méthode anticonceptionnelle. Sa *fiabilité* serait, selon le laboratoire, de 94 % *(E. 16.12.74)*.

3. À propos de personnes : sur qui on peut compter.
Les patrons souhaitent trouver chez leur secrétaire : la « *fiabilité* », le tact, la discrétion, le sang-froid *(M. 29.4.70)*. L'idée que se font les dirigeants soviétiques de M. Giscard d'Estaing, de sa *fiabilité* (...) *(E. 20.10.75)*.

FIABLE adj. Mot du XIIe s. repris mil. XXe (De : se *fier*).
1. Techn. Se dit d'un appareil, d'une machine qui peut fonctionner sans panne, durant un temps donné.
Rem. Lorsque le consommateur entend qualifier telle marque de machine à laver ou d'automobile de « *fiable* », il associe à ce vocable, de façon plus ou moins confuse, la notion de confiance, de sûreté ou de bonne tenue dans le temps, sans pour autant être en mesure de définir avec précision son contenu sémantique *(M. 26.4.78)*.

♦ Les machines (de bureau) deviennent plus *fiables*, plus puissantes *(M. 24.9.68)*. Un engin *fiable*, comme on dit, c'est-à-dire sûr de fonctionnement *(O.R.T.F. 25.1.69)*. Des (locomotives) figurant parmi les plus « *fiables* » du parc *(V.R. 3.8.69)*.
Le matériel roulant du métro doit être *fiable*, donc relativement simple et rustique, peu sensible à l'incident *(R.G.C.F. 5.74)*. Les contrôleurs mettent en cause le matériel radar qui leur est fourni et qu'ils estiment insuffisamment *fiable (C. 12.8.78)*.

2. Par ext. Dans d'autres domaines (À propos de choses abstraites ou concrètes). ■ Qui a une valeur durable ; à quoi on peut se fier.
Surabondant, non *fiable*, le diplôme de licencié ne procurera aucun emploi direct *(Vedel : M. 21.3.69)*. C'est une méthode de diagnostic (méd.) qui est suffisamment *fiable (O.R.T.F. 4.9.70)*.
Des pronostics et des plans trop conformes à vos désirs pour être *fiables (O. 3.9.73)*. Sécurisantes, « *fiables* », comme disent les publicitaires, les eaux minérales ont remplacé dans les grandes villes l'eau du robinet *(O. 24.9.73)*. Un nouveau bulletin d'enneigement revu et corrigé pour être, espère-t-on, plus *fiable (P. 24.12.73)*. Des documents comptables et statistiques suffisamment maniables, j'allais dire *fiables (R.G.C.F. 7.74)*. À la Fédération patronale (du bâtiment) on nous a dit : « Il n'y a qu'une statistique *fiable* : celle des logements terminés » *(E. 20.1.75)*. La violence des mass media, la manipulation publicitaire, l'absence d'informations *fiables (M. 25.10.75)*. La neige « produit de consommation » est aussi une « matière première » indispensable (aux sports d'hiver), mais peu *fiable* en raison des aléas climatiques *(M. 24.12.77)*. Les responsables assurent sincèrement que les conséquences (des risques nucléaires) seront réduites à rien par des mesures et une réglementation *fiables (C. 23.8.78)*.

3. À propos de personnes : à qui on peut accorder sa confiance.
Êtes-vous *fiable* ? Il faut l'être, si vous tenez à devenir président de la République. Pour être *fiable*, il faut avoir des diplômes universitaires, une décoration ; être fils de ses œuvres au moins en apparence, monogame, sportif ou ami de sportifs ou favorable au sport *(E. 3.11.69)*.

FIANÇAILLES sf. Spéc. Écon. Pol. ■ Projet d'alliance, de fusion entre deux firmes, deux partis, etc.

Il s'agit pour l'heure des *fiançailles* de deux entreprises, mais le mariage devrait très

prochainement se conclure *(M. 12.1.68)*. La Fédération (de la gauche) est-elle assez musclée pour transformer les *fiançailles* actuelles en mariage (avec un autre parti) ? *(O. 21.2.68)*.
Transformer les *fiançailles* heureuses et bénéfiques du tourisme entre un pays (le Tyrol) et ses habitants en un mariage durable et réussi *(M. 15.6.74)*. L'existence de Citroën est parsemée de *fiançailles* tumultueuses et de ruptures spectaculaires *(M. 26.6.74)*.

-FICTION Deuxième élément de nombreux substantifs composés dans lesquels *-fiction* a valeur d'adjectif, et signifie : imaginaire, futuriste, utopique, etc.

O Prévoir les équipements qui concordent avec l'idée que se font les agriculteurs de la ferme usine de l'avenir. Mais il ne s'agit nullement d'*agriculture-fiction* (Hetman, 69). La *cuisine-fiction* : les milliers de (gens) qui viennent d'avaler en un mois plus de 25 tonnes de « beefsteak » de soja ne s'en portent pas plus mal *(O. 21.10.68)*. Nous ne sommes pas dans le domaine de l'*éducation-fiction* : des ordinateurs qui enseignent *(FP 10.10.68)*. Cette *farce-fiction* réjouissante (un film) *(E. 16.2.70)*. Un roman — « Caroline chérie à Washington » — construit selon la recette du genre : une bonne dose d'*histoire-fiction*, une pointe d'érotisme, beaucoup de grands sentiments *(E. 6.9.65)*. Il faut en finir avec la philiosophie purement spéculative, l'art en dehors de la vie, avec l'*humanité-fiction* *(M. 1.10.67)*. Vue d'avion, la raffinerie (de pétrole) ressemble à un puissant *jouet-fiction*, étincelant *(Dunlop, 66)*. Quant à l'argument spécieux selon lequel l'intronisation d'« alunir » risquerait d'ouvrir la voie à des néologismes tels qu'« avénusir », « asaturnir », « amarsir », et autres monstres cosmiques, disons poliment qu'il relève de la *langue-fiction* (Le Bidois, 70). Cela n'empêche pas de se livrer à une *médecine-fiction* raisonnable. Ainsi le professeur R. a imaginé qu'un jour lointain on pourrait découvrir le moyen de faire régénérer les membres des vertébrés supérieurs *(M. 13.1.68)*. Un professeur se fait le héraut des puissances du Bien contre le Mal sur Mars, Vénus, puis la Terre. Une grande œuvre de *métaphysique-fiction*, dont le fantastique original enchantera les amateurs du genre *(E. 26.6.67)*. Jean Rostand a lancé devant l'Académie française l'expression « *morale-fiction* » *(PM 26.10.68)*. Cette bande dessinée nihiliste sur un thème de *police-fiction* raconte l'explosion (d'une) planète (où) l'homme était à la merci d'un dieu mi-police, mi-télévision *(E. 29.1.68)*. Le *récit-fiction* qui suit tente de (décrire ce qui) se passerait le 27 avril si (...) *(E. 21.4.69)*.

OO Certains historiens imaginent comment se serait développée l'économie des États-Unis, s'il n'y avait pas eu la guerre d'Indépendance, la guerre de Sécession. Et ils démontrent que cela n'aurait pas changé grand-chose. Cette *histoire-fiction* est une gymnastique intellectuelle assez féconde *(E. 27.8.73)*. Ce n'est pas de l'*urbanisme-fiction* mais une simple constatation de bon sens : au train où vont les choses, le centre de Paris sera de plus en plus engorgé d'automobiles et vidé de ses habitants *(M. 16.10.74)*. Les récents scandales d'écoute inspirent ce roman qui démarre sur une idée d'*électronique-fiction*. Un trust d'informatique loue des ordinateurs à des entreprises qu'il met en difficulté et en espionnant et en manipulant les programmes. Pour les racheter à bas prix *(E. 25.11.74)*. Il faudrait que les charges imposées par l'État (aux entreprises nationales) soient non seulement comptabilisées à part, mais financièrement compensées, faute de quoi on vivrait complètement dans l'« *économie-fiction* » *(M. 24.2.77)*.

→ POLITIQUE-FICTION, SCIENCE-FICTION.

FIESTA [fjɛsta] sf. Mot espagnol (fête). Fam. Partie de plaisir, fête.

Un vrai couple qui, du quotidien, sait faire une fête. Non pas des moments de fête, de plus en plus rares, mais une constante « *fiesta* » *(Saint-Lô, 64)*. « C'est bourré de gibier par ici. Faudrait qu'on s'en procure pour ma « *fiesta* » (de) la semaine prochaine ! » Pierre A. a l'intention d'offrir un « sacré gueuleton » à ses copains pour ses vingt et un ans *(Courrière, 68)*.
Lorsque les supporters marseillais étaient revenus avec l'équipe victorieuse, cela avait été la *fiesta*, le délire, une marée humaine *(Bodard, 71)*. Les musées sont fermés, mais les gardiens surveillent de près les œuvres d'art. Voilà quatre jours que dure le Carnaval et il convient, dans une pareille *fiesta*, de mettre la fragilité à l'abri *(M. 2.3.74)*. Un désordre digne du carnaval règne partout (...) on entame les discussions, bientôt relayées par la fanfare, les journalistes mitraillent, c'est la *fiesta* *(Ségal, 77)*.

FIL (DROIT)
→ DROIT FIL

FIL DU RASOIR (SUR LE) loc. adv. Fig. ■ D'une manière précaire, en équilibre (fig.) instable.

Maintenant, vraiment, Pompidou règne seul, mais *sur le fil du rasoir*, et sa solitude est au fond un aveu de faiblesse *(O. 9.4.73)*. Les programmes d'équipements sont perpétuellement *sur le fil du rasoir*. Ainsi l'Airbus a-t-il été sauvé in extremis *(E. 25.6.73)*. Dans l'état actuel de l'équilibre des forces politiques, il suffirait de peu de chose pour que tout bascule. « La rentrée, reconnaît le conseiller (du premier ministre), se fait *sur le fil du rasoir* » *(E. 27.8.73)*.

FILIÈRE sf. Fig.

1. **Succession d'étapes à franchir (examens, etc.) dans la scolarité, les études, le déroulement d'une carrière.**

   Les « hospitaliers » (= médecins des hôpitaux) ont pris la *filière* noble, la *filière* du prestige, des honneurs universitaires, professionnels et mondains *(O. 24.9.73)*. La majorité des étudiants continuent — faute de mieux — à suivre des *filières* dont la finalité essentielle demeure l'enseignement, alors que celui-ci n'offre de débouchés qu'à une minorité *(M. 28.12.74)*. Cette nouvelle *filière* pour grands décideurs a suscité controverses et polémiques dans l'enseignement supérieur et dans les hautes sphères de l'État *(E. 13.2.78)*. (...) faire de l'apprentissage en entreprise une véritable *filière* de formation débouchant sur des emplois durables et de qualité *(C. 25.8.78)*.

2. **Succession des étapes, des intermédiaires, par lesquels passe un trafic clandestin (armes, drogue, etc.).**

FINLANDISATION

C'est sous la protection du président dictateur paraguayen que s'organise dès 1964 la *filière* latino-américaine de la drogue *(E. 27.11.72)*. Il y a trois semaines, la douane a intercepté un véhicule qui était rempli d'armes et la *filière* conduisit jusqu'à Grenoble où la police put saisir un bazooka en état de marche *(P. 27.1.75)*. Renforcement des moyens de la Brigade des Stupéfiants, ainsi que de ceux des organismes chargés de la répression des *filières* de trafics *(O. 9.5.77)*. Avec l'inculpation des quinze trafiquants, la justice a pu percer les secrets de la « *filière* de l'héroïne » *(M. 21.6.78)*.

3. Techn.
    Procédé de production d'électricité dans les centrales *nucléaires**.

Actuellement six centrales nucléaires alimentées par de l'uranium naturel et utilisant la *filière* française sont en fonctionnement (...) E.d.f. a souhaité diversifier ses fournisseurs : elle pensait pouvoir obtenir de meilleurs prix en mettant en concurrence les principales *filières* américaines ; la *filière* à eau pressurisée et celle dite à « eau bouillante » *(E. 21.5.73)*. Les réacteurs surgénérateurs sont une *filière* étudiée depuis le début des années 50 dans les pays très industrialisés *(M. 18.1.75)*.

4. Par ext.
    Dans d'autres domaines techniques.

L'auteur passe en revue les *filières* prometteuses (en matière de transports collectifs) pour les villes, pour les banlieues, pour les relations interrégionales *(R.G.C.F. 6.74)*.

FILM sm. Fig. ■ Récit détaillé et chronologique d'un événement, d'une manifestation.

Voici le « *film* » de la journée du pape à New York et aux Nations Unies *(M. 6.10.65)*. Il a vu se dérouler le *film* des événements qui comptent dans la jeune histoire de la Communauté économique européenne *(M. 30.11.65)*.

FILM(-) Premier élément de substantifs composés. Le second élément indique généralement l'argument du film, ou un jugement de valeur.

O Une histoire de maffia traitée dans le style des *films-bouffe* italiens *(F. 1.11.66)*. « Erotissimo » *film champion* des écrans parisiens *(E. 1.9.69)*. Il s'agit d'une œuvre objective, d'un *film-constat*, qui n'a pas la prétention de définir une morale *(F. 2.2.67)*. C'est un *film-enquête*, un *film-témoignage (M. 23.4.66)*. Quant au film, qu'est-il au juste ? Confession ? *Film-enquête* dans la ligne du cinéma vérité ? *(F. 9.3.67)*. De multiples caractéristiques expliquent que « Loin du Vietnam » soit un *film-événement (E. 11.12.67)*. L'un de ces *films-jeux de société* dont raffolent les maîtresses de maison pour animer les conversations de boudoir *(E. 11.12.67)*. *Film-limite*, où la caméra s'efface devant le réel *(O. 7.2.68)*. « La Voie lactée », le *film poème* de Buñuel où le blasphème se mêle à la quête de l'absolu *(E. 14.4.69)*. A.S. joue le rôle d'une femme traquée dans un *film-poursuite (E. 21.11.66)*. Il y a évidemment un *film-récit* dans « La vie, l'amour, la mort » de C. L. *(M. 31.1.69)*. (Le) *film-reportage* « L'anglais tel qu'on le pratique » *(M. 9.2.66)*. C'est une sorte de « *film-robot* », conçu, écrit, mis en scène et interprété dans le but unique de plaire *(M. 11.9.65)*. Nous ne sommes qu'à la moitié du Festival et tous les *films-vedettes* restent à voir *(M. 5.9.64)*. *Film-vérité* contre *film-spectacle*. Ou plutôt *film-sensibilité* : « C. » est comme autant d'instants captés à fleur de foule et de misère par une caméra qui prend son temps *(E. 14.4.69)*.

∞ Le réalisateur tourne, sur le monde comique, un *film-méditation (Téla, 15.12.73)*. « American-Graffiti », *film-portrait* d'une génération, celle du flipper et du Coca-Cola *(E. 4.3.74)*. L'émission s'accroche, dans la grille des programmes télévisés, à un *film-locomotive*, destiné à lui amener l'audience élargie des bonnes soirées familiales *(M. 26.5.74)*. Voici un *film-miroir*. Il nous explique où nous en sommes. Après, on pourra le mettre au musée, pour les ethnologues de l'An 2000 (...) Sous le titre du *film-montage* « Ça, c'est de la distraction », un génie de la publicité a fait imprimer : (...) *(P. 13.1.75)*.

→ FILM-ANNONCE*, FILM-FLEUVE*, FILM-GIGOGNE*, FILM-PILOTE*.

FILMOGRAPHE sm. ■ Personne qui écrit des articles, des ouvrages sur l'histoire du cinéma.

La surprise est agréable de découvrir ce cinéaste négligé par les *filmographes*. *(O. 30.4.68)*.

FILMOGRAPHIQUE adj. Qui concerne la filmographie.

Un répertoire biographique et *filmographique* des personnalités qui, dans les domaines les plus divers, ont marqué l'histoire du cinéma *(M. 14.4.66)*. Une somme de renseignements biographiques et *filmographiques* sur (des) milliers de personnalités du cinéma *(E. 13.4.70)*.

FILMOTHÈQUE sf. D'après *bibliothèque, discothèque**, etc. ■ Collection de microfilms.

Il reste encore bien des chefs-d'œuvre maudits dans l'enfer des *filmothèques (E. 14.7.69)*.

FINISH [finiʃ] sm. Fig. Mot anglais. d'après le sens du mot dans le vocabulaire des sports (boxe, course). ■ *Au finish* : à l'usure ; en essayant, pour l'emporter, d'avoir plus d'endurance que ses adversaires, ses concurrents, etc.

Les ministres confronteront leurs points de vue. Une dernière réunion *« au finish »* est prévue pour le mois de juin *(M. 26.3.69)*. L'avocat a emporté au *finish* et de haute lutte la conviction des jurés *(C. 30.9.69)*.

FINLANDISATION sf. ~ 1965. (De *Finlande*). ■ Processus de « neutralisation » qui mettrait l'Europe occidentale dans la situation de la Finlande par rapport à l'Union Soviétique.

La théorie de la *« finlandisation »* de l'Europe » : je suis plus fort que toi, je te laisse ton

FINLANDISATION

indépendance à condition que tu te conduises avec docilité *(E. 20.11.72)*. La neutralisation (de l'Allemagne) ne doit pas nécessairement conduire à la « *finlandisation* » *(C. 10.9.78)*.
- Par ext. ■ **Abandon de son indépendance par un parti, un groupe politique.**
Rien ne montre comme ce genre de glose le degré de *finlandisation* auquel le conditionnement de la gauche française a pu la conduire *(E. 20.1.75)*.

Rem. **Le dérivé *finlandiser* (v. tr.) est attesté, surtout au part. passé.**
L'Europe risque, à la fois, d'être « *finlandisée* » par l'U.R.S.S. et « latino-américanisée » par les États-Unis *(E. 12.11.73)*.

FISCALISATION sf. ■ Action de fiscaliser (soumettre quelque chose à l'impôt) ; son résultat.
La *fiscalisation* partielle de ces prestations ne pourrait être évitée longtemps *(M. 7.5.66)*.
L'ingérence étatique qu'entraînerait la « *fiscalisation* » des recettes *(M. 13.12.64)*.

FLAMBÉE sf. Fig. ■ Explosion de violences collectives, de protestations.

1. Vie politique, sociale, etc.
Flambée de terrorisme : en 48 heures huit morts, une cinquantaine de blessés *(F. 28.3.61)*. La *flambée* de grèves qui paralyse le pays *(M. 24.5.68)*. On avait craint que les victoires françaises (sport) ne provoquent une *flambée* de satisfaction chauvine *(M. 14.2.68)*. L'Irlande du Nord est en proie à une *flambée* de violence. Un homme a été tué par des balles tirées d'une voiture. Trois cocktails Molotov ont été lancés (...) *(M. 9.9.69)*.
Chaque été, l'oisiveté des vacances provoque une *flambée* de délinquance juvénile *(E. 3.9.73)*. La C.G.T. et la C.F.D.T. semblent hésiter entre une dernière *flambée* sociale spectaculaire ou la tactique de harcèlement dans telle branche industrielle ou entreprise *(E. 12.11.77)*. Le mois de juillet se termine par une brusque *flambée* politique. M. Giscard d'Estaing l'a allumée en évoquant l'élargissement du Marché commun. Les communistes l'attisent par une vaste campagne contre cet élargissement *(RL 30.7.78)*.

2. Écon. ■ **Élévation soudaine (cours, prix, etc.).**
La « *flambée* » de hausse qui a eu lieu peu avant la clôture (de la Bourse) ne s'est pas poursuivie *(M. 17.6.66)*. La hausse du coût de la vie s'est accélérée. Cette *flambée* ne doit pas conduire à un pessimisme exagéré *(M. 31.12.67)*. L'idée d'une « *flambée* » des prix espagnols s'est insidieusement introduite chez pas mal d'Européens *(E. 25.3.68)*. Les cours ont monté en flèche. Cette hausse est surtout le fait des grands vins. Dépité par la *flambée* des grands crus, un petit restaurateur soupire : « Le bon vin, ça n'est plus pour nous. » *(E. 9.11.70)*.
Flambée des cours des matières premières *(E. 16.7.73)*. La *flambée* des prix du pétrole offre l'occasion de donner un nouveau visage aux villes en freinant la prolifération automobile *(M. 4.10.74)*. Seuls les résultats obtenus permettront de juger s'il y a eu ou non *flambée* des ventes *(M. 14.10.75)*. La *flambée* des prix fonciers empêche l'agriculteur d'agrandir son exploitation *(M. 25.12.76)*. La *flambée* des prix alimentaires dont la hausse en un an est presque double de celle des produits industriels *(Exp. 12.77)*. La faiblesse du dollar entraîne une brutale *flambée* des cours de l'or *(M. 30.7.78)*.

FLAMMES (DESCENDRE EN)
→ DESCENDRE* EN FLAMMES.

FLASH [flaʃ] sm. Mot anglais (éclair, etc.). La graphie anglaise du pluriel *flashes* est conservée en français, mais la prononciation est généralement la même qu'au singulier.
- Radio, télév. ■ **Information importante transmise en priorité. Bref message contenant cette information.**
Assis dans son fauteuil, F. regardait la télévision : sur le petit écran, un personnage annonça un *flash* exceptionnel d'information *(Saint Pierre, 70)*. Qu'une vieille dame soit attaquée dans une rue, un convoyeur de fonds dévalisé, il ne se passera pas deux heures que, par un « *flash* » un « bulletin », la France entière ne l'apprenne. Les « flashes » succèdent aux « flashes » *(M. 22.1.76)*.

FLASH-BACK [flaʃbak] sm. Mot anglais. ■ Ce procédé, appelé aussi « retour en arrière », consiste à intercaler dans un film des séquences qui interrompent l'action en cours pour montrer des faits antérieurs, mais « présents » à la mémoire d'un des personnages.
Les héroïnes (d'un film), à travers une série de *flash-backs*, revivent des épisodes de leur enfance *(M. 9.3.66)*. Jean quitte Jeanne. En « *flash-back* ». Jeanne revit leur bonheur *(O. 7.2.68)*.
La tension du huis clos oblige les quatre femmes à un bilan de souvenirs qui s'illustre en *flashes-back* *(O. 24.9.73)*.

FLÉCHAGE sm. mil. XXe. ■ Action de *flécher** un itinéraire. Résultat de cette action.
J'ai cherché dans l'aérogare le point de départ des autobus et du service Roissy-Rail dont le *fléchage* est nul *(M. 11.3.75)*.

FLÈCHE (EN) Loc. à valeur d'adjectif (employée après un substantif ou le verbe *être*). Fig. Qui est à l'avant-garde.
Une personnalité très connue pour son anticonformisme et ses prises de position *en flèche* *(C. 25.2.64)*. Dans certaines stations (de sports d'hiver) *en flèche*, le prix des terrains peut centupler en dix ans *(M. 24.12.65)*. La reprographie est *en flèche* au Salon de l'équipement de bureau *(M. 13.10.66)*. Le Pérou est *en flèche* dans cette affaire (contrôle de la pêche), car il est devenu le plus grand producteur de poisson du monde *(E. 1.9.69)*.

● **Valeur d'adverbe :** (*monter, partir*) *en flèche*. Très rapidement et considérablement.

Les mesures contre l'inflation ont eu pour effet de faire monter *en flèche* les prix *(E. 29.7.64)*. En 1969, les cours (des vins fins) ont monté *en flèche*. Ainsi les quatre premiers crus atteignaient 75 000 f. le tonneau en juin contre 35 000 en mars *(E. 9.11.70)*. S. (peintre) a eu la chance, mais aussi l'infortune de « partir *en flèche* » trop tôt, et de connaître ensuite un temps d'obscurité *(FL 7.4.66)*.

FLÉCHER v. tr. ■ Signaliser (un itinéraire) à l'aide de flèches, de panneaux, de signaux, etc.

Je me suis dirigé vers le point de départ de la liaison entre l'aéroport et le terminal de M., point relativement bien *fléché* (...) L'aéroport de Paris devrait grouper tous les départs de transports en commun en un seul point et les *flécher* correctement *(M. 11.3.75)*.

FLEUR (FAIRE UNE) à quelqu'un loc. verbale. Fam. : lui donner un témoignage d'amitié ou de bienveillance.

Il m'avait *fait une* drôle de *fleur* (en assommant mon agresseur). Je lui ai dit : — Tu m'as fait un avantage ; j'espère que ça se retrouvera *(Simonin, 53)*. Ce soir-là, autant pour satisfaire le public que pour lui *faire une « fleur »*, N. dansait le rôle de vedette *(PM 25.10.69)*. En 1920, le pape n'a qu'une idée en tête : *faire une fleur* à la France, afin de renouer avec elle les relations diplomatiques *(M. 29.11.69)*.

(-)FLEUVE Deuxième élément de substantifs composés, formés peut-être d'après *roman-fleuve* (attesté dès 1930) et devenus nombreux depuis 1960. ■ Qui dure très longtemps ; ou : qui est très volumineux.

La *chanson-fleuve* peut se prolonger jusqu'à quatre heures d'affilée *(E. 19.6.67)*. Le *discours-fleuve* prononcé par M. B., marathon oratoire de quatre heures *(M. 31.3.66)*. L'allocution présidentielle dont la brièveté a surpris l'opinion habituée dans les circonstances aussi graves à des *discours-fleuves (M. 28.5.69)*. Un *document-fleuve* de près de 5 000 mots *(F. 9.1.67)*. Ch. plongea dans le *dossier fleuve*, dont le temps avait jauni les pages *(Drieux, 65)*. Ce film fleuve (durée : 3 h 25) *(JF 8.10.66)*. Repartirons-nous pour une phase nouvelle du *procès-fleuve* ? (...) une tonne de dossiers accumulés au cours de plus de vingt-neuf ans de procès *(F. 10.1.67)*. Un *rapport-fleuve* : il ne compte pas moins de 140 feuillets dactylographiés *(F. 5.1.67)*. (D'abord) ce fut le Brésil, (puis) New York. Enfin, escale la plus importante de ce « *voyage-fleuve* » : Tokyo *(F. 14.11.66)*.

● Sont aussi attestées :

Débat-fleuve *(E. 29.4.68)*. Enquête-fleuve *(E. 17.3.69)*. Épopée-fleuve *(El. 11.8.69)*. Feuilleton-fleuve *(El. 13.10.69)*. Livre-fleuve *(El. 29.9.69)*. Poème-fleuve *(E. 22.12.69)*.

FLEXIBLE adj. Fig.
● **À propos d'horaires de travail.** ■ Qui tient compte, dans une certaine mesure, des désirs individuels du personnel.

Y a-t-il des remèdes à l'absentéisme ? Oui, sans doute. Parmi eux les horaires souples. Dans les entreprises où l'on a adopté les *horaires flexibles* ou à la carte, les absences du personnel féminin ont diminué dans des proportions considérables. Les femmes ne sont pas faites pour les horaires rigides *(E. 21.5.73)*.
→ CARTE (À LA)

FLINGUER v. tr. et réfl. (De *flingue*, pop. « *fusil* »). Fam.
Flinguer (qqn ou qqch)
1. **Tirer sur qqn avec un « flingue » ou une arme à feu quelconque.**

L. aurait déclaré que les Marocains venaient à Paris pour « *flinguer* » M. B. (...) Ces deux fonctionnaires n'ont aucune souvenance que M. L. ait usé de l'expression « *flinguer* » *(M. 12.10.66)*. Vous savez ce qu'il m'a dit, J., quand les étudiants ont commencé, en 1968, à chahuter les autos : « Ah ça, si y en a un qui vient toucher ma bagnole, je l'*flingue* ! » Et tant qu'il a sa carabine, il le ferait ! *(Daninos, 69)*.

2. **Fig. Critiquer avec virulence,** *descendre** **(fig.) (qqn ou qqch) en flammes.**

— Et toi, lâcha P. à l'adresse de G. (son fils, 14 ans), tu ne dis rien ! Tu es muet ? — Je me réserve pour plus tard. Je parlerai quand je serai un grand leader syndicaliste. P. demeura coi et, le repas fini, s'en alla dans sa chambre. — Je l'ai *flingué*, le vieux, rigola G. pour sa sœur (16 ans) *(Fallet, 64)*.
Dix répliques géniales (dans un film) et applaudies confirment la verve de pamphlétaire du dialoguiste. Il ne cause plus, il *flingue (P. 19.12.77)*.

Se flinguer
1. **Se suicider.**

Il ne semblait pas étonné du suicide de F. : « F. m'avait dit jadis, déclara-t-il, qu'il préférait « *se flinguer* » plutôt que de retourner en tôle (= prison) » *(M. 20.2.66)*.

2. **Fig. Par ext. Désespérer (intr.).**

À la Cité universitaire il n'y a ni ciné-club, ni foyer, ni salle de théâtre. Le soir, en hiver, on pourrait *se flinguer (E. 5.6.72)*. Il y a, aujourd'hui, question sur tout et réponse sur rien. « De quoi *se flinguer* » suivant la formule triviale à la mode *(M. 3.1.78)*.

FLIPPER [flipœr] sm. Mot anglais. ■ Mécanisme placé dans un billard électrique et qui sert à renvoyer la bille vers le haut. Par ext. : le billard électrique lui-même.

Les garçons « sèchent » facilement un cours pour faire une partie de *flipper (E. 8.11.65)*. Croisade contre les billards électriques (...) Une violente campagne réclamait une augmentation de la taxe sur les « *flippers* » qui servirait à construire des maisons de jeunes *(E. 2.10.67)*. Leurs réceptions se déroulent au son du crépitement des « *flippers* » *(E. 4.12.67)*.

Un café tout neuf où les jeunes viennent jouer au *flipper* *(O. 24.9.73)*. Au foyer de la caserne, un grand bar avec baby-foot, *flipper* et juke-box *(O. 6.1.75)*. Les *flippers* trônent à présent dans les salons d'attente des aéroports, les halls des grands hôtels, les cafétérias des campus universitaires. S'adonner au *flipper* faisait autrefois mauvais genre. C'est aujourd'hui la plus snob des distractions *(M. 17.12.77)*.

FLIPPER [flipe] v. intr. ~ 1970. (De l'am. *to flip*). Fam.

1. **Perdre contact avec la réalité sous l'effet de la *drogue**, se sentir abattu quand elle a fini son effet.**
2. **Par ext. Être déprimé, découragé, ou à bout de forces.**
   (J'ai) passé une annonce (...) J'ai eu quelques réponses mais rien de terrible (...) Je commençais à *flipper* dur parce que la ville, j'en ai ras le bol *(M. 28.5.78)*. Josée se coltinera toute seule ses 32 sacs de 50 kg tous les jours ; ça la fait un peu *flipper*. Elle trouve que c'est pas évident pour une bonne femme *(M. 28.5.78)*.
3. **Être exalté, enthousiaste.**
   Quelques-uns *flipperont* à cette foire du langage et parleront de génie *(M. 9.6.78)*.

FLIRT [flœrt] sm. Fig. ■ Essai de rapprochement (entre deux firmes, gouvernements, sociétés, etc.).

Peut-on être sûr qu'une nouvelle tension succédant aux *flirts* diplomatiques, ne mettra pas de nouveau le monde en péril *(Sudreau, 67)*. Après six ans de *flirt* Danone et Gervais fusionnent *(E. 26.6.67)*. Après un *flirt* assez poussé avec l'Est, la collaboration est au point mort *(O. 3.1.68)*. Ses amitiés « atlantiques » (d'un député) lui ont toujours fait dénoncer les dangers du « *flirt* Paris-Moscou » *(E. 9.9.68)*. Les députés donnent carrière à leur amertume devant le pitoyable résultat du « *flirt* avec la gauche » *(M. 30.9.69)*.

FLIRTER (avec quelque chose) v. intr. Fig. ■ Se rapprocher de.

Un film d'aventures qui *flirte* raisonnablement avec la science-fiction *(M. 24.1.65)*. La 204 (une voiture) « *flirte* » avec les 140 km/h *(AAT 6.65)*. Après avoir « *flirté* » avec la catastrophe, ils (une équipe de rugby) terminaient la rencontre en vainqueurs *(F. 15.12.66)*. Une pièce où la pensée de Mme de Beauvoir *flirte* avec celle de Camus plus qu'avec celle de M. Sartre *(E. 26.6.67)*. Les États-Unis se mettent sérieusement à *flirter* avec la Chine *(E. 21.2.69)*.
Mon intention n'était pas de *flirter* avec le complot *(E. 27.3.72)*.

FLOCAGE sm. ■ Procédé qui donne à l'objet *floqué** l'aspect du velours, par pulvérisation de fibres textiles ou de particules diverses sur un support adhésif.

Le *flocage* est beaucoup plus cher. D'ailleurs on s'y retrouve, car le *flocage* reste beau plus longtemps *(Caplain, 67)*.

FLOCKÉ, E ou FLOQUÉ,E adj. ■ Qui a l'aspect velouté.

Les taille-crayons représentent des animaux soit *floqués*, soit en matière plastique *(F. 3.9.64)*. L'énorme volume de mousse *floquée* rouge (...) il s'agit d'un siège *(E. 29.9.65)*. Rideaux en tergal « plein jour », belle application *flockée* *(F. 7.1.67)*. Un tableau de feutrine sur lequel on peut coller du papier *floqué* *(O.R.T.F. 19.4.69)*.

FLOP [flɔp] sm. Mot anglais (fiasco, « four » au théâtre, etc.). Cin. ■ Échec.

Il est parfaitement conscient du risque qu'il prend : « Si le film est un *flop* (...) » *(E. 17.5.65)*. Un véritable artiste se reconnaît à la valeur d'un échec. Fellini n'est grand qu'à cause de son film « G. » qui a été un *flop* *(PM 5.10.68)*. Ces deux films n'ont pas été des naufrages grandioses, mais seulement deux petits « *flops* » *(E. 14.4.69)*.
J'ai fait un premier long métrage. Un film complètement raté. — Vous avez analysé les raisons de ce *flop* ? *(E. 3.1.72)*.
→ BIDE.

FLOTTANT, E adj. Fig. À propos d'un groupe humain : instable (dans son comportement, ses occupations, ses lieux de résidence, ses votes, etc.).

Ce sont les *électeurs* « *flottants* » qui font pencher la balance *(M. 29.8.64)*. Dans les grandes agglomérations vit une *population flottante* qui passe à travers les mailles du filet des recenseurs *(M. 25.9.68)*.
Dans presque toutes les grandes nations d'Europe occidentale où la droite et la gauche s'équilibrent à peu près, la victoire est décidée par une marge étroite de votes « *flottants* » *(M. 8.5.74)*.

FLOTTE sf. Par anal. ■ Ensemble des véhicules d'une catégorie donnée dont dispose une collectivité.

Dans le cas du transport collectif à la demande, il n'est pas nécessaire d'entretenir une *flotte* trop nombreuse de véhicules à moitié vides pendant les heures creuses *(M. 24.10.74)*.
→ 1. PARC.

FLOTTEMENT sm. (Sous l'influence de l'angl. *floating*). Écon. ■ Libre variation du cours d'une monnaie au gré de l'offre et de la demande.

L'accélération de l'inflation et le *flottement* des monnaies étaient les signes précurseurs de la crise *(M. 26.6.74)*. Le bloc européen de *flottement* concerté exige le maintien du *flottement* de toutes les monnaies à l'intérieur d'une fourchette de 2,25 % *(E. 3.7.78)*.

Rem. La variante *flottaison* est attestée.

La *flottaison* de la livre va-t-elle être le détonateur d'une nouvelle crise monétaire mondiale du type de celle qui s'est ouverte le 10 mai 1971 avec la *flottaison* du mark ? *(Exp. 7.72).*

FLOTTER v. intr. Écon. Se dit d'une monnaie dont le cours varie librement au gré de l'offre et de la demande.

En juillet 1972 après la décision britannique de laisser *flotter* le sterling (...) *(M. 25.1.73).*
Ce n'est pas par hasard que les monnaies *flottent*. Toutes les économies occidentales paraissent avoir rompu les amarres. Le tourbillon monétaire ne connaît plus de fin *(E. 2.4.73).*
Dans le système dit du serpent, les monnaies *flottent* les unes par rapport aux autres à l'intérieur d'une fourchette de 2,25 % *(E. 24.7.78).*

FLUIDE adj. (Circulation routière) qui s'écoule bien, sans *bouchons**, embouteillages, etc.

Cet étalement des retours a rendu assez *fluide* le flot de la circulation sur les grands axes *(M. 19.5.64).*
Un boulevard qui fut jadis très encombré et où la circulation, aujourd'hui, est relativement « *fluide* », pour employer le vocabulaire actuel *(C. 3.12.72).* On peut dire qu'une circulation est *fluide* et que, le débit des véhicules augmentant, elle le demeure, tant que ceux-ci peuvent continuer à rouler à vitesse normale sans avoir à marquer de ralentissements où d'arrêts inopportuns *(R.G.C.F. 4.76).*

FLUIDIFICATION sf. Action de *fluidifier** (la circulation) ; son résultat.

Décisions en vue d'assurer la *fluidification* du trafic *(VR 28.9.69).* Augmenter le débit et la *fluidification* des circulations sur les voies *(RGCF 6.70).*
Rem. Si l'on cherche le mot « *fluidification* » dans un dictionnaire on ne le trouve pas. Les lois de la sémantique permettent de le rapprocher du verbe « fluidifier » qui, lui, existe, et l'on peut avancer que la *fluidification* est l'art de fluidifier, donc de rendre fluide une circulation qui ne l'est pas *(R.G.C.F. 4.76).*

FLUIDIFIER v. tr. Spéc. Rendre (la circulation) *fluide**.

Le service de l'équipement vient de mettre en place le toboggan qui doit « *fluidifier* » la sortie de l'autoroute *(E. 9.6.69).*
Deux liaisons rapides permettent de *fluidifier* la circulation *(VR 26.10.75).*

FLUIDITÉ sf. Spéc. Qualité d'un trafic qui s'écoule normalement.

Affluence record hier matin dans les gares et sur les autoroutes, mais en fin de journée le trafic a retrouvé sa « *fluidité* » *(F. 4.1.67).* Les ministres promettent la « *fluidité* » dans le trafic téléphonique *(PM 10.10.70).*
Rétablir la *fluidité* du trafic téléphonique sur l'ensemble de la France *(E. 27.11.72).*

FLUORISATION sf. Action de traiter avec du fluor les eaux destinées à la consommation. Résultat de ce traitement.

La *fluorisation* de l'eau est utilisée par de nombreuses municipalités sur la foi de rapports médicaux attestant qu'elle assure une bonne hygiène dentaire et supprime pratiquement les risques de carie *(M. 17.11.66).*

FOCALISER v. tr. et réfléchi. Fig. (sujet nom de personne ou de chose). ■ (Se) concentrer.

Focaliser l'intérêt (du monde entier), désorganiser le trafic aérien mondial à soi seul, ce n'est pas du pouvoir, cela ? *(E. 2.3.70).* Le programme de biologie repose sur de larges panoramas synthétiques avant de se *focaliser* sur les points essentiels *(M. 24.12.67).*

FOLKLORE sm. Fig. : Aspects ou traits d'un pittoresque superficiel ou suranné (nuance souvent dépréciative).

Selon la bonne vieille tradition française, les chercheurs avaient commencé leurs travaux dans un grenier. C'est sans doute une jolie partie du *folklore* français ; mais je crois qu'il est dépassé *(M. 20.10.65).* — « Nous, vous comprenez, on voudrait reprendre la saison touristique. Vous (les militaires) arrivez, et tout est bouleversé » —. Et l'armée avait payé l'hôtel à ses officiers au prix d'une chambre de touriste ! (...) Mais tout cela c'était du *folklore*. Il y avait plus grave *(Courrière, 69).*

FOLKLORIQUE adj. Fig. : Amusant, *farfelu**, pittoresque, dépourvu de sérieux.

Les enragés de L. sont peu nombreux. Leur principale activité consistait à tracer sur les murs des inscriptions *folkloriques* *(E. 12.5.69).*
Rem. La forme abrégée folklo (fam.) est attestée.
J'ai assisté au départ d'un train pour Istanbul. Les voyageurs chargeaient par les baies des réfrigérateurs, des récepteurs de télévision, c'était « *folklo* » *(VR 18.12.77).*

FONCEUR sm. Fig. : Personne audacieuse qui fonce (fig.).

M. A. W. est « *fonceur* » et redouté de ses collaborateurs. En moins d'un an, il a converti de force à ses idées l'essentiel de l'industrie électromécanique *(E. 11.11.68).* M., *fonceur*, baroudeur, c'est un maréchal d'Empire qui n'oublie pas avoir été grognard. On lui a dit bats-toi, et il s'est battu. Comme un lion *(Courrière, 69).*
Par ses méthodes de *fonceur*, sa désinvolture à l'égard des règlements, L. irritait, dérangeait, mais réussissait *(E. 18.2.74).* Il n'est pas de ceux qui supportent de s'encroûter. C'est un « *fonceur* », et sa carrière est un mouvement perpétuel *(M. 30.5.74).* Ce *fonceur*, éloquent, passionné, s'est juré d'extirper l'architecture française de son ornière *(P. 30.9.74).* C. et F. sont des hommes d'action et non pas de réflexion ; ce sont des « *fonceurs* » *(E. 12.7.76).*

FONCEUR

→BATTANT.

FONCTIONNALISER v. tr. (De *fonctionnel**). ■ Rendre quelque chose *fonctionnel**.

Forces politiques et formes sociales convergent dans cette orientation : consolider le quotidien, le structurer, le *fonctionnaliser (Lefebvre, 68)*.

● V. réfl. ■ Devenir *fonctionnel**.

En se *fonctionnalisant* et en s'institutionnalisant, le pouvoir prend la forme d'un appareil au sein duquel règne la spécialisation *(Freund, 65)*. La fête s'est détériorée, s'est localisée, *fonctionnalisée* et elle est arrivée à cette lamentable pratique de fête commerciale *(E. 1.7.68)*.

FONCTIONNALISME sm. ■ Théorie esthétique selon laquelle un objet n'atteint à la beauté que s'il est *fonctionnel**, bien adapté à sa fonction.

On s'ingénie à faire de l'éminent architecte un des prophètes du *fonctionnalisme* contemporain *(O. 27.12.67)*.

● Spéc. Valeur esthétique d'un objet *fonctionnel**.

Les musiciens eux-mêmes, débordant de chaque côté sur l'espace de la salle, forment un encadrement agréable par sa symétrie et sa couleur « *fonctionnalisme* » *(F. 1.11.66)*. Le strict *fonctionnalisme* dépasse les seules préoccupations utilitaires ; il tient aussi en considération d'autres « fonctions » esthétiques, psychologiques et morales celles-là *(M. 12.1.68)*.

FONCTIONNALISTE adj. ■ Partisan du *fonctionnalisme**.

À la montagne on édifie des chalets fort classiques, au grand dam peut-être des urbanistes *fonctionnalistes (VR 26.5.68)*.

FONCTIONNARISATION sf. ■ Action de *fonctionnariser** (quelque chose, quelqu'un) ; son résultat.

Les motifs de protestation : (...) « *fonctionnarisation* » de l'O.R.T.F. — ne manquent pas *(M. 28.2.69)*.
Si la médecine nationalisée était introduite, seuls des moyens coercitifs à l'égard des malades (pour éviter qu'ils abusent) lui permettraient de fonctionner. La *fonctionnarisation* du médecin aboutit à l'embrigadement du malade (...) Voir dans l'activité du Conseil de l'Ordre des médecins une première étape vers la *fonctionnarisation* de la médecine, c'est méconnaître le caractère d'une institution qui constitue le plus solide obstacle à une telle mesure *(Beunat, 74)*. Le chef d'état-major parle de « la *fonctionnarisation* croissante des cadres, de la prolétarisation des plus petits » *(O. 6.1.75)*.

FONCTIONNARISER v. tr. ■ Donner le statut de fonctionnaire au personnel d'un organisme.

(Quant au) problème des auxiliaires de justice et à la réforme des conditions d'exercice de leur profession, sur le premier point, on s'est borné jusqu'ici à « *fonctionnariser* » les greffes (des tribunaux) *(Errera, 68)*.

FONCTIONNEL, E adj. et s. Repris et rép. ~1954 (cf. cit. *musique fonctionnelle*, M. 16.10.54). ■ Se dit d'une chose (concrète où, plus rarement, abstraite) dont la fonction pratique domine les autres caractères.

Rem. Il est un mot qui revient de plus en plus souvent dans la conversation de nos contemporains : c'est le mot « *fonctionnel* ». Une machine, une cuisine, un tire-bouchon sont ou ne sont pas « *fonctionnels* » *(M. 31.10.59)*.

○ Décongestionner une capitale surpeuplée et « extramurer » une partie de ses habitants et de ses *activités fonctionnelles (M. 27.5.59)*. J'écraserais mes remords (de femme adultère) si c'était comme avant. Mais pas pour des émotions rassises qui font partie du train-train quotidien. « Même l'*adultère*, c'est *fonctionnel* » *(Beauvoir, 66)*. Réaliser une *aérogare* plus *fonctionnelle*, moins luxueuse, plus « rustique » *(M. 21.12.66)*. L'accent serait mis sur la notion d'*alphabétisation* « *fonctionnelle* ». Au lieu de « saupoudrer » des territoires entiers, on s'attacherait à mettre sur pied des campagnes d'alphabétisation plus intensive *(M. 9.9.69)*. Un *art fonctionnel*, reflétant le dynamisme de la machine et l'optimisme du monde moderne *(E. 29.5.67)*. Telle *architecture* « est » du moment qu'elle est *fonctionnelle*. Encore reste-t-il à préciser la fonction *(M. 5.1.68)*. Les faces latérales de Notre-Dame de Paris (...) leur *authenticité fonctionnelle* et plastique *(O. 27.12.67)*. Pour que le lieu de travail cesse d'être un *cahot* plus ou moins *fonctionnel (E. 29.1.68)*. Pimpant, *fonctionnel*, à certains égards en avance sur son époque, le *collège* industrialisé fait dans notre pays une entrée discrète *(M. 13.9.66)*. La *cuisine*, conçue par un « designer » est résolument *fonctionnelle* : plan de travail post-formé, four suspendu, table de cuisson, rangements à ouverture automatique *(M. 25.5.69)*. Le groupement des bijoutiers de qualité vient d'étudier l'*élégance* « *fonctionnelle* » – ce mot étant à la mode – des tissus pour « Messieurs les automobilistes » *(M. 2.2.56)*. « *Fonctionnel* », ce *film* l'est par le souci constant dont il témoigne chez ses auteurs de séduire le public, de flatter ses habitudes, ses besoins ou ses manies. « *Fonctionnel* », il l'est encore par la sûreté de sa conception, la minutie de son montage l'automatisme de sa mise en œuvre *(M. 31.10.59)*. « *Fonctionnel* », il l'est enfin par l'ingénieuse utilisation de la vedette considérée comme un colossal champ magnétique autour duquel tout s'agence tout s'organise et tout fonctionne *(M. 31.10.59)*. Le modernisme (dont) l'hôtellerie s'exprime (par) les *havres fonctionnels* des grandes chaînes d'hôtels internationaux *(M. 27.11.66)*. M. H., incarnation du Français moyen, est allergique aux *meubles dits fonctionnels (E. 25.12.67)*. Personne n'a songé à lancer un système de vente qui permette à la « *mode style* » *fonctionnelle* et pratique d'atteindre les villages *(O. 10.7.68)*. La « *musique fonctionnelle* » compte parmi les éléments susceptibles d'accroître le rendement du personnel. Quelques chefs d'entreprise se sont lancés timidement dans la voie du « travail et musique » *(M. 16.10.54)*. Les appareils étincelants qui s'offrent à nous tels des *objets* innocents, *fonctionnels*, indispensables *(Bernard, 64)*. Le temps des happy few, des dégu stateurs de peinture et des solitaires raffinés est révolu. Nous créons pour la société des *œuvres fonctionnelles (FL 23.6.66).* Tout le monde s'accordait à le trouver très pratique (le *Palais* de l'Exposition de 1867) — on dirait maintenant *« fonctionnel »* (VR 27.8.67). On se recevra dans des *pièces « fonctionnelles »,* assis sur des meubles étranges *(Bouvard, 66).* Ce modernisme demandera un effort d'adaptation de la part des surveillants (de cette) *prison fonctionnelle (M. 8.5.68).* Améliorer l'aide (au Tiers-monde) en mettant l'accent sur l'assistance technique et la *scolarisation fonctionnelle (M. 20.1.68).* Rationnel, le costume masculin ? *Fonctionnels,* le *veston* et le pardessus ? *(E. 1.11.65).*

∞ Son bureau était moderne et *fonctionnel* — mais il y semait irrésistiblement la fantaisie (...) Les locaux étaient rigoureusement *« fonctionnels ».* Entre les classeurs métalliques et le bureau d'acier inoxydable, P. se sentait malheureux *(Saint Pierre, 70).* Il s'engouffra dans un ascenseur, en sortit au 6e étage, parcourut un corridor *fonctionnel (Saint Pierre, 72).* Il cherche un mobilier, une architecture qui aient une fonction sans être *fonctionnels (E. 27.1.75).* L'ensemble est peut-être *« fonctionnel » :* les voitures s'engouffrent dessous ; les taxis et les autocars ont chacun leur labyrinthe pour s'approcher de la gare ; les piétons sont happés par des escaliers mécaniques couverts d'un toit de plastique *(M. 28.4.78).*

FONDAMENTALISTE subst. 1966. Did. ■ Spécialiste de la recherche fondamentale.

En dehors de leurs heures d'enseignement, beaucoup de *fondamentalistes* se consacraient entièrement à la recherche. (...) Il faudrait que les *fondamentalistes* chercheurs puissent obtenir leur intégration hospitalière dans un laboratoire de recherche correspondant à leur spécialité *(M. 9.4.66).* Un point important serait une osmose étroite entre cliniciens et *fondamentalistes (FL 29.9.66).*

FONDEUR subst. ~ 1970. ■ Skieur qui pratique le *ski de fond.*

Les adeptes du ski de fond (ou nordique) se faisant de plus en plus nombreux, une chenillette a été spécialement étudiée pour le traçage des pistes de ski que réclament les *« fondeurs » (P. 16.12.74).*

FONTS BAPTISMAUX Dans les loc. fig. *« Porter* ou *tenir* (qqch) *sur les fonts baptismaux ».* ■ Parrainer qqch, participer à la création, à la fondation de qqch (institution, organisme, etc.).

Le ministre se voulait l'« ange gardien des prix », et avait, dans ce but, *porté sur les fonts baptismaux* l'Institut national de la consommation *(M. 30.5.74).* L'Opep (Organisation des pays exportateurs de pétrole) est prête, s'il le faut, à *porter sur les fonts baptismaux* de nouvelles organisations de producteurs *(E. 3.2.75).*

FOOTBALLEUSE sf. ■ Membre d'une équipe féminine de football.

La *« footballeuse »,* dernière-née des sportives, a fait son entrée européenne à Turin *(M. 5.11.69).* Apparue sur les terrains il y a un peu plus de deux ans, la *« footballeuse »,* ainsi qu'il faudra bien se décider à l'appeler, cherche sa place dans un sport qui compte des millions d'adeptes masculins, mais à peine quelques centaines de femmes. À l'instar de ses consœurs du basket-ball, de l'athlétisme ou de la gymnastique, la *« footballeuse »* aimerait être considérée comme une sportive à part entière *(M. 20.3.71).*
Les *footballeuses* britanniques bénéficient encore d'une avance de plusieurs années sur les Françaises *(M. 10.11.74).*

FORCE (DE DISSUASION, DE FRAPPE)
→ DISSUASION, FRAPPE.

FORCE (TROISIÈME) sf. ~ 1950. Pol. ■ Parti ou groupement qui tente de garder une position intermédiaire entre la « droite » et la « gauche » proprement dites.

Certains hommes de la gauche non communiste n'ont pas encore renoncé à toute (...) recherche d'une alliance avec des forces dites du centre ou de droite pour une politique dite de *« troisième force » (M. 18.1.68).* (Le parti socialiste) a considéré la victoire (du candidat centriste) comme un moyen de préparer une majorité de *troisième force (M. 6.6.69).*

FORCING [fɔrsiŋ] sm. Mil. XXe. (Mot angl., de *« to force »,* forcer). Fig. (D'après l'emploi dans le vocab. des sports). Accélération du rythme, augmentation notable de l'effort dans un travail, un exercice, une compétition (autre que sportive), une négociation, etc., afin d'arracher le succès, de triompher d'un adversaire, de convaincre un partenaire.

Avec les possibilités de *« forcing »* dans des boîtes à bachot, pendant les vacances, ces élèves ont une chance de franchir l'obstacle *(M. 11.9.64).*
Tourner à gauche ne peut se faire actuellement qu'avec grand péril. Se sachant prioritaires, les (automobilistes) qui viennent en face ont tendance à faire un *« forcing » (M. 10.10.68).* La grève avait été, dans certaines usines, déclenchée « au *forcing »* (G. Martinet, 68). Les services de l'État doivent faire peau neuve pour tenir tête au *« forcing »* des sociétés privées *(M. 14.10.69).*
Annulant deux tournées électorales, le président américain faisait un véritable *« forcing »* auprès de ses hôtes, le Premier ministre israélien et le Président égyptien. J. Carter déployait des « efforts gigantesques » pour débloquer la négociation *(E. 18.9.78).*

FORFAIT- Premier élément de substantifs composés masculins indiquant que des prestations diverses sont offertes à un prix forfaitaire.

Forfaits-cures, sauna, parc, air pur, forêts *(M. 26.2.69).* Ce *forfait-étape* comprend la

FORFAIT-

chambre, le petit déjeuner, le dîner du soir d'arrivée, un lavage gratuit de voiture, l'accès gratuit aux visites organisées par le Syndicat d'initiative *(C. 2.7.69)*. Les hôteliers pourraient appliquer le *« forfait-loisir »*, créé pour tenter de relancer une saison compromise *(O. 19.8.68)*. Des hôteliers ont mis au point des *« forfaits-promotion »* qui comprennent la chambre et le petit déjeuner ou la demi-pension pendant une semaine *(FP 10.70)*. Le *« forfait-relax »* que lance (une station thermale) *(E. 10.5.65)*. Les *forfaits-séjours* comprennent l'hébergement en hôtel, la participation aux courses avec guides *(M. 26.4.70)*. Une trentaine de stations offriront des formules de *« forfaits-skieurs »* Dans le domaine du ski aussi, le tout compris a fait école *(F. 18.11.66)*. Le *« forfait-studiomotel »* propose pour un prix global transport en wagon-lit, logement en studio, remontées mécaniques, leçons de ski, et petit déjeuner *(A. 4.12.69)*.

FORFAITAIRISATION ou FORFAITARISATION ou FORFAITISATION sf. Écon., Pol. ■ Fixation d'un montant forfaitaire en matière de subventions, d'impôts, etc.

Le plafonnement et la *« forfaitairisation »* des subventions de l'État *(M. 27.11.66)*. *« Forfaitarisation »* du système (d'impôts) : déduction forfaitaire d'un montant fixe par enfant *(M. 29.11.67)*. La participation de l'État est forfaitaire. La *« forfaitisation »* de l'aide de l'État ne doit pas inciter les collectivités à ne pas contrôler de très près la dépense *(M. 18.11.66)*.

FORFAITISER v. tr. Écon. ■ Fixer qqch (bénéfice, honoraires, prix) à un montant forfaitaire.

Les firmes (d'ingénierie) ont peu à peu été contraintes de prendre une part croissante de responsabilité dans la réalisation des projets auxquelles elles participaient, et, d'autre part, de *forfaitiser* leurs bénéfices puis l'ensemble de l'étude *(M. 11.10.75)*.

FORMATION CONTINUE sf. Syn. de *formation* permanente*.

Cette évolution des techniques implique une *formation continue* du personnel *(VR 13.6.76)*. D'autres mesures ont été approuvées par les adhérents de la Prévention routière, notamment la *formation continue* des conducteurs *(C. 22.8.78)*.

FORMATION PERMANENTE sf. ■ Formation complémentaire pour les adultes désireux de se *recycler**.

La mise en place de la *formation permanente* donne certains espoirs de changer les choses (...) Si les femmes savent la saisir, ce sera leur grande chance. La *formation permanente* est le seul palliatif possible à la discontinuité de leur vie professionnelle *(E. 21.5.73)*. En accélérant des mutations sociales jadis étalées sur plusieurs années de la vie d'un individu, voire sur plusieurs générations, la *formation permanente*, cette formidable machine à réduire les inégalités, ne risque-t-elle pas de bouleverser les couples et les familles ? *(P. 14.10.74)*.
J'ai dû exposer le fonctionnement des institutions politico-administratives à des adultes en *formation permanente (C. 11.1.78)*.
→ ÉDUCATION PERMANENTE, RECYCLAGE.

FORT(-)EN(-)THÈME [fɔrɑ̃tɛm] sm. Fig. (politique, sport, etc.). ■ Personne appliquée, sérieuse, travailleuse.

Il (un champion de natation) fume un paquet de cigarettes par jour, boit deux verres de vin à chaque repas, sort le soir — bref, c'est un joyeux drille comparé aux pluvieux *forts-en-thème* olympiques *(PM 3.10.64)*. Ce *« fort en thème »* autoritaire et austère (le leader de l'opposition) est réellement parvenu à acquérir la stature d'un premier ministre « possible ». Personne ne conteste (son) habileté, (sa) compétence *(M. 15.10.64)*.

FORUM sm. Fig. *Colloque*, symposium**.

Au cours d'un *« forum »* sur la libération des échanges, de hauts fonctionnaires et des professionnels ont confronté leurs points de vue *(M. 1.2.55)*. Un *forum* sur l'éducation musicale a eu lieu à l'Unesco *(M. 14.4.66)*. Le secrétaire général (d'un syndicat) a rappelé au cours du *« forum social »* la demande d'un « code de garanties sociales » *(M. 18.1.68)*. Après le dernier *forum-jeunesse* (on constate) que la guerre des générations n'est pas si chaude qu'on voudrait nous le faire croire *(C. 16.3.69)*.

FOU adj. Fig. Se dit d'un véhicule dont le conducteur a perdu le contrôle.

Un camion semi-remorque dévale la route à l'entrée de B. Au bas de la côte, une déviation contourne le centre de la ville. Mais le poids lourd est devenu *fou*. Ses freins ont lâché. Il continue tout droit, écrase quatre voitures, pulvérise des vitrines. On relèvera cinq morts et huit blessés graves *(E. 11.6.73)*. Un camion *fou*, chargé de produits explosifs, a transformé en un charnier incandescent un paisible camping espagnol *(C. 23.8.78)*.

● Par métaph.

Le scandale Watergate est devenu un camion *fou* qui dévale la pente, renversant tout sur son passage *(E. 21.5.73)*.

FOUET (COUP DE) fig.
→ COUP.

FOULÉE (DANS LA) Loc. Fig. (D'après les emplois dans le vocab. du sport : course à pied, course hippique) où l'on trouve les expressions : *« franchir un obstacle dans la foulée »* (= sans marquer de temps d'arrêt), *« suivre un coureur dans sa (la) foulée »* (= le suivre de tout près, en courant à la même allure).
Fig. Sur la même *lancée**, aussitôt après, dans le prolongement immédiat (d'un événement) et en utilisant l'impulsion déjà donnée (par cet événement).

Dans la foulée + O (sans complément).

Mme E. a achevé, *dans la foulée*, le marathon-des-cadeaux (de Noël) *(E. 20.12.65)*.
De nombreux avions se présentent en même temps (aux abords de l'aéroport). Il est impossible de les faire atterrir *dans la foulée*. Il faut les faire attendre avant de leur ouvrir l'accès de la piste *(C. 23.5.70)*. Elles (deux détenues dans une prison) choisissent deux lits (dans la cellule où l'on vient de les enfermer) (...) *Dans la foulée*, elles s'emparent des placards qui leur conviennent *(Saint Pierre, 72)*. Le capitaine B. sait que (après avoir atteint le sol) les parachutistes vont attaquer *dans la foulée* (...) O. (un Algérien) cite Lénine (...) *Dans la foulée* il évoque également Mao *(Bonnecarrère, 72)*. Les enquêteurs (vont) visiter la centrale d'écoute téléphonique (...) *Dans la foulée*, ils pourraient même inspecter quelques centraux *(E. 30.7.73)*. Les services de l'Élysée communiquent la liste des activités du Chef de l'État ; ils annoncent *dans la foulée* que le Chef de l'État recevra (...) *(E. 11.6.73)*. Le corps électoral approuva l'indépendance de l'Algérie, et puis, *dans la foulée*, l'élection du Président de la République au suffrage universel *(M. 21.4.74)*. Le 6 janvier, Carène démarre en trombe sur les antennes. *Dans la foulée* tous les journaux de jeunes libèrent des pages entières pour annoncer l'entrée de Carène dans l'arène *(E. 20.1.75)*. Il fera une revue de presse à 8 h 30. Ce sera une bonne locomotive pour l'émission (...) qu'il donnera *dans la foulée (C. 2.9.78)*.

Dans la foulée + de + subst.

O Il était facile d'obtenir du Congrès des crédits destinés aux améliorations collectives *dans la foulée d'un budget* militaire exorbitant *(M. 5.11.68)*. Les appareils (des partis) pouvaient renverser le régime, et, *dans la foulée de ce* formidable *changement*, gagner les élections *(Can. 25.6.6)*. La hausse des prix se poursuivait *dans la foulée de l'inflation* ambiante et de la dévaluation *(E. 1.9.69)*. Noël et, *dans sa foulée*, la Saint-Sylvestre (demeurent les fêtes les plus importantes de l'année) *(E. 30.12.68)*. Après le référendum, *dans la foulée du « non »* de la Bourgogne, et *dans la foulée de ce « oui »* très diminué de la Bretagne, il fallait un changement *(RSR 26.5.69)*. Il avait conçu le dessein, d'annoncer à cette occasion, *dans la foulée de la signature* du traité de non-prolifération nucléaire, des raids contre le Vietnam du Nord *(M. 3.11.68)*. L'expérience (la création d'un parti gaulliste) n'a pas été recommencée, alors qu'elle aurait pu l'être *dans la foulée du succès (M. 13.1.70)*. La visite à Belgrade (d'un homme politique a lieu) *dans la foulée d'une tournée* européenne *(M. 17.10.68)*. (Le chef de l'État) a peut-être commis une lourde erreur en n'organisant pas sa succession *dans la foulée de* son triomphe électoral *(M. 24.4.69)*. Haydn s'était attelé (aux « Saisons ») *dans la foulée du triomphe* de sa « Création » *(PM 17.10.70)*.
∞ Une étude publiée en juillet 1970 *dans la foulée du colloque (VR 10.1.71)*. *Dans la foulée de ses démonstrations*, ce sévère procureur reproche à notre société (...) *(M. 12.5.72)*. Les 600.000 logements promis se situent à peu près *dans la foulée des résultats* obtenus depuis trois ans *(Exp. 4.73)*. Un sondage (...) *dans la foulée du face-à-face* Mitterrand-Giscard *(P. 27.5.74)*. Il a négligé de se donner les moyens de sa politique par la création, *dans la foulée de l'élection présidentielle*, d'un grand parti pour soutenir son action *(E. 22.5.78)*.

FOURCHETTE sf. Fig. (D'après l'emploi dans le vocabulaire de l'artillerie). Repris et rép. ~ 1960, par la publication des calculs des statisticiens (résultats d'élections, sondages d'opinion, etc.).

● Écart entre deux possibilités extrêmes (dans une prévision, une estimation chiffrées, par ex. un sondage d'opinion).

Rem. Une *fourchette* comporte pour chacun des candidats les pourcentages des voix le plus bas et le plus élevé qui lui sont attribués. Exemple : à 21 h 30, la *fourchette* du général de Gaulle est 38-52 % *(Sainderichin, 66)*. Une donnée essentielle (en statistique, c'est) celle de la marge d'erreur, la *« fourchette »* des sondages et des résultats partiels aux élections, empruntée à la terminologie des artilleurs *(Muller, 68)*.

● Le 5 mai à 20 heures, une nouvelle *« fourchette »* sort de l'ordinateur. C'est désormais l'usage de toute soirée d'élections *(P. 29.4.74)*.

● Par ext., (dans tous les domaines). Écart entre deux grandeurs extrêmes (prix, tarifs, temps, etc.).

Fixation du prix de la viande. Il s'agit de déterminer les limites, supérieure et inférieure, d'une *« fourchette »*, les États membres étant libres de fixer leur prix national d'orientation à l'intérieur de cette *« fourchette » (M. 16.12.64)*. Pour le lait, la *« fourchette »* est restée encore très ouverte entre 33 DM et 41,2 DM les 100 kilos *(M. 9.1.66)*. Un arrêté avait sensiblement relevé la branche supérieure de la *fourchette* à l'intérieur de laquelle peuvent varier les loyers *(M. 6.5.66)*. Tarification à *fourchette*, c'est-à-dire comportant un plafond et un plancher entre lesquels liberté est laissée au transporteur *(M. 13.5.66)*. La *fourchette* est étroite (dans une course de descente à ski). Un poil au-dessus, et c'est la catastrophe, la chute. Un poil au-dessous c'est la défaite. Le fin du fin c'est d'arriver à se tenir dans cette *fourchette* qui n'est souvent que de quelques fractions de seconde *(PM 2.3.68)*. Les communes perçoivent une part importante des impôts sur les revenus, dans une *fourchette* qui varie de 9 à 22 % des revenus des citoyens *(E. 16.6.69)*. La *« fourchette »* dans laquelle doit se dérouler une mission (spatiale) est étroite et les possibilités qui s'offrent à un instant donné du vol pour faire face à un incident donné ne sont pas très nombreuses *(M. 18.7.69)*. En France, l'éventail des salaires s'étale de 1 à 10, contrairement à d'autres pays

FOURCHETTE 234

plus évolués socialement où la *fourchette* est de 1 à 4 *(C. 21.11.69)*. Dans l'énoncé de l'âge requis pour le cadre commercial, la « *fourchette* » peut être beaucoup plus large que pour un autre cadre (...) il est recommandé de fixer une « *fourchette* » de dix ans ou même de quinze ans *(En. 31.1.70)*. (Pour) les tarifs (de la publicité indirecte au cinéma), la *fourchette* peut osciller, pour une seule marque de 3 000 à 10 000 F *(E. 13.4.70)*.
Une formule de jeu intelligente, prévoyant aussi précisément que possible la *fourchette* des rapports escomptables (du tiercé) *(Lesparda, 70)*. La C.f.d.t. parle d'une *fourchette* de 80.000 à 120.000 personnes (aux obsèques d'un jeune militant) *(E. 13.3.72)*. Nous étions cinq frères et sœurs, avec une *fourchette* d'âge assez resserrée *(Exp. 2.73)*. Pour ces fonctionnaires, la *fourchette* des traitements s'établit entre 4.300 et 8.500 F par mois *(O. 24.9.73)*. Des tarifs de référence qui sont le plus souvent assortis de *fourchettes* de liberté tarifaire, au sein desquelles il est possible de personnaliser les prix en fonction des clients *(R.G.C.F. 7.74)*.
Ce gaz est explosif lorsqu'il est mélangé dans une *fourchette* de 5 à 15 % avec l'air *(M. 19.2.78)*. La « *fourchette* » de la rémunération garantie (par l'accord) aux ouvriers de la métallurgie se situera entre 24.000 et 29.000 F par an *(M. 9.7.78)*. Dans le système dit du serpent, les monnaies flottent les unes par rapport aux autres à l'intérieur d'une *fourchette* de 2,25 % *(E. 24.7.78)*.

FRACASSANT, E adj. Fig. Mot datant du XIXe s. (PR : 1891), au sens « acoustique » de *très bruyant*, mais encore senti comme nouveau en 1957 (cf. Rem. 1. ci-après). L'emploi figuré semble assez récent (~ 1950), et il est devenu très fréquent après 1955 au sens de : qui fait sensation, qui fait scandale ; qui fait une vive impression ; ou encore : provocant(e), retentissant(e).

Rem. 1. À côté de « fracas » et « fracasser », d'âge vénérable, vient d'apparaître *fracassant*, qui n'est que le participe présent de « fracasser » employé comme adjectif. On le trouve parfois avec un sens très proche de celui que contient « fracas », servant en quelque sorte de superlatif à « bruyant » (...). Mais il prend presque toujours un sens figuré qualifiant un acte dont l'effet ou l'intention est d'accaparer brutalement l'attention, de causer une surprise violente, un éclat inattendu. Ce sens était déjà latent dans « fracas ». (...) *Fracassant* prend la relève de quelques autres adjectifs qui furent à la mode, mais qui s'usent vite : « stupéfiant », « sensationnel », etc. *(Muller : Cl. f. 3.57)*.

Rem. 2. Fracassant est le plus souvent placé après le substantif qu'il détermine, plus rarement avant lui. Des exemples des deux constructions sont présentés séparément ci-après.

Fracassant (placé après un substantif).

1. Le substantif désigne une chose (abstraite ou concrète).

O D'un combat insidieux, le réalisateur (d'un film) a fait un *affrontement fracassant*, une joute pathétique *(M. 25.6.68)*. R. n'était pas de la race des pilotes d'essais aux *allures fracassantes*. C'était un homme réservé, modeste, presque timide *(M. 11.1.59)*. La plupart des partis en présence demeurent dans l'expectative. Nulle part, on ne fait encore d'*annonce fracassante (Cd. 17.10.66)*. Un *article fracassant* qui apparaissait comme une déclaration de guerre *(E. 27.6.66)*. Le « T-shirt » commence à payer le prix d'une *célébrité* trop *fracassante. (E. 14.6.65)*. Il (un producteur d'émissions télévisées) adore les *déclarations fracassantes*, l'essentiel pour lui étant de ne pas passer inaperçu *(ST 5.2.66)*. Ce prince de la litote proscrit les *déclarations fracassantes (E. 19.9.66)*. Il a cru devoir faire à la presse des *déclarations* d'autant plus *fracassantes* qu'elles ne cassent rien *(Can. 2.10.68)*. Sa prétention de donner à son film les allures d'un *documentaire fracassant (Etu. 12.58)*. Dans un manteau de vison bleu clair, (elle) était d'une *élégance fracassante (Aymé, 60)*. L'émission « Cinq colonnes à la une » fit naguère une *entrée fracassante* à la télévision *(M. 6.6.65)*. À vingt-cinq ans, M.-C. B. fait une *entrée fracassante* dans nos lettres avec un roman qui déroute déjà tous ceux qui viennent de le lire *(M. 16.4.66)*. Libre, gaie, superbe, heureuse de vivre, Modesty Blaise, la super-femme, fera une *entrée fracassante* au XXe Festival (du cinéma) *(E. 2.5.66)*. *Entrée fracassante* des ordinateurs qui bouleversent nos modes de gestion et de calcul *(En. 31.8.68)*. Il faut rendre (les musées) agréables, vivants. Alors seulement s'y prolongera l'écho des *expositions fracassantes (E. 2.1.67)*. Un *film* plus *fracassant*, plus mouvementé que jamais *(TL 5.8.65)*. Les discours (du général de Gaulle) se suivent et ne se ressemblent pas. Cette fois plus de sarcasmes, plus de *formules fracassantes (M. 2.2.64)*. Ce curieux personnage n'a cessé de multiplier les déclarations d'un *gauchisme fracassant (PM 24.7.65)*. Une *interview fracassante* accordée par (un homme pol.) à un hebdomadaire *(O. 17.3.69)*.
Ce *livre* massif et *fracassant* écrase du poids de ses 440 pages et de sa puissante originalité le lot des derniers prix littéraires *(Etu. 1.57)*. Rien ne manque à ces magazines : bandes dessinées, reportages, indiscrétions, exclusivités, *manchettes fracassantes (F. 6.12.60)*. Un sénateur vient de s'attaquer à (la drogue) d'une *manière fracassante*, en accusant le maire de New York, d'avoir caché l'étendue du problème *(E. 5.7.65)*. Ses airs d'enfant perdu au milieu du *monde fracassant* d'aujourd'hui *(F. 18.10.65)*. La montée *fracassante* de la télévision *(En. 12.12.70)*. La conférence de presse du 14 janvier. Exposé implacable d'un point de vue non moins implacable, qui a fait grincer les dents. Deux « non » retentissants *fracassants* même *(C. 31.12.63)*. Des *œuvres fracassantes* comme « Le Salaire de la peur » (film de 1953) *(M. 3.5.59)*. Plus les *ordres* sont *fracassants* plus ils dénotent la méfiance et l'anxiété des états-majors *(NL 20.10.66)*. La *position fracassante* prise par l'Église évangélique *(E. 19.12.65)*. Peu ou pas de *premières fracassantes* cette semaine sur les écrans *(G. 28.6.69)*. Qu'on ne s'attende pas à des décisions spectaculaires ou à des *prises de position fracassantes. (C. 10.10.69)*. Les dirigeants du (parti) peuvent difficilement recourir aujourd'hui au *procédé fracassant* de l'excommunication *(E. 27.1.69)*.
Des *programmes* (de radio) qui n'ont rien de *fracassant (M. 19.10.69)*. Une *renaissance* subite, *fracassante* (du fait français) domine depuis quelques années la scène politique canadienne *(E. 15.11.65)*. Dans une économie de type socialiste, la notion de profit privé fait une *rentrée fracassante* à la faveur des impératifs touristiques *(E. 5.11.65)*. Certaine *réussites* trop *fracassantes* (du cinéma) *(M. 23.2.65)*. On n'attendait de la conférence de presse aucune surprise et aucune *révélation fracassante (C. 31.7.63)*. Une démission de président de la République constituerait un *revers fracassant* pour tous ceux qui ont mis sur (son) étoile *(M. 25.4.69)*. Pas une « *révolution* » *fracassante*, mais une évolution de

peuple *(Can. 25.6.69)*. Deux rivales qui, s'étant fait faire en grand mystère une *robe fracassante* pour le Nouvel An, s'aperçoivent avec dépit au dernier moment qu'elles se sont adressées au même couturier *(M. 6.1.68)*. La *rupture fracassante* de la trêve nucléaire *(GL 4.9.61)*. L'art dramatique évolue à un *rythme fracassant (M. 8.12.57)*. Compte-t-il (un gouvernement) publier un *texte fracassant* pour dénoncer l'ultimatum dont il est l'objet ? *(M. 11.12.56)*. « Le publicitaire est-il un barbare ? » Ce *titre*, très publicitaire lui-même, est volontairement *fracassant (Galliot : DLF 1.59)*. Pourquoi le Chef de l'État a-t-il employé un *ton* si *fracassant* ? *(E. 26.6.67)*.

∞ Je n'ai aucun besoin de publicité. Je préfère cette vie cachée et passionnante à une *existence* découverte et *fracassante (Bodard, 71)*. Le jeune prodige suédois a fait une *entrée fracassante* au box-office du tennis *(P. 1.7.74)*. Un décret modifiant le recrutement du Théâtre français inspire à Pierre Fresnay, en 1927, une *démission fracassante (M. 11.1.75)*. Phénoménal succès (d'une entreprise) salué par une *introduction fracassante* à la Bourse de Paris *(P. 27.1.75)*. L'Airbus a fait une *entrée fracassante* sur le marché le plus fermé du monde *(E. 27.3.78)*.

2. Le substantif désigne une personne.

Le général M., *fracassant*, grossier et séduisant *(GL 7.9.61)*. Bernanos batailleur de la foi, soldat de l'invisible, *justicier fracassant (R.T.F. 13.7.58)*. Le chef d'état-major est un *personnage fracassant*, terreur des hommes politiques *(M. 30.5.69)*. La vedette du film n'est pas ce qu'on appelle une *personnalité fracassante (M. 29.11.64)*. Il nous arrive d'Allemagne un jeune *romancier*, quelque peu *fracassant (M. 23.9.61)*.

Fracassant (placé avant un substantif). Le substantif désigne une chose.

Je n'ai jamais pu parler qu'en me vantant, surtout si je le faisais avec cette *fracassante discrétion* dont j'avais le secret *(Camus, 1956)*. Intéressante adaptation cinématographique du roman. *Fracassante interprétation* de (l'actrice), émouvante et vraie *(PM 28.12.68)*. Les jeunes, les « moins de trente ans », font une *fracassante irruption* dans les arts *(M. 12.3.58)*. Le musée tient cette gageure d'intéresser par sa collection sans afficher pourtant de *fracassants* « morceaux de gloire » *(A. 25.5.67)*. Il (un acteur) atteignait le point culminant de sa *fracassante renommée (JF 15.1.66)*. Coucou la revoilà ! Martine C. fait une *fracassante rentrée (RM. 8.66)*. Sa grande victoire d'I. et sa *fracassante saison* (d'un pilote de course) *(TL 4.8.65)*.

FRACTIONNISTE adj. Pol. ■ Qui tend à briser l'unité d'un groupe, d'un parti.

Il s'est défendu de vouloir mener une *action* « *fractionniste* » *(M. 11.9.69)*. L'ancien député n'avait pas fait mystère de ses intentions d'avoir une « *activité fractionniste* » au sein du conseil et d'étaler ses désaccords avec l'équipe dirigeante *(M. 27.2.69)*.

FRAGILISATION sf. ~ 1960. ■ Action ou fait de *fragiliser**.

« *Fragilisation* » et usure plus rapide des pièces miniaturisées du véhicule *(AAT 9.68)*.

FRAGILISER v. tr. mil. XXe.

● **Rendre plus fragile.**

Le savon alcalin « *fragilise* » les cheveux *(Fa. 29.7.70)*.

● **Donner (à quelqu'un) l'apparence fragile.**

Béatrice a besoin du soleil d'A. (station de ski) pour *fragiliser* sa blondeur précieuse *(Guimard, 67)*.

FRANC sm. Dans des syntagmes où il est déterminé par l'un des adjectifs : *ancien*/nouveau*, léger*/lourd**, traités à leur place alphabétique.

→CENTIME.

FRANCHISAGE ou FRANCHISE sm. ou sf. ~ 1973. (Francisation de l'angl. *franchising*). Écon. Contrat par lequel un fabricant *(franchiseur)* concède, moyennant redevance, à un commerçant indépendant *(franchisé)* l'exploitation d'une marque ou d'un brevet, et s'engage à lui fournir une assistance commerciale ou technique.

Un contrat de « *franchise* » lie les concessionnaires des grandes marques (d'automobiles) à leurs maisons mères, partout où celles-ci n'ont pas encore ouvert des succursales en propre. Aux termes de ce contrat, le « *franchiseur* » offre son panonceau, sa publicité nationale et internationale, son réseau de réservations. En échange, le « *franchisé* » apporte son parc automobile, son garage, sa clientèle et verse une redevance *(E. 20.8.73)*.

FRANCITÉ sf. ~ 1965. Peut-être d'après *grécité, latinité*. ■ Caractère de ce qui est français.

La langue française nous apporte une complémentarité à nos richesses... Il n'y a pas de contradiction entre la négritude et la *francité (Senghor : M. 21.12.66)*. Comment empêcher que nos adversaires ne se demandent si la « *francophonie* », la « *francité* », telles qu'elles sont conçues à l'Élysée, ne présentent pas quelque analogie avec ce que le « Deutschtum » fut naguère pour le Troisième Reich ? *(M. 2.8.67)*. C'est un bien joli cadeau que vient de nous faire L.S. Senghor, écrivain de langue française et président de la République du Sénégal. Il nous offre « *francité* » à côté d'« *africanité* » (...) termes à la fois bien frappés et expressifs *(A. Sauvageot : VL 5.69)*.
Les insulaires, dans leur immense majorité, se refusent à voir mettre en question la « *francité* » de la Corse *(M. 5.7.78)*.

FRANCO- (Du radical de *français*). Premier élément inv. de nombreux adj. et subst. comp. Le 2e élément est un adj. ethnique désignant un autre peuple. Parmi les quatre types de composés ainsi formés (cf. PR 77), le plus productif est celui des adj. exprimant un rapport entre la France et un autre peuple. On en trouvera une cinquantaine d'exemples in *B.d.M.* n° 11/1976, pp. 99-100.

Rem. On trouve parfois des comp. où *franco-* est suivi de plus d'un élément.
Une bataille boursière *franco-italo-anglo-belge* engagée en 1967 pour la prise de contrôle d'une raffinerie de sucre *(E. 25.6.73).*

FRANCOPHONE adj. et s. À propos de personnes, de sociétés : qui est de langue française. À propos de lieux, de villes, de pays : où le français est langue officielle, langue véhiculaire ou langue de culture.

● Adj.
L'*Afrique francophone (M. 26.3.67).* La *bourgeoisie francophone* (en Belgique) *(O. 28.2.68).* La *communauté francophone* pourrait être constituée par la France, les États européens et américains parlant français, des *États asiatiques francophones* et surtout les pays d'Afrique noire et du Maghreb... *(Senghor : M. 17.5.66).* Le *conseil académique francophone* de Louvain *(M. 18.1.68).* Les Flamingants se sont heurtés à des *contre-manifestants francophones (M. 16.1.68).* Trois *démocrates francophones* (à la Chambre des députés en Belgique) *(O. 14.2.68).* L'« *establishment » francophone* bruxellois *(EU 69).* La *faculté francophone* de théologie (de Louvain) *(O. 7.2.68).* Le *front francophone* paraît encore bien fragile (en Belgique) face à la cohésion du front flamand *(EU 69).* L'*intégrité francophone* de la Wallonie n'est pas mise en cause *(M. 10.3.68).* À l'intérieur du *marché francophone* (Belgique, Suisse, Canada, France), le film comique français est à peu près assuré d'un accueil favorable *(E. 19.12.66).* La protection de la *minorité francophone (M. 10.3.68).* Une publication (destinée au) *monde francophone (E. 14.12.64).* L'Agence de coopération culturelle et technique des *pays francophones (M. 17.6.70).* Les *populations paysannes francophones (M. 14.2.68).* Cette université comprend deux *sections*, l'une *francophone* l'autre flamande *(O. 7.2.68). Socialistes* flamands et *francophones* de Bruxelles ne sont pas d'accord *(M. 9.3.68).* (Les) *territoires francophones* (d'Afrique) *(F. 6.1.67).*

● Subst.
Les étudiants flamingants veulent chasser les *francophones (M. 14.2.68).* Les *francophones* représentent aujourd'hui (à Bruxelles) jusqu'à 75 % de la population totale (...) Les *francophones* bruxellois restent réservés face aux mouvements wallons *(EU 69).*

FRANCOPHONIE sf. ~ 1964. Mot lancé, semble-t-il, par certains hommes d'État africains. ■ Ensemble des pays et régions *francophones**.

C'est en 1964 que le poète-homme d'État sénégalais déclarait : « La *francophonie*, c'est cet humanisme intégral » (...) *(M. 18.2.69).* Ce que (certains) dénomment tantôt le Commonwealth à la française, tantôt la *francophonie (M. 19.1.66).* L'Académie diplomatique internationale écoutera une communication sur la *francophonie (F. 2.11.66).* La question de la *francophonie* (...), les appels à la naissance d'une communauté culturelle des peuples francophones *(F. 10.11.66).* Le projet de *francophonie* prend corps *(F. 1.2.67).* (Au) Conseil international de la langue française (...) il ne s'agit pas de l'organisation d'une chasse aux néologismes par la création d'une sorte d'Interpol de la *francophonie (M. 10.10.68).* La *francophonie* ne doit pas être l'instrument d'une lutte politique *(M. 31.12.68).* L. V., unanimement apprécié dans toute la *francophonie* par l'originalité et la valeur de ses reportages *(VR 7.9.69).* De nombreux pays de l'ancien empire colonial forment, avec d'autres dont le français est historiquement la langue maternelle ce qu'on appelle désormais la *francophonie (EU 70).*
En couronnant Jacques Chessex, les membres du jury du prix Goncourt accordent la palme à la *francophonie*, puisque l'auteur de « l'Ogre » est né et vit en Suisse romande *(E. 26.11.73).*

FRANGE sf. Fig., (à propos de personnes). ■ Partie (d'un groupe humain, d'une population) ; parfois : minorité plus ou moins *marginale**.

Cette jeunesse inorganisée qui remettait en question la société, cette vaste *frange* qui comprend beatniks, voyous, noctambules, oisifs... *(FL 23.6.66).* Le recours au psychiatre ne sera pas indispensable que pour une mince *frange* de la foule des fatigués *(FL 22.9.66).* Si le parti a déjà son propre électorat, il peut sans grande difficulté regrouper derrière lui une large *frange* d'indécis *(Martinet, 68).* L'existence à l'intérieur de l'université d'une *frange* importante d'étudiants politisés *(J. Sauvageot, 68).* La fermeture des bureaux (de poste) le samedi toute la journée serait très mal accueillie par une large *frange* de l'opinion *(M. 14.10.69).* Je n'ai pas été victime d'une agression de la part de l'ensemble des étudiants gauchistes. Ceux qui ont agi constituent une *frange* du gauchisme (...) Je le répète, il s'agit d'une « *frange* folle » du mouvement étudiant *(Ricœur : O. 2.2.70).*

FRANGLAIS sm. et adj. 1959. De *fran(çais)* et *anglais*. Répandu par l'ouvrage d'Étiemble « Parlez-vous franglais ? » (1964). ■ La langue française contemporaine, dans la mesure où elle est « contaminée » par un « excès d'emprunts à l'anglais.

L'élite des Argentins écrit et parle un français mêlé d'espagnol que le spirituel chroniqueur du «Quotidien», le grand journal français de Buenos Aires, a proposé de baptiser le « fragnol ». Faudra-t-il appeler bientôt *franglais* ce français émaillé de vocables britanniques, que la mode actuelle nous impose ? *(M. Rat : FS 26.9.59).*

● Subst.
Mon histoire (...) je l'ai composée en sabir atlantique, cette variété new look du *franglais*

(Étiemble, 64). Du *franglais* au japanglais ou Much ado about nothing *(Etiemble : LF 11.6.64).* Le *franglais* entre à l'Académie française : jeudi n'a-t-elle pas admis COCKTAIL ? *(M. 28.11.64).* Cette croisade contre le *« franglais »* m'a, si j'ose écrire, un méchant parfum de désodorisant anti-Anglo-Saxons — appellation rituelle de nos amis quand on a quelque chose de désagréable à leur dire *(Daninos, 64).* Pourquoi parlez-vous *Franglais* ? Alors que vous pouvez apprendre le vrai anglais à l'école de langue anglaise *(Pub. Fe. 6.3.65).* Ceux (artistes, écrivains, etc.) qui ont aujourd'hui, comme on dit en *franglais,* le standing international *(M. 21.7.65).* Nul ne pourrait soupçonner la France d'on ne sait quel colonialisme linguistique. En fait de communauté — pardon, de Commonwealth — le *franglais* multiplie les preuves d'allégeance à sa Gracieuse Majesté britannique, tout en se rangeant d'enthousiasme sous le protectorat, — pardon, le leadership, — yankee *(M. 25.3.66).* Je propose de limiter l'appellation *« franglais »* au cas où l'on maltraite un mot anglais pour le franciser tant bien que mal dans une acception différente de celle d'origine, alors qu'il y a en français un mot aussi bon. Exemple : le « speaker » de la radio, mot qui veut dire conférencier, alors que les Anglais disent « announcer »... *(FL 3.11.66).* Plus de *« franglais »* en physique nucléaire. Les membres de l'Académie des sciences ont pris, une nouvelle fois, la défense de la langue française *(F. 23.11.66).* L'Académie française contre le *« franglais »* *(M. 1.3.69).* Le *franglais* n'est pas une sorte d'épiphénomène passager, il atteint la langue en profondeur, non seulement en imposant un vocabulaire et des tournures inassimilables, mais aussi et surtout en coupant la langue française de la langue anglaise *(T. 4.70).* C'est le baby-boom. — Le baby-boom, vous appelez ça ? — Vous savez que les ttechniciens parlent de plus en plus *franglais.* Excusez-moi *(O.R.T.F. 7.11.70).*

● **Adj.**

Isolée d'une étude générale des structures et des procédés de renouvellement du lexique, la collecte des *termes « franglais »,* tout en apportant une contribution fort utile à l'étude des emprunts, relève davantage du divertissement littéraire que de la linguistique *(Mitterand, 65).* Il serait facile de recenser quelques centaines de *tournures franglaises* sur les dizaines de milliers qui envahissent aujourd'hui notre langue *(T. 4.70).*

FRAPPE (FORCE DE) sf. 1959.

1. Milit. Ensemble de moyens modernes (engins *nucléaires**, fusées, etc.) possédant une capacité offensive dite *« de frappe »*, susceptible de dissuader un assaillant potentiel.

Il faut que nous sachions nous pourvoir, au cours des prochaines années, de ce qu'on est convenu d'appeler une *« force de frappe »* susceptible de se déployer à tout moment et n'importe où. Il va de soi qu'à la base de cette force sera un armement atomique *(de Gaulle, 3.11.59).* Un mot, une formule nouvelle, au moins pour le grand public : la *force de frappe.* On entend par là cette force d'offensive, qui doit démanteler dans les premières heures d'un conflit, l'attaque adverse, qui doit aussi faire craindre à l'attaquant possible des représailles effroyables : c'est ça la *« force de frappe »,* c'est ça cette locution dont la consonance elle-même évoque la célérité, la force, la puissance (...) La *force de frappe* qui frapperait le plus n'importe lequel de nos adversaires, je pense que ce serait la force indestructible que donnerait à la France la cohésion morale et spirituelle des Français *(Claudius-Petit : M. 26.12.59).*

→ DISSUASION (DE).

2. Fig. Moyens qui permettent de frapper l'imagination.

Quoique ce langage (d'un roman) ne soit pas du tout distingué il est, dans sa *force de frappe* et dans sa justesse un régal pour qui aime les mots, leur vigueur, leur propriété, leur sonorité, leur couleur *(Henriot : M. 8.3.61).* Pendant cinq ans, dans le secret le plus absolu, W. mettra au point sa *force de frappe* contre le rasoir mécanique. Il construira, exprès, une usine pour étudier un acier, son traitement *(SV 4.64).* Le groupe (de trois constructeurs d'automobiles) représenterait une *force de frappe* de 1 700 000 véhicules par an *(E. 11.10.65).* Ce qui est important, c'est moins la réussite du film que la volonté (du réalisateur) d'utiliser au maximum ce qu'on pourrait appeler, si l'expression n'était bien déplaisante, la *« force de frappe »* du cinéma *(M. 21.3.67).* La réorganisation (du parti majoritaire), dont la *force de frappe,* artificiellement dopée, n'a guère fait illusion qu'un moment *(E. 15.5.67).* La *force de frappe* de l'humour est directement proportionnelle à la faiblesse du frappé qui en est l'auteur *(O. 3.1.68).* L'Ami S... (formule publicitaire), reste depuis près d'un siècle la *force de frappe* des machines à coudre de même nom *(E. 17.2.69).* Ils (des pilotes de course) ont particulièrement soigné, au cours de cette séance de mise en train, leur *force de frappe (A. 17.7.69).* Pour donner toute sa *force de frappe* (à un slogan publicitaire), les organisateurs ont lancé un train-exposition *(VR 29.3.70).* Il aura fallu onze morts pour que le gouvernement se préoccupe réellement de cette *« force de frappe »* contre le feu (incendies de forêts) que le ministre de l'Agriculture réclamait déjà il y a cinq ans *(E. 12.10.70).*

La politique industrielle continue de se faire au coup par coup. Les moyens du ministère de l'Industrie se limitent aux actions de commando. La *force de frappe* est basée au ministère des Finances *(E. 19.2.73).* En permettant aux Allemands de dépenser plus, le chancelier donnerait à la France — et aux autres Européens — la possibilité d'exporter plus en R.F.A., tout en affaiblissant un peu la *force de frappe* allemande à l'exportation *(M. 4.6.74).*

Force de frappe (fig.) + adj.

(De) grandes entreprises (...) acquerraient (par la télévision) une incomparable *force de frappe* commerciale *(M. 12.1.68).* « Après la *force de frappe* économique lorraine, j'annoncerai, jeudi, la création d'une *force de frappe* morale nationale qui provoquera le déclenchement de la solidarité des régions françaises », a ajouté M. J.-J. S.-S. au cours d'une réunion électorale *(M. 26.5.70).* La *force de frappe* financière de la City *(C. 1.10.69).* Si G. (chef d'un parti) se prononce pour le « non », il se coupe de la majorité des députés de son groupe ; il perd le contrôle de sa *« force de frappe »* parlementaire *(En. 29.3.69).*
La *force de frappe* commercial allemande apparaît comme un élément clef de la prospérité de ce pays *(P. 31.5.76).*

FREAK [frik] subst. ~ 1970. (Mot am., « monstre »). ■ Toxicomane qui consomme des *drogues** dites *« dures »**.

1967 et début 1968, à Paris, c'est (...) l'époque du bistrot de P., étape célèbre dans

FREAK

l'univers de la route et dont les *« freaks »* du monde entier se transmettent l'adresse ; c'est l'époque aussi où surgissent le haschich et le L.S.D. *(Olievenstein, 77).* L'Inde des nouveaux routards, des *« freaks »* partis de France sur un coup de tête ou après un rêve longtemps caressé, c'est d'abord une suite de petits échecs *(M. 19.7.78).*

FREEZER [frizœr] sm. (Mot angl., de *« to freeze »*, geler). ■ Compartiment d'un réfrigérateur où se forme la glace et où l'on conserve des aliments congelés.

Un plat cuisiné surgelé peut se conserver vingt-quatre heures, chez soi, à la température ambiante ; trois à quatre jours dans un réfrigérateur ; deux semaines dans le *freezer (F. 25.9.61).* Les petits anarchistes qui refusent la consommation, les grands frigos à *« freezer »*, les brosses à dent électriques *(O. 20.10.65).*
Le casier à glaçons ou *« freezer »* atteint 0° pour la fabrication de la glace *(VR 18.5.75).*
→ CONGÉLATEUR.

FREIN sm. Fig. Répandu mil. XXe, probablement sous l'influence du vocab. de l'automobile.
Frein (sans complément prépositionnel).
● À propos de choses. ■ Décision, institution, règlement, etc. qui empêche, réduit ou retarde une activité, une évolution, une solution.

Les structures politiques et sociales font *frein* ou bien se transforment avec brusquerie, retardant ou précipitant les ajustements *(M. 7.3.65).* Les compagnies d'assurances, prises entre le montant croissant des sinistres à payer et le *frein* du contrôle sur le montant des primes *(Sauvy, 68).* La société capitaliste, voilà l'ennemi ; l'appareil bureaucratique, voilà le *frein (J. Sauvageot, 68).* Privés du *frein* psychologique que crée la nécessité de s'aligner sur la concurrence internationale, ils (les États-Unis) se sont laissés aller à une relative inflation *(E. 16.6.69).* Je suis pour les sociétés d'économie mixte : une part, l'État : le *frein* ; une part, le privé : le moteur *(Can. 25.6.69).* Ni les consommateurs ni les industriels ne réagissent aux *freins* pourtant de plus en plus serrés appliqués à l'économie *(M. 30.9.69).* Pour M. Giscard d'Estaing, la France ne peut basculer dans un socialisme d'un autre âge. Au dernier moment (...) les *freins* joueront *(P. 7.5.74).*

● Par ext. À propos d'une personne qui a (dans un conflit, une crise) un rôle modérateur.

Le général M. représentait (dans l'esprit de la population) un *frein*... Tant qu'il était là nous étions assurés de ne pas avoir de grosses difficultés pour le maintien de l'ordre *(M. 31.12.60).*

Frein (à quelque chose). Fig. ■ Retenue, ralentissement.

Le seul *frein* aux abus (des loyers) sera désormais celui des règlements sanitaires *(M. 9.1.69).* (La) compression massive des programmes de construction a consterné les gouverneurs, car ils y voient un *frein* à l'activité de leur État *(M. 11.9.69).* Le chemin de fer pourrait constituer un *frein* à la dépopulation *(VR 18.5.69).* Il (un jeune criminel) ne pouvait trouver, au sein de sa famille, un quelconque *frein* au développement de ses fantasmes *(M. 23.3.69).* Un *frein* à l'expansion des transports constitue un *frein* permanent à l'industrialisation *(Gendarme, 59).* L'encadrement du crédit, les coupures dans certaines dépenses publiques, le *frein* aux facilités de la consommation forment un ensemble *(M. 3.10.69).* La rigidité mentale intellectuelle et sociale ; *frein* principal au progrès économique et social *(M. 27.9.69).* La bourgeoisie a longtemps été un *frein* au progrès industriel *(En. 5.4.69).*
Le problème de l'emploi peut constituer à la fois un *frein* et un détonateur aux éventuelles explosions sociales *(C. 5.9.78).*

Frein (sur quelque chose). Même sens que *frein à qqch.*

L'opération *frein* sur les prix des entreprises risque de s'apparenter à une opération *frein* sur les salaires *(C. 8.9.74).*

Coup de frein (donné) (à quelque chose). Fig. ■ Décision qui impose une diminution (d'activité, de dépenses, etc.).

Un léger ralentissement en 1957-1958 précède une forte croissance en 1959-1960. « *Coup de frein* » en 1961-1963, puis reprise en 1964-1965 *(M. 25.5.69).* *Coup de frein* brutal donné à la consommation des particuliers *(M. 10.10.69).* *Coup de frein* donné à l'embauche *(O. 27.12.67).* Fiat ressent le *coup de frein* donné à sa production de l'automne dernier *(A. 29.1.70).* *Coup de frein* donné (au tourisme) par les événements de mai 1968 *(VR 18.5.69).* Ce *coup de frein* donné au renouveau (de l'enseignement) rassure sans doute beaucoup de conservateurs *(C. 14.2.71).* Depuis le début de l'opération *« Coup de frein* sur les prix », nous ne mangeons plus que des produits à la baisse *(P. 30.9.74).* Le gouvernement s'apprête à donner un *coup de frein* à un certain nombre d'opérations d'urbanisme en cours ou prévues *(M. 5.10.74).* En Grande-Bretagne, un grand *coup de frein* sur les salaires a eu lieu cette année *(Exp. 12.77).*

Mettre un frein (à quelque chose). Fig. ■ *Freiner**, modérer, essayer de faire obstacle à quelque chose.

Mettre un *frein* à la course aux armements *(M. 6.6.69).* Des milliers de touristes environnés du même silence, des mêmes *freins* mis à leur curiosité *(M. 8.3.61).* Le *frein* mis à la désagrégation de l'enseignement *(M. 10.10.69).* Il faut mettre un *frein* aux exactions des conducteurs responsables d'accidents *(M. 2.11.69).* Mettre un *frein* à l'immoralité ambiante *(GL 3.4.65).*

FREINAGE (de quelque chose) sm. Fig. ■ Action de *freiner** ; son résultat.
Freinage + de + substantif.

O Le *freinage* des augmentations de salaires *(F. 18.10.61).* Une politique d'austérité se traduisant par un *freinage* sélectif de la consommation *(M. 12.6.69).* *Freinage* des dépenses de l'État *(Pa. 10.70).* *Freinage* brutal des échanges internationaux et de la production *(O. 31.1.68).* *Freinage* de l'économie (et) des naissances *(Guillain, 69).* Le *freinage* de l'expansion inflationniste a permis la remise en ordre (des finances) *(F. 13.1.61)*. La politique monétaire extérieure (du gouvernement) explique sa gestion interne de déflation, de *freinage* de l'expansion, de sous-emploi *(O. 3.1.68)*. *Freinage* de la hausse (d'une monnaie) *(M. 16.11.69)*. Éviter qu'un tel *freinage* (du processus de démocratisation) puisse se reproduire *(M. 18.2.69)*. *Freinage* du progrès technologique *(M. 24.3.67)*. *Freinage* des salaires et traitements face à une montée des prix qu'on ne peut juguler (...) *Freinage* de la consommation alors que les moyens de production ne cessent de s'améliorer *(Ens. 12.64)*. *Freinage* des salaires dans le secteur public et nationalisé *(M. 23.7.69)*.

∞ Les experts ne voient guère comment régler ces problèmes sans un certain *freinage* de la consommation *(P. 21.5.74)*. Dans un pays aussi conservateur, le refus ou le *freinage* des réformes aboutit à des épreuves de force, électorales ou non *(M. 27.3.76)*.

Freinage (sans complément prépositionnel).

Influence de *freinage* exercée par le citoyen dans les régimes démocratiques *(Meynaud, 59)*. M. R. et M. B., résolument progressistes, se plaignent du *freinage* que le goût officiel, entretenu par l'École des beaux-arts, oppose aux génies novateurs *(Simon, M. 5.10.66)*. Diverses mesures de *freinage*, dont une politique de resserrement du crédit et d'argent cher, sont en vigueur *(M. 9.11.69)*.

FREINATEUR sm. Did. ■ Produit qui freine, qui réduit l'activité de certaines fonctions, ou qui atténue les effets de certains stimulants sur l'organisme.

L'efficacité des « *freinateurs* d'alcoolémie », puisque tel est leur nom scientifique, a été étudiée systématiquement (...) Ces produits bloquent l'action de l'alcool sur l'organisme, et, en particulier, sur les réflexes. Le Dr. L. a mesuré sur ses patients le temps de lecture, la réponse aux stimulations lumineuses, l'adresse manuelle. Perturbées par l'alcool, ces aptitudes étaient intégralement restaurées par les *freinateurs* *(E. 3.2.75)*.

FREINER v. intr. et tr. Fig.

Freiner + O (sans complément). Exercer une action retardatrice ou modératrice.

Pétain pensa qu'on était allé trop vite, il *freina* *(NL 20.10.66)*. Afin d'éviter que les tensions ne s'aiguisent, le père A., durant les réunions, aurait essayé lui-même de *freiner* *(E. 28.11.66)*.
Aujourd'hui, au moment d'aborder la dernière ligne droite des négociations (commerciales) les trois Grands *freinent* des quatre fers. Personne ne veut rien lâcher *(E. 17.7.78)*.

Freiner quelqu'un. Le modérer, limiter ses possibilités d'action.

Le nouveau président a tenté de *freiner* les éléments antisoviétiques de son parti *(M. 18.3.66)*. Seul le manque de matériel *freina* souvent les Forces françaises de l'intérieur *(M. 2.6.64)*. Le gouvernement de Bonn, éperonné par le vice-chancelier, et constamment *freiné* par le chancelier *(M. 25.5.69)*.

Freiner quelque chose (Le subst. compl. désigne une notion abstraite). Contrarier (un processus), faire obstacle à (un projet, une évolution), ralentir, retarder. Atténuer, réduire les effets de...

○ Les Français, ayant peur du chômage, ont *freiné* leurs achats *(E. 8.1.68)*. *Freiner* l'activité de la guérila *(M. 2.6.64)*. *Freiner* l'adaptation des ressources aux besoins *(M. 14.10.69)*. *Freiner* l'énorme appareil de la discipline militaire *(VR 8.3.70)*. Revaloriser les prestations familiales pour *freiner* la baisse de la natalité *(M. 24.9.66)*. *Freiner* la consommation *(E. 1.9.69)*. *Freiner* la croissance démographique d'un pays) *(Guillain, 69)*. Une volonté de *freiner* la démocratisation *(M. 28.5.68)*. Un budget en équilibre rigoureux obtenu en *freinant* les dépenses publiques *(M. 14.10.69)*. Des mythes ou des préjugés *freinent* le développement de la coopération *(M. 15.12.64)*. Des contrôles susceptibles de *freiner* le développement d'une industrie *(M. 20.1.68)*. L'augmentation du prix d'entrée dans les musées *freinera* la diffusion de la culture parmi les classes peu aisées *(M. 24.12.67)*. (Il y) avait fort à faire pour *freiner* l'excessif dynamisme du maréchal *(M. 18.7.65)*.
Les moyens dont dispose l'État pour orienter l'économie, pour l'accélérer ou le *freiner* *(Guillain, 69)*. Le tourisme, est impuissant à *freiner* les effets de cette loi *(M. 29.9.65)*. Les syndicats eux-mêmes ont dû chercher à *freiner* l'embauche *(M. 16.11.69)*. Le poids de traditions *freine* l'emploi féminin *(M. 11.1.68)*. Les maladies infantiles des nouveaux régimes (pol.) *freinent* les évolutions qui conduisent vers eux *(M. 7.3.64)*. *Freiner* l'exode des capitaux vers les banques étrangères *(M. 13.3.69)*. Le plan de stabilisation a *freiné* l'expansion *(O. 30.4.68)*. Les (moyens) de nature à *freiner* l'explosion démographique *(M. 20.7.69)*. Le traité va *freiner* l'extension des zones de conflit nucléaire potentielles *(M. 15.6.68)*. Tout un arsenal juridique a *freiné* l'extension des plantations (de vignes) *(E. 20.11.67)*. La conjoncture défavorable a *freiné* la formation d'épargne *(M. 19.7.69)*. *Freiner* la hausse (du cours d'une monnaie) *(M. 16.11.69)*. Mesures prises pour *freiner* l'hémorragie de dollars *(M. 11.1.68)*. Alors que l'opinion et les chefs d'entreprise ont fini par accepter l'idée européenne, les gouvernements continuent de déployer tout un arsenal pour *freiner* l'intégration *(En. 15.3.69)*. Le président semble avoir voulu *freiner* une libération des mœurs qui allait plus vite qu'il ne le souhaitait *(M. 10.1.68)*. La mort (d'un chef politique) n'a pas accéléré la libéralisation de son parti. Au contraire, elle l'a plutôt *freinée* *(M. 4.3.65)*. Le joyeux tourbillon que (le réalisateur) imprime à son film, nous fait croire un instant que la mécanique du vaudeville s'est embrayée et que rien ne viendra la *freiner* *(M. 2.6.65)*. Les traditions locales et la crise du logement *freinent* la mobilité géographique *(M. 31.12.67)*. Les pays industriels doivent *freiner* aussi le nihilisme des peuples misérables *(E. 26.6.67)*. Il faudrait que chaque pays accepte de *freiner* certaines productions *(M. 24.4.69)*. L'intégration d'officiers *freinera* le recrutement normal (des intendants de lycées) *(US 6.10.64)*. Les carences qui se sont opposées au redressement économique ou qui l'ont *freiné* *(M. 8.3.61)*. Essayer par tous les moyens de perpétuer le statu quo ou de *freiner* sa révision *(M. 20.3.64)*.
Il faut que cette « grève pilote » soit un échec, de façon à *freiner* les autres revendications *(M. 6.6.69)*. Le relèvement du taux d'escompte (peut) *freiner* les risques de surchauffe *(En. 26.4.69)*. Le programme ayant pour but de *freiner* les sorties d'or et de dollars *(M. 11.1.68)*. Le contrôle des changes *freinera* la spéculation internationale *(M. 13.3.69)*. Le gouverne-

ment est désireux de *freiner* la surproduction (agricole) *(M. 16.1.68)*. La forme (d'une voiture) *freine* plutôt les ventes qu'elle ne les stimule *(A. 19.6.69)*.

∞ On essaie de *freiner* les prix par une politique rigoureuse des crédits *(E. 27.12.71)*. La crainte du chômage peut *freiner* le développement des grèves *(M. 8.5.74)*. Ces bavures de la société industrielle accélèrent l'inflation et *freinent* la croissance *(E. 12.7.76)*. Le coup d'arrêt donné par le P.C.F. va sans doute *freiner* le mouvement en cours *(M. 30.4.78)*. Les primes d'assiduité visent à *freiner* l'absentéisme pour cause de pseudo-maladie *(M. 2.7.78)*. Pour la C.G.T. il s'agit de *freiner* toute nouvelle offensive des contestataires *(C. 27.7.78)*. La crise a considérablement *freiné* les exportations mondiales *(E. 17.7.78)*.

Être freiné(e) (sujet : nom de chose abstr.).

O La construction des ports de plaisance est *freinée* par des procédures administratives trop lourdes *(M. 23.3.69)*. La lente et prudente démocratisation d'un système autoritaire va être brusquement « *freinée* » *(G. Martinet, 68)*. La dépopulation sérieusement *freinée (M. 29.9.65)*. Le développement des exportations était *freiné* par l'encadrement du crédit *(M. 9.1.70)*. Une reprise des exportations *freinées* en 1967 *(M. 20.1.68)*. L'imagination de Denise, un instant *freinée* par la raison, reprit son galop *(Saint-Lô, 64)*. La location est cependant moins *freinée* par des abus que par les impôts *(F. 3.4.70)*. Le processus (de démocratisation) a été dénaturé ou *freiné (M. 18.2.69)*. Les productivités agricoles sont *freinées* par les conditions naturelles *(Dumont, 62)*. Le progrès sera *freiné* par les conditions démographiques *(Tron, 61)*. La progression (de l'économie) est *freinée* depuis deux ans *(M. 17.7.69)*. Il faut que la réalisation des projets ne soit pas *freinée* par (les) problèmes d'ordre technique, juridique, financier *(VR 29.3.70)*. La recherche spatiale (est) *freinée* par des rivalités *(Guillain, 69)*. Cette tendance évolutive des tziganes est parfois *freinée* par le cadre tribal dans lequel vivent la plupart des nomades *(Errera, 68)*. La vente des appareils (de télévision) a été *freinée* par l'annonce d'un second programme qui exigerait un dispositif particulier *(M. 20.12.60)*.

∞ Certaines entreprises avaient été victimes de circonstances exceptionnelles et *freinées* à mort dans un premier élan prometteur *(M. 10.1.75)*. Le lancement d'un bas considéré comme « révolutionnaire » du fait de sa jarretelle incorporée, dont le succès cependant devait être *freiné* par celui des premiers collants à des prix abordables *(M. 29.11.75)*.

FRIGIDAIRE sm. (Nom déposé). Fig.
Mettre quelque chose au frigidaire ■ Mettre en attente, de côté, délaisser pendant un certain temps.

O Cette période où je mobilisais tant d'êtres à mon service, où je les mettais en quelque sorte au *frigidaire*, pour les avoir un jour ou l'autre sous la main, à ma convenance *(Camus, 56)*. La laïcité ne saurait être mise « au *frigidaire* » ni « placée sous le boisseau » *(M. 13.7.65)*. Un baccalauréat unique, mais dont les épreuves seraient échelonnées sur deux ans. Les notes obtenues en première année seraient « mises au *frigidaire* » et entreraient en compte seulement l'année suivante *(US 3.3.65)*. L'idée de mettre pendant quelques mois le problème algérien au *frigidaire* pour le dépassionner n'est pas absurde en soi *(M. 26.2.59)*. Une fois de plus, de grandes réformes de structure — dont tout le monde connaît pourtant l'urgence — seront « mises au *frigidaire* » *(En. 8.2.69)*.

∞ (Un président de gauche) mettrait notre force de dissuasion « au *frigidaire* », se condamnant à placer la France sous le protectorat d'une des deux superpuissances *(M. 17.5.74)*. Il n'y a pas lieu de rester dans le désarroi, de mettre l'espoir au *frigidaire* et de ranger l'autogestion au magasin des idées mortes *(C. 7.9.78)*.

→ FRIGO, HIBERNATION, RÉFRIGÉRATEUR.

FRIGO sm. (Abr. de *frigorifier* ou *frigorifique*). Fam. ou régional (Belgique, Suisse) pour *réfrigérateur**.
Mettre (qqch.) au frigo. Fig.

« Mettons les problèmes linguistiques au *frigo* et occupons-nous des vrais problèmes économiques, financiers et sociaux », avait proposé (le Premier ministre belge) *(O. 14.2.68)*.
Ce projet du Conseil fédéral a été mis au *frigo (RSR 9.12.70)*.
Les Anglais ont seulement mis le projet (du tunnel sous la Manche) au *frigo*, pour cinq ans, ou plutôt au congélateur pour dix *(P. 27.1.75)*.

FRILOSITÉ sf. Repris mil. XXe s. ■ Sensibilité (d'une personne) au froid.

Rem. Dérivé ancien de frileux relevé par Littré, qui souhaitait qu'on le rajeunisse. Ici (dans un texte de Jean Delay, « La Jeunesse d'André Gide ») *frilosité* semble plutôt néologique qu'archaïque *(Rheims, 69)*.

♦ (La climatisation des trains) permet d'éviter (l') ouverture ou (la) fermeture des baies dues à l'excès de *frilosité* ou à l'excès d'insensibilité (des voyageurs) au froid *(VR 12.4.70)*.

FRIMER v. intr. ~ 1970. Fam. ■ Bluffer, tenter de faire illusion, d'en imposer.

La moto se désacralise. Elle passe dans les mœurs. Elle devient un gadget pour jeune P.D.G. Un moyen de *frimer (P. 30.9.74)*. Ayant été « réformé » par l'armée, il explique à tous vents que c'est grâce à de hautes protections gouvernementales. Bref, il « *frime* », comme on dit *(P. 23.2.76)*.

FRIMEUR, EUSE adj. et subst. (de *frimer**). ■ Qui frime.

Ceux qui la ramènent, les *frimeurs*, les bêcheurs *(E. 3.9.73)*.

FRITE (AVOIR LA) Loc. Pop. ■ Avoir de la chance, de la veine (fam.).

Il tourne un moment sur le circuit avec quelques dizaines d'autres jeunes (motocyclistes) puis s'arrête et dit à sa petite amie : « j'arrête, j'ai pas la *frite* » *(M. 20.4.77)*.

FRITEUSE sf. 1955 (PR). De *frire*, (cf. *frite, friture*). ■ Ustensile de cuisine, pour faire des fritures.

La *friteuse* électrique est un appareil pratique pour toutes les cuissons à base de friture : frites, beignets, poissons, etc. Son principal avantage est de porter l'huile à une température soigneusement contrôlée par un thermostat. Cela exclut la surveillance et le risque — pour la santé — d'une huile surchauffée. La *friteuse* a la forme d'un fait-tout : elle contient un panier-égouttoir à anse amovible. Un couvercle empêche les projections d'huile bouillante et empêche l'odeur de se répandre hors de la cuisine *(M. 28.7.66)*.

FRONTAL, E adj. Spéc. Dans le syntagme *« collision frontale »* : Accident de la circulation lors duquel deux véhicules roulant en sens inverse, se heurtent de front.

Sur la route nationale 7, près de M., au cours d'une manœuvre de dépassement, une voiture de tourisme a heurté de plein fouet un poids lourd qui arrivait en sens inverse. Cette *collision frontale* a causé la mort des quatre occupants de la voiture *(M. 25.12.76)*.

FRUITÉ, E adj. Par ext. Se dit de boissons non alcoolisées, fabriquées avec des fruits ou parfumées aux fruits.

La composition des boissons dites *« fruitées »* devrait être indiquée sur l'étiquette. On verrait si elles contiennent des extraits de fruits *(E. 16.10.72)*.

FRUSTRANT, E ou **FRUSTRATEUR, TRICE** adj. ■ Qui prive d'une satisfaction que l'on attendait.

Au lieu de s'irriter franchement contre l'obstacle *frustrant*, le sujet peut s'en prendre à lui-même, intérioriser son agressivité (...) Parfois l'intériorisation de l'agressivité aboutit au refoulement qui dissimule le conflit sans le résoudre. Dans ce cas l'obstacle *frustrant* constitue une perte de forces pour l'individu *(Dt. psychl. mod.)*.
Un inspecteur des impôts, nommé en 1970, 25 ans, gagne 2.400 francs par mois. Ce qu'il estime tout à fait insuffisant. Et tout à fait *frustrant* face aux grosses fortunes qu'il contrôle *(O. 24.9.73)*.
→ GRATIFIANT.

FUITE EN AVANT Loc. Fig. Écon. Pol. ■ Fait d'accélérer un processus, de précipiter une évolution, de poursuivre en la renforçant une action entreprise, parce que cela est jugé, malgré les risques à prendre, moins dangereux que la stagnation ou la régression.

Pour sauver le socialisme en Yougoslavie, il faut lui ouvrir une nouvelle voie. Après cette première *« fuite en avant »*, qu'a constituée l'instauration de l'autogestion, c'est le problème de la planification qui se trouve posé *(G. Martinet, 68)*. Si les Français veulent conserver leur niveau de vie et l'améliorer, ils sont condamnés à une sorte de *fuite en avant* : ils devront développer toujours plus leur industrie, la tenir autant que possible au niveau des plus développées *(Pa. 11.70)*.
Cette confiance dans la rentabilité de l'avion Concorde ressemble souvent à une *fuite en avant (Exp. 6.73)*. Aucun des intérêts politiques, économiques et techniques n'a été respecté dans cette affaire. Les responsables ont toujours choisi la *fuite en avant (E. 7.1.74)*. Comme les salariés ne supportent plus de voir leur revenu baisser, et que les entreprises, à leur tour, n'acceptent pas de voir chuter leurs profits, c'est la *fuite en avant* inflationniste *(C. 8.10.74)*.

FURIA [fyrja] ou [furja] sf. (Mot ital.). Répandu mil. XXe. ■ Déchaînement d'enthousiasme, de passion, de violence.

Nous intervenons directement avec nos militants chaque fois que la *furia* gauchiste prépare un meeting *(E. 31.3.69)*.

FUSÉE(-)PORTEUSE sf. 1959. D'abord dans le lexique de l'astronautique.

En tant que moteur et moyen de propulsion, la fusée se présente comme formée de divers éléments superposés (...) L'ensemble de ces éléments destiné à propulser le véhicule (spatial) proprement dit au-delà de l'atmosphère terrestre a reçu le nom de *fusée porteuse (Guilbert, 67)*. L'autopilote guide la *fusée-porteuse* durant la première phase de vol pour préparer la mise en action du second étage *(F. 10.11.66)*.

● Fig. Personne, groupe, etc. qui contribue d'une façon décisive au succès d'un(e) autre.

Quelle pourrait être la *fusée porteuse* capable de placer le candidat de la gauche sur l'orbite présidentielle *(Sainderichin, 66)*. Le député sortant a accepté de n'être que son suppléant (d'un ministre candidat à une élection). « Je serai sa *fusée porteuse* », dit-il sans fausse pudeur *(E. 3.10.66)*. Varsovie serait la *fusée porteuse* qui mettrait les contacts (entre Américains et Vietnamiens) sur orbite *(O. 30.4.68)*. Le groupe (des Républicains Indépendants) aura suivi l'ascension de la *fusée porteuse* du gaullisme, mais celle-ci, après le deuxième tour (des élections), aura-t-elle encore besoin du second étage ? *(E. 24.6.68)*.
Le candidat unique pour la circonscription sera Marcel C. Le suppléant prévu, Antoine O., adjoint au maire, commente : « J'avais été la *fusée porteuse* de S., je serai celle de Marcel » *(P. 6.2.78)*.

FUSÉOLOGIE sf. ■ Science qui étudie les fusées.

Notons parmi les pionniers de la *fuséologie* du Moyen Âge l'Italien Muratori (...) Un jeune professeur de physique américain publie (en 1919) un classique de la *fuséologie (Dt. sc. 68)*.

FUSÉOLOGUE sm. ~ 1960. ■ Spécialiste, technicien des fusées.

(Un) *fuséologue* solitaire, qui, dès 1923 publie un ouvrage intitulé : « Les Fusées vers les espaces interplanétaires » *(Dt sc. 68)*. L'aventure lunaire est aussi le résultat d'un excellent travail d'équipe effectué sous l'autorité d'un *fuséologue* dont il convient de ne pas sous-estimer le mérite *(VR 7.12.69)*.

FUSION sf. Écon. ■ Union de deux ou plusieurs sociétés ou entreprises en une seule.

Parlons d'abord de mes projets de *fusion* (...) Une *fusion* ? Comme vous y allez... Nous avons le choix entre dix formules pour travailler ensemble et vous choisissez la plus culottée *(Saint Pierre, 70)*.

FUSIONNER v. tr. et intr. Écon. ■ Réaliser une *fusion** d'entreprises, de sociétés, etc.

Ma « Société » (...) est appelée à *fusionner* avec une firme allemande (...) On va de l'avant, on fonce, on *fusionne* pour se mettre à la dimension américaine, hein ? *(Saint Pierre, 70)*.

FUTURIBLE sm. 1966. De *futur* et (poss)*ible*.

Un vocable nouveau vient d'apparaître dans la langue technique : celui de *futurible* (...) Ce terme, créé en télescopant le « futur » et le « possible », désigne, selon Bertrand de Jouvenel, ceux qui entreprennent de découvrir à partir des éléments de la situation actuelle, quelles peuvent en être les conséquences à long terme — les futurs possibles —, et à indiquer à partir de cette étude en quels points il convient d'agir, et selon quels modes, pour infléchir une évolution qu'il serait dangereux de laisser aux seules influences obscures du hasard *(VL 8.70)*. Depuis le début du mois, l'un de ces hauts lieux (de la futurologie) se trouve à Paris, à la maison internationale des *futuribles* *(E. 28.9.70)*.
→ FUTUROLOGUE.

FUTURISTE adj. ■ Qui évoque les étapes futures de l'évolution des techniques.

Je vis dans un décor *futuriste* à faire trembler les *futuribles* et les *futurologues* eux-mêmes *(FL 26.10.70)*. Le stade de l'université de Mexico est peut-être l'enceinte sportive la plus *futuriste* du monde *(FL 1.12.66)*. Des architectes de talent ont réalisé cinq maquettes. Toutes d'avant-garde, toutes géniales à leur manière. Effarés par (ces) ébauches *futuristes*, les habitants craignent (...) *(E. 20.7.70)*. Ce nouveau Japon *futuriste* et sa ruée vers l'avenir *(Guillain, 69)*. Une capitale dont le paysage est de plus en plus moderne et, même *futuriste* (...) Le Japon voulait avoir la plus extraordinaire « Expo » du monde, les pavillons les plus *futuristes* et le plus fantastique des parcs d'attractions *(M. 9.11.69)*. L'étude (d'un projet de funiculaire) a conclu en excluant toute solution « *futuriste* » non éprouvée *(VR 20.7.69)*.

FUTUROLOGIE sf. ~ 1968. ■ Ensemble des études qui s'efforcent de prévoir le sens de l'évolution économique, sociale, technique, etc.

Des recherches prospectives sur le futur qui, sous le nom barbare de « *futurologie* », se développent depuis dix ans dans le monde *(E. 12.1.70)*. C'est le plus respecté des experts en *futurologie* qui l'affirme : le XXIe siècle serait celui du Japon *(E. 13.4.70)*. L'espace qui sépare la prévision de la *futurologie* *(C. 4.10.70)*.
De tous temps l'homme a cherché à prédire l'avenir (...) Notre époque a produit une véritable science de l'avenir, la « *futurologie* » *(Tour., 12.7.79)*.
→ PROSPECTIVE.

FUTUROLOGUE subst. ~ 1968. Spécialiste de *futurologie**.

Le *futurologue* se propose de projeter dans l'avenir l'état actuel du monde, c'est-à-dire d'en deviner l'évolution, en distinguant ce qui est inéluctable et ce sur quoi on peut agir *(VL 7.70)*. Le directeur des vols Apollo inflige quelques démentis aux « *futurologues* » *(E. 14.4.69)*. Les *futurologues* les plus optimistes se risquent à annoncer pour un avenir pas trop lointain la disparition de la maladie, mais aucun n'oserait prédire celle de la mort *(Duquesne, 70)*. Quelle sera la société européenne au XXIe siècle se demandent des « *futurologues* » réunis à Stockholm *(C. 6.9.70)*.
Les *futurologues* nous font entrevoir pour 1985 un brillant avenir économique *(E. 15.1.73)*.
Il y a cinq ans encore, on ne jurait que par les prophètes de l'avenir, les *futurologues* *(E. 4.3.74)*.
→ PROSPECTIVISTE.

G

GADGET [gadʒɛ(t)] sm. Rép. ~ 1964. (Mot angl.-am.).

Rem. « Un *gadget*, écrit une journaliste, c'est une petite trouvaille ingénieuse, amusante, souvent peu coûteuse, parfois inutile, toujours nouvelle... » Pour ma part, je ne romprai pas de lances en faveur de *gadget*, mais le mot est expressif et un savant historien de la langue, Charles Bruneau, en a pris la défense : « Mesdames, les *gadgets* sont vos amis ; défendez le mot *gadget* » (Le Bidois, 70).

1. **À propos de choses concrètes.** ■ Petit objet ou dispositif nouveau, plus amusant ou ingénieux qu'utile.

● Par ext. Péj. Objet quelconque (appareil, machine, installation, véhicule, etc.) qui flatte un goût de nouveauté ou de prestige, mais dont l'utilité est contestée.

Un magasin de *« gadgets »* où on trouvera tout ce que les gens qui voyagent beaucoup rapportent de l'étranger, pour étonner ou séduire leurs amis *(E. 21.9.64)*. Le téléphone n'est pas un *gadget* électronique ni un appareil ménager, mais un raccordement à un réseau *(M. 23.10.64)*. *Gadget* c'est le mot qu'on emploie n'importe comment et qui ne veut rien dire. Nous vivons dans la civilisation du *gadget (E. 17.5.65)*. Les plus riches (candidats aux élections) se lanceront dans le *gadget* : affiches fluorescentes, porte-clefs *(M. 6.7.66)*. Du Japon, paradis des *« gadgets »*, la loupe pour brodeuse qui se fixe au cou en laissant les mains libres, la table de ping-pong pliante pour appartement ; en papier, des poissons à suspendre, symboles de fécondité... *(F. 26.9.66)*. Les nouveaux modèles d'appareils photographiques comportent quelques *gadgets* de plus, par exemple des voyants lumineux plus visibles pour interdire de filmer s'il y a trop ou pas assez de lumière *(M. 12.10.66)*. Très jolie cette armoire de toilette ? Oui. Et bourrée de *gadgets*-qui-servent-vraiment-à-quelque-chose. *(PM 15.10.66)*. Ce candidat recevra incessamment un catalogue électoral dans lequel il pourra choisir les *gadgets* qu'il souhaite distribuer à ses éventuels électeurs et électrices *(Cd. 17.10.66)*. L'auto ne tuera plus le jour où elle aura cessé d'être une idole ou un *gadget* (Charbonneau, 67). Les familles ont besoin d'un outil et non d'un *gadget* (Charbonneau, 67). On est submergé par un déluge de *gadgets* : des fanions, des médailles, des badges, des cendriers, des cuillers à thé, des briquets, des écharpes, des disques de stationnement *(O. 27.12.67)*. Un *gadget* énorme de plastique transparent — ballon de dix mètres de diamètre — fut gonflé sous nos yeux *(M. 12.1.68)*. Un jeune ingénieur électronicien s'est complu à équiper sa voiture de multiples *gadgets* dont un récepteur à télécommande installé dans le coffre *(A. 22.5.69)*. Faculté de luxe (Vincennes), ce *« gadget* culturel »*, comme disent les disciples de Mao *(E. 16.6.69)*.
Moi (un chauffeur de taxi) les systèmes de protection contre les agressions, je n'y crois pas ; tout ce qu'on nous propose, c'est des *« gadgets » (C. 27.2.72)*. La moto se désacralise. Elle passe dans les mœurs. Elle devient un *gadget* pour jeune P.D.G. *(P. 30.9.74)*. Le paquebot « France » est depuis le premier jour un instrument de prestige, un *gadget* pour passagers de luxe en mal de croisière *(Pa. 10.74)*. Pour un appartement, le thermostat d'ambiance n'est pas un *gadget* superflu *(Pa. 12.74)*. Un mini-lingot d'or en guise de pendentif, c'est le dernier *gadget* qui fait fureur *(O. 6.1.75)*. L'avion supersonique franco-anglais est déjà condamné. Pendant quelques années encore, il sera un *gadget* prestigieux et coûteux pour les compagnies obligées de l'exploiter *(M. 9.1.75)*. Le *gadget*, cet ustensile absurde, puisqu'il se veut sans utilisation *(E. 27.1.75)*. Avant de devenir un *gadget* pour « skieurs » en mal de sensationnel, le ski-bob a été autrefois un véhicule utilitaire *(M. 22.3.75)*. Une chaîne haute-fidélité équipée d'écouteurs, de lumières psychédéliques : ces *gadgets* font sourire les techniciens *(E. 8.3.76)*.
→ BIDULE.

2. **À propos de choses abstraites.** ■ Solution ou moyen ingénieux, innovation, projet, réforme, etc. dont le sérieux ou l'utilité sont contestés.

Aucun *gadget* ne sera suffisant pour freiner le développement du chômage si nous ne soignons pas en même temps les conséquences apparentes et la cause du mal *(E. 24.4.67)*. On arriverait peut-être à un double prix (du blé) : des quantités minima seraient payées au prix européen de 45 F le quintal ; le reste se vendrait à un taux plus bas. Ce n'est là qu'un

« *gadget* » *(E. 1.9.69)*. Il n'y a pas de *gadget* pour garantir l'indépendance ou simplement plus d'indépendance *(O. 3.1.68)*. Il n'existe pas de « *gadget*-miracle », *fût-il électronique, pour construire le socialisme (Andrieu, 68)*. Les différents services personnalisés qui sont proposés par les loueurs (de voitures) ne sont en vérité que des *gadgets* sans grande importance économique *(En. 25.1.69)*.

Les innovations proclamées à grand bruit restent au stade de « *gadget* pédagogique », faute de moyens *(US. 1.11.73)*. La décision de réunir le Conseil des ministres à Lyon, a dit le Président de la République, n'est certes pas une réforme fondamentale. Mais il ne s'agit pas non plus d'un *gadget (C. 7.9.74)*. Le Président s'incline sur la sépulture d'Édouard Herriot à Lyon : un *gadget* seulement, l'hommage rendu à Herriot ? *(E. 16.9.74)*. L'ancien coproducteur d' « À armes égales » n'accepte pas qu'on prenne l'émission dont on l'a chargé pour un « *gadget* » *(P. 19.1.75)*. La gauche n'hésite pas à voir dans l'initiative de M. S. un « *gadget* politique » *(M. 21.3.76)*. Peut-être le 14 juillet est-il seulement une manière de nous rappeler qu'une armée est tout autre chose qu'un *gadget* destiné à étonner les foules entre deux bals et trois lampions *(M. 16.7.76)*. Madame P. est nommée ministre délégué à la Condition féminine. Certains qualifient de « *gadget* » cette décision du Président *(E. 18.9.78)*.

3. **À propos d'êtres vivants que l'on réduit au rôle d'objet d'amusement.**

Nous ne sommes pas contre le bébé habillé en patchwork, à condition qu'il ne devienne pas un « *gadget* » ou « faire-valoir » de parents fiers surtout de le montrer *(FP 12.72)*.

-GADGET Deuxième élément de substantifs composés.

● **Le subst. premier élément désigne une chose concrète.**

Pour obtenir des ventes massives, les fabricants jouent sur l'*appareil-gadget (M. 13.5.66)*. « Concorde » sera-t-il un « *avion-gadget* » réservé à quelques passionnés de la vitesse ou l'avion préféré des hommes d'affaires internationaux ? *(M. 23.10.70)*. Offrez le *cadeau-gadget* de l'année *(F. 10.12.66)*. *Détails-gadgets* qui vous surprendront *(F. 3.12.66)*. Ce qu'on pourrait appeler le *gag-gadget*, c'est-à-dire l'utilisation (dans un film) d'objets truqués dont le fonctionnement (ou le détraquement) déclenche l'hilarité *(M. 11.3.69)*. La *robe- « gadget »*, à enfouir dans sa poche *(O. 20.12.67)*.

● **Le subst. premier élément désigne une notion abstraite.**

Flatter cette masse, plus encline à subir qu'à évoluer, conduirait au mépris de ce public qu'on chercherait à tout prix à séduire et aboutirait à l'institutionnalisation d'une *culture-gadget*, c'est-à-dire une culture au rabais, dirigée, octroyée, donc insipide *(M. 22.9.74)*.

GADGETIÈRE sf. 1965. D'abord nom d'un magasin à Paris. ■ Boutique où l'on vend des *gadgets**.

À « La *Gadgetière* », les gadgets ne seront pas relégués dans un coin *(E. 21.6.65)*. La nouvelle impératrice du gadget en France prépare une chaîne de *gadgetières* sur la Côte d'Azur *(F. 10.1.67)*. La ville aura un petit cœur sans voitures, où l'on viendra flâner au milieu des boutiques ; ce sera le lieu d'élection des antiquaires, des *gadgetières*, des boîtes de nuit, des galeries *(Sauvy, 68)*.

GADGÉTISATION ou GADGETISATION sf. Action de *gadgétiser**; son résultat.

Les animateurs cèdent, comme metteurs en scène, à la « *gadgétisation* » *(M. 28.1.69)*. Tout est automatique. On conduit d'une main, du bout du doigt. Cette « *gadgétisation* » de l'automobile crée de nouveaux besoins *(PM 4.10.69)*.
Une station de radio périphérique propose un poste récepteur qui ne donne son « gazouillis » qu'en cas d'informations intéressantes. Très bonne idée. Mais les ingénieurs ne pourraient-ils pousser plus loin la *gadgétisation* ? *(C. 10.10.74)*.

GADGÉTISER v. tr. ■ Munir quelque chose de *gadgets**, de divers perfectionnements techniques. Attribuer à un objet une fonction de gadget, de jouet pour adultes.

Le ski lui-même, on tente de l'apprivoiser, de le *gadgétiser*, de le miniaturiser *(A. 12.2.70)*.
La technologie se met en quatre pour *gadgétiser* l'appareillage scientifique : il y a des compte-ceci, des pèse-cela, des machins gradués, dosés, milli-milli-métrés *(C. 20.2.70)*. L'automobile va peut-être s'orienter dans deux directions (...). D'autre part, l'engin sportif, plus ou moins *gadgétisé* (...) *(A. 9.4.70)*.
Pour l'instant, aux États-Unis, on *gadgétise* le micro-ordinateur : il sert de réveil, d'agenda, il propose des menus, des jeux *(C. 15.9.78)*.

GADGETOPHILE adj. et s. Amateur de *gadgets**.

Trois styles de femmes s'y superposent (dans la mode) : moderniste, féministe, « *gadgetophile* ». (...) Les *gadgetophiles* s'adaptent aux circonstances *(E. 11.12.67)*.

GAGMAN [gagman] sm. Mot anglais. Le pluriel anglais *gagmen* [gagmɛn] est employé tel quel en français. Cin. ■ Auteur de gags.

Gagman, Gags visuels, situations, personnages comiques, étudie tous films : cinéma, télévision, publicité *(Ann. M. 24.9.66)*. Le réalisateur du film fait un sort à chaque invention de ses *gagmen (M. 20.2.66)*.

GALOP D'ESSAI sm. Fig. ■ Ensemble d'épreuves destinées à vérifier les aptitudes d'une personne, d'un appareil, d'une machine, etc.

La première année de préparation aux grandes Écoles ne constitue encore qu'un *galop d'essai*. C'est alors que l'élève révèle ses véritables dispositions, ses capacités à l'effort exceptionnel que réclame la préparation des concours *(P. 7.5.74)*.

GALOPANT, E adj. Fig. ■ Qui a une croissance très rapide.

Un pays pauvre à *démographie galopante (M. 11.9.69)*. Il faut à tout prix freiner cet essor *démographique galopant (Gendarme, 59).* L'inflation est mondiale. On peut imaginer la catastrophe : cette *inflation* devenant *galopante,* la fuite devant le papier-monnaie *(E. 15.3.71).*

GAMBERGE sf. 1952 (*in* Esnault, *Dt. argots*). De *gamberger**. Pop.
■ Raisonnement, réflexion (activité de l'esprit).

(Le nouveau film) *« La Gamberge »* (1962) a lancé définitivement cette expression populaire *(TL 17.4.62).* Le commissaire C. (chargé de démasquer le gang de la drogue) a entrepris une vaste et systématique *« gamberge »,* laquelle, ici, consiste à « gamberger » ou, si l'on préfère, à réfléchir sur les combinaisons des trafiquants qui déploient des trésors d'imagination *(PM 13.7.68).* Quinze ans de guerre subversive lui ont forgé des muscles d'acier, des réflexes à toute épreuve et une *« gamberge »* inépuisable *(Courrière, 70).*
Comment gagner une étape (dans le Tour de France cycliste) ? Il n'y en a pas assez pour tout le monde. Aussi que de *gamberges* pour réussir le coup. V. m'a expliqué sa recette *(Bodard, 71).*

GAMBERGER v. intr. et tr. Pop. ■ Réfléchir (à qqch).

● Verbe intr.

Durant un long moment je suis resté à *gamberger.* J'essayais d'imaginer ces rencontres. Plus j'y réfléchissais, plus notre rencart (pop. pour : rendez-vous) avec Riton m'apparaissait compromis *(Simonin, 53).* Quant aux auteurs (de « La Gamberge »), peut-être, à l'instar de leur héroïne, ont-ils exagérément *« gambergé »* *(M. 27.1.62).* La jeune fille qui *« gamberge »* du matin au soir *(M. 25.3.66).*
Il (un champion cycliste) s'interroge constamment. Il dort mal. S'il veut gagner le Tour, il devra apprendre à contrôler ses nerfs et son imagination. Un coureur qui *« gamberge »* fait rarement un vainqueur *(E. 16.7.73).* Annie lit tout, sait tout, *gamberge* à plein régime *(O. 13.1.75).*

● Verbe trans.

Helga M. (championne de tennis) qui avait dû longuement *« gamberger »* son match et se sentait en main, fit des incursions fort bien venues au filet *(M. 16.6.74).*

GAMME sf. Fig.
1. **Série continue de grandeurs mesurables, comprises entre deux extrêmes.**

   Entre 11 000 et 20 000 m, c'est-à-dire dans la *gamme* d'altitude où la température est supposée constante *(Air 14.11.70).* Dans toute une *gamme* de vitesses de 50 à 80 nœuds *(SV 10.70).*
   Cette chaudière existe dans une *gamme* étendue de puissances, de 6 à 36 kilowatts *(M. 6.6.74).* Pour aborder la *gamme* des vitesses supérieures à 240 km/h, il fallait créer une nouvelle *gamme* de matériels *(R.G.C.F. 12.76).*

2. **Par métaph. Série de choses comparables, appartenant à une même catégorie à l'intérieur de laquelle elles sont classées selon leur taille, leur valeur, leur durée, etc.**

   a. **À propos de choses concrètes (matériels, produits, véhicules), ou de services.**

   La *gamme* de nos locomotives diesel s'est enrichie d'un type nouveau *(VR 20.12.59).* Au cours de la moindre sortie, l'automobiliste doit emprunter toute une *gamme* de routes présentant des caractéristiques différentes *(TCF 6.62).* Une *gamme* de spots publicitaires de sept à trente secondes (à la télévision), correspondant à un éventail de prix acceptables (pour les annonceurs) *(M. 12.1.68).* Un hôtel à une ou deux étoiles complétera la *gamme* hôtelière *(C. 2.3.69).* Toute la *gamme* des armes chimiques et bactériologiques *(SV 10.70).* Notre *gamme* (de voitures) s'étendra vers le haut avec l'apparition d'un modèle équipé de moteurs de 1 600 ou 1 800 cm³ *(AAT 6.70).* Une *gamme* assez large de services qui vont du wagon-restaurant classique au mini-bar en passant par le buffet, le snack-bar, le bar, etc. *(M. 17.10.70).* S. voulait constituer une vaste *gamme* de produits pour présenter le plus grand nombre et la plus grande variété possibles de boissons alcoolisées *(En. 30.1.71).* Certains pays refusaient la spécialisation et fabriquaient des *gammes* très ouvertes de produits *(E. 25.6.73).* La création d'une *gamme* importante de mobilier de bureau *(M. 1.2.74).* L. a notablement élargi la *gamme* de son rayon féminin. Il réalise maintenant près de 40 % de ses ventes avec le prêt-à-porter féminin *(P. 1.7.74).* L'agence T. a beaucoup développé ces temps derniers sa *gamme* de voyages à longue distance *(M. 18.1.75).* Les pays nouveaux riches, à partir du pétrole, entendent construire toute la *gamme* des industries *(E. 20.1.75).* Diverses formules sont à l'essai afin de fournir aux usagers (des P.T.T.) une *gamme* plus complète de services *(M. 8.3.75).* La *gamme* des établissements scolaires de premier cycle (...) *(M. 18.12.75).*
   Une industrie diversifiée qui garderait la *gamme* presque complète des produits finis *(E. 3.7.78).* Une *gamme* de détecteurs électromagnétiques (de cambrioleurs) actionnés par l'ouverture d'une porte *(P. 10.7.78).*

   ● **Spéc. Dans les syntagmes *« bas de gamme »*, *« haut de gamme »*, *« milieu de gamme »*, correspondant aux divers degrés (de qualité, de prix, etc.) des objets de la catégorie.**

   Pour les constructeurs, la rentabilité des petites voitures est beaucoup plus faible que celle des *hauts de gamme (E. 4.3.74).* Augmentation de la qualité pour les téléviseurs *« bas de gamme »* et apparition de gadgets pour les téléviseurs *« haut de gamme »* *(M. 8.75).* 1978 devrait être bon, grâce à des lancements de nouveaux modèles (de voitures) en *milieu de gamme (Exp. 12.77).*

   b. **À propos d'abstractions.**

   D'un côté comme de l'autre, les arguments (pour ou contre l'avion de transport supersonique) parcourent la *gamme* qui va du bon sens au délire mystique *(E. 29.3.71).* De la menace ouverte ou voilée, de la simple mention de sentiments jusqu'au chantage, il y a toute une *gamme* de situations *(FP 1.72).* Pour rehausser sa liberté et sa dignité, l'individu doit jouir de toute une *gamme* de libertés civiles *(E. 3.9.73).* Depuis l'indifférence jusqu'à l'hostilité déclarée, il existe une *gamme* d'attitudes qui interdisent de considérer l'athéisme comme un bloc *(C. 14.1.75).* On a déjà recensé toute la *gamme* des filouteries aux meublés de vacances *(O. 3.5.76).* Le « serpent » monétaire est un système éprouvé mais très exigeant si l'on veut y rester. La France qui en est sortie deux fois ne peut se permettre une nouvelle fausse rentrée (...) On étudie donc toute une *gamme* de solutions intermédiaires *(C. 15.9.78).*

GANG [gãg] sm. Mot anglais (équipe d'ouvriers ; bande de voleurs, etc.). ■ Bande organisée de malfaiteurs, de gangsters.

Une police spécialisée pour pouvoir lutter avec efficacité contre les bandes organisées de malfaiteurs. Cela correspond à une troisième étape de la lutte contre les « *gangs* » *(M. 21.9.64).* Nouveau vol du « *gang* des châteaux ». Des manuscrits inestimables dérobés à B. *(F. 29.11.66).* Tous les adolescents ne sont formé de ces clans qui n'étaient pas encore les *gangs* d'aujourd'hui mais qui singeaient la société secrète *(Guimard, 67).* Un colonel a été assassiné par les agents d'un *gang* tyrannique *(M. 1.2.69).*
Le chef du *gang* donne toutes précisions sur les « actions » qu'il a dirigées au nom d'une mystérieuse organisation clandestine *(E. 4.2.74).* Ces magistrats de choc poursuivent les spéculateurs, osent inculper les intouchables, s'attaquent au *gang* de la pizza *(P. 26.5.75).*

GAP [gap] sm. 1959 (Mot angl. : abîme, déficit, intervalle). Écon. ■ Décalage, disparité, écart entre des choses, des pays, des personnes, leur niveau économique, leur mentalité, etc.

Le décalage de puissance — le fameux « *gap* » — entre l'Amérique et l'Europe *(E. 8.1.68).* C'est avec prudence, qu'il convient d'aborder le problème du « technological *gap* », la différence de niveau technologique entre les États-Unis et l'Europe. L'expression de « *gap* technologique » n'exprime qu'un des aspects de la situation. On pourrait parler tout aussi bien de *gap* industriel, de *gap* universitaire, de *gap* sociologique, c'est-à-dire, au total, d'une pluralité de *gaps* *(M. 13.1.68).* Il y a un décalage, un « *gap* », pour reprendre un terme à la mode, entre le monde politique et le reste (de la société) *(M. 9.3.68).*
On pourrait parler du *gap* de la vie privée comme on cite le *gap* technologique ou le *gap* des générations pour déplorer le conflit entre les jeunes et leurs parents *(Collange, 69).* La carence la plus évidente de l'industrie française concerne les hommes capables de prendre des décisions. Ce « management *gap* » est un phénomène sur lequel il faut insister *(En. 16.5.70).* Un « *gap* » important entre l'hôtel artisanal et l'hôtel industriel *(En. 30.5.70).*

Rem. L'Administration française recommande de traduire *gap*, selon les cas, par : **écart inflationniste, déficit commercial, retard technologique.**

GARDIENNAGE sm. Spéc. ■ Service de surveillance d'enfants.

Les mauvaises conditions psychologiques et matérielles de *gardiennage* des jeunes enfants sont une des causes essentielles des difficultés de développement que nous constatons par la suite *(E. 17.9.73).* Les cotisations sociales, les primes d'assurance, les dépenses de *gardiennage* des enfants sont exclus du champ d'investigation de l'Institut national de la statistique (...) *(E. 3.2.75).*

GAUCHISANT, E adj. et s. Pol. ■ À propos de personnes : qui a des sympathies pour les idées, les partis de gauche, ou pour le *gauchisme**.

Ces « amis *gauchisants* » ont critiqué la décision de Phnom-Penh *(M. 5.1.68).* Une série d'arrestations visant à supprimer tout lien entre les éléments *gauchisants* du pays et les guérilleros *(M. 9.7.65).* Les membres de la fraction la plus *gauchisante* du parti *(M. 29.11.68).* Un groupe de jeunes mamans *gauchisantes* *(E. 21.9.64).*
L'aile *gauchisante* de la C.f.d.t. ne manquera pas de demander que l'on réfléchisse (...) *(E. 17.9.73).* Les militaires progressistes deviennent vite de vulgaires dictateurs de droite, utilisant une phraséologie *gauchisante* *(E. 10.2.75).*

GAUCHISME sm. Pol. ■ Attitude qui consiste à préconiser le renversement des régimes capitalistes par la violence, tout en accusant les partis de gauche de faire le jeu du capitalisme et de trahir ainsi la révolution.

Rem. Le « *gauchisme* » n'est pas né en 1968 au cours de la révolte universitaire. Encore qu'il ait connu une nouvelle flambée qui risque d'ailleurs de ne pas s'éteindre de sitôt. Le mouvement ouvrier au cours de son histoire a dû mener une lutte permanente contre le *gauchisme*, que celui-ci prenne la forme du « communisme de gauche », de l'anarchie, du trotskysme, ou, dans ses variétés nouvelles, du « maoïsme » ou du « guévarisme ». Le *gauchisme* apparaît comme la variété noble de l'opportunisme. Car il masque en définitive la capitulation devant les difficultés et reflète profondément le manque de confiance de la petite bourgeoisie dans la capacité révolutionnaire de la classe ouvrière. D'où la volonté — avouée ou non — d'arracher à cette dernière la direction de la lutte et de trancher le nœud gordien de la lutte des classes par le terrorisme, plus souvent verbal que réel au demeurant *(Andrieu, 68).*

♦ Son « *gauchisme* » avait parfois conduit cet hebdomadaire à des positions outrancières *(M. 24.7.64).* L'idéologie avant tout. C'est en cela que le gaullisme et le « *gauchisme* » se rejoignent si souvent, et si bien, en économie comme en politique étrangère *(E. 15.11.65).* Le « droitisme » d'une fraction du patronat renforcerait le « *gauchisme* » du côté syndical *(C. 22.11.68).* Le parti communiste français condamne le « *gauchisme* » *(M. 16.11.69).*
Nombre de lecteurs supportent mal le « *gauchisme* » de ce quotidien *(C. 20.10-76).* Né de la rébellion contre les valeurs admises et émises par une société qu'il conteste, le *gauchisme* européen est aussi le fruit des craquements sourds qui ont affecté le mouvement communiste international avant et surtout après la mort de Staline (...) L'étude dont nous commençons la publication entend suivre le cheminement de ceux qui, des franges de la « gauche officielle » aux lisières du terrorisme, peuplent l'ensemble disparate du « *gauchisme* » *(M. 6.7.78).*
→ DROITISME.

GAUCHISTE adj. et subst. Pol. ■ Qui appartient au *gauchisme**, le caractérise, s'en réclame.

● Adj.

Nous (communistes) avons combattu les *activités gauchistes* et scissionnistes des « maoïstes » dans notre pays *(M. 6.1.68).* Ils n'ont pas envie d'entrer en conflit avec la direction du parti, mais ils estiment que son *aile « gauchiste »* l'entraîne trop loin *(G. Martinet, 68).* Les étudiants ont boudé les élections universitaires (...) Ce refus de participer va relancer l'*agitation gauchiste (En. 12.12.70).* M. F.M. avait mis l'accent sur le *caractère « gauchiste »* de ces alliances *(F. 10.11.66).* Le débat a été marqué par de vifs affrontements, bien que les délégués appartinssent aux *courants « gauchistes » (M. 29.5.69).* Le Parti communiste français souhaite s'appuyer sur l'U.R.S.S., ou « appuyer l'U.R.S.S. » dans sa lutte contre les *déviations gauchistes* (chinoises ou cubaines) *(O. 6.3.68).* Quelles que soient les promesses qu'il ait pu faire dans ce domaine aux *éléments gauchistes* de son parti *(M. 18.1.65).* Le parti radical craignait l'*escalade « gauchiste »* de la Fédération *(F. 3.12.66).* Un incident s'est produit entre des enseignants et des étudiants communistes d'un côté, et des *étudiants « gauchistes »* de la tendance maoïste, de l'autre *(M. 29.5.69).* Les *groupes gauchistes* ont permis, par leurs provocations, l'entrée des forces de police dans le lycée *(M. 25.5.69).* Les *« groupuscules gauchistes » (E. 25.3.68).* Ceux qui étaient entrés dans le *jeu gauchiste (Andrieu, 68).* Croit-on que les *journaux gauchistes* soient réellement dangereux pour l'ordre social et que leur violence verbale comporte un risque pour la communauté ? *(M. 2.12-70).* Le parti socialiste suédois, qui a réalisé, à ce jour, le plus haut niveau de justice sociale, condamnerait comme *provocation « gauchiste »* les suggestions de nationaliser le pétrole *(E. 15.11.65).*
Les mouvements ouvriers cherchent à encadrer la vigueur, le dynamisme et l'imagination engendrés par la « *sensibilité gauchiste* » pour les rendre constructifs et empêcher qu'ils ne débouchent vers une agitation anarchisante *(M. 8.5.74).*

● Subst.

Le candidat de l'opposition doit travailler sur deux terrains : celui des *« gauchistes »* et celui des « centristes » *(E. 19.12.65).* Le secrétaire général du parti communiste a accusé les *« gauchistes »* d'avoir fait le jeu de la droite de manière « irresponsable » *(O. 26.6.68).* Le chef de l'État a manœuvré avec habileté en utilisant les outrances des *gauchistes (Andrieu, 68).* « Gauchistes » et communistes parviennent encore à « discuter ensemble » *(M. 25.12.68).* Une grève inutile, impopulaire, imposée aux leaders syndicaux par quelques *« gauchistes » (M. 13.3.69).* Un groupe de *« gauchistes »* s'efforce d'y (dans un lycée) mener un « combat révolutionnaire » *(M. 25.6.69).*
N'importe quel traité de la subversion enseigne que, pour abattre l'adversaire, il faut se glisser dans ses rangs. Un astucieux *gauchiste*, situationniste s'est amusé à ce jeu l'été dernier *(P. 29.3.76).* Le temps n'est plus où les *gauchistes* trouvaient d'instinct la réplique aux discours officiels *(M. 14.4.78).*

→ DROITIER, DROITISTE.

GAULLIEN, NE adj. ~ 1958. (De *de Gaulle*, et suff. *-ien* ; cf. *baudelairien, freudien, sartrien, voltairien*, etc.). ■ Qui concerne ou rappelle la personne, le style, les attitudes publiques du général de Gaulle (par opp. à *gaulliste* : qui concerne sa politique, la poursuite de celle-ci, ses partisans, etc.).

Rem. est *gaullien* ce qui relève de l'acte personnel de de Gaulle ; est gaulliste ce qui relève du gouvernement de la Ve République, de l'U.N.R. et de la société bourgeoise sur laquelle s'appuie l'U.N.R. *(M. 19.12.65). Gaullien*, où le suffixe « noble » marque la distinction, l'élévation paraît concerner au contraire (de gaulliste) ce qu'offre de plus personnel une pensée, une « vision » politique et philosophique (...) C'est le privé s'opposant au public, le cabinet de travail et de réflexion distingué du forum *(VL 2.70).*

O Trouver des *accents gaulliens* pour exalter l'action nationale *(M. 13.9.69).* Le tableau de la société, du communisme et du capitalisme, de la jeunesse même et, finalement, de la crise française mérite de figurer dans une *anthologie gaullienne (M. 9.6.68).* Cette éloquence tricolore n'a pas besoin de support matériel pour peindre le monde et l'histoire aux trois couleurs de l'*arc-en-ciel gaullien (M. 2.1.68).* Les sénateurs radicaux reprochent au secrétaire général du parti son *attitude « gaullienne »* qui consiste à refuser la discussion et à placer constamment ses amis devant le fait accompli *(M. 5.12.70).* (Le) *concept gaullien* de l'Europe des patries *(M. 21.2.69).* La *conception gaullienne* de l'action *(Revel, 59).* Washington soutiendra le franc pour appuyer la *contre-offensive gaullienne (O. 7.6.68).* La *démarche gaullienne* est de savoir à la fois d'instinct et de raison, que seule importe la pérennité des institutions, des intérêts nationaux, des déterminations géographiques, culturelles, économiques, qui sont la trame de l'histoire d'un peuple *(M. 31.5.69).* Le ministre n'a pu s'empêcher de sacrifier à sa *dévotion gaullienne (O. 26.6.68).* Le « complexe universitaire » de Nanterre restera peut-être comme l'une des plus grandes folies de l'*épopée gaullienne (O. 21.2.68).* Ce dogmatisme orgueilleux qui est un peu l'équivalent intellectuel de ce qu'est l'état d'*esprit « gaullien »* en politique *(M. 14.2.68).* À la société fermée que fut le *gaullisme gaullien* succède la société ouverte préconisée par le nouveau président (de la République) *(Au. 27.9.69).* Les grandes conférences de presse furent proférées sans notes, et appartiennent pourtant au secteur noble du *langage gaullien (Revel, 59).* Cela mettra fin à une certaine *légende gaullienne (O. 17.1.68).* (Le) *mythe gaullien* s'est dissipé sous les coups de l'homme des banques d'affaires *(M. 29.5.69).* Il y a une disproportion profonde entre les désirs quotidiens des Français et l'objet collectif du *nationalisme gaullien (M. 6.1.68).* Le fonctionnement institutionnel sera différent de ce qu'il a été en *période gaullienne (PM 10.5.69).* L'histoire des manifestations de la *personnalité gaullienne (Revel, 59).* Le phénomène gaullien et le phénomène gaulliste *(M. 19.12.65).* Le *rite gaullien* va se dérouler une nouvelle fois sous la forme de ces exercices mnémotechniques que sont devenues les conférences de presse *(O. 23.11.66).* Notre *télévision gaullienne* a vraiment trop de bonheur ! *(O. 13.3.68).* « Assumer » est un des plus fréquents parmi les *verbes gaulliens (Revel, 59).*

∞ Le mot d'indépendance a un fumet *gaullien*. Il a été longtemps tenu pour synonyme d'antiaméricanisme (...) Les Cercles universitaires d'études et de recherches *gaulliennes* se proposent de susciter et de réunir des thèses, mémoires ou articles sur le général de

Gaulle *(E. 13.3.72)*. Il y a ceux qui estiment que, à défaut d'avoir un président gaulliste, on peut fort bien se contenter de suivre un président *gaullien (C. 19.5.74).*
Il se fait l'avocat d'une Europe confédérale fortement structurée et indépendante des États-Unis, une Europe *gaullienne*, en somme *(M. 5.8.78).*

GAZODUC sm. D'après *aqueduc* et *oléoduc*. ■ Canalisation pour le transport à longue distance du gaz naturel.

Le *« gazoduc »* — c'est-à-dire la conduite de gaz — Lacq-Paris *(M. 28.11.59).* Le réseau de *gazoducs* qui acheminera vers Paris le gaz néerlandais n'est pas encore dessiné *(M. 11.2.66).* Quand la technique des pipe-lines a franchi l'océan pour assurer le transport des produits pétroliers en Europe, nos linguistes ont tenté de la franciser en oléoducs. Mais le gaz naturel ayant emprunté les mêmes tuyauteries, il a fallu inventer le mot *gazoduc* ! *(D. En. 2.69).* Par un pipe-line de gros diamètre — un *gazoduc* en bon français — l'Europe des Six s'unit à l'U.R.S.S. *(E. 8.6.70).*

GÉANT sm. Fig. ■ Entreprise ou groupe d'entreprises qui compte parmi les plus importants dans son domaine d'activités.

Les récepteurs de télévision, les chaînes haute fidélité et les magnétophones que le *géant* nippon de l'électronique vend en France *(M. 27.6.74).* Un duel à mort s'engage entre les *géants* de la finance *(E. 25.11.74).* En 1974, le géant de la construction électrique a reçu plus de commandes de l'étranger que du marché intérieur *(E. 10.2.75).* Il y a dans cette branche des groupes industriels puissants. Les petits fabricants font faillite ou s'associent aux *« géants » (E. 3.7.78).* Ces sociétés pétrolières ne peuvent lutter avec les *géants* du pétrole mondial *(C. 1.9.78).*
→ GIGANTISME, GRAND.

GEL sm. Fig. ■ Arrêt, blocage, interruption (d'une activité, d'une évolution, d'un processus, etc.).

Le rapport souhaite le blocage ou *« gel »* contrôlé *des armements* dans le monde *(M. 19.6.66).* Un sénateur a proposé le *« gel » des dépenses* à un niveau raisonnable *(E. 14.8.67).* Les chambres d'agriculture disent non au *« gel » des prix* communs *(F. 7.2.69).*
Chacun s'accorde à dire que notre orthographe est aberrante (mais) l'orthographe a résisté à tous les essais de réformes (...) On ne peut raisonnablement attribuer le *« gel »* de notre système graphique ni au conservatisme académique, ni à la mauvaise volonté des enseignants *(J. Cellard, M. 10.3.74).* En 1953, les institutions monétaires de certains pays, craignant un *gel* de leurs avoirs en dollars déposés dans des banques new-yorkaises, décidèrent de les transférer en Europe *(M. 5.6.74).* Le *gel* du prix du pétrole brut est envisagé pour toute l'année et non plus seulement pour neuf mois *(E. 3.2.75).* Une stratégie dite périphérique par laquelle des agresseurs éventuels pourraient vouloir contourner un front stabilisé par le *« gel »* nucléaire *(M. 8.5.75).*
→ DÉGEL.

GELER v. tr. Fig. ■ Bloquer, immobiliser, mettre en réserve, rendre momentanément ou définitivement indisponibles (des biens, etc.) ; arrêter, interrompre (une activité) ; maintenir le statu quo.

Geler + substantif complément.

○ Un milliardaire qui entre dans la politique *« gèle »* aussitôt ses *actions* en banque *(PM 9.11.68).* Le gouvernement de Beyrouth a demandé aux organisations de commandos palestiniens de *« geler » leurs activités* sur le territoire libanais *(M. 6.3.70).* « Geler » *le dixième des investissements* cela supposait de l'énergie, ou le goût du risque *(M. 10.10.69).* La loi sur le financement des travaux par l'État a *« gelé »* toutes les initiatives *(F. 19.11.66).* Les mesures restrictives ont *« gelé »* 2,5 milliards de marks *(M. 17.6.69).* Les assistants (des universités) craignent que toute sélection n'aboutisse à *« geler » le nombre de postes* de maîtres-assistants et de professeurs et en conséquence à leur enlever toute chance de promotion *(M. 17.12.67).* La menace de *« geler » la participation de la France* à l'O.T.A.N. *(M. 6.6.64).* L'extension incessante des zones réservées aux militaires *« gèle » une partie importante de l'espace aérien*, contraignant souvent les avions civils à des détours *(M. 22.3.69).* On commence à douter de la possibilité de *« geler » une partie du territoire agricole français (M. 10.10.69).* La politique agricole commune comporte deux volets : le premier consiste à *« geler »* ou à diminuer *les prix des produits agricoles (M. 2.1.69).* Certains dirigeants danois paraissent décidés à *« geler »* discrètement pour une période indéterminée *leurs relations* avec divers pays *(M. 25.9.68).* M. a pris l'hélicoptère pour dresser l'inventaire du capital-neige français. Il a *« gelé » 20 sites possibles* en Maurienne *(PM 30.12.67).* Une proposition en vue de *« geler » la situation militaire actuelle (E. 16.6.69).* Nous demandons à l'État qu'il *« gèle » les terrains* destinés aux vacances et remette une partie aux associations non lucratives *(M. 16.11.69).*

∞ Pour calmer l'impatience des passagers aériens englués dans les embouteillages, on consentit à *« geler »* provisoirement une voie de l'autoroute du Nord pour la réserver à la desserte de l'aéroport *(M. 11.10.74).* Cette solution aurait *gelé* la répartition 1ère/2e classe, l'aménagement (d'une voiture à voyageurs) avec compartiments rendant impossible, à un coût raisonnable, la transformation de voitures de 1ère en 2e classe, ou l'opération inverse *(R.G.C.F. 11.74).* Parfois un notable *« gèle »*, en y mettant le prix, tous les sièges de première classe d'un avion pour protéger son incognito (...) *(M. 12.11.74).*
Le Conservatoire du Littoral va proposer une politique de sauvegarde par voie réglementaire (...) Mais il ne suffit pas de *« geler » des rivages*, il faut les gérer. Et d'abord y exécuter des travaux de protection *(M. 5.7.78).* Pour éviter la spéculation, la municipalité a *« gelé » des terrains (E. 24.7.78).*

Être gelé(e)

○ Les *excédents* de production sont systématiquement achetés ou *« gelés »* dans les entrepôts *(M. 16.1.68).* Certains *fonds* appartenant à des Européens sont encore *« gelés »* en Algérie *(M. 9.3.68).* Un large *secteur* de l'opinion, qui était *« gelé »* jusqu'ici dans un électorat gaulliste hétérogène, va se trouver prochainement disponible *(M. 26.1.66).* Des *terrains* ont été *« gelés »* par la marine nationale et l'armée *(M. 17.12.68).* Un des objectifs du plan est la mise hors culture de 5 millions d'hectares. Selon le degré de fertilité et de productivité

des *terres* qui auront été « *gelées* », les effets de ces mesures sur la production seront fort différents *(M. 14.2.69)*.
∞ La campagne électorale est provisoirement « *gelée* » *(E. 4.3.74)*. Seize milliards défaut à l'industrie *(O. 26.6.78)*. Les travaux de construction de la voie ferrée qui desservira l'aéroport de N. (au Japon) sont provisoirement *gelés (VR 2.7.78)*.
→ DÉGELER, FRIGIDAIRE, RÉFRIGÉRATEUR.

GÉLULE sf. (De *gél* (atine), par analogie avec *capsule, pilule*). Pharmacie. ■ Capsule allongée en matière gélatineuse, qui contient un médicament.

Les capsules par emboîtement ou *gélules* se présentent généralement sous forme de 2 demi-capsules de diamètre légèrement différent, s'emboîtant l'une dans l'autre et sont utilisées pour l'administration de mélanges pulvérulents ou pour des préparations extemporanées *(Cod, 65)*. Pour le spectacle toutes les formes ont été torturées, transmuées. Déshabilloirs en forme de *gélules (M. 14.12.69)*. L. ôta la bague de son doigt. Il appuya sur le déclic. Apparut un minuscule boitier à double compartiment logeant deux petites *gélules* translucides : la ciguë de son temps, le cyanure *(Daninos, 70)*.

GEMMAIL sm. (pluriel : *gemmaux*). ~ 1957. (Probablement de *gemme* et *vitrail*). ■ Panneau décoratif constitué par des fragments de verre coloré que l'on juxtapose et superpose. L'ensemble est maintenu par un liant chimique et durci par un passage en étuve.

On fait depuis peu grand bruit autour des *«gemmaux »*, agglomérats de matières colorantes vitrifiées permettant des combinaisons chromatiques translucides dotées, à la différence du vitrail, d'une cohésion intrinsèque, d'une épaisseur, d'un relief *(M. 9.3.57)*. Le *gemmail*, cet art nouveau qui tient à la fois du vitrail, de la lanterne magique de nos pères et surtout du kaléidoscope *(F. 17.1.61)*.
Les usagers du métro parisien peuvent admirer les premières réalisations en matière de *gemmail* à la station Franklin-Roosevelt *(VR 2.4.78)*.

GÉNÉRALISTE adj. et sm. ~ 1960. De *(médecine) générale.*

1. Médecin qui exerce la médecine générale, par opposition à *spécialiste*.

● Adj.

La fédération nationale des *médecins généralistes* vient d'être créée par des praticiens qui se proposent d'étudier les « mesures propres à redonner toute sa valeur à la médecine de famille et à maintenir l'unicité du diplôme de docteur en médecine » *(M. 2.3.62)*. Le Conseil de l'ordre des médecins n'arrive pas à éviter l'humiliation du *médecin généraliste (E. 17.2.69)*.
Création d'un enseignement médical spécifique de la toxicologie pour informer les *médecins généralistes* en matière de drogue *(O. 9.5.77)*.

● Subst.

Chaque soir, le « Docteur Nuit » accueille son équipe de jeunes médecins. Le promoteur et l'animateur de ce service est un *généraliste (F. 12.12.66)*. Le médecin de famille n'a même plus une notabilité sociale. *« Généraliste »*, comme on dit, il n'ose aller se promener à l'hôpital : les spécialistes lui donnent des complexes. Donc, il faut revaloriser socialement et psychologiquement le *généraliste (E. 29.3.71)*.
Le *généraliste* d'aujourd'hui, en milieu urbain, est un prolétaire de la médecine (...) Les *généralistes* constituent le Tiers État de la Médecine *(Beunat, 74)*.
→ OMNIPRATICIEN.

2. Par ext. Dans d'autres domaines.

Rem. *Généraliste* : homme politique « bon à tout faire », par opposition aux technocrates, qui composent la « technostructure ». En politique, les *généralistes* sont les « spécialistes de l'exercice du pouvoir » *(VL 1.70)*. La complexité des réalités sociales, économiques, financières, scientifiques est devenue telle que les dirigeants, ces « *généralistes* » de la politique, les abandonnent aux technocrates *(VL 2.70)*.

◆ Dans l'industrie aussi, les « *généralistes* » l'emportent, ou plutôt les spécialistes à vocation générale (...) Partout se croisent le souci d'une plus grande qualification et celui d'une compétence plus générale. Spécialistes du général ou *généralistes* d'une spécialité ? *(E. 29.3.71)*.
Ce mouvement vise à faire, des membres des grands corps issus de l'École Polytechnique, des *généralistes* et de moins en moins des techniciens *(P. 21.5.74)*.

GÉNÉRATION sf. Fig. ~ 1960. ■ Chacune des phases successives qui marquent un changement décisif ou très important dans une technique en évolution ; l'ensemble des appareils, armes, équipements, machines, etc., de même nature, qui relèvent de l'une de ces phases de développement.

Génération (précédé d'un adjectif ordinal).

● *Première génération.*

○ *« Première génération »*, comme disent les spécialistes, en parlant de la force nucléaire stratégique *(Sudreau, 67)*. La *première génération des machines* à étudier fonctionne déjà depuis quelques mois aux États-Unis *(PM 28.9.68)*. Les groupes de recherche mettent au point de nouveaux calculateurs, les ordinateurs de la *« première génération » (O. 17.1.68)*. Les monstres de 90 000 tonnes de la *première génération de « superpétroliers »*, aujourd'hui réduits au rang de miniatures *(E. 24.2.69)*. La *première génération de transports* supersoniques commerciaux représente un marché d'environ 500 appareils *(E. 2.12.68)*.

∞ Des turbotrains de la *première génération* circulent depuis trois ans entre Paris et Cherbourg *(M. 6.6.74)*. La question n'est plus de « rafistoler » le Concorde de la *première génération* pour le rendre moins bruyant *(M. 31.3.76)*. La *première génération* (du matériel de photocomposition) est une transposition pure et simple de la linotype *(M. 14.12.77)*.

- *Deuxième génération.*
○ Les *centrales* électriques de la « *deuxième génération* » seront d'une puissance de 500 mégawatts et plus, alors que les centrales de la « première génération » développent de 180 à 250 MW seulement *(E. 15.4.68)*. Les fusées SSBS enterrées dans des silos sont les armes de la *deuxième génération* de la force nucléaire stratégique *(PM 23.3.68)*. Le disque ventilé avec circulation d'air intérieure constitue la *deuxième génération du freinage à disque* et à peine est-elle au point que l'on parle d'une troisième génération *(A. 29.1.70)*. Il a fallu sept ans pour passer de l'utilisation des lampes électroniques aux transistors, signes de la « *deuxième génération* » *des ordinateurs* (O. 17.1.68).
∞ La *deuxième génération* des centrales nucléaires, celle des surrégénérateurs *(E. 21.5.73)*. La *deuxième génération* du matériel de photocomposition fait appel à l'électronique *(M. 14.12.77)*.

- *Seconde génération.*
○ Ce film nous fait entrer dans la *seconde génération du cinéma* d'animation en couleur *(M. 31.5.69)*. De nouvelles chutes de neige dressaient une *seconde génération de congères* (Hailey, 69). C'est là, pourrait-on dire en paraphrasant le langage de l'informatique un *ensemble* (d'habitations) de la *seconde génération*, plus évolué et plus complet *(VR 16.11.69)*. Des *euro-dollars de seconde* ou de troisième génération *(M. 14.10.69)*.
∞ Une « *seconde génération* » de foreuses géantes mises au point pour percer des tunnels *(M. 11.6.72)*. Les récepteurs de télévision de la « *seconde génération* » *(M. 12.2.75)*. Industriels, techniciens et fonctionnaires ont fait le point sur ce qu'on peut appeler la *seconde génération* de l'antipollution. Le premier âge a consisté à (...) *(M. 20.12.75)*.

- *Troisième génération.*
○ À l'époque où s'est réuni notre premier Symposium (1963), les *ensembles électroniques* n'étaient pas encore parvenus au niveau de ce qu'il est convenu d'appeler la « *troisième génération* » *(R.G.C.F. 9.68)*. Socrate disait à Xanthippe : « Tu ne sors pas pour voir, mais pour être vue ». Les Socrates du XXe siècle pourraient en dire autant à leurs compagnes quand elles arborent la *troisième génération des lunettes* dites noires. Destinées à protéger les yeux des ultraviolets, les lunettes de soleil, en quelques années, sont devenues le symbole du soleil même, puis des vacances, des loisirs, et d'une décontraction mystérieusement voilée d'incognito *(E. 28.4.69)*. La *troisième génération des ordinateurs* est celle des ordinateurs réalisés avec des circuits intégrés, la première génération ayant été réalisée avec les lampes et la seconde avec des transistors *(O. 21.10.68)*. Les *stations* de sports d'hiver de la *troisième génération* offrent l'accueil, l'hébergement, les distractions et le ski *(M. 22.12.70)*. Le turbotrain marque l'avènement d'une *troisième génération dans la traction* ferroviaire : après la vapeur qui a fait son temps, après l'électricité ou le diesel, voici que le turbotrain vient mettre sur rail la propulsion aérienne la plus moderne *(VR 25.10.70)*.
∞ Nous en sommes à la *troisième génération* de navires spécialisés pour le transport des conteneurs *(M. 16.5.74)*. Il faudra multiplier le prix de revient par 3 ou 4 si l'on généralise la 3e *génération d'allumeurs* tout électroniques *(AAT 2.78)*.

- *Quatrième génération.*
La *quatrième génération* (de la force de frappe), c'est le missile intercontinental tous azimuts *(E. 20.1.69)*. On prépare déjà la venue de la « *quatrième génération* » qui augmentera encore la capacité et les possibilités des machines *(O. 17.1.68)*. Un certain type nouveau de circuits miniaturisés permet de passer de la troisième génération d'ordinateurs à une quatrième génération, plus rapide, plus puissante, plus rentable *(E. 8.1.68)*.

Génération (précédé ou suivi d'un adj. non ordinal).
○ De nouvelles voies de recherche doivent être tracées pour préparer une *autre génération* de produits, encore inconnus *(Hetman 69)*.
L'informatique de la *dernière génération* *(F. 26.9.68)*. L'industrie américaine a, le 13 avril 1966, ouvert la carrière de cette *nouvelle génération d'avions* *(Air 1.2.69)*. Après de longues recherches, B., lance une *nouvelle génération de bottes* *(Pub. PM 30.8.69)*. Le moment n'est-il pas propice à la création d'une *nouvelle* « *génération* » *d'établissements-pilotes* (dans l'enseignement) en vue d'expérimenter ces nouveaux modes d'organisation ? *(M. 12.9.68)*. La preuve qu'une *génération nouvelle de moyens de transports* est toujours conçue pour parvenir à une baisse des prix nous est donnée par l'aviation commerciale *(D. En. 2.69)*. Le seul port capable d'accueillir cette *nouvelle génération de super-tankers* *(F. 16.3.68)*. Dans l'industrie électronique on compte quatre *générations technologiques* en douze ans *(Hetman, 69)*.
∞ Une *nouvelle génération* de climatiseurs est apparue récemment sur le marché *(M. 6.6.74)*. Pour aborder la gamme des vitesses supérieures à 240 km/h il fallait créer une *nouvelle génération* de matériels *(R.G.C.F. 12.76)*.

GÉNIAL, E adj. Répandu ~1970, surtout dans le syntagme *« c'est génial »*. Par hyperbole : *astucieux**, remarquable ; ou : amusant, inattendu, pittoresque, etc.

L'adjectif *« génial »* s'est dévalué jusqu'à qualifier un gadget aussi bien que Shakespeare *(M. 24.1.75)*.

GÉNOCIDE sm. 1945 (Du grec *genos*, « race », et suffixe *-cide*).
■ Extermination systématique d'un groupe ethnique.

Rem. 1. La commission des Droits de l'homme de l'O.N.U. a lancé, il y a une quinzaine d'années, le mot *génocide*. Ce terme, très critiqué lors de sa naissance, désignait l'action de tuer un groupe ethnique *(Le Bidois : M. 25.4.62)*.

Rem. 2. Le mot *« génocide »* (littéralement : acte de tuer une race) a été forgé, en 1945, par un auteur américain, Raphaël Lemkin. L'Assemblée générale des Nations Unies a adopté, dès le mois de décembre 1946, la terminologie proposée par Lemkin et, avec elle, une conception extensive du *« génocide »* considéré comme un *« crime relevant du droit international »*. Deux ans plus tard, l'Assemblée approuvait à l'unanimité le texte d'une « Convention sur la prévention et la répression du *génocide* ». L'article 2 de la Convention donne la définition suivante : « Le *génocide* s'entend de l'un quelconque des actes ci-après commis dans l'intention de détruire, en tout ou en partie, un groupe national, ethnique, racial ou religieux comme tel : (...) *(M. Merle, C. 11.10.78)*.

♦ Le *génocide* et la déshumanisation qui détruisent aujourd'hui des millions d'êtres dans plusieurs pays ne nous arrachent que quelques balbutiements consternés *(E. 26.6.78)*.
→ ETHNOCIDE.

● Par ext. Hécatombe, mort violente d'un grand nombre de gens en peu de temps.

J'ai visité les hôpitaux, j'ai vu les victimes de la route. Le *génocide* commence en France *(Delais, 70)*.

GÉO- Élément préfixal (du grec *gê*, « terre ») qui connaît un regain de productivité depuis mil. XXe s., avec l'apparition de sciences et de techniques nouvelles. Quelques termes sont traités plus loin à leur place alphabétique.
Parmi les adj. et les subst. les plus récents, on peut citer en outre : *géocentrisme*, *géomagnétisme*, *géomatique* (sf), *géomécanique* (sf), *géomorphologie*, *géostatistique* (sf), *géosynchrone* (adj), etc.

GÉOMÉTRIE VARIABLE (À) loc. adj.

1. Aéronautique.

Rem. Un avion *à géométrie variable* (est) un appareil dont la voilure peut être modifiée en fonction des besoins en vol *(F. 10.11.66)*. Depuis que l'expression « avions *à géométrie variable* » s'est répandue, elle est l'objet de critiques vigoureuses. Seules les formes varient, fait observer un lecteur. La géométrie, qui est une science, ne saurait varier comme elles. « *Géométrie variable* » est un non-sens. Il conviendrait de ne parler que d'avions à forme ou à ailes variables (...) Pourtant l'usage tend à imposer « avions *à géométrie variable* » *(E. 4.12.67)*.

♦ Un avion *à géométrie variable*, pouvant être utilisé sur porte-avions *(E. 14.6.65)*. Cinquante *bombardiers à géométrie variable* *(M. 18.1.68)*. Six cents *chasseurs* supersoniques *à géométrie variable* *(En. 15.3.69)*.

2. Par ext., dans d'autres domaines techniques.

Le train passera des voies espagnoles — 1,668 m d'écartement — aux voies françaises — 1,435 m — grâce aux boggies *à géométrie variable* *(E. 11.11.68)*.

3. Fig. ■ Qui peut être adapté ou s'adapter à des circonstances, à des nécessités variables.

Ce parti *à géométrie variable* servait d'instrument flexible à un président plus enclin à l'ouverture qu'à la continuité *(E. 29.11.71)*. M. H. présente l'image originale d'un antisoviétisme « *à géométrie variable* » *(E. 28.8.72)*. Une justice *à géométrie variable* *(M. 26.11.75)*. La nébuleuse *à géométrie variable* des idées gauchistes chrétiennes qui constituent le fond de pensée de larges secteurs de l'opinion *(E. 26.6.78)*. Anesthésies *à géométrie variable* : la durée de l'anesthésie varie en fonction de l'heure de l'intervention *(M. 19.7.78)*.

GÉOPHYSICIEN sm. ■ Spécialiste de l'étude des propriétés physiques du globe terrestre.

Deux *géophysiciens* soviétiques sont partis pour les Kerguelen *(M. 26.12.65)*. Les villages (détruits par un tremblement de terre) seront reconstruits seulement après avoir pris l'avis des *géophysiciens* *(M. 20.1.68)*. Tous les astronomes, les géologues, les *géophysiciens*, attendent les résultats des expériences scientifiques réalisées lors de ce premier débarquement sur la lune *(M. 22.7.69)*.

GÉOPOLITICIEN sm. ■ Spécialiste de la *géopolitique**.

Les vingt et une régions actuelles (de la France) ne sauraient constituer un découpage adapté aux réalités humaines et économiques modernes. La plupart des experts et des *géopoliticiens* sont d'accord pour penser qu'il faudrait une douzaine de régions environ, de taille « européenne » *(O. 25.11.68)*.

GÉOPOLITIQUE ou GÉO-POLITIQUE sf. et adj.

● Sf. (de l'alld. *Geopolitik*). ■ Étude des rapports entre la politique des États et les données naturelles de la Géographie, ces dernières étant déterminantes.

La nouvelle promotion de cardinaux indique chez Paul VI un souci de *géopolitique*. En nommant cardinaux un Japonais, deux Australiens, un Polynésien, un Californien, un Mexicain et un Colombien, il indique l'importance croissante des pays riverains du Pacifique *(E. 12.2.73)*. L'Iran jouit d'une position stratégique incomparable (...) Les attentions de M. Giscard d'Estaing envers le Shah ont donc ce premier objet : la reconnaissance des réalités de la *géopolitique* *(P. 1.7.74)*.

● Adj. Relatif à la géopolitique.

Le leader indonésien affirmait que les deux pays, (l'Indonésie et le Japon) ont une « *destinée géopolitique* commune » *(Guillain, 69)*. Quelques leaders togolais sont réservés à l'égard d'un *ensemble géopolitique* placé sous le leadership du président ivoirien *(M. 1.1.66)*. Certains milieux autorisés estiment que l'on s'achemine vers une nouvelle *répartition géographique* (du monde) — ou, plus exactement, *géo-politique*, comme ils disent *(M. 4.6.66)*. Les chefs militaires américains ont tenté d'imposer une grande *synthèse* explicative et *géo-politique* de tous les événements en Asie depuis quinze jours *(O. 7.2.68)*.
Les calculs qui ont déterminé la politique énergétique de la France depuis dix ans ont été faits sur des bases essentiellement financières, sans que soient pris en considération, avec sérieux, les facteurs *géo-politiques* *(M. 27.6.74)*.

GÉOSTATIONNAIRE adj. 1966. ■ À propos d'un satellite artificiel qui se déplace sur son orbite à la vitesse de rotation de la terre sur elle-même, et qui semble donc immobile à un observateur terrestre.

Ce lanceur doit permettre, après addition d'un quatrième étage à poudre, la mise en orbite *géostationnaire* d'un satellite de télécommunications de 150 kilos *(F. 10.11.66)*. Un homme

de science, doué d'imagination, avait inventé le satellite de télécommunication *géostationnaire* bien avant le lancement du premier Spoutnik *(E. 14.7.69)*.
Cette fusée est conçue pour mettre en orbite *géostationnaire* (...) des satellites de télécommunications *(E. 6.8.73)*.
Une grande révolution se prépare (...), la révolution de l'information par le développement des satellites *géostationnaires* (dont) la principale mission est d'assurer les télécommunications à grande distance *(Leprince-Ringuet, 78)*.

GÉOTECHNIQUE adj. ■ Qui concerne les applications techniques (mines, routes, voies ferrées, etc.) de recherches géologiques.

Des *cartes géotechniques* où est précisée la nature du sous-sol proche *(M. 31.12.67)*. Après des *études géotechniques* sérieuses et des consultations d'entreprises spécialisées, les profils types (d'un tunnel) ont été adoptés *(VR 20.7.69)*.

GÉOTHERMAL, E adj. 1962. ■ Qui doit sa température élevée au séjour ou au passage dans les couches profondes du globe terrestre.

On injecte durant l'été de l'eau *géothermale*, réchauffée à 45°, dans la nappe tiède souterraine (...) Durant la saison froide, au contraire, on soutire de la chaleur à la nappe *géothermale* : on en extrait de l'eau à 30° qu'on réinjecte, refroidie d'environ 15°, après avoir transféré au circuit chaud une partie de la chaleur *géothermale* (...) *(O. 19.6.78)*.

GÉOTHERMIQUE adj. ■ Relatif à la chaleur des couches profondes de la terre.

L'énergie *géothermique* exploitée en Hongrie vient de gisements d'eau chaude dont la température dépasse très rarement 100°C (...) Ces méthodes empiriques n'empêchent pas le développement rapide des ressources *géothermiques (M. 6.3.74)*. En attendant le surrégénérateur, puis la fusion nucléaire et l'énergie solaire ou *géothermique*, il n'y a que le réacteur à uranium enrichi *(P. 20.1.75)*. Des forages *géothermiques* à environ 700 mètres assurent un flux permanent d'eau tiède à 30° *(O. 19.6.78)*.

GÉRIATRIE [ʒerjatri] sf. Méd. ■ Étude et traitement des maladies de la vieillesse.

Un certain pouvoir des hormones mâles peut être valablement utilisé en *gériatrie (Binet, 61)*.

GÉRIATRIQUE adj.

L'urgence de créer des services de médecine *gériatrique* a été rappelée. Les problèmes de l'équipement en faveur des personnes âgées dans la région furent plus spécialement abordés *(M. 28.4.66)*.

GERMANOPHONE adj. et s. ■ (Personne) qui parle l'allemand. (Région) où l'on parle l'allemand.

Des trente-neuf *Italiens germanophones* dix sont détenus, seize ont été laissés en liberté provisoire *(M. 14.1.66)*. Créer un nouveau canton, ce serait créer avec le *pays* de L. *germanophone* — une nouvelle minorité *(F. 2.11.66)*. Dans les régions *germanophones*, (on) considère comme des intrus ces Latins exubérants qui encombrent les logements, et parlent une autre langue *(E. 13.4.70)*.
→ ANGLOPHONE, DIALECTOPHONE, FRANCOPHONE.

GÉRONTOCRATIQUE adj. ■ Qui a les caractères d'une gérontocratie, d'un système où les vieillards ont le pouvoir.

Le personnel prit fait et cause contre une espèce de comité de patronage *gérontocratique*. La crise éclata *(Schwœbel, 68)*. L'ordre traditionnel de l'autorité et donc des valeurs était hier *gérontocratique*. Le grand-père détenait l'autorité morale, le père l'autorité active *(E. 17.3.69)*.

GÉRONTOLOGIE sf. ■ Étude de l'ensemble des phénomènes physiologiques, psychologiques, sociaux, etc., causés par le vieillissement de l'être humain. — (Ce n'est une discipline distincte que depuis 1950.)

On distingue la *gérontologie* biologique, la *gérontologie* chimique (ou gériatrie) et la *gérontologie* sociale *(EU 70)*. Si le vieillissement démographique s'est accru, la sénescence recule grâce aux progrès de la médecine et plus précisément de la *gérontologie (M. 1.10.67)*.

GÉRONTOLOGUE sm. ■ Spécialiste de la *gérontologie**.

La « récupération vitale » pratiquée par un célèbre *gérontologue (E. 10.5.65)*. Les spécialistes du tiers âge (= troisième âge), les *gérontologues*, ont mis au point des études et quelques projets *(FL 7.4.66)*.

GESTIQUE sf. ■ L'ensemble des gestes, comme moyen d'expression d'une personne.

Sa *gestique* si personnelle (d'un chef d'orchestre), à la fois si souple et si impérieuse, miracle d'efficacité : ses mains qui dessinent dans l'espace, vivantes, les structures de la partition, au point qu'on peut la « lire » en même temps que l'entendre *(E. 18.3.68)*.

GESTUEL, LE adj. et s.
● Adj. Relatif au geste.

À l'éloquence du verbe, Jaurès ajoutait l'*éloquence gestuelle (VL 1.70)*. Ces jeunes n'avaien

jamais eu l'occasion de faire du sport ou de la culture physique : le football, la piscine, la *gymnastique « gestuelle »*, sont pour eux autant de découvertes *(M. 1.3.69)*.
Les dimensions *gestuelles* et visuelles de l'acte sonore *(O. 3.9.73)*.

● **Sf. Ensemble des gestes expressifs considérés comme des signes.**

Il y a (dans une pièce de théâtre) une *gestuelle* délirante, boursouflée, incroyablement insistante, qui gonfle les scènes d'une pantomime ridicule *(C. 12.1.69)*.

GHETTO sm.

1. Par ext. : à propos d'un lieu où une collectivité (non juive) vit, volontairement ou par force, séparée de l'ensemble de la population.

La guerre civile latente qui se livre dans les *ghettos* des villes américaines *(O. 21.2.68)*. Les soirs de bagarre dans le « *ghetto* catholique » de B. (en Irlande) *(M. 24.4.69)*. Le jazz vocal s'échappe en torrents flamboyants des *ghettos* noirs de l'Amérique de la violence *(E. 16.6.69)*.

2. Fig. Isolement, repli d'un groupe sur lui-même.

Les communautés sont peu à peu refoulés dans leur « *ghetto* » *(M. 10.5.66)*. M. M. savait, en commençant à ouvrir le *ghetto* communiste, il y a deux ans, que sa tâche serait malaisée *(E. 15.1.68)*. (La culture) devra fournir à l'homme un moyen de rompre son actuel isolement, de sortir du *ghetto* en se situant de plus en plus consciemment dans le contexte actuel social et historique *(M. 28.5.68)*. On va sortir l'enseignement agricole de son « *ghetto* » et établir des liaisons avec les autres disciplines *(M. 15.6.68)*. Le rejet de la Grèce hors de l'organisation de Strasbourg risquerait d'enfermer le pays dans un *ghetto* politique *(M. 1.2.69)*.
Le ministre des armées veut tirer l'Armée du *ghetto* où elle s'est enfermée. Et essayer de la rendre populaire, en la faisant participer le plus possible à des tâches civiles *(E. 10.9.73)*. Une équipe d'enseignants un peu particuliers. Scientifiques, ils étaient capables de s'intéresser à autre chose qu'à leur discipline. L'un est organiste au temple, un autre milite activement comme parent d'élève. Aucun ne s'était jamais laissé enfermer dans le *ghetto* des scientifiques *(E. 10.12.73)*. Il combat pour sortir la police de son *ghetto* et lui restituer son rôle de service public *(E. 16.9.74)*. Les handicapés veulent sortir du *ghetto* où les a enfermés notre société utilitariste *(C. 7.11.75)*. Faites (...) que, pour quelque temps encore, j'ignore la pitié ou le mépris (de) (...) ceux qui n'appartiennent pas au *ghetto* des cancéreux *(Soubiran, 75)*.

Rem. Ghetto se construit aussi avec de nombreux adj. postposés, ainsi qu'avec divers subst. compléments. Ex. :

Ghettos intellectuels *(O. 15.6.66)*. *Ghetto* mental *(R 10.66)*. *Ghetto* culturel *(O. 12.4.67)*. *Ghetto* touristique *(O. 6.3.68)*. *Ghetto* sociologique *(O. 16.12.68)*. *Ghetto* moral *(O. 23.12.68)*. *Ghetto* littéraire *(FL 17.3.69)*. *Ghetto* urbain *(O. 31.3.69)*. *Ghetto* naturiste *(E. 31.8.70)*. *Ghetto* municipal *(O. 1.3.71)*.
Ghetto des jeunes *(O. 23.9.66)*. *Ghetto* des villes *(O. 14.8.67)*. *Ghetto* de la police *(O. 22.7.68)*. *Ghetto* du jazz *(E. 3.2.69)*. *Ghetto* des lépreux *(O. 21.4.69)*. *Ghettos* du ski *(O. 26.1.70)*.

GIGANTISME sm.

● **Par ext. À propos d'une entreprise, d'une ville, etc.**

La concentration (d'entreprises) n'est pas une panacée : elle n'est ni nécessairement une bonne solution ni le seul moyen de progresser. Le *gigantisme* n'est pas toujours synonyme d'efficacité *(F. 26.12.66)*. Décourager les implantations d'industries nouvelles, pour inciter les chefs d'entreprise à ne pas aggraver le *gigantisme* de la concentration parisienne *(Chaffard, 68)*.
Gigantisme urbain, paralysie du téléphone, embouteillages incontrôlables : dans ce chaos, une crise cardiaque, un accident cérébral deviennent rapidement des drames *(E. 29.10.73)*.
→ GÉANT.

(-)GIGOGNE Deuxième élément de substantifs composés désignant des objets faits de plusieurs éléments qui s'emboîtent les uns dans les autres ou, par ext., de choses (concrètes ou abstraites) qui dépendent les unes des autres, ou s'enchaînent dans le temps.

Le type du *cadeau-gigogne*, c'est-à-dire qu'on peut offrir en plusieurs éditions afin de composer un « tout » *(M. 8.12.64)*. C'est un *film-gigogne*. Alors que tant de scénaristes procèdent par soustraction, on procède ici par accumulation *(E. 25.10.65)*. Il faut voir et revoir « Lola Montès », *film-gigogne* au triple fond *(C. 13.12.68)*. Une fusée composite, *gigogne* — terme impropre — ou à étages, est composée de plusieurs fusées de grandeur décroissante et telle que chacune d'elles, en commençant par la plus grande, est capable de propulser toutes les autres, qui constituent sa charge utile *(Dt. astron.)*. Ces *poupées gigognes* emboîtées les unes dans les autres *(Tournier, 70)*.
Cet *aérodrome gigogne* où les aérogares et les pistes ouvriront les unes après les autres *(E. 18.6.73)*. Nous avons décidé de créer une série de *commissions gigognes* permettant à la maîtrise de réfléchir sur son métier *(M. 24.10.74)*. Il s'agit d'abord seulement de la survie d'un club de vol à voile. Puis apparaissent d'autres dimensions et des implications en chaîne. C'est une *affaire gigogne* *(M. 26.3.75)*.

GÎTE (+ adj.) sm. ~ 1960. ■ Lieu d'hébergement, pour touristes modestes, aménagé de façon sommaire dans une région de vacances (campagne, montagne).

Quelques expériences récentes : dans les Préalpes, les *gîtes communaux* de L. et le lotissement d'O. pour le tourisme estival *(M. 29.6.66)*. Un organisme de renseignements sur les meublés et les *gîtes ruraux* (...) L'habitude de louer au mois entraîne une sous-utilisation des capacités d'accueil dans les meublés et les *gîtes ruraux (C. 6.2.65)*.
Toutes les formules de *gîtes ruraux*, d'accueil à la ferme, de tables d'hôtes voient leur succès grandir *(P. 21.5.74)*. Nous proposons la réalisation de 300.000 lits dans les villages de vacances et les *gîtes communaux* et de 150.000 lits dans les locations saisonnières et

dans les *gîtes ruraux* (M. 11.2.78). Le département ne compte que 63 *gîtes privés* pour vacanciers, contre un bon millier en Savoie (M. 25.7.78).

GLACIS sm. Fig. Pol. ■ Zone protectrice que constituent, pour une grande puissance, des pays voisins qu'elle contrôle.

Le Premier Ministre de Roumanie ne peut pas se permettre d'indisposer son puissant partenaire en gênant trop ouvertement l'action des Soviétiques dans leur « *glacis* protecteur » de l'Europe de l'Est (O. 15.5.68). Le « *glacis* » soviétique de l'Est européen (O. 21.4.69).

GLANDER v. intr. Pop. ■ Musarder, perdre son temps. Se promener sans but précis.

J'arrive même à avoir du temps à moi. Bon, mais quoi en faire ? Je ne sais pas (...) Je parcours l'appartement : je regarde si rien ne cloche ici ou là. Je *glande* (Rochefort, 63). La vie nocturne sera essentiellement « déambulatoire ». On se « baladera », on « *glandera* » en cherchant vaguement des amis et en buvant des verres par-ci par-là (Cd. 17.10.66).

Rem. La variante *glandouiller* est attestée.

Souvent je vois les jeunes ouvriers se mêler (...) à des étudiants qui *glandouillent* autour de l'usine (Saint Pierre, 70).

GLISSE sf. ~ 1960.

1. Qualité caractérisant la façon dont un ski glisse sur la neige.

Les champions eux-mêmes reconnaissent que les skis français ont une bonne « *glisse* », qu'ils valent n'importe quels skis étrangers (O. 20.1.69). C'est un ski construit en double sandwich avec fibre de verre, remarquablement nerveux et d'une « *glisse* » pratiquement parfaite (SV 2.71).

2. Façon de skier.

Enseigner à un nombre d'amateurs toujours croissant toutes les formes de « *glisse* » qu'on pratique à la station : ski évolutif, ski de fond, ski safari, etc. (M. 26.11.77).

GLISSEUR sm. ■ Skieur remarquable ou spécialisé dans les épreuves de descente.

C. s'est montré un excellent *glisseur*, jusque-là, il manquait de force et de souffle. Avec nous il a travaillé. Résultat : il s'est classé cinquième de la descente de Val-d'Isère (M. 1.1.66).

GLISSIÈRE DE SÉCURITÉ loc. subst. fém. ■ Ensemble constitué par des rails de protection disposés horizontalement, à quelques dizaines de centimètres au-dessus du sol, en bordure d'une route ou entre les voies d'une autoroute, pour retenir les véhicules qui ont quitté leur axe de marche.

L'ensemble de la voie est pourvue sur toute sa longueur de « *glissières de sécurité* » (M. 2.10.64). La déviation routière comporte une chaussée à quatre voies, équipée de *glissières de sécurité* (M. 31.12.67).
C'est seulement depuis mars 1977 que des directives du Ministère de l'Équipement demandent d'équiper en *glissières de sécurité* les terre-pleins centraux d'une largeur de 12 mètres, pour les autoroutes nouvelles (AAT 2.78).

GLISSIÈRE (FERMETURE À) loc. subst. fém. Mot qui concurrence *fermeture Éclair* (marque déposée). ■ Fermeture souple formée soit de deux dentures à maillons spéciaux qui s'emboîtent les uns dans les autres, soit de deux bandes en matière plastique, l'une à saillie, l'autre à gorge ; on l'utilise surtout pour l'ameublement (coussins, housses), la maroquinerie (sacs de voyage, trousses), les vêtements, etc.

Longtemps, dans le langage quotidien des Français, la fermeture Éclair a été synonyme de *fermeture à glissière* (E. 24.2.69).
En France la présence industrielle japonaise se résume à deux usines, dont l'une fabrique des *fermetures à glissière* (E. 12.11.73).

GLOBAL, E adj. Rép. mil. XXe, peut-être sous l'influence d'expressions comme *méthode globale* (pour apprendre à lire aux enfants), *stratégie globale*, etc. — Souvent pour : complet, intégral, total, etc. ; ou : considéré en bloc, dans son ensemble.

Nous devons nous engager dans une voie révolutionnaire, à partir d'une *conception globale* imposée par la mutation du monde moderne (Faure : C. 25.1.69). Il y a intérêt à reprendre l'étude économique d'usines plus petites, dans le contexte de l'*économie globale* (Dumont, 62). Ce qui se passe après la mort, j'évite d'y penser ; ça fait partie du *côté non global* de mes croyances (Duquesne, 70). C'est l'occasion d'affirmer une *politique globale* et de poser devant tous les Français ce problème majeur de civilisation : les rapports entre l'auto et la ville (E. 5.4.71). Se crisper dans un *refus global* des réalités nouvelles, ce serait, pour l'école, signer sa propre condamnation (M. 7.1.66).
Un plan cohérent devrait appréhender tous les aspects du problème pour définir une *politique globale* des transports (C. 19.1.73).

GLOBALISANT, E adj. ■ Qui tend à *globaliser** quelque chose.

La négociation sur les conditions de travail est plus diversifiée que celle sur les salaires qui a des *effets globalisants* (C. 8.10.69). Ce qui m'a marqué le plus, c'est la façon dont vous avez surplombé les problèmes. À partir de cette *vue « globalisante »* que vous aviez, tout s'éclairait (C. 25.6.69).

GOMME (METTRE LA)

GLOBALISATION sf. ■ Action de *globaliser** ; son résultat.

Diminution et *globalisation* de l'aide de l'État. Il s'agit là d'un aspect essentiel de la nouvelle organisation des rapports entre l'État et les collectivités locales *(Moulin, 68)*. La C.G.T. reste fidèle à sa stratégie traditionnelle d'amalgame des revendications et de *« globalisation »* de l'action *(M. 23.2.69)*.
Le métro est un moyen puissant qui permet les forts débits mais, en contrepartie, il ne peut guère s'adapter à la demande individuelle, sinon par la *globalisation* des besoins particuliers *(R.G.C.F. 5.74)*.

GLOBALISER v. intr., tr. et réfl. ■ Considérer, juger un problème en bloc, sans en différencier les aspects, les détails. Envisager une question dans son ensemble. Réunir en un tout des éléments divers.

● V. intr.

(Dans le) débat classique sur l'opportunité d'une stimulation de la demande, les jugements sont simplistes. Il est si tentant de *« globaliser »*, si ardu de distinguer *(M. 18.8.65)*.

● V. tr.

L'intellectuel par excellence, l'homme qui *globalise les choix*, gouverne par refus successifs *(E. 17.3.69)*. Je ne suis pas partisan de la politique du tout ou rien. *Globaliser les revendications* serait aller à la politique que nous repoussons *(M. 16.4.66)*. Si les conversations n'aboutissent pas, il faut faire la grève un jour, deux jours, huit jours ou plus, mais il n'est pas possible de *« globaliser »* les revendications *(M. 7.5.66)*.
L'occasion est bonne pour *globaliser* les responsabilités et dire que l'échec de la sidérurgie doit être imputé autant aux responsables politiques qu'aux patrons *(C. 22.9.78)*.

● V. réfl.

Tous les problèmes se *globalisent* et se mondialisent *(RSR 8.12.70)*.

GLOBALITÉ sf. ~ 1960. Pol., sociol., etc. ■ Ensemble, totalité.

La *« globalité »*, un de ces termes qui surgissent fréquemment dans la politique et dont le vague permet de les utiliser à tort et à travers *(M. 5.2.66)*.
Notre pays croit dans l'Europe démocratique et dans la *globalité* des problèmes que sa construction pose *(M. 13.7.65)*. Cette méthode — conceptions et appréciations à l'échelle de l'ensemble social — qui aboutit à des propositions concernant la *globalité* sociale, s'oppose à l'empirisme *(Lefebvre, 68)*.
(Des) problèmes à considérer dans leur *« globalité »* *(Saint Pierre, 70)*.

GODILLE sf. Spéc. ■ Mouvements latéraux du skieur qui veut ralentir sa descente.

Dans la plus tyrolienne des stations du Tyrol, on connaît surtout deux danses : à ski, la *« godille »* ; à pied, la valse *(F. 7.1.67)*. La station d'A. poursuit cette année son expérience de stages de *« ski-godille »* *(VR 24.11.68)*.

GODILLEUR sm. ■ Skieur qui pratique la *godille**.

Il (l'organisateur de randonnées à ski) préférera un bon montagnard skiant moyennement à un *« godilleur »* acrobate *(F. 10.3.67)*.

GODILLOT [gɔdijo] sm. D'abord brodequin militaire, puis (pop.) gros soulier. Fig. ~ 1955 pour désigner ironiquement, par un jeu de mots, les partisans *inconditionnels** du général de Gaulle et de sa politique, ceux qui « marchent toujours au pas » (cf. cit. O. 17.3.69), sans discuter.

Les barons, les compagnons et ceux que les opposants surnomment les *« godillots* du général »* ont l'intuition que rien n'est décidé pour l'élection présidentielle de 1965 *(Sainderichin, 66)*. Ils (les membres du parti gaulliste) veulent un secrétaire général unique et n'entendent plus être traités en *« godillots »* *(E. 4.12.67)*. De manière confuse le parti (gaulliste) rejette l'image des *« godillots »* et veut, sans très bien savoir comment, exister par lui-même *(O. 17.11.68)*. Une belle unité gaulliste a éclaté. Les *« godillots »* ne marchent plus au pas. On règle publiquement ses comptes *(O. 17.3.69)*.
En 1958 un député U.D.R. déclarait fièrement : « Nous sommes les *godillots* du Général. Le temps des *« godillots »* serait-il révolu ? Voire. Les vétérans du gaullisme sont toujours là *(E. 19.3.73)*. Les *« godillots »* d'hier peuvent-ils être aujourd'hui gaullistes et Pompidoliens (= fidèles au Président Pompidou) ? *(E. 12.11.73)*.

1. GOMMAGE sm. Par ext. ■ Nettoyage en profondeur de la peau.

Un esthéticien se charge des soins du visage et des maquillages. Sa spécialité : le *gommage*, nettoyage profond de la peau (à l'aide de plantes) qui précède obligatoirement le maquillage *(C. 4.12.67)*.

2. GOMMAGE sm. Fig. ■ Action de *gommer** ; son résultat.

La seule chose qui me gêne dans votre exposé, c'est le *gommage* de la notion de châtiment *(O.R.T.F. 19.4.69)*.
Pour le linguiste Émile Benveniste, une narration exprime, à la limite, une érosion — un *gommage* — du sujet au profit de l'objet, c'est-à-dire du fait à traduire *(O. 18.8.69)*.

GOMME (METTRE LA) loc. Fig. D'abord pop. : activer l'allure (d'un moteur, d'un véhicule). Repris ~ 1960 pour : mettre l'accent sur..., donner beaucoup d'importance à...

On *met* actuellement *« la gomme »* en faveur des transplantations sur l'homme d'organes animaux, surtout ceux du veau et du porc *(C. 21.1.69)*.

GOMMER v. tr. Fig.
1. À propos de choses.
Le subst. complément (ou le sujet si *gommer* est au passif) peut désigner :
- — une chose concrète ; *gommer* signifie alors : faire disparaître, supprimer ou atténuer.
- — (plus souvent) une chose abstraite ; *gommer* signifie alors, selon les cas : atténuer, estomper (fig.), minimiser ; ou : faire oublier, passer sous silence, etc.

○ On a raconté beaucoup de choses sur nous (le front de libération du Québec), dit l'homme d'une voix dont il s'efforce de *gommer l'accent* (E. 23.11.70). C'est déjà une grande réussite, en employant dans une même « dramatique » tous les procédés connus de tournage, de ne pas « *gommer » l'action* (C. 25.5.69). Un simple geste, le matin, et on *gomme* pour 24 heures *l'angoisse* du rejet. Le déodorant agit comme un tranquillisant (O. 17.3.69). Au lieu de *gommer les défauts* de celui que (l'acteur principal) campe superbement, comme on le fait généralement dans ce genre de films, les auteurs, tout au contraire, décrivent celui qui triompha en Afrique du Nord, en Italie et dans la campagne de France, comme une véritable brute (VR 14.6.70). Il ne s'agissait pas seulement de « *gommer » des dispositions* (du règlement militaire) tombées d'elles-mêmes en désuétude (M. 5.10.66). J'admire la voix (d'une chanteuse) qui s'est développée, qui *gomme* intelligemment *ses effets* gratuits (C. 25.12.69). La pièce est à peu près injouable. Même dans la remarquable adaptation d'Albert Camus qui essaie de *gommer l'enflure* du texte (C. 16.11.69). Stimulants pour *gommer la fatigue* (E. 26.5.69). L'idée d'une guerre (entre l'Allemagne et l'U.R.S.S.) est tout de même un peu *gommée* (par le traité Bonn-Moscou du 12 août 1970) (O.R.T.F. 17.10.70). Les ciseaux des censeurs pratiquèrent trois minutes de coupure dans le film « La Belle Vie ». Les *images gommées* montraient le passage à tabac d'un ancien du contingent par deux parachutistes (M. 10.2.71). Un petit incident pendant le lancement : un moteur du deuxième étage cesse de fonctionner trente secondes trop tôt. *Incident* aussitôt *gommé* par les ordinateurs qui prolongent la combustion du troisième étage (O. 20.4.70). Son mari l'a quittée, elle a pu *gommer son mariage*, mais pas les deux petites filles qui lui restent (FP 2.69). Les *minutes* qui précédèrent la collision sont *gommées* de ma mémoire (E. 15.7.68). Il s'est découvert la faculté de « *gommer » le monde* extérieur (M. 28.6.64). L'évolution technique risque fort de *gommer* ce *partage* entre ceux qui parlent, écrivent et projettent et ceux qui écoutent (E. 14.9.70). (Il faut) « *gommer »* les *points noirs* du logement et des équipements sociaux (M. 17.4.69). À la télévision on peut *gommer* tous les *points* sur les i (FP 10.70). La plupart des films portant sur mai 1968 ont été interdits, bien qu'il s'agisse pour la plupart de documentaires. Pour *gommer* la *représentation* de la réalité, les censeurs invoquent la possibilité de troubles éventuels (M. 10.2.71). Ses *titres* nombreux, elle n'en fait pas état. Elle les *gomme*. Elle les efface soigneusement de la conversation (Fa. 21.8.68). La mort qui *gomme* cette *vie* « banale et rationnelle qui ne fait place à rien de secret » (E. 12.10.70). D'ici la fin de l'année les conditions de réception des émissions télévisées seront améliorées. Mais, pour « *gommer »* toutes les *zones* d'ombre, il faudra créer un réseau de réémetteurs et de relais (M. 24.10.65).

∞ Sur les lèvres expressives, un peu minces, le *sourire fut gommé* d'un seul coup (Saint Pierre, 72). Radio et télévision *gomment* les *frontières*, celles de la race et de la langue comprises (C. 26.2.72). Désormais, les professeurs seront soumis au régime général des fonctionnaires. « On ne comprend pas cette hâte à *gommer* nos derniers *privilèges »*, dit un agrégé (E. 13.3.72). Le président Nixon a essayé de *gommer* le *scandale* Watergate (...) L'historien peut-il aller jusqu'à *gommer*, nier l'*événement* ? (E. 27.8.73). Les camionneurs connaissent bien ce dangereux bonheur : il ralentit ou *gomme* les *réflexes*, c'est alors qu'il faut stopper (E. 3.12.73). Les *illusions* que la vie s'est chargée de *gommer* (P. 1.4.74). Sa *fortune*, Giscard paraît soucieux de la « *gommer »* de son mieux (P. 21.5.74). Le zèle militant ne *gomme* pas les *problèmes* de direction du parti (E. 27.5.74). On n'arrête pas les vagues. On ne les arrêtait pas jusqu'au jour où un forcené de la lévitation imagina un instrument qui *gommerait* la *houle* (...) l'hovercraft est désormais au point (M. 29.6.74). Anesthésier un sujet, c'est le déconnecter du monde, *gommer sa souffrance*, décontracter ses muscles (E. 16.9.74). L'opposition de gauche est convaincue qu'elle *gommera* ces *bavures* de la société industrielle qui accélèrent l'inflation (E. 12.7.76). La dépréciation du franc n'est-elle pas susceptible de *gommer* à court terme les *effets* d'une contre-performance boursière ? (Exp. 12.77). La Bretagne se trouve face à des *réalités* qu'on a voulu *gommer* pendant la période électorale (M. 29.6.78).

2. À propos de personnes. ■ Oublier ou faire oublier quelqu'un. Faire le silence sur lui.

Il n'était plus d'adjectif que « jeune », de slogan que « dans le vent », de paradis que vert. On avait *gommé* les *adultes* (E. 11.11.68). Quand la mort a *gommé* les successives *générations* (E. 22.9.69). Les mots n'allaient pas lui *gommer* la *petite* de la tête (O. 14.2.68).

GONFLER v. tr. Fig. Fam. Autom. ■ Augmenter la puissance d'un moteur, d'un véhicule de série en modifiant après coup certains de ses éléments.

Des « passeurs » spécialisés dans le trafic de devises entre la France et la Suisse utilisent des voitures rapides que les douaniers suivent parfois, à bord de DS 21 *« gonflées »* (M. 17.9.72).

GORILLE [gɔrij] sm. Fig. Mil. XXe. peut-être sous l'influence de l'américain *gorilla*, (garde du corps d'un gangster).
1. Fam. Garde du corps d'un personnage officiel, (chef d'État, etc.).

Si vous jugez, Messieurs, mon existence tellement nuisible, pourquoi détourner ainsi vos coups ? Mes horaires sont connus, mes habitudes inchangées, aucun « *gorille »* n'est attaché à mes pas. L'entreprise est donc aisée (M. 26.1.62).
De Gaulle s'arrête. Trois hommes se regroupent très vite autour du Général. Ce sont les « *gorilles »*. Œil acéré, tir rapide, des épaules de catcheur. Dans la foule, le Général est vulnérable. Aucun garde du corps ne peut empêcher un fanatique de le poignarder. Les *gorilles* sont aux aguets. Sous la veste déboutonnée le colt, dans son holster noir accroché

à droite de la ceinture, est prêt à entrer en action. Toutes les précautions sont prises (...) Les *gorilles* font un rempart de leur corps au Général *(Courrière, 71)*. M. S. commissaire principal de police, ancien *« gorille »* du général de Gaulle, dirigeait la protection rapprochée du souverain chérifien depuis un an *(E. 28.8.72)*. Les observateurs qui ont suivi l'ancien premier ministre dans ses déplacements ont été frappés de la discrétion inhabituelle de ses *« gorilles » (M. 4.5.74)*.

2. Agent secret.

Le Beretta silencieux a remplacé l'arme blanche et le jet la chaise de poste. Mais James Bond n'a rien inventé. N'en déplaise aux sociologues friands de mythes nouveaux, d'Artagnan, Monte-Cristo et autres *gorilles* de Dumas père, remplissaient déjà, il y a plus d'un siècle, la fonction de l'agent secret : faire naître tout bêtement des rires d'enfant en se tirant comme en rêve d'intrigues sanglantes et rocambolesques *(M. 12.3.65)*. Les « agents » de P. N. et leurs chefs sont des officiers de carrière restés dans la tradition des services de renseignements de l'armée. Ils n'ont que mépris pour les *« gorilles »* et les méthodes qu'on leur prête *(M. 21.1.66)*. La Sécurité militaire veille constamment — concurremment avec les *« gorilles »*, mais plus discrètement — sur les trois détenteurs du chiffre secret *(E. 14.8.67)*.
→ BARBOUZE, POLICE PARALLÈLE*.

GOULAG sm. (Mot russe, « Administration centrale des camps »).
■ Camps d'internement, en Union Soviétique, dans lesquels sont détenus, entre autres, des prisonniers politiques.

Le *goulag* n'est pas mort à l'Est, tandis que les États-Unis oscillent toujours entre impérialisme et repliement *(M. 2.6.78)*. Des références hasardeuses, selon qu'ils (= les auteurs d'attentats récents) en ont à l'O.A.S., à la Résistance, aux SS ou aux *goulags*, à tous les terrorismes de l'Histoire, leur tiennent lieu de justification *(M. 5.7.78)*.

● **Par ext. À propos d'autres pays.**

À La Havane, G. plonge dans ce qu'on serait tenté d'appeler un *« Goulag* tropical » si la faible dimension de celui-ci, et des conditions de détention plus clémentes, ne le distinguaient du modèle soviétique *(M. 24.12.76)*. Un « anar » aurait aimé dire que le libéralisme a aussi ses *« goulags » (M. 14.4.78)*.

GOULET (ou GOULOT) D'ÉTRANGLEMENT sm. Rép. mil. XXe.
■ Difficultés temporaires (dans un secteur, écon. ou autre) qui retardent une évolution.

En matière de champagne, le *goulet d'étranglement* est la limitation du vignoble *(E. 3.11.69)*. Un *goulet d'étranglement* existe dans l'industrie au niveau de la formation professionnelle *(En. 24.10.70)*.
La faiblesse numérique et qualitative de la main d'œuvre est le principal *goulet d'étranglement* du Gabon *(E. 21.5.73)*.

Les *« goulots d'étranglement »* les plus sérieux se présentent de plus en plus nettement au niveau des classes de seconde et de maths élém(entaires) *(US 20.10.59)*. Il n'y a dans cette crise du téléphone, aucun *« goulot d'étranglement »* technique ou industriel *(M. 29.4.64)*. L'industrie britannique souffre surtout de l'existence de *goulots d'étranglement* par défaut de main-d'œuvre qualifiée dans des secteurs déterminés *(M. 5.5.66)*.

G. R. sm. Sigle pour : (sentier de) Grande Randonnée.

1000 km de sentiers de grande randonnée — pour les initiés des *GR* — balisés en 1952, 12.000 km en 1974 *(P. 21.5.74)*. Les sentiers de grande randonnée, plus communément baptisés *G.R.*, sont de réels parcours sportifs, qui permettent à la fois une découverte de la nature et une activité physique *(M. 26.11.77)*.

GRAMMATICALITÉ sf. ~ 1960. Ling. ■ Caractère d'une phrase conforme aux règles de la syntaxe.

Chaque sujet parlant qui possède la grammaire de sa langue, peut porter sur les énoncés émis des jugements de *grammaticalité*. Il peut dire si une phrase faite de mots de sa langue est bien formée, au regard des règles de la grammaire (...) Les jugements de *grammaticalité* ne se font pas seulement par rejets ou acceptations ; il existe des degrés de *grammaticalité* qui peuvent être évalués par la nature de la règle violée (...) La *grammaticalité* se distingue de la signification *(Dubois, 73)*.
→ ACCEPTABILITÉ.

GRAND sm.

. **Pol. ~ 1945. Surtout dans les syntagmes « les trois, les quatre** *Grands* **» :** les 3, les 4 principales puissances mondiales (à l'époque considérée).

● **Par ext. État (ou groupe d'États) très importants dans tel ou tel domaine.**

Aujourd'hui, au moment d'aborder la ligne droite des négociations de Genève, les *trois Grands* (États-Unis, Japon, CEE) freinent des quatre fers *(E. 17.7.78)*.

. **Par ext. Écon. Rép. ~ 1960.** ■ **Entreprise, groupe d'entreprises, État, collectivité, etc., qui occupe une place dominante dans un secteur de production ou sur un marché.**

Plus rarement : personne qui occupe un rang éminent dans sa spécialité.

Grand + O (sans complément).

On s'est battu entre *grands* pour être le chef de file de ce rassemblement de banques *(E. 11.2.74)*. Avant 1930, la presse parisienne subissait la domination de l'agence Havas et de cinq journaux qui étaient surnommés les cinq *Grands (E. 18.2.74)*. Trois constructeurs français d'automobiles sur les quatre *« grands »* ont à l'exportation des résultats inespérés *(P. 24.2.75)*. Les *« grands »* sont avantagés par rapport aux autres fabricants de chauffe-eau solaires *(É. 3.7.78)*.

Rem. **Le féminin grande est parfois employé dans ce sens.**
Les banques « nationales », les trois *grandes*, B.n.p., Crédit lyonnais et Société générale *(E. 6.1.75)*. Dans leur quasi-totalité, les informations que les médias diffusent à travers le monde proviennent de quatre agences de presse internationales. Les « quatre *grandes* ». Soit : deux agences américaines, une anglaise, et une française *(M. 9.11.78)*.

Grand + de + subst.

● À propos d'une entreprise, d'une collectivité, etc.

Nous (la France) sommes, hélas ! parmi les *Grands* du trafic des armes *(C. 19.1.72)*. Les deux *grands* de l'industrie nucléaire française *(E. 21.5.73)*. Des maisons plus jeunes, plus audacieuses que les trois *grands* du blue-jean, cherchent à donner au jean une seconde vie, plus aventureuse *(O. 3.9.73)*. Le deuxième *grand* de la pharmacie française passe sous contrôle allemand *(E. 18.2.74)*. Radio Monte-Carlo veut devenir, avec Europe 1 et RTL, l'un des trois *grands* de la radio *(P. 14.10.74)*. Ce groupe sidérurgique se diversifiera dans la mécanique lourde, ce qu'ont déjà fait les *grands* de la sidérurgie allemande *(E. 9.12.74)*. Rien ne prédestinait P. à devenir un « *grand* » du meuble *(P. 13.1.75)*. Avec 45 pistes principales et 44 remontées, la station de Serre-Chevalier figure honorablement aux côtés des plus *grands* de la neige *(M. 22.3.75)*. Ces raisons ont poussé Peugeot à devenir un « *grand* » de l'automobile *(C. 27.8.78)*.
→ GÉANT, SUPERGRAND.

● À propos d'une personne.

L'une de ces synthèses qu'un chercheur arrivé à maturité réalise et qui fait de lui l'un des *grands* de sa discipline *(E. 5.11.73)*. La palme d'or obtenue à Cannes par « La Dolce Vita » a installé Fellini parmi les *grands* du cinéma mondial *(P. 21.5.74)*.

GRAND COMMIS sm. ■ Haut fonctionnaire qui occupe un poste de direction (dans un ministère, une entreprise nationale, etc.).

Jadis, quand un membre des grands corps empruntait le chemin politique, il apparaissait à ses pairs comme un déviant, trahissant un certain idéal de service. Il n'était plus un *grand commis (P. 21.5.74)*. Nourri dans le sérail, ce « *grand commis* » (le Directeur général de la S.N.C.F.) était trop loyal et discipliné pour se singulariser vis-à-vis de son tuteur, le ministre des transports *(M. 8.8.75)*.

GRAND CORPS sm. ■ Corps de hauts fonctionnaires (Inspection des finances, Ponts et Chaussées, etc.) d'où sont issus certains *grands* commis*.

Ne peut-on servir l'intérêt général ailleurs que dans les *grands corps* ? (...) Aujourd'hui, les *grands corps* encouragent certains des leurs à s'engager dans le privé, quand ils ne les placent pas eux-mêmes *(P. 21.5.74)*.

GRAND DESSEIN
→ DESSEIN (GRAND).

GRAND ENSEMBLE subst. masc. ~ 1954.

1. Groupe moderne d'immeubles d'habitation, comprenant de plusieurs centaines à plusieurs milliers de logements, et construits le plus souvent aux abords d'une grande ville.

Rem. Proposé et étudié dès 1954, le premier « *grand ensemble* » de France (c'est même pour le désigner que l'on forgea l'expression de *grand ensemble*) dut attendre son premier coup de pioche jusqu'au 29 octobre 1958. (...) Aujourd'hui, on fait une distinction entre le *grand ensemble* uniquement composé de logements, des indispensables écoles et de centres commerciaux, et la ville nouvelle qui va au-delà pour permettre à tous ses habitants de vivre comme le permet l'époque *(C. 22.10.69)*.

♦ Les habitants des *grands ensembles* trouveront, à proximité de leur domicile emplois et ressources, tout en conservant l'avantage de la proximité de Paris *(Tra. 10.58)*. Dans certains « *grands ensembles* » urbains, même neufs, insuffisamment étudiés, tendent à se manifester des états de tension nerveuse, tentatives de suicides et délinquance juvénile. Le docteur H. (a réclamé) « l'humanisation des *grands ensembles* » dans une communication au 41e Congrès d'hygiène. Il ne s'agissait pas de faire le procès des « *grands ensembles* » en général, mais seulement de certains *grands ensembles* « malades, faibles de constitution », parce que les cellules sont « trop exiguës, fragiles, sonores, rangées dans des bâtisses cubiques, trop vastes, parfois trop hautes » *(F. 12.10.61)*. Les grands ensembles, c'est laid, c'est stupide comme une gare de triage en temps de grève, mais c'est aussi l'eau courante et l'eau chaude à tous les étages, la chaleur au logis en toute saison, le soleil dans l'appartement l'été. Vous autres, messieurs de la presse, vous avez toujours eu ça, dès votre enfance. Et c'est normal. Tout le monde devrait avoir ça, au XXe siècle ! Alors (...) vous faites la fine bouche. À vous entendre, il semblerait que les malheureuses personnes casées dans ces *grands ensembles* ont été enlevées, de force, d'immeubles somptueux. Mais avez-vous vu (...) une mère de famille nombreuse qui a quitté l'un des taudis de ces rues pittoresques de la grande ville arriver à Sarcelles, ou dans un autre *grand ensemble* ? L'avez-vous vue entrer dans ce que vous appelez des cages à lapins ? Elle se croit au paradis *(Ragon, 66)*. Ces Minotaures de béton et de pierre qui cernent (Paris) et que l'on appelle les « *grands ensembles* » *(M. 21.3.67)*.
Le ministre transforme les *grands ensembles* et leurs constructeurs en bouc émissaire de tous les péchés d'urbanisme *(E. 2.4.73)*. Malgré leurs graves imperfections, les « *grands ensembles* » ont contribué à résorber la crise du logement que le pays a connue au lendemain de la guerre *(C. 1.6.78)*.

2. Par ext., dans d'autres domaines. *Grand ensemble* est alors suivi d'un déterminant (compl. ou adj.).

Au XIXe siècle, Sir A. C. a mis en place deux *grands ensembles* de canaux, dans les deltas de la G. et de la K. (en Inde) *(M. 7.1.68)*. Partisan du « libéralisme économique », opposé au remembrement autant qu'aux *grands ensembles* de sports d'hiver *(M. 6.1.68)*. (Il faut) nous demander si la scolarité classique n'est pas un facteur d'inadaptation avec ses *grands ensembles* scolaires, ses classes surchargées *(M. 29.11.68)*.

En France, depuis la dernière guerre, se sont constitués de *grands ensembles* industriels régis par la loi des rendements croissants *(M. 25.5.78)*. La course à un emplacement libre dans les campings et caravanings situés sur le littoral est tout à fait aléatoire (...) On déplore le surpeuplement des « *grands ensembles* » de toile *(M. 25.7.78)*.

GRANDE SURFACE loc. subst. fém. Ellipse pour : « magasin à très grande surface de vente », tel que l'*hypermarché**, ou le *supermarché**, installé à la périphérie d'une ville, et où se pratique la vente en *libre* service*.

Le commerce traditionnel est secoué par l'apparition des très « *grandes surfaces* » de vente *(C. 22.10.69)*. Ces trois « *grandes surfaces* » sont trois centres commerciaux nouveaux *(En. 29.11.69)*. La bataille des *grandes surfaces* est vraiment lancée dans le secteur de la distribution (...) Le n° 1 des « *grandes surfaces* » (contrôle) 22 hypermarchés et 209 supermarchés *(En. 2.5.70)*.
Une revue de défense des consommateurs s'est livrée à une enquête systématique dans les *grandes surfaces (E. 18.9.72)*. Des producteurs de lait protestent contre le « bradage » du prix du lait dans une *grande surface (M. 3.2.73)*. L'intrusion récente des « *grandes surfaces* » dans le commerce de détail fait des ravages dans le secteur alimentaire (...) Les détaillants « indépendants » traditionnels sont les vraies victimes des « *grandes surfaces* » *(Pa. 10.74)*. La face cachée d'une *grande surface* avec ses cageots brisés, ses emballages perdus, ses reliefs malsains *(M. 19.1.75)*.
→ HYPERMARCHÉ, SUPERMARCHÉ.

GRAND-PAPA (DE) fig.
→ PAPA (DE).

GRAPHE sm. Mil. XXe. Écon. (Emprunt au vocabulaire des math.).

Rem. La théorie des *graphes* étudie ces modes de représentations graphiques qui n'utilisent que des points, repérés par leurs coordonnées cartésiennes, appelés sommets, et des segments de courbe les joignant ou arcs. D'une façon générale on appellera *graphe* ou représentation graphique d'une fonction un ensemble de sommets et d'arcs, ce mode de représentation permettant de représenter aussi bien les fonctions continues que discontinues (...) Les applications économiques de la méthode des *graphes* sont nombreuses *(Dt. écon.)*.

♦ Les méthodes (modernes de gestion) sont pratiquement toutes des applications de la récente théorie algébrique des « *graphes* » *(D. En. 6.69)*. La méthode du chemin critique permet de représenter un programme complexe par un *graphe* dont les arcs indiquent les activités prévues et leur enchaînement avec le temps opérationnel assigné à chaque activité (...) Pour lancer le programme, (on) établit un *graphe* de tâches et de leur ordonnancement, avec spécification des besoins en personnel, en matériel et en capacité de production *(Hetman, 69)*.

GRAPHISME sm. ■ Ensemble de signes graphiques ; leur aspect esthétique.

La recherche et la mise au point du *graphisme* utilisé pour le téléaffichage de la gare de G. ont été dominées par le double souci d'obtenir à la fois des indications esthétiques et d'une excellente lisibilité *(R.G.C.F. 11.68)*. Sous la même étiquette de baroque, on entasse pêle-mêle la littérature d'Arrabal, l'architecture de G. et les *graphismes* de l'Américain Milton G. *(E. 25.11.68)*. Le « *graphisme* » serait impuissant à restituer le caractère de ce lac au crépuscule *(VR 30.3.69)*.

GRAPHISTE subst. ■ Personne qui dessine des modèles de décoration, les caractères d'imprimerie, des monogrammes, des symboles de marques, etc.

Son équipe se compose de cinq stylistes et d'autant de *graphistes (M. 2.6.66)*. G. est *graphiste*. Elle établit tous les modèles de boîtes et de papiers pour une grande firme de chocolat *(Fa. 21.5.69)*.
Trois designers français et un *graphiste* suisse ont dessiné 35 montres d'une nouvelle collection *(E. 3.2.75)*.

GRATIFIANT, E adj. Mil. XXe. Psychol. ■ Qui procure une satisfaction psychologique (par opp. à *frustrant**).

La grosse moto est aussi un engin de locomotion au long cours : efficace, fiable, plus *gratifiant* que n'importe quelle bagnole *(O. 12.8.74)*.

GREFFE sf. Méd. ■ Suite d'opérations chirurgicales qui consistent à prélever un organe sur un *donneur** et à l'implanter dans l'organisme d'un *receveur**.

Le professeur B. et l'équipe des trente médecins qui avaient pratiqué la première *greffe* du cœur ont transplanté ce matin le cœur d'un jeune métis de vingt-quatre ans, décédé un quart d'heure plus tôt des suites d'un accident de voiture, dans la poitrine d'un dentiste du Cap *(M. 3.1.68)*. À C., le projet d'une « Fondation pour *greffes* d'organes » a été présenté *(C. 8.2.69)*.

GRENOUILLAGE sm. ~ 1954. ■ Ensemble d'intrigues, de manœuvres peu honnêtes.

Ceux qui se livrent à un pareil « *grenouillage* » (...) *(Au. 25.11.54)*. Le président se livre au jeu mesquin d'un « *grenouillage* » politique intolérable, dans le seul but d'assurer son maintien au pouvoir *(M. 16.3.66)*. Ce « *grenouillage* » autour de l'ancien prisonnier d'A. est assez révélateur des mœurs politiques *(F. 10.2.67)*.
→ MAGOUILLE.

GRÈVE(-)

GRÈVE(-) sf. Premier élément de loc. et de composés, dont le deuxième élément désigne une modalité de la cessation concertée d'une activité, d'un travail.

Une « *grève active* » de deux jours a commencé à l'université de R. À plusieurs reprises, les étudiants ont interrompu les cours pour des débats avec les professeurs *(M. 22.2.69)*. Jeudi matin les *grèves* et manifestations de soutien se sont poursuivies mais, la plupart « *assises* » et « *silencieuse* » *(C. 19.2.71)*.

Rem. Seuls deux composés, *grève(-)bouchon* et *grève(-)thrombose*, ainsi que la loc. *grève du zèle*, qui sont parmi les plus fréquents, font l'objet d'articles séparés, classés ci-après. Des exemples des principaux autres composés et expressions construits avec *grève(-)* sont cités dans chacun des articles consacrés à leur 2ᵉ élément et classés à leur place alphabétique.

→ GRÈVE(-)PILOTE*. GRÈVE SAUVAGE*. GRÈVE(-)SURPRISE*. GRÈVE(-)TEST*.

GRÈVE(-)BOUCHON sf. ■ Grève localisée (par ex. dans un atelier) entraînant un arrêt ou un ralentissement de la production dans d'autres ateliers, d'autres entreprises, etc.

Une *grève-bouchon*, déclenchée à un poste-clé des chaînes de montage *(M. 6.12.69)*. Cette grève sauvage est aussi une *grève bouchon* : elle paralyse une grande partie de l'usine *(E. 16.10.72)*. Selon la direction, une petite minorité de « gauchistes » terrorisent les ouvriers et organisent des *grèves-bouchons* *(O. 21.4.73)*. Le pouvoir est pris au dépourvu par la *grève-bouchon* des techniciens de la télévision *(P. 8.7.74)*. Une nouvelle « *grève-bouchon* » vient d'éclater aux usines Renault *(M. 15.2.75)*. Quelque 300 O.s qui demandent à devenir P 1 bloquent toute la production de l'usine, 21.000 personnes : la *grève-bouchon* typique *(E. 12.6.78)*.

→ CHÔMAGE TECHNIQUE.

GRÈVE(-)THROMBOSE sf. Syn. de *grève*(-)bouchon*.

Cette « *grève thrombose* » bloque toute l'activité des aciéries et 4000 salariés sont en « chômage technique » *(M. 10.4.69)*. Ce n'est pas une « grève-bouchon », une « *grève-thrombose* ». C'est la grève normale dans une usine où le montage se fait en continu *(M. 5.12.75)*.

→ CHÔMAGE TECHNIQUE.

GRÈVE DU ZÈLE loc. subst. fém. ■ Application des réglements de travail avec un zèle méticuleux, en vue de perturber ou de bloquer l'activité d'une entreprise, d'un service public, etc.

La *grève du zèle* que les contrôleurs de la navigation aérienne ont entamée le 28 juillet continue de perturber l'activité des aéroports parisiens *(M. 30.7.78)*. Le 5e jour de *grève du zèle* des 2.500 contrôleurs aériens s'est achevé sur une ébauche d'ouverture *(C. 17.8.78)*.

GRÉVISTE DE LA FAIM loc. subst. ~ 1969. ■ Personne qui fait la grève de la faim, pour des raisons politiques ou autres.

L'ensemble des détenus gauchistes ont suspendu leur grève de la faim à la suite de l'annonce par laquelle le ministre de la Justice indiquait qu'il souhaitait prendre en faveur de certains *grévistes de la faim* quelques mesures d'adoucissement *(M. 10.2.71)*. M. N. *gréviste de la faim*, l'œil brillant de cet éclat que donne la fatigue, explique l'objet de cette grève de la faim : tenter d'obtenir le bénéfice du régime (de détention) spécial, dit politique, pour trois militants en prison *(M. 21.3.71)*. J'ai été sollicitée d'aller rendre visite à trois *grévistes de la faim*, ouvriers de chez Renault (…) Deux d'entre eux avaient été licenciés. Le troisième faisait avec eux une grève de solidarité *(Signoret, 75/78)*.

GRIFFE sf. Fig. ■ Ruban cousu à l'intérieur d'un vêtement, et portant le nom du couturier, du tailleur, etc.

● Par ext. Marque apposée sur un article de luxe et portant le nom du fabricant.

À l'occasion du salon de la Maille, elle a présenté la première collection qui porte sa *griffe* fabriquée par la maison C. *(O. 21.2.68)*. De plus en plus les « *griffes* » des grands couturiers signent les étiquettes des flacons de parfum *(M. 7.6.68)*. En trois ans N. a réussi son virage : à côté des maîtres tailliers, confectionneurs de « grande *griffe* » *(PM 14.3.70)*. La « *griffe* » des grands créateurs signe beaucoup moins les robes du soir ou les tailleurs, qu'elle ne valorise des parfums, des foulards, des sous-vêtements, des colifichets *(M. 21.7.73)*. On trouve la *griffe* de C. sur des couvertures, du linge de table, des papiers peints, des articles de plage et des disques (…) *(P. 30.9.74)*. La maison D. est devenue un empire et vend sous sa *griffe* 45 produits : des bas, des cravates, de la lingerie (…) *(E. 3.7.78)*.

GRIFFÉ, E part. passé et adj. ■ Muni d'une *griffe**.

Quinze types de robes et manteaux, répétés dans 5 ou 6 coloris différents, ce qui fera au total 80 modèles, tous *griffés* « C. », mais qui ne seront pas des copies de la collection haute-couture *(F. 20.1.67)*. Une gamme sans cesse étendue de prêt-à-porter « *griffé* » *(M. 11.1.68)*. Elles ont à peine 6 ou 8 ans et déjà réclament des vêtements « *griffés* » comme leurs mamans *(Fa. 11.12.68)*.

GRIFFER v. tr. Fig. Mettre sa *griffe** à l'intérieur d'un vêtement.

C'est la première fois qu'Y. dessine lui-même et « *griffe* » des chaussures *(Fa. 28.1.70)*.

GRIGNOTAGE sm.

1. **Pol.** Tactique qui consiste à agir par petites opérations limitées mais répétées aussi longtemps et aussi souvent qu'il le faut pour atteindre le but souhaité.

Pas de schématisation, pas de systématisation, répond A., partisan du *grignotage* *(M. 25.1.66)*. Il existe une véritable technique de « *grignotage* » des libertés, où l'on décèle

quelques constantes *(Errera, 68).* « Les conseillers généraux qui font bien leur travail sont pratiquement imbattables. Mais leur moyenne d'âge est élevée. Certains se retirent, d'autres déclinent. Alors, contre eux, nous présentons des candidats jeunes, capables. » C'est la tactique du *grignotage (E. 23.2.70).*
2. **Dans d'autres domaines : destruction lente et progressive.**
Le « *grignotage* systématique » auquel le bois de Vincennes est soumis par les promoteurs *(M. 29.1.64).* Une majoration de salaire de 5 % pour compenser le « *grignotage* » par la hausse des prix des conquêtes de juin dernier *(M. 23.2.69).*

1. GRILLE sf. ■ Feuille, tableau quadrillé(e) qui sert à présenter un ensemble d'indications chiffrées. — Par ext. : ces indications elles-mêmes.

Grille (d'horaires, de trains, etc.). Organisation technique de la circulation sur les voies ferrées.

Les « *grilles* horaires » des trains britanniques sont l'un de leurs meilleurs arguments *(VR 14.8.66).* Insérer les trains de grandes lignes dans une *grille* serrée de trains de banlieue (...) Les conducteurs des trains de grandes lignes doivent pouvoir recevoir des informations leur permettant d'insérer au mieux leur circulation dans une *grille* dense aux abords de Paris, pendant la période de pointe de banlieue *(R.G.C.F. 6.70).*
Au 1er octobre, 114 trains nouveaux sont venus compléter les « *grilles* » horaires de la banlieue de Paris *(M. 14.11.72).*

Grille de(s) programmes (de radio, de télévision). Plan d'ensemble de la répartition horaire des émissions.

Beaucoup d'émissions nouvelles vont prendre leur départ. Voici comment se présentera la *grille* hebdomadaire des programmes (...) *(M. 7.9.66).* France-Inter consolide, jour après jour, une « *grille* » de programmes mise en place la saison dernière *(M. 24.11.67).* Mise en place de la nouvelle « *grille* » des programmes de la chaîne « France-Culture » *(M. 3.10.69).* Les remaniements de la *grille* des programmes ont amené une reconsidération des émissions consacrées au cinéma *(M. 6.3.70).* Les aménagements apportés aux « *grilles* » des programmes de la télévision française à partir du 1er janvier 1971 *(M. 26.12.70).*
On vient de remanier la *grille* des programmes d'Antenne 2 *(M. 30.3.75).* Le printemps étant l'époque du renouveau, les radios en profitent pour rafraîchir leurs *grilles* de programmes *(O. 29.4.78).* La nouvelle *grille* de programmes réservera une tranche de deux heures à la diffusion nationale de programmes régionaux *(C. 7.9.78).*

Grille de rémunérations, de salaires, de tarifs, etc. Nomenclature détaillée de toutes les catégories de postes et de leur rémunération, dans une entreprise, une profession.

La *grille* (de recrutement) comprend actuellement 18 catégories socio-professionnelles *(M. 8.7.64).* Le cheminot d'exécution, classé à l'échelle 6 de la *grille* de rémunération, reçoit 1 000 F environ par mois *(M. 13.9.69).* Les grévistes demandent la révision de la *grille* des salaires *(M. 10.10.69).* La direction (d'une usine) a proposé une nouvelle *grille* de salaires *(M. 17.1.71).*
La *grille* des traitements est d'une grande complexité. Pour la quasi-totalité des fonctionnaires, le traitement de base varie selon les catégories indiciaires *(M. 5.2.75).*
Comme les compagnies d'assurances, les loueurs (de voitures) ont leurs « *grilles* » tarifaires particulières *(En. 25.1.69).*

2. GRILLE Fig. ■ Interprétation d'un phénomène (écon., pol., social, etc.) en fonction d'une idéologie, d'une théorie.

Les *grilles* libérale et marxiste, contemporaines de la société de production, sont remises en cause *(M. 26.5.78).*

GRIPPER v. intr. et réfl. Fig. À propos d'institutions, de systèmes économiques, politiques, etc. : cesser de fonctionner correctement.

Protéger les faibles, réduire les inégalités les plus choquantes devrait être l'ambition d'une politique des transferts sociaux. La mécanique actuelle de ces transferts ne joue pas toujours dans ce sens. Elle *grippe* parce que l'évolution du rapport entre population active et inactive reste peu favorable *(M. 11.12.63).*
On peut penser que le système économique suédois *se gripperait (O.R.T.F. 18.10.69).*

GRISBI [grizbi] sm. D'abord argot (XIXe s.) ; répandu en 1953-1954 (par le roman policier d'A. Simonin, « Touchez pas au grisbi », et le film tiré de ce roman). ■ Argent (monnaie).

Le Ministre du *grisbi* (article sur le ministre des Finances) *(Cs. 5.54).* M.V. (député) fréquemment interrompu à la droite (à l'Assemblée nationale) s'inquiète des ressources de « Paix et Liberté », dont les publications, selon lui, préconisent « la politique américaine ». Il s'écrie : « Moralité : touchez pas au *grisbi* » (rires) *(M. 5.12.54).* Étrange affaire tout à fait dans le climat « Touchez pas au grisbi ». Le « *grisbi* » c'était cette fois quatre diamants ramenés frauduleusement de Suisse *(M. 18.12.54).*

GROGNE sf. Repris et répandu en 1961, en même temps que *hargne** et *rogne**, à la suite d'une allocution radiotélévisée du général de Gaulle qui stigmatisait l'attitude négative de certains opposants. ■ Mécontentement, mauvaise humeur.

Le climat est à la *grogne* et le président de la République se décide à recevoir M. L. H., professeur de droit et gaulliste de gauche, qui lui a écrit *(E. 15.1.68).* L'Opéra fulmine et tremble. Ce n'est pas la « *grogne* » des choristes que l'on entend murmurer, c'est la voix revendicatrice et suraiguë des divas *(PM 20.1.68).* Les Français sont les recordmen d'Europe de la *grogne (E. 12.10.70).*
Cette parcellisation des tâches provoque le malaise chez le cadre et l'écœurement chez

l'OS. La *grogne* se déclare à son tour chez l'agent de maîtrise *(Exp. 6.73)*. Face aux difficultés actuelles, c'est la *grogne* au patronat *(E. 11.2.74)*. Dans les prisons, à la révolte des gardes succède la « *grogne* » des gardiens. Ceux-ci ne veulent pas être mis à l'écart des améliorations prévues par la réforme *(C. 1.8.74)*. La « *grogne* » montante des officiers mal payés, mal considérés *(O. 6.1.75)*. Le public supporte de plus en plus mal l'inconfort des wagons ; cette *grogne* de la clientèle inquiète la S.N.C.F. *(E. 8.9.75)*. Dans la *grogne* de cet anar-né (le dialoguiste d'un film), le public retrouve son ras-le-bol et ses angoisses *(P. 19.12.77)*. Après la grève des contrôleurs aériens, il restera aux compagnies aériennes à éponger la *grogne* des vacanciers et celle des hommes d'affaires qui risquent de rater leurs rendez-vous *(E. 31.7.78)*.

GROS BRAS
→ BRAS (GROS).

GROS CUBE
→ CUBE (GROS).

GROS CUL
→ CUL (GROS).

GROS PLAN sm. D'abord au cinéma. — Fig. ■ Représentation détaillée d'un phénomène limité, d'une réalité partielle.

Ce texte remuant passe sans prévenir du *gros plan* psychologique souvent comique, à l'envolée littéraire, de la notation quotidienne au survol rêveur *(M. 24.10.64)*.

GROS-PORTEUR adj. et sm. Aviat. ■ Avion de transport de très grande capacité.

Mesures spéciales de sécurité pour le Salon du Bourget, où seront présentés des avions *gros-porteurs*, (comme) le L. Galaxy, avion géant (qui) peut transporter jusqu'à 100 tonnes ou 700 passagers *(M. 11.4.69)*.
Lorsque sont apparus les avions *gros-porteurs*, tout le monde a été victime d'une formidable opération de surenchère et de marketing incitant à acheter du jumbo-jet *(PM 4.1.75)*.

Rem. L'Administration française préconise d'employer ce terme à la place de l'angl. *jumbo jet.*

GROUPE (CABINET DE)
→ CABINET DE GROUPE.

GROUPE DE PRESSION loc. subst. masc. ~ 1955. (Trad. de l'angl. *pressure group*). ■ Association, groupement d'intérêts, etc., qui exerce des pressions sur les pouvoirs publics pour infléchir leurs décisions.

Rem. La science politique française n'a pas atteint un degré d'élaboration tel qu'elle puisse définir rigoureusement, et a fortiori imposer une définition du *groupe de pression*. Dans son acception la plus large, le *groupe de pression* est tout organisme professionnel, corporatif, syndical, culturel même qui agit pour prévenir, obtenir ou infléchir une décision de la puissance publique le concernant (...) Dans une définition plus stricte, le *groupe de pression* est un organisme qui défend des intérêts purement matériels par une action de préférence clandestine. L'action des *groupes de pression* est hautement répréhensible et néfaste à la collectivité ; elle est un test du mauvais fonctionnement des institutions politiques *(P.E.P.)*.

♦ Les *groupes de pression* utilisent désormais sur une large échelle les techniques d'influence de l'opinion. Ces efforts s'insèrent dans la technique dite des « public relations » *(Meynaud, 59)*. N'ayant que des pouvoirs de fait, les *groupes de pression* n'ont pas été touchés en 1958 par le changement de Constitution *(M. 12.9.59)*. Le patronat constitue un *groupe de pression* au sens classique du terme, même si la solidarité patronale est beaucoup moins réelle et profonde que ne l'imaginent les ouvriers *(M. 11.12.63)*.
Un député hollandais demande aux dirigeants du Marché commun de se prononcer sur l'existence et l'influence des *groupes de pression (E. 5.6.72)*. Nos comités de défense de l'environnement ont toujours su demeurer indépendants à l'égard des partis politiques, comme des *groupes de pression* économiques *(M. 29.1.75)*. En France, les études sérieuses sur les « *groupes de pression* », c'est-à-dire les intérêts privés organisés pour faire pression sur les pouvoirs publics, sont rares (...) *(C. 9.9.78)*.
→ ESTABLISHMENT, LOBBY.

GROUPUSCULAIRE adj. De *groupuscule**, peut-être d'après *corpuscule/corpusculaire* ou *crépuscule/crépusculaire*.

Tous ceux qui jusqu'alors étaient paralysés par l'inefficacité *groupusculaire* (...) le refus des divisions *groupusculaires* (...) *(J. Sauvageot, 68)*.
Tous ceux, *groupusculaires* ou non qui se veulent les héritiers de mai (1968) *(O. 23.12.72)*.

GROUPUSCULE sm. Attesté 1936 (Aragon cf. *Matériaux*, N° 15,1978), rép. ~1968. (De *groupe*, et terminaison analogique avec celle de *minuscule, corpuscule*, etc.).Péj. ■ Petit groupe politique, souvent extrémiste, jugé peu représentatif.

Rem. *Groupuscule* : (le mot) a été particulièrement en faveur à l'occasion des troubles universitaires de 1968, où les grands partis ne jouèrent aucun rôle, mais qui paraissent avoir été le fait de « *groupuscules* » : maoïstes, castristes, trotskistes, situationnistes, etc. *(VL 1.70)*.
En Europe, l'effectif des hippies est trop maigre pour que l'on puisse saisir les différences. Lorsque les contestataires se divisent, ils aboutissent aux « *groupuscules* » *(E. 11.5.70)*.

L'éditorial de M. Georges Marchais, dans « l'Humanité » du 3 mai 1968, lance un mot qui fera fortune et qui restera : celui de *« groupuscules »* (Viansson, 71).

♦ Des esprits bruyants se taillent une célébrité peu coûteuse en rassemblant ici ou là leurs *groupuscules* et en donnant à ces rassemblements une publicité hors de proportion avec leur importance réelle (M. 16.6.66). (La) technique du coup d'État n'exige aucun génie dont ne soit capable dans une sous-préfecture n'importe quel *groupuscule*, à condition de sentir l'adhésion, d'abord passive, puis active, d'une majorité dans la population (E. 2.10.67). Des *groupuscules* issus des événements de mai ont changé de tactique et se lancent dans l'activisme spectaculaire (C. 10.12.68). Pour la première fois, les militants des divers *« groupuscules »* d'extrême-gauche cessaient de se quereller sur des questions d'orthodoxie marxiste (M. 23.3.69). Quant aux *groupuscules* hyper(-)gaullistes, ils ont brusquement foisonné sans pouvoir dissimuler la modicité de leurs effectifs (M. 7.10.69). Ce groupe, nous a-t-on dit, n'était qu'un *groupuscule*, l'une des petites associations qui (...) Groupe ou *groupuscule*, il semble cependant bien représentatif d'un état d'esprit alarmant (M. 24.1.75). 1968 : ce fut le « temps des *groupuscules* ». Des sigles à foison, connus quelques semaines plus tôt du seul cénacle des initiés et qui, soudain, fleurissaient pour donner la parole aux murs (M. 6.7.78).

GUERRE + adjectif. Premier élément de locutions et de substantifs composés féminins.

GUERRE CHAUDE (Par opposition à *guerre* froide*). ■ Conflit armé.

L'ennemi peut prendre le visage de l'ennemi réel et concret de la guerre, celui de l'ennemi virtuel de la diplomatie ou celui de l'ennemi absolu de l'idéologie. L'ennemi n'est pas exclusivement celui que l'on combat au cours d'une *guerre chaude* (Freund, 65). Les autorités vont déclencher la *« guerre chaude »* contre le mouvement séparatiste basque, accusé de fomenter le terrorisme (E. 12.8.68).

GUERRE FROIDE Pol. ■ État d'hostilité qui ne va pas jusqu'à l'emploi des armes.

Le mercredi 11 mars 1947, le président Truman expose que les États-Unis sont désormais décidés à mettre un frein à l'expansion soviétique. C'est une grande date : l'après-guerre a pris fin ; la *« guerre froide »* est née officiellement (E. 8.3.65). Les affrontements sévères, la reprise de la *« guerre froide »*, affaiblissent les possibilités d'une offensive d'envergure (M. 9.1.70).
En mai 1950, au plus fort de la *« guerre froide »*, qui devint brûlante en Corée quelques semaines plus tard (...) (M. 5.8.78).

● Par ext., dans d'autres domaines, ■ Conflit (politique, social, etc.) dans lequel les adversaires cherchent pourtant à éviter les affrontements violents.

Un retour à la *« guerre froide »* entre la C.G.T. et les centrales syndicales concurrentes (M. 10.6.70).

GUERRE RÉVOLUTIONNAIRE

(...) La situation dite de *« guerre révolutionnaire »*. L'expression couvre de façon assez lâche les enseignements de Mao Tsé-toung, les techniques des mouvements de résistance et la tactique de guérilla désormais utilisée dans les conflits coloniaux (Meynaud, 59).

GUERRE TIÈDE ■ État intermédiaire entre la *guerre* froide* et la *guerre* chaude*.

Entre les durs de la guerre froide et les naïfs du dégel irréversible ou de l'inévitable coexistence pacifique, H. (homme politique) apparaît comme un réaliste de la *guerre tiède* (O. 17.4.68).

GUEULE sf. Fig. Dans des locutions d'abord populaires, puis répandues, au milieu du XXe s., à d'autres niveaux.

Avoir de la gueule Fam. ou pop. À propos de personnes ou de choses. ■ Être brillant, *prestigieux**, remarquable.

Son premier discours (du chef de l'État) était minable, le second *avait de la gueule* (O. 7.6.68).

Se casser la gueule Fam. ou pop. À propos de créations artistiques (cinéma, théâtre, etc.). ■ Subir un échec.

J'ai tourné « L'Écume des jours » d'après Boris Vian ; le film *s'est cassé la gueule* (E. 9.3.70).

GUIDE-INTERPRÈTE subst. ■ Personne polyglotte, bénévole ou rétribuée par une agence pour faire visiter des monuments, une ville, une région, à des touristes étrangers.

Le *guide-interprète*, pour le compte d'une des deux mille agences de voyage promène, commente, raconte, explique, décrit (...) R. est *guide-interprète* dans une grande agence parisienne : elle y est employée toute l'année, ce qui n'est pas la règle dans ce métier saisonnier (FP 9.73).

(-)GUILLOTINE sf. Fig. Deuxième élément de substantifs composés, dans lesquels il indique que l'action ou la situation désignée par le premier élément est marquée par une sorte d'automatisme brutal, inhumain, et qu'elle est irréversible.

Nous n'avons jamais refusé de rentrer dans les facultés pour y travailler, mais nous n'y entrerons pas pour recommencer un bachotage stérile, préalable au *« contrôle-guillotine »* des examens actuels (...) Les étudiants revendiquent la suppression de l'*examen-guillotine*

(M. 12.9.68). On parle beaucoup de la « *retraite guillotine* » : cette interdiction de travailler faite à un homme capable, simplement parce que l'âge c'est l'âge, vous semble-t-elle normale ? *(C. 13.5.70).*

L'*heure-guillotine* de la fermeture des opérations d'enregistrement *(Lesparda, 70).*

GUS [gys] sm. De *Gugusse, Auguste*. Milit. et pop. pour : homme, soldat.

Le lieutenant, chef de section, avait hâte de faire rentrer ses trente *gus* au poste de N. avant la nuit *(Courrière, 70).*
→ BIDASSE.

GYROPHARE sm. (Du grec *guros*, « cercle », et *phare*). ■ Lanterne rotative à feu clignotant placée sur le toit d'une ambulance, d'une voiture de police, de pompiers, etc.

Jusqu'à une date récente, n'importe qui, avec un permis de conduire et un break peint en blanc et muni d'un *gyrophare*, pouvait s'établir ambulancier *(E. 25.6.73).*

H [′aʃ] sm. Fam. ■ Graphie simplifiée de *Hasch**, conforme à la prononciation de ce mot.

Quelques amis de rencontre l'avaient initié au *H*, la drogue douce, la cigarette de la fraternité artificielle *(E. 19.11.73)*. La police place un peu trop facilement sur le même plan l'arrestation d'un étudiant détenteur de 3 grammes de « *H* » et l'interception d'un passeur porteur de 3 livres d'héroïne *(M. 27.2.77)*.

HABILLAGE sm. Techn. ■ Enveloppe (en métal, en matière plastique moulée, etc.) qui protège un appareil, une machine, et dont la couleur, la forme sont étudiées pour flatter l'œil.

Habillage compact d'une poly-imprimeuse de bureau *(En. 2.5.70)*.

HABILLER + subst. (nom de chose) v. tr. Techn. ■ Recouvrir un appareil, une machine, un véhicule, d'un *habillage**.

Ces rames comportent une motrice et deux remorques « *habillées* » d'acier inoxydable *(M. 9.1.68)*.

● Décorer, orner.

Vous utilisez le feuillage de chacune des fleurs, à l'arrière-plan, pour donner du « panache » au bouquet et au centre pour « *habiller* » les creux entre les zinnias *(Fa. 14.8.68)*. Cent autres coulis, purées, sauces et veloutés qui « *habillent* » luxueusement les denrées les plus modestes *(Fa. 18.12.68)*.

HABITAT [abita] sm. Terme de géographie passé dans le vocabulaire administratif, puis dans la presse. ■ Conditions (et, par ext., lieux) d'habitation de l'homme. Parfois pour : logement, résidence.

Le mot « *habitat* » est employé avec le sens de « logement » dans l'opuscule « Réflexions pour 1985 » dont l'introduction est rédigée en jargon technocratique *(VL 10.65)*. Pour éviter la ségrégation sociale par l'*habitat*, il faut considérer que la rénovation urbaine est un service public (...) Mais la législation actuelle sur les logements sociaux est inacceptable *(M. 21.11.68)*. Le fléau c'est la double concentration des activités à un endroit et des lieux de résidence ailleurs. Le mouvement *habitat*-travail est beaucoup trop long. Il faut rapprocher l'*habitat* du travail *(E. 24.11.69)*. On peut (considérer) le type d'*habitat* : dans (certaines) banlieues essaiment les pavillons individuels, dans d'autres banlieues s'échelonnent des ensembles imposants (...) L'*habitat* collectif tend, en France, à se développer *(T. 12.70)*.
Le délégué général de l'Union des H.L.M. avait animé, il y a un an, un groupe de travail sur l'*habitat* à Paris (...) On voulait définir la « vocation sociale » de l'*habitat* existant *(M. 16.10.74)*. Un « *habitat* service » destiné, disent les urbanistes, à favoriser par une architecture adaptée, les pratiques sociales correspondant aux transitions entre la vie publique et la vie privée *(M. 20.6.78)*.

HABITÉ, E part. passé, adj. Astron. À propos d'un véhicule *spatial** à bord duquel se trouve un homme ou un équipage.

Dernier-né des *engins habités* soviétiques, le Soyouz : un vaisseau spatial composite *(M. 21.11.68)*. Le nom générique des sondes lunaires lancées dans ce pays (l'Union Soviétique) est « Lunik » ; celui des *satellites habités* « Vostok » *(Dt. astron.)*. Le Département de la Défense se retrouve sans programme de *vols habités (M. 23.7.69)*.

HABITUATION sf. ~ 1960. De *habituer*, sur le modèle *situer/situation*.
■ Le fait de s'habituer à quelque chose. Acclimatement, accoutumance, adaptation.
> Plus l'intensité du bruit perturbateur (produit par le décollage des avions) est forte, et plus souvent il se produit, plus la gêne (subie par les riverains des aéroports) est grande. Et il n'y a pas *habituation* (E. 26.5.69).

HALFTRACK ou **HALF-TRACK** ['aftrak] sm. ~ 1945. Mot anglais. Milit. ■ Véhicule blindé, semi-chenillé.
> Le camp des réfugiés fut d'abord cerné par des tanks et des *halftracks* (M. 12.1.68). Un soldat avait été blessé par l'explosion d'une mine sous un *halftrack* (M. 12.9.68). Grâce à l'intervention efficace des *half-tracks* de l'armée qui dégagent la chaussée de l'autoroute A 7, le trafic reprend (F. 2.1.71).

HALLUCINOGÈNE adj. et sm. Attesté 1934, rép. mil. XXe. ■ Qui provoque des hallucinations, des états euphoriques, etc.
● Adj.
> Trois cas d'intoxication par des *champignons hallucinogènes* (M. 23.1.66). Une religion basée sur l'utilisation des *drogues hallucinogènes* (M. 13.10.66). Des *plantes hallucinogènes* que (les hippies) vont chercher (au) Népal (VL 1.70). Le fantastique *pouvoir hallucinogène* du L.S.D., le « scalpel mental » le plus puissant que l'on puisse imaginer (M. 22.4.66). Deux *produits hallucinogènes* étaient vendus en contrebande (TL 21.4.66). L'appelation de *substances hallucinogènes* est critiquable et J. Delay propose de lui substituer celle de « neurodysleptiques » (MP). Des accidents toxiques de *type hallucinogène* ont pu être observés sous l'action des substances les plus diverses MP

● Sm.
> Les *hallucinogènes* détrônent aujourd'hui les stupéfiants de Baudelaire (M. 21.4.66). Le haschich et jusqu'à un certain point l'opium peuvent être rapprochés du groupe des *hallucinogènes* qui comprend surtout : la mescaline, la diéthylamide de l'acide lysergique ou L.S.D. 25 (MP).

→ DROGUE, L.S.D., HASCH, LYSERGIQUE.

HAMBURGER ['ãburgœr] sm. (Mot am., abrév. de *Hamburger steak*).
■ Bifteck rond, assez épais, fait de viande de bœuf hachée, et souvent servi dans un pain rond ou recouvert d'un œuf au plat.
> Homme de bonne compagnie, il (R. Le Bidois) ne met pas comme moi les pieds dans les plats de « *hamburger* » (Étiemble, 64). La génération qui vient, élevée au soda gazeux et au *hamburger* sec ne pourra pas apprécier une tarte gasconne à l'armagnac (Merlin, 66). Auberges-express, oignons frits et *hamburgers* normalisés (O. 7.2.68). Au salon international de l'alimentation M. R. a mangé un *hamburger* synthétique (O. 21.10.68).
> Il vendait *hamburgers* et frites dans des restaurants miteux (E. 27.11.72). Le bœuf miroton, ce jardin à la française, est supplanté par le *hamburger*, made in U.S.A. (...) Les prix sont très compétitifs : 1,80 F le *hamburger* entre deux tranches de pain (O. 23.12.72).

HANDBALLEUR ['ãdbalœr] ou ['ãdbɔlœr] sm. (D'après *footballeur*).
■ Joueur de handball.
> Seize *handballeurs* français feront le voyage de Suède pour participer aux championnats du monde (F. 22.12.66).

HANDICAP ['ãdikap] sm. Fig. À propos d'une collectivité (État, nation, etc.). ■ Désavantage, retard qui met (quelqu'un, quelque chose) en état d'infériorité.
> En trois ans la production britannique a pris plus de 15 % de retard sur sa rivale d'outre-Atlantique, et ce *handicap* ne cesse de s'aggraver (M. 30.8.64). Le jeune État (algérien) est parti avec un « *handicap* » qu'une certaine instabilité politique n'a fait qu'accroître (M. 24.6.68).

HANDICAPÉ, E ['ãdikape] adj. et subst.
● Adj. Atteint d'une infirmité ou, par ext., défavorisé sur un point quelconque.
> L'*enfance handicapée*, plus que toute autre, a besoin de la protection de la nation (M. 29.11.66). La mort du père fait des orphelins des *enfants « handicapés »* sur le plan affectif et matériel (M. 10.2.66).

● Subst. Terme d'abord administratif, qui tend à se répandre — surtout le tour *handicapé(s) physique(s)* — à tous les niveaux pour : infirme.
> La question de la réinsertion familiale et professionnelle de certains *handicapés physiques* ou intellectuels (FL 29.9.66). Il faut que ces jeunes sachent de quels prodiges de courage et de volonté font preuve les *handicapés physiques* (F. 7.12.66). Assurer aux aveugles et *handicapés visuels* leur place de membres à part entière dans la société et la profession (F. 4.11.66).
> Ce n'est pas un « *handicapé* moteur » Tout simplement, il s'est désadapté (O. 2.12.68).
> Le suicide d'une *handicapée motrice cérébrale* (M. 13.1.71). Le professeur M. a mis en cause la politique actuellement suivie à l'égard de tous les *handicapés*. Des témoignages de *handicapés* présents sont venus souligner ces insuffisances (C. 7.11.75). Le loisir sportif s'adresse à chacun, indépendamment de ses aptitudes physiques. Aux adultes qui n'ont jamais pratiqué de sport, aux personnes âgées, aux *handicapés* également (M. 26.11.77).

HAPPENING ['apeniŋ] sm. ~ 1964. Mot anglais (événement).
1. Spectacle qui exige la participation active du public et dans lequel l'improvisation et la spontanéité ont un rôle essentiel.

Le *happening*, progéniture de Hellzapoppin, me semble frôler un des pires écueils : la promiscuité sexuelle *(A. Breton : O. 10.12.64).* Faire un *happening* dit L. C., c'est prendre conscience que le monde est un spectacle à l'intérieur duquel on est soi-même spectacle *(E. 28.6.65).* La poésie, théâtrale ou autre, n'a plus d'espoir que dans la manifestation spontanée des imprévus de la vie, au besoin en groupe, comme par les « *happenings* » ou « tableaux vivants en train de se faire » *(M. 7.4.66).* Le théâtre et le ballet battent en retraite devant les « *happening* » où chaque acteur dit et fait ce qui lui passe par la tête *(4.1.67).* La deuxième partie du spectacle comprend un « *happening* ». Et on sait que le mot « *happening* » émoustille beaucoup de nos jours *(M. 26.7.67).* Ce spectacle dans la salle, ce « *happening* » permanent (au Festival de Palerme) ne manquait pas de pittoresque. Point de violence, mais une contestation bon enfant, allant de la commedia dell'arte au psychodrame étudiant *(M. 11.1.69).*

2. Par ext. Événement collectif, manifestation qui rappellent ce genre de spectacle.

Le président compte sur des improvisations, sur une sorte de *happening* politique *(O. 23.11.66).* Passons de l'envolée de ballons multicolores, sur la chansonnette promue hymne politique... Ce fut la partie distrayante d'une sorte de canular, de ce que M. E. appelait hier un « *happening* politique » *(F. 8.2.67).* À la faculté de Nanterre la température monte, l'attente de la bataille (entre les étudiants et la police) frôle parfois le *happening.* On affirme qu'Austerlitz est pour demain *(E. 6.5.68).* Le grand *happening* mécanique annuel du Salon de l'automobile *(E. 29.3.71).*

HAPPY(-)END ['apiɛnd] sf. ou sm. Mot anglais (littéralement : heureuse fin). ■ Conclusion heureuse, mais peu vraisemblable, ménagée à la fin d'un film (ou d'une pièce) tragique, pour plaire au public sentimental qui souhaite que l'histoire « finisse bien ».

Pour se venger d'un affront, notre jeune ami fait dérailler un train (...) Il retrouve enfin ses parents : « *happy end* » *(FL 31.3.66).* Comment Fanny le pleure, puis le retrouve (le héros du film), je laisse aux spectateurs le soin de le découvrir. Mais qu'ils ne s'y trompent pas : le « *happy end* » ne réunira que deux fantômes *(E. 1.5.67).* Ce couple désassorti prend l'avion pour Paris, *happy-end* trompeuse dont on peut être assuré qu'elle débouchera sur un désastre *(E. 19.1.70).*

HARDWARE ['ardwɛr] sm. ~ 1965. Mot anglais (articles de ferronnerie, de quincaillerie, etc.). — Emprunt au vocabulaire américain de l'informatique. ■ Ensemble des éléments matériels (unité centrale, *mémoire**, etc.) d'un *ordinateur** (par opp. à *software**).

Le vocabulaire américain auquel on est contraint de se référer distingue deux choses. D'une part, le « *hardware* » : c'est, au sens propre, la « quincaillerie », la machine, tout ce qui est « matériel ». D'autre part, le « software ». Il s'agit d'un jeu de mots dont les programmeurs sont friands *(O. 17.1.68).* Dans son enfance, l'informatique a connu ce qu'on pourrait appeler son âge du fer : les problèmes essentiels étaient posés par le matériel, par le *hardware* — *hardware* = quincaillerie — *(M. 24.9.68).* Il faut donner quelques explications sur ces deux termes barbares de *hard-ware* — quincaillerie, équipement — « soft-ware » — « confiserie », apport humain. — Ces deux termes dont les défenseurs de la francophonie sont un petit peu blessés *(O.R.T.F. 1.3.69). Hardware* et software servent à désigner, dans l'industrie des ordinateurs, d'une part les machines électroniques ellesmêmes — *hardware* — et d'autre part la matière grise nécessairement dépensée par les hommes pour faire marcher les machines — software — *(Collange, 69).* À propos de mon article sur les mots « quincaille » et « mentaille » utilisés pour les ingénieurs français de l'électronique pour remplacer « *hardware* » et « software », un professeur d'anglais objecte que « *hardware* » n'a rien de la nuance argotique et péjorative (qui est) dans « quincaille » *(Mars : C. 20.12.70).*

Rem. Le subst. français *matériel* est recommandé officiellement pour remplacer *hardware.*

HARGNE sf. Repris et répandu en 1961, en même temps que *grogne** et *rogne** à la suite d'une allocution radiotélévisée du général de Gaulle.

Chaque remous met en action les équipes diverses (les groupes de l'opposition) de la *hargne,* de la grogne, et de la rogne *(de Gaulle, 12.7.61).* C'est un petit livre bleu connu sous le nom de passeport, mais il mériterait plutôt de s'appeler coupe-file, car ses possesseurs sont des spectateurs privilégiés : le petit livre bleu leur permet d'entrer dans les salles (de cinéma) du circuit P. sans prendre place dans les files d'attente. Contrairement à ce que l'on pourrait craindre, le petit livre bleu ne provoque ni *hargne,* ni grogne, ni rogne parmi les spectateurs qui font la queue et en voient d'autres entrer directement *(M. 28.1.71).* Nombreux sont les chauffeurs de poids lourds qui ne lésinent pas sur l'excès de vitesse ou la manœuvre périlleuse. Leur compte en banque en dépend. D'où la *hargne* qu'ils manifestent à l'égard des automobilistes, gendarmes, douaniers *(E. 20.8.73).*

HASCH sm. ~ 1968. Fam. Abréviation de *haschisch.*

« *Hasch* » ou haschich (extrait du) Petit lexique des « fumettes » *(PM 16.8.69).* Le *hasch* n'est pas plus une drogue qu'autre chose *(E. 23.3.70).*
→ H.

HAUTE DENSITÉ
→ DENSITÉ (HAUTE).

HAUTE FIDÉLITÉ sf. Attesté 1920. Rép. ~1955. (d'après l'angl. *high fidelity*). ■ Ensemble de moyens techniques visant à reproduire les sons, et plus particulièrement la musique, aussi fidèlement que possible (dans un *électrophone**, un récepteur de radio, etc.).

Rem. Il y a environ vingt ans, des publicitaires inspirés eurent l'idée d'accoler à certains électrophones sans doute méritants pour l'époque, le terme de *« haute fidélité »*. Un slogan remarquable était né. Il allait faire carrière, et quelle carrière ! Aujourd'hui, la *haute fidélité* est devenue un véritable mythe. Une appellation universellement consacrée, presque magique d'un objet, d'une orientation technique que la société de consommation impose, (...) à notre convoitise. Il est vrai qu'avec sa riche connotation freudienne la *haute fidélité* est prédestinée à s'infiltrer facilement dans nos désirs (M. 10.3.79).

● Subst. fém.
Le microsillon a suscité toute une race sympathique de « chercheurs de fidélité ». Ces passionnés de la *haute fidélité* savent que l'on peut reculer encore les limites de la performance technique pour purifier la musique à domicile (M. 6.57). Les puristes n'admettent pas le changeur automatique pour la lecture des disques en *haute fidélité* (SV 12.69).
Les mini-cassettes n'ont pas été inventées pour reproduire de la musique, encore moins pour assurer une *haute fidélité* (M. 9.3.77). La *haute fidélité* est un idéal inaccessible. Il faut se faire à l'idée que toute reproduction sonore est une transposition (...) On pourrait en conclure que, au royaume de la *haute fidélité*, les illusionnistes sont rois (M. 10.3.79).

● En apposition. Surtout dans le syntagme *chaîne* haute fidélité*, et quelques autres.
— Combien faut-il compter, au minimum, pour une bonne *chaîne haute fidélité* ? — Au minimum, au strict minimum, vous pouvez avoir une chaîne mono pour trois cent mille anciens francs *(Beauvoir, 66)*. Nous analysons ci-après une *chaîne haute fidélité* (qui) comporte une platine tourne-disques, un amplificateur stéréophonique, un tuner et deux enceintes acoustiques (SV 12.69).
Le *matériel haute fidélité* d'outre-Rhin (...) La platine tourne-disques D.1219 est bien une *table de lecture haute fidélité* (SV 12.69).
→ HI-FI.

HAUTE(-)SÉCURITÉ sf. Techn. Probablement d'après *haute* fidélité*. ■ Très grande sécurité de fonctionnement d'un appareil, d'une machine.

Ses freins à disque à *haute-sécurité* (d'une voiture) *(Pub. M. 6.5.66)*. *Haute sécurité* de travail avec les calculatrices D. *(Pub. En. 2.5.70)*.

HAUT-LIEU sm. Fig. Repris mil. XXe. Spéc. ■ Important centre d'attraction, d'échanges, d'études, etc.

La Hollande en fleurs, c'est tous les Pays-Bas... *haut-lieu* touristique, que vous découvrez sous un jour nouveau *(F. 9.1.67)*. Cette foire, visitée par plus d'un million de personnes, est devenue un *haut-lieu* européen des productions et du machinisme agricoles (M. 24.11.67). Depuis le début du mois, l'un de ces *hauts-lieux* (de la futurologie) se trouve à Paris *(E. 28.9.70)*.

HEBDO sm. Abrév. de *hebdomadaire* (sm.). Fam. ■ Publication qui paraît chaque semaine.

Dans l'ensemble, les journaux — les quotidiens, les *hebdos* — donnent raison à Jean *(Beauvoir, 66)*.

HÉLIOMARIN, E ou HÉLIO-MARIN, E adj. 1948. De *hélio* (gr. *hélios*, soleil). Méd. ■ Qui utilise les vertus curatives du soleil et de l'air marin.

Le Centre de cures est situé dans un cadre *hélio-marin* exotique et sylvestre *(M. 17.5.66)*. Le premier centre méditerranéen de cure *hélio-marine (Dunlop, 66)*. Le tropisme *héliomarin* qui amène des millions de Scandinaves, d'Anglais et d'Allemands des brumes du Nord vers le soleil de la Méditerranée (M. 22.7.69).

HÉLIPORT sm. 1952. Probablement sous l'influence de l'anglais *heliport*. De *héli*(coptère), d'après *aéroport*. Aviat. ■ Aire d'atterrissage et de décollage pour hélicoptères.

Une ligne qui aboutira au nouvel « *héliport* » d'Issy-les-Moulineaux (M. 1.3.57).

Rem. **La composition irrégulière de ce mot a été critiquée (cf. par ex. Ch. Bruneau, FL 1.8.53, in DMN).**

HÉLIPORTAGE sm. ■ Transport par hélicoptère.

Le sauvetage en montagne ou le simple désir de skier hors des pistes connues ne sont pas toujours conciliables avec les possibilités d'*héliportage* (M. 7.1.67).

HÉLIPORTÉ, E adj. 1955. D'après *aéroporté(e)*. Milit. ■ Transporté par hélicoptère. — (Opération, raid, etc.) dans lesquels on utilise des hélicoptères. (Terme employé aussi en parlant d'opérations non militaires : sauvetages, etc.)

L'*opération héliportée* envisagée (pour évacuer par hélicoptère des alpinistes bloqués dans la montagne) *(M. 4.1.57)*. *Raid héliporté* israélien sur un camp militaire égyptien *(M. 11.9.69)*. Une opération d'infanterie, appuyée par de l'artillerie et des *troupes héliportées* *(O.R.T.F. 27.12.56)*.

HÉLISURFACE sf. 1970. ■ Emplacement utilisé temporairement par des hélicoptères pour atterrir et décoller.

Un arrêté du 30 janvier 1976 limitait à quatre le nombre des *hélisurfaces* — point précis de dépose de matériel et de personnes — dans le massif du Mont Blanc (...) Dans le département de l'Isère, toutes les demandes de création d'*hélisurfaces* ont été refusées *(M. 3.4.76)*. Avec 68 *hélisurfaces* autorisées, la Savoie restait le seul département largement ouvert à la pratique du « ski héliporté » *(M. 18.12.76)*.

HÉMORRAGIE sf. Fig. ■ Perte importante (en hommes, en biens), que subit une collectivité (pays, nation, etc.).

● À propos de personnes (d'abord à propos des pertes en vies humaines causées par la guerre).

L'*hémorragie* humaine infligée à l'Afrique (par la traite des Noirs) est estimée entre 40 et 100 millions d'hommes *(Dumont, 62)*. Le mur (de Berlin) empêche l'*hémorragie* de main-d'œuvre *(PM 28.12.68)*. Au recensement de (1968) la Bretagne comptait (3 % d'habitants de plus qu') en 1962. L'*hémorragie* démographique a donc été stoppée *(M. 31.1.69)*. Elle est condamnée à pratiquer une politique de bas salaires (et elle) subit une *hémorragie* de cadres *(E. 3.11.69)*.

● À propos de choses (surtout de capitaux).

Les mesures prises pour faire cesser l'*hémorragie* de dollars *(M. 3.1.68)*. L'*hémorragie* est grave dans la catégorie des cargos, où (la flotte française) ne représente plus que 2 % de la flotte mondiale *(M. 29.11.68)*. Le pays subit une véritable *hémorragie* monétaire *(M. 26.4.69)*. Le mot d'ordre était de défendre le franc sur tous les fronts, de stopper l'*hémorragie* des devises *(M. 9.1.70)*.
Le trafic de devises entre la France et la Suisse est très actif : les douaniers l'évaluent à 10 millions de francs par jour. Mais, dans les moments de crise, l'*hémorragie* atteint quotidiennement 30 à 40 millions de francs *(M. 17.9.72)*.

HEURE (À L') + déterminant adj., ou de + subst.
Ces tours ont peut-être pour origine lointaine les formules : être/se mettre/vivre à l'heure ancienne/nouvelle/solaire ; ou : à l'heure d'été ; d'hiver, etc., fréquentes dans l'usage oral entre 1920 et 1940 après l'introduction (en 1916) de l'heure d'été (par opposition à l'heure solaire ou heure d'hiver). En 1945 un roman (de J.-L. Bory) qui décrit la vie d'un village français sous l'occupation, porte le titre *Mon village à l'heure allemande*. À partir des années 1950, *« à l'heure... »* devient très fréquent dans la presse.

Rem. Une locution qui est en train de devenir un véritable cliché : *« À l'heure de... »*. Nous avons assisté, il y a quelques années, à une éclosion de titres de journaux formés sur ce patron stéréotypé : « Melbourne à l'*heure olympique* » (...) Voici (des) titres où cette locution est accompagnée d'un complément déterminatif : « L'Algérie à l'*heure des réformes* » (...). Certains journalistes n'hésitent pas à faire suivre cette locution passe-partout d'un nom de lieu ou de personne. Si cette formule peut être commode pour mettre un mot ou un nom propre en vedette, sa répétition devient vite fastidieuse *(Le Bidois : M. 16.1.57)*.

● Le tour en question exprime l'idée que la personne ou la chose dont on dit qu'elle *est, est mise, se met* ou *vit*, etc. — l'un de ces verbes peut être exprimé ou sous-entendu — *à l'heure* (+ *adj.*) ou *à l'heure de* (+ *subst.*), est adaptée à, conforme à, influencée par, etc., ce que représente l'adj. ou le subst. déterminant.

À l'heure + adj. ethnique. À la manière..., à la mode..., selon la méthode... (+ adj.).

« Mon village *à l'heure allemande* » *(Bory, 45)*. Les vastes restaurants-drugstores et les « drive-in » ont mis Mexico *à l'heure américaine (M. 17.7.69)*. La Parisienne *à l'heure anglaise* : le grand maître de la couture anglaise ouvre (une boutique) à Paris *(F. 28.9.66)*. La France met ses fleurs et ses légumes *à l'heure autrichienne* : (on) va y construire des serres-gratte-ciel conçues en Autriche *(E. 3.4.67)*. (Sur) la Costa Brava, les Français vivent *à l'heure espagnole* (...) : sacrifiant à la mode espagnole, on dîne tard *(F. 20.7.61)*. Les British Railways seront *à l'heure européenne* lorsque le « Tunnel » (sous la Manche) les reliera au continent *(VR 16.2.69)*. Mme E. a mis la famille *à l'heure scandinave* en invitant une jeune Nordique au pair *(E. 15.4.68)*. Nos socialistes français seraient bien inspirés de se mettre *à l'heure suédoise (E. 6.10.69)*.

A l'heure + adj. (désignant soit une invention, une technique modernes, soit un phénomène, une situation, etc.) À l'âge..., à l'époque... à l'ère... etc.

Une partie du film décrit la mystérieuse alerte qui fait vivre le (porte avions) *à l'heure atomique (M. 24.1.65)*. La boutique vient de mettre ses étalages *à l'heure audio-visuelle* : un appareil de projection, dissimulé dans la vitrine, diffuse en permanence trois films de huit minutes *(O. 3.1.68)*. *À l'heure électronique* le commerce s'inspire encore du crieur de foire *(O. 3.1.68)*.
La coalition de gauche s'est mise *à l'heure gaulliste*. Elle a repris à son compte les valeurs fondamentales du gaullisme, après les avoir combattues pendant quinze ans *(M. 17.5.74)*. Paris, comme la France, s'est mis *à l'heure économique* et avance dans le sens d'une société moderne technocratique *(P. 14.10.74)*.

HEURE (À L')

À l'heure de + subst. compl. Le subst. compl. désigne soit une personne (personnalité influente), soit une chose (nom d'abstraction, d'institution ou de technique récentes, nom de lieu, etc.). *À l'heure de...* signifie selon les cas : à l'époque, à l'ère de... ; à la manière, à la mode de... ; sous l'influence de...

○ La Roumanie communiste *à l'heure de l'« Aggiornamento »* (M. 26.11.64). S. (cinéaste) veut nous faire revivre *à l'heure de l'Antiquité*, dans l'harmonie parfaite du corps et de l'esprit (O. 14.2.68). Le monde médical s'est mis, lui aussi, *à l'heure de l'audio-visuel* (E. 9.11.70). Le gigantesque portrait d'Ernesto « Che » Guevara, qui domine la place de la Révolution, a donné le ton des manifestations. La Havane vit *à l'heure du « Che »* (M. 4.1.68). (Mettre) la gestion d'une entreprise *à l'heure de la concurrence* (E. 11.11.68). Air France *à l'heure de la décentralisation* (M. 25.10.66). Modernisation de la signalisation lumineuse : les feux tricolores seront « mis *à l'heure de l'électronique* ». Des caméras électroniques réglementeront les feux de circulation (M. 30.11.66). La régionalisation met la France *à l'heure de l'Europe* en créant des régions comme en Allemagne, comme en Italie (M. 6.4.69). Un petit livre, vrai pense-cadeaux, *à l'heure des fêtes de Noël* (Fa. 23.12.70). Le Plan Calcul, destiné à mettre l'industrie française *à l'heure de l'informatique* (O. 21.10.68). L'économie lorraine, en pleine métamorphose, se met *à l'heure du Marché commun* (E. 10.4.67). L'agriculture *à l'heure de la motorisation* (M. 10.3.59). La France qui vit *à l'heure de Paris* (M. 1.2.69). Cannes vit *à l'heure du progrès* (Dunlop, 66). Il (un homme polit.) s'efforce de mettre le Pentagone *à l'heure de la science* des décisions (E. 3.2.69). L'armée se met *à l'heure de son temps* (C. 11.10.69). La gare d'Épernay s'est mise *à l'heure des transcontainers* (VR 11.5.69). Le Mont Blanc *à l'heure du Tunnel* (M. 18.7.65). Ces vieilles agglomérations industrielles qui semblent perpétuer, *à l'heure de l'usine* fleurie, la tristesse ouvrière du siècle dernier (Caplain, 67). Les villages de pêcheurs qui vivent encore *à l'heure des Vikings*. Les hommes burinés refont jour après jour les gestes de leurs aïeux (O. 19.8.68).

∞ Au début des années 60 quelques jeunes gens se sont mis avec application *à l'heure du rock* (E. 4.3.74). Nous avons vu pendant six semaines revivre l'Élysée *à l'heure de la République parlementaire* (M. 26.5.74). Maintenant les ingénieurs vivent *à l'heure du design*, du marketing et du brain-storming (P. 14.10.74). À *l'heure de la bande magnétique*, utiliser des disques est aussi ridicule que de se promener en calèche au temps de l'automobile (C. 24.11.74). À *l'heure du tourisme montagnard* toutes saisons, le Briançonnais peut annoncer des atouts maîtres (M. 22.3.75). Un pari quelque peu démesuré met Bordeaux *à l'heure de Paris*, du moins en ce qui concerne la surcapacité hôtelière (P. 3.11.75).

→ HEURE DE VÉRITÉ*.

HEXAGONAL, E adj. et sm.

● Adj. ~ 1968. De l'*Hexagone**, qui concerne l'*Hexagone**.

Les centrales (nucléaires) « françaises » ne tentent pas les acheteurs étrangers : l'industrie française ne peut rester spécialisée dans un modèle « *hexagonal* » (E. 3.11.69). Des prix (dans le Jura) nettement au-dessous de la moyenne *hexagonale* (AAT 6.70). Une fraction du mouvement breton sait qu'elle a derrière elle une opinion de plus en plus « décrochée » des problèmes *hexagonaux* et sensibilisée à la régionalisation (O. 13.1.69).
À l'intérieur des frontières *hexagonales* de légers changements sont possibles dans la réglementation des vols charters (P. 17.7.78).

● Sm. 1969. Iron. ■ Jargon pseudo-savant en vogue dans certains milieux.

Du sketch que R. Beauvais avait écrit pour la télévision (29.1.69), est sorti un petit livre spirituel et cruel « *L'Hexagonal* tel qu'on le parle » (VL 11.70). Aujourd'hui, la France est encore la France, mais on l'appelle l'Hexagone. Et j'appelle « *hexagonal* » le langage nouveau qui est en train de s'élaborer à l'intérieur de l'Hexagone, et cela à une cadence telle que le français ne sera bientôt plus qu'une langue morte (Beauvais, 70).

→ NÉO-FRANÇAIS.

HEXAGONE [ɛgzagɔn] ou [ɛgzagon] sm.

■ Nom donné à la France, d'abord dans les manuels de géographie (la carte de France « s'inscrit dans un hexagone presque régulier »), puis répandu par la langue politique et la presse à l'époque de la *décolonisation** (qui incitait certains au « repli sur l'hexagone », au refus de s'intéresser au *tiers* monde*). — S'oppose souvent à : pays d'outre-mer ; ou à : autre pays ou région *francophone**, etc.

Rem. Qu'est-ce que l'*Hexagone* ? C'est la France. Mais le mot « France », entaché d'une affectivité suspecte, petite-bourgeoise, tend à basculer vers le folklore ; le langage contemporain lui préfère celui de l'*Hexagone*. Appeler la France « *hexagone* », c'est (un) tour de passe-passe linguistique qui fait glisser notre pays de la géographie à la politique ; nous réduisons son contour, son relief et sa substance vivante à un schéma abstrait (Beauvais, 70).

♦ On comprend la tentation de repli sur l'*hexagone* qu'éprouvent certains devant le spectacle qu'offrent tant de secteurs à la traîne de l'économie française (C. 28.3.64). Ce qui importe est de ne pas se mentir, de réaliser que la France n'est plus « un Empire de cent millions d'habitants », mais un « tout petit *hexagone* de cinquante, et d'en tirer les conséquences (Merlin, 66). Les analogies sont frappantes entre la politique pratiquée jadis outre-mer et certaines entreprises perpétrées sur le sol même de l'« *Hexagone* » : quel piètre symbole de réalité charnelle qu'une figure géométrique (C. 27.6.70). Français de l'*hexagone*, Wallons, Suisses romands, Canadiens français et autres groupes francophones (Le Bidois, 70). Trop longtemps confinés dans leur *hexagone*, les Français ignorent les vraies conditions d'existence hors de chez eux (E. 12.10.70).
L'ambitieux objectif d'offrir 10 mètres carrés de chlorophylle à chaque citadin de l'*Hexagone* (M. 9.11.74). Un groupe industriel français largement implanté à l'étranger observait récemment que la majeure partie de ses résultats était réalisées hors de l'*Hexagone* (M. 18.4.78). L'industrie trouve actuellement 70 % de ses débouchés extérieurs à moins de 1.500 km de l'*Hexagone*, c'est-à-dire en Europe (E. 29.5.78).

HIATUS [jatys] sm. Fig. ■ Interruption, lacune, solution de continuité, décalage dans l'espace ou le temps.

L'électrification du tronçon Strasbourg-Kehl a permis de supprimer l'*hiatus* dans la ligne par ailleurs entièrement électrifiée Paris-Vienne *(M. 28.3.67).* Le parti (communiste français) désire apparaître comme un champion de l'ordre et de la responsabilité. À cet égard, il n'y a pas le moindre *hiatus* entre mai 1968 et avril 1969 *(M. 26.4.69).*
Un esprit de décision a manqué, si l'on en juge par l'*hiatus* entre la Caravelle et l'Airbus *(E. 28.8.72).* Après la construction du tronçon d'autoroute entre V. et l'aéroport il ne restera plus qu'un *hiatus* de 13 kilomètres jusqu'à (...) *(M. 22.6.74).*

● Décalage entre deux phénomènes, deux situations.

Entre le systématisable — la langue comme système de signes — et le non-systématisable — la langue comme instrument de communication, le discours en acte — il y a *hiatus (Lacroix : M. 1.10.67).* Le *hiatus* entre les efforts économiques admis par tous et le progrès politique refusé par une minorité active *(Courrière, 70).* Au service militaire, il n'y a pas 25 % d'abstentions. Dans les recensements non plus. Donc il y a un *hiatus* avec le pourcentage d'abstentions aux élections *(O.R.T.F. 13.3.71).*
Entre le commandant en chef couvert de décorations et le chef rebelle traqué qui change de cachette chaque semaine, il y a, évidemment, un *hiatus (P. 8.7.74).*

HIBERNATION sf. Fig. ■ Inaction, inactivité ; passivité.

De belles vedettes, une histoire qui a fait ses preuves : autant de « moyens » prometteurs de plaisir dont la mise en œuvre (dans un film) n'aboutit souvent qu'à plonger le spectateur dans un état d'*hibernation* intellectuelle qui est le contraire de ce que doit provoquer le vrai divertissement *(M. 23.12.66).* Les cadres sont sortis de leur *hibernation.* Le chômage qui avait commencé, à leur stupéfaction scandalisée, à les atteindre il y a deux ans avait contribué à les tirer de leur quiétude *(M. 6.8.68).* Elle (l'Église catholique) a commencé à sortir d'une longue *hibernation (Duquesne, 70).*

Hibernation (en) ■ En réserve, en attente.

Pourquoi ne point prélever sur la masse des recrues égalitairement appelées le contingent immédiatement nécessaire et ne point placer le reste *en hibernation* pour les guerres à venir *(M. 27.5.65).* Les propositions de M. D. (homme politique) vont soit s'inscrire dans les faits, soit entrer *en hibernation (M. 1.6.65).*
→ FRIGIDAIRE.

HI(-)FI ['ifi] sf. ~ 1956. ■ Emprunt à l'américain (abréviation des mots anglais *high fidelity*, traduits en français par *haute fidélité*). Souvent employé pour *haute* * fidélité*.

Les Trois Baudets (nom d'un théâtre de chansonniers à Paris) font *Hi... Fi* ! (Titre de la chronique « Variétés », *(M. 19.1.57).* Des postes de télévision ou de radiophonie sont qualifiés de *Hi-Fi* (c'est-à-dire haute fidélité). Si l'on tient aux abréviations, on devrait dire Ha-Fi *(Georgin, 66).* Le marché de l'audio-visuel : T.V. contre *Hi-Fi (M. 31.12.70).*
Pour justifier la poursuite infernale des décibels et des prix, fabricants et revendeurs trouvent d'ahurissants gadgets. Innombrables, inutiles, mais irrésistibles. On finit par acheter de la *Hi-Fi* avec ses yeux et non plus avec ses oreilles *(P. 16.3.74).* À condition d'employer, dans un magnétophone à cassettes, un enregistreur-lecteur de très bonne qualité et des bandes modernes, les performances satisfont aux normes minimales de la *hi-fi (M. 9.3.77).* La stéréophonie est une condition nécessaire mais non suffisante de la *hi-fi (P. 13.3.78).*

HIPPIE ou HIPPY ['ipi], pl. HIPPIES ['ipiz] subst et adj. ~ 1967. Mot anglais.

● Subst. masc.

Une faune physiquement comparable aux beatniks (...) des années 50 — et qui met son point d'honneur à se différencier du reste de l'humanité qu'elle méprise : les « *hippies* ». (...) Du « *hippy* », il n'est pas facile de dresser un portrait-robot (...) Mais son importance communautaire est considérable et son importance humaine l'est sans doute autant. Le monde des *hippies* de San Francisco n'est fait que de liberté et de douceur *(E. 27.3.67).* « Faites l'amour, ne faites pas la guerre », peut-on lire sur les chemises des *hippies.* (...) À la différence des beatniks, qui venaient des couches les plus défavorisées de la population, les *hippies* sont souvent issus de familles bourgeoises. Les premiers se révoltaient contre la misère, les seconds fuient le confort *(E. 16.10.67).* Nés aux États-Unis, les *hippies* se sont répandus dans divers pays d'Europe occidentale, et depuis peu en France. La philosophie imprécise du *hippy* le relie au Bouddha, mais, contrairement aux sages de l'Inde, il ignore l'ascétisme *(VL 1.70).* Le *hippie* se distingue par sa chevelure fournie et hirsute, ses vêtements bariolés, sa tenue négligée, son penchant pour la drogue, la « pop music », l'oisiveté, la mendicité, le vagabondage, ou les petits métiers marginaux de style artisanal, et enfin son culte de la nature, de l'amour et de la liberté sexuelle. Le *hippie* pur n'est pas politisé *(R. 3.70).* Ce qui est spécial aux *hippies,* c'est que (...) la société compétitive, l'esprit de rivalité leur sont une souffrance aiguë. Il ne s'agit pas, pour eux, de les condamner vertueusement, de les réfuter théoriquement, d'en discuter éternellement, mais de s'en évader. Le *hippie* est avant tout quelqu'un qui file en douce *(E. 11.5.70).* Si guenillux, hirsute, échevelé et intoxiqué de marijuana soit-il, un *hippie* reste un homme *(C. 29.9.70).* Virtuoses de l'inutile, les artisans américains sont les *hippies* de la culture moderne *(E. 16.10.72).* Dupe de son rêve de gangster anarchiste, ce marginal s'est fait une place au soleil, ce *hippie* de choc fait sa publicité lui-même *(E. 16.7.73).*

● Subst. fém.

Marlène J. en blonde « *hippie* » et mini-jupe orange *(M. 13.1.68).* Ce n'est pas une femme d'intérieur que je veux, c'est une *hippie (E. 29.1.68).*

● Adj.

La part incompréhensible, informulable, pour un public européen de l'*art de vivre hippie (E. 11.5.70).* Le Psychedelic Shop, le *bazar hippie* — a fermé ses portes pour toujours *(E. 16.10.67).* « *Boîte hippie* » avec trois orchestres, projections lumineuses *(O. 27.12.67).* La *chanteuse hippy* n'est pas sans qualités *(M. 22.2.69).* « Hair », manifeste de cette « *culture*

HIPPIE ou HIPPY

hippie » (M. 31.1.69). Les *filles « hippy »* maquillées en blessées des bombardements (O. 20.12.67). Hérauts de la *génération hippie,* les Beatles (E. 16.3.70). La chemise cintrée, brodée, ou à *impressions hippy* (O. 3.1.68). Le bijou d'or s'intégrant au *jeu « hippy »* des parures multicolores sur les chandails et chasubles (M. 25.5.69). La *mentalité « hippie »* et les *happenings* qu'il décrit (Adamov) (M. 28.1.69). La *mode « hippie »* cet hiver (marque) la rue (E. 22.1.68). Cette *mode « hippy »* qui est grotesque (dit un couturier) (PM 27.1.68). Des *modèles (de robes) « hippies »* gais et charmants sont déjà sortis pour l'été prochain (O. 21.2.68). Une illustration de la naïve *morale hippie* (E. 13.10.69). Vendre les *peintures hippies* à la Coast Gallery de Big Sur (E. 27.3.67). C'est une volonté de retour à l'état de nature du bon sauvage, qui a inspiré le *phénomène hippie* (Duquesne, 70). Le *prolétariat hippy,* qui n'en est encore qu'à la révolte (E. 27.3.67). La *société hippie* était devenue trop structurée, elle ressemblait à n'importe quelle autre société (E. 16.10.67). La fleur est le *symbole « hippy »,* de retour à la nature (VL 1.70).
New Delhi ne compte plus de *« quartiers hippies »* (M. 19.7.78).

Rem. Divers dérivés, dont certains plus ou moins fantaisistes, sont attestés, par ex. :
Certaines tendances *hippisantes* (E. 25.11.68). Les Beatles *hippisés* (E. 30.12.68). Une montée du *hippysme* (O. 29.1.73).
→ BEATNIK.

HISTORICO- adj. De : *historique.* Premier élément d'adjectifs composés.

Une *« édition complète historico-critique »* (de la correspondance d'un écrivain) (M. 19.3.66). Film de montage *historico-critique* (E. 16.6.69). Arguments *historico-diplomatico-théologiques* (O. 27.1.69). Évocation *historico-documentaire* (FL 12.5.66). (Un) groupe *historico-folklorique* rappelant les janissaires de l'empire ottoman (M. 26.7.67). Déterminismes *historico-politiques* (Lefebvre, 68). Le gadget l'emporte sur la rêverie *historico-psychologique* (NL 20.10.66). Fresque *historico-religieuse* (M. 9.4.66). Science *historico-sociologico-économique* (Freund, 65). Un débat *historico-juridique* (E. 27.8.73).
→ ÉCONOMICO-, ÉROTICO-.

HIT(-)PARADE ['itparad] sm. ~ 1964. (au Canada avant 1950). (Mot am., de *hit,* « très grand succès », et *parade* « défilé »).

1. **Dans le domaine du spectacle (variétés, notamment).** ■ Classement, selon leur succès, des meilleurs disques, chansons, émissions (radio, télév.), films, etc., et par ext., des meilleurs auteurs, animateurs, interprètes, etc.

   Ce militaire corpulent (le Président du Brésil), vient largement en tête du *« hit-parade »* des chansonniers professionnels ou amateurs (M. 5.10.66).
   Le disque (Magic Tango) se maintient dans les dix premiers au *Hit-Parade* pendant neuf semaines (E. 22.5.67).
   Au *hit-parade* des jeux (télévisés) « Intervilles » mériterait un meilleur classement que « Jeux sans frontières » (C. 31.7.70). Quatre de ses chansons (de Gilbert Bécaud) ont crevé le plafond des *hit-parades* (E. 9.11.70). Depuis le 18 janvier, il y a au Club-13, un programme tout à fait extraordinaire ; les treize meilleurs films du monde qui ont pu être vus en France au cours des vingt-cinq dernières années. Ils ont été sélectionnés par le jury le plus compétent qui se puisse former. C'est un grand motif de fierté que de rigueur ainsi au *hit-parade* de la qualité (M. 28.1.71).

2. **Dans d'autres domaines que le spectacle (pol., sport., écon., etc.).**

● **À propos de personnes.**
■ Classement, selon leur popularité, leurs gains, ou tout autre critère, des personnalités, des vedettes, les plus « cotées ».

   Ce Robin des Bois hippie est devenu un mythe américain, comme ses 2 concurrents au *hit-parade* de la contestation (E. 15.7.73). Françoise Giroud réalise, pour son entrée au *hit-parade* de la politique, un score encourageant (P. 1.7.74). Au *hit-parade* financier de 1975, Ashe arrivait, bon premier avec 325.550 dollars empochés pour les seuls tournois officiels de tennis (E. 28.6.76).

● **À propos de collectivités ou de choses.**
■ Classement selon leur attrait, leur succès commercial, ou divers autres critères

   Une revue dresse, dans son dernier numéro, une carte de la vitalité régionale. Et, puisque la mode est au vocabulaire franglais, on parle du *« hit parade »* des départements (M. 6.3.74). Plusieurs valeurs sont en hausse au *hit-parade* des livres d'enfants. En 1978, on redécouvre les contes (E. 27.3.78). L'année dernière, la France a dû céder aux Pays-bas sa place de deuxième exportateur mondial de produits alimentaires. Cette place perdue au *hit-parade* agricole mondial, c'est un symbole (E. 15.5.78). Le *hit parade* des U.E.R. (= Unités d'enseignement et de recherche) est d'abord fait par les étudiants eux-mêmes au moment de leur inscription. Où les plus précoces, les plus brillants vont-ils porter leurs dossiers d'inscription ? (O. 19.6.78). Les fonctions les plus recherchées : au *« hit-parade »* établi par 2.000 entreprises, ce sont les postes commerciaux qui prennent la première place, suivis de près par les postes de recherches, puis les postes de production (E. 26.6.78).

Rem. Le terme *palmarès* est recommandé officiellement pour remplacer *hit parade.*

HIVERNALE sf. Ellipse pour : ascension ou course hivernale en haute montagne.

Deux jeunes alpinistes ont réussi la première *hivernale* du massif de l'Ortles (M. 19.1.66). Ce qui est nouveau depuis la première *hivernale* de la paroi sud-ouest de la Marmomoda en 1950 par l'étonnant grimpeur B., c'est l'ascension hivernale des sommets par les voies les plus difficiles (F. 27.2.71).

HIVERNANT, E subst. ■ Personne qui séjourne pour son plaisir dans une station de sports d'hiver.

Des moyens d'accès qui permettent (aux) *hivernants* d'aller essayer leurs skis sur les pistes d'une station proche *(E. 26.10.64)*.
→ ESTIVANT.

H.L.M. [aʃɛlɛm] sf. ou sm. ~ 1950. Sigle officiel, devenu courant pour *h*abitation à *l*oyer *m*odéré ; malgré son origine, il est souvent traité comme un masculin, par analogie avec *immeuble, logement*, etc. ■ Vaste immeuble construit en zone urbaine par une collectivité publique ou privée, loué par appartements, et conçu pour des locataires à revenus modestes.

On a découvert à Lyon, dans un *H.L.M.* (...) *(O.R.T.F. 8.3.58)*. Ce qu'ils veulent détruire, c'est pas les vieux quartiers. Les taudis, ça les empêche pas de dormir, vu qu'ils ont jamais dormi dedans. Ce qu'ils veulent détruire, c'est plus subtil : c'est l'amitié. Dans les *H.L.M.*, au moins, y en a plus, y a plus de conversations, plus rien. (...) Pas de bistrots aux *H.L.M.* (...) Je suis pour la cabane à lapins contre l'*H.L.M.* On peut vivre heureux dans une cabane à lapins. Dans les *H.L.M.*, voyez statistiques, voyez toubibs, on devient dingue à tour de bras *(Fallet, 64)*. Regardez les pompiers mettre le feu aux taudis. Bravo. Plus de pauvres. Plus de taudis. Plus de bidonvilles. Les riches respirent. Ils ont supprimé les pauvres. Ils en ont débarrassé la ville. Qu'importe si les pauvres ne peuvent pas payer le prix des loyers d'*H.L.M.* Qu'importe s'ils ne sont pas préparés à passer du bidonville à la vie moderne ! *(Ragon, 66)*. Deux cents logements de type *H.L.M.* ou d'un standing équivalent *(M. 12.2.66)*. Jacqueline, trente ans, six enfants, vit dans une *H.L.M.* « coquette » au milieu de terrains vagues moins coquets *(Mallet-Joris, 70)*.
La *H.L.M.* et le bidonville qu'habitent séparément ces deux travailleurs (...) *(P. 21.5.74)*. Pour justifier des prix de luxe, les promoteurs appellent « ensembles résidentiels » les tristes *H.L.M.* qu'ils construisent *(M. 19.1.75)*. Les prix pratiqués dans les *H.L.M.* construits dans le secteur sont deux à trois fois supérieurs aux loyers que pourront payer les habitants de condition modeste *(M. 20.5.78)*. Les H.L.M. sont trop chères pour beaucoup de ceux qui y logent, fuies par ceux qui franchissent le cap financier de l'aisance, (...) les familles relativement aisées qui logent dans une *H.L.M.* n'ont qu'un seul objectif : déménager *(M. 20.6.78)*.

● Apposition.

Les *cités H.L.M.* deviennent progressivement les refuges des exclus *(M. 20.6.78)*. Parmi les premières réalisations d'immeubles avec chauffage solaire, un *ensemble H.L.M.* à C. *(E. 3.7.78)*.

HOBBY [ɔbi], pl. **hobbies** [ɔbiz] sm. Mot anglais (passe-temps, violon d'Ingres). ■ Occupation favorite à laquelle on consacre ses loisirs.

La cuisine est devenue de plus en plus un art. La télévision, les magazines ont cultivé un certain raffinement, dans ce qui est pour beaucoup un « *hobby* » *(E. 4.1.65)*. Il sera question de l'organisation des loisirs, avec la participation du Club des collectionneurs pour l'organisation des « *hobbies* » *(M. 15.10.65)*. Le bricolage, la photographie, la pratique d'un art, peuvent être des *hobbies*. Curieusement, ce mot ne s'applique pas à la pratique d'un sport *(R. 3.70)*.
Une partie des Français a gardé le goût de la « création personnelle » ; le baromètre des « *hobbies* » est là pour le prouver avec ses 32,3 % d'amateurs de travaux d'aiguille, ses 26,6 % de jardiniers du dimanche (...) *(P. 20.1.75)*.

HOLD-UP [ɔldœp] sm. ~ 1950. Mot américain. ■ Attaque à main armée pour cambrioler une banque, un bureau de poste, un magasin, etc. (L'emploi du *S* au pluriel est hésitant).

Un audacieux *hold-up* a été perpétré au bureau de poste de la gare « Termini » en plein centre de (Rome) : trois bandits, déguisés en postiers et armés de pistolets ont fait irruption dans le local et, après avoir assommé l'un des employés, ont emporté treize sacs contenant des espèces, des objets de valeur et des chèques *(M. 3.1.68)*. La délinquance s'est encore accrue en 1970, à Paris, dans des proportions inquiétantes. Trois secteurs donnent des inquiétudes : les *hold-ups*, dont la progression demeure considérable (...) *(M. 15.1.71)*. Quatre *hold-up* de banque dans la même journée, à Paris et en banlieue *(E. 11.2.74)*. Plusieurs villages du Club Méditerranée ont été le théâtre de cambriolages et de *hold-up* *(M. 5.7.78)*.

HOLLYWOODIEN, NE [ɔliwudjɛ̃, jɛn] adj. De *Hollywood* (avec souvent la nuance : d'un luxe artificiel, clinquant).

Mise en scène typique de (l') « art *hollywoodien* » *(O. 7.2.68)*. En général, on a du cinéma une idée qui correspond au cinéma capitaliste *hollywoodien* *(M. 22.4.66)*. Une ambiance de « club-cinéma » de conception *hollywoodienne* *(M. 17.4.66)*. Pour les nostalgiques de l'Âge d'or, un chapelet des meilleures fêtes *hollywoodiennes* *(O. 20.12.67)*. Vingt films *hollywoodiens* de la même époque possèdent la même esthétique *(M. 15.1.65)*. Un château gothique, monstrueux comme une reconstitution *hollywoodienne* *(O. 28.2.68)*. Les caïds se paient des villas *hollywoodiennes* et des piscines de marbre *(E. 25.10.65)*.

HOME-TRAINER [ɔmtrɛnœr] sm. 1962. (Mot angl., de *home*, « chez soi », et *traîner*, « entraîneur »). ■ Appareil (bicyclette fixe, système d'avirons, etc.) qui permet de s'entraîner chez soi à divers sports.

Le Dr. S. soumet les patients à une gymnastique d'assouplissement et de relaxation dès que la période aiguë de la maladie coronarienne est terminée. Les patients font ensuite du *home-trainer* et de la marche forcée sur tapis roulant *(E. 20.1.75)*.

HOMME-

HOMME- Premier élément de substantifs composés.

HOMME-CIBLE sm. ■ Personne qui est l'objet de vives critiques.
Une première contre-attaque était lancée par l'*homme-cible* lui-même, le ministre des Affaires étrangères G. Schroeder *(E. 18.10.65)*.

HOMME(-)GRENOUILLE sm. ~ 1960. Milit., Techn. ■ Plongeur spécialement entraîné, et muni d'un équipement autonome (par opposition à celui du scaphandrier) qui lui permet de travailler sous l'eau sans être relié avec l'extérieur.
Personne 25-30 ans, désirant exercer métier « *homme-grenouille* » professionnel *(M. 8.5.66)*. Les sondages et les dragages effectués par les *hommes-grenouilles* des sapeurs-pompiers de N. dans le canal se sont poursuivis toute la matinée *(F. 10.12.66)*. L'échange des prisonniers intéresse environ 4 500 Égyptiens et moins de 20 Israéliens dont 4 *hommes-grenouilles (M. 13.1.68)*.
Les *hommes-grenouilles* qui attendaient le cascadeur dans l'eau l'ont aidé à regagner la rive *(M. 24.10.71)*.

HOMME-MASSE sm. (cf. alld. *Massenmensch*). ■ L'homme des sociétés industrielles du XXe siècle, dont la personnalité disparaît ou tend à disparaître dans la masse, sous l'influence de la civilisation de masse, des *mass*-media*, etc.
Qui donc, sans frémir, assisterait à la naissance et à la prolifération de l'*homme-masse*, ce robot qui croit encore à sa liberté ? *(RPP 10.55)*. En désertant notre nous-même, en devenant *homme-masse*, nous perdons notre liberté et nous perdons nous-mêmes ? *(Gheorghiu, 69)*.
→ ALIÉNATION, HOMME-ROBOT, MASSIFICATION.

HOMME-ORCHESTRE sm. D'après le sens originel (musicien qui joue à la fois de plusieurs instruments). Par ext. (dans un domaine quelconque) : personne qui est capable d'assumer à la fois des fonctions, des tâches très diverses.
Le chef de l'opposition, faute de collaborateurs de valeur, est pratiquement contraint de jouer les *hommes-orchestres (M. 15.10.64)*. Ne les voit-on pas à la fois au conseil municipal, au conseil général, députés ou sénateurs dans les assemblées européennes, en mission aux antipodes, présidents de multiples groupements locaux, etc. : des *hommes-orchestres ! (M. 27.3.66)*. Plus « d'*hommes-orchestres* ». Ces patrons doivent, au sein de leur entreprise, décentraliser les responsabilités et consentir à ne plus être des hommes à tout faire *(En. 8.2.69)*. M. M. installa les appareils de sonorisation. Il ouvrit la réunion, prononça le discours de fond, prit la tête du défilé à travers la ville et donna l'ordre de la dislocation. *Homme-orchestre*? C'est le moins qu'on puisse dire *(M. 31.10.69)*.
Quand on commence un roman, on est « habité », on est devenu une sorte de théâtre ambulant à soi seul, d'*homme-orchestre (Cesbron, 77a)*.

HOMME-ROBOT sm. L'être humain déshumanisé par la société industrielle.
Le grégarisme, la termitière, l'*homme-robot* sont aujourd'hui les poncifs de la littérature sociale *(Burdeau, 56)*. L'Amérique apparaît à beaucoup comme un pays avançant irrésistiblement avec la brutalité inconsciente d'*hommes-robots (M. 16.2.66)*. Que vaudrait cette réussite si l'homme japonais devait devenir l'*homme-robot* d'une société surindustrialisée ? *(Guillain, 69)*.
→ ALIÉNATION, -ROBOT.

HOMOGÉNÉISANT, E adj. Fig. ■ Qui tend à harmoniser des éléments divers.
Ce pays où régnait un mode de vie niveleur et *homogénéisant* est actuellement le théâtre d'un processus de parcellisation, de démantèlement social, racial et culturel *(M. 19.4.70)*.

HOMOGÉNÉISATION sf. Fig. À propos de choses abstraites.
Pour se faire comprendre de tous, la solution de facilité consiste à choisir un dénominateur commun. Le malheur, c'est qu'il n'existe qu'au plus bas niveau. Ne nous étonnons donc pas que le cancer de la télévision porte le vilain nom d'« *homogénéisation* ». On nivelle, on brasse, on malaxe *(F. 25.11.66)*. Y a-t-il à l'échelle mondiale *homogénéisation* du quotidien et du « moderne » ? *(Lefebvre, 68)*.

HOMOLOGUE sm. ~ 1960. ■ Personne ou collectivité qui a une fonction, une activité analogues à celles d'une autre personne ou collectivité dans un organisme, une région, un pays (etc.) différents.
Au cours de la semaine (que le) ministre britannique des Affaires étrangères va passer à Moscou, il sera reçu par son *homologue* soviétique *(M. 28.7.64)*. Les industriels anglais vont peut-être enregistrer des « retombées » scientifiques et technologiques plus bénéfiques que leurs *homologues* français *(En. 11.5.68)*. Les paysans danois ont peur que leurs *homologues* allemands (...) *(M. 26.1.71)*. Les actionnaires (d'une entreprise allemande) ont reçu, pour la onzième année consécutive, un dividende de 16 % : de quoi faire rêver leurs *homologues* français ! *(En. 17.4.71)*.
Le ministre français de la défense, a eu l'occasion de rappeler à son *homologue* ouest allemand que (...) *(M. 8.5.75)*. Les spécialistes de ces industries estiment que leurs *homologues* étrangers disposent d'outils de production nettement plus homogènes *(M. 18.4.78)*. La région Lombarde a les mêmes problèmes que ses *homologues* italiennes. Milan devien une ville comme les autres *(M. 19.4.78)*. Le spectateur occidental de cinéma ne supportera

pas la dose de propagande que son *homologue* de l'Est avale bon gré mal gré *(C. 30.8.78)*.
À l'exemple de leurs *homologues* américains, allemands ou italiens, certains industriels français ont compris que l'esthétique industrielle fait vendre *(E. 12.6.78)*. Les féministes du P.C. ont déjà rencontré leurs *homologues* socialistes, avec lesquelles elles veulent relancer l'Union de la gauche *(E. 19.6.78)*.

HOMOPHILE subst. (Du gr. *homos*, semblable et *-phile*). ~ 1970. Homosexuel.

Un endocrinologiste et un psychiatre sont formels : l'homosexualité n'est pas une maladie. Médicalement les *homophiles* sont des hommes comme les autres (...) Le plus souvent les *homophiles* sont malheureux et solitaires *(E. 26.11.73)*.

Rem. Le sf. homophilie, (homosexualité) est attesté.

HORAIRE adj. (Par opposition à *mensuel**). ■ Qui est payé à l'heure.

Deux contrats ont été signés, l'un avec les ouvriers « *horaires* », l'autre avec les « mensuels » *(M. 15.4.69)*. Les grévistes demandent la « mensualisation » du personnel « *horaire* » *(M. 10.10.69)*. La paie d'un acompte à tous les travailleurs « *horaires* » des usines *(M. 26.5.68)*.

HORAIRE + adj. loc. subst. Dans des syntagmes du type *horaire libre, horaire mobile, horaire variable*, etc. — Horaire de travail adapté dans une certaine mesure aux désirs du personnel. (On dit aussi *horaire à la carte**).

D'après une enquête auprès de trois grandes entreprises parisiennes pratiquant l'*horaire libre*, les résultats sont encourageants *(FP 9.72)*. Conçu à l'origine pour pallier les embouteillages des heures de pointe provoqués par les sorties massives des ateliers et des bureaux, l'*horaire mobile* est né en Allemagne de l'Ouest et en Suisse (...) l'*horaire variable* est aujourd'hui pratiqué dans 800 entreprises françaises *(M. 24.9.74)*.

HORIZON (+ indication d'un millésime). Surtout dans le syntagme « *à l'horizon (1985, 2000,* etc.) ». : dans une vue prospective qui prend pour terme l'année indiquée.

Il faut aboutir à un accord ayant 1980 pour *horizon (E. 6.12.71)*. Bien que créateur d'une voiture électrique l'auteur paraît renoncer à un espoir immédiat et se reporte *à l'horizon 1985 (F. 4.3.75)*. La croissance de l'urbanisation du littoral se poursuivra jusqu'*à l'horizon 2000 (P. 11.8.75)*. Les prévisions des conseillers du président Ford *à l'horizon 1980* raviraient les partisans de la « croissance zéro » *(R. 11.75)*. Cette première étape pourrait être terminée *à l'horizon 1981*, prévu pour la mise en service de la ligne à grande vitesse *(M. 5.11.75)*. À *l'horizon 1985*, les trains de la banlieue sud-est circuleront sur le réseau express régional *(M. 9.12.77)*. Quand au train à grande vitesse qui mettrait Brest à 4 heures de Paris, sa réalisation ne peut être envisagée qu'*à l'horizon 1990 (M. 24.2.78)*. Un nouveau paysage français se dessine *à l'horizon 1980*, sur un fond de « villes moyennes », de sites protégés et de chemins creux *(E. 28.8.78)*.

HORS(-)GEL adj. ~ 1960. À propos de routes.

L'autoroute Paris-Marseille est « *hors-gel* », c'est-à-dire à l'abri des effets du gel et du dégel *(C. 26.6.65)*. Sur le chantier de la future route « *hors gel* » on étend la couche de fondation *(A. 22.5.69)*.

HOSPITALISME sm. ~ 1965. ■ Troubles provoqués chez un enfant par un séjour à l'hôpital.

Un enfant (qui) a été séparé de sa mère, (qui) a été à l'hôpital, s'est névrosé, il a perdu pied ; c'est ce qu'on appelle l'*hospitalisme*, la maladie du manque de communication *(O. 2.12.68)*. Risques d'« *hospitalisme* » bien connus des spécialistes de l'enfance *(Fa. 26.8.70)*. En prison, la vie de groupe favorise le développement de l'homosexualité, le retour à la vie végétative, l'engrenage de l'*hospitalisme (C. 7.1.76)*.

HOSPITALO-UNIVERSITAIRE adj. Méd.

Une réforme profonde des études médicales et des carrières *hospitalo-universitaires (M. 25.5.69)*. Le centre *hospitalo-universitaire* comprendra un hôpital et une faculté *(M. 10.7.65)*. Il faudrait faire des centres *hospitalo-universitaires* non seulement des écoles professionnelles mais aussi des organismes d'enseignement supérieur voués à la formation de spécialistes de haut niveau et à la recherche médicale *(M. 7.1.67)*. Des médecins dont la majorité exerce à temps plein la double fonction *hospitalo-universitaire (M. 14.1.67)*.
La réforme *hospitalo-universitaire* de 1958 marquait un grand pas en avant pour la médecine française (...) la proposition de créer un corps intermédiaire pour les médecins *hospitalo-universitaires* est soutenue par le syndicat des chefs de clinique *(M. 5.3.77)*.

HOT-DOG [ɔtdɔg] sm. Répandu mil. XXe. (Mot am., littéralement « chien chaud »). ■ Saucisse chaude enfoncée dans un petit pain.

La France est entrée dans l'ère de la restauration industrielle, du poulet standard, du *hot-dog* et de la pizza *(O. 23.12.72)*.

-HÔTEL Deuxième élément de substantifs composés désignant différents types d'hôtels de tourisme.

Appartements-hôtels. Ce sont des appartements dont le prix de location comprend le petit déjeuner, le service ménager et des tickets de restaurant utilisables n'importe où *(E. 16.12.68)*. *Building hôtel* de 2 200 chambres *(PM 28.12.68)*. Les *chalets-hôtels* placés aux terminus des routes carrossables *(Dunlop, 66)*. Des propriétaires ont émis la crainte que le projet d'implantation d'un *foyer-hôtel* réservé aux ouvriers du bâtiment célibataires n'entraîne une sérieuse baisse de la valeur des villas proches *(M. 12.10.66)*.
Dans les *châteaux-hôtels* le meilleur se mélange au pire, c'est-à-dire à de petites ou

grandes bâtisses qui ont pu être belles sous Louis XV mais sont à présent usées jusqu'à la trame, comme leurs tapis et leurs propriétaires *(P. 27.1.75)*.

HÔTESSE sf. ~ 1950. ■ Jeune femme, jeune fille qui veille au confort des passagers dans les avions, des voyageurs dans certains trains, qui accueille et informe les visiteurs d'une exposition, d'une foire, les clients dans certains magasins, etc. — Le mot s'emploie soit seul, soit dans des composés dont le plus ancien et le plus courant est *hôtesse de l'air*.

L'École parisienne des *hôtesses* prépare à une nouvelle profession, appelée à un avenir prometteur pour des jeunes filles distinguées, intelligentes, aimant les rapports sociaux *(M. 6.9.66)*. Les *hôtesses* « officielles » (des Jeux olympique) les *hôtesses* « municipales », celles de l'O.R.T.F. et de la maison de la culture, bref un millier de demoiselles *(O. 7.2.68)*.
Un wagon de tramway est équipé en snack-bar. Une *hôtesse-serveuse* propose aux passagers le petit déjeuner qu'ils n'ont pas eu le temps de prendre chez eux *(E. 27.9.65)*.
L'*hôtesse* en chef utilisa l'interphone pour avertir le commandant *(Hailey, 69)*.
Un poste de police d'un genre nouveau, plutôt bureau d'accueil, avec plantes vertes, *hôtesse*, tableaux aux murs *(E. 3.9.73)*.

HOVERCRAFT [ɔvœrkraft] sm. ~ 1965. Mot anglais *(to hover*, planer et *craft*, petite embarcation). ■ *Aéroglisseur** marin.

Dès l'année prochaine, un « *hovercraft* » anglais devrait être mis en service régulier sur la Manche *(M. 25.11.65)*. Les Anglais (ont) mis en service des aéroglisseurs *Hovercraft*, concurrents du futur naviplane français *(M. 2.6.66)*. Avion ou bateau ? Ni l'un ni l'autre, encore qu'il emprunte fréquemment son vocabulaire à l'aéronautique, c'est l'*hovercraft*, véhicule dit à coussin d'air, ou, plus exactement aéroglisseur marin *(VR 18.5.69)*. Je suis tout à fait d'accord pour baptiser d'un nom français les objets qui deviennent d'un usage courant dans notre pays, même s'ils nous viennent d'un pays non « francophone ». L'*hovercraft* qui relie Ramsgate à Calais sera un aéroglisseur *(F. Mars, C. 21.6.70)*.
Qu'est-ce au juste qu'un *Hovercraft* ? Personne ne semble très bien le savoir puisque si, au départ de Calais, il est considéré comme un bateau, il devient aéroplane au milieu du Channel (...) L'étrange machine a transporté près de 800.000 passagers en 1973 : 21 rotations avec trois *hovercrafts* en pleine saison *(M. 29.6.74)*.
→ HYDROFOIL, NAVIPLANE.

HOVERPORT [ɔvœrpɔr] sm. Port spécialisé dans le trafic des *hovercrafts**.

La compagnie inaugurera le 17 juin son quatrième Hovercraft, et l'*hoverport* international de Calais augmentera sa capacité à 30 départs quotidiens *(M. 11.6.77)*.

HUILE (DANS L') Loc. adv. Fig. ■ D'une façon tout à fait satisfaisante ; avec une grande aisance.

La première (représentation d'un spectacle de ballets) se déroula « *dans l'huile* » et sans la moindre anicroche *(M. 21.3.54)*. À la réception pour le corps diplomatique, le général, tout en observant scrupuleusement les règles du protocole, a eu le mot qui convenait pour chacun. Un très beau spectacle inspiré par un sens aigu de l'État et exécuté « *dans l'huile* » comme disent les techniciens *(M. 29.6.66)*.

HUILÉ, E adj. Fig. ■ Qui fonctionne très bien.

Un plan en 1965, dans une économie libérale, ne peut être qu'un « acte de foi », non une machine parfaitement *huilée* à qui ne il manque pas le moindre rouage *(M. 26.9.65)*. Cette spontanéité, cette fraîcheur (dans un film) nous captivent plus, pour notre part, qu'une mécanique bien *huilée* mais sans âme *(C. 14.8.65)*. (La foire du livre de Francfort) fonctionne à plein rendement. Organisation *huilée* à la germanique *(PM 5.10.68)*. La vie paisible et sans passion d'une démocratie aux mécanismes bien *huilés* *(M. 27.12.70)*.
La machine judiciaire (...) c'était vraiment une mécanique bien puissante et bien *huilée* et qui était en train de la broyer (l'accusée) *(Floriot, 70)*. Cette tactique bien *huilée* obtenait d'excellents résultats *(Saint Pierre, 70)*. La coopération franco-américaine dans la lutte contre la drogue ne s'est pas démentie ; elle semble même bien *huilée* *(C. 19.1.72)*. Une armée bien *huilée*, disciplinée, uniformes stricts, armes standardisées *(E. 3.7.72)*.

HUMANISATION sf. Spéc. ■ Action de rendre (une installation, un lieu ou un service publics) plus accueillants, plus conformes aux désirs de *qualité* de la vie*.

L'*humanisation* d'un hôpital commence dès l'instant où le malade franchit le portail d'entrée. Une pimpante hôtesse ne suffit pas. Il faut un médecin à part entière au chevet de l'« entrant » *(E. 3.12.73)*. Les ensembles immobiliers présentés en différents points du département témoignaient d'un authentique effort d'originalité et d'*humanisation* *(M 20.6.78)*.

HUMIDIFICATEUR adj. et sm. ■ (Appareil) qui contient de l'eau dont l'évaporation augmente le degré hygrométrique de l'air dans un local.

Filtre dépoussiéreur et bac *humidificateur* à grande surface d'évaporation *(Pub. M 17.11.66)*.
Pour restituer à l'air desséché des maisons la quantité d'eau nécessaire, les *humidificateur* électriques jouent un rôle efficace *(M. 8.1.69)*.

HYDROCUTÉ, E sm. 1958. De *hydrocution**, par analogie avec le couple *électrocuter/électrocution*. ■ Victime d'une hydrocution.

Principes de prudence dont l'observation suffirait à réduire considérablement le nombre des *hydrocutés* *(VR 13.7.58)*.

HYDROCUTION sf. Méd. ~ 1950. ■ Perte de connaissance d'un baigneur, provoquée par le contact brutal du corps avec l'eau froide ou par la pression de l'eau et susceptible d'entraîner la mort par noyade.

Rem. L'homme « bien informé » ne parlera plus désormais de congestion pour dénommer l'accident brutal du baigneur dont chaque été nous apporte tant d'exemples, mais d'« *hydrocution* ». Ainsi en ont décidé d'éminents spécialistes (...) et les linguistes, qui estiment ce terme « plus parlant » et font remarquer « son parallélisme avec l'électrocution qui correspond au parallélisme du processus pathologique » *(M. 21.8.53)*.

♦ M. B. est mort victime d'*hydrocution* au cours d'un exercice de plongée sous-marine *(M. 13.4.66)*.
L'autopsie put attribuer la mort du jeune homme à une *hydrocution*. Celui-ci est donc tombé à l'eau ; par accident où parce qu'on l'y a poussé *(M. 8.6.74)*.

HYDRO-ÉLECTRICITÉ sf. ~ 1962. ■ Électricité obtenue à partir de l'énergie hydraulique.

Une révision draconienne du programme énergétique conduirait à diminuer la part du nucléaire avec une augmentation concomitante de l'*hydro-électricité* *(M. 18.3.75)*.

HYDROFOIL [idrɔfɔjl] sm. ~ 1960. Mot anglais (*foil*, feuille, surface plane).

Les navires « aile portante » ou « *hydrofoil* » sont basés sur le principe suivant : à partir d'une certaine vitesse, leur coque est soulevée hors de l'eau afin de réduire la résistance à l'avancement. (...) Il faut disposer d'*hydrofoils* suffisamment puissants et confortables (pour envisager) ultérieurement la création de lignes régulières *(M. 24.4.64)*.
→ HOVERCRAFT, NAVIPLANE.

HYPER(-) Premier élément de composés (adjectifs ou substantifs), où il exprime soit un degré très élevé, soit un excès. L'emploi du trait d'union est hésitant.

Adjectifs.
● À propos de personnes ou de collectivités.

Cette femme est *hyper-émotive (M. 9.3.66)*. Une séductrice *hyper-féminine* qui déploie un charme troublant *(M. 14.10.65)*. Les groupuscules *hyper-gaullistes (M. 7.10.69)*. M. D. avait été déchargé de ses fonctions en raison de son caractère *hypernerveux (M. 21.7.65)*. Un metteur en scène *hypersensible (O. 2.12.68)*. Un chef *hypersollicité (E. 18.3.68)*.
Ce constat bouscule les idées connues sur le comportement des enfants « *hyper-actifs* » *(E. 30.7.73)*.

● À propos de choses concrètes ou abstraites.

Sous l'éclairage artificiel et *hypercontrasté* de la campagne électorale *(M. 27.3.66)*. Existe-t-il dans l'univers une matière *hyperdense* et à partir de laquelle des étoiles continueraient de nos jours à se former ? *(M. 27.6.66)*. Un régime (alimentaire) *hyper-gras (E. 4.12.67)*. Les régimes (alimentaires) *hyper-protidiques (F. 29.11.66)*. Le décor *hyper-rustique* (d'un hôtel) *(A. 13.2.69)*. La médecine de pointe *hyper-spécialisée (M. 27.9.69)*. Les eaux sulfurées *hyperthermales (M. 26.4.69)*.
La voie sur berge risque d'injecter dans le centre de la ville, déjà *hypersaturé*, un nouveau flot de véhicules *(O. 17.11.75)*. Les formes *hyperrationnelles* du Bauhaus *(E. 28.8.78)*.

Substantifs.
● À propos de personnes.

À côté des *hypercontestataires* l'immense majorité des étudiants reste dans l'expectative *(C. 2.2.69)*. Les migraineux sont dotés d'un tempérament particulier qui ferait d'eux des *hyperémotifs*, des instables, des anxieux *(FL 31.3.66)*. Parmi (les gens) qui dorment bien il y a les « *hypersomniaques* » à qui il faut neuf ou dix heures de sommeil par nuit pour se sentir reposés *(E. 15.11.65)*.
Les savants s'interrogent sur les *hyperactifs*. Ces enfants réussissent peu dans les études *(E. 30.7.73)*. Le véritable sujet des *hyperréalistes* n'est pas la vie, mais la photographie (...) L'*hyperréaliste* peint une chose qu'il ne peut voir de ses propres yeux *(E. 4.3.74)*.

● À propos d'états plus ou moins pathologiques.

Hyperacidité gastrique ? Comment la combattre : les tablettes digestives R. combattent utilement cet excès d'acidité *(F. 3.11.66)*. États d'*hyper-cholestérolémie* (encore que le rôle du cholestérol soit très discuté) *(F. 29.11.66)*. Cette notion d'*hyperexcitabilité* neuro-végétative est fort importante *(M. 14.7.66)*. Le milieu urbain a ses maladies, causées principalement par le bruit, l'*hyper-excitation* intellectuelle et nerveuse *(M. 13.7.65)*. La question de l'*hypersexualité* développée chez les jeunes avant le mariage est complexe *(M. 13.4.66)*.
L'*hyperactivité* est six fois plus fréquente chez les garçons que chez les filles *(E. 30.7.73)*.

● À propos de choses abstraites.

L'*hyperréalisme* est venu répliquer à cette *hyperabstraction* qu'est l'art conceptuel *(E. 4.3.74)*. L'*hyper-inflation* mine les équilibres de vie de millions de gens âgés dont les revenus fondent *(E. 4.3.74)*. Qu'est-ce qu'une *hyper-réaction* ? Tout simplement : après avoir été trop loin dans un sens, des corrections se produisent qui nous entraînent trop loin dans un autre sens *(M. 12.1.74)*.
→ HYPO-, SUPER-, SUR-.

HYPERMARCHÉ sm. ~ 1965. ■ Vaste magasin (plus de 2.500 m^2) de vente au détail en *libre* * *service*, avec d'importantes aires de stationnement pour les véhicules des clients.

Le supermarché grandit, puis donne naissance à l'*hypermarché* à partir de 1965 *(Pa. 10.74)*. L'installation d'un hypermarché près de L. se heurte à l'opposition du maire *(M. 12.7.78)*. Un *hypermarché* de 10.000 m2 de surface de vente ouvrira en 1980 au centre commercial régional de S. *(C. 7.9.78)*.

→ GRANDE SURFACE, SUPERMARCHÉ.

HYPO(-) Premier élément de composés (adjectifs ou substantifs).
■ Exprime l'idée de faible intensité, puissance ou quantité.
- Adj.
    Un déodorant *hypoallergique*, dont aucun composant ne risque de provoquer de réactions *(Fa. 14.10.70)*. Les régimes *hypocaloriques* en cas d'obésité et de maladies de pléthore (...), les régimes *hypolipidiques* (au) cas où le médecin veut diminuer les corps gras *(F. 29.11.66)*.
- Subst.
    L'insuline a pour effet d'abaisser fortement le taux de sucre dans l'organisme, de provoquer chez le sujet une *hypoglycémie (M. 7.1.68)*.
    Les victimes d'accidents de montagne retrouvées en état d'*hypothermie* n'étaient pas atteintes de gelures graves. Ceci confirme l'hypothèse de certains médecins : les gelures seraient des manifestations de défense de l'organisme contre les *hypothermies (M. 1.10.77)*.
→ HYPER-, SOUS-.

IDÉE (CERTAINE)
→CERTAINE IDÉE.

IDÉE- Premier élément de subst. comp. assez nombreux dans le vocab. de la publicité. Le 2ᵉ élément indique généralement à quoi s'applique l'idée en question (ex. : *idée – bureau* = idée pour – installer, équiper, etc. – le bureau).

<small>Un pique-fleurs géant en verre pour y planter ses crayons, stylos, etc. Cette *idée-bureau* peut aussi s'adapter à la salle de bains pour les pinceaux, tubes de maquillage, et pour les brosses à dents *(E. 26.9.65)*. On peut glaner d'astucieuses *idées « gain de place »* au Salon Nautique *(FP 5.70)*. L'*idée-rangement* c'est le pratique du rangement dans la beauté de votre décor *(F. 28.9.66)*. *Idées-vacances* spéciales-zone-franc-tout-compris *(Pub. Air France, 69)*.</small>

→CLÉ (IDÉE-).

IDÉOLOGISATION sf. Av. 1968. ■ Le fait d'*idéologiser** ; son résultat.

<small>Le processus d'*idéologisation* est clair. L'idéologie transforme en absolu un concept naturel et une vérité relative *(Lefebvre, 68)*.</small>

IDÉOLOGISER v. tr. Av. 1964. ■ Donner à quelque chose une valeur idéologique.

<small>« *Idéologiser* » la notion de société industrielle *(M. 29.1.64)*. Abandonner le terrain de la démonstration pour s'engager sur celui de la justification, avec le risque d'« *idéologiser* » le phénomène en question *(Freund, 65)*.</small>

I.F.O.P. [ifɔp] Sigle pour *I(nstitut) F(rançais) (d')O(pinion) P(ublique)* ■ Nom d'une société privée spécialisée dans les enquêtes par sondages.

<small>Une immense enquête « Dieu et les Français » a été faite à partir d'un sondage-fleuve de l'*I.F.O.P.* *(O. 1.4.72)*.</small>

IGAME ou I.G.A.M.E. [igam] sm. 1953. Sigle : *I*nspecteur *g*énéral de l'*a*dministration en *m*ission *e*xtraordinaire. Ce fonctionnaire est appelé aussi *super*-préfet*.

<small>Les chefs de services régionaux seront désormais appréciés par l'inspecteur général de l'administration ou *I.G.A.M.E.* *(M. 20.11.53)*. Nous nous sommes élevés jusqu'au super-préfet ou *igame*, personnage ultra-moderne *(M. 11.1.58)*.</small>

IGAMIE sf. Av. 1957. De *igame**. ■ Circonscription comprenant plusieurs départements et administrée par un *Igame**.

<small>Faire coïncider les *« Igamies »*, circonscriptions des inspecteurs généraux de l'administration, avec les programmes d'action régionale *(M. 21.5.57)*.</small>

ILLUSTRATIF, -IVE adj. ~ 1968. ■ Qui constitue un exemple caractéristique ; qui sert d'illustration (fig.).

<small>La société française n'est pas encore près de l'égalité. À ce sujet, l'*exemple* de MM. G. et S. est *illustratif* *(E. 23.3.70)*. Face à la concurrence des géants américains, les compagnies européennes, pour survivre, doivent elles-mêmes devenir très grandes et très fortes : l'*histoire* de la société T. est *illustrative* *(E. 30.9.69)*. « Ce que nous demandons, nous</small>

ILLUSTRATIF, -IVE

autres ouvriers, c'est un niveau de vie décent tout de suite. Nous verrons bien demain pour la « nouvelle société ». » Le *propos* est *illustratif* (E. 29.9.69).

IMAGE sf. ou IMAGE DE MARQUE loc. subst. Fig. ~ 1965. (Probablement sous l'influence de l'angl. *image*). Terme et tour répandus par le langage publicitaire.
1. D'abord à propos d'une marchandise, de ceux qui la produisent ou la commercialisent.
— Par ext. à propos d'une entreprise ou d'un service public, de leurs prestations, de leur personnel ; plus généralement à propos d'une collectivité ou d'une communauté quelconque (administrative, politique, religieuse, etc.). ■ Ce qui les symbolise, ce qui fait leur réputation auprès de la clientèle, de l'opinion publique.

Image.
On veut tirer tout le bénéfice possible de l'introduction de ces voitures pour le lancement d'une nouvelle *image* de la S.N.C.F. *(R.G.C.F. 11.74)*. Le transport aérien intérieur peut compter sur deux séries d'innovations qui vont rajeunir son *image* dans le public *(M. 18.1.75)*. Bien que sa production soit largement supérieure en quantité à celle du porto, le Rivesaltes ne bénéficie pas d'*image* internationale. Les étrangers n'achètent que 0,2 % de bouteilles portant son nom. Les producteurs de Banyuls croient bénéficier d'une *image* plus valorisante *(P. 26.5.75)*. De telles pratiques sont de nature à compromettre à terme l'*image* commerciale des plus honnêtes entreprises *(M. 7.1.77)*.

Image de marque.
Rem. 1. Qu'est-ce qu'une *image de marque* ? C'est l'idée que la majorité des gens se font d'un produit, d'une marque commerciale, avant même de les connaître réellement *(Collange, 69)*. Tout le travail de la publicité est de créer des conformismes sociaux. Qu'est-ce qu'une *image de marque*, sinon un réflexe mental conditionné ? *(M. 23.4.78)*.

♦ L'*image de marque* que le premier ministre avait donnée du gaullisme dans la crise de mai *(P.M. 28.12.65)*. Moderniser l'Assistance publique, améliorer son « *image de marque* » pas toujours flatteuse *(M. 19.11.69)*. Une ville industrielle, ça ne fait pas rêver ! « L'*image de marque* », comme on dit, laisse à désirer *(EL. 16.2.70)*. Cela aura permis à la C.G.T. de sauvegarder son *image de marque* de syndicat pur et dur *(E. 11.1.71)*. Nous voici devenus le troisième exportateur d'armes, non sans préjudice pour l'« *image de marque* » d'une France aimée jusqu'ici pour son sens de la fraternité *(C. 19.1.72)*. Grâce aux succès sportifs, les gars de G. ont changé l'*image de marque* de leur bourg *(E. 10.12.73)*. Le designer peut jouer auprès d'une entreprise le rôle d'un conseiller permanent à qui on confie l'étude des produits nouveaux, celle d'une *image de marque (M. 1.2.74)*. Pour remodeler l'*image de marque* du ministère de l'Intérieur, on prépare une série d'initiatives *(P. 18.3.74)*. L'autobus améliore son *image de marque*. Ces enquêtes le confirment *(M. 20.3.74)*. Ces aménagements contribuent largement à l'*image de marque* de notre métro auprès de la population *(R.G.C.F. 5.74)*. On a mis à la croisière une *image de marque* aristocratique *(M. 26.10.74)*. La clientèle de 2e classe, très insatisfaite, était à l'origine d'une *image de marque* plutôt négative de la S.N.C.F. *(R.G.C.F. 11.74)*. La Loire moyenne a une bonne *image de marque*, due la notoriété de son patrimoine monumental comme à l'attrait de ses paysages *(M. 1.2.75)*. Accroître les recettes, en s'attachant au maximum à la clientèle traditionnelle et en rajeunissant l'*image de marque (P. 22.2.75)*. La compagnie avec les erreurs de réservation de ses hôtels aux Antilles, a vu son *image de marque* prendre un vilain teint *(M. 22.2.75)*.
Le secteur des tours, « *image de marque* » de la Défense, dont le décor est présent familier au Parisien *(M. 22.1.78)*. Nous avons introduit le jean dans le vêtement de travail pour le compte de l'E.D.F. qui voulait rajeunir l'*image de marque* de ses 60.000 employés *(M. 25.1.78)*. Les grandes sociétés personnalisent de plus en plus l'*image de marque* de leurs personnels — pompistes, vendeurs, bagagistes des compagnies aériennes — qui sont en contact avec la clientèle *(M. 25.1.78)*. L'*image de marque* que Paul VI a donnée à l'Église n'est pas mauvaise *(O. 12.8.78)*.

2. À propos d'une personne (personnalité politique, vedette du spectacle, du sport etc.). Popularité, prestige, réputation ; éventuellement aspect extérieur.

Image.
M. est parmi les rares vedettes dont « l'*image* » est aussi célèbre que le talent ; son personnage a été fignolé de main de maître *(El. 27.10.69)*. Le juge cultive son *image* lisse de magistrat réfléchi et discret *(E. 16.7.73)*. Le patron de la C.g.e. est handicapé par une *image* sociale après les grèves (...) L'*image* de M. B. reste trop « rouge » pour les patrons *(E. 11.2.74)*. Puisqu'il doit plaire, charmer, rassurer, l'homme d'État soigne son « *image* » écoute la rumeur qui entoure ses faits et gestes. Il travaille alors pour la galerie, c'est son rôle d'acteur *(P. 6.1.75)*.

Image de marque.
L'*image de marque* du Premier ministre ne lui était pas favorable *(M. 1.1.71)*. Le Père Noël ne fait plus vendre. Son *image de marque* est dévalorisée *(PM 16.12.72)*. On le (un homme politique) croyait brutal, inculte et mal éduqué, il a voulu changer cette mauvaise *image de marque (E. 25.6.73)*. Le ministre des finances cherche à se donner une *image de marque* plus sociale *(O. 24.9.73)*. Les deux candidats seront contraints de rétablir leur *image de marque* par un certain nombre de gestes et de déclarations *(P. 7.5.74)*. Il est obligé de réajuster son *image de marque* pour ne pas trop agacer le bataillon gaulliste *(F 9.12.74)*. Son « *image de marque* » (d'un footballeur) n'est pas sortie très embellie de la crise provoquée par son départ *(C. 11.1.75)*.

IMMATURE adj. Repris mil. XXe. (Sous l'influence de l'angl. *immature*). ■ Qui n'a pas encore atteint sa maturité.
Le rêve infantile de puissance produit des êtres *immatures*, sans prise sur leur propre vie *(M. 23.4.78)*.

IMMATURÉ, E adj. Avant 1964. À propos de personnes : qui manque de maturité mentale.

N'est adulte que celui qui sait rester fidèle ; c'est l'*adolescent immaturé* qui ne sait pas se fixer *(C. 7.3.69)*. Un *jeune homme* instable, mal équilibré, *immaturé*, portant en lui ce que l'on appelle les germes pathologiques d'une tendance à la schizophrénie *(M. 23.4.64)*. Si la *mère est immaturée*, elle ne sera jamais pour l'enfant un bon modèle *(E. 22.8.66)*. Les psychiatres ont vu un *sujet* sans anomalie mentale, *immaturé* certes, mais réadaptable *(M. 15.1.69)*.

IMMEUBLE- Premier élément de subst. comp., dont le second élément indique la forme de l'immeuble.

L'architecte proposa un *immeuble-barre* si lourdement pompier que la commission des sites le refusa *(E. 20.11.72)*.
L'invasion de Paris par les gratte-ciel est pour demain : les *immeubles-tours* ne sont pas nécessairement indésirables dans tous les cas *(M. 18.6.67)*. Un quartier fonctionnel et moderne où les *immeubles-tours* de vingt-quatre niveaux en moyenne seront nombreux *(M. 31.10.68)*.
Le 24 février 1972, 600 personnes sont évacuées en hélicoptère d'un *immeuble-tour* ravagé par les flammes *(O. 3.12.73)*.
Ici les gosses grandissent au milieu des *immeubles-tours (M. 6.6.78)*.

IMMIGRÉ, E adj. et subst. Repris mil. XXe. ■ Se dit d'ouvriers étrangers souvent originaires de pays économiquement peu développés, et qui travaillent dans un pays plus industrialisé.

● Adj.
Ce qui est en question, c'est la place des *travailleurs immigrés* dans la société française qui ne peut s'en priver *(E. 6.8.73)*. Ces logements sont occupés par une majorité de fonctionnaires, à laquelle s'ajoutent 30 % de *travailleurs immigrés (M. 20.6.78)*.

● Subst.
À G., la population, maire en tête, s'est dressée contre les *immigrés (E. 6.8.73)*.
→ MIGRANT.

IMMUNITAIRE adj. De *immunité* (cf. *communauté/communautaire*). Méd. ■ Qui concerne la propriété de l'organisme vivant de rejeter un élément étranger.

Les *réactions immunitaires* paraissent destinées au maintien de la personnalité biologique de l'individu (...) l'homme et l'animal peuvent déclencher leur *réactivité immunitaire* quand certains de leurs constituants leur sont devenus étrangers *(M. 30.6.66)*.
Quand on injecte à un cobaye des cellules d'un autre animal, on crée une infection avec fièvre. C'est la riposte de son système *immunitaire* (...) Les défenses *immunitaires* sont là pour éliminer impitoyablement tout corps étranger (...) Les cellules tumorales posséderaient la propriété de bloquer le processus *immunitaire* dans leur voisinage *(E. 9.12.74)*.

IMMUNO(-) Du latin *immunis* (cf. *immunité*). Premier élément d'adjectifs et de substantifs composés savants (biologie, médecine).

● Adj.
Un traitement « *immunodépresseur* », visant à amoindrir les défenses organiques devant les greffes étrangères *(M. 5.12.67)*. Le professeur Z. soumettait son patient à un traitement *immunodépressif (M. 28.5.68)*. Une série de crises de rejet, jugulées par les médications *immunodépressives (M. 28.5.68)*. La plus grande partie des problèmes chirurgicaux posés par les greffes d'organes semblent résolus. Mais on bute encore sur les *problèmes immunologiques*, c'est-à-dire ceux posés par les mécanismes de défense que l'organisme met en jeu pour tenter de rejeter le greffon d'origine étrangère *(E. 15.1.68)*. Des méthodes de plus en plus efficaces pour prévenir les *réactions immunologiques (E. 11.12.67)*. Les *tests immunologiques* de compatibilité du donneur et du receveur de l'organe greffé *(M. 18.1.68)*. « Des médicaments *immuno-suppresseurs* » *(O. 14.2.68)*. L'organisme soumis à un traitement *immunosuppresseur* à base de cortisone, accepte le cœur greffé *(M. 7.1.68)*. Substances chimiques *immunosuppressives (E. 11.12.67)*.
Sur l'action *immuno-stimulante* des mycobactéries, on est plus discret *(E. 21.5.73)*.

● Subst.
Il est plus fructueux de progresser dans la connaissance de l'*immunogenèse*, car c'est là que réside le secret de la réussite des greffes d'organes *(M. 30.6.66)*. Un prix a été remis à M. J.-F. D., responsable du laboratoire de sérologie et de l'institut de cancérologie et d'*immunogénétique* de l'hôpital Paul-B., pour tous les travaux qu'il a entrepris sur la biologie des greffes et des tumeurs malignes *(M. 25.5.69)*. Ces antitoxines circulantes, ces *immuno-globulines* assurent notre victoire sur l'agresseur viral ou microbien *(FL 10.7.67)*. Les possibilités ouvertes, en matière de thérapie anticancéreuse, par l'*immunologie (M. 25.10.66)*. L'*immunologie*, lutte contre la réaction de rejet d'une greffe d'organe *(M. 1.3.69)*. C'est des biologistes, et plus précisément des *immunologistes*, que dépend à présent la suite des événements *(M. 23.4.66)*. Les *immunosuppresseurs* suppriment les défenses de l'organisme *(E. 29.1.68)*. Il suffit d'abaisser provisoirement le seuil des défenses immunologiques : de l'*immunosuppression*, on passe à l'*immunodépression (E. 15.1.68)*. L'*immunothérapie*, réalisée jusqu'à présent par des greffes de moelle osseuse *(M. 14.4.66)*. Nous nous efforçons d'introduire une « *immunotolérance* ». En d'autres termes, au lieu d'empêcher l'organisme de rejeter le greffon, nous essayons de l'amener à l'accepter *(E. 6.1.69)*.
Une enquête mondiale sur ces systèmes est décidée par 15 *immuno-généticiens (E. 5.6.72)*.

IMPACT

IMPACT [ɛ̃pakt] sm. Repris mil. XXᵉ. Fig. (Emploi parfois critiqué).
■ Effet (d'une chose) ; influence (d'une chose ou d'une personne).

Impact + de + subst. (nom de chose abstr. ou concrète, de collectivité, etc.)

O Les petites entreprises pour lesquelles l'*impact des augmentations* de salaire est sans doute plus fort *(TC 4.7.69)*. L'*impact de la campagne* électorale du sénateur M. *(F. 16.3.68)*. L'*impact du cinéma* sur l'esprit et l'imagination des spectateurs *(M. 30.4.66)*. Le projet de l'historien serait de mesurer l'*impact d'une destinée* personnelle dans un temps donné *(M. 14.4.65)*. De Gaulle a tout intérêt à ce que les Français entendent sa voix sortir des transistors. Ainsi l'*impact de son discours* va se diffuser totalement, à même la rue *(PM 15.6.68)*. L'*impact des émissions* électorales à la télévision *(M. 6.4.66)*. Les États-Unis, leur *impact* et l'image que l'on se fait d'eux dans le monde *(C. 22.12.68)*. Sous l'*impact d'événements* tragiques, les hommes ne contrôlent pas tout à fait leurs réactions *(O.R.T.F. 12.10.68)*. L'*impact de ce feuilleton* télévisé est immense *(E. 26.1.70)*. L'*impact de la hausse* d'une taxe *(C. 3.12.68)*. L'*impact des idéologies* révolutionnaires dans le milieu étudiant *(G. Martinet, 68)*. La diffusion et l'*impact des informations* politiques *(M. 26.7.66)*. Il ne faut pas négliger l'*impact de l'informatique* dans la formation intellectuelle *(O.R.T.F. 17.12.67)*. L'« *impact* » *des installations* touristiques sur un milieu rural *(M. 16.11.69)*. On imagine l'*impact d'un tel livre* sur la conscience américaine contemporaine *(O. 10.2.69)*. L'*impact d'une marque* implantée dans le public *(En. 2.5.70)*. Aimant les jeunes, croyant en eux, il surestime l'*impact de tout ce mouvement* qui vient d'eux *(PM 6.7.68)*. L'*impact des moyens audio-visuels* *(C. 20.12.68)*. L'*impact d'un parti* sur la vie politique *(M. 3.4.65)*. Je ne crois pas au risque d'explosion de la nation sous l'*impact des patriotismes* locaux *(C. 4.12.68)*. De vastes *programmes militaires*, puis spatiaux, dont l'*impact* sur le développement du savoir fut peut-être moindre que certains ont pu l'affirmer *(M. 13.1.68)*. L'*impact de la publicité* *(C. 13.2.70)*. L'*impact de la recherche* sur le développement économique *(M. 31.12.68)*. Mesurer l'*impact du référendum* sur l'opinion (publique), et en prévoir la dynamique *(E. 17.2.69)*. Le triple écran du cinérama multiplie l'*impact des scènes* spectaculaires *(PM 8.2.69)*. Retrouvant ce *sourire* (d'un homme politique), des millions de téléspectateurs allaient en éprouver l'*impact (E. 19.9.66)*. L'*impact des techniques* nouvelles sur les transports *(E. 9.9.68)*. Le gouvernement a sous-estimé l'*impact des thèmes* de propagande qu'il avait lui-même lancés *(C. 11.3.69)*. Mon mari connaît l'*impact de sa voix* sur tout mon être *(Groult, 68)*.

OO Les questionnaires sont « testés » avant le lancement des enquêtes, pour mesurer l'*impact du texte* des questions posées *(PM 21.4.72)*. Compte tenu de l'érosion monétaire et de l'*impact des charges financières* diverses, le coût global du projet peut être estimé à (...) *(M. 5.5.73)*. En France, entre 1650 et 1750, les exigences de l'Église semblent avoir été suivies en ce domaine (sexuel) avec une obéissance qui traduit, au moins dans une certaine mesure, l'*impact de l'action* entreprise par le nouveau clergé *(M. 23.2.75)*. Les Services des Renseignements de l'Armée disposaient de moyens dérisoires. Leur prestige et leur autorité, donc l'*impact de leurs renseignements*, demeuraient faibles *(E. 8.12.75)*.

Impact + de + subst. (nom de personne).

L'*impact de Beethoven* sur la musique et sur les hommes *(VR 1.2.70)*. Augmenter l'*impact d'un leader* sur une majorité *(E. 9.2.70)*.

Impact. + adj. + de + subst. Cas particulier des constructions précédentes : ici *impact* est précédé ou suivi d'un adjectif.

O Une séquence sur les greffes cardiaques fut jugée trop impressionnante pour être diffusée à une heure de grande écoute. La couleur intensifiait trop l'*impact émotif* de l'image *(E. 2.11.70)*. L'*extraordinaire impact* des techniques d'information *(C. 5.5.70)*. Sur l'essence, matière première importée, l'*impact mécanique* de la dévaluation n'est pas d'une grande ampleur *(C. 12.8.69)*. On ne prendra jamais assez conscience du *mystérieux impact* des moyens audio-visuels *(C. 28.1.70)*. L'*impact psychologique* de la nouvelle des augmentations de tarifs est un peu amorti *(M. 27.7.66)*. L'*impact technologique* du prix payé pour l'enseignement *(E. 5.1.70)*.

OO Il fut un temps où l'*impact culturel* du Festival de Cannes était plus grand *(France Culture, 13.5.72)*. L'*impact*, très *variable* d'un pays à l'autre, du prélèvement fiscal *(Exp. 6.73)*. Le professeur D. déclare : « Nous n'avons actuellement aucun moyen de connaître exactement l'*impact réel* de la malnutrition sur le développement intellectuel » *(M. 10.5.78)*.

Avoir de l'impact, un impact, etc.

● Sujet nom de chose (abstr. ou concrète).

O La majorité s'interroge sur l'*impact* que cet *argument* peut encore avoir *(M. 2.4.69)*. Les *attaques* contre la IVᵉ République peuvent-elles avoir encore un *impact* ? *(C. 21.5.69)*. Politisées à outrance, les grandes *centrales* (syndicales) n'ont qu'un *impact* très réduit *(En. 30.1.71)*. Ces *changements* auront un *impact* profond *(M. 8.1.65)*. Les *conférences* de presse ont plus d'*impact* que les réunions publiques *(E. 2.6.69)*. La *dramatique* à la télévision a beaucoup moins d'*impact* qu'à la radio *(O.R.T.F. 4.1.69)*. Le *film* malheureusement n'a ni cet *impact* ni ce brillant *(PM 6.4.68)*. L'*impact* technologique et moral qu'elles (des *firmes*) ont dans le monde *(AAT 2.70)*. Quelles *mesures* économiques peuvent avoir le meilleur *impact* de confiance et d'efficacité ? *(E. 22.1.68)*. Quel *impact* cette *mort* (d'un chef d'État) aura-t-elle sur la situation internationale ? *(C. 1.10.70)*. Une *perturbation* dans la production a un *impact* direct sur la valeur de la monnaie *(E. 7.4.69)*. Ces *problèmes* familiaux ont un *impact* dans l'existence quotidienne *(C. 23.4.70)*. La *publicité* télévisée a un *impact* étonnant sur l'esprit revendicatif *(E. 20.4.70)*. Ce qui a eu de l'« *impact* », ce sont les *questions* posées par les journalistes, questions précises, fortes, savamment orientées. C'est ça qui a « marqué » *(O. 19.1.70)*. Les *réactions* psychologiques ont un *impact* puissant sur la conjoncture industrielle *(M. 4.1.68)*. Avec la puissance de l'image qui caractérise cette forme de « télé-vérité », les *témoignages* avaient un *impact*, une force entraînant l'intime conviction du spectateur *(C. 20.11.68)*.

OO Les *mouvements de grève* envisagés par certains libraires n'auront pas le même *impact* que le débrayage des cheminots *(E. 25.6.73)*. La *devise* de Saint Exupéry « Être homme c'est être responsable », qui avait exalté notre jeunesse, a moins d'*impact* sur les nouvelles générations *(M. 26.9.74)*.

● Sujet nom de personne.
Le *leader* des Démocrates n'a aucun *impact* sur le groupe des députés centristes *(E. 27.11.67)*. Pourquoi le *Pape* Jean XXIII a-t-il eu l'*impact* qui a rendu possible le Concile ? *(C. 20.5.70)*. Le *Premier ministre* a plus d'*impact* en province qu'à Paris *(M. 20.12.69)*.

Subst. + d'impact.
○ La *force d'impact* d'une émission *(M. 30.1.69)*. La *force d'impact* d'un film *(VR 13.4.69)*. Des néologismes dont la *force d'impact* demeure intacte *(Fa. 19.11.69)*. L'information radiophonique a ses *heures d'impact* : de 6 à 9 le matin, et de 19 à 20 heures *(E. 17.10.66)*. Avant la mise en place d'une publicité télévisée, des études statistiques minutieuses sont nécessaires pour le choix du « *moment d'impact* » *(M. 9.6.65)*. La *puissance d'impact* du soulèvement étudiant a stupéfié les appareils des partis *(O. 10.7.68)*. La France augmenterait la *puissance de son impact* culturel *(M. 21.2.69)*.
∞ Un réquisitoire qui avait une certaine *force d'impact (Saint Pierre, 70)*. Une *étude d'impact* écologique préalable à tout projet de centrale nucléaire *(M. 18.3.75)*.
→ RETOMBÉE(S).

IMPASSE sf. ou IMPASSE BUDGÉTAIRE loc. subst. Rép. mil. XXᵉ.
Fig. ■ Fraction des dépenses de l'État que l'on compte couvrir par des recettes non budgétaires (emprunt, etc.)
L'exécution du budget fait craindre que l'*impasse* effective n'excède les 7,2 milliards prévus *(M. 31.12.67)*. Accentuer le plan d'austérité (...) par la compression de l'« *impasse* » budgétaire l'an prochain ; 6,35 milliards d'« *impasse* » sont prévus cette année *(M. 14.2.69)*.

Faire l'impasse sur quelque chose. D'après une tactique employée dans certains jeux de cartes (bridge, etc.) : prendre un risque calculé.
Dans l'atmosphère (de détente) actuelle on pourrait très bien concevoir que l'on fasse l'*impasse* sur la défense militaire de l'Europe, qui n'apparaît plus très menacée. Cela pourrait réussir, mais cela pourrait aussi être très dangereux *(M. 11.6.66)*. Les compagnies (aériennes) décideront de faire l'« *impasse* » sur (l'avion) Concorde *(M. 6.1.70)*.
Nécessité faisant loi, la France, arc-boutée sur la force de dissuasion, avait fait l'*impasse*, pendant des années, sur ses forces conventionnelles *(P. 10.5.76)*.

IMPER sm. Milieu XXᵉ. Fam. pour : *imperméable* (sm.), *manteau de pluie*.
Ces garçons semblent être sortis d'un illustré à la mode. Des types inventés pour présenter les belles bagnoles, les dentifrices, les beaux *impers*, les slips comme ci, les shampooings comme ça *(Saint-Lô, 64)*. Le nouvel *imper* belle espionne, gabardine de coton *(El. 16.2.70)*.

IMPLANTATION sf. ■ Action d'*implanter* quelque chose, de *s'implanter*° quelque part.
▸ À propos de choses concrètes.
Mettre au pied la décentralisation de certaines industries dont l'*implantation* sur Paris n'est pas indispensable *(Rochefort, 63)*. Le taux de fréquentation des salles de cinéma a diminué de 60 % depuis l'*implantation* de la télévision *(M. 9.6.65)*. En 1968, P. (firme) choisira l'*implantation* de sa prochaine usine *(E. 8.1.68)*. *Implantation* de zones industrielles denses et actives dans les « villes nouvelles » *(En. 13.4.68)*.

▸ À propos d'abstractions, de collectivités, etc. ■ Installation ; enracinement.
Dans l'*implantation* des enseignements, le recteur veut éviter que la coupure entre les deux villes universitaires ne s'accentue encore par une spécialisation excessive *(M. 14.4.65)*. La faiblesse de l'*implantation* locale des *gaullistes (E. 2.10.67)*. L'*implantation* de l'informatique dans une entreprise *(M. 25.5.69)*. L'*implantation du régime* dans une province *(M. 16.2.67)*.

IMPLANTER v. tr. et réfléchi. Mot du XVIᵉ s., longtemps resté dans le vocabulaire scientifique et technique. Depuis le milieu du XXᵉ s., emploi fréquent, mais parfois critiqué.
V. trans.
Établir, installer etc.
Le *chantier* est *implanté* au pied de la falaise *(F. 4.9.64)*. Dans une *entreprise* récemment *implantée*, tous les cadres ont été renouvelés en trois ans *(E. 7.11.66)*. Les crédits destinés à *implanter* les *établissements* scolaires *(M. 29.11.68)*. *Implanter* des *industries* dans des régions sous-développées qu'elles pourraient faire revivre *(Rochefort, 63)*. Le quartier où cette *maison* était *implantée (Ragon, 66)*. *Implanter* une importante *usine* à O. *(M. 24.6.66)*.
○ Un groupe industriel français, largement *implanté* à l'étranger (...) *(M. 18.4.78)*. Les usines M. sont *implantées* à la campagne *(O. 26.6.78)*. En 1963, deux inconnus *implantent* une surface géante à G. en région parisienne *(E. 3.7.78)*.

V. réfl.
S'implanter (à, dans, sur quelque chose). S'établir, s'installer.
D'autres industries viendront s'*implanter* dans cette région *(C. 12.4.64)*. Une centrale pourrait s'*implanter* à L. (...) P. (firme) envisage de s'*implanter* dans les pays qui lui proposent de l'énergie au meilleur prix (...) Il est également possible de s'*implanter* sur un grand marché, comme la société R. l'a fait aux États-Unis *(E. 8.1.68)*.

IMPLICATIONS sf. plur. ~ 1966. ■ Conséquences.
La nouvelle législation et ses *implications* pour l'industrie automobile *(F 28.9.66)*. La démagogie est irritante qui ne définit pas clairement une politique de rechange avec ses *implications* financières *(M. 15.1.67)*.
De véritables débats se déroulent sur les conditions de la lutte ouvrière et sur ses *implications (M. 23.4.76)*.
INCIDENCE, RETOMBÉES.

IMPLOSER v. intr. ~ 1965. Techn. ■ Faire *implosion*.

La bombe à plutonium n'explose pas, elle *« implose »* (E. 26.7.65). Une masse de fonte heurtait le tube-image d'un téléviseur de plein fouet : il a fallu de nombreux essais pour qu'il finisse par *imploser* (FP 15.8.69).

IMPLOSION sf. ~ 1960. Phys. ■ Irruption brutale d'un fluide dans une enceinte où la pression est beaucoup plus faible qu'à l'extérieur, ce qui en provoque la destruction.

Il rédige ensuite la véritable description de l'*« implosion »* (de la bombe au plutonium) (E. 26.7.65). Cette fameuse *implosion* des téléviseurs dont on parle tant dans les journaux est rarissime (FP 15.8.69).

IMPRÉGNATION sf. Repris ~1960 dans les locutions : *imprégnation alcoolique*, état ou *taux d'imprégnation*. ■ Taux élevé d'*alcoolémie**, à partir duquel quelqu'un n'est plus en état de conduire sans danger un véhicule.

Il faut dépister les automobilistes « en état d'*imprégnation* ». Le taux retenu sera celui de 0,80 g (d'alcool) par litre de sang (M. 2.11.69).
→ ALCOOTEST.

IMPRIMANTE sf. Inform. 1962. ■ Organe de sortie des calculatrices, des *ordinateurs**, sur lequel sont imprimés des résultats.

Enfin l'*imprimante* crépite et aligne une série de pourcentages : (...) Dans un sous-sol climatisé, au milieu d'une batterie d'ordinateurs, quelques dizaines de personnes savent déjà : V. Giscard d'Estaing est élu président de la République. Miracle de l'informatique (M. 21.5.74). La façon la plus simple de concevoir une *imprimante* pour ordinateur est d'utiliser le principe de la machine à écrire. L'ordinateur transmet à l'*imprimante* les uns après les autres, les caractères à imprimer, en indiquant pour chacun d'eux, de façon codée, la nature du caractère et son emplacement (M. 23.9.78).

IMPULSER v. tr. Spéc. Mil. XXe. (peut-être sous l'influence de l'anglais *to impulse*). ■ Animer, donner une impulsion à.

Le patronat et les chefs du personnel rabâchent le même refrain : « J'ai besoin d'un jeune qui puisse *impulser* (sic) mon service, d'un jeune qui s'intègre à l'équipe. » (M. 23.10.66). Une action *impulsée* par l'union nationale des étudiants (M. 24.5.68).
Il fallait au Japon un homme fort, capable d'*impulser* l'économie (O. 24.9.73). À partir de 1969 surgissent en Italie les premières formes d'organisations autonomes d'ouvriers, *impulsées* à la base, notamment dans l'industrie (M. 23.4.76).

IN adj. inv. ~ 1965. (Mot angl., « dans », « dedans »). Fam. À la mode, chic, *dans le coup**, *dans la course**, *dans le vent** (par opp. à *out**).

● À propos de personnes.

(Les) gens *« in »* de Paris (E. 30.12.68). Tous les moins de 20 ans *« in »* commencent à se faire recouper les cheveux (E. 22.8.66). Le musicien le plus *« in »* du moment (E. 1.5.67). Soyez *« in »* : portez des bijoux à la mode (FP 11.68).
Si c'est ça (= singer les jeunes, quand on ne l'est plus) qu'on appelle être *« in »*, nous n'avons pas été *« in »*. Nous avons continué (après Mai 1968) à faire ce que nous avions toujours fait (Signoret, 75/78).

● À propos de choses.

○ Les boutiques *« in »* ouvrent le samedi (E. 4.11.68). Les cabarets *« in »* de Saint-Tropez (O. 17.1.68). La plus *« in »* des comédies musicales (R. 2.70). (Les) deux magasins les plus *« in »*, l'un de mode, l'autre de décoration (E. 31.10.66). Le théâtre-document fait fureur et c'est l'étiquette à la mode ; rien de plus *« in »* (M. 7.12.66).
∞ Les Français se seraient peu à peu détournés, depuis 1968 surtout, du sport de compétition Place aux sports-loisirs moins durs, plus *« in »*, s'insérant davantage dans la vie française (O. 22.8.77). Le gauchisme, qui se plaît dans la marge pour faire la nique aux normes, très *« in »* de nos jours (M. 6.7.78).

INACTUALITÉ sf. ■ Caractère de ce qui n'est pas ou n'est plus d'actualité.

La pièce (une comédie de 1943) est d'une profonde *inactualité*. Elle est marquée par son époque (ST 15.3.69).

INCAPACITANT, E adj. et sm. ■ Produit chimique qui, utilisé généralement sous forme d'*aérosol**, a pour effet d'annihiler ou de réduire la combativité d'un adversaire.

● Adj.

Mortelles ou *« incapacitantes »*, les *armes* chimiques sont le plus souvent préparées sous forme d'aérosols (O. 10.7.68). Cette *bombe incapacitante* est sans effet dans les lieux fermés (O.R.T.F. 22.2.69). Des *gaz « incapacitants »* aux effets semblables à ceux du LSD équipent des missiles (O. 10.7.68).

● Sm.

Une série de gaz « anti-émeutes », les *« incapacitants »*, dont font partie les actuels « gaz lacrymogènes » (O. 10.7.68).

INCHIFFRABLE adj. ■ Qui ne peut être chiffré.

Bien qu'*inchiffrable*, la liberté et le plaisir que l'automobile offre à ses adeptes reste un atout (P. 18.3.74). Sa fortune immobilière (d'un club de football) est *inchiffrable* (O. 24.6.74)
→ QUANTIFIABLE.

INCIDENCE sf. Mil. XXe. ■ Conséquence, effet, influence, répercussion.

L'*incidence* possible des *déclarations* du chancelier sur la ratification des accords *(M. 9.3.55)*. L'*incidence du facteur* religieux lors de l'élection présidentielle *(O. 23.11.66)*. La libéralisation des techniques contraceptives, et son *incidence* éventuelle sur la démographie *(E. 19.6.67)*. Peut-être *la mort* du pasteur King aura-t-elle plus d'*incidence* immédiate que la tragédie du 22 novembre 1963, qui bouleversa les cœurs sans transformer les esprits *(M. 11.4.68)*. Nous avons été étonnés de voir l'*incidence du sel* sur les carrosseries après une seule saison hivernale *(A. 11.2.71)*.
→ IMPLICATIONS, RETOMBÉES.

INCIDENT DE PARCOURS loc. subst. ■ Événement mineur inattendu qui perturbe ou retarde un processus.

L'épisode d'A. est le seul *incident de parcours* que nous ayons eu en quinze ans *(Lesparda, 70)*. Le scandale de la Société P., *incident de parcours* qui affecta la banque N., creusa dans ses comptes un trou de 25 millions *(E. 17.9.73)*. Il a réussi le délicat exercice que constituait la formation de son gouvernement et les quelques accrocs qui se sont produits jusqu'ici ne sont finalement que des *incidents de parcours* *(GL 26.7.74)*. M.K. a beau affirmer « Ce n'est qu'un *incident de parcours* », la lune de miel semble terminée *(E. 20.1.75)*.

INCITATIF, IVE adj. ■ Qui constitue une incitation, un encouragement.

L'aide *incitative* de l'État à l'industrie pour la recherche scientifique ne croît que de 9,6 % au lieu de 33,6 % *(E. 5.11.73)*. La lutte contre les nuisances passe par la réglementation, la fiscalité, la tarification, les redevances *incitatives* *(R.G.C.F. 6.74)*. Le gouvernement rejoint aujourd'hui le patronat pour considérer que ce règlement n'est pas assez *incitatif* à la recherche d'un emploi *(C. 5.9.78)*.

INCOLLABLE adj. et sm. Fam. Mil. XXe. (Personne) que l'on ne peut « coller », embarrasser, en lui posant les questions les plus difficiles.

● Adj.
Ministre des Finances, G. donne sa mesure, ingurgite tous les dossiers, fait des exposés minutieux sans notes, apparaît au Conseil des ministres comme « *incollable* » *(O. 30.4.68)*. Chacun des clubs de vacances a reçu sa visite. Elle est *incollable* sur leurs avantages respectifs, leurs spécialités *(P. 25.3.74)*.

● Subst.
M.C. donne toujours l'impression à ses interlocuteurs d'être « *l'incollable* ». Il sait tout, a toujours une réponse à tout *(M. 29.5.74)*.

INCOMMUNICABILITÉ sf. Mot du XIXe s., d'abord littéraire, repris et répandu au milieu du XXe s. ■ Impossibilité de faire parfaitement comprendre à autrui tout ce que l'on éprouve ou pense.

On connaît l'*incommunicabilité* des êtres, la timidité des hommes et leurs difficultés d'élocution *(F. 22.12.66)*. Le secret des êtres et cette peine insurmontable à s'expliquer l'un à l'autre (...), ce qu'on appelle aujourd'hui l'« *incommunicabilité* » *(O. 14.2.68)*. L'*incommunicabilité* – la grande découverte de ces années-là – 1965-1968 – l'*incommunicabilité* déjà naturelle entre hommes et femmes était là symbolisée, aggravée, magnifiée par un autre fossé (la différence de langue entre les deux partenaires) *(Fallet, 69)*.
C'est (dans une pièce de théâtre) l'habituelle *incommunicabilité* entre deux paumés, avec ses clichés sur la solitude, la jeunesse gaspillée *(E. 16.9.74)*.

INCONDITIONNALITÉ sf. ■ Adhésion, admiration, soumission *inconditionnelles** de quelqu'un à (ou : pour) quelque chose ou quelqu'un.

La majorité gaulliste donne le spectacle de l'*inconditionnalité* *(M. 25.6.66)*. Pour défendre son existence, la Ve République renforçait le monolithisme de son camp, lançait le mot d'*inconditionnalité*, se mettait à couvert contre toute surprise *(M. 8.7.66)*. Le temps de l'*inconditionnalité* paraît révolu. De Gaulle sera sans doute plus difficilement obéi au doigt et à l'œil par les députés et les ministres prosternés *(M. 24.6.68)*. L'*inconditionnalité* en faveur d'Israël est aussi dérisoire et nocive que celle à l'égard du général de Gaulle *(O. 13.1.69)*. La coopération raisonnée que les modérés ont choisie, ce n'est ni l'*inconditionnalité* aveugle ni la soumission rancunière *(M. 18.2.69)*.
Il y a des gaullistes pour qui le temps de l'*inconditionnalité* est définitivement révolu *(C. 19.5.74)*.

INCONDITIONNEL, LE adj. et s. Repris et répandu vers 1960, d'abord en politique et spécialement à propos des adeptes les plus fidèles du gaullisme, pour qualifier leur soumission totale au général de Gaulle. ■ Qui accorde aveuglément son admiration, sa fidélité, son soutien (à ...) ; qui est partisan sans réserve (de ...).

Adjectif.

● Déterminant un nom de personne ou de collectivité. Le plus souvent, l'adjectif a fonction d'épithète.

○ Une admiratrice *inconditionnelle* du cinéma underground *(O. 21.2.68)*. L'*Assemblée* nationale « *inconditionnelle* » n'a jamais constitué un interlocuteur valable *(US. 24.1.67)*. Un défenseur *inconditionnel* de la politique du président *(M. 18.1.67)*. M., gaulliste *inconditionnel* *(E. 25.4.66)*. Habitués *inconditionnels* du Théâtre National Populaire, cent mille jeunes viendront l'écouter (Brassens) *(E. 12.9.66)*. Faire triompher les refrains poétiques auprès de ces *jeunesses* de banlieue et de province, hâtivement jugées – *inconditionnelles* de Johnny ou des Beatles *(F. 22.11.66)*. Il (le Premier ministre) réclame une *majorité* plus docile, plus *inconditionnelle* encore *(M. 24.6.68)*. Un *partisan « inconditionnel »* de la IVᵉ République *(Revel, 65)*. Puisque le film s'appelle « Allez, France ! » pourquoi ne pas avoir insisté davantage sur les exploits de ces *patriotes inconditionnels* que sont souvent les sportifs ? *(M. 13.10.64)*. Les *péronistes « inconditionnels »* se rangent dans l'opposition *(M. 19.10.66)*. Fanatique du sport automobile et *« porschiste »* (de Porsche, marque de voiture de sport) *inconditionnel* comme le sont tous les « porschistes » *(M. 15.12.67)*. Des *zélateurs inconditionnels* de l'U.R.S.S. *(M. 25.1.66)*.

∞ Une psychiatre agressive avait succédé (devant la barre des témoins) à la *laudatrice inconditionnelle* de l'accusée *(Saint Pierre, 72)*. Une *majorité* qui, pendant les 7 ans du mandat présidentiel, demeure non seulement fidèle à de grandes orientations, mais *inconditionnelle* jusque dans les détails *(M. 20.6.74)*.

● **Déterminant un nom d'abstraction qui, souvent, évoque l'idée d'une adhésion totale à une doctrine, à un parti, d'une admiration sans réserves, etc.**

○ On l'avait surnommé (un footballeur) « le magicien du dribble » et les Brésiliens lui vouent toujours une *admiration inconditionnelle* *(ST 24.4.65)*. L'*adoration inconditionnelle* de millions d'adolescentes pâmées (pour les Beatles) *(E. 21.6.67)*. Leur *alignement* (des dirigeants de Bonn) de plus en plus *inconditionnel* sur les États-Unis *(M. 18.1.66)*. En principe, tout le monde avait droit à la parole. Ce n'était plus de l'*allégeance inconditionnelle*, c'était de l'information *(O. 23.11.66)*. L'*anti-communisme inconditionnel* de 60 ou 70 % du corps électoral *(Es. 2.66)*. Vus les services rendus au « régime » (gaulliste), le directeur (d'un journal) croyait pouvoir bénéficier (pour son élection) de l'*appui inconditionnel* de l'administration *(Courrière, 70)*. La doctrine d'*attachement inconditionnel* à l'étalon-or *(M. 30.9.69)*. La médecine exige de celui qui soigne tant d'abnégation, de *dévouement inconditionnel* à l'homme qui souffre *(M. 4.8.68)*. Détacher l'Allemagne de cette *fidélité inconditionnelle* qu'elle semblait vouer aux États-Unis *(E. 24.4.67)*. La charnière indispensable entre le *gaullisme inconditionnel* et les autres partis *(E. 24.6.68)*. Les déclarations faites à l'issue du Salon de l'automobile par les exposants sont traditionnellement empreintes d'un *optimisme inconditionnel* *(M. 19.10.66)*. Cette contradiction entre pacifisme universel et *soutien inconditionnel* à Washington *(M. 11.1.68)*.

∞ L'avocat se lança dans un éloge dithyrambique de sa cliente : il composa en son honneur une *homélie inconditionnelle* *(Saint Pierre, 72)*. En politique étrangère, c'était pour l'Australie, jusqu'en 1962, l'*alignement inconditionnel* sur les États-Unis *(O. 6.1.75)*. Fort de ses 122 députés, ce groupe constitue un *soutien inconditionnel* pour le gouvernement *(E. 22.4.78)*. Gaulliste en France occupée, rejetant toute *allégeance inconditionnelle* au Général de Gaulle lorsque celui-ci l'appela auprès de lui, M. M. a toujours été un esprit indépendant *(M. 5.8.78)*.

Substantif.

● **Sans complément.**

Pour ne pas être un « *inconditionnel* », comme on dit, Brecht avait manifestement le « cœur à gauche », comme on dit également *(C. 17.11.62)*. En amitié, je ne suis pas un *inconditionnel*. Pour moi une amitié ne se donne jamais une fois pour toute *(Nourissier, 63)*. R. n'a jamais été un « *inconditionnel* », la soumission sans réserve était incompatible avec sa nature fière et franche *(F. 9.11.66)*. Les *inconditionnels*, cette masse docile qui se contentait de dire oui et amen à tout *(JG 9.6.68)*.
Dans le cinéma vous avez besoin d'*inconditionnels* *(E. 3.1.72)*. Ses *inconditionnels* de la première heure sont toujours fidèles à l'écoute et ponctuels aux meetings *(O. 29.1.73)*. Les *inconditionnels* de tout bord, ceux qui sont pour une limitation rigoureuse, et ceux qui sont contre toute limitation de la vitesse sur les routes *(M. 15.3.74)*. Rasoir électrique ? Rasoir mécanique ? Chaque système a ses *inconditionnels* *(M. 17.9.77)*.

● **Suivi d'un complément (nom de personne).**

Les *inconditionnels* de Jean Gabin (vedette de cinéma) *(PM 15.10.66)*. Restent quelques *inconditionnels* de Rossellini (cinéaste) *(E. 21.11.66)*.

● **Suivi d'un complément (nom de chose abstr. ou concrète).**

○ Les *inconditionnels* de l'*antiforme* prétendent qu'elle représente la libération totale de l'idée d'art, d'image, de matériau *(E. 7.4.69)*. La limitation de vitesse sur la route, tant décriée par les *inconditionnels* de l'automobile *(VR 5.4.70)*. Pour les « *inconditionnels* » de la cogestion, la réglé aura été dure et amère *(M. 23.7.69)*. Devant les militants musclés et chevronnés il fait huer « les professionnels de la politique » et « les *inconditionnels* du non » *(E. 21.4.69)*. Un *inconditionnel* de la voiture de sport *(A. 19.6.69)*.

∞ L'*inconditionnel du volant*, bloqué dans les embouteillages inextricables, tandis que sa chère essence se transforme en vapeurs néfastes *(VR. 7.7.74)*. Les salopettes plaisent beaucoup aux filles. Il y a aussi les *inconditionnels* du vrai jean américain *(M. 22.2.75)*. Il existe une catégorie de population que l'on pourrait schématiquement appeler les « *inconditionnels de la voiture* », qui ne peuvent donner aucune raison à ce choix de la voiture. En fait, ils ne choisissent pas, ils ont appris à voyager à l'aide de la voiture *(R.G.C.F. 9.77)*. Les *inconditionnels* de la voie d'eau plaident pour la construction du canal Rhin-Rhône *(M. 30.7.78)*.

INCONDITIONNELLEMENT adv.

● **Avec un verbe.**

Le meilleur public n'est pas celui qui accorde *inconditionnellement* ses faveurs à l'équipe locale *(TL 4.4.65)*. S'aligner *inconditionnellement* sur le choix du général de Gaulle *(O. 27.12.67)*. Le gouvernement ne veut s'engager ni *inconditionnellement*, ni pour l'éternité *(E. 24.4.67)*. Les habitants ne sont pas assez rétrogrades pour s'opposer *inconditionnellement* au passage d'une autoroute *(O.R.T.F. 30.1.71)*.

● **Avec un adjectif.**

Père de la bombe A française, et de la « défense tous azimuts », C. Ailleret était de ces rares généraux *inconditionnellement* gaullistes que de Gaulle, néanmoins, trouvait intelligents *(O. 13.3.68)*.
Son délit (d'une jeune détective) était mineur et la presse lui était *inconditionnellement* acquise *(Gérard, 74)*.

INCONSTRUCTIBLE adj. ■ Où il est interdit de construire.

Les deux terrains figurent en « zones non affectées », c'est-à-dire *inconstructibles*, (…)

l'endroit étant considéré comme « espace vert public ou terrain de jeux protégé » *(M. 30.4.70).*

INDÉPENDANTISTE adj. et s. Au Canada : partisan de l'indépendance des provinces *francophones**.

● Adj.

L'animateur de l'Association est connu au Québec pour la vigueur de ses *convictions « indépendantistes »* (M. 21.2.69). Des *organisations indépendantistes* comme le Parti Québécois avaient tenu à se dissocier de la manifestation *(M. 30.3.69).*

● Subst.

Les vœux que viennent d'adresser au général de Gaulle les *indépendantistes* québécois *(M. 2.6.68).*

INDISSOCIABLE adj. Mot du XVIe s., repris au milieu du XXe s. ■ Qui ne peut être dissocié, séparé.

Le *caractère indissociable* des missions agricole, industrielle et commerciale de ce monopole (d'exploitation des tabacs) *(M. 3.5.66).* La balance des paiements forme un tout dont les *éléments* sont *indissociables (M. 3.1.68).* Les Antilles sont peut-être les seules régions au monde où la *négritude* et la *latinité* sont *indissociables (F. 27.12.66).* Une *politique* améliorant le revenu agricole est *indissociable* d'une politique des structures *(F. 23.8.66).* L'émission mérite son titre Allegro. Parce que le *rythme* est *indissociable* du style choisi *(F. 28.11.66).* Vie rêvée, vie vécue, *indissociables* (Saint-Lô, 64).

INDIVIDUALISATION sf. Fait d'*individualiser** ; état qui en résulte.

Cette laiterie pratique l'*individualisation* des bidons, qui permet ainsi la réception isolée des productions de chaque agriculteur, le dosage permanent de la matière grasse de ses laits *(M. 19.1.68).*

INDIVIDUALISER v. tr. Distinguer ; *personnaliser**.

Les critères sociaux — mortalité, nombre de médecins, de cinémas, etc. — soulignent l'opposition villes-campagnes, mais ils n'*individualisent* pas suffisamment les régions et ne précisent pas leurs vocations naturelles *(Gendarme, 59).* Ces voitures sont d'un confort amélioré, avec sièges *individualisés (C. 19.12.68).*

INDUIRE v. tr. Repris mil. XXe. (peut-être sous l'influence des vocab. scient. et techn.). ■ Avoir pour conséquence, être à l'origine (de), être cause (de).

● Emploi « actif ».

L'anxiété des parents, des enseignants, des médecins *induit* celle des enfants, des étudiants, des malades, compromet leur épanouissement, leur formation, leur guérison *(M. 25.10.75).* Une dépense de 100 frs. dans le logement *induit* un investissement domestique de 65 frs : meubles, équipement du foyer, appareils ménagers, etc. *(O. 26.6.78).*

● Emploi au passif (surtout au part. passé).

Aux 18.700 emplois recensés dans le personnel des stations (de sports d'hiver) il convient d'ajouter 2000 à 3000 emplois « *induits* » par le fonctionnement de ces stations : croissance générale du secteur tertiaire, des activités commerciales *(C. 27.12.75).* La création d'un emploi de chercheur ou d'ingénieur détermine des emplois « *induits* » selon un coefficient multiplicateur variant entre 2,2 et 3 *(M. 24.11.77).* À partir du moment où on quitte la logique de l'efficacité industrielle, on peut se demander, faute d'une expérience historique, jusqu'où irait l'appauvrissement *induit* qui en résulterait à terme pour le pays *(C. 8.9.78).*

INDUSTRIALO-PORTUAIRE adj. ■ Qui comporte des établissements industriels dans un port.

Le plus vaste ensemble *industrialo-portuaire* d'Europe *(F. 16.3.68).*
Le complexe *industrialo-portuaire* de FOS s'étend en direction d'Arles sur une superficie de 7000 hectares *(R.G.C.F. 4.74).*

INÉGALITAIRE adj. ■ Qui crée, perpétue, ou est caractérisé par des inégalités sociales.

Plus une législation est simple, plus elle néglige les cas particuliers, et risque, par conséquent, d'être injuste et *inégalitaire (E. 27.5.74).* Ces ménages logés dans des immeubles dont l'isolation thermique est très défectueuse, subissent aujourd'hui des hausses importantes des charges locatives. C'est une sanction des événements économiques et d'une politique d'urbanisation *inégalitaire (M. 16.10.74).* Les situations par trop *inégalitaires* sont dénoncées comme autant de signes de l'injustice d'un régime qui fait la part belle aux riches et malmène les pauvres *(M. 18.1.75).*

INEMPLOI sm. ■ Chômage, manque de travail, d'emploi.

La profession de docker est menacée par la modernisation : en dix ans son effectif en France, est tombé de 26.000 à 14.000. « Pour lutter contre cet *inemploi,* les dockers n'hésitent pas à multiplier les postes de travail fictifs », dit le directeur du port *(E. 10.12.73).*
→ SOUS-EMPLOI.

INENTAMABLE adj. Fig. ■ Qui ne peut être entamé, ébranlé, troublé.

On l'avait condamnée à perpétuité. Elle avait organisé sa vie dans la détention, ne faisant jamais un drame de rien. Sa décontraction semblait *inentamable (Gérard, 74).*

INÉVITABILITÉ sf. ■ Caractère inévitable de quelque chose.

Tous reconnaissent l'*inévitabilité* du déficit permanent qu'implique un véritable théâtre expérimental *(M. 14.4.66).*

INFANTILISANT, E adj. ■ Qui *infantilise**.

Le film dénonce le culte de la personnalité et ses *conséquences « infantilisantes »* (O. 17.3.69). Un *système infantilisant* de contrôle (à l'université) dont la seule règle est de ne contrister aucune bonne volonté (M. 14.4.70). Exploiter le manque d'éducation civique en se gardant bien d'y remédier et cultiver toutes les *tendances infantilisantes* à l'abdication des responsabilités des individus (M. 8.10.65).

INFANTILISATION sf. ■ Action de rendre infantile ; état qui en résulte.

L'*infantilisation* des études supérieures, la braderie des diplômes, l'absence de toute sélection à l'entrée, dans le cours et à la sortie de l'Université, restituent à la bourgeoisie le maximum de ses chances (M. 14.4.70).
Forgé dans ce moule de l'autorité, l'adulte continue, selon G. Mendel, à se représenter tout pouvoir comme la propriété indiscutable d'un père tout-puissant ; c'est une véritable entreprise d'*infantilisation* dont la société de consommation n'est que l'aboutissement (O. 24.9.73).

INFANTILISER v. tr. Av. 1966. ■ Favoriser ou maintenir chez l'adulte une mentalité infantile.

Les communications de masse, quand l'enfant les reçoit de façon anarchique le jettent dans un monde où, moins encore que l'adulte, il est capable de discerner entre le réel et l'imaginaire. Ce traitement, qui « *infantilise* » tant d'adultes, fait de l'enfant un « prématuré affectif » (M. 7.1.66). Les *chrétiens* qui se révoltent contre cette image (de Dieu père) dont ils ont le sentiment qu'elle les *infantilise*, les rend dépendants (Duquesne, 70).

INFARCTUS [ɛ̃farktys] sm. Fig. ■ Engorgement d'un réseau routier (cf. *artère*, fig.).

L'erreur du XIXe siècle, en tissant le réseau ferré comme une toile d'araignée avait congestionné la capitale. L'erreur identique (fut) commise (au XXe) sur le réseau autoroutier (...) Les pulsations journalières qui en ont résulté ont contribué davantage encore à l'*infarctus* parisien (Sauvy, 68).

● Crise grave (économique, politique, sociale, etc.)

La France ayant eu deux *infarctus* à quelques mois d'intervalle — crise politique en mai, crise monétaire en novembre 1968 —, un troisième serait terriblement redoutable (C. 19.12.68).

INFÉRIORISATION sf. ■ Action d'*inférioriser** ; son résultat.

Entre patron et ouvrier, curé et paroissien, homme et femme, parents et enfants, entre races et entre nations, il y a des différences. Malheureusement une sorte de fatale dégradation se produit : de la différence à la hiérarchie et de la hiérarchie à l'*infériorisation* (Pa. 9.70).

INFÉRIORISER v. tr. ~ 1970. ■ Minimiser, sous-estimer la valeur de (quelqu'un, quelque chose).

Il y a un préjugé stupide : seuls, les intellectuels passent pour « intelligents ». On accorde peu d'intérêt à la manière dont les travailleurs manuels abordent les problèmes et les êtres. C'est pourtant (avec) une intelligence différente, mais on l'*infériorise* (Pa. 9.70).

● Participe passé substantivé.

L'*infériorisé*, ayant tendance à moins croire en lui, se met à concevoir l'égalité comme une imitation de ce qui lui semble, à lui aussi, non une différence mais une supériorité (Pa. 9.70).

INFLATION sf. Fig. ■ Ampleur, extension, multiplication, propagation, etc., jugées excessives, d'un phénomène.

O Les gardiens du bon langage sont sévères pour l'*inflation de l'adjectif* qu'ils observent en français contemporain, en particulier dans la langue de la presse et de la radio (...) Que l'*inflation de l'adjectif*, l'« adjectivite », modifie le visage du français — les puristes disent « le défigure » —, ce n'est guère douteux (M. 19.5.70). Cette choquante *inflation des avortements* a fini par alarmer le gouvernement et une partie de l'opinion (...) Nul ne peut exclure la possibilité d'une *inflation humaine* allant bien au-delà du chiffre énorme d'un milliard d'hommes (Guillain, 69).

OO Cette petite criminalité est commune à tout le quartier. Le nombre des plaintes connaît une phase d'*inflation* galopante : elles augmentent de 200 % par mois (P. 7.5.74). En 1972, la criminalité violente a fait environ 2.000 morts et 29.000 blessés. Plus encore en 1973 et 1974, l'*inflation criminelle* se poursuit (M. 19.10.74).

INFLÉCHISSEMENT sm. Fig. ■ Modification, souvent discrète ou peu importante.

Jusqu'à quel point les idées du Président impliquent-elles un renversement plutôt qu'un *infléchissement* de la tendance antérieure ? (M. 25.7.69). Le conseil d'administration s'est déclaré favorable aux grandes options envisagées, tout en recommandant certains *infléchissements* (M. 26.3.66). Il y eut un nouvel *infléchissement* de la théorie des alliés (M. 22.4.66). La percée politique française à l'Est, peut-elle être accompagnée d'un *infléchissement* de nos courants d'échanges actuels ? (M. 27.6.66).

INFORMATICIEN, NE subst. ~ 1965. Ingénieur, technicien (-ne) spécialiste de l'*informatique**.

● Sm.

Le centre de calcul peut rester ouvert, jour et nuit aux futurs *informaticiens* (E. 4.11.68). La réussite de l'informatique dans l'entreprise dépend des hommes qui sont dans l'entreprise bien plus que des *informaticiens* de métier (En. 8.2.69). Il semble urgent que les respon-

sables dans l'entreprise se mettent en position de dialoguer avec les *informaticiens (M. 16.11.69).*
L'informatique reste encore pour beaucoup un domaine purement technique plus ou moins réservé à une minorité de spécialistes, les *informaticiens,* jaloux de leur nouveau pouvoir *(M. 30.11.74).*

● Sf.
Si vous êtes *informaticienne* et si vous épousez un exploitant agricole qui vous emmène dans un bourg vendéen, à quoi vous servira votre formation ? *(E. 21.5.73).*

INFORMATIF, IVE adj. Repris ~1970. Qui informe ou tend à informer.

Le Directeur de l'institut national de la consommation s'est battu pour faire adopter l'étiquette qui informe. Mais les étiquettes *informatives* se comptent encore sur les doigts d'une main *(E. 18.9.72).* Nous voulons établir une sorte de code des petites annonces qui seraient enfin honnêtes et *informatives (E. 19.3.73).* L'Éducation nationale a raison de se borner à être purement *informative* en matière d'éducation sexuelle des enfants *(E. 14.1.74).* Ce film éclaire d'une lumière rare, car il est explicite et *informatif,* en quoi consistait le système des studios *(P. 13.1.75).*

1. INFORMATION sf. (souvent au plur.) Nouvelle(s) communiquée(s) au public par les *mass* media.*

Le Syndicat des journalistes dénonce le succès grandissant de l'*information* spectacle, de l'*information* événementielle, qui prend le pas sur l'autre, plus élaborée et réfléchie *(Téla. 25.5.74).* L'*information* était jadis un privilège. La voici répandue, offerte à tous, et comme on dit, « démocratisée ». Mais l'abus qui en est fait l'assimile à un produit de grande consommation *(M. 7.5.75).* En dehors du sport il y a dans (ce journal) assez peu d'*informations,* même celles qu'on appelle générales *(C. 20.10.76).*

2. INFORMATION sf. ~ 1950. Cybern. Inform. Message susceptible d'être traité par des moyens informatiques ; contenu de ce message.

Rem. (L'expression « traitement de l'*information* ») peut sembler obscure à première vue et, certes, définir l'*information* n'est pas tâche aisée : dans le langage commun ce mot évoque l'acte de recueillir et de donner des renseignements. Le cybernéticien a fait entrer le mot dans le langage scientifique *(VR. 18.12.66).*

♦ Tout ce qui peut être communiqué entre hommes ou entre machines constitue de l'*information.* (...) En analyse finale, il y a trois manières de traiter une *information* : on peut la recopier, on peut la compléter, on peut enfin la transformer, en effectuant dessus des calculs (...) Le vocable « machine à traiter l'*information* » est tiré de l'américain Data processing machine : (il) est moins souvent employé que les termes ordinateur, calculateur ou cerveau électronique. Et pourtant il est plus significatif qu'eux *(Morange, 69).*
Il faut enregistrer séquentiellement toutes les impulsions qui constituent l'*information* de base à partir de laquelle le récepteur de télévision va reconstituer l'image *(E. 11.2.74).* Les banques de données où les *informations* sont stockées *(M. 20.5.78).* L'informatique permet et accélère l'avènement d'une société à très haute productivité (...) Cette mutation entraîne surtout une multiplication des activités où l'*information* est la matière première *(M. 25.5.78).*
→ INFORMATIQUE.

INFORMATIONNEL, LE adj. Relatif à l'*information** (1.).

L'environnement *informationnel* passe par la radio et la télévision *(O.R.T.F. 9.5.70).* L'enseignant valorisera-t-il des réflexes de « propriétaire » pour la disposition de biens *informationnels* ? Ou mettra-t-il en œuvre des modes de cogestion, de partage (...) ? (...) On peut concevoir que des individus subissent une pression *informationnelle,* une influence (...). (Des) critères socioculturels qui ont permis à l'homme de (...) les défendre par la force et l'intoxication *informationnelle (Peretti, 72).* Observer (...) le comportement local des mécanismes, puis traduire cette information en langage *informationnel (Duverger, 73).*

INFORMATIQUE sf. et adj. 1962.

Rem. 1. L'« *informatique* », mot nouveau qui fait son entrée dans le vocabulaire officiel français. Il a été forgé en 1962 par un spécialiste de l'électronique, M. Dreyfus, pour désigner les techniques du traitement logique et automatique de l'information *(E. 3.10.66).* Le mot « *informatique* » a été accepté par l'Académie française en avril 1966, avec la définition suivante : « Science du traitement rationnel, notamment par machines automatiques, de l'information considérée comme le support des connaissances humaines et des communications dans les domaines techniques, économiques et sociaux. » *(EU 9).*

● Sf.
L'*informatique* sera pour la totalité des futurs cadres une science d'un usage quotidien (...) On pourrait croire que l'emploi d'un ordinateur passe par la résolution de systèmes d'équations très complexes. Cette erreur est le reflet de la mainmise des scientifiques sur l'*informatique (M. 26.5.66).* Les réseaux d'*informatique* permettent l'accès à des banques de données *(M. 10.4.69).* Il est indispensable de démystifier le terme d'*informatique. (M. 25.5.69).* L'*informatique,* activité industrielle et commerciale qui se propose d'organiser et d'utiliser la mémoire des machines nouvelles, est en plein développement au Japon *(Guillain, 69).* Les changements profonds que subit notre société semblent se polariser autour d'un concept récent : l'*informatique* (...) Nous vivons actuellement l'ère de l'*informatique (T. 2.71).*
Du bon usage et de la bonne diffusion de l'*informatique* dépendent notre avenir et celui de nos enfants (...). Partout où la technique le permettra, le recours à l'*informatique* supprimera ou transformera les emplois à faible qualification *(M. 30.11.74).* L'*informatique* apparaît très souvent comme un univers autonome. Il y a l'unité centrale et puis les satellites et les périphériques. L'utilisateur a le sentiment de se trouver devant une entité. Pourtant il n'en est rien *(M. 11.10.75).* Hier univers séparés, *informatique* et télécommunications sont aujourd'hui de plus en plus étroitement liées *(M. 20.5.78).*

INFORMATIQUE

- **Adj.**
- ○ L'approche de la *connaissance informatique (M. 16.11.69)*. Vers 1975 les *dépenses informatiques* des pays avancés devraient représenter environ 3 % des produits nationaux bruts (...) les exigences du marché sont en train de totalement modifier les finalités de l'industrie *informatique (M. 10.2.71)*. Le besoin d'un *enseignement informatique* se révèle aigu *(En. 5.4.69)*. Un programme pour la réalisation d'*ensembles informatiques (M. 20.5.66)*. Les conséquences de l'*intervention informatique* sur le comportement des individus dans l'entreprise *(En. 8.2.69)*. Le marché des *machines informatiques (O. 21.10.68)*. Le passage de la phase énergétique de la société industrielle à la « *phase informatique* » constitue un type encore mal défini de révolution *(T. 2.71)*. Le contrôleur de gestion est l'un des agents de la création d'une *politique informatique (M. 25.5.69)*. Pour que les entreprises françaises apprennent à mieux maîtriser leurs *problèmes informatiques (En. 8.2.69)*. Des composants de base qui sont ceux de tout *système informatique (VR 30.11.69)*.
- ∞ Le type de société dans lequel nous allons vivre dépend des décisions que le gouvernement prendra ou ne prendra pas aujourd'hui en *matière informatique (M. 30.11.74)*. L'*ingénierie informatique*, en incorporant la notion de systèmes et de programmes, est peut-être l'approche la plus concrète de la cybernétique *(M. 11.10.75)*. La *recherche informatique* se trouve à un carrefour (...) Les sociétés de *services informatiques* doivent être renforcées *(M. 20.5.78)*.

Rem. 2. Sur le lexique de l'*informatique*, on peut consulter par ex. Chr. Marcellesi : Le langage des techniciens de l'informatique ... (in *Lan. fr. n° 17, 2.73*).

Rem. 3. Les composés *mini-informatique* et *péri-informatique* sont attestés.

25 industriels français réunis au sein du Club de la *péri-informatique* sont sortis de leur réserve (...) Dans leur esprit l'aide de l'État était réservée à la grande informatique ; or ils constatent, depuis un an, que tout l'effort (...) s'oriente vers la *mini-informatique (M. 24.2.78)*.

INFORMATISABLE adj. Qu'on peut *informatiser**.

La matière *informatisable* est abondante. Comment la faire passer par ordinateur ? *(M. 28.5.70)*.

INFORMATISATION sf. Introduction, application des moyens *informatiques** dans une entreprise, une industrie, un service public, etc.

Une fois achevée l'*informatisation* des centraux téléphoniques de Paris et Lyon (...) *(M. 15.8.74)*. Selon le rapport présenté le 19 mai par MM. Nora et Minc, l'*informatisation* de notre société est inéluctable. Elle est même nécessaire si l'on veut accroître la compétitivité de l'industrie (...) Les conséquences de l'*informatisation* seront multiples, en premier lieu sur le niveau de l'emploi *(M. 20.5.78)*.

INFORMATISER v. tr. et réfléchi. Appliquer (à qq ch.) les méthodes, les moyens de l'*informatique**.

- **Verbe trans.**

Il sera nécessaire d'« *informatiser* » notre gestion et nos réservations. Mais les ordinateurs nécessitent des moyens financiers importants *(M. 24.1.70)*.

La justice a été largement *informatisée* : dans chaque tribunal un ordinateur tient la comptabilité des crimes et délits, de leurs auteurs et de la jurisprudence *(O. 6.1.75)*.

- **Participe passé et adj.**
  Qui est l'objet d'applications de l'*informatique.**

On introduit l'informatique dans la méthode des cas. Plusieurs séquences de *cas informatisés* ont été mises au point dans des sessions de contrôle de gestion, de finance et de marketing *(M. 25.2.69)*. C'est le *secteur* de la métallurgie qui est le plus *informatisé (C. 13.5.70)*. La présentation des méthodes utilisées pour l'ordonnancement, et l'exposé de son *traitement informatisé* seront illustrés par l'étude des cas *(M. 25.2.69)*. Où s'arrêtera la communication *informatisée*, lorsque les ménages commenceront à être équipés en ordinateurs ? *(M. 25.5.78)*.

- **Verbe réfl.**

Comment une entreprise s'*informatise*-t-elle ? *(C. 13.5.70)*.

Une délégation générale à la réforme administrative aiderait les administrations les plus faibles à s'*informatiser (M. 25.5.78)*.

INFORMEL, LE adj. Mil XXe. (D'après l'angl. *unformal*). Sans caractère officiel, non soumis à des règles précises, inorganisé.

Un communiqué « d'intention », où transparaissait un *accord informel* de « désarmement » dans la guerre des taux d'intérêts *(M. 1.10.67)*. On dit symposium et non pas concile, pour marquer le *caractère « informel »*, c'est-à-dire non officiel, de cette assemblée (d'évêques) *(VL 11.69)*. Un *entretien informel* est un entretien sans cérémonie, où l'on ne met pas les formes *(ST 8.11.69)*. N'étant plus protégés par les structures traditionnelles, les jeunes auraient tendance à rechercher la chaleur du petit *groupe informel (C. 18.11.69)*. Rencontres *informelles*, de la partie de golf au dîner de geishas *(Guillain, 69)*.

Les délinquants sont jeunes pour la plupart, une bande *informelle* de 300 à 400 garçons et filles *(E. 3.9.73)*.

INFRA(-) Premier élément d'adjectifs et de substantifs composés, qui prennent le sens de : situé à un niveau (fig.) inférieur à (ce qu'exprime le deuxième élément).

- **Adj.**

La peinture amère et burlesque de ces scènes d'une vie de bohème *infra-beatnik (E. 11.11.68)*. En gagnant des régions de l'espace de plus en plus éloignées, nous accédons aux seuils de la vie *infra-biologique (M. 19.7.69)*. On pourrait imaginer qu'un facteur *infracellulaire*, tel qu'un virus, puisse survivre à la destruction des cellules contaminées *(M. 14.4.66)*. Tant d'hommes vivent dans des conditions *infra-humaines* à cause de l'injustice et de la misère *(M. 23.2.69)*. Il y aura de plus en plus d'institutions « *infra* », « *para* » et

« supra » *municipales (Moulin, 68)*. Des solidarités qu'on appelle d'une manière barbare *infra-nationales* ou *supra-nationales* *(O.R.T.F. 9.5.70)*. Le roman moderne devait créer un non-récit qui correspondît à l'afflux de la matière *infra-narrative* *(E. 29.1.68)*.

● **Subst.**
Une intuition de la vie intime en ses profondeurs les plus vraies, non pas tant celles des zones de l'*infra-conscience* que de la sur-conscience *(M. 9.3.66)*. Le langage approprié à l'imagination enfantine se rencontre plus souvent dans les *infra-cultures* — conteurs populaires, auteurs de bandes dessinées — que dans la culture savante *(E. 13.4.70)*. La conversation (dans un roman) dont on ne sait si elle est authentique ou insignifiante en tant que langage *(M. 9.12.64)*. Plonger l'introspection dans l'*infrapersonnel*, inventer l'*infra-langage* des « sous-conversations » pour traduire un *infrarationnel* qui ne serait sans doute suggérable que par le cri *(M. 19.7.69)*. L'« *infra-littérature* » des livrets de colportage *(E. 13.4.70)*.
→ SOUS-, SUPRA-.

INGÉNIERIE

INFRASTRUCTURE sf. Repris et rép. mil. XXe. Tantôt pour : équipements matériels (économiques, techniques) ; tantôt pour : équipements en général, dans tous les domaines ; parfois pour : institutions, organismes, etc.

Rem. L'*infrastructure* (est l') ensemble des moyens techniques nécessaires à l'activité économique d'un pays : énergie, eau, électricité, routes, chemins de fer, ports, aérodromes, etc. L'*infrastructure* conditionne le développement général d'un pays *(Birou, 66)*.

Infrastructure + O.
L'unification économique de l'Europe et la mise en place d'institutions communes créeront l'*infrastructure* indispensable à notre indépendance *(M. 27.2.69)*.
Pour « désenclaver » leurs villes nouvelles, les réalisateurs seraient prêts à participer au financement de certaines *infrastructures* *(M. 30.4.70)*. L'homme moderne voyage beaucoup : on lui reconstitue ici son environnement de travail avec toute l'*infrastructure* dont il a besoin : secrétariat, bourse, service de presse, télex *(TG 12.2.71)*. Il ne sufit pas de posséder une voiture. Encore faut-il que l'*infrastructure* suive. Une vingtaine de stations-service, deux ateliers de réparation, 670 carrefours équipés de feux, c'est insuffisant pour une grande ville *(E. 6.8.73)*.

Infrastructure + adj.
O Il serait dangereux de faire croire qu'il existe, en matière d'*infrastructures collectives*, des investissements antagonistes *(F. 23.11.66)*. Les élèves du technique peuvent bénéficier de la même *infrastructure culturelle* que ceux des sections dites « nobles » *(M. 6.9.66)*. Si l'on veut que le professeur soit là pour guider, il faut qu'il puisse s'appuyer sur une *infrastructure documentaire* qui lui a toujours été refusée jusqu'ici *(M. 11.9.68)*. L'*infrastructure économique* de la Tunisie *(M. 14.10.69)*. En ce qui concerne l'*infrastructure interurbaine*, le retard est grave qui sépare les possibilités et les besoins de circulation *(F. 23.11.66)*. Si ces pays ont les taux les plus bas de tuberculose, c'est grâce à une *infrastructure médicale*, à des équipements *(E. 14.4.69)*. Pour disposer d'un certain rayonnement dans les milieux parisiens, il est bon d'avoir une table réservée en permanence chez Maxim's, un grand appartement (...). Cette « *infrastructure mondaine* » peut paraître considérable *(Bouvard, 66)*. 1,2 milliard de dollars ont été investis dans l'*infrastructure pétrolière* *(M. 30.9.69)*. Le domaine des *infrastructures routières* et des équipements généraux *(M. 10.7.65)*. Faiblesse de l'*infrastructure socioculturelle* en province *(O. 7.2.68)*. L'organisation des jeux olympiques suppose des *infrastructures sportives*, routières, ferroviaires, aériennes et des équipements d'accueil *(M. 16.9.65)*. L'un des plus beaux fleurons de notre *infrastructure touristique* *(C. 11.3.69)*.
∞ Donner au pays une *infrastructure sanitaire* et former rapidement des personnels médicaux et para-médicaux *(M. 23.7.75)*. Il manque en France, une *infrastructure routière* — pistes cyclables — favorable aux cyclistes *(M. 11.10.75)*.

Infrastructure + de + subst.
O Le plan n'a été réalisé qu'à 44 % pour les *infrastructures de communication*, 47 % pour les équipements sanitaires *(M. 14.10.69)*. Le secrétaire du Syndicat de l'Administration universitaire a plaidé pour le développement d'une « *infrastructure de gestion* » (des universités) *(M. 25.5.69)*. Si les véhicules devaient payer pour stationner sur la voie publique, la voie publique ne serait pas pour autant dégagée. La circulation n'en deviendrait pas plus facile. La vraie solution consiste à séparer l'*infrastructure de stationnement* et l'*infrastructure de circulation* *(F. 23.11.66)*. Des chirurgiens prennent livraison de ce moribond, mettent en action une énorme *infrastructure de transfusion* *(Guimard, 67)*.
∞ On continuera à développer les *infrastructures de transport* par la création d'un réseau autoroutier *(M. 27.11.75)*.

INGÉNIERIE [ɛ̃ʒeniri] sf. ~ 1964. (De *ingénieur*, d'après l'angl. *engineering**). Étude globale d'un projet d'équipement industriel sous ses aspects économiques, financiers, sociaux et techniques, menée en coordonnant des études particulières faites par plusieurs équipes de spécialistes.

Rem. Constatant que l'absence d'un mot français correspondant à l'anglicisme « engineering » constituait une difficulté majeure, la Commission des bureaux et organismes d'études techniques (...) a décidé de se rallier au mot *ingénierie*, lequel avait reçu un accord de principe de l'Académie française. La Commission a établi la définition suivante de l'*ingénierie* : « Activité spécifique de conception, d'étude et de coordination de diverses disciplines, exercée par des ingénieurs et techniciens agissant généralement en équipes pour la réalisation ou la mise en service d'un ouvrage ou d'un ensemble d'ouvrages : machine, bâtiment, usine, complexe industriel, aménagement urbain ou rural, etc. » *(VL 9.66)*. L'« engineering » ou « *ingénierie* » est tellement récent et mal connu en France que le terme même n'a pris sa forme nationale que depuis peu *(F. 28.9.66)*. Le mot « engineering », qui a donné lieu à tant de discussions, a été finalement remplacé par *ingénierie*, calque phonétique du terme anglais. *Ingénierie* se place naturellement dans une série bien connue de mots : scier, scieur, scierie ; tuer, tueur, tuerie, etc. Il a été préféré à d'autres

formations, comme ingénieurie, car un bureau d'engineering n'est pas un corps d'ingénieurs, mais une équipe d'hommes de formations diverses, ingénieurs ou non, qui « s'ingénient » à établir un projet. L'administration française l'a adopté : il existe un service de l'*ingénierie* au ministère du Développement industriel, et le mot figure déjà dans les titres de plusieurs ouvrages récents *(Le Bidois : M. 7.2.71).*
Ingénierie a été « inventé » à l'époque de l'élaboration du VIe plan français (...) Il ne s'agit pas de la « francisation » d'un terme anglais (engineering), mais d'un vocable nouveau correspondant à une notion spécifique (...) Il existe un Comité européen des bureaux d'*ingénierie (M. 12.1.75). Ingénierie* : un bien vilain mot, mal traduit de l'américain pour désigner un secteur aux contours, il est vrai, très flous. La définition retenue par le VIe plan n'apporte guère d'éclaircissements. « L'*ingénierie,* dit-elle, est l'ensemble des activités, essentiellement intellectuelles, ayant pour objet d'optimiser l'investissement etc. » (...) La définition, plus simple et plus globale du président d'Euréquip, nous paraît la meilleure : « L'*ingénierie* c'est la transformation de systèmes complexes ; nous sommes des marchands de changement » *(M. 11.10.75).*

♦ Mines d'Alsace recherchent pour leur service d'engineering un ingénieur pour poste d'études de travaux neufs, d'*ingénierie (M. 7.4.66).* Cette situation et les menaces qui elle fait peser sur l'*ingénierie* française ; et, à travers elle, sur l'ensemble de l'économie du pays *(En. 31.8.68).*
Les industries de la matière grise, plus communément appelées *ingénierie,* sont l'une des activités les plus méconnues du grand public *(C. 9.12.70).* Il fut une époque où l'*ingénierie* était une activité rentable et sans risque. Il s'agissait surtout de vendre des idées, des plans, de l'assistance technique, en se faisant rémunérer au forfait ou au temps passé *(M. 1.6.74).* L'*ingénierie* : un secteur jeune, en constante mutation, qui n'a cessé depuis sa naissance d'étendre le champ de ses activités *(M. 11.10.75).* À la R.A.T.P. on évalue à 5 milliards de francs les retombées, en commandes de matériels, des contrats d'*ingénierie* signés depuis 1966 *(Exp. 12.77).* L'accord de coopération (...) prévoit que Peugeot fournira des prestations d'*ingénierie* et d'assistance technique *(M. 25.5.78).*

INHOMOGÉNÉITÉ [inɔmɔʒeneite] sf. ■ Absence d'homogénéité, d'unité.
L'*inhomogénéité* de la coalition (politique) *(O. 10.7.68).*

INITIATIQUE adj. D'abord en sociologie, puis généralisé au milieu du XXe s. ■ Qui a pour but ou pour effet d'initier quelqu'un à quelque chose.
L'effort pédagogique n'est pas créateur, mais purement *initiatique (M. 29.3.70).* Mai 1968 en France a été une fête, pâle transposition dans notre société des fêtes *initiatiques* marquant l'entrée des jeunes dans le monde des adultes *(Duquesne, 70).*

INJECTION sf. Fig. ~ 1965.
1. Écon. Apport massif et soudain (de capitaux, de crédits) destiné à relancer une entreprise ou un secteur de l'économie.
Le ministre des finances avait pris des dispositions afin que la relance des affaires coïncide avec les élections : baisse du taux de l'escompte, desserrement du crédit, *injection de fonds* publics supplémentaires devaient donner aux entreprises le tonus qu'elles avaient perdu *(O. 8.3.71).*
2. Par ext. (Dans d'autres domaines). Apport d'énergie, de forces nouvelles.
Il faut améliorer les conditions générales de l'existence. Pour cela, la transformation des villes est un facteur fondamental. Cependant, dans ce domaine la solution n'est pas dans les recettes libérales. C'est une *injection de socialisation* qui semble nécessaire, ne serait-ce que sur le plan des terrains à bâtir *(R 4.72).*

INORGANISATION sf. Absence d'organisation, d'ordre.
Une *inorganisation* administrative existe encore dans trop de secteurs *(M. 9.10.66).* La majorité des citoyens, pourraient un jour, malgré leur *inorganisation,* se réunir *(Sauvy, 68).* L'expansion rapide qu'a connue cette industrie ces dernières années s'est faite dans la plus grande *inorganisation (M. 7.6.68).* L'*inorganisation* de la campagne (militaire) de Norvège *(M. 21.12.68).*

INOX adj. et sm. Mil. XXe. Abréviation de : (métal) *inoxydable.*
Le couteau marin en nylon et *acier inox (F. 19.11.66).* Couverts, *inox* et argentés *(F. 29.11.66).* Studios avec kitchenette, réfrigérateur encastré, évier *inox (M. 10.2.66).*

Ce robot de cuisine est équipé d'un fouet, d'un batteur et d'un crochet qui tournent dans un bol en *inox (M. 6.3.76).* Un décor brut, d'*inox* et de verre fumé : l'aéroport vit au rythme des hommes d'affaires pressés (...) *(M. 18.10.77).* La première rame du Transport collectif régional a relié Lille à V. en 33 minutes avec ses voitures *inox* toutes neuves *(M. 22.10.78).*

INSCOLARISABLE adj. et s. De *scolariser*.* ■ (Enfant) à qui une déficience quelconque interdit une scolarité normale.
Les enfants de B., ces « anormaux », ces *inscolarisables,* vivent aujourd'hui en groupe dynamique cohérent et créatif *(E. 23.2.70).*

INSÉCURISER v. tr. De *sécuriser*.* ■ Donner un sentiment d'insécurité.
Le désarroi *insécurise* les étudiants *(Fa. 4.6.69).*
En raison de leur formation, de leurs habitudes, de leurs refus plus ou moins conscients, les travailleurs n'ont pas soif de nouveautés susceptibles de les « *insécuriser* » *(C. 27.6.74).*
En pratiquant cette politique du coup de pied dans la fourmilière, qui *insécurise* le « milieu », la police annule les chances des meurtriers de trouver des appuis dans la pègre *(M. 8.10.78).*
→ SÉCURISER.

INSERT [ɛ̃sɛr] sm. Mot anglais (*to insert*, insérer). Çin. ■ Plan assez gros destiné à attirer l'attention du spectateur sur un détail descriptif qui l'aide à comprendre la scène. — Radio : conversation téléphonique intercalée dans une émission.

L'« *insert* » téléphonique devient la panacée de la « T.S.F. de contact » *(M. 28.2.69).*

INSERTION sf. Fig. ■ Assimilation, intégration.
1. **À propos de personnes.**
   En Allemagne, les jeunes travailleurs français trouvent assez facilement un logement dans une maison d'entreprise, un foyer, voire une famille. L'association spécialisée dans l'accueil des stagiaires étrangers facilite l'*insertion* des jeunes travailleurs français *(M. 28.4.66).* Cinq citoyens différents par leurs options politiques, leur *insertion* sociale *(M. 11.1.68).* Les possibilités d'*insertion* de l'architecte se multiplient *(M. 14.2.68).*
   Leur *insertion* (des femmes du sous-prolétariat des bidonvilles) dans la société se résume à des démarches dans les mairies, à des papiers jamais correctement remplis, à des allocations qui ne viennent pas quand on les attend, à des huissiers qui viennent quand on ne les attend pas *(M. 9.12.75).*
2. **À propos d'institutions.**
   Les questions posées par l'*insertion* du Marché commun dans l'activité nationale *(M. 14.1.68).*

INSOLITE adj. et sm. Péjoratif jusqu'au XXe s. Devenu mot à la mode, plutôt laudatif, selon PR.
- **Adj.**
  S'il est un (film) qui mérite pleinement cet épithète d'« *insolite* » que l'on met aujourd'hui à toutes les sauces, c'est bien « Zazie » *(M. 30.10.60).*
- **Subst.**
  Japon par avion et bateau, de découverte en découverte, de siècle en siècle, tout l'*insolite* de l'Orient *(Pub. M. 6.5.66).*

INSPECTRICE sf. Répandu mil. XXe. ■ Femme qui exerce des fonctions de contrôle, de surveillance.

Trois *inspectrices* surveillent 12000 mètres carrés de surface de vente. Excusez-moi, monsieur, est-ce que je peux faire un contrôle de caddy ? L'homme interpellé suit dans le bureau voisin l'*inspectrice* flanquée d'un expert en karaté *(M. 8.4.78).*

INSTITUTIONNALISATION sf. ■ Le fait d'*institutionnaliser** ; son résultat.

L'*institutionnalisation des circonscriptions* d'action régionale créées en 1960 *(M. 25.9.68).* Une *institutionnalisation de consultations* régulières entre les Six et la Grande-Bretagne *(M. 22.2.69).* L'*institutionnalisation de la coopération* économique *(M. 11.4.68).* La démocratie libérale est le régime qui favorise le pluralisme et l'*institutionnalisation des partis* (Freund, 65). Le fait étatique apparaît comme l'*institutionnalisation d'un pouvoir*, c'est-à-dire comme un pouvoir qui, fondé en droit et aménagé selon la règle juridique, atteint une sorte d'objectivité *(Burdeau, 56).* La nécessité de procéder sans trop tarder à une *institutionnalisation du régime* politique *(M. 13.1.68).*
Flatter cette masse, plus encline à subir qu'à évoluer, conduirait au mépris de ce public qu'on chercherait à tout prix à séduire et aboutirait à l'*institutionnalisation d'une culture* au rabais, dirigée, octroyée, insipide *(M. 22.9.74).*

INSTITUTIONNALISER v. tr. et réfléchi. ~ 1955. ■ Donner à quelque chose le statut d'une institution. Parfois pour : renforcer, stabiliser.
- **Verbe trans. (le subst. compl. est le plus souvent un nom de chose abstraite).**
  Une petite caste privilégiée tiendra à s'ériger en protectrice de la légalité pour seulement *institutionnaliser son appétit* de puissance *(M. 7.4.66).* Après avoir établi la consultation permanente avec les syndicats, il faut *institutionnaliser le dialogue* avec eux *(M. 30.3.69).* Des « clauses de sauvegarde » *institutionnaliseraient le droit* de chaque pays à transformer ses propres structures économiques et sociales *(O. 14.2.68).* (Le) souhait de voir « *institutionnaliser* » *l'Europe* politique *(M. 10.2.66).* La généralisation du parlementarisme fut une manière d'*institutionnaliser la fragilité* de l'autorité *(Burdeau, 56).* Je ne compte pas *institutionnaliser l'intervention* de la police (à l'université) *(M. 6.6.69).* De Gaulle prétendait *institutionnaliser ces rapports* entre la France et l'Allemagne *(Auburtin, 66).* La puritaine Amérique se refusait à *institutionnaliser le recours* aux « sales coups » *(M. 1.2.69).* Il conviendra de renforcer et d'*institutionnaliser ces techniques* encore trop empiriques *(M. 16.12.64).* C'était généralement l'usage. On peut l'« *institutionnaliser* » en se contentant d'un gentleman's agreement *(M. 19.1.66).*
- **Participe passé et adjectif.**
  Matérialisées et *institutionnalisées* dans les dictionnaires, les *définitions* sont un outil (...) *(Mounin, CL, 68).* (Unir) les volontés et les obliger à poursuivre un but commun : il n'est pas sûr que l'établissement de *dialogues institutionnalisés* et le progrès du droit n'y puissent un jour parvenir *(M. 8.5.66).* Le « *planning familial* » sera-t-il non seulement admis légalement, mais *institutionnalisé* ? *(O. 17.1.68).* Nous sommes entrés dans l'ère de ce que Camus appelle la « *violence* confortable », c'est-à-dire *institutionnalisée (Freund, 65).*
- **Verbe réfléchi.**
  Acquérir une existence, un statut reconnu, souvent légal.
  Un nouveau *classement* social *s'est institutionnalisé (GL 28.6.69).* L'entreprise constitue une force motrice du devenir politique et social du pays. Certes, elle *s'est institutionnalisée.* Mais le milieu ne lui permet pas de s'installer dans le rite *(Hetman, 69).* Il arrive que la *liberté s'institutionnalise* et que, fruit de l'urgence, elle devienne permanente *(Errera, 68).*

L'hypocrisie de l'« aide au tiers monde », cette *parodie* télévisée qui tend à *s'institutionnaliser* dans les pays riches *(M. 11.4.69)*. En se fonctionnalisant en *s'institutionnalisant*, le pouvoir prend la forme d'un appareil au sein duquel règne la spécialisation *(Freund, 65)*. La *publicité*, *s'institutionnalisant*, ne remplacerait-elle pas les anciennes médiations, y compris l'art ? *(Lefebvre, 68)*.

INSTITUTIONNELLEMENT adv. Dans le cadre des institutions.

Le véritable combat ne consiste nullement à pourfendre une nécessité politique, mais à l'aménager *institutionnellement (Freund, 65)*. (...) afin que désormais la région soit reconnue *institutionnellement (M. 6.1.68)*.

INTÉGRAL adj. et sm. ~ 1965. Se dit d'un casque (de motocycliste, de pilote de course) qui protège entièrement la tête et le visage.

● Adj.

Leur combinaison, leur casque « *intégral* » posé sur la table à côté d'eux rappellent les briefings de pilotes de chasse à la veille d un raid. Ce sont des coureurs automobiles *(E. 20.8.73)*.

● Subst. masc.

Je dois éponger de temps en temps (au cours d'un long voyage à motocyclette) les bestioles écraboullées sur l'écran de mon « *intégral* » *(O. 12.8.74)*.

INTÉGRALE sf. ~ 1962. Édition complète des œuvres d'un écrivain. Ensemble de l'œuvre enregistrée d'un compositeur.

Je viens d'écouter le tome 2 de l'*intégrale* du piano de Haydn, en un coffret de 5 disques *(VR 13.8.78)*. Les 18 concertos de J.C Bach pour clavier : 5 disques en coffret et première apparition — sauf erreur — de cette *intégrale (VR 14.1.79)*.

INTÉGRATION sf. Pol. Repris et rép. mil. XXe. (peut-être sous l'infl. de l'angl. *integration* : cf. Rem.). Fusion ou étroite association de deux ou plusieurs communautés ethniques (États, nations, peuples, etc.).

Rem. L'*intégration*, d'actualité douloureuse, est un pur anglicisme qui relègue dans l'ombre le français classique « incorporation » *(VL 4.56)*. Il y a une mode des mots. Les mots de la politique n'échappent pas à cette règle. Il y a eu l'*intégration*. Il y a peu de temps, le pays s'est divisé sur ce mot jusqu'au jour ou la multitude d'interprétations plongea tout le monde dans la plus étonnante des confusions *(M. 26.12.59)*.

1. **À propos de l'Algérie (fréquent 1955-1960, avec forte connotation, positive ou négative selon les cas).**

Pourquoi je n'ai jamais prononcé ce mot d'*intégration* ? Tout d'abord parce qu'on a voulu me l'imposer. Mais qu'est-ce que j'ai fait depuis que je suis au pouvoir et même avant ? En 1943 c'est moi qui ai donné le droit de vote aux musulmans. N'est-ce pas de l'*intégration* ? *(général de Gaulle, au directeur de « L'Écho d'Oran », 29.4.59 ; in M. 2.5.59)*. S. sait en février 1955 à quoi s'en tenir sur la politique du gouvernement (français) : tendre à faire d'un Algérien — on dit « d'un Arabe » — un Français. C'est ce qu'il a appelé l'*intégration*. (...). L'espérance, dit (le) gouverneur général de l'Algérie, dans un discours au début de 1955, c'est que l'*intégration*, toujours plus poussée, de l'Algérie et de la Métropole se traduise par une large accession des Algériens autochtones aux emplois publics et privés *(Courrière, 69)*.
L'*intégration* en 1957-1959 : tous les habitants de l'Algérie étaient, au moins en théorie, alignés sur le statut de Français « à part entière » *(M. 30.5.75)*.

2. **À propos de la Communauté européenne, de son unification douanière, économique, etc. (fréquent entre 1950 et 1965 surtout).**

Il ne faut pas précipiter les étapes, dans le domaine délicat de l'*intégration* politique dont nous restons partisans, mais qu'il faut aborder avec beaucoup de prudence. L'*intégration* européenne est une chose, le Marché commun en est une autre *(M. 10.7.65)*. Le mot supranational fut repris après la guerre par les mouvements fédéralistes cherchant les voies de l'*intégration* politique de l'Europe *(M. 24.10.65)*. L'offensive des nostalgiques de l'*intégration* et de la supranationalité, depuis le départ du général de Gaulle *(M. 6.11.69)*.
Il faut placer cette politique dans le contexte de la dynamique de l'*intégration* européenne *(E. 9.12.74)*.

INTÉGRATIONNISTE adj. et subst. ~ 1960.

1. **Pol. Se dit de qqn qui est partisan de l'*intégration** d'une communauté à une autre, de qqch qui relève de l'*intégration**, tend à la réaliser, etc.

● Adj.

La Ve République conteste depuis huit ans l'orientation « *intégrationniste* » de l'Europe des Six *(E. 25.10.65)*. Le Parti *intégrationniste* qui veut incorporer Gibraltar au Royaume-Uni pour toute éternité *(E. 16.6.69)*.

● Subst.

Une tentative d'alliance entre « *intégrationnistes* » de droite et dirigistes de gauche *(Fabre-Luce, 58)*.

2. **Spéc. À propos de l'*intégration** des communautés noires aux États-Unis (égalité polit. et sociale).**

● Adj.

Assassinat du pasteur Martin Luther King, prix Nobel de la paix, *leader intégrationniste* *(M. 2.1.69)*. Un Noir hostile aux *manifestations intégrationnistes* très grièvement blessé *(M. 27.8.65)*. Protéger plus efficacement les *militants intégrationnistes*, et interdire la discrimination raciale *(M. 14.1.66)*. Le Comité des étudiants non violents est le plus dynamique et sans doute le plus représentatif des *mouvements intégrationnistes* *(M. 13.4.66)*.

INTÉGRISTE

● Sm.
> Cinq *intégrationnistes* arrêtés en deux jours à Chicago *(M. 15.6.65)*. Deux Blancs, *intégrationnistes*, victimes de leurs sentiments : tués *(M. 6.6.68)*.

INTÉGRER v. tr. intr. et réfl.

1. Verbe trans. Faire entrer dans un ensemble en tant que partie intégrante (sujet nom de collectivité).
> L'armée glissait vers la prise du pouvoir par la force. Elle *intégrait* la torture dans l'arsenal de ses moyens pour vaincre *(E. 27.3.72)*. Cette station (de sports d'hiver) a réussi à tout « *intégrer* » : deltaplane et ski artistique, nights-clubs, sauna, banques et chapelle. Elle n'a pas été capable d'*intégrer* le ski de fond *(M. 3.4.76)*.

● Spéc. Écon.
> On évolue peu à peu vers une notion de « centre commercial » *intégrant* dans un même lieu un grand nombre de services (...). La société d'engineering S. *intègre* toutes les fonctions. Cela commence avec l'étude du programme que lui soumet un maître d'ouvrage, jusqu'à la livraison des installations. Seule la fonction architecturale n'est pas *intégrée*, mais confiée à des hommes de l'Art extérieurs à S. *(D. En. 2.71)*.

2. Verbe intr. et tr. (Argot d'étudiants). Être admis dans une « grande École » après avoir réussi le concours d'entrée.
> « Taupins » des classes préparatoires aux grandes écoles scientifiques, « Khâgneux » aspirant à entrer à l'École normale supérieure vont « plancher » pour tenter de réaliser leur suprême ambition du moment : « *intégrer* » (...) Environ 80 jeunes de moins de 24 ans réussissent à *intégrer* l'école de B. pour un stage théorique de trois mois *(M. 9.10.77)*.

3. Verbe réfl. S'adapter à, s'harmoniser avec (sujet nom de chose).
> La cabine doit s'*intégrer* dans l'environnement urbain sans choquer ni enlaidir la rue *(M. 10.10.74)*.

INTÉGRISME sm. ~ 1925. Rép. ~ 1965.

1. Dans le domaine religieux.
● **Tendance conservatrice intransigeante de certains milieux catholiques.**
> Le Saint-Père sait que l'*intégrisme* c'est la lettre devenue virulente, la lettre qui tue *(M. 21.11.59)*. Les affinités se dessinent nombreuses entre le nationalisme « intégral » et l'*intégrisme* catholique *(Rémond, 68)*.
> Doit-on méconnaître le malaise des catholiques traditionalistes, faire bon marché de leur incapacité à s'adapter et à comprendre les changements survenus ? (...) Si les tenants de l'« *intégrisme* » en sont restés à une théologie de la Contre-Réforme, s'ils se sont drapés dans leur fidélité au passé, c'est plus par la faute des hommes d'Église que par la leur *(M. 9.3.77)*. L'*intégrisme* continue à recruter des disciples, notamment dans la petite bourgeoisie *(E. 25.11.78)*.

● Par ext. À propos d'autres religions.
> Réveil de l'*intégrisme* musulman ? (...) Ce qui frappe les Européens (dans les événements d'Iran), c'est l'appel à la tradition religieuse là où, selon leurs conceptions, elle n'a rien à faire. C'est ce qui suggère à beaucoup l'étiquette d'*intégrisme* empruntée à l'histoire récente du catholicisme *(M. 6.12.78)*.

2. Dans d'autres domaines. Péj. Conservatisme intransigeant.
> Au colloque sur les nouveaux pouvoirs et les nouveaux devoirs de la science (médicale) (...) la présence de certains « manipulateurs de la vie » comme de scientifiques engagés dans une lutte éthique, soit en faveur du laxisme, soit pour l'*intégrisme*, a donné un relief particulier à deux sujets où les progrès des techniques ont modifié les conceptions : l'aube et le déclin de la vie *(M. 25.9.74)*. La majorité n'accepte pas cette réponse politique à la question de principe qu'elle a posée. Et elle exige, dans une sorte d'*intégrisme* tantôt sincère, tantôt roublard, que la question soit examinée au fond *(P. 17.5.76)*.

INTÉGRISTE adj. et subst.

1. Religion. ■ **Qui est partisan de l'*intégrisme**.**
● Adj.
> À peine sortie, cette « Introduction à la foi catholique » a provoqué de violents remous. « Il faut tout faire pour écarter ceux que nous pourrons de ce nouveau catéchisme », conseillait avec colère un journal *intégriste* *(N 10.70)*.
> La multiplication des « prieurés » *intégristes* (quinze en Europe, six en Amérique) *(E. 25.11.78)*.
> Le christianisme a dû toujours coexister avec l'État, avec des structures juridiques, sociales, culturelles, qui, nul n'en doutait, venaient d'ailleurs. En regard, l'Islam n'a jamais cessé d'être, en un sens, « *intégriste* » *(M. 6.12.78)*.

● Subst.
> Le rituel de la messe (...) a été remplacé par celui qui porte le nom de Paul VI. Les *intégristes* ont vainement réagi et cette nouvelle liturgie devait devenir leur cheval de bataille *(M. 8.8.78)*.

2. Par ext. Pol. ■ **Qui préconise l'intransigeance.**
● Adj.
> L'élection du président du mouvement *intégriste* « Présence et Action du Gaullisme » à l'une des vice-présidences de l'Assemblée nationale est interprétée par beaucoup de députés comme un nouveau gage donné à la fraction la plus dure — parce qu'elle se veut la plus pure — de l'U.D.R. *(En. 10.4.71)*.

● Subst.
> Jean F., un *intégriste* de l'U.D.R. (parti gaulliste) a été mis en ballottage *(O. 13.3.73)*. Le clan des « *intégristes* » U.D.R. a décidé de ne pas voter les amendements, jugés trop libéraux *(Can. 3.4.74)*.

3. Dans d'autres domaines. ■ **Partisan intransigeant (de qqch). Adversaire résolu de toute évolution.**

● Subst.

Intégriste de l'écologie, il fait des kilomètres, à pied ou à vélo, bien sûr, pour se procurer des produits « biologiques » et refuse les aliments « tout préparés ». Il économise l'énergie en empruntant l'escalier, jamais l'ascenseur ; il ne boit pas et ne fume pas *(M. 22.1.78).* Nombreux sont encore les Français qui parlent en « anciens francs », font valser les millions au lieu des dizaines de milliers de francs. Or cela fait ... 18 ans que sont nés les nouveaux francs (...) Les *intégristes* de la monnaie frisent maintenant le ridicule *(M. 13.6.78).*

INTELLIGENTSIA [ɛ̃teliʒɛntsja] ou [ɛ̃teligɛn(t)sja] sf. Répandu mil. XXᵉ. Par ext. Classe intellectuelle d'un pays, d'une société, d'une époque quelconques.

Le snobisme gauchisant de l'*intelligentsia* progressiste *(Bodard 71).* L'Église en Amérique latine, ou du moins son *intelligentsia* de choc, ne veut plus dire : « je ne fais pas de politique » *(Pa. 10.74).* Soljenitsyne, aujourd'hui, ne cesse, par son œuvre, de toucher des masses de plus en plus importantes au moment où il n'apparaît plus tout à fait à la mode pour les *intelligentsias (P. 29.12.75).* Toute une *intelligentsia* technique qui, dans l'industrie, les bureaux d'études, l'agriculture, mais aussi dans les services, les professions dites libérales, recouvre des cas très variés *(M. 10.1.76).* Les dirigeants de ce pays, patronat et syndicats, *intelligentsia,* Églises (...) *(M. 3.5.78).*

INTENDANCE sf. Fig. ~ 1959.
1. **Pol. Ensemble des problèmes économiques et financiers ; moyens qu'un État, une collectivité mettent en œuvre pour les résoudre.**

Rem. **Intendance apparaît souvent dans un syntagme verbal construit avec le verbe suivre. Il peut y avoir là une allusion à une formule prêtée au Général de Gaulle : « *l'intendance suivra* », c'est-à-dire : les questions économiques doivent être subordonnées aux décisions politiques.**

♦ Il est des hommes politiques qui affectent d'ignorer l'économie et la relèguent au second plan en disant que « l'*intendance* suivra » *(GL 11.4.61).* La République gaulliste, dont le chef ne passe pas pour soucieux des affaires de l'*intendance,* n'a enregistré qu'un seul succès incontestable : la stabilisation du franc *(F. 8.8.61).* Le Président de la République laisse au gouvernement et au Parlement « l'*intendance* », c'est-à-dire la politique économique, financière et sociale *(F. 19.8.61).* L'idée que l'*intendance* — c'est-à-dire la vie des Français — a un rôle subalterne *(M. 19.4.64).* La créativité n'est pas tout : l'*intendance* doit suivre *(En. 16.5.70).* Le gouvernement et l'opposition paraissent envisager avec déplaisir l'idée d'étudier d'ennuyeuses questions d'*intendance (M. 25.9.70).*
Voilà donc installée, sur le flanc de l'Asie, une nouvelle puissance (l'Iran). Elle se situe à un endroit vital du monde. C'est là un événement historique. À condition, bien sûr, que l'*intendance* suive *(E. 21.5.73).* De Gaulle et Pompidou, nourris d'histoire, fascinés par la politique étrangère, étaient convaincus que l'économie devait être mise à son service. Le mot apocryphe prêté au général et selon lequel « l'*intendance* suivra », résumait bien son état d'esprit. Le troisième président de la Vᵉ République ne donne pas l'impression, lorsqu'il s'aventure sur le terrain diplomatique, d'avoir beaucoup dépouillé le ministre des finances. Chez lui l'*intendance* précède *(M. 25.10.74).* À l'époque où la plupart des grands projets (Concorde, l'aérotrain, la fusée Diamant) prirent leur essor, il était bien entendu que « l'*intendance* suivrait » *(M. 5.11.74).* N'ayant pas assez d'hommes pour contrôler tous les rouages de la vie nationale, les États du Golfe Persique ont confié l'*intendance* aux ressortissants des pays voisins *(M. 12.11.74).* Comment des sociétés qui paient à l'Opep 500 F leur tonne de brut pourraient-elles se mesurer avec des concurrents qui, eux, la paient 300 ou 350 F ? (...) Le gouvernement ne répond pas à cette question. Peut être pense-t-il que l'*intendance* suivra *(C. 1.9.78).*

2. **Par ext. Organisation matérielle, ensemble d'infrastructures.**

La réunion à Paris de la conférence Nord-Sud est un succès politique pour M. Giscard d'Estaing. Mais l'*intendance* laisse à désirer. La salle est trop petite et mal conçue pour cet usage, les photographes se sont pris les pieds dans les câbles et la traduction simultanée n'a pas fonctionné au début *(M. 18.12.75).* À la Défense, l'*intendance* précède les troupes : les routes, les parkings, les transports collectifs et le cadre général sont autant d'atouts *(M. 22.1.78).*

INTER (-) Premier élément d'adj. et de subst. comp., qui exprime une idée de relation réciproque ou d'espacement, d'intervalle.

Rem. 1. **Quelques composés sont traités plus loin à leur place alphabétique. D'autres sont répartis dans les rubriques ci-après.**
L'emploi du trait d'union est hésitant.

1. **Dans des adjectifs.**
O Plusieurs banques de la place ont décidé de pratiquer directement entre elles, un taux *interbancaire* d'escompte *(F. 26.11.66).* Les collectivités locales ont à traiter d'un schéma de structure *intercommunal (En. 13.4.68).* A l'ordre du jour figurait l'examen de mesures financières pour favoriser les échanges *inter-communautaires (F. 24.11.66).* L'organisation *interconfessionnelle* qui groupe les secours des Églises protestantes ou catholique *(M. 5.1.69).* Les mesures de réorganisation qui concernent certains services *interdépartementaux (M. 11.1.68).* Le séminaire de L. va devenir *interdiocésain (M. 19.4.66).* Une limitation toujours plus accentuée des souverainetés, afin de surmonter les *antagonismes interétatiques (Freund, 65).* Le traité prévoyait des *relations interétatiques* ou internationales d'un type nouveau *(F. 7.12.66).* L'Union *interfédérale* des syndicats de la préfecture de police et de la sûreté est constituée *(M. 18.3.66).* Le comité *intergouvernemental* pour les migrations européennes *(M. 7.5.66).* Il existe d'autres relations *inter-humaines* que politiques : d'ordre familial, commercial, etc. *(Freund, 65).*
Les problèmes de « *communication interpersonnelle* », comme disent les psychologues, sont d'actualité *(Fa. 30.10.68).* Certains professeurs pensent aux modifications qui devraient intervenir dans les *relations interpersonnelles* entre étudiants et professeurs *(Fa. 19.2.69).* La loi permettant la création de sociétés professionnelles (entre plusieurs avocats) et *interprofessionnelles* (avec des avoués, des experts-comptables, etc.) *(Errera, 68).* La Cour suprême des États-Unis a déclaré inconstitutionnelle une loi promulguée par l'État de

Floride et interdisant la *cohabitation interraciale* et les *mariages inter-raciaux (M. 9.12.64).* Les régions devraient pouvoir constituer entre elles des commissions *inter-régionales (M. 10.10.68).* Deux rencontres *inter-religieuses* où étaient représentées les dix plus grandes religions du monde *(M. 30.3.69).* La course à l'espace n'était possible que grâce aux ordinateurs. En va de même pour les vols *intersidéraux (O. 17.1.68).* Les unités de production complexes et *interterritoriales (M. 31.12.68).* Tournois de danse *intertribaux (M. 6.5.66).* L'union nationale *interuniversitaire* veut s'opposer aux « forces de désintégration » *(M. 30.3.69).* Où doit s'insérer l'aérotrain ? Probablement dans les dessertes intra et *interurbaines (M. 29.11.68).* La fermeture étanche de la frontière *interzonale* (en Allemagne) *(M. 23.6.64).*

∞ Air Polynésie a le monopole des relations *interinsulaires (E. 16.7.73).* Les relations *inter-régionales* de la S.N.C.F. *(M. 1.8.73).* Il ne comprenait les rapports *inter-humains* qu'en termes de possession *(P. 15.4.74).* Même ceux qui l'avaient insulté finissent par admettre son mariage *interracial (P. 17.6.74).* Des liaisons *interurbaines* à moyenne et longue distance *(M. 4.8.74).* Création d'agences de voyage *interétatiques (M. 1.10.77).*

- **Spéc. Dans des adj. ethniques.**

    Une détente propice à la coopération *interafricaine (M. 3.1.69).* Pourquoi les Allemands ne pourraient-ils pas voyager sans entraves, le commerce *inter-allemand* se développer ? *(M. 16.7.66).* La réunion annuelle du *conseil inter-américain* économique et social s'est tenue à Buenos Aires *(M. 25.6.66).* Le général argentin L. réclame la création d'une *force interaméricaine* permanente *(M. 31.8.66).* Trouver une solution aux différends *interarabes (M. 24.7.66).* Une amélioration des relations *interbalkaniques (M. 29.9.65).* Une conférence paneuropéenne consacrée à la sécurité européenne, et accessoirement aux *rapports* économiques *inter-européens (M. 19.2.67).* Type (de transcontainer) qui convient le mieux aux *transports* intérieurs et *intereuropéens (VR 11.5.69).* La compagnie (aérienne) *interscandinave* S.A.S. *(M. 26.4.66).*
    Berlin-Est a tout mis en œuvre au cours des négociations *inter-berlinoises* pour (...) *(C. 14.12.71).*

2. **Dans des substantifs. (Le composé se trouve en apposition après un autre substantif).**

O Centre *interarmées* d'essais d'engins spéciaux *(E. 29.5.57).* Opérations *interbanques (M. 10.10.69).* La supériorité du chemin de fer pour assurer le trafic *inter-cités (RGCF 9.68).* Des colloques *interdisciplines* sur des thèmes tels qu'alimentation, santé publique, population, coopération internationale *(F. 12.12.66).* Le restaurant d'entreprise ou *interentreprises (M. 21.1.65).* Le commandant (d'un bateau) organise de savoureux concours *interéquipages (E. 24.2.69).* La normalisation des rapports *inter-États (M. 1.3.69).* Échanges *inter-facultés (M. 25.5.69).* Autobus de liaison *intergares* (à Paris) *(VR 10.3.57).* Motion parlementaire *inter-partis (M. 31.1.69).* Parcs urbains *inter-quartiers (M. 16.2.71).* Un tunnel faciliterait la circulation *interrives* (à Genève) *(TL 29.7.65).* Les liaisons *interstations* (de sports d'hiver) que permettent nouvelles remontées et nouvelles pistes *(E. 17.11.69).* Les grands du textile traditionnel se sont volontairement engagés dans une politique de regroupement « tous azimuts » en développant la formule de l'« *intertextilisation* ». Il n'existe plus aujourd'hui de groupes purement cotonniers ou lainiers, mais plus souvent des groupes *intertextiles.* La mode est en effet à l'intégration, seul moyen de surmonter les aléas de la conjoncture *(En. 10.4.71).* L'aérotrain assurera les liaisons ultra-rapides *intervilles (C. 13.5.65).* Sur la Côte d'Azur on annonce le Naviplane *intervilles (E. 8.7.68).*

∞ Désacraliser le rituel des relations *intersexes (Daninos, 70).* Un championnat de tennis *intervilles (E. 11.6.73).* Des cycles *interentreprises* de formation à l'organisation et à la gestion *(R.G.C.F. 6.74).* Des accords *interentreprises* discutés avec les fédérations professionnelles *(M. 23.6.74).* Une série d'accords et de liaisons *inter-stations* (de sports d'hiver) multiplient les possibilités *(P. 16.12.74).* Un réseau *interbibliothèques* avec des catalogues communs *(M. 4.5.78).*

Inter- exprime une idée d'intervalle dans le temps ou dans l'espace.

- **— Dans le temps.**

    Les professeurs auront seulement à surveiller leurs propres élèves pendant les « *interclasses* » *(M. 9.1.70).* Pendant l'*inter-saison,* il serait dommage de chauffer une maison entière *(JF 8.10.66).* La première *intersession* (du Concile Vatican II) fut d'abord marquée par le changement de pape *(M. 9.12.65).* Programme de travail pendant l'*intersession* (parlementaire) *(M. 14.1.66).*
    C'est le dernier cours de physique pour les élèves de terminale au lycée d'E. (...) À l'*interclasse* les garçons commentent bruyamment les dernières péripéties du Mundial *(M. 15.6.78).*

- **— Dans l'espace.**

    La moyenne des *interstations* (d'une ligne de métro) est de 840 mètres *(VR 4.5.69).*
    Des lignes de métro urbaines à très courtes *interstations,* et des prolongements en banlieue, où la distance entre stations est plus élevée *(R.G.C.F. 5.74).*

INTERAGIR v. intr. Se dit de deux ou plusieurs causes qui ont une action réciproque.

Les neutrons *interagissent* avec le champ magnétique par l'intermédiaire de leur moment magnétique *(M. 14.4.66).* Ordre social et libido *interagissent* en s'opposant *(M. 11.9.68).* La dyslexie est la manifestation apparente d'un ensemble de causes très complexes qui « *interagissent* » les unes sur les autres *(Fa. 9.12.70).*

INTERCONNECTER v. tr. 1962. Techn. ■ Relier entre eux des centres de production ou des réseaux de distribution d'électricité, afin de rendre possibles des échanges d'énergie entre centres ou réseaux.

Compte tenu des faibles réserves actuelles en eau des barrages hydro-électriques, l'E.D.F., afin de se garder des réserves pour la suite de l'hiver, recourait régulièrement ces jours derniers à l'importation grâce aux réseaux *interconnectés* avec la Belgique, l'Allemagne et l'Espagne *(M. 21.12.78).*

INTERCONNEXION sf.
1. Action d'*interconnecter*° des centres de production ou des réseaux de distribution d'électricité. Résultat de cette action.
   L'*interconnexion* réalise un véritable maillage des réseaux électriques à haute et très haute tension qui permet, si nécessaire, à chaque point du territoire de recevoir son alimentation par l'intermédiaire de plusieurs lignes de transport *(M. 21.12.78)*.
2. Par ext. ~ 1970. Dans d'autres domaines technologiques.
   L'exemple japonais a inspiré les promoteurs du projet d'*interconnexion* dans Paris des réseaux de la S.N.C.F. et de la R.A.T.P. *(M. 11.5.72)*. Dans chaque tribunal, un ordinateur tient la comptabilité des crimes et délits, de leurs auteurs et de la jurisprudence. L'*interconnexion* des différents fichiers a été poussée si loin que ce réseau d'ordinateurs couvrira bientôt toute l'Europe *(O. 6.1.75)*. 3 millions de banlieusards seront concernés par l'*interconnexion* des réseaux S.N.C.F. et R.A.T.P. *(M. 9.12.77)*.

INTERDISCIPLINAIRE adj. Avant 1959. ■ Relatif à plusieurs disciplines, plusieurs spécialités, plusieurs domaines de la science.
Les sciences, qu'elles soient dites « exactes » ou humaines, revêtent de plus en plus à notre époque un *caractère interdisciplinaire*, ce qui exige, avant toute spécialisation poussée, une culture générale *(M. 10.5.66)*. *Relations interdisciplinaires* entre psychologues et économistes *(M. 18.9.66)*. Éventuelles confrontations entre disciplines différentes, ce que l'on nomme dans le jargon usuel le *travail « interdisciplinaire » (Meynaud, 59)*.
→ PLURIDISCIPLINAIRE.

INTERDISCIPLINARITÉ sf. Rép. ~1968.
En dialecte nanterrois, l'*interdisciplinarité* est l'étude d'un thème par des représentants de plusieurs disciplines *(M. 28.2.69)*. Jeter des ponts entre les diverses disciplines universitaires, c'est ce qu'on appelle l'*interdisciplinarité (F. 8.9.70)*. Inclure l'enseignement de la musique dans les sciences humaines aurait l'avantage d'ouvrir le futur professeur à une *interdisciplinarité* plus que jamais nécessaire *(O. 3.9.73)*.
→ PLURIDISCIPLINARITÉ.

INTERDIT, E + de + subst. Loc. adj. (Sur le modèle [être] *interdit de séjour* : [être] privé, par décision judiciaire, du droit de séjourner dans certaines villes, certaines régions). ■ (Être) privé du droit d'accéder à (ou : d'acheter, d'utiliser) ce que désigne le subst. compl.
Rem. Alors que la loc. *interdit de séjour* détermine toujours un nom de personne, le subst. déterminé par *interdit de ...* peut désigner ici une personne, une collectivité ou une chose.
Le journaliste dont le contrat n'a pas été renouvelé à FR 3 s'est plaint d'avoir été « *interdit d'antenne* » en raison de son appartenance au parti communiste *(M. 9.2.71)*. Le monde arabe a changé d'arme. Aujourd'hui, c'est du pétrole qu'il se sert. Outre les États-Unis, les Pays-Bas sont désormais *interdits de pétrole* (...) Déjà les voitures sont, au Japon, *interdites d'autoroutes (E. 5.11.73)*. Les dirigeants du rugby, irrités par une campagne qu'ils jugeaient excessive se sont vengés (...) Les reporters de « l'Équipe » ont été « *interdits de vestiaires* » *(E. 25.3.74)*. Pour ne pas perdre les gros clients étrangers *interdits de résidence secondaire* en Suisse, les banques genevoises les poussent à acheter en Haute-Savoie *(O. 12.11.74)*. Un seuil de bruit a été fixé pour les cyclomoteurs, et des modèles d'origine étrangère ont été *interdits de vente* en France parce qu'ils le dépassaient *(VR 1.6.75)*.

INTÉRESSEMENT sm. 1954. Écon. Mesure consistant à intéresser (= faire participer) le personnel aux bénéfices de l'entreprise par une rémunération ajoutée au salaire.
Une entreprise qui considère que la formation professionnelle et l'*intéressement* du personnel sont des facteurs essentiels de réussite *(M. 16.6.54)*. Les textes d'application sur « l'*intéressement* » seront examinés par le Comité spécial présidé par le ministre du Travail *(M. 27.6.59)*. Cette idée qui suscite actuellement des controverses passionnées : l'*intéressement* des travailleurs à l'enrichissement des entreprises *(E. 17.10.66)*. L'« *intéressement* » a été depuis longtemps, inscrit au programme de la Ve République : « 1959-1965 1967, 1969 ... Les textes législatifs se succèdent. Ils vont de l'*intéressement* à l'actionnariat, en passant par la participation » Le 22 septembre 1969, le président de la République annonçait qu'une première tentative d'« *intéressement* », par distribution d'actions, serait tentée au sein de la régie Renault *(VL 2.70)*.

INTÉRESSER v. tr. Rép. mil. XXe (emploi parfois critiqué). Concerner ; avoir de l'importance pour (qqn. ou qqch).
Un programme d'action en faveur des espaces verts *intéressant* les grandes agglomérations *(C. 26.2.72)*. La réalisation du réseau express régional de la R.A.T.P. à Paris *intéressera* 1,3 million de personnes *(M. 9.12.77)*.

INTERFÉRENCE sf. Fig. Repris mil. XXe, peut-être sous l'influence de l'anglais *interference*.
Rem. Un anglicisme qui se glisse jusque dans les éditoriaux de nos quotidiens, à savoir le mot *interférence*, pris au sens d'ingérence ou immixtion. Il est vrai que l'exemple vient de haut puisqu'on peut lire dans les Mémoires du général de Gaulle : « ... les *interférences* et les pressions de vos représentants » *(Le Bidois : M. 21.9.60)*.
Le président du patronat vient de prendre position contre l'*interférence* de l'État dans l'accord projeté *(M. 24.10.68)*.

INTERFÉRER v. intr. Fig.
● Sujet nom de chose : se mêler à ; avoir une influence sur.
Ces épisodes aussi multipliés qu'envahissants, qui *interfèrent* avec le récit (dans un film

(Etu. 12.58). La pédérastie (...) n'est pas une tare. On ne la considérait comme répréhensible que si elle *interférait* avec le service *(Escarpit, 64)*.
Dans la tradition du partage des fonctions sociales antérieur à la victoire du principe démocratique, à chacun son métier, sa corporation, son état : le forgeron, le curé et le ministre ont chacun leur domaine et ces domaines n'*interfèrent* pas *(M. 20.7.73)*. Les problèmes d'ordre personnels du maire paraissent largement *interférer* avec l'évolution de sa vie publique *(M. 30.7.78)*.

- Sujet nom de personne : intervenir.

   (Le président de la République) n'a pas le pouvoir d'*interférer* dans une décision de justice *(E. 29.9.69)*.

INTERFÉRON sm. 1957. (De *interférer*). Bioch., Méd. ■ Protéine d'origine cellulaire synthétisée par un organisme lorsqu'il est soumis à une agression virale.

   L'*interféron* est sécrété par les cellules lorsqu'elles sont infectées par un virus *(M. 11.1.69)*.
   L'annonce (...) par deux équipes scientifiques (...) de succès concernant la structure et la production de l'*interféron*, attire à nouveau l'attention sur cette substance étrange, sorte de régulateur universel de la multiplication cellulaire et des défenses naturelles *(M. 6.2.80)*.

INTERLOCUTEUR VALABLE loc. subst. Rép. Mil. XXe. (notamment lors de la guerre d'Algérie, 1954-1962). ■ Personne ou collectivité avec laquelle on accepte de négocier, de traiter, parce qu'on la juge suffisamment représentative.

   L'*interlocuteur valable* et exclusif pour l'Algérie demeure le F.L.N. Toutes les questions ayant trait à la représentativité du peuple algérien sont du ressort exclusif du F.L.N. *(Congrès de la Soummam 20.8.56 ; in Courrière, 69)*.
   Le comité d'action (du lycée) veut être un *interlocuteur valable (M. 27.3.69)*. Le directeur (local) ne peut être un *interlocuteur valable* : il n'a aucun pouvoir *(E. 22.3.71)*.
   L'*interlocuteur valable* pour l'État est aujourd'hui la grande entreprise *(M. 10.1.75)*. Samedi, le Pape rendait public son appel aux Brigades rouges (...) Mardi le secrétaire général de l'Onu s'adressait encore aux Brigades rouges ... Les voici tenues pour des *interlocuteurs valables* à la fois par le chef de la chrétienté et par le coordonnateur de la communauté des nations du monde *(E. 1.5.78)*.

INTERPHONE sm. ~ 1950. (Nom déposé). ■ Réseau téléphonique intérieur, installé dans des bureaux, un avion, etc.

   Il restait au bureau jusque vers huit heures, puis abaissait la manette de l'*interphone* qui le reliait à son collaborateur dans le bureau voisin *(F. 3.1.67)*.
   Il déclencha l'*interphone* et donna l'ordre à sa secrétaire d'introduire « ces Messieurs du comité de direction » *(Saint Pierre, 70)*.

INTERPOSÉ, E (PAR ...) loc. adv. D'après la locution longtemps figée *par personne interposée*, dans laquelle le mot *personne* est maintenant remplacé par un substantif quelconque (parfois un pronom), désignant la personne ou même la chose qui sert d'intermédiaire ou de moyen.
Rem. Cette locution est devenue un cliché qui remplace très souvent : par l'intermédiaire de, au moyen de, etc.

1. L'intermédiaire est une personne ou une collectivité.

O Les hommes vont s'embarquer, par *astronautes interposés*, pour la lune *(M. 17.7.69)*. Les grandes puissances s'affrontent par *clientèle interposée (M. 29.5.69)*. Les impérialistes du soutien-gorge se sentent menacés par la subversion qui serait en train de s'infiltrer en Europe occidentale, par *commandos* de hippies *interposés (E. 15.9.69)*. Le divorce légal ajoute souvent son lot d'avanies à une situation déjà angoissante. La bataille se perpétue entre les ex-conjoints, par *enfants interposés (E. 1.12.69)*. Les Chinois, contraints, par la nature des choses, de procéder par *espions interposés*, le type chinois interdisant de se faire passer pour natif de Brive-la-Gaillarde ou de Boston sans éveiller quelques soupçons *(E. 6.5.68)*. Les religieuses n'étaient guère admises à gérer leurs affaires que par *évêques interposés (M. 8.6.68)*. Certaines grandes affaires dans lesquelles la famille a placé par *gendres* et cousins *interposés* son fameux esprit maison *(Can. 2.10.68)*. Pendant trois jours, dix Allemands, dix Français, nous discutions par *interprètes interposés*, qui nous pistaient, phrase à phrase *(O. 20.12.67)*. Dénoncer l'Amérique par *Italie interposée (M. 17.7.69)*. Jeux subtils et complexes qui n'opposent pas seulement les grandes puissances par *nations indépendantes interposées (E. 19.1.70)*. Il y a quelque chose de pathétique dans cette volonté (de l'auteur) de se tailler (dans son roman) un destin sur mesure *par personnage interposé* car la réalité, pour lui, Camus, en 1936, n'a rien de triomphant *(E. 12.4.71)*. Le Parquet, prenant instruction auprès du garde des Sceaux par *procureurs et substituts interposés* (...) *(E. 29.9.69)*.

OO Un duel à mort, *par femme interposée*, entre Pierre et Marc : une Guerre des âmes *(E. 20.11.72)*. Le gouvernement fait dire, *par officiers généraux interposés*, qu'il n'est pas satisfait des déclarations de l'Église *(M. 21.7.73)*. On voit l'État provoquer ou couvrir, *par police parallèle interposée*, des délits et crimes de droit commun *(E. 6.8.73)*. Le gouvernement espérait bien, *par préfet interposé*, casser l'unité du mouvement *(O. 3.9.73)*. Les États-Unis sont certains d'être présents, *par Néerlandais interposés* au sommet de Copenhague *(E. 10.12.73)*. Naguère pendant les campagnes électorales, on s'injuriait par *politiciens interposés (C. 15.5.74)*. Les constructeurs européens partent à la conquête du marché américain, *par licenciés interposés (VR 22.9.74)*. Par voisin interposé, l'empereur a déclaré la guerre à son vassal *(M. 25.10.74)*. La guerre *par pays interposé*, c'est hélas possible *(P. 27.1.75)*. Par élus interposé l'ensemble des citoyens peut influencer le cours des événements *(M. 23.2.75)*. On semble enfin, *par ministère interposé*, se préoccuper de la qualité de la vie *(C. 5.3.75)*. Une prostituée prend fait et cause, *par amant interposé*, pour les vieux propriétaires terriens qui refusent le progrès *(C. 29.3.75)*. L'industrie américaine est présentée sur le marché européen, *par filiales interposées (VR 7.12.75)*. Ce sera

INTERPOSÉ, E (PAR ...)

le choc, par footballeurs interposés, de deux villes qui n'ont jamais caché leur rivalité (P. 23.2.76). Les membres du clan V. ont, par indicateurs interposés, intoxiqué tout le monde, flics compris (O. 12.4.76). N'osant s'affronter directement, les géants atomiques l'ont fait par tiers monde interposé (E. 13.2.78). Les grandes puissances continuent, par Africains interposés, à se livrer bataille pour l'hégémonie suprême (O. 19.6.78).

2. L'intermédiaire est une chose, abstraite ou concrète.

○ Six mille des quinze mille spectateurs d'un stade mal agencé suivent avec la même passion un match de rugby par *épaules interposées* (M. 19.7.69). Vous pourrez lire dans la presse les comptes rendus des derniers duels oratoires par *enregistrements* ou interviews *interposés* (O.R.T.F. 19.9.70). Dès qu'un individu cesse d'être un spectateur normal pour devenir cet être qui assiste chaque jour à plusieurs projections, rêve sa vie par *film interposé*, faut-il le considérer comme un malade ? (E. 25.12.67). On savait que les murs avaient des oreilles, ils peuvent aussi donner de la voix. Par *graffiti interposés* (PM 28.9.68). Petits scandales, gros commérages, règlements de comptes par *journaux interposés* (E. 25.11.68). L'avion avait abordé une zone orageuse extrêmement dense (...) Attaché à son fauteuil, L. M. pouvait s'apprêter à braver les éléments par *jet interposé* (Daninos, 70). Il faut faire l'amour avec la lune par *lueur interposée* (Rochefort, 63). Chez A. C., on utilise volontiers le procédé par *magnétophone interposé* (FP 10.70). Le vrai miracle de l'hippodrome (...) : cette possibilité qu'a chaque joueur d'être, le temps d'une course, possesseur par ticket interposé d'un (cheval) favori (Bouvard, 66). Un parfum est vendu 70 francs l'once. Là-dessus le fisc (prélève) 18 francs par T.V.A. (taxe à la valeur ajoutée) et impôts interposés (E. 2.9.68).

∞ S'envoyer en l'air par *marijuana et communautés interposées* (E. 16.10.72). Les responsables du Parti ont décidé de traiter avec le Président par *lettres interposées* (E. 3.9.73). Luis Buñuel prend place devant l'écran de contrôle sur lequel il façonnera son nouveau film, dirigeant quasiment ses acteurs par *images interposées* (E. 11.2.74). 10.000 personnes à l'extérieur de la salle participaient à la fête par *hauts-parleurs interposés* (C. 18.5.74). Il a reconnu, par *bafouillage interposé*, que cette orientation n'est pas du goût de l'opinion (H. 2.7.74). Le médecin salarié est très à l'aise à l'égard du malade qui comparaît devant lui personnellement ou par *dossier interposé* (Beunat, 74). Le cynisme des grandes puissances attise, par *livraisons d'armes interposées*, l'hostilité israélo-arabe (24 H L. 14.11.75). Il fallait renoncer au breuvage, ou prendre le risque de donner, par *tasse interposée*, un baiser à l'inconnue qui y avait laissé la trace de ses lèvres (M. 3.7.76). Une politique de relance mondiale par *dollar interposé* (Exp. 11.77). De cette idéologie sort le raisonnement terroriste qui, par *fanatisme interposé*, a ôté la vie à Aldo Moro (C. 20.5.78).

INTERVENIR v. intr. Emploi critiqué (cf. Rem., ci-après). ■ Avoir lieu.

Rem. *Intervenir* est un verbe que l'on met à toutes les sauces. On n'imagine pas le nombre de faits ou de choses qui se permettent aujourd'hui d'*intervenir* dans nos affaires publiques ou privées (...). Cette impropriété pullule littéralement dans les colonnes de nos journaux (...) De la presse écrite, cet emploi incorrect et faussement savant n'a pas manqué d'envahir les ondes de notre télévision (Le Bidois, 70).

♦ L'*augmentation* de la puissance d'écoute (d'un émetteur) *interviendrait* dans les prochaines semaines (M. 5.10.66). Les *démolitions intervenues* au rond-point des Champs-Élysées (M. 23.3.69). Des *nominations interviendront* à la S.N.C.F. du 1er avril au 1er juin (M. 25.3.69). Ce recul des ventes *interviendrait* (avant la fin de l'année) (C. 1.10.69). La *rupture intervenue* entre le président de la République et le ministre des Finances (M. 15.1.60).

INTOX ou INTOXE sf. Abrév. fam. de *intoxication**.

Le maniement de l'*intox* est devenu une telle habitude en Algérie (en 1958) qu'on ne l'emploie plus seulement contre le F.L.N., mais aussi entre cabinets devenus rivaux (...) S. impassible, assiste, en les téléguidant, à ces jeux subtils d'*intox* et de contre-*intox* (Courrière, 70).

Les producteurs d'eaux minérales vantent leurs eaux miraculeuses en battant tous les records d'« intox » publicitaire (O. 24.9.73). Il s'agissait vraisemblablement (avec l'Affaire Dreyfus) d'une « opération d'*intox* », comme nous dirions aujourd'hui, montée à un très haut niveau, entre deux services secrets (C. 11.1.75).

INTOXICATION sf. Fig. ~ 1960. Procédé (utilisé par ex. par les services secrets) qui vise à tromper l'adversaire en le laissant accéder à des documents, des renseignements en apparence authentiques.

● Par ext. Action insidieuse exercée sur les esprits, sur l'opinion publique en vue de tromper, de démoraliser, de dérouter, ou encore de déclencher (par la publicité, etc.) certains comportements souhaités.

Rem. *Intoxication* — le mot est à la mode. Hier on l'employait au figuré. C'était un jeu. Ce n'en est plus un. Il ne se passe plus de jour que les bruits les plus étranges ne circulent, tantôt extravagants, toujours insistants (F. 11.11.60).

♦ Le danger de guerre civile, agité comme un épouvantail, reste largement illusoire. Il s'agit surtout d'un bluff — on dit aujourd'hui : d'une « *intoxication* » (M. 13.1.62). (...) Des informations parfois vraies, parfois fausses, parfois moitié vraies, moitié fausses mais le plus souvent on s'aperçoit qu'il s'agit en réalité d'opérations de chantage, d'*intoxication* et d'intimidation (M. 24.9.66). Une campagne orchestrée d'*intoxication* (M. 12.7.67). Pour Ralph Nader les grandes entreprises imposent leurs produits en créant des besoins par une publicité d'*intoxication* (E. 10.9.73).

→ ACTION PSYCHOLOGIQUE, MATRAQUAGE, MISE EN CONDITION*.

INTOXIQUER v. tr. Fig. ■ Employer les méthodes, les procédés de l'*intoxication**.

Si tous les démocrates refusent de se laisser *intoxiquer*, cette baudruche (la menace de guerre civile) se dégonflera d'elle-même (M. 13.1.62). Les sociétés de courses, les juristes du ministère de l'Agriculture, le ministre lui-même, tout le monde s'était laissé *intoxiquer* (Lesparda, 70). Les membres du clan V. ont, par indicateurs interposés, *intoxiqué* tout le monde, flics compris (O. 12.4.76). Les animateurs du contre-espionnage sont persuadés que les services étrangers agissent en France par l'intermédiaire d'agents de subversion, chargés d'*intoxiquer* et de « désinformer » l'opinion publique *(M. 24.2.78)*.

INVENTIVITÉ sf. ■ **Capacité de concevoir des projets nouveaux.**

Sans crédits importants on ne pourra rien faire : formation de maîtres qualifiés, formation permanente, (...) tout ceci suppose autre chose qu'*inventivité* et bonne volonté *(M. 29.3.70)*.

INVESTISSEUR adj. et s. Écon. ■ **Personne ou collectivité qui place des capitaux.**

O Rendre l'argent suffisamment bon marché pour attirer les *investisseurs* (E. 21.9.64). Les sommes obtenues des *investisseurs* privés étrangers avaient permis « un développement sans précédent » *(M. 23.2.66)*. Des gros « *investisseurs* », le mouvement gagne les petits et moyens épargnants. La hausse appelle la hausse *(E. 31.1.66)*. Le pays bénéficiaire doit reconnaître qu'il est nécessaire de « compenser » le risque que prend l'*investisseur (M. 21.2.69)*.

∞ Qui risque son argent dans l'immobilier ? Des *investisseurs*, petits et moyens, dont le recrutement est assez régional et ponctuel *(E. 25.2.74)*. Devant le spectacle que donne l'univers industriel de sa désorganisation, ces *investisseurs* sont très méfiants *(E. 20.1.75)*. Est-ce qu'il y a moins d'*investisseurs*, ou les *investisseurs* recherchent-ils moins maintenant des rendements élevés qu'une qualité qui n'autorise plus les rentabilités passées ? *(M. 6.4.78)*. Le montant des aides accordées aux *investisseurs* potentiels atteindrait jusqu'à 50 % du coût de l'investissement *(C. 15.9.78)*.

INVIVABLE adj. Fam. (À propos d'un lieu). ■ **Où il est presque impossible de vivre dans des conditions satisfaisantes.**

Un ensemble de 400 logements que le rugissement des avions rendra *invivables (E. 27.11.72)*. Ce qui rend un ensemble immobilier *invivable*, ce n'est pas tant sa grandeur que son éloignement du centre ou l'absence d'écoles, de commerces, de terrains de sport *(E. 2.4.73)*. Sous le flot des nuisances, du bruit des embouteillages, les villes devenaient *invivables (P. 10.10.77)*.
→ VIVABLE.

IPÉSIEN, NE subst. 1957. ■ **Étudiant(e) qui est dans un I.P.E.S. (sigle pour : Institut préparatoire à l'enseignement secondaire).**

Maintenir à 3 années la durée normale des études en I.P.E.S. et une 4ᵉ année pour un certain pourcentage d'*ipésiens (F. 20.1.67)*. La somme consacrée au traitement des « *ipésiens* » ne serait-elle pas mieux employée à accroître le nombre et le montant de bourses, accordées aux critères sociaux, des étudiants (...) *(M. 28.12.74)*.

IRRÉCUPÉRABLE adj. et subst. (À propos de personnes). ■ **Qui ne peut être réintroduit dans un groupe et s'y réadapter.**

La société veut tout consommer sauf nous (les jeunes). *Irrécupérables*, asociaux, non comestibles *(Saint Pierre, 70)*. Nous savons par les interrogatoires préalables que la quasi-totalité d'entre eux (les parents) craint par-dessus tout le retour à la maison d'un enfant *irrécupérable (Beunat, 74)*.

IRRESPONSABLE adj. et subst. (D'après l'angl. *irresponsible*) ~1960. Péj. (Emploi parfois critiqué).
1. À propos de personnes ou de collectivités. ■ **Qui agit, parle pour son propre compte, sans mandat ; ou : sans réfléchir à ses responsabilités.**

Des *bandes irresponsables* ont pénétré à l'École normale, saccagé la bibliothèque (...) *(E. 12.4.71)*. Quelques nihilistes soutenus par des *intellectuels irresponsables (O. 26.6.68)*.

2. À propos de notions abstraites ■ **Qui dénote un manque de réflexion, de sens des responsabilités.**

S'exprimer ainsi de la part d'un théologien, est une *attitude irresponsable (C. 20.6.70)*. Il (un homme politique) attribua au « *comportement irresponsable* des groupes gauchistes » la « grande victoire électorale de de Gaulle » *(M. 14.2.69)*. Les gauchistes contribuent eux aussi à consolider le règne sans alternative des conservateurs. De la *turbulence irresponsable* naît un sentiment d'insécurité. Celui-ci engendre, à son tour, la peur du changement, de tout changement *(E. 29.3.71)*.
Les députés ont été unanimes à condamner l'attentat contre le Château de Versailles (...) ces actions *irresponsables* jettent le discrédit sur la Bretagne *(M. 29.6.78)*.

IRRÉVERSIBLE adj. et sm. Repris et rép. ~1965. ■ **Qu'on ne peut ramener ou qui ne peut revenir en arrière. Souvent pour : irréparable, irrévocable, etc.**

● Adjectif.

O Nous sommes en présence du phénomène d'urbanisation dont le *caractère irréversible* ne nous permet pas d'ignorer les conséquences *(C. 11.2.66)*. Il s'est passé (en mai 1968) des *choses irréversibles*. Des choses qu'on ne nous reprendra jamais *(O. 7.6.68)*. La concentration urbaine est *irréversible* et nécessaire dans une économie moderne *(M. 12.1.69)*. Les « conquêtes » qui paraissaient *irréversibles* dans le domaine de la libération des échanges risqueront d'être compromises, sinon annulées *(M. 9.1.68)*. *Conséquence irréversible* des progrès de la technique : les avions que l'on construit aujourd'hui sont de plus en plus compliqués *(M. 20.12.66)*. Les défenseurs de l'État (belge) unitaire se heurtent à un *courant fédéraliste* que les récents événements pourraient rendre *irréversible (M. 24.1.68)*. (Les) *créations* de la technique ont sur les créations politiques l'avantage d'être *irréversibles (Es. 2.66)*. La *décision* « *irréversible* » du gouvernement de construire le canal *(M. 14.2.69)*. L'athérosclérose, dont la *défaillance* cardiaque *irréversible* n'est, après tout, qu'un symptôme *(M. 13.5.69)*. Un *désarmement* (douanier) rendu *irréversible* par les courants commerciaux déjà créés *(O. 14.2.68)*. Le *développement* d'une communauté européenne est *irréversible (M. 28.12.65).* L'*évolution* vers le dualisme (le système des deux partis politiques) semble se développer maintenant. Cela ne signifie nullement qu'elle soit *irréversible (M. 19.3.67).* Nous avons voulu que l'agriculture entre dans le Marché commun (...) que cette *inclusion* soit *irréversible (M. 16.9.65).* Les *lésions* cérébrales étant *irréversibles,* seule la prévention est vraiment efficace *(E. 14.4.69).* La *marche* du progrès paraît, ici aussi, *irréversible (M. 9.2.71).* La *modification* des structures de la société est *irréversible (M. 2.10.66).* Certains hommes dont on n'a pas réussi à empêcher la *mort irréversible* de tout le système nerveux, des glandes endocrines, de cet ensemble qui définit la vie de la personne humaine *(M. 18.1.68).* L'université ne doit pas être un super-lycée, traînant un *irréversible* retard de dix ans à l'égard du savoir *(FL 19.1.67).* La réalisation de ce projet peut créer une *situation irréversible,* pour le meilleur avenir des transports urbains à L. *(VR 20.7.69).* La *tendance* à la décentralisation et à la multiplication des « campus » universitaires semble *irréversible (E. 18.10.65).* La *victoire* de l'architecture moderne est *irréversible* dans le monde entier *(E. 24.4.67).*

∞ Quand les ingénieurs ont fait en 1969 les plans de cette voiture, il n'était pas question de crise du pétrole (...) Depuis, un processus *irréversible* est engagé *(PM 11.5.74).* L'étanchéité des frontières est menacée et tous les spécialistes du transport aérien constatent que c'est un mouvement *irréversible (P. 17.7.78).*

● **Substantif masculin.**

Saurai-je jamais à quel moment le décompte de ces secondes (avant l'accident) a basculé dans l'*irréversible* ? *(Guimard, 67).* Ce sens très aigu des mutations, de l'*irréversible,* mais aussi de la plasticité relative des choses *(M. 3.1.68).* Si j'ose dire, pendant qu'il en est temps pour lui (de Gaulle doit) travailler dans l'*irréversible (Eur. I 22.2.69).*
L'*irréversible,* c'est quoi ? Pour tenter une explication, il faut débroussailler les faits *(P. 17.7.78).*

IRRÉVERSIBLEMENT adv.

Il faudra certes du temps pour tirer toutes les conséquences de cette nouvelle attitude (de l'Église) mais le cap est pris *irréversiblement (M. 11.12.65).* Le point de non-retour où le passé engage *irréversiblement* l'avenir *(M. 14.10.69).*

-ISANT, E, -ISATION, -ISER Ces trois suffixes, surtout les deux derniers, ont une forte productivité en français contemporain, notamment dans la langue de la presse. Ils servent à former des adj. en *-isant,* des subst. fém. en *-isation,* qui indiquent un changement d'état, et des v. tr. en *-iser* (dérivés de subst. ou de noms propres) qui ont une valeur factitive.

Un certain nombre de mots récents ainsi formés sont traités dans ce dictionnaire à leur place alphab., par ex. :

1. *-isant* : culpabilisant*, dépolitisant*, euphorisant*, globalisant*, sécurisant*, etc. ...
2. *-isation* : cybernétisation*, décimalisation*, finlandisation*, informatisation*, mondialisation*, parcellisation*, etc. ...
3. *-iser* : revitaliser*, satelliser*, syndicaliser*, techniciser*, etc. ...

Rem. 1. **Quelques adj. en *-isant,* qui appartiennent au vocab. politique, ne sont pas formés à partir d'un verbe factitif en *-iser,* mais d'un adj./subst. en *-iste* dont ils se distinguent à la fois par la forme et le sens (ex. :** *fascisant* **par opp. à** *fasciste* **; cf. Dubois, 62).**

Rem. 2. **Parmi les subst. en *-isation* et les verbes en *-iser,* on relève un grand nombre de parasynthétiques c'est-à-dire de mots comportant à la fois un préfixe et un suffixe, par ex. :** *Déculpabilisation*** **/-iser,** *Dénucléarisation*** **/-iser,** *Dépolitisation*** **/-iser.**

Rem. 3. **Certains mots en *-isation* ont été critiqués par les puristes, notamment en raison de leur longueur (cf. Georgin, 56)**

Rem. 4. **Sur ces suffixes, cf. Dubois 62, P. Gilbert in F. Mon, n° 96 et 98, 1973, etc.**

-ITE Suffixe (d'origine gr. *-itis*) qui sert à former dans le vocab. méd. des subst. fém. désignant des maladies de nature inflammatoire.

Par ext. On l'emploie pour former des subst. (dont on trouvera ci-après quelques ex.) à connotation iron. ou péj. qui désignent une manie, un tic, par ex. : *néologite,* manie de créer des néologismes ; *réformite,* tendance à parler sans cesse de réformes ; *réunionite,* abus des réunions ; etc.

Rem. Parmi les diverses maladies dont souffre la langue de nos contemporains, (...) l'*adjectivite* consiste principalement à remplacer par un adjectif un nom qui fait fonction de complément déterminatif, par exemple à dire « industrie sucrière » ou « accident ferroviaire » au lieu de « industrie du sucre », « accident de chemin de fer ». Cette manie, qui se répand de plus en plus dans la langue administrative et journalistique, entraîne de très graves conséquences d'ordre linguistique ou esthétique. (...) Le suffixe *-ite,* par lequel la science médicale désigne les infections ou inflammations d'un organe vivant — appendicite, bronchite —, m'a paru approprié pour qualifier (...) l'*adjectivite,* que (est) effectivement caractérisée par l'infection ou l'inflammation de l'adjectif *(Le Bidois : M. 25.11.59).*

♦ La « *jargonnite* » est incontestablement l'une des maladies les plus répandues de la langue contemporaine *(Le Bidois : M. 9.9.64).*
La *réformite* qui travaille les milieux politiques en ce moment *(E. 29.11.71).* L'*opinionite,* c'est la manie de prendre ses opinions personnelles pour la réalité *(Inf. 17.9.73).* « Ici, pas de *réunionite,* on agit », dit le directeur de l'usine *(P. 1.7.74).* On connaît la « *sondagite* » qui oppose les journaux télévisés : aux dernières nouvelles, TF1 aurait 33 % d'audience, contre 19 % au journal d'Antenne 2 *(M. 14.12.75).* Une des maladies de notre temps, la *diplômite* : pour être jardinier, il faut être diplômé *(P. 11.8.75).* Des crises de *majusculite* et

de *minusculite* agitent régulièrement les publicitaires *(VR 25.12.77)*. Le 26 avril s'ouvre à Paris le premier Salon du modèle réduit (...) Ceux qui n'ont pas contracté la « *modélite* » regardent avec étonnement (...) les fervents du modélisme *(M. 26.4.80)*.
→ ESPIONNITE, SARCELLITE.

-ITÉ, -ITUDE Suffixes qui servent à former des subst. par transformation d'adj. (ex. : *facile/facilité ; plein/plénitude*, etc.)
Seuls quelques subst. formés avec ces suffixes sont traités en articles séparés dans ce dictionnaire. Ils indiquent l'appartenance à une culture et/ou à une ethnie. Tels sont :
— *Francité*, Judaïcité*, Judéité*.*
— *Belgitude*, Négritude*, Québécitude*.*

IVG ou I.V.G. [iveʒe] ~ 1975. Sigle pour : *I(nterruption) V(olontaire de) G(rossesse)*, formule administrative désignant ce que le langage courant nomme avortement.

Mme M. Pelletier, mère de famille, présentera devant le Parlement la révision de la loi sur l'*IVG*, l'interruption volontaire de grossesse *(C. 2.8.79)*. Au cours des discussions qui précédèrent le débat du Parlement sur la loi de 1975 concernant les interruptions volontaires de grossesse (*I.V.G.*), le rôle des hôpitaux publics a été mis en question (...) L'*I.V.G.* doit rester l'accident unique ou très rare d'une vie. L'instauration d'une contraception efficace, (...) l'éducation du public et des médecins sur les méthodes contraceptives restent les meilleurs moyens de prévenir les *I.V.G.* répétitives, comme d'ailleurs l'*I.V.G.* elle-même *(Prof. Boiron, M. 31.10.79)*.

J

JARGONNANT, E adj. ■ Qui *jargonne**.
Cet étudiant en sociologie, parlait le langage compliqué et *jargonnant* de l'université *(O. 17.4.68)*. Les documentations épaisses comme des briques, *jargonnantes*, zébrées de phrases incendiaires *(C. 12.1.69)*.

JARGONNER v. intr. Fig. ■ Parler un langage obscur ; utiliser un « jargon » accessible aux seuls initiés.
La rivalité est traditionnelle entre professeurs de français et de philosophie, les premiers accusant les seconds de « *jargonner* » *(M. 6.9.66)*.

JAZZ (Dérivés de) L'un de ces dérivés, *jazzman*, est un emprunt pur et simple à l'anglais. Les autres sont formés avec des suffixes français (cf. les mots suivants).

JAZZIFIER v. tr. ■ Adapter pour le jazz une composition musicale.
Le groupe de chanteurs qui adaptent des œuvres de Bach pour la voix et les « *jazzifient* » quelque peu *(E. 21.9.64)*. Chaque fois que M. St. Vilar *jazzifie* sa musique, le spectateur se réveille et s'amuse *(E. 18.10.65)*. Un cantique célèbre, transformé en spiritual « *jazzifié* » diront certains avec horreur *(M. 5.1.68)*. « *Jazzifier* » les sambas avec une sonorité lumineuse et une grâce mélodique qui semble ne jamais toucher terre *(M. 18.2.69)*.

JAZZISTE adj.
La guitare des chanteurs de blues se glissa dans les premiers orchestres *jazzistes (M. 31.12.70)*.

JAZZMAN sm. Pluriel : *jazzmen*. Mot anglais. ■ Joueur de jazz ; ou spécialiste du jazz.
Le premier *jazzman* qui a osé « électrifier » sa guitare *(E. 13.4.70)*. Musique noire, *jazzmen* blancs *(M. 9.1.66)*.

JAZZOPHILE S. ■ Amateur de jazz.
Un petit cénacle de *jazzophiles (E. 16.10.67)*.

JEAN [dʒin] sm. ~ 1967. (Mot am., « treillis »).
1. **Pantalon de treillis, de coutil, soit bleu, soit d'une autre couleur.**
La belle en « *jeans* » aux pieds nus est remplacée par la femme qui veut paraître « habillée », même à la plage *(M. 14.7.67)*. Des comédiens laids, dans des *jeans* sales *(E. 4.12.67)*. Les PDG même ne détestent pas les *jeans* maculés pour les week-ends *(C. 30.9.70)*. L'esprit du *jean* a évolué. Le rejet du vêtement établi et du pli de pantalon est un des signes évidents de « contre-culture » (...) Quiconque a porté des *jeans* sait que la patine leur va comme à un beau meuble *(O. 3.9.73)*. Ils s'habillent « décontracté », en col roulé et même en *jean (P. 14.10.74)*. Les salopettes plaisent beaucoup aux filles. Il y a aussi les inconditionnelles du vrai *jean* américain *(M. 22.2.75)*. Ce pantalon trop étroit qui moule ses fesses, ce *jean* au derrière usé comme les fesses d'un gibbon *(Cesbron, 77b)*. La panoplie des 13-17 ans : grande uniformité chez les garçons. D'abord le *jean* en toile délavée (...) *(O. 16.10.78)*.
2. **Par ext.**
Tissu servant à confectionner les pantalons dits *jeans*, ou tout autre vêtement.
Le *jean* devient un matériau à la mode dont on fait des shorts, des jupettes, des sacs, des

bottes, des vestes, des valises (O. 3.9.73). Mme. C., 41 ans, porte un pull-over rouge, une jupe bleue en *jean*, des bottes de cuir (E. 20.10.75). Il est vêtu d'un pantalon de *jean* dont les genoux montrent leur trame blanche (Cesbron, 77b). Nous avons introduit le *jean* dans le vêtement de travail (M. 25.1.78).

JERK [(d)ʒɛrk]   sm. Mot anglais (secousse). ■ Nom d'une danse moderne.

Les danses à la mode, le *jerk* et le monkey, ne sont plus des danses de figures, mais des danses d'inspiration (E. 20.12.65). Sautillant et lançant de temps en temps son bras gauche vers l'arrière comme s'il dansait le *jerk* (E. 22.1.68).

JERKER [(d)ʒɛrke]   v. intr. ■ Danser le *jerk*.

Trois filles et un garçon à cheveux longs « *jerkent* » sur une estrade (Cd. 17.10.66). Nous sommes allés danser, je *jerkais* beaucoup (Fa. 13.5.70).

JET [(d)ʒɛt]   sm. ~ 1955.(Mot angl. emprunté antérieurement au français *jet*). ■ Avion à réaction, destiné notamment au transport des passagers.

Tout s'était bien passé à bord du « *jet* » Tokyo-New York. Pas d'incident à l'escale de B. Le quadri-réacteur avait dépassé R. (...) Dans un fauteuil du « *jet* », sous les yeux contemplatifs d'une hôtesse de rêve, ou dans le bureau d'un gratte-ciel l'homme passe partout était partout à l'aise (Daninos, 70).
Les champions de tennis jouent presque d'un bout de l'année à l'autre. Pour eux, le *jet* est un instrument aussi important que la raquette (P. 1.7.74). Lorsqu'en 1966 Panam commanda 33 Bœing géants de 400 places, l'Europe releva le défi et s'équipa aussi en *jets* (PM 4.1.75).

JETABLE adj. Mil. XXe. ■ Se dit d'objets de peu de valeur, qui ne sont pas destinés à être conservés ou réparés, et que l'on jette après un ou plusieurs usages.

Une usine spécialisée dans la fabrication de briquets *jetables* à bas prix (P. 14.10.74). Il suffirait de distributeurs de gobelets de carton *jetables* (M. 3.7.76). « Le mot *jetable*, nous l'évitions, car l'utilisateur risquerait de croire que le rasoir *jetable* ne sert qu'une fois » (...) Les rasoirs *jetables* de B. sont donc présentés comme « non rechargeables ». Au contraire, G. propose des « prêts-à-raser *jetables* » (M. 17.11.77).

JET SET, ou JET (-) SOCIETY   sm., sf. ■ Ensemble des personnalités en vue qui voyagent beaucoup en *jet*.

● Par ext.
Ensemble des personnalités qui comptent dans la vie mondaine internationale (hommes politiques, diplomates, banquiers, vedettes, etc.).

C'est la station de sports d'hiver chic, où se retrouve le « *jet set* » international (R 11.75). Adulé par les puissants, invité permanent des grands de ce monde, membre à part entière de la *jet society*, il passe pour un mondain (P. 26.6.78). Ces gens riches qui prennent le « train du ciel » veulent abandonner le « ghetto » coûteux de la *jet-society*, cette illusion aérienne de classe sociale, née avec les grands avions intercontinentaux (M. 4.10.78).

JEU-CONCOURS sm. ■ Jeu public, souvent radiophonique.

En participant au « tiercé-sondage », le grand *jeu-concours* (M. 25.3.66). C'est L. M. qui a rapporté des États-Unis, en 1948, le principe des *jeux-concours* radiophoniques (O. 20.3.68). Des *jeux-concours*, tel un tiercé portant sur les trois premiers de l'étape Bordeaux-Brive (du tour de France cycliste) (M. 19.7.69).

JEUNE LOUP sm. ■ Jeune homme brillant et ambitieux.

1. Dans le monde politique et celui des affaires.

Rem. 1. Pompidou a lancé une grande offensive contre les vieux bastions du radicalisme et du socialisme. Les attaquants sont des hommes nouveaux, originaires de cette région, presque tous sortis des grandes écoles, et surtout de l'E.N.A. (...) Dans ces pays du Massif Central où la légende raconte encore les exploits de la bête du Gévaudan, on leur a trouvé un nom : les *jeunes loups* (PM. 28.1.67).

Rem. 2. L'expression « *jeune loup* » résonne positivement en politique et dans les affaires. Les loups ne font plus peur. Ils fascinent. Le rêve de cette société serait-il que l'homme soit un loup pour l'homme ? (C. 7.7.74).

O Un des « *jeunes loups* » du gaullisme, M. P. L., 35 ans, chargé de mission au cabinet du premier ministre (M. 10.2.67). Un « *jeune loup* » de l'U.D.R. a été victime de cette spectaculaire résistance des chevaux de retour (TC 4.7.68). Les « *jeunes loups* » qui, à l'heure actuelle, courent vers les sommets de la grande industrie et du capitalisme d'État (O. 19.8.68). Le commandant en chef ne se souciait pas plus de l'avis des *jeunes loups* que de celui des « vieux birbes » (Courrière, 70). Il est tentant, lorsqu'on s'interroge sur la place et l'avenir des *jeunes loups* dans une économie d'aller trouver leurs aînés. Ne sont-ils pas les premiers à être les victimes des coups de dents des nouveaux venus et donc parfaitement habilités à porter un jugement sur leurs appétits ? Ces *jeunes loups* d'hier (nous ont dit) d'un air à la fois navré et triomphant : « Aujourd'hui, les places sont chères pour les *jeunes loups* » (En. 8.3.71).

∞ Le « *jeune loup* » dépouille « l'Expansion » et se pose la question des moyens plutôt que celle des fins, la physique de l'économie plutôt que la métaphysique du sens de la vie : compétent, documenté, combatif (O. 29.1.73). Le rajeunissement des cadres et des élus décidé par le Parti oppose « vétérans » et « *jeunes loups* » (E. 21.5.73). « On nous craint », dit fièrement un jeune inspecteur des Finances qui se qualifie lui-même de « *jeune loup* » (O. 24.9.73). Un gouvernement de combat ? Très bien. Pourvu, naturellement, qu'il terrasse les dragons de l'inflation et de l'inégalité sociale. Que le premier ministre, « *jeune loup* » promu berger, s'y attaque donc avec ses griffes et ses crocs (P. 3.6.74). On s'interroge sur le *jeune loup* de celui qui fut, il y a 11 ans, le *jeune loup* de la Corrèze, on se méfie des dents longues de ce brillant inspecteur des Finances bardé de diplômes *(P. 6.2.78)*. R. B. n'est pas un « *jeune loup* » mondain qui prend le vent. Il a 52 ans. Il est né dans un milieu populaire, au sein d'une famille de gauche (...) C'est le contraire d'un produit de la classe dirigeante, d'un politicien de carrière *(E. 18.9.78)*.

2. Par ext. Dans le monde du spectacle, celui du sport, etc.

Cette fois Merckx n'a gagné l'étape du tour de France que de quelques dizaines de secondes. Aussi certains *jeunes loups* se mettent-ils à penser qu'il y a peut-être là une faille à exploiter *(Bodard, 71)*. Ce témoin de l'âge d'or du cinéma, ce vieillard se console mal de ne plus exercer (...) Les producteurs préfèrent les *jeunes loups* aux anciens du métier *(PM. 24.6.72)*. Ce *jeune loup* (un cinéaste) sosie juvénile de Brecht, acteur lui-même *(P. 17.6.74)*.

JOB [dʒɔb] sm. ~ 1949. (Mot angl.) Fam. Travail rémunéré, mais souvent provisoire.

● **Par ext.**
    Emploi, fonction, travail quelconques, rémunérés ou non.

Est-ce que vous ne pouvez pas me trouver un petit « *job* », pour vivre moi et les miens ? — Un petit quoi ? dit B. C. qui n'avait pas saisi le mot. — Un petit *job* ... un emploi, quoi ... *(Aragon, 49)*. Nombreux sont les étudiants qui, sitôt passés les examens, se préoccupent de trouver le « petit *job* » qui leur permettra d'arrondir leur budget et de payer leurs vacances *(M. 26.8.65)*. Ceux qui ont cherché à Bruxelles davantage qu'un « *job* » : une occasion de participer à l'édification de la Communauté européenne *(M. 19.1.68)*. Dire quelques mots et faire ensuite tourner un disque c'est du bon « *job* », comme on dit maintenant *(ST 11.10.69)*.
Elle accueillait les clients étrangers sous réserve d'être tenue au courant de leurs situations respectives (...) « Autrement ça ne m'amuserait plus et je ferais mal mon *job* de maîtresse de maison » *(Saint Pierre, 70)*. J'avais un *job* de vendeuse dans un magasin de luxe *(Saint Pierre, 72)*. Le local est climatisé, les ouvrières sont confortablement installées, assez proches les unes des autres pour pouvoir bavarder. Il y a de la musique : un bon *job (E. 3.9.73)*. Lorsque les managers ont fait le tour des satisfactions matérielles dues à leur « *job* » (...) *(M. 10.11.74)*.

JOGGING [(d)ʒɔgiŋ] sm. 1974. (De l'angl. *jog*, « petit trot », *to jog*, « aller son petit bonhomme de chemin » ; cf. *jogging along*, « ça va », « on se défend », « on se maintient »). ■ Exercice physique consistant à courir plus ou moins longtemps à petite allure, en terrain varié ou même en ville, seul ou en groupe, sans esprit de compétition.

Après l'Amérique, la France découvre le « *jogging* », ou le plaisir de la course à pied (...) en réalité un sport qui allie la marche à la course *(EI. 25.9.78)*. Tous ceux qui traversent le Bois de Boulogne pour se rendre à leur travail ont remarqué l'augmentation phénoménale, en un an, des adeptes du « *jogging* » (...) De nombreux fanatiques du « *jogging* » sont aussi des fanatiques du régime végétarien *(MCI 2.79)*. Aujourd'hui, tout le monde fait du *jogging* (...) c'est un fait de civilisation. Pas une folie, mais un goût, un besoin (...) rien n'empêche de commencer le *jogging* à 50 ou 60 ans *(P. 19.2.79)*.

Rem. Sont également attestés : Jogger [dʒɔgœr] subst. (personne qui pratique le *jogging*) et Jogger [ʒɔge] v. intr. (pratiquer le *jogging*).

Il est intéressant de connaître le point de vue du médecin et d'entendre les conseils qu'il peut donner aux *joggers* (...) : le professeur J.P. E. publie « le jogging » en 10 leçons *(P. 19.2.79)*.

On dit « *jogger* » comme on prononce « voguer », quand on veut dire « courir » (...) Aujourd'hui, tout le monde fait du jogging — et donc *jogge* (...) Le moment le plus favorable pour *jogger* se situe loin des repas *(P. 19.2.79)*.

JOINT [ʒwɛ̃] sm. (Mot am.) Arg. Dose de *drogue**.

L'« Assommoir » d'aujourd'hui, ce n'est plus le litron, l'absinthe, mais le « *joint* » *(M. 11.6.77)*. 1967 et début 1968, à Paris (...) c'est l'époque aussi, où surgissent le haschich et le L.S.D., où le « *joint* » que l'on se passe de main en main cimente (des amitiés) *(Olievenstein, 77)*.

JOJO (AFFREUX)
→ AFFREUX JOJO.

JOURNÉE CONTINUE loc. subst. fém. Av. 1960. ■ Journée de travail qui ne comporte qu'une interruption assez brève pour le déjeuner, mais en contrepartie se termine plus tôt.

Grenoble est en train d'effectuer comme ville-pilote une expérience : la *journée continue (F. 9.9.61)*. Les « administratifs », qui sont nombreux dans la Maison de la Radio, pratiquent la *journée continue (M. 11.12.63)*. L'adoption de la « *journée continue* » nécessitera d'importants changements dans les habitudes (alimentaires), en particulier un petit déjeuner plus copieux et un dîner servi plus tôt (...). Pour aider à mettre au point cette « *journée continue* », il faut encore des cantines scolaires pour les enfants des femmes qui travaillent, des restaurants d'entreprises *(M. 21.1.65)*.
Cette entreprise (de bâtiment) ne fait pas la *journée continue* et ferme ses bureaux entre midi et deux heures *(M. 3.1.76)*.

JUDAÏCITÉ sf. ■ Appartenance à la communauté juive.

Un juif qui ne rougit pas de sa *judaïcité (M. 11.7.65)*. Parce que les sympathies de la majorité des Français allaient à Israël, les Juifs éprouvaient une joie émerveillée, la réconciliation de leur citoyenneté française et de leur « *judaïcité* » *(Aron, E. 18.3.68)*.

JURIDICO-

JUDAÏSER v. tr. ■ Rendre juif. Peupler d'habitants juifs.

Il s'agirait de « *judaïser* » la Galilée — où 80 % des Arabes sont établis *(M. 11.3.66).*

JUDÉITÉ sf. 1961. (Du lat. *Judaeus*, « juif »). Did.

Rem. (La judéité est) l'ensemble des caractéristiques sociologiques, psychologiques et biologiques qui font le Juif (A. Memmi, Portrait d'un Juif, 1961).

♦ Étant juif (...) décidé à assumer pleinement sa *judéité* tant que subsistera quelque part sur la planète une trace de l'antisémitisme hideux *(M. 16.12.76).* Jules Isaac (...) était juif d'origine et il a retrouvé au soir de sa vie non seulement cette *judéité*, mais le judaïsme même à quoi il avait été longtemps étranger *(M. 19.11.77).*

JUILLETTISTE subst. ~ 1968. ■ *Estivant** qui prend ses vacances en juillet.

Il y a d'une part les « *juillettistes* », c'est comme cela que l'on dit désormais, et les « aoûtiens » *(C. 3.4.69).* Le chassé-croisé des *juillettistes*, et des aoûtiens a provoqué dès hier les traditionnels bouchons sur les routes des vacances *(RL. 29.7.78).*
→AOÛTIEN, VACANCIER.

JUKE-BOX [(d)ʒukbɔks] sm. Mil. XXᵉ. (Mot anglo-américain). ■ Appareil automatique, installé généralement dans un lieu public ; il est composé d'un tourne-disques et d'un stock de disques. On met l'appareil en marche en introduisant un jeton ou une pièce de monnaie dans une fente et en appuyant sur une touche correspondant au disque que l'on désire entendre.

Le *juke-box* va faire ses débuts dans l'enseignement à l'université de Maryland. Ces nouveaux *juke-boxes* diffuseront des conférences sur les cours de l'université, sur le choix des carrières et autres sujets d'intérêt *(E. 15.11.65).* Une « foire aux poètes », constituée par plusieurs « *juke-boxes* » garnis de disques enregistrés par des poètes contemporains *(M. 6.4.66).* Une protestation bougonne contre le *juke-box* qui détruit le silence *(FL 7.4.66).* Dans les « *juke-boxes* » ce sont les chansons à paroles qui « marchent » le plus *(F. 20.12.66).* L'air que jouait le *juke-box*, dans la gargote du rez-de-chaussée *(Hailey, 69).* Il nous paraît piquant de donner (quelques-uns) des équivalents qu'a relevés le Bureau des traductions d'Ottawa (...) « Pick-up à sous ; Débiteur automatique de musique ; Phono mécanique ; Sélectrophone ; Discagogo » *(VL 2.70).*
Au foyer de la caserne, un grand bar avec baby-foot, flipper, *juke-box (O. 6.1.75).*

JUMBO-JET [dʒœmbodʒɛt] ou [ʒœmboʒɛt] sm. (Mot angl. *jumbo* : surnom de l'éléphant). ■ Avion de transport à réaction, de très grande capacité.

L'arrivée des *Jumbo-jets* entraînera des baisses de tarif aérien *(E. 13.3.72).*
Lorsque sont apparus les avions gros-porteurs, tout le monde a été victime d'une formidable opération de surenchère et de marketing incitant à acheter du *jumbo-jet (PM 4.1.75).* L'arme utilisée contre le *jumbo-jet* israélien était un lance-grenades très perfectionné *(O. 27.1.75).*

Rem. L'Administration française préconise de remplacer ce terme par *gros-porteur*.

JUMELAGE sm. ~ 1950. ■ Association de deux villes (situées dans des pays différents), pour susciter des échanges (culturels, etc.).

La pratique du « *jumelage* » s'étend. Paris et Rome vont célébrer une union symbolique *(M. 13.6.56).* La ville d'Anglet, sur la côte basque, va conclure un accord de *jumelage* avec la ville allemande d'Ansbach *(M. 6.1.68).*

JUNIOR adj. ■ Qui est jeune, concerne les jeunes, est destiné aux jeunes.

La façon *junior* de s'habiller veut être à la fois moderne et de bon goût *(VL 2.70).* Un magasin *style junior (E. 18.10.65).* Les femmes de plus de 30 ans qui n'aiment pas s'habiller en *style « junior »*, « pop », ou « yéyé » *(F. 29.11.66).* Les « tee-shirts » *juniors* sont proposés à une clientèle (...) de teenagers *(VL 2.70).*

JUNKIE [dʒœnki] sm. ~ 1970. (Mot am.). ■ Toxicomane qui consomme des *drogues dures**.

Il faut distinguer « hippie » et « *junkie* », le second étant un véritable drogué *(R. 3.70).* Les chambres du vieux Delhi conservent leurs habitués, des « *junkies* », trop accrochés à la « poudre » (= héroïne) pour pouvoir quitter la ville *(M. 19.7.78).*

JUPE sf. Fig. Techn. ■ Carénage de la partie inférieure d'un véhicule. Spécialement dans les véhicules à coussin d'air.

Dans le cas du naviplane, la sustentation sera assurée par l'air pulsé « emprisonné » sous la coque du navire à l'intérieur de huit *jupes* de caoutchouc souple *(M. 2.6.66).* L'aéroglisseur pourra affronter des vagues de plus de 3,60 m grâce à sa haute « *jupe* » de caoutchouc *(M. 14.7.66).*
L'Hovercraft se meut sur coussin d'air (...) l'air, fourni par d'énormes ventilateurs est maintenu sous l'appareil grâce à une *jupe* en caoutchouc de plus de 2 mètres *(M. 11.6.77).*

JURIDICO- Premier élément d'adjectifs composés.

Réglementation *juridico-administrative (Freund, 65).* Notions *juridico-éthiques (Freund, 65).* Garanties *juridico-politiques (Freund, 65).* Pensée *juridico-politique (Freund, 65).* Institutions *juridico-sociales (M. 4.12.68).*

JURIDICO-

L'affaire (...) ne se renouvellera que dans le montage du schéma *juridico-financier (P. 1.7.74).*

JURIDISME sm. ■ Attitude de quelqu'un qui s'en tient à la lettre des lois.

Doctrinaires français et leur *juridisme* spiritualiste *(Mounier, 66).* Pratiquer le *juridisme* plutôt qu'inventer du nouveau *(M. 28.2.69).*

JUSQU'AUBOUTISME sm. *(De jusqu'au bout).* Rép. mil. XXe. ■ Attitude intransigeante.

Une de ces allocutions où le *jusqu'auboutisme* le plus intégral s'affirmait sans ambages *(Larminat, 62).* Les champions du « *jusqu'auboutisme* » intégral *(M. 10.2.66).*

JUSQU'AU (-) BOUTISTE adj. et subst.

● Adj.

De stupides déclarations *jusqu'au-boutistes (O. 6.3.68).* L'appel du général de Gaulle, parvenant dans cette fièvre « *jusqu'auboutiste* » (...) *(Larminat, 62).* Qui peut dire si (...) il n'existe pas un petit groupe *jusqu'au-boutiste* prêt à tout pour semer la panique, décidé à passer des barricades aux explosifs et des pavés aux balles ? *(M. 5.10.68).* Certains pays « *jusqu'au-boutistes* » *(M. 17.12.68).*
Le P.D.G. de l'O.r.t.f. va tenter une manœuvre de diversion avec les autres syndicats moins *jusqu'au boutistes (E. 5.11.73).*

● Sm.

Les partisans de la paix osaient ouvertement inviter le Japon, épuisé et déjà battu, à cesser la lutte. Les *jusqu'au-boutistes,* au contraire, parlaient de « mourir jusqu'au dernier homme » *(M. 6.8.65).*
Les cégétistes vont essayer de prouver à l'opinion publique qu'ils ne sont pas des « *jusqu'au boutistes* » *(M. 26.3.77).* Ces activités ont pu déranger des faucons israéliens ou des *jusqu'au-boutistes* palestiniens *(M. 7.5.78).*

JUTEUX, EUSE adj. Spéc. ~ 1965. Fam. ■ Très lucratif.

Cette *boîte* (usine) est la plus importante et la plus *juteuse* du groupe *(Saint-Pierre, 70).* La libre entreprise trouvait dans la très rapide et très « *juteuse* » expansion du trafic aérien une occasion de prouver son dynamisme et son efficacité *(M. 12.4.74).*
Pendant que des gros malins jouent la carte des *expropriations juteuses* ou des plus-values sur terrains, le centre de la ville meurt *(O. 17.11.75).* La rénovation du quartier du Marais à Paris est une *affaire* extrêmement « *juteuse* » *(M. 3.1.76).* Les règlementations du Marché Commun facilitent tout un ensemble de *combinaisons* « *juteuses* » *(M. 2.4.77).* Les opérations immobilières qui pouvaient être « *juteuses* » ont été réalisées au bon moment, en 1973 *(M. 28.4.78).*

KAFKAÏEN, NE adj. ■ Qui a le caractère tragiquement absurde des situations décrites par Kafka.

Un *feuilleton* quotidien qu'on pourrait qualifier de *kafkaïen* (ST 26.4.69). Embarqué dans son *procès kafkaïen*, il ne se laisse pas déboussoler (E. 4.12.67). Un *sens kafkaïen* de l'absurde dans l'œuvre de B. Mais absurde signifie, comme chez Kafka, fatalité, ou encore impossibilité d'échapper (E. 19.12.65).

KAMIKAZE [kamikaze] ou [kamikaz] sm. (Mot japonais) ~1950. D'abord avion-*suicide**, piloté par un volontaire ; le pilote lui-même.

● Par ext.
Extrémiste fanatique qui expose sa vie dans une mission-*suicide**. Plus généralement : personne très téméraire, ou qui accepte une fonction, une tâche délicates et risque ainsi sa carrière, sa réputation, etc.

Les soldats de cette unité d'élite attaquent en *kamikazes*, après avoir parcouru 400 km de désert, sans sommeil depuis 72 heures (O. 3.1.68). « Il faut prendre au sérieux les pirates de l'air », expliquent les responsables d'une compagnie aérienne, « nous pouvons avoir affaire à des *kamikazes* (...) L'objectif d'une compagnie est de sauver la vie de ses passagers et de ses employés » (M. 18.10.77). L'un des proches collaborateurs du Président, chargé de conduire cette réforme, est un fonceur : le « *kamikaze* » de la Présidence, entouré d'un véritable commando a concocté en 5 mois une réforme que des années de travail n'avaient pu jusque là engendrer (P. 30.10.78).

● En apposition ou adj.
Combat *kamikaze* (PM 15.10.66). Candidat *kamikaze* (E. 13.2.67). Esprit *kamikaze* (M. 17.3.70).

KANGOUROU sm. (En apposition). Fig. Techn. ■ Se dit d'appareils munis de poches, de véhicules surbaissés à grande capacité, etc.

Des *panneaux* « *kangourou* » munis de multiples poches (C. 22.6.70). De grandes remorques semi-routières susceptibles de se charger sur des wagons surbaissés du type dit *wagon kangourou* (R.G.C.F. 7.74).

KARATÉ sm. ~ 1960. (Mot japonais). ■ Sport de combat, d'origine japonaise.

Championnat d'Europe de *karaté* (M. 8.5.66). Il s'agit parfois de sauter en parachute et de faire du *karaté* (F. 25.11.66).

KARATÉKA subst. 1966. ■ Personne qui pratique le *karaté**.

Le film « La ceinture noire » est un grand ballet-karaté. Il y a d'abord l'attente du *karatéka* : J. Champion de karaté, se fige, assure son équilibre. Il danse un peu ou fait bouger ses doigts, on pressent l'admirable décontraction-concentration (Pa. 10.74).

KEYNÉSIEN, NE [kɛnezjɛ̃, ɛn] adj. Mil. XXe. (De *Keynes*, nom propre). ■ Qui se rapporte à la doctrine économique de Keynes.

Le rapport reste trop *keynésien* : dans les pays sous-développés, il ne suffit pas d'augmenter l'investissement pour faire augmenter le revenu (Gendarme, 59).

KIDNAPPER [kidnape] v. tr. (Traduction de l'anglais *to kidnap*, « enlever un enfant »). Emploi en français parfois critiqué (de même que celui de *kidnapping*), surtout quand la victime n'est pas un enfant.
■ Enlever quelqu'un (un enfant ou un adulte), généralement en vue d'exercer un chantage, p. ex. sur la famille de la victime.

Des services spéciaux *kidnappaient* les opposants (*O. 17.1.68*).
Ils volent une voiture de patrouille, *kidnappent* un flic, sillonnent le Texas, la police à leurs trousses (...) (*E. 27.5.74*).

KIDNAPPEUR ou KIDNAPPER [kidnapœr] sm. De l'anglais *kidnapper*, « ravisseur (d'enfant) ». ■ Auteur d'un enlèvement.

La publicité donnée à la demande de rançon rendait impraticable le rendez-vous fixé par le *kidnappeur* (*E. 11.12.67*). Ces *kidnappeurs* n'étaient-ils que des bandits d'opérette ? (*E. 13.4.70*).

KIDNAPPING [kidnapiŋ] sm. (Mot angl., « enlèvement [d'enfant] »).
■ Action de *kidnapper** qqn ; résultat de cette action.

L'enlèvement de trois enfants dans le village de M. a soulevé dans tout le pays une grande indignation. Les *kidnappings* sont extrêmement rares en France (*M. 30.9.64*). Tous ceux qui jouent un rôle dans cette élection sont protégés. Le *kidnapping* est à craindre à tous moments (*Sainderichin, 66*). Le gouvernement avait déjà eu à son palmarès du *kidnapping* un ministre des Affaires étrangères, un diplomate américain, un attaché d'ambassade, un archevêque, et avait toujours payé cash, il refusa cette fois de se plier aux exigences des rebelles (*E. 13.4.70*). D. a même dû traiter avec S. pour obtenir de celui-ci la promesse que le Premier ministre ne sera pas enlevé. Éventualité très possible, puisque au même instant F. prépare contre le Premier ministre un *kidnapping* qui n'aboutira pas ! (*Courrière, 70*).
Les bruits les plus alarmants circulent. On doit enlever de Gaulle, l'assassiner. On parle de complot civil, de *kidnapping* militaire (*Courrière, 71*).

KILOMÈTRE- ou -KILOMÈTRE Premier ou second élément de subst. comp. désignant des unités de trafic par kilomètre.
● Antéposé.

Quel sera le prix du *kilomètre-passager* sur cet avion ? (*M. 8.5.66*). Le *kilomètre-voyageur* de la S.N.C.F. (va) augmenter (*O. 19.8.68*).

● Postposé.

Le trafic a progressé (+ 21 %) pour les *passagers-kilomètre* (*M. 23.3.69*). (Les avions de transport à grande capacité) procureront une réduction du coût de revient du *siège-kilomètre* (*VR 8.11.70*). En 1965, au lieu des 72 millions de *tonnes-kilomètre* annoncés, on n'en a constaté que 64 millions (*F. 26.11.66*). Le « *véhicule-kilomètre* » est une unité de circulation qui se définit comme suit : 1 000 véhicules parcourant chacun 200 km représentent 200 000 *véhicules-kilomètres* (*Ca. Fr. 5.69*). 0,8 milliard de *voyageurs-kilomètre* transportés par les services omnibus de la banlieue parisienne (*M. 11.9.69*).
L'Airbus A 300 consomme 35 % de moins au *siège-kilomètre* que son concurrent, le Boeing 727 (*PM 15.3.75*). Calculée au *siège-kilomètre* offert, la productivité de cet appareil est inférieure de 4 % à celle d'un DC-9 (*M. 30.6.78*).

KILOTONNE sf. ~ 1960. ■ Unité de puissance (équivalant à 1000 tonnes de T.N.T.) des explosifs *nucléaires** (bombes atomiques).

Capables d'emporter une charge nucléaire de 150 *kilotonnes* à 3.000 kilomètres de distance, les neuf missiles S-2 (...) sont progressivement remplacés par des engins S-3 d'une portée de 3.500 km et d'une puissance de destruction supérieure à la mégatonne (*M. 23.11.78*).

KINÉSITHÉRAPEUTE subst. Répandu mil. XXe. ■ Personne qui exerce la kinésithérapie, application thérapeutique de mouvements de gymnastique et de massages.

Les épreuves du diplôme d'État de *kinésithérapeute* auront lieu les 4 et 5 juin (*M. 24.5.68*). Les *kinésithérapeutes* seront reconnus, en France, par un certificat d'État. Ils opèrent sous contrôle médical (*Beunat, 74*).

Rem. L'abrév. fam. *kinési* est courante dans le langage parlé.

N. est paralysé de la nuque aux orteils. Il est incurable. Pourtant les toubibs et les *kinési* du centre de rééducation s'acharnent à sauver N. de son mal (*C. 29.2.72*).

KIT [kit] sm. ~ 1960. (Mot angl.) ■ Ensemble d'éléments vendus prêts à monter et accompagnés d'une notice explicative détaillée pour permettre à l'acheteur de les assembler lui-même.

Il (un bateau) peut-être fourni en *kits* pour la construction amateur (*F. 20.1.67*). Un dune-buggy, tous terrains : Le *kit* à 2.300 F. Pour ce prix, vous avez en vrac la carrosserie, le tableau de bord et son ossature, le pare-brise et un manuel de montage (*A. 23.10.69*). « *Kits* », sorte de jeux de construction pour bricoleurs avertis. Ces « *kits* » permettent d'installer le chauffage central, la cheminée, de poser les sols et cloisons, de réaliser des meubles et la décoration (*Fa. 4.11.70*).
Conçu en *kit*, ce « sous-marin » orange et noir mesure 1,30 mètres de long, 0,70 m de large et 0,90 m de haut. Il est fait de dix plaques de carton spécial, livrées à plat – prédécoupées et prépliées – à assembler par un système de clips à pression selon une notice de montage (*M. 29.11.75*). Peut-on dire que le *kit* est de l'antibricolage ? – Pas exactement, réplique le délégué général de la fédération du *Kit*. Il s'agit certes d'assembler des éléments tout préparés, mais ce montage peut exiger une grande habileté manuelle dans certains cas. L'intérêt principal du « *kit* » est l'économie réalisée sur les frais de main d'œuvre (...)
Dans le domaine des loisirs nautiques une planche à voile est vendue en « *kit* » et se

monte en sept heures (...) Le premier chauffe-eau solaire en « kit » fait son apparition (M. 8.7.78). Ces alarmes sonores livrées en kit, à poser soi-même ou installées par des professionnels, protègent des centaines de milliers d'appartements, de villas et de pavillons (P. 10.7.78).

KITCHENETTE [kitʃ(ə)nɛt] sf. (Mot am., de *kitchen*, « cuisine », et suffixe fr. -*ette*). ■ Très petite cuisine, ou emplacement équipé, dans une pièce à autres usages, pour pouvoir y faire la cuisine.
Rem. **L'Administration française recommande l'équivalent fr.** *cuisinette.*
Studios avec *kitchenette*, réfrigérateur encastré, cuisinière tout gaz, évier inox, grand meuble suspendu (M. 10.2.66).
Il y avait encore de l'eau dans le gros fait-tout d'émail rouge qu'on avait laissé sur le réchaud électrique de la *kitchenette* (Bertin, 72).
Cet hôtel un peu particulier offre des services inhabituels, tels que des garderies d'enfants gratuites et des *kitchenettes* pour ceux qui sont astreints à un régime alimentaire (M. 25.11.78).

KITSCH [kitʃ] subst. et adj. ~ 1969. (Mot alld.).
● Par ext.
  Se dit d'œuvres ou d'objets d'« art », souvent bon marché, auxquels leur mauvais goût délibérément outrancier peut donner un caractère amusant, attrayant ou bizarre.
● Sm.
  Le *Kitsch* c'est quoi ? Tout ce qui est de mauvais goût, pourvu qu'on le regarde au second degré, avec un clin d'œil plein d'humour et assez d'esprit pour ne pas prendre tout cela au sérieux. Exemples de *Kitsch* : les broches représentant un petit chien en plastique, les objets souvenir, les fleurs artificielles (El. 1.3.71). Les Européens se laissent gagner par cette contagion passéiste et le baptisent d'un nom allemand détourné de son sens : c'est le « kitsch » (E. 4.3.74).
● Adj.
  Un objet *kitsch* est toujours un superbe objet d'art. Il doit être de préférence bon marché avec un relent de terroir ou un air arabo-indo-orientalo-exotique. L'objet *kitsch* n'est jamais fait avec ce dont il a l'air, le bois y est peint en faux marbre et le marbre en faux bois (PM 13.11.71). G. Miller sut enrober de nougatine les airs à la mode pour leur donner ce cachet hollywoodien qui paraît aujourd'hui si délicieusement *kitsch* (E. 3.9.73). Deux dragons chinois en stuc peinturluré, comme toute la décoration de l'hôtel, la plus *kitsch* des *kitsch* (E. 4.3.74).
Rem. **Sont aussi attestés :**
Littérature *kitsch* (O. 11.1.71). Spectacle *kitsch* (O. 28.6.71). Décor *kitsch* (O. 13.9.71). Sandales *kitsch* (El. 1.11.71). Broches *kitsch* (El. 31.1.72). Bouquets *kitsch* (O. 11.9.72). Poésie *kitsch* (O. 29.1.73)., etc.
Cf. aussi (B.d.m. n° 6, 1973).

KLAXONNER v. intr. et tr.
Rem. **L'emploi intransitif étant relevé dans les dictionnaires d'usage, seul est considéré ici l'emploi transitif, qui semble plus récent. Dans le syntagme** *klaxonner qqn* **: utiliser l'avertisseur sonore d'un véhicule pour appeler qqn ou le mettre en garde.**
L'automobiliste venait de *klaxonner* un piéton qui déambulait sur un pont (M. 19.2.75).

KNOW (-) HOW [noaw] sm. invar. ~ 1970. (Loc. angl., « savoir comment »). Terme critiqué (l'équivalent fr. proposé est *savoir-faire*). Écon. ■ Ensemble des connaissances techniques nécessaires pour utiliser correctement une machine, un procédé.
Nous allons utiliser notre *know how* et notre logistique des produits frais sur tous les terrains (E. 5.6.72). La diffusion gazeuse est connue et éprouvée depuis 30 ans, la France en possède bien le *know how* (O. 3.12.73).

KREMLINOLOGIE sf. ■ Étude de la politique du Kremlin.
Un ancien diplomate s'est spécialisé dans la *kremlinologie* (M. 10.6.66).

KREMLINOLOGISTE ou **KREMLINOLOGUE** sm. Spécialiste de la *Kremlinologie**.
Les « kremlinogistes » de Hong-Kong ne grossissent-ils pas les faits ? (M. 17.5.66).
Les « kremlinologues » sont aux aguets. Certains de ces spécialistes de l'évolution politique soviétique et plus particulièrement des rapports entre les leaders du Kremlin — d'où leur nom — s'attendent à de grands débats (E. 26.7.65). M. D. K., kremlinologue de talent, est conseiller politique auprès de l'ambassade des États-Unis à Moscou (E. 2.10.67).
Les *kremlinologues* du Département d'État ne comprenaient pas comment, en pleine détente américano-soviétique le Kremlin n'hésitait pas, sur une série de fronts, à provoquer les réactions hostiles des Occidentaux (E. 17.9.73). Bien des kremlinologues, au début de cette année, le donnaient gagnant dans la course à la succession de Brejnev (E. 24.7.78).

LABEL [labɛl] sm. Rép. mil. XXᵉ. (Mot angl. « étiquette »).
D'après l'emploi dans le vocab. du commerce : marque qui garantit la qualité ou l'origine d'un produit destiné à la vente.
● Fig. Ce qui témoigne de la qualité ou de l'origine d'une chose (abstraite ou concrète), de l'appartenance d'une personne à un groupe, à un parti, etc.

Résister aux pressions des groupes immobiliers et maintenir la valeur du *label* « parc régional » *(M. 5.10.66)*. C'est M. B. (candidat aux élections) qui a le « *label* » de la Vᵉ République *(M. 16.2.67)*. Les héros criminels se vendent bien. Le film n'était pas encore sorti qu'on se mettait à vendre du Bonnie et du Clyde comme on vend des boîtes de petits pois. Leur nom s'étale partout, il est devenu un *label* qui fait vendre, qui rapporte de l'argent *(O. 24.1.68)*.
Ceux qui ont passé l'agrégation et continuent à croire qu'elle est un *label* de qualité *(E. 12.4.71)*. Les internes des hôpitaux exigent un renforcement de la sélection, afin que l'internat réserve le *label* de qualité aux meilleurs médecins de France *(E. 16.7.73)*.
En 1973, le ministère de la santé publique demanda à ses laboratoires de réaliser sur 84 grandes plages des contrôles de pollution bactérienne (...) 34 plages méritent le *label* : bonne qualité *(P. 1.7.74)*. Son premier 45 tours paraît sur *label* Claude Carrère *(E. 20.1.75)*. L'Assemblée commence l'examen d'une réforme portant le *label* Giscard *(P. 17.5.76)*. La Défense, une cité écologique ? Assurément, si l'on répertorie toutes les caractéristiques du *label* urbain de la qualité de vie *(M. 22.1.78)*.

LABILITÉ sf. (De *labile*). ■ Instabilité du caractère.

Il n'y a pas d'hérédité spécifique du crime, mais il y a l'hérédité de tendances plus ou moins prononcées à l'agressivité, à l'égocentrisme, à la *labilité* (...) La *labilité*, l'imprévoyance, notre société les suscite, incontestablement, en nous obligeant à penser court *(E. 24.6.72)*.

-LABORATOIRE Deuxième élément de substantifs composés. Il indique que la chose désignée par le premier élément sert à des essais, des expériences, etc.
● Agriculture, industrie, etc.

Dans le domaine de la prospection pétrolière des expériences auront lieu en Méditerranée à l'aide de la *bouée-laboratoire* *(M. 9.1.68)*. Le *compartiment-laboratoire* (d'un turbotrain expérimental) est installé entre la loge de la turbine et les premières classes *(VR 13.4.69)*. La *ferme-laboratoire* où l'institut national de la recherche agricole étudie l'élevage scientifique des poules *(E. 29.4.68)*. 25 000 hybridations, et 100 000 semis réalisés dans les *serres-laboratoires* du cap d'Antibes *(VR 23.11.69)*.

● Autres domaines (arts, etc.).

Spectacle peu lisible qui conduit à se poser la question de la fonction d'un *théâtre-laboratoire* *(M. 2.8.66)*.

LABORATOIRE DE LANGUES loc. subst. D'après l'anglais *language laboratory*.

Le *laboratoire de langues* fournit à l'élève l'occasion de se livrer, selon son rythme propre de travail et sans être intimidé par la présence d'autrui, à une pratique orale intensive de la langue enseignée. C'est une salle insonorisée comportant des cabines individuelles pourvues d'un magnétophone double piste qui permet la confrontation successive de deux voix : maître-élève, d'un micro d'enregistrement, d'écouteurs et parfois d'un bouton d'appel. L'installation comprend également une console de télécommande réservée au professeur qui peut, à tout instant, se mettre en rapport avec n'importe lequel de ses élèves pour contrôler et corriger son travail *(F. Mon, 69)*.
Un *laboratoire de langues* n'est pas un laboratoire de phonétique. La plupart du temps les

caractéristiques électro-acoustiques des appareils qu'on y trouve sont insuffisantes pour donner une image fine de la parole (...) En second lieu, le *laboratoire de langues* n'est pas un substitut du professeur (...) Enfin un laboratoire sans méthode est comme une platine sans disques, un ordinateur sans software *(SV. 4.70).*

LACTODUC sm. Peut-être d'après *aqueduc.* ■ Canalisation qui sert au transport du lait.

Ce « *lactoduc* » — que les gens du cru, plus familiarisés avec le « franglais » qu'avec le latin, préfèrent baptiser « pipe-lait » — mesure 3 400 mètres de long *(M. 7.7.66).*
→ OLÉODUC, PIPE-LAIT.

LAÏCAT sm. De *laïc* (cf. syndic/syndicat). ■ Ensemble des chrétiens non-ecclésiastiques.

Le *laïcat* ouvrier a un rôle de premier plan à jouer dans l'Église et dans le monde *(M. 27.5.66).* (Les diacres) à la charnière du clergé et du *laïcat*? *(F. 13.12.66).* Le « conseil provisoire du *laïcat* » *(M. 1.3.69).*

LAISSÉ-POUR-COMPTE subst. À propos d'une personne, d'une catégorie sociale auxquelles le progrès économique ne profite pas ou fait tort.

Noirs et petits blancs du Sud sont un peu les *laissés-pour-compte* du progrès américain *(F. 4.2.67).* Les centaines de milliers de *laissés-pour-compte* de l'expansion qui vont pâtir de cette mutation accélérée (de l'agriculture et du commerce) *(E. 13.4.70).* M.T., mal-aimé de la société de consommation, *laissé-pour-compte* de l'expansion tous azimuts *(E. 14.9.70).*
→ EN MARGE*, MARGINAL.

LAISSER-FAIRE sm. ■ Attitude passive qui laisse évoluer une situation au gré des événements.

Les contraintes de l'organisation et de la planification ne sont pas plus destructrices des vraies libertés que le *laisser-faire* et le désordre qu'amènent les contraintes de l'anarchie et du sous-développement *(M. 10.5.66).* Il y a chez certains une confusion pédagogique entre le « *laisser-faire* » et la non-directivité *(C. 28.9.69).*

LAMINAGE sm. Fig. 1967. ■ Action de *laminer** (fig.) qqch. ou qqn. Résultat de cette action.

Pourquoi ce véritable « *laminage* » du centrisme ? Faut-il dresser dès maintenant le constat de son décès ou peut-on croire au contraire à sa remontée ? *(R. 1.68).*

LAMINER v. tr. (souvent au passif) Fig. 1964. ■ Réduire fortement — parfois jusqu'à l'anéantissement — l'importance, le rôle de qqch. ou de qqn.

Devenus (pendant la guerre) hôpitaux, casernes, refuges ou sièges d'administration, les hôtels se retrouvent avec un potentiel d'accueil *laminé (VF 10.7.64).* Les industries vont être tentées d'élargir leurs marges bénéficiaires, encore *laminées* par les hausses de l'automne *(E. 11.12.67).*
Les recettes des paysans ont été *laminées* par la hausse des prix du pétrole, la sécheresse de 1976, puis les inondations *(E. 15.5.78).* Les communistes gagneront sans doute des voix, et les gaullistes des sièges. Le centre sera *laminé (O. 7.6.78).* Les artisans murés dans leurs échoppes et leur splendide individualisme, ont été inexorablement *laminés* par les mécanismes économiques *(E. 28.8.78).*

Rem. Autres ex. attestés.
● Construction active :
Laminer l'Europe *(M. 28.4.66). Laminer* une bureaucratie *(O. 21.4.69). Laminer* des revenus *(O. 25.8.69).*, etc.
● Part. passé/adj. :
Possibilités d'autofinancement *laminées (E. 30.1.67).* Personnalités *laminées (E. 26.8.68).* Parti *laminé (FL. 20.10.69).* Profits *laminés (E. 29.12.69).*

LANCE- Repris mil. XXe. Milit. Premier élément (forme du verbe *lancer*) de substantifs composés. Le second élément désigne le projectile lancé.

O Tube *lance-bombes* (d'un avion) *(E. 26.7.65).* La première frégate *lance-engins (M. 26.3.66).* Trois sous-marins *lance-engins,* à propulsion nucléaire *(M. 13.10.65).* Exercer un chantage contre tout autre pays, en menaçant d'utiliser des navires *lance-fusées (M. 20.3.66).* Les avions volant à 50 m d'altitude seront atteints eux aussi, par le futur *lance-missiles* français « Crotale » *(PM 6.1.68).* La frégate *lance-missiles* « Duquesne », qui vient de commencer à Toulon la dernière étape de son entraînement *(M. 28.1.71).*

OO L'arme utilisée par les auteurs de l'attentat contre le jumbo-jet israélien était un *lance-grenades* très perfectionné *(O. 27.1.75).* Le gouvernement donne la priorité à la construction des sous-marins nucléaires *lance-missiles (M. 8.5.75).*

LANCÉE sf. Fig. ■ Élan acquis, vitesse acquise.

L'autobiographie, qui a tant fleuri l'an dernier — Simone de Beauvoir, Sartre, François Nourissier — continue sur sa *lancée (M. 21.8.65).* Je travaille en automate, en somnambule. Heureusement, je vis sur ma réputation. Je profite de ma *lancée (Ragon, 66).*
→ FOULÉE (DANS LA).

LANCEUR sm. Milit. et Astron. ■ Appareil, engin, navire, véhicule capables de lancer un projectile, un vaisseau *spatial**, etc.

Le futur *lanceur* de satellite *(M. 2.1.66)*. *Lanceur* spatial *(E. 9.9.68)*. Sous-marins *lanceurs* de missiles *(E. 12.8.68)*. Sous-marins *lanceurs* d'engins *(M. 21.3.69)*.
L'engin peut servir à lancer des bombes H au lieu de satellites de communication. Il faudra des garanties solides d'usage exclusivement pacifique du *lanceur (E. 6.8.73)*.

LANGAGIER, ÈRE adj. Repris ~1964. ■ Relatif au langage, par opposition à l'adjectif *linguistique* (relatif à la *science* du langage).

Rem. Jean Paulhan et Étiemble (...) ont exhumé le vieil adjectif *langagier* qui signifiait au XIVe siècle « bavard » pour lui donner le sens de « relatif au langage », par opposition à *linguistique*, qui caractérise une manière particulière et différente d'étudier la langue *(T. 4.70)*.

♦ Les lexicographes ne tirent point leur matériau d'un *absolu langagier* valable une fois pour toutes *(FL 11.12.67)*. À mes cours de Sorbonne, j'avais expliqué cette *escroquerie langagière* (l'emploi par la presse française de l'américain « missile gap ») *(Étiemble, 64)*. On lira dans ces listes (de mots) quelques-unes des tendances qui façonnent l'esprit de l'an 2000 et son *expression langagière (A. Rey, 70)*. Cette *fantaisie langagière* qu'est le franglais *(T. 4.70)*. R. Le Bidois définit indirectement sa propre attitude : décrire les *mœurs langagières* avec précision et sans indulgence, et compter sur le ridicule pour les châtier *(M. 8.11.70)*. La mode qui consiste à enregistrer des *phénomènes langagiers*, sans porter sur eux un jugement de valeur *(T. 4.70)*. « Combinatoire, intersection, intervariant, segments », voilà qui cautionne mathématiquement une *platitude langagière (Étiemble, 66)*. La structure que l'auteur a voulu forger, c'est une *structure langagière (Lefebvre, 68)*.
→ LINGUISTIQUE (adj.).

LANTERNE ROUGE sf. Fig. Fam. ■ Celui ou ce qui occupe la dernière place dans un classement, une compétition.

Les directeurs anglais, sur le plan des salaires, font figure de *lanterne rouge*. Ce qui explique une forte demande de la part des cadres britanniques pour des postes à l'étranger (...) Nouveau bond en avant dans le secteur des banques et assurances qui était notre *lanterne rouge (Exp. 6.73)*. Huit départements qui, jusqu'ici, étaient dans le bon peloton, concourent désormais pour la *lanterne rouge*, en laissant partir plus d'habitants qu'ils n'en gagnent *(P. 11.8.78)*. Dans le domaine de l'aide judiciaire, la France dispute à la Belgique et à l'Italie la « *lanterne rouge* » *(M. 7.10.78)*.

LARGUER v. tr. Fig. Fam. D'après : larguer (des bombes, des parachutistes) d'un avion. ■ Se débarrasser de quelque chose ou de quelqu'un.

Pourquoi, (pensent certains), ne commencerait-on pas à *larguer* ce général qui a fait son temps ? Une bonne crise économique et financière serait un moyen élégant pour l'éliminer *(C. 1.12.68)*. Des villages de caractère plus ou moins familial *larguent* leur modestie de toujours *(A. 4.12.69)*.
Une copine vient de tout *larguer* — son mec, son boulot, sa piaule — pour aller faire la bergère dans un grand mas en Provence *(M. 28.5.78)*.

LASER [lazɛr] sm. ~ 1960. Mot anglais (abréviation de *L*ight *a*mplification by *s*timulated *e*mission of *r*adiations). ■ Source lumineuse qui peut produire des éclairs très intenses de lumière cohérente, et qui est utilisée dans les télécommunications, en biologie, dans des traitements médicaux (lasérothérapie).

Les *lasers* (...) fonctionnent dans la gamme des fréquences lumineuses, dont la longueur est de l'ordre du micron. Ils ne servent guère d'amplificateurs. On les fait travailler en oscillateurs, afin qu'ils émettent une radiation lumineuse de fréquence donnée *(Dr. électron.)*. Le *laser* fait flotter de drapeau dans de nombreux stands, et on le trouve sous toutes ses formes : *laser* à rubis, *laser* à gaz *(M. 12.12.64)*. Le *laser* perce les diamants et seringues hypodermiques ; il est également à l'honneur dans les microsoudures *(E. 5.12.66)*. Grâce au *laser* on obtient des mesures de longueur avec une précision d'environ quinze centimètres. On connaîtra donc la distance entre la terre et la lune avec cette précision *(M. 22.7.69)*.

● En apposition.
Cette section poursuit une exploration par *écho laser* de la surface lunaire *(M. 26.2.69)*. Nouveaux matériaux organiques pour l'*émission laser (M. 26.2.69)*. Les *expériences laser* n'ont pas encore commencé *(M. 23.7.69)*. C'est de la Terre qu'on obtiendra tous les renseignements, en mesurant le temps d'aller et de retour d'un « *faisceau de lumière laser* » *(M. 22.7.69)*. Les interactions entre le *rayonnement laser* et la matière *(M. 21.2.69)*. Le *récepteur laser* était en place et sa position paraissait bonne *(M. 22.7.69)*.

LAVAGE DE CERVEAU loc. subst. Fig. Mil. XXe. (Traduction de l'américain *brainwashing*). ■ *Action** psychologique exercée sur une personne en vue de modifier ses convictions, de rendre sa mentalité telle qu'on la souhaite.

Lavage de cerveau : endoctrinement, cure de désintoxication idéologique. Terme de journaliste, devenu populaire (aux États-Unis) depuis la guerre de Corée *(Dt. am.)*.
Nous ne leur ferons pas de mal, dit M.X., nous ne voulons plus d'effusions de sang, nous les soumettons simplement à un « *lavage de cerveau* » afin qu'ils comprennent leur erreur *(E. 4.12.67)*. Platon ? Le premier théoricien du *lavage de cerveau*. La Cité platonicienne ressemble moins à une communauté républicaine qu'à un centre de rééducation pour délinquants pervers *(E. 25.3.68)*. Un jeune publiciste qui se prépare à lancer un nouveau magazine pornographique est kidnappé par 25 jeunes femmes, séquestré douze heures (chez) l'une d'elles. « Les femmes, disent-elles, en ont assez d'être considérées comme

LAVE- Premier élément (forme du verbe *laver*) de substantifs composés masculins.

LAVE-GLACE sm. Autom. ■ Dispositif qui projette un fin jet d'eau sur le pare-brise pour le nettoyer.
>Adaptation d'un *lave-glace* à commande couplée avec les essuie-glaces *(M. 3.10.69)*. L'essuie-glace à deux vitesses est complété par un *lave-glace* à pompe électrique *(A. 2.7.70)*.
>Cette voiture a un pare-brise feuilleté, un *lave-glace* et un essuie-glace de lunette arrière *(C. 26.8.78)*.

LAVE-LINGE sm. ~ 1970. ■ Machine à laver le linge.
>L'exiguïté des cuisines a conduit les constructeurs à réaliser des *lave-linge* dont les largeurs ne sont que de 45 ou même 40 cm, pour une capacité de 5 kg de linge *(M. 2.3.74)*.
>Un *Lave-linge* qui lave 3 kilos de linge en 5 minutes *(M. 6.3.76)*.

LAVE-PHARES sm. ~ 1970. Autom. ■ Dispositif qui permet de nettoyer les phares d'une voiture en marche.
>Quelques accessoires pratiques : rétroviseur extérieur réglable de l'intérieur, (...) et *lave-phares* *(Tour. 19.4.79)*.

LAVE-VAISSELLE sm. ~ 1968. ■ Machine à laver la vaisselle.
>La ménagère porte naturellement son attention sur cet appareil en évolution qu'est le *lave-vaisselle* *(C. 2.3.69)*. La brochure « Choisir un *lave-vaisselle* » est envoyée contre 5 F *(VR 29.3.70)*.
>Des efforts sont faits pour rendre les *lave-vaisselle* moins bruyants en insonorisant leurs parois *(M. 2.3.74)*.

LAVERIE sf. Repris ~1954. ■ Blanchisserie équipée d'une série de machines à laver où le linge de chaque client est traité séparément.
>Le libre-service gagne les *laveries* *(VF 10.7.64)*.
>On construit actuellement deux tours H.L.M. destinées aux jeunes ménages : *laveries* collectives, garderie pour les enfants sont prévues dans ces deux tours *(M. 25.5.74)*.

LEADER [lidœr] **sm. Spéc. ■ (Chose) qui a un rôle de premier plan.**
Rem. **Dans cet emploi, *leader* est le plus souvent placé en apposition après un autre substantif.**
>St-Sylvestre en mer à bord des deux *paquebots leaders* de la flotte française de « croisières » *(F. 12.11.66)*. Le conseil demeure la *fonction leader* (dans les) relations publiques *(En. 2.5.70)*.
>La menace de fermeture de l'*usine leader* de l'horlogerie a créé dans la région un climat passionnel *(E. 25.6.73)*.

LEADERSHIP [lidœrʃip] **sm. Par ext. ■ Rôle de leader.**
1. À propos d'une personnalité autre que politique.
>Venir à Cannes, dans un festival inauguré par Fellini, serait abandonner à celui-ci un *leadership* qu'Antonioni n'a pas de raison de reconnaître ... Ce *leadership*, cependant, le Festival de Cannes l'a à nouveau, cette année, proclamé *(P. 21.5.74)*.

2. Pol. À propos d'un État.
>La présence britannique (dans le Marché commun) amoindrirait le *leadership* de fait qu'exerce la France *(F. 26.1.67)*. Un *leadership* ambitieux d'Israël *(E. 19.6.67)*. La Grande-Bretagne détient le *leadership* des « Villes nouvelles » *(Fa. 10.6.70)*.

3. Écon. À propos d'une entreprise, d'une branche du commerce ou de l'industrie, etc.
>L'Égypte a été obligée de confier « le *leadership* du développement industriel au secteur public » *(M. 2.3.66)*. Cette technique du *leadership*, qui fait partie des théories les plus récentes en matière de management, consiste pour une entreprise à essayer de percer dans un secteur tout à fait nouveau et où elle ne craint pas la concurrence *(Collange, 69)*.
>Numéro 1 incontesté de l'automobile en France entre 1919 et la Seconde Guerre mondiale, Citroën perd son *leadership* dès l'immédiat après-guerre *(P. 1.7.74)*. Des dizaines de familles — armateurs, négociants, huiliers, savonniers — ont perdu, ces dernières années, le *leadership* économique de la région marseillaise *(E. 18.9.78)*.

LEASING [liziŋ] **sm. ~ 1960. Mot anglais.**
>La définition juridique du *leasing*, pour autant qu'elle soit fixée, ne rend pas compte exactement de sa nature économique (...) Le *leasing* n'est ni un simple contrat de louage, ni un prêt sur gage, ni une vente à paiement différé, ni une location-vente. Il combine le contrat de louage avec une promesse unilatérale de vente émanant du propriétaire de la chose. (...) Faute d'un terme plus approprié, le vocabulaire français a adopté — qu'Étiemble veuille bien être indulgent ! — le vocable anglo-saxon *(M. 20.2.66)*. Le *leasing*, forme de location-vente de biens d'équipement portera désormais en France le nom de « crédit-bail » ; cette formule consiste à « conclure un bail portant sur des biens d'équipement, assorti d'une option d'achat au terme d'une période irrévocable, et consenti par une société de caractère financier qui s'interpose à cet effet entre le constructeur et l'utilisateur *(M. 26.5.66)*. Instauré en France à la fin de 1967, le crédit-bail complète les opérations de « *leasing* », location de matériel *(M. 25.5.69)*.
→ CRÉDIT-BAIL, LOCATION-VENTE.

LÈCHE-CARREAU(X) 316

LÈCHE-CARREAU(X) sm. ■ Action de regarder les étalages en flânant.
> Si la nourriture est bon marché, les produits industriels le sont moins. Voici quelques prix relevés au hasard d'un *lèche-carreau* dans Sofia *(C. 25.6.69)*.

LECTEUR ou **LECTEUR DE BANDE** Techn. (*Audio*-visuel*). ■ Dispositif servant à reproduire des sons ou des images enregistrés sur bande magnétique.
> Des *lecteurs*-enregistreurs permettant d'enregistrer en voiture *(E. 25.6.73)*. Le *lecteur* de bande magnétique doit être un appareil de précision avec un positionnement de la tête de lecture au millième de millimètre près *(E. 11.2.74)*.

LÉGER, ÈRE adj. Fig.
1. Écon. De faible ampleur, de modeste envergure.
> La nécessité de prolonger les produits de consommation — réparations, innovations « *légères* » — donnera de nouvelles chances au travail artisanal *(M. 9.10.74)*. Dans le carnet de commandes de la R.A.T.P. coexistent des interventions *légères* comme à Dakar — assistance à la compagnie d'autobus — et des interventions lourdes, comme à Téhéran, le plus gros contrat actuel — élaboration du plan de transport pour le Grand-Téhéran *(Exp. 12.77)*.

2. (À propos d'un groupe humain, d'une collectivité). Composé(e) de peu de membres.
> Ce conseil central de planification économique est un échelon *léger*, destiné à préparer et à soutenir l'effort national d'adaptation et de redéploiement *(M. 9.10.74)*. M. Giscard d'Estaing a choisi de s'entourer d'une équipe plus *légère* que celle de son prédécesseur : 17 personnes contre 21 en mars 1974 *(M. 27.11.74)*.

3. Spéc. Fam. (déterminant les subst. *franc, million*, etc.) : *ancien** (franc, etc.).
> Même satellisés nous continuerons à gagner de l'argent. Les meilleurs d'entre nous seront encore milliardaires — de petits milliardaires, en francs *légers*, bien sûr ... *(Saint Pierre, 70)*. Une quinzaine de *millions légers* ont déjà été investis dans l'entreprise *(E. 19.11.73)*. Aujourd'hui la sortie d'un nouveau modèle de voiture dans de nouvelles installations coûte un milliard et demi de francs, cent cinquante milliards de ces *francs* qu'on appelle *légers (PM. 15.3.75)*.

→ LOURD.

LEM ou **L.M.** sm. 1969. Sigle pour les mots anglais *Lunar* [*excursion*] *module*. Parfois employé pour *module* lunaire*.
> Si tout se passe comme prévu, le module lunaire — L.M. — se (posera) sur la Lune en douceur (...). Le programme prévoit que *lem* se pose sur la lune le 20 juillet à 21 h 21. Le programme prévoit que Amstrong et Aldrin fêtent leur arrivée par un « repas lunaire » à bord du *lem (Air 12.7.69)*.

LÉOPARD sm. Fig. (Dans le syntagme *tenue léopard* : vêtement de camouflage tacheté, utilisé surtout par les parachutistes de l'armée).
> Habillé d'une tenue *léopard*, bien cintrée, une mitraillette en évidence sur le ventre, il marche en roulant les épaules *(E. 23.12.68)*. On a vu L. sortir en tenue *léopard*. Il n'y a pas droit car il est sous-lieutenant de réserve, mais (...) le treillis bariolé est mieux qu'un passe-droit, c'est un drapeau. Les paras (= parachutistes) sont les enfants chéris de la ville *(Courrière, 70)*.

LÈSE- Premier élément de substantifs composés sur le modèle de *lèse-majesté*, etc.
○ Accusée de *lèse-démocratie* (par le premier ministre), la gauche (...) *(E. 1.4.68)*. La muse de Saint-Germain-des-Prés commettrait le crime de *lèse-dimanche* a disparu *(M. 15.5.66)*. Le ministre des Affaires étrangères israélien n'a pas écouté (les conseils du général de Gaulle). C'est le crime de *lèse-gaullisme (E. 13.1.69)*.
∞ Il ne suffit pas d'ériger l'efficacité en une loi pour qu'elle soit respectée. Son pendant est un contrôle rigoureux. Tout délit de *lèse-efficacité* entraîne des sanctions *(Hetman, 69)*. L'éducateur doit être très attentif à ces réactions très saines de l'enfant. S'il s'y oppose, il tombe dans l'autoritarisme qui est un vice et même un crime de *lèse-enfance (C. 10.10.70)*. L'architecte risque de se voir reprocher le crime de *lèse-perspective (E. 3.7.72)*. Les rares hommes et les journaux qui prévoyaient les déboires techniques et commerciaux de l'avion Concorde étaient accusés de crime de *lèse-prestige (E. 11.2.74)*. Celui qui tente de réduire le pouvoir de l'O.R.T.F. est traîné devant une espèce de haute cour innommée : il a commis le crime de *lèse-État (P. 1.7.74)*.

LESSIVIEL, LE adj. 1962. De *lessive*. (Notamment dans le syntagme *produit lessiviel* : détersif employé pour le blanchissage).
> Adoucisseur incorporé : échangeur neutralisant le calcaire de l'eau facilite l'action des « produits *lessiviels* » *(FP. 3.71)*.

LÈVE-TARD, LÈVE-TÔT subst. ■ Personne qui a l'habitude de se lever tard/tôt.
> Le Parisien est un « *lève-tard* » *(F. 1.7.68)*. Les gens du Nord sont des *lève-tôt (Ch. f. 67)*. Les insomnieux et les *lève-tard*, ceux que la sonnerie du réveil tire, hagards ou nauséeux, de leur lit (...) Depuis toujours, je me range parmi les *lève-tôt*. Matineux, comme on dit *(C. 18.5.74)*.

→ COUCHE-TARD.

LEXÈME sm. (De *lexique*, d'après phon*ème*, morph*ème*, etc.). ~1960. Ling. Élément de signification, unité de base du lexique.

Il y a intérêt à distinguer entre « lexique » et « vocabulaire », et à réserver le premier de ces termes à la langue, le second au discours. On affectera de même le terme de « *lexème* » aux unités qui composent le lexique *(Muller, 68)*. D'une manière générale, l'emploi du terme « *lexème* » permet d'éviter une ambiguïté du terme « mot » *(Dubois, 73)*.

LEXICALISATION sf. Mil. XXᵉ. Ling. ■ Processus à la fin duquel un *syntagme** se trouve *lexicalisé**, est devenu une unité lexicale autonome.

Ch. Bally considère la *lexicalisation* comme un processus de « dégrammaticalisation », un procès qui favorise le lexique aux dépens de la grammaire (...) Il y a des degrés de *lexicalisation* (...) Le procès de *lexicalisation* peut être mené jusqu'à son terme ; exemple : « à mon corps défendant » *(Dubois, 73)*.

LEXICALISÉ, E part. passé et adj. Mil. XXᵉ. Ling.
Se dit d'une locution, d'un *syntagme** devenus unités lexicales autonomes, que les dictionnaires, avec plus ou moins de retard, enregistrent comme *entrées** ou *vedettes** indépendantes (Ex. souvent cités : *chemin de fer, pomme de terre*).

« Se mettre à fuir » n'est guère *lexicalisé*, alors que « prendre la fuite » l'est davantage (...) « S'enfuir » est plus *lexicalisé* que le précédent *(Dubois, 73)*. Deux dictionnaires traitent « coup d'envoi » à son ordre alphabétique en article séparé, reconnaissant par là qu'il est lexicalisé *(F. Mon., n° 108, 10.74)*.

LIAISON sf. Spéc. Rép. mil. XXᵉ. ■ Relations assurées régulièrement entre plusieurs lieux par les moyens de transport publics, les routes, les télécommunications, etc.

Les usagers réclament la rapidité des *liaisons* ville-aéroport (...) Les liaisons entre Paris et Roissy sont le sujet principal des réclamations. L'ouverture de l'autoroute a considérablement amélioré le trajet routier entre la ville et l'aéroport et les transports en commun ont fait la preuve de leur efficacité *(M. 11.3.75)*.

LIBRE-SERVICE sm. Rép. mil. XXᵉ. (D'après l'angl. *self-service**).
1. Système de vente, de prestation de service, etc., qui suppose que les clients, les usagers se servent eux-mêmes.

Le *libre-service* gagne les laveries *(VF 10.7.64)*. Un hyper-marché, selon la définition de l'Institut français du *libre-service*, est une très grande unité de vente au détail pratiquant la vente en *libre-service (En. 2.5.70)*. Des chariots en *libre-service* pour le transport des bagages à main ont été mis à la disposition des voyageurs *(VR 23.7.72)*.

2. Par ext.
Magasin, restaurant, etc., où est appliqué ce système.

Le fonctionnement de sa chaîne de distribution — du plateau à la boisson — est celui de tous les restaurants *libre-service (VR 20.3.66)*. Mise en vente uniquement dans les magasins d'alimentation des grandes sociétés, les super-marchés et les « *libre-service* », la nouvelle publication tirera à quatre cent cinquante mille exemplaires *(M. 7.6.68)*. Le succès du *libre-service-restauration* du buffet de la gare de L. prouve qu'il répond parfaitement au concept alimentaire quotidien du voyageur de notre temps *(VR 20.7.69)*.
Le *libre-service* est équipé d'un comptoir de distribution réfrigéré, d'une caisse enregistreuse, d'une machine à café (...) *(VR 29.4.73)*. Ce groupe va implanter en France une chaîne de *libres-services* pour l'équipement de la maison *(E. 30.7.73)*.

LIFTER v. tr. (De l'anglais *to lift*, relever). ■ Retendre la peau du visage par une opération de chirurgie esthétique.
Emploi figuré.

Son visage est légèrement griffé de rides aux coins des yeux quand elle est sérieuse, mais le moindre sourire le « lifte » instantanément *(E. 19.2.68)*.

LIFTIÈRE sf. De *liftier*. ■ Jeune femme qui assure le service d'un ascenseur dans un grand magasin.

Huit heures en cage, on n'en peut plus, dit Sophie, 19 ans, « *liftière* » à la Samaritaine *(E. 26.10.70)*.

LIFTING [liftiŋ] sm. ~1970. (Mot angl., de *to lift*, « élever » « hausser », etc.). ■ Opération de chirurgie esthétique consistant à retendre la peau du visage.

On n'opère pas une femme en pleine crise affective. Lui promettre qu'un nouveau nez ou un *lifting* lui ramènera son mari ou son amant serait la tromper gravement *(Mauduit, 71)*.

LIGNE sf. Spéc. ~1970. Techn. ■ Série de produits cosmétiques conçus pour une même catégorie d'utilisateurs.

La nouvelle *ligne* S. offre, pour bronzer en toute sécurité, un produit adapté à chaque nature de peau. Cette *ligne* présente les différents produits sous un conditionnement où le type de peau concerné apparaît nettement *(Pub. El. 17.8.70)*. T.L. lance sa *ligne* de toilette pour homme. Eau de toilette, after-shave (...) shampooing doux *(El. 18.9.78)*.

(-) LIMITE

(-) LIMITE Deuxième élément de substantifs composés. ■ Point au-delà duquel quelque chose n'est plus autorisé, possible, souhaitable, ne peut plus être pris en considération.

Ce cas extrême, ce *cas-limite* concerne les relations humaines dans ce qu'elles ont de plus mystérieux *(M. 22.3.69)*. La terreur pose la relation ami-ennemi comme une alternative entre l'être et le néant. Elle ne laisse d'autre choix que celui de complice ou de victime, de participation ou d'anéantissement. Elle apparaît ainsi comme un *concept-limite* qui par sa monstruosité et son caractère exceptionnel éclaire l'ensemble du phénomène politique *(Freund, 65)*. *Courbe limite* d'utilisation du turbomoteur *(VR 13.4.69)*. *Date limite* de dépôt de la déclaration *(M. 11.9.69)*. (Un) *film-limite*, où la caméra s'efface devant le réel *(O. 7.2.68)*. Ce n'est pas la vie qui entra dans le film, mais le film qui entra dans la vie des habitants pour la modifier. On ne saurait mieux indiquer quelle *forme-limite* a atteint ici un certain cinéma *(M. 22.2.69)*. *Heure limite* d'enregistrement (des bagages) *(VR 2.11.69)*. *Point limite* d'un conflit psychologique *(M. 23.3.69)*. Zones situées à la *portée-limite* des émetteurs (radio, télévision) *(M. 12.12.64)*. *Prix-limites* (de la viande) *(F. 2.11.66)*. C'est au moment où surviennent les *situations-limite* d'exception que la question du commandement et de la souveraineté se pose avec le plus d'acuité *(Freund, 65)*.

LIMOGEAGE sm. ■ Action de limoger (destituer, révoquer, etc.), quelqu'un ; son résultat.

L'absence de tout renouvellement a provoqué une érosion sensible du comité central et du bureau politique, où se sont multipliés les vides, sous l'effet des décès et des *limogeages (M. 3.11.66)*. H.L. n'est plus, du fait d'une récente décision gouvernementale, directeur de la Cinémathèque. Cette décision provoque un tonnerre de protestations (...). Tant de bruit pour le *limogeage* d'un inconnu ? *(O. 14.2.68)*.

LINGUISTIQUE adj. (Emplois autres que ceux qui concernent *la linguistique* en tant qu'étude et science du langage).

1. **Qui concerne la langue en tant que moyen de communication plutôt que comme objet d'une science, la linguistique.**

   Les « nouvelles » nous parviennent tantôt sous forme « écrite » (...) tantôt sous forme « orale ». Ainsi, par expérience quotidienne, découvrons-nous que le *message linguistique* se réalise tantôt « oralement », tantôt « graphiquement ». (...) Tout locuteur, quel que soit son niveau socio-culturel, peut en appeler à son intuition — son *sentiment linguistique* — pour discerner le correct de l'incorrect. Tout Français, de la sorte, corrige ou croit pouvoir corriger l'étranger qui « fait des fautes de français » *(Peytard, 70)*.

2. **Qui concerne la langue en tant que moyen d'expression et support de la culture d'une communauté ethnique.**

   O Nul ne pourrait soupçonner la France d'on ne sait quel *colonialisme linguistique*. (...) Le franglais multiplie les preuves d'allégeance à Sa Gracieuse Majesté britannique *(M. 25.3.66)*. Deux sujets appartenant à la même *communauté linguistique* peuvent fort bien ne parvenir qu'à un degré relatif d'intercompréhension *(Peytard, 70)*. Ce groupement (de) pays) fondé sur des *liens linguistiques* (entre la France et certains pays d'Afrique francophone) *(M. 21.2.69)*. Les *querelles linguistiques* sont les points chauds des relations entre les communautés d'expression différente en Belgique, au Canada *(VL 11.70)*. À Bruxelles même, ville bilingue — où même les partisans d'une Belgique fédérée admettraient l'existence d'une « entité » ambiguë pour laquelle les *questions linguistiques* se poseraient moins qu'ailleurs — on a vu les grands partis se scinder en listes francophones et listes flamandes *(O. 27.3.68)*. Le Premier ministre de Belgique avait proclamé la *trêve linguistique (O. 14.2.68)*.

   ∞ Le breton parlé, c'est la langue d'une population âgée. Quand la ville et la campagne voient se creuser entre elles un *fossé linguistique*, il n'y a plus de peuple *(E. 5.6.72)*. L'évolution politique en Belgique de 1945 à 1972 ne s'est pas faite sur l'opposition droite contre gauche, mais sur l'opposition partis nationaux contre *listes linguistiques*, les unes pro-wallonnes, les autres pro-flamandes. La petite poussée socialiste en 1961 ne change rien au phénomène fondamental : la montée régulière des *forces linguistiques (Exp. 3.73)*. La S.N.C.F. pratique avec les chemins de fer allemands des échanges de jeunes cadres : a) échanges *linguistiques* au cours desquels les intéressés se familiarisent avec le vocabulaire de l'administration d'accueil ; b) échanges techniques (...) *(R.G.C.F. 6.74)*.

3. **Qui favorise l'étude d'une langue étrangère.**

   Bain linguistique (appellation générique) grâce à des séjours internationaux *linguistiques* et culturels *(Pub. US 20.1.71)*. (Les élèves) qui ont choisi l'espagnol comme langue à option, savent combien il est difficile de trouver une famille d'accueil (en Espagne) Les *séjours linguistiques* ne sont pas encore entrés dans les mœurs, là-bas *(Fa. 4.6.69)* *Séjours linguistiques* en Allemagne et en Angleterre, pour se perfectionner dans une langue étrangère, connaître le pays *(US 20.1.71)*. Une jeune femme crée Inter-Séjours pour vos *vacances linguistiques* à l'étranger *(Fa. 4.6.69)*.

LITTÉRARITÉ sf. ~ 1965. (De *littéraire*). ■ Ensemble des caractères spécifiques (linguistiques, sémiotiques, sociologiques) qui permettent de considérer un texte comme littéraire.

De l'une à l'autre des 32 pages de ce copieux journal — « Le Figaro » — que j'avais choisi à cause de son caractère de « *littérarité* » (...), j'ai dépisté une dizaine de « car » (conjonction). C'est relativement considérable *(F. Mars, C. 30.7.78)*.

LIVRE- Premier élément de subst. comp. dont le second élément donne une indication sur le sujet ou l'esprit du livre en cause.

Le film « Elle court, elle court la banlieue » est une « comédie triste », née du *livre-réquisitoire* de Brigitte Gros *(E. 14.8.72)*. L'enseignement alterné fait maintenant son apparition en France, et ce livre en marque le véritable avènement. C'est, en effet, à la fois un *livre-document* qui fait le point des différentes expériences d'enseignement alterné existant à l'étranger, et un *livre-action* militant pour une idée *(M. 18.1.75)*.

LOCOMOTIVE

LOBBY [lɔbi] plur. **LOBBIES** [lɔbiz] sm. (Mot angl.) Rép. mil. XXe. Pol. Écon., etc. ■ *Groupe* de pression*.

Rem. On entend par « *lobby* » un important groupe, parfaitement organisé pour défendre ses intérêts en s'efforçant de peser, au moyen de contacts personnels, sur la politique gouvernementale ainsi que sur la législation *(Dt. am.)*. En France comme en Amérique, un « *lobby* » est un rassemblement d'individus et de groupes qui agissent en fonction des intérêts des personnes et des sociétés financières *(O. 2.9.54)*. En français, le mot *lobby* a pris un sens plutôt péjoratif *(Birou, 66)*.

♦ Le « *lobby* » de l'acier s'oppose à la réalisation d'un marché commun européen dans lequel il voit un terrible concurrent possible *(M. 25.11.54)*. Certains équipements ou services collectifs n'ont pas besoin de défenseurs parce que de véritables *lobbies* existent pour cela, d'autres, en revanche, n'attirent que bien insuffisamment l'attention des pouvoirs publics. C'est parce qu'ils manquent de groupes de pression pour les défendre *(M. 6.6.64)*. (Le) *lobby* des ultras qui s'étaient fait une spécialité de défendre le trône contre la « menace rouge » *(FL 7.4.66)*. Le « *lobby* » de l'automobile sacrée est si puissant, qu'on ne le voit même plus. On est dedans *(O. 23.11.66)*.
Quand le *lobby* de la boucherie fit les pressions dont on se souvient pour faire construire les abattoirs de la Villette, il était évident que la solution était ailleurs *(M. 22.11.72)*.
Il existe depuis longtemps une confrérie des constructeurs d'avions, alliée ou adversaire, selon le cas, du *lobby* des transporteurs *(Exp. 6.7.73)*. Pendant la grève, certains établissements bancaires ont multiplié les coups bas (...) Beau combat : service public contre *lobby* bancaire *(O. 27.1.75)*. En 1935, le « *lobby* » viticole de la Chambre des députés obtint un élargissement de la consommation vinicole des jeunes *(M. 1.4.75)*. Ce qui manque, c'est, en face des tout-puissants *lobbies* de l'automobile, de l'alcool et des transports routiers, la volonté politique de faire prévaloir la protection de la vie et des jeunes sur les intérêts coalisés *(C. 31.5.78)*.

LOCATION-VENTE sf. ■ **Mode de transmission d'un bien qui, par des paiements plus élevés qu'un loyer, assure au locataire la propriété du bien considéré, à la fin d'une période fixée par contrat.**

Les bénéficiaires doivent s'engager à respecter le contrat de *location-vente* qui leur est proposé *(Gendarme, 59)*. La construction d'usines qui seraient ensuite proposées en *location-vente* aux industriels *(M. 28.4.66)*. Revendre, par *location-vente* ou vente non spéculative la majorité des appartements occupés *(M. 19.6.66)*. Construction de grands ensembles locatifs ou en « *location-vente* » *(F. 24.1.67)*. Une société réunira les investissements, commandera des matériels à des constructeurs désignés par l'État et revendra ces installations à l'administration par le moyen de la *location-vente* des équipements *(M. 14.10.69)*.
→ LEASING.

LOCK-OUTER [lɔkawte] v. tr. (De *lock-out*, mot anglais, avec terminaison francisée). ■ **Faire cesser les activités (d'une entreprise, etc.) en décidant le lock-out.**

La situation demeure inchangée dans les universités de M., B. et V. La première est fermée, la seconde « *lockoutée* » par le recteur ; la troisième en grève *(F. 4.2.67)*. Le cortège brandissait des pancartes sur lesquelles on pouvait lire : « Monsieur D., en *lock-outant* nos parents, vous affamez leurs enfants » *(M. 14.2.67)*. Ces derniers jours le personnel *lock-outé* n'a guère répondu aux appels des syndicats *(M. 6.12.69)*.

LOCOMOTIVE sf. Fig. Rép. ~ 1960. ■ **Personne, collectivité ou chose (abstr. ou concrète) qui constitue un élément dynamique, qui donne une impulsion à un mouvement, à une évolution, qui entraîne les autres.**

Rem. Les emplois métaphoriques de *locomotive* sont devenus très nombreux et fréquents, notamment dans la presse écrite, depuis 1960. Il n'est pas rare que la métaphore soit soulignée par la présence dans le même texte d'un ou plusieurs lexèmes appartenant au « champ sémantique » du chemin de fer, par ex. :
— subst. : *convoi, dépôt, rail, train, wagon*, etc.
— verbes : *dérailler, tirer, traîner*, etc.

1. À propos de personnes physiques.

1. Dans des domaines où la « *locomotive* » a une supériorité physique (sport).

● — Cyclisme (emploi attesté, selon Esnault, *Dt argots*, dès 1926, et resté courant dans les comptes-rendus de courses cyclistes). ■ **Coureur qui « mène le train », ou aide ses coéquipiers en les « tirant », en quelque sorte, derrière lui.**

Il y a des coureurs dont on ne parle pratiquement jamais et qui pourtant accomplissent une tâche écrasante. Ce sont ceux qui jouent le rôle de *locomotive*. Dès qu'un de leurs équipiers est victime d'un incident ils se laissent décoller du peloton pour attendre l'attardé et, dès que celui-ci a rejoint, ils se lancent à la poursuite du peloton. Aussi, parfois, à la fin de la journée, ces hommes qui ont effectué deux ou trois courses supplémentaires sont beaucoup plus fatigués que ceux qui terminent en tête à l'étape, et ils arrivent les derniers *(C. 6.7.65)*.

● — Dans d'autres sports (d'équipe), à propos d'un joueur dont la combativité, le dynamisme galvanise son équipe.

On reverra Christian C. (rugbyman) dans le XV de France. Qui oserait laisser « C.C. » sur la touche ? Ces *locomotives*-là battent des records *(E. 17.11.69)*. Il faut trouver une *locomotive* pour tirer le hand-ball français de son train-train *(C. 13.3.70)*.

● — Dans les sports où comptent les performances individuelles : athlète (p. ex. coureur de fond) remarquable par son endurance sa régularité ou sa vitesse.

Locomotive à pointes (= chaussures à crampons que portent les athlètes). E. Zatopek

LOCOMOTIVE

(spécialiste des courses de fond) accumulait les victoires. Il triompha de 24 adversaires au 10 000 m des Jeux olympiques de Londres en 1948 *(E. 18.11.68)*. Une sortie de 75 km sans entraîneur et une longue randonnée auront-elles suffi à remettre la *locomotive* Anquetil (champion cycliste) sur ses rails ? *(F. 18.9.65)*.
Lors de la finale du 10.000 mètres aux championnats d'Europe d'athlétisme, le Roumain F., qui passe aux 5.000 mètres en 13 min.44, est la *locomotive* d'un convoi chargé d'explosifs : trois Britanniques, 2 Hollandais et 2 Soviétiques. Viennent ensuite le Polonais K., l'Italien O. et le grand Finlandais V. *(C. 29.9.78)*.

2. Dans des domaines où la « *locomotive* » a une supériorité autre que physique. Personnalité de premier plan qui, grâce à son autorité, son ascendant, son dynamisme ou son prestige, donne une impulsion décisive, entraîne une collectivité, marque un milieu ou une époque, etc.

- **— Dans la vie politique.**
  Un succès tel que celui de l'U.N.R., en 1962, tient tout entier à la popularité du général (de Gaulle). Privé de sa *locomotive*, le train n'avancera plus à la même vitesse *(M. 20.12.62)*. Chaque liste a essayé de réunir le plus grand nombre de personnalités dont les noms ont paru capables d'attirer les électeurs. C'est déjà ce qu'on appelle à Saint-Étienne une « bataille de *locomotives* » *(M. 23.3.65)*. La formidable machine Kennedy, pur-sang métamorphosé en *locomotive*, huilée, rodée, lancée sur les rails de la Nouvelle Frontière *(E. 29.8.66)*. La faiblesse du chancelier c'est d'abord d'avoir été porté par son parti à la succession du Dr. Adenauer à la chancellerie parce qu'il passait pour une merveilleuse « *locomotive* électorale » plutôt que pour ses qualités propres *(M. 29.10.66)*. À l'époque du scrutin de liste, le candidat placé en tête de liste faisait « *locomotive* ». Et il n'était pas mauvais, pour le parti qui le présentait, de placer une femme en second ou en troisième de liste. Parfois la *locomotive* entraînait les wagons. Et la femme se retrouvait député *(E. 30.1.67)*. Il y a un bon usage de la défaite électorale, puisqu'elle procure à un certain nombre de *locomotives* politiques le seul recours qui puisse empêcher la collision et ses mortelles conséquences, tout en permettant leur réapprovisionnement en combustible et la révision de la mécanique : une voie de garage *(M. 26.7.68)*.
  À la tête de la caravane politique, experts et guides se prennent pour la *locomotive* de l'Histoire mondiale *(E. 18.7.77)*. La principale « *locomotive* » du parti socialiste dans la région est le maire d'Angers *(M. 13.1.78)*.

- **— Dans la vie des affaires.**
  Le train de l'E.N.I. (Ente Nazionale Idrocarburi), privé de sa *locomotive* » (E. Mattei, sorte de roi italien du pétrole, tué dans un accident d'avion), connaîtra des moments difficiles *(M. 11.11.62)*. En 1956, le nouveau patron de la centrale d'achat Prisunic accroche ses wagons à une *locomotive* : Denise F. Une petite femme de 48 kg, souriante, décidée efficace *(O. 30.11.66)*.
  Société X. cherche d'urgence jeune *locomotive* capable d'animer représentants en France à l'étranger. *(Annonce, M. 8.2.74)*.

- **— Dans la vie culturelle ou mondaine.
  Artiste, homme de lettres, vedette du spectacle, etc., qui donne le ton.**
  J'ai souvent comparé les Académies à ces dépôts où l'on met les locomotives qui ne peuvent plus servir. Je suis une très ancienne *locomotive*, mais je traîne encore de wagons et il m'arrive de temps en temps d'écraser quelqu'un *(F. Mauriac : M. 1.3.63)*. Obtenir la présence d'un V.I.P. à une soirée du Lido, à Paris) de sept cents personnalités de marque Pas si facile. Car un V.I.P. (Very Important Person) n'accepte jamais une invitation sans poser la question : « Qui y va ? » Pour les vedettes, la « *locomotive* absolue » fut, aux yeux, de Cravenne, Jean Cocteau : « S'il était là, tous les problèmes étaient résolus » *(E. 14.12.64)*. Une bonne *locomotive* doit se distinguer par un entrain infatigable, une direction particulière pour la vie nocturne, quelques talents de société et la possession d'un grand local (...) La *locomotive* mondaine peut appartenir à une grande variété de types. Distinguons : la *locomotive* littéraire, industrielle, académique, cinématographique, chantante journalistique, théâtrale, parfumée, etc. *(Bouvard, 66)*. Pour être *locomotive*, la célébrité n'est plus la condition « sine qua non ». L'argent, la beauté ou l'intelligence peuvent suffire pour prendre le train *(E. 16.5.66)*.
  Tels sont les trois peintres qui ont été à l'origine de cette école de Nice. Selon R., ce sont les *locomotives* auxquelles se sont rattachés les wagons d'une nouvelle génération de peintres *(M. 2.2.68)*. Professeur de théologie œcuménique à l'université de Tübingen l'abbé K. a été l'une des *locomotives* du Concile *(PM 12.10.68)*. Cette nouvelle catégori des 25-40 ans, qui sont déjà, aux États-Unis, les *locomotives* d'une nouvelle mode de s vêtir, d'un nouveau mode de vivre *(E. 11.11.68)*. Les 4 ou 5 « *locomotives* » de la chanson française sont presque milliardaires *(R. 1.69)*. La merveilleuse *locomotive* (Fernandel) qu avait conduit plus de 300 millions de voyageurs au pays du rire patine sur ses rails *(PM 1.2.69)*. Pour les « *locomotives* », décembre s'annonce très dur : jamais le calendrier de festivités parisiennes n'a été aussi chargé *(PM 25.10.69)*. Sans doute tous ces curieu ont-ils l'arrière-pensée d'accrocher leurs propres petits wagons à cette extraordinair *locomotive* de l'édition moderne qui se nomme Henri Charrière *(F. 19.12.69)*.
  Mme. M., l'une des femmes les mieux habillées de la capitale, qui était de toutes le générales, dont on se disputait la présence dans les grands dîners en un mot la « *locomotive* » du Tout-Paris *(Floriot, 70)*. Ces personnalités mondaines qui parlent beaucoup dan les cocktails, on appelle des *locomotives* *(M. 5.12.76)*. Ce haut lieu de tennis es devenu le terrain de rencontre des célébrités et des braves gens, des *locomotives* et de non-classés de notre temps *(E. 12.6.78)*.

2. À propos de collectivités humaines. (Entreprise, État, parti, régior syndicat, ville, etc.). ■ **Qui a un rôle d'élément moteur au sein d'u ensemble plus vaste.**

Les citoyens des régimes socialistes ont envie de profiter de la vie. On veut sortir du pay voir l'étranger. On veut exprimer ses propres opinions, discuter les points de vue officiel En un mot, on veut se promener sur toutes les routes, et même en dehors des routes, a lieu de rester entre deux rails d'acier, traîné par la *locomotive* de l'État *(M. 7.3.64)*. Inaugurant la foire de Lille, le ministre a souligné que cette région (du Nord) devait être *locomotive* entraînant le convoi français. Elle doit jouer un rôle d'entraînement po l'économie du pays *(M. 28.4.64)*. Les nations les plus développées du continent latin américain doivent être les *locomotives* du développement et entraîner à leur suite, en le aidant, les nations les moins développées *(C. 31.8.66)*. Depuis une dizaine d'années, l'Allemagne est la *locomotive* économique de l'Europe *(O. 28.12.66)*. Les travailleurs de la Régie Renault relativement bien payés, bien organisés, jouent le rôle de *locomotive* sur le plan social *(C. 6.12.68)*. Si les structures de la C.G.T., se modernisent, c'est pour permettre à la confédération d'affirmer plus encore sa volonté d'être la *locomotive* du mouvement ouvrier *(E. 10.11.69)*. Le samedi 18 mai 1968, les trains stoppent. Suivant la « *locomotive* » des cheminots, le mouvement de grève s'étend à une vitesse vertigineuse *(Alexandre, 69)*. *Locomotive* de l'économie mondiale jusqu'au début du XXe siècle, la Grande-Bretagne est à la recherche de son second souffle *(C. 15.12.71)*. En moins d'un an, le Mouvement des Forces armées se transforme en une formation politique progressiste. D'abord méfiant, le Parti communiste va vite s'accrocher à cette *locomotive (E. 16.12.74)*. La tentation, une fois de plus, sera de se laisser tirer par l'Allemagne qui a donné un coup de pouce à son économie. Mais, cette fois, la *locomotive* allemande ne sera peut-être pas assez forte pour tirer le train *(M. 1.2.75)*. Les géants de l'automobile américaine courbent la tête devant la débâcle. Ils étaient fiers d'être la *locomotive* de toute l'économie du pays *(E. 21.4.75)*. Deux grands magasins constituent les *locomotives* qui doivent attirer la clientèle *(C. 7.9.75)*. Milan, au moment de l'unité italienne, a une bonne longueur d'avance sur les autres villes du jeune État. Elle les dominera carrément à partir de 1900, les entraînant dans son expansion. Une *locomotive*, en quelque sorte *(M. 19.4.78)*. D'une certaine façon, Hambourg s'est trouvé jouer une partie du rôle dévolu jadis à Berlin : celui d'une ville « *locomotive* » *(M. 26.4.78)*. Le choix de l'O.C.D.E. traduisait l'abandon de la doctrine des « *locomotives* » – certains pays, en l'espèce la R.F.A. et le Japon, devant tirer les autres – pour celle du « convoi ». (...) Il semble que les « *locomotives* » aient, en fait, une capacité de traction relativement faible *(M. 16.7.78)*. Le parti socialiste pourrait devenir la *locomotive* de la gauche *(M. 4.10.78)*. L'Égypte s'engage à servir de *locomotive* pour « tirer vers la paix » Israël et les Palestiniens *(O. 16.10.78)*. Les grands magasins qui devaient en être les « *locomotives* » (des Centres commerciaux) s'en détournent *(C. 1.11.78)*.

3. À propos de choses. « *Locomotive* » désigne une chose, soit abstraite, soit, plus rarement, concrète, qui constitue un facteur décisif de progrès, de réussite, dans un domaine culturel (film, livre, émission, etc.), économique (équipement), social, technique, etc.

○ Les propositions patronales paraissent de nature à inciter les syndicats à parvenir à un *accord* qui pourrait servir de « *locomotive* » *(C. 23.4.70)*. L'*agrégation* joue, dit-on souvent, le rôle d'une *locomotive* : les avantages réservés à la catégorie des agrégés deviennent, pour la catégorie inférieure, le but à atteindre (...) *(T.M. 8.69)*. La *chimie* est l'une des « *locomotives* » de l'expansion industrielle *(O. 14.12.66)*. La *dépréciation* interne de la monnaie, c'est-à-dire la hausse du coût de la vie, est la *locomotive* qui tire ce train fantôme *(E. 24.2.69)*. On appelle *locomotive* un *film* promis à de très grosses recettes. Le distributeur se sert d'une *locomotive* pour placer un film médiocre, un navet qui, proposé tout seul, n'aurait aucune chance d'être accepté par un exploitant *(VL 7.5.76)*. On peut prédire que « La Grande Vadrouille » (film), sera, comme « Le Corniaud » (autre film), une des *locomotives* du cinéma français. *(LF 15.12.66)*. La *haute couture* ne joue pas seulement un rôle de « *locomotive* » à l'intérieur des maisons où elle prend naissance. Elle tire aussi tout un train de corporations diverses : maroquiniers, fourreurs, bottiers, fabricants de broches de haute nouveauté *(M. 26.7.66)*.
L'*information* prend à la radio une place de plus en plus grande et elle est la « *locomotive* » des deux stations privées rivales *(M. 20.10.67)*. Voici un *livre* « populaire » qui remportera un grand succès et qui sera l'une des « *locomotives* » de la saison *(En. 20.9.69)*. La *loi* d'orientation agricole avait été la « *locomotive* » de réformes qui, sans elle, auraient encore davantage été retardées par les lourdeurs du train administratif *(M. 18.7.66)*. Ce *lycée* sportif de montagne est une « *locomotive* » inespérée pour le maire, constructeur, et hôtelier. Toute l'Europe athlétique y a défilé, s'est extasiée. Jamais la mairie n'aurait pu offrir à sa municipalité une telle campagne publicitaire *(E. 9.10.67)*. Chaque semaine « 1 000 menus » vous propose un choix de *menus* « *locomotive* » *(Fa. 11.9.70)*. Ce projet d'un très gros ordinateur doit être un véritable *projet-locomotive* qui tire la technologie avancée *(C. 9.5.60)*. La part des exportations dépasse largement la moyenne dans les *secteurs locomotives* de notre expansion : biens d'équipement, production chimique, industrie automobile *(F. 11.12.69)*. La *télévision* en couleur est une bonne *locomotive* de l'information *(E. 26.10.70)*. Il (un couturier) espère décider les Parisiens à s'habiller pour sortir le soir, persuadé que le *théâtre* est une grosse *locomotive* à laquelle on a tout intérêt à accrocher les wagons nommés textile, limonade ou bijoux *(PM 10.1.70)*. Les premiers *titres* (d'une collection de livres), judicieusement choisis, ont servi de *locomotives (E. 16.8.65)*.

○○ La région réclame des équipements qui pourraient être des « *locomotives* » : un complexe pétrochimique et un aéroport international *(M. 19.1.73)*. Le logement social joue le rôle de *locomotive* pour bouleverser les mauvaises habitudes *(M. 28.2.74)*. Pour les entreprises de travaux publics, les routes et autoroutes constituent la « *locomotive* » de leurs activités *(C. 26.1.75)*. La Bourse revient de loin et même les « *locomotives* » de la cote (= les actions les plus cotées) ont été durement secouées en 1974 *(P. 27.1.75)*. L'éternelle 2 CV, conçue en 1936, commercialisée en 1948 reste la *locomotive* de la firme *(P. 24.2.75)*. Il est peu probable que la consommation privée retrouve son rôle de *locomotive* de la croissance *(R. 11.75)*. Le tourisme est aujourd'hui la *locomotive* qui tire l'économie locale savoyarde *(C. 27.12.75)*. Notre festival est le laboratoire, la *locomotive* de la haute fidélité *(E. 8.3.76)*. Le football professionnel est sans doute la *locomotive* du football français. Mais ce sont les wagons qui justifient la *locomotive (C. 10.1.78)*. Il fera une revue de presse à 8 h 30. Ce sera une bonne *locomotive* pour l'émission (suivante) (...) *(C. 2.9.78)*. Un central téléphonique pourrait jouer le rôle de *locomotive* pour une série d'équipements collectifs *(C. 23.9.78)*.

LOGICIEL sm. ~ 1970. Inform. Terme préconisé en France par l'Administration pour traduire *software**.

Le ministre de l'Industrie semble soucieux d'élargir au maximun l'effort informatique français à la péri-informatique, aux minicalculateurs, aux composants électroniques, aux *logiciels* (...) *(M. 30.1.75)*.

LOGISTIQUE

LOGISTIQUE sf. et adj. ~ 1960. (En dehors du vocab. milit.)
- Subst. fém.
  Ensemble de moyens, de méthodes, concernant l'organisation.
  L'ampleur des problèmes qui relèvent du domaine de la manutention (des marchandises), y compris ceux de la recherche opérationnelle, de la simulation, de la sécurité, en passant par le conditionnement, etc., sont tels qu'ils dépassent les idées communes. Cela a donc incité à réunir les techniques de la manutention, des transports et des disciplines afférentes sous le vocable de *logistique* ou *logistiques*. Ce terme général englobe, en effet, l'étude et la réalisation des mouvements de charges, qu'il s'agisse des *logistiques* manutention, des *logistiques* transports, ou des *logistiques* théoriques. D'ailleurs, il vaut mieux utiliser le mot *logistiques* au pluriel afin de montrer, d'une part, qu'il couvre plusieurs disciplines et d'autre part, qu'il n'y a pas de confusion possible avec la *logistique* militaire ou avec celle des mathématiciens *(D. En. 5.71)*.
- Adj.
  Relatif aux méthodes d'organisation.
  Ce mouvement bénéficie du soutien *logistique* du Parti communiste, qui a engagé une opération sur le thème de la sauvegarde de l'exploitation rurale familiale *(E. 25.2.74)*. À l'occasion, ce département de la S.N.C.F. sert de conseil *logistique* à des groupes industriels qui lui confient des études de transport *(M. 13.12.75)*.

LOI- Premier élément de substantifs composés féminins.

LOI-CADRE sf. ■ **Loi qui pose un principe général devant servir de cadre à des mesures que prendra le gouvernement.**
Une *loi-cadre* instituant un régime original, isolé de la Sécurité sociale *(M. 11.6.66)*. Au cours de leur récente assemblée plénière les évêques ont mis au point une sorte de « *loi-cadre* » pour la formation des futurs prêtres *(C. 27.2.70)*.
Ce débat devrait permettre au gouvernement de présenter une *loi-cadre* dont l'enjeu est capital : réformer en profondeur la façon de gérer les communes *(E. 19.6.78)*. La nouvelle *loi-cadre* agricole sera prochainement déposée devant le Parlement *(C. 26.8.78)*.

LOI-PROGRAMME sf. ■ **Loi qui fixe un programme (de dépenses publiques, etc.).**
Une *loi-programme* dans laquelle seraient précisés le montant des investissements et le rythme de leur engagement *(M. 25.8.65)*. Le Ve Plan et la *loi-programme* de la recherche scientifique seront l'occasion de modifier certaines règles comptables, afin de donner au chercheurs une liberté plus grande *(M. 8.6.66)*. La première *loi-programme* d'équipement sportif et socio-éducatif *(F. 4.11.66)*. Appliquer la *loi-programme* d'équipement, faire des piscines, par exemple *(F. 15.11.66)*.

LONGUEUR sf. (D'après l'emploi dans le vocab. du sport : courses de chevaux, courses automobiles, etc.).
- Fig. (Dans le syntagme *longueur d'avance*). **Avantage, supériorité, sur un concurrent, un partenaire, etc.**
  Sur ce registre, l'Allemagne fédérale a quelques *longueurs d'avance*. Dès 1952, la cogestion paritaire était mise en vigueur dans l'industrie du charbon et de l'acier *(M. 18.7.74)*. Les élus ont joué à fond la carte de la salubrité et de l'hygiène. Ils ont d'abord désigné parmi eux un spécialiste de l'environnement. Ainsi cette station balnéaire avait une *longueur d'avance* sur ses concurrentes *(M. 23.8.74)*. Au moment de l'unité italienne, Milan avait une bonne *longueur d'avance* sur les autres villes du jeune État. Elle les domine carrément à partir de 1900 *(M. 19.4.78)*.

LONGUEUR D'ONDE(S) sf. Fig. Surtout dans des syntagmes comme *(être/ne pas être) sur la même longueur d'onde(s)* (que …). ■ **(Être/ne pas être) en accord, en harmonie, en sympathie (avec …) ; ou (avoir/ne pas avoir) la même attitude, le même comportement, le même style (que …).**
Le pénaliste répond au criminologue : nous ne sommes pas sur la même *longueur d'onde* *(M. 13.10.65)*. Des phrases s'échangent qui ne portent pas la même *longueur d'onde* *(Auburtin, 66)*. Dans l'agacement de trouver à votre pensée une *longueur d'onde* qui n'est pas la sienne *(M. 5.7.69)*. Au lieu de jouer sur la même *longueur d'onde*, ils (deux vedettes d'un film) apparaissent comme complémentaires : Delon, froid, racé inquiétant, Belmondo gavroche, rigolard, « décontracté » *(M. 24.3.70)*.
La CGT a essayé de hausser le ton. Mais la CFDT dit qu'elle se refuse à toute action spectaculaire et à tout appel tonitruant. Les deux centrales syndicales ne semblent donc pas être sur la même *longueur d'onde* *(C. 8.9.74)*.

LOUBAR, LOUBARD ou **LOULOU** sm. 1973. ■ **Jeune homme qui vit généralement dans les quartiers populaires ou les banlieues des grandes villes, où il mène une vie plus ou moins *marginale**, fait souvent partie d'une bande et tombe facilement dans la délinquance.**
Ils se ressemblent tous un peu, les « *loulous* », les « *loubars* » comme ils s'appellent eux-mêmes (…) 45 % de jeunes délinquants sont issus de familles dissociées ; 52 % d'entre eux n'ont pas le certificat d'études et 51 % n'ont jamais commencé d'apprentissage professionnel *(E. 3.9.73)*. Il n'y a pas de fatalité pour les jeunes délinquants. Les petits « *loubards* » d'aujourd'hui peuvent devenir les bons pères de famille de demain *(P. 24.2.75)*. Voilà une décennie on parlait de blousons noirs. Le *loulou* a surgi à l'occasion de l'attaque d'un bal à S. Évidemment *loulou* s'oppose à jeune loup. Celui-ci marche vers les sommets celui-là se dirige vers les « bas-fonds » *(F. Mon., N° 116, 10.75)*. On peut être missionnaire dans le XIXe arrondissement de Paris, le quartier des « *loulous* ». Mais pas un missionnaire

comme les autres. Car les voyous ne se laissent pas facilement approcher. Issus de milieux défavorisés, ils prennent l'air arrogant et ont le goût de l'indépendance (...) Cependant Guy Gilbert a réussi à se faire adopter par eux. Il nous dit comment dans son livre : « Un prêtre chez les *loubards* ». Les « *loubards* », c'est un monde d'agressivité. Ils sont drogués par la violence et le vol (...) les *loulou* ont la camaraderie plutôt brutale. Ils n'hésitent pas à déclencher la bagarre contre des bandes rivales (...) Pas question d'adopter un ton moralisateur devant les « *loubards* ». Il est préférable de les considérer comme des hommes, de leur faire confiance. Il convient de les écouter. Cela demande de la patience. Mais, se sentant estimés, les voyous deviendront plus respectueux des autres *(C. 15.4.78)*. Les « *loulous* » de M. sont bannis d'une maison des jeunes aussi provocante à leurs yeux qu'une vitrine de chaîne hi-fi. Plus que jamais les « *loulous* » sont donc dans la rue *(M. 6.6.78)*. Peut-être faudrait-il se demander si la place que l'on donne à ces super-marginaux que sont les « *loubards* », dans la presse, les films, les discours, ne conduit pas à en faire des vedettes *(C. 30.9.78)*.
→ BLOUSON NOIR.

LOUP (JEUNE)
→ JEUNE LOUP.

LOURD, E adj.
1. Pol. Écon., etc.
Qui nécessite des moyens (financiers, intellectuels, techniques, etc.) importants.

En 1958, des médecins chinois songent à pratiquer l'anesthésie par acupuncture. Ils commencent prudemment : des extractions de dents sans analgésie. Puis, ils s'attaquent aux amygdales. Et enfin à la chirurgie *lourde* *(E. 12.2.73)*. Les « classes cliniques » ne feront pas disparaître, malheureusement le besoin de solutions « *lourdes* », telles que classes spéciales *(F 9.73)*. Depuis le début de l'année, les Français ont acheté essentiellement des produits durables, chers, « *lourds* » comme disent certains commerçants : (...) caméras, chaînes haute-fidélité et tout ce qui meuble et équipe la maison *(P. 1.4.74)*. Tout est *lourd* dans l'industrie du bâtiment : la paperasserie, la machine administrative, les mécanismes financiers, l'opération de bâtir elle-même *(E. 20.1.75)*. Dans un investissement commercial *lourd*, on est obligé de prendre en compte des aléas imprévisibles, climatiques aussi bien que conjoncturels *(M. 3.9.75)*. Air France, compagnie internationale, doit entretenir une structure commerciale *lourde* dont elle répercute les frais sur les tarifs qu'elle nous (agences de voyages) fait *(M. 20.7.78)*. Une compagnie de navigation spécialisée du transport *lourd* *(E. 18.9.78)*. Les assistants des universités (...) seraient soumis à un service « *lourd* » : 15 heures par semaine au lieu des cinq heures actuelles en lettres. Ce service « *lourd* » ne permettrait plus aux assistants de se consacrer à la recherche *(M. 8.11.78)*.

2. Spéc.
(Dans les syntagmes *franc lourd, million lourd, milliard lourd*, etc.). Fam. pour : *nouveau** franc ou (franc, million, etc.) *nouveau**.

Ses responsabilités sont énormes, puisqu'il engage au nom de la banque, des centaines de millions de *francs lourds* *(PM 30.9.72)*. Les voleurs découvrent de 2.000 à 3.000 *francs lourds* en légères pièces de 20 centimes et de 1 franc dans les appareils à sous *(PM 5.5.73)*. Son chiffre d'affaires dépasse sûrement le *million lourd* *(O. 24.9.73)*. L'épargne liquide sous toutes ses formes frôlait, selon le Conseil national du Crédit, 480 milliards de francs — de *francs lourds* bien entendu *(P. 14.10.74)*. Le tiercé brasse, bon an mal an, 9 milliards de *francs lourds* et mobilise 120.000 employés *(E. 20.1.75)*. Le corps de bataille actuel coûte bon an mal an 7 *milliards lourds* *(F 28.2.75)*. Un comité créé pour sauver un village du Sahel a fait appel à toutes les bourses. Et les dons ont afflué : de 5 *francs* à 10.000 *lourds* ! *(PM. 15.3.75)*.
Le prix du premier modèle de Rolls-Royce est de 353.000 francs. Le modèle le plus chic vaut 614.000 *francs lourds*, soit plus de soixante et un million anciens *(O. 29.4.78)*. La maison de couture D. réalise un chiffre d'affaires annuel d'un milliard de *francs lourds* *(O. 26.6.78)*.
→ LÉGER.

L.S.D. [ɛlɛsde] sm. Rép. ~ 1965. (De l'alld. LSD, abrév. de *Lysergsäurediethylamid*, « acide lysergique diéthylamide »). ■ *Hallucinogène** tiré d'alcaloïdes présents dans l'ergot de seigle.

Le *L.S.D.* est déjà « dépassé » : on a trouvé des drogues plus concentrées et plus actives *(M. 26.5.66)*. On aurait pu croire que ce festival serait celui de la drogue mais le *L.S.D.* n'apparaît pas dans les (films) *(M. 12.1.68)*. La diéthylamide de l'acide lysergique, mise au point par le Suisse Hoffmann en 1938, est devenue, sous le nom de *L.S.D.* 25, le cheval de bataille de la « beat generation » et du mouvement hippie. Ces jeunes (...) attendaient du *L.S.D.* qu'il épanouisse, en eux, un rapport mystique (...) au cosmos *(Olievenstein, 77)*.
Dans un journal dont la plupart des lecteurs sont des jeunes, on a pu trouver un véritable guide pratique de la drogue : les avantages du *L.S.D.*, précautions à prendre pour fumer, comment faire une piqûre, etc. *(M. 27.2.77)*.
→ DROGUE.

LUDIQUE adj. Rép. mil. XXe. ■ Pour jouer, de jeu, etc.

Notre temps invente un nouveau type de démocratie. Risquons une appellation non contrôlée : la démocratie *ludique* *(C. 31.5.69)*. C'est pas un outil, c'est un instrument *ludique*, un cerceau *(O.R.T.F. 16.1.71)*.

LUDOTHÈQUE sf. ~ 1970. (Du lat. *ludus*, « jeu », et suff. *-thèque**).
Organisme qui prête des jouets moyennant une légère redevance.

Les adultes ont leur bibliothèque, leur discothèque ; pourquoi les enfants n'auraient-ils pas leur *ludothèque* ? Préconisée par l'Unesco et réalisée en quelques exemplaires au Canada, en Inde et dans les pays nordiques, la *ludothèque* fonctionne depuis deux ans avec succès à Dijon. (...) Cette *ludothèque* est à la disposition des enfants de 2 à 14 ans.

L'adhésion coûte 4 fr. par an et le montant du prêt varie de 1 à 3 fr. par semaine, suivant l'importance du jouet *(TG. 12.2.71)*. À Besançon s'est ouverte en octobre 1970 une « *ludothèque* », véritable « cité des jouets » *(C. 25.2.71)*. Clubs et *ludothèques*, seuls susceptibles de faire enfin entrer le jeu dans l'âge adulte *(M. 21.6.78)*.

LUMINANCE sf. ~ 1948. ■ Quotient de l'intensité lumineuse d'une surface par l'aire apparente de cette surface. La luminance s'exprime en *candelas** par mètre carré (cd/m^2).

En dehors de l'éclairement adéquat, le confort visuel est surtout fonction d'une bonne répartition des *luminances* (...). Un même éclairement appliqué à deux surfaces ayant un aspect différent (mat ou brillant, clair ou sombre) provoquera des effets différents. C'est que l'œil ne perçoit pas les éclairements mais les *luminances* *(R. G.C.F. 5.78)*.
→ CANDELA.

LUNAUTE sm. ■ *Astronaute** qui est allé sur la lune.

(Les astronautes pénétreront) dans l'enceinte du laboratoire spécialement édifié pour accueillir les premiers *lunautes* et ce qu'ils auront glané sur la Lune *(C. 23.7.69)*.

LUNE DE MIEL sf. Par ext. ■ Période de bonne entente qui suit un accord (entre des États, des collectivités, des entreprises, etc.)

M.V.B. et M.V.A. avaient décidé de gouverner ensemble, et rien n'aurait plus dû empêcher leur *lune de miel* politique *(M. 22.3.66)*. « *Lune de miel* » entre les troupes d'intervention du général F. et la population de B. *(M. 14.10.69)*.
Est-ce la *lune de miel* entre le ministère des Finances et le Centre national du patronat français, entre la puissance publique et le secteur privé ? *(E. 11.2.74)*. Une coopération au niveau de la fabrication et des achats s'instaure entre les deux sociétés de construction automobile. La *lune de miel*, toutefois, ne dure pas. Dès 1965, il apparaît que ces accords sont ambigus : il faut les rompre ou aller plus loin *(M. 26.6.74)*. Les hommes d'État ont beau affirmer : « La détente continue », la *lune de miel* entre les États-Unis et l'URSS semble terminée *(E. 20.1.75)*. La communauté urbaine de Brest commence à connaître quelques scènes de ménage après une *lune de miel* qui paraissait exemplaire, sinon idyllique. Il est vrai qu'un mariage à huit (8 communes) demande beaucoup de compréhension de la part de chacun des partenaires *(M. 21.3.75)*.

LYOPHILISATION sf. ■ Dessiccation à très basse température pour assurer la conservation d'un produit alimentaire.

Le séchage par le froid. C'est par la *lyophilisation*, méthode entièrement nouvelle, que le café-filtre est séché de son eau *(M. 5.2.66)*. Trop de nos savants préfèrent créer des mots abscons à partir du grec et du latin, comme *lyophilisation* pour « dessiccation à froid » (Etiemble : *FL 1.12.66)*. La plus importante usine européenne de *lyophilisation* *(C. 18.3.70)*. La *lyophilisation* consiste en une évaporation de l'eau par sublimation ; cela signifie par passage direct de l'état solide — glace — à l'état vapeur sans passer par l'état liquide *(VR 4.1.76)*.

LYOPHILISER v. tr. ■ Déshydrater par *lyophilisation**.

Le café M. *lyophilisé* est aussi connu aux États-Unis que le Nescafé en France *(E. 16.3.70)*. Champignons *lyophilisés*, c'est-à-dire dont l'eau de combustion a été extraite en sublimant sous vide la glace préalablement obtenue *(F. 22.11.66)*. Les pays où elle (la variole) sévit ont un urgent besoin de vaccins *lyophilisés* *(F. 26.1.67)*. Une fondue savoyarde préparée en moins d'un quart d'heure : rajouter 2 décilitres de vin blanc (...) à un sachet de fondue *lyophilisée* *(E. 20.2.67)*. Sérum à base de cellules vivantes d'embryons (d'animaux) *lyophilisés*, c'est-à-dire stabilisés et desséchés sous l'action du froid *(VR 14.2.71)*. La nouvelle industrie qui débite, *lyophilise*, déshydrate, colore, congèle, surgèle, concurrence l'artisanat quotidien des ménagères *(O. 23.12.72)*.

M

MACH [mak] (Nom propre). ~1950. ■ Rapport entre la vitesse d'un projectile ou d'un avion et celle du son.

Le nombre de *Mach* « M » d'un avion se déplaçant à la vitesse V : c'est tout simplement le rapport entre cette vitesse V et la vitesse du son. (Celle-ci) varie fortement avec la température. Comme la température de l'air varie elle-même fortement avec l'altitude, la vitesse du son ne sera donc pas la même au voisinage du sol et en altitude. (...) Les assertions, qu'on rencontre encore trop souvent, du genre *Mach 2 = 2 000 km/h* sont complètement fantaisistes *(Air 14.11.70)*.

MACHINE À HABITER Loc. subst. Fig. ■ *Grand* ensemble* immobilier, agglomération où il semble impossible de vivre humainement.

« Cité de robots », « *machine à habiter* », « ville sans âme » — pour ceux qui n'y vivaient pas, S. était invivable *(E. 24.10.66)*. Adaptation pour créer le cadre de vie souhaitée, qui transforme ce qui ne serait qu'une « *machine à habiter* » en un véritable logement *(C. 30.1.69)*.

Mécanisé dans son travail, l'homme qui se retrouve mécanisé dans son logement « *machine à habiter* » n'a pas d'autre échappatoire que la névrose *(Ragon, 71)*.

MACHINE À SOUS
→ SOUS (À).

MACHINE-TRANSFERT sf. Rép. mil. XXe. Techn. ■ Machine-outil à postes multiples dans laquelle les pièces à usiner demeurent fixes au cours des opérations d'usinage, et se déplacent automatiquement de poste en poste pendant les opérations intermédiaires.

Une seule machine fait à elle seule les anciennes opérations confiées auparavant aux machines spécialisées. C'est le triomphe de la machine automatique. Le terme en est, dans les ateliers, la *machine-transfert* qui effectue elle-même le déplacement des pièces d'un outil devant un autre outil, ceux-ci se mettant automatiquement en marche lorsque la pièce est devant eux, grâce aux têtes électro-magnétiques *(Lacombe, 71)*. Cette entreprise, qui utilise des *machines-transfert* (...) aurait pu constituer le noyau d'un groupe important, spécialisé dans les machines *(Uri, 73)*.

MACHO [matʃo] sm. 1971. (Mot espagnol, « mâle »). Par ext. ■ Homme *phallocrate**.

Nous sommes dans un monde latin qui privilégie le « *macho* ». Lui n'est pas atteint par la grossesse. Il ne porte pas l'enfant. Il n'avorte pas. À la fille de se débrouiller. C'est triste *(E. 31.7.78)*.

MACRO (-) Premier élément de composés, au sens de : très grand, important, se rapportant à un ensemble très vaste.

Macro- + substantif.

○ L'État (...) dès qu'il oriente économiquement tous les choix de l'homme par ses *macro-décisions* de planificateur *(Schwoebel, 68)*. Disons, pour employer le langage consacré, que les comptables nationaux font de la *macro-économie* et non pas de la micro-économie *(M. 9.9.69)*. (L') industrialisation conduit tôt ou tard à la *macro-entreprise* agricole de type industriel *(M. 2.2.66)*. L'administration centrale devrait se borner à des tâches de *macro-gestion*. Au contraire, devant décider de tout, elle est condamnée à la micro-gestion *(FL. 19.1.67)*. Un certain nombre de perfectionnements techniques permettent de photographier par temps gris, en intérieur et de nuit et de réaliser des *macro-photographies (F.*

MACRO (-) 16.3.68). Comment passer subitement du néant politique, de l'analphabétisme social à la *macro-politique*? *(Es. 2.66).*

∞ La micro-économie est celle des entreprises et des ménages, la *macro-économie* celle des grands ensembles, des nations et de leurs relations entre elles *(E. 18.2.74).* C'est surtout au regain de la « micro-économie » que l'on assiste aujourd'hui. La « stagflation » a peut-être encore plus desservi la « *macro-économie* » que les épigones de Keynes *(M. 13.5.78).* Pour l'opinion, l'économie, c'est avant tout la *macro-économie,* l'étude des résultats globaux de l'activité nationale, qui a constitué la tradition dominante depuis Keynes *(E. 5.6.78).*

Macro- + adjectif.

○ Une société industrielle moderne, où les décisions *macro-économiques* prennent de plus en plus d'importance *(G. Martinet, 68).* Les *études* « *macro-économiques* » portent sur le développement économique national (...) Il faut veiller au maintien des *équilibres macro-économiques* nationaux *(Moulin, 68).* L'Institut pour la chimie *macromoléculaire (E. 27.9.65).*

∞ Il semblait que les gouvernements pouvaient faire face à tous les problèmes *macro-économiques* en réglant la demande globale, en relançant l'activité économique, chaque fois que la conjoncture le nécessitait. L'apparition des premières difficultés, à la fin des années 60, puis la stagflation sont venues mettre en échec l'analyse *macro-économique (E. 5.6.78).*

MACROBIOTISME sm. Mil. XXe. ■ Régime alimentaire à base de céréales, de légumes et de fruits.

Le *macrobiotisme* qui a pour origine le « zen » japonais, est une alimentation exclusivement constituée de riz complet, cuit à l'eau, additionné d'huile et de sel marin *(PM 24.6.72).*

Rem. L'adj. *macrobiotique* (répandu mil. XXe) est attesté dans des syntagmes tels que : nourriture *macrobiotique,* restaurants *macrobiotiques,* etc.

MADAME (+ subst. ou loc. subst). (D'après le tour plus ancien *Monsieur** + *subst.* ou *loc.*). Le subst. ou la locution indiquent l'activité, la fonction, la spécialité de la personne désignée.

Refusant d'être appelée « Mme Drogue », et encore moins « Mme Antidrogue », Mme Pelletier va commencer par rassembler une documentation sur le problème de la drogue *(M. 11.6.77).* S'il ne traite pas l'ancienne secrétaire d'État à la Condition pénitentiaire du méchant sobriquet de « Mme Prison trois étoiles », il n'interdit pas à ses fidèles d'en user *(P. 6.2.78).*

MAGNÉTOSCOPE sm. (Peut-être d'après *magnétophone*). ■ Appareil qui enregistre sur une bande magnétique les images et le son de la télévision.

Magnétoscope sera préféré à Ampex *(VL 1.63).* Bientôt, grâce au *magnétoscope* et au circuit fermé de télévision, les professeurs pourront s'observer eux-mêmes lorsqu'ils font la classe et apprécier la valeur de leur enseignement *(F. Mon. 6.69).* Un *magnétoscope,* c'est un appareil très compliqué, un tour de force technique. S'il doit entrer dans les foyers, le *magnétoscope* en sera l'engin le plus sophistiqué *(O. 16.10.78).*

Rem. Les dérivés *magnétoscoper* (v. tr.) et *magnétoscopique* (adj.) sont attestés.

Si les images ont bien été *magnétoscopées,* on a omis d'enregistrer les commentaires *(M. 22.7.69).*
Les trois bandes *magnétoscopiques* représentent au total plus d'une heure de projection *(M. 18.4.78).*

MAGNÉTOSPHÈRE sf. (D'après *atmosphère, stratosphère,* etc).

Pour les géophysiciens, la Terre ne se limite pas au globe solide, pas même au globe entouré de son atmosphère. Elle comprend aussi la *magnétosphère,* c'est-à-dire tout l'espace occupé par les lignes immatérielles de son champ magnétique *(F. 29.11.66).* Le champ magnétique terrestre forme autour de notre planète une vaste zone protectrice : la *magnétosphère (M. 19.7.69).*

MAGNÉTOTHÈQUE sf. (D'après *bibliothèque, discothèque,* etc). ■ Collection de bandes magnétiques enregistrées et meuble où on les range.

Elle arrêta la bande magnétique, la scella dans une enveloppe et la rangea dans une *magnétothèque* où j'aperçus une trentaine d'autres bandes déjà classées *(Déon, 70).*
→ -THÈQUE.

MAGOUILLE [maguj] sf. Mil. XXe. (Peut-être sous l'influence de *margoulin* et *grenouillage*, grenouiller*; cf. aussi Rem. 1. ci-après). Fam. ■ Intrigues, manœuvres, tractations plus ou moins louches ou déloyales. Combine (fam.), *traficotage*,* etc.

Rem. 1. On n'est pas bien informé sur « *magouille* », (...) mot à la mode. M. Georges Mounin, dans la « Linguistique du vingtième siècle », écrit qu'il pourrait « être né, soit comme une sorte de mot-valise, soit comme un lapsus, à partir de « manœuvrer + grenouiller », ou « maquignonner + grenouiller ». On ne voit pas d'autre explication, en effet, qu'une création expressive, moins à partir d'un radical MAG qu'à partir du suffixe -OUILLE *(J. Cellard, M. 19.5.74).*

Rem. 2. La « *magouille* » ! Ce mot (...) au cours des derniers mois, je n'ai cessé de le rencontrer. Chaque fois que j'ai dû exposer les caractéristiques et les modes de fonctionnement des institutions politico-administratives (...) sarcastique et destructeur, il a résonné : « Bof ! tout ça c'est de la *magouille* ! » (...) En définitive, nous supportons mal le compromis. Tout compromis nous semble capitulation ou « *magouille* » *(C. 11.1.78).*

♦ Des documents ont fait mesurer l'ampleur des « *magouilles* » qui se tramaient au sein de la municipalité *(O. 27.1.75)*. La réussite du beaujolais ne va pas sans *magouilles* ni sans compromissions *(M. 16.9.75)*.

Rem. 3. Sont également attestés : le v. intr. *magouiller*, et ses dér. : *magouillage* sm., *magouilleur* adj. et sm.

Le dialoguiste du film décoche ses flèches contre les puissants du jour et les *magouilleurs* de l'ombre *(P. 19.12.77)*.

MAI sm. Fig. (Par allusion à la crise politique et sociale de mai 1968 en France.)

1968 a connu surtout le *mai français* (...). Un « *mai* italien » qui permettrait de relancer l'activité révolutionnaire en France *(E. 14.4.69)*.
On en est venu plus tard aux méthodes autoritaires, répondant après 1968 aux menaces d'un « *mai* rampant » par un « fascisme ordinaire » qui a éliminé les organisations syndicales traditionnelles de la plupart des usines *(M. 14.6.75)*.

MAILER sm. ~ 1975. (Mot angl., de *mail*, « poste »). ■ Formule de correspondance postale qui permet d'écrire l'adresse du destinataire à l'extérieur et le message à l'intérieur.

L'avenir nous (les P.T.T.) semble se trouver du côté du « *mailer* » (...) Les services des impôts l'utilisent déjà. Nous évaluons le marché à un milliard de « *mailers* » en 1980 *(M. 24.11.77)*.

MAILLAGE sm. Fig. ■ Densité (p. ex. des équipements culturels dans un pays).

Dans cette région le *maillage* universitaire est le plus serré qui soit en France *(M. 21.1.68)*.

MAINTENANCE [mɛ̃tnɑ̃s] sf. Repris mil. XXe (peut-être sous l'influence de l'angl.).

1. Milit. Action qui vise à maintenir en état (de fonctionnement, de marche) le matériel et les effectifs d'une troupe en opérations. Ensemble des moyens en personnel et en matériel nécessaires à cet effet.

La 2e D.B. dépendait presque totalement, pour son armement comme pour son habillement, de la *maintenance* américaine *(Tron, 61)*.

2. Par ext. Techn. Ensemble des opérations (entretien, révision, etc.) nécessaires pour maintenir en état de fonctionnement normal une installation, des véhicules, etc.

Rem. L'emploi du terme *maintenance* est sans doute plus évocateur que le mot entretien puisqu'il met en évidence la notion du maintien des installations à un niveau aussi voisin que possible celui du neuf *(R.G.C.F. 1.78)*.

♦ Une prime est accordée aux membres du personnel qui exercent une fonction de sécurité et de *maintenance* *(O.R.T.F. 20.11.54)*. Il est possible d'accroître la durée de vie du matériel en assurant de temps à autre l'entretien préventif, appelé *maintenance* *(Dt. électron)*. Sur la droite du puits se trouvent les ateliers de *maintenance* *(R. 2.70)*. Les « Caravelle », dont la *maintenance* est confiée à Air France, peuvent continuer à voler *(M. 25.11.70)*.

(-) MAISON Deuxième élément de substantifs composés.

● Après un substantif, nom d'abstraction. ■ Qui caractérise, qui est propre à (une entreprise, un établissement, une famille, etc.).

Un *commentaire-maison* résumait (à la télévision) les discours des députés de l'opposition *(E. 29.5.67)*. Dans le nouveau spectacle (d'un cabaret) l'*esprit maison* demeure intact *(M. 6.10.54)*. 87 000 personnes réparties dans 224 fabriques et une centaine de pays : ce qui les réunit (...) doit être un esprit commun, ce que j'appellerai, sans ironie, l'*esprit-maison* *(Priouret, 70)*. L'*esthétique maison* (d'une galerie de peinture), rigoureuse comme un dogme *(E. 1.4.68)*. Le nouveau programme du Grand Guignol est, dans le *genre maison*, l'un des meilleurs *(M. 28.11.57)*. Un *humour-maison* auquel il faudra que je m'habitue *(Saint-Lô, 67)*. Sortir de nouveaux modèles est, chez C., l'*impératif maison* *(E. 8.1.68)*. Il y a un *parler maison* (à la radio), c'est à prendre ou à laisser *(Perret, 53)*. Fidèle à la *politique maison*, cette voiture ne deçoit pas *(A. 19.6.69)*. La *tradition maison* du génie créateur, marquée par la traction avant *(E. 20.4.70)*.
Pendant cette période, dans un cas sur trois, les postes de cadres ont été pourvus par la seule promotion interne. Cela va changer : les sociétés indiquent qu'elles freineront les « *promotions maison* » *(E. 29.6.78)*.

● Après un substantif, nom de personne ou de collectivité. ■ Conformiste ; docile aux consignes officielles, etc.

La mise en place de *délégués « maison »* (dans une entreprise) *(E. 9.9.68)*. « Les gaullistes de gauche (...), parfois trop enclins à former une « *gauche-maison* », irritée mais trop sage *(M. 26.4.69)*. Le personnel de la société F. votera dès le début (en mai 1968) contre la grève et se contentera de la création d'un « *syndicat-maison* » autonome, ayant l'approbation de la direction *(Chaffard, 68)*. (Au Japon) le système du « *syndicat-maison* » et la discipline du personnel assurent à l'entreprise une main-d'œuvre plus souple et plus diligente qu'en Europe *(Guillain, 69)*.

MAISON DE LA CULTURE sf. Dans une ville : société à activités culturelles (théâtre, etc.) placée sous la tutelle des autorités publiques.

Le conflit *maison de la culture*-municipalités semble déclencher une sorte d'émulation *(E. 3.2.69)*. Les animateurs socio-culturels ont (signé) une motion pour protester contre la décision du gouvernement de supprimer vingt postes de directeur de la *maison de la culture* *(M. 9.9.69)*.

MAÎTRE- Premier élément de substantifs masculins composés désignant des noms de professions. Repris au milieu du XXe s., peut-être à cause de la vogue des objets anciens et de certains aspects de la vie rustique. ■ Personne qui dirige une entreprise artisanale ou qui est très habile dans son métier.

C'est (un film) la dernière leçon d'un *maître-artisan* (cinéaste) *(ST 27.2.68)*. 8 Français sur 10 pourraient recevoir leurs amis autour d'un feu de bois. R.L.D., *maître-âtrier* répond à leurs questions *(Fa. 23.10.68)*. De grands conducteurs, comme lui (un pilote de course), sont devenus *maîtres-fabricants*, réussissant de magnifiques voitures *(E. 19.9.66)*. Les pipiers de St. C. ont fondé, cette année, une confrérie des *maîtres-pipiers* (F. 24.11.66). J. L., *Maître-rôtisseur* : Grillades au feu de bois *(Pub. M. 7.4.66)*.

MAJORETTE sf. 1955. Mot américain (*Drum majorette*, littéralement « tambour-majorette »). ■ Jeune fille ou jeune femme vêtue d'un uniforme de fantaisie et maniant parfois une canne de tambour-major. Groupées en formations organisées, des majorettes participent à des défilés, fêtes folkloriques, etc.

Les « Madelon du Havre », *majorettes* blondes et bleues, défilent martiales à travers la ville *(E. 5.6.72)*. (...) Les défilés de *majorettes*, grandes filles rayonnantes, en dolmans rouges à brandebourgs et shakos blancs à plumets, marchant d'un pas martial sous la conduite de super-*majorettes* jongleuses qui lançaient vers le ciel de longues cannes à pommeau d'or. Avec leurs tuniques coupées au ras des fesses, leurs cuisses nues, leurs petites bottes blanches arrivant à mi-mollet, elles ressemblaient à des maréchaux d'Empire qui auraient perdu leurs pantalons *(Daninos, 75)*.
Tandis que *majorettes* et fanfare défilaient, les personnalités allèrent dévoiler la plaque commémorative *(VR 5.3.78)*.

MAJORITÉ SILENCIEUSE sf. Attesté dès 1941. (cf. cit. A. Maurois ci-après). Repris et répandu ~1969. (d'après l'angl. *silent majority*). ■ Se dit d'un ensemble de citoyens numériquement majoritaires, mais qui, par apathie, conservatisme ou pour toute autre raison, omettent ou refusent de faire connaître leurs opinions.

Dans mon « vivier » (cahier de notes personnelles) de 1941 je trouve ces mots : « L'opinion publique n'est pas une. Il y a celle qui parle et celle qui se tait. Nous avons tendance à prendre le volume du bruit pour la mesure des effectifs. Mais il y a des minorités bruyantes et des *majorités silencieuses* ». L'immense *majorité silencieuse* était pour moi *(A. Maurois, 70)*.
La littérature et le cinéma qu'attendait la « *majorité silencieuse* » pour s'y mirer *(E. 22.3.71)*. La gauche aussi a sa *majorité silencieuse*, qui attend de la politique un peu plus de justice, et non les secours d'une religion de rechange. Elle préférera deux sous d'espoir à deux grains d'opium *(E. 29.3.71)*. Le stationnement payant est ressenti par les deux tiers des Parisiens comme une injustice ; en revanche, une « *majorité silencieuse* » semble prête à sacrifier la voiture individuelle et à donner la priorité aux transports en commun *(E. 5.4.71)*. Les gauchistes bénéficient, à l'École normale supérieure de la complicité de la *majorité silencieuse* *(E. 12.4.71)*. Plus que l'hostilité des hommes, il faudra vaincre la « *majorité silencieuse* » des femmes apeurées par les responsabilités et qui préfèrent vivre dans l'ombre d'un homme, plutôt qu'à ses côtés *(Fa. 22.4.71)*.
Il faut indexer l'épargne, sinon l'immense *majorité silencieuse* des épargnants risque de devenir une majorité d'enragés *(P. 14.10.74)*. Le centre gauche (au Portugal), à force de se pousser vers le socialisme, a perdu la confiance d'une *majorité silencieuse*, inquiète, tiraillée entre le désir d'un changement et la peur d'un grand chambardement *(E. 10.2.75)*. L'assemblée des copropriétaires ne peut se tenir que le soir ; elle se prolonge souvent fort tard. Une des difficultés est que les « rouspéteurs » y viennent toujours, alors que la « *majorité silencieuse* » et bien élevée ne se manifeste guère *(C. 1.6.78)*.

MAKE-UP [mɛkœp] sm. Mot anglais. ■ Maquillage du visage.

Se passionner pour le Blush-on et les *Make up* plutôt que pour le Mouvement Démocratique Féminin *(Groult, 68)*.
→ EYE-LINER.

MAL (-) Premier élément d'adjectifs et de substantifs composés.

MAL(-)AIMÉ, E OU MAL AIMÉ,E s. et adj. Répandu au milieu du XXe s., peut-être à cause de spectacles (ballet, oratorio) tirés en 1951 et 1954 de *La Chanson du Mal Aimé* de G. Apollinaire (1909) ; cf. aussi la pièce de F. Mauriac, *Les Mal Aimés* (1945).

1. Personne ou groupe qui est ou se sent impopulaire ou tenu à l'écart.

Ce *mal-aimé* du cinéma (...). À soixante-seize ans, la télévision s'est emparée de lui *(FL 12.5.66)*. S. la *mal-aimée* (...) avec ses complexes, ses rancunes, elle joue les *mal-aimées*, les ratées, les haineuses *(E. 24.4.67)*. Les fonctionnaires du Marché commun sont des *mal-aimés*. *Mal aimés* des Européens, *mal aimés* des six gouvernements, qui les considéreraient, pour un peu, comme des parasites ; *mal aimés* même de l'administration interne de la commission *(M. 18.1.68)*. Contestés, contestables, se contestant eux-mêmes, les professeurs sont les *mal aimés* d'une société qui évolue trop vite *(R. 10.69)*. Un spasme va secouer la société, révéler l'exaspération des *mal-aimés* de l'expansion *(E. 30.3.70)*. Le « flic » est un *mal aimé (E. 26.10.70)*.
Les médecins des prisons, mal payés, *mal aimés* de la pénitentiaire, négligent les appels au secours *(E. 25.6.73)*. Le jeune patron a maintenant dépassé son complexe de *mal-aimé* des Pouvoirs publics et de l'industrie française *(E. 5.11.73)*. Des groupes sociaux qui vivent dans une « zone d'ombre », qui sont les victimes, les laissés-pour-compte, les mal-intégrés, les *mal-aimés* de nos sociétés développées *(Téla 15.12.73)*. Cécile (une détenue) était

l'éternelle *mal-aimée*. Elle n'avait jamais dû être jolie. Aussi son comportement trahissait-il une aigreur qui devait puiser loin dans le temps, jusqu'au fond d'une jeunesse sans joie, ternie par le malheur de ne pas plaire *(Gérard, 74)*. Le Premier ministre britannique ne se sent guère à l'aise (...) il serre des mains sans plaisanter, sans trouver le mot qu'il faut. Il est *mal-aimé* des foules *(E. 25.2.74)*. Le Festival de Cannes sert à donner sa vraie place à un cinéaste *mal-aimé* des commerçants *(P. 21.5.74)*.

2. À propos de choses abstraites ou concrètes.

Une sorte de disgrâce fait de l'agrégation la *mal-aimée* de l'Université *(M. 4.11.66)*. Pourquoi aborder au cinéma des sujets brûlants, des genres *mal-aimés* ? Un seul échec signifie les crédits coupés, l'impossibilité de travailler *(E. 5.6.72)*. La « Gauloise » verte filtre (cigarette), cette *mal-aimée*, contient 0,6 % de nicotine *(PM 30.9.72)*. Pestilence de lieux éternellement *mal-aimés* (...) : ici, en prison, la puanteur monte, colle, se répand *(Saint Pierre, 72)*. Sport d'hiver marginal, parce que mal connu ou *mal aimé*, le ski-bob pourrait amener à la neige de nouveaux adeptes *(M. 22.3.75)*. Le chemin de fer est en France un *mal-aimé*. Cela remonte loin. Méfiance et quolibets l'ont accueilli au 19e siècle *(M. 28.4.76)*.

MAL-CONNAISSANCE sf. ■ Connaissance insuffisante ou inexacte. (Sens différent de « méconnaissance »).

La (...) *mal-connaissance* des matières que les hommes entendent traiter et dominer est la caractéristique de cette période des grandes erreurs *(E. 18.12.67)*.

MAL-ÊTRE subst. Anton. de *bien-être*.

24 % des femmes avouent encore qu'elles auraient préféré être un homme (...), ce qui en dit long sur leur *mal-être* dans la société *(E. 10.2.75)*.

MAL-LOGÉ, E subst. ■ Dont le logement est de dimensions ou de confort insuffisants.

Les représentants des locataires réclamaient une politique du logement répondant aux besoins des *mal-logés (M. 10.7.65)*. La « cité de transit », destinée à héberger « provisoirement » les *mal-logés* particulièrement démunis *(M. 12.6.69)*.

MALMENAGE sm. (De *malmener*). ■ Défaut d'adaptation des rythmes de travail (notamment scolaire) aux rythmes biologiques (de l'enfant). Excès de fatigue nerveuse qui en résulte.

Rem. Notion qualitative, *malmenage* est souvent distingué de *surmenage*, notion plutôt quantitative.

L'année scolaire est devenue insensée. Et particulièrement rigide. C'est là, et pas ailleurs, que se situe le « *malmenage* » tant dénoncé de nos écoliers *(FP 10.72)*. Avec la rentrée, la santé et le surmenage, ou plutôt le *malmenage* scolaire vont de nouveau poser des problèmes sans qu'aucune solution valable ait été trouvée (...) Une meilleure prise en compte de tous ces facteurs s'avère nécessaire pour éviter le « *malmenage* » des écoliers, aussi nuisible à leur santé qu'à leurs études *(C. 13.9.78)*.

MALNUTRITION ou **MAL-NUTRITION** sf. Mil. XXe. (Sous l'infl. de l'angl. *malnutrition*). Did. ■ Déséquilibre alimentaire (sous-alimentation, carence d'éléments indispensables, suralimentation).

Les « économiquement faibles », parmi lesquels la *malnutrition* semble encore de règle *(M. 15.1.56)*. Plus d'un milliard d'enfants en bas âge meurent chaque jour au Brésil de *mal-nutrition (M. 13.4.66)*. La *malnutrition* est souvent plus qualitative que quantitative : il s'agit alors de problèmes de « faims de calories » *(M. 19.5.66)*.
Dans quelle mesure une *malnutrition*, soit pendant la gestation, soit au cours des premières années de la vie d'un enfant, risque-t-elle d'influer sur son développement cérébral ? (...) Le professeur D. déclare : « Même si nous n'avons actuellement aucun moyen de connaître exactement l'impact réel de la *malnutrition* sur le développement intellectuel, nous devons tout faire pour maintenir un bilan nutritionnel équilibré tout au long de la grossesse, tant pour la mère que pour l'enfant *(M. 10.5.78)*.

MAL-PENSANT adj. et s. ■ Personne dont les convictions diffèrent des « idées reçues ».

Ceux qui parviennent à aimer ce qu'il y a de moins aimable au monde : les autres, ceux-là, qu'ils soient prêtres, pasteurs, rabbins, hommes, femmes, bien-pensants, *mal-pensants*, putains, duchesses ou bonnes sœurs, une seule attitude envers eux : le respect *(Saint-Lô, 64)*. Benjamin Constant dénonçait le curé de Luzarches comme très *mal-pensant*, mauvais républicain *(Guillemin : E. 28.10.68)*.
Sur ces confins de l'Anjou et de la Bretagne on ne faisait pas (au XIXe siècle) d'éclats contre les *mal-pensants*, mais il régnait une sorte d'hypocrisie douceâtre qui faisait que celui qui pensait mal se retrouvait bientôt un être déchu, hors caste, qui n'avait plus qu'à déguerpir *(Bodard, 71)*.
(...) un déjeuner (à l'Élysée) de têtes pensantes qui ne pouvaient être reconnues comme telles que si elles n'avaient pas complètement cessé d'être *mal-pensantes (C. 28.9.78)*.

Rem. D'autres composés construits avec l'élément *mal*(-) sont attestés :
On a entendu une voix neuve pour laquelle il a fallu un mot nouveau : la *mal-croyance (C. 13.3.69)*. Le nombre des *mal-nourris*, des *mal-logés*, des *mal-instruits (M. 28.1.70)*. Les besoins des *mal-nourris* du « tiers-monde » *(M. 23.6.66)*.
L'association des donneurs de voix offre aux aveugles et aux *mal-voyants* la possibilité d'écouter gratuitement les livres de leur choix *(VR 31.3.74)*.

MALADIE INFANTILE sf. Fig. ■ Période de difficultés et d'instabilité qui affectent une collectivité, une institution au début de son existence.

Ils (les éléments chrétiens du P.S.U.) sont les premiers à reconnaître qu'il existe une « maladie infantile » du catholicisme *de gauche (G. Martinet, 68)*. Ce nationalisme qu'Einstein traitait de « *maladie infantile* », de « rougeole de l'humanité » *(M. 14.2.68)*. Est-il possible de faire mieux en Afrique, avec les cadres disponibles ? Celle-ci vit « *les maladies infantiles de l'indépendance* », qui apparaissent inévitables *(Dumont, 62)*.

MALTHUSIANISME sm. Repris mil. XXe. Écon. ■ Ralentissement volontaire de la production.

Le restrictionnisme, le *malthusianisme*, on ne sait comment appeler cette maladie, n'a même pas à son actif la réalisation du plein-emploi *(Sauvy, 68)*.

● Par ext. Dans d'autres domaines.

Faire aujourd'hui du *malthusianisme* universitaire, c'est se condamner demain à une économie malthusienne, dont le développement serait freiné, faute d'un nombre suffisant de cadres supérieurs *(M. 20.5.64)*. Dans le Japon d'hier les dirigeants pratiquaient un véritable *malthusianisme* de l'intelligence. Ils calculaient (...) que sauf pour une élite, il ne convenait guère de dépasser le niveau d'un solide enseignement primaire, afin d'avoir une masse plus facile à endoctriner *(Guillain, 69)*.

MAMMOUTH sm. Fig. Deuxième élément de substantifs composés, ou apposition à valeur d'adjectif.

1. **De très grandes dimensions.**

L'*avion mammouth* transportera 500 passagers *(E. 11.12.67)*. De « petits » pétroliers de moins de 100 000 tonnes viendraient décharger les *navires mammouths (E. 19.12.66)*.

2. **De très longue durée.**

Bien que le conseil de cabinet de mercredi ait été qualifié de « *conseil mammouth* », il est à craindre que la montagne n'accouche d'une souris *(M. 24.4.69)*.

MANAGEMENT [manaʒmɛnt] ou [manaʒmã] sm. Rép. mil. XXe. (Mot angl.). Écon. ■ Ensemble des méthodes et des techniques de direction, de gestion et d'organisation d'une entreprise ou d'un secteur d'activité.

Rem. Cet anglicisme a été souvent et parfois vivement discuté (cf. *DMN*). L'Académie française l'a adopté avec la prononciation francisée [manaʒmã].

La gestion prévisionnelle est l'équivalent, avec une inflexion dynamique, de l'administration des affaires, ou, pour reprendre un mot américain, du *management (M. 18.9.66)*. La science du *management* : une science passionnante résolument optimiste *(Collange, 69)*. Le fameux *management* est avant tout un climat de dynamisme *(C. 11.7.70)*. (Il faut) rappeler aux cadres que le culte des loisirs après celui du *management*, ce sont deux faces de la même mode : l'irresponsabilité *(E. 5.4.71)*. Les Soviétiques ne considèrent (pas) le *management* comme une profession *(En. 10.4.71)*.
Des erreurs de « *management* » — tels la décision de construire l'avion d'affaires Corvette ou le désintérêt des prédécesseurs du président actuel envers les problèmes de commercialisation ou de gestion financière — ont largement contribué à l'asphyxie de la société *(M. 25.6.76)*.

MANAGER [mana(d)ʒɛr] ou [manadʒœr] ou [manɛdʒœr] sm. (Mot angl., de *to manage*, « diriger »). Repris mil. XXe. ■ Organisateur qui a une fonction de direction dans une entreprise, un secteur économique et, par ext. un parti, un syndicat, etc.

Les patrons français s'emploient depuis quelques années à « rationaliser » au maximum leur autorité. C'est là qu'apparaît cet homme nouveau qu'aucun mot français ne désigne encore parfaitement : le « *manager* ». Le personnage n'est pas sans séduction. Il est moderne, dynamique. Nos chefs d'entreprise le prennent volontiers comme modèle *(F. 12.10.61)*. La France manque de « *managers* » c'est à dire d'hommes formés à la direction des entreprises et prêts à en assumer la responsabilité *(En. 29.3.69)*. Le *manager*, celui qui exerce la fonction du management, est entré dans le vocabulaire courant par la voie sportive *(F. 10.11.69)*. Une révolution est faite en Europe. (C')est celle que traduit un changement de vocabulaire. Le chef d'entreprise s'appelle désormais « *manager* » *(Priouret, 70)*.
C'est du côté des entreprises qu'est entendu l'appel de la puissance, antidote de l'ennui, lorsque les *managers* ont fait le tour des satisfactions matérielles dues à leur job *(M. 10.11.74)*. Un objectif prioritaire : faire du P.S. un parti organisé, avec des permanents dans chaque département, des locaux, une école de cadres et, surtout, un « *manager* » *(E. 3.2.75)*. Quel successeur le gouvernement allait-il donner à M.S. ? Serait-ce un « politique » ou un « *manager* » ? *(M. 8.8.75)*. Combien d'énarques, de *managers*, emportent avec eux leurs dossiers durant le week-end *(M. 10.1.76)*.
→ P.D.G.

MANAGER [mana(d)ʒe] v. tr. (Traduction de l'angl. *to manage*).

1. **Écon.** ■ Diriger, organiser.

Nous verrons plus tard comment « *manager* » la participation (du personnel) *(Collange, 69)*. En 1921, j'ai été aux États-Unis *manager* pendant un an les économies de mon père *(Priouret, 70)*. R.G. est le plus apte à *manager* les autres activités (de l'entreprise) *(En. 2.5.70)*.

2. **Pol.**

Un parti organisé, avec des permanents, une école de cadres, et, surtout, un « manager ». À ce parti « *managé* », il faut une politique *(E. 3.2.75)*.

MANCHE sf. Repris mil. XXe. Surtout dans le syntagme « *faire la manche* », quêter ou mendier dans un lieu public, sur la voie publique.

Les petits métiers ne manquent pas sous la terre : la *manche* peut rapporter 70 francs de l'heure à un quémandeur des couloirs du métro. On donne rarement moins d'un demi-franc.

Après quelques heures de « manche », les « travailleurs dans la charité » prennent un taxi et rentrent chez eux (PM 5.5.73).

MANDARINAL, E adj. ■ Qui relève du mandarinat (fig. : suprématie d'une classe privilégiée).

Recruter les étudiants sans distinction de *caste mandarinale* (M. 26.5.68). Les *habitudes mandarinales* que l'on a développées en nous (les professeurs) (E. 30.5.70). En finir avec l'inégalité de formation, de statut, de services (des enseignants) et le *malthusianisme mandarinal* (M. 13.5.69).
L'aspect de la réforme universitaire qui inquiète le plus les enseignants est le projet de réorganisation du corps professoral. Le système actuel est, en effet, très *mandarinal* (M. 6.3.74). L'élitisme est une vieille tradition française. Au XVIIIe siècle, les philosophes des Lumières citaient en exemple le système *mandarinal* chinois (P. 20.3.78).
→ ÉLITAIRE, ÉLITISTE.

MANIF sf. Fam. Abréviation, employée notamment par les jeunes — étudiants surtout — dans le langage parlé, pour *manifestation* (démonstration collective organisée dans un lieu public ou sur la voie publique).

On se rendit à la manifestation de l'U.N.E.F. « L'Internationale » sonnait moins gai, les drapeaux rouges flottaient moins vifs. À dire vrai la « *manif* » était un peu triste : de Gaulle avait parlé, les Français avaient de l'essence et pensaient au week-end (O. 7.6.68). Le principe de la *manif-esquive* est d'acheminer vers un lieu de rassemblement central des centaines de groupes restreints de manifestants (PM 27.12.69). Ces jeunes sont généreux, on ne peut le nier. On les trouve aux premiers rangs des « *manifs* », prêts à encaisser les coups de matraque (...) (C. 6.2.70). Dans la *manif* prévue dans la fac (= faculté) à la suite du meeting, une banderole réclame « une gestion démocratique de la fac » (École; 72).
Ces militants affrontaient, en mai 1968, les gaz lacrymogènes de la « *manif* » (M. 6.5.78). Contre tel ou tel projet polluant ou dangereux, une « *manif* » de 200 écolos est plus efficace que trois décrets (O. 6.5.78). Ce slogan scandé à une *manif* de femmes : « so-li-da-ri-té » (O. 12.6.78).

MANIPULATEUR, TRICE adj. Fig. ■ Qui *manipule**.

Le « gouvernement direct » tend à n'être qu'un paravent derrière lequel s'affirme la tyrannie d'une minorité « *manipulatrice* » (G. Martinet, 68).
Dans ce film, le réalisateur a révélé que les syndicats étaient des institutions *manipulatrices*, qu'on cachait aux gens les complicités entre l'establishment syndicaliste et le monde patronal (PM 28.4.73).

MANIPULATION sf. Fig. ■ Action de *manipuler** (qqn). Résultat de cette action.

(Si) au cours des débats d'intellectuels, dans les congrès, les séminaires ou les colloques, on prononce le mot de « *manipulation* », un frisson envahit les participants et le public (Preuves, 69 in VL 11.70).
→ ACTION PSYCHOLOGIQUE, INTOXICATION, MISE EN CONDITION.

MANIPULER (quelqu'un) v. tr. Fig.

1. Influencer volontairement (un individu, une collectivité) en utilisant des moyens de pression, la propagande, la publicité, etc.

    Les jeunes n'ont pas une maturité politique suffisante. Ils se laissent embarquer, sans comprendre qu'ils sont *manipulés* à des fins politiques (Chaffard, 68). Le Président a beaucoup moins de mal à « *manipuler* » l'opinion publique que le Pentagone (O. 14.2.68). Je n'ai pas été « *manipulé* », ce n'est pas dans mes habitudes, et (...) je n'ai obéi qu'à ma conscience (R. Salan, M. 7.6.72). Les chefs militaires ont le tort de vouloir trop simplifier en opposant les jeunes citadins aux jeunes ruraux, moins « *manipulés* », pour reprendre une expression courante (M. 16.5.73). On *manipule* (sur les radios périphériques) un certain public en lui donnant un semblant de distraction — on parle d'amour de la musique —, on matraque et on vise juste. On diffuse une publicité (revues, produits de beauté) destinée au même public (M. 14.7.74). Les journalistes spécialisés craignent que la politique du gouvernement ne conduise à une grave crise du bâtiment. Alors on les accuse d'être *manipulés* par les professionnels (E. 20.1.75).

2. Pol. Écon. Intervenir pour modifier le libre jeu de la concurrence, de l'offre et de la demande, etc.

    On a demandé au chancelier de soutenir le cours du mark afin de maintenir la parité entre les monnaies ; mais il s'est refusé à « *manipuler* » le marché (E. 9.2.74).

MANŒUVRE-BALAI sm. ■ Ouvrier employé aux travaux de nettoyage. Ouvrier qui n'a aucune spécialisation.

Rem. Le jargon des casernes connaît depuis longtemps les « hommes-pelle » et les « hommes-râteau », le jargon civil a emboîté le pas en imaginant le « *manœuvre-balai* » dernier élément de la hiérarchie du travail (Ch. Muller, Cl.f. 9.58).

♦ Le général K. ne tient pas à ce que ses hommes deviennent des hommes à tout faire, sous prétexte que la main-d'œuvre militaire est gratuite (...) le soldat n'a pas (à) se muer en *manœuvre-balai* (M. 2.1.68).
(...) Population binaire dont un cinquième dominerait les quatre autres, constituées de *manœuvres-balais* et de manœuvres-crayons, sans qualification (Elgozy, 72). D'un bout à l'autre de l'échelle hiérarchique se manifeste l'importance des problèmes humains dans l'entreprise (...) Les agents de maîtrise se sentent dévalorisés (...) et les *manœuvres-balais* réclament des responsabilités (P. 4.2.74).

MANQUE sm. ~ 1950.
1. État pénible d'un toxicomane privé de sa drogue.
   Un jeune drogué en « *manque* » s'est injecté une solution à base de cirage et en est mort *(E. 10.12.73)*.
2. Par ext. État de quelqu'un qui est privé d'une satisfaction habituelle ou espérée.
   Pour certains, la vie sans télévision ne s'est traduite seulement en termes de « *manque* ». Ils en ont mesuré la place envahissante. « Il m'a fallu cette coupure », dit une secrétaire, « pour m'apercevoir que je pouvais passer le temps autrement, et mieux » *(M. 26.5.74)*. Pendant tout un mois personne ne pouvait trouver l'ouvrage en librairie. Il s'est alors créé un état de *manque*, entretenu il est vrai par une très importante campagne publicitaire *(P. 1.7.74)*.

MANUCURER v. tr. ~ 1960. ■ Soigner les mains, les ongles de quelqu'un.
Des vieillards roses, récurés, *manucurés* (Escarpit, 64).

MAOÏSME sm. ~ 1965. Pol. ■ Convictions et méthodes conformes à la doctrine de Mao Tsé-toung.
Dans le *maoïsme*, l'idéologie commande à la politique *(F. 26.12.66)*. En 1960 K. entendait obtenir une condamnation sans équivoque du « *maoïsme* » *(O. 21.12.68)*. Deux issues à ces révolutions : la variante policière, le stalinisme, et la variante religieuse ou mystique, le *maoïsme (E. 25.11.68)*. Le *maoïsme* est un terme employé uniquement en dehors de la Chine. Les Chinois, eux, parlent de « la pensée de Mao Tsé-toung » (P.E.P.). Les diverses déformations du marxisme-léninisme — trotskisme, *maoïsme* et autres courants gauchistes — que la bourgeoisie exploite *(M. 16.11.69)*.

MAOÏSTE s. ou adj. ■ Partisan du *maoïsme* ; qui concerne le maoïsme.
● Subst.
Au moment du « grand bond en avant », les *maoïstes* firent de mirifiques promesses *(M. 8.11.66)*. Troubles et incidents sanglants entre *maoïstes* et anti-maoïstes *(E. 2.7.67)*. La morale austère, la discipline rigoureuse que les *maoïstes* imposent à leurs militants *(M. 19.1.68)*. Les *maoïstes* d'Australie ont adressé leurs félicitations aux dirigeants chinois pour le IXe Congrès *(M. 10.4.69)*.

● Adj.
En termes d'ascétisme *maoïste*, cela veut dire chasser le démon de l'aspiration au confort *(E. 7.4.69)*. Les animateurs de la « cellule *maoïste* » du centre universitaire *(M. 29.5.69)*. Les vertus d'austérité et de sévérité qui sont à la base du *credo maoïste (E. 7.4.69)*. L'appui d'éléments *maoïstes* mêlés aux étudiants *(M. 28.5.68)*. Le Front patriotique se réclame de l'*idéologie maoïste (M. 31.5.69)*. Des élèves ont installé à l'intérieur du lycée un stand de vente de *journaux maoïstes (M. 26.4.69)*. Manifestation « *maoïste* » dans un lycée *(M. 3.10.69)*. Des militants P.S.U. et quelques *sympathisants maoïstes (M. 6.6.69)*. « Assassinés par le capital », comme disent les *tracts maoïstes*, les immigrés souffrent d'une inadaptation *(E. 13.4.70)*.

MAQUETTISTE s. ■ Spécialiste qui dessine ou exécute des maquettes (publicité, technique, typographie, etc.).
Société d'importance mondiale recherche dessinateur *maquettiste (M. 9.4.66)*. Publicitaires, envoyez-y (à une exposition) vos *maquettistes (En. 2.5.70)*.
Après beaucoup de discussions autour de projets plus ou moins mûrs, les *maquettistes* s'étaient concentrés sur une formule *(Daninos, 70)*.

MARATHON sm. Fig. Mil. XXe. (Sous l'infl. de l'am.). ■ Discussion, négociation, rencontre, séance, etc. dont la durée, anormalement longue, met à rude épreuve la résistance nerveuse des participants.
Un nouveau « *marathon* » semé d'embûches, attend les ministres du Marché commun *(F. 23.10.64)*. Depuis les « *marathons* » agricoles, lorsque les Six veulent aboutir, ils passent la nuit *(E. 8.3.65)*. L'accord a été finalement conclu dans le décor habituel des *marathons* diplomatiques *(M. 12.5.66)*. Les Six, galvanisés, manifestent une volonté farouche d'aboutir (à un accord sur les prix agricoles) au prix du *marathon* le plus épuisant que l'Europe ait jamais connu *(E. 29.3.71)*. Le président de la République vient de donner le coup d'envoi du traditionnel *marathon* budgétaire *(E. 5.4.71)*.
Les secrétaires généraux de vingt Partis sont réunis, près de 10 heures par jour, du 26 au 28 janvier. De ce *marathon* de 3 jours, qu'est-il sorti ? *(E. 4.2.74)*. Arrivé à Rungis, le ministre du commerce n'a libéré la cohorte officielle qui le suivait, exténuée et transie, que 10 heures plus tard, ne lui faisant grâce de la visite d'aucun entrepôt frigorifique. À mi-parcours de ce *marathon* un mandataire (a dit) : « Pour un ministre il est pas fainéant » *(E. 25.2.74)*. M.K. a été victime d'une fatigue créée par un *marathon* diplomatique de trente-trois jours *(M. 13.6.74)*. En vain se succéderont les interrogatoires. M. D., vedette du procès, subira même à la fin de janvier 1969, trente-cinq heures de garde à vue. Il ne sera d'ailleurs pas le seul à devoir subir de tels *marathons (M. 26.6.74)*. Le ministre de l'Agriculture a pu le constater, la semaine dernière, au cours d'un des *marathons* dont Bruxelles a le secret *(E. 15.5.78)*.

En apposition ou deuxième élément de subst. comp.
Elle détestait les *réveillons marathons* où l'on se croit obligé de tenir jusqu'au matin *(Droit, 64)*. Cette *visite-marathon* prévoyait 22 rendez-vous en 3 jours *(E. 22.3.65)*. L'avocat avait sollicité, dans son *plaidoyer-marathon* de près de 8 heures, l'acquittement de son client *(M. 23.12.65)*. L'Europe, croyant peut-être au pouvoir magique des aubes studieuses, n'a pas encore perdu le goût des *sessions-marathons (M. 28.10.67)*. L'accord est intervenu, après une *séance-marathon* de 39 heures *(M. 3.1.68)*. L'*examen-marathon* s'est déroulé de

10 h 30 à 19 h 30 *(M. 27.3.69)*. Trois jours durant, le *voyage marathon* se poursuit à un rythme hallucinant. De Gaulle semble n'offrir aucune prise à la fatigue *(Courrière, 71)*. Une douzaine de membres du Conseil sur 24 ont suivi jusqu'au bout le *débat marathon* engagé dès le matin *(E. 13.3.72)*. Durant toute la semaine, ils se sont livrés à un *match marathon*. Douze parties par jour, pour le plaisir et pour l'honneur : les championnats de billard ne comportent aucun prix en espèces *(E. 25.3.74)*.

Rem. Sur *marathon* cf. **VL 6.63,** et P. Gilbert, in **F.Mon. n° 107, 9.74.**

MARCHAND DE (+ subst.) Péj. (Cf. les tours plus anciens « *marchand de canons* », « *marchand de soupe* », etc.). ■ Commerçant, homme d'affaires, tenancier peu scrupuleux qui exploite sans vergogne des clients naïfs ou sans défense.

● Par ext.
Personne dont l'activité est considérée comme mercantile.

Les foyers de travailleurs immigrés sont le fief des *marchands de sommeil* (...) certains foyers font payer entre 60 et 80 fr par mois au locataire ; en outre, celui-ci doit « acheter » son lit au prix fort. S'il s'en va, il est obligé de laisser son lit, qui sera revendu à son remplaçant *(O. 29.3.71)*. Avec l'équitation de loisirs, les *marchands de vacances* ont trouvé un nouveau cheval de bataille (...) D'avisés commerçants exploitent des chevaux de labour qu'ils achètent en mai devant les abattoirs, les font monter toute la saison, huit heures par jour, et dix francs de l'heure. Puis ils revendent les chevaux aux mêmes abattoirs en novembre *(O. 9.8.71)*. Les *marchands de neige* ont tiré les leçons du malaise de 1970 et essaient d'y remédier *(Inf. 18.12.72)*. La majorité (des immigrés), surtout des Maghrébins et des Africains, sont la proie des *marchands de sommeil (M. 6.9.73)*. La loi du 6 juillet, relative aux « *marchands d'hommes* » réprime les trafics de main d'œuvre (...) La loi sur l'hébergement collectif renforce les moyens d'action contre les exploitants de locaux insalubres et les « *marchands de sommeil* » *(M. 1.3.74)*. Malaise chez les *marchands de vacances*. Chez certains « grossistes » en soleil, le rythme des inscriptions est en baisse *(M. 26.4.74)*. Ne vous en déplaise, nous (les professeurs d'éducation physique) ne sommes pas des *marchands de muscles (M. 21.9.78)*.

Rem. Sont également attestés :
Marchands de kilomètres (FL 3.2.69). Marchands de loisirs (E. 17.2.69). Marchands de porno (O. 3.12.69). Marchands de sexe (O. 4.5.70). Marchands de vice (El. 6.11.72)., etc.
Cf. aussi *B.d.m., n° 5, 1973.*
→ VENDEUR.

MARCHANDISAGE sm.
→ MERCHANDISING.

MARCHE (PRENDRE EN)
→ 2. TRAIN.

MARCHE (de protestation, du silence, silencieuse, etc.). sf. ■ Manifestation, généralement non-violente, de groupes organisés qui défilent dans les rues afin d'exprimer leur mécontentement, de témoigner de leur solidarité avec quelqu'un, etc.

Une *marche de protestation* organisée à B. *(M. 14.2.69)*. Une « *marche du silence* » est organisée par dix (groupements) de réfugiés et d'étudiants *(M. 14.8.65)*. La routine des revendications traditionnelles à coup de pétitions et *marches silencieuses (J. Sauvageot, 68)*.
Les viticulteurs du Languedoc vont organiser une « *marche verte* » de Perpignan à Vintimille si les pouvoirs publics ne trouvent pas de solution aux problèmes de la viticulture *(M. 29.11.75)*.

MARCHÉ COMMUN DE (+ subst.) loc. ~ 1966. (D'après le tour « *marché commun* », ou « Communauté économique européenne »). Par ext. Dans d'autres domaines.

Un producteur (de films) explique : « Le seul moyen de concurrencer les États-Unis, c'est de faire le *Marché commun du film* (= du cinéma) » *(E. 26.8.68)*. Le Club Méditerranée prépare la création d'une communauté internationale d'appartements aisément interchangeables entre « gentils membres » de tous les pays. L'idée d'un *marché commun des appartements* est génialement simple *(E. 20.11.72)*.

Rem. Sont également attestés :
Marché commun de la médecine (Ar. 29.6.66). Marché commun du sport (EM 10.7.66). Marché commun des cerveaux (PM 10.2.68). Marché commun de l'esprit (FL 16.9.68). Marché commun de l'érotisme (E. 1.9.69). Marché commun de l'opéra (O. 9.2.70). Marché commun des sentiments (El. 15.3.71). Marché commun de la télévision par câble (P. 7.5.73), etc.
Cf. aussi *B.d.m., n° 6, 1973.*

MARCHÉ-GARE sm. ■ Grand marché d'intérêt régional ou national qui comporte une gare ferroviaire et routière.

L'ultramoderne *marché-gare* ; le plus grand marché floral d'Europe *(Dunlop, 66)*. Un *marché-gare* est apparu, port d'embarquement pour les pommes et marché national de transactions *(M. 11.1.67)*. Les énormes embouteillages de l'autoroute aggravés par l'ouverture du *marché-gare* de Rungis *(M. 20.2.68)*.

MARÉE

MARÉE sf. Fig. ■ Très grand nombre, quantité importante, difficile à maîtriser.
- À propos de personnes ou de collectivités.
  Les grandes écoles et instituts spécialisés n'entrouvrent qu'à peine leurs portes à la *marée* montante des jeunes (En. 11.5.68).
  La *marée* gaulliste de 1968 qui ne lui donna (à un député) que 940 voix d'avance, pourrait bien, en se retirant, l'emporter avec elle (E. 13.3.72).
- À propos d'animaux.
  Ce problème des rats s'est posé d'une façon aiguë ; on avait redouté qu'une « *marée* » de rongeurs, délogés d'un de leurs bastions favoris, n'envahît la capitale (M. 11.9.69).
- À propos de choses.
  Les routes paraissent trop étroites pour contenir la *marée* automobile (E. 30.3.70). La *marée* des immeubles moyens devant laquelle reculent les anciennes petites maisons de bois (Guillain, 69).
  Après la chaussée, les trottoirs : rien ne résiste à la *marée* automobile (M. 6.3.73). 30.000 nouvelles substances chimiques environ sont utilisées chaque année dans l'industrie. Il est impossible, face à une telle *marée* de produits, de recourir systématiquement aux tests précis (M. 26.10.74). Après la guerre des Six Jours, la *marée* des devises recueillies par la Diaspora avait effacé les effets de la récession (E. 6.1.75).

MARÉE BLANCHE sf. Fig. ■ Chutes de neige exceptionnellement abondantes qui ont des conséquences néfastes (avalanches) ou simplement coûteuses (frais de déneigement).
  Les communes et les départements de montagne ont vu, au cours de l'hiver 1977-1978, leur budget de déneigement multiplié par deux, parfois par trois. La facture de la « *marée blanche* » s'élève à dix millions de francs, pour le seul département de la Savoie (...) Les autres pays européens n'ont pas été épargnés par la « *marée blanche* ». Les avalanches ont fait un grand nombre de victimes en Suisse, en Italie et en Autriche et causé de très importants dégâts (M. 25.11.78).

MARÉE NOIRE sf. 1967. (Trad. de l'angl. *black tide*).
Rem. L'expression *marée noire* a pris naissance dans la presse française en avril 1967 (VL 9.69).
1. Pollution des côtes maritimes par de grandes quantités de produits pétroliers, déversés dans la mer à la suite d'un accident ou d'un *dégazage**.
  Par milliers de litres, le pétrole continue à s'échapper du puits sous-marin endommagé et déjà, plus de quarante kilomètres de côtes ont été souillés par la *marée noire*. S'étendant à perte de vue sur la mer, envahissant les plages et ports, la masse gluante et épaisse recouvre tout ce qu'elle atteint (F. 7.2.69). La *marée noire* devient une psychose. On en voit partout, car il y en a partout. Tous les côtiers ont encore devant les yeux l'image de cette boue noirâtre et visqueuse échouée sur les côtes (E. 2.11.70). Le pétrole brut éparpillé dans la Manche depuis le début du mois dernier pollue une grande partie de la côte orientale du Cotentin. Cette nouvelle « *marée noire* » avait fait une apparition aussi soudaine qu'inattendue le 1er mars sur les grèves de Saint-M. Elle était alors formée de plusieurs bandes parallèles d'hydrocarbures de consistance très variée (M. 6.5.71).
  La *marée noire*, échappée des flancs du super-tanker, a atteint la côte (M. 16.11.75). Onze ans après la première grande *marée noire* des côtes bretonnes, les techniques ont peu progressé (E. 27.3.78). Le naufrage de l'Amoco-Cadiz, le 16 mars, a provoqué le déversement dans la mer de 230.000 tonnes de pétrole brut, la plus importante *marée noire* qui se soit produite à ce jour dans le monde (M. 26.4.78). Les ministres se sont mis d'accord sur une série de mesures anti-*marées noires* (M. 2.6.78). Pour effacer les conséquences de la « *marée noire* », les militaires ont consacré 320.000 journées de travail au nettoyage des plages (M. 5.8.78).
2. Fig. Événement ou phénomène jugés fâcheux, et dont il semble impossible d'arrêter l'expansion.
  Une enquête (a évalué) le chiffre d'affaires des « travailleurs noirs » (qui font du travail « noir », c'est-à-dire clandestin). Le gouvernement ne sait que faire pour enrayer cette *marée noire* des concurrents déloyaux pour les artisans qui ont pignon sur rue (E. 23.12.68). Devant ce scandale, le Parti communiste parle de *marée noire* et le secrétaire du P.s.u. offr'son « haut-le-cœur » (PM 30.9.72). Alain S., fils et neveu d'importants distributeurs cinématographiques, a décidé d'endiguer la *marée noire* de la pornographie (P. 1.7.74). Le disco, *marée noire* qui envahit toute la musique de variétés (P. 10.4.78).

MARÉMOTEUR, TRICE adj. Techn. ■ Qui utilise ou transforme la force motrice des marées.
  À la fin de novembre 1966, la mise en route de l'usine *marémotrice* de l'estuaire de la Rance plaçait « à la une » de l'actualité, l'exploitation d'une nouvelle source d'énergie (VF 30.3.69).
  Depuis plus de onze ans, l'usine *marémotrice* de la Rance, avec 240 mégawatts de puissance installée, apporte au réseau E.D.F. quelque 500.000 mégawatts-heures par an Pourtant, aucune autre grande usine *marémotrice* n'a été construite dans le monde (M 20.5.78).

MARGE sf. Fig.
Marge (sans compl. prépositionnel). ■ Différence, nuance.
  Dans une société dont l'argent est le carburant universel, seule une *marge* souvent ténue sépare l'affairiste de l'escroc (M. 13.2.71).
Marge de (+ substantif). ■ Latitude que l'on a. Réserve dont on dispose.
○ L'Église catholique a retrouvé une grande *marge d'action* (M. 24.4.69). Cette fascination de l'Amérique sur nos entreprises résulte de l'efficacité de la recherche technique outre-

Atlantique et des *marges de développement* dont disposent bon nombre de groupes américains *(En. 30.1.71).* Une limitation de la *marge de discussion* laissée aux transporteurs *(M. 6.10.67).* L'absence d'une *marge d'initiative* prive le chef d'établissement (scolaire) de tout moyen de récompenser les maîtres de valeur *(M. 6.9.66).* Sa *marge d'intervention* est mince — en tant que secrétaire général des Nations unies : ni Hanoï ni le Front ne reconnaissent la compétence de l'O.N.U. *(O. 21.2.68).* On saura exactement ce que (les régions) auront à payer et leur *marge de liberté (M. 24.4.69).* Dans une société hautement développée, la gestion ne laisse aux gouvernants qu'une *marge d'option* extrêmement faible *(Burdeau, 56).* S'il (un candidat aux élections) ne peut espérer retrouver l'ensemble de ses voix, si même il doit s'attendre à un recul, les chiffres lui donnent néanmoins une certaine *marge de sécurité (M. 22.11.58).* Confortable *marge de sécurité* pour atterrir en toute confiance *(M. 20.7.69).*

∞ Disposant comme la plupart des enfants d'une *marge d'humour* très étroite, elle résistait mal aux sarcasmes de son frère *(Saint Pierre, 72).* Le gouvernement français a voulu garder sa *marge de manœuvre* dans cette négociation *(E. 11.2.74).* La *marge de manœuvre* du gouvernement est étroite : il est facile de souhaiter voir l'État embaucher davantage de fonctionnaires, mais il faut accepter l'augmentation de la pression fiscale correspondante *(C. 8.9.78).*

En marge (emploi absolu). Valeur d'adjectif ou d'adverbe.

1. À propos de personnes : qui se tient ou est tenu à l'écart (d'une société).

● Adj.

Des chrétiens « *en marge* » *(C. 5.1.69).* Une naissance illégitime est généralement considérée comme la punition des couples « *en marge* » *(Fa. 26.4.67).*

● Adv.

Le jeune homosexuel souffre de vivre *en marge (FP 4.69).* Pour que les marins cessent de se sentir *en marge (M. 12.1.67).* Moi, tenu *en marge*, comment pourrais-je m'intéresser aux « affaires » de la politique ? *(Schwœbel, 68).* Nous (jeunes gauchistes) nous séparons complètement de cette société pourrie, nous nous mettons *en marge (O. 3.1.68).* Les ouvriers algériens vivent *en marge (Tron, 61).*

2. À propos de notions abstraites.

● Adj.

Le mari trouve, dans un *amour en marge*, des raisons supplémentaires de se détacher de sa femme *(Fa. 19.4.67).* Une nouvelle collection de disques consacrée à la *chanson* « *en marge* » vient de voir le jour *(M. 24.5.68).*
L'artisanat devient le dernier refuge de la création individuelle. Activité *en marge*, menacée *(E. 16.10.72).* Cette réussite *en marge* lui permet (à un éditeur) aujourd'hui de lancer, (dans) son traité du parfait éditeur, une véritable bombe *(E. 18.2.74).*

● Adv.

La *langue* « relâchée » tend, par une violation continue de la norme, à se mettre *en marge* jusqu'à se fermer dans l'ésotérisme *(Peytard, 70).*

En marge de... ■ À l'écart de, en dehors de.

○ Films *en marge de l'actualité (M. 10.10.69).* Un nouveau type d'intervention *en marge des appareils* politiques traditionnels *(J. Sauvageot, 68). En marge des* circuits commerciaux existent d'autres circuits de distribution *(M. 14.10.69).* Usages *en marge du code* rigide *(Sauvy, 68).* Là où il (le parti communiste) se trouvait isolé, *en marge du* vrai combat (des élections municipales de 1971 en France), il recule nettement *(E. 29.3.71).* Se sentir *en marge d'une communauté (E. 11.12.67).* (Réunion) *en marge de ce concours* international de chant *(M. 5.10.66).* Le débat a commencé *en marge du congrès (M. 4.10.67).* Action des grandes puissances *en marge du Conseil* de sécurité *(M. 9.1.69).* Des bidonvilles, *en marge de l'économie* et de la culture courantes *(C. 21.1.66).* Langues et civilisations régionales cessent d'être *en marge de l'enseignement* officiel *(M. 5.1.68).* Me trouvant *en marge des* grands *événements* et des grandes décisions *(M. 15.12.66).* Un (parti) qui entend demeurer *en marge de la* Fédération de la gauche *(M. 28.10.67).*
Toutes les tentatives novatrices importantes en pédagogie ont été faites *en marge de l'inspection* (officielle) *(M. 9.2.71). En marge des Jeux* (olympiques), les officiels discutent *(M. 14.2.68).* Une situation à part, *en marge de la légalité (M. 16.11.69).* (L'Angleterre) reste *en marge du Marché* commun *(M. 9.9.69).* Une démarche *en marge du marxisme* classique *(G. Martinet, 68).* La société universitaire reste *en marge d'un monde* fondé sur la richesse *(O. 6.3.68).* L'Église s'installe *en marge de la montée* culturelle des temps modernes *(Duquesne, 70).* La plupart (des accords) sont *en marge de l'ordonnance (M. 9.9.68).* Il sait tout ce qui se passe au Comité des démocrates, bien qu'il se tienne *en marge de l'organisation (Sainderichin, 66).* Étranger dans son propre pays, *en marge des orientations* politico-sociales et du devenir collectif *(M. 9.3.68).* Films, situés *en marge des préoccupations* de l'époque *(M. 10.10.69).* Ce film est réellement *en marge de la production* russe habituelle aussi bien que de la production internationale *(M. 30.3.66). En marge de ces récits* ténébreux on devine Satan *(M. 31.12.67).* Les révoltés, les cabochards, les « durs » *en marge de la société (M. 24.12.67). En marge du synode,* ceux-ci (des prêtres) auront l'occasion de se réunir *(M. 14.10.69).* Les étudiants sont encore *en marge du système (E. 18.3.68).* Devenir professionnel, c'était se mettre *en marge du* véritable *tennis (E. 8.4.68).* Efforts menés *en marge de l'Université (M. 16.10.66).*

○ Offrir aux enfants qui perdent pied un rattrapage *en marge* de leurs cours normaux (...) *(FP 9.73).* Les autorités savaient que ce sous-prolétariat vivait quasiment *en marge du* christianisme *(M. 23.2.75).*

MARGINAL, E adj. et subst. ~ 1960. Fig. (Peut-être sous l'infl. du vocab. écon. : cf. *coût marginal, efficacité marginale*, etc.).

Marginal, e (adj.)

Après un subst. nom de chose abstr., ou parfois concrète.

■ Qui n'est pas conforme aux normes admises ; qui échappe aux critères habituels de classement ; qui est considéré comme négligeable ou peu important.

L'*histoire marginale* des causes célèbres et des énigmes persistantes *(M. 8.11.64).* Cette

MARGINAL, E

prostitution « marginale » à laquelle se livrent certaines consommatrices dont les besoins excèdent les moyens *(M. 21.3.67).* Votre sujet de thèse est *marginal (E. 27.11.67).* Le *statut social* des lycéens et des étudiants est nécessairement *marginal (M. 8.6.68).* La campagne télévisée n'a qu'un *rôle marginal (E. 21.4.69). Cinéma* dit *marginal* qui révèle les jeunes écoles *(M. 13.11.69).* Il y aura longtemps encore dans le monde des *conflits marginaux (E. 6.4.70).* Encore considérée comme une *littérature marginale,* la bande dessinée (...) se dégage peu à peu de ses origines *(M. 29.1.71).*
La radio, la télévision, pour moi, (écrivain) ce sont là des *arts marginaux (E. 26.11.73). L'action* de France-Culture est considérée trop souvent comme *marginale,* un peu clandestine même *(M. 22.9.74).* D'abord *marginales* et organisées par les seuls passionnés de l'écologie, les *réactions* contre les centrales nucléaires sont maintenant le fait des populations *(E. 16.12.74). Sport d'hiver marginal,* parce que mal connu ou mal aimé, le ski-bob pourrait amener à la neige de nouveaux adeptes *(M. 22.3.75).* Des messieurs très convenables se mettaient à lancer des *slogans* strictement *marginaux (M. 1.4.75).* Une part de plus en plus importante des jeunes est attirée par ce *modèle,* hier encore *marginal (P. 11.8.75).* L'organisation de voyages en Chine ou en Tanzanie s'avère une *solution marginale* puisque leur clientèle est infime *(M. 1.10.77).* De « classe d'attente » en « cours de perfectionnement », les « enfants sous-prolétaires » se retrouvent dans des *circuits marginaux* et sortent de l'école sans en avoir tiré bénéfice *(M. 22.4.78).*

- ● Après un subst. nom de personne ou de collectivité.
  - ■ Qui est minoritaire, n'a que peu de crédit, d'influence.

Ce *parti* reste *marginal (M. 14.11.67).* Ce qui peut freiner la vente des voitures auprès des *acheteurs marginaux* (Sauvy, 68). La police semble tenir B. pour un *personnage marginal* dans ce complot *(E. 22.3.71).* Les montres à quartz coûtaient trop cher pour être autre chose qu'un produit de luxe réservé à une *clientèle marginale (E. 17.11.75).* (Je suis) juif et juif « *marginal* », mais Français juif décidé à assumer pleinement sa judéité *(M. 16.12.76).* La clientèle d'affaires était naguère la plus nombreuse pour le transport aérien ; il s'agissait donc d'attirer la *clientèle* encore *marginale* des touristes *(P. 17.7.78).*

Marginal, e (subst.) ■ Personne ou collectivité qui vit plus ou moins en marge* de la société, ou qui est tenue à l'écart.

Capitaliste ou soviétique, l'économie tend à devenir une économie de consommation, voire de gaspillage. Tout le monde en profite, sauf les *marginaux (C. 21.1.66).* Personne dans la salle, ni les journalistes ni le public, ne s'identifie à L.L. C'est ce que l'on appelle aujourd'hui un « *marginal* » (...). Un homme qui n'a trouvé nulle part sa place parmi nos groupes, qui a connu une solitude que peu d'entre nous sont capables de mesurer *(FL 12.5.66).* Le *marginal* a fort opportunément remplacé le lampiste *(Sauvy, 68).* Alliance entre les opprimés du « tiers monde » et les « *marginaux* » (étudiants, chômeurs) du monde « occidental » *(O. 17.4.68).* Ce sont les *marginaux,* les « pauvres résiduels » *(TC 8.5.68).*
M. n'a de sympathie que pour les *marginaux,* les illégaux, les truands *(E. 16.12.68).* Écrasés par le bipartisme, les petits (partis), les « *marginaux* », n'ont obtenu des résultats insignifiants *(M. 30.9.69).* La tuberculose était considérée jusque-là comme la maladie des *marginaux,* gens de théâtre, courtisanes (...) *(O. 23.12.72).* Ces enfants réussissent peu dans les études, dans le choix d'un métier. Ils grossissent souvent les bataillons des *marginaux (E. 30.7.73).* Les adeptes des deux-roues sont encore considérés comme des originaux ou des *marginaux (M. 10.10.74).*
Les travailleurs postés acceptent de moins en moins d'être des *marginaux* qui se retrouvent (au travail) pendant les fêtes au lieu de passer celles-ci en famille *(M. 9.4.77).* Les cités H.L.M. deviennent progressivement les refuges des exclus (...) Les familles relativement aisées qui logent dans une H.L.M. n'ont qu'un seul objectif : déménager. Elles sont immédiatement remplacées par des *marginaux (M. 20.6.78).* Les *marginaux* qui s'installent dans des villages abandonnés constituent une population hétérogène où l'ingénieur agricole voisine avec le fanatique de la vie en autarcie, la famille classique avec la communauté *(E. 18.9.78).*

Rem. L'abréviation fam. *marjo* est attestée.

Jean-Pierre, l'ancien « *marjo* », est devenu paysan, avec une vie et des soucis de paysan (...). Il a entrepris de faire du fromage et réussi à le commercialiser (...). Le *marginal* est tombé dans les filets de l'économie de marché *(E. 18.9.78).*
→ ASOCIAL, E, BABA, ÉCOLO, FACHO.

MARGINALEMENT adv.

Nous en avons parlé incidemment, je dirais presque *marginalement* (O.R.T.F. 17.7.67).

MARGINALISATION sf. ■ Le fait de devenir ou de rendre marginal* ; son résultat.

La société moderne produit la pauvreté par « marginalisation » ou par exploitation *(C. 5.7.70).*
L'État se préoccupe de donner un cadre légal à la prévention de la délinquance des jeunes. La *marginalisation* des jeunes inquiète les Pouvoirs publics *(E. 7.1.74).* Trois grands maux dont souffrent traditionnellement les H.L.M. : la ségrégation, la *marginalisation,* l'anonymat *(M. 20.6.78).*

MARGINALISER v. tr. et réfl.

- ● V. tr. Rendre *marginal*.

Prolonger la scolarité obligatoire « *marginalise* » ces enfants du « quart-monde » *(M. 22.4.78).* Pour réprimer plus sévèrement, estime un avocat, on veut *marginaliser* le violeur alors qu'il est le prolongement direct du dragueur *(M. 26.4.78).* La société *marginalise* les familles nombreuses dont le père est smicard, chômeur ou immigré *(M. 20.6.78).*

- ● Part. passé ou adj.

Il est nécessaire de mettre fin à la pauvreté de l'homme en éliminant les processus qui aboutissent à faire (de l'homme) un être *marginalisé* ou exploité *(C. 5.7.70).*

MARIER

- **V. réfl.** Devenir *marginal*.
    Le goût du cheveu long est né du désir de se singulariser, de se « *marginaliser* » par rapport à la société établie (E. 26.10.70).
    Un parti communiste minoritaire au sein de la gauche serait obligé de se durcir encore, donc de *se marginaliser* davantage (E. 28.8.78).

MARGINALITÉ sf. ■ État de celui ou de ce qui est *marginal*.

Nous prenons en flagrant délit de « *marginalité* » le marginal moderne, autrement dit le sous-prolétariat, car les deux termes de condition sous-prolétarienne et de condition marginale sont pratiquement synonymes (C. 21.1.66).
L'élection présidentielle permet, à ceux que leur *marginalité* réduit au silence, de prendre la parole au moins une fois tous les 7 ans (M. 17.4.74). La *marginalité* est utile dans la mesure où elle dénonce, par son seul exemple, par la force de son témoignage, la mystification d'un modèle auquel tous devraient se conformer (C. 5.7.78). Les jeunes qui sont passés de la *marginalité* à la petite ou moyenne délinquance (...) (M. 19.7.78).

MARIAGE sm. Répandu mil. XXe. Fig. Par métaph. ■ Alliance, association, union de deux collectivités (entreprises, partis polit., etc.), de deux techniques, deux systèmes, deux conceptions.
Parfois aussi : harmonie entre un être humain et une collectivité.

Rem. Dans plusieurs des exemples ci-après, la métaphore est mise en évidence par différents lexèmes appartenant au « champ sémantique » de mariage.
  – Subst. : *mésaliance* (Sainderichin, 66). *Union libre* (Viansson, 71). *(Mariage) d'amour/de raison* (M. 10.3.74).
  – Adj. : *Idyllique* (E. 27.1.75). *Morganatique* (En. 20.1.72).
  – Verbes. : *Bénir* (P. 9.12.74). *Célébrer* (En 20.1.72):

P.P. a la conviction que le *mariage* avec la gauche est une mésalliance (Sainderichin, 66). Il s'agit pour l'heure des fiançailles de deux entreprises, le *mariage* devrait être prochainement se conclure (M. 12.1.68). *Mariage* de l'ordinateur et de l'automation (O. 17.1.68). Ce ne sont pas les locomotives que l'on veut tester. On veut cette fois étudier leur *mariage* avec la caténaire (Ch. f. 69). Heureux *mariage* d'une conception française et de la technique suisse (Ch. f. 69). Qu'est-ce qu'un « Turbotrain » ? C'est l'heureux résultat d'un *mariage* de la technique ferroviaire et de la technique aéronautique (Prospectus S.N.C.F. 4.70). Pour les boggies (d'une locomotive), on trouve un heureux *mariage* des techniques constructives de deux firmes) (VR 18.1.70).
La guerre des fibres s'est terminée par un *mariage*. Textiles chimiques et naturels sont désormais la plupart du temps mélangés selon des proportions variables (En. 9.4.71). Les deux partenaires (deux entreprises) veulent être assurés de ne point faire un *mariage* entre enfants malades (E. 6.12.71). La firme anglaise, à la suite des *mariages* industriels, se trouve en possession d'un double héritage (M. 24.12.71). « *Union libre* », écrit le Monde du 22.12.1966, en ajoutant qu'il faudra sans doute « de grands événements pour qu'elle devienne un véritable *mariage* politique » (Viansson, 71). On peut se demander si le *mariage* morganatique que les deux partis (politiques) envisagent de contracter pourra être *célébré* un jour (En. 20.1.72). Grâce à ce vaste projet, sera ainsi réalisé « le *mariage* envié de la ville et de l'eau » (M. 27.1.74). La décision du gouvernement sur le « *mariage* », dans la capitale, des réseaux de la S.N.C.F. et de la R.A.T.P. serait connue courant mai. Ce projet conduirait à faire circuler des trains de banlieue dans les tunnels du métro express (M. 11.5.72). Un « *mariage* » de la Corse avec les Alpes-Maritimes serait difficilement accepté, compte tenu des sentiments très particularistes des insulaires (M. 1.2.73). Le monde du sport provoque parfois d'étonnants *mariages* Tel Ragueneau subventionnant les poètes, un pâtissier du Béarn a décidé d'être le mécène des motards (P. 24.12.73). Il ne semble pas que Solti ait pleinement trouvé un accord « physique » avec l'Orchestre de Paris. Le *mariage d'amour* des débuts, en 1971-1972, s'est changé en *mariage de raison* (M. 10.3.74). Le gaullisme, c'était, entre autres choses le curieux *mariage* de la tradition et du progrès (P. 7.5.74). Cet appareil est né du *mariage* de l'électronique et des rayons X (P. 30.9.74). En bénissant le double *mariage* qui jette un Citroën exsangue dans les bras de Peugeot, et un Berliet sérieux mais ligoté dans ceux de Renault, le gouvernement a choqué (P. 9.12.74). La capitale du Languedoc allait devenir le sanctuaire des techniques de pointe. Ce devait être le *mariage* idyllique du paradis méridional et de l'expansion économique (E. 27.1.75). Le *mariage* entre le verre et la fonte, l'antique manufacture royale de Saint-Gobain et l'entreprise lorraine de Pont-à-Mousson (E. 10.2.75). Le *mariage* (dans un film) de l'art engagé et du divertissement populaire (P. 19.12.77). Le *mariage* de l'électronique et de l'automobile : Renault crée une filiale commune avec Bendix (M. 5.8.78). Quelle que soit la conception qu'on a de l'organisation future de la société, plus rien n'est impossible. C'est la conséquence du *mariage* de deux technologies : l'informatique et les télécommunications (E. 22.5.78). Venise : le difficile *mariage* de la pierre et de la mer (C. 1.8.78).

MARIE-JEANNE sf. Fig. ■ Variante de *marijuana*.

N'importe qui peut, aujourd'hui, se procurer ce qu'on appelle de « l'herbe », du « H », du kif, de la *marie-jeanne* (adaptation française du mot marijuana) au prix d'une place de cinéma (E. 1.9.69). À Paris, le trafic de la *marie-jeanne* s'opère surtout à Saint-Germain-des-Prés, tandis que Montmartre a pour spécialité la neige (cocaïne) (VL 11.70).

MARIER v. tr. et réfl. Fig. ■ Associer, unir deux collectivités (entreprises, etc.), deux techniques, deux méthodes, etc.

- **Verbe trans.**

    Il était ambitieux de vouloir « *marier* » deux techniques de pointe : le véhicule sur coussin d'air et la traction par moteur linéaire (M. 4.8.74). L'État n'a pas à condamner les unes (entreprises) et à *marier* les autres, mais à faciliter les adaptations (M. 10.1.75).

- **Verbe réfl.**

    Les Relais de campagne et les châteaux-hôtels *se sont mariés* récemment. De toute évidence, ce sont les premiers qui mènent le bal et vont assurer la conduite du ménage. Sera-ce pour autant un bon mariage ? (P. 27.1.75).

MARIHUANA

MARIHUANA [mariɾwana] ou **MARIJUANA** [mariʒyana] sf. Mil. XXᵉ. (Mot esp. d'Amérique, emprunté par l'intermédiaire de l'angl.).
■ Stupéfiant obtenu à partir d'un mélange de feuilles et de fleurs desséchées du chanvre indien.

En disant : « L'opium, la morphine, l'héroïne, le L.S.D. sont seuls vraiment dangereux », on donne pratiquement un feu vert au cannabis, c'est-à-dire à la *marijuana* (E. 1.9.69).
→ MARIE-JEANNE.

MARINA sf. ~ 1960. (Mot ital., « plage », emprunté par l'intermédiaire de l'angl.-am.). ■ Ensemble immobilier et touristique (appartements ou villas, magasins, restaurants, services, etc.) installé au bord de l'eau et jumelé à un port de plaisance.

Un ensemble de services qui vont du poste d'eau ou d'essence au restaurant ou au « club-house ». Ce complexe, c'est la « *marina* » (M. 13.1.68). Centre commercial, hôtel, plage privée, service du port, bref, un ensemble baptisé « *marina* » en jargon touristique moderne (F. 17.4.69). La « *Marina* », version maritime de la cité lacustre, est à la mer ce que le motel est à la route : un parking à bateaux sous les fenêtres d'un building (O. 13.12.71). Le bon fonctionnement de la « *marina* » d'estuaire dépendra des marées, des courants, des atterrissements et des érosions (M. 13.2.72). Il suffit de disposer d'appuis politiques sérieux pour obtenir les dérogations et entreprendre la construction d'une « *marina* » (O. 9.4.73). L'Espagne a irrémédiablement gâché ses sites les plus beaux en laissant s'ériger une épaisse muraille de « *marinas* » et de faux palaces « les pieds dans l'eau » (M. 3.3.74). En Loire-Atlantique, une société caressa un moment le projet de « *marinas* » finalement jugées assez peu ... marines (M. 6.4.78).

MARJO
→ MARGINAL (Rem.).

MARKETING [markətiŋ] sm. 1959. (Mot am. « commercialisation »).
1. Écon.
Rem. 1. Le *marketing* — ou « conquête scientifique des marchés » — est un état d'esprit se traduisant par le processus systématique suivant : c'est la connaissance préalable du marché qui détermine à tous les points de vue les caractéristiques des produits que l'on s'apprête à commercialiser et la manière dont on procédera. Il ne s'agit plus d'écouler une production en lui trouvant un marché ; au contraire, on fabriquera pour un marché préalablement analysé. Le point de départ est le marché, non le produit (NEF 4.69).
Rem. 2. Études de marché et *marketing*, par rapport aux rôles joués dans l'entreprise, sont de natures différentes. Les études de marché, la recherche commerciale ont pour but de décrire le marché et d'expliquer son évolution et ses réactions ; elles ont donc une fonction de connaissance ; le *marketing*, lui, à partir de cette connaissance, a pour mission de définir une politique d'entreprise et de la faire passer dans les faits. Il a donc une fonction d'action (R.G.C.F. 9.77).
♦ Directeur du *marketing* : ce poste conviendrait à un homme de niveau supérieur, connaissant parfaitement la distribution des produits de grande consommation, les méthodes modernes d'études et recherches commerciales, de promotion de ventes et de publicité (M. 29.6.66).
En 1966, un bureau de *marketing* avait réuni 250 bonnetiers français pour examiner l'avenir de leur profession (Exp. 2.73). C'est sur le trafic des voyageurs que le département *marketing* de la S.N.C.F. fit d'abord porter son effort (M. 13.12.75).
Rem. 3. *Marketing*, ce monstre prestigieux du jargon des affaires et de la publicité (FL 3.11.66). Le mot « *marketing* » a mauvaise presse. Certains s'étonnent qu'une entreprise d'État recoure à des méthodes très contestables, basées sur « le viol du consommateur » (M. 13.12.75).
→ MERCHANDISING.
2. Par ext. Pol.
Les spécialistes ont établi pour chaque candidat une étude de « *marketing* politique », une analyse de chaque secteur de la circonscription : démographie composition des ménages, pyramide des âges, types d'activité, chiffres de vente des journaux politiques et féminins, résultats partiels des bureaux de vote de tous les récents scrutins, etc. (F. 9.1.69).
Une firme de conseillers en propagande, spécialisée dans le « *marketing* politique », avait été chargée par M.L. de « vendre » sa candidature (Viansson, 71). Le *marketing* électoral : Combien coûte une campagne ? Combien de candidats aux législatives 1973 ont fait appel aux spécialistes du *marketing* ? Existe-t-il une méthode scientifique pour améliorer un score électoral ? (Exp. 2.73).

MARQUAGE sm. ■ Action de *marquer* ; son résultat.

Le *marquage* de leur 6ᵉ flotte (par les Russes) inquiète les Américains (E. 20.12.65).

MARQUER v. tr. Fig. (D'après l'emploi dans le vocabulaire du sport.)
■ Écon., pol. ■ Surveiller de près un adversaire, un concurrent.

Les Russes *marquent* la VIᵉ Flotte (américaine en Méditerranée) (E. 20.12.65). Dans la distribution (le commerce), il est prudent de *marquer* l'adversaire (En. 2.5.70).
M. Giscard d'Estaing met ses pas dans les pas de M. Pompidou. Pas plus qu'il ne veut cesser de « *marquer* » le président de la République, celui-ci ne peut se séparer du ministre des Finances (E. 26.11.73).

MARQUEUR adj. et subst. 1970. ■ Synonyme de *crayon-feutre*.
● Adj.
Il faisait sa démonstration à l'aide de trois cartes de l'Europe. Il dessinait avec des *crayons marqueurs* (C. 15.4.72).

MASSIFICATION

- Subst.
  Pour les allergiques au stylo-bille : un *marqueur* à pointe plastique fine. Il marque à travers le carbone *(E. 27.1.75)*.

MARRONNIER sm. Fig. Vocab. du journalisme. ■ Article de circonstance publié traditionnellement à certaines dates.

Il est de tradition de publier, à date fixe — Noël, Pâques, etc. — des articles de circonstance sur les bûches, les sapins, les gigots, les embouteillages... Dans le jargon journalistique ces « papiers » s'appellent des « *marronniers* ». Pour les fêtes de fin d'année, les « *marronniers* » sont souvent confiés à des débutants *(M. 25.12.77)*.

MARXISANT, E adj. ■ Qui se rapproche du marxisme.

Toute analyse qui pourrait apparaître comme *marxisante* (...) *(M. 17.11.66)*.
En 1927, Dos Passos est un intellectuel *marxisant*, un écrivain de combat *(M. 18.7.70)*. Les discours *marxisants* des syndicats *(E. 23.4.73)*.

MARXISATION sf. ■ Action de *marxiser* ; son résultat.

Je suis assez inquiet d'une certaine *marxisation* de l'Église catholique *(M. 31.5.69)*.
Des inquiétudes montaient devant les menaces d'une « *marxisation* » totale du pays *(M. 19.9.73)*.

MARXISER v. tr., intr., et réfl.

- V. tr. ■ Rendre marxiste.
  Des doctrinaires prétendent non pas *marxiser* l'Afrique, mais africaniser le marxisme *(M. 31.12.65)*.

- V. intr. ■ Agir ou juger en marxiste.
  A. n'est pas marxiste, mais commence, là, à fonctionner marxistement. Pour la tête de la caravane (politique), devient traître celui qui émet quelques doutes sur la science et le programme des chefs. Quand les appareils entrent en délire, ils *marxisent* et excluent *(E. 18.7.77)*.

- V. réfl. ■ Devenir marxiste.
  Avant que le capitalisme ne se *marxise* *(C. 9.2.69)*.

MASO adj. et subst. Fam. Abrév. de *masochiste*.

Sans doute sont-ils quelque peu « *maso* » *(E. 3.8.70)*. L'athlétisme, c'est gratuit et c'est dur. Hors de mode, donc. Tout juste bon pour ces « *masos* » glorieux d'Allemands de l'Est *(O. 22.8.77)*.

MASSE (DE) loc. adj. ■ Qui concerne, qui s'adresse à la masse (des hommes) et non à une élite.

O Dans les *civilisations de masse*, les idées à prix raisonnables font parfois un plus gros chiffre d'affaires que le génie à des tarifs prohibitifs *(E. 18.10.65)*. Il reste 58 % de Français qui n'ouvrent jamais un livre. La *culture dite « de masse »* n'est pas encore pour demain *(E. 16.8.65)*. Il a fallu de l'estomac à J.B. pour risquer son argent et son destin dans la rationalisation du *déjeuner de masse*. Laïciser la bouffe française, débiter à l'emporte-pièce des millions de steaks calibrés comme des goupilles, sacrilège ! *(O. 7.2.68)*. L'inadaptation de l'enseignement supérieur vient du fait qu'on lui demande actuellement d'accomplir un travail pour lequel il n'est pas équipé : l'*enseignement de masse* *(M. 5.6.64)*. Au moment où se développe le concept de « *littérature de masse* », cet artisanat semble une vieille lune *(M. 12.6.65)*. L'intérêt que portent certains financiers au « *tourisme de masse* » *(M. 25.8.65)*.

∞ Peut-on dire qu'il y a indigestion de *culture de masse* ? Il est de mode d'insister sur les effets négatifs de la *culture* et de la *consommation de masse* (...) On ajoute que la *production de masse* est liée à la *consommation de masse*, que celle-ci ne suscite pas d'attitude sélective, qu'elle endort l'esprit critique *(Lacombe, 71)*. L'éducation ne concerne plus seulement une classe privilégiée. La pédagogie devient une *pédagogie de masse* *(Gabaude, 72)*.

MASSE SALARIALE sf. ■ Somme des rémunérations (salaires, etc.) directes et indirectes perçues par l'ensemble des travailleurs d'une entreprise, d'un pays.

Les fonctionnaires ne sauraient accepter d'enliser leurs revendications dans le marécage de la répartition entre eux d'une *masse salariale* insuffisante *(U.S. 17.2.71)*.

MASSIFICATEUR, TRICE adj. ~ 1970. ■ Qui a pour effet de *massifier*.

Dans la société *massificatrice* et dépersonnalisante qui est la nôtre, nous devons nous engager à fond *(Laplantine, 73)*. Le crime de l'anticulture et des idéologies *massificatrices* *(M. 22.2.74)*.

MASSIFICATION sf. ■ Action de *massifier* ; son résultat.

La multiplication des progrès techniques et (...) la *massification* des besoins que ces progrès eux mêmes introduisent *(M. 23.5.63)*. (La) mission considérée comme essentielle par les universitaires n'est-elle pas battue en brèche parce que certains n'hésitent plus à appeler « *la massification de l'enseignement supérieur* » ? *(M. 5.6.64)*. La *massification* de la musique comme celle de la peinture est rendue possible (...). Pour une fois la *massification* d'un art du beau semble possible sans altération de ses produits *(Gilson, 67)*. Son principe (de la démocratisation). C'est de donner aux êtres des chances égales, alors que la *massification* prétend égaliser les êtres eux-mêmes *(M. 19.10.69)*. La *massification* de la cruauté est la suite de la *massification* de notre société *(O.R.T.F. 2.5.70)*.

La *massification* croissante, fruit de la concentration des moyens de production, noie l'homme dans l'anonymat *(Lacombe, 71)*. La fonction enseignante est victime d'un processus de « *massification* ». Elle se dégrade à mesure qu'elle se démocratise *(US 2.2.72)*. Certains idéologues pensent que les techniques propres aux « mass-media » (...) provoqueraient la « *massification* » des individus et leur dépolitisation totale *(Belloin, 73)*. Sans négliger le phénomène de « *massification* » du tourisme, fabricants et vendeurs de voyages et de vacances sont tombés d'accord pour convenir qu'il n'existe pas d'études de marché réellement probantes pour ce secteur *(M. 4.5.74)*.

MASSIFIER v. tr. ■ Faire d'un groupe de personnes une masse anonyme.

Ou les professeurs eux-mêmes sont « *massifiés* » — qu'on me pardonne ce mot horrible — ou on veut maintenir parmi eux une élite *(M. 19.10.69)*.

● A propos de choses abstraites : adapter à la masse.

Cette culture qui ne se laisse pas *massifier*, pas systématiser sur cartons perforés *(M. 21.4.65)*. La société de consommation *massifie* les besoins *(O.R.T.F. 5.7.69)*. Ce monde technique auquel adhèrent les jeunes, est plutôt effrayant *Massifié*, rangé, organisé, il est quelque peu écrasant. Il ne laisse pas de place aux originaux ou aux rêveurs *(F. Mon. 6.65)*.
Dès lors que l'œuvre (littéraire) emprunte les moyens de communication de masse (...), ceux-ci la « *massifient* » *(Belloin, 73)*.

MASS(-)MEDIA [masmedja] sm. pl. ~ 1965. (Mot am., *moyen* — de communication — *de masse*). ■ Ensemble des moyens de diffusion massive de l'information ou de la culture (presse, radio, télévision, cinéma, affiches, etc.).

Les « *mass media* » sont entrés dans le vocabulaire comme dans les mœurs *(M. 26.7.66)*. Les *mass media* peuvent, avec une efficacité calculée, hâter la maturation de besoins nouveaux *(Schwœbel, 68)*. Les *mass media* (...) un véritable bain imprégnant nos facultés réceptrices jusqu'à les transformer à notre insu *(C. 6.3.69)*. Les phénomènes d'opinion prennent une importance croissante. Le développement prodigieux des « *mass-media* » (en) est, pour une bonne part, responsable *(En. 5.4.69)*.
L'imposture d'une contre-culture dont les *mass-media* assurent la publicité *(E. 16.7.73)*. La concurrence des *mass media* est devenue féroce et, pour faire passer un « message », on croit qu'il est indispensable de souligner, de dramatiser *(M. 1.2.75)*. Ces *mass media*, qui pourraient être des outils d'enrichissement, (...) constituent une gigantesque forfaiture (...) C'est la règle des *mass media* : ne jamais rester longtemps sur le même sujet *(Cesbron, 77a)*. Écartons l'hypothèse que les *mass media* sont responsables de l'attrait exercé par ce phénomène, ou plus exactement qu'ils l'ont gonflé artificiellement *(M. 16.7.77)*. La culture tzigane que des circonstances extérieures nouvelles — transformations économiques, développement et emprise des *mass media* — tendaient à faire s'étioler *(M. 23.4.78)*.

MATCH sm. Fig. Écon., pol., etc. ■ Compétition.

Un *match* Allemagne-Grande-Bretagne qui commencera avec l'élargissement du Marché commun *(C. 1.10.69)*. *Match* industriel France-États-Unis *(E. 13.10.69)*.

MATERNAGE sm. 1959. (Trad. de l'angl. *mothering*). Par ext. (Sous l'influence des vocab. de la psychol., de la psychan. et de la psychiatrie). ■ Ensemble de fonctions, de soins, de services, qui ont un caractère maternel.

Dans le grand ensemble de S., la collectivité prend en charge une partie des fonctions de « *maternage* », qu'il s'agisse de la confection des repas, de la garde des enfants ou des soins aux malades. Et ce « *maternage* » est à la disposition de tous ceux et de toutes celles — jeunes, vieux, malades, invalides, mariés ou célibataires — qui ne peuvent ou ne veulent pas assumer ces fonctions *(M. 26.5.74)*. Il faut créer deux sortes d'établissements pour les handicapés adultes. Les uns pour la mise au travail de ceux qui peuvent exercer une activité ; les autres, de *maternage*, pour les arriérés profonds *(E. 27.5.74)*. Les intérêts de l'enfant et de la mère peuvent être contradictoires : l'enfant a besoin, comme jadis, d'un *maternage* attentif ; la mère a besoin, désormais, de faire autre chose que du *maternage (M. 13.12.75)*. Les images parentales pullulent dans nos spots publicitaires. L'image maternelle rend souriante l'oppression de l'abondance (...) Paternalisme et *maternage* sont vraiment les deux mamelles de la France publicitaire. Maintenu dans un monde pseudo-familial où tout est prévu par des mamans et des papas, l'enfant ne risque pas de devenir adulte, tandis que l'adulte est infantilisé *(M. 23.4.78)*.

MATERNALISER v. tr. ■ Introduire dans une école certains traits propres à l'école maternelle.

L'école élémentaire de demain, qu'il faut « *maternaliser* » pour en faire un outil de formation et non pas d'instruction *(M. 1.7.69)*.
Ces trois années scolaires devront être marquées par la continuité avec l'école maternelle, la première en ayant tout à fait la forme, les deux suivantes étant des années « *maternalisées* » *(Schwartz, 73)*.

MATERNALISME sm. 1965 (D'après *paternalisme*). ■ Tendance à imposer une domination féminine, ou une protection de style maternel.

Elles (les dirigeantes d'une maison d'édition féminine) tiennent une permanence dans leur librairie. Là, elles sont « à l'écoute » des femmes qui passent. Mais sans *maternalisme*. « Le but, c'est que chaque femme puisse penser par elle-même », disent-elles *(P. 9.12.74)*.

MATERNANT, E adj. (De *materner**). ■ Qui a quelque chose de rassurant ; de *sécurisant** ; ou : qui tient du *maternage**.

La vie affective des élèves handicapés paraît souvent très dépendante à l'égard des maîtres ou des institutrices qui s'occupent d'eux. Souvent, ce sont des mal-aimés et leur besoin d'affection se reporte d'autant plus fortement sur cette image *maternante* ou parentale qui s'offre à eux *(Drouet, 72)*. Éviter que les malades ne se replient dans cette micro-société *maternante* et douillette *(O. 7.5.73)*. Si une mère trop « intellectuelle » et trop peu « *maternante* » engage pour garder ses enfants une jeune fille également intellectuelle, elle ne fait qu'ajouter un manque à un autre *(FP 2.74)*. Évoquant le nécessaire « corps à corps physiologique » de la mère et de l'enfant lors des soins quotidiens, le Dr S. estime que le père peut assumer une partie de la « fonction *maternante* », mais qu'il ne faut pas trop se rassurer sur ce point *(M. 13.12.75)*.

MATERNER v. tr. ou intr. 1956. (Trad. de l'angl. *to mother*). Par ext. (Sous l'influence du vocab. de la psychol. et de la psychiatrie). ■ Traiter qqn (enfant ou adulte) d'une façon maternelle.

● V. tr.
Les ménages très équilibrés, ceux où les époux et les enfants sont le plus épanouis sont aussi ceux où ce partage des tâches existe et où le père « *materne* » les enfants *(Sartin, 68)*. Après avoir été dorlotés, bichonnés, « *maternés* » par les bains, les massages, les clients du Dr C. vont chaque jour (...) *(E. 27.8.73)*.

● V. intr.
Dans la situation courante, ces tout premiers scolarisés n'ont affaire qu'à des femmes. Celles-ci, qu'elles soient mères de famille ou non, auront nécessairement tendance à *materner (Drouet, 72)*. Jany est née, comme les autres femmes, pour protéger, *materner*. Elle voudrait l'aimer (un jeune débile mental) comme une mère *(Cesbron, 77b)*.

MATERNISATION sf. ■ Action de *materniser** ; son résultat.

Le processus qui conduit à la transformation d'un lait d'animal en un lait se rapprochant de celui de la femme, s'appelle la « *maternisation* » *(M. 12.4.72)*.

MATERNISER v. tr. ■ Donner à un lait d'animal la composition, les propriétés du lait de femme.

Le lait sec peut être *maternisé* pour se rapprocher le plus possible du lait de femme *(C. 24.12.70)*.
Pendant des années le lait de vache a été utilisé pour nourrir les nouveaux-nés. Depuis quelques années l'introduction de laits « *maternisés* » a représenté un progrès déterminant *(M. 10.5.78)*.

MATHÉMATISATION sf. ■ Action de *mathématiser** ; son résultat.

Il est aisé de souligner les risques de la « *mathématisation* » *(Meynaud, 59)*. La *mathématisation* du monde (par Galilée, Kepler, Newton, etc.) *(M. 24.9.66)*. Nous pouvons aider l'économiste, le sociologue, l'ingénieur en mal de *mathématisation (M. 21.12.68)*.
Les mathématiciens demandent qu'on fonde l'enseignement sur la *mathématisation* de situations concrètes parce que les mathématiques, modernes en particulier, baignent dans le réel *(Gabaude, 72)*.

MATHÉMATISER v. tr. Repris mil. XXe. ■ Introduire dans un domaine les méthodes mathématiques.

Galilée, Kepler, Descartes, Leibniz, Newton, parce qu'ils ont eu l'idée de *mathématiser* le monde, ont été les constructeurs du monde moderne *(M. 24.9.66)*. Un professeur de mathématiques a souhaité qu'on ne fasse pas un enseignement « *mathématisé* » comme on a déjà fait un enseignement « latinisé » *(F. 15.11.66)*.

MATIÈRE GRISE sf. Fig. ■ L'intelligence, la réflexion et, par ext. l'esprit d'invention.

Le software est la « *matière grise* » de l'ordinateur, c'est-à-dire les programmes qui lui permettent de fonctionner *(E. 21.10.68)*. La fabrication (du Concorde) sous tous ses aspects, avion, moteurs, équipement, essais, engendre de la *matière grise*. S'ils n'avaient pas eu à relever ce défi technique, de nombreux chercheurs et techniciens auraient sans doute émigré vers les États-Unis *(E. 2.12.68)*. Les Français ne se sont guère intéressés à vendre, comme on dit, « de la *matière grise* » *(Guillain, 69)*. Demain, la « *matière grise* » du Koweit se répandra parmi les émirats encore primitifs du golfe Persique, élite compétente qui peut faire passer cette frange du monde arabe de la période du chameau à celle de l'électronique *(E. 17.3.69)*. La civilisation post-industrielle est celle de la « *matière grise* », de la créativité, de l'imagination et des remises en cause *(M. 10.4.69)*. S'il suffit d'appuyer simplement sur quelques boutons pour mettre en route (un ordinateur) et réaliser en quelques minutes des travaux qui demanderaient des mois-hommes, il a fallu préalablement dépenser une énergie « *matière grise* » considérable. L'ordinateur en effet peut réaliser tous les travaux particuliers à chaque entreprise dans la mesure où on lui précise ce qu'il doit faire – le programme *(Morange, 69)*.
(...) le retard que nous avons dans les techniques de pointe, celles qui requièrent de la *matière grise* (...) Mon ambition est de créer les produits les plus élaborés, les plus chargés de *matière grise (Saint Pierre, 70)*. Les industries de la *matière grise*, plus communément appelées ingénierie, sont l'une des activités les plus méconnues du grand public *(C. 9.12.70)*. Les seuls films qui marchent vraiment sont ceux où l'on met de la *matière grise* à la place de l'argent : les films amoureusement conçus et préparés *(E. 5.6.72)*. C'est dans les sociétés de « *matière grise* » et d'ingénierie que la situation a été la plus critique *(Exp. 6.73)*. L'industrie des télécommunications est une industrie de *matière grise* et de forte valeur ajoutée *(M. 29.6.74)*. L'industrie pharmaceutique consomme peu de matières premières, mais beaucoup de *matière grise (P. 3.11.75)*. Sophia-Antipolis (près d'Antibes) est une sorte de Mecque de l'intelligence : une concentration de *matière*

grise (C. 8.7.78). Ce voyou au physique de diplomate inaugure un nouveau type de cambriolage : peu d'outils, mais de la *matière grise (P. 10.7.78).* La dimension « matière grise » dans la construction automobile tend à s'accroître : l'un des postes qui croît le plus rapidement est le poste : études — recherche — développement *(C. 6.10.78).*

Rem. Le syn. *substance grise* est attesté.

MATON, NE subst. 1946 Arg. 1946. ■ Gardien(ne) de prison.

Quant aux rapports avec les *« matons »,* ça dépendait du directeur. Ils calquent toujours leur attitude sur celle du directeur *(E. 19.4.71).* À côté des *matonnes* d'aujourd'hui, les prisons du moyen âge, c'était la fête ! *(Saint Pierre, 72).* Il a été surpris par un *maton* et condamné à 60 jours de mitard *(Bensoussan, 74).*

MATRAQUAGE sm. Par ext. ou fig.

1. Par ext. Milit. Bombardement ou mitraillage intense.

La riposte israélienne s'est traduite par un *« matraquage »* d'artillerie et d'aviation *(O. 17.3.69).*

2. Fig. Répétition insistante et systématique — par les *mass* media*, surtout la radio et la télévision — d'une information, d'un message publicitaire, d'un slogan, d'une chanson, etc. que l'on veut imposer à l'esprit du public.

Une « désaliénation » des variétés radiotélévisées (...). Espérons qu'elle aboutira à la suppression du *« matraquage »* des pires productions chansonnières *(ST 30.3.68).* Mettre fin au *matraquage* du public par le disque *(E. 8.4.68).* Des réunions d'information pour contrebalancer le *« matraquage* idéologique auquel est soumise la population » *(M. 14.2.69).* Le *matraquage* moderne des images lascives dans les publications et les films, le bombardement incessant de sollicitations érotiques que subissent les esprits *(M. 15.11.69).* Le *matraquage* publicitaire à l'aide d'affiches quotidiennement renouvelables *(E. 30.3.70).* Agir par le *matraquage,* comme font les publicitaires lorsqu'ils nous imposent une marque de savon ou d'apéritif *(VL 5.70).*
Ça n'a pas besoin d'être beau, une publicité. Il faut qu'elle soit efficace. Des psychologues s'en occupent. Dans les stations de métro, quand on voit quinze affiches, c'est du *matraquage (LF 5.5.71).* La question européenne ne passionnait pas une opinion qui a bien d'autres préoccupations et que le *« matraquage »* de la majorité a pu lasser *(M. 25.4.72).* Comme toujours en pareil cas, on a procédé à un *« matraquage »* systématique de l'opinion, submergeant les journaux et les ondes d'interviews, de reportages et déversant un déluge d'informations *(VR 3.12.72).* Le *matraquage* des masses à coups de slogans *(P. 11.4.74).* Le moral du mineur a été sérieusement atteint. On lui répète depuis des années que son métier est sans avenir, qu'il devrait en changer et se reconvertir. Comment aurait-il pu résister à ce *matraquage* psychologique ? *(M. 27.6.74).*

MATRAQUER v. tr. Par ext. ou fig.

1. Par ext. Milit. Bombarder, mitrailler intensément.

On a beau *matraquer* des zones, bombarder, pilonner, quadriller, contrôler... rien à faire (...) Les commandos K. sont 1.500, bien armés, mais ils sont encerclés par 15.000 hommes et *matraqués* par un bombardement et des tirs d'artillerie comme on n'en a pas vu depuis longtemps *(Courrière, 69).*

2. Par ext. Méd. Administrer des doses massives de médicaments.

L'organisme, *matraqué* par les techniques d'immunosupression, reconstituait peu à peu ses défenses *(E. 15.1.68).*

3. Fig. Soumettre le public à un *matraquage** (2) au moyen des *mass* media*.

La vogue, très passagère, des rengaines *« matraquées »* par les stations de radio *(ST 13.4.68).* Il ne s'agit plus (à la radio) de *matraquer,* mais d'expliquer *(E. 20.1.69).* « *Matraquer »* l'un des mouvements d'un concerto à l'antenne pendant quinze jours, à raison de cinq ou six passages quotidiens *(M. 23.1.70).*
Sous prétexte d'éclairer l'opinion, on la *matraque (Téla. 1.6.74).* Les Français, *matraqués* par la publicité, ne supportent plus d'attendre les fruits bénis de la consommation *(O. 13.10.75).*

4. Fig. Imposer des prix, des tarifs, infliger des sanctions, etc., ressentis comme excessifs.

Le stationnement payant et le relèvement du taux des amendes, ces mesures qui *« matraquent »* les automobilistes ne suffiront pas à régler le problème de la circulation à Paris *(En. 2.4.71).* Le gouvernement a décidé une opération-vérité des tarifs publics : faut-il *« matraquer »* les usagers de la R.A.T.P. et de la S.N.C.F., faut-il les décourager d'utiliser les transports en commun ? *(M. 26.4.78).*

5. Fig. Attaquer, accabler qqn, par ex. un adversaire, un concurrent, etc.

Un prêtre me reproche d'avoir trop *« matraqué »* dans mon émission les responsables de la société actuelle *(O. 22.6.70).* Le supergrand de l'informatique renonce à utiliser les fruits de sa recherche massive pour *matraquer* la concurrence *(E. 16.7.73).*

MATRAQUEUR, EUSE adj. Fig. ■ Qui tient du *matraquage**.

Une publicité voyante, carrément *matraqueuse* même *(C. 14.4.70).*

1. MAXI (-) Premier élément de subst. comp.

● **Devant un nom d'objet : très grand, très long, etc.**

○ Une *maxibouteille* d'un litre et demi *(E. 24.2.69).* On assistera à une offensive du *maxichapeau (A. 26.2.70).* Les premiers *maxi-imperméables (E. 1.12.69).* La mise au point d'un tel *maxijet* aurait sans doute exigé autant de travail, de temps et d'argent, que celle du transport supersonique *(E. 11.12.67).* La *maxijupe* concurrence désormais la mini *(E. 22.1.68).* Les *maximanteaux* poussent sur les minijupes *(AAT 5.70).* Des *maxi-médailles* suspendues à de lourdes chaînes *(M. 25.5.69).* Des *maxi-montres* à cadrans ronds et scintillants *(C. 5.2.69).* Une mini-croisière sur un *maxi-paquebot (Pub. F. 10.12.66).* Maxi-redingote croisée à 4 boutons *(VR 29.3.70).* Maxi-taxis (six ou huit places) *(M. 5.11.69).*

○○ Le *maxi-short,* né cet hiver (...) *(JF 26.1.71).* Une poudre compacte, fine et légère, présentée

dans un *maxiboîtier* blanc *(VR 18.4.71)*. Au Salon de l'auto, il n'était question que de (...) *maxibolides* *(E. 12.11.73)*.
- **Devant un nom abstrait : très grand, très important, de très longue durée.**
○ La *maxi-minorité* l'a emporté de deux voix sur la mini-majorité *(M. 22.10.67)*. *Maxi-offensive* de V. sur le marché des eaux minérales *(Pub. M. 6.6.69)*. Le grand T.N.P. affiche ce *maxi-spectacle* *(Fa. 11.12.68)*.
∞ Cette *maxi-réforme* risquerait de mécontenter les milieux agricoles *(E. 15.6.70)*. *Maxi-puissance* : à chaque tonnage transporté, la puissance au-dessus (...) *Maxi-sécurité* : tenue de route, freinage, robustesse *(PM 17.10.70)*. L'argument de ce *maxi-monologue* n'était pas détestable en soi *(M. 20.9.74)*.
→ MINI(-).

2. MAXI adj., adv. ou subst. Fam. Abrév. de *maximal,e**, ou *(au) maximum.*

- **Adj. ou adv.**
Forfait : ... Val-d'Isère basse-saison : mini, 860 F ; *maxi*, 1640 F *(PM 14.11.70)*. Chris-craft (...) 6 places assises, ski, promenade, vitesse *maxi* : 68 km/h *(Pub. Exp. 2.73)*. Je crains que vingt degrés *maxi* pour gratter du papier chez soi, immobile sur une chaise, ce ne soit un peu juste *(P. 30.9.74)*. C'est un bi-réacteur de 118 places, pas très rapide : Mach 0,76 *maxi* *(PM 15.3.75)*.

- **Subst.**
La langue a ses modes ; et la malheureuse ponctuation est aujourd'hui écartelée entre deux snobismes littéraires et journalistiques également pénibles : le mini et le *maxi* (...) La recette du *maxi* est du même désordre : des points partout. À chaque. Mot. *(J. Cellard, M. 12.11.78)*.

3. MAXI adj. ou subst. Spéc. ■ À propos d'une mode de vêtements féminins très longs.

- **Adj.**
La mode la plus stricte : couleurs sombres et *longueur maxi* (...). Une robe « *maxi* » en fin lainage *(Fa. 4.2.70)*. La Haute Couture et les journaux féminins ont donné la priorité à la *tendance maxi* *(Fa. 15.4.70)*.

- **Subst.**
Les adolescentes qui se laissent tenter doivent apporter grand soin à leur apparence, en « *maxi* » le négligé l'est plus encore *(VR 5.4.70)*. Le *maxi* va-t-il condamner définitivement le mini à la fin de l'été ? (...) Le *maxi* raisonnable, de dix à quinze centimètres au-dessous du genou ; c'est celui que les femmes choisiront *(Fa. 15.4.70)*.
→ MIDI, MINI.

MAXIMAL, E adj. Rép. mil. XXe. ■ Qui représente un maximum.

De grands hôtels au *confort maximal* *(VF 10.7.64)*. Pour obtenir une *efficacité maximale* dans le domaine des études de marchés *(En. 30.1.71)*. Une signalisation avertit le conducteur de la *vitesse maximale* qu'il doit immédiatement respecter *(Ch. f. 65)*.
La durée *maximale* hebdomadaire du travail *(C. 5.9.78)*.
→ MINIMAL, E.

MAXIMALISATION sf. Syn. de *maximisation**.

La société de masse vouée à la *maximalisation* de la croissance économique *(P. 30.1.74)*.

MAXIMALISTE adj. et subst. Repris mil. XXe. ■ Favorable aux prises de positions extrêmes.

- **Adj.**
Les Européens prennent à leur compte des revendications *maximalistes*, soit pour céder au chantage arabe, soit pour se venger des Américains et des Soviétiques *(O. 3.12.73)*. Un document sera soumis à l'appréciation des autres groupements palestiniens de tendance « *maximaliste* » *(M. 26.3.74)*.

- **Subst.**
À propos du pétrole et du conflit palestinien, ses prises de position sont souvent plus dures que celles de la majorité des « *maximalistes* » *(En. 26.2.71)*.

MAXIMISATION sf. Fait de *maximiser**.

Les trois fonctions essentielles du marketing : (...) ; se donner pour objectif final la *maximisation* du profit *(R.G.C.F. 5.69)*.
La *maximisation* des bénéfices commande le contrôle de l'État sur les entreprises *(Rousset, 73)*. Pourquoi le mariage ? Ce contrat qui préside à la formation d'un couple repose sur une *maximisation* de l'avantage des conjoints par la spécialisation dans le travail *(E. 5.6.78)*.

MAXIMISER v. tr. Repris mil. XXe. ■ Porter au maximum.

○ (Des) acteurs cherchent à *maximiser* leurs *avantages* *(M. 11.6.69)*. Leur politique (de certains managers) tend à *maximiser* ce *bénéfice* *(Hetman, 69)*. À chaque poste, doit se trouver la personnalité qui *maximise* les *chances* de succès dans la tâche correspondante *(En. 24.10.70)*. Donner à chaque division les moyens de gérer elle-même ses affaires afin de *maximiser* ses *résultats* *(Hetman, 69)*.
∞ L'entreprise est loin de cette mécanique où il suffit d'égaler les recettes marginales aux coûts marginaux pour « *maximiser* » le *profit* *(Exp. 2.72)*. L'objectif doit être de « *maximiser* » la *valeur* économique de chaque transport pour la collectivité *(VR 17.12.72)*. Jusqu'à présent la plupart des aéroports ont été installés dans des zones de fort peuplement, apportant ainsi un grave préjudice à des populations entières (...) L'*avantage* des utilisateurs des transports était *maximisé* en situant l'aéroport le plus près possible de l'agglomération

desservie (Barde, 73). Les producteurs, pour maximiser leurs profits, ont tendance à suivre au plus près les goûts du public (C. 30.8.78).

MAZOUTÉ, E participe passé et adj. ■ Atteint, souillé par le mazout qui se répand sur la mer et la pollue en cas de marée* noire.

Les baigneurs sortent tous les jours sans être « mazoutés » (M. 18.6.67). Les destructions d'oiseaux de mer causées par la nappe de pétrole ont vivement inquiété les amis de la nature. Le déterminisme de la mort des oiseaux mazoutés n'est pas connu avec certitude. On considère généralement que l'imprégnation du plumage par le mazout provoque une chute de la température interne du sujet (M. 26.7.67).
Après avoir déposé sur le perron les dépouilles de poissons et d'oiseaux « mazoutés », les manifestants sont repartis vers la sous-préfecture (M. 25.3.75).

MEDIA ou MÉDIA [medja] sm. pl. (Employé parfois abusivement au sing. au lieu de médium*). La francisation du mot apparaît parfois dans la graphie sous la forme du é, ou plus rarement sous celle de l's ajouté au pluriel. ■ Variante pour mass* media.

Un nouveau « media », la télévision (M. 9.6.65). Pour les ouvriers et les paysans, la télévision a supplanté tous les autres médias et tend à devenir le mode privilégié de connaissance (M. 20.5.67). Les principaux média : cinéma, affichage, postes radiophoniques (M. 12.1.68). La télévision (et) les autres media, presse écrite et parlée en particulier (E. 5.4.71). L'évolution des techniques est particulièrement nette pour trois media. Cinéma : adoption du super 8. Diapositives : généralisation de la commande à distance. Télévision : développement des magnétoscopes (En. 12.71). Si l'on avait encore besoin d'illustrer la puissance des media, cet embrasement des mentalités pour la cause de la « qualité de la vie » serait particulièrement frappant (M. 1.6.72). Le sociologue Mc Luhan distingue les « media chauds » — écriture imprimée, radio, cinéma —, et les « media froids » — parole, dessins animés, télévision, et bande dessinée — (P. 9.10.72). La crise du papier qui met en péril la presse et l'édition devrait inspirer une prise en considération de la radio en tant que media privilégié (M. 22.9.74). La nouvelle puissance des media exige de ceux qui les manient une morale de la responsabilité (P. 6.1.75). Les grands médias populaires braquent leurs projecteurs sur un phénomène, une préoccupation, un fait de société en rejetant dans l'ombre ce qu'ils privilégiaient la veille (M. 27.2.77). Un psychosociologue s'est spécialisé dans l'analyse scientifique de l'influence des médias sur nos habitudes, nos opinions, nos choix (E. 15.5.78).

MÉDIATEUR sm. ~ 1972. (Trad. du suédois Ombudsman*). ■ Personnalité chargée de faire respecter les droits des citoyens par l'Administration, d'empêcher les abus de pouvoir ou d'y porter remède.

Le conseil des ministres du 7 décembre a adopté un projet de loi instituant un « médiateur » (...) Le médiateur aura pour mission, non de censurer les actes de l'Administration, mais d'inciter celle-ci, dans des affaires précises, à reconsidérer son attitude. Les citoyens saisiront le médiateur par l'intermédiaire des parlementaires (M. 9.12.72). Promulguée le 3 janvier 1973, la loi institue un médiateur, inspiré du modèle de l'ombudsman scandinave (M. 26.1.73). Cette émission populaire est souvent venue en aide à ceux qui se croyaient sans défense et sans recours. Mais à jouer les médiateurs privés, on prend des risques graves. Surtout quand on s'attribue le rôle d'un redresseur de torts (E. 18.2.74).

MÉDIATHÈQUE sf. ~ 1970. ■ Collection de différents supports des mass-média* (bandes magnétiques, diapositives, disques, films, journaux, etc.). Lieu où ils sont mis à la disposition du public (pour prêt ou utilisation sur place).

La « maison du quartier » met à la disposition de tous les habitants, ses salles de réunion et de spectacle, sa médiathèque — livres, disques, journaux, diapositives, etc. —, ses laboratoires de langue, ses équipements sportifs (P. 28.5.73). (...) travail indépendant tous les après-midi dans une « médiathèque » ultra-moderne, utilisation de tous les moyens audiovisuels (O. 8.4.74). Le centre Pompidou, c'est (...) la plus moderne des médiathèques de France : 350.000 diapositives, 11.000 disques, 52.000 microfiches, 1.000 films, 2400 périodiques (...) (E. 4.11.78).

MÉDICALISATION sf. ~ 1960. ■ Développement de l'équipement médical. Généralisation du recours à la médecine.

(La) chute brutale (de l') endémie tuberculeuse est étroitement liée au degré de médicalisation d'une population (M. 4.1.68). Une médicalisation durable des zones rurales (C. 2.10.69).
La psychiatrie est une discipline originale, ce qu'ignore la médicalisation vulgaire du fait psychiatrique (N 1.71). La médicalisation des ambulances joue un rôle essentiel dans la baisse du nombre des morts causés par les accidents de la circulation (E. 25.3.74). Le projet comporte la reconstruction des bâtiments trop vétustes et la « médicalisation », c'est-à-dire la possibilité de soigner effectivement les personnes âgées malades (O. 9.9.74). Face au vieillissement de la population, certains pays s'efforcent de coordonner et de systématiser la « médicalisation » du troisième âge (M. 16.10.74).

MÉDICALISER v. tr. ■ Faire bénéficier de la médicalisation*.

Aux États-Unis, des régions entières sont moins médicalisées que les coins les plus sous-développés de l'Afrique centrale (N. 10.72). Des ambulances médicalisées, c'est-à-dire qui ont à leur bord une infirmière et, si possible, un médecin et qui sont équipées pour faire les premiers gestes essentiels (E. 25.3.74).

MÉDICO- Premier élément d'adjectifs composés qui concernent à la fois la médecine et une autre spécialité.

L'équipe *médico-administrative* (C. 2.10.69). Le centre *médico-chirurgical* de S. (M. 19.4.66). L'éducation du *personnel médico-chirurgical* (F. 3.12.66).
Plusieurs enfants se sont présentés à l'institut *médico-éducatif* de B. (M. 27.4.73). L'hôpital doit être dirigé par un comité technique *médico-infirmier* (N. 10.72). Les bases culturelles des pratiques *médico-magiques* africaines (Laplantine, 73).
Assurer à l'enfance inadaptée un enseignement spécial d'abord dans un institut *médico-pédagogique*, puis dans un institut *médico-professionnel*, où l'enfant peut apprendre divers métiers (M. 23.9.65). Un débat psychiatrique et *médico-psychologique* (M. 6.5.66).
Établissements destinés aux enfants et adolescents séparés temporairement ou définitivement de leurs parents : centres *médico-psycho-pédagogiques*, centres de rééducation pour caractériels (F. 7.2.67). Les caractères et vices de notre système *médico-sanitaire* (M. 7.1.68). Ce foyer (des jeunes) comprendra un gymnase, un cabinet *médico-scolaire*, deux terrains de sports (F. 24.10.66). Une seule *équipe médico-sociale* est chargée dans chaque localité de toutes les tâches de psychiatrie publique (F. 1.12.66). Les *services* administratifs et *médico-sociaux* (d'une maison pour personnes âgées) (M. 7.1.66). Le centre *médico-spatial* de H. (SV 1.2.67). (La) Maison des Sports comprendrait notamment un centre *médico-sportif* (F. 5.1.66).
La recherche pédagogique et *médico-sportive* (PM 14.3.70). À cause de ses doubles études — techniques et médicales — il entre au service *médico-technique* de l'armée (E. 29.5.67).

MÉDIUM sm. Repris mil. XXe., par l'intermédiaire de l'anglais. ■ Moyen de communication de masse. Le pluriel *media** est plus fréquent.

La télévision a une place privilégiée, parce qu'elle est, selon Mc Luhan, un « *médium* froid » tandis que, par exemple, la radio et le cinéma sont des *media* « chauds » (N. 4.69). L'O.R.T.F. se considère essentiellement comme un *médium* de masse (E. 5.4.71). Les problèmes nombreux qui se posent à la télévision en tant que *médium* spécifique et relativement jeune (M. 28.5.78).

MÉFORME sf. Avant 1952. ■ Mauvaise condition physique (« forme ») d'un sportif.

T. M. est un de ceux qui peuvent profiter d'une période de *méforme* de R. (M. 12.1.68).

MÉGA(-) (Du gr. *megas*, « grand »). Premier élément de quelques composés dans lesquels il a soit le sens de « 1 million de... », soit, par ext. une valeur intensive.

Rem. Les comp. *mégatonnique* et *mégawatt*, dans lesquels *méga-* a le sens de « 1 million de... » sont traités en articles séparés à leur place alphabétique. Quelques exemples de comp. dans lesquels *méga-* a une valeur intensive sont énumérés ci-dessous.

Dans les « *méga-entreprises* » françaises, les mœurs florentines des états-majors ne changent pas grand'chose au comportement de la base (Exp. 12.72). Même pour l'eau (traitée ou embouteillée) qu'il boit, et la détente (que l'industrie du spectacle et la radio-télévision lui procurent), l'individu dépend des « *méga-outils* » de « *méga-institutions* » bureaucratiques et marchandes (O. 4.3.74). Les peuples du tiers monde n'ont que faire de ces *mégacentrales* qui, sous prétexte d'industrialisation, les enfoncent dans la dépendance économique et politique (O. 7.5.74).

MÉGALOPOLE sf. Traduction du grec *megalopolis* (grande ville), repris au milieu du XXe s., peut-être sous l'influence de l'emploi du mot en anglais, à propos de la *conurbation** de la côte nord-est des États-Unis. ■ Très grande ville, ou très vaste *conurbation**.

Comment sortir de la *mégalopole*, comment perdre de vue les usines, les cheminées, les gazomètres ? (FL 23.6.66).
Londres, cité énorme et tentaculaire, *mégalopole* auprès de laquelle Paris fait figure de village (O. 5.1.70). Une certaine idée de la France, à l'opposé des gigantesques *mégalopoles* et plus proche des villes moyennes (P. 21.5.74).

Rem. La variante *mégapole* est attestée.

Les conditions d'existence des travailleurs dans les *mégapoles* d'aujourd'hui (M. 24.12.71).

MÉGALOPOLIS sf. Variante pour *mégalopole**.

Le plaidoyer le plus éloquent en faveur de la ville, de la « *mégalopolis* » a été prononcé par Jane Jacobs dans un livre qui est devenu rapidement un best-seller (N. 6.70).

Rem. La variante *mégapolis* est attestée.

(...) tandis que s'édifiaient rapidement des *mégapolis* irrespirables (E. 7.9.70).

MÉGATONNIQUE adj. ~ 1965. (De *mégatonne*, unité de mesure — équivalent à 1 million de tonnes de T.N.T. — de la puissance destructrice des bombes *nucléaires**).

La mission de dissuasion des sous-marins nucléaires lanceurs d'engins à tête *mégatonnique* (F. 12.12.66). Il est nécessaire que la France (...) dispose d'engins balistiques *mégatonniques* (E. 11.12.67).

MÉGAWATT sm. Phys. ■ Unité de puissance de un million de watts.

Nulle voix prophétique ne disait à (Watt) que les ingénieurs du XXe siècle appelleraient « *mégawatt* » l'unité de puissance, célébrant un million de fois, en un seul vocable, le nom de leur bienfaiteur *(F. 1.12.66)*. Le potentiel nucléaire national atteindra en 1970 quelque 1 300 *mégawatts (M. 31.12.68)*.

MÉGOTER v. intr. (De *mégot*). Rép. ~ 1960. Fam. ■ Lésiner (sur qqch), réduire les dépenses le plus possible.

Le chef du gouvernement a son plan. Il écarte les objections, les conseils de prudence : « Il ne faut pas, dit-il, *mégoter* » *(Viansson, 71)*. Leurs loyers étaient de plus en plus lourds, leurs charges de plus en plus extravagantes. Alors ils ont *mégoté* sur tout, le foie de veau pour les gosses, la petite robe pour l'épouse et la voiture achetée d'occasion *(O. 24.11.75)*. C'est sur l'emploi des jeunes que doit porter un effort national de grande envergure, qu'il importe d'entreprendre sans retard et sans « *mégoter* » *(M. 2.7.78)*.

Rem. Le dérivé *« mégotage »* est attesté (1960).

MELTING POT [mɛltiŋpɔt] sm. Mot anglais (creuset). Fig. ■ Point de rencontre où se mélangent des éléments très variés.

Les Maisons de la culture devaient devenir le *« melting pot »* où les habitants des villes culturellement sous-développées se rencontreraient *(E. 11.11.68)*. Dans le *melting pot* de la société de consommation, le genre de vie des masses ouvrières tend à s'identifier à celui des catégories moyennes *(M. 5.2.66)*.

MÉMOIRE sf. Inform. ~ 1960. Dans un *ordinateur**: organe essentiel qui permet de recueillir et de conserver les informations destinées à un traitement ultérieur ; le support de ces informations.

Les ordinateurs récents sont dotés de canaux qui sont des intermédiaires entre les unités périphériques et la *mémoire* centrale *(Morange, 69)*. On peut fabriquer des *mémoires* entièrement électromagnétiques ou électroniques. L'unité centrale des ordinateurs possède, de la sorte, une *mémoire* rapide où entrent et d'où sortent les informations avant et après traitement dans l'unité logique et arithmétique *(E. 16.7.73)*. La technique de « *mémoire* virtuelle » consiste à associer une *mémoire* rapide – donc coûteuse – et de petite capacité, à une *mémoire* lente, moins chère, et de capacité beaucoup plus grande. Sur une courte période de temps, un ordinateur travaille en grande partie sur des données groupées, enregistrées dans la même zone de la *mémoire* lente. *(M. 30.4.75)*. L'application de la physique des basses températures aux composants électroniques entraînera une plus grande densité de *mémoire* des ordinateurs et une plus grande vitesse de temps de réponse de ces derniers *(C. 10.9.78)*.

MÉNAGISTE subst. ■ Personne ou entreprise qui vend ou fabrique des appareils ménagers.

La société S. a été constituée par soixante-cinq *ménagistes* qualifiés *(M. 19.1.66)*. Ces cuisinières exceptionnelles, vous les trouverez chez *ménagistes* S. *(Pub. Fa. 21.5.69)*.

Rem. Le composé *électro-ménagiste* (d'après appareil *électro-ménager*) est attesté.

La machine à laver B. est la solution complète et définitive de votre problème lessive. Allez la voir chez votre *électro-ménagiste (Pub. PM 14.11.70)*.

MENSUALISATION sf. ~ 1960. ■ Le fait de *mensualiser**; situation qui en résulte.

Mensualisation + O (sans complément déterminatif).

La *mensualisation*, c'est pour l'ouvrier une affaire de sécurité *(O. 30.12.68)*. La *mensualisation*, pour ces ouvrières, c'est l'avènement du règne de la consommation *(E. 20.4.70)*. Le coût de la *mensualisation* sera en cinq ans de 3 à 8 % du salaire des travailleurs concernés *(En. 3.4.71)*.

La *mensualisation* constituait une revendication ancienne de la CGT et de la CFDT *(Bauchard, 72)*. La majorité met l'accent sur la politique sociale : *mensualisation*, intéressement etc. *(Exp. 2.73)*.

Mensualisation + complément nom de personne.

Mensualisation totale de tous les *ouvriers* « horaires » *(O. 9.12.68)*. Les grévistes demandent la « *mensualisation* » du *personnel* « horaire » *(M. 10.10.69)*. La *mensualisation* des *travailleurs* horaires *(C. 14.6.69)*.

Mensualisation + complément nom de chose.

Que réclament les grévistes ? La « *mensualisation* » *des rémunérations* et la fin des disparités de salaires *(M. 6.6.69)*. L'objectif des syndicats est la *mensualisation des salaires (E. 17.4.67)*.

La *mensualisation* des salaires, une revendication à laquelle tous les travailleurs horaires étaient sensibilisés *(M. 26.9.70)*. Les discussions sur les retraites, (...) sur la politique progressive de *mensualisation* des salaires, (...) *(Bauchard, 72)*.

MENSUALISER v. tr. ■ Donner, à un salarié payé à l'heure, le statut de *mensuel**. Transformer un salaire horaire en salaire mensuel.

Mensualiser un ouvrier ne signifie pas seulement le payer au mois, ni lui accorder les garanties réservées aux mensuels. (...) C'est, aussi, unifier le statut des ouvriers et des (employés) *(E. 16.3.70)*. Je suis *mensualisé*, et je touche une prime kilométrique *(C. 7.6.70)*.

MENSUEL sm. ■ Salarié payé au mois.

Un *mensuel* est mieux protégé du chômage partiel qu'un ouvrier payé à l'heure *(C. 30.12.68)*. Deux contrats sont signés aux chantiers de A. après consultation des « *mensuels* » *(M. 15.4.69)*.

La grève, notent les ouvriers, profite toujours aux *mensuels (M. 7.4.72)*. En un an le pouvoir d'achat de l'ouvrier payé à l'heure a certes fait un score supérieur à la moyenne de ces dernières années : + 5,9 %. Mais celui du *mensuel*, père de famille, est très loin de ce chiffre *(P. 1.4.74)*.

MENTAL, E subst. 1963. (Ellipse de *malade mental*). ■ Personne atteinte d'une maladie mentale.

Une assistante sociale raconte son expérience : « Je reçois surtout ceux que j'appelle les petits *« mentaux »*, ceux qui ne sont pas assez malades pour être placés dans un hôpital psychiatrique » *(O. 14.2.77).*

MER-AIR, MER-MER, MER-SOL loc. adj. Milit. ■ Arme, engin, *fusée**, *missile**, lancés d'un navire contre un objectif aérien, marin ou terrestre.

Des engins *mer-air* de 340 millimètres de diamètre *(M. 11.12.68).* Quatre vedettes équipées du missile *mer-mer* (M. 31.5.69). Les systèmes d'armes sol-sol et *mer-sol* sont plus complémentaires que concurrentiels *(M. 23.2.69).* Des engins *mer-sol* dotés chacun de plusieurs bombes thermonucléaires *(M. 4.1.69).* L'armée poursuivra la mise au point de ses fusées nucléaires sol-sol et *mer-sol* (O. 27.12.67). Quant aux missiles sol-sol et *mer-sol*, leur portée est réduite *(M. 23.2.69).*

MERCHANDISING [mɛrʃɑ̃diziŋ] ou [mɛrʃɑ̃dajziŋ] sm. Écon. 1966. (Mot angl., « promotion des ventes »). ■ Étude et mise en œuvre des moyens de présentation et de vente d'un produit.

Une importante opération de *merchandising* va se greffer sur (...) *(E. 2.5.66).* Le *merchandising* est le prolongement, dans le magasin, de la campagne de publicité générale *(En. 31.8.68).* Les mannequins sont habillés par la production, et le *« merchandising »* est prêt (PM 16.12.72).

Rem. 1. Le terme *« marchandisage »* est recommandé officiellement pour traduire *merchandising.*

Rem. 2. Le subst. *merchandiser*, et la forme francisée *merchandiseur* (spécialiste du *merchandising*) sont attestés.

Les *« merchandiseurs »*, les nouveaux grands-prêtres du commerce moderne, plus importants encore, selon les spécialistes des motivations, que les publicitaires *(R. 9.72).* Initiation au marketing : stage à l'intention du personnel de maîtrise, représentants, inspecteurs des ventes, *merchandisers*, cadres moyens de la distribution *(En. 11.10.73).*

MERDIER sm. Mil. XXᵉ. Fig. Pop. ■ Grand désordre ; situation inextricable.

Le problème est grave et les amis politiques de L. le sentent si bien qu'ils le mettent en garde : « Tu es fou d'y aller... Tu vas dans un *merdier...* » *(Courrière, 69).* Cette guerre prend une physionomie inquiétante. On est en train de nous plonger dans un très sale *merdier* (Bonnecarrère, 72).
Comment sortirons-nous du « grand *merdier* » dans lequel nous sommes tous plongés ? *(Leprince-Ringuet, 78).*

(-)MÈRE Apposition ou deuxième élément de substantifs féminins composés. Repris et répandu d'après les modèles plus anciens : branche mère, cellule mère, maison mère, etc. ■ Se dit d'une chose dont dépendent ou émanent une ou plusieurs autres choses analogues.

Quatre-vingt-dix mille billes par *« bombe mère »* (M. 14.1.68). Le module lunaire se trouvait en excellente position pour rejoindre la *cabine mère* (M. 22.7.69). L'absorption par une *cité-mère* de petites communes gravitant autour d'elle *(M. 27.6.66).* L'*entreprise « mère »* réunissant des entreprises de diverses régions *(En. 26.7.69).* Cette jeune société cohabite avec l'*organisation-mère (E. 19.12.65).* Les firmes gravitent autour d'une puissante *société mère* (Guillain, 69). Un hameau à 1 500 mètres de la *station mère* (M. 15.12.68). L'*usine-mère* ne suffit plus à la demande *(O. 20.1.69).* On risque de couper la cité nouvelle de la *ville mère* (M. 23.6.68).

MÈRE-CÉLIBATAIRE sf. ■ Femme non mariée qui a un ou des enfants (sans la nuance péjorative de *« fille-mère »*).

Les *mères-célibataires* seront appelées « madame » dans tous les services administratifs *(M. 21.6.61).* C. D. (actrice), *mère célibataire* et fière de l'être (ST 5.2.66).
C'est sans doute chez les *mères célibataires* — expression qui a remplacé l'ancienne, considérée comme trop péjorative, de « fille-mère » — que la réussite féminine apparaît comme la plus difficile *(Roudy, 70).* Claire, âgée de 18 ans, est ce que l'on appelle aujourd'hui d'un charmant euphémisme, une mère *célibataire*, elle a un enfant d'un an *(Choisir, 73).*

MESCALINE sf. Substance *hallucinogène**.

Les effets de la « came », de la *mescaline*, sont plus hallucinogènes que ceux de l'alcool *(M. 5.9.64).*
→ DROGUE, HASCH, L.S.D., MARIJUANA.

MESURE sf. Emplois figurés.

PRENDRE LA MESURE (de quelqu'un ou de quelque chose). ■ Estimer, évaluer.

Ni le gouvernement ni les syndicats n'avaient *pris la mesure* exacte d'une exaspération provoquée chez tous les mineurs par le déclassement progressif de leur profession *(Ens. 3.63).* Beaucoup avaient cru avoir *pris la mesure* du nouveau Premier ministre *(M. 3.10.64).*

SUR MESURE D'après *vêtement sur mesure*. ■ Adapté à.
> Bassins « *sur mesure* » ; (...) *piscine sur mesure* (M. 9.1.70). M. A. a écrit pour J.-P. B. (acteur de cinéma) des *dialogues* « *sur mesures* » (M. 19.2.65). Intéressement *sur mesure* : chaque salarié recut entre une et sept actions (M. 5.10.66). Le directeur du F.B.I. estime que le *mouvement* dit du « pouvoir noir » est « taillé *sur mesure* » pour les communistes américains (M. 9.1.68).
> Au lieu de combattre pour avoir chacun « sa » *messe sur mesure*, les catholiques sont invités à consacrer leurs forces à des questions plus importantes (E. 3.9.73).

MÉTA(-) (Du gr. *meta*). Premier élément d'adj. et de subst. comp.
En fr. contemporain, *méta*(-) sert à former de nombreux néol. scient. auxquels il donne le sens de : « ce qui dépasse, ce qui englobe » (l'objet ou la science désignés par le 2e élément).
Métalangage / métalangue et *métalinguistique* sont traités plus loin en articles séparés.
Sont également attestés par ex. :
> *Métapsychologie* (N. 1.71). *Métamathématique* (étude formalisée des structures mathématiques), *métamétaphorique*, *métaphilosophie*, *métapoétique* (Derrida, in Poétique 5.71). Formes *métabiologiques* (...) l'étape *métacybernétique* (...) *Métahistoire* (philosophie de l'histoire), évolution *métahistorique* (Morin, 73). *Métathéorie* (étude des propriétés d'un système formel au moyen d'une métalangue). Celui qui entreprend un dictionnaire de langue monolingue (...) va élaborer un *méta-discours* pour relier le plan des unités lexicales (...) à celui des unités de sens (A. Rey, 77).

MÉTALANGAGE sm. MÉTALANGUE sf. ~ 1960. Did. ■ Langage naturel ou formalisé qui est utilisé pour décrire une langue ou pour en parler.
> L'écrivain emploie une écriture première, un langage-objet. La critique est un *métalangage*, une écriture seconde, une écriture sur une écriture (M. 16.10.66). (Le) *métalangage* (...) regroupe les mots par lesquels sont désignés les concepts opératoires d'une recherche ou d'une réflexion scientifique. Ces mots sont souvent empruntés à la langue commune, mais, chargés d'un sens univoque par le chercheur, ils constituent une « langue au-dessus » — non pas dans le sens d'une hiérarchie — de la langue commune, une « *métalangue* » (...) On trouvera un exemple de *métalangage* dans le lexique des mathématiques, où les mots « fonction », « application » par exemple, empruntés à la langue commune, reçoivent une définition univoque — le sens est fixé, sans variation possible — qui les met à l'écart des emplois « vulgaires » (Peytard, 70).
> La *métalangue* est, par exemple, le langage grammatical dont le linguiste se sert pour décrire le fonctionnement de la langue ; c'est le langage lexicographique, dont l'auteur de dictionnaire se sert pour les définitions des mots (Dubois, 73). À travers un discours sur la langue qui est son principal objet, ce dictionnaire (le dictionnaire de langue) contient aussi un discours fragmenté sur le monde. Le premier discours représente la *métalangue* (A. Rey, 77).

MÉTALINGUISTIQUE adj. ~ 1960. Did. ■ Qui appartient au *métalangage**, concerne le *métalangage** ou la *métalangue**.
> La fonction *métalinguistique* est la fonction du langage par laquelle le locuteur prend le code qu'il utilise comme objet de description (Dubois, 73). Chaque type de dictionnaire comporte une ambiguïté. L'encyclopédie est ambiguë parce qu'elle envisage les faits linguistiques indirectement, sans toutefois pouvoir les éliminer : la réapparition de considérations *métalinguistiques* est fréquente (...) dans l'« Encyclopedia Universalis » (A. Rey, 77).

MÉTAPHYSICO- Premier élément d'adjectifs composés. ■ Qui tient à la fois de la métaphysique et de ce que désigne le second élément.
> Les grands romans *métaphysico-magiques* de l'Occident (O. 3.2.69). Des héroïnes (de Giraudoux) sont nées d'une seule et même expérience *métaphysico-scientifique* (F. 7.2.67).

MÉTHANIER sm. ■ Navire qui transporte le gaz naturel ou le méthane liquéfié.
> Le transport du gaz liquéfié d'Algérie en France sera assuré par deux *méthaniers* (M. 17.12.68).
> Ce bureau de design industriel a collaboré à des réalisations très diverses : (...) les aménagements d'un sous-marin ou d'un *méthanier* (M. 1.2.74).

MÉTHANODUC sm. ■ Canalisation servant au transport du méthane.
> Le développement du réseau de « *méthanoducs* » est poursuivi avec diligence pour rapprocher les gisements des grands marchés de consommation (M. 18.6.59). Le *méthanoduc* qui aurait relié l'Ukraine et l'Italie (M. 17.12.68).

→ GAZODUC.

MÉTRO-BOULOT-DODO Loc. ~ 1968. Fam. ■ Formule qui exprime la monotonie et l'ennui de la vie quotidienne de nombreux salariés dans les grandes villes.
> Évasion du morne cycle *métro-boulot-dodo* (M. 8.11.73). Tourisme de week-end pour échapper au cycle infernal *métro-boulot-dodo* (P. 29.4.74). Face au système absurde du *métro-boulot-dodo*, l'homme de la rue (...) (C. 21.9.74). Toutes les formes de travaux abrutissants, pénibles, avilissants, remplissent — mal — une existence souvent résumée par : « *métro-boulot-dodo* » (M. 10.1.76). En mai 1968, sur les murs de Paris, s'étalait un slogan « *Métro, boulot, dodo* » (M. 28.4.78). Il y a quelque chose d'absurde dans une

société du *« métro-boulot-dodo »*, dans le fait que nos existences sont découpées en trois tranches obligatoires *(C. 8.9.78).*
→ BOULOT*-MÉTRO-DODO.

MÉTROPOLE D'ÉQUILIBRE loc. subst. fém. ■ Grande ville de province (en France) dont les pouvoirs publics encouragent le développement afin de limiter la prépondérance et de freiner la croissance de Paris.

Il fallait freiner le développement de Paris en favorisant « les *métropoles d'équilibre* », cinq ou six grandes agglomérations telles que Lyon, Lille, Marseille étant seules estimées capables de faire éventuellement contrepoids à Paris *(C. 8.8.72).* Les *« métropoles d'équilibre »* ont été conçues au moment où s'établissait le schéma directeur de la Région parisienne, il y a dix ans. Il s'agissait alors de mettre nos grandes villes à même de recevoir le surcroît de croissance qui devait être retiré à la Région parisienne *(P. 17.6.74).*
→ CONURBATION, MÉGALOPOLE.

MEZZANINE [mɛdzanin] sf. De l'italien *mezzanino*. ■ Galerie entre deux étages dans une salle de spectacle, une gare, un magasin, un appartement, etc.

3 étages : sous-sol, rez-de-chaussée, *mezzanine* (dans un cinéma) *(M. 11.6.65).* Sur le ferry-boat, une partie du pont supérieur intermédiaire, dit *« mezzanine »*, est occupée par un salon pour les passagers *(AF 67).* Un escalier intérieur conduit à une *mezzanine (En. 25.1.69).* Dans une station du métro de Bruxelles, on distingue au niveau supérieur, dit *mezzanine*, les loges de contrôle *(R.G.C.F. 7.70).*
Une gare souterraine à deux niveaux de quatre voies chacun, séparés par une sorte de *mezzanine (VR 28.5.72).* La hauteur libre sous dalle (...) permet la construction d'une *mezzanine* d'échange des voyageurs sur une grande partie de la gare. Cette *mezzanine* est reliée aux quais par des escaliers et escalators *(R.G.C.F. 4.73).*

MI- Premier élément de substantifs et d'adjectifs composés.
Mi + substantif Dans les locutions *à mi-, à la mi-, la mi-*. ■ À la moitié de.

● Dans l'espace.

O. (basketteur) se montrait plus adroit à *mi-distance*, alignant trois paniers sur quatre tirs *(F. 5.12.66).* Hisser (un drapeau) jusqu'à *mi-hampe (M. 30.3.69).* (La) station n'est, comme partout en Jura, qu'à *mi-montagne*, qu'à *mi-oxygène (M. 21.11.68).*

● Dans le temps.

R. (boxeur) — blessé à une main à la *mi-combat (M. 10.1.68).* Après être passé à *mi-course* en 3 min 57 s 6/10 (...) *(M. 24.6.66).* À partir de la *mi-course* la position des trois hommes ne changea plus *(A. 22.6.69).* La *mi-festival* nous a apporté notre grande vedette *(M. 28.7.64).*
Le VIe Plan, une fois placé sur ses rails, sera réexaminé à *mi-parcours (M. 9.1.70).* Projeté à la *mi-temps* du Festival de Cannes, (le) film réveille les festivaliers *(C. 7.10.70).*
Ce fils de paysan, né en 1896, connut à la *mi-temps* de sa vie, une carrière éblouissante *(M. 20.6.74).*

MI- + adj. ou subst., MI- + adj. ou subst. ■ Moitié..., moitié...

● Devant des adjectifs.

O Un régime *mi-capitaliste, mi-planifié (F. 17.12.66).* Personnage *mi-cocasse, mi-tragique (E. 11.10.65).* Style *mi-diplomatique, mi juridique (E. 20.12.65).* Ce drôle d'accent *mi-flamand, mi-gavroche (M. 12.1.68).* Familles *mi-méritantes, mi-défaillantes (E. 30.12.68).* Traduction *mi-phonétique, mi-sémantique* (Etiemble, 66). Caractère *mi-politique, mi-économique* des prêts bancaires *(G. Martinet, 68).* Le milieu de Saint Nazaire est *mi-rural, mi-urbain (M. 1.3.69).* Une ligne de métro *mi-souterraine, mi-aérienne (T. 2.67).* Chair *mi-tendre, mi-ferme* (d'une pomme) *(VR 20.3.66).*

∞ Une place désuète, *mi-bourgeoise, mi-populaire* au cœur du XVe arrondissement *(Bodard, 71).* Laurent l'observa, prenant un air *mi-chagrin, mi-apitoyé* (...) *(Saint Pierre, 72).* Récit *mi-réaliste, mi-onirique (C. 8.1.72).* Réaction *mi-amère, mi-étonnée (E. 18.6.73).* Un complexe de 22.000 lits, *mi-touristique, mi-résidentiel (PM 22.6.74).* Des programmes *mi-incitatifs, mi-autoritaires (M. 27.9.74).* Un baratin *mi-convaincant, mi-menaçant (C. 12.10.74).* Un ton *mi-ironique, mi-désabusé (P. 26.5.75).* Des citoyens *mi-satisfaits, mi-protestataires (C. 28.12.75).*

● Devant des substantifs, noms de personnes ou de choses (abstr. ou concrètes).

O Pilote (d'avion) *mi boy-scout, mi-révolutionnaire (Courrière, 70).* Escalier balzacien *mi-chêne, mi-tomettes (FL 1.12.66).* Pièce *mi-cuisine, mi-salle à manger (Saint-Lô, 64).* Une atmosphère confinée *mi-musée, mi-chapelle ardente (Cesbron, 68).* Textes très courts, *mi-nouvelles, mi-essais (VR 11.9.66).* Femme *mi-poupée, mi-enfant (M. 31.8.66).* Établissements spécialisés, *mi-prison, mi-hôpital (E. 28.4.69).* (Un livre) *mi-reportage, mi-confession* politique *(E. 13.4.70).* L'ambassade *mi-salon de thé, mi-blockhaus (M. 1.3.69).* Les vacances « Alpes-Tunisie », *mi-ski, mi-dépaysement (E. 24.2.69).* Les collections de printemps : *mi-tunique, mi-cardigan (M. 31.1.69).*

∞ Bistrotiers qui jouent sur tous les tableaux, *mi-indicateurs, mi-affidés* des trafiquants *(Bodard, 71).* Un nommé B., *mi-proxénète, mi-gentleman (Saint Pierre, 72).* Une aventurière *mi-maquerelle, mi-magicienne (E. 5.6.72).* Mi-ping-pong, mi-tennis, un jeu méditerranéen *(E. 16.7.73).* Mi-trafiquant, mi-gangster, il garda toujours un génie de la survie *(M. 16.7.73).* Un jeune ancien combattant du Vietnam, *mi-hippie, mi-Rastignac (E. 10.12.73).* Une sorte de show, débonnaire et sans prétention, *mi-saucissonnade, mi-fête de patronage (M. 9.10.75).* Un film américain, *mi-documentaire, mi-science fiction (C. 1.3.78).* Une ancienne manufacture d'armes devenue *mi-club de jeunes, mi-maison de la culture (M. 26.4.78).*

MI-TEMPS (À) Loc. adv. ~ 1960. Spéc. ■ Pendant la moitié de la durée normale du temps d'activité, de service, de travail.

Systématiser les classes *à mi-temps* (...) l'autre partie de la journée scolaire est occupée par des activités physiques, artistiques et manuelles *(M. 26.2.65).* Je peux travailler chez P. *à mi-temps (Ragon, 66).* Il m'a embauché *à mi-temps* (...) Je ne travaille qu'*à mi-temps* pour avoir la possibilité d'écrire mes livres *(Saint Pierre, 70).*

MI-TEMPS PÉDAGOGIQUE sm. Rép. ~ 1960. ■ Système scolaire dans lequel les élèves reçoivent un enseignement traditionnel le matin, l'après-midi étant consacré aux activités artistiques, sportives, etc.

Les élèves de 41 classes de lycées bénéficient du nouveau régime du *« mi-temps pédagogique* et sportif » mis à l'essai à partir du 1er janvier 1961 *(M. 20.9.61).* Une expérience de *« mi-temps pédagogique »* fut tentée, en 1941. Les promoteurs de cette expérience réservèrent tous les après-midi à la pratique de l'éducation physique : les matinées furent consacrées à l'enseignement des disciplines intellectuelles *(M. 26.9.65).* Le *mi-temps pédagogique* : cours le matin ; activités sportives et culturelles l'après-midi *(E. 9.10.67).*
→ TIERS-TEMPS.

MICRO (-) (Du gr. *mikros*, « petit »). Premier élém. de nombreux subst. et de quelques adj. comp. dans lesquels il a le sens de *petit* ou *très petit*.

Rem. Quelques composés sont traités plus loin en articles séparés à leur place alphabétique. D'autres sont répartis dans les rubriques ci-après.

1. À propos de choses abstraites ou concrètes.
● Subst.
○ Les ventes de *micro-appareils* permettant d'enregistrer secrètement les conversations ont quadruplé aux États-Unis *(E. 25.4.66).* Les 9 bidonvilles qui ceinturent Paris, sans compter les *micro-bidonvilles (Fa. 20.11.68).* Si l'on pouvait multiplier les *microcentres* (psychiatriques) *(E. 23.2.70).* Nous vous proposons les *micro-computers* comme les petites additionneuses *(Pub. A. 22.5.69).* La *microcopie* est un système de miniaturisation des documents et il permet de les reproduire sous une forme éminemment classable et utilisable *(En. 5.4.69).* Il y a une nécessité particulière pour nos contemporains de recourir à la *microcopie,* qu'il s'agisse du microfilm ou de microfiches *(M. 13.10.66).* Se perdre dans les *micro-détails (M. 13.11.69).* Il sera plus rentable de stocker (vos) documents sous une forme réduite, sur bandes ou disques par exemple, ou sous la forme de *micro-documents (En. 2.5.70).* Aucune tragédie ne s'y joue (dans un roman) vraiment, mais une poussière de *microdrames (M. 23.12.66).* Secteur de pointe d'une technique d'avant-garde, la *micro-électronique* a atteint le stade de la production de masse *(E. 30.3.70).* L'admission aux Nations Unies de ce qu'on appelle des *« micro-États » (M. 17.7.69).* La faculté étant devenue une juxtaposition de *micro-féodalités,* les enseignements de licence sont constitués par une série de tranches spécialisées de connaissance *(M. 29.10.66).* (Un) tailleur à *micro-jupe (PM 30.9.67).* Les météorites de grosseur intermédiaire entre les *micrométéorites* et les rochers produisent des formations curieuses *(FL 23.6.66).* (Le) *« micrométro »,* c'est-à-dire un métro miniature automatique *(VR 3.7.66).* La *micro-miniaturisation* vient de faire son entrée dans la construction des ordinateurs *(C. 9.4.64).* La miniaturisation des années 50 a fait place à la *micro-miniaturisation* des composants liés aux transistors, puis à la micro-électronique *(M. 4.2.68).* La fabrication en série de *« micros-modules »* qui vont équiper une nouvelle génération d'ordinateurs *(C. 9.4.64).* Ces *micro(-)nationalismes* qui resurgissent de temps à autre *(M. 22.7.64).* Ce *micro-pays* est fait de *microrégions,* cette *micro-politique* est faite de *micro-problèmes* enchevêtrés *(M. 27.12.64).* Les problèmes types d'une *micro-région (Chaffard, 68).* Les bibliothèques de demain, presque essentiellement fondées sur la *micro-reproduction* (des documents) *(M. 6.10.65).* Que l'un des convives entreprit d'entraîner les autres dans sa *microspécialité,* et tout le monde ronflait gentiment *(O. 7.2.68).* Des *micro-stations* balnéaires *(A. 15.8.68).* La gamme des *microtracteurs* M. constitue un matériel original *(VR 27.4.69).* Les *microvillages* qui essaiment, depuis quelques années, à la périphérie de Paris *(E. 15.4.68).*
∞ Dans plusieurs centres médicaux on étudie en ce moment les possibilités de *« microcapsules »* prises par la bouche *(E. 6.3.72).* Les années 60, période de *micro-développement* industriel en Chine *(Exp. 3.72).* Même si elles ne s'attaquent pas au statut économico-politique des pays pauvres, les *micro-réalisations* de ces organismes privés bénévoles contribuent modestement mais efficacement à aider les populations à prendre en main leur propre destin *(M. 6.6.72).* Deux docteurs étudient la douleur « en direct » en implantant des *micro-électrodes* dans certaines cellules de la moelle épinière de chats *(E. 12.2.73).* Les richissimes *micro-États* de la rive occidentale du Golfe Persique *(E. 30.7.73).* La détection immunologique des *« microcancers » (M. 5.12.73).* Qu'il s'agisse de la lutte contre la pollution ou pour l'avortement libre, la pression de l'opinion a été plus déterminante que celle de n'importe quel parti politique. Ces *« microrévolutions »* n'auront peut-être pas les faveurs des historiens *(M. 15.1.74).* Sortir du découpage du monde en *micronationalités* et en superpuissances *(M. 2.2.74).* Le programme de l'exposition ira des *microcomposants* aux transformateurs à grande puissance *(E. 4.2.74).* La pollution organique secondaire résulte d'un phénomène d'eutrophisation : les restructurations irrationnelles du rivage ont perturbé les courants marins, d'où une surcharge organique des eaux et une efflorescence massive de *micro-algues,* qui aboutit à la saturation biologique du milieu *(M. 22.5.74).* La formation de *micro-anévrismes* des vaisseaux capillaires *(M. 31.5.74).* À Port-Cros, l'eau est fournie par une mini-usine de dessalement, l'électricité par une *micro-centrale* équipée de diesels *(M. 6.7.74).* On peut se demander si la *micro-informatique* répondra aux aspirations de ses promoteurs *(M. 20.9.74).* La technique de *« micro-anastomose »* de petits vaisseaux se révèle très délicate *(P. 30.9.74).* Des microgranules de saccharose, en plusieurs couches, formant des *microcapsules (M. 22.1.75).* Une chaudière murale à gaz s'installe sans raccordement à un conduit, par le truchement d'une *micro-ventouse (M. 26.11.77).* La priorité est donnée à l'acquisition d'un *micro-savoir* universel *(M. 25.5.78).* La renaissance des *micro-entreprises* aux États-Unis *(E. 28.8.78).*

MICROFICHE

● Adj.

Le *domaine micro-électronique* des circuits intégrés *(E. 18.12.67).* L'*industrie micro-électronique (E. 30.3.70).* Calculateurs *microminiaturisés (M. 18.3.66).*

Il ne suffit pas, pour faire la révolution, de transformer les organisations *micro-sociales* en structures *micro-socialistes* (...) Ce ne sont pas les révolutions *microsociologiques* qui nous permettront de faire l'économie d'une révolution globale *(Cornaton, 72).* Un réseau de télévision par relais *micro-hertziens (En. 1.9.72).* Les zones de fractures sont le siège d'une activité *micro-sismique* continuelle *(M. 1.8.74).*

2. **À propos de personnes.**

En faisant des travailleurs des *micro-actionnaires,* on vise à créer chez eux le sentiment d'intérêts communs avec l'entreprise *(M. 7.1.70).* Après les mini-mannequins un *micro-mannequin.* C'est la plus jeune cover-girl du monde, elle a trois ans *(PM 18.2.67).* Le cloisonnement antiscientifique des disciplines se maintiendra et on continuera à former des *microspécialistes (M. 14.10.69).* Le *microphysicien* utilise des notions logiquement contradictoires et complémentaires nécessaires pour comprendre les phénomènes qu'il observe *(Morin, 73).* Qu'est-ce que fait encore ce *micro-ministre? (Can 12.12.73).*

→ MACRO-, MAXI-, MINI-.

MICROBUS [mikrobys] sm. Mil. XXe. ■ Petit autobus.

Les mesures nécessaires seront : réorganisation complète de la voirie parisienne et des transports en commun, introduction du *microbus* ou des taxis collectifs à itinéraires souples *(E. 21.5.73).*

→ -BUS, MINIBUS.

MICROCHIRURGIE sf. Mil. XXe. ■ Intervention chirurgicale faite sous le microscope et concernant une structure vivante très petite.

La *microchirurgie* a permis d'améliorer les techniques des incisions et des sutures, et d'intervenir, avec une très grande efficacité, notamment dans les glaucomes *(P. 30.9.74).* Cette nouvelle chirurgie, la *microchirurgie,* comme on l'appelle, parce qu'elle s'effectue souvent sur des tissus de surface ou de section inférieure au millimètre *(E. 26.5.75).*

Rem. **Le dérivé** *microchirurgical,e* **est attesté.**

Autre progrès en neurochirurgie : les techniques *micro-chirurgicales.* Un microscope opératoire permet de voir, avec un grossissement allant jusqu'à 25 fois, de toutes petites tumeurs *(P. 30.9.74).*

MICROCLIMAT ou MICRO-CLIMAT sm. ■ Ensemble des conditions climatiques (humidité, température, vent) qui sont particulières à un espace homogène de faible étendue, à la surface du sol.

Ces *micro-climats* (en Nouvelle-Calédonie) se contredisent ironiquement d'une vallée à l'autre *(M. 27.12.64).* Sur la Côte d'Azur, habiter une presqu'île, c'est toujours bénéficier d'un *micro-climat* de la baie (de Quiberon) *(Dunlop, 66).* Dans le *microclimat* de la baie (de Quiberon) l'ensoleillement stupéfie les Méridionaux *(E. 29.4.68).* Dans cette station (de sports d'hiver), un *micro-climat* étrange fait que la neige persiste presque chaque année jusqu'à Pâques, malgré une altitude assez modeste *(A. 28.1.71).*

On peut dire que toute portion d'espace a son propre *microclimat.* Cependant, il existe des types de milieu où les influences locales jouent un rôle de distribution particulièrement important, donc où les caractères des *microclimats* sont accentués et changent rapidement (...) Les régions accidentées sont les plus riches en *microclimats* variés *(E.U., t. 10, 1971).*

Rem. **L'adj. dérivé** *microclimatique* **est attesté.**

L'écologie doit se soucier au premier chef des influences *microclimatiques (E.U., t. 10, 1971).*

MICRO-ÉCONOMIE sf. Mil. XXe. Did. ■ Étude de l'activité et du comportement économique des individus et des petites collectivités.

L'emploi, le niveau de vie, notre vie quotidienne ne dépendent pas seulement de l'État. Ils sont soumis aux aléas de la *micro-économie,* c'est-à-dire des batailles qui s'engagent entre entreprises dans les différents secteurs *(E. 11.3.68).*

La *micro-économie* : celle des entreprises et des ménages ; la macro-économie : celle des grands ensembles, les nations et leurs relations entre elles *(E. 18.2.74).* M. de C. s'occupe de tout ce qui est *« micro-économie »* : industrie, recherche, énergie, transports, P.T.T., etc. *(M. 27.11.74).* C'est surtout au regain de la *« micro-économie »* que l'on assiste aujourd'hui *(M. 13.5.78).* Expliquer l'interaction des comportements individuels dans le cadre d'une société. C'est ce que vous appelez la *micro-économie ?* — Absolument. Et c'est la base même de l'analyse *(E. 5.6.78).*

Rem. **L'adj. dérivé** *micro-économique* **est attesté.**

Les difficultés rencontrées par l'expérience yougoslave ne relèvent pas seulement d'un certain état de pénurie. Elles tiennent à l'opposition entre décisions macro-économiques et décisions *micro-économiques,* à la contradiction plan-marché *(G. Martinet, 68).*

→ MACRO-ÉCONOMIE.

MICROFICHE sf. Mil. XXe. Techn. ■ Photographie en format très réduit d'un document d'archives.

Alors qu'une *microfiche* contient au maximum 100 images de pages, l'ultramicrofiche arrive jusqu'à 3.000 pour une surface égale aux deux tiers d'une carte postale ordinaire *(N 4.69).* La plus moderne des médiathèques, (avec) 350.000 diapositives, 11.000 disques, 52.000 *microfiches* (...) *(E. 4.11.78).*

MICROGLOSSAIRE sm. ~ 1960. Ling. ■ Vocabulaire spécifique d'une activité, d'une spécialité (métier, science, technique), considéré et répertorié en lui-même.
Dictionnaire, répertoire qui classe et décrit ce vocabulaire.
> On appelle *microglossaire* un dictionnaire strictement limité aux mots et aux significations nécessaires pour traduire des textes appartenant à des domaines particuliers, scientifiques ou techniques *(Dubois, 73)*.

MICRO-ORDINATEUR sm. 1971. ■ *Ordinateur** de format très réduit.
> Les *micro-ordinateurs* coûtent plus de 10 fois moins cher que les mini-ordinateurs, et il en existe « de poche ». S'ils sont de même conception, pouvant enregistrer des données, traiter de l'information et la fournir à volonté, ils apportent une révolution par rapport à leurs prédécesseurs *(M. 10.4.74)*. Parce qu'en 1971 un accident de fabrication a donné naissance au *micro-ordinateur*, chacun de nous aura la puissance de calcul d'une salle d'ordinateurs d'il y a quelques années à sa disposition pour 50 F dans les grands magasins. Déjà les calculatrices de poches nous habituent à cette idée. Déjà on peut tout faire grâce au *micro-ordinateur* (...) Le *micro-ordinateur* sert de réveil, d'agenda, de régulateur de gymnastique, il propose des menus, des jeux *(C. 15.9.78)*.

MICROSILLON sm. Rép. mil. XXe. Par ext. ■ Disque dont les sillons très fins, ou *microsillons*, sont gravés assez près les uns des autres pour permettre environ 25 à 30 minutes d'audition par face de 30 cm de diamètre dans le cas d'un *« trente-trois tours »* (dont la vitesse de rotation est de 33 tours par minute).
> Avec un premier 25-centimètres (disque de 25 cm de diamètre) sorti en juin 1951, B. va révolutionner l'industrie du disque. (Il y avait) peu de tourne-disques pour *microsillons* : ce n'était alors, pour les spécialistes, qu'un gadget (...) B., ce poids lourd du *microsillon*, a bâti un empire sur des piles de papier-musique et de 33-tours *(P. 27.11.78)*.
→ QUARANTE-CINQ, TRENTE-TROIS.

MICROSOCIÉTÉ sf. ~ 1970. ■ Groupe humain, société de très petite taille.
> Toutes ces *microsociétés* dites déviantes, hippies et autres, ont à l'égard du fou une attitude d'écoute et de non-exclusion (...) La famille est une *microsociété*, reflétant dans sa structure les principes économiques et idéologiques du système dont elle n'est que partie constituante *(N 1.71)*. Des utopies se cristallisaient sous forme de *microsociétés* harmonieuses allant du phalanstère de Fourier aux actuelles communes hippies *(Laurent, 73)*. La société gigantesque, anonyme, hypercentralisée, est condamné à la sclérose et à la paralysie (...) Il est temps d'imaginer une autre forme de société qui serait une société de *microsociétés (C. 5.7.78)*.

MIEUX-VIVRE sm. ~ 1965. ■ Amélioration de la *qualité** de la vie.
> Sauvegarder votre jeunesse de visage, est un impératif pour votre métier, pour votre foyer, votre milieu social ou, tout simplement, pour votre *mieux-vivre (EM 11.3.66)*. Quatorze ministres vont entamer cette semaine la lutte pour l'environnement, c'est-à-dire pour le *mieux-vivre* en France *(E. 11.5.70)*. Pour ce qui est du « *mieux-vivre* » au travail, P. avance à pas comptés, car il ne veut pas aller à contre-courant de l'état d'esprit de son personnel *(C. 27.6.74)*.

MIGRANT, E adj. et subst. ~ 1960. (De *migration*).
1. Spéc. ■ Travailleur, originaire le plus souvent d'un pays, d'une région peu industrialisés, qui s'expatrie dans un pays ou une région plus développés pour y trouver un emploi.
> Le Foyer des travailleurs *migrants (VR 9.7.67)*. Le nombre des *migrants* augmente sans cesse. Ils sont près de 3 millions actuellement en France *(C. 2.12.61)*.
> Sauf dans le cas où il y a déplacement de peuples tout entiers, les *migrants* sont toujours dans leur grande masse des pauvres qui vont vers un milieu plus riche *(E.U., t. 10. 1971)*.
→ IMMIGRÉ.
2. Spéc. ■ Travailleur qui accomplit quotidiennement, entre son domicile et son lieu de travail, un trajet relativement long, en utilisant un ou plusieurs moyens de transport.
> Entre le dodo et le boulot, le train de banlieue est tour à tour forum, cour de récréation, salle de jeux. Chaque jour les voyageurs du petit matin, les *migrants* à perpétuité y retrouvent leur place, leurs rêves, leurs rites *(P. 24.6.74)*. Il existe un seuil de qualité au-dessous duquel l'offre des transports en commun n'a aucune chance de faire renoncer un *migrant* à sa voiture particulière *(R.G.C.F. 6.74)*. Bâle et ses environs immédiats accueillent tous les jours quelque 13.500 travailleurs frontaliers alsaciens (...) Parmi ces « *migrants* » quotidiens, la grande majorité travaille dans l'industrie *(M. 10.6.78)*.

MIGRATION sf. Spéc. ■ Déplacement massif de populations urbaines à certaines occasions (travail, vacances, etc.).
> En ce qui concerne les trafics de banlieue, le chemin de fer reste le moyen de transport le mieux adapté en qualité et en coût pour les *migrations* alternantes *(R.G.C.F. 5.72)*. Le dernier « bouchon » du département du Var, si pénible pour les automobilistes à l'époque des grandes *migrations* estivales, (...) *(M. 22.6.74)*. Ces leaders des *migrations* vacancières sont, dans l'ensemble, très jeunes *(P. 1.7.74)*. Les grands rushes des départs en vacances peuvent être plus étalés, puisque, dans certaines entreprises, les salariés s'arrangent pour dégager une journée afin de partir ou de rentrer en dehors des grandes *migrations (P. 6.1.75)*.

MILITANTISME sm. ■ Activité d'un militant (dans un parti, une organisation, etc.).

La Fédération de la construction traite (dans son journal) du *militantisme* syndical et du *militantisme* politique (M. 16.11.69).

● Par ext. ■ Prosélytisme, zèle de propagandiste.

(Dans) les centres culturels français (en Algérie) prédomine un souci de neutralité, une discrétion excluant toute propagande, tout « *militantisme* » culturel (Gascar : M. 10.6.71).

MILITARO- Premier élém. d'adj. comp. ■ Qui concerne d'une part le domaine militaire, appartient au milieu militaire ou en est proche, et concerne d'autre part un autre domaine, ou appartient à un autre milieu — éventuellement plusieurs — , désignés par le second — et éventuellement le troisième, etc. — élément du composé.

Les méthodes et les buts de la machine *militaro-industrielle* américaine (PM 22.11.69). Le centre nerveux du complexe *militaro-industriel* des États-Unis a un nom : le Pentagone (E. 15.2.71). Empêcher que les savants soient prisonniers du système du complexe *militaro-industriel* (M. 7.6.72). L'élément *militaro-terroriste* qui assure en dernier ressort l'autorité du F.L.N. sur la fraction (...) (Tripier 72). Une telle Europe *militaro-politique* serait contraire à ces relations de collaboration avec l'Union Soviétique (FS 1.12.73). Les liens des armées « techniques » avec le « complexe *militaro-industriel* » dans sa version française sont limités à certains échelons et n'influent pas de façon sensible sur les orientations politiques de l'ensemble des cadres (M. 30.4.74). Épargner au Portugal la dictature *militaro-communiste* ou la dictature de droite due à un contre-coup d'État (E. 10.6.74). Une caricature réduisant le scoutisme à un bizarre mélange des genres *militaro-pédagogico-sylvestre* (M. 25.2.75). Des évêques *militaro-légalistes* aidés par des techno-bureaucrates efficaces (M. 11.6.76).

Rem. D'autres adj. composés en *militaro-* sont signalés in **B.d.m., n° 11, 1976.** *Militaro-industriel* (cf. cit. ci-dessus) a été relevé, à lui seul, dans **28 textes différents entre janvier 1967 et septembre 1973.**

MINÉRALIER adj. et sm. Techn. ■ Qui concerne le transport des minerais par voie maritime.

● Adj. ou apposition.

C'est pour la sidérurgie qu'a été creusé le bassin *minéralier* et l'écluse où peuvent entrer les cargos de 120.000 tonnes (E. 21.5.73). Cette flotte de navires *minéraliers*, charbonniers, pétroliers rassemblera onze navires (M. 23.10.76).

● Sm.

À Fos, (on attend) la venue du premier bateau de minerai australien ou mauritanien (...). L'arrivée du *minéralier* est annoncée pour octobre (E. 17.9.73).

MINET, TE s. Fig.

● Sm. Très jeune homme, plus ou moins efféminé, qui s'habille de façon très recherchée.

Les « *minets* » se nourrissent de musique « Pop », n'ont pas encore rempli leurs obligations militaires, serrent la mode au plus près (M. 13.1.66). Cette allure un peu grêle, ces complets trop bien coupés de jeune « *Minet* » (F. 12.11.66). Les sexagénaires bien conservés arborent les pantalons pastel des *minets* (R. 6.68).
Les jeans en velours, les chemises un peu américaines, les caleçons à fleurs, ce n'est plus réservé aux *minets* (P. 1.4.74).

● Sf. Jeune fille aux allures *sophistiquées**.

Madame E. a accroché sa barrette de petite fille bien haut sur le front comme le font les *minettes* « in » de l'avenue Victor-Hugo (E. 24.10.66). C'est la *minette* de 17 ans qui fait la loi chez les garçons de 25 ans (F. 20.1.67). Dans la partie la plus « chaude » de cette rue germanopratine, chère aux hippies mal lavés, aux *minettes* trépidantes et aux *minets* avancés (A. 10.9.70).
Le jeune prodige suédois du tennis que les policiers ont dû protéger des ardeurs des *minettes* londoniennes (P. 1.7.74).

MINI(-) Premier élément, répandu vers 1966 sous l'influence de l'anglais ; forme des composés, pour la plupart substantifs, qui désignent des choses (à l'origine surtout des vêtements féminins), parfois aussi des êtres vivants. *Mini* tend à remplacer les locutions adjectives : *très court* (dans le temps ou l'espace), *très petit, de très faible importance, de très faible valeur*, etc.

Rem. 1. « *Mini* », le préfixe qui monte : (...) depuis quelques mois on le rencontre de plus en plus souvent, dans la presse, les annonces, la chanson et jusque dans le langage courant (...) C'est sans doute l'apparition de *mini-jupe* qui a lancé la mode du « *mini* » En fait, nous assistons tous les jours à la naissance d'un nouveau *mini* (...) Du vocabulaire de la publicité, *mini* fait tache d'huile et se répand un peu partout. (...) Une nuance euphémique se retrouve dans la plupart des composés formés de *mini* (...) (Le Bidois : M. 4.1.67).

Rem. 2. Jean Peytard a publié (in Lan. fr., n° 17, 2.73, pp 18-30) une étude détaillée sur la **« diffusion d'un élément préfixal :** *mini-* **». L'analyse repose sur un corpus de 107 textes, relevés au cours du 1er trimestre de 1967 et cités en annexe avec leurs références (pp 26-30).** L'auteur aboutit aux conclusions suivantes :
1) *mini-* fonctionne à l'intérieur d'un nombre important de champs lexicaux. 2) Il n'entre jamais dans un champ lexical marqué comme scientifique. 3) Il appartient largement au vocabulaire de la publicité, mais entre plus souvent encore dans le vocabulaire de la non-publicité. 4) Il est diffusé singulièrement dans le vocabulaire de la politique et des « faits divers ». Ces « tendances » convergent pour indiquer l'intégration profonde du préfixal *mini-* dans « la langue commune » (op. cit. p.25).

Rem. 3. Quelques comp. sont traités plus loin en articles séparés, à leur place alphab.

En outre, dans les trois rubriques ci-après, sont répartis d'autres exemples, relevés dans des textes postérieurs à 1970, et classés chronologiquement. Des exemples antérieurs à 1970 se trouvent à la fin de l'étude citée ci-dessus (Rem. 2), ainsi que dans le *DMN*.

- **Devant un nom de chose concrète.**

Un *mini-bar* permet aux assoiffés de se désaltérer *(VR 24.1.71)*. Deux *mini-salles de bains* séparées par une cloison *(VR 14.2.71)*. Des *mini-cars* frétés par des maisons de retraite *(M. 24.3.71)*. Des *mini-piscines* alimentées par les eaux de source et l'eau de mer réchauffée *(Exp. 1.72)*. Un réseau de *mini-pipe-lines* alimentait des torchères plantées le long des pistes d'atterrissage *(E. 13.3.72)*. Un *mini-émetteur* et une petite batterie de piles *(M. 7.6.72)*. Un *« mini » passage souterrain* pour piétons *(R.G.C.F. 12.72)*. Des *mini-centraux* téléphoniques regroupant plusieurs centaines de lignes téléphoniques dans une armoire métallique *(E. 30.7.73)*. *Minivéhicules* tout électriques roulant 3 km/h pour instruire les jeunes de tous âges des dangers de la route *(Ch.f. 1.74)*. En cas de *mini-marée noire* (...) *(M. 22.6.74)*. Des *mini-calculatrices* de bureau *(M. 26.6.74)*. J'ai vu une Parisienne sur *mini-moto* jaune *(M. 29.6.74)*. À Port-Cros, l'eau est fournie par une *mini-usine* de dessalement *(M. 6.7.74)*. La France va bientôt connaître la *« mini-pilule »* contraceptive *(PM 3.8.74)*. Un *mini-lingot d'or* en guise de pendentif, c'est le dernier gadget qui fait fureur *(O. 6.1.75)*. Une *mini-centrale* nucléaire, plantée dans les monts d'Arrée, en Bretagne *(P. 20.1.75)*. On étudie des *mini-avalanches* artificiellement provoquées *(E. 10.2.75)*. On étudie un *mini-Boeing 747 (PM 15.3.75)*. Une sorte de *mini-métro* à Lille *(M. 16.11.75)*. Plusieurs *mini-crèches* : 12 enfants par appartement *(M. 21.1.76)*. Des *mini-parcs de stationnement* réservés aux résidents *(M. 23.4.78)*. Un *mini-ordinateur* de bord indique le temps écoulé depuis la mise en route de la voiture *(C. 26.8.78)*.

- **Devant un nom de chose abstraite.**

Une *mini-affaire* Dreyfus vient de commencer pour les camarades d'un lycéen *(PM 27.2.71)*. Le référendum remplit diverses fonctions hétéroclites : *miniréélection* présidentielle, *mini-plébiscite*, *macrosondage (E. 27.3.72)*. Le *minifestival* pop n'a pas fini en affrontement *(E. 5.6.72)*. Une *« mini-récession »* au début de 1967, après laquelle la priorité est de nouveau donnée au plein emploi *(En. 1.9.72)*. Effrayé par cette *mini-indépendance* tardive, le parti (...) *(E. 18.9.72)*. Le *miniplan* est antisocial *(E. 27.11.72)*. De temps à autre les employés aux guichets (du métro) sont victimes de *« mini-braquages » (PM 5.5.73)*. *Minimutineries* à la prison de la Santé *(E. 17.9.73)*. On se contentera d'un *minirémaniement* ministériel : très peu de ministères changeront de titulaires *(E. 29.10.73)*. Si l'on veut mettre en route un *mini-plan* de stabilisation, il faut bien choisir ses moyens *(En. 5.12.73)*. Une *mini-réorganisation* administrativo-politique *(P. 1.7.74)*. J'ai procédé à un *mini-sondage* sans valeur statistique, parmi les employeurs que je connais *(M. 14.7.74)*. Une *mini-relance* ponctuelle, peu coûteuse et à effets assez rapides *(E. 27.1.75)*. Le *mini-référendum* auquel ont répondu 4.000 Parisiens *(M. 29.4.75)*. Dès juillet 1974 ce *« mini-boom »* prenait fin *(M. 8.5.75)*.
Depuis un an, tout l'effort s'oriente vers la *mini-informatique (M. 24.2.78)*. L'électronique et la *mini-informatique* permettront peut-être de répondre à la crise de l'imagination *(M. 21.6.78)*. *Mini-réforme* contre laquelle le C.N.P.F. a engagé une campagne *(M. 2.7.78)*. *Mini-manif* à Moscou : sept Américains ont tenté de manifester sur la place Rouge, pour protester contre la prolifération nucléaire *(C. 6.9.78)*.

- **Devant un nom de personne ou de collectivité (assemblée, État, peuple, etc.)**

Les *minisociétés* de dévoyés *(E. 15.2.71)*. Le Synode n'est pas un *mini-concile*, comme beaucoup de gens l'ont cru, mais un Conseil consultatif du Pape *(C. 24.12.71)*. Le grand fumeur n'est-il pas un *mini-drogué* ? *(C. 12.1.72)*. La nouvelle Constitution belge a prévu la création de deux *mini-Parlements (E. 24.1.72)*. Gloria S., *mini-vedette*, déjà menacée par l'oubli *(M. 11.3.74)*. Le prince du Liechtenstein participe de près à la vie de son *mini-peuple* (...) ce *mini-État*, soucieux de sa souveraineté, de son indépendance et de son originalité *(M. 24.1.75)*. L'artisanat fait rêver nombre de créateurs potentiels de *mini-entreprises (C. 25.8.78)*.

→ MAXI-, MICRO-.

MINI adj. et subst. Fam. ■ Très petit, minuscule.

- **Adj.**

Mais quel copieur ? Le plus *« MINI »* possible par son encombrement *(Exp. 11.71)*. Une serviette de toilette, légère et *mini*, car l'été on transpire sur la route *(Ch.f. 11.73)*.

- **Subst.**

Sept modèles de téléviseurs portables du *mini* 18 cm, au maxi 51 cm *(Pub. E. 29.6.70)*. Je vais aussi user et abuser des dernières *« mini »* (= mini-jupes) avant de me résigner au sinistres jupes longues qu'une mode stupide va nous imposer *(FL 20.7.70)*. Les femmes n'aiment pas les robes maxi... Le *mini* ne se vend pas davantage *(E. 1.11.70)*. Toute agression contre le *« mini »* devenait agression contre la liberté des femmes *(E. 18.10.70)*. La R 5, première *« mini »* française, véhicule de très faible encombrement *(M. 29.1.72)*. La langue a ses modes ; et la malheureuse ponctuation est aujourd'hui écartelée entre deux snobismes littéraires et journalistiques également pénibles : le *mini* et le maxi. La recette du *mini* est simpliste : tout à la suite. Ni points bien sûr, ni virgules, ni alinéas, ni majuscules, ni rien *(J. Cellard, M. 12.11.78)*.

MINIATURE sf. Apposition, ou second élément de subst. comp. Fig ■ Très petit, en réduction.

Tout le monde ne recherche pas les vastes espaces. C'est ainsi qu'un artisan britannique transforme en auto-camping la T. 1 300, qui est équipée d'une *cuisinette-lavabo miniature* *(A. 22.5.69)*. Un *métro miniature* automatique *(VR 3.7.66)*. Un conte n'est pas un *roman miniature (A. 23.9.69)*. Un *train miniature* est mis en service à l'occasion de certaines fêtes folkloriques *(VR 4.5.69)*.
Les gigantesques usines produisent des *cinémas miniature*, des *blanchisseries miniature*, des *fabriques de glace miniature* pour l'installation domestique, et des *autobus miniature* *(Young, 72)*.

MINI-JUPE

MINIATURISATION sf. ~ 1960. ■ Action de *miniaturiser** ; son résultat.

Grâce à la *miniaturisation* des circuits, on a pu réduire le temps de cheminement des données et accélérer la vitesse, de calcul des ordinateurs *(C. 21.4.64)*.
Pour vendre leur matériel, les industriels ont procédé à sa *miniaturisation*, adaptant le tracteur et son outillage à la petite ou à la moyenne exploitation *(Lacombe, 71)*. Tendances techniques communes à tous les nouveaux matériels : la généralisation de la *miniaturisation*, l'amélioration de la fiabilité *(D.En. 2.71)*. Grâce à un système de *miniaturisation* électronique, R. avait conçu deux schémas d'appareils émetteur et récepteur de format réduit *(Caviglioli, 72)*.
La banalisation et la *miniaturisation* de l'informatique permettront à chaque petite collectivité, et même à chaque individu d'utiliser les ressources de l'ordinateur *(E. 22.5.78)*.

MINIATURISER v. tr. et réfléchi. ■ Réduire (aux plus petites dimensions possibles).

● **Verbe transitif.**

La firme japonaise S. produisait un modèle de radio à transistor de petite taille. Bientôt elle le « *miniaturisait* » et lançait en 1957 le « format poche » *(Guillain, 69)*. Pouvoir *miniaturiser* les charges (des bombes nucléaires) signifie aussi la mise au point rapide des fusées capables de porter loin des ogives légères *(FL 12.5.66)*.
Avant l'an 2000 les Européens accepteront de *miniaturiser* non seulement leurs récepteurs de radio et de télévision, leurs voitures et autres outils, mais aussi les espaces où ils passent une partie de leur temps *(Young, 72)*. « *Miniaturiser* » un certain nombre d'appareils pour l'aéronautique et les engins spatiaux *(Saint Pierre, 70)*.

● **Participe passé et adjectif.**

Appareils électro-ménagers *miniaturisés (MC 8.67)*. Bombes « *miniaturisées* » *(M. 7.1.65)*. L'Europe, avec ses *États miniaturisés (PM 8.10.66)*. L'aéronautique et le monde médical (...) requièrent du *matériel* spécialisé de plus en plus *miniaturisé (Fa. 15.4.70)*. Il regarda les deux gélules (de cyanure). Comme la mort était belle sous le saphir du Cachemire ! Comme les progrès de la chimie et du « conditionnement » l'avaient « *miniaturisée* » ! *(Daninos, 70)*. Des revolvers « *miniaturisés* » qui peuvent se cacher aisément dans le creux de la main *(M. 14.9.66)*.
La production à grande échelle a pour effet la consommation *miniaturisée (Young, 72)*. La rue St Denis (à Paris) brille de tous les feux d'un marché aux puces *miniaturisé (E. 13.3.72)*. Seuls des professionnels pouvaient fabriquer un engin (explosif fixé sous un téléphone) à ce point *miniaturisé (E. 15.1.73)*.

● **Verbe réfléchi.**

(Le citoyen) a ramené les problèmes de la Nation au niveau de son petit univers de citoyen privé. La politique s'est ainsi *miniaturisée (Es. 2.66)*. Dominante de ce Salon : la montre de dame ne se *miniaturise* pas, elle devient au contraire d'un format plus grand *(Fa. 15.4.70)*.

MINIBUS [minibys] sm. Repris ~ 1965. ■ Petit autobus.

Des grands magasins de la rive droite ont mis en service des *minibus* gratuits qui, toutes les dix minutes, vont chercher les clients au parking *(F. 23.11.66)*. Un réseau de *minibus* personnalisés ou, si l'on veut, de taxis collectifs *(E. 8.7.68)*.
La navette *minibus* permanente de l'hôtel *(M. 18.12.71)*. Ce *minibus* mû par un moteur électrique (...) peut transporter 22 voyageurs assis *(M. 7.7.72)*. Un *minibus* vient tous les matins attendre les mêmes 16 passagers *(E. 22.10.73)*. Service de transport à la demande, par autobus ou *minibus (M. 24.10.74)*.

→ -BUS, MICROBUS.

MINI(-)CASSETTE sf. Nom déposé d'une marque de *cassette**.

La *mini-cassette* est un fait de la vie quotidienne que nous (professeurs de langues vivantes) sommes appelés à rencontrer en dehors de toute préoccupation professionnelle, ainsi que nos élèves. La *mini-cassette* est d'un prix tellement abordable qu'elle ne pose pratiquement pas de véritable problème de financement *(Lm. 5.69)*.
Des exposés enregistrés sur *minicassettes (E. 18.10.70)*. Initialement la *minicassette* avait été conçue pour reproduire la parole. Les constructeurs voulaient les utiliser dans les machines à dicter. Mais le public a montré qu'il voulait aussi s'en servir pour écouter de la musique *(M. 22.12.71)*. Les piles font maintenant tourner de plus en plus d'électrophones, de *minicassettes*, de caméras *(Exp. 3.72)*. De judicieux conseils sur la façon de faire des enregistrements sur *mini-cassettes (P. 28.5.73)*. Le problème n'est pas de savoir si la télévision sera transmise par câbles, laser ou *mini-cassettes (M. 28.2.74)*. Les inventeurs de la *minicassette*, au moment où ils ont présenté leur découverte au public, auraient ri au nez de celui qui leur aurait prédit ce qu'il en adviendrait (...) La *mini-cassette* enregistrée concurrence le disque *(M. 9.3.77)*.

→ MUSICASSETTE.

MINI-JUPE sf. Traduction de l'anglais *mini-skirt*. ■ Jupe très courte (à mi-cuisse).

Rem. En août 1965, le quotidien américain « Women's Wear » accolait au mot jupe le mot mini. Cette « mini-skirt » — *mini-jupe* — dont parlait la correspondante britannique de « Women's Wear » désignait une jupette ultra-courte présentée la veille par une couturière londonienne *(El. 25.5.70)*.

♦ La *mini-jupe*, dernière conquête d'une civilisation qui s'est résolument prononcée pour le « digest », vient de mettre largement le genou, voire la cuisse au vent *(M. 21.4.66)*. Le rire a tué la *mini-jupe*. Que les censeurs et les moralistes, un instant alarmés, se rassurent : la *mini-jupe* n'a eu qu'une saison *(M. 14.7.66)*. Des majorettes en *mini-mini-jupes (TG 14.8.66)*. « Il est mignon, ton col. » — « Ce n'est pas mon col, c'est ma *mini-jupe*. » *(F. 13.12.66)*. C. C. championne de natation bien connue, en très *mini-jupe (F. 25.1.67)*, 1965, date où la *mini-jupe* entreprit l'ascension glorieuse que l'on sait *(E. 22.5.67)*.

Rem. 2. L'ellipse mini (sf.) pour *mini-jupe* est attestée.

→ MINI* (adj. et subst.).

MINIMAL, E adj. ■ Qui est à la limite inférieure ou qui ne peut être plus petit.

Les médecins ont insisté sur la nécessité d'une période d'*adaptation minimale* (pour les athlètes) de trois semaines avant l'époque des Jeux Olympiques *(M. 22.12.66)*. L'examinateur (devrait) chercher la question qui vérifie une *compétence minimale* (du candidat) *(M. 11.9.68)*. (Avoir) des *connaissances minimales* de français avant de venir s'inscrire dans une faculté *(M. 24.12.66)*. Le système assurant une *pension* vieillesse *minimale* était insuffisant *(M. 9.7.64)*.
Il faudra se mettre d'accord sur un programme politique *minimal (E. 19.12.77)*.
→ MAXIMAL.

MINIMISATION sf. ■ Action de réduire au minimum ; son résultat.

La langue commune étant définie comme la *minimisation* des différences individuelles, on dira que le vocabulaire technique commun se forme par la *minimisation* des différences linguistiques entre chaque ingéniateur *(CL 66)*.
Une gamme de régions ayant des caractéristiques variées permet une meilleure *minimisation* des coûts de production *(Faire, 73)*. Une *minimisation* des possibilités de conflit entre les collectivités locales et l'Administration *(Thoenig, 73)*.

MINISKI sm. ~ 1965. ■ Ski plus court que le ski traditionnel.

Grâce à la révolution du *miniski*, vous apprendrez la godille en dix-huit heures de leçons ! L'enseignement utilise quatre longueurs de *miniskis*, 0,65 m ; 1 m ; 1,30 m ; 1,60 m. Les côtés sont en général plus larges que pour le ski classique (...) Lorsqu'on apprendra les résultats qu'obtiendront les moniteurs suisses, allemands et autrichiens, la bombe du *miniski* risque de faire quelque bruit (en France) *(SV 3.70)*.
Le *miniski* engendre rapidement des skieurs décontractés qui oublient leurs réflexes de défense *(E. 15.1.73)*.

(-)MINUTE Apposition ou second élément de subst. comp. dans lesquels il signifie que l'opération ou l'objet désignés par le premier élément peuvent être effectués, fabriqués, entretenus, réparés, etc., sinon en une minute, du moins très rapidement.

Et hop ! le voilà sorti, ce fameux brûleur sortant à « *nettoyage-minute* » *(Pub. PM 15.10.66)*. Dans les services annexes d'un grand magasin : *clé minute* : fabrication immédiate d'une clé *(FP 9.70)*.
Nappe-minute en dralon, sans repassage *(Pub. MCL 4.4.71)*. Le *coup de fer minute* n'est plus un mot en l'air : la corvée de repassage est devenue un passe-temps *(Pub. El. 10.12.73)*.

MIRACLE + adj. (souvent adj. ethnique). ■ Prospérité, réussite — le plus souvent économique — spectaculaire et inattendue dont bénéficie une collectivité importante (État, pays, etc.).

En Italie, pendant dix ans, le « *miracle industriel* » s'est fait sur le dos de la classe ouvrière *(Exp. 3.72)*. Un boom économique tel que certains parlent de « *miracle brésilien* » *(M. 9.9.72)*. Ce « *miracle* » anglais que justifieraient les chances dont dispose l'économie du Royaume-Uni *(Inf. 15.1.73)*. Le « *miracle* » *touristique suisse* tient à plusieurs raisons *(M. 12.1.74)*. Ce qui, dix ans durant, fut appelé le « *miracle italien* » *(M. 27.11.74)*. Le *miracle économique ivoirien* *(M. 7.2.75)*. Ce « *miracle* » *allemand*, tant vanté depuis les années 50 *(M. 11.2.75)*. Le « *miracle français* » des années 60 a 70 avait commencé à équilibrer le « *miracle allemand* » des dix années précédentes *(M. 22.4.76)*. Pour l'économie italienne, 1958 marque un tournant (...) C'est le fameux « *miracle économique* » *(M. 23.4.76)*. Depuis la Seconde Guerre mondiale, les pays occidentaux ont connu une ère de « *miracles économiques* », de prospérité nouvelle *(E. 5.6.78)*.

(-)MIRACLE Apposition ou second élément de subst. comp. dans lesquels il a une valeur fortement méliorative et signifie par ex. : qui a une efficacité extraordinaire ; qui obtient ou permet d'obtenir des résultats tout à fait remarquables, etc.

● À propos de choses abstraites ou concrètes.

○ L'*arme-miracle* capable de renverser le sort de la guerre *(E. 13.9.65)*. Grâce aux *armes-miracles* nous allons lancer une contre-offensive *(E. 13.9.65)*. Cette *couche-culotte-miracle*, elle existe : une couche-culotte qui se lave vraiment, simplement, qui supporte l'ébullition *(FP 4.69)*. Les petits serviteurs électro-ménagers dont le plus récent complète la panoplie de la *cuisine-miracle (M. 18.12.66)*. En médecine, il n'y a pas de *cures-miracles (O. 24.1.68)*. Une amie lui conseille d'employer tel dentifrice, tel savon ou tel *déodorant-miracle* qui lui rendra succès et bonheur *(O. 17.3.69)*. Ces comités d'action ont manifesté l'intention de « démonter le mythe de Vincennes *faculté-miracle* » *(M. 15.1.69)*. Le *projet-miracle* ayant été remisé, le problème est redevenu ce qu'il était auparavant *(M. 24.7.66)*. L'auteur propose un *remède-miracle* au racisme : le métissage universel de l'humanité *(E. 27.9.65)*. Le *remède-miracle*, M. P. avait bien cru l'avoir trouvé avec son projet d'impôt foncier lié à l'urbanisation *(E. 12.6.67)*. M. C. vient de lancer publiquement « la participation des salariés à l'autofinancement des entreprises ». Il voit dans cette réforme une *solution-miracle (M. 7.4.66)*. Tenant à rétablir entre le pouvoir et la jeunesse des liens de confiance, le ministre n'a pas trouvé de *solution-miracle*, mais il a ouvert une voie *(E. 30.12.68)*.

∞ *Produit miracle* mis au point il y a quelques années pour remplacer le cuir des chaussures *(En. 18.6.71)*. La *lessive-miracle* d'un film publicitaire *(N 7.71)*. Les ordinateurs n'ont pas encore fourni la *recette miracle* du mariage réussi *(E. 6.12.71)*. Jacques P. a cherché un jersey capable de vivre au rythme de la vie des affaires, par exemple de subir sans broncher huit heures de voiture. Ce jersey rare, ce *jersey-miracle*, Jacques P. a fini par le trouver *(O. 30.4.73)*. Les démonstrateurs vantent les qualités de la dernière *casserole-miracle (Pa. 10.74)*. Il dit avoir trouvé un *travail-miracle* lui rapportant 2.500 F par mois *(P. 16.12.74)*. Lorsque des *appareils miracles* existent, c'est en nombre limité dans le monde

(E. 27.3.78). L'interféron pourrait devenir le *« médicament miracle »* des dix ans à venir *(M. 6.2.80).*

- **À propos de personnes.**

Un de ces *candidats miracles* qui viennent affirmer que s'ils sont élus tout ira mieux du jour au lendemain *(M. 25.11.65). Champion-miracle* (d'un jeu radiophonique), finaliste de l'épreuve *(O. 20.3.68).*
Les champions d'Europe de football jouent à l'économie. Ils se hérissent en défense autour de leur extraordinaire *gardien de but miracle (E. 2.6.75).*

MIROIR DE COURTOISIE loc. subst. Autom. ■ Miroir fixé à l'intérieur d'une voiture et généralement destiné à la passagère.

Pourquoi ne pas ajouter un *miroir de courtoisie* dans le pare soleil de la conductrice, ce qui lui éviterait de dérégler le rétroviseur pour un raccord express de rouge à lèvres ? *(A. 23.10.69).* Un *miroir de courtoisie* placé sur le pare-soleil du passager *(FP 11.70).*
Les constructeurs d'automobiles ne s'étaient jamais beaucoup préoccupés des femmes, sinon pour installer devant « leur » place un *miroir de courtoisie* qui n'existe toujours pas au-dessus du volant *(MF 9.74).*

MISE EN CONDITION
→ CONDITION.

MISE EN ou SUR ORBITE
→ ORBITE.

MISÉRABILISME sm. ■ Tendance à décrire complaisamment les aspects les plus misérables de la vie des personnages, dans un film, un livre, etc.

Je flaire quelque chose de suspect dans ce *misérabilisme* qui ressemble à une volonté très nette de nous en mettre plein la vue *(M. 23.2.66).* Leur climat spécifiquement russe et espagnol fait passer le *misérabilisme* (des deux films). Chaque robe, chaque redingote semble recouverte de plâtre ou de vert-de-gris. Je sais bien que ça se fait beaucoup en ce moment, le *misérabilisme* du tragique universel *(F. 3.12.66).*
Ce n'est pas une histoire de petites gens, c'est une histoire d'épaves. L'acteur principal a tiré son personnage et le film vers un *misérabilisme* grinçant *(E. 28.9.70).* Ses écrits sont trompeurs : la richesse de son vocabulaire contredit le *misérabilisme* de son langage *(O. 22.10.73).*

MISÉRABILISTE adj. ■ Qui fait preuve de *misérabilisme**, dénote un goût pour le *misérabilisme**. Qui est dicté, imposé par la pauvreté, la misère.

O *Chronique* un peu *misérabiliste* non exempte de tendresse, d'émotion et surtout d'humour *(C. 14.4.70).* Enlaidie, (une ville) mal vêtue, étouffant dans un *décor* artificiel et *misérabiliste (M. 13.12.64).* Le *meuble* recouvert de son drap sale était trop *misérabiliste (E. 7.4.69).* Les catalogues, dans leur aspect physique, n'avaient guère évolué. La *mise en page* était *misérabiliste,* la couleur n'existait pas *(En. 20.9.69).*
∞ Le Parlement se replie sur l'amendement, *version misérabiliste* de l'imagination créatrice en matière législative *(E. 6.12.71).* C'est le *style misérabiliste* à la Brecht qui doit s'imposer au visiteur du musée *(M. 16.2.72).* Finis les discours stéréotypés, les *affiches misérabilistes,* les revues maussades *(M. 27.1.73).*

MISSILE [misil] sm. ~ 1949. (Mot angl., du lat. *missile,* « arme de jet », en ancien fr. dans ce sens au XIVe s.). Milit. ■ Projectile autopropulsé et auto- ou téléguidé.

Le Nike-X est le *missile-*antimissile capable de détruire, pratiquement sans exception, les fusées nucléaires ennemies *(E. 2.1.67). Missile* tactique air-sol *missile* anti-radar pour les armées de l'air anglaise et française *(M. 22.2.69).*
Le dernier-né des *missiles* antichars *(E. 22.10.73).* Une clause de l'accord SALT en préparation suspend pour trois ans les essais en vol de *missiles* intercontinentaux mobiles *(M. 31.5.78).*

MISSILIER sm. ■ Militaire ou marin spécialiste des *missiles**.
Parmi les victimes : le maître *missilier* P. ; les *missiliers* P. B. V. *(M. 6.3.70).*

MITAGE sm. Fig. ■ Action de *miter** ; son résultat.
Bien souvent, l'édification de résidences nouvelles se fait, de manière anarchique sur les terres de culture, dont elle entraîne le *« mitage » (C. 8.5.77).* Sur la Côte basque et une partie de la Côte d'azur, moins de 10 % du littoral échappent aux constructions denses et au *« mitage » (E. 7.8.78).*

MITARD sm. Pop. Rép. mil. XXe. ■ Cachot dans une prison.
Le *mitard,* c'est la prison de la prison. Une cellule totalement nue, obscure. Pas chauffée, bien entendu. Aucun contact avec l'extérieur. Interdiction de lire, d'écrire, de fumer *(E. 12.4.71).* Le *mitard,* moi, j'en ai fait. Une fois. Je suis prête à ramper, à lécher pour ne pas y retourner (...) La bouffe y est dix fois plus infecte que la gamelle ordinaire ! (...) Je connais une taularde (= une détenue), après le *mitard,* elle a paumé une névralgie faciale pour la vie *(Saint Pierre, 72).*

MITER v. tr. (De *mite*). Fig. ■ Rompre l'unité du *tissu* urbain*, d'un littoral, d'un territoire rural, etc., en y éparpillant des constructions de façon anarchique.

> Si des constructions dispersées *mitaient* les paysages jusqu'à les faire disparaître (...) *(E. 7.8.78)*. Depuis quelques années le zonage des terres vise à séparer les terres agricoles des zones à urbaniser (...) Il ne faut pas « *miter* » les sols agricoles en permettant de construire n'importe où *(C. 26.8.78)*.

MITIGEUR sm. (parfois en apposition). ■ Robinet mélangeur pour appareils sanitaires.

> Un nouveau robinet mixte bain-douche facilite le réglage instantané de la température de l'eau : c'est le « *mitigeur* » *(M. 6.3.76)*. Ces robinets mélangeurs sont couramment utilisés : des robinets *mitigeurs* existent pour chacun des appareils sanitaires (...) Ces *mitigeurs* sont dotés d'un inverseur (...) Les *mitigeurs* dits « mécaniques » permettent d'obtenir avec un seul volant — et une seule manœuvre — le débit d'une eau froide, tiède ou chaude *(M. 14.1.78)*. Le super-confort est apporté par le *mitigeur* thermostatique qui, dès l'ouverture du robinet, débite l'eau à la température préalablement réglée et la maintient au degré près pendant toute la durée de la douche *(VR 17.9.78)*.

MIXAGE sm. Rép. mil. XXe. (Mot angl., « mélange »). Techn. ■ Regroupement, sur la même bande magnétique, de plusieurs enregistrements séparés (dialogues, musique, bruits de fond, commentaires) nécessaires pour un film, un disque, etc.

> Voix qui se superposent grâce à des « *mixages* » *(O. 21.2.68)*.
> Le magnétophone permet l'enregistrement, la lecture et le *mixage (D.En. 2.71)*. À l'enregistrement de musique « disco », on rapproche les micros des percussions, on les éloigne des autres instruments ; au *mixage*, qui consiste à mélanger les sons, on met « la batterie en avant », on lui donne la vedette *(P. 10.4.78)*.

Rem. **Le fr. *mélange* est officiellement recommandé pour remplacer cet anglicisme.**

MIXER [mikse] v. tr. ■ Procéder au *mixage**.

> Un magnétophone « hi-fi » pour faire de la mise en son. Pour enregistrer en stéréo, *mixer* en duoplay, en multiplay *(Pub. PM 28.12.68)*.
> Quinze jours passés en studio à *mixer* la voix du chanteur, les cordes, les cuivres, les rythmes. La chanson, aujourd'hui, est une bien étrange alchimie *(E. 20.6.75)*.

MIXER [miksœr] sm. Mot anglais. ■ Appareil *électro*-ménager* qui permet d'effectuer des mélanges.

> *Mixer* à grande vitesse, pour potages veloutés, mayonnaises, soupes de poisson, jus de fruits *(FP 12.66)*. Cette valise contient : un *mixer* avec gobelet et filtre, et un batteur M. avec bol (...), un *mixer* pour potages et mayonnaises *(FP 6.71)*.

MIXITÉ sf. De *mixte*. Forme irrégulière, au lieu de mix*t*ité, peut-être par contamination de *fixité*.

1. Caractère d'un établissement scolaire mixte (pour garçons et filles).

> Le Comité national de l'enseignement a débattu du problème de la *mixité* de l'enseignement *(M. 27.5.66)*.
> En Espagne la *mixité* est encore interdite et dans la plupart des écoles primaires et secondaires les élèves des deux sexes vivent séparés *(Sartin, 68)*. La *mixité* totale de l'enseignement, de la maternelle aux grandes écoles *(Mauduit, 71)*. Il est fâcheux et anormal que, au moment même où la *mixité* se généralise dans les classes, un enfant puisse n'avoir, de la maternelle au bachot, que des professeurs femmes *(E. 21.5.73)*.

2. Par ext. Association, réunion ou union de personnes ou de collectivités d'origines (culturelles, ethniques, nationales, etc.) différentes.

> L'exécutif du Groupement d'études se caractérisait par une « *mixité* » intégrale franco-britannique sur un plan de parfaite égalité *(R.G.C.F. 11.66)*.
> (...) il y a le couple mixte. Et le problème se complique encore quand à la *mixité* raciale s'ajoute la *mixité* culturelle *(Mauduit, 71)*.

MOBILIER URBAIN sm. ~ 1970. ■ Ensemble des objets, installations, appareils, placés sur la voie ou dans les lieux publics et destinés à assurer ou améliorer la propreté, la commodité ou la décoration de l'espace urbain.

> De vraies rues piétonnes, sans séparation entre la chaussée et le trottoir, avec des bancs, des bacs à fleurs, tout un *mobilier urbain (M. 12.1.74)*. L'association « Les droits du piéton » propose de rejeter en dehors des trottoirs certains éléments du *mobilier urbain* : parcmètres, poteaux d'interdiction de stationner, etc. *(M. 18.3.75)*. Quant au *mobilier urbain*, les bancs, les bacs à fleurs, on nous reproche les modèles choisis. Mais nous avons pris ce qui était disponible. Notre *mobilier urbain* n'est ni beau, ni laid *(M. 28.4.78)*. Le *mobilier urbain* commence à faire sa percée. Les villes nouvelles ont contribué à sa promotion (...) Le *mobilier urbain* se généralise, mais il n'évolue pas (...) Cette exposition (...) donne à réfléchir sur le *mobilier urbain* et sur son avenir *(M. 27.9.78)*.

MODÈLE sm. Rép. mil. XXe, d'abord dans certains vocab. scientifiques ou techn.

1. Structure logique ou mathématique formalisée, utilisée pour rendre compte d'un ensemble de phénomènes.

> Le perfectionnement des ordinateurs permet de réunir des données infiniment complexes

de *modèle mathématique* (...) Des *modèles* du genre de ceux que la Nasa a mis en pratique pour atteindre la Lune *(E. 29.3.71).*
Les météorologistes ont construit des *modèles,* c'est-à-dire des schémas simplifiés d'atmosphère qui fonctionnent à partir d'un nombre d'informations recueillies à une certaine échelle *(E. 17.6.73).*

2. Écon. **Utilisation des moyens mathématiques dans la formulation et la solution des problèmes économiques. Représentation symbolique d'un ensemble de phénomènes.**

Comme la science économique est parmi les sciences humaines celle qui se prête le mieux à la quantification, elle permet plus facilement l'élaboration de *modèles* (...) Les *modèles* économiques sont des *modèles* logico-mathématiques *(Birou, 66).* On pourrait se demander si toute la théorie économique de ce dernier quart de siècle ne s'est pas rebâtie autour du thème de l'« economic growth ». Chacun a mis son point d'honneur à construire son propre « *modèle* de croissance » et à le faire adopter par telle ou telle instance responsable de l'économie. Ces *modèles* ont même parfois reçu des noms (...) qui les ont rendus populaires *(H. Guitton, C. 20.7.72).*

3. Par ext., dans d'autres domaines. **À propos de systèmes politiques, de cultures, de langage, de formes de société, etc.**

Rem. A la suite des économistes dont la science a un objet assez facilement quantifiable, les sociologues ont voulu, de leur côté, élaborer des *modèles* de comportement social, (...) Si, au lieu de porter son attention d'abord sur le phénomène comportement, on observe la réalité sociologique qui le sous-tend, on parlera plutôt de *modèles sociaux* qui sont, selon Gurvitch, « des images plus ou moins standardisées des conduites collectives attendues ». De tels *modèles* font partie de la culture et du système des valeurs admis et reconnus par une société. (...) C'est pourquoi on utilise parfois l'expression « *modèles socio-culturels* » *(Birou, 66).*

♦ Le « pouvoir étudiant » c'est d'abord l'occupation des facultés, le nouveau *modèle* d'Université et de société qu'ils préfigurent *(O. 27.3.68).* On parlait du « *modèle* » français, et maintenant on parle du *modèle* suédois *(O.R.T.F. 18.10.69).* Les comparaisons sont stériles dans la mesure où le « *modèle* » japonais ne sera jamais valable pour un pays chrétien *(E. 4.5.70).* Jusque vers 1939, la France a cru, à tort ou à raison, qu'elle était la grande nation. Maintenant il y a des *modèles* culturels qui nous viennent de l'extérieur *(O.R.T.F. 9.5.70).* Comment fonctionne le « *modèle* » yougoslave : chaque entreprise a son conseil ouvrier. Celui-ci, élu au scrutin secret, adopte les plans de production, nomme et révoque le directeur, embauche et congédie les ouvriers, fixe les salaires et les prix de vente des produits, etc. *(M. 13.10.70).* L'État-Nation prétend faire coïncider dans ce qu'il nomme ses « frontières naturelles » des réalités absolument hétérogènes. Pour accréditer ce *modèle* délirant, on a truqué nos manuels d'histoire et de géographie *(de Rougemont : E. 12.4.71).* Ce sont les *modèles* culturels des puissants du jour, fondés sur le gaspillage des produits, la consommation ostentatoire, qui s'opposent à la sauvegarde de l'environnement *(M. 1.6.72).* L'automobile individuelle, facteur d'expansion et « *modèle* » de civilisation a, au cours des vingt dernières années, proliféré sans contrainte *(M. 16.10.74).* Le *modèle* « industrialiste » reposait sur une certaine valeur donnée au temps, mais aussi sur une certaine valeur donnée à l'énergie *(M. 26.10.74).* L'optimisme régulateur des *modèles* théoriques de la linguistique, facteur et moteur de progrès scientifique, cède devant l'effroyable complexité du fait lexical empirique et de ses implications. Le « lexique » des linguistes, composante du système abstrait de la langue, est un *modèle* théorique cohérent, mais dérisoire par rapport au « lexique », objet historique et anthropologique énorme et confus *(A. Rey, 77).* Dans le monde ouvrier, la notion d'échec n'est pas la même que dans une certaine classe dominante. Il serait intéressant de faire une approche différenciée des différents *modèles culturels (C. 24.8.78).*

MODERNISATEUR, TRICE subst. et adj. ■ Qui est favorable à la modernisation.

● Subst.

On (leur) permet de jouer aux réformateurs et aux *modernisateurs,* alors que leur action consiste à enregistrer et à régulariser les tendances naturelles du développement *(M. 12.10.66).*

● Adj.

L'indépendance d'abord, le développement *modernisateur* ensuite *(M. 24.9.70).* L'influence des jeunes cadres du syndicalisme rural, franchement *modernisateurs* et politiquement non-engagés *(Agulhon, 72).*
Un pays et un peuple ouverts sur l'extérieur, dirigés par une élite *modernisatrice* et européisante *(M. 15.1.74).*

MODERNITÉ sf. Repris mil. XXe, à propos de certains aspects écon. et techn. de la civilisation occidentale. ■ Ensemble des caractères de ce qui est jugé moderne.

L'Allemagne, son efficacité et surtout sa « *modernité* » fascinent ces gens sérieux *(O. 25.11.68).* L'inadaptation de notre économie, l'insuffisante *modernité* des structures *(M. 3.1.69).* Acier inoxydable, symbole banal de *modernité (M. 21.2.70).*

MODULAIRE adj. Techn. ■ Se dit de ce qui, en architecture, utilise des *« modules »,* ou éléments préfabriqués d'habitation, que l'on peut grouper de diverses façons pour constituer un logement.

Des bâtiments démontables, entièrement *modulaires* : vous en déterminez vous-même la surface, l'emplacement des cloisons, des portes et des fenêtres *(Pub. Exp. 3.72).* Un appartement « *modulaire* » : deux studios avec chacun son entrée, son bureau et sa kitchenette, réunis par une pièce centrale réservée à la vie commune *(R. 9.74).*

MODULATION sf. ■ Action de *moduler** ; son résultat.

Ce trafic est très irrégulier en volume dans le temps et nécessitera de plus en plus une *modulation* des moyens (...) *(R.G.C.F. 7.73).* « *Modulation* » des avantages fiscaux dont

MODULATION 360

bénéficient les plans d'épargne, les revenus des obligations, etc. *(E. 10.9.73)*. Cette « enveloppe » de crédits d'équipement ne sera pas uniformément répartie, une *modulation* régionale devant permettre d'aider davantage l'activité des régions où les problèmes d'emploi sont les plus aigus *(M. 10.1.75)*. Le stationnement payant serait généralisé sur l'ensemble du territoire de la capitale. Une *modulation* des tarifs serait prévue suivant les quartiers *(M. 18.1.75)*. La S.N.C.F. étudie une *modulation* des tarifs en fonction de la fréquentation des trains *(M. 22.2.75)*. *Modulation* des droits de succession et de mutation en fonction de l'importance du patrimoine *(M. 18.4.78)*.

MODULATION DE FRÉQUENCE loc. subst. Radio, télév. D'abord (~ 1930, PR) terme technique, répandu au milieu du XXe s., depuis que la radiodiffusion émet des programmes en « *modulation de fréquence* » (abrév. m.f., ou parfois F.M., d'après l'anglais *frequency modulation*), et qu'un plus grand nombre de récepteurs sont équipés pour l'écoute de ces programmes, notamment l'écoute stéréophonique.

Rem. Faire varier la fréquence (du signal à transmettre) s'appelle « faire de la *modulation de fréquence* » ; son mécanisme est un peu difficile à se représenter. Pourtant il est tout à fait analogue à un effet sonore connu des violonistes sous le nom de « vibrato ». (...) Nombreux sont les émetteurs de radiotéléphonie et de radiodiffusion qui fonctionnent selon ce principe. (...) Les brouillages sont indiscutablement moins gênants en *modulation de fréquence*. C'est une des raisons fondamentales de son agrément. (...) Les détecteurs de modulation d'amplitude sont moins compliqués et moins chers que ceux de la *modulation de fréquence*, ce qui a retardé le développement de cette dernière. L'exemple de l'évolution de la radiodiffusion en Allemagne montre que la *modulation de fréquence* pourrait remplacer peu à peu la modulation d'amplitude *(Dt. électron.)*.

♦ La première audition d'une émission transmise en *modulation de fréquence* laisse toujours une impression extraordinaire au néophyte encore conditionné par la qualité très faible des transmissions habituelles en modulation d'amplitude. (...) Ce procédé de retransmission est le seul digne de la haute fidélité par le fait qu'il est insensible aux parasites atmosphériques ou industriels *(SV 5.69)*.

MODULE [mɔdyl] sm. ■ Élément ou unité que l'on peut combiner avec d'autres éléments ou unités analogues.

1. **À propos de choses concrètes.**

   Le garnissage des parois est constitué de « *modules* » en polyester stratifié formant porte-bagages longitudinaux *(VR 9.4.72)*. L'usine du Mans vient de décider d'étendre l'expérience des « *modules* » à l'ensemble des ateliers d'assemblage *(P. 17.6.74)*. Un téléviseur « tout circuit intégré » sera beaucoup plus facile à réparer. Le spécialiste viendra sur place, détectera le *module* défaillant et le remplacera *(M. 8.10.75)*.

2. **Astron.** ~ 1966. Élément d'un *train* spatial*.

   (On) projette la mise sur orbite lunaire d'un réservoir de fusée et d'un « *module* » – capsule annexe –, qui seront utilisés comme laboratoires permanents *(F. 26.1.67)*. Les trois *modules* de l'Apollo se répartissent en deux parties : la première est constituée par le *module* de commande ou cabine et le *module* de service ; la seconde partie est le *module* lunaire (L.M.) (...) Le *module* lunaire est un véhicule spatial très particulier conçu pour opérer depuis une orbite sélène *(Air 26.7.69)*.

   → LEM.

3. **Did.** Unité d'enseignement (programme, temps, etc.).

   Ces enseignements sont conçus sous forme de « *modules* » correspondant en général au travail d'une demi-année scolaire. Plusieurs « *modules* » sont déjà expérimentés : astronomie, chimie, électronique, etc. *(M. 25.9.74)*. L'Institut supérieur des sciences économiques et commerciales propose des programmes de perfectionnement organisés par *modules* de quatre mois, unité d'enseignement qui constitue une entité, tant sur le plan pédagogique qu'au niveau du déroulement dans le temps *(M. 4.2.75)*.

MODULER v. tr. ■ Adapter quelque chose à différents cas particuliers.

Grâce à une souplesse de conception, on peut « *moduler* » sa *maison* : nombre de pièces et disposition intérieure *(Fa. 4.11.70)*. « *Moduler* » les *primes* d'assurance *(M. 22.3.67)*. Une circulaire en date du 17 juillet 1973 a recommandé aux préfets de « *moduler* » la *limitation* de vitesse suivant l'état et les caractéristiques des routes *(M. 16.8.73)*. Un *rattrapage* du pouvoir d'achat des agriculteurs s'impose ; mais il est difficile à *moduler*, tant les situations sont hétérogènes *(E. 10.2.75)*. Les élèves ont appris à « *moduler* » l'*intérêt* qu'ils portent à ce qu'on leur enseigne *(E. 17.2.75)*. Il conviendrait de « *moduler* » les *contrôles* sur les marchés des capitaux pour soutenir l'activité économique *(M. 2.4.75)*. Une formule dite du « juste loyer » permet de *moduler* l'*effort* de chaque locataire en fonction de ses revenus *(P. 14.4.75)*. Peut-on, en fonction de ce que l'on sait aujourd'hui de la vie propre des cellules, *moduler* les *thérapeutiques* médicamenteuses suivant les rythmes biologiques ? *(M. 19.7.78)*.

● **Au passif.**

L'appui des roues au sol peut être *modulé* entre 0 et 50 % de la masse totale du Terraplane (véhicule sur roues et sur coussin d'air) *(SV 11.70)*.
Les tarifs d'E.D.F. devront sans doute être « *modulés* » *(En. 18.6.71)*. La limitation générale de vitesse à 100 km/h pourrait être assouplie (...) la limitation serait *modulée* de 100 à 130, selon la qualité de la route *(E. 20.8.73)*. Les relèvements des taux d'intérêts des Caisses d'épargne seront *modulés* pour tenir compte de l'immobilisation plus ou moins longue du dépôt *(M. 26.10.74)*. La mise en œuvre des techniques de fiabilité peut être largement *modulée* selon le type de produit *(M. 26.4.78)*. La politique d'Air Inter est *modulée* en fonction de la concurrence *(E. 15.5.78)*.

● **Participe passé et adj.**

Péages « *modulés* » pour les autoroutes *(M. 11.3.69)*. Politique de vente d'armes « *modulée* » selon de mystérieux critères *(E. 23.2.70)*.

À une limitation de vitesse uniforme il eût été préférable de substituer une limitation *modulée (E. 18.6.73).* Une subvention de l'État *modulée* selon un tarif inversement proportionnel au revenu moyen par tête *(M. 27.11.74).* La relance, *modulée* par la consommation ou les équipements sociaux *(M. 25.4.75).*

MONAURAL, E adj. Mil. XXe Syn. de *monophonique**.

À la base de toute chaîne Hi-Fi il y a l'amplificateur et ses enceintes acoustiques ; la chaîne peut être *monaurale,* c'est-à-dire ne comportant qu'une seule voie d'amplification, ou stéréophonique *(VR 16.5.71).*

MONDIALISATION sf. ■ Fait d'être *mondialisé**.

Accroissement rapide et *mondialisation* des connaissances sont les deux caractères essentiels de l'évolution des groupes humains *(M. 7.1.67).* Le problème de fond pour l'économie française n'est plus tellement l'européanisation de notre marché, mais bien sa *mondialisation (E. 16.10.67).*
L'Europe doit apprendre à adapter son rôle à la fois à la logique de l'égalisation et à celle de la *mondialisation.* Cela implique que ses rapports économiques avec les pays du Tiers Monde soient empreints d'équité et que chaque pas en direction de la *mondialisation* s'accompagne d'une coordination et d'une collaboration politique plus étroites *(Young, 72).* Nous assistons actuellement à une évolution surprenante : le phénomène de la *mondialisation* qui résulte normalement de l'évolution de nos sociétés se manifeste effectivement parce que tout événement qui concerne un homme se répercute à notre époque sur les autres hommes, mais il se manifeste de manière inacceptable : la *mondialisation* de la violence précède celle de la pensée *(V. Giscard d'Estaing, discours du 24.9.74, M. 26.9.74).* Cette « *mondialisation* » des problèmes, nous devons la maîtriser *(E. 20.1.75).*

MONDIALISER v. tr. ■ Étendre (quelque chose) au monde entier. Donner un caractère mondial (à quelque chose).

Les sociétés pétrolières avaient décidé de *mondialiser* le cartel *(O.R.T.F. 6.2.71).* « *Mondialiser* » la *protection* de la nature par des conventions européennes, puis universelles *(C. 23.6.70).*

MONDIALISME sm. ■ Doctrine qui tend à unifier tous les pays du monde en une seule communauté politique.

L'Europe a été partagée (en 1945) à une époque où les Américains passaient directement du provincialisme au *mondialisme (M. 26.4.66).*
Le *mondialisme* souriant du président de la République française déconcerte profondément ses interlocuteurs soviétiques *(E. 20.10.75).*

MONDIALISTE adj. et subst. ■ Qui s'inspire du *mondialisme**.

● Adj.
Trop d'intérêts seront en cause pour que les *conceptions mondialistes* ne l'emportent pas sur une vision d'abord européenne *(M. 7.1.67).* Les principes de la *doctrine* « *mondialiste* » *(M. 26.3.69).* Cet *esprit mondialiste* des jeunes générations, pour qui le cadre de la nation est devenu trop étroit *(O.R.T.F. 9.5.70).* L'économie française ne doit pas aspirer à une « barrière » européenne, mais à une *mentalité mondialiste (En. 30.8.69).* Le nationalisme politique du général de Gaulle s'accorde fort bien d'une *politique* en fait *mondialiste (M. 19.12.65).* Notre temps appelle des *solutions* mondiales, ou *mondialistes,* à un certain nombre de problèmes essentiels *(M. 4.8.65). Thèses* « *mondialistes* » sur le commerce et le développement *(M. 31.5.69). Vision « mondialiste* » du général de Gaulle *(M. 21.2.69).*
Dans ces négociations s'affrontent une école *mondialiste* et une école française plus exigeante en ce qui concerne la défense des intérêts européens *(Inf. 8.1.73).*

● Subst.
Il faut réaliser un enseignement sans frontières. Tel a été le thème d'une réunion qui a rassemblé deux mille « *mondialistes* » *(M. 16.11.69).*

MONDIALITÉ sf. ■ Caractère de ce qui est mondial, universel.

Au niveau de modernité et de *mondialité* où il (l'auteur) a coutume de se mouvoir *(M. 4.12.68).*

MOND(I)OVISION sf. ■ Procédé qui permet de transmettre à très grande distance des émissions télévisées, en utilisant des satellites de télécommunication.

● M.P.M. parlant de la *Mondiovision,* donna des précisions (...) sur la liaison directe TV France-Amérique grâce au lancement prochain de satellites *(M. 16.12.61).* Il y a (...) des gens qui se réjouissent à la pensée que les programmes entiers de notre télé puissent un jour nous parvenir des U.S.A. (...) par la « *mondiovision* » (...) pour ne pas dire en français : la télé universelle *(Étiemble, 64).* La « *mondiovision* » ou l'« eurovision » permanentes par satellites ne sont pas imminentes *(Errera, 68).*
Toute la Bretagne occidentale privée de télévision ; les émissions en *Mondiovision* interrompues sur tout le territoire par un sabotage *(O. 24.2.74).*

● La *Mondovision* et ses promesses *(F. 8.10.64).* (Le) débarquement et les premiers pas sur la lune seront télévisés en *Mondovision (M. 20.7.69).*
Cette joie partagée avec les artistes, les spectateurs de la Scala de Milan et les millions de téléspectateurs de *Mondovision (M. 24.1.78).*
→ EUROVISION.

MONÉTARISTE adj. et subst. ~ 1965.

● Adj. Relatif aux problèmes monétaires. Spéc. Relatif aux thèses de l'école de M. Friedman.

L'école, dite néolibérale ou *monétariste*, considère que ce qui crée l'inflation, c'est la quantité de monnaie : billets et dépôts à vue dans les banques *(E. 16.2.70)*. La renaissance « *monétariste* » de Friedman et de ses disciples fait du crédit l'instrument principal du contrôle des prix (...) on disait que le Président était très influencé par les thèses *monétaristes* de Friedman *(Exp. 2.71)*. Certains économistes, appartenant à l'école *monétariste*, soutiennent que l'inflation n'aurait pas été plus forte sans tous ces contrôles *(Exp. 12.72)*.

● Subst. Spécialiste des problèmes monétaires. Spéc. Partisan des thèses de M. Friedman.

Après le panorama des phénomènes proprement monétaires (...) nous pénétrons un peu plus profondément avec « la psychologie monétaire de l'inflation larvée », tout en restant sur notre faim : les *monétaristes* ne seraient plus *monétaristes* s'ils poussaient tout au fond *(A. Sauvy, M. 9.9.69)*. Les économistes se partageaient en deux écoles : keynesiens et *monétaristes (E. 28.9.70)*. Ces *monétaristes*, adorateurs des monnaies pour elles-mêmes, pour qui la stabilité d'une devise est l'ultime preuve de l'efficacité *(Aranda, 72)*.

MONITORAT sm. ■ Activité, fonction d'un moniteur.

Les méthodes d'enseignement (universitaire) : cours magistraux, travaux dirigés, séminaires, *monitorats*, dialogue, etc. *(M. 12.10.68)*.

MONITORING [mɔnitɔriŋ] sm. 1969. (Mot anglo-am., « contrôle », « commande »). Technique utilisant des appareils automatiques (« moniteurs ») pour analyser, contrôler, surveiller, par ex. : a) en électron., la qualité d'un enregistrement ; b) en médecine, les réactions physiopathologiques d'un malade.

Médecins et infirmières suivent les battements du nouveau cœur sur un écran de *monitoring (E. 2.8.73)*. Pour l'ensemble de la France, il n'y a que 600 lits de *monitoring*, de quoi traiter 18.000 seulement des victimes annuelles de l'infarctus *(E. 29.10.73)*.
Dans le service de réanimation (...) les infirmières vont et viennent pour régler les perfusions (...) répondre aux sonneries d'alarme du « *monitoring* » *(Soubiran, 75)*.

Rem. Le terme *monitorage* est recommandé officiellement pour traduire cet anglicisme.

MONO Abrév.
→ MONOPHONIE (Rem.)

MONO(-) Premier élément de nombreux adjectifs et substantifs composés. Il peut s'associer soit avec des radicaux savants, généralement d'origine grecque comme lui (ex : *monocéphale, monophonie*), soit, plus récemment, avec des mots français.

Rem. Quelques comp. sont traités plus loin à leur place alphab. D'autres sont répartis dans les deux rubriques ci-après. Dans les comp. de la 1re rubrique, à fonction d'adj., la « base » (deuxième élém.) est, soit un adj. (mono-*disciplinaire*), soit, plus souvent, un subst. (mono*bloc*). L'emploi du trait d'union est hésitant.

● Adj.

○ Salles de bains et cuisines *monoblocs (E. 30.3.70)*. Transformation d'un bloc (politique) *monocéphale* en une alliance *(FL 29.9.66)*. Des enseignements *mono-disciplinaires* inadaptés au monde moderne *(M. 31.5.69)*. Un tunnel *mono-galerie (A. 3.7.69)*.

○○ Beaucoup d'États du tiers monde sont encore *monodimensionnels (E. 19.7.71)*. Les redresseurs *monoanodiques* de courant électrique *(VR 11.71)*. Le bogie *monomoteur* d'une locomotive *(R.G.C.F. 1.72)*. De nombreux téléviseurs *monochaîne* sont encore en service *(M. 7.9.72)*. La famille *monocellulaire* moderne *(Morin, 73)*. Fonctionnement *monocombustible* d'un turbomoteur (...) locomotives *mono-courant (R.G.C.F. 6.74)*. Il restait en France, en 1974, 700.000 téléviseurs *mono-standard*, ne pouvant capter que la première chaîne *(M. 12.2.75)*. La S.N.C.F. achètera en 1979 20 rames automotrices électriques, 10 autorails *monocaisses*, (...) *(M. 29.11.78)*.

● Subst.

○ Les grands ensembles n'ont pas réussi à rompre le *monocentrisme* de Paris *(M. 8.1.66)*. Refuser la *mono-industrie* et ses risques pour offrir un éventail plus vaste de possibilités *(C. 22.1.69)*. Les *mono-objectifs* font partie de l'aristocratie de l'appareillage photographique *(VR 28.4.68)*. Le *monopartisme* (d'une région) *(M. 8.11.66)*. Les dirigeants cubains ont cherché à échapper aux inconvénients de la *monoproduction (M. 12.5.66)*. Un *monorail*, par-dessus la Garonne fera communiquer (deux quartiers) *(PM 6.4.68)*. Monoréacteur à ailes variables *(M. 28.2.69)*.

○○ Romans se confond avec la chaussure, industrie dominante plutôt que *mono-industrie (E. 30.7.73)*. Le P.d.g. a fini par diversifier l'activité de sa firme après avoir juré longtemps qu'il resterait à jamais fidèle à la *mono-production* du stylo à bille *(P. 27.1.75)*. Cette notion de *monocroissance* est centrale dans l'ouvrage : une voie unique d'expansion est proposée, et de là vient tout le mal (...) Il faut au contraire veiller maintenant à faire s'épanouir des multicroissances *(M. 2.3.75)*. Le tourisme ne peut suffire à compenser le déclin brutal de cette *mono-activité (M. 12.7.78)*.

MONOCRATIE sf. ~ 1966. (D'après *aristocratie*). Pol. ■ Forme de gouvernement qui concentre le pouvoir effectif entre les mains d'une seule personne.

Un régime de concentration des pouvoirs exécutif ou législatif, la source du droit positif demeurant dans la volonté du chef de l'État, c'est-à-dire une *monocratie*, suivant la terminologie couramment utilisée aujourd'hui par les maîtres du droit constitutionnel *(M.*

29.12.66). La *monocratie* élective animée avant tout par une volonté de puissance *(M. 11.9.68).* La *monocratie* gaullienne *(M. 31.5.69).*

MONOCRATIQUE adj. (De *monocratie**).
Le commandement consiste conceptuellement en une volonté discrétionnaire, souveraine et *monocratique (Freund, 65).* Le passage reste inachevé entre l'Église *monocratique* et l'Église-communauté *(M. 19.5.70).*

MONOKINI sm. 1964. Formation plaisante à partir de *bikini*, comme si ce mot commençait par le préfixe *bi-* (deux). ■ Maillot de bain pour femme, sans soutien-gorge, par opposition au *bikini*.
Le ministre de l'Intérieur a demandé aux préfets de rappeler aux maires qu'il ne leur appartenait pas d'autoriser le port du *« monokini »*: ce maillot de bain constitue un outrage public à la pudeur *(M. 25.7.64).*
Le *monokini* excellent moyen pour les organisateurs (...) de remplir les caisses de la commune *(P. 20.10.75).*

MONOLINGUE adj. et subst. Rép. mil. XXᵉ. ■ Qui ne parle qu'une seule langue. Qui est formulé, rédigé en une seule langue. (Par opp. à *bilingue*, ou *multilingue*).
● Adj.
Les produits d'une telle éducation bilingue se montrent plus intelligents, plus tolérants et plus sensibles aux différences culturelles que les enfants *monolingues* qui leur sont comparables à tous autres égards *(N. 6.70).*

● Subst.
Là où le français gagne aux dépens du patois, il est important de savoir jusqu'à quel point les nouveaux *monolingues* ont le souvenir d'éléments de bilinguisme de leurs parents *(Cohen, 71).*

MONOLITHIQUE adj. Fig. ■ D'un seul bloc. D'une cohésion parfaite.
Rem. 1. Quelqu'un — au lendemain de la dernière guerre, si je ne m'abuse — s'avisa de comparer les grands partis politiques à des blocs massifs, à des monolithes. D'où l'expression imagée de *« partis monolithiques »*. L'image s'étend à d'autres emplois *(Cl. f. 7.56).* On peut se demander si la fortune de *« monolithique »* n'est pas due à l'absence d'un adjectif dérivé de *« bloc »* (...) Je suis tenté de voir dans *« monolithique »* l'adjectif de ce nom au sens figuré *(Ch. Muller, Cl. f. 9.56).*

● Le subst. déterminé désigne une chose abstraite.
O Nous nous sommes heurtés à une *attitude monolithique* des syndicats. Ces derniers renvoient la balle : « Les directions n'ont pas voulu bouger d'un iota ». De fait, personne ne bouge et le désaccord reste total *(E. 1.3.71).* Il était nécessaire que l'*autorité monolithique* et pesante disparaisse *(C. 1.4.70).* Tous les spécialistes de la torture savent qu'aucun *courage* n'est *monolithique* ni cohérent *(Guimard, 67).* Une différenciation n'est-elle pas souhaitable pour notre *enseignement* trop *monolithique* ? *(M. 5.6.64).* La *politique* américaine n'est pas *monolithique (E. 8.1.68).* L'avenir est plutôt à une concordance d'intérêts qu'à une *solidarité monolithique (M. 25.2.70).*
OO M. m'oppose avec son *assurance monolithique* la notion d'efficacité immédiate *(E. 27.3.72).* La *structure monolithique* actuelle de l'O.R.T.F. *(M. 1.6.72).* On a tendance à enfermer les réponses dans des *systèmes* clos et *monolithiques (E. 19.2.73).* Une *administration* économique et financière *monolithique* et bureaucratique *(E. 19.3.73).*

● Le subst. déterminé désigne une personne ou une collectivité.
O G. *(acteur* de cinéma), toujours solide comme un roc, taillé dans le granit des attitudes immuables (...). Moins *monolithique* sous ses airs carrés, V. (autre *acteur*) attache par des nuances adroites. J'aime *(C. 23.12.69).* La puissante et *monolithique Confédération* générale du travail *(E. 5.4.71).* Cette *corporation* (des cheminots) que l'on juge assez *monolithique*, comporte des groupes à caractères assez disparates *(Delacarte, 59).* Les *Indépendants* et les Radicaux ne sont pas, comme on dit *« monolithiques »*, ils se méfient des consignes et de la discipline *(M. 23.12.60).* Le Premier ministre, chef d'une *majorité monolithique*, a hérité tous les pouvoirs *(E. 27.11.67).* (Dans ces livres) des années 50, les flics étaient des *« salauds » monolithiques*, et le truand était un archange de courageuse innocence *(E. 17.5.71).*
OO L'*Église* de Rome n'est pas *monolithique*, les « chapelles » y étant nombreuses *(En. 11.11.71).* Mieux vaut parler de dialogue à l'intérieur d'une *magistrature* qui n'est pas *monolithique (C. 4.5.72).* Les *sociétés « monolithiques »* pourront-elles le rester ? *(M. 7.6.72).* Les publics successifs de France-Culture, divers, volontaires et personnalisés, en opposition avec le *public* passif et *monolithique* qui forme l'auditoire d'autres radios *(M. 22.9.74).* « Je ne suis pas *monolithique »*, explique le leader socialiste. — « Je ne crois pas être plus *monolithique* que vous », réplique son interlocuteur communiste, en butant sur le mot *monolithique*, qui, décidément, ne passe pas bien *(E. 3.2.75).* Le Katholikentag révèle une *Église* catholique allemande puissante et *monolithique (C. 15.9.78).*

MONOLITHISME sm. ~ 1950. ■ Caractère de ce qui est *monolithique**.
Contre le *monolithisme* des partis majoritaires et pour une participation directe des militants de base *(M. 13.4.66).* Dans le Mouvement (...) il n'y avait pas *monolithisme*, et souvent divergence *(J. Sauvageot, 68).* Je trouve très réconfortant que les Français refuse le *monolithisme* de la presse d'opinion *(O.R.T.F. 16.1.71).*
Pour défendre son existence, la Vᵉ République renforçait le *monolithisme* de son camp *(Viansson, 71).* La concurrence de la radio d'État avec des radios périphériques paraît préférable à la rigidité et au *monolithisme* d'une télévision d'État *(M. 19.2.72).* Le socialisme n'est pas synonyme de *monolithisme culturel (Belloin, 73).* Au *monolithisme* grossier de la télévision répond, comme un écho, l'anonymat tyrannique du public *(P. 18.3.74).* Considérer une idéologie comme la vérité conduit inévitablement l'organisation qui s'en réclame à l'intolérance, au *monolithisme* et à la dictature *(M. 28.5.78).*

MONOPHONIE sf. Électron., radio. ■ Mode de reproduction des sons qui, par opposition à la stéréophonie, ne peut donner l'impression de relief sonore.

En *monophonie*, le déplacement de la pointe de lecture (du pick-up) est uniquement latéral. En stéréophonie, la gravure est oblique à 45 degrés *(M. 22.12.66)*.

Rem. L'abréviation *« mono »* [mɔno] est courante.

Que ce soit en *mono* ou en stéréo, (...) le poids du bras du pick-up n'est pas le seul élément entrant en compte (pour la qualité de reproduction du son) *(VR 5.5.68)*.
→ STÉRÉOPHONIE.

MONOPHONIQUE adj. Mil. XXe. Électron. ■ Qui comporte un seul canal d'amplification (Syn. : *monaural** ; par opp. à *stéréophonique**).

Les disques *monophoniques* sont gravés en largeur *(M. 22.12.66)*.

MONOPOLISTE adj. et subst. Repris mil. XXe. Écon. ■ Qui instaure ou tend à instaurer un monopole (commercial, industriel, etc.).

● **Adj.**

(Les) cercles de la *bourgeoisie monopoliste (M. 21.2.69)*. Battre en brèche la domination du *capital monopoliste (O. 26.6.68)*. (...) Il fallait s'attendre à une résistance acharnée de l'*oligarchie monopoliste (O. 26.6.68)*. Les *groupes* industriels *monopolistes* (Hetman, 69). Des trusts qui auraient des *tendances monopolistes (M. 9.10.66)*.
Le capitalisme *monopoliste* d'État est entré dans une nouvelle étape *(M. 11.10.70)*. Désigner le « capitalisme *monopoliste* » comme l'adversaire principal *(Bauchard, 72)*.

● **Subst.**

Les *monopolistes*, membres de l'oligarchie financière *(M. 27.2.69)*.

MONOPOLISTIQUE adj. ~ 1965. ■ Qui a les caractères d'un monopole. Qui détient un monopole.

○ La lutte contre « le *capital monopolistique* » *(E. 30.3.70)*. Leur tendance naturelle (des organismes commerciaux) à la concentration leur confère progressivement des *formes monopolistiques* qui sont la négation du pluralisme *(Schwœbel, 68)*. Toutes les couches de la société subissent les contrecoups du *pouvoir monopolistique (M. 14.1.67)*. Les *pratiques monopolistiques* des entreprises d'État, si désastreuses pour le progrès *(M. 14.1.68)*. Seule la concurrence est génératrice de progrès. Par conviction économique profonde, j'ai horreur des *situations monopolistiques* que je trouve détestables, pour ne pas dire intolérables *(En. 8.2.69)*. (Des) *syndicats « monopolistiques »* — les dockers, par exemple — ou catégoriels, comme les roulants de la S.N.C.F. *(E. 1.3.71)*.

∞ La CGT circonscrit facilement ses ennemis : « le capitalisme, les groupes *monopolistiques*, le gouvernement qui en est l'instrument » *(Bauchard, 72)*. La disparition progressive de la situation *monopolistique* des chemins de fer par suite du développement des modes de transport concurrents *(R.G.C.F. 5.72)*. Stands publicitaires de sociétés françaises *monopolistiques* à la Fête de l'Humanité *(E. 3.9.73)*. l.t.t. récuse les accusations d'appétit *monopolistique (E. 3.2.75)*.

MONSIEUR (+ subst. ou loc. subst.). (D'après l'angl.). Le subst. ou la loc. subst. désignent l'activité, la compétence, la spécialité du personnage en cause, ou la charge — souvent exceptionnelle — qui lui est confiée, ou encore une collectivité (État, groupe social, etc.) qu'il représente ou avec laquelle il est chargé de négocier, etc.

Rem. 1. Dans ces constructions, comme dans l'usage écrit courant, *Monsieur* est souvent abrégé en *M.*

○ Les rivalités de clochers ont la vie dure et le recours à l'arbitrage est chose fréquente. Il se transforme alors en *« monsieur bons offices » (M. 29.10.69)*. C'est avec B. que l'on prit l'habitude de casser les fauteuils. On l'appelait *« Monsieur cent mille volts »* ; il était la première « idole » des jeunes *(M. 5.2.66)*. M. G. (préfet de police) a lui aussi son mot à dire. N'est-ce pas lui en fin de compte, *« Monsieur Circulation » (FS 27.9.68)*. M. G. T. sera chargé des négociations à propos de la candidature de la Grande-Bretagne au Marché commun. Cet Écossais que dans les milieux politiques on appelait déjà dimanche soir *« Monsieur Europe »* (...) *(M. 7.10.69)*. Jean D., *« M. Paysans d'Europe »* et Mansholt, *« M. Europe Verte » (PM 23.3.68)*. M. L. N., le *« M. Pilule »* de l'Assemblée nationale (...) *(E. 15.4.68)*. « C'est *Monsieur TV couleur* », a dit le porte-parole du gouvernement en le présentant à la presse *(E. 10.4.67)*.

∞ « *Monsieur musique* » au petit écran *(M. 28.11.71)*. « *M. Silence* », haut fonctionnaire chargé de la lutte contre le bruit *(M. 25.1.72)*. Le délégué à la Sécurité routière, baptisé *« Monsieur Sécurité » (VR 3.12.72)*. M. Météo est honni, Parce qu'il attend le vendredi soir pour annoncer qu'il pleuvra le dimanche *(Exp. 11.6.73)*. Le *« Monsieur Énergie »* de la Maison-Blanche est opposé au rationnement de l'énergie *(E. 9.12.73)*. Le gouvernement a désigné un « *M. Énergies nouvelles* » qui vient à point nommé pour calmer bien des détracteurs du « tout nucléaire » *(P. 24.2.75)*. Un *Monsieur Harmonie du paysage urbain (M. 3.9.75)*. Un député demande au gouvernement de nommer un *« Monsieur étalement des vacances » (M. 17.9.75)*. M. R. sera notre *« Monsieur Propreté »* : la lutte contre la saleté qui défigure nos villes et nos paysages est à la mode *(M. 12.7.77)*. Un *« Monsieur produits méditerranéens »* devrait être nommé avant la fin de l'année *(C. 26.8.77)*. M. Y. M., récemment nommé *M. Moto* par le ministre de la jeunesse, des sports et des loisirs, s'est déclaré très « étonné » par les propos de *M. « Sécurité Routière » (M. 21.9.78)*. Monsieur anti-pollution s'en va : il avait dirigé le service de prévention des pollutions et des nuisances de 1973 à 1977 *(M. 28.9.78)*.

Rem. 2. Après *Monsieur Bruit*, après *Monsieur Prostitution*, on va donc nommer un *Monsieur Drogue*. Cette curieuse évolution sémantique qui consiste à attribuer le nom d'un fléau à la personnalité chargée de le combattre a certainement une valeur magique de conjuration *(O. 9.5.77)*.

→ MADAME.

MONSTRE SACRÉ loc. subst. Rép. mil. XXe. Fig. (D'après le titre d'une pièce de Cocteau « Les Monstres sacrés », 1940.)
1. Comédien, comédienne qui, par son talent, sa *« présence »**, s'est fait un nom prestigieux.
2. Par ext. ■ Personnalité de premier plan dans un domaine autre que le monde du spectacle.

   L'Institut, le Prix Nobel, ça ne m'intéresse plus. J'en ai assez des *monstres sacrés* de la science *(Escarpit, 64)*. Considérez-vous, M. le ministre, que vous êtes devenu une sorte de *« monstre sacré »* ? *(PM 30.12.67)*.
   Personne ne croit à une fin de carrière provinciale du *monstre sacré* de la politique allemande *(E. 14.10.78)*.

MONTAGE sm. Écon. ■ Organisation du financement d'un projet — d'équipement, de travaux publics, etc. — (échelonnement des paiements, subventions diverses, etc.).

Pour le moment, seul est réalisé le *montage* financier concernant ce tronçon d'autoroute — 150 millions de francs — dont deux subventions de la ville de Nice et du département *(M. 22.6.74)*. Le *montage* financier pourrait être le suivant : 40 % l'État, 40 % la ville et 20 % la région (...) Les travaux, si rien ne vient contrarier la bonne marche du *montage* financier, pourraient commencer à la fin 1980 *(M. 21.7.78)*.

MONTER + prép. + nom de ville loc. verbale. Rép. mil. XXe. Fam. ■ Se déplacer du sud vers le nord (par référence à la position du nord, qui est en haut sur les cartes géographiques).

Tour employé surtout dans le syntagme : *« monter à Paris »* : se rendre à Paris, en venant du sud de la France, et, par ext. de n'importe quel endroit situé en province.

Rem. 1. On relève, plus rarement, les syntagmes : « monter *sur* Paris, monter *vers* Paris », etc. Parfois aussi le mot *Paris* est remplacé par un synonyme (la capitale) ou par un autre nom de ville.

1. Se rendre à Paris pour s'y installer, y trouver un emploi, y faire carrière. Le verbe *monter* a souvent dans ce cas la connotation : promotion (politique, professionnelle, sociale) du sujet.

● Le sujet (parfois sous-entendu) désigne une personne.

   « Monter à Paris », c'est l'épreuve majeure. La capitale submerge ou embourgeoise. Pour résister, il faut de l'estomac *(E. 12.3.64)*. Paris, mirage *vers* lequel près de 350 Rastignac en herbe *« montent »* de province chaque jour pour chercher fortune *(E. 27.11.67)*. Cévenol *« monté »* à Paris, si l'on peut parler ainsi, étant donné que, comme chacun sait, notre capitale se trouve au fond d'une cuvette *(C. 12.1.69)*.
   Des gérants d'entreprise, des fonctionnaires, des enseignants *« montent »* de Lyon *à Paris*, chercher leurs consignes *(E. 7.8.72)*. Provincial *monté à Paris*, G. Pompidou incarnerait non Rastignac, mais tous les Français *(M. 9.9.72)*. Un emploi propre et stable, voilà ce qui fait rêver les jeunes filles des campagnes. Pourtant la plupart des 70.000 provinciaux qui *« montent »* chaque année à Paris n'ont rien en vue *(O. 29.1.73)*. L'annonce d'un concours fait miroiter aux yeux du jeune provincial l'occasion de *monter à Paris* avant tout, mais aussi un débouché précis *(E. 21.5.73)*. Mon rêve depuis toujours était de *« monter »* à Paris, pour faire du théâtre ou entrer dans une maison de couture *(P. 30.9.74)*. Les filles des Chèques postaux sont ici parce qu'elles n'ont pu rester chez elles, faute de travail. Elles *montent à la capitale* comme les garçons partent dans les casernes de Lorraine pour accomplir leur service militaire *(O. 27.1.75)*. La province compte plus d'héroïnes que de héros. Tandis que les hommes rêvent de *« monter sur Paris »*, les femmes se contentent d'un univers calfeutré *(M. 7.5.76)*. Après de brèves études et un passage dans le magasin familial, il *« monte »* à Paris *(E. 27.3.78)*. Fils d'un modeste tailleur berrichon, *monté à Paris* à 16 ans, il a débuté comme commis épicier *(P. 17.7.78)*.

● Le sujet désigne une collectivité, une société, etc.

   Paris où *« montaient »* la plupart des sièges des grandes affaires provinciales *(M. 6.8.68)*. Le petit beurre *monte à Paris*. Le siège social de la biscuiterie L.-U. va-t-il quitter Nantes pour s'installer dans la région parisienne ? *(E. 13.10.69)*.
   L'orchestre de Lyon *« monte »* à *Paris*. Les débuts parisiens d'un orchestre de province ressemblent à un premier bal *(M. 27.9.74)*. Le Tout-Bordeaux *« monte »* à *Paris* pour témoigner en chœur de la vitalité de l'Aquitaine *(P. 3.11.75)*.

2. Se rendre à Paris pour un bref séjour (d'affaires ou d'agrément).

   J. R., marchand de volailles *« monté »* à *Paris* pour faire un brin de noce *(M. 8.3.57)*. Le Salon de l'automobile constitue, pour nombre de provinciaux, la meilleure excuse pour *« monter »* à *Paris (E. 29.3.71)*.
   Un grand nombre de familles provinciales *« montent »* à *Paris* plusieurs fois par an pour 48 heures *(P. 18.3.74)*. Cet ingénieur de Toulouse peut passer chaque année quelques jours aux sports d'hiver et *monter à Paris* le temps d'un week-end *(P. 1.4.74)*.

→ DESCENDRE.

Rem. 2. **Le tour *remonter à Paris* est attesté.**

   Dans le personnel, une majorité de ceux qui sont « descendus » à Lyon ne veulent plus *« remonter »* à *Paris (M. 29.10.77)*.

MONTRE (CONTRE LA)

MONTRE (CONTRE LA) loc. adj. ou adv. Fig. (D'après *« course contre la montre »*, dans le vocab. du sport). ■ Se dit à propos d'une action, d'une tâche que l'on est contraint d'accomplir ou d'achever à la hâte, pressé par la nécessité de respecter un délai impératif dont l'expiration est proche.

Je ne peux pas raconter quinze ans de souffrances intimes à ce type éreinté, à cet homme (= un juge chargé des affaires de divorce) pressé qui juge *contre la montre* ! *(Saint Pierre, 72)*. Ford livre un combat *contre la montre* pour sortir à temps une petite voiture entièrement nouvelle *(PM 11.5.74)*.

MOQUETTER v. tr. Mil. XXe. ■ Recouvrir de moquette.

● Part. passé ou adj.

Dans son immense bureau *moquetté*, le président (...) *(E. 15.5.78)*. Les déserts *moquettés* de nos modernes palaces ont remplacé les lambris dorés des hôtels du faubourg Saint-Germain *(M. 4.6.78)*.

MORDRE v. intr. Fig.

Mordre + O (emploi absolu). D'après l'expression : « le poisson mord » (à l'appât) : se laisser convaincre, prendre, tromper.

A chaque exhibition d'un bon groupement de jazz, le public vient, *mord (M. 24.7.64)*.

Mordre sur (qqch ou qqn).

Rem. Le complément introduit par *sur* désigne soit une collectivité, soit une notion abstraite, soit une chose concrète.

1. Empiéter sur qqch (dans l'espace ou le temps). Entamer (fig.), diminuer, réduire légèrement (l'importance numérique d'une collectivité, d'un groupe adverse, etc.).

   Un automobiliste *mord* sur une *bande jaune (E. 17.5.65)*. De Gaulle a « *mordu* » sur l'électorat *communiste (E. 1.7.68)*. Le baccalauréat ne *mordra* pas *sur la rentrée*, puisqu'il ne comportera qu'une seule session en juin *(M. 13.5.69)*.
   Là où une gauche nouvelle et dynamique s'est présentée à côté du P.c., elle a *mordu sur l'électorat* communiste *(E. 29.3.71)*. Une mère de famille déclare : « Pour arriver au jardin public, le trottoir est si étroit que le landau n'y tient pas. Et quand les trottoirs sont plus larges, les voitures *mordent dessus* » *(C. 5.1.72)*. Un fort courant autogestionnaire qui, déjà, *mord sur la droite (E. 10.9.73)*. L'appel de la C.G.T. montre son souci de *mordre sur la clientèle* des autres syndicats, et de solliciter les cadres, les paysans et les petits commerçants *(C. 8.9.74)*.

2. Avoir prise sur.

   Si l'on veut « *mordre* » *sur les réalités* actuelles, il faut jouer le jeu de la participation *(M. 26.3.63)*. Sans que la politique économique et monétaire arrive à *mordre sur la réalité (C. 8.10.69)*.

MOTARD sm. Rép. mil. XXe. Fam. ■ Motocycliste. Adepte du sport motocycliste, ou fervent de la motocyclette.

Quand un ministre a fait un tour de piste, ils l'ont tout simplement sifflé. Bien sûr, c'est un *motard* lui aussi. Mais si un ministre vient parmi eux, c'est la fin de leur monde en marge *(P. 30.9.74)*. Pour les sept premiers mois de 1977, les *motards* français ont fait immatriculer 62.875 motos japonaises *(M. 8.10.77)*. La moto est devenue un mythe de notre époque (...) En agissant avec la maladresse de certaines personnalités officielles, on met tout en œuvre pour enfermer les *motards* dans un ghetto où beaucoup sont ravis de jouer les héros du mal de vivre *(C. 26.9.78)*.

MOTEL sm. ~ 1950. (Emprunt à l'angl.).

Rem. Voici un néologisme, qui semble en passe de s'accréditer chez nous : celui de *motel*. Le terme vient d'Amérique, comme la chose. Il est formé d'une contraction de *motor-(car)* et d'*hôtel (Thérive, 56)*. Un arrêté du 14 avril 1953 prévoit une nouvelle classe d'établissement : le *motel* de tourisme est un établissement commercial d'hébergement classé, situé à proximité d'un axe routier, hors des agglomérations ou à leur périphérie *(M. 6.4.65)*.

♦ Des caravansérails-*motels* de style saharien, d'une centaine de chambres chacun *(M. 24.6.68)*.
Retournera-t-il à sa nana, aux *motels*, aux autoroutes ? *(E. 22.3.71)*.
Ces *motels* à l'heure pour couples illégitimes où l'on ne rencontre jamais personne, par discrétion pour les clients *(M. 12.7.78)*.

MOTIVATION sf.

1. Écon. ~ 1958. ■ Ensemble des facteurs qui déterminent le comportement d'un agent économique (acheteur, vendeur, etc.).

   La société de consommation a poussé très loin l'étude des *motivations (VL 1.70)*. Les messages issus d'un tel séminaire aideront les vendeurs à maintenir le contact avec les entreprises. Leurs *motivations* s'en trouvent renforcées *(En. 30.9.71)*.

2. Psychol. ■ Action des forces conscientes ou inconscientes qui déterminent le comportement.

   La revue « Sondages » concluait à la prédominance du facteur religieux dans les *motivations* électorales *(O. 23.11.66)*. Plus de maturité, de réflexion, de réalisme, des intérêts plus solidement ancrés et, une excellente *motivation* sont des facteurs d'un poids considérable dans la poursuite d'une formation à l'âge adulte *(Roudy, 70)*. Chacun essaie de suivre, mais la compréhension de l'un ne passe pas par la compréhension de l'autre, et chacun agit en fonction des *motivations* parfois inconscientes, jamais entièrement explicitées, dans tous les cas strictement individuelles *(Gabaude, 72)*.

MOTIVATIONNEL, LE adj. ■ Qui concerne les *motivations**.

Les partis (se sont) inspirés dans la rédaction de leurs slogans des conseils fournis par des spécialistes de la *recherche « motivationnelle »* (Meynaud, 59).
Est-ce le résultat d'*études motivationnelles* plus poussées ? C'est un fait : la publicité valorise de plus en plus les relations affectives (O. 19.8.68).
Une véritable vocation est un facteur *motivationnel* tel qu'il aide à franchir des obstacles qui apparaîtraient à quiconque insurmontables (Roudy, 70).

MOTIVER v. tr. ■ Donner une motivation à qqn.

● **Verbe trans.**

Il fallait sensibiliser, préparer et *motiver* les responsables à tous les niveaux de la hiérarchie (N 6.70). Pour favoriser la grande consommation et le tourisme pour tous (...) il faut *motiver* le public dont les pôles d'intérêt ne sont plus les mêmes qu'il y a vingt ans (D. En. 2.71).

● **Part. passé et adj.**

À niveau égal d'intelligence et de culture, les femmes sont beaucoup moins *motivées* pour la réussite professionnelle que les hommes (...) Un mari très *motivé* pour la réussite peut parfois comprendre que sa femme le soit également (Roudy, 70). Combien faudra-t-il payer pour rendre le « milieu » plus vivable ? 5 %, 10 % du P.N.B. ? Peut-être. *Motivés* comme ils le sont aujourd'hui, les citoyens accepteraient sans doute ces sacrifices (M. 1.6.72). L'étudiant ne comprend pas l'utilité d'un tel enseignement et a plutôt tendance à le fuir. Il n'est pas « *motivé* » (N 10.72). Une enquête a été effectuée par la revue « Partir » auprès de ses lecteurs, tous fortement *motivés* par le voyage (P. 1.7.74). Les joueurs de rugby catalans ont été mis en condition pendant toute la semaine. Ils sont « *motivés* » (E. 3.2.75).

MOTO-CROSS sm. ~ 1959. (De *moto*cyclette et *cross*-country). ■ Course de motocyclettes en terrain accidenté.

Adolescent, il était un fervent de *moto-cross* « C'est par le *moto-cross* que l'on arrive tout naturellement, si l'on est doué, à aimer les parcours acrobatiques » (M. 24.10.71). Huit mille « fans » assistent aux exhibitions de quatre-vingts *moto-cross*men. Parmi ces derniers, Francis est un habitué des courses de *moto-cross* (M. 14.6.75).

MOTO-NEIGE ou **MOTONEIGE** sf. ~ 1960. ■ Petit véhicule à moteur, monté sur chenilles et muni de skis pour se déplacer sur la neige.

Bruyantes, polluantes et de nature à créer dans les stations de sport d'hiver une gêne intolérable, les *motos-neige* ou « scooters des neiges » (...) sont-elles appelées disparaître des pistes ? (M. 24.12.71). La *moto-neige*, engin détestable pour les amateurs de calme, en raison de ses pétarades (M. 4.3.78).
→ SCOOTER DES NEIGES.

Rem. Le dérivé *motoneigiste*, **est en usage au Québec.**

La police remercie les nombreux *motoneigistes* venus lui prêter main-forte (F. Mon., n° 101, 1973).

MOTORISATION sf. ■ Le fait (pour une population) d'être « *motorisé(e)** », de disposer de véhicules individuels à moteur (automobiles, etc.).
Surtout dans le syntagme « *taux de motorisation* » (peut-être par anal. avec *taux de scolarisation**), rapport entre le nombre des véhicules individuels immatriculés et la population totale considérée.

La région de Nagoya est, au Japon, celle où le parc automobile est le plus important, relativement à la population. On y compte en effet environ un véhicule pour 2,5 habitants. Ce taux de *motorisation* élevé se rapproche de ceux que nous connaissons en Europe (VR 22.10.78).

MOTORISÉ, E part. passé et adj. Rép. mil. XXe.

1. **À propos de personnes ou de collectivités. Qui dispose d'un véhicule à moteur.**

   Implantés à la périphérie des villes, les supermarchés font appel principalement à la *clientèle motorisée* (D.En. 2.71). L'automobiliste qui sommeille au cœur de chaque Français, *motorisé* ou non (Exp. 3.74).

2. **À propos de choses abstr. ou concrètes. Caractérisé par des déplacements en voiture. (Lieu) où les véhicules à moteur sont nombreux.**

   Ce besoin d'air pur a pu, à un certain moment, se satisfaire par l'*évasion motorisée*. Et c'est là qu'est apparu le mythe de la voiture (M. 30.10.68). P. B. n'a pas le complexe du week-end *motorisé*. Contrairement à ce que pensent les Parisiens, le dimanche à Paris est merveilleux (En. 3.8.68).
   C'était naguère la *ville* la plus *motorisée* du monde (C. 4.4.72).

MOTORISTE sm. ■ Fabricant de moteurs d'automobiles ou d'avions.

Nous avons consulté M. car ils ont une grande tradition de « *motoristes* » (PM 6.1.68). La compétition porte sur le choix d'un *motoriste* : deux firmes sont en présence pour équiper les avions subsoniques (F. 6.9.66). L'Europe des « *motoristes* » se cherche : on parle sérieusement de l'union des constructeurs européens de moteurs d'avions (E. 22.3.71).

MOULINETTE sf. Mil. XXe. ■ Nom déposé d'un modèle de moulin à légumes.
● Fig. Dans le syntagme « *passer* (qqch ou qqn) *à la moulinette* » : le soumettre à une rude épreuve, susceptible de le rendre méconnaissable. Soumettre à une critique impitoyable.
> La troupe théâtrale de R. Planchon *passe à la moulinette* « le Cid » de Corneille, le théâtre classique, la TV et quelques autres conformismes. La satire fait souvent mouche *(PM 29.11.69)*. R. Altman (un cinéaste), ce dynamiteur de mythes, a *passé à la moulinette* la geste de Philip Marlowe. Le traitement qu'Altman fait subir ici au film noir des années 50 va de la parodie souriante au passage à tabac *(E. 19.11.73)*. *Passé à la moulinette* du cinéaste, le roman (« Un linceul n'a pas de poches ») perd de sa force d'impact, et l'acteur, tout contact avec le réel *(E. 3.2.75)*.

MOUROIR sm. (De *mourir*). Fam. Péj. ■ Asile, maison de retraite pour vieillards, où l'atmosphère donne l'impression pénible que les pensionnaires sont dans une sorte d'« antichambre de la mort ».
> Nous avons institué en Europe des systèmes de *mouroirs* à vieillards et personne n'y trouve à redire *(Ragon, 71)*. En fin de cycle, de clinique en hôpital, et d'hôpital en maison de retraite, les « bonnes sœurs » sont l'ultime recours des « *mouroirs* » à vieux. Mais il existe aussi des « *mouroirs* » dorés, établissements de luxe qui font aujourd'hui commerce du troisième âge *(M. 13.8.73)*. Il ne reste plus pour trop d'entre eux qu'à se bousculer à la porte des asiles. Les moins démunis, ceux qui ont épargné quelques sous, chercheront une place dans quelque *mouroir (M. 10.3.74)*.
> Sous le plafond bas, percé de petites lucarnes crasseuses, trois cents lits côte à côte, et trois cents vieillards à l'abandon. C'était le *mouroir* de l'hôpital. (...) Ces malheureux n'avaient que leur mort à offrir : ils n'intéressaient plus *(Olievenstein, 77)*.

MOUVANCE sf.
1. Repris mil. XXe. (D'après le sens *dépendance* à l'époque féodale). Domaine, sphère d'influence.
> La construction automobile entraîne dans sa *mouvance* de nombreux secteurs *(M. 15.1.67)*. Recourir aux armes de la démagogie lorsqu'il s'agit d'attirer telle ou telle couche sociale dans la *mouvance* électorale *(G. Martinet, 68)*. La France conserverait son influence sur les pays qui relèvent traditionnellement de sa *mouvance (M. 21.2.69)*. Les accessoires – bas, cravates, sacs, ceintures – participent à la *mouvance* des maisons de haute couture *(En. 22.9.70)*.
> Dans la *mouvance* de la grande cité et le contexte du grand ensemble, pas mal de gens qui souffrent ont la conviction d'être emmurés dans leur mini-univers de souffrance *(C. 4.2.72)*. Le Premier ministre exhorte les membres de l'U.d.r. (parti gaulliste) à rester unis dans la *mouvance* du chef de l'État *(E. 26.11.73)*.

2. Did. Rép. mil. XXe. Caractère de ce qui est mouvant, instable.
> Ce monde de 1964 où tout est *mouvance*, et où les seules choses fixes sont (...) *(M. 11.5.66)*. La « *mouvance* » caractéristique de notre civilisation moderne *(En. 29.11.69)*. La mutation la plus difficile (pour un chef d'entreprise) consiste à troquer la mentalité de l'établissement contre la mentalité de la *mouvance (En. 2.5.70)*.
> L'homme moderne est frappé par la *mouvance*, par le changement, par le relatif (...) Mais peut-être est-ce le rôle de l'intelligence de demain, de dépasser l'enveloppe du réel qui est *mouvance* et variations, pour dégager l'immuable, le durable *(C. 26.2.72)*.

MOUVEMENT sm. Mil. XXe. Dans des syntagmes comme « *mouvement de grève* », « *mouvement revendicatif* », etc., ou construit absolument (sans déterminant ni complément). ■ Action collective de travailleurs pour appuyer une revendication, manifester un mécontentement, une solidarité, etc.
> Leur première grève de la faim n'ayant pas abouti, les étudiants décidaient, le 1er décembre, un nouveau *mouvement (E. 11.12.72)*. Les *mouvements de grèves* envisagés par certains libraires n'auront pas le même impact que le débrayage des cheminots *(E. 25.6.73)*. Les postiers en grève depuis le 17 octobre, ont décidé de « suspendre » leur *mouvement (M. 30.11.74)*. Si des négociations ne s'ouvrent pas, les contrôleurs aériens menacent de reconduire leur *mouvement* jusqu'en septembre *(E. 31.7.78)*. Le ministre rappelle la position du ministère face à la décision de reprise du *mouvement de grève* du zèle des contrôleurs aériens *(C. 25.8.78)*.

MOYEN-COURRIER
→ COURRIER.

MOYEN-ORIENTAL, E adj. ■ Qui se rapporte au Moyen-Orient.
> (Les) diverses *Églises moyen-orientales (M. 23.2.69)*. Un prétendu *marché commun moyen-oriental* que dominera forcément Israël *(M. 21.2.69)*. Un pipe-line approvisionnant en *pétrole moyen-oriental* la Yougoslavie et la Hongrie *(M. 21.11.68)*.

MULTI- Premier élément d'adjectifs et de substantifs composés ; en concurrence avec *pluri-** et *poly-**.
Rem. Quelques composés sont traités plus loin, à leur place alphab. D'autres ex. sont répartis dans les deux rubriques ci-après.
● Adj.
> À bord, vous accueilleront nos hôtesses *multilingues (Pub. E. 14.9.70)*. Pluraliste, contradictoire, *multidimensionnelle*, telle apparaît la culture européenne *(Young, 72)*. Le premier distributeur de billets « *multidirectionnel* », c'est-à-dire capable de délivrer non pas un billet de type unique, mais une gamme étendue de titres différents *(VR 30.7.72)*. L'avion *multieuropéen* affiche treize commandes fermes et dix-huit options *(E. 28.8.72)*. Au monde

MULTINATIONALITÉ

bipolaire d'hier, dominé par les deux Grands, succède un monde *multipolaire*, où chacun a sa partie à jouer *(En. 11.10.73)*. L'État *multiconfessionnel*, démocratique et laïque auquel rêvent les Palestiniens *(P. 19.11.73)*. Il n'est pas toujours possible à tous les membres d'un ménage, même *multi-motorisé*, de disposer d'un véhicule *(R.G.C.F. 3.74)*. Un panneau *multilingue* annonce les fréquences, les points desservis par l'autobus et les correspondances *(M. 11.3.75)*.

● **Subst.**

Vous aspergez vos cheveux avec un *multi-élixir (Pub. E. 28.9.70)*. Aux législatives de 1962, lorsque soudain un parti eut obtenu plus de 30 % des voix, la France abandonna le *multipartisme (E. 23.11.70)*. La civilisation évolue vers les *multi-micro-sociétés (M. 11.12.71)*. La *multicopie* presse-bouton *(Pub. Exp. 1.72)*. Depuis un an, les *multisalles* de cinéma fleurissent à Paris et en province *(C. 17.12.72)*. Ce médicament s'administre au *multi-injecteur*, par ionisation ou en crème dermique *(Pub. M.C. 1.74)*. La *multiprogrammation* permet à l'ordinateur de se livrer simultanément à plusieurs activités *(O. 1.4.74)*. Une voie unique d'expansion est proposée, et de là vient tout le mal (...) Il faut au contraire veiller maintenant à faire s'épanouir les *multicroissances (M. 2.3.75)*.

MULTI-DISCIPLINAIRE OU MULTIDISCIPLINAIRE adj. ■ Qui concerne, englobe (ou provient de), plusieurs disciplines ou spécialités.

Une *collaboration* internationale et *multidisciplinaire (VR 21.7.68)*. Cet *enseignement multi-disciplinaire* avec ses émiettements et ses échappatoires *(M. 21.11.68)*. Des *équipes multi-disciplinaires (M. 29.11.68)*. Une *organisation* scientifique *multidisciplinaire (E. 23.12.68)*. La *recherche* moderne ne peut être que *multi-disciplinaire (M. 7.1.67)*. Ce problème a nécessité une organisation spéciale *multidisciplinaire (R.G.C.F. 5.72)*. Dans le domaine de la sécurité, ce véhicule a été conçu à partir d'une enquête *multidisciplinaire (C. 10.10.74)*.
→ PLURI*-DISCIPLINAIRE.

MULTILATÉRAL, E adj. Pol. ■ Qui concerne des rapports entre États ; à quoi adhèrent, participent, souscrivent plusieurs États.

Cet *accord* doit être *multilatéral*, c'est-à-dire approuvé par tous les membres de l'O.T.A.N. *(M. 8.4.66)*. (...) Savoir si l'*aide multilatérale* peut être entièrement mondialisée *(M. 23.7.66)*. Les *contacts* bilatéraux ou *multilatéraux* pris avec plus de soixante partis *(M. 18.1.66)*. Un régime de *conventions* internationales *multilatérales (M. 26.2.69)*. Accords de *coopération multilatérale (M. 20.5.66)*. Le projet de création d'une « *force multilatérale* » *(M. 30.8.64)*. L'événement majeur a été l'enterrement de la fameuse « *force multilatérale* » *(E. 19.12.66)*. La substitution au *pacte multilatéral* qu'est l'O.T.A.N. d'une série d'accords bilatéraux *(M. 14.1.66)*. Se mettre d'accord sur une *solution multilatérale* du changement des parités (des monnaies) *(M. 26.4.69)*.
La réunion *multilatérale* qui se tient une ou deux fois par an *(Exp. 2.71)*. La compensation *multilatérale* des dettes et créances des banques centrales *(En. 11.10.73)*.

● **Dérivés.**

Les projets de *multilatéralisme* nucléaire *(M. 26.8.65)*. Une approche « *multilatéraliste* » du projet de conférence *(M. 14.10.69)*. La « *multilatéralité* » des négociations *(M. 10.3.68)*.

MULTINATIONAL, E adj. et sf.

1. Pol. Qui concerne, englobe plusieurs pays.

Cette flotte atomique à *équipage* et commandement *multinationaux (E. 15.11.65)*. Rallier le gouvernement à la proposition d'un *État multinational (E. 30.3.70)*. La participation d'officiers français à des *états-majors multinationaux (M. 16.4.66)*. A l'*Europe* « atlantique » ouverte, *multi-nationale*, s'oppose la conception gaulliste des Nations *(E. 27.9.65)*. Une *flotte* d'intervention *multinationale (E. 18.12.67)*.

2. Écon. Qui concerne ou englobe plusieurs pays. Dont l'activité s'exerce dans plusieurs pays ; dont le domaine s'étend sur plusieurs pays.

● **Adj.**

O Grandes entreprises à *caractère multinational (E. 1.9.69)*. L'Autriche-Hongrie ne fut jamais une nation mais une sorte de *cité multinationale (E. 9.1.69)*. Consortiums industriels *multinationaux (M. 8.5.68)*. Cette société devenue une *entreprise multinationale (F. 6.9.66)*. Les grandes *firmes multinationales (M. 14.1.68)*. Les managers des *sociétés* européennes *multinationales (E. 1.9.69)*.
∞ C'est une entreprise exaltante que de faire un *avion multinational (E. 28.8.72)*. Le *caractère* « *multinational* » d'une entreprise *(C. 15.11.72)*. La riposte syndicale au *défi multinational* fut, jusqu'ici, surtout défensive *(E. 12.2.73)*. Les problèmes atteignent très rapidement une dimension internationale, étant donné le rôle joué par les *compagnies multinationales (O. 3.9.73)*. Des comparaisons faites à l'intérieur des *groupes multinationaux (M. 18.4.78)*.

● **Subst. fém.**

La réponse d'un ensemble mondial de syndicats de travailleurs au phénomène des *multinationales (Inf. 18.12.72)*. Les *multinationales* ont joué leur rôle : développement massif des investissements, amortissements accélérés *(O. 14.1.74)*. Au Canada 80 à 90 % des secteurs clefs de l'activité sont aux mains des *multinationales (P. 1.7.74)*. Face à cette Europe bien policée de Bruxelles, voici l'Europe sauvage des *multinationales (M. 20.5.75)*. Le Pape n'est pas le président-directeur-général d'une gigantesque *multinationale (C. 8.9.78)*. Un autre reproche vise la faculté qu'ont les *multinationales* de jongler avec les législations nationales pour les tourner ou en tirer le meilleur profit *(Leprince-Ringuet, 78)*.

MULTINATIONALITÉ sf. ■ Caractère de ce qui est *multinational**.

Le projet de l'avion Mercure intéresse les Italiens, les Espagnols, les Belges, les Suisses, etc. Les commerçants que dirige M. S. espèrent que cette *multinationalité* se retrouvera dans la clientèle, et que les compagnies aériennes des pays associés achèteront des Mercure *(E. 5.4.71)*.
La recette du succès des sociétés multinationales : la *multinationalité* même. C'est l'atout supplémentaire dont elles disposent sur les entreprises nationales *(E. 12.2.73)*. Les princi-

pales difficultés dans la gestion du groupe proviennent de la *multinationalité* de ses activités *(En. 18.10.73).*

MULTIPLEX sm. Radio, télév. ■ Système qui permet de diffuser *en direct** des émissions provenant de plusieurs lieux différents.

Pour un débat télévisé en *multiplex* avec les autres candidats (à une élection) *(M. 12.11.65).*
Liaisons « *multiplex* » avec les centres O.R.T.F. de province *(M. 26.4.69).*
→ DUPLEX.

MULTIPLEXAGE sm.

Le *multiplexage* consiste à relier tous les organes électriques d'un véhicule par un câble unique porteur de l'énergie délivrée par la batterie et d'une information codée adressée spécifiquement à chacun des organes *(M. 31.5.78).*

MULTIPROPRIÉTAIRE s. ~ 1965.

On prend l'année solaire ou scolaire comme base de calcul, on la découpe en tranches et on vend le même « chez soi » autant de fois qu'il y a de périodes monnayables. Dix, vingt « *multipropriétaires* », ayant tous souscrit au même studio, mais à des époques différentes, se succèdent tout le long de l'année *(O. 6.3.68).*
Les *multipropriétaires* sont en quelque sorte des actionnaires, des porteurs de parts. Chacun d'eux n'exerce son droit qu'à une date fixe, pour une durée déterminée, établie lors de la signature du contrat *(R 11.75).*

MULTIPROPRIÉTÉ sf. ~ 1965.

La *multipropriété* : les propriétaires n'achètent plus un studio, mais huit ou quinze jours de studio par an *(E. 6.11.67).* Avec la *multipropriété* on paie le droit d'être propriétaire d'un studio pendant une semaine chaque année *(E. 27.1.69).*
Terme déposé, la « *multipropriété* » a de nombreux synonymes : pluripropriété, propriété à temps partiel ou encore propriété spatio-temporelle. Toutes ces expressions désignent le partage d'un studio ou d'un appartement entièrement équipés, de ses charges, de ses frais d'entretien *(R 11.75).* Face à la résidence secondaire traditionnelle, on a vu naître, ces dernières années, une nouvelle formule de loisirs : la *multipropriété.* On achète du temps — une, deux ou trois semaines, à la même période, pour toute la vie — à la place de la pierre *(O. 26.6.78).*

MULTIRACIAL, E adj. Où coexistent plusieurs races.

Métropole *multiraciale* et cosmopolite, New York (...) *(M. 17.6.65).* La Chine, comme de nombreux pays, y compris l'U.R.S.S., est une « *nation multiraciale* » *(M. 10.10.69).* Les media rappellent sans relâche à l'Amérique conservatrice qu'elle est une *société multiraciale (E. 9.2.70).*
Un État palestinien, laïc et *multiracial*, implique la disparition de l'État d'Israël *(E. 17.8.70).*
Un groupe révolutionnaire *multiracial (M. 9.2.74).* La population malaisienne est *multiraciale (VR 27.11.77).* Organiser une société *multiraciale* exemplaire *(C. 29.9.78).*

MULTISTANDARD adj. et sm. ■ Se dit d'un récepteur de télévision qui peut capter des émissions de « standards » différents.

Un téléviseur *multistandard* VHF et UHF vous permet de passer les frontières en changeant de canal *(P. 28.5.73).*

MUNICIPALISATION sf. 1964. ■ Action de *municipaliser** ; son résultat.

La *municipalisation* des sols coûterait cher à la collectivité *(M. 8.5.66).* Pour éviter d'éventuelles spéculations, la commune pratique la « *municipalisation* » des terrains *(C. 30.12.69).*
Révision de l'impôt foncier, ou *municipalisation* des sols par expropriation pour cause d'utilité publique *(Mauduit, 71).* La tentative de *municipalisation* d'un poste d'animateur au foyer de V. *(M. 30.11.73).*

MUNICIPALISER v. tr. 1966. ■ Soumettre (qqch, qqn) au contrôle, à l'autorité de la municipalité.

La Fédération estimerait nécessaire de *municipaliser* les terrains à bâtir *(M. 18.3.66).*

MUR DE (ou DU) + subst. Fig. Dans plusieurs constructions où *mur* signifie obstacle, seuil, etc.

Problèmes que pose le vol commercial à des vitesses supersoniques : (...) exposition des surfaces frontales de l'appareil aux phénomènes d'échauffement aérodynamique popularisés sous le nom de « *mur de la chaleur* », etc. *(T. 2.67).* Cela ne signifie pas que demain des peintres locaux sans notoriété vont partout franchir le *mur de la renommée (A. 15.8.68).* (Le) « *mur du son* » de 40 % de voix, longtemps considéré parmi les socialistes comme une barrière quasi infranchissable *(M. 30.9.69).* Depuis qu'il a franchi le *mur de la septantaine* (des 70 ans) M. S. (acteur) a eu pas mal de soucis *(T 10.10.70).*
Les services du ministre des Finances ont été les premiers à prévoir que le programme de l'avion Concorde crèverait le *mur des prévisions* budgétaires *(E. 10.12.73).* Le débat à la télévision aura le mérite d'ouvrir une brèche dans le *mur de l'incompréhension* et du mépris *(E. 20.1.75).*

MUR-RIDEAU
→ -RIDEAU.

MUSCLÉ, E adj. Fig. Fam.
1. Après un subst. nom de chose.
● Le subst. désigne une notion abstraite ou une forme d'expression.
■ Alerte, vif (style) ; ardent, énergique ; autoritaire, brutal, violent (discours, réplique, discussion).

○ Une *campagne* électorale *musclée (E. 16.12.68).* Le risque d'un *conservatisme* très *musclé (M. 26.4.69).* Un semblant d'ordre, grâce à une *démocratie* « *musclée* » *(M. 27.3.69).* Le Premier ministre a fait un *discours* un peu plus *musclé* que celui de la veille *(RSR 20.11.68).* (L'Opus Dei) fondé vers 1928 par un jeune prêtre aragonais rigide, à la *foi* ardente et *musclée (VL 11.70).* Une « *neutralité musclée* » du Japon, ressemblant à celle de la Suisse ou de la Suède *(Guillain, 69).* La doctrine Eisenhower demeure volontairement vague quant aux grandes lignes que devraient suivre les États-Unis pour rétablir une paix durable en Méditerranée orientale. On est loin de la *politique* « *musclée* » inaugurée par la « doctrine Truman » *(M. 19.1.57).* Qu'est-ce que le gaullisme sinon un *radical-socialisme musclé ? (M. 24.5.66).* La conception gaulliste du pouvoir n'est-elle pas une *réincarnation* un peu plus militaire, un peu plus *musclée* de l'État arbitre de l'économie libérale ? *(M. 22.7.59).* Solution « *musclée* » aux problèmes de l'enseignement *(M. 16.4.70).*

∞ De hauts fonctionnaires accouchent d'un texte inodore, incolore et sans saveur. Le représentant néerlandais souhaite *quelque chose* de plus *musclé (E. 5.11.73).* « Voulez-vous vous taire mon petit », rétorque la bonne femme en donnant au second une gifle vigoureuse accompagnée d'un coup de pied. La victime de cette *réplique musclée* et inattendue était un maître de conférences à l'université de P. *(M. 24.11.73).* « Le *libéralisme* doit, par essence, être *musclé* », affirme M. M. *(M. 1.12.73).* Le *plaisir* du texte n'est pas forcément triomphant, héroïque, *musclé (Barthes, 73).* C'était une sacrée femme, ce docteur, elle avait son franc-parler, nos *joutes* oratoires étaient souvent *musclées (Riou, 74).* Les discours altiers sur les ondes, les déclarations rassurantes ou les *allocutions musclées,* est-ce suffisant ? *(M. 3.3.74).* Le *verbe* du maire de T. reste *musclé,* mais l'esprit de croisade s'est envolé *(P. 30.8.74).* Une sorte de *radicalisme* cocardier et *musclé (M. 22.12.74).* Le secrétaire national de la C.F.D.T. a contesté avec vigueur les *propos musclés* du premier ministre *(M. 9.1.75).* « Essai sur la non-bataille ». Sous ce titre insolite, 130 pages de raisonnement serré écrites d'une *plume musclée (F. 28.2.75).* Si le manque de crédits de P.T.T. était relayé par une *aide* plus « *musclée* » qu'actuellement, (...) *(M. 21.4.76).* Le « *libéralisme musclé* » qu'ont permis les élections aura un premier effet : l'accélération de la hausse des prix *(M. 13.5.78).* Marbrier de son état, il milite pour le petit commerce avec une *passion* très *musclée (E. 11.9.78).*

● Le subst. désigne, plus rarement, une chose concrète.
■ Efficace, puissant ; fort.
Un *café musclé,* tonique, qui vous réveille, vous met en forme dès la première gorgée *(Pub. El. 1.2.71).* Avec 20 millions de lignes en 1982, contre 10 millions au début de 1978, le *réseau téléphonique* français deviendra l'un des plus *musclés* du monde *(P. 3.7.78).*

2. Après un subst. nom de personne ou de collectivité.
■ Énergique ; autoritaire ; partisan de la « manière forte ». Efficace, puissant.

○ L'assistance allait du militant démocrate chrétien jusqu'aux *conservateurs musclés (M. 16.2.67).* Si nous n'avons pas, demain, un *gouvernement musclé,* nous courons à la débâcle et à la faillite *(E. 9.12.68).* Les éléments disparates du nationalisme renaissant : des forts-en-gueule du poujadisme aux jeunes *ministres musclés* qui entendent apporter l'esprit de sport à la politique *(M. 4.1.58).* Donner au ministre un *successeur* plus « *musclé* » *(M. 1.3.69).*

∞ Le camp démocrate est désorienté : le *candidat* le plus « *musclé* » de ce parti (...) n'obtient que 48 % des voix *(E. 13.3.72).* Une chaîne hôtelière française sans associés européens ne saurait se concevoir. Il nous fallait des *partenaires* suffisamment « *musclés* » pour être à même de nous épauler à long terme *(M. 23.9.72).* Des sociaux-démocrates et même des *centristes musclés* se proposent de réaliser les objectifs du socialisme sans employer ses méthodes *(Giroud, 73).* Il faut créer des *collectivités* locales plus grandes, plus *musclées (Thœnig, 73).* Et pourquoi pas un *gouvernement musclé ? (E. 10.12.73).* Pour défendre le business, firmes privées, Pentagone et Département d'État n'ont aucun complexe à exhiber un *front national musclé (P. 11.11.74).* Le langage de M. R. pourrait être celui de n'importe quel *gaulliste* « *musclé* » *(M. 5.5.76).* Le « Figaro » dont il a fait, balayant toute trace du libéralisme courtois de son prédécesseur, le journal où la *droite musclée* peut enfin s'exprimer à l'aise *(M. 24.11.78).*
→ BATTANT, FONCEUR.

● Spéc. ~ 1968. (D'abord dans le syntagme *« appariteur musclé »,* apparu sur les campus universitaires). Homme robuste, vigoureux, parfois brutal, recruté pour assurer un service d'ordre, une surveillance.

○ On vit apparaître, lors des examens à la faculté de médecine, des « *appariteurs* » aussitôt qualifiés, non sans de bonnes raisons, de *musclés (M. 28.2.69).* Il faudrait créer une force de police universitaire. Les *appariteurs* dits *musclés* étaient plutôt des hommes de main *(E. 16.3.70).* Les *huissiers musclés* de la faculté ont matraqué et arrêté des étudiants *(M. 4.2.69).*

∞ Nanterre : présence des « *appariteurs musclés* » au restau-U (...) Beaucoup d'examens se passent en présence d'*huissiers* « *musclés* » du rectorat *(École, 72).* Un *colleur* d'affiches *musclé,* à l'heure actuelle, touche 50 francs la nuit *(Exp. 2.73).* Face aux attaques de bandes de jeunes, quelques magasins utilisent des *vigiles musclés (M. 8.4.78).* Une centrale de surveillance prévient rapidement la police ou fait intervenir une *équipe musclée (P. 10.7.78).*
→ GORILLE, BRAS (GROS).

MUSCLER v. tr. Fig. ■ Renforcer.
Le Ministre de l'Intérieur expliquait cyniquement les efforts de l'État pour se renforcer. Il invoquait la nécessité de ne pas perdre un seul instant pour *muscler* l'appareil de l'État *(École, 72).* Des mesures arrêtées pour « *muscler* » l'industrie automobile française *(P.*

9.12.74). L'assemblée générale a décidé de « *muscler* » le projet établi par le bureau *(M. 20.11.77).* Pas question pour l'État de pratiquer une sorte de « sécurité sociale » qui garantirait les entreprises contre leurs concurrents étrangers. Il s'agit, au contraire, de les « *muscler* » *(C. 7.9.78).*

MUSCULATION sf. Rép. mil. XXe. Sport ■ Entraînement destiné à améliorer la musculature.

Il me faut travailler ma *musculation*, chercher à acquérir démarrage et détente *(F. 2.11.66).*
Le jeune B. s'est, lui aussi, amélioré grâce à la *musculation (M. 12.2.67).*

MUSÉOBUS [myzeɔbys] sm. ~ 1970. (De *musée* et auto*bus*). ■ Autobus aménagé pour y présenter des expositions itinérantes.

Pour tous ceux qui ne viennent pas au musée, Danièle a transformé en « *muséobus* » un vieil autobus (...) C'est une salle d'exposition roulante *(P. 27.8.73).*

MUSÉOLOGIQUE adj. 1959. Relatif à la *muséologie* (science de la conservation, du classement et de la présentation des œuvres d'art dans les musées).

On mettra en valeur tout ce que, selon les principes *muséologiques* élaborés il y a 25 ans, on s'efforçait de dissimuler dans les coulisses, notamment les appareils d'éclairage *(M. 16.2.72).*

MUSICASSETTE sf. ~ 1965. ■ *Minicassette** de musique enregistrée.

Les bandes (magnétiques) se présentent sous la forme d'un chargeur en plastique baptisé cassette. Lorsque la cassette contient une bande de musique enregistrée on l'appelle « *musicassette* » *(AAT 6.67).*
La *musicassette* (1,4 million en 1969) n'a pas, jusqu'ici, causé du tort aux disques. C'est un autre marché *(E. 14.9.70).*
→ CASSETTE, MINI(-)CASSETTE.

MUSICOTHÈQUE sf. (De *musique* et suff. *-thèque**). ■ Collection de documents sonores (disques, bandes) de musique enregistrée.

H. von Karajan sera le premier à mettre en route la diffusion sur cassettes et sur vidéocassettes de cette prodigieuse *musicothèque* dont il a inventé les méthodes et la technique *(P. 26.6.78).*

MUTATION sf. Rép. mil. XXe. (Peut-être sous l'influence de l'emploi en biologie). Par ext. ■ Changement soudain et durable.

Rem. À partir de (son) acception (biologique) le terme a débouché dans le vocabulaire aujourd'hui en faveur (...) *Mutation* (...) désigne un changement brusque et non une évolution *(VL 3.70).* Cette *mutation* — pour employer un terme à la mode — dont nous sommes les témoins et les sujets depuis quelques années *(M. 3.8.68).* Vous avez dit *mutation*, un de ces mots à la mode *(O.R.T.F. 9.5.70).* Au moment des grandes remises en question, des *mutations* : voilà le gros mot lâché *(C. 27.6.70).* Le mot « *mutation* » est important car il est caractéristique du langage politique d'une partie de la classe administrativo-politique et il n'a émergé que depuis 1955, environ *(F. Mon. 9.70).*

♦ France-Culture est prête à opérer ce recyclage qui est une véritable *mutation (M. 22.9.74).* La Roumanie en pleine *mutation* industrielle *(M. 16.10.74).*

MUTANT sm. ■ Qui est obligé de changer de profession, de résidence, etc.

Plus de 50 % des *mutants* venant des professions « mines, carrières, terrassement » perdent leur qualification *(M. 27.11.66).*
Si leur exploitation n'est pas rentable il ne leur (aux agriculteurs) reste plus qu'à grossir les rangs de ceux que l'on appelle pudiquement les « *mutants* professionnels » *(Allauzen 67).*

MYSTICO- Premier élément d'adj. et de subst. composés.

Le film offre un festival de toutes les obsessions, orages *mystico-sexuels*, Œdipe, tranquillisants, alcool, psychanalyse, dépression, solitude *(E. 24.1.72).* Cette société s'inspire d'un *mystico-marxisme* qui (...) *(O. 22.4.74).*

Rem. Une vingtaine d'autres composés sont énumérés in **B.d.m. n° 11, 1976,** par exemple :
Mystico-érotique (M. 7.1.66). Mystico-marxiste (E. 13.6.69). Mystico-révolutionnaire (C. 9.2.70). Mystico-nationaliste (O. 4.5.70).

MYSTIFIANT, E adj. Repris mil. XXe ■ Qui mystifie, qui trompe.

Si elle fut toujours suspecte, cette théorie est assurément aujourd'hui *mystifiante (N. 4.69).*

NANA sf. D'abord argot. Rép. mil. XXe. Fam. ■ Jeune fille, femme.

Il ne couche plus avec personne, et pourtant ce ne sont pas les *nanas* qui lui manqueraient ! *(Saint-Pierre, 70)*. Le propriétaire, flanqué d'une « chouette *nana* », sa coiffeuse préférée *(E. 18.9.72)*.
Une fille agressive, aux réactions inattendues et dangereuses, une *nana* qui passe à côté de vous à la manière lisse et coulée d'un guépard *(Gérard, 74)*. Ils vivaient ensemble depuis deux ans, sans mariage en perspective. « J'avais réussi au sein de notre couple à m'affirmer personnellement, je n'étais plus seulement la *nana* de Thierry », explique Colette *(P. 13.1.75)*.

NANO(-)SECONDE sf. ■ Un milliardième de seconde.

Les opérations effectuées (par l'ordinateur) peuvent se chiffrer en « *nano-secondes* ». Or il y a autant de *nanosecondes* dans une seconde que de secondes dans environ trente ans *(O. 17.1.68)*. Il faut toujours neuf mois pour fabriquer un enfant, mais il faut une *nano-seconde* pour calculer la racine cubique d'un nombre de mille chiffres *(E. 24.6.68)*.

NARCISSIQUE adj. et s. Inspiré par le narcissisme ; qui relève du narcissisme.

● Adj.

Le livre de G. P., récit *narcissique*, est pourtant une œuvre « ouverte ». Récit autobiographique, poème en prose ? *(M. 22.2.69)*. Dans le développement de la personnalité, le *stade narcissique* est primitif ; c'est celui où le jeune enfant ne s'est pas encore différencié nettement du monde extérieur *(Dt. psychol.)*.
Ses écrits sont trompeurs (...) Il s'agit peut-être d'une femme *narcissique*, exigeante *(O. 22.10.74)*. Comme homme privé (c'était peut-être) un homme simple, pas plus *narcissique* que vous et moi *(O. 22.4.74)*.

● Subst.

L'adulte qui est resté un *narcissique* accorde une importance excessive à sa propre personne : il passe son temps à se contempler, à chercher à se faire aimer. (...) Dans un sens plus positif, le *narcissique* peut devenir un artiste cherchant à se valoriser par ses créations *(Dt. psychol. mod.)*.

Rem. **L'adv. dérivé *narcissiquement* est attesté.**

La médecine s'est développée *narcissiquement*, mettant en quelque sorte entre parenthèses son objet — le sujet souffrant — pour mieux assurer sa propre organisation *(N 10.72)*.

NATALISTE adj. ■ Qui tend à favoriser la natalité.

(Les crédits) seront répartis sous des formes résolument *natalistes*. Il s'agit d'encourager les ménages à avoir plus d'enfants *(E. 20.1.69)*.
L'obsession *nataliste*-nationaliste des classes dirigeantes détermine en partie leur opposition à la contraception *(Morin, 73)*.

NATIONAL- Rép. mil. XXe. Premier élément de composés, dont le second élément est un subst. en *-isme* ou un adj. en *-iste*, construits peut-être d'après *national-socialisme/-iste*.

● Substantif.

Le *national-réalisme* de Pékin n'a rien à envier à celui de Washington *(En. 4.11.71)*. Quinze ans de pouvoir ont sécrété ce poison mortel : le *national-affairisme (E. 18.9.72)*. Vous estimez, semble-t-il, qu'il s'agit d'une sorte de *national-poujadisme (Uri, 73)*. On feint d'être européen tout en pratiquant le *national-chauvinisme (O. 7.5.73)*. Le *national-égoïsme* ne peut que perpétuer notre dépendance énergétique *(P. 14.1.74)*.

NATIONAL-

● Adjectif.
> Une U.D.R. se posant en grande rassembleuse « sociale », « nationale » et populaire, bref, en force « *national-populiste* » *(O. 26.11.73).*

NAUPATHIE sf. Méd.
> Une solution au problème difficile de la « *naupathie* », nom scientifique du mal de mer *(E. 2.8.65).*

NAUPATHIQUE s. ■ Personne atteinte de *naupathie**.
> Le pupillographe (appareil qui mesure le diamètre de la pupille) permet de déceler les *naupathiques* incoercibles *(E. 2.8.65).*

-NAUTE, -NAUTIQUE (Du grec *nautês, nautikos*, « navigateur »). Deuxième élément de subst. et adj. comp., par ex. : *aquanaute*, astronaute*, astronautique*, cosmonaute*, océanaute*, spéléonaute*,* etc. ■ Relatif à la navigation, ou, par ext. à l'exploration.
Rem. Le suffixe « naute » a perdu son sens premier de « navigateur » pour prendre celui d'« expérimentateur ». L'« astronaute », navigateur de l'espace, est devenu un explorateur scientifique du cosmos (...) et le dernier-né de la famille, l'« océanaute » étudie la vie sous-marine dans un logis immergé par cinquante à soixante brasses de fond. *« Océanaute »* est le terme dont use le commandant Cousteau *(VL 11.65).*

NAUTISME sm. ■ Ensemble des sports nautiques, surtout navigation de plaisance.
> La fantastique expansion du *nautisme* en France, nul ne peut mieux en témoigner que le Yacht-Club d'Arcachon *(PM 10.9.66).* Le *nautisme* a pris une part prépondérante dans les nouveaux loisirs. (... il exige) la création de nouveaux ports de plaisance *(F. 17.4.69).*

NAVETTE SPATIALE sf. ~ 1970. Astron. ■ Véhicule capable d'assurer une liaison entre la terre et des stations orbitales, et susceptible d'être réutilisé un grand nombre de fois.
> La « *navette spatiale* », sorte de fusée-avion qui, au lieu de ne servir qu'une fois, saurait revenir se poser sur terre, prête pour une autre mission *(E. 16.1.72).*
→ SPATIAL,E, SPATIONEF.

NAVIPLANE sm. 1965. (De *navi*gation et *-plane*, d'après *aquaplane*). Techn. ■ Véhicule de transport amphibie sur *coussin* d'air.
> Un *naviplane* pouvant transporter 34 voitures et 174 passagers *(R.G.C.F. 6.70).* Le *naviplane* français N 500-02 est arrivé sur l'hoverport de Boulogne (...) Il a couvert une distance de 850 milles marins en vingt-cinq heures de vol *(VR 18.12.77).* Le conseil général a décidé de participer au financement de la construction d'un nouveau *naviplane* N-500. Deux aéroglisseurs de ce modèle avaient déjà été construits à l'usine de P. *(M. 17.6.78).*
→ AÉROGLISSEUR, HOVERCRAFT.

NAVIRE- Premier élément de subst. comp. Le second élément indique l'utilisation, la fonction, le type du navire.
> La pêche maritime n'échappe pas au gigantisme. Il y a déjà plusieurs années que les Japonais arment des *navires-usines* aussi gros que de forts cargos. À vrai dire, ce ne sont pas là des bateaux de pêche, mais des ateliers flottants que ravitaille toute une flottille *(M. 29.12.65).* Le Japon, en 1967, était premier pour la production de bateaux de pêche, y compris les grands *navires-usines* modernes *(Guillain, 69).*
> Un *navire-kangourou*, le « Triton » déjà lancé à Lorient *(PM. 28.3.70).* Le trafic des containers est assuré par *navires-feeders*, c'est-à-dire naviguant entre les ports recevant les grands porte-containers (...) Des véhicules routiers transportés d'un port à un autre, pénètrent directement à bord du *navire-garage* par une rampe et en sortent de même *(VR 7.11.71).* L'Exodus, véritable *navire-prison* chargé d'immigrants *(Agulhon, 72).* Les Belges ont mis à l'étude un port flottant en mer du Nord pour *navires-citernes* de 500.000 tonnes *(E. 4.2.74).* Des formules d'hôtel flottant ou de *navire-exposition* à l'occasion des fêtes du bicentenaire des États-Unis *(M. 31.1.75).* Les Chantiers navals ont mis au point les plans d'un « *navire-poubelle* » capable de recueillir et de traiter les résidus pétroliers *(M. 6.7.78).*

NÉANTISER v. tr. ■ Anéantir, détruire.
> Les produits chimiques employés pour dissoudre les nappes de mazout en mer, *« néantisent »* pendant quelque temps les coquillages *(M. 18.6.67).*

● Fig. Éliminer, réduire à rien.
> Les sionistes ultras retrouvent parfois la logique du pur antisémitisme pour fustiger « les Juifs honteux, les Juifs *néantisés*, la haine juive de soi-même » *(E. 16.3.70).*

NÉBULISATION sf. ■ Action de projeter un liquide en fines gouttelettes.
> L'hygrométrie du milieu ambiant doit être élevée ; c'est d'ailleurs ce qui explique le pourcentage de reprise (d'une plante après bouturage) plus élevé sous serre dotée d'un système de *nébulisation* *(VR 18.1.70).*
→ AÉROSOL, BOMBE, SPRAY.

NÉGOCIER v. tr. Spéc. Dans les syntagmes *négocier une courbe, négocier un virage*, etc. (Calque de l'angl. *to negotiate a curve*). Se dit d'un véhicule, surtout automobile – ou de son conducteur – qui franchit une courbe dans les meilleures conditions d'adhérence (sans déraper) et le plus souvent à une vitesse élevée.

Rem. Cet emploi a été critiqué.

L'expression « négocier un virage », affreux calque de l'anglais qui, du langage de l'automobile est en train de s'immiscer dans d'autres domaines (...) Le français correct ne connaît que « prendre un virage » *(Le Bidois, 70)*.

◆ La MG 1100 aborde à 140 le large virage (...) La MG va *négocier* le virage à droite *(Guimard, 67)*. Les nouvelles voitures de la S.N.C.F. vont permettre de « *négocier* » à 200 km/h des courbes actuellement parcourues à 160 km/h par les trains rapides *(VR 8.3.70)*.

● **Fig.** Manœuvrer habilement pour changer d'orientation, de méthode.

Prévoir si l'économie française pourra prendre sans déraper le virage que le gouvernement tente de « *négocier* » *(E. 2.12.68)*. P. N. a *négocié* le virage de son entreprise (de textile) en virtuose *(PM 14.3.70)*.
Jean Piat *négocie* ce tournant de sa carrière avec brio *(E. 15.1.73)*. Il n'est peut-être pas trop tard pour repartir sur de nouvelles bases, en *négociant* socialement le virage industriel de la sidérurgie *(M. 15.2.79)*.

NÉGRITUDE sf. ~ 1933. Rép. mil. XXe. ■ Appartenance à la race noire et ensemble des valeurs culturelles et spirituelles propres au monde noir.

Rem. La « *négritude* », expression lancée au cours des années 1933 à 1935 par L.-S. Senghor et par ses amis, attitude qui est à la fois affirmation de la personnalité africaine et rejet de l'assimilation culturelle de l'Occident *(M. 20.4.61)*.

◆ Parmi les « nègres américains », le sentiment religieux jaillit soudain très haut, des profondeurs de leur *négritude (L.-S. Senghor : F.Mod. 1.54)*. Le Noir américain doit apprendre à ne plus se détester, à accepter sa couleur, assumer sa « *négritude* », en un mot se respecter *(M. 13.4.66)*.
Face à la civilisation industrielle, polluante et castratrice, la *négritude* ne serait rien moins que l'innocence d'un monde resté proche du paradis terrestre *(C. 26.9.78)*.

-NEIGE Deuxième élément de composés. ■ Pour circuler sur la neige, se protéger de la neige, etc.

L'*équipement neige* (d'une voiture) *(A. 5.6.69)*. Dans les Alpes, la circulation est particulièrement difficile sur les routes de montagne. Les chaînes ou les *pneus-neige* sont obligatoires sur 80 % du réseau routier *(M. 4.1.68)*.

NEIGE (DE) Dans des loc. du type « *subst. + de neige* », où le subst. déterminé désigne des activités ou des équipements relatifs aux sports d'hiver.

La formule des *classes de neige* consiste à envoyer à la montagne des classes entières *(M. 22.2.69)*. La S.N.C.F. vient de mettre à l'essai, dans certains « *trains de neige* », de nouvelles couchettes *(M. 1.1.75)* Ce qui m'étonne, c'est que vous ayez pris, dans la situation où vous êtes, ce qu'il est convenu d'appeler des *vacances de neige (M. 17.1.75)*.

NÉO(-) (Du grec *neos*, « nouveau »). Premier élément d'adj. et de subst. comp. *Néo-* se construit notamment avec de nombreux adj. et subst. se terminant par les suffixes *-isme/-iste* désignant une doctrine, une idéologie et ses adeptes ou partisans.

Rem. Quelques comp. sont traités plus loin en articles séparés, à leur place alphab. En outre, dans les trois rubriques ci-après, sont répartis d'autres exemples, recueillis à partir de 1969. Des exemples plus anciens se trouvent dans le *DMN*, entre autres.

Néo + adjectif

Une société *néo-féodale (Bastide, 72)*. L'explosion *néo-féministe (Morin 73)*. Nostalgie *néo-folklorique* qui pousse les gens aux « métiers de nature », au feu de bois et au beurre « fermier » *(O. 3.9.73)*. Un courant *néo-populiste* contre le « système », *(E. 17.12.73)*. Compositeur *néo-classique* repenti *(M. 17.1.74)*. La France poursuit une politique *néo-gaulliste* dans une Europe en crise *(E. 18.3.74)*. Cinq mille manifestants ont mis le feu au siège du syndicat *néo-fasciste (M. 15.5.74)*. Architecture *néo-haussmannienne* avec un petit goût d'Italie *(M. 6.5.75)*. La marée *néo-artisanale* ne laisse à l'écart aucune région de France *(E. 28.8.78)*.

Néo + substantif (nom de chose abstraite)

Le *néo-langage* de la publicité s'adresse au couple besoin-satisfaction *(N. 4.69)*. Certains prêtres dits « progressistes » sont tentés de prêcher seulement un *néo-humanisme* un peu fade *(E. 20.4.69)*. Une sorte de *néo-racisme* antijeunes *(Viansson, 71)*. Le *néo-gaullisme* s'est installé dans une aimable turbulence que l'on nomme pudiquement diversité *(M. 23.12.71)*. Le syndicalisme italien se lance dans une voie (...) qui n'est pas sans (...) favoriser le jeu du *néo-fascisme (Bauchard, 72)*. C'est un sursaut de *néo-nationalisme* français qui a abattu l'avant-dernier gouvernement de la IVe République *(Agulhon, 72)*. Le *néo-isolationnisme* se fait jour aux États-Unis *(M. 22.1.72)*. Le *néo-féminisme* ne peut s'identifier à des associations ou à des mouvements. C'est avant tout un ferment *(Morin, 73)*. Le désir des laïcs de participer aux tâches des évêques peut cacher un danger de *néo-cléricalisme (M. 3.1.73)*. Le « *néo-pragmatisme* » marque le monde des affaires en France *(M. 29.6.73)*. Tace au *néo-populisme* du cinéma français, existe un courant irréaliste *(E. 21.1.74)*. Nous assistons à l'affirmation d'un *néo-impérialisme (O. 1.4.74)*. Nous constatons le retour d'un *néo-magisme* qui a résisté aux religions et à la science *(M. 23.2.75)*.

NÉO(-)

Néo + subst. (nom de personne ou de collectivité).

Propriétaire de son incomparable voiture, le *néo-bourgeois* s'identifie à elle *(N. 4.69)*. Les catholiques et les *néo-calvinistes*, les protestants libéraux et les humanistes *(N. 10.70)*. Les *néo-fascistes* et les anarchistes paralysent la capitale de la Calabre *(PM. 27.2.71)*. Un sale réactionnaire, un *néo-conservateur*, un réviso, quelqu'un qui a oublié le principe de la lutte des classes *(O. 12.11.73)*. Cet étonnant journal servit de creuset théorique aux *néo-hégéliens* et aux communistes *(M. 19.4.74)*. Le randonneur représente un spécimen de *néo-rural* type *(P. 21.5.74)*. Les pesanteurs économiques et sociologiques auxquelles se heurte le rêve des *néo-artisans* *(E. 28.8.78)*.

NÉO-CAPITALISME sm. ~ 1960. Écon. ■ Capitalisme moderne qui admet l'intervention de l'État dans certains domaines.

Une polémique sauvage contre le pharisaïsme du *néo-capitalisme* allemand *(E. 13.9.65)*. Ce *néo-capitalisme* maintient des structures autoritaires de décision qui sont incompatibles avec le besoin de participation des travailleurs *(M. 2.5.66)*. Les partis de gauche européens considèrent que leur rôle n'est pas de replâtrer le *néo-capitalisme* *(M. 14.1.68)*. Si l'effort de modernisation entrepris (par le régime gaulliste) n'a pas abouti de meilleurs résultats, c'est parce que le *néo-capitalisme* français recelait de trop fortes contradictions et non parce que les technocrates gaullistes manquaient d'imagination *(G. Martinet, 68)*. Le *néo-capitalisme* conserve la vieille méfiance libérale vis-à-vis du pouvoir politique *(Lacombe, 71)*. Le *néo-capitalisme* des monopoles et des sociétés multinationales *(O. 4.12.72)*.

NÉO-CAPITALISTE adj. et s. ■ Qui ou que caractérise le *néo-capitalisme**.

C'est dans une perspective typiquement *néo-capitaliste*, dans laquelle l'État se réserve le rôle de coordonnateur, de moteur ou de frein, que se situe le Ve Plan *(M. 18.11.65)*. Ces groupes, chacun à leur façon et à leur niveau jouent un rôle dans l'économie *néo-capitaliste* *(Lacombe, 71)*. Les syndicalistes rejettent le système « *néo-capitaliste*, technologique et anonyme » *(M. 21.5.72)*. Dans la ville *néo-capitaliste*, le sol appartient de droit aux grandes firmes, aux banques (...) *(O. 23.10.72)*.

NÉO-COLONIALISME sm. Rép. mil. XXe. Péj. ■ Forme nouvelle et insidieuse de colonialisme qui soumet un pays apparemment indépendant (souvent une ex-colonie) à une domination économique d'origine étrangère.

Les problèmes posés par la lutte contre l'impérialisme, le colonialisme et le *néo-colonialisme* dans les régions du monde encore soumises à la domination directe ou indirecte des « grandes puissances » *(M. 2.1.68)*.
Les *néo-colonialismes* déjouent instantanément les décolonisations, parce que les bureaucraties dérobent aux Libérations leurs lendemains *(Peretti, 72)*. Bien des dirigeants des pays en voie de développement, même surpeuplés croient discerner dans ce souci de stabilisation de la population du globe un « *néo-colonialisme* » particulièrement sournois *(M. 10.9.72)*. Des collabos avalisent le *néo-colonialisme* des accords de coopération *(P. 1.7.74)*. Un réalisateur tunisien a récemment dénoncé dans un film, la mise en coupe réglée des pays du soleil par les promoteurs de vacances. L'association Temps présent vient d'instruire le procès du *néo-colonialisme* touristique *(M. 1.10.77)*.

NÉO-COLONIALISTE adj. et s. ■ Qui ou que caractérise le *néo**-colonialisme*.

Plusieurs fois, j'ai déclaré que la Malaisie était une *création néo-colonialiste* *(M. 29.7.66)*. Un cuisant échec de l'impérialisme, du néo-colonialisme et de tous les ennemis de la révolution. Ces mêmes *ennemis* impérialistes et *néo-colonialistes*, qui misent constamment sur les divisions pour mieux nous affaiblir *(M. 17.6.65)*.

NÉO-FRANÇAIS sm. ~ 1955.

Ce n'est pas un paradoxe de soutenir qu'il existe actuellement deux langues, celle qui continue à être enseignée dans les écoles (...) et la langue parlée, je ne dis même pas la langue populaire. (...) Personne ne nie qu'il existe actuellement des différences entre le français écrit et le français parlé, certains disent même un abîme. Plus exactement, il y a *deux* langues distinctes : l'une, qui est le français qui, vers le XVe siècle, a remplacé le « francien » ; l'autre, que l'on pourrait appeler le *néo-français*, qui n'existe pas encore et qui ne demande qu'à naître. Il est en gestation. Sa naissance n'est pas facile, (...) mais le fait est que le problème du *néo-français* est posé. Il n'est posé que depuis plusieurs années. L'accouchement sera laborieux. L'écrivain français doit aider à cette parturition (... Le bilinguisme est donc nécessaire en France, les deux idiomes choisis étant l'un le français et l'autre le *néo-français* (...). Le « mauvais » français n'est souvent que du *néo-français* qui n'ose pas dire son nom *(Queneau, 55)*. On peut admettre que le français qui se parle et s'écrit au milieu du XXe siècle, se différencie non seulement de l'« ancien français » médiéval, du « moyen-français » des XVe et XVIe siècles, et du « français classique » des XVIIe-XVIIIe siècles, mais aussi du « français moderne » des années 1800-1920. On a proposé pour le désigner le terme expressif de « *néo-français* », (repris par) J. Dubois dans son article, « Le *néo-français*, réalité ou illusion » *(in La Pensée, mars-avril 1961)*. Comme toutes les étapes antérieures, le *néo-français*, si *néo-français* il y a doit s'entendre de variétés très diverses de l'idiome, et de l'évolution conjointe des formes et des sens *(Mitterand, 63)*.
→ HEXAGONAL.

NÉO-LIBÉRAL, E adj. et s. ■ Qui s'inspire du *néo-libéralisme**.

● Adj.

Une *économie néo-libérale* à appropriation privée des moyens de production et dont l'avenir et le sort seront orientés par l'État *(F. 21.12.66)*.
Dans un système économique *néo-libéral*, coopératives et groupements de producteurs

parviennent difficilement à se situer *(Lacombe, 71)*. Le mérite de cette étude est de se refuser au déterminisme de l'approche soit *néo-libérale*(« l'intégration »), soit néo-marxiste (« l'aliénation ») de la nouvelle classe ouvrière *(Exp. 2.73)*.

● Sm.
Les *néo-libéraux* pensent que la croissance doit s'opérer spontanément par le simple jeu des initiatives privées *(Gendarme, 59)*.

NÉO-LIBÉRALISME sm. Rép. mil. XXe. Pol. et Écon. ■ Doctrine qui tend à rénover le libéralisme, et qui admet une intervention limitée de l'État dans le libre jeu des forces économiques.

Ce qu'il a été convenu d'appeler le *néo-libéralisme* est né avec la multiplication des interventions publiques, notamment de celles qui se sont exercées depuis le début du XXe siècle dans le domaine social. Toutes ces interventions ont essentiellement pour but de limiter l'inégalité des sorts et des conditions qui se seraient sinon manifestées spontanément. (...) Un nouveau *néo-libéralisme* est en train de naître, qui réaffirme, avec autant de force que le faisait Adam Smith, la supériorité de la décentralisation des décisions économiques sur leur trop grande centralisation *(Dt. écon.)*. L'entreprise privée, devenue oligopole ou monopole, s'efforce de rejeter vers l'étatique les activités indispensables mais peu rentables ou aléatoires ; elle en attend des « services » à bas prix : fourniture d'énergie ou de transports. Dans cette mesure, le libéralisme et le *néo-libéralisme* ont admis l'existence du secteur d'État *(M. 5.2.66)*.
Qui accuse-t-on de tirer les ficelles ? Les technocrates du ministère des finances, certains milieux parlementaires et les tenants d'un certain *néo-libéralisme* économique *(Exp. 12.72)*.

NÉO-NATAL, E adj. Méd. ■ Relatif aux nouveau-nés.

Les *accidents néo-nataux* sont souvent à l'origine des retards mentaux *(C. 5.9.69)*. La *mortalité néo-natale* et infantile atteignait il y a un siècle près de 40 % *(M. 1.10.67)*. Un laboratoire de *recherches* biologiques *néo-natales*, conjugué à un centre modèle de soins intensifs et de réanimation des nouveaux-nés *(E. 14.4.69)*.
Les influences prénatales, *néo-natales* et toutes celles du début de l'existence constituent un spectre continu (...) *(Dubois, 72)*.
→ PÉRINATAL.

NÉO-NATOLOGIE sf. Mil. XXe.

Lors des journées nationales de *néo-natologie*, à Paris *(M. 28.05.74)*. J'ai choisi la *néonatologie* en 1946-1947 (...) J'ai la chance d'enseigner une sous-spécialité – la *néonatologie* – de la pédiatrie *(A. Minkowski, PM. 15.3.75)*.
→ PERINATOLOGIE.

NERF sm. Fig. À propos de choses. ■ Alliance de force et de souplesse.

La très grande souplesse du moteur, le *« nerf »* et la vitesse de la voiture *(M. 16.1.68)*. Ces cannes à pêche allient pour la première fois l'« action » inégalable du bambou refendu au *« nerf »* infatigable de la fibre de verre *(PM 24.2.68)*.

NEUF sm. pl. Pol. ■ Les neuf pays membres de la Communauté économique européenne élargie.

Les ministres des Affaires étrangères et des Transports des *« Neuf »* – Marché commun élargi – sont invités à approuver l'accord *(Inf. 18.12.72)*. Chaque ministre s'est engagé à présenter la position des *« Neuf »* comme étant celle de son gouvernement *(O. 3.12.73)*. L'unité croissante des *Neuf* sera bénéfique *(M. 18.12.73)*. Les désaccords entre les *Neuf* s'aggravent *(M. 14.2.74)*.

NEURO(-) Premier élém. (du gr. *neûron*, « fibre », « nerf ») qui entre dans la formation d'adj. et de subst. composés savants, dans lesquels il indique une relation avec les nerfs, le système nerveux.

NEURO(-)CHIRURGIE sf. ■ Chirurgie des nerfs et du système nerveux.

La transplantation d'un organe comme le cœur, risque moins de léser la personnalité du malade que certaines techniques de *neuro-chirurgie (M. 18.1.68)*.
L'hôpital offre cent lits en *neurochirurgie* aux blessés du crâne ou de la colonne vertébrale *(E. 25.6.73)*. Quand j'ai téléphoné en *neuro-chirurgie*, on m'a répondu que le service était archi-bondé *(Soubiran, 75)*.

Rem. L'adj. *neuro-chirurgical* et le subst. *neurochirurgien* sont attestés.
Le problème le plus pressant, c'était celui d'une exploration *neurochirurgicale* (...) le *neurochirurgien* doit opérer d'urgence : trépaner, évacuer cet hématome au plus vite *(E. 25.6.73)*. Le Pr. C., *neurochirurgien* à HUER Cochin *(A.A.T. 2.78)*.

NEURO-ENDOCRINOLOGIE sf. ~ 1970. Méd. ■ Discipline qui englobe la neurologie et l'endocrinologie.

Une spécialité nouvelle, la *neuro-endocrinologie*, devrait donner entre autres à la psychiatrie et à la médecine psychosomatique une assise scientifique et une dimension entièrement nouvelles *(M. 6.2.74)*.

NEUROLEPTIQUE adj. et sm. Mil. XXe. (Du gr. *leptos*, « mince », « faible »). Méd. Se dit de médicaments qui ont une action calmante globale sur le système nerveux.

Adj.
Les médicaments *neuroleptiques* sont des réducteurs de symptômes et en revanche les psychothérapies psychanalytiques sont des traitements résolutifs *(N. 1.71)*.

NEUROLEPTIQUE

- Subst.

Il s'agit d'un *neuroleptique*, c'est-à-dire d'un tranquillisant majeur (...) à usages multiples. Les anesthésistes l'ajoutent à certains cocktails endormisseurs *(E. 17.9.73)*.
→ TRANQUILLISANT.

NEUROLINGUISTIQUE sf. ~ 1968. ■ Discipline qui étudie les corrélations entre les troubles du langage (aphasies, etc.) et les lésions des structures cérébrales qu'ils impliquent.

L'hypothèse fondamentale de la *neurolinguistique* est qu'il existe une relation entre les formes de désorganisation verbale, qui peuvent être décrites selon les divers modèles linguistiques (...), et les types pathologiques établis par le neurologue *(Dubois, 73)*.

NEUROPHYSIOLOGIE sf. Mil. XXe. ■ Physiologie du système nerveux.

En vingt ans une nouvelle science est née, réellement interdisciplinaire et dégageant enfin la *neurophysiologie* de l'artisanat dans lequel elle risquait de se perdre *(N. 10.72)*.

NEUROPHYSIOLOGIQUE adj. ■ Qui concerne la physiologie des nerfs.

Le recours aux méthodes d'exploration sensorielle, *neurophysiologique* et psychologique a permis d'établir une conception synthétique de l'aphasie *(M. 11.9.69)*.
Si Freud a travaillé sur des modèles particuliers empruntés à son époque et à sa propre forme de pensée, tels les analogues *neurophysiologiques*, cela ne permet en rien de réduire sa théorie à ces seules chevilles ouvrières *(N. 1.71)*.

NEUROPHYSIOLOGISTE sm. ■ Spécialiste de la *neurophysiologie**.

Les *neurophysiologistes* considéraient qu'un neurone pouvait agir sur un autre neurone soit en l'« excitant » soit en l'« inhibant » *(M. 18.1.68)*.

NEUROPSYCHIATRE sm. ■ Spécialiste de la *neuropsychiatrie**.

Il n'est pas surprenant que cette psychiatrie nouvelle soit repoussée aussi bien par les *neuropsychiatres* de tradition que par les « antipsychiatres » du jour *(N. 1.71)*. (...) des *neuropsychiatres* comme N. affirment que la tension neuropsychique fait le lit du cancer *(Soubiran, 75)*.

NEUROPSYCHIATRIE sf. Mil. XXe. ■ Discipline médicale qui englobe la neurologie et la psychiatrie.

Le terme de *neuropsychiatrie* est contesté par les tenants d'une psychiatrie autonome *(M 9.1.69)*.

NEURO(-)PSYCHIATRIQUE adj.

Chef de la section *neuro-psychiatrique*, il devait étudier les réactions de groupes au combat dans les forces spéciales *(M. 11.1.68)*.

NEUTRALISME sm. ~ 1950. Pol. ■ Doctrine, système politique qui préconise le refus d'adhérer à un bloc de puissances ou de prendre parti entre des blocs antagonistes.

Le *neutralisme* lucide, celui qui harmonise avec un mode de pensée occidental les mesures propres à préserver la paix *(M. 14.4.56)*. Cette forme bâtarde de la neutralité qu'est le *neutralisme*. Il est fait de pays qui ne veulent pas être « engagés » *(TL 15.8.65)*. Ce qu'on a appelé le *neutralisme* positif a donné naissance au courant politique international du non-alignement *(C. 30.9.70)*.

NEUTRALISTE adj. et s. ■ Partisan du *neutralisme**.

Malheur à moi, je suis faible, je suis *neutraliste*, j'hésite en face de l'engagement *(Cocteau 20.10.55)*. En octobre 1960, aux Nations Unies, les chefs de cinq États « *neutralistes* » se groupent pour sommer Américains et Soviétiques de mettre un terme à la guerre froide *(P.E.P. 69)*.

NEW(-)LOOK [njuluk] sm. et adj. 1947 (Mot angl., « nouvel aspect »).

1. D'abord mode nouvelle caractérisée par un brusque rallongement des vêtements féminins.

Rem. Le 12 février 1947, Christian Dior présente sa première collection, le « *new-look* ». En un jour Dior devient célèbre dans le monde entier *(E. 12.2.73)*.

2. Par ext. Dans d'autres domaines. ■ Style nouveau ; manière nouvelle de présenter ou de traiter une affaire, une question.

- Subst.

Peut-être le « *new look* » gaulliste se traduira-t-il par l'ouverture plus large des moyens d'information en particulier (de) la télévision, dont le régime a le monopole *(E. 20.12.65)*. Ce « *new-look* » de la politique américaine paraît avoir fait grande impression aux États Unis *(C. 6.3.69)*.
La tentative de *new-look* publicitaire lancée par R.T.L. *(C. 15.4.70)*. C'est une sorte de *new-look* monétaire, et le ministre des finances aime la nouveauté *(E. 17.8.70)*.

- Adj.

La plupart des candidats ont approuvé cet examen *new-look* proposé par un inspecteur d'académie *(E. 29.3.71)*. Des voitures de chemin de fer ultra-modernes, d'aspect très « *ne look* » avec leurs larges baies *(VR. 4.7.71)*. Dans cette liste « *new look* », les compagnies d'assurances trouvent la faculté d'intégrer (...) *(Inf. 1.1.73)*.

NIAQUA ou NIA QUA
→ NYAKA.

NIGHT(-)CLUB [najtklœb] sm. 1964. (Mot angl., « club de nuit »).
■ Boîte de nuit.
Un alignement de grands hôtels, de bars, de restaurants, de *« night clubs »* (M. 29.8.65). *Night-Clubs* en plein air (M. 6.5.66). (Hôtel) calme mais ambiance gaie, conférences, *night-club* (F. 26.11.66). L'aéroport de Zurich possède un *night-club-discothèque* (Pub. E. 22.9.69).

NIVEAU sm. ■ Étage d'un bâtiment.
Les plans de l'hôtel qui comprendra quatre *niveaux* (M. 8.9.65). Soixante *niveaux* consacrés à l'habitation. Les deux tours reposent sur un bâtiment d'un étage comprenant restaurants, boutiques... (M. 2.9.65).
220.000 m² de surface totale répartis en cinq *niveaux* (...) L'activité commerciale s'exercera sur trois *niveaux* au lieu des deux étages habituels des centres régionaux (M. 3.9.75).

NIVEAU (AU) Fig. Rép. mil. XXe. ■ Dans, pour, dans le domaine de, en ce qui concerne, etc.
Rem. 1. Parmi les dernières créations en matière de clichés, il faut mentionner (...) un tour qui est en train d'envahir littéralement la langue écrite et parlée : c'est la locution *« au niveau de »* (M. 12.1.66).
Rem. 2. *Au niveau* implique – ou devrait impliquer – une comparaison ou un mouvement le long d'un axe vertical réel ou figuré : *au niveau de* la Tour Eiffel, il y a moins de microbes dans l'air qu'*au niveau de* nos ambitions etc. Une conférence peut se tenir *au niveau des* experts, des ministres et des chefs d'État. Rien de plus (J. Cellard, M. 28.5.78).

Au niveau + adjectif. ■ Sur le plan (+ adj.), dans le domaine (+ adj.)
Presque tous les problèmes importants – énergie nucléaire, informatique – doivent se traiter *au niveau européen* (P. 21.2.71).
La réglementation du prix de l'énergie devrait se faire *au niveau européen*, et non *au niveau national* comme aujourd'hui (En. 18.6.71). Cette entente internationale *au niveau régional* inquiétait le Quai d'Orsay (E. 12.2.73).

Au niveau + de + substantif. ■ Sur le plan de, dans le domaine de, s'agissant de, concernant (...), etc.
● **Le subst. est un nom de chose abstraite ou, plus rarement concrète.**
Des zones de conversation où l'accord se fait *au niveau des lieux communs* (M. 15.11.67). De nouveaux manuels (de grammaire) ont paru. Trop souvent leur nouveauté reste *au niveau de la mise en pages* ou *du titre* (Peytard, 70). La presse écrite tente encore parfois, *au niveau des quotidiens*, de lutter avec la radio et la télévision (O.R.T.F. 9.5.70). La politique commence *au niveau de l'usine* (E. 20.4.70).
Souvent un industriel qui crée une nouvelle usine a tendance à ne voir un problème qu'*au niveau de l'investissement immédiat* (D.En. 2.71). La solution existait *au niveau de la fabrication* (E. 13.3.72). Un obstacle freine le développement actuel des ordinateurs *au niveau des mémoires annexes* (E. 16.7.73). Une coopération *au niveau de la fabrication et des achats* s'instaure entre les deux sociétés (M. 26.6.74). L'économie de personnel par rapport à un hôtel « trois étoiles » classique se ressent *au niveau de la restauration* (M. 26.10.74). Une difficulté similaire a été levée *au niveau des mémoires centrales d'ordinateurs* (M. 30.4.75). Quelle stratégie convient-il de choisir *au niveau de la voiture, au niveau des industries* (...) et *au niveau des infrastructures* ? La décision du choix se situera *au niveau des prix* (C. 6.10.78).

● **Le subst. est un nom de personne ou de collectivité.**
Un effort d'éducation (à la discipline sur la route) qui se poursuit *au niveau de l'adolescent*, de l'adulte, de l'étudiant (AAT 3.70). Le détournement d'avions est un problème qui doit être résolu *au niveau des gouvernements* (F. 8.9.70). Le problème monétaire en Europe ne peut plus être résolu *au niveau d'une nation*, mais seulement *au niveau* d'un ensemble, par exemple le Marché commun (C. 27.9.70).
Il existe aussi un gaspillage des hommes, et notamment *au niveau des cadres* (...) Il faut qu'on appelle le *« tertiaire noble » soit mis en place au niveau du comité d'entreprise* (M. 10.1.75). Ces améliorations sont-elles trop lentes ou trop fragmentaires ? L'effet de choc, en tout cas, a peu joué *au niveau du grand public* (P. 26.5.75). Cette double action devrait s'exercer *au niveau des particuliers et des collectivités locales* (M. 12.7.77). Des moyens de communication d'une tout autre nature apparaissent *au niveau d'une commune* (M. 12.7.78). Des techniques d'avant-garde n'ont pas débouché sur les réalisations industrielles espérées, parce que leurs initiateurs, *au niveau des sociétés ou des États*, n'ont pas pu imposer au monde leur produit (C. 6.10.78).

NOBLE adj. Fig. ■ Très élaboré, perfectionné (appareil, arme, engin, machine, etc.) ; d'excellente qualité (matériaux) ; de haut niveau (activités, études, recherches, etc.).
L'acquisition d'*armes « nobles »* qui transforment cette armée en instrument de prestige (M. 29.10.66). La section (dans une école) de techniciens supérieurs risque de devenir le « dépotoir » de la *branche « noble »* formant des ingénieurs (M. 29.11.68). *Sections* réputées *« nobles »*, comme la plomberie ou la serrurerie. (...) Les spécialités les plus *« nobles »* : électronique, mécanique, télécommunications (M. 13.9.69).
Ce qu'on appelle le *« tertiaire noble »* : sièges sociaux, banques, universités, presse, etc. (LF 1.4.70). Aux pondéreux viennent s'ajouter des *marchandises* plus *nobles* : produits élaborés de la métallurgie, de la mécanique, de la construction électrique (Doc. Fr., 71). Sobriété – toujours élégante, – confort, silence, à partir de *matériaux* à la fois *« nobles »* et discrets, comme le marbre, les revêtements de pierre-stuc, le bois wengué ou l'aluminium-bronze (M. 12.2.72). Tout le monde veut bien s'occuper des travaux neufs, mais personne de l'entretien, qui n'est pas considéré comme une *activité noble* (Exp. 6.73). Des laboratoires pharmaceutiques, des sociétés de profilés d'aluminium et de céramique

nucléaire : toujours des *industries nobles (E. 27.1.75)*. Un lycée classique, avec l'éventail des sections « *nobles* », A,B,C et D *(M. 21.1.76)*.

NOCTURNE sf. ou sm.
- Sport : compétition qui a lieu en soirée.
  Il est possible également qu'il (un coureur) rencontre C. sur 5 000 mètres le 24 juin, au cours d'une *nocturne* (au stade de C.) *(M. 11.7.66)*.
- Commerce : ouverture en soirée de certains magasins, expositions, etc.
  C. veut ouvrir le vendredi jusqu'à 22 heures, ironisaient (des concurrents). Ridicule ! Ici, personne ne sort après 8 heures du soir. (...) Vrai. Mais la première *nocturne* a été un triomphe *(E. 16.10.67)*. A T. les commerçants moyens et petits, ont décidé de pratiquer le *nocturne (E. 16.12.68)*. Par leurs *nocturnes*, les magasins attirent la clientèle des gens qui travaillent *(VL 6.69)*. Le « *nocturne* exceptionnel » qui réunissait plusieurs milliers de visiteurs dans le parc floral de Vincennes *(C. 28.6.70)*.
  Quant au magasin, on a décidé, pour lui redonner du tonus, de l'ouvrir tous les jours en *nocturne (M. 28.11.71)*.

NOIR adj. et subst. Fig. Fam. Rép. mil. XXe.

AU NOIR adv. ou parfois adj. (D'abord ellipse pour [*acheter/vendre*] *au marché noir*). ■ Clandestinement, en dehors des normes légales.
- Adv.
  Plus d'un million de Français travailleraient « *au noir* » de façon organisée, en marge des lois et des règlements, pour compléter un premier salaire *(E. 3.2.69)*.
  Mireille dit : « Les vendanges, je les ai faites *au noir*. Normalement j'avais pas le droit (...) Les vignerons, ils préfèrent qu'on travaille *au noir (Droit, 72)*. Beaucoup d'employeurs préfèrent embaucher des « clandestins » et les faire travailler « *au noir* ». Cette méthode permet de leur faire accepter n'importe quelle cadence de travail à n'importe quel tarif sans débourser la moindre prestation sociale *(Levine, 73)*. C'est le règne de la corruption (...) Les certificats de technicité ou de santé qui dispensent du service militaire se vendent *au noir (PM 15.3.75)*. La mère travaille un peu, *au noir*, elle a peur d'être déclarée et de devoir payer des impôts *(O. 14.2.77)*. A. travaille-t-il *au noir*, comme d'autres agents des P.T.T. qui mènent deux métiers de front ? *(M. 24.10.78)*.
- Adj.
  Le travail *au noir* ne fait pas forcément faire des économies *(P. 26.5.75)*.

POINT NOIR.
- Sur une route : croisement, virage, etc., très dangereux.
  La suppression de deux mille « *points noirs* » (sur les routes) permettrait de diminuer de 15 % le nombre des tués *(M. 10.10.68)*.
- Dans d'autres domaines : difficulté grave.
  L'un des *points noirs* de la rentrée (scolaire) est la « difficile mise en place du personnel » *(M. 13.9.69)*.

TRAVAIL NOIR Syn. de travail « au noir ».
  Ces milieux n'ont que peu de ressources et souvent pas de loisirs : la plupart sont obligés de s'adonner au *travail* « *noir* » *(Rolin, 68)*. Un licenciement sans problème : pas de certificat de travail, pas de bulletin de paie, *travail* « *noir* » *(O. 23.12.72)*.

NOLISÉ (AVION, VOL)
→ CHARTER, Rem.

NON À... (+ subst. ou syntagme subst.) ■ Formule elliptique pour : « je dis (nous disons, il/elle dit, etc.) non à ... », je (il/elle, etc.) refuse (ce que désigne le subst. — nom de chose abstr. ou concrète — introduit par la préposition à).
  Non à l'exclusivité (= au mariage, à la monogamie). Oui à Britt, oui à Sharon (prénoms de femmes, partenaires du locuteur) *(Daninos, 70)*. Au laboratoire, les techniciens s'obstinent : *non* à la robe de plage en coton qui ne sèche pas en 48 heures ; *non au* pull qui « bouloche » ; *non au* bureau-secrétaire qui, ouvert, bascule sous le poids d'un seul kilo. Veto au buffet dont le fond s'effondre sous deux piles d'assiettes *(E. 10.2.75)*.

NON(-) Premier élém. de nombreux adj. et subst. composés.
Rem. 1. Non- a, par rapport à la « base » X (deuxième élément du composé), une fonction soit privative (« qui n'est pas/n'a pas X »), soit négative (« qui est le contraire de X »). Il concurrence, dans le 1er cas, le préfixe *a-/an-*, dans le second cas le préfixe *in-/il-, im-, ir-*. Mais il a sur ces préfixes l'avantage de pouvoir être placé sans modification graphique devant n'importe quelle « base ». C'est sans doute une des raisons de sa productivité considérable.

Rem. 2. Une autre raison, syntaxique celle-ci, est l'économie que permettent certains termes préfixés par non-. « *Le non-changement* » est déjà plus bref qu'« l'absence de changement » ; « le *non-remplacement* du personnel absent » est nettement plus concis que « le fait de ne pas remplacer le personnel absent » ou « le fait qu'on ne remplace pas ... » ou « le fait que le personnel ... n'est pas remplacé ». De là vient peut-être que certaines langues de spécialités, où la concision est souvent souhaitée, créent de nombreux néologismes en *non-*. Ils abondent par ex. dans les vocabulaires administratif, juridique, technique, ainsi que dans certaines sciences humaines.

Rem. 3. La base préfixée par *non-* peut être :
 — un substantif qui désigne le plus souvent soit une notion abstraite (subst. en *-isme*, en *-ment*, en *-tion*, etc), soit une personne (ou l'activité, la fonction de

celle-ci) ou une collectivité. Dans quelques cas assez rares, la base désigne un objet concret.
– un adj. ou un part. passé à fonction d'adj.
– un part. passé substantivé (ex. les *non-alignés*).

Rem. 4. L'emploi du trait d'union est à peu près constant dans les comp. subst. Il est plus hésitant dans les adj. et les part. substantivés.

Rem. 5. Ce dictionnaire ne peut donner qu'un aperçu de la productivité pratiquement illimitée d'un élément comme *non-* Seuls quelques comp. sont traités plus loin en articles séparés à leur place alphab. D'autres exemples, choisis empiriquement, sont répartis dans les quatre rubriques ci-après, dans lesquelles ils sont classés par ordre chronologique. Des exemples un peu plus anciens, recueillis entre 1955 et 1970, se trouvent notamment dans *B.R.*, *DMN*, etc.

Non + subst. (désignant une notion abstr.)

Commentaires suscités dans la presse par la *non-dévaluation* (Saint Pierre, 70). La circonstance exceptionnelle d'une dévaluation ou d'une *non-réévaluation* (E. 29.11.71). La *non-distribution* du courrier le samedi (C. 3.8.72). Le *non-financement* du complexe sidérurgique de Fos (E. 28.8.72). L'histoire de l'art, un redoutable exercice de *non-style* (O. 23.12.72). Le bonheur, ça ne serait que (...) ce *non-désir* de tout envoyer au diable, cette *non-révolte* contre le destin (...) Le bonheur ne serait donc que le *non-malheur* (Collange, 72). Il opte pour le *non-changement* ou pour le changement limité (Exp. 2.73). La *non-fluidité* de la main d'œuvre (E. 19.2.73). Cette *non-mixité* des fonctions, cause n° 1 des bas salaires féminins (E. 21.5.73). Deux préfets écartés depuis 1958 pour *non-gaullisme* (E. 11.6.73). La *non-interdiction* d'un acte (E. 18.6.73). *Non-réembauchage* des ouvriers revenant du service militaire (E. 27.8.73). *Non-ajustement* des barèmes en fonction de la hausse du prix (E. 10.9.73). La bombe atomique est perçue à la fois comme la *non-menace* et l'anti-menace (M. 6.12.73). Le statut de la femme reste un statut d'impuissance, de *non-pouvoir* (E. 10.12.73). Le *non-dépistage* de la syphilis (Riou, 74). Ce qu'on appelle la *non-fiction*, c'est-à-dire les récits historiques et les documents (E. 18.2.74). L'organisme est en état de « *non défense* » immunologique (P. 8.4.74). Y a-t-il une différence entre l'indépendance et la *non-dépendance* ? (M. 3.5.74). La sanction de la liquidité de l'épargne est (...) sa *non-protection* (E. 27.5.74). La *non-collaboration* avec les puissances occupantes (M. 9.6.74). La période des vacances est définie et vécue par opposition à celle du travail. C'est le temps du *non-travail* (M. 26.6.74). La *non-information* des salariés (H. 2.7.74). L'efficacité ou la *non-efficacité* des traitements médicaux (P. 30.9.74). Le gaspillage, la *non-exploitation* des richesses nationales (M. 26.10.74). Une énergie qui se prête bien au *non-gaspillage* (Pa. 12.74). Il existe une école du « *non-faire* » dans la région parisienne (E. 6.1.75). Ce n'est pas d'amour que meurent les femmes, et parfois les hommes vieillissants et solitaires, c'est de *non-amour* (E. 24.2.75). Ceux qui sont rejetés vers la *non-propriété* (P. 26.5.75). Les motifs ou les *non-motifs* d'avoir peur (P. 13.10.75). La *non-maîtrise* de la politique foncière (C. 21.10.75). La *non-possession* d'un armement nucléaire indépendant (M. 15.1.76). La *non-activité* est la position temporaire d'un militaire de carrière qui se trouve, par exemple, en retrait d'emploi (M. 23.1.76). Le postulat que l'unique « défense » possible est la *non-guerre* par dissuasion (M. 11.6.76). Le *non-machiavélisme* de Lénine (M. 18.11.77). En cas de *non-renouvellement* des marchés (M. 9.12.77). À une culture de classe a succédé à Beaubourg une *non-culture* de classe (M. 5.1.78). Des exemples mineurs de *non-coordination* motrice sont très fréquents dans la population infantile (M. 10.5.78). Un accident provoqué par le *non-fonctionnement* du système (M. 31.5.78). Le *non-remplacement* du personnel absent, dans certains hôpitaux (M. 2.6.78). Un état de fait, un état de *non-tension* entre l'Est et l'Ouest (C. 10.9.78).

Non + subst. (Nom de personne ou de collectivité).

Les *non-invités*, debout, s'entassaient au fond de la salle d'audience (Saint Pierre, 72). Faire disparaître la distinction entre cadres et *non-cadres* (E. 3.1.72). Le rapprochement des conditions d'imposition entre salariés et *non-salariés* (C. 3.8.72). Les *non-skieurs*, que peuvent tenter le véloski et le bobsleigh (E. 19.2.73). Un livre à lire par les économistes et par les *non-économistes* (E. 18.2.74). Le reliquat, en voie de disparition, des *non-motorisés* (R.G.C.F. 3.74). Après la fête des Mères et la fête des Pères, certains couples souhaitent organiser la fête des « *Non-Parents* » (P. 3.6.74). Le secrétaire général du gouvernement est le seul *non-ministre* à assister au Conseil des ministres (P. 8.7.74). L'angoisse de se voir devenir une *non-personne* : au mieux une consommatrice effrénée de produits de beauté et de gadgets (M. 22.8.74). Un certain *non-public*, celui qui allait au théâtre il y a dix ans et qui n'y va plus (E. 16.9.74). La France va-t-elle abandonner le problème de la pollution architecturale aux *non-professionnels*, aux industriels du bâtiment ? (P. 30.9.74). Pouvant être licenciés du jour au lendemain, les *non-titulaires* sont particulièrement fragiles devant leur employeur (E. 25.11.74). La liberté du travail a été respectée, de l'aveu même des *non-grévistes* (M. 30.11.74). Les documents techniques sont difficiles à interpréter sans erreur par des *non-spécialistes* (E. 10.2.75). Le boy-scoutisme c'est le scoutisme vu par les *non-scouts* (M. 25.2.75). Les *non-résidents* – grosso modo les étrangers – détiennent environ 15 milliards de francs (M. 16.3.76). Un pays où les administrations nationales et régionales sont ouvertes à des *non-fonctionnaires* (M. 20.3.78). Les *non-syndiqués*, masse de travailleurs que M. qualifie de « pique-assiette » de la vie syndicale (M. 30.5.78). Un *non-cardinal* peut être élu pape, mais il faudrait qu'il soit connu du collège électoral (C. 11.10.78).

Non + subst. (nom de chose concrète).

L'exposition accumule les négations (...) *non bureau* : une planche verte sur tréteaux, avec de grandes poches en guise de tiroirs ; *non-lits* : des sacs de couchage blancs qui restent roulés dans la journée ; *non-sièges* : des formes ergonomiques et confortables ; *non-tapis* : la moquette dont les feuilles vertes en dralon évoquent un sous-bois. Avec les partisans du meuble et du *non-meuble*, en face des nouvelles formes d'aménagement, nous avons voulu faire le point (FP 10.72). Les premiers *non-jouets* sont le sein, la tétine, le pouce sucé, puis cet objet transitionnel qu'est le coin de couverture ou le mouchoir (M. 21.12.75). Des *non-livres*, que le directeur des éditions S. définit comme des ouvrages enregistrés au magnétophone par quelqu'un qui ne sait pas écrire et rédigés par quelqu'un d'autre qui n'a rien à dire (M. 4.6.78).

Non + adj. ou participe (passé ou présent).

Le prix du terrain « constructible » est sans cesse plus élevé ; celui du terrain « *non-constructible* » reste stable (Saint-Marc, 71). La masse des petits revenus *non imposables*

(Exp. 11.71). Les lectures *non-scolaires* — journaux, romans policiers — font l'essentiel de la lecture de loisir *(Lobrot, 72).* La psychothérapie *non-freudienne,* créée par Rogers *(Deloncle, 72).* L'opposition entre une pédagogie *non répressive* et une pédagogie répressive *(École, 72).* Une opération d'urbanisme qui implique la proximité d'un habitat important et *non densifié* (...) le centre d'affaires tire le meilleur parti de son environnement proche mais *non-étouffant (Exp. 1.72).* Le destin de ces thèses illustre leur caractère *non scientifique* et apologétique *(NC 12.72).* Le caractère *non-démocratique* du statut de l'Office *(Belloin, 73).,* les organismes de « tourisme social » se distinguent par leur caractère *non-lucratif* (...) *(Laurent, 73).* Les pays industrialisés *non communistes* (...) deux pays *non européens (Exp. 2.73).* Une île encore *non polluée,* Malte *(Pub. E. 4.2.74).* Parfum *non allergisant,* qui convient à toutes les peaux *(Pub. FP. 3.74).* La répartition des élèves en divisions dédoublables et *non-dédoublables (M. 29.6.74).* Un journalisme « *non événementiel* » *(M. 27.9.74).* Un deltaplane, symbole du mode de transport *non polluant (M. 14.5.78).*

NON(-)ALIGNÉ, E adj. et s. (État, gouvernement) qui pratique le *non-alignement**.

● Adj.

Nous (États africains) sommes *non-alignés,* nous demandons une aide, mais ni nos principes ni nos pays ne sont à vendre *(M. 10.6.65).* Cinquante-quatre pays *non alignés* ont décidé de préparer une conférence « au sommet » (...) *(M. 30.9.69).* Pour la plupart des représentants du tiers monde, l'éloge de la politique étrangère française « *non alignée* » était devenu une habitude *(E. 19.12.65).*
La conférence des ministres des affaires étrangères des pays *non alignés* s'est ouverte à Belgrade *(M. 26.7.78).*

● Sm.

Les « *non-alignés* » virent le jour. On leur donna le nom de « tiers monde » *(M. 4.6.66).*
Le tiers monde, dont font partie la quasi-totalité des *non-alignés (E. 14.9.70).* Les trois quarts des *non-alignés* sont intellectuellement colonisés par le monde occidental *(E. 17.9.73).* La conférence des *non-alignés* réunie à Alger a proclamé le droit des États de récupérer leurs ressources naturelles *(O. 22.4.74).* (Avant la) conférence des *non-alignés,* qui s'ouvre à la Havane, le maréchal Tito (...) a répété : « Le mouvement des *non-alignés* ne peut remplir sa mission historique qu'en tant que facteur international indépendant à l'écart des blocs militaires » *(V.A. 3.9.79).*

NON-ALIGNEMENT sm. ~ 1960. Pol. ■ Attitude d'un État qui s'efforce de rester à l'écart des conflits opposant les grandes puissances.

Petits pays désireux de se regrouper autour de l'idée-force du « *non-alignement* » *(C. 20.1.69).* Ce qu'on a appelé le neutralisme positif a donné naissance au courant politique international du *non-alignement (C. 30.9.70).*
Le *non-alignement* est mort avec le début du conflit indo-pakistanais et de la coopération militaro-diplomatique de l'Inde et de l'Union soviétique *(En. 23.12.72).* Le chef du gouvernement libyen dit que le *non-alignement* est un mythe *(E. 17.9.73).* Réorienter le Portugal vers un *non-alignement* vigoureux à l'égard de la politique des grandes puissances *(M. 27.3.75).* Contrairement au *non-alignement,* la non-belligérance ne se manifestera que lorsqu'un conflit aura éclaté *(M. 11.6.76).* Les délégués vont mettre à l'épreuve la doctrine du *non-alignement* ébranlée par de multiples conflits, asiatiques et africains principalement *(M. 26.7.78).* Fidel Castro (...) estimant que le « *non-alignement* » ne saurait se traduire par une absence de choix, il est d'avis que le bloc soviétique est « l'allié naturel » des « non-alignés » *(V.A. 3.9.79).*
→ NEUTRALISME. NON-ENGAGEMENT.

NON-BATAILLE sf. ~ 1975.

Un officier note avec amertume : « On est entré dans l'ère nucléaire avec nos idées de 1900 ». Et parmi elles, le concept héroïque, mais dépassé, de la bataille. Nous voici pourtant dans l'ère de la « *non-bataille* » *(E. 10.2.75).* Bataille ou *non-bataille* ? Cette question essentielle que posent les militaires est posée dans un petit livre intitulé « Essai sur la *non-bataille* » (...) L'auteur remet en cause le corps de bataille actuel, fleuron de notre armée (...) La thèse de la *non-bataille* se répandit dans les bureaux des états-majors *(F. 28.2.75).* Certaines phrases ou formules employées ces temps derniers ont fortement irrité les fidèles de la doctrine stratégique élaborée sous les gouvernements précédents (...) C'est d'abord l'abandon ostentatoire du dogme de *non-bataille* : le chef de l'État n'a-t-il pas introduit dans le texte gouvernemental sur la programmation militaire le mot honni « bataille » ? *(M. 11.6.76).*

NON-DIRECTIF, IVE adj. ~ 1960. ■ Qui évite de suggérer les réponses (par ex. dans un sondage, etc.). Qui s'abstient de proposer une direction au patient (psychothérapie), de faire pression sur un interlocuteur.

Faire une expérience de groupe en demandant la collaboration d'un *animateur non-directif (Fa. 19.2.69).* Interviews dites « *non directives* », permettant aux personnes de nuancer leurs réponses *(E. 17.2.69).* Née de l'expérience clinique d'un psychologue — la *méthode non-directive* — a été ensuite étendue à l'étude des relations interpersonnelles à l'intérieur des groupes *(M. 15.5.66).*
Un enseignant qui se veut *non-directif* ne peut accepter de se conformer à un modèle tout fait, mais doit disposer de la gamme la plus étonnante possible de schémas éducatifs *(Deloncle, 72).* La nouveauté pour la nouveauté n'est pas une bonne chose. C'est ainsi que nous mettons les enseignants en garde contre une utilisation non pensée de la pédagogie *non-directive (Gabaude, 72).*

NON-DIRECTIVISME sm. Syn. de *non-directivité**.

Le *non-directivisme,* c'est avant tout une attitude de disponibilité, de sincérité. Pour permettre à celui qui vous fait face de s'exprimer sans réticence et pour le mettre en confiance, il faut être soi-même d'une sincérité absolue *(M. 15.5.66).*

Les promoteurs du *non-directivisme* ont toujours insisté sur les aspects positifs de l'attitude non-directive *(Deloncle, 72)*.

NON-DIRECTIVITÉ sf. ■ Méthode qui consiste à éviter toute pression sur l'interlocuteur (élève, personne interrogée, patient, etc.).

Chez certains parents il y avait une confusion pédagogique entre le « laissser-faire » et la *non-directivité* (...) La *non-directivité* veut susciter chez le psychothérapeute ou l'animateur une attitude d'accueil *(C. 28.9.69)*. Cette circulaire tendant à interdire dans les classes les expériences de *non-directivité* non contrôlées par le ministère, ne peut conduire qu'à décourager les maîtres qui tentent d'innover *(M. 30.1.71)*.
Le principe de *non-directivité* consiste à ne pas vouloir marquer l'autre, à ne pas le coloniser *(Raimbault, 73)*.

NON-DISCRIMINATION sf. Écon., Pol., Sociol. ■ Refus d'appliquer des traitements différents selon les appartenances ethniques, politiques, raciales ou sociales.

En proposant à la France un statut atomique comparable à celui de la Grande-Bretagne, il (le président des États-Unis) tournait le dos au principe de la *non-discrimination* entre alliés et rendait indispensable une stratégie à trois *(M. 6.6.64)*. La convention internationale sur la *non-discrimination* entre travailleurs masculins et féminins *(M. 26.4.66)*. L'administration accordera la même assistance aux différents types d'entreprises. Cette nouvelle attitude de *non-discrimination* doit restaurer la confiance du secteur privé *(M. 31.5.66)*.
Le principe était la *non-discrimination*, chaque pays devant accorder aux autres producteurs du Marché commun les mêmes avantages qu'à ses producteurs nationaux *(Uri, 73)*.

NON-DISSÉMINATION sf. Pol. ■ Limitation du nombre des nations dotées d'un armement nucléaire.

Un nouveau traité sur la *non-dissémination* des armes nucléaires *(M. 6.10.64)*. Nous nous prononçons pour la *non-dissémination* des armes atomiques et pour un accord général de désarmement *(E. 26.6.67)*.
L'accord sur la *non-dissémination* des armes nucléaires *(M. 28.5.72)*. La ratification du traité sur la *non-dissémination* nucléaire assure l'adoption définitive de cet accord *(M. 9.3.74)*.
→ NON-PROLIFÉRATION.

NON-ENGAGÉ adj. et s. ■ Qui pratique le *non*-engagement*.

● Adj.
Une réunion des chefs d'États *non-engagés (M. 8.5.66)*. Il faut donner à la construction européenne une orientation *non engagée (M. 10.1.68)*.

● Sm.
Les jugements que les officiels soviétiques ont portés sur les *non-engagés (M. 6.10.64)*. Certaines tendances profondes gagnèrent des *non-engagés* et les amenèrent à accepter les revendications d'agitateurs extrémistes *(N. 6.70)*.

NON-ENGAGEMENT sm.

1. **Politique internationale : attitude d'un État qui refuse de s'intégrer à l'un des deux grands « blocs ».**

   Le président K. a parcouru, depuis l'accession de son pays à l'indépendance, de nombreux pays à l'Est et à l'Ouest, se faisant le champion de la politique de *non-engagement (M. 17.9.68)*.
   Le comportement de certaines personnalités suggéra à leur entourage la prudence du *non-engagement (Tripier, 72)*.

2. **Politique intérieure : refus de prendre parti dans les querelles politiques ou sociales.**

   Les quotidiens parisiens, largement titrés et bourrés de dépêches de leurs envoyés spéciaux, voyaient leur vente monter en flèche, quel que soit le degré de leur engagement ou de leur *non-engagement (E. 12.6.67)*.
   Ne pas considérer la laïcité de l'enseignement seulement comme un synonyme de *non-engagement* idéologique et politique partisan *(Gabaude, 72)*.

3. **Dans d'autres domaines (vie sociale, etc.).**

   L'école ne lui (= à l'enfant) aura pas appris à vivre en société. Elle aura au contraire favorisé chez lui une tendance au non-engagement *(Mollo, 69)*.

NON-INGÉRENCE sf. ~ 1950. Pol. ■ Absence d'intervention dans la politique intérieure d'un État étranger.

Le principe explicite de la *non-ingérence* des États étrangers dans les affaires intérieures d'un pays a pour réciproque le principe tacite de la *non-ingérence* du peuple dans les affaires extérieures de son État *(E. 9.12.74)*. L'O.N.U. qui, par la force des choses, a complètement sacrifié ses idéaux libéraux au principe de la *non-ingérence*, est l'instrument docile de la plus sanglante des religions, la religion d'État, légitimée par la souveraineté nationale *(O. 5.6.78)*.

NON-PESANTEUR sf. Astron. ■ Absence de pesanteur.

Les difficultés rencontrées par (des cosmonautes) ont révélé que l'homme soumis à la *non-pesanteur* devait fournir des efforts insoupçonnés *(F. 14.11.66)*. Chacun associe naïvement la *non-pesanteur* à l'idée de vide, au vertige de ces chutes que l'on fait dans les rêves, quand le monde s'effondre, au rien, au néant de l'infini spatial *(F. 13.12.66)*. Des essais de divers moyens de soudure des métaux dans les conditions du vide poussé et de la *non-pesanteur (M. 14.10.69)*.
→ APESANTEUR.

NON-PROLIFÉRATION sf. Pol. ■ Limitation de la quantité des armes nucléaires dans le monde.

La conférence sur le désarmement et particulièrement la *non-prolifération* des armes atomiques *(M. 13.5.66)*. Un projet de traité de *non-prolifération* des armes nucléaires *(M. 20.1.68)*. User de représailles telles que la non-ratification du traité de *non-prolifération* nucléaire *(M. 7.9.68)*. La convention de *non-prolifération* des armes atomiques *(M. 11.1.69)*. Au niveau international il y a une hypocrisie manifeste à parler de *non-prolifération* atomique alors que tout le monde admet qu'une simple usine de recherches atomiques débouche directement sur la production de plutonium et la fabrication de bombes *(C. 25.8.78)*.
→ NON-DISSÉMINATION.

NON-RETOUR (POINT DE) sm. ~ 1965. (Calque de l'am. *point of no return*). Fig. (d'après l'emploi dans le vocab. milit.) ■ Point ou moment au-delà duquel une action engagée, un processus deviennent irréversibles.

Rem. Les récits et descriptions de l'action éventuelle des forces aériennes stratégiques des États-Unis ont répandu dans le public l'expression *« point de non-retour »*. C'est le point au-delà duquel il n'est plus possible de rappeler vers leurs bases les bombardiers à armes thermo-nucléaires envoyés pour une mission d'attaque ou de représailles. Métaphoriquement, cette locution s'emploie pour exprimer qu'une action entreprise est désormais irréversible *(VL 11.69)*.

♦ Le Marché commun est loin d'avoir atteint le *« point de non-retour »*. Le plus difficile reste à faire *(E. 26.9.65)*. Comment des hommes qui auraient laissé se développer jusqu'à un *point de non-retour* notre politique étrangère présente pourraient-ils ensuite prétendre être qualifiés pour la redresser ? *(M. 18.3.66)*. Le Pool charbon-acier, que l'on croyait arrivé au *point de non-retour*, à l'abri des surprises, est actuellement menacé *(E. 3.10.66)*. Dès 1952, un cours prophétique : « De l'avarice des nations à la communauté humaine », fit époque et marqua, pour employer une expression à la mode, un *point de non-retour (M. 12.7.67)*. Pour (l'avion) Concorde le *point de non-retour* est dépassé, nous sommes condamnés à réussir *(M. 29.11.68)*. Au soir de ce 2 février 1956, (...) une page de l'histoire de l'Algérie est tournée. C'est l'incompréhension totale et définitive avec les musulmans. Non au collège unique. Non aux réformes. La guerre d'Algérie est engagée. Le conflit a atteint son *point de non-retour (Courrière, 69)*. *Point de non-retour* où le passé engage irréversiblement l'avenir *(M. 14.10.69)*. Nous avons dépassé le *point de non-retour*. On ne peut revenir en arrière pour réduire les libertés au silence *(C. 5.5.70)*.
Ces pays ont fait preuve d'une telle précipitation dans le progrès industriel qu'ils en sont arrivés *au point de non-retour* de la pollution (...) La cirrhose : cet état irrémédiable, ce *point de non-retour* surprend un organisme comme un voleur *(C. 6.2.72)*. Le président de L. constatait que la courbe des profits de l'industrie aéronautique plafonnait et se demandait si *« le point de non-retour »* n'était pas atteint » *(E. 28.8.72)*. Même si l'on n'a aucune sympathie pour la bombe atomique, elle est là. On a déjà dépensé plus de 100 milliards de nouveaux francs pour la construire ; *le point de non-retour*, le fameux *point de non-retour*, qui permet de ne plus se poser de question, est atteint depuis longtemps *(E. 30.7.73)*. Le « phénomène vacances » a dépassé le *point de non-retour*, c'est un droit auquel les gens n'ont pas l'intention de renoncer *(M. 4.5.74)*. L'association de défense du secteur demande l'arrêt des travaux afin d'éviter que la société chargée du programme ne puisse donner l'illusion, en occupant le terrain, d'avoir atteint un *« point de non-retour » (M. 3.3.78)*. La Fondation crée des établissements, y fait entreprendre des recherches jusqu'au *point de non-retour (O. 25.3.78)*. L'électronique dans l'automobile n'est pas qu'une simple innovation. Son adoption sur des voitures de grande série en est au *point de non-retour (M. 31.5.78)*.

NON-STOP [nɔnstɔp] adj. et subst. ~ 1960. (Mot am., « sans arrêt »).

1. Transp. ■ Vol sans escale, voyage sans interruption.

Les compagnies aériennes vont assurer un vol quotidien *Non-Stop* entre Paris et Stuttgart *(M. 23.4.66)*.
Une liaison ferroviaire *non-stop* sera établie entre Paris et Lyon *(M. 28.10.73)*.

2. Dans d'autres domaines.

● Adj. ■ Ininterrompu.

Victime d'une chute lors de la *descente « non-stop »*, A. F. (skieur) n'a pas pu disputer l'épreuve officielle *(M. 1.2.69)*. Les skieuses qui avaient réalisé mardi, dans *l'épreuve « non-stop »* de la descente du G., les meilleurs temps *(M. 18.1.68)*. Un *« Non-Stop Show »* (au Palais des festivals à Cannes) se déroulera en permanence de 15 heures à 19 heures pour permettre aux jeunes artistes de présenter leurs œuvres *(M. 20.1.68)*. Le système de *camionnage « non-stop »* signifie que les tracteurs ne s'arrêtent jamais ; mais il faut beaucoup de personnel et de remorques *(E. 25.9.72)*. Les établissements où l'on pratique la *« bouffe non-stop »* : drugstores, pubs, snacks, cafétérias, etc. *(O. 23.12.72)*. Le président de la Fédération a organisé plusieurs *réunions non-stop (E. 11.6.73)*. Spectacles non-stop et animation permanente (...) *Meeting non-stop* : orateurs et chanteurs se succèdent sur le podium *(E. 3.9.73)*. Quatre jours de *négociations non-stop (E. 4.2.74)*. *Justice « non-stop »*, a décidé le garde des Sceaux : les vacances judiciaires (...) sont supprimées *(E. 25.2.74)*. Dimanche, à la télévision, *cinéma non-stop* avec trois films *(E. 20.1.75)*. Depuis la rentrée, dit le directeur de l'information d'Europe 1, nous faisons le premier *journal non-stop (E. 4.11.78)*.

● Subst. ■ Processus ininterrompu.

La veille de l'épreuve de ski se déroule la *« non-stop »*. Chaque engagé effectue une descente complète, sans s'arrêter, dans les conditions de la course, seul sur la piste *(El. 23.2.70)*. Un jeu et une chanson toutes les quatre minutes : à la radio, c'est le nouveau *« non-stop »*, avec les étoiles de la chanson *(PM 3.10.70)*.

NON-TISSÉ sm. ~ 1960. ■ Matériau obtenu par l'assemblage de fibres synthétiques, liées entre elles par un procédé mécanique ou chimique, autre que le tissage ou le tricotage.
Le *non-tissé* — fibres textiles agglomérées à la façon du feutre — permet de réaliser des services au décor très réussi *(FL 4.1.71)*. La combinaison en *non-tissé*, réputée lavable, ininflammable et indéchirable *(FP 1.72)*. Une filiale, durement touchée par la mévente des chemises et du velours de coton, est en pleine mutation. Elle investit (...) pour reconvertir la production vers le *non-tissé (E. 28.8.78)*.

NORD- Premier élément d'adjectifs et de substantifs composés.
La paix et la sécurité dans la zone *nord-atlantique (M. 14.4.66)*. L'infrastructure des ports *nord-européens (C. 25.2.69)*. Du côté *nord-vietnamien (M. 30.11.68)*.
À Roubaix, il y a toujours eu des étrangers. Des Polonais, des Italiens, des Belges ; plus tard les *Nord-Africains* ont commencé à arriver *(O. 14.1.74)*.

NORIA sf. Par ext. (D'après le mouvement continu de la *noria* hydraulique). ■ Succession, suite rapprochée, de choses ou de personnes dans le temps ou dans l'espace.
1. **Service ininterrompu de transport de personnes ou de marchandises.**
   Une gare routière au sud du village olympique sera reliée aux stations olympiques par une véritable *« noria »* de six cents autocars *(M. 2.1.68)*.
   Dans le ciel les hélicoptères effectuaient une véritable *noria (Courrière, 71)*. Un chauffeur de taxi participe à la *noria* incessante qui se déroule, chaque jour, entre midi et 16 heures, devant l'hôpital *(Ras, 73)*. La *noria* motocycliste des informateurs déversait dans le studio des flots incontrôlables de mots *(Raspail, 73)*. La *noria* des hélicoptères, des ambulances équipées pour la réanimation ne s'arrête jamais *(E. 25.6.73)*. Le trafic métro s'apparente à une gigantesque *noria (R.G.C.F. 5.74)*. Une *« noria »* de trente camions transportera la terre d'une colline située à plusieurs kilomètres *(VR. 28.12.75)*.
   Les agriculteurs ont mobilisé leurs citernes à purin pour tirer de la mer le mélange d'eau et de pétrole : pitoyable *noria* de tracteurs encombrant les chemins et les routes *(E. 27.3.78)*. La *noria* grondante des énormes camions qui relient la Méditerranée à l'Afrique noire *(M. 23.7.78)*. Le gaz sera acheminé depuis le Havre, par la route. Une *noria* de « bombes roulantes » traversera les rues étroites de villages paisibles *(E. 24.7.78)*. En deux ans, la *noria* des corbillards va emporter une quinzaine de cadavres *(P. 25.9.78)*.
2. **Allées et venues fréquentes de personnes.**
   Entre Alger et Madrid, en 1961-62, c'est la *noria* des activistes *(Courrière, 71)*. L'O.r.t.f., atteint par cette « réformite chronique et cette *noria* des responsables » que dénonçait un député *(P. 5.8.74)*. Renouveler les têtes, c'est une méthode très gaulliste. Le général de Gaulle, pour se débarrasser d'un collaborateur, invoquait souvent cette nécessité d'une *« noria* administrative » *(M. 26.10.74)*.
3. **Fig. À propos de choses abstraites.**
   À la longue, rien n'est plus assommant que la *noria* des prédictions et conjectures *(P. 1.4.74)*.

NOSTALGIQUE subst. ■ Se dit de personnes qui regrettent tel ou tel aspect du passé.
Le Code Napoléon, dans sa rigueur, a gardé des *nostalgiques* (...) L'amour qui a perdu son goût de fruit défendu n'a plus pour les hommes la même saveur (...) Le « risque » a gardé ses *nostalgiques*... d'autant que le risque était surtout pour l'autre *(Sartin, 68)*. Les *nostalgiques* du festival d'Avignon tirent déjà leur mouchoir pour célébrer avec des larmes d'attendrissement le 25ᵉ anniversaire de ce monstre qu'ils ont vu naître *(FL 20.7.70)*. Le dernier carré des *nostalgiques* de la circulation automobile sans restriction *(E. 16.9.74)*.

NOUVEAU adj. Dans des loc. subst. désignant des sommes libellées en francs français postérieurs à la réforme monétaire de 1959 qui a créé le *nouveau franc*.
● Si le déterminé est le subst. *franc*, l'adj. *nouveau* est le plus souvent antéposé, parfois postposé.
Depuis plusieurs mois on comptait en *nouveaux francs*. De plus, la mise unitaire pour le tiercé avait été portée à trois francs, au lieu de 200 A.F. *(Lesparda, 70)*. On a déjà dépensé plus de 100 milliards de *nouveaux francs* pour construire la bombe atomique *(E. 30.7.73)*. « 36.000 francs » lut-elle. « Bah ! Ce n'est pas tellement ! » — « De leurs *nouveaux francs*, Mme. Jeanne ! Cela fait 36 miyons » (= millions). — « Non, 3 et demi seulement » *(Cesbron, 77b)*. Cela fait... dix-huit ans que sont nés les *nouveaux francs* et quinze ans que le sigle N.F. a disparu pour céder la place au F tout court *(M. 13.6.78)*.
● Si le déterminé est un autre subst., comme *million, milliard*, l'adj. *nouveau* est postposé.
Jamais aucun musicien n'avait gagné, en 3 mois, autant d'argent ; un milliard ancien ! Plus de dix *millions, nouveaux* bien entendu, en trois mois *(PM. 15.3.75)*.
→ ANCIEN, LOURD.

NOUVEAU-NÉ, E subst. et adj. Fig. ■ Se dit d'appareils, de procédés techniques très récents.
● Subst.
Les fabricants rivalisent d'ingéniosité pour satisfaire cette clientèle toujours avide de nouveautés. Mardi prochain, les strip-teaseuses du Crazy Horse Saloon baptiseront le *nouveau-né* attendu : un modèle perfectionné, ultra-transistorisé, ultra-économique (d'appareil photographique) japonais *(E. 14.4.69)*. Un *nouveau-né* dans la grande famille des transistors *(E. 16.6.69)*. Lyon est relié à la capitale par un nouveau train, le « Lyonnais »,

aussi rapide que le « Mistral ». Malheureusement, le *nouveau-né* souffre du prestige de son aîné... et son nom ne s'impose pas facilement *(VR 20.7.69)*.
L'électrification en courant continu atteint la limite de ses possibilités. Lorsqu'on la compare au « monophasé », on peut penser que, tôt ou tard, le « *nouveau-né* » supplantera son vénérable aïeul *(VR 11.4.71)*. Cette *nouveau-née* presque inconnue en France : la thérapeutique sexologique *(E. 11.12.72)*.
→ DERNIER-NÉ

● Adj.

Ils rêvaient du grand avenir de la *science nouveau-née (E. 9.9.68)*.
On parlait de cellules secrètes constituées clandestinement à l'abri de la façade populaire et bon enfant de ce mouvement *nouveau-né (Courrière, 71)*.

NOUVELLE VAGUE sf. et adj. 1957.
1. **La génération des personnes nées entre 1919 et 1939.**
Nous mettons au point avec la collaboration des sociologues (...) un questionnaire qui s'adresse à tous ceux qui constituent la *nouvelle vague*, c'est-à-dire une génération complète, celle qui a aujourd'hui de 18 à 38 ans environ *(E. 23.8.57)*.
2. **Par ext. La nouvelle génération dans un groupe, un domaine donnés.**
Rem. En 1957 l'expression *nouvelle vague* fut immédiatement adoptée par l'avant-garde du cinéma de l'époque *(El. 25.5.70)*.

● Substantif.

M. (cinéaste, 26 ans) est de loin le plus doué des réalisateurs de la *nouvelle vague (M. 9.11.58)*. Avoir à la fois de grands auteurs et une « Nouvelle vague » qui soit vraiment neuve et pas du tout vague, nous n'en demandons pas tant *(És. 4.63)*. Déconcertant mélange de rouerie vieillottes et de fraîcheurs spontanées, dans le ton de la nouvelle « *nouvelle vague* » *(O. 6.3.68)*. Un des espoirs de la *nouvelle vague* des écrivains sénégalais *(M. 13.9.69)*.
Les députés U.N.R., y compris ceux de la « *nouvelle vague* » de 1962, ont trouvé leur ton et leurs habitudes *(Viansson, 71)*. À la fin de 1971 une *nouvelle vague* de jeunes loups se lance sur la presse des jeunes *(P. 27.1.75)*.

● Adj. ou appos.

Le gouverneur s'en est pris « aux anarchistes criminels et aux fascistes *nouvelle vague* » *(M. 9.1.69)*.
« Il est jeune, il a l'air compétent, sérieux, ouvert : un communiste *nouvelle vague* », dit un syndicaliste *(O. 29.1.73)*.

NUANCIER sm. ■ Carte d'échantillons qui présente les différents coloris d'un produit (rouge à lèvres, vernis à ongles, etc.).
5 *nuanciers* de lidshadows *(E. 9.2.70)*.

NUCLÉAIRE adj. et sm. Répandu mil. XXe. Techn. ■ Relatif au noyau de l'atome.
1. **À propos de la production ou de l'utilisation de l'énergie fournie par une réaction nucléaire (fission ou fusion).**

● Adjectif.

Il y a longtemps que l'État voulait imposer la bipolarisation à l'*industrie nucléaire (E. 21.5.73)*. Jusqu'à présent la *propulsion nucléaire* n'était pas rentable pour les bateaux. Après les hausses récentes du fuel, elle le devient pour les très grosses unités (...) Le *kilowatt nucléaire* reviendra moins cher que le fuel domestique *(E. 3.12.73)*. La *vague nucléaire* qui sévit dans les pays industrialisés semble avoir atteint les pays moins développés. Face à la multiplication des *centrales nucléaires* dans le monde occidental, même un pays aussi riche en combustible fossile que l'Iran éprouve un irrésistible attrait pour l'*électricité nucléaire (M. 10.7.74)*. En l'an 2000 on comptera deux cents réacteurs réunis en une quarantaine de « *parcs nucléaires* » (...) Personne n'a clairement exposé aux Français les espoirs et les risques du *pari nucléaire (M. 22.11.74)*. Un affolement qui conduirait à arrêter net le *programme nucléaire* (...) *(E. 9.12.74)*. Il fallait se prémunir contre des difficultés temporaires d'approvisionnement en fuel et se donner les moyens d'une riposte : la *voie nucléaire* nous les offrait *(M. 24.1.75)*. Les industriels du *secteur nucléaire* sont assurés d'une belle expansion *(M. 5.8.78)*.

● Subst. masculin.

L'avènement du *nucléaire*, auquel nous assistons *(F. 28.11.66)*. Les industries de pointe dont l'informatique, certains secteurs de la pétrochimie et tous les secteurs du *nucléaire (M. 30.3.69)*.
Le *nucléaire* ne fournira en 1985 que 15 % des besoins énergétiques du pays *(En. 9.4.71)*. Brusquement ce fut la chute du roi-pétrole, une sorte de « divine surprise » pour les tenants du *nucléaire (M. 22.11.74)*. L'attaque contre le *nucléaire* ne tient pas suffisamment compte de la qualité des techniciens qui entourent d'une précaution une énergie potentiellement dangereuse *(E. 9.12.74)*. Le *nucléaire* représente-t-il vraiment la seule issue pour produire l'énergie qui nous manque ? *(P. 20.1.75)*. Au sujet du *nucléaire*, le vrai problème est le coût : l'énergie nucléaire ne sera jamais gratuite *(M. 3.5.78)*. Les crédits en faveur des énergies nouvelles et des économies d'énergie représentent 4,2 % des crédits en faveur du *nucléaire (O. 19.6.78)*.

2. **À propos de l'utilisation de l'énergie nucléaire à des fins militaires.**

● Adjectif.

Ce missile peut transporter une *charge nucléaire* sur 1000 km environ *(M. 10.7.65)*. Une grande puissance, protégée par un fantastique *arsenal nucléaire (M. 7.4.66)*. Les savants et les techniciens qui ont fait exploser leur premier *engin nucléaire (M. 11.5.66)*. Si l'Amérique, un jour, choisissait de fermer le « *parapluie nucléaire* » par lequel elle protège l'Europe *(E. 19.10.70)*. Les cinq *puissances nucléaires*, celles qui disposent de *sous-marins nucléaires*, lanceurs d'engins *(M. 27.1.73)*. Aucun gouvernement français ne prendra le risque d'abandonner une *panoplie nucléaire* dont Russes et Américains reconnaissent la crédibilité *(P. 7.5.74)*. L'Inde est le premier pays du tiers monde à entrer dans le *club nucléaire (...) La dissuasion nucléaire*, c'est la stratégie du pauvre *(P. 27.5.74)*. La première génération d'*armes nucléaires* françaises *(M. 14.2.75)*. La France croit toujours en sa *force nucléaire (M. 26.4.75)*. Le Pakistan a toujours déclaré qu'il n'avait pas l'intention de fabriquer un *armement nucléaire (C. 26.8.78)*.

NUCLÉARISATION sf. Écon. ■ Substitution de l'énergie nucléaire aux sources traditionnelles d'énergie.

Les économistes partisans de la « *nucléarisation* » de l'énergie avaient commis des erreurs d'évaluation *(M. 26.9.59)*.
De tous les pays en voie de *nucléarisation*, la France est le seul où tout débat public sur l'atome a été étouffé *(E. 16.9.74)*.

NUISANCE sf. Repris ~ 1960, répandu à partir de 1965, probablement sous l'influence de l'anglais « *nuisance* ». ■ Ensemble de facteurs d'origine technique (bruits, pollutions, etc.) ou sociale (encombrements, promiscuité, etc.) qui nuisent à la *qualité* de la vie*.

Rem. *Nuisance* : Ce terme ancien reparaît aujourd'hui dans les textes consacrés à l'urbanisme, aux mouvements de populations. Ce mot avait pris une acception très large dans la langue classique. Il s'entendait de tout ce qui nuit, au physique comme au moral. (...) Littré, en 1865, donnait une citation de la « Revue des Deux-Mondes » où *nuisance* a exactement le sens qu'on lui prête aujourd'hui. Il semble que le mot soit resté en demi-sommeil jusqu'à nos jours, où il a reparu. (...) lorsque l'excès du bruit, des encombrements, des odeurs a rendu la vie urbaine insupportable *(VL 6.69)*.

♦ Au lieu de relever le niveau du fleuve de 2 mètres, ne serait-il pas possible d'en creuser le lit ? Les résultats pour la navigation seraient les mêmes, les *nuisances* pour les riverains disparaîtraient *(M. 4.10.62)*. La dispersion de sous-produits énergétiques crée autant de *nuisances*, de parasites et de causes d'agression pour l'homme *(E. 25.10.65)*. Dans le jargon officiel, on qualifie la pollution de « *nuisance* ». Et le fait qu'on ait forgé ce mot illustre bien la nouveauté du problème *(E. 8.1.68)*. Les *nuisances* industrielles : bruit, chaleur, pollution, etc. *(E. 2.6.69)*. Des industries à hautes *nuisances (C. 12.3.70)*. L'habitat souvent réalisé sans goût et avec des surcharges d'ornementation qui sont autant de « *nuisances* » pour l'environnement *(C. 18.3.70)*.
Les *nuisances* du travail de nuit sont les mêmes pour les hommes et les femmes (...) la recherche doit être poursuivie pour déterminer les *nuisances* du travail posté *(Sartin, 70)*. L'opinion publique s'inquiète du déboisement des forêts, de la destruction des espaces verts et des autres *nuisances* qu'engendre notre civilisation (...) Certains esprits préconisent l'arrêt de l'expansion, en raison des nuisances qu'elle comporte (...) Le problème du bruit est discuté, parce que la *nuisance* est tributaire de considérations psychologiques difficiles à apprécier *(N, 7.71)*. Dans les usines, on s'efforce de rassembler les fumées en un seul conduit d'évacuation aussi haut que possible et d'expulser violemment les fumées afin que leur *nuisance* soit atténuée *(VR 7.11.71)*. Les études sont en cours pour minimiser les *nuisances* phoniques de l'autoroute *(C. 29.12.71)*. Le supersonique commercial serait moins générateur de *nuisances* que les chasseurs militaires *(M. 27.1.72)*. Cette *nuisance* de l'auto, le bruit, l'odeur, l'oxyde de carbone et le plomb dont la concentration dans l'air dépasse souvent vingt fois les normes admises *(Pa. 10.72)*. Peu de Russes connaissent déjà les joies de la « bagnole », mais beaucoup en connaissent déjà les *nuisances (E. 6.8.73)*. Avant dix ans notre civilisation aura disparu, si elle n'a pas d'ici là maîtrisé et fait reculer le déferlement des *nuisances* qui, sans cesse, dégradent plus l'homme *(M. 21.1.76)*. Les fabricants de cyclomoteurs ont axé leurs efforts sur la pollution et les *nuisances* sonores en essayant de produire des engins peu bruyants et propres *(M. 8.10.77)*. Les *nuisances* de la surpopulation dans les lieux de vacances *(C. 20.8.78)*. Monsieur anti-pollution s'en va : il avait dirigé le service de prévention des pollutions et des *nuisances* de 1973 à 1977 *(M. 28.9.78)*.

● Par ext. (À propos de choses abstraites).

Pourquoi la France ne donne-t-elle pas le coup d'envoi pour lutter contre la *nuisance* principale : celle de la souveraineté nationale ? *(PM 10.10.70)*. Ce que nous appelons dans notre jargon les *nuisances* psychopathogènes, par exemple la carence affective, la carence d'autorité *(O.R.T.F. 31.10.70)*.
Pour éliminer les *nuisances* de l'inflation, il suffit (...) *(Simonnot, 72)*. La *nuisance* esthétique est l'une des pires qui soient, mais les gens n'ont pas encore pris conscience qu'un milieu plus beau leur rendrait la vie plus agréable *(Bériot, 73)*.

NUISANT, E adj. ~ 1970. ■ Qui est cause ou source de *nuisances**.

Le rail est apte, dans certains cas, à assurer des dessertes comparables par la rapidité, mais moins « *nuisantes* » et plus économiques que le transport aérien *(VR. 28.2.71)*. Du point de vue de la protection de l'environnement, le Chemin de fer est le moins *nuisant* et le moins polluant des modes de transport *(R.G.C.F. 9.73)*.

NUISETTE sf. ~ 1970. (De *nuit* et chemi*sette*) ■ Chemise de nuit très courte et légère.

Une de ces chemises de nuit ultra-courtes appelées « *nuisettes* » restait accrochée le long du mur *(Saint Pierre, 72)*. On rencontre des femmes qui se promènent en bigoudis. Il y en a même une qui vient en *nuisette*, le matin, chercher son journal *(O. 29.1.73)*.

NUITARD
→ NUITEUX

NUITÉE sf. ~ 1960. Spéc. ■ Unité de séjour (d'une personne durant une nuit) dans un hôtel, un *motel**, un camping, etc.

Le nombre des *nuitées* passées par les étrangers dans les hôtels français en 1955 est de 26 800 *(M. 7.1.56)*. On séjourne de plus en plus dans la Lozère : 80 000 *nuitées* en 1967, 100 000 en 1970 *(M. 20.3.71)*. Dans les régions touristiques de montagne, trois quarts des

NUITÉE

nuitées sont enregistrées en été de juillet à septembre et en hiver de janvier à mars *(Tour. 12.7.79).*

NUITEUX subst. ~ 1960 ou **NUITARD** ~ 1970. Fam. ■ Travailleur qui effectue un service de nuit.

Quand vos hommes (des policiers) seront rentrés et quand les *nuiteux* prendront leur service *(Simenon, 64).* Beaucoup d'agressions contre les chauffeurs de taxi ont lieu de nuit. Chaque « taxi » (= chauffeur de taxi) a sa solution au problème. Beaucoup de *« nuiteux »* ont un nerf de bœuf ou un objet métallique à portée de la main *(C. 27.2.72).*

NUMÉRIQUE adj. Inform. et Techn. Se dit de la représentation de données d'information ou de grandeurs physiques au moyen de caractères (généralement des chiffres). Se dit aussi des systèmes, dispositifs ou procédés qui emploient ce mode de représentation.

Rem. Le terme de *« numérique »* accolé à « transmission » ou à « commutation » peut surprendre (...) On appelle *« numérique »* une technique qui s'appuie sur le traitement d'« impulsions » électriques, représentant des états logiques, « 0 » ou « 1 », de dispositifs bivalents. Transmettre ces impulsions revient donc à transmettre des « nombres » entiers, d'où le vocable de « transmission *numérique » (R.G.C.F. 3.75).*

♦ Lorsqu'il s'agit de téléphone, la transmission *numérique* se différencie de la technique classique, dite « analogique », par le fait qu'au lieu de transmettre le signe vocal de manière continue et proportionnellement à l'une de ses caractéristiques (amplitude, fréquence ou phase), on procède, dans une étape intermédiaire, à un codage permettant de transformer ce signal en impulsions *(R.G.C.F. 3.75).*

NUMÉRO UN (ou : DEUX, TROIS, etc.). Loc. subst. ou adj. Se dit d'une personne, d'une collectivité, d'une entreprise, etc. qui, dans un classement, une hiérarchie occupe la première (deuxième, troisième, etc.) place. Se dit aussi d'une chose (le plus souvent abstr.) considérée quant à son rang dans un classement.

Rem. 1. **Dans ces locutions,** *numéro* **est écrit soit en toutes lettres, soit en abrégé : N° ou n°. L'adj. numéral qui suit est écrit en chiffres ou en lettres.**

1. **À propos de personnes ou de collectivités.**

● Substantif

Le *N° 1* des « grandes surfaces » contrôle 22 hypermarchés *(En. 2.5.70).* Après Honda, *numéro un* mondial, qui produit près de 1,2 million de motos par an, viennent Yamaha, puis Suzuki qui dispute à BMW la troisième place *(En. 4.11.71).* M. Marchais est toujours le *n° 1* du P.c.f. *(E. 25.11.74).* Cette entreprise est le *numéro 1* mondial de sa spécialité (...) Déjà *numéro 1* du stylo à bille, il entend devenir bientôt le champion toutes catégories du « produit jetable » *(P. 27.1.75).* Le *numéro un* des constructeurs étrangers sur le marché français de l'automobile *(PM 15.3.75).* Le *n° 1* mondial actuel du tennis se contente d'une dizaine de tournois par an *(E. 28.6.76).* Cela assure à cette entreprise la place de *n° 1* mondial dans son domaine, loin devant les bureaux d'études concurrents *(Exp. 12.77).* Koulakov était assis à côté de Brejnev. Le *n° 1* du Kremlin ne tarissait pas d'éloges à son égard *(E. 24.7.78).* R. devient le *n° 1* français des pendules à quartz *(C. 21.9.78).*

● Adjectif

Pendant cette période, les rapports du joueur *« numéro un »* et de la direction du P.M.U. (Pari mutuel urbain) furent idylliques *(Lesparda, 70).* L'accusé *n° 1* est l'industrie : pour elle l'eau n'est pas seulement une matière première, elle est aussi un véhicule pour les déchets *(E. 6.8.73).* N. fut le conseiller *numéro un* du premier ministre *(M. 29.5.74).*

2. **À propos de choses abstraites.**

● Adjectif

La non-mixité des fonctions est la cause *n° 1* des bas salaires féminins *(E. 21.5.73).* La mise au pilori des pollueurs est désormais l'arme *numéro un* de ceux qui veulent sauver la planète. *(M. 27.3.75).*

Rem. 2. **Le syntagme** *numéro un* **est de loin le plus fréquent. Toutefois** *numéro deux, trois,* **etc., sont attestés.**

Andrew Young, le *n° 3* de la politique étrangère américaine *(E. 24.7.78).*

NUTRITIONNEL, LE adj. Rép. mil. XXe. Did. ■ Qui concerne la nutrition.

○ *Composition nutritionnelle* du lait *(C. 28.2.69).* L'enfant est tout à fait perméable aux notions de diététique. C'est donc dès l'école que l'*éducation nutritionnelle* doit commencer *(M. 1.6.66).* Les physiologistes et les spécialistes des *maladies nutritionnelles (E. 4.12.67).* L'accélération de la croissance dont les causes paraissent être à la fois d'*ordre nutritionnel,* génétique et psycho-physiologique *(M. 6.10.67).* Le Français utilise mal les produits surgelés qui sont, sur le *plan nutritionnel,* entièrement satisfaisants *(E. 8.5.67).* Le poisson peut remplacer intégralement la viande au *point de vue nutritionnel (M. 4.2.58).*

∞ Les *détresses nutritionnelles,* moins spectaculaires que les détresses respiratoires, cardiaques ou rénales, n'en sont pas moins réelles et pernicieuses. La *détresse nutritionnelle* altère le déroulement normal de toutes les fonctions (...) La nutripompe s'impose comme une véritable *assistance nutritionnelle* mécanique *(M. 7.1.76).* Les *besoins nutritionnels* sont innombrables et d'une complexité qu'on peut qualifier d'astronomique (...) Une « rééquilibration » de l'*apport nutritionnel* (pour) maintenir un *bilan nutritionnel* équilibré tout au long de la grossesse *(M. 10.5.78).*

NUTRITIONNISTE subst. 1958. Did. ■ Spécialiste de la nutrition.

Le goût du consommateur n'est pas toujours conforme à ce que souhaiteraient les *nutritionnistes (M. 4.2.58).* Il est médecin et sa spécialité porte un nom moderne et barbare, *nutritionniste.* Depuis des années, le Dr A. C. mène des enquêtes alimentaires. Pour la première fois dans l'histoire des Jeux Olympiques, un *nutritionniste* et deux cuisiniers auront leur part de responsabilité *(E. 21.9.64)*. Qu'il s'agisse de boissons ou d'aliments, les cris d'alarme des *nutritionnistes* annoncent un péril mortel *(E. 14.8.67)*.

Les *nutritionnistes* ont découvert que l'huile de colza provoquait des retards de croissance chez les animaux de laboratoire *(E. 13.3.72)*. Des *nutritionnistes* pensent que les chromosomes des futurs parents portent l'éventualité d'une prédisposition à l'obésité chez leur descendance *(E. 27.8.73)*. Ce *nutritionniste* distingué récuse l'alimentation idéale programmée par ordinateur *(P. 1.4.74)*. Son père, cardiologue et *nutritionniste* qui disparut dans le ghetto de Varsovie, comptait parmi les meilleurs diététiciens d'Europe *(E. 12.6.78)*.

NYAKA ou NIAQUA ou NIA QUA [njaka] loc. ou subst. (D'après une prononciation fam. de la loc. verbale, courante dans le langage parlé, « *[il] n'y a qu'à...* » (+ Infinitif).
1. Sm. ■ Il suffit/il suffirait de... (+ Infinitif).

Nous avons tous nos recettes. Le système D et le « *nyaka* » sont les deux mamelles de notre éloquence *(M. 6.2.77)*. L'écologien hausse les épaules devant les rêveries mystico-hystériques de l'éconaif. Il est réaliste, lui, il ne pratique pas le « *nyaka* », il a le sens du possible *(M. 22.1.78)*.

2. Subst. Par ext. ■ Personne qui a la manie d'employer cette formule.

Nombreuses sont les formules pour dénoncer le mythe de « l'État providence » la tribu des « *Nia qua* » *(Sauvy, 65)*. Le Premier ministre s'en prend dans son discours à tous les « *niaqua* ». Tous ces Français, éternellement adversaires de l'État, et qui demandent au gouvernement de faire des autoroutes, des hôpitaux, de consoler les camionneurs, les vignerons, les lycéens et, pourquoi pas ? de fabriquer le beau temps *(E. 19.4.71)*.

Rem. **La prononciation plus négligée, mais plus courante est également rendue par écrit sous les formes *yaka**, *yaqua**, *y'aqua*.**

NYAQUISME ou NY-A-QUISME [njakism] sm. (d'après *nyaka**, *niaqua**, etc.). Fam. ■ Manie de dire : « [il] n'y a qu'à... ». Tendance à croire aux solutions, aux remèdes *miracles**.

Nous pourrions laisser croire que nous nous réfugions dans l'abstraction intellectuelle ou le « *nyaquisme* » (il n'y a qu'à...) facile *(Laurent, 73)*. L'Occident se trouve au bord du vide. Les jeunes le ressentent mieux que nous autres. Ce vide leur donne le vertige, et ce vertige, se traduit en refus, violences et « *ny-a-qu'ismes* » *(M. 5.5.76)*.

NYMPHETTE sf. ■ Très jeune fille au physique attrayant, à l'air faussement ingénu et aux manières aguicheuses.

Pour faire rêver les femmes on ne choisit plus comme mannequins que des *nymphettes* *(E. 19.12.66)*. Une foule de trois mille *nymphettes*, prêtes à les (des chanteurs) déchirer pour mieux les embrasser *(E. 12.11.73)*.

O

OBÉSIOLOGUE subst. Méd. ■ Spécialiste du traitement de l'obésité.
Les *obésiologues* de Genève ont dit : l'obèse est la victime d'un trouble fonctionnel *(PM 30.9.67)*.

OBJECTAL, E adj. ■ Qui se rapporte à un « objet ».

● Au sens psychanalytique :
Le bébé, au début, n'a pas la notion de l'objet. Si on lui donne un objet qui l'intéresse, il tend la main pour le prendre, et si, ensuite, on le recouvre d'un écran, il retire la main. Il croit qu'il s'est résorbé. Mais vers 9-10 mois, il commence à soulever l'écran et à chercher derrière. Et ça coïncide avec l'apparition de ce que Freud appelle l'intérêt *objectal*, c'est-à-dire l'intérêt pour les personnes *(E. 23.12.68)*.

● Par ext.
Ce qui a plu à Robbe-Grillet dans ce livre c'est son côté inventaire, précis, méticuleux, descriptif, en un mot *« objectal » (M. 7.5.66)*. Nous serions tentés de (voir) dans la clarté *« objectale »* celle qui transforme la chose en spectacle, en oubliant la production des choses *(Lefebvre, 68)*.

-OBJET Deuxième élément de subst. comp.
Une adaptation de Lewis Carroll : « Alice au pays des Merveilles » en *livre-objet*. Les fenêtres et les portes s'ouvrent, les décors se dressent entre les pages, le triomphe de la littérature en relief *(O. 14.12.70)*. Braque fut le premier à introduire les chiffres et lettres au pochoir sur la toile (...) Le *« tableau-objet »* n'est plus destiné à orner le mur mais devient aussi réel que ce mur lui-même *(O. 29.10.75)*. La *voiture-objet* est la maladie infantile dont les hommes ont le plus de mal à guérir *(Pub. M. 11.10.74)*.
→ FEMME-OBJET.

OBSESSIONNEL, LE adj. Par ext. mil. XXe. (D'après l'emploi dans le vocab. de la psychol.)

● À propos de choses : qui a les caractères d'une obsession.
Est-il bon que les examens dévorent le temps et dénaturent le travail des étudiants et de leurs maîtres par un *bachotage obsessionnel* ? *(M. 28.10.67)*. Par le *culte obsessionnel* qu'elle rend à la jeunesse, la société actuelle impose d'en conserver le plus longtemps possible les marques extérieures *(E. 2.9.68)*. Il semble que l'érotisme soit devenu l'enjeu d'une surenchère, l'*élément* essentiel et *obsessionnel* d'une confrontation *(M. 11.4.69)*. Ne convenait-il pas d'admettre les côtés positifs de la politique gouvernementale, au lieu de cultiver un *extrémisme obsessionnel* et dérisoire ? *(Revel, 65)*.

● À propos d'une personne : qui est ou semble en proie à une obsession.
De façon à vous classer parmi les *antigaullistes « obsessionnels »*, les deux adjectifs inconditionnel et *obsessionnel* tenant une grande place dans un vocabulaire politique chaque jour plus pauvre *(Revel, 65)*.

OBSOLESCENCE [ɔpsɔlɛsɑ̃s] sf. 1958. (Mot angl., du lat. *obsolescere*, tomber en désuétude). Did. ■ Le fait de devenir obsolète, périmé, d'être dépassé (idées, inventions, etc.).
Spéc. Écon., Techn. ■ Le fait qu'un appareil, un matériel, un produit, etc. devient périmé au moment où apparaît sur le marché un matériel, un produit plus perfectionné, plus *fiable**, moins coûteux ou plus conforme aux besoins, aux goûts de la clientèle.
L'économie supporte déjà le coût de l'*obsolescence* des machines elle doit désormais supporter le coût de l'*obsolescence* des connaissances humaines *(E. 18.12.67)*. La marine

espagnole était sur la voie d'une complète *obsolescence (JG 28.7.68).* Sans vouloir créer des cathédrales impérissables, un objet ne doit jamais être trop vite démodé. A cette rapide désuétude, on a donné le nom d'« *obsolescence* » *(Fa. 25.3.70).* L'*obsolescence* rapide des produits condamne l'industrie à l'innovation *(D. En. 3.71).*
Des techniques qui évoluent à un rythme accéléré bouleversent les méthodes traditionnelles de gestion ou de prévision, frappant d'*obsolescence* le matériel le plus coûteux avant même qu'il soit amorti *(Sartin, 70).* Plusieurs compagnies aériennes viennent de se séparer de leurs « Caravelle » : cet avion est frappé d'*obsolescence (VR. 27.6.71).* L'*obsolescence* de ce matériel apparaît de plus en plus rapidement, aussi bien du point de vue technique que du point de vue commercial *(VR. 19.12.71).* La seule expérience historique dont on dispose est celle d'une alliance étroite entre inventions techniques et *obsolescence (M. 9.10.74).*

OBSOLESCENT, E adj. ■ Qui est frappé d'*obsolescence**.

● Spéc. À propos de personnes.

« Je souhaite que, demain, dans le monde économique, les grandes luttes soient celles des classes jeunes et des classes vieillissantes. » Il faudra, en effet, surmonter les difficultés des travailleurs « *obsolescents* » qui n'auront plus d'avenir *(M. 8.2.66).*

OCCUPATIONNEL, LE adj. Méd. Se dit d'une thérapie qui traite par le travail dirigé certaines maladies ou la *sénescence**.

L'ergothérapie occupe une place capitale, tant au point de vue thérapeutique qu'au point de vue locaux. En effet, l'hôpital possède vingt-six ateliers : ferronnerie, vannerie, poterie, etc. C'est la « thérapie *occupationnelle* » *(C. 14.2.64).*
Il ne faudrait pas croire à la condamnation de tout ce qu'il a été convenu d'appeler « thérapeutique *occupationnelle* » *(N 1.71).*
→ ERGO-.

OCÉANAUTE sm. 1964. De *océan* et *-naute* (cf. *astronaute**, *cosmonaute**). ■ Explorateur des profondeurs sous-marines.

Les *océanautes* travailleront nuit et jour. Ils effectueront des prélèvements de roches, observeront la faune des grandes profondeurs (...) Les *océanautes* auront l'impression de vivre sur une autre planète : chez eux, à 110 m de profondeur, l'air qu'ils respirent (...) a un goût sirupeux *(E. 16.8.65).* Dans le village sous-marin de « Précontinent III », six *océanautes* ont vécu un mois et travaillé six heures par jour *(FL 10.7.67).* Le problème semble avoir été résolu : le refroidissement des *océanautes (C. 29.9.70).*
→ -NAUTE. *Rem.*

ŒCUMÉNISME [ekymenism] sm. (D'après l'emploi à propos de confessions religieuses, répandu à l'occasion du concile Vatican II. — Par extension, dans d'autres domaines).

L'université doit être placée sous le signe de la pluridisciplinarité qui constitue en quelque sorte un *œcuménisme* universitaire *(M. 26.2.69).* Les spécialistes de l'informatique ont deux origines : il y a ceux qui sont partis des ordinateurs et ceux qui, comme nous, sont partis des conseils d'organisation et de gestion aux entreprises. Nous avons été conduits à former à l'informatique nos spécialistes. De leur côté, nos confrères d'origine informaticienne ont commencé à spécialiser leurs collaborateurs dans la gestion. Aussi, les deux courants sont-ils en train de se rejoindre (...) et nous assistons à une sorte d'*œcuménisme* du conseil aux entreprises *(D. En. 3.71).*
Quelques « gentils membres » du Club pratiquent un véritable *œcuménisme* vacancier *(Laurent, 73).*

ŒSTROGÈNE [εstrɔʒεn] sm. Rép. mil. XXe. ■ Hormone qui provoque l'œstrus.

La première de ces hormones, l'*œstrogène*, semble jouer un rôle essentiel dans l'épanouissement de la féminité : elle suscite, à la puberté, le développement des organes sexuels et régularise chaque mois les transformations qui préparent la femme à une éventuelle maternité. 25 à 30 % seulement des femmes souffrent d'une déficience en *œstrogènes* au moment de la ménopause *(E. 27.3.67).* L'atrophie du derme particulièrement marquée chez les femmes souffrant d'ostéoporose est retardée ou empêchée sous l'action des *œstrogènes (M. 6.11.69).*
Empêcher l'implantation de l'œuf fécondé dans l'utérus : tel est l'effet des *œstrogènes* employés avec succès à doses élevées : la pilule du lendemain matin *(M. 19.1.72).*

ŒSTROGÉNIQUE adj. De *œstrogène**.

Le rôle bénéfique des *hormones* femelles, *œstrogéniques*, pour le traitement du cancer de la prostate *(M. 15.10.66).* Prévenir les conséquences pathologiques de la ménopause en appliquant un *traitement œstrogénique (M. 6.11.69).*

ŒSTROGÉNOTHÉRAPIE sf. ■ Traitement par les œstrogènes.

C'est folie de vouloir traiter toutes les femmes sans distinction, répliquent les adversaires de l'*œstrogénothérapie* systématique *(E. 27.3.67).*

OFF adj. et adv. (Mot angl. : *off screen*, « en dehors de l'écran »).

1. Cin. ■ Se dit d'une voix ou de dialogues dont les locuteurs ne sont pas visibles sur l'écran.

Rem. 1. Nos amis canadiens remplacent, chaque fois qu'ils le peuvent, « *off* » par « hors » et « *off* camera » par « hors du champ » (...) ; « *off* » employé seul ou dans « voix *off* » est une expression barbare ; « voix *off*» est un hybride, c'est la combinaison artificielle d'un mot français et d'un mot anglais (...) raison de plus pour renoncer à ce jargon au profit de « hors champ », par analogie avec « hors texte » *(VL 1.63).*

♦ Le cinéaste a « éteint » par le procédé de la voix « *off* » des monologues écrits pour être sanglotés *(E. 14.11.66)*. Le dialogue du film se veut littéraire — importance de la voix *off* déroulant un récit au passé simple *(O. 14.2.68)*.

Rem. 2. **La traduction officiellement recommandée de cet anglicisme est** *« hors champ »*.

2. Théâtre. (de *off-Broadway,* hors Broadway, genre théâtral d'avant-garde).
■ Se dit d'un spectacle, généralement d'avant-garde, qui se donne en marge d'un programme officiel.

Il y a maintenant autour du festival un *off*-festival, comme il y a à New-York un théâtre *off*-Broadway *(FL. 20.7.70)*. Dans les sous-sols d'une boîte s'improvise un festival *« off » (E. 3.7.72)*.

3. À propos de personnes (dans certaines professions). *« Être off »* : ne pas être de service.

R. guide-interprète dans une grande agence de tourisme n'est jamais *« off »* — terme consacré pour les jours de liberté — les samedis, dimanches et jours de fête *(FP 9.73)*.

OFFICIALISATION sf. ■ Action d'officialiser quelque chose, de rendre officiel son résultat.

Churchill, déniant (en juin 1940) toute indépendance au gouvernement (français) de Bordeaux, prenait acte de ce projet de Comité national (du général de Gaulle à Londres). Étape décisive dans les rapports franco-britanniques, c'était une *« officialisation »* (de l'action du général de Gaulle) avant la lettre *(Auburtin, 66)*. Les artisans du taxi demandent l'*officialisation* du droit de revente de l'autorisation d'exploiter *(E. 15.5.67)*. Le personnel des musées a obtenu (...) l'*officialisation* d'une commission paritaire comprenant des représentants de tous les personnels *(M. 8.6.68)*. Survient la loi « libératrice » tant attendue. La pilule va pouvoir enfin s'appeler par son nom. De « curative », elle va devenir ce qu'elle a toujours été, « contraceptive ». Elle va échanger sa blouse d'infirmière contre une robe impudique. Les bonnes consciences se réveillent : on va assortir l'*officialisation* des contraceptifs d'une surveillance paperassière et policière à décourager les plus entêtées *(O. 2.12.68)*.

L. convoqua le Parlement pour réclamer l'*officialisation* de la révocation du président de la République *(Lantier, 69)*. La délégation algérienne voulait faire du voyage du Président du G.P.R.A. (= gouvernement provisoire de la République algérienne) une plate-forme d'*officialisation (Courrière, 71)*. L'*officialisation* de ce que certaines firmes pratiquent honteusement, à savoir le plafonnement du pouvoir d'achat des revenus assez élevés *(Inf. 3.74)*.

OFFRE PUBLIQUE D'ACHAT / D'ÉCHANGE
→ O.P.A, O.P.E.

OFF(-)SHORE [ɔfʃɔr] adj. Mot anglais (loin du rivage). Techn. Relatif au pétrole sous-marin.

Rem. **L'Administration française recommande de traduire cet anglicisme par** *« marin »* **ou** *« en mer »*.

(Une société pétrolière) vient d'obtenir un permis de recherches *« off shore »* dans le golfe de Gascogne *(M. 9.1.66)*. Les pétroliers manquent de données précises sur l'état de la mer, indispensables pour les calculs de résistance des plates-formes de forage ou d'exploitation *« off-shore » (M. 13.3.69)*. La Compagnie française des pétroles a organisé un séminaire *« off shore » (M. 14.10.69)*.

Les autorités portuaires ont fait valoir la possibilité d'installation d'un port *off shore* dans la rade *(Cazau, 71)*. Le développement de la production de pétrole *off-shore* pose des problèmes techniques et économiques *(Faire, 73)*.

Actuellement, c'est le pétrole *off-shore* au nord de l'Écosse, qui vient miraculeusement au secours des Britanniques *(Leprince-Ringuet, 78)*.

OGIVE NUCLÉAIRE sf. Milit. ■ Partie supérieure (en forme d'ogive) d'un projectile à charge *nucléaire**.

Les Soviétiques se prépareraient à doter leurs plus récents missiles intercontinentaux d'*ogives nucléaires* multiples, ce qui augmenterait considérablement la puissance et l'efficacité *(F. 15.12.66)*.

Cette technique permet aux *ogives nucléaires* portées par un même missile d'atteindre plusieurs objets dispersés *(P. 27.8.73)*.

OLÉ(-)OLÉ ou OLLÉ(-)OLLÉ adj. Fam. ■ Très libre dans ses manières ou son langage.

Un colonel très sympathique et *« ollé-ollé »* que ses camarades appellent « le clown » fait son numéro *(Courrière, 71)*.

OLÉODUC sm. Mil. XXe. (De *oléo-,* du lat. *oleum,* « huile » — cf. angl. *oil,* « pétrole » —, et *-duc,* du lat. *ducere* — cf. aqueduc —). ■ Conduite de pétrole. (Traduction de l'angl. *pipe-line*).

Rem. Les Canadiens ont eu plus d'imagination que les Français puisqu'ils ont transposé « pipe-line » en *« oléoduc »,* sur le modèle d'aqueduc *(VL 12.56)*.

♦ Ces jours-ci le pétrole va arriver à la côte par un *oléoduc* de 700 kilomètres de long *(M. 12.11.59)*. Le conseil fédéral suisse s'intéresse à un projet d'*oléoduc* reliant l'Italie du Nord à l'Allemagne du Sud en traversant la Suisse *(R.S.R. 5.2.60)*. En mai 1951, on commençait la mise en place du « pipe-line » Le Havre-Paris. En 1954, les travaux terminés, le nouvel *oléoduc* entrait en service *(F. 8.9.61)*. L'*oléoduc* transalpin relie Trieste à l'Allemagne. Cet *oléoduc* débite 25 millions de tonnes par an *(M. 31.12.67)*.

Un *oléoduc* va déjà du Havre à V. (...) Il est question de le prolonger : ce pipe-line pourrait ravitailler le complexe pétro-chimique d'Anvers *(E. 4.2.74)*. Le transport de propylène à longue distance s'effectue pour plus de la moitié par *oléoduc (P. 17.7.78)*.

OMNISPORTS

OLIGO(-) Premier élément d'adjectifs et de substantifs composés. (Du gr. *oligos*, « petit », « peu nombreux »).

OLIGO-ÉLÉMENT sm. Biol. ■ Substance indispensable à l'organisme vivant, où il ne se trouve qu'en très petites quantités.

Le malade, c'est un être puéril : P.D.G., il exige d'être soigné aux *oligo-éléments* : mini-intellectuel, cadre, technicien, il conteste nos ordonnances *(E. 17.2.69)*.

OLIGOPOLE sm. Mil. XXe. (De *oligo* et [mono] *pole*). Écon. ■ Marché dans lequel l'offre est presque monopolisée par quelques grandes entreprises.

Le thème si actuel des problèmes posés par la croissance d'*oligopoles* européens et l'absence de pouvoir capable de les contenir *(M. 9.4.66)*.
Que se passe-t-il sur le marché lorsque deux « *oligopoles* » ont leur propre clientèle et se disputent la clientèle intermédiaire ? *(C. 6.2.73)*.

OLIGOPOLISTIQUE adj. ■ Qui est caractérisé par la présence d'*oligopoles**.

Physionomie *oligopolistique* du secteur des industries de biens d'équipement *(Gendarme, 59)*. Nous sommes à l'âge du capitalisme *oligopolistique (E. 30.12.68)*. Une structure industrielle *oligopolistique*, caractérisée par la présence dominante d'un petit nombre de grandes entreprises *(Hetman, 69)*.
Les lois de la concurrence et de la non-concurrence entre grandes entreprises sur des marchés *oligopolistiques (Faire, 73)*. Les compagnies pétrolières ont tiré des « super-profits » d'un marché pétrolier *oligopolistique (Inf. 4.3.74)*.

OLYMPISME sm. ■ Ensemble de ce qui concerne les Jeux olympiques, leur organisation, leurs règlements, etc.

La réélection de M. B., président du Comité international olympique, risque de maintenir l'*olympisme (M. 12.10.68)*. Prendre de nouvelles initiatives sur le plan de l'*olympisme* international *(M. 31.12.68)*.

OMBUDSMAN [ɔmbydsman] sm. ~ 1960. (Mot suédois). ■ Dans certains pays, personne chargée de défendre le citoyen contre les excès de pouvoir commis par une Administration publique.
Des fonctions du même ordre sont assumées en France par le *médiateur**, au Québec par le *protecteur* du citoyen.

Défenseur ? Médiateur ? Intercesseur ? Les linguistes hésitent sur la traduction du mot suédois « *ombudsman* » *(E. 16.10.72)*. Une centaine d'associations corporatives, professionnelles ou sportives l'ont choisi comme « *ombudsman* » officieux *(E. 29.10.73)*. Deux questions étaient à l'ordre du jour : l'opportunité de nommer un « *ombudsman* » au niveau européen, et l'éventualité de désigner une personnalité indépendante, chargée d'assister ceux qui présentent des plaintes devant la commission européenne des droits de l'homme *(M. 21.4.74)*.

OMNI(-) Premier élément d'adjectifs et de substantifs composés.

OMNIDIRECTIONNEL, LE adj. ■ Qui peut être utilisé dans toutes les directions.

Quatre *antennes* sont *omnidirectionnelles* : leur faisceau n'est pas directif : leurs signaux sont émis dans toutes les directions en même temps *(M. 25.12.68)*. Aménager à l'intérieur (d'une voiture) une *caméra omnidirectionnelle (TL 29.4.66)*.

OMNIPRATICIEN, NE adj. et subst. ~ 1960. ■ Médecin *généraliste** (par opp. à *spécialiste*).

Cette réunion était organisée par le Syndicat des médecins *omnipraticiens* de la Seine *(M. 6.11.64)*.
Plusieurs catégories de médecins : *omnipraticiens*, spécialistes, radiologues, chirurgiens *(FL 29.9.66)*. Relations médecin-malade auxquelles l'*omnipraticien*, en France, n'a jamais été préparé par des études qui continuent d'ignorer la psychologie *(E. 6.10.69)*.
L'*omnipraticien* de campagne un clavier plus étendu que son confrère citadin, il embrasse un vaste champ d'activités : accouchements, petite chirurgie (...) *(Beunat, 74)*.

OMNISPORTS adj. ~ 1955. ■ Qui concerne tous les sports. Où l'on pratique de très nombreux sports.

Une importante *association* municipale *omnisports* est envisagée. Elle comportera : tennis, basket-ball, hand-ball, football, gymnastique, ping-pong, natation *(M. 25.6.66)*. Nous avons des journées « *omnisports* » *(VL 12.66)*. Les travaux de construction d'une *salle omnisports* moderne viennent de débuter à R. Cette salle comprendra trois plateaux d'évolution pouvant être réunis en une salle, selon l'importance des manifestations (tennis, basket, volley-ball, boxe, gymnastique) *(M. 29.10.58)*. Une *société omnisports* (avec) une section de football féminin *(M. 5.11.69)*. Un groupe scolaire, une salle de sports, un *terrain omnisports* de 2 hectares *(M. 27.6.66)*.
B., phénoménal athlète complet, pourrait briguer le titre de champion olympique dans n'importe quelle discipline (...) ainsi qu'il l'a prouvé il y a quelques années dans une *épreuve omnisports (M. 10.6.78)*.

Rem. Quelques autres composés en *omni-* sont énumérés ci-après.

● Adj.

Le président de la République qui est *omnicompétent* et *omniprésent (E. 8.9.69)*. Pluridis-

ciplinaire ne signifie pas *omnidisciplinaire* : chaque université aura normalement une orientation dominante *(M. 26.2.69)*. L'espion électronique *omni-fonctionnel* pourra enfin tout savoir *(O. 10.2.69)*.
Un navire « *omnivalent* », c'est-à-dire apte à assurer tous les types du trafic transmanche actuel *(R.G.C.F. 7.74)*.

● Subst.

L'*omnivalence* du diplôme de docteur en médecine demeure l'une des règles fondamentales de l'exercice médical en France *(M. 6.11.74)*.

ONDE DE CHOC Loc. subst. Fig. (D'après l'emploi dans le vocab. de la physique). ■ Conséquence, répercussion (souvent fâcheuse).

Les prix ? Il est encore trop tôt pour savoir comment l'*onde de choc* de la T.V.A. (taxe à la valeur ajoutée) se propage à travers l'ensemble du pays *(M. 7.1.68)*. L'*onde de choc* de l'offensive générale lancée par le F.N.L. contre les villes du Vietnam du Sud n'a pas fini d'ébranler Washington *(O. 14.2.68)*. Amener les gens à discuter eux-mêmes, (cela) déclenche dans l'institution (universitaire) une *onde de choc* qui l'ébranle *(C. 5.9.68)*. En face, la Sorbonne retrouve ses meetings et les assemblées tumultueuses : il suffit, pourtant, de la largeur de la rue Saint-Jacques pour que l'*onde de choc* vienne mourir au pied des murs du Collège de France *(E. 4.11.68)*. Une main-d'œuvre de 850 personnes (dans un village) peu perméables aux *ondes de choc* qui parcourent la classe ouvrière, sans doute parce qu'ils (sic) sont correctement rémunérés et convenablement traités *(M. 23.3.69)*.
La dernière crise n'est pas monétaire. Elle est psychologique, elle est politique. L'*onde de choc* est venue de Wall Street *(E. 21.5.73)*. Un pavé dans la mare parlementaire, cette élection de Giscard d'Estaing ! Les grenouilles, dispersées par l'*onde de choc* s'agrippent au rivage et lèvent des yeux effarés sur le ciel élyséen, pour tenter d'y deviner la trajectoire des retombées *(P. 27.5.74)*.
→ RETOMBÉES

ONE(-)MAN SHOW [wanmanʃo] Loc. subst. 1964. (Mot anglais : *show*, « spectacle », « d'un seul homme » *one man*). ■ Spectacle de variétés centré sur un seul artiste.

Jacques Brel donnait un de ses derniers et rarissimes récitals : il n'aime pas les « *one-man shows* » exigés par le « show-business », « Si tout le monde passe seul, comment les débutants boufferont-ils ? *(O. 22.2.67)*. Il présente un *one-man show* où comme auteur et interprète, il tient la vedette dans la pièce *(El. 28.9.70)*.
Le directeur du Miller's Theatre (à New York) avait fait preuve d'audace (...) pour abriter un « *One man show* » de deux heures et demie, entièrement exécuté en français *(Signoret, 75/78)*.

● Par ext. Dans d'autres domaines.

Les gaullistes suivent sans inquiétude le *one man show* du champion de l'opposition *(Viansson, 71)*.

ONIROGÈNE adj. et sm. ■ Substance qui provoque l'état onirique.

Trois sortes de motivations psychologiques principales des toxicophiles aux « *onirogènes* » comme les appelle de préférence le professeur D. : le besoin d'évasion, la curiosité et la pression psychologique du « groupe » qui joue un rôle déterminant dans ces intoxications collectives *(M. 26.2.69)*.
→ HALLUCINOGÈNE

ONUSIEN, NE [ɔnyzjɛ̃, ɛn] adj. De l'O.N.U. (*O*rganisation des *N*ations *U*nies).

L'affrontement se résumerait à des *algarades* « *onusiennes* » *(M. 15.12.66)*. La création d'une *force* permanente *onusienne* *(M. 7.1.66)*. Les affirmations de mes *interlocuteurs onusiens* n'auraient pas suffi à me convaincre *(M. 14.3.66)*. Il (un chef d'État) s'engage à l'avance conformément au *texte onusien*, à mettre fin à l'état de belligérance *(M. 17.12.68)*. La tâche impartie à ces *troupes onusiennes* (...) Mettre sur pied les *troupes onusiennes* *(R.S.R. 20.7.60)*.
M.D. (...) chef du personnel de l'Office des Nations Unies à Genève, le nouveau patron dont dépend la carrière des employés *onusiens* en Europe *(E. 28.8.78)*.

O. P. A. ou OPA, [opea] O. P. E. [opee] sf. ~ 1965. ■ Sigles pour *o*ffre *p*ublique d'*a*chat(s), *o*ffre *p*ublique d'*é*change.

1. Écon. ■ Technique boursière par laquelle une personne physique ou une société fait savoir publiquement aux actionnaires d'une (autre) société qu'elle est disposée, pendant un temps et à un prix déterminés, à acquérir leurs actions. Si elle propose de payer celles-ci en espèces, il y a *offre publique d'achat* (O.P.A.). Si le règlement est proposé sous forme de titres, il s'agit d'une *offre publique d'échange* (O.P.E.).

Le président-directeur-général du groupe B.S.N. a lancé samedi une *O.P.A.* (offre publique d'achat) (...) Cette opération devrait permettre au second producteur de verre français d'acquérir le tiers du capital du premier producteur, son principal concurrent *(M. 24.12.68)*. En France, où elles ont commencé de s'acclimater depuis moins de cinq ans, les *O.P.A.* ou offres publiques d'achat ont provoqué de vives hausses des valeurs intéressées (...) Les *O.P.A.* représentent, il faut le reconnaître, un progrès très net sur d'autres procédés longtemps employés en France pour s'emparer à bon compte du contrôle des entreprises *(M. 15.1.69)*. Le groupe néerlandais H. a déposé une *O.P.A.* sur la brasserie de l'Espérance *(M. 3.8.72)*. Contrant le groupe Pétrofina, une filiale des Charbonnages de France, lance à son tour une *O.P.A.* sur les 365.708 actions composant le capital R.G. *(M. 18.12.75)*. L'*offre publique d'échanges* lancée lundi dernier sur les actions de Marine-Firminy pour Denain-Nord-Est-Longwy a ouvert le feu dans une triple bataille : boursière, industrielle et personnelle *(E. 9.12.74)*.

2. Dans d'autres domaines. ■ Tentative pour accéder à une domination (économique, politique etc.).

Certains leaders des républicains indépendants semblent vouloir tenter une *OPA* sur l'électorat centriste *(En. 28.10.71)*. Cette réforme ne signifie pas l'absorption d'une profession par une autre (...), il n'y a pas eu, il n'y aura pas d'*O.P.A.* sur les avoués *(M. 12.5.72)*. Certains dirigeants de la Fédération française de football ne pardonnent pas à M.L. sa tentative d'*O.P.A.* sur le football français *(E. 15.1.73)*. L'annonce d'un projet d'accord entre la confédération générale des cadres et les cadres C.G.T. a provoqué un certain émoi. On a parlé d'une *OPA* sur les cadres. C'est oublier qu'ils veulent gérer eux-mêmes leurs propres affaires *(M. 18.2.74)*. M.D. lance une *O.P.A.* sur le Centre réformateur *(E. 3.2.75)*. En juin 1971, M. réussit une *O.P.A.* sur la SFIO, rebaptisée symboliquement Parti socialiste *(P. 13.3.78)*. L'*O.P.A.* de l'Aga Khan sur deux des plus prestigieuses écuries françaises *(M. 5.8.78)*.

OPEN (BILLET) [ɔpɛn] sm. ~ 1960. (Trad. de l'angl. *open ticket*). Transp. ■ Billet d'avion non daté au moment de l'achat, et que le passager peut utiliser à la date de son choix.

Que pensez-vous des « *billets open* » que les agents d'Air France vendent à leurs clients ? Ne s'agit-il pas d'un terme de jargon qui sort du monde clos des techniciens pour gagner le grand public ? Pourquoi « *billet open* » ? Pourquoi pas « billet ouvert » ? (...) — Un « *billet open* » est un billet non daté, tout simplement (...). — La majorité des Français comprend ce que c'est qu'un « *billet open* » ; ces mots, nos clients (d'Air France) les comprennent et cela les amuse (...). — La langue de l'aviation est internationale et doit l'être. Je veux bien que « *billet open* » soit du sabir, mais il faut trouver une formule qui ne s'éloigne pas trop de « open ticket ». — Si « open ticket » est international, nous demandons que l'équivalent français soit « coupon date libre » *(Débat sur quelques anglicismes, in VL 11.63)*.

OPÉRATION(-) + Subst. loc. subst. Rép. mil XXe. (Calque de l'angl. *operation*..., dans les noms de code d'opérations militaires, par ex. *Operation Overlord*, débattement des Alliés en Normandie le 6 juin 1944). D'abord dans le vocab. milit.

● Par ext. Dans d'autres domaines.

Rem. 1. Pour attirer l'attention sur un produit, une institution, une opération complexe, on lui donne une appellation plus ou moins arbitraire qui doit servir de drapeau pour rassembler soit les usagers, soit ceux qui participent à l'entreprise. On peut trouver un bon exemple du procédé dans les expressions *opération primevère* et itinéraire émeraude, lancées par les responsables de la circulation routière *(VR. 10.10.71)*.

Rem. 2. Le substantif qui suit et détermine *Opération*(-) est : tantôt un nom de code, généralement sans rapport visible avec la nature de l'opération ; tantôt une sorte de surnom, parfois pittoresque ou plaisant, choisi soit par les initiateurs de l'opération, soit, plus souvent, par ceux qui la décrivent ; il évoque presque toujours le genre, la méthode, le style de l'opération. Ce subst. est le plus souvent apposé à *opération*, sans lien graphique, mais parfois la présence d'un trait d'union montre qu'un processus de lexicalisation sous forme de composé est en cours.

O Beaucoup de parents ne peuvent s'absenter le soir faute de garde auprès de leurs jeunes enfants, de nombreux étudiants sans ressources cherchent le moyen de se procurer quelque argent de poche tout en préparant leurs examens. L'« *opération Biberon* », que lance l'Association générale des étudiants en médecine, est un échange de services. Le contrôle qu'elle s'engage à exercer sur ses « nurses » improvisées et la nature des études poursuivies par celles-ci sont autant de garanties pour les « employeurs » éventuels *(M. 3.2.55)*. Le bifteck haché surgelé, une *opération* « *bœuf* », qui offre toutes les garanties d'hygiène *(VR 24.11.68)*. *Opération bougie :* les habitants de B., désireux de protester contre la hausse des tarifs de l'électricité, ont décidé de s'éclairer désormais exclusivement à la bougie *(M. 24.1.69)*. Lorsqu'elle s'est aperçue que Péguy refusait de renier la République et son point de vue sur l'affaire Dreyfus, (la droite) l'a étouffé sous des tonnes de silence. Ses livres ne se vendaient plus, on ne parlait plus de lui. C'est parce qu'il est mort au champ d'honneur qu'on l'a finalement réhabilité : la droite s'est livrée sur Péguy à une « *opération cadavre* » (Guillemin : *M. 29.11.69*). Succès de prestige ou d'efficacité ? Les C.R.S. semblent très sensibles à l'opinion du public à leur égard et cherchent à minimiser leur rôle de force de l'ordre. La création des centres de loisirs pour la jeunesse cet été a été un peu une *opération-charme* de « relations publiques » *(M. 2.9.65)*. L'*opération charme* (du général de Gaulle en U.R.S.S.) s'est déroulée sans heurts ni à-coups, grâce au travail de préparation soigné d'une équipe bien entraînée au service d'un grand interprète. Le choix des mots des dix-neuf discours, l'alternance calculée dans l'emploi de « la Russie » et de l'« Union soviétique », les allusions personnelles flatteuses, les amabilités dites au bon moment (...) *(M. 29.6.66)*. M. L. s'en prend « aux prétendus intellectuels qui ne sont qu'apparemment intelligents » et qui ont voulu mener contre la France l'« *opération conscience* », malgré tous les rapports négatifs des commissions d'enquête (sur l'emploi de la torture dans les interrogatoires) *(M. 17.1.58)*.

L'*opération coup de poing* lancée par le ministre : avant le 31 décembre, seront débloqués dans la région parisienne, 25 000 permis (de construire) *(E. 25.11.58)*. L'*opération Débarras*, organisée hier par le Secours catholique, a obtenu un succès considérable. De nombreux camions ayant à bord des équipes de jeunes gens et d'enfants, ont ramassé les objets divers descendus des greniers sur le trottoir *(M. 23.3.54)*. L'*opération* « *démoustification* » se heurtait aux propriétaires de la région, qui refusaient le droit de passage aux équipes chargées de traquer l'ennemi (les moustiques). La raison : la peur que les insecticides employés ne soient funestes à la flore et à la faune et ne modifient l'équilibre biologique de la région *(E. 16.8.65)*. Vingt bateaux vont participer à ce qu'on appelle maintenant l'« *opération détergent* » : ils vont déverser en moyenne, chaque jour, 200 000 litres de produits pour essayer de réduire la pollution de la mer *(M. 22.3.67)*. L'*opération espoir* — 26 500 000 F pour la lutte anticancéreuse *(M. 31.5.69)*. Une « *opération-estimation* » tentée par l'Institut français d'opinion publique *(M. 7.12.65)*. L'*opération* « *feu follet* » n'a duré que trente minutes. Le temps, pour quatre cents commerçants et artisans en colère, de mettre à sac les locaux de l'inspection des contributions directes *(E. 14.4.69)*. Afin d'éviter que les murailles de nos cités modernes ne croulent sous un nouveau vacarme, l'« *opération Jéricho* » est déclenchée. Une proposition de loi tendant à organiser la lutte contre le bruit vient d'être déposée sur le bureau de l'Assemblée *(A. 1.11.53)*. « *Opération mariage* » offrirait un week-end à Paris au couple le mieux assorti *(PM 27.1.68)*. La qualité remarquable et la portée des émissions télévisées de l'« *opération-Perce-Neige* » consacrée à l'enfance inadaptée *(M. 2.5.66)*. Toutes les boutiques dans le vent sont prêtes pour l'offensive 1930 : les coiffeurs suivent le mouvement. J. L. S. a lancé une « *opération-perruque* » *(O. 24.1.68)*. En servant pendant les douze journées olympiques en son et en images quarante organismes de radio et de télévision, l'O.R.T.F. va réaliser sa plus grande « *opération prestige* » *(M. 12.1.68)*. Voilà Vincennes, le « centre expérimental », l'« Université-pilote », l'*opération-prestige* du ministère de l'Éducation nationale *(O. 20.1.69)*. Routes : service d'ordre renforcé pour permettre l'« *opération-retour* » (à Paris après le congé du 1er mai) *(C. 4.5.64)*. En dépit de l'*opération-séduction* lancée par les Américains, il n'est pas du tout sûr que les pouvoirs publics se laissent fléchir *(E. 19.6.67)*. Les principaux atouts de l'Italie sont la gentillesse, la « cortesia », la bonne humeur, la cordialité dont font preuve les Italiens, envers leurs hôtes de passage. C'est un détail, dit-on quelquefois en France... Quelle erreur ! L'*opération sourire* n'est pas toujours un détail *(M. 22.9.65)*. L'« *opération survie* » dont le but serait de démontrer qu'un groupe d'hommes peut retrouver dans une nature hostile les conditions d'existence de l'homme paléolithique *(M. 29.7.56)*. Il fallait prendre de vitesse les spéculateurs professionnels. Lorsque l'« *opération terrains* » s'acheva, dans le secret, l'État était à la tête de 1 500 hectares payés de 50 centimes à 3 francs le mètre carré *(E. 16.8.65)*. La traditionnelle « *opération vacances* » consiste à ouvrir des studios (de radiodiffusion) provisoires aux grands points de migrations estivales *(M. 16.6.65)*. Air Inter affronte actuellement les vents contraires d'une « *opération vérité* » comme on les aime au ministère des Finances : les subventions de l'État lui ont été supprimées *(E. 15.4.68)*.

∞ Une *opération embouteillage*, à midi précis, bloqua le centre d'Alger *(Courrière, 71)*. Pour que l'intégrité du parc national de la Vanoise soit respectée, beaucoup de (gens se sont ligués) contre l'*opération béton (Carlier, 72)*. Plusieurs mois ont été nécessaires pour trouver un nom à cet hôtel de luxe. En fin de compte, ce sont les avis des passagers débarquant à Orly qui ont mis le point final à cette *opération-baptême (M. 15.4.72)*. L'*opération* « *maison de la culture* » fit apparaître clairement les objectifs poursuivis par le ministère des Affaires culturelles *(Belloin, 73)*. Une « *opération fichier* » consiste, par exemple, à procéder en une nuit à la photocopie de l'ensemble d'un fichier de militants, à la correspondance d'un mouvement, etc. Il y a aussi les « *opérations-photos* ». Une équipe est chargée de photographier clandestinement un responsable politique sortant d'un restaurant, ou bien un militant qui pense assister à une réunion secrète *(O. 28.5.73)*. 4.500 militaires ont participé à l'*opération Route-Armée* pour aider la gendarmerie à faciliter les retours de vacances sur les routes *(E. 10.9.73)*. « Nous vous demandons d'étudier nos propositions, de nous faire parvenir vos suggestions, critiques ou observations » : C'est une véritable « *opération-explication* » qui vise les officiers et sous-officiers *(O. 12.11.73)*. Le Président espère que cette *opération franchise* lui permettra de regagner, sinon la confiance du pays, du moins celle des parlementaires *(M. 20.11.73)*. Ce document — *opération* « *jonquilles* » — restera secret et donnera lieu à des décisions en Conseil des ministres *(O. 4.3.74)*. L'*opération séduction* de Nixon a été plus spectaculaire qu'efficace *(O. 13.4.74)*. L'« *opération confiance* » consiste à expliquer partout, au Parlement, dans les assemblées régionales, l'action du gouvernement contre la hausse des prix (...). L'*opération volonté*, c'est s'engager dans une action d'ensemble *(M. 26.4.74)*. Il (un homme politique) perfectionne son image, il polit sa légende. L'*opération marketing* qu'il dirige lui-même, est merveilleusement réussie *(O. 7.5.74)*. L'*opération frein sur les prix* des entreprises risque de s'apparenter à une « *opération frein sur les salaires* » *(C. 8.9.74)*. Un verre de lait devrait être servi, chaque jour, aux enfants qui fréquentent l'école maternelle et les classes enfantines. Aucune date cependant n'est encore fixée pour le lancement de cette *opération* « *verre de lait* » *(M. 11.10.75)*. L'« *opération corridor* » sur l'autoroute du Nord a démarré au mois de novembre dernier *(P. 17.5.76)*. Une audience de contestation suivie d'une sorte de protocole d'accord mis au point entre avocats et magistrats était baptisée « *opération coup de gueule* » *(M. 11.12.76)*. Le gouvernement a décidé une *opération-vérité* des tarifs publics *(M. 26.4.78)*. Le Syndicat national des instituteurs lance une « *opération qualité* » dans l'enseignement *(C. 10.9.78)*.

→ PORTE(S) OUVERTE(S).

OPÉRATIONNEL, LE adj. et sm. Mil. XXe. (De *opération*, d'après l'angl. *operational*).

1. Milit.

- **1.1. Relatif aux opérations militaires ou aux aspects spécifiquement militaires de la stratégie.**

    Les *bases* de missiles en construction n'étaient pas encore *opérationnelles (M. 13.7.65)*. Chaque chef de zone regagne son P.C. (poste de commandement) *opérationnel (Courrière, 68)*. Il s'agissait d'obtenir le *renseignement opérationnel* urgent *(Massu, 71)*. Occupons-nous de notre *mission opérationnelle* et battons-nous *(Courrière, 71)*.

- **1.2. Se dit soit d'un engin (avion, blindé, missile, etc.) dont l'expérimentation est terminée et qui est prêt à être engagé en opérations ; soit d'un équipage, d'une troupe, dont la formation, l'entraînement sont suffisants pour permettre de les engager en opérations.**

- **1.2.1. À propos d'armes, d'engins.**

    On espère que l'*avion* de reconnaissance sera « *opérationnel* » dès l'année prochaine *(M. 9.12.64)*. On peut se demander si ce modèle de *char d'assaut*, qui a bientôt vingt ans, pourra longtemps encore être considéré comme « *opérationnel* » *(M. 25.11.65)*. L'entrée en *service opérationnel* des Mirage — 5 dépend du rythme auquel ils seront modernisés pour répondre aux besoins de l'armée de l'air *(M. 11.2.71)*. Cinq ans sont nécessaires pour qu'une nouvelle génération d'armes devienne « *opérationnelle* » *(M. 28.5.72)*.

- **1.2.2. À propos de combattants.**

    Cet embryon d'armée était plus une armée d'état-major qu'une armée *opérationnelle (Courrière, 68)*. Ne faire intervenir que les *troupes* d'élite dites « *opérationnelles* » *(Courrière 69)*. Trente pilotes sont actuellement « *opérationnels* », c'est-à-dire capables de voler en mission *(O. 15.10.73)*. J'avais demandé à faire partie des *compagnies opérationnelles*, pour fuir l'ennui et l'impression de couardise qui flottait parmi les planqués *(Favrelière, 73).*

2. Par ext. ~1965. Dans d'autres domaines.

● **2.1. À propos soit d'engins (appareils, instruments, machines) ; soit d'installations (usines, terrains industriels ou à bâtir) suffisamment élaborés ou équipés pour être mis en exploitation, en service ou en vente. Dans cet emploi,** *opérationnel* **s'oppose souvent à** *expérimental* **ou à** *prototype* **(placé en apposition).**

○ Le calendrier (des travaux) sera respecté, et tout laisse à penser (que l'*aéroport* en construction) sera *opérationnel* en 1972 ou 1973 *(M. 29.11.68).* Ce *centre commercial* devrait être *opérationnel* en 1971 *(C. 6.8.69).* En 1967, le turbotrain avait atteint 230 km/h. Les derniers essais sont moins spectaculaires, mais plus proches des *conditions opérationnelles (E. 19.2.68).* Un assortiment d'affiches indiquait l'emplacement et l'*état* plus ou moins *opérationnel* des véhicules *(Hailey, 69).* Le comité inspectait les *pistes* pour vérifier qu'elles étaient ou bien *opérationnelles* ou bien inutilisables *(Hailey, 69).* Deux *ports de plaisance* sont en construction. Le plus important sera *opérationnel* dès cette année *(E. 25.4.66).* La conception générale des rames prototypes (de turbotrain) permet dès à présent de prévoir ce que seraient les caractéristiques générales et les possibilités de *rames opérationnelles (VR 21.7.68).* Des *réacteurs* nucléaires, qui finiront par devenir « *opérationnels* » *(M. 23.7.69).* Mettre en orbite des *satellites* de télécommunication expérimentaux ou *opérationnels (M. 24.6.68).* Cet aérodrome est actuellement le seul à disposer d'un *système opérationnel* contre les brouillards *(E. 25.12.67).* Un *système* hôtelier de réservation électronique sera *opérationnel* l'an prochain *(M. 25.5.69).* La « première *tranche opérationnelle* » (des travaux) a été délimitée par un arrêté de 1967. Elle couvrait une surface de 15 hectares *(M. 13.1.68).* Deux prototypes (de turbotrain) conformes à la *version opérationnelle* vont être commandés *(E. 19.2.68).*

∞ La récente mise en route du premier *ordinateur* qui soit *opérationnel* dans le secteur privé *(En. 26.2.71).* Il n'existe pas actuellement de système de transport *opérationnel* à propulsion par moteur linéaire *(R.G.C.F. 6.71).* Il y a 15 ans à peine, le seul *moyen de communication* réellement « *opérationnel* » dont on disposait à travers l'Atlantique était le télégraphe utilisant des câbles sous-marins (...) Ces *satellites* seront-ils réalisés à temps pour devenir *opérationnels* en 1980 ? *(M. 1.12.71).* La restauration d'un quartier peut bénéficier de l'aide financière de l'État pour ce que la loi de 1962 appelle les « *îlots opérationnels* » *(M. 14.12.71).* L'Airbus ne doit pas être mis en service avant le début de 1974, alors que l'*avion* concurrent est *opérationnel* depuis novembre 1971 *(E. 28.8.72).* Le prototype pourra être achevé en 18 mois et les premières *rames opérationnelles* pourront entrer en service en 1975 (...) Le *ring autoroutier* de Bruxelles doit être complètement *opérationnel* à la fin de 1976 *(VR. 24.12.72).* Deux difficultés sont à résoudre avant d'envisager l'*emploi* « *opérationnel* » du frein magnétique *(R.G.C.F. 3.74).* Cet *atelier* de l'usine sera *opérationnel* dans le courant de l'année 1976 *(M. 13.2.74).* La Météorologie nationale expérimente une maquette de *minidirigeable* qui sera *opérationnel* en 1980 et servira à l'observation de l'environnement en basse atmosphère *(E. 28.8.78).*

● **2.2. À propos de méthodes, procédés, recherches, systèmes, suffisamment éprouvés pour être mis en œuvre, en application. (Parfois le sens est seulement : pratique, utilisable). Le subst. déterminé est le plus souvent un nom abstrait.**

○ Au Centre national d'informations routières on souligne que les services de police et de gendarmerie ont adopté une *attitude* « *opérationnelle* » : on souhaite que les conducteurs fassent de même, et suivent attentivement à la radio les messages et les conseils qui leur sont communiqués *(M. 3.1.71).* La définition *opérationnelle* de la marque : c'est le support de la confiance, c'est ce qui fait que le client se décide d'un côté plutôt que de l'autre *(En. 5.4.69).* Les Français, comme les partis qu'ils forment, sont cérébraux : leurs *idées* ne sont pas « *opérationnelles* » ; elles engendrent des décisions dont les effets sont loin d'être ceux qui sont attendus *(E. 18.12.67).* La réforme des structures patronales tend à donner au patronat une *organisation* « *opérationnelle* » *(C. 16.1.69).* Il faut que l'Europe puisse traiter d'égal à égal avec les États-Unis. Pour cela, elle doit être engagée dans un *projet opérationnel* (de satellites de télécommunications) *(E.1 3.11.67).* Les *qualités opérationnelles* de notre politique commerciale *(GL 30.1.71).* La région, dans un cadre européen, est une *unité* géographique beaucoup plus *opérationnelle* que le département et même que la nation *(M. 14.10.66).* L'« *urbanisme opérationnel* » : zones d'habitation et zones industrielles rénovation urbaine et réalisation des équipements collectifs les accompagnant *(Moulin, 68).*

∞ Malheureusement ces travaux n'ont pas encore reçu une *traduction opérationnelle (Gabaude, 72).* La *structure verticale* n'est sans doute plus « *opérationnelle* » dans un monde marqué davantage par la solidarité *(Peretti, 72).* Il faut rendre « *opérationnel* » ce projet d'argumentaire *(En. 20.1.72).* Une *discipline opérationnelle* bien comprise permet à chacun de s'exprimer avec le plus d'originalité et de spontanéité possibles *(N. 2.72).* C'est un raisonnement théorique dont on doit se méfier tant qu'il n'a pas été mis à l'épreuve du *service régulier* « *opérationnel* » *(M. 23.5.72).* La minute a constitué très longtemps l'unité de *temps réel opérationnel* ; celle-ci devient la dizaine de secondes et même moins avec l'augmentation de densité de la circulation. L'homme ne peut donc plus prendre seul les *décisions opérationnelles* ; celles-ci doivent être préparées par une procédure relativement automatisée *(R.G.C.F. 3.73).* Pour les masses populaires l'*autogestion* est encore une « utopie », mais qu'elles découvriront *opérationnelle* dans leurs luttes quotidiennes *(M. 26.7.73).* Déception pour ceux qui attendaient de l'assemblée plénière des *conclusions* pratiques et *opérationnelles (M. 13.11.73).* Diminuer le *prix de revient* « *opérationnel* » grâce à une moindre consommation par siège-kilomètre *(M. 5.3.74).* Cette première *étape* des travaux deviendra *opérationnelle* le 30 mai 1976 *(V.R. 4.1.76).* Cet Institut devrait entrer bientôt dans sa *phase opérationnelle (E. 13.2.78).*

● **2.3. À propos de personnes ou de collectivités (personnel d'entreprise, parti politique, groupe de travail, etc.).**

● **Adjectif.**

Pressé par l'urgence et l'obligation d'être *opérationnel*, le *médecin* est satisfait par une information concise, solide *(N. 4.69).* Pour la formation aux tâches d'alphabétisation, un « *séminaire opérationnel* » est efficace *(M. 9.9.72).* Sans une profonde métamorphose, le

OPÉRATIONNEL, LE

parti ne deviendra jamais *opérationnel*, ni en vue du pouvoir, ni dans l'opposition *(E. 18.9.72)*. Le chef de la Maison-Blanche vient de se doter d'une *équipe opérationnelle* d'économistes *(Inf. 1.1.73)*. Mutation de certains employés administratifs dans les *services* dits *« opérationnels » (M. 22.2.74)*. Réduction immédiate des *effectifs* non *opérationnels* à Air France *(E. 25.2.74)*. Paris innove dans les relations diplomatiques internationales en mettant en œuvre une sorte d'*ONU* miniaturisée et *opérationnelle (M. 29.4.75)*.

● **Substantif.**

L'équipe dirigeante de la firme, c'est un dosage savant et empirique d'*opérationnels* – les directeurs généraux de branches (...) *(Inf. 18.12.72)*. « L'*opérationnel* », c'est celui qui décroche les contrats. Il a été recruté à sa sortie de l'école de commerce *(O. 30.9.74)*. Lorsque les directives sont trop théoriques et posent un problème, (...) les *opérationnels*, c'est-à-dire les cadres, « arrangent » les choses *(P. 24.3.75)*.

OPÉRATIONNELLE (RECHERCHE) sf. 1956. (de l'angl. *operational research*). Écon. ■ Analyse de problèmes d'organisation par la méthode mathématique.

Rem. La *recherche opérationnelle* est l'ensemble des techniques de calcul permettant de résoudre des problèmes complexes mettant en cause des phénomènes d'ordre différent. L'objet de la *recherche opérationnelle* est la préparation des décisions incombant à une autorité responsable. (...) Née des besoins militaires durant la guerre, la *R.O.* connaît un succès croissant dans ses applications privées telles que les problèmes d'implantation, de stocks ou de distribution. Le développement de la *R.O.* dans le domaine des infrastructures publiques a été encouragé par les efforts de planification — organisation de la circulation urbaine *(Dt. écon.)*.
Il ne s'agit pas ici d'organisation intérieure d'une entreprise, mais de problèmes concrets, de caractère quantitatif, qui peuvent se poser à certaines d'entre elles, c'est-à-dire de stratégie, appelée pompeusement *recherche opérationnelle (M. 23.1.66)*.

OPÉRATIONNELLEMENT adv.

Pour (l'avion) Concorde le point de non-retour est dépassé, nous sommes condamnés à réussir *opérationnellement* et commercialement *(M. 29.11.68)*.
Cette première étape, qui débouche *opérationnellement* sur la définition d'objectifs servira de cadre pour la suite du travail du programmeur *(Gabaude, 72)*.

OPPOSITIONNEL, LE adj. et subst. Rép. mil. XXᵉ.

1. Pol. Qui est dans l'opposition.

● **Adjectif.**

Les départements où le Conseil général est en majorité *oppositionnel (E. 11.6.73)*.

● **Substantif.**

Organiser de nouvelles élections comme le réclament les *« oppositionnels » (E. 15.4.74)*.

2. Did. Qui manifeste une opposition.

Le trouble aura indirectement engendré (chez l'enfant) un *comportement oppositionnel* de *révolte* et de défi *(Bourcier, 64)*.
De jeunes hippies ont exprimé leur rébellion en allant vivre dans les cavernes de Crète. Le *ressort oppositionnel* est ici prépondérant *(M. 2.1.69)*.

OPTIMAL, E adj. ■ Le plus favorable ou le meilleur possible.

Rem. A la fin du siècle dernier, nous assistions à la naissance de deux adjectifs français, « maximal » et « minimal » (...) Depuis quelques années, l'adjectif *« optimal »* s'est joint à la série pour désigner ce qui est le meilleur possible *(Mars : C. 12.4.71)*.

♦ Il existe pour chaque pays un *budget* militaire *optimal (Escarpit, 64)*. Une *dimension optimale* de l'entreprise *(M. 24.9.66)*. Un progrès considérable : remplacer les rails simples de 16 m par des barres longues, dont la *longueur optimale* est de 800 à 1.500 m *(T. 2.67)*. Les méthodes de recherche opérationnelle facilitent l'approche d'une *solution optimale (M. 25.5.69)*.
Une longue série d'essais pour dégager la *technologie optimale (VR. 9.4.72)*. Des entreprises de transport routier dont on situe la *taille optimale* — afin de garder cette fameuse personnalisation du service — à 8 ou 10 camions *(O. 13.10.75)*. Recherche des *densités* de cheptel *optimales (M. 3.4.76)*. Cette science économique, c'est la problématique des *choix* individuels, *optimaux (C. 15.9.78)*.

OPTIMALISATION sf. Variante pour *optimisation**. ■ Action de rendre *optimal** ; son résultat.

Poursuivre l'*« optimalisation »*, c'est-à-dire plus simplement la réduction la meilleure possible du temps en fonction du coût *(VR 30.11.69)*. Sur ce réseau, on veut faire circuler dans un temps le plus court possible un ensemble de trains. On obtient donc une *optimalisation* du débit. Cette *optimalisation* est relative et spécifique à une exploitation par batteries dans le cadre de contraintes d'infrastructures *(R.G.C.F. 6.70)*.
Une solution satisfaisante exige non seulement la réalisation de dispositifs répondant à ces objectifs, mais encore y répondant de la meilleure façon, c'est-à-dire avec *optimalisation (R.G.C.F. 9.72)*.

OPTIMALISER v. tr. Variante pour *optimiser**. Rendre *optimal**.

La *conduite* du train sera entièrement automatique et *« optimalisée » (VR 18.1.70)*. Des *itinéraires « optimalisés »* pour le transport des marchandises *(E. 9.9.68)*.
Les moyens d'*optimaliser* le profit ou la croissance *(Garaudy, 72)*. Sur tout itinéraire la *densité* de circulation admissible est *optimalisée* pour une vitesse déterminée *(R.G.C.F. 4.73)*.

OPTIMATION sf. Variante pour *optimalisation**, *optimisation**.

(Avec les) problèmes d'*optimation* économique ; il ne s'agit pas d'organisation intérieure d'une entreprise, mais de problèmes concrets qui peuvent se poser à certaines d'entre

elles (M. 23.1.66). Le politique doit toujours dominer l'économique ; mais il appartient à l'économiste de chercher avec conscience les *optimations* économiques et de dénoncer les pratiques appauvrissantes (M. 4.10.67).
La prévision cherche à diminuer le domaine des variables, qui est en revanche celui de la stratégie et de ses efforts d'*optimation* (Young, 72).

OPTIMISATION sf. ■ Action d'optimiser* ; son résultat.

L'« *optimisation* » portera également sur notre utilisation de l'espace et du temps. L'« *optimisation* » enfin devra porter sur le travail de tous, élèves, professeurs, administrateur (M. 28.10.67). *Optimisation* des compétences, des ressources et des délais d'exécution. *Optimisation* de la croissance économique. Structures d'organisation et de communication susceptibles de faciliter l'*optimisation* de l'emploi des ressources. Rentabiliser non plus seulement une gamme de produits, mais tout un ensemble de missions qui convergent vers l'*optimisation* d'un objectif (Hetman, 69). L'*optimisation* peut être obtenue en examinant les conséquences, sur les prix et sur les délais, de la décomposition des tâches critiques en éléments d'opération (D. En. 6.69).
Une contestation constructive s'annonce : remettre en cause le « statut quo » dans un dessein d'*optimisation* des efforts (N. 6.70). L'*optimisation* des usines de dessalement passe par leur association à des centrales à combustible nucléaire (E. 18.10.70). Aucun calcul d'« *optimisation* » des choix budgétaires n'est effectué (Herzog, 72). L'*optimisation* de l'acheminement des wagons est étudiée au moyen des techniques cybernétiques (R.G.C.F. 5.72). On applique à la stratégie électorale des méthodes d'*optimisation* utilisées dans la gestion des entreprises (Exp. 2.73). Un impôt sur le capital conduirait à une *optimisation* plus satisfaisante de son usage en incitant les épargnants à choisir des investissements plus rationnels (C. 6.9.78).
→ OPTIMALISATION.

OPTIMISER v. tr. ~ 1960. Trad. de l'anglais to optimize ■ Donner à une entreprise, une machine, etc., le rendement optimum (ou *optimal**). Par ext. Tirer d'une chose (abstraite ou concrète) le meilleur parti possible.

Rem. A une époque où, pour un oui et un non, on « *optimise* », ne pourrait-on pas rechercher à quelle règle il conviendrait de se plier pour qu'une réunion de scientifiques venus à grands frais et dont le temps coûte cher porte un maximum de fruits ? (M. 15.10.64). L'Académie des sciences, soucieuse de normaliser son vocabulaire, s'est trouvée devant une double série de verbes issus tantôt du substantif : maximum, « maximiser », minimum, « minimiser », optimum, « *optimiser* » ; tantôt de l'adjectif : maximal, « maximaliser », minimal, « minimaliser », optimal, « optimaliser ». Lors de la séance de son comité secret du 12 février 1962, constatant que ces termes étaient entrés dans l'usage, elle les a acceptés en bloc. Mais elle n'a pas jugé opportun de préciser la définition de chacun d'eux (Mars : C. 12.4.71).

♦ Nous n'avons cessé d'« *optimiser* » l'avion, comme disent les économistes c'est-à-dire, en fait, d'accroître sa rentabilité (E. 11.12.67). *Optimiser* le coffrage : utilisation la plus rationnelle possible des coffrages afin d'éviter les temps morts (D. En. 6.69). Méthodes modernes de gestion permettant d'*optimiser les coûts* et les délais aux différents stades de la conception, de la réalisation et de la livraison de l'ouvrage (E. En. 6.69). Une voie ferrée dont on aurait *optimisé le débit*, aurait une capacité de transport bien supérieure à celle d'une autoroute (D. En. 2.70).
Une poussée disponible plus forte que prévue à l'origine n'a jamais nui à un avion, mais elle peut amener à en *optimiser* de façon différente les *caractéristiques* (Air 12.9.70). L'ordinateur « *optimise* » la *production* laitière des vaches américaines (PM 27.2.71). Donner à chacun une marge de manœuvre suffisante pour optimiser ses *activités* (En. 9.12.71). Il n'existe pas de modèles mathématiques pour *optimiser* les *comportements* sociaux (Delaunay, 72). Inventer des outils qui *optimisent* l'équilibre de la vie, et donc maximisent la liberté de chacun (Illich, 73). Un rythme moins rapide de production *optimise* les *réserves* de pétrole (E. 26.11.73). La cloisonnette permet d'*optimiser l'utilisation* de l'espace sans le figer (E. 16.9.74). Ces activités intellectuelles ont pour objet d'*optimiser l'investissement* (M. 11.10.75).
→ OPTIMALISER.

OPTION sf. Rép. mil. XXe. ■ Choix.

1. Pol.

Rem. 1. *Option* : action de choisir entre divers objets, diverses possibilités, divers objectifs qui ne peuvent être atteints ou obtenus simultanément. (*Option*) tend à se propager dans le langage politique, où il se substitue à choix. Il comporte dans ce sens une nuance d'orientation plutôt que d'objectifs définis (VL 11.69).

♦ Sait-on seulement ce que signifient les nouvelles *options* des électeurs ? (M. 16.1.57). Chaque tempérament politique possède, pour s'exprimer, un langage qui lui est propre. Ainsi le mendésisme ne choisissait pas entre telle ou telle politique ; il faisait une *option* (M. 29.1.58). L'autonomie des collectivités s'exerce à l'intérieur de certaines limites. Elle doit notamment respecter les grandes *options* politiques décidées au niveau national (Moulin, 68).

2. Écon.

Rem. 2. En matière de négoce, l'« *option* » consiste à passer la commande ferme d'un objet en s'engageant sous certaines conditions à en commander un ou plusieurs identiques dans un délai prédéterminé. La confirmation ultérieure d'une telle commande conditionnelle constitue ce que l'on nomme la « levée d'*option* » pour les objets ainsi commandés (VL 11.69).

♦ Il faut noter que nos « *options* » ne sont pas des commandes. Il s'agit seulement de « tickets d'ordre » qui marquent l'intérêt des acheteurs éventuels. Par la suite, s'ils le désirent, les compagnies de transport aérien peuvent transformer leur « *option* » en « commande ferme » (En. 19.7.69).

Rem. 3. Dans le vocabulaire commercial, « *option* » constitue un euphémisme de courtoisie destiné à atténuer le caractère déplaisant d'un « supplément » imposé à l'acheteur suivant

OPTION 400

son choix : « pour les voitures X, toit ouvrant, boîte automatique et moteur à injection en *option* » *(VL 11.69)*.

♦ Dernier-né de la gamme S. le Flash est un cyclomoteur de conception nouvelle : (...) plusieurs *« options »* couleur *(Pub. M. 31.3.69)*. On pourra toujours demander une *option* pour des sièges en cuir (dans une voiture) *(A. 4.6.70)*.

OPTIONNEL, LE adj. ~ 1965.

1. Qui donne lieu à un choix.

(Le ministre) a affirmé son intention de développer les *enseignements optionnels* et facultatifs tout au long de la scolarité *(M. 22.2.69)*. L'une des déficiences du *programme optionnel* paraît effectivement résider dans l'absence d'exercices systématiques de calcul *(Fa. 12.3.69)*. Des crédits *« optionnels »*, d'un montant total de 2,23 milliards – 9 % des précédents –, s'ajouteront éventuellement aux autres. Leur emploi sera décidé par le gouvernement si, à la fin de 1970, l'équilibre commercial étant rétabli et les prix n'augmentant pas trop, il lui apparaît utile d'enrayer le chômage par une vague de commandes publiques *(M. 10.10.69)*.

Le VIe plan a retenu l'objectif d'une moyenne de 43 heures hebdomadaires de travail en 1975 avec variante *optionnelle* à 41,5 heures *(N 7.71)*.

2. Spéc. Que l'on peut acquérir facultativement avec autre chose moyennant un supplément de prix. Syn. de *en option** (Rem. 3).

Compte-tours *optionnel* (c'est-à-dire facultatif) dans une voiture de sport *(E. 2.10.67)*. Une vingtaine d'autres améliorations – *optionnelles* ou non – sont annoncées par le constructeur *(M. 4.10.68)*.

OR sm. (+ adj.) Par métaph. Dans des syntagmes où *or* est symbole de prospérité et où l'adj. désignant une couleur indique l'origine de cette prospérité (*blanc* : neige ; *noir* : pétrole ; *vert* : agriculture, forêts).

Or blanc. ~ 1970. Ressources que procurent la mise en valeur et l'exploitation des stations de sports d'hiver.

Les directeurs de stations sont conscients de l'importance de l'enjeu : un chiffre d'affaires de 3 à 4 milliards de francs enregistré en 1972-1973 pour l'industrie de l'*or blanc* *(P. 10.12.73)*. Le purgatoire est arrivé très vite, après les promesses trompeuses de l'*« or blanc »*. Mais aujourd'hui, de nouveau, les stations nouvelles ont le vent en poupe *(M. 30.11.74)*. En sept ans, des massifs entiers ont perdu 12 à 13 % de leur population. Les causes sont multiples : fin des grands travaux hydro-électriques, difficultés croissantes dans l'agriculture de montagne. On croyait l'*or blanc* – la neige – capable d'endiguer l'hémorragie *(C. 27.12.75)*. Jadis dans cette haute vallée, les hameaux savaient vivre de longs mois repliés sur eux-mêmes. La ruée vers l'*or blanc*, le train, les skieurs les ont désenclavés *(E. 13.2.78)*.

Or noir Rép. mil. XXe. Pétrole.

Le cinéma rejoue à sa manière la ruée vers l'or. L'*or noir*, le pétrole. Producteurs et réalisateurs misent aujourd'hui sur le pétrodollar *(E. 10.2.75)*. L'effet de surprise, en 1973, fut total : tous les raisonnements étaient bâtis sur le prix de l'*or noir* immuablement stable *(M. 24.4.75)*. Les Européens sont plus tentés par l'*or noir* de la mer du Nord que par l'or vert de la France *(E. 15.5.78)*.

Or vert ~ 1975. Ressources que procurent soit l'agriculture ou la sylviculture, soit la vente de terrains agricoles pour la construction immobilière, ou la spéculation sur ces terrains.

Le formidable boom du prix du papier – 87 % d'augmentation en un an et demi – a transformé la forêt landaise en *or vert* *(E. 23.6.75)*. Des citadins, payaient pour une ruine des sommes dont on ignorait qu'elles puissent être rassemblées sur une table de ferme. Florins, marks, livres, francs belges ou français, valse euphorique des devises, fascination de *« l'or vert »* *(M. 15.1.76)*. Le prix des terres a doublé depuis 1965, voire triplé dans les régions proches du littoral. C'est à bon droit que l'on parle parfois d'*« or vert »* à propos des transactions en milieu rural *(C. 8.5.77)*. L'agriculture française, doit devenir l'*« or vert »* du pays : la terre est une richesse nationale. Mais les Européens sont plus tentés par l'or noir de la mer du Nord que par l'*or vert* de la France *(E. 15.5.78)*.

Rem. **Quelques autres syntagmes sont attestés.**

Or blanc, *or bleu*, or vert : l'exploitation de la neige, de la mer ou de la nature est devenue une source de richesse incontestable *(M. 30.6.73)*. Les vins de Bourgogne, c'est de l'*« or rouge »*, très apprécié à l'étranger *(M. 2.11.73)*.

ORBITAL, E adj. Rép. mil. XXe. Astron. ■ Relatif à l'orbite d'un satellite.

Le *compartiment « orbital »* doit sa désignation au fait qu'il n'est pas destiné à être ramené au sol. Il constitue en quelque sorte une petite station à bord de laquelle une équipe de cosmonautes peut travailler et prendre du repos *(M. 21.11.68)*. Le Centre d'études spatiales ne placera aucun satellite sur orbite d'ici à la fin de l'année 1970. Il se sera ainsi écoulé plus de trois ans et demi sans qu'aucune *expérience orbitale* soit tentée *(M. 10.4.69)*.

1. ORBITE sf. Astron.

Mettre, placer (un engin spatial, un satellite, etc.) en (ou : sur) orbite : lui faire décrire (parcourir) l'orbite déterminée.

Il s'agissait de placer d'abord l'étage Centaure emportant un modèle fictif du Surveyor en *orbite* d'attente autour de la terre, puis de procéder à un réallumage de ses deux moteurs à hydrogène, ce qui aurait placé le Surveyor sur une trajectoire lunaire (...) Il n'est pas indispensable, pour un tir lunaire, de placer la sonde sur une *orbite* de parking avant de l'envoyer vers notre satellite *(M. 9.4.66)*.

Cette fusée est conçue pour mettre en *orbite* géostationnaire des satellites de télécommunications *(E. 6.8.73)*. Un satellite a été placé sur une *orbite* d'attente avant d'être envoyé, dans quelques jours, sur une *orbite* géostationnaire *(M. 2.6.74)*.

Mise en (ou : sur) orbite.
Le radar Aquitaine, qui avait contribué de façon décisive au lancement du premier satellite français, vient de contrôler la *mise en orbite* du nouveau satellite *(M. 20.2.66)*. Il s'agit de se lancer dans l'entreprise de la *mise en orbite* de satellites spatiaux *(Guillain, 69)*. Le film du lancement de Soyouz-8 fut présenté en différé moins d'une demi-heure après la *mise su orbite* de l'engin *(M. 14.10.69)*.

2. ORBITE sf. Fig.

Entrer, placer (quelque chose), vivre en orbite (de, autour de) ou dans l'orbite (de, ou + adj.). ■ Dans le sillage (fig.) de, sous la dépendance, l'influence de (quelque chose, quelqu'un).

Régimes communistes placés *dans l'orbite* soviétique *(Errera, 68)*. Entrer *dans l'orbite* des banques d'affaires *(En. 11.10.69)*.
Nous avons vu Laurent entrer *en orbite* autour de Clarisse *(Groult, 68)*. (De petites entreprises) qui vivent *en orbite* des grosses maisons *(En. 11.10.69)*.

Être, mettre, se placer, etc., sur orbite (Le verbe peut être sous-entendu) : lancé, en expansion, en marche vers le succès, dans le mouvement, etc.

● — À propos de choses abstraites, d'institutions, ou, plus rarement, de choses concrètes.

Chamonix est au point culminant de sa saison d'hiver. Toute la station *est « sur orbite »* (F. 11.2.67). Son rôle (d'un jury de prix littéraire) de propulseur de romans *sur l'orbite* du succès *(E. 27.11.67)*. Varsovie serait la fusée porteuse qui *mettrait* les contacts (entre gouvernements) *sur orbite* (O. 30.4.68). Il pourra *se placer sur l'orbite* de la compétition *(E. 24.6.68)*. Un drugstore de 1 200 m², sur trois niveaux, avec pub, restaurant, discothèque, sera inauguré ces jours-ci. Malgré l'absence d'une vraie boîte de nuit, Caen *est sur orbite* de l'animation nocturne *(E. 7.4.69)*. Les nouveaux parfums devront faire l'objet de campagnes importantes pour arriver à « les *mettre sur orbite* ». L'effort d'information du public entrepris par le syndicat de la parfumerie au cinéma, à la radio et à la télévision est déjà positif *(M. 25.5.69)*. Enfin le projet du grand accélérateur de 300 GeV est adopté. C'est une grande date dans l'histoire de l'Europe scientifique ; la voilà maintenant *sur orbite* jusqu'à l'an 2000 *(M. 21.2.71)*.
Le nouvel étage de la fusée majoritaire que M. Pompidou allait mettre à feu, espérant qu'il *mettrait* l'U.d.r. et ses alliés *sur orbite (E. 12.2.73)*. L'aventure des spéléonautes *est* désormais *sur orbite* et n'a plus besoin de pionniers *(E. 11.2.74)*. Sidérurgie : le plan de sauvetage *sur orbite* (C. 22.9.78).

● — À propos de personnes (hommes politiques, vedettes, etc.)

Cet hebdomadaire a, en 1964, tenté de *placer* G. D. *sur l'orbite* présidentielle *(TC 22.5.69)*. Dans les rangs de la majorité, on commence à considérer qu'il (un homme pol.) *n'est* plus tout à fait *« sur orbite » (C. 21.10.69)*.
Depuis six mois, les P. Sisters, chanteuses de jazz-rock *sont sur orbite* et ravagent tout sur leur passage *(E. 11.2.74)*. La Première guerre mondiale *place* B. *sur* une nouvelle *orbite*. Dès 1914, vendre ne lui suffit plus. Il fabrique lui-même en rachetant une grande usine *(E. 27.3.78)*.

Mise sur orbite ■ Déclenchement d'une activité, d'un processus, mise en route de quelque chose.

Le maître d'hôtel aux aguets, un œil sur la salle à manger, un autre sur l'office afin de pouvoir commander la *mise sur orbite* de la grillade ou de la purée *(FL 12.5.66)*. *Mise sur orbite* de la Société chimique des Charbonnages *(En. 25.1.69)*. Le moins peuplé des départements français attend depuis trois cents ans sa *mise sur orbite* économique *(C. 4.4.70)*.
La *mise sur orbite* de deux comités qui essaieront de déterminer le rôle que peuvent encore jouer les institutions monétaires et financières internationales *(M. 5.10.74)*.

ORBITER v. intr. 1965. Astron. ■ Graviter, tourner sur une *orbite** déterminée.

Une patrouille de satellites américains *orbitant* à plus de 95 000 kilomètres de la Terre et servant à détecter toutes les explosions atomiques qui peuvent se produire dans le monde *(F. 4.11.66)*. Les avions *orbitaient* au-dessus des points d'attente *(E. 12.8.68)*.

ORCHESTRATEUR sm. ■ Musicien qui compose des orchestrations.

Paroliers, compositeurs, *orchestrateurs* et artistes sont tenus d'appartenir, au propre ou au figuré, à la famille (du directeur) *(E. 16.10.67)*. Sa présentation (de l'instrument électronique de Martenot) allait ouvrir aux compositeurs « classiques » aussi bien qu'aux *orchestrateurs* un champ d'exploration nouveau, riche en possibilités expressives et sonores *(M. 14.2.69)*.
Une séance avec trente violonistes de l'Opéra. En tout 50 musiciens et deux *orchestrateurs (E. 20.1.75)*.

ORCHESTRATION sf. Fig. ■ Action *d'orchestrer** ; son résultat.

On ne saurait prendre trop au sérieux cette *orchestration* qui commence, sur le thème redoutable : c'est la faute à l'Europe. Il est tellement naturel, confortable, de penser que, entre Français, nous réglerions mieux nos affaires *(E. 24.4.67)*. L'*orchestration* publicitaire, la débauche de chiffres et d'arguments qui, par tous les canaux de l'information, se déversent sur le pays pour essayer de tirer d'un sens ou dans l'autre des actionnaires devenus brusquement sujets de toutes les sollicitudes *(M. 16.1.69)*.
Le Pr. G. estime que son programme n'étant pas réalisable dans les centres hospitaliers de l'Assistance publique, l'*orchestration* d'un mouvement d'opinion est le plus court chemin de l'efficacité. D'où le battage publicitaire que l'on sait *(E. 17.9.73)*.

ORCHESTRER

ORCHESTRER v. tr. Fig. ■ Diriger, organiser (une campagne d'opinion, une manifestation, etc.) de façon à susciter l'approbation, l'enthousiasme, ou bien la réprobation, l'indignation, etc.

L'impressionnante *campagne orchestrée* autour d'un exploit de toute façon exceptionnel, dans le domaine spatial *(E. 22.3.65)*. La *campagne orchestrée* d'intoxication et de violence s'intensifie. Il est clair désormais que tous les procédés utilisés portent la marque du fascisme *(M. 12.7.67)*. Paris libéré (en août 1944), reste à y *orchestrer l'entrée* du général de Gaulle *(Auburtin, 66)*. M. H. a annoncé que des *manifestations* anti-iraniennes se sont déroulées devant l'ambassade d'Iran, et affirmé qu'elles avaient été « *orchestrées* » *(M. 9.1.66)*. L'*opposition* des États africains du Commonwealth *orchestrée* par deux pays *(M. 20.7.65)*. La diplomatie française *orchestre sa politique* (du général de Gaulle) avec maîtrise *(M. 11.3.66)*. Faiblesse et déviations du régime défunt masquées par une *propagande* habilement *orchestrée (F. 28.11.66)*.
La France détient la palme de l'alcoolisme et tous les gouvernements ont reculé devant des mesures dont l'impopularité est bien *orchestrée (C. 1.9.78)*.

ORDINATEUR sm. Mot du XVe s., repris en 1954. ■ Puissant calculateur électronique, équipé de *mémoires** à grande capacité, et qui permet de résoudre, sans intervention humaine en cours de travail, des problèmes arithmétiques et logiques complexes, grâce à l'exploitation automatique de programmes enregistrés.

Rem. En France l'apparition des *ordinateurs* de première génération posa des problèmes de terminologie. C'est I.B.M. France qui, en 1954, se saisit de ce problème. Elle ne voulait pas employer « calculateur » qui, selon l'avis des techniciens, n'exprimait pas bien la révolution technique et la polyvalence des emplois de la machine (...). I.B.M. France s'adressa alors à J. PERRET, professeur à l'Université de Paris, qui proposa le terme « *ordinateur* », repris de l'expression théologique « Dieu, Grand Ordinateur du monde », où *ordinateur* désigne Dieu comme celui qui met de l'ordre dans le monde selon un plan. *Ordinateur*, passé du champ lexical de la théologie à celui de l'informatique, garde son sens d'ordre, d'organisation ; mais il s'agit de l'organisation de la masse des informations apportées à la machine par les périphériques d'entrée, et du traitement rationnel de ces informations par la machine *(Chr. Marcellesi, Lan. fr., n°. 17, 2.73)*.

♦ Avec l'*ordinateur*, la révolution est là. Tirons-en parti. Tout médecin, un jour, appuiera sur un bouton : « fonction rénale »... « fonction hépatique »... pour recevoir en clair la leçon des meilleurs « programmeurs » d'Europe et, peut-être du monde *(FL 29.9.66)*. L'*ordinateur* bénéficie plutôt d'un mythe que d'un tabou ; c'est le talisman magique, supposé résoudre toutes les difficultés *(Sauvy, 68)*. Les entreprises se posent souvent la question : nous faut-il un *ordinateur* ou non ? Lors de l'introduction d'un *ordinateur* dans l'entreprise, existe-t-il une méthode d'analyse permettant de déterminer son rôle ? *(M. 25.5.69)*. La mise sur *ordinateurs* de la recherche de renseignements dans les bibliothèques *(Hetman, 69)*. La visite d'un *ordinateur* en fonctionnement est généralement spectaculaire. Le défilement du papier accordéon au niveau de l'imprimante, les manipulations au pupitre et la communication opérateur-*ordinateur* par machine à écrire, traduisent l'effervescence et la puissance de ces unités électroniques au travail *(Morange, 69)*.
Pour une partie du commun des mortels, l'*ordinateur* est une machine à calculer ultra perfectionnée ; pour les autres, l'*ordinateur* est un cerveau électronique auprès duquel le cerveau humain fait bien pâle figure *(VR 20.9.70)*. Le grand danger de l'*ordinateur* c'est sa gigantesque productivité. Plus il accumule les données, plus la part consacrée à la réflexion doit être grande *(E. 27.8.73)*. L'*ordinateur* est entré dans les mœurs et l'on ne s'étonne plus de lui voir traiter l'information de façon quasi instantanée *(M. 30.4.75)*. La vie sociale n'est pas un jeu de construction parfaitement rationnel. C'est pourquoi elle doit être gérée par des hommes et non par des *ordinateurs (C. 7.5.78)*.

→ CALCULATRICE, HARDWARE, SOFTWARE.

ORGANIGRAMME sm. Rép. mil XXe. (A partir de l'emploi dans le vocab. milit.). ■ Tableau schématique qui représente la structure hiérarchique des différents échelons et services d'une administration, d'une entreprise, d'un parti, etc., ainsi que leurs rapports mutuels. — Par ext. Représentation graphique des sous-ensembles d'un système et de leurs relations mutuelles.

Si l'on dressait un petit *organigramme* des différents ambassadeurs en place dans les grandes capitales, on s'apercevrait des recoupements familiaux évoquant un peu ceux des dernières dynasties régnantes, qui gouvernent des peuples ennemis avec le même sang dans les veines *(Bouvard, 66)*. Il serait doux pour un doyen de savoir qu'au mois d'octobre il accueillera tant d'étudiants, et pas un de plus. A nous les plans, les programmes, les *organigrammes* et la prospective sans danger *(M. 14.10.66)*. Le Groupe possède ou contrôle 118 restaurants, dont 76 d'entreprises. L'*organigramme* du labyrinthe B. a de quoi donner le tournis *(O. 7.2.68)*. Il serait probablement plus urgent de changer les mœurs que d'entasser les *organigrammes* toujours impeccables sur le papier et le plus souvent irréalisables *(M. 29.11.68)*. « L'Humanité » a publié l'*organigramme* complet de la direction du Parti *(E. 30.3.70)*.
(...) tous les détails sur le fonctionnement du Service, son organisation interne, et même son *organigramme* complet, avec les noms et les attributions précises de tous ses membres, et les liens hiérarchiques qui les unissent *(Aziz, 70)*. (...) les phénomènes d'opposition complexes à l'intérieur des groupes, la pression entre ce qu'on appelle l'*organigramme* formel, c'est-à-dire celui de la hiérarchie traditionnelle, et l'*organigramme* réel, c'est-à-dire la manière dont les responsabilités et les tâches se répartissent, d'une façon plus ou moins secrète (...) à l'intérieur des entreprises *(Peretti, 72)*. Des plans et des *organigrammes*, tout le monde peut en faire. La difficulté est de les ajuster à la réalité économique et humaine *(P. 1.7.74)*. Chaque génération de technocrates, après un règne étincelant mais court, va remplir les cases obscures de l'*organigramme* touffu de quelque administration poussiéreuse *(M. 27.2.77)*. Le nouvel *organigramme* fait-il glisser vers les banques la tutelle de l'État sur la sidérurgie ? *(C. 22.9.78)*.

ORTHOPHONIE

ORGANISATIONNEL, LE adj. ■ Qui concerne l'organisation.

Rem. 1. *Organisationnel* (est) un de ces adjectifs « longs » dont les emplois se multiplient. Il se distingue d'« organisateur » par son acception moins générale, plus technique, plus actuelle, qui ne s'applique pas aux personnes mais aux choses *(VL 11.70)*.

♦ Tout le « paquet » des *problèmes organisationnels* subsistant au sein de la gauche non communiste *(O. 14.2.68)*. On ne s'oppose pas à la bourgeoisie en imitant ses *schémas organisationnels (J. Sauvageot, 68)*. Influence de l'informatique sur la *stratégie organisationnelle* (d'une entreprise) *(M. 18.2.69)*. La fusion (de plusieurs entreprises) a un sens si elle accroît la rentabilité du nouvel ensemble. Cela implique une refonte totale, une *transformation organisationnelle*, technique, commerciale *(M. 9.9.69)*. Les technocrates n'agissent que par la *voie organisationnelle* et institutionnelle *(Lefebvre, 68)*.

● Autres syntagmes attestés (classement chronologique) :
Structures organisationnelles (E. 12.8.68). Avance organisationnelle (O. 30.9.68). Stratégie organisationnelle (E. 3.3.69). Faiblesse organisationnelle (E. 24.3.69). Multiplicité organisationnelle (O. 27.4.70). Restructuration organisationnelle (N 6.70). Rôle organisationnel (Lacombe, 71). Analyse organisationnelle (P. 9.10.72). Solutions organisationnelles (Thoenig, 73). Approche organisationnelle (Duverger, 73). Liens organisationnels (O. 12.11.73). Moyens organisationnels (O. 3.12.73). Caractère organisationnel du problème de l'énergie (S. 10.2.74).

Rem. 2. L'adv. dérivé *organisationnellement* est attesté.

ORGANO(-) Élément préfixal (de *organe, organique*) qui entre dans des composés savants appartenant à des vocab. scientifiques (chimie, médecine, etc). Il sert à former des adj. (*organo-bismuthé, organochloré, organoclinique, organoleptique, organologique, organophosphoré*, etc.) et des subst. (*organogénèse*, organosol*, etc.).

ORGANOGÉNÈSE ou ORGANOGENÈSE sf. 1959. ■ Formation des organes d'un être vivant en développement.

Certains médicaments peuvent être préjudiciables à l'enfant, spécialement au stade de l'*organogénèse (M. 28.5.74)*.

ORGUES DE STALINE Loc. subst. Mil. XXe. Milit. ■ Engin soviétique multitube lançant des projectiles autopropulsés, mis en service pendant la seconde guerre mondiale.

Un officier des groupes de choc mit en œuvre des rampes de lancement de roquettes, *orgues de Staline* miniaturisées *(Jouhaud, 69)*.

ORIENTEUR subst. (rare au fém.). Spéc. Mil. XXe. Dans les syntagmes *orienteur pédagogique, orienteur professionnel* ou, par ellipse, *orienteur*. ■ Conseiller d'orientation pédagogique ou professionnelle.

Les *« orienteurs »* (...) s'intéressent (...) aux capacités intellectuelles des fils d'ouvriers *(Ecole, 72)*.

O. R. L. [ɔɛrɛl] ■ Sigle pour *oto-rhino-laryngologie/-giste*.

Un jeune homme sourd d'une oreille, va directement consulter un *O.R.L.*. Celui-ci pratique un audiogramme *(Beunat, 74)*.

ORTHO(-) Élément préfixal (du gr. *orthos*, « droit » ; au fig., « correct ») qui sert à former des adj. et des subst. comp. savants. (Seuls sont traités ci-après quelques composés rép. mil. XXe.)

ORTHOGÉNIE sf. Méd. ■ Planification des naissances.

Nous avions retenu le terme *orthogénie* de préférence à celui de « contrôle des naissances » ou de « planning familial » en raison de son sens large et pour tenter de nous placer en dehors de polémiques souvent trop sommaires *(MGEN 7.65)*. Un institut d'études et de recherches médicales sur l'*orthogénie*, se préoccuperait de tous les problèmes concernant les conditions les plus favorables à la conception, les cas où la contraception pourrait, au contraire, être recommandée *(F. 2.12.66)*. L'information des adultes doit être organisée par l'introduction dans les programmes des facultés de médecine de cours obligatoires d'*orthogénie* et de contraception, par l'ouverture dans les hôpitaux et les dispensaires publics de consultations d'*orthogénie (M. 25.1.67)*. Les dirigeants du Planning familial annoncent l'ouverture prochaine de 4 nouveaux centres d'*orthogénie (P. 21.1.74)*.
→ PLANNING FAMILIAL.

ORTHOGÉNISME sm. ■ Science ou étude de l'*orthogénie**.

Le premier centre français d'*orthogénisme* ouvrira le 15 mai 1969. Créé sous l'égide du Mouvement français pour le planning familial, ce centre offrira des consultations gratuites de médecins, généralistes ou spécialistes, sur les problèmes de contraception et de stérilité *(M. 23.3.69)*.

ORTHOPHONIE sf. Mot du XIXe s., repris mil. XXe.
● Prononciation correcte d'une langue.

La technologie fait de nouveaux progrès et des laboratoires (de langues) s'organisent, dont le but essentiel n'est plus l'enseignement de la prononciation mais de la langue. Néanmoins la correction phonétique garde des adeptes qui réorganiseront la méthodologie de l'*orthophonie* en fonction des nouvelles techniques du laboratoire de langues *(Léon, 62)*.

ORTHOPHONIE 404

● **Méd. Traitement des défauts d'élocution.**
> Autrefois, deux ou trois enfants seulement par classe avaient des difficultés à apprendre à lire. Aujourd'hui, ce pourcentage est considérablement plus élevé, nous dit Mme S. B. M., spécialiste de l'*orthophonie* *(E. 7.10.68)*.

ORTHOPHONIQUE adj. Relatif à l'*orthophonie*.
> Un même enfant présente souvent des troubles associés à son handicap majeur et justifie donc plusieurs types de rééducation : motrice, *orthophonique* (...) *(Gabaude, 72)*.

ORTHOPHONISTE sm. ou sf. ■ **Spécialiste de l'*orthophonie*.**
> Un décret précise les modalités des études conduisant à la délivrance du certificat de capacité d'*orthophoniste* dans les facultés de médecine *(M. 18.11.66)*.
> Après la naissance de sa petite sœur, il commence à bégayer : ses parents l'emmènent chez une *orthophoniste* *(FP 12.73)*.

ORTHOPTICIEN, NE subst. ■ **Spécialiste de l'*orthoptique*.**
> Les progrès réalisés dans le domaine du strabisme ont amené les ophtalmologistes à s'assurer la collaboration d'aides médicales spécialisées en orthoptique (...). La plupart du temps le traitement est long, les enfants se fatiguent vite. Il faut recommencer, répéter inlassablement les explications en variant les termes, transformer en récréations les séances rééducatives. Voilà pourquoi un *orthopticien* est le plus souvent une *orthopticienne* *(Fa. 17.3.71)*.

ORTHOPTIQUE sf. et adj. Méd. ■ **Traitement des défauts de la vue.**
● **Subst. féminin.**
> Un enfant atteint de strabisme ne se sert que d'un œil. Une discipline nouvelle, l'*orthoptique*, peut lui apprendre désormais à se servir simultanément de ses deux yeux, à fusionner les images *(Fa. 17.3.71)*.

● **Adjectif.**
> Augmenter l'acuité visuelle est une chose, récupérer la vision binoculaire en est une autre, et c'est ici qu'entrent en jeu les exercices *orthoptiques* *(Fa. 17.3.71)*.

O. S. ou O S [ɔɛs] ■ **Sigle pour *o(uvrier) s(pécialisé)*.**
Rem. *O.S.* : « Ouvrier spécialisé ». « Spécialisé » est utilisé par opposition à « polyvalent » ou « professionnellement qualifié ». L'*O.S.* n'est pas un « spécialiste » mais un manœuvre voué à répéter un petit nombre de gestes que lui dicte la machine *(O. 20.3.72)*.

1. Dans l'industrie : ouvrier, ouvrière non qualifié(e).
> Les *O.S.*, ces parias de l'industrie *(E. 2.4.73)*. En raison de la monotonie des tâches et de l'abrutissement par les cadences de travail, c'est dans l'industrie automobile que la condition d'*OS* est la plus dramatiquement ressentie *(C. 6.5.73)*. Des filles qui ont un C.a.p. ont été engagées comme *O.S.*, parce qu'elles n'ont pas trouvé à utiliser leur qualification *(E. 21.5.73)*. Un reportage sur les *O.S.* féminins *(E. 25.6.73)*. Nous ne sommes que des pions, des simples robots. Être *O.S.*, est-ce que c'est un vrai métier ? Je voudrais devenir au moins ouvrier professionnel *(M. 9.6.78)*. Ils ne veulent pas rester *O.S.* toute leur vie, ils désirent pouvoir devenir des O.P., des ouvriers professionnels *(O. 26.6.78)*.

2. Par ext. Dans d'autres domaines : employé non spécialisé.
> Définition peut-être simple, mais réaliste, donnée par un employé d'une grande banque : un asile d'*OS* du tertiaire *(Exp. 2.73)*. Le col blanc qualifié risque de disparaître des bureaux pour faire place à un employé dominé par une machine : un *O.S.* des bureaux, en quelque sorte *(M. 16.6.78)*.

OSCAR sm. Rép. mil. XXe. **(D'après un nom propre, et d'abord dans le domaine du cinéma). Par ext. Récompense décernée par un jury, dans divers domaines.**
> Chaque année, une entreprise moyenne ou petite reçoit, du ministre des Finances, un des « *oscars* » de l'exportation *(P. 14.10.74)*.

OSMOSE sf. Fig. ■ **Influence réciproque, interpénétration.**
> L'intégration des économies s'accélère en fonction de la réduction des barrières douanières. L'*osmose* des capitaux et des industries précède, accompagne ou suit celle des techniques *(N. 6.70)*. Une école en *osmose* avec le milieu *(O. 3.9.78)*.

OSTPOLITIK sf. ~ **1970. (Mot alld., de *Ost*, « est », et *Politik*, « politique », sf.).**
**Rem. En français, le composé *Ostpolitik* est utilisé tel quel dans les énoncés écrits, sa finale, par ex., n'étant jamais francisée en -*ique* jusqu'à présent.
Une francisation s'est toutefois produite dans les énoncés parlés, entraînant l'élision, et par suite l'emploi de l'apostrophe dans la graphie : *l'Ostpolitik*.**

1. Politique de détente et d'*ouverture** envers les États de l'Europe de l'Est, instaurée par le gouvernement de la République fédérale d'Allemagne occidentale en 1970.
> M. Brandt est optimiste. Son « *Ostpolitik* » — traité avec l'U.R.S.S. reconnaissance de la ligne Oder-Neisse, amorce de dialogue avec Berlin-Est — n'a pas braqué l'opinion *(E. 16.11.70)*. Le chancelier Brandt, c'est l'homme de l'*Ostpolitik*, de la réconciliation avec l'Est *(O. 8.4.74)*. W. Brandt prit l'initiative de l'« *Ostpolitik* » qui, comme toute politique, sera jugée sur ses conséquences *(E. 4.11.78)*.

2. Par ext. Toute sorte d'« ouverture à l'Est », politique, économique ou religieuse.
> Mercedes cherche à l'Est le chemin des bonnes affaires (...) Ses dirigeants fignolent le dossier de leur politique orientale, leur « *Ostpolitik* » personnelle *(E. 23.11.70)*. Le grand

groupe allemand de l'industrie chimique n'a pas attendu les ouvertures du chancelier pour concevoir sa petite *Ostpolitik (E. 3.7.72)*. Le pape a son *Ostpolitik (E. 3.7.72)*. C'est sans doute dans la politique que PaulVI a menée à l'égard des pays de l'Est, la fameuse *Ostpolitik* de son éminence grise, Mgr. C., qu'il a été le plus constant *(O. 12.8.78)*. L'incertitude pèse sur l'*Ostpolitik* du Vatican *(M. 22.10.78)*.

OUEST- ~ 1950. Premier élément d'adjectifs composés de sens ethnique.

Rem. Ces composés, calqués de l'anglais, ne sont pas formés selon les règles de la syntaxe française, qui exigerait : *Allemand de l'Ouest, Européen de l'Ouest*, etc.

La poésie *ouest-africaine (M. 11.1.69)*. Les États *ouest-européens (M. 16.11.69)*. Le ministre français de la défense a rappelé à son homologue *ouest-allemand* que (...) les troupes stationnées sur le territoire *ouest-allemand* (...) *(M. 8.5.75)*. Selon des évaluations *ouest-allemandes*, les fonds marins recèleraient (...) *(C. 23.8.78)*.

OUI, MAIS... Loc. subst. 1967. (Formule du type dit parfois « phrase codée »). ■ Allusion à un discours (cf. cit. Viansson, 71) pour exprimer une adhésion réticente ou teintée de scepticisme.

Tout cela, la sourde et hargneuse opposition des trente mois suivants, la déception et l'ajournement des ambitions (...) est enfermé dans les deux petits mots que lance M. Giscard d'Estaing le 10 janvier 1967, deux mots qui lui vaudront peut-être de n'être jamais président de la République, le *« oui, mais » (Viansson, 71)*. Jules Verne, père de la science-fiction ? Incontestablement... avec un petit *oui mais*.... Un père que parfois la réalité a dépassé *(Téla, 15.12.73)*. Je comprends fort bien l'élan d'optimisme que reflète notre courrier (...) mais, dans ce métier, il faut savoir rester sceptique, cultiver le conditionnel et utiliser le *« oui, mais... » (VR. 31.3.74)*. (Les gaullistes) entendent à leur tour pratiquer le *« oui, mais »* envers M. Giscard d'Estaing et ne pas lui apporter une acceptation pure et simple *(M. 14.5.74)*.
Certes, R. reste fidèle, mais c'est un véritable *« oui, mais »* qu'il vient de lancer au premier Secrétaire de son parti *(C. 19.9.78)*.

OUT [awt] adj. invar. 1966. (Mot angl., « hors de »). ■ Se dit, par opp. à *in**, de qqn ou qqch qui est dépassé par une évolution ou qui n'est plus adapté aux opinions en cours.

B. est ennuyeux et pédant, il a un souci de clarté, de précision et d'élégance invisible qui n'est pas du tout « dans le vent ». À en croire les faux augures de l'intellect et les bateleurs du jargon, B. serait déjà *out*, dépassé *(O. 13.3.68)*. M. constata qu'il avait cessé d'être in, qu'il était même définitivement *« out » (Hailey, 69)*.

OUTRE- Premier élément de composés formés sur le modèle de : *outre-mer, outre-Manche*, etc. ■ Au-delà de...

Des Français vont suivre des cures *outre-frontières (C. 6.3.69)*. Organisant des séjours *outre-frontières* pour les jeunes Français *(M. 19.4.66)*. Les autres pays d'*outre-rideau de fer (ST 22.2.69)*.

OUVERTURE sf. Fig. Spéc. Rép. mil. XXe. Pol. ■ Abandon d'une attitude d'hostilité, d'ostracisme ou d'intransigeance.

L'Union des groupes socialistes entendait ne pas s'engager définitivement avant que les chances d'une *« ouverture »* en direction de la Convention des institutions républicaines aient été courues *(M. 13.9.69)*. Il s'agit de maintenir la politique qui est la nôtre depuis toujours, même si la continuité implique l'évolution que l'on appelle aujourd'hui l'*ouverture (M. 13.9.69)*.
Tentative de séduction des travailleurs par une *ouverture* sociale *(O. 7.5.73)*. Le nouveau Président de la République va devoir pratiquer cette *ouverture* politique, économique et sociale qu'il a annoncée *(C. 21.5.74)*. La CGT veut montrer qu'elle ne cautionne pas l'opération politique de l'*ouverture* sociale *(C. 27.7.78)*. Une Europe plus forte, se rapprochant de l'équilibre avec les États-Unis et pratiquant l'*ouverture* à l'Est *(M. 5.8.78)*.

OVERDOSE [ɔvœrdoz] sf. ~ 1970. (Mot angl.). Fam. ■ Dose trop forte de substances *hallucinogènes** (en général héroïne ou amphétamines) qui provoque des troubles physiques et mentaux pouvant entraîner une intoxication grave parfois mortelle.

Les vrais drogués doivent continuer leur calvaire jusqu'au bout, à moins de se faire une *overdose* ou de se jeter par la fenêtre, ce qui arrive parfois *(Bodard, 71)*. Un copain de 18 ans venait de s'envoyer en l'air avec une *overdose (El. 3.73)*. Un jeune homme est mort d'une *« overdose »* à 0. Ses deux compagnes, elles aussi toxicomanes, ont été arrêtées *(C. 15.8.78)*.

OVNI [ɔvni] sm. ~ 1970. ■ Sigle pour *o(bjet) v(olant) n(on) i(dentifié)*, trad. de l'am. *Ufo* (pour : *unknown flying object*).

Une nouvelle secte est née, celle des ufologues, qui traquent les *Ovnis* : Objets volants non identifiés *(E. 11.2.74)*. L'un des sommets de la rumeur, c'est l'affaire des soucoupes volantes, aujourd'hui baptisées *OVNI* et des petits hommes verts qu'elles transportent. Les témoignages affluent par vagues successives depuis plus d'un siècle *(M. 28.5.78)*. Beaucoup de gens voient ou ont vu des « soucoupes volantes », que l'on désigne aujourd'hui du nom plus mystérieux d'Objets Volants Non Identifiés, *Ovni*. Il n'existe pas encore de preuve indiscutable de leur existence car aucun n'est jamais tombé en panne et personne n'a pu en identifier un seul, car alors ce ne serait évidemment plus un *Ovni (C. 7.3.78)*.

Rem. Les Objets volants non identifiés sont souvent encore désignés au moyen du tour fam. plus ancien *« soucoupe(s) volante(s) »*, calque de l'am. *flying saucer*.

P

PACE(-)MAKER ou PACEMAKER [pɛsmɛkœr] sm. ~ 1960. (Mot angl., de *pace*, « allure, pas », et *to make*, « faire, régler »). Méd. ■ Appareil électrique qui sert à stimuler le rythme cardiaque.

Les premiers signes de rejet (d'un organe greffé) se manifestent par des troubles du rythme cardiaque qu'on peut corriger par l'emploi d'un *« pace-maker »* ou stimulateur cardiaque *(E. 29.1.68)*. La pose d'un *pace-maker*, stimulateur électrique du cœur, est incluse dans le prix de journée (d'hôpital) *(E. 26.10.70)*.

PACKAGE [pakɛdʒ] sm. ~ 1960. (Mot angl., de *to pack*, « condenser »). Écon. et Inform. ■ Ensemble de programmes conçu de façon à pouvoir répondre, pour un problème déterminé, aux besoins du plus grand nombre possible d'utilisateurs.

Un de ces ensembles produits + service que nous appelons un *« package »* *(Exp. 12.72)*. Chacun dans le transport aérien fourbit ses *« packages »* pour attirer à bas prix la clientèle potentielle, celle des charters, celle des jeunes et des moins jeunes *(Inf. 1.1.73)*. Cette « Maison de l'Alpe-d'Huez », nouvelle ambassade des neiges à Paris, va s'efforcer — au lieu de se contenter de distribuer des brochures et des bons conseils — de vendre directement un *« package »* complet, pour parler la langue des professionnels du tourisme *(M. 26.10.74)*.

PACKAGE DEAL [pakɛdʒdil] sm. (Mot angl.). Pol. Écon. ■ Accord global.

L'Italie, bénéficiaire des mesures communautaires dans ces secteurs, doit à son tour supporter un sacrifice dans le secteur charbonnier. Ainsi le charbon entrerait dans un *« package deal »* communautaire où jouerait finalement la règle du « donnant-donnant » *(M. 3.5.66)*. (Une société d'informatique a) lié ses contrats de vente ou de location d'ordinateurs avec des accords de programmation et de service — *« package deals »* *(E. 23.12.68)*. La résolution votée par le Conseil de sécurité le 22 novembre 1967 (est) considérée par l'Égypte comme un *« package deal »*, un règlement global *(M. 10.10.69)*.
Les prochaines négociations devraient aboutir à un accord global, à un *« package deal »*, comme disent les diplomates américains, réglant tous les problèmes de contentieux en suspens *(O. 7.9.70)*. Ce *« package deal »* — accord d'ensemble, de paquet — serait plus facile à ficeler si la Communauté était, comme par le passé, promise à une prospérité continue *(M. 7.1.74)*.

PAL adj. et sm. (Abréviation des mots angl. *p*hase *a*lternating *l*ine). ■ Système de télévision en couleur, en usage dans divers pays.

Les téléspectateurs alsaciens, qui peuvent recevoir trois programmes de l'Allemagne voisine, achètent volontiers un récepteur *PAL* *(E. 16.3.70)*. En bordure de l'Adriatique ou près de la frontière helvétique, les téléspectateurs italiens captent les émissions *Pal* yougoslaves et suisses *(E. 28.8.72)*. Le système ouest-allemand *PAL* est adopté par la plupart des pays européens (...) aux récepteurs *PAL* on peut adjoindre un « transcodeur » qui permet de passer du *PAL* au SECAM *(M. 8.10.75)*.
→ SECAM, TRANSCODAGE.

PALÉO(-) Premier élément d'adj. et de subst. comp. savants (Du gr. *palaios*, « ancien »). Quelques comp. sont de formation ou de diffusion récente (mil. XXe), par ex. :

*Paléo*climatologie (~ 1960). *Paléo*écologie (mil. XXe). *Paléo*gaullisme *(Caviglioli, 72)*. *Paléo*gaulliste *(P. 10.12.73)*. *Paléo*histologie (mil. XXe). *Paléo*magnétisme (~ 1960). *Paléo*sol (~ 1960/70, in PR 77), etc.

PALETTE sf. ■ Plateau qui permet d'utiliser des chariots élévateurs à fourches pour soulever et transporter des marchandises.

La palettisation est une technique nouvelle qui consiste essentiellement à manœuvrer mécaniquement, à l'aide de chariots élévateurs appropriés, des charges unitaires importantes placées sur de simples plateaux appelés *palettes*, ou dans des caisses de dimensions standard, offrant une résistance suffisante pour le gerbage, appelées *palettes-caisses* (VR 12.10.58).
Le chariot à fourches doit pénétrer dans le wagon et évoluer à l'intérieur pour la mise en place des *palettes* (R.G.C.F. 7.73).

PALETTISATION sf. ■ Utilisation de *palettes** pour charger des marchandises.

Le but de la *palettisation* n'est pas seulement d'apporter une solution mécanisée aux problèmes de manutention, mais également de constituer des charges unitaires aussi près que possible de la sortie de la chaîne de fabrication (VR 12.10.58). « Palettisation » des envois des expéditeurs par l'instauration et la généralisation du « pool » des palettes (VR 1.2.70).

PALETTISÉ, E part. passé et adj. ■ Placé(e) sur des *palettes**.

Depuis les silos de stockage des produits finis, les *aliments* sont ensuite ensachés, puis *palettisés* et dirigés à leur place de l'entrepôt par des élévateurs à fourche (VR 3.8.69). Le wagon à faces coulissantes, à accès total a ouvert des possibilités nouvelles au transport rapide des *charges palettisées* (VR 20.7.69). Des centres de groupement où les *marchandises*, qui pourront être *palettisées* tout en ayant été dotées d'un certain emballage, seront reçues puis groupées, selon les destinations, à l'intérieur d'un transconteneur (VR 11.5.69).
Le wagon couvert classique peut recevoir également des chargements *palettisés* (...) Le déchargement de 55 tonnes de marchandises *palettisées* d'un wagon moderne demande environ 45 minutes avec un chariot à fourches (R.G.C.F. 7.73).

PALME sf. Sport. ■ Nageoire de caoutchouc que l'on fixe aux pieds pour pratiquer la nage sous-marine.

Naturellement le désir d'acquérir rapidement son propre matériel vient (à l'amateur de plongée sous-marine) dès les premiers coups de *palmes*. Il n'est pas très agréable de respirer dans un tuba que des dizaines de mâchoires ont déjà à moitié déchiré. Et les *palmes* que l'on vous prête ne sont pas toujours à votre taille (VR 12.7.70).

PALPEUR sm. Rép. mil. XXe. Spéc. ■ Dispositif inséré au centre d'une plaque de cuisinière électrique pour mesurer la température du récipient chauffé et régler le thermostat.

Le « *palpeur* » (...) en contact direct avec le fond de la casserole, contrôle et maintient avec une extrême précision la température désirée à l'intérieur même de la casserole (Pub. El. 25.5.70). Sur ces cuisinières électriques, les « *palpeurs* » permettent de régler au degré près la température de cuisson (O. 25.2.74).

PAN(-) Premier élément d'adjectifs ethniques. ■ Qui concerne un ensemble de pays, de peuples.

Projet de création d'une *agence panafricaine* de presse (M. 4.11.66). Le Comité olympique avait décidé de faire défiler aux Jeux de 1972 deux équipes allemandes séparées sous un *emblème pan-allemand* (M. 28.4.66). L'Allemagne continue d'exister en droit international dans les frontières du 31 décembre 1937, tant qu'un *gouvernement panallemand* librement élu n'aura pas reconnu d'autres frontières (M. 27.3.66). Un communiqué souligne la nécessité de renforcer la *solidarité panarabe* et *panislamique* dans l'intérêt des peuples intéressés (M. 27.4.66). Le président de la *confédération* syndicale *pan-chinoise* (F. 4.1.67). La proposition soviétique de *conférence paneuropéenne* sur la sécurité de l'Europe (M. 23.4.66). Mouvement de libération *pan-hellénique* (M. 22.7.69). Idéologie *pan-helléniste* (M. 13.4.66). Comité *panindien* (M. 17.7.69). Damas et Le Caire manifestaient une même hostilité au projet de regroupement *pan-islamique* élaboré par le roi d'Arabie Saoudite (M. 24.2.66).
Un accord a pu être conclu en marge de la conférence *panislamique* de D. (M. 1.8.70). La première conférence *panrusse* des comités d'usine (Garaudy, 72).

PANCARTAGE sm. De *pancarte*. ■ (Dans un lieu public) affichage d'indications destinées aux usagers : emplacement des bureaux, horaires, portes ou quais de départ.

L'ensemble du « *pancartage* » de la gare sera réaménagé afin d'obtenir une meilleure signalisation (M. 7.12.66). Tout a été mis en œuvre pour faciliter le service : (...) *pancartage* rationnel permettant aux clients (d'un service de comptabilité) de trouver facilement ce qu'ils cherchent (VR 11.5.69).

PANEL [panɛl] sm. ~ 1960 (Mot angl., « panneau, tableau »).

1. Statis. ■ Échantillon de population soumis à des interviews répétés, en vue d'une enquête d'opinion. Par ext. : ce type d'enquête.

Des « *panels* » de consommateurs et de commerçants, procédant à des sondages réguliers pour le compte de tel ou tel client vendant du savon, du café ou des apéritifs (M. 21.8.64). Un bon manager doit se créer un *panel* qui sera composé d'un échantillonnage représentatif d'individus partageant le même style de vie et disposant à peu près des mêmes revenus que lui (Collange, 69). Chaque jour, 800 foyers sont interrogés sur les émissions de la journée, selon l'échantillonnage type des téléspectateurs : tant d'hommes, tant de femmes, tant de ruraux, tant de citadins, tant d'ouvriers, ce qu'on appelle un *panel* (Téla 3.3.73). Le journal « l'Alsace » a créé le premier *panel* de lecteurs existant en France ; il fonctionne comme un sondage

PANEL

permanent sur un échantillon représentatif de la population alsacienne, qui peut être ainsi consultée (...) À trois reprises, les membres du *panel* ont été interrogés *(P. Ac. 9.74).*

2. **(De l'angl. *panel discussion*). Réunion-débat.**

L'après-midi, deux *« panels »* rassemblèrent autour de l'animateur, des patrons, puis des secrétaires de direction. Interrogés notamment sur l'organisation de leur travail, les chefs révélèrent des conceptions fort différentes du rôle de la secrétaire *(M. 29.4.70).*

PANIER sm. Fig. Écon. ~1970. ■ **Ensemble de devises, de monnaies, qui sert de valeur de référence pour certaines transactions internationales.**

La commission des experts de l'Organisation des pays exportateurs de pétrole — OPEP — s'est accordée sur une fixation du prix du pétrole brut à partir d'un *panier* de devises pour prévenir les pertes que cause aux revenus de ces pays l'érosion du dollar (...) Déjà, en juin 1973, il avait été envisagé d'adopter un *panier* de onze monnaies pour fixer les prix du pétrole *(M. 23.7.78).* La combinaison de la technique de la « grille », qui fonctionne pour le « serpent » et où les variations d'une monnaie sont constatées par rapport à chacune des autres, et celle du *« panier »* de devises, qui prend pour référence la valeur d'un ÉCU fixée sur celle du groupe des monnaies européennes fortes comme faibles (...) L'évolution des taux de change au sein de ce *« panier »* servirait d'indicateur aux variations des taux *(C. 20.9.78).* L'ÉCU, *« panier »* dont on salue la naissance, pourra-t-il jouer le rôle que les inventeurs du système monétaire européen veulent lui impartir ? *(M. 7.12.78).*

PANIQUER v. tr., intr. et réfl. **(De *panique*).**

● **V. trans. Faire peur à (des humains ou des animaux), inquiéter.**

(Des jeunes gens) réussissent, par l'irrespect, le mépris des formes et la désobéissance systématique, à harceler, humilier, *paniquer* (...) les adultes *(M. 15.5.68).*
Beaucoup de gens que je connais et que les élections *paniquent* *(Giroud, 73).*

● **Part. passé et adj. Apeuré, affolé.**

L. avait cessé de vivre. Ce devait être lui qui avait poussé ce cri déchirant au moment de l'explosion. Dehors, les *chiens, paniqués*, aboyaient furieusement *(Kenny, 54).* Le tableau est effrayant, lamentable. Des corps baignent dans les flaques de sang. La chaussée, les trottoirs sont jonchés de verre brisé, de débris de toutes sortes abandonnés par une foule *paniquée (Courrière, 68).*
Un incendie prenant naissance à l'intérieur de la cabine peut avoir pour conséquence de faire refluer vers l'avant de l'avion tous les passagers *« paniqués » (Air 26.9.70).* B. avait l'air *paniqué* par la peur de l'explosion *(Caviglioli, 72).*

● **V. intr. (Sujet nom de personne ou de collectivité). Perdre son sang-froid ; prendre peur.**

Dans cette crise (incidents techniques graves pendant le voyage d'un vaisseau spatial habité), la N.A.S.A. (organisme qui dirige le vol des engins spatiaux) ne *panique* pas, mais rectifie le tir immédiatement *(PM 25.4.70).*
Je ne me souviens pas de ma chute de vingt mètres (dans la mer), si j'en avais été conscient j'aurais *paniqué* et me serais noyé *(PM 3.10.70).* L. (saxophoniste) a *paniqué* au moment de jouer le mercredi *(Fa. 16.12.70).*
Les candidats au permis de conduire connaîtront mieux les règles de la circulation. Et surtout, les émotifs qui *« paniquent »* à l'oral ne seront plus pénalisés à l'épreuve de code *(FP 1.72).*

● **V. réfl. S'affoler.**

Le sous-officier, craignant une mutinerie ou une évasion, avertit ses supérieurs. « Il *s'est paniqué »*, disent les accusés *(M. 22.12.74).* Un automobiliste qui se frayait un passage à travers la foule des manifestants *se paniquait* brusquement et accélérait, renversant au passage un manifestant *(M. 28.3.75).*

PANOPLIE sf. Par ext. Mil. XXe

1. **Milit. Ensemble constitué d'armes, d'engins de même nature (par ex. engins nucléaires, armes « conventionnelles », etc.).**

Aucun gouvernement français ne prendra le risque d'abandonner une *panoplie* nucléaire dont Russes et Américains reconnaissent désormais la crédibilité *(P. 7.5.74).* Au moment où le premier sous-marin nucléaire lance-engins allait entrer dans la *panoplie* nucléaire française (...) *(M. 5.6.76).*

2. **Dans d'autres domaines.** ■ **Assortiment, ensemble, *gamme** d'objets (appareils, machines, outillage, véhicules, etc.).**

La *panoplie* de l'aviation commerciale : avions subsoniques, moyens-courriers ou long-courriers ; avions supersoniques, tous long-courriers *(En. 11.5.68).*
Nous avons éprouvé sur le terrain une partie de l'infinie variété d'articles qu'offre le marché des sports d'hiver. Parmi les équipements — skis, chaussures, fixations, pantalon, cagoule, gants, etc. — (...) nous avons sélectionné les cinq gammes décrites ci-dessous *(SV 2.71).*
La *panoplie* d'appareils électroménagers exposés là n'est pas à vendre *(E. 4.3.74).*

3. **Fig. Ensemble constitué de choses abstr. (activités, moyens d'actions ou de persuasion, etc.).**

Le dossier, cette arme majeure de la *panoplie* administrative *(FL 12.5.66).* Si riche est la *panoplie* des contre-vérités et duperies infligées à l'opinion que cet exemple pourrait passer inaperçu *(Sauvy, 68).* Panoplie des outils économico-politiques *(M. 10.10.69).*
Les sentiments font partie de la *panoplie* périmée de Papa *(Mélèze, 72).* Le vélo, le meuble rustique, le bricolage, la résidence secondaire font partie de la *panoplie* du retour à la nature *(C. 4.4.72).* Depuis qu'existe une *panoplie* d'aides aux enfants en difficulté, le nombre des redoublants a diminué de 80 % *(FP 9.73).* Vous désirez la Grèce ? Une agence de voyage vous propose la *panoplie* complète des voyages avec ou sans forfait : l'Acropole, Mikonos, Rhodes (...) *(P. 8.7.74).* Dans la *panoplie* des médias qu'offre l'audio-visuel, une redistribution des cartes est à faire au profit de la radio *(M. 22.9.74).* On craint que ce genre de raisons ne soit une arme de plus dans la *panoplie* des spéculateurs *(M. 27.11.74).*

Le réseau autoroutier conçu comme une pièce essentielle de la *panoplie* du parfait aménageur *(C. 3.7.76).*

PANTOUFLAGE sm. Fam. ■ Le fait de *pantoufler**.
La variété de la formation des hauts fonctionnaires, qui s'atténue depuis la création de l'E.N.A., ne disparaît pas et les possibilités de *pantouflage* nuancent encore la conception de l'intérêt général et la capacité de résistance aux groupes de pression *(Lacombe, 71).* Les amitiés gardées par les fonctionnaires attirés par le *« pantouflage »* dans l'appareil patronal *(Inf. 18.12.72).*

PANTOUFLER v. intr. Fam. (En parlant d'un haut fonctionnaire). ■ Quitter le service de l'État pour travailler dans le secteur privé.
Alors qu'il est possible à un haut fonctionnaire de *« pantoufler »*, c'est-à-dire de passer du secteur public au secteur privé, il est pratiquement impossible à un chef d'entreprise ou à un universitaire d'occuper des postes de responsabilité dans la haute administration *(En. 16.4.71).* En Paul G., je n'ai jamais vu un malhonnête homme, mais un fonctionnaire *« pantouflant »* — c'est-à-dire ayant quitté l'administration pour le secteur privé *(O. 29.11.71).* Si tous les anciens élèves de l'Ena entrent dans la fonction publique, la moitié des polytechniciens *« pantouflent »* dès la sortie de l'école *(P. 21.5.74).*

PAPA (DE) loc. adj. 29.4.59. D'après la formule *« l'Algérie de papa »*, employée par le général de Gaulle, et citée dans « L'Écho d'Oran » du 1er mai 1959 (cf. aussi M. 2.5.59, etc.). Tour à fonction d'adjectif, repris et très répandu dans les années suivantes, pour : démodé, dépassé, désuet, périmé, etc. ; ou : de naguère.
Rem. 1. À 17 heures, ce 29 avril 1959 le général (de Gaulle) l'avait reçu dans son bureau de l'Élysée. Pierre Laffont (directeur de « l'Écho d'Oran ») (...) avait posé la question que tous les Français d'Algérie et beaucoup de métropolitains se posaient : « Pourquoi n'avoir jamais prononcé ce mot d'intégration sur lequel s'était fait le 13 mai ? » De Gaulle avait répondu sur l'Intégration (...) : — Mais ceux qui crient aujourd'hui le plus fort Intégration, poursuivit le président de la République, sont ceux-là mêmes qui (en 1943) étaient contre cette mesure. Ce qu'ils veulent, c'est qu'on leur rende *« l'Algérie de papa »*, mais l'*Algérie de papa* est morte, et si on ne le comprend pas on mourra avec elle. » (...) Le terme *« Algérie de papa »* était né. Il allait faire le tour du monde *(Courrière, 70).*
Rem. 2. Sur le modèle ci-dessus, ont été créés — notamment dans la presse — de très nombreux syntagmes dans lesquels *« de papa »* a une fonction adjective et détermine soit des noms propres (par ex. noms de pays, etc.), soit des noms de choses abstraites ou concrètes quelconques.
○ Le plus moderne des moyens d'expression — la radio et la télévision — (est) conditionné et soumis aux règles désuètes d'une *« administration de papa »* (M. 22.9.62). La dignité que conférait dans l'*« Allemagne de papa »* le titre universitaire de *« docteur »* (M. 4.2.70). Une politique qui aura mis en condition des athlètes de grand standing selon les méthodes étatiques s'éloignant délibérément de l'*amateurisme de papa* (PM 3.10.64). M. D. (communiste) reproche au Premier ministre de tomber dans l'*anticommunisme de papa* (M. 16.11.67). On va répétant (...) que les économies d'effectifs réalisés sur l'*armée de papa* compensent largement les dépenses d'établissement et de fonctionnement de l'armée nouvelle (M. 2.12.64). Au nombre des expressions destinées à dénoncer la vétusté d'une école romanesque ou esthétique, figure la formule *« de papa »*. Si vous acceptez de relire Flaubert ou si vous découvrez quelque mérite à Eugène Delacroix, vous sacrifiez à l'*art de « papa »* ! Et ne vous vantez pas de préférer Molière à Brecht : ce serait avouer que vous prônez le *« théâtre de papa »* (M. 20.5.67). Une certaine agitation dans la province du Québec, la publication de livres et de récits francophones, cela a suffi pour faire germer dans l'esprit des masses, qu'il y a un *« Canada de papa »*, Canada littéraire, s'entend (GL 20.3.65). L'assistance technique bilatérale, c'est l'*assistance technique de papa*, ou de grand-papa (M. 5.11.63). L'*« Australie de papa »*, entièrement paysanne, vendait surtout de la laine et du blé (Guillain, 69). La comparaison que faisait le premier ministre (belge) entre la *Belgique de papa* et l'*Algérie de papa* (M. 13.3.62). Le *cabanon de papa* a fait place à la chambre d'isolement (pour les aliénés dangereux) (C. 14.2.64). Ce dispositif, beaucoup plus rationnel que le *« carburateur de papa »* (qui a encore de belles années) coûte aussi beaucoup plus cher (A. 23.10.69). Cette image stéréotypée, simpliste et déformée que l'on se fait du diplomate. M. de Norpois a existé, certes, mais en 1961, il est mort. Morts aussi, les pantalons rayés, les cols cassés, les monocles, et les parapluies... Finie la *Carrière* (diplomatique) *de papa*! (F. 10.10.61). Il y avait récemment encore une forme classique du chahut, qui tend à disparaître. Ce *chahut « de papa »* avait le caractère d'une fête collective (...). Ce sentiment de déséquilibre de l'enfant s'exprime dans ce chahut « nouvelle manière » (M. 20.5.67). Un amalgame de *« chansons de papa »* et de chansons à la mode d'aujourd'hui (M. 21.7.64). La *chignole de « papa »* est détrônée par la perceuse à percussion qui permet de perforer le béton (A.A.T. 10.68).
La reprise de *« Quai des Orfèvres »*, film de 1947, est une excellente occasion de se demander si le *« cinéma de papa »* vaut mieux que ce que l'on a prétendu et si l'œuvre n'a pas trop vieilli (Fa. 17.8.63). Trois cents néo-clochards venus des quatre coins d'Europe et d'Amérique ont transformé la pittoresque boîte en succursale parisienne de l'Internationale Beatnik. Cette « légion étrangère de la cloche » (= des clochards) installe ses pénates dans les squares et sous les porches du Quartier latin. Plus souvent encore, on choisit les quais de la Seine. Là, il faut côtoyer la *« cloche de papa »*. Anciens et modernes ne fraternisent guère. Les premiers considèrent les seconds comme des intrus (E. 16.8.65). Les traditions se perdent. Voici que le Comice agricole n'a plus les faveurs des notables. À L. ils ont expliqué leur position dans un communiqué : « Le *Comice agricole de papa* a vécu » (C. 14.3.64). Trois ans après que nous aurons lancé le *« concert symphonique »*, on ne pourra plus assister à un *concert « de papa »* (Merlin, 66). Il paraît que je ne fais pas de la *critique de papa*, mais de la critique de grand-papa (Guillemin : M. 29.11.69). Michel O., cuisinier comme son père, a depuis longtemps proclamé que la *« cuisine de papa »* avait fait son temps (ST 27.1.68). On a parlé, à propos de cette réforme, du glas de la *« douane de papa »*. Peut-être, mais pour revenir à la rigueur à celle de grand-papa et même d'arrière-grand-papa (M. 29.1.63). Me C. nous a indiqué : à l'éducation réservée à une élite

héréditaire, nous préférons la formation culturelle étendue à tous dans le plus large esprit d'égalité. Ceux qui regrettent l'*éducation de « papa »* peuvent aller dans des organisations différentes des nôtres *(M. 3.10.61)*. L'*élégance de Papa* garderait-elle une éternelle séduction ? *(FP 10.68)*. Pour beaucoup (de nouveaux adeptes de l'équitation) la discipline élémentaire qu'on inculque au manège relève de l'*équitation de papa (PM 2.4.66)*. Un succès n'était possible qu'à la condition d'innover, de sortir des sentiers battus de l'*espionnage de papa (Kenny, 66)*. Il ne saurait y avoir une Europe politique que socialiste. Ce n'est pas celle que le général de Gaulle a le désir de réaliser (...) à l'opposé de la première, qui sera peut-être celle de l'avenir la seconde ne pourrait être que celle du passé : l'*Europe de papa (O. 7.9.60)*. Le *fiacre de papa* a cédé la place au taxi *(F. 20.2.65)*. Il fut un temps où le Nouveau Roman exprimait un refus des *fictions de papa (E. 14.4.69)*.

Si l'on en juge par l'entreprise de démolition qui s'appelle « Réforme de l'orthographe » nous nous dirigeons d'un pas tranquille vers un « basic french » qui ramènera douillettement le français à l'état de langue phonétique. (...) Laissons intact le *français de Papa (Bazin, 66)*. Le livre nous fait assister à un repas de Louis XIV, un déjeuner de Napoléon, un gueuleton de Balzac pour arriver à cette conclusion : la *France de papa* avait bon estomac *(RSR 16.3.61)*. Il y a cette génération ingrate qui vomit « *la France de papa* » — et papa qui est si partagé, si las qu'il ne sait plus que hausser les épaules et se taire *(M. 21.7.62)*. Un prêt d'État de 300 millions de francs soit 30 milliards de *francs de papa (Can. 18.8.65)*. Un de mes confrères (a) déclaré que ce problème de syntaxe « ne figurait pas dans la *grammaire de papa* » (?) *(Le Bidois : M. 20.5.67)*. Est-ce une escalade de la *grivoiserie de papa* vers l'érotisme et l'obscénité ? *(E. 10.11.69)*. Nombreux sont les stratèges « raisonnables » qui croient à un équilibre de terreur nucléaire stable. (...) Ils pensent que, les armes nucléaires étant ainsi neutralisées, la voie sera de nouveau ouverte pour la « *guerre de papa* » *(M. 7.1.65)*. Ces innovations technologiques sonnent le glas de l'*horloger de papa* qui montait souvent pour son plaisir les « oignons » de nos arrière-grands-pères *(C. 8.10.69)*. Aussi bien aux États-Unis qu'au Japon, et dans la plupart des pays qu'intéresse le tourisme, l'*hôtellerie de papa* a vécu *(M. 21.3.67)*. L'industrie sidérurgique n'est pas une industrie dépassée, une « *industrie de papa* », a déclaré le président de la Chambre syndicale de la sidérurgie *(M. 22.1.64)*. Les tailleurs veulent réformer le protocole, du moins dans sa rigueur vestimentaire. Finie, la *jaquette de papa*! disent-ils *(F. 19.1.61)*. Nous nous opposons donc par la force des choses à tous ceux, si nobles que soient leurs intentions, qui croient devoir s'en tenir à ce qu'on pourrait appeler la *langue de papa* ou même de grand-papa *(A. Sauvageot : VL 9.69)*.

Dans la situation actuelle des facultés de droit, ce retour aux trois ans (d'études pour la licence) risque d'être un retour à la « *licence de papa* » qui serait catastrophique *(M. 26.11.61)*. Les rivages de notre Méditerranée ne seront dorénavant plus couronnés par la fumée de nos vieilles locomotives. La salubrité de l'air y gagnera un peu, mais le pittoresque y perdra beaucoup plus... Allons, la *locomotive de papa* ne manquait pas de panache ! *(VR 14.4.68)*. On a pu voir la majorité s'attacher plus que jamais aux structures du passé. Elle souhaitait de toute évidence conserver intact le *lycée-de-papa*, refusant d'aménager la nécessaire transition vers de nouvelles structures *(US 29.11.65)*. Le confort de 1967, oui, mais dans la *maison de papa*, et si possible, de grand-papa *(Fa. 3.4.68)*. Loin de conserver la « *médecine de papa* » le syndicalisme médical doit adapter la profession aux nouvelles structures sociales *(M. 15.6.60)*. Le laser a servi à mettre définitivement hors de course le *mètre-étalon « de papa »*, ce bon vieux mètre en platine iridié *(PM 29.5.65)*. Le *nationalisme de papa*... Les jeunes nationalistes voient plus loin que leurs prédécesseurs : ils ont constaté que « le nationalisme de Barrès faisait date » *(M. 28.2.65)*. Une *orthographe* « nouvelle vague » va-t-elle remplacer celle « *de papa* » ? *(NL 18.3.65)*. Ce siècle des hussards motorisés et de mésalliance entre l'artillerie et les tracteurs ! Les *palefreniers de papa*, au moins, fleuraient bon l'écurie, et non la poste d'essence ! *(M. 20.2.69)*.

M. F. G. a annoncé qu'il fallait en finir avec le « *parti radical de papa* ». Il précisera sans doute par quels moyens il entend véritablement le rénover *(F. 10.6.59)*. « Le Ve Plan ne sera pas le *plan de papa* » : « les fils vivront deux fois plus largement que leurs pères » *(M. 25.9.64)*. En Allemagne, la *police de papa* rechigne ; en France aussi, l'inspecteur préfère utiliser ses cellules grises plutôt que l'ordinateur *(E. 8.11.65)*. Ce n'est plus la *poste de papa* : un new-look est en train de se produire au sein de notre administration (des P.T.T.) *(C. 20.10.63)*. D'une part un programme style « radio des copains », d'autre part un programme style « *radio de papa* » *(ST 28.9.63)*. Tout ceci vous a un petit air vieillot, et sombre parfois dans le pastiche involontaire de la *radio de papa (M. 23.5.64)*. France-Inter a fait machine arrière en revenant aux émissions éprouvées de la « *radio de papa* » : à lire le programme d'une soirée d'Inter-variétés, on se croirait dix ans plus tôt *(M. 3.2.65)*. Le citoyen de 1961 répudie la fantaisie individuelle, le primesaut, la fânerie anarchique, le *repos* non dirigé *de papa*, pour s'élever au stade supérieur des loisirs impératifs et méthodiquement pensés *(F. 8.8.61)*.

Décidément, la *République de papa* est bien morte. Nous en sommes à la République de ma mère-grand *(M. 26.3.64)*. Le *réseau routier de « papa »* ne peut plus répondre aux besoins d'une circulation toujours accrue *(TCF 10.62)*. Il serait vain de mener un combat d'arrière-garde pour défendre la Côte d'Azur de la Belle Époque, encore que, par un curieux paradoxe, ce soit la navigation à voile qui porte les premiers coups à la « *Riviera de papa* ». On ne se défait pas de la sensation de périmé que donnent souvent les grands palaces, les résidences de la côte. Soyons même tout à fait franc et disons que Papa de la Riviera n'a pas toujours eu le goût très sûr *(F. 17.4.69)*. Le *ski de papa* est mort et enterré *(O.R.T.F. 13.12.64)*. Il paraît essentiel à certains d'entre nous de passer du *« syndicalisme de papa »* à une forme plus dynamique d'organisation *(US 28.5.62)*. Au début, nous étions très excités. Nous attendions un bouleversement des méthodes traditionnelles. Nous avons découvert, au contraire, un cinéaste très méticuleux, très organisé : de la *télé de papa (E. 22.1.68)*. Les abonnés américains disposent de « gadgets » à faire rêver les utilisateurs du *téléphone de papa (E. 16.8.65)*. On offre au public du samedi soir une tranche de « *télévision de papa* » *(M. 11.3.69)*. Cela n'a guère vieilli, parce que c'est si peu une comédie de mœurs datée, sauf le long sketch de la demoiselle du téléphone, très *théâtre de papa (E. 29.5.67)*. Nous voici en plein *théâtre de papa* : celui qui « change les idées » à force d'en remuer le moins possible. Le type même de la comédie digestive pour homme d'affaires. *Théâtre de papa*, mais d'un papa qui est resté « J3 » et qui est en forme *(M. 11.12.60)*. Il y a progrès depuis les temps héroïques et les *tournées de papa*. Le théâtre de Nimes n'possédait qu'un décor romain, presque effacé *(FL 21.1.61)*. Une formule de conception très moderne qui peut traumatiser certains des très anciens clients, regrettant la *voiture-restaurant « de papa »* *(VR 22.6.69)*.

∞ Le *casino de papa* avec le velours rouge des fauteuils (...) Loges, intimité faite pour le frou-frou du début du siècle (...) Le *monde de papa* qui n'est pas mort revit, a ses spectacles, avec les vieux plaisirs toujours appréciés *(Bodard, 71)*. On est contre le *mariage de papa*, mais pour une vie de couple et de groupe *(M. 18.6.72)*. On croyait que la comédie musicale à l'américaine avait enterré à jamais la bonne vieille *opérette de papa (PM 24.6.72)*. Les sentiments font partie de la *panoplie* périmée *de Papa* et ne méritent pas autre chose que d'être remisés au grenier avec les défroques militaires de la dernière guerre et les moulins à café à manivelle *(Mélèze, 72)*. 50.000 fans ont tué à Saint-Ouen le « *pop de papa »*. Ces pèlerins passionnés sont venus là pour signer tous ensemble l'acte de décès de la pop musique d'hier *(PM 24.4.73)*. La tourmente de 1968, qui a balayé « *l'université de papa »*, a profondément modifié le concours de l'internat de médecine *(Beunat, 74)*. Qu'elle était donc jolie la *science-fiction de papa*, quand elle paraissait en feuilleton dans « Sciences et Voyages », ce périodique fondé en 1919 et qui paraît encore (...) La *science-fiction de papa*, dans l'ensemble, n'a pas trop mal vieilli *(M. 11.1.74)*. Pour mesurer la réussite de S., il faut remonter au bon vieux *film de poursuite de papa (E. 27.5.74)*. L'État mène encore la *guerre industrielle de « papa »* au lieu de déclencher des actions mieux accordées aux nouvelles finalités de la croissance *(M. 10.1.75)*. Les noctambules se couchent de plus en plus tôt ! Le « *Paris nocturne de Papa »* s'effrite et, surtout, s'ennuie. On ne soupe plus *(M. 16.4.77)*. Les adultes voudraient que les jeunes s'intègrent, qu'ils abandonnent leur parler et s'expriment dans la *langue de papa*, les *conventions de papa*, le *latin de papa*, c'est peine perdue *(M. 27.10.77)*. Dès l'an prochain, en Grande-Bretagne, il sera possible de raccorder un écran de télévision à une unité centrale d'ordinateurs qui contiendra aussi bien des jeux vidéo que des cours de mathématiques ou d'autres disciplines. Nous voilà bien loin de la *télévision de papa (P. 13.3.78)*. Ils ont entre 18 et 25 ans tout au plus. Mai 68 appartient à leur histoire qui n'est pas la leur, avec la *guerre d'Algérie de papa* et la guerre de 40 du grand-père *(M. 21.5.78)*. Il ne s'agit pas de revenir au « *protectionnisme de papa »* et de hérisser nos frontières de droits de douane *(M. 21.10.78)*.

Grand-papa (subst. + de) loc. adj. Variante (moins fréquente) pour : *de papa** ; ou intensif qui renforce cette locution.

O Il y aura place demain pour un grand nombre de jeunes très doués dans l'*agriculture*. Mais ce ne sera pas celle de *grand-papa !* (*En. 11.10.69*). 400 écrivains parlaient du régime socialiste comme de l'*art de grand-papa (E. 22.1.68)*. Il y a nécessité impérative d'utiliser des méthodes modernes, bref de se dégager de l'*auto-école de grand-papa (VF 12.12.69)*. On finira par trouver du charme et du prix aux coussins brodés du salon de grand-maman, et aux portraits à l'huile et aux gravures grivoises du *bureau de grand-papa (M. 23.12.64)*. Le *caf'conc'* (= café-concert) de *grand-papa* refait surface *(E. 14.10.68)*. Les chefs de gare deviennent de simples agents de surveillance : on est loin du *chef de gare de « grand-papa » (Lartilleux, 66)*. La *chemise de nuit de grand-papa* revient, en finette blanche à filet rouge *(FP 10.63)*. Ce système de liaison des scènes avait été un des charmes du *cinéma de grand-papa (A. 19.6.69)*. L'humanisme gréco-latin, que l'incapacité, la technocratie et l'imbécilité considèrent comme « *la culture de grand-papa » (Guitard, 69)*. L'armée de l'air se voit contrainte de rechercher les réalités au-delà des mirages d'un vocabulaire incertain, de mots mal définis pêchés dans les lexiques des *états-majors de grand-papa (M. 19.1.65)*. Des microbes si tenaces ! Les chasser avec le *gargarisme de grand-papa ?* C'était les chatouiller, tout au plus *(Sui, 19.4.65)*. Certains s'efforcent de concilier une fidélité touchante mais désuète au *libéralisme de grand-papa* avec la socialisation en marche *(O. 1.2.67)*. (...) La dépaupérisation consécutive au progrès technique nous ayant beaucoup éloignés des perspectives du *marxisme de grand-papa (C. 14.12.69)*. Le *médecin de famille de grand-papa* ce médecin dit généraliste est-il appelé à disparaître ? *(Fa. 24.6.70)*. Le *modèle T Ford* (célèbre voiture des années 1920) de *grand-papa (M. 28.3.71)*. Les grands magasins accusent un retour très net aux traditionnels *mouchoirs de grand-papa (E. 27.9.65)*. Où y a-t-il place dans une telle conception de l'Europe pour le *nationalisme de grand-papa ? (AL 7.66)*. On accable les pédagogues, naturellement réactionnaires, naturellement attardés, naturellement tenants de la *pédagogie de grand-papa (Es. 5.66)*. Les jeunes contestent surtout la *société de grand-papa* plus que la société de consommation ou la société des adultes *(C. 27.12.69)*. À bas le *syndicalisme de grand-papa (Au. 30.9.69)*. Le pittoresque petit *train de grand-papa* qu'on peut louer pour une noce, comme d'autres louent des cars ou un cortège de fiacres *(VR 11.9.66)*. Le transport individuel est condamné dans la banlieue des villes. C'est le retour irrémédiable aux transports en commun. Encore faut-il que ces *transports en commun* ne soient pas ceux de *grand-papa (PM 29.5.65)*. L'*univers de grand-papa* n'était pas celui de nos parents, encore moins le nôtre *(C. 1.10.69)*.

∞ De la brocante des années 20 : *lampes de grand-papa*, boîtes à fleurs et lanternes magiques *(E. 13.3.72)*. L'*anticommunisme de grand-papa* c'est fini. Le communisme au couteau entre les dents, ça ne prend plus *(O. 23.12.72)*. L'économie française, pour la première fois en notre siècle, tend à se rapprocher de ses rivales les plus avancées. C'est le moment que saisissent les *socialistes de grand-papa* pour tenter une expérience qui a partout échoué *(E. 19.2.73)*. Les côtes du Rhône dans les *wagons de grand-papa :* l'Association pour le tourisme ferroviaire organise un voyage de trois jours à travers les Côtes du Rhône : vive les voies métriques, les autorails de jadis (...) *(M. 29.10.77)*.

PAPE sm. Mil. XXe. Par analogie. ■ Personne qui occupe la première place, qui jouit d'une autorité, d'un prestige incontestés dans un domaine quelconque.

Un des *papes* du nouveau jazz, le saxophoniste ténor P. S. *(E. 16.11.70)*. *Pape* incontesté de la néo-restauration, Jacques B. (...) *(O. 23.12.72)*. L'ancien maire de Lille, le « *pape »* du socialisme dans le Nord *(E. 25.6.73)*. Pour tous les auteurs français de chansons, débutants ou confirmés, B. est un phare, un chef, un *pape (E. 16.7.73)*. Maurice Thorez, le « *pape »* du communisme français *(E. 6.8.73)*. Le clarinettiste B., connu des amateurs comme le *pape* de la clarinette moderne *(E. 3.9.73)*. L'amorce de ma vocation de spéléologue se fortifia par la lecture des livres de Martel, le *pape* de la spéléologie *(E. 11.2.74)*. Jean-Marc C., c'est le *pape* du disco français. Avec trois 33-tours (...) il s'est taillé la part du lion sur le marché du disco *(P. 10.4.78)*.

PAPIER-LINGE

PAPIER-LINGE sm. ■ Produit cellulosique servant à fabriquer des couches, mouchoirs, torchons, etc., qu'on jette après usage.

Le fameux « tissue » des Américains, appelé ici *papier-linge* ou papier ménager, est parti à la conquête des foyers français (...) Sujet d'orgueil du *papier-linge* : ses prix quasiment immuables depuis sept ans *(F. 28.9.66)*. Une nouvelle venue s'est taillé un triomphe sur les marchés : la cellulose. Déjà elle remplace la moitié des couches de textile utilisées pour les bébés français. La consommation de *« papier-linge »*, sous forme de « mouchoir-qui-sert-à-tout », augmente de 30 à 40 % chaque année *(M. 5.11.69)*.

PAPILLON sm. ■ Petite feuille de papier sur laquelle est inscrit un avis (spéc. un avis de contravention), un slogan, etc.

Les automobilistes parisiens ont fortement tendance à classer dans un tiroir les *papillons* qu'ils trouvent sur leur pare-brise. À peine 12 % de ces *papillons* sont retournés à la préfecture de police munis du timbre-amende *(E. 18.2.74)*. De mémoire d'automobiliste parisien, on n'avait jamais vu un tel vol de *« papillons »* s'abattre sur les pare-brise des voitures qu'en ce printemps *(M. 9.6.74)*.

PAQUET sm. Peut-être traduction de l'anglais *package* deal*. Pol. ■ Ensemble des clauses d'un accord, d'une convention.

L'accord fut d'autant moins facile à mettre au point que chaque composante comportait des ailes plus « dures » et que ne manquait pas d'interférer dans le débat tout le *« paquet »* des problèmes organisationnels *(O. 14.2.68)*. Les Six devraient s'entendre d'ici à la fin de l'année sur un *« paquet »* concernant la date d'ouverture des pourparlers avec les Anglais *(M. 3.12.69)*. Le gouvernement a préparé un *« paquet »* — c'est le terme officiel — de concessions (qu'il veut faire) à la minorité ethnique *(M. 26.7.70)*.

PAQUET (METTRE LE) Fig. Fam. ■ Employer les « grands moyens », mettre en œuvre toutes les ressources dont on dispose pour obtenir un résultat.

Pour réduire les bandes (rebelles), il fallait *« mettre le paquet »* (...) On *a mis le paquet* : il y a eu des bombardements, les rockets, les tirs d'artillerie *(Courrière, 69)*. Ils avaient demandé à être reçus par une personnalité importante du gouvernement et aujourd'hui ils *« mettaient le paquet »* en se présentant tous trois : le chef suprême, son adjoint politique et son adjoint militaire *(Courrière, 71)*. Quand on veut vraiment chercher le sens de la vie, on doit s'y investir complètement, y *mettre le paquet* comme on dit *(Pa. 10.74)*.

1. PARA(-) Premier élément d'adjectifs et de quelques substantifs composés. ■ Qui est proche de (ce que désigne le second élément). (L'emploi du trait d'union devant une consonne est hésitant).

Rem. **Quelques composés sont traités plus loin, en articles séparés, à leur place alphabétique.**

● Adjectifs.

O Stage destiné aux jeunes gens orientés vers les disciplines agricoles, *para-agricoles* et vétérinaires *(M. 26.4.66)*. Le snob bohème appartient aux milieux artistiques (ou) *para-artistiques (E. 20.12.65)*. Produits des industries *para-chimiques* : lessives, détergents, peintures, abrasifs, produits photographiques, parfumerie, etc. *(VR 20.7.69)*. 60 000 habitants ont été examinés selon le procédé d'analyses multiples : 12 %, sains en apparence, présentaient des perturbations *paracliniques* qui suscitèrent d'autres investigations *(M. 3.12.69)*. Le catholicisme a renoncé à être et à apparaître en Chine comme un phénomène *paracolonial (M. 14.1.67)*. La télévision, loin de choisir ses propres critères de qualité, ne devenait que le support d'intérêts privés ou *para-commerciaux (F. 28.11.66)*. Une action de « recyclage » pour les personnels de direction des institutions communales et *paracommunales (Moulin, 68)*. Certaines *administrations* ou *institutions* étatiques ou *para-étatiques (M. 7.1.67)*. Sous la forme d'investissements plus ou moins considérables, de *production* étatisée ou *para-étatique*, de primes à la qualité, d'exonérations d'impôts accordées aux films de valeur, la plupart des États subventionnent la production nationale cinématographique *(GL 28.6.69)*. Une *puissance* politique *para-étatique* tendait à braver l'État *(M. 31.8.68)*. Ses fonctions *para-ministérielles* lui donnaient une morgue assez désagréable *(Escarpit, 64)*. Le développement rapide des quartiers nouveaux, la complexité des problèmes de circulation, de rénovation, de restructuration, font qu'il y aura de plus en plus d'institutions « infra », *« para »* et « supra » *municipales (Moulin, 68)*. 21 % des logements construits le sont par des organismes officiels ou *para-officiels* : municipalités, organismes nationaux, syndicats *(M. 10.7.65)*. Les sujets donnés dans la série « mathématiques élémentaires » étaient, dans la plupart des cas, littéraires ou *para-philosophiques (M. 29.6.66)*. Les adhésions recueillies (par un appel pour la paix au Viêt-nam) débordent largement les mouvements politiques et *parapolitiques (M. 7.1.67)*. Les *administrations* publiques et *parapubliques* sont de gros fournisseurs d'emplois *(M. 31.1.69)*. Les *organismes parapublics* qui accorderont des prêts ne pourront exiger des taux excédant trop largement les normes officielles *(M. 10.5.66)*. L'idée d'un reclassement (des cadres) dans le *secteur* public ou *para-public* est en train de prendre corps *(F. 18.11.66)*. Le philosophe moderne s'imagine posséder une connaissance « sui generis » — connaissance *parascientifique* présentée comme supra-scientifique *(M. 31.12.65)*.

L'État peut ou bien exploiter lui-même directement, en régie, ou par l'intermédiaire d'offices *« parastatals »* dotés d'une autonomie plus ou moins large *(Dabin, 57)*. Une atmosphère de détente, encadrée par la discipline habituelle de sport et souvent complétée par des soins *parathermaux (F. 26.1.67)*. La responsabilité des syndicats (d'étudiants) se limite à poser un certain nombre de questions touchant la société, et à tenter de régler un certain nombre d'autres questions moins globales, universitaires ou *para-universitaires (J. Sauvageot, 68)*.

∞ Un goût très vif et très répandu pour les énigmes à caractère *parascientifique (E. 4.1.71)*. L'ensemble des entreprises bancaires et *para-bancaires (En. 26.2.71)*. Éliminer des programmes de télévision toutes les citations *parapublicitaires* et tout ce qui pourrait apparaître comme une publicité clandestine *(E. 6.12.71)*. On assiste à l'apparition de sectes *parachrétiennes (Onimus, 72).* Comment des inventeurs tirent de l'écheveau de leurs facultés subconscientes ou *paraconscientes* le fil de leurs pensées créatrices *(Elgozy, 72).* Une activité de caractère *para-diplomatique (Tripier, 72).* Des circuits *para-légaux* de production et d'échanges *(Rousset, 73).* Une gestion *paramunicipale* aux mains d'un conseil d'administration élu *(P. 27.8.73).* Sources classiques de financement budgétaires ou *para-budgétaires (En. 11.10.73).* Un atelier de recherches *parathéâtrales (E. 12.11.73).* L'enseignement secondaire et *parasecondaire (O. 3.12.73).* En milieu urbain et *para-urbain,* on constate une recrudescence de la délinquance juvénile *(Bensoussan, 74).* Distribution de produits pharmaceutiques, *parapharmaceutiques,* diététiques ou hygiéniques *(F. 17.5.74).* Un État *parasyndical* où le privilège des partis de formuler les exigences politiques des citoyens sera aboli *(E. 18.8.74).* Des employés *para-municipaux* dans les sociétés d'économie mixte, les offices H.L.M., etc. *(M. 4.6.75).*

- **Substantifs (noms de choses abstraites ou, plus rarement, concrètes).**

Toute la dignité qu'avaient laissée en moi un an de Sciences-po et deux ans de *para-diplomatie (Escarpit, 64).* À l'époque, Bergson était moins préoccupé par la biologie que par la *parapsychologie* et les phénomènes télépathiques *(Berl, 69).* Ces dirigeants ont changé souvent. Les temps de passage à la tête de cette *para-administration* ont été brefs *(Aranda, 72).* Les entreprises françaises sont sensibles à l'expérience acquise dans de véritables « *para-universités* » *(En. 6.12.72).* Ce *paraféminisme* d'après la guerre prépare la remontée féminine moderne *(Morin, 73).* Autre source de revenus substantiels : la *para-pharmacie.* Lunettes d'aviateurs, purées amaigrissantes, pèse-personne en fourrure : les officines tournent au bazar *(O. 18.3.74).*

2. PARA(-) Premier élément d'adj. et de subst. comp. ■ Qui protège contre (ce que désigne le second élément).

Des écrans *para-fumée* (sur une locomotive à vapeur) *(VR 20.4.69).* « *Paralume* » : écran garantissant de la lumière directe. Fréquent dans le langage publicitaire *(VL 3.70).* La lumière diffusée par un faux-plafond constitué de lames *paralumes (Pub. F. 16.3.68).* Fonctionnelle, elle (une lampe) a un *paralume* réglable *(E. 22.9.69).* De longues galeries *paraneiges* et *paravalanches* dans les pentes mal exposées *(R.G.C.F. 10.66).* Le *parasoleil* rabattable sert de bouchon d'objectif (d'un appareil photographique) *(F. 16.3.68).* Fauteuils *parasoleils (VR 1.6.69).* Quant aux travaux de *paravalanches* effectués dans la station, ils sont échelonnés sur plusieurs années (...) Un « râtelier *paravalanche* » a été construit. Ces râteliers, profilés en aciers spéciaux, sont un assemblage de barres parallèles, implantées sur un socle en béton *(M. 11.12.70).*
→ PARE.

3. PARA sm. Pour : *parachutiste*.

Le phénomène parachutiste, c'est avant tout une fascination. C'est un nouveau romantisme. Telle est la thèse que soutient M. G. Perrault dans son livre sur les parachutistes. Sorti de l'École des sciences politiques, M. Perrault a accompli son service militaire dans les troupes aéroportées. Ce dualisme du « science po » et du « *para* » transparaît tout au long de son ouvrage. Soldat du « corps d'élite », il en chante le los, il partage son mépris pour les « régiments culs de plomb » *(M. 16.2.62).* Une demi-douzaine de parachutistes dont la tenue bariolée n'est pas celle des « *paras* » (israéliens) *(PM 16.11.68).* Quel commando ! Dix-sept *paras* encadrés par quatre sergents-chefs et huit sergents ayant quatre campagnes militaires derrière eux. (...) L'ambiance qui règne chez les parachutistes n'a rien à voir avec celle des autres régiments. Le *para* est un surhomme, surentraîné. C'est lui le mieux équipé, le plus fort, le plus beau. Les chefs des unités veillent à entretenir cet état d'esprit, ce tonus *(Courrière, 69).*
→ LÉOPARD, STICK.

PARACHUTAGE sm. ■ Action de *parachuter* (fig.) ; son résultat.

Quels fruits l'on peut tirer d'un « *parachutage* » d'assistants techniques dans un groupe d'entreprises *(M. 10.11.57).* Faute de mieux, on recourt aux « *parachutages* ». Une centaine de députés peuvent être considérés comme « propriétaires » de leur circonscription *(M. 6.7.66).* Le premier handicap (d'un candidat aux élections) a été sa position de « parachuté », encore que cette notion soit banalie à Gr., où le *parachutage* est le lot d'une grande partie de la population *(M. 23.2.67).*
Faute de mieux, on recourt aux « *parachutages* ». Des maires de grandes villes, des notables sollicitent avec insistance un membre du gouvernement pour qu'il accepte de se présenter dans leur région *(Viansson, 71).* La politique du « *parachutage* » qui a été largement pratiquée en 1958 et 1962 a vite trouvé ses limites *(Martinet, 73).*

PARACHUTER (quelqu'un) v. tr. Fig. Fam. ■ Confier à qqn une mission, une tâche, le nommer à une fonction, à un poste pour lesquels il ne semblait pas particulièrement convenir (par. ex. le présenter comme candidat à une élection dans une circonscription où il est inconnu, envoyer exercer ses fonctions dans un milieu difficile, etc.).

V. transitif.

Elle (la Maffia) soutient, en général, le parti le mieux placé, corrompt ou menace les électeurs, achète et « ligote » les candidats, « *parachute* » ses *hommes* dans les municipalités *(E. 18.10.65).* On se contente de « *parachuter* » dans nos classes un inspecteur qui nous (les professeurs) juge et nous note *(C. 25.3.69).*
Les jeunes Rastignac de la majorité qu'on *parachute* de Paris en province colonisée, à coups de relations, d'argent, de services rendus et de publicité *(O. 29.1.73).*

Participe passé ou adjectif.

Une demoiselle de petite vertu (poignardée) lui tombe dans les bras. Le voilà (le protagoniste d'un film) « *parachuté* » dans un monde de gangsters où son ingénuité fait merveille *(M. 18.8.56).* Un jeune père jésuite docteur en théologie, *parachuté* dans l'enseignement comme Daniel dans la fosse aux lions *(Saint-Pierre, 60).* Manquant d'expérience et, « *parachuté* » à un moment difficile dans un poste capital, était-il bien l'homme de la situation ? *(M. 3.10.64).* Plusieurs traits nouveaux caractérisent cette élection : la personnalité du candidat compte davantage que son appartenance ; le fait d'être « *parachuté* », hier encore

PARACHUTER (quelqu'un) 414

rédhibitoire dans presque tout le pays n'est plus, en général, un handicap, mais au contraire, si on a du poids, un avantage *(M. 6.7.66)*. Un directeur (de colonie de vacances) a besoin de liberté d'action, d'autonomie. Quand il peut choisir ses moniteurs, sa colonie tourne rond. Quand ses cadres sont « *parachutés* » par la direction parisienne ou remplacés sans son avis, il y a des frottements *(F. 2.11.66)*. Quelques minutes avant la clôture des inscriptions, débarque en Loir-et-Cher un sympathique barbu, *parachuté* en « terra incognita » *(Chaffard, 68)*. Il faut dire que pour avoir été politiquement *parachuté*, l'ancien ministre a pris à cœur sa tâche d'élu et qu'en quelques années la Réunion a reçu une aide qui a permis de spectaculaires progrès sociaux et économiques *(M. 31.5.69)*.
Le fait d'être « *parachuté* », hier encore rédhibitoire dans presque tout le pays, n'est plus, en général, un handicap, mais au contraire, si on a du poids, un avantage *(Viansson, 71)*. Le nouveau directeur général d'Air France est un patron issu de la compagnie et non *parachuté* par le pouvoir *(P. 27.1.75)*. « Jean-Claude S. n'est rien d'autre qu'un grand bourgeois *parachuté* », lance perfidement Hélène D. à l'adresse de son concurrent aux élections législatives *(P. 6.2.78)*.

● **Participe passé substantivé.**
Le label du général a suffi à faire élire nombre d'inconnus et de « *parachutés* » parmi les députés gaullistes *(M. 22.10.65)*. Ce candidat tombé du ciel sur les monts dorés du Cantal, l'autre samedi, n'avait rien du *parachuté*. Natif du pays, il n'arrivait en hélicoptère que par l'une de ces commodités reconnues aux puissants dans les régions d'accès difficile *(E. 24.10.66)*. Le président de la Fédération se voit empêché, dans son propre Morvan, d'être élu au premier tour par un « *parachuté* » de l'U.D.R. *(E. 24.6.68)*.

PARADIS FISCAL sm. Mil. XXᵉ. ■ Pays où la législation fiscale est très avantageuse et permet notamment de placer ou de mettre en sûreté des capitaux étrangers de telle sorte qu'ils échappent à certaines impositions qui les auraient frappés dans leur pays d'origine.

À Bâle un référendum populaire institue une « taxe sur les riches » : à partir d'un certain niveau de revenu, la Suisse cesse d'être un *paradis fiscal (O. 24.9.73)*. Une firme japonaise vient d'installer à Hong-kong une nouvelle compagnie financière dont le siège social sera au *paradis fiscal* de Curaçao *(M. 28.6.74)*.

PARAFISCAL, E ou PARA-FISCAL, E adj. Mil. XXᵉ. ■ Relatif à la *parafiscalité**.

Un très net mouvement d'opposition au versement des taxes *para-fiscales* se dessine *(M 11.9.69)*. Le monopole de l'Office de radiodiffusion et télévision était en partie justifié par son financement *parafiscal*, la redevance, qui évitait aux téléspectateurs l'abrutissement de la publicité *(M. 19.2.72)*. Il conviendrait d'intégrer cotisation patronale et cotisation ouvrière dans le salaire nominal inscrit sur la feuille de paie, de façon que leur caractère de retenue *parafiscale* à la source soit mis en lumière *(E. 13.3.72)*.

PARAFISCALITÉ sf. ■ Ensemble des taxes, redevances, cotisations, etc., par lesquelles l'État ou une autre collectivité publique se procure des ressources financières indépendantes des ressources fiscales proprement dites.

La *parafiscalité* a été maintes fois condamnée à mort. Mais, tandis que le Parlement la réglementait ou l'interdisait, le poids et le nombre des taxes parafiscales ne cessaient de croître, sous l'impulsion, d'ailleurs, du... Parlement lui-même *(M. 28.8.56)*.

PARA-HÔTELIER, IÈRE adj. ~ 1965. ■ Qui relève de la *para-hôtellerie*

Le forfait demi-pension comprend la location et les services *para-hôteliers* sans le forfait ski *(C. 22.1.72)*. Certains restent sceptiques sur la rentabilité des solutions *para-hôtelière* *(Inf. 18.12.72)*. Avec les formules *para-hôtelières*, les propriétaires peuvent mettre leur appartement en location et touchent un intérêt minimal garanti de 6 ou 7 % *(E. 19.2.73)*. La réalisation de résidences *para-hôtelières* offre des possibilités de séjours dans les stations nouvelles à un éventail de clientèle beaucoup plus large *(M. 30.11.74)*.

PARA-HÔTELLERIE sf. ~ 1965. ■ Formule appliquée surtout dans les stations de tourisme et de sports d'hiver, et qui combine la location de studios ou d'appartements avec certaines prestations de caractère hôtelier.

Un hôtel de 200 chambres, qui exploitera 60 chambres seulement en hôtellerie classique et les 140 autres en *para-hôtellerie (M. 15.1.72)*. Il est nécessaire de diversifier les genres d'habitat, de prévoir des résidences secondaires et de substituer aux appartements de vacances la *para-hôtellerie (M. 6.9.75)*. La conjoncture demeure favorable à la copropriété ainsi qu'à la *para-hôtellerie* (...) Les programmes de construction les plus en vue dans les stations sont consacrés à la *para-hôtellerie (C. 10.12.77)*.
Quels seront les domaines de la « *para-hôtellerie* » (...) qui enregistreront une augmentation du nombre des nuitées d'ici à l'an 2000 ? *(Tour. 9.8.79)*.

PARALLÈLE adj. Fig. Rép. ~ 1960. Se dit d'une collectivité, d'une institution, d'un organisme, d'une activité, etc. — plus rarement d'une personne — qui agit, fonctionne, s'exerce (à découvert, ou parfois clandestinement) à côté, en *marge** d'une collectivité, d'une institution, etc., de même nature mais ayant une existence officielle.

○ Ne négligez pas cette *activité parallèle* ou ce hobby qui, en vous délassant, vous reposeront *(En. 16.11.68)*. Les paysans, qui luttent pour l'abolition du système foncier en vigueur, ont mis en place à cette fin une « *administration parallèle* », qu'ils veulent substituer au gouvernement local *(M. 18.6.67)*. L'événement qui décida de sa (d'un inspecteur des impôts) *carrière parallèle* de photographe *(VR 17.9.67)*. Le *circuit parallèle* des clubs (de livres) nuit-il aux éditeurs et aux libraires ? *(M. 26.7.67)*. Cinéma et télévision sont le principaux aliments de l'« *école parallèle* » — le mot est d'un instituteur *(M. 7.1.66)*. La nouvelle mission des éducateurs, face aux problèmes de l'*école parallèle*, exige qu'ils bénéficient d'une nouvelle formation *(M. 12.1.66)*. L'école a perdu le monopole de l'enseignement. À vouloir lutter contre l'*école « parallèle »* — ce qu'on apprend hors de l'école — elle est battue d'avance *(O. 27.3.68)*. Redistribution des activités entre le mode scolaire et les modes de formation diversifiés que certains ont appelés l'« *école parallèle* » *(C. 7.4.70)*. (...) la radio, et la télévision. Cette « *école parallèle* », si différente de celle qu'ils (les écoliers) retrouvent chaque matin, est la seule à les intéresser, affirme un instituteur *(E. 29.3.71)*. Qu'est-ce qu'un club (de livres) ? En principe une maison d'édition dont seuls les adhérents peuvent se procurer les publications. Quel est le nombre de ces *« éditeurs parallèles »* ? *(M. 26.7.67)*. Cette *« élite parallèle »* qui gravite autour du pouvoir, l'inspire et l'informe sans jamais caresser la consumante ambition de l'exercer directement *(M. 21.1.68)*. Comment imaginer que tout un *enseignement supérieur parallèle* puisse être créé par un coup de baguette magique *(M. 23.7.65)*. A T., les étudiants gèrent eux-mêmes, une *« faculté parallèle »* et ça marche très bien *(PM 11.5.68)*. Sous le titre Cinéma en liberté, 65 films venus de 25 pays sont présentés dans deux salles de la ville (en même temps que le festival officiel). C'est (un film) de Robert B., lors de la clôture de ce curieux *festival parallèle (E. 19.5.69)*. Les ministres se trouvaient plus ou moins réduits au rôle de secrétaires généraux, cependant qu'un véritable *gouvernement parallèle* prenait corps à l'Élysée *(M. 4.12.65)*. L'objectif n'est pas de constituer un *gouvernement « parallèle »*, mais d'organiser l'Élysée de telle façon que les décisions du président soient préparées et transmises avec le maximum d'efficacité *(En. 6.2.71)*. C'est une institution presque légale. Ici, on vend tout ce qui, envoyé primitivement à l'armée américaine, a disparu quelque nuit pour resurgir au *marché parallèle (E. 17.10.66)*. On a découvert que dans telle région pauvre il y avait une sorte de *marché parallèle* de la diffusion. On se passait le journal de ferme en ferme *(M. 19.10.66)*. S. « décolle » du réel, pénètre dans un *monde parallèle* que le réalisme de l'image a pour but d'objectiver *(M. 29.10.69)*. Les jeunes tentent d'édifier un *« monde parallèle »* *(C. 9.6.70)*.

Qu'est-ce qu'une *police parallèle* ? C'est le contraire d'une police officielle. Les *polices « parallèles »* à la police officielle voient le jour lorsque les services normaux ne sont plus en mesure de fonctionner efficacement (...) Depuis 1963, et hormis l'affaire B. — 1965 — où l'on ignore si ce furent les *polices « parallèles »* ou les « officielles » qui firent assassiner le leader marocain, les barbouzes n'ont plus fait parler d'elles *(E. 16.6.69)*. Une commission d'enquête chargée de démasquer les « barbouzes » et *polices parallèles (M. 28.11.65)*. Il convient de mettre un terme avec la plus grande netteté, aux insinuations tendancieuses selon lesquelles le gouvernement entretiendrait et emploierait des *polices parallèles (M. 23.1.66)*. Une organisation à laquelle les plus hautes instances dénieront toujours le titre de *« police parallèle »*, bien qu'elle dispose de discrets appuis officieux et de crédits considérables *(M. 2.2.66)*. Des policiers en civil appartenant à la *police parallèle* tentèrent d'entraîner par la force une vingtaine d'étudiants (...) Des professeurs, des chercheurs, des avocats, des fonctionnaires, furent enlevés par la *police parallèle (M. 8.5.68)*. Le personnage mystérieux appartenant à la *police parallèle* ou, plus particulièrement, à la police d'État dite *« parallèle »*, qui doublerait pour certaines missions la police officielle *(VL 9.69)*. La fausse espionne avait fait enlever son ex-fiancé par trois faux *« policiers parallèles »* *(M. 10.2.67)*. Une véritable dynastie détenait ce *pouvoir parallèle* (Guillain, 69). La frontière entre le tract, le pamphlet, le périodique, est souvent difficile à tracer, mais cette *presse parallèle* se caractérise par la violence de sa rhétorique *(M. 29.6.68)*. Le développement d'une *prostitution « libre »* ou *parallèle*, (à côté de) la prostitution organisée *(M. 19.9.69)*. Les *réglementations parallèles* qui multiplient l'effet des tarifs douaniers *(M. 12.10.66)*. Méconnu des foules et des moyens de diffusion de masse, Claude V. n'en est pas moins une vedette. Il est de ceux qui règnent sur ce qu'il faut bien appeler le *« réseau parallèle de la chanson »* *(O. 27.12.67)*. Création d'un *réseau parallèle* (de téléphone) *(C. 9.10.69)*. De véritables *services d'ordre parallèles* reconnus officieusement par les autorités universitaires *(M. 14.10.69)*. Les héros de la science-fiction glissent dans des *univers parallèles*, coexistant au nôtre mais l'ignorant et pratiquement sans intersection avec lui *(Cs. 6.69)*. Les communautés hippies de San Francisco, les mariages collectifs du Danemark, ont esquissé le portrait encore flou d'un *micro-univers parallèle* où les relations humaines s'essaient à de nouveaux registres *(E. 10.11.69)*. Une de ces personnes qu'il a connues Dieu sait où et qu'il exhume périodiquement de son passé ou de ses *vies parallèles* (Groult, 68). (Des) recours intempestifs à l'emprunt (de mots étrangers), loin d'enrichir la langue, l'affaiblissent et la minent. Ils font obstacle à son unité. On tombe dans le danger des *vocabulaires parallèles*. (...) *(VL 12.66)*.

Nos enfants ne sont pas révoltés mais ils vivent à part dans des *existences parallèles* avec leurs propres circuits (Bodard, 71). Une *information parallèle*, de bouche à oreille, s'échange entre ceux qui ressentent l'injustice, l'hypocrisie du monde d'aujourd'hui (Viansson, 71). Supprimerait-on l'enseignement privé qu'on verrait se recréer des *circuits parallèles* de formation qui seraient réellement discriminatoires *(En. 23.4.71)*. Il existe sans doute une certaine *publicité « parallèle »*, mais honnête *(E. 6.12.71)*. Il est peut-être arbitraire de confondre, comme on le fait toujours, contestation et *presse parallèle* (...) L'*information parallèle* n'est pas une nouveauté. Elle a toujours coexisté plus ou moins avec l'information officielle, en tous cas dominante, pour la compléter, la corriger. À la rigueur on peut considérer que quiconque est capable de parler et d'écrire est un *informateur parallèle* (Amblès, 72). Une sclérose de l'informatique licite conduirait à une *« informatique parallèle »* *(M. 13.2.72)*. Qui ne comprend les raisons du développement des *médecines parallèles* et du succès des guérisseurs ? L'homme a encore besoin de miracles et de magie *(N 10.72)*. Ce genre de film constitue probablement une *Histoire parallèle* qui restitue l'atmosphère d'une époque. Ce n'est pas une nouvelle façon d'écrire l'histoire, c'est une démarche complémentaire qui peut et doit contribuer à l'explication de l'Histoire *(E. 25.2.73)*. La définition d'un *journal parallèle* est, formellement, fort simple : c'est un journal qui n'existe pas aux yeux de la loi. Il n'a ni dépôt légal ni numéro de commission paritaire de presse (...) On peut évaluer à quelques centaines le nombre des *journaux « parallèles »* en France *(M. 22.4.73)*. D'une part, les armées sont devenues nationales. D'autre part, à leur côté, les *« armées parallèles »* : forces du maintien de l'ordre en tout genre, gendarmes, C.r.s., ont vu leurs effectifs se multiplier *(E. 17.9.73)*. Les *médecines parallèles* — homéopathie, acupuncture — qui ne bénéficient pas de la caution officielle, heurtent habitudes de pensées et conceptions cartésiennes (Beunat, 74). Nombreux sont ceux qui comptent sur la *« télévision parallèle »* que constitueront un jour les programmes transmis par câbles et par cassettes *(P. 18.3.74)*. Il existe à Paris un *« Opéra parallèle »*, dont le public va croissant. Cet *« Opéra parallèle »* ne monte les œuvres qu'en concert, c'est-à-dire sans décors, costumes ni mise en scène et pour un seul soir. C'est le Service lyrique de la Radiodiffusion *(E. 3.2.75)*. Une *presse parallèle* a existé, sous des formes diverses, à chaque époque *(M. 24.4.75)*. Les amis de W. ne manqueront pas d'évoquer les résultats possibles de sa *diplomatie « parallèle »* *(E. 24.7.78)*.

PARAMÉDICAL, E adj. et subst. Mil. XXe. Se dit soit de personnes qui donnent des soins, des traitements aux malades ou handicapés, sans faire partie du corps médical, soit des activités correspondantes qui ne relèvent pas directement de la médecine.

● Adj.

Des femmes qui appartiennent à des professions *paramédicales*, infirmières ou laborantines *(E. 9.10.67)*. La psychiatrie classique tente, dans les meilleurs cas, de s'ouvrir à des disciplines *paramédicales* dans un souci d'éclectisme *(N 1.71)*. Le monde médical et *paramédical* et le grand public sont de plus en plus sensibilisés (...) de nombreux groupements locaux de secouristes se sont déjà créés *(M. 7.6.72)*. L'hôpital devenait un centre d'aiguillage vers les voies latérales des professions *paramédicales* pour les éléments les moins faits pour la grande médecine *(E. 22.10.73)*. Le gouvernement nord-vietnamien avait entrepris de former rapidement des personnels médicaux et *paramédicaux* *(M. 23.7.75)*.

● Subst.

La technique du bouche à bouche est enseignée à tous les *paramédicaux*, aux infirmières et à l'ensemble des secouristes *(M. 7.6.72)*.

PARAMÈTRE sm. Fig. Did. (D'après l'emploi en math.). ■ Élément important dont la connaissance est nécessaire pour comprendre une question, un problème.

Il y a toujours arbitrage entre la considération du coût d'approvisionnement en pétrole et la considération de la sécurité, ces deux considérations pouvant aller à l'encontre l'une de l'autre. De fait, la guerre du pétrole a relevé la valeur que l'on accordait au second de ces *paramètres* *(M. 12.7.74)*. La question des liaisons par rail entre une grande ville et un aéroport intègre des *paramètres* de tous ordres *(VR 30.5.76)*.

PARANO Abrév. fam. de *paranoïa* ou *paranoïaque*.

Pour qui n'a pas ressenti d'oppression particulière en empruntant le R.E.R., je dois paraître un peu *parano* *(P. 26.7.73)*. *Parano* : état de méfiance pathologique, sentiment de persécution, surtout après absorption d'amphétamines ou d'héroïne *(Bensoussan, 74)*. Il ne faut pas faire attention, il est complètement *parano* *(M. 28.5.78)*. Nous avons toutes dans la tête une image de nous-mêmes un peu idéale, nous sans la fatigue, sans la timidité, sans la cellulite, sans la *parano*, nous sans la peur *(E. 2.10.78)*.

PARAPLUIE sm. Fig. Mil. XXe. Dans les syntagmes *« parapluie atomique »*, *« parapluie nucléaire »*. ■ Protection assurée par des armes nucléaires considérées uniquement comme moyens de défense.

Pour le Premier ministre japonais il est indispensable de maintenir l'alliance avec les États-Unis : « On ne sort pas sans un manteau en hiver », dit-il, faisant allusion au *parapluie nucléaire* américain *(O. 24.9.73)*. La première puissance militaire mondiale abrite l'Europe sous son *parapluie nucléaire* *(M. 19.6.75)*. La confiance dans le *parapluie atomique* américain, dans sa réalité aussi bien que dans sa crédibilité vis-à-vis de l'Union soviétique (...) *(M. 11.6.76)*.

PARASCOLAIRE ou PARA-SCOLAIRE adj. ■ Relié à l'enseignement scolaire sans en faire partie intégrante.

Les sources d'information *para-scolaires* diminuent certainement l'autorité et le prestige du professeur *(M. 8.1.66)*. Collèges d'enseignement secondaire ouverts en liaison avec des institutions éducatives *para-scolaires*, écoles élémentaires pratiquant une pédagogie rénovée *(M. 14.2.69)*. Les professeurs ne voient leurs élèves qu'en classe. Ils n'ont avec eux aucune activité *parascolaire*, sportive ou culturelle, pas de clubs où se retrouver *(En. 21.5.71)*. Comment organiser les relations entre activités scolaires et activités péri- ou *para-scolaires*, « œuvres universitaires », organismes de stages, etc. ? *(Peretti, 72)*.

PARASITER v. tr. Fig. ■ Vivre aux dépens de.

La famille se présente souvent comme un bloc indifférencié, chacun ne vivant que d'avoir un autre à *parasiter* *(E. 11.6.73)*.

1. PARC sm. (D'après l'emploi dans le vocab. milit.). Par ext. Mil XXe. ■ Ensemble d'appareils, de machines, d'installations, de véhicules, d'immeubles, etc., dont dispose une collectivité ou, plus rarement, une personne.

Parc + adj. (L'adjectif caractérise la nature des éléments qui constituent le parc).

Les dépenses routières ont fortement augmenté, (...) mais l'augmentation du *parc automobile* (a) dû compenser à peu près la différence *(Sauvy, 68)*. (Le préfet) a déclaré « L'évolution du *parc immobilier* parisien reflète encore trop les mécanismes du marché ! *(M. 21.11.68)*.
100.000 logements environ destinés à renouveler le *parc immobilier* français *(En. 23.4.71)*
Le « *parc » audiovisuel* du Français moyen — radio, électrophone, caméra, voire hi-fi e magnétophone — s'est accru considérablement au cours des dernières années *(P. 20.1.75)*
Le *parc téléphonique* français atteindra plus de 8 millions de postes d'abonnés à la fin de l'année prochaine *(M. 20.11.75)*.

Parc + de + subst. (nom de chose concrète).

○ En 1958, le *parc des piscines* comptait 470 piscines publiques et un peu plus de 1 200 piscines privées *(En. 27.7.68)*. La lenteur du renouvellement du *parc des récepteurs* (de télévision) *(En. 2.5.70)*. Si l'on tient compte de l'importance du *parc (des téléviseurs)*, la France occupe une situation assez peu honorable dans le classement des nations industrielles *(M. 16.4.66)*. Le *« parc » des voitures* japonaises immatriculées en Belgique atteint plus de 6 000 véhicules *(M. 18.1.68)*. Le *parc de wagons* est en plein renouvellement : la S.N.C.F. a commandé 7 500 unités et en a modernisé 5 000 *(F. 29.11.66)*.

∞ À Paris le *parc d'autobus* a six ans d'âge en moyenne et n'est pas encore amorti *(E. 21.10.74)*. Le *parc de centrales électriques* de l'E.D.F. n'est pas seulement constitué de centrales au fuel *(M. 24.1.75)*. Le *parc des logements sociaux* est relativement ancien et se dégrade rapidement *(M. 20.6.78)*. 75 % du *parc de vélomoteurs* et *motocyclettes* sont constitués de machines de 125 cm³ *(C. 19.9.78)*.
→ FLOTTE.

2. PARC sm. Mil. XXᵉ. Dans des syntagmes comme *« parc national »*, *« parc naturel »*, *« parc régional »*, *« parc maritime »*, etc. ■ Vaste territoire où la nature (faune, flore, etc.) est protégée.

Parc national.

Rem. *Parc national* : en 1960 la loi instituant les *parcs nationaux* avait prévu de transformer certaines étendues en véritables sanctuaires de la nature où la flore et la faune seraient gardées, contre toute activité humaine, dans leur intégrité *(M. 5.10.66)*. Un *parc national* est « une zone placée sous contrôle public et mise à part pour la conservation de ses beautés naturelles, pour la protection et la propagation de la vie animale et de la végétation sauvage, dans laquelle la chasse ou l'abattage sont interdits ou réglementés et où des facilités sont accordées au public dans la mesure du possible pour observer cette faune et cette flore sauvages et protégées » *(VR 28.6.70)*. L'expression *« parc national »* a, désormais, une signification connue, définie, acceptée, celle qu'après plusieurs années de discussions attentives et sérieuses la Xᵉ assemblée générale de l'Union internationale pour la conservation de la nature votait le 1ᵉʳ décembre 1969 à New-Delhi. Un *parc national* est un territoire relativement étendu qui présente un ou plusieurs écosystèmes, généralement peu ou pas transformés par l'exploitation et l'occupation humaines, où les espèces végétales et animales, les sites géomorphologiques et les habitats offrent un intérêt spécial du point de vue scientifique, éducatif et récréatif ou dans lesquels existent des paysages naturels de grande valeur esthétique. Il va donc falloir partout, à moins évidemment d'imaginer que l'on peut à l'échelon national se fabriquer sa petite notion « sui generis » du *parc national* « maison », s'aligner sur la définition générale *(M. 28.11.70)*.

♦ Au *parc national* des Pyrénées est adjointe la réserve naturelle du Néouvielle d'une superficie de 2 300 hectares donnant au total 48 000 hectares de zone protégée. La gestion, l'aménagement et la réglementation du *parc* sont confiés à un établissement public national. Les espèces protégées sont surtout des représentants de la faune pyrénéenne et de la faune de haute montagne. La flore d'altitude est ici remarquable par sa variété et ses raretés *(M. 10.10.70)*.

Il existe quatre *parcs nationaux* français. Les parcs français sont constitués par une zone centrale, le parc proprement dit. Et tout autour existe une zone périphérique ou pré-parc *(P. 8.7.74)*.

Le *parc national* du Mercantour vient d'être officiellement créé par décret du 18 août (...) Cela signifie que, sur une superficie de 70 000 ha, la chasse, les constructions nouvelles, les promenades en voiture ou avec des chiens, le camping seront interdits *(C. 8.8.79)*.

Parc naturel.

L'ambiguïté du *parc naturel* régional s'est manifestée quand on a parlé de sa rentabilité. Personne ne nie qu'intégré dans le capital de santé d'un pays, un *parc naturel* soit « rentable » *(M. 5.10.66)*.

Le Mercantour (aurait pu) devenir *« parc naturel »*. Dans ce cas, les 28 municipalités (...) intéressées (auraient) adhéré à une charte, sans autre contrainte *(C. 8.8.79)*.

Parc maritime.

Le *parc maritime* est une région naturelle intègre et qu'on constitue en « entité » pour en faire comprendre la valeur à ceux qui l'habitent et à ceux qui la visitent. C'est un paysage vu de la mer : conçu comme un spectacle, en même temps que comme un lieu d'accueil *(M. 30.3.69)*.

3. PARC (+ à ou de) + subst. loc. subst. ■ Emplacement prévu pour le stationnement des véhicules à moteur.

Parc(-)autos ou parc à autos. Variante pour *parc de stationnement*.

Sur un terrain de 11 000 m² va être édifié le premier grand *parc autos* où les automobilistes de la banlieue et de la province venant à Paris auront la facilité de laisser leur voiture *(F. 26.9.61)*. Pension au bord de la mer. Tout confort (...) *Parc-autos* privé *(Ann. M. 17.4.66)*. La gare de Montréal se trouve en plein milieu du quartier des affaires et communique avec la plupart des grands édifices, hôtels ou *parcs-autos* avoisinants *(VR 5.1.69)*. En plein centre de Dijon, les travaux reprennent pour creuser un *parc à autos* souterrain de trois cent soixante places payantes *(M. 4.10.67)*.

M. B. voudrait que la lettre « P » des panneaux des Ponts-et-Chaussées signifie « *Parc-autos* » et non plus « Parking » *(Téla 28.4.73)*.

Parc de dissuasion. *Parc(-)autos* établi, généralement à la périphérie d'une ville, afin d'inciter les automobilistes à y laisser leur voiture et à utiliser les moyens de transports publics ou les taxis pour atteindre le centre, que l'on espère ainsi désencombrer.

Les *parcs de « dissuasion »* situés aux portes de la capitale et destinés à dissuader les automobilistes de pénétrer dans la ville *(M. 26.10.66)*. Pour que les *parcs* de stationnement dits *« de dissuasion »* installés aux portes de Paris puissent remplir leur rôle, ils devront être de véritables centres d'attractions, avec galeries marchandes où l'on pourra faire ses courses le soir *(M. 5.11.69)*.

3. PARC

Les *parcs de « dissuasion »* provoquent de graves encombrements, affirme l'auteur du rapport *(M. 24.4.74)*.

Parc de stationnement. Terrain ou bâtiment réservé au stationnement temporaire des véhicules.

Parcs de stationnement. — La situation actuelle se traduit par les chiffres suivants : parkings achevés, 3 500 places ; parkings en cours de construction, 3 400 places *(F. 3.12.66)*. (On a) inauguré ce jeudi, les trois *parcs* souterrains *de stationnement* récemment ouvert au public *(M. 8.12.67)*.
Les spécialistes du marketing de la SNCF se sont interrogés sur les besoins en *parcs de stationnement* auprès des gares périphériques *(M. 13.12.75)*. La Ville de Paris a décidé de construire des *parcs de stationnement* réservés aux résidents *(M. 23.4.78)*.
→ PARCAGE, PARCMÈTRE, PARKING.

PARCAGE sm. ■ Action de garer, de parquer un véhicule. Parfois pour : *parc* de stationnement*.

Rem. Un lecteur approuve le néologisme *« parcage »* et le juge apte à remplacer l'anglais « parking ». Il nous signale que dans le Sud-Ouest, notamment à Carcassonne et à Toulouse (...) *« parcage »* est usité de manière courante *(VL 11.57)*.

♦ La révision, dans un sens extensif, des programmes relatifs à la construction d'autoroutes, voies de dégagement et *parcages* (...) (Les automobilistes), retardés pr les embouteillages, et acculés à recourir au *parcage* payant *(T. 2.67)*. Chaque jour, on enregistre aux portes de la ville un mouvement de 750 000 véhicules. Devant cette prolifération, les moyens de *parcage* paraissent singulièrement étriqués *(F. 12.6.67)*.
La ville doit être faite pour les piétons : des *parcages* pour voitures sont prévus à la périphérie *(VR 30.11.75)*.
→ PARKING.

PARCELLISATION sf. ~ 1965. ■ Action de *parcelliser** ; son résultat.

1. Morcellement d'un territoire.

Les terrains seront rétrocédés au port autonome qui deviendra ainsi l'unique propriétaire de la zone et pourra procéder à une première *parcellisation (F. 16.3.68)*. *Parcellisation* trop poussée de la propriété agricole en France *(G. Martinet, 68)*.
Selon les lois musulmanes d'héritage, chaque fils a droit à une part égale de terre, ce qui aggrave la *parcellisation (M. 3.1.74)*. Autre obstacle, la *parcellisation* : la montagne française est une mosaïque de champs et de prés éparpillés. À Balaguères, les trente agriculteurs se partagent plus de 2000 parcelles *(E. 15.5.78)*.

2. Fig. Émiettement, éparpillement.

Cette menace de *« parcellisation »* des facultés s'est considérablement aggravée *(M. 5.2.69)*. Le président de la République (peut) gouverner en s'appuyant sur des majorités de rechange, procédant ainsi à une *parcellisation de la politique* générale pour laquelle il avait été élu *(O. 30.4.68)*.
Actuellement, on pratique la culture en miettes, la *parcellisation des connaissances (Jullien, 72)*.

3. Spéc. Division excessive du travail (dans l'industrie, et plus récemment dans les bureaux).

La « mobilité » du haut personnel, la *parcellisation de son travail*, pratiquée dans les grandes firmes à direction américaine, n'épargne pas les sociétés françaises *(M. 17.6.65)*.
Le raffinement des techniques et les impératifs de la productivité font évoluer le travail industriel vers cette *parcellisation des fonctions* et des tâches qui provoque le malaise chez le cadre et l'écœurement chez l'O.S. *(Exp. 6.73)*. Le Crédit lyonnais s'est lancé dans l'informatique. Au prix d'une impitoyable *parcellisation des tâches (E. 4.3.74)*. Le découragement et la lassitude qu'entraînent la *parcellisation du travail* et l'impression de n'être qu'un numéro ou un outil *(M. 23.2.75)*.

Rem. La variante *parcellarisation* est attestée.

Les équipes initiales du Centre Beaubourg sont devenues de très gros services qui ont dû se structurer et ont forcément engendré la *parcellarisation du travail (M. 5.1.78)*.

PARCELLISER v. tr. De *parcelle*. Fig. ■ Diviser en petites unités.

Il (un chef d'État) a réussi à *parcelliser* l'opposition, mais il a également provoqué une sorte d'émiettement du pouvoir *(M. 24.7.64)*.

● **Au passif.**

Cette *phase* décisive de l'affaire peut difficilement être *parcellisée (E. 4.12.67)*. La main-d'œuvre est spécialisée à l'extrême, les *tâches* parcellisées *(Duquesne, 70)*. Le bricolage, pour le travailleur, est la revanche d'un *travail* qui est mécanisé, *parcellisé*, spécialisé *(M. 29.4.70)*.
L'expérience consistant à faire fabriquer les moteurs de A à Z par les ouvriers a tourné court, et le travail a dû être de nouveau *parcellisé (PM 21.4.73)*.

● **Part. passé ou adj.**

Il y a le problème du travail à la chaîne, dit aussi travail *parcellisé* ou travail en miettes *(Faure, 73)*. L'ennui du travail *parcellisé* propre au monde industriel (...) deux éventualités : une organisation simplement fragmentaire, consistant à juxtaposer des organismes *parcellisés*, et d'autre part une organisation globale *(Laurent, 73)*.

PARCMÈTRE ou PARCOMÈTRE [park(ɔ)mɛtr] sm. ~ 1960. ■ Appareil qui mesure le temps de stationnement dans un *parc* de stationnement* ou devant un emplacement de stationnement payants.

Parcmètre (parfois parc-mètre).

Les services de police ont été saisis d'une plainte à la suite d'une série de vols commis sur des parcs de stationnement. Des malfaiteurs ont fracturé les caisses des trente-trois *parc-mètres (M. 20.12.67)*. Transports en commun, circulation, *parcmètres* payants font l'objet des préoccupations municipales *(M. 25.9.68)*. Quatre-vingts *parcmètres* pourraient

être installés et permettraient d'éviter que des « voitures ventouses » ne stationnent trop longtemps aux abords de la gare (M. 23.7.69). Les *parcmètres* ont connu partout en France des débuts difficiles. Ces bornages minuteurs de la liberté automobile, honnis par les commerçants, qui y voyaient la mort du petit commerce, abhorrés par les automobilistes, qui en faisaient une nouvelle taxation, sont pourtant en train de gagner la bataille du stationnement (E. 5.4.71).
Peut-on garer une voiture devant un *parcmètre* en panne ? (E. 25.3.74). Rejeter en dehors des trottoirs les *parcmètres*, poteaux d'interdiction de stationner, etc. (M. 18.3.75).

Parcomètre.

Le stationnement payant est la solution de l'avenir : le principe du *parcomètre* (...) (E. 12.6.67).
Des travaux sont en cours en vue de l'installation de *parcomètres* (M. 24.12.71). Le nombre total des *parcomètres* installés à Paris atteint maintenant 1440 (M. 5.4.72). Installation de *parcomètres* « dissuasifs » à Angoulême (M. 14.8.74). Le Conseil de Paris a adopté le nouveau programme de stationnement payant : 5375 nouveaux *parcomètres* seront installés l'an prochain (M. 18.12.76). Bornes, panneaux, poteaux, *parcomètres*, sans oublier les voitures, entravent la marche du piéton (M. 27.9.78).

PARE- Premier élément de substantifs composés qui désignent un dispositif de protection contre le danger ou le désagrément indiqués par le deuxième élément.

Lorsqu'une station est sous la menace constante des avalanches, il lui faut une protection constante. Deux méthodes sont utilisées : le filet *pare-avalanches* ou l'avalanche artificielle. (...) Les renseignements donnés après la catastrophe par un ingénieur du service chargé de la construction des *pare-avalanches* ont donné lieu à des interprétations erronées (M. 12.2.70). L'œuvre de Léonard de Vinci est protégée par une glace *pare-balles* (M. 10.1.68). Si l'on mettait en sécurité derrière une vitre *pare-balles* une irremplaçable (œuvre d'art) (M. 2.2.68). Tous les hommes (soldats au combat) revêtent l'encombrant vêtement *pare-éclats* (E. 2.8.65). Le moins cher de tous ces « *pare-pluies* » est un imperméable en plastique (VR 13.4.69). Le store moderne à lames orientables mobiles, *pare-soleil*, dont la souplesse s'adapte à la luminosité des heures de la journée (Fa. 2.4.69). Ces *pare-tempêtes* ont les couleurs fluorescentes que la mode a décidé de leur donner (E. 28.6.65). Le papier Kraft *pare-vapeur* doit toujours être placé dessous (Pub. J.F. 22.9.70).
→ 2. PARA(-).

PARENTAL, E adj. Repris au XXe s., rép. ~1960. ■ Des parents (père et mère).

O Un parallélisme frappant entre les *attributs parentaux* et les attributs de Dieu (Duquesne, 70). Le problème... de l'éducation sexuelle... constitue une des occasions les plus solennelles où doive s'exercer l'*autorité parentale* (M. 9.5.59). L'événement de la semaine écoulée, c'est la discussion du projet (de loi) sur l'*autorité parentale* », ce projet grâce auquel l'homme et la femme, le père et la mère, se partageront l'autorité dans la famille (C. 12.4.70). La prostitution n'(est) plus eulement, comme on l'a pensé longtemps, la conséquence d'un problème économique et social, mais, de plus en plus, d'une éducation et des carences du *milieu parental* (M. 19.9.69). La révolte collective contre le *monde parental* (FL 4.3.64). Comment s'organiser pour que la ration de mouvement dont les enfants ont quotidiennement besoin soit conciliable avec la fatigue ou les *occupations parentales*? (Fa. 11.3.70). Passé sa vingtième année, une fille qui ne se décide pas à commencer l'apprentissage de la liberté risque de se retrouver, dix ans plus tard, en état de satellisation sur *orbite parentale* (Fa. 1.4.70). La *puissance* qui, de paternelle, est devenue *parentale* (C. 23.4.70).
∞ Si S. s'est suicidé, c'est parce qu'il y a eu des *démissions parentales* (C. 14.12.71). L'*autorité parentale* est d'autant plus mise en cause que la critique que les enfants font de la vie de leurs parents est plus sévère (E. 17.9.73). Les *images parentales* pullulent dans nos spots publicitaires. L'image maternelle rend souriante l'oppression de l'abondance. Quant à la voix des pères, elle ne cesse de conseiller et de rassurer, sous condition d'achat (...) (M. 23.4.78). Il s'agit, pour les jeunes, de se différencier à tous les niveaux et l'une des plus importantes de ces différenciations consiste à se permettre de quitter l'*image parentale* (C. 24.8.78).

PARFUM (AU) loc. adv. D'abord argotique. Rép. ~1955 (usage oral, fam. ou pop.), surtout dans les expressions : *être, mettre quelqu'un, au parfum*. ■ Au courant.

S. reçut l'assurance que M. F. était, comme ils disent, « *au parfum* » (M. 18.1.66). Tous les gens un peu « *au parfum* » de la question vous diront qu'il y a des choses qu'on ne peut pas faire avec des louveteaux (PM 15.10.66). Les étudiants qui étaient « *au parfum* » rassemblaient des renseignements intéressants (M. 19.2.67). Nous avons mis nos filles *au parfum* et nous ne récolterons plus le « Blé en herbe » (Groult, 68). Un petit atelier où les contremaîtres sont *au parfum* — comme on dit aujourd'hui — de leur travail (O.R.T.F. 10.10.70).
J'avais mis tous les atouts de mon côté : S. devait intervenir en ma faveur, B. était *au parfum* (O. 24.9.73). Ils ne tiennent sans doute pas à m'arrêter. Ce qu'ils veulent, c'est que je m'éloigne. Une arrestation entraînerait un procès qu'ils veulent sûrement éviter... Je reste cependant à la merci d'un flic qui ne serait pas *au parfum* de toute cette fine stratégie (Favrelière, 73).

PARKA subst. ~1960. Mot esquimau des îles Aléoutiennes (Webster, 59), aussi mot russe et samoyède (Webster, 61). En français par l'intermédiaire de l'américain. ■ Sorte de court manteau militaire ou de sport, en tissu imperméable doublé (de fourrure, etc.) et à capuche.

● Sf.

L'armée française, cet hiver, remplace la capote traditionnelle par la « *parka* ». C'est une veste ample, droite, à manches raglan, avec un capuchon et une doublure amovibles, en

PARKA

jersey molletonné *(M. 6.12.69)*. Le vêtement d'hiver qu'il (un garçon de 16 ans) voulait : une sorte de *parka*, kaki et militaire qui fait l'admiration de ses pairs au lycée *(FP 4.69)*.
Fringues : grande uniformité chez les garçons. D'abord le jean, des pulls, des tee-shirts, un blouson, une *parka* pour le vélomoteur *(O. 16.10.78)*.

● Sm.
Un garçon enfoui dans son *parka* (E. 27.11.71). Vêtue d'un *parka* usé, des bagues aux doigts, une jeune fille (...) *(C. 4.2.73)*. Il endosse son *parka*, un manteau à capuchon et à col de fourrure. Au moment où il se fait ouvrir, les trois policiers n'ont aucun doute : c'est Guy P. Son épouse leur a dit qu'il était parti le matin avec un *parka* à col de fourrure *(E. 7.1.74)*. Petite, frêle, dans un *parka* trop grand pour elle (...) *(M. 26.12.75)*.

PARKING [parkiŋ] sm. Rép. mil. XXᵉ. (Mot angl., de to *park*, action de parquer, de garer un véhicule). Par ext. ■ *Parc* de stationnement* pour véhicules à moteur.

Rem. Cet anglicisme, souvent critiqué (cf. DMN), demeure courant en France, surtout dans l'usage oral, en 1978. Au Québec on emploie *stationnement*, en Suisse romande *place de parc*, calque de l'alld. *Parkplatz*.

Le meilleur placement immobilier actuel : le *parking* (...) *(Pub. M. 13.10.65)*. A l'entrée du *parking-crypte*, sur le béton sombre et rugueux, on a collé de grandes feuilles de papier peint figurant des branchages stylisés *(O. 23.11.66)*. Les *parkings* non couverts figuraient tout au bas de la liste des priorités *(Hailey, 69)*. Deux bâtiments carrés de 80 mètres de côté offrant 6 300 mètres carrés de surface de vente sur deux étages, entourés chacun d'un *anneau-parking* de 250 places *(M. 26.2.69)*.
La création de *parkings* en élévation dans les centres-ville n'a jamais donné de résultats satisfaisants au point de vue esthétique *(En. 18.6.71)*.

Parking de dissuasion. Pour : *parc* de dissuasion.*

Les *« parkings de dissuasion »* pourraient être édifiés à proximité des gares ou à la périphérie de l'agglomération parisienne *(M. 1.3.67)*. La nouvelle station de métro, une gare routière qui accueillera une vingtaine de lignes d'autobus et un vaste *« parking »* d'intérêt régional de *« dissuasion »* *(M. 10.12.67)*. Des *parkings de dissuasion* avec la compréhension des conducteurs, bien sûr, permettraient d'éviter l'asphyxie des rues des grandes villes *(A. 5.6.69)*. Il n'y a encore (à Paris) aucun *« parking » de dissuasion* digne de ce nom, sauf peut-être celui de la porte d'Orléans, mais encore est-il trop rapproché du noyau urbain *(VR 3.8.69)*.
Avec une politique cohérente d'interdiction ou de limitation du stationnement, le *« parking de dissuasion »* apparaîtra vite comme la seule possibilité de stationnement garanti *(M. 16.10.74)*. Ouvrir au public un espace naturel tout en le protégeant, cela signifie qu'on y trace quelques sentiers, une aire de pique-nique, qu'on dégage un *parking de dissuasion* à l'entrée *(M. 5.7.78)*.

PART ENTIÈRE (À) Loc. reprise et répandue à partir de 1958, après un discours du général de Gaulle à Alger (cf. cit. ci-après).

Je déclare qu'à partir d'aujourd'hui la France considère que dans toute l'Algérie il n'y a qu'« une seule catégorie d'habitants : il n'y a que des *Français à part entière*, avec les mêmes droits et les mêmes devoirs » *(de Gaulle, 4.6.58, in Courrière, 70)*.

Rem. On connaît l'expression, si souvent répandue dans les médias depuis quelques années, de *« Français à part entière »*. On peut penser que cette *« part entière »*, aujourd'hui à la mode, est empruntée à la langue du théâtre où l'on part signifie la somme proportionnelle accordée à un artiste sur les bénéfices de la troupe. Par extension, dans la langue politique d'aujourd'hui, être un *Français à part entière* c'est jouir de tous les avantages et de tous les droits attachés à la qualité de Français *(Georgin, 64)*.

À part entière (après un substantif). Loc. adj.

1. A propos d'une personne ou d'une collectivité. ■ Qui jouit de l'égalité des droits ; qui a les mêmes chances que les autres.

○ Ils sont considérés comme des *actionnaires à part entière* par les dirigeants qui les connaissent et sont obligés de tenir compte de leur avis *(En. 17.5.69)*. Tous les groupes francophones sont les *associés à part entière* dans la lutte pacifique pour la défense et le rayonnement de la langue française *(Le Bidois : M. 8.10.69)*. Tous ces pays sont maintenant des *belligérants à part entière* au Vietnam *(E. 15.5.67)*. C'est mettre fin à la guerre qu'il a employé sa dernière semaine de *chef d'État à part entière (E. 4.11.68)*. *Citoyen à part entière* dans les villes nouvelles, où son cheminement est soigneusement tracé, le piéton, quand il règne, est accusé de tuer ou au mieux, de transformer en musée, le cœur des villes, conçues à son échelle *(E. 10.5.69)*. Oui, c'est une comédie étrange, le bonheur hygiénique des riches, aux yeux de celle qui a connu la sale pauvreté, et, bien qu'elle aime Florent, Thérèse ne peut devenir *citoyenne à part entière* de ce monde irréel *(Maurois, 65)*. Peut-on encore appeler élève cet adulte précoce, *consommateur à part entière*, qui a conquis une large autonomie politique, morale, sexuelle ? *(R. 10.69)*. Le représentant du P.C. roumain (est) venu cette fois comme *délégué « à part entière »*, alors qu'il n'était qu'observateur lors des précédentes réunions *(O. 25.11.68)*. Comme il élevait la voix un jour dans un conseil de professeurs, il se fit rabrouer par le proviseur, qui lui rappela qu'il n'était pas un *enseignant à part entière*, qu'il n'était qu'un contractuel *(M. 26.10.66)*. Les prostaglandines feront de la femme un *être à part entière*, et non pas un objet partiel au sens psychanalytique du terme *(E. 8.2.71)*. Il y a à V. environ mille cinq cents étudiants non bacheliers. La moitié sont des adultes déjà engagés dans la vie professionnelle. Un projet prévoit qu'ils seront considérés comme des *étudiants « à part entière »* s'ils sont admis à trois unités de valeur *(M. 6.6.69)*. Tu es la maîtresse, c'est-à-dire que tu n'es pas une *femme à part entière* *(Groult, 65)*. Il faut faire des conservateurs (de musées) des *fonctionnaires à part entière*, et non des fonctionnaires de bas étage comme nous le sommes actuellement *(M. 15.10.65)*. Juridiquement, les Guadeloupéens sont *« des Français à part entière »* ; en pratique, leur part est plus petite que celle des autres *(O. 28.2.68)*. Il fut un temps où l'enseignement était un sacerdoce, où on avait à cœur de sauver l'intégrité de ceux qui seront demain des *Français à part entière (E. 24.6.68)*.
Raymond B., ancien professeur d'économie, vice-président du Marché commun et, depuis jeudi, *homme d'État à part entière (E. 16.12.68)*. Ceux qui, par absence de qualités requises,

ne peuvent pas ou ne doivent pas pratiquer (les sports d'équipe) n'en restent pas moins *hommes et femmes à part entière (C. 7.10.70).* La région pourra devenir l'*interlocuteur « à part entière »* du gouvernement *(M. 6.1.68).* Un joueur (de football) qui était un *international à part entière (M. 23.1.68).* Les journalistes de l'O.R.T.F. sont des *journalistes à part entière.* Comme leurs confrères de la presse écrite, ils possèdent la carte professionnelle et bénéficient du statut de la presse qui assure leur indépendance *(M. 25.4.68).* Assurer aux aveugles et handicapés visuels leur place de *membres à part entière* dans la société et la profession *(F. 4.11.66).* Dès le début, nous avons désiré que l'Angleterre soit *membre à part entière* (du Marché commun) *(E. 22.5.67).* Elle est *membre à part entière* d'un club de vacances où lui s'insinue comme un voleur *(E. 20.4.70).* Son prédécesseur n'était que secrétaire d'État. Mais M. M. n'avait accepté de revenir au gouvernement que comme *ministre à part entière (M. 11.1.66).* Il en reste quatre, nanties des mêmes fonctions que les garçons, *monitrices à « part entière »* enseignant le ski aux clients *(Fa. 24.1.68).* (Certains des) officiers de relations publiques ont eu le sentiment de n'être pas considérés comme des *officiers à part entière (M. 21.12.66).* (Les banlieusards de l'Est de Paris sont) devenus des Parisiens. Des *Parisiens à part entière* (grâce au nouveau métro express régional) *(C. 16.12.69).* L'Europe sera aux yeux de M. Nixon un *partenaire à part entière (C. 6.3.69).* Les adhérentes (d'une organisation de femmes) entendent être désormais des *personnes humaines à part entière,* participant effectivement à la vie politique et économique du pays *(Fa. 22.4.70).* Dès l'instant où le président de la République devient candidat, il n'est plus tout à fait un *président à part entière* : il se mue en président sortant *(Sainderichin, 66).* À peine investi, il (de Gaulle) a repris son idée de réformer l'alliance atlantique. La France doit y être une *puissance « à part entière » (Fabre-Luce, 58).* Le conseil supérieur a proposé d'accorder la qualité de *représentant à part entière* aux délégués des élèves de troisième *(M. 20.7.69).* Le caravanier (...) jusqu'à présent moitié boy-scout moitié nomade, accéderait au rang du propriétaire respectable et du *touriste à part entière (E. 29.3.71).* Les étudiants sont des *travailleurs à part entière,* ils en ont les droits et sont en train de montrer qu'ils en connaissent les responsabilités *(M. 15.5.68).* Si le public français ne reconnaît que de Funès comme *vedette à part entière,* c'est qu'il symbolise les classes moyennes françaises, partagées entre la tentation du progrès et la nostalgie du passé *(E. 30.12.68).*

∞ En ayant à M. un *curé à part entière* au lieu de partager un prêtre avec R. comme cela s'est fait jusqu'ici (...) *(Merle, 72).* Les États-Unis érigent la Chine en *interlocuteur à part entière (E. 13.5.72).* Nous sommes reconnus comme des *ouvriers à part entière* dont on admet la qualité professionnelle *(M. 7.4.72).* Les filles ne pouvaient pas, à l'époque, recevoir, en agriculture, la même formation que les garçons. Elles ne pouvaient devenir *exploitantes à part entière (E. 21.5.73).* L'association des propriétaires a demandé officiellement que la nouvelle station soit désormais une *commune à part entière (E. 16.7.73).* Ce n'est pas demain que le consommateur sera *partenaire à part entière (Gaussel, 73).* Considérer les pays en voie de développement comme des *partenaires à part entière* dans la construction du monde *(M. 2.11.73).* Je devenais un *gangster à part entière...* J'apprenais tous les trucs des cambrioleurs *(Riou, 74).* P., la première *vedette* noire *à part entière (P. 8.7.74).* J'étais en prison pour payer. Ceci étant, je restais un *être humain à part entière (Pa. 10.74).* Il faut que l'étudiant soit aussi un *travailleur « à part entière »* dans les périodes où il est dans l'entreprise *(M. 18.1.75).* Pour devenir *officier à part entière* il fallait décrocher son brevet de commissaire de la marine marchande *(M. 22.2.75).* Les militaires, faute d'avoir le droit de faire de la politique et de se syndiquer, ne sont pas des *Français à part entière (E. 24.2.75).* J. reste le *patron à part entière* de son émission *(P. 22.12.75).* 400 joueurs de tennis, dont une vingtaine de *superstars à part entière (E. 28.6.76).* Hambourg est devenu une Ville-État, autrement dit un *Land à part entière (M. 26.4.78).* La musique reste le seul domaine qui refuse encore le crépuscule des dieux : hier la Callas, aujourd'hui E. Schwarzkopf et bien d'autres restent des *« stars à part entière » (P. 26.6.78).* Le chef de l'État a nommé Mme Nicole P. *ministre à part entière (E. 18.9.78).*

2. À propos de choses (abstr. ou concrètes). ■ De même niveau, de même qualité, de même valeur que, qui soutient la comparaison avec... (des choses de même ordre).

○ Le gouvernement reste partisan d'une *adhésion à part entière* de la Grande-Bretagne au Marché commun *(M. 6.1.68).* La seconde (chaîne d'émetteurs de télévision) qui émet moins longtemps et dont les programmes sont moins connus, n'est pas encore considérée comme une *chaîne à part entière* malgré les efforts faits dans ce sens *(M. 26.12.70).* Le secrétariat d'État à la Jeunesse et aux Sports devient un *département ministériel « à part entière » (Ens. 1.66).* La nutrition (doit être) reconnue comme *discipline à part entière* dans les sciences biologiques *(E. 14.8.67).* La cigarette, le tabac et l'alcool sont des *drogues à part entière (O.R.T.F. 20.6.70).* Il faut considérer le tourisme comme une *industrie à part entière (C. 14.8.70).* Pour que l'éducation physique devienne *matière à part entière* des programmes scolaires *(E. 12.6.67).* Du semi-métro au *métro à part entière (VR 31.3.68).* Septembre, *mois d'été à part entière (E. 9.2.70).* Le chemin de fer est un *moyen de tourisme à part entière (VR 17.9.67).* Une *pièce à part entière* : la salle de bains *(En. 11.4.70).* La France est une grande dame. Elle a droit à une *place à part entière* (parmi les Alliés durant la deuxième guerre mondiale) *(Auburtin, 66).*

∞ On dénie à la musique la valeur et la dignité de *matière d'enseignement à part entière (O. 3.9.73).* La pilule est vendue comme un *médicament à part entière (E. 9.12.74).* L'éducation physique deviendra une *discipline universitaire à part entière (P. 13.1.75).* Nous saurons si la justice française veut se conduire, enfin, comme un *« pouvoir » à part entière (P. 26.5.75).* La chambre n'est plus la parente pauvre de la maison. Le lit, *meuble à part entière,* est en train d'acquérir ses lettres de noblesse *(VR 17.10.76).* La condition féminine fera désormais l'objet d'un *ministère à part entière (C. 13.9.78).*

À part entière (après un verbe). Loc. adv. ■ Entièrement, tout à fait.

Refuser d'admettre (le nouveau franc) *à part entière* dans notre vocabulaire de tous les jours, constituerait un aveu d'impuissance *(M. 29.12.65).* Il n'est pas acceptable que les salariés les moins favorisés ne bénéficient pas, *à part entière,* de l'amélioration du niveau de vie *(M. 11.9.69).* Comment peut-on espérer que les industries, les syndicats et les banquiers anglais adoptent une stratégie conforme aux conditions d'entrée dans l'Europe sans qu'ils aient la moindre assurance qu'ils pourront y entrer vraiment et *à part entière* ? *(E. 27.11.67).* Les femmes ne sont pas *à part entière* dans l'Église *(M. 27.3.69).* La deuxième chaîne (de télévision) existe maintenant *à part entière (M. 5.1.68).* Depuis 1968, des théologiens catholiques participent *à part entière* et non plus comme observateurs aux travaux de la commission doctrinale « Foi et Constitution » *(N 10.70)*. La spécialité proprement psychiatrique n'est légalement reconnue *à part entière* que depuis environ un an en France *(N 1.71)*.

PARTENAIRES SOCIAUX s.m. plur. ~ 1970. Admin. ■ Ensemble des représentants des organisations professionnelles, patronales et syndicales qui participent à des négociations sur les salaires, les conditions de travail, etc.

Une mentalité patronale préindustrielle, le sentiment d'aliénation des ouvriers et des cadres provoquent de la part de ceux qu'il est convenu d'appeler les *partenaires sociaux* une méfiance accrue *(Bauchard, 72)*. La « politique des revenus » ne se conçoit qu'avec l'assentiment des *« partenaires sociaux » (Exp. 12.72)*. Pour ce débat entre *« partenaires sociaux »*, comme on dit, il y a (...) le secrétaire général de la CFDT et le président du CNPF *(P. 27.8.73)*. Il est intéressant de regarder comment agissent, chez nos voisins, les gouvernements et les *« partenaires sociaux »* — comme on dit dans les rapports officiels — à propos de cette grande affaire du pouvoir dans l'entreprise *(M. 18.7.74)*. Le gouvernement va inviter les *partenaires sociaux* à renégocier les accords de formation afin de mieux assurer aux travailleurs l'exercice de leur droit individuel au congé-formation *(M. 31.1.75)*. L'emploi apparaît vraiment comme le thème dominant, le seul qui comporte en lui-même assez d'importance, assez d'urgence, pour pousser les *partenaires sociaux* à conclure rapidement les négociations engagées sur l'indemnisation du chômage, le temps de travail, les bas salaires *(C. 5.9.78)*.

PARTI, E Part. passé et adj.
C'est parti (!) Rép. ~1965. Fam. C'est commencé, l'action a débuté.

Rem. Le « 5, 4, 3, 2, 1,... *C'est parti!* » était employé à tout bout de champ, aussi bien pour le lancement des fusées interplanétaires que pour le moindre jeu radiophonique *(Daninos, 70)*.
→ COMPTE À REBOURS.

♦ On peut dire de la suspension pneumatique : *c'est parti! (Ch. f. n° 6, 1967)*. Ready ? Play ! Ou, comme on le dit en bon français à votre TV : Top, *c'est parti! (Daninos, 69)*. Venu de l'embauche, il (un jeune ouvrier) est affecté à un atelier (...) Son futur chef d'équipe le prend en charge et, en dix à quinze minutes, l'adapte à son poste. Au bout d'un jour il est dans la routine : *c'est parti (C. 9.2.72)*. Des pères de famille tranquilles répondent « présent » au cafetier de B., prêts à tout. Et lui, à 22 ans, il devient leur chef : *c'est parti*. Début 1969, on met à sac la perception (...) *(PM 24.6.72)*.

Être bien (ou : mal) parti.
● **Sujet nom de personne.** ■ Être sur une bonne (ou : une mauvaise) pente ; être engagé dans une évolution favorable (ou : défavorable).

Je suis *mal partie*. Les mesures dites « provisoires » prises par le juge contre moi peuvent durer très longtemps ; le divorce peut traîner *(Saint Pierre, 72)*. Ils sont vraiment *« mal partis »*, les deux héros, comme l'indique le titre du livre et du film : *« Les Mal-Partis »*. D'évidence, il signifie que l'auteur n'ignore pas que ce « mauvais départ » a probablement traumatisé Claude et Denis pour la vie *(C. 14.2.76)*.

● **Sujet nom de choses.** ■ Avoir bien (ou : mal) commencé.

Le VIe Plan n'est pas *mal parti*. À partir de 1972 des crédits plus importants sont prévus pour l'aménagement des voies d'eau *(En. 22.1.71)*. La dernière-née des stations nouvelles du Languedoc-Roussillon est *« bien partie » (M. 6.5.78)*. Placer l'industrie française du camion dans le peloton de tête mondial, c'était le projet du gouvernement. Ce projet est très *mal parti* : tous les constructeurs ont perdu de l'argent en 1977 *(E. 22.5.78)*.

PARTICIPATIF, IVE adj. ■ Qui fait appel à la *participation** du personnel (de l'entreprise).

Commandement *participatif* ; c'est en lui offrant (à l'homme) dans l'entreprise des objectifs à l'accomplissement desquels il puisse s'identifier qu'on suscitera sa motivation et son engagement personnel. (...) L'entreprise demande moins d'obéissance et de conformisme, plus de créativité d'autonomie et d'ambition. Elle pratique la direction *participative* par objectifs *(En. 9.8.69)*.
Avec des coûts de main d'œuvre relativement élevés et une organisation plus *« participative »* que la moyenne des autres firmes, T. a dégagé une forte rentabilité de ses capitaux propres *(Exp. 11.71)*. L'esprit *participatif* vise à développer la confiance entre ses différents échelons de la hiérarchie *(École, 72)*. Une politique *participative* : les modes de rémunération sont discutés en collaboration avec les salariés *(En. 30.11.72)*. Cette volonté de puissance s'accompagne généralement, chez les dirigeants, de méthodes de direction autoritaires plus que *participatives (En. 7.12.72)*. René G. explique que, dans le régime actuel, la direction *participative* et la délégation de pouvoir « conduiront les salariés à s'exploiter entre eux en les liant à la notion de profit » *(P. 10.12.73)*. La décentralisation des décisions, grâce à ce que les spécialistes appellent la *« direction participative par objectifs »* commence à occuper de bons esprits *(Uri, 73)*. Direction *participative* par objectifs a un goût de procédé marchand *(R.G.C.F. 12.77)*.

PARTICIPATION + O (Emploi absolu) sf. 1968. (Cf. citation de Gaulle 7.6.68, ci-après). ■ Système dans lequel les salariés d'une entreprise peuvent avoir part à ses profits et, éventuellement, à sa gestion.
Par ext. Droit de regard des membres d'une communauté sur l'organisation et le fonctionnement de celle-ci.

Il y a (à côté du capitalisme et du communisme) une troisième solution : c'est la *participation*, qui, elle, change la condition de l'homme au milieu de la civilisation moderne (...) Dans une *participation*, dans une société à *participation*, où tout le monde a intérêt à ce que ça marche, il n'y a aucune raison pour que tout le monde ne veuille pas que la direction s'exerce avec vigueur *(de Gaulle, 7.6.68)*.
Rem. Le mot « dialogue », et celui de *« participation »*, reviennent constamment, partout, dans

les débats qui suivent les exposés des candidats (aux élections législatives de juin 1968). L'assistance ne vient plus seulement écouter un candidat, mais discuter avec lui des grands problèmes : réforme de l'Université et *participation* dans l'entreprise. (...) Que pense le jeune P.D.G. des projets législatifs du gouvernement en faveur de la « *participation* » ? (...) — La *participation* doit, dit-il, commencer par la vulgarisation (sur les problèmes économiques). Rendus méfiants par leur incompétence (en matière économique), les militants ouvriers rejettent le principe même de la *participation* et n'éprouvent pas le besoin de s'initier à la lecture des bilans *(Chaffard, 68)*.

♦ Les initiatives prises par le gouvernement pour réformer les structures régionales, locales, et l'urbanisme, présentées sous la bannière de la « *participation* », conduisent à définir clairement les conditions sans lesquelles ce mot ne serait plus qu'un slogan vide de sens ou un moyen de compromettre les citoyens sans les rendre vraiment responsables *(M. 17.12.68)*. La *participation* (dans l'entreprise) n'est pas limitée aux décisions de gestion courante, elle s'étend aux décisions de stratégie et de structure, c'est la *participation* au développement, caractéristique du management avancé *(En. 9.8.69)*.
Elle coûte et dérange, la *participation* qui — quel que soit le nom qu'on lui donne — s'exprime en une fin très simple : faire que chacun ait sa part à la décision pour ce qui le concerne *(M. 9.9.72)*. Si les Français participent peu, c'est que la *participation* — une riche idée — est encore une idée en l'air. Elle n'a reçu qu'une seule et magistrale application : le suffrage universel *(P. 1.4.74)*. Le mot *participation* a pris depuis 10 ans une résonance politique dont nous n'avons pas à chercher la référence *(R.G.C.F. 12.77)*. Les moyens d'atteindre à ce fameux « consensus » — qui suppose un large acquiescement à des valeurs communes — sont connus et promis depuis longtemps : ils s'appellent *participation* et décentralisation *(M. 10.3.78)*.
→ CONCERTATION, INTÉRESSEMENT.

PARTICIPATIONNISTE adj. ■ Favorable à la *participation**.

Les étudiants *participationnistes* demandent des garanties. Leurs critiques n'ont jamais constitué un « préliminaire » *(M. 18.2.69)*. Les réalisateurs avaient convoqué les habitants de ce village pour discuter avec eux de leur émission. C'est une bonne idée, une idée « *participationniste* » et qui donne une indication sur une manière plus attrayante d'exploiter le folklore *(ST 28.12.68)*.
Les remarques de Tocqueville sur le caractère et les mœurs de l'Anglo-Américain, animal *participationniste* par excellence *(N 6.70)*. Le grand élan *participationniste* perçu dans les derniers jours des grèves de 1968 *(Bauchard, 72)*. Ce groupe adopta très tôt une attitude *participationniste* à l'égard des institutions de la C.E.E. *(MD 3.74)*. À 33 ans, il figurait déjà au gouvernement, donnant ainsi l'exemple à l'aile « *participationniste* » de son parti *(M. 27.4.74)*.

PARTITION sf. Spéc. Mil. XXe (Repris à l'angl. *partition*). ■ Partage d'un territoire pour des raisons politiques.
Rem. Cet emploi a été critiqué comme anglicisme abusif.

Sauf pour les héraldistes, le mot *partition* évoquait jusqu'à ces derniers temps, pour la majeure partie des Français, de la musique avant toute chose. La « mise en garde » publiée par « Vie et Langage » d'avril à l'intention des journalistes signale l'apparition récente de ce terme dans la presse à propos de l'Algérie. Un lecteur me demande pourquoi l'O.V.F. — Office du Vocabulaire français — qualifie d'anglicisme un mot français que le Petit Larousse présente comme un emprunt de l'italien « partizione ». On peut répondre que c'est dans son acception récente que l'O.V.F. stigmatise *partition* comme un anglicisme. Originairement, le mot *partition* n'est pas plus italien qu'anglais : il est latin. C'est le substantif formé sur le vieux verbe « partir », au sens de partager, qui se trouve dans la locution « avoir maille à partir » *(F. Mars, C. 30.4.61)*.
Si (le) mot « *partition* » a pu signifier autrefois « l'action de partager », ce sens est depuis longtemps périmé et constitue un véritable anglicisme *(Le Bidois, 70)*.

♦ Le stade de la conversation est dépassé. Les Turcs paraissent résolus à obtenir la *partition* de l'île *(E. 27.11.67)*.

PARTOUZARD, E adj. et s. ■ Qui participe à des *partouzes**. Où ont lieu des *partouzes**.

Non seulement André R. hantait les salles de jeu, mais encore il organisait des réunions intimes dans l'un de ses domiciles. R. *partouzard* ! selon le vocable consacré *(Drieux, 65)*.
Le film démarre sur les chapeaux de roues, par un massacre nocturne dans une villa *partouzarde* *(E. 16.2.70)*.

PARTOUZE sf. Fam. ou pop. (De « partie », avec le suffixe populaire *-ouze* ; cf. *Barbouze**). ■ Partie de débauche.

La caméra prend son élan à travers les corps nus ou travestis des hôtes singuliers de ce singulier lupanar, nous introduit dans une *partouze* de cauchemar, nous fait découvrir le plus ahurissant des décors *(E. 18.10.65)*. Ce que vous appelez pudiquement « l'amour collectif » — mais le mot « *partouze* » est autrement expressif — est une déviation qui n'aboutit pas forcément à une libération *(E. 29.9.69)*.
C'était le temps où la *partouze* au Bois de Boulogne était très courue *(Giroud, 73)*.

PARTOUZER v. intr. ■ Organiser des *partouzes** ; y participer.

Les autres peintres (...), selon L., il y avait ceux qui vivaient dans les cafés de Montparnasse, cassaient les verres, fumaient l'opium, se déguisaient, *partouzaient* et peignaient dans le grand tremblement de l'alcool, de la drogue et du génie *(Perry, 66)*.
L'après-midi nous pique-niquions, jouions au football. Le soir on *partouzait* chez les étudiants américains *(Favrelière, 73)*.

PAS sm. Spéc. ■ Distance entre les sièges d'un avion, d'un véhicule terrestre de transport en commun.

Le *pas* des sièges dans les voitures de 2e classe a été porté à 980 mm, valeur beaucoup plus favorable que le *pas* initialement prévu de 951 mm *(R.G.C.F. 11.74)*. Avec des sièges au *pas* de 34 pouces, cet avion pourrait enlever 134 à 147 passagers ; et en version « haute densité » — sièges au *pas* de 30 pouces — 176 passagers *(VR 31.8.75)*.

PASSAGE À VIDE loc. subst. Fig. À propos de personnes. ■ Défaillance intellectuelle, nerveuse, physique, souvent de courte durée.

J'eus même ce qu'on nomme un *« passage à vide »*, car je ne vis absolument pas défiler les étages *(Bataille, 66)*. L'électro-encéphalogramme détecte l'apparition des « ondes alpha » indicatrices d'assoupissement ou de *« passage à vide »* chez les meilleurs automobilistes *(E. 28.10.68)*. L'inattention n'a qu'une excuse : ce *« passage à vide »* qu'implique parfois une extrême fatigue *(C. 19.7.70)*.
Salan, après un *« passage à vide »* au lendemain de l'échec du putsch, avait eu besoin de retrouver ses forces morales et physiques *(Courrière, 71)*. Quand un homme est malheureux, il est tout aussi désarmé et devient tout aussi incompétent qu'une femme, mais il ne l'avoue pas. Ce qui permet des doutes sur les causes réelles de son passage à vide *(Collange, 72)*. L'échec ou le demi-échec du référendum semble l'avoir frappé de stupeur. Pendant quelques semaines, le président de la République a connu un véritable *« passage à vide »* *(Martinet, 73)*.

● **À propos de collectivités.**

Après son *« passage à vide »*, la nation française s'est ressaisie. Le 30 mai 1968, d'un seul coup, elle a montré qu'elle répondait en masse à l'appel du chef de l'État *(C. 2.1.69)*.
Pour l'unité d'action CGT-CFDT c'est l'heure du *passage à vide*. Ce constat public d'impuissance unitaire n'est pas une surprise : la division des partis de gauche éclabousse la gauche syndicale *(C. 20.9.78)*.

PASSE-PARTOUT adj. Fig. ■ Standardisé, uniformisé.

Des ouvriers accroupis sur un toit (...) tout s'uniformise, le folklore se perd : point de pantalons de velours bouffant au-dessus des chevilles, ni de ceintures larges. Nous n'avons plus qu'un prolétariat *passe-partout*, vêtu de confection *(Bernard, 64)*. Mais, à moins de soigner extrêmement ces commentaires, fond et forme, comme Brecht lui-même en a donné l'exemple, les troupes (de théâtre) risquent fort de tomber à la fois dans la paraphrase et la gesticulation *passe-partout* *(M. 24.4.69)*.

PASSE-VUES sm. ■ Dispositif grâce auquel on peut faire défiler des vues (diapositives, etc.) devant un projecteur.

Projecteur semi-automatique : manipulation du *passe-vues* et de la mise au point manuelle *(Pub. PM 17.9.66)*.

PASSÉISME sm. Mil. XXe (De *passé*). Péj. ■ Attachement excessif au passé.

Que l'on m'accuse, si l'on veut, de *passéisme*. Je ne suis pas si pressé de voir le monde rétréci et uniformisé, rien ne prouvant qu'il serait du même coup unifié et pacifié *(Cl. f. 3.52)*. Les deux obstacles auxquels se heurte la démocratie : le nationalisme qui « conduit à considérer la guerre comme un jugement », et le colonialisme dont « la prolongation... relève d'un *passéisme* désastreux et insupportable » *(M. 12.10.66)*. *Passéisme* et futurisme sont deux façons de fuir les nécessités *(E. 25.9.67)*. Nous rejetons les nostalgies et le *passéisme*, nous n'incriminons pas « la machine », électronique ou non *(Lefebvre, 68)*. Les réformateurs se heurteront au *passéisme* des inspecteurs généraux et de nombreux professeurs *(O. 29.7.68)*. Les téléspectateurs se laissent aller « au ronronnement monotone d'un *passéisme* de pacotille » *(ST 3.5.69)*. Les professeurs auront les contestataires qu'ils méritent tant qu'ils continueront, par leur *passéisme* presque masochiste, à alimenter les feux de joie de la contestation *(M. 26.3.70)*.
Bernard K., peu suspect de *passéisme*, reconnaît dans le département français une réalité territoriale et institutionnelle qui a forgé des habitudes et des solidarités *(M. 13.2.72)*. Le *passéisme* morbide de certains spectacles actuels suscite de nombreuses inquiétudes *(M. 18.4.74)*.

PASSÉISTE adj. et subst. Rép. mil. XXe. ■ (Personne) qui s'attache exagérément au passé ; (chose) qui témoigne d'un attachement excessif (de quelqu'un) au passé.
Adjectif.

O Il ne s'agit là aucunement d'une *attitude passéiste*, mais d'évidences reconnues par la plupart des urbanistes *(M. 11.1.68)*. Le *corporatisme* le plus aveuglément *passéiste* peut trouver dans le fanatisme un allié de circonstance pour bloquer une tentative de renouveau *(M. 11.2.70)*. Un débat divise France-Culture entre les tenants d'une *culture* dite *« passéiste »* et ceux de l'avant-garde *(M. 14.2.68)*. Vous me faisiez remarquer que notre *émission* était un peu *passéiste* depuis quelques semaines *(O.R.T.F. 5.12.70)*. Informer les habitants sur la civilisation dont ils ont hérité, sur le milieu dans lequel ils vivent et dont le *maintien* peut apparaître, dès lors qu'ils en ont compris la signification, moins *passéiste* qu'ils ne le croyaient *(M. 30.3.69)*. Refuser de coopérer à l'édification de l'Europe unie, sous prétexte de sauvegarder des caractéristiques déjà perdues, c'est probablement refuser, au nom d'un *mythe passéiste*, le seul moyen de sauver la Suisse réelle *(de Rougemont, 65)*. Les petits anarchistes qui refusent la consommation, les grands frigos à « freezer », les brosses à dents électriques, la télé et toutes les avalanches de notre temps, au nom d'une suspecte *« nostalgie passéiste »* *(O. 20.10.65)*. Si les *protestations* populaires sont *passéistes*, à qui incombait-il de les tourner vers l'avenir ? *(Revel, 65)*. La différence entre culture et culturel sépare, en 1965, les régimes de progrès des *régimes passéistes* *(M. 23.11.65)*. Torpiller comme *« passéistes »* des *revendications* on ne peut plus actuelles concernant la force de frappe, (...) *(Revel, 65)*. Sur les barricades de mai (1968) flottaient tout à la fois les drapeaux d'une *révolte* sauvage et *passéiste*, et ceux d'une renaissance *(E. 24.6.68)*.

∞ Un certain nombre d'enseignants sont de caractère anarchiste, d'autres sont de caractère *passéiste* *(En. 28.3.72)*. Au début des années 60, aux États-Unis, le goût pour le passé est devenu sentimental à l'extrême. Un peu plus tard les Européens se laissent gagner par cette *contagion passéiste (E. 4.3.74)*. Son *analyse* est traditionnaliste, voire souvent *passéiste*. Il est sans grande perception des forts courants qui agitent le monde *(P. 22.4.74)*. (...) Pour que la Côte d'Azur ne s'endorme pas définitivement dans le ronronnement des festivals *passéistes (M. 22.1.76)*.

Substantif.

O Ce thème d'Antigone, on ne m'accusera pas, en *passéiste*, de l'évoquer : on le voit fournir aux plus récents, comme M. Anouilh, aux plus préoccupés de modernisme, comme Jean Cocteau, des occasions nouvelles de variations sur la vérité éternelle *(E. Henriot, discours à l'Acad. française, 27.3.58, in M. 28.3.58)*. On râle contre la télé, mais c'est bien commode. (...) Avant, on pouvait pas (sic) lire le journal à table, c'était pas poli. Maintenant on peut. C'est une sacrée amélioration. Faut pas être *passéiste*. — *Passéiste* ? s'effara Rosenbaum. — *Passéiste*, parfaitement ? Faut pas oublier que, dans le temps, le progrès s'est appelé chandelle *(Fallet, 64)*. — Tu es comme ton père, une *passéiste*, dit Dominique. — Qui ne l'est pas ? dit Jean-Charles. Au temps des fusées et de l'automation, les gens gardent la même mentalité qu'au XIXe siècle *(Beauvoir, 66)*. Le but du livre, c'est, autant contre les « *passéistes* » que contre les systématiques, des handicapés), *(M. 15.8.68)*. Les voies de l'avenir *(M. 1.10.67)*. M.G. n'est pas un « *passéiste* ». L'architecture moderne, il la connaît puisqu'il vient de rentrer des États-Unis, où il a exercé pendant quinze ans *(M. 13.1.68)*.

∞ Les anarchistes sont très peu nombreux parmi les enseignants ; en revanche les *passéistes* doivent en nombre plus important *(En. 28.3.72)*. Le fascisme a souvent été l'exploitation d'un traditionalisme inquiet par une couche de déboussolés fanatiques ou de *passéistes* maniaques *(C. 20.8.75)*.

PASSERELLE sf. Fig. ■ Possibilité offerte à des élèves, des étudiants, etc., de changer d'orientation pendant leurs études.

La multiplication des établissements polyvalents qui favorisent la création des « *passerelles* » entre services, traitements, formes de réadaptation, (des handicapés) *(M. 15.8.68)*. Prévoir dans chaque année de l'enseignement des « *passerelles* de dérivation » qui permettent (aux étudiants), sans abandonner le bénéfice des connaissances théoriques qu'ils auront acquises, de s'adapter à l'entrée dans la vie pratique *(PM 31.8.68)*. Mettre en place des circuits de la reconversion et des « *passerelles* » pour les étudiants qui ne seraient pas capables de passer leurs examens *(En. 29.3.69)*.

PASSEUR, EUSE subst. Spéc. ■ Personne qui fait franchir une frontière (à qqn ou à qqch) dans des conditions illégales.

Le « *passeur* » acheminait la marchandise en Syrie par des pistes clandestines. S'il n'était pas directement de mèche avec un douanier, il achetait souvent les services d'un ancien militaire (...) Les bénéfices des trafiquants ne se trouvent guère affectés si un *passeur* d'héroïne doit transiter par Paris au lieu de se rendre directement aux États-Unis *(Lamour, 72)*. Les propriétaires de ces sommes n'en assurent pas eux-mêmes le transport. Ils font appel à des entreprises de *passeurs* spécialisés dans ce genre de besogne (...) Le vrai *passeur* ne se déplace pas pour de sommes modiques. Chacune de ses expéditions est minutieusement préparée. Les points de passage changent à chaque fois *(M. 17.9.72)*. Les salaires que les travailleurs immigrés envoient dans leur pays d'origine, parfois par l'intermédiaire de banques, mais souvent aussi avec l'aide de « *passeurs* » *(PM 15.3.75)*. La police place facilement sur le même plan l'arrestation d'un étudiant détenteur de 3 grammes de « H » et l'interception d'un *passeur* porteur de 3 livres d'héroïne *(M. 27.2.77)*.

PASSIVE (SÉCURITÉ) sf. Autom. ■ Sécurité qui provient de la résistance de la carrosserie aux chocs, et de l'équipement intérieur de la voiture (appuie-tête, *ceintures* de sécurité* à enrouleur, absence d'accessoires dangereux, etc.). (Par opp. à *sécurité active**).

Au niveau de la *sécurité passive*, la recherche a porté essentiellement sur la résistance de l'habitacle et sur la déformation progressive des autres parties du véhicule en cas de choc *(C. 25.2.75)*. Pour la *sécurité passive*, la voiture est équipée d'un habitacle protégé par des zones d'absorption de chocs et d'une colonne de direction avec moyeu rembourré *(Exp. 12.77)*.

PATAUGEOIRE sf. De *patauger*. ■ Bassin très peu profond où les enfants peuvent jouer dans l'eau.

Un vaste Parc des Sports comportant une piscine olympique de compétition, avec bassins annexes, *pataugeoires* pour enfants, etc. *(C. 28.9.62)*. Des enfants qu'on a mis à rafraîchir dans la *pataugeoire (Bernard, 64)*. Des terrains de jeux : *pataugeoire*, tas de sable pour les petits ; terrains de pétanque pour les grands *(F. 2.11.66)*.
20 hectares ont été aménagés avec baignade, *pataugeoire*, mini-ferme et aire d'animation *(M. 7.4.74)*.

PATCHWORK [patʃwœrk] sm. Rép. mil. XXe (De l'angl. *patch*, « pièce, morceau » et *work*, « ouvrage »).

1. Ouvrage de couture, de tricot (couverture, tapis, vêtement, etc.) fait d'un assemblage de morceaux disparates. — Par ext. Tissu imprimé imitant ce genre d'assemblage.

(Des) chambres tendues de toile de Jouy, avec des lits campagnards, des couvertures en *patchwork (Beauvoir, 66)*. Crêpes Georgette ou de Chine chargés de fleurs modern style, de motifs géométriques, de *patchworks* graphiques et bicolores qui évoquent certaines œuvres de Bissière *(E. 3.2.69)*. Pour celles que l'originalité taquine : la mariée en « *patchwork* », habillée d'un imprimé éclatant qui évoque l'été et le soleil (...) une apparition gracieuse et colorée *(VR 4.5.69)*. Des robes en *patchwork* de C., ou des combinaisons plus classiques *(E. 30.3.70)*.
Une nappe qui ressemble à un tartan écossais, un kimono japonais ou un *patchwork* du Far West *(Pub. El. 4.1.71)*. Il écoutait la radio, étendu en travers du lit recouvert de son

PATCHWORK

dessus de soie : un *patchwork* du siècle dernier, authentique, demeuré très éclatant dans toutes les couleurs de l'arc-en-ciel *(Bertin, 72).*
- **Par anal. À propos de choses dont l'aspect rappelle le patchwork.**
  Le paysage aérien n'est pas comme les autres. Ces perspectives immenses, ce « *patchwork* » de cultures, la marée blanche des nuages (...) *(F. 16.10.69).*
  Ici un bassin de carpes rouges, une fosse à ours, une volière. Là, un jardin de printemps en *patchwork (M. 10.10.74).*

2. Fig. Mélange d'éléments disparates ou variés.
Des dirigeants (d'un parti politique) issus d'ailleurs et imposés d'en haut. Un électorat composite. Et, pour tout programme, un *patchwork* de lieux communs *(E. 29.11.71).* On nous promet, pour de prochaines émissions, un *patchwork* intellectuel alléchant : Sade, Flaubert, Lewis Carroll, Freud et Roland Barthes *(O. 4.2.74).* De votre long discours vous avez fait ce qu'on appelle, dans le vocabulaire de la couture, du « *patchwork* » : un morceau pour la triste U.D.R., un morceau pour les heureux réformateurs, un morceau pour les triomphants indépendants *(M. 8.6.74).* Quelque chose qui tient du pudding, du *patchwork*, du canular, de la vaticination, « Le voyage à Naucratis » est tout cela à la fois, un objet déconcertant, fascinant, irritant *(E. 10.2.75).*

PATINER v. intr. Fig. (Par métaph. : cf. embrayage, roue qui *patine*).
■ **Ne pas progresser ; manquer d'efficacité.**
Il faudra reprendre en main une propagande qui *patine.* Ce n'est pas qu'elle manque de thèmes. Il y en a trop. Mais tous semblent inefficaces *(O. 23.12.72).* Objection : il n'y aurait pas de vraie « politique » possible, car le problème est avant tout un « problème de mentalités » et l'on ne réforme pas les esprits comme on réforme le droit des sociétés : lois et décrets risquent de *patiner* quelque peu sur les « psycho-structures » *(M. 2.10.74).*

PAUMÉ, E subst. et adj. Fam. Se dit d'individus ou de collectivités qui vivent dans une grande misère (matérielle ou morale), ou qui sont méprisés ou rejetés par la société, par le groupe. — Souvent syn. de *marginal**.
- **Substantif.**
  Qui réconforte-t-on ? Les victimes, les *paumés,* les angoissés, les pessimistes, les inquiets *(Collange, 72).* Une bonne partie du tiers-monde se voit offrir comme mode de développement, de pensée, de culture, des schémas qui provoquent un bâillement généralisé dans les îlots — communistes ou capitalistes — où ils ont été conçus (...) Voilà qui finit d'énerver les impatients ou les « *paumés* ». Alors, pour respirer, ces claustrophobes font exploser des bombes *(M. 10.9.72).* Dans le monde dur des affaires, on méprise les intellectuels, ces « *paumés* » de l'existence qui n'ont jamais le montant de leur compte en banque en tête, peut-être même pas de compte en banque du tout *(O. 24.9.73).* Ceux qui ne sont pas tout à fait assez malades pour être placés dans un hôpital psychiatrique : les *paumés (O. 14.2.77).* Il faut savoir distinguer entre les violents, les professionnels du crime et les autres. Lorsque l'on est condamné parce que l'on est un « *paumé* » de la correctionnelle, ce n'est pas la même chose que lorsque l'on est un truand, un braqueur, comme on dit *(C. 7.9.78).*
- **Adj. et part. passé.**
  Il suffit d'aller regarder ce qui se passe autour des lycées, dans les bistrots, pour se rendre compte que les jeunes sont tout de même un peu perdus, un peu « *paumés* » *(E. 17.9.73).* Un couple *paumé* : Michel et Véronique (des drogués) n'ont vraiment plus un sou en poche. Même pas de quoi aller au restaurant *(M. 19.7.78).*

PAUPÉRISATION sf. Par ext. ■ Abaissement de la *qualité* de la vie.*
Les énormes agglomérations urbaines où la raréfaction et la dégradation du cadre naturel, poussées à l'extrême, ont fait surgir une nouvelle forme de *paupérisation* en aggravation constante : la misère psychophysique urbaine. Leurs habitants sont les plus riches de tout le pays par leur niveau de vie ; ils en sont les plus pauvres par leur milieu de vie (...) Les plus déshérités socialement sont aussi ceux qui souffrent le plus de la *paupérisation* biologique des grandes villes. La destruction et l'accaparement de l'espace naturel développent (...) trois degrés de *paupérisation* : une *paupérisation* universelle, une *paupérisation* urbaine, une *paupérisation* des pauvres *(Saint Marc, 71).* Une *paupérisation* qualitative résulte de la dégradation des conditions de transport dans la région parisienne *(M. 22.10.71).*

PAUSE(-) Premier élément de subst. comp. dont le second élément suggère l'activité à laquelle on se livre pendant la pause (boire, manger, etc.), par ex. en désignant ce que l'on boit ou mange à ce moment-là.
Encore inconnue en 1960, la *pause café* a été adoptée depuis par 2 347 entreprises *(PM 15.10.66).* La *pause-café* un des plaisirs de ma vie ! La *pause-café* coupe la journée, coupe la fatigue *(MTr. 10.66).* La traditionnelle « *pause-café* », où M. H. voit l'occasion des futures négociations, redevient une « suspension de séance » *(E. 12.8.68).* A la Conférence de Paris, les « *pauses-café* » qui, autrefois, permettaient d'engager la conversation fructueuse, ont lieu maintenant en complète ségrégation *(E. 14.4.69).* Visite des ateliers de B., qui donna à nos cheminots une occasion de contact et de comparaison avec des cheminots allemands, sur un lieu de travail identique, et de leur offrir un intermède musical pendant la *pause repas (VR 2.11.69).* Comment rendre la « *pause-repas* » plus agréable ? En transformant la traditionnelle cantine en « libre-service » *(C. 30.12.69).*
« Pauses tabac », « *pauses café* », récréation gymnastique, siestes clandestines et baudardage *(E. 5.10.70).* Ils ont une conception on ne peut plus extensive des pauses : *pause-thé, pause-café au lait, pause yaourt, pause-journal du matin, pause préparation* d'on ne sait quel concours, *pause radiodiffusion, pause-soleil, pause-poésie, pause-pause* — cela jusqu'au crépuscule *(O. 19.10.70).* Pendant la *pause-whisky* que C. venait de s'accorder entre deux scènes de son dernier film *(JF 28.12.70).* Trois séances de travail par jour. Trois pauses : déjeuner à midi, une *pause-café* à 15 h 30, un arrêt-buffet à 22 h. *(E. 4.2.74).* Rien

n'est meilleur, quand on a quitté Paris tôt le matin pour se lancer sur une autoroute que de faire, sur le coup de 10 heures, une *pause petit-déjeuner (M. 3.7.76)*. Finis les circulaires et les panneaux d'affichage, voici les journaux télévisés à usage interne que les employés peuvent regarder au moment de la *pause-café (P. 13.3.78)*.

PAVÉ sm. Fig. Fam. Péj. ■ Livre très épais et dont la lecture est ardue ou ennuyeuse.

Quel prodige de réussir à faire lire « Le fait féminin », ce « *pavé* » passionnant mais pas très digeste, par des cadres débordés *(M. 4.6.78)*. Il existe (...) un gros *pavé* vert, si gros que personne n'ose le lire. Il est cher, mais contient une mine de renseignements *(O. 19.6.78)*.

PAVILLONNAIRE adj. Mil. XXe. Péj. (De *pavillon*, au sens de : petite maison particulière, souvent inesthétique et de qualité médiocre, construite en général dans la banlieue d'une grande ville). ■ Qui se compose d'un ensemble de pavillons. Qui rappelle (fâcheusement), qui concerne les pavillons.

Rem. *Pavillonnaire* : adjectif cher aux urbanistes et aux sociologues *(VL 2.70)*.

○ L'aspect « *banlieue pavillonnaire* » de certaines parties de la Côte (d'Azur) commence à apparaître *(Dunlop, 66)*. C'est le seul hôtel de C. au bord de la plage. La *chambre « pavillonnaire »*, offre un confort désuet, avec lit de camp *(A. 17.7.69)*. Il faut éviter de créer un *environnement « pavillonnaire »* aussi déprimant que celui des grands ensembles *(Fa. 20.1.71)*. Chacun accepte de bon cœur de loger, au cours de ces randonnées, dans des sortes de cases perfectionnées. De petits *hôtels pavillonnaires* de ce type commencent à jalonner les itinéraires africains qui vont des plages au seigneur de la jungle *(E. 3.2.69)*. La somme des contraintes est moindre pour l'habitant des *secteurs pavillonnaires*, moindre encore pour le citadin aisé *(Lefebvre, 68)*. Lèpre des anciens faubourgs, « *univers pavillonnaire* », où s'est enseveli l'individualisme dérisoire qui l'a fait naître *(M. 11.2.67)*. Le « collectif » (immeuble divisé en appartements) paraissait l'antidote parfait de l'« *univers pavillonnaire* », qui avait proliféré en monstre hideux, désordonné et anarchique autour de Paris et de quelques autres grandes villes *(C. 22.10.69)*.
Autour du centre de la ville (...) s'étendent des *zones pavillonnaires* typiques de la banlieue parisienne *(Mollo, 69)*.

∞ Chassés du centre de la ville, les prolétaires construisirent de petites maisons qui prenaient modèle sur la villa bourgeoise. La *banlieue pavillonnaire* est en fait un rêve, un rêve misérable, pitoyable *(Ragon, 71)*. Ce texte ouvrait la voie à une *France pavillonnaire*, parsemée de maisons le long de toutes les routes *(M. 22.10.71)*. Sur ces pentes va se poursuivre le *programme pavillonnaire* démarré en 1971 : 300 pavillons *(C. 9.1.72)*. On a laissé proliférer les banlieues dortoirs et les *cités pavillonnaires (O. 30.4.73)*. La gare est implantée dans une *zone pavillonnaire (R.G.C.F. 11.75)*.

PAYANT, E adj. Fig. ■ Qui rapporte. Avantageux, profitable, efficace.

Les clubs (politiques) ont un vaste champ d'action un peu partout, qui préparerait le terrain pour une *action* politique à long terme *payante (M. 8.9.65)*. (Il faut) que (...) l'*attention* demandée au lecteur soit *payante* par un profit et un effort *(M. 12.10.66)*. La conquête de l'espace a progressivement cessé (d'intéresser) l'opinion publique américaine (...) Faut-il évoquer une désaffection progressive à l'égard d'*aventures*, exaltantes peut-être, mais au fond peu « *payantes* » ? *(M. 10.10.68)*. Toute *démagogie* fondée sur la jeunesse est *payante (Cd 17.10.66)*. La dynamique du succès assure à son équipe (de journalistes) une *euphorie « payante » (E. 17.10.66)*. Pour la C.F.D.T. (centrale syndicale) les *mouvements « payants »* sont ceux qui sont déclenchés branche (professionnelle) par branche, et non sur consigne fédérale *(M. 23.2.69)*. Savoir si le *neutralisme* n'était pas plus « *payant* » que l'adhésion aux alliances occidentales *(M. 23.7.64)*. Le (ministre), par une *politique* conservatrice, mais électoralement *payante*, est en train d'annihiler les progrès que son prédécesseur avait fait accomplir aux structures et aux mentalités *(M. 24.9.66)*. Une *position* ferme sera « *payante* » sur le plan électoral *(M. 15.4.69)*. Des *projets « payants »* sur le plan électoral *(M. 30.10.69)*.
Titiller l'orgueil des hommes est toujours *payant (EM 9.10.66)*. Nous avons là (à la télévision) le numéro savoureux et attendu. C'est « très *payant* » comme on dit, parce que cela ne laisse pas indifférent *(M. 17.4.68)*.
Il faut poursuivre ces actions (...) c'est « *payant* » auprès de la population *(Courrière, 69)*.

PAYSAGE sm. Spéc. ou fig. ~ 1965.

1. Spéc. (Surtout dans le syntagme *paysage urbain*). Aspect que présente à l'observateur une ville, un quartier, etc.

La forme du *paysage urbain* dépend du talent des architectes, mais aussi des moyens financiers du constructeur, et des règlements d'urbanisme *(M. 27.11.74)*. Le nouveau *paysage urbain* créé à Lyon par le métro *(M. 28.4.78)*. Ce marché esthétiquement réussi, c'est aussi un espace « différent » dans un quartier qui manque d'événements, d'accidents dans le *paysage urbain (M. 20.6.78)*.

2. Fig. (Souvent suivi d'un adj. tel que *politique, social, économique*, etc.). Situation, vie, etc.

L'irruption des sondages dans le *paysage politique* français ne date pas de la Ve République *(M. 12.12.71)*. Le *paysage politique*, transformé en quelques semaines par la campagne électorale et l'élection du Président continuera sans doute d'évoluer *(C. 19.5.74)*. (...) en quoi consistait le « système des studios » avant que les « indépendants » boule-versent le « *Paysage de l'industrie* » du cinéma *(P. 13.1.75)*. Le président de la République observe le *paysage politique* et rêve d'une rupture de l'alliance socialo-communiste *(PM 22.2.75)*. Le « redéploiement » industriel dessine le *paysage économique* et *social* des 20 ou 30 prochaines années *(C. 15.1.76)*. A propos de l'inauguration des lignes A et B du RER, il faut replacer la réalisation du réseau express régional dans le *paysage global* des transports en région parisienne *(M. 10.1.78)*. Après le renouvellement de l'Assemblée nationale, on peut prévoir une profonde mutation du *paysage politique* français *(M. 21.3.78)*. Un changement du « *paysage politique* » est intervenu depuis les élections *(M.*

28.4.78). Quand, depuis un certain temps, une grève d'une assez grande ampleur n'a pas été déclenchée pour mobiliser les travailleurs et l'opinion, il manque quelque chose au *paysage social* français *(M. 20.12.78).*

PAYSAGISTE sm. ■ Décorateur qui dessine des jardins, des parcs, notamment dans les villes.

Indispensable à la santé du citadin, la Nature l'est aussi à la beauté de la ville. Le *paysagiste* est aussi nécessaire que l'architecte *(Saint-Marc, 71).* Nous construisons avec les meilleurs architectes, entrepreneurs, *paysagistes*, décorateurs *(Pub. P. 9.10.72).* Après la décision prise (...) de remplacer le centre de commerce international par un jardin, (...) cinq hommes de l'art, architectes et *paysagistes*, furent invités à peaufiner leurs études *(M. 6.5.75).*

PAYSANNAT sm. ■ L'ensemble des paysans ; la condition paysanne.

Le ministre (de l'Agriculture) s'est déclaré prêt à favoriser (...) la modernisation du *paysannat (R.T.F. 22.11.54).* La véritable « débandade » dont ont été récemment l'objet tous ces *paysannats* congolais paraît due à l'insufisance d'éducation des paysans *(Dumont, 62).*
(Cela) permettra sans doute de créer peu à peu une mentalité industrielle au sein même du *paysannat (Peyrefitte, 73).*

P. D. G. ou P D G ou P. -D. G. [pedeʒe] subst. ~ 1960. Abrév. fam. de *président*(-)directeur général*.

Il y a aujourd'hui plusieurs femmes au nom desquelles on peut accoler ces prestigieuses initiales longtemps privilège masculin : *P.D.G.* (...) Claude B. est la plus jeune des femmes président-directeur général de France *(Fa. 25.1.67).* Trop jeunes ! s'écria-t-il. Beaucoup trop jeunes, ces Présidents-Directeurs Généraux d'aujourd'hui, ces *P.D.G.* comme on dit *(Saint Pierre, 70).*
Rien ne ressemble moins à un *P.-D.G.* qu'un autre *P.-D.G.* (...) En ce moment la mode est au *P.-D.G.* stratège, capable d'orchestrer les multiples activités de ce qui n'est plus une entreprise, mais un groupe ou un holding *(O. 24.9.73).* Deux *P.-D.G.* affirment qu'ils emploieraient volontiers un directeur femme, mais que leurs collaborateurs n'accepteraient pas ses directives *(M. 14.7.74).* La moto devient un gadget pour jeune *PDG (P. 30.9.74).* Fatiguée par le rythme intensif du travail, la femme métreur propose au *P.-D.G.* de l'entreprise d'être employée à mi-temps *(M. 3.1.76).* L'ancienne *P.-D.G.*, Mme R., principale actionnaire de la Société *(M. 14.4.78).*

Rem. La graphie *pédégé* est attestée.

Claude B., 30 ans, la plus jeune *P.D.G.* de France, mille employés, un milliard de chiffre d'affaires. Mais pourquoi diable « *Pédégé* » *(FP 9.70).*

PÉAGE sm. Repris et rép. mil. XXᵉ. Spéc. ■ Taxe à payer pour utiliser certaines autoroutes ou certains tunnels routiers afin d'en amortir les frais de construction et d'entretien.
Par ext. Poste de contrôle établi pour percevoir ces taxes.

R.N. 7, autoroute Estérel-Côte d'Azur (sortie-*péage* à Mandelieu) *(Dunlop, 66).* Sur l'autoroute du Nord, le *péage* de S., endroit a priori déplaisant, puisqu'il coupe l'élan et allège le portefeuille *(E. 26.10.70).*
Dans ce document figurent notamment : le plan général de l'autoroute, l'emplacement des échangeurs et bretelles de raccordement, la localisation des postes de *péage (M. 30.5.74).* Les transports de matières dangereuses devront contourner les agglomérations, emprunter des passages spéciaux aux *péages* autoroutiers *(E. 24.7.78).*

PÉAGISTE subst. ■ Employé qui perçoit le *péage** sur une autoroute.

Un *péagiste* peut traiter 500 véhicules/heure à l'entrée, 250 véhicules/heure à la sortie *(Cl 5.69).*

PEAU sf. Fig. Spéc. Dans le syntagme *faire peau neuve*.
● À propos de choses concrètes. ■ Être modernisé, remis à neuf.

Le tunnel de la Nerthe a *fait peau neuve*. Il convient de rendre hommage à tous ceux qui ont, au prix de mille difficultés, rajeuni ce souterrain plus que centenaire *(VR 30.4.72).*

● À propos de choses abstraites, de collectivités, d'institutions, etc. ■ Se renouveler, se mettre à jour, se transformer.

À la gauche politique il recommande de se changer elle-même, de *faire peau neuve* pour pouvoir changer réellement la société et la vie *(C. 23.8.78).*

PEAUFINAGE sm. Fig. ■ Action de *peaufiner** ; son résultat.

La politique monétaire ne devait servir qu'au « *peaufinage* » de la politique fiscale du gouvernement *(M. 28.2.69).*

PEAUFINER v. tr. Fig. (D'après le sens originel : nettoyer soigneusement avec une fine peau de chamois.) Rép. mil. XXᵉ. ■ Préparer très soigneusement ; améliorer, fignoler.

Une commission allait se réunir pour « *peaufiner* » le plan de « relance » *(M. 9.1.70).* On s'amuse bien : J.P. (chansonnier) *peaufine les répliques*, astique les scènes, les aiguise *(C. 4.10.70).*
L'invité ne passe pas les quelques minutes de répit où il est seul, avant le dîner, à polir des reparties spirituelles ou à *peaufiner des anecdotes (MT 3.71).*
Certains dirigeants ont tendance à *peaufiner* des dossiers ratissés comme des jardins à la française *(M. 4.5.72).* Le séjour linguistique à l'étranger *peaufine* l'accent, mais n'affine pas la taille *(E. 28.8.72).* A-t-on jamais vu l'un de ceux qui *peaufinent* ces merveilles électroniques — avions, missiles — déclarer que son travail le dégoûte ? *(E. 14.1.74).* Il

faudra attendre l'arrivée des derniers résultats des bureaux de vote-témoins pour *« peaufiner »* l'estimation du résultat de l'élection au millième près *(M. 21.5.74).* Deux pochettes amovibles fixées sur les portières, un profond vide-poches et des lève-glaces électriques achèvent de *peaufiner* le confort de cette voiture *(P. 30.9.74).* Cinq hommes de l'art, architectes et paysagistes furent invités à *peaufiner* leurs études. Trois maquettes, résultant de ces travaux, furent présentées *(M. 6.5.75).* Plus fourmi que cigale, l'Alsacien *peaufine* son intérieur, sans transiger sur la propreté et le confort *(M. 6.6.78).* Cet inspecteur des finances met autant de soin à préparer son avenir que le ministre des Finances de Gaulle en mettait à *peaufiner* son image *(C. 19.9.78).*

● Part. passé et adj.
Tout est *peaufiné.* Son vélo (d'un coureur) est un chantier perpétuel, en transformation continuelle *(Bodard, 71).* Le lendemain, paraît dans « l'Humanité », une interview de S., soigneusement *peaufinée (P. 24.2.75).*

PEIGNE FIN (PASSER AU) Loc. Fig. ■ Soumettre qqch ou qqn à un examen ou à un contrôle attentif, minutieux.

Les stages d'athlètes se sont multipliés et compensent les insuffisances techniques des clubs. Stages de détection permettant de *passer au peigne fin* tous les éléments de valeur *(E. 3.7.67).* S'il y a de plus en plus de « malades mentaux » dans les sociétés industrialisées, c'est parce qu'on les détecte mieux. Des équipes de spécialistes *passent au peigne fin* des groupes d'immeubles *(E. 26.5.69).* Tout ce qu'il possédait avait été minutieusement fouillé, *passé au peigne fin (Bruce, 69).*
Tout en *passant* les locaux de l'ambassade *au peigne fin,* ces spécialistes oublient de fouiller dans la vie de C. *(Nord, 71).* Son pavillon est *passé au peigne fin* par la police. Rien. Pas une arme, pas un document, pas le moindre carnet (...) La police aurait pu *passer au peigne fin* les quelques centaines de spectateurs présents pour y chercher coupables ou suspects *(Caviglioli, 72).* Douze heures de recherches. Deux cents agents du F.B.I. sur les dents. 500 kilomètres carrés *passés au peigne fin (M. 11.4.72).* Passant au *peigne fin* le réseau des villes à dimensions humaines, les aménageurs en mirent à nu le vrai rôle : c'est là que les paysans vont chercher du travail *(E. 30.10.72).* Toute la compagnie est mobilisée, chaque jour, pour *passer* la place d'armes *au peigne fin (O. 6.1.75).*

PÉJORER v. tr. et réfl. ~ 1970. (Du bas latin *pejorare,* « rendre pire » ; cf. *péjoratif*). ■ Aggraver, amoindrir, désavantager, déprécier ; handicaper.

● V. trans.
La circulation des trains serait *péjorée* par les différences entre les vitesses-limites autorisées sur le parcours *(VR 3.1.71).* L'extrême compacité des turbines a permis de loger le groupe auxiliaire à côté de la turbine de traction sans *péjorer* les surfaces réservées aux voyageurs *(R.G.C.F. 5.72).* L'extension de cet arrêt à d'autres trains est à éviter afin de ne pas *péjorer* les relations intervilles que nous voulons accélérer *(VR 20.5.73).* Cette conception *péjorait* considérablement les performances de l'engin en les rabaissant au niveau sensiblement inférieur de l'engin à courant continu *(R.G.C.F. 7.74).*

● V. réfl.
Le compte d'exploitation de cette activité *se péjorait* à une cadence inacceptable *(VR 25.3.73).*

PELOTON sm. Fig. ~ 1965. (D'après l'emploi dans le vocab. de certains sports : courses de chevaux, courses cyclistes, courses à pied, etc.).

Rem. Dans cet emploi *peloton* se rencontre, soit dans des constructions libres, soit dans les syntagmes figés *peloton de tête* et, plus rarement, *peloton de queue,* empruntés eux-mêmes au vocab. des courses.

Peloton (dans des constructions libres).
■ Ensemble de personnes, de collectivités, de choses abstraites ou concrètes qui sont en compétition, en concurrence, ou jugées par comparaison avec d'autres de même nature.

Dans les classes de transition, on souffre de l'échec. Mais on s'accroche à l'espoir de se retrouver un jour dans une « vraie » cinquième ou quatrième, fût-ce au prix d'une troisième ou quatrième année de retard sur le *peloton* de la scolarité régulière *(Drouet, 72).* Ses performances à moyen terme ne la (l'Union Soviétique) distinguent plus, comme autrefois, du *peloton* des vieux pays industriels *(Exp. 3.72).* Le « Concorde » se place en tête du *peloton* des investissements très coûteux, avec une dépense pour la France de quelque 7 milliards de francs. L'usine de Pierrelatte se classerait en second avec environ 5 milliards *(M. 5.11.74).* Huit départements qui, jusqu'ici, étaient dans le bon *peloton,* concourent désormais pour la « lanterne rouge » en perdant plus d'habitants qu'ils n'en gagnent *(P. 11.8.75).* L'économie française se situe plutôt dans la moins mauvaise moitié du *peloton* des pays industrialisés que dans la plus calamiteuse *(E. 29.3.76).* Historiquement et statistiquement, les chrétiens sont en majorité dans le *peloton* de ceux qui, de tous temps, se sont donnés et se donnent aux autres *(Cesbron, 77a).*

Peloton de tête ■ Groupe le plus avancé, le plus développé.
La nation a besoin d'avoir des informateurs de qualité pour rentrer dans le *peloton de tête* des pays développés *(Schwœbel, 68).* Les dirigeants (d'une entreprise) pour bien montrer qu'ils sont dans le *peloton de tête* des techniques modernes, proposent à leurs clients un réservoir sous-marin géant qui permet aux pétroliers de faire le plein de leurs citernes sans toucher terre *(E. 19.5.69).*
Cette compagnie ne se plaçait pas dans le *peloton de tête* des chemins de fer européens *(VR 2.7.72).* Ces 70.000 dirigeants d'entreprises sont inégalement riches et puissants. En fait, 6000 d'entre eux seulement se classent dans un *peloton de tête* qui distance nettement tous les autres *(O. 24.9.73).* Les Who ont des origines populaires ; une chanson emblème « My Generation » les installera dans le *peloton de tête.* Ils y figurent maintenant depuis dix ans *(E. 18.2.74).* La France, qui était dans le *peloton de tête* des nations scientifiques est maintenant en queue ; doublée par l'Allemagne de l'Ouest et le Japon *(M. 24.4.74).* Ce

cinéaste figure depuis plus de 15 ans dans le *peloton de tête* du cinéma français *(P. 21.5.74)*. Ce taux d'inflation situait à l'époque la France dans le *peloton de tête* des pays à fortes hausses *(M. 30.5.74)*. Dans le *peloton de tête* des projets de voyage des Français on trouve promus l'Extrême-Orient, l'Amérique du Sud et l'Afrique noire *(P. 1.7.74)*. Les nations les plus riches, les plus industrialisées qui forment le *peloton de tête* dans la course à la croissance *(M. 16.11.74)*. Mgr E. se place dans le *peloton de tête* de l'épiscopat français, tant par le goût du travail intellectuel que par la personnalité *(M. 23.7.75)*. Cette ville nouvelle est dans le *peloton de tête* en ce qui concerne les emplois, les espaces verts et les loisirs *(M. 23.1.77)*. Comment se hisser dans le petit *peloton de tête* des pays qui ont maîtrisé le problème du déficit dû au pétrole ? *(Exp. 11.77)*. Placer l'industrie française du camion dans le *peloton de tête* mondial *(E. 22.5.78)*.

Peloton de queue. ■ Groupe le plus en retard, le moins développé.

Le retard que connaît la France en matière d'urbanisation la place dans le *peloton de queue* des pays industrialisés *(Thoenig, 73)*. Les Français se trouvent dans le *peloton de queue* pour l'équipement téléphonique. Le nombre de téléphones pour 100 habitants y est le plus faible des grands pays industrialisés *(M. 17.1.75)*.

PÉNALISANT, E adj. Fig. ■ Qui désavantage.

Les événements se traduisirent, pour Air France, par une paralysie de 21 jours, d'autant plus *pénalisante* qu'elle eut lieu au début de la saison touristique *(D. En. 2.69)*.

PÉNALISATION sf. Par ext. ■ Désavantage quelconque que subit une personne ou une collectivité, ou qui lui est infligé.

L'inégalité des salaires, justifiée du côté patronal par l'absentéisme féminin, est toujours une « *pénalisation* » de la maternité *(Morin, 73)*. Cette différence (des taxes téléphoniques) est tout à fait irrationnelle. Elle constitue une charge pour la collectivité, une subvention aux grands centres, une *pénalisation* de la province *(Uri, 73)*.

PÉNÉTRANTE sf. 1959. ■ Voie routière ou *autoroutière** importante, qui donne accès à un grand centre urbain, à l'arrière-pays depuis la côte, etc.

Nice étend ses deux antennes routières, ses « *pénétrantes* », vers le nord et l'ouest *(Dunlop, 66)*. Trois grandes entrées permettront de faciliter les liaisons entre Toulouse et les régions voisines : la *pénétrante* nord vers Bordeaux et Paris, la *pénétrante* sud-ouest vers les Pyrénées, la *pénétrante* sud-est vers Narbonne *(Cl. 5.69)*. Des crédits seront débloqués dès 1971 pour la *pénétrante* vers les autoroutes de Wallonie *(E. 12.10.70)*.
Tout le réseau des *pénétrantes* qui s'organise est fait pour relier l'arrière-pays à la Côte *(France Culture, 13.5.72)*. Les représentants des associations ont dénoncé la destruction du bois de L. provoquée par le passage de la « *pénétrante* » Cagnes-Vence *(M. 21.7.78)*.
→ RADIALE, ROCADE.

PÉNIBILITÉ sf. 1952. ■ Caractère pénible d'une activité, d'un métier, d'une tâche.

Rem. Bien qu'attesté dès 1952 (selon PR 77), ce terme est signalé comme « néologisme » et « rare » par R.S. 70. Plus tard encore, sous la rubrique « Mots dans le vent » (VL, 1.74, p. 59), *pénibilité* apparaît comme « mot nouveau assez vilain (sic), création, semble-t-il, des sociologues ou des spécialistes de la législation du travail. » Le même texte cite un article de presse où *pénibilité* est présenté comme « le grand mot à la mode » *(FS, 9.73)*. Le PL a introduit *pénibilité* dans son édition de 1971. Il s'agit d'un terme régulièrement construit à partir de *pénible*, d'après le modèle qui a donné les couples *accessible/accessibilité, disponible/disponibilité, éligible/éligibilité, etc.*

♦ L'amélioration des conditions de vie peut-être recherchée de trois manières : la réduction de la durée, de la « *pénibilité* » et des risques du travail *(M. 17.10.61)*.
Les loisirs ? Guère le temps d'en profiter en semaine. Les horaires, la *pénibilité* du travail, tout cela incite à se coucher tôt *(C. 7.5.72)*. Le plaisir est pris ici dans une acception qui n'implique pas l'immoralité et qui n'exclut pas l'effort, voir la *pénibilité* de l'effort *(M. 9.11.77)*. La *pénibilité* du métier des conducteurs de trains ne se mesure plus en calories dépensées. Mais il y a la fatigue nerveuse *(M. 25.6.78)*. La *pénibilité* du travail est une des caractéristiques des métiers de l'artisanat. Ainsi dans l'alimentation et les services, le travail de nuit, le travail pendant les week-ends et les jours fériés est monnaie courante. Cette *pénibilité* est d'autant moins acceptée — et acceptable — qu'elle n'est pas ou peu compensée *(C. 25.8.78)*.

PENSE- Premier élément de substantifs composés, formés probablement d'après le modèle plus ancien *pense-bête* (XXe s.) et qui désignent des objets destinés à aider la mémoire, à suggérer des idées, etc.

Acheter un disque pour enfants, ça paraît simple, facile... Eh bien, non. Une jeune femme s'est penchée sur la question elle a fait un petit livre, vrai « *pense-cadeaux* » à l'heure des fêtes *(Fa. 23.12.70)*. « *Pense-précis* » mot invar. Ce terme a été formé pour se substituer à l'expression d'« *aide-mémoire* » de « memento » ou à son équivalent familier de « *pense-bête* ». Il désigne un objet ou un dispositif qui permet de noter ou d'enregistrer un fait, une phrase, une décision que l'on désire utiliser ultérieurement sans avoir à en charger sa mémoire *(VL 1.70)*.

PENSER (quelque chose) v. tr. Par ext. Rép. mil. XXe. ■ Concevoir, projeter dans le détail (une action, une entreprise, un équipement, un objet).

Rem. Cette construction assez nouvelle du verbe « *penser* » (transitif) est tout à fait logique, car il est clair que « *penser* une chose » n'est point synonyme de « penser à une chose »

(...) Ce tour très « littéraire » se rencontre même dans la langue politique. (...) Il n'est pas jusqu'à nos techniciens qui n'en usent à l'occasion *(Le Bidois : M. 29.6.60).*

- **V. transitif.**
  La diététique vous permet non seulement de vous maintenir en forme, mais rien n'est meilleur pour la peau qu'une *alimentation* que l'on a « bien *pensée* » *(Fa. 15.1.69).* T. a « *pensé* » l'*équipement* qui facilite et agrémente votre vie de maîtresse de maison *(Pub. PM 27.1.68).*
  Les transports urbains doivent être *pensés* et organisés pour la vie de demain *(C. 19.1.73).*

- **Participe passé et adj.**
  Ce magasin, très « *pensé* » est à la fois rationnel et séduisant *(C. 26.2.69).*
  Les experts étudient un autobus plus confortable, plus silencieux et moins polluant. Un véhicule, somme toute, mieux « *pensé* » *(M. 12.2.75).*
→ REPENSER.

PEP sm. Mot américain. ■ Dynamisme, élan, vigueur, vitalité (de quelque chose ou de quelqu'un).

Le récital, — non sonorisé dans la salle, ce qui en enleva tout le « *pep* » pour la moitié du public — n'a pas pu être enregistré *(TL 2.5.66).* M. (homme politique) cherche une « idée » de relance qui apporterait à 1968 — année de transition — le « *pep* » qui risque de lui manquer *(O. 27.12.67).* M. s'astreint depuis plusieurs années à un régime amaigrissant (...) Comme ce régime a un effet déprimant, elle a eu recours à des remontants (...) qu'elle a pris en quantités excessives, pour avoir du « *pep* » *(JF 18.2.67).*
Stimulant qui donne un « coup de fouet », qui donne du *pep (Bensoussan, 74).*
→ PUNCH.

PERCÉE sf. Fig. (Par métaph., d'après l'emploi dans le vocab. milit., répandu plus tard dans celui de certains sports d'équipe — football, etc. —). ■ Avance, progrès réalisé, ou succès obtenu (par qqn ou qqch) après avoir surmonté des difficultés.

Percée + O (ou suivi d'un complément déterminatif introduit par une préposition).

Ce qui, en cinq ans, a permis aux fabricants italiens de meubles de réussir une *percée* identique à celles de leurs compatriotes pour les réfrigérateurs *(En. 21.5.71).* Les constructeurs étrangers d'automobiles ont pu établir de solides têtes de pont sur le marché italien où, jusqu'à maintenant, ils n'avaient pu réaliser de *percées* durables *(En. 30.9.71).* La poursuite de recherches se justifie tant que subsiste l'espoir d'une *percée* dans ces domaines difficiles de l'électrochimie *(R.G.C.F. 1.72).* Pour 30 % des libraires parisiens, la *percée* que tente la Fnac sur le marché du livre risque d'être le coup de grâce *(E. 25.6.73).* Ceux qui ont franchi la barrière d'un premier diplôme tentent une *percée* vers une vie meilleure (...) Le professeur titulaire de chaire fait une timide *percée* dans le monde des honneurs universitaires *(O. 24.9.73).* La remarquable *percée* des constructeurs sur les marchés extérieurs *(Exp. 3.74).* Sauf dans les grands ensembles, l'isolation phonique et thermique ne fera sa *percée* que pas à pas *(P. 1.4.74).* On peut prévoir pour cette technique du métro sur pneus, dans l'avenir, une *percée* et un très large champ d'application *(R.G.C.F. 5.74).* La première *percée* de cette industrie remonte aux années 50 *(M. 6.6.74).* La technique française de commutation électronique est en train de faire une *percée* sur les marchés mondiaux *(M. 29.6.74).* Toute action diplomatique est d'une telle complexité qu'elle autorise une lente progression plutôt que de spectaculaires *percées (E. 9.12.74).* Science-fiction et humour font une *percée* importante sur le marché des livres pour enfants *(E. 27.3.78).* Les fabricants de matériel audiovisuel n'ont pas réussi de manière durable leur *percée* sur le marché de l'enseignement *(M. 18.4.78).* La *percée* de l'automobile dans les pays en voie de développement *(C. 6.10.78).*

Percée + adj. (Caractérisant la nature de la percée).

Les Pays-Bas viennent de réussir une formidable *percée technologique* dans le domaine de l'enrichissement de l'uranium *(O. 27.3.68).* Une *percée technologique* importante : la mise au point d'un plastique qui respire *(M. 18.6.71).* Le magnétophone a réussi une *percée commerciale* qu'au moment où a été inventée la minicassette *(M. 22.12.71).* La conception périmée selon laquelle toute *percée technologique* est automatiquement porteuse du bonheur de l'humanité *(E. 11.6.73).*

PERCH(E)MAN [perʃman] (plur. PERCH(E)MEN) [perʃmɛn] sm. ■ Employé préposé aux *remontées* mécaniques* dans une station de sports d'hiver.

Skis écartés de 20 à 30 cm, dans les traces généralement faites par ceux qui vous ont précédé, attendez que le « *perchman* » vous passe une perche *(Ski, 70).* Les « *perchemen* » sont généralement des saisonniers qui participent pendant cinq mois au fonctionnement des remontées mécaniques (...) Ce sont eux qui vérifient la validité des tickets de transport, tendent les perches aux skieurs, aménagent les pistes des téléskis ou assurent la sécurité (...) Qu'est-ce qui nous restera à la fin de la saison, dit un *perchman*. Ici tout est 20 à 30 % plus cher qu'à Grenoble *(M. 24.12.76).*

PERCHOIR sm. Spéc. Mil. XXe. Fam. et Iron. ■ Place surélevée occupée par le président de l'Assemblée nationale française pendant les séances.

L'Assemblée nationale procédera le 3 avril à l'élection de son président pour la 6e législature de la Ve République. La conquête du « *perchoir* » tant convoitée a donné lieu, au sein du groupe gaulliste, à un violent affrontement *(M. 1.4.78).* L'affaire du *perchoir* ne devrait pas être sans conséquences *(M. 6.4.78).* M. avait fait campagne pour Chaban-Delmas lors de la bataille du « *perchoir* ». Il est aujourd'hui récompensé *(E. 18.9.78).*

PERCUSSIONNISTE sm. ■ Musicien qui joue d'instruments de percussion.

Les vaillants *percussionnistes* de S. martelaient de lourds tams-tams avec une ardeur de forgerons *(F. 2.2.67).* Quatre hommes installent le matériel : xylomarimbas, tam-tams, vibraphones, etc. Et les *percussionnistes* s'installent *(PM 4.5.68).*
Une étonnante section rythmique : un batteur, un bassiste et deux *percussionnistes (E. 16.11.70).*

PERCUTANT, E adj. Fig. Rép. mil. XXe. ■ Qui fait sensation ; qui provoque l'intérêt ou la surprise. Énergique, vif, vigoureux (fig.).

● **À propos de choses, le plus souvent abstraites.**

O Pour *percutantes* et séduisantes qu'elles paraissent, ces *analyses* ont été jugées trop « parisiennes » *(O. 7.6.68).* Policiers et truands (dans un film) s'expriment dans l'*argot percutant* de M. A. Bref, on ne s'ennuie pas *(M. 27.12.66).* M. D. n'est pas journaliste, ses réponses bâclées aux *attaques percutantes* du journal manquent de verdeur *(GL 14.3.65).* L'homme-flèche n'en veut pas d'un Noël d'homme tranquille. Pour lui qui éclate de dynamisme choisissez un *cadeau « percutant » (PM 9.12.67).* Quinze *chansons* tendres, mécaniques, *percutantes,* acides, chantées et enchaînées (à l'Olympia) *(PM 15.10.66).* Ce simple *chiffre* a sans doute été plus *percutant* qu'un long discours *(C. 8.10.69).* La *percutante chronique* de M.E. (sur le livre de poche) est, en réalité, un cri d'alarme. La littérature est sur le trottoir *(M. 14.5.65).* La *démonstration* de la santé du franc aurait été plus *percutante* si le contrôle des changes avait été levé en même temps *(E. 26.10.70).* Le décor est bien utilisé (dans un film). M. A. a mijoté un *dialogue* amusant et *percutant (M. 21.4.64).* Le dictionnaire avec les *définitions* les plus *percutantes (Pub. US 20.12.56).* Je demande aux orateurs d'avoir une *éloquence percutante* et *concise (M. 30.11.56).* Un *film percutant* qui soulèvera des discussions passionnées *(TL 26.10.66).* Faire passer la veille du magazine un *flash-annonce* assez *percutant* sur l'interview du lendemain *(C. 8.11.69).*
« On ne peut régner innocemment ! » (avait dit Saint-Just à propos de Louis XVI). La *formule* allait se révéler *percutante (R.T.F. 14.2.55).* L'*intervention percutante* fut celle du leader de l'opposition, avec cette formule : « Le gaullisme, qui fut une mystique, est devenu une politique, et vous en faites une cuisine » *(C. 22.5.64).* Un *jeu de mot percutant* de Victor Hugo *(Le Bidois : M. 6.4.66).* Un petit *livre* informé et *percutant (P.-H. Simon : M. 1.7.64).* B. est un policier-catapulte ; ou plutôt mitrailleuse. Sa *logique* est instantanée et *percutante.* Il étourdit les témoins (...) Il est brutal, ironique, menaçant, doucereux *(M. 7.12.54).* Après quelques courts *métrages percutants* et un long métrage remarquable, P. comprit que le cinéma d'État s'accommodait mal de son anarchique pétulance *(E. 28.11.66).* Les reproductions de nombreuses caricatures (de la guerre de 1914-1918) prouvent le *pouvoir* synthétique et *percutant* de ce mode d'expression *(GL 6.3.65).* Après le coup d'éclat de l'an passé, les *présentations* de cette foire sont moins *percutantes (VR 24.11.63).* La *propagande* n'a pas été aussi *percutante* que l'année dernière. On a voulu reprendre son souffle *(MGEN 4.64).* Malraux a montré, dans un *raccourci percutant,* que les notions de droite, de gauche et de centre n'avaient plus aujourd'hui aucune signification recevable *(M. 13.1.70).*
Juste au bon moment, l'enfant fait une *réflexion percutante (T. 4.65).* A., dialoguiste de choc aux *répliques percutantes (C. 25.4.64).* La *réponse* est arrivée, *percutante* comme une balle, et plus efficace que le très court et très humble ou suppliante *(Soubiran, 64).* Le phénomène « provos » avait fait l'objet d'un *reportage percutant (M. 13.10.66).* Le combat ne saurait se mener par la seule *satire,* si *percutante* soit-elle *(US 20.6.60).* Le réalisateur J. S. a un *sens percutant* des scènes à deux personnages *(E. 5.12.66).* Ne pourriez-vous adopter un *style* moins oratoire, plus *percutant* ? *(Bazin, 52).* Le *style* rapide, *percutant* d'un livre *(Henriot : M. 28.5.58).* R. R. nous apporte un *témoignage percutant* d'une époque tissée de contradictions *(Fa. 19.11.69).* Parler en *termes* profonds et *percutants (Discours aux obsèques de Colette, 7.8.54).* A. P. a une « *vis comica* » rocailleuse et *percutante (C. 1.12.68).*

∞ Ses notes personnelles dont on reconnaîtra souvent la *pensée percutante (Ch.f. 71).* Le journaliste alla d'emblée au cœur du problème ; il posa des *questions* essentielles et *percutantes (Saint Pierre, 72).* Les remous provoqués par le *livre percutant* qu'Anthony S. consacre au conglomérat *(O. 3.9.73).*

● **À propos de personnes.**

Geneviève D. est un *écrivain*-né. *Percutante* et primesautière, ironique et tendre, elle a du style *(E. 20.11.67).* (Le) *ministre* des Finances fut *percutant* et courageux en critiquant une certaine conception de la civilisation des loisirs *(E. 8.11.65).* Voici les six *musiciens* les plus « *percutants* » du monde. De la cloche à vache au tabla tarong, les percussionnistes de S. jouent de 140 instruments *(PM 4.5.68).* Ce *polémiste* inspiré et *percutant (M. 3.10.54).*

PÈRE sm. Fig. Spéc. Rép. mil. XXe. ■ Créateur, inventeur (d'un appareil, d'une technique, etc.), fondateur (d'une institution), instigateur (d'un projet, d'une réforme), inspirateur d'une idée.

Le docteur S., « *père* » des techniques de transplantation, a greffé un cœur à un opéré *(C. 23.11.68).* Le *père* de l'Europe verte, ce paysan hollandais qui a reconquis ses terres sur la mer *(E. 29.3.71).* Le physicien A. Sakharov, « *père* » de la bombe H soviétique *(E. 3.9.73).* Pour beaucoup, Jules Verne est un des *pères* de la science-fiction (...) Un *père* que la réalité a parfois dépassé *(Téla. 15.12.73).* Le Dr. B. Stock, prophète et *père* putatif de la « permissive society », aux États-Unis, pédiatre réputé *(E. 18.2.74).* C. Schneider, au lendemain de la guerre de 1914-1918, lança l'idée de la fête des mères (...) Le « *père* » de la fête des Mères mérite bien que nous la remercient *(C. 23.5.74).* Au rendez-vous des souvenirs, les *pères* du cinéma français ne sont pas tous là : Julien Duvivier, Jacques Feyder ont disparu *(E. 16.9.74).* Le docteur G. Mendel, généralement considéré comme le *père* de la socio-psychanalyse *(O. 23.9.74).* Le « *père* » de la pilule préside la commission d'information du Conseil supérieur de la régulation des naissances et de l'éducation familiale *(E. 3.2.75).* L'histoire du Concorde, on nous la conte à coups d'interviews de ceux qui ont participé à l'entreprise. À commencer par le *père* de Concorde, Servanty *(C. 13.9.78).*

PERFOREUSE sf. ~ 1960. Techn. ■ Femme mécanographe qui fait fonctionner une *perforatrice* pour établir des bandes et des cartes perforées.

> Employée effectuant depuis plus d'un an la perforation de cartes d'après documents rédigés et chiffrés. Cadence moyenne de 9 000 frappes à l'heure maximum 3 % d'erreurs et 8 % de gâches (...) *Perforeuse vérifieuse* : plus de 3 ans d'expérience professionnelle, perforation et vérification de cartes, 10 000 frappes à l'heure ; 2 % d'erreurs et 3 % de gâches *(En. 25.1.69).*

PERFORMANCE sf. Ling. ~ 1967. ■ Mise en œuvre effective de la *compétence** linguistique dans la réalisation d'un acte de langage.

> Les *performances* linguistiques des sujets parlants sont les phrases réalisées dans les situations diverses de communication (...) La *performance*, concept de la grammaire générative, correspond au concept de « parole » de la linguistique structurale *(Dubois, 73).* Compétence et *performance* sont relativement indépendantes : en effet, les actes de parole sont soumis à l'action de facteurs extérieurs tels que la mémoire, l'attention, l'émotivité, etc., qui le conditionnent plus ou moins selon les circonstances (...) Dans ces conditions, il est évident que la *performance* ne reflète pas directement la compétence des sujets parlants *(Mounin, 74).*

PERFORMANT, E adj. ~ 1968.
1. Techn. Se dit d'appareils, équipements, machines, procédés qui ont ou permettent des performances élevées.

> Les grandes marques (d'automobiles) ne s'efforceront plus de proposer à chaque Salon des *modèles* (de voitures) de plus en plus *« performants »*, mais se contenteront de perfectionnements de détail dont la sécurité sera l'inspiratrice principale *(En. 3.10.70).* Les motoristes n'ont pas encore dit leur dernier mot pour rendre plus *performant* le *réacteur* (d'un avion) qui a subi de constantes améliorations *(C. 7.10.70).*
> La construction d'une nouvelle ligne Paris-Lyon, indépendamment de son *caractère « performant »*, permettra (...) *(VR 3.1.71).* La S.N.C.F. va mettre à l'essai un *appareil* encore plus *performant* permettant théoriquement de la vitesse de 220 km/h *(VR 3.6.73).* On construit des turbines selon un *procédé* jugé plus *« performant »* par l'état-major de la firme *(E. 11.2.74).* La nouvelle *génération* de turbomoteurs est plus *performante*, plus économe d'énergie et plus endurante *(R.G.C.F. 6.74).* Cette *voiture* est plus sobre, confortable et *« performante »* *(P. 24.2.75).* Afin de réduire les dépenses en carburant, il faut utiliser au maximum les *avions* les plus *« performants »* *(M. 1.11.75).* Là se trouvent les centres pourvus d'*engins* de manutention *performants* *(VR 21.11.76).* Dans l'industrie du papier, l'écart de productivité entre l'*outil* le plus *performant* et l'outil le moins efficace est de l'ordre de 1 à 2 *(M. 18.4.78).*

2. Spéc. Écon. Se dit d'une entreprise, d'une branche de l'industrie qui est compétitive.

> Des *entreprises « performantes »* sont la meilleure garantie du plein emploi *(En. 20.1.72).* Une entreprise exportatrice sur dix est une *« entreprise performante »* *(Inf. 1.1.73).* La liberté des prix redonnée aux chefs d'entreprise rendrait-il l'*industrie* française plus *performante* par rapport à ses concurrents étrangers ? *(M. 16.6.78).*

PÉRI-INFORMATIQUE sf. ~ 1970. Techn. ■ Ensemble de techniques qui sont en relation avec l'*informatique** et les applications de celle-ci.

> Le ministre semble soucieux d'élargir au maximum l'effort informatique français à la *péri-informatique*, aux minicalculateurs, aux composants électroniques et aux télécommunications *(M. 30.1.75).* La nouvelle firme achètera de préférence les matériels de mini- et *péri-informatique* de l'ancienne C.I.I. *(M. 27.11.75).* 25 industriels français de la *péri-informatique* sont sortis de leur réserve face aux ambitions de C.I.I. – H.B., qui se veut le premier *péri-informaticien* de France *(M. 24.2.78).*

PÉRINATAL, E adj. Méd. ■ Qui a lieu pendant la période qui précède de peu et celle qui suit immédiatement la naissance.

> Le taux de mortalité *périnatale* – du sixième mois de la grossesse au sixième jour après la naissance – n'a (...) décru que très faiblement (...) Le taux des accidents *périnataux* pourrait pourtant être considérablement réduit *(SV 2.71).*
> La mortalité *périnatale* est plus élevée chez les jumeaux *(Larmat, 73).* De dix à quinze visites bien faites dépend la sécurité : le risque de mort *périnatale* et de handicaps se trouve réduit de cinq fois *(M. 2.10.74).* C'est la Suède qui présente les chiffres les plus bas de mortalité *périnatale* (...) et d'arriération mentale d'origine *périnatale (M. 19.7.78).*
→ NÉO-NATAL.

PÉRINATALITÉ sf. Méd. ■ Période qui précède de peu et suit immédiatement la naissance, et qui est considérée sous l'angle de la santé, de la survie, etc.

> Les problèmes de la *périnatalité* se prêtent bien à l'utilisation des méthodes de rationalisation des choix budgétaires (...) il s'agit de réduire la mortalité néo-natale *(SV 2.71).*
> La loi sur la *périnatalité* rend obligatoires des examens approfondis de l'enfant, à 8 jours, à 9 mois et à 2 ans *(E. 27.5.74).*

PÉRINATOLOGIE sf. ■ Étude des problèmes de la *périnatalité**.

> Un important Congrès portant sur la *« périnatologie ».* Il s'agissait pour les médecins participant à cette réunion internationale d'étudier la période allant de la 28e semaine de grossesse au 28e jour de vie *(C. 2.5.69).*
> Les derniers jours de la vie fœtale, la naissance et les quatre premières semaines de la vie appartiennent à ce que l'on appelle la *périnatologie (R 8.73).*
→ NÉO-NATOLOGIE.

PÉRIPHÉRIQUE adj. et sm. Spéc. Mil. XXe.

1. Adj. Radio, télév. (Surtout dans les syntagmes *poste périphérique, radio périphérique, station périphérique*). Se dit de stations d'expression française dont les émetteurs sont situés hors de France, mais à proximité immédiate des frontières de ce pays.

La concurrence de la radio d'État avec des *radios périphériques* paraît préférable à la rigidité et au monolithisme d'une télévision d'État *(M. 19.2.72)*. Certains postes de direction des *stations périphériques* changent de titulaires *(E. 21.5.73)*.

2. Adj. et sm. (Dans le syntagme *boulevard périphérique* ou, par ellipse, « *le périphérique* »). Autoroute sans péage entourant Paris (parfois aussi à propos d'autres villes).

● Adj.

Qu'est-ce que le *boulevard périphérique* ? Un boulevard ou une autoroute ? Connaissez-vous une autoroute offrant 34 bretelles d'accès et de sortie sur une trentaine de kilomètres ? Le *boulevard périphérique* est un boulevard ; un boulevard privilégié, une voie rapide, mais rien de plus *(C. 3.12.72)*. Beaucoup de grandes écoles se sont installées dans la banlieue parisienne, à moins de 20 km du *boulevard périphérique (E. 19.6.78)*.

● Subst.

« Vous prenez le *périphérique* ? — À cette heure-ci, non, je préfère les boulevards des Maréchaux » *(C. 3.12.72)*. L'adoption du schéma routier a permis de construire en partie le *périphérique* de Caen *(E. 17.9.73)*. Aujourd'hui le *périphérique* (à Paris) n'est plus qu'un immense parking roulant *(P. 17.5.76)*.

3. Sm. ~ 1960. Inform. Unité d'un *ordinateur** autre que l'unité centrale.

Les *périphériques*, qui sont de multiples éléments aux fonctions les plus variées et dont le rôle principal est de faire la liaison entre l'homme et la machine *(M. 21.11.68)*. Sur les ordinateurs de la troisième génération, l'unité d'entrée et de sortie permet de gérer les canaux sur lesquels sont placés les *périphériques* (...) elle peut conserver des instructions jusqu'au moment où le *périphérique* est libre pour effectuer le travail demandé *(Pilorge, 69)*.

La bataille la plus rude se livre non sur le terrain des ordinateurs eux-mêmes, mais sur celui des « *périphériques* », c'est-à-dire des diverses machines qui servent à communiquer avec l'ordinateur, notamment les mémoires auxiliaires *(E. 7.8.72)*. « Ordinateur », passé du champ lexical de la théologie à celui de l'informatique, garde son sens d'ordre, d'organisation ; mais il s'agit de l'organisation de la masse des informations apportées à la machine par les *périphériques* d'entrée et du traitement rationnel de ces informations par la machine *(Chr. Marcellesi, Lan.fr., n° 17, 2.73)*. L'informatique apparaît très souvent comme un univers autonome. Il y a l'unité centrale, et puis les satellites et les *périphériques (M. 11.10.75)*.

PÉRISCOLAIRE adj. ~ 1955. ■ Qui s'ajoute à l'enseignement scolaire pour le compléter.

Le sort des œuvres privées « *périscolaires* » est prévu par la loi *(M. 18.1.57)*. Les activités *périscolaires* sont développées : foyers socio-éducatifs, associations sportives *(US 13.3.68)*. Dans le monde moderne, l'enfant reçoit par des voies diverses — télévision, livres, voyages — une foule d'informations ; l'organisation scolaire, *périscolaire*, postscolaire, doit être conçue pour que l'ensemble coordonné de ces informations contribue au développement de l'individu *(Mauduit, 71)*.

PÉRI-URBAIN, E adj. ■ Situé à la périphérie d'une ville.

Le Ve Plan a donné la priorité au développement *péri-urbain* ou suburbain *(M. 17.6.66)*. Les jardins publics les plus fréquentés (...) sont les parcs et jardins intra-urbains ou sinon *péri-urbains (Saint-Marc, 71)*. La vie moderne urbaine, ou *péri-urbaine*, ce qui revient au même et qui est même encore pire *(Bensoussan, 74)*. Les forêts *péri-urbaines* sont des « équipements sociaux » qu'il deviendra de plus en plus coûteux de reconstituer si on les détruit *(M. 5.5.78)*. La population rurale — hors zones *péri-urbaines* — risque de décroître rapidement à partir de 1985 *(M. 21.7.78)*.

PERMANENTER v. tr. Mil. XXe. ■ Faire une *permanente* (ondulation permanente) à qqn.

De jeunes femmes se font *permanenter* « crêpé » *(E. 16.12.74)*.

PERMISSIF, IVE adj. ~ 1970. (De l'angl. *permissive*, « qui permet »). Did. ■ Qui s'abstient d'interdire ou de sanctionner.

Le maître s'intègre au groupe dans lequel il entretient une atmosphère « *permissive* », la seule qui soit capable de produire d'heureux résultats *(Deloncle, 72)*. Les jeunes enseignants du secondaire, imbus ou non des doctrines non directives (sont) plus *permissifs*, peut-être par nature héritée d'une université plus libérale (...) *(Drouet, 72)*. Un moralisme hostile aux sociétés *permissives (O. 13.3.73)*. Même dans une société prétendue *permissive*, il reste toujours quelque chose à permettre *(P. 30.9.74)*. La contraception se heurte encore à l'ignorance, aux interdits religieux, aux contradictions d'une société qu'on appelle « *permissive* » *(E. 31.7.78)*.

PERMISSIVITÉ sf. ~ 1970. ■ Caractère de ce qui est *permissif**.

Les coopératives (...) hésitent entre l'autogestion et la cogestion dans une structure monarchique affaiblie par un climat de « *permissivité* » et des consignes de non-directivité *(Gabaude, 72)*. Au XVIIIe s. une certaine *permissivité* sexuelle commence à se manifester à la campagne. En ville, à la même époque, c'est déjà le débordement *(E. 27.8.73)*. J'évite soigneusement les attitudes extrêmes : la totale *permissivité* — osons dire : la démission — et à l'opposé, le brutal interdit *(Pa. 8.74)*.

PERSONNALISATION sf. ■ Action de *personnaliser** quelque chose ; résultat de cette action.
Personnalisation + de + subst. (le plus souvent nom de chose abstr.).

Le rapporteur, partisan de la *« personnalisation »* des aides, souhaite la création d'une allocation logement qui serait une véritable prestation sociale *(M. 16.11.69)*. Une certaine *personnalisation* de l'*assurance* : un fichier national des conducteurs devrait permettre que les mauvais conducteurs paient des primes plus élevées que les bons *(M. 5.9.67)*. La *« personnalisation »* des *connaissances* : c'est-à-dire leur intégration, en tant que culture vivante, dans le développement de la personne des élèves *(O. 3.1.68)*. Cette *« personnalisation »* du *parfum* est sans doute une des raisons pour lesquelles la parfumerie doit être vendue par des démonstratrices spécialisées qui conseillent les femmes *(M. 25.5.69)*. M. P. se déclara contre le pouvoir personnel, mais pour la *« personnalisation »* du *pouvoir (M. 14.2.69)*.
La *personnalisation du pouvoir*, le renforcement de l'exécutif réduisaient le rôle des intermédiaires et créaient un vide *(M. 12.12.71)*. Dans le domaine commercial, on a poursuivi la politique de *« personnalisation »* des *prestations*, qui consiste à avoir des contacts fréquents avec les clients, afin de définir avec chacun d'eux les conditions d'exécution de ses transports et d'en établir le juste prix *(VR 17.12.72)*. Des entreprises de transport routier dont on situe la taille optimale à 8 ou 10 camions afin de garder cette fameuse *personnalisation du service (O. 13.10.75)*.

PERSONNALISÉ, E part. passé et adj. De *personnaliser** (au sens décrit ci-après). Le subst. déterminé désigne un objet concret, un équipement, un service, parfois une notion abstraite.

○ Les clients peuvent s'asseoir devant des tables individuelles. L'*accueil* du voyageur se trouve ainsi beaucoup plus *personnalisé (VR 20.4.69)*. Des *affichettes personnalisées* et des *listes de commerçants* de bonne volonté constituent (pour une organisation de consommateurs) des moyens de pression efficaces *(M. 13.11.68)*. Votre montre, fût-elle très ordinaire, peut devenir un bijou dernier cri. Il suffit pour cela d'y adapter un *bracelet personnalisé (Pub. M. 12.6.65)*. Une vieille tradition du *capitalisme* conquérant et *personnalisé*, tel qu'il s'est manifesté (au) XIXe siècle *(En. 5.4.69)*. Les *ceintures* sont désormais *personnalisées* par des dessins, des cloutages, des découpes *(En. 5.4.69)*. (Une revue féminine) a créé la premier *conseil* de mode *personnalisé* sur ordinateur *(PM 6.3.71)*. Un appartement de luxe pour un prix standard, par un *crédit personnalisé (Pub. M. 16.12.67)*. Un embranchement va offrir une *desserte* ferroviaire *« personnalisée »* à deux clients *(VR 13.4.69)*. Une forme d'*éducation* plus *personnalisée* qui tient compte des motivations et aptitudes de chacun *(En. 29.11.69)*. À côté de ces facteurs de succès (des trains autoscouchettes), interviennent des *éléments* plus subtils, *« personnalisés »* dirons-nous, pour employer le langage de l'époque *(VR 2.7.67)*. L'*équipement « personnalisé »* (de) votre voiture *(FP 10.68)*. Un organisme se charge de la *façon* la plus *personnalisée* possible de recruter familles françaises et jeunes filles scandinaves *(E. 15.4.68)*. Un réseau de *minibus personnalisés* ou, si l'on veut, de *taxis collectifs (E. 8.7.68)*. Un *modèle* de série *personnalisé*. Commandez votre caravane, vous choisirez votre décor ensuite *(A.A.T. 10.69)*. La *note* donnée en classe à l'élève est un simple stimulant pédagogique, donc toujours *personnalisée (M. 4.2.69)*. Acheter quotidiennement tout ce qu'il faut. Ensuite *paiement* mensuel *« personnalisé »*, en totalité ou échelonné suivant désir *(Pub. PM 14.12.68)*. Nos chemins de fer s'efforcent d'offrir à leur clientèle un *service* de plus en plus *« personnalisé »* (VR 26.7.70). Les *stations* (de métro) en cours d'aménagement seront *« personnalisées »* et refléteront le goût d'architectes différents *(M. 16.1.69)*. T. entreprendra la fabrication en série de ce *téléviseur « personnalisé » (E. 3.10.66)*. On peut décorer la robe comme bon semblera à celle qui la portera et une femme aura la satisfaction d'avoir un *vêtement* très *personnalisé* qu'elle ne verra sur les épaules d'aucune autre *(M. 18.1.67)*.

∞ Travailler à ce que la *société industrielle* soit plus ouverte et plus *personnalisée (En. 14.10.71)*. L'*accueil personnalisé* des *« Relais* de campagne » est un des éléments déterminants de leur succès (...) Ce ne sont pas des clients que l'on reçoit, mais des hôtes qui doivent devenir des amis *(M. 11.12.71)*. Des *cotisations « personnalisées » (Inf. 8.1.73)*. Il y a de quoi faire réfléchir les tenants d'un *pouvoir* qu'on baptise *personnalisé*, on n'ose dire personnel *(E. 21.5.73)*.

PERSONNALISER v. tr. Repris et rép. mil. XXe, surtout dans le vocabulaire de la publicité. ■ Adapter quelque chose aux besoins du destinataire (par ex. adapter un objet aux goûts, à la personnalité de chaque client). Donner à une chose (abstraite ou concrète) un cachet, un caractère personnel ou particulièrement adapté à sa fonction.
Personnaliser + subst.

○ Les militants à leur congrès de novembre décidèrent qu'il convenait de mieux *« personnaliser »* leur *action (M. 9.1.68)*. (Le) directeur de la station (de radio) *« personnalise »* l'*antenne* : émissions en direct, suppression des speakers et de l'horloge parlante, développement du rôle des meneurs de jeu et de la notion de « radio-service » *(O. 14.2.68)*. Le Centre démocrate attaque en *personnalisant*, au maximum, la *campagne* (électorale) *(E. 14.11.66)*. La radio profite de la popularité et du talent d'un certain nombre de « vedettes » écartées du petit écran, pour *personnaliser* ses *émissions (M. 3.12.68)*. Les publicistes du réseau ont eu l'idée de *personnaliser* leur *entreprise (VR 8.3.70)*. L'intervention de la police à l'encontre des nomades délinquants devra être plus nuancée qu'autrefois et tendra à *« personnaliser »* les *mesures* prises, suivant l'attitude des intéressés *(Errera, 68)*. A. est une *pendule* intelligente : vous pouvez la *personnaliser* en la faisant graver à votre nom ou au nom de celui ou celle à qui vous la destinez *(Pub. M. 16.10.65)*. Améliorer des *potages* en sachet en y ajoutant du beurre, un jaune d'œuf, de la crème fraîche ou quelques fines herbes qui les *personnaliseront (VR 7.12.69)*. Un fichier national des conducteurs permettra de détecter les automobilistes dangereux et de *personnaliser* les *primes* d'assurance *(A.A.T. 5.70)*. À une époque où le niveau de la technicité permet à tout *produit* d'être au point, comment les différencier, les *personnaliser*, sinon en faisant preuve de créativité : par un aspect nouveau, spécifique, un service offert « en plus » *(M. 12.1.68)*. Personnalisez votre *retraite* en la confiant à un spécialiste, constamment informé des divers changements apportés à tous les régimes : il vous rendra compte à tous moments des avantages que vous pourrez obtenir *(Ann. M. 8.5.66)*. Souvent (le transport routier) *personnalise* le *service* rendu à la clientèle et arrive à réaliser du transport sur mesure *(M. 11.4.68)*. La « formation » des relations entre l'entreprise et sa clientèle ne signifie pas que l'on ne recherche pas la production de masse, mais que l'on cherche à *personnaliser* les *services* que celle-ci peut rendre *(Hetman, 69)*. Chacun prenant mieux conscience de ses responsabilités au sein d'une équipe, cherche à *« personnaliser »* son *travail* ou sa collaboration *(D.En. 6.69)*. Les instituts de beauté soignent sa calvitie naissante, amenuisent son embonpoint. Le monde entier lui propose des gadgets, on lui *personnalise* sa *voiture*, ses bagages *(En. 5.4.69)*.

∞ Le scrutin actuel *personnalise* à l'excès les *élections*. Pour être élu, il faut avant tout serrer des mains, inaugurer des foires, assister aux banquets, plaire à tout le monde *(O. 23.12.72)*. Très vite, le jeune policier sera incité par ses supérieurs à *« personnaliser »* davantage ses *contacts (O. 28.5.73)*. Personnaliser les *prix* en fonction des clients *(R.G.C.F. 7.74)*. On a d'abord *personnalisé* ses *draps*, ses chemises, puis ses serviettes en papier *(P. 27.1.75)*. Les Français ont trop longtemps souffert de l'anonymat de l'administration pour qu'on ne se félicite pas de voir *personnaliser* les *responsabilités (M. 12.7.77)*. Les grandes sociétés *personnalisent* de plus en plus l'*image de marque* de leurs personnels qui sont en contact avec le public *(M. 25.1.78)*.

PERTE DE VITESSE loc. subst. fém. D'après l'emploi dans le vocabulaire de l'aviation. Fig. ■ Diminution du dynamisme, de l'élan, du progrès.

La *perte de vitesse* que connaissent les charbonnages, les mines de fer et la sidérurgie ne peut qu'accentuer le déséquilibre apparu il y a quelques années *(M. 17.12.66)*.
Cette *perte de vitesse* démographique est sensible en France dès la Restauration *(Sauvy, 70)*. Des milliers d'agriculteurs dénoncent la *perte de vitesse* de l'agriculture française depuis quatre ans *(E. 15.5.78)*.
→TASSEMENT.

En perte de vitesse loc. adj. Fig. *En baisse, en recul*, etc.
1. À propos de choses.
O Les entreprises de travaux publics y voient (dans un projet) la possibilité de relancer leurs *activités*, en *perte de vitesse (E. 28.4.69)*. Le *cinéma* français est-il *en perte de vitesse* ? *(Com. 26.8.54)*. L'écart se creuse de plus en plus entre les entreprises agricoles de pointe et les *exploitations en perte de vitesse (M. 11.9.69)*. L'*industrie* locale est *en perte de vitesse (M. 13.10.65)*. Politiquement en perte de *vitesse*, la *langue française* passe pour difficile à apprendre *(E. 27.9.65)*. Si plusieurs *marques* (d'automobiles) sont *en perte de vitesse* en France, d'autres progressent au contraire *(A. 5.1.67)*. Faire d'une *monnaie* en expansion une *monnaie en perte de vitesse (O.R.T.F. 18.10.69)*. (...) comme si, à l'intérieur de l'industrie du pneumatique, existaient deux industries concurrentes : celle du pneu radial en expansion continue, celle du *pneu* conventionnel *en perte de vitesse (SV 1.71)*. Un Français sur quatre estime vivre dans une *région « en perte de vitesse »* et un sur quatre aussi dans une région « qui fait de grands progrès » *(M. 26.4.69)*. Les salariés et les patrons des *secteurs en perte de vitesse (M. 25.9.68)*. Le suffixe « rama » *paraît en perte de vitesse*, le préfixe « mini » prolifère avec une étonnante fécondité *(VL 3.69)*. La nouvelle *vague (du cinéma)* est *en perte de vitesse (M. 16.3.66)*.

∞ On freine le déclin des *zones industrielles en perte de vitesse (Young, 72)*. La juridiction qui s'appuie sur une *morale en perte de vitesse* devient un instrument aussi archaïque que le moulin à café à manivelle *(Mélèze, 72)*. Nous n'avons pas envie de repêcher des *entreprises en perte de vitesse*, explique un financier *(E. 11.6.73)*. L'avion, touché par la crise de l'énergie, est-il un *moyen de locomotion en perte de vitesse* ? *(M. 19.10.74)*. Le Languedoc-Roussillon fait figure de *région* délaissée, *en perte de vitesse (E. 3.7.78)*.

2. À propos de personnes ou de collectivités.
Alors que (le *parti* démocrate-chrétien) est partout *en perte de vitesse*, son allié bavarois maintient solidement ses positions *(E. 26.10.64)*. Le chancelier, dont le *parti* était *en* légère *perte de vitesse*, subit l'usure du pouvoir *(M. 25.5.69)*. (Le *politicien)* qu'un sondage national donnait en sérieuse *perte de vitesse*, comme éventuel candidat président, garde tout son prestige dans le monde de la « grande et petite épargne » *(E. 30.6.69)*.
Bien que le *président* du parti soit *en perte de vitesse*, ses chances demeurent assez fortes : il conserve une bonne « *image de marque* » auprès de l'opinion publique *(En. 11.6.71)*. On croyait le *leader* des contestataires *en perte de vitesse*, mais voici qu'il repart en guerre *(P. 1.4.74)*. Le système électoral en vigueur écrase les petits partis et les *partis* isolés ou *en perte de vitesse (P. 3.11.75)*.

PESANTEURS sf. plur. (rare au sing. dans ce sens). Fig. ■ Ensemble de forces (culturelles, psychologiques, sociales, etc.) qui retardent une évolution.

Les partis conservateurs pensaient bénéficier des *« pesanteurs »* du schéma classique italien : d'abord le poids du Sud, attardé ; ensuite, l'érosion dans les rangs de l'électorat communiste (...) *(P. 21.5.74)*. Les *« pesanteurs »* psychologiques des travailleurs retardent un peu la disparition du travail à la chaîne. Peugeot se hâte lentement parce que ces *pesanteurs* existent *(C. 27.6.74)*. Ce grand bourgeois technocrate tente, depuis son élection, de s'arracher à quelques-unes des *pesanteurs* intellectuelles et politiques qui, longtemps, l'ont immobilisé *(P. 6.1.75)*. En raison de difficultés techniques et de *pesanteurs* sociologiques, notamment celles des cadres, il n'y a pas eu de généralisation des expériences *(M. 28.2.75)*. Le rêve des néo-artisans se heurte à des *pesanteurs* économiques et sociologiques *(E. 28.8.78)*.

PÈSE-PERSONNE sm. ■ Balance plate (souvent placée dans les salles de bain) et munie d'un cadran gradué sur lequel on peut lire son poids.

Le *pèse-personne* date de dix ans *(Fa. 5.3.69)*. (On peut) constater une désaffection de la clientèle vis-à-vis des bascules *pèse-personnes* (des gares) *(VR 3.8.69)*.

Pour qu'il se pèse, donnez à votre mari un *pèse-personne* sur lequel il ait envie de monter. Il existe maintenant des *pèse-personne* dont vous rêverez pour la salle d'eau *(Massian, 72).*

PESER v. intr. Fig. ■ Avoir une importance, une valeur (collectivités), une influence, une autorité (personnes).

Rem. **Le sujet est le plus souvent un nom désignant une collectivité (nation, ville, etc.) ou le titulaire d'une fonction. Le verbe peser est presque toujours accompagné d'un adv. (lourd, etc.), ou d'une indication chiffrée, ou — plus rarement — d'un autre complément.**

L'Allemagne disposera d'un groupe sidérurgique « *pesant* » une vingtaine de millions de tonnes, c'est-à-dire sensiblement le même poids que les géants américains ou japonais *(SV 12.69).* R. P. (firme de produits chimiques) « *pèse* » 7 milliards de francs *(M. 26.4.69).* La firme allemande « *pèse* » deux fois le poids de Schneider *(M. 16.11.69).* Marseille « *pèse* » un million d'habitants *(En. 27.6.70).*
La France ne *pèse* pas assez lourd, comme puissance militaire pour déclencher dans l'immédiat, une course au désarmement *(C. 19.1.72).* Les Vosges « *pèsent* » environ 1/100e du trafic ferroviaire national *(VR 30.1.72).* Si le rythme actuel d'expansion se poursuivait, l'Iran *pèserait*, en 1985, à peu près le même poids que l'Espagne *(E. 21.5.73).* Ce candidat (aux élections) ne *pèse* électoralement pas grand' chose, mais ses critiques rencontrent un écho dans la population *(M. 29.6.74).* Imaginez que promoteurs et prospecteurs décident de pratiquer des forages dans Paris pour atteindre une nappe de pétrole : que *pèsera* le ministre de l'Environnement en face du ministre de l'Énergie ? *(E. 10.2.75).* Ce dessin montre les poids économiques respectifs de l'Europe et du monde arabe : l'Europe « *pèse* » près de quinze fois plus *(E. 26.5.75).* La France « *pesait* », économiquement parlant, 75 % de son voisin d'Outre-Rhin, il y a dix ans *(P. 31.5.76).*
→ POIDS.

PESTICIDE sm. et adj. ~ 1960. (Mot angl., de *pest*, « insecte ou plante nuisible », et suff. -*cide*).

● Sm.

Les *pesticides* sont les produits destinés à lutter contre les parasites animaux et végétaux des cultures *(M. 20.5.66).* L'infinie variété des polluants atmosphériques, les herbicides, *pesticides* et détergents qui contaminent le sol et l'eau *(E. 9.9.68).* Ces centres (agricoles) vont au-devant des besoins de l'agriculture : ils analysent le sol, composent les engrais ou les *pesticides* appropriés, louent le matériel pour les épandre et contrôlent leur efficacité *(Hetman, 69).*
Le développement des *pesticides* et insecticides a provoqué des ruptures d'équilibre biologique redoutables *(N 6.70).* Le progrès expose les amateurs de pommes à des dangers auxquels la Bible n'avait pas songé. Par exemple les *pesticides (Pub. E. 15.2.71).* Certains *pesticides* sont très dangereux pour la santé des consommateurs *(O. 3.9.73).*

● Adj.

L'usine de B. approvisionnera toute l'Europe en *plaquettes pesticides (E. 30.12.68).*

PETIT CHEF loc. subst. ~ 1960. Péj. ■ *Cadre* subalterne de l'industrie.

Je me suis juré de sortir des rails sur lesquels mes origines m'avaient placé : l'usine, les *petits chefs*, les grèves, non merci *(P. 14.10.74).* Souvent des conflits, des tensions, des malentendus seraient évités si l'encadrement, du « *petit chef* » au directeur, remplissait convenablement son office *(M. 23.2.75).*
→ AGENT DE MAÎTRISE.

PETIT-DÉJEUNER v. intr. Fam. ■ Prendre le *petit-déjeuner*.

On peut (dans un restaurant) « *petit-déjeuner* » à l'anglaise *(M. 6.6.69).* Pierre M. « *petit-déjeune* » avec un dirigeant d'entreprise *(Pub. En. 31.10.70).*
M. Giscard d'Estaing avait invité la presse à *petit-déjeuner* dans les salons second Empire du ministère des Finances *(E. 4.2.74).*

PETITE PHRASE loc. subst. Spéc. ~ 1970. ■ Déclaration lapidaire ou sibylline faite en public par une personnalité, et abondamment glosée dans la presse écrite et parlée.

Hypothèses autour d'une « *petite phrase* » de M. Pompidou : dans les propos tenus par le chef de l'État au cours des cérémonies du 1er janvier, une *petite phrase* a particulièrement retenu l'attention *(C. 3.1.72).* C'est un bien curieux système que le nôtre, où la vie politique paraît suspendue à la « *petite phrase* » hebdomadaire que le président de la République lance avec, semble-t-il, un brin de délectation *(F. 18.5.73).* Les journalistes ont tendance à trop parler des « *petites phrases* » des « grands hommes ». Cela présente l'avantage d'accréditer l'idée que ceux qui font de grandes phrases sont de petits hommes *(C. 20.5.73).* La traditionnelle « *petite phrase* » que le leader de la C.G.T. jette aux militants parisiens, sera particulièrement virulente *(O. 3.9.73).* Les spécialités du ministre : l'intox, les « *petites phrases* » perfides *(P. 21.5.74).* La *petite phrase* du secrétaire d'État aux transports, devant l'Assemblée nationale a fait sensation *(M. 19.10.74).* En France, c'est le régime des effets de tribune, des « *petites phrases* » : petites phrases, grandes conneries *(Cesbron, 77a).* Le porte-parole de la C.G.T. vient d'envisager « une suite » à la grève générale du 24 mai. Une « *petite phrase* » de plus. C'est l'époque *(C. 10.8.77).* L'ancien P.-D.G. d'un groupe « de dimension internationale » (...) le personnage dont les « *petites phrases* » provoquaient des colonnes de commentaires dans la presse *(Cesbron, 77b).*

PÉTROCHIMIE sf. Rép. mil. XXe. ■ Science, technique et industrie des produits chimiques dérivés du pétrole.

Dans la *pétrochimie*, le pétrole est à la fois matière première et source d'énergie *(E. 29.10.73).*

Rem. **Cette forme est critiquée. L'Administration française préconise *pétrolochimie*.**

L'élément « *pétro* » désigne normalement la pierre, dans pétrographie par exemple ; il désigne le pétrole dans *pétrochimie*, mais ce terme fâcheusement ambigu a été condamné par le Comité d'étude des termes techniques français, qui veut le faire remplacer par *pétrolochimie* *(J. Batany, VR 9.2.75)*.

PÉTROCHIMIQUE ou PÉTRO-CHIMIQUE adj. ■ Relatif à la *pétrochimie**.

Le gaz naturel, plus difficile à exporter que le pétrole, a, bien plus que ce dernier, vocation à servir de matière première aux *industries pétro-chimiques (Gendarme, 59)*. La (Société V.) manquerait de disponibilités pour achever son *usine pétro-chimique* de M. *(M. 27.2.66)*. Anvers, premier *port pétrochimique* européen *(E. 21.5.71)*. La région réclame un *complexe pétrochimique* et un aéroport international *(M. 19.1.73)*. Les *complexes pétrochimiques* du Havre polluent et pénalisent la Seine-maritime *(P. 5.6.78)*.

Rem. Comme *pétrochimie*, cette forme est critiquée. L'Administration française préconise *pétrolochimie*. Mais la forme *pétroléochimique* est également attestée.
Parmi les productions chimiques, ce sont celles à base de pétrole qui se développent le plus vite. C'est particulièrement le cas des matières plastiques. La production *pétroléochimique* française est passée de 325 000 t en 1961 à 1 030 000 t en 1967 *(En. 8.2.69)*.

PÉTROCHIMISTE sm. ■ Spécialiste de la chimie du pétrole. Industriel de la *pétrochimie**.

Des conflits naissent entre petits producteurs nationaux et grands groupes ayant de vastes ressources extérieures, entre producteurs et raffineurs et *pétrochimistes (M. 22.2.69)*.

PÉTRODOLLAR sm. ~ 1974 (De *pétrole* et *dollar*). Écon. ■ Unité monétaire désignant les sommes que la vente du pétrole rapporte aux pays producteurs.

Le dollar américain est la monnaie de paiement internationale, ce qui donne aux États-Unis, dans la jungle des *pétrodollars* qui jaillissent du Moyen-Orient, un nouvel atout maître *(E. 24.2.75)*.

Rem. Il faudrait dire *pétrolodollars* au lieu de *pétrodollars* dont le modèle est évidemment « eurodollar ». Mais les eurodollars ne sont pas de vrais dollars. Au contraire les *pétrodollars*, sauf erreur, sont des dollars normaux (...) Un mot composé, en pareil cas, ne semble pas nécessaire : on pourrait tout aussi bien dire les dollars du pétrole ou les dollars pétroliers *(J. Batany, VR 9.2.75)*.

PÉTROLIER adj. et subst. Spéc. Rép. mil. XXe.

● Adj. Relatif au pétrole. De ou du pétrole.

Le gouvernement a fait le pari que le conflit israélo-arabe et ses conséquences *pétrolières*, ne dureraient pas longtemps (...) Les producteurs se sont promis de ne pas conclure d'armistice *pétrolier* tant que les territoires occupés par Israël n'auront pas été rendus aux Arabes *(E. 29.10.73)*. L'embargo *pétrolier* vers les États-Unis est levé (...) La France officielle découvre aujourd'hui la crise *pétrolière (P. 1.4.74)*. Le gouvernement a décidé de réduire le montant des achats *pétroliers* à 51 milliards de francs en 1975 *(P. 14.10.74)*. Dès 1978 les exportations agricoles devraient couvrir la facture *pétrolière (C. 26.8.78)*.

● Sm. Technicien, industriel ou financier dont l'activité est liée à l'industrie du pétrole.

Sans la vigilante opposition des *pétroliers*, la voiture électrique serait depuis longtemps fabriquée en masse *(Ragon, 71)*. Les *pétroliers* indépendants ne peuvent plus, depuis le début de l'année, s'approvisionner aux Pays-Bas *(E. 29.10.73)*. Le gouvernement a repoussé à plusieurs reprises l'arbitrage entre « *pétroliers* » — partisans d'une politique énergétique fondée sur le pétrole — et « nucléaires » *(E. 3.2.75)*.

PHAGOCYTER v. tr. Fig. ~ 1960. ■ Absorber comme par *phagocytose**; neutraliser.

On compte sur la tendance naturelle des zones urbaines à l'étalement pour « *phagocyter* » l'université provisoirement en marge (de la ville) *(M. 29.4.66)*. En refusant de « *phagocyter* » K., son adversaire lui a rendu un considérable service *(M. 7.6.66)*.

PHAGOCYTOSE sf. Fig. ■ Processus d'absorption, d'intégration, de neutralisation, ou de destruction.

Dans les quartiers dits résidentiels, le processus d'intégration urbaine, cette monstrueuse *phagocytose* recommence *(N 7.71)*.

PHALLO adj. et sm. ~ 1965. Fam. ■ Forme abrégée par apocope de *phallocrate**.

Le paysan est entré, un grand mec bourru, assez sympa mais l'air un peu *phallo (M. 28.5.78)*. Les dragueurs jouent le jeu de la drague jusqu'à l'absurde, ils jouent le *phallo* jusqu'à s'embrouiller entre désir et cynisme *(O. 12.6.78)*.

PHALLOCRATE adj. et sm. Mil. XXe (De *phallus* et suff. *-crate*).

● Adj. Inspiré par la *phallocratie**.

Vous êtes la justice bourgeoise et la justice *phallocrate* ! Nous ne vous connaissons pas. Condamnez-nous si vous le voulez *(Halimi, 74)*. Ce beau-père juvénile, au comportement ouvertement gaillard et plutôt *phallocrate (M. 22.2.74)*.

● Sm. Partisan de la *phallocratie**.

Ce programme de radio — qui vise à saper les bases de la société masculine — est un travail de réflexion critique et de rappels à l'ordre adressés aux hommes, que ceux-ci soient des amis politiques ou des « *phallocrates* » *(M. 31.1.75)*. Il ne faudrait pas que Marie Cardinal et les très nombreuses lectrices qui ont aimé ses précédentes leçons de

liberté tirent de mes observations l'impression qu'en vieux *phallocrate*, je condamne les femmes écrivains au ghetto du témoignage, et que je réserve aux seuls mâles le genre réputé supérieur du roman *(M. 21.4.78)*. À la violence du *phallocrate* violeur, nous ne pouvons répondre qu'avec la violence du système judiciaire qu'il cautionne d'ailleurs et ne remet jamais en question *(O. 26.6.78)*.
→ PHALLO, PHALLOCRATIQUE, SEXISTE.

PHALLOCRATIE sf. Mil. XXe. ■ Domination de l'homme sur la femme, ou conviction que l'homme est supérieur à la femme.
La *phallocratie* révolutionnaire rejette avec horreur la réalité de la classe des femmes *(M. 22.9.74)*. « Invention de la *phallocratie* » ou « nécessité de la physiologie », « création de la culture » ou « fatalité de la nature » : qu'est-ce que la femme ? *(E. 13.2.78)*.
Rem. La variante *phallocratisme* est attestée.
Le « *phallocratisme* » ressemble comme un frère au racisme *(O. 26.6.78)*.
→ SEXISME.

PHALLOCRATIQUE adj. ~ 1970. Variante de *phallocrate**(adj.)
Une revendication du pouvoir féminin contre l'oppression « *phallocratique* » *(M. 24.2.74)*. Nos sociétés capitalistes et *phallocratiques (O. 25.2.74)*.

-PHARE Deuxième élément de substantifs composés désignant une chose ou une personne dont le rayonnement (fig.) est vif.
Une enquête d'actualité constituera l'*événement-phare* du journal *(M. 23.11.69)*. *Livres-phares*, qui ont éclairé une époque *(M. 10.10.69)*. Le « *match-phare* » de la journée : un derby croustillant qui pourrait bien se terminer par la défaite des champions d'automne (de rugby) *(F. 7.1.67)*. Panorama, (émission télévisée) semble avoir trouvé une formule rodée : un « dossier » avec interview d'une *personnalité-phare (C. 20.12.69)*.

PHARMACO(-) Premier élément (du gr. *pharmakon*, « remède ») qui sert à former des subst. et des adj. composés. Certains sont de formation récente (après 1970).
La Méthadone fut (...) longtemps défendue, non pour sa *pharmaco-dépendance* qui n'était pas méconnue, mais parce qu'elle était réputée « ne pas provoquer de plaisir » *(Bensoussan, 74)*. La « table ronde » a souhaité que soient développées la *pharmaco-vigilance*, la *pharmaco-cinétique* — étude des conditions d'action et de dégradation des médicaments dans l'organisme — et la pharmacologie clinique *(M. 26.9.74)*. Le Centre national de *pharmaco-vigilance* (...) a décidé d'envoyer aux médecins une lettre circulaire concernant les dérivés réserpiniques *(M. 16.10.74)*.

PHILOSOPHICO- Premier élément d'adjectifs composés savants.
Principes *philosophico-historiques*. Croyance *philosophico-politique (Freund, 65)*. Les amateurs d'abstraction *philosophico-psychologico-symbolique* peuvent se déclarer satisfaits *(ST 25.10.69)*. Système *philosophico-religieux (M. 13.9.69)*. Opinion *philosophico-sociale (Freund, 65)*. Débat *philosophico-théorique (Meynaud, 59)*.

PHILOSOPHIE Spéc. ~ 1965. ■ Idée directrice qui préside à l'établissement d'un plan, d'un projet d'ordre économique, financier, technologique (équipement, habitat, travaux publics, etc.)
La mode est aujourd'hui à la pierre apparente dans les églises. C'est la *philosophie* de la maison de campagne qui envahit nos sanctuaires *(M. 7.7.74)*. « La ligne générale du projet a été dictée par le souci primordial de la protection contre le mistral ». Cette réflexion d'un urbaniste résume la *philosophie* du projet *(M. 8.11.75)*. Pour le Conservatoire du littoral, ouvrir au public un espace tout en le protégeant, cela signifie qu'on y trace quelques sentiers, une aire de pique-nique (...) Cette « *philosophie* » a été rappelée lors du dernier conseil d'administration *(M. 5.7.78)*. L'ensemble des associations et des comités parisiens de défense du cadre de vie avaient lancé une offensive générale à la fois contre la « *philosophie* » et les modalités d'exécution du projet *(M. 7.7.78)*. Au nom de la libre concurrence, l'administration américaine, en 1978, a imposé à l'ensemble du monde une *philosophie* du transport aérien radicalement différente de celle qui avait prévalu jusque là *(O. 18.12.78)*.

PHONIQUE adj. Mil. XXe. Spéc. ■ Relatif au bruit en tant que *nuisance**.
La majorité des habitants des immeubles neufs se plaignent du manque d'isolation *phonique* de leurs appartements *(Ragon, 71)*.

PHOTO- Premier élément d'adjectifs et de substantifs composés.
Rem. 1. Quelques composés sont traités plus loin en articles séparés, à leur place alphab. D'autres sont énumérés ci-après.

O Z., esthéticien industriel, conçoit un labyrinthe de *photos-cloisons*, fluides mobiles, interchangeables *(O. 20.3.68)*. L'entreprise de M. sera équipée pour imprimer selon le procédé offset en utilisant les techniques modernes de la *photocomposition* et de la composition automatique *(M. 14.1.67)*. Le « tube-image » est remplacé par un analyseur formé de 32 400 points microscopiques *photo-conducteurs (PM 24.2.68)*. La *photo-conductibilité* de certains corps *(En. 5.4.69)*. (Un journal) publie une *photo-document (M. 1.3.66)*. Le relevé *photogrammétrique* de tous les temples égyptiens a été réalisé par l'Institut géographique *(F. 29.11.66)*. Les œuvres exposées vont du portrait aux paysages et aux *photo-graphismes* abstraits *(M. 14.7.66)*.

Au départ de la photosynthèse, il y a une « *photolyse* » — décomposition de l'eau par la lumière *(M. 14.4.66)*. Comme la miniature qu'il supplanta, le « *photo-portrait* » garda longtemps un aspect précieux, qui se manifestait par des cadres raffinés *(M. 19.1.66)*. Un générateur (d'air chaud) comportant un système de sécurité par cellule *photo-résistante*

(M. 24.9.64). Ce système (d'agrandissement photographique) utilise la *photo-stabilisation*, comme la photocopie *(E. 12.9.66).* Que pense le gouvernement de l'exercice, sur la voie publique, de certains métiers, notamment de celui de *photo-stoppeur* ? *(M. 3.7.60).* (Pour) les opérations urgentes — paiement à vue, versements urgents, etc. — un système de liaisons *phototélégraphiques* (sera mis en service) *(M. 3.12.68).*

∞ Pour la traditionnelle *photo-souvenir* n'oubliez jamais que dans ce décor pittoresque, vous ne faites que passer et que la *photo-vérité* doit nécessairement se passer de vous *(VR 18.7.71).* C'est en Allemagne qu'était né le *photo-journalisme* avec E. Salomon et ses reportages sensationnels (...) Les *photo-journalistes* devraient se réjouir : ils peuvent enfin commencer à prendre la parole *(M. 28.2.74).* Les désodorisants et les antitranspirants contiennent des produits *photo-sensibilisants.* Vous risquez des rougeurs si vous vous atomisez au soleil *(P. 1.7.74).*

Rem. 2. D'autres composés de formation récente (mil. XX⁰) sont également attestés, par ex. :
- **les subst. fém. photodiode, photodissociation, photo-électricité, photo-finish, photolecture, photoluminescence, photopile, photothèque ;**
- **le sm. photostat (photocopie) ;**
- l'adj. *photopériodique*, etc.

PHOTOCOMPOSEUSE sf. ~ 1965. Techn. ■ Machine d'imprimerie utilisée pour la *photocomposition*, système qui donne directement sur film des textes prêts pour le montage.

Les linotypistes et les typographes souffrent mal qu'une *photocomposeuse* fasse ce qu'ils ont appris. C'est comme si un comptable refusait à un ordinateur la possibilité de faire ses calculs *(Exp. 1.72).*

PHOTOCOPIEUR sm. ■ Appareil qui fait des photocopies (reproductions photographiques de documents).

Le *photocopieur* à sec 3 M 76 accepte tous les documents ; il restitue toutes les couleurs, toutes les nuances, la simili comme le trait *(Pub. M. 23.4.66).* La société S. commercialise des *photocopieurs* électrostatiques, des machines à écrire et des calculatrices. Elle occupe maintenant une des premières places sur le marché national de la reprographie *(En. 5.4.69).*

PHOTO-FILMEUR ou PHOTOFILMEUR sm. ■ Photographe qui fait des prises de vues filmées sur la voie publique.

Les places et les voies interdites à l'exercice de la profession de *photofilmeur*, dans la capitale, font l'objet d'un nouvel arrêté *(M. 25.3.66).* Depuis juillet 1969, une réglementation limite les lieux de la capitale où les *photofilmeurs* peuvent opérer. Mais ceux-ci, bien souvent, n'en tiennent pas compte, et, de ce fait, ont affaire à la police (...) Les *photo-filmeurs* se plaignent de l'intervention des services de l'ordre *(M. 21.1.70).*

PHOTO(-)INTERPRÉTATION sf. ~ 1960. Techn. ■ Utilisation de photographies aériennes pour établir les éléments de base d'une carte (par ex. topographique).

L'Institut géographique national prend des photos aériennes (...) Sur leurs cartes les dessinateurs reportent, en rose, les couloirs d'avalanches probables. À la Clusaz, la *photo-interprétation* indiquait une coulée importante (...) À Val d'Isère, la *photo-interprétation* montrait que la coulée s'arrêtait devant le chalet M. *(E. 10.2.75).*

PHOTO-ROMAN ou PHOTOROMAN sm. ■ Histoire racontée sous forme de photographies accompagnées d'une légende.

Les *photoromans*, histoires à suite racontées en photographies et assorties de dialogues succincts portés en capitales dans d'imaginaires « balloons » *(T. 4.65).*
Le troufion français version 1960, plongé dans les *photo-romans (Revel, 65).* Les thèmes des films de gangsters, des romans policiers, des *photo-romans* populaires où le sadisme tient la place que l'on sait *(M. 25.1.67).* Le schématisme extrême du *photo-roman* crée des effets comiques que le roman tout court arrive à éviter. Le roman populaire est une parabole, le *photo-roman* est un trompe-l'œil. Le roman populaire transpose, le *photo-roman* travestit. Il est une mystification sociale, là où le roman populaire est une affirmation des droits de l'homme *(Mallet-Joris, 70).*
La presse du cœur, grande consommatrice de vedettes et de *photos-romans (O. 13.4.74).*
→ BANDE DESSINÉE, ROMAN-PHOTO.

PHYLACTÈRE sm. Spéc. Syn. de *bulle** dans une *bande** *dessinée.*

À l'aide d'une feuille de calque reproduisez cette bulle et résumez en quatre *phylactères* semblables votre dernière leçon de français *(P. 9.10.72).*

PICTOGRAMME sm. ~ 1960. De *picto (graphie)* (cf. lat. *pictus*, peint) et *-gramme* (gr. *gramma*, lettre ; cf. Télégramme). ■ Signe d'une écriture *pictographique*, système qui donne des informations ou exprime des idées au moyen de dessins ou de figures symboliques.

Un *pictogramme* c'est un dessin très simplifié qui, tels certains hiéroglyphes égyptiens ou caractères chinois, désigne un objet au lieu et place de (...) mots... (Certains) panneaux routiers, ou la tête de mort sur les emballages de produits dangereux par exemple *(VR 6.1.63).* Cinq nouveaux panneaux viennent de surgir dans le paysage des automobilistes : le langage des *pictogrammes* s'est enrichi de cinq mots. La fourchette signale un restaurant, le lit : un hôtel, etc. Ce sont des symboles sans mystère *(E. 6.12.67).*
Signalisation à l'intention des voyageurs par caissons lumineux comportant des inscriptions en clair ou sous forme de *pictogrammes (R.G.C.F. 6.74).* Une voiture non fumeurs est désignée par un *pictogramme* représentant une cigarette fumante barrée de rouge *(Prospectus S.N.C.F. 1978).*

PIED sm. Fig. Pop. (D'après le sens en argot « plaisir » — 1899 — : cf. Esnault, Dt. argots, 65. Cf. aussi le tour arg. *prendre son pied*, éprouver l'orgasme). Rép. ~ 1968, surtout dans la loc. *c'est le pied* : cela donne un plaisir intense.

> Comme dit son ami (...) : « Une tête comme ça, *c'est le pied* » *(P. 18.3.74)*. Une bande de copains s'engage à faire des recherches pour vous donner satisfaction (...) « *le pied*, quoi » ! *(P. 13.1.75)*.

PIED-NOIR s. et adj. Rép. ~ 1955. ■ Français (de souche européenne) originaire d'Algérie.
Substantif.

> Je suis une « *pied-noir* » *(M. 9.5.61)*. Le fond de la langue des « *pieds-noirs* » repose sur des structures de vocabulaire, de grammaire et de syntaxe empruntés aux peuples du bassin méditerranéen (...) L'auteur (d'une thèse) se demande quel sera le sort du français dialectal créé en Algérie pour les générations de « *pieds-noirs* » *(M. 19.3.71)*. Neuf ans après leur exode, les quinze mille « *pieds-noirs* », dans le département du Lot-et-Garonne, ont gardé leur accent *(M. 21.3.71)*.
> Il n'y a pratiquement plus de chômeurs parmi les 120.000 « *pieds-noirs* » de la région lyonnaise *(O. 29.1.73)*. L'Alsace était présente en Algérie : ce solide *pied-noir* aux yeux bleus sort les photos des gosses (...) Parmi les palmiers, la petite *pied-noir* blonde, coiffée du grand papillon noir à cocarde tricolore *(M. 6.6.78)*.

Adjectif.

> R. C. rêve tout haut avec un irrésistible *accent* « *pied-noir* » *(M. 1.2.69)*. Il y a un côté *pied-noir* en lui, qui est sa guitare, son charme *(O. 14.2.68)*. Des étudiants « pieds-noirs » rapatriés en métropole *(M. 18.11.65)*. Le *parler* « *pied-noir* » est-il un argot, un jargon, un patois, un dialecte ? *(M. 19.3.71)*. La panique généralisée (en 1962) d'une *population pied-noir* à bout de nerfs *(C. 22.4.64)*.
> Lors des Barricades, Lagaillarde a symbolisé la résistance *pied-noire* (...) F. constatait à Paris la volonté d'ignorer les porte-parole de la thèse *pied-noire (Courrière, 71)*.

PIÈGE À CONS Loc. subst. Pop. Rép. ~ 1968. (Formule du type dit parfois « phrase codée »). ■ Attrape-nigaud.

> Un jeune contrôleur dit : « Les élections, c'est comme le tiercé. On espère et puis tout s'écroule. Il aurait fallu gagner en 1968, car les élections, c'est vraiment le *piège à cons* ». « Élections, *piège à cons* » c'est précisément le cri que scandaient sur le boulevard Saint-Michel des groupes d'étudiants affrontés à des barrages de policiers *(P. 21.5.74)*.

PIÉGER v. tr.
Piéger quelque chose. Mil. XXe. ■ Installer un dispositif qui, au premier contact, doit déclencher une explosion.
● **Verbe transitif.**

> À la veille d'être expulsé, M. P., retraité, avait *piégé* sa maison avant de se donner la mort : l'explosion des charges avait tué quatre personnes *(M. 23.11.72)*. L. a *piégé* un transistor pour que les cambrioleurs de sa maison soient blessés et identifiés. L'un d'eux a été tué *(P. 10.7.78)*.

● **Part. passé et adjectif.**

> La police britannique a renforcé les mesures de précaution contre les lettres *piégées* en provenance de l'Inde (...) La 19e lettre *piégée* est parvenue en Grande-Bretagne samedi. Ces lettres explosives ont été expédiées à l'occasion de la réunion du Congrès juif mondial qui se tient actuellement à Londres *(C. 13.11.72)*. Nouvelle explosion dans la maison *piégée* de B. Un cyclomoteur *piégé* a explosé sur le chantier de démolition de la maison *(M. 23.11.72)*. À l'intérieur d'une villa se trouvaient huit terroristes. Certains achevaient la fabrication de deux livres *piégés*. Un troisième volume, déjà amorcé, dut être confié au spécialiste du déminage *(F. 27.12.73)*. S'il s'agit d'un acte criminel, son auteur a pu enregistrer à Orly, à destination de Londres, une valise *piégée*, sans monter à bord de l'avion *(M. 7.3.74)*. Un colis *piégé* qu'il retirait à la poste a explosé, lui déchiquetant une main *(M. 5.7.78)*. La maison de L. renfermait un transistor *piégé*. Un cambrioleur est mort *(E. 11.9.78)*.

Piéger quelqu'un. Fig. ~ 1960 (Surtout au passif : *être piégé(e)*, ou dans les tours factitifs pronominaux *se faire piéger, se laisser piéger*).
■ Prendre au « piège » (fig.), mettre (une personne ou une collectivité) dans une situation très difficile ou sans issue ; mettre dans l'embarras.

> Dès cette œuvre de début — « L'Opéra de quat'sous » — Brecht cherche à « *piéger* » le public bourgeois en l'obligeant à se reconnaître dans la pègre londonienne et en ridiculisant le romantisme d'opérette dont il l'entoure *(M. 19.9.64)*. (les députés), qui en tiennent pour la compétence de l'Assemblée en matière de publicité, sont une fois de plus « *piégés* » par le mécanisme de la motion de censure *(E. 25.3.68)*.
> Les jeunes ont le sentiment qu'ils risquent dans la profession de sociologue d'*être piégés*. Ils craignent de voir les résultats de leurs recherches faussés, altérés, mis au service d'appareils qui ne verraient dans la sociologie qu'un instrument de justification de leurs options *(E. 27.11.72)*. Aux yeux de l'auteur, l'État *est* « *piégé* » : il énumère et dissèque longuement avec maints exemples à l'occasion des « pratiques scandaleuses » qui permettent à la corruption de s'épanouir sans que les honnêtes gens, « *piégés* » eux aussi, puissent s'y opposer *(M. 6.12.72)*. Dans leur beau ghetto tout neuf de L. les chercheurs du Cnes s'estiment « *piégés* ». Non par nostalgie de Paris (...) seulement leur avenir professionnel est bouché *(E. 12.11.73)*. La bourgeoisie française du XIXe siècle a caressé des nostalgies nobiliaires, mais elle ne s'est pas *laissé piéger* par le joli monde de la capitale et de la mode *(P. 21.5.74)*. J'avais pris conscience de ma fausse liberté. Une fois de plus j'*étais piégée*, parce que considérée par mes patrons comme membre de la famille, *piégée* aussi à cause de l'affection que je portais malgré tout aux enfants (...) Comment sortir de cette impasse ? *(Arondo, 75)*. Les viticulteurs du Midi, *piégés* dans leur monoculture *(P. 11.8.75)*.

Les syndicats ont transgressé l'une des règles traditionnelles qui était de refuser de rentrer dans le jeu du système économique libéral. Au risque d'*être piégés* pour longtemps par le « redéploiement industriel » *(C. 15.1.76).*

PIÉTON, NE adj. Repris et rép. ~ 1965. ■ À l'usage des piétons ; réservé aux piétons (Syn. de *piétonnier**).

Il ne suffit pas de créer quelques rues et places *piétonnes* pour justifier qu'une ville soit bradée au profit de l'automobile, éventrée à coup de voies express *(M. 8.11.73).* De vraies rues *piétonnes,* sans séparation entre la chaussée et le trottoir, avec des bancs, des bacs à fleurs *(M. 12.1.74).* Il a fallu prévoir une liaison *piétonne* entre la rue des Récollets et l'avenue de Verdun *(C. 16.2.74).* Paris n'a toujours pas de vrai quartier *piéton (M. 20.8.74).* Rouen, déjà « première ville *piétonne* de France », élargit son réseau de voies réservées aux promeneurs : 700 mètres de nouvelles rues *piétonnes* s'ajouteront aux 1800 mètres déjà existants *(M. 29.1.75).* Le maire a savamment orchestré la transformation en zone *piétonne* de la grande artère commerçante de la vieille ville, afin de montrer sa sollicitude pour le petit commerce traditionnel : il inaugurera la voie *piétonne* le 5 septembre *(M. 3.9.75).* Le centre commercial Saint-S. a ouvert ses portes (...) Béton et briques rouges, le tout entouré d'une vaste aire *piétonne (M. 23.1.76).* La municipalité de Toulouse va faire de la place Occitane la plus grande surface *piétonne* d'Europe *(M. 2.4.76).* Avant l'ouverture du chantier, les commerçants n'étaient pas chauds du tout pour les rues *piétonnes (M. 28.4.78).* Maintenant qu'elle est acceptée par les commerçants, la rue *piétonne* va, semble-t-il, s'orienter vers une nouvelle formule : un minimum d'équipements, un sol simple, quelques points d'eau et quelques places assises *(M. 27.9.78).* Remplacer le bâtiment d'abord prévu par des structures légères, des allées *piétonnes,* des fontaines, des espaces verts *(O. 16.10.78).*

PIÉTONISATION sf. ~ 1970. ■ Transformation (d'un quartier, d'une rue) en zone *piétonne** (ou *piétonnière**).

La *piétonisation* des rues du centre dans une ville neuve expérimentale *(C. 21.12.72).* Grenoble a été, avec Rouen, la ville qui a accepté de courir, dès 1968, le risque de la *piétonisation* du centre (...) Notre politique de *piétonisation* ne peut pas être continuée indépendamment d'un plan général de circulation *(M. 5.3.77).*

PIÉTONNIER, ÈRE adj. ~ 1965. ■ À l'usage des piétons, réservé aux piétons. Qui concerne les piétons.

Rem. 1. L'adjectif *« piétonnier »,* très correctement formé, s'est révélé nécessaire à partir du moment où les voies d'accès normales, les rues et les avenues, sont devenues inaccessibles aux piétons en raison de l'encombrement des voitures *(F. Mars, C. 16.6.74).*

Rem. 2. Les subst. déterminés désignent le plus souvent des choses concrètes (rue, voie, place, etc.), parfois des notions abstraites.

O L'avenue (des Champs-Élysées) était avant guerre encore, avec son prolongement sur l'avenue du Bois, le lieu de toute une *activité piétonnière,* voire équestre, dans les contre-allées *(M. 25.5.69).* Le ministre des Affaires culturelles avait recommandé d'aménager, le long de l'avenue des Champs-Élysées, un souterrain qui en préserverait le *caractère piétonnier (M. 25.5.69).*
Les revêtements des *espaces piétonniers* sont à tous moments détruits *(C. 10.10.70).* A G. sur *promenade piétonnière* au bord de l'eau, au milieu des fleurs, des palmiers et des cyprès, loin des autos *(A.A.T. 6.70).* A.S. les *rues piétonnières* sont trop larges et trop droites... il n'y a pas de vie *(E. 16.6.69).* Plus de rues, mais des *voies* de circulation dont certaines seront *piétonnières* — les autres façonnées en super-autoroutes *(M. 14.1.67).*

∞ Que tout ensemble immobilier important soit assorti d'un équipement scolaire suffisant, sans oublier les *cheminements piétonniers* pour enfants *(Mauduit, 71).* Favoriser dans toute la mesure du possible, la création d'*« espaces piétonniers »* dans les centres des villes *(M. 6.1.73).* Au quartier Latin, l'îlot Saint-Séverin est devenu, depuis Noël, le premier *« secteur piétonnier »* de la capitale *(M. 10.2.73).* Multiplication des *zones piétonnières* indispensables à la sauvegarde de certains quartiers *(E. 21.5.73).* Des expériences de rues et *quartiers piétonniers* sont déjà en cours (...) Ici, les *rues piétonnières* se transforment en ghetto ou en cour des miracles *(P. 3.6.74).* Le Paris officiel renâcle devant une *politique piétonnière* qui a été adoptée dans toutes les métropoles du monde *(M. 20.8.74).* On aboutit à la gare de M. par un *tunnel piétonnier* relié à la place de la gare *(VR 12.10.75).* L'*aménagement piétonnier* couvrirait toute la moitié nord de la place de l'Opéra *(M. 23.10.75).* Le passage souterrain permet une *liaison piétonnière* entre les deux communes *(R.G.C.F. 11.75).* Des arbustes qui grandiront, des vasques fleuries, des bancs, des fontaines, font des *voies piétonnières* de Lyon des musoirs accueillants *(M. 1.10.77).* La séparation rigoureuse du trafic automobile et du *cheminement piétonnier (M. 22.1.78).*

PIFOMÈTRE sm. Création plaisante à partir de *pif* (fam. pour : nez) et *-mètre* (mesure). Rép. mil. XXᵉ. Fam. ■ Clairvoyance, flair, perspicacité. Intuition (au sens courant).

M. B. déclare avec assurance : « En matière politique, il y a que le *pifomètre* qui compte. Celui du général de Gaulle est le meilleur de tous » *(E. 13.12.65).* Le seul instrument de mesure des petits patrons français : le *« pifomètre » (E. 11.11.68).* La volonté délibérée d'introduire la rigueur scientifique dans un milieu où l'observation et la mémoire individuelles constituaient jusqu'à présent l'essentiel de l'expérience. Avec le bon vieux *« pifomètre » (M. 26.3.70).*

Au pifomètre loc. adv. Fam. ■ Au jugé, à l'estime, en se fiant à l'intuition.

Il suffit d'être un professeur bien noté pour être candidat au poste de chef d'établissement, fonction qui réclame des qualités fort différentes. N'est-ce pas la nomination au *« pifomètre »? (M. 6.9.66).* Le découpage des régions radiophoniques (a été fait) il y a bien trente ans. Depuis, les choses, les techniques et les densités de population ont évolué. En sorte que la répartition des départements effectuée (alors) un peu *« au pifomètre »* finit par ne plus répondre aux besoins réels de la radio et (...) de la T.V. *(ST 24.9.66).* Les prix sont faits *au « pifomètre » (E. 26.10.70).*

→ APPLAUDIMÈTRE.

PIGEONNANT, E adj. ~ 1950. De *pigeon*. ■ Qui rappelle la forme d'une gorge de pigeon.
- À propos d'une poitrine féminine haute et ronde.
   Hélas ! ni le regard d'azur, ni les bras junoniens, ni la *gorge pigeonnante* (d'une danseuse) ne parvinrent à éblouir le parterre des abonnés à lorgnettes *(M. 27.2.66)*. Quelle que soit la mode, il y aura toujours, du fait de la nature, de petits bustes et des *gorges pigeonnantes (VR 14.2.71)*.
- (Soutien-gorge) qui galbe et rehausse la poitrine.
   De nouveaux *soutiens-gorges pigeonnants*, balconnants, obsédants *(Groult, 68)*.

(-)PILOTE Second élément de substantifs composés. Il signifie : qui peut servir d'exemple, qui utilise de nouvelles méthodes, qui montre le chemin, qui ouvre la voie, etc. Les deux éléments sont le plus souvent réunis par un trait d'union.

Rem. « *Pilote* » joue le rôle d'un suffixe dans les expressions comme « *classe-pilote* » — qui semble le mot le plus anciennement répandu —, « *ferme-pilote* », « *industrie-pilote* », « *région-pilote* », etc. Il s'agit dans le premier cas d'une classe choisie pour servir d'exemple pédagogique aux autres par les méthodes nouvelles qui y sont employées. La « *ferme-pilote* » est aussi une ferme qui par sa modernisation peut servir d'exemple ; peu à peu le second élément « *pilote* » devient l'équivalent d'un élément superlatif, mélioratif. On peut le comparer à « modèle » dans « ferme-modèle » *(Dubois, 62)*.

O Le problème du financement de l'*agriculture-pilote (M. 28.1.69)*. L'*atelier-pilote* produit cinq à dix tubes (pour la télévision en couleur) par jour *(M. 9.1.69)*. Les jeunes veulent avoir leur part de responsabilités et obtenir la possibilité de monnayer leurs efforts. C'est pour canaliser ce courant qu'un *camp-pilote* a été créé *(F. 29.7.64)*. *Centre pilote* pour enfants débiles mentaux profonds *(PM 28.12.68)*. Le centre de chèques (postaux) de N. fut considéré comme un *centre-pilote (M. 25.5.69)*. L'Auto c'est l'Objet-Roi, la *chose-pilote (Lefebvre, 68)*. Le député-maire de S., a inauguré dans la *commune-pilote* de M. un grand ensemble de 273 logements *(F. 28.11.66)*. Cette *convention-pilote* allait être reprise par de nombreuses entreprises *(M. 26.7.67)*. Si vous étiez élu, vous réaliseriez ici une expérience de *démocratie-pilote (C. 24.10.69)*. Ce produit a été « testé » depuis un an, dans un *département-pilote (Fa. 1.5.68)*. Une réforme des méthodes pédagogiques ne pouvait se concevoir sans une réforme des structures architecturales. Pédagogues et architectes ont eu le mérite de le reconnaître et de s'atteler ensemble à la tâche. Il leur appartient de poursuivre jusqu'à ce que leurs *écoles-pilotes* d'aujourd'hui ne soient plus l'exception, mais la règle. *(E. 4.12.67)*. Un ranch, un tennis, une plage, 26 bungalows, en location, complètent cet *ensemble-pilote (VR 29.6.69)*. Tenir la barre d'une *entreprise-pilote* en tous domaines : c'est la lourde responsabilité qu'assume M. Pierre D. *(C. 6.12.68)*. Nous avons projeté la création d'une équipe spécialisée, d'une *équipe-pilote* pour ainsi dire *(M. 4.10.67)*. Quelques *équipements* culturels pilotes ont vu le jour au cours des dernières années *(M. 7.11.64)*. Qu'est-ce qu'un *essai-pilote* ? Quand fait-on un *essai-pilote* ? Chaque fois qu'un produit est nouveau ou qu'un appareil ménager vient d'être réalisé, il est absolument nécessaire de l'éprouver avant son lancement *(EM 9.10.66)*. Les principes de formation à la vie communautaire mis en pratique jusqu'à présent avec succès font du lycéen de E. un véritable *établissement-pilote (M. 29.3.69)*.

Expérience-pilote d'usines préconstruites, qui devrait procurer deux mille emplois nouveaux *(M. 6.10.65)*. Constituer un noyau d'« *exploitations* (agricoles) *pilotes* » *(M. 10.10.69)*. Lorsque N. de B. et J. B. m'ont proposé de tourner le « *film-pilote* » intitulé « Ève au volant », l'idée m'a séduite *(M. 5.1.68)*. Diffuser des émissions stéréophoniques régulières avec le procédé à « *fréquence-pilote* » *(M. 16.10.64)*. Les équipements installés par le réseau belge dans ses deux *gares-pilotes (VR 16.2.69)*. La grève de cent vingt ouvriers de l'aciérie T. devient à sa manière une *grève-pilote* par son style — grève sur le tas — par les revendications présentées — la « mensualisation » des rémunérations — et par ses effets sur la politique contractuelle entre le patronat et les syndicats (...) *(M. 6.6.69)*. Divers concours financiers publics et privés, ont permis de réaliser un *hameau-pilote (E. 17.3.69)*. L'effort est spécialement puissant dans la sidérurgie, *industrie-pilote*, qui commande tout le rééquipement du pays *(Guillain, 69)*. Une ligne de métro aérien sera expérimentée sur un parcours de trois kilomètres, « *ligne-pilote* » que le conseil d'administration avait décidé de créer *(M. 20.11.64)*. C'est la première fois — depuis la création après la guerre des « *lycées-pilotes* » — qu'un établissement à vocation expérimentale est officiellement créé par l'Éducation nationale *(M. 23.2.66)*. Ces (magasins) sont suffisamment bien implantés dans la région parisienne pour jouer un rôle de *magasins-pilotes (En. 5.4.69)*. La région parisienne est (...) un marché formidable : 37 % du pouvoir d'achat de tous les Français y est concentré. Ce marché est de plus un *marché-pilote* : de là partent toutes les nouveautés *(E. 7.11.56)*. Le développement des moyens de transport (a) incité les pouvoirs publics à organiser (les) *marchés-pilotes* qui régularisent les échanges et les prix *(Fa. 2.12.70)*. Le Club M. — *organisation-pilote* des vacances depuis 15 ans en Europe *(Pub. M. 19.12.64)*. « *Projet-pilote* », l'opération Maine-Montparnasse, par les problèmes même qu'elle a soulevés, pourra servir d'exemple aux urbanistes *(M. 21.10.64)*. La promotion de la recherche appliquée, concrétisée par des *réalisations-pilotes* : le rôle de l'État n'est-il pas de montrer l'exemple et de financer des actions d'avenir ? *(M. 26.5.69)*. La Régie a joué un *rôle-pilote* pour entraîner les firmes françaises à exporter *(Fa. 21.9.64)*. Tout le développement a résulté d'une action volontaire, celle d'un *secteur industriel pilote (Guillain, 69)*. Cannes vit à l'heure du progrès. Station-vedette de la Côte d'Azur, *station-pilote* du tourisme européen, (...) d'un tourisme nouveau *(Dunlop, 66)*. Ces usines ne constitueraient pas des *unités-pilotes*, mais des usines de production *(M. 13.3.69)*. Dans son *usine-pilote* de Saint-E., la C.F.T. a produit plusieurs milliers de lampes *(M. 7.1.68)*. La France, pour assister l'agriculture indienne, se propose d'équiper sur place des *villages-pilotes (M. 18.3.66)*. Puisque nous faisons partie de l'avant-garde, et habitons une *ville-pilote*, nous n'entendons pas rester à la traîne *(Bernard, 64)*. « Attention ! canton de M., *zone-pilote* de prévention contre les accidents ». *(M. 10.12.65)*.

∞ Que soient multipliées ces *maisons de retraite pilotes* qui n'existent qu'à titre de prototypes *(Mauduit, 71)*. L'*enquête pilote* de 1965 sur les déplacements des personnes dans la région parisienne a montré que (...) *(Cazaux, 71).* Inciter les administrations à lancer des *opérations pilotes* dans le domaine de l'environnement *(Saint-Marc, 71).* Ces *actions pilotes* seraient généralisées ensuite dans l'ensemble du pays *(N 7.71).* La synchronisation film-bande magnétique est réalisée par des *impulsions pilotes* sur la caméra, puis sur le projecteur *(VR 2.1.72).* Tous ces *services-pilotes* n'ont que le défaut d'être... des prototypes *(O. 1.4.72).* La mécanique dans la région parisienne, *branche pilote* dans une *région pilote (Martinet, 73).* Ce *quartier-pilote* illustre concrètement une démarche exemplaire en matière d'urbanisme *(P. 28.5.73).* Il faudrait déterminer dans un *élevage-pilote* les habitudes de l'animal, l'évolution de sa croissance *(M. 26.1.74).* Les 650 premiers logements de la ville nouvelle d'Evry sont en construction. Les engins s'activent sur ce *chantier-pilote (M. 19.2.74).* Éducation des chasseurs, exposition de trophées, *chasses pilotes (M. 3.4.76).* Le secrétariat d'État essaie de rogner les dérogations accordées aux *universités pilotes (E. 22.5.78).*

PILULAIRE adj. ■ Qui concerne la *pilule** (anticonceptionnelle).

Les décrets d'application de la loi *« pilulaire »* du 28 décembre 1967, aimablement offerte aux Françaises pour ce Noël 1968 *(O. 2.12.68).*

PILULE sf. Ellipse de : *pilule anticonceptionnelle*.

Les stéroïdes anti-ovulatoires, *« les pilules »*, comme on dit, sont parmi tous les procédés utilisés pour l'espacement des naissances, les plus en faveur et les plus discutés *(M. 21.10.66).* Elle a bon dos cette *pilule.* On ne parle plus de planning familial et d'information du public, mais seulement de *pilules,* comme si ces médicaments représentaient la panacée *(F. 26.11.66).* Débat sur la *« pilule »* renvoyé : la proposition de loi sur la régulation des naissances ne viendra pas en discussion avant la fin de la session parlementaire *(F. 9.12.66).* Les effets secondaires des progestatifs de synthèse — *la pilule* — ont fait l'objet de discussions approfondies *(M. 4.10.67).*

Des campagnes de presse stupides : « la *pilule* donne le cancer », « la *pilule* fait grossir », sont en partie responsables d'une diminution notable du nombre de contraceptées *(Beunat, 74).* Ce projet aboutit, en définitive, à rendre la *« pilule »* gratuite *(M. 29.6.74).* Sa grossesse tardive, à 43 ans, est longtemps restée pour elle un mystère : « J'étais sous *pilule »*, s'étonnait-elle *(E. 3.2.75).* Chaque femme peut trouver une *pilule* qui réponde à son profil biologique. Aux gynécologues de le déceler (...) Car la *pilule* ne s'achète pas en pharmacie comme un dentifrice *(E. 31.7.78).*
→ ANOVULATOIRE, CONTRACEPTIF, PROGESTATIF, PROSTAGLANDINE.

PINAILLER v. intr. Rép. mil. XXe. Pop. ■ Ergoter. Se perdre dans les détails.

À la police, à la douane, selon les cas, les gabelous et les flics *pinaillent* sur des détails ou vous expédient très vite (...) Sa méthode (d'un metteur en scène) n'est pas de *pinailler,* mais d'intervenir juste quand il faut *(Bodard, 71).*

Rem. Les dérivés *pinaillage* et *pinaillerie* (le fait de pinailler), *pinailleur, -euse* (personne qui pinaille) sont attestés.

Les *« pinailleries »* l'irritent *(P. 26.11.73).* Pas trop de chiffres et de *pinaillage* quant au P.N.B. *(O. 13.4.74).*

PINARDIER adj. et sm. ~ 1953 (De *pinard*, fam. « vin »).

1. Navire citerne qui transporte du vin.

Un navire venu pour embarquer 20 000 hectolitres de vin, est resté onze jours dans le port de Bône : et il arrive très souvent que les *« navires pinardiers »* repartent d'Algérie avec, dans leurs citernes, les deux tiers ou les trois quarts seulement de la cargaison prévue *(M. 9.1.70).*

2. Gros producteur de vin. Négociant en vins.

Les prix de cette distillation, s'ils sont trop bas pour sortir du gouffre les petits viticulteurs, sont suffisamment rémunérateurs pour enrichir les gros *pinardiers* producteurs de vins non consommables en l'état *(P. 11.8.75).*

PIN-UP [pinœp] sf. inv. Ellipse de l'am. *pin-up girl* (jolie fille dont la photographie mérite d'être épinglée — *to pin up* — au mur). ■ Jolie fille, attirante par son charme sensuel.

Le Centre ne fournit pas les photos de *pin-up* dont chaque travailleur orne les murs de sa chambre et devant lesquelles il peut rêver *(Bernard, 64).* Un stylobille japonais dont le manche est orné d'une image de *pin up.* J. lève le stylobille devant ses yeux, regarde la *pin up* en maillot de bain *(Ragon, 66).* Les officiers, qui se veulent décontractés, discutent sous des photos de *pin-up* découpées dans « Playboy » *(E. 11.12.67).*

PIONNIER, ÈRE adj. Did. ■ Qui ouvre la voie.

Les ouvriers chinois qui exigeaient de lui (un chirurgien) cette opération *pionnière* ne doutaient pas plus de son pouvoir que des Africains amenant un moribond au Dr Schweitzer *(A. Peyrefitte, 73).* Des disciplines *pionnières* et prometteuses telles que la psychologie historique, demeurent résolument qualitatives *(E. 27.8.73).*

PIPE ou PIP [pajp] ou [pip] sm. (Mot angl.) Techn. ■ Pour : *pipe-line*.

Les usines seront placées sur les lieux de consommation (du pétrole). L'impossibilité de transporter les fuels lourds par *pipe* est une justification supplémentaire de cette petite révolution *(M. 23.2.58).* La Compagnie de recherche de pétrole au Sahara vient de commencer les travaux de pose d'un *pipe-line.* La nouvelle conduite, de 30 pouces, sera perpendiculaire au *pipe* existant, qui atteint le port pétrolier tunisien *(F. 25.9.61).* Les « gros » (industriels du pétrole) ont découvert qu'ils pourraient ravitailler la Bavière en prolongeant le *pipe-line* sud-européen. En plus, ils se sont proposé d'enfourner leur pétrole dans le *pipe* de M. (industriel italien du pétrole) *(M. 30.9.69).*
→ OLÉODUC.

PIPE-LAIT [piplɛ] sm. ~ 1957. (Probablement d'après *pipe-line*).
■ Canalisation destinée au transport du lait.

Le transport du lait a toujours été une difficulté pour les paysans de la montagne Un nouveau procédé est en voie de se généraliser dans les alpages de Haute-Savoie. Il s'agit du *« pipe-lait »*, sorte de tuyau en matière plastique, qui, selon le relief, emprunte la voie aérienne, court à même le sol ou est enterré. L'hygiène est assurée en faisant couler, avant et après usage, de l'eau tiède *(M. 19.6.57)*. G. (en Valais) (...) a son *pipe-lait*, long et mince tuyau par lequel le blanc liquide descend des alpages à la laiterie *(C. 1.8.63)*. Le « pipe-line » (...) vient d'avoir un cousin, le *« pipe-lait »*. C'est du moins ce que le poste de Nice-Côte d'Azur a annoncé le 9 juillet 1966, en montrant le fonctionnement de ce « lactoduc ». Il s'agit d'une conduite destinée à amener directement le lait des pâturages (...) à une laiterie de la vallée (...) *(VL 11.66)*.
→ LACTODUC.

PIPERADE sf. D'abord régional, rép. ~ 1965. ■ Sorte d'omelette aux tomates et aux poivrons.

Nous avons préparé des plats régionaux allant du foie d'oie aux confits en passant par la *piperade* et l'assiette landaise *(F. 28.12.66)*.

(-)PIRATE Apposition ou second élément de subst. comp. ~ 1965.
■ Clandestin, illégal, illicite. (L'emploi du trait d'union est hésitant).

O On s'attend que Formose devienne la base d'une *« édition-pirate »* du M. (auteur d'un livre sur les derniers jours du président Kennedy) « intégral » qui fasse une fructueuse concurrence à l'édition édulcorée mise en vente aux États-Unis *(M. 24.12.66)*. A la radio officielle une *émission « pirate »* diffusait un violent manifeste attribué aux militaires « durs » *(M. 9.9.69)*. Notre seule chance est dans l'industrialisation, mais on nous envoie des *entreprises-pirates (E. 7.11.66)*. Une *longueur d'onde « pirate »*, c'est-à-dire qui n'a pas été légalement attribuée *(C. 6.3.69)*. L'arrivée de *pétroliers pirates* susceptibles de décharger des quantités substantielles de pétrole en contravention avec l'embargo pétrolier imposé par le gouvernement *(M. 9.4.66)*. Deux stations, « Radio-Essex » et « Radio-City », vont prochainement être attaquées pour radiodiffusion illégale. Un projet de loi tend à interdire la participation de sujets britanniques aux activités de toutes les *« radios pirates »*, dont la majorité sont installées sur des bateaux *(M. 24.9.66)*. Les populations de plusieurs villages se sont opposées par la force à l'enlèvement de deux *relais pirates* de télévision *(F. 10.12.66)*. Ce relais réémetteur (de télévision) sans être un *relais pirate*, n'est nullement sous la garde de l'O.R.T.F. qui n'en assure pas l'entretien *(M. 11.1.69)*. Quatre *stations* (de radio) *« pirates »* continuent d'émettre malgré les avertissements des autorités et les tentatives de brouillage *(M. 11.9.69)*.

OO Les sociétés de protection de la nature envoient sur place un observateur qui relève le n° de l'*hélicoptère-pirate (Carlier, 72)*. Le sénateur D., pourfendeur de la *publicité-pirate* qui s'insinue sur le petit écran *(Carlier, 72)*. C'est favoriser la naissance d'une sorte de *centre d'affaires « pirate »* nullement souhaitable dans le quartier *(M. 28.1.72)*. Au moto-club, ce n'est plus le grand frisson. Certains l'ont compris et veulent organiser des *clubs pirates (En. 1.73)*. Un *département d'ethnologie-pirate*, créé en mai 68, a fonctionné très bien et même mieux que l'officiel pendant deux ans *(En. 1.73)*. Au micro, un manager à l'allure de gorille annonce : « Si quelqu'un dans la salle a un magnétophone, qu'il le rentre. Nous ne tolérons pas les *enregistrements-pirates (PM 21.4.73)*. Menacées, les *radios pirates* de la mer du Nord sont défendues par leurs dix millions de fans *(E. 3.9.73)*. Pour les œuvres venues du froid, le temps des *éditeurs-pirates* est terminé *(O. 7.1.74)*. Le vallon où devait se construire la fameuse *station de ski pirate (VR 30.6.74)*. Les grandes ondes sont les seules bandes où des *« postes pirates »* peuvent encore trouver asile sans trop gêner la distribution des ondes faite lors de la Conférence internationale de Copenhague *(C. 24.11.74)*.

Rem. Pirate se rencontre parfois en fonction d'adj.

Dans le pourtour des villes nouvelles, les *opérations* d'urbanisme diffuses, et plus ou moins *pirates*, vont bon train *(M. 15.1.75)*.

PIRATE DE L'AIR loc. subst. généralement masc. ■ Personne armée qui, en usant de menaces, oblige l'équipage d'un avion à modifier sa destination.

Les pilotes de ligne réunis à Londres souhaiteraient la peine de mort pour les *« pirates de l'air »* (C. 19.12.69). Un avion capturé peut ne pas avoir assez de carburant pour rejoindre l'aéroport choisi comme destination par le *pirate de l'air (F. 8.9.70)*.
Les détournements d'avion ont inspiré « Alerte à la bombe », film dans lequel le *pirate de l'air* n'a aucune motivation politique *(E. 19.11.73)*. La seule mesure qui, « après coup », serait d'une réelle efficacité, consisterait à extrader automatiquement les *pirates de l'air* vers l'État d'immatriculation de l'avion détourné *(M. 18.10.77)*.
→ DÉTOURNEMENT D'AVION.

PIRATERIE AÉRIENNE loc. subst. fém. ■ *Détournements** d'avions commis par les *pirates* de l'air*.

La *piraterie aérienne* et (le) mépris insultant dont elle témoigne pour ceux dont elle fait ses victimes (...) si la plupart des avions détournés depuis le début de cette nouvelle formule de *piraterie* ont pu se poser sans incidents l'aventure peut aisément se transformer en drame *(F. 8.9.70)*.
La Fédération internationale des associations de pilotes de ligne veut appuyer l'appel lancé aux Nations Unies pour que s'ouvre à l'Assemblée générale un débat extraordinaire sur la *piraterie aérienne* (...) Une grève mondiale des pilotes avait été déclenchée en 1972 pour protester contre le manque de mesures efficaces à l'égard de la *piraterie aérienne (M. 20.10.77)*.

PISTEUR sm. ■ Employé qui entretient et surveille les pistes de ski.

On ne saurait trop louer la conscience professionnelle des *pisteurs* qui, au plus fort de la

bourrasque de neige de Noël, ont continué à damer et à entretenir les pistes (M. 5.1.69). Transformer progressivement les anciens éleveurs en hôteliers, moniteurs de ski, *pisteurs*, employés de remontées mécaniques (M. 23.2.69). Ce sont les services de sécurité de la station qui, avec les *pisteurs*, surveillent chaque jour les pistes et décident ou non de leur ouverture (M. 12.2.70).
Le *pisteur*, jusqu'à présent, était un personnage falot, mi-cantonnier mi-saint-bernard. L'Association des *pisteurs-secouristes* a constaté qu'il avait changé de nature : C'est désormais un technicien dont dépend la bonne tenue des pistes (E. 16.11.70). On pourrait déclencher artificiellement l'avalanche au petit matin, avant l'ouverture des pistes. Un *pisteur* peut s'en charger tout seul (...) L'intervention du *pisteur* est dangereuse : deux *pisteurs* sont morts il y a quatre ans sous une avalanche qu'ils avaient eux-mêmes volontairement déclenchée (E. 10.2.75).

PISTOLAGE sm. ~ 1960. Techn. ■ Application de peinture au moyen d'un pistolet.

Le « *pistolage* » automatique de l'apprêt : avant de recevoir sa couche de laque définitive, la carrosserie d'une voiture doit recevoir une couche d'apprêt. Cette application se faisait à la main, par des « pistoleurs ». Maintenant elle a lieu automatiquement (C. 27.6.74).

PISTOLET-PULVÉRISATEUR sm. ■ Appareil qui sert à pulvériser les peintures, les vernis, etc.

Pistolet-pulvérisateur électrique : plus de 250 000 de ces *pistolets-pulvérisateurs* sont en usage dans tous les pays de l'Europe (M. 14.8.65). Un *pistolet-pulvérisateur* électrique qui projette, sans brouillard, les peintures, vernis, dérouillants et insecticides (Pub. M. 17.11.66).

PISTOLEUR sm. ~ 1960. Techn. ■ Ouvrier spécialisé dans le *pistolage**.

Les *pistoleurs* sont des ouvriers spécialisés dans l'application de peinture laquée sur les coques de voitures (...) Le travail des *pistoleurs* demeure très pénible (M. 6.12.69). Les ouvriers des ateliers de peinture, laque et apprêt, des usines P., plus communément désignés sous le nom de « *pistoleurs* », ont cessé le travail (C. 26.11.69).
Des efforts importants ont été faits (...) pour remplacer le fameux « sous-marin », où travaillent dans des conditions très difficiles les *pistoleurs*, par des cabines de peinture vitrées et aérées (M. 10.7.73). Avant de recevoir sa couche de laque définitive, la carrosserie d'une voiture doit recevoir une couche d'apprêt. Cette application se faisait à la main, par des « *pistoleurs* » (C. 27.6.74).

PITONNAGE sm. Dans l'alpinisme ou la spéléologie : pose de pitons destinés à servir de points d'ancrage.

Partis de la cote − 285, les spéléologues sont parvenus par pitonnage à escalader 115 mètres (F. 28.11.66).

PIZZERIA [pidzerija] ou [pidzɛrja] sf. (Mot ital. rép. en fr. ~1960). ■ Restaurant où l'on sert des pizzas.

C'est un spectacle bien exaltant – dans les clubs de Juan-les-Pins – pour le « fan », que de vivre dans la compagnie, souvent débonnaire, de ses dieux, attablés dans les *pizzerias* ou allongés sur le sable (Dunlop, 66). Un commerçant, exploitant une *pizzeria* à Marseille, a été mortellement blessé (M. 10.1.67). Dans 20 *mini-pizzerias* les Parisiens consomment quotidiennement 10 000 pizzas (PM 13.4.68). L'on y (dans un restaurant de Paris) peut souper soit dans le style brasserie : croque-monsieur, assiette anglaise, bières à la pression ; soit dans le style *pizzeria* : une dizaine de pizzas variées (M. 6.6.69).
Nello, le cuisinier de la *pizzeria* (E. 28.9.70). Dans son décor moderne et dynamique, la crêperie-*pizzeria* a été créée pour vous (FP 11.73).

PLACEBO [plasebo] sm. (Mot lat., « je plairai »). Repris mil. XXe, sous l'influence de l'anglais. Méd. ■ Substance inerte, présentée sous des formes diverses (gouttes, comprimés, etc.), et administrée à la place d'un médicament − à l'insu du patient − afin de comparer les effets psychiques et somatiques de ce médicament.

En médecine, l'utilisation expérimentale des *placebos* équivaut à l'emploi d'un procédé magique à des fins scientifiques. Dans ce cas, seule la croyance du malade en la puissance, illusoire en soi, de ce pseudo-médicament confère au *placebo* une efficacité réelle (N 10.72). Les guérisons *placebo* sont innombrables, bien que le terme « rémissions » paraisse plus indiqué. L'effet *placebo* cesse généralement avec le *placebo*, il s'apparente à une sorte de dopage moral (...) Les médecins allopathes affirment que les guérisons homéopathiques résultent d'un effet *placebo* (Beunat, 74).
→ DOUBLE* AVEUGLE.

(-) PLAFOND Deuxième élément de substantifs composés. Au plur., on trouve (-)plafond et (-)plafonds. ■ Limite supérieure que quelque chose ou quelqu'un ne peut ou ne doit pas dépasser.

Ceux qui ont dépassé un *âge plafond* que l'évolution des techniques a tendance à situer de plus en plus bas (C. 7.10.70). La capacité des couchettes dans les trains de sports d'hiver est de 6 000 lits par nuit. Ces chiffres sont des *chiffres-plafond* (F. 13.12.66). Le franc français s'est maintenu au voisinage du *cours plafond* en fonction du dollar (M. 27.6.66). Le franc suisse avait frôlé son *niveau-plafond* ; il a reperdu un peu de terrain (M. 15.5.66). Les nouveaux prix indicatifs du lait et de la viande de bœuf ont été fixés beaucoup plus près du « *prix-plancher* » que du « *prix-plafond* » (M. 15.5.66). Les *prix-plafonds* des habitations à loyer modéré sont maintenus à leur niveau actuel (M. 10.10.68). M. L. a réussi à tenir les *prix plafonds* des H.L.M. en élevant la qualité (E. 23.12.68). Le *salaire-plafond* servant au calcul des cotisations de Sécurité sociale va augmenter (F. 5.12.66).

Les *tarifs plafond* (des assurances) qui étaient jusqu'à présent bloqués par le ministère des Finances vont bénéficier d'une semi-liberté *(A. 12.2.70).* Un arrêté relève les *tarifs-plafonds* des honoraires des chirurgiens-dentistes *(M. 11.1.69).* La réglementation prévoyait que les municipalités ne devaient pas dépasser un certain plafond (dans la rémunération de leurs agents). Or la plupart d'entre elles appliquaient le *traitement-plafond (M. 16.1.69).* La *vitesse-plafond* étant fixée à 120 kilomètres à l'heure sur cette partie de la route nationale, les conducteurs n'hésitent pas à jouer de l'accélérateur *(A. 5.6.69).* En dépit des quelques ralentissements rendus nécessaires par les travaux en cours sur la ligne, le turbotrain atteignait la *vitesse plafond* de 180 km/h *(VR 29.3.70).*
→ (-)PLANCHER.

PLAFONNÉ, E participe passé ou adj. ■ Qui ne peut ou ne doit pas dépasser une limite fixée.

Les nouveaux investissements dans les pays en voie de développement sont *plafonnés* à 110 % de la moyenne 1965-1966 *(M. 3.1.68).* Je voyais, dans la faculté de D., la moyenne de succès de première année *plafonnée* à 50 % *(M. 3.1.69).*

PLAFONNEMENT sm. ■ Action de fixer, ou fait d'atteindre une limite supérieure.

Le président du conseil d'administration espère que le *plafonnement* de l'endettement des Houillères obtenu en 1964 sera maintenu *(M. 22.7.65).* La République fédérale a cédé sur le *plafonnement* de ses cotisations au Fonds européen agricole *(M. 7.4.66).*

PLAFONNER v. intr. Fig. Rép. mil. XXe. ■ Cesser de progresser. Atteindre une limite que l'on ne parvient pas à dépasser.

● À propos de choses.

Faire *plafonner* l'*augmentation* des salaires à 3,5 % *(M. 28.2.69).* Au commissariat général au Tourisme, on assure que cet *exode* estival (des Français vers les pays étrangers) *plafonne (E. 15.4.68).* Les *exportations* ont tendance à *plafonner,* sinon à diminuer *(M. 6.3.57).* Le taux de *fréquentation* des salles (de cinéma) en Suède, continue à *« plafonner »* dangereusement *(M. 4.10.68).* Je crois que la *télévision plafonne.* — Plafonner, ça veut dire piétiner pour vous ? *(O.R.T.F. 15.2.69).*

● À propos de personnes.

« Produisez davantage et vous gagnerez plus », ont dit pendant des années aux agriculteurs leurs « conseillers de gestion ». Aujourd'hui aux plus évolués ils déclarent : «Vous *plafonnez.* Il n'est plus question pour vous de progresser techniquement : vos charges s'accroîtraient » *(M. 28.1.69).* Jusqu'ici on était accoutumé à un système d'existence à peu près immuable : on débutait dans un métier en gagnant peu ; on consolidait peu à peu sa position et la vie se déroulait ensuite d'une façon assez monotone, les uns *plafonnant* très tôt, les autres gravissant les échelons les plus élevés *(Armand, 63).* On croyait que M. C. (candidat à la Présidence) *« plafonnerait »* assez bas au premier tour de scrutin *(M. 11.12.58).* Trois superdivas *« plafonnent »* (...) à 10 000 dollars par représentation *(E. 15.1.68).*
→ DÉCOLLER.

PLAGE sf. Spéc. Par ext. ou fig. Mil. XXe.

1. Par ext. Dans l'espace (peut-être d'après l'emploi plus ancien *plage arrière/ avant* d'un navire).

● — Surface, généralement plane, et d'étendue réduite (d'un corps, d'un objet, d'un territoire).

La boîte fait bien sur votre coiffeuse, dans votre salon ou sur la *plage* arrière de votre voiture *(Pub. PM 15.10.66).* Le rasoir à lame continue : il suffit de changer de cartouche quand les dix *plages* de rasage sont utilisées *(M. 21.3.67).* Sous l'avant-bras cette *plage* blanche qui arrive si difficilement à bronzer *(Groult, 68).*
Le guide doit se trouver sur ce que les constructeurs nomment la *plage* arrière, entre le dossier des sièges et la vitre, espace tendu de simili-cuir noir d'où jaillissent air chaud et musique *(Nourrissier, 68).* Il faut assurer dans la voiture un éclairage d'ambiance assez faible et un éclairage intense des *plages* de lecture par lampes individuelles *(R.G.C.F. 12.70).* Des canapés dont on peut changer à volonté la forme du dossier, et une *« plage »* de coussins pour vivre à l'horizontale *(E. 4.3.74).* Le géographe indique une grande *plage* d'herbe claisemée sous le glacier : « L'herbe est bien ratissée, l'avalanche doit y passer tous les ans » *(E. 10.2.75).* Au Centre Beaubourg, on a affaire à un espace où rien n'arrête vraiment le regard, un espace ouvert, infini, sans *plages* de repos, où l'on se noie, où l'on ne se retrouve pas *(M. 5.1.78).*

● — Région, zone géographique plus ou moins vaste.

Faire de la France en matière de prix une *« plage* de tranquillité en Europe » *(M. 9.1.70).*

2. Fig. Dans le temps.

● — Durée délimitée, mesurable.

Les décalages d'horaires qui viennent d'être amorcés dans les secteurs scolaires et administratifs sont insuffisants (...) on devrait les appliquer en les étalant sur une *plage* plus élargie, non seulement à tous les fonctionnaires, mais à tous les employés de bureau ou de commerce *(F. 10.2.59).* Les trains de messageries desservent B. dans la *plage* horaire correspondante *(VR 2.8.70).*
Les responsables de la catéchèse se demandaient s'il ne fallait pas réclamer, en échange du jeudi, deux ou trois *« plages »* d'une demi-journée par trimestre pour l'éducation religieuse *(M. 6.4.72).* Entre le moment où l'on met son enfant à la maternelle et la retraite, il reste 30 ans. Cette *plage* dans la vie de la femme peut lui permettre d'exercer pleinement une activité professionnelle *(E. 21.5.73).* Au collège d'enseignement secondaire de L., des *« plages »* libres, variables selon les classes, sont prévues chaque quinzaine *(M. 19.9.73).*
Le temps de travail est partagé en un certain nombre de *« plages »* : une *plage* fixe durant laquelle tout le monde doit être présent et en même temps dans les ateliers ou les bureaux ; et deux *plages* variables — l'une précédant, le matin, la *plage* fixe, et l'autre lui

succédant l'après-midi — pendant lesquelles chacun choisit librement ses heures d'arrivée et de départ *(P. 4.2.74)*. Préfectures, Ponts et chaussées, mairies connaissent un numéro de téléphone confidentiel et chacun dispose d'une *plage* de temps quotidienne de cinq minutes pour écouter le bulletin des avalanches transmis par une bande enregistrée *(E. 10.2.75)*.

- **— Spéc. (Radio, télév). Tranches horaires dans lesquelles sont réparties par genre les émissions d'une journée.**

Des matinées (seront) consacrées à un thème particulier ; au cours de ces matinées (à la radio) se succéderont des *« plages »* de genres différents. (...) De 6 h 15 à 19 h 15, quatre *« plages »* musicales de trois heures chacune. Ces *plages* seront confiées à un présentateur-animateur *(M. 10.12.58)*. On peut s'attendre à une révision heure par heure des programmes de France-Inter avec dans la journée une réduction des *« plages »* de présentation de disques *(M. 24.6.64)*. Diffuser des *plages* musicales d'un quart d'heure *(M. 6.3.70)*.
En 1968, dans une télévision encore mal remise de ses convulsions, une seule *plage* intéressante par semaine : ce feuilleton vraiment pas comme les autres *(M. 7.9.75)*. Nous voulons jouer cette carte de l'information continue à l'heure où le public cherche auprès de la radio à savoir ce qui se passe, ce qui s'est passé, ce que tout cela veut dire. Il y aura dans cette tranche, 6 h – 8 h 45, peu de place pour autre chose. Tout au plus des *« plages »* de 30 à 40 secondes, par-ci, par-là *(C. 2.9.78)*.

- **— Période de durée indéterminée.**

H. meurt le premier, et F. idéalisant son souvenir, ne voit plus dans leur passé commun qu'une longue *plage* de bonheur *(M. 9.12.64)*.
Lorsque les travaux seront terminés, les *plages* d'inconfort passager que provoque leur exécution auront disparu *(VR 5.9.71)*. Trop souvent l'auteur du film se complaît dans la présentation de la démence. Et les *plages* de calme n'éclairent pas sur l'éternel conflit opposant le bien et le mal *(E. 16.9.74)*. Cette rencontre de conciliation entre adversaires fut, pendant la guerre d'Algérie, une *plage* blanche hors du temps, une grâce, une claire clairière *(O. 23.9.74)*. Il est des moments privilégiés où le temps coule autrement, où le pouvoir politique peut s'exercer avec moins d'entraves qu'en période préélectorale. Sorte de *plage* où réfléchir, puis agir à tête reposée, sans obsession conjoncturelle *(C. 19.1.79)*.

3. Fig. Écart entre deux dimensions, deux mesures, deux possibilités.

L'effort de freinage varie le moins possible sur toute l'étendue de la *plage* de vitesse, c'est-à-dire de 15 à 140 km/h *(Ch. fer 11.63)*. La *plage* de fonctionnement (d'un appareil de chauffage) varie de 80° à 90° *(VR 20.4.69)*. La plupart des machines à écrire présentées sur le marché avoisinent les mêmes *plages* de prix *(En. 25.1.69)*. Température réglable sur une *plage* de quelques degrés *(VR 12.10.69)*. Le réglage fin de la vitesse est très multiplié (dans une platine tourne-disque), sa *plage* de variation de 6 % est largement suffisante *(SV 12.69)*. Au sujet des taux de croissance envisagés, le problème de l'emploi représente la raison principale qu'aura (le chef de l'État) de limiter la *« plage »* des choix (...) C'est donc vraisemblablement une *« plage »* comprise entre 5,5 % et moins de 7 % que le président de la République conseillera aux experts d'explorer très en détail *(M. 9.1.70)*.
La régulation de l'excitation des moteurs assure un effort de freinage constant dans la *plage* de 200 à 100 km/h *(R.G.C.F. 9.71)*. Dans les conditions économiques actuelles, la vitesse optimale semble se situer dans la *plage* des 250/280 kmh *(R.G.C.F. 3.74)*. La souplesse et l'économie d'exploitation de l'Aérotrain le rendent particulièrement attractif pour une certaine *plage* de trafic : de 5.000 à 20.000 passagers par jour et par sens *(M. 24.7.74)*.

→ FOURCHETTE, GAMME.

PLAGISTE subst. 1964. ■ Personne qui exploite une plage payante ou qui gère différents services (cabines, parasols, etc.) sur une plage.

Il faudra quarante-huit heures pour laver les plages (du mazout) et les rendre de nouveau accessibles aux baigneurs. Les *plagistes* seraient indemnisés *(C. 14.7.65)*. La Fédération des *plagistes* des Alpes-Maritimes groupe quatre cents adhérents *(M. 25.9.66)*.

PLAISANCE sf. Ellipse de : *navigation de plaisance*.

La *plaisance* a survécu à la suppression du retour gratuit accordé par la S.N.C.F. aux bateaux ayant disputé des régates, à la suppression de la fourniture sous douane de vivres en mer de provenance étrangère *(F. 9.11.66)*. Les petits chantiers (navals) vont jusqu'à penser que le gouvernement ruinera la *plaisance* avant qu'ils ne disparaissent *(E. 24.7.67)*.
La *plaisance* en rivière ou sur les canaux se pratique davantage depuis peu, et on assiste à une réelle promotion chez les constructeurs et les loueurs de bateaux habitables en rivière *(VR 29.4.74)*. La *plaisance* n'est pas un sport dangereux, mais... un propriétaire de bateau à moteur sur deux, seulement, est assuré (...) Il ne semble pourtant pas inutile de connaître les garanties des contrats *« plaisance »* *(M. 22.4.78)*.

PLAISANCIER, ÈRE s. et adj. (De *plaisance**, peut-être d'après *vacance/vacancier*). ■ Personne qui fait de la navigation de plaisance.

- Subst.

Feu sur le *« plaisancier »*. Un navigateur de plaisance a été victime d'une mésaventure *(M. 29.8.64)*. On peut penser que les *plaisanciers* ne rechigneront pas à payer la vignette-bateau et la taxe de stationnement *(F. 9.11.66)*. Le *plaisancier* d'aujourd'hui demande non seulement un anneau d'amarrage pour son bateau, mais aussi une place de parking pour sa voiture plus un ensemble de services qui vont du poste d'eau ou d'essence au restaurant ou au « club-house » *(M. 13.1.68)*. On écoute la météo des *plaisanciers*, les bien-nommés (Groult, 68). Jeune, sans villa, le vacancier-*plaisancier* remorque son bateau chaque été de la ville au littoral *(O. 20.1.69)*.
La protestation des *plaisanciers* devant des dispositions qui limitent beaucoup leurs droits de pêcher *(M. 7.4.72)*. Quelle protection pour les *plaisanciers* ? Le tribut payé par les plaisanciers à la mer s'est élevé en 1977 à une trentaine de morts *(M. 22.4.78)*.

● **Adj.** ■ Qui convient à la navigation de *plaisance**.
> Le canal de Bourgogne, voie *« plaisancière »*, de liaison entre Paris et la Méditerranée *(F. 4.1.67)*.

PLAN(-) sm. Pol. Écon. Rép. mil. XXᵉ.
Rem. 1. À l'intérieur d'un système économique donné, un *plan* économique est le choix d'un ensemble d'objectifs particuliers et l'organisation la plus économique des moyens correspondants pour réaliser un objectif final *(Birou, 66)*.

Rem. 2. Dans ces emplois, *plan* est le plus souvent suivi d'un subst. en apposition ou d'un compl. prépositionnel qui indiquent l'objectif du plan. L'emploi du trait d'union est hésitant.

> Le gouvernement vient d'adopter tranquillement un très ambitieux *« plan neige »* qui prévoit d'équiper la montagne de 360.000 lits d'ici à 1980 *(Carlier, 72)*. Le *plan anti-inflation* a été mis en place il y a à peine un mois (...) Le *plan antihausse* lancé par le gouvernement devrait provoquer un net ralentissement de la hausse du coût de la vie (...) Les raisons du *plan anti-hausse* : maintenir une certaine stabilité et limiter les effets inflationnistes de ce que les économistes appellent l'effet multiplicateur du crédit *(Inf. 8.1.73)*. De là la prévision de la possibilité d'un *« additif au VIe plan »* ou d'un *« plan de relance »*, il n'y a qu'un pas *(Inf. 12.2.73)*. Ce qui est proposé par le *« plan-construction »* est de loin supérieur à ce qu'offre aujourd'hui la promotion privée *(M. 28.2.74)*. Le commissaire général du Plan remettra vendredi au Premier ministre le *« plan Jonquilles »*, un bouquet des différentes stratégies qui s'offrent à la France pour faire face à la nouvelle situation économique mondiale *(O. 11.3.74)*. Le *plan « de refroidissement »* du ministre des finances a été assez bien dosé, il ne pouvait guère faire moins de casse pour conduire aux résultats attendus et obtenus : la décompression des prix et du déficit extérieur *(M. 1.2.75)*.

PLAN(-)CALCUL sm. Nom donné ~ 1960 à un projet pour l'établissement, en France, d'une industrie de fabrication d'*ordinateurs**.

> Comment se situe Bull dans le cadre du *« plan-calcul »* français ? — Nous sommes en pourparlers avec le délégué à l'informatique, et nous étudions avec lui toute possibilité de collaboration dans le cadre du *« plan-calcul »* *(F. 7.1.67)*. Quatre grands projets ont été retenus : un *« plan-calcul »*, comme nous disons en France, mettant l'accent sur les ordinateurs géants *(Guillain, 69)*. Le gouvernement français avait l'intention de stimuler dans le cadre du *« plan-calcul »* le développement des moyens de traitements automatiques de l'information, clé de l'indépendance économique *(M. 31.1.69)*.
> Le *plan-calcul* a été lancé pour pouvoir la France des moyens de construire elle-même ses ordinateurs *(M. 24.12.71)*. Un *« plan calcul »* fut élaboré, et le poste de délégué à l'informatique fut créé *(M. 31.1.74)*. Pour le *plan-calcul* près de 1.400 millions ont été attribués à la Compagnie internationale pour l'informatique *(M. 5.11.74)*. Les sociétés de services en informatique sont satisfaites du *« plan calcul »* (...). plan d'informatisation présenté récemment par le gouvernement *(M. 10.1.79)*.

•PLAN D'OCCUPATION DES SOLS loc. (en abrégé P.O.S.) ~ 1970.
■ Réglementation municipale visant à contrôler les opérations immobilières (utilisation des terrains, caractéristiques et destination des immeubles à construire).

> La ville change. Les règlements changent aussi. Dans ce grand chambardement le nouveau *plan d'occupation des sols* est un élément important. Il aura sur la silhouette de la ville, sur le genre des immeubles et sur leur utilisation des conséquences, grandes ou petites (...) Le *plan d'occupation des sols* confirme le désir du pouvoir politique de changer la structure socio-économique de la capitale *(M. 27.11.74)*. Le maire affirme que le *plan d'occupation des sols* (POS) permet de conserver à F. son caractère de cité historique, de ville calme et résidentielle *(M. 2.6.76)*. Le *plan d'occupation des sols* appliqué à L. (...) permet une densification de 40 % *(M. 28.4.78)*.

PLAN DE TRAVAIL loc. subst. Dans une cuisine : surface qui peut servir de table et qu'on obtient en juxtaposant des éléments normalisés.

> Le fameux *« plan de travail »*. On ne parle plus que de lui ; il a été l'une des vedettes du dernier Salon des Arts ménagers. Mais qu'est-ce qu'un *plan de travail* ? Le *plan de travail*, cela signifie une surface plane suffisamment vaste pour laver, éplucher les légumes, poser des objets *(ER 26.9.70)*. Un évier avec *plan de travail-égouttoir* *(E. 9.3.70)*.
> À côté des éviers classiques monoblocs on note une tendance nouvelle : l'incorporation d'une ou deux cuves dans un *plan de travail* en matière plastique, en acier inoxydable, etc. (...) Certains fabricants proposent même des tables-éviers constituant un vaste *plan de travail* courant tout au long d'un mur *(VR 17.6.73)*. Une machine à laver encastrable sous un *plan de travail* *(M. 2.3.74)*.

PLANCHE À ROULETTES ou (par ellipse) PLANCHE loc. subst. ~ 1976. ■ Planchette oblongue montée sur roulettes et sur laquelle l'utilisateur évolue généralement debout, en essayant de garder son équilibre le plus longtemps possible.

> Avec le développement actuel des loisirs, on voit naître de nouvelles formes de sport « sauvage » qu'il faut encourager. Tel l'engouement prodigieux pour la *planche à roulettes* *(M. 26.11.77)*. La commission municipale des sports a conclu que la pratique de la *planche à roulettes* est une activité intéressante du point de vue sportif et qu'elle doit être exercée sans contact avec le public *(M. 30.11.77)*. Ils n'ont pas 25 ans à eux trois, ces équilibristes téméraires *(M. 10.5.78)*. En un an, plus de 500.000 *planches* ont été vendues en France, où se multiplient fabricants, importateurs, magasins spécialisés. La *planche à roulettes* est en train de devenir la planche à billets *(E. 12.6.78)*.

Rem. **Les subst. dérivés** *plancheur,* **et** *planchodrome* **sont attestés.**

> Pour les jeunes adeptes de la « *planche à roulettes* » : on a décidé de mettre à la disposition des « *plancheurs* » un certain nombre d'emplacements *(M. 28.1.78).* Le plus grand emplacement réservé en France aux amateurs de *planche à roulettes* va être aménagé à Paris (...) Ce « *planchodrome* » couvrira 6.500 m² et comportera une piste pour débutants, une piste de slalom, deux pistes pour *plancheurs* confirmés *(M. 24.2.78).*

→ SKATE BOARD.

PLANCHE À VOILE loc. subst. ~ 1975. Sport. ■ Sorte de radeau monoplace, à voile, sur lequel l'utilisateur se tient debout.

> L'intérêt de la *planche à voile* réside (...) aussi dans la légèreté du matériel utilisé *(M. 26.11.77).* La *planche à voile* sera l'engin populaire de demain, affirme le Président de la Fédération française de voile. À constater le succès galopant de ce nouveau sport sur les plages, il n'a pas tort. Mais une *planche à voile* coûte encore très cher *(E. 17.4.78).* B. a établi un nouveau record de la traversée de la Manche en *planche à voile (M. 21.6.78).* Dans le domaine des loisirs nautiques, une « *planche à voile* » est vendue en « kit » et se monte en 7 heures *(M. 8.7.78).*

(-)PLANCHER Second élément de subst. comp. ■ Limite inférieure au-dessous de laquelle quelque chose ne peut ou ne doit pas descendre.

> (Le) franc français n'a pas fait très bonne figure sur les marchés de change pendant cette semaine. À New York, il est revenu jeudi à son *cours-plancher (M. 25.5.69).* Le système de la tarification à fourchettes, variations possibles entre un *prix-plancher* et un prix-plafond, ne s'appliquera qu'aux transports par route et chemin de fer *(M. 9.1.66).* (Un député) reproche au gouvernement d'avoir laissé le prix du vin descendre au-dessous du *prix-plancher (M. 15.5.66).* Pour la première fois dans un magasin spécialisé, des *prix-planchers* sont pratiqués sur toutes les marques les plus prestigieuses *(F. 29.11.66).* La Fédération (des médecins de France) recommande à ses adhérents de poursuivre les contestations dans le cadre d'une médecine de qualité, en considérant les tarifs actuels comme des *tarifs-planchers,* applicables essentiellement aux cas sociaux *(M. 17.12.68).*
> Le gouvernement américain a lancé l'idée d'un « *prix-plancher* » du pétrole à l'intérieur des États-Unis *(E. 3.2.75).*

→ (-)PLAFOND.

PLANCHER v. intr. (D'abord argot scolaire). Par ext., dans d'autres domaines. Fam. ■ Faire un exposé, présenter un rapport (devant des experts, etc.).

> (Le président du Conseil) a *planché* devant la commission des Finances (de l'Assemblée nationale) *(R.T.F. 31.3.55).* Il a fallu des techniciens connaissant bien l'aluminium pour franchir les difficultés de fabrication. Pourquoi ne pas nous faire « *plancher* » sur une des futures découvertes de 1971 ? *(PM 19.9.70).*
> Le président de la Chambre demande à M. D. de venir « *plancher* » devant quelques-uns de ses amis sur la cogestion *(E. 8.2.71).*

PLANÉTAIRE adj. ■ Mondial, relatif à la terre entière.

> Créer l'amorce d'une *action planétaire* rendue consciente au niveau de l'acheteur de certains biens *(C. 13.5.70).* Je tiendrais pour suspecte une *charité* pour les hommes, aussi sublime et « *planétaire* » qu'elle puisse être, qui ne s'accompagnerait pas d'un certain sentiment fraternel à l'égard des animaux *(F. 15.12.66).* À une époque où les *regroupements* ne sauraient être valables à moins d'être *planétaires,* il va sans dire qu'il s'agit d'un club international *(M. 30.12.64).* Le président de Gaulle est « un homme d'État d'une *stature planétaire* » *(C. 31.1.69).*
> J'entends rendre la France compétitive dans la course à cette nouvelle *spéléologie* scientifique et *planétaire,* dit un spéléologue *(E. 11.2.74).*

PLANÉTAIREMENT adv. ■ À l'échelle du monde entier.

> Avec la presse, les voyages, la télévision, bientôt la mondovision, on vit *planétairement* (...) Les hommes n'ont pas perdu leurs racines. La nouveauté, c'est qu'ils sont enracinés *planétairement* (...) La terre n'est plus qu'un seul pays *(Beauvoir, 66).*
> L'ensemble des hommes (sont) *planétairement* à la merci les uns des autres *(Peretti, 72).*

PLANÉTARISATION ou PLANÉTISATION sf. ■ Extension de phénomènes économiques, politiques, etc., au monde entier.

> Cette tendance à la *planétarisation* (des grandes firmes américaines) est renforcée par la substitution progressive du concept des systèmes à celui des filières de fabrication traditionnelles *(Hetman, 69).*
> La conscience d'une « *planétarisation* » économique s'est considérablement ravivée à l'occasion de la crise énergétique *(M. 29.12.73).*

> Nous avons prévu des comités de généralistes qui auraient à dégager, à l'exemple des encyclopédistes, des idées de synthèse, correspondant à notre époque de *planétisation* et de socialisation *(NL 2.1.69).* La *planétisation* dans l'environnement et la manière de vivre de tous les habitants de la terre *(VR 8.3.70).*

PLANÉTARISÉ, E adj. ■ Élargi aux dimensions du monde entier.

> La naissance de ce que j'appelle une *conscience planétarisée,* une conscience globale (des problèmes de survie) *(O.R.T.F. 20.2.71).*

PLANNING FAMILIAL

PLANIFIABLE adj. Écon. ■ Que l'on peut planifier, organiser selon un plan.
> M.W.E. s'est efforcé de démontrer que le « processus économique » n'était pas *planifiable* (M. 24.5.66).

PLANIFICATEUR sm. et adj. Écon. ■ Spécialiste de la *planification**.
● Sm.
> Les responsabilités des difficultés économiques vont aussi aux plans et aux *planificateurs* dont les erreurs ont été nombreuses (M. 2.10.59). Une catégorie nouvelle dans l'administration régionale, celle des *planificateurs*. Leur tâche va consister à recenser les besoins économiques et sociaux de leurs régions, à les traduire en projets et à veiller enfin à leur réalisation sur le terrain (M. 13.2.65).
> Les *planificateurs* sont aujourd'hui à la recherche de nouvelles réserves de productivité (Exp. 2.73).

● Adj. Qui comporte la *planification** de l'activité économique.
> Les progressistes ont succombé aux charmes d'un *néo-capitalisme planificateur* (Revel, 65). Si nous avions en France un *système* économique dirigiste, *planificateur*, étatique, nous serions en état de moindre résistance par rapport à l'ensemble de l'Europe (M. 10.5.66).

PLANIFICATION sf. Rép. mil. XXe. ■ Élaboration d'un plan et mise en œuvre des moyens (juridiques, techniques, financiers, etc.) nécessaires pour le réaliser.
1. Écon.
> Le thème central d'études retenu est *« la planification »* : détermination et répartition des crédits d'équipement (M. 2.1.68). La *planification* du personnel : c'est une tâche qui incombe à chaque directeur dans sa sphère d'action, il doit prévoir ses besoins futurs en personnel et former ensuite les gens qui correspondent à ces qualifications (Hetman, 69). L'entreprise est un centre de *planification*, et non plus un centre de marché (...) La politique économique active s'est adaptée à un système de *planification* informelle, centré sur la grande entreprise (Exp. 2.72).

2. Dans d'autres domaines.
> Une *planification* spéciale pour l'ensemble de la recherche, générale et appliquée, (...) pourrait être placée à l'abri des divisions politiques (N 7.71).

PLANIFIER v. intr. et tr. Rép. mil. XXe. ■ Organiser selon un plan.
> 1 136 couples entendent seulement trouver le moyen de *« planifier »*, de choisir le moment d'avoir un enfant (O. 27.12.67).
> Les couples qui se forment aujourd'hui savent qu'ils ont à *planifier*, s'ils ont 20 ans, pour 50 ans de vie chez un homme et pour 60 chez une femme (N 2.72).

PLANISTE sm. 1949. Écon. ■ Partisan ou spécialiste de la *planification**.
> Un colloque a été organisé sur le thème « Faut-il tirer sur le *planiste* ? » A. Sauvy a fait un exposé sur le « Plan » (Cl 15.11.55). Quelques (...) *planistes* par formation, commencent à chercher sérieusement si la conception gaulliste du pouvoir (...) (M. 22.7.59). P. Le B., *« planiste »* de la C.G.T. et radical dissident des années 1930 (G. Martinet, 68).

PLANNING [planiŋ] sm. ~ 1947. (Mot angl., de *to plan*, « prévoir »). ■ Plan de travail, de production ; programme de fabrication, détaillé et chiffré.
Rem. *Planning* : c'est le plan, ou programme de travail, d'une entreprise. Ce mot ne s'emploie jamais de cette façon dans les pays anglo-saxons. Il y a le « planning-board », mais le *« planning »* tout court est typiquement français (R. 3.70).

◆ L'association des élèves de l'École nationale d'administration... demande que soit institué un *« planning »* des postes à pourvoir (M. 22.9.54). Le lancement du quatrième satellite français a été reporté de quelques jours. Il s'agit d'une modification du *« planning »* de l'expérience (F. 26.1.67). Ce programme (d'un constructeur de voitures de course) même présenté sous forme de *planning*, vidé de tout contenu émotionnel a pourtant d'autres résonances (E. 24.4.67). Le *planning* des concerts de musique contemporaine en France (n'a) jamais été systématiquement et logiquement établi (O. 24.1.68). Dans l'univers hiérarchisé, administratif, bureaucratique et structuré, la spontanéité devient une maladie offerte aux psychanalystes, l'initiative un réflexe étudié par les économistes, l'opinion un prétexte à sondage, et notre place dans le monde une affaire de *« planning »* (O. 13.3.68).

PLANNING FAMILIAL loc. subst. masc. ~ 1960. ■ Ensemble des moyens employés pour fixer le rythme des naissances selon la volonté du couple.
> *« Planning familial »* : le Mouvement français pour le *« planning familial »* a inauguré son premier centre parisien d'information. Des assistantes sociales s'efforcent de conseiller les femmes aussi bien pour ce fameux *planning familial* que pour les problèmes de stérilité, d'adoption ou même d'éducation des enfants (F. 30.10.61). Ce livre aborde les perspectives de la « parenté responsable », du *planning familial* et de la régulation des naissances (M. 12.6.65). Bravant sans cesse M. Étiemble, J. de C. osa même le mot *« planning familial »* (F. 10.3.67). Pour les millions de couples qui ignoraient tout du *« planning familial »* ou qui le refusaient par crainte ou impossibilité de l'utiliser, la loi marque un progrès (O. 27.12.67).

→ ORTHOGÉNIE, PILULE, RÉGULATION DES NAISSANCES.

PLAQUE (À CÔTÉ DE LA)

PLAQUE (À CÔTÉ DE LA) loc. Fam. Rép. mil. XXe. ■ En manquant son but, en se trompant de cible.
Surtout dans les tours *« être à côté de la plaque »*, se tromper, et *« mettre à côté de la plaque »*, ne pas atteindre son but.

Rem. « Vous *êtes* complètement *à côté de la plaque »*. Cette expression, on la rencontre très souvent, et depuis peu de temps, d'ailleurs *(O. 21.4.75)*. *« Mettre à côté de la plaque »*, c'est une expression de tireurs au pistolet et plus particulièrement de ceux qui s'entraînent pour le duel *(O. 2.6.75)*.

♦ On écoute (...) l'allocution du général de Gaulle, le fameux discours annoncé pour ce 24 mai 1968, l'intervention-miracle qui doit tout arranger (...) Échec du général : la magie du verbe n'opère plus, le charisme est mort. « J'ai *mis à côté de la plaque »*, dira-t-il lui-même le lendemain *(Viansson, 71)*. Une association féministe intervint, *à côté de la plaque (O. 24.11.75)*.

PLAQUE TOURNANTE loc. subst. fém. Spéc. Mil. XXe.

1. À propos de choses.

● — Lieu (bâtiment, pays, région, ville, etc.), où convergent de nombreuses voies de communication ou de passage (routes, rues, voies ferrées, etc.).

La salle des gardes ou Porterie était la *plaque tournante* de l'abbaye. Les pèlerins indigents étaient dirigés vers l'Aumônerie. Les visiteurs de l'abbé, les fidèles empruntaient l'escalier abbatial *(Normandie, 57)*. Lugano et ses petites stations satellites restent pour le tourisme suisse une *plaque tournante* de première importance *(M. 30.12.64)*. Le réseau de la compagnie (Air Inter) s'organise désormais autour de trois *« plaques tournantes »* : Paris, Lyon et Toulouse, où sont prévues des correspondances pour les vols dans les principales directions *(M. 3.4.65)*. Cette zone, qui prolonge le quartier de la Défense, est considérée comme la *plaque tournante* du secteur ouest de Paris *(M. 21.12.66)*. Le lac de Constance sera-t-il un jour la *plaque tournante* d'un courant commercial et touristique intensifié ? *(VR 14.1.68)*. L'étage intermédiaire (d'une gare) constitue la véritable *plaque tournante*, le lieu de passage obligatoire de tous les voyageurs *(VR 20.4.69)*.
Ce salon, *plaque tournante* de l'hôtel où l'on compte chaque jour environ 400 arrivées et autant de départs *(M. 12.2.72)*. Granville, nouvelle *plaque tournante* pour les plaisanciers de la Manche *(M. 28.4.73)*. L'aéroport de Clermont-Ferrand constitue une *plaque tournante* pour le transport du courrier par avion *(M. 28.11.74)*. Pékin devient une nouvelle *plaque tournante* des lignes aériennes asiatiques *(M. 30.11.74)*. La nouvelle station Châtelet est la *plaque tournante* du réseau express régional de Paris *(M. 22.1.78)*. Venise souhaite reconquérir un rôle de *plaque tournante* entre l'Italie et l'Europe centrale *(C. 1.8.78)*.

● — Par ext. Lieu où se rencontrent des courants d'échanges (économiques, politiques, culturels, sportifs, etc.).

Le trafic occidental des stupéfiants est orienté vers les États-Unis et, par leur situation à la pointe de l'Europe, la France et l'Italie jouent naturellement le rôle de *plaque tournante* de ce transit *(F. 23.10.64)*. Le président de la République italienne (...) ajouta : « (...) la nation allemande qui est la *plaque tournante* de l'évolution (...) scientifique et culturelle (...) *(M. 10.7.65)*. Des alliances dont (la France) est la *plaque tournante* géographique *(M. 12.9.65)*. Toutes les monnaies du monde se convertissaient aussi librement à Montevideo qu'à Genève ou à Beyrouth. *Plaque tournante* du marché des devises en Amérique du Sud, Montevideo était une capitale brillante *(M. 30.11.66)*. 400 pages de détails peu connus et de révélations sur les intrigues multiformes qui eurent Alger pour *plaque tournante*, dans les années 40, 41 et 42 *(Can. 7.12.66)*. C'est Londres qui jouerait le rôle de *« plaque tournante »* financière du Marché commun *(M. 17.1.67)*. La France a dit M. Boussac, est devenue une *plaque tournante* des courses internationales de chevaux dans le monde *(M. 20.10.67)*. Comme New York, (Chicago) sert de *plaque tournante* aux Noirs qui continuent à fuir le Sud *(M. 23.1.68)*. Le chancelier (d'Autriche) a tenté, par plusieurs voyages à l'Est, de transformer son pays en *plaque tournante* de la détente en Europe centrale *(M. 13.11.68)*. Hong-Kong, cette *plaque tournante* du commerce chinois *(F. 17.1.69)*. Après Pearl Harbor — 7.12.1941 — en raison de ses contrats en Allemagne, l'O.S.S. — Office of Strategic Services — lui demande (à Allen Dulles) de prendre le poste de Berne (= le poste d'ambassadeur des U.S.A. en Suisse), *plaque tournante* de l'espionnage en Europe *(M. 1.2.69)*. Les trafiquants internationaux (de la drogue) ont fait de la France *la plaque tournante* de leur commerce *(M. 10.10.69)*.
Ce pays n'est plus la *plaque tournante* de notre politique méditerranéenne *(En. 9.1.71)*. Cette nouvelle brasserie à la mode est la *plaque tournante* du noctambulisme *(E. 27.12.71)*. La Bulgarie est une nouvelle *plaque tournante* du trafic d'armes et de stupéfiants entre l'Europe de l'Ouest et le Proche Orient (...) L'Amérique latine est devenue une *plaque tournante* du trafic de l'héroïne vers les États-Unis *(Lamour, 72)*. Bâle paraissait alors devoir être la *plaque tournante* de bien autre chose que celle du rêve et de l'imaginaire *(Bensoussan, 74)*. La Suisse, *plaque tournante* pour le développement du tiers monde : c'est notre souhait *(GL 29.7.74)*. Malgré les efforts considérables de l'Arabie Saoudite, la Mecque est redevenue la *plaque tournante* du choléra *(M. 2.4.75)*.

● — Fig. Institution, organisme, partie d'un ouvrage, etc., qui permettent différents choix, différentes orientations.

Les propédeutiques scientifiques sont une *plaque tournante (C. 14.11.61)*. B. (romancier) avoue : « Je conjugue tous les temps de la mémoire. Les images se juxtaposent et les mots deviennent des *plaques tournantes* qui font basculer l'action comme dans les rêves » *(F. 28.9.66)*. Le centre de télévision française sera en communication constante avec le centre de télévision soviétique et pourra jouer le rôle d'une *plaque tournante (M. 12.10.66)*. (Dans une encyclopédie) : des articles « plate-forme » qui sont de véritables *plaques tournantes* d'où la connaissance rayonne dans de multiples directions. Ainsi notre article « Algèbre » se borne à définir la « théorie des groupes », mais il renvoie à une trentaine d'autres plus précis *(M. 21.12.68)*. L'ordinateur est la *plaque tournante* des salles d'entretien technique de climatisation, d'exploitation des résultats, des stocks de papier *(Pilorge, 69)*. Le « collège » (aux États-Unis) est une sorte de *plaque tournante*, où l'Université recrute ses futures élites et ses futurs chercheurs, mais sans jamais se désintéresser de l'avenir des autres *(E. 1.12.69)*.
Le Centre National d'observation à la prison de F., *plaque tournante* d'où les condamnés

définitifs sont dirigés vers les différents pénitenciers où ils accomplissent leurs longues peines *(Isorni, 75)*.
2. **À propos de personnes ou de collectivités (qui ont un rôle d'intermédiaire).**
Leur position (des organisateurs de fêtes) de *« plaque tournante »* dans la vie mondaine leur permet de jouer les agents de liaison entre des personnalités considérables *(Bouvard, 66)*. A l'automne 1942, ma femme et moi servions à Lyon de *plaque tournante* à ceux qui préparaient à Alger le débarquement américain *(Cd. 13.3.67)*. Chefs d'entreprises, votre secrétaire est la *plaque tournante* de vos communications *(M. 29.4.70)*.
Notre petite équipe s'est donné pour but d'être la *plaque tournante* de l'information sur tout ce qui concerne la toxicomanie *(C. 5.12.72)*. Casimir D., *plaque tournante* de l'équipe polonaise de football, et ses partenaires, ont joué les passe-muraille dans le « béton » italien *(O. 1.7.74)*.

PLASTICAGE ou PLASTIQUAGE sm. ~ 1960. (De *plastiquer**).
■ Attentat commis au moyen de plastic.
Plasticage
Dans cette affaire de destruction par explosif de la boutique d'un collègue boucher qui n'avait pas respecté l'ordre de grève, B. E. a une façon irrésistible de raconter (à la cour d'assises) comment il en est venu au *plasticage* (qui lui est reproché) *(M. 30.5.64)*. Les « groupuscules gauchistes » sont-ils les responsables des *plasticages* de l'Opéra ? *(E. 25.3.68)*. Les clameurs des zozos de la révolution, ponctuées de *plasticages*, peuvent faire perdre patience aux plus raisonnables *(M. 17.12.68)*.
Ce *plasticage* est-il le signe d'une certaine radicalisation d'une partie du mouvement autonomiste breton ? *(M. 29.6.78)*. Les explosions qui ont dévasté le siège national du Club Méditerranée (sont-elles) (...) une vengeance de truands, un *plasticage* idéologique, une opération politique ? *(M. 5.7.78)*.
Plastiquage
Certains groupuscules effectuaient des *plastiquages* aveugles qui soulevaient l'opinion publique *(Jouhaud, 69)*. Au plus fort des *plastiquages*, la population restait partagée entre sa crainte des attentats et sa compréhension pour leurs auteurs *(P. 1.4.74)*.

PLASTIQUER v. tr. ■ Commettre un attentat, provoquer une explosion au moyen de plastic.
L'O.A.S. (Organisation de l'armée secrète) *plastiquait* des cafés maures fréquentés par des nationalistes algériens *(F. 21.8.61)*.
Il en est qui incendient une librairie, *plastiquent* une permanence politique ou déposent un engin à la porte d'une église en croyant combattre en héros pour la culture, la nation, la race *(M. 5.7.78)*.
● **Participe passé.**
Six mairies *« plastiquées »* dans le bassin lorrain : une offensive du plastic a été menée la nuit dernière contre les mairies de villes à municipalité communiste *(F. 6.12.61)*.
Son appartement fut *plastiqué*. Sa femme faillit être tuée par l'explosion *(Courrière, 71)*.
● **Participe passé substantivé.**
À la suite des attentats au plastic qui se sont produits en plusieurs points de Lyon, (...) plusieurs manifestations se sont déroulées (...) devant les domiciles des *« plastiqués »*. Dans chaque cas, un orateur a pris la parole pour flétrir ces attentats *(C. 10.12.61)*.

PLASTIQUEUR sm. Mil. XXe. ■ Auteur de *plasticages**.
Le procès des neuf *« plastiqueurs »* vire à l'affaire de droit commun *(F. 6.12.61)*. Ces hommes-là sont les exécuteurs testamentaires des activistes (et des) *plastiqueurs (Sainderichin, 66)*. Les équipes clandestines de *plastiqueurs* s'attaquent aux perceptions et aux casernes *(M. 24.6.68)*.
À tous les échelons qu'il s'agisse des commandos de *plastiqueurs*, des tueurs ou des « intellectuels-penseurs » de la révolution, la pagaille régnait *(Courrière, 71)*. Lorsqu'ils sont arrêtés, interrogés, jugés, le principal souci des *plastiqueurs* est d'obtenir le maximum de publicité (...) *(M. 5.7.78)*. Le *plastiqueur* du Palais de Justice d'Aix-en-Provence a fièrement expliqué (...) *(M. 5.7.78)*.

PLATE (EAU) loc. subst. fém. ■ Eau de boisson, non gazeuse.
Du scotch, s'il vous plaît... Eau gazeuse ou *eau plate* ? *(Simenon, 64)*. Mettre dans un verre la dose de whisky qu'aimait Lucile, un glaçon, de l'*eau plate* ; dans l'autre verre, une dose plus forte, l'eau Perrier *(Saint-Lô, 67)*.
Vous désirez de l'eau d'Oulmes ? — *Eau plate*, je vous prie *(Bonnecarrère, 72)*.

1. PLATE-FORME ou PLATEFORME sf. Fig. Rép. mil. XXe. (Traduction de l'anglais *platform*). Pol. ■ Programme d'un parti, d'un syndicat ; ou : programme commun à plusieurs partis, syndicats, en vue d'une action précise.
Nous (dirigeants d'un syndicat) n'avons pas su déterminer une *plate-forme* mobilisatrice et des moyens d'action valables *(Ens. 1.67)*. La question-clé, c'est la réalisation d'une entente sur une bonne *plate-forme*, sur un bon programme commun *(E. 26.6.67)*. Après une série de réunions, une *plate-forme* commune producteurs et réalisateurs (d'émissions radiophoniques) fut mise au point *(M. 24.5.68)*. Une déclaration (des directeurs de théâtres populaires) qui apparaît comme une *plate-forme* pour l'action culturelle, a été votée à l'unanimité *(M. 28.5.68)*. La ligue française de l'enseignement, après avoir pris connaissance de la *plateforme* revendicative pour une nouvelle radiotélévision scolaire, se déclare solidaire du personnel en grève *(M. 29.6.68)*.
Le Front ne disposait comme base politique que de la *plate-forme* publiée le 1er novembre 1954 *(Courrière, 69)*. La *plate-forme* de concertation, de réflexion, d'information et d'action du Centre Français de l'Invention *(R.G.C.F. 7.73)*. Les Fédérations CGT et CFDT des cheminots se sont mises d'accord sur une *plate-forme* commune axée sur les salaires, les retraites, l'emploi *(C. 7.3.78)*. La proposition faite par les animateurs de la *plate-forme* des

1. PLATE-FORME ou PLATEFORME

comités parisiens d'habitants (M. 7.7.78). Un livre retentissant, qui est une sorte de nouvelle *plate-forme* idéologique du Parti conservateur britannique (E. 18.9.78).

2. PLATE-FORME sf. Spéc. ~ 1970. Aviat. ■ Aéroport.

Équilibrer la desserte aéronautique de la région parisienne au moyen de deux *plates-formes*, l'une au nord, Roissy, l'autre au sud, Orly (M. 11.3.75). Le couvre-feu de 22 h 30 à 6 h pénalisait lourdement Orly au profit des grandes *plates-formes* voisines, Francfort notamment (M. 4.6.75).

PLATEAU-REPAS sm. Dans les avions, les trains, etc. : plateau sur lequel est groupé tout ce qui compose un repas. Les mets de ce repas eux-mêmes.

Les wagons-lits assurent la préparation des *plateaux-repas* de nombreuses compagnies aériennes (F. 19.11.66). (Dans une prison) : un *plateau-repas* (est) apporté par chariot comme dans un avion (E. 29.4.68). Le dîner sur *plateaux-repas* (dans le train Paris-Rome) comprend un hors-d'œuvre, un plat chaud, un fromage, un dessert, une boisson (VR 2.11.69).
Les équipements collectifs : laverie dans l'immeuble, livraison de plats surgelés ou de *plateaux-repas* (M. 23.9.70). La S.N.C.F. va remplacer la plupart des wagons-restaurants traditionnels par le système des *plateaux-repas* (M. 20.5.78).

PLATINE sf. ~ 1969. ■ Plateau d'un électrophone, muni d'un dispositif d'entraînement et d'un bras mobile, avec cellule.

Nous analysons (...) une chaîne haute fidélité complète proposée par un grand constructeur qui s'est taillé une réputation mondiale par ses *platines* tourne-disques (SV 12.69).
L'envers d'une *platine* automatique comprend une soixantaine de pièces diverses dont une trentaine mobiles : c'est-à-dire pouvant se gripper, se tordre, se mettre de travers (SV 3.70).
Beaucoup de mélomanes ont toujours été contre les *platines* tourne-disques à bras automatique, préférant les *platines* manuelles (O. 7.10.74).

PLAY(-)BACK [plɛbak] sm. (Mot angl. to *play back*, « jouer de nouveau »). Rép. ~ 1960. Cinéma, télév. ■ Interprétation ou diffusion, mimée par un acteur ou un chanteur, d'un enregistrement sonore réalisé à l'avance.

Le spectacle, grâce à un *play-back* habile, est joué en français — le doublage étant fait par d'excellents acteurs (F. 23.1.67). La majeure partie des séquences avait été filmée d'avance. L'exagération du « *play-back* » était trop flagrante, cela manquait de vérité (F. 27.1.69). Une fanfare interprète la « Marseillaise » en *play-back* : les militaires, trop peu sûrs de leur solfège, ne faisant qu'embouche leurs instruments sans en tirer un son, tandis qu'un tourne-disque, à bord d'une voiture de la gendarmerie diffuse l'hymne national (M. 31.5.69). Les artistes de variétés conviés chantent désormais « en direct », le « *play-back* » étant proscrit (M. 10.10.69).
Les émissions de télévision les plus suivies, les émissions de variétés invariablement font appel à la technique du *play-back*. Les chanteurs qui s'y produisent ne donnent pas de la voix. Ils ont devant eux un microphone qui ne sert à rien. Un disque envoie leurs miaulements, leurs cris et leurs éructations directement sur les ondes (Massian, 72). Pas de *play-back* au « Grand Échiquier » (émission télévisée). Comment peut-on se présenter avec un micro et faire semblant de chanter ? C'est insolent (E. 19.11.73).

Rem. L'Administration française préconise *surjeu* ou *présonorisation* pour remplacer cet anglicisme.

Sheila ne pratique plus le « play-back » mais le « *surjeu* ». Ce mot, lancé par l'émission « Parlons français », a été repris par l'arrêté « relatif à l'enrichissement du vocabulaire de l'audio-visuel », du 12 janvier 1973 (Téla 28.4.73).

PLAY-BOY [plɛbɔj] ~ 1960. (Mot am., « viveur »). ■ Homme jeune et élégant au physique agréable, qui mène une vie oisive de séducteur.

Un beau garçon. Un « *play-boy* » (...) ces garçons qui semblent être sortis par erreur d'un illustré à la mode. Des types inventés pour le ciné, la pépée, la télé. Pour présenter les belles bagnoles, les dentifrices, les beaux impers, les slips comme-ci, les shampooings comme-ça (Saint-Lô, 64). Du rôle de « *play-boy* », amateur de voitures de courses, à celui de prince héritier il y a une marge (M. 2.8.66). Une sorte de « *play-boy* » international qui change d'aventure comme il change de palace (F. 29.9.66). Comme s'il était né *play boy*, il attire les gens riches et oisifs (E. 9.3.70).
Prête à tomber dans les bras du premier espion venu, pourvu qu'il ait la carrure et l'allure d'un *play boy* (Téla 15.12.73). Dans les films, l'intelligence et la séduction sont réservées aux *play-boys*. Et donc les premiers rôles. Il y a des exceptions : H. Bogart, par exemple, qui n'avait rien d'un petit minet (Téla 12.10.74). Ces *play-boys* et ces starlettes que d'aimables milliardaires des deux sexes retiennent le temps d'un été pour l'ornement de leur table ou de leur piscine (M. 26.4.75).

PLÉBISCITER v. tr. Par ext. ■ Être très nombreux à approuver qqch.

35 pour cent des enfants interrogés sur les comics ont *plébiscité* le rire, les gags visuels et les jeux de mots (E. 5.11.73). La simple promenade est *plébiscitée* par 53 % des vacanciers comme occupation de loisir n° 1 (P. 21.5.74). Les jeunes semblent avoir *plébiscité* une mode confortable et féminine (E. 3.2.75).

PLEIN EMPLOI [plɛnɑ̃plwa] loc. subst. Mil. XXe. (Trad. de l'angl. *full employment*). Écon. ■ Emploi de toute la main d'œuvre disponible. (Par opp. à *sous*-*emploi*).

Assurer le *plein emploi*, c'est-à-dire créer suffisamment d'emplois pour tous (M. 24.1.68).

Ce taux de croissance laisserait 400 000 personnes à la recherche d'un emploi en 1975. On éliminera ce schéma, trop éloigné du *plein emploi (M. 9.1.70).*
Après la mini-récession de 1967, la priorité a été de nouveau donnée au *plein emploi (En. 1.9.72).* Les pays industrialisés sont habitués au *plein emploi,* voire au suremploi *(M. 26.10.74).* Cette lutte contre la valeur du *« plein emploi »* entendu comme le maximum de travail salarié que peut fournir une nation ou un individu paraît aujourd'hui indispensable *(M. 27.5.78).*
→ SUREMPLOI.

PLEIN(-)TEMPS sm. et adj. ~ 1950. ■ Se dit d'une activité professionnelle consacrée entièrement à une même entreprise, à un même organisme, et d'une personne qui exerce ainsi son activité.

Déjà engagé dans la carrière hospitalière avant la réforme qui institua le *plein-temps,* le docteur C. a conservé son statut à mi-temps, au titre des avantages acquis *(Beunat, 74).*
→ MI-TEMPS.

PLÉNUM ou PLENUM [plenɔm] sm. (Mot lat.) ■ Réunion plénière des membres d'une assemblée, d'un corps (surtout à propos du comité central du parti communiste dans les pays socialistes).

Le *plénum* du comité central du parti communiste soviétique, réuni à Moscou *(M. 20.2.66).*
Au sixième *plénum,* en avril 1964, nous avons fait notre autocritique, reconnu nos excès et nos erreurs dans la lutte armée (au Venezuela) *(M. 22.3.66).* Désigné comme rapporteur au *plénum* tenu à Budapest sur les questions internationales (...) *(M. 26.3.66).* Le maréchal Tito a été élu président de la Ligue des communistes de Yougoslavie par le cinquième *plénum* du comité central *(M. 6.10.66).* Chen Yun, jusqu'au 11e *plénum* d'août, fut membre de la commission permanente du comité central *(F. 26.1.67).*
Le *plénum* du Comité central du Parti communiste polonais a entériné la position de M. Gierek *(E. 15.2.71).*

PLEURAGE sm. ~ 1960. Techn. ■ Dans un appareil électro-acoustique (électrophone, magnétophone) : déformation du son due à des fluctuations de la vitesse de *défilement** du support, soit au cours de l'enregistrement, soit au cours de la lecture.

Le chevrotement et le *pleurage* (dans un laboratoire de langues) proviennent de réglages mécaniques *(Léon, 62).* La bande magnétique du magnétophone à cassette ne doit pas subir de fluctuations : lentes – *pleurage* – ou rapides – scintillement *(SV 9.69).*
Dans le matériel de qualité, le plateau du tourne-disque est très lourd afin de donner au disque une vitesse de rotation très régulière et d'éviter tout *pleurage* à l'audition *(VR 16.5.71).* Les adeptes éclairés de la « religion » ésotérique de la hi-fi parlent couramment taux de distorsion harmonique et niveau de *pleurage (E. 5.3.73).*

PLEXIGLAS [plɛksiglas] sm. (Nom déposé) ■ Résine synthétique transparente et flexible que l'on emploie comme verre de sécurité ou à d'autres usages.

On attend la mise au point d'une nouvelle matière, le polystyrène extrudé, frère jumeau du *plexiglas* par l'aspect, mais qui permettrait des prix de revient cinq fois moins élevés *(E. 17.7.67).*
F. manipula le petit cube de *plexiglas* qui renfermait un micro-module, symbole des plus ahurissants tours de force techniques *(Saint Pierre, 70).*

PLOMBIER sm. Spéc. ~ 1970. Fam. Péj. ■ Policier spécialiste des *écoutes** clandestines (Pour s'introduire dans un local afin d'y dissimuler des microphones, il se présente parfois comme ouvrier plombier venant effectuer des réparations ou des contrôles).

La Maison-Blanche avait fait cambrioler le cabinet du psychiatre par son équipe de *« plombiers »* et avait installé des tables d'écoute illégales *(E. 21.5.73).* Des *« plombiers »* avaient branché sur les écoutes de la police les locaux où se tenaient des réunions politiques intéressantes *(M. 6.12.73).* Selon le « Canard enchaîné », le matériel utilisé par les mystérieux *« plombiers »* de la nuit du 3 décembre provenait du Groupement interministériel de contrôle, (...) où sont installées toutes les tables d'écoutes de la région parisienne *(P. 24.12.73).* Étrange destin de ce métier de *plombier* destiné par vocation à colmater les fuites, et qui semble maintenant appelé à les organiser *(M. 18.1.74).* Rassembler dans l'ombre une équipe de *« plombiers »* spécialisés dans l'espionnage intérieur *(P. 26.5.75).* Un hôtel de La Havane fréquenté par d'étranges *« plombiers »* poseurs de micros *(M. 24.12.76).*

PLOUC, PLOUK ou PLOUQUE [pluk] adj. et sm. Rép. mil. XXe. (D'après certains noms de communes bretonnes commençant par *plou*[g]). Fam. et iron. ou péj. ■ Paysan. Par ext. Se dit de qqn qui manque d'aisance, d'élégance, qui ne respecte pas les « usages » mondains.

Dire : « J'adore la vue du Ponte Vecchio ! » est d'un *plouk* ! Cela prouve simplement qu'on n'a pas eu la possibilité d'aller à Florence sans voir autre chose que Florence *(Daninos, 60).* Le problème est le suivant : imposer au conseil d'administration un ton et une manière tels « que l'auditeur puisse écouter Radio-Luxembourg sans passer pour un *plouc* » *(E. 17.10.66).* Un style : se rendre à un dîner en robe précieuse ou décolletée est « du dernier *plouc* » *(FP 2.69).* Cet endroit à la mode, s'étale aux Champs-Élysées ; on s'y précipite, histoire de ne pas passer pour le dernier des *ploucs* ! *(M. 31.12.70).* (Des) gadgets dont vous ne pouvez vous passer à moins d'être un *plouc (Gary, 70).*
C'est un endroit profondément rassurant : le plus piètre skieur peut y chausser ses skis

sans passer automatiquement pour un *« plouk »* (JF 26.1.71). Les gars de G., longtemps traités de *« ploucs »* par les citadins, plus riches, de la côte, ont changé l'image de marque de leur bourg *(E. 10.12.73).* « Et toi, Adrien, tu ne viendras donc jamais ? — À Paris ? Ah ! non, ça jamais ! — Bon, c'est un *plouque* » pensa Gérard *(Cesbron, 74).* Quiconque est né dans un des 20 arrondissements de Paris est « parisien » ; quiconque n'y est pas né est un *« plouc ».* Ah ! je sais, le terme est déplaisant *(P. 11.11.74).* Il faudrait que le personnel de l'aéroport cesse de considérer de haut le *« plouc »* sans voiture qui ne veut pas du taxi *(M. 11.3.75).* Ce qu'il faudra porter à partir de juin si l'on ne veut pas passer pour un *« plouc » (M. 26.4.75).* La grande affaire, dans les années cinquante, c'était de ne pas avoir l'air d'un *« plouc ».* Et le *plouc,* c'était le paysan. Pour ne pas lui ressembler tout le monde a adopté en gros le même uniforme : le complet du cadre moyen (...) Il est toujours aussi essentiel de ne pas avoir l'air d'un *plouc.* Mais le *plouc* a changé d'identité : c'est aujourd'hui le petit bourgeois *(P. 28.7.75).* Si vous venez dîner au restaurant à 19 h 30, on vous « fait la gueule » (...) Souvent le personnel est en train de dîner, et vous fait comprendre — quand il ne vous le dit pas avec arrogance — qu'il est d'un *« plouc »* ridicule de prétendre dîner avant 20 h 30 ! *(M. 2.4.77).* Ni chaussures, ni pantalons impeccables le jour de la rentrée scolaire, ça fait *« plouc » (El. 18.9.78).*

PLURI(-) Premier élément (du lat. *plures*, « plusieurs ») qui sert à former des adj. et des subst. composés. Quelques uns sont traités plus loin à leur place alphab. ; d'autres sont répartis dans les deux rubriques ci-après.

Pluri + adj.

○ Pris individuellement chacun des députés sera sans doute *pluricaméraliste* (partisan d'un parlement à plusieurs chambres) *(C. 27.11.68).* (L'école) doit être absolument « neutre », mériter son titre *« pluricommunautaire »* (adaptée à plusieurs communautés) et ne donner la préférence à aucune philosophie et à aucune croyance *(M. 19.1.66).* Une équipe multi-disciplinaire se propose l'étude de l'ensemble des problèmes posés par chaque délinquant. Cette approche *pluri-dimensionnelle* (à plusieurs dimensions) se tourne vers l'avenir du « coupable » en vue de sa réintégration dans la société *(M. 13.4.66).* Le régime titiste promulgue un statut *pluri-ethnique* (conçu pour plusieurs ethnies) à l'exemple de l'U.R.S.S. *(O. 6.3.68).* Le centre urbain est une structure *plurinucléaire* (à plusieurs noyaux), comportant notamment des pôles culturels *(F. 28.11.66).* La scène éclate, la scène *pluriquotidienne* (qui se produit plusieurs fois par jour) la mère tremble, le fils hurle et le père tonne *(FP 4.68).* Une façon de développer la cohésion d'une société *pluriraciale* (qui réunit plusieurs races) *(M. 23.3.69).*

∞ La Suisse est le plus ancien exemple d'une nation moderne *plurilingue (Cohen, 71).* Notre école maternelle est *plurifonctionnelle,* ouverte au groupe scolaire et à la cité *(Gabaude, 72).* Un système pluri-polaire : un dollar flottant auquel un grand nombre de monnaies de pays du tiers-monde se rattachèrent ; une zone monétaire européenne (...) *(M. 25.12.73).* On ne se défait pas aisément de privilèges *pluricentenaires (P. 26.5.75).*

Pluri + subst. (nom de chose abstr., parfois nom de personne ou de collectivité).

Des situations très diverses de bilinguisme et de *plurilinguisme (Cohen, 71).* La *plurifonctionnalité* est la seule façon pour l'entreprise de s'adapter au changement *(En. 1.9.72).* Retrouver la *pluridimensionnalité* de l'homme face à toutes les réductions contemporaines de l'homme à une seule dimension *(Chabanis, 73).* Terme déposé, la « multipropriété » a de nombreux synonymes : *pluripropriété,* propriété à temps partiel ou encore propriété spatio-temporelle *(R 11.75).* Près de 40 % des chefs d'exploitation de montagne ont deux ou trois métiers, ce qui leur vaut le nom de « double-actifs » ou de *« pluri-actifs »* (...) Les *pluriactifs* ont souvent un revenu plus élevé que beaucoup de petits éleveurs (...) Provoquée le plus souvent par la nécessité de trouver un revenu de complément, la *pluriactivité* n'est pas encore reconnue officiellement (...) Faut-il encourager cette *pluriactivité* ? *(C. 15.9.78).*
→ MULTI(-).

PLURI(-)ANNUEL, LE adj. ■ Qui s'étend sur plusieurs années.

○ Assurés maintenant de bénéficier de débouchés garantis pour trois ans puisque l'*accord signé est pluriannuel,* ils (des producteurs de blé) vont pouvoir planifier leurs emblavements *(M. 23.6.66).* Il (un pays arabe) souhaiterait obtenir un engagement d'*assistance pluriannuelle,* qui lui permettrait d'établir les plans de développement à long terme *(M. 31.12.66).* L'adoption d'*autorisations de financement pluriannuelles* s'impose désormais, car il faut pouvoir exécuter les investissements sans à-coups et informer les constructeurs suffisamment à l'avance des efforts qui leur seront demandés *(M. 25.6.66).* Le ministre des P.T.T. doit pouvoir bénéficier d'un *budget pluriannuel (F. 10.1.67).* Des « *contrats de progrès pluriannuels* » sont prévus dans les entreprises nationales *(C. 17.9.69).* Un *plan pluriannuel* de reconstitution et de protection de la forêt *(M. 22.7.65).* N'ayant pas réussi à se mettre d'accord sur le *programme pluri-annuel* nucléaire de la Communauté, les gouvernements ont adopté un mécanisme provisoire valable un an *(M. 12.6.69).* La *révision pluri-annuelle* sera liée au Plan *(M. 16.11.69).*

∞ La signature de *contrats pluriannuels* et interprofessionnels (...) *(E. 12.10.70).* Les grands projets de recherche-développement devraient faire l'objet de lois-programmes garantissant un *financement pluri-annuel (NC 12.72).* Un *programme* cohérent et *pluriannuel* de défense et de mise en valeur du littoral *(M. 6.7.78).*

PLURIDISCIPLINAIRE adj. et subst. ■ Qui concerne, englobe, plusieurs disciplines (domaines d'études, de recherches, etc.).

● Adj.

○ La tâche de mettre sur pied la rentrée (des étudiants) de la première *année « pluridisciplinaire et d'orientation » (M. 28.2.69).* Le premier atelier français d'urbanisme où aient travaillé en commun sous une seule autorité architectes, ingénieurs et sociologues, le premier *atelier « pluridisciplinaire »* fut fondé en 1954 *(M. 20.3.66).* Le ministre souhaite que l'université ne soit pas une collection de facultés et tient à ce que son *caractère pluridisciplinaire* soit affirmé *(M. 27.3.69). Coopération pluridisciplinaire* entre médecins, éducateurs, psychologues, instituteurs, etc. *(M. 6.6.69).* Ce premier cycle devrait constituer le type même d'*enseignement pluridisciplinaire*, rassemblant sous forme d'une unité de biologie des enseignants venus des facultés des sciences, de pharmacie, de médecine, etc. *(M. 25.5.69)*. Sur le plan pédagogique un tel éparpillement consacre la coupure entre les facultés et rend difficile la constitution d'*ensembles pluridisciplinaires*, qui dans de nombreux secteurs sont appelés à se développer : psychologie, géographie, sociologie, sciences économiques *(M. 28.4.66)*. On va vers la notion d'*équipe « pluridisciplinaire »*, remplaçant celle d'architecte à tout faire, et faisant tout, en réalité, de la décoration à la comptabilité des chantiers et même la recherche des crédits *(FL 1.12.66)*. *Études « pluridisciplinaires »*. C'est-à-dire, dans le prudent langage officiel, un enseignement « associant autant que possible les arts et les lettres aux sciences et aux techniques » *(E. 6.1.69)*. Ce qui importe n'est sans doute pas que les *structures universitaires* soient *pluridisciplinaires*, c'est que les étudiants aient la possibilité de l'être *(C. 19.3.69)*. Un vaste redécoupage de l'enseignement supérieur en *universités « pluridisciplinaires »* *(M. 12.9.68)*. La création prochaine à Grenoble d'une agence municipale d'*urbanisme pluridisciplinaire* *(M. 1.3.66)*.

∞ Pour que les 600 unités d'enseignement et de recherche ne constituent pas autant de mondes clos, il leur faudrait disposer — chacune — d'au moins une *bibliothèque pluridisciplinaire* *(N 6.70)*. Ces *établissements* sont infiniment moins *pluridisciplinaires* et diversifiés que les Écoles normales supérieures (...) L'école de Saint-Cloud est un important *centre pluridisciplinaire* d'enseignement supérieur *(M. 4.2.72)*. Une intelligibilité globale que seule permet — en sciences humaines — l'*approche pluridisciplinaire (Laplantine, 73)*.

● **Sm. et sf. À propos de personnes : qui pratique plusieurs disciplines.**

C'étaient de grandes sportives : aviron, natation, voile, tennis. Ah ! qui chantera le charme des *pluridisciplinaires* ? *(Daninos, 70)*.
À notre époque, même le spécialiste doit être un *pluridisciplinaire* *(En. 2.4.71)*.

PLURIDISCIPLINARITÉ sf. ■ Caractère de ce qui est *pluridisciplinaire**.

Rem. « *Pluridisciplinarité* et interdisciplinarité dans les universités » : deux termes barbares, même s'ils sont d'actualité *(F. 8.9.70)*.

◆ L'Université doit être placée sous le signe de la *pluridisciplinarité* qui constitue en quelque sorte un œcuménisme universitaire *(M. 26.2.69)*. Des ensembles d'enseignants, et parfois d'étudiants, ayant à peu près la même conception de la *pluridisciplinarité*, de la pédagogie, du contrôle des connaissances, etc. *(M. 26.3.70)*. Défendant avec intransigeance la « spécificité » de leurs disciplines, ils repoussent toute « *pluridisciplinarité* » *(Sauvy, 70)*. En notre époque de *pluridisciplinarité*, de spécialisation et de travail en équipe, ce livre présente un procédé pédagogique que l'édition devrait favoriser *(Gabaude, 72)*. Pendant la journée de la *« pluridisciplinarité »*, différentes disciplines feront l'objet d'un cours commun *(M. 24.1.74)*.

PLURINATIONAL, E adj. ■ Qui concerne plusieurs nations ou leurs ressortissants.

La planification des grandes *entreprises* internationales, appelés *plurinationales* *(M. 25.7.65)*. Après avoir pratiqué un recrutement pluridisciplinaire, la société E. recherche aujourd'hui un *recrutement plurinational* *(En. 11.5.68)*. En attendant la mise en place d'un « enseignement de *type plurinational* », il faut concevoir des opérations de recherche fondamentale par l'intermédiaire de fondations européennes *(En. 30.1.71)*.
La conservation des *espaces* naturels *plurinationaux*, écologiquement liés *(Saint-Marc, 71)*. L'Internationale yougoslave ne semble guère plus praticable que l'*Empire plurinational* de François-Joseph *(E. 20.11.72)*.

PLURIPARTISME sm. 1962. Pol. ■ Coexistence de plusieurs partis.

Tandis que la « contradiction antagoniste » entre deux « classes » débouche fatalement sur la prédominance d'un parti unique, les « contradictions non antagonistes » de diverses « couches sociales » n'excluent pas, bien au contraire, le *pluripartisme* dans une société socialiste *(M. 29.4.66)*. Comment se manifesteront les « dissonances » sociales que provoque l'actuelle révolution technologique ? Dans le Parti, disent certains. Par le *pluripartisme*, préconisent les autres *(E. 1.4.68)*.

PLUVIO- (cf. *pluvial, pluvieux*). Premier élément d'adjectifs composés. Employé surtout dans les bulletins météorologiques. ■ Partiellement caractérisé par des pluies.

Aggravation pluvio-neigeuse du temps demain *(M. 12.1.68)*. Demain, le corps B, parti pour l'Est, laissera des *résidus pluvio-neigeux* dans les Alpes *(F. 23.1.67)*.
Les hautes pressions rempart du beau temps paraissaient faiblir, sous les coups de boutoir d'une dépression centrée sur l'Atlantique et de la *perturbation pluvio-orageuse* qui lui était associée *(F. 28.9.66)*. Séquelles d'un *système pluvio-orageux*, ciel nuageux à éclaircies dans le nord de la zone, orageux dans le sud *(F. 12.11.66)*.

P. N. B. sm. Sigle pour : *produit national brut*.

En 1953, le *PNB* — Produit national brut — représentait en France 44 % de celui des États-Unis *(C. 26.5.73)*. Les experts prédisent un ralentissement prononcé de l'expansion de la demande et de la croissance du *P.n.b.* aux États-Unis *(E. 31.7.78)*.

PNEUMO(-)PHTISIOLOGIE sf. ■ Partie de la médecine qui étudie la tuberculose pulmonaire.

Un candidat s'était présenté l'an passé à l'agrégation de *pneumo-phtisiologie* *(M. 15.3.66)*. La conférence internationale sur la tuberculose (a) montré que la *pneumophtisiologie* était une discipline qui ne doit pas disparaître *(M. 4.1.68)*.

PNEUMO-PHTISIOLOGUE subst. ■ Spécialiste de *la pneumo-phtisiologie**.
  Les médecins spécialisés *pneumo-phtisiologues*, recrutés sur concours par le ministère des Affaires sociales, qui travaillent dans les sanatoriums ou les dispensaires *(M. 14.1.67)*.

POCHE sf. Fig. ~ 1967. Pol. Écon. ■ Domaine, secteur limité.
  Dans l'ancien Biafra, les villes semblent suffisamment ravitaillées, mais dans le reste du pays, des *poches* de sous-alimentation subsistent encore *(E. 14.9.70)*. L'apparition de *poches* de chômage devait empêcher les revendications *(Lacombe, 71)*. Des *poches* de spéculation se sont formées, en prévision des 60.000 emplois qui seront créés par l'aéroport et de la forte demande de logements qui en résultera *(Barde, 73)*. Le chômage ou les menaces de chômage restent limités à quelques « *poches* » sectorielles ou régionales *(C. 8.9.74)*.
  Rem. **Sont attestés en outre :**
  Poches de pauvreté *(E. 12.5.69)*. *Poches* de prospérité *(E. 12.4.71)*., etc.

POCHE (DE) loc. à valeur d'adj.
Subst. + de + poche

Le subst. désigne un objet assez petit pour tenir dans une poche ou, par ext. un objet (machine, véhicule, etc.) de très petite taille dans sa catégorie.
  Une *« baladeuse-de-poche »*. Plus petite que le modèle habituel, elle se branche sur piles ou sur batterie de voiture *(E. 26.9.66)*. Un *calculateur « de poche »* : l'appareil est d'un encombrement faible — il ne pèse que 35 kilos *(M. 27.5.65)*. Un *chauffe-eau de poche* (qui) « fait » de l'eau chaude instantanément, il suffit de le fixer à un robinet et de brancher la prise *(F. 2.11.66)*. Cette *voiture de poche* est un véhicule à trois roues long hors tout de 3,80 m, avec 2,20 m d'empattement en 1,40 m de large. Hauteur : 1 mètre *(A. 22.5.69)*.
  Un petit *sous-marin de poche* capable de détecter et de détruire les mines *(M. 7.3.74)*.
→ CALCULATRICE.

Livre de poche ou, (par ellipse) Poche sm. Fam.
  Ces succès (d'une collection de livres) ont incité tous les éditeurs à se lancer dans la bataille du *poche (E. 16.8.65)*. La situation de l'édition en France paraît contradictoire (...). Le *« poche »* même, malgré la révolution qu'il a introduite dans la production et la distribution, n'échappe pas à cette incertitude : il a ses succès et ses pannes, selon les titres *(E. 17.7.67)*. En feuilletons et en bandes dessinées, en *« poche »* et en affiches, en noir et en couleur, illustrée, la prose du général de Gaulle va nous submerger *(M. 28.11.70)*.
  Le *« poche »* n'est pas cher ? Exact. Facile à lire ? Ça se discute ! (...) Les *poches* reflètent maintenant tout l'univers des connaissances. Il n'est plus vrai de dire que tout *poche* est facile (...) Un seul *poche* bien choisi en vaut cent achetés au petit bonheur *(Pa. 7.72)*. Tout un stand est consacré aux livres : des centaines d'ouvrages, des reliés, des brochés, des *« poches »* *(M. 25.12.77)*.
→ BIBLIOPOCHE.

POÉTICO- Premier élément d'adj. composés.
  « Harmoniques », une émission *poético-musicale* : Emmanuel Chabrier — Victor Hugo *(E. 12.10.70)*. Une fable *poético-sympa*, imputable à David A. *(E. 11.3.74)*.
  Rem. **Une vingtaine d'autres comp. de ce type sont énumérés in *B.d.m.* n° 11. 1976.**

POIDS sm. Fig.
1. À propos de personnes : autorité, influence, prestige, etc.
  Paul M. et Lino V., les deux acteurs principaux (d'un film), mènent le jeu avec l'autorité, le *poids* qu'on leur connaît *(ST 31.12.66)*. Les (cadres) « commerciaux » et les animateurs d'activités nouvelles, de loisirs par exemple, pèsent d'un *poids* de plus en plus important *(En. 3.10.70)*.
  Le C.d.s. (parti politique) est inquiet du *poids* jugé excessif, du ministre J.-F. D. dans la préparation de la campagne européenne *(E. 18.9.78)*.
2. À propos de collectivités (entreprise, nation, région, ville, etc.) : importance économique, politique, culturelle, etc.
  La France a pesé dans cette affaire, beaucoup plus lourd que son véritable *poids* économique *(E. 27.12.71)*. Si le rythme actuel d'expansion se poursuivait, l'Iran pèserait, en 1985, à peu près le même *poids* que l'Espagne *(E. 21.5.73)*. La région Rhône-Alpes, qui regroupe sept universités aurait plus de *poids* que la région d'Auvergne, sa voisine, qui n'en compte qu'une seule *(E. 27.1.75)*.
→ PESER.

FAIRE LE POIDS
1. Sujet nom de personne : avoir l'ascendant, l'autorité, le prestige nécessaires pour une tâche donnée.
  Quant aux autres cadres de ce pays, s'ils *« font le poids »*, cela tient à la qualité de la fonction publique française *(M. 19.1.68)*. Un député de l'opposition n'était peut-être pas grand-chose, mais lorsque c'était Mendès-France, c'était beaucoup. Lui *ferait le poids* pour intervenir dans les problèmes de reconversion qui angoissent toute la région *(O. 11.1.67)*. D'aucuns se demandent si le Premier ministre, unanimement estimé comme homme, *« fait le poids »* comme chef de gouvernement *(E. 18.11.68)*.
2. Sujet nom de collectivité, ou d'abstraction, de chose concrète, etc. : avoir l'influence, la puissance ou la taille suffisantes pour soutenir la comparaison ou la concurrence.
  Face aux géants (industriels) allemands, seuls les Anglais *font le poids (C. 1.10.69)*. L'Europe des Douze avec ses 123 écoles de médecine — 87 aux U.S.A. — et ses 100 instituts

privés majeurs de recherche biologique, pourrait « *faire le poids* » devant la science américaine *(M. 9.12.65)*. À propos de Vasary, pianiste virtuose, on a prononcé le nom de D. Lipatti. Un parrainage posthume, mais qui *fait encore le poids (PM 23.11.68)*. Le formidable effort que la presse doit fournir pour continuer de « *faire le poids* » en face de la télévision *(E. 29.4.68)*. R. P. (entreprise de produits chimiques) *fait le poids* financièrement devant la concurrence étrangère *(E. 12.1.70)*.
Il ne suffit pas, pour *faire le poids* face à la concurrence, d'être le premier producteur mondial du tapis-brosse *(E. 29.11.71)*.

NE PAS FAIRE LE POIDS
1. **Sujet nom de personne : manquer d'autorité, d'influence, de prestige.**
    Aucun de ces trois candidats (à l'élection présidentielle) *ne fait* évidemment, selon l'expression courante — pas très jolie, mais si bien comprise par tous ! — le « *poids* » face au quatrième (de Gaulle) *(F. 18.11.65)*. Au niveau des éditeurs, c'est celui-(là) qui *ne fait pas le poids*, du moins dans la balance des prix (littéraires) *(E. 27.11.67)*. L'homme *ne fait pas le poids* contre la redoutable organisation policière *(Kenny, 54)*. Des élèves de seize ou dix-sept ans qui furent très vite conscients d'avoir devant eux un aîné de deux ou trois ans (maître d'internat) qui, selon leur expression, « *ne faisait pas le poids* » *(M. 23.4.64)*.
    Le petit H. (avocat de la défense) *ne fera* certes *pas le poids* contre la partie civile *(Saint Pierre, 72)*.
2. **Sujet nom de collectivité ou nom d'abstraction : ne pas réussir à s'imposer.**
    Le christianisme qui se réduit à son aspect moral *ne fait pas le poids (Pa. 9.70)*. Sartre a dit que devant un enfant qui meurt, « La Nausée » *ne fait pas le poids*. C'est grotesque, car devant un enfant qui meurt, le parcours d'un charançon jusqu'au tronc de bananier *ne fait pas le poids* non plus ! *(Robbe-Grillet : E. 1.4.68)*. Saint-Étienne est un vainqueur et un vainqueur écrasant (dans un match de football). Les Nantais *n'ont pas fait le poids*. Mais qui l'aurait fait devant un tel adversaire ? *(VR 26.7.70)*. Le syndicat « Force ouvrière » *ne fait souvent pas le poids* dans l'industrie (...) Le syndicat le plus puissant (est) la C.G.T. (...) *(E. 12.4.71)*.
    La petite boutique ne fait plus ses frais : la concurrence des trusts la menace, ses treize heures de travail par jour *ne font pas le poids (E. 19.2.73)*.

POING (COUP DE)
→ COUP DE.

POINT CHAUD sm. Fig.
Rem. *Point chaud* s'apparente au vocabulaire de la physique : *point d'ébullition, de fusion* ; expression qui marque la difficulté, le danger, le conflit — comme *point délicat, sensible, litigieux, critique, névralgique*. Les journalistes ont mis en vogue ce couple (...) substantif-adjectif : *points chauds*. (...) Cette expression, véritable signe des temps, s'applique à tous les litiges dont l'opinion est informée, depuis les contestations salariales jusqu'au célibat ecclésiastique, en passant par les problèmes de la formation médicale *(VL 11.70)*.

1. *Point chaud* **implique une localisation géographique.**
- — Milit. (Trad. de l'angl.) Zone névralgique où des combats sont en cours ou susceptibles d'éclater.
    La vallée du Jourdain demeure le *point chaud* de la frontière israélo-jordanienne *(M. 10.1.68)*. Les reporters, de Khe Sanh au Biafra, en passant par le Katanga, rapportaient des images de tous les *points chauds* du globe *(E. 12.8.68)*. Les *points chauds* que sont le Vietnam, le Moyen-Orient (...) *(En. 25.1.69)*.
    Une détente générale permettrait de réduire progressivement les *points chauds* indochinois ou palestiniens *(C. 26.2.72)*.
- — Lieu ou zone où risque d'éclater ou de s'aggraver un conflit quelconque (politique, social, etc.).
    Dans le Nord, deux foyers de mécontentement : le textile et les mines : dernier *point chaud* : St-N., où la grève a abouti à un lock-out *(E. 27.3.67)*. La journée d'action se traduira par des meetings, défilés (...) dans de nombreux points de la région. Les « *points chauds* » pourraient être Lorient et Rennes *(M. 8.5.68)*. (Le) lycée Henri-IV fut pendant les événements de mai le *point chaud* de la fronde lycéenne *(M. 17.9.68)*. Peu de querelles de clochers dans cette bataille de frontières régionales qui n'a guère soulevé de passion. Sauf dans quelques *points chauds*, comme la Corse *(E. 18.11.68)*. La Sorbonne et l'université de Nanterre constituent encore des « *points chauds* » *(F. 25.2.69)*.
    On risque de voir s'allumer en Italie un nouveau *point chaud* politique *(En. 30.9.71)*. La politique de surenchère s'étend à un autre *point chaud* du monde des hydrocarbures *(O. 23.12.72)*. Six pharmacies cambriolées en trois jours. Les « *points chauds* » se multiplient dans la banlieue parisienne où l'usage de la drogue se développe rapidement *(E. 10.2.75)*.
- — Lieu où la circulation routière est difficile ou dangereuse (En ce sens, *point* noir* est plus fréquent).
    Les passages à niveau sont devenus des *points* « *chauds* » de la circulation routière *(VR 20.3.66)*.
    Autoroutes, radiales, rocades, périphériques, des milliards ont été engloutis pour débloquer les *points chauds (P. 17.5.76)*.
- — Lieu qui constitue un centre d'activité, d'animation, de vie culturelle, etc.
    Vingt kilomètres de pistes toutes neuves, nouvellement balisées, vont faire de la Sierra Nevada, de décembre à juin, « le *point chaud* » du ski, le point à la mode *(E. 20.12.65)*. San Francisco est le *point chaud* de la pop-music à travers le monde *(E. 15.8.66)*. Les « *points chauds* » de la délinquance en banlieue *(M. 11.2.67)*. Toulouse, centre de production (d'avions) est, en France, un *point chaud* (de la construction aéronautique) *(E. 25.3.68)*. *Points chauds* de l'animation d'une ville *(En. 8.2.69)*. Il faudrait qu'on choisisse des *points chauds* de la francophonie pour y organiser chaque année des rencontres, des expositions, comme la quinzaine française de Liège en 1969 *(O.R.T.F. 11.10.69)*.

2. *Point chaud* **n'implique pas de localisation géographique.**
- — Problèmes épineux, générateur de conflits (par ex. sociaux). Par ext. Ces conflits eux-mêmes.

POINT CHAUD 460

La recherche constante, conformément à la tradition politique de notre pays, du règlement des *« points chauds »* (M. 23.9.66). Il y a deux façons d'étudier un tel problème : éviter avec soin les *« points chauds »*, voire brûlants, ou bien (...) (M. 25.2.68). La controverse semble de nature à conduire les négociations à l'échec. Autres *points chauds* : la détermination d'objectifs de production et les tarifs préférentiels (M. 10.1.69).
Il y aura des discussions sur les conditions de travail. C'est en effet le *point chaud* dans les entreprises (C. 21.3.73).

● — **Question, objet sur lesquels se concentre l'intérêt.**
Le référendum est évidemment le *point chaud* de l'actualité de ce dimanche (VR 27.4.69). Frileuses, astucieuses pour gagner la bataille du froid elles savent utiliser les *« points chauds »* de la mode, les fourrures (FP 11.69). (Un) numéro (d'une revue) sur *« les points chauds du management »* (C. 8.10.70).

POINT NOIR sm. Fig. ou par métaph. (D'après les connotations négatives de *noir*).

1. Fig. Grave difficulté, question épineuse.
Énumérant les *« points noirs »* le ministre a indiqué qu'il allait tenter de les éliminer, en particulier l'insuffisance des installations téléphoniques (F. 15.12.66). « Gommer » les *points noirs* du logement et des équipements sociaux (M. 17.4.69). L'un des *points noirs »* de la rentrée est la difficile mise en place du personnel (universitaire) (M. 13.9.69). L'économie américaine repart lentement, très lentement, mais elle repart. Un *point noir* : la grève de la General Motors ; le vrai danger est la rechute de l'inflation (En. 24.10.70).
Deux *points noirs* pour les ambitions lyonnaises : une perte de jeunes de 15 à 24 ans et de personnel qualifié. D'autre part les gains en cadres supérieurs ont fortement diminué d'un recensement à l'autre (C. 26.1.72).

2. Spéc. Lieu où la circulation routière est difficile (*bouchons**), ou dangereuse (nombreux accidents). On emploie parfois *point* *chaud* en ce sens.
De Paris à Évreux, un seul *« point noir »* subsistera : la traversée de Pacy-sur-Eure. Mais quel point noir ! Il est fréquent, lors des départs et des retours de fin de semaine, qu'une file de voitures de plus d'un kilomètre de long soit immobilisée avant de « franchir l'obstacle » (F. 5.9.66). On sait ce qu'est un *« point noir »* sur la route : passage dangereux tristement célèbre de (...) Le recensement qu'il n'est pas possible de faire c'est celui des *« points noirs »* mobiles : véhicules, source de danger pour les autres usagers de la route (C. 12.4.69).
Nombreux sont ceux qui estiment que pour améliorer la sécurité routière il suffit de moderniser les routes, de supprimer par exemple les *« points noirs »* (M. 11.4.72). On pourrait diminuer les accidents en supprimant les mauvais carrefours. C'est pourquoi on a aménagé plus de 400 *points noirs* en 1972 (O. 30.4.73). Avec l'ouverture de sa déviation qui contourne Vienne, le dernier *« point noir »* de la liaison autoroutière Paris-Marseille aura disparu (B.N.F. 11.5.74). Sur le réseau routier, 200 *« points noirs »* ont été supprimés en 1977 (M. 28.1.78).

3. Spéc. Lieu gravement atteint par la *pollution**. — Activité, industrie qui est cause de *pollution**.
Sur la Côte d'Azur, une dizaine de *points noirs* correspondant à des vallons non assainis et à quelques égouts dépourvus d'émissaire, restent à supprimer (M. 22.6.74). Ce dispositif permettra d'effacer plusieurs *points noirs* du littoral, et plus particulièrement les plages dépotoirs (P. 1.7.74). Les experts veulent renforcer leur surveillance dans ces usines et affiner leurs cartes de la pollution industrielle en concentrant leurs efforts sur ces *points noirs* potentiels (P. 10.7.78).

POINTE sf. Fig. ■ Moment, période où une activité, un phénomène (par ex. la circulation routière ou urbaine) atteint son maximum d'intensité.

Ces fameuses *pointes* de trafic, véritables casse-tête de notre époque. *Pointes* quotidiennes d'abord, le matin et le soir. *Pointes* hebdomadaires ensuite, en fin de semaine notamment (...) Enfin restent les grands rushes des départs en vacances (P. 6.1.75).

POINTE (DE) loc. adj. Fig.

Après un nom de mesure du temps. D'après l'aspect que présente le graphique des variations périodiques d'un phénomène, lorsque ces variations sont de forte amplitude et atteignent, à certains moments, des chiffres très élevés (les « pointes »). ■ *De pointe* caractérise le moment, la période d'intensité maximale du phénomène en question (production, trafic, etc.).

Année de pointe dans le cycle de production (M. 25.5.69). Afin d'éviter aux étudiants d'avoir à effectuer leur trajet domicile-faculté aux *heures de pointe* », les cours ne commenceront pas avant 10 heures du matin (M. 12.1.69). Prendre l'avion à C., moins d'une demi-heure après avoir quitté à *l'heure de pointe* le quartier central de la gare, est une performance (VR 3.8.69). La traversée de Vienne provoque, en *période de pointe*, des encombrements comparables à ceux que connut naguère Montélimar (A. 19.6.69).

Après un nom de chose ou de personne. D'après des expressions plus anciennes (cf. milit. : *pousser une pointe*, attaquer ; ou le tour : *être à la pointe du combat*, aussi au figuré).

1. À propos de collectivités (entreprise, nation, etc.), ou de recherches, de techniques qui sont à l'avant-garde de l'évolution, du progrès.

O Les technocrates d'une *agriculture* dite *de pointe* (M. 15.6.68). Dans tous les *domaines de pointe*, l'aéronautique, l'électronique, les pétroles, même la pharmacie et l'alimentation, quatre fois sur cinq, l'anglais est exigé (E. 15.8.66). Première société européenne d'informatique (...) en pleine expansion parce qu'elle est à l'avant-garde dans un *domaine de pointe* où la concurrence est féroce et où il n'existe pas de position définitivement acquise

POLITICO-

(M. 25.6.69). L'écart se creuse de plus en plus entre les *entreprises* agricoles *de pointe* et les exploitations en perte de vitesse *(M. 11.9.69).* Plusieurs *industries de pointe* connaissent un développement vertigineux, en particulier l'électronique et les engins spatiaux *(M. 2.9.64).* L'évolution extraordinaire que connaît l'horlogerie s'est traduite par la présentation de *matériels de pointe* à programmation électronique *(C. 8.10.69).* La *nation de pointe* en ce « siècle de Louis XIV », ce n'est pas la France, c'est la Hollande *(M. 24.9.66).* Obliger les ingénieurs et techniciens à travailler sur un *programme de pointe* (un avion commercial supersonique) permettrait à l'industrie européenne de conserver son indépendance technique *(M. 25.3.69).* Le médecin de demain devra se tenir perpétuellement au courant des *recherches de pointe* qui annoncent les thérapeutiques futures *(E. 17.3.69).* La vocation du Collège de France n'est pas d'abriter de gros laboratoires, mais de faire de la *recherche de pointe* en jouant un rôle d'indication *(M. 25.5.69).* L'importance de la production agricole fait du Nord-Pas-de-Calais une des *régions de pointe* de l'agriculture française *(M. 23.4.66).* De tous les pays d'Europe, la Grande-Bretagne est celui qui est le plus en avance dans les *secteurs de pointe*, celui où la recherche, l'électronique, l'aviation sont les mieux développées *(E. 21.11.66).* La construction des autoroutes est aujourd'hui devenue une *technique de pointe (M. 27.9.66).* Un centre de commerce international utilisant les ressources d'une *technique de pointe*, l'informatique *(M. 16.1.68).* Qu'est-ce qu'une faculté moderne dans une banlieue délabrée, une *université de pointe* dans un pays qui s'arrache péniblement au XIXe siècle ? *(M. 8.5.68).*

∞ Les *techniques « de pointe »* de l'entretien routier ne peuvent être utilisées ; l'emploi de techniques artisanales s'impose, qui sont coûteuses et peu efficaces *(Doc.Fr. 71).* Des composants aux émetteurs de télévision, en passant par les radars, le groupe veut rester présent dans les *secteurs de pointe (E. 5.6.72).* À l'hôpital public les étudiants n'abordent qu'une *médecine de pointe*, exceptionnelle et sophistiquée *(Beunat, 74).* Un *équipement audio-visuel de pointe (M. 1.3.74).* On cherchera à développer les *technologies de pointe (M. 12.7.78).*

2. À propos de personnes qui sont à l'avant-garde dans leur spécialité, ou qui ont des idées jugées avancées.

Tentation permanente pour les *chrétiens « de pointe »* de placer la hiérarchie devant le fait accompli *(M. 15.6.68).* L'ensemble de nos *entraîneurs* (de football) *de « pointe »* passe pour percevoir des émoluments élevés *(M. 3.12.68).* Une *équipe de direction « de pointe »* appuie toutes les expériences et cristallise les énergies *(M. 29.3.69).*
Au bout de cinq ans, le *physicien de pointe* constate des lacunes énormes chez tous ses collègues qui n'ont pas jugé bon de se tenir au courant *(Beunat, 74).*

POINTE (EN) Variante pour : *de pointe** (après un nom de chose ou de personne).

Quelques-unes des *expériences universitaires* les plus *« en pointe »* qui existent actuellement dans le monde *(F. 8.9.70).* Les salariés et les patrons *des secteurs en pointe (M. 25.9.68).*
Les *membres* les plus *en pointe* de ce parti se disposent à prêter main forte au putsch militaire qui couve *(Courrière, 71).*

POLAR sm. Rép. ~1970. Fam. ■ Roman *policier**.

Les amateurs de *« polar »* se sont peut-être demandé pourquoi Poirot (détective dans les romans d'A. Christie) ne s'appelait pas Smith *(C. 10.8.75).* Le tableau que dresse John S. des dessous de la Ve République est assez précis et fidèle pour que l'on ne puisse pas refermer son livre comme un simple *« polar » (O. 1.8.77).*

POLARISER v. tr. Fig. ■ Attirer, concentrer (sur soi).

Tout groupe minoritaire *polarise* la suspicion de la majorité *(Errera, 68).*

● **Au passif.**

Toute l'attention est *polarisée* sur les métallurgistes *(M. 6.11.69.).*

PÔLE sm. Fig. Écon., pol., etc. ■ Centre d'activités, d'intérêt, etc.

Il faut à l'Afrique des *« pôles de croissance »*, mais pas à n'importe quel prix *(Dumont, 62).* Les trois années qui nous séparent encore de cet événement vont être marquées par une sorte d'éclipse de ces différents courants et par l'apparition d'autres *pôles d'influence* auxquels se rattacheront la plupart des initiateurs de la révolte *(G. Martinet, 68).* L'union des deux Normandies autour du triangle Rouen-Le Havre-Caen pourrait faire de la Basse-Seine un *pôle économique* de dimension européenne *(M. 30.9.69).*

POLÉMOLOGIE sf. 1949. (Du gr. *polemos*, « guerre »). ■ Étude scientifique de la guerre considérée dans ses aspects sociologiques.

Rem. 1. Ce terme a été créé par G. Bouthoul (in « Les guerres, éléments de *polémologie* »).

Le point stratégique de la paix c'est l'homme. L'oublier, pour s'en remettre aux seuls acquis de la *« polémologie »*, constituerait une véritable aliénation *(C. 7.12.68).*
Un colloque de *polémologie* s'est tenu à Bruxelles en novembre 1969 *(VL 11.70).* G. Bouthoul a dû forger le néologisme *« polémologie »* pour donner un statut à l'étude désacralisée du phénomène périodique des guerres *(E. 20.7.70).*

Rem. 2. L'adj. *polémologique* et le subst. *polémologue* sont attestés.

POLICIER sm. Fam. ■ Roman policier.

Dans les librairies (du Caire) on achète surtout les *« policiers »* français et anglais *(PM 20.1.68).*
Dès les premières pages, on oublie qu'il s'agit d'un *« policier »*, on se laisse éblouir par le talent époustouflant du romancier *(E. 13.3.72).*

POLITICO- Premier élément d'adj. comp. ■ Qui concerne à la fois la politique et ce que désigne le deuxième élément.

○ L'« Etablissement » ou, si l'on veut, les puissances établies, c'est « cette partie du gouvernement qui demeure soustraite au contrôle démocratique » : sorte de confrérie de l'ordre établi, syndicat des gens en place, temple des idées reçues, religion *politico-administrative* dont l'efficacité s'augmente d'une communion vague mais agissante avec les autres observances du conservatisme éclairé *(M. 26.3.66).* Empêcher qu'un « complot *politico-bourgeois* ne cherche à atteindre ce qu'il y a de révolutionnaire dans le gaullisme » *(M. 13.9.69).* Exiger, pacifiquement, le changement des structures socio-économiques et *politico-culturelles* qui font le malheur de notre pays et de notre continent *(M. 9.1.69).* Une mesure prise l'an passé, au point culminant de la crise *politico-économique,* pour freiner l'exode des capitaux *(M. 13.3.69).* Discuter périodiquement les questions *politico-économiques* pendantes entre les deux pays *(M. 2.8.66).* L'idéal *politico-éthique* légué à la postérité électorale américaine par J. F. Kennedy *(M. 17.6.65).* Nous apercevons assez bien (dans un roman) certains milieux de presse, d'affaires et de combinaisons *politico-financières (M. 19.5.66).* Un album intitulé « La Ruée vers l'Ordre » (contient) un certain nombre de dessins d'inspiration *politico-humoristique (F. 10.3.67).* Il a subi des influences *politico-idéologiques,* mais n'a adhéré à aucune doctrine *(O. 27.3.68).* « À armes égales » (émission télévisée) peut-il être davantage qu'un spectacle de catch *politico-intellectuel?* *(C. 28.3.70).* Les aspects *politico-juridiques* du maintien de la coopération des troupes françaises stationnées en Allemagne en vertu de l'O.T.A.N. *(M. 10.6.66).* Réunion *politico-littéraire.* J'y vais comme on se jette dans l'eau froide *(Mallet-Joris, 70).* Le souci du Japon de ne pas se laisser entraîner dans des alliances idéologiques ou *politico-militaires (Guillain, 69).* La primeur de certaines informations d'ordre *politico-militaire (M. 14.7.66).* Des « organismes *politico-militaires* » appelés à assumer la direction du pays en cas de guerre *(M. 7.1.67).* Le dernier-né des cabarets style dîner-spectacle style rive-gauche, avec le chanteur *politico-poétique* M. F. *(O. 20.12.67).* Il venait se livrer, haut fonctionnaire étranger, à la justice française pour crier son innocence : c'était le drame *politico-policier (E. 24.4.67).* (Les) problèmes *politico-professionnels* de (l'O.R.T.F.) *(M. 24.1.69).* L'auteur brode (de son personnage) un portrait *politico-psychologique* en noir et blanc *(E. 22.3.71).* Le (parti) est téléguidé par une puissante secte bouddhiste, un nouveau parti japonais, important phénomène *politico-religieux* de l'après-guerre nippon *(F. 27.1.67).* La capitale a décommandé toutes les mondanités *politico-sociales* à l'agenda de ces jours tragiques *(M. 8.6.68).* Ils (les États-Unis et l'Union soviétique) sont résolus, à ne pas s'entre-détruire. Cette doctrine *politico-stratégique* était ouvertement professée dans les universités *(F. 29.9.66).* La (centrale syndicale), de peur d'être débordée par des « assises nationales » *politico-syndicales,* se méfie, et tout le monde renvoie les travailleurs à la lutte « par entreprise, par atelier, et par escalier » *(O. 27.12.67).* F. et D. veulent constituer un vague front *politico-syndical* contre le régime *(M. 17.5.66).* Ces grandes manœuvres *politico-universitaires* ne doivent pas faire illusion. Le véritable enjeu de la bataille est d'abord technique *(E. 10.11.69).*

∞ Les contacts *politico-financiers* entre la France et l'Allemagne *(Exp. 11.71).* Une solidarité *politico-raciale* avec les trois millions de Méos du sud de la Chine *(Lamour, 72).* Le ministre des Finances ne dit rien sur la spéculation *politico-foncière (E. 19.2.73).* L'analyse que font les syndicats de la situation *politico-sociale* depuis les élections *(C. 6.5.73).* Saturé de fatras *politico-sociologique,* j'ai cependant avalé allégrement ce livre-là *(O. 24.9.73).* La machine *politico-guerrière* des Grands se mit en marche *(P. 5.11.73).* Une action *politico-subversive* détourne le mouvement syndical de sa vocation *(Ens. 12.73).* Certains centres de recherche *politico-syndicaux* estiment (...) *(O. 10.12.73).* Une grande manœuvre *politico-référendaire* encore obscure *(Can. 20.3.74).* À la fin du XIXe s. les catholiques français se butaient sur des options *politico-religieuses* et devenaient des marginaux *(O. 8.4.74).* Ce livre d'un journaliste eut un succès *politico-journalistique* : 600.000 exemplaires vendus en un an et demi *(M. 30.5.74).* Le Parti socialiste prépare son tour de France. Pour couronner sa campagne d'adhésions, une caravane *politico-publicitaire* fera la tournée des provinces *(P. 1.7.74).* La querelle *politico-maritime* sur le sort du paquebot « France » *(M. 9.7.74).* Des contrôles souples, légers, efficaces, à la place du système *politico-administratif* traditionnel rigide, bureaucratique et centralisé *(M. 4.6.75).* Le département des Alpes-Maritimes, en dépit des apparences et des structures *politico-administratives,* est tourné vers l'Est plutôt que vers l'Ouest *(M. 26.11.77).*

Rem. D'autres composés de ce type sont énumérés in *B.d.m. n° 3, 1972.*

POLITIQUE sm. Repris mil. XXe.

1. **Homme d'État, de gouvernement, ou personne qui exerce une fonction politique ou administrative à un échelon élevé.**

    Le politicien français et plus encore le *« politique »* français, mille fois pire parce que plus égoïste et systématique, ne se considère jamais comme le représentant de son peuple, mais comme son propriétaire *(Revel, 65).* Le choc de deux volontés exactement opposées, celle du *« politique »* de Gaulle et celle de l'« économiste » Erhard, va dominer l'histoire de l'Europe et écrire son destin *(E. 27.9.65).* Les *« politiques »* peuvent comprendre (que la relance de l'économie exige des crédits). Les résistances sont dans l'administration des Finances *(E. 22.1.68).* Les militaires ne comprennent pas pourquoi la base (de Khe Sanh) n'a pas été attaquée dans ces circonstances particulièrement favorables. Les *politiques* réfléchissent *(O. 7.2.68).* On dit : la course aux armements apporte l'équilibre par la peur. Les plus grands *politiques* n'ont-ils pas toujours tenu le même raisonnement ? *(TC 9.5.68).* Les *« politiques »* qui veulent rapidement aller de l'avant dans la construction européenne soulignent l'urgence de jeter les bases d'une nouvelle Europe rénovée *(En. 15.3.69).* Quel successeur le gouvernement allait-il donner à M. S. ? Serait-ce un *« politique »* ou un « manager » ? De ce choix dépendait l'orientation future de la S.N.C.F. *(M. 8.8.75).*

2. **(Avec valeur de neutre.) Tout ce qui a trait au gouvernement d'un pays.**

    Notre erreur est, souvent, de limiter le *« politique »* aux modes de gouvernement, aux partis et aux idéologies connus dans les sociétés industrielles avancées *(M. 10.1.68).*
    Prendre comme champ d'étude le *politique,* c'est privilégier l'homme, sa volonté et ses possibilités d'intervention sur le destin collectif *(E. 8.4.73).*

POLITIQUE-FICTION sf. ~ 1965. (D'après le modèle *science*-fiction*).
■ Construction intellectuelle (par ex. dans un film, un roman, etc.) qui introduit l'imaginaire, la fiction, dans une peinture de la vie politique, soit pour refaire l'Histoire à partir d'événements fictifs, soit pour décrire par anticipation ce qui pourrait arriver dans telle ou telle hypothèse.

> L'idée que les auteurs (d'un film) se font de l'Occupation et de la Résistance est proprement aberrante. Cet exercice de « *politique-fiction* » rétrospective est décevant (E. 31.10.66). Un journaliste a décrit cette mécanique d'un effrayant pouvoir dans un roman de *politique-fiction* qui est devenu un best-seller (E. 4.11.68).
> Levin a le goût du sensationnel et des prémonitions. Cette fois il a choisi le frisson futuriste, il est passé du suspense à la *politique-fiction* (E. 15.2.71). Entre le documentaire et le film de *politique-fiction*, les réalisateurs de « l'Attentat » ont choisi une solution un peu hybride qui mêle l'authentique et l'imaginaire (M. 10.10.72). En mêlant la *politique-fiction* et le roman d'aventures, en greffant du Koestler sur du Hemingway, O. Lange, pour ses débuts, a réussi (E. 19.2.73). Watkins (cinéaste) reste fidèle à sa technique : *politique-fiction*, mais traitée comme un document d'actualité. Futur pour le contenu, présent pour le contenant : les deux se brouillent si bien que le futur paraît présent et que la fiction politique, devenue objet de reportage, perd son caractère fictif (O. 29.10.73). La réalité dépasse actuellement les prospectives les plus folles de la *politique-fiction* (Can. 9.1.74). Ainsi sont parfois décrits, à la manière d'un roman de série noire ou de *politique-fiction*, la vie publique, le fonctionnement de l'économie, l'organisation de la société (R. 2.74). Ce scénario de *politique-fiction* montre qu'un président pourrait demeurer à l'Élysée, même si la maladie restreignait sa puissance de travail et de décision (E. 4.3.74). Les voyageurs occidentaux en Chine ne voient presque rien de la vie réelle du pays, et leurs récits relèvent de la *politique-fiction* (E. 3.2.75). Uri Dan prépare une série de livres de *politique-fiction* sur le futur terrorisme nucléaire (M. 21.7.78). « Croire qu'une simple dynamique électorale à prédominance politique était de nature à surmonter la crise dans notre pays, c'était de la *politique-fiction* », écrit le secrétaire confédéral de la CFDT (C. 23.8.78).

POLITISATION sf. ■ Action de *politiser** ; son résultat.

1. **À propos de personnes ou de collectivités.**

> (Le privé) fait obstacle à une *politisation* intégrale de toute la société (Freund, 65). Dans la masse des votants, la *politisation* est plus sensible qu'on ne l'imaginait : les électeurs votent désormais pour une formation autant que pour un homme ; c'est nouveau. Enfin, la *politisation* s'effectue plutôt en faveur de la gauche (E. 2.10.67). Ce qui paraît irréversible c'est la *politisation* de millions de jeunes gens qui ont, sur toute la planète, d'enthousiastes complices et qui cherchent tous ensemble à donner à leur vie un sens (O. 7.6.68).
> La fin de l'isolement économique et culturel des campagnes favorise aujourd'hui en France une *politisation* plus directe des paysans. Il s'agit pour eux de se demander quel type de développement, donc quel pouvoir ils veulent (C. 20.8.75).

2. **À propos de choses abstraites.**

> Une *politisation* qui affecte toutes les relations, toutes les attitudes, tous les problèmes (Burdeau, 56). Nous sommes pour une saine *politisation* du Plan et non pour une concertation ambiguë (M. 28.2.69).
> La *politisation* des conflits sociaux est une arme à double tranchant. Elle peut déboucher sur l'impopularité (E. 27.8.73).

POLITISER v. tr. et réfl. Rép. mil. XXe.

1. **À propos de personnes ou de collectivités.**
● **V. tr. Donner à qqn une formation politique ou l'engager dans la vie politique.**

> Il s'agit tout d'abord de réformer l'université (tunisienne) « insuffisamment engagée », en *politisant* les professeurs (M. 18.8.65).
> Le jeune homme devient l'un des « meneurs » de la Kabylie. Il a *politisé* la population (Courrière, 68).

● **V. réfléchi.**

> Tout effort d'ordre culturel ne pourra plus que nous (les directeurs des théâtres populaires) apparaître vain aussi longtemps qu'il ne se proposera pas expressément d'être une entreprise de politisation : c'est-à-dire d'inventer sans relâche, à l'intention de ce non-public, des occasions de *se politiser*, de se choisir librement (M. 28.5.68).

2. **À propos de choses abstraites.**
● **V. tr. Donner à qqch un caractère, un contenu politique.**

> Le Front de libération nationale tchadien avait été fondé en 1966 pour *politiser* le mécontentement, sur fond de militantisme arabe (E. 1.9.69). Il ne faut jamais dramatiser ou *politiser* des questions sportives (PM 4.5.68). La liberté exige un État ou une institution politique et elle meurt dès que l'on étatise ou *politise* toute la société (Freund, 65).
> « On a *politisé* n'importe quoi en France », s'insurge un diplomate (P. 31.5.76).

● **Part. passé ou adj.**

> Si la Ve République a amputé le président de la plupart de ses moyens d'action politiques, elle n'a pas, ce faisant, dépolitisé la fonction. Au contraire. Celle-ci est plus *politisée* qu'avant (E. 3.4.67). La C.F.D.T. reproche à la C.G.T. de vouloir l'entraîner vers des actions hasardeuses et *politisées* (O. 24.1.68).

POLITOLOGIE sf. ~ 1957. (Empr. à l'alld.). ■ Science politique.

> Cependant que M. G. Duhamel émettait quelques doutes sur les prétentions scientifiques de la « *politologie* », MM. J. Rueff et A. Siegfried ont affirmé l'autonomie de la nouvelle discipline « Science du comportement des groupes sociaux » (M. 12.2.58).

POLITOLOGUE ou POLITICOLOGUE

POLITOLOGUE ou POLITICOLOGUE subst. (Empr. à l'alld.) ■ Spécialiste de la *politologie**.

Quel regard devons-nous poser sur l'Allemagne ? Celui de l'historien ? (...) Ou bien celui, plus neutre, du *politologue* qui observe la vie paisible et sans passion d'une démocratie aux mécanismes bien huilés ? *(M. 27.12.70)*.
A. Grosser, professeur à l'Institut d'études politiques, ce « *politologue* » qui met la main à la pâte, s'est emporté contre les théories et les théoriciens (...) Être *politologue* c'est, selon A. Grosser, refuser le déterminisme, la force des choses *(E. 2.4.73)*. On a fait appel aux « *politologues* » et aux responsables des principaux partis, ce qui nous a valu un débat animé *(M. 7.5.74)*.

De nombreuses revues non scientifiques n'en contiennent pas moins d'excellentes contributions à la connaissance et à la compréhension de l'actualité (politique), contributions souvent dues, d'ailleurs, à des *politicologues (F. mon. 10.65)*.

POLLUANT, E adj. et subst. ~ 1965. ■ Qui dégrade, salit, rend malsain ou dangereux l'*environnement** (air, eau, etc.).

● **Adjectif.**

Le *diesel* sent mauvais, c'est certain, et on l'accuse de tous les crimes ! Il est cependant moins *polluant* au sens profond du terme que le moteur à essence *(Fa. 15.4.70)*. Le plan ORSEC prévoit de confier la direction des opérations de lutte contre une *nappe polluante* à la Marine nationale tant que la nappe est en mer *(Air 10.10.70)*. En matière de *transports publics* non *polluants*, la France n'a pas de leçon à donner à l'étranger *(M. 14.4.71)*. Contre l'avis de toute une population, et dans une région manifestement vouée à la culture de la vigne, il a subitement été décidé de créer une raffinerie de pétrole (...) Les experts pétroliers affirment que l'*usine* ne sera pas *polluante (En. 3.4.71)*.
Sans la vigilance des pétroliers, la *voiture* silencieuse, non bruyante, non *polluante*, serait déjà depuis longtemps fabriquée en masse *(Ragon, 71)*. L'E.D.F. veut convaincre le public que l'électricité d'origine nucléaire est le *mode de production* le plus sûr et le moins *polluant (En. 23.4.71)*. À la fois bruyantes, *polluantes* et de nature à créer dans les stations de sports d'hiver une gêne intolérable, les *motos-neige* (...) *(M. 24.12.71)*. Cet *électrobus* est silencieux, peu *polluant* et très maniable *(M. 7.7.72)*. Le *cycliste* n'encombre pas la rue, et il n'est pas *polluant (Ch.F. 11.73)*. L'*industrie* des télécommunications est propre, non *polluante*, ce qui n'est pas le cas de l'industrie lourde *(M. 29.6.74)*. Pour obtenir des *voitures* économes, non *polluantes*, silencieuses, les constructeurs font appel à l'électronique *(C. 6.10.78)*.

● **Subst. masc.**

Les détergents non biodégradables sont l'un des principaux *polluants (E. 11.5.70)*. On simule sur ordinateur les mouvements de la marée dans un estuaire pour voir où sont entraînés les *polluants (M. 7.6.72)*. Le cycle de la pollution est très long. Il faut considérer le temps de passage du *polluant* de l'air, de l'eau ou du sol à la chaîne alimentaire, puis à l'homme *(Exp. 7.72)*. L'accumulation des *polluants* détruit peu à peu ce qui fait l'originalité du milieu marin *(E. 14.8.72)*. En hiver, 60 % de la pollution atmosphérique rouennaise est d'origine industrielle. Pour déceler la nature des *polluants* et leur origine, les ingénieurs ont mis en place un réseau d'alarme *(E. 16.9.74)*. Le monoxyde de carbone, principal *polluant* émis par les véhicules à essence, est invisible et inodore *(C. 14.2.76)*.

POLLUER v. intr. et tr. Repris et rép. mil. XXe. Spéc. ■ Dégrader l'*environnement** en provoquant des *nuisances**.

● **V. intr.**

Des livres blancs dressent l'inventaire des nuisances (...) On s'aperçoit que tout le monde *pollue (E. 6.8.73)*. Interdire la circulation des véhicules de plus de 19 tonnes, c'était une guerre déclarée à ces poids lourds « qui puent, qui *polluent* » *(P. 10.7.78)*.

● **V. trans.**

On voit depuis quelques jours des autobus utilisant le gaz comme carburant sillonner sans les *polluer* les rues de Paris *(P. 24.2.75)*.

● **Part. passé substantivé.**

Parfois, juste retour des choses, les pollueurs sont aussi les *pollués (E. 6.8.73)*. Une victoire n'est possible que lorsque les *pollués* prennent eux-mêmes en main les actions à mener contre les pollueurs *(M. 30.4.74)*.
→ DÉPOLLUER.

POLLUEUR, EUSE subst. et adj. Se dit de qqn ou qqch qui *pollue**, qui dégrade l'*environnement**.

● **Subst.**

Un automobiliste très soigné déverse sur la chaussée son cendrier plein de mégots : je l'ai traité de « *pollueur* » *(C. 7.8.70)*. La Sécurité sociale pourrait percevoir les amendes payées par les « *pollueurs* » *(C. 10.10.70)*. (Pendant) la Quinzaine de la protection de la nature, du 2 au 16 mai, tous les Français, et singulièrement les élèves de 25 000 écoles seront invités à s'informer, à interpeller les administrations et les *pollueurs (E. 5.4.71)*.
Les *pollueurs* invétérés que sont les entreprises de cimenterie, de plâtrerie et autres fabricants de poussière *(VR 7.11.71)*. Les Pouvoirs publics ont prévu, contre les auteurs de pollution, des sanctions qui seront de plus en plus sévères. Les *pollueurs* seront les payeurs *(En. 18.10.73)*. En chaque plaisancier « à moteur » sommeille un *pollueur* qu'il convient de rappeler sans cesse à ses devoirs civiques *(M. 22.6.74)*. La mise au pilori des *pollueurs* est désormais l'arme numéro un de ceux qui veulent sauver la planète *(M. 27.3.75)*.
C'est l'industrie qui est la première *pollueuse* des eaux en France (...) Le classement des 235 « plus grosses *pollueuses* » est connu des spécialistes *(P. 10.7.78)*.

● Adj.

Les responsables de la Fédération de la pêche vous parleront de quelques *usines pollueuses* (A. 5.6.69).
Les trolleybus, les tramways (...) ne sont pas *pollueurs* (VR 18.6.72). Comme n'importe quel *industriel pollueur* que l'on veut empêcher de nuire, l'Aéroport de Paris répond en évoquant le spectre du chômage (M. 28.11.75). Pour eux (les jeunes plastiqueurs) le *progrès technique* est destructeur et *pollueur* (M. 5.7.78).

Rem. L'adj. *pollueur* est souvent syn. de *polluant* (adj.).

POLLUTION sf. Repris et rép. ~ 1960.

1. Dégradation de l'*environnement** par des produits *polluants**.

Plusieurs centaines de barils contenant des produits toxiques sont arrivés sur les côtes de la Cornouaille (...) Cette nouvelle forme de *pollution* pose des problèmes aux autorités maritimes (M. 26.1.72). Le problème de la *pollution* galopante dans les zones industrialisées et très habitées est en réalité un problème d'urbanisation (M. 7.6.72). L'acupuncture n'introduit aucun produit chimique dans l'organisme, à la différence de l'anesthésie classique qui provoque une agression et contribue gravement à la « *pollution* pharmaceutique » (A. Peyrefitte, 73). La *pollution* organique entretenue par les laiteries, abattoirs et toutes les industries alimentaires, ne peut pas être ignorée. Même si elle est beaucoup moins spectaculaire que la *pollution* chimique (E. 6.8.73). Un élevage de volailles était menacé de fermeture pour cause de *pollution* et de puanteur (O. 3.9.73). La *pollution* thermique dûe à l'échauffement artificiel des eaux par leur utilisation dans les circuits de refroidissement des centrales électriques classiques ou nucléaires (S. 12.73). En 1973, le ministère de la Santé demanda à ses laboratoires de réaliser sur 84 plages des contrôles de *pollution* bactérienne (P. 1.7.74). L'emploi abusif d'aérosols à toute occasion, pour tuer les insectes ou polir les boiseries participe à la « *pollution* aérienne » (VR 5.2.78). Le conseil des ministres devait approuver un nouveau plan de lutte contre la *pollution* marine par les hydrocarbures (M. 6.7.78).

2. Par ext. Dégradation de la *qualité** *de la vie* ; *nuisance** quelconque.

À mesure que la ville s'agrandit, la qualité urbaine tend à se diluer, l'ennui, le repliement deviennent les plus nocives des *pollutions* que subit le citadin (O. 1.3.71). Recycler les cerveaux en évitant leur stérilisante *pollution* par cette surcharge d'information en vrac qui les agresse (M. 6.1.72). L'homme de recherche se pose des questions sur le type de société, sur les risques de développer une sorte de « *pollution* sociale » par la recherche de l'efficacité pour l'efficacité qui détruit la société (Exp. 2.72). Cette *pollution* spirituelle (est) la pire de toutes parce qu'elle atteint les hommes au plus profond d'eux-mêmes et détruit en eux, avec la source des valeurs, la volonté et le goût de vivre (Onimus, 73). C'est comme si l'atmosphère devenait de nouveau irrespirable, comme si la *pollution* policière forçait tout le monde à l'exil (E. 27.8.73). La France va-t-elle abandonner le problème de la *pollution* architecturale aux non-professionnels, aux industriels du bâtiment ? (P. 30.9.74). Des lignes à haute tension dont les pylônes, souvent visibles à plusieurs kilomètres, n'embellissent pas les régions traversées. Pour combattre cette « *pollution* esthétique » (...) (M. 29.1.75). Une extraordinaire *pollution* visuelle suivrait le développement des centrales solaires : il faudrait 30 km² de capteurs pour (...) (M. 6.3.75). La croissance économique mal orientée favorise la *pollution* humaine, physique et psychique (...) Les progrès économiques entraînent une *pollution* sociale, l'augmentation de la morbidité et des dépenses de santé (M. 25.10.75). Une nouvelle *pollution* : le tourisme. Des experts donnent l'alarme (M. 1.10.77). Sous le flot des nuisances et de cette autre forme de *pollution* qu'est la spéculation foncière, les villes devenaient invivables (P. 10.10.77). Un colloque s'est consacré à une étude globale du son et de la *pollution* acoustique (M. 25.12.77).

POLY(-) Préfixe (du gr. *polus*, « nombreux », qui sert à former des adj. et des subst. comp. dont beaucoup appartiennent à des vocab. scientifiques ou techniques. Parmi les composés traités plus loin à leur place alphab., on trouvera quelques termes de chimie vulgarisés par la publicité. D'autres composés sont répartis dans les deux rubriques ci-après. L'emploi du trait d'union est rare devant une consonne, hésitant devant une voyelle.

● Adj.

Le moteur « *poly-carburant* » (utilisable avec différents carburants) est construit pour propulser une nouvelle génération de véhicules (Pub. M. 17.12.65). Des collectivités politiques, solidement structurées, se sont désorganisées sous l'effet d'une direction *polycéphale* (Freund, 65). Une chapelle *polyculte* (qui sert à plusieurs cultes) (M. 12.1.69). La tâche à accomplir (protéger la nature) est vaste, par nature « *polyministérielle* » (qui concerne plusieurs ministères) (C. 20.2.70).
Nous vivons dans un monde *polyculturel*. Le même individu peut être « catholique » – culture religieuse –, « Français » – culture nationale –, « humaniste » – culture humaniste (Lacombe, 71). Les étudiants revendiquent des enseignements *polydisciplinaires* et personnalisés (Elgozy, 72). La révolution est aujourd'hui « *polycentrique* » : loin d'être concentrée sur un seul objectif en un seul lieu (Guichard, 72). Un tel rajeunissement permet le développement de compétences générales et de qualités *polyadaptatives* (Morin, 73). Les éléments *poly-énergisants* que contient E (Pub. El. 17.12.73). Crème énergisante *poly-active* pour rendre à la peau son énergie naturelle (Pub. JF 11.2.74).

● Subst.

La *poly-énergisation* permet de suppléer aux déficiences de la peau en lui apportant nutrition et énergie (Pub. El. 17.12.73). Dans les toxicomanies modernes ou pharmacodépendances, on a bien souvent à faire à des *poly-toxicomanies* (Bensoussan, 74). Les lésions multiples, les *polytraumatismes* sont, du fait de la vitesse sur les routes, de plus en plus fréquents (E. 25.3.74).

POLYCENTRISME sm. ~ 1960. Pol. ■ Doctrine visant à multiplier les centres de décision ou de direction (dans un parti, un État, un bloc d'États, etc.).

La thèse du *« polycentrisme »*, c'est celle qui admet la diversité dans un parti, un mouvement politique *(PM 20.1.68)*. Aucun état-major, aucune bureaucratie, aucun dogme ne peut plus empêcher l'opinion américaine de préférer désormais les risques d'un *polycentrisme* mondial au rôle de policier universel *(E. 4.1.71)*. Le *polycentrisme* bureaucratique, les conseils ouvriers et les directeurs n'ont pas joué le rôle prévu par Tito *(Bauchard, 72)*. G. Marchais reconnaît un *« polycentrisme »* de fait, alors même qu'il le nie en droit *(P. 4.2.74)*.

POLYESTER [pɔliɛstɛr] sm. Mil. XXe. ■ Corps qui entre dans la composition de matières plastiques moulées et de fibres synthétiques.

Le matelas est en mousse de latex ou de *polyester* (...) Des placards à portes coulissantes revêtues de *polyester* blanc *(M. 21.4.66)*. Longue robe souple en jersey *polyester (JF 14.9.70)*. Portes d'accès en sandwich *polyester*-mousse de polyuréthane *(R.G.C.F. 5.72)*. Le *polyester*-coton est facile à entretenir, ne rétrécit pas et « tient » environ 32 lavages contre 20 pour le coton *(M. 25.1.78)*.

POLYÉTHYLÈNE [pɔlietilɛn] sm. Mil. XXe. ■ Matière plastique solide et translucide.

Les engrais constituent le principal débouché des sacs en *polyéthylène (M. 31.3.66)*.

POLYSTYRÈNE sm. Mil. XXe. ■ Matière plastique utilisée spécialement pour certains emballages et pour l'isolation.

L'emballage en *polystyrène* expansé, moulé spécialement aux formes du produit à protéger *(SV 12.69)*. Une balance de régime ou de cuisine en *polystyrène (El. 28.9.70)*. Le *polystyrène* est de plus en plus utilisé, soit pour la décoration, soit pour l'isolation thermique et phonique. Sa résistance mécanique dépend de sa densité *(VR 19.5.74)*.

POLYTRAUMATISÉ, E subst. et adj. ~ 1950. Se dit d'un blessé qui a subi plusieurs lésions graves au cours du même accident.

● Subst.

Un *polytraumatisé* (blessé atteint de plusieurs lésions graves causées par le même accident) peut, d'une minute à l'autre, sombrer dans l'inconscience définitive *(AAT 6.65)*. À Paris, trois hôpitaux seulement sont capables de soigner efficacement les grands *polytraumatisés (E. 17.7.67)*. Ces blessures dues à la vitesse sont redoutables. Pour les déceler il faut une grande habitude des *polytraumatisés* de la route *(E. 22.9.69)*.
Il faudrait créer un réseau de centres de *polytraumatisés (E. 8.2.71)*.

● Adj.

La plupart des blessés de la route sont *« polytraumatisés »* : contusion cérébrale, fracture maxillo-faciale, plaie de la rate (...) *(V.A. 6.9.71)*.

POLYURÉTHANE sm. ~ 1960. ■ Matière plastique utilisée notamment en ameublement.

Une nouveauté : le matelas en mousse de *polyuréthane*, souple et léger *(M. 13.1.66)*. Les *polyuréthanes*, matières plastiques qui révolutionnent l'ameublement *(E. 15.6.70)*. Un meuble de rangement suspendu en *polyuréthane* expansé blanc *(M. 11.10.70)*. Un nouveau danger pour les automobilistes : en cas d'incendie, les mousses de *polyuréthane* qui garnissent les sièges libèrent des gaz mortels *(P. 9.10.72)*.

POLYVALENCE sf. Fig. Mil. XXe.

● À propos de choses qui offrent plusieurs possibilités.

C'est la *« polyvalence* touristique » qui fait la richesse de la Bourgogne *(M. 16.6.65)*. La réforme des structures (universitaires) doit supprimer les systèmes de cloisons étanches qui séparent chaque professeur, chaque étudiant de tous les autres. Le régime des études doit préserver la *polyvalence* des savoirs *(M. 27.4.66)*. Il y a une *polyvalence* des mathématiques. La manière dont elles interviennent dans telle ou telle discipline ne dépend pas du domaine, mais de leur structure interne (Lichnerowicz : *E. 8.1.68)*. Motoculteurs et motohoues ont pour principale caractéristique leur remarquable *polyvalence*, puisqu'on peut y adapter aisément de multiples outils *(VR 27.4.69)*. Le transcontainer apporte la preuve de la *polyvalence* du rail *(VR 11.5.69)*. Si certains types de pneumatiques sont excellents sur sol sec, cette qualité n'est pas toujours maintenue sur sol gras. Les techniciens vont surtout chercher la *polyvalence* dans ce domaine *(A. 5.6.69)*. Le pneu-neige a acquis une *polyvalence* qui lui permet d'être utilisé sur route sèche sans inconvénients majeurs *(A. 12.2.70)*.

● À propos de personnes ou de collectivités qui ont des capacités ou des fonctions multiples.

Chez eux (les membres des grands corps de l'État), la multiplicité des fonctions est censée aller de pair avec la *polyvalence* des aptitudes *(Ca. R.1.56)*. Comme le Transport aérien militaire le souligne avec fierté, par la *polyvalence* de ses équipages, la sécurité de ses vols, il n'a rien à envier au transport aérien civil *(F. 17.11.66)*. (Le chemin de fer) se maintient grâce à une exploitation basée sur la *polyvalence* de chaque membre du personnel *(VR 7.12.69)*.
Paul VI pourrait confier à Mgr. P. la responsabilité des évêques. Cela indiquerait que le Pape cherche à accroître la *polyvalence* de son ami *(E. 12.2.73)*. Une plus grande liberté dans les activités sportives implique une certaine *polyvalence* physique *(M. 26.11.77)*.

POLYVALENT, E adj. et subst. Fig. (En dehors du vocab. de la chimie).
1. À propos de choses. ■ Qui a des fonctions multiples ; qui peut être utilisé à plusieurs fins.

○ Les motoculteurs motobineuses W. se présentent comme des *appareils polyvalents* (*VR 27.4.69*). Les *aspirateurs* sont *polyvalents*, brossent, aspirent, diffusent la cire et font briller (*E. 8.3.65*). Un *bateau polyvalent* conçu pour transporter aussi bien des trains que des camions, des transcontainers que des automobiles (*VR 2.11.69*). Un *centre de documentation polyvalent* de premier ordre, extrêmement rationalisé (*M. 26.8.64*). Le deuxième cycle des études de médecine (doit) conduire à des pratiques très diverses — omnipraticien, chercheur, enseignant, spécialiste — et l'*enseignement* doit donc y être souple et *polyvalent* (*M. 25.5.69*). Certains locaux auront des *fonctions « polyvalentes »* : le réfectoire fonctionnant en libre service pourra être utilisé pour les classes de chorale ou pour des conférences (*M. 23.2.66*). Des *machines* universelles ou *polyvalentes* peuvent être adaptées à des productions ou à des circuits de fabrication différents (*Ca.R.1.56*). Je pense aux « mouvements de jeunesse » et à leurs *pédagogies polyvalentes* (*Es. 2.47*). Les *postes (de télévision)* seraient *polyvalents* ; ils pourraient recevoir aussi bien les programmes français en Secam que les émissions P.A.L. (*E. 18.12.67*). Une *salle « polyvalente »*, qui pourra être utilisée selon les désirs des différents groupes (*M. 6.4.69*).

∞ Deux nouveaux *bateaux polyvalents* — transportant des voyageurs avec automobiles et des voyageurs sans automobiles — pour la traversée entre l'Angleterre et la France (*VR 21.11.71*). La station de ski de demain sera non seulement une station intégrée, mais la *station polyvalente* (*M. 29.1.72*). 40 km de *parcours polyvalent* — équestre, pédestre, cyclable — traversant la vallée de l'Oise (*P. 3.11.75*). Le cours de physique pour les élèves de terminale au *lycée polyvalent* de S. (...) (*M. 15.6.78*). Un effort particulier a été fait pour les équipements collectifs : palais des sports, « maison pour tous » avec *salles polyvalentes*, restaurant, etc. (*M. 20.6.78*).

2. À propos de personnes. ■ Capable d'exécuter plusieurs tâches, de remplir plusieurs fonctions.

● Adj.

○ Projet d'école d'*animateurs polyvalents* et non plus seulement hommes de théâtre (*E. 29.1.68*). Cet *artisan polyvalent* qu'est le forgeron (*Gendarme, 59*). Des *enfants* qui nous arrivent en sixième, les uns sont vifs, adroits, capables de s'intéresser à n'importe quoi, tendent donc à être *polyvalents* (*Es. 6.54*). L'*ingénieur polyvalent*, que sa formation rend aussi apte à calculer la trajectoire d'un obus qu'à gérer les grands corps de l'État (*E. 2.6.69*). À chaque enseignement son encadrement : un seul maître, instituteur, pour l'enseignement pratique ; quelques *maîtres polyvalents*, recrutés parmi les instituteurs, pour l'enseignement général court (*M. 22.7.65*). Les élèves (des écoles de la marine marchande) estiment que la formation d'« *officiers polyvalents* » qu'on leur fait subir ne correspond pas aux besoins de l'exploitation des navires automatisés (*M. 22.2.69*).

∞ Jusqu'alors *polyvalents*, les *cameramen* de la télévision sont menacés de spécialisation, condamnés à la dramatique ou au reportage à vie (*E. 8.2.71*). L'actuel *secrétaire* perpétuel de l'Académie française, exceptionnellement *polyvalent*, a été diplomate, député, plusieurs fois ministre (*VR 14.12.75*). L'« enrichissement des tâches » a consisté, dans l'atelier de sellerie-confection, à employer de nombreuses *ouvrières polyvalentes* pouvant donc facilement changer de poste (*C. 6.10.78*).

● Subst. masc. Spéc. (Par ellipse pour *inspecteur polyvalent*). Fonctionnaire de l'Administration des impôts, chargé de vérifier les comptes des entreprises.

Le « patron » de ce club est vulnérable. Sa politique des dessous de table prête le flanc à toute visite un peu sérieuse des *polyvalents* (...) En se plongeant dans les livres de comptes, les *polyvalents* ne peuvent éviter de découvrir les étranges pratiques du football professionnel français (*E. 15.1.73*).

POMPE À (ou : DE) CHALEUR sf. ~ 1970. Techn.
■ Appareil ou système d'échangeurs qui permet d'emprunter de la chaleur à un milieu extérieur (air, eau souterraine, plus rarement sol) et de l'utiliser par ex. pour le chauffage de l'eau sanitaire, la climatisation de locaux, etc.

Pompe à chaleur.

Nous étudions, avec d'autres industriels, un projet de construction de *pompe à chaleur* (...) Vous branchez quelque part un réfrigérateur que vous tournez à 180° (...) vous envoyez le froid dehors et la chaleur dedans. C'est ce qu'on appelle une *pompe à chaleur* (*E. 9.12.74*). Puisque le rendement et le prix des capteurs solaires sont d'autant plus avantageux que leur température de fonctionnement est basse, pourquoi ne ferait-on pas circuler dans les capteurs, pour l'y chauffer, de l'eau préalablement réfrigérée par les *pompes à chaleur* ? (...) Une synthèse originale des principales techniques nouvelles de chauffage : géothermie, solaire, *pompes à chaleur* (*O. 19.6.78*). À Madrid (...), dans un immeuble solaire de 18 étages, les façades cachent, derrière les reflets de verre fumé, des capteurs qui couvrent la moitié des surfaces. En ajoutant deux *pompes à chaleur*, un réservoir d'eau de 500 m³ (...) on obtient un système à « énergie totale » assurant la climatisation générale (*E. 3.7.78*).

Pompe de chaleur.

La maison de la Radio, à Paris, est équipée d'une *pompe de chaleur* de 1800 kw qui utilise une nappe souterraine à 27°, située à 600 m de profondeur (*GLE S.2, 1975*).

PONCTUEL, LE adj. Spéc. Mil. XXe.
■ Qui ne concerne que l'un des éléments d'un ensemble, qu'un objectif isolé, un seul point (par opp. à *général*, *global*). Localisé, parsemé.

○ L'*action ponctuelle* dans les entreprises fait partie d'une tactique longuement mûrie (*En. 30.1.71*). Par les possibilités de *décollage ponctuel* et de déplacements en tous sens qu'il offre, l'hélicoptère a pris une place prépondérante dans les domaines civil et militaire (*E. 1.4.68*). Un type d'urbanisation des villages et des villes sous forme d'*éléments ponctuels* proches, mais dissociés de l'agglomération existante (*C. 10.10.70*). La médecine moderne

PONCTUEL, LE

où le malade est vu de *façon ponctuelle*, pour employer un mot à la mode *(O.R.T.F. 11.9.70)*. Ce programme serait amorcé par des *opérations ponctuelles* et exemplaires : des « entreprises-pilotes » discuteraient et signeraient avec les pouvoirs publics des contrats d'étalement prévoyant un roulement partiel ou total dans les fermetures *(M. 8.11.70)*.

∞ Des organismes privés bénévoles s'engagent dans des *actions ponctuelles* d'aide au Tiers-monde dont la valeur est indéniable *(M. 6.6.72)*. La situation des Indiens des deux Amériques est inséparable du contexte économique et politique mondial, dans le cadre duquel elle peut seule s'expliquer, quelles que soient, d'autre part, l'intérêt et l'efficacité des *analyses ponctuelles (O. 22.1.73)*. En matière sociale (...) les *demi-mesures ponctuelles* se substituent à la volonté de réforme *(E. 21.5.73)*. La concentration des Juifs dans certaines grandes villes des États-Unis donne à leur vote un *rôle ponctuel* souvent décisif *(E. 22.10.73)*. Qui risque son argent dans l'immobilier ? Des investisseurs, petits et moyens, dont le *recrutement* est assez régional et *ponctuel (E. 25.2.74)*. Si de graves *problèmes d'emploi* demeurent dans la construction navale, ils ne sont plus chroniques mais *ponctuels (P. 18.3.74)*. Il existe sur la Libération une abondante *littérature*, plus *ponctuelle* que systématique *(M. 12.7.74)*. Dans les siècles anciens, des poussées de hausse des prix agricoles étaient toujours liées directement à des *événements ponctuels*, guerres ou chutes des récoltes en particulier (...) Certes, en France au XVIIIe siècle, ce qu'on pourrait appeler pompeusement l'*industrie* lourde existe, mais très *ponctuelle* : quelques mines de métaux et de charbon, sans plus *(P. 9.12.74)*. Le gouvernement français multipliera les *actions* de relance *ponctuelles* pour éviter que le recul de la production industrielle ne dépasse les 5 % actuels *(E. 6.1.75)*. Le blocage des loyers et des charges ne peut être qu'une *mesure ponctuelle* en attendant une vraie politique du logement *(P. 13.1.75)*. Des *oppositions* plus vécues que conscientes, plus *ponctuelles* que continues, plus passives qu'agressives *(M. 23.2.75)*. Aucune *mesure ponctuelle* ne pourra éviter la réforme qui donnerait les moyens de distinguer la masse des petits délinquants des professionnels du crime *(E. 24.11.75)*. Au-delà des *activités ponctuelles*, les éducateurs de rues pensent au long terme *(C. 17.1.76)*. Les *efforts* de l'Office national des forêts sont *ponctuels* : il s'est fixé pour but de réaliser une ou deux chasses-pilotes de petite surface par an *(M. 3.4.76)*. L'informatique va bouleverser une culture individuelle constituée principalement de l'accumulation de *connaissances ponctuelles (M. 25.5.78)*. Les besoins en bâtiments n'existent plus indistinctement sur tout le territoire, comme au lendemain de la guerre, mais de *façon ponctuelle* : logements sociaux, locatifs, équipements scolaires ou hospitaliers *(M. 6.7.78)*. Les mesures adoptées par le gouvernement ne constituent pas à proprement parler un plan, puisqu'elles pèchent par une certaine timidité, des imprécisions et par leur *caractère ponctuel (M. 6.7.78)*. Mises à part certaines grandes *opérations ponctuelles*, les Parquets ne seront plus connaître à l'avenir les dates et les lieux de contrôle d'alcoolémie au volant *(C. 15.9.78)*.

Rem. L'adverbe « *ponctuellement* » est également attesté dans ce sens.

Il vaut mieux agir vite et *ponctuellement* contre la récession plutôt que de devoir trop faire un jour parce qu'on aurait trop attendu *(E. 27.1.75)*.

→ -EL.

PONGISTE sm. Mil. XXe. ■ Joueur de ping-pong.

La délégation des *pongistes* américains a accepté l'invitation adressée le 7 avril par l'équipe chinoise de ping-pong de se rendre en Chine populaire (...) l'équipe américaine de ping-pong (...) disputera sa première rencontre publique avec les *pongistes* chinois *(M. 9.4.71)*. Les *pongistes* américains vont jouer dans une rencontre (de ping-pong) en Chine populaire *(R.S.R. 10.4.71)*.
En décidant de dialoguer avec les États-Unis, par *pongistes* interposés au départ, et par le canal diplomatique ensuite, la Chine de Mao fait du gaullisme sans le savoir *(En. 4.11.71)*.

PONTAGE sm. ~ 1970. Méd. ■ Technique de chirurgie cardiaque qui consiste à court-circuiter une artère obstruée en greffant soit un fragment de veine prélevé sur le malade, soit un tube de plastique.

Une des plus belles audaces de la chirurgie cardiaque de ces dernières années : le *pontage (E. 24.4.72)*. J. Kulin avait mis au point, en 1967, une nouvelle méthode simple et efficace : le « *pontage* ». Il s'agit de greffer « en pont » un fragment de veine du malade (...) en l'aboutissant d'une part à l'aorte, d'autre part à la coronaire atteinte, en aval des lésions qui l'obstruent. Cet itinéraire-bis permet une irrigation satisfaisante du myocarde. De tels « *pontages* » peuvent être réalisés sur une ou plusieurs branches coronaires au cours de la même opération *(P. 9.10.72)*. En l'absence de moyens médicamenteux véritablement efficaces pour prévenir l'infarctus du myocarde, la revascularisation du muscle cardiaque par « *pontage* » devrait connaître des développements importants *(M. 6.9.74)*. Le *pontage* constitue un des progrès majeurs de la cardiologie car il permet de soulager la souffrance occasionnée par les crises *(C. 14.2.79)*.

Rem. Ce terme est recommandé officiellement, parmi d'autres, pour remplacer l'anglicisme *by-pass*.

POOL [pul] sm. Spéc. ~ 1960.

1. Ensemble de personnes qui, dans une entreprise, sont réunies pour effectuer un même travail.

Il a foutu dehors une secrétaire en l'humiliant devant tout le « *pool* » des dactylos *(Saint Pierre, 70)*. Ces vastes services dactylographiques, les *pools*, sont fréquents dans les banques et les compagnies d'assurance. Tristement réputé, le vocable est remplacé de plus en plus par celui de « centrale dactylographique » *(Exp. 2.71)*. Ces immenses *pools* de dactylos où plusieurs dizaines de machines à écrire fonctionnent en même temps *(Amblès, 72)*. Si on mettait un homme dans un *pool* de dactylos, il taperait moins vite et se ferait payer plus cher, donc on n'en met pas *(E. 21.5.73)*.

2. Équipe qui se consacre à une tâche commune.

Les réalisations européennes pour l'atome et l'espace ont consisté en actions complémentaires par rapport aux initiatives des nations et de leurs industries. Elles ne sont aucunement comparables à des *pools* de recherche scientifique et technique *(Perroux, 69)*. La médecine de groupe, c'est très bien : un *pool*, avec des spécialistes qui travailleraient tous ensemble. La médecine ferait plus de progrès *(N 10.72)*.

POP'ART

POP [pɔp] adj. inv. et subst. (Mot angl., de *popular*, « populaire »).
■ Forme de musique populaire d'origine anglo-saxonne dérivée de genres divers (folk song, rock, etc.).

Rem. 1. *Pop* : abréviation américaine de « popular », cet adjectif a d'abord été employé dans les arts plastiques avec le « pop art » dans lequel des éléments empruntés à la vie quotidienne – affiches, magazines, photos – entrent dans la composition du tableau. Puis il s'est étendu à la musique de variété avec la « pop music », qui fait fureur aujourd'hui chez les jeunes. La « pop music » a deux composantes principales l'une frénétique, le rock and roll, l'autre plus calme et mélancolique, le folk song *(R. 3.70)*.

Rem. 2. Il y a dix ans, le mot *« pop »* – popular – désignait une musique d'ambiance, illustrée notamment par le célèbre orchestre *« pop »* de Boston. Aujourd'hui, poussé par le « pop art », le vocable qualifie un genre assez vague *(VA 6.9.71)*.

● **Adjectif postposé ou apposition**

○ Ils se sont fait complices de la foule, et cette complicité, ils la racontent dans « Ça, c'est New York », un petit *album « pop »*, témoin fidèle de la grande ville qu'ils ont aimée *(E. 5.6.67)*. L'*art pop* refuse les matériaux traditionnels de la peinture et de la sculpture. Il est aussi capable de faire musique de tout bruit *(FP 9.70)*. En 1968, plus d'un million de Français ont débarqué dans la capitale britannique pour y hanter les *boîtes* les plus *« pops »* de la ville *(A. 5.6.69)*. Nous avons transformé des mètres-toile de couturière en *bracelets-montres pop (FP 4.69)*. Un *cabaret pop* envahi de ballons multicolores *(M. 22.7.69)*. Laquez les manches (de balais) de teintes vives, en bandes contrastées et vos balais deviendront *décor pop* ! *(FP 5.70)*. « Minimax », c'est le nom de la nouvelle *émission « pop »* de Radio-Luxembourg *(F. 11.11.66)*. Un des spectacles les plus drôles de Paris, « Une soirée chez les Marx Brothers » revue et corrigée par un *Feydeau* britannique très *« pop » (PM 13.1.68)*. Les Beatles, James Brown et Johnny Hallyday sont des *interprètes « pop » (O. 30.4.68)*. Elle était connue et acceptée dans les milieux d'avant-garde, et moi, j'étais accepté et connu dans le *milieu pop (E. 23.3.70)*. Il n'aime pas l'idéologie vague du *monde « pop »* et (pourtant) c'est un *musicien pop* de talent *(E. 11.5.70)*. (...) des élaborations ou *montages « pop »* trop souvent transposés d'outre-Manche et d'outre-Atlantique, *(M. 14.1.66)*. Bobbie (Bob Dylan) ce monstre qui, avec les Beatles, a donné ses lettres de noblesse au *mouvement « pop » (O. 24.1.68)*. La *musique « pop »* a trouvé, grâce à ce poste (émetteur de radio) sa meilleure illustration et son plus réel succès d'écoute *(F. 2.11.66)*. Au son de la musique des *orchestres pop (E. 12.4.71)*. Entre l'abstraction lyrique ou géométrique, la figuration nouvelle ou traditionnelle ou les *peintres « pop »*, jamais peut-être dans l'histoire les expressions artistiques n'ont été aussi diverses *(M. 13.3.69)*. Le répertoire des œuvres inscrites au programme comprend aussi bien des classiques de la musique symphonique et du théâtre grec que des ballets modernes et des *pièces « pop » (F. 23.8.66)*. On piétina dans la sciure, on dansa sur des *rythmes pop (F. 24.11.66)*. Radio-Caroline fut pendant quatre ans et huit mois la station-pirate la plus écoutée et la plus redoutée du monde. Son *style « pop »* influença jusqu'à la digne B.B.C. *(E. 17.3.69)*. À Londres la grande *vague pop* est en reflux *(E. 18.1.71)*. Les *vedettes pop* donnent dans la très longue durée. Doubles albums, deux 30 cm, 80 minutes de musique enregistrée *(O. 2.12.68)*. Après le pop-art, la pop-music, les traditionnelles petites Volkswagen peintes *« pop »* voici la *ville pop* : 600 m² de rayons au Printemps *(FP 11.70)*.

○○ Le maire d'Aix-en-Provence bénéficie d'un regain de popularité pour avoir tenté d'interdire un *festival pop (E. 29.3.71)*. Des *messes pop* pour les jeunes ont lieu à N. D. des Champs, à Paris, mais dans la crypte pour ne pas effaroucher les adultes *(E. 3.9.73)*. Les lueurs bouffonnes et subversives de cet *opéra pop' (O. 7.4.74)*.

● **Substantif**

Que beaucoup des exposants soient délibérément à la remorque du *« pop »* américain, voilà qui saute aux yeux dès l'entrée *(M. 24.7.64)*. La tradition de la jeune peinture, voire d'un certain réalisme socialiste, nous revient dans les fourgons de la néo-figuration et d'un *« pop »* aux relents de populisme *(M. 14.1.66)*. Le *pop* représente dans le monde une force non violente extraordinaire *(E. 17.3.69)*. D. A. musicien pop de talent, mais aussi ancien professeur de philosophie, refuse le *pop (E. 11.5.70)*. Le *pop* a perdu ses symboles les plus ornés (...) les Beatles eux-mêmes, image parfaite de l'apogée du *pop* des années 1960 (...) *(E. 18.1.71)*.
50.000 fans ont tué à St-Ouen le *« pop de papa » (PM 24.4.73)*. À l'art verbal jugé trop isolant a commencé de succéder l'espéranto libertaire et grégaire du *« pop »* en quoi s'incarne l'idéal moderne de communauté émotionnelle *(M. 6.9.73)*.

Rem. 3. L'anglicisme *« pop(-)music »* **ou** *« pop'music »*, **parfois à demi francisé en pop musique, est aussi employé.**

Arrivé sur la scène du jazz et de la *pop-music* à la vitesse d'un météorite, il est depuis longtemps entré vivant dans la légende *(E. 7.10.68)*. Les instruments indiens et la musique indienne envahissent tout un secteur de la *Pop Music (E. 20.4.69)*. Que chanterait le nouveau Barrès s'il avait les cheveux longs et contestait l'univers des machines à laver et de la pollution en écoutant de la *pop music* ? *(E. 23.2.70)*. Pour eux, la *pop-music* ne n'était pas qu'une passion. C'était aussi l'espoir de devenir autre chose *(PM 14.11.70)*. La *pop'music* a une forte teneur en décibels *(M. 11.2.71)*. On comprend l'étonnement, voire la frayeur de l'adulte devant un orchestre de *pop'music* (...) Des sons déchirants lui meurtrissent les oreilles, des chanteurs, parfois avec un rictus de souffrance torturent leurs instruments *(Onimus, 72)*. Au festival du son, l'amateur va d'un stand à l'autre, écoute ici un fragment de *pop-music* ou de « disco », là une symphonie *(VR 23.4.78)*.
50.000 fans (...) sont venus là pour signer tous ensemble l'acte de décès de la *pop musique* d'hier *(PM 24.4.73)*.

→ POPISANT, POPISTE.

POP'ART [pɔpar] ou [pɔpart] sm. ~ 1955 (Mot angl., de *« popular art »*). ■ Forme de création plastique qui utilise des objets quotidiens, des affiches publicitaires, etc.

Le *pop'art* n'est peut-être que la volonté d'arracher les objets à leur signification fonctionnelle. Même si ce n'est pas un art, c'est au moins une morale, une attitude devant la vie *(Garaudy, 72)*.

POP-CORN [pɔpkɔrn] sm. (Mot am.) ■ Grains de maïs éclatés et sucrés.

Des morceaux de carottes séchés et « explosés » comme du *« pop-corn »* cuisent en cinq minutes au lieu de trente *(F. 22.11.66)*.
Manger des glaces, du *pop corn*, des chips, des gâteaux en buvant l'habituel Coke *(Bertin, 72)*.

POPISANT, E adj. ■ De tendance *« pop* »*.

Chambers, qui met une certaine poésie dans sa tentative pour éterniser l'instant et dont le goût pour le camaïeu et le brouillard évoquerait un *Eugène Carrière « popisant »* *(M. 19.1.68)*. Une orgie visuelle du style psychédélique qui appartient à la *peinture « popisante »*, ou du moins à ses avatars décoratifs *(M. 31.5.69)*.

POPISTE adj. et subst. ■ Fervent du *pop**, de la *pop* musique*.

Les *popistes* se sont assagis, civilisés. Ils ont toujours les cheveux longs, mais les idées moins courtes *(PM 21.4.73)*.

POP(-)MUSIC
→ POP, Rem. 3.

POPULATION sf. Spéc. ■ Ensemble limité d'« individus », d'unités de même espèce, soumis à une étude statistique.

Rem. De ses applications démographiques, qui sont les plus anciennes, la statistique a gardé l'habitude de nommer *« population »* tout ensemble d'objets quelconques soumis à son analyse et « individu » chacun de ces objets, chacun des éléments de l'ensemble. De ce point de vue, on peut considérer un texte comme une *« population »* de phrases ou de mots ou de phonèmes, etc. *(Muller, 68)*.

♦ Les voyageurs les plus jeunes émettent des opinions moins favorables que les autres voyageurs, le clivage se faisant autour de 40 ans, comme si pour ces deux *« populations »*, le système de référence était différent *(R.G.C.F. 11.74)*.

POPULATIONNISTE adj. et subst. ~ 1955. ■ Partisan d'un important accroissement de la population.

● Adj.

Le Coran interdit le prêt à intérêt et autorise la polygamie ; ceci traduit simplement un mépris des biens de ce monde et une *doctrine populationniste (Gendarme, 59)*. En dépit de la crise du logement, la France, pour des raisons *« populationnistes »*, laisse s'installer sur son territoire un nombre relativement élevé de familles de travailleurs (étrangers) *(M. 25.6.64)*.
L'Institut national d'études démographiques a la réputation singulière d'être animé par une doctrine *populationniste*, parfois même il a été accusé de faire une propagande dans le même sens *(Sauvy, 70)*.

● Sm.

Les *« populationnistes »* vont se lamenter, rendant la contraception responsable d'une baisse de la natalité cependant prévisible *(O. 27.12.67)*.

PORNO [pɔrno] adj. et subst. Abrév. fam. de *pornographique* ou *pornographie*.

● Adjectif.

Une cure de vrai cinéma *porno* : sur les neuf salles de P., cinq projettent en permanence des films « sexy » *(O. 9.4.73)*. Les grands caïmans du cinéma français submergent le pays d'œuvres techniquement parfaites mais fondamentalement *« pornos »* où des auteurs libèrent leur « libido » en délire *(C. 21.9.74)*. Une immense flotte de films *« porno »* avait commencé, depuis plusieurs années, à faire la fortune de leurs producteurs *(PM 4.1.75)*.

● Subst. masc.

Ses détracteurs (d'un cinéaste) l'appellent dédaigneusement « le Napoléon du *porno* », ses admirateurs le sacrent volontiers « l'Antonioni de l'érotisme » *(PM 24.6.72)*.

● Subst. fém.

Contre la *porno* au cinéma, il y a la censure (...) La réaction la plus efficace contre la *porno*, c'est l'absentéisme *(Pa. 8.74)*.

Rem. Le composé *porno(-)shop* ou *pornoshop* sf. est attesté.

On compte, sur moins de 400 mètres, cinq *« porno shops »*, c'est-à-dire cinq boutiques de matériel pornographique *(E. 14.7.69)*.

Rem. **D'autres exemples sont énumérés in *B.d.m. n° 3, 1972*.**

PORTABLE adj. et subst. (D'après l'angl. *« portable »*). Radio, télév. ■ Se dit d'un récepteur portatif.

● Adjectif

La transistorisation des téléviseurs a commencé depuis plusieurs années. Il n'y a pas de problèmes pour les téléviseurs *portables* noir et blanc ; en revanche la couleur est le souci des laboratoires *(C. 19.1.72)*.

● Subst. masc.

À l'époque de la couleur, il ne suffit plus qu'un *portable* noir et blanc soit un bel objet *(Pub. P. 28.5.73)*. Dès 1968, le 1er *portable* couleur était mis au point *(Pub. E. 10.12.73)*.

PORTE(S) OUVERTE(S)

PORTE- Premier élément d'adjectifs ou de substantifs composés désignant des appareils, des navires, des véhicules, etc., utilisés pour porter ou transporter ce que désigne le deuxième élément.

Rem. **Quelques composés sont traités plus loin à leur place alphab.**

Les météorologistes travaillent dans le nouveau bâtiment construit à leur intention. Le bâtiment n'a qu'un rez-de-chaussée. C'est la plate-forme *porte-antennes* haute de 15 mètres qui attire l'œil *(M. 14.5.66).* 150 fourgons *porte-autos,* destinés aux trains « auto-couchettes » sont spécialement conçus pour les trains de voyageurs, c'est-à-dire aptes aux grandes vitesses *(M. 5.12.67).* Une galerie *porte-bandeau,* qui sert à disposer un bandeau devant un voilage *(FP 4.69).* 100 000 conteneurs ont été chargés à Anvers en 1969 par navire *porte-barges (C. 10.6.70).* Landau transformable en *porte-bébé (Pub. FP 4.69). Porte-bidon* d'huile en métal *(A.A.T. 10.69).* Les chantiers français ont pris la commande de six *navires porte-cadres (M. 20.2.68).* Mise en service du premier *train porte-cadres* Paris-Londres *(M. 24.4.68).* Le premier navire *porte-chalands* du monde construit au Japon *(PM 8.3.69).* Un *porte-clés* gratuit à tout acheteur d'une bombe aérosol désodorisante et parfumée *(Pub. M. 17.5.66).* Ces deux candidats sont farouchement contre la diffusion des *porte-clés,* mini-gazettes et autres gadgets électoraux *(F. 8.2.67). Porte-containers* : wagons plats spéciaux pour le transport de grands containers *(M. 5.12.67).* Le navire *porte-containers* vient s'ajouter à la variété des bâtiments *(C. 24.12.69).* La force amphibie atlantique (doit compter aussi) un croiseur *porte-engins* (...) *(F. 24.11.66).* On peut se servir des coupelles comme *porte-fleurs* sur une table *(M. 8.12.64).* Le *porte-hélicoptères* « Jeanne-d'Arc » est entré en rade de B. après une croisière en hémisphère nord *(M. 18.6.66).* Rien ne manque à cette installation sanitaire astucieuse : *porte-peignoir, porte-savon, porte-serviette (Pub. VR 20.4.69).* (Elle) prend dans le *porte-revues* les derniers numéros d'« Express » et de « Candide » *(Beauvoir, 66).* Ce *porte-skis* se verrouille sur la voiture et les tiges qui maintiennent les skis se verrouillent elles-mêmes. Autre originalité, il reçoit des *blocs porte-ski* en plastique *(A. 29.1.70).* La S.N.C.F. commandera 55 wagons « *porte-transcontainers* » *(M. 5.12.67).* Pour faire flotter les usines : un navire *porte-usine,* spécialement conçu pour le transport de grosses masses indivisibles *(E. 29.3.71).* Un navire « *porte-usines* » (...) qui sera spécialisé dans le transport des (...) grosses pièces de chaudronnerie telles que les colonnes de distillation pour les raffineries *(M. 3.4.71).* (Le) mobilier d'une chambre d'hôtel consistait, en tout et pour tout, en un lit, un *porte-valise,* une table, une chaise *(A. 15.8.68).* Le *porte-verre* à dents et le *porte-savon* doivent être l'un et l'autre d'un nettoyage aisé, d'une pose facile *(VR 20.4.69).* Les remorques *porte-wagons* assurent annuellement 0,175 M de tonnes de transports *(R.G.C.F. 11.66).*

PORTE-AÉRONEFS sm. inv. ~ 1960 (D'après *porte-avions*). ■ Navire de guerre aménagé pour le transport, l'envol et l'appontage des avions, hélicoptères, etc.

Un *porte-aéronefs,* qu'il soit porte-avions ou porte-hélicoptères, est un aérodrome mobile qui permet de disposer d'aéronefs là où l'absence ou la non-disposition d'aérodromes terrestres interdirait l'usage d'aéronefs basés à terre *(M. 27.1.73).*

PORTE-CONTENEURS sm. inv. ~ 1972. ■ Navire conçu pour transporter des *conteneurs**.

Un *porte-conteneurs* effectue environ vingt-six rotations par an entre l'Europe et l'Amérique du Nord *(En. 7.12.72).* Pour charger 10.000 tonnes de marchandises diverses il fallait 7 jours avec un navire classique, 15 heures suffisent avec un *porte-conteneurs.* On compte dans le monde plus de 1.500 bateaux *porte-conteneurs (M. 16.5.74).* À La Ciotat, on vit au rythme de la construction des *porte-conteneurs* ou des méthaniers *(E. 24.7.74).*

Rem. **Ce terme est officiellement recommandé de préférence à l'anglicisme** *porte-containers* **qui cependant reste en usage. Cf. ci-dessus, article** *porte-* **et, en outre :**

Le *porte-containers* « Korrigan » devait être doté d'un moteur atomique. « Trop cher ! » concluent les experts *(P. 11.3.74).*

PORTE-DOCUMENTS sm. Mil. XXe. ■ Serviette rectangulaire, très plate et sans soufflets.

Il ouvrit son *porte-documents* dont il sortit deux dossiers *(Saint Pierre, 70).* On distingue les cadres à leur air sérieux et à leur *porte-documents (Bodard, 71).* J'ai vu récemment une Parisienne sur une mini-moto (...) porter en sautoir un *porte-documents (M. 29.6.74).*
→ATTACHÉ-CASE.

PORTE(S) OUVERTE(S) loc. ~ 1970. Généralement dans les tours « *opération portes ouvertes* » ou, plus rarement « *journée portes ouvertes* ». ■ Possibilité offerte au public de visiter librement, pendant un temps limité (une journée par ex.), les installations et les locaux d'une entreprise, d'un service public, etc., afin d'informer les visiteurs et de les intéresser au fonctionnement, à l'organisation de l'entreprise ou du service public en question que l'on souhaite faire mieux connaître.

« Opération *portes ouvertes* » : Sous ce titre, le ministère de l'Éducation propose aux élèves de visiter avec leurs parents l'établissement dans lequel ils sont affectés, d'y rencontrer les maîtres *(F 8.9.70).* L'opération « *porte ouverte* » à la Préfecture permettra aux Parisiens, grâce à divers programmes de visite, de connaître par exemple le fonctionnement de police-secours, ou de la brigade fluviale (...) *(M. 16.1.71).* Au cours de cette semaine, les enseignants et les chercheurs vont animer des opérations *portes ouvertes* et des conférences-débats dans toutes les disciplines *(M. 15.3.72).* À la fin du mois, le 129e Régiment d'Infanterie organise la cérémonie traditionnelle des « *portes ouvertes* », au cours de laquelle la population est appelée à venir dans la caserne *(O. 23.12.72).* Les agents de voyages organisent le 27 avril leur première opération « *portes ouvertes* ». De 10 à 20 heures, le public sera invité à venir voir de plus près à quoi ressemblent ces officines *(M.*

PORTE(S) OUVERTE(S) 472

28.4.73). Les commandants des régions militaires ont reçu des directives leur demandant d'organiser dans différentes casernes des opérations « *portes ouvertes* » pour les ecclésiastiques (...) Les évêques vont donc pouvoir juger l'Armée sur son terrain *(E. 26.11.73).* Signalons une journée « *Portes ouvertes* » dans les ateliers d'artistes *(C. 2.3.78).* En invitant la presse à une journée « *portes ouvertes* », le P.-D.G. du groupe Ch. savait bien qu'il courait le risque de voir décrire sans complaisance les conditions de travail dans son entreprise (...) Le but de cette visite : présenter côte à côte les installations vétustes et les plus modernes (...) *(M. 24.9.78).*

PORTIQUE sm. ~ 1970. Spéc. (Dans un aéroport). ■ Dispositif qui permet de contrôler si les passagers transportent des armes ou des explosifs sur eux ou dans leurs bagages.

Certaines compagnies aériennes ont installé des *portiques* magnétiques destinés à détecter les armes et les explosifs que contiendraient les bagages à main ou que cacheraient, sur eux, les passagers *(F. 8.9.70).*

PORTOIR sm. ■ Brancard destiné au transport des blessés.

Le *portoir* à lames démontables permet de soulever le blessé sans lui faire subir la moindre manipulation. Enfermé dans ce « *portoir* » le blessé est posé sur un brancard, amené à l'hôpital *(A.A.T. 6.65).* Le transport d'un blessé pose de délicats problèmes. Les cars de police-secours ont été dotés d'un brancard porteur, un *portoir*, mis au point par des spécialistes *(M. 6.7.66).*

-PORTRAIT Second élément de subst. comp. ■ Qui donne ou permet de faire le portrait (fig.) de quelqu'un.

Piqué de citations de films qui éclairent un bon moment la personnalité de l'acteur, ce *document-portrait* (le « Festival Jerry Lewis » à la télévision) est excellent *(M. 25.12.68).* Charles, acceptant de participer à une *émission-portrait*, télévisée, se raconte, se démasque *(M. 17.1.70).* Nous avons donc, à défaut d'une grande exposition B., une *exposition-portrait* dont le ton n'aurait pas déplu à celui qu'elle honore : on entend sa voix, on le voit dans des extraits d'un film en couleurs examiner des dessins, et les commentaires des pièces sont tirés de ses textes *(M. 4.11.66).* Le recueil de tous les discours d'Alexandre D. d'octobre 1967 à octobre 1968 (est précédé) d'une *préface-portrait* de D. par Michel T. *(E. 13.4.70).* Une *interview-portrait* saisissante du ministre de l'Information *(E. 4.1.71).* Un *film-portrait* chaleureux en diable : une ovation salua la fin du film *(M. 22.5.74).*

PORTRAIT-ROBOT sm. Mil. XXe.

1. Portrait d'une personne recherchée par la police, constitué à l'aide d'informations signalétiques données par des témoins.

Que manque-t-il à un « *portrait-robot* » pour être un vrai portrait ? La vie, ou plus exactement cet air de vérité qu'on ne saurait confondre avec la simple ressemblance *(M. 24.3.64).* Son nouveau visage (après un grave accident de voiture et un long traitement) a quelque chose d'immobile, de mécanique, de presque inhumain. Nous écririons aujourd'hui qu'il a la froideur, le caractère gelé d'un *portrait-robot*. Tout s'y trouve pour imiter la vie, mais la vie est absente *(Gautier, 65).* La police, qui poursuit son enquête sur le meurtre du leader algérien, va distribuer dans tout le pays un *portrait-robot* de son assassin. Ce portrait a été dessiné d'après les indications de sa veuve et de son beau-frère qui ont vu le meurtrier quelques instants avant le drame *(F. 7.1.67).*

2. Par ext. ■ Ensemble des caractéristiques (physiques, psychologiques, etc.) qui permettent d'élaborer la typologie d'une catégorie de personnes.

O Comment pourrait-on tracer le *portrait-robot* de l'autodidacte ? *(FP 9.70).* Tracé statistiquement, le *portrait-robot* de l'automobiliste français s'établit ainsi : il roule habituellement à 96,8 km/h (...) *(E. 8.4.68).* Le *portrait-robot* du cadre français nous montre qu'à âge et à taille égaux à ceux de son père, il pèse dix kilos de moins que lui *(En. 11.5.68).* Le *portrait-robot* du candidat idéal de la gauche *(Sainderichin, 66).* Dans douze salles d'exclusivité, ils (les directeurs de cinémas) ont fait distribuer 150 000 questionnaires. 20 000 personnes ont bien voulu y répondre. L'accumulation de ces renseignements leur a permis de dresser un *portrait-robot* de leur clientèle *(E. 4.12.67).* Les services commerciaux ont établi un *portrait-robot* de conducteur et un modèle type de voiture pour le Marché commun *(PM 5.10.68).* Un *portrait-robot* de l'épargnant français traditionnel *(E. 19.1.68).* Le docteur donna quelques aperçus sur la morphologie et la psychologie de l'*escrimeur*. Son *portrait-robot* peut se dessiner ainsi : 1,76 m, 87 kilos, enfourchure de 86,50 cm *(M. 1.11.66).* Le « *portrait-robot* » de la femme cadre pourrait apporter d'utiles indications aux nombreux organismes qui se penchent actuellement sur les problèmes de la femme au travail *(M. 13.1.66).* Brosse argentée, visage tout juste bronzé hiver comme été, beau regard bleu-bébé, mains capables, tailleur gris bien coupé, une quarantaine sèche, musclée... voilà, pour des millions de Français, le *portrait-robot* du « grand industriel » *(M. 4.8.65).* Nous avons eu droit (dans une soirée de variétés) au *portrait-robot* du mari idéal *(M. 11.10.61).* On ne peut faire aucun *portrait-robot* du professeur *(E. 19.9.66).* Le *portrait-robot du scientifique* mérite autant de retouches que le *portrait-robot* de l'homme moderne, qu'il a d'ailleurs largement inspiré *(Duquesne, 70).* Une enquête portant sur 162 athlètes (...) a abouti à une espèce de *portrait-robot* psychologique de l'ensemble *des sportifs* français *(M. 26.3.70).*

∞ Intelligence au-dessus de la moyenne, émotivité exagérée, rejet des valeurs familiales, substitution d'une religion maoïste nouvelle à la foi catholique reçue, conception simpliste de la politique internationale, tel est le *portrait-robot* du militant F.L.Q. (Front de libération du Québec) brossé par un psychiatre de Montréal *(E. 26.10.70).* Il fallait dessiner un nouveau *portrait-robot* du parfait candidat et du parfait élu *(Vianson, 71).* Un sondage de l'Ifop esquissait un *portrait-robot* des consommateurs de (...) *(E. 3.1.72).* Le *portrait-robot* du préfet qui réussit aujourd'hui dans la Ve République est assez facile à faire. Il approche la cinquantaine (...) il a fait l'École nationale d'administration (...) il est passé par un cabinet ministériel *(E. 11.6.73).* Jean d'Ormesson, dans son livre « Au plaisir de Dieu » a composé un *portrait-robot* de l'aristocratie française en empruntant des traits à bien des modèles *(P. 24.6.74).* Une étude publiée par l'I.n.s.e.e. dresse le *portrait-robot* de l'adepte du camping-caravaning *(M. 2.7.78)*. Avec son accent banlieusard, son humour râleur, son faux cynisme, sa vraie tendresse, il présente le *portrait-robot* du titi parisien *(M. 7.7.78)*. La semaine dernière, une première vague de pronostics sur l'élection du prochain Pape a déferlé. On a dressé des listes de « papabili ». Maintenant s'annonce une deuxième vague, celle des *portraits-robots*, construits à partir de la considération de l'ensemble des tâches qui attendent le successeur de Paul VI (...) Chaque portrait idéal sera forcément marqué par une mentalité particulière *(C. 17.8.78)*.

3. À propos de choses : ensemble des caractéristiques d'un appareil, d'une machine, etc.

Le *portrait-robot* de l'*appartement* ancien « habitable » : cet appartement doit comporter une cuisine, une salle d'eau (...), un W.C. privé *(F. 21.10.66)*. L'aéronautique française attend « Airbus ». Il faudra d'abord tracer le *portrait-robot* de *cet avion* puis en lancer la fabrication *(E. 17.10.66)*. Mêmes parkings, mêmes immeubles, et pourtant rien n'en sort. Je veux dire aucune ressemblance frappante. C'est une sorte de *portrait-robot* (d'une *ville*) *(Bernard, 64)*. De ce *voilier* à tout faire, synthèse du fantasme et de l'effectué, on peut faire le *portrait-robot* : moins de 7 mètres de long, juste ce qu'il faut de voile pour se faire plaisir sans danger, solide, stable, facile à entretenir *(O. 20.1.69)*. (Des) sondages et études de marché donnent un *portrait-robot* de la *voiture* : 5 places, grand standing, confort supérieur, performances brillantes, sécurité exceptionnelle *(E. 20.12.65)*.

4. À propos d'abstractions : ensemble de traits caractéristiques, de conditions, etc.

Les deux hommes sont assez dépassionnés pour pouvoir tracer ensemble un *portrait-robot* de la paix au Proche-Orient *(E. 28.8.72)*.

P.O.S. [peɔɛs]
→ PLAN D'OCCUPATION DES SOLS.

POSITIONNEMENT sm. ~ 1968. Techn. ■ Opération automatique qui consiste à placer des pièces dans la position requise.

Dans un magnétoscope, le lecteur de bande doit être un appareil de précision avec un *positionnement* de la tête de lecture au millième de millimètre près *(E. 11.2.74)*.

POSSESSIVITÉ sf. Mil. XXe. Psychol. ■ Attitude dite « possessive », c'est-à-dire qui exprime un besoin de possession, de domination envers quelqu'un.

Lorsque l'« adultère » intervient accidentellement, le partenaire « trompé » contrôle beaucoup moins bien la situation. C'est là que l'on retrouve la *possessivité*, mais non sous sa forme habituelle *(N 2.72)*.

POST- Premier élément de nombreux adjectifs et de quelques substantifs composés. Dans tous ceux qui sont relevés ici, *post-* a une valeur temporelle (postériorité dans le temps).

Rem. 1. Quelques composés sont traités plus loin, en articles séparés, à leur place alphab. D'autres sont répartis dans les trois rubriques ci-après. L'emploi du trait d'union est hésitant.

Post(-) + adjectif.

○ Une crise « *post-athée* » qui pourrait marquer la fin de notre civilisation *(C. 7.3.69)*. (Le Japon) s'avance déjà dans un « au-delà de la bombe », dans un *âge « post-atomique »*, où il faut à tout prix reconstruire les relations internationales sur des bases nouvelles *(Guillain, 69)*. Si le christianisme a perdu l'audience des foules et si par moment il semble même qu'ait commencé un *âge post-chrétien*, la faute en revient pour une part à la carence des Églises *(M. 6.10.67)*. On a beaucoup parlé ces dernières années d'une *civilisation « post-chrétienne »* *(C. 7.3.69)*. Ces transformations violentes qui caractérisent la *période post-coloniale* et pré-industrielle *(M. 27.6.66)*. (Le Japon) n'a plus de colonies ; plus trace pour lui de *responsabilités post coloniales (Guillain, 69)*. L'action que l'*Église post-conciliaire* a entreprise pour se rénover dans la meilleure adhésion à son origine évangélique *(M. 31.1.69)*. Dans l'*ère post-conciliaire*, une liberté plus vaste a été accordée à la recherche théologique *(M. 10.10.69)*. La Fondation nationale des sciences politiques a réalisé un sondage *post-électoral* immédiatement après la consultation électorale du 2 janvier 1956 *(Meynaud, 59)*. Cette détermination de jouer un rôle actif dans la phase *post-franquiste* reste ignorée de beaucoup d'Espagnols de premier plan *(E. 16.2.70)*. Nous sommes déjà entrés dans la période *post-gaulliste (M. 24.5.68)*. Les médecins ont diagnostiqué une complication infectieuse *post-grippale (F. 16.11.66)*.

S. aura l'occasion de devenir, lui qui n'a pu être le nageur de l'année olympique, le nageur de l'année *post-olympique (M. 23.7.69)*. La Ligue nationale pour la liberté des vaccinations défend les parents d'enfants atteints d'accident *post-vaccinal (M. 25.3.69)*.

∞ Ces parents réclament pour leurs filles les écoles *postprimaires* d'enseignement ménager *(Chabaud, 70)*. Les bouleversements de la période pubérale et *postpubérale* provoquent un ébranlement général *(Sauvy, 70)*. C'est un peu comme si l'on avait baptisé les civilisations industrielles classiques « civilisations *postagricoles* » *(E. 5.4.71)*. Ce premier bilan *post-hivernal* fait apparaître de bien laides cicatrices sur nos routes *(VR 14.2.71)*. L'enseignement *post-élémentaire* comprend les lycées, les collèges et les établissements d'enseignement technique *(Gabaude, 72)*. On peut avancer avec quelque raison que la France est une société *post-bourgeoise (Birnbaum, 72)*. Les accidents *post-vaccinatoires* qui surviennent lorsque c'est un médecin privé qui a administré le vaccin ne permettent pas de demander réparation à l'État *(C. 8.1.72)*. La Chine s'efforce d'harmoniser industrie lourde, industrie légère, ateliers *post-artisanaux*, agriculture *(M. 6.2.72)*. Dans quelle mesure l'avenir de l'individu est-il déterminé par la période *postnatale ? (E. 16.10.72)*. Hannah A. est un témoin privilégié et douloureux de l'ère *post-autoritaire (M. 20.10.72)*. De sombres récits de mondes *post-atomiques* surgissent sous la plume d'auteurs jusque là optimistes *(Sadoul, 73)*. Une pièce de jeunesse de Brecht, dont nous ne connaissions jusqu'ici que l'interprétation pré- ou *post-marxiste (O. 7.6.73)*. Comme la France *post-gaullienne* en mars dernier, la Suède se trouve confrontée au problème de l'alternance au pouvoir *(M. 14.9.73)*. La géométrie *postcubiste* dont Van de Velde reste un adepte raffiné *(E. 7.1.74)*. On verra sans doute naître, dans la période *post-franquiste*, des formes nouvelles de décentralisation *(MD 2.74)*. La vision que se font les Arabes de la France *post-pompidolienne (M. 26.4.74)*. Devant la faillite de l'institution carcérale, la réforme prévoit des mesures plus ou moins importantes : (...) d'assistance *post-pénale*... *(C. 7.1.76)*. L'Afrique aux prises avec de nouvelles formes d'oppression *post-coloniale* soutenue par l'Occident *(O. 5.6.78)*. Paul VI laisse à son successeur le soin de faire naître l'Église *post-conciliaire (O. 12.8.78)*.

Post(-) + subst. (nom de chose abstr.).

○ 71 pour cent des diplômées souhaitent une *post-formation* sous forme de stages, de séminaires, voire d'un vértable recyclage *(M. 18.11.65)*. Cette version du *post-gaullisme* ne me paraît pas la meilleure *(M. 31.5.69)*. La jeunesse subit un double phénomène : prématuration intellectuelle et *post-maturation* caractérielle *(E. 30.6.69)*. La *post-synchronisation* désastreuse du film n'arrange pas les choses *(M. 16.2.65)*.

∞ La nature est également une *post-culture*, la possibilité de donner une instruction permanente à ceux qui n'en ont pas eu *(Saint-Marc, 71)*. La *postadolescence*, la période qui va de vingt à trente ans, est la phase de l'existence la plus prestigieuse socialement *(Searle, 72)*. La déstalinisation close sans être achevée, on entrait dans quelque chose qui n'était plus que le *post-stalinisme (Daix, 73)*. La scolarité des élèves professeurs est passée d'une année à trois ans : il s'agit des années *post-baccalauréat (M. 7.3.74)*.

Post(-) + subst. (nom de personne, par ex. membre d'une école d'art ou de pensée).

Les seuls (peintres) qui trouvent grâce sont les *post-fauves*, les *post-cubistes*. Ils ont droit (dans un musée) à des salles entières, de même que le *post-cézannien* D. *(E. 27.9.65)*. Piaget dénonce comme types aberrants de philosophes Plotin, Spinoza et les *post-kantiens* ! *(M. 31.12.65)*.

Rem. 2. **Sur le préfixe** *post-*, **consulter notamment J. Peytard, 71, et P. Gilbert** *(F. Mon., n° 101, 12.73)*.

→ PRÉ-.

POST-COMBUSTION ou POSTCOMBUSTION sf. ~ 1955. Techn.
■ Combustion supplémentaire du carburant, dans un turboréacteur, effectuée pour augmenter la poussée.

Un dispositif de *post-combustion* permet de réduire de 90 % la quantité de polluants gazeux et solides que les tuyaux d'échappement déversent dans l'atmosphère *(Bosquet, 73)*.

POST-CURE ou POSTCURE sf. Mil. XXe. ■ Période de transition (vécue parfois en établissement spécialisé) entre une cure et la reprise d'une vie normale.

La Mutualité Sociale Agricole a dû réaliser un centre de *postcure* et de réadaptation pour les malades mentaux relevant de l'agriculture *(Allauzen, 67)*. Les associations de chantiers qui replantent les forêts perdues peuvent faire autant pour un ancien drogué qu'un centre de *post-cure (École, 72)*. La mise en place, sur tout le territoire, d'équipes médicales mobiles prenant en charge, de la prévention à la *post-cure*, la santé mentale de la population *(P. 9.10.72)*. La *post-cure* peut durer plusieurs années : elle a essentiellement pour but de prévenir la rechute. Le malade est parfois dirigé vers un centre de *post-cure* ou un foyer pour malades alcooliques *(M. 8.12.73)*.
Un drogué qui s'arrête (...) n'est pas (...) guéri. Il se trouve constamment en danger de rechute (...) (Ce) réseau (...) permet à un sujet de passer de l'hôpital à (...) un centre de *postcure* (...) Les toxicos, dans les *postcures*, s'ouvrent à une vie neuve qui consacre la rupture avec le milieu de la came (=drogue) *(Olievenstein, 77)*.

POST-INDUSTRIEL, LE ou POSTINDUSTRIEL, LE adj. ~ 1967 (Souvent dans le tour « *société post-industrielle* »). Se dit de ce qui succède ou est susceptible de succéder, dans l'évolution des sociétés, à la phase industrielle.

Rem. Daniel Bell, surenchérissant sur Saint-Simon qui, le premier, avait vulgarisé « industriel », qualifia son Amérique de « société *postindustrielle* ». Daniel Bell avait mis le doigt sur un adjectif que Kahn et Wiener ont repris, qu'ils ont longuement ruminé et monté en épingle. À première vue, il est bien banal. Il y a eu une société agricole, puis une société industrielle et il est évident que nous entrons dans la société *postindustrielle* (...) Selon Bell, la prépondérance donnée à l'industrie proprement dite est en train de faire place à une économie de service *(Young, 72)*. Le terme «société *post-industrielle* » est aujourd'hui fort à la mode aux États-Unis et en France *(M. 10.1.76)*.

♦ Le passage à la société « *postindustrielle* » s'accompagnera nécessairement d'un changement global dans les habitudes de pensée et de comportement *(E. 28.10.68)*. La civilisation *post-industrielle* est celle de la « matière grise », de la créativité, de l'imagination et des remises en cause *(M. 10.4.69)*. Notre société n'est pas du tout rationnelle et, dans ces conditions, je vois mal comment nous pourrions parler sérieusement de société *post-industrielle (D.En. 2.71)*. L'image classique du progrès dans notre monde, c'est le passage des sociétés de cueillette et de chasse aux sociétés agricoles et pastorales, puis aux sociétés commerçantes et industrielles, enfin aux sociétés *post-industrielles (N 7.71)*. La période d'industrialisation que nous vivons nous entraîne progressivement vers une « ère *post-industrielle* » essentiellement caractérisée par le fait que le secteur tertiaire occupe une place dominante dans l'ensemble de l'économie *(Exp. 1.72)*. Faire face aux dilemmes sociaux et psychologiques de l'époque *post-industrielle (Exp. 2.72)*. L'accélération du changement, caractéristique des sociétés *postindustrielles (En. 30.11.72)*. La chance de la France est sa relative virginité dans le domaine industriel, qui lui permettrait de passer directement à l'ère « *post-industrielle* » (...) La technologie moderne nécessite et façonne le système social « *postindustriel* » par le rôle privilégié qu'elle accorde au savoir et à l'accumulation du savoir *(Faire, 73)*. Les deux tiers de l'humanité peuvent encore éviter de traverser l'âge industriel s'ils choisissent dès à présent un mode de production fondé sur un équilibre *post-industriel (Illich, 73)*. Le nombre de femmes, dans le secteur tertiaire, ne cesse d'augmenter, ce qui est la marque du passage à la société *postindustrielle (E. 21.5.73)*. La vision du futur débouche sur une société *post-industrielle* apaisée *(M. 26.5.78)*. Pour basculer dans l'ère *post-industrielle* sans trop de casse, il faut renverser nos modes de penser et d'agir, modifier l'organisation de notre société et ses objectifs *(C. 1.9.78)*.

POST-SCOLAIRE ou POSTSCOLAIRE adj. Rép. mil. XXe. ■ Relatif aux activités qui complètent la formation scolaire après la fin de la scolarité.

Le cadre est souvent... le fruit de l'enseignement scolaire et *post-scolaire (F. 25.11.66)*. Un grand nombre d'enseignants prêchent que la formation humaniste demeure la base de toute formation, et qu'une spécialisation *post-scolaire* doit suffire à permettre au lycée ou à l'étudiant de répondre à l'attente de l'économie *(En. 11.5.68)*. Dans le monde moderne, l'enfant reçoit par des voies diverses (télévision, livres, voyages...) une foule d'informations ; l'organisation scolaire, périscolaire, *postscolaire* doit être conçue pour que l'ensemble coordonné de ces informations contribue au développement de l'individu *(Mauduit, 71)*.

POST-SONORISATION ou POSTSONORISATION sf. ~ 1960. Techn. ■ Procédé qui consiste à ajouter le son après avoir enregistré les images d'un film.

On ne pouvait faire qu'une *post-sonorisation* du film, d'où une perte d'authenticité de certaines séquences *(Amblès, 72)*.

POST-UNIVERSITAIRE ou POSTUNIVERSITAIRE adj. ~ 1968. ■ Relatif à un enseignement, une formation, donnés dans une période postérieure aux études universitaires.

Les entretiens de Bichat (...) la plus grande manifestation annuelle d'enseignement *post-universitaire (M. 1.10.67)*. Le médecin généraliste est principalement un homme qui intervient sur l'urgence (...) ses connaissances théoriques sont souvent fort éloignées dans le temps, car le suivi des études par un enseignement *postuniversitaire* systématique est jusqu'ici le fait du plus petit nombre *(N 4.69)*. Un groupe d'enseignement *postuniversitaire* qui associe étroitement médecins de famille et médecins des hôpitaux *(E. 12.10.70)*. Un enseignement *postuniversitaire* ouvert à tous *(N 10.72)*.

POSTÉ, E part. passé / adj. et subst. (De *poste*, sm.).

1. **Se dit d'un travail organisé par tranches horaires ou *postes*, afin d'assurer la continuité du fonctionnement d'un service, de la production d'une entreprise, etc., même en dehors des jours ouvrables ou des heures de travail considérées comme normales (par ex. pendant la nuit, les dimanches et jours fériés, etc.).**

   La recherche doit être poursuivie pour déterminer les véritables nuisances du travail *posté* ; en même temps une action psychologique et d'information devrait être entreprise pour amener dans toute la mesure du possible la suppression des horaires tournants *(Sartin, 70)*. Le (...) travail *posté*, l'alternance des équipes de jour et de nuit brise le rythme de la vie *(Faure, 73)*. Actuellement, 17 % des travailleurs occupent un emploi *posté* : introduire une équipe supplémentaire pour ceux qui font les 3 x 8 permettrait de créer au moins 200.000 emplois et d'humaniser considérablement le travail *posté (Pa. 6.77)*. Non seulement le travail *posté* s'étend désormais aux différents secteurs économiques, notamment de services, mais au sein des entreprises qui le pratiquent, il se diffuse à des cellules liées directement ou non à celles qui fournissent « stricto sensu », une production *postée*. Dans un journal, par exemple, ce ne sont pas seulement les journalistes et les ouvriers du livre qui pratiquent les horaires de nuit *(M. 14.12.77)*.

2. **Se dit également des salariés assurant un travail dit « *posté* », selon un système de roulement qui amène les équipes à assurer leur service alternativement pendant les différentes périodes de la journée, de la semaine, etc.**

● Part. passé / adj.

   Actuellement, en France, un salarié sur quatre est « *posté* ». Il travaille soit en 2 x 8 — 2 équipes se succédant pour effectuer 16 heures dans la journée —, soit en 3 x 8 semi-continu — 3 équipes par jour avec arrêt le dimanche et jours fériés —, soit en 3 x 8 continu, appelé aussi 4 x 8 — sans aucune interruption — *(O. 8.10.73)*. Le travailleur *posté* rentrant chez lui aux petites heures ne peut pas toujours bénéficier du repos dont il a besoin plus que quiconque (...) De tous les habitants de la cité moderne, le travailleur *posté* est sans doute celui qui a le plus à souffrir de la pollution par le bruit *(M. 14.12.77)*.

● Subst. masculin.

   Les *postés*, lit-on dans un tract des syndicats, acceptent de moins en moins d'être des marginaux qui se retrouvent au travail pendant les fêtes au lieu de passer celles-ci en famille *(M. 9.4.77)*. Dans la Ruhr, les *postés* de nuit ne travailleront plus que 39 heures par semaine en 1981 *(E. 20.1.79)*.

POSTER [pɔstɛr] sm. ~ 1965 (Mot angl., « affiche »). ■ Affiche décorative vendue au public.

Rem. 1. Vous connaissez « *poster* » (...) On a proposé « maxi-photo » pour désigner ces photos agrandies aux proportions de l'affiche. Mais les « *posters* » ne sont pas toujours des photos. Employer quatre syllabes pour ne rendre que partiellement ce que les deux syllabes de « *poster* » suffisent à exprimer, cela ne me paraît pas très heureux (...) Traduire (des mots comme *poster* ou *gadget*)-est-ce nécessaire, est-ce souhaitable ? Ils ont le cachet d'une mode importée d'ailleurs, ils introduisent dans notre langue ce petit rien de snobisme qui ne fait de mal à personne ; ils ont une signification sociale *(F. Mars, C. 7.6.70)*.

Opération *poster* : on la prépare depuis six mois, on la lancera dans six jours au drug-store

des Champs-Élysées, qui s'est assuré l'exclusivité de la première « exposition-vente » d'affiches géantes *(M. 4.10.67).* L'épidémie du jour est celle des affiches, *« posters »* en américain. Un autobus, réalisé en grandeur nature, fait le plus grand *« poster »* du monde *(O. 3.1.68).* La salle d'attente, les « clients » ont voulu la décorer eux-mêmes. Ils ont découpé et collé sur les murs les plus beaux *« posters »* des orchestres de rock *(PM 6.1.68).*
Dans les étages, il y a partout des photos de bateaux. Ce sont les *posters* choisis par Éric Tabarly *(O. 14.1.74).*

Rem. 2. La forme francisée *postère*, ainsi que quelques dérivés : *postériser* (représenter qqn ou qqch sur un *poster*), *postériste* (créateur de posters), *postérophile*, etc., sont attestés (*Cf. B.d.m. n° 2, 1971*).

POSTICHEUR sm. ■ Personne qui fabrique, qui adapte des perruques, des postiches.

Pour cheveux fins difficiles à coiffer, pensez aux « postiches adaptés », confiez votre problème particulier à un conseiller *« posticheur » (Pub. M. 21.4.66).*
Il y a 15 ans, on commandait sur mesure et en cachette sa perruque chez un *posticheur (El. 3.11.69).*

POTENTIALISER v. tr. et réfl. Rép. mil. XXe.

1. Méd. À propos de médicaments ou de produits dont l'action se renforce lorsqu'ils sont associés.

La combinaison des tranquillisants ou des stimulants avec l'alcool *potentialise* par une action synergique l'effet de ces médicaments *(R.S.R. 23.3.69).*
L'alcool augmente — il *« potentialise »,* disent les médecins — l'action des somnifères et calmants tranquillisants (...) *(Fa. 21.4.74).*

2. Fig. Augmenter l'efficacité (de qqch).

● Au passif.

C'est maintenant le travail *potentialisé* par la technique et par le progrès rapide de la science qui conditionne la société et transforme la vie *(Guichard, 72).*

● Verbe réfl. Gagner en efficacité.

Je suis, a poursuivi (le ministre de l'Agriculture), pour le soutien de l'exploitation familiale, non pour qu'elle reste petite, mais pour qu'elle se développe et se *« potentialise » (F. 9.11.66).*

POTION MAGIQUE sf. Fig. ~ 1970. (D'après un texte de bandes dessinées dans lequel la *« potion magique »* est un breuvage qui produit des effets merveilleux). ■ Remède-*miracle** ; moyen ou procédé considéré comme infaillible.

La *potion magique* du Crédit agricole, c'est son mutualisme *(M. 11.5.72).* En matière d'indépendance, quelque désir qu'on en puisse avoir, il n'y a pas de *potion magique (M. 20.5.72).* La pilule c'est un peu la *potion magique :* elle fascine et elle inquiète. On la prend, mais on ne veut pas savoir comment « ça » fonctionne *(E. 3.2.75).*

POUCE (COUP DE)
→ COUP DE.

POUDREUSE sf. Ellipse de : *neige poudreuse*.

Avant de lui faire une démonstration éblouissante dans la *« poudreuse » (JF 26.1.71).*

POUJADISME sm. 1956. (De *P. Poujade*, nom du fondateur de l'Union des commerçants et artisans) ■ Mouvement et parti politique de la IVe République en France, qui avait l'appui des petits commerçants menacés par l'évolution économique. Ses tendances d'extrême-droite se manifestaient par un refus des institutions, en particulier du système fiscal, une aversion envers les intellectuels et les *technocrates**, etc.

● Par ext. Attitude de refus en face de l'évolution économique, technique, etc.

Aujourd'hui tout ce que la gauche sait faire est de flétrir pour *« poujadisme »* et incompréhension du Plan le travailleur mal payé qui se plaint *(Revel, 65).* M.A.P., ancien ministre, fustigea toutes les sortes de *poujadisme* (M. 17.5.66). L'influence de (certains) dirigeants agricoles a abouti au développement parmi les petits exploitants d'un certain *« poujadisme* antieuropéen » *(M. 6.1.68).* On déboucherait sur une sorte d'anarchisme petit-bourgeois, qui ne serait pas autre chose que le triomphe anachronique d'un *poujadisme* intellectuel *(M. 7.6.68).*
Le *poujadisme* latent des cadres amène certaines organisations syndicales à hésiter entre la complicité et la révolte *(Bauchard, 72).* Le sentiment d'un écrasement par une administration omniprésente favorise le développement d'une sorte de *poujadisme* antibureaucratique *(M. 15.9.73).* Leur tendance naturelle à la grogne les pousse parfois à un certain *poujadisme (P. 18.3.74).*

Rem. Les dérivés *poujadisation* et *poujadiste*, ainsi que le composé *néo-poujadisme* sont attestés.

POUJADISTE adj. et subst.

● Adj. Inspiré par le *poujadisme**.

Un ancien *député poujadiste* fait savoir qu'il est l'auteur principal de l'attentat *(M. 7.2.66).* Une gauche puissante, solidement implantée, une droite qui, à l'exception d'une *poussée poujadiste*, ne dispose que de médiocres effectifs *(M. 3.4.66).* Le comité ne veut pas constituer un parti dissident, mais éviter que les voix des mécontents ne se reportent davantage sur le parti paysan, à *tendance poujadiste (M. 18.9.66).*
Une révolte que l'on appellerait ici *« poujadiste »,* mais qui trouve de profonds échos dans

l'âme irrationnelle des populations *(E. 19.10.70)*. Les grandes grèves exprimaient des réactions à la fois divergentes, *poujadistes* et artisanales devant l'emprise de la société industrielle *(Bauchard, 72)*.

● **Subst. Adepte, partisan du *poujadisme*.**

Le Président de l'U.D.C.A., a ajouté : « il n'est pas question de ralliement des *poujadistes* au pouvoir » *(M. 13.5.66)*.
Voici le racisme des contremaîtres, celui des ouvriers, celui des *poujadistes* de bistrot *(E. 30.11.70)*.

POULS (Prendre, tâter le pouls de quelque chose ou de quelqu'un) loc. verbales. Fig. ■ Chercher à connaître les intentions de quelqu'un, à observer l'atmosphère, le climat (d'un milieu), etc.

Ils (les Nord-Vietnamiens) avaient également l'intention de se rappeler à l'attention de l'opinion américaine et de « *tâter le pouls* » de l'administration républicaine *(M. 28.2.69)*. Un réseau d'« escapades en Europe » qui vous permettent, le temps d'un week-end, de respirer en flâneur l'air de Rome, Londres ou Madrid, ou de *prendre* à Berlin comme à Bruxelles *le pouls* d'une Europe qui se cherche *(PM 4.10.69)*.
Les directeurs de personnel expriment des avis partagés sur les enquêtes d'opinion. Si certains les tiennent pour un moyen privilégié de « *prendre le pouls* » de la base, la majorité leur attribue un rôle marginal *(Inf. 12.2.73)*.

POURRIR v. intr. Fig. (Politique, vie sociale). À propos d'un conflit, d'une situation : se dégrader progressivement.

Le gouvernement a laissé *pourrir* la grève de l'O.R.T.F. et la grève a *pourri*. Le gouvernement attendait des élections qu'elles démoraliseraient une partie des 14 000 salariés concernés et c'est ce qui se passe. Il savait que, du côté des techniciens, des administratifs et des ouvriers de plateau, on était las des cinq semaines de grève, qu'on se sentait seuls dans un pays qui travaillait de nouveau *(O. 26.6.68)*.
L'intervention des forces de police était uniquement destinée, explique-t-on, à montrer à l'opinion que le gouvernement est présent et ne laisse pas « *pourrir* » la situation sociale *(M. 16.11.74)*.

POURRISSEMENT sm. Fig. ■ Le fait de *pourrir* ; son résultat,

Deux dangers : celui d'un affrontement militaire prématuré ; ou bien, au contraire, celui d'une trop longue période de « *pourrissement* » (du conflit israélo-arabe) *(M. 31.12.67)*.
Une certaine ligne politique risque de retarder la solution du conflit par un « *pourrissement* » de la situation, dangereux pour la sécurité du Proche-Orient *(M. 14.2.69)*.
La C.f.d.t. préférait un compromis à un *pourrissement* démobilisateur *(E. 27.8.73)*.

POUSSAGE sm. Rép. mil. XXe. ■ Technique de navigation fluviale qui consiste à faire pousser par un bateau moteur — *le pousseur* — un convoi de barges ou de péniches amarrées ensemble de façon rigide.

Une nouvelle technique de traction fluviale, le « *poussage* », sera pratiquée en octobre sur la Seine. Le train de *poussage* comprend quatre barges de 700 tonnes alignées en rang de deux. À l'arrière vient se placer un bateau à moteur sans étrave, ou « *pousseur* » *(M. 3.7.57)*. Une méthode de navigation fluviale que les États-Unis connaissent depuis vingt-cinq ans déjà va-t-elle révolutionner le système de transport sur les voies d'eau françaises ? Le « *poussage* » va-t-il remplacer le « tracté » ? *(M. 26.6.59)*.

POUSSEUR sm. Rép. mil. XXe. ■ Bateau à moteur utilisé pour le *poussage*.

Le « *pousseur* », engin à deux moteurs de 400 CV, dont l'avant plat se colle à l'étrave de la première barge, propulse le convoi. Il possède six gouvernails, deux de direction, quatre de flanquements. Un radar installé à bord permet une navigation par tous temps *(M. 26.6.59)*.

POUSSIÈRES (ET DES) loc. Fig. Fam. ■ Et un petit peu plus, et légèrement au-delà (quantité, durée très faibles et imprécises).

Six heures *et des poussières*, arrêts compris, pour aller de Paris au péage d'Aix-en-Provence *(O. 12.8.74)*. Un million de francs *et des poussières* pour un de ces castels superbes, une de ces fermes fortifiées, rêve d'énarque aux champs ou du diamantaire belge *(M. 15.1.76)*.

PRATIQUEMENT adv. Rép. mil. XXe comme syn. de *presque*.

Rem. **Cet emploi a été critiqué.**

Alfred Sauvy me signale un emploi nouveau et abusif du mot « pratiquement ». Sous l'influence de l'anglais « practically », beaucoup de Français emploient « *pratiquement* » au sens de « presque, à peu près » *(Le Bidois, 70)*.

♦ La scolarisation est *pratiquement* totale, atteignant 90 % de la population *(M. 25.8.65)*. Les pressions formidables exercées dans les divers pays ont *pratiquement* fait échouer toutes les tentatives de coopération intraeuropéenne *(M. 22.4.66)*. Ces deux publications publient des photos de femmes *pratiquement* dévêtues *(M. 11.1.68)*. Toute la région était *pratiquement* sans communications *(M. 18.1.68)*. Dans les universités d'O. et de S., la grève a été *pratiquement* totale *(M. 20.1.68)*.
Personne n'a le droit d'affirmer que les risques d'une explosion atomique expérimentale sont nuls. M. Debré lui-même dit « *pratiquement* » nuls. Cette réserve donne à penser *(E. 25.6.73)*.

PRAXIS [praksis] sf. Rép. mil. XXe. (Du grec *praxis*, « action », par l'intermédiaire de l'alld.). Did. ■ Ensemble des activités visant à transformer le monde (terminologie marxiste). — Par ext. Activité en vue d'un résultat.

La *praxis* économique concerne tous les biens, tous les services et toutes les ressources actuels et virtuels des agents (...) Les pays de l'Est et la Russie soviétique usent souvent du dollar comme base des calculs de la *praxis* socialiste *(Perroux, 69)*. Il existe une immense littérature sur ce thème rebattu du développement de l'humanité parce que les idées à son sujet marquent l'impuissance d'une *praxis* réelle de progrès mondial *(Lacombe, 71)*. En se figeant hors du mouvement de la problématique psychiatrique, l'antipsychiatrie bascule vers la dégénérescence de la théorie et de la *praxis (N 1.71)*. Le fait que toute connaissance nouvelle soit rapidement dépassée, le fossé permanent qui existe entre connaissance théorique et connaissance pratique (...) tout cela montre que les universités européennes feraient bien de définir de nouveaux rapports avec la *praxis (Birnbaum, 72)*.

PRÉ(-) Élément préfixal (du lat. *prae*, « devant, en avant de ») qui sert à former de nombreux adj. et subst., ainsi que quelques verbes composés.

Rem. 1. **La productivité de ce préfixe, déjà forte au XIXe siècle, a considérablement augmenté depuis le milieu du XXe. Des composés nouveaux sont sans cesse créés dans les vocab. polit., écon., etc., et dans tous les domaines de la vie quotidienne. Dans la plupart de ces composés, l'élément *pré-* exprime l'antériorité dans le temps. Ce sont des composés de cette catégorie qui sont relevés dans le présent article. Quelques composés sont traités plus loin en articles séparés, à leur place alphab. Dans certains d'entre eux, *pré-* exprime l'antériorité dans l'espace (*préamplificateur, pré-parc*).**
L'emploi du trait d'union est hésitant, même devant une voyelle.

Pré + adjectif.

O K. étudie le résultat de l'interaction de la *société nomade pré-islamique* et de l'impératif coranique *(M. 10.1.68)*. L'attitude observée chez une majorité importante de jeunes et selon laquelle les *relations pré-maritales* sont moralement justifiées *(M. 8.8.68)*. Le Japon féodal avait une *économie pré-moderne* dotée d'un marché national pour certaines marchandises, de bonnes communications, un système bancaire et monétaire évolué *(M. 12.12.67)*. L'asthénie dépressive résulte de l'action déclenchante de ce « stress » sur une *personnalité pré-morbide*, névrotique et fragile *(M. 10.10.69)*. La participation d'athlètes français aux *semaines préolympiques* de Mexico, en 1965 et 1966, aura permis au corps médical de notre pays et aux entraîneurs de réunir une importante documentation *(F. 27.1.67)*. Il n'est pas un spécialiste de chirurgie cardiaque qui ne désire s'informer dans le détail de la technique chirurgicale du professeur Barnard et du *traitement pré-* et post-*opératoire* que son équipe a utilisé pour M. W. qui a survécu dix-huit jours *(M. 12.1.68)*. Un centre de *formation pré-professionnelle* permettra, après un stage de trois mois, d'orienter les ruraux vers des centres de formation professionnelle *(F. 3.11.66)*. M. B. voyage beaucoup en ces *temps pré-référendaires (M. 30.3.69)*. À lire les *auteurs prérévolutionnaires* on ne peut que constater que leur idée de la révolution était vague et confuse *(Freund, 65)*. Une poignée d'étudiants a réussi à créer une *situation pré-révolutionnaire (M. 15.5.68)*. Des fouilles archéologiques ont révélé la présence d'une *ville préromaine*, habitée au cours des IIe et 1er siècles avant J.-C. *(VR 4.5.69)*. Toutes les *époques* se sont définies comme « scientifiques » par rapport à leurs devancières « *préscientifiques* » *(Duquesne, 70)*. Dans ce *monde* techniquement scientifique, mais politiquement barbare et *préscientifique*. Il faut une véritable révolution culturelle *(M. 16.11.69)*. Une *éducation préscolaire*, en permettant l'acquisition de certains langages, sous la forme d'une sorte de jeu, pourrait donner à l'enfant, sans effort, la maîtrise de connaissances très utiles *(M. 20.7.66)*. La dépression d'involution groupe d'une façon assez confuse toutes les *dépressions* tardives, certaines *préséniles*, d'autres névrotiques *(M. 10.10.69)*. Une *économie « présocialiste »* devrait, pour mériter ce nom, créer progressivement un secteur public important, tant dans l'ordre industriel que dans l'agriculture elle-même *(Dumont, 62)*. M. Fidel Castro a confirmé l'institution de l'*enseignement obligatoire pré-universitaire*, et propose, pour un « futur plus lointain », l'enseignement plus généralisé *(M. 23.3.69)*.

OO Les expériences sexuelles *préconjugales* ne suscitent plus l'opprobre d'il y a cent ans *(Mauduit, 71)*. La présence d'éléments *pré-libéraux* dans cette société catholique *(Birnbaum, 72)*. De l'Arctique au cap Horn, on n'a trouvé nulle part au Nouveau Monde de formes de vie anthropoides *préhumaines (Dubois, 72)*. Leurs conceptions du psychisme sont radicalement *pré-freudiennes (Laplantine, 73)*. Ces luttes *préinsurrectionnelles* du printemps 1968, annonciatrices de celles de mai et juin *(Faire, 73)*. Le syndrome *prémenstruel* touche 80 % des femmes *(E. 21.5.73)*. Selon lui, le tiers monde doit revenir au point de départ, à l'ère *précoloniale (E. 17.9.73)*. On savait que les administrations de l'époque *préinformatique* étaient matériellement hors d'état d'échanger à grande échelle les informations en leur possession *(MD 3.74)*. La pensée grecque *prématérialiste* jusqu'au VIe siècle avant Jésus-Christ (...) évolua vers l'idéalisme et l'abstraction platonicienne *(P. 1.4.74)*. Certains fidèles n'hésitent pas à faire de longs trajets pour assister à des offices *pré-conciliaires (M. 2.10.75)*. Les sociétés *prémachinistes*, où florissait l'artisanat *(M. 10.1.76)*. L'article 5 du traité de Bruxelles du 17 mars 1948 date de l'époque *prénucléaire* de l'Europe occidentale *(M. 11.6.76)*. À Lyon vient d'avoir lieu la mise en service du métro. Finis les voyages gratuits de la période *pré-inaugurale (M. 4.5.78)*. L'orientation sexuelle des centres nerveux est définitive à l'âge adulte et elle a été acquise, comme chez l'animal, lors des poussées hormonales *pré-* ou post-*natales* et du conditionnement psychologique de la petite enfance *(M. 8.11.78)*.

Pré + part. passé / adj. (ou autres formes verbales).

O Un paquet hermétique et plastifié destiné à conserver les œufs *pré-cassés (En. 5.4.69)*. La nécessité de *préchauffer* la voiture en n'importe quel lieu *(VR 19.7.70)*. Des produits alimentaires *précuits (En. 5.4.69)*. Les innovations du jour : l'essuie-main et le torchon *prédécoupé* en ouate de cellulose *(F. 28.9.66)*. À Milan, la municipalité vend elle-même dans la rue des produits *pré-emballés (M. 19.3.66)*. Il n'a pas subi le contrôle de police et les services d'Air-France n'ont eu pour lui les égards réservés aux V.I.P. (very important person : personnalité importante) il a été *préembarqué (PM 3.8.68)*. L'élève révise ses leçons aux laboratoires de travaux pratiques de l'école à l'aide de programmes *préenregistrés (M. 26.2.69).* Après avoir « *préfinancé* » l'équipement téléphonique de la zone industrielle elle-même, la chambre de commerce de Marseille se chargera d'en améliorer la desserte extérieure *(M. 27.2.69).* Vous *préfinancez* la totalité des travaux qui vous seront remboursés en cinq ans *(M. 16.1.71).* À la date du 17 janvier plus de huit mille étudiants s'étaient inscrits ou *pré-inscrits* au centre universitaire de V. *(M. 22.1.69).* Le choix des températures est *pré-réglé* par l'ouverture ou la fermeture d'un circuit interne *(VR 22.9.68).* Stimulateurs cardiaques fonctionnant de manière sélective et non selon un rythme fixe *pré-réglé (F. 8.9.70).* (Sur) la liste des 22 joueurs *présélectionnés* on compte 8 nouveaux *(C. 6.3.69).* On peut *présélectionner* au choix la vitesse d'obturation ou le diaphragme (d'un appareil de photo) *(A. 5.6.69).* La publicité a permis aux supermarchés de distribuer massivement des produits parce que ceux-ci étaient en fait *prévendus* (M. 29.9.65).

∞ Les candidats reçus au concours seront « *prérecrutés* » au titre de « fonctionnaires stagiaires » *(M. 17.2.72).* L'utilisation de ces enveloppes présente évidemment des avantages pour la clientèle puisqu'elles sont *préimprimées (M. 7.6.72).* La quantité d'aliments *préconditionnés* mangée par les bébés ne cesse d'augmenter *(O. 29.1.73).* On peut planter toute l'année les pins, les sapins ou les cyprès *précultivés* en bac *(E. 17.9.73).* Ces plaques d'aluminium *présensibilisées* existent en 2 émulsions, positive et négative *(En. 5.12.73).* Depuis le 14 octobre 1973, l'étiquetage des produits alimentaires *préemballés* mis en vente dans un emballage quelconque, sachet, boîte de fer blanc, bouteille en plastique est obligatoire *(VR 21.4.74).* Les grandes sociétés françaises d'ingénierie, concevant, réalisant, *préfinançant* souvent de grands projets industriels (...) *(M. 1.6.74).* Pourquoi le secteur privé accepterait-il de payer 70 % des revenus aux agents *pré(-)retraités* si le gouvernement ne le fait pas pour ses propres employés ? *(M. 20.10.74).* Est-il nécessaire de « *prérecruter* » des candidats pour des concours où la sélection est aussi sévère ? *(M. 28.12.74).* Ce jouet est fait de dix plaques de carton spécial, livrées à plat et *prépliées (M. 29.11.75).* Quant au saumon fumé, les grandes surfaces ne le vendent pas cher : *pré-découpé, pré-emballé* industriellement. Mais ailleurs il vaut facilement cinq fois plus découpé à la main *(M. 25.12.77).* Les enveloppes en « T » *préaffranchies* des publicités *(M. 21.1.78).* Les distributeurs automatiques de cigarettes, étant donné le nombre limité des marques différentes qu'ils peuvent contenir, forcent les consommateurs à « choisir » des marques *présélectionnées (M. 4.10.78).*

Pré + subst. nom de chose abstr. (désignant le plus souvent une action, un événement, un processus, etc.).

○ Le roman d'espionnage se base sur l'actualité ou la *pré-actualité (M. 3.1.68).* Quelque demi-mesure de *pré-adhésion* (de la Grande-Bretagne au Marché commun) transitoire ou probatoire, définie ou non dans sa durée et dans son champ d'application *(M. 16.12.67).* Les classes pratiques doivent présenter des caractères originaux, liés à l'âge des élèves — celui de la *pré-adolescence* ou de l'adolescence *(M. 27.4.66).* C'est le secteur de la *préamplification* et de l'amplification électronique qui bénéficie le plus des progrès techniques *(M. 9.3.68).* Une signalisation de cabine donnera un *préavertissement* au conducteur (d'une locomotive) *(VR 3.5.70).* On recommande le *prébronzage* afin de ne pas faire trop nouveau venu lors du premier bain *(M. 23.7.69).* La *pré-campagne* électorale qui vient de s'achever a été probablement la plus longue qu'ait jamais connue la France avant une consultation législative *(M. 14.2.67).* La *précenseure* avait donné un avis négatif au scénario de mon film « Les Carabiniers », raconte Jean-Luc Godard *(E. 27.11.67).* Ce « robot » ne permet de cuisiner qu'un certain nombre de plats. Tous ceux nécessitant un *préchauffage* du four par exemple sont impossibles à réaliser *(FP 4.69).* Une *préclôture* du congrès à l'intention de ceux qui renoncent à la dernière journée *(VR 7.12.69).* Un modèle commercialisé a déjà fait l'objet de *précommandes (M. 3.10.69).* Les pays candidats remplissent toutes les « *pré-conditions* » ; ils sont européens, démocratiques et économiquement développés *(M. 18.12.67).* Le théâtre M. organise, le samedi, des *précréations* sous forme de lectures-spectacles *(F. 2.11.66).* Elle (l'auteur) ne montre pas des enragés mais l'état de *pré-crise* qui les annonce *(M. 15.6.68).* L'insuffisance tragique des moyens qui sont consacrés à la lutte contre la délinquance et la *prédélinquance* juvéniles *(F. 9.11.66).* Une *prédemande* de concessions est depuis un an en instance dans les ministères, mais elle se heurte aux difficultés financières *(M. 17.5.66).* L'automatisme, sans aller jusqu'au *pré-enregistrement* de l'appel des cabines, comme pour les ascenseurs, fait appel à un programmateur *(VR 3.7.66).* Dès l'instant où le client a nettement défini ses desiderata, une *pré-étude* est nécessaire afin d'établir le programme de construction *(D. En. 6.69).* Un matériel conçu et fabriqué en France, dont le *pré-financement* était assuré par un crédit spécial *(M. 10.7.65).* L'expérience des centres de « *préformation* professionnelle » va entrer dans son cinquième mois *(M. 1.3.69).* Un état de *pré-guerre* mondiale *(E. 15.5.67).* Nous assistons souvent à une sorte de *pré-information* : on ne dit ou écrit plus ce qui s'est passé, mais ce qui va se passer *(O.R.T.F. 9.5.70).* Il (le doyen) a recommandé que soit réalisée, dans chaque secteur, une *pré-inscription* des étudiants indiquant le secteur de leur choix *(M. 14.9.68).* La machine à laver la vaisselle suédoise H. : *pré-lavage, pré-rinçage* à l'eau courante, lave plus propre qu'à la main, la vaisselle de 8 à 10 personnes *(Pub. F. 10.3.67).* Les chantres de la révolution de Mai (1968 en France) croient dépasser le marxisme. En fait, dans la mesure où ils ont des idées, ils reviennent au *prémarxisme,* au socialisme utopique *(E. 12.8.68).* La jeunesse subit un double phénomène (...) *prématuration* intellectuelle et postmaturation caractérielle *(E. 30.6.69).* Une *prémotion* de censure destinée à faire dégringoler d'emblée le futur Premier ministre *(E. 19.5.69).* Les *prénégociations* que (le gouvernement britannique) se propose d'amorcer dans les capitales des Six *(F. 18.11.66).* Une étape de la *pré-négociation (F. 22.7.65).* Un cycle d'orientation démocratisé, c'est-à-dire, sans formations distinctes ni *préorientation* (des élèves) *(M. 22.7.65).* Au moment de la *prépuberté,* le garçon, la fille doivent être avertis des modifications importantes qui vont se produire dans leur corps et dans leur esprit *(M. 26.2.69).* « La Guerre d'Algérie », édité chez Julliard et donné en *prépublication* par « L'Express » *(O. 14.2.68).* Un manuel de *prépuériculture (M. 14.2.69).* Un premier *pré-rapport* dont les conclusions ont été acceptées par le Conseil *(Ens. 1.64).* Lotion *pré-rasage,* mousse à raser *(M. 21.3.67).* Il restera aux candidats mal classés qui ont vocation de chercheurs d'avoir recours à la formule bizarre du « *prérecrutement* » *(M. 12.4.66).* La fabrication d'une *pré-série* d'une centaine de récepteurs (de télévision en couleur) *(M. 21.1.65).* Les *pré-shave* qui facilitent le rasage à sec en dégraissant la peau et redressant le poil *(Fa. 8.4.70).* Une relation par train rapide de soirée entre Nantes et Bordeaux, de *pré-soirée* en sens inverse *(Ch. f. 5.1.65).* Les candidats reçoivent d'abord pendant deux mois une formation linguistique accélérée et une initiation à la vie du pays dans lequel ils vont travailler. Ce *pré-stage* (est) entièrement pris en charge par l'Office (franco-allemand de la jeunesse) *(M. 28.4.66)*. L'épuration des eaux résiduaires urbaines et industrielles : *pré-traitements*, traitements mécaniques, chimiques, physico-chimiques et biologiques des eaux *(En. 8.2.69)*. Plus d'un million de Parisiens vont profiter du week-end de la Pentecôte pour quelques jours de *« pré-vacances » (C. 17.5.64)*. On a constaté que, sur le plan physiologique, les habitants de ces contrées réagissent d'une manière particulièrement violente à la vaccination. Aussi pratique-t-on une *pré-vaccination*. De cette manière, on élimine les maladies existantes, sans provoquer de réactions secondaires *(F. 3.11.66)*. Il comporte 5 programmes (...) *pré-vaisselle* en attente de lavage *(Fa. 26.2.69)*. Un service *pré-vente* documenté et un service après-vente aussi efficace que rapide *(Pub. M. 10.9.66)*. Une espèce de *pré-vocation* d'inventeur de formes, de constructeur, d'architecte *(Gautier, 65)*.

∞ En coupant le courant dans les dixièmes de seconde précédant l'apparition des flashes, on remplace une *préintervention* aveugle par une intervention raisonnée *(Ch. f. n° 288, 71)*. Ce climat de révolte ou de *préinsurrection (Lamour, 72)*. Divers psychologues ont distingué concept et *préconcept (Oléron, 72)*. L'utilisation de nouveaux additifs élimine tout risque de *préallumage* par la calamine *(Pub. PM 21.4.73)*. L'enquête de moralité à la *préembauche* : les petits patrons sont les plus sourcilleux à ce sujet *(E. 16.7.73)*. Dès la *préadolescence*, les parents se rendent compte qu'ils ne contrôlent pas la plupart des activités de l'enfant *(E. 17.9.73)*. Un *« préinventaire »*, c'est un premier examen des œuvres non classées, qui doit aboutir à l'établissement d'un inventaire général *(C. 16.2.74)*. La chaîne la plus spectaculaire est celle du *préemballage* des fruits et des légumes sous cellophane *(VR 22.9.74)*. Tout véhicule immobilisé sur la chaussée doit faire l'objet d'une *pré-signalisation*, à l'aide d'un triangle de *pré-signalisation* placé à moins de 30 mètres du véhicule *(M. 28.9.74)*. On trouve maintenant des baisses de production dans des domaines très divers. Par exemple, dans (...) tout le *pré-travail* du textile *(E. 6.1.75)*. Nous entrons dans une situation de *pré-marchandage* planétaire *(P. 13.1.75)*. On parle de *pré-reprise*, de signes avant-coureurs *(C. 7.1.76)*. Les hospices ou les maisons de retraite, *pré-cimetières* où la société concentre et oublie ceux qui ne produisent plus de valeur *(M. 27.3.76)*. L'année 1978 a été marquée par la livraison des deux rames de *présérie* du marché des 87 rames TGV *(R.G.C.F. 12.77)*. Nous avons effectué une *préétude* que nous approfondissons à l'heure actuelle *(VR 8.1.78)*.

Pré + subst. nom de personne ou de collectivité.

Ces *pré-urbanistes* utopiques du XIXe siècle définissaient l'homme accompli comme dégagé de toutes contingences locales et temporelles *(M. 19.1.66)*. Une carte gratuite de *pré-adhérent* donne droit à des tarifs spéciaux *(M. 11.4.69)*. Les *prérévolutionnaires* de 1789 pensaient, une fois le despotisme aboli, revenir à l'âge d'or *(Sauvy, 70)*. Balzac, ce grand *préscénariste* dont les mots, parfois, sont comme une taie entre l'histoire et les lentilles de la caméra *(E. 11.5.70)*. Aujourd'hui les *préadolescents* et les adolescents manifestent leur personnalité ou leur opposition très ouvertement *(E. 17.9.73)*. Passer la serpillière, boucher les trous, brosser le chien du patron, les *pré-apprentis* connaissent tout cela *(M. 6.6.78)*.

Rem. 2. **Sur le préfixe** *pré-* **consulter notamment J. Peytard, 71 et P. Gilbert (F. Mon. n° 102, 1.74)**
→ POST-.

PRÉALABLE sm. ~ 1950. Pol. ■ Ensemble de conditions qui doivent être remplies avant le début de négociations.

Puisque le gouvernement a failli à sa tâche (...) ce gouvernement doit disparaître (...) C'est l'indispensable *préalable* à la libération simultanée de l'Algérie et de la France. C'est là l'indispensable *préalable* à la paix *(M. 29.12.56)*. Lorsque René M. voulut échapper au problème de la C.E.D. (Communauté européenne de défense), il inventa le *« préalable sarrois »* ... Plus près de nous, pour éluder la solution du problème algérien, M.L. inventa le *« préalable* Nasser » *(Es. 1.57)*. L'amélioration du niveau de vie matériel et culturel n'est pas une condition suffisante de la liberté, mais elle en est une condition nécessaire. Pour employer le jargon à la mode, elle en est le *« préalable »* indispensable *(M. 1.2.57)*. La ratification du traité entre Bonn et Moscou (...) continue à être soumise à un *préalable (R.S.R. 10.4.71)*.
L'Italie accepte la conférence sur la sécurité européenne ; le problème de Berlin, néanmoins, demeure officiellement un *« préalable » (En. 9.4.71)*.

● **Par ext. Condition préalable en général.**

L'autorité, la continuité politique, la stabilité financière, s'ils sont les *préalables* nécessaires de l'action, ne sauraient être confondus avec l'action elle-même *(Chandernagor, 67)*.
Les « travailleurs de Lip » ont trouvé une forme de lutte peut-être efficace, en tous cas populaire. Mais surtout ils sont en train de remplir le *préalable* nécessaire à ce qui sera l'autogestion un jour *(E. 10.9.73)*.

PRÉAMPLIFICATEUR sm. ~ 1950. Techn. ■ Amplificateur de tension placé entre la source des signaux (micro, tête de lecture, etc.) et l'amplificateur de puissance.

Cette chaîne de haute fidélité tient entièrement dans une valise ; elle a une tête magnétique, deux *préamplificateurs*, et une platine P.E. *(E. 16.10.67)*.
Cette chaîne Hi-Fi, d'une puissance de 2x30 Watts est équipée d'un *préamplificateur*, d'un sélecteur d'entrée (...) *(Pub. O. 12.11.73)*.

Rem. **L'abréviation** *« préampli »* **est courante.**
L'amplificateur Hi-Fi comporte un *préampli* à 2 étages *(Pub. O. 12.11.73)*.

PRÉAPPRENTISSAGE ou PRÉ-APPRENTISSAGE sm. 1973. ■ Période qui précède l'apprentissage.

En abaissant à 14 ans l'âge du *préapprentissage*, la loi ouvre une brèche dans le principe de la scolarité obligatoire jusqu'à 16 ans *(E. 12.11.73)*. Le *préapprentissage* sacrifie l'intérêt des enfants et ne leur offre pas de garanties suffisantes *(M. 8.12.73)*. Les centres de formation d'apprentis pourront créer des sections de *« pré-apprentissage »* parallèles aux classes « préprofessionnelles » *(M. 14.2.75)*.

PRÉ-INDUSTRIEL, LE ou PRÉINDUSTRIEL, LE

PRÉDÉLINQUANT, E subst. ■ Personne (il s'agit généralement d'adolescents ou de jeunes) dont les antécédents, le milieu (familial, social, etc.), le comportement font craindre qu'elle ne verse dans la délinquance.

Les personnages du film sont des *prédélinquants* ou des délinquants en liberté surveillée *(M. 2.10.66)*. C'est un enfant qui, à 13 ans, est devenu un *prédélinquant* et, finalement, a mal tourné, comme on dit *(O. 2.12.68)*. Un ouvrage sur le refus des jeunes, décrivant « l'enfance au milieu du béton », véritable foyer de « *prédélinquants* » et de futurs « voyous » *(Piettre, 72)*. Une centaine de jeunes « *prédélinquants* », garçons de 14 à 18 ans « en danger moral », comme on dit *(E. 30.7.73)*.

PRÉÉLECTORAL, E ou PRÉ-ÉLECTORAL, E adj. ■ Relatif à la période ou à la situation qui précède ou prépare des élections.

Nous allons entrer dans une période *pré-électorale* dont l'enjeu sera le renouvellement de l'Assemblée nationale *(M. 26.12.71)*. Le cauchemar *préélectoral* d'un homme politique qui dit : « Une année *préélectorale* est pire qu'une année électorale » *(E. 24.1.72)*. Les répercussions de cette fièvre *préélectorale* se font sentir d'abord dans le monde syndical *(C. 29.2.72)*. Conflits de routine, tensions normales que, dit-on, la manne *pré-électorale* doit se charger d'effacer *(M. 7.6.72)*. Grandes manœuvres *préélectorales* et offensive syndicale vont accroître la tension *(E. 16.10.72)*. Une espèce de show *préélectoral* où on a pu écouter les hommes politiques prodiguer la bonne parole *(E. 15.1.73)*. Dire que les sondages *pré-électoraux* voulaient être des pronostics, c'est inexact *(PM 21.4.73)*. En ce dimanche *pré-électoral*, les visiteurs, militants ou sympathisants, sont venus particulièrement nombreux *(M. 15.9.73)*. Il va jusqu'à rappeler à Giscard ses positions *pré-électorales* *(P. 5.8.74)*. Des promesses *pré-électorales* ont été faites, portant à droite comme à gauche sur une augmentation du congé de grossesse *(M. 19.7.78)*.

PRÉFABRIQUÉ, E adj. Fig. Rép. mil. XXe.
1. À propos de choses (le plus souvent abstr.). Péj. Artificiel, factice. Fixé, décidé d'avance. Truqué.

O Les *aveux préfabriqués*, les tortures, les atrocités du régime le plus policier, le plus sanguinaire qu'ait connu l'histoire *(M. 25.1.66)*. Au fil de l'œuvre, malgré deux arbres généalogiques successifs, cette loi « de l'hérédité » s'est dégradée en construction visiblement factice (...) En fin de compte, les Rougon-Macquart, dont la richesse fait éclater de toute part ce *cadre préfabriqué*, posent le même problème que « la Comédie humaine » : quelle est l'authenticité de cet univers de fiction ? *(M. 15.2.67)*. (Faut-il) considérer le (futur) référendum comme une *consultation préfabriquée* ? *(M. 12.11.59)*. Une sorte de Journal intime bavard où l'auteur case tant bien que mal au hasard les préoccupations de l'heure, quelques *couplets préfabriqués* sur le roman-photo, le massacre des innocents (...) *(E. 16.2.70)*. Le *dialogue préfabriqué* du référendum *(M. 17.12.63)*. Le garçon était habile, il ne se tirait pas mal d'une situation grotesque : parmi les petits *discours préfabriqués*, il avait choisi le meilleur *(Casamayor, 66)*. Aucun homme politique ne peut se fixer comme but d'appliquer au pouvoir une *doctrine préfabriquée (C. 4.3.69)*. Se concerter avant de procéder aux *élections* des commissions afin d'éviter que celles-ci ne soient *préfabriquées (M. 9.12.65)*. Après tant d'*histoires préfabriquées*, le public a droit à de l'histoire vécue *(M. 18.10.69)*. Elles (les femmes qui veulent maigrir) se regardent alors par le regard supposé des autres, elles se réfèrent à une *idée préfabriquée* et abstraite parce que leur « moi » réel ne les satisfait pas *(O. 24.1.68)*. Il s'agit d'un système de cours par correspondance destiné à bachoter des *licences préfabriquées*, à l'aide d'un appareillage de questions-réponses squelettique *(O. 13.3.68)*. L'homme est très attaché à sa région, mais pas à des *régions préfabriquées*, découpées par le gouvernement *(O.R.T.F. 26.12.70)*. René Clair raille l'art faux, la fausse éloquence, la folie publicitaire, la technique du mensonge, les *scandales préfabriqués (F. 3.11.61)*. G. (une danseuse) est la seule à pouvoir sauter en conservant la bouche entrouverte en un *sourire préfabriqué (F. 25.11.59)*. Ceux qui entendent appliquer aux phénomènes sociaux un *système préfabriqué* d'interprétation de l'évolution historique *(Meynaud, 59)*.

∞ La concertation doit être faite au niveau de l'entreprise, dans les rapports entre les syndicats et les pouvoirs publics : plus de *décisions préfabriquées*, des consultations permanentes *(Bauchard, 72)*. Les problèmes de la jeune génération actuelle ne sont ceux d'aucune génération antérieure (...) Comment pourrions-nous nous étonner que sa réaction première soit un refus global de nos *réponses préfabriquées* ? *(Garaudy, 72)*. L'idée qu'on se fait de loin de la situation dans un pays ne correspond pas toujours à l'image que l'on recueille sur place. Faisons donc le tri, pour n'être pas encombrés d'*idées préfabriquées (M. 2.6.78)*. Les dirigeants jouissant d'une popularité personnelle sont liquidés au moyen de *procès préfabriqués (E. 24.7.78)*.

2. À propos de personnes ou de collectivités. Péj. Caricaturé ; schématisé. Constitué pour les besoins de la cause (groupe).

L'hebdomadaire satirique a poussé l'humour jusqu'à prendre pour cible un *adversaire préfabriqué* inspiré d'un modèle quelque peu ancien *(M. 4.10.67)*. Il (homme politique) a fondé le parti libéral européen. Son jeu est d'imposer un *candidat préfabriqué (Sainderichin, 66)*. Nous montrerions un *homme* déterminé et même *préfabriqué* du dehors — par des contraintes, stéréotypes, fonctions, modèles, idéologies, etc. — mais qui se croit encore autonome, jusque dans la robotisation *(Lefebvre, 68)*.
Une délégation d'étudiants catalogués gaullistes, *délégation* « légèrement *préfabriquée* » *(Viansson, 71)*.

PRÉ-INDUSTRIEL, LE ou PRÉINDUSTRIEL, LE adj. ■ Relatif à la période ou à la situation qui précède ou a précédé l'industrialisation.

La France continue les errements de l'ère *pré-industrielle*. La protection des situations acquises, les revenus liés à des privilèges et à des phénomènes de rente demeurent prédominants *(Lacombe, 71)*. Les Français veulent vivre dans un grand pays moderne tout en conservant les comportements d'une société aux structures et à la mentalité *pré-industrielles (Bauchard, 72)*. L'Afrique, l'Asie et certains pays de l'Amérique latine seront encore en l'an 2000 dans une phase *préindustrielle (Young, 72)*. Bien qu'elle ne soit plus justifiée comme dans la société *pré-industrielle* par les risques économiques de l'existence, la défense du patrimoine est une donnée fondamentale du comportement de nos compatriotes *(M. 19.9.73)*. Engraissés par les complaisances des républiques de la France *pré-industrielle*, grouillent les rats de la fraude, de la combine et des groupes de pression politiques *(P. 11.8.75)*.

PRÉMATURITÉ sf. Repris mil. XXe. Did. et Méd. ■ Caractère d'une naissance *prématurée*, c'est-à-dire qui survient entre le 6e et le 8e mois de la grossesse. État d'un enfant *prématuré*.

Le dépistage et la prévention des grossesses dites à haut risque restent les armes les plus efficaces contre la *prématurité (M. 27.11.74)*. L'arrêt de travail actuellement légal de six semaines avant la date prévue pour la naissance (...) ne protège pas contre un des accidents les plus graves qu'est la naissance prématurée. La *prématurité* survient alors que la femme n'a bien souvent pas encore cessé de travailler *(M. 19.7.78)*.

PRÉ-MÉTRO sm. ~ 1969. (D'abord à Bruxelles). ■ Système de transport collectif urbain, intermédiaire entre le tramway et le métro et souvent destiné à devenir ultérieurement un véritable métro (en *site* propre*, avec tronçons souterrains, etc.).

Le 17 décembre 1969 Bruxelles se voit dotée d'un *pré-métro*. Cette formule transitoire permet de soustraire les tramways au trafic de surface *(VR 18.1.70)*. Les travaux des ouvrages souterrains du *pré-métro* vont se poursuivre, tandis que certaines sections de surface seront mises en site propre et, section par section, la ligne prendra son aspect définitif et deviendra sans doute métro à part entière en 1984 *(VR 14.2.71)*. La meilleure solution pour les experts de l'O.C.D.E. est le « *pré-métro* » (...) tel qu'il fonctionne à Bruxelles, Cologne, Rotterdam (...) Moins coûteux à installer que le métro, plus rapide que le bus, le « *pré-métro* » permet de desservir les zones éloignées tout en assurant un accès rapide vers le centre des villes *(S 2.74)*. Un nouveau tronçon de 1,2 km du « *pré-métro* » bruxellois vient d'être inauguré *(M. 23.8.74)*.

PREMIÈRE sf. Par ext. (D'après l'emploi dans le vocab. des spectacles : théâtre, cinéma, etc.).

1. Intervention médicale, opération chirurgicale tentée pour la première fois.

Le Professeur B. n'a jusqu'à ce jour — et c'est la première fois que les choses se passent ainsi pour une « *première chirurgicale* » — rédigé aucune communication scientifique (sur la réalisation de la première greffe du cœur humain) *(PM 20.1.68)*.
Un enfant conçu après la fécondation d'un ovule en laboratoire, est né à l'hôpital d'O. (...) Cette « *première* » n'ouvre pas encore la voie d'un traitement définitif de la stérilité féminine *(M. 27.7.78)*.

2. À propos de toute réussite technique obtenue pour la première fois.

Concorde 02 gagnera Washington le 23 septembre, d'où le lendemain, il s'envolera pour Paris, faisant ainsi une grande « *première* » : la traversée sans escale de l'Atlantique nord par un avion supersonique destiné au transport commercial *(M. 19.9.73)*.

PRENDRE v. intr. Fig. Rép. mil. XXe. ■ Réussir. Obtenir le succès désiré.

Le syndicalisme a du mal à « *prendre* » dans le transport routier qui emploie de très nombreux artisans *(M. 14.2.75)*. La pratique de la régulation des naissances n'a pas encore « *pris* » dans les pays qui en auraient le plus besoin *(Cesbron, 77a)*.

PRENDRE L'AIR loc. verbale. Sur le modèle : *prendre la mer* (à propos d'un navire). ■ S'envoler (à propos d'un avion ou, par métonymie, de ses passagers).

Les navires sont en mesure de quitter les ports à tout instant. Les avions peuvent *prendre l'air* au premier signal *(M. 7.6.64)*. Le lendemain, nous *prenions l'air* pour Londres. Là, je rencontrai les stratèges de l'état-major interallié *(F. 8.11.66)*.

PRÉPA subst. Fam. (Argot d'étudiants). ■ Abrév. pour (classe) *préparatoire* (aux grandes écoles), ou pour *préparationnaire**.

Sur les bureaux des proviseurs des lycées à « *prépas* », les dossiers de candidatures s'accumulent *(P. 7.5.74)*.
Mi-étudiants parce qu'ils ont déjà le baccalauréat, mi-élèves parce qu'ils sont encore dans les lycées, les « *prépas* » appartiennent à un univers scolaire particulier *(P. 7.5.74)*.

PRÉPARATIONNAIRE subst. ■ Élève d'une classe préparatoire à l'une des « grandes écoles » (en France).

La réforme a entraîné une différenciation importante dans les enseignements entre classes préparatoires (aux « grandes écoles ») et facultés, au point qu'un *préparationnaire* ne peut plus se présenter en même temps aux examens de faculté *(F. 22.11.66)*. Dix élèves du lycée Louis-le-Grand, en majorité « *préparationnaires* », passeront en Conseil de discipline *(C. 25.4.69)*.
Pour les élèves des sections C, le premier choix est évidemment « préparatoire aux grandes écoles » (...) Il est donc logique de calculer les probabilités non pas sur l'effectif total des terminales, mais sur cet effectif, déduction faite des *préparationnaires (Baudelot, 72)*.

PRÉ-PARC ou **PRÉPARC** sm. ~ 1968. ■ Zone située à la périphérie d'un *parc* naturel* ou *national*.

Autour du parc national, on a délimité une zone périphérique ou *pré-parc (M. 7.11.68)*. Le parc naturel est généralement entouré d'une zone d'accueil, le *préparc*, où la vie agricole se poursuit, où l'on peut construire des maisons, circuler en voiture et même chasser ou pêcher. Le *préparc* constitue un secteur de transition d'où sont exclues, en principe, les activités industrielles polluantes *(VR 30.6.74)*.

PRÉPUBLICATION sf. ■ Publication anticipée, dans un périodique, d'extraits d'un livre non encore paru en librairie.

De ce manuscrit, nous donnons ici, en *prépublication*, deux extraits tout à fait significatifs *(E. 2.11.70)*. Cet ouvrage a fait l'objet d'une *prépublication* dans notre numéro 443 *(O. 12.11.73)*.

PRÉRENTRÉE sf. ~ 1970. ■ Journées qui précèdent immédiatement la rentrée scolaire et pendant lesquelles les enseignants doivent être présents pour préparer cette rentrée.

Après la trêve des vacances, les deux jours de « *prérentrée* », la semaine dernière, ont été l'occasion de faire le point *(M. 19.9.73)*.

PRÉ-RETRAITE ou PRÉRETRAITE sf. Mil. XXe. ■ Retraite prise avant l'âge prévu par la législation en vigueur.

On commence à parler ici et là de « *pré-retraite* » *(O. 25.11.66)*. Il est peu probable que ces 800 futurs chômeurs puissent être reclassés. Les anciens seront mis en *préretraite*. Les jeunes partiront *(E. 28.9.70)*. Certains employeurs acceptent d'accorder des *pré-retraites* lorsqu'ils doivent licencier leur personnel *(M. 3.2.71)*. *Pré-retraite* : les accords de retraite avant l'âge légal se multiplient dans les entreprises *(FP 12.73)*. Sur les 547 cas, 200 pourront être réglés par la mise en place des systèmes de *préretraite* et de congé de fin de carrière *(C. 5.9.78)*.

PRÉ-SCOLAIRE ou PRÉSCOLAIRE adj. ■ Se dit de la période qui précède la *scolarisation**.

Peut-on dépister la dyslexie ? Oui, dans ses virtualités *pré-scolaires*. Mais la dyslexie au sens strict ne peut apparaître qu'avec la scolarisation *(Bourcier, 64)*. Le développement de l'éducation *préscolaire*, le recours à des pédagogies mieux adaptées permettront de réduire la proportion des réfractaires *(N 7.71)*. Il est nécessaire d'organiser l'aide à la famille pour les trois phases de la vie *pré-scolaire* *(M. 14.6.75)*.

PRÉ-SÉLECTION ou PRÉSÉLECTION sf. Rép. mil. XXe.

1. **Techn. Sélection préalable (dans un appareil de photo, de télévision, etc.).**

Pré-sélection automatique du diaphragme avec réglage manuel possible *(Pub. E. 31.3.69)*. Vous enfoncez une touche de *présélection* de votre téléviseur... et tout change *(Pub. P. 9.10.72)*.

2. **Tri préalable dans un choix.**

Définition et mise en œuvre de la politique du personnel : recrutement et *pré-sélection (E. 20.11.72)*.

PRÉSENCE sf. Fig.

1. **Théâtre, cinéma. Rép. mil. XXe.**

Rem. « *Présence* », mot magique cher surtout aux critiques dramatiques qui ne peuvent plus parler d'un bon acteur sans louer sa *présence*, évoque pour eux le pouvoir mystérieux de son rayonnement sur les planches *(Georgin, 56)*.

♦ L'extraordinaire « *présence* » de ce comédien rendait inutile tout effet dramatique de mise en scène *(M. 7.2.56)*. Quel est l'empire d'un beau masque creusé, d'une taille héroïque, d'une voix rugueuse et autoritaire : et de ce don unique, presque mystérieux qu'on aime appeler aujourd'hui « *la présence* » ; mot bien imaginé du reste *(Kemp : M. 12.1.58)*. Ce phénomène que s'appelle la *présence*, et sans lequel l'acteur n'est qu'une marionnette de carton *(Druon, 63)*.

2. **Dans d'autres domaines : à propos de personnes.**

Dès les premiers mots on vit le talent – et cette qualité rare : la *présence* – de ce jeune avocat *(M. 20.5.56)*. Le président J., sur le petit écran comme à deux pas, possède plus de *présence* que de rayonnement *(M. 14.10.64)*. On sent en lui (un violoniste) une volonté cachée mais impérieuse, une *présence*, un ascendant indiscutables *(M. 28.2.69)*.

3. **Par analogie : à propos de choses.**

Certaines concessions (...), lui avaient donné (à un journal) un visage moins net et une *présence* moins brillante (qu'au début de son existence) *(Es. 4.50)*. Je n'ai pas relu ses livres depuis que j'en ai signalé ici, au premier jour, la *présence*, le ton frémissant, la maîtrise *(Henriot : M. 17.11.54)*. Le Journal télévisé s'est amélioré. Les interviews en direct et les prises de vues sonores lui confèrent désormais une vie, une *présence*, qu'il n'avait jamais connues *(M. 9.6.55)*.
Des chevrons, des damiers, des losanges qui donnent aux draperies un beau relief, et au vêtement une *présence* indiscutable *(VR 6.9.70)*.

PRÉSENTOIR sm. ■ Dispositif, support, destiné à présenter des marchandises, des objets, de façon attrayante et commode.

L'approvisionnement des magasins (futurs se fera) par des « containers », qui ne seront autres que les « meubles » ou *présentoirs* sur lesquels sont présentés les articles offerts à la clientèle *(M. 8.5.66)*. Une invention américaine donne la parole aux *présentoirs* de vente ! Les *présentoirs* – ces cartonnages attrayants qui présentent le produit au point de vente – sont désormais dotés du pouvoir de la parole : le produit qu'ils tendent dans les mains du client peut « s'exprimer » à haute voix, persuader, déployer toute son argumentation, à l'aide d'un magnétophone placé dans le *présentoir (M. 8.6.66)*. Pour habiller un téléphone, présenter des brosses à habits, mettre en valeur des photos, voici des objets gainés de velours et soulignés de galon : *présentoir* de brosses ; couvre-téléphone ; porte-photo mural *(M. 12.12.67)*. Le hall sera décoré de glaces et de bois vernis (avec) de grands *présentoirs* aux larges encadrements de cuivre *(M. 28.1.71)*.

Le regard du journaliste fut attiré par (...) une sorte de *présentoir* en bois sculpté *(Saint Pierre, 72)*. Les voitures-restaurants libre-service vont subir des modifications avec adaptation de la chaîne de froid et des *présentoirs* des divers mets en vente *(VR 17.9.78)*.

PRÉSIDENT-DIRECTEUR GÉNÉRAL sm.

M. P. était un gros propriétaire et avait été *président-directeur général* de la Banque R. *(M. 8.1.66)*. L'assemblée ordinaire tenue le 23 avril sous la présidence de M. P. M., *président-directeur général*, a approuvé les comptes de l'exercice 1965 *(M. 5.5.66)*. Claude B. est la plus jeune des femmes *président-directeur général* de France *(Fa. 25.1.67)*. Dans l'État il y a un Président et puis il y a un Premier ministre. Dans toute entreprise il faut un *président* et un *directeur général* même quand, quelquefois, c'est le même personnage *(de Gaulle, 7.6.68)*.
Trop jeunes ! Beaucoup trop jeunes ces *présidents-directeurs-généraux* (...) À présent ils fabriquent des P.D.G. de quarante ans *(Saint Pierre, 70)*.
→ P.D.G.

PRÉSIDENTIALISATION sf. Pol. Tendance au *présidentialisme* * ; évolution vers un régime dit « présidentiel ».

La *présidentialisation* du régime est la seule façon pour M. Giscard d'Estaing de ne pas être confondu avec la majorité *(P. 21.5.74)*. La tendance à la *présidentialisation* du régime s'accentue *(M. 30.5.74)*. À force de *« présidentialisation »*, allons-nous vers un système où le président aurait seul la responsabilité politique ? *(C. 14.1.76)*.

PRÉSIDENTIALISER v. tr. et réfl. Pol. ■ Donner un caractère « présidentiel » aux institutions. Concentrer le maximum de fonctions, de pouvoirs entre les mains du président (de la République).

● Verbe trans.

Le Président de la République a en quelque sorte *« présidentialisé »* ces élections législatives qui apparaissent, après les propos qu'il a tenus, comme un choix entre M. Pompidou lui-même et l'opposition *(C. 14.2.73)*. Le problème politique numéro un est celui du rôle du président de la République. Il s'est trouvé au cœur d'une campagne électorale qui fut fortement *présidentialisée (C. 20.5.73)*.

● Verbe réfl.

De président de la République en président de la République, le régime *se « présidentialise »* davantage *(C. 14.1.76)*.

PRÉSIDENTIALISME sm. Pol. ■ Système dans lequel un président élu au suffrage universel détient sans partage le pouvoir exécutif.

Il serait fastidieux d'entrer dans le détail des variations institutionnelles indonésiennes : *présidentialisme* d'août à novembre 1945, parlementarisme, jusqu'en 1957, et finalement (...) « démocratie dirigée » *(M. 7.4.66)*.
Tout confirme l'évolution de notre régime vers un *présidentialisme* de fait — de la formation d'un « cabinet présidentiel » aux interventions multipliées du chef de l'État dans les domaines les plus variés *(F 18.5.73)*. Les trois cinquièmes des parlementaires français devaient accepter de s'incliner devant ce *présidentialisme* hautain et solitaire *(E. 22.10.73)*. Le *présidentialisme* s'accroît. Celui de De Gaulle était hautain, celui de Pompidou matois. Celui de Giscard sera technicien *(Ens. 5.74)*.

PRÉSIDENTIALISTE adj. et subst. ■ Favorable au, partisan du, caractérisé par le *présidentialisme**.

Rem. En théorie constitutionnelle, sont qualifiés de *« présidentialistes »* les régimes qui sont tout entiers centrés sur une personnalisation du pouvoir présidentiel *(M. 7.6.74)*.

● Adj.

Dans un souci d'union contre le *danger « présidentialiste »*, M. Le B. renonce à présenter sa candidature *(F. 10.1.67)*. Au clivage historique mais sans grande signification entre Blancs et « Rouges » s'ajoute maintenant le clivage occasionnel entre partisans de la *réforme présidentialiste* et partisans du statu quo *(F. 29.11.66)*.
Notre système *présidentialiste* — mais non pas présidentiel — supposerait la simplification de l'éventail politique et sa réduction à deux partis *(E. 24.12.73)*.

● Sm.

Le vrai problème est de savoir si le régime doit être présidentiel ou parlementaire. *Présidentialiste* affirmé, M. Maurice D. (...) *(E. 21.11.66)*. MM. P. et D. sont purement et simplement *présidentialistes*, tandis que MM. H. et M. estiment que l'élection au suffrage universel et l'autorité qu'elle confère devraient être « transférées » sur la tête du chef de gouvernement *(M. 17.11.66)*. Seul litige : celui de l'élection du président de la République au suffrage universel. Certains Conventionnels, secrètement *présidentialistes*, voudront dire leur mot *(E. 17.7.67)*.

PRÉSIDENTIELLES sf. pl. Ellipse pour : *élections présidentielles* (à la présidence de la République).

Il y a pour les *« présidentielles »* deux hypothèses. L'hypothèse la plus vraisemblable : de Gaulle ne sera pas candidat *(M. 21.7.65)*. Les membres du Club Jean Moulin veulent chercher le leader qui sera le symbole des forces de progrès, dans la perspective des *présidentielles* de 1965 *(Sainderichin, 66)*. Rappelons l'assouplissement, entre les *« présidentielles »* et les « législatives », de la politique agricole *(Chandernagor, 67)*.
Ne pas provoquer d'élections législatives dans la foulée des *présidentielles*. Attendre l'automne *(P. 7.5.74)*.

PRESSAGE sm. ■ Fabrication en série de disques (de musique ou de textes enregistrés), à l'aide d'une presse.

Le *pressage* des disques d'E. (chanteur) a repris à l'usine de S. *(M. 14.6.66)*. Il n'existe

qu'une vingtaine d'entreprises de *pressage*, dont quatre usines importantes, les autres appartiennent à des presseurs à façon *(M. 21.1.68)*. La petite ville de L. peut s'enorgueillir de posséder l'usine de *pressage* de disques la plus moderne d'Europe *(M. 24.1.68)*. Le *pressage* est excellent : c'est un enregistrement d'une parfaite qualité technique *(O.R.T.F. 25.4.70).*
En France vingt usines et ateliers de *pressage* employant près de 4500 personnes, assurent une production de quelque 80 millions de disques par an *(M. 27.1.72)*.

PRESSE-AGRUMES sm. ~ 1969. ■ Appareil *électro*-ménager* qui permet d'extraire le jus des citrons, oranges, pamplemousses, etc.

Les presse-fruits électriques qu'on appelle également « *presse-agrumes* » sont équipés soit d'un cône presseur assez grand, valable pour tous ces fruits, soit de deux cônes de diamètres différents *(VR 22.7.73).*

PRESSE-BOUTON adj. Se dit de ce qui est entièrement *automatisé** (appareil, machine, etc.), ou par ext. (fig.) d'un conflit, d'une guerre où les opérations de destruction seraient commandées par des dispositifs automatiques (engins nucléaires téléguidés, fusées).

O Chaque fois que vous descendez dans un palace, vous vous demandez vraiment pourquoi aucun immeuble n'offre ce service, invisible, efficace, et sans problème : le *confort presse-bouton (Pub. E. 14.4.69)*. Votre *cuisine « presse-bouton »*. Quelle cuisine ! Autour d'elle s'intègrent en un seul bloc tous les appareils nécessaires au confort ménager *(F. 11.11.66)*. La *guerre presse-bouton* perd beaucoup de sa séduction abstraite, de sa gratuité — et de sa propreté — dès lors que le tout-puissant qui presse le bouton risque fort de se faire tomber, du même geste, sur la tête, son ciel d'acier et de béton *(M. 30.9.54)*. Le grand hôtel à *installations presse-boutons* où descendirent ses collaborateurs (d'un chef d'État en visite officielle) *(TG 14.10.64)*. On a qualifié les cargos modernes de « *navires presse-bouton* ». En fait, leur caractéristique principale est d'avoir réuni toutes les commandes et contrôles du navire en deux postes situés, l'un dans la passerelle de navigation, l'autre dans la salle des machines. Innovation essentielle : les machines sont télécommandées *(T. 2.67)*. Nous nous sommes attachés à construire des *studios presse-boutons* qui permettent d'obtenir par simple manipulation toutes les liaisons avec la province et l'étranger *(M. 11.12.63)*. Une machine à calculer, un clavier à boutons, c'est l'urne électronique, l'*urne presse-bouton*, à l'étude chez quelques fabricants *(E. 17.11.69)*. L'*usine presse-bouton* de M. fut précédée par une usine ultra-moderne à B. qui lui a frayé la voie *(PM 15.6.68)*. Une *voiture presse-bouton* : du rêve, encore du rêve, toujours du rêve ! Voici un prototype de l'an 2000 *(A. 5.6.69)*.

∞ La construction des postes d'aiguillage « *presse-boutons* » a constitué une étape très importante dans la voie de l'automatisation de la fonction assumée par les aiguilleurs *(R.G.C.F. 4.73)*. De nouvelles techniques vont permettre à des « agences de voyages *presse-bouton* » de vendre industriellement le produit tourisme *(P. 23.4.73)*. Il ne peut être question de grève *presse-bouton*. En pareil cas les cégétistes font preuve d'une grande prudence *(M. 27.3.74)*.

● Avec fonction d'attribut.

L'automatisation sera intensifiée dans bien d'autres *domaines* de la technique ferroviaire, qui sont en passe de devenir « *presse-bouton* » *(M. 23.11.65)*. Dans deux ans, la mise en œuvre de la *force stratégique*, devenue « *presse-boutons* », sera beaucoup moins longue qu'actuellement, où il s'agit de faire décoller des avions *(M. 21.4.66)*.

PRESSING [pʀɛsiŋ] ou [presiŋ] sm. ~ 1950. (Mot angl., de *to press*, « presser »). ■ Repassage (de vêtements, de linge) à la vapeur.

● Par ext. Établissement où l'on repasse (des vêtements) à la vapeur.

Rem. L'équivalent français recommandé est *pressage* (sm.).

Le Comité d'étude des termes techniques français propose ces traductions à des mots anglais couramment employés dans la presse : (...) au lieu de *pressing* : pressage *(VL 4.60)*. Il y a un « *pressing* » dans tous les quartiers de nos grandes villes. Et l'on continue à discuter sur l'opportunité et les inconvénients possibles de substituer à l'anglais « *pressing* » son équivalent français « pressage ». (...) « Pressage » : action de presser ? Oui, si nous en croyons certains dictionnaires, d'usage courant. Mais interrogez votre vocabulaire personnel ; vous employez souvent, dans votre langage quotidien, le mot « pressage » ? Moi pas. C'est un terme technique (...) Le mot « pressage » est disponible et convient parfaitement pour désigner, tout comme « *pressing* », le « repassage à la vapeur » et les différentes opérations de nettoyage qui se font dans un « *pressing* » *(Mars : C. 17.5.70)*.

PRESSURISATION sf. ~ 1953. (Mot angl.). Aviat., techn. ■ Action de *pressuriser** ; son résultat.

Ses larges hublots (d'un avion) offrant une vision étendue et sa parfaite *pressurisation* en font un appareil extrêmement confortable *(M. 5.4.54)*. Les créateurs (des uniformes d'hôtesses de l'air) ne tiennent pas assez compte du phénomène de *pressurisation (M. 25.12.68)*. Les locomotives sont équipées des équipements auxiliaires ci-après : chauffage des cabines par aérothermes, *pressurisation* du circuit de réfrigération *(VR 15.3.70)*.
→ DÉPRESSURISATION.

PRESSURISER v. tr. ~ 1950. (Trad. de l'angl. *to pressurize*, de *pressure*, « pression »). Aviat., techn. ■ Maintenir (la cabine d'un avion, d'un vaisseau spatial, etc.) à une pression constante.

La cabine idéalement *pressurisée*, climatisée (...) *(Daninos, 70)*.
→ DÉPRESSURISER.

PRESTATAIRE adj. et subst. Spéc. ~ 1960, dans le syntagme *prestataire de services*. Se dit d'activités économiques relatives aux *services**, ou d'entreprises spécialisées dans ces activités.

Adj.

L'élévation du niveau de vie a créé de nouveaux besoins. D'une économie de survie, nous sommes passés à une économie de consommation exigeant des contacts avec toutes les activités *prestataires de services* (N 10.69). Parmi ces « migrants » quotidiens, la grande majorité travaille dans l'industrie (...) Quelques-uns travaillent dans des entreprises *prestataires de services*, les transports et le commerce (M. 10.6.78).

Subst.

Vendeurs de machines et *prestataires de services* avaient remporté d'emblée la première manche : ils ont vendu, tant et plus (Elgozy, 72).

PRESTATION sf. Spéc. Mil. XXe.

1. **Dans le domaine des spectacles, et dans tous ceux qui peuvent d'une manière ou d'une autre être assimilés à un spectacle (manifestations sportives, meetings, etc.).** ■ Tour de chant, « numéro » (d'un artiste), discours (d'un homme politique), etc.

Rem. **Cet emploi a été critiqué.**

Le substantif *prestation* qui appartient depuis le XIIIe siècle à la langue juridique, a été adopté il y a une trentaine d'années par l'administration lorsqu'elle a institué la Sécurité sociale. (...) Dans une autre acception différente qui se rattache au sens étymologique, — *praestare*, fournir — ce mot désigne les services que les hôtels et restaurants fournissent à leurs clients. (...) Mais le mot a subi de nombreux avatars. Nos chroniqueurs dits « sportifs » parlent complaisamment de la « *prestation* » de tel coureur cycliste ou de telle équipe de football, au sens de performance. Lors des Jeux olympiques, un journaliste de talent déclarait que la « *prestation* » de P. manquait de présence. Le rédacteur d'un grand journal, commentant une course de chevaux, reconnaissait que « la *prestation* des poulains français » était assez encourageante. Les gens du spectacle usent et abusent pareillement du mot « *prestation* » (...) Le vocabulaire du cabaret connaît aussi la « *prestation* ». Dans le *Pariscope* du 16 janvier 1968. P. G. rendant compte d'une séance de « strip-tease », félicite une effeuilleuse pour « une *prestation* » très au point (Le Bidois, 70).

♦ Il était normal que la rentrée des classes donnât lieu à des confrontations d'ordre pédagogique. Le ministre de l'Éducation nationale, les syndicats d'enseignants, les associations de parents, les enseignés eux-mêmes, y ont participé. Dans l'ensemble, ces *prestations*, comme on dit aujourd'hui m'ont paru décevantes (M. 1.10.69).

Le premier ministre a fait, comme disent les journalistes, une assez bonne *prestation* (M. 11.1.73). Ses *prestations* publiques, à la télévision notamment, ne sont plus aussi convaincantes (M. 21.5.75).

2. **Dans d'autres domaines.** ■ **Service fourni par une personne ou une collectivité.**

Quand on observe les *prestations* assurées par les Trans-Europ-Express (...) on constate que la vitesse commerciale a été portée à des taux très élevés (Ch.f. 3.70). La compagnie aérienne BEA a reconnu la médiocrité des *prestations* offertes, en particulier le manque de ponctualité (VR 14.2.71).

PRESTIGE sm. Spéc. Rép. mil. XXe. (dans les constr. ci-après).

Prestige de... (suivi d'un subst. complément, en général nom de chose). Fréquent dans la réclame, ou dans certains titres « accrocheurs ».

Prestige de l'ancien franc (M. 29.12.65). *Prestige du bœuf* triomphant, avec les pommes soufflées (dans un restaurant) (M. 28.7.66). *Prestige d'un hall d'entrée* conçu par un décorateur dans l'harmonie des marbres, du verre et des sculptures. *Prestige de la façade* où triomphe l'alliance de la mosaïque italienne, de l'acajou et de l'aluminium. *Prestige du living-room* « plein-soleil », où d'immenses baies s'ouvrent sur les terrasses, prolongeant votre pièce de réception vers l'espace et la lumière. *Prestige du raffinement* des aménagements (Pub. M. 2.6.65). *Prestige de l'hôtellerie* valaisanne (Fe. 4.6.66).

● **Suivi d'un nom de personne.**

Chemise « Cachet d'or » *Prestige* et prestance de *l'homme* élégant (Pub. E. 31.5.65).

... de prestige (après un subst.). Fonction d'adjectif. ■ Qui est inspiré davantage par le désir d'éblouir que par la recherche de l'efficacité. — Péj. : d'un luxe déraisonnable.

○ La construction d'un nouvel accélérateur de 300 milliards d'électrons-volts, qui, pour des années, mettra l'Europe au premier rang dans la physique des hautes énergies. Il ne s'agit pas là d'un *appareil de prestige* : c'est le seul moyen de mettre un terme à la fameuse « fuite des cerveaux » (M. 4.11.67). Concorde sera peut-être un *avion de prestige*, mais certainement pas un succès financier (PM 9.11.68). *Cadeaux de prestige* en écaille : poudriers, briquets, brosserie, flacons ; en ivoire : statuettes, jeu d'échecs, miniatures, parures, brosserie (Pub. M. 12.12.67). Une avenue qui, envahie par les immeubles de bureaux et les *commerces de prestige*, a perdu beaucoup de son charme (M. 23.3.69). Swissair est une entreprise privée. Ce n'est pas une *compagnie aérienne de prestige*. Nous ne pouvons nous contenter de discourir. Nous devons donner des preuves de notre valeur (Pub. E. 9.9.68). Il n'y a pas de véritable centre dans cette capitale modeste, ni de ces *constructions de prestige* qui coûtent si cher (M. 10.1.70). Les Jeux olympiques d'hiver se sont développés à la mesure d'un pays. Ils ne pouvaient manquer d'entraîner de fortes *dépenses de prestige* (E. 19.2.68). Comme chaque année, les fêtes de Noël et de la Saint-Sylvestre donneront lieu (à la télévision) à un certain nombre *d'émissions de prestige* (M. 10.12.64). Le cœur de la cité sera conçu pour recevoir les *équipements de prestige*, commerciaux, administratifs et culturels (M. 5.11.67). Une *exposition* française *« de prestige »* marquera l'inauguration du nouveau musée d'Art contemporain de Montréal (M. 20.1.68). Certains *investissements* dits *« de prestige »* peuvent être très rentables : ainsi Le Capitole (train rapide) si critiqué d'abord. La fréquentation sur la ligne Paris-Toulouse a augmenté de 42 % *(M. 29.11.68).* Une *manifestation de prestige* implique la présence des principaux interprètes des films en compétition, de stars de première grandeur, d'ambassadeurs, de producteurs, de réalisateurs, etc. *(VR 3.7.66).* Les Jeux olympiques étaient peut-être une *opération de prestige* à laquelle l'O.R.T.F. ne pouvait se dérober. Mais c'est à la limite du possible, et surtout du raisonnable *(M. 12.1.68).* Création d'un *orchestre* national *« de prestige »* capable de rivaliser avec les grands orchestres étrangers *(M. 29.10.66).* Les dépenses somptuaires d'une *politique de prestige* (PM 30.11.68). Une compagnie aérienne qui fait une *politique* trop de prestige ou même *de prestige* tout court, risque d'avoir des difficultés *(O.R.T.F. 26.12.70).* L'occasion pour doter Paris du *stade de prestige* que la ville attend *(M. 27.12.66).* Des *trains* plus ou moins justement dits *de prestige,* de 1re classe seulement et avec supplément *(Ch. f. 3.68).* Certaines *usines « de prestige »* vont être fermées *(F. 28.9.66).* Le Gouvernement a voulu soutenir le seul constructeur français de *voitures de prestige (M. 2.10.64).*

∞ Le Salon de l'auto est une *manifestation de prestige (E. 29.3.71).* Votre société a-t-elle besoin d'un siège social autonome ? Faut-il un *emplacement de prestige ? (En. 21.5.71).* Cette situation n'était pas sans inquiéter les membres de ce *réseau hôtelier de prestige (M. 11.12.71).* Air Inter ne sert plus aucun repas en cabine, sauf sur la *ligne de prestige* Paris-Nice *(M. 7.6.72).* Louer une Mercedes (...) bon moyen de posséder temporairement un *modèle de prestige* qu'on ne pourrait pas se permettre d'acheter ni d'entretenir *(P. 26.5.75).* Comme la station Châtelet est une *station de prestige* au centre de Paris, on a cherché à lui donner un caractère particulier (...) Nul besoin de demander à des artistes en renom de signer des *œuvres de prestige,* mais pourquoi ne pas profiter de l'occasion pour lancer des inconnus ? *(M. 9.12.77).* La municipalité était depuis longtemps propriétaire de l'Hôtel et le concessionnaire le laissa dans un état d'abandon préjudiciable à la *politique de prestige* voulue par la nouvelle équipe municipale *(M. 31.5.78).*

PRESTIGIEUX, EUSE adj. Repris et rép. mil. XXe. ■ Qui a, qui donne (ou est censé donner) du prestige, de l'éclat, de la notoriété, etc.

Rem. **L'adj. est tantôt épithète — le plus souvent postposé, parfois antéposé — tantôt, mais plus rarement, attribut.**
Le mot est devenu très fréquent, notamment dans la langue publicitaire. Il détermine un nombre presque illimité de subst.

● **Avec un subst. nom de chose (abstr. ou concrète).**

○ Je ne souscrirai à aucun de ces *abonnements prestigieux* qui vous promettent une culture comparable à celle de Vinci en 28 volumes payables en six mois *(MC 10.67).* L'une des plus *prestigieuses adresses* du monde des affaires *(M. 11.1.68).* Nous avons choisi pour ce match (route contre autoroute) des *adversaires prestigieux* : la route nationale 7, l'artère qui accapare la plus forte circulation de notre réseau et l'autoroute de la vallée du Rhône, détentrice du record d'affluence sur une autoroute à péage *(A. 5.1.67).* C'est à une série d'*anniversaires « prestigieux »* que France-Musique consacre quelques-unes de ses émissions de la semaine *(VR 5.5.68).* Verra-t-on enfin le chef de l'État un peu moins soucieux d'*apparences prestigieuses* et davantage des problèmes de logement, de niveau de vie, de justice sociale ? *(M. 14.3.67).* L'*arbre* de parc le plus *prestigieux,* l'érable japonais, fait de son possesseur un roi (...) une semaine par an *(PM 6.5.67).* Amalfi, la ville à l'*architecture prestigieuse (Pub. Air France, été 66).* La divine et fatale *bagnole* présente deux aspects contradictoires : elle est *prestigieuse* et en même temps parfaitement ordinaire, donc rassurante *(Charbonneau, 67).* Cet enclos de verdure et de fleurs décoratives possède un *prestigieux balcon* face au Mont-Saint-Michel *(VR 21.6.70).* Rien n'est trop noble pour un Dupont — ni cette *bière* qui se veut « la plus *prestigieuse »,* ni ce vin « de la plus haute lignée ». Chez Dupont tout est noble *(F. 9.12.66).* Dans les caves O. au milieu de millions de bouteilles de *prestigieux bourgognes* (PM 3.12.66). Certaines *branches* naguère *prestigieuses* des mathématiques, qui ne débouchent ni sur des concepts ni sur des techniques contemporains, sont condamnées à disparaître partiellement de notre enseignement *(M. 2.4.67).* A. est une pendule intelligente que vous voyez vivre. A. est une présence. A. est un *cadeau prestigieux (Pub. M. 16.10.65).* Une *carrière prestigieuse :* interprète *(VF 11.5.61).* Au soir de sa *prestigieuse carrière,* il lui plairait (à un champion cycliste) de remporter un sixième Tour de France *(E. 29.8.66).* L'instant est venu de découvrir le plus naturel, le plus léger, le mieux sélectionné, le plus *prestigieux champagne,* le blanc de blancs C. (...) *(Pub. PM 10.12.66).* Le *prestigieux chapelet* des grandes places de Paris : Concorde, Vendôme, Palais Royal, Cour carrée du Louvre, place des Vosges *(M. 30.10.68).* Un *choix prestigieux* de solitaires, bagues et alliances, diamants *(PM 10.12.66).* L'ensorcelant « Notre-Dame de Paris », premier volume de cette *prestigieuse collection,* ainsi que le second qui vous fera connaître le monde bouleversant des « Misérables » *(Pub. ST 15.10.66). Prestigieuse collection* de linge de maison, étonnante défroissabilité, lavabilité exceptionnelle *(Pub. PM 3.12.66).* Ces stations de sports d'hiver qui n'ont pas d'ambitions nationales ou internationales ont des difficultés d'exploitation comparables, toutes proportions gardées, à celles que connaissent leurs *concurrentes* les plus *prestigieuses (M. 6.1.68).* Modeste capitale d'une vallée se terminant par un *cul-de-sac prestigieux,* Chamonix est devenu un poste frontière *(M. 8.9.65).* La langue française, véhicule d'une *culture prestigieuse (O. 28.2.68).* L'Exposition universelle de Montréal se déroulera dans un *prestigieux décor* aquatique. *(VR 3.7.66).* Le *décor prestigieux* de la Côte d'Azur *(F. 30.11.66).* Valéry devint Professeur au Collège de France sans avoir pour autant de *diplômes prestigieux (FL 19.1.67).*

L'École normale supérieure, la plus *prestigieuse* des grandes *écoles (E. 12.4.71).* En se décidant pour une *expérience* si difficile, mais également si *prestigieuse* (le vol d'Apollo-8 autour de la lune), la N.A.S.A. s'apprête à assumer une lourde responsabilité *(M. 14.11.68).* La Bourgogne est devenue la *prestigieuse exposition* de tout ce que notre monde raffiné offre à notre gourmandise *(Fa. 23.10.68).* Elle (une actrice) a choisi le petit *film* sympathique et *prestigieux* plutôt que la superproduction conquérante *(E. 3.4.67).* Les *foies gras* les plus *prestigieux (M. 10.11.66).* Il y a aujourd'hui plusieurs femmes au nom desquelles on peut accoler ces *prestigieuses initiales,* longtemps privilège masculin : P.D.G. *(Fa. 25.1.67).* Devenez propriétaire d'une de ces *prestigieuses laveries-nettoyages à sec* « libre-service » *(Pub. PM 3.6.67). Prestigieuse lignée* des rouges à lèvres *(Pub. Fa. 7.12.66).* Un tricot sorti des *maisons* spécialisées les plus *prestigieuses (Pub. O. 30.11.66).* La seule marque au monde à présenter plus de 1 000 *modèles prestigieux* (...) et parmi ceux-ci la plus grande collection de montres de plongée *(Pub. PM 3.12.66).* La vaste salle du T.N.P. (Théâtre national populaire) devenu le plus *prestigieux music-hall* de France *(FL 22.9.66).* Il revient au plus *prestigieux palais* d'exposition d'Europe d'abriter les manifestations (...) *(M. 26.5.64).* Faire en sorte que le Concile Vatican II ne se révèle pas une *parenthèse,* si *prestigieuse* soit-elle, mais un point de départ *(M. 11.12.65).* La région du Nord vit sur le *passé prestigieux* de son charbon et de ses grands filateurs *(M. 5.11.67).* Les hommes se mirent sans complexes à orner leurs couvre-chefs de *plumes prestigieuses,* surpassant de beaucoup leurs compagnes dans l'extravagance *(Fa. 21.8.68).* La « Porte d'Or », le *pont prestigieux* qui enjambe l'entrée de la baie de San Francisco *(Tra. 8.56).* Les *produits de toilette* les plus *prestigieux* du monde *(Pub. PM 25.2.67).* Comment se peut-il que cette *prestigieuse profession* (pilote d'avion) ne suscite plus un assez grand nombre de vocations ? *(ST 7.1.67).* La plus belle artère parisienne, la plus *prestigieuse promenade.* Son cœur est au « Rond-Point » (des Champs-Élysées) *(Fa. 20.11.68).* La *puissance* politique est moins *prestigieuse* chez nous lorsqu'elle est due à la confiance du peuple que lorsqu'elle est due à la mainmise d'un homme fort *(Revel, 65).* Nous sommes le pays de la *réalisation* ingénieuse, *prestigieuse,* raffinée, mais unique et limitée, sauf dans le domaine de l'automobile. Malheureusement nous n'avons pas su inventer le deux-chevaux du livre *(M. 17.11.67).* La plus *prestigieuse* des *réalisations* sans conteste la route alpine des Tauern, qui sur les 38 kilomètres de son parcours ne comporte ni lacet ni rampe d'un pourcentage supérieur à 8 %, mais 2 310 mètres de galeries antineige *(M. 10.4.68).* La *recherche* alimentaire moins *prestigieuse* que le nucléaire ou l'espace, n'en justifie pas moins un effort *(E. 8.1.68).* Cette médaille d'or frappée à l'effigie du célèbre clown (Grock), est une *récompense prestigieuse* ; elle équivaut, pour celui qui la reçoit, à un véritable sacre *(O.R.T.F. 15.1.67).*

Une *revue prestigieuse* pour une clientèle d'élite ! *(Pub. R. 2.66).* Des principales *routes* aériennes, la plus *prestigieuse* est celle qui relie l'Amérique à l'Europe *(M. 27.11.66).* Une des plus *prestigieuses rubriques* de la presse quotidienne, le feuilleton de la critique littéraire du « Monde » *(Fa. 8.3.67).* Le chronomètre de l'empereur est le premier d'une *prestigieuse série* qui allait marquer jusqu'à aujourd'hui les heures historiques de la France *(PM 1.4.67).* La tentation de toujours accepter un papier revêtu d'une *signature prestigieuse (VF 11.11.66).* Un emplacement unique au monde : la *situation* la plus *prestigieuse* au centre des Champs-Élysées, au cœur des affaires et des spectacles *(Pub. M. 11.6.65).* Une *prestigieuse société* française de produits de beauté lance la ligne nouvelle de maquillage des yeux *(PM 17.6.67).* Presque tout ce qui brille au firmament de l'Europe économique apporte au projet un *soutien prestigieux (E. 18.12.67).* La diplomatie française de l'après-gaullisme risque de rester, au moins quelque temps, d'inspiration gaulliste, même si le *style* en est moins *prestigieux (F. 12.12.66).* Dans la gamme des *prestigieux téléviseurs* S. voici Royal-Grand Luxe super écran 65 cm — extra-plat *(Pub. M. 4.4.67).* Un super-diplôme, le prix de Rome, *titre prestigieux* qui n'était pas seulement honorifique, car il garantissait une série de commandes de l'État *(E. 16.12.68).* Le confort est très poussé : fauteuils de type aviation, conditionnement de l'air, éclairage fluorescent, décoration très soignée. Le « Talgo » est un *train* vraiment *prestigieux* par son élégance et son originalité *(VR 13.9.66).* Cette *université prestigieuse* (de Louvain) est aussi la plus explosive *(O. 7.2.68).* Ce qui fut une *ville prestigieuse* (Pompéi) du début de notre ère *(F. 7.2.69).* Il y a ici quelques *whiskies prestigieux* qui valent bien un excellent armagnac *(M. 23.9.65).* Pourquoi ne s'est-on pas contenté d'aménager des parcs de stationnement à la périphérie du quartier, dans des *zones* moins passantes et moins *prestigieuses* ? *(M. 16.10.68).*

∞ La période qui va de vingt à trente ans, est la *phase* socialement la plus *prestigieuse* de l'existence *(Searle, 72).* « Sacraliser », « désacraliser » : on abuse aujourd'hui de ces *vocables prestigieux (F. Mars, C. 16.7.72).* L'*image prestigieuse* des croisières à la française *(M. 26.10.74).* Les établissements américains d'enseignement supérieur n'avaient d'yeux, en ce début du siècle, que pour le *modèle prestigieux* de l'université allemande, tournée vers la recherche scientifique *(M. 18.1.75).* La *pièce* la plus *prestigieuse* de S. est à la fois montre à lecture « digitale » et mini-calculatrice à mémoire dans un volume de 3x4 cm *(M. 14.12.76).* Ce *projet prestigieux* a pour objectif d'attirer des activités scientifiques et tertiaires de haut niveau *(C. 8.7.78).* Le *titre* de grand couturier, si *prestigieux,* si convoité, ne se délivre pas comme celui de bachelier *(E. 24.7.78).*

● **Avec un subst. nom de personne ou de collectivité.**

Pour évoluer au milieu de tant d'écueils (de la politique internationale) ne vaudrait-il pas mieux à tout prendre la modeste application dont Robert Schuman a su donner l'exemple plutôt que les audaces d'un *prestigieux capitaine* menant à sa fantaisie « le jeu divin du héros » ? *(M. 4.12.65).* De L., ce *chef prestigieux* de la 1re Armée de la France Libre *(E. 24.4.67).* Un de nos plus *prestigieux jeunes chefs d'orchestre (VR 26.11.67).* Un hôtel portait le nom d'un *prestigieux corsaire,* Surcouf *(F. 28.9.66).* Le film tourné en couleur à Londres avec une *distribution prestigieuse (E. 19.9.66).* Toute la *prestigieuse équipe* des très grands couturiers qui firent l'élégance des années 30 *(M. 7.6.68).* Un *prestigieux historien* estime nécessaire de rappeler qu'il n'y a pas un seul Louis XIV mais deux *(Cd. 17.10.66).* Demain, de Gaulle disparaîtra. La France se trouvera confrontée à des problèmes gigantesques que le vieil *homme prestigieux* à couverts d'un manteau de mots *(E. 5.7.65).* En première mondiale une croisière de musique dans des sites riches d'Histoire et d'Art avec la participation des plus *prestigieux interprètes (Pub. PM 20.4.68).* Le professeur R. était l'un des *maîtres prestigieux* et recherchés du monde universitaire *(E. 16.12.68).* Notre cercle culturel reçoit des *orateurs prestigieux.* Nos dîners-débats réunissent 500 convives *(JF 4.3.67).* Un des plus *prestigieux orchestres* des États-Unis *(O.R.T.F. 17.12.66).* Elle (une actrice) fera revivre Anne Boleyn, face à un *partenaire prestigieux* qui fut lancé par « Lawrence d'Arabie » *(JF 8.10.66).* Brigitte Bardot a tourné avec un *prestigieux partenaire* (Sean Connery) alias James Bond *(JF 27.4.68).* Les occupants de Gémini-7 notaient que les lèvres de S. remuaient : le *prestigieux pilote* de Gémini-6 mâchait du chewing-gum *(M. 17.12.65).* Bon nombre de cadres ou même de notables avaient voté pour Mendès-France afin de doter Grenoble d'un *porte-parole prestigieux (M. 15.6.68).* Ce prestidigitateur brouillon et *prestigieux,* cet illusionniste désinvolte (un homme d'État) qui ne joue que pour lui et dont la mégalomanie théâtrale n'a de justification que dans la séduction *(O. 2.12.68).* Nous jouerons la Passion selon saint Jean de J.-S. Bach. Avec des *solistes prestigieux (Fa. 27.3.68).*

PRÊT-À- + infinitif loc. subst. et adj. ~ 1960 (D'après le modèle plus ancien *prêt-à-porter**). Se dit d'objets, d'équipements, d'installations vendus suffisamment élaborés pour que l'acheteur puisse les utiliser tels quels ou après un minimum de travail préparatoire.

Rem. 1. Sur ce modèle ont été créés, surtout dans le langage de la publicité, avec des verbes d'action ou d'état, de nombreux tours à fonction de subst. et quelques uns à fonction d'adj.

● Loc. subst.

Un coiffeur invente le *« prêt-à-coiffer »* en s'attaquant à une clientèle possédant moins de moyens : les salons D. proposent shampoing et mise en plis pour 15 F *(En. 3.8.68)*. Un véritable *« prêt-à-construire »* : pour chaque maison, plans détaillés, devis descriptifs et quantitatifs, guide des opérations, planification des travaux, listes des meilleures entreprises locales *(Pub. VR 27.4.69)*. L'industrie du bâtiment se lance dans le *« prêt-à-construire »* (E. 1.12.69). Un ensemble de *prêt-à-dormir*, comprenant un jeu de draps et une couverture matelassée réunis par des fermetures à glissière (pour équiper une caravane) *(A.A.T. 5.70)*.
Habillez vos murs avec les tout récents vêtements muraux de L., le *« prêt-à-poser »* des papiers peints *(Pub. El. 15.2.71)*. Le *« prêt-à-vivre »*, c'est un studio ou un appartement meublés, situés près de la plage *(Pub. El. 20.3.72)*. Toujours plus de *« prêt-à-consommer »* en boîte ; pourquoi ? *(Exp. 7.72)*. Le plateau-repas, ce procédé de *« prêt-à-manger »* n'a guère enthousiasmé la clientèle *(M. 21.7.72)*. 875.000 vacanciers ont eu recours aux services d'une des 2.000 agences revendeuses pour choisir une des mille et une variantes du *prêt-à-partir (E. 27.8.73)*. Un magasin a créé un coin de *« prêt-à-emporter »* pour ses clients impatients *(E. 17.9.73)*. La sécurité d'un vrai *« prêt-à-éteindre »* (= un extincteur), toujours sous la main, en voiture, en caravane, en camping *(Pub. 1.10.73)*. Une mentalité du *« prêt-à-jeter »* est maintenant largement répandue : les rasoirs et les briquets à jeter, les lampes de poche non rechargeables en sont des expressions concrètes *(M. 28.10.77)*.

● Loc. adj.

Les artisans (...) montent chaque cheminée en éléments *prêts-à-poser (JF 22.9.76)*. Bureaux livrés complètement équipés, *prêts-à-cloisonner (Exp. 1.72)*. Des patrons *« prêts-à-créer »*, d'une grande facilité d'exécution, pour une toilette de fête *(VR 1.4.73)*. Ces logements sont des 4, 5, 6 et 7 pièces *prêts-à-décorer*. Toute la décoration et certains aménagements, c'est à vous de les imaginer (...) Ces appartements *prêts-à-vivre* sont tout équipés *(F. 24.1.74)*.

Rem. 2. D'autres exemples sont relevés in B.d.m., n° 2, 1971.

PRÊT-À-PORTER [prɛtapɔrte] sm. ■ Vêtements de confection de qualité supérieure à ceux de la confection ordinaire et moins coûteux que les vêtements « sur mesure ».

Une douzaine de fabricants viennent de participer à l'Exposition du *prêt-à-porter (E. 17.5.65)*. Le *prêt-à-porter* se met en frais pour l'été. Voici deux tenues en tissus légers, aérés *(Pub. E. 31.5.65)*. V. a choisi le *prêt-à-porter* industriel parce qu'elle aime s'habiller simplement *(O. 27.12.67)*. On confiera aux hôtesses a un modéliste du *prêt-à-porter (O. 7.2.68)*. Des usines travaillant pour l'industrie du *prêt-à-porter (O. 28.2.68)*. Avec ce *prêt-à-porter* « rive gauche », Y. S. paraît préparer une révolution aussi importante que le fut, en 1947, celle du new-look *(E. 23.7.69)*.
Beaucoup de professionnels se sont contentés d'une visite au Salon du *prêt-à-porter*, mais 5.500 d'entre eux ont voulu assister aux présentations de collections *(PM 21.4.73)*. Le temps du sur-mesure est bien fini ; il fait place à l'ère du *prêt-à-porter*. Reste à éviter maintenant l'écueil du « décrochez-moi-ça » *(M. 4.5.74)*.

● Par ext. Dans d'autres domaines.

Un large éventail de toutes les maisons individuelles : de la construction « sur mesure » traditionnelle au *« prêt-à-porter »* industrialisé *(PM 25.4.70)*.
L'Université propose au public adulte deux sortes de stages : du *« prêt-à-porter »* et du « sur mesure ». « *Prêt-à-porter* » : c'est-à-dire des stages tout faits que les demandeurs de formation acceptent tels quels ou avec de minimes modifications *(F. 15.5.74)*.

PRÉVISIONNEL, LE adj. Mot du XIXe s., repris et rép. mil. XXe. Écon. ■ Qui comporte (ou se fonde) sur des calculs de prévision à court, moyen ou long terme.

○ En envoyant aux pays du Tiers-monde quelques tracteurs, un peu d'argent et des experts, tout va s'arranger très vite, se dit-on. Par malheur, c'est là défier toute *analyse prévisionnelle* vraisemblable *(E. 9.10.67)*. L'une des tâches principales du conseil est de préparer et de faire voter le *budget prévisionnel* annuel *(M. 17.1.68)*. Travaux détaillés pour l'*étude prévisionnelle* du trafic routier horaire et journalier *(A.A.T. 5.70)*. La *« gestion prévisionnelle »* expression qui traduit mieux en français qu'en anglais l'idée qu'elle recouvre : elle signifie que nous devons nous appliquer à gérer les affaires en les situant dans une perspective d'avenir sans perdre de vue pour autant la nécessité de tenir compte du « quotidien » *(R.G.C.F. 9.68)*. Si l'on passe aux secours vers le Tiers-Monde on se pose la question : y a-t-il un *plan prévisionnel* avec un planning rigoureux de financement, de coordination, de contrôle ? *(C. 21.10.69)*.

∞ La Lettre en question étudie les rumeurs de la Bourse et esquisse un *panorama prévisionnel* de la marche des affaires *(Exp. 3.72)*. Dans certaines conditions, l'institution d'un *« forum prévisionnel »* pourra assigner des buts pratiques (...) *(Inf. 12.2.73)*. Une politique d'« essais de fiabilité » destinés à valider certaines *évaluations prévisionnelles* et à rendre ces dernières plus crédibles aux yeux du client *(M. 26.4.78)*.

PRÉVISIONNISTE subst. Mil. XXe. Écon. ■ Spécialiste de la prévision, de l'analyse ou de la gestion *prévisionnelles**.

Rem. Ce terme a été parfois critiqué.

M. de S. s'occupe de prévisions au ministère des Finances et voit pour cela son nom suivi d'un hideux néologisme : *« prévisionniste » (F. 23.11.66)*.

♦ Une erreur a été commise en 1960. Les « *prévisionnistes* » avaient affirmé : « le trafic (routier) augmentera de 40 % tous les cinq ans » *(PM 15.10.66).*
Une équipe de *prévisionnistes* s'efforce de construire les images du futur *(Hetman, 69).*
Quelle vanité eût été celle des *prévisionnistes* si le hasard n'avait démenti leurs pronostics sur les Ve et VIe Plans *(Elgozy, 72).* Chez les constructeurs d'automobiles, les *prévisionnistes* se gardent d'envisager l'avenir au delà d'un mois dans leurs prévisions : ils travaillent au mois par mois, décembre pouvant infirmer les promesses d'octobre *(M. 14.10.75).*

PRIMAIRE adj. Spéc. Did. ■ **Se dit d'un périodique scientifique qui, par opposition aux revues de vulgarisation, ne présente dans ses articles que des résultats inédits de recherche.**

Le gouvernement va créer une commission qui définira à quelles normes doit satisfaire une publication *primaire*, notamment un comité de lecture sévère et un taux de diffusion important. Seules les 400 ou 500 revues jugées acceptables auront droit à des subventions publiques *(M. 7.10.78).*

PRIMARISATION sf. ■ Action de *primariser** ; son résultat.

L'enseignement, dit-on, sera plus unifié, plus démocratique (grâce à la suppression du latin en sixième). Il serait plus démocratique, en vérité, de supposer tous les enfants capables de faire du latin que de les supposer tous incapables d'en faire. Plus que d'une démocratisation, il s'agit en réalité d'une « *primarisation* » de l'enseignement secondaire *(M. 8.10.68).*
Contre le projet du syndicat national des instituteurs, on trouve les professeurs du secondaire, toute méfiance réveillée par la « *primarisation* » de leur premier cycle *(O. 26.11.73).*

PRIMARISER v. tr. (De *primaire*). ■ **Mettre (l'enseignement secondaire) au niveau de l'enseignement primaire.**

Le latin serait-il indispensable à la formation de tout Français moyennement cultivé ? Alors, il faudrait le déclarer obligatoire. Mais personne ne l'a fait. Allons-nous *primariser* l'enseignement secondaire ? *(M. 31.10.68).*

PRINTEMPS sm. Fig. Spéc. (Dans la vie politique ou sociale). ■ **Période pendant laquelle semblent sur le point de se réaliser de grands espoirs de libération, de progrès social, de renouveau, etc.** — **Période de détente internationale.**

Le nouveau *printemps* syndical ressemble à ces petits matins froids où se dissipent les illusions *(Bauchard, 72).* Au moment de la brouille germano-américaine, un nouveau *printemps* entre Bonn et Moscou *(O. 12.11.73).* Le *printemps* des lycéens. Les dizaines de milliers de potaches manifestent dans les rues, contre la suppression des sursis militaires, mais aussi contre l'école et leur vie d'élèves *(M. 15.1.74).*

PRISE(-) sf. Premier élément de subst. comp. fém. ■ **Prise de courant (électrique) pour le branchement de l'appareil désigné par le second élément.**

Un collecteur d'ondes incorporé doublé d'une *prise* « antenne » *(A. 17.7.69).* Des bornes pour le branchement de l'alimentation en électricité et en eau douce, ainsi que des *prises radio et télévision (M. 23.7.69).* Une chambre, un coin de toilette et sanitaire avec glace et *prise-rasoir (E. 29.4.68).*

PRISE DIRECTE (EN) Loc. adj. et adv. Fig. (D'après l'emploi dans le vocab. de l'automobile).
En prise directe *avec* (quelque chose). ■ **Directement relié à, en contact, en relation immédiat(e) avec...**

○ Les (cinéastes) Italiens sont *en prise directe avec notre époque (VR 16.4.61).* Les téléspectateurs doivent entrer dans la logique profonde de l'opération Apollo 12 avant qu'elle commence. Ainsi, ils pourront *être en prise directe avec les faits (E. 10.11.69).* Le western, longtemps, se contenta de broder des ourlets de légende autour d'aventures *en prise directe avec l'Histoire (E. 3.7.67).* Un programme d'enseignement conçu en termes de « formation », *en prise directe avec les problèmes de l'architecture moderne (M. 2.9.65).* Ces universitaires distingués ne sont pas forcément *en prise directe avec les réalités* du monde professionnel *(E. 28.6.65).* Le syndicat d'initiative de L. est *en prise directe avec le tourisme et ses problèmes (TL 28.3.68).* Les quatre personnages s'entretiennent de problèmes *en prise directe avec la vie (E. 29.9.69).*
○○ Cabotin, volubile, exalté, *en prise directe avec la réalité,* il est (...) un représentant des forces qui montent *(N 10.70).* Le général C. se sent — pour la première fois depuis le début du complot — *en prise directe avec le mouvement* qu'il va déclencher *(Courrière, 71).* La plupart des membres du Conseil d'administration du Festival de Cannes ne sont plus *en prise directe avec le cinéma actuel (E. 5.6.72).* Une médecine vraie, juste, efficace, *en prise directe avec la réalité des faits et des constantes découvertes (N 10.72).*

En prise directe (ou : en prise) *sur* **(quelque chose).** Variante de la loc. précédente.

○ Fiévreux, surmené, persuadé d'accomplir une haute mission humaine, *en prise directe sur l'âge de l'espace,* Jacques B. fait un peu peur *(O. 7.2.68).* Lyon a été placé *en « prise directe » sur l'autoroute du soleil (VR 20.7.69).* Cet emplacement est *en « prise directe » sur le chemin de fer (VR 1.2.70).* Satisfait d'être *en prise directe sur sa circonscription,* M. E. entend donner l'image du bon député en rétablissant les circuits entre l'opinion et le gouvernement *(E. 29.9.69).* En ne travaillant que pour la confection, on arrive vite à une conception abstraite de la mode. Nos cobayes nous permettent de rester *en prise directe sur la clientèle (E. 1.11.65).* Directement *en prise sur l'époque,* des livres très divers (...) *(E. 30.6.69).* Les organisations professionnelles n'ont pas été *en prise sur les événement (M. 6.8.68).* France-Culture est *en prise sur le monde contemporain (M. 6.3.70).* Ils (les person-

PRIVATISER

nages d'un film) sont *en prise directe sur la* véritable *morale* et la véritable *sensibilité* de la France *(E. 9.6.69)*. Des gangsters, des ivrognes, des soldats et des prostituées que l'auteur (...) fait penser et parler, dans leur langue colorée, brutale et *en prise directe sur l'objet (Henriot : M. 27.11.57)*. La conquête de l'espace a progressivement cessé de se trouver *en prise directe sur l'opinion* publique américaine *(M. 10.10.68)*. Les propos des responsables étudiants ou enseignants sont *en prise directe sur les problèmes*, les idées, les situations qui sont les nôtres *(E. 15.7.68)*. Les enseignants ne sont pas directement *en prise sur la production (M. 21.7.67)*. La troisième question était *en prise directe sur la question* posée tout à l'heure *(O.R.T.F. 25.10.69)*. Les idées (du parti) paraissent moins *« en prise »*, si l'on peut dire, *sur les réalités* du pouvoir *(M. 25.8.65)*. Une « école ouverte », par un enseignement *en prise sur le réel (E. 24.6.68)*.

∞ C'est le devoir d'un responsable de l'éducation d'être *en prise directe sur son temps (En. 20.1.72)*. On devrait multiplier les classes de neige, les écoles *en prise directe sur la nature (Carlier, 72)*. Les différents gauchismes seront toujours renvoyés à leurs utopies, d'autant moins *en prise sur les réalités* que l'accès à ces réalités leur est interdit *(O. 23.12.72)*. Une réforme de France-Musique afin d'éprouver des formules de présentation plus dynamiques que par le passé, *en prise sur l'actualité musicale (M. 30.12.73)*. Pourquoi ne pas imposer un stage de 6 mois à tous les étudiants en médecine en fin de scolarité ? Cette contrainte mettrait le jeune médecin *en prise directe sur une réalité médicale* de notre temps *(E. 25.3.74)*.

(-)PRISON Apposition ou second élément de subst. comp. dans lesquels le premier élément désigne ce qui est considéré comme une prison ou tient lieu de prison.

L'*usine-prison*, noire, aux vitres jamais lavées, entourée de hauts murs comme pour bien prouver aux ouvriers qu'ils étaient des forçats *(Ragon, 63)*. L'école trouve son cadre où elle peut, de l'établissement caserne à l'*établissement prison*, en passant par le lycée grand ensemble *(Mauduit, 71)*. Dans notre classement des institutions, l'école se place (...) à côté de l'*asile-prison (Illich, 71)*. L'Exodus, véritable *navire-prison* (...) mobilisa toute l'opinion française en faveur des Juifs *(Agulhon, 72)*. De ce *stade-prison*, les militaires ne font visiter que la piste centrale *(E. 1.10.73)*. La contrepartie du droit à la voiture, c'est l'exil vers les *banlieues-prisons*. C'est le centre des villes livré aux riches *(O. 31.12.74)*.

PRIVATISATION sf.

1. Pol. Écon. Action de *privatiser(1)*. — Résultat de cette action.

○ Le ministre a exposé sa politique de *« privatisation »* de la construction des autoroutes *(C. 16.11.69)*. La *« privatisation »* de l'épargne a encouragé le développement de la spéculation, alors que les besoins en équipements collectifs sont immenses, mais non rentables : espaces verts, hôpitaux, éducation, foyers, crêches, etc. *(TC 9.5.68)*. Les journalistes d'« Ouest-France » (quotidien régional) ont eu le sentiment que les journaux de la Libération ne devaient pas devenir des entreprises familiales par le jeu des successions. L'émotion qu'a provoquée cette sorte de *« privatisation »* d'un *journal* au bénéfice d'une seule famille a été grande parmi les rédacteurs *(Schwœbel, 68)*. Les routiers pratiquent un véritable « écrémage », ne transportant que ce qui assure le plus grand profit et laissant le reste à la S.N.C.F. C'est un exemple parfait d'une *« privatisation » des profits* et d'une socialisation des pertes *(M. 20.2.68)*. La lutte contre la *« privatisation »* de la recherche scientifique *(M. 9.7.65)*.

∞ Le Pr Mathé réclame la *privatisation de la médecine (E. 16.11.70)*. Une telle théorie de la *« privatisation » des rapports* des chemins de fer avec l'État se heurterait sans doute aux réalités politiques et économiques *(R.G.C.F. 1.71)*. Si la *« privatisation » des plages* et *des rivages* se poursuit au rythme actuel, c'est là que surgira la contestation (...) Ne pas laisser implanter, sur des sites à maintenir ouverts à tous, des installations apparemment temporaires mais devenues permanentes par leur renouvellement, qui aboutiraient à une *« privatisation » du sol (Saint-Marc, 71)*. Les banquiers, aujourd'hui, créent de la monnaie sur la bonne mine de leurs clients. Cette *« privatisation » des moyens de paiement* complique la mise en œuvre d'une politique d'endiguement de l'inflation *(E. 20.11.72)*. La tendance à la *privatisation* s'accentue dans le domaine culturel (...) : pénétration de sociétés privées dans les organismes publics, abandon pur et simple d'organismes publics au secteur privé *(Belloin, 73)*. La séparation est de moins en moins tranchée entre économie publique et économie privée. Il y a, en effet, à la fois *« privatisation » de l'entreprise publique* et « publicisation » de l'entreprise privée *(Exp. 2.73)*. Les syndicats alertent depuis des mois le public (...) : décentralisation égale affaiblissement et, à terme, *privatisation de l'O.R.T.F. (O. 18.2.74)*. Les dockers se battent contre la *« privatisation » des quais (Inf. 4.3.74)*. Le leader cégétiste redoute (...) la *privatisation de certains secteurs* confiés au service public *(E. 25.11.74)*. Les syndicats du personnel des P.T.T. estiment que cette innovation va dans le sens d'une *privatisation du service public (M. 4.5.77)*. Des chefs d'entreprise lyonnais demandent la *privatisation de la poste (M. 25.10.78)*.
→ DÉNATIONALISATION, DÉSÉTATISATION.

2. Processus selon lequel certaines activités, certains comportements humains se détournent de la vie sociale et se reportent sur la vie privée.

« Dans les nouveaux ensembles, écrit H. Lefebvre, l'absence d'une vie sociale spontanée et organique pousse dans le sens d'une complète *« privatisation »* de l'existence. Les gens se replient sur la vie familiale, c'est-à-dire sur la vie privée » *(Ragon, 71)*.

PRIVATISER v. tr. ~ 1960. (Peut-être influence de l'angl. *private* et suff. *-iser*. Cf *étatiser*).

Rem. 1. Le terme officiellement recommandé est *privétiser*, qui serait plus proche du français *privé*.

1. Pol. Écon. Confier au secteur privé une activité qui était jusqu'alors le propre du secteur public (par opp. à *étatiser, nationaliser*, etc.).

Rem. 2. Choqué par l'emploi de ce verbe insolite — *privatiser* — assorti de son substantif « privatisation », un lecteur nous écrit : « Le ministre a-t-il vraiment utilisé cet affreux néologisme ? (...) Le néologisme est-il viable ? Répond-il à un besoin ? Soumettre à cet examen les termes *« privatiser »* et « privatisation » me semble plus utile que de s'indigner vertueusement contre ces nouveaux venus (...) « Étatiser », c'est faire administrer une entreprise par l'État ; *« privatiser »*, c'est la faire administrer par des sociétés privées. Cela est clair et percutant : c'est le vocabulaire qui convient (...). (Certes) *« privatiser »* et « privatisation » n'obéissent pas aux principes de la suffixation régulière puisque (le français n'a) pas un « privat » qui fasse pendant à « État ». De ce point de vue, l'analogie entre « étatiser » et *« privatiser »* n'est qu'une approximation (...) mais pour opposer le « secteur privé » au « secteur public », je ne pense pas que l'on pouvait trouver mieux *(Mars : C. 7 et 14.3.71).*

♦ Comme la mission du privé ne saurait être d'étatiser, on ne voit pas pourquoi l'État se priverait de *privatiser (C. 16.11.69).* « Moderniser les P.T.T. ce n'est ni les démanteler ni les *privatiser »*, a déclaré le ministre *(M. 3.2.71).*

2. **Transférer au domaine privé ou laisser accaparer par des particuliers des terrains, des biens publics.**

Si les bénéfices des guerres de Napoléon sont ainsi *« privatisés »*, leur charge est supportée par toute la nation *(E. 11.8.69).* 60 % du capital de Volkswagen a été *privatisé (E. 29.9.69).* Vaut-il mieux réaliser le rêve de tous les Français (...) — au risque de voir un jour la campagne entièrement *« privatisée »*, comme les plages — ou, au contraire, habiter de grandes tours pour préserver le plus possible de forêts et de champs ouverts à tous ? *(P. 23.4.73).*

PRO(-) Premier élément d'adj. et de quelques subst. comp. Devant des adjectifs ou des substantifs indiquant l'appartenance à un groupe ethnique, politique, social, etc., il signifie : favorable à..., partisan de.
Rem. L'emploi du trait d'union est hésitant.

Pro(-) + adjectif.

○ La politique *pro-américaine* du gouvernement est naturellement combattue avec véhémence par la gauche marxiste *(M. 6.5.66).* La Grande-Bretagne a adopté une attitude nettement *pro-arabe (M. 22.2.69).* Une organisation de guérilleros *pro-castristes*, revendiquait cet attentat *(M. 18.1.68).* Un certain nombre de *dirigeants* communistes *pro-chinois* auraient été arrêtés à la suite d'une série de descentes de police *(M. 23.4.66).* Un affrontement a opposé, à l'université de K., un *groupe « pro-chinois »* à un groupe *« pro-soviétique » (M. 29.2.69).* Le secrétaire a parlé de l'activité des *« groupuscules » pro-chinois (F. 7.1.67).* L'organisation d'un nouveau *parti « prochinois » (F. 16.12.66).* Parce qu'il s'appliquait à discerner les avantages et les inconvénients du pacte atlantique, « le Monde » était assez couramment taxé en 1948-1950 de neutralisme *pro-communiste (M. 19.4.66).* Manifestation *pro-cubaine* à Madrid *(M. 2.6.66).* Le grand quotidien de tendance *progouvernementale* croit savoir qu'un accord sera réalisé *(F. 26.12.66).* Des délégués ont demandé d'étendre le boycottage aux publications *« pro-impérialistes » (M. 11.1.68).* Plus d'un auditeur *pro-israélien* a dû être choqué par l'affirmation que la force était maintenant du côté de l'État juif *(M. 11.1.69).* Le gouvernement chinois a fait connaître son point de vue, qui a été approuvé par certaines publications *promaoïstes* asiatiques *(M. 18.7.69).* M. B. a accepté de prendre la parole à un meeting *pro-Marché commun (F. 28.1.67).* Quatre dirigeants de l'organisation *pro-nassérienne* viennent de passer trois mois en résidence forcée *(M. 11.3.66).* Le système est « libéral », mais les réformes sont audacieuses ; l'orientation est *pro-occidentale*, mais les communistes ne sont pas dans l'opposition *(M. 31.5.66).* Le premier ministre et ses amis pratiquent une *politique pro-occidentale (M. 27.3.66).* Dans la plupart des pays africains, il est dangereux de vouloir ramener la politique à la lutte de *tendances pro-occidentales* ou procommunistes. Les influences tribales sont aussi très puissantes *(M. 8.5.66).* Le jeu de Moscou n'est pas simplement pro-arabe, il est *« pro-progressiste arabe » (E. 29.5.67).* R. a montré son indifférence souvent proche de l'hostilité à l'égard de romanciers *« prosémites » (M. 23.12.66).* Un jeune poète finlandais connu pour ses tendances *prosoviétiques (M. 16.2.66).* Dans les circonscriptions marginales, la tendance *pro-travailliste* est très forte *(M. 6.10.64).*

∞ Un groupe de Palestiniens appartenant à une organisation *prosyrienne (M. 28.8.70).* En Roumanie, pendant la guerre de 14-18, le Parti conservateur *proallemand* (...) *(E. 5.10.70).* Les voies légales du pouvoir s'ouvrent aux communistes *promoscovites (E. 2.11.70).* Les terroristes *pro-palestiniens* s'y séjournaient épisodiquement *(F. 29.12.73).* Cette circulaire interdit de publier les « câbles d'agences *promarxistes » (M. 13.1.74).* Un western *pro-indien (E. 21.1.74).* Les sentiments *profrançais* des socialistes antillais *(M. 25.4.74).* Une commission *prosyndicale* des travailleurs agricoles *(M. 7.7.74).* Sous la pression d'un parti *pro-helvétique*, le Liechtenstein se rapprocha de la Suisse *(M. 23.1.75).* Associations juives ou *pro-palestiniennes (M. 5.7.78).*

Pro(-) + subst. (nom de chose abstraite).

Ce point de vue est à égale distance de l'« anti-américanisme systématique » et d'un *pro-américanisme* qui n'ose pas dire son nom *(M. 26.5.66).* Un grand débat entre *procommunisme* — ou *prosoviétisme* — et *pro-atlantisme (E. 12.8.68).*
Il y a un contraste entre le *pro-israélisme* militant de certains sénateurs et le langage mesuré du Département d'État *(E. 22.10.73).*

Pro(-) + subst. (nom de personne ou de collectivité).

Les vues des *pro-européens* modérés, partisans d'une économie libérale *(M. 14.2.75).*

Pro(-) + subst. (nom de lieu, de pays, etc.).

L'association *Pro-Venezuela* sonne le ralliement de « toutes les bonnes volontés nationales » *(M. 13.5.69). Pro-Flaine* ou anti-Flaine ? Venez admirer — ou contester — cet été la plus surprenante des jeunes stations de sports d'hiver *(Pub. M. 23.7.69).*

PROBABILISTE adj. Statis. ■ Qui est fondé sur le calcul des probabilités.

Développement de la statistique et des *études probabilistes*, impulsion psychologique de « la théorie des attitudes » — découverte de l'utilité des études de marché *(M. 20.8.64).* Le sondage s'effectue auprès d'un échantillon représentatif de la population étudiée, c'est-à-dire la reproduisant correctement en miniature. Pour arriver à ce résultat, le seul procédé

scientifique consiste à désigner l'échantillon par tirage au sort. On dit alors que le *sondage* est « aléatoire » ou « *probabiliste* » *(M. 21.8.64).*
Le management veut faire vivre les Français dans un univers *probabiliste* et intégré : l'attitude de repli, de refus ou d'indifférence qu'ils lui opposent doit être considérée très attentivement *(M. 21.12.71).*

PROBLÉMATIQUE sf. Rép. mil. XXe (Peut-être sous l'influence de l'alld. *Problematik.* Cf. Rem. ci-après). ■ Ensemble des problèmes qui se posent dans un domaine de la connaissance ou que pose une situation.

Rem. Parmi les néologismes, il en est un qui est en train de se répandre avec une étonnante rapidité : (...) la *« problématique »* (...). Sans doute faut-il voir dans ce nouveau substantif un germanisme — de l'allemand « Problematik » —. (...) nos philosophes affectionnent le mot *« problématique »*. (...) Nous aimerions savoir ce qui se cache exactement sous cette *« problématique ».* Aussi bien, c'est peut-être justement cette imprécision du mot qui lui confère, aux yeux de nos contemporains, un prestige particulier *(Le Bidois, 70).*

♦ Toute étude consacrée à la définition de l'État, doit débuter par une explication sur plusieurs points qui concernent la *problématique* du sujet *(Dabin, 57).* Qui a l'autorité de décider là où l'autorité est mise en question et combattue ? Qui est compétent dans une situation pour laquelle aucune compétence n'est prévue ? Derrière cette *problématique* se profile le vrai problème de la souveraineté *(Freund, 65).* « Face à face » est une émission (télévisée) de *« problématique ».* Nous nous efforçons, à travers un homme soumis à certaines conditions, de soulever les grands problèmes qui intéressent le public *(M. 7.6.66).* L'amour, l'érotisme, la sexualité ont créé en Europe une *problématique* à peu près unique au monde *(E. 12.4.71).*
Les stages que font les étudiants dans les entreprises posent (...) la *problématique* suivante : nécessité d'assurer une liaison pédagogique entre les études théoriques et l'activité pratique, et, pour les professeurs, de reconsidérer leur enseignement en fonction de cette expérience professionnelle des étudiants *(M. 18.1.75).* Les laissés-pour-compte de la capitale, c'est le symbole de la *problématique* du pays : une fois construit le Brésil, il faut encore le rendre accessible aux Brésiliens *(M. 5.7.78).* Cette science économique, c'est la *problématique* des choix optimaux *(C. 15.9.78).*

PROBLÈME(-) Premier élément de subst. comp. dont le second élément est un nom abstrait ou concret désignant la nature du « problème » à résoudre, c'est-à-dire de l'affaire à régler, de la difficulté à surmonter.

Rem. **Ces comp. sont fréquents dans la langue publicitaire.**
On pourra résoudre immédiatement son *problème-appartement (Pub. E. 28.6.65).* Meilleures solutions à tous vos *problèmes-jardin (Pub. PM 21.3.70).* Cette machine à laver est la solution complète et définitive de votre *problème-lessive (Pub. PM 14.11.70).*
On adopte par mimétisme, et pour gagner du temps, la syntaxe anglosaxonne. On dit une ciné-revue, un radio-taxi (...) on en est arrivé tout naturellement au détail-couture, à la fiche-cuisine, au *problème-beauté*, aux idées-confort, aux formules-vacances *(Massian, 72).*

PROBLÈMES sm. plur. Spéc. ∼ 1960. Fam. (Peut-être ellipse de *problèmes psychologiques*). ■ Difficultés d'ordre affectif. Difficulté à trouver son équilibre psychologique.

Une ravageuse de 18 ans (...) qui est ma fille, qui a des *problèmes (Saint Pierre, 70).* Elle n'est pas sans *« problèmes »*, comme on dit *(M. 23.12.71).*
Un jeune médecin (...) et un animateur (...) ont ouvert un appartement qui reçoit tous les jeunes à problèmes, quels que soient ces *problèmes (Olievenstein, 77).*

PROCÉDURE sf. Spéc. ∼ 1960. Did. Techn. (D'après l'angl. *procedure*). ■ Ensemble des procédés utilisés dans la conduite d'une expérience scientifique, des manœuvres à effectuer pour une opération technique.

Les enquêtes (...) ont permis de découvrir (dans une société de construction aéronautique) des anomalies dues à l'application de méthodes et de *procédures* défectueuses *(E. 25.6.73).* Les trains de cette ligne de métro seront équipés de dispositifs qui déclenchent à bord une *procédure* de départ *(R.G.C.F. 7.73).* Nous approchions d'un aéroport. Pendant notre descente, un signal d'alarme indique qu'un réacteur prend feu. J'ai coupé le réacteur. Le feu s'est éteint. La *procédure* est assez compliquée, mais je la connais parfaitement (raconte un pilote). *(O. 3.9.73).*

PRODUCTIVISME sm. Péj. ■ Système d'organisation de la vie économique dans lequel le souci de produire devient prédominant.

La maladie qui nous ronge, c'est le *productivisme* (...) L'homme moderne en arrive à faire les choses non plus parce qu'elles seront utiles mais parce qu'on peut les faire... C'est l'objet, l'entreprise, la machine, pris désormais pour une fin en soi *(Barde, 73).* Le *productivisme* pousse, par exemple, le directeur d'une usine (...), qui avait reçu des fonds pour nettoyer l'eau sortant de ses installations, à utiliser ces fonds à autre chose *(M. 1.6.72).*

PRODUCTIVISTE adj. ■ Relatif au / partisan du / inspiré par le *productivisme**.

Il n'existe, dans la société *productiviste,* aucune incitation à guider les désirs vers des objets plus dignes, mais une forte incitation à guider ces désirs vers des objets plus faciles à produire *(N 4.69).* Les jeunes générations sont moins *productivistes* à tout prix que leurs aînées *(N 7.71).* Les sociétés *productivistes* admettent pour objectif prioritaire l'accroissement rapide du Produit par habitant (...) Savoir si l'obsession *productiviste* peut être contrôlée avant qu'elle ait infligé des dommages irréversibles à la biosphère *(Young, 72)*. L'orateur suggère une position de refus des valeurs *productivistes*, exclusivement quantitatives *(M. 25.1.72)*. Mettre un frein à l'abrutissante idéologie *productiviste* *(Bosquet, 73)*.

PROFESSIONNALISATION sf. ~ 1970. ■ Le fait de *se professionnaliser**.

Au cours des deux dernières années, c'est à une véritable « *professionnalisation* » de l'organisation (le Front de libération québécois) que l'on assiste *(E. 26.10.70)*. La *professionnalisation* de la fonction parlementaire qui est la tendance générale, est aussi la condition de sa qualité *(M. 27.1.74)*. Les professeurs de sciences politiques soulignent « la *professionnalisation* » de la vie politique en France *(P. 3.6.74)*. Les réformes suggérées indiquent toutes une tendance à la réduction du service national et à la *professionnalisation* de l'armée italienne *(M. 12.2.75)*.

PROFESSIONNALISER v. réfl. ~ 1970. ■ Acquérir les caractères d'une véritable profession ; passer aux mains des professionnels.

Au début de notre siècle, le pronunciamiento ne disparaît pas ; il change de caractère : il *se professionnalise* *(MD 7.73)*. En *se « professionnalisant »*, la science économique ne découvre plus, elle cache *(M. 15.1.74)*.

PROFIL sm. Fig.

1. (D'après *profil psychologique*). ■ Ensemble de qualités, de traits psychologiques qui caractérisent un individu, notamment quant à ses aptitudes professionnelles.

   Ensemble, les maîtres des trois degrés devront déterminer le « *profil* » le plus souhaitable d'un élève entrant en première année de collège d'enseignement secondaire *(FL 10.7.67)*. Les psychologues, à l'aide de tests de personnalité, ont réussi à établir différents *profils* de sportifs. (...) Une enquête effectuée sur 16 (athlètes) internationaux donne, pour le volleyeur, le *profil de personnalité* suivant : rapidité, très grande impulsivité, forte sociabilité, disposition à l'entente, extraversion de la pensée et, surtout, combativité *(M. 26.3.70)*. Progressivement, le patron de l'entreprise va voir se modifier son « *profil* » *(Bauchard, 72)*. Les vœux exprimés par les clercs et les fidèles chargés de définir le « *profil* » de leur nouvel évêque *(M. 26.1.72)*. Une démarche typiquement marketing consisterait par exemple, pour un grand parti, à désigner pour chaque circonscription celui de ses poulains dont le *profil* conviendrait le mieux *(Exp. 2.73)*. *Profil* du candidat idéal à un poste important dans l'urbanisme : ferme avec les maires, dur avec les promoteurs, exigeant avec les entrepreneurs. Mais diplomate avec tout le monde *(E. 16.7.73)*.

2. Spéc. (Législation sociale). Surtout dans le syntagme *profil médical*.

   Inciter le corps médical à l'autodiscipline, est le but du « *profil médical* » (...) Il s'agit d'établir pour chaque zone un coût moyen (ou « *profil* ») et d'alerter ceux des médecins chez qui le coût s'établit constamment très au-dessus de cette moyenne *(O. 27.7.70)*. Ce que reprochent les médecins réfractaires à cette convention, c'est l'institution du « *profil médical* » *(E. 1.11.71)*. Une convention pluri-annuelle et nationale permettra de mieux connaître le « *profil* » des soins et dépenses dentaires afin d'aboutir à une autodiscipline *(M. 28.1.75)*.

3. (D'après *profil médical*). ■ Ensemble des caractères anatomiques et physiologiques d'un individu.

   Pour que ces gestes soient efficaces, votre *profil* santé est nécessaire *(P. 11.3.74)*. Parce qu'il répondait à ce *profil* type du coronarien prédisposé à la maladie, M. M. a craqué *(E. 20.1.75)*.

4. Ensemble des traits caractéristiques d'une chose abstraite ou concrète, d'une situation, etc.

   Assimiler les traitements et le « *profil* de la carrière » (des magistrats) à ceux des corps de fonctionnaires issus de l'École nationale d'administration *(N 1.70)*. Quel sera le *profil* des ordinateurs de la prochaine décennie ? *(E. 6.12.71)*. Afin de permettre aux usagers d'apprécier la qualité des logements, une méthode dite du « *profil* de qualité » a été établie *(M. 27.4.74)*. Pour les employés, les agriculteurs, les ouvriers (privés de télévision à la suite d'un attentat) les promenades, les visites, le cinéma quand c'était possible, ont modifié le « *profil* » des soirées *(M. 26.5.74)*. Le *profil* de l'année 1975, à partir des différents éléments de la demande dans la construction, permet de dire que (...) *(E. 20.1.75)*. On remarque, en comparant les « *profils* » des patrimoines des salariés, que tous les « bas de laine » — du cadre supérieur à l'ouvrier — ont désormais les mêmes formes, la même répartition ; seuls les volumes diffèrent *(O. 18.10.76)*.

→ PORTRAIT-ROBOT.

PROGESTATIF adj. et subst. Mil. XXe. Méd. ■ Se dit de substances qui favorisent la nidation et la gestation.

● Adj.

Il s'agit de mettre au point des méthodes permettant de provoquer la dégénérescence du corps jaune qui sécrète les hormones *progestatives* et dont le maintien permet l'implantation de l'œuf fécondé *(M. 19.1.72)*.

● Subst. masc.

Toutes les hormones sexuelles possèdent un potentiel d'agressivité hépatique (...) Les *progestatifs* sont également grevés du même possible inconvénient *(N 10.72)*.

Progestatif de synthèse.

Un *progestatif de synthèse* provoque la transformation prégravidique de la muqueuse utérine *(Dt. méd.)*. Les recherches ont abouti à la création de *progestatifs de synthèse*, donc à la « pilule » *(E. 15.10.70)*.

→ ANOVULATOIRE, PILULE.

PROGRAMMATIQUE

PROGRAMMATEUR, TRICE subst. Mil. XXe.
1. **Cinéma, radio, télév.** ■ **Personne chargée d'élaborer les programmes.**
   Enfant chéri des *programmateurs radio*, M. (vedette de jazz) va donner un récital *(E. 30.12.68)*.
   Le « goulet d'étranglement » de la distribution des films en France : les cinq ou six « *programmateurs* » qui font la loi *(E. 5.6.72)*. Les scies lascives ou guillerettes choisies par les *programmateurs* de radio *(E. 16.7.73)*. La carrière des disques nouveaux (de chansons) dépend entièrement (en France) du diktat de 3 ou 4 personnes, les *programmateurs* de radio *(E. 27.1.75)*.
2. **(D'après l'emploi en informatique : cf.** *programmateur* **d'un ordinateur).** ■ **Dispositif qui commande automatiquement les opérations successives que doit effectuer un appareil** *électro*-ménager* **ou autre.**
   Rem. Le système d'horlogerie qui conditionne des opérations automatiques (dans une cuisinière, une machine à laver), est appelé *programmateur*. Il n'y a aucun mal à cela. Mais c'est très habile. Ce simple mot assure à l'objet une promotion qui, dans l'imagination des chalands nonchalants, le fait passer indûment du domaine électrique qui est devenu banal au niveau de « l'électronique » qui reste pour le commun entouré d'un halo mythique *(Mars : C. 24.1.71)*.
   ♦ Avec la machine à laver B., votre seul travail : introduire une *plaque* « *programmateur* » dans la machine *(Pub. E. 25.4.66)*. La machine S. fait la vaisselle pour 8 personnes. Entièrement automatique, elle chauffe, lave, rince, sèche et s'arrête d'elle-même grâce à son *programmateur* réglable *(F. 29.11.66)*.
   Deux nouveautés dans le domaine du chauffage individuel : une série de trois chaudières à mazout (...) En plus des organes de commande, leur tableau de bord comporte un *programmateur* horaire permettant de faire fonctionner le chauffage aux seules heures d'occupation de la maison *(M. 26.11.77)*.
   → PROGRAMMEUR.

PROGRAMMATION sf. Rép. mil. XXe.
1. **Cinéma, radio, télév.** ■ **Établissement des programmes ; action d'y inscrire telle ou telle œuvre ; résultat de cette action.**
   Rem. **Cet emploi a été critiqué (cf cit.** *VL 1.63* **ci-après).**
   Tout naturellement on est passé de « programmer » — inscrire un film à un programme — à « *programmation* », opération de programmer et résultat de cette opération *(VL 6.55)*. Une famille de mots (du vocabulaire du cinéma et de la télévision) a fait couler beaucoup d'encre : programmer et *programmation*. — « *Programmation*, c'est laid » ! (...) Je trouve moi aussi que *programmation* est laid. J'ai toujours évité de l'employer ce mot. » (...) « Mais est-ce que *programmation* est nécessaire ? » — « Oui, on peut parler, par exemple, des difficultés de *programmation*. Le programme existe, la *programmation*, c'est l'établissement de programmes dans le futur » *(VL 1.63)*.
   ♦ Aucune émission (télévisée) n'a pu être préparée jeudi en raison de la grève. La *programmation* des prochains jours en sera affectée *(F. 3.12.66)*.
2. **Inform.** ~1960. ■ **Établissement d'un** *programme*, **ou ensemble d'instructions en « langage machine » pour l'exécution d'une suite d'opérations demandées à un** *ordinateur**.
   Cet ouvrage est une introduction à la *programmation* des ordinateurs de gestion. (...) Cette initiation à la *programmation* des ensembles électroniques doit permettre une meilleure appréhension des possibilités des ordinateurs *(Morange, 69)*. Certains auteurs pensent que dans quelques années, le travail de *programmation* sera inexistant. Nous ne le pensons pas *(Pilorge, 69)*.
3. **Dans d'autres domaines (Pol. Écon., etc.).** ■ **Élaboration d'un programme.**
   Rem. *Programmation* : en opposant ce terme à programme, on pourrait recourir à une comparaison analogique avec d'autres couples devenus courants : acte et action par exemple. (...) La notion de « programme » suggère seulement une liste, une énumération de choses à faire, de choses à voir ou à entendre. La « *programmation* » inclut des activités ordonnées et plus élaborées, une technique *(Mars : C. 24.1.71)*.
   ♦ Ce n'est que tout récemment que l'on s'est aperçu que pour les navires de plaisance il fallait construire des ports de plaisance. Inévitablement, s'est alors posé le problème de leur « *programmation* », de leur financement *(M. 13.1.68)*. Nous n'avons plus seulement devant nous le découpage et l'agencement du quotidien, mais sa *programmation*. La vie quotidienne s'organise comme résultat d'une action concertée, semi-planifiée *(Lefebvre, 68)*. (...) le rôle dominant pris par l'État dans les mécanismes de la « *programmation* régionale » (...). L'État a créé la région, organisme de *programmation* et demain peut-être d'intervention *(Moulin, 68)*.
   Des nutritionnistes pensent que les chromosomes des futurs parents portent en *programmation* l'éventualité d'une prédisposition à l'obésité chez leur descendance *(E. 27.8.73)*.

PROGRAMMATIQUE adj. Did. Pol. ■ **Qui a les caractères d'un programme. Relatif à un programme.**
R. est victime de cela même qu'il dénonce : la sécheresse *programmatique* d'un système *(E. 2.11.70)*. Les pourparlers devaient aboutir à la conclusion du premier accord de caractère *programmatique* depuis le Front populaire de 1936 entre les communistes et la gauche socialiste et radicale *(Viansson, 71)*. Ces questions débouchent sur l'étape *programmatique*, sur le but final de ces réflexions : (...) la définition de l'image-projet répondant aux critères imposés *(Young, 72)*. (La) tradition idéologique et *programmatique* du parti rend (...) douloureuse son adaptation à sa nouvelle fonction *(Rousset, 73)*. M. Mitterand a signé en 1972 le Programme commun de la gauche, non pour le contenu *programmatique*, mais (...) *(E. 3.2.75)*. « (...) défendre exclusivement le territoire français », dit le récent grand document *programmatique* du parti *(M. 20.11.75)*.

PROGRAMMER

PROGRAMMER v. tr. Rép. mil. XXe.
1. Cinéma, radio, télév. ■ Inscrire une œuvre au programme.
Rem. D'abord employé dans le vocab. du cinéma, *programmer* s'est répandu par la suite dans celui de la radio, puis de la télév.
> Une baisse certaine de qualité dans les *œuvres* (musicales) qui ont été *programmées* l'an dernier (à l'O.R.T.F.) *(O. 24.1.68).*

2. (D'après l'emploi en informatique).
● Techn. ■ Organiser, planifier en détail, en utilisant ou non des moyens informatiques.
> Il faut « *programmer* » la circulation des trains *(Ch. f. 1.63).* *Programmer* le vol d'un avion *(E. 2.12.68).*

● Par ext. ■ Munir un appareil d'un *programmateur* (2.)*.
Rem. Qu'est-ce qu'une machine à laver « *programmée* » ? C'est une machine automatique qui sait ce qu'elle a à faire. Après le temps d'ébullition prévu suivant la masse de linge à digérer, elle passe au rinçage ; après deux rinçages elle se met à l'essorage, etc. Une cuisinière « *programmée* » n'est pas autre chose qu'une cuisinière électrique qui a avalé une horloge dont le mouvement provoque automatiquement le début et l'arrêt d'une cuisson *(Mars : C. 24.1.71).*

♦ La caméra 814 s'alimente avec du film en chargeur qui se met en place instantanément. Et qui, par sa seule introduction, « *programme* » la 814 — c'est-à-dire que l'électronique de la caméra calculera tous les réglages automatiques en fonction du film choisi *(Pub. R 6.73).*

3. À propos de choses abstr. ■ Prévoir et organiser à long terme.
> Les revendications salariales, à défaut d'avoir été *programmées* à temps, vont être maintenant saccadées et anarchiques *(E. 27.3.67).* Quand je pense à l'amour « *programmé* », calculé, je suis évidemment pour l'amour-passion. (...) L'amour risque de disparaître dans le monde froidement rationnel qu'est en train de créer la technique, et qui pourra bien se réaliser sous la forme d'un monde d'ennui parfaitement plat et *programmé (E. 24.7.71).*
> En son principe même, l'autogestion ne peut pas être « *programmée* » à l'avance ni octroyée. Elle sera l'œuvre des participants eux-mêmes *(Garaudy, 72).* Une société qui sait qu'elle doit changer et qui *programme* son changement *(E. 5.11.73).* Notre vie aurait été « *programmée* » d'abord dans nos gènes et nos chromosomes *(Daniel, 73).* On vient de mettre au point pour les ménagères un ordinateur qui *programme* leurs tâches de la journée *(M. 12.7.78).*

4. Spéc. Enseignement programmé. ~ 1960.
> L'*enseignement programmé* est une méthode pédagogique... qui permet de transmettre des connaissances sans l'intermédiaire direct d'un professeur ou d'un moniteur... Cette méthode se caractérise par : la recherche d'un ordre de présentation efficace ; l'adaptation au rythme de l'élève ; la participation active de l'élève ; la correction immédiate et point par point de l'acquis. On peut dire que l'*enseignement programmé* cherche à reconstituer la situation précepteur-élève, en faisant toutefois l'économie du précepteur *(Montmollin, 67).* *Enseignement programmé* : méthode d'enseignement conçue en fonction des règles de la pensée cybernétique et faisant plus spécialement appel à la notion de rétroaction ou feed-back. Le principe de base de l'*enseignement programmé* consiste à ne communiquer à l'élève une nouvelle information — si fragmentaire soit-elle — qui s'appuie sur des informations précédentes, qu'après s'être assuré qu'il a retenu, compris et assimilé celles-ci. Cela en décomposant chaque cours en autant de phases élémentaires — information, question, réponse — qu'il est nécessaire *(Dt. psychol. mod).* On a parlé d'*enseignement* « *programmé* » pour : adapter la matière à enseigner aux possibilités d'acquisition de chaque individu *(C. 24.1.71).*

5. À propos de personnes.
> Peut-être sommes-nous « *programmés* » dès notre conception, pour fonctionner pendant un temps donné et non davantage *(El. 24.8.70).* Le savant est « *programmé* » comme une machine, par le milieu social et culturel, et il répond, dans la recherche de la réalité, au seul programme qui lui ait été dicté *(Bastide, 72).* Après la Seconde Guerre mondiale, la rationalisation de la production a pénétré les régions dites retardées et les métastases industrielles exercent sur l'école une intense demande de personnel *programmé (Illich, 73).*

PROGRAMMEUR, EUSE subst. ~ 1960. Inform. ■ Spécialiste de la *programmation* (2.)*, qui établit et traduit en « langage machine » (Algol, Cobol, Fortran, etc.) le *programme* d'un *ordinateur**.
> Importante Société de Traitement de l'Informatique recherche : une jeune *femme programmeur (Ann. M. 13.4.66).* Importante société recherche un ingénieur analyste *programmeur* pour calculs scientifiques et/ou gestion sur gros ordinateurs ; aptitude à diriger une équipe de *programmeurs, (Ann. M. 9.6.68).* Pour faciliter le travail du *programmeur,* des langages intermédiaires entre l'homme et la machine ont été conçus *(Morange, 69).* Société de Conseil et d'Assistance en Informatique recherche (des) *Programmeurs* analystes connaissant le (langage) Cobol et les ordinateurs de 3° génération *(Ann. M. 13.9.69).* Assisté d'analystes, de *programmeurs* et d'opérateurs hautement spécialisés, il vivait dans un monde à part *(Saint Pierre, 70).* Un jeune *programmeur* qui travaille avec J. qui, comme lui, manie le Cobol *(Bazin, 72).*
→ ANALYSTE-PROGRAMMEUR, PROGRAMMATEUR.

PROJETEUR sm. Repris et rép. ~ 1970. Spéc. ■ Technicien chargé d'établir des projets dans une entreprise.
> La construction d'une voie ferrée dans le désert mauritanien avait causé bien des perplexités aux *projeteurs* ; en effet, peu de modèles de chemins de fer exploités dans un tel désert existaient *(R.G.C.F. 10.72).* Il a fallu environ 10.000 heures pour mettre au point cette chaîne de programmes et on peut estimer à 30.000 h. le gain annuel de main d'œuvre pour un effectif de bureau d'études de 20 *projeteurs (R.G.C.F. 9.73).*

PROJO sm. Pop. Mil. XXe. ■ Projecteur.

La Cardinale (Claudia Cardinale, actrice de cinéma), elle m'a épaté dans la scène du boui-boui (...) chauffée à blanc par les *projos* *(El. 21.9.70)*. « Qui va là ? » Un projecteur s'allume. — « Moretti ! Tirez pas ! — « Avance dans le (faisceau lumineux du) *projo*, sans armes, mains en l'air ! *(Bonnecarrère, 72)*. Cette auberge disco où les poutres dansent sous les *projos* *(O. 12.3.79)*.

PROMOTEUR sm.

1. **Rép. mil. XXe. Dans les loc. ou les composés** : *promoteur de construction, promoteur(-)constructeur, constructeur-promoteur, promoteur immobilier* ou, plus couramment, par ellipse, *« promoteur »*. ■ Personne physique ou morale qui construit ou fait construire un immeuble d'habitation pour le vendre ou le louer.

    J'ai vu une description alléchante de la vie dans une communauté où, acheter une villa, c'est faire partie d'un club, profiter de tennis, d'un golf, d'une grande piscine olympique, et comme le *promoteur* est un passionné d'équitation, d'écuries particulièrement bien montées *(F. 4.9.64)*. L'édifice sera, selon *ses promoteurs*, le plus élevé d'Europe. Les *promoteurs* précisent que l'immeuble comportera (...) *(M. 10.11.65)*.
    Afin d'écouler son stock, le *promoteur* accepta de financer lui-même un prêt de deux ans sans intérêts, aux acheteurs d'appartements. Pour arriver à vendre en trois mois 90 logements, le *promoteur-constructeur* a sacrifié son bénéfice *(E. 24.4.67)*. Le président de la Fédération nationale des *constructeurs-promoteurs*, assure la direction des deux sociétés *(E. 30.12.68)*.
    « Soyez des industriels raisonnables ; ne soyez pas à la remorque des aides de l'État », a dit le ministre de l'Équipement et du Logement aux *constructeurs-promoteurs* *(E. 30.8.70)*. L'accaparement des rivages de la mer par les particuliers, le saccage des sites par les *promoteurs immobiliers* (...) sont entrés maintenant dans les mœurs *(M. 1.6.72)*. Après avoir planté en altitude leurs immeubles de mélèze brun, de verre fumé, de béton entrelardé de sapin, les *promoteurs* ont mené une offensive générale (...) d'abord par la vente pure et simple des appartements (...) Ensuite en inventant les formules para-hôtelières *(E. 19.2.73)*. La Fédération nationale des *promoteurs-constructeurs* oblige tous ses adhérents à respecter des règles précises à propos des publicités immobilières *(E. 19.3.73)*. Quand des *promoteurs-constructeurs* veulent bâtir dans la région parisienne, ils se heurtent à la difficulté de trouver de l'espace, d'abord ; à celle de libérer l'emplacement choisi ensuite *(E. 12.11.73)*. Le *promoteur* est d'abord un prestataire de services. Et, à ce titre, il perçoit des honoraires. Et puis, il peut avoir, il a souvent un rôle d'investisseur *(E. 25.2.74)*. Des négociations avancées se poursuivent avec divers *promoteurs* pour compléter le programme de constructions à la Défense *(M. 23.1.78)*. Le bétonnage du littoral va grand train (...) il faudrait acquérir en première urgence 50.000 hectares. À la cadence actuelle cela prendrait 15 ans. Dans cette course poursuite avec les *promoteurs*, la collectivité serait sûrement perdante *(M. 5.7.78)*.

2. **Dans d'autres domaines. Repris mil. XXe.** ■ Personne qui est à l'origine d'un projet d'équipement.

    L'exemple japonais a inspiré les *promoteurs* du projet d'interconnexion dans Paris des réseaux de la S.N.C.F. et de la R.A.T.P. *(M. 11.5.72)*. Il convenait que les stations de sports d'hiver « atteignent leur maturité », comme dit un de leurs *promoteurs* *(M. 30.11.74)*.

3. **Spéc. Écon. Dans la loc.** *promoteur de(s) vente(s)*. ■ Membre du personnel commercial d'une entreprise, chargé de la *promotion(2.)* des ventes*.

    L'employeur cherchera plus volontiers un prospecteur de secteur technico-commercial, un *promoteur des ventes* : cela sonne mieux que VRP (voyageur-représentant-placier) *(Exp. 3.72)*.

PROMOTION sf. Rép. mil. XXe.

1. **Dans le tour** *promotion immobilière* **ou, par ellipse,** *promotion*. ■ Activité des *promoteurs* (1.)*.

    Il n'est pas pensable de dénaturer ce site par des opérations de *promotion* « sauvage » *(Exp. 11.71)*. La *promotion* privée assure actuellement la construction de quelque 130.000 logements par an, soit environ le quart de la production nationale *(M. 11.6.72)*. La *promotion immobilière* peut s'effectuer selon différentes techniques juridiques (...) La première (...) est la constitution d'une société civile en vue de la vente d'immeubles *(GLE S.2)*.

2. **Écon. Dans le tour** *promotion des ventes* (Trad. de l'angl. *sales promotion*) **ou, par ellipse,** *promotion*. ■ Développement des ventes. Services chargés de ce développement. Ensemble des techniques commerciales destinées à le favoriser.

    Rem. Cet emploi a été parfois discuté (cf. cit. *VL 2.70* ci-après).

    « *Promotion* » est un néologisme repris de la langue publicitaire américaine pour signifier « développement », « accroissement ». On parle ainsi de *promotion des ventes*, « sales promotion », opération qui consiste à accroître les ventes d'un produit ou d'une gamme de produits à une clientèle déterminée, en coordonnant les actions d'information et de publicité (...) Cette acception est encore discutée ; mais elle s'applique à un mot français bien constitué, dont l'étymologie ne s'oppose d'ailleurs pas à ce qu'on lui applique cette extension de sens. L'usage de *promotion* dans la langue commerciale française est aujourd'hui fort répandu *(VL 2.70)*. Le mot de « *promotion* » employé par les fabricants doit être pris dans un sens très général. Un service-*promotion* a pour but de faire connaître au public tel ou tel objet, de lui en présenter les avantages, bref d'en « promouvoir » la vente *(FP 4.69)*.

    ♦ Incitation générale à l'effort d'exportation et *promotion* directe des exportations *(F. 3.11.66)*. Un groupe de fabricants a décidé de tremper la consommatrice dans un bain « bleu de cobalt » ou « vert luciole ». Cela s'appelle une « *promotion couleur* » *(O. 31.1.68)*. Si la (vente des récepteurs de télévision en) couleur ne « décolle » (= progresse) pas, c'est que l'O.R.T.F. n'organise pas sa « *promotion* » *(E. 16.3.70)*.
    Cette agence a un département « distribution-*promotion* » pour aider ses clients à trouver

PROMOTION

une meilleure adéquation entre leurs méthodes de vente et le circuit de distribution choisi (Inf. 15.1.73).

3. **Dans d'autres domaines que la construction immobilière ou le commerce.**
    1. **À propos de personnes ou de collectivités, de classes sociales, etc.**
    ■ Émancipation, accession à une condition meilleure, à un niveau de vie plus élevé. — Ensemble des moyens utilisés pour parvenir à cette fin.

Rem. 1. La démocratisation de l'enseignement, l'orientation, la *promotion sociale* sont maintenant des mots du langage courant (Ens. 1.67). Promotion est un mot que l'on met à toutes les sauces. Nous avons eu tour à tour la « *promotion ouvrière* », la « *promotion sociale* », la « *promotion algérienne* », la « *promotion nationale* ». (...) Tous ces emplois de « *promotion* » ne sont pas également fautifs, mais il est permis de penser que ce mot manque de précision (Le Bidois, 70).

Rem. 2. Dans cet emploi, *promotion* est le plus souvent suivi d'un adj. ou d'un subst. comp. déterminatif.

● **Avec un adj. postposé.**

Une expérience de *promotion rurale* va débuter dans seize départements. Elle devrait, en principe, toucher tous les agriculteurs de l'Ouest, ce qui en fera une expérience de *promotion sociale* sans précédent (M. 29.10.66). Création d'emplois dans diverses administrations en vue de favoriser la *promotion sociale* (M. 9.1.69).
Le plein temps favorise aujourd'hui la *promotion féminine* dans la médecine hospitalière et l'enseignement (...) Au fond la meilleure façon de prouver que la *promotion féminine* est admise consisterait à dissoudre les organismes de femmes médecins (Beunat, 74).

● **Avec un complément déterminatif.**

La *promotion* de la femme est essentielle et prioritaire au même titre que la lutte contre la misère et le sous-développement (M. 4.1.69). Les regroupements d'exploitations, et l'amélioration de la productivité (favoriseront) la *promotion* d'une partie *de la jeunesse* rurale (Chaffard, 68).

2. **À propos de choses.** ~ Mise en valeur (d'un monument, d'un site, etc.).

Les parcs naturels sont une œuvre de *promotion des paysages* (M. 5.10.66). La *promotion touristique d'un vieux quartier* (C. 9.10.69).

PROMOTIONNEL, LE adj. Mil. XXe.

1. **Relatif à la *promotion(2.)* des ventes.** ■ Qui est conçu, utilisé pour favoriser, développer les ventes.

Rem. Les subst. déterminés sont le plus souvent des noms abstraits, parfois des noms de choses concrètes.

O Beaucoup de constructeurs ne savent pas encore avec quels *arguments promotionnels* ils séduiront les consommateurs de demain ! (En. 3.10.70). (Dans les magasins populaires) on trouve des produits intéressants pendant la durée de *campagnes promotionnelles* — 8 à 15 jours en général — (FP 9.70). Cette initiative aura un *caractère promotionnel* qui contribuera à démocratiser les croisières touristiques (E. 26.6.67). Confiant dans l'avenir de la parfumerie et conscient du devoir d'en susciter l'expansion, le conseil (d'administration) a décidé un important programme de *dépenses* publicitaires et *promotionnelles* (M. 14.1.66). Lancée en 1968 cette nouvelle *formule promotionnelle* remporta immédiatement un vif succès tant auprès des constructeurs, des jeunes pilotes (de voitures de course) que des organisateurs (A. 9.4.70). Les formes modernes de la distribution, la multiplication des *opérations promotionnelles*, l'arrivée incessante de nouveautés sur le marché, l'offensive des emballages toujours plus aguichants, tout conspire à tenter la ménagère (O. 21.2.68). Le Syndicat de la parfumerie décida de lancer une très importante *opération promotionnelle* sur le thème général : « Le parfum, j'adore », opération visant les téléspectateurs (M. 7.6.68).

∞ Pendant la période de lancement une Nacre fluide et un Eyeliner Compact de même ton sont proposés dans un *coffret promotionnel* (El. 19.10.70). Les fabricants de téléviseurs auraient peut-être intérêt à proposer aux possesseurs de postes anciens des conditions avantageuses pour s'équiper d'un nouveau récepteur. Ce serait sans doute une *action promotionnelle* rentable (M. 7.9.72). Le trafic international « marchandises » de la S.N.C.F. se porte bien : nous recueillons le bénéfice de *formules tarifaires « promotionnelles »* (VR 17.12.72). Le commissariat au Tourisme n'a pas ménagé les *efforts promotionnels* en faveur des séjours d'été à la montagne (O. 12.8.74). Air Inter offrira à certaines heures, sur des vols moins fréquentés que la moyenne, des *tarifs promotionnels* qui attireront une clientèle nouvelle (M. 18.1.75).

2. **Relatif à la *promotion* (3) d'une personne ou d'une collectivité.**

La femme réussit lorsqu'elle occupe une place élevée dans la hiérarchie des métiers. Mais cet aspect *promotionnel* est beaucoup plus souvent envisagé dans le cas de la femme célibataire (Roudy, 70). Le système *promotionnel* qui conduit aux diplômes équipe l'étudiant pour qu'il ait sa place sur la pyramide internationale de la main-d'œuvre qualifiée (Illich, 71). Le système des relations entre les enseignants, les enseignés et la société peut être (...) organisé de différentes façons : par exemple, les parts réciproques réservées à l'obligation scolaire ou au volontariat culturel et *promotionnel* (Peretti, 72). Le conseil régional a décidé d'étudier la réalisation d'une cité *promotionnelle* à Marseille pour les familles de travailleurs immigrés (M. 8.3.75).

PROPÉDEUTE subst. ~ 1955. (De *propédeutique*).

Propédeute : étudiant de l'année dite de propédeutique (US 20.1.58). Il y a l'horrible « propédeutique », au lieu de « préuniversité », où les « préétudiants » sont affublés du titre de « *propédeutes* » (Cohen, 66).
La rentrée des *propédeutes* de lettres aura lieu le 2 novembre (M. 28.10.64).

PROPRE adj. Spéc. Mil. XXe. ■ Se dit d'appareils, d'engins, de techniques, etc., non-polluants ou dont on a réduit le plus possible la nocivité ou l'*effet polluant**.

Les savants américains se sont ingéniés à produire des « *bombes propres* », c'est-à-dire comportant le minimum de retombées radio-actives (Aron, 62).

On pourrait faire la liste (courte) des industriels qui ont construit des *usines « propres »*, ce qui est beaucoup plus facile et beaucoup moins coûteux que de transformer de vieilles usines sales *(VR 7.11.71)*. Nous voulons stimuler les industriels afin de dénoircir le Nord et d'attirer d'autres *industries propres (E. 29.11.71)*. Une *cigarette* nouvelle : le super-filtre (...) (de) cette brune *propre* laisserait passer deux fois moins de nicotine que la gauloise *(O. 21.2.72)*. Impensable il y a un an, la *voiture propre* est aujourd'hui une réalité *(C. 6.5.72)*. Il faut que l'objectif fondamental (de) la politique de l'environnement soit (...) d'inventer des *techniques « propres »* plutôt que de détruire ou d'éliminer une masse énorme de polluants *(Saint-Marc, 74)*. L'*usine propre* analyse ses procédés de fabrication, traque le gaspillage, observe son environnement. Elle se remet en cause (...) Une affaire qui se convertit à la *technologie propre* fait preuve de son dynamisme *(M. 20.12.75)*.

Rem. Sont également attestés :
Automobiles « *propres »* *(FL 9.2.70)*. Machines « *propres »* *(O. 8.11.71)*. La bicyclette, *engin propre* ; formes d'énergie « *propres »* *(O. n° spécial 6/7.72)*. Avion « *propre »* *(E. 15.1.73)*. Moteur propre *(P. 13.3.73)*. etc.
Cf. aussi *B.d.m. n° 11, 1976*.
→ DOUX, SALE.

PROPRETÉ sf. Spéc. ~ 1965. ■ Caractère d'un engin, d'une technique, etc. *« propres »**.

Il faut ajouter, à la « *propreté »* des centrales marémotrices, leur régularité de production (constance des marées) *(Inf. 8.1.73)*. Il y a bombe et bombe (...) Les nôtres sont d'une *propreté* méticuleuse, nos retombées pasteurisées, nos radio-éléments anodins *(E. 25.6.73)*.

PROSPECT [prɔspɛ] ou [prɔspɛkt] sm. ~ 1968 (Mot angl.) Écon. ■ Tout client potentiel d'une entreprise.

Lorsqu'un vendeur ne connaît pas un *prospect*, il éprouve certaines difficultés à se faire recevoir par lui (...) Le téléphone peut être utilisé lorsqu'il s'agit de vendre un produit nouveau, ou peu connu, à un client que l'on ne connaît pas. Mais la tâche du vendeur est alors beaucoup plus difficile. Les réticences des *prospects* sont en effet nombreuses *(En. 2.4.71)*. Comment obtenir pour vos prospections commerciales 10.000, 100.000 ou même 1 million d'adresses sélectionnées et envoyer à ces *prospects*, en un seul jour, toutes les lettres qui leur sont destinées ? *(E. 20.11.72)*. Quelques jours plus tard, ils me retéléphonaient encore,... pour s'excuser de m'avoir dérangé par téléphone et tenter de « raccrocher le *prospect »* *(O. 7.5.73)*.

PROSPECTEUR-PLACIER sm. ■ Spécialiste qui prospecte le marché du travail afin de pouvoir informer, orienter les demandeurs d'emplois, et les mettre en contact avec les employeurs.

J'ai rencontré un *prospecteur-placier* de Paris. Il a consulté les offres obtenues grâce à ses contacts avec les employeurs *(FP 2.71)*. Le *prospecteur-placier*, charnière de l'agence pour l'emploi, est un véritable agent de liaison entre l'employeur et les salariés *(El. 22.3.71)*. Si vous habitez Paris ou sa banlieue, dans chaque agence locale un *prospecteur-placier* repérera pour vous les offres d'emploi *(FP 3.74)*.

PROSPECTIF, IVE adj. Repris et rép. mil. XXe. Did. ■ Qui concerne la préparation, la prévision de l'avenir sur le plan économique, social, technologique, etc. — Spéc. Qui relève de la *prospective**.

Vous avez un documentaire *prospectif* sur la télévision dans dix ans *(En. 2.5.70)*. Notre époque est plus *prospective* et regarde plus en avant *(Sauvy, 70)*. La confrontation entre utilisateurs et physiciens, organisée par la Sté française des électriciens dans un cadre *prospectif*, a été fructueuse pour orienter les chercheurs *(R.G.C.F. 1.72)*. La réflexion, même *prospective*, ne se sépare pas de l'action : elle a besoin de l'action pour s'alimenter elle-même, d'abord, pour vérifier ensuite les perspectives qu'elle dégage *(M. 16.2.72)*. Pour éviter un dramatique échec social, il est indispensable qu'un véritable « tempérament *prospectif »* anime les moindres travaux et que les projets d'implantations touristiques soient intégrés dans d'importants programmes de développement économique régional *(M. 8.4.72)*. Un esprit *prospectif* à long terme, au niveau du pouvoir (...) *(VR 26.11.72)*. Une politique *prospective* des transports en région parisienne semble nécessaire *R.G.C.F. 4.73)*. Une analyse détaillée des résultats de cette enquête « *prospective »* montre que 73 % des entreprises prévoient une stabilité de leurs effectifs de cadres *(E. 26.6.78)*.

PROSPECTIVE sf. Mot du XVe. Repris XXe et rép. mil. XXe. ■ Ensemble de recherches portant sur les phénomènes techniques, scientifiques, économiques et sociaux, et conduisant à prévoir l'évolution future des sociétés.

Rem. 1. La *prospective* est une méthode permettant de saisir le sens probable de l'évolution de nos besoins et des découvertes scientifiques, là où l'extrapolation des phénomènes actuels ne suffit pas *(D. En. 2.71)*. Ni discipline ni science (...) la *prospective* est d'abord une pratique, une façon de s'interroger sur le pluralisme des futurs possibles (Compte-rendu du « Traité élémentaire de prévision et de prospective » — P.U.F., 78 — *(France Culture, 22.11.78)*.

Rem. 2. L'emploi fréquent de ce terme dans certains milieux a parfois été souligné avec ironie.

Il y a des choses qui ne s'inventent pas : porter avec aisance un parapluie roulé, même quand le temps est sec, parler de « conjoncture » ou de « *prospective »* quand on n'a rien d'autre à dire *(Escarpit, 64)*.
Le seul mot qui mérite d'être sauvé du charabia pseudo-scientifique à la mode, c'est *Prospective (Merlin, 66)*.

♦ Tout le monde vit dans le passé, redoute l'avenir. L'anachronisme a plus de partisans que la *prospective (Ragon, 66)*. Les spécialistes nippons de la *prospective*, ou science de prévoir

le monde de demain, considèrent dès maintenant comme inévitable une gigantesque conurbation *(Guillain, 69).* L'homme moderne est tout entier tendu vers l'avenir : la *prospective* le passionne plus que les rétrospectives, le passé est mort, hier est oublié, demain est le but et aujourd'hui est le moyen *(Duquesne, 70).* Avec un peu de *prospective,* une société évoluée saura bien maîtriser les espaces urbains et les espaces naturels *(C. 6.2.72).* La *prospective* socialiste se dégage aujourd'hui peu à peu de ce modèle encombrant *(M. 7.6.72).* À partir des données actuelles, tracer des perspectives mondiales pour la décennie qui vient, tel est le projet (des 2 auteurs) (...) Le résultat : ce livre de *prospective* à la fois économique et politique est une réussite *(E. 21.5.73).* Ou bien la *prospective* est fausse, et alors elle est crue ; ou bien elle annonce le vrai, mais personne ne la croit *(E. 4.2.74).*
→ FUTUROLOGIE.

PROSPECTIVISTE subst. ~ 1965. Did. ■ Spécialiste de la *prospective**.

Les auteurs de « l'An 2000 » sont deux des *prospectivistes* les plus actifs d'Outre-Atlantique *(FL 23.9.68).* Les signes des temps ne sont pas aussi optimistes que veulent bien nous le faire croire les *prospectivistes* iréniques *(Cornaton, 72).* On peut se demander, devant tant de *prospectivistes* et de réformateurs qui s'évertuent à préparer le futur, s'ils ne s'y acharnent pas (afin de) déguiser leur impuissance à modifier tant soit peu le présent *(Elogozy, 72).*
→ FUTUROLOGUE.

PROSTAGLANDINE sf. Attesté 1930. Rép. ~1970. (De *prostate, glande* et *-ine*). Méd.

Rem. 1. En France personne encore, ou presque, n'a entendu parler des *prostaglandines.* Mais l'Académie des sciences de New York avait réuni — en automne 1970 — cinq cents biologistes et médecins du monde entier pour faire le point des travaux sur le sujet. Et tous étaient tombés d'accord pour prédire que la découverte des *prostaglandines* marquait une étape aussi importante, en médecine, que l'avait été celle des hormones ou des antibiotiques (...) (En 1933) deux biologistes réussissaient (...) à isoler, dans le liquide séminal (une) substance responsable de contractions du muscle utérin. Supposant qu'elle était fabriquée par la prostate, le docteur von Euler la baptisa *prostaglandine* (...) Les *prostaglandines* sont des substances naturelles : on les a trouvées dans la plupart des tissus humains et animaux *(E. 18.1.71).*

Rem. 2. *Prostaglandine* : chacune des substances hormonales dérivées de l'acide prostanoïque, (...) et douées d'activités biologiques multiples, notamment hypotensive (...) et stimulante de la contraction de l'intestin et de l'utérus. Les *prostaglandines* sont des acides gras (...) Découvertes en 1930 par extraction des vésicules séminales du mouton, les *prostaglandines* existent en faibles quantités dans la plupart des tissus animaux — prostate, poumons, cerveau, muscles, etc. —. Quelques unes ont pu aussi être obtenues par synthèse. Depuis les essais cliniques commencés en 1968, l'intérêt porté à ces substances ne cesse de s'accroître, en raison des effets biologiques remarquables qu'elles exercent *(Dt. méd. biol., 72).*

♦ Une annexe sur les *prostaglandines* complète cet ouvrage essentiel sur la contraception chimique *(M. 18.1.72).* S'il est vrai qu'en médecine les années quarante ont été marquées par les antibiotiques et les années cinquante par la cortisone, les années soixante-dix le seront, à coup sûr, par les *prostaglandines (Barrère, 73).*

PROTÈGE- Premier élément de subst. comp. qui désignent des objets destinés à protéger ce que dénomme le second élément.

Certaine d'avoir à votre disposition tous vos « *protège-beauté* », vous partirez chaque jour sans souci pour la plage *(Fa. 1.7.70).* Le champion de l'emballage adopte les *protège-fauteuils* en nylon *(M. 19.1.68).* En cas de collision, la partie centrale du véhicule reste indéformable ; chaque siège comporte un *protège-nuque* et une ceinture de sécurité *(E. 2.8.65). Protège-objectifs* pour des jumelles *(Pub. VR 1.3.70).*
Skis métalliques à *protège-spatule* et *protège-talon* insérés *(Pub. Dev. 26.11.70).*

PROTHÉSISTE subst. ■ Spécialiste de la fabrication des prothèses.

La profession de *prothésiste* dentaire va être défendue par un comité (qui) demande la reconnaissance officielle du titre professionnel de *prothésiste* dentaire *(M. 13.7.65).*
Les chirurgiens-dentistes et les stomatologistes ont recours à des « techniciens en prothèse dentaire », appelés aussi « *prothésistes* », dont le travail consiste à confectionner prothèses et couronnes *(M. 5.12.73).*

PROTIDIQUE adj. Rép. mil. XXe. ■ Relatif aux *protides* ou qui en contient.

Un litre de bière contient suffisamment de vitamines B pour couvrir 50 % des besoins *protidiques* de l'organisme *(Gaussel, 73).* Les protéines apportées par le lait de vache sont trois fois plus nombreuses que celles contenues dans le lait de femme ; cette surcharge *protidique,* si elle était donnée sans discernement, correspondrait, pour l'enfant, à l'équivalent de 3 biftecks par repas pour un homme *(P. 24.12.73).*

PROTO(-) Élément préfixal (Du grec *prôtos,* « premier, primitif ») qui sert à former des adj. et des subst. composés.

● Adj.

Ce paysage suburbain ou *proto-urbain,* si particulier à l'Amérique, que constituent les milliers d'agglomérations nées comme des camps de nomades autour d'un carrefour routier, d'un motel (...) *(N 6.70).*

● Subst.

Son œuvre marque le passage de la *proto-littérature* post-confucéenne à la littérature en pleine possession d'elle-même *(M.D. 4.74).*

PROVIDENCE (ÉTAT-)
→ ÉTAT-.

PROVO subst. et adj. ~ 1965. (Du radical de *provo*cateur, *provo*cation). À l'origine surnom que se sont donné les jeunes *contestataires** d'Amsterdam, pour exprimer leur volonté de provocation. — Par ext. *contestataire** en général.

● Sm.

Le « concile » des *provos* marquera une date importante dans l'histoire du cheveu long *(F. 14.11.66)*. A Paris, un petit groupe de manifestants, jeunes, débraillés et généralement qualifiés de *provos*, brûlent le drapeau étoilé arraché à l'église américaine *(E. 17.4.67)*. Les *provos* ne sont qu'une façade pittoresque, un mécanisme social subalterne *(E. 22.5.67)*. Les *« provos »* de l'Ira auraient-ils choisi pour leur offensive d'été un champ de bataille moins encombré ? *(P. 27.8.73)*.

● Adj.

On donne peut-être un peu trop d'importance au mouvement « *provo* » *(PM 27.4.68)*. J'ai rencontré le rédacteur en chef de la *revue provo*, qui n'a pas de nom, mais seulement des numéros *(FL 23.6.66)*.
Dans un petit bureau de Dublin j'ai pu vérifier qu'un journal « *provo* » tout juste sorti des limbes compte déjà 500 abonnés *(E. 15.2.71)*.

PSEUDO- Premier élément de nombreux adjectifs et substantifs composés. ■ Qui passe ou cherche à passer pour (ce que désigne le deuxième élément).

● — Devant un adjectif.

○ Je n'arrivais pas à m'incorporer dans ces cercles fermés et *pseudo-artistiques* qui veulent être sérieux et ne sont que compassés *(VR 20.4.69)*. Le référendum législatif du 14 décembre est seulement un procédé *pseudo-démocratique*, une parodie de référendum *(M. 29.12.66)*. Le neutraliste contemporain s'arroge parfois une espèce de supériorité *pseudo-éthique* *(Freund, 65)*. Ceux qui, pour des raisons passionnelles, peut-être éthico ou *pseudo-éthico-religieuses*, essaient de défendre des attitudes qui paraissent en grande partie irrationnelles *(O. 20.3.68)*. L'avis selon lequel certains produits anticonceptionnels peuvent créer un état *pseudo-gestatif*, semble unanime *(M. 24.3.66)*. Faire disparaître certains autels *pseudo-gothiques* du XIXe siècle *(M. 5.1.68)*. La gauche s'oppose au capitalisme de monopole, à son idéologie *pseudo-libérale (M. 5.2.66)*. L'équivoque *pseudo-littéraire* gâte aujourd'hui les succédanés des chefs-d'œuvre passés relevant du genre dit « traditionnel » (dans le roman) *(E. 28.4.69)*. L'idée *pseudo-marxiste* ou pseudo-chrétienne d'une politique sans ennemi *(Freund, 65)*. Jeter aux yeux du lecteur une poudre *pseudo-métaphysique* *(G.L.L. 28.6.69)*. Nous sommes las des propos *pseudo-philosophiques* d'un journaliste qui n'a rien à dire *(M. 17.5.66)*. (Un cinéaste) a tourné un film *pseudo-policier*, pseudo-science-fiction *(M. 6.3.70)*. Le mal que l'utopie et le verbiage *pseudo-révolutionnaire* ont fait, dans le passé, au mouvement ouvrier *(M. 28.5.68)*. Cette perversité (dans un film) se pare de préoccupations *pseudo-scientifiques (M. 7.6.67)*. Les cabarets *pseudo-tziganes* *(E. 17.3.69)*.

∞ Cette manière médicale ou *pseudo-médicale* de voir les choses *(N 1.71)*. La grande machinerie *pseudo-historique* à quoi l'on a prétendu réduire, dans l'enseignement secondaire, l'étude de la littérature *(M. 24.12.71)*. L'organisation de la scolarité en classes d'âge successives n'est qu'une forme sociale particulière qui s'explique par les effets réels qu'elle produit et non par les justifications *pseudo-biologiques, pseudo-psychologiques, pseudo-scientifiques* dont elle s'entoure *(Baudelot, 72)*. Des Danses *pseudo-folkloriques* qu'exécutaient de pauvres Indiens déguisés *(Carlier, 72)*. Une protection douanière — taxe à l'importation — ou *pseudo-douanière* – subvention à l'exportation *(Simonnot, 72)*. Une médecine *pseudo-organique* dont la thérapeutique exagérément médicamenteuse risque d'être incomplète *(N 10.72)*. Ces ouvrages se caractérisent par des couvertures *pseudo-enfantines* de mauvais goût *(Herp, 73)*. Je ne veux plus tourner dans des films *pseudo-intellectuels (P. 28.5.73)*. Certains affréteurs amateurs, sous le couvert d'associations *pseudo-touristiques* se sont lancés dans les voyages organisés *(E. 27.8.73)*. Le caractère *pseudo-régional* de la 3e chaîne de télévision *(M. 21.11.73)*. À coup de surenchère technique ou *pseudo-technique*, les constructeurs font tout pour donner le vertige au client *(O. 31.12.73)*. Un univers de culs-de-jatte paralysés, tout au long du jour, au bureau, en voiture (...) se précipite, les week-ends et jours de fête, dans une activité *pseudo-sportive* incohérente *(Garaudy, 73)*. Les effets excitants du *pseudo-euphorisants* des amphétamines ne sont pas si loin de ceux de la cocaïne *(Bensoussan, 74)*. Les valeurs *pseudo-sociales* que l'on entend souvent prôner *(Bensoussan, 74)*. Un humanisme qui, dans un vertige de pensée *pseudo-logique*, osera proclamer que l'homme est la cause absolue de lui-même *(E. 7.1.74)*. Les diminutifs *pseudo-affectifs* dont le père usait impliquaient de sa part une attitude de supériorité et de protection méprisante *(P. 15.4.74)*. L'évolution de notre société tend à éliminer peu à peu l'homme politique *pseudo-décisionnaire* — mais qui reste comme paravent — et à lui substituer pour le sérieux, et non pour la parade, la multitude des techniciens *(M. 23.5.75)*. Le vandalisme *pseudo-révolutionnaire* à l'école et à l'université *(E. 1.5.78)*.

● — Devant un substantif désignant une chose, le plus souvent abstraite.

○ Rien n'est moins révolutionnaire, rien n'est plus conformiste que la *pseudo-colère* d'un casseur de carreaux, même s'il habille sa mandarinoclastie d'un langage marxiste ou situationniste *(M. 4.5.68)*. Un peu de *pseudo-freudisme* mal vulgarisé, le mot « complexe » et la formule « c'est freudien » qui tend à détrôner l'usage de « c'est kafkaïen », et voilà Freud incorporé sans risque aux gadgets de la « culture » *(O. 28.2.68)*. L'opinion se rebiffe contre les petites politiques de prestige et de *pseudo-grandeur* nationale *(M. 27.2.69)*. Des professeurs de droit constitutionnel violent la légalité et trouvent de *pseudo-justifications* à des structures *pseudo-révolutionnaires*, à des constitutions pseudo-novatrices *(E. 12.8.68)*. Comme si la *pseudo-liberté* des masses prolétariennes dites affranchies n'était pas une autre forme, plus pharisaïque, de l'esclavage théorique ! *(F. 29.11.66)*. Les « théories » fantaisistes qu'en ce moment charrie en Occident toute une *pseudo-littérature (M. 18.6.66)*. Il a fallu repenser tout l'enseignement du français (...)

repenser les progressions (des élèves) en fonction des modalités d'apprentissage et non d'une *pseudo-logique* des matières à enseigner *(M. 12.9.68).* Durant toutes ces *pseudo-manœuvres,* qu'elles conduisent à des pseudo-succès ou qu'elles se traduisent par des pseudo-catastrophes, de multiples appareils sont répartis autour des simulateurs (destinés à l'entraînement des cosmonautes) *(M. 18.7.69).* C'est la version stalinienne du marxisme qui est alors répandue, c'est-à-dire un *pseudo-marxisme (G. Martinet, 68).* Le chef de l'État a renoncé à la fiction d'une *pseudo-neutralité.* Il s'est rangé sans réserve dans le camp des pays arabes *(M. 9.1.69).* La participation des travailleurs au capital n'est destinée qu'à masquer les véritables problèmes et à leur octroyer une *pseudo-participation (M. 10.10.69).* Vient alors la grande supercherie : la *pseudo-réforme* régionale est liée à celle du Sénat *(M. 22.2.69).* Des *pseudo-régions* qui apparaîtront rapidement trop petites ou incapables de fonctionner normalement *(M. 1.2.69).* Cette *pseudo-régionalisation* n'inquiète pas, et pour cause, les plus jacobins des ministres *(C. 4.3.69).* L'auteur de *pseudo-révélations* sur l'entourage « communiste » du général de Gaulle *(Chaffard, 68).* Il faut se détourner d'une certaine *pseudo-science* et échapper à la tentation de l'information « à sensation » *(M. 10.12.69).* Quant aux *pseudo-tabous* qui règnent sur nous, ce sont ceux de la bourgeoisie de l'ère victorienne *(E. 12.4.71).* Il n'est pas possible de toucher au système pédagogique actuel sans le remanier complètement ; on se contentera d'une *pseudo-transformation (M. 12.9.68).* Les formations cristallines qui se développent dans les liquides en surfusion et que l'on appelle *« pseudo-végétations » (SV 2.67).* Le vainqueur (du Tour de France cycliste) ne sera peut-être plus le vainqueur vis-à-vis de la loi (anti-doping) et risquera d'aller fêter sa *pseudo-victoire* en prison *(M. 30.6.66).*

∞ Refus de soumission aux idéologies dominantes et aux *pseudo-valeurs* acceptées *(Lacombe, 71).* Les putschistes auront beau jeu de faire croire à la *pseudo-légalité* de leur mouvement *(Courrière, 71).* L'homme (...) accroché à ses *pseudo-besoins, pseudo-valeurs* (...) *(N 1.71).* La société quantitative a pensé à la quantité et à la *pseudo-qualité* des produits alimentaires, mais a négligé les conditions dans lesquelles ils sont absorbés *(N 7.71).* Les droits de succession ne sont qu'un *pseudo-impôt* sur le capital *(Exp. 11.71).* Le danger que présente l'utilisation sans précaution de la *pseudo-statistique (Montmollin, 72).* La *pseudo-planification* ne produira pas une industrialisation du pays *(Minces, 72).* Une confusion entre la propriété des moyens de production et une *pseudo-propriété* de la force de travail *(Herzog, 72).* Le pouvoir totalitaire, avec son économie bureaucratique, sa *pseudo-représentation* populaire, sa police omni-présente *(Rocard, 72).* J'ai déjà encaissé suffisamment de railleries au sujet de mes *pseudo-connaissances* qui ne servent à rien *(Oury, 73).* Néo-rousseauisme et *pseudo-hippysme* vont dans le même sens *(Laurent, 73).* Toute une *pseudo-civilisation* œuvre à détruire l'homme (...) Par plaisanterie, nous nous sommes livrés à une expérience de *pseudo-spiritisme (Chabanis, 73).* L'information n'était que de la *pseudo-information* plus mercantile qu'utile *(Bensoussan, 74).* La *pseudo-crise* ministérielle n'aboutit qu'à un replâtrage *(E. 4.3.74).* Une *pseudo-régulation* du système d'allumage d'un turbomoteur *(R.G.C.F. 6.74).* Des « francs-tireurs » essayent d'entamer les positions des compagnies aériennes régulières. Ces *pseudo-charters* ont comme ports d'attache Amsterdam, Londres (...) *(M. 4.6.75).* Les primes d'assiduité visent à freiner l'absentéisme pour cause de *pseudo-maladie (M. 2.7.78).*

● — **Devant un substantif désignant une personne ou une collectivité.**

○ La *pseudo-châtelaine* a expliqué aux policiers qu'elle avait changé d'identité pour « échapper aux hommes ». « Je suis trop jolie, ils me pourchassent », a-t-elle affirmé *(F. 4.1.67).* Ces *pseudo-clubs* jacobins où des pseudo-révolutionnaires discutaient de pseudo-réformes dans des séances interminables *(E. 12.8.68).* Jacques D. se montre, comme toujours, irrésistible en *pseudo-dominicain-de-choc,* en président-directeur général (...) *(F. 11.1.67).* Les groupes de choc, composés de *pseudo-étudiants,* s'affronteront avec une extrême violence *(M. 2.5.66).* Les étudiants protestent contre « ces hordes de *pseudo-étudiants* qui perturbent la vie de l'Université » *(M. 12.1.69).* La réaction des passéistes trouvait une réponse symétrique dans la réaction des *pseudo-futuristes (M. 3.1.69).* Il y a eu un *pseudo-mouvement* de masse. — Pourquoi un *« pseudo-mouvement »* ? — Parce qu'un mouvement étudiant qui ne comprend pas la classe ouvrière ne représente pas les masses. Il ne représente qu'une couche sociale *(J. Sauvageot, 68).* Nous ne nous intégrerons pas dans la majorité ni dans la *pseudo-opposition (F. 1.2.67).* Ce fut le commencement de ce roman par lettres entre la *pseudo-religieuse* Suzanne S. et son protecteur *(M. 16.4.66).* Par leur anticommunisme, leurs actions dissidentes, ces *pseudo-révolutionnaires* rendent un fameux service aux gaullistes *(M. 6.6.68).* Il faudra de grandes précautions pour écarter de *pseudo-urbanistes* ou de prétendus organisateurs *(Moulin, 68).*

∞ Ce pauvre type, ce *pseudo-receleur* méritait d'être condamné *(Langlois, 71).* N'est-ce pas là un exemple de ce *« pseudo-parlement »* qui n'est que mystification ? *(N 1.71).* Les gens n'ont plus le temps de rien. Ce sont tous des pseudos : *pseudo-patrons, pseudo-employés (E. 15.2.71).* De prétendus penseurs, des *pseudo-experts,* de simili-intellectuels s'acharnent à transformer des difficultés réelles en présages sinistres *(E. 29.11.71).* Après avoir dénoncé les « fausses solutions » (...) des « réformateurs », les auteurs s'en prennent aux *« pseudo-modernistes » (M. 27.1.72).* Arrivé à mi-hauteur de l'escalier d'honneur, un *pseudo-journaliste* (...) vida son chargeur sur lui *(P. 28.5.73).* Ces *pseudo-amis* font preuve d'une vive insistance *(E. 7.1.74).* Un fait donne bien la mesure de l'importance véritable des *pseudo-armées,* brigades, groupes ou fractions autonomes : les explosifs utilisés pour les attentats ont presque toujours été volés sur des chantiers *(M. 5.7.78).*

PSI ou PSY [psi] subst. et adj. Abréviation fam. de *psy*chanalyste, *psy*chanalytique, *psy*chiatre, *psy*chiatrique, *psy*chologue, etc.

● Subst.

Je ne suis pas de ceux qui prennent pour charlatans les *« psy »* : psychiatres, psychosomaticiens, psychologues et psychothérapeutes *(C. 4.2.72).* Que rien n'empêche la femme de s'« épanouir », pourvu que ce ne soit pas au détriment des autres, comme le préconisent, avec injustice ou aveuglement, tellement de *« psy »* ! *(Cesbron, 77a).*

● Adj.

Un savoir *« psy »* qu'ils (les médecins) intègrent au même titre qu'un savoir anatomique ou biologique (...) à cette différence près qu'en ce domaine *« psy »,* le savoir prend la place de ce qu'eux-mêmes et leurs patients avaient à faire entendre *(Raimbault, 73).*

PSYCHÉDÉLIQUE [psikedelik] adj. (Traduction de l'anglais *psychedelic*). Se dit soit des drogues *(hallucinogènes*)* qui provoquent un état hallucinatoire, soit de cet état lui-même.
- — Par ext. Qui évoque les rêves, les visions, etc., résultant de l'état psychédélique.

Sa façade (d'un magasin), nouvellement blanchie, s'orne d'un gros *badge*, vaguement *psychédélique (O. 27.12.67)*. Ils ont trouvé leurs habits de carnaval chez les fripiers de la nouvelle *bohème psychédélique (E. 13.4.70)*. Un salon d'audition très actuel, qui tient de la *boîte psychédélique* et du laboratoire d'électronique *(M. 9.3.68)*. Les *discothèques psychédéliques* de Los Angeles *(E. 8.4.68)*. Cent mille étudiants américains utiliseraient des *drogues* dites *psychédéliques (Duquesne, 70)*. À San Francisco, M. a rencontré par hasard les *foules psychédéliques* des hippies *(E. 11.12.67)*. Certains cinéastes croient rajeunir le drame de l'adultère en installant les cinq à sept mondains dans des *garçonnières psychédéliques (E. 15.4.68)*. Les cris inarticulés, le nudisme et les *lumières psychédéliques* passeront de mode *(M. 31.1.69)*. Sans L.S.D. ou autres hallucinogènes, il suffit d'une paire de *lunettes psychédéliques* pour « partir en voyage » et voir amis, meubles et paysages sous un jour tout à fait nouveau *(E. 22.1.68)*. L'exhibitionnisme sexuel dans un foisonnement de flous colorés sur fond de *musique psychédélique (E. 9.9.68)*. Où vivait la blonde ? Dans cette maison bleue ? Ou dans cette autre, rose, au fronton orné de *peintures « psychédéliques »* ? *(Fallet, 69)*. La révolte individuelle contre le système, celle qui s'explique par la drogue, cette *révolution psychédélique* qui devient une attraction et un motif de fascination pour toute l'intelligentsia *(O. 24.1.68)*. C'est une orgie visuelle du *style psychédélique* qui appartient à la peinture « popisante » *(M. 31.5.69)*.
De l'extérieur, c'est une gigantesque hangar au toit en pente ; l'intérieur offre un véritable « palais de mirages » de *style psychédélique (PM 14.11.70)*. Il s'agit d'entraîner un groupe d'individus dans une exploration de leurs structures mentales, de les conduire vers une aventure qui ressemblera à un *« voyage » psychédélique (N 2.72)*.

- **Employé comme attribut.**

Tous les *accessoires* qui favorisent le voyage au pays des illuminations sont *psychédéliques (E. 3.4.67)*. Il est une mode qui dure : celle d'acheter des drapeaux américains. Non par patriotisme, mais parce que les *couleurs* sont *« psychédéliques » (PM 20.1.68)*.

PSYCHÉDÉLISME sm. ~ 1967. ■ État provoqué par l'usage d'*hallucinogènes**.

La drogue n'a jamais fait recette au pays du Pouilly-Fuissé. Le *psychédélisme* risque de tomber aux mains des humoristes : chez B., on lance un disque de « psychédélic-yaourt » *(E. 17.7.67)*. Le citoyen n'y participait plus à la politique. Les jeunes s'évadaient vers le *psychédélisme* — L.S.D., musique, amour et pacifisme *(E. 25.3.68)*.
Si le monde vous paraît ennuyeux (...) transformez-en immédiatement l'image et reculez les frontières du non en faisant appel au *psychédélisme (Young, 72)*.

PSYCHO(-) Premier élément de nombreux adj. et subst. composés savants. Quelques-uns sont traités plus loin en articles séparés à leur place alphab. D'autres sont répartis dans les 3 rubriques ci-après. L'emploi du trait d'union devant une consonne est hésitant.

Adjectifs.

○ La composante *psycho-affective* de la maladie asthmatique est dégagée *(M. 10.1.68)*. Les films présentés lors de la conférence médicale consacrée aux armes *psycho-chimiques*, donnent une idée de cette « béatitude » subie à une grande échelle. On y voit « manœuvrer » des soldats discrètement drogués par un souffle de L.S.D., ajouté à leur café ; l'hilarité est générale ; on se couche par terre, on lâche son fusil, on grimpe aux arbres, on pleure aussi et le désordre est total *(M. 23.4.66)*. Cinq cents médecins généralistes viennent de se réunir dans un colloque consacré à la « *pathologie psycho-fonctionnelle* », c'est-à-dire à l'étude des dérèglements de l'organisme trouvant en totalité ou en partie leur cause dans des conflits d'ordre psychologique. La fréquence de ces *troubles psychofonctionnels* est extrêmement élevée *(M. 25.2.70)*. Les tests d'ordre *« psychométrique »* tendent à l'appréciation de l'efficience intellectuelle et des modifications de la personnalité *(M. 4.10.67)*. La plupart des étudiants consultants ont à faire face à des problèmes *psychosexuels (M. 14.1.66)*. La rigueur des critères *psycho-sociaux* — au premier plan desquels la qualité de la relation humaine — président au choix des astronautes explique en partie cet heureux résultat (du premier séjour de l'homme sur la lune) *(M. 20.7.69)*.

∞ Les artifices de la mise en scène ne parviennent pas à cacher les failles d'un suspense *« psycho-policier »* qui résiste mal à l'analyse *(E. 28.9.70)*. Des cours d'accouchement *psycho-prophylactique* dans toutes les maternités *(Mauduit, 71)*. Les plus récentes découvertes *psychopharmacologiques (N 1.71)*. À l'origine de notre culture, le fait *psychopathologique* était conçu et combattu comme une manifestation du Mal *(N 1.71)*. L'union *psycho-politique* du peuple algérien, forgée et consolidée dans la lutte armée *(Tripier, 72)*. Une intensification de l'activité du système nerveux qu'on peut détecter avec l'augmentation de la réaction *psycho-galvanique (Florès, 72)*. Le Centre national de recherches et d'applications *psychomusicales (E. 3.1.72)*. Un modèle *psychogénétique* (...) explique la maladie du corps par un conflit de base *(N 10.72)*. La maternité non désirée se manifeste souvent par un double échec *psycho-affectif* pour la mère et l'enfant : psychoses, névroses, troubles caractériels *(Choisir, 73)*. Dans ce cas l'automobiliste doit subir un examen *psychomédical* qui déterminera s'il peut continuer à conduire *(E. 18.2.74)*.

Substantifs (noms de choses abstraites ou, plus rarement, concrètes).

○ La *psycho-chirurgie*, dont le refus systématique pose de sérieux cas de conscience, alors que son principe même n'est guère satisfaisant, « car ce n'est pas en sectionnant une partie du cerveau qu'on guérira une maladie mentale » *(M. 29.5.66)*. La méthode connue sous le nom de *« psychocinétique »* a pour objectif essentiel de favoriser un épanouissement humain et, pour cela, de faire prendre conscience à chacun de son « corps propre » *(F. 8.11.66)*. Cette étonnante description (d'états hallucinatoires) pourra être reproduite telle quelle dans les traités modernes de médecine ou de psychiatrie au chapitre des *psychodysleptiques (M. 21.4.66)*. Certains idéologues, passionnés de *psychogenèse* et de sociogenèse (influence des facteurs psychologiques et sociologiques dans la formation et l'évolution de l'individu), voudraient que la psychiatrie se sépare non seulement de la neurologie, mais de l'ensemble de la médecine (M. 9.1.69). Une discipline nouvelle, dont le nom « *psychopharmacologie* », apparaît pour la première fois en 1956, prenait son essor (M. 23.4.66). La *psychopharmacologie* est incontestablement efficace en ce qui concerne les dépressions courantes. Les réussites de la *psychopharmacologie* sont moins spectaculaires lorsqu'il s'agit de dépressions graves (FL 29.9.66).

∞ Recherches sur le langage, la mimique et la *psychomotilité* des sourds-muets (Cohen, 71). La *psychogénèse* sera l'ouverture de l'antipsychiatrie vers une certaine conception de l'aliénation (N 1.71). L'école maternelle est école de créativité et de joie (...) école de *psychomotricité* et de maîtrise de soi (Gabaude, 72). Apprendre à respirer, quel exercice agréable et tonique pour les stagiaires (...) d'un séminaire d'art dramatique, d'éducation physique, de *psycho-cinétique* (Drouet, 72). Actions infimes en apparence, mais dont les lois de la *psycho-histoire* ont permis de prévoir qu'elles auraient des répercussions immenses (Sadoul, 73). Pour éviter le divorce, la société propose divers moyens qui tentent d'aider les couples en difficulté. Le *psycho-divorce*, par exemple. C'est un *psycho-drame* joué par les partenaires du couple menacé (R 3.73). Au 1er congrès international de *psycho-motricité* : le langage du corps et ses vertus thérapeutiques (M. 14.5.74). On ne réforme pas les esprits comme on réforme le droit des sociétés : lois et décrets risquent de patiner quelque peu sur les « *psycho-structures* » façonnées par 3 millions d'années (M. 2.10.74). Le créateur de la « *psycho-acoustique* » dénonce les méfaits du bruit sur l'équilibre (M. 14.5.78). La *psycho-prophylaxie* obstétricale, basée sur l'éducation, l'apprentissage, la communication, connaît un développement très important outre-Atlantique (M. 24.1.79).

Substantifs (noms de personnes ou de collectivités).

En 1950, les *psychonévrosés* représentaient 6,25 % des entrées en invalidité dans les hôpitaux parisiens. En 1968, ils avaient atteint 20,16 % (Gros, 70). Ceux qui, mutant de la psychiatrie à l'antipsychiatrie, s'arrogent le droit d'agir en « *psychocrates* » à la manière des prophètes des temps nouveaux (N 1.71). Une « Histoire de l'art » ingénieuse mais soumise aux lois simplificatrices du genre. Cette approche est fort éloignée de celle du philosophe ou du *psycho-esthéticien* (M. 15.3.72). Les résultats enregistrés (à la suite de tests) par les *psychométriciens* — ou leur interprétation — suggèrent, ou appuient, telle ou telle théorie de l'intelligence (Larmat, 73). Le Journal officiel du 17 février publie un décret portant création du diplôme d'État de *psycho-rééducateur* (M. 19.2.74). Que sont les activités désignées sous le nom de « travail » ? Bien des penseurs, des savants — surtout des psychologues et des *psychotechniciens* — se sont demandé ce qui distinguait ces activités d'autres, voisines (M. 10.1.76).

PSYCHODRAMATIQUE adj. Rép. mil. XXe. ■ Qui concerne le *psychodrame**. Qui fait appel ou qui ressemble au *psychodrame**.

Miroir *psychodramatique*, érigée en système de représentation universel de notre société, l'auto tend à devenir la pierre de touche de toute la vie occidentale (N 4.69). On traitait dans les civilisations primitives les maux physiques ou psychiques par des méthodes quasi *psychodramatiques* (Cornaton, 72). Dans l'ambiance *psychodramatique* de Bruxelles, les Neuf parviennent à des compromis plus ou moins boiteux, le plus souvent au petit matin, après des nuits blanches (M. 23.2.74).

PSYCHODRAME sm. Rép. mil. XXe. (Emprunt à l'angl.). ■ Méthode de psychothérapie créée par Moreno et qui consiste à faire participer les malades à un jeu dramatique improvisé où ils ont à représenter des situations conflictuelles proches de leurs propres conflits. Ces improvisations sont analysées par le *psychothérapeute** meneur de jeu.

Un congrès du *psychodrame* se tiendra à Paris du 31 août au 3 septembre (M. 25.7.64). Elles (deux élèves) ne jouent absolument pas, sinon un « jeu de la vérité », un *psychodrame* qui semble d'ailleurs les défouler (C. 16.3.69).
La révolte (de mai 68) continue, mais on sait maintenant tout ce qu'elle a contenu, tout ce qu'elle contient de *psychodrame*. Consciemment ou à son insu, le pouvoir a utilisé le *psychodrame* en tant que thérapeutique (Sauvy, 70). Dans le *psychodrame* analytique, le cadre a moins d'importance que dans le *psychodrame* morénien (= de Moreno). On ne trouve plus le plateau : le jeu se déroule dans une pièce quelconque (Cornaton, 72). La chute du franc, à laquelle on a assisté au début de ce mois a donné lieu non pas à un débat, mais à un *psychodrame*. Les déclarations (...) de la droite et de la gauche relèvent, les unes et les autres, plus du fantasme que du raisonnement (M. 14.2.78).
→ SOCIODRAME.

PSYCHOLINGUISTIQUE sf. et adj. Mil. XXe. Did.

● Subst. fém. ■ Étude pluridisciplinaire qui combine la psychologie et la linguistique pour décrire et analyser les comportements verbaux.

La *psycholinguistique* s'intéresse en particulier aux processus par lesquels les sujets parlants attribuent une signification à leur énoncé, aux « associations de mots » et à la création des habitudes verbales, aux processus généraux de la communication, à l'apprentissage des langues, etc. (Dubois, 73).

● Adj. ■ Qui relève de la *psycholinguistique*, concerne la *psycholinguistique*.

Tous les exercices sont conçus sous forme de véritables dialogues magnétophone-élève, et non plus comme de fastidieuses et artificielles suites d'exercices, très éloignés des conditions *psycholinguistiques* de la communication réelle (Gabaude, 72).

PSYCHOPÉDAGOGIE sf. Mil. XXe. ■ Pédagogie qui utilise les apports de la psychologie expérimentale.

La *psychopédagogie* devrait être l'étude directe et vivante des actions et des relations des élèves au contact de l'exigence pédagogique (...) La *psychopédagogie* permettrait d'adapter les horaires, les programmes, les méthodes scolaires aux possibilités réelles de l'enfance et de l'adolescence (C. 11.2.71).

Qu'il y ait une discipline qui s'appelle la « *psychopédagogie* » montre bien le refus général d'aborder la question (de la relation pédagogique entre l'élève et le professeur) sous l'angle sociologique qui est le sien (N 2.72).

PSYCHOPÉDAGOGIQUE ou PSYCHO-PÉDAGOGIQUE adj. ■ Qui applique la *psychopédagogie**, concerne cette discipline ou en relève.

(Il faut dans l'enseignement) des maîtres qualifiés ayant reçu une solide *formation psycho-pédagogique* (M. 20.1.68). Ce modèle ne témoigne pas seulement de *préoccupations psycho-pédagogiques*. Il correspond au désir de désenclaver l'enseignement, de lui donner un dynamisme accru (M. 12.9.68).

Une solide formation *psychopédagogique* de tous les enseignants (...) éviterait des erreurs involontaires ; actuellement, la plupart des enseignants et des administrateurs ignorent toute didactique *psychopédagogique* (Gabaude, 72).

PSYCHOPÉDAGOGUE subst. ■ Spécialiste de la *psychopédagogie**.

Quel *psychopédagogue* pourra prétendre que l'on peut, à coup sûr, décider qu'un enfant de 12 à 13 ans est ou n'est pas doué pour telle forme d'études (E. 15.1.68). Comment expliquez-vous que, de Rousseau jusqu'à vous, la Suisse a toujours été la patrie des *psychopédagogues* ? (E. 23.12.68).

Le résultat prime le reste : c'est ce que vous diront tous les *psychopédagogues* si vous les acculez à s'expliquer sur leur méthode (N 2.72).

PSYCHOSOCIAL, E ou PSYCHO-SOCIAL, E adj. Mil. XXe. ■ Qui concerne la psychologie dans la vie sociale.

Le système de production dépasse de beaucoup sa fonction économique. En déterminant le modèle de consommation, il joue un rôle *psycho-social* de première importance (Lacombe, 71). Dans un moment historique particulier, on peut reconnaître des mécanismes *psychosociaux* particuliers (N 1.71). L'histoire du XXe siècle a été celle de transformations sociales immenses et rapides (...) et de la libération de forces *pyscho-sociales* dont l'extension quantitative est tout à fait nouvelle (Birnbaum, 72). L'entreprise est-elle seulement un appareil de production et de commercialisation, ou plus complètement un groupement humain devant permettre aux individus qui le composent les participations nécessaires à leur équilibre *psycho-social* ? (Peretti, 72).

PSYCHOSOCIOLOGIE ou PSYCHO-SOCIOLOGIE sf. Mil. XXe. ■ Étude psychologique des groupes, des faits sociaux, de la vie sociale.

La *psycho-sociologie* et la psychanalyse mettent l'accent sur la spontanéité, l'informel et la valeur de la parole (M. 23.3.69). Une « initiation à la *psycho-sociologie* » doit permettre aux participants de mieux comprendre les problèmes posés par la vie en groupe (M. 23.7.69). Ce sujet encore mal exploré : la *psycho-sociologie* de la télévision (M. 9.1.70).

La *psychosociologie* est une branche de la psychologie sociale qui a son originalité propre (...) La *psychosociologie* des petits groupes représente une part de plus en plus importante de la psychologie sociale (Cornaton, 72).

PSYCHOSOCIOLOGIQUE ou PSYCHO-SOCIOLOGIQUE adj. ■ Qui applique la *psychosociologie**, concerne cette discipline ou en relève.

Une *étude psycho-sociologique* sur les rapports entre téléspectateur et petit écran (M. 9.1.70). Un des inventeurs de la psychologie « non-directive » est venu en Europe sur l'invitation de l'Association pour la recherche et l'*intervention psycho-sociologique* (M. 15.5.66). L'institut des *sciences et techniques psycho-sociologiques* (M. 14.1.68). Les *structures psycho-sociologiques* du pays (En. 8.2.69).

Le célibat peut être un choix délibéré. Pour la plupart c'est un état de vie plus ou moins bien accepté pour des raisons *psycho-sociologiques* diverses (Mathieu, 70). L'effort musculaire au travail sera toujours davantage réduit : mais l'effort nerveux risquera de croître (...) Des techniques psychologiques ou *psychosociologiques* interviendront alors pour pallier les perturbations introduites (Peretti, 72).

PSYCHOSOCIOLOGUE ou PSYCHO-SOCIOLOGUE subst. ■ Spécialiste de la *psychosociologie**.

Une consultation directe des téléspectateurs doit servir à une étude de motivation menée par quatre *psycho-sociologues* de l'I.F.O.P., dans le cadre d'une vaste enquête étendue à toute la France (M. 13.4.66). Claude F. avait tenté de définir les possibilités d'intervention du *psycho-sociologue* à l'intérieur d'un groupe (O. 27.12.67). L'O.R.T.F. dispose d'un service d'étude de marché comprenant trois *psychosociologues*, dix enquêteurs et un mathématicien (E. 13.4.70).

Il est souvent reproché au *psychosociologue* d'entreprise de vouloir résoudre les conflits. N'a-t-il pas raison parfois de le faire ? (Cornaton, 72). Un *psychosociologue* s'est spécialisé dans l'analyse scientifique de l'influence des médias sur nos habitudes, nos opinions, nos choix (E. 15.5.78).

PSYCHOSOMATICIEN ,NE subst. Mil. XXe. Spécialiste de la médecine *psychosomatique**.

● Subst. masc.

Pour le *psychosomaticien* Prill, la douleur des règles exprime l'angoisse de l'attente. Autrement dit, la peur (Roudy, 70). Être *psychosomaticien* ne relève pas de la possession d'un savoir ou d'un savoir-faire, mais de la conscience que l'on prend d'un manque fondamental (N 10.7.72).

● Subst. fém.

Hélène Michel-Wolfromm est devenue une gynécologue et *psychosomaticienne* de très grande qualité (A. Minkowski, PM 15.3.75).

PSYCHOSOMATIQUE adj. et sf. Rép. mil. XXe. Se dit des maladies causées ou aggravées par certains facteurs psychiques, des symptômes de ces maladies, de la branche de la médecine qui les étudie et les traite.

● Adj.

Le fondateur de la médecine *psychosomatique* fut le premier à affirmer que la maladie physique comportait toujours une dimension psychique *(M. 13.9.69)*. Certains médecins (...) approfondissent la relation médecin-malade. C'est le triomphe de la médecine *psychosomatique* (...) Auxiliaire des médecins, la foi intervient dans le traitement des maladies *psychosomatiques* ; elle soutient l'effet du placebo *(Beunat, 74)*. La neuro-endocrinologie devrait donner à la psychiatrie et à la médecine *psychosomatique* une assise scientifique *(M. 6.2.74)*. La fréquence des troubles de l'adaptation est responsable des affections dites fonctionnelles et *psychosomatiques* souvent bénignes mais chroniques (...) La mise en question des valeurs traditionnelles qui donnaient un sens à la vie provoque un inconfort qui s'exprime médicalement par des troubles *psychosomatiques* ou par des états dépressifs *(M. 25.10.75)*. Au bout de six mois de séjour en « Quartier de sécurité renforcée » apparaissent des symptômes *psychosomatiques*. Lorsqu'une détention se prolonge, cela rompt l'équilibre psychologique des détenus *(M. 30.6.78)*.

● Subst. fém.

La *psychosomatique*, médecine qui s'adresse à l'être total et non à un quelconque organe, est inscrite dans la tradition hippocratique *(Beunat, 74)*.

PSYCHOTHÉRAPEUTE subst. ~ 1960. ■ Personne, médecin ou non, qui pratique la *psychothérapie*.

La relation non-directive n'est pas particulière au *psychothérapeute* et à son client. Elle est valable pour les groupes, et l'un des champs privilégiés de son application est certainement la pédagogie *(M. 15.5.66)*.
Le plus souvent, le *psychothérapeute* principal, aidé d'un ou plusieurs *psychothérapeutes* auxiliaires, prend en charge un groupe de deux à six enfants *(Cornaton, 72)*. L'équipe du centre décide de prendre Marc en psychodrame : il se joint à un petit groupe d'enfants qui, à tour de rôle, choisissent une histoire, s'y attribuent un rôle et la jouent, le tout sous le contrôle de *psychothérapeutes (FP 12.73)*.

PSYCHOTROPE adj. et sm. ~ 1950. Did. Se dit de médicaments ou de substances qui agissent sur le psychisme, qu'il s'agisse de calmants, de stimulants ou de générateurs de troubles.

● Adj.

L'apparition des médicaments *psychotropes* a beaucoup bouleversé l'approche psychiatrique et a permis les plus grands espoirs (...) Les lésions cellulaires les plus nettes observées chez les sujets atteints de maladies mentales sont plus le fait de substances *psychotropes* administrées sur de longues périodes que des maladies elles-mêmes *(N 1.71)*.

● Subst.

Des médecins et des administrateurs croient sincèrement que dans une dizaine d'années les triomphes des *psychotropes* auront vidé les hôpitaux psychiatriques comme les antibiotiques antituberculeux l'ont fait pour les sanatoriums *(N. 1.71)*.

PUB [pyb] sf. Rép. ~ 1965. Fam. Abrév. de *pub*(licité).

En quelques semaines, la « *pub* » détrône un mot, enterre une idée ou au contraire lance une expression, une image, un style de vie. Elle est devenue culture *(Inf. 8.1.73)*. Sans « *pub* », sans « matraquage » son premier 33 tours a été l'une des meilleures ventes de l'année *(O. 8.10.73)*. Ce court-métrage vante la qualité d'un produit sur le mode suave d'une « *pub* » pour désodorisant *(P 1.7.74)*. La publicité représente 73 % des recettes, ce qui rend le journal très sensible à la moindre baisse de « *pub* » *(O. 30.6.75)*. (...) Des émissions de vulgarisation intelligente sur Freud puis sur Jésus. Cela s'est arrêté, dévoré par le rock et la « *pub* » *(Cesbron, 77a)*. La « *pub* » sous surveillance : l'affichage et la publicité extérieure vont, peut-être, être régis par une réglementation mieux adaptée que la loi actuellement en vigueur *(M. 14.4.78)*.

PUBERTAIRE adj. ■ Relatif à la puberté. Qui se trouve à l'âge de la puberté (adolescent,e).

L'enfant *pubertaire* est plus versatile, plus passif. Il a tendance à se contempler lui-même, à s'examiner au physique et au moral. C'est la période du journal intime *(VR 10.10.71)*.

PUBLI- (De *publicité*). Premier élément de comp. dans lesquels il a souvent la valeur de l'adj. *publicitaire*.

Un quotidien régional a créé un service économique qui réalise de nombreuses *publi-informations (En. 29.11.69)*. On utilisait comme « support » les *publi-reportages* d'un hebdomadaire et certaines tranches d'antenne de la radio, pour présenter une entreprise devenue une des plus importantes du monde pour les revêtements de sol *(F. 7.2.69)*.
(Un) hebdomadaire (...) publiait sous le titre : « Pari gagné », un cliché coiffant une sorte de *publi-interview* qui se termine ainsi : « Le parc national de la Vanoise ne sera pas amputé, mais (...) » *(Carlier, 72)*. Il y a des gens qui prétendent en avoir assez de la publicité. Vrai, je ne les comprends pas (...) Ces *publiphobes* me font pitié et je me propose d'en faire des *publiphiles (Gaussel, 73)*. Le chauffage solaire ? C'est, bien sûr, une idée très sympathique mais tout le monde sait que c'est cher, que ce n'est pas au point, qu'en France ça peut au plus – selon un *publi-reportage* E.D.F. de 1976 – « intéresser les rêveurs, les agriculteurs et les snobs » *(O. 19.6.78)*.

PUBLIC RELATIONS [pœblikrilɛ[əns] Subst. ~ 1950. (Mots angl.). La traduction française de cet anglicisme, *relations* publiques* est parfois contestée (Cf. Rem., cit. VL 4.60)
1. Activité d'une personne ou d'un service chargés dans une entreprise ou une administration de s'occuper des relations avec le public ou de celles des membres du personnel entre eux.

Rem. Les *public relations* (sont) un service, attaché à certaines entreprises ou administrations, pour entretenir des rapports aimables avec le public, le conseiller, le diriger. (...) Toutes les entreprises ne donnent pas la même extension à l'expression *« public relations »* Certaines, par exemple, y incluent leurs relations avec leur propre personnel. Suivant le cas, on aura donc le choix entre ces trois équivalents : « relations extérieures », « relations publiques », « relations humaines » *(VL 12.59)*. Contrairement à *« public relations »*, le vocable français « relations publiques » ne s'oppose nullement à « relations commerciales » ou à « relations d'affaires », mais bien à « relations privées ». « Public » accolé à un substantif signifie en français « du domaine public », concernant des personnes « revêtues de l'autorité publique ». En conséquence l'adjectif *« public »* de *« public relations »* ne saurait être rendu par « publiques », il doit l'être par « avec le public ». (...) M.V. propose « rapports avec le public », ou encore la formule plus ramassée de « rapports extérieurs » *(VL 4.60)*.

♦ Les groupes de pression utilisent désormais sur une large échelle les techniques d'influence de l'opinion. Ces efforts s'insèrent dans la technique dite des *public relations* qui a pris une extraordinaire ampleur *(Meynaud, 59)*.

Il devenait indispensable pour les milieux d'affaires de s'expliquer et de se justifier aux yeux du grand public américain ainsi qu'à ceux des travailleurs. C'est à ce moment-là que naît, parallèlement aux relations industrielles, le mouvement des relations publiques : « public-relations » *(Peretti, 72)*.

2. Par ext. Personne ou groupe dont la fonction est de s'occuper des *relations* publiques* ; personne ou groupe qui, consciemment ou non, joue un rôle analogue sans en être chargé.

J. court ici et là pour récolter des commandes, faire aboutir les projets. Il est devenu son propre *public relations (Ragon, 66)*. D'un tour du monde en solitaire, C. a su faire une affaire nationale : en confiant à sa femme le rôle de *« public relations »*, il a donné à son aventure la publicité nécessaire *(E. 5.6.67)*. Guy C., jeune *public relations*, organise cette année son cinquième charter pour le Carnaval *(E. 26.2.68)*.

Pour vendre, pour être *« public relations »* ou attaché de presse, il faut mentir. C'est la première vertu que l'on exige de vous *(Massian, 72)*. L'impératrice Eugénie, dont le nom reste attaché à Biarritz et à plusieurs stations thermales, fut peut-être le meilleur *public-relation* du thermalisme français *(M. 17.2.72)*. Dans la plupart des cas ce sont bien les gauchistes qui, à leur manière, ont su se faire les *« public relations »* efficaces de minorités dont on savait les infortunes, mais dont on ne se hâtait pas de régler les problèmes *(M. 6.9.73)*.

PUBLICISATION sf. Pol. ■ Action de faire passer (quelque chose) dans le secteur public.

Une affaire qui appartient par tradition à la sphère du privé peut passer sous l'autorité publique. Le processus de la *publicisation* est fréquent de nos jours *(Freund, 65)*.

La séparation est de moins en moins tranchée entre économie publique et économie privée. Il y a, en effet, à la fois « privatisation » de l'entreprise publique et *« publicisation »* de l'entreprise privée *(Exp. 2.73)*.

→ PRIVATISATION.

PUBLICISER (quelqu'un ou quelque chose) v. tr. Pol., etc. ■ Faire connaître (quelqu'un) ; faire passer (quelque chose) dans le secteur public.

Pour les James Bond de la propagande politique. Il ne s'agit plus, cette fois, de *« publiciser »*, comme on dit, un candidat, mais bien 470 *(M. 7.7.66)*.

La démocratie essaie de *« publiciser »* dans la mesure du possible les relations politiques *(Freund, 65)*.

PUBLICISTE sm. Repris mil. XXe. Emploi jugé parfois abusif (cf. R.S., qui explique les raisons de cet emploi) et pour lequel certains préfèrent *publicitaire** (subst.). ■ Spécialiste de la publicité commerciale.

La publicité commerciale, loin de chercher à instruire, s'est efforcée d'abord de convaincre par simples affirmations laudatives, puis de court-circuiter l'intelligence de l'individu, en provoquant les réflexes conditionnés. (...) C'est que les *publicistes* (...) n'ont pas été longs à s'apercevoir que laisser à l'individu le soin de réfléchir n'était pas le meilleur moyen de l'attirer *(R.F.S.P. 5.51)*. Le thème de la pauvre jeune fille sans cavalier qui se morfond dans son coin jusqu'au moment où une amie compatissante lui conseille d'employer tel dentifrice, ou tel déodorant-miracle qui lui rendra succès et bonheur, a inspiré toute une génération de *publicistes (O. 17.3.69)*.

PUBLICITAIRE adj. et subst.
1. Adj. Relatif à la *publicité* commerciale ; destiné à servir les objectifs de cette *publicité*.

Des groupements de grandes marques ont décidé de ne plus accompagner leurs produits de porte-clés *publicitaires*, la qualité n'ayant pas besoin de cet argument pour se vendre *(E. 18.7.66)*. Toute démarche *publicitaire* enseigne les hommes, pour le meilleur et pour le pire *(M. 9.12.71)*. Chaque année le matraquage *publicitaire* s'intensifie. Son unique objectif : créer l'obsession des vacances *(S. 7.73)*.

2. Subst. Spécialiste de la *publicité* commerciale.

Tout *publicitaire* a deux clients : l'annonceur, à qui il vend une campagne, et l'acheteur, à qui il vend les produits de l'annonceur. Cette vie entre deux ventes est un combat. Le *publicitaire* est un guerrier sans cause, tenu entre les exigences de son sacerdoce et les féodalités de la concurrence *(M. 13.9.69)*. Des *publicitaires* importants font beaucoup d'efforts et consacrent beaucoup d'argent à se faire admettre dans les cercles dirigeants *(En. 3.10.70)*.

PULSAR [pylsar] sm. ~ 1960. (Mot angl., de *puls*ating, « pulsant », et st*ar*, « étoile »). ■ Source de rayonnement radio-astronomique dont les émissions très brèves ont une période généralement voisine de la seconde.

Rem. Les *pulsars*, les quasars ... Avec les progrès de l'astronomie, de la radio-astronomie et de la cosmogonie, le ciel s'est peuplé de nouveaux venus aux noms étranges *(M. 1.11.72)*.

♦ En 1967, un groupe de radio-astronomes britanniques captait des signaux radios émis par une source avec une régularité surprenante toutes les 1, 337 secondes. Bientôt d'autres radio-sources aussi régulières furent découvertes, une vingtaine en un an, et prirent le nom de *pulsars (M. 16.10.74)*.

PULSER v. tr. ■ Distribuer un gaz, spécialement de l'air chaud, au moyen d'une soufflerie.

Dans les bâtiments, on a installé une chaudière pour *« pulser »* de l'air chaud en hiver *(M. 23.9.66)*.

● Part. passé / adj.

Climatisation intégrale par air *pulsé* et filtré, au degré d'humidité voulu, chaud ou froid *(E. 19.4.65)*. Le chauffage des autorails panoramiques est assuré par air *pulsé* en 1ère classe, par aérothermes en seconde classe *(VR 22.10.78)*.

PULSIONNEL, LE adj. Mil. XXe. Psychan. ■ Qui relève des *pulsions*.

Le long cheminement qui, des exigences *pulsionnelles* articulées autour du ou des fantasmes originaires, conduit d'abord au « projet » professionnel et ensuite au choix définitif d'une profession *(N 10.72)*.

PULVÉRISATION sf. Fig. ■ Dispersion, division.

Dans les banlieues où s'est opéré depuis 1950 l'essentiel de la croissance des villes, la multiplication des circonscriptions communales entraîne une véritable *« pulvérisation »* des investissements publics *(Moulin, 68)*. Tous les présumés responsables (d'un accident) viennent dire à la barre : « Ce n'est pas moi, c'est lui... » On se trouve devant une véritable *pulvérisation* des responsabilités *(M. 20.1.68)*.

L'hyper-organisation des sociétés bureaucratiques a eu un résultat paradoxal : la *pulvérisation* politique des populations industrielles *(Birnbaum, 72)*.

PUNCH [pœnʃ] sm. (Mot angl., « coup »). Fig.

1. À propos de personnes ou de collectivités : ardeur combative, dynamisme, esprit de décision ou de repartie ; vitalité.

Avec son *punch* habituel et son souci des formules piquantes, il (l'auteur d'un livre) nous emmène gaillardement, vers les régions passionnantes de l'« inconscient collectif » *(M. 11.11.65)*. N. (un policier) montrait toujours et partout sa volonté de vaincre et c'est grâce à ce courage, à ce *« punch »* qu'il démantela petit à petit tout l'édifice des rackets et des trafics *(PM 8.10.66)*. Du ressort, du *« punch »*, du tonus pour soutenir le rythme d'une journée trépidante : B. (produit alimentaire) a tout prévu pour vous rendre la vie facile *(Pub. JF 28.1.67)*. Pour chacune de ses brèves apparitions (d'un chanteur) il faut du *« punch »* : il doit toucher *(PM 20.1.68)*. On lui (à un administrateur) reproche de manquer de *« punch »*. Il s'en explique : « Je suis là pour utiliser les gens comme ils sont (...) Je ne suis pas un apôtre prêt à changer le monde » *(M. 29.10.69)*. Annie N., qui a l'apparente fragilité de la libellule et le *punch* verbal de Cassius Clay, harangue les clients *(E. 30.11.70)*. K. entendait mener cette offensive politique avec autant de *punch* qu'il avait dirigé ses maquisards à l'aube de la Révolution *(Courrière, 71)*. Les Britanniques veulent donner de « punch » au Parlement européen *(C. 16.1.73)*.

2. À propos de choses abstraites ou concrètes : force, vigueur ; efficacité.

Les nouvelles piles W. donneront du *« punch »* à votre transistor *(Pub. PM 15.10.66)*. Le film manque de rythme et de *punch (M. 15.9.67)*. La fête a du *punch*, un allant, brouillon parfois, mais qui fait gicler la vie de partout, une santé anarchique et cocasse *(C. 8.12.68)*. L'idée de départ de ce vaudeville avait du *punch (PM 11.10.68)*. La musique a des trous, la mise en scène se laisse aller. Mais le spectacle a du *punch (C. 15.12.69)*.

Au salon de l'Auto, on se flattait de performances « à vous couper le souffle », du *« punch* sauvage » des moteurs *(E. 12.11.73)*. Ce roman d'E. Ajar, plein d'allant, de *punch (P. 30.9.74)*. Des innovations qui auront du *punch*, nous l'espérons *(C. 2.9.78)*.

→ IMPACT, PEP.

PUPITREUR sm. Inform. ■ Technicien qui, du pupitre (tableau de commande), surveille le fonctionnement d'un *ordinateur**.

Importante Société recherche *pupitreurs* pour (ordinateurs) (...) *(F. 29.11.66)*. Le pupitreur doit avoir une connaissance approfondie des travaux sur ordinateur *(En. 25.1.69)*.

Le pupitreur conduit les différents programmes, pallie les arrêts de machine en effectuant des remises en route, remet en ordre des anomalies signalées *(Pilorge, 69)*.

Un *pupitreur* est une sorte de contremaître. Il est chargé d'appliquer les consignes d'exploitation, de veiller à ce que tout se passe normalement dans la machine et ses annexes *(E. 16.11.70)*. À en croire les publicités quotidiennes, les formations de *pupitreur* ou de programmeur (...) pourraient s'acquérir en quelques semaines ou quelques mois. (En fait) elles exigent des qualifications préalables *(Elgozy, 72)*. D.L. est *pupitreur* auprès de l'un des ordinateurs géants du Crédit Lyonnais *(E. 25.3.74)*.

PURISME sm. Par ext. (Dans d'autres domaines que celui du langage). ■ Souci de perfection ou de conformité absolue à un modèle idéal (en art, en technologie, en sport, etc.).

L'expressionnisme architectural, qui succède au *purisme* et au cubisme architectural, est-il un progrès ? Il ne semble pas *(Ragon, 71)*.

PURISTE subst. Par ext. ■ Personne qui fait preuve de *purisme** (dans d'autres domaines que celui du langage), qui est très exigeante sur la qualité technique d'un objet, d'un équipement, sur le niveau d'une performance sportive, etc.

Les *puristes* n'admettent pas le changeur automatique pour la lecture des disques en haute-fidélité *(SV 12.69)*. Ce qui discrédite l'arrêt automatique (du tourne-disques) auprès des *puristes*, c'est un minuscule palpeur qui bute à chaque tour contre un ergot solidaire du plateau (et dont) le déréglage provoque, à chaque tour un toc du plus désagréable effet *(SV 3.70)*.
L'absence de toute aide officielle peut satisfaire les « *puristes* » de la pédagogie contestataire : elle a pour effet de rejeter les mouvements d'éducation nouvelle dans la groupusculisation *(M. 7.6.72)*. Un style (...) que les *puristes* hier encore appelaient « skier comme une luge » *(E. 15.1.73)*. Les *puristes* peuvent se voiler la face : les responsables des services commerciaux de la célèbre firme d'appareils d'optique savent que la politique d'artisanat de luxe suivie depuis un demi-siècle ne pouvait plus continuer *(E. 26.11.73)*.

PUTSCH [putʃ] sm. (Mot alld., « coup d'État ») ■ Soulèvement d'un groupe politique, en vue de s'emparer du pouvoir par la force.

A la place de coup d'État on emploie parfois le terme de « *putsch* » *(Meynaud, 59)*. Si le pouvoir veut enfin se mettre à l'abri des *putschs* (M. 1.10.61). Le *putsch* du 19 juin (en Algérie) a pris les dirigeants égyptiens de court (...) *(M. 9.7.65)*. Les guerres de décolonisation relancèrent l'armée dans le chaos, dans les complots, dans les *putschs*, dans les procès *(M. 18.1.67)*.
De Gaulle réfléchissait qu'il fallait empêcher que ne se reproduisît contre lui un *putsch* qui le contraindrait à se retirer *(Courrière, 68)*. Je suis un démocrate, poursuit C. Je ne veux pas d'un *putsch* fasciste. Mais il s'agit bien d'un coup d'État. Devant une pareille situation, le régime s'effondrera *(Courrière, 71)*. Le sigle O.A.S. est apparu sur les murs d'Alger le 5 mars (1961). Depuis lors et de plus en plus il est bruit d'un « clash » ou d'un « *putsch* » possible et prochain *(Tripier, 72)*. En Amérique latine, la Marine est souvent le détonateur des *putschs (E. 17.9.73)*.

PUTSCHISTE subst. et adj.

● Subst. Personne qui participe à un *putsch** ou à sa préparation.

Dès le début des mouvements de troupes mes appareils ont survolé les *putschistes*. Mes hommes voulaient les « strafer », mais je leur ai interdit de tuer des soldats inconscients du rôle que leur faisaient jouer leurs chefs *(M. 17.9.64)*. Le régime a été renversé par un coup d'État militaire. Les *putschistes* appartiennent au même parti que leurs prédécesseurs *(M. 24.2.66)*. Les *putschistes* de D. mettent tout en œuvre pour légaliser leur mouvement *(M. 27.2.66)*. Les *putschistes* qui s'emparèrent du pouvoir tentent de sortir de l'impasse politique dans laquelle ils se trouvent *(M. 29.6.68)*.
Le général G. tente l'impossible pour gagner l'Ouest algérien à la cause des *putschistes (Courrière, 71)*. Le *putschiste* est devenu homme d'État ; sans provoquer, pour autant, l'enthousiasme des foules *(Maschino, 73)*.

● Adj. ou apposition.

C'était le type même de l'officier courageux, brillant militaire mais farouchement hostile aux aventures *putschistes* (...) Cette réunion sera la seule concentration « *putschiste* » sur le territoire métropolitain *(Courrière, 71)*. Nous avons pu entendre parler de (...) forces *putschistes (Sauvageot, 72)*. Les généraux *putschistes* d'Algérie, en avril 1961, ont obtenu, pendant quatre jours, que les officiers loyalistes restent passifs en attendant le dénouement politique de la crise *(E. 24.12.73)*. Les plus jeunes officiers résistèrent pendant quatre jours, jusqu'au moment où ils furent liquidés par les bombes des aviateurs *putschistes (O. 4.3.74)*.

Q. I. [kyi] Abrév. de *Q(uotient)* i(ntellectuel)*.

Le *Q.I.* sert à mesurer l'intelligence (...) Seulement 1 % de la population a un *Q.I.* égal ou supérieur à 130 *(FP. 4.70)*. Ses parents (d'une petite fille de 7 ans) ignoraient qu'elle était surdouée (...) Elle a passé des tests et récolté un *Q.I.* de 136 et ils se posent des questions *(M. 3.5.78)*.

Q. S. R. [kyɛsɛr]
→ QUARTIER DE SÉCURITÉ RENFORCÉE.

QUADRAPHONIE [kwadrafɔni] sf. ~ 1970. Variante de *quadriphonie**.

La *quadraphonie* est un nouveau système de reproduction sonore. Alors que la stéréophonie ne reproduit que 2 signaux sonores, le système quadraphonique permet d'en enregistrer 4 et de les reproduire intégralement *(Pub. E. 10.4.72)*. La chaîne compacte S. peut s'adapter facilement à la *quadraphonie (Pub. E. 25.3.74)*.

Rem. L'adj. dérivé *quadraphonique* est attesté (cf. cit. E. 10.4.72, ci-dessus).

La reproduction *quadraphonique* permet de reproduire 4 signaux sonores au lieu de 2 *(Pub. O. 12.11.73)*.

QUADRI(-) [k(w)adri] Premier élément d'adjectifs et de substantifs composés. ■ À quatre parties, quadruple ; tous les quatre (mois, années, etc.).

Rem. *Quadrichromie* et *quadriphonie* sont traités plus loin en articles séparés.

● **Adjectifs.**

La République des Philippines s'offre un luxe inouï : des *ripailles quadri-annuelles* (tous les quatre ans) de plusieurs mois : les élections présidentielles *(M. 6.11.69)*. Une *locomotive « quadricourant »*, conçue pour fonctionner sur les quatre systèmes de traction électrique utilisés sur les grandes lignes européennes *(M. 12.9.64)*. Une *femme quadrilingue* (sachant quatre langues) français-anglais-italien-portugais *(M. 12.10.66)*. Son premier *rapport quadrimestriel* (relatif à une période de quatre mois) de conjoncture *(M. 6.6.69)*. Des propositions tendant à la constitution d'un *organisme quadriparti* (où coopèrent les quatre « Grands ») chargé de suivre le problème allemand *(M. 21.1.65)*. Le statut futur de l'Allemagne relève de la *responsabilité quadripartie* (des quatre « Grands ») *(M. 26.4.66)*. Le *vaccin quadrivalent* de l'Institut Pasteur, actif contre quatre variétés de virus grippal *(E. 15.1.68)*.

L'enquête *quadrimestrielle* de l'INSEE auprès des industriels montre (...) *(M. 4.12.75)*.

● **Substantifs.**

Nouvelle liaison assurée par des *quadripropulseurs*, avions à quatre turbopropulseurs *(F. 4.11.66)*. Les vestiges du *quadripartisme*, partage de l'administration de Berlin entre les quatre « Grands » *(M. 11.1.68)*. Le *quadriréacteur* de 400 places a volé pour la 1re fois le 9 février *(M. 11.4.69)*. Cette société construisait alors un *quadri-turbopropulseur*, destiné aux vols moyen-courriers *(Cazaux, 71)*. Deux faisceaux laser (...) sont déviés puis réfléchis, et finalement recombinés puis reçus sur une *quadricellule* photosensible *(Ent. 18.10.73)*.

QUADRICHROMIE [kwadrikrɔmi] sf. ~ 1960. ■ Technique d'impression en quatre couleurs.

Une « Histoire de la peinture moderne » dont toutes les reproductions sont en *quadrichromie (E. 19.12.66)*. Cet album géant est une vivante rétrospective par l'image. Sa présentation est luxueuse : jaquette en *quadrichromie*, magnifique reliure *(Pub. Exp. 1.72)*. L'illustration en *quadrichromie* est de très haute qualité technique, de nombreux documents photographiques viennent appuyer et compléter le texte *(Pub. P. 4.2.74)*.

QUADRILLAGE [kadrijaʒ] sm. Spéc. Mil. XXe.

1. Opération militaire ou policière consistant à diviser un territoire en parcelles où l'on répartit les effectifs afin d'assurer un contrôle ou une protection aussi efficaces que possible.

Le gouvernement des États-Unis envisagerait d'appliquer un système de « *quadrillage* » pour lutter contre la pénétration et le terrorisme communiste au Vietnam du Sud (...) On sait que l'envoyé spécial du président avait estimé efficace un système de « *quadrillage* » des populations tel qu'il avait été en vain mis en pratique par certains éléments de l'armée française en Algérie (M. 2.9.64). Malgré le *quadrillage* mis en place par les gendarmes (le ravisseur d'une fillette) n'hésite pas à prendre le volant d'une nouvelle voiture volée (C. 27.9.70).
Le gouvernement exigea un *quadrillage* serré de la ville pour empêcher la multiplication des attentats (Courrière, 71). Le 6 mai 1968, malgré le *quadrillage* policier, les étudiants affluent vers la Sorbonne (Viansson, 71). La grève des transports et le *quadrillage* de la ville par l'armée rendaient impossible l'arrivée des renforts ouvriers (O. 24.9.73). Le *quadrillage* policier mis en place pour la visite du Premier ministre avait transformé la Corse en une gigantesque place forte (P. 1.4.74).

2. Par ext. Action d'assurer, dans un secteur géographique donné, une implantation dense et méthodique d'établissements (commerciaux, etc.), de services publics (santé, transports, etc.), d'organismes polit. ou syndicaux. — Résultat de cette action.

Quadrillage (sans adj. qualificatif).

Les communistes demeurent fidèles au « *quadrillage* » par village, quartier, entreprise, etc. (M. 7.7.66). Les dirigeants parisiens des deux centrales (syndicales) se sont rencontrés et M.D. a été chargé d'organiser le *quadrillage* de la région parisienne (E. 14.8.67). Il y a quelques années on pensait extirper l'analphabétisme en multipliant les campagnes massives. De nombreux pays se sont lancés dans de vastes opérations de « *quadrillage* », campagnes spectaculaires dont on espérait qu'elles permettraient de gagner, de place en place, la bataille contre l'ignorance (M. 9.9.69).
Un véritable « *quadrillage* » de la population aux fins de dépistage (des maladies mentales) (N. 1.71). Le *quadrillage* réalisé par cette chaîne de magasins — 142 points de vente — est un atout considérable (En. 21.5.71). Le ministre de la santé vient de donner une impulsion à la « sectorisation en psychiatrie » : le *quadrillage* de la France en 700 secteurs de 70.000 âmes (E. 24.4.72). Quand nous quittons un chantier, nous laissons derrière nous un système de contrôle complet, véritable « *quadrillage* » aussi bien au niveau de la production qu'au niveau des ventes (Inf. 15.1.73). En 1932 (...) le *quadrillage* des succursalistes s'accentue. Surtout, naît le magasin populaire (E. 3.7.78).

Quadrillage + adj. qualificatif (indiquant la nature du quadrillage).

Les textes soumis au référendum révèlent la volonté d'organiser, sous le nom de régions, un *quadrillage administratif* plus solidement tenu en main par le pouvoir gaulliste (M. 25.4.69). La nécessité de créer un véritable « *quadrillage* » *géographique* de l'hygiène mentale par unités de 200 000 habitants. Cette idée faisait déjà l'objet d'une circulaire de 1960 qui prévoyait la constitution d'unités de soins comprenant dispensaire, hôpital, foyer de post-cure et équipe de médecins spécialisés (M. 15.8.68). Les maladies endémiques et la poliomyélite ont disparu. Le *quadrillage hospitalier* et *médical* est considéré comme exemplaire par les experts internationaux (O. 28.2.68).
Le nouveau ministre de l'Intérieur a procédé, avec une célérité que rien n'imposait, à un mouvement préfectoral qui sent le *quadrillage électoral* (E. 25.3.74).

QUADRILLER v. tr. Fig. Rép. mil. XXe.

1. ■ Procéder à un *quadrillage** militaire ou policier.

Après les violents incidents qui ont coûté la vie à onze autochtones, (...) les forces de l'ordre et les unités de parachutistes (...) *quadrillent* D. (M. 22.3.67). Les bombardements se sont poursuivis mardi dans les régions proches de Saïgon, les plus fortement *quadrillées* par les unités américaines et vietnamiennes (M. 11.1.68). (Le ministre de l'Intérieur et le Préfet de police) ont de nouveau installé leurs policiers et gendarmes aux quatre coins de Paris mais ils ne quittent guère leurs cars, sauf pour *quadriller* les rues autour du lycée Chaptal (O. 13.1.69).
Le 6 mai 1968, dès 7 heures du matin, *quadrillant* tout le Quartier latin, mille agents, C.R.S., gendarmes mobiles, barrent certaines voies, isolent la Sorbonne (Viansson, 71). Un État *quadrillé* par les gardiens de son ordre, garanti contre séismes et raz de marée (Onimus, 72). D'anciens parachutistes devenus agents de secteur *quadrillent* les ateliers (M. 14.6.75). Le cimetière de Téhéran *quadrillé* par l'armée : d'importantes forces armées ont pris place dans le cimetière (C. 15.9.78).
→ RATISSER.

2. Par ext. dans d'autres domaines.

— Le sujet du verbe actif, ou le compl. d'agent du verbe passif, est un nom de personne ou de collectivité.

■ Explorer méthodiquement une zone donnée ou y installer un réseau dense d'établissements, d'organismes, de services (personnel, équipements), afin d'assurer dans cette zone une prospection, une influence ou une protection efficaces.

Le putsch du 19 juin (en Algérie) a pris les dirigeants égyptiens de court malgré des agents de renseignements qui (...) avaient virtuellement « *quadrillé* » l'Algérie (M. 9.7.65). Financiers, technocrates, techniciens des relations publiques sont mobilisés pour *quadriller la France* et mettre à la disposition de chaque candidat U.N.R. un effarant arsenal de moyens (O. 23.11.66). Pour *quadriller*, contrôler cette *majorité* fluctuante, il (le Premier ministre) dispose d'un bataillon de secrétaires d'État (Au. 30.9.69). Grâce à de nouvelles associations, il (un coiffeur) a réussi à *quadriller Paris* de ses salons (En. 3.8.68). Des réseaux d'observateurs bénévoles qui *quadrillent* le *pays* (F. 13.1.67). Les Américains *quadrillent l'Univers* : (bientôt) des hommes fouleront le sol de la lune (E. 22.8.66).
Quelque 4600 postes de repérage seraient nécessaires pour *quadriller* le territoire national (En. 18.6.71). Les IFAC *quadrilleront* complètement la France vers 1974. Elles regroupent

QUADRILLER

les services jadis séparés des impôts fonciers, des impôts directs et des impôts indirects *(M. 19.1.72)*. Des femmes volontaires *quadrillent* toute l'île et s'efforcent de convaincre les femmes d'aller au centre de Protection maternelle et infantile le plus proche *(M. 20.11.74)*. L'administration des P.T.T. a *quadrillé* le territoire national de liaisons à l'intersection desquelles le courrier est réparti *(M. 28.11.74)*. Le mouvement écologique, force neuve jaillie de la base, *quadrille* le pays d'innombrables comités *(M. 21.1.76)*. L'Eure-et-Loir, l'Yonne sont *quadrillés* depuis 20 ans par les Parisiens à la recherche de résidences secondaires *(E. 18.9.78)*.

● — Le sujet du verbe actif ou le compl. d'agent du verbe passif est un nom de chose.

■ Être réparti ou assuré avec une certaine densité ou régularité sur l'ensemble d'un territoire donné.

Le réseau des lignes d'autobus *quadrille la capitale* en un tissu assez serré *(M. 14.4.71)*. Les hôpitaux *quadrillent le territoire* : leur rayon d'action ne dépasse pas 25 km *(A.A.T. 6.65)*. Les petits commerces *quadrillent les villes* et presque tous les villages *(M. 6.8.68)*.

QUADRIPHONIE [kwadrifɔni] sf. ~ 1970. ■ Technique d'enregistrement et de reproduction du son qui utilise quatre canaux.

De nombreux fabricants cherchent autre chose, la *quadriphonie* ou tétraphonie par exemple. Quatre enceintes acoustiques disposées aux angles de la salle d'audition reproduisent chacune l'une des quatre voies du disque spécial ou de la bande magnétique à quatre pistes *(VR 11.6.72)*. Il existe 2 systèmes de reproduction par 4 canaux (...) Dans la *quadriphonie* les 4 informations sonores sont absolument indépendantes *(Pub. O. 18.12.72)*. Cette chaîne stéréo est déjà équipée des prises supplémentaires et de l'appareillage spécifique pour l'écoute en *quadriphonie (Pub. O. 12.11.73)*. Dernier gadget en date : la *quadriphonie*. Selon les marchands il faut quatre enceintes au lieu de deux pour écouter Brassens ou Beethoven. Mais *quadriphonie* et précision du message musical se marient mal *(P. 18.3.74)*. La *quadriphonie* connaît un certain échec (...) la publicité n'y fait plus guère allusion (...) la triphonie semble à bien des égards plus rationnelle *(VR 23.4.78)*.

Rem. L'adj. dérivé *quadriphonique* est attesté.

Jamais jusqu'alors aucun ampli ou ampli-tuner *quadriphonique* n'était parvenu à égaler en qualité un bon ampli stéréo *(Pub. E. 13.11.73)*.
→ QUADRAPHONIE, TÉTRAPHONIE.

QUALITÉ (DE) Loc. adj. Rép. mil. XXe. À propos de choses. Ellipse pour : de bonne, d'excellente, de première qualité ; ou : de qualité supérieure. (Emploi fréquent dans le langage publicitaire).

Appartements *de qualité*. Plusieurs programmes en cours de construction dans quartiers résidentiels *(Pub. M. 6.6.64)*. Les disques : trois enregistrements *de qualité (M. 22.5.65)*. Sera(-t-il) possible de transformer le « Times » en une entreprise commerciale plus prospère sans que son caractère très particulier de journal « *de qualité* » s'en trouve affecté ? *(M. 2.10.66)*. Ces œuvres télévisées, empruntées au théâtre et à la littérature, n'étaient pas de simples adaptations filmées « *de qualité* », mais des récréations complètes *(M. 9.1.67)*.

QUALITÉ DE LA VIE Loc. subst. Rép. ~ 1970. ■ Formule (souvent à caractère de propagande) qui exprime l'aspiration (surtout des populations urbaines) à une société dans laquelle la course à la production et à la consommation maximales feraient place à la recherche d'une vie plus détendue grâce à un meilleur aménagement des conditions et des temps de travail et de loisir, à l'élimination des *nuisances**, etc.

Rem. Un « ministère de la *qualité de* la vie » a été créé en France en mai 1974.

Comment jugez-vous la création d'un ministère de la *qualité de la vie* ? — Il semble y avoir du changement par rapport à l'ancien ministère de l'environnement. Mais qu'est-ce que la *qualité de la vie* ? C'est le niveau de vie, plus les conditions de vie, plus la qualité du cadre de vie *(M. 5.6.74)*.

♦ Les biens immatériels sont la base de l'humanisme moderne. C'est d'eux que dépend la « *qualité de la vie* » *(Saint-Marc, 71)*. Cet embrasement des mentalités pour la cause de la « *qualité de la vie* » (est) particulièrement frappant *(M. 1.6.72)*. Quoi de plus indispensable que le petit commerce à ce qu'on nomme désormais la « *qualité de la vie* » ? *(E. 19.2.73)*. La « *qualité de la vie* », l'un des slogans préférés de nos gouvernants *(M. 25.10.73)*. Les chercheurs du Centre national d'études spatiales à Toulouse vantent la « *qualité de la vie* » provinciale, la diminution des temps de transport, la douceur du climat *(E. 12.11.73)*. La crise de l'énergie pousse dans cette direction qui privilégie la *qualité de la vie* plutôt que la consommation-gaspillage *(P. 4.2.74)*. Les espaces verts sont des équipements publics qui doivent structurer la ville. Alors ils concourent vraiment à la *qualité de la vie (M. 9.11.74)*. En matière d'équipements (...) les moyens publics étant limités, ce qui reste ne suffit pas à assurer le maintien de la *qualité de la vie* dans les grandes agglomérations *(M. 27.11.74)*.

Le système de l'horaire souple, ou à la carte, constitue une importante amélioration de la *qualité de la vie (P. 6.1.75)*. La *qualité de la vie* repose sur un équilibre harmonieux de périodes d'activité intense et de périodes de décélération, de temps forts et de temps morts *(M. 3.9.77)*. Les caractéristiques du label urbain de la *qualité de la vie* : En premier lieu, la séparation rigoureuse du trafic automobile et du cheminement piétonnier. Cela est vrai pour la grande esplanade de la Défense (à Paris), lieu propice à la flânerie, à la décontraction *(M. 22.1.78)*. La *qualité de la vie*, à la Rochelle, est faite de mille détails. Ainsi, les Rochelais trient leurs déchets, circulent à bicyclette, ne connaissent pas les parcomètres, se regroupent nombreux dans les associations. Une ville à l'échelle humaine, où l'on connaît encore le bonheur de la flânerie *(P. 27.11.78)*.

QUANTIFIABLE adj. ■ Que l'on peut chiffrer ; dont on peut évaluer la quantité avec précision.

Une fois mises de côté les fautes d'orthographe, les impropriétés syntaxiques, ils (certains

correcteurs d'examens) invoquent « le bon goût », « le bon ton », « le bon sens », « la finesse », « le style », éléments difficilement *quantifiables* (O. 29.7.68). Plusieurs projets de dépenses sont mis en concurrence et le plus rentable est choisi. Mais de nombreux facteurs non *quantifiables* ne sont pas pris en compte lors des évaluations (M. 22.7.69).
À l'ère technologique, la rigueur impose à chacun de recourir, dans la mesure du possible, au raisonnement étayé par la mathématique, et de quantifier tout ce qui est *quantifiable* (...) Utile, l'ordinateur l'est dans la mesure où il sert à quantifier ce qui est *quantifiable*. (Elgozy, 72). La science économique repose sur l'observation de relations *quantifiables* (Inf. 8.1.73). G. Ardant et P. Mendès-France appellent « science » économique ce qui est d'abord un « savoir » exact parce que *quantifiable* (O. 28.1.74).

QUANTIFIER v. tr. Par ext. (En dehors des vocab. scientifiques). Rép. mil. XXe. ■ Attribuer à qqch. une valeur quantitative. Évaluer qqch. en chiffres.

Les chemins de fer ne peuvent obtenir des Gouvernements une compensation pour les prestations de service public qu'à condition de les *quantifier* eux-mêmes (R.G.C.F. 1.71). Des disciplines, telles que la psychologie historique, demeurent résolument qualitatives et refusent de se laisser *quantifier* (E. 27.8.73). Une administration bureaucratique et centralisée « chosifie » les êtres en *quantifiant* abstraitement toutes les normes de la vie scolaire (O. 3.9.73). Nous nous garderons de « *quantifier* » les initiatives c'est-à-dire de chercher à savoir par exemple combien de travailleurs sont concernés par ces changements dans leurs conditions de travail (S. 10.75).

QUARANTE-CINQ TOURS loc. subst. Ellipse pour : disque (de musique enregistrée) dont la vitesse de rotation est de 45 tours à la minute.

Son premier *45 tours* (d'une chanteuse) fut enregistré sous le nom de Carène C. et publié le 6 janvier (E. 20.1.75). En 1977, la France a produit 55 millions de *quarante-cinq-tours*, 72 millions de trente-trois tours (E. 13.1.79).
→ TRENTE-TROIS TOURS.

QUART DE TOUR (AU) loc. adv. D'abord dans le vocabulaire de l'automobile, à propos d'un moteur qui « part au quart de tour » (de manivelle), c.-à.-d. immédiatement, sans difficulté. Par ext. Fam. Très vite, tout de suite.

P. (...) comprend *au quart de tour*, l'imbécillité (d'une opération militaire) qui a eu des conséquences diplomatiques désastreuses (Courrière, 70). Elle a des parents adorables, doués d'une rare puissance d'accueil, et d'un tact qui leur permet de s'ajuster *au quart de tour* avec le petit ménage en rodage (Pa. 10.70).
Ce gouvernement utilise sur la fiscalité sur les investissements comme régulateur de la conjoncture : Aujourd'hui il leur accorde une prime de 7,5 %. Mais il y a toujours un délai entre les mesures et leur résultat : les investissements ne repartent pas au *quart de tour* (E. 10.2.75).

QUART(-)MONDE sm. (D'après *tiers* monde*).

1. ~ 1965. Sous-prolétariat, populations misérables des pays riches.

Rem. La notion de *« Quart monde »* rejoint celle de « sous-prolétariat » (...) L'emploi de « tiers » et de « quart » comme adjectifs est connu de tous (ceux) qui ont au moins entendu parler du « Tiers livre » et du « Quart livre » de Rabelais, pour désigner le 3e et le 4e volume de son roman pantagruélique.
Mais le passage de « Tiers Monde » à *« Quart Monde »* n'est pas aussi simple. Il ne s'agit plus d'une succession arithmétique. En passant de la notion de « tiers monde » à celle de *« quart monde »*, on franchit par la pensée une distance considérable : on passe d'un territoire qui peut se définir horizontalement par des réalités géographiquement délimitées, à un groupe social constituant une couche de population que l'on atteint par une coupe verticale, en profondeur, une sorte de « bas-fond » qui est là tout près, chez nous : le *quart monde* est parmi nous, pour ne pas le voir il faut détourner les yeux (F. Mars 23.6.79).

♦ (La) directrice de l'Institut « Aide à toute détresse » a fait découvrir une réalité souvent ignorée, celle des sous-prolétaires, le *« quart-monde »* (C. 4.7.70). Pouvons-nous oublier qu'il existe, à une portée d'autobus, des familles de huit personnes vivant dans une pièce sans eau ni électricité ? Le *« quart-monde »*, c'est le tiers-monde à notre porte (M. 9.12.75). Le *quart-monde*, selon « Aide à toute détresse », commence là où le manque d'instruction, de culture, de travail reconnu, de revenus sociaux et de salaire, de logement et de santé sont inextricablement entremêlés (M. 17.11.77). Le mouvement « Aide à toute détresse » organise un séminaire d'études sur « l'enfant du *quart-monde* » (M. 22.4.78).

2. ~ 1973. Ensemble des pays les plus pauvres du *Tiers* monde*, qui n'ont, sur leur sol, ni sources d'énergie, ni matières premières.

Le *quart-monde*, comme on dit maintenant pour désigner ceux des pays en voie de développement qui sont restés pauvres parce que démunis de matières premières (M. 24.1.74). Les habitants de ce qu'on appelle dorénavant le *quart-monde* — ceux qui sont à la fois pauvres, non industrialisés et qui n'ont pas eu la chance de naître sur un sol nourri de matières premières (O. 30.9.74). Les pays non producteurs de pétrole et non industriels, ce fameux *quart-monde* qui vient de naître sous nos yeux (P. 27.1.75).

QUARTÉ [karte] sm. 1976. (De *quart*, d'après *tiercé**). ■ Forme de pari mutuel qui consiste à parier sur quatre chevaux engagés dans la même course.

Dans le langage hippique, on dit d'un bon cheval qui avant la course paraît dominer les autres qu'il « tire l'argent de la poche ». À cet égard, le *quarté*, la nouvelle invention du P.M.U. pour tirer l'argent de la poche des parieurs, va-t-il être un bon cheval ? (M. 6.3.76).

QUARTERON [kartərɔ̃] sm. Fig. Rép. 1961, à la suite d'un message du général de Gaulle (cf. Rem. 1), qui avait utilisé le mot en ce sens dès 1941 (discours de Brazzaville, 18.5.41). ■ Petit groupe de personnes appartenant à une même catégorie (professionnelle, sociale, etc.).

Rem. 1. Le mot est parfois péjoratif.

Un pouvoir insurrectionnel s'est établi en Algérie par un « pronunciamiento » militaire (...) Ce pouvoir a une apparence : un *quarteron* de généraux en retraite. Il a une réalité : un groupe d'officiers, partisans, ambitieux et fanatiques. Ce groupe et ce *quarteron* possèdent un savoir-faire expéditif et limité. Mais (...) leur entreprise conduit droit à un désastre national *(de Gaulle, 23.4.61).*

Rem. 2. Cet emploi a été discuté.

Le mot *quarteron* a très vite été employé dans des expressions figurées. Il n'est pas mauvais d'y songer pour comprendre ce que le président de la République a voulu mettre dans le *« quarteron de généraux »*, qui m'a valu un certain nombre de questions. Le ton, que beaucoup de Français ont encore dans l'oreille, était suffisamment expressif. À mon avis, le général de Gaulle exprimait par là sa conviction que les généraux en question pourraient facilement tenir dans sa musette *(Mars : C. 28.5.61).* Le *quarteron* – des généraux en retraite – a fait couler beaucoup d'encre. Rappelons que *quarteron* désigne la quatrième partie d'une livre ou le quart d'un cent : un *quarteron* de noix. Cette expression est donc, disons par euphémisme, un lapsus. On a suggéré que le Chef de l'État aurait pu dire un « quatuor » : mais « quatuor » n'est qu'un terme de musique. Si l'on dit bien un trio en parlant d'individus on ne le fait pas pour quatuor. On connaît triumvirat. Il semble, en tout cas, que dans la pensée du général, *quarteron* ait eu surtout la valeur péjorative de petite quantité, de quantité négligeable *(Georgin, 64).*

♦ L. (un cinéaste), qui s'est fait (par un film) connaître d'un *quarteron d'amateurs* très avertis, a le mérite de s'intéresser aux contemporains de son âge en essayant de les comprendre *(ST 4.6.66).* Image idyllique de deux peuples marchant la main dans la main contre un *quarteron de contre-révolutionnaires* soutenus de l'étranger *(M. 31.8.68).* Ces innombrables unités de valeur (...) qui sont parfois fréquentées par un *quarteron* – au sens gaullien du terme – d'étudiants *(M. 24.4.71).* Le frêle projet de candidature de M. C. n'a représenté qu'un envol du dernier *quarteron des gaullistes* de gauche *(E. 19.5.69).* La télévision fait interroger le Préfet de la région parisienne par un *quarteron d'habitants* de La Courneuve intimidés *(E. 5.4.71).* Il consigna ses troupes, plaça un *quarteron de lieutenants* et capitaines aux arrêts *(Escarpit, 64).* De cette réforme (d'une station de sports d'hiver) entreprise au prix de bien des efforts, il serait dommage qu'un *quarteron* de mauvais *marchands de limonade* fasse une « skienlit » (calembour : de *ski* et *chienlit*) comme en d'autres lieux que nous ne nommerons pas *(A. 1.4.69).* Un *quarteron de sénateurs* lyonnais préparait la campagne d'affiches *(E. 19.5.69).*

Un *quarteron de professeurs* mécontents de leurs statuts font le siège de l'antichambre du Ministre de l'Éducation *(M. 3.2.72).* Les six frères mormons et chanteurs sont décontractés et souriants, qu'ils affrontent un *quarteron d'officiels* ou une foule exaspérée de 3.000 nymphettes *(E. 12.11.73).* Il ne suffirait plus de rentrer dans les bonnes grâces d'un *quarteron d'émirs* pour retrouver notre insouciance quant à l'approvisionnement en pétrole *(E. 12.11.73).* Le chef d'état-major de la marine a (critiqué) « la prétention d'un *quarteron de prêtres* (...) à s'ériger en juges péremptoires de la défense française (...) » *(M. 9.6.74).* À l'heure où j'écris ces lignes, l'ambassadeur de France et son personnel, à la Haye, restent encore prisonniers d'un *quarteron de fous* *(C. 21.9.74).* Cette naissance d'une grande peur, quelques scientifiques l'avaient perçue dès 1972 (...) Le *quarteron de scientifiques* dont nous parlons est justement sceptique (...) Ils décident d'organiser discrètement un colloque qui se tiendra à l'automne 1975 et qui tentera de faire le point sur « les terreurs de l'an 2000 » *(P. 13.10.75).*

QUARTIER DE SÉCURITÉ RENFORCÉE (ou en abrégé Q.S.R.) sm. ~ 1970. ■ Partie d'un établissement pénitentiaire, dans laquelle sont incarcérés les détenus réputés dangereux et où les mesures de sécurité sont particulièrement sévères.

Il y a un élément cocasse dans cette évasion, c'est le coup porté aux *quartiers de sécurité renforcée* (Q.S.R.). Ceux-ci étaient déjà dans une situation légale douteuse. Le Conseil d'État est saisi d'un recours en annulation contre le décret qui a réaménagé le régime pénitentiaire et prévu les Q.S.R. *(M. 10.5.78).* M. jouant sans vergogne au Zorro des détenus, prétendait obtenir la fermeture des *Quartiers de sécurité renforcée*, les fameux Q.s.r. créés pour les criminels dangereux et présentés parfois comme des « fabriques de fauves » *(E. 18.11.78).*

QUARTILE [kwartil] sm. ~ 1950. Statis. ■ Chacune des trois valeurs de la variable qui partagent une distribution statistique en quatre parties dont chacune comprend un effectif égal. Chacune des quatre parties ainsi définies.

Si on trace sur un graphique la courbe d'évolution médiane des enfants de 7 à 11 ans et si on considère d'autre part les limites du *quartile* supérieur – enfants les plus forts – et du *quartile* inférieur – enfants les plus faibles –, on obtient les courbes ci-après (...) *(Lobrot, 72).*

QUARTZ [kwarts] sm. Rép. mil. XXe. Surtout dans le syntagme *montre/pendule*, etc. *à quartz* : montre ou pendule dans lesquelles sont utilisées les propriétés piézo-électriques du quartz.

Cela fait quarante ans que l'on utilise les vibrations du *quartz* en électronique. Les premières *montres à quartz* ont 15 ans. En Europe, on faisait et on fait encore, des *montres à quartz*, avec des rouages et des aiguilles *(E. 17.11.75).* Lancée comme un « gadget », la *montre à quartz* entre maintenant chez le bijoutier-horloger *(M. 14.12.76).*

QUASAR [k(w)azar] sm. ~ 1961. (De l'am. *quas[i] [stell]ar [object]*). Astr. ■ Nom donné à des objets célestes d'apparence quasi stellaire — c'est-à-dire dont l'image photographique est comparable à celle d'une étoile — qui ont une très forte luminosité, une couleur anormalement bleue et sont le plus souvent, semble-t-il, des radiosources lointaines et très puissantes.

> Depuis leur découverte en 1963, les *quasars*, ces radiosources puissantes, identifiées à des objets célestes d'apparence stellaire, n'ont cessé de mobiliser l'attention des astronomes et radioastronomes *(M. 14.2.68)*. L'histoire des *quasars* est un reportage clair et bien ordonné sur les découvertes récentes des astro-physiciens *(M. 31.12.68)*. En 1961 a été découvert le premier *quasar*, ou « quasi-stellar radio-source », source d'énergie et de lumière à grande vitesse qui a la grosseur de tout un système de voie lactée *(Duquesne, 70)*.

QUASI- Premier élément de substantifs et d'adjectifs composés.

Quasi + subst. Ce mode de formation, très productif, fonctionne surtout avec des noms abstraits. Le composé signifie que la notion indiquée par le deuxième élément est presque intégrale, presque totale.

● — **Le substantif désigne une chose abstraite.**

○ L'absence ou la *quasi-absence* d'articles sur les problèmes chimiques dans la grande presse ou même dans les revues spécialisées dans les questions scientifiques *(M. 6.6.68)*. Le premier semestre a été caractérisé par un *quasi-arrêt* de l'expansion ; les signes d'une reprise vigoureuse sont réapparus dès le début de l'été *(M. 7.1.68)*. Il est possible, en étudiant les caractéristiques psychologiques et physiologiques des individus, de prévoir avec une *quasi-certitude* s'ils souffriront ou non de crises cardiaques d'origine coronaire *(F. 20.12.66)*. Un club iranien se réunissait dans une *quasi-clandestinité (E. 15.4.68)*. Autre constante ou *quasi-constante* : toute atteinte aux libertés fait tache d'huile *(E. 12.8.68)*. La *quasi-déification* dont l'automobile a été l'objet *(Gascar, 67)*. Il est d'autres signes alarmants. J'en signalerai quelques-uns : l'appauvrissement de la ponctuation, en particulier la *quasi-disparition* du point et virgule *(E. 6.11.67)*. Cette vague de fusions et de concentrations aboutit à une *quasi-élimination* de la concurrence sur le plan national *(Hetman, 69)*. Elles (des entreprises) travaillent dans un climat de *quasi-entente (Hetman, 69)*. Bientôt, le curé de campagne, figure classique du clergé français, sera une *quasi-exception* dans l'ensemble du clergé *(C. 4.4.69)*. (On) s'interroge sur les conséquences de la *quasi-gratuité* des soins *(M. 31.3.66)*. M. P. insiste sur la *quasi-impossibilité* d'assurer actuellement le réemploi des travailleurs licenciés dans (la) région *(M. 24.6.66)*. Des mesures ont été prises pour revenir sur la *quasi-inamovibilité* des gérants (de sociétés) *(M. 29.7.66)*. La *quasi-indifférence* des gouvernements à l'égard de cette lointaine tête de pont *(M. 27.4.66)*. Développer l'épargne institutionnelle — assurance-vie, retraite — dont la *quasi-inexistence* dans notre pays explique les faiblesses de l'épargne *(M. 14.1.67)*. Comme souvent aux États-Unis, on est passé de la *quasi-léthargie* à la surexcitation *(M. 12.5.66)*. La *quasi-mise en minorité* de la Ve République dans le nouveau Parlement *(M. 14.3.67)*. Ces lignes concurrentes se sont créées, qui ont enlevé aux chemins de fer le *quasi-monopole* des services Trans-Manche qu'ils détenaient *(AF 67)*. Les budgets étant ce qu'ils sont, c'est la seule façon d'éviter le *quasi-néant* qui sera le nôtre si nous restons dans les méthodes traditionnelles *(M. 16.11.69)*. M. P. est sorti d'une *quasi-obscurité* pour devenir le deuxième personnage de l'État *(E. 7.10.68)*. On est rapidement arrivé à une *quasi-pénurie* (d'eau potable) *(M. 27.8.65)*. Pour la première fois, des écrivains, tous communistes, osaient entrer en état de *quasi-rébellion (E. 2.1.67)*. En été, la route, généralement sèche, est beaucoup plus adhérente. On peut donc rouler en *quasi-sécurité* avec des pneus usés entre 50 et 70 % *(A. 5.1.67)*. Chacune de ces décisions dégage un parfum d'anti-américanisme que leur *quasi-simultanéité* ne peut que renforcer *(M. 24.3.66)*. De Gaulle disparu, vous vous retrouverez face à votre véritable ennemi, non plus un homme mais un principe : la prédominance du pouvoir exécutif, son indépendance, sa *quasi-souveraineté (F. Mauriac : FL 19.1.67)*. Après la réussite des mesures connues sous le nom de plan de stabilisation, réussite qui s'est traduite par un retour à une *quasi-stabilité* des prix *(F. 11.1.67)*. La *quasi-stagnation* des ventes d'essence *(VR 8.3.70)*. Les mesures d'austérité prises à Londres seront-elles suffisantes ? (Le Premier ministre) avait fait à la défense de la livre le sacrifice de 600 000 chômeurs et de la *quasi-stagnation* économique *(E. 27.11.67)*. C'est tout de même un singulier avatar du langage que d'être arrivé à créer dans le vocabulaire courant une *quasi-synonymie* entre les termes « Europe » et « Marché commun » *(M. 25.1.67)*. La *quasi-totalité* des dépenses d'enseignement sont assurées par les collectivités locales *(Moulin, 68)*. La *quasi-totalité* des États membres des Nations Unies *(M. 10.7.65)*. Le professeur S. a évoqué le cas d'un malade qui venait le consulter régulièrement pour une très grave maladie le privant de la *quasi-totalité de la vision*, et qui repartait de l'hôpital... au volant de sa puissante voiture *(FL 29.9.66)*. Quarante et un députés, disparates et rétifs à l'homogénéité, ont voté la censure, à la *quasi-unanimité (E. 29.5.67)*. Sa fonction « politique » (du Préfet), dont l'importance découle de la *quasi-universalité* de ses attributions *(Moulin, 68)*.

∞ Qui l'a prévenu du danger, avec cette rapidité magnifique, cette *quasi-instantanéité* ? *(Nord, 70)*. La *quasi-disparition* de l'alcoolisme *(N 1.71)*. Les dettes, de *quasi-péché*, sont devenues vertu : l'argent rendu, valant moins que l'argent emprunté, le développement et la modernisation ont été rendus possibles *(El. 15.2.71)*. La vidéo-cassette, la transmission par câbles risquent d'ébranler le *quasi-monopole* des trois grandes chaînes *(PM 27.2.71)*. L'entrée des États-Unis dans le conflit, en décembre 1941, marque un *quasi-fraîchissement* des rapports entre Vichy et Washington *(Agulhon, 72)*. L'écart entre le langage oral et le langage écrit (...) contribue à défavoriser les enfants pour qui la langue écrite est une *quasi-langue étrangère (Baudelot, 71)*. La parole est souvent limitée à des *quasi-automatismes* et est compatible avec beaucoup d'inertie intellectuelle *(Oléron, 72)*. Pour maîtriser l'inflation, on compte sur les effets de la *quasi-réévaluation* du franc *(Exp. 1.72)*. On nous rebat les oreilles sur les dangers — trop réels — de la drogue. Pourquoi ce *quasi-silence* sur la nicotine ? *(C. 12.1.72)*. On affirmait que les États occidentaux avaient découvert le secret de l'expansion ininterrompue et du *quasi-plein emploi (Bosquet, 73)*. Une compa-

QUASI-

gnie de transport aérien disposait du *quasi-monopole* des lignes américaines sur l'étranger (*Inf.* 15.1.73). Au *quasi-présidentialisme* de la période que nous venons de vivre pourrait succéder une phase de *quasi-parlementarisme* (*O.* 22.1.73). Les négociations sont dans une « *quasi-impasse* » (*F.* 17.5.74). Pour faire face à une *quasi-stagnation* des ventes de carburant, il faut fermer des points de vente (*E.* 7.8.78).

● — **Le substantif désigne une chose concrète.**

Quand les *quasi-gratte-ciel*, dont on dit qu'il en pousse un par jour, dégorgent pêle-mêle jeunes filles, saute-ruisseau, employés, membres des états-majors et P.D.G. (*M.* 9.11.69). En exposant leurs travaux sur les « *quasi-particules* excitantes », les physiciens G. et Z., de Leningrad, viennent de voir leurs travaux couronnés par un prix Lénine (*M.* 27.6.66).
Les essais de frein ont donné des performances qui n'ont jamais atteint un tel niveau en palier ou *quasi-palier* (*VR* 9.7.72).

● — **Le substantif désigne une personne.**

C'est précisément le plus inquiétant de ces déroutantes élections. Des *quasi-inconnus* ont réussi à faire la première percée nationaliste spectaculaire depuis la fin de la guerre (*FL* 1.12.66).
Les « délégations » seront dirigées par des « ministres plénipotentiaires » (...) Ces « *quasi-diplomates* » auront du pain sur la planche (*C.* 14.12.71).

Quasi- + adj. Placé devant un adjectif, *quasi* a la fonction de l'adverbe *presque*, et les formations de ce type sont en nombre illimité. Seuls quelques exemples sont énumérés ci-après.

Une ignorance *quasi-totale* des méthodes scientifiques modernes de contraception (*F.* 19.11.66). Annie F. avait attaqué avec une vigueur *quasi-féroce* : au niveau de la ligne d'arrivée elle avait donné une ultime impulsion à ses skis (*F.* 27.1.67). Les British Railways et la S.N.C.F. ont procédé depuis dix ans à la reconversion *quasi-totale* de leurs flottes (*AF.* 1967). M.N. parcourait l'Europe en avion à un rythme *quasi-supersonique* (*C.* 9.3.69). Le flegme *quasi-britannique* de la population d'Amiens (*M.* 28.3.71). Ces appartements sont demeurés dans leur état *quasi-premier* (*M.* 12.2.72). À mesure que les sociétés évoluent, l'individu émerge progressivement d'une relation *quasi-fusionnelle* avec son groupe (Laplantine, 73). Par goût naturel du voyage — tendances *quasi-nomades* — ou par besoin de fuir un environnement quotidien déprimant, les vacances tendent à se passer ailleurs (Laurent, 73).

QUATERNAIRE adj. et sm. ~ 1970. Spéc. (surtout dans le syntagme *secteur quaternaire*). Se dit parfois du groupe social qui comprend les personnes ayant une fonction de commandement, de décision, d'organisation ou de recherche.

Il y a un secteur *quaternaire* de la vie sociale qu'il est nécessaire de renforcer, en moyens financiers et en ressources humaines de qualité (*R.G.C.F.* 2.71). Il se dessine un secteur « *quaternaire* » dans la classification des catégories professionnelles : ce « *quaternaire* » des patrons, des cadres, du personnel scientifique, technique et de bureaux au niveau le plus élevé (Young, 72).

QUÉBÉCITUDE sf. ~ 1970. ■ Ensemble des traits caractéristiques propres aux Québécois, à ce qui est québécois. Sentiment d'appartenance au Québec.

On parle souvent, au Québec, dans les milieux intellectuels, de *québécitude* et d'américanité (*E.* 21.5.73).
→ ITUDE.

QUESTION (-) Premier élément de quelques subst. comp. dont le second élément désigne le but ou le contenu de la question.

Le lendemain du premier passage (de l'émission ...) à l'antenne, plus de 7.000 lettres d'auditeurs répondent à la *question-concours* (*E.* 31.3.69). On peut éliminer les faux témoins du premier coup par une série de *questions pièges* (*PM* 21.3.70). La finalité du référendum est-elle de confirmer le mandat du Président, à l'aide d'une *question prétexte*, au milieu de son septennat ? (*E.* 27.3.72). L'équipe de recherche des laboratoires K. a mis au point un examen-beauté en 40 *questions-tests* que vous demanderez à votre pharmacien (Massian, 72). La controverse se maintenait dans des zones neutres lorsque fusa la *question-piège* (*M.* 21.5.74).

QUÊTE sf. Emploi ancien (XIIe s.) qui avait vieilli ; repris au milieu du XXe s. pour : recherche (souvent intellectuelle, philosophique, etc.).

Chaque chercheur avait poursuivi sa *quête* dans une direction particulière (Escarpit, 64). Un titre qui dit l'essentiel : la *Quête* spirituelle d'Albert Béguin. Car telle est bien la dimension propre de ce critique, dont le projet est toujours une descente dans le monde intérieur, une atteinte du secret, une « *quête* » au sens mystique du mot (*M.* 21.7.65). La narratrice mutile (dans un roman) le garçon inconnu à qui elle vient de se donner. Presque gratuit, ce geste est l'aboutissement d'une *quête* désespérée (*M.* 2.10.65). Le professeur P. a décrit cette sorte de *quête* à laquelle tout médecin est tenté de se livrer en présence d'un fatigué (*FL* 22.9.66). Louis M. (un cinéaste) a poursuivi sa *quête* d'une actualité à plusieurs dimensions (*E.* 8.6.70).

QUILLEUR sm. Mil. XXe. ■ Joueur de quilles, notamment dans un *bowling**.

L'Union soviétique est un des derniers pays socialistes à venir au bowling. Mais elle n'a pas encore envisagé son inscription à la Fédération internationale des *quilleurs* (*M.* 13.10.74).

QUINQUENNAT [kɛ̃kɛna] ou [kɛ̃kena] sm. Mil. XXᵉ. (De *quinquennal*).
1. Durée d'un plan qui porte sur cinq ans (plan *quinquennal*).
   Les grandes régies nationales, E.D.F., S.N.C.F., R.A.T.P., etc., ne (peuvent) pas compter avec certitude, en abordant le *quinquennat*, sur le financement des équipements neufs théoriquement programmés (...) l'hypothèse d'une certaine progression des commandes navales pour l'ensemble du *quinquennat* 1966-1970 *(M. 27.2.66)*.
2. (Peut-être d'après *septennat*). Durée d'un mandat politique de cinq ans.
   Avec le « *quinquennat* », estime le chef de l'État, un troisième mandat peut être plus « crédible » *(O. 24.9.73)*.

QUOTIDIENNETÉ sf. Repris au milieu du XXᵉ s. ■ Caractère de ce qui est quotidien.
   La cohésion et la cohérence doivent s'établir à partir de la *quotidienneté* (...) L'anti-système de L., son programme, c'est l'investissement massif de la technique dans la *quotidienneté* *(M. 1.10.67)*. Le poster ne place pas l'art dans un espace et un temps privilégiés, mais dans la *quotidienneté (VL 11.69)*. Une fête qui arrache ses participants à la *quotidienneté*, leur donne le sentiment d'une liberté absolue *(Duquesne, 70)*.

QUOTIENT INTELLECTUEL sm. Rép. mil. XXᵉ. (Abrév. courante *Q.I.**). Psychol.
Rem. Le *quotient intellectuel*, rapport de l'âge mental à l'âge réel, est une meilleure échelle de mesure que l'âge mental brut, défini par Binet (...) Le *quotient intellectuel* se calcule à partir d'une batterie de tests dont les résultats normaux sont connus pour tous les âges auxquels elle s'applique. Pour la plupart des enfants, le *quotient intellectuel* se situe entre 80 et 120 ; en dessous de 80, il y a risque de débilité mentale ; au-dessus de 120, on considère l'enfant comme très doué *(Dt. psychol. mod.)*.
♦ Son *quotient intellectuel* est de 200, soit 50 points au-dessus de la cote « génie » *(PM 21.4.73)*. Au fil des discussions le surdoué — on l'est en principe au-dessus d'un quotient intellectuel de 130 — devenait un cas, un « oiseau rare » à qui l'école avait coupé les ailes *(M. 3.5.78)*.

RACISME sm. Par ext. ~ 1960. ■ Hostilité de principe et parfois violente envers un groupe professionnel ou social, une catégorie quelconque de la population.

Les jeunes sont accusés de tous les vices, de toutes les subversions et perversions morales (...) à côté du nouveau *racisme* anti-jeunes, voici maintenant le *racisme* professionnel ; c'est que les journalistes exercent une profession insupportable à la police : ils voient et ils parlent *(École, 72).* Toute la jeunesse (...) réagit plus que jamais selon les critères instinctifs d'une solidarité de race. C'est dans l'ordre, si l'on ose dire, puisque le *racisme* antijeunes existe réellement *(Bordier, 73).*
Le public jeune et enthousiaste de la course motocycliste est loin d'avoir atteint sa majorité ! Faut-il (...) le placer sous une surveillance musclée ? On ne manquera pas, alors de parler de répression policière et de *racisme* antijeunes ... *(C. 19.9.78).*

● **Spéc.** Hostilité envers une doctrine, une école de pensée, une théorie scientifique, une institution, un système politique, économique, etc.

Les nouvelles mythologies des Temps modernes dont l'une se nomme « le *racisme* scientifique » *(O. 3.12.73).* En lisant le rapport « Orientations pour les transports terrestres » on sent quelques relents d'un *racisme* intellectuel vis-à-vis des sociétés nationalisées *(Ch.f. n° 5, 78).*

RACKETTER [rakɛte] v. tr. ~ 1968. (D'après l'am. « *racket* »). ■ Commettre un *racket* (extorsion de fonds sous la menace). Soumettre (qqn) à une agression ou un chantage quelconques.

Le milieu va cotiser au F.L.N. ! Le célèbre Mustapha H. sera désigné comme responsable des collectes auprès des proxénètes. Les maquereaux *rackettés* ! *(Courrière, 69).* Ceux qui sont mis à l'écart, ils sont *rackettés* par les gourbis (petits groupes de détenus) qui, pour des fautes imaginaires, les mettent à l'amende et leur prennent tout ce qu'ils ont *(N. 1.70).*
Il y a des sévices qui sont commis, des adolescents qui *rackettent* les plus faibles *(E. 16.9.73).* Il a *racketté* le fantaisiste F. Reynaud en 1962 au nom de l'O.A.S. et extorqué 150.000 francs au comédien L. de Funès en 1968 *(FS 12.2.74).* Un chirurgien s'est plaint d'être *racketté* par des médecins sans scrupules *(Beunat, 74).* À ce groupe de voyageurs *rackettés* dans le métro (...) un commissaire de police répond : « payez, ils sont dangereux » *(P. 27.1.75).* Au Quartier latin, de petits truands (...) *rackettent* les revendeurs (de drogue) *(E. 10.2.75).*

RACKETTEUR ou **RACKET(T)ER** [rakɛtœr] sm. Mil. XXᵉ. (D'après l'am. « *racketteer* ») ■ Malfaiteur qui extorque des biens, des fonds, sous la menace. — Par ext. : trafiquant quelconque.

Nous avions réussi à supprimer à peu près complètement les petits « hold-up », qui ressemblaient à de vulgaires larcins (...) il fallait être sans pitié pour les petits *racketteurs* *(Jouhaud, 69).*
Il transporte dans sa camionnette, sous les caisses de fruits, les cartouches de cigarettes américaines recueillies le long de la côte ; il en fait toujours un compte exact au *racketer* qui peut ainsi vérifier les déclarations des contrebandiers *(Vailland, 57).*
Une putain, un maquereau et un voleur sans aucune culture. Vingt-six ans plus tard, la femme est devenue une vedette de renom et les hommes, de solides *racketters* *(Herp, 73).*

RACLETTE sf. D'abord en Suisse romande. Répandu ailleurs au milieu du XXᵉ siècle.

La *raclette* est un plat très simple : on présente devant un feu de bois — ou hélas ! parfois un gril électrique — une demie-roue de fromage de Bagnes ou de Conches. Quand la pâte commence à fondre, on la « racle » avec un grand couteau et, toute brûlante, on la dépose dans votre assiette. C'est délicieux. Il y a une chose qu'il ne faut absolument pas rater :

une « *raclette*-party » avec des amis dans une vieille auberge ou un chalet de montagne *(F. 7.1.67)*.

RAD sm. 1958. (R.S.). De *radiation*. Phys. ■ Unité qui sert à mesurer la dose d'irradiation, de rayonnement que reçoit un corps.

Les doses d'irradiation sont définies en « *rads* » ; un *rad* est la dose d'énergie absorbée par un gramme de matière et équivaut à plus de dix mille milliards d'électrons-volts. L'électron-volt est une unité utilisée pour mesurer l'énergie des radiations *(M. 19.7.69)*.

RADAR sm. Fig. ■ Capacité d'intuition.

Une plus grande liberté, liée à une plus grande incertitude, gouverne la conduite de chacun. L'angoisse devient pour beaucoup un sentiment permanent. C'est le prix de la liberté accrue. Chacun est muni d'une sorte de *radar* tourné vers la société *(M. 19.12.66)*. Ce *radar* infaillible qui conduit les femmes dans la salle de bains, quelle que soit l'heure que l'on choisisse pour y être tranquille *(Daninos, 70)*.

(-)RADAR Apposition ou deuxième élément de substantifs composés. Astron., aviat., milit., techn. ■ Qui se compose de radars, fonctionne au moyen du radar, etc.

En raison du mauvais temps, l'appareil était guidé par un système au sol d'*approche radar* *(F. 26.12.66)*. Un réseau de *contrôle-radar* et un système de guidage de fusées d'interception *(M. 22.3.66)*. La *couverture radar* est faible dans l'Ouest, plus forte, d'une portée supérieure à 300 kilomètres, dans l'Est de la France *(M. 21.8.65)*. L'avion a disparu des *écrans radar* moins d'une heure après avoir quitté la base aérienne *(F. 12.11.66)*. Une sonde déposée en douceur sur la lune peut contenir un sismographe, des *réflecteurs-radars*, etc. *(M. 5.2.66)*. L'engin (spatial) doit être muni d'un *sondeur radar* qui détermine l'altitude *(M. 5.2.66)*. Chaque *station-radar* a à sa disposition, sur les aérodromes militaires, un ou deux chasseurs capables de prendre l'air dans un délai de deux à quinze minutes *(E. 26.7.65)*. Un avion de *surveillance-radar* a dû se poser sur l'Atlantique au large de B. *(M. 13.7.65)*. Mais quelque perçants que soient les yeux du réseau de pousuite de la N.A.S.A., il demeure que la Terre est loin (de la Lune) et, pour préciser les évaluations que l'on y effectue, on fait appel au *système-radar* du bord (du vaisseau spatial) *(M. 20.7.69)*. Au Salon international du Bourget, 53 modèles étaient présentés, dont beaucoup avec un équipement remarquable comportant en particulier *émetteur-radar*, pilote automatique, radio-altimètre *(Cazaux, 71)*. Campés devant leurs « *scopes-radars* », des cadrans ronds qui indiquent la position des avions, les aiguilleurs du ciel (...) *(E. 31.7.78)*.

RADARISTE sm. Techn. ■ Spécialiste chargé de l'entretien et du fonctionnement des radars.

Le *radariste* a-t-il mal interprété la lecture de ses écrans électroniques ? *(M. 1.2.57)*. Au-dessous de la salle de vigie, dans la (tour de contrôle) deux *radaristes* règnent *(FP 2.71)*.

RADIALE adj. et sf. ~ 1965. Se dit d'une autoroute ou d'une route à grande circulation qui joint un centre à une voie périphérique, une métropole à une ville de province, etc. (par opp. à *rocade**).

● Adjectif.

Le schéma directeur prévoit un système complet d'autoroutes *radiales* prenant naissance sur le boulevard périphérique et reliées à la rocade de banlieue. Les autoroutes *radiales* sont les suivantes : — l'autoroute du Nord de Paris à Tourcoing (...) *(Cl. 5.69)*.
Les projets d'autoroutes urbaines menacent la ville et menacent d'éventrer de nouveaux quartiers. On donne la priorité aux « voies *radiales* » sur les rocades qui ont pourtant l'intérêt de mieux répartir le trafic *(M. 5.10.74)*.

● Subst. fém.

La « *radiale* » Vercingétorix, autoroute urbaine (...) reliera le quartier de la gare Montparnasse à la porte de Vanves *(M. 17.2.72)*. Autoroutes, *radiales*, rocades, périphériques, des milliards ont été engloutis pour débloquer les points chauds. En vain *(P. 17.5.76)*.
→ PÉNÉTRANTE.

RADICALISATION sf. ■ Action de (se) *radicaliser** ; son résultat.

Le président N. pourrait freiner la *radicalisation* de son régime, se séparer de certains éléments d'extrême-gauche jugés indésirables par l'opposition *(M. 9.7.65)*. La lutte contre la structure autoritaire de l'Université est et doit être une lutte radicale : elle peut provoquer une *radicalisation* du climat social général *(O. 27.3.68)*.
On pourrait donner, en ce moment de violence et de *radicalisation*, l'exemple de l'utilisation efficace de la violence des pacifiques *(C. 6.2.70)*. Au début de 1920 (...) les socialistes se réclamaient à nouveau de la lutte des classes (...) C'est sur la base de cette *radicalisation*, de cette poussée à gauche, que le parti socialiste recrute *(Agulhon, 71)*. La tentative d'une *radicalisation* révolutionnaire (...) ne pouvait aboutir *(Minces, 72)*. La « *radicalisation* » du Mouvement français pour le planning familial, qui a décidé de créer des centres d'orthogénie où seraient notamment pratiqués des avortements, provoque dans cet organisme une crise assez grave *(M. 29.6.73)*. Depuis trois ans s'est produit un glissement à gauche du parti travailliste : cette *radicalisation* qui a enchanté les militants, ne semble pas avoir eu les mêmes effets sur les électeurs *(P. 11.3.74)*.

RADICALISER v. tr. et réfl. Rép. mil. XXᵉ. Did.

● Verbe tr. Rendre implacable, plus intransigeant. Durcir (une lutte, des revendications, etc.).

Théorie qui permet de maintenir une évolution en *radicalisant* la revendication *(O. 26.6.68)*. L'élévation régulière du niveau de vie, le désir de consommer davantage et de vivre mieux tout de suite accélèrent le mécontentement, et *radicalisent* les revendications *(E. 3.11.69)*. Les gauchistes vont tenter de *radicaliser* les luttes populaires *(P. 21.5.74)*. Chacune des

grandes centrales syndicales envisage l'action dans le style qui *radicalise* le plus sa personnalité *(M. 22.3.78).*
- **Verbe réfl. (Sujet nom de personne, de collectivité ou de chose abstr.). Devenir implacable, intransigeant.**
  En exil, M.W. ne cessa de *se « radicaliser ».* Installé à la Havane, il diffusa des émissions en direction des États du Sud pour exhorter les Noirs à la révolte *(M. 13.9.69).* En Espagne, le mouvement étudiant *s'est* considérablement *radicalisé (E. 18.3.68).*
  Les antagonismes sociaux *se sont radicalisés* depuis mai 68 *(C. 13.5.73).*

1. RADIO (-) Premier élément de subst. et d'adj. comp. appartenant à divers vocab. scientifiques ou techn. (Astr., méd., biol., etc.).
Rem. **Quelques comp. sont traités plus loin, en articles séparés, à leur place alphab. D'autres sont répartis dans les rubriques ci-après. L'emploi du trait d'union est hésitant.**
- **Subst. (noms de choses abstr. ou, plus rarement concrètes).**
  Les spécialistes feront le point sur les problèmes de *radio-écologie* marine, à savoir l'étude des organismes vivant dans un milieu naturel comportant un rayonnement *(C. 21.4.64).* On a remarqué que ces *radiosources* se trouvaient au voisinage d'étoiles très chaudes, au rayonnement intense *(E. 16.10.67).*
  Une simple installation de *radio-diagnostic* coûte de 300.000 à 400.000 francs. Elle se démode en cinq ans *(E. 7.10.68).* Un *radio-altimètre* de haute précision *(F 23.9.70).* Certains organismes possèdent des *radionuclides (Young, 72).* Cet ordre de grandeur n'avait été jusqu'alors obtenu que par les méthodes de *radiofréquence (Rousset, 73).* Des appareils de *radio-immunologie* très élaborés *(P. 28.5.73).* Un technicien en *radioprotection* est chargé de détecter tout objet contaminé ou émettant des radiations *(TR 23.2.74).* On expérimente un appareil de *radiométrie* permettant de détecter la chaleur dégagée par le corps humain à 7 ou 8 mètres de profondeur *(E. 10.2.75).* En astronomie, des *radio-télescopes* travaillant en ondes (...) millimétriques, ont permis de découvrir de nouvelles *radiosources (C. 10.9.78).*
- **Subst. (noms de personnes).**
  Depuis leur découverte en 1963, les quasars (...) n'ont cessé de mobiliser l'attention des astronomes et *radioastronomes (M. 14.2.68).* Électronicienne, *radio-électronicienne (Pub. El. 18.1.71).* En calmant la douleur, les massages soulagent parfois un malade sans empêcher la maladie d'évoluer. Il est dangereux alors de retarder l'intervention du chirurgien, du *radiothérapeute* ou du chimiothérapeute *(Beunat, 74).*
- **Adjectifs.**
  Ce renseignement provient de l'observatoire *radio-astronomique* de J. en Angleterre *(F. 29.8.66).* La magnifique aurore boréale atteignait une intensité suffisante et rendait l'ionosphère imperméable aux ondes *radio électriques* venant du soleil *(F. 23.11.66).* Un petit générateur *radio-isotopique* fournira (aux cosmonautes) un peu de chaleur pendant le froid lunaire *(M. 22.7.69).*
  La première station *radioastronomique* d'amateur a réussi à détecter le cri des baleines en mer *(C. 19.12.70).*
  Une technique d'examen *radio-immunologique* qui donnerait des résultats extrêmement précis *(E. 12.11.73).* Les produits *radio-opaques* augmentent les contrastes *(SV 1.74).*

2. RADIO (-) Spéc. Premier élément de subst. et d'adj. comp. appartenant pour la plupart au vocab. des télécommunications, et dont plusieurs sont passés dans le langage courant. Parmi ces derniers, *radio-taxi* et *radio-télévisé* sont traités plus loin en articles séparés. D'autres composés sont répartis dans les trois rubriques ci-après.
- **Substantifs (noms de choses) : muni de la radio ; qui fonctionne au moyen de la radio, etc.**
  Pour transporter un meuble ou un gros bagage, une formule de *radio-camionnettes* fonctionne à Paris et en banlieue. Les véhicules, reliés par radio à des centraux téléphoniques, se rendent à domicile dans la demi-heure qui suit l'appel *(M. 26.8.65).* L'Unesco met actuellement en place, dans plusieurs pays d'Afrique, une intéressante expérience de *radio-clubs* : il s'agit d'émissions publiques, suivies de discussions, qui sont organisées dans les villages devant un auditoire généralement mixte et sur des sujets d'intérêt local *(M. 8.9.66).* La faculté des lettres et sciences humaines de Paris met à la disposition de certains étudiants une organisation de *radio-correspondance.* Six émissions hebdomadaires de radio (seront) diffusées trois jours par semaine (...) Les étudiants y suivront les cours, recevront des directives de travail et des commentaires de travaux écrits *(F. 3.11.66).* Les déviations, le *radio-guidage* (les conseils aux automobilistes), etc., se sont révélés efficaces : sur les autoroutes et les grandes nationales qui convergent vers Paris, la circulation a été à peu près normale *(C. 19.5.64).* Un *radio-téléphone,* encore expérimental, permet de transmettre simultanément sur la même longueur d'onde plusieurs centaines de communications audibles pour les seuls destinataires *(E. 15.11.65).* Les médecins peuvent utiliser leur liaison de *radio-téléphonie* pour demander des renseignements techniques, l'avis d'un confrère ou l'envoi d'une ambulance *(M. 10.2.67).* Depuis quelques années, la *radio-téléphonie* a été installée sur les autobus ; 180 véhicules sont équipés de ce système de contact permanent avec le dispatching *(VR 7.9.69).* Les étudiants affirment que leur (action) se poursuivra tant que le gouvernement ne renoncera pas à contrôler la *radio-télévision* nationale *(M. 10.4.69). Radio-vacances* : du 4 juillet au 29 août, l'O.R.T.F. fait fonctionner cinq stations autonomes à l'intention des auditeurs en vacances *(M. 18.7.65).*
  Un nouveau programme de « *radio-service* » destiné au public de la région parisienne *(M. 23.9.70).* Le *radio-service* culturel s'est largement développé. Jacques F. se félicite d'avoir instauré sur France-Culture une radio de dialogue et de contacts avec l'auditeur *(M. 21.4.74).*
- **Substantifs (noms de personnes).**
  Parmi (les présents) le moins remarqué ne fut pas le *radio-reporter* et chef des services sportifs de la (radio-télévision belge) *(VR 7.9.69).* Lecteurs de journaux et *radiotélespecta-*

teurs comprendront que la solution pour l'avenir est de faire participer largement au fonctionnement du service public de l'information les journalistes eux-mêmes *(Schwœbel, 68).*

● **Adjectifs.**
Une voix enrouée mais *radiogénique,* c'est le jugement que porta d'emblée sur Michel G., le directeur artistique d'une grande maison de disques *(ST 28.12.68).* « Hold-up » éclair et *radio-guidé* à T. *(F. 24.1.67).* Michel Z. à la voix *radio-phonique* et au naturel parfait se révèle aussi bon acteur que grand pilote *(F. 15.12.66).* L'orchestre *radio-symphonique* de Strasbourg interprétera : Schumann, Chopin, Stravinsky *(F. 3.12.66).*
Modernisation de l'équipement des centres en véhicules, installations fixes, liaisons *radio-téléphoniques (M. 11.10.70).*

(-)RADIO Apposition ou deuxième élément de substantifs composés (vocabulaire technique des télécommunications) ■ Muni de la radio ; qui fonctionne au moyen de la radio ; par radio.
Les causes d'un accident peuvent être multiples : elles sont parfois dues à l'absence d'*aides-radio* près des aéroports *(O. 17.4.68).* L'*altimètre-radio* pour la basse altitude a cessé de fonctionner quelques secondes avant l'atterrissage *(M. 11.4.69).* Les plaisanciers sont concernés par les informations météo spéciales et par la réception des *balises radio* *(A. 17.7.69).* Un compartiment de pilotage contient tout l'appareillage de commande du vaisseau spatial ainsi que l'*équipement radio (M. 21.11.68).* Liaison radio interrompue avec la cordée (des alpinistes en difficulté) *(F. 4.2.67).* Les équipages des vaisseaux Soyouz-6 et Soyouz-7 ont établi entre eux une *liaison radio (M. 14.10.69).* Le communiqué du commandement militaire a été diffusé lundi sur les ondes du *réseau radio* des forces armées *(M. 31.12.68).* Le *train-radio*? C'est formidable ! La musique ? C'est une bonne idée ! *(VR 15.6.69).* Tout le monde s'attendait au départ d'un nouveau Zond, aux alentours du 10, moment particulièrement favorable, en U.R.S.S., pour les *transmissions radio* en direction de la Lune *(E. 23.12.68).* Voitures-radio pour les médecins de campagne : le secrétariat reçoit par téléphone les appels des malades et, grâce à un poste émetteur-récepteur, il entre en liaison avec le poste placé dans les voitures des médecins qui se trouvent en tournée *(M. 10.2.67).*
On a mis au point un *émetteur radio* pas plus gros qu'un cachet d'aspirine. Les *informations radio* qu'il transmet sont amplifiées par un autre appareil pas plus gros qu'un paquet de cigarettes *(M. 2.6.76).*

RADIOASTRONOMIE sf. Mil. XXe. Astr. ■ Branche de l'astronomie qui étudie le rayonnement magnétique des corps célestes et dont les observations portent sur des longueurs d'ondes décimétriques, centimétriques ou millimétriques.
L'étude radioastronomique des planètes est séparée du reste de l'ouvrage, comme si les vieilles distinctions entre astronomie et *radioastronomie* existaient encore *(M. 14.2.68).*

RADIO-TAXI sm. ■ Taxi relié par radio à une centrale qui transmet au chauffeur les appels des clients et les lieux où ceux-ci désirent être pris en charge.
Comme un *radio-taxi,* le bus-taxi vient chercher sur un appel téléphonique, ses clients à domicile *(E. 8.7.68).* Les *radio-taxis,* en contrepartie d'une garantie de recettes offertes par les pouvoirs publics, abaisseraient leurs tarifs *(M. 24.10.74).*

RADIOTÉLÉVISÉ, E ou RADIO-TÉLÉVISÉ, E adj. ■ Qui est à la fois radiodiffusé et télévisé.
Le chef de l'État reviendra à Paris pour prononcer son allocution *radio-télévisée* de fin d'année *(F. 21.12.66).* (…) que, le dernier jour de la campagne électorale *radio-télévisée,* tous les partis autorisés puissent se faire entendre *(F 6.1.67).* La publicité de marques sera introduite à la télévision par l'entremise d'un conseil national de la publicité *radio-télévisée* *(E. 15.7.68).*

RADÔME [radom] sm. Mot anglais, de *ra(dar)* et *dome.*
À la station de télécommunications spatiales de Pleumeur-Bodou, l'antenne est protégée des vents et des variations de température par une sphère en caoutchouc synthétique, le *radôme.* (II) n'est soutenu par aucune armature, et l'enveloppe reste constamment tendue grâce à une soufflerie qui le gonfle de l'intérieur *(Dt. tél.).* Trois objets insolites émergent au-dessus de la lande bretonne : la bulle toute blanche du *radôme* de Pleumeur-Bodou, (…) *(M. 14.5.66).*

1. RAIL sm. Spéc. (En dehors du vocab. des ch. de fer).
1. Techn. ~ 1970. Dans le tour : *rail de sécurité* (ou, par ellipse, *rail*). Syn. de *glissière*° *de sécurité* (sur les bords d'une route, des chaussées d'une autoroute, etc.).
Le cahier des charges n'oblige pas les sociétés concessionnaires d'autoroutes (en France) à équiper les terre-pleins centraux de plus de 5 m. de large de *rails de sécurité* (…) La pose de *rails* revient à 120.000 fr. le kilomètre pour une glissière double sur support unique *(AAT 2.78).*
2. Navig. mar. ~ 1975. Fig. Itinéraire que doivent suivre les navires, afin d'éviter les abordages (collisions) ou les échouements dans certaines zones maritimes dangereuses ou très fréquentées. Syn. de *couloir* [*de navigation*] (cf. aussi *couloir aérien*).
En vertu des décisions prises par l'Organisation maritime consultative internationale, les navires passant au large du Finistère et du Cotentin doivent obligatoirement, à partir du 1er janvier 1979, emprunter de nouveaux couloirs de navigation (…) Au large d'Ouessant, les navires devront désormais défiler sur quatre « *rails* » nettement séparés par des zones

1. RAIL

interdites. Dans le premier couloir passeront les navires (...) Dans le 4ᵉ couloir navigueront les pétroliers en charge (...) Le passage dans ces « *rails* » n'est obligatoire que sur quelques milles (...) *(M. 3.1.79)*.

2. RAIL sm. Fig. Par métaph. Rép. mil. XXᵉ.

Rem. Les emplois métaphoriques de *rail* sont fréquents et variés en français contemporain. Il n'est possible d'en donner ci-après qu'un bref aperçu. Pour plus de détails on pourra se reporter à notre étude : *Vocabulaire des moyens de transport* (emplois « figurés »), in F. Mon. n°. 112, 4.75 ; 114, 7.75 ; 115, 8./9.75.

1. *Rail* indique un mouvement linéaire, réel ou imaginaire, dont est animé un être vivant ou une chose.

   Il semblait à M. qu'un rapide (= des avions qui attaquent en piqué) accourait à lui le long de *rails* invisibles *(Merle, 49)*. Les épaules de Fanny ne bougent absolument pas lorsqu'elle se déplace. Tout le haut du corps demeure immobile comme si elle glissait sur un *rail* *(Gautier, 60)*.

2. *Rail* indique une dualité (deux personnes, deux choses concrètes ou abstraites) et/ou un « parallélisme » (fig.), dont l'aspect dominant est l'absence de convergence, de rencontre entre deux éléments (personnes, collectivités, choses concrètes, abstractions).

   En anglais, la pensée ne court pas sur les mêmes *rails* qu'en français *(D. Aury, in Mounin, 63)*. Les deux héros du film « La Vie conjugale », chacun sur leur *rail*, débitent leur monologue *(M. 2.2.64)*. Il continuait à échanger des propos avec Chantal (...), tandis que sa pensée courait sur un *rail* parallèle (...) (La) pensée de Denise marchait sur deux *rails* parallèles. Sur l'un : — « Je devrais me mettre à la culture physique (...) ». Sur l'autre *rail* : — « Le seul recours, c'est peut-être de garder la possibilité d'aimer. » (...) Chacun avait à marcher sur ses propres *rails*. Ceux de Denise, c'étaient son mari, ses enfants (...) Les siens à lui, c'étaient ses livres, sa liberté *(Saint-Lô, 64)*. M.W. Brandt avait préparé un discours plus détaillé et plus lyrique que celui du Président Pompidou. Constatant qu'il n'était pas sur les mêmes *rails*, le chancelier a décidé (...) *(M. 3.12.69)*.

3. *Rail* suggère une impression de facilité et/ou de sécurité qui accompagne un déplacement réel de personnes ou de choses (véhicules, etc.).

   Tout semblait aller très bien (dans l'avion), nous allions dans le ciel comme sur des *rails* *(Daninos, 56)*. (...) la porte par où se faufile la vieille infirmière qui semble, montée sur roulettes, suivre un *rail (Gautier, 65)*. En roulant à 150, comme sur des *rails*, je double (...) d'un petit coup d'accélérateur *(Pub., M. 18.3.67)*.

4. *Rail* marque la continuité, d'un état, d'une pensée, la persistance d'un phénomène.

   Pendant quelque temps, et en apparence, ma vie continua comme si rien n'était changé. J'étais sur des *rails* et je roulais *(Camus, 56)*. Je prie Dieu. Je ne sais pas très bien lequel (...) J'avance sur cette voie en priant que le *rail* continue encore et toujours *(Gautier, 60)*. (...) l'impossibilité de changer quand la vie est désormais aux ordres (...) inexorables de l'habitude (...) Peu à peu la vie l'a placé (le protagoniste du roman) sur des *rails* où (...) les professeurs recommencent les mêmes matins et les mêmes soirs *(Pa. 10.74)*.

5. *Rail* marque une acceptation passive d'un genre de vie imposé par autrui, par les circonstances, ou évoque le sentiment de sécurité qui peut naître d'un certain conformisme.

   J'étais heureux (...) Des *rails* couraient loin devant moi et je pouvais les suivre *(Nourrissier, 63)*. J'ai toujours été sur des *rails*. Jamais je n'ai rien décidé (...) Les choses m'arrivent, c'est tout *(Beauvoir, 66)*. Avant la guerre, il y avait moins de problèmes (...) Les choses étaient nettes (...) Aujourd'hui, le bien et le mal, le vrai et le faux sont plus mélangés. On est moins sur des *rails*, les perspectives se sont élargies *(C. 8.11.69)*. On est un bon élève (...) On est poussé vers la préparation aux grandes écoles (...) On réussit le concours (d'entrée). On obtient un bon rang de sortie et on est lancé sur les *rails (En. 3.10.70)*. L'homme vivait autrefois puissamment encadré (...) La société lui fournissait, même pour les comportements les plus secondaires, des *rails* éprouvés et sécurisants *(C. 26.2.72)*.

6. *Rail* évoque la rigidité d'une contrainte morale, celle-ci déclenchant ou non, de la part de celui ou de ceux qui la subissent, une réaction (de fuite, de peur, de refus, de révolte, etc.).

   L'Américain vit sur *rails* et, s'il lui prend fantaisie d'aller cueillir des pâquerettes, il est aussitôt rappelé à l'ordre *(Daninos, 56)*. La grande majorité des Normaliens (...) fuient l'horizon défini, la vie sur *rails*. Ils aspirent au travail créateur *(R 10.57)*. Le mot de Raimbaud « la vraie vie » (signifie) (...) la vie hors des *rails* et de la coutume, le désir d'un (...) renouvellement loin des normes (...) dans l'imprévu, l'aventure *(E. Henriot, M. 20.11.57)*. J'ai cru que l'homme n'était rien s'il ne se révoltait de quelque manière contre l'ordre établi (...) Mes parents m'avaient donné un système sans reproche (...) Il m'aurait suffi de suivre les *rails* (...) Pourtant, dans les *rails* du bonheur familial, il y avait aussi un martinet (= un fouet) (...) Je me cabrais donc *(F.R. Bastide, 62)*. De toutes tes forces, tu résistais, tu refusais de t'engager sur les *rails* (...) tu voulais être différent *(Saint-Lô, 64)*. On veut discuter les points de vue officiels (...) on veut se promener sur toutes les routes, et même en dehors des routes, au lieu de rester entre deux *rails* d'acier, traîné par la locomotive de l'État *(Duverger, M. 7.3.64)*. Chaque fois qu'un élève sera engagé sur les *rails* d'une de ces sections, il lui sera difficile d'en sortir *(M. 11.9.64)*. Au dîner de fiançailles (...) sans demander mon avis, on décidait de notre logement, des achats à faire (...) Bref, on nous mettait sur des *rails*. J'avais l'impression d'être un objet, et j'ai pris peur *(Fa. 14.1.65)*. Aux États-Unis, (le chercheur) peut passer de l'une à l'autre (l'Université et l'industrie) deux ou trois fois dans sa vie. En France, c'est rigoureusement impossible. Il faut rester sur des *rails (E. 8.1.68)*. Accepter d'être soi-même en refusant les *rails* de la convention qui nous astreint à un rôle social prédéterminé *(R 3.73)*. Je me suis juré de sortir des *rails* sur lesquels mes origines m'avaient placé *(P. 14.10.74)*. Le refus de se laisser entraîner sur les *rails* d'une pensée toute faite issue il y a un siècle et demi d'un illustre barbu (K. Marx) *(A. Gluckmann, E. 18.7.77)*.

RAILS (SUR LES, DES, SES, etc.) loc. fig. Rép. Mil. XXe. (Peut-être par imitation d'une formule employée par le Général de Gaulle : cf. ci-après, 1ère cit., 16.6.46. Cette locution se présente dans des tours du type : « mettre/remettre qqch. (train, etc.) ou qqn. *sur les rails* », « être *sur les rails* », et d'autres analogues, qui signifient par ex. : « (mettre/remettre, être) *en marche/en train/en route/sur la bonne voie* », etc.

Rem. 1. La loc. *sur ... rails* accompagne soit un verbe tr. d'action (*mettre, remettre, lancer*) construit parfois au passif, soit un verbe d'état (surtout le v. *être*), assez souvent sous-entendu.
Dans sa structure syntaxique la loc. *sur ... rails* est moins figée que les tours plus anciens (en marche, en route, en train, etc.) qu'elle tend à remplacer. Parmi les éléments qui la composent, seuls sont stables (présents dans tous les ex.) la prép. *sur* et le lexème *rails* (au plur.). Entre eux se trouve généralement un morphème grammatical, qui est le plus souvent l'article *les*, mais peut être aussi un autre art. (*de/des*), un possessif (*ses*), un indéfini (*d'autres*, etc.) ou peut même être absent (morphème zéro : *sur rails*). En outre, il arrive que *rails* soit accompagné d'un adj. « qualificatif » (ex. : sur de *bons* rails), ou d'un compl. déterminatif (ex. : sur les rails *de l'expansion*).

Mettre (ou : remettre) le (ou : un) train sur [les] rails.

Une fois assuré le salut de l'État, et l'unité nationale maintenue, la tâche par-dessus tout urgente et essentielle était l'établissement de nouvelles institutions. Dès que cela fut possible, le peuple français fut donc invité à élire ses constituants. Puis, une fois le *train mis sur les rails*, nous-même nous sommes retiré de la scène *(de Gaulle, discours de Bayeux 16.6.46).* (Cela) implique que le général de Gaulle soit décidé à prendre lui-même les responsabilités du pouvoir pour « *remettre le train sur les rails* » une seconde fois *(M. 7.3.58).* Étape par étape, le général de Gaulle *met le train sur les rails,* avec cette fois plus d'expérience qu'en 1946 *(M. 15.10.58).* La conférence du désarmement à Genève est interrompue. (S'ils veulent la reprendre) il faudra que les chefs d'État *remettent le train sur les rails (R.S.R. 22.4.60).* Une vaste politique économique et sociale susceptible de *remettre le train sur les rails (R.S.R. 8.10.63).* Le « dernier *train* » des ordonnances que le Conseil des ministres *mettra* mercredi *sur les rails (E. 28.8.67).* Un surabondant succès électoral lui donne (au chef de l'État) l'occasion inespérée de *mettre* tout un train de réformes *sur les rails (E. 7.7.68).* En ce qui concerne les futures élections universitaires, on espère *mettre le train sur les rails,* même si tous les wagons sont encore loin d'être accrochés *(O. 13.1.69).* Le général de Gaulle est pressé (...) de *mettre sur les rails un train* de réformes régionales destinées à illustrer son siècle *(E. 27.1.69).* L'Office du Tourisme de Hollande a *mis sur rails un train* de mesures intéressantes : entre autres un abonnement touristique de trois jours *(A. 5.6.69).* Pourquoi voulez-vous que je gouverne médiocrement ? (a dit le Premier ministre). Je préfère prendre des risques, mais *remettre le train sur les rails.* C'est plus amusant *(E. 25.8.69).*

Rem. 2. Ce type de construction semble être à l'origine de la large diffusion que connaît la loc. : « *verbe + sur (...) rails* ». Mais le lexème *train* (fig.) tend à y être remplacé de plus en plus souvent par d'autres subst. (cf. rubrique suivante).

Mettre (ou : remettre, etc.) + subst. (nom de chose autre que *train*, ou nom de personne) sur les (ces, etc.) rails.

● — Le complément est un nom de chose abstr.

○ Dans un pays centralisé, les mesures envisagées suffiraient à *remettre l'économie sur ses rails (E. 19.12.66).* Les solutions constructives qui permettraient de *remettre sur les rails l'économie* déficiente du pays *(M. 30.9.69).* En un quart d'heure, M. P. (homme politique) remettait les esprits *sur les rails* de la confiance *(E. 20.1.69).* Pour *remettre le franc sur les rails,* il eût fallu frapper un grand coup. Le gouvernement, en présentant un plan de redressement trop « délayé », a raté une part de son effet psychologique *(En. 20.9.69).* La rencontre (entre deux hommes d'État) viendrait à point pour *remettre la négociation sur les rails (M. 11.5.62).* Le nouveau Premier ministre aura en un eu le temps de *mettre sur les rails une politique* mirobolante *(E. 12.4.62).* La « petite Europe » *remet sur les rails le processus* de l'intégration *(Tournoux, 67).* La *réforme* sur la participation, de Gaulle la veut. Il ne quittera pas l'Élysée avant d'avoir tout tenté pour la *mettre sur les rails (PM 6.7.68).* Le *régime* de Pékin *est* maintenant *remis* d'aplomb *sur ses rails,* même s'il est vrai que les obstacles lui ont fait frôler la catastrophe *(M. 18.9.64).* Cela n'est pas fait pour *remettre les relations franco-américaines sur de bons rails (R.S.R. 16.10.61).*

∞ Va-t-il essayer de *mettre sa politique sur les rails* ? *(M. 6.4.72).* Le ministre de l'Agriculture *met sur les rails une organisation* du marché de la viande *(E. 25.2.74).* (...) Un plan permettant de *remettre l'économie française sur de bons rails (M. 18.4.74).* Il faudra *remettre sur d'autres rails un monde* qui perd la voie *(P. 30.9.74).* Quatre ans pour *mettre sur rails l'industrie des vacances (M. 19.10.74).* Pour *mettre le sport sur les rails* de son avenir, le ministre a pris les grands moyens *(P. 13.1.75).* Giscard *lance sur les rails,* un à un, les éléments de son train de réformes *(P. 24.2.75).* Il sera difficile de *remettre le pays sur ses rails* ou mieux *sur de nouveaux rails,* de *remettre en route la machine économique (O. 27.12.76).* Comme une offensive sociale d'envergure ne s'improvise pas, il faut *la mettre sur les rails* sans retard *(M. 8.1.78).*

● — Le complément est un nom de personne ou de collectivité.

Le prisonnier, après sa libération, est un *homme* qu'il faut *remettre « sur les rails » (C. 19.12.69).*
Aider les chefs d'entreprise à prendre conscience de leurs faiblesses et *les mettre sur les rails* de l'expansion *(En. 6.12.71).* Le ministre de l'Intérieur *remet sur ses rails un ministère* qui était devenu le ministère de la Police *(P. 1.4.74).* Les grands corps de l'État *ont mis la France sur les rails* du développement industriel *(P. 21.5.74).* Remettre sur les rails l'Europe des Neuf *(C. 4.6.74).*

Se mettre (ou : se remettre) sur les (ou : ses) rails.

● — Sujet nom de personne.

Dès qu'il (Claude Barrès, fils de Maurice Barrès) *se fut mis sur ses rails,* dans la direction

RAILS (SUR LES, DES, SES, etc.)

de la guerre, le choix fait une fois pour toutes, conforme à son style de vie énergique, (...) *(M. 16.12.59).*

- — Sujet nom de chose abstr.

L'aube est là. Un début de circulation anime déjà les rues (...) Les marchands de journaux interpellent les boulangers. C'est *la vie* qui *se remet sur ses rails (San Antonio, 65).*

Être mis (ou : placé) sur les (des, ses) rails.

- — Sujet nom de chose abstr.

Le *projet* de brevet européen *avait été mis sur les rails* en 1959 *(M. 10.12.67).* L'économie américaine *est remise sur rails (En. 21.5.71).* Le *système* d'aide à l'Office de tourisme *a été mis sur les rails (M. 10.11.73).* Il faut que le *fonctionnement* des services publics *soit mis sur les rails* du civisme *(US 26.6.74).* Quand un *plan* technique a été *mis sur les rails*, ça ira jusqu'au bout. Voilà la véritable technocratie *(M. 23.5.75).* L'une des grandes œuvres du septennat (...) *sera mise sur rails* mardi, au Sénat *(E. 19.6.78).*

- — Sujet nom de personne ou de collectivité.

Dès leur plus jeune âge, les *Japonais* sont *mis sur des rails (E. 16.3.70).*
Un certain nombre de *femmes* ne portent pas plainte après un viol, parce qu'elles *ont été remises sur les rails* d'une vie sexuelle normale *(M. 1.11.78).*

Être sur les (des, ses, etc.) rails. (Le verbe *être* est souvent sous-entendu).

- — Sujet nom de chose abstr.

La *négociation* entre les six et la Grande-Bretagne *est* maintenant *sur les rails (C. 10.11.61).* La *formation professionnelle est sur ses rails (PM 1.8.70).* Voilà le *projet sur les rails (Exp. 6.73).* Le Premier ministre a voulu s'assurer que la *révision* de la Constitution *est sur ses rails (E. 21.10.74).* La *réforme* de la condition féminine s'est mise en route. Est-elle *sur les bons rails*? *(Lib. 6.2.75).* La *réforme* est *sur les rails,* elle continue sa progression *(C. 12.9.78).*

- — Sujet nom de personne ou de collectivité.

Aujourd'hui l'*U.D.F.* (parti politique) *est sur les rails (France Inter, 8.7.78).*

Rem. 3. **Sur cette locution, cf. aussi : P. Gilbert, in F. Mon, n° 116, 10.1975, pp. 52-56.**

RALBOL ou RAL'BOL
→ RAS LE BOL.

RALLONGE sf. Fig. Écon. ■ Supplément qui s'ajoute à une somme (crédit budgétaire, prix à payer, etc.) initialement prévue.

Tous ces problèmes peuvent-ils être résolus grâce à une « *rallonge* » importante dans le budget? *(E. 24.4.67).* On passe ainsi pour l'année en cours, et sans préjudice d'autres « *rallonges* » de 3 561 millions de francs à près de 5 000 millions de subventions *(PM 17.8.68).* Le recours (d'une entreprise nationalisée) au ministre, dans le passé, avait pour objet d'obtenir une « *rallonge* » de crédits. Cette fois, le gouvernement déclare ne pouvoir ni ne devoir intervenir *(M. 13.9.69).*
Une *rallonge* éventuelle de 100 millions avait été stipulée pour faire face aux imprévus *(En. 2.4.71).* Le ministre devra demander une rallonge de crédits *(E. 30.7.73).* Les subventions aux universités vont être augmentées. Le secrétaire d'État a obtenu une « *rallonge* » de 50 millions de francs *(M. 22.12.74).*

RALLYE- Premier élément de substantifs composés.

Ce *rallye-aventure* de 26 000 km quittera Londres le 18 avril et ralliera Mexico le 27 mai. Les concurrents auront à aborder, sur les routes d'Amérique latine, de nombreuses difficultés, dont la traversée de la cordillère des Andes *(A. 9.4.70).* Après dix années consécutives sur la route, le *rallye-consommation* de M. s'est transporté sur les 13,469 km du grand circuit du Mans : les organisateurs, qui s'efforcent de mettre au point la formule optimale, ont donné beaucoup d'importance au facteur « vitesse », synonyme de performance *(A. 22.5.69).* Une curiosité, le *rallye-parc* où les jeunes trouvent un circuit automobile, tandis que les parents, eux, trouvent de quoi se désaltérer *(VR 24.11.68).* Des « *rallyes-sécurité* » seront organisés. On offrira aux jeunes automobilistes de participer à ces compétitions dotées de prix, où le parcours sera complété par des démonstrations de conduite (virage, dérapage, etc.) et des interrogations sur le code de la route *(M. 20.7.66).*
Un *rallye-vérité* qui confrontait trois moyens de transport : l'automobile, le train et l'avion *(VR 31.12.72).* Entre Damas, Jérusalem et le Caire MM. H. Kissinger et A. Gromyko semblent disputer un *rallye-poursuite (E. 4.3.74).*

RAMASSAGE sm. Spéc. Mil. XXe. À propos de personnes.

- — À propos d'écoliers (Surtout dans les tours : *ramassage scolaire, ramassage d'écoliers,* etc.) Service régulier organisé (par ex. par des municipalités) pour transporter entre leur domicile et l'école des enfants habitants des lieux éloignés ou isolés.

Rem. **Cet emploi a été vivement critiqué (cf. les 3 premières cit. ci-après).**

Tout le monde sait ce que signifie la locution « *ramassage scolaire* ». Dans beaucoup de régions, les écoliers de France vont en classe en autocar. Au lieu d'affecter un maître à une école fréquentée par un petit nombre d'enfants, on préfère regrouper les enfants dans des centres scolaires bien aménagés. M.G. Antoine, conseiller technique au ministère de l'Éducation nationale, nous adresse une requête : les lecteurs de « Vie et Langage » membres consultants de l'Office du Vocabulaire français, sauront-ils inventer une formule élégante, ingénieuse, euphonique, propre à remplacer le très désagréable « *ramassage scolaire* » ? *Ramassage* est affreux. Il faut trouver autre chose. Il ne faut plus que nos petits bonshommes et nos petites bonnes femmes soient assimilés aux bidons de lait que les cultivateurs déposent au bord de la route et que les camions des Coopératives « ramassent ». Il faut donner un nom élégant à une organisation qui n'aura plus rien de commun avec le *ramassage* de la ferraille, des vieux chiffons ou des bidons de lait *(VL 5.60).*

Ce transport d'écoliers par cars, trop souvent appelé du nom vulgaire et affreux de

« *ramassage* » *(C. 21.10.69).* Ne dites pas *ramassage scolaire,* mais dites transport scolaire *(Inf. 15.11.72).*

♦ Conçu à l'origine pour les zones rurales défavorisées, le *ramassage scolaire* a été étendu (...) Tous les jours, 11 millions de jeunes vont en classe en car. (...) À s'y retrouver aux heures du « *ramassage scolaire* », ils ont créé leur monde à eux *(Fa. 20.1.71).* Confié à une entreprise de transports publics, le *ramassage scolaire* fait l'objet d'une réglementation très stricte, notamment en matière de sécurité *(VR 19.10.75).* Le train assure le *ramassage scolaire* dans cette vallée où, faute d'établissements, il faut aller terminer ses études à Oloron *(M. 27.9.78).*

● — À propos de travailleurs.
Saïd est hébergé dans un foyer d'immigrés : on se lève à 5 heures (...) Dans le car de *ramassage* on dort encore un peu *(M. 9.6.78).* P., jeune ouvrier alsacien, parcourt 40 km par jour en car de « *ramassage* » pour aller travailler en Allemagne *(M. 10.6.78).*

RAMASSER v. tr. Spéc. Mil. XXe. ■ Organiser ou pratiquer le *ramassage** d'écoliers, de travailleurs, etc.
Dans aucune entreprise de la région on ne se préoccupe de rapprocher les employés de leur lieu de résidence. On s'efforce simplement de « *ramasser* » les travailleurs jusqu'à 80 ou 100 km à la ronde *(Gros, 70).* De la maison à l'école, de l'école à la maison ... Ce trajet, plus de 2 millions d'élèves des banlieues et des campagnes le parcourent chaque jour, « *ramassés* » matin et soir par un car ou un autobus *(VR 19.10.75).*

RAMPE DE LANCEMENT loc. subst. Fig. D'après l'emploi en astronautique (*rampe de lancement de fusées*).

● Ce qui sert à « lancer » quelque chose ou quelqu'un, c.-à-d. à le faire connaître, à le mettre sur la voie du succès, etc.
Rennes a servi de *rampe de lancement* à l'emprunt Électricité de France *(C. 13.5.64).* Le Mouvement pour l'organisation de la Bretagne a servi de *rampe de lancement* à un parti « Sav Breiz » – Debout Bretagne – *(M. 24.10.68).* M.P. a choisi le Sénat comme « *rampe de lancement* » de sa campagne (pour l'élection à la présidence de la République) *(C. 15.5.69).* Trois ans est un âge riche pour un enfant ; vous pourrez profiter de cet âge merveilleux pour placer votre fils, votre fille sur la meilleure *rampe de lancement* vers la vie *(Fa. 5.11.69).* L'« Express » constitue pour son éditorialiste la plus efficace des « *rampes de lancement* » *(M. 13.12.69).* Pas de meilleure *rampe de lancement* (pour une « boîte » de nuit, un cabaret, un club très fermés) qu'une double barrière de protection *(M. 31.12.70).* La quatrième année d'internat, *rampe de lancement* vers la carrière hospitalo-universitaire *(Beunat, 74).*

→ 2. ORBITE.

RANDONNÉE (SENTIER DE GRANDE)
→ G.R.

RANDONNEUR, EUSE subst. ~ 1950.

1. Personne qui fait de longues excursions, à pied, à bicyclette, à skis, etc. ...
Il y a quelques années le site de Flaine n'était connu que de quelques *randonneurs (E. 23.11.64).* Les cavaliers arvernes logent les *randonneurs* dans des hôtels simples *(E. 17.5.65).* On les voit pédaler sur les routes en short et polo ; mais à l'étape, le soir, que deviennent-ils, les *randonneurs* ? *(Ch. fr. 11.73).*

2. Sf. Bicyclette spécialement équipée pour la randonnée.
Cette photo vieille de vingt ans représente une *randonneuse* de l'époque héroïque où il fallait une force d'âme peu commune pour se propulser sur un tel engin (...) On trouve aujourd'hui des *randonneuses* en tubes spéciaux, jantes, plateaux et pédales en dural *(Ch. fr. 11.73).*

-RANGEMENT Deuxième élément de substantifs composés. ■ Qui sert à, pour ranger des objets.
La bibliothèque peut devenir un véritable « mur-*rangement* » *(VR 3.8.69).* Une *solution-rangement* gaie et pas ruineuse : les grandes malles-cantines en tôle d'acier *(E. 16.3.70).* Un grand canapé fait de bons gros coussins carrés, appuyés sur un grand *élément-rangement (El. 26.3.71).*

RANIMATION
→ RÉANIMATION.

RAPATRIEMENT sm. Écon. ■ Action de *rapatrier** (quelque chose) ; son résultat.
La décision du gouvernement (britannique) s'explique par son inquiétude devant l'attraction qu'exerce le taux de l'eurodollar, augmenté en conséquence du *rapatriement* de dollars provoqué par la nouvelle politique (des États-Unis) *(M. 1.3.69).*

RAPATRIER (quelque chose) v. tr. Écon. ■ Faire rentrer dans leur pays d'origine des capitaux exportés, des bénéfices, etc.
Au cas où les filiales américaines installées en France seraient invitées à *rapatrier* leurs bénéfices aux États-Unis, le gouvernement de Paris n'assisterait sans doute pas sans réagir à une pareille injonction *(M. 9.1.68).* Les salaires (dans un pays étranger) sont supérieurs de 67 % au barème français. La moitié du salaire peut être *rapatriée* en France *(E. 14.4.69).*
Restait la dernière opération : *rapatrier* une partie de ce qu'il avait gagné au tiercé *(Lesparda, 70).*

RÂPÉ (C'EST)

RÂPÉ (C'EST) loc. ~ 1960. Pop. (C'est) manqué, raté, loupé (fam.), irréalisable.

> *C'est râpé*, mon colonel. Impossible d'envisager de regagner la frontière. Il ne nous reste que sept ou huit minutes *(Bonnecarrère, 72)*.

RAS (À ou AU) + DE (ou DU) + subst., RAS (-) DE (ou DU) + subst.

1. **Au niveau de, très près de.**
- Loc.
    > Confort *à ras de terre* (E. 17.5.65). Silhouette de voiture à *ras-de-l'asphalte* (El. 30.9.68).
- Subst. comp. (parfois en apposition).
    > Une robe *ras-du-cou* sans manches (E. 25.6.66). Des pull-over à col roulé et des *ras-de-cou* en laine (O. 10.2.69). Un charmant « *ras de fesses* » (= une tunique très courte) (El. 18.5.70). Aimez-vous les cols *ras-du-cou* ? (Pub. El. 14.9.70).

2. **Fig. Très près de la réalité, des préoccupations quotidiennes. En contact immédiat avec.**
    > Jean H. observe les événements et les hommes « *à ras de terre* », d'un regard (...) objectif (P.M. 26.9.64). Pour les masses, il (un candidat aux élections) joue à outrance d'une sorte de poujadisme *au ras du sol* (O. 25.1.67). (Dans ce film) on se tient *au ras des choses*, près des visages (...) on donne à voir une masse de petits faits, petits gestes qui composent (...) la trame ordinaire des jours (O. 19.4.67). La télévision assumera l'essentiel de l'information *au ras de l'événement* (Schwœbel, 68). Le miroir stendhalien qu'il promène *au ras du ras de l'événement* (LF 9.7.69). Travailler *au ras des marguerites* (E. 26.1.70).

Rem. D'autres exemples sont énumérés in B.d.m., n° 5, 1973.

RAS (-) LE (-) BOL [ral(ə)bɔl] loc., subst. et interj. Rép. ~1968. D'abord pop. puis fam. L'emploi des traits d'union est très hésitant.

- **Dans les tours *en avoir ras le bol* ou *avoir ras le bol de (qqch)*. En avoir assez, par-dessus la tête ; être excédé de (qqch).**

Rem. 1. Prenez *ras le bol* par exemple, à quoi depuis deux ans, toute la France fait un succès comparable à celui de « con », au point qu'on l'entend dix fois par jour chez les gens les plus mesurés. Rien de plus ignominieux que son sens propre, et éventuellement sale, en vertu de la progression : le cul bordé de nouilles, un bol de nouilles, plein le bol, avoir du bol, *ras le bol* (...) Il y a de quoi frémir lorsqu'on entend les jolies lèvres d'une précieuse vous confier sérieusement : « J'*en ai ras le bol* de cet homme là ! » *(Massian, 72)*.
En avoir ras le bol, qui est devenu si fréquent en France en quelques années, est connoté sur « la coupe est pleine », à cause des emplois dominants de « bol », alors qu'il s'agit d'une variante synonymique argotique de « en avoir plein le cul » (« plein le dos » constitue un euphémisme métonymique) *(A. Rey, 77)*.

♦ Cette affaire (...) j'en ai ma claque, *j'en ai ras le bol*, plein le der, par-dessus le bocal ! J'en ai marre *(San Antonio, 68)*. J'*en ai* un peu *ras le bol* des questions, vous savez *(Saint Pierre, 70)*. Profession par profession, secteur par secteur, les Français *en ont*, comme ils le disent, « *ras le bol* » *(M. 17.9.71)*. Oui nous sommes, nous voulons être vulgaires. Nous *en avons ras le bol* de vos formes, de vos manières, de votre civilisation *(Piettre, 72)*. F. est un jeune ouvrier imprimeur. Il aime son métier. Mais il dit *en avoir ras-le-bol* des patrons *(Droit, 72)*. « J'en ai plein le dos du boulot, *ras le bol* de la chimie, ras les fesses de Paris de la famille. » La fille qui parle ainsi a 15 ans et en a aussi « *ras le bol* » d'entendre son père dire qu'il *en a ras-le-bol* (...) Quand n'existe plus une foi personnelle ou collective, on *a vite ras le bol* de la vie *(C. 6.5.73)*. On *en a ras le bol* des truands à la télévision ... *Ces taulards recyclés dans la littérature ne sont pas tous des Jean Genet* (M. 14.7.74). Tous ces camarades moniteurs immigrés vous diront qu'il *en ont ras le bol* de l'alphabétisation humaniste *(M. 19.1.75)*. Un bon nombre de chrétiens, partageant les vues et les espoirs du concile, commencent à *en avoir ras le bol* de toutes les querelles de clercs *(M. 11.6.76)*. Les constructeurs français de machines-outils en ont « *ras-le-bol* » d'être considérés comme des incapables, *ras-le-bol* d'entendre périodiquement dénoncer leur inefficacité *(M. 3.2.78)*.

- **Subst. masc.**
    > Le « *ras le bol* » des O.S. qui ont déclenché en 1970 et 1971 des grèves avec occupation *(M. 7.4.72)*. Entre les complexes des cadres et le *ras-le-bol* des ouvriers, les agents de maîtrise sont à la recherche de leur identité perdue *(Exp. 6.73)*. Certains parlent d'un « gigantesque *ras-le-bol* » à l'encontre du leader radical *(P. 1.4.74)*. Ce mouvement est né du *ras-le-bol* de la piétaille du parti contre ses notables *(P. 1.7.74)*. Des chauffeurs de taxi, des médecins, des secrétaires connaissent le « *ras le bol* » de la vie citadine *(P. 26.5.75)*. Dans ce film, le public d'aujourd'hui retrouve son *ras le bol* et ses angoisses *(P. 19.12.77)*. Une déception sentimentale, un « *ras-le-bol* » du travail à la chaîne et voilà J.L., 24 ans, lancé dans un tour du monde à vélo *(M. 11.2.78)*. Ce qui est en jeu, c'est quelque chose de plus profond ; comme on dit : un « *ras-le-bol* ». Les Français en ont assez de ceux qui, d'une manière ou d'une autre, ont participé au pouvoir depuis vingt ans *(M. 12.2.78)*. Le retour à la terre ? Une mode qui a suivi les premiers symptômes du *ras le bol* citadin ? *(E. 18.9.78)*. Le « *ras-le-bol* » de ces dernières années fait place à des revendications « responsables » *(M. 12.11.78)*.

- **Interjection (par ellipse de : « J'en ai, on en a, etc., *ras le bol* »).**
    > C'était plus possible, vraiment *ras-le-bol* (...). Les moutards, les H.L.M., jamais de fric, des engueulades à longueur de journée, *ras-le-bol* ! (...) Je lui avais donné trois mois pour arrêter de boire, il a pas voulu, tant pis pour lui. Les types bourrés, *ras le bol* ! (...) L'école ? *Ras le bol*, dit-il. Je me suis fait virer en troisième (...) On va pas tout le temps parler des problèmes de la communauté ; la communauté, *ras-le-bol* ! *(Droit, 72)*. L'association « Les amis de la Terre » appelle les Parisiens à venir manifester à pied, en bateau ou à vélo sur le thème « Bagnoles, *ras le bol* » *(E. 5.6.72)*. On nous fait lanterner (...) alors, vous comprenez, *ras le bol* *(C. 2.6.73)*. Je commençais à flipper dur parce que la ville, *ras le bol* ! *(M. 28.5.78)*.

Rem. 2. Les graphies *ralbol, ral'bol, ras l'bol* témoignent de la prononciation courante [ralbɔl].

Il y a des journaux d'établissement qui s'appellent « *Ralbol* » : au moment de l'affaire G. des commissions « *ralbol* » avaient fonctionné. Le « *ralbol* » c'est aussi la critique de la morale traditionnelle, spécialement dans le domaine sexuel *(M. 20.3.71).*
L'ancien président avait claqué la porte en 1968 sur un coup de « *ralbol* » *(E. 29.11.71).* Oui, les jeunes peuvent en avoir *ras l'bol (Ecole, 72).* Le « *ral'bol* » des cadres dans toute la France *(PM 18.3.72).* Les banquiers ne cachent pas leur volonté d'en finir avec cette affaire. Ils en ont « *ralbol* » *(O. 26.6.78).*

RASE- (Forme de *raser*). Premier élément d'adjectifs et de substantifs composés. ■ Très près de, à la hauteur de (ce qu'indique le deuxième élément).

Les modèles long-look ne pouvaient laisser prévoir ce raz de marée *rase-cheville* (les vêtements maxi) *(E. 1.12.69).* Les jupes de Madame faisaient aussi du *rase-moquette* (frôlaient le sol) *(PM 28.9.68).*

RASE-MOTTES (FAIRE DU) loc. verbale. Fig. (d'après l'emploi dans le vocabulaire de l'aviation). ■ Se diriger, se porter au ras du sol.

Le pantalon était de rigueur. L'invitation précisait : pour les femmes, pyjama du soir ; la consigne serait-elle respectée ? À peine assis, les dîneurs se mettaient à l'affût des dernières arrivées ; on s'épiait ; les regards *faisaient du rase-mottes* ; les chasseurs d'images visaient bas : on oubliait les têtes pour ne s'intéresser qu'aux jambes *(M. 3.12.64).*

● Par ext. ■ Agir, écrire, parler, sans grande hauteur de vues.

De loin en loin, je plaidais encore. Parfois même, oubliant que je ne croyais plus à ce que je disais, je plaidais bien sans vraiment planer comme autrefois. Je m'élevais un peu au-dessus du sol, je *faisais du rase-mottes (Camus, 56).* Journalistes et publicistes *font du rase-mottes* au-dessus de la douleur de leur temps *(Cesbron, 57).*

RASE-VAGUES loc. adj. par analogie avec *rase*-mottes*.

Autour de l'aéroglisseur, engin révolutionnaire, véhicule hybride, bateau volant ou avion *rase-vagues*, un duel commercial farouche se prépare *(E. 8.7.68).*

RASOIR sm. Fig.

AU RASOIR ■ À la perfection.

Jamais Pierre B. (un acteur) n'a accédé à une éloquence aussi pure. Aucun artifice. Pas la moindre bavure. Un rôle écrasant. Un texte difficile *au rasoir* et dit avec un art consommé *(F. 6.10.60).* Les répliques (...) que vous savez vraiment, mais vraiment « *au rasoir* », tout à l'heure, il faudra les dire (...) Voilà pour le petit rôle au cinéma *(Signoret, 75-78).*

SUR LE FIL DU RASOIR ■ Dans un équilibre très instable, dont la moindre fausse manœuvre peut provoquer la rupture.

On a voulu mettre les radicaux au pied du mur. Plus de la moitié de leurs députés sortants doivent leur mandat à l'apport de voix communistes. Les autres trouvent plus facilement appui dans l'électorat centriste. Le congrès de Marseille se tiendra, ainsi, *sur le fil du rasoir (E. 14.11.66).*

RATÉ sm. Fig. (d'après l'emploi du mot à propos de moteurs à explosion). ■ Mauvais fonctionnement (d'une institution), crise, difficultés (au cours d'une négociation), etc.

Les « *ratés* » de la coexistence pacifique obligent les uns et les autres à renoncer à cette vision quelque peu idyllique *(O. 14.2.68).*

RATICIDE sm. ■ Produit utilisé pour détruire les rats.

La mise au point des nouveaux produits et leur expérimentation : insecticides, herbicides totaux, *raticides*, etc. *(M. 11.5.66).* Les *raticides* les plus modernes seront employés, et notamment un produit anticoagulant à odeur de framboise, dont les rats sont, paraît-il, très friands *(M. 27.2.69).*

RATIO [rasjo] sm. (Mot lat. emprunté par l'intermédiaire de l'anglais). ■ Rapport entre deux grandeurs, deux variables.

Votre libraire habituel connaît sans doute beaucoup mieux la biographie de Marcel Proust que les *ratios* de capitalisation *(Exp. 3.72).* Il existe dans toutes les marines nucléaires un « *ratio* », un rapport qu'on doit conserver entre le volume total de la flotte et le volume d'une de ses parties, la sous-marinade qui s'y recrute et s'y forme *(M. 27.1.73).* Le *ratio* en question permet de mesurer les intentions d'embauche, le point zéro indique l'égalité entre le nombre des entreprises proposant des postes et celui des entreprises qui en suppriment *(E. 29.6.78).*

RATISSER v. tr. ~ 1955. Milit. ■ Fouiller méthodiquement un quartier, une région pour y chercher qqn (malfaiteur, soldats ennemis, etc.) ou, par ext., qqch.

La répression change très vite de caractère. On n'arrête plus de-ci de-là. On « *ratisse* ». Et la population en fait les frais *(Courrière, 69).* Nos patrouilles *ratisseront* au peigne fin chaque parcelle, chaque quartier, chaque commune et toute la ville *(Lantier, 69).* Pour les élections cantonales, le leader de l'opposition a tenu trois réunions publiques par jour, *ratissant* deux départements *(O. 24.9.73).*
→ QUADRILLER.

RATONNADE sf. De *raton*, terme d'injure raciste pour : Arabe, Nord-Africain. ■ Action collective d'Européens qui se livrent à des violences aveugles et meurtrières contre des Arabes.

Depuis le 13 mai 1958, cette affreuse chose que l'on appelait les « *ratonnades* » avait disparu. Dimanche et lundi elles ont réapparu, plus cruelles que jamais. Explosion de racisme comme on en avait rarement vu *(M. 14.12.60)*. La Cour de sûreté de l'État a infligé sept ans de réclusion à G.L. qui a participé à diverses opérations de « plasticages », « ratonnades », etc. *(M. 21.1.66)*.
Les Français d'Algérie assassinent des musulmans convaincus d'avoir participé à des attentats F.L.N. et bientôt — très vite — on ne s'arrête plus à ce détail. Les « *ratonnades* » se succèdent *(Courrière, 68)*. Le pire arriva bientôt. Le lynchage pur et simple. La chasse à l'Arabe, la ratonnade ignoble et aveugle (...) des groupes déchaînés se livrèrent aux joies troubles et sadiques du meurtre collectif *(Courrière, 71)*. À Toulouse une cinquantaine de parachutistes ont mené une expédition punitive contre les jeunes Tunisiens. On dit que ce n'était pas une « *ratonnade* », mais la suite d'une bagarre de bal *(E. 3.9.73)*. Dans diverses villes de France, des commandos organisés s'attaquèrent à des Arabes rencontrés sur leur chemin ou à des cafés fréquentés par une clientèle nord-africaine. Des « *ratonnades* » parfois sanglantes, eurent lieu *(Levine, 73)*.

● Par ext. ■ Opération analogue ou brutalités exercées contre un groupe ethnique ou social quelconque.

(Au Sénat, un orateur) s'élève contre « les *ratonnades* d'étudiants » *(M. 24.5.68)*. Le syndicat dénonce les *ratonnades* et les chasses à l'homme auxquelles se livrent actuellement les forces de répression dans tout le quartier Latin *(M. 26.5.68)*.
Le « nettoyage » du Quartier latin se poursuit le 24 mai 1968 avec une violence extrême. Dix, cent témoins décriront les « *ratonnades* », les violences systématiques dans les commissariats *(Viansson, 71)*. L'évolution des rapports sociaux a conduit une partie du patronat à (...) recourir à du personnel très spécialisé, à même d'exécuter coups de mains et *ratonnades* (M. 14.6.75).

RATONNER v. intr. ■ Se livrer à des *ratonnades**.

Quand on « bouscule » un peu un musulman (en Algérie, en 1956), ils (les policiers européens) ferment les yeux. Ils se sentent si proches du type qui *ratonne* *(Courrière, 69)*. Les huissiers « musclés » ne se sont pas contentés de « *ratonner* » à l'intérieur (de la faculté), assommant au passage des étudiants qui sortaient des cours *(M. 8.2.69)*.

RATTRAPAGE sm. Écon. ■ Compensation d'un décalage qui s'est produit entre des revenus, salaires ou traitements, et le coût de la vie qui a augmenté plus vite qu'eux.

Quant au « *rattrapage* » du retard des salaires du secteur public sur ceux du secteur privé, il restera en suspens *(O. 24.1.68)*. Pas de « *rattrapage* » pour les revenus agricoles (...) Le pouvoir d'achat de l'exploitant moyen a progressé moins vite que celui des autres travailleurs, alors que la loi prévoyait un « *rattrapage* » *(M. 25.5.69)*. L'accord entre le personnel et la direction prévoit une augmentation de 6 % des salaires au cours de 1971 compte non tenu du *rattrapage* de 1970 *(US 17.2.71)*.

RAZ DE MARÉE sm. Fig. ■ Phénomène soudain et massif qui bouleverse une situation (politique, sociale, etc.).

Adamo lorgne le marché français. Il passe la frontière. C'est le *raz de marée* qui submerge tout. En dix mois, (il) a battu tous les records de recettes, fait vendre deux millions et demi de disques *(M. 22.9.65)*. Comme sous l'effet d'un *raz de marée*, la gauche socialiste (danoise) a vu se rallier les principales associations d'inspiration socialiste du pays *(M. 19.1.68)*. Une quarantaine d'hommes politiques qui seront les seuls rescapés devant le « *raz de marée* gaulliste » aux élections de 1962 *(O. 30.4.68)*. C'est à la devanture des librairies et à l'affiche des cinémas que déferle de la façon la plus spectaculaire le *raz de marée* de l'érotisme *(PM 18.10.69)*.
Le *raz de marée* publicitaire a pour véhicule une immense entreprise de crétinisation *(N. 4.69)*. Un jeune homme « de bonne famille » étudiait autrefois la philosophie et les langues. Puis est venu le *raz de marée* technique, scientifique, économique : voilà des études bien précises, bien concrètes, qui servent à quelque chose, qui procurent un métier *(SV 4.70)*. Au soir du 30 juin 1968 c'est le *raz de marée*. La gauche enregistre la plus cuisante défaite (...) qu'elle ait (subie) depuis longtemps *(Viansson, 71)*. Une urbanisation dévorante dont le *raz de marée* menace de submerger les espaces ouverts *(Young, 72)*. L'homme latin moderne n'a commencé à s'intéresser à la nature que lorsqu'il s'est senti menacé par le *raz de marée* de la civilisation industrielle *(Carlier, 72)*. La neurochirurgie ne sera-t-elle pas submergée par le *raz de marée* grandissant des accidents ? *(E. 25.6.73)*. Un *raz de marée* revendicatif suivrait la victoire de la gauche *(C. 19.5.74)*. Quelque chose qui ressemble à un *raz de marée* est en train de se déclencher en faveur de Giscard *(P. 3.6.74)*. Le leader radical est écarté de Lorraine par un *raz de marée* socialiste *(C. 26.9.78)*.

RE (-) (devant consonne), ou RÉ (-) (devant voyelle). Préfixe très productif qui sert à former quelques adj., mais surtout des subst. et des verbes. Il exprime la répétition, le retour à un état antérieur ou au point de départ, le recommencement, le renforcement, etc.

Rem. Un certain nombre de mots formés avec ce préfixe sont traités plus loin, en articles séparés, à leur place alphab. D'autres sont répartis dans les quatre rubriques ci-après.

Re- ou Ré- devant un adj.

○ Les psychiatres ont vu dans l'auteur (du chantage) un sujet sans anomalie mentale, immaturé mais *réadaptable* à condition que soient prises les mesures d'assistance appropriées *(M. 15.1.69)*. Des centres médico-psychologiques doivent dès l'entrée en prison, participer à l'élaboration du programme thérapeutique, modeler son application aux possibilités *réadaptatives* du détenu *(13.4.66)*. Des briquets *rechargeables (O. 20.1.69)*. Grève de vingt-quatre heures *reconductible (M. 24.5.68)*. Il est question de licenciements touchant un personnel hautement qualifié, donc difficilement *reconvertible (M. 11.1.68)*. Les stations *réémettrices* relaieront des programmes de télévision diffusés par le satellite franco-allemand *(M. 10.10.69)*. Au terme d'un délai fixé, éventuellement *renégociable* (...) *(M. 9.9.69)*.

∞ La ligne antirides et *rééquilibrante* a prouvé son efficacité spectaculaire sur la peau du visage *(Pub. JF 22.9.70)*. Quelle belle découverte, le nombre fini des phonèmes, leurs identités dans les langues (...) Toutes les langues reconstituées ou *reconstituables* comme combinaisons variées de quelques mêmes éléments *(Beigbeder, 72)*.

Re- ou Ré- devant un subst. Le substantif est le plus souvent un nom abstrait terminé en *-age, -ation, -isation, -ement*, etc.

O Chaque incursion de la Conférence du désarmement aboutissait à la *réactivation (M. 7.1.65)*. Le rapprochement avec le parti communiste s'accompagne d'une certaine *réactualisation* des thèmes socialistes *(G. Martinet, 68)*. Un *réalignement* des monnaies sera nécessaire *(M. 23.1.68)*. Le Cambodge et le Pakistan opèrent lentement des *réalignements* : ils ont été secoués par la révolution culturelle chinoise *(O. 23.11.66)*. Ce *réallumage* s'est imparfaitement déroulé : un seul des deux moteurs (d'une fusée) a été mis à feu, et pendant 17 secondes seulement, au lieu des 107 prévues *(M. 9.4.68)*. Le *réaménagement* rationnel des activités de sous traitance exige un effort *(M. 20.7.66)*. Les changements dans l'équipe ministérielle consisteraient en un *réaménagement* interne et une nouvelle répartition des postes entre les personnalités déjà en place *(M. 20.2.66)*. Le *réaménagement* des structures administratives a été éludé *(M. 11.9.69)*. Pour le réaménagement du SMIG, des engagements avaient été pris *(M. 29.5.69)*. Le *réamorçage* de la consommation grâce à des mesures fiscales et salariales *(M. 20.1.68)*. Des garanties de *recasement* pour les coopérants rentrant en France *(M. 30.3.69)*. Des études menées par le District tendant à préconiser le « *recentrage* » de la capitale, « c'est-à-dire l'implantation d'emplois au voisinage des centres les mieux desservis en transports » *(M. 14.1.66)*. La politique de *recentralisation* autour de Paris *(M. 27.11.66)*. Donner une impulsion aux revendications de salaires et de *reclassification* des catégories professionnelles *(M. 23.7.69)*. *Recoloration* d'une paire de bottes *(E. 16.10.67)*. Ces étudiants doivent subir un « *reconditionnement* » aux mathématiques modernes *(Fa. 12.3.69)*. Tenter de concilier chez Marx un antihumanisme théorique et un humanisme pratique aussi nécessaire implique peut-être une *reconsidération* du statut de la philosophie *(M. 23.3.69)*. L'U.R.S.S. demande la *reconvocation* de la conférence des quatorze *(M. 29.7.64)*.

Il suffit de comparer (certains films de Sacha Guitry) avec les pièces enregistrées qu'on nous a offertes pour mesurer l'écart qui sépare une simple retransmission d'une *re-création (M. 10.9.66)*. Cette magistrale *recréation* de « Huis clos » en langage de télévision *(M. 14.10.66)*. Madame Bovary, qu'il (Flaubert) s'imagine comme un pensum, en brimant sa nature lyrique, lui révèle que son art n'est pas plus une simple traduction du réel qu'une invention poétique ; il s'agit de quelque chose d'autre, une « *re-création* » *(M. 26.4.69)*. Atterrissage et *redécollage* d'un avion *(E. 17.3.69)*. On a beaucoup parlé d'un *redécoupage administratif*, de la création de nouvelles circonscriptions *(F. 17.11.66)*. M.G. est reparti à la charge contre tout *redécoupage électoral (M. 12.9.64)*. La semaine de la rentrée, ils présenteront leur *redécoupage* commun de l'université de Paris *(E. 7.4.69)*. « *Redécouverte* » du transport en commun *(R.G.C.F. 9.68)*. Les étudiants (réclament) la *redéfinition* du statut des professeurs *(E. 1.4.68)*. (Après) Hegel et Marx la *redéfinition* entièrement nouvelle de la société humaine *(E. 8.1.68)*.

Le ministre de l'Industrie s'est engagé, après la reprise du travail, à appuyer le *réembauchage* des autres ouvriers *(M. 23.4.66)*. On enregistre une reprise des commandes et des *réembauchages* dans l'industrie métallurgique *(F. 15.11.66)*. Il faudra créer (pour la télévision) un réseau de *réémetteurs* et de relais *(M. 24.10.65)*. Plus de 60 % des personnes intéressées pensaient pouvoir retrouver facilement un emploi sans subir de *réentrainement*, alors qu'elles avaient cessé de travailler depuis plusieurs années *(M. 25.10.66)*.

Un effort accru des branches d'industrie assurant le *rééquipement* technique de l'économie nationale *(M. 7.4.66)*. L'extrême gauche n'a pas échappé à cette *réévaluation* du problème *(E. 16.2.70)*. *Réévaluation* des salaires *(M. 13.3.69)*. Pour l'avenir il serait nécessaire de procéder à un *réexamen* général des ... examens *(M. 8.7.64)*. Nous savons bien que l'union de la gauche doit supporter un nouvel examen, ce *réexamen* sera fait *(E. 7.11.66)*. On ne peut que souhaiter tout mettre en œuvre pour protéger les sols (contre l'érosion) et au premier rang des moyens de lutte, la *reforestation (C. 3.12.69)*. (On) procède à la *regazéification* du méthane liquide, avant de le livrer aux consommateurs *(F. 8.11.66)*. Une *ré-interprétation* des textes et de leurs auteurs est nécessaire *(M. 27.9.69)*. Après un accident sous obstruction biliaire, (la malade) avait subi une *réintervention* (chirurgicale) *(M. 15.1.69)*. S'il consacre au *réinvestissement* et à l'action sociale une part fixée de ses bénéfices, le capitaliste privé « dispose et disposera dans l'avenir d'un domaine d'activité immense » *(M. 31.5.66)*. L'incendie qui a fait trois victimes, au bidonville de N. a souligné l'urgence des mesures qu'il convient de prendre pour assurer le *relogement* des familles qui y vivent *(M. 27.3.66)*. Mettre sa voiture au garage et rouler à bicyclette : quelques Parisiens ont cru, un moment, à cette solution de *remusclage (E. 31.5.65)*. Le projet de *renationalisation* de la sidérurgie britannique *(M. 30.6.66)*. La situation actuelle favorise une *re-négociation* de la politique agricole commune *(C. 13.11.69)*. La *renumérotation* de toutes les locomotives *(VR 5.5.68)*. Une *réorientation* des aides de l'État (à la marine marchande) s'impose *(M. 26.9.64)*. La *réorientation* universitaire est prioritaire *(M. 4.10.68)*. À peine né, le christianisme a été en proie à une *repaganisation (Pa. 9.70)*. Régénérer la gauche par la « *repolitisation* » de la base *(M. 24.10.68)*. La « *repolitisation* » de l'écrivain américain d'aujourd'hui est d'autant plus frappante qu'elle succède à la longue apathie des années 50 *(M. 12.4.66)*. C'est surtout dans les grandes crises sociales que le mouvement de *resacralisation* apparaît avec le plus de force *(Duquesne, 70)*. Quelque chose qui me paraît essentiel, c'est cette *resensibilisation* de l'homme à son environnement *(O.R.T.F. 24.1.70)*. Six salles de cinéma françaises ont été autorisées par l'O.R.T.F. à projeter en direct, sur grand écran, la *retransmission* des principales épreuves des Jeux (olympiques) *(M. 10.1.68)*.

∞ L'Église de France se lança dans la grande aventure de la « *rechristianisation* » qu'on appelait aussi, alors, l'« apostolat » *(N 10.70)*. La conception modulaire des ordinateurs B. vous permet d'ajuster la puissance de votre système aux besoins sans cesse croissants de votre entreprise, sans coût de *reprogrammation (Pub. Exp. 11.71)*. L'élève qui désire réellement mémoriser un signal donné le fait dès le premier apprentissage et ne modifie guère

RE (-)

son attitude dans le *réapprentissage (Lobrot, 72). Recarrossage* de plusieurs autorails *(VR 28.5.72).* Les experts ont déclaré l'accusé dangereux au sens criminologique du terme et jugent sa *réadaptabilité* aléatoire *(M. 11.6.72). Recaoutchoutage* de pneumatiques *(Inf. 15.1.73).* Résolument critique et contestataire, militant pour la *reculturation* et la *resymbolisation* réfléchie et contrôlée des figures contemporaines de la modernité, l'ethnopsychiatrie est aussi un combat passionnel *(Laplantine, 73).* C'est le pays auquel l'expression de *recolonisation* convient le mieux : 15.000 Français exploitent le Gabon, trois fois plus qu'au moment de l'indépendance *(E. 21.5.73).* Les crustacés ne supportent jamais la recuisson *(P. 28.8.73).* Un important effort de *reforestation* a été entrepris en Chine : des milliards d'arbres ont été plantés *(A. Peyrefitte, 73).* Des économies importantes peuvent être obtenues par une *réappréciation* du Franc *(O. 22.4.74).* Le *réamorçage* des circuits économiques bloqués (...) le *réamorçage* de l'économie par l'injection de fonds publics *(M. 16.7.74).* L'auteur appelle cela la *rururalisation* : le mot est rugueux, mais la perspective salutaire *(M. 19.1.75).* La *renégociation* de l'adhésion de la Grande-Bretagne au Marché Commun *(P. 17.3.75).* Un remarquable discours sur le « *recentrage* » de l'action syndicale *(E. 18.9.78).*

● **Fam. Devant d'autres substantifs abstraits ou concrets, employés isolément, à la place d'une phrase verbale (très fréquent au niveau oral et dans le style dit « télégraphique »).**

○ M. fait son premier exposé qu'il répétera quatre fois d'ici à la nuit dans des villes différentes. Buffet. Départ pour la deuxième étape. Deux villes de plus. *Rededicaces, rediscours (PM 7.11.65).* L'accord (entre deux firmes) supposait des aménagements industriels et financiers. Discussions. Rupture, *Rediscussions (E. 22.3.71).* Il ne savait pas, qu'elle resterait paralysée. On ne lui avait pas encore dit. Pour le ménager. Je lui ai fourni les détails. Je lui avais apporté le journal. *Re-sanglots (Rochefort, 63).* Vous pouvez prendre des leçons, jusqu'à 5 heures par jour. Ski, *re-ski,* encore plus de ski que tout le monde *(A. 20.11.69).*

∞ Arrêt dans une gare importante, des voyageurs cherchent leurs couchettes (...) Le train est reparti et les revoilà : *re-bruit, re-porte, re-lumière (C. 11.4.72).* Arrivés à votre station, *re-couloirs, re-contrôles.* Voilà ! Vous êtes livrés en bon état de conditionnement *(P. 26.7.73).* C'est le moment de la soupe (à la prison). Nous (les détenues) réintégrons nos places (...) Nouvelle course à la fontaine pour laver les gamelles (...) Nous revenons dans l'atelier. *Re-traversée* de la cour. *Re-désordre. Re-brouhaha (Gérard, 74).*

Re- ou Ré- devant un verbe (intr., tr. ou réfléchi).

○ Le fameux privilège des bouilleurs de cru, (qui a été) aboli, rétabli, *réaboli* et réétabli grâce à son impact électoral *(E. 3.11.69). Réaccélérer* pour retrouver la vitesse de 140 km/h *(Ch.f. 68).* Vous avez eu un mois pour vous *réacclimater (Perry, 66).* Parmi les régionalistes sincères, il y a des hommes d'horizons politiques très différents (qui veulent) *réactualiser* la régionalisation *(M. 6.3.70).* Les multiples analyses concernant la « société industrielle » et son évolution politique sont *réactualisées* par les électeurs *(O. 26.6.68).* Inciter l'Allemagne à *réaligner* sa monnaie *(En. 20.9.69).* Lorsque, dans un pays, l'information est tombée en deçà d'un certain point, il n'est plus possible de *réamorcer* la curiosité, l'opinion ne « suit » plus *(Revel, 65).* Il n'est pas certain que la Fédération de la gauche réussisse à survivre, même si (elle) était élargie et *rebaptisée (M. 6.10.68).* D'anciennes voitures ont été *recarrossées (VR 20.4.69). Re-civiliser* le sauvage qui sort de la bousculade des trains *(Guillain, 69). Recombiner* les ressources disponibles *(Hetman, 69).* Persuader les dirigeants de *reconvoquer* la conférence *(M. 30.7.66).* G. devra *redécapuchonner* son stylo *(Bésus, 64).* Quelles fins doivent être assignées à l'enseignement dans la seconde moitié du XXe siècle, quelles valeurs doit-il véhiculer, comment *redéfinir* ses objectifs ? *(F. 16.3.68).* Des sociétés d'actualités cinématographiques cherchent à *redéfinir* leur mission *(GI 1.6.68).* L'A.F.P. tente de disposer du service de la Canadian Press, non pour *rediffuser* ses dépêches, mais pour être plus rapidement informée *(M. 6.1.68).* La clientèle lassée des juke-boxes, s'est prise à « *ré-écouter* » la radio *(ST 21.9.68).* Ce qui m'amuse (un metteur en scène) c'est de *ré-écrire* les pièces, de les *ré-écrire* avec des formes, des couleurs, des onomatopées, des mots, même, par-ci par-là, mais surtout avec des indications de jeu qui démontrent le texte *(C. 12.1.69).* Nos forces *réembarquent* avec leur équipement *(M. 11.9.69).* Les treize cadres administratifs qui avaient été mis à la porte ont été *réembauchés (M. 10.6.65).* Il suffit souvent d'un petit coup de fouet pour permettre à l'organisme humain de « *réembrayer* » *(C. 11.3.69).* Tino Rossi *réenregistre* (des chansons) avec accompagnement de rythme rock *(E. 21.9.64).* Une gestion stricte a conduit à *rééquilibrer* le budget *(M. 29.5.69). Réétudier* les communications fluviales à l'intérieur du complexe portuaire Marseille-Fos *(M. 17.12.67).* En *refeuilletant* quelques-uns de mes bouquins *(VR 22.9.68). Reformuler* des affirmations, des requêtes, des projets *(Lefebvre, 68).* On *refrappe* à la porte *(Bernard, 64).* « *réhabiller* » les soli de guitare avec un orchestre moderne *(PM 26.10.68).* Que de couples, que de familles pourraient être « guéries », « *ré-harmonisées* » ou tout au moins aidées, secourues pour le bien de chacun et de la société en définitive *(M. 27.2.69).* La crème Après-Soleil *réhydrate* et nourrit votre peau *(Pub. Fa. 17.7.68). Réimplanter* le théâtre à travers la France *(FI 12.5.66). Ré-imposer* à un pays un certain « ordre moral » *(O. 13.1.69).* Certains partis se donnent pour objectif de ressaisir le pouvoir pour *réinstaurer* le capitalisme *(M. 9.3.66).* Actions, obligations et profits *réinvestis* ont obtenu des allègements (fiscaux) fort sensibles *(M. 9.4.66).* C'est dans toute la France que doivent se *relocaliser* les sièges sociaux, les laboratoires, les sociétés d'études (...) *(M. 1.2.69).* Le projet de loi tendant à *renationaliser* l'industrie sidérurgique britannique précisera le montant des indemnités devant être versées aux actionnaires expropriés *(M. 30.6.66).* À Paris, Français et Algériens *renégocient* les modalités de la coopération économique franco-algérienne *(En. 30.1.71).* Les blessés ont dû être *réopérés (E. 17.2.69).* Après les deux premières années d'étude, les étudiants qui ont prouvé par leur succès que leur orientation était correcte aborderont le second cycle, les autres seront *ré-orientés (M. 22.7.69).* Le malade *se repersonnalise* en se revêtant de parures semblables à celles des personnages qui hantent son esprit *(M. 20.3.66). Repointer* sur une liste les noms et les prénoms de tous les collaborateurs *(Kenny, 54). Repolitiser* les citoyens, c'est leur proposer un but collectif qui donne un sens à leur existence personnelle *(Schwœbel, 68).* Nous sommes le poil à gratter de la vie politique. Nous voulons *repolitiser* les élections locales *(E. 2.10.67).* L'équipage jette sur le sol lunaire l'équipement inutile et « *repressurise* » son engin *(M. 17.7.69).* L'État doit « *reprivatiser* » les banques nationalisées *(C. 14.6.69).* Dans les pays socialistes on s'est mis à personnaliser, pour ne pas dire à *reprivatiser* les terres *(O.R.T.F. 20.12.69).* Le téléphone *resonne* interminablement *(O. 21.10.68).* Sa volonté de « *rethéâtraliser* le théâtre et non pas d'illustrer de la littérature dramatique » venait trop tôt

(M. 24.5.66). Selon Mac Luhan, Kennedy, F. Castro ou de Gaulle sont les premiers grands sachems d'un monde que l'audio-visuel a *retribalisé (E. 19.5.69)*. On classe (certains) délinquants) trop vite inadaptés ou inadaptables, et il arrive souvent que la perspective d'une condamnation les *revalorise (M. 13.10.65)*. Pour *revaloriser* la politique, pour rendre signification et attrait à des mots comme « gauche » ou comme « socialisme », il faut refuser un vocabulaire qui cache les choix réels *(M. 24.9.66)*. Le professeur a pratiqué jusqu'à présent huit greffes hépatiques sur l'homme. Il est parvenu à « *revasculariser* » le foie durant une heure à une heure quarante *(F. 28.11.66)*.

∞ Y'a des années que le projet court, se ramasse, se relève, re-*court*, se re-*ramasse (PM 28.3.70)*. Une loi du 13 avril 1954 a « *recriminalisé* » l'infanticide dans les conditions antérieures *(Imbert, 72)*. Le gouvernement devra *réinjecter* des crédits budgétaires pour le second semestre *(E. 24.1.72)*. Nous avons *réaménagé* nos Boeing 707 et tout renouvelé du sol au plafond *(Pub. E. 20.11.72)*. La complexité de notre culture exige que l'on apprenne à *reculturer* systématiquement tous les aspects de notre existence technique et urbaine *(Laplantine, 73)*. Le développement de la société bourgeoise moderne va tendre à *réactualiser* les archétypes féminins *(Morin, 73)*. Le mérite historique de Béjart est d'avoir *resacralisé* la danse *(Garaudy, 73)*. *Recalculez* le coût global de distribution de votre transport actuel *(Pub. Exp. 2.73)*. *Réinsuffler* la foi à cette Egypte vieillie, hypercivilisée *(O. 14.1.74)*. Mr. W. s'engage à *renégocier* les termes de l'accord *(E. 18.2.74)*. Le ministre des Affaires étrangères pourrait travailler (...) à *recimenter* l'Europe disloquée *(M. 30.5.74)*. Réexaminer sérieusement l'application de la politique agricole commune *(M. 27.9.74)*. Une réactualisation de valeurs du passé, à *réinterpréter* dans une vision contemporaine *(M. 8.10.74)*. Le ministre des Finances doit faire *redémarrer* la production *(P. 24.2.75)*. Il s'agit de sauver nos âmes, de nous *reciviliser* en somme *(O. 19.6.78)*.

RÉAC adj. et subst. Abrév. fam. de *réactionnaire*.

● Adj.

La fidélité, en face de la liberté sexuelle, ça sonne anachronique. Et même un peu « *réac* », comme le militarisme ou l'impérialisme *(El. 14.9.70)*. Ou bien on aura un prof « *réac* », mais qui nous fera avoir le bac. Ou bien un prof ouvert et libéral, mais avec lequel l'examen sera beaucoup plus hasardeux *(M. 6.2.72)*. Le scénario (d'un dessin animé) ne fait pas le poids. La satire mordante annoncée est démodée, presque « *réac* » *(Inf. 15.1.73)*. « Passer le moins de temps possible tout en se donnant les chances d'obtenir un diplôme ». Dosage savant qui a nécessité de « choisir des profs pas trop *réac* » qu'à l'occasion on pourra séduire ou apitoyer pour un devoir oublié *(M. 21.6.78)*.

● Subst.

Les *réacs* de base, qui n'ont jamais aimé Y. Montand, vont évoquer avec des ricanements le moment où il se bagarrait avec les communistes *(E. 11.5.70)*. J'ai connu des acteurs de gauche qui étaient d'irréprochables militants, mais qui n'étaient pas toujours de bons acteurs. Et il y a de vilains *réacs* qui sont de prodigieux comédiens *(Signoret, 75-78)*.

RÉACTEUR sm. Techn. (Énergie nucléaire). ■ Dispositif dans lequel ont lieu des réactions de fission (de l'uranium, du plutonium, etc.).

Un « *réacteur-piscine* » est une pile atomique dont le cœur est simplement immergé dans une cuve pleine d'eau déminéralisée. Cette eau joue à la fois le rôle de liquide de refroidissement, ralentisseur de neutrons et protection biologique *(F. 10.12.66)*. Les *réacteurs* surrégénérateurs permettront d'abaisser considérablement le coût du kW nucléaire *(E. 29.7.68)*. La complexité des problèmes qu'il faudra maîtriser pour aboutir à un premier *réacteur* thermonucléaire à laser ne le cède en rien à la difficulté de concevoir un *réacteur* à confinement magnétique *(M. 26.6.74)*. Le *réacteur* à haut flux est un appareil qui ne produit pas d'électricité et qui est seulement destiné à des recherches scientifiques grâce à un flux intense de neutrons *(M. 29.9.74)*. Un *réacteur* à sels fondus peut être léger, sa structure est simple *(M. 14.11.74)*. L'usine a traité les combustibles des *réacteurs* électrogènes graphite-gaz *(M. 12.3.75)*.
→ CŒUR.

RÉACTIVATION sf. ■ Fait de rendre de l'activité à qqch.

La *réactivation* de l'alliance atlantique serait justifiée en cas d'un retour véritable à la guerre froide *(O. 9.9.68)*. Le signal d'alarme de Washington a conduit à une *réactivation* des forces armées en Europe de l'Ouest *(M. 9.8.70)*. Cette voie ferrée a été provisoirement mise en sommeil ; sa *réactivation* éventuelle a été prévue *(R.G.C.F. 9.70)*. L'agitation sociale a pris de l'ampleur depuis la *réactivation* économique de 1962 *(MD 2.74)*.

RÉALISATRICE sf. De *réalisateur* (cinéma). ■ Femme qui est l'auteur d'un film, d'une émission radiodiffusée ou télévisée.

Faire confiance à une jeune *réalisatrice* débutante est rare ... « J'admire une femme qui choisit le dur métier de cinéaste. Aujourd'hui, on a un préjugé favorable à l'égard de la femme écrivain. Mais la femme cinéaste ou peintre se heurte encore à des barrières qui me sont odieuses » *(E. 4.12.67)*.
Une obscure *réalisatrice*, auteur de l'émission qui a été présentée à la B.B.C. *(E. 25.6.73)*.

RÉANIMATEUR, TRICE subst. Mil. XXe. Méd. ■ Spécialiste de la *réanimation*.

Ce groupe (de secours aux blessés de la route) de choc comprend : une équipe chirurgicale complète, une équipe de réanimation, deux équipes de convoyeurs-*réanimateurs* pour les évacuations sanitaires *(F. 22.12.66)*. J'ai perdu conscience et ils ont travaillé à me remettre en état de vie. Dans ce cas je m'éveille actuellement après l'opération. Le *réanimateur* — ce nom sublime ! — observe mon retour à la surface *(Guimard, 67)*.
Plus de 400 obstétriciens, pédiatres, biologistes, sages-femmes et anesthésiologistes-*réanimatrices* ont participé aux journées nationales de médecine périnatale *(M. 22.11.73)*.

RÉANIMATION ou RANIMATION sf.
1. Méd. Ensemble de mesures qui visent à rétablir les grandes fonctions vitales de l'organisme (circulation, respiration, etc.), abolies ou fortement compromises à la suite d'un accident, d'une complication opératoire, etc.

Réanimation.

La « *réanimation* médicale » (...) pour parer aux effets secondaires des (...) défaillances organiques que la maladie peut provoquer *(M. 18.1.68)*.
Une *réanimation* « légère » à condition qu'elle soit bien faite sauverait déjà un bon nombre d'enfants des handicaps possibles (...) Il existe à Paris un Centre spécialisé dans ce qu'on nomme aujourd'hui « la *réanimation* lourde » ou les soins intensifs *(FP 10.70)*.
Surveiller attentivement le malade pendant l'opération ne suffit pas. Il faut aussi être attentif à la période qui suit l'intervention. Des salles de réveil et de *réanimation* sont souvent nécessaires (...) Cinq seulement des 16 départements d'anesthésiologie parisiens possèdent une unité de *réanimation (C. 6.9.78)*.

Ranimation.

Depuis quelques années, les cours de secourisme avec apprentissage de la *ranimation* artificielle sont introduits dans les établissements scolaires (...) La *ranimation* respiratoire doit être entreprise dans les trois minutes qui suivent l'arrêt de la respiration. Dans l'eau, le sauveteur peut commencer à pratiquer la *ranimation* avant même d'avoir atteint le rivage *(M. 7.6.72)*.

2. Fig. Dans d'autres domaines. ■ Remise en marche, en état de fonctionner, etc.

Une part a été faite aux mouvements de *réanimation* culturelle des régions anémiées, notamment aux « maisons des jeunes et de la culture » *(M. 19.2.57)*.

REBOURS (COMPTE À)
→ COMPTE À REBOURS.

RÉCEPTIONNISTE subst. ■ Personne chargée de la réception des clients d'un hôtel, des visiteurs d'une entreprise, d'un organisme, etc.

Un bâtiment aussi rigoureusement sinistre que le veut la tradition architecturale du genre. Sur le registre de la *réceptionniste*, un nom a été biffé *(E. 6.5.68)*. Le visiteur découvre à l'intérieur celui qui fait fonction de *réceptionniste* : un enfant de six ans ... *(M. 11.9.69)*.
Une *réceptionniste* me happe, me questionne, se met à téléphoner *(Bodard, 71)*. Le directeur de l'hôtel Alienor, ses *réceptionnistes*, ses maîtres d'hôtel, ses grooms, ses bagagistes *(P. 25.3.74)*.

● Dans des composés.

F.S. recherche pour son bureau de Paris : un *réceptionniste*-standardiste *(Pub. F. 17.1.69)*.

1. RECEVEUR, EUSE subst. Spéc. ~1960. Méd. ■ Malade auquel on implante un organe ou un fragment de tissu prélevé sur un *donneur**.

Une chose qui supprimerait les problèmes moraux posés par le choix d'un donneur et l'indication opératoire sur le « *receveur* » : c'est le cœur mécanique *(PM 20.1.68)*. Le professeur C. (chirurgien) avait fait préparer une chambre stérile pour y installer un futur « *receveur* » *(PM 11.5.68)*.
C'est lui qui, en 1958, fait accomplir un pas décisif aux transplantations d'organes, en découvrant l'un des facteurs qui interdisent aux tissus des donneurs de vivre sur les tissus des *receveurs (E. 5.6.72)*.

2. RECEVEUR sm. Spéc. ■ Bassin, récipient destiné à recevoir, avant son évacuation, l'eau qui a servi à une douche.

Une douche se compose d'un *receveur* ou bac — qui peut être aussi la baignoire —, d'une pomme ou douchette (...) Le *receveur* peut être simplement posé sur le sol ou encastré *(VR 17.9.78)*.

RECHARGEABLE adj. 1964. ■ Qui peut être rechargé.

Une pile à combustible, type accumulateur *rechargeable (R.G.C.F. 1.72)*. Après son offensive dans la pointe feutre et le briquet non *rechargeable*, le voilà sur le marché du rasoir *(P. 27.1.75)*.

RECHERCHE-DÉVELOPPEMENT sf. Techn. ■ Recherche qui a pour objet le *développement** d'un matériel, d'un produit, c'est-à-dire la mise au point définitive de la fabrication.

Chaque ministère devrait mettre en œuvre des programmes de *recherche-développement* dans les domaines le concernant *(NC 12.72)*. La *recherche-développement* dans le domaine de l'insonorisation des véhicules ou (...) des transports en commun *(Barde, 73)*. L'essoufflement de l'effort de *recherche-développement* américain est une des causes majeures de la réduction rapide de l'écart technologique entre les États-Unis d'une part, l'Europe et le Japon de l'autre *(Faire, 73)*.

RECHERCHE OPÉRATIONNELLE
→ OPÉRATIONNELLE (RECHERCHE).

RECONVERSION sf. Repris et rép. mil. XXe. Par ext. ■ Adaptation (de qqch ou de qqn) à une situation nouvelle.

Rem. **Ce terme a été critiqué.**

Un exemple typique d'inflation verbale nous est fourni par le mot « *reconversion* », dont la presse use et abuse singulièrement depuis une quinzaine d'années. (...) Nos contemporains emploient constamment le composé « *reconversion* » au lieu du simple « conver-

533   **(-) RECORD**

sion ». Ainsi la S.N.C.F. qualifie de « *reconversion* » l'électrification de ses lignes (...) En avril 1965, le gouvernement a approuvé un décret « favorisant la *reconversion* des officiers ayant volontairement quitté l'armée », afin de permettre aux officiers d'entrer dans l'administration des collectivités locales et d'y être éventuellement titularisés. (...) Dans ces exemples, l'emploi du composé « *reconversion* » me paraît incorrect, puisqu'il ne tient pas compte de la valeur « itérative » du préfixe « re » *(Le Bidois, 70).*

1. Adaptation d'une industrie, d'une production, d'une technique à de nouvelles conditions économiques.

La S.N.C.F. effectue une *reconversion* de son matériel roulant *(T. 2.67).* La *reconversion* de la production laitière en production de viande bovine n'était pas possible *(F. 16.3.68).* On commence à parler de *reconversion* dans l'industrie automobile. Renault a diversifié ses activités (...) et a pris des intérêts dans l'industrie des aliments ou des tondeuses à gazon *(P.M. 11.5.74).* Le vignoble du Languedoc aura-t-il les moyens de faire à bon escient sa *reconversion*? *(C. 2.9.78).*

2. Affectation d'un travailleur ou d'une partie de la main d'œuvre à des tâches nouvelles ; changement de métier, de profession, de discipline. Adaptation à ces changements.

Il serait judicieux de prévoir une *reconversion* des chercheurs improductifs *(M. 7.1.67).* Il est nécessaire de mettre en place des circuits de *reconversion* et des « passerelles » pour les étudiants qui ne seraient pas capables de passer leurs examens *(En. 29.3.69).* La *reconversion* d'un ouvrier du bâtiment en métallo *(VL 11.70).* Permettre l'acquisition d'outils rénovés ou différents pour améliorer l'efficacité du travail − c'est un recyclage − ou pour en entreprendre un autre plus intéressant − c'est une *reconversion (Young, 72).*
→ ÉDUCATION PERMANENTE, FORMATION PERMANENTE, RECYCLAGE (1).

3. Adaptation d'une mentalité individuelle ou collective à une situation nouvelle.

Le parti gaulliste trouve, dans la défaite du général, une occasion inespérée de préparer la *reconversion* de « l'après-gaullisme » *(E. 6.12.65).* Une complète *reconversion* culturelle est impraticable *(M. 29.10.66).*
Dans ce domaine comme dans les autres, c'est Jean XXIII et le deuxième concile du Vatican qui devaient provoquer une véritable *reconversion* de l'attitude des catholiques à l'égard des protestants, des anglicans et des orthodoxes *(N 10.70.).* À âge égal, la quarantaine, Mme. A n'a pas les mêmes chances de *reconversion* sentimentale que son mari *(Victor, 73).*

RECONVERTIR v. tr. et réfl. Repris et rép. mil. XXe. ■ Procéder à la *reconversion** de qqch. ou de qqn.

1. À propos d'industries, de productions, d'installations, etc.

● **Verbe trans.**

La disparition de la traction à vapeur conduisait à *reconvertir* les activités du dépôt de Nice *(R.G.C.F. 1.71).*

● **Au passif. Être l'objet d'une *reconversion*.**

Les *bâtiments* qui vont être construits seront conçus pour être plus tard facilement *reconvertis* en un lycée *(M. 5.1.65).* Après les Jeux (olympiques) ces *installations* seront « *reconverties* » et permettront de mettre à la disposition des Grenoblois, plusieurs milliers de logements *(VR 9.7.67).*

● **Verbe réfl.**

Les constructeurs d'automobiles cherchent plus à défendre leur production menacée qu'à se *reconvertir* vers d'autres fabrications *(M. 4.10.74).*

● **Verbe réfl. à sens passif.**

Il faut prévoir des installations qui peuvent facilement *se reconvertir* : les crèches en jardins d'enfants, les jardins d'enfants en « garderies d'après l'école » *(M. 3.1.68).*

2. À propos de personnes, de main d'œuvre, etc.

● **Au passif (part. passé/adj.). Qui a changé d'activité, de métier.**

Nous avons vu des « *bureaucrates reconvertis* » qui peignaient les veines et les nerfs sur les « écorchés » destinés à l'École de médecine *(M. 14.2.68).* Une usine est en construction, qui donnera du travail aux *mineurs* « *reconvertis* » *(M. 24.9.66).*

● **Verbe réfl. Changer d'activité, de métier.**

Les « disc-jockeys » *se reconvertissent* : R. anime (...) une boite de nuit, G.K. fait avec talent de la « radio de papa » *(M. 14.2.69).* Au moment où beaucoup de couturiers gémissent sur la crise de la haute couture, C. a montré qu'on pouvait *se reconvertir (E. 22.3.65).* Il reste encore en France cinq mille cinq cents familles d'exploitants agricoles rapatriés qui n'ont pu *se « reconvertir »* *(M. 22.8.65).* La garantie donnée aux salariés qui doivent *se reconvertir* qu'ils toucheront effectivement leur ancien salaire durant la période de réadaptation, de formation professionnelle nouvelle *(M. 24.9.66).*

(-) RECORD Deuxième élément de substantifs composés dans lesquels il signifie que ce que désigne le premier élément atteint ou constitue une sorte de record.

Une sorte de *cote record* atteinte (au pari mutuel, dans les courses de chevaux) *(Bouvard, 66).* On compte cent douze candidats appartenant à quatorze partis, un *chiffre record*, qui souligne ce caractère exceptionnel de la consultation *(M. 21.2.69).* Une maison préfabriquée qui est bien vendue si l'on en juge par les *demandes records* enregistrées à V., où le prototype a été présenté au public *(E. 17.3.69).* Hausse record de 5 % des valeurs industrielles *(M. 18.1.68).* En 1967, la politique libérale du ministère des Finances avait abouti à une *implantation record* de 80 sociétés américaines nouvelles *(O. 17.1.68).* Malgré des *importations records*, le commerce extérieur s'est trouvé équilibré dès février *(E. 30.3.70).* Un *montant record* de cinq milliards de dollars *(M. 29.5.69).* La liaison (routière) Lyon-Genève n'autorise pas de *moyennes-record (VR 20.7.69).* Le *niveau-record* des offres d'emploi non satisfaites avait été établi en novembre 1956 *(M. 11.1.69).* (Les chômeurs) étaient 192 000 le 1er juillet 1967 : cette année, 286 200 − *nombre record* − le 1er juillet *(E. 12.8.68).* Les perspectives de *production « record »* de pêches et abricots *(M. 15.6.68).*

(-) RECORD

L'euphorie créée ces récentes années par les *récoltes record* et l'enrichissement d'une partie des paysans a masqué l'approche d'une crise sérieuse *(Guillain, 69)*. Il avait franchi 5,32 m, soit seulement deux centimètre de moins que le *saut-record* de l'Américain P. *(E. 24.4.67)*. Il ne suffit pas de souhaiter que l'épargne se développe pour que la propension des citoyens à investir atteigne les *taux records* souhaités par le gouvernement *(M. 10.10.69)*. L'ordinateur établit en un *temps record* les protocoles d'irradiation des malades atteints de tumeur maligne en calculant les doses à appliquer et l'espacement des séances *(M. 31.1.69)*. Les murs (de maisons préfabriquées) arrivés sous cellophane (sont) montés à une *vitesse record* par des ouvriers en gants et en espadrilles *(E. 23.12.68)*.

RECTANGLE BLANC loc. subst. ■ Signe conventionnel qui apparaît sur l'écran de télévision, pour signaler que l'émission qui va suivre est à déconseiller pour les enfants.

Il faut une certaine expérience de la vie pour supporter le récit visuel des ravages causés par cette (femme). Même sans « *rectangle blanc* », F. Mauriac porté à la télévision reste une affaire d'adultes *(M. 10.5.66)*.

RÉCUPÉRATEUR, TRICE adj. et subst. ■ Qui *récupère** qqn ou qqch.

● Adj. Fig.

Dans un système de cogestion, deux collèges, celui des enseignants et celui des étudiants, devaient élire leurs représentants. À ce système, qu'ils jugent « *récupérateur* », les étudiants préfèrent les « commissions mixtes », issues d'élections au sein d'un collège unique, où, par conséquent, les étudiants seraient majoritaires *(O. 7.6.68)*.
Il serait anachronique de parler de pédagogie non-directive, car elle n'est pas moins *récupératrice* que les autres, dès qu'on s'en fait un modèle *(Deloncle, 72)*.

● Subst. masc. Personne qui recueille des objets, des machines, etc. afin d'en réutiliser certains éléments, certaines pièces, etc.

Si une taxe était perçue sur tout achat de voiture, puis remboursée à son propriétaire lors de la cession à un *récupérateur* de ferrailles agréé, plusieurs centaines de milliers de carcasses feraient chaque année retour à l'industrie *(Saint-Marc, 71)*.

RÉCUPÉRATION sf.

1. Action de *récupérer** *(2.)* qqch (congés, cours, heures de travail, etc.). Résultat de cette action.

   Un mouvement de grève organisé le 11 janvier (par les élèves d'un lycée) pour protester contre la « *récupération* » des cours du 22 décembre *(M. 20.1.68)*.

2. Spéc. ~ 1965. Action de *récupérer** *(3.)* qqn (individu ou collectivité) ou qqch (idée, manifestation, mouvement d'opinion etc.). Résultat de cette action.

   On a exalté la spontanéité, la fièvre et l'ivresse de la révolte, la contestation comme fin en soi. Accepter un programme, c'était déjà tomber dans les pièges de la « *récupération* » *(M. 12.2.69)*. Les commerçants et artisans de Grenoble confirment qu'ils ne participeront pas à la grève du 5 mars. Ils voient dans la consigne nationale lancée pour ce jour-là une tentative de « *récupération* » de leur mouvement spontané *(M. 27.2.69)*. Une collaboration se développe entre l'impulsion initiale de quelques minorités agissantes et l'exploitation ultérieure de leur action par les syndicats. Il ne s'agit pas de « *récupération* » au sens où ce mot implique plus ou moins l'abandon des objectifs de départ par les grandes organisations : celles-ci permettent au contraire à ces objectifs de se traduire dans les faits *(M. 23.9.69)*. Une vague d'agitation déferle sur les lycées. Fait nouveau, leur allergie assez marquée à la *récupération* par les groupes activistes habituels *(US 17.3.71)*.
   Des socialistes de toutes tendances ont protesté contre la « *récupération* » de la Commune par Marx *(E. 29.3.71)*. L'affirmation de l'âge comme une clôture qui sépare les bons et les méchants permet (aux jeunes) d'échapper à toute « *récupération* » par le monde adulte *(N. 7.71)*. Les capitalistes guettent tout ce qui a authentiquement de la valeur, mettent la main dessus, le transforment, par la télévision et tous les « supports » qu'ils gouvernent, en valeur-signe. C'est ce qu'on appelle la « *récupération* » : la révolte des jeunes, la libération des femmes, les progrès techniques, tout peut subir ce sort *(O. 29.4.72)*. Les groupements d'habitants peuvent être des précurseurs, des chercheurs d'idées nouvelles. Les associations qui se créent en grand nombre permettent d'écarter le danger de la « *récupération* » *(M. 29.1.75)*. S'agit-il de revaloriser le travail manuel ? Non, de le prendre à sa vraie valeur, celle qu'il n'a cessé d'avoir (...) La *récupération* politique du terme est dangereuse *(R.G.C.F. 12.77)*.

RÉCUPÉRER v. tr. Repris et rép. mil. XXe.

1. Fam. Aller chercher qqch ou qqn que l'on a laissé ou qui s'est égaré quelque part.

   La belle entente n'a guère duré plus d'un mois entre les deux italiens et nous. Pendant quelques jours, on s'est attendu à les voir rappliquer en force avec des copains à eux qu'ils auraient été *récupérer* en ville *(Mosnat, 64)*. Le col du L., a été fermé. Deux automobilistes y ont été bloqués toute la nuit. Les gendarmes-skieurs et des moniteurs de ski sont partis les *récupérer (M. 13.2.70)*.

2. Accomplir des heures ou des journées (de travail, de cours, etc.) en remplacement de celles qui ont été chômées pour diverses raisons.

   Le ministère de l'Éducation nationale a laissé aux chefs d'établissements toute liberté pour « *récupérer* » les cours du jeudi 21 et du vendredi 22 décembre *(M. 20.1.68)*.

3. Spéc. (D'abord pol., et surtout dans le vocab. *gauchiste**). Détourner (insidieusement) de leur orientation initiale des personnes (par ex. des *contestataires**, un électorat, une clientèle, etc.) ou des idées (subversives), afin d'en neutraliser l'hostilité et/ou de canaliser à son propre profit la force qu'elles représentent.

   Grégory C. eut dès son plus jeune âge certains démêlés avec la justice ; aujourd'hui, il a été « *récupéré* » par l'ordre bourgeois américain : il s'est marié, il a eu les honneurs d'une photo dans « Newsweek » *(E. 22.2.65)*. Tout concourait à démontrer que le roi du Maroc

avait bien l'intention de *récupérer* politiquement M. Medhi Ben Barka *(M. 24.9.66)*. Vivant, Martin Luther King commençait à inquiéter. Sa mort en fit un martyr. Les journaux les plus conservateurs, qui le critiquaient la veille, le saluèrent comme un héros typiquement américain. Aujourd'hui, l'« establishment » blanc cherche non plus à (le) « *récupérer* », mais à l'oublier *(M. 6.4.69)*. Les Américaines ont le sentiment, aujourd'hui, d'avoir été « roulées ». Leur belle émancipation a été *récupérée*. Au lendemain de la Seconde Guerre mondiale, on a assisté à un retour massif du culte de « la femme au foyer » mère attentive certes, mais aussi grande acheteuse *(Fa. 22.4.70)*.
On pourrait dire que la psychanalyse a été « *récupérée* » si (...) *(N. 1.71)*. Cet industriel s'attend à une offensive de charme : « Le gouvernement, dit-il, va sûrement essayer de me *récupérer* » *(E. 29.3.71)*. En 1789 le « Contrat Social » est tellement à la mode qu'il est « *récupéré* » même par les révolutionaires modérés *(E. 3.1.72)*. La prévention ne consiste pas qu'à « *récupérer* » les adolescents au profit de cette société dont ils tendent à s'écarter *(M. 8.3.72)*. Le président est-il ou non en voie de « *récupérer* » le mouvement populaire ? *(M. 20.5.72)*. Trois milliards de chiffre d'affaires : le Business a bien « *récupéré* » les Jeux Olympiques *(Exp. 7.72)*. (...) peur de voir *récupérer* ce qu'on appelait le mouvement de Mai. On se sentait « *récupéré* » dès que des adultes ou des politiciens reprenaient un seul mot de la Sorbonne *(Daniel, 73)*. En 1968 et après, la C.g.t. s'est vu reprocher d'avoir *récupéré* le mouvement déclenché par des forces qui échappaient à son contrôle *(E. 25.3.74)*. Le président de cette puissante coopérative continue de faire peur à Paris, même si en Bretagne on le considère un peu comme un homme d'affaires « *récupéré* » *(P. 1.7.74)*. Une sorte de « sensibilité écologique » balbutiante est aujourd'hui — entre autres choses — « *récupérée* » par la société des bavards pusillanimes *(M. 24.9.74)*. C. n'a pas *récupéré* le gaullisme, il a recueilli la fraction de la bourgeoisie ralliée à de Gaulle et tombée en déshérence *(P. 27.1.75)*. Pourquoi officialiser les associations de défense de l'environnement au risque de les *récupérer*, comme disent les gauchistes ? *(M. 29.1.75)*. N'est-il pas,dans la nature des politiciens de « *récupérer* » les aspirations des citoyens ? *(M. 18.12.76)*. Défendue au début du XXe siècle par une petite élite droitière, puis *récupérée* (...), l'écologie a désormais droit de cité *(P. 10.10.77)*.

RECYCLABLE adj. ■ Qui peut être *recyclé**.

● **À propos de personnes.**
Nous allons fabriquer des professeurs qui ne seront pas *recyclables*, s'est exclamé M.G. du Syndicat de l'enseignement supérieur *(M. 13.5.67)*.

● **À propos de choses concrètes.**
Le carton ondulé est *recyclable* : une fois sa « carrière » terminée, l'emballage en carton ondulé retournera dans une papeterie où il servira à nouveau à la fabrication de papier, de cannelure ou de couverture *(V.A. 4.2.74)*.

RECYCLAGE sm. ~ 1956 (cf. Rem. ci-après). Rép. ~ 1960.

Rem. Le Ministre de l'Éducation a lancé, à l'Assemblée nationale, le 15.6.56, le joli mot de *recyclage* qui désigne la réorganisation des cycles dans l'enseignement du second degré *(Georgin, 57)*.

1. **Fig. Changement de l'orientation scolaire d'un enfant afin de le faire passer dans un cycle d'études qui semble mieux lui convenir. — Par ext. Formation complémentaire ou nouvelle donnée à un adulte pour lui permettre de se perfectionner dans sa profession, sa spécialité, ou de changer d'orientation.**

Recyclage + O ou Recyclage + adj.
Le *recyclage*, comme on dit, est devenu une nécessité. Il n'y a qu'un exemple dans notre organisation sociale traditionnelle, c'est la période militaire qui permet aux officiers de connaître les nouvelles armes et les nouvelles techniques. Les médecins ne disposent pas, à notre connaissance, de moyen généralisé de rajeunissement du savoir *(PM 3.10.64)*. « Le métier de parents » est un métier à *recyclage* permanent, à remise en question continue, à réflexion profonde inlassable *(Fa. 13.11.68)*. L'Église a besoin d'adaptations, de « *recyclages* » pourrait-on dire aujourd'hui *(C. 5.1.69)*.
La Direction commerciale de la S.N.C.F. a organisé plusieurs sessions d'instruction et de *recyclage* *(R.G.C.F. 2.71)*. L'éducation permanente (...) est une tout autre affaire que le « *recyclage* » à la fois trop efficace et trop prudent (...) Le groupe de travail sur la formation artistique a mis en valeur l'importance du *recyclage* pour tous ceux qui exercent un métier d'aménagement : entrepreneurs, architectes, ingénieurs *(N 7.71)*. Le *recyclage* a envahi toutes les catégories du personnel, quel que soit leur niveau de qualification (...) faut-il recourir au *recyclage* interne ou suivre des séminaires à l'extérieur de l'entreprise ? *(En. 30.9.71)*. Des exercices programmés d'acquisition et de mémorisation des connaissances dans le cadre de la formation permanente ou d'un « *recyclage* » *(Gabaude, 72)*. Permettre l'acquisition d'outils rénovés ou différents pour améliorer l'efficacité du travail — c'est un *recyclage* *(Young, 72)*. La modernisation a créé des besoins nouveaux qui nécessitent des *recyclages* ou même des conversions *(R.G.C.F. 6.74)*. Il faut aménager le temps de travail pour laisser une plus large place aux *recyclages* et à la formation continue *(M. 27.9.75)*. Ce retrait temporaire de l'activité professionnelle pourrait être mis à profit pour un *recyclage* professionnel ou de nouvelles études *(M. 27.5.78)*.

Recyclage + de + subst. (nom de personne ou de collectivité).
« *Recyclage* » *des adultes* que l'évolution rapide des techniques contraindra à changer de métier plusieurs fois dans leur vie *(Sudreau, 67)*. Le *recyclage* permanent *des députés* qui doivent avoir un rôle d'animateur économique régional *(F. 28.11.66)*. Pour appliquer une réforme totale de l'enseignement nous devrons faire un effort considérable pour le *recyclage des enseignants* *(O. 3.1.68)*. Le *recyclage des femmes* d'âge moyen qui veulent rentrer dans la vie professionnelle devrait être sérieusement organisé *(M. 31.8.66)*. L'important effort financier en faveur de l'éducation et du *recyclage* de la *main-d'œuvre* (...) *(M. 10.4.69)*. Des conférences destinées au *recyclage des médecins* *(PM 15.10.66)*. Ces instituts devraient animer le *recyclage des professeurs* du secondaire. Il ne s'agirait pas de leur faire des conférences mais de leur donner la possibilité de venir discuter de leurs difficultés, de l'expérience qu'ils ont. Ces instituts assumeraient donc le *recyclage* en profondeur *du corps enseignant* *(E. 8.1.68)*. Une « faculté des sports » établissement d'enseignement supérieur où serait éventuellement accompli le « *recyclage* » *des sportifs* soucieux de donner une nouvelle dimension à leur première activité *(M. 14.2.68)*.

RECYCLAGE

Subst. + de (ou : du) + recyclage.

O La formation professionnelle des adultes dont on s'accorde à reconnaître l'importance croissante en raison des *opérations* de reconversion ou *de recyclage* qui seront toujours plus impérieuses à l'avenir *(M. 18.7.66)*. Des *séances de recyclage* sont organisées à l'intention de ces professeurs *(M. 8.1.65)*. En rédigeant avec beaucoup de soin et en soumettant au référendum le projet de loi, le gouvernement semble avoir pensé à tout sauf à faire suivre à chaque électeur une *session de recyclage* à la faculté de droit *(M. 26.2.69)*. *Stage de « recyclage »* pour les ingénieurs et techniciens des industries des plastiques *(F. 3.9.64)*. Des *systèmes de « recyclage »* qui permettent à des cadres confirmés de se familiariser avec les méthodes de gestion les plus récentes *(M. 24.12.67)*.

∞ Des femmes dont le mari a eu une promotion et qui ont du mal à suivre sont intéressées par cette *sorte de recyclage (M. 22.1.72)*. L'Élysée convient mal, assurément, à une *période de* noviciat ou de *recyclage (M. 23.4.74)*. À la société d'opulence, va succéder la « *société du recyclage* ». Il ne s'agit pas d'un simple ramassage de vieux papiers, de vieux chiffons. Mais d'une reconversion totale de l'industrie, de nos modes de vie, de pensée *(P. 23.12.74)*. Pour faire avaler aux instituteurs toutes ces nouveautés, le ministre de l'Éducation les convie à des stages de *recyclage* qui durent 3, 6, ou 9 semaines *(E. 28.10.78)*.

→ ÉDUCATION PERMANENTE, FORMATION PERMANENTE, RECONVERSION (2.).

2. Modification, refonte, révision d'une politique, d'une méthode de travail, d'un système, etc.

Ne faudrait-il pas que le pays se donne carrément quelques mois — ou même quelques années — de « *recyclage* » total de tout son appareil éducationnel, plutôt que de « patiner » indéfiniment ? *(Peretti, 72)*. L'Europe, les États-Unis et l'URSS procèdent à un *recyclage* général de leurs relations *(C. 20.5.73)*. France-Culture est prête à opérer ce *recyclage* qui est une véritable mutation *(M. 22.9.74)*.

3. Techn. Nouveau passage dans un circuit (air, eau, gaz, etc.) ; nouveau traitement dans un cycle d'opérations.

Le système de chauffage diffère des installations anciennes notamment par les circuits d'aspiration, de circulation, de diffusion et de *recyclage de l'air chaud (R.G.C.F. 2.63)*. Le ventilateur aspire 1 300 m^3/h d'air frais. Il faut y ajouter environ 400 m^3/h d'*air de recyclage* filtré *(Ch. f. 7.67)*. Effectuer des travaux de *recyclage de l'eau*, faute de pouvoir alimenter toutes les agglomérations en eau prise à des sources pures *(M. 6.6.64)*. Toutes les voitures neuves doivent être équipées d'un système de *recyclage des gaz* au carter, qui permet de brûler plus complètement les éléments toxiques *(E. 24.4.67)*.

L'atome rend bien plus de services qu'on ne le prévoit en fournissant de l'énergie d'une façon illimitée et en permettant des « *recyclages » de produits* que l'on n'imagine pas aujourd'hui *(M. 15.3.72)*. Le dessous des caisses des remorques est aménagé pour recevoir les canalisations de *recyclage d'air* climatisé *(VR 9.4.72)*. Le *recyclage des sulfates ferreux* est expérimenté dans une usine de bioxyde de titane (...) Nous pouvons équiper l'usine pour assurer le *recyclage* complet *de ses effluents (E. 19.2.73)*. Un effort important reste à faire si l'on veut que les communes rurales du bord de la mer puissent bénéficier du « *recyclage* » des eaux qu'elles rejettent *(M. 15.8.73)*.

RECYCLER v. tr. et réfléchi. 1960.

1. Soumettre qqn à un *recyclage** (1.).

● **Verbe trans.**

Ces professeurs pourront entreprendre de documenter et de « *recycler* » leurs *collègues (M. 25.3.66)*. Aux États-Unis, on a décidé de *recycler* tous *les professeurs* de mathématiques de trois États *(E. 26.6.67)*. L'automatisation du réseau téléphonique peut-elle être accélérée sans que soient prévues et immédiatement appliquées des mesures pour *recycler* les vingt mille opératrices du système manuel ? *(M. 22.9.70)*.

Les maîtres de transition hésitent à « *recycler* » leurs *meilleurs élèves* dans le cours « normal » des études *(O. 13.3.73)*. On a changé les linotypes et introduit des machines nouvelles. Il a fallu *recycler les linotypistes (E. 21.5.73)*.

● **Au passif.**

Il n'a jamais été autant nécessaire que les *hommes* soient en quelque sorte « *recyclés* » quotidiennement *(Schwœbel, 68)*. Si l'on me donne les moyens financiers, tout le *personnel* pourra être *recyclé (E. 28.10.68)*.

Les *détaillants* en articles de sports d'hiver ont, pour la plupart, été *recyclés* par les fabricants *(C. 4.2.72)*.

● **Verbe réfl. (sujet nom de personne ou de collectivité).**

C'est aussi aux professeurs déjà vieux dans le métier et désireux de se « *recycler* », comme on le dit aux ingénieurs, que s'adressent les stages pédagogiques organisés un peu partout *(F. Mon. 9.65)*. Le Conservatoire des Arts et Métiers veut mettre à la disposition des personnes exerçant déjà une profession les moyens de *se « recycler »*, de se perfectionner, de préparer des diplômes scientifiques ou techniques de haut niveau à des horaires accessibles *(F. 22.11.66)*. Dans un monde en perpétuelle évolution, les médecins font un immense effort pour *se recycler (M. 1.10.67)*. Certains (chauffeurs) n'hésitent pas, sans fausse honte, à venir *se « recycler »* tant pour la conduite que pour le code *(A.A.T. 2.68)*. Dès sa sortie de l'école un ingénieur, un technicien, un médecin, un avocat ou un comptable doit se tenir à jour en permanence, quitte même à *se « recycler » (Fa. 11.68)*. Il y a des comédiens qui ont refusé de *se recycler*, comme on dit maintenant *(E. 1.12.69)*.

L'Europe a besoin de *se recycler (M. 26.3.69)*. Les fabriques de cycles *se « recyclent »* donc — pour employer le sabir des technocrates « up to date » — parce que la vente des vélos diminue à mesure qu'augmente l'appétit des coureurs *(GL 28.6.69)*. Le milieu européen *se recycle*, il opère sa mutation et s'adapte à l'univers moderne *(E. 30.6.69)*.

Une population (...) où jeunes et adultes *se recycleront* mutuellement *(E. 5.4.71)*. Je me répète que mon art est condamné, que je devrais, selon l'expression d'usage, *me recycler (Roy, 71)*. Je suis un voyant moderne : je *me recycle (E. 3.1.72)*. À 28 ans, ce grand champion cycliste *se recycle* : il fait du cinéma *(E. 30.7.73)*. Les cadres seront appelés de plus en plus souvent, soit à *se familiariser avec les techniques nouvelles (...) soit à *se recycler* dans leur propre spécialité *(R.G.C.F. 6.74)*. Il serait temps que les industries du disque *se recyclent (C. 24.11.74)*. Le truand a, lui aussi, besoin de *se recycler (E. 20.1.75)*. Certains ambassadeurs ont su *se recycler* dans cette diplomatie nouvelle ; d'autres en sont restés aux conversations de salon *(PM 15.3.75)*. Les techniques hautement sophistiquées de la télédétection sont encore assez mystérieuses pour les utilisateurs. Faudra-t-il que ceux-ci *se recyclent*? *(M. 24.5.78).*

2. **Transformer une chose (concrète) en vue d'un nouvel usage. Soumettre une chose (abstraite : activité, doctrine, système) à un *recyclage** (2.).**

● **Au passif.**

90 km de voies ferrées désaffectées vont être *recyclées* à l'usage équestre *(P. 3.11.75).*

● **Verbe réfl.**

L'occultisme *s'est recyclé.* Le XXe siècle est une grande époque de magie, comme le XVIe *(E. 7.1.74).*

3. **Techn. Soumettre qqch (eau, déchets, etc.) à un *recyclage** (3.).**

Recycler la matière pour éviter la pollution de la nature *(M. 6.1.72).* Cela a conduit la Chine à réutiliser les produits ou à les « *recycler* » (...) Dans l'agriculture, dans l'industrie et dans la vie privée, les Chinois sont exhortés à convertir les déchets en trésors *(O. n°. spéc. 6.72).* Nous sommes décidés à *recycler* tous les effluents à terre *(E. 19.2.73).* Les baignades avaient dû être interdites au mois d'août : les stations d'épuration n'avaient pas une capacité suffisante pour « *recycler* » dans de bonnes conditions les eaux usées *(M. 15.8.73).*

REDÉMARRAGE sm. Fig. 1963. ■ Action de *redémarrer** ; son résultat.

Le *redémarrage* de l'usine de montage construisant des automobiles *(E. 19.4.65).* L'indice manifeste un *redémarrage* de l'embauche dans les firmes *(Exp. 2.73).*

REDÉMARRER v. intr. Fig. Mil. XXe. Pol. Écon., etc. ■ Reprendre son activité après un fléchissement. Retrouver un nouvel élan.

La construction de l'Europe est en panne (...) Comment *redémarrer*? *(E. 31.10.66).* La production de biens d'équipement a déjà *redémarré (Exp. 2.73).*

REDÉPLOIEMENT sm.

1. **Milit. Rép. mil. XXe. Réorganisation d'un dispositif (par ex. renforcement de la défense de certains secteurs, transfert d'unités, etc.).**

Une nouvelle étape dans le « *redéploiement* » militaire français en Afrique (...) avec l'évacuation des unités implantées à A. *(M. 25.12.65).* La poursuite du retrait de nos troupes (...) va nous imposer certains choix difficiles quant au *redéploiement* des forces alliées *(E. 1.3.71).* Le conseil de défense (...) a traité du *redéploiement* des forces navales de l'Atlantique à la Méditerranée (...) Il a été décidé de transférer deux porte-avions et leurs bâtiments d'accompagnement de l'Atlantique à Toulon *(M. 20.12.74).* Le *redéploiement* naval au profit de Toulon ne signifie pas que la France tourne le dos à ses alliances *(M. 8.5.75).*

2. **Par ext. ~ 1965. Écon. Réorganisation d'une politique économique ou industrielle (Report d'investissements d'un secteur sur un autre, recherche de nouveaux débouchés, etc.).**

Redéploiement + de + subst. (nom de chose abstr., parfois nom de collectivité).

Poursuivre la politique de *redéploiement de la main d'œuvre* annoncée *(F. 26.11.66).* Les réformateurs accordent une grande importance à la politique budgétaire : réforme fiscale et *redéploiement de la dépense publique (Exp. 2.73).* Le ministre des Finances affirme la nécessité d'un « *redéploiement* » *de l'économie* pour tenir compte de la hausse des prix de l'énergie et des matières premières *(E. 24.12.73).* A l'heure du *redéploiement de l'économie* vers des industries à forte valeur ajoutée *(E. 25.11.74).* Est-ce que le *redéploiement de l'agriculture* n'est pas aussi important que *le redéploiement de l'industrie*? *(E. 10.2.75).* Le commerce extérieur de la France a connu un certain *redéploiement des exportations,* notamment vers les pays producteurs de pétrole *(M. 11.2.75).* Au ministère des Affaires étrangères, on parle de *redéploiement des postes diplomatiques (O. 17.2.75).* La Régie Renault poursuit le *redéploiement de ses forces* sous des cieux éloignés *(P. 24.2.75).* Les responsables d'Air France envisagent un « *redéploiement* » *des effectifs* à l'intérieur de l'entreprise : il aboutirait à un glissement de certains agents de tâches administratives vers les tâches opérationnelles *(M. 1.11.75).* Un *redéploiement de la politique des transports* est esquissé *(M. 16.11.75).* Le *redéploiement de l'appareil productif* est inhérent aux nouvelles conditions de l'activité économique *(M. 21.7.76).* Les conséquences sociales qui pourront résulter d'un *redéploiement des activités sidérurgiques (C. 21.9.78).*

Redéploiement + adjectif.

Le *redéploiement géographique* de Saint-Gobain : le groupe amorce seulement son véritable *redéploiement mondial :* vers le Japon, les États-Unis, le Canada, le Brésil et le Moyen-Orient *(E. 10.2.75).* A l'heure du *redéploiement industriel* et du transfert technologique, l'ingénierie (...) *(M. 11.10.75).* Le « *redéploiement* » *industriel* commande le paysage économique et social des 20 ou 30 prochaines années *(C. 15.1.76).* On parle beaucoup, ces temps-ci, de *redéploiement industriel (O. 5.6.78).* Le *redéploiement industriel* risque d'aggraver le chômage dans l'immédiat *(M. 2.7.78).*

Redéploiement (emploi « absolu » et constr. syntaxiques diverses).

Une politique d'exportation, « *un redéploiement vers l'étranger* », à l'opposé des thèses qui préconisent une relance de la consommation intérieure *(P. 21.1.74).* Le fameux « *redéploiement* » dont on parle tant est nécessaire *(M. 9.10.74).* Un certain nombre de grands industriels français imaginent un *redéploiement* qui tienne compte des nouvelles données économiques *(E. 9.12.74).* Au 1er janvier 1976, on comptait quelque 27.000 enseignants français à l'étranger contre 32.000 en 1971-1972. Cette diminution s'explique par le « *redéploiement* » opéré chaque année en fonction des besoins *(M. 26.12.76).* La nécessité d'une reconversion industrielle, on dit aujourd'hui d'un « *redéploiement* » *(M. 11.2.78).* L'indispensable *redéploiement* qu'imposent les prix du pétrole et l'industrialisation du tiers monde *(E. 3.7.78).*

→ RECONVERSION, RESTRUCTURATION.

REDÉPLOYER

REDÉPLOYER v. tr. et réfl.
1. Milit. Rép. mil. XXe. Opérer un *redéploiement* d'unités, d'effectifs, etc.

Il aura fallu neuf heures pour « basculer », c'est-à-dire *redéployer* depuis le nord-est de la France jusque dans les départements du Midi, la moitié de la force aérienne tactique, soit onze escadrons de l'armée de l'air *(M. 11.10.75)*.

2. Par ext. ~ 1970. Écon. Procéder à un *redéploiement* des moyens, des effectifs, etc.

● **Verbe trans.**

Tandis que le ministre des Finances parle de « *redéployer* » l'économie, les Français, eux, cherchent comment « *redéployer* » leur budget familial *(P. 1.4.74)*. Il s'agit de redéployer notre industrie sur de nouvelles bases *(P. 20.1.75)*. Il faut, désormais, inventer d'autres moteurs de croissance et *redéployer* — expression plus commode à employer qu'à définir — l'appareil économique en fonction des nouveaux besoins *(E. 19.1.76)*.
→ RECONVERTIR.

● **Verbe réfl.**

Le laboratoire S. n'avait pas cessé de grandir et de se « *redéployer* » : deux nouvelles filiales au Brésil et en Indonésie *(P. 3.11.75)*.

REDIFFUSION sf. ~ 1965. Radio, télév. ■ Nouvelle diffusion d'une émission.

Les *rediffusions* des émissions-vedettes de télévision seront systématisées *(ST 30.3.68)*. Du 15 au 21 juillet, les téléspectateurs pourront voir 8 films, 9 feuilletons, 4 *rediffusions (E. 15.7.68)*. La popularité d'une émission (...) justifie souvent sa *rediffusion* (...) Multiplier les *rediffusions*, pourquoi pas ? À condition que les mets resservis aux téléspectateurs aient un bon goût de revenez-y *(E. 19.5.73)*.

REDONDANCE sf. Inform. Mil. XXe. Dans un message : augmentation du nombre des signaux sans que la quantité d'information en soit augmentée.

Il existe déjà des équipements électroniques sur du matériel roulant (...) On pourrait faire appel à des *redondances*, mais c'est une solution coûteuse pour un équipement qui ne remplit pas de fonction de sécurité *(R.G.C.F. 9.72)*. Les spécialistes mesurent en « bits » la quantité d'informations qu'apporte tel ou tel événement et considèrent pour cela deux valeurs contradictoires : l'entropie, fonction de l'incertitude et de la nouveauté, et génératrice d'informations ; la *redondance*, fonction de ce qu'on peut prévoir et qu'on a déjà vu, apporte une information nulle *(M. 24.4.74)*. La notion de *redondance* est primordiale pour les systèmes informatiques qui doivent posséder un très haut niveau de fiabilité : satellites artificiels, circuits de sécurité des centrales nucléaires *(M. 26.4.78)*.

REDOUX sm. D'abord régional, répandu au milieu du XXe s. ■ Bref radoucissement de la température pendant la saison froide.

Les craintes formulées quant à la solidité de la glace, terriblement travaillée par le *redoux* qui a sévi la semaine dernière, se sont trouvées confirmées *(F. 3.2.67)*. La neige tombée jeudi et le « *redoux* » qui s'est manifesté ont rendu impraticable la partie supérieure de la piste de ski *(M. 1.2.69)*. Le brusque *redoux* a perturbé le déroulement des championnats de ski *(C. 7.3.69)*. Chutes de neige exceptionnelles, suivies d'une fonte brutale consécutive à un petit *redoux* de température *(O.R.T.F. 6.6.70)*.
La neige fabriquée est peu vulnérable au « *redoux* » et sa longévité est nettement supérieure à celle de la neige naturelle, dans les mêmes conditions climatiques *(M. 24.12.77)*.

RÉÉQUILIBRAGE sm. ~ 1965. ■ Action de redonner un équilibre à qqn ou à qqch. Fait de retrouver cet équilibre.

(Le) *rééquilibrage* de la balance des paiements *(En. 17.5.69)*. Le « *rééquilibrage* » vers l'est de la croissance parisienne figure au nombre des grands principes qui doivent orienter la politique régionale d'aménagement *(M. 30.4.70)*.
La balance des opérations courantes présentait un déficit durable. La hausse du florin rendait plus difficile encore le *rééquilibrage* de cette balance, *rééquilibrage* qui aurait nécessité une dévaluation du florin *(Simonnot, 72)*. Le « *rééquilibrage* » de la gauche ? On en parlait depuis 1972 *(E. 20.1.75)*. Le « *rééquilibrage* » souhaité par le parti socialiste prend plus de consistance d'une élection à l'autre *(M. 14.10.75)*. Le Conseil général s'inquiète de la désindustrialisation du département et des conséquences du *rééquilibrage* Est-Ouest de la Région parisienne *(C. 15.1.76)*. Le *rééquilibrage* de la France à l'Ouest doit rester un impératif national *(P. 17.5.76)*.

Rem. La variante *rééquilibration* est attestée.

Une « *rééquilibration* » de l'apport nutritionnel après une période de malnutrition *(M. 10.5.78)*.

RÉFÉRENCIÉ, E participe passé et adj. À propos d'un exemple cité dans un ouvrage : accompagné d'une référence.

Page 145, six exemples classiques de Littré et quatre modernes sont tous *référenciés*. Page 337, sur treize citations classiques, deux seulement ont une référence *(A. Rey, 67)*.

RÉFÉRENDAIRE [referɑ̃dɛr] adj. Repris 1969. ■ Relatif à un référendum.

Les responsables syndicaux ont fait présent au général de Gaulle, le jour de sa première *adresse référendaire* aux Français, d'une grève, de défilés populaires (...) *(E. 17.3.69)*. L'organisation de la *campagne référendaire*, notamment à l'O.R.T.F. *(M. 1.3.69)*. La Corse fera l'objet de dispositions particulières dans la *loi référendaire (M. 21.2.69)*. Devant les difficultés croissantes, la *manœuvre référendaire* devait, aux yeux du général, acculer la droite à dévoiler ses desseins *(M. 26.4.69)*. Cette fois, le *plébiscite référendaire* a bien l'air d'un trompe-l'œil *(M. 26.4.69)*. La *procédure référendaire*, moyen démocratique direct de

connaître l'opinion des citoyens sur les grandes questions qui se posent au pays *(M. 6.4.69).*
Le président du Sénat avait qualifié de « forfaiture » la conduite du gouvernement dans la *procédure référendaire (Agulhon, 72).*

RÉFLECTORISÉ, E adj. ~ 1960. De *réflecteur.* Techn. ■ Muni d'un dispositif (cataphote, peinture spéciale, etc.) qui réfléchit la lumière et rend un obstacle ou un véhicule visibles la nuit.

Des *plaques* d'immatriculation *réflectorisées* pour les voitures *(A. 15.2.68).* C'est le jour des départs massifs de la Pentecôte qu'est née officiellement la première *route « réflectorisée »* dont la signalisation prévient 24 heures sur 24 le conducteur des accidents de terrain imminents, tels que virages, sommets de côtes ou rétrécissements de chaussée *(A. 5.6.69).*
Une signalisation complémentaire par *plaques réflectorisées* la nuit avertit le conducteur *(Ch. f., n° 289,71).* Aucun *casque* non *réflectorisé* ne pourrait plus être vendu aux motocyclistes *(E. 11.5.74).*

RÉFORMETTE sf. ~ 1960. Iron. ■ Réforme de détail, que ses adversaires ne prennent pas au sérieux ou jugent insuffisante.

Il est nécessaire de progresser par des réformes partielles des structures de l'Université et des méthodes d'enseignement. Certes, l'opinion publique est mal informée des orientations générales, de telle sorte que les approches successives n'apparaissent à ses yeux que comme des *« réformettes » (C. 13.5.64).* La gauche n'a pas à s'embarrasser de complexes d'infériorité à l'égard du gaullisme qui s'est essoufflé en deux ans au bout de quelques *réformettes* (TC *9.5.68).* Sans doute nous acheminons-nous vers un système qui n'obligerait pas à une *« réformette »* constitutionnelle *(C. 29.6.69).*
La *« réformette »* de la Sécurité sociale refuse d'augmenter la cotisation des cadres *(E. 30.8.70).* Une *« réformette »* constitutionnelle qui modifie les dates des sessions parlementaires *(Viansson, 71).* Le manque d'audace du ministère qui n'ose avancer que des *« réformettes »* alors qu'une rénovation globale s'impose *(Jullien, 72).* Cette fois il ne s'agit plus d'une *réformette,* d'un changement minime, mais d'un véritable bouleversement *(O. 18.2.74).* Ce n'est pas une *« réformette »,* mais un changement qui sort de la gestion courante, touche tout l'appareil éducatif, apporte des transformations non négligeables *(M. 7.3.74).* Le maire de Paris a indiqué qu'il ne se contenterait pas de *« réformettes » (M. 21.3.78).*

RÉFORMISME sm. Pol. ■ Doctrine qui tend à une réforme progressive de la société (capitaliste), et non à sa transformation radicale par des méthodes révolutionnaires.

La définition du socialisme démocratique est fixée depuis longtemps. Le débat sur le *réformisme* et la révolution n'est plus qu'une querelle de mots. Le seul problème est de savoir s'il vaut mieux souligner les buts en employant le mot « révolution », qui plaît à une gauche romantique, ou souligner les moyens en parlant de *« réformisme »,* ce qui correspond mieux à la structure des nations industrielles modernes *(E. 14.6.65).*

● Par ext. Dans d'autres domaines.

Son acceptation raisonnée de l'ordre hérité, de préférence aux révoltes radicales, bref son profond *réformisme* culturel *(M. 6.9.73).*

RÉFORMISTE subst. et adj. Pol.

● Subst. Adepte, partisan du *réformisme*.

Les *réformistes* acharnés du système économique, comme M. L. ne cessent de gagner du terrain *(E. 8.4.68).*
La nouvelle société ne semble guère crédible chez les conservateurs ; l'est-elle davantage chez ceux que l'on désigne du terme vague et vaste de « *réformistes* » ? *(E. 13.3.72).*

● Adj. Qui s'inspire du *réformisme* ; qui tend au *réformisme*.

La C.G.T. veut enrayer le processus *« réformiste »* engagé par le Premier ministre *(C. 19.10.69).*
Un large courant *réformiste*-réformateur, stimulant les partis de gauche *(Morin, 73).* Une partie du public suit les efforts *réformistes* avec sympathie, une autre avec inquiétude *(M. 10.3.74).*

RÉFORMITE
→ -ITE.

RÉFRIGÉRATEUR sm. Fig. ~1965.

Mettre quelque chose au réfrigérateur. ■ Mettre en attente, de côté, délaisser pendant un certain temps, *geler*.

Le *dossier* a été provisoirement *mis au réfrigérateur (F. 9.11.66).* Il a fallu que la Maison Blanche s'en mêle pour qu'une *loi* qu'il eût prescrit la reprise du travail fût *mise au réfrigérateur (M. 29.7.66).* Certaines épreuves pourraient être passées à la fin de la première : l'examen étant unique, les *notes* obtenues aux épreuves passées ainsi en premier seraient *« mises au réfrigérateur »* et comptabilisées dans le total final *(M. 4.10.67).*
La démission du chancelier a permis de *mettre au réfrigérateur* le projet de loi sur la cogestion paritaire dans les entreprises *(E. 10.2.75).*

● Autres constructions.

Une émission sur la vieillesse était *gardée dans les réfrigérateurs* de l'O.R.T.F. depuis dix-huit mois *(C. 25.11.69).* La *« mise au réfrigérateur »* des deux derniers numéros de l'émission (télévisée), consacrés à l'art cubain *(E. 2.11.70).*
Les émissions télévisées les plus brillantes ou les plus coûteuses n'atteignent, qu'un public limité (...) Pourquoi les *conserver* pendant des années au *réfrigérateur* ? *(E. 19.2.73).*
C. rêve de mettre l'UDR sous cellophane et de la placer au *réfrigérateur (P. 1.7.74).*

Sortir du réfrigérateur. ■ Redevenir d'actualité.

Au cours des derniers mois, la question des rapports entre l'Autriche et le Marché commun est *sortie du réfrigérateur* (M. 21.11.69).
→ FRIGIDAIRE.

(-) **REFUGE** Appos. ou second élément de subst. composés dans lesquels il indique que ce que désigne le premier élément est utilisé pour mettre des personnes ou des biens à l'abri d'un danger, d'un risque (financier ou autre), d'un désagrément, etc.

La Suisse, *pays refuge*, après avoir traité largement et avec succès les émissions étrangères a dû (...) s'effacer (Perroux, 69). L'aspect sociologique de l'actuelle cuisine, la *pièce-refuge* où s'élaborent les travaux ménagers hors de la vue (M. 23.9.70). La jeune femme et ses trois enfants arrivent à S., dans une *villa-refuge* (O. 11.12.74).

Valeur (-) refuge

Les bijoux, les diamants et l'or sont appréciés par ceux qui veulent se prémunir contre les dangers d'une crise financière ou les désordres politiques et sociaux. Ces valeurs sont dites *valeurs-refuges* (E. 28.6.65). Les disponibilités financières ont de nouveau tendance à s'orienter vers les « *valeurs refuges* » : les antiquités, les terres agricoles à proximité des grandes villes, les biens immobiliers (E. 8.11.71). Contre l'inflation, les *valeurs refuges*, telles que l'or, les bijoux, les objets d'art, les timbres et les meubles anciens — sont-elles parfaitement sûres ? (Exp. 2.73). L'œuvre d'art peut être une *valeur refuge* remarquable. Mais dans une pareille matière on a plus de chance de se tromper que de faire un placement miraculeux (Ch. fr. 3.74). Autrefois, l'or constituait le recours de sécurité, surtout pour les petits épargnants. Il l'est encore mais en concurrence, pour les gros épargnants, avec les objets d'arts, la peinture, les pierres précieuses, les meubles anciens (...) Cet engouement conduit à gonfler artificiellement les cours de ces « *valeurs refuges* » (C. 6.9.78).

RÉGIONALISATION sf. Spéc. ~ 1960. ■ Décentralisation par transfert de certains pouvoirs (économiques, politiques, etc.) à des organismes régionaux.

On a longtemps admis que la *régionalisation* de notre économie devait être recherchée, que l'échelon régional, intermédiaire entre les centrales parisiennes et les communautés locales élémentaires, devait s'affirmer comme unité de développement complexe et autonome (M. 15.5.66). Une authentique *régionalisation* basée sur un transfert des compétences au profit d'organes provinciaux parfaitement aptes à assurer la défense des intérêts régionaux (M. 6.1.68). (C'est sur) le malaise réel des salariés, des cadres, des commerçants, plus que sur la *régionalisation*, que se jouera le référendum (En. 15.3.69). La *régionalisation* se trouve à l'ordre du jour sur le plan national (VR 3.8.69).
La *régionalisation* des nations européennes, particulièrement de la France, devra s'accomplir dans plusieurs domaines à la fois (N 6.70). L'Europe sera une société plus authentiquement démocratique par une participation plus intense à la base, dans une perspective de *régionalisation*, de décentralisation (Young, 72). L'Europe d'un côté, la *régionalisation* de l'autre nous montrent combien la seule réalité hexagonale est incapable de nous situer dans le monde politique qui se prépare (Drouet, 72). Dans la région Rhône-Alpes un homme est spécialement chargé de la *régionalisation* de la recherche (E. 12.11.73).

RÉGIONALISER v. tr. ■ Organiser quelque chose dans un cadre régional. — Spéc. Donner aux régions (en France) une plus grande autonomie (économique, politique, etc.) par rapport au pouvoir central.

Régionaliser la France, c'est lutter contre la tendance naturelle à la concentration politique et économique (En. 5.4.69). Démocratiser, *régionaliser* et diversifier *le recrutement* de l'E.N.A. (École nationale d'administration) en supprimant le monopole privilégié de l'Institut d'études politiques de Paris (M. 18.2.69).

● **Participe passé.**

Un rapport connu sous le nom de « *budget régionalisé* ». Ce texte tend à présenter « l'ensemble des efforts financiers prévus par le budget de l'État » au profit des régions (M. 4.11.66). Dégager les premières *données régionalisées* de l'évolution économique et sociale : des tableaux statistiques et des documents cartographiques illustreront ces données (M. 27.9.64).
Presque la moitié des investissements inscrits dans le budget de l'État pour 1974, en faveur des travaux publics, sont maintenant « *régionalisés* », c'est-à-dire affectés de manière précise à telle ou telle région (M. 27.4.74).

RÉGLEMENTARISTE adj. et s. De *réglementaire*. ■ Qui abuse de la réglementation. (Personne) qui souhaite l'introduction ou le maintien d'une réglementation.

● **Adj.**

Je qualifierais volontiers l'*autorité* (de la société) de « *réglementariste* » (...) Les exemples de ce *prurit réglementariste* abonderaient. Le campisme en est un. Aujourd'hui le campisme est ultra réglementé (C. 18.5.69).
La France appliquait alors le régime dit « *réglementariste* », caractérisé par les « maisons de tolérance » (Imbert, 72). P. veut rompre avec l'urbanisme *réglementariste* et avec le contrôle tatillon qui étaient les pratiques du ministère de la construction (Thoenig, 73).

● **Subst.**

M.S., auteur d'importantes recherches sur le monde de la prostitution devait faire le procès de la « réglementation ». Les arguments des « *réglementaristes* » : contrôle sanitaire et policier du milieu, protection des citoyens contre les « filles » et de celles-ci contre les souteneurs et certains clients, maintien de l'ordre public, sont, pour M.S., autant de prétextes dangereux au maintien d'un statu quo dépassé (M. 19.9.69).
Les *réglementaristes* font valoir que la réglementation est un système juridico-administratif

qui a fait ses preuves (...) La nature et la dimension des problèmes ont changé d'une façon telle que les méthodes réglementaires risquent d'être ruineuses, lourdes et inefficaces *(Barde, 73)*.

RÉGRESSER v. intr. De *régression*, d'après *progression/progresser*. Avec pour sujet un nom de chose, de collectivité ou de personne : être en régression, en baisse, en recul. Diminuer.

La France est de nouveau dépassée par ses grands voisins. Elle *régresse (M. 10.10.65)*. Cette année, et pour la première fois, le nombre des demandes (de raccordement au téléphone) a *régressé* par rapport à l'année précédente *(M. 14.10.65)*. (Sur) 100 hommes changeant de profession manuelle, près de 55 le font à qualification égale, 23 acquièrent une qualification supérieure et 22 *régressent (M. 27.11.66)*. Alors qu'on ne forme pas assez de diplômés scientifiques, la proportion des élèves des sections scientifiques du secondaire *régresse (M. 11.4.68)*. Les entreprises se développent ou *régressent*, les institutions périclitent *(E. 24.6.68)*. Le doublement du niveau de vie s'est accompagné d'une transformation de la structure des dépenses : la part de l'alimentation *régresse (M. 25.9.68)*.
Une analyse minutieuse des voix fera apparaître que la gauche progresse d'un dimanche à l'autre dans 67 départements et *régresse* dans 25 *(Viansson, 71)*. La CFDT a progressé de 54 à 59 % des voix, tandis que la CGT *régressait* de 45 à 40 % *(Exp. 1.73)*. Tandis que watts et prix des chaînes haute-fidélité grimpent de concert, la musicalité *régresse (P. 18.3.74)*. L'ancienne ambition de la recherche exhaustive de la vérité a, selon les auteurs du livre, plus ou moins *régressé* (dans le journal « Le Monde ») *(P. 29.3.76)*.

RÉGULATION DES NAISSANCES loc. subst. ■ Limitation volontaire du nombre des enfants d'un couple.

Le professeur T. traite de la responsabilité médicale en matière de *régulation des naissances (M. 26.5.66)*. La commission chargée par l'Assemblée nationale d'examiner la proposition de loi relative au problème de la *régulation des naissances* s'est réunie mercredi *(M. 30.6.66)*.
→ ANOVULATOIRE, CONTRACEPTION, PLANNING FAMILIAL.

RÉHABILITATION (de qqch). sf. Spéc. ~ 1965. ■ Remise en état (d'habitations, d'un immeuble, d'un quartier vétustes).

Rem. Les projets relatifs à un réaménagement du quartier des Halles (...) ont entraîné un nouvel emploi du terme *réhabilitation* (...) Pour la première fois « *réhabilitation* » s'applique à des objets inanimés. « Réhabilitation » n'est pas « restauration ». Ici (...) il ne s'agit pas d'un seul acte d'architecture mais d'urbanisme, d'hygiène, et d'une mutation démographique. Cette *réhabilitation* consistera d'abord à débarrasser le quartier de tout ce qui l'enlaidit, le dégrade *(VL 10.69)*.

♦ A.L., l'achat et la *réhabilitation* totale d'un immeuble du XVIIIe siècle sont revenus à 450 000 F *(M. 12.10.66)*. Tout le reste du quartier — c'est-à-dire toute la partie du quartier qui ne sera pas entièrement transformée — sera voué à la « *réhabilitation* ». La commission C. se prononce pour la « *réhabilitation* » par des procédés plus simples, plus expéditifs et moins coûteux que ceux de la restauration, qui prend souvent un caractère luxueux et aboutit à des loyers dépassant la capacité financière des occupants *(M. 24.10.68)*.
La rénovation consiste à tout raser. La *réhabilitation* permettrait de restaurer les immeubles et à leurs habitants d'y rester dans des conditions d'habitat plus décentes *(Bériot, 73)*. Pour la collectivité, la *réhabilitation* des logements est plus rentable à la construction neuve *(M. 15.1.76)*. « Il ne faut pas que la *réhabilitation* atteigne un coût insupportable pour la collectivité », précise le maire *(M. 10.5.78)*. Les locataires ont décidé de travailler eux-mêmes à la « *réhabilitation* » de leur quartier (...) Trente-six opérations de *réhabilitation* physique et sociale portent sur 70.000 logements recensés *(M. 20.6.78)*. Les élus doivent se prononcer sur deux opérations de *réhabilitation* d'immeubles dans divers quartiers de la capitale *(C. 14.11.78)*.

RÉHABILITER (quelque chose) v. tr. ~ 1965. ■ Rénover, remettre en état (un immeuble, un quartier, etc.).

● **Verbe trans.**

Pour « réhabiliter » un paysage urbain et industriel dégradé, le rapport insiste sur la nécessité de ne pas disperser les efforts dans des actions de « saupoudrage » inefficaces, mais au contraire de pratiquer une politique très sélective *(M. 2.11.69)*.
Ce programme immobilier devrait s'accompagner d'une tentative pour *réhabiliter* les immeubles qui sont encore debout *(M. 10.5.78)*.

● **Au passif.**

Lavé, poncé, aéré, nanti d'une cité commerciale souterraine et d'une seconde Bibliothèque nationale, le quartier des Halles sera vraiment *réhabilité (VL 10.69)*.

● **Part. passé/adj.**

Les organismes d'H.L.M. garantissent l'utilisation sociale des logements *réhabilités* qui sont réservés aux plus défavorisés *(M. 20.6.78)*.

RÉIFICATION sf. ■ Action de *réifier** (l'homme) ; résultat de cette action.

Ses notations si précises — de R. Barthes dans « Mythologie » — ne prendraient tout leur sens que s'il décelait qu'à travers la « *réification* » ce n'est pas à retrouver l'ancienne mythologie du héros qu'on vise, mais à lui en substituer une nouvelle en s'identifiant avec le genre de choses — des objets, des choses jetées que la science est capable de produire *(Fallot, 60)*. Un thème qui revient beaucoup aujourd'hui chez les écrivains dénonçant la « *réification* » de l'homme, son affaiblissement spirituel par l'excitation des appétits et l'abondance des choses *(M. 15.11.67)*. Le crime de la société de consommation est qu'elle écrase sous le travail pour produire et acheter, et elle privilégie l'usage des choses sur la jouissance de soi. C'est, on le voit, toute la critique de la *réification*, thème devenu fréquent chez nombre de sociologues, de moralistes et même de romanciers *(M. 14.2.68)*. On est en droit de voir dans le médecin pénétré de ce sens profond de sa profession, un des plus

RÉIFICATION

sûrs remparts contre cette « *réification* » de l'homme *(C. 22.3.69)*. Les drogués caricaturent la société dont ils se plaignent, donnent à la police un prétexte à étendre son rôle, accentuent leur propre *réification (Fabre-Luce, 70)*.

Jamais il n'était (...) question que ce « savoir » pût être mis entre les mains des ouvriers, et qu'ils pussent l'utiliser, s'en servir pour résoudre certains de leurs problèmes. La *réification* de l'ouvrier est manifeste : l'« objet ouvrier » traité en tant que tel *(N 10.72)*.

RÉIFIER [reifje] v. tr. Milieu du XXe s. (Du latin *res*, chose). Phil., sociol. ■ Faire (de l'être humain) une chose, un objet.

L'actuelle société industrielle, par la complexité de ses mécanismes et par le privilège qu'elle accorde à la technicité, à la production et à l'efficacité, aboutit à dépersonnaliser l'homme, à le faire chose, à le « *réifier* », comme disent aujourd'hui les sociologues *(M. 9.6.65)*.

Nous ne voulons plus d'une médecine du profit, nous ne voulons plus d'une médecine qui *réifie* l'homme, nous ne voulons plus d'un savoir qui n'est qu'un masque habile de l'oppression *(N 10.72)*.

→ CHOSIFIER.

RÉINJECTER v. tr.

1. Réintroduire de l'argent, des capitaux dans le circuit économique.

S'endetter, ce n'est pas malsain, à condition de le faire pour des biens de jouissance. En retapant ma grange, je fais travailler maçons et menuisiers. Donc je *réinjecte* cet argent dans le circuit *(E. 19.12.73)*.

2. Fig. Réintroduire qqch (nom abstr.) dans...

Un processus de libéralisation qui *réinjecte* peu à peu la démocratie dans le socialisme *(E. 15.2.71)*. Je fais un théâtre à brûler, dit Dario Fo. Les textes changent souvent en fonction des interlocuteurs, ceux-ci me fournissent l'information que je *réinjecte* ailleurs *(E. 31.12.73)*.

RÉINSÉRER v. tr. et réfléchi. Repris mil. XXe. Sociol. ■ Donner à quelqu'un (à un délinquant, un handicapé, etc.) les moyens de s'adapter ou de se réadapter à la vie sociale.

● **Verbe trans.**

La réinsertion sociale d'un enfant en danger (de prédélinquance) est toujours délicate. *Réinsérer* sans doute, mais dans quel milieu ? *(M. 28.7.66)*. Des mesures exceptionnelles pour préserver, souvent malgré elles, et *réinsérer* dans la société des familles désemparées et quelque peu exclues, dont les origines ethniques sont différentes comme le sont leurs niveaux socio-économiques *(F. 25.1.67)*.

Certaines dépenses importantes seraient nécessaires pour *réinsérer* des handicapés dans la vie sociale *(E. 27.5.74)*.

● **Verbe réfl.**

(Les) mères célibataires cherchent à se *réinsérer* dans la société *(F. 22.12.66)*.

RÉINSERTION sf. Action de *réinsérer** quelqu'un dans la société ; résultat de cette action.

Parler de *réinsertion* sociale pour un jeune délinquant de seize à dix-huit ans ne consiste pas en une *réinsertion* parmi ses grands-parents, ni même ses parents, mais plus simplement ou plus difficilement parmi ceux de sa propre génération *(M. 28.7.66)*. Nécessité de l'alphabétisation : sans un effort dans ce domaine, la *réinsertion* des occupants du bidonville parmi la population normale est impossible *(F. 21.12.66)*. *Réinsertion* sociale des malades, des prisonniers *(VR 22.9.68)*. *Réinsertion* dans la vie professionnelle active des adultes handicapés *(M. 10.10.69)*.

La *réinsertion* sociale des détenus exige des équipements et un personnel spécialisés *(E. 2.11.70)*. Un vice-président de tribunal donne son point de vue sur la *réinsertion* sociale des détenus *(E. 3.12.73)*. Ce reclassement – appelé communément – « *réinsertion* sociale » – est une idée qui a fait son chemin dans les esprits depuis 25 ans : la prison étant nuisible, il est nécessaire de l'éviter au plus grand nombre de délinquants *(C. 7.1.76)*.

REJET sm. Spéc. Mil. XXe.

1. Méd. Réaction d'intolérance de l'organisme d'un *receveur incapable d'assimiler un greffon.**

(Le malade) crut qu'il s'agissait du « *rejet* » tant redouté (d'une greffe du rein) ; à la vérité, c'était une crise aiguë d'appendicite *(PM 17.2.68)*.

→ GREFFE.

2. Fig. Attitude de refus vis-à-vis d'un individu, d'un groupe social, d'une institution, ou d'une chose abstraite.

Cet aviateur m'a touché par ricochet en m'amputant de Bob (ami d'enfance, tué par une bombe). Le chagrin passé, j'ai essayé de me greffer de nouveaux amis pour ne pas rester infirme. J'ai cru souvent que l'opération réussirait, mais après un plus ou moins long temps, une crise de *rejet* de greffe me laissait de nouveau mutilé *(Guimard, 67)*. Les révoltes étudiantes, pour infantiles, irrationnelles, terroristes qu'elles soient souvent, sont aussi une réaction saine de *rejet* de ce monde *(Duquesne, 70)*.

Il y a un seuil, un moment, où la dose de vénalité, de mensonge, de corruption, dépasse ce que l'organisme collectif peut tolérer. Alors seulement il y a *rejet (E. 6.12.71)*. A Grasse la population s'est dressée contre les immigrés. A Marseille les phénomènes de *rejet* ne sont encore que des actes isolés *(E. 6.8.73)*. Certains pédagogues constatent chez de nombreux élèves un *rejet* de l'école *(M. 4.9.73)*. On voit se manifester contre les bureaucraties étatiques le même phénomène de *rejet* populaire dans les systèmes capitalistes et dans les systèmes communistes *(E. 18.9.78)*.

RELANCE

RELAIS sm. Fig. ■ Intermédiaire (subst.) entre des personnes, des collectivités. — Transmission (de pouvoirs).

Le nouveau candidat de la gauche (...) a gagné son investiture, mais il lui reste quand même une dernière manœuvre à subir, une manœuvre qui trouvera curieusement un *relais* dans son propre camp et parmi ses plus fidèles alliés *(Viansson, 71).* Le responsable de « La Lainière », cherche un successeur. Entre S. et lui, le courant passe immédiatement. Et le *relais* se fait sans à-coups *(P. 16.12.74).* Les services secrets australiens ont servi de *relais* à la C.I.A. au Chili, en 1970 *(O. 6.1.75).*

RELAIS (PRENDRE LE) loc. verbale. Fig. D'après l'emploi dans le vocabulaire des sports (course de relais). Avec pour sujet un nom de chose, de personne ou de collectivité. ■ Assurer ou permettre, par son activité ou sa seule présence, la poursuite d'une opération, d'un processus commencés.

Qui va *prendre le relais* des grandes banques pour financer les entreprises commerciales et industrielles ? *(E. 21.11.66).* La défiance envers le franc a *pris le relais* pour pousser les Français à l'achat *(E. 16.6.69).* Étendre le mouvement (de grèves) au secteur privé, dont les syndicats sont prêts à *prendre le relais (E. 29.9.69).* Chercher une source de profit qui *prenne le relais* du gisement de gaz naturel de L. *(E. 3.11.69).* Une autre « clientèle » (de touristes) a *pris le relais* de l'ancienne (au bord des lacs de Lombardie) *(A.A.T. 6.70).* Le Brésil a cessé d'être le premier pays d'accueil pour les (ouvriers) portugais. La France a *pris le relais (Pa. 12.70).* Les banques et l'industrie refusent actuellement de *prendre le relais* du financement public (de l'avion supersonique) *(E. 29.3.71).*
Les commandes publiques génératrices d'emplois industriels devront *prendre le relais* dans certains secteurs où des baisses d'activité sont prévues *(E. 3.12.73).* Des unités mobiles du service d'aide médicale urgente s'implantent dans les principaux centres hospitaliers (...) Ainsi la médecine collective *prend le relais* de la médecine individuelle *(Beunat, 74).* La société civile a dessaisi l'Église du pouvoir. Elle a *pris le relais* pour l'enseignement. Mais elle a piteusement échoué pour les fêtes *(P. 21.5.74).* La fin d'exécution de chaque grand contrat (...) se traduit par une baisse sensible de nos exportations, les autres secteurs industriels n'arrivant pas à *prendre le relais (M. 9.12.77).*

RELAIS- Premier élément de subst. composés.

Des *relais-radio* en différents points du pays *(Tripier, 72).* Il existe actuellement dans la chaîne un certain nombre de *relais-restaurants.* Il leur faudra devenir relais gourmands *(M. 11.12.71).* Des *relais-auberges* installés dans d'anciennes gares désaffectées *(P. 3.11.75).*

(-)RELAIS subst. en apposition ou deuxième élément de substantifs composés. ■ Qui sert d'intermédiaire, d'étape ; qui sert à retransmettre des signaux, etc.

● — À propos de choses concrètes.

Un *avion-relais* entre la Terre et l'Espace. Sa mission ? Établir un contact avec la capsule Apollo et transmettre les renseignements obtenus à la Division des Fusées du Département de la Guerre *(SV 2.67).* Quel sera le *port-relais* ou d'éclatement des pétroliers ? *(F. 22.11.66).* Les débats (des Nations unies), grâce aux *satellites-relais,* seront directement retransmis par les télévisions européennes et japonaise *(M. 27.11.66).* Une *usine-relais* accueillera bientôt la Société nouvelle des établissements K. *(F. 27.12.66).* Berlin, *ville relais* sur la voie Moscou-Londres *(PM 28.12.68).*
Des tonnages destinés à un trafic particulier, notamment au ravitaillement des *ports-relais (Cazaux, 71).*

● — À propos de choses abstr

Le déchiffrage constitue l'*activité-relais* privilégiée dans les langues occidentales, quand l'activité de globalisation n'est pas encore entièrement constituée *(Lobrot, 72).* Leurs démarches (de plusieurs chercheurs) tendaient à jeter entre russe et français une sorte de pont (...) Cette langue-pivot, espéranto pour calculateur eût servi d'*intermédiaire-relais* entre toutes les langues *(Elgozy, 72).* Dans la phrase « ce qui est arrivé, je le savais d'avance », le *pronom-relais* « le » se rapporte à l'élément « ce » *(Sauvageot, 72).*

● — À propos de personnes : qui remplace quelqu'un, assure la relève, *prend le relais** (fig.).

Les entreprises (de travaux publics) qui voient diminuer les (commandes) de l'État vont devoir réduire leur activité, faute de trouver des *clients-relais (M. 10.10.69).*
L'éducation permanente, l'organisation du recyclage devraient permettre non seulement la promotion individuelle, mais aussi la formation de ces *hommes-relais* à travers lesquels se produirait un changement fondamental dans les attitudes *(Uri, 73).* Le chef de service n'est jamais en contact avec les subordonnés qui doivent appliquer les décisions. Entre eux et lui, s'interposent des *personnages-relais (Duverger, 73).*

RELANCE sf. D'abord terme du jeu de poker. Répandu au milieu du XXe s., dans d'autres domaines (économique, politique, etc.).
■ Impulsion nouvelle donnée à une activité, une idée, un projet.
Relance + O.

La deuxième chaîne française (de télévision) va modifier profondément l'ordonnance de ses programmes. Il s'agira en fait d'une véritable *« relance »,* d'un nouveau départ *(GL 6.3.67).* Le marché attend une nouvelle *« relance »* car, malgré leurs progrès, les valeurs françaises sont encore à des niveaux assez bas *(M. 31.12.67).*
Les responsables de la marine marchande ont adopté une série de mesures de *relance* : développement des activités à l'étranger et containerisation progressive de tous les services *(Inf. 18.12.72).* Prévoir la possibilité d'un « additif au VIe Plan » ou d'un plan de *relance* en comptant, pour leur réussite, sur une conjoncture internationale plus favorable

(Inf. 12.2.73). Un plan de « refroidissement » en juin 1974 fut suivi en 1975 d'un plan de « *relance* » en deux temps *(E. 12.7.76)*.

Relance + de + subst.

Les centrales syndicales (vont) préparer la « *relance* » *de leur action* (revendicative) *(M. 1.1.66)*. On assiste à une *relance de l'art radiophonique* (qui avait été) éclipsé par le développement de la télévision *(M. 5.10.66)*. Favoriser la *relance de l'économie*, selon l'expression employée par les pouvoirs publics *(O.R.T.F. 17.1.53)*. Le retour des hommes au foyer et le rétablissement de la paix allaient déclencher une nouvelle *relance de la natalité (M. 10.11.59)*. Il ne sera pas question d'apporter son concours à la *relance d'une Ve République* qui aura plus souvent changé d'institutions que la IVe de gouvernements *(M. 8.10.65)*.

Relance + adj.

La rencontre des six chefs d'État ou de gouvernement (...) marquera un moment crucial de la « *relance* » européenne *(M. 11.9.69)*.

RELATIONS PUBLIQUES loc. subst. ~ 1957. (D'après l'angl. *« public* relations »*). ■ Ensemble de méthodes, de techniques utilisées par une collectivité (entreprise, parti, syndicat, etc.) pour favoriser, améliorer les relations internes ou externes de cette collectivité.

Un aspect particulier de la situation est l'essai d'utiliser au profit du gouvernement le système des *« relations publiques » (Meynaud, 59)*. Le Sénat a tenu 3 951 séances de Commissions d'enquêtes publiques. Voilà une Assemblée consciente de l'utilité d'un bon service de *relations publiques* ! *(Chandernagor, 67)*. Les *relations publiques* furent longtemps le fait d'aimables mondains nantis de solides relations. Les opérations se faisaient « à l'improvisation », les publics étaient constitués par les gens de connaissance. Les *relations publiques* n'avaient pas encore intégré les techniques de l'information *(En. 2.5.70)*.
Les campagnes électorales, est-ce la politique devenue une annexe du show business ? Confond-on vie publique et *relations publiques* ? Que signifient ce goût du spectacle, cette soif de publicité ? *(E. 16.9.74)*. Le Pape Jean-Paul II semble avoir compris l'importance des *relations publiques*. Sa grande popularité, dès son élection, s'explique en partie par son comportement en public, sa simplicité, sa chaleur humaine *(M. 24.12.78)*.

RELATIONNEL, LE adj. Rép. mil. XXe. ■ Relatif aux relations entre personnes.

La communication directe n'est pas généralement utilisée que dans les secteurs *relationnels* où les informations que nous échangeons sont objectivement indiscutables *(Collange, 72)*. (...) la querelle contemporaine sur les facteurs pathogènes des troubles *relationnels* dont traite la psychopathologie *(N 2.72)*. Le côté *relationnel* de notre travail de pédiatres nous passionne *(Raimbault, 73)*.

RELATIVISATION sf. ~ 1960. ■ Fait de *relativiser** ou d'être *relativisé**.

Les modifications importantes intervenues dans la société mondiale (...) entraînaient la mise en *relativisation* de nombreuses formes sociales *(Peretti, 72)*. Ce siècle s'est ouvert avec une certaine *relativisation* des épistémologies *(Beigbeder, 72)*.

RELATIVISER v. tr. ■ Considérer une chose comme n'ayant qu'une importance, une valeur relatives. Dénier ou faire perdre à quelque chose tout caractère d'absolu.

La légitimité héroïque et nationale qu'il (le général de Gaulle) incarne ruine le concept de la légalité car elle le *relativise* et le subjectivise *(M. 2.9.65)*. *Relativiser* des convulsions (sociales) inévitables mais passagères *(M. 27.7.66)*. Toute révolution se présente comme un absolu. *Relativiser* la révolution, c'est démobiliser le révolutionnaire *(M. 25.6.68)*. Ou bien on érige en absolus les instances qui se dressent au dessus du quotidien en prétendant le régenter — ou bien on *relativise* ces entités — État, églises, cultures, etc. *(Lefebvre, 68)*.
La reconnaissance de tendances passives primaires dans notre personnalité, oblige à *relativiser* la conception de la finalité individuelle des vacances *(Laurent, 73)*. Le temps écoulé, à défaut de simplifier le débat, l'a « *relativisé* » *(M. 25.11.73)*. Les jeunes sont portés à *relativiser* (...) Parce qu'ils sont plus en contact avec la vie, les parents ont davantage *relativisé* les choses *(Pa. 10.74)*.

● **Au passif.**

Aucun principe traditionnel ne garde une valeur absolue, tous sont *relativisés (Duquesne, 70)*.
La conscience oscille entre deux pôles, l'un où vérité et erreur sont *relativisées*, où surgit le doute et le nihilisme, l'autre où le combat pour la vérité est porté à l'absolu *(Morin, 73)*.

RELAX ou RELAXE [rəlaks] adj. et subst. ~ 1955. (De l'angl. *to relax*, se détendre). Fam.

Rem. « *Relax* » provient de la mode actuelle du mot « relaxation » qui ne signifie rien de plus que « détente ». Il a été vulgarisé récemment par les hygiénistes et médecins *(Thérive, 56)*.

● **Adj.** ■ Qui est détendu, *décontracte** (personne). Qui favorise la détente, le repos (chose).

Si vous êtes parfaitement concentré pendant une course, tout le reste ne semble plus avoir aucune espèce d'importance (...) Vous devez être parfaitement *relax*. N'être jamais ivre ou drogué, c'est-à-dire vulnérable *(C. 17.10.66)*. Près du cintré, loin du guindé, le style *relaxe* est le contraire du laisser-aller *(Pub. PM 7.3.70)*. Le futur Président posait, *relax*, pour les photographes sur une terrasse *(O. 27.5.74)*.

● **Subst.** ■ Maîtrise des fonctions physiologiques et des activités psychologiques. *Décontraction**, détente.

Une partie des passagers, des gens d'affaires ordinairement harcelés de rendez-vous, s'en étaient allés (en vacances) sans même laisser d'adresse. C'est une des exigences de la cure de « *relaxe* » *(M. 30.8.55)*. Il s'est affalé dans un fauteuil, les jambes étendues : puis on l'a vu fermer les yeux. *Relaxe* ! comme disent les Anglais *(Toesca, 56)*. *Relaxe* parfaite, au milieu des prairies, des alpages et des forêts, cadre reposant *(Prospectus, Savoie, 64)*. Elle se souleva à demi sur son fauteuil de *relaxe* et fixa son fils qui l'obligeait à ce dérangement *(Caplain, 67)*. Ce siège offre une gamme d'inclinaisons allant du « *relaxe* » à la position assise *(Ch. f. 68)*.
Vous profiterez de l'odeur de F.B. (produit pour le bain), du *relax* qu'il vous donne *(Pub. JF 10.5.69)*. Ce vêtement d'intérieur permet le *relax* élégant, et jamais négligé *(FP 1.73)*.

● Appos. ou second élément de subst. comp.

La voix monte, aiguë, indécente dans la tiédeur du *coin relaxe*, silence *(Beauvoir, 66)*. Landaus transformables en *sièges-relax* *(FP 4.69)*. Le gouverneur, petit homme vif et sec qui ne porte pas ses 60 ans, me reçoit en *tenue relax* kaki dans sa modeste case libanaise *(E. 1.9.69)*. Une initiative intéressante : l'organisation de séjours forfaitaires, de 24, 36 ou 48 heures, baptisés « *week-end relaxe* » *(VR 29.5.66)*. Comme les années précédentes, le syndicat d'initiative de T. poursuit hors saison sa politique du « *week-end relaxe* » à forfait *(M. 6.4.69)*.
Un *bar-relax* est installé dans chaque station *(P. 28.5.73)*. Dans les trains, de nouvelles couchettes-*relax*, intermédiaires entre la couchette classique et la place assise *(M. 1.1.75)*.

RELAXANT, E adj. De *relaxer**. ■ Qui favorise la *relaxation**.

Au lieu de se creuser la tête pour chercher un endroit pour réveillonner, loin des sentiers battus, il serait plus original et bien plus *relaxant*, d'entreprendre un voyage en train et de se livrer à de joyeuses agapes dans le wagon-restaurant *(VR 22.12.63)*. Un silence rare, celui de votre propre bureau, un silence confidentiel, ouaté, *relaxant* *(Pub. E. 11.5.70)*. Une sortie de bain *relaxante* *(Pub. JF 22.9.70)*. Des produits *relaxants* toniques ou amincissants *(VR 17.9.78)*.

RELAXATION sf. Mot du XVIe s. (Ambroise Paré), repris au milieu du XXe s. par emprunt à l'anglais. Méd. ■ Thérapeutique active de détente musculaire et nerveuse. Souvent employé à la place de : *détente, repos*.

C'est dans le train que l'homme moderne peut trouver le temps de la « *relaxation* » et il est aujourd'hui possible au voyageur d'arriver plus dispos qu'il n'était parti *(M. 23.5.54)*. La cure de détente V. repose essentiellement sur des séances de *relaxation* quotidiennes dirigées et sur un entraînement sportif progressif et adapté à chaque cas *(Pub. M. 17.4.65)*. Peu épaisse, et galbée comme un siège de *relaxation*, cette couchette permet de superposer quatre personnes en hauteur au lieu de trois *(M. 1.1.75)*. Le Dr. D. soumet les patients qui ont été victimes d'un accident coronarien à une gymnastique d'assouplissement et de *relaxation* *(E. 20.1.75)*. Un réglage du jet de la douche concentré et dru pour vivifier et faire circuler le sang, ou large et doux pour la *relaxation* *(VR 17.9.78)*.
→ RELAX.

RELAXER v. tr. et réfléchi. Mot du XVIe s., comme *relaxation*, repris comme lui au milieu du XXe s. par emprunt à l'anglais *« to relax »*. ■ (Se) détendre, (se) reposer.

● Verbe trans.

Il (un chef d'orchestre) dirige tout par cœur : il peut rester immobile un long moment, pour « *relaxer* » ses musiciens, quitte à les survolter jusqu'à la frénésie l'instant après *(E. 24.2.69)*.

● Verbe réfl.

Dans un périodique on peut lire : « Et bientôt l'on pourra *se relaxer* euphoriquement ». *Se relaxer* n'est pas français, du moins dans ce sens. Et cette « relaxation » se passe dans l'« Euphorium » de F., où se trouve un centre de relaxothérapie *(Georgin, 66)*.

RELAXOTHÉRAPIE sf. ■ Thérapeutique de *relaxation**.

Pour répondre au souci actuel : être en forme, une salle de *relaxothérapie* *(Pub. M. 15.4.69)*.

RELAYER v. tr. Radio, télév. À propos d'un satellite* (-relais*), d'une station qui reçoit une émission d'un émetteur principal et la retransmet à son tour vers des zones qui seraient inaccessibles directement à cet émetteur ; à propos de l'émission elle-même.

La première grande émission mondiale de télévision, qui devrait être *relayée*, par satellite, à travers les cinq continents *(E. 17.7.67)*.

RELAYEUR sm. Sport. ■ Chacun des participants d'une épreuve de relais.

La rencontre masculine a débuté par le relais 4 x 100 mètres nage libre (...) Depuis l'année dernière trois sur quatre des *relayeurs* ont dû être remplacés *(M. 13.7.65)*.

REM [rɛm] sm. Sigle. Mil. XXe. (De l'angl. *R*oentgen *E*quivalent *M*an). ■ Unité de mesure qui sert à évaluer l'effet biologique des radiations émises par un élément radio-actif.

On a établi des seuils de rayonnement qui ne doivent pas être dépassés. Ces seuils sont exprimés en *rem* ou milliréms, le *rem* étant l'unité d'action biologique des rayonnements correspondant à une exposition pendant une heure à 1,2 gramme de radium à un mètre de distance *(O. 14.1.74)*. Le *rem* est une unité d'irradiation représentative de la nocivité des rayonnements. La réglementation fixe la dose maximale de rayonnement autre que d'origine naturelle que peut recevoir le public à 0,5 rem par an. Pour les travailleurs de l'industrie nucléaire, la dose maximale est de 5 rems par an (M. 15.11.78).

REMAKE [rimɛk] sm. Rép. mil. XXe. (De l'angl. to remake, « refaire »).
1. Cin. Nouvelle version d'un film ancien.
   Rem. Remake ou rewriting : ces anglicismes désignent le « copiage » autorisé ou non d'un film. « Rewriting » se dit de la nouvelle mouture du scénario, « remake » du travail technique et du film obtenu. Cette pratique, qualifiée parfois de « plagiat » ou de « piraterie », consiste à reprendre presque dans les mêmes décors la trame légèrement arrangée d'un succès de l'écran. (...) Il est difficile de trouver à ces mots de bons équivalents : ni « adaptation », ni « révision », ni « refonte », ni « remaniement », ni « reconstruction » ne conviennent. « Remake » est un emprunt intégré (VL 11.70).
   Spectacle pour spectateurs pas trop perspicaces et amnésiques, parce que c'est presque un « remake » de « Piège pour un homme seul » (E. 28.9.70).
2. Par extension, dans d'autres domaines : nouvelle version d'une œuvre.
   Le deuxième attrait de la soirée : Mlle D. (danseuse) dans le finale Noir et Blanc — le « remake » de Suite en blanc, ballet de Lalo-Lifar (M. 18.1.68). Elle s'appelle Margaret, comme l'auteur d'« Autant en emporte le vent ». Et elle sait parfaitement ce qu'elle fait : un « remake » en noir du célèbre roman (E. 12.8.68). Une longue pérégrination à travers le désert et les rues de S., mauvais « remake » de l'épisode de Bethléem dans saint Luc (M. 23.3.69).
→ REWRITING.

REMODELAGE sm. ■ Action de remodeler* ; son résultat.
1. À propos du corps humain.
   Perte de poids. Développement et remodelage musculaires — préparation au ski. Massages mécaniques. Relaxation (Pub. M. 16.1.68). Remodelage soit par la gymnastique, soit par des massages (O. 24.1.68).
2. À propos d'un bâtiment, d'un quartier, d'une ville, etc.
   Un remodelage des agglomérations, (un) renouvellement du patrimoine immobilier (M. 23.4.66). La création de communautés urbaines constitue un pas important dans la voie du « remodelage » de la carte administrative (M. 11.6.66). Il faut attacher beaucoup d'importance à la modernisation, au « remodelage » des maisons et des communes rurales (F. 19.11.66). Le ministre vient de proposer quatre projets de remodelage du parvis Notre-Dame (M. 16.1.68). Bien que datant de près d'un siècle, sa carcasse (d'une gare) est bonne et sera conservée, tandis que tout le reste sera démoli afin de faire une gare « dans le vent ». Un remodelage, disent les techniciens (VR 30.3.69).
   La première étape du « remodelage » de la gare du Nord, est très appréciée par les usagers (VR 3.9.72). L'expérience de l'îlot Saint S. entraîne le remodelage des sens uniques (M. 18.11.72). Le « remodelage » de la côte permettra de créer 40.000 m² de plages artificielles (M. 13.12.72). Cette vaste entreprise de « remodelage » urbain sera longue et coûteuse (M. 5.2.75).
3. À propos de notions abstraites.
   Le débit ou le rendement de cet équipement (sanitaire) est très nettement au-dessous de ses possibilités, et il serait souhaitable de faire un effort de modernisation, de réorganisation et de remodelage, plus efficace que la politique consistant à augmenter le nombre des lits tout en persistant dans les errements actuels (M. 19.6.66). La Tunisie s'est engagée dans un remodelage de ses structures agricoles en ayant recours à la méthode coopérative (M. 31.5.66). Le remodelage des structures de la métallurgie ouvre à cette industrie de base des certitudes quant à son avenir (F. 12.11.66).

REMODELER v. tr. ■ Modifier, transformer (pour améliorer). Réorganiser, restructurer.
1. À propos du corps humain, du visage.
   En sept jours on vous retend la peau du visage, on en remodèle l'ovale (F. 1.12.65).
2. À propos d'un bâtiment, d'un quartier, d'une ville, etc.
   Pour remodeler 35 hectares au centre d'une grande ville, où le terrain vaut très cher, il faut des sommes énormes au départ (O. 24.1.68). La montagne a été remodelée : de gros travaux de terrassement ont été nécessaires pour la construction d'une butte de 22 mètres pour les départs des slaloms spéciaux (M. 2.1.68).
● Participe passé et adj.
   Correctement remodelé, le chemin de fer restera l'armature essentielle et indispensable de notre économie (M. 8.2.69). Les grands équipements commerciaux ou d'infrastructure devront avoir leur place dans les quartiers remodelés (F. 22.12.66).
   Certaines solutions proposées par les spécialistes ne sont applicables que dans des villes ou des quartiers neufs ou « remodelés » (VR 18.6.72).
3. À propos de choses abstr. ou de collectivités.
   Le plan en pays socialiste n'est pas seulement économique, il agit aussi sur l'humain. Il remodèle les comportements selon de nouvelles normes (M. 30.8.64). Le ministère a l'intention de profiter de la suppression de la première partie du baccalauréat pour remodeler l'ensemble des études du second cycle (M. 20.2.66). Une profession qui est à « remodeler » (Schwœbel, 68). Remodeler complètement le style de l'entretien télévisuel (M. 19.2.67). (Le pape) est en train de réussir, par impulsions successives et sans heurter les personnes, à remodeler d'une manière radicale la physionomie de la Curie (M. 10.1.68). Détruire le cadre des facultés traditionnelles pour remodeler des universités associant tout autrement les unités disciplinaires (M. 29.11.68).
   Remodeler l'économie du pays, les habitudes de consommation, l'appareil industriel, pour répondre au « défi » énergétique (M. 9.10.74).
● Part. passé et adj.
   Il serait difficilement concevable que le Sénat remodelé n'ait qu'un rôle consultatif (M. 2.5.66).

REMONTE-PENTE sm. ■ Système de câbles mobiles auxquels le skieur peut s'accrocher pour remonter une pente tout en glissant sur ses skis.

Déjà, 25 millions de francs ont été dépensés pour la construction de la route, des *remonte-pentes* et du téléphérique *(E. 19.12.65)*. La liste des installations : téléphériques, funiculaires, *remonte-pente* est impressionnante, et les milliers de skieurs qui venaient chaque dimanche n'auront désormais plus à attendre *(F. 20.1.67)*.
→ TIRE-FESSES

REMONTÉE(S) MÉCANIQUE(S) sf. Mil. XXe. ■ Ensemble des installations (télécabines, téléphériques, *remonte*-pentes*, etc.) qui, dans les stations de montagne, permettent de transporter des passagers (skieurs, touristes, etc.) ou des marchandises en franchissant rapidement de fortes dénivellations.

La station idéale pour tous les sports d'hiver. Cours de ski d'avant-saison, 12 *remontées mécaniques (F. 24.11.66)*. D'Avoriaz, on peut se rendre à Champéry, en Suisse, les deux stations ayant relié leurs réseaux de *remontées mécaniques (P. 24.12.73)*. Avec 44 *remontées mécaniques* — 37 téléskis, 2 télésièges, 3 télécabines et 2 téléphériques — la station de S. figure en bonne place (...) *(M. 22.3.75)*. Les employés des *remontées mécaniques* de C. ont cessé le travail pendant 4 jours *(M. 24.12.76)*.

REMONTER À
→ MONTER + prép. + nom de ville (Rem. 2).

REMPLISSAGE (COEFFICIENT DE) Loc. subst. Mil. XXe. ■ Rapport entre le nombre des places occupées et le nombre total des places disponibles dans un véhicule de transport public (avion, train, etc.).

Le *coefficient de remplissage* nécessaire pour atteindre le seuil de rentabilité de l'avion Concorde dépendra essentiellement des tarifs différentiels appliqués à la vente des billets (...) Ou bien les deux types d'avions seront mis en compétition dans des conditions identiques, et Concorde atteindra des *coefficients de remplissage* très élevés en raison des gains de temps qu'il peut offrir, ou bien le billet de Concorde sera majoré d'une surtaxe et le *coefficient de remplissage* sera réduit d'autant *(Cazaux, 71)*.

REMUE-MÉNINGES Loc. subst. ~ 1965. (Par analogie paronymique avec *remue-ménage*). Formule proposée par L. Armand pour traduire *Brain*(-)storming*. ■ Réunion où chaque participant est invité à formuler spontanément des idées, des propositions, etc., qui sont discutées en commun.

Qu'attendre d'un tel « *remue-méninges* » collectif, si l'on ne veut pas en rester à cette autocritique que l'institution militaire pratique souvent avec lucidité ? *(M. 29.6.73)*. Les Éclaireurs avaient organisé une grande consultation de la base, baptisée « *remue-méninges* » *(P. 8.4.74)*. Il fallait donner à voir, à écouter, à admirer. On utilisa le « *remue-méninges* » pour présenter les attractions. Il y en eut plus de cent *(VR 1.1.78)*.

RENDEZ-VOUS sm. Spéc.
Rendez-vous social. ■ Rencontre fixée d'avance entre les représentants du gouvernement ou du patronat et ceux des syndicats afin de négocier sur les questions de salaires, les conditions de travail, etc.

La C.G.T. demande au gouvernement d'avancer de mars à janvier le « *rendez-vous social* » prévu en juin 1968 *(M. 12.1.69)*.

Rendez-vous spatial. Astron.
Les Américains ont acquis la maîtrise du « *rendez-vous* », c'est-à-dire le pouvoir de réunir deux véhicules dans l'espace, essentiel au plan d'expédition lunaire *(F. 17.11.66)*. On sait déjà fabriquer des fusées antifusées et des chasseurs de satellites — là est le véritable sens du « *rendez-vous spatial* » — pour détruire les bombes atomiques à coups de bombes atomiques *(Sudreau, 67)*. La jonction des Cosmos 186 et 188 a prouvé que les Soviétiques avaient maîtrisé la technique du *rendez-vous spatial* automatique *(O. 27.12.67)*.

RENÉGOCIATION sf. ~ 1960. Pol. ■ Négociation qui tend à modifier certaines clauses d'un accord, d'un traité, etc.

La *renégociation* générale des accords de coopération s'engage *(P. 23.5.73)*. Dans les cercles politiques, on parlait de « réajustement » du Traité de Rome (...) plutôt que de « *renégociation* » *(O. 10.3.74)*. M. Giscard d'Estaing n'a pas caché qu'il était tout à fait hostile à la « *renégociation* » des conditions d'adhésion de la Grande-Bretagne au Marché commun *(M. 15.5.74)*.

RENTABILISATION sf. ■ Action de *rentabiliser** ; son résultat.

La seule voie de croissance indéfiniment ouverte est celle de la *rentabilisation* des capacités humaines et celle du management en particulier. (...) Le but stratégique d'une entreprise est la *rentabilisation* satisfaisante des capitaux investis *(Hetman, 69)*. L'État, maître du terrain, saura-t-il résister à la tentation de la « *rentabilisation* commerciale » ? *(Saint-Marc, 71)*. La *rentabilisation*, c'est la mise en cause de la gratuité, c'est l'accentuation de l'orientation antidémocratique de l'école bourgeoise *(École, 72)*. Les entreprises capitalistes ont nécessairement la préoccupation d'obtenir la *rentabilisation* maximum des capitaux investis *(Belloin, 73)*. L'État continue de parler de « vérité des prix » et de « *rentabilisation* des transports en commun », c'est-à-dire de hausse des tarifs *(Bosquet, 73)*.

RENTABILISER v. tr. ■ Rendre une activité, un investissement, une opération « rentables », avantageux, bénéficiaires.

● Verbe trans.
○ *Rentabiliser* toutes les *activités* culturelles *(O. 6.3.68)*. Étant difficilement avoués, les *échecs* enregistrés ailleurs ne servent pas assez de leçons ; ce qui serait pourtant le meilleur moyen de les « *rentabiliser* » *(Dumont, 62)*. Diamant B ne suffira pas à *rentabiliser* l'*effort* accompli par la France depuis huit ans *(E. 16.3.70)*. Les compagnies doivent inventer des formules nouvelles leur permettant de « *rentabiliser* » une nouvelle *génération* d'avions *(M. 2.8.66)*. Dans le cas où elle a la possibilité de *rentabiliser* son *savoir-faire* grâce à des accords d'échange d'informations et de procédés, l'entreprise préfère négocier de tels accords *(Hetman, 69)*. La nécessité de « *rentabiliser* » les *sites* sportifs et urbains mis en place à l'occasion des Jeux (olympiques à Grenoble) *(M. 2.1.68)*. La direction de la recherche ne réussit pas à *rentabiliser* les *travaux* de recherche et de développement au même titre que les autres activités de l'entreprise *(Hetman, 69)*.

∞ Des *études* coûtent cher. Ne pas les « *rentabiliser* » équivaut à une perte sèche dans le budget d'un pays *(Roudy, 70)*. Le désir de *rentabiliser* le *terrain* dans le centre des grandes villes en construisant de plus en plus haut et en occupant au maximum l'espace *(N 6.70)*. Si le propriétaire est non-exploitant et loue ses terres à un fermier, nulle considération de rationalité ne peut l'inciter à l'achat de nouvelles superficies. Pour lui, l'exploitation n'est pas une *entreprise* à *rentabiliser* (Lacombe, 71). On a le souci d'utiliser pleinement, et donc de « *rentabiliser* » au maximum, le *tronçon* central, du réseau express régional *(M. 28.1.72)*. La logique capitaliste (est de) ne pas pomper au profit de services publics — non rentables par définition — des *ressources* que le secteur privé pourrait « *rentabiliser* » *(Bosquet, 73)*.

● Au passif.
L'implantation internationale de R. sera mieux *rentabilisée*, avec un éventail plus large de produits à commercialiser *(En. 2.5.70)*. L'ensemble des travaux imputables à l'augmentation de la vitesse à 200 km/h entre Les Aubrais et Coutras représente aux conditions de prix de juillet 1968 une dépense de 42 MF. Cet investissement est *rentabilisé* par les accroissements de trafic découlant de la réduction des temps de trajet *(R.G.C.F. 6.70)*. Vous achetez un terrain (...) cinq ans plus tard votre terrain (sera) plusieurs fois *rentabilisé* *(Bériot, 73)*.

● Verbe réfl.
On diminue certaines subventions, on supprime l'aide aux charbonnages et à la S.N.C.F., qui devront se *rentabiliser* *(Agulhon, 72)*.

RENTE DE SITUATION Loc. subst. ■ Avantage, privilège dont le bénéficiaire (individu ou collectivité) profite depuis longtemps et qu'il a fini par considérer comme un droit acquis et irréversible.

Les cadres jouissent de salaires élevés, qui constituent une véritable *rente de situation* alors que l'on doit s'attendre à une baisse sensible des rémunérations *(En. 11.6.71)*. Certains cadres ne considèrent pas leur diplôme comme une *rente de situation* et refusent la sclérose *(Inf. 15.1.73)*. Cette *rente de situation* a permis aux dockers d'arracher des conditions de travail et de salaires (...) intéressantes *(E. 10.12.73)*.

RENTIER VIAGER subst. ■ Personne qui bénéficie d'une rente viagère.

Doucement mais sûrement, la grogne des laissés-pour-compte de l'épargne se substitue à leur silencieuse ignorance (...) Les *rentiers viagers* tentent de mobiliser l'opinion *(P. 14.10.74)*.

RENTRÉE SOCIALE Loc. subst. Mil. XXe. (Sur le modèle *rentrée scolaire*). ■ Période de l'année qui suit les vacances d'été et qui est caractérisée par une reprise de l'activité syndicale et politico-sociale (négociations, mouvements revendicatifs, etc.)

À l'heure où la *rentrée sociale* se profile, l'emploi apparaît vraiment comme le thème dominant (...) pour pousser les partenaires sociaux à conclure rapidement les négociations engagées (...) Certains voient dans la reprise, le 6 septembre, de la négociation sur l'indemnisation du chômage l'un des dossiers « les plus brûlants » de la *rentrée sociale* *(C. 5.9.78)*.

RENVOYER L'ASCENSEUR
→ ASCENSEUR (RENVOYER L').

RÉORIENTER v. tr. Fig. ■ Donner une orientation nouvelle (à qqn ou à qqch).

Il semble (...) possible de *réorienter* la croissance tout en tenant compte des nouvelles exigences de l'écologie *(C. 5.12.78)*.

REPAS- Premier élément de subst. comp. dont le second élément indique une modalité du repas, une activité qui l'accompagne, une impression qui en résulte, etc.

Le leader a été invité à parler au cours d'un *repas-conférence de presse* *(N 10.69)*. Finis les *repas-déception* ! Souvent de belles étiquettes vous promettent un bon plat de poulet et vous n'avez que des « bas morceaux » *(Pub. PM 28.11.70)*. « La Noce chez les petits bourgeois » et « la Cantatrice chauve » ont renouvelé la tradition des *repas-farces* chers à Labiche et au cinéma muet *(M. 24.12.71)*. Le rapide remplace le bon, le rationnel supplante le succulent. Le ticket-repas, le *repas-plateau*, il faut presque lui faire oublier au client *(O. 23.12.73)*. Des images télévisées représentant de la nourriture à raison de 2 images par 30 secondes suffisaient à satisfaire l'appétit du spectateur. Les *repas-images* l'ont nourri comme s'il avait réellement mangé *(Tela. 18.8.73)*.

-REPAS Deuxième élément de substantifs composés. ■ Qui donne droit à un repas ; qui contient les éléments d'un repas ; qui sert pour le repas, etc.

Un astucieux système de *bons-repas* : on paye au forfait en argent français et on reçoit l'équivalent-nourriture en argent du pays *(E. 28.6.65)*. L'architecture intérieure est fouillée dans le sens du rationnel : cuisine-bar escamotable et différence de niveau entre le *plan-repas* et le *plan-repos (E. 3.7.67)*. Remettre aux journalistes des carnets de *chèques-repas* valables pour ces restaurants *(O. 21.2.68)*. Un traiteur livre des *colis-repas* sur simple coup de téléphone *(E. 3.2.69)*. Il faut savoir s'adapter, passer sur les petits inconvénients, les *tickets-repas* plus chers *(Exp. 2.71)*. Le « *centre-repas* » est un complexe entièrement intégré — plusieurs cuisines en une — où peuvent être préparés tous les plats imaginables *(E. 16.10.72)*.
→ COIN-, PAUSE-, PLATEAU-REPAS.

REPENSER (quelque chose) v. tr. Emploi ancien (XIXe s.), qui appartenait d'abord à la langue choisie, avec pour complément un nom abstrait du domaine de la vie intellectuelle (idée, théorie, etc.). Repris au milieu du XXe s. et étendu aux cas où le complément désigne des activités ou des objets concrets. Bien que parfois critiqué (cf. Rem. ci-après M. 29.6.60), cet emploi extensif est fréquent. ■ Soumettre une chose, une question à un examen critique approfondi, la reconsidérer selon des points de vue nouveaux.

Rem. Puisque l'on peut « penser une idée » — ou une statuette — on doit pouvoir éventuellement la penser de nouveau, la « *repenser* ». En fait, l'Académie admet des tours tels que « *repenser* une doctrine », « *repenser* un ouvrage ». (...) Mais on va trop loin, à mon avis, quand on parle de « *repenser* un règlement municipal ou un modèle de voiture » *(Le Bidois : M. 29.6.60)*.

O Il faut *repenser le chemin de fer* (...). Nous devons remplacer la fonction « vigilance » de l'homme par la fonction « obéissance » du robot *(M. 20.4.55)*. Le ministre de l'Éducation nationale n'a pas caché qu'à son avis, il fallait *repenser* les *conditions* de la vie scolaire *(E. 29.3.71)*. Une commission de mathématiciens chargés de *repenser l'enseignement* de cette discipline « de la maternelle au Collège de France » *(M. 5.10.66)*. Cette *fonction* de surveillance général est à *repenser* entièrement *(M. 6.9.66)*. « *Repenser* » un *objet* en vue d'en abaisser le coût *(VR 15.12.68)*. La *profession* (le journalisme) est à « *repenser* » et à « remodeler », de façon à en faire un véritable « service public » *(Schwœbel, 68)*. La question du Sahara doit être réglée. Il faut donc *repenser le Sahara (M. 14.6.56)*. Il s'agit de *repenser* notre *système* de formation des enseignants et non de l'amender *(F. 16.3.68)*.

OO L'échec de la semaine dernière devrait obliger les dirigeants français à *repenser l'ensemble* de leur politique étrangère *(En. 23.4.71)*. Le *moteur* et la *transmission* ont été entièrement *repensés (En. 4.11.71)*. L'architecte a créé un bar particulièrement réussi, *repensé les circulations*, conçu les salons de conférences, remodelé le hall principal *(M. 12.2.72)*. Les voies les plus larges aux motorisés, les ruelles pittoresques et commerçantes aux piétons. Facile à dire, mais pas facile à réaliser. Car il faut d'abord « *repenser* » *toute la ville*, tracer un plan d'urbanisme et de circulation à long terme *(M. 8.9.73)*. Renault veut *repenser* complètement la voiture en fonction de l'électronique *(O. 4.12.78)*.
→ PENSER.

RÉPERCUTER (quelque chose sur quelque chose) v. tr.
1. Transmettre (un ordre, une commande).

Coop-Voyages assure tous les services d'une agence de voyages : *répercute* les demandes d'adhésion sur les associations de tourisme familial, de jeunesse et d'éducation populaire qui sont ses membres *(Pub. Fa. 15.4.70)*.

2. Faire supporter (une augmentation de prix, des charges, des frais).

Il conviendra de *répercuter* exactement sur le prix (du gaz) les frais de transport jusqu'au point de consommation *(M. 26.6.57)*. *Répercuter* la charge sur les prix, ce qui (les) rend moins compétitifs *(En. 8.2.69)*.

RÉPÉTITIF, IVE adj. ■ Qui se répète.

O Je ne crois pas qu'on ait atteint un stade où l'on puisse faire confiance aux ordinateurs. On peut louer réserver les domaines où le *caractère répétitif* est important *(En. 24.10.70)*. Les innombrables *discours* prononcés partout où il trouve un groupe d'administrateurs sont *répétitifs*, ennuyeux et empreints de démagogie outrancière *(TG 14.10.62)*. Les tâches industrielles comportent (beaucoup) d'*éléments répétitifs (E. 2.6.69)*. *Émission* (de télévision *répétitive*, d'un ton canularesque, elle bénéficiait d'une certaine liberté dans la composition des séquences *(E. 6.4.70)*. La création d'un monde pratico-sensible à partir des *gestes répétitifs (Lefebvre, 68)*.

OO Dans ces classes de transition, on applique une « *méthode* globale » et *répétitive* visant à « tout » apprendre à partir d'un fait, puis d'un autre *(Baudelot, 72)*. Les ordinateurs épargnent à l'homme maintes *tâches répétitives* et routinières *(Elgozy, 72)*. Lorsque l'on étudie une *histoire* froide, lente, *répétitive*, où il ne se passe pas grand'chose, ce sont les permanences qui comptent *(E. 27.8.73)*. Les ouvriers acceptent de moins en moins les *travaux* trop pénibles, trop dangereux, ou simplement trop bêtes et *répétitifs (E. 3.9.73)*. Certaines *opérations répétitives* de fabrication sont incompatibles avec la haute qualité *(M. 7.11.73)*. Le rythme cadencé de la marche des trains de banlieue contraint les aiguilleurs à une attention soutenue et les oblige à effectuer des *gestes répétitifs* (...) Il fallait donc substituer autant que possible, à ces *commandes* manuelles, délicates et *répétitives*, des commandes automatiques *(R.G.C.F. 6.74)*. La mécanisation et l'automation réduisent la proportion des ouvriers professionnels et augmentent celle des OS confinés dans un *travail répétitif* et parcellaire *(P. 11.8.75)*.

RÉPÉTITIVITÉ

RÉPÉTITIVITÉ sf. ~ 1970. ■ Caractère de ce qui se répète ou qui peut être répété.
> La monotonie architecturale, ou la *répétitivité* dans la construction d'immeubles en barres ou en tours, provoquent chez ceux qui les habitent une certaine agressivité *(Bériot, 73)*.

RÉPONDEUR sm. 1963. ■ Appareil téléphonique muni d'un disque ou d'une bande magnétique qui, à chaque appel, donne une réponse enregistrée d'avance, et qui peut éventuellement enregistrer à son tour le message de l'appelant.
> *Répondeurs* téléphoniques. Sélecteurs téléphoniques. Machines à dicter *(Pub. E. 15.3.65)*.
> Un *téléphone-répondeur* automatique inlassable vous écoute 24 heures sur 24 *(Pub. M. 23.3.69)*.
> Le *répondeur* simple diffuse seulement un message pré-enregistré *(E. 16.7.73)*. L'utilisation des *répondeurs* téléphoniques se répand largement (...) Les *répondeurs* enregistreurs sont les plus vendus actuellement. L'utilisateur enregistre un message sur cassette qui se déroulera à chaque appel, laissant ensuite le temps nécessaire au correspondant pour dicter sa réponse *(E. 18.11.78)*.

RÉPONDRE v. intr. Avec pour sujet un nom de chose (machine, voiture). ■ Réagir correctement et instantanément aux manœuvres du conducteur.
> Le sportif attend de sa voiture la joie physique de dominer cette bête dont on vous dit qu'elle est « souple », « racée », qu'elle « bondit », qu'elle « *répond* ». Le conducteur et sa voiture forment alors ce couple ambigu où, à la moindre faute de l'un, l'autre sort de la soumission et trahit, et vous tue, et se tue *(E. 25.4.66)*. La M.G. est une bonne voiture. Elle a *répondu* jusqu'au dernier moment. Je n'ai pas commis d'erreur de conduite *(Guimard, 67)*.

-RÉPONSE Deuxième élément de substantifs composés. Le premier élément désigne le support d'une réponse à envoyer.
> Pour tout achat effectué chez un poissonnier de la ville elles recevront un *bulletin-réponse* qui leur permettra de répondre à la question : « Combien aura-t-on vendu de poisson à Saint-G. entre le 17 et le 30 mars ? » *(M. 24.3.66)*. Les six potages sont désignés par des lettres de A à F ; les six photos sont numérotées de 1 à 6. Indiquez sur le *bulletin-réponse*, sous la lettre désignant chaque potage, le numéro de la photo correspondante *(F. 12.11.66)*. Les gagnants des lots S. devront retourner à cette société la *carte-réponse* figurant sur leur billet de tombola *(F. 23.11.66)*. Postez le *coupon-réponse* aujourd'hui même. Notre brochure « Vacances en Afrique Noire » vous donnera tous les détails *(Pub. En. 8.2.69)*. Retournez-nous, sans engagement de votre part, le *coupon-réponse* ci-dessous *(Pub. O. 22.4.74)*.

REPORTAGE- Premier élément de subst. comp. Le second élément indique la nature, la finalité, etc., du reportage.
> Le *reportage-télé* qu'on fait à 20 ans, la caméra au poing *(E. 16.5.66)*. « Louons maintenant les grands hommes » est un *reportage-poème (M. 7.4.72)*. L'un des films est une super-production comique, l'autre un *reportage-essai (E. 15.10.73)*. Voici un tableau varié, animé, *reportage-vérité* fait de portraits-interviews : les musiciens chez eux, à New-York, au restaurant, dans la rue *(O. 12.11.73)*.

-REPORTAGE Deuxième élément de substantifs composés. Le premier élément désigne ce qui sert de cadre au reportage.
> Ahuri par le déluge en librairie d'*albums-reportages*, recueils, études sur la Révolution de Mai. J'ai cru que le film pouvait être aussi rapide que le livre *(O. 10.7.68)*. Ce *dossier-reportage* présentera (à la télévision) outre des images du Biafra, des témoignages ou commentaires de J.-C. S., du docteur B. de la Croix-Rouge, et d'un représentant de l'organisation Caritas *(M. 12.9.68)*. Le *film-reportage* n'interprétera pas les faits, mais les montrera « tels quels » dans une « méthode de respect du document brut » qui, cependant, choisi ses éléments et « propose une signification, éventuellement un message » *(VL 11.70)*. C'est un film sur le malheur des enfants, sur les juges qui organisent tous ces malheurs solitaires. C. a utilisé là certains éléments de son *livre-reportage* « Les Enfants de la justice » *(O. 30.4.68)*. Nous sommes loin du *roman-reportage* sur les bidonvilles *(M. 26.4.69)*.

REPOSE- Premier élément de substantifs composés qui désignent des objets sur lesquels on peut appuyer ou poser ce que désigne le deuxième élément.
> Une table à repasser pliante, sur piètement métallique, doit avoir un *repose-fer* incorporé, escamotable sous la planche *(M. 17.11.66)*. Le très long meuble bar a été très heureusement traité en cuivre rouge pour le comptoir et le *repose-pieds (VR 21.9.69)*. Regardez. Ou plutôt, imaginez : j'escamote le *repose-tête* dans le dossier, je redresse le siège *(Pub. E.1.11.65)*. Des fauteuils grenat inclinables, avec *repose-tête*, moelleux et profonds comme les sièges d'un club d'outre-Manche *(VR 21.9.69)*.
> Un petit banc *repose-pieds* sous le bureau d'un enfant *(E. 19.10.70)*. Vous pouvez avoir en option la lunette arrière dégivrante et des *repose-tête (Pub. O. 4.3.74)*.

REPRÉSENTATIVITÉ sf. ■ Caractère de quelqu'un (personne ou groupe) qui est qualifié pour représenter une collectivité, négocier, parler en son nom.
> La seule *représentativité* réellement authentique, c'est celle qu'accordent les ouvriers eux-mêmes, spontanément *(Vigil, 67)*. La direction de l'Institut a admis la *représentativité*

du conseil étudiant et le principe de la commission paritaire *(M. 26.5.68)*. Doctrine de la « *représentativité* exclusive » de Bonn pour les affaires allemandes *(M. 31.10.69)*.
Vieux parti stalinien, buriné par une rigoureuse répression, fort d'un appareil puissant mais n'ayant jamais pu tester sa *représentativité* populaire, il n'est pas mûr pour une prise du pouvoir par les urnes *(E. 16.12.74)*.

RÉPRESSIF, IVE adj. Par ext. à propos de personnes. ■ Autoritaire.

Avant, ils étaient autoritaires : « Les enfants sont faits pour obéir », disaient-ils. Maintenant (...) ils se demandent comment ils ont pu être aussi *répressifs* *(P. 14.10.74)*.

REPROGRAPHIE sf. 1963. Techn. ■ Ensemble de procédés qui permettent de reproduire un document au moyen d'un rayonnement calorifique, électrique ou gazeux.

Rem. *Reprographie* : contraction de « reproduction » et de « graphie ». Ce néologisme aurait été créé en octobre 1963, à Cologne, pendant un congrès professionnel. (...) Le mot est plus bref que « procédé de copie », plus précis que « reproduction », plus approprié que « duplication » — au sens littéral, simple fait d'établir le double d'un document original. Il est donc probable que l'usage le consacrera *(VL 2.70)*.

♦ Reproduire à sec, 25 copies en un instant, accepter tous les documents : minces ou épais, souples ou rigides, feuillets simples, noir ou couleur... constituer à elle seule un véritable service de *Reprographie* centralisé *(Pub. F. 24.11.66)*. Vous avez une entreprise de taille moyenne. Et vous n'avez pas de service *reprographie*. Vous croyez peut-être qu'un vrai service *reprographie*, c'est réservé aux grosses entreprises *(Pub. M. 9.9.69)*.
Le service *reprographie* intègre une imprimerie offset, les tireuses automatiques les plus modernes *(D. En. 2.71)*. Une des premières structures commerciales en France dans le domaine de la *reprographie* *(O. 4.3.74)*.
→ XÉROGRAPHIE.

REPROGRAPHIER v. tr. ■ Reproduire un document par *reprographie**.

On trouve aussi : « *reprographier* une circulaire » *(VL 2.70)*.
Nos besoins quotidiens en reprographies, c'est-à-dire en exemplaires *reprographiés* *(M. 5.11.69)*.

R. E. R. [ɛʀəʀ] sm. ~ 1970. ■ Sigle pour *R(éseau)* E(xpress) R(égional)*.

Le *R.E.R.* ne méritera son nom de « Réseau » express régional que lorsque ses 3 lignes seront réunies à la station Châtelet *(R.G.C.F. 9.74)*. Les fondations de la grande gare souterraine du *R.E.R.* à la Défense ont été coulées à la lumière du jour *(M. 22.1.78)*. Le *R.E.R.* n'est pas composé intégralement de lignes nouvelles, mais s'appuie sur des infrastructures existantes *(R.G.C.F. 7./8.78)*.

RÉSEAU EXPRESS RÉGIONAL Loc. subst. ~ 1965. ■ Ensemble de voies ferrées « à grand gabarit » (par opp. aux voies du métro) et à grand débit, partiellement souterraines, qui desservent Paris et une partie de sa banlieue.

Le *Réseau express régional*, moderne et silencieux, met la Défense à deux minutes de l'Étoile *(E. 24.2.75)*. Le Président de la République a inauguré le 8 décembre le tronçon central du *Réseau express régional* *(M. 9.12.77)*. Ce qu'il est maintenant convenu d'appeler le *Réseau express régional* — R.E.R. — comprend 4 lignes parcourues par des trains traversant Paris *(R.G.C.F. 7./8.78)*.

RÉSERVATION sf. Rép. mil. XXe. (calque de l'angl. *reservation*). ■ Action de réserver à quelqu'un (ou de se faire réserver) une place dans un avion, un train, une salle de spectacles, de retenir une chambre d'hôtel, etc.

Rem. « *Réservation* » : ce mot est, je crois, nécessaire. La location est une chose et la *réservation* est autre chose. C'est un mot de bonne venue, dérivé normal du verbe « réserver ». (...) Je propose à l'Assemblée d'émettre un vœu en faveur de « *réservation* », limité au sens technique de « *réservation* d'une place, d'une chambre d'hôtel » *(VL 11.63)*.

♦ Consultez votre Agence de voyages pour *réservation-passages* *(Ann. F. 29.11.66)*. Services des renseignements, *réservation* des places (dans une gare) *(VR 20.4.69)*. La situation, longtemps confuse, s'est enfin éclaircie dans le secteur de la *réservation* électronique. Ce futur système doit être neutre, et international *(M. 10.10.70)*.

● **Par ext. Dans d'autres domaines.**

Cette loi devrait permettre de faire des réserves foncières dans le cadre d'un plan directeur. Il n'y a pas que l'aspect *réservation* des terrains dans le projet de loi. On y trouve beaucoup d'autres dispositions *(F. 3.11.66)*.

RÉSIDENCE sf. Spéc. ~1960. ■ Ensemble d'immeubles résidentiels assez luxueux.

Il avait loué sur la petite baie un studio avec salle de bains dans une *résidence* toute neuve, construite pour les estivants *(Droit, 64)*. Dans la *résidence* se construisent une piscine, des courts de tennis, un club-house avec une garderie *(VL 1.70)*.

RÉSIDENCE SECONDAIRE

RÉSIDENCE SECONDAIRE loc. subst. fém. D'abord terme administratif, par opposition à *résidence principale*. Rép. ~ 1960. ■ Habitation (appartement, ou, plus souvent, maison) située à la campagne, à la mer ou à la montagne, et appartenant à une famille citadine qui y passe ses week-ends, ses vacances, etc.

La vie dans les villes est artificielle. Si l'artifice devient trop pesant, le citadin a la ressource du sport, du camping, de la *résidence secondaire* (E. 3.10.66). La *résidence secondaire* est un moyen de s'approprier une fraction du paysage mais c'est un moyen limité (M. 5.10.66). Ils quittent le bagne de la ville pour gagner une galère plus aérée, baptisée « *résidence secondaire* » (Kubnick, 67). Proposer que l'on remplace, pour les *résidences secondaires* en location, la patente et l'impôt sur le revenu par une imposition forfaitaire (M. 22.12.70). 1 600 000 *résidences secondaires* en France contre 450 000 il y a 15 ans (...). 75 000 maisons habitées moins de cent fois par an sont construites chaque année (...). 42 % des cadres parisiens disposent d'une *résidence secondaire* (En. 25.12.70).
Le phénomène, si typiquement français, de la *résidence secondaire*, est significatif des frustrations que crée, chez nos compatriotes, l'existence dans les villes telles qu'elles sont aujourd'hui (M. 22.10.71). Les spécialistes des impôts ont laissé de côté les résidences principales. Mais ils ont frappé les *résidences secondaires* (E. 1.3.76). L'implantation de *résidences secondaires* en un lieu donné provoque l'augmentation du prix des terrains (C. 8.5.77). La *résidence secondaire* est, avec la gastronomie, une de nos valeurs nationales. En France, on recense aujourd'hui 1.800.000 *résidences secondaires* : (...) la maison de campagne, l'appartement à la neige ou la *résidence d'été* dans le Midi (O. 26.6.78). La démocratisation de la maison de vacances a permis à près de 800.000 Français moyens, depuis 10 ans, d'acquérir leur *résidence secondaire* (P. 17.7.78).
→ FERMETTE.

RÉSIDENCE TERTIAIRE (D'après *résidence* secondaire*) ■ Habitation (souvent située à la montagne) dont dispose une famille qui a déjà une résidence secondaire.

Les *résidences* de neige qui sont souvent *tertiaires* et non secondaires, abritent toujours plus de lits qu'on ne le prévoit (E. 6.11.67). Après la propriété individuelle, après la copropriété, une nouvelle formule germe dans les bureaux de vente des promoteurs de « *résidences tertiaires* » : la « multipropriété » (O. 6.3.68).
Une clientèle disposant de ressources financières suffisantes pour acquérir une *résidence* secondaire ou *tertiaire* à son usage exclusif (M. 30.11.74).

RÉSIDENT SECONDAIRE subst. ~ 1970. ■ Personne qui possède une *résidence* secondaire*.

De plus en plus, des *résidents secondaires* décident de devenir électeurs dans leur commune du dimanche (M. 25.6.74). Ces *résidents secondaires* par leur présence trop massive sont vecteurs d'« épidémies » : spéculation, renchérissement des terres, des bois et des maisons, dégradation des sites (M. 15.1.76). Un « *résident secondaire* » avait attaqué en justice le fermier, son voisin, dont le coq chantait « trop tôt le matin » (M. 25.12.76). Cinq pour cent seulement des *résidents secondaires* sont ouvriers, 42 % sont patrons, cadres supérieurs ou appartiennent aux professions libérales (O. 26.6.78).

Rem. La forme *résidencier secondaire* est attestée.

Une magnifique réserve de beautés naturelles est en passe d'être sauvée par les heureux arrangements de *résidenciers secondaires* (M. 26.10.69).

RÉSIDENTIEL, LE adj. ■ (Quartier, ville, etc.) où dominent les habitations privées, souvent dans des maisons individuelles ou des immeubles de *standing** élevé.

Le caractère *résidentiel* de cette commune, qui fait sans doute son charme, constitue aussi une contrainte (...) Cité commerçante et *résidentielle* dans un département où les villes industrielles et les ensembles collectifs sont nombreux. Le R. constitue un îlot caractéristique de l'Est parisien (...) Le R., centre d'attraction de la banlieue Est et *ville résidentielle* (M. 12.10.67).

RESPONSABLE adj. et subst. Repris ~ 1960 (probablement sous l'influence de l'anglais *responsible*).

1. Adj. Raisonnable, réfléchi, sérieux.
- — *Responsable* détermine un nom de personne ou de collectivité ■ Qui a le sens de sa responsabilité, qui sait prendre ses responsabilités.

Les plus *responsables* des étudiants sont loin de sombrer dans l'aventure romantique (O. 26.6.68).
Fini le temps où à l'« aventurisme » de la C.F.D.T. on pouvait opposer une C.G.T. « sage et *responsable* » (O. 3.9.73).

- — *Responsable* détermine un nom abstrait.

Pour une station de radiodiffusion, renoncer au sensationnel est une attitude *responsable*, que certaines ont conservée durant toute la campagne électorale (P. 27.5.74).

- — *Responsable* a la fonction d'« attribut » d'un pronom neutre (surtout dans des constructions négatives).

Il ne serait pas *responsable* de penser que les Vietnamiens pourraient atteindre les justes objectifs qu'ils poursuivent sans un changement d'attitude de ceux qui, aux États-Unis, font la loi. (...) Il serait aussi peu *responsable* de fermer les yeux devant les tragiques difficultés de la révolution cubaine que de n'en pas constater la prodigieuse réussite humaine (O. 28.2.68). La dramatisation (au Moyen-Orient) pour forcer les Soviétiques et les Américains à prendre leurs responsabilités ? Pourquoi pas ? Ce serait utile. Mais attiser les fanatismes, ce n'est guère *responsable* pour un chef d'État (O. 20.1.69).
→ IRRESPONSABLE.

2. Subst. Personne qui occupe un poste de responsabilité.

Rem. De son rôle d'adjectif, « responsable » est en train de passer au rang de substantif. La politique, la science, le théâtre, la religion elle-même, ont maintenant leurs « *responsables* ». (...) La presse et la radio nous font assister, en effet, depuis un certain temps, à un interminable défilé de prétendus « *responsables* ». Il y a, entre beaucoup d'autres, « les *responsables* de l'économie », les « *responsables* des émissions de Télé-Match », « les *responsables* d'une adaptation cinématographique » *(Le Bidois, 70)*.

♦ Si vous êtes un « *responsable* », vous êtes responsable de votre « forme » *(Pub. M. 17.4.65)*. Faut-il se borner comme cela se fait déjà dans certaines villes à désigner au sein du conseil municipal des « *responsables* de quartier » ? *(Moulin, 68)*.
Il était le *responsable* de la propagande du F.L.N. (Front de Libération nationale) *(Courrière, 69)*. Le groupe de travail chargé de chercher un remède aux problèmes posés par les accidents du trajet avait proposé la nomination d'un *responsable* « sécurité-trajet » *(Sartin, 70)*.

RESSOURCE sf. Aviat. ■ Manœuvre de redressement d'un avion à la suite d'un piqué.

M. Morateur pensa que le pilote avait dû faire une « *ressource* », car après cette vertigineuse coulée l'appareil sembla se cabrer *(Daninos, 70)*.

RESTAU-U ou RESTO-U [rɛstoy] sm. Abrév. fam. de *restau(rant)-u(niversitaire)*.

Violemment chargés à coups de grenades lacrymogènes, les étudiants se réfugièrent au *restau-U* où d'autres étaient en train de dîner *(École, 72)*.
Verra-t-on un jour M. Giscard d'Estaing faire la queue avec les étudiants parisiens devant un « *resto-U* » ? *(M. 28.1.75)*. Tout à l'heure, il s'est senti incapable de rejoindre sa chambre après le médiocre dîner du « *resto-U* » (...) Nous étions comme tous les étudiants, ballottés entre les cours et le *resto-U* *(M. 21.6.78)*.

RESTAURANT-PONT sm. ~ 1968. ■ Restaurant établi dans une construction en forme de pont qui enjambe les différentes chaussées d'une autoroute.

Le *restaurant-pont* de M. (est situé) sur l'autoroute de Normandie. Son métal est peint d'une couleur de terre, à la ressemblance des chantiers ouverts sur les bas côtés pour faire des parkings. On connaît le principe des « ponts » à l'italienne : à l'automobiliste qui déjeune est offert, en spectacle panoramique, le défilé des voitures *(M. 20.7.69)*. Un *restaurant-pont* va être édifié sur l'aire de service principale de L. *(F. 3.4.70)*.

RESTAUROUTE ou RESTOROUTE sm. 1954. De *restau*(rant) et *route*. ■ Restaurant établi, hors des agglomérations, au bord d'une grande route ou d'une *autoroute*.

Rem. Si le mot *restoroute* n'avait déjà bénéficié de quelque publicité, on ne saurait par quel bout le prendre ni avec quelles pincettes le présenter. Masculin, féminin ? Le bon sens fait croire qu'il s'agit d'une route, comme l'autoroute est une route pour autos. Mais que vient faire resto ? Eh bien, il paraît que resto représente restaurant et que le *restoroute* est le restaurant sur route destiné à ravitailler les automobilistes en aliments et en carburants *(Dauzat : M. 16.6.54)*. Restoroute, par sa graphie bizarre, semble tiré non pas de « restaurant », mais composé de « restaurant », « auto » et « route ». Plutôt qu'un substantif normal, c'est un mot artificiel *(Thérive, 56)*.

♦ Il nous est difficile de penser que le « *Restoroute* » de R., et tous ceux dont on menace de jalonner les routes de France, constituent la nouvelle arme secrète du tourisme de notre pays *(A. 1.5.54)*. Il y a douze ans, (plusieurs sociétés) ouvraient, à R., le premier « *restoroute* » *(M. 14.9.66)*. C'est décidé, les autoroutes françaises auront leurs « *restauroutes* » *(E. 7.11.66)*. Pourquoi abandonner la bagnole pour manger ou se distraire ? D'où, pour l'hommauto les *restoroutes* et les cinéroutes *(Charbonneau, 67)*. L'autre concessionnaire de *restoroutes*, la Compagnie des restaurants B., inaugurera en mai deux centres sur l'autoroute du Nord, et près d'Auxerre *(E. 17.3.69)*.
Pour ces voyageurs qui regagnent leur pays après les vacances, le « *restoroute* » est un monde à part, le premier retour à la civilisation, avec ses boutiques de mode, sa boîte aux lettres et son téléphone public, sa « salle à langer », sa cafétéria (...) Le « *restoroute* » est aussi un relais touristique. On s'y arrête, on souffle un peu et l'on peut aussi se renseigner *(M. 21.7.72)*.
→ MOTEL.

RESTO-U
→ RESTAU-U.

RESTRUCTURATION sf. ~ 1965. Action de *restructurer** ; son résultat.

1. À propos de lieux habités (quartiers, villes, etc.).

Rem. **Cet emploi a été critiqué.**

La presse a parlé dernièrement de la « *restructuration* » de certains quartiers de Paris. À ce pesant et prétentieux vocable qui, pense-t-on, fait d'autant plus d'effet qu'il est plus mystérieux, je préférerais « rénovation » ou « remodelage », plus pittoresques *(Georgin, 66)*.

♦ L'aménagement de la région parisienne doit répondre à trois besoins différents : rénovation de Paris, « *restructuration* » de la banlieue, construction de villes nouvelles *(M. 7.5.66)*. La démolition de la prison, c'est presque un symbole. Ainsi va pouvoir commencer la *restructuration* de 150 hectares du *centre ville* *(C. 7.3.69)*. Un nouvel urbanisme maritime grâce à une architecture et une *restructuration* urbaine des *côtes* bâties *(M. 30.3.69)*.
Un architecte du ministère proposait la *restructuration du quartier* *(O. 31.8.70)*. L'un des éléments essentiels du schéma directeur, voté en 1969, est la « *restructuration* » de l'Est

RESTRUCTURATION

parisien, marquée par une grande opération de rénovation sur le terrain *(M. 11.5.72)*. On fait participer des enfants à un projet de *restructuration de l'aire de jeux* du jardin public de B. *(M. 19.4.78)*. Le départ des usines, la faible densité des constructions existantes et l'état médiocre de beaucoup d'immeubles, autant de conditions favorables à une « *restructuration* » *(M. 28.4.78)*.
→ RÉHABILITATION, REMODELAGE (2.).

2. À propos d'entreprises, d'institutions, d'organismes (partis, États, etc.), d'un secteur économique.

Un plan d'assainissement et de *restructuration de l'industrie* textile pour fournir à ce secteur une base nouvelle *(M. 18.1.68)*. Les socialistes wallons souhaitent la *restructuration de l'État (O. 6.3.68)*. Les fusions et restructurations de la branche aérospatiale *(M. 22.2.69)*. Ces assises devaient être consacrées à la *restructuration* administrative *du parti*, à la réforme de ses statuts *(M. 27.2.69)*. L'œuvre de *restructuration des entreprises* est très avancée grâce au coup de fouet donné par le traité de Rome *(En. 9.4.71)*. Ce système d'autogestion exige une *restructuration* radicale de toutes les *institutions (Garaudy, 72)*. Une *restructuration de l'industrie* pharmaceutique s'imposait *(P. 3.11.75)*. L'industrie française (…) refuse certaines *restructurations* exigées par la conjoncture et par l'évolution naturelle aux sociétés vivantes *(M. 13.7.78)*. Le premier acte de *restructuration de la sidérurgie* lorraine face à la crise mondiale de l'acier fut la décision d'arrêter l'usine de Thionville *(M. 5.8.78)*.
→ REDÉPLOIEMENT.

3. À propos de choses diverses (abstr. ou concrètes).

Aucune « *restructuration* » *de la vie politique* française ne sera possible sans reclassements préalables *(M. 31.12.65)*. Le relogement demande une *restructuration* complète *de l'existence* quotidienne *(M. 12.1.67)*. Toute extension importante des activités d'une entreprise exige une *restructuration de l'autorité (Hetman, 69)*. La *restructuration des connaissances* correspond aux progrès des méthodes documentaires *(Young, 72)*. Les *restructurations* irrationnelles *du rivage* ont perturbé les courants marins *(M. 22.6.74)*. Un remaniement des tarifs marchandises, amorcé le 1er avril 1974, tendait à une *restructuration* complète *des barèmes* de prix, destinée à mieux les adapter au coût effectif des transports *(M. 1.1.75)*. Les études de *restructuration du réseau* d'autobus de banlieue *(C. 22.9.78)*. En matière fiscale les pouvoirs publics se contentent de demi-mesures de circonstance, plus que de *restructuration*, comme on aime tant à dire *(C. 26.9.78)*. La *restructuration de la sous-station* de Paris-Bercy permettra de faire face aux besoins futurs créés par la mise en service de la gare souterraine *(VR 14.1.79)*.

RESTRUCTURER v. tr. et réfléchi.

1. À propos de lieux habités (quartiers, villes, etc) : réorganiser l'utilisation de l'espace à de nouvelles fins ou suivant de nouvelles conceptions.

Le schéma directeur qui vise à « *restructurer* » *la banlieue (M. 18.1.68)*. Le site a été profondément modifié ces derniers mois, c'est ici que l'on *restructure le centre de Lyon (VR 20.7.69)*. La doctrine officielle de l'aménagement du territoire préconise de lutter contre l'attraction parisienne en *restructurant l'espace* et en y retenant les hommes *(M. 23.4.66)*.
Le devoir des urbanistes n'est pas de programmer la dispersion, mais de *restructurer* ce qui existe *(N 6.70)*.

2. À propos d'entreprises, d'institutions, de partis, etc. : réorganiser suivant de nouveaux principes.

Il n'est pas possible de *restructurer les collectivités* communales si l'on ne prévoit pas, dans le même temps, les collectivités nouvelles dans lesquelles elles s'inséreront *(Moulin, 68)*. Le gouvernement paraît décidé à *restructurer la construction* aéronautique *(E. 25.3.68)*. Un congrès pour *restructurer le parti radical (M. 28.2.69)*. (Il ne faut pas) croire qu'on puisse réellement « *restructurer* » *l'Université* sans mettre en cause les fondements de notre société *(O. 3.1.68)*.
Une zone de stabilité monétaire européenne (…) doit permettre de « *restructurer* » et de « redéployer » l'industrie française *(O. 4.12.78)*.

3. À propos de choses diverses (abstr. ou concrètes).

● **Au passif.**

Le tramway n'a pas été abandonné (…) le *réseau a été restructuré*, le tramway jouant un rôle de rabattage vers le métro *(VR 15.3.70)*.

● **Verbe réfl.**

L'*Asie* est appelée d'ici trente ans à *se restructurer* de fond en comble *(M. 26.3.66)*. Le relogement peut être, économiquement et culturellement, l'occasion d'opérer une conversion de toute l'attitude ; outre que le *budget* tend à *se restructurer* autour des dépenses afférentes au logement, à l'équipement, à l'ameublement, c'est toute l'existence qui se réorganise autour de la vie de famille *(M. 12.1.67)*.

RETOMBÉE(S) sf. Repris au milieu du XXe s., le plus souvent au pluriel (des exemples du singulier sont groupés en fin d'article),

1. Spéc. ~ 1950. Dans le syntagme *retombées radioactives*, ou absol. : *retombées*. ■ Substances radioactives qui retombent dans les couches basses de l'atmosphère après une explosion atomique aérienne.

Les *retombées* de ces bombes seraient « propres » *(E. 25.6.73)*.

2. Par ext. ■ Déchets, poussières, résidus de combustion, d'origine industrielle ou domestique, qui se répandent dans l'atmosphère.

Plus on voulait avoir chaud, plus on produisait de chaleur (…) Cela coûte cher non seulement par la quantité de combustible employée, mais encore par les *retombées* polluantes de cet emploi massif *(M. 31.5.72)*.

3. Fig. ~ 1960. ■ Conséquences, effets, répercussions. (parfois péj. : effets nuisibles).

RETOMBÉE(S)

Retombées + O (non suivi d'un adj. ou d'un compl. prépositionnel).

(...) L'intérêt national de ne pas abandonner les techniques de pointe et l'ignorance dans laquelle sont les non-techniciens lorsque l'on s'efforce de déterminer à l'avance ce que seront « les *retombées* ». On baptise de ce terme les progrès scientifiques ou techniques qui résulteront du projet adopté *(F. 11.1.67)*. Si, officiellement, ce qu'on appelle désormais « l'affaire P. » est close, ses *retombées* risquent de modifier la stratégie des partis politiques *(C. 26.1.69)*. Dans la haute couture, l'essentiel des rentrées (d'argent) est assuré par les « *retombées* » : bas. fourrures, gaines et cravates *(E. 14.4.69)*. Marseille est la plaque tournante de ce négoce, et des « *retombées* » se manifestent dans les localités vacancières voisines *(C. 20.9.69)*. Quelle étonnante aventure que celle des soucoupes volantes... Les *retombées* n'ont pas fini de pleuvoir dans la littérature, le film, la télévision *(C. 20.12.69)*. Comme à l'heure actuelle la France n'a pas les moyens de créer le « tourisme pour tous », il faut laisser les financiers investir en France plutôt qu'ailleurs d'autant plus que les *retombées* profitent aux populations locales *(C. 9.10.70)*. Des idées sont lancées. On attend avec intérêt les « *retombées* » *(M. 7.4.70)*.
Le développement culturel devient, chez les tenants de la poursuite de la croissance, une de ses « *retombées* » *(Belloin, 73)*. Les soutiers de la gloire sportive n'en connaissent que de très loin les *retombées* : salaires médiocres pour les ouvrières d'une usine de chaussures de sport *(Exp. 6.7.73)*. Les artisans dans la catégorie professionnelle qui a le plus bénéficié de la présence de résidences secondaires (...) Les *retombées* sont moins importantes en revanche pour les commerçants *(M. 23.6.74)*. La réconciliation franco-égyptienne n'en finit pas d'avoir des « *retombées* » : les Égyptiens pourraient acheter des Airbus (...) D'autre part, les Français vont se voir accorder des permis de prospection pétrolière en mer Rouge *(P. 14.10.74)*. L'essor international du club de vol à voile de F. est bénéfique à tout le canton. Outre l'hôtellerie, les *retombées* atteignent toutes les activités locales : commerce, agriculture, bâtiment *(M. 26.3.75)*.

Retombées + adj. (désignant le domaine dans lequel ont lieu les *retombées*).

O Le quartier de la nouvelle préfecture, avec toutes ses *retombées administratives et commerciales* représentera 20 000 à 25 000 emplois tertiaires *(C. 15.10.69)*. Ce feu d'artifice militaire avait des « *retombées* » *civiles*, c'est-à-dire que le développement de l'industrie française et le bien-être des populations bénéficieraient largement de ces travaux *(M. 12.11.67)*. Et si — poursuit le roman — tout ce joli monde n'est pas encore au trou, c'est qu'il bénéficie de protections en haut lieu, où l'on redouterait éclaboussures morales et *retombées politiques (E. 11.11.68)*. L'industrie anglaise risque d'enregistrer des « *retombées* » *scientifiques et technologiques (En. 11.5.68)*. Vous avez tourné en dérision l'argument des *retombées technologiques* de la recherche militaire *(M. 4.11.67)*.

∞ L'architecte a su enfermer, comme dans un bocal, tous les bruits de l'établissement (une discothèque), mais il n'avait pas prévu les *retombées sonores* dues aux véhicules et aux noctambules dans une ville endormie *(M. 11.2.71)*. À la veille des élections, le pouvoir redoute les *retombées électorales* de ce mécontentement populaire *(M. 24.2.71)*. Les loisirs programmés ont suscité un mythe qui risque de devenir générateur de *retombées sociales* graves. Nous voulons parler des « vacances de neige pour tous ». Encore faut-il qu'il y ait suffisamment de neige pour tous *(Ragon, 71)*. À la Ciotat certains responsables attendent de l'autoroute des *retombées économiques (M. 13.3.73)*. Le patron approuve l'aventure du moteur V 12 pour voitures de course. Il en juge inestimables les *retombées publicitaires (E. 25.6.73)*. L'usine atomique de Pierrelatte (...) dans la région des *retombées immobilières* qui dépassent de très loin ses retombées radioactives *(Bériot, 73)*. Les *retombées financières* du nucléaire ne sont pas seules à attirer les forces vives des régions *(P. 20.1.75)*. La question des *retombées économiques* locales de l'activité des stations de sports d'hiver est posée *(C. 27.12.75)*. Les *retombées économiques* (...) sont minces : les salles de bains des hôtels sont importées, tout comme le téléphone, l'essence, les cartes postales ou les alcools *(M. 1.10.77)*.

Retombées + adj. (désignant l'origine des *retombées*).

On n'a pas fini de craindre les *retombées élyséennes*. De Gaulle a dit en public (au Premier ministre) : « Quand allez-vous vous débarrasser de S. » (des producteur d'émissions télévisées) ? *(O. 25.11.68)*. (Les) « *retombées* » *teilhardistes* (des idées de Teilhard de Chardin) dans le Tiers-monde *(O.R.T.F. 10.4.71)*.

Retombées + de + subst. (désignant l'origine des *retombées*).

Les Français ont enregistré quelques *retombées de cette activité*. On a décrété la dévaluation *(C. 19.8.68)*. Nous espérons bien, sur la Côte d'Azur, recevoir les *retombées de ce complexe industriel de Fos (O.R.T.F. 8.2.69)*. Les *retombées du violent conflit* qui a secoué le Mouvement pour les droits civiques *(O. 17.4.68)*. Les « *retombées* » *de la conquête* (spatiale) n'appartiennent qu'à ceux qui ont su gravir tous les échelons de cette ascension technologique *(O. 13.1.69)*. Les *retombées de la dévaluation* vont modifier le prix des automobiles étrangères *(C. 14.8.69)*. On avait enregistré les *retombées immédiates du discours* du chef de l'État, indiquant comme proche l'aboutissement des projets de déconcentration française *(C. 9.2.69)*. Les « *retombées* », comme on dit, *d'une politique* de paix dépassent celles d'une politique d'armements *(Guillain, 69)*. Dans le même hôpital, j'ai vu bien d'autres dérivés — on dit des « *retombées* » — *de la recherche spatiale (O. 13.1.69)*. Les *retombées de cette science* (la thermo-régulation) sont nombreuses. Le chaud et le froid peuvent être l'affaire de l'architecte et des fabricants de textile *(F. 8.9.70)*. Les « *retombées* » *du sport* (automobile) ont un effet magique sur les modèles de base *(O. 21.2.68)*. L'échec n'est pas une anomalie, mais une « *retombée* » inévitable *du succès (M. 10.12.69)*. La réalité quotidienne ne bénéficie que des « *retombées de l'action* » *(Lefebvre, 68)*.
Les *retombées de la publicité* aggravent la situation de familles aux conditions économiques précaires et à l'équilibre psychologique et social fragile *(Lacombe, 71)*. Les *retombées de la crise* sur la Bourse de Paris : légère hausse *(En. 21.5.71)*. Notre société technicienne est en passe de détruire le milieu naturel (...) Elle sacrifie tout aux nécessités de la production sans se préoccuper des conséquences et des *retombées de ce que nous appelons « le progrès » (N 7.71)*. La science bénéficie des « *retombées » de l'armement* : la recherche et la découverte de matières synthétiques plus résistantes pour les cuirasses implique un progrès correspondant dans la fabrication des projectiles *(Garaudy, 72)*. Le Franc menacé par les *retombées de la crise* monétaire internationale *(O. 13.3.73)*. Les *retombées de l'opération* de sauvegarde du plateau de M.-les-Roses sont multiples. En

premier lieu la production horticole en serre valorise l'hectare de terrain (...) *(M. 19.9.73)*. La mise en accusation systématique du Parti socialiste par les communistes s'intensifie (...) les *retombées de ce réquisitoire* détruisent la crédibilité d'une prise de pouvoir en France par la gauche unie *(E. 3.2.75)*. Il ne semble pas que le personnel des P.T.T. ait bénéficié des *retombées de l'automatisation (M. 8.3.75)*. Octobre sera meilleur que septembre pour l'industrie de l'automobile, moins peut-être en raison des *retombées du Salon* que de la mise en vente de plusieurs nouveaux modèles *(M. 14.10.75)*. À la R.A.T.P. on évalue à 5 milliards de francs les *retombées* en commandes de matériels, *des contrats d'ingénierie* signés depuis 1966 *(Exp. 12.77)*. Le film, brusquement, change de ton, bascule dans le mélo. Des « *retombées* » *du conflit vietnamien*, nous passons à un très classique règlement de comptes sentimental *(M. 28.5.78)*.

Retombées + dans (ou : sur, etc.) + subst. (désignant le domaine dans lequel ont lieu les *retombées*).

Cette politique, pour prendre une image dont on use volontiers aujourd'hui, a d'importantes « *retombées* » *dans tous les domaines* de la technique *(VR 31.3.68)*. Les fusées et les vaisseaux cosmiques, la préparation physique et physiologique de l'homme à l'état d'apesanteur ont été les catalyseurs d'énergie qui ont su maintenir et même accentuer la tension créatrice. « Les *retombées* » au bénéfice de l'homme *dans sa vie* de chaque jour ne sont plus à démontrer *(C. 26.1.69)*.

Les *retombées* du festival de Cannes *sur le développement* de la région sont-elles chiffrables ? *(France Culture 13.5.72)*. En Provence, l'armée poursuit son installation au camp de C., et apporte aussi des perspectives de « *retombées* » économiques *sur Draguignan (M. 4.5.72)*. Il faut penser à l'énorme chantier (de construction d'une centrale nucléaire) et aux *retombées sur l'emploi* et les ressources municipales *(P. 20.1.75)*.

Retombée, au singulier.

Il y a aussi une autre *retombée* importante *d'Apollo-10* pour Apollo-11 *(RSR 26.5.69)*. L'autre « *retombée* » *des polémiques* idéologiques a été la rupture de l'unité du mouvement communiste *(M. 13.9.69)*. Mai 1968 a provoqué des remises en cause dont la motion incendiaire de ces jours-ci est une lointaine *retombée (C. 28.6.70)*.
Ce développement original et unique en Europe est en quelque sorte une « *retombée* » *des idées* et efforts concernant le moteur linéaire sur rail *(VR 28.5.72)*. En 1949-1950 les Hongrois fusillaient un cadre d'I.T.T. et emprisonnaient le directeur général. *Retombée de la détente*, il a été libéré l'année dernière *(O. 3.9.73)*.
→ IMPACT, IMPLICATION, INCIDENCE.

RETRAITEMENT sm. Spéc. 1973. Techn. ■ Action de *retraiter* un combustible nucléaire.

L'Inde possède une petite usine de *retraitement* de combustible irradié où elle extrait elle-même le plutonium *(M. 10.7.74)*. Une usine de *retraitement* c'est d'abord une usine chimique où sont envoyés les barreaux d'uranium irradiés, une fois qu'on les a retirés du cœur des réacteurs nucléaires. Il reste dans ces barreaux de l'uranium enrichi (...) qui sera réutilisé dans les centrales *(C. 26.8.78)*. Le *retraitement* des combustibles eau légère-uranium enrichi n'est guère différent dans son principe de celui des combustibles graphite-gaz *(M. 6.2.80)*.

RETRAITER v. tr. ~ 1970. Techn. ■ Traiter du combustible nucléaire après qu'il a été utilisé dans un *réacteur*, afin de pouvoir en réutiliser certains éléments.

Tout pays vendeur d'un réacteur peut imposer à son client un accord bilatéral par lequel il exige de *retraiter* le combustible irradié et de garder le plutonium. *(M. 10.7.74)*. L'usine de la Hague *retraite*, depuis 1967, les combustibles « métal » des centrales nucléaires de la filière graphite-gaz-uranium naturel *(M. 6.2.80)*.

RÉTRO adj. inv., adv., et sm. 1973. (Abrév. de *rétrograde*). Se dit d'une mode, d'un style qui imite le passé ou s'y réfère, d'une personne ou d'une collectivité qui suit cette mode, adopte ce style, etc.

Rem. Le terme de « rétro » utilisé à partir de l'automne 1973 pour désigner certains aspects de la mode vestimentaire, s'est bientôt répandu au point de servir à désigner les phénomènes les plus divers. En 1974, tout a été qualifié de rétro : le retour de la ligne des années 30, le succès des robes d'occasion de diverses époques, la renaissance du rock (...) et finalement n'importe quel événement culturel, social ou politique comportant une réminiscence visible d'un passé récent. L'incroyable succès du *rétro* est donc bien le succès d'un mot (...) Or le sens donné à ce terme n'a pas cessé d'évoluer (...) Le mot *rétro* qui faisait « in » à l'automne 73, est devenu à l'automne 74 un terme banal et galvaudé *(E.U., Universalia 1975)*.

● **Adjectif (épithète ou plus rarement attribut, déterminant un nom de chose abstr. ou concrète, parfois aussi un nom de personne).**

La *vague* « *rétro* » qui déferle, jusqu'où ira-t-elle ? *(P. 1.4.74)*. Ce grand *gaillard*, très « *rétro* » d'allure avec ses cheveux calamistrés et son petit gilet 1932 *(O. 21.5.74)*. Il a 44 ans, les cheveux frisés et une petite *moustache* « *rétro* » *(P. 8.7.74)*. Vichy devrait être à la mode. La *mode rétro*, bien sûr. Les Immeubles « Arts déco », les galeries « Belle Époque », les jardins qu'Haussmann dessina pour l'impératrice, tout est là *(M. 27.7.74)*. Ces *moyens de transports* « *rétro* » que sont le vélo ou le tramway *(M. 14.8.74)*. L'*architecture* du projet n'est pas « moderne », elle est même un peu « *rétro* », selon le mot à la mode *(M. 8.10.74)*. Le *système* actuel d'indemnisation du chômage partiel est insuffisant, embrouillé, « *rétro* » *(M. 21.1.75)*. Un *ministre* « *rétro* » ? Le secrétaire d'État aux transports étonna fort son auditoire en déclarant : « le tramway est susceptible de connaître un nouvel essor » *(M. 12.2.75)*. La *réforme* annoncée par le gouvernement a été jugée « *rétro* sur le plan pédagogique » *(M. 19.2.75)*. Antenne 2 va reprendre un succès d'il y a 18 ans : un peu « *rétro* », le *changement* ! *(M. 30.3.75)*. Quelques élégantes qui ressemblent à la Marlène Dietrich des *années* « *rétro* » regardent avec nostalgie s'en aller les beaux messieurs *(M. 15.7.75)*. Vous écoutez bien du Massenet de temps à autre, vous faites abstraction de l'*enveloppe* « rétro » afin de suivre la mélodie *(Cesbron, 77a)*. Un petit *côté rétro*, mess d'officiers en uniforme noir et bleu horizon, vieux aéroplanes *(M. 2.6.78)*. Renforcer la liberté des échanges dans le monde occidental : l'*objectif* paraît plutôt « *rétro* » pour la Communauté européenne, les États-Unis et le Japon *(E. 17.7.78)*. La *mode* « rétro et écolo » n'est sans doute pas étrangère à la passion des citadins pour les fermes et les maisons paysannes *(E. 18.9.78)*.

● **Adverbe.**
Ces quatre jolies chanteuses de jazz-rock *s'habillent* « rétro », mais chantent dans le vent *(E. 11.2.74)*. Les boutiques de friperie se sont multipliées par dix à Paris en trois ans (...) Dans les boutiques des Halles, on peut *s'équiper* « rétro » *des pieds à la tête (E. 4.3.74)*. Le Delon des grands jours, inquiétant, *gominé rétro*, et portant beau le foulard de soie sur le smoking *(E. 4.11.74)*.

● **Subst.**
Le goût du passé est devenu sentimental à l'extrême (...) Les Européens sont gagnés par cette contagion passéiste (...) Aujourd'hui l'heure a sonné du « *rétro* ». Le présent est insatisfaisant. L'avenir inquiétant. Le *rétro* c'est le refus du réel vécu, la recherche d'un refuge, l'idéalisation rétrospective des objets du passé, si caractéristique de la réaction nostalgique *(E. 4.3.74)*. Pourquoi l'Occident reste-t-il obsédé par le « *rétro économique* », comme il l'est dans le domaine de la mode et de l'art ? *(M. 16.7.74)*. Le décor du bureau du patron de la brigade antigang n'a pas changé depuis les exploits du célèbre héros de Simenon, le commissaire Maigret. Le mobilier est du pur « *rétro* » : il date bel et bien des années trente *(PM 15.3.75)*.

RÉTROFUSÉE ou RÉTRO-FUSÉE sf. ~ 1960. Astron. ■ Fusée qui fonctionne à l'inverse des fusées ordinaires, en ce sens qu'elle repousse vers l'arrière l'engin ou véhicule *spatial** dont elle freine ainsi la vitesse.

Les *rétrofusées* servent au freinage des engins cosmiques, notamment hors de l'atmosphère *(Dt. astr.)*. Retarder d'une minute l'heure d'allumage des *rétrofusées* de façon à déplacer de 500 kilomètres la zone de récupération de la capsule spatiale *(M. 31.8.65)*. Exécutant les instructions qui leur avaient été communiquées d'urgence les deux astronautes mirent à feu leur *rétro-fusée (M. 18.3.66)*. Comment revenir sur Terre avec un pareil engin ? (...) Rien n'a été oublié : une *rétro-fusée* orientable (...) *(O. 21.10.68)*.

RÉTROPROJECTEUR ou RÉTRO-PROJECTEUR sm. ~ 1965. Techn. ■ Projecteur qui reproduit une image sur un écran placé derrière l'opérateur.

Un *rétro-projecteur*, un projecteur de diapositives, un projecteur 8 mm, un écran, un récepteur de télévision, un épiscope, une caméra (...) Ajoutez 25 élèves et vous avez la classe des temps modernes *(E. 15.7.68)*. Ce *rétroprojecteur* donne une image claire et non éblouissante, visible par tous dans un local normalement éclairé *(D. En. 2.71)*. Quand vous ne pouvez plus communiquer ni avec les mots, ni avec les mains, appelez un *rétroprojecteur* à votre aide *(Pub. P. 9.10.72)*.

RETROUVAILLES sf. plur. Par ext. Mil. XXe. (Surtout dans la vie sociale, politique, diplomatique, à propos de collectivités — États, partis — ou d'organismes, etc., qui se retrouvent entre eux ou retrouvent qqch). ■ Rétablissement de relations qui avaient été interrompues.

C'est dans une atmosphère d'optimisme retrouvé qu'a pris fin le conseil des ministres des Six : on avait l'impression que les institutions communautaires sortaient enfin de l'engourdissement dans lequel les avaient plongées sept mois de crise. Les ministres ont en effet consenti pour la première fois depuis les *retrouvailles* de Luxembourg, à relever quelques propositions formulées par les experts *(M. 7.4.66)*. Après un quart de siècle de relatif éloignement qu'expliquaient les événements de la guerre nos deux pays se retrouvent dans l'amitié et dans la recherche de la paix. À vrai dire, ces *retrouvailles* ne font que se poursuivre puisque les rapports franco-polonais, au cours de ces derniers mois, se sont développés dans tous les domaines *(M. 20.5.66)*. C'était peut-être le meilleur moment du pèlerinage, les *retrouvailles* de ces hommes et de la ville, leur défilé faisant sonner de leurs vieilles jambes les pavés de Verdun *(M. 29.5.66)*. C'était la première « table ronde » générale à laquelle le Conseil national du patronat français se prêtait depuis longtemps. Les « *retrouvailles* » furent courtoises : « Les délégués de la C.G.T. eux-mêmes n'ont pas été grinçants », disait un témoin *(E. 15.1.68)*.
La crise monétaire a eu l'heureux résultat de permettre (...) les « *retrouvailles* » franco-anglaises (...) Les Japonais s'attendent à des « *retrouvailles* » sino-américaines dès la fin de la guerre d'Indochine *(En. 9.4.71)*. Les grandes *retrouvailles* des centres et des droites sont fort commodes le temps d'une élection *(P. 21.5.74)*. Des épreuves de force, électorales ou non, bientôt suivies par les *retrouvailles* des adversaires devenus partenaires autour d'une table *(M. 27.3.76)*. Les « légalistes » de la commission exécutive refusent de négocier des *retrouvailles* avec les dissidents *(C. 5.8.78)*.

RÉUNIFICATION sf. ~ 1950. ■ Action de *réunifier** (un parti, un pays, un syndicat, etc.) ; son résultat.

Le président de la République italienne a souligné « le droit du peuple allemand à sa *réunification* pacifique » *(M. 10.7.65)*. « Quels sacrifices, demanda le vice-président de la S.P.D. (parti socialiste d'Allemagne de l'Ouest), envisageriez-vous pour obtenir la *réunification* de l'Allemagne ? » *(M. 14.1.66)*. (Le) secrétaire général de la Fédération des produits chimiques préconise la *réunification* syndicale *(M. 13.4.66)*. M. Ho Chi Minh a réaffirmé : « le problème de la *réunification* du Vietnam doit être réglé par le peuple vietnamien lui-même, en dehors de toute ingérence étrangère » *(M. 27.4.66)*. Jamais la *réunification* des socialistes n'a paru plus éloignée, tandis que les communistes sont peu à peu refoulés dans leur « ghetto » *(M. 10.5.66)*. M. M. (leader socialiste) mise sur une *réunification* de la gauche, dans un délai relativement court *(F. 21.12.66)*. La mystique de guerre froide qu'impliquait l'intégration de l'Atlantique et de l'Europe occidentale est aujourd'hui supplantée par une mystique de la *réunification* de l'Europe *(F. 26.1.67)*. La *réunification* du Vietnam faciliterait la reconstruction et le développement du pays. *(Exp. 2.73)*.

RÉUNIFIER v. tr. ~ 1950. Rendre l'unité (à un parti, un pays, etc.).

Cette étude estime que le Vietnam devra être *réunifié* et vivre hors de toute alliance militaire *(M. 9.4.66)*. En 1950, j'avais dit aux étudiants allemands que leur pays ne serait pas *réunifié* aussi longtemps que l'Europe elle-même serait divisée *(F. 19.11.66)*.

RÉUNIONITE
→ -ITE.

REVALORISATION sf. Rép. mil. XXe. ■ Action de *revaloriser** ; résultat de cette action.

La suppression de l'examen probatoire va à l'encontre de la « *revalorisation* » du bac, qui figure en tête des principes formulés par le ministre *(PM 3.10.64)*. Une *revalorisation de la fonction d'enseignant* s'impose *(E. 19.9.66)*. Nouvelle *revalorisation des salaires* minima prévue pour 1967 *(F. 3.12.66)*. La revendication essentielle des jeunes gens portait moins sur une libéralisation du système militaire que sur une *revalorisation de la situation* du subordonné par rapport à ses chefs, en lui octroyant des responsabilités et en lui laissant plus d'initiative *(M. 5.10.66)*. L'accord signé prévoit une *revalorisation des salaires* des agents de maîtrise *(E. 5.6.72)*. Introduire dans l'enseignement la notion de « maintenabilité », qui constitue un facteur important de *revalorisation du travail* manuel et organiser des stages de formation pour les réparateurs *(M. 23.7.75)*. La création d'emplois dans le secteur de l'artisanat est d'autant plus souhaitable que l'offre existe, mais elle passe par une *revalorisation* substantielle de la condition artisanale *(C. 25.8.78)*. La *revalorisation* permanente *du Mark* par rapport au dollar allait finir par rendre invendables les produits allemands *(O. 4.12.78)*.

REVALORISER v. tr. Rép. mil. XXe. ■ Rendre sa valeur à ; augmenter la valeur de (qqch).

S'agit-il de *revaloriser* le travail manuel ? Non, de le prendre à sa vraie valeur, celle qu'il n'a cessé d'avoir *(R.G.C.F. 12.77)*. Le secrétaire général de F.O. préconise de donner à l'enseignement technique une plus grande place dans l'Éducation nationale, de *revaloriser* le travail manuel *(C. 25.8.78)*.

REVANCHISME sm. Pol. ■ Attitude agressive inspirée à une collectivité par un désir de revanche.

Il est indispensable d'éviter l'explosion d'un foyer de *revanchisme* au centre de l'Europe *(M. 8.1.65)*. Un danger pourrait surgir au cas où le « *revanchisme* » continuerait à se développer *(PM 16.11.68)*. L'Allemagne n'a pas et ne demande pas d'armement nucléaire, et si elle commençait à s'en donner un, elle serait immédiatement écrasée sous les bombes soviétiques. Le *revanchisme* dont on nous parle n'est donc qu'un alibi *(M. 8.2.69)*.

Rem. **Le dérivé *revanchiste*, adj. et subst., syn. de revanchard, est attesté.**

Les dirigeants de la République fédérale sont représentés comme des « *revanchistes* » et des militaristes *(M. 9.8.70)*. Les Soviétiques convaincus qu'il y avait en Allemagne des *revanchistes*, des *revanchards (France Culture, 6.5.72)*.

RÉVISION DÉCHIRANTE loc. subst. ~ 1954. Traduction de l'anglais *agonizing reappraisal*, formule utilisée en 1954 par J.F. Dulles, secrétaire d'État aux Affaires étrangères, au sujet de la politique étrangère des États-Unis.

La pression grandissante des États-Unis qui allèrent jusqu'à menacer notre pays, par la voix de John Foster Dulles, d'une *révision déchirante* de leur politique étrangère, et à envisager de réarmer l'Allemagne sans l'accord de Paris ne put sauver (en 1954) la C.E.D. (Communauté européenne de défense) *(M. 6.11.69)*.

● Répandu en français, d'abord en politique, puis dans des domaines très variés (économique, sociologique, culturel, etc.) : modification profonde ou transformation radicale (et le plus souvent pénible) d'une attitude, d'une décision, d'une opinion, d'une situation, etc.

Je tiens pour vraisemblable que nous soyons prochainement informés d'une *révision déchirante*. La démence des programmes servira de prétexte (pour) substituer à la géographie l'enseignement (de) la sociologie et de l'économie *(M. 8.11.64)*. La République Arabe Unie se voit obligée de procéder à une « *révision déchirante* » de ses objectifs économiques *(F. 28.9.66)*. Il peine à se trouver détrompé, s'accroche à son idée première et dans cette *révision déchirante*, voue un sentiment un peu aigre à son contradicteur *(Caplain, 67)*. La méditation, la drogue, la prière sont des paliers qui mènent à une *révision déchirante* de la vision du réel *(O. 20.12.67)*. Le nouveau ministre s'engageait à procéder « à une *révision déchirante* des habitudes, des structures et des doctrines » de son ministère *(E. 9.9.68)*. Des théologiens chaque jour plus nombreux se demandent si l'Église devra se résigner à une *révision déchirante* de sa structure et de sa présence au monde *(E. 14.10.68)*. Cette comparaison des coûts et des avantages impliquera assurément des « *révisions déchirantes* » : relèvement des tarifs publics pour réduire les subventions aux entreprises nationales. (...) *(M. 14.2.69)*. Les spécialistes ne croient pas que ce changement de style implique une *révision déchirante* de la politique monétaire *(E. 24.2.69)*. « *Révisions déchirantes* » de la politique nationale sur les secteurs de pointe *(M. 3.10.69)*. La croissance du budget de l'Éducation nationale sera moins forte en 1970. Cela ne va-t-il pas obliger à une « *révision déchirante* » des dépenses ? *(M. 9.10.69)*. (Le gouvernement français) sait bien que le Français déteste les réformes, que tout changement lèse quelqu'un. Alors il cède à la tentation de renvoyer à plus tard des *révisions déchirantes* — fiscalité, régionali-

sation, réorganisation administrative, participation, etc. — qui seraient pourtant urgentes et nécessaires *(Pa. 12.70)*.
Le prodigieux développement de la connaissance depuis trois siècles contraint aujourd'hui l'homme à une *révision déchirante* de la conception qu'il se faisait de lui-même et de sa relation avec l'univers *(Monod, 70)*. C'est l'espoir de trouver à Pékin une solution au conflit vietnamien qui incita Nixon à procéder à une *révision déchirante* de sa politique chinoise *(En. 4.11.71)*. F. conclut son étude en affirmant que si l'on diminuait de moitié le budget de santé des U.S.A., la longévité ne serait en rien modifiée. Une telle conclusion (...) devrait logiquement entraîner une *révision déchirante* de la politique sanitaire des pays développés *(N 10.72)*. Les Occidentaux devront bientôt procéder à une *révision déchirante* de la défense de l'Europe *(E. 6.8.73)*. Les Français changent leur vision du monde, des autres et d'eux-mêmes ; leurs mœurs et leurs croyances, leurs traditions et leurs espérances, sont bousculés, renversés, parfois même carrément inversés. Les uns acceptent de bonne grâce, voire avec plaisir, ces *révisions déchirantes* ; d'autres, au contraire, et c'est humain, s'accrochent de toutes leurs forces à ce qui fut *(M. 30.12.73)*. A vouloir systématiquement refuser de se rendre à l'évidence, les pouvoirs publics s'acheminent vers de nouvelles *révisions déchirantes (M. 13.2.74)*. Les gaullistes sont confrontés à une *révision déchirante*. Pendant 16 ans, ils ont eu pour vocation d'épauler le pouvoir (...) Avec Giscard, qu'ils n'aiment pas, sauront-ils se convertir ? *(PM 22.6.74)*. Sur bien des points de la politique agricole européenne nous sommes à l'heure des *révisions déchirantes. (M. 27.9.74)*. La nouvelle conjoncture impose des réformes dans les entreprises, une *révision déchirante* des organigrammes *(E. 16.12.74)*. L'Occident, en croissance forcée, commençait à s'essouffler (...) Et puis 1974 est devenue l'année des *révisions déchirantes* et du repentir qui s'appellent plans de stabilisation avec leurs cortèges menaçants de faillites et de chômeurs *(PM 4.1.75)*. En 1973, les revendications des pays producteurs de pétrole appelaient, croyait-on, une « *révision déchirante* » de la politique des transports : rien ne serait jamais plus comme avant. Ce serait le grand chambardement *(M. 24.4.75)*. Il est toujours difficile à un homme jeune de remettre en cause les engagements qui furent les siens quand il était jeune homme ; pourtant beaucoup de ceux qui avaient 15 ans en 1962 et qui se sont engagés dans le gaullisme sont aujourd'hui sur le point de faire cette *révision déchirante (M. 13.6.75)*. Il n'y aura pas d'étalement des vacances sans *révision déchirante* du calendrier scolaire *(M. 27.9.75)*. Le retour à l'équilibre budgétaire ne pourra se faire sans « *révision déchirante* » *(M. 20.2.77)*. *Révisions déchirantes* dans les syndicats : la poursuite de la crise et la rupture de la gauche bouleversent les stratégies syndicales *(Exp. 12.77)*. C'est à croire que les mass média, tellement avides de « dernières nouvelles » ignorent les mutations culturelles ! Douce ignorance ! Puisqu'elle dispense de quelques *révisions déchirantes* ! *(C. 29.8.78)*. Un grand nombre d'industries sont acculées à des *révisions déchirantes* (...) *(C. 1.9.78)*.

Rem. Le syntagme « *révision déchirante* » est le plus souvent lexicalisé sous cette forme. Parfois cependant l'adj. *déchirante* est séparé de *révision* par un adv., ou construit comme attribut, ou antéposé.
En 1958 on a vu s'ébaucher dans la vie politique française des *révisions* plus ou moins *déchirantes (M. 21.3.76)*.
Il est probable que certains équipements devront être différés, ainsi que l'exécution de certaines promesses. En année électorale, ces *révisions* risquent d'être « *déchirantes* » *(M. 20.2.77)*.
Ces *déchirantes révisions* de la politique norvégienne en matière de recherche pétrolière ont de multiples causes *(M. 9.5.78)*.

RÉVISIONNISME sm. Spéc. Rép. ~1950. Pol. Péj. ■ Politique de certains partis marxistes qui préconisent des révisions doctrinales en fonction de l'évolution économique et sociale.

L'expérience montre, a-t-il dit (Lin Piao), que si l'on ne procède pas à des épurations les communistes peuvent s'abandonner à un *révisionnisme* de type soviétique, et le capitalisme fait sa réapparition *(M. 2.10.66)*.

RÉVISIONNISTE sm. ■ Partisan du *révisionnisme**.

Aux « prolétaires de tous les pays » il était relativement facile de s'unir pour sortir de leur condition de prolétaires. Mais ceux d'entre eux qui ont accédé au pouvoir n'ont cessé ipso facto d'être des prolétaires. Ni les « *révisionnistes* » de Moscou ni les « dogmatistes » de Pékin n'ont encore trouvé le moyen de surmonter cette évidence *(M. 6.10.64)*. « Le Quotidien du Peuple » présente le succès de l'expérience comme un triomphe de « la ligne révolutionnaire prolétarienne du président Mao sur la servilité des *révisionnistes* et le liquidationnisme de Liou Chao-chi » *(E. 2.7.67)*. Aucun règlement ne peut intervenir avant la fin des batailles entre « extrémistes » et « *révisionnistes* » *(M. 12.1.69)*.

RÉVISO subst. ~ 1968. Péj. Abrév. pop. de *révisionniste**.

À la suite d'une bagarre bi-latérale « GP » et « *révisos* » — c'est-à-dire entre la Gauche prolétarienne et les militants communistes — un permanent CGT a été conduit à l'hôpital *(O. 9.3.70)*. Un sale réactionnaire, un néo-conservateur, un *réviso*, (...) qui a oublié le principe de la lutte des classes *(O. 12.11.73)*.

REVITALISANT, E adj. et subst. Spéc. ~1950. Se dit de produits cosmétiques destinés à redonner de la vitalité aux cheveux, à la peau, etc.

Certains, croyant bien faire, massacrent leur chevelure ou leur peau par des shampooings aggravants, des savons décapants (...) des « *revitalisants* » qui asphyxient (...) *(M. 20.3.74)*.

REVITALISATION sf. Fig. Rép. mil. XXe. ■ Action de *revitaliser** ; son résultat.

Espoir de « *revitalisation* » (de) la Bretagne intérieure *(F. 11.1.67)*. Un programme de « *revitalisation* » de l'Organisation atlantique *(M. 29.5.66)*. (Le) problème du développement régional et de la *revitalisation* de la « province », de la résurgence d'un dynamisme provincial *(Moulin, 68)*. Le secret de la *revitalisation* des provinces périphériques est leur indus-

REVITALISATION 560

trialisation *(PM 2.3.68)*. « Humanisation » de l'administration, *revitalisation* des régions *(M. 23.4.66)*.
Cet humanisme du Front Populaire (...) le rajeunissement et la *revitalisation* qu'il insuffle aux souvenirs de 1789 *(Agulhon, 71)*.

REVITALISER v. tr. Fig. ■ Faire revivre, réanimer (quelque chose).

Sur quelles bases les États-Unis espèrent-ils *revitaliser* l'alliance ? *(M. 29.5.66)*. *Revitaliser* nos alliances, et non pas les abandonner *(M. 6.6.69)*. Quel urbanisme conviendrait à la Côte d'Azur ? Comment *revitaliser* l'arrière-pays ? *(Ragon, 66)*. Ensuite *revitaliser* tout le grand delta rhodanien, Fos jouant alors le rôle de centre d'éclatement *(F. 16.3.68)*.

RÉVOLUTION CULTURELLE loc. subst. ~ 1966. Adaptation d'une expression chinoise. ■ Bouleversement des mœurs, destruction des influences du passé sur la culture d'un peuple.

1. À propos de la Chine.

Le président Mao Tsé-toung a été forcé, à l'automne de 1965, d'abandonner Pékin et de s'installer à Changhaï pour mener, à partir de cette ville, le déclenchement de la *révolution culturelle (M. 7.1.67)*. La première bombe H chinoise a prouvé que la « *révolution culturelle* » n'avait pas ralenti l'effort nucléaire *(Sudreau, 67)*.

2. Par ext. Bouleversement de la vie sociale et culturelle dans un pays, une société quelconques.

Cette « *révolution culturelle* » que les étudiants français veulent introduire en Sorbonne : le dialogue ajouté au cours magistral, un contact d'aîné à cadet plus que de maître à élève, n'est-elle pas déjà commencée ? *(M. 10.1.68)*. Dans l'œuvre de (certains) jeunes romanciers (américains) s'annonce le début d'une *révolution culturelle* : l'Amérique reconnaît sa folie ; elle l'accepte ; elle la glorifie *(M. 15.6.68)*.
Limiter les inégalités est nécessaire, mais restera sans effets, en ce qui concerne l'environnement, sans la suppression des « modèles » et de leurs supports : publicité, modes, « culture » (...) Mais ne s'agit-il pas là d'une véritable « *révolution culturelle* » ? *(M. 25.4.72)*.
La nécessaire « *révolution culturelle* », c'est (...) une mutation qui ne commence pas seulement dans les institutions et les pouvoirs, mais aussi dans les esprits *(Garaudy, 73)*.

RÉVOLUTIONNARISATION sf. ~ 1965. Pol. (Voc. maoïste). ■ Mise en œuvre de processus révolutionnaires (dans une société, une institution, etc.).

Une « *révolutionnarisation* » de la presse chinoise — pour reprendre le mot officiellement employé par les services chinois de traduction — est en cours. Il s'agit de mettre partout au pouvoir une direction complètement maoïste et favorable à la révolution culturelle *(M. 25.1.67)*. Sur le plan de la vigilance et de la *révolutionnarisation* les conversations de Pékin ne signifient aucunement la démobilisation *(C. 31.10.69)*.
Ces virtualités ne pourront se réaliser que par une rupture radicale, par une « *révolutionnarisation* » des forces productives — techniques, professions sciences, institutions — elles-mêmes *(Bosquet, 73)*. La forme enfin trouvée de la *révolutionnarisation* des rapports sociaux : la vaste critique au sein des masses *(O. 10.12.73)*. Le mouvement de critique de Confucius et de Lin Piao a gagné les usines. Cette campagne idéologique tend à poursuivre la *révolutionnarisation* des ouvriers *(MD 4.74)*.

RÉVOLUTIONNARISME sm. ■ Tendance à considérer la révolution comme une fin en soi.

Le *révolutionnarisme* qui se propose de faire des réformes par principe, jusqu'à vouloir modifier sans raison les structures qui donnent entière satisfaction, n'est qu'un autre aspect du culte de l'action pour l'action *(Freund, 65)*. Le *révolutionnarisme* verbal imputé aux facultés des lettres et des sciences humaines et le conservatisme méticuleux attribué aux facultés de droit et des sciences économiques *(M. 29.12.66)*. Une partie des professeurs subit l'hypnotisme du « *révolutionnarisme* » et se comporte en démagogues plus qu'en enseignants *(En. 5.4.69)*.
Le *révolutionnarisme* un peu débridé des nouveaux socialistes de la CFDT *(Bauchard, 72)*. Dépasser les contradictions du conservatisme pessimiste et du *révolutionnarisme* utopique *(Young, 72)*. Le « *révolutionnarisme* » futuriste est moins un messianisme qu'une mise à l'heure des sensibilités *(O. 1.10.73)*.

RÉVOLUTIONNARISTE adj. et sm. Inspiré par le *révolutionnarisme**.

● Adj.

(...) l'humanisation de la guerre par la transformation de la lutte armée en combats réguliers menés par les armées reconnues des divers États. Il est à regretter que l'*exaltation révolutionnariste* de certains socialistes traite avec tant de dédain cette forme de règlement *(Freund, 65)*. Nous avons payé de trop de défaites ce mélange d'*illusions révolutionnaristes* et l'opportunisme pratique qui a caractérisé la gauche française *(G. Martinet, 68)*.
Personne ne croyait plus au verbiage *révolutionnariste* de ces congressistes *(Daniel, 73)*.

● Sm.

Il ne faut pas attacher trop d'importance au mépris qu'affichent certains *révolutionnaristes* dès qu'on traite devant eux de la notion d'ordre *(Freund, 65)*.

REWRITER [rərajtœr] ou [rirajtœr] sm. Mot anglais. ■ Rédacteur qui, dans une maison d'édition, récrit des textes.

Maison d'édition recherche *rewriter* pour seconder rédacteur en chef *(Ann. M. 9.1.70)*.
Un consciencieux travail de traduction fut massacré par un « *rewriter* » fort content de lui *(Herp, 73)*.

REWRITER [rərajte] ou [rirajte] v. tr. 1962. (De l'angl. *to rewrite*, « réécrire »). ■ Remanier un texte avant de le publier.

 Il s'en donne à cœur joie dans la presse cambodgienne où il *rewrite* des articles, refait des titres, corrige, annote *(PM 28.3.70)*.
● Part. passé ou adj.
 L'histoire stalinienne qui a réduit la révolution à la biographie *rewritée* de révolutionnaires conformes *(Daix, 73)*. Le récit fantasmatique d'un complot balzacien « *rewrité* » par J. Rivette dans l'esprit de Lewis Carroll *(M. 4.5.74)*.

REWRITING [rərajtiŋ] ou [rirajtiŋ] sm. (Mot angl.). ■ Action de réécrire, de remanier soit un texte destiné à être publié, mis en onde ou en scène, soit le scénario d'un film. — Nouveau texte rédigé par le *rewriter**.

 Bien peu nombreux sont les auteurs qui ont œuvré expressément pour le public enfantin. Parmi les livres proposés aux très jeunes, combien, en pratique, ne sont que des textes pour adultes, « réduits » et simplifiés avec plus ou moins de bonheur. Encore faut-il s'estimer heureux si d'horribles illustrations ne viennent pas ajouter leur vulgarité à celle d'un *rewriting* volontairement bêtifiant *(E. 13.4.70)*.
→ REMAKE.

REZ-DE- + subst. Élément de subst. comp. (D'après le modèle *rez-de-chaussée*). ■ Au niveau de (ce que désigne le subst. qui constitue le troisième élément).

 (Maisons) livrées entièrement terminées. Tomettes au *rez-de-jardin*. Moquette à l'étage. (...) Un jardin pour chaque maison. Entouré de haies, il prolonge les pièces de séjour qui s'ouvrent en *rez-de-jardin (Pub. M. 29.10.66)*. *Rez-de-jardin*. Salon + salle à manger, chambre, entrée, grande cuisine, W.-C., vestiaire *(Ann. F. 26.11.66)*.
 Le centre commercial est tout moquette, chrome et altuglass ; une musique douce diffusée en permanence achève d'abrutir le consommateur et de le pousser sournoisement de « *rez-de-métro* » en « *rez-de-terrasse* » vers une succession de magasins de luxe *(FP 1.74)*.

RHÉSUS [rezys] ou abrév. **Rh**. Sm. En apposition après un substantif (cf. l'expression courante *facteur rhésus*). ■ Méd. Relatif à la présence ou l'absence, dans le sang, de l'antigène rhésus. — Bien que *rhésus* soit un nom commun, on le trouve aussi avec R majuscule.

 La généralisation du traitement préventif des *accidents rhésus (M. 2.10.69)*. Le processus de fabrication de dangereux *anticorps Rhésus (M. 27.2.69)*. L'*antigène Rhésus* ainsi nommé parce que le sang de certains singes en contient toujours *(M. 27.2.69)*. Des donneurs volontaires *Rh négatif* auxquels on injecte des globules rouges Rh + et qui fabriquent donc le précieux anticorps *(M. 27.2.69)*. Les bilans des premières préventions de l'*incompatibilité rhésus* font l'objet de plusieurs débats et conférences *(M. 2.10.69)*. Lorsqu'un mari Rh positif et une femme Rh négatif conçoivent un *enfant Rh positif*, comme son père, l'enfant né de la première grossesse est habituellement normal *(M. 27.2.69)*. L'injection aux *mères rhésus négatif* dans les heures qui suivent chacun de leurs accouchements d'un *enfant rhésus* positif, d'anticorps antirhésus *(M. 2.10.69)*. Des volontaires pour la *protection rhésus (M. 2.10.69)*.

RHUMATOLOGIE sf. Méd. ■ Étude et traitement du rhumatisme.

 La *rhumatologie* n'est pas seule à profiter des bienfaits de l'acide acétylsalicylique *(O. 3.1.68)*.

RHUMATOLOGUE sm. Méd. ■ Spécialiste de *rhumatologie**.

 L'aspirine est le cheval de bataille des *rhumatologues (O. 3.1.68)*.
 Seul un *rhumatologue* est habilité à traiter cette affection, car il arrive qu'elle ne cède qu'aux infiltrations locales de cortisone *(JF 22.9.70)*.

-RIDEAU Deuxième élément de substantifs composés qui désignent des ensembles de panneaux fixés en avant de la surface extérieure d'un bâtiment.

 La nature des parois du bâtiment, réalisées en *façade-rideau*, a conduit à un ensemble de faible inertie thermique et comportant de grandes surfaces vitrées *(R.G.C.F. 11.68)*. Des fenêtres de dimensions diverses seront insérées dans le *mur-rideau* en métal inoxydable *(M. 25.9.70)*.
 Ce sont ces architectes qui ont inventé le *mur-rideau*, si répandu aujourd'hui, tout comme les cloisons mobiles *(E. 29.3.71)*. Six siècles avant les gratte-ciel, l'architecture gothique invente ce que le XXe siècle nommera le « *mur-rideau* », la paroi de verre qui laisse passer un maximum de soleil *(R 12.72)*.

RIGIDIFIER v. tr. et réfl. Mil. XXe. ■ Rendre rigide ou plus rigide.
1. Techn.
 Cette coque (de voiture) est *rigidifiée* du fait qu'elle ne comporte plus de cinquième porte *(A. 23.10.69)*.
2. Fig.
● Verbe trans.
 La profession médicale serait dure, voire impossible à supporter si l'enseignement n'avait le mérite de former des défenses (...) Mais ces défenses nécessaires sont démesurément *rigidifiées* par un tel système et aboutissent à la suppression du fantasme chez le médecin *(N 10.72)*. À notre époque, sous couvert de productivité et de rationalisation, la division

des tâches est généralisée et *rigidifiée*. Il est donc important de sauvegarder des lieux où la promotion et la mobilité sociales soient possibles et encouragées *(M. 4.6.75)*.
- **Verbe réfl.**
  Les défenses professionnelles, qu'il s'agit d'assouplir, se *rigidifieraient*, comme après tout enseignement *(N 10.72)*.

RITUALISATION sf. ■ Action de *ritualiser**; son résultat. — Fait d'être ritualisé.
  Par rapport à la fête, les vacances durent bien plus longtemps, entraînent une migration hors du cadre ordinaire de vie, ne donnent pas lieu à des manifestations explosives, ne comportent pas de *ritualisation* s'étendant à tous les individus du groupe *(Laurent, 73)*.

RITUALISER v. tr. Did. ■ Régler, réglementer (qqch) comme par des rites. Instaurer des rites
  Le langage écrit tend à devenir une langue à part, fortement *ritualisée* et archaïque, qui se distingue de la langue parlée, beaucoup plus actuelle et vivante *(Lobrot, 72)*.

ROBE- Premier élément de subst. comp. dont le second élément désigne un autre vêtement.
  Robes-culottes en coton infroissable *(E. 2.5.66)*. *Robe-cagoule (E. 15.7.66)*. *Robe-maillot* à décolleté débardeur *(El. 3.9.69)*. *Robe-tunique* rebrodée de paillettes *(El. 3.11.69)*. *Robe-polo* en jersey caviar *(El. 24.8.70)*. *Robes-manteaux* à larges manches *(El. 28.9.70)*. *Robe-pull* du soir à décolleté insolite *(El. 28.9.70)*. *Robes-salopettes* à décolleté débardeur *(JF 29.9.70)*. *Robe-chasuble* maxi *(JF 14.10.70)*. Douce et douillette *robe-chemise* en jersey *(El. 18.1.71)*. *Robe-pagne* en jersey noir et blanc *(PM 30.1.71)*. *Robe-tailleur (El. 15.2.71)*. *Robes-chemisiers* en couleurs douces *(M. 27.1.73)*. *Robes-maillots* de bain *(M. 27.1.73)*. Une *robe-poncho* en étamine de coton fleurie *(El. 4.3.74)*. Le tiroir-caisse n'en finit pas de tinter grâce à la *robe-housse (E. 3.2.75)*.

(-)ROBOT [rɔbo] sm. Deuxième élément de substantifs composés.
1. **À propos d'appareils, de machines à commande automatique.**
  La D.C.A. a tiré sur un *avion-robot (M. 11.9.69)*. Une société surindustrialisée, société des *machines-robots* et des gadgets ? *(Guillain, 69)*. (On a) présenté un « *métro-robot* » plus perfectionné que celui de Milan. À Milan, il n'y a pas de véritable conduite automatique du métro *(M. 13.10.65)*. Les premiers essais de rames à commande automatique datent de 1951. Depuis quelques semaines (on) a mis en service deux « *rames-robots* » *(M. 14.8.65)*. C'est le premier laboratoire lunaire automatique ou, si l'on préfère, le premier véritable « *sélénologue robot* » *(F. 28.12.66)*. Le tir sur *pigeons robot*, sur cible électronique, connaît un succès croissant *(Dunlop, 66)*. Le moment n'est plus tellement éloigné où des *tracteurs-robots*, télécommandés, pourront partir labourer ou moissonner sous le contrôle d'un petit ordinateur central *(O. 17.1.68)*.
  Lorsque les *sondes-robots* auront touché le sol de Vénus (...) *(PM 25.1.69)*. Cette caravane de *voitures-robots*, feux tournants allumés (...) *(E. 27.5.74)*.
2. **Fig. (À propos de personnes ou de collectivités).** ■ Dont l'attitude, les gestes, les occupations, etc., ont un caractère d'automatisme qui évoque les robots.
  (Les images) du dessinateur J.-M. F., qui recrée un monde poétique et coloré de *cosmonautes-robots (M. 23.10.69)*. Autres critiques : ils (les étudiants utilisés comme enquêteurs) posent leurs questions trop vite et, péché capital, éprouvent beaucoup de mal à les « déshumaniser », à devenir des *enquêteurs-robots (M. 29.4.70)*. Le grégarisme, la termitière, l'*homme-robot* sont aujourd'hui les poncifs de la littérature sociale *(Burdeau, 56)*. « Dans la prochaine législature, le général De Gaulle disposera d'une *majorité-robot* » *(M. 30.6.66)*. Une *nation robot* où les élus du peuple sont peu à peu écartés des responsabilités *(F. 9.1.67)*.
  L'O.S. (n'a) aucune qualification professionnelle ; c'est le type même de l'homme presse-bouton, l'*homme-robot* enchaîné à sa machine *(Oury, 73)*.
→ PORTRAIT-ROBOT.

ROBOTISATION sf. ~ 1965. Fig. Action de *robotiser** (2.). Résultat de cette action.
  Des psycho-sociologues dénoncent les signes avant-coureurs du chômage technologique, de la misère généralisée, de la « *robotisation* » du genre humain *(FL 9.2.67)*. La science-fiction met en garde contre l'abus de la technique, la menace de *robotisation* des hommes *(FP 10.68)*. De toute la force de son charme, tenter de freiner ce mouvement vers la *robotisation (Collange, 69)*. Dans la colère de l'étudiant révolté contre le système entre sans doute la protestation contre un monde qui lui demande, pense-t-il, de devenir, « comme papa », un citoyen obéissant, en voie de « *robotisation* » *(M. 9.11.69)*.
  Croyez-vous sincèrement que la machine, l'ordinateur puissent libérer notre société industrielle avancée ? Que penser alors de la *robotisation* dont nous sommes les victimes ? *(Pauwels, 72)*. Former des professeurs-programmeurs qui épargneraient aux enseignés (dans l'enseignement programmé) les dangers d'une atomisation et d'une *robotisation* du savoir *(Elgozy, 72)*. Vous réduisez le mariage aux dimensions d'une association purement matérielle. (...) C'est aberrant, c'est odieux ! La *robotisation*, quoi ! *(Mélèze, 72)*. Il suffit de voir le sujet soumis à des doses massives de neuroleptiques pour comprendre qu'il s'agit là en fait d'une véritable *robotisation (Bensoussan, 74)*. La modestie de leurs salaires et la *robotisation* de leur emploi ne suffisent pas à expliquer l'attitude des employés de banque *(Can. 20.3.74)*.

ROBOTISER v. tr. ~ 1960.
1. **Techn. Équiper (un atelier, une usine) de machines automatiques (ou, fam. de robots). Automatiser (des machines, des équipements, etc.).**
  En l'an 2.000, des machines complètement « *robotisées* » seront capables de s'instruire et de prendre des décisions *(Elgozy, 72)*. On pourrait *robotiser* entièrement les chaînes de

montage. Fiat a équipé de robots la moitié d'une chaîne de carrosseries *(PM 21.4.73)*. Une nouvelle usine de traitement de produits radio-actifs va être entièrement *robotisée*. Des robots mobiles, avec des yeux électroniques, circuleront seuls dans le bâtiment étanche *(E. 3.9.73)*. Un nouvel atelier de peinture au pistolet, comportant un pont « *robotisé* », a coûté 100 millions de francs *(M. 24.9.78)*.

2. Fig. **Transformer (une personne, une collectivité) en une sorte de robot ; faire agir (qqn) comme un robot, lui faire perdre certains caractères humains.**

La préposée chicanière qui s'efforçait de *robotiser* le jeune vendeur (est) elle-même une victime *(C. 30.10.69)*.

● Part. passé/adj. (C'est la forme la plus fréquente).

Et les chercheurs prophétisent, pour l'an 2000, une main-d'œuvre totalement « *robotisée* », capable même de s'instruire et de prendre des décisions *(E. 5.6.67)*. Dans ce monde *robotisé* (d'un film), où l'on voit une cité gouvernée par l'ordinateur, les sentiments n'ont pas de place *(E. 3.5.65)*. Des (hommes et femmes) rebelles à la civilisation des loisirs y entretiennent (dans une forêt) les derniers débris d'une vie non *robotisée (E. 27.11.67)*.
Un brasseur d'affaires, espèce (...) *robotisée* que les sentiments humains n'effleurent pas souvent *(Saint Pierre, 70)*. L'équipe de football des Pays-Bas est une mécanique parfaitement rodée, qui tourne à plein régime, avec des reprises et des accélérations fulgurantes. Le plus admirable est qu'elle n'apparaît pas *robotisée (P. 1.7.74)*.

ROCADE sf. (Par anal. avec l'emploi dans le vocab. milit.) Spéc. Mil. XXe. ■ Voie routière ou *autoroutière** qui permet d'éviter une ville, une zone (par opp. à *pénétrante** et à *radiale**).

La *rocade* sud-autoroutière de Metz B. 32 reliant A. 31 et A. 32 *(Cl 5.69)*. Autour des villes, des échangeurs, des « *rocades* » sont construits pour écouler le flot suburbain *(Fa. 28.10.70)*.
Les *rocades* autoroutières permettraient de relier les banlieues entre elles et d'éviter de passer par Paris *(M. 29.11.73)*. On donne la priorité aux « voies radiales » sur les *rocades* qui ont pourtant l'intérêt de mieux répartir le trafic automobile *(M. 5.10.74)*. Le promoteur indiquait que la desserte de son lotissement serait assurée par la future *rocade* (...) Les adversaires de cette voie rapide craignent que sa réalisation ne favorise l'urbanisation. Le préfet rappelle que la *rocade*, conçue pour alléger la circulation, ne doit pas permettre une densification abusive *(M. 31.10.75)*.

ROCK [rɔk] sm. et adj. ~ 1957. Ellipse de *rock and roll**, ou *rock'n'roll*.
● Subst.

Le « *rock* » français est à son apogée au moment même ou en Amérique Elvis P., le « grand ancêtre », se tourne vers le « sirop » *(M. 7.4.66)*. La prochaine fois les espionnes lèveront la jambe en cadence et l'on se mitraillera sur des airs de *rock (M. 10.4.66)*.
C'est ce qu'on appelle le *rock* décadent, parce qu'il se parodie, se dévirilise et veut à nouveau des stars *(O. 30.4.73)*.

● Adj.

« C'est *rock* »... disent aujourd'hui les potaches pour exprimer une admiration qui ne tolère pas de réplique. Admis à la dignité d'adjectif, ce bâtard du jazz continue de faire des ravages, sur les étiquettes de disques *(M. 14.2.57)*. H. Salvador pastiche un chanteur *rock* avec un rare bonheur *(M. 5.1.68)*.
Les programmes des écoles « nouvelles » ou « libérées » évoquent les liturgies des messes « folk » ou « *rock* » *(Illich, 71)*. Jésus-Christ Superstar, le célèbre opéra *rock* filmé avec lyrisme en Terre sainte *(E. 17.12.73)*.

ROCK AND ROLL [rɔk(ə)nrɔl] sm. Mot anglais (*to rock*, balancer). ■ Nom d'une danse très rythmée et aussi : musique populaire américaine.

Pour moi, le folklore, c'est le *rock and roll*, pas du *rock and roll* psychédélique ou du *rock and roll* intellectuel. Juste du *rock and roll*. Du rythme concentré *(E. 23.3.70)*.
« Tommy », un premier rock-opéra sur le thème de l'incommunicabilité, puis, « Quadrophenia » ont fait de cet ensemble de *rock and roll* le porte-parole de tous ceux qui n'en finissent plus d'avoir le mal de soi *(E. 18.2.74)*.

ROCKER [rɔkœr] subst. (Mot angl.) ■ Chanteur de *rock** ; adepte du *rock**.

Les « *rockers* » demeurent et, en France, pour mieux se différencier, préfèrent se nommer « pionniers » (...) À Paris, ils se sont retrouvés à l'occasion du passage de Chuck B., *rocker* noir qui bénéficia de leur dévotion *(O. 28.7.69)*. La malédiction accompagne ces *rockers* milliardaires. Les parents terrorisés les rejettent *(O. 22.10.73)*. Dans une pièce truffée de projecteurs, les *rockers* lancent leur long cri, leur fureur contenue par le superbe maîtrise des instruments *(E. 8.4.74)*.

RODAGE [rɔdaʒ] sm. Fig. D'après l'emploi dans le vocabulaire de l'automobile. ■ Action de *roder** (quelque chose ou quelqu'un) ; son résultat. Période d'adaptation, de mise au point.

● — À propos de choses abstr. ou concrètes.

Au cours de l'année écoulée, l'organisation des chantiers a pu faire l'objet de critiques justifiées. On nous a affirmé qu'il s'agissait d'un indispensable *rodage (F. 10.4.64)*. Si une politique du stationnement dans la capitale commence à prendre corps, certains problèmes se posent encore : mais la première période de « *rodage* » paraît devoir s'achever *(M. 26.10.66)*. Cette saison 67-68 a été un « *rodage* » de la couleur (en télévision) *(Fa. 7.11.68)*.
Un magazine d'information en *rodage (E. 16.11.70)*. Le plan lyonnais commence sa période de *rodage*. Ce n'est qu'une fois passé le temps des hésitations, des tâtonnements qu'on pourra juger de son efficacité *(M. 27.4.73)*. Pour l'industrie, le *rodage* des procédures d'essais, en vue d'une livraison ultérieure de 2 rames TGV par mois, nécessite des mises au point *(RGCF 12.77)*. Pendant des périodes de *rodage* on enregistre une certaine baisse

de la qualité du service postal, notamment dans la régularité de l'acheminement du courrier *(C. 6.10.78)*.

● — **À propos de personnes, de collectivités, d'institutions, etc.**
Les deux principaux interprètes sont remarquables (...). (Les) autres (acteurs) font ce qu'ils peuvent. Ils sont en *rodage* ; en période d'apprentissage *(M. 10.57)*. Il y a eu une longue période pendant laquelle le nouveau premier ministre était comme en *rodage (C. 15.9.63)*. Il y eut (pour un Parisien installé en Haute-Provence) les difficultés inévitables du début, le *rodage*, l'accoutumance au nouveau milieu *(M. 9.6.65)*. Deux enfants qui s'aiment. Il est drôle (...). Elle rit, mais elle est plus raisonnable (...). (C'est un) petit ménage en *rodage (PM 10.70)*.
Assemblée consultative, devant apporter sa Pape les avis et les conseils des diverses conférences épiscopales, le synode n'a pas réussi à trouver son identité. N'en étant qu'à sa troisième édition, cette institution semble toujours en *rodage (En. 11.11.71)*. Ce débat est-il le signe qu'après un *rodage* difficile le Parlement va redevenir une institution vivante ? *(C. 26.5.73)*. Dans tout l'univers catholique, ces conférences épiscopales, nées avec le Concile Vatican II, sont encore en *rodage*. Leurs statuts sont provisoires *(E. 12.3.73)*. Ce nouveau centre de perfectionnement, après un ou deux ans de *rodage*, accueillera une centaine de candidats *(E. 13.2.78)*.

RODÉ, E part. passé et adj. (De *roder**). Fig. Rép. mil. XXᵉ.

● — **À propos de choses, abstraites ou concrètes.** ■ **Qui a été bien mis au point, bien adapté à sa fonction par de nombreux essais ou une longue pratique.**

○ Le XIIᵉ congrès du parti communiste italien a donné, lui aussi, une *démonstration* parfaitement *rodée* « du bon usage du désaccord » *(M. 18.2.69)*. Les fleurs d'une *éloquence rodée* dans d'innombrables congrès *(GL 14.3.65)*. On peut penser qu'une fois cette *matinée* va devenir très vite un succès populaire *(M. 12.10.65)*. La *radio* est plus ancienne. Elle est mieux *rodée* (que la télévision) *(En. 2.5.70)*. Un *récital* admirablement *rodé* ; capable de résister à toutes les modes... *(M. 15.11.62)*. Un tour de trente-deux chansons où le moindre *soupir*, le moindre geste a été pensé, essayé, *rodé* pendant deux ans sur le public de Berlin, de Broadway, de Moscou, de Marseille *(E. 25.1.65)*. Écrits en été, *rodés* à l'automne, présentés en hiver, leurs *tours d'horizons* (des chansonniers) sont souvent en retard sur l'événement *(M. 3.12.68)*. L'homme à la *voix* de bronze, *rodée* par trente ans de palais, de Parlement et de meetings *(M. 28.1.65)*.

∞ Une *technique* de l'animation, parfaitement *rodée (En. 30.9.71)*. *Rodée* à l'élection présidentielle de 1969, cette souple *machine* électorale ferait merveille aux législatives *(E. 29.11.71)*. Puisqu'il s'agit d'un match, présentons-le selon le *cérémonial* bien *rodé* de la boxe *(C. 26.1.72)*. Déjà *rodés* par 3 années d'expérience, les *safaris-photo* de la Vanoise proposent une formule de vacances à la fois sportives et culturelles *(M. 13.4.72)*. Ce mouvement doit se faire à vive allure et exige une *technique* longuement *rodée (E. 15.1.73)*. Ce chaos n'est pas sans charme, même si le voyageur se fait prendre au piège d'un *fléchage* mal *rodé (M. 10.11.73)*. Plus opportun serait le recours très large à la *procédure* bien *rodée* des zones d'aménagement différé *(M. 16.10.74)*. La nouvelle *organisation* commerciale issue de la réforme de 1972 était désormais bien *rodée (R.G.C.F. 3.78)*.

● — **À propos de personnes ou de collectivités.** ■ **Bien habitué, bien entraîné à... ; très au courant de ...**
À la faculté de droit de Paris, les *étudiants* sont assez bien *rodés* à la cogestion *(M. 23.7.69)*. (Un) *médecin rodé* à la pratique de la chirurgie *(E. 6.5.68)*. Le *Suédois* est maintenant parfaitement *rodé* à la circulation à droite *(A.A.T. 3.70)*.
Discours brillant, fort bien structuré, que l'*assistance* n'apprécie peut-être pas à sa juste valeur. Il est vrai qu'elle n'est pas encore « *rodée* » *(Mauduit, 71)*. On a pu voir un *inspecteur* déjà « *rodé* » régler à la seconde même le problème d'une vieille dame au bord de la dépression *(M. 26.1.72)*. Mon livre fut aussitôt interdit, mais l'*éditeur rodé* et prudent put en sauver un peu plus de 2000 exemplaires *(Favrelière, 73)*. Des *équipes* de spécialistes, d'abord *rodées* en province, opèrent sur Paris *(E. 30.7.73)*.

RODER [rɔde] v. tr. et réfl. Fig. Rép. mil. XXᵉ.

Roder v. tr.

● — **À propos de choses abstr.** ■ **Adapter qqch, mettre au point par de nombreux essais ou une longue pratique.**
L'occasion de *roder* en petit comité, le *discours* qu'il devait prononcer huit jours plus tard *(Hailey, 69)*. Le primaire et le secondaire doivent *roder* et développer les *instruments*, forger et organiser les mécanismes de l'intelligence *(M. 29.11.68)*. Une expérience permettant de *roder* pendant un ou deux ans un nouveau *programme* et les méthodes pédagogiques correspondantes *(E. 8.1.68)*. Il s'agit de *roder* un *vote*, non pas politique, mais en quelque sorte professionnel *(E. 27.1.69)*.
Le bilan de cette première année de déconcentration est encore incertain. Il a fallu *roder* la *procédure (M. 3.2.72)*. Sans attendre la mise en place de l'ensemble du *système*, la Côte-d'Or pourrait être choisie pour le *roder (M. 13.4.72)*. L'un des établissements pilotes choisis pour *roder* la *formule* de réforme de l'enseignement *(E. 4.3.74)*.

● — **À propos de personnes.** ■ **Entraîner ou habituer qqn à faire qqch. Mettre qqn au courant de qqch.**
Quelques années de cabaret où je caricaturais les cabots m'avaient *rodé* à cet exercice *(E. 4.2.74)*. Les monitrices ont une formation de 2 ans en moyenne, durant lesquelles elles sont *rodées* à la méthode de psycho-prophylaxie obstétricale *(M. 24.1.79)*.

Se roder. (Le sujet est un nom de chose ou de personne).

Notre *intimité* (conjugale) avait besoin de *se roder (Bazin, 50)*. Depuis lors, (Kennedy) s'est « *rodé* », si l'on nous permet cette expression, mais il est resté conforme à cette première image de lui-même *(F. 29.11.60)*.

ROGNE sf. Repris et répandu en 1961, comme *grogne** et *hargne**.
■ **Mécontentement, mauvaise humeur.**

Les contestations internes, même vives, se résolvent dans la « *rogne* et la grogne », sans que l'unité soit compromise (M. 15.11.69). « La rogne » subsiste dans les rangs de l'U.D.R. « J'ai mes grognards » opine, flegmatiquement, le Premier ministre (PM 20.12.69). Cette fois ce n'est plus de la grogne mais de la hargne et de la rogne (Courrière, 70). Le 1er régiment étranger parachutiste était en pointe de la rogne et de la grogne militaires (Courrière, 71). À la hargne des petits commerçants, à l'irritation du patronat, ont bientôt répondu la grogne de la majorité et la rogne de l'opposition (M. 23.12.73). 90 jours pour conjurer la rogne des agriculteurs bretons en colère (P. 1.7.74). Doucement mais sûrement, la rogne et la grogne des laissés-pour-compte de l'épargne se substitue à leur silencieuse ignorance (P. 14.10.74).

ROLL-ON ROLL-OFF [rɔlɔnrɔlɔf] sm. 1960. (Mot angl.). ■ Technique de transport maritime, sans rupture de charge, dans laquelle des véhicules terrestres (camions, wagons, etc.) sont transportés chargés dans la cale du navire.

Rem. Le terme *roulage* est préconisé officiellement pour traduire cet anglicisme.

♦ Voitures-lits du train rapide Paris-Londres, wagons à marchandises et véhicules routiers-poids lourds, semi-remorques — passent en *roll-on roll-off* du terre-plein à l'arrière des navires par une passerelle de 54 m de long (R.G.C.F. 12.71). Le transport par conteneurs et le *roll-on/roll-off* représentent un progrès considérable (En. 7.12.72). Dunkerque, pionnier du *roll-on roll-off*, assure les techniques de transport maritimes les plus modernes (Pub. Inf. 1.1.73). Ce quai peut accueillir simultanément trois grands navires, et l'un de ses postes dispose d'un équipement de *roll-on roll-off* (M. 16.5.74).

ROMAN- Premier élément de subst. comp. dont le second élément caractérise le type, le présentation, parfois le contenu du roman.

Quand je préparais mon *roman-collage* (E. 19.4.71). Dans les *romans-fictions*, il est d'usage que les héros informatisés, mi-Tarzan mi-Zorro, mettent bon ordre dans la confusion et la vilenie des humains (Elgozy, 72). Composé par petites touches, ce *roman-mosaïque* est terrifiant (Sadoul, 73). Le *roman-charge* de Sylvie K., réquisitoire vivant, cocasse, ronge, dévore, détruit (O. 22.1.73). Un beau *roman-poème* dont la filiation avec le surréalisme est éclatante (E. 5.11.73). Un *roman-poème* des révolutions perdues, de la mort et de la mascarade politique (O. 18.3.74). Le *roman-scénario* original de John B. (M. 29.3.74).

ROMAN-PHOTO sm. Mil. XXe. ■ Récit d'une intrigue romanesque ou policière racontée sous forme d'une suite de photos accompagnées de textes très brefs placés sous chaque photo, ou dans des *bulles** à la manière des *bandes* dessinées*. (La variante *photo*-roman* est également usitée).

(Le film) nous montre des danseuses, des prostituées motorisées, des cover-girls posant pour des *romans-photos* (M. 26.1.65). Un repris de justice, qui se donne pour éditeur de *romans-photos* (E. 20.12.65). Ces fascicules se trouvent désormais dans toutes les librairies et dans tous les kiosques à journaux, aux côtés des *romans-photos* et des innombrables publications de la presse du cœur (M. 28.4.66). Un magazine français de *romans-photos*, un ramassis illustré d'histoires d'amour à l'usage des simples (Fallet, 66). « Bonjour Tristesse » (...) sert de toile de fond à un *roman-photo* (El. 1.2.71). Leur connaissance des garçons n'est assez indirecte, leur seul modèle est celui des *romans-photos* (Calame, 72). Il y a des historiens qui prennent l'histoire pour du *roman-feuilleton*, quand ce n'est pas du *roman-photo* (P. 24.12.73). L'émission donne du *roman-photo* l'image d'une industrie « juteuse » de la sous-culture. Il paraît que certains *romans-photos* ont le souci d'« éduquer » le public ! (Téla, 13.4.74). Pourquoi cantonner dans les *romans-photos* du petit écran un acteur qui connaît les exigences du cinéma de qualité ? (M. 16.4.78).

ROND (TOURNER)
→ TOURNER ROND.

RONÉOTER v. tr. Mil. XXe. Fam. pour : *ronéotyper*, reproduire un texte au moyen de la machine appelée *Ronéo* (nom déposé).

Un professeur avait *ronéoté* et distribué dans la classe, un texte libre choisi par les élèves (Ecole, 72). Il fait des études de pharmacie et dès qu'il a un moment libre, il écrit et *ronéote* des imprimés publicitaires (Droit, 72).

● Part. passé et adj.

L'huissier de service dépose sur chaque sous-main les feuillets *ronéotés* ; ce sont les textes des projets de loi soumis au Conseil (E. 1.5.67). Améliorer la rédaction des 3 465 journaux *ronéotés* (du parti) (E. 22.1.68). Le laboratoire répond par une lettre *ronéotée* (E. 9.9.68).
Il faut mentionner un bulletin trimestriel (...) édité par une petite communauté de naturistes (...) En une vingtaine de pages *ronéotées*, les communards racontent la vie de la communauté (Droit, 72).

ROQUETTE sf. Repris et rép. mil. XXe. (par l'intermédiaire de l'angl. « rocket »). Milit. ■ Projectile autopropulsé, tactique, employé notamment dans les armes antichars et par les avions de combat.

Rem. Notons (...) parmi les pionniers de la fuséologie du Moyen Âge l'Italien Muratori, qui, dès 1379, employa le terme « rochetta », d'où les Français firent *roquette*, mot qui inspira à son tour le « rocket » anglais (Dt. sc.).

♦ La *roquette* téléguidée SS-10 est un projectile de 17 kilos environ, qui ne nécessite aucun dispositif de lancement et qui dégage une très faible fumée au départ. Le tireur suit le voyant lumineux qu'il porte au culot et le dirige vers son but en manipulant le « manche à balai » d'un appareil de télécommande peu encombrant (JG 16.10.58).
Dans un bazooka, le projectile, une « *roquette* » est enfoncé dans un tube qui lui sert de

guide, et ce projectile est équipé d'une réserve de combustible solide et d'une chambre de combustion. C'est une petite fusée destinée au combat antichar (O. 27.1.75).

ROTATION sf. Spéc. mil. XXe. Transp. ■ Fréquence des voyages aller et retour effectués par un navire, un véhicule terrestre, un avion, etc.

Un porte-conteneurs effectue environ vingt-six *rotations* par an entre l'Europe et l'Amérique du Nord (En. 7.12.72). La technique du conteneur permet de réaliser d'importantes économies dans la manutention et d'accélérer de façon impressionnante la *rotation* des navires (M. 16.5.74).

ROULANT sm. Fam. Mil. XXe. Ch. de fer. (Ellipse, peut-être pour : « agent du personnel roulant »). ■ Agent de conduite ou d'accompagnement des trains (Conducteur de locomotive, contrôleur, etc.).

Rem. L'emploi au sing. semble assez rare, au moins dans les textes écrits.

Les « *roulants* » (de la S.N.C.F.) réclament la revalorisation des primes de traction et la diminution progressive de la journée de travail (M. 8.5.59). Beaucoup de voyageurs et très peu de trains, telle était vendredi en fin de matinée la situation résultant de la grève des « *roulants* » de la S.N.C.F. (M. 13.9.69). Qui se soumettrait joyeusement au mode de vie des « *roulants* » de la S.N.C.F. ? Qui a conscience de ce qu'est l'existence d'un conducteur de train ? (E. 22.9.69).
À la S.n.c.f. les *roulants* s'inquiètent de voir fondre leurs privilèges au bénéfice des autres cheminots (E. 5.6.72).

ROUND [rawnd] ou [rund] sm. Spéc. ~ 1960. (D'après l'emploi dans le vocab. de la boxe). ■ Étape dans une négociation.

Un nouveau « *round* » de négociations salariales va s'ouvrir, qui risque de relancer l'inflation (Exp. 2.72). Les sept syndicats de cheminots ont rencontré dans l'après-midi, pour un premier « *round* d'observation », la direction de l'entreprise (F. 23.1.74).

ROUTARD sm. ~ 1970. Fam. ■ Se dit surtout de jeunes gens qui « font la route », c'est-à-dire qui partent à l'aventure, souvent pour des pays lointains.

Entre eux, les « échappés » de la civilisation moderne s'appellent les « *routards* ». Quelles routes ? Toutes. Et surtout celles qui conduisent aux villes colonisées par la nouvelle culture hippie-pop (E. 3.4.72). Marc préfère ceux qui font la route : « Quand on sera un peu mieux installés, on aménagera un grand dortoir, comme ça on pourra recevoir plein de *routards* » (Droit, 72). Dans le hall de l'aéroport, tous les *routards* venus des quatre coins du monde, en route vers « la grande illusion » (Ségal, 72). Un *routard* vagabonde « librement ». « Librement » cela signifie sans réservations dans des hôtels, sans emploi du temps minuté dans son carnet de route, avec un sac à l'épaule pour tout bagage (M. 8.4.78). Un nouveau touriste-explorateur : le « *routard* ». C'est aussi bien un jeune qui n'a pas de compte en banque, qu'un moins jeune qui en a un. Leur point commun est l'imagination, le goût d'aller où ils ne vont pas les autres, ou d'y aller autrement, la volonté surtout de trouver des trucs pour payer moins cher (P. 5.6.78). L'Inde des nouveaux *routards*, partis de France sur un coup de tête ou après un rêve longtemps caressé, c'est d'abord une suite de petits échecs qui prennent parfois l'importance de drames (...) Dans de telles circonstances, les parents des « *routards* » malchanceux ont souvent la même attitude : ils pardonnent, accueillent leurs enfants prodigues avec émotion et conseillent une vie normale (M. 19.7.78). Les compagnies régulières tentent de faire (croire) que le « train du ciel » ne serait qu'un « charter » (...) réservé aux « *routards* » fauchés (M. 4.10.78).

ROUTIER, ÈRE adj. et subst. Spéc. Mil. XXe.

1. Subst. masc. Chauffeur de poids lourd, qui effectue de longs parcours. Entrepreneur de transports routiers.

Rem. Le vocable de « *routier* » recouvre, en fait, trois réalités différentes et antagonistes : les grandes entreprises de transport, une dizaine en France, possédant plusieurs centaines de camions ; les artisans, qui, au prix de tous les sacrifices, essaient de s'en tirer avec leur propre matériel ; les salariés, enfin, qui vivent de la même façon, mais n'ont que leurs bras et leur connaissance du métier. Au total, quelque 750 000 personnes (E. 29.3.71).

♦ Les poids lourds roulent de plus en plus vite (...) Plus un camion est mené rondement, plus il effectue de voyages (...) derrière la responsabilité du « *routier* » trop prompt à accepter le chantage du rendement ou du licenciement, il y a celle du patron, pour lequel un accident n'est souvent que du temps et de l'argent perdus (C. 23.8.75). Ils n'ont pas la cote, les *routiers*. Pourtant elle n'est pas loin l'époque où ils pouvaient accrocher fièrement au dos de leurs « bahuts » un slogan : « les routiers sont sympa », que personne n'aurait eu l'idée de contester (O. 13.10.75).
→ BRAS (GROS), CUL (GROS).

2. Subst. masc. (Ellipse pour : « restaurant de *routiers* (1.) »). Restaurant fréquenté surtout par les *routiers**.

La route est toujours aussi droite, aussi longue. Tous les cent kilomètres, un « *routier* » bon marché (A. 8.10.70).
Le conducteur d'un 38 tonnes mange le plat de crudités servi aux habitués du « *routier* » de G., à la sortie de la ville (E. 24.7.78).

3. Subst. fém. Voiture puissante et confortable, conçue pour les longs trajets sur route.

Je peux narguer les plus grosses voitures ! 187 chrono ! C'est vraiment une grande *routière* ! (Daninos, 70).

ROUTINE (DE) Loc. Mil. XXe. (De l'angl. *of routine*). ■ Banal, courant, habituel (sans nuance péj.).

Rem. Lors (d'une) opération subie par le Président de la République, la radio a parlé de « visite *de routine »* du chirurgien. Qu'est ce que ce jargon, cette nouvelle mode ? N'était-il pas plus simple d'employer une épithète et de dire visite habituelle, accoutumée, ordinaire ou prévue ? *(Georgin, 66).* C'est une mauvaise traduction de l'anglais qui fait dire à un envoyé spécial à Londres : « Le chancelier de l'Échiquier a présenté aux Communes un « budget de *routine* » *(Le Bidois, 70).*

♦ Un avion de reconnaissance qui avait quitté les États-Unis pour une « mission *de routine »,* est porté manquant au-dessus de l'Amérique du Sud *(M. 30.7.66).* Déviation du missile M. tiré au cours d'un exercice *de routine* par (un) bâtiment expérimental *(C. 5.5.70).* Comment serait-il répondu aux allocutions télévisées des heures graves comme aux discours *de routine? (M. 12.12.71).* Bien sûr, nous allons faire des vérifications *de routine.* Mais tout ça, juridiquement, c'est du vent *(Saint Pierre, 72).* Les journaux de Calcutta faisaient peu de cas de cette tornade *de routine :* à peine 17 morts, quelques dizaines de maisons détruites. Rien, même pas un événement *(M. 18.8.74).*

RUBAN BLEU sm. Fig. Mil. XXe. (Par allusion à un trophée symbolique décerné autrefois au paquebot le plus rapide sur la ligne transatlantique Europe-États-Unis, et matérialisé par une « flamme » bleue qu'arborait ce navire). ■ Symbole d'une supériorité, d'une première place dans un domaine quelconque. Par ext. Cette supériorité elle-même.

L'électronique, *« ruban bleu »* du dynamisme industriel japonais *(Inf. 12.2.73).* Une douzaine de stations de bord de mer brandissent bien haut le *ruban bleu* que leur a attribué le ministère de la Santé. Cela signifie que dans l'eau de leur baignade on n'a identifié qu'un minimum de colibacilles (...) *Ruban bleu* égale donc en principe salubrité maximum *(M. 22.6.74).* Si Dijon mérite aujourd'hui le *ruban bleu* des villes vertes, elle le doit surtout à sa « philosophie » des espaces verts *(M. 9.11.74).* Parmi les régions, le Sud-Est détient le *ruban bleu* de la croissance démographique *(C. 19.10.75).* Une récente étude du Bureau international du travail montre que la France détient, en matière de concentration des départs en vacances, une sorte de *ruban bleu (M. 28.4.79).*

RUE- Premier élément de subst. comp. dont le second élément indique le caractère, la fonction de la rue, ce qui s'y passe, les usagers auxquels elle est éventuellement réservée, etc.

La *rue-couloir,* la *rue-boutique,* la *rue-maisons,* constituent la dimension topologique de la rue (...) Entre les larges excroissances habitées, la *rue-espace* n'est plus qu'un étroit canal *(Perry, 71).* L'idée des *rues-piétons* connaît bien des avatars à Paris, alors qu'elle fait carrière tant à l'étranger qu'en province *(M. 10.10.72).* Il existe déjà 29 rues-marchés interdites à la circulation, soit en semaine, soit le dimanche, auxquelles s'ajoutent 23 *rues-spectacles* réservées aux piétons le soir et en fin de semaine *(M. 18.11.72).* À Rouen on rendra aux piétons la place de la Cathédrale, et même un tronçon de la rue des Carmes, l'une des *rues-auto* les plus passantes *(M. 8.7.73).*

RUGBYSTIQUE adj. ~ 1960. (De *rugby*). Relatif au rugby.

En France, l'éducation *rugbystique* ne fait pas partie de l'éducation tout court (...). Roger C. (reporter de la télévision), avec son accent, son lyrisme et ses excès, a été le chantre de l'épopée *rugbystique (E. 22.3.71).*
Raoul V., chantre inspiré du rugby, feuillette les photos racornies qui racontent ses exploits *« rugbystiques »* des années trente *(P. 21.1.74).* « Le Languedoc en feu », titre la presse *rugbystique* (...) Narbonne et Béziers se regardent en chiens de faïence *(O. 7.5.74).*

RUPTURE (EN) (+ de + Subst.) Loc. prép. (Peut-être d'après *« en rupture de ban »*.).

1. Se dit de qqn qui a renoncé à, qui s'est affranchi de (ce que désigne le subst. compl.).

Les riverains du lac d'Annecy ont fait, dimanche, la toilette de leur lac. Cantonniers, enfants des écoles, hôteliers et touristes *en rupture de bain de soleil* ont ratissé les rives, traqué les papiers gras, ramassé les boîtes de conserves *(E. 8.6.70).*

● Emploi absolu et elliptique.

Professeur honoraire ! Prof', oui, il l'a été (...) Mais prof' il ne l'est plus. En *rupture.* Il écrit, s'étonne et s'étonne *(LF 13.10.66).*

2. Se dit de qqn qui est dans une situation où il manque de ce que désigne le subst. compl.

L'éditeur s'est trouvé deux fois *en rupture de stock* (...) dont une immédiatement après la sortie du livre *(P. 1.7.74).*

Rem. Une trentaine d'autres exemples sont énumérés in *B.d.m. n°. 5, 1973.*

RUSH [rœʃ] pl. RUSHES sm. (Mot angl.). D'abord dans le vocabulaire du sport (XIXe s.). Repris mil. XXe. ■ Ruée

Rem. Le mot *« rush »* (...) s'étend aujourd'hui à d'autres domaines (que le sport) : *« Rush* à l'Himalaya » : « Il y a un *rush* des étudiants vers cette science. » (...) Le malheur est qu'une bonne moitié des lecteurs français ignorent le sens de ce *« rush » (Le Bidois, 70).*

♦ C'était le « grand *rush* des vacances : cinq mille voitures à l'heure sur l'autoroute du Sud », titraient les journaux *(Fallet, 64).* Le Dr L. déplore l'attitude de la presse provoquant une « mode », un *« rush »* de clientes réclamant la pose d'un stérilet *(O. 27.12.67).* Hier matin, la circulation sur l'autoroute à péage, dans la région de Seine-et-Marne, s'est brusquement accrue entre 9 et 10 heures. Au poste d'Arcueil, le *« rush »* vers la campagne a également commencé au même moment *(F. 1.7.68).* La période de *rush* vers les grandes surfaces *(En. 2.5.70).*
Les années 1970 sont celles du grand *rush* irrésistible. On achète n'importe quoi, les ultimes ruines, la moindre rocaille en Haute-Provence *(O. 12.8.74).*

RUSH

- Au pluriel (la graphie anglaise, mais non la prononciation, est conservée en français).

    Pendant les *rushes* des vacances, nous devons retarder certains trains de marchandises pour permettre la circulation des rames de voyageurs *(E. 22.3.71)*.
    Les grands *rushes* des départs en vacances peuvent être plus étalés *(P. 6.1.75)*.

RUSHES [rœʃ] sm. plur. Cin. Télév. ■ Ensemble des prises de vues filmées telles qu'elles se présentent avant le montage du film.

Rem. **L'Administration française recommande de traduire cet anglicisme par le tour *épreuves de tournage.***

♦ Quand les prises de vues démarrèrent, nous étions trois ou quatre, à Paris — la pellicule étant développée en France — à voir les *rushes* du film *(E. 17.5.65)*. J'ai tourné avec elle (Angela Davis) jusqu'au 19 juin ; c'est son dernier meeting public qu'on voit dans mon film, et je voulais lui faire voir les *rushes* et discuter avec elle de la conception du film *(LF 18.11.70)*. Photographies et *rushes* en témoignent, l'acteur qui incarne le Général de Gaulle réussit une véritable performance *(E. 28.8.72)*.

SABOT DE DENVER [dãvɛʀ] (Nom déposé) **ou SABOT** sm. ■ Sorte de pince qui sert à bloquer l'une des roues d'un véhicule en stationnement illicite (Le véhicule n'est libéré qu'après paiement d'une amende).

Pare-chocs contre pare-chocs, il peut advenir qu'on soit coincé (sur un parc de stationnement), bloqué presque aussi solidement que par le *sabot de Denver* (A. 11.2.71). Le « *sabot de Denver* », bien connu des automobilistes parisiens, vient de refaire son apparition aux États-Unis sous le nom de « *sabot* français ». Les autorités de la ville de Washington viennent en effet d'acheter en France 25 de ces mâchoires géantes destinées à immobiliser les automobiles qui se trouvent en stationnement interdit. La police parisienne, qui avait emprunté cette invention à la ville de Denver l'a si bien perfectionnée que la police de Washington a préféré adopter le « *sabot* français », réputé plus facile à poser et surtout plus difficile à forcer (M. 30.5.72). Le « *sabot de Denver* » porte mal son nom puisque c'est une invention française dont le brevet a été régulièrement déposé en 1970. Les Américains et les Canadiens ont apprécié l'efficacité de cette pince d'immobilisation fixant sur les lieux du délit une voiture en infraction (M. 9.5.74). Il devrait être interdit de se garer dans le centre de Paris. Une telle mesure ne sera pas respectée sans généralisation du « ramassage » avec mise en fourrière, pose systématique de *sabots*, amendes très coûteuses (M. 16.10.74).

SACRALISATION sf. Action de *sacraliser** ; son résultat.

La *sacralisation* de l'État et l'instauration du culte de l'impersonnalité, la priorité absolue donnée aux problèmes, aux intérêts de l'« Algérie algérienne » (M. 13.7.65). Cette *sacralisation de la science* fera-t-elle, à la longue, que le niveau technologique s'homogénéisera, et que dans la société socialiste comme dans la société capitaliste, l'effort militaire finira par produire des « retombées » qui bénéficieront aux réalisations civiles ? (M. 29.6.66). Les croisades ont été toujours un échec. Épopée sinistre, qui fut une mystification, c'est-à-dire une *sacralisation de la violence* (M. 14.1.67).
Parfois, de jeunes (catholiques) pratiquantes ont été tentées d'y recourir (à l'avortement) pour échapper à l'étroitesse d'esprit d'un entourage aux yeux duquel la *sacralisation* du mariage l'emporte sur la préservation de la vie (Beunat, 74). De Gaulle et Pompidou avaient été élus avec plus de 55 % des voix. Giscard n'en a obtenu que 50,8 %. À l'évidence la *sacralisation* du pouvoir s'estompe (P. 12.4.76).
→ DÉSACRALISATION.

SACRALISER v. tr. ■ Attribuer un caractère sacré à quelque chose ou à quelqu'un.

Rem. « *Sacraliser* », « désacraliser » : on abuse aujourd'hui de ces vocables « prestigieux » (F.Mars, C. 16.7.72).

♦ Le mot « classe ouvrière » *sacralise* les *contradictions* (G. Martinet, 68). (On a eu) tendance, pour des raisons commerciales, à *sacraliser* la *jeunesse*, faisant d'elle, non plus un groupe social parmi d'autres, mais une source de valeur et un modèle à l'usage des autres classes d'âge (M. 8.6.68). Ce film *sacralise* le *sexe* (M. 18.2.69). On refuse le sacré religieux, mais alentour on *sacralise tout* : les opinions politiques, les comportements sociaux, etc. (Duquesne, 70).
Un choix délicat entre les arguments pédagogiques, qui imposent l'idée de la coupure médiane (de la semaine scolaire) et la facilité sociale, qui *sacralise* le *week-end* (M. 6.4.72). On *sacralisait* la *tuberculose*, considérée jusque-là comme la maladie des marginaux, gens de théâtre, courtisanes, et du peuple (O. 23.12.72). L'Église tenait alors un rôle central dans la société, assumait l'enseignement et *sacralisait* par des fêtes les principales *étapes de la vie* (P. 21.5.74). Les femmes sont contre tout ce que les hommes avaient *sacralisé*. La *guerre*, par exemple. Les femmes ont toujours été pour la paix (Pa. 10.74).
Flaubert a *sacralisé* l'*écriture* et haussé jusqu'au sacerdoce le métier d'écrivain (E. 10.2.75).

SACRALISER

Dans sa hâte d'aider la bonne cause, la gauche en épousa souvent les excès, (...) quitte à *sacraliser* le *poseur de bombes* par dégoût du parachutiste *(M. 6.2.79).*

● **Part. passé ou adj.**
Expliquer le fonctionnement des machines électroniques, c'est supprimer le mystère qui les entoure (...) c'est faire d'un objet *« sacralisé »* par l'imagination des non-initiés un objet « utilisable », offert à tous, bon pour tous les usages, « profane » : en ce sens on peut parler d'une « désacralisation » *(F. Mars, C. 16.7.72).* Cette politique agricole, *sacralisée* par Paris, rapporte plus aux puissants qu'aux petits de l'agriculture *(M. 22.8.73).* La dictée, exercice final et *sacralisé,* justifierait en amont l'analyse et, pour une large part, l'enseignement même de la grammaire *(J. Cellard, M. 12.3.74).*
→ DÉSACRALISER.

SACRALITÉ sf. Mil. XXe. Did. ■ Caractère de ce qui a été *sacralisé*.

L'ignorance des liens entre l'accouplement et la fécondation favorisèrent l'éclosion des premiers mythes. En retour, les croyances mythiques rejailliront sur le phénomène et sur la femme elle-même. Le mythe, révélateur de la *« sacralité* absolue » divinisa la vie *(Michel, 64).* Le père n'est plus le chef incontesté de la famille naturelle. Il n'est plus celui qui procède de Dieu (...) Le père a perdu sa *sacralité* et est mal à l'aise *(H. Bazin, PM 15.3.75).*

SAFARI(-) sm. Mil. XXe. (Mot souahéli, « bon voyage »).

1. **Expédition de chasse, en Afrique noire.**

   Pour découvrir tous les contrastes et les beautés de l'Afrique (une compagnie aérienne) vous offre beaucoup d'autres possibilités : *safaris-chasse, safaris-photo,* séjours-vacances *(Pub. M. 25.9.68).*
   8 *safaris* chasse. Paradis des grands chasseurs, l'Afrique noire (...) *(Pub. E. 20.11.72).*

2. **Surtout dans le composé *safari(-)photo*. Par ext. Expédition ou excursion, dans un lieu quelconque, au cours de laquelle on photographie des animaux sauvages.**

   Aux chasseurs... d'images, nous proposons un *safari-photo* de 4 jours *(Pub. En. 8.2.69). Safaris-photos* dans le parc national de la Vanoise, organisés par le syndicat d'initiative de Val-d'Isère *(M. 26.4.70).* Les réserves de Rhodésie et d'Afrique du Sud s'ouvrent depuis quelques années au tourisme de masse. Les « safaris » — mot qui signifie voyage en swahili — de chasse sont très coûteux. En revanche les *safaris-photos* sont plus accessibles *(M. 13.10.70).*
   Voulez-vous partir pour un *safari-photo* dans une réserve d'animaux sauvages ? *(Pub. Exp. 11.71).* Rodés par trois années d'expérience, les *safaris-photo* de la Vanoise proposent une formule de vacances à la fois sportives et culturelles *(M. 13.4.72).* Grand chasseur converti au *safari photographique,* il avait soutenu la fondation d'un Musée de la chasse *(Inf. 15.1.73).* Vous pourrez aller faire un *safari photo* dans une des plus grandes réserves africaines d'animaux sauvages *(Pub. Exp. 2.73).* La résurrection d'une grande faune montagnarde permet l'organisation de *safaris-photos* qui réjouissent les chasseurs d'images *(VR 30.6.74).*

3. **Par anal. ou Fig. Surtout dans des comp. ou des syntagmes dans lesquels le second élément (subst. en appos., adj., compl. déterminatif) désigne la nature du safari.**

   Rem. 1. **Dans les cas où *safari*(-) est premier élément de composés, l'emploi du trait d'union et la marque du pluriel sont hésitants.**

   Treize heures de course, près de 700 kilomètres, sept tronçons chronométrés à parcourir une fois de nuit, une fois de jour, voilà le très honnête *safari automobile* qui est offert aux sportifs *(F. 26.11.66).* Les *Safaris-soleil* sont une nouvelle formule de tourisme et de vacances en Afrique *(M. 23.3.68).* Le *safari-son-enregistrement* du chant des oiseaux et des insectes — est une source de joies pour l'amoureux de la nature *(C. 29.7.70).*

   ◆ Une fois qu'on a commencé à se livrer à la chasse aux idées préconçues, on s'aperçoit que ce *safari-défauts* se révèle très fructueux *(Collange, 72).* Le *safari des neiges* : la journée de ski entière sans recroiser ses traces, en passant de vallée en vallée *(O. 19.3.73).* Le grand *safari-chansons* annuel a commencé. La course au « tube » de l'été est engagée *(E. 16.7.73).* La « nostalgie » atteint un peu partout des cotes étonnantes. La chasse est ouverte. Les merceries de banlieue, les buvettes-épiceries de village, les garages de rase campagne sont les terrains d'élection de *safaris* inattendus *(E. 4.3.74).* Comment Giscard pourra-t-il marier, au sein de son gouvernement, les carpes et les lapins empilés indistinctement au cours de son *safari électoral* ? *(M. 21.5.74).* Faites un *safari* ! C'est le terme qui désigne les petites ou grandes croisières sur des bateaux équipés pour les activités sous-marines : plongée, fouilles archéologiques, chasse aux images, etc. *(P. 17.6.74).*

   Rem. 2. **Les dérivés *safariser* v. intr. (participer à des *safaris*) et *safariste* subst. (personne qui participe à un *safari*) sont attestés.**

   Nairobi est une ville très européenne où l'on *« safarise »* et « coquetailise » *(FP 6.71).*
   Les *safaristes,* « les chasseurs qui ne tuent pas », se retrouvent pour photographier qui une aire de chamois, qui le « plus petit arbre du monde » *(C. 30.8.72).*

SAGE adj. Spéc. ~ 1960. (Déterminant un nom de chose abstr. ou concrète) ■ Qui dénote des goûts modérés, un comportement raisonnable. Qui est éloigné de tout excès, de toute extravagance.

Cette comédie d'André Roussin (« L'Amour fou ») a gardé des scènes bien filées et de bonnes répliques, mais sa fraîcheur est partie (...) Gentiment joué, c'est un spectacle très *sage (E. 16.9.74).* Dans la rue Clauzel (à Paris) qui montre un visage un peu trop gris, un peu trop *sage,* une façade étonne : on l'a habillée de demi-rondins en bois brut *(M. 12.7.75).* Les modèles de printemps offrent moins d'ampleur, une silhouette plus droite : une mode *sage,* facile et seyante, cadrant bien avec la vie moderne *(M. 21.1.76).* Une voiture moderne à l'esthétique *sage,* mais faite pour durer *(AAT 2.78).* Les consommations enregistrées lors des essais se sont révélées très raisonnables : de l'ordre des 7 litres aux 100 km en conduite normale ; de l'ordre des 8 à 9 litres en conduite moins *sage (M. 8.4.78).*

SAGE sm. ■ Personnalité estimée assez compétente et impartiale pour jouer un rôle de conseiller dans une situation difficile ou d'arbitre dans un conflit économique, politique, social, etc.

Des « *sages* » avaient été appelés en renfort à un moment (pendant une grève des mineurs en 1963) où les ministres n'arrivaient plus à voir clair dans les statistiques de rémunérations et encore moins dans la marche à suivre pour ramener les mineurs à leurs puits *(M. 13.6.63)*. Les « *sages* » chargés de la réforme du marché monétaire français et de la politique du crédit (...) *(C. 11.12.68)*.
Le Premier ministre n'a pas vu venir la crise. Il demande à un Comité des *sages* de s'entremettre pour la résoudre *(E. 8.2.71)*. Comment des « *sages* » veulent guérir le malaise des enseignants *(US 6.12.72)*.

SAIGNANT, E adj. Fig. Fam. ■ Sensationnel.

Deux photographes expédiés là avec cette consigne : « Inutile de rentrer sans un maximum de photos. Et *saignantes* ! » *(Lespardo, 70)*. Je n'ai que quelques heures pour écrire le « papier » qui, à Paris, fera la manchette, à la fois *saignante* et vraisemblable, rendant l'atmosphère *(Bodard, 71)*.

SAISONNIER sm. Mil. XXe.
1. Ouvrier qui loue ses services pour des travaux saisonniers.

Des travailleurs immigrés font depuis deux mois des grèves de la faim pour exiger la régularisation des *saisonniers* de la région *(F. 28.2.75)*.

2. Hôte saisonnier d'une station de tourisme.

Les altiports ont été soigneusement intégrés à l'intérieur des stations (de sports d'hiver) de manière à en être suffisamment éloignés pour que l'inconvénient du bruit n'attire pas, ce qui serait logique, les protestations des « *saisonniers* » qui viennent chercher la paix, le silence et le repos *(M. 27.12.66)*.

SALAGE sm. ■ Action de répandre du sel sur une chaussée enneigée ou verglacée, pour faire fondre la neige ou le verglas.

Les services des Ponts et Chaussées s'efforcent de lutter contre les conséquences du mauvais temps pour les automobilistes. Des instructions ont été données pour le *salage* des chaussées *(M. 17.12.66)*.
Le *salage* des chaussées, meilleur remède et meilleur préventif contre la neige et le verglas, exige chaque hiver plusieurs trains entiers de sel *(M. 1.1.71)*. Le *salage* aggrave de façon considérable la corrosion des voitures *(A. 11.2.71)*.
→ SALEUSE.

SALAMI (MÉTHODE ou TACTIQUE DU) loc. subst. Fig. (d'après le nom d'un saucisson sec que l'on découpe en tranches minces). Pol. ■ Tactique qui consiste à amener un adversaire à composition en lui arrachant peu à peu une longue suite de concessions minimes.

Il (un chef d'État) éprouve le besoin de rappeler la solidité des frontières présentes et de souligner « qu'aucune force au monde ne saurait les faire bouger d'un millimètre ». Mais il va beaucoup plus loin en plaçant sous l'étiquette de « *tactique du salami* » toute tentative, toute évolution *(M. 9.1.69)*. La « *méthode du salami* » : ce qu'on n'a pas pu avaler d'un coup, on le débite en tranches, très fines et imperceptibles d'abord, puis de plus en plus grosses *(M. 30.10.69)*. Les Israéliens redoutent qu'on leur applique la *méthode du salami* en les amenant, de concession en concession, à accepter les frontières qui leur paraissent impossibles à défendre *(R.S.R. 14.4.71)*.
M. Ian Smith reprend la *« tactique du salami »* — s'imposer tranche par tranche — adoptée avec succès, depuis vingt ans, par l'Allemagne de l'Est *(E. 28.8.72)*.

SALARIAL, E adj. ■ Du (des) salaire(s) ; qui concerne le(s) salaire(s).

Les petits salariés se disent que les classes dominantes ont toujours trouvé le moyen de voler les travailleurs de leurs *conquêtes salariales (O. 19.8.68)*. Les fédérations syndicales de fonctionnaires ont refusé le projet gouvernemental de « *convention salariale* » *(US 31.3.71)*. Pour augmenter les rémunérations des fonctionnaires en 1971, un crédit est voté au budget. (...) Le gouvernement déclare qu'il ne s'agissait là que d'une « provision » et non d'une « *masse salariale* » intangible. *(US 17.2.71)*. Les revenus individuels non *salariaux* ne connaissent pas une progression aussi rapide (que les salaires) *(En. 24.10.70)*.
→ MASSE SALARIALE.

SALE adj. Spéc. ~ 1960. (À propos de l'explosion d'une bombe atomique.) ■ Qui provoque d'importantes *retombées** radioactives.

À puissance égale, une bombe faisant appel à des processus de fusion peut être moins *sale* qu'une simple bombe atomique. Mais cette hypothèse est en contradiction avec le fait que la dernière bombe chinoise était particulièrement « *sale* » (...) L'analyse des matières radioactives injectées dans l'atmosphère à la suite de l'explosion avait conduit les spécialistes à admettre que l'engin était « très *sale* » *(M. 5.1.68)*.
→ PROPRE.

SALEUSE sf. 1960. ■ Véhicule utilisé pour le *salage** des chaussées.

Des arroseuses mécaniques répandent de l'eau salée sur les chaussées, cinquante camions et des « *saleuses* » déversent du sel *(M. 31.12.68)*.

SAMIZDAT [samizdat] sm. ~ 1960. (Mot russe, « auto-édition »). ■ Ensemble de moyens utilisés en Union Soviétique pour diffuser clandestinement des ouvrages interdits par la censure.

Cette littérature de catacombes, dite *smizdat*, qui circule sous le manteau en Union soviétique, dactylographiée, ronéotypée, passant de main en main (PM 23.1.71). Ces « samizdats » — c'est ainsi que les Russes appellent la littérature clandestine — ont déjà un best-seller : Alexandre Soljenitsyne (E. 20.12.71). Du fait que de nombreux fonctionnaires ont à donner leur avis, les « manuscrits » qui, en Occident, sont en général reproduits à trois exemplaires, se trouvent multipliés. Sur ces copies, d'autres se greffent et constituent une auto-édition rudimentaire. C'est le samizdat (R. 1.73). Ses œuvres circulent en « samizdat » — éditions clandestines écrites à la main ou dactylographiées — . Elles sont publiées à l'étranger. Dans les milieux littéraires non conformistes de Moscou, Maximov est maintenant célèbre (E. 11.3.74).

SANATORIAL, E adj. De *sanatorium*. ■ Relatif à la vie en sanatorium.
L'équipement antituberculeux de la France est l'un des plus importants du monde. Les cures *sanatoriales* s'y montrent les plus longues que l'on connaisse : les congés de repos pour tuberculose s'étendent sur plusieurs années (M. 4.1.68).

SANCTUAIRE sm. Spéc. ~ 1970.
1. Milit. Pol. (Peut-être repris sous l'influence de l'angl.). ■ Territoire que l'on a décidé de défendre, de protéger à tout prix, parce que l'on juge vital le maintien de son intégrité.
   Les réserves de l'adversaire au Cambodge ont été détruites à 40 %, mais il a établi d'autres *sanctuaires* dans le pays et au sud du Laos (E. 29.6.70). Le but est d'abord de préserver le *sanctuaire* national, étant entendu que des forces classiques sont nécessaires pour protéger l'armement nucléaire (M. 26.1.72). Une politique de défense qui n'a aucun intérêt à définir à l'avance, dès le temps de paix, les circonstances à partir desquelles le « *sanctuaire* » national est considéré comme directement menacé (M. 11.6.75). Pour la France, l'Allemagne fédérale constitue un glacis, le territoire national, un *sanctuaire* (M. 11.6.76).

2. Par ext. du sens 1. ■ Lieu protégé contre une agression quelconque. Lieu qui sert de refuge, d'asile.
   De ce territoire touristique on peut penser que, dans 50 ans, il se présentera sous un aspect qui le mettra en tête des « *sanctuaires* » préservés (M. 12.1.74). Les grandes réserves d'animaux sont celles qui remplissent le mieux leur rôle de *sanctuaire* de la faune sauvage (…) La valeur écologique d'un « *sanctuaire* » naturel tient à son inviolabilité (VR 30.6.74). Si nous, les pilotes de ligne, faisons grève la prochaine fois qu'un pays acceptera de fournir un *sanctuaire* à des pirates de l'air (…) il sera boycotté (M. 20.10.77).

SANCTUARISATION sf. ■ Fait de considérer un territoire, un lieu comme un *sanctuaire*° ou de le déclarer tel.
Les dirigeants militaires et civils réfléchissaient sur tous les aspects d'une guerre militaire et nucléaire. L'indépendance, c'est la Bombe. La *sanctuarisation*, c'est la Bombe (E. 19.11.73). C'est la mise à bas, qui ne manque pas d'ambiguïtés, de la théorie de la « *sanctuarisation* » du seul territoire national. Où, jusqu'où et dans quels cas interviendra-t-on ? (P. 10.5.76).

SANDWICH [sãdwi(t)ʃ] sm. Fig. Techn. ■ Ensemble constitué par la superposition de plusieurs couches soit de matériaux différents, soit du même matériau, reliées entre elles par une autre matière.
Le plancher (d'une voiture) a été étudié sous la forme d'un *sandwich* polyester-polyuréthane sur lequel est collée une mosaïque céramique (Ch. fer 6.67). Le revêtement intérieur du véhicule est constitué par un *sandwich* de deux tôles. La toiture est constituée par un *sandwich* en polyester renforcé de fibres de verre (Ch. fer 1.69). Un effort particulier a été fait en matière d'isolation (d'une salle) en utilisant des parois « *sandwich* » associant des panneaux en particules de bois à des plaques d'isorel dur et à des tôles d'aluminium (VR 12.10.69). Les matières plastiques sont très intéressantes pour leur légèreté, mais fournissent des glaces résistant mal aux éraflures et au feu. C'est pourquoi le *sandwich* n'est employé que sous forme de *sandwich* plastique-verre (Air. 10.10.70). Le « *sandwich* » métallique » — un noyau de bois, deux lames de métal léger — fut le premier « ski moderne ». La formule du ski « métallo-plastique » : il s'agit d'un double « *sandwich* » dans lequel deux couches de résine — armée de fibre de verre — enserrent un noyau de bois contre-collé. Le tout est ensuite repris en *sandwich* par deux lames métalliques. On trouve aujourd'hui des modèles simples de (skis) « *sandwich* » — un noyau de bois entre deux couches de fibre de verre armé (SV 2.71).
La suspension transversale du véhicule est réalisée par quatre *sandwiches* en caoutchouc (VR 17.1.71). On a été conduit à constituer le ski d'un « *sandwich* » de matériaux différents, et à renoncer aux bois pour les lames inférieures et supérieures (M. 13.2.74). Le ski est devenu un produit hautement sophistiqué. Les « planches » de la tradition ont fait place à des *sandwiches* complexes, où chaque composant joue un rôle précis (R. 11.75).

SANITAIRE sm. ■ Ensemble des appareils et installations nécessaires à l'équipement des lavabos, salles de bain, toilettes, etc.
Les nouvelles normes de classement des hôtels sont plus sévères pour le *sanitaire* et l'accueil (M. 6.4.65). La maison, en briques pleines, cuisine, salle d'eau, sanitaire aménagé (Pub. F. 10.3.67). Je m'émerveille du souci de la finition dans les moindres détails : robinetterie, interrupteurs électriques, *sanitaires* aux formes nouvelles… (E. 1.4.68).
Le prix du voyage comprend le logement en chambre triple sans *sanitaire*, dans un hôtel de catégorie D (E. 15.5.78). On peut envisager d'installer soi-même une salle de bains. Les industriels ont mis au point des *sanitaires* préfabriqués : leur principal avantage est une simplification des branchements d'arrivée et d'évacuation des eaux (M. 27.9.78).
→ BLOC-EAU.

SANS(-) Premier élément de substantifs composés. ■ Qui n'a pas (ce que désigne le deuxième élément).
Rem. Le composé désigne le plus souvent une personne ou une collectivité, exceptionnellement une chose. L'emploi du trait d'union est hésitant.

O Les inondations ont fait quatre mille cinq cents *sans-abri (M. 13.7.65)*. Un très grand nombre de *sans-abri* campent sous des tentes de l'armée *(M. 27.5.66)*. Les centres de rassemblement des réfugiés sont combles, et beaucoup de *sans-abri* doivent passer la nuit à la belle étoile, à peine vêtus *(M. 18.1.68)*. Les étudiants, les nouveaux, les *sans-cours* sont prêts à mordre aux slogans gauchistes et communistes *(E. 1.12.69)*. Ces petits vins amusants et sans prétention, ces « *sans-culottes* » du vignoble français *(MC 2.68)*. Cette inflation aura pour victimes les petits, les *sans-défense*, et profitera à ceux que la société comble déjà d'avantages *(M. 21.3.69)*. (La nouvelle loi) permet aux « *sans domicile fixe* » (les nomades) de faire valoir et d'exercer leurs droits en choisissant une commune de rattachement *(E. 17.3.69)*. Le nombre des *sans-emploi* s'élève à 6 000 dans le Var et celui des chômeurs secourus a triplé *(M. 13.10.65)*. Le fait que les « *sans famille* » ne soient pas encore, en règle générale, les égaux de ceux qui en ont une, est un reflet de l'injustice dont sont victimes ces grands exilés : nos enfants *(E. 3.2.69)*. Les ouvriers, les paysans sont une force. Ils sont une armée en marche. Mais J. n'était ni ouvrier ni paysan. Pas plus que ses compagnons de travail. Ils étaient les pauvres, les *sans-métier*, les *sans-classe (Ragon, 66)*. Par le biais de réunions ouvertes aux « *sans-parti* », il faudra que « les travailleurs reçoivent des réponses exhaustives à toutes les questions qui les intéressent » *(M. 6.8.65)*. Pourquoi un concours de chansons qui veut avoir un retentissement international fait-il appel à des débutants, à des *sans talent*? *(E. 3.7.67)*. Les *sans-travail* suivant des cours de formation professionnelle pourraient recevoir une allocation plus forte *(E. 29.5.67)*. Les massacres de 1965 ont surtout frappé les *sans-terre* qui s'étaient partagé les biens des propriétaires *(M. 18.2.67)*. Les *sans-voiture*, les *sans-logis*, les *sans-retraite*, sont aussi les *sans-défenseur (Sauvy, 68)*.

∞ Les Pays-Bas reposent sur quatre grands piliers : les catholiques, les néo-calvinistes, les protestants libéraux et les humanistes, ces derniers regroupant les *sans-religion (N 10.70)*. À la recherche d'un coin pour dormir, les *sans-logis* envahissent les terrains vagues (de Santiago du Chili) *(E. 2.11.70)*. Les « apolitiques », les « indécis », les « m'intéresse pas » et les « *sans opinions* » *(Perry, 71)*. Une région qui compte un *sans-emploi* pour dix travailleurs *(Exp. 11.71)*. La proportion des « *sans-activités* » est exceptionnellement forte *(Minces, 72)*. La masse des travailleurs (en Argentine), le petit peuple des « *sans-chemise* » *(E. 20.11.72)*. La classe des femmes pauvres, vulnérables économiquement et socialement, cette classe des *sans-argent* et des *sans-relations (Choisir, 73)*. L'éternel Paris des révolutions resurgit soudain et réveille le vieux rêve de la *sans-culotterie (Bordier, 73)*. Libération des humbles, des opprimés, des *sans-droit (O. 29.1.73)*. Ceux qu'on range dans la catégorie dite des « *sans-étiquette* », comme s'il s'agissait de légumes ou de valises *(C. 26.5.73)*. Voici un soutien-gorge révolutionnaire, un *sans armature*, indéformable *(Pub. MF 10.73)*. Les banques ont tendance à se montrer sévères avec les *sans-grade*, les « godillots » de l'industrie *(Inf. 4.3.74)*. À 45 ans, l'écart de rémunération entre les hommes et les femmes est de 1 à 1,46 pour les « *sans-diplôme* », de 1 à 1,62 pour les bachelières *(M. 7.2.75)*. Des travailleurs immigrés réclament la régularisation de tous les « *sans-papiers* » et la carte de travail dès l'embauche *(F 28.2.75)*. Michèle M. fait partie des privilégiés de l'expression qui se sont mis au service des *sans-voix* : elle a tendu son micro à des policiers, à des communistes et à des femmes *(M. 11.7.75)*. La France des petits, des obscurs, des *sans-gloire* tiraillés entre l'insatisfaction et la prudence *(C. 28.12.75)*.

SARCELLITE sf. ~ 1960. (De *Sarcelles*, nom d'une ville *satellite** proche de Paris, et suff. -*ite**). Fam. Péj. Nom donné aux difficultés individuelles ou sociales provoquées par la vie dans les *grands** *ensembles*.

Rem. Un substantif dérivé a bel et bien fait recette, celui de « *sarcellite* » : il s'agirait d'une affection frappant les femmes des nouveaux ensembles résidentiels, sorte de mélancolie irrépressible qui les conduirait, par étapes, à se déprendre de la vie et, dans les cas extrêmes, à agir très concrètement pour qu'elle ne soit pas désespérément longue *(M. 24.12.70)*. Il y aurait un particularisme du grand ensemble et l'on a forgé niaisement les termes « sarcellisme », « *sarcellite* », pour mieux le cerner, Sarcelles ayant longtemps servi de référence exemplaire. Ainsi, dans ces vastes résidences, les femmes « qui restent à la maison » attrapent la « *sarcellite* » *(Bordier, 73)*.

♦ « Les drames des grands ensembles » existent, et ce que l'on appelle « la *sarcellite* » a fait l'objet d'études sérieuses (...) Les hommes ne sont pas des lapins, et ils ne sont pas heureux quand on les entasse dans des clapiers *(FL 3.11.66)*. En quoi les femmes habitant un grand ensemble vivent-elles une situation originale ? Comment s'adaptent-elles ? Sont-elles réellement atteintes de « *sarcellite* » ?... *(C. 13.2.69)*.
Au moment où Paris se coiffe d'immeubles tours, il s'agit de savoir comment empêcher leurs habitants de sombrer dans cette maladie de l'ennui et de l'isolement que l'on a surnommée « *sarcellite* » *(E. 16.3.70)*.
Il suffit de regarder actuellement la banlieue de Moscou, ou celle de Leningrad, pour s'apercevoir de la similitude architecturale entre pays capitalistes et socialistes. La *Sarcellite* est partout *(Ragon, 71)*. En limitant à 500 logements la taille des ensembles à construire, la circulaire a voulu corriger, bien tardivement, les défauts de la « *sarcellite* » et du gigantisme inhumain *(C. 1.6.78)*.

SATELLISATION sf. ~ 1957.

1. Astron. Action de mettre un mobile sur une orbite autour de la terre ; résultat de cette action. Lancement de satellites artificiels.

C'est seulement en 1957 qu'un engin terrien atteint la première vitesse cosmique, celle qui permet la *satellisation (E. 4.12.67)*.

2. Fig. Inféodation. Soumission.

Le Marché commun devient le cheval de Troie de la pénétration industrielle américaine en Europe, et accélère notre *satellisation (E. 3.10.66)*. Les pays incapables d'assurer un minimum de développement scientifique ne pourront échapper à une *satellisation* culturelle, avec toutes ses conséquences économiques et politiques *(M. 7.1.67)*. Passée sa vingtième année, une fille qui ne décide pas à commencer l'apprentissage de la liberté risque de se retrouver en état de *satellisation* sur orbite parentale *(Fa. 1.4.70)*.
Entre nations on observe de nombreuses dépendances économiques par l'effet des investissements directs et de ces importations qui, sans être imposées, se réalisent par pres-

sions (...) Ces *satellisations* partielles ou très étendues sont intégrables à notre interprétation *(Perroux, 69)*. Nous approchons du jour où la Bourse de Paris serait, par rapport à Londres, ce qu'est celle de Lyon par rapport à celle de Paris. La *satellisation* était au coin de la rue *(E. 16.10.72)*.

SATELLISER v. tr. et réfl. ~ 1957.
1. Astron.
● **Verbe trans. Mettre un mobile sur orbite autour de la terre.**
● **Verbe réfl. Se mettre sur orbite (en parlant d'un satellite).**
Si la poussée de la fusée avait été insuffisante, ou la combustion trop courte, le frêle engin ne se serait pas *satellisé* et serait venu s'écraser sur la Lune. *(M. 23.7.69)*.
2. Fig. Mettre (qqch ou qqn) sous la dépendance, sous l'influence de, dans l'*orbite** (fig.) de (qqch ou qqn).
● **Verbe trans.**
Après avoir joué pendant des années de la guitare sous les volets clos de la belle S.F.I.O. (parti politique), le M.R.P. (parti politique) craint d'être kidnappé (...) Il ne saurait être question de « *satelliser* » le M.R.P. *(Sainderichin, 66)*.
La nation-empire, non contente d'exercer des pressions sur ses voisins (...) et de *satelliser* les Amériques latines (...) *(Perroux, 69)*.
● **Au passif.**
La Normandie ne sera pas « *satellisée* », elle ne sera pas absorbée par Paris *(F. 11.11.66)*. G. craint que l'éducation ne soit *satellisée* par le système industriel *(Duquesne, 70)*.
J'ai toujours navigué sur deux principes : ne jamais demander d'argent à mon père et ne pas être *satellisé* par lui *(Todd, 72)*.
● **Autre construction à valeur de passif.**
La Touraine ne veut pas se faire *satelliser* par la capitale *(E. 6.5.68)*.
● **Verbe réfl.**
Dunkerque pourra devenir un pôle d'attraction autour duquel viendront se « *satelliser* » des industries de transformation *(M. 17.4.69)*.

1. SATELLITE ou SATELLITE ARTIFICIEL sm. Spéc. ~ 1950. Astron.
■ **Engin lancé à partir de la terre afin de tourner en orbite autour de celle-ci ou d'un autre satellite.**
Satellite + adj.
L'Union soviétique a lancé le 26 mars son premier *satellite géostationnaire* *(M. 28.3.74)*. Tous les *satellites « domestiques »* occidentaux sont aujourd'hui réalisés par la même firme *(M. 26.2.75)*. Dans un an ce sera au tour des États-Unis d'avoir leurs premiers *satellites intérieurs* *(M. 26.2.75)*.
Satellite + de + subst.
Une fusée conçue pour mettre en orbite géostationnaire des *satellites de télécommunications* *(E. 6.8.73)*. La Grande-Bretagne tient à un *satellite d'aide* à la navigation maritime *(E. 6.8.73)*. La NASA a conçu divers *satellites d'application* dont les Américains offrent aujourd'hui les services au monde entier *(M. 2.6.74)*. Un projet de *satellite de géodésie* et *de transmission* de données *(M. 9.10.74)*. Le *satellite de diffusion directe* relaierait des programmes de radio et de télévision directement vers des récepteurs individuels (...) Le *satellite de communication* relaie des émissions de télévision ou de communications téléphoniques à un certain nombre de stations au sol *(M. 26.2.75)*.
Satellite(-) Premier élément de subst. comp. dont le second élément indique la fonction du satellite artificiel.
L'explosion du *satellite-chasseur* entraîne la destruction du satellite chassé *(M. 6.4.69)*. Le *satellite-cible* gravitait selon une orbite presque circulaire *(M. 6.4.69)*. Les États-Unis, tout comme l'U.R.S.S., mettent régulièrement en orbite des engins chargés de missions militaires : des *satellites espions* qui photographient régulièrement les installations adverses et signalent toutes les modifications qui leur sont apportées *(M. 6.4.69)*. Un *satellite observatoire* a mis en évidence des irrégularités dans le rayonnement ultra-violet du soleil. Bientôt, de grands *satellites observatoires* seront mis en orbite *(E. 31.5.65)*. Les huit *satellites-relais* qui ont été lancés hier captent les signaux d'une station terrestre, les amplifient et les retransmettent à une autre station située jusqu'à 16 000 kilomètres de la première *(F. 20.1.67)*.

2. SATELLITE sm. Fig. Repris et rép. mil. XXe. ■ Personne, collectivité ou chose qui est dans un état de dépendance, d'infériorité, de moindre importance par rapport à une autre.
Satellite + O (sans compl. déterminatif).
Le Parti communiste finit par rejoindre et animer le mouvement avec son *satellite*, l'Union nationale des comités d'action lycéens *(P. 18.3.74)*. O. n'est pas mécontent de passer de l'état de fusée porteuse (= auxiliaire d'un candidat aux élections) au destin plus noble de *satellite*, c'est-à-dire de candidat *(P. 6.2.78)*.
(-)Satellite Apposition ou second élément de subst. comp.
La télévision a pris une place importante dans notre vie et elle peut-être le thème de *cadeaux-satellites*, depuis la robe d'intérieur... jusqu'au fauteuil le plus confortable *(M. 18.12.66)*. La municipalité n'a pas envisagé, comme dans d'autres villes importantes, l'implantation de *cités satellites* *(M. 9.3.66)*. Une ligne de « métro léger » relie le centre urbain à une *cité satellite* se trouvant à 9 km au nord de la ville *(VR 5.4.70)*. (Sans) s'affranchir de la tutelle américaine, on ne peut construire qu'une *Europe « satellite »* *(En. 15.3.69)*. Des *laboratoires-satellites* sont implantés autour des puissants groupes pharmaceutiques *(En. 5.4.69)*. Lugano et ses petites *stations « satellites »* restent pour le tourisme suisse une plaque tournante de première importance *(M. 30.12.64)*. Des *villages-satellites* surgissent avec leur cohorte d'écoles, de terrains de jeu, de cliniques, de marchés, de

parcs de stationnement *(M. 25.5.69)*. S., localité située à 10 km au nord d'Avignon, est une *ville satellite* de la cité des Papes *(VR 12.4.70)*.
À moins de bouleversements sociaux (...), les *nations-satellites* continueront à subir la loi du plus riche *(O. 1.4.74)*. Le colloque qui prendra la forme d'une *réunion « satellite »* du congrès mondial de pharmacologie *(M. 19.7.78)*.

→ VILLE(-).

SAUCISSONNAGE sm. Fig. Fam. ~ 1970. ■ Découpage ou étalement d'un programme (d'équipement, etc.) en plusieurs étapes, en *tranches** successives.

L'Administration mettait des tronçons d'autoroute de 15 à 30 km en adjudication, en dissociant les ouvrages d'art, le terrassement et la chaussée. C'était la règle du *saucissonnage (E. 27.12.71)*. La décision de construire le tronçon central du R.E.R. a été prise « à l'arraché ». Et la vieille recette du *« saucissonnage »* des crédits est appliquée *(M. 11.5.72)*.
Il s'avérait urgent d'attaquer les marchés avec une conception globale du service industriel, comprenant un ensemble de prestations aussi étendu et intégré que possible. Du *« saucissonnage »* par lots de contrats, il fallait passer à des sous-ensembles *(Ent. 5.12.73)*.

SAUCISSONNER v. intr. Rép. mil. XXe. (De *saucisson*). Fam. ■ Manger du saucisson, et par ext. prendre un repas froid sur le pouce ; pique-niquer.

(La salle d'attente du médecin de campagne) était dallée de céramique grise ; un mobilier de corps de garde. Rien de superflu, n'est-ce pas, dit le médecin. Et rien à abîmer... ils (les paysans qui viennent à la consultation) peuvent faire ce qu'ils veulent, cracher, vomir, *saucissonner*, casser leurs litrons, entreposer leurs volailles, je m'en moque *(Soubiran, 51)*. À 22 h 30, dans le grand hall de la maison de l'O.R.T.F., on « *saucissonnait* » en foule : José A. et son équipe donnaient le coup d'envoi du « Pop-Club » *(M. 6.10.65)*. Ils discutent toute nuit, ils votent des motions et même, le coude sur notre belle table, ils *saucissonnent (M. 15.5.68)*.
On a parlé de groupes entiers venus *saucissonner* dans le cimetière, de femmes en bikini (...). Rien de tout cela. Des visiteurs en short, du gazon piétiné, c'est tout *(E. 30.7.73)*. Ils ont roulé toute la nuit, *saucissonnant* dans la voiture, pour profiter de la mer dès le petit matin *(O. 3.5.76)*.

SAUCISSONNEUR sm. ~ 1952. ■ Personne qui *saucissonne**.

De nombreux Parisiens aiment, chaque week-end, se promener dans les forêts de l'Île-de-France, hors des zones battues et rebattues par les *saucissonneurs* du dimanche *(F. 20.1.67)*. Courchevel n'a pas la réputation d'une station de *saucissonneurs (F. 12.12.69)*.
Le parc naturel risque de devenir soit un club de privilégiés, soit un « lunapark de *saucissonneurs* » *(Saint-Marc, 71)*. Le *saucissonneur* du troupeau des week-ends n'aime s'ébattre que parmi les boîtes de conserves ou les papiers gras *(Carlier, 72)*. Le nouveau téléphérique ouvre aux « *saucissonneurs* » les glaciers du massif *(M. 5.8.78)*.

SAUPOUDRAGE sm. Fig. ~ 1954. ■ Action de *saupoudrer** ; son résultat.

L'idée d'un Fonds international pour l'alphabétisation a été abandonnée, (On craint) qu'un tel fonds n'aboutisse à un partage entre trop de parties prenantes et à un *saupoudrage* inefficace *(M. 22.9.65)*. Les investissements qui, jadis, étaient décidés par Paris selon deux principes : « *saupoudrage* et débrouillardise », tiennent mieux compte aujourd'hui des besoins réels des régions *(M. 14.10.66)*. L'expansion d'une recherche sérieuse comme l'organisation d'un enseignement supérieur de qualité en Afrique se heurterait à un *« saupoudrage »* d'institutions, chaque pays — et ils sont nombreux — voulant avoir « son » université *(M. 20.5.67)*. Poussés par un sentiment de faux égalitarisme, nous procédons le plus souvent à un véritable *« saupoudrage »* de crédits qui a pour effet d'entreprendre beaucoup mais permet rarement de pousser à fond un programme *(M. 13.11.69)*. La dispersion des constructions entraîne le *saupoudrage* d'équipements insuffisants *(C. 10.10.70)*.
Un enseignement sexuel en classe ne peut, (dans) l'emploi du temps, que se faufiler en intrus. Au mieux, (...) on pourra espérer un *saupoudrage* d'allusions, plutôt que des informations précises *(Drouet, 72)*. Une exposition à caractère international, se serait traduite en plein par un *« saupoudrage »* assez peu représentatif du matériel étranger *(VR 9.7.72)*. Le budget routier du Conseil général est confectionné selon la technique du *« saupoudrage »*. Chaque conseiller général vient voir le chef d'arrondissement lors de la préparation du budget (...) on lui donne son morceau de route. Il faut faire plaisir à tout le monde (...) Incapable de justifier rationnellement ses décisions, Paris agit au coup par coup et répartit les crédits par *saupoudrage (Thoenig, 73)*. Les promoteurs de marinas expliquent : « Le *saupoudrage* de petites maisons, la multiplication de petites opérations, c'est un non-sens » *(Bériot, 73)*. *Saupoudrage* de mesures qui, pour coûter 500 millions de francs, n'en sont pas moins ressenties comme trop catégorielles *(M. 30.11.74)*. Les crédits additionnels votés par le Parlement prennent la forme d'un *saupoudrage* d'aides et de subventions *(E. 21.4.75)*. Selon les principes traditionnels, l'emploi militaire de l'hélicoptère prévoit le *« saupoudrage »* des appareils sur le théâtre des opérations *(M. 30.5.78)*. Les Pouvoirs publics ont pratiqué le *saupoudrage* des grandes écoles en province pour répondre à la demande de certains ministres élus de régions défavorisées, plutôt qu'aux besoins réels des écoles *(E. 19.6.78)*.

SAUPOUDRER v. intr. et tr. Fig. ~ 1960. ■ Répartir, disperser des crédits publics, des équipements, entre de nombreux bénéficiaires, afin de contenter le plus grand nombre possible d'entre eux, plutôt que de concentrer les moyens sur quelques objectifs prioritaires. — Éparpiller les efforts, les actions sans plan d'ensemble, sans vue globale.

Ce n'est pas en *« saupoudrant »* la province de petites entreprises qu'on décongestionnera

SAUPOUDRER 576

Paris *(F. 15.1.60)*. (Le ministre de l'Agriculture) *saupoudre*. Or, saupoudrage égale poudre aux yeux *(PM 2.3.68)*. Le gouvernement *saupoudre* la sollicitude dans le budget *(M. 10.10.69)*.
Saupoudrer les futurs électeurs de menus avantages en sorte que chaque catégorie soit nommée *(M. 9.12.72)*.

SAUVAGE adj. Fig. ~ 1960. ■ Qui naît ou se développe spontanément ou de façon anarchique, en dehors des règles établies, des normes en usage, des consignes données. — Incontrôlé, indiscipliné, etc.

Rem. 1. Le mot « *sauvage* » n'a jamais été autant employé qu'actuellement, à tout propos et hors de propos. Grèves, immigration, université, contraception, théâtre, sont qualifiés de *sauvages (M. 28.8.73)*.
Rem. 2. L'adj. « *sauvage* **», toujours postposé dans cet emploi, détermine le plus souvent un subst. nom de chose abstr., de collectivité ou d'institution. (Cf. aussi Rem. 3).**

O Le déclenchement anarchique de grèves catégorielles peut entraîner des perturbations considérables. Une fraction de la jeunesse peut trouver dans ces formes d'*action « sauvage »* un moyen d'expression de sa protestation contre la société. Pour enrayer le développement de ces types nouveaux de conflits, il faut un syndicalisme fort, responsable et écouté *(M. 11.9.69)*. M. D. expose son point de vue sur le *camping* dit *« sauvage »*, avec le souci de concilier au maximum la liberté individuelle et le respect de l'ordre public *(A. 15.8.68)*. Le *camping sauvage* s'épanouit au hasard des clairières *(M. 15.1.69)*. La législation italienne autorise le *camping sauvage*, en pleine nature *(A.A.T. 5.5.70)*. Le recours à la *déflation sauvage* est interdit aux gouvernements démocratiques, car l'opinion n'admet pas la récession et le chômage *(E. 6.10.69)*. La *dévaluation « sauvage »* reviendrait à déclencher des mouvements aux conséquences imprévisibles. D'où la conclusion : à défaut d'un taux de 15 à 20 %, pas de dévaluation du tout *(O. 2.12.68)*. Les *expériences* pédagogiques *« sauvages »*, autrement dit les initiatives prises par certains maîtres dans leurs classes en dehors de tout contrôle de l'administration *(M. 9.2.71)*. Les événements récents ont braqué ce que l'on nomme les « projecteurs de l'actualité » sur le problème des poids lourds et de la route. C'était une *flambée « sauvage »* (un blocage spontané des routes par certains chauffeurs de camions), pour emprunter un qualificatif à la mode *(VR 24.5.70)*. Une *« grève sauvage »* — sans préavis — des médecins des hôpitaux a éclaté *(M. 10.5.66)*. Le gouvernement se saisit du problème posé par les *« grèves sauvages »*, celles qui sont déclenchées sans l'assentiment des syndicats *(M. 11.9.69)*. Les grévistes refusent d'appliquer les règles et les procédures établies. En France, ils ne tiennent pas compte du préavis légal. En Grande-Bretagne, ils refusent de tenir les engagements pris par les trade-unions envers le gouvernement. En République fédérale, ils ne se plient plus à la discipline traditionnelle des travailleurs allemands à l'égard des syndicats. D'où le terme de *grèves « sauvages »* appliqué à ces mouvements, la sauvagerie ne consistant pas dans la violence matérielle généralement absente — mais dans la rupture avec les principes de la société dite civilisée *(M. 23.9.69)*. Il s'agit de choisir l'origine géographique des travailleurs étrangers : l'*« immigration sauvage »* ne peut pas continuer *(E. 13.4.70)*. L'*implantation « sauvage »* d'hypermarchés, de supermarchés, de grandes surfaces, de grands magasins *(C. 1.10.70)*. La novation pédagogique en France a toujours commencé par être clandestine. La *pédagogie « sauvage »* a été en fait le seul antidote à la rigidité et au conformisme administratifs *(M. 9.2.71)*. L'article de M.R. sur l'entraînement des élèves étrangers à l'expression orale et à l'expression écrite en français est un excellent exemple de cette *recherche* pragmatique — d'aucuns diront *« sauvage »* — qui a toujours sa place dans notre revue *(F. Mon. 3.70)*. On a longtemps en Auvergne pratiqué le *ski sauvage* : à la première chute de neige, on installait sur une pente deux ou trois téléskis pour permettre aux enfants de s'amuser *(A.A.T. 5.70)*. Un *« urbanisme sauvage »*, qui laisse s'édifier en banlieue des grands ensembles immobiliers sans emplois correspondants ou moyens de transport adaptés *(M. 24.1.70)*.

∞ Des *réseaux médicaux sauvages* d'avortement *(Mauduit, 71)*. Au Japon, le désastre écologique commence à freiner *« l'industrialisation sauvage » (Saint-Marc, 71)*. La *concurrence sauvage*, anarchique, illimitée, des flottes aériennes commerciales entre elles *(Saint-Marc, 71)*. Des journaux en marge, des *films « sauvages »*, des émissions pirates *(Amblès, 72)*. À en juger par les slogans qui couvrent les murs, la *crèche sauvage* a d'abord une signification politique avant d'être un service social *(C. 16.4.72)*. Après une période de *« croissance sauvage »*, le secteur des services en informatique marque le pas *(M. 7.6.72)*. La *concurrence sauvage* que les charters, ces francs-tireurs du transport, font aux compagnies aériennes *(E. 28.8.72)*. Des *psychanalyses* dites *sauvages*, faites par des gens incompétents *(N 10.72)*. Ne serait-il pas préférable de multiplier le nombre et la nature des affiches autorisées, plutôt que de favoriser l'*affichage sauvage ? (Bériot, 73)*. Les routes littorales amorcent presque toujours l'*urbanisation sauvage*, puis tolérée, enfin autorisée *(Bériot, 73)*. La France et l'Italie sont aussi les pays du *capitalisme sauvage*. Dans le Midi comme dans le Mezzogiorno, les usines ont surgi dans un monde quasi féodal *(Faire, 73)*. Les actes de *« justice sauvage »* — attentats, enlèvements, tribunaux populaires — font maintenant partie de l'actualité quotidienne *(Lévine, 73)*. L'État a tenté de sauvegarder l'avenir de la région parisienne en évitant un *développement « sauvage »* des constructions *(Martinet, 73)*. La *France sauvage*, celle des lycéens en colère et des O.S. en grève *(O. 2.4.73)*. Il a fallu la grève, les violences, la *production* et la *vente sauvage* des montres Lip pour que les décisions paraissent enfin urgentes *(E. 25.6.73)*. Sans consulter leur syndicat, des dizaines de milliers d'ouvriers de la métallurgie ont arrêté le travail. Comment expliquer ces *mouvements « sauvages » ? (O. 3.9.73)*. Des plots, des bacs à fleurs ou des arbres pour empêcher le *stationnement « sauvage »* des véhicules *(M. 12.9.73)*. Comment supprimer les *dépôts sauvages* d'ordures ? *(M. 22.9.73)*. Dans cette *« maternelle sauvage »*, les jouets et le matériel éducatif ne sont pas fournis par l'éducation nationale. Administrativement, cette classe n'existe pas *(M. 27.10.73)*. Des *écoutes téléphoniques « sauvages »* sont organisées par des organismes parallèles *(M. 10.11.73)*. Toutes ces *affiches « sauvages »* sont illégales *(M. 21.12.73)*. Le *ski sauvage* est menacé par son propre succès : de plus en plus nombreux, les skieurs fuient les pistes trop civilisées *(E. 11.2.74)*. Un *« abattage sauvage »* d'un millier de poulets avait eu lieu dans une grange *(E. 18.2.74)*. Faute de pouvoir compter sur la bibliothèque, les chercheurs emploient leurs crédits de recherches à constituer des *centres sauvages* de documentation *(E. 25.3.74)*. L'*expansion sauvage* actuelle menant tout droit aux pires catastrophes, il faut réorienter tout l'appareil économique *(M. 21.4.74)*. Des savants juifs tentent d'organiser un *« colloque sauvage »* à Moscou *(M. 15.5.74)*. Lors de *« ventes sauvages »*, les ménagères peuvent acheter le bœuf 12 à 15 % moins cher que le prix courant dans leur localité *(M. 13.8.74)*. Certains parents ont pris l'initiative de faire des *« classes sauvages »*, l'enseignement étant assuré par les parents eux-mêmes, en attendant la nomination de véritables instituteurs *(M. 2.10.74)*. On trouve de tout dans les bois de L. : des ordures ménagères, des matelas, des vieilles machines à laver. La *décharge sauvage* est la plaie honteuse de tous les espaces verts de la région *(M. 1.4.75)*. Face à cette Europe bien policée de Bruxelles, voici l'*Europe sauvage* des multinationales *(M. 20.5.75)*. Une cinquantaine d'enseignants et d'étudiants de l'Institut d'urbanisme ont tenu un *« cours sauvage »* dans un café *(M. 8.11.75)*. Onze jeunes gens, ayant été orientés vers deux sections n'existant pas dans l'établissement scolaire de leur ville, ont décidé d'achever sur place leurs études secondaires en organisant une sorte de *« terminale sauvage »* *(C. 15.11.75)*. Accroître la production agricole et industrielle peut retarder le moment des *confrontations sauvages* *(M. 15.1.76)*. Une *entreprise sauvage* s'est installée sans permis de construire, au mépris des normes de sécurité *(C. 7.3.76)*. Le grand patron de la psychiatrie occidentale au Sénégal, envoie certains de ses malades à tel ou tel *« sorcier »*, afin que celui-ci les guérisse à l'aide de la *psychiatrie sauvage (Cesbron, 77a)*. Avec le développement actuel des loisirs naissent de nouvelles formes de *sport « sauvage »*, comme (...) la planche à roulettes *(M. 26.11.77)*. Ces braconniers du transport aérien viennent chasser en territoire occidental. En faisant fi des conventions et en pratiquant des *prix sauvages (E. 15.5.78)*. Économique pour le passager et l'automobiliste, la formule du stop par téléphone avec participation aux frais offre plus de garanties que le *stop « sauvage » (M. 29.6.78)*. L'insuffisance des capacités d'accueil de l'hôtellerie de plein air sur la côte d'Azur a provoqué une recrudescence du *camping* et du *caravaning sauvages (M. 25.7.78)*. Un *circuit* motocycliste *sauvage* existe sur les anciennes pistes de l'aérodrome *(M. 13.12.78)*.

Rem. 3. Dans quelques cas, *« sauvage »* détermine des subst. désignant des personnes qui exercent une activité interdite, clandestine, ou en dehors des normes, des usages reconnus.
Des *cyclistes « sauvages »* dans Paris *(M. 25.4.72)*. Tous les *enseignants* que l'on disait *sauvages*, j'entends ceux qui n'ont cessé d'inventer de nouvelles méthodes pédagogiques *(C. 21.3.73)*. Pour G., être un *psychanalyste sauvage* (...) cela veut dire être un psychanalyste indépendant, rebelle même, et qui suit son propre chemin *(O. 3.12.73)*. Le sans-gêne croissant de *promeneurs « sauvages »* qui laissent derrière eux des monceaux d'ordures *(Ch. Fr. 4.74)*. Des affiches que tentaient de recouvrir, la nuit, des *colleurs sauvages* d'un poste de radio concurrent *(E. 21.10.74)*. Des *campeurs sauvages* venaient avec tentes et voitures profiter de la plage. Ils devront déguerpir *(M. 5.7.78)*.

SAUVETTE (À LA) loc. adv. D'abord, surtout dans les locutions administratives « marchand, vente à la sauvette ». Par extension — répandu au milieu du XXe s. — ■ Hâtivement ; parfois : clandestinement, ou : furtivement.

Dans une lettre publiée par « le Monde » le 19.7.53, A. Camus accusait le Parlement de « liquider *à la sauvette* » des « morts encombrants », en l'espèce sept manifestants tués quelques jours plus tôt à Paris *(Cl. f.3.55)*. Un sujet difficile ouvre la nouvelle session parlementaire : le Marché commun européen. Ni l'aridité du dossier ni ses faibles résonances dans l'opinion publique ne pourraient justifier des prises de position *à la sauvette (M. 11.1.57)*. Les doyens des facultés, profondément émus des conditions dans lesquelles a été prise la circulaire interministérielle (...), s'étonnent que des décisions de cette importance puissent être prises en quelque sorte *« à la sauvette »* *(M. 20.9.59)*. Il n'aurait pas été concevable que le concile vote *à la sauvette* un texte entièrement remanié et qui devrait encore être sensiblement amélioré *(M. 21.11.64)*. L'amant de Madame Bovary devait être bien démuni ou bien pressé, pour en être réduit à faire l'amour *à la sauvette* dans un fiacre *(Charbonneau, 67)*. La mort est une chose trop sérieuse pour l'affronter *à la sauvette (Guimard, 67)*. Les premiers écrits clandestins avaient été des tracts rédigés en hâte, dactylographiés ou ronéotypés *à la sauvette (M. 1.10.67)*. Un problème aussi vaste, aussi grave, aussi complexe que la crise du logement ne se résout pas *à la sauvette (M. 7.1.68)*. Le 23 février 1946 paraissait au « Journal officiel » un décret fixant à Nancy le siège de la VIe région militaire. Peu de jours après, un rectificatif au même journal indiquait que c'était Metz qu'il fallait lire, et non Nancy ! Avec ce transfert *« à la sauvette »* a véritablement commencé la primauté administrative (de Metz) *(M. 1.10.69)*.
À Moscou, la *caravane publicitaire* du F.L.N. ne fut reçue que par M., spécialiste des Affaires africaines. Sans tambour ni trompettes. *À la sauvette (Courrière, 71)*. 700.000 voitures finissent en épaves le plus souvent abandonnées *à la sauvette* par leurs propriétaires *(M. 13.4.72)*. On demandera à cette commission de bien réfléchir, car le sujet est explosif. Rien ne sera fait *à la sauvette (M. 18.1.75)*. Si l'on arrête les terroristes arabes, on les expulse *à la sauvette* ; on les refile en douce à qui en voudra, mais pas de vagues *(P. 27.1.75)*. Tout se passe comme si la France avait réintégré l'OTAN *à la sauvette (M. 15.6.78)*. La transformation n'a pas été faite *« à la sauvette »* : elle avait fait l'objet d'un exposé détaillé à l'assemblée générale *(M. 24.6.78)*.

SAVOIR- (+ inf.) sm. D'après *savoir-faire, savoir-vivre*. ■ Habileté, talent relatifs à ce qu'exprime le second verbe.

Sous cet éclairage, l'érotisme devient l'art suprême de la vie, le *savoir-aimer* dépasse en splendeur et en intensité le *savoir-peindre*, le *savoir-écrire* ou le *savoir-bâtir (PM 10.2.68)*. J'indique le film de Becker comme antidote, contre-poison, cure de rajeunissement, leçon de *savoir-apprendre-à-vivre (C. 23.7.69)*. La pédagogie n'est pas un savoir, mais un *« savoir-faire »* et un *« savoir-être » (C. 3.7.70)*.
« Le Nouveau *Savoir-Bronzer* ». Une nouvelle ligne offre, pour bronzer en toute sécurité, un produit adapté à chaque nature de peau *(Pub. El. 17.8.70)*. Le *« savoir-boire »* moderne du champagne a été défini ces jours derniers dans les caves d'Épernay *(JF 23.2.71)*. Une célèbre école de secrétariat garantit la réussite au moyen d'une potion magique : *savoir-faire + savoir-vivre + savoir-plaire (Exp. 2.71)*. Au niveau du *savoir-être*, la psycho-sociologie des groupes paraît être la méthode la plus apte à développer l'attention aux autres *(Cornaton, 72)*. La première conférence du professeur T. avait pour thème « les maladies

du *savoir-manger* » (...) Le *savoir-manger* et ce qui en découle sur l'équilibre de la vie doit être développé *(M. 19.9.73)*. Les nouvelles casseroles, marmites, poêles T. ont du *savoir-égayer*. Elles ont des couleurs gaies et des motifs amusants, pensés pour la cuisine moderne où l'on ne s'ennuie plus *(Pub. El. 10.12.73)*. Pour un Premier ministre le « *savoir-dire* » importe autant, voire plus, que le *savoir-faire (P. 17.12.73)*. Ne doit-on pas revaloriser un sens ignoré, perdu, dévié ou perverti, et apprendre le « *savoir-écouter* » ? *(M. 22.9.74)*. Le nouveau *savoir-s'asseoir (Pub. pour meubles, M. 19.10.74)*. Beaucoup d'industriels et de commerçants rêvent d'apprendre les lois du *savoir-vendre* scientifique *(R 12.75)*.

SAXOPHONISTE ou SAXO subst. 1953. (PR). ■ Joueur de saxophone.

Un contrebassiste en smoking, un *saxophoniste* en complet bleu de nuit, un drummer en costume de sport *(M. 22.2.66)*. À Cannes étaient rassemblés quelques-uns des grands noms de la musique négro-américaine, les trompettistes, les *saxo-ténor* (...) Le festival consacra la suprématie du *saxo-ténor* John C. sur tout le jazz d'avant-garde *(Dunlop, 66)*. Six jeunes solistes noirs emmenés par l'un des papes du nouveau jazz, le *saxophoniste-ténor* P.S. *(Inf. 15.1.73)*.

SCAMPI [skãpi] sm. plur. Rép. mil. XXe (Mot ital.). ■ Grosses crevettes.

Les délicieux *scampi* sont à l'Italie ce que la gazelle est à l'Afrique du Sud *(FL 12.10.70)*.

SCANNER [skanɛr] sm. (Mot angl., de *to scan*, « examiner minutieusement »). Techn.
1. **1964. Appareil d'imprimerie qui effectue automatiquement la sélection des couleurs dans l'impression en *quadrichromie**.*
2. **Méd. ~1973. Appareil utilisé dans la technique du *scanning*, qui associe l'ordinateur à la radiographie exploratoire classique — ou tomographie —, notamment pour l'exploration du système nerveux central.**

   Le « *scanner* » permet de dresser vite et sans douleur des « cartes du cerveau » (...) L'ordinateur réassemble l'image provenant de ce « scanning » et la projette sur un tube cathodique *(SV 1.74)*. Dans l'exploration cérébrale, l'EMI-*Scanner* — ou système de tomographie axiale sur ordinateur — permet de visualiser, sans aucune injection ni manipulation du malade, les ventricules cérébraux, la matière grise et blanche (...) *(M. 16.10.74)*.

3. **En cartographie. ~1975. Appareil capable d'analyser, par « balayage » automatique, un document graphique et de convertir l'information originale sous une autre forme.**

   On détecte la pollution des eaux des fleuves en relevant les écarts de température en surface (...) Un appareil enregistreur, le « *Scanner* », placé sous un avion, « enregistre » le paysage survolé, à la manière d'une caméra. Chaque point survolé voit donc son émission de rayons infrarouges notée et sa température consignée sur une bande magnétique *(M. 16.7.75)*.

SCÉNARIO [senarjo] sm. Fig. ~1965. Processus dont le déroulement était prévisible, ou qui se déroule conformément à un plan préétabli. — Schéma *prévisionnel** qui envisage les différentes modalités d'exécution d'un plan.

Ce *scénario*, qui paraît fantaisiste, est exactement celui qu'espérait le président des États-Unis il y a encore six mois : pouvoir déclarer que le Sud-Vietnam était désormais « pacifié », et commencer la désescalade *(E. 15.5.67)*. Il a fallu, en dépit de l'aveu de culpabilité de R., réunir les jurés et leur communiquer l'essentiel des charges rassemblées contre lui. Le « *scénario* » ne s'en est pas moins déroulé selon la manière suggérée par l'avocat de l'accusé *(M. 13.3.69)*.
La durée moyenne d'un acte médical de généraliste est estimée à 1/4 d'heure (...) Muré dans ses réflexes professionnels, le médecin suit un *scénario* préétabli : interrogatoire, examen, prescription *(Beunat, 74)*. Ce souci du Président explique le *scénario* de la fausse crise du 27 février : il faut empêcher un démarrage prématuré de la campagne électorale *(E. 4.3.74)*.
Des façades mortes la plupart du temps, avec des volets clos. Mais le temps d'un week-end ou d'une saison, tout ressuscite. Bourdonnements de tondeuses à gazon. Bouchons dans la grand-rue. Le même *scénario* se répète, à intervalles réguliers, dans des milliers de villages français *(O. 26.6.78)*. Trois *scénarios* ont été élaborés. Le premier *scénario* est celui du « laisser-faire ». L'État intervient peu (...) Le deuxième *scénario* est volontariste. L'État oriente, contrôle les activités (...) à court terme ce *scénario* exige plus de sacrifices qu'il n'en rapporte de satisfactions (...) Le dernier *scénario* est celui du déclin *(E. 3.7.78)*. Le dollar trébuche, les valeurs refuges sont prises d'assaut : le mark, le franc suisse et l'or dont les cours s'envolent. Le franc, bien portant jusque-là, glisse. Le *scénario* est devenu banal et, depuis des mois, dégénère en feuilleton répétitif *(C. 24.9.78)*. Il faut chercher à inventer le *scénario* permettant, sans alourdir trop les coûts de production, de donner au maximum de gens un emploi de durée réduite *(M. 23.11.78)*. Les compagnies aériennes ont transporté quelque 750 millions de passagers en 1978, soit une augmentation de 10 % par rapport à 1977. Et ce n'est qu'un début : les *scénarios* du probable portent ce chiffre à 2 milliards en 1990 *(O. 18.12.78)*.

SCHPROUM [ʃprum] sm. (Peut-être de l'alld. *Sprung*, « saut », « élan », selon Esnault, *(Dt. argots, 1965)*.
1. **Pop. Scandale, tapage. Violence.**

   Un kidnapping d'otages par deux malfaisants (= malfaiteurs) avait déclenché un sacré *schproum (Le Breton, 75)*.

2. **Par ext. Fig. Fam. Élan, dynamisme, vitalité.**

   Privés d'un ressort commun qui leur donnerait du *schproum*, les acteurs sont là comme s'ils assistaient à une commémoration *(M. 17.11.73)*.

SCHUSS [ʃus] sm. D'après l'allemand *Schussfahrt* (descente à skis en ligne droite). D'abord (~ 1925) dans le vocabulaire du ski. Fig. Dans quelques locutions qui traduisent les idées de dynamisme, de rapidité dans l'action, la décision, ou de soudaineté.
- Subst. masculin
  Schuss pour Janvier et Mars ! Il y a beaucoup de neige et moins de monde. On skie toujours aussi dur (...) Pas de baisse de tonus de l'ouverture à la fermeture de la saison *(En. 4.11.71)*.
- Fonction d'adjectif.
  On fonce, un point c'est tout. C'est sans doute ce que dans le langage du temps on appelle avoir l'esprit *schuss* *(M. 30.11.67)*.
- Fonction d'adverbe.
  Hausse de 10 % des cigarettes, de 10 % à 25 % pour les impôts sur les revenus élevés, hausse de l'électricité et des transports de voyageurs à la rentrée. L'État ne dérape pas. Il pique *schuss* *(E. 12.8.68)*. Le ski part *schuss* : Bonne année pour les professionnels du ski ; les affaires ont doublé par rapport à l'année dernière au Salon des sports d'hiver *(E. 17.3.69)*.

SCIENCE-FICTION sf. ~ 1950. (D'après l'angl. *science-fiction*, attesté aux États-Unis dès 1929, répandu après 1930 dans ce pays à la place de *scientifiction*). ■ Genre littéraire où l'auteur combine, avec l'imaginaire romanesque, des découvertes scientifiques acquises ou prévisibles.

Rem. 1. Une maison d'édition française vient de lancer le terme « *science fiction* », qui m'a tout l'air d'être un anglicisme de syntaxe *(Le Bidois : Com. 10.9.53)*.
L'expression scientifiction, qui devint rapidement *science-fiction*, fut lancée en 1926 par l'éditeur américain H. G. L'expression *science-fiction* sert aujourd'hui à désigner beaucoup d'ouvrages dont les auteurs utilisent la science pour donner à leurs inventions romanesques la crédibilité chère à Paul Bourget : ils enrobent de sucre scientifique leurs fortes pilules de fiction *(E. 11.9.54)*.

♦ Ces romans de *science-fiction* où des flottilles de vaisseaux spatiaux naviguent de galaxie en galaxie *(E. 19.12.65)*. La trilogie de l'écrivain C. L., véritable chanson de geste de la *science-fiction (E. 26.6.67)*. Alors viendra le temps imaginé, dans « Profil du futur », par le physicien et auteur de *science-fiction* A. C. *(E. 22.1.68)*. Un décor de *science-fiction* de portes blindées et d'ascenseurs profonds comme des tombeaux. C'est la ligne Maginot de l'an 2000 *(PM 15.6.68)*.
Ces vues de *science-fiction* qui eurent tant de succès : en l'an 2100, les hommes seront très largement pourvus de tout sur la terre, ils pourront alors se consacrer à la culture, à la musique (...) *(Sauvy, 70)*. Pour beaucoup, sinon pour tous, Jules Verne est un des pères de la *science-fiction (Téla. 15.12.73)*. Qu'elle était donc jolie la *science-fiction* de papa, quand elle paraissait en feuilleton dans « Sciences et Voyages » ! (...) Ce périodique domina la *science-fiction* populaire en France à son époque *(M. 11.1.74)*. Les écrits de *science-fiction* n'ont pas tous une dimension de prophétie ; là n'est pas non plus leur but *(E. 11.2.74)*. Que l'Inde, dans 20 ans, puisse à coups d'explosions atomiques dévier le cours du Gange, pourquoi pas ? Mais, dans l'immédiat, c'est de la *science-fiction (P. 27.5.74)*. La *science-fiction*, sous la plume d'un écrivain talentueux, peut troquer l'astronautique et la violence contre le raffinement et le lyrisme. Et constituer une des formes les plus passionnantes et les plus accomplies du roman moderne *(E. 16.9.74)*. La plupart des gens sérieux n'aiment pas la *science-fiction*. Ces histoires de fusées, de planètes et de petits hommes verts les ennuient souverainement (...) Ils n'ont peut-être pas tort. La *science-fiction* est un genre mineur ; fasse le ciel qu'elle le reste. Car (...) la *science-fiction* est d'abord un rêve pour adolescents *(P. 10.10.77)*. La *science-fiction* a eu pour vocation de prévoir les changements que le progrès scientifique entraînait dans les mentalités *(M. 21.4.78)*. L'autoroute électronique où les véhicules sont totalement pris en charge par une autorité, l'initiative individuelle devenant inutile : de la *science-fiction* ? Peut-être pas *(M. 31.5.78)*. Un univers de « *science-fiction* » s'instaure au Japon du fait du développement de la technologie *(M. 12.7.78)*.

Rem. 2. Sur le modèle de *science-fiction* ont été créés de nombreux autres subst. comp. en *-fiction*. Cf. aussi *politique-fiction*.
Rem. 3. L'abrév. fam. *SF* ou *S.F.* est traitée plus loin en article séparé, à sa place alphabétique.

SCIENTIFICITÉ sf. ~ 1960. Caractère de ce qui est scientifique.
Au temps de l'existentialisme on invectivait contre le scientisme, aujourd'hui dans la phase structuraliste, la mode est à la *scientificité (R. Aron, R 6.68)*. Ce chapitre étudie la nature et la place des techniques dans le procès de planification monopoliste, débouchant ainsi sur le problème de leur efficacité et de leur *scientificité* relatives *(Herzog, 72)*. Le risque est réel, de prendre pour sociologie ce qui ne serait qu'une série d'options idéologiques. Passer de la *scientificité* indifférente à une sorte de théologie militante n'est pas un progrès *(E. 27.11.72)*.

SCIENTIFICO- Premier élément d'adj. comp. indiquant un rapport quelconque établi entre la science et un autre domaine d'activité évoqué par le second élément.
Un lieu où il existait désormais un terrain d'aviation, où (allait se passer) quelque chose de *scientifico-militaire*, la préparation d'explosions nucléaires *(Ailleret, 68)*. Supérieurement apte à la civilisation *scientifico-commerciale*, la Femme, inventeur du plus vieux métier du monde, vend tout, jusqu'à ce qui était le plus invendable *(Massian, 72)*. Un savoureux mélange d'approches mathématiques sur la nature du langage où la science de Queneau triomphe, d'exercices de style dans la meilleure veine *scientifico-burlesque (E. 5.11.73)*. Le bureaucratisme, les attitudes formalistes et l'absence d'initiative se renforcent dans les organisations scientifiques et *scientifico-techniques (Rousset, 73)*. L'URSS, dit-on, couve

ses surdoués. Elle entend, sans doute, en faire de précieux rouages du complexe *scientifico-militaro-industriel (C. 30.7.78).*

SCLÉROSE sf. Fig. À propos de collectivités ou de choses abstraites : inaptitude à évoluer, à s'adapter.

La S.F.I.O. (parti politique), malgré sa *sclérose*, reste solide *(M. 24.5.66).* Certains (groupes) dénoncent « la *sclérose* du contenu des disciplines littéraires » à (l'Université) *(M. 16.1.68).* Tous les symptômes de *sclérose* et d'affaiblissement qui se manifestent aujourd'hui en Europe occidentale *(M. 12.9.68).*

SCLÉROSÉ, E adj. Fig. ■ Qui n'est plus capable d'évoluer, de s'adapter.

Vous verrez, les autos le feront éclater, votre vieil urbanisme *sclérosé (Bataille, 66).* La vieille Université n'était, en réalité, ni *sclérosée* ni si vermoulue qu'on s'est plu à l'affirmer *(M. 29.11.68).*

SCOLARISABLE adj. ~ 1963. ■ Apte à *être scolarisé**. Auquel convient la *scolarisation**.

À la base de la pyramide scolaire, figure nécessairement la totalité indifférenciée des enfants *scolarisables (Baudelot, 72).* Les deux seuls secteurs où la politique algérienne était dynamique étaient la politique extérieure et la scolarisation : près de 50 % des enfants d'âge *scolarisable* étaient scolarisés *(Minces, 72).*

SCOLARISATION sf. Rép. mil. XXe. ■ Action de *scolariser**. Le fait d'être scolarisé.

La construction des lycées et collèges, le recrutement des maîtres n'ont pas suivi la progression de la demande, l'élévation du « taux de *scolarisation* » *(M. 14.5.55).* Nous devons nous attendre à une explosion scolaire (...) Si nous devons respecter le rythme d'une *scolarisation* raisonnable, il faudra recruter dans le primaire cinq mille maîtres nouveaux par an *(M. 29.9.65).* Priorité à l'industrie, notamment pétrolière, et poursuite de l'effort de *scolarisation*, telles sont les deux principales caractéristiques de la loi de finances de l'Algérie *(M. 6.1.68).*
Les épouses de moins de 35 ans, avec un ou deux enfants à charge, ont accru leur participation à la vie professionnelle, quel que soit l'âge de leurs enfants. Chez ces jeunes femmes, la *scolarisation* prolongée favorise le travail. La *scolarisation* réduit l'activité des jeunes filles, mais après coup accroît celle des jeunes femmes *(Lacombe, 71).* L'apparition sur « la scène scientifique » de la notion de dyslexie est historiquement contemporaine de la généralisation de la *scolarisation*, c'est-à-dire de l'obligation faite aux enfants du prolétariat d'apprendre à lire et à écrire *(Baudelot, 72).*

SCOLARISER v. tr. Rép. mil. XXe. ■ Assurer à des enfants un enseignement scolaire. Pourvoir une région, un pays d'établissements scolaires et de personnel enseignant.

C'est un féodal au sens noble du mot (...) Il paie bien, il nourrit bien. Il loge. Il *scolarise (Courrière, 68).* Le Cheikh qui parlait en arabe employa pour « état d'urgence » un mot dont la traduction littérale était état de peur. « Voilà un des inconvénients de notre carence à *scolariser* en arabe », pensa M. *(Courrière, 69).*

● Part. passé ou adj.

Je voudrais commencer cette étude en m'efforçant de comprendre à quoi pourrait conduire la déscolarisation d'une société *« scolarisée » (Illich, 71).*

SCOOP [skup] sm. Mot anglais. ■ Nouvelle importante ou sensationnelle publiée en primeur par un journal.

En toutes les langues la date des journaux m'annonce la même merveilleuse nouvelle, et j'ai failli en somme manquer le *scoop* de l'année : depuis hier, dans tout l'hémisphère, sous tous les régimes, de part et d'autre de tous les rideaux, le printemps est arrivé *(M. 24.3.66).* Un petit cahier illustré de petites photos, dont tous les titres ont la même taille, dont tous les caractères sont les mêmes, où l'inédit et le *« scoop »* sont camouflés, comme si tout le monde les connaissait déjà *(E. 14.9.70).* « Nous ne posons aucun préalable à la discussion (avec la France), précisa le président du G.P.R.A. (...) » L'information était de taille ! L'ouverture tant attendue était là. (...) Cette nouvelle allait faire le tour du monde. R. (journaliste) réfléchissait à toute vitesse. Il tenait un *scoop* — information exclusive en argot de presse — mondial qu'il fallait développer *(Courrière, 70).* Tu feras un *scoop* dans la presse mondiale. Car là (où tu vas aller), tu seras la seule correspondante (de guerre) *(Friang, 71).*
Cette espèce de folie ardente que connaissent tous les reporters au moment d'obtenir un *« scoop »* (...) Un *scoop* : ça va faire un foin ! *(Chalais, 72).* Je lui offrais, à lui, journaliste, de quoi faire un formidable *« scoop »*, comme on dit dans la Presse *(Aranda, 72).* Cela peut vous donner des tentations de reportage. Peut-être même, la chance aidant, réussirez-vous un de ces *« scoops »* qui intéressent la télévision *(E. 26.11.73).* Nicolas V. adorait se battre pour ce que nous appelons dans notre jargon le *« scoop »*, la primeur de la nouvelle *(M. 26.4.75).*

Rem. **Le sf. *exclusivité* est recommandé officiellement pour traduire cet anglicisme.**

SCOOTER [skutɛr] ou [skutœr] sm. Mot anglais (*scooter*, trottinette ; *motor scooter*, petite motocyclette). ■ Sorte de vélomoteur caréné, à cadre ouvert, à selle basse et large.

On pense jeter bas le monde héréditaire. Par le vent d'une phrase ou celui d'un *scooter (Aragon, 56).* Sur la route vont et viennent sur leurs *scooters* les fils de notables *(Vailland, 57).*

Scooter des neiges. Loc. dont la traduction officiellement recommandée est *moto*-neige*.
> À l'heure où les citadins se battent contre la pollution, la montagne s'efforce de rester pure. Un nouveau danger la menace : le *scooter des neiges (El. 4.1.71)*.

→ DEUX(-)ROUES.

SCOOTERISTE ou SCOOTÉRISTE subst. ~ 1955. ■ Personne qui conduit un *scooter**.
> Un *scooteriste* renversé par une voiture au carrefour de S. *(F. 18.9.64)*.

SCOPITONE [skɔpitɔn] sm. ~ 1960. Nom déposé.
Rem. Scopitone : juke-box comprenant également un écran sur lequel est projeté un petit film illustrant le disque sélectionné (G.L.E. S).
♦ Près de 300 « *scopitones* miniatures » seront distribués selon les besoins des circonscriptions. L'appareil se présente comme un poste de télévision ordinaire dans lequel le candidat (à une élection) avant de prononcer son allocution, glissera une cartouche contenant un film en couleur. Ainsi, avant d'entendre le candidat lui-même, le public de la réunion électorale pourra suivre sur l'écran du *scopitone* un discours du premier ministre : c'est la technique audio-visuelle adaptée à la politique *(Cd. 17.10.66)*. La distribution ou la vente de disques de propagande, de porte-clés, de badges, sont presque entrées dans les mœurs électorales. Le recours au « *scopitone* » est moins courant parce qu'il coûte plus cher *(M. 14.2.67)*. Bientôt, on ne se contentera plus d'écouter son chanteur préféré. On le verra également. Il suffira de brancher sur son téléviseur un petit appareil, le « *scopitone* » *(E. 24.4.67)*.
Le *scopitone*, il a 15 ans... ou un peu moins. Vous savez, le juke-box avec un petit écran au-dessus, dans les cafés. Le juke-box avec film de la chanson en plus *(TR 2.3.74)*. Au *scopitone* on demande surtout d'être plus indifférent qu'une émission de télévision ou qu'un journal. Il n'impose rien, il est là. Si vous n'aimez pas le *Scopitone*, c'est que vous relevez de ce qu'on appelle pompeusement la culture dominante *(C. 14.2.79)*.

SCORE [skɔr] sm. (Mot angl.). Par ext. mil. XXe. (D'après l'emploi dans le vocab. des sports).
1. Psychol. Nombre de points qui exprime le résultat d'un test.
> Les autorités académiques de N. ont décidé de publier les « *scores* » obtenus aux tests de lecture par les élèves de toutes les écoles de la ville *(M. 27.4.73)*.

2. Résultat, généralement chiffré, obtenu dans différents domaines.
● **Résultat d'une élection, d'un vote dans une assemblée.**
> Le *score* réalisé par le nouveau secrétaire général : élu au premier tour par 80 suffrages sur 107 votants *(O. 24.1.68)*. Le député a retrouvé son siège sans difficulté et a même très sensiblement amélioré son « *score* » par rapport aux deux consultations précédentes *(M. 17.12.68)*. Le *score* le plus bas enregistré par le parti depuis les élections de 1932 *(E. 19.5.69)*.
> Il est probable que le « *score* » de ces partis ne sera pas aussi élevé aux prochaines élections qu'en 1968 *(En. 21.5.71)*. Il n'est pas sûr que de Gaulle ait gagné des voix grâce à la télévision, puisque ses *scores* étaient aussi élevés dans les régions moins équipées en antennes *(C. 5.5.72)*. Réélection difficile pour M. C., qui fait son plus mauvais *score* et perd plus de 2000 voix par rapport à 1968 (...) Dans une élection, dit le maire de M., ce qui compte, ce n'est pas seulement le *score* personnel, c'est la situation personnelle *(M. 13.3.73)*. Naguère, la gauche devait se résigner à voir ses *scores* présidentiels traîner loin derrière ses *scores* législatifs : de dix points au moins *(O. 7.5.74)*. C'est par un *score* très inhabituel pour le gouvernement — 19 voix de majorité seulement — que les députés ont approuvé le projet *(M. 19.12.75)*.

● **Résultat de sondages, de tests, sur la popularité d'une personne, d'un parti, d'une institution, d'une collectivité, etc.**
> Enquête sur la compétence des hommes politiques : (...) le ministre de l'Équipement a fait le même *score* que le Premier-ministre – 38 % – *(E. 16.6.69)*. Dans les sondages d'écoute le *score* réalisé par France-Inter dépassait les 30 % *(M. 16.1.71)*. Selon le sondage réalisé les 24 et 25 avril, Mitterand a provoqué une bonne surprise chez 51 % des téléspectateurs (...) Giscard fait un *score* comparable *(P. 7.5.74)*.

● **Résultat atteint, performance réalisée dans les domaines écon., techn., etc.**
> Le nombre des offres d'emploi parues au cours de la semaine s'est élevé à 65 632 contre 46 190 pour la semaine précédente. C'est le record absolu enregistré depuis de nombreux mois, pulvérisant pratiquement tous les « *scores* » déjà établis dans cet indice *(En. 5.4.69)*. 800.000 touristes se détendront, cette année, en Languedoc-Roussillon. C'est un bon *score (E. 29.6.70)*. 554.000 logements ont été mis en chantier en 1972. C'est un beau *score (E. 19.3.73)*. Les industriels font des *scores* médiocres, leur production est de moins en moins compétitive *(E. 18.2.74)*. En un an le pouvoir d'achat de l'ouvrier payé à l'heure a fait un *score* supérieur à la moyenne de ces dernières années : + 5,9 % *(P. 1.4.74)*. Les exportations de la R.F.A. continuent à progresser (...) Toute réévaluation du Mark augmente la valeur des ventes à l'étranger sans en diminuer le volume et accroît donc le *score* final *(M. 10.5.74)*. L'industrie automobile a livré hors des pays de la CEE 1.074.000 véhicules : un magnifique *score (P. 24.2.76)*.

Rem. Sur *score*, cf. aussi P. Gilbert, in *F. Mon.* n° 110, 1.75 et n° 111, 2.75.

1. SCOTCH [skɔtʃ] pl. *scotches* sm. (Mot angl., *scotch whisky*, « whisky écossais »).
> Deux cents lires, c'est le prix d'un demi-verre de *scotch* au bar des Sports, mais personne n'y boit jamais de whisky *(Vailland, 57)*. Décidément, je crève de soif. — Tu auras droit à deux *scotches* quand nous arriverons à E. *(H.-F. Rey, 62)*. Vous préférez du whisky ? — Oui, du *scotch*, s'il vous plaît ! *(Simenon, 64)*. À l'heure où la France est devenue le deuxième marché mondial pour les *scotch-whiskies*, la Grande-Bretagne demeure le premier importateur mondial de cognac *(M. 22.4.66)*.

2. SCOTCH

2. SCOTCH [skɔtʃ] sm. (Nom déposé) ■ Ruban adhésif transparent.
Là où le rouleau ne s'enroule pas, là où la pince frise, le *« scotch »* met en plis. Il devient un accessoire indispensable et bon marché *(E. 18.10.65)*.

SCOTCHER v. tr. ■ Coller avec du ruban adhésif *« scotch* »*.
Mme E. a *scotché* pour les discipliner, pattes, guiches, mèches et nuques courtes *(E. 18.10.65)*. Plus de grattage ni de collage, il suffit de *scotcher* vos films *(A. 5.6.69)*.
Un motocycliste prudent a *scotché* sur son casque une bande : « Ne me le retirez pas si vous n'êtes pas médecin » *(E. 15.1.73)*.

SCRABBLE [skrabəl] ou [skrabl] sm. 1966. (Mot angl.). ■ Jeu de société qui consiste à combiner des lettres tirées au sort et à les placer sur les cases d'une grille préétablie, de manière à former des mots, dont la longueur ne doit pas dépasser sept lettres. Des points, plus ou moins nombreux, sont attribués en fonction des lettres et des cases utilisées.
La partie ci-dessous commence par six *scrabbles* consécutifs. Si vous les trouvez tous les six dans des délais – 3 minutes par coup – (...) reconvertissez-vous au *scrabble*, si ce n'est déjà fait *(M. 10.3.79)*.
Rem. Les dérivés *scrabbler* [skrabl], v. intr. – jouer au *scrabble* –, et *scrabbleur*, sm. – personne qui joue au scrabble –, sont attestés.
Où *scrabbler* à Paris ? *(M. 21.10.78)*.
Les *scrabbleurs* parisiens ont souffert mille morts dans la première partie du tournoi qui s'est déroulé (...) les 16 et 17 septembre *(M. 21.10.78)*.

SCRAPER [skrɛpœr] ou [skrapœr] sm. (Mot angl. *to scrape*, gratter, racler ■ Sorte d'excavateur utilisé pour les travaux de terrassement.
Les *scrapers* auto-chargeurs intéressent lees entreprises (de travaux publics) en raison du volume de déblais à transporter (...) Les *scrapers* automoteurs doivent (...) travailler en équipe avec un ou deux pousseurs auxiliaires *(En. 8.2.69)*.
Rem. Le sf. *décapeuse* est recommandé officiellement pour traduire cet anglicisme.

SCRIPT [skript] sm. (Mot angl., du lat. *scriptum*, « écrit »). Spéc. Mil. XXe. Cin. et télév. ■ Scénario d'un film, d'une émission, comprenant le découpage technique en séquences et accompagné des dialogues.
Le *script* est un scénario traité et prêt à être tourné, c'est-à-dire plus exactement : le découpage technique, plus les dialogues *(Dt. cin.)*.
Le réalisateur donnera le premier tour de manivelle de (...), un *script* auquel travaillent Claude B. et Daniel B. *(F. 11.3.67)*.
Rem. Le subst. masc. *texte* est recommandé officiellement pour traduire cet anglicisme.

SCRIPTE [skript] sf. ~ 1970. Francisation graphique officiellement recommandée de *script(-girl)*. Cin. Télév. ■ Personne chargée de noter les détails artistiques et techniques de la prise de vues, d'assurer, sous la direction du réalisateur et du directeur de production, la continuité du film ou de l'émission.
Les syndicats se sont montrés compréhensifs, estime M. P., du bureau de la C.g.t., car nous avons intérêt à ce que l'entreprise – la Société qui produit les programmes de télévision – marche. Mais comment accepter le licenciement de 27 *scriptes* sur 72 ? *(E. 17.2.79)*.

SEC adv. Emploi adverbial ancien, fréquent au milieu du XXe S., avec de nombreux verbes. ■ Très vite, sans hésitation. Brièvement ; parfois : brutalement.
Je me suis retrouvé en train de me cramponner à la portière d'une main en prenant les virages. Mais je dois dire que je la (une voiture de sport) *conduisais* peut-être un peu trop *sec (Cd. 17.10.66)*. Il y a vingt ans que je conduis, je connais cette route comme ma poche. D'ailleurs, mes amis me le disent souvent : tu *conduis sec*, mais tu conduis bien *(E. 14.10.68)*. Il *freina sec* devant un mulet qui traversait la route *(H.-F. Rey, 62)*. Usant du frein, elle descendit en seconde aux approches d'un groupe de jeunes cyclistes, et elle les *lâcha* tout *sec* tandis qu'ils braillaient confusément en l'honneur de la grosse moto noire *(Mandiargues, 63)*. Les examens d'entrée (à l'école des attachés de presse) se font en partie à coups de questions isolées. *Répondez* bien *sec (O. 13.3.68)*. L'appareil (un avion militaire transportant des parachutistes) semblait tituber, hoqueter. Il *virait* vraiment un peu trop *sec*. Nous nous cramponnions (...) *(Friang, 71)*.

SECAM [sekam] adj. et sm. 1959. (Abrév. de *séquentiel à mémoire*). ■ Procédé de télévision en couleurs adopté par la France et un certain nombre d'autres pays.
En Europe, le bloc SECAM se trouve coupé en deux : la France d'un côté, l'U.R.S.S. de l'autre ont adopté ce système *(M. 24.7.66)*. Les images devront traverser la Manche, pour être transcodées en *Secam* à Paris *(E. 14.7.69)*.
Une commission italienne rend un verdict à la Salomon : *Secam* et Pal se valent techniquement *(E. 28.8.72)*.
→ PAL, TRANSCODAGE.

SÈCHE- Premier élément de substantifs composés, désignant des appareils électriques destinés à sécher (ce que désigne le second élément).

Du casque *sèche-cheveux* à la machine à laver en passant par l'aspirateur et le moulin à café *(Pub. M. 25.3.66)*. Les armoires *sèche linge* sont des cabines monobloc dans lesquelles l'air extérieur pénètre. Réchauffé et pulsé à l'intérieur, il absorbe l'humidité du linge et il est ensuite partiellement évacué par un conduit. Il existe deux catégories de *sèche-linge* électriques (...) *(M. 12.1.67)*. Un *sèche-bas* : ce gros rouleau gainé de tissu éponge suspendu par deux rubans permet de faire sécher rapidement les bas sans risque d'accrocher une maille *(El. 14.9.67)*. L'essuie-tout qui n'abandonne pas avant d'avoir fini son travail. L'absorbe-tout, le *sèche-tout*, le frotte-tout, le nettoie-tout jusqu'au bout *(Pub. El. 12.10.70)*. Le *sèche-chiens* a été créé dans le but de sécher votre chien après une promenade sous la pluie *(PM 4.1.75)*.

SECOND SOUFFLE
→ SOUFFLE (SECOND).

SECRÉTAIRE(-) Premier élément de subst. comp. dont le second élément désigne une autre activité ou fonction exercée par la même personne. (Le trait d'union est parfois omis).

Notre *secrétaire-dactylo* ronéotypait nos tracts *(Jouhaud, 69)*. Je suis entrée comme *secrétaire-vendeuse* chez un libraire qui vendait des livres de luxe *(Roudy, 70)*. Une *secrétaire dactylographe*, citée par la partie civile, fut appelée à son tour (à témoigner) *(Saint Pierre, 72)*. Les *secrétaires-comptables* critiquent l'injustice des primes et des promotions *(M. 1.3.74)*. L'école nationale des secrétariats-greffes assurera la formation professionnelle des greffiers en chef et des *secrétaires-greffiers (M. 16.1.75)*.

SECTORIEL, LE adj. ~ 1963. (D'après l'angl. *sectorial*). Did. Relatif à un ou plusieurs secteurs donnés. — Effectué, organisé, réparti par secteurs.

O Si le protectionnisme — actuellement poussé au maximum dans le cas agricole — devait se réduire progressivement dans l'avenir, il en résulterait assurément des *bouleversements sectoriels* considérables *(M. 15.5.66)*. C'est le propre des sociétés développées que de connaître de telles « sautes » de consommation : le développement régulier n'implique pas l'homogénéité des *croissances sectorielles (M. 21.4.64)*. L'économie est une science nécessaire. Mais elle n'est vraiment prévisionnelle que dans le *domaine sectoriel*, c'est-à-dire par catégories d'activités *(M. 19.6.66)*. Les *fluctuations* conjoncturelles et *sectorielles* de l'industrie *(M. 19.5.70)*. On continue de lutter contre une *inflation*, plus *sectorielle* que globale *(F. 28.9.66)*. L'activité du Département comprend : *monographies sectorielles*, études régionales, études de débouchés, perspectives d'évolution d'un marché *(M. 9.4.66)*. L'absence de tout mécanisme sérieux de planification européenne, qu'il s'agisse de l'*orientation sectorielle* ou géographique des investissements *(O. 14.2.68)*. La tâche centrale du service de planning est la synthèse de toutes les analyses globales et de toutes les *prévisions sectorielles* pour l'ensemble de l'entreprise *(Hetman, 69)*.

∞ Aujourd'hui, l'État est partout dans la société civile, tous les *pouvoirs sectoriels* l'ont comme interlocuteur direct *(Lacombe, 71)*. En ralentissant l'expansion des biens matériels pour accroître celle des biens immatériels, on provoque une profonde *réorganisation sectorielle (Saint-Marc, 71)*. Plus encore qu'une *politique sectorielle*, le plan manifeste l'attention accordée aux problèmes de l'entreprise *(En. 2.4.71)*. Le Marché commun a peut-être eu jusqu'ici insuffisamment conscience des conséquences géographiques des *décisions sectorielles* qu'il a prises *(N 7.71)*. Un délégué syndical entretient ses mandants de leurs *revendications* « *sectorielles* » *(Sauvageot, 72)*. Le prolétariat est moins sensibilisé à la lutte des classes qu'à des *préoccupations sectorielles* ou catégorielles *(Bauchard, 72)*. Quelques *accords sectoriels*, tels la Convention sur la chasse à la baleine, ont été signés, mais la conservation des ressources naturelles a laissé les institutions internationales insouciantes *(Young, 72)*. Les techniques de planification de cette époque consistent en schémas de *programmation sectorielle (Herzog, 72)*. Il faut apporter une impulsion dynamique aux *actions sectorielles* et ponctuelles, une aide aux militants intéressés par ces actions *(M. 16.2.72)*. Ce problème est abordé de *façon trop sectorielle* : on crée ici des foyers pour les personnes âgées, là des résidences pour étudiants et jeunes travailleurs *(M. 26.5.74)*. Des *actions sectorielles* pour faciliter le redéploiement de l'industrie française *(P. 20.1.75)*. Le ministère de l'Agriculture sera plus particulièrement ferme sur les *politiques sectorielles* pour les produits structurellement déficitaires *(C. 26.8.78)*.

→ -EL.

SECTORISATION sf. ■ Division en secteurs, répartition par secteurs (géographiques).

La « *sectorisation* » de la faculté de Médecine de Paris ne suppose pas la *sectorisation* parallèle de l'Assistance publique *(M. 10.8.68)*. Montrouge, en vertu de la « *sectorisation* » des centres d'enseignement médical, se vit affecter des étudiants résidant dans les 8e, 16e et 17e arrondissements de Paris *(M. 16.11.69)*.

● Spéc. ~ 1968. Did. Organisation de l'assistance psychiatrique qui assure dans chaque secteur (quartier, ville, canton) un appareil d'assistance complet dont tous les organes sont animés par une même équipe médicale.

Les unités de soins des maladies mentales doivent être dans les villes, petites et diversifiées : c'est ce qu'on appelle la politique de *sectorisation (M. 9.3.68)*.
Le ministre de la santé vient de donner une impulsion à la *sectorisation* en psychiatrie » : le quadrillage de la France en quelque 700 secteurs de 70.000 âmes chacun. L'idée de secteur est née des progrès de la psychiatrie *(E. 24.4.72)*. Un problème de conversion commence à se poser pour les hôpitaux psychiatriques : la politique de « *sectorisation* » les vide, et leur réutilisation à d'autres fins médicales est à étudier *(M. 29.6.73)*. Les infirmiers débordés affirment ne pouvoir trouver le temps de rendre visite aux malades

sortis de l'hôpital, bien que toute la politique de *sectorisation* préconise de telles actions à domicile *(M. 2.6.78)*.

SÉCURISANT, E adj. Mil. XXe. Psychol. Qui *sécurise**. Par ext. Apaisant, rassurant (souvent par opp. à *traumatisant**).

Rem. *Sécurisant* détermine le plus souvent un subst. nom de chose abstr., parfois un nom de chose concrète, un nom de personne ou de collectivité.

O Hors du *cadre sécurisant* de l'Amirauté (britannique) A. se retrouve tel qu'il est et a toujours été : timide et réservé *(En. 26.4.69)*. Pour les familles, surtout en milieu rural, le notaire est passé conseil : conseil du vendeur, de l'acheteur ou du promoteur (...). « Le notaire a un *effet sécurisant* » *(E. 3.11.69)*. Qu'on me pardonne un jargon devenu courant : je crains que ces *méthodes sécurisantes* ne se révèlent plus défectueuses que la pédagogie dite dramatisante *(M. 4.2.69)*. En regard du structuralisme, l'existentialisme, naguère tant décrié dans les milieux traditionnels, fait presque figure de *philosophie sécurisante (M. 11.12.68)*. Une anxiété particulière à notre époque : la peur de la solitude. Le flirt est une manière d'échapper à cette peur. C'est une *relation « sécurisante »* autant, sinon davantage, qu'une manifestation de la sexualité *(Fa. 8.5.68)*.

∞ Le *statut sécurisant* de la fonction publique *(N 1.70)*. *Sièges-baquets* super confortables et *sécurisants* comme ceux par voitures de course *(PM 3.10.70)*. Il convient de réintroduire l'autorité, non pas une autorité traumatisante, mais une *autorité sécurisante* qui procède du dialogue plutôt que de la décision arbitraire *(Mauduit, 71)*. Ce *livre* doit une grande partie de son succès au fait qu'il est *sécurisant*, puisqu'il ne dérange rien de l'ordre social établi *(E. 29.3.71)*. *Sécurisante* comme la société elle-même, la *famille* a pour dessein essentiel de donner à ses enfants les diplômes qui leur donneront, dans la vie, la meilleure sécurité *(N 7.71)*. Prestige, savoir-faire et modération, ainsi apparaît au pays un *président sécurisant* que l'opinion préfère à celui qui passe de l'incantation à l'intimidation *(M. 23.12.71)*. Un travail de groupe dans une *atmosphère sécurisante*. Cette coopération est encore un stimulant pour l'activité de l'enfant (...) Les enfants ont la possibilité de jouer dans une *maison sécurisante* qui, par son mobilier et ses dimensions, assure une transition de la maison familiale à l'école *(Gabaude, 72)*. Un type de logement plus souple qui se prête mieux à la venue des parents ; l'*environnement* est plus *sécurisant (Calame, 72)*. Une *femme* rassurante, apaisante, *sécurisante* (...) *Sécurisante*, c'est-à-dire qui ne s'ingénie pas à culpabiliser mais, au contraire, s'efforce de donner confiance *(Mélèze, 72)*. Les *dirigeants* sont pour les citoyens, à la fois *sécurisants* et imposants *(E. 24.1.72)*. Cette *prise de position sécurisante*, confirme au groupe qu'en aucun cas l'animateur ne cherchera à entrer en compétition avec lui *(N 2.72)*. La consommation de *médicaments « sécurisants »* et « hypnotiques » ne cesse de croître *(VR 21.5.72)*. La *télévision* est traumatisante. Elle doit devenir *sécurisante (E. 5.6.72)*. Des activités différenciées, mais dans un *cadre* fixe *sécurisant* (à l'école maternelle) *(Schwartz, 73)*. Il faut convaincre par des *arguments* sérieux, mais *sécurisants* la frange qui vote à droite par besoin de tranquillité, par peur du communisme *(E. 12.2.73)*. « *Sécurisantes* », « fiables » comme disent les publicitaires, les *eaux minérales* ont remplacé dans les grandes villes l'eau du robinet *(O. 24.9.73)*. À l'intérieur de cette *architecture sécurisante* de l'hôtel on oublie les fatigues du voyage *(M. 10.11.73)*. Un fond de garde-robe d'une *élégance sécurisante (Pub. E. 18.3.74)*. La tutelle faussement *sécurisante* du système hiérarchique *(O. 22.4.74)*. Le ministre a promis aux immigrés des logements décents et une *police* plus *sécurisante (E. 9.12.74)*. Ce *monde* qu'on lègue aux jeunes est moins *sécurisant* que jamais, avec l'inflation, les névroses et tout *(P. 11.8.75)*. Ce livre de foi refuse les facilités d'un *héritage sécurisant* et cherche sa voie en solitaire *(M. 21.7.78)*.

SÉCURISATION sf. Mil. XXe. ■ Action de *sécuriser**. Fait d'être *sécurisé**.

Le besoin de « *sécurisation* » de moralisme et d'ordre (moral) *(Lefebvre, 68)*.
La *sécurisation*, à ne pas confondre avec la sécurité, est un des soucis capitaux de notre époque *(Massian, 72)*. Aucune *sécurisation* n'a de sens si elle ne nous aide à oser davantage *(Peretti, 72)*. T., professeur de médecine, admet que la diabétologie en milieu hospitalier lui a procuré un sentiment de « *sécurisation* » *(Beunat, 74)*.

SÉCURISER v. tr. et réfl. ~ 1950. Psychol. ■ Donner un sentiment de sécurité ; mettre en confiance. Par ext. Apaiser, rassurer, calmer (par opp. à *traumatiser**1.).

● **Verbe trans.**
L'offre publique de candidature (de M. Pompidou) avait « *sécurisé* » l'opinion publique tourmentée par les incertitudes de l'« après-gaulisme » *(M. 23.3.69)*.
Nous essayons de *sécuriser* et de déculpabiliser *les jeunes (E. 2.6.69)*.
Il faut *sécuriser* les élèves dans l'enseignement des mathématiques *(R. 2.70)*.
Le capitaine (d'une équipe sportive) établit, par son activité, l'« autorité » qui *sécurise* et stabilise l'*équipe (Peretti, 72)*. Des centaines de femmes viennent chercher conseil et aide. L'accueil est direct et compréhensif (...) pour *sécuriser ces femmes* de toutes conditions sociales, certaines au bord de la dépression ou du suicide *(E. 21.5.73)*. Le gouvernement s'est évertué à séduire et à *sécuriser les commerçants (E. 25.11.73)*. Des vacances de printemps fixes et précoces *sécurisent tout le monde* sur le plan de l'enseignement *(P. 29.4.74)*. À défaut de pouvoir répandre les largesses, quel cadeau faire aux *salariés* pour les *sécuriser* un peu ? *(P. 20.1.75)*.

● **Participe passé et adjectif.**
La revendication et l'action, ne se développent pas chez les marginaux et les laissés-pourcompte de l'expansion. Ce sont au contraire les plus nantis, les plus « *sécurisés* » qui contestent le plus *(C. 11.3.69)*.
Une *jeune fille* jusqu'alors valorisée, *sécurisée*, sûre de gravir très vite les échelons hiérarchiques apprend brutalement qu'elle n'est qu'un rouage mineur d'un énorme ensemble *(Roudy, 70)*. *Sécurisé*, le piéton devient flâneur, la rue redevient un lieu d'observation et d'échanges humains *(C. 6.1.73)*. À force de vouloir nous sentir, comme on dit, « *sécurisés* », de réduire les risques, nous perdons les voies du bonheur *(C. 26.5.73)*. Une attitude de supériorité et de protection méprisante du père finit par engluer l'enfant dans un *univers* faussement *sécurisé (P. 1.4.74)*.

● **Verbe réfl.**

Les enseignants ont la nécessité de *se sécuriser* pour entrer dans le mouvement *(Peretti, 72)*. La théorie crée un univers clos et complexe, où les spécialistes *se sécurisent* dans leur éloignement des difficultés concrètes *(Duverger, 73)*.
→ INSÉCURISER.

SÉDENTARISATION sf. ■ Action de *sédentariser** ; son résultat.

Malgré les efforts effectués en faveur d'une *sédentarisation*, l'esprit nomade subsiste *(Gendarme, 59)*. Des nomades dont la *sédentarisation* se révèle extrêmement coûteuse et, en tout cas, de très longue haleine *(M. 24.6.66)*. Favoriser l'évolution des populations d'origine nomade (pour) aboutir à la *sédentarisation* volontaire de la plupart des intéressés *(Errera, 68)*.

SÉDENTARISER v. tr. et réfl. À propos d'une population nomade. ■ Rendre ou devenir sédentaire.

La découverte de nappes d'eau permettra d'étendre les cultures, et de *sédentariser* la population nomade (en Arabie saoudite) *(M. 24.6.66)*.
Cette région (des hautes plaines oranaises) est caractérisée par une population musulmane arabophone qui s'est *sédentarisée (Gendarme, 59)*.

SÉGRÉGATIF, IVE adj. ■ Qui favorise ou entraîne une *ségrégation**, une séparation.

La création de l'E.N.A. a eu pour but et pour effet de rationaliser quelque peu le recrutement des fonctionnaires sans pour autant le désembourgeoiser. Elle a consolidé les *aspects* les plus *ségrégatifs* de l'esprit Sciences Po et de l'esprit Quai d'Orsay *(E. 4.12.67)*. (Le) système scolaire joue le rôle d'un filtre social à très haut *rendement ségrégatif (M. 1.3.69)*. Les *structures* juridiques au bout desquelles naît le juge sont éminemment *ségrétatives (E. 8.9.69)*.
Aux yeux des antipsychiatres, la clinique reste surtout l'instrument d'un *mouvement ségrétatif* qui fonde la barrière entre normal et pathologique *(N 1.71)*. À onze ans, on est soumis à la loi d'airain de la sélection ! Qu'on appelle ce jury « commission d'orientation » ne peut masquer le caractère de cette *procédure ségrétative (Drouet, 72)*. On procède d'une *manière ségrétative* dans l'aménagement des stations touristiques nouvelles : quartiers anglais, allemands, français, séparés les uns des autres *(M. 8.4.72)*. Il convient de rechercher ce que sont ces *structures* politiques, économiques et sociales, et de mettre en évidence en quoi elles sont *ségrétatives (Belloin, 73)*. La lutte contre l'*habitat ségrétatif* devient à la mode *(M. 3.9.75)*. Une *politique ségrétative* tend de plus en plus à éliminer de la Côte d'Azur le camping et le caravaning, ces formes populaires d'hébergement *(M. 25.7.78)*.

SÉGRÉGATION sf. Rép. mil. XXᵉ, sous l'influence de la locution *ségrégation raciale*. ■ Séparation plus ou moins radicale entre des personnes ou des choses.

1. A propos de personnes ou de collectivités.

● — La *ségrégation* se fonde sur des différences d'ordre culturel, social, financier, etc.

Rem. La *ségrégation* sociale consiste à mettre à part, à séparer, à isoler de l'ensemble de la société des individus ou des catégories de population. Elle peut être réalisée consciemment ou bien se produire inconsciemment par le simple jeu d'une action sélective due à des facteurs d'opinion, à des différences de culture, de comportements collectifs, de mœurs, etc. *(Birou, 66)*.

♦ Le système inventé pour justifier l'orthographe traditionnelle ne prétend pas énoncer des vérités, mais introduire un dispositif qui s'est révélé efficace, de *ségrégation* : il s'agit d'imposer un critère, en l'occurence le critère orthographique, qui permette de distinguer les personnes cultivées des gens peu instruits *(Matoré, 68)*. Pour éviter la *ségrégation* sociale par l'habitat et l'éloignement en banlieue de la population active, « il faut bien considérer que la rénovation urbaine est un service public » *(M. 21.11.68)*. Le but de cette révolution tient dans une belle image : il s'agit que « la *ségrégation* sociale cesse de faire de l'Université une image renversée de la nation » *(M. 2.1.69)*. Un fils d'ouvrier, au même âge, n'a pas le droit de faire les mêmes lectures (qu'un fils de bourgeois). Ne respire-t-on pas (là) un léger parfum de *ségrégation*? *(J.-P. Sartre : M. 18.1.69)*. La *ségrégation* par couches sociales, le déphasage culturel par rapport à Paris furent de tout temps les deux maladies provinciales chroniques *(E. 7.4.69)*.
En choisissant la vente plutôt que la location, les promoteurs ont pris une option qui accentuera la *ségrégation* sociale des stations de skis *(Ragon, 71)*. La résidence secondaire constitue un facteur supplémentaire de *ségrégation* sociale *(M. 22.10.71)*. Comme le souligne G. l'enseignement technique a conservé sa fonction de *ségrégation* sociale *(Garaudy, 72)*. Il est impossible de prolonger la *ségrégation* entre « scientifiques » et « littéraires » ; aujourd'hui certaines études littéraires font appel aux calculatrices *(Young, 72)*. Il faudrait que les « clercs », notamment de l'enseignement supérieur, renoncent à des *ségrégations* entre eux et à de vains isolements *(Peretti, 72)*. Cette culture, sous prétexte de sélectionner une élite, tend à renforcer la *ségrégation* entre les nantis et les pauvres *(M. 12.5.72)*. Certains voient dans le stationnement payant une « mesure de *ségrégation* par l'argent » *(M. 5.4.72)*. Exclure un citoyen des approches de la beauté, c'est se rendre objectivement coupable de *ségrégation* culturelle *(M. 10.9.72)*. La *ségrégation* par le logement complète et renforce celle qui s'effectue par l'argent, alors qu'ailleurs différentes catégories sociales cohabitent dans les mêmes immeubles *(M. 18.1.73)*. Briser la *ségrégation* entre les jeunes, arbitrairement classés entre « ceux qui font du sport » et « ceux qui vont au bal », les « bons » et les « mauvais » *(E. 10.12.73)*. Densifier dans les centres urbains, où le terrain est cher, cela signifie souvent expulser les occupants modestes vers la périphérie des villes, donc accentuer la *ségrégation* sociale *(E. 25.2.74)*. La *ségrégation*? s'étonne M. B., il n'y en a pas : l'agent de maîtrise vit avec les ouvriers, il est invité chez eux, il va au bistrot avec eux *(M. 22.10.74)*. Cette *ségrégation* par l'argent provoque un sentiment d'injustice dans le métro parisien, le seul qui ait 2 classes *(P.*

27.1.75). Une *ségrégation* s'est faite selon la catégorie d'HLM à laquelle le quotient familial donnait droit *(C. 17.1.76).* Trois grands maux dont souffrent les habitants d'H.L.M. : la *ségrégation,* la marginalisation, l'anonymat *(M. 20.6.78).*

● — La *ségrégation* se fonde sur des différences entre les générations.

L'État ne peut à lui seul remédier à l'isolement des vieillards, ou à la *ségrégation* trop souvent pratiquée à leur égard ; leur intégration dans la société exige le développement d'un certain sens communautaire *(M. 1.10.67).* L'hospice et les maisons de retraite impliquent une *ségrégation* et un abandon thérapeutique ou psychologique qu'aucune considération ne saurait justifier *(M. 6.10.67).* Le film aborde un certain nombre de problèmes à l'ordre du jour : prise de conscience par la jeunesse de la force économique et politique qu'elle représente ; tendance à une *ségrégation* dramatique des générations *(M. 31.10.68).* On se partage les menus travaux. Pas de hiérarchie, pas de cloison, pas de *ségrégation* entre les adultes et ces petits et ces grands qui ont de cinq à douze ans *(M. 29.1.69).* L'hôpital rural devient un lieu de *ségrégation* par la pyramide des âges *(O.R.T.F. 9.5.70).*
La Ve République, comme tous les régimes conservateurs, craint la jeunesse qui incline aux idées neuves. Alors elle se prémunit, en l'expatriant de la vie publique. Cette *ségrégation* n'est pas admissible *(E. 19.2.73).* Le programme de maintien à domicile des personnes âgées représente un virage à 180° par rapport à la politique de *ségrégation* en hospices et maisons de retraite suivie jusqu'ici *(E. 27.5.74).*

● — La *ségrégation* se fonde sur la différence entre les deux sexes.

La *ségrégation* sexuelle est établie dès la première année de l'école primaire ; l'école des filles, l'école des garçons, et se retrouve à l'École normale, les jeunes gens sont rue d'Ulm, les jeunes filles à Sèvres *(GL 27.8.66).* Il y avait une agrégation masculine et une agrégation féminine ; on a supprimé cette *ségrégation (O.R.T.F. 1.05.69).*
On ne différencie ni les jeux, ni les lectures, ni les films, aussi bien pour le garçon que pour la fille. En effet le garçon, devenu père à son tour, contribuera à élever une autre génération de filles. Il ne faudra donc pas qu'il réintroduise de *ségrégation (Roudy, 70).*
Beaucoup de femmes diront qu'il n'y a pas de problèmes spécifiquement féminins et que créer un Secrétariat pour les femmes, c'est établir une nouvelle *ségrégation (E. 21.5.73).* La meilleure façon de prouver que la promotion féminine est admise consisterait à dissoudre les organisations de femmes médecins. À quoi bon la *ségrégation* si elles ont obtenu l'égalité des droits ? *(Beunat, 74).* Toute différence de statut étant génératrice de *ségrégation,* le premier volet d'une véritable politique de la femme doit être la lutte contre toutes les discriminations *(M. 2.10.74).*

2. À propos de choses abstraites ou concrètes. ■ Distinction, différenciation.

Le tracé d'une autoroute représente une bande de terrain de 100 mètres de large, c'est-à-dire la dimension d'un fleuve. Cela peut être une barrière risquant d'entraîner la *ségrégation* des deux parties du territoire que celle-ci peut isoler par son implantation *(C. 19.6.65).* Une *ségrégation* totale entre le trafic routier et la circulation pédestre est établie (dans une ville nouvelle en Suède) *(M. 21.10.66).* L'enseignement des langues « régionales » n'était donné qu'à des élèves volontaires, en dehors des heures normales de cours. Rapidement cette situation de *ségrégation* devait apparaître intolérable *(M. 15.1.69).* Cette différence de tarifs est un fait significatif de la *ségrégation* entre petite et grande banlieue *(M. 13.1.71).*
Les capacités proprement perceptives impliquent une organisation riche et détaillée, par laquelle la *ségrégation* des objets, l'échelonnement des distances, etc. sont réalisés d'une manière automatique *(Oléron, 72).* Sur le plan strictement scolaire, la division et *ségrégation* des matériaux idéologiques assure deux effets principaux (...) *(Baudelot, 72).* Dans la vieille ville, la *ségrégation* ne pouvait être qu'horizontale : les voies les plus larges pour la circulation motorisée, les ruelles pittoresques pour la circulation pédestre *(M. 8.9.73).* Ce système de sélection introduira une *ségrégation* discutable : pourquoi pénaliser le film érotique, mais non le navet comique ou policier, le film de provocation à la violence ? *(P. 30.9.74).* Les Italiens pratiquent une *ségrégation* interne ; depuis 2 siècles et demi, ils considèrent le Sud comme une région archaïque *(E. 14.10.78).*

SÉGRÉGATIONNISTE adj. et subst. Rép. mil. XXe.

1. Partisan de la *ségrégation raciale* ; qui tend à la *ségrégation raciale.*

Se convertir au catholicisme est parfois regardé par les Noirs comme une promotion sociale, une rupture avec la morale puritaine et *ségrégationniste* des Anglo-Saxons blancs et protestants *(N 10.70).*

2. Par ext. Qui a le caractère de, ou qui tend à une *ségrégation** quelconque.

L'univers « concentrationnaire et *ségrégationniste* » dont sont encore victimes les malades mentaux *(M. 17.3.68).*
Les hôpitaux psychiatriques ont été et, dans une certaine mesure, sont encore de désolantes machines *ségrégationnistes (N 1.71).* Nous tenions à éviter tout caractère *ségrégationniste* à notre station, car les lieux du sport et ceux des vacances sont les seuls où peuvent se mêler tous les milieux, toutes les classes *(M. 15.1.72).* Les travailleurs frontaliers n'ont pas à craindre des licenciements *ségrégationnistes,* mais tout dépend de l'évolution économique *(C. 7.9.75).*

SÉGRÉGÉ, E ou SÉGRÉGUÉ, E Part. passé ou adj. ~ 1965 (De *ségrégation**, d'après l'angl. *segregated).* ■ Qui est l'objet d'une *ségrégation* raciale ou autre.

Même l'espérance de vie (aux États-Unis) est *ségrégée,* avec 63,5 ans pour un Noir, 70,5 ans pour un Blanc *(GL 27.8.66).* Un espace *ségrégé* pour des populations *ségrégées (O.R.T.F. 9.5.70).*

Les femmes noires se posent d'amères et difficiles questions : vont-elles gagner ou perdre du terrain en passant d'une société « *ségréguée* » à une société intégrée ? *(M. 17.11.66).* Des hommes et des femmes qui en raison d'une infirmité physique ou mentale sont incapables de suffire à leurs besoins, représentent un danger pour les autres ou sont *ségrégués (O. 18.2.74).*

SEMI-

SÉJOURNANT, E subst. ~ 1970. (De *séjourner*, peut-être d'après *estivant, hivernant*, etc.). ■ Personne qui fait un séjour dans une station de cure, de tourisme, etc.

> Assurer dans une station de sports d'hiver une véritable animation, rapprocher les *séjournants* de la population locale, faciliter le séjour des familles *(VR 30.11.75)*.

SÉLÉNITE adj. Du gr. *selênê*, lune. ■ Relatif à la lune.

> Les cosmonautes ont planté le drapeau américain sur le sol *sélénite (M. 22.7.69)*.

SÉLÉNOLOGUE sm. ■ Chercheur spécialisé dans l'étude de la lune.

> Les *sélénologues* américains espèrent tirer beaucoup de renseignements de ces images en couleur, et aussi des vues très rapprochées de certains détails de la surface lunaire *(M. 16.6.66)*. Ce qui surprit les astronautes, autant que les *sélénologues*, ce fut la dureté du sol lunaire *(M. 22.7.69)*.

SELF sm. Abrév. fam. de *self*-service* (surtout au sens de restaurant à *libre*-service*).

> Au « grill-express » chacun compose son plateau comme au *self (M. 21.7.72)*. On se sert soi-même au comptoir mais, importante innovation par rapport au *self* ordinaire, on débarrasse son plateau pour aller le vider dans d'énormes poubelles *(O. 23.12.72)*.
> La pause casse-croûte a été ramenée de 45 à 30 minutes : je ne vais pas au *self* car je n'ai pas assez de temps, raconte un ouvrier *(C. 6.10.78)*.

SELF-DÉFENSE sf. ■ Défense individuelle contre un agresseur, et ensemble des méthodes ou techniques qui permettent de l'assurer.

> Le judo et les autres exercices de *self-défense* satisfaisaient son culte de la virilité *(E. 19.12.66)*. Alain F., 5e dan aïki-do, instructeur de *self-défense* à la préfecture de police, enseigne à une vingtaine d'élèves *(E. 29.3.71)*. Elle connaît les principes de *self-défense*, mais n'a jamais eu encore l'occasion de s'en servir *(PM 29.9.73)*.

● En apposition.

> Le parapluie *self-défense* : dans son manche est glissée une petite bombe lacrymogène *(P. 9.10.72)*.

Rem. Le sf. composé *auto-défense* est également attesté dans ce sens.

> Vous pouvez neutraliser 6 personnes d'un seul geste avec S.O.S., arme d'*autodéfense* légère, silencieuse, efficace *(Pub. Fa. 20.12.67)*.

SELF-SERVICE sm. ~ 1950. (Mot angl.). ■ Magasin, restaurant, etc., où l'on pratique la vente en *libre*-service*.

> Il existera un « *self-service* » de taxis : chacun prendra sa voiture à la sortie d'un « parking linéaire », les taxis étant magnétiquement accrochés, les uns derrière les autres, sur une chaîne convoyeuse avançant automatiquement *(O. 3.1.68)*.
> Une vendeuse, depuis 15 ans dans la même maison, pense que les *self-services* lui ont abîmé ses clientes : elles veulent se servir seules *(El. 12.10.70)*. Une foule bien mise qui va dans les *self-services*, des magasins chromés et néons *(Bodard, 71)*. 1.500 stations-services sur les 7.000 appartenant aux compagnies pétrolières fonctionnent en *self-service*. L'économie de main d'œuvre due à la mise en *self-service* permet de rentabiliser les investissements *(E. 7.8.78)*.

● En apposition.

> Les rosiers s'offrent désormais empaquetés sous polyéthylène chez les spécialistes qui les expédient à domicile, et jusque dans les *magasins « self service » (F. 13.12.66)*.

SEMI- Élément préfixal (Du lat. *semi*, « à demi, à moitié ») qui sert à former des composés, dont la « base » (2e élément) est soit un adj. — cas le plus fréquent —, soit un subst. nom de chose ou nom de personne.

Rem. Semi- est en concurrence avec *demi*- — qui signifie plus précisément « la moitié » —, et *hémi*- qui forme des composés avec des « bases » savantes comme lui. Des trois préfixes, *semi*- est celui qui, depuis le milieu du XXe s., a la productivité la plus forte. Il n'est possible d'en rendre compte ici que sous forme d'un échantillonnage limité. Quelques composés sont traités plus loin en articles séparés à leur place alphab. D'autres sont répartis entre les quatre rubriques ci-après.

Semi + adjectif ou part. passé. Devant un adj., *semi*- a le plus souvent le sens de *à demi, à moitié*, ou *partiellement, presque*.

O Des petites sociétés *semi-agraires (M. 11.9.69)*. Dans la période entre novembre 1939 et mai 1940 circulait l'expression *semi-argotique* « se faire anschlusser » *(VL 1.70)*. La majorité des constructeurs n'ont pas dépassé le stade *semi-artisanal (A.A.T. 10.69)*. Les prix des communications téléphoniques interurbaines automatiques et *semi-automatiques (M. 27.7.66)*. En Afrique orientale, (on) passe vite des steppes quasi-désertiques aux cultures marginales des zones *semi-arides*. (...) Plantations, reboisement, lutte anti-érosive et surtout aménagements hydrauliques ne devraient plus se concevoir sans un minimum de participation *semi-bénévole* des intéressés (...) Au lieu de trop « blanchir » le riz, il faut lancer le snobisme du riz *« semi-blanchi » (Dumont, 62)*. À côté des groupuscules clandestins ou *semi-clandestins* prospère un mouvement de masse politique *(M. 12.9.68)*. Ce « mercantilisme industrialiste », expression comtemporaine de ce qui fut naguère l'exploitation *semi-coloniale (M. 14.1.67)*. Il s'agit d'une solution... *semi-définitive (M. 5.1.65)*. De ces routes à la circulation rare sont longées par des milliers de petits piétons. « Où peuvent-ils bien aller ? », se demande-t-on parfois, dans une vaste étendue *semi-désertique (M. 31.5.66)*. La France est aujourd'hui un pays industriel *semi-développé (E. 1.11.65)*. Il existe actuellement près de cinq cent mille débiles mentaux, dont plus de la moitié sont éducables ou *semi-éducables*, c'est-à-dire capables d'apprendre un métier et de mener une vie professionnelle sans surveillance *(M. 23.9.65)*. Quelques kilomètres de voie (de métro) aérienne ou *semi-enterrée (VR 4.5.69)*. Les trois secteurs — privé, étatique et *semi-étatique*, coopératif — peuvent coexister en régime socialiste *(M. 31.5.66)*. Deux millions d'Indiens... soumis au régime *semi-féodal* des grandes plantations *(M. 9.4.66)*. Les Américains sont bienvenus pour de pareils entretiens dans les ambassades de Chine, pourvu qu'ils ne soient pas des personnages gouvernementaux ou *semi-gouvernementaux (M. 27.2.69)*. Prendre un style *semi-hermétique* pour donner une impression de profondeur *(M. 26.7.65)*. Tout se passe comme si Renoir avait consacré le plus clair de son temps à fuir le chef-d'œuvre au profit d'un travail *semi-improvisé*, volontairement inachevé *(M. 18.1.68)*. Les sièges *semi-inclinés* (d'une voiture) *(F. 21.12.66)*.

Il n'y a pas de pays, y compris les petites principautés *semi-indépendantes*, qui acceptent sans rechigner les volontés du protecteur ou du voisin *(Freund, 65)*. Des lampes donnant une lumière *semi-indirecte (VR 12.7.70)*. L'utilisation de procédés *semi-industrialisés (M. 14.12.66)*. Nous sommes un pays *semi-industrialisé* : nous n'avons pas de politique industrielle suffisamment active *(M. 25.5.69)*. Un artisanat *semi-industriel* est né récemment et s'intéresse à la ferronnerie, au mobilier de jardin *(Dunlop, 66)*. Un logement *semi-insablure (Ragon, 66)*. Les œillets sont des herbes *semi-ligneuses (VR 3.8.69)*. Les Brésiliens s'accommodent difficilement des limitations d'un régime *semi-militariste (M. 12.9.68)*. En mission *« semi-officielle »* dans la ville éternelle, M.P. est porteur de messages pour le Quirinal et pour le Vatican *(F. 17.1.69)*. Candidat *« semi-parachuté »* puisqu'il est avocat à Paris, M. R. s'est installé dans le département depuis trois ans *(M. 22.11.58)*. Le chalut (filet de pêche), *semi-pélagique*, c'est-à-dire capable de s'en prendre aux bancs (de poissons) écartés du fond *(M. 29.12.65)*. La constitution d'une station *semi-permanente* sur orbite *(M. 15.1.69)*. L'alliance des pierres précieuses et *semi-précieuses* offre d'innombrables variations de nuances parfois insolites *(M. 25.5.69)*. Les animateurs dans les organismes sociaux ou établissements publics ou *semi-privés (F. 29.11.66)*. Le socialisme occidental régresse : car il s'est replié dans le cadre des nations *semi-privilégiées (Dumont, 62)*. Développement (...) des grands *établissements* de crédit publics ou *semi-publics* (2M. 3.12.64). Le *secteur semi-public*, où l'on trouve des organismes nationalisés ou considérés comme tels *(F. 11.1.67)*. La révolution se présente comme la libération de l'homme et la liberté de l'esprit ; pourtant, très rapidement, elle se donne un style *semi-réactionnaire* et dogmatique par la méfiance qu'elle manifeste à l'égard de la critique et de l'opinion adverse *(Freund, 65)*. La survie des salles de cinéma rurales ou *semi-rurales (M. 17.11.66)*. Les grèves *semi-sauvages* pourraient développer une nouvelle stratégie de la contestation *(M. 23.9.69)*. Cette drogue *semi-synthétique* qu'on nomme L.S.D. 25 *(M. 22.4.66)*.

∞ Dès l'âge de 15 ans, les jeunes doivent être mis dans une vie *semi-professionnelle, semi-scolaire (Sauvy, 70)*. Une administration *semi-autonome (PM 4.4.70)*. La clicherie transforme les pages plates en clichés *semi-cylindriques* afin de pouvoir imprimer *(M. 23.9.70)*. De la mousse de polyuréthane, souple et *semi-rigide (E. 2.11.70)*. Plantation d'arbres adultes ou *semi-adultes* (...) Aménagement des terrains boisés *semi-naturels (Saint-Marc, 71)*. Des ensembles d'habitation *semi-luxueux (Ragon, 71)*. Des moteurs diesel *semi-rapides (Cazaux, 71)*. Un journal *semi-confidentiel (Courrière, 71)*. L'ouvrier *semi-spécialisé* ne cesse de voir sa situation se déprécier *(Birnbaum, 72)*. Des énergies militantes encore latentes ou *semi-paralysées (Guichard, 72)*. Le régime des changes *semi-flottants* des monnaies *(Simonnot, 72)*. Un état *semi-hypnotique* (...) Une éducation *semi-collective* en Kibboutz *(N 2.72)*. L'entretien individuel, *semi-directif* et focalisé sur les motivations (...) Le caractère socialisé ou *semi-libéral* de la médecine *(N 10.72)*. La croyance que des pays occidentaux pourraient basculer de façon *semi-pacifique* dans le socialisme *(Bosquet, 73)*. Les idéologies constituent essentiellement ces moyens de persuader à caractère *semi-mythologique, semi-réaliste (Duverger, 73)*. Implantation provisoire ou *semi-fixe* de bureaux (...) *(Pub. Exp. 2.73)*. Les activités *semi-hospitalières* d'une maison de religieuses *(M. 13.8.73)*. Les brûleurs de cuisinières sont répartis en *semi-rapides*, rapides, ultra-rapides *(Pub. MC 5.74)*. L'épargne des livrets de caisse d'épargne est *semi-liquide* puisqu'on peut la retirer à tout moment *(E. 7.10.74)*. La mise en place, dans les ateliers, d'équipes *semi-autonomes (M. 14.1.75)*. Des quais *semi-hauts* sont construits dans ces gares *(VR 16.3.75)*. Peugeot vendra là une société sud-coréenne des voitures *semi-montées* qui seront assemblées sur place *(M. 25.5.78)*.

Semi + substantif. Devant un subst. *semi-* a le sens de *demi-* antéposé ou de l'adjectif *partiel,le* postposé ; il peut aussi définir ce qui, appartenant à la même espèce que la « base », en diffère sur tel ou tel point.

● — La « base » est un nom de chose abstraite.

○ La paresse, l'inactivité ou la *semi-activité* de la retraite conduisent tout droit au déclin *(M. 6.10.67)*. Un emploi raffiné de l'électronique permet d'aboutir à une *semi-automatisation* du développement et du tirage (en photographie) *(M. 12.10.66)*. Un état de *semi-autonomie (E. 28.10.68)*. Ces organisations travaillent dans l'ombre des partis et se complaisent dans une *semi-clandestinité (M. 2.4.66)*. Une *semi-confidence (M. 8.5.66)*. Les militants et les notables modérés ou conservateurs, qui s'étaient effacés pendant quelques années, sortent aujourd'hui de leur *semi-hibernation (E. 29.5.67)*. San Francisco n'a qu'une faiblesse : être presque une île. Pour mettre fin à cette *semi-insularité*, elle a fait deux ponts *(M. 28.9.68)*. Dans le campus, étudiants et étudiantes vivent dans un régime de *semi-internat (M. 14.12.66)*. La création de foyers d'accueil, dits de *semi-liberté*, pour aider les adolescents caractériels à se réinsérer dans le monde du travail au sortir de leurs années d'apprentissage dans les centres de rééducation *(M. 29.11.68)*. Des produits de *semi-luxe*, des rasoirs électriques, par exemple *(E. 28.5.67)*. Tirer d'un *semi-oubli* un nom jadis illustre ? *(M. 26.4.69)*. Pour ce qui concerne la France, rappelons le rôle essentiel de la *semi-planification (Lefebvre, 68)*. *Semi-retraite* pour H.S., qui vient de voir supprimer son émission de télévision *(E. 13.4.70)*. *Semi-solitude* d'une randonnée par petits groupes *(M. 12.1.69)*. Le marché qui, ces dernières années, était en rapide expansion est aujourd'hui dans une *semi-stagnation (O. 24.1.68)*. La *semi-trêve* au (Viet-nam) est aujourd'hui au centre du problème *(E. 12.8.68)*.

∞ Dans le travail en 3 équipes, les horaires varient selon que l'on travaille en équipes fixes, en *semi-continu* ou en continu *(Sartin, 70)*. 25 ans de *semi-bureaucratie (E. 2.11.70)*. La *semi-grève* des électriciens avait plongé le pays dans la nuit *(E. 21.12.70)*. Dans une *semi-légalité* se forment des courants de pensée que le pouvoir n'ose plus punir *(E. 29.3.71)*. Le *semi-analphabétisme* socio-politique de larges couches de la population *(Birnbaum, 72)*. La *semi-clandestinité* qui entoure la pratique contraceptive *(Choisir, 73)*. Bandes d'adolescents vivant de *semi-mendicité*, de musique, d'artisanat *(Bosquet, 73)*. Une nouvelle couche de femmes gagne des postes de *semi-confiance* et de *semi-responsabilité (Morin, 73)*. Un échec ou un *semi-échec* de la gauche freinerait l'élan du parti socialiste *(M. 27.1.73)*. Les militaires, les professeurs, les petits fonctionnaires, vivent dans la frustration, dans la *semi-révolte (O. 24.9.73)*. Une chaudière à *semi-accumulation (M. 6.6.74)*. 250 détenus bénéficient du régime de *semi-liberté* : travaillant en ville, ils regagnent leur cellule le soir *(E. 16.9.74)*. Est-ce par l'intermédiaire d'une *semi-stabilité* des taux de change que l'on créera une zone indépendante du dollar *(E. 3.7.78)*.

● — La « base » est un nom de chose concrète.

La *semi-autoroute* qui améliore les relations entre Zurich et Coire *(TG 27.8.66)*. Treize années de scolarité obligatoire dans des internats ou *semi-internats (O. 28.2.68)*. Du *semi-métro* au métro à part entière : on décida d'enterrer progressivement le réseau actuel des tramways (en attendant) l'installation d'un véritable chemin de fer métropolitain *(VR 31.3.68)*.
Un des *semi-grands ensembles* de la banlieue *(Roudy, 70)*. Les artistes aiment souper dans cette *semi-cave (PM 21.3.70)*. Le pipe-line Iran-Turquie franchirait 1.900 km de rocailles et de *semi-déserts (E. 29.3.71)*. La campagne ou la *semi-campagne* attire cette catégorie de population *(En. 7.12.72)*.

● — La « base » est un nom de personne ou de collectivité.

O Seule l'augmentation des salaires des cadres et *semi-cadres* suit la croissance économique *(Revel, 65)*. Les enquêteurs considèrent l'assassin comme un *semi-déséquilibré* qui, particulièrement influençable, n'était qu'un instrument plus ou moins inconscient entre les mains de comploteurs habiles *(F. 12.12.66)*. Ce boiteux, ce *semi-infirme (Hailey, 69)*. Les services médico-sociaux indispensables, les lieux de réunion, des logements individuels et d'autres, collectifs, pour les *semi-invalides (M. 6.10.67)*. La politique n'est pas le fait de professionnels ou de *semi-professionnels*, elle est celui de tous les citoyens *(M. 26.7.67)*. Nixon est un quaker, sa carrière s'est associée avec celle d'un autre *semi-quaker*, le président Eisenhower *(PM 8.3.69)*. En France, les vedettes, les demi-vedettes, les quarts de vedette, les *semi-vedettes* ont la phobie de la compétition *(E. 3.7.67)*.

∞ La description que Thibaudet a donnée du *semi-clergé* universitaire conserve toute sa valeur *(E. 19.10.70)*. Il y a un commerce de la drogue avec des grossistes, des *semi-grossistes*, des revendeurs *(Bodard, 71)*. De nombreux militants syndicalistes de l'Éducation nationale, bénéficiaires de décharges de service partielles, sont des « *semi-permanents* » *(M. 1.12.71)*. Je (un juge d'instruction) découvre de nouvelles séries de coupables, de *semi-coupables* et de quart de coupables *(Saint Pierre, 72)*. Ce genre d'échange ferait de l'Europe occidentale une *semi-colonie* économique *(O. 10.12.73)*.

SEMI-CONDUCTEUR, TRICE subst. et adj. Rép. mil. XXe. Techn.

● Sm. Corps non métallique dont la conductibilité électrique est intermédiaire entre celle des métaux et celle des isolants.

Les *semi-conducteurs* ont commencé à intéresser l'électrotechnique de puissance dans les années 1955-1956 *(R.G.C.F. 1.74)*. Après la récession des années 70, les Américains ont tablé sur une croissance exponentielle du marché des *semi-conducteurs* (...) Jusqu'à l'automne le chiffre d'affaires et les commandes de *semi-conducteurs* — la branche la plus élaborée et la plus sensible du secteur des composants électroniques — incitaient à l'optimisme (...) L'industrie des *semi-conducteurs* connaît de terribles « à-coups » en raison d'une absence de planification *(M. 21.11.74)*.

● Adjectif.

Avant 1958 on savait déjà redresser du courant au moyen de corps *semi-conducteurs* comme le sélénium, mais la résistance interne de ces corps imposait de se limiter au domaine des faibles puissances (...) Avant l'apparition des diodes au germanium, seule la vapeur de mercure permettait une action directe sur des électrons pour réaliser un élément *semi-conducteur*, c'est-à-dire permettant la circulation du courant électrique dans un seul sens *(R.G.C.F. 1.72)*. Dans le secteur des composants *semi-conducteurs*, la reprise se confirme *(Inf. 15.1.73)*.

SEMI-CONSERVE sf. ■ Produit alimentaire ayant subi un traitement (notamment stérilisation par la chaleur) qui lui assure une conservation plus limitée que celle des conserves.

Les *semi-conserves* se présentent comme les conserves : récipients étanches, par exemple boîtes métalliques. Comme les conserves elles ont été traitées par la chaleur. Mais le traitement subi, plus doux, ne permet qu'une conservation de quelques mois *(Gaussel, 73)*. Une *semi-conserve* n'est pas obligatoirement sous poche plastique comme beaucoup le pensent ; il en est aussi qui sont conditionnées en bocaux de verre ou même en boîtes de métal, notamment certaines *semi-conserves* de poissons (...) Une boîte de filets d'anchois, par exemple, même à l'huile, n'est qu'une *semi-conserve* à durée de conservation limitée *(VR 3.10.76)*.

SÉMINAIRE sm. Spéc. Rép. mil. XXe. (Peut-être sous l'infl. de l'alld. *Seminar*). ■ Réunion ou stage de spécialistes (cadres, ingénieurs, techniciens, etc.) consacrée à l'étude de certains problèmes professionnels ou techniques.

Rem. M. G. Gougenheim observait en 1963 que le germanisme *séminaire* « tend à s'introduire à côté de « colloque ». « Il ne faut pas l'appliquer dans des domaines étrangers à l'enseignement universitaire et post-universitaire », spécifie le Comité de linguistique de Radio-Canada. Mais la terminologie officielle de l'Éducation nationale appelle aujourd'hui *séminaire* un stage de courte ou de moyenne durée, sans considération du nombre, ni du niveau des participants. Ces derniers sont conviés à propager ensuite dans leur propre

milieu de travail les informations reçues et les décisions prises. Enfin, le mot passe dans la langue commerciale et publicitaire *(VL 1.70).*
♦ Les élèves de l'école des Hautes Études commerciales ont convié des universitaires et des administrateurs pour étudier ensemble le problème de la formation des cadres et de leur perfectionnement. Aux *séminaires* du matin succédaient, l'après-midi, de larges débats de synthèse en présence de tous les élèves *(M. 21.2.65).* Centre de documentation cherche un collaborateur apte à animer des *séminaires* de formation *(Ann. M. 17.12.65).* Certaines thèses rencontrent l'adhésion de (plusieurs) anciens élèves d'un important « *séminaire* d'idées » *(Ch. fer 6.68).*
Au-delà d'une différence de terminologie, d'ailleurs peu significative, tous les *séminaires,* symposium, tables rondes, etc. sont loin d'avoir les mêmes objectifs et les mêmes ambitions (...) Les *séminaires* d'initiation peuvent porter sur l'informatique, le marketing, l'économie, les relations humaines, une langue étrangère, etc. (...) Les *séminaires* de spécialisation portent sur des sujets précis : la manutention, l'organisation d'un service d'études du marché *(En. 30.9.71).* Le *séminaire* est à l'entreprise ce que la cigarette est aux gens nerveux : l'accessoire indispensable du travail ou de la réflexion, la récompense après l'effort, une manière de se composer une attitude devant un public. C'est-à-dire, dans l'ordre : le *séminaire* de travail ou de formation, le *séminaire-*récompense, le séminaire de prestige *(Exp. 12.73).* Après le *séminaire* de réflexion de Rambouillet, l'heure est aux travaux pratiques pour le gouvernement : Conseil des ministres mercredi sur le budget 1979 *(C. 5.9.78).*
→ CARREFOUR, COLLOQUE, SYMPOSIUM, TABLE RONDE.

SÉMIOTICIEN, NE subst. ~ 1965. Did. ■ Spécialiste de la *sémiotique*.

Pour les *sémioticiens* modernes la sémiologie de Peirce a pour défaut de se préoccuper, avec le signe, d'un produit de type secondaire, que ce produit revêtle la forme d'une valeur — le ticket, le chèque, la mode — ou d'une rhétorique — l'« expression » d'un sentiment, la « littérature » *(Dubois, 73).*

SÉMIOTIQUE [semjɔtik] sf. et adj. Rép. mil. XXe. (De l'angl. *semiotics* ; cf. gr. *sêmeiôtikê*). Did. ■ Science des signes, de leur sens et de leur utilisation dans la vie sociale.

Rem. À la différence de la sémiologie issue de l'enseignement de F. de Saussure, la *sémiotique* refuse de privilégier le langage et la société. Elle veut être une théorie générale des modes de signifier *(Dubois, 73).*

● Subst.

De la sémantique linguistique à la *« sémiotique »,* science générale des signes prophétiquement annoncée par Peirce et Saussure, le pas vient d'être franchi. C'est une science au berceau, dont le domaine est immense et qui procède des méthodes éprouvées par les linguistes *(M. 13.9.67).*
À côté d'une *sémiotique* structurale, avec A.J. Greimas, il y a place pour une *sémiotique* fondée sur une optique gnoséologique [J. Kristeva] *(Dubois, 73).* La *sémiotique* lexicale se définit classiquement par une syntaxe, une sémantique et une pragmatique *(A. Rey, 77).*

● Adj.

Vers 2 ans, apparaît, avec le langage, la fonction *sémiotique,* c'est-à-dire une intelligence représentative, mais qui ne parvient pas encore aux opérations comme l'addition et la soustraction, qui sont l'inverse l'une de l'autre *(E. 23.12.68).*
L'objet de la lexicologie est une théorie compréhensive du fait lexical (...) cette théorie dépend de la connaissance (du) fonctionnement (du lexique) au sein des groupes sociaux et dans l'expérience humaine, qu'elle soit langagière ou, plus généralement, *sémiotique (A. Rey, 77).*

SÉMIQUE adj. ~ 1960. Ling. ■ Qui concerne la structure du contenu et les *sèmes* (unités minimales de signification).

L'analyse *sémique* calque ses unités sur celles de l'analyse phonologique. Le trait sémantique ou sème sera le trait pertinent de signification — cf. le trait pertinent, en phonologie —, le sémème sera l'ensemble des sèmes d'une unité lexicale — cf. le phonème, unité minimale réalisée en phonologie — *(Dubois, 73).*

SEMI-REMORQUE sf. et sm. ~ 1950. ■ Véhicule routier destiné le plus souvent au transport des marchandises, et constitué par une remorque sans roues avant et un tracteur dont elle peut être désolidarisée.

● Subst. féminin.

Transporter sur un wagon standard une *semi-remorque* conçue spécialement en fonction de ce wagon *(VR 4.5.69).* De grandes *semi-remorques* routières (...) susceptibles de se charger sur des wagons surbaissés *(RGCF 7.74).*

● Subst. masculin.

Une voiture est allée s'écraser contre un *semi-remorque* venant en sens inverse *(C. 30.9.70).* Un camping ravagé mardi dernier par l'explosion d'un *semi-remorque* transportant du gaz *(P. 17.7.78).* Tous les *semi-remorques* qui se détachent d'un camion ne transportent pas du gaz inflammable, c'est vrai *(O. 17.7.78).*

● En apposition.

Un camion *semi-remorque* s'est renversé sur la chaussée *(F. 4.2.67).* Un camion *semi-remorque* dévale la route nationale à l'entrée de B. Au bas de la côte, il continue tout droit, écrase 4 voitures : ses freins ont lâché *(E. 11.6.73).*

SENSATIONNALISME sm. ■ Goût, recherche du sensationnel.

L'autre mérite du livre (« De sang-froid »), de Truman Capote est de ne pas céder aux modes littéraires du jour. Aucune concession à l'humour noir, ni au *sensationnalisme* parapolitique *(M. 24.9.66).* Le « Monde contemporain » (émission radiodiffusée de France-Culture) ne cherche pas le *sensationnalisme (O.R.T.F. 19.10.68).* Ce goût du sensationnel

que vous appelez souvent d'un terme un peu barbare, mais qui est au moins clair, et qui est le *sensationnalisme (O.R.T.F. 31.1.70)*.
La « loi d'airain » de la presse, s'il faut en croire Pierre Nora, c'est le *sensationnalisme (Amblès, 72)*. Le *« sensationnalisme »* imposé par la loi du profit à laquelle doivent se plier ceux-là mêmes qui voudraient y échapper, pour que leurs journaux aient des lecteurs, leurs radiodiffusions des auditeurs et leurs télévisions des spectateurs *(Belloin, 73)*. Les journalistes médicaux ont protesté contre l'exclusivité donnée à un journal du soir par le Pr G. pour une opération de transplantation cardiaque (...) avec tous les risques de *sensationnalisme* que cela impliquait *(O. 3.9.73)*.

SENSATIONNALISTE adj. ■ Conçu pour faire sensation.
Les journaux qui vendent de l'*information*, fût-elle falsifiée et *sensationnaliste (Revel, 65)*.
Le thème du célibat des prêtres qui paraît pouvoir faire l'objet de *titres sensationnalistes (O.R.T.F. 24.1.70)*.

SENSIBILISATION sf. Fig. Mil. XXe. ■ Action de *sensibiliser** (qqn) (à ou sur qqch) ; résultat de cette action.
Sensibilisation (sans compl. prépositionnel).
Le rôle d'associations privées indépendantes des partis ne doit pas être négligé pour (l'éducation) civique de l'opinion et sa *« sensibilisation » (Errera, 68)*. La période de formation et de *sensibilisation* du personnel s'est déroulée en 3 phases : (...) *(R.G.C.F. 12.72)*. Il faut rendre aux Rouennais le goût de la nature. Évidemment, une semaine pour la *sensibilisation*, c'est court *(C. 29.3.73)*. Les membres du Club alpin souhaitent créer des zones de silence, dans des endroits encore peu fréquentés par les hélicoptères. Une campagne de *sensibilisation* a été entreprise auprès des maires *(M. 3.4.76)*. Les efforts de *sensibilisation* porteront sur un centre de retraitement, ont dit les porte-parole des mouvements écologiques *(RL 11.7.78)*.

Sensibilisation (de qqn) à qqch.
Une *sensibilisation* quotidienne de l'opinion publique à la tragédie vietnamienne *(E. 1.4.68)*.
Certains animateurs utilisent des méthodes de *sensibilisation au* travail d'équipe (...) *(N 2.72)*. Pourquoi, soudain, cette *sensibilisation* nouvelle au problème de la sécurité ? *(P. 1.7.74)*. Proposer un changement de société va plus loin qu'une simple *sensibilisation* à un problème qui ne peut être circonscrit, et à une dimension de simple charité, et à d'ordinaires mesures techniques *(C. 7.11.75)*. La tentative de *sensibilisation* de l'opinion *aux* dangers de la cigarette *(E. 15.5.76)*.

Sensibilisation (de qqn) sur qqch.
Nous utiliserions la *sensibilisation* des Français *sur* des problèmes qui n'ont pas de solution purement française *(En. 25.1.69)*.

SENSIBILISER v. tr. Fig. Rép. mil. XXe. ■ Rendre qqn sensible à qqch. Attirer l'attention (de qqn sur qqch) de manière à provoquer une réaction d'une certaine ampleur et d'une certaine durée.
Sensibiliser qqn (sans compl. prépositionnel).
Les difficultés d'organisation des Jeux olympiques ont *sensibilisé* la population *(M. 19.2.67)*. Une exposition sur le livre scolaire dans le but de *« sensibiliser »* tous les parents *(M. 13.5.69)*. Des meetings et des cortèges destinés à *sensibiliser* l'opinion *(C. 26.1.72)*. La campagne du secrétaire d'État à l'environnement a pour but de *sensibiliser* la population *(C. 14.2.76)*.

Sensibiliser qqn à qqch.
- Construction « active ».
    L'essentiel est de *sensibiliser* les cadres et les dirigeants *à* ce problème et de créer un climat en faveur de l'éducation permanente *(M. 21.2.65)*. *Sensibiliser*, dès l'âge le plus tendre, les futurs conducteurs *aux* problèmes routiers *(A.A.T. 5.70)*. Ces bulletins visent à informer les parents, à les *sensibiliser* à telle question, à tel problème *(VR 3.9.72)*. J'avais encore une fois pu constituer un magot en *sensibilisant* les cœurs *au* drame (...) et acheter les éléments d'une salle d'opération complète *(Riou, 74)*.

- Au passif, ou part. passé / adj.
    Le *peuple* français a mesuré lui-même, pendant qu'il était livré à des conflits éprouvants, en Indochine puis en Algérie, combien il était *sensibilisé aux* jugements extérieurs *(M. 12.1.67)*. Sans doute est-ce marquer son âge que d'être plus *sensibilisé*, plus intolérant encore *aux* armes tournées contre Israël qu'aux bombes qui accablent le Vietnam *(E. 12.6.67)*.
    Une opinion de plus en plus *sensibilisée* à la régionalisation *(O. 13.1.69)*. Les populations sont de plus en plus *sensibilisées aux* problèmes de bruit et de pollution *(M. 15.12.70)*.

- V. réfléchi.
    Comment réagira le *public* ? Pas forcément mal. Car il a beau n'être ni éduqué ni informé, et tenir à ses schémas traditionnels, à ses objets chargés de symboles, il *se sensibilise* peu à peu aux formes nouvelles *(E. 27.11.67)*.
    Permettre aux plus désavantagés d'accéder à des tranches de salaires supérieurs en leur donnant l'occasion de se qualifier et de *se sensibiliser* à de meilleures méthodes de travail *(N 6.70)*.

Sensibiliser qqn sur qqch.
Cette association aura pour mission de *sensibiliser* le public *sur* les problèmes de la vie moderne en société *(C. 26.1.72)*. *Sensibiliser* d'autres administrations *sur* le danger de l'urbanisation sauvage *(E. 27.5.74)*.

Être sensibilisé par qqch.
Je suis *sensibilisée par* le problème du chômage *(E. 17.2.69)*. L'opinion internationale est très *sensibilisée par* le drame de la pollution des océans *(M. 27.3.75)*. Peugeot est très *sensibilisé par* le changement du marché automobile *(C. 27.8.78)*. L'usager est *sensibilisé par* cette dégradation du service postal lorsqu'il reçoit son courrier *(C. 3.9.78)*.

SÉQUENTIEL, LE

SÉQUENTIEL, LE [sekãsjɛl] adj. De *séquence*. ■ Divisé en séquences ; relatif à une séquence.

Si on observe sa réalisation temporelle, une pédagogie peut se définir comme une méthodologie « *séquentielle* » : elle placera les élèves en contact successif avec des portions de connaissance ou de savoir-faire. En sens inverse, d'autres pédagogies peuvent se réclamer d'une démarche « globale », itérative, tirant avantage de toute occasion, répondant à toute question nouvelle apparue en cours d'échanges et d'études *(Peretti, 72)*. Les pilules *séquentielles* sont habituellement bien supportées, rétablissent des cycles menstruels très réguliers, apportent un équilibre artificiel proche de la physiologie *(M. 4.12.74)*.

SÉRIALISME sm. Mil. XXᵉ. De *(musique) sérielle*. ■ Caractère, doctrine de la musique sérielle.

Cette incroyable aventure qui, en moins de vingt ans, a mené Stockhausen du *sérialisme* le plus aseptisé jusqu'à la liberté la plus débridée *(O. 17.4.68)*.

SÉRIE NOIRE loc. subst. D'après la locution *série noire* (au sens de : malchance persistante), et le titre — inspiré sans doute par cette locution — d'une collection de romans policiers à couverture noire. ■ Atmosphère, situation semblables à celles que décrivent ces romans.

Notre dernière création, « Un linceul n'a pas de poches », décrit l'ambiance d'un certain journalisme dans un *style série noire*. Aussi ai-je traité la mise en scène un peu à la manière d'un film policier américain *(M. 15.4.69)*. La crise décisive de la Troisième République nous est proposée (à la télévision) dans une *version « série noire »* (FL 29.9.66).

SERPENT sm. Fig. Spéc. 1972. Écon. Par métaph. (D'après l'aspect sinueux des courbes représentant l'évolution plus ou moins parallèle des cours de plusieurs monnaies). Souvent dans les syntagmes *serpent monétaire, serpent communautaire, serpent européen*, etc. ■ Système qui groupe plusieurs monnaies (européennes) liées entre elles par des taux de changes dont les fluctuations sont étroitement limitées.

Les monnaies de huit pays européens flottent en groupe vis-à-vis du dollar. C'est ce qu'on appelle « le *serpent* » européen *(P. 8.10.73)*. La devise française occupe maintenant la dernière place du *serpent communautaire européen (M. 23.12.73)*. Le 22 avril 1972 a commencé à fonctionner le *« serpent » européen* (...) Les monnaies qui font partie du *« serpent »* sont liées par des parités fixes dont elles peuvent s'écarter au maximum de 1,125 % dans chaque sens (...) La Banque de France était tenue jusqu'à maintenant de maintenir la valeur du franc vis-à-vis des monnaies européennes faisant également partie du fameux *« serpent » communautaire (M. 22.1.74)*. Le *« serpent »* a été conçu dans un monde monétaire fixiste, dominé par le principe des parités fixes. On n'en est plus là, c'est un fait, et le *« serpent »* est pour moi [V. Giscard d'Estaing] un élément de la préhistoire monétaire européenne *(M. 3.5.74)*. Les Six, puis les Neuf n'ont pas su ajuster leurs moyens à leur politique. Et l'on a vu le *« serpent »* perdre ses écailles au fil des ans *(M. 4.6.74)*. La question reste posée de savoir si le président de la République décidera en fin de compte de faire rentrer le franc dans le *« serpent » (M. 29.4.75)*. Le projet est né d'élargir le *« serpent monétaire »* en y faisant de nouveau entrer le franc, la livre et la lire *(M. 25.6.78)*. Apparemment l'on s'oriente vers un *serpent* amélioré et supposé plus viable *(M. 6.7.78)*. Le système du *« serpent »* qui naît le 24 avril 1972 ne cesse depuis de connaître des vicissitudes *(M. 1.12.78)*.
→ S.M.E.

SERVICE(S) sm. (Souvent plur). Écon. Rép. mil. XXᵉ. ■ Activités du secteur dit *tertiaire**, qui sans produire de biens matériels, satisfont à des besoins (enseignement, recherche, soins, transports, etc.) et représentent ainsi une valeur économique.

J'appris que ce que j'appelais, un peu péjorativement il faut bien le dire, la bureaucratie, avait dans le langage moderne un nom plus noble, celui de *services (Bernard, 64)*. Que fait le statisticien ? Il produit quelque chose qui répond à un besoin mais qui ne se concrétise pas en un bien matériel ; il produit un *service* qui répond à un besoin social. Que fait l'auteur ? Il produit également un *service* qui répond à un besoin. Le *service* du premier peut être de nature administrative ou technique ou économique. Le *service* fourni par le second est d'ordre culturel. Par certains côtés il s'apparente à l'activité de ces consultants, de ces donneurs de conseils que sont les avocats ou les médecins. (...) Les tertiaires sont tous des producteurs de *services*, c'est-à-dire de biens socialement nécessaires mais immatériels *(Praderie, 68)*.

Les consommations de *services* — santé, transports, loisirs, hôtels, etc. — représentent plus de 46 % de la consommation totale. En tenant compte de tous les *services* collectifs gratuits : éducation, administration de la justice, etc., on peut estimer que près de la moitié de la consommation des Français concerne les *services* (...) Les *« services* domestiques »*, comme les banques et les assurances, représentent à peine 5 % du total des 9 millions de personnes travaillant dans le secteur tertiaire en France *(D. En. 2.71)*.

SERVICE- Premier élément de subst. comp. dont le second élément indique la nature du service assuré. Ces comp. sont fréquents dans la langue publicitaire.

Un *Service-Décor* conseillant, confectionnant et posant chez vous voilages, doubles rideaux, dessus de lit, etc. *(Pub. E. 6.6.66)*. Pensez à tous nos *services-vacances* et vous n'aurez plus à penser à rien *(Pub. E. 29.6.70)*. Un *service-dépannage* de clés, où l'on peut déposer les doubles de tout un trousseau contre une carte de dépôt à l'année *(E. 5.10.70)*. Un véritable *« Service entretien »* du cheveu masculin *(Pub. El. 15.2.71)*. Service livres à domicile : Pour recevoir l'un des livres signalés dans cette rubrique : vous adressez vos commandes par écrit à (...) *(Pub. Inf. 12.2.73)*. Un constructeur d'ordinateurs mettra des machines à la disposition des entreprises : elles pourront les louer à l'heure et utiliser les programmes mis au point par la firme. Cela s'appelle le *service bureau (P. 25.6.73)*.

SERVO- Premier élément (du lat. *servus*, « esclave ») de subst. comp. appartenant généralement au vocab. techn. ou publicitaire et marquant par ex. un « asservissement » électrique ou mécanique.

Un circuit cybernétique, intégré dans le système haute fidélité, permet de diffuser la musique « à l'état pur », comme si l'auditeur se trouvait en présence de l'orchestre ; c'est le *Servo-Sound (O. 2.11.70)*. Une électronique légère mais sophistiquée : micro-circuits, *servo-systèmes*, dessinatrices à commande numérique, etc. *(Exp. 3.72)*. Double circuit de freinage avec *servo-assistance* et répartiteur de freinage *(Pub. P. 9.10.72)*. La tige de commande du *servo-débrayage (MF 12.2.73)*. Les portes sont fermées automatiquement par un *servo-mécanisme* asservi à la vitesse du train *(R.G.C.F. 4.73)*. Équipé de son *servo-viseur* l'appareil effectue lui-même son réglage en fonction du sujet à photographier *(P. 28.5.73)*. Quand le *servo-régleur* électronique agit, cela ne se voit pas, car l'image télévisée reste toujours parfaite ; il vous assure la meilleure réception possible en compensant les fluctuations de l'émission *(Pub. E. 3.12.73)*.

SERVO-DIRECTION sf. Mil. XXe. ■ Mécanisme auxiliaire automatique qui amplifie les mouvements que le conducteur d'un véhicule donne à la direction (dite alors « assistée »).

La voiture ne semble pas lourde dans les mains, du fait de la *servo-direction (AAT 1.67)*. Après un brusque coup de volant, le système de *servo-direction* s'était soudain bloqué, et le véhicule (avait dévié) vers le parapet du pont *(M. 22.12.69)*.

SEUIL sm. Fig. ■ Minimum nécessaire pour qu'un phénomène soit perçu. Limite à partir de laquelle quelque chose se passe ou devient possible.

Seuil + adjectif.

Au moment de s'endormir, le sujet place sous son oreiller un « bas parleur » de très faible puissance réglé pour atteindre le son *« seuil auditif »* physiologique, de cent fois inférieur au *seuil auditif* conscient *(M. 16.1.57)*.
La société freine le plus longtemps possible les changements qui dérangent son organisation antérieure, jusqu'au jour où un *seuil statistique* est franchi *(P. 11.8.75)*.

Seuil + de + subst.

Le plus simple des terrains de sport ne peut être aménagé qu'à partir d'un certain *seuil de population (R.F.S.P. 4.56)*. Le *seuil critique du surpeuplement* (des logements) en Europe intervient au-dessous de 8 m² par personne *(Ragon, 66)*.
Des alcootests seront bientôt en vente pour permettre aux conducteurs de mesurer eux-mêmes leur *« seuil de virage » (PM 11.4.70)*. Les sociologues évaluent à 8, 10 ou 12 % de la population le *seuil de tolérance* à l'acceptation des étrangers *(M. 6.9.73)*. Il y a un *seuil de qualité* au-dessous duquel l'offre des transports en commun n'a aucune chance de faire renoncer un migrant à sa voiture particulière *(R.G.C.F. 6.74)*. Les cancérologues et toxicologues bannissent de leur vocabulaire le terme de *« seuil de sécurité »*, car pour eux il n'y a jamais de sécurité dans le domaine des produits cancérogènes *(M. 26.10.74)*.

SEXISME sm. ~ 1960. ■ Attitude discriminatoire et dominatrice adoptée par les hommes vis-à-vis des femmes et dénoncée par les mouvements d'émancipation féminine.

Le *sexisme*, discrimination socio-économique des femmes qui acceptent de se « soumettre au désir de l'homme » *(E. 31.8.70)*. Il me souvient d'avoir lu dans une étude d'Evelyne Sullerot, que le salaire féminin, aux U.S.A., n'atteignait pas toujours celui d'un Noir... De racisme à *sexisme*, il n'y a qu'une différence de racine *(Mélèze, 72)*. S'il nous est impossible de compter sur le soutien des autres opprimés, nous nous battrons seules. Nous haïssons le racisme. Mais la lutte contre le *sexisme* — de gauche ou de droite — est notre objectif prioritaire *(O. 19.11.73)*. Simone de Beauvoir s'insurge contre le *« sexisme »* qui sévit autant et plus universellement que le racisme, mais sans aucune protection *(M. 20.1.74)*. Généralement condamnées à des tâches domestiques ou subalternes, systématiquement écartées — à de rarissimes exceptions près — des plus hautes responsabilités, les Françaises sont encore victimes d'un *« sexisme »* dont les effets ressemblent fort à ceux du racisme *(M. 2.10.74)*.
→ PHALLOCRATIE.

SEXISTE adj. et subst. ~ 1970.

● Adj. ■ Caractérisé ou inspiré par le *sexisme**.

Impossible de voir une publicité ou un film sans qu'un message politique et *« sexiste »* vous assaille *(M. 28.8.70)*. « Halte aux injures *sexistes* », crie Simone de Beauvoir dans « Les Temps modernes », où elle inaugure une rubrique *« sexiste » (E. 21.1.74)*. Une analyse féroce et souvent amusante de l'éducation traditionnelle *« sexiste » (P. 9.12.74)*.

● Subst. ■ Personne dont les façons de penser et d'agir s'inspirent d'un *sexisme** plus ou moins conscient.

Ces manifestations pour l'égalité des sexes se sont déroulées dans la bonne humeur : les *« sexistes »* ont été entendus avec sympathie *(M. 28.8.70)*.
→ PHALLOCRATE.

SEXOLOGIE sf. 1949. ■ Étude *pluridisciplinaire** de la sexualité et du traitement des troubles sexuels.

Une réunion publique organisée par la jeune Société française de *sexologie* clinique *(M. 15.6.74)*. Le mot *sexologie* s'applique à un ensemble de connaissances étudiant la sexualité

SEXOLOGIE

à travers la biologie, la psychologie, l'anthropologie et la sociologie *(P. 1.7.74)*. Le 1er congrès international de *sexologie* s'est tenu à Paris en juillet 1974 *(E. 20.1.75)*. La *sexologie* médicale existe parce que la médecine dispose de ressources thérapeutiques qui sont capables de guérir ou d'aider les couples à surmonter leurs difficultés. Il est indispensable, contrairement à ce que certains pensent, que la *sexologie* reste du domaine médical *(M. 2.4.75)*.

Rem. L'adj. dérivé *sexologique* est attesté.
La thérapeutique *sexologique* inventée par Masters et Johnson *(E. 11.12.72)*. L'industrie *sexologique* offre de nombreux débouchés dans les Instituts de sexothérapie créés aux États-Unis *(M. 11.9.74)*.

SEXOLOGUE sm. ■ Spécialiste de la *sexologie**.

Les problèmes que la consultation de contraception pose au praticien, requis d'être tout à la fois bon psychologue, *sexologue*, sociologue et technicien (...) *(O. 27.12.67)*.
Le directeur de l'Institut de pathologie sexuelle de Prague estime que le médecin *sexologue* doit toujours être gynécologue et psychiatre, mais qu'il doit avoir d'autres compétences *(P. 1.7.74)*. La sexologie est-elle en train de devenir une spécialité médicale ? C'est vraisemblable pour un certain nombre de médecins qui s'intitulent *sexologues* *(M. 2.4.75)*.

SEXOTHÉRAPEUTE subst. ~ 1970. ■ Personne qui pratique la *sexothérapie**.

Chaque homme, chaque femme est un *sexothérapeute* en puissance. Il n'est pas obligatoire d'être médecin pour cela. Ce qui ne signifie pas que chacun puisse s'établir *sexothérapeute* : pour aider les couples, et simplement pour ne pas leur nuire, une formation physiologique, anatomique et psychologique est indispensable *(P. 1.7.74)*.

Rem. L'adj. dérivé *sexothérapeutique* est attesté.
Actuellement la cure *sexothérapeutique* type dure quinze jours *(E. 11.12.72)*.

SEXOTHERAPIE sf. 1970. ■ Traitement des troubles sexuels.

Les professeurs G. et P. estiment que l'information et le conseil sexuel doivent s'adresser à toutes les professions de santé, la *sexothérapie* proprement dite étant réservée aux médecins *(M. 10.7.74)*. Les instituts de *sexothérapie* créés aux États-Unis sous l'impulsion de Masters et Johnson *(M. 11.9.74)*.

SEX-SHOP [sɛks(ə)ʃɔp] sf. ou sm. ~ 1970. (Mot angl.). ■ Boutique spécialisée dans la vente d'affiches, de publications et de matériel pornographiques (Le genre grammatical est hésitant).

En 2 ans, 35 « *sex-shops* » se sont ouvertes à Paris *(E. 28.9.70)*. On laisse proliférer les « *sex-shops* », les « éroticothèques » et autres boutiques pour messieurs salaces et nigauds *(C. 18.3.71)*. Dans le moindre *sex-shop* s'entassent des centaines d'ouvrages érotiques (...) bien des *sex-shops* commencent à se reconvertir faute de clients *(M. 23.9.72)*. Les vitrines des *sex-shops* parisiennes sont-elles contraires aux bonnes mœurs et portent-elles atteinte à la décence ? *(M. 19.9.73)*. Un groupe de femmes s'attaque aux *sex-shops* *(M. 5.7.78)*.

SEXUALISATION sf. ■ Action de *sexualiser** ; son résultat.

Cette intense *sexualisation* par le livre et l'image dans le monde contemporain *(VL 12.69)*. Selon les publicitaires, la « *sexualisation* » des affiches était antérieure, et la contestation n'a eu pour effet que de rendre plus prudents des membres de la profession *(M. 1.4.70)*.

SEXUALISER v. tr. et réfl. Mil. XXe. ■ Donner un caractère sexuel (à qqch). Souligner les aspects, les caractères sexuels (de qqn ou de qqch).

● **Verbe trans.**
Une autre catégorie de messages publicitaires convergent vers la femme : tous ceux qui cherchent à la *sexualiser* au maximum *(N 4.69)*. La libido « *sexualise* » toute l'histoire de l'humanité *(VL 12.69)*. L'information sexuelle vient de faire son entrée dans les programmes de lycées. Dans la pratique (...) on va *sexualiser* l'histoire naturelle. On va admettre que l'être humain est sexué *(E. 14.1.74)*.

● **Au passif.**
Le sein n'est pas, à proprement parler, un organe sexuel (...) il n'en est pas moins vrai que (...) de tout temps il a été *sexualisé* et érotisé *(Soubiran, 75)*.

● **Participe passé et adjectif.**
Entre la vie quotidienne de la femme d'aujourd'hui et l'image clinquante, sophistiquée, *sexualisée* qu'en offrent la presse, la télévision et la publicité, s'étend un gouffre de contradictions *(E. 9.6.69)*.
G. reproche dans son pamphlet au psychiatre qu'il cloue au pilori d'être un voyeur. L'antipsychiatre est à sa manière un voyeur, et probablement dans un sens plus *sexualisé* du terme *(N 1.71)*.

● **Verbe réfl. à sens passif.**
Qu'il s'agisse de vendre des bas, des sous-vêtements, des parfums, des savonnettes ou des montres-bracelets, tout, aujourd'hui *se sexualise* *(E. 1.9.69)*.
→ ÉROTISER.

SEXY [sɛksi] adj. inv. ~ 1950. (Mot d'argot anglo-am.). Fam. ■ Attirant(e), qui a du *sex-appeal* (personne). — Érotique, sensuel (film, mode, spectacle, etc.).

Rem. D'une femme qui porte des « blue jeans », je n'aurais point dit qu'elle est *sexy* ni même, d'une femme qui porte un « pantalon de treillis bleu » qu'elle est « affriolante » — cela pour plusieurs raisons : la première, parce que toute femme en culotte de treillis serait

plutôt pour moi un remède au désir ; la seconde, parce que le mot *sexy* pouvant se traduire de vingt manières au moins en français, avant de choisir celui ou ceux de nos adjectifs qui conviendraient (...), je demande à voir la fille *(Etiemble, 64).*
♦ Elle avait un *accent* plein de charme, très prenant, très *sexy.* Une Européenne songea-t-il, Hongroise peut-être *(Hailey, 69).* On dira que l'*affiche sexy* est payante, qu'elle fait vendre, qu'elle fait produire et rend des bénéfices *(F. 17.1.69).* M.C. écrit « il n'est pas vrai que l'*affiche sexy* fasse vendre » *(E. 27.1.69).* Les *fanfares* municipales se rouillaient. Le tout était de les rendre plus « *sexy* » : les majorettes ont entendu l'appel *(E. 10.5.71).* Sur les 9 salles de P., 5 projettent en permanence des *films* « *sexy* » : une cure de vrai cinéma porno *(O. 9.4.73).* Tout en voile et en transparence, ou l'art d'obtenir un *effet sexy* avec des tissus de bonne compagnie *(E. 12.6.78).*

S. F. ou S F [ɛsɛf] ~ 1970. Abrév. fam. de *Science*-fiction*.

Tandis que le roman traditionnel, axé sur les relations d'individu à individu tourne court, la science-fiction moderne, la *S.-F.,* elle, prend délibérément le large *(E. 26.11.73).* La *SF* ne risque-t-elle pas de fausser des têtes déjà bien indécises quand il faut résoudre les problèmes concrets ? *(VR 17.8.75).* Un des premiers livres de *S.F.* importants, le Frankenstein de Mary Shelley, est un roman d'atmosphère et d'écriture fantastiques. Cette tendance a toujours existé, même aux beaux jours de la *S.F.* scientiste. Pourtant la plupart des auteurs de la *S.F.* classique cherchaient à se démarquer du fantastique en expliquant que la *S.F.,* elle, est rationnelle *(M. 21.7.78).*

SHAMPOOINER ou SHAMPOUINER [ʃɑ̃pwine] v. intr. et tr. ■ Faire un shampooing.

Son propriétaire l'a (une vache, grande vedette du Salon de l'agriculture) toilettée, « *shampouinée* » et lustrée à la brillantine *(PM 9.3.68).* Elle *shampooinait* à tour de bras dans un salon de beauté *(Mallet-Joris, 70).*
Brossée, *shampouinée* à sec dès qu'elle rentre de promenade, pommadée, épucée (...) elle (une chienne) doit sa robe brillante (...) à tous les soins qu'Iva lui prodigue *(Roy, 71).*

Rem. La forme *shampooigner* est attestée.

Cet appareil polit les sols, lustre et permet de *shampooigner* les tapis *(JF 12.3.70).*

SHAMPOOINGNEUR, EUSE ou SHAMPOOINEUR, EUSE ou SHAMPOUINEUR, EUSE [ʃɑ̃pwinœr, øz] subst.

1. Sf. et sm. Personne qui, dans un salon de coiffure, fait surtout des shampooings.

Une de mes sœurs devint serveuse de restaurant, l'autre, *shampouineuse* dans un salon de coiffure *(E. 30.11.70).* Chez un coiffeur à la mode une cliente mettait une jeune *shampooingneuse* à la question. Avec hauteur, elle lui demandait : — « Qu'avez-vous eu pour Noël, Claudine ? » *(C. 16.1.73).* Une détenue promue *shampooineuse* pour la circonstance nous frottait la tête au-dessus d'un lavabo *(Gérard, 74).* La *shampouineuse,* héroïne des nouveaux romans — et du dernier Goncourt — est menacée par la mécanisation *(E. 24.2.76).*

2. Sf. Appareil qui sert à appliquer une mousse nettoyante sur les moquettes et les tapis.

La cireuse laveuse et *shampooigneuse* à 2 brosses, qui lave, étend la cire, polit les sols *(JF 12.3.70).*

SHOOT [ʃut] sm. Spéc. ~ 1960. (Mot angl.). Pop. ■ Piqûre, injection de drogue *hallucinogène*.

Quelle fureur quand un *shoot* se renverse, quand pour arriver à se piquer il faut dix minutes et que le liquide se coagulant dans la seringue est foutu (...) Ce n'est pas une vie que cette existence suspendue entre un *shoot* et le *shoot* suivant *(Bodard, 71).*

SHOOTER [ʃute] v. tr. et réfl. (De *shoot**). Pop.

● Verbe trans. Injecter de la *drogue**, un *hallucinogène** à qqn.

Un mec m'*a shooté.* C'était mieux que l'acide (le L.S.D.) *(O. 3.3.75).*

● Verbe réfl. S'injecter de la *drogue**.

Ils *se shootent,* ils se piquent seuls : leurs bras, au coude, sont d'affreuses plaies. C'est cela la came *(Bodard, 71).* 25.000 jeunes Français *se shootent* 4 gr d'héroïne par jour *(E. 6.12.71).* Je crois que si j'avais fumé avant de *me shooter,* je ne *me serais* jamais *shooté (Bensoussan, 74).*

SHOPPING(-)CENTER [ʃɔpiŋsɛntœr] sm. Mot américain. ■ Centre commercial qui groupe des magasins de détail, des bureaux, avec des parcs de stationnement, et divers services annexes.

Le plus grand et le plus élégant « *Shopping Center* » d'Europe — 160 magasins — est un lieu de rencontres où s'épanouit la vie sociale et mondaine, du théâtre au cinéma d'exclusivités, du club de bridge au drug-store géant ouvert jour et nuit *(Pub. M. 19.5.66).* À Saint-C. le *shopping center* entre en service tout prochainement, très complet, avec un restaurant du style « petit bistrot très parisien » *(M. 1.7.66).* Les « *shopping centers* » américains, où les fonctions commerciales sont dissociées des autres fonctions *(M. 18.1.68).*
Aujourd'hui, lorsque l'on parle de centre, dans une ville nouvelle, c'est toujours de « centre commercial » qu'il s'agit. Les villes nouvelles se bâtissent d'ailleurs autour du *shopping center (Ragon, 71).* Services intégrés : de votre appartement, vous pouvez être en relation directe avec le *shopping-center* attaché à l'immeuble *(P. 9.10.72).* Étrange annonce publicitaire : « Roissy-en-France, le premier *shopping-center* où l'on peut aussi prendre l'avion » *(M. 27.11.74).*

SHOW

SHOW [ʃo] sm. ~ 1960. (Mot angl., « spectacle », etc.).

1. Spectacle de variétés, dont l'attraction principale est une vedette de la chanson, un acteur de music-hall, un animateur.

Rem. Le 19 août 1959, J. B. (...) fut présentée à la « Gazette de Paris » comme une « vedette du chaud ». La prononciation de l'annonceur étant exactement celle du français « chaud », (un témoin) s'interrogea quelques instants sur cette qualification exceptionnellement chaleureuse qu'on se permettait indiscrètement d'attribuer à une (chanteuse). Soudain ce fut l'illumination : on avait voulu dire la vedette du *show*, la vedette du spectacle *(Etiemble, 64).*

♦ Le farfadet béarnais présente à l'Olympia, un *show* avec projections cinématographiques, huit danseuses qui chantent, trois choristes qui dansent, treize ballets *(E. 13.4.70).* L'escalade de la gloire : interviews, photos à la « une » des magazines, invitations aux plus grands *shows* de la télévision *(P. 1.4.74).* Une « super-production » qui utilise les techniques commerciales des « *shows* » à grand spectacle *(M. 14.2.79).*

2. Par ext. Iron. À propos de personnalités : le fait de se montrer en public (discours, voyages, etc.), souvent à des fins de propagande (par ex. électorale, etc.).

Ce voyage à Moscou n'est qu'une partie du grand *show* international de Pompidou avant les élections *(Inf. 1.1.73).* Une espèce de *show* préélectoral où on a pu écouter des hommes politiques prodiguer la bonne parole *(E. 15.1.73).*

ONE(-)MAN SHOW [wanmanʃo] sm. 1964. ■ Spectacle de variétés centré sur un seul artiste, une seule vedette.

R.D. nous conviera vendredi à un *« one man show »* : seul en scène pendant deux heures et demie *(M. 24.9.64).* Sa distribution exigea le renfort d'une quinzaine de comédiens : — Je vous essayer de me réhabiliter aux yeux des acteurs et de me faire pardonner tous mes *« one man show »* (F. 27.1.67).
Jacques Brel n'aime pas les *« one-man shows »* exigés par le « show-business » *(O. 22.2.67).*

SHOW(-)BUSINESS [ʃobiznɛs] sm. 1960. ■ Ensemble des activités commerciales qui concernent la production, l'organisation de spectacles (de variétés ou autres).

Quelle est la vedette du *show-business* mondial à qui son métier rapporte actuellement le plus d'argent ? *(E. 27.9.65).* Aucun des hommes clefs du *« show-business »* ne se serait risqué à prévoir la réussite de Serge R. comme chanteur *(O. 7.2.68).* Une centaine de ceux qui font les nuits chics de Paris sont des gens qui comptent dans le *« show business »*, cinéma, théâtre, disques *(PM 8.2.69).* Pour Tom P., vedette du Musicorama à l'Olympia, le « folk-song » — la chanson de route — ce n'est pas du *show-business.* Il témoigne *(M. 19.5.70)..*
Il croit, comme les gens du *show-business*, que pour prospérer, le théâtre, à l'ère de la télévision, doit être luxueux *(JF 29.9.70).* Les financiers du *show-business* s'aperçurent que la clientèle noire avait un extraordinaire pouvoir d'achat *(P. 8.7.74).*

Rem. 1. **L'Administration française recommande de remplacer cet anglicisme par** ***industrie du spectacle.***
Rem. 2. **L'abrév. fam. *show-biz*** [ʃobiz] **est attestée.**

L'appel des Stones, « le plus grand groupe de rock au monde » a retenti, merveilleusement orchestré par le *show-biz*, et tous accourent *(O. 15.10.73).* Les quatre sœurs se tournèrent alors vers le *show-biz.* Elles ont derrière elles quelques années passées à vocaliser anonymement dans les chœurs des grands pop *(E. 11.2.74).*

SIÈCLE (DU) loc. fam. (dans des tours hyperboliques du type ci-après).

Subst. + du siècle. Le subst. déterminé par *du siècle* est le plus souvent un nom abstr. désignant un fait, un événement que par hyperbole on présente comme étant — et devant rester — unique en son genre pendant tout le siècle considéré.

Rem. **La formule est fréquente dans les compte-rendus de manifestations sportives diffusés par les *mass-media*. C'est peut-être là qu'elle a pris naissance (cf. ci-après cit. O. 27.1.75) L'abus qui en est fait tend à ramener sa force expressive à celle d'un intensif quelconque.**

La « négociation *du siècle* » risque de traîner en longueur et de ne pas aboutir aux résultats escomptés *(En. 9.4.71).* Au pied de la tour, les voyeurs habituels sont assemblés par milliers pour assister à « l'incendie *du siècle* » *(P. 1.4.74).* « Le combat *du siècle* », proclament les organisateurs. De fait, le 25 septembre (...) un événement sportif majeur commencera *(E. 16.9.74).* Le hold-up *du siècle*, en 1972, à la grande poste de M. rapporta près de 12 millions de francs à ses auteurs *(E. 16.9.74).* « Le match *du siècle* ». La boxe a longtemps eu le monopole de l'expression. Les managers l'organisent tous les deux ans environ pour ne pas lasser le public et tout ça pour la poule aux œufs d'or (...) La recette est bonne, les bénéfices sont substantiels. Et le tennis a voulu, lui aussi, avoir ses matches *du siècle* (*O. 27.1.75).* Une société américaine obtient, au détriment du nouveau Mirage F 1, la totalité de ce qu'on a appelé le « marché *du siècle* » et que le directeur général de l'industrie au ministère de l'industrie a préféré baptiser du nom de « marché des siècles » (...) Il y a quelques minutes, ce qu'on avait annoncé comme la marée *du siècle* fut une grande déception. L'océan resta désespérément sage. Le marché *du siècle* est à son tour une déception. Voilà le danger de vouloir se donner un destin séculaire. C'est préjuger bien vite ce que nous réservent les années encore à vivre du siècle en cours *(M. 11.6.75).*

SIÈGE-BAQUET
→ -BAQUET.

SIÈGE-KILOMÈTRE
→ KILOMÈTRE.

SIGNE (SOUS LE) DE + Subst. Fig. Fam. Rép. mil. XXe. ■ Sous l'influence de... , caractérisé par...

Le T.G.V. (train à grande vitesse) se place *sous le* double *signe de* la continuité et de l'innovation *(VR 9.4.72)*. Placer le week-end *sous le* seul *signe de* la radio et de la télévision, ce serait priver le public des sources écrites d'information et de réflexion qui sont complémentaires de l'audio-visuel et dont la fréquentation est plus aisée le samedi et le dimanche *(C. 5.7.78)*.

SILENCIEUSE (MAJORITÉ)
→ MAJORITÉ SILENCIEUSE.

SILO sm. Par ext. Rép. mil. XXe.
1. Milit. Emplacement cylindrique creusé dans le sol et destiné au stockage et au lancement des *missiles**.
    Les fusées lancées du sol sont déjà dépassées : (...) en cas d'attaque éclair, (elles) seront détruites dans leurs *silos (E. 5.10.70)*. Depuis juillet dernier, les 18 missiles, répartis en deux sections de 9 engins dans leurs *silos* sont retirés du service pour être remplacés, avant 1982, par des missiles plus puissants et à plus long rayon d'action *(M. 23.11.78)*. Des fusées à tête nucléaire sont enfouies dans les *silos* inexpugnables des massifs tibétains *(O. 23.12.78)*.
2. Bâtiment construit pour servir de garage à de nombreux véhicules automobiles répartis sur plusieurs étages auxquels ils accèdent par des ascenseurs ou des rampes hélicoïdales.
    1972 verra le démarrage de plusieurs constructions, notamment de l'immeuble des Archives, à côté du *silo* à voitures *(C. 9.1.72)*.
3. Par métaph. Péj. Immeuble où la forte densité des bureaux, des logements, est ressentie comme un entassement pénible.
    Les « petits durs » qui terrorisent les ménagères s'ennuient. À en mourir. Pour échapper à la télé et aux gifles, ils se rassemblent au pied de ces *silos* à habiter, uniformément gris *(E. 3.9.73)*. On fait de vastes centres commerciaux et puis, tout autour, des immeubles, véritables *silos* à consommateurs *(O. 21.1.74)*. C'est la seule tour qui rompt avec le déterminisme du « *silo*-à-bureaux », d'allure plus ou moins élégante, qui est la règle *(M. 14.3.74)*.

SIMILI(-) Premier élément (du latin *similis*, « semblable ») de subst. et de quelques adj. comp. désignant une imitation de ce que signifie le second élément. *Simili(-)* est alors souvent syn. de *pseudo-**.

Rem. Les composés où *simili(-)* précède un subst. nom de chose concrète, notamment de matériau (*similibronze, similimarbre, similipierre*, etc.) sont pour la plupart lexicalisés depuis assez longtemps ; ils ne font donc pas l'objet d'une des rubriques ci-après.

● — Devant un subst. nom de chose abstraite.
   À noter — dans les échanges entre États — les *simili-exportations* (Perroux, 69). La tradition centralisatrice et absolutiste s'est maintenue intacte sous les *simili-révolutions* dont s'amuse l'Histoire de France *(PM 30.1.71)*. Les néons des brasseries neuves, usines à boire et à manger, à se chauffer. Gigantesques abreuvoirs sophistiqués, simili-cuir, similicuivre, *simili-accueil (O. 3.12.73)*. Un *simili-testament* timbré : « Si je coule en mer, Vita envoie une lettre » *(O. 3.12.73)*.

● — Devant un subst. nom de personne ou de collectivité.
   Une foule de prétendus penseurs, de pseudo-experts, de *simili-intellectuels* s'acharnent à transformer des difficultés réelles en présages sinistres *(E. 29.11.71)*. Le téléphone ? Pas cette batterie de *simili-ministre* qu'on commence à voir dans l'administration au niveau du sous-préfet. On y mesure quelqu'un au nombre de boutons qu'il peut presser *(En. 9.12.71)*. Il manquait au groupe un play-boy, *simili-aventurier*, le moins clandestin des clandestins parisiens mais le plus haut en couleur *(Caviglioli, 72)*.

● — Devant un adjectif.
   Lorsque deux villages sont assez proches, on y nomme un couple et les écoles sont appelées : poste *simili double (Bastide, 69)*.

SIMULATEUR sm. Spéc. ~ 1950. Techn. ■ Dispositif qui permet de représenter le comportement d'un appareil, d'une machine, d'un système dont on veut étudier le fonctionnement, l'évolution, etc.

Rem. Le mot est souvent construit dans des syntagmes du type *simulateur de (+ subst.)*, dans lesquels le subst. compl. spécifie la fonction de l'appareil.

En 1980 les grands réseaux disposeront d'un outil très précieux : le *simulateur*. Il exploitera un réseau ferroviaire complet par une méthode analytique *(VR 20.9.70)*. La formation des pilotes d'avions modernes ainsi que leur entraînement permanent, recourt à des installations très perfectionnées appelées *simulateurs de vols*. Ces appareils permettent de reproduire la plupart des circonstances qui accompagnent un vol normal, et de simuler volontairement, au gré de l'instructeur, toute la gamme des incidents qui peuvent menacer un équipage (...) Même les modestes auto-écoles utilisent de plus en plus des *simulateurs de conduite*, beaucoup moins perfectionnés, mais fondés sur le même principe : l'élève est placé dans un poste de conduite équipé des mêmes organes qu'une voiture réelle. Un film est projeté devant lui et il doit (faire) les gestes qu'il accomplirait réellement s'il conduisait la voiture dans laquelle le film a été tourné *(Gabaude, 72)*. Pour étudier la délicate manœuvre des gigantesques bateaux, les pilotes ont suivi des stages aux Pays-Bas où existe un *simulateur de navigation* (E. 4.2.74). Un *simulateur de climat* et *d'environnement* permet de reproduire et de contrôler à volonté des conditions naturelles complexes et d'étudier comment s'y comportent les plantes *(M. 5.11.74).*

SIMULATION sf. Spéc. Mil. XXe. Écon., Techn. ■ Méthode qui consiste à représenter, au moyen d'ordinateurs, des phénomènes économiques ou physiques que l'on veut étudier.

● — À propos de phénomènes écon.

Les experts étudient en *« simulation »* sur les machines électroniques différents programmes pour en tirer les conséquences, et les gouvernements peuvent alors choisir en connaissance de cause *(Bastide, 72).*

● — À propos de phénomènes physiques.

Lorsqu'en 1966 la décision fut prise d'équiper en pilotage automatique une ligne du métro de Paris, les ingénieurs constatèrent rapidement que les moyens d'analyse classiques des automatismes étaient relativement impuissants à traiter un problème aussi complexe ; c'est pourquoi on eut recours à la *simulation,* d'abord analogique, pour représenter le mouvement d'un train, puis numérique pour permettre le fonctionnement de ce train conformément à un programme de marche en pilotage automatique *(R.G.C.F. 7.73).*

SINISER v. tr. De *sino-* (chinois) et *-iser.* ■ Rendre chinois ; rendre conforme à la civilisation chinoise ou, par extension, aux doctrines en vigueur dans la République populaire de Chine.

Le danger, c'est le retour en arrière, le révisionnisme. Il faut *« siniser »* le marxisme. C'est le « retour à la Chine » *(E. 25.10.65).*

● Participe passé adj.

Un communisme distinct du modèle bolchevik, un *communisme « sinisé »* en quelque sorte, plus soucieux de nationalisme que d'internationalisme *(C. 28.4.68).*

SITE PROPRE sm. ~ 1965. (Dans une ville, sur une route, etc.) ■ Voie réservée à un moyen de transports publics, et nettement séparée des autres courants de circulation.

Lyon a sans doute été une des premières villes de France à disposer de transports urbains en *« site propre »,* comme on les appelle maintenant *(VR 20.7.69).* La création de *sites propres* figure en bonne place parmi les solutions préconisées pour réhabiliter les transports collectifs urbains *(VR 28.6.70).* (On) parle de mettre certaines lignes d'autobus en *site propre,* c'est-à-dire dans des couloirs réservés, je suppose : mais jusqu'ici ces derniers n'ont guère été respectés par la circulation générale *(M. 14.4.71).*
Desservir certains quartiers périphériques par un moyen de transport à grande capacité bénéficiant d'une plate-forme en *site propre (VR 5.3.72).* Dans le centre d'Evry-ville nouvelle, des autobus circuleront « en *site propre »,* c'est-à-dire sur des voies qui leur seront réservées *(VR 16.3.75).* Création de 150 km de *sites propres* pour les autobus *(C. 22.9.78).*

SIT-IN [sitin] sm. inv. ~ 1960. (Mot angl. *to sit in,* « prendre place, s'asseoir, s'installer »). ■ Manifestation contestataire, non violente, qui consiste à s'asseoir par terre, en groupes, sur la voie publique ou dans un lieu public.

L'incident permit aux comédiens de parfaire une technique de la résistance non violente — *sit-in* — mise au point au cours de protestations précédentes *(E. 22.7.68).* Agitation dans un lycée : *« sit-in »* dans le hall pour demander la réintégration de 11 élèves exclus *(Jullien, 72).* Les étudiants distribuent des tracts, organisent des *sit-in* et lancent une pétition *(O. 23.12.72).* Les étudiants ont couronné la journée par un *sit-in* au Champ de Mars, sans incidents *(M. 3.5.78).*

SITUATION (EN) adv. D'après l'emploi dans le vocabulaire de la psychologie. — Par ext. ■ Dans une situation qui imite aussi fidèlement que possible la réalité.

Plutôt que de réaliser un simple reportage, j'ai trouvé plus intéressant de mettre mes personnages *« en situation »* au moyen d'une anecdote romanesque insérée dans un milieu réel, selon un procédé bien connu des psychologues *(M. 20.5.64).* Pour faire parler les élèves d'une classe de conversation, il faut « mettre les gens *en situation ».* Pour y réussir, il peut suffire de leur donner quelques indications verbales : aller chez le médecin ; faire visiter sa maison. Une fois l'indication donnée, on distribue les rôles et les élèves sont invités à « improviser », à « se débrouiller » dans la situation où on les a placés *(F. Mon. 6.69).* Ces essais sur le circuit de M. vont permettre aux concurrents (d'une course d'automobiles) de procéder *en situation* à la mise au point des voitures *(A.A.T. 6.70).*
Après qu'on l'a promenée du 10 au 14 septembre dans 6 écoles successives, Martine M., normalienne de 2e année de Formation professionnelle, trouve enfin une classe où elle peut faire son stage *« en situation » (École, 72).* Ces méthodes audio-visuelles mettent l'élève *« en situation »,* c'est-à-dire qu'elles lui présentent un certain nombre d'images qui le plongent dans le milieu étranger dont il apprend la langue *(R 4.73).*

SITUATIONNISME sm. 1966. ■ Mouvement étudiant international qui lutte contre les structures de la société.

Deux ouvrages semblent marquer une décision nouvelle du *situationnisme* de se poser comme doctrine de vie et d'action : précisant et diffusant son vocabulaire, il attaque à découvert ce qu'il veut détruire, c'est-à-dire à peu près tout, et il intéresse l'opinion à sa lutte *(M. 14.2.68).*

SITUATIONNISTE adj. et s. Inspiré par le *situationnisme**.
- **Adj.**

    Il existe depuis une dizaine d'années, dans les milieux intellectuels et universitaires des démocraties occidentales, une *Internationale situationniste*, assez clandestine, mais dont on a beaucoup parlé il y a deux ans *(M. 14.2.68)*. Rien n'est moins révolutionnaire, rien n'est plus conformiste que la pseudo-colère d'un casseur, même s'il habille sa colère d'un *langage* marxiste ou *situationniste (M. 4.5.68)*. La diffusion du *manifeste « situationniste »* avait provoqué une levée de boucliers dans les milieux universitaires *(F. 15.12.66)*.

- **Subst.**

    Les *« situationnistes »* sont contre (...) les vieux partis, parce qu'ils sont vieux ; contre les partis nouveaux, parce qu'ils vieilliront ; contre l'Université, qui fabrique, disent-ils, les cadres d'une société sans liberté, etc. *(F. 17.12.66)*. Tout rentra, après quelque agitation héroïque, dans l'ordre. Les *situationnistes* furent remis à leur place, celle de « trouble-ennui » *(O. 3.1.68)*.
    C'est parmi les jeunes protestants de Strasbourg que sont nées les tendances les plus radicalement contestataires des *« situationnistes » (Garaudy, 72)*.

SKATEBOARD ou **SKATE(-)BOARD** ou, par ellipse, **SKATE** [skɛt(bɔrd)] sm. ~ 1976 (De l'angl. *to skate*, « patiner » et *board*, « planche »). Anglicisme souvent rendu en fr. par *planche* à roulettes*.

Juchés sur leurs planches à roulettes, ils slaloment entre les passants, prennent de la vitesse, sautent sur les bordures du trottoir et effectuent de savantes figures. Le *« skate board »* est en passe de devenir un sport *(M. 15.11.77)*. Au début, on appelle ça une planche, et puis après, on est au courant, alors on ne dit plus que *« skate »* (...) Benoît, 13 ans, est venu pour faire du *skate board* au Trocadéro *(M. 30.11.77)*. Le *skateboard* qui a déjà ses journaux, son jargon spécialisé, prend les allures d'une secte, comme l'ont été le rock, la pop music *(VR 28.5.78)*. Le monde du *skate*, avec son vocabulaire, ses champions, les « cakes », disent les initiés : un univers dont les parents se sentent exclus *(E. 12.6.78)*. Une cinquantaine de fabricants et importateurs de planches à roulettes ont exposé du 13 au 18 juin au premier Salon professionnel spécialisé. Jeu ou sport à la popularité fulgurante, le *skate-board* est d'abord l'affaire des marchands *(M. 20.6.78)*.

Rem. Le dérivé *skater* et sa forme francisée *skateur* désignent ceux qui pratiquent le *skate-board*.

Une manifestation juvénile et pacifique de *skateurs* qui ont réclamé un terrain aux cris de : « le *skate*, c'est non polluant ! » *(M. 30.11.77)*. L'année dernière, il s'est vendu pour environ 70 millions de francs de planches à roulettes (...) Le nombre des « *skaters* » approche le million *(M. 20.6.78)*.

SKIABLE adj. Rép. mil. XXe. ■ Où l'on peut skier, faire du ski (lieu). — Qui permet de faire du ski (époque, conditions, etc.).

Les emplacements de neige *skiable*, en France, ne sont pas si nombreux qu'ils puissent absorber dans une saison d'hiver, tous les aspirants à la neige (...) La saison *skiable* dure quatre mois *(Ragon, 71)*. Une série d'accords et de liaisons inter-stations (de sports d'hiver) viennent multiplier les possibilités de leurs domaines *skiables* respectifs *(P. 16.12.74)*.

SKI-BOB sm. ~ 1960. (De *ski* et *bob sleigh*). ■ Engin monoplace de sports d'hiver, comportant un cadre fixé sur un ski, une selle et un guidon. Le conducteur a en outre aux pieds deux skis très courts dont il se sert pour tourner et pour freiner.

Rem. 1. Le *ski-bob* est né en Autriche au siècle dernier, et il n'était à l'origine qu'un moyen de locomotion utilisé par les montagnards (...) Tombé peu à peu en désuétude en tant que moyen de transport, le *ski-bob* a été redécouvert au début des années 60 en Suisse romande et en Autriche, et s'est transformé en nouveau mode de loisir *(M. 3.3.79)*.

♦ Une station vaudoise offre aux non-skieurs une activité de rechange : l'école de *ski-bob*, engin qui procure la griserie de la vitesse sans demander de grands efforts physiques *(VR 24.11.68)*. Le *ski-bob*, cette attraction en forme de bicyclette, connaît un succès en coup de foudre : des pistes lui sont réservées, une équipe locale de compétition transforme en un sport dangereux, à plus de cent à l'heure, ce qu'on croyait d'abord n'être qu'un amusement bénin *(A. 12.2.70)*.

Des skieurs, des lugeurs, des adeptes du *ski-bob* « bicyclette » sans roues ni pédales *(M. 15.1.72)*. Sport d'hiver marginal, le *ski-bob* — puisqu'on l'appelle officiellement ainsi — est souvent un palliatif au mal de l'équilibre, un exutoire pour ceux à qui le ski ne procure que bosses, angoisse ou pis encore *(M. 22.3.75)*.

Le *ski-bob* est un des sports de neige les moins dangereux (...) Bien implanté en Suisse, on peut se demander pourquoi le *ski-bob* a tant de mal à s'imposer en France. Il est vrai qu'apparemment beaucoup de stations accueillent et louent des *skis-bobs* (...) en fait il y en a très peu qui proposent des pistes spéciales *(M. 3.3.79)*.

Rem. 2. Le subst. masc. dérivé *ski-bober* (utilisateur d'un *ski-bob*) est attesté.

Invoquant (...) le danger qu'il y a à faire cohabiter « *skis-bobers* » et skieurs, la plupart des stations en concluent paradoxalement qu'il n'y a pas lieu de créer des pistes « réservées » *(M. 3.3.79)*.

Rem. 3. On a parfois tenté une francisation de *ski-bob* sous la forme *véloski*.

SLALOMER v. intr. ■ Pratiquer le slalom. Effectuer à skis un parcours en slalom.

Mme E. *a slalomé* sur une piste encombrée, en toute connaissance des risques *(E. 4.1.71)*.
Le ministre de l'Équipement donne brillamment l'exemple *en slalomant* sur les pistes des Alpes *(E. 24.1.72)*.

- Par ext. Avancer en zigzag (sujet nom de chose ou de personne).

    Certaines coulées d'avalanche, remarquent des techniciens, *slaloment* bizarrement entre des terrains urbanisables *(E. 10.2.75)*.

SLALOMEUR, EUSE s. ■ Skieur, skieuse, qui pratique le slalom.

Tant que l'on n'aura pas saupoudré de neige artificielle les pentes proches de Rio de Janeiro, nulle chance pour qu'on y rencontre jamais le moindre *slalomeur (F. 23.8.66).* Il n'y a qu'un conseil à donner à l'automobiliste surpris par la neige : ne pas conduire comme un « *slalomeur* » ; avoir une pelle dans sa malle arrière, une bombe dégivrante à portée de la main *(C. 5.1.71).*

S.M.E. [ɛsɛmə] Sigle pour *S*ystème *m*onétaire *e*uropéen. 1978. ■ Accord monétaire signé en décembre 1978 entre les pays du Marché Commun.

Ce fameux « système monétaire européen » qui, avant même d'avoir vu le jour, a déjà l'honneur d'être le plus souvent désigné par ses initiales. Le *S.M.E.* aura-t-il plus de chances que son ancêtre le « serpent » ? *(M. 1.12.78).* Le système monétaire européen — *S.M.E.* — va-t-il pouvoir enfin entrer en vigueur cette semaine ? *(M. 13.2.79).* On aurait tort de se réjouir trop vite, sous le prétexte que la future cohabitation du franc avec le deutschemark au sein du *S.M.E.* — système monétaire européen — serait facilitée par un taux d'inflation un peu plus élevé en Allemagne *(M. 17.2.79).*

SMICARD, E [smikar, smikard] subst. ~ 1969. (De *S.M.I.C.*, sigle pour *« s*alaire *m*inimum *i*nterprofessionnel de *c*roissance », qui a remplacé le S.M.I.G. cf. *Smigard**). Salarié(e) qui ne touche que le S.M.I.C.

● Subst. masc.

À partir du 1er avril, le S.M.I.C. est à 3,68 F de l'heure, contre 3,63. La rétribution mensuelle minimum de 700 000 « *smicards* » se trouve portée à 737,53 F pour un travail hebdomadaire de 45 heures *(En. 10.4.71).*
Les femmes fournissent les gros bataillons de bas salaires. Elles représentent, en France, les deux tiers des *smicards (E. 21.5.73).* Quelle connaissance a-t-on du *smicard* ? Qui est-il ? Comment vit-il ? La condition d'une personne seule ne disposant que du SMIC pour vivre est certainement insupportable, en ville notamment *(M. 19.4.78).*

● Subst. fém.

Une « *smicarde* » déclare : « Mon père était journalier, mon mari manœuvre. Je continue comme eux (...) Nous, on a toujours été au bas de l'échelle, au Smic, comme vous dites ». C'est une *smicarde* sans le savoir *(C. 7.1.71).* Une femme sur deux gagne moins de 2.400 F par mois dans l'industrie et le commerce. Ces salariées à très petit revenu, qui sont-elles ? Pour certaines « *smicardes* », ce maigre salaire est vital. Pour d'autres c'est un revenu d'appoint *(M. 4.10.78).*

SMIGARD [smigar] sm. ~ 1960. De *S.M.I.G.*, sigle pour : *s*alaire *m*inimum *i*nterprofessionnel *g*aranti.

Les « *smigards* », ouvriers payés au salaire minimum interprofessionnel garanti *(E. 20.12.65).*
Pour nombre de responsables de notre économie, le « *smigard* » n'existe pas *(M. 5.6.64).*
Le pouvoir d'achat du « *smigard* » a augmenté trois fois moins vite que celui de l'ouvrier moyen à Paris et deux fois moins vite en province *(M. 12.2.66).* L'écart s'accroît entre le niveau de vie des « *smigards* » et celui des autres salariés *(F. 2.12.66).* Je ne me souviens pas avoir lu une définition précise du « pouvoir d'achat ». Est-ce celui du *smigard* ? Celui de l'ouvrier hautement qualifié ? Ou du cadre ? *(C. 10.9.69).*

SNACK [snak] sm. Pour *snack-bar* (mot angl.) ■ Bar où l'on peut prendre rapidement un repas léger.

C'est une misère ! me dit le patron (d'un restaurant). Les Parisiens ne mangent plus. Regardez-moi toutes ces têtes à *snack* (...) La France-*snack,* voilà ce qu'on nous fabrique. Heureusement qu'il y a encore des gens comme vous pour se taper un bon déjeuner *(Daninos, 58).* Un country-club comprenant : un terrain de golf de neuf trous, des courts de tennis, un parc d'enfants, un *snack (M. 15.11.66).*
Une chaîne de *snacks* qui s'étend de la place Péreire à la gare Saint-Lazare *(P. 25.3.74).*
Henri, sa femme et sa fille débitent avec jovialité de solides nourritures terrestres de bon goût (...) C'est autre chose qu'au *snack* voisin et plutôt moins cher *(M. 1.10.77).*

SNOBER v. tr. (De *snob*). Rép. mil. XXe.
Snober quelqu'un. Le traiter avec dédain ou mépris.

J'étais entrée au Conservatoire (où) j'étais la dernière de la classe, le cancre ; la maîtresse *me snobait,* me considérait comme un déchet *(M. 11.7.65).* Un tel se ment pour se punir, tel autre pour punir autrui ; celui-là parce qu'il a peur ; celui-ci pour « *snober* » son entourage... *(Fa. 11.9.68).* La revanche sur ces grandes familles qui me *snobaient* si durement *(PM 16.11.68).*
La clientèle des clubs *snobe* les vedettes, les regarde à peine pour la forme *(E. 27.12.72).* Ce public reste fidèle, même lorsque les meilleures raquettes du monde le *snobent (O. 1.7.74).*

● Au passif.

Une employée de bureau et un jeune travailleur immigré, qui sont *snobés* par leur entourage, surmontent l'hostilité des médiocres *(P. 17.6.74).* Les résidences secondaires ne sont pas toujours très bien accueillies dans les campagnes. D'abord parce que les autochtones se sentent souvent *snobés* par les propriétaires de ces résidences. *(O. 26.6.78).*

Snober quelque chose. S'abstenir d'assister, de participer (à...), par dédain ou snobisme.

On fera plus de choses ensemble, à l'intérieur du club, qu'on ne pourrait en faire seul en *snobant* le *club (E. 21.9.64).* Il est trop dommage de « *snober* » d'aussi prestigieux *concerts* que ceux de la Maison de la Radio *(FP 5.69).* Marguerite Duras, Nathalie Sarraute et Claude Roy « *snobent* » le *Prix* (littéraire) Médicis *(F. 7.1.67).*

SOCIALO- Premier élément (de *social*iste, et *-o*) d'adj. comp. dans lesquels il marque un lien, réel ou supposé, entre le socialisme, et plus particulièrement le parti socialiste français (activités, doctrine, candidats, programme, etc.) d'une part, et un autre parti ou groupement politique d'autre part.

Socialo-communiste. (C'est le composé le plus fréquent).

> Lors du référendum du 5 mai 1946, la constitution *socialo-communiste* est rejetée *(Agulhon, 72)*. Le vote du programme *socialo-communiste (P. 9.10.72)*. R. accepterait de participer à un gouvernement *socialo-communiste* à condition (...) *(E. 20.11.72)*. Cette critique, je l'adresse aussi au pouvoir *socialo-communiste (Exp. 12.72)*. Éviter le déferlement *socialo-communiste (M. 30.4.74)*. Le candidat *socialo-communiste (M. 14.5.74)*.

Rem. Une vingtaine d'autres exemples du même composé sont énumérés avec leurs références in *B.d.m.*, n° 11, 1976.

Socialo + adj. (autre que *communiste*).

> L'héritage *socialo-radical (M. 18.11.72)*. Un mélo (= mélodrame) *socialo-mondain (O. 10.3.74)*. Si une majorité *socialo-centriste* pouvait se dégager dans cette nouvelle Assemblée (...) *(M. 21.4.74)*.

SOCIÉTÉ D'ABONDANCE loc. subst. (Trad. de l'am. *affluent society*). Parfois pour : *société* de consommation*.

> La *société d'abondance* a accouché de la société de tolérance, où l'anarchisme est un produit de consommation courant comme la voiture ou le réfrigérateur *(E. 13.4.70)*.
> Ce qu'on commence (en 1968) à nommer la civilisation de consommation ou la *société d'abondance* (a-t-elle) un autre idéal que la réussite matérielle ? *(Viansson, 71)*. La *société d'abondance* gâte les meilleures énergies *(O. 29.1.73)*. Avec le crépuscule de la *société d'abondance* c'est la fin de la société permissive qui a fait un si mauvais usage de la liberté *(M. 17.1.74)*.

SOCIÉTÉ DE CONSOMMATION loc. subst. ~ 1968. (cf. Rem. 2. ci-après).

Rem. 1. La *société de consommation* est une société où sont créés des besoins artificiels, où l'action de vendeurs acharnés et habiles fait que chacun surestime ses propres besoins. Le consommateur, placé dans un état de résistance amoindrie, toujours plus sensible à la mode, à la publicité, imagine des besoins qu'il n'a pas (...) On parle de *« société de consommation »* parce que, dans ce type de société, les problèmes les plus difficiles cessent d'être ceux de la fabrication pour devenir ceux que pose l'écoulement des produits : information, publicité, marketing, etc. (...) Il n'est pas sûr que l'expression désormais consacrée de *« société de consommation »* soit bien choisie. (...) Comment la définir ? (...) Ses détracteurs n'ont pas l'intention de faire l'apologie de la pénurie, et il ne serait pas sérieux de déformer à ce point leur pensée. Pour eux, le vice de la société actuelle réside dans une certaine fonction et dans une certaine exaspération de la consommation *(N 4.69)*.

Rem. 2. Employée jusque là prudemment et sans intention péjorative, l'expression *« société de consommation »* a été lancée en mai 1968. Bien qu'elle soit, à proprement parler, vide de sens, elle en est si chargée que nous avons tous été pris d'un remords confus (...) Au moment même où ils lançaient cette condamnation, les étudiants censeurs ont cependant, en juin 1968, été relayés par toute la masse des salariés en vue de... consommer davantage *(Sauvy, 70)*.

♦ La *société de consommation* a sans doute, dans un premier temps, développé des phénomènes d'intégration sociale et atténué les extrémismes politiques. Mais elle a également créé des traumatismes et des contradictions qui ont provoqué des mouvements de révolte *(G. Martinet, 68)*. La *« société de consommation* pourrie *»* exige des esclaves bien nourris et décervelés pour produire et acheter les gadgets, pour gober ses *« mensonges permanents » (O. 17.4.68)*. La *société* dite *de consommation* qui est aussi la société d'abondance, est capable de jeter sur le marché des produits fabriqués en si grand nombre qu'elle a dû inventer une façon de les consommer. (...) Les hommes qui travaillent dans cette société sont pris dans un réseau si serré de publicité, de loisirs collectifs et de marchands de vente à crédit qu'ils sont livrés pieds et poings liés à ceux qui dominent l'économie *(M. 24.5.68)*.

Le péché de la *société de consommation*, le vrai, est de détourner l'esprit, de lui masquer le tragique fondamental de la condition humaine *(E. 29.11.71)*. La société actuelle, qui n'est pas société *« de consommation »* pour tout le monde, il s'en faut, est, pour tout le monde, société *« de tentations » (M. 6.6.72)*. Qu'est-ce qu'une *société de consommation* c'est-à-dire de gaspillage, sinon une société qui a trouvé dans les achats fréquemment renouvelés le moyen de lutter contre la tristesse des travaux et des jours ? *(M. 10.11.74)*. La fameuse *« société de consommation »* ne serait-elle pas le moyen qu'auraient trouvé les industriels pour faire accepter aux consommateurs des choix que ces derniers n'ont jamais faits ? *(O. 26.6.78)*. La mythologie de l'exceptionnel est encore celle de la *société de consommation (M. 1.7.78)*.

→ CONSOMMATION (DE).

SOCIO(-) De *social*. Premier élément de nombreux adjectifs et de substantifs composés. ■ Qui concerne à la fois les aspects, les problèmes sociaux et ceux que désigne le deuxième élément.

— L'emploi du trait d'union devant une consonne est parfois hésitant.

Rem. Certains comp. sont traités plus loin, en articles séparés, à leur place alphab. D'autres sont répartis dans les deux rubriques ci-après.

Socio- + adjectif.

O Les premières *expériences socio-affectives* de l'enfant (...) les traces qui ont marqué sa personnalité, thèmes chers à la psychologie contemporaine *(C. 25.10.69)*. « Au cinéma ce

SOCIO(-)

soir » marque l'apparition (à la télévision) d'un type de soirée continue. La soirée tout entière devient un *document d'archives socio-cinématographique (M. 20.7.69).*
(Une) étude consacrée à l'analyse des *traits socio-démographiques* des médecins des bourgades et des campagnes par rapport à leurs confrères des villes *(M. 15.6.65).*
Qu'est-ce qui fait qu'un travailleur étranger s'assimile mal ? « Les *facteurs socio-géographiques* » : c'est-à-dire, en fait, l'origine de l'immigrant *(E. 13.4.70).* Les principaux *problèmes socio-linguistiques* (CL 11.66). Des *théories socio-pédagogiques* qui estiment souhaitable que l'enfant acquière des habitudes « sociales » le plus tôt possible *(M. 3.1.68).* Reconstituer, selon des *méthodes socio-policières classiques les chassés-croisés des agents doubles et triples (E. 15.4.68).*
L'analyse politique est tributaire de l'*étude socio-psychologique* et ne saurait progresser plus rapidement que la connaissance générale de la société *(Meynaud, 59).* La nouvelle *vague socio-réaliste* a bouleversé le cinéma traditionnel à partir de 1958 *(M. 13.3.66).* À l'extinction rapide des *différences socio-régionales* s'opposerait une différenciation d'un type nouveau, fondée sur les « classes d'âge » *(E. 11.3.68).* Le texte (d'un livre), même s'il fait appel à de solides notions du *phénomène socio-religieux,* demeure fort clair d'un bout à l'autre *(E. 13.9.65).*

∞ Ce nouveau statut de la jeune fille a fait naître des conflits *socio-affectifs* dont les plus vifs sont peut-être ceux qui l'opposent à ses parents *(Roudy, 70).* Le clergé, en tant que corps *socio-sacral,* écrit l'Abbé Marc Oraison, a pratiquement perdu sa signification *(N 10.70).* Ces faits condamnent toute conception *sociogénétique* des maladies dites mentales *(N 1.71).* Le développement de l'actionnariat a eu d'importants effets *socio-psychologiques (Birnbaum, 72).* Une pédagogie *socio-personnelle* qui recherche l'alternative entre le travail individuel et le travail en groupe *(Cornaton, 72).* Déterminer pour chaque cas particulier un traitement *socio-thérapeutique* appliqué *(Bastide, 72).* Des courants d'inspiration *socio-chrétienne* caractérisent, en France, une certaine pensée universitaire *(Elgozy, 72).* Au moins 1393 bébés ont été abandonnés dans Séoul l'année dernière, rapporte une enquête *socio-médicale (M. 21.5.72).* Toutes les analyses *socio-idéologiques* concluent au caractère déceptif de la littérature *(Barthes, 73).* Les problèmes *socio-artistiques* et philosophiques posés par ce roman *(Daix, 73).* Un programme d'initiation des ingénieurs à l'analyse *socio-technique (Exp. 12.73).* Ce film inaugure une forme de cinéma *socio-poétique* inconnue en France *(M. 22.5.74).* Une conséquence de la récession est de nature *socio-psychologique.* Le moral du mineur a été sérieusement atteint *(M. 27.6.74).* L'effort actuel des collectivités thérapeutiques ou *sociothérapiques (Bensoussan, 74).*

Socio + subst. (nom abstrait).

Une conception un peu primaire du concept de *sociogénèse* de la maladie mentale *(N 1.71).* La *sociographie,* étude de la projection des phénomènes sociaux dans l'espace, permet de saisir l'évolution des densités humaines, des zones d'activités, des équipements collectifs *(Lacombe, 71).* (Il y a) une multiplication des disciplines spécialisées dans l'étude du psychisme : (...) sociologie, psychanalyse, *sociopsychologie,* anthropologie *(N 2.72).* Chaque fiction est soutenue par un parler social, un *sociolecte,* auquel elle s'identifie *(Barthes, 73).* La combinaison est toujours incertaine, aléatoire entre l'égocentrisme individuel et le *sociocentrisme* collectif *(Morin, 73).*

SOCIO(-)CULTUREL, LE adj. Mil. XXe. Did. ■ Relatif aux structures sociales et à la culture qui y correspond ; qui concerne à la fois un groupe social donné et la culture dont ce groupe se réclame.

Rem. L'emploi du trait d'union est hésitant.

O Les *animateurs socio-culturels,* assistantes sociales et éducateurs ont protesté contre la décision de supprimer vingt postes de directeur de maison de jeunes et de la culture *(M. 9.9.69).* Les enfants d'un grand ensemble viennent de gagner le droit de jouer, de peindre et de dessiner ensemble. Leurs parents, réunis en une *association socioculturelle* ont obtenu une salle de 250 m2 dont ils ont fait un centre de loisirs *(E. 16.3.70).* (On a pu recueillir cent mille *données* techniques et *socio-culturelles* sur les conditions) de réception des émissions de l'O.R.T.F. dans le monde *(M. 28.12.65).* Le Théâtre de la Maison des jeunes et de la culture de C., l'un des plus importants et le plus récent des *équipements socio-culturels* de la région parisienne *(M. 24.3.66).* Pourquoi les jeunes refusent-ils l'*héritage socio-culturel* de leurs aînés ? *(C. 28.9.69).*

∞ Le *milieu socioculturel* servait à traquer l'alcoolisme probable *(N 1.71).* C'est le premier livre qui explore en profondeur l'expression de « *révolution socioculturelle* » *(N 1.71).* Ces diverses conditions techniques de la vie urbaine moderne donnent au citadin un style de vie et un *univers socio-culturel* nouveaux *(Lacombe, 71).* Notre système de *représentations socio-culturelles (Amblès, 72).* Nous (syndicat d'enseignants) nous battons contre la *ségrégation socio-culturelle* (...) La *sélection socio-culturelle* est faite à l'entrée en sixième *(Jullien, 72).* Pierrot n'était ni un « notable » ancienne manière, ni un « *leader socio-culturel* » du nouveau style. Il n'était ni maire, ni notaire, ni médecin (...) ni directeur de Maison de la culture *(C. 26.4.72).* (Des personnes) de *niveau socio-culturel* élevé : secrétaire de direction, représentant, cadre supérieur *(N 10.72).* Chaque pays a, bien entendu, ses *structures socio-culturelles* liées souvent à des faits historiques récents *(N 10.72).* La science peut être vécue comme une *sagesse socioculturelle* et non comme une recherche effrénée de la puissance *(E. 3.9.73).* Des *films socioculturels* sur la drogue *(E. 10.2.75).* Les mutations responsables d'un *déracinement socio-culturel* de nombreux travailleurs *(M. 25.10.75).* Construire une cité nouvelle dotée de tous les *équipements socio-culturels* et commerciaux *(M. 23.1.76).* L'État devrait subventionner la mise en place des indispensables *équipements socioculturels* et sportifs *(C. 1.6.78).*

SOCIODRAME sm. ~ 1960. ■ Application du *psychodrame** à une collectivité qui improvise une scène dramatique, sur un thème donné.

Le *sociodrame* a pour objet les relations entre groupes et la confrontation des idéologies collectives. Le vrai sujet d'un *sociodrame* est le groupe. Mais on retrouve les mêmes techniques de jeu théâtral que dans le psychodrame. Des scènes pourront être jouées devant une assistance seront consacrées, par exemple, aux rapports entre Blancs et Noirs (...) Le meneur de jeu, les protagonistes et le public discutent ensuite en commun de ce qui s'est passé *(Cornaton, 72).*

SOCIO-ÉCONOMIQUE adj. Mil. XXe. ■ Qui concerne à la fois les phénomènes sociaux, les réalités économiques et les relations des uns avec les autres.
O L'ensemble des problèmes intéressant Venise : *aspects socio-économiques* et démographiques (...) *(M. 23.7.69)*. À l'intérieur même de chaque province, de profonds *déséquilibres socio-économiques* subsistent, à cause du dépeuplement des régions rurales au profit des centres urbains *(M. 30.9.69)*. Le gouvernement du Québec entend assumer toutes les responsabilités qu'il détient dans les domaines de l'éducation, de la culture, de la formation des adultes et, de façon générale, dans celui de l'*épanouissement socio-économique* de sa population *(M. 14.1.68)*. Favoriser l'égalisation des chances des enfants et des adolescents issus de *milieux socio-économiques* différents *(M. 17.4.66)*. Une véritable démocratisation doit s'attaquer aux *privilèges socio-économiques* et aux prédestinations qu'ils entraînent *(M. 18.2.69)*. La division de la France en neuf grandes *régions socio-économiques* *(M. 25.9.68)*. Les divisions territoriales sont inadaptées aux zones de *solidarités socio-économiques* réelles *(Moulin, 68)*. La baisse de l'endémie tuberculeuse est étroitement liée aux *statuts socio-économiques*, à l'habitat, au degré de médicalisation d'une population, à ses habitudes de vie *(M. 4.1.68)*. Prouver qu'il est possible de changer les *structures socio-économiques* et politico-culturelles avec courage, décision et fermeté mais sans effusion de sang *(M. 9.1.69)*. L'homme est fondamentalement le même, quel que soit le régime politique ou le *système socio-économique (M. 25.3.69)*.
∞ L'école juge les enfants sur des *critères socio-économiques (Jullien, 72)*. La mutation brutale a rompu l'*équilibre socio-économique* de la Polynésie française et provoqué des dommages irréversibles dans l'art de vivre de ses habitants *(E. 16.7.73)*. Des *contraintes socio-économiques* pèsent sur la création architecturale *(O. 31.12.73)*. Le désir du pouvoir politique de changer la *structure socio-économique* de Paris *(M. 27.11.74)*.

SOCIO-ÉDUCATIF, IVE adj. ■ Qui concerne l'éducation sous son aspect social ou comme préparation à la vie sociale.
O Le ministre a déclaré que s'il est favorable aux *activités socio-éducatives* dans les lycées, il n'acceptera jamais que « cela dégénère en exploitation politique » *(C. 1.12.68)*. L'*aménagement socio-éducatif* du nouveau quartier populaire comprend des aires de jeu dans les espaces verts avec ce qu'il faut pour les jeunes : toboggans, bacs à sable, balançoires, etc. *(M. 11.5.66)*. Il faut que soient édifiés des *complexes socio-éducatifs* de quartier dans lesquels l'école trouverait la place qui lui revient *(M. 4.11.66)*. 3 millions de francs pour des opérations d'*équipement socio-éducatif (M. 15.6.65)*. Bien avant que des *foyers socio-éducatif* soient créés dans les lycées, les clubs UNESCO organisaient déjà à l'intérieur même d'un certain nombre d'établissements scolaires des débats sur les problèmes politiques, économiques et sociaux, des cercles de travaux pratiques sur l'information, des voyages d'études à l'étranger, etc. *(M. 10.4.69)*. Des écoles d'apprentissage (créées) sur le modèle des *organismes socio-éducatifs* modernes *(F. 4.1.67)*. Transformer l'école (par) le développement de la *partie socio-éducative* dans la vie scolaire *(M. 30.3.69)*.
∞ La famille, en tant que *milieu socio-éducatif (Mollo, 69)*. Une centaine de jeunes « prédélinquants » issus pour la plupart de *centres socio-éducatifs (E. 30.7.73)*.

SOCIOGRAMME sm. Mil. XXe. Did. ■ Figure qui représente l'ensemble des relations individuelles entre les différents membres d'un groupe.
Les résultats (d'un test sociométrique) sont présentés soit sous forme de tableaux à double entrée, soit sous forme de schémas appelés *sociogrammes (Cornaton, 72)*.

SOCIOLINGUISTIQUE sf. et adj. Attesté ~ 1950, rép. ~ 1966. (cf. Rem. 1. ci-après). (D'après l'angl. *sociolinguistics*). Did.
● Subst. fém. ■ Discipline qui étudie les relations entre langage, culture et société.
Rem. 1. Le terme anglais sociolinguistics, qui apparaissait comme récent, s'est répandu avec de nombreuses études aux États-Unis (...) En 1966 (lors du) congrès international de Sociologie (...) des communications ont été entendues, une commission internationale a été constituée. Dès lors, accessoirement, le terme de *sociolinguistique* a reçu droit de cité en français (...) La partie du supplément (au livre « Matériaux pour une sociologie du langage ») a un caractère prospectif pour ceux qui continueront à bâtir une *sociolinguistique (Cohen, 71)*.
Rem. 2. La *sociolinguistique* est une partie de la linguistique dont le domaine se recoupe avec ceux de l'ethnolinguistique, de la géographie linguistique et de la dialectologie. La *sociolinguistique* se fixe comme tâche de faire apparaître dans la mesure du possible la co-variance des phénomènes linguistiques et sociaux et, éventuellement d'établir une relation de cause à effet *(Dubois, 73)*.
♦ La *sociolinguistique* apparaît au premier abord comme une voie « autre », « contre », « en plus », ou « en mieux » que la voie déjà bien frayée de la linguistique descriptive *(Lang. n° 11, 9.68)*. Il n'est pas certain que la *sociolinguistique* soit une discipline propre, ayant ses principes et ses méthodes spécifiques *(Mounin, 74)*.
● Adj. ■ Qui relève de la *sociolinguistique*, concerne la *sociolinguistique*.
Comment progresser vers la position du problème *sociolinguistique* ? (...) D'autre part, la société et la possibilité d'une recherche *sociolinguistique* vont trouver place dans un système second, celui du style. C'est ainsi qu'A. Bailly introduit la dimension sociale par la théorie des effets d'évocation *(Lang. n° 11, 9.68)*.

SOCIOMÉTRIE sf. Mil. XXe. (De l'angl. *sociometrics*). Did. ■ Étude de la mesure des relations entre les hommes, les groupes humains.
Le monde est plein de millions d'individus et de groupes isolés et rejetés, rejetants ou négligés. La *sociométrie* a rendu possible une étude plus précise de ces groupes *(Cornaton, 72)*. J.L. Moreno, évoquant les interactions sociales, suggérait une méthode d'analyse scientifique nouvelle, la *sociométrie (N 2.72)*.

SOCIOMÉTRIQUE adj. ■ Qui relève de la *sociométrie*.
La technique principale de la sociométrie est le test *sociométrique* (Birou, 66). Le test *sociométrique* (...) consiste expressément à demander au sujet de choisir, dans le groupe auquel il appartient ou pourrait appartenir, les individus qu'il voudrait avoir pour compagnons *(Cornaton, 72)*.

SOCIO-POLITIQUE adj. Mil. XXe. ■ Qui tient compte à la fois des données politiques et des données sociales ; qui concerne à la fois les unes et les autres ; qui est conditionné par les unes et les autres.
Sans cesse il se produit des bouleversements *socio-politiques* : guerres, révolutions, émeutes *(Freund, 65)*. Des forces *socio-politiques* — parti, armée, etc. — agissent comme des groupes de pression *(M. 7.4.66)*. Dans la société française aujourd'hui, il n'existera pas d'évolution technique qui ne soit accompagnée d'une évolution *socio-politique (Lacombe, 71)*. La charité chrétienne suppose un engagement, un don de soi, qui ne sont faciles à réaliser dans aucun système *socio-politique (En. 9.4.71)*. On met les enfants à l'école libre pour des raisons *socio-politiques (Jullien, 72)*. La solution du problème de l'enseignement n'est pas possible dans n'importe quelles conditions *socio-politiques (E. 17.9.73)*. Évangéliser, ce n'est pas seulement enseigner quelque chose, c'est s'engager dans des actions *socio-politiques* pour construire le monde du Christ *(Pa. 10.74)*. Certaines données *socio-politiques*, fournies il y a 3 ans par une enquête parue dans la Revue française de science politique (...) *(C. 27.2.77)*.

SOCIOPROFESSIONNEL, LE ou SOCIO-PROFESSIONNEL, LE adj. ~ 1950. ■ Relatif à la fois aux appartenances sociales et professionnelles d'un individu ou d'un groupe.
O Recourir au suffrage universel direct pour la désignation des conseillers régionaux, et même de ceux qui représenteront les *activités socio-professionnelles (M. 15.12.68)*. Les *catégories socio-professionnelles* représentées pourraient être au nombre de six ou sept : agriculteurs, salariés, chefs d'entreprise, familles, membres de l'Université, professions libérales *(M. 15.12.68)*. Des *conseillers régionaux socio-professionnels* librement désignés au titre de catégories professionnelles ou sociales *(M. 26.2.69)*. M. J.-F. G. s'est efforcé de conduire son diagnostic sur les départements sous-développés à partir de quatre critères significatifs : le dépeuplement, les *déséquilibres socio-professionnels*, le niveau des salaires et la densité automobile *(M. 24.5.66)*. À regarder de près les *origines socio-professionnelles* du personnel politique de ce département, on voit (qu'il est) une terre de notables *(O. 25.11.68)*. La présence des *représentants « socioprofessionnels »* dans les assemblées délibérantes *(E. 17.3.69)*.
∞ Grâce à la politique de concertation, les *organisations sociprofessionnelles* sont devenues les interlocuteurs privilégiés du gouvernement *(E. 19.7.71)*. Vive inquiétude de divers *secteurs socio-professionnels* devant la situation du pays *(M. 20.5.72)*. La perspective d'un *bouleversement socio-professionnel* n'enthousiasme pas les élus, parce qu'il pourrait avoir des prolongements électoraux *(M. 13.12.72)*. On constate une désaffection pour le camping dans les *catégories socio-professionnelles* favorisées *(M. 2.7.78)*.

SOCIOPSYCHANALYSE sf. ~ 1970. Did. ■ Application des méthodes de la psychanalyse à l'étude des phénomènes collectifs.
Il paraît pensable que se constitue une *sociopsychanalyse* étudiant scientifiquement l'influence exercée par les forces sociales, en particulier au cours de l'éducation familiale et scolaire, sur le développement psycho-affectif de l'individu *(N 1.71)*. Initiateur de la *sociopsychanalyse*, le Dr G. Mendel publie ce mois « Anthropologie » *(E. 10.72)*.

SOCIOTHÉRAPIE sf. Mil. XXe. Did. ■ Ensemble de moyens psychothérapeutiques visant à favoriser l'intégration de l'individu à un groupe, ou à améliorer les relations dans le groupe.
● Spéc. Ensemble de mesures sociales destinées à favoriser la réintégration d'un malade mental dans son milieu, dans la société.
Psychothérapies et *sociothérapies* nécessitent un apprentissage en sciences humaines. Nul spécialiste de la médecine mentale n'est en droit de les ignorer *(M. 9.1.69)*. Si les chercheurs découvrent un jour le virus ou les anticorps de la schizophrénie, ergo- et *sociothérapie* prêteront à rire *(N 1.71)*.

SOFRES [sɔfrɛs] sf. Sigle de *So*(ciété) *fr*(ançaise) (d') *e*(nquêtes) (par) *s*(ondage). ■ Nom d'une nouvelle société spécialisée dans les études de marché et les *sondages* d'opinion.
« Le Figaro » du 3 mars publie les résultats de deux enquêtes de la *Sofres* effectuées du 25 au 28 février auprès d'un échantillon national de 1.000 personnes *(M. 4.3.78)*.

SOFTWARE [sɔftwɛr] sm. ~ 1965. Mot américain, d'abord formation plaisante — argot d'ingénieurs — par opposition à *hardware* ; devenu terme technique international en informatique. ■ Les programmes, les moyens d'utilisation, etc. (d'un ordinateur).
Rem. 1. Le *« software »* est la « matière grise » de l'ordinateur, c'est-à-dire les programmes qui lui permettent de fonctionner. Le « hardware » c'est le matériel, c'est-à-dire l'ordinateur et ses périphériques *(O. 21.10.68)*. On n'a pas trouvé de mots français pour traduire *software* et *hardware*, et pourtant on a cherché depuis des années *(O.R.T.F. 1.3.69)*. *Software* et son opposé « hardware » sont les deux mots clés de « l'informatique », c'est-à-dire du traitement de l'information au moyen d'ordinateurs. Par opposition à « hardware », les Américains ont forgé le mot *« software »* — « hard » : dur, « soft » : doux — pour désigner tout ce qui est le résultat d'un effort intellectuel pour faire fonctionner le matériel. En France, L. Armand a proposé les mots « quincaille » et « mentaille » pour éviter les

anglicismes. Mais ceux-ci prévalent pour l'instant, car les Français, dans ce domaine, semblent manquent de « matière grise » *(R. 3.70)*.

♦ Le « plan calcul » mettra à la disposition des industriels des moyens financiers pour leur permettre de réaliser les matériels et le *« software »* que nécessite le traitement automatique de l'information *(M. 11.11.66)*. On y parla (dans un congrès) de structure du langage et de structure de la société, de science des langages naturels et artificiels, de l'effet rénovateur du langage. C'est la culture du *software* qui s'affirme, et étudie comment l'être humain, à travers le langage, peut réussir à se servir des machines *(M. 17.12.68)*.
Les tâches, confiées aux calculateurs devenant (...) de plus en plus complexes et (...) diversifiées, les besoins en *software* vont grandissant. En 1968, environ 6 milliards de dollars ont été consacrés aux États-Unis à l'élaboration de *softwares (E.U., t.6, 3.70)*. Dans les 5 dernières années, l'industrie du *software* a connu en France une forte expansion : on a vu naître près de 550 sociétés de services et de conseils en informatique *(En. 4.11.71)*. Le développement de l'informatique pose des questions juridiques nouvelles, par ex. les relations entre les entreprises produisant des matériels informatiques ou du *« software »* — programmation —, leurs salariés et leurs clients *(M. 13.2.72)*.

Rem. 2. Le terme fr. officiellement recommandé pour traduire cet anglicisme est *logiciel*.
→ HARDWARE.

SOL-AIR, SOL-SOL loc. adj. Milit. ■ À propos d'engins, de fusées, de missiles, etc., lancés à partir d'une rampe contre un objectif aérien ou terrestre.

Une *fusée sol-air* à deux étages et munie d'une tête chercheuse active, conçue pour l'interception des bombardiers volant à haute altitude *(M. 17.11.66)*. Sur la base aéronavale d'A. des *missiles sol-air* sont installés *(M. 25.5.69)*. L'*engin sol-sol* balistique stratégique est un élément nouveau et indispensable de la force de dissuasion *(M. 2.12.64)*. Le choix est entre la construction de *fusées sol-sol* d'une portée qui corresponde au système intercontinental américain, ou la construction d'un nombre plus grand de sous-marins *(E. 11.12.67)*. Les essais de *missiles sol-sol* balistiques stratégiques — S.S.B.S. — à deux étages actifs viennent seulement de commencer *(M. 4.1.69)*.
En 1975, la France disposera de 18 *missiles sol-sol* stratégiques *(E. 19.10.70)*.
L'hélicoptère n'est pas un moyen de combat tous temps. Contre lui, la menace serait efficace d'une *artillerie sol-sol* adverse utilisée à haute dose ou à grande cadence de tir *(M. 30.5.78)*.

SOLAIRE adj. et sm. Spéc. Rép. ~1970.

● Adj. Relatif à l'énergie dite *« solaire »*, obtenue en utilisant la chaleur fournie par le soleil. Qui utilise cette énergie, ou est conçu, équipé pour l'étudier, la capter, l'utiliser.

Il y a 18 ans que le Pr Trombe a déposé son premier brevet de *maison solaire*. Un système très simple, qui adapte à l'habitation le principe des serres *(E. 9.12.74)*. Le délégué aux énergies nouvelles a prédit un important développement des *habitations solaires* : 50.000 logements utilisant l'*énergie solaire* en 1985 *(M. 20.6.75)*.
Signe des temps, la municipalité se met à l'*âge solaire* : l'édifice de verre et d'acier, d'architecture classique, est surmonté de deux énormes capteurs (...) L'*architecture solaire* française paraît bien sage si on la compare à sa concurrente américaine (...) Pour un surcoût d'*investissement solaire* de 50.000 francs, on économise environ 70 % des dépenses d'énergie *(M. 20.5.78)*. Le *chauffage solaire*, c'est, bien sûr, une idée très sympathique mais c'est cher, ce n'est pas au point... Ainsi va la légende *(O. 19.6.78)*. À Madrid, dans un *immeuble solaire* de 18 étages, les façades cachent, derrière les reflets de verre fumé, des capteurs qui couvrent la moitié des surfaces *(E. 3.7.78)*. Le premier *chauffe-eau solaire* en « kit » fait son apparition (...) En une semaine un bon bricoleur effectuera le montage et le raccordement du *capteur solaire* et du ballon d'eau chaude *(M. 8.7.78)*. Les recherches menées en France dans le *domaine solaire* doivent-elles avoir un impact sur l'approvisionnement énergétique du pays ? (...) La *politique solaire* française paraît aborder un léger virage (...) Les *piles solaires* n'ont d'intérêt en France métropolitaine que dans des cas très particuliers *(M. 16.2.79)*.

● Subst. masc. (Peut-être par ellipse de : *domaine* ou *secteur de l'énergie solaire, système conçu en fonction de l'énergie solaire*, etc.).

— « Le Commissariat à l'énergie solaire a-t-il l'ambition d'être au *solaire* ce qu'a été au nucléaire le Commissariat à l'énergie atomique ? »
— « L'ambition est identique, mais la manière sera différente (...) Le *solaire* est un produit doux qui ne nécessite pas toutes les précautions auxquelles oblige le nucléaire » *(M. 20.5.78)*. Les énergies dites nouvelles prendront progressivement la relève durant les 50 années à venir. Un scénario de ce genre prévoit la transition au « tout *solaire* » d'ici à l'an 2.050 *(O. 26.6.78)*. L'impact du *solaire* sur la balance énergétique française passera par le chauffage de l'eau ou des locaux *(M. 16.2.79)*.

Rem. Les dérivés : *solariser*, v. tr. (équiper qqch — immeuble, maison — de dispositifs utilisant l'énergie solaire), et *solarisation*, sont attestés.

L'objectif est de *« solariser »* le quart des logements construits chaque année *(E. 3.7.78)*.
À l'opposé du « tout solaire », la *solarisation* partielle des bâtiments existants : éoliennes (...) sur le toit des H.L.M., verrières rajoutées en façade, capteurs posés sur les balcons ou sur les toits *(M. 20.5.78)*.
→ CAPTEUR.

SOMMET (AU) loc. adj. Fig.
Conférence au sommet. Traduction de l'anglais *« summit conference »*. ■ Rencontre officielle entre chefs d'État ou de gouvernement, et par extension, entre chefs de partis, etc., en vue de négociations importantes.

Une *conférence « au sommet »* pourrait réunir les chefs d'État de Malaisie et des Philippines *(M. 26.5.64)*. Les pays arabes poursuivent la politique de coopération inaugurée à la *conférence « au sommet »* tenue il y a un an au Caire *(M. 12.1.65)*. La réunion préparatoire de la *conférence au sommet* des Partis communistes *(E. 25.11.68)*. Le ministre a proposé aux États membres de la Communauté européenne qu'une *conférence* des Six *au sommet* se réunisse avant la fin de l'année *(M. 23.7.69)*.

Subst. (nom de chose abstraite) + au sommet.

La visite-surprise du premier ministre soviétique au président finlandais n'est sûrement pas motivée par une simple partie de pêche. Mais, ces *consultations « au sommet »* et à titre privé sont fréquentes *(M. 10.10.68)*. Pour mettre sur pied la *coopération au « sommet »* avec la C.F.D.T., M. S. a rappelé les quatre propositions avancées par la C.G.T. *(M. 1.1.66)*. Le parti socialiste unifié n'a pas répondu aux offres de rencontre que la S.F.I.O. lui avait faites : il ne voit pas, pour le moment, l'utilité de *discussions « au sommet »* *(M. 14.10.69)*. *Négociations « au sommet »* entre le patronat, les syndicats et les pouvoirs publics *(M. 26.2.69)*. Le secrétaire général du parti communiste a réaffirmé son espoir d'une *« rencontre au sommet »* des dirigeants fédérés et communistes *(M. 19.1.68)*. Il faudra attendre pour y voir clair la *réunion « au sommet »* des Six *(M. 11.9.69)*.
L'America Cup, *compétition au sommet* pour voiliers de haute compétition *(P. 27.1.75)*. On voit mal l'union de la gauche redémarrer sans *accord* politique *« au sommet »* *(C. 2.9.78)*.

Sommet sm. (par ellipse pour : *conférence, rencontre, réunion*, etc., *« au sommet »*).

On avait parlé d'un éventuel *« sommet »* à trois sous l'égide du Prince N. *(M. 26.5.64)*. Il ne saurait être question de fixer la date de ce *« sommet »* franco-britannique avant le début de mars *(M. 17.1.65)*. Le communiqué publié au Caire la semaine dernière, à l'issue du « petit *sommet* » afro-asiatique *(M. 9.7.65)*. (Le) secrétaire général de l'Organisation des États américains voudrait organiser une conférence *« au sommet »* des chefs d'État américains. Ce *« sommet »* pourrait avoir lieu à Buenos Aires *(M. 9.4.66)*. Le président (des États-Unis) a accepté d'examiner le principe d'un *« sommet »* latino-américain pour étudier les problèmes du continent et le fonctionnement de l'Alliance pour le progrès *(M. 17.4.66)*. Le *« sommet »* des grands-pères (rencontre du président des États-Unis et du premier ministre de l'U.R.S.S.) à G. n'a pas pu et ne pouvait pas produire les mêmes résultats que le dialogue des deux « K » (Kennedy-Khrouchtchev) *(M. 16.1.68)*.
Le calendrier des *sommets* ouest-européens et celui des pourparlers paneuropéens, destinés, dans l'esprit des Soviétiques, à défaire les résultats de ces *sommets (M. 17.2.72)*. Au *« sommet »* de Copenhague, la Communauté, victime de la crise pétrolière, s'était engagée dans un dialogue avec les pays arabes *(M. 1.3.74)*. Le roi d'Arabie, d'abord hostile à l'idée du *sommet* des chefs d'État de l'Opep *(E. 9.2.75)*. Le conseil des ministres des « Neuf » prendrait de moins en moins de décisions et les reporterait au plus haut niveau, encombrant ainsi l'ordre du jour des *« sommets » (M. 29.11.75)*. Le *« sommet »* des dirigeants de l'Union de la gauche a débuté hier *(M. 19.5.77)*. Le second *« sommet »* de la gauche s'est achevé par un constat de carence *(M. 24.9.77)*. Le *sommet* de Chantilly peut être considéré comme historique dans la mesure où pour la première fois les responsables des Églises, de l'Est comme de l'Ouest, conféraient sur un pied d'égalité *(M. 15.4.77)*.

SONAR sm. Mot anglais. (De *« sound navigation and ranging »*).
■ Appareil de détection sous-marine (cf. *radar*).

Le Triton (navire spécialisé dans l'exploration sous-marine) sera équipé d'un *« sonar »* à balayage latéral *(F. 7.2.67)*. Pour les amateurs (de pêche) : un petit *« sonar »* de poche qui détecte les bancs de poissons *(PM 23.12.67)*.

SONDAGE sm. Fig. Spéc. Rép. mil. XXe. Dans les locutions *enquête par sondage, sondage d'opinion*, ou, par ellipse, *sondage*. ■ Méthode statistique d'enquête qui consiste à interroger un échantillon jugé représentatif d'une *population** (nombre limité de personnes choisies en fonction de différents critères *socio*-culturels, socio*-professionnels*, etc.), afin de déterminer comment se répartissent au moment de l'enquête les opinions de l'ensemble de la population sur les questions posées.

Une immense enquête : « Dieu et les Français » a été faite à partir d'un *sondage*-fleuve de l'I.F.O.P. *(O. 1.4.72)*. La Compagnie Internationale des Wagons-Lits et du Tourisme avait organisé un large *sondage d'opinion* en vue de mieux connaître les désirs de sa clientèle *(VR 19.11.72)*. En avril 1976, l'I.N.S.E.E. publiera les premiers résultats obtenus par dépouillement d'un bulletin sur 5 : ce sera le *« sondage* au cinquième »*, qui sera suffisamment fiable pour qu'on puisse en tirer des statistiques valables pour toute la France *(O. 7.4.75)*. Autant la gauche paraissait — à travers les *sondages* — nettement en tête pour le 12 mars, autant les mêmes enquêtes incitent à la prudence pour le 19 *(M. 12.3.78)*. Des commentaires ont été diffusés par les divers instituts de *sondages d'opinion* pour expliquer comment ils ont réellement été conduits à surestimer l'électorat socialiste *(M. 16.3.78)*. Ce *sondage* a été effectué sur un échantillon de 700 jeunes âgés de 8 à 12 ans tiré d'un échantillon représentatif de l'ensemble des jeunes Français âgés de 8 à 14 ans, par la méthode des quotas *(O. 19.2.79)*.

● Spéc. *Sondage d'écoute*. Méthode d'enquête qui vise à connaître les préférences des auditeurs de la radio ou celles des téléspectateurs pour telle ou telle station, émission, etc.

Les derniers *sondages d'écoute* indiquaient une très nette prédominance de France-Inter dans l'agglomération lyonnaise *(E. 21.10.74)*.

SONDEUR sm. ■ Enquêteur chargé, par un institut spécialisé (par ex. l'Institut français d'opinion publique), de recueillir des réponses pour un *sondage* d'opinion*.

Solidement appuyé par ses équipes de techniciens, de chercheurs, de statisticiens ou même de *« sondeurs* d'opinion »*, il (le gouvernement) n'aura que l'embarras du choix *(Chandernagor, 67)*. Exemple de questions posées par les *sondeurs* : « Les gaullistes s'occupent-ils plus de la jeunesse que le P.C. ? — Réponses : oui 24 % — non 21 % » *(PM 2.3.68).* Bientôt, en apercevant les *« sondeurs »* nul ne pensera qu'il voit des savants. C'est à des devins que l'on songera ; on ne cherche pas à nous révéler ce que nous pensons. On veut nous signifier ce que nous devons penser (...). Zut aux sondages *(C. 20.12.70).*

SONO [sɔno] sf. ~ 1960. (Par apocope de *sonorisation**). Fam. ■ Ensemble d'instruments de musique et d'appareils, d'installations électriques utilisés pour la sonorisation des *discothèques**, salles de concert, de bal, de spectacle, etc.

20 h : il (un chanteur) achève de répéter en studio avec ses musiciens. Infatigable ludion, il flotte entre le piano, la *sono,* le micro *(E. 13.11.67).* Le Conseil national de la culture l'a invité, lui, sa femme, son éditeur, ses musiciens, quinze personnes, les bagages, 450 kilos de *« sono » (E. 18.12.67).* Beaucoup de chanteurs à la mode, malgré les *« sonos »* les plus perfectionnées qu'ils transportent avec eux de ville en ville et qui comportent parfois des chambres d'écho électroniques, n'ont pas la même voix sur scène que sur disque *(M. 24.1.68).* Ma première grande surprise (dans une boîte de nuit) en U.R.S.S. : l'orchestre ressemble comme un frère à ceux que nous connaissons. La *sono* est aussi bruyante *(A. 8.10.70).*

Il y a maintenant (au Casino de Paris) la *sono* qui tonitrue dans les oreilles quand elle marche *(Bodard, 71).* Il est impossible de dormir dans cet hôtel, à cause de la *« sono »* du cabaret installé dans la cave de l'établissement *(M. 22.9.73).* Des pannes de courant pendant lesquelles on s'aperçoit de ce que sans *sono,* peu de gens savent faire swinguer un public *(O. 12.8.74).* Dans une ambiance électrisée par les vapeurs de champagne et la *sono* débridée, on pouvait s'attendre à tout *(P. 20.10.75).* La fête commence, avec les notables, la fanfare municipale, et une *sono* grésillante *(E. 24.7.78).*

SONORISATION sf. Spéc. Rép. ~ 1960. ■ Ensemble des appareils et installations utilisés pour diffuser des informations parlées, de la musique, etc. dans un lieu public.

La *sonorisation* spéciale, mise en place (dans une gare) donnait aux invités l'illusion d'un départ de locomotive à vapeur, et leur permettait d'assister ensuite à un concert préenregistré du carillon de Saint-Quentin *(VR 2.8.70).*
Un garnissage plastique dissimule les haut-parleurs de la *sonorisation (R.G.C.F. 5.72).* Une *sonorisation* judicieusement répartie permet à tout instant d'informer les voyageurs de tout événement pouvant les intéresser *(R.G.C.F. 6.74).* Un différend s'est produit au sujet de la *sonorisation* entre les techniciens de Radio-France, qui la souhaitaient moyenne et raisonnable, et les promoteurs de la soirée anglaise qui la voulaient plus agressive *(M. 25.1.75).*

SONORISTE sm. ■ Technicien de la *sonorisation**.

Ce jeune homme s'intéresse à l'équipement de sonorisation : c'est bien volontiers que le *« sonoriste »* lui explique simplement le fonctionnement de son matériel *(VR 15.6.69).*

SONOTHÈQUE sf. ~ 1950. ■ Archives où sont conservés des enregistrements de bruits, d'effets sonores, destinés à être utilisés pour des films, des émissions radiophoniques ou télévisées, etc.

On a constitué à Radio Télé Luxembourg une *sonothèque* qui, je pense, est unique au monde *(Cesbron, 77a).*
→ -THÈQUE.

SOPHISTICATION sf. Repris et rép. mil. XXe, sous l'influence de *sophistiqué** ou de l'anglais *sophistication.*

1. À propos de personnes. ■ Affectation, maniérisme.

Aux meilleurs moments du film, l'extrême *sophistication* de Richard L. apparaît comme une forme de pudeur *(M. 3.12.68).*
Pascal T. nous séduit par sa spontanéité, par sa totale absence de *sophistication (M. 31.10.73).*

2. À propos de spectacles, de vêtements, etc. ■ Ésotérisme, hermétisme. Élégance originale et raffinée, parfois excentrique.

(Ce) reportage à intentions sociologiques, marque le triomphe de la *sophistication* formelle (à la télévision) et rien de plus (...). Un style qui mêlait curieusement (dans un film) le réalisme sans concession du cinéma document à une sorte de *sophistication* théâtrale *(M. 9.10.64).* L'avenue de l'Opéra, l'avenue Victor-Hugo, sauvées de la nuit par la *sophistication* de quelques vitrines et l'éclat solitaire d'éclairages raffinés *(E. 23.12.68).* Ce personnage (d'un film) n'est vu que de l'extérieur et nous avons droit à toutes les *sophistications* à la mode, si bien que nous ne croyons pas un instant à son existence *(VR 13.4.69).*
Malgré la *sophistication* du décor et des costumes et la bonne humeur des jeunes comédiens, les effets répétés lassent *(E. 6.8.73).* Pointe avancée d'une luxueuse *sophistication,* la haute couture évoque un art de vivre *(E. 4.3.74).* Un cinéma de contenu social qui évolue entre la *sophistication* et le réalisme *(P. 17.6.74).*

3. À propos de sciences et de techniques, de leurs recherches, de leurs méthodes et des objets (appareils, armes, engins, machines, équipements, installations, etc.) qu'elles élaborent. ■ Haut degré de complexité ou de perfectionnement.

Un niveau d'élaboration, de *sophistication* très élevé (de l'ordinateur) *(O.R.T.F. 26.1.68).* Les Japonais n'ont rien à opposer en matière de *sophistication* technique au (navire) méthanier en cours d'armement *(E. 3.2.69).*
Il arrive un moment où la perfection et la *sophistication* des techniques modifient la nature du message transmis *(C. 4.5.72).* Quel que soit le niveau d'organisation de la société de service, et la *sophistication* de ses méthodes, elle restera soumise (...) *(En. 7.12.72).* Dans les jeux dits de simulation, on utilise diapositives et bandes sonores. Parfois même — suprême *sophistication* — un ordinateur enregistre les décisions des

joueurs et en décrit aussitôt les conséquences *(P. 24.12.73)*. Ce fut un des rares penseurs militaires français qui se soient efforcés de favoriser la recherche dans un domaine alors trop négligé. Même si cette recherche aboutissait parfois à une certaine *sophistication* *(M. 14.2.75)*. Chaque pays a la philosophie de ses moyens militaires, la *« sophistication »* de la première suivant la prolifération des seconds et la justifiant a posteriori *(M. 26.4.75)*.

SOPHISTIQUÉ, E adj. Repris et rép. mil. XXe, sous l'influence de l'anglo-américain *sophisticated* (raffiné, recherché, etc.).

1. **À propos de personnes (artistes, écrivains) qui versent dans le maniérisme, qui manquent de naturel. Se dit aussi d'un public choisi, distingué, élégant, raffiné, voire snob.**

O Un *écrivain* cérébral, humoriste, *sophistiqué*, féroce et probablement réservé, par ses qualités mêmes, à une petite élite *(E. 8.3.65)*. C'était à la Redoute de Bad G., temple de toutes les festivités mondaines de cette élégante ville d'eaux. Le *public* très *sophistiqué*, parlementaires, industriels, journalistes, hauts fonctionnaires, l'Establishment politique, était venu applaudir le véritable jeu de massacre que furent les propos improvisés de Grass *(E. 14.4.69)*. Les *truands* de la nouvelle cuvée sont beaucoup trop *sophistiqués (Chanson, O.R.T.F. 15.10.66)*.

OO Ces bottes sont la signature de toute *sportive ultra-sophistiquée (MCL 10.67)*. G. habille la *femme* de 30 ans, élégante et *sophistiquée (M. 11.10.70)*. Proposer un vélo à la descente du train, c'est répondre à la demande du *touriste sophistiqué* qui trouve dans la crise de l'énergie un prétexte à justifier un nouveau besoin, qui n'est peut-être qu'une nouvelle lubie *(M. 24.11.73)*. De jeunes lions arrogants escortés de *créatures* lointaines et *sophistiquées (E. 25.2.74)*.

2. **À propos d'activités ayant trait à la mode, au spectacle, au commerce de luxe ; à propos de lieux fréquentés par un public mondain.** ■ **Qui est d'une élégance, d'une recherche raffinées, originales.**

O Les *catalogues* américains et allemands apparaissent comme les plus *sophistiqués* et les plus élaborés *(En. 20.9.69)*. Elle n'appréciait pas les hostelleries, les *endroits* élégants et *sophistiqués (Simenon, 64)*. *Forme* la plus *sophistiquée* du négoce moderne, le centre (commercial) prétend conférer à la juxtaposition des points de vente l'aménité d'un palais de la consommation *(E. 17.3.69)*. A. essaie la ballade sirupeuse ou le *jazz sophistiqué*. Aucun succès *(O. 30.4.68)*. Le plus *sophistiqué* des *magazines* télévisés a bien failli disparaître après les programmes *(M. 14.2.69)*. Le brio d'une *mise en scène sophistiquée* n'étouffe pas (dans un film) la sincérité et l'émotion du propos *(E. 12.5.69)*. Les *modèles* du soir s'annoncent *sophistiqués* avec une multitude de pyjamas qui permettent aux femmes de porter quelque chose de long et de soyeux sans que les hommes éprouvent la nécessité d'endosser un smoking *(M. 28.1.69)*.

OO Didier G. ouvrira au printemps un *« souk sophistiqué »*. On le visitera comme une galerie d'art *(E. 23.10.72)*. Cette *rigueur* un tantinet *sophistiquée*, nous la retrouvons dans toutes les revues du Moulin-Rouge *(PM 21.4.73)*. Plus *sophistiquée* que d'autres, cette *station* de montagne vient d'ouvrir un golf *(O. 12.8.74)*.

3. **À propos de choses abstraites (systèmes, méthodes, recherches, techniques, etc.).** ■ **D'un haut degré de complexité, d'un perfectionnement raffiné.**

Les exigences d'un *marché* financier de plus en plus *sophistiqué (En. 26.2.71)*. Le commerce des armes permet de faire construire un *appareil de production* très *sophistiqué (M. 27.12.71)*. L'*économie* nationale des États-Unis est très *« sophistiquée »* (...) Des *programmes* économiques à la fois massifs et *sophistiqués (M. 1.2.72)*. Le mythe qu'on nomme dans les salons d'un *terme* élégant et *sophistiqué*, la bipolarisation *(E. 7.8.72)*. Il est pratiquement impossible — même avec l'aide de *sondages « sophistiqués »* — de prévoir les réactions d'un électorat naturellement changeant *(En. 30.11.72)*. Tout cela peut passionner, mais n'entre pas dans le champ du *journalisme*, même très *sophistiqué (Giroud, 73)*. Une sorte de laboratoire où l'Armée poursuit des *recherches* très *sophistiquées (E. 25.6.73)*. Un système d'*écoutes* téléphoniques *sophistiquées (E. 30.7.73)*. L'Union soviétique sait très bien envoyer ses tanks pour écraser la Tchécoslovaquie, le capitalisme ne se gêne pas non plus pour écraser à son tour, seulement ses *moyens* sont plus *sophistiqués (O. 3.9.73)*. Au centre du front, une *tactique* plus *sophistiquée* a permis à Sharon de percer les lignes arabes *(M. 2.11.73)*. Quoique fort complexe, et même, par endroits, quelque peu *sophistiqué*, c'est une *livre* à lire *(E. 25.3.74)*. Les services secrets ont des *techniques* hautement *sophistiquées (O. 6.1.75)*. Les recherches exigées par les *compétitions* les plus *sophistiquées* ont permis d'énormes progrès *(E. 27.1.75)*. Une rapide évolution des pays pétroliers vers une *vision* plus *sophistiquée* des rapports avec l'Occident industriel *(E. 3.2.75)*. Les *tests*, appliqués sur tous les articles, sont beaucoup plus *sophistiqués*, approfondis et systématiques que ceux des centrales d'achat françaises *(E. 10.2.75)*. Une *presse* érotico-pornographique parmi les plus *sophistiquées* d'Europe *(P. 26.5.75)*. Des besoins de plus en plus *sophistiqués* imposés par le milieu culturel *(M. 10.1.76)*. Qui achète cela ? Est-ce la France du bon sens ? Est-ce une autre France aux *plaisirs* plus *sophistiqués* ? En tous cas, c'est celle qui achète avec empressement des guillotines miniature *(M. 9.9.77)*. Cet été doit débuter une autre *expérience*, plus *sophistiquée (M. 12.7.78)*. Selon le degré de perfectionnement, les *services* rendus sont plus ou moins *sophistiqués (E. 18.11.78)*.

4. **À propos de choses concrètes (appareils, armes, engins, équipements, machines, etc.).** ■ **D'un haut degré de complexité ou de perfectionnement.**

O De nouvelles *armes « plus sophistiquées »* pourraient entrer en action dans le camp vietnamien *(O. 6.3.68)*. Le meilleur *avion* de combat actuel, mais coûteux et compliqué : trop *sophistiqué* pour l'attaque au sol *(E. 8.1.68)*. Les *matériels militaires* deviennent de plus en plus *sophistiqués* et chers *(E. 9.10.67)*. Le plus *sophistiqué* des *ordinateurs* ne saurait concevoir, même en l'an 2000, le but de son action *(E. 7.10.68)*. Des *solutions* (techniques, dans une voiture) trop nouvelles, trop *sophistiquées* ou trop coûteuses pour être adoptées dans l'immédiat *(A. 29.1.70)*. Nous voilà bien loin des *suspensions sophistiquées* qu'affectionnent certaines voitures françaises *(A. 29.1.70)*.

OO Une gamme de *motos*, mécaniquement très *sophistiquées (En. 4.11.71)*. Aux deux bouts de la gamme, les produits primaires et les *produits sophistiqués (E. 2.4.73)*. Un *avion* aussi *sophistiqué* que le Concorde ne peut être lancé sans une véritable étude de marché *(Exp. 6.73)*. La neurochirurgie nécessite du *matériel* toujours plus *sophistiqué (E. 25.6.73)*. Les *engins* les plus *sophistiqués* ne sont pas forcément les plus difficiles à manier : le servant colle son œil, effectue quelques opérations simples, et tire. Les gadgets électroniques font le reste *(E. 22.10.73)*. Ils étaient venus bardés de téléobjectifs gros comme des bazookas, d'*appareils* photographiques *sophistiqués (FS 3.3.74)*. Des *navires* aussi *sophistiqués* que des sous-marins *(E. 16.9.74)*. Le *matériel* radiologique, déjà très *sophistiqué*, a vu sa fiabilité augmenter grâce à l'introduction des circuits transistorisés *(P. 30.9.74)*. Le ski est devenu un *produit* hautement *sophistiqué* où chaque composant joue un rôle précis *(R. 11.75)*. Des *chaînes* stéréo (...), si *sophistiquées* qu'on les croirait capables de faire partir une fusée *(M. 25.12.77)*. Le montage des voitures a évolué, les tâches effectuées sur les chaînes sont plus complexes, car les *véhicules* eux-mêmes sont plus *sophistiqués (M. 9.6.78)*.

SOPHISTIQUER v. tr. Repris mil. XXe., sous l'influence de *sophistiqué**. ■ Soigner (quelque chose) avec recherche.

Si l'homme moderne *sophistique* sa chevelure, c'est que la mode lui permet maintenant toutes les fantaisies *(E. 9.10.70)*.

● Verbe réfl. ■ Devenir de plus en plus complexe.

Dans le contexte d'une économie qui tend à se *sophistiquer*, le flair des Libanais aura toujours sa place *(En. 27.7.68)*.
Le souk *se sophistique* : Didier G. ouvrira un « souk sophistiqué » (...) des robes sélectionnées y seront présentées aux côtés de peintures et de sculptures *(E. 23.10.72)*.

SORTIR (quelque chose) v. tr. ■ Produire, mettre en vente (des objets).

G. vient de *sortir* quatre nouveaux *déodorants* assortis à ses parfums les plus célèbres *(E. 15.4.69)*. Il faut favoriser) les industriels « *sortant* » *des médicaments* intéressants, par rapport à ceux qui se contentent d'acheter des brevets à l'étranger ou de fabriquer des médicaments plus originaux *(C. 18.1.69)*. Créer des unités de production capables de *« sortir »* 80 000 m de *planchers* par mois *(En. 5.4.69)*. Un grand fabricant (de meubles) qui *sort* une *salle à manger* Régence... garantie tout plastique *(C. 22.6.70)*.

SOUCOUPE VOLANTE
→ OVNI, Rem.

SOUDURE sf. Fig. Spéc. Mil. XXe. Surtout dans le tour *faire la soudure*, où *faire* est assez souvent remplacé par un autre verbe (surtout *assurer* ; parfois *effectuer, réussir*, etc.).

1. Transition entre le moment où s'épuisent des réserves (alimentaires, financières, pétrolières, etc.), et celui, espéré proche, où elles vont être renouvelées.

Chaque jour, D. distribuait une ration aux petits. Elle leur avait manqué (...) pendant ces mauvais jours. Peut-être un des pères ou des grands frères viendrait ce soir et il pourrait les ravitailler en grains. Il fallait *faire la soudure* avec la prochaine récolte, voilà tout. Des navires de blé arrivaient maintenant, le plus dur était passé *(Camus, 57)*. Il est possible (de mettre en vente) des animaux gras sur les marchés au mois de mai, c'est-à-dire à cette époque de la « *soudure* », redoutée du ministre des Finances, où les prix s'envolent vers les cimes *(M. 23.2.65)*.

2. Par ext. Transition entre deux situations, deux systèmes. — Intérim entre deux personnes.

O Il y a trois mois, M. Contamine quittait la direction de la télévision, à la veille du lancement de la télévision en couleur, événement préparé par le tandem Contamine-Thibau. Du moins M. Thibau restait-il (en poste) pour *« assurer la soudure »* avec le nouveau directeur, en cette période de mutation *(M. 15.12.67)*. Les Facultés envisagent de renforcer la propédeutique et d'employer à cet effet la catégorie d'enseignants (les agrégés) qui, par sa formation, paraît la plus propre à *effectuer la soudure* entre le second degré et le supérieur *(US 7.11.60)*. Le temps des croisades est terminé, celui de l'intelligence arrivé. Nous sommes dans la situation privilégiée, exaltante, et suprêmement inconfortable d'avoir, comme on dit, à *faire la soudure (E. 10.6.63)*. Laurent hésitait entre son statut de fils bien-aimé et celui d'amant agréé dont il bénéficiait chez nous : la *soudure* était difficile *(Groult, 68)*.

∞ Ces nouveaux trains intervilles doivent *assurer la soudure* entre le matériel actuel et l'Advanced passenger train *(VR 25.6.72)*. Malgré une distorsion inquiétante entre la progression des investissements et celle des recettes, je pensais encore que la *soudure* pourrait être *assurée* entre la situation ancienne et celle qui naîtrait des aménagements réclamés *(M. 8.12.73)*. Le nucléaire est-il vraiment la seule issue pour produire l'énergie qui nous manque ? À court terme, oui, si l'on veut *assurer* la nécessaire *soudure* pour les 10 prochaines années *(P. 20.1.75)*. Ces centrales au charbon doivent servir à *« faire la soudure »* avec le programme nucléaire, qui a pris plus de 18 mois de retard *(E. 20.1.79)*.

SOUFFLE sm. Fig. Spéc. Mil. XXe. (D'après l'emploi dans le vocab. des sports, notamment de la boxe). Surtout dans les syntagmes : *second souffle, deuxième souffle*, etc. (à propos de collectivités, d'institutions, de projets, de recherches, de mouvements, etc., parfois de personnes). ■ Regain de dynamisme, reprise de l'activité, de la croissance, après une crise, une période de stagnation.

Second souffle. (C'est le syntagme le plus fréquent, souvent construit avec les v. *trouver, donner, prendre*).

O Grâce à une offensive commerciale et publicitaire de grande envergure, le *chemin de fer* fédéral allemand a retrouvé un « *second souffle* » *(VR 12.4.70)*. (Cette) visite officielle d'un président français sur le continent africain apportera un « *second souffle* » à la *coopération* entre la France et les pays africains *(En. 30.1.71)*. Au moment où la plupart des économies occidentales marquent le pas, l'*économie* allemande est encore à la recherche de son

SOUFFLE 610

second souffle (M. 7.1.68). Parce que les énergies se sont démobilisées, le *Festival* (de l'Union des étudiants) est à la recherche d'un *second souffle*, de nouveaux objectifs *(M. 24.9.66).* Le *gaullisme* n'a pas trouvé son *second souffle (TC 8.5.68).* L'*insurrection* (algérienne) devait trouver un *second souffle.* (...) Car c'était évident : la guerre durerait longtemps *(Courrière, 70).* Certaines *stations* thermales sont parvenues à trouver leur *second souffle (A.A.T. 5.70).* L'*U.R.S.S.* est aujourd'hui à la recherche de son *« second souffle »*: elle a sans doute besoin, tel Antée, de toucher terre pour reprendre force *(F. 17.11.66).* La réussite n'empêche pas que la *ville* devra trouver bientôt son *second souffle,* cette fois dans ses propres ressources matérielles et intellectuelles *(M. 20.3.68).*

∞ Le nombre des licenciés à la Fédération française de ski est en baisse cette saison, alors qu'il progressait jusqu'ici de 10 % par an. Prémices de saturation en attendant un *second souffle ? (VR 2.5.71).* La ligne des chemins de fer de Provence va trouver son *second souffle.* Cette voie secondaire, maintes fois menacée, est appelée à un avenir plus serein *(VR 11.7.71).* Vous parlez de *second souffle* et de renouvellement, et vous avez raison. Car la liberté meurt aussi de sclérose. Elle a besoin chaque matin de son bain de jouvence *(En. 14.10.71).* Un *second souffle* pour les « Relais de campagne » : près de 20 ans après sa création, cette chaîne d'hôtels change de politique *(M. 11.12.71).* Le gouvernement prépare un train de textes (...) pour donner un *second souffle* à l'actionnariat *(O. 3.9.73).* Cette expérience de spéléologie devait donner un *second souffle* à l'entreprise *(E. 11.2.74).* En 1968 la Commission française d'histoire militaire trouvait son *second souffle* avec son nouveau président *(C. 15.9.74).* Le feu vert est donné pour que cette compagnie puisse prendre enfin son *second souffle (VR 30.11.75).*

Deuxième souffle.

Aujourd'hui, c'est le *cinéma* de G. qui est, provisoirement en tout cas, à bout de souffle. Celui de M. a trouvé son *deuxième souffle (E. 9.11.70).*
Voici les gaullistes au repos, avec loisir de réfléchir à leur futur : comment mourir si le gaullisme a fait son temps ? Et comment vivre s'il a vraiment en lui la force d'un *deuxième souffle ? (P. 3.6.74).* Le *deuxième souffle* de l'expansion, ce pourrait être la qualité de la vie *(R 11.75).* Depuis 1976, V., plus silencieux que jamais, n'a pas mis les pieds sur un plateau de cinéma. Exil, bouderie ? Non. Tout simplement, après plus de soixante films, il cherchait son *deuxième souffle (E. 16.1.78).*

Rem. **Souffle** est parfois déterminé par un autre adj. ordinal.

Le Premier ministre, qui voudrait donner un *troisième souffle* à ce gouvernement déjà bien usé, préconise un léger toilettage *(O. 3.9.73).*

SOUS (À) loc. adj. ■ (Appareil, machine automatique) dont le mécanisme est déclenché au moyen d'une pièce de monnaie introduite dans une fente. Certains de ces appareils permettent, moyennant une mise, de gagner éventuellement des pièces de monnaie.

La soi-disant modernisation (des auberges) s'est bornée à l'*appareil à sous (Tron, 61).* La société d'abondance avec ses gratte-ciel, ses autoroutes, ses néons, ses gadgets, ses *machines à sous (E. 11.12.67).* Des *« rasoirs à sous »* font leur apparition dans les gares de Paris : sur les quais de la gare Saint-Lazare, deux *« rasoirs* électriques *à sous »* viennent d'être installés pour les voyageurs des trains de nuit. Moyennant l'introduction d'une pièce d'un franc, l'usager peut se raser devant une glace éclairée. Au bout de trois minutes, le courant est coupé *(M. 22.9.65).*
→ FLIPPER, JUKE-BOX.

SOUS- Élément préfixal, opposé à *sur-**. Il sert à former de nombreux composés, surtout des adj. et des subst., ainsi que quelques verbes. Sa productivité est plus forte et sa diffusion plus large que celles des éléments *hypo-**, *infra-** et *sub-**, avec lesquels il entre parfois en concurrence. Contrairement à ceux-ci, il forme des mots dans de nombreux vocab. différents, y compris dans le vocab. dit « commun », et surtout il a des valeurs sémantiques nettement plus diversifiées (cf. ci-après les rubriques 1, 2, 3 et 4).

Certains composés sont traités plus loin en articles séparés, à leur place alphabétique. D'autres sont répartis dans les rubriques ci-après.

1. Sous- sert à marquer une infériorité par rapport à une moyenne ou à une norme. Il prend alors souvent une valeur sémantique voisine de l'adj. *insuffisant* (avec un subst. abstrait) ou de l'adv. *insuffisamment* (avec un adj. ou un verbe).

Sous + substantif.

1. Le subst. est un nom de chose abstraite.

Rem. 1. La préposition *sous* devient fréquemment un préfixe que l'on joint à différents mots pour noter un degré d'infériorité ; avec un nom abstrait de chose, (...) *sous* dénonce ce qui est de qualité inférieure (...) Le procédé est très employé dans la néologie contemporaine *(F. Mars, C. 21.10.68).*

○ L'abandon de l'Airbus entraînerait le licenciement de sept mille personnes ; La *sous-activité* industrielle qui en résulterait est évaluée à une perte de l'ordre de 300 millions *(M. 28.2.69).* Il ne sera plus question de *« sous-administration »* pour les départements qui ont maintenant à leur tête des préfets jeunes et dynamiques *(F. 6.2.67).* La *sous-cotation* du deutsche mark *(M. 13.1.70).* Il y a la situation de l'hôtellerie française, son *sous-équipement (O. 19.8.68).* La « difficile mise en place du personnel enseignant, à la rentrée, tient au *sous-équipement administratif* du ministère de l'Éducation nationale et des rectorats » *(M. 13.9.69).* Le *sous-équipement rédactionnel* dans la presse est trop souvent la règle *(Schwœbel, 68).* La baisse quasi ininterrompue de la Bourse est la *sous-évaluation* manifeste de la plupart des titres *(M. 29.5.66).* Le déclin du St.-R. est lié à la *sous-exploitation* de la Côte varoise *(Dunlop, 66).* On a prétendu qu'il existait une *sous-imposition* des véhicules routiers par rapport aux dépenses qu'ils occasionnent à l'État *(M. 11.4.68).* Il faut que les entreprises accélèrent leur mutation pour venir à bout du cancer qui ronge la profession (du bâtiment) : la *sous-industrialisation (C. 21.5.70)*. Les communications de masse ont engendré un mélange de *sous-information* et de sur-information : *sous-information* proportionnelle à l'importance du sujet, sur-information proportionnelle à sa futilité *(Revel, 65)*. Les jeunes gens souffrent d'une grave *sous-information* en matière d'orientation professionnelle et ignorent dans quelle spécialité ils trouveraient un emploi *(E. 15.5.67)*. La *sous-information* féminine constitue un sujet de consternation pour les organismes sociaux *(Collange, 69)*. (La France) était (en mai 1968) dans une situation de *sous-investissement*, de sous-emploi et de sous-équipement *(O. 25.11.68)*. La *sous-motorisation* d'un pays, c'est-à-dire le faible nombre des voitures qui y circulent *(A. 30.11.69)*. La *sous-nutrition* et l'analphabétisme propres aux nations sous-développées *(M. 3.10.64)*. En cas de *sous-occupation* d'un appartement, le propriétaire peut majorer de 50 % le loyer de son locataire *(M. 9.1.69)*. La France était en état de *sous-productivité* (...). Il y avait une *sous-productivité* des capitaux, qui restaient liquides au lieu de s'investir *(E. 28.4.69)*. Dans les industries ou les régions en dépression, c'est la stagnation, souvent aggravée par la *sous-qualification* (des salariés) *(M. 17.5.66)*. Les conseillers économiques et sociaux représenteront les classes socio-professionnelles, en proportion de leur importance dans la population, et en évitant toute *sous-représentation* des salariés *(M. 6.4.69)*. La *« sous-scolarisation »* d'une région a pour effet un faible recrutement dans l'enseignement supérieur *(M. 29.11.68)*. Une grande partie du déficit provient de la *sous-tarification* pratiquée par la S.N.C.F. *(M. 19.1.66)*. L'habitude de louer au mois n'entraîne pas seulement une surcharge d'août, mais surtout une *sous-utilisation* des capacités d'accueil pour les meublés et les gîtes ruraux les autres mois *(C. 6.2.65)*. Dans les locomotives (électriques), le *sous-voltage* était responsable d'une diminution de la puissance utile *(Ch. f. 65)*.

∞ Aux États-Unis on se plaignait (...) du surnombre estudiantin et du *sous-enseignement (N 6.70)*. Le réseau routier se trouve en état de *sous-entretien* et de *sous-dimensionnement (Doc. Fr. 71)*. Un net décalage entre les salaires des hommes et ceux des femmes, reflet de la *sous-promotion* (...) de ces dernières *(Mauduit, 71)*. La surpopulation des villes y écrase le milieu naturel ; la *sous-population* des campagnes compromet la survivance du cadre rural *(Saint-Marc, 71)*. La consommation domestique d'électricité par foyer, en France, est la plus faible de l'Europe des Six. Cette *sous-consommation* d'électricité est un handicap *(En. 18.6.71)*. L'architecte et les bureaux d'études responsables des *sous-estimations* du coût des travaux *(M. 24.12.71)*. Les titres et les auteurs (...) suffisent à donner une idée de ce que nous entendons par (...) *sous-production* culturelle *(Baudelot, 72)*. La dette du tiers monde correspond pour une large part au *sous-paiement* des ressources et du travail des pays endettés *(MD 2.74)*. L'actuelle *« sous-médicalisation »* de la Bretagne *(M. 29.4.74)*. Le *sous-encadrement* des unités de l'armée *(M. 2.2.75)*. Le monde riche laissera-t-il ces pays dans la *sous-alimentation* ? *(E. 10.2.75)*. Jean F. a parlé devant l'Académie des sciences morales et politiques de la *« sur-information »* et de la *« sous-information » (M. 7.5.75)*. C'est en période de récession que la *sous-évaluation* d'une monnaie est défavorable *(Exp. 12.77)*. Adapter les flottes aériennes à l'été et avoir des sièges vides en hiver : politique désastreuse. Être au contraire en *sous-capacité* au moment des vacances, c'est se vouer à la fureur de tous les laissés-pour-compte *(P. 17.7.78)*.

2. Péj. Le subst. est un nom de personne ou un nom de chose abstr.
Sous- indique que la personne ou la chose désignée par le composé est jugée de qualité ou de niveau inférieurs à la personne ou à la chose, de même catégorie, désignée par le second élément.

● **À propos de personnes ou de collectivités.**

Les institutrices de maternelles ne sont en aucun cas des *« sous-institutrices » (Allauzen, 67)*. Dans la société revendicative (...) (on) risque de créer des *sous-marginaux*, des parias *(Sauvy, 68)*. Il existe en agriculture des *sous-smigards (M. 15.12.68)*. Pendant la guerre les décisions de Vichy faisaient des Juifs des *sous-citoyens (Courrière, 69)*. N'est-ce pas une hérésie économique autant qu'une injustice sociale de réduire les retraités à n'être que des *sous-consommateurs* ? *(Sartin, 70)*. Le jury de Cour d'assises doit-il être composé de spécialistes formés à ce qui deviendrait un métier ? Des *sous-magistrats* en quelque sorte ? *(N 1.70)*. Nous étions éblouies, nous les femmes, les opprimées, les *sous-hommes*, de sentir s'ouvrir enfin devant nous les portes de la vie à part entière *(Collange, 72)*. Un moyen élégant de régler le sort des *« sous-médecins »* de l'Administration sanitaire, de la médecine du Travail *(E. 16.7.73)*.

● **À propos de choses abstraites (surtout dans les domaines de la vie intellectuelle ou culturelle).**

Cette possibilité condamne presque automatiquement les diplômes féminins « plus faciles » à être considérés comme des *« sous-diplômes » (Allauzen, 67)*. La science-fiction n'est pas nécessairement de la *sous-littérature (FP 10.68)*. Le Kitsch peut être défini comme un art industrialisé, donc dégénéré, un *sous-art (VL 11.69)*. Le C.A.P.E.S., sorte de *sous-agrégation* avec un stage pédagogique faussé, parce que sans responsabilité *(Jullien, 72)*. Aider Israël à vivre, c'est l'aider à se désoccidentaliser, à trouver une autre voie que celle du *« sous-impérialisme » (O. 29.10.73)*. Cette émission télévisée donne du roman-photo l'image d'une industrie « juteuse » de la *sous-culture (Téla. 13.4.74)*.

3. Péj. Le subst. est un nom propre. Il désigne soit une personne célèbre (artiste, acteur, etc.), soit une œuvre ou une forme d'art.
Sous- donne au composé le sens de : imitation médiocre de la personne ou de la chose désignée par le second élément.

● **Le subst. désigne une personnalité connue.**

Faute de connaître de vrais artistes, l'architecte confiait le projet à quelque barbouilleur du dimanche (...) Résultat : un *sous-Dufy* de plus *(E. 19.10.70)*. Tu peux continuer à « sculpter », si tu appelles ça sculpter, disait Laurent (à sa femme). Tu nous fais du gentil *sous-Maillol*, parfois du *sous-Bourdelle*, plus souvent encore du *sous-sous-Rodin (Saint Pierre, 72)*. Il fallut du temps pour que le public français commence à comprendre que la grimace n'était pas tout ; que le grimacier Jerry Lewis n'était pas un *sous-Louis de Funès* d'Amérique *(O. 17.7.72)*.

● **Le subst. désigne une œuvre d'art ou un genre artistique.**

Ces deux films-plagiats n'ont, en fait, jamais été tournés dans aucun studio de cinéma. Pressée de sortir un *sous-James Bond*, la société M.G.M. les fabriqua à la hâte en assemblant des extraits d'une série télévisée *(E. 21.3.66)*. « Fort bravo », un *sous-western* à ne pas confondre avec « Rio Bravo » *(E. 20.11.72)*.

Rem. 2. Une vingtaine d'autres exemples de ce type sont cités in B.d.m. n° 5, 1973.

Sous + adj. ou part. passé. Le composé détermine soit un nom de chose abstr., soit un nom de collectivité, plus rarement un nom de personne.

○ L'Éducation nationale, devenue en quelques années le premier employeur et le premier constructeur de France, était tragiquement *sous-administrée (M. 3.10.68)*. Presque tout le marché européen est *sous-approvisionné (M. 19.1.66)*. Des maisons de campagne *sous-chauffées (E. 29.1.68)*. La direction plus démultipliée et peut-être aussi l'influence de la barre antiroulis, rendent la nouvelle Citroën dangereusement *sous-dirigée* en virages serrés *(A. 5.6.69)*. Ne vaudrait-il pas mieux consacrer la majeure partie de ces sommes à la *banlieue sous-équipée? (M. 2.10.70)*. La *commune* de M. est *sous-équipée* du point de vue scolaire : elle ne possède aucun établissement secondaire *(M. 5.1.65)*. Certains titres (en Bourse) aujourd'hui recherchés, poursuivront leur progression, et d'autres, encore *sous-évalués*, retrouveront un plus juste cours *(M. 27.2.66)*. 5 082 salles de cinéma sont *sous-exploitées* : 80 % d'entre elles sont fermées le soir, trois jours par semaine *(E. 10.11.69)*. La moitié de l'humanité vit dans des conditions *sous-humaines (M. 23.12.64)*. (En) Asie du Sud-Est, le Japon domine de toute sa puissance un ensemble de *nations pauvres*, *sous-industrialisées* et dépendantes *(M. 9.11.69)*. L'homme moderne est *sous-informé*, surtout au plan des changements profonds de la société (...) la masse des hommes est *sous-informée*. Cette sous-information généralisée entrave le progrès et entretient à la fois les injustices qui déchirent le monde et les tensions qui menacent la paix *(Schwœbel, 68)*. Le vieillard *« sous-médicalisé »*, *« sous-nourri »* replié sur sa détresse *(M. 6.10.67)*. Pour un même travail, la rémunération différera fortement selon que le travailleur est un homme ou une femme, celle-ci étant cruellement *« sous-payée » (Guillain, 69)*. L'entassement humain des « slums » ne doit pas être regardé comme un simple « accident », ou comme un « malheur » tombant d'on ne sait où sur une catégorie *« sous-privilégiée » (M. 29.7.66)*. La sécurité (dans l'emploi), on pourrait l'approcher en fermant les frontières, mais avec un niveau de vie modeste, parce que trop de travailleurs seraient *sous-productifs (E. 19.2.68)*. L'homme noir se trouve enfermé dans le cercle infernal d'une agriculture *sous-productive*, réalisée par des hommes sous-alimentés, sur une terre non fertilisée *(Dumont, 62)*. Il serait désolant que ces Tziganes finissent en population *sous-prolétarisée (E. 17.3.69)*. Le niveau technique des travailleurs est nettement insuffisant, ce qui oblige les entreprises (en Algérie) à faire appel à du personnel *sous-qualifié (M. 5.8.65)*. Étant socialement sous-évalués, ces emplois sont par conséquent *sous-rémunérés* : infirmières, éducateurs spécialisés, etc. *(M. 17.12.68)*. La banlieue sera *« sous-représentée »* : vingt-cinq députés contre trente et un pour Paris *(M. 27.6.66)*. Les jeunes, dont beaucoup demeurent *sous-scolarisés* et sans formation professionnelle, seront les premiers frappés par le chômage *(M. 8.6.68)*. Entre les habitations et la zone des affaires culturelles, demeure un espace *sous-urbanisé (M. 1.10.64)*. Les ministères sont surpeuplés de brillants cerveaux souvent *sous-utilisés (En. 25.1.69)*.

∞ Les soldats ont trop souvent appartenu à des unités *sous-encadrées (Massu, 71)*. La Faculté des lettres est restée *sous-fréquentée* par rapport à sa capacité d'accueil *(Viansson, 71)*. Les maîtres *sous-formés*, *sous-payés*, déconsidérés *(N 1.71)*. Les États-Unis, pays *sous-peuplé* aux immenses territoires encore libres *(E. 22.3.71)*. Ce pneu se comporte, une fois crevé, comme un pneu *sous-gonflé (SV 9.73)*. Les peintres généralement considérés comme *sous-cotés*, tels que Valadon, Dufresne, Pougny, sont-ils réellement *sous-évalués* et combien de temps le resteront-ils ? *(Exp. 12.73)*. La Bretagne est toujours *sous-industrialisée (E. 18.2.74)*. Ces navires ont été *sous-entretenus* pendant de nombreuses années *(M. 8.5.75)*. Le monde des loisirs et du tourisme est encore un domaine *sous-administré*, dans lequel les orientations sont mal définies et les initiatives mal dirigées *(M. 28.4.76)*. Cette voiture *sous-motorisée* n'a pas la raison d'être *(AAT 2.78)*. Les 9 millions de lits des résidences secondaires sont *sous-utilisés (O. 26.6.78)*. Un état, certes approximatif et *sous-évalué* de la fortune des Français pourrait être établi *(C. 6.9.78)*.

Sous + verbe. *Sous-* a la valeur de l'adv. *insuffisamment*.

Le président de la société mutualiste « La famille » estime que l'on a *sous-évalué* le revenu des médecins généralistes *(M. 14.9.66)*.

Est-ce qu'on *sous-informe* les gens parce que, au fond, ils le souhaitent ? Ou parce que c'est une méthode de gouvernement plus commode ? *(E. 19.2.73)*.

2. Sous- (devant un nom de personne ou de collectivité) sert à marquer un rang hiérarchique subalterne. Cet emploi est très répandu dans la nomenclature des noms de métiers, de fonctions, etc. Seuls quelques exemples récents sont donnés ici.

Ce qui m'épouvante dans les projets de sélection à l'entrée des facultés, c'est que, étant donné la surcharge des professeurs et des assistants, ce seront des *sous-assistants* qui seront chargés de cette sélection *(O. 3.1.68)*.

Le message du premier ministre québécois a été remis par le *sous-ministre* des affaires intergouvernementales *(M. 19.7.69)*. Un gouverneur nommé par le chef de l'État et assisté d'un ou de deux *sous-gouverneurs (Lantier, 69)*. Nous sommes disposées en longues rangées derrière une *sous-monitrice*, elle-même coiffée d'une monitrice *(Exp. 2.71)*. Rosie avait engueulé la *sous-chef*, à cause de la nourriture *(Saint Pierre, 72)*. Un *« sous-comité* ministériel » préparera un plan pour la création d'une institution financière *(P. 14.1.74)*.

3. Sous- (devant un subst. nom de chose abstr. ou de collectivité) sert à donner au comp. le sens de : partie de ce que désigne le second élément.

Psychiatrie, médecine sociale et psychosomatique, (sont) pour les uns des disciplines indépendantes ; d'autres se contentent d'y voir des *sous-branches (Meynaud, 59)*. Une présentation du budget en deux *sous-budgets* séparés *(E. 7.4.69)*. Les hôtels de tourisme étaient classés à présent en catégories et à l'intérieur de chacune de ces catégories en *sous-catégories*. Cette sous-division est supprimée *(M. 6.4.65)*. Le Congrès de la chirurgie orthopédique a eu lieu à Paris. Mais les orthopédistes avaient envie de voir Samarcande et Boukhara. Ils ont tenu, dans ces deux villes, des *« sous-congrès »*... *(E. 14.4.69)*.

Le spectacle lunaire qu'offre le *sous-continent arabique (M. 24.6.66)*. L'orientation politique future du *sous-continent congolais (M. 1.1.66)*. Les dirigeants de Moscou commencent à prendre au sérieux le danger d'un conflit général dont le *sous-continent indien* serait le théâtre *(M. 26.8.65)*. Certains pays du *sous-continent* sud-américain où les gouvernements se sont opposés à toute modification du statu quo (...) social *(M. 26.3.70)*. Un poste à pourvoir à la Division des Produits, *Sous-division* des Politiques des Produits et du Développement *(M. 19.6.66)*. Un *sous-échantillon* de 300 personnes déjà interrogées *(C. 28.6.70)*. Outre les quatre groupes sanguins classiques, un important « *sous-groupe* », le Rh, définit la singularité du sang dans la race blanche *(M. 27.2.69)*. Le programme (d'engins spatiaux) se décompose lui-même en toute une série de *sous-programmes (M. 23.12.66)*. Un rajeunissement général de l'industrie de cette région (...) : toutes les *sous-régions* en profiteront *(F. 4.1.67)*. Après avoir divisé le Pakistan en deux zones, les autorités militaires ont procédé à une subdivision du pays en vingt-quatre « *sous-secteurs* » *(M. 30.3.69)*. La prévision à long terme et l'étude prospective donnent lieu à l'établissement de stratégies partielles ou *sous-stratégies* que la direction (de l'entreprise) doit harmoniser *(M. 18.2.69)*. Peut-être le système international tend-il à se fragmenter en *sous-systèmes (FL 29.9.66)*. Les centrales syndicales et le gouvernement s'étaient mis d'accord pour diviser l'Italie en sept zones de salaires et neuf *sous-zones (M. 25.3.69)*.

∞ La prolifération de spécialités et de « *sous-spécialités* » menaçait de diviser la communauté scientifique (...) cette impossibilité de l'homme de la société postindustrielle à dominer pleinement l'événement, et par conséquent tous les *sous-événements* qui le composent *(N 6.70)*. Je menais un *sous-groupement* dans le groupement tactique du général de L. *(Massu, 71)*. On relève 20 catégories, elles-mêmes divisées en *sous-rubriques (N 1.71)*. Le dossier « majorité » et ses deux *sous-dossiers* savamment dosés : « continuité », « Ouverture » *(Carlier, 72)*. Les responsables de services importants en informatique de gestion ou scientifique ont établi des modules et des *sous-modules* d'enseignement *(Inf. 12.2.73)*. On trouve de tout dans la « bande dessinée » : genres et *sous-genres*, voilà qui ne manque pas : mais c'est la fuite plus ou moins éperdue devant les réalités *(VR 17.8.75)*. On a créé des *sous-unités* de 30 logements, reliées entre elles par un mail *(M. 20.6.78)*.

4. Sous- (devant un subst. ou un adj.) sert à marquer une situation inférieure dans l'espace par rapport à ce que désigne ou évoque le second élément.

Sous + substantif.

Il y a 10 ans, le champion O. fait fabriquer en France le premier « *sous-pull* » coupe-vent, déjà vendu comme *sous-vêtement de ski* en Allemagne et en Suisse. On compte aujourd'hui environ 200 fabricants de « *sous-pulls* » *(E. 7.1.74)*. Une *sous-couche* résistante de neige en début de saison assure un enneigement durable, notamment à Noël et à Pâques *(M. 24.12.77)*.

Sous + adjectif.

Ce documentaire consacre une large place à l'emploi des ceintures de sécurité (dans les automobiles) ; les médecins considèrent la ceinture *sous-abdominale* comparable à celle qu'utilise l'armée de l'air, comme la plus apte à prévenir les chocs graves *(M. 10.2.66)*. La construction du passage *sous-fluvial* (d'une ligne de métro) *(VR 15.3.70)*. Un souterrain de plus de 6 km, avec traversée *sous-fluviale* de la rivière *(VR 30.3.69)*. A 2 200 mètres d'altitude, près du glacier d'A., une entreprise creuse, pour le compte de l'E.D.F., une galerie *sous-glacière (M. 11.1.68)*.

Le parking *sous-lacustre* sera inauguré le 24 mai à Genève *(Tour. 11.5.72)*.

SOUS-DÉVELOPPÉ, E adj. et s. (De l'anglais *underdeveloped*).

1. Écon. Surtout dans le tour *pays sous-développé* (remplacé de plus en plus par la loc. *pays en voie* de développement*). Qui n'a pas encore atteint un niveau de développement économique comparable à celui des pays industrialisés.

● Adj. ou part. passé.

L'*économie sous-développée* est exposée continuellement à des blocages de développement ou de croissance (...) Un *pays* est *sous-développé* s'il n'utilise pas ses ressources en richesses naturelles selon les méthodes les plus économiques de la technologie contemporaine *(Gendarme, 59)*.

Un produit de médiocre qualité, destiné à la *clientèle* « *sous-développée* » et « sous argentée » des dockers de Hong-Kong et du sous-prolétariat de Bangkok *(Lamour, 72)*. Le joint en caoutchouc est un produit banal qu'une main d'œuvre peu expérimentée sait fabriquer. C'est un produit type pour *pays sous-développés* soucieux de s'industrialiser *(C. 7.5.72)*. La plupart des femmes des *régions sous-développées* sont incapables d'utiliser les méthodes contraceptives courantes *(M. 10.9.72)*. En 1964, dans une série d'articles publiés dans « Paris Match », R. Cartier prétendait que l'aide accordée par la France aux *pays sous-développés* était prélevée sur une faible tranche de revenus susceptibles de financer l'expansion nationale *(M. 11.2.75)*. Aujourd'hui la revalorisation du prix du pétrole et d'autres matières premières a apporté de gros capitaux à des *nations* précédemment *sous-développées (PM 22.2.75)*.

2. Par ext. Qui n'a pas encore atteint le stade d'évolution, le niveau de modernisation, d'équipement souhaités.

● Adjectif.

L'Aquitaine, dont les *plages sous-développées* reçoivent trois fois moins de touristes au kilomètre carré que les autres côtes françaises *(E. 29.5.67)*. Matériellement, le *sport professionnel* s'est très vite révélé *sous-développé*. Son existence n'est rendue possible que par le mécénat, la subvention ou la publicité *(M. 19.1.68)*. Des obstacles restent encore à surmonter pour qu'on cesse de considérer la *femme* comme intellectuellement *sous-développée (Sartin, 68)*. Les fabricants japonais se sont attelés au *secteur* techniquement *sous-développé* de la moto *(En. 4.11.71)*. Les juges restaient privés des moyens techniques et matériels les plus élémentaires dans une *France* judiciaire *sous-développée (Saint Pierre, 72)*. La réglementation sur les pesticides est une *réglementation sous-développée (E. 13.3.72)*. L'occultisme n'est pas un *phénomène* populaire ou *sous-développé* : répandu dans toutes les classes, il s'est recyclé *(E. 7.1.74)*.

→ SOUS-ÉQUIPÉ, SURDÉVELOPPÉ.
- **Subst.** Personne ou collectivité qui se trouve en état de *sous*-développement* (Cet emploi est critiqué).
    L'état de « sous-développés » dans lequel nous sommes *(M. 11.1.68)*.

SOUS-DÉVELOPPEMENT sm. 1956.
1. À propos du *Tiers* Monde*. Situation d'un pays dit *sous*-développé* (1.).
    Que devient l'espoir des nations inexpérimentées de sortir du *sous-développement* industriel qui les maintient dans la pauvreté ? *(M. 11.1.68)*.
    Cette marche commune a détaché l'Europe occidentale du reste du monde, créant ailleurs ce qu'on appelle aujourd'hui le *sous-développement (Sauvy, 70)*. Le tiers monde existe-t-il encore ? En termes de misère et de *sous-développement*, plus que jamais *(O. 5.6.78)*. Si la production nationale d'aliments n'augmente pas très rapidement, (...) l'aptitude des pays en voie de développement à importer des biens d'équipement en sera compromise et leur croissance économique en pâtira. C'est le cercle vicieux du *sous-développement (C. 30.8.78)*.
2. Par ext. À propos d'une personne, d'une collectivité, d'une région, d'un secteur de la vie écon., sociale, culturelle, etc., qui sont considérés comme *sous*-développés*(2.) à un point de vue quelconque.
    Au service de la recherche, les chercheurs doivent être de plus en plus nombreux, les installations de plus en plus perfectionnées. Il y a là une tâche indispensable dont la méconnaissance nous conduirait au *sous-développement intellectuel*, puis *économique (M. 2.10.66)*. Un monopole d'État, une tutelle ministérielle sur l'information télévisée mène à un *sous-développement intellectuel* et finalement *politique*, de la masse des citoyens *(E. 17.6.68)*. La Justice ne reçoit aucune réparation du pouvoir, qui fixe son budget et sa condition de *sous-développement judiciaire (M. 21.2.71)*.
    L'auteur constate un *sous-développement* de certaines branches de l'industrie *(E. 29.3.71)*. (Le) *sous-développement* politique où se trouve la France *(Lacombe, 71)*. Ceux qui exploitent le *sous-développement* culturel de la femme *(Mauduit, 71)*. Pour une université de petite taille, disposant de peu de ressources en hommes et en équipement, l'imagination est l'une des seules chances pour sortir du *sous-développement (M. 10.9.72)*. Le *sous-développement* de notre pays en matière de démocratie porte essentiellement sur les pouvoirs du Parlement *(M. 22.6.74)*. Le mot « alphabétisation » suppose un *sous-développement* généralisé, global, des immigrés alors que, selon les ethnies, le pourcentage d'illettrés varie beaucoup *(M. 19.1.75)*. Le *sous-développement* de la province, qui attend en vain des industries qui ne viennent jamais *(O. 27.1.75)*. Combien de services publics abandonnés au dénuement : écoles, hôpitaux, casernes, commissariats, prisons. Ce *sous-développement* sanitaire, mais aussi culturel, représente une réserve de croissance disponible *(R 11.75)*. L'effort pour sortir du *sous-développement* téléphonique *(M. 24.2.77)*. L'information est nécessaire si l'on veut éviter que la France ne devienne un pays en voie de *sous-développement (M. 20.5.78)*. Après 40 ans de dictature et de *sous-développement* industriel, l'Espagne apparaît aujourd'hui, dans certains domaines, comme un concurrent redoutable *(E. 3.7.78)*.

→ SOUS-ÉQUIPEMENT, SURDÉVELOPPEMENT.

SOUS-EMPLOI sm. Rép. mil. XXe.
Sous-emploi (sous-entendu : *de la main d'œuvre, des travailleurs*. Par opp. à *plein* emploi*).
- Situation dans laquelle seule une partie de la main d'œuvre disponible est employée, l'autre étant en chômage.
    Par sa politique de *sous-emploi* et de sous-traitements, l'administration se prive de moyens efficaces *(M. 21.1.68)*. Le *sous-emploi* par sous-qualification pour l'ensemble des travailleurs de la région, est un problème grave *(C. 7.10.70)*.
    L'hypothèse est que la France ne vivra pas durablement dans le *sous-emploi (P. 9.12.74)*. Les sous-prolétaires : non pas des « cas » isolés, mais un peuple sans culture, sans argent, frappé par le *sous-emploi (M. 22.4.78)*. Après un demi-siècle de plein emploi, nous sommes entrés dans le *sous-emploi (M. 2.7.78)*. L'indemnisation du chômage est la juste conséquence d'un *sous-emploi* dramatique *(C. 5.9.78)*.

Sous-emploi de qqch. ■ Utilisation insuffisante.
    Ce faux calcul a conduit à la fois au suréquipement et au *sous-emploi* des machines *(Lacombe, 71)*. Le *sous-emploi* des studios et du matériel risque de coûter cher à l'O.r.t.f. *(E. 19.11.73)*.
→ SUREMPLOI.

SOUS-EMPLOYÉ, E adj. ■ Dont on n'utilise qu'en partie la capacité, le temps, les possibilités, etc.
- **À propos de personnes, de collectivités.**
    La majorité des paysannes africaines atteint le plein emploi, tandis que les *hommes* sont généralement *sous-employés (Dumont, 62)*. Une partie de la *population sous-employée* dans l'agriculture découvre des sources d'activités nouvelles dans le tourisme d'hiver et d'été *(M. 29.6.66)*.
    Il y a peut-être dans cette entreprise des services *sous-employés* permettant de prélever le personnel dont on a besoin ailleurs *(En. 2.4.71)*.
- **À propos de choses.**
    L'écrémage des marchandises est pratiqué par les transports routiers, même si les *capacités* de transport offertes par le rail sont *sous-employées (Ch. f. 7.68)*. N'est-il pas absurde que les locaux scolaires ne soient utilisés que 8 heures par jour au maximum ? Nos *équipements* sont en permanence *sous-employés*, alors que l'on manque de maisons de jeunes et de la culture *(En. 27.7.68)*. La S.N.C.F. essaie d'utiliser au maximum certaines *installations* existantes peu employées *sous-employées (Cl 5.69)*.
    Notre potentiel d'hébergement social est scandaleusement *sous-employé (Saint-Marc, 71)*.

SOUS-ENSEMBLE sm. Mil. XXe.
1. Math. ■ Ensemble dont tous les éléments appartiennent à un autre ensemble*.

Nous disons que A est inclus dans B ou que B contient A, ou encore que A est une partie ou un *sous-ensemble* de B, si tout élément de A est élément de B *(Monge, 62)*.

Pour Kaufmann, la théorie des *sous-ensembles* flous — l'une des dernières parmi les théories mathématiques — permet une connaissance plus objective de cette réalité mouvante qu'est le vivant *(M. 1.1.75)*.

2. Par ext. Dans d'autres domaines. ■ Partie d'un ensemble.

Le lexique d'un individu est un *sous-ensemble* du lexique de la collectivité linguistique dont il fait partie (...) Dans une situation donnée, le locuteur n'a « en jeu » qu'une partie de son lexique. Le lexique de situation est donc un *sous-ensemble* du lexique individuel *(Muller : T.L.L. 68)*. Une fusée n'est pas faite d'une pièce. On peut, dans la plupart des cas, la subdiviser en étages, chacun de ces ensembles comprenant lui-même divers *sous-ensembles* — la propulsion, le guidage, le contrôle d'altitude. Les *sous-ensembles* sont eux-mêmes faits d'une multitude de composants *(M. 17.7.69)*.

Le groupe exporte à la fois des « *sous-ensembles* » — isolateurs, disjoncteurs, transformateurs — et des ensembles industriels complets : centrales thermiques et hydrauliques *(En. 30.9.71)*. Les *sous-ensembles* — chassis d'appareillage, pupitres, turbines, etc. — sont raccordés à la caisse de la locomotive par des coupleurs *(R.G.C.F. 5.72)*. La constitution d'un *sous-ensemble* monétaire européen réduirait les dimensions du problème, elle ne le résoudrait pas *(M. 4.9.73)*.

SOUS-ÉQUIPÉ, E adj. ~ 1960. ■ Insuffisamment équipé (à propos de pays, de régions, d'institutions, etc.).

Il fallut faire un immense détour (...) pour aboutir au port *sous-équipé* de Matadi *(Lantier, 69)*. Le législateur a vidé progressivement la juridiction ordinaire de sa compétence en matière civile. Sur une justice déjà *sous-équipée*, les économies se sont abattues *(N 1.70)*. Les deux tiers de la planète sont *sous-équipés* : jusque dans les pays développés, les équipements collectifs ont un retard considérable sur les biens de consommation *(FL 1.11.70)*. Le monde rural n'est sous-peuplé que parce qu'il est *sous-équipé (Saint-Marc, 71)*. Des centaines de milliers d'étudiants s'entassent tant bien que mal dans des universités *sous-équipées (M. 24.12.71)*. Une région *sous-équipée* et démunie d'emplois *(E. 25.6.73)*. Nos forces aéro-terrestres et d'abord notre armée de terre (...) restent dangereusement *sous-équipées (M. 7.10.78)*.

→ SOUS-DÉVELOPPÉ, SURÉQUIPER.

SOUS-ÉQUIPEMENT sm. ~ 1960. ■ État de ce qui est *sous**-équipé.

Le *sous-équipement* de l'Algérie était effrayant *(Courrière, 68)*. Cette ville détient le record du *sous-équipement* en matière de téléphone *(E. 7.4.69)*. La ligne souffre d'un *sous-équipement* aigu en moyens de garages directs qui n'existent que dans les grandes gares *(VR 22.7.73)*. Les grandes chaînes d'hôtels, à la suite de savantes études de marché, concluent au « dramatique » *sous-équipement* hôtelier *(P. 3.11.75)*. Longtemps, la France a connu un *sous-équipement* téléphonique flagrant *(C. 6.10.78)*.

→ SOUS-DÉVELOPPEMENT, SURÉQUIPEMENT.

SOUS-HUMANITÉ sf. ~ 1955. ■ Situation des collectivités humaines qui vivent dans des conditions indignes de l'homme, ou dont les membres sont considérés comme de créatures inférieures. — Ensemble de gens qui vivent dans une telle situation.

Bien loin de valoriser l'homme, les « villes prolétaires » font de leurs habitants une *« sous-humanité » (Saint-Marc, 71)*. Ce romancier parle souvent du surhomme dominateur régnant sur de larges couches de la *sous-humanité (O. 15.10.73)*.

SOUS-PAYER v. tr. ~ 1965. ■ Payer qqn ou qqch insuffisamment ou au-dessous du prix normal.

● **Verbe trans.**

Dans ces pays les employeurs cherchent de bonnes raisons pour *sous-payer* les femmes *(E. 21.11.66)*. Ces petites entreprises (...) vivotent en *sous-payant* un personnel non qualifié *(E. 22.1.68)*. Surpayer le pétrole après l'avoir *sous-payé (E. 15.1.73)*.

● **Au passif. Part. passé et adj.**

Un travailleur sur trois est une femme. Or elles *sont sous-payées (E. 26.10.70)*. L'embauche d'auxiliaires *sous-payées* mécontente le personnel des centres de tri postaux *(M. 24.10.74)*.

SOUS-PROGRAMME sm. Mil. XXe. Techn. ■ Partie d'un programme destinée à être incorporée dans un programme principal, et qui fait l'objet d'un traitement particulier.

Le plan d'investissement s'articule en deux *sous-programmes (Doc. Fr. 71)*. Une bibliothèque complète, sans cesse augmentée de *sous-programmes* mathématiques, scientifiques, statistiques (...) *(Pub. Exp. 2.71)*. Le modèle de simulation globale comporte plus de 700.000 mots de 60 bits, dont 6.000 instructions réparties en plus de 100 *sous-programmes (R.G.C.F. 7.73)*.

SOUS-PROLÉTAIRE subst. Mil. XXe. ■ Prolétaire dont les conditions de vie et de travail sont particulièrement pénibles et qui est souvent exploité, *sous**-payé.

Le bidonville est la forme la plus aigue de la ségrégation. C'est le ghetto des derniers venus, des *sous-prolétaires*, des non-citoyens *(Ragon, 71)*.

Rem. Les dérivés sous-prolétarien, ne (adj.), sous-prolétarisation, sous-prolétarisé, e sont attestés.

SOUS-PROLÉTAIRE

La condition *sous-prolétarienne* touche dans l'Hexagone environ 2 millions de personnes *(M. 22.4.78)*.
Cette importante immigration (vers les villes) signifie souvent prolétarisation et *sous-prolétarisation (Agulhon, 71)*.
La classe ouvrière *sous-prolétarisée* qui avait éprouvé la grande crise, réussit le Front Populaire *(Bauchard, 72)*.

SOUS-PROLÉTARIAT sm. Rép. mil. XXe. Condition de *sous*-prolétaire* ; ensemble des *sous*-prolétaires*.

Les grandes villes connaissent l'afflux d'un *sous-prolétariat* entassé dans des bidonvilles ou des banlieues tentaculaires *(M. 19.9.64)*. Les conditions de vie du *sous-prolétariat* urbain, l'extrême pauvreté au sein de l'abondance, dans les sociétés riches du XXe siècle *(M. 2.6.66)*.
Le fossé qui sépare la société de consommation de son *sous-prolétariat* s'élargit *(N 6.70)*. M. G. fait état d'un « *sous-prolétariat* » breton *(M. 25.1.74)*.

● Par extension.

Le risque d'une catastrophe vient sans doute du déséquilibre croissant, tragique, entre une superpuissance industrielle qui domine de plus en plus l'univers de sa richesse et de sa capacité, et l'ensemble des autres pays qui deviennent le *sous-prolétariat* de la planète, condamnés à une paupérisation relative *(E. 26.6.67)*.

SOUS-TENDRE v. tr. Fig. (d'après l'emploi en géométrie).

● Verbe trans. ■ Être à l'origine, à la base de qqch. Inspirer, soutenir qqch (le plus souvent nom de chose abstr.).

O Dans la vie citadine, le repos lui-même ne peut échapper au bruit et à la nervosité qui *sous-tend* nos *existences (PM 23.3.68)*. Le rejet du tabou sexuel et le mépris de la femme *sous-tendent la genèse* des viols collectifs *(M. 1.9.66)*. Une recherche de l'homme, une volonté de découvrir « autre chose » *sous-tend* toute *l'histoire* de l'humanité *(Duquesne, 70)*. Les principes qui *sous-tendent* les *méthodes* audio-visuelles et audio-orales *(F Mon. 4.70)*. Qui a vraiment mesuré l'importance de la guerre comme thème artistique ? Comment dénier qu'elle *sous-tend* les *œuvres* de Shakespeare, de Beethoven et de Goya ? *(E. 15.4.68)*.

OO La position psychogénétique et les différents *choix* idéologiques qu'elle *sous-tend (N 1.71)*. Un *pronostic*, formulé sur ce ton inimitable de donneur de leçons, n'encourage guère à faire crédit aux vues politiques qui le *sous-tendent (Viansson, 71)*. Ce thème, qui *sous-tend* ou *sous-tendrait* l'*action* de la majorité, est très difficilement perceptible *(E. 13.3.72)*. Des thèses de défense de l'environnement *sous-tendent* cet *ouvrage (Pa. 7.72)*. Les défauts de la *société* et ceux de l'État qui la *sous-tend (M. 18.1.73)*. Un *cinéma* que *sous-tendrait* la mythologie du retour à la terre *(M. 31.10.73)*. Les idées-forces qui *sous-tendent* le *Programme* commun de la gauche *(P. 7.5.74)*. Un dossier financier *sous-tend* ce *débat* d'idées : de lourdes contraintes pèsent sur les intentions les plus louables *(M. 6.5.75)*. Une revalorisation de la convivialité *sous-tend* la « *philosophie* » de l'autogestion *(M. 13.5.78)*. Le président de la République ne relancera pas l'économie en vue de réduire le chômage. Pour 3 raisons simples, qui ont *sous-tendu* la *partie* de sa conférence de presse consacrée à la croissance et à l'emploi *(M. 23.11.78)*.

● Au passif.

O Toute la *conception* de ce dictionnaire est *sous-tendue* par les méthodes d'analyse de la linguistique moderne *(CL 10.67)*. L'*œuvre* de Jean Renoir (cinéaste) est tout entière *sous-tendue* par un courant souterrain qui nous mène progressivement de l'esthétique à l'éthique *(ST 26.10.68)*. Plusieurs *séquences* (d'un film) sont *sous-tendues* par une poésie étrange où fraîcheur et perversité se répondent *(Es. 11.66)*. La réunion des cosmonautes est un *succès* technique, mais *sous-tendu*, comme on dit, par la politique *(Es. 2.66)*.

OO Ce discours était *sous-tendu* et animé par une foi religieuse qui osait dire son nom *(Téla. 28.9.74)*. La grève est *sous-tendue* par des problèmes sérieux, que l'on retrouvera demain *(E. 12.6.78)*.

SOUS-TRAITANCE sf. 1959. (De *sous*-traitant*). Écon. ■ Accord par lequel une entreprise confie à une autre le soin d'exécuter pour elle, selon ses directives et sous sa responsabilité, certaines tâches de production.

Vivant dans l'ombre des grandes firmes avec lesquelles elles ont, le plus souvent, des activités complémentaires, les petites entreprises de *sous-traitance* sont-elles condamnées, pour continuer à travailler, à « emboîter le pas » aux premières lorsque celles-ci décident de se décentraliser ? *(M. 20.7.66)*. Le nouveau groupe aura deux concurrents — et partenaires dans les programmes réalisés en coopération ou en *sous-traitance* — dans le domaine de la construction d'avions et de missiles *(M. 10.10.69)*. On a souvent besoin d'un plus petit que soi. Les grandes compagnies américaines illustrent depuis longtemps le proverbe, en pratiquant la *sous-traitance (E. 13.4.70)*.
L'adoption d'un important programme de *sous-traitance* va permettre à la LMT de disposer d'un potentiel supplémentaire équivalent à 200 emplois *(En. 9.12.71)*. La *sous-traitance* a été longtemps considérée comme une activité marginale de l'économie (...) Avec la création en 1972 d'une charte de la *sous-traitance*, cette activité commence à acquérir ses lettres de noblesse *(C. 21.3.73)*. Le groupe juge insuffisant le volume de *sous-traitance* qui sera confié à l'usine de Toulouse *(M. 27.11.75)*. À l'usine Ch. de Creil 4.090 personnes travaillent en *sous-traitance* pour Renault et Peugeot *(M. 24.9.78)*. Le ministre de l'industrie a inauguré le 8e Marché international de la *sous-traitance (M. 4.10.78)*.

SOUS-TRAITANT, E adj. et subst. Rép. mil. XXe. ■ Qui accepte des tâches de *sous*-traitance*.

● Adjectif.

Les chantiers navals construisent les coques sur cales, puis, après le lancement, terminent les navires à quai avec l'aide d'entreprises *sous-traitantes (VR 7.11.71)*. 95 % des entreprises *sous-traitantes* ont moins de 50 travailleurs *(C. 21.3.73)*. Cette société est *sous-traitante* des constructeurs d'avions et subit donc les conséquences de leurs erreurs *(E.*

25.6.73). La décision d'interrompre la construction de l'aciérie (...) place brusquement les entreprises *sous-traitantes,* engagées dans cette construction, dans une situation difficile *(M. 5.8.78).*
- **Substantif.**
   Il faut 2 ans au moins pour mettre en place un nouveau modèle de voiture, 2 ans aussi pour préparer la production des industries annexes. Renault, par exemple, traite avec 8.000 *sous-traitants (PM 11.5.74).* Le *sous-traitant* local fera l'appoint des 10 % de capitaux manquants *(E. 18.11.78).*

SOUS-TRAITER v. tr. Rép. mil. XXe. Écon. ■ Confier en *sous**-traitance* l'exécution d'une tâche.

L'industrie qui *sous-traite* une partie de son activité y trouve son avantage ; il n'est pas dans son intérêt de tout faire *(C. 21.3.73).* La C.g.e. s'est engagée à *sous-traiter* la construction de la chaudronnerie des prochaines centrales nucléaires *(E. 21.5.73).* Des sociétés comme Creusot-Loire seront amenées à *sous-traiter* pas mal d'heures de travail *(E. 3.2.75).*

SOVIET [sɔvjɛt] sm. (Mot russe, « conseil »). Spéc. (À propos d'autres pays que l'U.R.S.S.). ■ Comité, groupe de personnes qui cherchent à exercer un contrôle sur la marche d'une entreprise, d'un organisme, d'un service.

Le général S. nouait des relations avec les capitaines qui formaient un véritable *soviet (Jouhaud, 69).* La C.G.C. réclame une commission de concertation propre au personnel d'encadrement dans les entreprises, au-delà du simple comité d'entreprise (...) Ce petit *soviet* (...) serait en quelque sorte le conseil privé du chef d'entreprise (...) Plutôt que d'admettre la création de « *soviets* » dans les entreprises, les organismes patronaux préféraient s'en tenir dans un premier temps à une association plus directe des cadres à la gestion *(Bauchard, 72).*

SOVIÉTO- Premier élément d'adj. comp. ethniques caractérisant des rapports entre l'Union soviétique et un autre État désigné par le second élément.

La Méditerranée est devenue, peu s'en faut, un lac *soviéto-américain (E. 27.9.70).* Les relations commerciales *soviéto-américaines* ne sont pas encore sorties de la phase de « normalisation » (...) Si tout va bien, les échanges *soviéto-américains* atteindront peut-être bientôt le niveau des échanges franco-soviétiques *(Exp. 12.72).* Les entretiens *soviéto-cubains* doivent se poursuivre jusqu'à samedi prochain *(M. 30.1.74).*

Rem. **D'autres exemples de ce type de comp. sont cités in B.d.m. n° 11, 1976, où sont aussi donnés quelques exemples de comp. construits à l'aide de la variante plus rare *soviético-.***

SOVIÉTOLOGUE sm. ■ Spécialiste qui étudie la politique de la Russie soviétique.

Comment les militaires du Pentagone et les *soviétologues* de Harvard analysent-ils l'évolution de la politique soviétique ? *(E. 14.10.68).* L'étude de la République démocratique allemande) exige une méthodologie semblable à celle qu'utilisent les *soviétologues (M. 27.12.70).*
Des *soviétologues* américains posent en principe que le P.c. russe évite toujours de placer à la tête des partis communistes étrangers des hommes ayant un soutien de masse trop fort *(D. Desanti, in E. 27.1.75).*

SPAGHETTI [spagɛ(t)ti] Spéc. ~1968. Fam. Iron. Dans les comp. *spaghetti-western* et *western**-spaghetti.* ■ Western italien.

Les Américains appellent ce genre de film un *spaghetti-western,* parce qu'il a été tourné entre les Abruzzes et les Pouilles, par des cinéastes italiens à la recherche de la prairie perdue *(E. 15.7.68).* De réalisateur, Sergio L. est passé producteur. Pour vendre la même chose : du *spaghetti-western,* plus nounouille que jamais *(O. 7.1.74).*

SPATIAL, E adj. Répandu après 1957. ■ Relatif à l'espace interplanétaire.

Lors des vols Gemini 10 et 11, les *cabines spatiales* américaines étaient amarrées à des fusées Agena (...). Antérieurement à l'*ère spatiale,* les scientifiques avaient créé plusieurs sciences de l'univers : l'astronomie, la cosmographie, la cosmogonie (...). Un mot est apparu en 1965 dans le *langage spatial,* à l'occasion des opérations de rendez-vous. Il s'agit du terme « arrimage » (...). Si un *véhicule spatial* de 20 tonnes crée une poussée de 10 tonnes, son accélération sera de 0,5 g *(Air 5.7.69).*
Quatre cosmonautes sont revenus, vendredi dernier, d'un séjour de 3 mois à bord d'une *capsule spatiale (E. 14.9.70).*

SPATIONEF [spasjɔnɛf] sf. ~ 1960. (De *spati*al, et *nef*). Did. ■ Appareil susceptible d'évoluer dans l'espace interplanétaire ; vaisseau spatial.

Sans doute organiser un débarquement sur la Lune est-il bien plus prestigieux que de construire un « *spationef* » économique : ce n'est pas un objectif qui passionnera le monde *(M. 22.7.69).* Les études sont en cours et on se fait fort d'arrêter d'ici deux ou trois ans le dessin, au moins à grands traits, d'un « *spationef* » de plus de 100 tonnes *(M. 23.7.69).*
→ COSMONEF.

SPEAKERINE

SPEAKERINE [spik(ə)rin] sf. ~ 1950. ■ Féminin francisé du mot anglais *speaker*, utilisé en français dans l'emploi — parfois critiqué — de : *annonceur**, présentateur, (à la radio, la télévision). On a proposé pour *speakerine* les substituts : *annonceuse*, présentatrice*, etc.

> Rem. 1. Je vais maintenant — dussé-je scandaliser quelques lecteurs — prendre la défense de la *speakerine*. Ce féminin, dit-on, n'est même pas anglais ; il est allemand. Bien sûr Mais c'est aussi le féminin d'un suffixe français, ce qui contribue à l'acclimatation du mot. Pourquoi pas « speakeresse », d'après l'anglais, qui concorde avec une formation féminine bien française ? Pourquoi ? Mais tout simplement parce que ce féminin est déprécié et que les intéressées n'en veulent plus. Au contraire la valeur diminutive de la finale -ine lui confère une légèreté, une grâce, qui plaît. C'est un fait *(Dauzat : M. 13.12.50)*.
>
> Rem. 2. Il semble que, malgré les attaques dont ils sont l'objet, les mots « speaker » et « *speakerine* » — terme élégant de deux syllabes qui rime avec héroïne, sacristine, tsarine, Aline, Jacqueline, Évelyne, etc. — sont bien ancrés dans la langue courante. C'est ce qui fait leur force. Ce sont les termes employés dans le langage journalier *(VL 5.63)*. Phonétiquement, ce mot — *speakerine* — ne me choque pas plus que « ballerine », « aspirine » ou « mandarine ». Qu'il soit d'origine anglaise n'est pas non plus une tare infamante ; nous avons en français des mots provenant de toutes les langues du monde, de l'algonquin « tobogan » au chinois « satin » *(VL 5.67)*.
>
> Rem. 3. (Pourquoi) repousser l'emploi d'« annonceuse » en remplacement de « speakerine » — ce qu'ont fait les amis québécois (...) J'ai peine à trouver « spikrine », qui sent la drogue, la lotion capillaire, le désinfectant et tout ce que l'on veut, plus « distingué » et plus « euphonique » que notre brave mot français *(J. Cellard, M. 7.7.74)*.

♦ On peut s'attendre à un renouvellement des formules d'annonces sur le petit écran, notamment en ce qui concerne le rôle des *speakerines* qui devraient être non des présentatrices mais des animatrices *(M. 23.9.64)*.
Les *speakerines* (...) seront promues au rang de vedettes par la baguette magique de la fée Télévision *(E. 13.3.72)*. Comparées, parce que leur vitre, aux demoiselles des rues chaudes d'Amsterdam, 6 *speakerines* de la TV demanderont réparation devant la 17e Chambre correctionnelle de Paris *(E. 7.10.78)*. Le droit vient de donner raison aux *speakerines*. Elles recevront le franc symbolique de réparation et « Marie-Claire » est condamnée aux amendes prévues par le code, qui a dressé la liste des termes « diffamatoires » *(O. 6.11.78)*.

→ TÉLÉSPEAKERINE.

SPÉLÉONAUTE

SPÉLÉONAUTE s. De *spéléo* (cf. *spéléologie*) et *-naute* (cf. *cosmonaute**, etc.). ■ Explorateur qui fait des séjours prolongés d'expérimentation scientifique dans des gouffres souterrains.

> La vie quotidienne des isolés dans les cavités souterraines est assimilable à un véritable vol spatial simulé. Pendant l'éveil, les « *spéléonautes* » portent une combinaison à thermo-couples *(M. 15.6.69)*. En sortant du gouffre, la courageuse *spéléonaute* qui séjournait depuis le 6 février sous terre (...) *(C. 7.3.69)*.
> C'est en pensant aux difficultés qui guettent les futurs explorateurs de ces univers que j'ai eu l'idée des expériences hors du temps. C'est pour cela que j'ai appelé mes équipiers des « *spéléonautes* » (...) L'aventure des *spéléonautes* est désormais sur orbite et n'a plus besoin de pionniers. Elle engagera des biologistes, des physiologistes *(Michel Siffre, E. 11.2.77)*.

SPERMATICIDE

SPERMATICIDE ou SPERMICIDE adj. et subst. ~ 1950. (De *sperme* ou *spermat-* et *-cide*). Did. Se dit d'une substance qui détruit les spermatozoïdes et est utilisée comme anticonceptionnel.

> Au cours de cette émission (sur la régulation des naissances) on a parlé « spermaticides » comme on parle insecticides. Or, même en matière d'insecticides, on s'aperçoit aujourd'hui que certaines réussites techniques ont l'inconvénient de détruire la vie au-delà de ce qu'on souhaitait, et de perturber des équilibres naturels précieux *(F. 22.12.66)*.

SPIRALE

SPIRALE sf. Fig. Écon. ■ Représentation symbolique d'une évolution qui concerne plusieurs domaines plus ou moins interdépendants, et qui s'écarte de plus en plus de son point de départ.

> La *spirale* des profits et des prix a encore été fortement ascendante, en France, en 1971. La *spirale* des prix et des salaires aussi *(Exp. 1.72)*. La nouvelle politique remplace le contrôle privé, qui n'a pas réussi à maîtriser la *spirale* salaires-prix, par un contrôle public qui, espérons-le, y parviendra *(Exp. 2.72)*. La *spirale* inflationniste tournait de plus en plus vite depuis quelques mois : le prix des produits manufacturés s'est accru au rythme annuel de 9 % au 3e trimestre ; et l'indice des salaires a augmenté de 17 % en un an *(Exp. 12.72)*. En entrant dans la *spirale* production-consommation-croissance, une génération tout entière a créé ce qu'il est convenu d'appeler de faux besoins *(E. 26.11.73)*.

SPONSOR

SPONSOR sm. ~ 1970. (Mot lat., « répondant », « caution » ; « parrain » ; empr. par l'angl.). Écon. ■ Bailleur de fonds. Personne qui soutient financièrement une entreprise, un organisme, un club sportif, etc.

> Pour trouver le « *sponsor* » qui financera les travaux, le chercheur définit un programme, chiffré en temps et en argent *(Exp. 2.72)*. Les entreprises qui payent les programmes par la publicité télévisée, les *sponsors*, obligent au choix des émissions qui ont l'indice d'audience le plus élevé *(Belloin, 73)*. Il (un navigateur) a fait le tour des *sponsors*, des commanditaires possibles. En général, c'est une place encore souvent plus difficile à gagner que les courses elles-mêmes *(O. 14.1.74)*. La veille du match de football France-Italie, la plupart des joueurs de l'équipe de France étaient allés demander à leur *sponsor* d'augmenter les primes *(E. 12.6.78)*.

SPONTANÉ, E adj. Spéc. ~ 1965. ■ Qui échappe aux règles établies. Non conformiste. Incontrôlé. *Sauvage**.
- — Dans le domaine de l'art.
    John L. avec un groupe de jeunes comédiens venus de six pays différents a déjà donné un spectacle de « théâtre *spontané* », sorte de happening international *(O. 13.7.66)*.
Rem. 1. Sont également attestés :
    Peinture *spontanée* (FL 6.10.69). Roman « *spontané* » *(O. 25.1.70)*. Artiste *spontané* *(El. 13.4.70)*. Dessins *spontanés* *(El. 15.6.70)*.
- — Dans d'autres domaines, notamment dans la vie politique et sociale.
    Une réunion passée inaperçue annonce peut-être de nouveaux changements dans l'Église de France : elle a rassemblé les représentants d'une trentaine de groupes « *spontanés* » (dont certains nés en mai 1968), composés de prêtres et de laïcs et assez proches de ce qu'on appelle aux États-Unis « l'Église souterraine » *(E. 24.11.69)*. Le caractère « *spontané* » des mouvements de grève ne doit pas faire illusion. En France, les grèves sont presque toujours affaire de « climat ». Les militants se lancent rarement dans la bataille avant d'avoir pris la « température » de la base *(O. 19.1.70)*.
Rem. 2. Sont également attestés :
    Séminaire *spontané* *(O. 8.9.69)*. Grèves *spontanées* *(O. 19.1.70)*. Technique « *spontanée* » *(LF 17.6.70)*. Grèves-bouchons *spontanées* *(O. 15.5.72)*.

SPONTANÉISME sm. Rép. 1968.
- — Pol. Attitude ou doctrine d'un mouvement *gauchiste** qui fait confiance à la spontanéité révolutionnaire des masses et à la spontanéité créatrice des individus.
    Le parti communiste et la C.G.T. n'ont pas attendu mai 1968 pour dénoncer inlassablement le « *spontanéisme* » sous toutes ses formes *(M. 28.5.68)*. Ils (les enragés) n'ont aucune organisation hiérarchique et font confiance à leur *spontanéisme* *(O. 29.7.68)*. Très violents contre la gauche intellectuelle, accusée de ne savoir que bavarder, et contre les radicaux jugés inefficaces, les Weathermen prônent le « *spontanéisme* » et l'action violente pour son effet « exemplaire » *(M. 16.11.69)*.
    Après l'échec du « *spontanéisme* », déclare Krivine, il faut maintenant passer au stade de l'organisation *(E. 30.11.70)*. Les gauchistes étaient décidés à célébrer dignement ceux qui, pour eux, ont inventé le *spontanéisme* *(E. 29.3.71)*. Je (un élève) refuse le *spontanéisme*, et les gauchistes sont très forts en ce domaine *(Jullien, 72)*.
- — Dans d'autres domaines (vie culturelle, sociale, etc.).
    Devant le *spontanéisme* envahissant se fait jour la nécessité d'une théorie picturale en liaison avec les luttes révolutionnaires de notre temps *(LF 3.1.68)*. Il y a en cette époque une sorte de vénération de l'instinct, du *spontanéisme* qui a son côté libérateur, créateur même *(Mallet-Joris, 70)*. Il semble que les syndicats se trouvent dépassés par les mouvements spontanés de la masse ouvrière, ou de certaines catégories de travailleurs. Il y a là un danger considérable. Car admettre le « *spontanéisme* » et encore plus le susciter, risque d'entraîner les syndicats dans une voie où le syndicalisme n'aurait plus de raison d'être *(En. 4.11.71)*. Dans un monde où les hommes sont de plus en plus écœurés par les grandes machines qui les emprisonnent — politiques, administratives, industrielles, syndicales —, le *spontanéisme* et le repli sur des petits groupes fraternels et actifs tendent naturellement à se développer *(M. 8.5.74)*.

SPONTANÉISTE adj. et subst. ■ Inspiré par le *spontanéisme**. Partisan du *spontanéisme**.
- Adjectif.
    Un socialisme pragmatique et quelque peu *spontanéiste*. Dans les premiers temps de l'explosion de mai (1968), la réaction *spontanéiste* est cette espèce de défoulement auquel nous nous sommes tous livrés avec bonheur, devant les structures institutionnelles paniquées *(École, 72)*. Dans ce climat de remise en cause et de recentration politique des groupes « *spontanéistes* » étudiants prit forme le nouveau courant féministe *(Morin, 73)*.
- Substantif.
    Les « cercles rouges » entendent se distinguer à la fois des « réformistes » proches du parti communiste et des « *spontanéistes* » — maoïstes ou anarchistes *(M. 15.3.72)*. La désapprobation vient de *spontanéistes*, d'anarchistes, de gauchistes, qui entendent faire progresser l'audience de leur groupuscule politique *(Halimi, 74)*.

SPORTIVE (CONDUITE) Loc. subst. Spéc. Mil. XXe. ■ Manière de conduire (une voiture) qui s'inspire plus ou moins du style de conduite des concurrents d'un rallye automobile ou des coureurs professionnels.
    En ville, par rapport à une conduite « coulée », la conduite « *sportive* » consomme jusqu'à deux fois plus d'essence *(E. 17.2.75)*. La minute de conduite « *sportive* » peut coûter 50 à 100 cm^3 de carburant excédentaire par rapport à la minute de conduite « civique » *(M. 24.12.76)*.

SPORTSWEAR [spɔrtswɛr] ou **SPORTWEAR** [spɔrtwɛr] adj. et sm. ~ 1966. (mot angl.-am.). ■ Vêtement qui réunit des qualités de commodité, de confort et d'élégance.
- Adjectif.
    Madeleine de R. interprète de main de maître le style *sportwear* *(JF 14.9.70)*.
- Subst. masc.
    Elle a décidé de vendre dans cette boutique de mode uniquement du « *sportswear* », c'est-à-dire des vêtements de loisirs, de week-ends et de sport, à la fois élégants, pratiques et confortables *(C. 2.10.67)*. La coupe parisienne alliée au confort américain a donné naissance à une mode : le *sportswear* *(E. 29.10.73)*. Le vêtement de travail s'oriente vers le

sportswear, vers la tenue de loisirs, que l'on porte indifféremment en semaine ou durant le week-end *(M. 25.1.78)*.

SPOT [spɔt] sm. (Mot angl., « point, tache »). Spéc.
1. Petit projecteur orientable, à faisceau lumineux assez étroit.

Des *spots* individuels, du même style que ceux des avions, améliorent l'éclairage dans les trains en facilitant la lecture *(VR 3.10.71)*. L'éclairage est assuré par des *spots* réglables intégrés dans le plafond et couvrant les 3 zones du tableau de bord *(VR 25.6.72)*. Pour améliorer une installation électrique d'appartement, on peut installer des *spots* sur un rail *(M. 15.2.75)*. Décibels libérés, « *spots* » multicolores, obscurité propice, cette boîte de nuit (...) *(M. 21.6.78)*.

● Apposition ou second élém. de subst. composés dont le premier élém. désigne un appareil d'éclairage.

Un pupitre lumineux permet de commander à distance la chaîne choisie, matérialisée automatiquement par des *projecteurs-spots* *(M. 9.3.68)*.
Deux *lampes-spots* à emplacement bien étudié : sur le bureau et près du lit. (...) le panneau choisi mat pour éviter l'éblouissement par reflet quand le *luminaire-spot* orientable est dirigé sur les objets regroupés *(Fa. 2.4.69)*.
Une simple pression sur le bouton sélecteur vous permet de choisir : — la cellule « *spot* » *(Pub. P. 19.3.73)*.

2. Radio, télév. Bref message publicitaire (Emploi critiqué).

(Il faudrait) limiter à 30 secondes la durée des *spots* de publicité passant entre les émissions (télévisées) (...). Une gamme de *spots* de sept à trente secondes, correspondant à un éventail de prix acceptables *(M. 12.1.68)*. Depuis quelques mois, les *spots* se raffinent. Textes, images et son changent d'allure *(E. 9.3.70)*. À la T.V., s'affronteront des fabricants et l'administration, cette dernière possédant un véritable « droit de réponse » aux *spots* des grands producteurs de tabac *(En. 30.5.70)*.
L'impact du « *spot* » sur le public avait été remarquable. Mais les ventes n'augmentèrent pas *(Exp. 11.71)*. À la différence de ce qui se passe aux États-Unis, on s'abstient encore d'interrompre une émission pour diffuser des « *spots* » publicitaires *(Belloin, 73)*. « Soyez Niki Lauda », dit-on aux enfants pour leur faire désirer un jouet. Pourquoi pas Napoléon ? Précisément un autre *spot* s'en charge en vantant un jeu stratégique *(M. 23.4.78)*. La publicité, les enfants l'acceptent en la déjouant. En cela, il faut distinguer les « *spots* » qui leur plaisent de ceux qui leur feront acheter ou réclamer un produit *(M. 13.12.78)*.

SPOUTNIK [sputnik] sm. 5.10.57. (Mot russe, « satellite »). ■ Nom des premiers satellites artificiels lancés dans l'espace par l'Union soviétique.

Rem. La graphie francisée *spoutnic* parfois préconisée (cf. cit. ci-après) ne s'est pas répandue.

« En regardant le *spoutnic* » : du moment qu'il s'agit d'une graphie phonétique, nous pensons qu'il faut adopter, pour les noms russes, la plus simple et ne pas nous torturer l'esprit avec des k qui donnent aux mots un caractère exotique bien puéril *(E. 14.11.57)*.

♦ (Les) Soviétiques ont satellisé à deux reprises des *spoutniks* de six tonnes et demie *(E. 13.4.61)*. Au téléphone, il (le cosmonaute russe I. Gagarine) a expliqué : « Je me sentais comme chez moi dans le *spoutnik*. Tout fonctionnait exactement pendant mon vol. Le vaisseau spatial était mon abri » *(H. 14.4.61)*.

SPRAY [sprɛ] sm. ~ 1960. (Mot angl. « embrun »).
1. Mince jet de liquide (*déodorant**, *désodorisant**, insecticide, parfum, etc.) projeté en fines gouttelettes à l'aide d'un pulvérisateur, d'un *atomiseur**.

Le lancement d'un parfum d'un nouveau type de « *spray* », autant de nouvelles véhiculées par les journaux féminins qui ont une influence considérable sur le public *(M. 4.3.66)*. Le *spray*-meubles est une douce mousse au citron qui nettoie et fait briller en un instant les meubles vernis *(Pub. FP 4.69)*.
Eau de toilette et *spray* désodorisant *(Pub. JF 22.9.70)*.

2. Par ext. Le pulvérisateur, l'*atomiseur** lui-même, et son contenu.

Eaux de toilette fleuries ou fruitées, lancement d'un nouveau *spray* de sac *(M. 7.6.68)*. Apparus en bombes aérosols, les antitranspirants se présentent en *spray*, en flacon-bille, en stick *(FP 9.70)*. Présenté en *spray*, ce shampooing se diffuse en un film impalpable *(E. 11.2.74)*.
→ AÉROSOL, BOMBE.

SPRINT [sprint] sm. Fig. Souvent dans la loc. *au sprint* : très rapidement.

Buñuel, qui mûrit chacun de ses films, tranquillement, pendant un an, les réalise « *au sprint* » : ses montages ne durent que deux jours *(E. 11.2.74)*. Si le ministre veut présenter son projet à la session parlementaire d'avril, c'est *au sprint* qu'il devra mener les négociations *(P. 13.1.75)*.

SQUATTAGE sm. ■ Action de *squatters** qui s'installent dans un local ou sur un terrain inoccupés.

Altercation avec un huissier venu instrumenter à propos d'une opération de « *squattage* » *(M. 9.2.57)*. Dix familles qui avaient déjà tenté une opération de « *squattage* » dans un H.L.M., ont installé des baraques sur un terrain exproprié par la municipalité *(M. 26.1.60)*.

SQUATTER [skwatœr] ou [skwatɛr] sm. (Mot angl.). ■ Personne non logée ou mal logée qui s'installe sans autorisation dans un local inoccupé. — Par ext. Personne qui aide quelqu'un à réaliser cette opération.

L'administration fera en sorte que, dans les semaines qui viennent, tous les immeubles inoccupés soient au moins temporairement affectés à l'usage d'habitation. En contrepartie,

les mouvements de *squatters* ne devront plus être tolérés *(M. 4.11.55)*. On indique à la mairie que les *squatters*, installés sur un terrain municipal ne sont pas gênants pour l'instant et qu'ils peuvent rester sur le terrain *(M. 26.1.60)*. Les « *squatters* » du mois de mai, ces étudiants qui avaient occupé l'Odéon en 1968 *(F. 7.2.69)*.
Les *squatters* d'aujourd'hui sont à l'image de l'époque : politisés, contestataires *(PM 3.3.78)*.

SQUATTER [skwate] ou **SQUATTÉRISER** v. tr. ■ Occuper illégalement (un local vide, etc.) par *squattage**.
Au centre de Milan, les contestataires ont « *squatté* » un grand hôtel promis à la démolition. Les volets ont été repeints en rouge. L'ex-hôtel « Commercio » s'appelle maintenant « Maison de l'étudiant et du travailleur » *(M. 1.2.69)*.

Certains « *squattérisent* » un logement frappé de déclaration d'insalubrité et le « louent » ensuite à des étrangers *(Calame, 72)*. Des squatters qui ne logent pas dans les locaux qu'ils « *squattérisent* » : c'est l'originalité d'une situation qui se présente dans le 15e, à Paris *(M. 2.3.78)*.
Rem. Le sf. dérivé *squattérisation* est attesté.
Les astuces à employer pour « légaliser » la « *squattérisation* » d'un immeuble *(O. 13.4.74)*.

STAFF [staf] sm. ~ 1950. (Mot angl., « état-major »). Par ext. ■ Groupe composé de la direction et des cadres supérieurs d'une entreprise, d'un organisme, d'un service.
Tous les matins, le meeting du *staff* était présidé par une infirmière qui distribuait les ordres de la journée *(E. 20.2.67)*. W. continue de diriger le groupe avec l'aide d'un « *staff* » réduit à 150 personnes *(Exp. 7.72)*.

STAGFLATION sf. ~ 1960. (Mot am., de *stag*nation et in*flation*). Écon. ■ Situation caractérisée à la fois par la stagnation de la production et l'inflation des prix.
Rem. 1. La nouvelle crise allie paradoxalement l'inflation monétaire et la stagnation économique... Pour désigner cette situation, on a forgé *stagflation*, en prenant le début de l'un des deux mots et la fin de l'autre. C'est ce qu'on appelle généralement un mot-valise (...) Si l'on s'imagine que *stagflation* est fabriqué avec le mot déflation et non avec le mot inflation, on lui prêtera un tout autre sens ! Cette création n'est donc pas très heureuse *(J. Batany, VR 9.2.75)*.
◆ Le ministre des finances espère passer entre les « grands inconvénients » : stagnation et inflation. En évitant, si possible, ce qu'on appelle d'un mot nouvellement et tristement à la mode : la « *stagflation* » *(E. 5.10.70)*. La « *stagflation* », cocktail déprimant de hausse des prix et de piétinement de la production *(E. 22.3.71)*. Lutter contre l'inflation c'est, inévitablement, ralentir l'expansion. Lutter contre la récession c'est, non moins inévitablement, accélérer l'inflation. Lutter contre les deux à la fois, c'est risquer la *stagflation* *(P. 10.12.73)*. La « *stagflation* », étonnant mélange d'inflation et de débilité industrielle, les économistes ne l'avaient pas prévue *(PM 4.1.75)*. L'apparition des premières difficultés, la fin des années 60, puis la *stagflation* sont venues mettre en échec l'analyse macro-économique *(E. 5.6.78)*.
Rem. 2. L'adj. dérivé *stagflationniste* est attesté.
Les difficultés éprouvées actuellement par la Belgique pour résister aux tendances *stagflationnistes* de ses partenaires *(En. 16.2.71)*.

STANDING [stãdiŋ] sm. Attesté 1928 (dans « Topaze », comédie de Marcel Pagnol). Rép. mil. XXe. (Mot angl., « position, situation » ; « réputation », etc.).
Rem. 1. L'usage de ce terme en fr. est critiqué.
Standing : l'utilisation française de ce mot est, pour les Anglo-Saxons, aussi étrange que celle de « smoking » ou de « water-closet ». « Des appartements de grand *standing* » se dit en anglais : « a high class suite of flats » — littéralement « des appartements de grande classe ». Le mot « *standing* » en anglais peut signifier le rang, la position, l'importance, mais sans préciser lequel. En France, il sous-entend automatiquement une position élevée, un haut rang, même s'il n'est pas précédé de l'épithète « grand » *(R. 3.70)*. Au cours d'une inauguration de lycée, le ministre de l'Éducation nationale a parlé de « *standing* ». Alors qu'une campagne utile est menée contre l'abus des mots anglais, est-ce le rôle du (ministre) de donner le mauvais exemple en parlant « franglais » ? (...) On pourrait substituer à « *standing* » situation ou niveau de vie *(Georgin, 60)*. On lit maintenant sur différentes affiches : « immeuble de grand *standing* » ou même immeuble de « *standing* », tout court. Ce pseudo-anglicisme peut être qualifié de ridicule, et dans le second cas, sans adjectif, il est en somme inintelligible. « *Standing* » équivaut à « niveau » *(Thérive, 62)*. Voici l'envahissant et détestable « *standing* ». Qu'un tailleur nous déclare : « Votre *standing*, monsieur, exige que vous soyez bien habillé », le mal n'est pas grand, car nous ne sommes pas obligés de le croire sur parole. Mais pourquoi les agences immobilières pensent-elles allécher les acheteurs éventuels en vantant le « grand » ou « haut *standing* » de leurs immeubles ? *(Le Bidois, 70)*. *Standing* reçoit sans aucun doute de ceux qui l'emploient une coloration niaise ou mercantile qui, indépendamment de toute analyse linguistique, motive en fin de compte sa condamnation *(A. Rey : M. 8.11.70)*.
1. À propos de choses (habitations, lieux de vacances, moyens de transport, etc.) ■ Niveau (élevé) de confort, de qualité.
Rem. 2. Dans cet emploi, *standing* est souvent précédé de l'adj. *grand*. Le tour *grand standing* est fréquent dans le vocab. de la publicité immobilière.

Ces améliorations augmentent le *standing* de la relation vers la Savoie, ainsi desservie de Paris par voitures directes *(Ch. f. 3.58)*. Un ensemble immobilier de très grand *standing* *(M. 15.6.65)*. Au bord de 700 hectares de forêt décrétée « zone de détente », villas grand

STANDING

standing, 6-7 pièces, 2 salles de bains, 2 cabinets de toilette, terrain 1 000 m² environ dans parc très boisé *(Ann. M. 9.7.65).* Les chemins de fer bulgares se sont engagés dans une politique de rénovation qui doit leur permettre de soutenir sans difficulté un *standing* européen *(VR 24.3.68).* St.-Martin-de-B. en Savoie, ouvert en janvier pour les sports d'hiver, se veut d'un meilleur *standing* que les Villages-vacances traditionnels, donc plus cher, mais toujours familial *(FP 4.68).* Certains habitants des tours (construites au bord de la Seine à Paris) commencent à se demander si le « *standing* » valait bien de tels prix *(E. 30.11.70).*
Le succès de ces nouveaux trains de grand *standing* s'est affirmé d'emblée *(VR 11.6.72).* L'entretien des villas de luxe, des yachts, des voitures de grand *standing* suppose des revenus très élevés *(M. 19.9.73).* St.-Martin-de-B. en Savoie, la chaîne Hi-fi de grand *standing* coûte aussi cher qu'une Porsche *(P. 18.3.74).* Une station internationale de haut *standing* avec 40.000 à 50.000 lits au pied des glaciers *(C. 27.12.75).* Le matériel du TGV (Train à grande vitesse) doit avoir un certain *standing*. La silhouette doit être belle, ses couleurs accrocheuses (...) L'intérieur doit être accueillant, confortable, silencieux, agréable à l'œil *(R.G.C.F. 12.76).* Pourquoi cette ville n'aurait-elle pas droit au *standing* métro ? *(M. 28.4.78).* De nouveaux quartiers ont été construits au sud et à l'ouest de la ville. Le centre, à part quelques constructions d'immeubles de *standing* (...) a été plutôt laissé de côté *(M. 10.5.78).*

Rem. 3. Pour remplacer des tours comme « immeuble de *standing* », « villa *de standing* », l'Administration recommande « immeuble *de classe* », « villa *de classe* », etc.

2. **À propos de personnes ou de collectivités** ■ Rang occupé dans l'échelle sociale ; considération, prestige. — Niveau de vie ; niveau de compétence.

Les milieux dirigeants, craignant une pléthore (d'étudiants) qui menacerait leur *standing* social, ont fait une politique malthusienne *(Es. 6.54).* Si vous êtes avant tout un vendeur né, si vous êtes d'un excellent *standing*, si vous avez une bonne culture générale, (...) une très belle situation vous est offerte dans une très importante société *(Ann.M. 16.2.56).* Très importante société mondiale recherche, pour une de ses sections grand public, chef de ventes de haut *standing* *(Ann. M. 10.6.56).* Un homme de mon *standing* peut tout se permettre, sauf d'être mêlé à une plaisanterie de ce genre *(Escarpit, 64).* S'offrir la demi-douzaine de serviteurs à partir de quoi commence véritablement le « *standing* » *(Bouvard, 66).* Attaché commercial *standing*, recherché par firme de premier plan pour visiter clientèle *(Ann. M. 24.9.66).* La jeune femme doit souvent braver un mari encore hostile aux nappes et aux serviettes « que l'on jette », les jugeant incompatibles avec son *standing* personnel *(F. 28.9.66).* L'ensemble architectural du Parc de R. n'a été pensé qu'en termes de luxe et de tranquillité, pour ceux dont le *standing* est acquis une fois pour toutes et qui ne veulent plus se passer d'un certain art de vivre *(Pub. M. 24.9.68).* Les Hindous possèdent cette foi intérieure. À la cinquantaine, il n'est point rare qu'un notable abandonne son *standing* pour prendre le bâton de pèlerin misérable *(C. 29.9.70).*
Les femmes de cadres moyens ont généralement effectué des études et obtiennent un salaire souvent voisin de celui du mari, ce qui améliore considérablement le *standing* du couple *(Roudy, 70).* Le président de la Fédération s'emploie à améliorer, si l'on peut dire, son « *standing* » international (il se rend dans divers pays) *(Viansson, 71).* Certains ne voient dans la chaîne haute-fidélité qu'un élément indispensable de leur *standing* social *(P. 18.3.74).* Tout semble conçu pour la promotion de la classe moyenne, soucieuse d'établir son *standing* moral sur l'accès à la cherté. On l'invite au luxe et à la richesse parodiée *(O. 6.1.75).* Les rapports entre l'auto et l'automobiliste deviennent moins passionnels. On apprend à penser l'auto en fonction de ses besoins plutôt qu'en tenant compte de son *standing (P. 26.5.75).* Le vélo n'est plus le moyen de locomotion du pauvre. Il est devenu un objet de *standing (M. 11.10.75).* Si l'on n'offre pas tel ou tel alcool à ses amis, cela prouve que l'on manque de classe et de *standing (C. 27.8.78).* Il faut redonner son *standing* à la profession d'instituteur, la restituer à une juste place dans les structures sociales *(C. 6.9.78).*

STARISER v. tr. ~ 1965. (De l'angl. *star*, « étoile », « vedette », et suff. *-iser*). Fam.

1. **Faire de qqn, spécialement d'une actrice, une *star*, une vedette.**

   Charlotte R. n'est pas comédienne à se laisser « *stariser* ». Elle lit, trie, critique, rejette les scénarios qu'on lui propose *(E. 27.1.75).*

2. **Par ext. Mettre qqn en vue, comme s'il s'agissait d'une vedette du spectacle.**

   Les démocraties présidentielles ou populaires montrent combien l'évolution vers un pouvoir incarné dans un homme, lui-même « *starisé* » avec les énormes moyens modernes de diffusion, est désormais inévitable et rapide *(M. 14.2.67).* Ce poste (de ministre de l'Information) offre l'avantage de « *stariser* » son titulaire, qui paraît plus fréquemment qu'aucun autre membre du gouvernement sur le petit écran *(M. 9.4.67).*

Rem. La variante *starifier* est attestée depuis 1957 (cf. *PR 77*).

STAR(-)SYSTEM [starsistεm] sm. Mil. XXe.

1. **Système qui organise la production et le commerce cinématographiques en les fondant sur le culte de la vedette et sur la publicité.**

   Les interprètes du film sont inconnus, et le réalisateur, qui récuse le *star-system*, s'en déclare enchanté *(P. 17.12.73).*

2. **Par ext. (Dans d'autres domaines que celui du cinéma et du spectacle). Organisation systématique d'une sorte de *culte de la personnalité*.**

   Sur la scène publique, le *star-system* peut être non une fin, mais un moyen. Au service d'une volonté politique. Il ne s'agit plus alors de séduire pour séduire, mais pour imposer ses projets et ses vues. Ainsi le charisme de Roosevelt a servi à populariser le New Deal *(E. 16.9.74).*

Rem. La graphie francisée *star système*, alignée sur la prononciation courante, est attestée.

   Grace Kelly : la seule star peut-être qui ait su rendre sympathique le *star système (PM 28.11.70).*

STATION-SERVICE sf. Par ext. Mil. XXe (D'après le nom donné aux postes de distribution d'essence offrant d'autres services).
■ Ensemble de services réunis dans un même lieu (public ou non).
> Les engins qui partiront vers la Lune, puis vers les planètes, ne seront pas lancés directement à partir de la Terre, mais à partir de plates-formes préalablement mises en orbite, sorte de *stations-service* de l'espace *(C. 18.6.63)*. Le chantier naval de B. dispose d'une cale pour les halages, ce qui en fait une véritable *station-service* de la mer *(Dunlop, 66)*. Le Centre de création industrielle organisera un concours de création de *stations-service* pour piétons dans les futures villes nouvelles. On y trouvera le banc, le réverbère, l'arrêt d'autobus, le téléphone et la boîte à lettres, en même temps que les journaux, le tabac et les bonbons *(E. 30.11.70)*.
> Le président du conseil d'administration de la Caisse d'Épargne de Paris, a présenté les nouvelles « *stations-service* épargne-logement » (...) Rajeunir l'image de marque des caisses d'épargne, mais surtout expliquer au public leurs avantages, tel est le but des créateurs de ces nouvelles « *stations-service* » *(VA 18.10.71)*.

STÉRÉO- Élément préfixal (du gr. *stereos*, « solide »).
→ STÉRÉODUC (Rem.), STÉRÉOPHONIE (Rem.)

STÉRÉO sf. et adj. inv. Mil. XXe. Abrév. de *stéréophonie** ou *stéréophonique**, par opp. à *mono* (monophonie*, monophonique*)*.
> Que ce soit en mono ou en *stéréo*, (...) le poids (du bras de pick-up) n'est pas le seul élément entrant en compte. Régler cet aspect assure qu'on ne saccagera pas un disque *stéréo* sur l'ancien phono ; cela ne suffit pas, cependant, à en faire entendre toute la qualité musicale *(VR 5.5.68)*.
> Notre rubrique concerne les groupes *stéréo* hi-fi intégrés *(P. 28.5.73)*. Vous pouvez composer vous-même ce laboratoire à partir d'éléments disparates, comme une chaîne *stéréo (P. 27.8.73)*. En *stéréo*, les enregistrements sont faits maintenant avec plusieurs microphones *(VR 9.4.78)*.

STÉRÉODUC sm. 1971. (De *stéréo-** et *-duc*, d'après *aqueduc, gazoduc*, oléoduc**, etc.). Techn. (Au Canada) ■ Système de transport spécialement conçu pour des matières solides en vrac.
> **Rem.** Un écho du 24 octobre 1971 annonçait la création, par un chemin de fer canadien, d'une section de recherches sur les pipe-lines destinés au transport de matières solides – en particulier du charbon et du minerai de fer – et baptisés *stéréoducs* (...) Le sens qu'ont voulu faire entrer les Canadiens dans *stéréoduc*, (est) : conduite destinée au transport des solides, et non à celui des liquides comme les oléoducs et les lactoducs, ni à celui des gaz comme les gazoducs (...) Dans les mots formés jusqu'ici en stéréo-, il ne s'agit nullement d'opposer l'état solide à l'état liquide ou gazeux (...) Il nous reste donc trois solutions : ou bien, nous admettons pour stéréo- une « polysémie » extrêmement fâcheuse – il s'agit d'un élément savant, et il est souhaitable qu'il ait toujours le même sens pour ne pas dérouter le grand public –. Ou bien nous cherchons à rendre à stéréo- son sens de « solide » par opposition à « liquide », ce qui nous amène à condamner stéréoscope et stéréophonie, mais ce serait paradoxal puisque ce sont les seuls mots en stéréo- passés dans le langage courant. Ou enfin, nous n'admettons pour ce préfixe que le sens « à trois dimensions » mais alors, nous ne pouvons accepter *stéréoduc (J. Batany, VR 26.3.72)*.
> ♦ On prévoit la construction de 8.000 à 10.000 miles de *stéréoducs* à charbon, de 5.000 miles d'autres *stéréoducs* transportant, sous forme de boues, du minerai de fer, du soufre et d'autres produits analogues. Actuellement plus de 100 *stéréoducs* acheminent des solides sur le continent nord-américain *(R.G.C.F. 6.72)*.

STÉRÉOPHONIE sf. Rép. mil. XXe. ■ Technique d'enregistrement et de reproduction des sons qui permet de donner l'impression du relief acoustique (par opp. à *monophonie**).
> **Rem. 1.** Dans les deux (termes : stéréotomie et stéréoscopie), il n'y a aucun doute : stéréo- signifie « à trois dimensions », par opposition à l'image plane à deux dimensions. C'est aussi le sens dans le composé en stéréo- le plus connu de nos jours : *stéréophonie (J. Batany, VR 26.3.72)*.
> **Rem. 2.** Ce qu'on appelle *stéréophonie* aujourd'hui est un procédé de gravure de deux modulations différentes sur les deux flancs du même sillon, de telle sorte que l'audition procure l'illusion, aussi réaliste que possible, de se trouver dans une salle de concert *(VR 9.4.78)*.
> ♦ La *stéréophonie* spatiale : d'une puissance musicale de 70 watts, (l'appareil) replace le son dans l'espace en diffusant à 360° toutes les fréquences du spectre sonore *(Pub. E. 20.11.72)*. Ces disques (mono) écoutés sur l'installation stéréo sonnent très bien, avec moins de profondeur, de transparence, peut-être. Ils sonnent bien parce que la principale condition de la *stéréophonie* se trouve remplie : on écoute sur deux sources sonores écartées l'une de l'autre *(VR 9.4.78)*.

STÉRÉOPHONIQUE adj. Attesté 1940. Rép. mil. XXe. ■ Qui relève de, appartient à la *stéréophonie**. En *stéréophonie** (Par opp. à *monophonique**).
> Cet enregistrement d'origine monophonique a été stéréophonisé et gravé en stéréo, ce qui permet de satisfaire tous les possesseurs d'appareils monophoniques et *stéréophoniques (VR 9.4.78)*.

STÉRILET sm. ~ 1960. (De *stérile*) ■ Petit dispositif qui, placé dans la cavité utérine, empêche la fécondation.
> L'usage du *stérilet*, « actuellement le meilleur moyen de lancer à grande échelle et avec succès un programme de réduction de la natalité » *(M. 31.3.66)*. Il n'est pas prouvé que le séjour prolongé d'un *stérilet* au contact de la muqueuse utérine ne constitue pas un danger d'infection, voire de dégénérescence *(M. 18.6.66)*.

STÉRILISATION

STÉRILISATION sf. Méd. ■ Opération qui consiste à rendre inapte à la procréation.

La *stérilisation* chirurgicale est laissée à la conscience de comités médicaux ; ces derniers l'autorisent en général chez les femmes qui en font la demande après avoir donné naissance à quatre ou cinq enfants *(M. 26.5.66)*.

STÉRILISER v. tr. Fig. ■ Rendre quelque chose inefficace ; laisser (un capital) improductif.
- Verbe trans.

Il y a deux façons de bénéficier des suffrages communistes : les recevoir ou les *stériliser (M. 6.6.69)*. Si la confiance n'est pas rétablie, on verra nombre de Français continuer à *stériliser* une part non négligeable de leurs revenus dans l'acquisition de valeurs-refuge : or, meubles de prix, terres, etc. *(M. 9.9.69)*.
Cette différence d'attitude à l'égard des exportations que l'on favorise, et des investissements qui ne sont pas autant l'objet de la sollicitude des Pouvoirs publics, *stérilise* nos efforts *(Inf. 1.1.73)*.

- Part. passé et adjectif.

En 1972 le montant des capitaux *stérilisés* atteignait 70 milliards de roubles, soit un montant presque égal au total des dépenses annuelles de l'État cette même année au titre des investissements centralisés *(Exp. 2.73)*.

STÉROÏDE sm. et adj. Mil. XXe. (De *stérol*, abrév. par aphérèse de *cholestérol*).
- Subst. masc. Bioch. Substance dont la structure de base comporte un stérol.

Les *stéroïdes* anabolisants sont des hormones qui favorisent l'assimilation des matières nutritives pour l'organisme, en particulier l'assimilation des protéines par les muscles *(O. 17.9.73)*.

- Adjectif ou apposition.

Les hormones *stéroïdes* sécrétées par les glandes corticosurrénales sont nécessaires à chaque individu *(M. 4.9.74)*.

1. STICK sm. (Mot angl., « bâton, canne »). Spéc. Mil. XXe. ■ Produit cosmétique (rouge à lèvres, *déodorant**, etc.) présenté sous forme de bâtonnet.

Un fabricant de produits solaires vient d'avoir l'idée de conditionner sa crème sous forme de *stick*, réglable comme un bâton de savon à barbe *(E. 1.1.68)*. Savon à barbe en bol ou en *stick (Pub. E. 7.4.69)*. Les déodorants K., en sprays, en *sticks*, ou en pochettes ont été longuement testés *(El. 19.10.70)*.

2. STICK sm. (Mot angl.) 1964. Milit. ■ Groupe élémentaire de parachutistes (8 à 15 hommes) largués par le même avion.

Un Junker arriva sur le terrain d'aviation, pour y faire effectuer des sauts d'entretien au personnel du 2e bataillon de choc (...) Six ou sept *sticks* devaient embarquer à P. et sauter sur la lande à une trentaine de km plus au nord *(Ailleret, 68)*.
La lampe verte s'était allumée. Je m'étais levée avec le premier *demi-stick* pour sauter (...) La zone de largage, que les parachutistes appellent dropping-zone, ne permettait pas un saut des vingt-quatre hommes du *stick* (...) Cette fois, je n'avais pas été désignée par le largueur pour tenir ma place favorite, celle de première du *stick (Friang, 71)*.

STOCHASTIQUE adj. et subst. Mil. XXe. (Du gr. *stokhastikos*, « conjectural »). Did. ■ Qui est lié au hasard.
- Adjectif.

Il arrive à M. C. (un danseur) de transcrire chaque geste possible sur un morceau de papier et de tirer au sort ou à pile ou face leurs juxtapositions et leurs successions. Son associé J. C. compose d'une manière analogue sa musique « *stochastique* » *(Garaudy, 73)*.

STOCK-CAR [stɔkkar] sm. (Mot angl., « voiture de série ») ■ Vieille voiture engagée dans une course où les carambolages, les tamponnements d'obstacles font partie du jeu.
- Par métaph.

Les vieilles nations de l'Europe restent meurtries de leur long combat. N'organisons pas entre elles une course de *stock-cars (Fabre-Luce, 58)*.

STOL [stɔl] ~ 1964. (De l'angl. *s*hort *t*aking-*o*ff and *l*anding). Aéron. ■ Sigle dont l'équivalent fr. recommandé est *ADAC**.

STOP sm. (Mot angl., « arrêt »).
1. Panneau de circulation routière ou « *feu** » de signalisation qui donne l'ordre de s'arrêter.

L'épreuve de code se déroulera comme un jeu audio-visuel (...) Un véhicule arrive à un « *stop* », vous devez choisir l'une des 3 solutions : Vous vous arrêtez. — Vous avez la priorité. — Vous devez marquer l'arrêt *(FP 1.72)*.

2. Ellipse de *auto*-stop*.

Le « *Stop* » sans pouces : Un sac à dos, un vieux « jean » et... un pouce en l'air (...) Il existe des associations qui se chargent de mettre en relations auto-stoppeurs et automobilistes. Mais est-ce encore du « *stop* » ? *(M. 27.7.74)*. Très souvent, quand les femmes font du *stop*, les jurés sont plus indulgents envers les violeurs *(M. 26.4.78)*.

3. Écon. Dans la loc. angl. « *stop and go* » : succession rapide de phases d'expansion et de phases de récession.

Depuis la guerre, l'expansion dans la plupart des pays industriels se déroule suivant la formule anglaise *« stop and go »* qui signifie en gros, s'arrêter et repartir *(E. 22.1.68)*. Pour éviter une politique de *stop and go*, c'est-à-dire de pressions et dépressions successives (...) il faut maintenir l'expansion *(M. 16.1.75)*.

-STOP Second élément de subst. comp. construits d'après le modèle *auto-stop*, et dans lesquels le premier élément désigne un moyen de déplacement quelconque utilisé à titre gracieux.

Bateau-stop pour F. : il a descendu le Danube sans bourse délier sur un remorqueur *(FP 4.69)*. Pour gagner le Brésil sans trop de frais, j'ai lié mon sort à celui des contrebandiers en bovins, dormant, vivant, me cachant avec eux. J'ai continué en *camion-stop* ou à pied *(FP 4.69)*. *Cargo-stop*, auto-stop, en treize mois, elle aura fait des milliers de kilomètres *(O. 6.3.68)*. Plus pittoresque : (le) *chameau-stop*, moyen de transport praticable dans tout le Moyen-Orient et en Afrique du Nord *(FP 4.69)*.
Un jeune couple de hippies en route pour Katmandou faisait de l'*hélicoptère-stop*. *(E. 10.2.75)*.

STOPPEUR, EUSE subst. Mil. XXe. De *stop* (2.). Fam. Ellipse de *auto*-stoppeur, euse*.

Errance boulimique de celui qui ne trouve son bonheur qu'en « faisant » le maximum de kilomètres, vagabondage du *stoppeur* hippy (...) *(Laurent, 73)*.

STRAPONTIN sm. Fig. Mil. XXe. ■ Place ou fonction d'importance secondaire, et souvent de courte durée, dans une assemblée, une conférence, un organisme, etc.

Dès le début, nous avons désiré que l'Angleterre soit membre à part entière du Marché commun. Au départ, elle ne l'a pas voulu, mais maintenant qu'elle le souhaite, il serait indigne de lui offrir un *strapontin (E. 22.5.67)*. En 1964, les amis de Michel D. se retrouvaient suffisamment nombreux au sein du conseil d'administration pour imposer l'installation d'un « *strapontin* » de secrétaire adjoint à son intention *(M. 20.1.68)*. Les « mass media » ignorent les poètes. Peu de place pour eux dans les quotidiens, de rares apparitions dans les hebdomadaires, un *strapontin* à la télévision *(M. 23.11.68)*.
L'Ordre des Médecins est à la fois un organisme d'arbitrage et une police intérieure de la médecine (...) Il possède un *strapontin* dans les commissions paritaires médico-sociales *(Beunat, 74)*. Le Président des États-Unis proposera à la France d'occuper un *strapontin* au conseil des « Douze » qui réunit des représentants des pays consommateurs et des pays du tiers monde *(P. 9.12.74)*.

STRATÉGICO- Premier élément d'adj. comp.

Cet éditeur exploite un « créneau » — comme on dit dans le jargon — *stratégico-commercial*, entre les manuels scolaires et les méthodes audio-visuelles *(O. 29.1.73)*. Je ne crois pas que les objectifs *stratégico-politiques* de l'U.R.S.S. aient changé *(E. 31.12.73)*.

Rem. Autres composés attestés : *stratégico-diplomatique* **(FL 26.10.70)**. **Stratégico-économique (MD 2.73)**.

STRATÉGIE sf. Par ext. Mil. XXe. Pol., écon., etc. ■ Ensemble d'actions et de moyens coordonnés selon un plan précis.

Les autres « *stratégies* » étudiées pour le groupe de travail seraient moins rentables que la « *stratégie* » du train à grande vitesse pour relier Paris et Lyon *(M. 15.12.70)*. Cette forme d'aide aux pays du tiers monde par des organismes privés a le mérite de n'être liée à aucune *stratégie* politique ou commerciale *(M. 6.6.72)*. Chaque soir au petit écran, des spots publicitaires mis au point par des « *stratèges* » commerciales ont pour « cible » les cerveaux des téléspectateurs qu'ils frappent de mille et une façons *(M. 23.4.78)*. La RATP, qui transporte chaque jour ouvrable près de 7 millions de voyageurs, a élaboré un plan stratégique. Cette *stratégie* a pour but de réaliser progressivement un véritable réseau de transport, perçu par le voyageur comme un réseau unique et non comme la superposition de plusieurs réseaux, ce que le plan d'entreprise appelle la « *stratégie* du tisserand » *(C. 22.9.78)*. À partir d'un marché national qu'ils contrôlent à 79 %, les constructeurs d'automobiles peuvent établir une *stratégie* hors frontières et sur une longue période *(C. 6.10.78)*.

STREAKER [strikœr] subst. ~ 1974. ■ Personne qui fait du *streaking**.

« C'est un acte joyeux de liberté », explique un *streaker*. Et un psychiatre : « Il n'y a rien de plus naturel. Lorsque les enfants sont nus, nous trouvons cela charmant » *(E. 11.3.74)*. Quant à nos modernes « *streakers* », que veulent-ils signifier ? Là-dessus sociologues et psychiatres s'interrogent *(M. 1.4.74)*.

STREAKING [strikiŋ] sm. ~ 1970. (De l'angl. *to streak*, « filer comme l'éclair »). ■ Manifestation qui consiste à courir entièrement nu sur la voie publique, pour attirer l'attention.

La mode du *streaking*, qui gagne l'Europe après avoir fait fureur sur les campus américains, constitue-t-elle vraiment une provocation ? *(P. 18.3.74)*. Ce que je déplore dans le *streaking*, ce n'est pas la nudité, c'est la vitesse, qu'implique d'ailleurs le mot anglais qui la désigne. C'est tout le contraire du strip-tease *(R. Escarpit, M. 20.3.74)*.

STRESS [strɛs] sm. ~ 1953. D'abord méd., puis devenu courant (Mot angl., « effort », « tension », diffusé par le physiologiste Hans Selye).
■ Agression brutale contre l'organisme, provoquée par des agents variés (froid, maladie infectieuse, émotion), et réponse de l'organisme à cette agression.

Rem. Certains mots, on ne sait trop pourquoi, connaissent une indiscutable popularité : ils sont sur toutes les lèvres, employés avec plus ou moins de bonheur. Le terme « stress » est de ceux-là *(VR 6.7.75)*.

♦ Les agressions de la vie moderne : bruit, transports, pollution, *stress* émotionnels et surmenage professionnel *(E. 6.10.69)*. On connaît les réactions de certaines personnes, fort occupées et qui doivent se concentrer, devant la multiplication des appels téléphoniques. Cette sonnerie devient leur fléau et provoque à chaque fois un *stress*. Ces *stress* augmentent le travail cardiaque *(Fa. 25.11.70)*.
La combinaison et l'aggravation réciproque de toutes les nuisances urbaines provoque en permanence le « *stress* », cette tension nerveuse incessante, à la fois volonté de faire face à toutes ces agressions et peur de ne le pouvoir *(Saint-Marc, 71)*. Cette dépression particulière que les spécialistes appellent « le *stress* scolaire » pousse certains jeunes à se dérober brusquement devant la vie entrevue *(El. 5.11.73)*. L'artériosclérose est surtout le fruit des *stress* nerveux de la vie moderne *(E. 20.1.75)*. « Se faire du mauvais sang », « avoir quelque chose sur l'estomac » ou « pleurer de joie », autant d'expressions populaires qui rendent assez bien compte de la réalité scientifique du *stress (VR 6.7.75)*. Pour bien des malades (...) l'acte opératoire (...) apparaît comme une véritable agression à main armée. Comment le *stress* chirurgical (...) ne deviendrait-il pas alors un facteur supplémentaire de maladie ? *(Soubiran, 75)*.

STRESSANT, E adj. 1967. ■ Qui provoque le *stress**.

Diverses expériences scientifiques ont montré que les filles réagissent plus vite aux situations « *stressantes* » que les garçons, mais qu'elles récupèrent plus vite *(Roudy, 70)*. Le caractère épuisant — « *stressant* » — d'une vie passée au milieu de malades *(Ras, 73)*. Chez les femelles, une situation *stressante* peut perturber la fécondité *(VR 6.7.73)*.

STRESSER v. tr. Mil. XXe. ■ Soumettre à un *stress**.

Nous sommes « *stressés* » par le bruit, les soucis, les informations, les mensualités, l'environnement *(VR 6.7.75)*.

STRETCH [strɛtʃ] sm. ~ 1960. Nom déposé (Mot angl., de *to stretch*, « étendre »). Techn. ■ Procédé de traitement des tissus qui les rend extensibles. — Par ext. tissu ainsi traité.

Les articles de lingerie en mousse, *stretch*, crépon, coton *(Pub. El. 21.9.70)*. Des pyjamas pour enfants qui se découvrent la nuit. En *stretch*, en jersey de coton *(Pub. El. 22.3.71)*. Un anorak qui a l'air d'un pull-over : entièrement en *stretch*, extra-confortable *(El. 26.11.73)*.

STRIP-TEASE [striptiz] sm. ~ 1950. (Mot angl., de *to strip*, « déshabiller », et *to tease*, « agacer »).

1. Spectacle au cours duquel une ou plusieurs femmes se déshabillent lentement, de façon aguichante, avec accompagnement de musique. — Par ext. Endroit où a lieu ce spectacle.

Rem. L'équivalent fr. proposé pour traduire cet anglicisme est *effeuillage*.

Mot hideux pour « effeuillage » ou « chatouille-tripes » — selon que l'opération est réussie ou non —, « *strip-tease* », à mon sens, n'a pas sa place dans un dictionnaire du français *(Etiemble, 64)*.

♦ En avant la musique, et sautent les bouchons, / Ladies et Gentleman on ne veut que vous plaire. / Aimez-vous le *strip-tease* ou le ciné-cochon ? *(Aragon, 56)*. L'interdiction du *strip-tease* est-elle une atteinte à la « liberté d'expression » ? Une ordonnance déclarait illégal « le déshabillage devant le public d'une artiste, allant jusqu'au nu ou désirant donner l'impression du nu » *(M. 13.1.57)*. L'accès du plateau fut interdit pendant le tournage dans les studios de M., car les deux actrices s'y livraient sans vergogne à un *strip-tease* concurrentiel *(E. 17.5.65)*.
Les origines du *strip-tease* peuvent être recherchées aux alentours des années 34-36 de notre ère (...) Salomé exécuta (...) pour une des hautes personnalités de l'époque un exercice passé à la postérité sous le nom de « danse des sept voiles » *(Yamarellos, 70)*.

2. Révélations plus ou moins complaisantes faites soit par une personne (sur ses convictions, ses sentiments, sa vie privée), soit par une collectivité (sur ses problèmes internes, etc.).

Je ne dis pas cela (comment je me suis éloigné du communisme, après y avoir adhéré) pour faire du *strip-tease* et m'écorcher vif devant le lecteur *(Es. 12.56)*. Horreur, horreur des confidences, même sollicitées. Il était scandalisé. Est-ce qu'elle ne pouvait pas se tenir convenablement ? Il aimait bien le *strip-tease*, mais pas celui-là. Qu'elle se rhabille *(Saint-Lô, 64)*. Cette époque de *strip-tease* politique, social, vestimentaire (...). Cette ère de déballage universel *(Daninos, 70)*.
Les tentatives de décentralisation mettent en évidence (...) les tares du système : ce *strip-tease* met à nu un corps administratif disgracieux *(M. 6.3.74)*. Un centre de prise de conscience féministe converti aux vertus de la dynamique de groupe et du « *strip-tease* » psychique. Assises en cercle, les femmes qui assistent aux réunions hebdomadaires se concentrent avant d'entreprendre la confession de leurs angoisses, expériences et états d'âme *(M. 16.6.74)*. Les socialistes et les communistes (...) effectuent (un) extraordinaire *strip-tease* idéologique, *(P. 10.5.76)*.

STRIP-TEASEUSE [striptizøz] sf. ~ 1950. ■ Femme qui fait un numéro de *strip-tease**.

Rem. L'équivalent fr. proposé pour traduire cet anglicisme est *effeuilleuse*.

Rita H. s'est vu confier un rôle d'ancienne « *strip-teaseuse* » devenue veuve d'un richissime industriel *(M. 28.2.58)*. Jacques C. engagerait sa femme pour tenir le rôle de la « *strip-teaseuse* » *(M. 19.9.59)*. Comédie satirique. Une des quatre jeunes femmes fréquente les psychanalystes ; une autre est une pauvre *strip-teaseuse (F. 25.1.67)*.
Cette histoire a pour héros (...) une demi-douzaine de gangsters, un pasteur atteint du complexe de Noé et une *strip-teaseuse* que Beethoven inspire *(M. 19.1.71)*.

STRUCTURALISME sm. ~ 1945. Did.
1. Ling. ■ **Théorie qui considère la langue comme un système de structures, c'est-à-dire un ensemble cohérent (de sons, de formes linguistiques) dans lequel tout se tient.**

   Lorsqu'on jette un regard rétrospectif sur les recherches linguistiques des années qui ont séparé les deux guerres, (...) ce qui nous paraît retenir surtout l'attention est l'importance accordée aux points de vue structural et fonctionnel (...). La linguistique a continué et continue encore à être pratiquée selon les méthodes traditionnelles, (...) mais *structuralisme* et fonctionnalisme n'ont cessé de marquer des points (...). Nous n'avons pas l'intention d'insister longtemps ici sur le fait que fonctionnalisme et *structuralisme* ne sont pas des points contradictoires, ni même divergents *(A. Martinet, 45)*.
   Le terme *structuralisme* s'est appliqué et s'applique, selon les personnes et les moments à des écoles linguistiques assez différentes. Ce mot est utilisé parfois pour désigner l'une d'entre elles, parfois pour en désigner plusieurs, parfois pour les désigner toutes. Elles ont en commun un certain nombre de conceptions et de méthodes qui impliquent la définition de structures en linguistique *(Dubois, 73)*.

2. Dans d'autres sciences humaines ■ **Théorie selon laquelle un fait ou une catégorie de faits doivent être étudiés en considérant un ensemble organisé, structuré.**

   Cette émission, fascinante et difficile, risque de déconcerter la majorité des spectateurs. Aussi, pour les aider à suivre, avons-nous demandé à Claude Lévi-Strauss – anthropologue, professeur au Collège de France et père du *structuralisme* – l'autorisation de publier à l'avance, quelques-uns de ses propos *(O. 17.1.68)*. Ce terme de « *structuralisme* » qui en quelques années a envahi toute l'idéologie littéraire parisienne, était déjà couramment utilisé vers 1930 par les linguistes tchèques *(M. 27.9.69)*.
   La vogue momentanée du *structuralisme* en a certainement perverti l'intention. Au lieu de chercher méthodiquement le sens propre derrière les métaphores, on a cru pouvoir (...) substituer indéfiniment des métaphores à d'autres métaphores. De là est né ce que j'appellerai un « structuralisme-fiction » *(Claude Lévi-Strauss, E. 15.3.71)*.

STRUCTURALISTE adj. et subst. Mil. XXe. Did.
- Adj. Qui se réclame, relève du *structuralisme*.

   Encore traitée en parent pauvre dans les facultés françaises, la linguistique a pris aux États-Unis, comme en U.R.S.S., un très grand développement. Aux États-Unis on évalue à quatre mille le nombre des spécialistes de cette discipline. Ils sont divisés en deux écoles : l'une conduite par Charles Hockett, est « *structuraliste* » ; l'autre conduite par Noam Chomsky est « transformationnaliste » *(O. 6.3.68)*.

- Subst. Partisan du *structuralisme*.

   Nous nous employons (...) à répandre ce langage bêtifiant avec l'aide des *structuralistes* et des méthodes pédagogiques d'avant-garde *(Massian, 72)*. Les *structuralistes* définissent des niveaux ou des rangs : l'énoncé est étudié comme une série de rangs hiérarchisés où chaque élément est déterminé en fonction de ses combinaisons avec le rang supérieur. Les phonèmes sont considérés par leurs combinaisons au rang du morphème et les morphèmes par leurs combinaisons dans la phrase *(Dubois, 73)*.

STRUCTURANT, E adj. ~ 1969. Did. ■ **Qui favorise, provoque ou permet une structuration. (Le subst. déterminé est le plus souvent un nom abstrait).**

L'infrastructure ferroviaire existante constituera un des éléments *structurants* du schéma d'urbanisme *(VR 20.7.69)*. Quelle autre ville a consenti de pareils efforts pour se doter d'éléments *structurants* de valeur ? Saint-Étienne a obtenu son université après une dure bataille, en acceptant des charges financières très lourdes *(M. 7.12.69)*. Les antennes suburbaines de métro en site propre permettent d'atteindre des zones fort éloignées du cœur de la ville, et ont un rôle beaucoup plus « *structurant* » dans l'urbanisme nouveau qu'un métro confiné au centre urbain *(VR 5.4.70)*.
Toutes ces contradictions, ces drames, ces souffrances, ces joies intenses, ces actes absurdes sont (...) *structurants* pour l'adolescente, la mûrissent, la préparent à la vie *(Roudy, 70)*. Reich, visant au travers de la famille le pouvoir établi, croit devoir mettre en question la valeur *structurante* du complexe d'Œdipe *(N 1.71)*. Le rôle *structurant* de l'autoroute est très important. Comme toute liaison nouvelle, elle permet en effet l'essor économique de certaines régions *(Doc.Fr. 71)*. La méthode démocratique est « *structurante* ». Le leader démocrate établit, broie le groupe, une certaine structure de communication *(Deloncle, 72)*. Les effets *structurants* que peuvent avoir les transports sur les décisions dites « stratégiques » des organismes publics : il s'agit donc alors des relations entre transports et plans d'aménagement *(R.G.C.F. 6.74)*.

STRUCTURE(S) D'ACCUEIL loc. subst. fém. (le plus souvent au pluriel) ■ **Ensemble d'équipements, d'installations, d'organismes destinés à accueillir quelqu'un ou quelque chose, pour lui assurer des services variés, d'ordre culturel, social, technique, etc.**
- Au pluriel.

   Il existe un centre qui met en place les *structures d'accueil* de l'après-gaullisme *(M. 11.1.66)*. Accompagné d'un remodelage des agglomérations, et d'une amélioration des *structures d'accueil*, ce plan (...) *(M. 23.4.66)*. Cet aérodrome (pour avions d'affaires ou de tourisme) est équipé de *structures d'accueil* qui permettent d'assurer un véritable service

STRUCTURE(S) D'ACCUEIL

public. Elles fournissent le garage, l'entretien, la réparation et le ravitaillement des avions en carburants *(M. 27.6.66)*. Inventer de nouvelles *structures d'accueil* pour les prisonniers politiques *(E. 24.7.67)*. On a créé des villes sans songer à les doter de ce qu'on appelle « les *structures d'accueil* », c'est-à-dire les foyers de jeunes, les centres culturels et les équipements sportifs *(M. 28.10.67)*. Sousse (Tunisie) dispose de *structures d'accueil* bien adaptées aux desiderata du touriste *(En. 11.4.70)*.
Un développement des métropoles régionales n'est économiquement justifié que s'il se fonde sur une vaste opération de transfert en province de nombreux organismes parisiens — services administratifs, centres de recherche, grandes écoles, entreprises industrielles et commerciales —. Ces métropoles doivent servir de *structures d'accueil* en vue de décongestionner Paris et de contenir l'exode vers la capitale *(Saint-Marc, 71)*. Un changement profond dans l'attitude de ceux qui ont à accueillir et à aider les individus appelés malades mentaux entraîne à son tour un bouleversement des *structures d'accueil (N 1.71)*. L'inexistence dans certains pays de *structures d'accueil* pour une grande industrie de transformation est une des causes qui expliquent la ruée de cette industrie vers les ports *(En. 4.11.71)*. Les schémas d'aménagement et d'urbanisme qui précisent la localisation des différentes activités pourraient prévoir des « *structures d'accueil* » plus favorables aux bureaux *(M. 25.1.72)*. Des jeunes gens veulent rompre avec le monde qu'on leur propose, ils se regroupent et, pour mieux marquer leur refus, vivent ensemble. Ils établissent ainsi des *structures d'accueil* pour abriter leur amitié, leurs idées, leur action *(N 2.72)*. Les responsables de l'Église se sont trouvés en face de la question de savoir s'il fallait s'obstiner à défendre des *structures d'accueil*, d'évangélisation, de conservation de la foi ou s'il fallait déterminer pour notre temps des règles nouvelles permettant de vivre l'Évangile *(Hourdin, 74)*. À quoi bon une telle évolution technique des jeux de société si elle ne s'accompagne pas d'un développement parallèle des *structures d'accueil* et d'un regroupement des joueurs, clubs et ludothèques ? *(M. 21.6.78)*.

● **Au singulier.**

On aboutit à la nécessité d'une révision fondamentale de la *structure d'accueil* du couple *(N 2.72)*. On a oublié de créer dans les stations de tourisme une *structure d'accueil* et de vie propre aux employés *(O. 29.1.73)*. Rassembler, dans « une *structure d'accueil* à ouverture continue » tous ceux qui se réclament d'un centro-radicalo-socialisme *(P. 27.1.75)*. Le gouvernement a affirmé que la région ne serait pas la *structure d'accueil* d'autres compétences *(M. 29.6.78)*.

STRUCTURE GONFLABLE loc. subst. ~ 1960. Techn. ■ Abri formé d'une sorte de bulle que l'on gonfle en injectant de l'air dans une enveloppe constituée d'une double épaisseur de matière synthétique étanche et souple.

Une alliance astucieuse de la technique des *structures gonflables* et de celle du béton ou du plâtre, permet de réaliser rapidement des « bulles » à usage d'habitation. Dans ce procédé, la *structure gonflable* sert de coffrage *(B.N.F. 8.6.74)*. Seize pistes de bowling abritées sous une *structure gonflable* de 30 m de long *(M. 13.10.74)*.

STRUCTURÉ, E part. passé et adj. Rép. mil. XXe. dans des emplois dont la grande variété tend à faire perdre toute précision à ce mot.
■ **Organisé, hiérarchisé, etc.**

Des couleurs de la gaieté, des *formes structurées*, des tissus faciles à entretenir... Voilà enfin une mode « des jeunes » parfaitement rationnelle *(C. 22.12.68)*. Le nouvel *hôtel* Hilton de Paris est extrêmement moderne, très « *structuré* », comme le veut un certain jargon *(Sui. 29.4.69)*. Qui règne à Nanterre ? Le *mouvement* est trop peu *structuré* pour qu'on le sache. Il y a des fluctuations incessantes entre les groupes *(PM 13.4.68)*. Le scrutin d'arrondissement aurait pour effet d'envoyer à l'Assemblée des députés beaucoup plus libres vis-à-vis de leur parti... Évidemment, les *partis* fortement *structurés* n'y trouvent pas leur compte *(E. 20.3.54)*. Daniel M., reconstructeur rigide du parti (socialiste), promoteur véhément d'un *parti* fortement « *structuré* », comme on dit aujourd'hui *(E. 12.2.55)*. L'auditeur (de la radio) souhaite à cette heure (en soirée) des *programmes* définis et *structurés* : histoire, science, théâtre, variétés, documentaire *(M. 24.6.64)*. Le comité, puissant, décidé, persuasif avait une *vue* très « *structurée* » des problèmes *(C. 10.5.69)*.

STRUCTUREL, LE adj. Écon., pol., sociol., etc. ■ Relatif aux structures, à l'organisation (d'une entreprise, d'un État, d'une société, etc.).

Rem. 1. **Dans le vocab. de l'économie,** *structurel* **s'oppose à** *conjoncturel*[*]. **Dans d'autres domaines, et dans le langage courant, où il signifie souvent** *chronique, durable, essentiel,* **etc., il s'oppose, selon les cas, à** *accidentel, provisoire, occasionnel,* **etc.**

○ (La) notion de « *besoins structurels* » sur laquelle se fondent les comptables nationaux *(M. 9.9.69)*. On évite de s'attaquer aux *causes structurelles* du chômage et on oublie de reconnaître que la préoccupation du plein emploi s'estompe de plus en plus *(TC 9.5.68)*. Le capitalisme a abandonné la Wallonie à sa *crise structurelle (O. 27.3.68)*. Le Cadre moderne ne peut ignorer ce qui se passe dans tous les *domaines* — commercial, technique, social, « *structurel* » — chez nos principaux concurrents, les grands pays industriels *(M. 3.12.68)*. Des économies résultant de l'élimination des gaspillages, des parasitismes, des *freins structurels (O. 13.6.68)*. Le travail du management consiste à faire éclater les entraves d'*ordre structurel*, technique ou commercial *(Hetman, 69)*. Un *problème structurel*, qui touche à la réforme agraire, à l'intensification des cultures alimentaires, à l'industrialisation *(M. 26.3.66)*. Les électriciens ont fait part de leur intention de continuer la grève pour soutenir leurs *revendications structurelles* et salariales *(M. 9.1.70)*.

∞ Le déficit est *structurel*, c'est-à-dire remet en cause l'existence même de l'entreprise dans la mesure où aucune amélioration des méthodes de gestion ne saurait en assurer la résorption dans le cadre de ses conditions actuelles d'exploitation *(En. 2.4.71)*. Le gouvernement a pris des mesures de relance conjoncturelles. Il ne faut pas en attendre grand' chose, car à l'origine de la phase de décélération actuelle du système économique, il y a des facteurs d'ordre essentiellement *structurel (En. 30.9.71)*. L'augmentation du chômage en France depuis 1964 a un caractère *structurel* et traduit l'insuffisante compétitivité de l'appareil productif *(M. 1.2.72)*. L'erreur de ces gouvernements est de traiter, par des moyens occasionnels, conjoncturels, un mal devenu chronique, *structurel (E. 2.4.73)*. La première faiblesse *structurelle* du commerce extérieur français est son insuffisante dispersion géographique *(E. 25.2.74)*. Malgré les transformations *structurelles*, les industries alimentaires prévoient une grande stabilité de leurs effectifs *(E. 29.6.78)*.

Rem. 2. L'adv. dérivé *structurellement* est attesté.
Le marxisme « engendre *structurellement* le totalitarisme » (...) Mais le libéralisme « engendre *structurellement* l'injustice » *(E. 16.10.72)*.

STUDETTE sf. Fam. 1969. ■ Petit studio.

Un plan pour se faire une beauté ou langer le bébé (...) Et une baignoire — ou une douche dans les *studettes* ou studios — *(F. 24.1.74)*.

STUPS [styp] sm. (le plus souvent au plur.). Abrév. pop. de *stupéfiant(s)*. ■ Drogue(s), *hallucinogène(s)*.

On n'entre pas dans les « *stups* » sans offrir de solides références aux gens du « milieu » (...) Il faut avoir fait ses preuves et montré qu'on sait se taire en cas d'arrestation *(Lamour, 72)*.

STYLISME sm. Spéc. mil. XXe. Activité, profession de *styliste**.

À la différence de l'Allemagne ou de la Suisse, il n'existe pas en France d'écoles de *stylisme*. La plus célèbre de nos stylistes est sortie de... l'École centrale. En 1951 elle a quitté la métallurgie pour entrer, au « Jardin des modes » *(M. 2.6.66)*. L'association des conseillers de mode-stylistes (a pour but de) réunir et organiser d'une manière disciplinée tous les stylistes et modélistes « de compétence et d'honorabilité indiscutées » (...). La création de cette association est un pas important qui fait du *stylisme* une véritable profession *(O. 21.2.68)*.
→ DESIGN.

STYLISTE subst. Spéc. mil. XXe.

1. Dans le vocab. de la mode : personne qui adapte un style d'habillement à un marché.

Rem. La profession de *styliste* naquit après la guerre quand le directeur des Galeries Lafayette prit comme « conseillères de mode » trois jeunes Parisiennes élégantes. Elles étaient alors chargées de donner du chic à tous les articles mis en vente et d'en améliorer la qualité. C'est à elles qu'on doit cette démocratisation de l'élégance depuis 1955 (...). Appelées à jouer un rôle sans cesse grandissant à mesure que la mode s'industrialise, les *stylistes* ont pour tâche d'aider leurs clients, c'est-à-dire les fabricants, à découvrir un style nouveau qui démodera celui de l'année précédente en préparant déjà celui de l'année suivante *(M. 2.6.66)*. Qu'est-ce donc en 1968 qu'un *styliste* ? Nous avons retenu, pour sa franchise, la définition de G. S. : « Définir notre rôle, c'est d'abord dire ce que les *stylistes* ne sont... point. Ils ne sont point des créateurs, ni des dessinateurs, ni des modélistes, ni des attachés de presse, ni des chargés de relations publiques. Le *styliste* n'a pas à créer. Sa mission est d'être, selon la formule de l'un d'entre eux, le directeur artistique d'une firme. Artistique, cela postule, bien entendu, des choix d'ordre esthétique. Directeur, cela signifie qu'il doit savoir dans quelle direction économique orienter le fabricant ou le distributeur pour lequel il travaille. Le *styliste* n'invente pas. Il conseille, il sélectionne, il coordonne » *(En. 13.4.68)*.

● **Subst. masc. (ou de genre grammatical non marqué).**
Deux *stylistes*, rois du prêt-à-porter (...) nourrissent des projets de luxe *(E. 4.12.67)*. L'évolution de la mode est liée aux recherches contemporaines. Celui qui crée une voiture ou un vêtement a autant de mérites qu'un peintre. Les *stylistes* rejoignent leurs collègues de l'architecture, de la décoration ou de la peinture *(O. 27.3.68)*.
On appelle ça une boutique de « *styliste* ». Nous ne prétendons pas créer ni suivre la mode au jour le jour. Nous la flairons et l'imposons aux grands couturiers eux-mêmes *(Saint Pierre, 70)*. Pour les fanatiques de la mode, plus besoin d'attendre le printemps pour savoir ce que nous préparent les *stylistes* de choc *(M. 25.1.78)*.

● **Subst. fém.**
Un (...) groupe italien de grands magasins s'est assuré, pour la création de ses modèles d'été, le concours d'une *styliste* française *(M. 7.4.66)*.
Tu deviens une « *styliste* » professionnelle, comme ça de but en blanc, sans rien connaître du métier ? *(Saint Pierre, 70)*. Certaines *stylistes* envisagent de lancer une collection de slips tricotés pour remplacer le short *(E. 29.3.71)*.

2. Spécialiste de l'esthétique industrielle, appelé aussi *designer.**
Nos *stylistes* ont le souci de l'efficacité et de l'aérodynamisme autant que du confort et de l'esthétique. J'ai d'ailleurs scrupule à employer cette appellation de *stylistes* : ils la trouvent pompeuse et quelque peu inexacte et se baptiseraient plutôt « carrossiers » *(VR 13.4.69)*. Aux *stylistes* qui animent ce centre de documentation on demande des conseils pour aménager une salle de bains ou une cuisine, harmoniser le sol et les murs avec les appareils sanitaires ou les éléments de cuisine *(M. 27.1.73)*.

STYLOBILLE ou STYLO-BILLE sm. Pour : *stylo à bille* (dans lequel une bille de métal tient lieu de plume).

Parmi les stylos, une note insolite : un *stylobille* japonais dont le manche est orné d'une image de pin up *(Ragon, 66)*. Lorsqu'elle découvrit un *stylo-bille* qu'elle ne connaissait pas, elle l'essaya. Le *stylo-bille* explosa, lui arrachant la paume de la main *(M. 3.5.66)*.
Pour Mumford, le stylographe — et on pourrait ajouter le *stylobille* — symbolise l'échange économique de cette époque : souple, affiné, facilitant une écriture sans contrainte et des correspondances rapides *(Peretti, 72)*.

STYLO(-)FEUTRE sm. ■ Stylo à encre grasse muni d'une pointe en feutre qui tient lieu de plume.
> Il signe au *stylo-feutre* des ordres de mission (...) *(PM 18.7.70)*. La « bille » à peine digérée, survient un monstre aux usages mal définis, aux effets spectaculaires (...) C'est un « marqueur » ou un « *stylo feutre* » *(Pub. JF 22.9.70)*.
→ -FEUTRE, MARQUEUR.

SUB(-) Élément préfixal (du lat. *sub*, « sous ») qui indique soit la position, la situation inférieure d'un objet, d'un lieu par rapport à un autre, soit au fig. un degré moins élevé (qualitatif ou quantitatif) ou une approximation. En fr. contemporain, il forme surtout des adj. et des subst. savants dans certains vocabulaires scientifiques, notamment dans les sciences humaines. Il peut entrer en concurrence, selon les cas, avec *hypo-**, *infra-**, ou *sous-**.

Sub + adjectif (surtout géographique).
Sub- marque soit une position inférieure dans l'espace, soit une proximité.
> Les quatre bases françaises des régions antarctiques et *sub-antarctiques* seront ravitaillées par pétrolier *(M. 6.1.68)*. Un examen pour l'obtention du brevet d'État de moniteur de plongée *subaquatique (M. 14.6.66)*. Les plaines *sublittorales* s'étalent sur toute la région *(Gendarme, 59)*. 5 mai 1961 : premier vol *suborbital* américain, à bord d'une capsule M. *(M. 24.8.65)*. Nos amis de l'Afrique *sub-saharienne (M. 2.1.68)*. Qu'il s'agisse du Maghreb ou des nations *subsahariennes (M. 10.2.66)*. À la place de ces eaux de surface (chassées par le vent) montent des eaux *sub-superficielles*, plus froides, venues du large *(Dunlop, 66)*.

Sub + adjectif (déterminant un nom de chose abstr. ou concrète, surtout dans les vocabulaires des sciences et des techn.).
Sub- marque soit un degré inférieur, qualitatif ou quantitatif, soit l'appartenance à un tout, à un ensemble plus vaste (subdivision).
> Il faut donner aux compagnies aériennes la possibilité de financer les appareils *subsoniques* qui doivent être livrés à partir de 1970 *(F. 26.11.66)*. La copie des films de format *substandard* couleur — 8, super 8, 9,5 et 16 — se révèle complexe *(F. 3.11.66)*.
> Le champ principal en physique est nucléaire. Il devient *sub-nucléaire*. Le champ principal en biologie est décrit par la biologie moléculaire *(Rousset, 73)*. On peut suivre les niveaux hormonaux aussi bien à l'échelon d'un individu, d'un organe, que d'un système cellulaire ou *subcellulaire* isolé *(M. 29.1.75)*.

Sub + adjectif (déterminant un nom de chose abstr., surtout dans le vocab. politique et ceux des sciences humaines).
Sub- marque soit un degré inférieur, soit une approximation, etc.
> Dans les conseils municipaux on confine trop souvent les femmes dans des tâches dites sociales, en fait, dans des services *subsociaux (Mauduit, 71)*. G. Guillaume emploie le terme — créé par lui sauf erreur — de « schème *sublinguistique* » *(Cohen, 71)*. Il devient indispensable de dépasser ensemble nos émois superficiels, nos perceptions « *subréalistes* » de la coexistence sociale *(Peretti, 72)*. La société nationale d'électricité jouait un rôle *subinstitutionnel* dans le financement des partis politiques *(M. 16.2.74)*.

Sub + substantif (nom de chose concrète).
Sub- marque une subdivision, ou une localisation inférieure dans l'espace.
> Le « développement communautaire » a débuté aux Indes à petite échelle, avec des volontaires qui ont obtenu d'incontestables succès. Il fut alors décidé d'étendre ce mouvement à l'ensemble de ce *subcontinent (Dumont, 62)*. Une société pétrolière recherche des géologues spécialisés dans (la) géologie de *sub-surface (M. 14.1.66)*.

Sub + substantif (nom de chose abstr.).
Sub- marque une subdivision, parfois une situation cachée, profonde (par rapport à la notion correspondant au mot « base » ; cf. par ex. *substructure*).
> Le marginal vit en marge de la société actuelle, soit parce qu'il n'a pas eu de chance, soit parce qu'il baigne dans une « *subculture* » elle-même marginale *(C. 21.1.66)*. Il n'y a depuis longtemps que des « *sub-cultures* » d'origines diverses : campagne et vie rurale, vie urbaine, aristocratie, prolétariat, bourgeoisie, pays et secteurs dits « sous-développés », culture de masse, etc. *(Lefebvre, 68)*.
> La thèse de la « *subculture* » des adolescents n'est pas dénuée de tout fondement. De plus en plus il existe entre les jeunes de milieux différents une manière assez semblable de refuser le monde adulte, de récuser ses « prétendues valeurs » *(C. 4.5.72)*. Les notions qualitatives de base qui constituent ou devraient constituer la *substructure* de tout enseignement scientifique élémentaire *(Piaget, 72)*. La culture de masse féminine constituait une *subculture* particulière et close sur des valeurs spécifiques, monde autonomisé avec ses mythes, ses rituels et son vocabulaire propre (...) Le sens sociologique d'un journal comme « Elle » s'infléchit en fonction des variations externes et internes au *sub-système* féminin au sein du système social *(Morin, 73)*.

SUBSTANCE GRISE sf. Variante plus rare de *matière* grise*.
> Le système qui avait sans doute mobilisé le moins de *substance grise* et qui n'était pas jugé à l'époque comme très prometteur devait finalement bouleverser complètement l'orientation des recherches *(R.G.C.F. 1.74)*.

SUCCURSALISME sf. ~ 1960. Écon. ■ Système d'organisation du commerce de détail qui s'appuie sur des magasins à succursales multiples.

M. J. qui fut le premier à prêcher la révolution commerciale et qui vient du *succursalisme*, a vu que l'avenir des magasins à succursales multiples était dans l'extension des surfaces de vente *(E. 16.12.68)*. Le nouveau groupe réalisera environ 700 millions de francs de chiffre d'affaires, et sera parmi les grands du *succursalisme* alimentaire *(E. 12.5.69)*. À Reims, berceau du *succursalisme*, l'agressivité des grandes surfaces va modifier le paysage commercial *(C. 22.10.69)*.

SUCCURSALISTE adj. et subst. ~ 1960. ■ Qui fait partie du secteur de la distribution dit *succursalisme**.

● Adj. Organisé selon les méthodes du *succursalisme**.

L'atmosphère d'un Mammouth trahit à coup sûr l'appartenance au groupement d'achats P., comme un certain style de *commerce succursaliste*. (...) Dans le cadre d'accords de « franchising » et d'associations avec d'autres *entreprises*, notamment *succursalistes (En. 2.5.70)*. À Reims trois grandes *sociétés succursalistes* s'engagent dans une concurrence (...) *(C. 22.10.69)*. Un « *système succursaliste* » identique plus ou moins à ceux qui existent déjà *(C. 8.10.69)*.

● Subst. Qui relève du *succursalisme**, en emploie les méthodes de distribution.

Le commerce concentré comprend, entre autres, les grands magasins, les *succursalistes*, les « supérettes » et les supermarchés *(F. 12.11.66)*. Les *succursalistes*, qui sont les grands de la chaussure, approuvent le président du Syndicat des détaillants *(E. 12.11.73)*.
→ GRANDE SURFACE, HYPERMARCHÉ, SUPÉRETTE, SUPERMARCHÉ.

SUDISTE adj. et s. Repris mil. XXe, à propos d'autres pays ou régions que les États-Unis. ■ Qui fait partie, relève de la zone méridionale du pays, de la région en cause.

● Adj.

Les *cadres sudistes* de la lutte contre les Français en Indochine *(M. 11.12.68)*. L'institution (au Viêt-nam) d'un État *sudiste* neutralisé *(M. 16.1.68)*. M. W. D., président du *parti « sudiste »* du Soudan a adressé une lettre au premier ministre soudanais *(M. 17.1.65)*. La *thèse sudiste* est que la réunification (du Viêt-nam) ne peut se faire qu'étape par étape *(F. 7.1.67)*.

● Subst.

La « querelle des Nordistes et des *Sudistes* » place la Lorraine dans une situation cornélienne au moment des choix à faire pour l'autoroute Paris-Est, la liaison fluviale Seine-Rhin (...) *(M. 14.10.69)*.

SUICIDAIRE adj. et subst. Repris et rép. mil. XXe.

1. À propos de l'acte d'un être humain qui se donne la mort.

● Adj. (déterminant le plus souvent un nom abstr.). Qui tend, qui mène au suicide. Qui équivaut à un suicide ; qui tient du suicide.

Lorsque le défi (de la jeunesse) prend la forme d'une torche vivante, il nous atteint de plein fouet. Les spécialistes vont pouvoir épiloguer sur la *contagion suicidaire* manifestée par ces immolations, rappeler les antécédents des bonzes vietnamiens (...) *(M. 22.1.70)*. La *came* la plus *suicidaire*, c'est la poudre blanche, c'est l'héroïne *(Bodard, 71)*. La drogue est à l'image de la jeunesse : en elle le fol espoir de changer la vie s'unit à un *nihilisme suicidaire*, l'instinct de transcendance avec la mort *(Onimus, 72)*. Une *guerre* nucléaire est *suicidaire* pour celui qui la déclenche *(Daniel, 73)*. Dans le film « La Grande Bouffe », 4 mousquetaires sont victimes de la *ripaille suicidaire (E. 21.5.73)*. Est-il raisonnable de penser que chaque civilisation avancée sécrète ses tensions, ses *élans suicidaires* ? (...) En ce jour où les deux Grands jouaient avec les nerfs du monde, le seul garde-fou était le *caractère suicidaire* de la menace, l'équilibre de la terreur *(E. 19.11.73)*. Les teenagers des années 1960 (...) draguant le long des rues de San Francisco, rivalisant de puissance dans des *compétitions suicidaires* en voiture *(O. 14.1.74)*. On constate, chez bon nombre de terroristes, une *tendance suicidaire (E. 27.3.78)*.

● Subst. Personne qui semble prédisposée au suicide.

Lazare est le drame et la comédie de l'homme qui veut quitter la vie sans prendre aucune responsabilité à l'événement. Situation absurde. Aussi le « *suicidaire* » sera-t-il pris à son propre piège... *(ST 1.12.69)*.
Les personnages du film : (...) un hôtelier gigolo, un pianiste de bastringue, une *suicidaire*, une effeuilleuse au grand cœur ; un milliardaire (...) La *suicidaire* aura peut-être fini par ne pas se manquer *(C. 30.6.74)*.

2. Fig. (Par hyperbole). Adj. (déterminant un subst. presque toujours abstr.). Qui mène à l'échec, à la ruine, à la faillite.

O Pour beaucoup de compagnies (aériennes) une nouvelle baisse des tarifs dénoterait une *attitude suicidaire (M. 8.9.70)*. Camus a voulu « refuser d'être un fanatique sans cesser d'être un militant », *entreprise* intellectuelle *suicidaire*, quand une génération vous élit « maître à penser » *(E. 12.4.71)*. M. P. souhaite une rotation permanente des responsables et estime qu'un *repli* sur le parti serait « *suicidaire* » *(M. 5.11.68)*. Toute forme d'idéalisme qui couperait le conceptuel du sensible, la liberté de l'action et la pensée de la parole fourvoierait l'homme dans un *vertige suicidaire* d'orgueil impuissant *(M. 7.6.67)*.

∞ On a dit son souci (du général de Gaulle) de faire « une bonne sortie » (...) L'âge l'aurait-il changé à ce point ? On ne peut le croire, et tout, y compris l'*obstination suicidaire* du référendum et finalement le « sortie » de 1969, donne à penser qu'il n'en fut rien *(Viansson, 71)*. Cette *attaque* tous azimuts contre les théories n'est cependant pas *suicidaire* ; pour l'auteur, la modestie du travail scientifique est une nécessité *(E. 2.4.73)*. Les structures démocratiques nouvelles évitent la gauche de tomber dans le piège du *respect suicidaire* d'institutions destinées à assurer la stabilité du système social existant *(O. 24.9.73)*. L'*idée* de renouveler massivement les candidats en présentant des jeunes à la place des députés

SUICIDAIRE 632

sortants, était *suicidaire (E. 13.3.78)*. Une *entreprise suicidaire* entre toutes : l'édition *(M. 10.5.78)*. Se comporter comme un parti d'opposition serait *suicidaire* pour un parti de la majorité *(E. 12.6.78)*. Un responsable syndical reconnaît : « Notre *mouvement* (de grève) peut sembler *suicidaire*, mais c'est bien de vie ou de mort qu'il s'agit (...) cette grève (de la télévision) est un combat, elle nous est imposée » *(E. 3.3.79)*.

(-)SUICIDE Second élément de subst. composés.
1. **Le composé désigne soit une personne (ou une chose) qui accomplit une tâche aboutissant à sa propre mort physique, à sa propre destruction, soit cette tâche elle-même.**

Les unités vietcongs vont lancer des *attaques-suicides* contre les installations américaines et sud-vietnamiennes *(O. 7.2.68)*. Les derniers survivants (des combattants japonais) terminèrent par une *charge-suicide*, ou par les traditionnels « hara-kiri » *(M. 14.8.65)*. Les commandos qui s'étaient infiltrés dans le centre de Saïgon avaient été, en fait, des *commandos-suicides (M. 28.2.69)*. Treize hommes abandonnés dans un coin pourri de l'État de R. pour une *mission-suicide* : tenir la position-clé de B. *(M. 23.11.68)*. Israël, pour sortir du blocus d'Akaba, enverra très probablement un *navire-suicide* en direction du détroit de Tiran gardé par les batteries égyptiennes *(E. 5.5.67)*. En novembre 1944, le quartier général (japonais) annonçait avec éclat une grande nouvelle : l'apparition des *pilotes-suicides*, ou « kamikazes ». Neuf aviateurs de vingt ans venaient de couler un cuirassé américain en se jetant sur lui avec leurs avions et leurs bombes. Pour la première fois le suicide devenait une méthode de combat officielle, et on y entraînait des unités entières *(M. 14.8.65)*.

2. **Fig. Le composé désigne soit une personne qui accomplit une action comportant des risques graves pour sa carrière ou ses intérêts, soit une chose comportant les mêmes risques.**

Le Centre ira-t-il jusqu'à présenter un *candidat-suicide*, étant donné la puissante position personnelle de son adversaire ? *(F. 28.11.66)*. Le président du Sénat montre quelque goût pour l'*opération suicide (M. 6.6.69)*. Le ministère de la Défense est considéré comme un « *poste suicide* » *(En. 11.4.70)*.
Les partis politiques pensent que la femme « se vend mal » sur le plan électoral. Ils ne craignent pas de l'engager pour les « *opérations suicides* » *(Mauduit, 71)*. La croissance zéro : *freinage suicide* qui ne peut qu'entraîner l'humanité vers des catastrophes *(Inf. 12.2.73)*. Un livre sur « *l'alimentation-suicide* » *(P. 17.12.73)*.

SUIVISME sm. ■ Fait d'imiter un initiateur, de suivre sans examen des consignes, des mots d'ordre, ou de se laisser mener par les événements sans essayer d'influer sur eux.

Le conformisme est ce qu'ils (les dirigeants d'un pays) reprochent le plus à leurs compatriotes, tout comme le manque de conscience politique. La soumission aveugle à l'autorité, le *suivisme (E. 17.11.69)*. Le temps du « *suivisme* » déférent dans lequel se cantonnait Bonn à l'égard des positions gaullistes appartient au passé *(M. 3.12.69)*.
Je ne me rattache à aucun groupe précisément. Je refuse le *suivisme (Jullien, 72)*. Les femmes prennent la plume, imitent sagement (...) Ce *suivisme* intellectuel en dit sans doute long sur la dépendance de la femme *(Bordier, 73)*.

SUIVISTE subst. et adj. Mil. XXe.
● Subst. Qui pratique le *suivisme**.

Le Premier ministre néo-zélandais ne tenait pas à apparaître comme un pur *suiviste* des États-Unis *(O. 23.11.66)*.

● Adj. Caractérisé par le *suivisme**.

Nous avons eu une politique peut-être trop « *suiviste* » du logement *(M. 10.10.72)*. Michel R. estime que le PS est trop *suiviste (C. 24.9.78)*.

SUPER sm. Mil. XXe. Abrév. fam. de *supercarburant*.

Le relèvement du prix du pétrole brut va se répercuter sur celui du *«super»* qui passera bientôt le cap des trois francs *(O. 23.12.78)*.

SUPER(-) Élément préfixal (du lat. *super*, « sur, au-dessus ») qui sert à former des adj., de nombreux subst. et quelques verbes comp. dans lesquels il exprime soit une très grande intensité, une importance considérable (valeur intensive, superlative), soit une supériorité très nette (valeur méliorative), soit une position au-dessus d'une autre.

Rem. Ce préfixe a une très forte productivité en fr. contemporain, notamment dans le vocab. de la publicité et dans la langue du journalisme. Dans de nombreux cas, il concurrence *hyper**, *ultra**-, etc.
Certains composés, parmi les plus récemment lexicalisés (mil. XXe), sont traités en articles séparés à leur place alphab. L'emploi du trait-d'union est hésitant.

Super(-) + adjectif ou part. passé. Dans ces composés *super*(-) a en général la valeur des adv. *très*, *extrêmement*.

1. **Le composé détermine un subst. nom de chose abstr. ou plus souvent concrète ; dans ce dernier cas, il appartient souvent au vocab. de la publicité.**

○ Le nouveau T. (pansement adhésif) est *super-adhésif*. Il tient vraiment *(Pub. Fa. 15.4.70)*. Toujours tendre, savoureux, (un fromage) idéal pour faire des sandwichs *super-appétissants (Pub. Fa. 18.9.66)*. *Super-automatique*, la montre moderne ne se remonte plus *(Pub. ST 24.12.66)*. Ce que nous voulons, c'est une civilisation *super-belle* : une sorte de Tibet de l'ère atomique *(PM 6.1.68)*. Cette voiture est équipée de roues de 10 pouces de diamètre, elles sont *super-carrées* (sic), leur largeur, pour les roues arrière, dépassant leur hauteur *(A. 17.7.69)*. Les saints et les martyrs, notre époque *supercivilisée* y revient *(Casamayor : M. 8.6.66)*. Des housses-fourreaux en luxueux tissu jersey-éponge, *super-climatisantes (Pub. PM 4.5.68)*. Trois résidences *super-confortables* entreront en service cet été *(FP*

633 **SUPER(-)**

4.68). S., c'est la mode *super-élastique*, super-confortable, super-vivante *(Pub. E. 11.12.67)*. Voici le Capitole (train rapide) promu à la classe *super-exceptionnelle (Ch. f. 67)*. Ces jeunes gens en colère réagissaient contre une Amérique *superhygiénique* en ne se lavant pas *(E. 25.10.65)*. Les champions ont revêtu des costumes imperméables et *super-ingénieux (PM 12.10.68)*. Le succès des nouveaux modèles de cigarettes *super-longues* (100 mm) apparues, il y a un an *(E. 8.1.68)*. Montre de plongée : étanche, *super-lumineuse (Pub. A. 5.6.69)*. Un poste de télévision *super-miniaturisé (E. 25.1.65)*. Dans ce monde aseptisé et *super-organisé* on a l'impression qu'une certaine part de l'homme devient indésirable, presque indiscrète *(M. 15.1.67)*. Cette petite machine à dicter *super-portative*, entièrement miniaturisée, est le bloc-notes des temps modernes *(Pub. M. 20.5.66)*. Des liaisons entre villes par rames *super-rapides* sur rail ou sur coussin d'air *(VR 12.4.70)*. Le ruban adhésif *super-transparent (Pub. PM 8.4.67)*. La boîte (pension) *super-virile* où son père fut élevé *(PM 30.9.67)*.

∞ Rouge à lèvres « *superhydratant* » *(Pub. El. 18.1.71)*. Une erreur *supermonumentale (Ragon, 71)*. Les opérations d'équipement « *super-prioritaires* » *(Cazaux, 71)*. La monotonie d'une vie *super-organisée* et *super-technicisée (Dubois, 72)*. Duplicateur offset *superautomatique (Pub. Exp. 1.72)*. Un décor *superluxueux (M. 27.1.72)*. Un climat d'inventions *super-scientifiques (Sadoul, 73)*. Pantalon *super-léger (Pub. P. 28.5.73)*. Une crème de nuit non grasse *super-pénétrante* (...) Lait de plantes *super-raffermissant* pour le buste *(Pub. MF 10.73)*. Des armes *superautomatisées (O. 15.10.73)*. Le collant infilable et *superrésistant (Pub. FP 11.73)*. Une crème *super-protéinée* (...) Ouate *super-absorbante (Pub. FP 11.73)*. Des armes *super-sophistiquées (O. 12.11.73)*. Un décapant *superactif (Pub. El. 28.1.74)*. Des imperméables poids-plume *super-confortables (E. 4.2.74)*. Une crème solaire ambrée et *super-protectrice (Pub. E. 25.3.74)*. Émission radiophonique *super-rétro (M. 7.7.74)*. Une forme d'administration *supercentralisée (E. 20.1.75)*. Un nouveau fil *super-extensible (M. 29.11.75)*. Une retraite *super-dorée (M. 20.7.78)*.

2. **Le composé détermine un subst. nom de personne ou de collectivité.**
L'ordinateur de demain coûtera-t-il si cher qu'il faudra, pour l'entretenir, un personnel *superqualifié ? (E. 29.3.71)*. La collectivité impersonnelle et *superrationalisée (Herp, 73)*. Des mecs *superfriqués* qui ne paient pas leurs impôts *(E. 3.9.73)*. On croit l'Américaine libre et *superchoyée* (...) Une femme passive, *superféminine (FP 1.74)*. La technologie des pays *superdéveloppés (M. 21.3.74)*. Tous ces bénévoles sont « *supermotivés* » *(O. 22.4.74)*.

Super(-) + substantif.

1. **Le subst. second élément est un nom de personne ou de collectivité. Le composé marque un niveau ou un rang hiérarchique supérieur, des capacités exceptionnelles, etc.**

O *Super-as* anglais et allemand, T. et G. devenus amis revivent leur gloire *(PM 24.8.68)*. Le Sénat pourrait devenir une *superassemblée* des provinces *(E. 8.7.68)*. La ville des « *super-cerveaux* » soviétiques, où l'on construit le plus grand accélérateur de particules du monde *(E. 22.1.68)*. Les promoteurs de la campagne « 100 % jus de fruits » tentent de convaincre le *supercivilisé* que leur boisson lui apportera « santé et énergie » *(E. 17.3.69)*. Une sorte de « *super-conseil* » municipal » serait chargé des affaires importantes à l'échelle de l'agglomération *(M. 6.5.66)*. Comment l'Église envisage-t-elle d'évangéliser les hommes de l'an 2000 ? Des précurseurs songent à une formule nouvelle : la super-paroisse animée par un *super-curé (PM 10.12.66)*. Nous avons discuté avec un « *super-diplômé* », normalien agrégé de mathématiques, auteur de plusieurs ouvrages sur la « matière grise » *(FP 9.70)*. Trois *superdivas* « plafonnent » à 10 000 dollars par représentation *(E. 15.1.68)*. En quoi la culture de masse nous priverait-elle d'une élite ? Nous aurons une élite plus nombreuse et une *super-élite* encore plus cultivée *(M. 31.10.68)*. Il y a des *super-femmes* qu'une roue à changer ou une bougie à remplacer ne jettent pas dans des abîmes de désespoir *(EM 9.10.66)*. Les règles de la profession font du policier un *superfonctionnaire* réduit au silence, privé du droit de grève, gommé « au nom de la loi » *(E. 26.10.70)*. La fille d'un *super-général* amoureuse d'un balayeur C'était à se taper le cul par terre *(Mosnat, 64)*. Dans « Moi Superman » (pièce de théâtre) le héros est bien entendu un *super-héros* aux super-pouvoirs *(Fa. 30.10.68)*. Le championnat national des *super-légers* (boxeurs pesant entre 60 et 63,5 kg) *(F. 9.1.67)*. Il est le plus intelligent, le plus madré, le plus doué, le plus amoureux des époux, le plus efficace des directeurs de la banque R. Une sorte de *Superman* de l'enseignement, de la banque et de la politique *(E. 2.8.65)*. Nous n'avons pas eu besoin de « *superman* » pour obtenir les très importantes sommes nécessaires pour les Jeux olympiques *(F. 27.1.67)*. Cette sorte de « *super-monarque* » qu'était Louis XIV *(E. 12.9.66)*. Un *super-parti* majoritaire qui prétend monopoliser le régime *(E. 13.11.67)*. Un *super-préfet*, véritable gouverneur de province *(M. 6.4.69)*. Les cours magistraux seront redevenus le moyen d'accéder à l'enseignement des grands patrons, des *super-professeurs (PM 28.9.68)*. Les cadres sont des *super-prolos* qui n'ont pas le courage de l'admettre *(PM 19.6.70)*. Bonn a pris goût au profit, à l'influence et au prestige résultant de ses relations bilatérales avec la *superpuissance* soviétique *(M. 2.10.70)*. The long rapport confidentiel que vient d'achever une équipe de *super-universitaires* américains *(PM 30.9.68)*. Un standing de *super-vedette* : il habite une somptueuse résidence, possède trois Cadillac *(ST 26.10.68)*. Cette rencontre a été conclue au poids de 71,500 kg, c'est-à-dire, une livre au-dessus de la limite des *super-welters* (boxeurs qui pèsent entre 67 et 71 kg) *(F. 22.12.66)*. Une *superwoman* de choc un peu écrasée par les ambitions de l'auteur du film *(E. 31.10.66)*.

∞ Envoyer au tapis les *supercaïds* poids lourds *(PM 28.3.70)*. Elle a perdu la grâce irréelle, idéale de la *super-vedette (M. 23.9.70)*. Un spectacle flamboyant, des *supercomédiens* de classe *(JF 29.9.70)*. Les règles de la profession font du policier un *superfonctionnaire (E. 1.11.70)*. L'agent d'intoxication est un *super-agent* de pénétration *(Nord, 71)*. Des *super-hôtesses* de l'air choisies pour leur compétence *(JF 23.2.71)*. Pierre S. jeune *super-P.D.G.* sportif aux réflexes ultra-rapides *(Carlier, 72)*. Il arrive que le banquier ne soit qu'un rouage dont on a besoin, un *super-serviteur* en quelque sorte *(Exp. 1.72)*. Un *super-inspecteur* des renseignements généraux *(Exp. 12.72)*. Un *super-dépanneur*, celui qu'on appelle en dernier recours *(En. 7.12.72)*. Les élèves-infirmières ne sont-elles pas, avant tout, des bonnes à tout faire, au mieux des « *super-bonnes* » ? *(Ras, 73)*. On fait ainsi de *super-cuisiniers*, de *super-mathématiciens* ou ingénieurs *(Herp, 73)*. Les médecins deviennent des *supertechniciens (O. 30.4.73)*. Un instrument exceptionnel d'enregistrement et d'écoute à la disposition d'une *super-élite* de *super-mélomanes (Pub. E. 19.11.73)*. Nous appartenons à la minorité des *superprivilégiés (P. 10.12.73)*. Toute idole de l'art, toute star (...) toutes les *super-femmes* d'au-delà de la réalité quotidienne *(O. 31.12.73)*. Un *super-ministre* des Affaires étrangères sur lequel le président a décidé de se décharger *(PM*

SUPER(-)

12.1.74). Le héros de l'histoire est une sorte de *super-karatéka (P. 14.1.74).* Les inadaptés fabriquent des inadaptés qui fabriquent des *super-inadaptés.* La ségrégation d'un milieu se reproduit, et même s'amplifie *(O. 18.2.74).* Notre goinfrerie de *super-gavés* aurait un terme, même si les sous-développés se résignaient à la supporter sans révolte *(Can. 17.3.74).* Ce *super-clown,* composé de roi nègre, de dictateur fasciste, de mythomane hors pair *(M. 22.5.74).* Comment se proposent de voter ces « super-électeurs » ? *(Téla 1.6.74).* L'homme est un *superprimate* qui développe et hypertrophie l'intelligence propre aux primates supérieurs *(M. 11.10.74).* Des *super-policiers* choyés et intouchables *(M. 16.1.75).* Les nouveaux « super-riches » que sont les pays pétroliers *(E. 20.1.75).* Le *superfavori* invaincu depuis le début de la saison *(E. 10.2.75).*
Fonder un club de *superanimateurs (C. 16.4.78).* Il n'existe plus de *super-grimpeurs* et les routiers professionnels sont devenus des calculateurs *(M. 20.7.78).* Ces *supermarginaux* que sont les loubards *(C. 30.9.78).* Michel E. est chef d'établissement de la gare de Paris-Lyon : un *super-chef de gare,* en quelque sorte *(O. 30.12.78).*

2. **Le subst. second élément est un nom d'animal.**

   Produire un « *super-lapin* » destiné à l'élevage. Un programme de croisement sera exécuté qui produira une lapine hybride pouvant s'accoupler jusqu'à six fois par an et mettre bas chaque fois au moins dix lapereaux, chacun d'entre eux devant, en huit semaines, atteindre le poids de 2,5 kilos *(F. 29.11.66).*
   Un crack et même un *supercrack* c'est, en apparence, un pur sang comme les autres et courant aux environs de 60 à l'heure *(FL 20.7.70).* On a trouvé les ossements d'animaux à présent éteints, tels que le mammouth ou un *super-bison (Dubois, 72).*

3. **Le subst. second élément désigne une chose concrète qui est du domaine des sciences ou des techniques (appareil, arme, machine, véhicule ; équipement, installation, etc.). Le composé marque une très grande dimension, une très grande puissance, un rendement très élevé, ou bien des dimensions, une puissance, un rendement, des performances très supérieurs à ceux d'autres choses de même catégorie.**

O Un système électronique permettra aux *super-bombardiers* de détecter les fusées sol-air *(PM 23.12.67). Supercalculateurs* ayant de très grandes mémoires à accès direct et des vitesses de traitement très élevées *(M. 10.4.69).* Trois centres géants dotés de *supercalculatrices,* recevront, analyseront, transmettront et stockeront toutes les informations recueillies *(E. 27.3.67).* Nous aurions pu construire une *super-Caravelle* de 150 passagers *(PM 9.11.68).* Le premier ordinateur électronique a été installé aux États-Unis, (...). Mais les conséquences concrètes et actuelles de l'existence de 18 000 cerveaux électroniques en fonction sont accessibles à tous. Que font ces *super-cerveaux,* qu'est-ce que les hommes d'aujourd'hui ont à en espérer et à en redouter ? *(E. 17.5.65).* Le *super-express* Hikara, le train le plus rapide du monde fait des pointes de 250 km/h *(PM 23.11.68).* Des défaillances importantes ont été constatées dans le second étage de la *super-fusée* Saturne-V *(F. 19.11.66).* En bordure de l'aéroport, à quelques pas des « superjets » *(M. 4.12.64).* Loin que ces *super-machines* que sont les ordinateurs nous libèrent, comme il nous était promis, en vérité nous devenons chaque jour un peu plus leurs esclaves *(PM 18.5.68).* Deux méthaniers de 85 000 tonnes chacun transporteront le gaz naturel de l'Alaska au Japon. Deux *super-méthaniers* à l'étude, jaugeant 130 000 tonnes *(Guillain, 69).* Le super-express du nouveau Tokaïdo, ce n'est plus tout à fait un train, c'est déjà un métro, un métro à l'échelle nationale, le *super-métro* de la Mégalopolis de l'an 2000. (...) La construction de « *super-navires* », ceux qui ont « un tonnage en six chiffres » *(Guillain, 69).* Un fabricant de sonnettes d'alarme vient de mettre au point un *super-ordinateur* : l'appareil, un « chien de garde », reconnaît les familiers de la maison *(PM 25.10.69).* Deux *super-paquebots* qui répondent aux exigences les plus rigoureuses *(M. 9.5.65).* Les armateurs depuis dix ans ne construisent plus que des *super-pétroliers* de cent mille, deux cent mille ou trois cent mille tonnes *(O. 17.1.68).* Les monstres de 90 000 tonnes de la première génération de « *superpétroliers* » sont aujourd'hui réduits au rang de miniatures *(E. 24.2.69).* Un *super-poids lourd* gravissant une côte à faible allure, suivi d'une file de trente ou quarante voitures *(VR 12.4.70).* L'artère Paris-Rennes (de la S.N.C.F.) peut s'enorgueillir d'un *super-rapide* : l'Armor *(M. 23.11.65).* Ranger dans la *super-soute* à bagages tout le produit d'une journée de shopping *(Pub. El. 18.3.65).* Le seul port européen capable d'accueillir cette nouvelle génération de *super-tankers (F. 16.3.68).* Les exploits des fabricants japonais des *supertankers* sont liés à ceux des magnats du pétrole *(Guillain, 69).* Un voyage pour l'Amérique sur un *super-transatlantique (Ann. M. 6.5.66).* J'ignore si dans vingt ans il n'y aura pas des *superusines* auxquelles on s'abandonnera et qui distribueront le pain comme le courrier *(PM 25.10.69).*

∞ Un *superposte* de télévision *(M. 18.7.70).* Russes et Américains sont presque convenus de mettre un terme à la course aux *superfusées (E. 30.8.70).* Une *super-arme* capable de réduire en cendres l'humanité *(El 18.1.71).* L'ordinateur n'est pas qu'une *supermachine à calculer,* qu'une *supermachine à écrire,* qu'un *supergadget* de prestige pour supermanager *(Elgozy, 72).* Une *superpolycopieuse* régurgite des statistiques *(E. 5.6.72).* L'expérience des *superexpress* est une entreprise très profitable pour les chemins de fer *(M. 11.6.72).* Qui peut décider le lancement d'un *super-Concorde ? (Inf. 12.2.73).* Il faudra plus de 3.500.000 tonnes de fuel par an pour faire fonctionner cette *super-centrale (S. 7.73).* Un *super-remorqueur* de 200.000 chevaux que la technologie actuelle permettrait de construire *(SV 9.73).* Le Japon étudie la construction d'un *superchar* de combat *(P. 10.12.73).* Il roule en super-*Cadillac (P. 31.12.73).* Et si tel ou tel de ces *super-dispositifs de sécurité* venait à ne pas fonctionner ? *(M. 9.6.74).* On étudie un « Super-Jumbo », version du Boeing 747 au fuselage allongé de 18 mètres et qui pourrait transporter 700 passagers *(VR 24.11.74).* On roule dans une *super-voiture (M. 1.7.78).*

4. **Le subst. second élément désigne une chose, soit concrète, soit plus rarement abstr., qui est du domaine de la vie courante (emploi fréquent dans le vocab. de la publicité). Le composé marque un degré très élevé des qualités ou des caractères de ce que désigne le second élément.**

O On donnera un coup de pinceau sur les murs, on changera la pancarte de l'entrée et on racontera qu'on va ouvrir un *super-club (Bouvard, 66).* Placez une minuscule dragée près de la racine de toutes les plantes que vous voulez voir chargées de *super-fleurs (ST 18.3.67).* L'Orchestre de Paris, *super-gadget* de la culture nationale *(E. 24.2.69).* Une *supergaine* H. qui vous amincit comme vous ne l'avez jamais été *(Pub. MT. 10.66).* La

décision d'enfouir sous la surface du sol l'ensemble des grands équipements : bibliothèque publique, forum et *super-galeries marchandes* (PM 16.11.68).
Un bermuda et une « *super-mini* » jupe (JF 1.7.67). Revêtue d'une *super-mini-robe* et d'un mini-manteau, la ravissante actrice s'est longuement promenée (JF 4.3.67). Les musiciens ont été sensibles à l'opinion de deux chefs célèbres venus les entendre, deux patrons de *superorchestres* (E. 11.11.68). La « *super-pilule* » – pilule du lendemain matin ou pilule pour le mois d'après – présentée au VIIIe Congrès mondial pour le planning familial, ne bloque pas l'ovulation, (...) (E. 11.12.67). Le chemin de fer peut marquer des points en constituant ce « *superréseau* » inégalé pour les transports de grandes masses à grandes distances, avec des vitesses élevées (E. 20.1.69). À faire de la « *super-télévision* », il faut se méfier de ne pas produire de l'antitélévision (C. 11.10.69).

∞ Dalles de jardin en *super-béton* blanc (...) ; joints au *super-mortier* fin (...) ; des carreaux adhèrent immédiatement avec *super-ciment* colle (...) Pour décoration *super-plâtre* spécial modelage (Pub. PM 11.4.70). Douze courts de tennis et un golf entourent un *superhôtel* (E. 7.9.70). Des *super-chaussures* (PM 30.1.71). La puissance que symbolisent les *super-autoroutes* s'achète au prix de la profanation de la nature (Dubois, 72). Les calculatrices ne servent pas à élaborer des projets spectaculaires et irréalistes, on les utilise comme des espèces de machines à écrire ou comme des *super-carnets d'adresses* (Elgozy, 72). Une sorte de *super-thermomètre* qui permettrait enfin de ne plus parler de la pilule (Chartier, 72). Le *supertableau*, long de 28 m, rendu célèbre par une tournée à travers le monde en 1965, soulève la stupeur. On l'a vu à Paris au Musée des arts décoratifs (M. 15.3.72). Le *super collant*, le collant sans couture au slip (Pub. EL 17.12.73). C., le *super-mini parapluie* (Pub. E. 17.12.73). Porter la profondeur du canal à 23 mètres permettrait le passage de navires de 150.000 tonnes à pleine charge. Que pensent les milieux pétroliers de ce *super-canal*? (FS 21.1.74). Le Palais des Congrès récemment inauguré était transformé en *supercinémathèque* (E. 11.3.74).

5. **Le subst. second élément désigne un pays, un État, une circonscription géographique ou administrative, une institution.**
■ **De très grande taille.** — Ou : dont les compétences, l'étendue, le ressort englobent plusieurs des choses de même ordre désignées par le second élément.

○ L'Afrique, l'Amérique du Sud et l'Antarctique formaient-ils jadis un unique continent, un *supercontinent*? (F. 28.9.66). Une Europe des Six intégrée en un *super-État* sera dominée par l'Allemagne de l'Ouest (M. 28.12.65). Si cette évolution se confirme, l'enseignement supérieur deviendra un enseignement secondaire prolongé, et les Unités d'enseignement et de recherche des *super-lycées* (M. 13.11.69). L'ambitieux gaillard (un homme politique) convoite un *super-ministère* réunissant les Finances et l'Économie (Au. 21.9.66). Instituer des *supermunicipalités* qui seront entre les mains de l'administration préfectorale et qui prendront en charge une bonne partie des tâches de l'État (M. 9.10.66). Faire de cette côte, longue de 55 km, un « *super-paradis* » de vacances (E. 17.7.67). La création de la *super-paroisse* est la condition de l'adaptation de l'Église au monde de demain (PM 10.12.66). Une *superpuissance* industrielle qui domine de plus en plus l'univers de sa richesse (E. 26.6.67). La création d'une « *super-station* » (de sports d'hiver) dans la vallée (M. 26.3.69). Il y aura des *supervilles* de plus de 400 km de long, comme l'agglomération continue Boston-Washington, où vivront 80 millions d'habitants (O. 3.1.68).

∞ La commission européenne n'est pas un *super-gouvernement* (F 23.9.70). Le Premier ministre a annoncé la création d'un *superministère* de l'Environnement (E. 19.10.70). La commission financière recevait l'argent des collectes et la *super-commission* financière visait « les dons des personnes fortunées » (Massu, 71). La banque centrale deviendrait un *superinstitut* d'études monétaires (Exp. 12.72). Le Japon passe pour un *super-État* industriel (Faire, 73). Le nouveau *super-trust* du lait (Bosquet, 73). Sa maison du *super-Neuilly* bruxellois (E. 30.7.73). Nous ne sommes pas une sorte de *super-banque* chargée de payer les déficits des entreprises (P. 27.8.73). Les sociétés multinationales, ces *super-États* au-dessus des États (O. 3.9.73). Une *super-grande* école d'où pourrait sortir non plus l'élite de l'élite, mais l'élite de l'élite de l'élite (P. 21.5.74). On a rejeté toute idée de « *super-université* » (M. 29.1.75). Sestrière, la *super-station* super-snob (M. 22.3.75). Un *super-conseil municipal* regroupe les communes de la ville nouvelle (M. 9.12.77).

6. **Le subst. second élément désigne une notion abstraite.**
■ **De degré, de qualité, de niveau très élevés.** — Extrême ; excessif.

○ Les structures que nous créons, déclare (un ministre) sont provisoires. Pas question pour nous de constituer une *superadministration* (E. 21.11.66). La France s'épuisera dans la course au *super-armement* (la force de frappe) (PM 8.10.66). La réforme de l'O.R.T.F. en cours institue, disent les réalisateurs, une *supercentralisation* et quelques échelons de contrôle supplémentaires (E. 29.3.71). Un Belmondo (acteur de cinéma) en *super-charme*, super-intelligence, super-rapidité, c'est une histoire de kidnapping (El. 18.3.65). Un nouveau concept, celui de « *superconcentration* », auquel on veut étendre la législation antitrust (E. 14.4.69). Un texte d'essence purement technocratique aboutissant à une *super-concentration* économique au lieu d'une décentralisation raisonnée (M. 6.3.70). Il y a une sorte de raccourci de notre époque de super-connaissance, de super-technique, de *super-déconfiture* (Kubnick, 67). À l'âge de la *super-opulence*, les problèmes spirituels auront une importance plus grande (E. 17.4.67). *Super-parodie* (un film) de ce qui était déjà une parodie (O. 27.12.67). Si vous cherchez l'insolite, l'inédit, le *super-pittoresque*, tentez l'aventure en Laponie (F. 7.1.67). (Dans les) grandes orientations du Ve Plan, la « *super-priorité* » ne serait plus accordée à l'éducation nationale, mais au logement (M. 28.7.65). Mlle G., 15 ans, vient de remporter un triomphal premier prix de violon aux Concours du Conservatoire — et même un *super-prix*, puisqu'on a « voté spécial » à l'a déclarée première du concours hommes et femmes (E. 14.6.65). Les étrangers qui procuraient aux chefs d'entreprise d'agréables *superprofits*, (...) (M. 25.6.64). Les Italiens s'étaient battus pied à pied pour obtenir une *super-protection* du marché européen des fruits et légumes (M. 28.7.66). On s'attendait à quelque chose de jamais entendu, à du *super-psychedelic*, à du rock dément (O. 24.1.68). Jusqu'au 31 octobre 1966 *super-remise* sur présentation de cette annonce (Pub. ST 1.10.66). Les centaines de milliers de spectateurs parisiens qui sont allés voir d'abord « L'Ours et la Poupée », puis « Les Novices », ont fait quelque chose de plus important que de contribuer au *super-succès* de ces deux films (...) (M. 28.1.71). Très bien est le *super-superlatif* du snob-bourgeois. Parfois, il dit simplement : « Bien. » Mais en y mettant une intonation particulière (E. 20.12.65). La crainte de certains de voir se créer à Bruxelles une *supertechnocratie* ou un super-dirigisme (F. 10.1.67).

SUPER(-)

∞ Maintenir l'an prochain le *superéquilibre* budgétaire réalisé cette année *(E. 14.6.70)*. Des équipements de *superluxe (E. 15.2.71)*. La réforme en cours institue une *supercentralisation (E. 29.3.71)*. L'aimant à *super-conductivité (VR 3.10.71)*. Les jeunes protestent contre la *super-organisation* et la déshumanisation de la société (...) (Ces) *super-promesses* provoqueront une vive déception lorsqu'il deviendra évident qu'elles ne peuvent être tenues *(Dubois, 72)*. On ne voit que le pire, parce que c'est la *supermode*, parce que ça se fait *(Pauwels, 72)*. Le Dr Schacht mit fin en 1924 à une *super-inflation (Inf. 18.12.72)*. La *super-technologie* pallierait éventuellement les faiblesses de la *super-diplomatie (O. 30.12.72)*. L'État ne pourrait-il frapper d'un *super-impôt* ces « bénéfices supra-normaux » ? *(Bosquet, 73)*. L'image que je m'étais faite de la *super-efficacité* de l'Amérique *(Deloraine, 73)*. Un *super-sommet* entre tous les chefs d'État et de gouvernement européens *(E. 25.6.73)*. À son bureau, il organise un « *super-brainstorming* » : tous ses collaborateurs vont y participer et suggérer une solution *(FP 12.73)*. Dans ce temple de la *superconsommation*, du 10 au 21 décembre, le nombre d'acheteurs passe de 5.000 à 12.000 par jour environ *(O. 31.12.73)*. Ils essaiaient de faire croire au *super-défoulement (FP 1.74)*. Il en faudrait bien davantage pour que les responsables de ce *super-faux pas* battent leur coulpe *(E. 11.2.74)*. Le *super-réalisme*, peinture qui, pour saisir les images de la vie quotidienne la plus banale, prend la photographie pour intercesseur *(M. 21.2.74)*. La prison de M., haut lieu de la *super-pénitence (M. 23.4.74)*. Les industriels nous ont apporté la *superproductivité (P. 30.9.74)*. À la S.N.C.F. il y a 49 jours par an de *superpointe* trafic au minimum 40 % au-dessus du jour moyen *(M. 21.10.78)*.

Super + verbe. Dans ces composés *super*(-) a la valeur des adv. ou loc. adv. *beaucoup, extrêmement, à l'extrême, à l'excès.*

Jusqu'à quand permettrons-nous que des trusts internationaux *super-enrichissent* de petits groupes et maintiennent des millions d'hommes en esclavage ? *(C. 6.2.70)*. L'employeur veut souvent *superspécialiser* ses salariés pour améliorer leur rentabilité *(En. 1.9.72)*. Comment *supermécaniser* une planète sans la déshumaniser ? *(Elgozy, 72)*.

SUPERBÉNÉFICE sm. Mil. XXᵉ. ■ Bénéfice très élevé ou considéré comme excessif.

Le Pentagone inaugura un nouveau type de contrat, destiné à rogner les *superbénéfices* des constructeurs d'avions *(Exp. 11.71)*. Si la loi fiscale prévoit l'écrémage ou la confiscation des *superbénéfices* qu'une société réalise grâce à ses efforts de rationalisation, cette loi aura automatiquement pour effet d'enlever aux sociétés toute envie de rationalisation *(Bosquet, 73)*. Même si les gros revenus et les *superbénéfices* sont frappés d'impôts plus lourds, la masse des produits consommables par tout le monde ne se trouvera pas augmentée *(O. 22.4.74)*.
→ SUPERPROFIT.

SUPER-CARRÉ adj. Mil. XXᵉ. Techn. ■ Se dit d'un moteur à explosion dont les cylindres ont un alésage supérieur à la course des pistons.

Le vrombissement ouaté du nouveau moteur « *super-carré* », 4 cylindres en V *(Pub. E. 26.10.64)*.

SUPERCHAMPION, NE ou SUPER-CHAMPION, NE subst. Mil. XXᵉ. ■ Champion célèbre qui domine nettement tous ses rivaux.

Maillot jaune du Tour de France, il n'a qu'une tactique, celle des *superchampions* : être en tête du peloton afin de se mettre à l'abri de toutes surprises *(PM 18.7.70)*.
Très amaigrie, elle a atteint la forme effilée, acérée d'une *super-championne (M. 23.9.70)*.

SUPÉRETTE [sypeʀɛt] ou SUPERETTE [sypeʀɛt] sf. ~ 1959. (Mot am., de *supermarket*, et suff. *-ette*). ■ Magasin à libre*-service, d'une surface d'environ 120 à 400 m², qui vend principalement des articles alimentaires ou d'usage courant. (Le langage parlé courant emploie plutôt *supermarché**).

L'édification d'une « *supérette* », dont l'ouverture est très prochaine *(M. 3.11.59)*. Les ventes réalisées dans les supermarchés et *supérettes* représentent 66,50 % du chiffre d'affaires total *(M. 8.6.66)*. On parlait de supermarchés, mais on se contentait de faire des « *supérettes* » dont les surfaces de vente ne dépassaient pas 400 m² *(E. 11.12.67)*. Les petits commerçants dynamiques créent des « *supérettes* » ou des supermarchés miniature *(E. 16.12.68)*. La petite épicerie de quartier peut devenir *supérette*. Elle transforme ses rayons traditionnels en comptoirs de libre-service *(FP 1.70)*.
Le groupe règne sur un hypermarché, plusieurs supermarchés, *supérettes* et magasins affiliés *(Exp. 3.72)*. La rapide transformation des stations-service en *supérettes* et des pompistes en commerçants à tout faire *(E. 7.8.78)*.

SUPER-GRAND sm. Mil. XXᵉ. Fam. (Courant dans la presse).

1. L'une des deux (ou trois) plus grandes puissances mondiales (États-Unis, U.R.S.S. ; plus tard Chine).

Il n'existe plus aujourd'hui en Europe de grandes puissances. Il n'y a plus dans le monde que des *super-grands* : les États-Unis, l'Union Soviétique et, à l'arrière-plan, la Chine *(M. 31.3.66)*. Le troisième *Super-Grand* de notre planète, la Chine communiste *(M. 2.10.66)*. C'est en Europe et non ailleurs que se situe le salut si l'on veut résister au « *super-Grand* américain » *(M. 21.2.69)*. La poussée de la Chine modifie dès maintenant les rapports entre les deux *Super-Grands (M. 22.4.71)*.
Pour la première fois dans l'histoire de la guerre froide et dans l'histoire tout court, les deux *Super-Grands* ont réussi à s'entendre (...) *(M. 28.5.72)*. L'impuissance des États-Unis et de l'U.R.S.S. dans l'affaire démontre l'inefficacité du condominium que les deux *Super-Grands* prétendent exercer sur le monde *(M. 16.10.73)*. Jusqu'à présent, personne ne s'inquiétait trop de ces « conflits locaux ». L'entente entre les deux *super-Grands* semblait une garantie contre le pire *(E. 20.1.75)*. En 1945, les deux *Super-Grands* dominaient un univers d'ombres et de vaincus *(M. 7.2.75)*.

→ GRAND(1.), SUPERPUISSANCE.
2. **Par ext. (dans d'autres domaines)** ■ Très grande entreprise.

L'existence de ce « *super-grand* » (une banque) nationalisé incitera probablement les banques privées à se concentrer pour supporter plus vaillamment le choc *(M. 6.5.66)*. Les deux journaux britanniques les plus touchés par le recul général des tirages sont les deux « *super-grands* » des journaux populaires : le « Daily Express » et le « Daily Mirror » *(M. 6.4.69)*.
Comment les entreprises qui n'appartiennent pas à la catégorie des *super-grands* demeurent-elles concurrentielles sur les marchés mondiaux ? *(M. 1.2.72)*. Modération du *super-grand* de l'informatique qui renonce à utiliser les fruits de sa recherche massive pour matraquer la concurrence *(E. 16.7.73)*.
→ GÉANT, GRAND(2).

SUPER-HUIT ou SUPER-8 sm. et adj. inv. ~ 1960. Format de caméra et de film (d'amateurs) intermédiaire entre le 8 mm standard et le 16 mm.

Super-huit.

Ce « *super-huit* » offre une image d'une surface supérieure de 50 % à celle du huit traditionnel *(M. 14.10.65)*. Les nouvelles caméras en « *super-huit* ». La gamme des matériels offerts aux cinéastes amateurs dans le nouveau format « *super-huit* » s'enrichit chaque mois *(M. 8.8.66)*.

Super-8.

Pour un cinéaste amateur, *super-8* est la garantie de pouvoir utiliser une pellicule d'une marque quelconque sur une caméra provenant d'un autre fabricant, et de projeter le film obtenu sur un projecteur de tierce origine *(M. 10.1.73)*. Du 19 au 30 décembre aura lieu à Paris le Festival mondial du *super-8* (...) En France plus d'un million de caméras *super-8* sont en circulation *(P. 16.12.74)*.

SUPERMARCHÉ (parfois : SUPER-MARCHÉ) sm. ~ 1955. (Calque de l'angl. *supermarket*).

1. **Magasin à *libre*-service*, d'une surface de 400 à 2500 m², qui vend les produits alimentaires et des objets ou des marchandises d'usage courant.**

Rem. Un *supermarché*, c'est un magasin dont la surface de vente ne dépasse pas 2.500 m², alors qu'un hypermarché (...) peut aller jusqu'à 15.000 m² et plus ; super, dans ce cas-là, veut donc dire plus petit *(S. 11.73)*.

♦ Les *supermarchés* proposaient, à des prix généralement abordables, toutes les variétés (de poissons) *(E. 8.3.65)*. La suppression de la rue, ou l'établissement d'artères trop larges condamnent la femme à « une sorte de réclusion morale » imposée par les achats en libre-service des *super-marchés* *(M. 19.6.66)*. La France boutiquière, aux prises avec l'offensive des *super-marchés* *(PM 18.5.68)*.
À partir de 1955, les grandes surfaces font leur apparition. *Supermarchés* d'abord, où règne le libre-service, avec une prédominance très nette de l'alimentaire, qui occupe 60 à 70 % des rayons (...) Le *supermarché* grandit, puis donne naissance à l'hypermarché à partir de 1965 *(Pa. 10.74)*. Le groupe a des hypermarchés, de grands *supermarchés*. Comme les surccursalistes, (...) des succursales, des supérettes et des *supermarchés* de proximité *(E. 3.7.78)*.

2. **Par ext. (dans d'autres branches du commerce).**

Hachette envisageait d'implanter des « *supermarchés* du livre » à travers la province. Ces grandes librairies — au moins 1.000 m² — auraient groupé livres, papeteries, disques et carterie *(E. 13.3.72)*.

3. **Fig. Iron. ou péj. Lieu où l'art, la culture sont proposés aux masses sous des formes qui rappellent plus ou moins les méthodes des *supermarchés* (1.).**

Les contestataires saisissent cette occasion pour dénoncer le festival d'Avignon, « *supermarché* de la culture » *(E. 24.2.69)*. Un style commun unit ces galeries, un style qui a fait dire à un commentateur agressif : « Voilà les *supermarchés* de l'art » *(E. 26.7.71)*.

Rem. Sont également attestés :
Supermarché du bonheur *(E. 5.10.70)*. *Supermarché* du spectacle *(E. 9.8.71)*. *Supermarché* culturel *(O. 21.2.72)*. *Supermarché* vacances *(E. 8.5.72)*, etc.
→ DISCOUNT, GRANDE* SURFACE, HYPERMARCHÉ, SUPÉRETTE.

SUPERPÉTROLIER ou SUPER-PÉTROLIER sm. ~ 1960. ■ Navire pétrolier de très grande capacité (Forme francisée de *supertanker**).

La construction navale française donne officiellement cette semaine son adhésion aux *superpétroliers* *(E. 3.2.69)*. Les Havrais caressent le projet de construire un avant-port qui permettrait l'accostage des *super-pétroliers* *(Cazaux, 71)*. Il faut un mois aux « *superpétroliers* » pour aller du Golfe Persique jusqu'en Europe *(O. 3.12.73)*. Le canal de Suez, vieux de plus d'un siècle, est inutilisable par les « *super-pétroliers* » *(FS 21.1.74)*. La coque du *super-pétrolier* qui transportait 200.000 tonnes de brut s'est fissurée *(M. 4.1.79)*.

SUPERPROFIT ou SUPER-PROFIT sm. 1964. ■ Profit particulièrement important, ou considéré comme excessif.

L'économie japonaise grande gagnante de la guerre du Viet Nam, tirera aussi sûrement des *super-profits* de la paix *(O. 30.12.72)*. L'épongeage des *super-profits* ne peut être réalisé que si les entreprises appartiennent à la collectivité *(Bosquet, 73)*. En montrant qu'il était capable de taxer les *superprofits* des compagnies pétrolières, le président américain (...) *(M. 7.2.74)*. Les « *superprofits* » des pétroliers sont un beau cheval de bataille pour la gauche *(E. 25.2.74)*.
→ SUPERBÉNÉFICE.

SUPERPUISSANCE ou SUPER-PUISSANCE sf. 1963. ■ État, puissance (surtout les États-Unis et l'U.R.S.S.) qui domine dans le monde par son importance, son *poids** politique, militaire, économique, etc.

> L'agence estime que les deux *super-puissances* essaient de se partager le Proche-Orient *(M. 1.8.70)*. L'avenir du monde, ce sont les peuples du monde qui en décident et non une ou deux *superpuissances (M. 8.3.72)*. Pour persévérer dans son actuel type de production et de civilisation, l'Europe devrait accepter (...) une très forte dépendance vis-à-vis des deux *super-puissances (O. 10.12.73)*. La paix du monde, en dernier ressort, repose sur l'équilibre entre les deux Grands (...) Mais quand le ciel s'obscurcit, les *superpuissances* deviennent ombrageuses *(E. 20.1.75)*. Le monde de 1976, caractérisé essentiellement par un double partage, vertical entre les deux *superpuissances*, horizontal entre les riches et les pauvres *(M. 15.1.76)*. La négociation SALT tend à établir contractuellement l'équilibre au niveau stratégique entre les *superpuissances (M. 31.5.78)*.

→ SUPERGRAND (1.).

SUPERSONIQUE adj. et sm. Rép. mil. XXᵉ. Spéc. Aviat. Se dit d'une vitesse qui dépasse celle du son (par opp. à *subsonique*) et d'un avion qui atteint cette vitesse.

Adjectif.

> L'avion de transport *supersonique* Tupolev-144 (est le) rival de Concorde *(M. 22.4.71)*.
> Le bruit est le principal inconvénient des avions *supersoniques (M. 27.1.72)*. Les vols *supersoniques* et surtout les fusées habitées ont marqué un changement radical (dans la vitesse des transports) *(Garaudy, 72)*.

Substantif.

> La politique qui consiste à dire qu'on ne volera en *supersonique* qu'au-dessus des océans est impraticable. Il faut vendre le maximum d'appareils, les utiliser au maximum à la vitesse maximum *(M. 16.1.68)*. Le prototype 001 du *supersonique* (Concorde) a été mis sur vérins dans le hangar *(M. 1.3.69)*. Le *supersonique* soviétique Tupolev-144 sera présenté au Salon du Bourget *(M. 22.4.71)*.
> Les responsables britanniques et français n'ont pas annoncé l'arrêt de la production des 16 *supersoniques* Concorde prévus (...) Ils n'ont pas décidé d'engager l'étude d'un « super-*supersonique* » dont le prototype pourrait voler en 1985 *(E. 11.4.76)*.

SUPERSTAR sf. ~ 1970. (Mot am.). D'abord dans le monde du spectacle : vedette très célèbre. — Par ext. ■ Personnalité, personnage très célèbre dans l'art, l'Histoire, la Légende, etc.

> J.J. Rousseau, promu *superstar* de la « défonce », vedette de la protestation *(E. 3.1.72)*. Rien dans ce festival d'Avignon qui puisse ameuter les foules : ni trompe-l'œil, ni *superstar* pour magnétiser les snobs *(E. 6.8.73)*. Satan brigue désormais lui aussi le titre de *superstar*. Il s'étale sur les écrans, il a passionné les millions de téléspectateurs des « Dossiers de l'écran », et a été le principal personnage d'un des succès de l'édition cet été *(P. 3.12.73)*. Siqueiros est un « monument », le peintre « *superstar* » de Mexico *(M. 8.1.74)*. Parmi les champions de tennis, il y a une vingtaine de *superstars* à part entière : les cachets des plus grands sont astronomiques *(E. 28.6.76)*.

SUPERTANKER [sypɛrtăkɛr] ou [sypɛrtăkœr] sm. 1964. (Mot angl.). Techn. ■ Navire pétrolier de très grande capacité. (Terme francisé sous la forme *superpétrolier**).

> La nationalisation du Canal de Suez, en 1956, a forcé les pétroliers à construire des *supertankers* pour contourner l'Afrique *(E. 19.12.66)*. Au nord du village devant lequel le pétrolier géant s'est brisé, la mer est calme, et les optimistes commencent à espérer que l'hémorragie de pétrole se limitera à quelque 80.000 des 230.000 tonnes du *supertanker (E. 27.3.78)*. Le marché potentiel des *supertankers* paraissait illimité. On pensait, à l'époque, doubler la flotte pétrolière *(E. 15.5.78)*.

→ TANKER.

SUPPORT sm. Spéc. ~ 1960.

1. **Matériau utilisé pour fixer et transmettre un message auditif, visuel, etc. (bande magnétique, disque, carte perforée).**

> En 1966, les « *supports* de son » — disques, cassettes, bandes pré-enregistrées — ont représenté un chiffre d'affaires, de 423 millions de francs *(V.A. 6.9.71)*. Mon problème n'est pas de savoir si la télévision sera transmise par câbles, laser ou mini-cassettes. Le *support* ne compte pas. Ce qui m'intéresse, c'est de fabriquer du spectacle *(M. 28.2.74)*.

2. **Moyen matériel quelconque (affiche, film, journal, image télévisée, etc.) utilisé pour diffuser un message publicitaire.**

> Europe N°1, avec ses 120 millions de recettes annuelles, est le plus important *support* publicitaire de France *(E. 17.10.66)*. Entre 19 heures et 20 heures, l'O.R.T.F., est un *support* qui touche près de 20 millions de téléspectateurs. À cette heure-là, seuls les produits de grande consommation peuvent se payer le luxe d'apparaître devant le téléspectateur. Les produits visant des clientèles plus sélectives n'ont aucun intérêt à bombarder tant de gens. Il leur faut des *supports* plus raffinés *(E. 5.4.71)*.
> Votre avion, peint aux couleurs de la société, sera également un excellent *support* de votre publicité lors de ses temps d'immobilisation sur les aérodromes *(En. 4.6.71)*. Les journaux, les magazines, la radio, l'affichage retrouvaient la faveur des annonceurs, qui avaient renoncé à la très coûteuse publicité télévisée pour revenir vers les *supports* traditionnels *(M. 4.9.73)*.

SUPPORTER v. tr. (Sous l'influence de l'angl. *to support* « aider, encourager », etc. et de l'anglicisme plus ancien *supporter* (sm.), répandu par les reportages de manifestations sportives). ■ Aider, encourager, soutenir, subventionner.

> Rem. La langue du stade que parlent les dieux du sport et leurs thuriféraires nous vaut de nombreuses lettres où nos lecteurs protestent contre des anglicismes, comme le verbe « *supporter* » pris dans le sens de « soutenir » *(VL 6.65).*

♦ Beaucoup de Transalpins qui auront franchi la frontière pour *supporter* leurs compatriotes (coureurs italiens du Tour de France) *(C. 9.7.65).* « L'Aube » (quotidien) a disparu purement et simplement ainsi que le parti qui le *supportait (Conférencier 24.1.68).* Je ne sache pas qu'il (le pape) ait nommé Helder Camara cardinal pour montrer à quel point il soutient, il *supporte* son action courageuse *(O.R.T.F. 5.12.70).* Ne peut-on pas envisager que les branches des compagnies d'assurances qui sont bénéficiaires *supportent* un peu les autres branches ? *(O.R.T.F. 23.1.71).* Les bons conducteurs *supportent* les mauvais, les subventionnent en payant des primes d'assurances très élevées *(O.R.T.F. 23.1.71).*
Sans complexe, ignorant comme des sourds la chorale des 30.000 Lorrains venus *supporter* leur équipe, les footballeurs Genevois avaient porté sans cesse le jeu dans le camp de Nancy *(M. 3.11.78).*

SUPRA(-) Élément préfixal (du lat., « au-dessus ») servant à former des adj. et des subst. composés dans lesquels il signifie : qui est au-delà, au-dessus, supérieur à (...)
Quelques comp. sont traités en articles séparés, à leur place alphab. L'emploi du trait d'union devant une consonne est hésitant.

Supra + adjectif.

> Substituer une *morale supraétatique* aux vieilles juxtapositions de souveraineté *(M. 19.3.66).* Il y aura de plus en plus, sans doute, d'institutions « infra », « para » et « *supra* » municipales *(Moulin, 68).* Sept congrégations exerçant sous la direction de l'évêché un apostolat paroissial ou *supraparoissial (F. 22.11.66).* Une musique qui soit au centre de méditation, pour se catapulter dans une région *suprarationnelle.* Une musique qui force l'homme à se surpasser *(E. 30.12.68).*
H. Lefebvre dénonce l'absence de l'élément « *suprafonctionnel* » qui rend digne d'être vécue la vie dans une ville *(Ragon, 71).* Les fonctionnaires des Travaux Publics assumaient déjà des tâches d'urbanistes. Mais ils ne pouvaient les assumer que dans une perspective communale. Désormais leur fonction se situe à un échelon *supra-communal,* voire *supra-départemental (Thœnig, 73).* Le marché des détergents domestiques reste la chasse gardée de deux trusts (avec) des bénéfices que la commission juge « *supranormaux* » *(Bosquet, 73).* Une bonne partie de la béatitude chrétienne s'est faite en fonction d'une espérance dans un état *supra-humain (Chabanis, 73).* À condition de mettre en première ligne le souci culturel, le progrès technique peut servir à humaniser l'ensemble des relations sociales. C'est ce qu'on appelle l'ère *supra-industrielle (Onimus, 73).* L'apparition de l'article en français ne doit rien à une nécessité *supra-linguistique* que le latin aurait ignorée *(J. Cellard, M. 18.3.74).*

Supra + substantif.

> Esprit universel, A. Dorozynski a enrichi de ses découvertes les domaines les plus divers : sources d'énergie stellaire, théorie quantique des champs, *suprafluidité* de l'hélium liquide (...) *(E. 16.5.66).* Deux *supra-fonctions* couronnent toutes celles qui ont pour but l'épanouissement collectif des hommes (...) *(Lacombe, 71).* L'acquisition de cette *supraconscience,* qui réalise la véritable mutation en cours, ne peut se faire que par l'homme plus l'ordinateur *(Garric, 72).* Le prix Nobel de physique 1973 a été attribué à B. Josephson, pour ses « prédictions théoriques sur les propriétés d'un *supracourant* à travers une barrière-tunnel » *(E. 29.10.73).*

→ INFRA-, SUPER-, SUR-.

SUPRACONDUCTEUR, TRICE adj. et subst. Rép. mil. XXe. ■ Se dit d'un matériau (métal ou alliage) qui présente le phénomène de la *supraconduction* ou *supraconductivité*.*

● Adjectif.

> Une communication a été présentée sur le stockage d'énergie électrique par systèmes *supraconducteurs (R.G.C.F. 72).* Des matériaux *supraconducteurs* qui limiteraient la perte d'énergie durant les transports existent. Mais ils sont encore trop coûteux pour servir au transport de l'électricité *(E. 2.4.73).*

● Subst. masculin.

> Les progrès accomplis donnent l'espoir de voir apparaître dans la prochaine décennie des *supraconducteurs* aptes à fonctionner à la fréquence industrielle *(R.G.C.F. 1.72).* Esaki et Giaever sont récompensés pour leurs découvertes expérimentales concernant « les phénomènes de tunnel dans les semi-conducteurs et les *supraconducteurs* » *(E. 29.10.73).*

SUPRACONDUCTIVITÉ sf. Rép. mil. XXe. ■ Propriété de certains métaux ou alliages, dits *supraconducteurs*,* dont la résistivité électrique devient pratiquement nulle au-dessous d'une certaine température.

> On peut penser que bientôt la *supraconductivité* s'étendra aux transformateurs *(R.G.C.F. 1.72).* Un domaine étrange, celui de la *supraconductivité* : quand on abaisse la température de certains conducteurs électriques aux environs du zéro absolu (-273°C), le courant, brusquement, cesse de rencontrer une résistance *(E. 29.10.73).*

SUPRANATIONAL, E ou SUPRA-NATIONAL, E adj. et sm. Repris et rép. mil. XXe. ■ Qui concerne un pouvoir, une institution, un organisme, placés au-dessus des gouvernements de chaque État-nation. — Qui est placé au-dessus des institutions nationales.

Rem. Le mot « *supranational* » ne figure encore pratiquement dans aucun dictionnaire ; il fut, semble-t-il, employé la première fois par H.-L. Follin dans un ouvrage publié en 1922. Follin y esquissait les grandes lignes d'une « République *supranationale* » au niveau mondial. (...) Un mouvement *supranational* issu de ce livre rencontra une faible audience en Europe occidentale au cours des années 1923-1925. Puis le mot tomba dans l'oubli. Il fut repris après la guerre par les mouvements fédéralistes cherchant les voies de l'intégration politique de l'Europe. Il pénétra finalement dans la C.E.E. (...) Une certaine confusion sémantique caractérise la situation : le terme « *supranational* » ne semble pas avoir une signification identique dans les deux camps en présence. Il s'agit d'un vocable sui generis, dont la fortune a débuté avec la construction européenne, et il est impossible d'en dégager le véritable sens en le soumettant à un éclairage historique... *(M. 24.10.65).*

● **Adjectif.**

Plus le Marché commun approchait de ses *aboutissements supranationaux*, plus le conflit devenait probable *(E. 26.9.65)*. La Commission (du Marché commun) ne parle plus de *budget supranational* ni d'en soumettre le contrôle à un Parlement européen *(E. 2.8.65)*. En même temps que croîtra la taille des sociétés modernes s'affirmera leur *caractère supranational (M. 10.10.68)*. L'évolution du continent vers une *communauté supranationale* traduit une nécessité de fait et (une) aspiration spontanée *(M. 12.11.64)*. M.L. (homme politique) estime qu'un *contrôle supranational* est indispensable de « ressources communes » des Six *(M. 10.7.65)*. Cette *Europe supra-nationale* qu'il (de Gaulle) qualifiait récemment de rêve de jean-foutre *(E. 21.6.65)*. Inciter les Six à défendre leurs intérêts propres aux dépens des *impératifs* « *supra-nationaux* » *(O. 20.12.67)*. Le traité de Rome ne prévoit pas la création d'*institutions supranationales* en matière de défense et de politique étrangère *(F. 7.12.66)*. Le problème délicat de l'intégration des économies sous le contrôle d'un *organisme supranational* de planification a été escamoté *(M. 26.4.69)*.

Deux causes essentielles ont contribué à affirmer la *vocation supranationale* des chemins de fer ; l'une est technique : c'est l'adoption, dès l'origine d'un écartement normalisé des rails ; l'autre est psychologique : c'est le sentiment qu'ont les cheminots d'appartenir, de part et d'autre des frontières, à une même profession *(R.G.C.F. 7.73)*. La nostalgie d'un *ordre supranational* comme l'était cet empire romain dont le Saint Empire se voulait l'héritier en Occident *(M. 22.11.78)*.

● **Substantif.**

Ce sont les partisans de l'Europe des patries qui défendent la préférence communautaire, alors que les « *supra-nationaux* » se veulent ouverts sur un atlantisme dangereux *(M. 29.8.65)*.

Cette formule n'est pas si éloignée qu'il y paraît du transfert d'autorité réclamé par les « *supranationaux* » *(M. 2.11.73)*.

SUPRANATIONALISATION sf. ■ Action de donner à des institutions politiques ou économiques un statut *supranational**. — Résultat de cette action.

Le Premier Roumain a ensuite affirmé qu'il ne pouvait être d'accord avec ceux qui prônent la *supranationalisation* des économies des pays membres du Comecon *(M. 30.11.68)*.

L'Europe du Sud peut craindre qu'une *supranationalisation* rapide ne sanctionne ipso facto sa faiblesse et sa subordination *(Faire, 73)*.

SUPRANATIONALISME sm. 1964. Pol. ■ Doctrine qui préconise des institutions *supranationales**.

Le chancelier, soutenu par son parti, défend le *supranationalisme* et l'intégration *(M. 18.3.66)*.

La Grande-Bretagne est assez hostile au *supranationalisme*, du moins s'il la concerne (...) Un peu différente est la question de savoir quelle attitude la Grande-Bretagne prendrait à l'égard d'un *supranationalisme* européen-continental *(Perroux, 69)*. À la place de l'internationalisme socialiste que la IIème Internationale n'avait pas réussi à enraciner, deux *supranationalismes* s'élèvent : celui des communistes (...), celui des socialistes, de certains radicaux, de certains pacifistes qui se vouèrent à la Société des Nations ou à l'Europe *(Agulhon, 71)*.

SUPRANATIONALITÉ sf. 1963. Pol. ■ Caractère de ce qui est *supranational**.

Les apôtres de la *supranationalité* prônent l'Europe unie de l'avenir *(Auburtin, 66)*. La *supranationalité* n'est qu'une méthode. Mais l'élargissement de l'Europe doit être un but *(M. 18.1.66)*. (D'après) un sondage, 55 % des Français sont favorables à la *supranationalité (M. 18.3.66)*. Plus aucun pays ne croit vraiment à la *supranationalité* ; le général de Gaulle n'a jamais caché son hostilité à l'Europe supranationale *(En. 15.3.69)*. Le Kremlin a accueilli la politique du général de Gaulle vis-à-vis de la C.E.E., son opposition à la *supranationalité* et son mépris pour les apatrides de Bruxelles avec (...) satisfaction *(M. 2.10.70)*.

Il y a désormais un intérêt général universel devant lequel doivent s'incliner les indépendances nationales. La *supranationalité* est la clé de l'efficacité internationale *(Saint-Marc, 71)*. La doctrine du Parti communiste français en matière de construction européenne est en substance : oui à la Communauté économique européenne, non à la *supranationalité (VA 4.2.74)*. M. Jean Monnet « technocrate autoritaire », selon l'auteur, champion de la *supranationalité (M. 5.8.78)*. Il est inutile de se livrer des batailles sur le sexe des anges : qu'est-ce que la *supranationalité* ? Comment distingue-t-on une confédération d'une fédération ? *(M. 13.12.78)*.

SUR(-)

SUR(-) Élément préfixal, opposé à *sous*(-). Il sert à former des adj. ou part. passés/adj., des subst. et quelques verbes comp. Il marque un degré extrême, ou excessif.
Quelques composés sont traités en articles séparés à leur place alphab. L'emploi du trait d'union, parfois hésitant, est relativement rare.

Sur + adj. ou part. passé.

O Ces pays se retrouveront, en l'an 2000, dans le peloton de tête des *nations surindustrialisées (E. 17.4.67)*. Leur contestation (des étudiants) atteint le fond même du problème : la *société surindustrialisée*, surdéveloppée, la plus riche du monde *(O. 10.7.68)*. Il y a dans le monde une région *surinformée*, essentiellement les États-Unis ; puis les régions normalement informées : Europe, Canada ; ensuite, les zones où l'information est unilatérale ; enfin, les pays qui en sont encore au Moyen Âge *(E. 14.9.70)*. L'entrée dans le commerce de circuits *surminiaturisés*, essentiels pour la télévision en couleur *(M. 6.4.67)*. Jouisseur mou, *surnourri*, bouffi et blanc comme un fils d'empereur romain... *(Simon, 56)*. Suivant cette technique *superfectionnée*, des éléments de maison sont fabriqués à partir d'un moule rotatif *(PM 20.12.69)*. La productivité du monde paysan a fait de la France un pays *surproducteur*, donc condamnée à l'exportation *(F. 28.11.66)*. L'Europe des Six, déjà approvisionnée à 95 %, sera bientôt *surproductrice (M. 15.5.66)*. Les enfants « *surprotégés* » que l'on retire de l'école au moindre éternuement pour les couver près des radiateurs *(Fa. 4.11.70)*. Des solutions sont étudiées pour la fabrication d'un « alliage » *sur-résistant* de métal et de bois *(PM 20.12.69)*. Dans certaines (grandes écoles) on a le sentiment d'appartenir à une élite *sur-sélectionnée (C. 13.11.69)*. Le système particulier dit des logements « *sur-sociaux* » : appartements destinés aux réfugiés ou construits à l'occasion des rénovations urbaines *(M. 21.4.66)*.

OO Des rouges à lèvres *surlumineux (Pub. JF 12.3.70)*. À Pâques, sur les routes *surencombrées*, c'est l'hécatombe *(PM 4.4.70)*. Un régénérateur cellulaire *surefficace (Pub. JF 14.7.70)*. Papier *surglacé (E. 23.9.70)*. Des hôpitaux sous-équipés et *surencombrés (E. 4.1.71)*. Des cadres, dont le salaire annuel atteignait 70.000 F, ne réalisent pas toujours qu'ils étaient *surpayés (En. 11.6.71)*. Les compagnies aériennes utilisent actuellement des appareils « *surmotorisés* » *(VR 27.6.71)*. Les bons skieurs fuient certaines stations *surembouteillées (Carlier, 72)*. Une immense zone périphérique *sur-bâtie (Carlier, 72)*. L'enfant a un besoin absolu de l'accueil à sa personne en devenir, dans la joie et non dans la culpabilité d'être *surcouvé (Chartier, 72)*. Les pêcheurs (sont) *surreprésentés* au Parlement norvégien *(Exp. 3.72)*. Les sociétés *surefficientes (Illich, 73)*. Le Transsibérien est bien en dessous des besoins ; il est déjà *surutilisé (Faire, 73)*. Au restaurant, une bande *sureuphorisée* hurle pendant plus d'une heure *(Laurent, 73)*. Des pruneaux plus humides que ne l'étaient les demi-secs, et baptisés plus honnêtement *surhumidifiés (Gaussel, 73)*. Des parents d'adolescents qui méconnaissent les effets de (leur) attitude *surprotectrice (Raimbault, 73)*. Faire en sorte que les avantages procurés ne se trouvent pas annulés, voire *surcompensés* par les coûts sociaux correspondants *(Barde, 73)*. Mai 68 a été un spasme culturel de la société *surrationalisée* par l'industrialisation, *surencadrée* par le régime politique *(C. 13.5.73)*. La poésie considérée comme une magie *surcompensatrice (O. 12.11.73)*. La pression croissante d'un environnement « *surpollué, surpeuplé, surencombré, suragité, surmécanisé, surcontrôlé, surcompliqué* » *(M. 30.11.73)*. L'irrationalité d'une société inutilement répressive, « *surrépressive* » *(M. 6.12.73)*. Dans les entreprises *suradministrées* au sommet, les cellules de base supportent mal le poids des états-majors *(Calan, 74)*. Grâce à l'apparition des moteurs rapides *suralimentés*, la traction diesel a commencé sa percée vers (...) 1960 *(R.G.C.F. 1.74)*. Avec une main-d'œuvre *sursyndicalisée*, l'entreprise ne sera pas facile à gérer *(P. 4.2.74)*. Une Assemblée où les petits pays seraient *sur-représentés* serait, selon lui, « illégitime » *(M. 14.3.74)*. Bien avant la date officielle de son lancement, l'emprunt d'État était souscrit et même largement *sursouscrit (M. 24.5.77)*. Dans ce monde « *surmédiatisé* », le public voit mis à sa disposition un nombre incalculable de petites merveilles électroniques *(P. 13.3.78)*. Aucun pays ayant atteint un développement comparable ne compte 40 % d'habitations *suroccupées (O. 26.6.78)*.

Sur + substantif (le plus souvent nom de chose abstr.).

O L'U.R.S.S. se lance à corps perdu dans une course effrénée au *surarmement* pour rattraper et dépasser le potentiel nucléaire des États-Unis *(M. 23.3.69)*. Les États-Unis sont à l'abri pour des années de tout chantage nucléaire ; leur « *surcapacité* » leur permet de « surdader » aussi, au moins en Europe, une menace purement classique *(M. 26.8.65)*. Les erreurs d'orientation et la *surcapitalisation* inhérentes à un système économique trop décentralisé *(M. 22.7.69)*. La France (...), avec son mélange de *sur-consommation* et de sous-équipement *(Cd. 17.10.66)*. Nous sommes une société de « *surconsommation* » médicale *(SR 4.70)*. Cette *surcroissance* par rapport au rythme général d'enrichissement du pays ne saurait se poursuivre indéfiniment *(M. 28.10.67)*. À propos du doping, le Dr T. a déclaré qu'à son avis cette méthode condamnable présenterait à Mexico un « *surdanger* » provoqué par la modification des réactions de l'organisme à l'altitude et au manque d'oxygène *(M. 22.12.66)*. Il faut lutter contre les « *sur-densités* » : à l'intérieur d'une ville pour maintenir un environnement il faut du terrain *(Fa. 5.5.71)*. L'organisme ne stocke pas les vitamines. Le « *surdosage* » diminue même sa capacité à les utiliser *(Fa. 16.7.69)*. Il n'y a pas actuellement de risque sérieux de chômage ; il y a même *suremploi* dans certains secteurs *(M. 12.10.66)*. Le *suréquilibre* de notre balance commerciale est dû davantage à la stagnation des importations qu'à la progression des exportations *(M. 18.7.65)*. Les stations de montagne sont obligées, en hiver, de maintenir un *suréquipement (E. 27.1.69)*. Des apports en nature (dans une société) dont la *surévaluation* est soumise en principe aux peines de l'escroquerie *(M. 9.4.66)*. Les inégalités en France se sont développées de manière dramatique : sous-imposition des revenus du capital, *surimposition* des salariés *(E. 2.6.69)*. Il est plus simple d'ajuster directement les loyers en fonction des revenus des locataires, comme on a commencé à le faire avec les « *sur-loyers* » des H.L.M. *(M. 7.5.66)*. Un « *surloyer* » (sera demandé) aux locataires dont les ressources dépassent de 50 % le montant fixé *(FP 10.68)*. L'on évoque les bidonvilles, la *surmorbidité* des immigrés, l'exploitation éhontée dont ils sont souvent victimes *(E. 13.4.70)*. La médecine fait toujours plus de vieux : la *surnatalité* fait toujours plus de jeunes *(Cd. 17.10.66)*. Il fallait se débarrasser de la notion erronée de « *sur-population* », en montrant que plus la population est dense, plus il y a de travail *(Guillain, 69)*. Corriger les injustices du scrutin uninominal à deux tours et la

SUR(-)

sur-représentation qu'il donnait habituellement aux partis centristes *(M. 28.4.66)*. L'exercice musculaire au contact de l'eau froide exige une « *sur-respiration* » *(Fa. 14.5.69)*. L'expérience commencée il y a six ans, apporte aujourd'hui aux deux mille personnes de la firme un « *sur-revenu* » qui a progressivement atteint l'équivalent de cinq mois de salaires *(M. 16.3.66)*. Ce nouveau cycle d'études ne conduit qu'à une « *sur-spécialisation* » *(M. 6.6.69)*. La *surtaxation* du fuel, destinée à protéger le charbon d'une trop vive concurrence *(M. 2.6.66)*.

∞ Deux Français sur cinq habitent des logements surpeuplés. Encore ce chiffre est-il optimiste. Il a été obtenu en compensant *sur-occupation* et sous-occupation *(Mauduit, 71)*. Il s'agit de renoncer à une *surtarification* des bonnes relations, dès lors facilement « écrémées » par les concurrents du rail *(Cazaux, 71)*. Le moteur autoventilé conduit à un *surdimensionnement (R.G.C.F. 6.71)*. Les étrangers venant occuper les emplois les moins qualifiés, les plus sales, les plus dangereux ou les moins payés, il se produit une *surqualification* (...) de la main d'œuvre française *(Calame, 72)*. *Sur-expansion* et *sur-accélération* des communications *(Peretti, 72)*. Une répression accentuée rejoignant le niveau de *surrépression (Peretti, 72)*. Les changes flottants devraient permettre de freiner la tendance à la *surcapitalisation (Simonnot, 72)*. Il meurt un adolescent par jour, à New-York par *surdose* d'héroïne *(Onimus, 72)*. Le cadre supérieur italien est lourdement imposé : c'est la « *surimposition* antifraude » *(Exp. 6.72)*. La *surcote* du Franc financier n'est plus que de 0,5 % par rapport au Franc commercial *(En. 7.12.72)*. On constate chez la mère, à propos de l'enfant non désiré, un certain désintéressement ou à l'inverse, par culpabilité, une *surprotection (Choisir, 73)*. Pour laisser aux énergies locales et régionales une chance de se déployer, il ne suffit pas de liquider la *surcentralisation (Bosquet, 73)*. Les branches dominées par quelques grandes entreprises permettent de dégager des *surprofits* importants *(Faire, 73)*. L'afflux de capitaux a constitué une importante contribution au *suréquipement (Uri, 73)*. Une analyse multidimensionnelle de la *surcroissance* industrielle *(Illich, 73)*. Cette voiture bénéficie d'une *surlongueur* de 0,50 m *(R.G.C.F. 4.73)*. Le risque qu'à la libération d'un grand nombre corresponde un *surasservissement* des plus faibles *(M. 24.6.73)*. Le système de sécurité a pour mission de déclencher un freinage d'urgence lorsqu'une *survitesse* est détectée *(R.G.C.F. 7.73)*. Il peut y avoir des instants de *surbonheur*, d'extase *(O. 3.9.73)*. La *surindustrialisation* entraîne des pénuries de main d'œuvre *(O. 15.10.73)*. Le nouvel aéroport représente un *surinvestissement* de 100 millions de fr. *(O. 10.3.74)*. L'électorat de la gauche, avec ses forces et ses faiblesses classiques : *sur-représentation* des hommes — 58 pour 42 femmes — et, parmi ceux-ci, des ouvriers *(P. 29.4.74)*. L'émail spécial des parois élimine les projections salissantes, sans *surchauffage* inutile et coûteux, sans *sur-isolation* encombrante *(Pub. MC 5.74)*. Blocage des circuits économiques par suite d'un *surendettement (M. 16.7.74)*. Un « *sur-entraînement* » quasi inhumain faisait de ces adolescents des machines à battre des records *(C. 7.9.74)*. À Paris, les grandes opérations de rénovation publique aboutissent à une *surdensification* effarante : dans l'opération « Italie », 60.000 h. au km^2 *(M. 29.9.74)*. La *surinflation* a essentiellement pour cause des facteurs endogènes *(M. 26.10.74)*. Il n'est pas justifié de verser un *sursalaire* aux équipages du « Concorde » *(M. 30.5.75)*. Une « *surprime* » de 5 % des investissements effectués pourra être accordée aux chefs d'entreprise *(M. 6.7.75)*. La *survalorisation* du rôle maternel a servi, depuis le XIXe siècle, à tenir les femmes en tutelle *(M. 25.9.75)*. Les problèmes de la *sur-civilisation*, de ses excès de toute sorte : obésité, recours aux médicaments et au psychiatre *(M. 19.3.77)*. La *surfréquentation* des pistes de ski entraîne une destruction rapide du manteau neigeux *(M. 24.12.77)*. Pour un *surcoût* d'investissement solaire de 50.000 fr., on économise environ 70 % des dépenses énergétiques *(M. 20.5.78)*. Dans les forêts de la région parisienne, la « *surfréquentation* » entraîne des frais d'entretien qui croissent de façon exponentielle *(M. 1.7.78)*. Le maire a écrit au préfet pour que celui-ci autorise une « *surdensité* » de population dans les campings de la commune *(M. 25.7.78)*. Des sympathisants dépités par la « *surpolitisation* » de la C.G.T. *(C. 27.7.78)*. On s'oriente vers un système de *surmajoration* des heures supplémentaires *(C. 31.8.78)*. L'Allemagne devra faire en sorte que sa monnaie ne se trouve pas toujours « au plafond » en état de *surévaluation (M. 1.12.78)*.

Sur + verbe.

● **Verbe trans.**

Les motivations positives qui, mises en valeur, peuvent *surdéterminer* le comportement des consommateurs dans un sens positif *(N 4.69)*. Le haut commandement *surencadre* ses troupes d'élite *(Courrière, 69)*. Certains clients des compagnies aériennes sont prêts à *surpayer* la vitesse *(M. 21.12.71)*. L'intérêt porté à l'écologie *suractive* la désaffection pour une technologie accusée de dénaturer la nature (...) L'intolérance au nouveau système *suractive* l'imagination des opprimés qui inventent des formes inusitées de défense ou de sabotage *(Elgozy, 72)*. Des étrangers qui partent en vacances dans leur pays ne retrouvent pas de place (dans un foyer d'immigrés) à leur retour en France ; ils viennent *sur-densifier* les bidonvilles restants et les taudis *(Calame, 72)*. Les jeunes qui ont déjà travaillé savent d'expérience combien il est facile de se voir licencié. Eux aussi *survalorisent* la stabilité de l'emploi *(C. 26.1.72)*. Le danger pour les consommateurs est de *sur-payer* le pétrole après l'avoir sous-payé *(E. 15.1.73)*. Le système majoritaire caricature la réalité, il *sur-représente* la majorité au détriment de la minorité *(E. 19.2.73)*. En « *surproduisant* » du pétrole, l'Arabie Saoudite fait un « sacrifice » dont l'Europe doit tenir compte *(M. 18.12.73)*.

● **Verbe intr.**

Se prémunir contre tous les aléas, dit l'E.D.F. obligerait à *suréquiper*, donc à *surinvestir (M. 14.4.78)*.

● **Verbe réfl.**

Un garçon unique élevé au milieu de filles peut se féminiser ou, par réaction, *se sur-viriliser (Roudy, 70)*. Ce diplômé qui ne trouve pas de travail poursuit ses études, fait 2 ans de plus, se spécialise, *se surqualifie (O. 12.11.78)*.

SURBOOKING [syrbukiŋ] sm. ~ 1965 (Mot angl.).
■ Méthode commerciale employée par certaines agences de tourisme ou de voyage et par certains hôteliers, et qui consiste à accepter la réservation d'un nombre de chambres d'hôtel, de places d'avion, etc. supérieur au total disponible, en spéculant sur la probabilité de désistement d'un certain nombre de clients.

Les hôteliers jouent les équilibristes : c'est le *« surbooking »*, pratique qui consiste à promettre plus de chambres qu'on n'en a, de façon à se couvrir contre les risques de défection *(E. 27.8.73)*. Plusieurs agences pratiquent le *surbooking* — location à plusieurs personnes du même appartement — pour être certaines d'avoir un locataire *(P. 3.6.74)*.

Rem. L'Administration française recommande *surréservation* pour remplacer cet anglicisme.

SURBOUM [syrbum] sf. (parfois sm.) Rép. mil. XXe. Fam.
■ Surprise-partie.

La *« surboum »* a été très à la mode vers 1960 pour désigner une réunion dansante ou festoyante dans des milieux « jeunes » *(VL 1.70)*.
La caméra... décrivant un *« surboum »*... quel film aujourd'hui n'a pas son *surboum* ? *(M. 13.9.59)*. La guerre (...) des *« surboums »* des années 55-60, quand, chez les gens qui vous recevaient, on arrachait les rideaux et descellait les appareils sanitaires *(O. 3.1.68)*.
Décibels libérés, spots multicolores, obscurité propice, mélange de bal populaire et de *« surboum »* d'anniversaire *(M. 21.6.78)*.

SURCAPACITÉ sf. Mil. XXe. Écon.
■ Capacité de production ou volume d'offres de service (chambres d'hôtel, places d'avion, etc.) qui excèdent la demande.

L'Europe est en état de *surcapacité* de production *(E. 6.1.69)*. La compétition entre grandes entreprises se traduit souvent par un phénomène de *surcapacité (Faire, 73)*. Les compagnies aériennes offrent trop de sièges par rapport au nombre de passagers qu'elles peuvent espérer. Cette *surcapacité* est un fléau depuis longtemps dénoncé *(M. 12.4.74)*. L., avec 400 habitants, compte plus de 300 lits disponibles pour les touristes. Cette *surcapacité* a décidé les paysans de L. à jouer la carte touristique *(M. 15.6.74)*. La *surcapacité* hôtelière atteint Bordeaux avec d'autres grandes villes *(P. 3.11.75)*. Les *surcapacités* sont considérables, surtout dans les biens intermédiaires *(Exp. 12.77)*. La mise en service d'avions gros porteurs, type Boeing 747, créa une *surcapacité* mondiale *(E. 15.5.78)*. Les syndicats savent qu'il y a *surcapacité* de production dans les chantiers navals *(O. 30.12.78)*.

SURCHAUFFE sf. 1963. Écon.
■ Situation dans laquelle l'expansion devient difficilement contrôlable.

Rem. La *surchauffe* peut être définie comme un état de tension dans une unité économique — atelier, entreprise, branche industrielle — où la croissance de la demande — et, partant, de la production qui vise à satisfaire cette demande — se heurte à des obstacles, ou « goulots » physiques ou financiers : insuffisance d'équipement ; difficultés d'approvisionnement en matières premières ; insuffisance de crédits, etc. Le terme, inemployé dans la terminologie économique il y a encore quelques années, connaît depuis peu un grand succès. (...). En France, il semble que ce terme ait été utilisé systématiquement pour la première fois en 1963, par les équipes chargées, au ministère des Finances, de la préparation technique du Ve Plan. On trouve une « institutionnalisation » de ce mot dans un arrêté du Conseil fédéral suisse, du 17 mars 1964, qui contient un « programme de lutte contre la *surchauffe* » *(P.E.P.)*.

Surchauffe + O (sans complément)

Cette tension (sur le marché de l'emploi) est telle que l'on est plus ou moins proche du point de rupture dans tous les pays de l'Europe industrielle ; toutes les chaudières sont, selon l'expression à la mode, en *« surchauffe »*. Et cela, paradoxalement, faute de soutiers *(M. 23.6.64)*. L'économie allemande, après avoir connu une phase de *« surchauffe »*, est passée de la *surchauffe* à la stagnation, pour ne pas dire à la récession *(M. 7.1.67)*. La machine économique est en *« surchauffe »* : les prix avancent à l'allure excessive de 6 % par an *(E. 16.6.69)*.

Surchauffe + de + subst.

Les risques de *« surchauffe »* de *l'économie* ont amené le gouvernement à prendre des mesures destinées à limiter les pressions inflationnistes *(M. 7.1.68)*. Pour le patronat, le manque d'effectifs est la conséquence de la *« surchauffe »* du marché de l'emploi. Pour les syndicats, elle est le résultant d'un niveau trop bas des salaires *(M. 13.9.69)*. Les achats des civils entrent en compétition avec les commandes militaires : d'où surchauffe *des prix* et hausses inhabituelles des salaires *(E. 27.11.67)*.
En 1971, grâce à la *surchauffe de l'économie* mondiale, c'est l'euphorie. Les armateurs, encouragés par les taux de fret, spéculent et commandent des navires à tour de bras *(E. 15.5.78)*.

SURCONSOMMATION sf. 1955. ■ Excès de consommation.

Dès le berceau l'enfant sollicite la *surconsommation* : trop de chaussons inutiles et de brassières condamnées à jaunir dans des cartons *(N 4.69)*. La *surconsommation* médicale actuelle dans les grandes villes *(Barde, 73)*. Une croissance qui multiplie les voitures et les réfrigérateurs, la *surconsommation* des médicaments et le gaspillage des matières premières *(Can. 17.3.74)*. Des millions de personnes vivent avec des ressources largement insuffisantes, en marge d'une société de *surconsommation (P. 25.3.74)*. Une certaine *surconsommation* médicamenteuse existe *(M. 20.11.74)*. Une société entrée à grands pas dans l'ère de la *surconsommation (C. 15.9.78)*.

SURDÉVELOPPÉ, E

SURDÉVELOPPÉ, E adj. ~ 1965. Écon. ■ Qui a atteint un degré très élevé ou excessif de développement.

Sous prétexte que la France a une industrie automobile *surdéveloppée*, des politiciens prétendent que les Français doivent consommer encore plus d'automobiles *(O. 19.8.68)*. Une société *surdéveloppée* regorgeant de richesses *(E. 22.3.71)*. Dans les pays *surdéveloppés*, les cancers sont beaucoup plus nombreux, car l'espérance de vie y est beaucoup plus longue *(M. 17.4.74)*. Les Israéliens avaient innové, court-circuitant avec génie les processus communément admis. Israël se disait, non sans fierté, « un pays sous-développé avec un peuple *surdéveloppé* » *(E. 6.1.75)*. Notre société *surdéveloppée* se déglingue par tous les bouts *(C. 1.9.78)*.
→ SOUS-DÉVELOPPÉ.

SURDÉVELOPPEMENT sm. ■ Développement extrême ou excessif.

Chacun sent, dans le sous-développement, comme dans le *surdéveloppement*, que c'est dans l'organisation de la société que réside la source de tous les maux *(Faire, 73)*. Conjonction d'une crise de la religion et de la société avec un *surdéveloppement* scientifique *(E. 7.1.74)*.
→ SOUS-DÉVELOPPEMENT, SURÉQUIPEMENT.

SURDOUÉ, E adj. et subst. ~ 1969. Se dit d'un enfant dont le *quotient* *intellectuel* est très supérieur à la moyenne.

● **Adjectif.**

Les élèves « *surdoués* », les enfants qui ont toujours tout compris avant les autres *(Fa. 4.11.70)*. Ses parents ignoraient qu'elle (une enfant de 7 ans) était *surdouée*. Depuis, elle a passé des tests et récolté un Q.I. de 136 *(M. 3.5.78)*. Le problème posé par les enfants *surdoués* (...) c'est celui dont souffrent les enfants dont les facultés excèdent largement la moyenne. Les décalages qui en résultent en font des marginaux *(C. 30.7.78)*.

● **Substantif.**

L'écolier idéal n'est pas forcément à la tête de sa classe ; tous nos enquêtes ne recherchent pas l'écolier idéal parmi les « *surdoués* » *(Mollo, 69)*. On ne comprend la démarche de l'Association nationale pour enfants surdoués que si on accorde aux *surdoués* — et le nom même tend à accréditer ce point de vue — une plus grande valeur qu'aux autres *(M. 3.5.78)*.

SUREMPLOI sm. 1963. Écon. ■ Situation dans laquelle le manque de main d'œuvre sur le marché du travail conduit à employer au-delà des horaires normaux de travail celle qui est disponible.

En septembre 1963, le *suremploi* s'est encore accentué et du coup les prix ont tellement monté que le commerce extérieur se dégrade *(Sauvy, 70)*. Les ajustements nécessaires seront d'autant plus difficiles dans les pays industrialisés que ceux-ci sont habitués au plein emploi, voire au *suremploi* *(M. 26.10.74)*.
→ PLEIN EMPLOI, SOUS-EMPLOI.

SURÉQUIPEMENT sm. ~ 1955. ■ Équipement qui excède les besoins.

Malgré des études prévisionnelles très élaborées, E.D.F. connaît aujourd'hui un *suréquipement* parce que la croissance de la consommation s'est ralentie au cours des dernières années *(En. 18.6.71)*. L'ancienne rivalité entre les communes avait entraîné un *suréquipement* en véhicules d'intervention, au détriment de l'habillement des pompiers et du matériel de protection contre l'incendie *(M. 24.12.71)*. La même faute de *suréquipement* fut commise par nos agriculteurs lorsqu'ils résolurent d'acquérir des tracteurs dont la plupart ne trouvèrent qu'une utilisation marginale *(Elgozy, 72)*. Les obligations imposées par l'État à la S.N.C.F. entraînent un *suréquipement* en matériel et en personnel pour satisfaire certaines « pointes » de durée limitée : vacances d'été, de Noël et de Pâques *(Exp. 2.73)*. L'équipement hôtelier et touristique est concentré près de Dakar, sur la presqu'île de N'Gor (...) Mais les responsables sénégalais doivent avoir une claire conscience des dangers de « *suréquipement* » du littoral *(M. 3.3.74)*. Les dépenses de *suréquipement* autoroutier et fluvial dans les vallées de la Saône et du Rhône *(M. 12.7.78)*.
→ SOUS-ÉQUIPEMENT.

SURÉQUIPER ou **SUR-ÉQUIPER** v. tr. et réfl. Mil. XXe. ■ Équiper au-delà des besoins.

● **Verbe trans.**

Le capitalisme *suréquipe* les secteurs les plus immédiatement rentables, au détriment des (autres) *(École, 72)*.

● **Verbe réfl.**

La S.N.C.F. doit *se suréquiper* pour mettre au service des vacanciers 400 trains journaliers supplémentaires *(En. 29.3.69)*. Pour se couvrir contre les effets de la dévaluation du franc, les ménages *s'étaient suréquipés*, par exemple dans l'électro-ménager *(En. 3.10.70)*.

● **Part. passé / adj.**

Le Japon est allé trop vite et découvre qu'il est *suréquipé* *(Guillain, 69)*. Au centre du parc national, un mini-zoo pour attirer des touristes et, tout autour, une immense zone périphérique sur-bâtie, *sur-équipée* pour leur faire dépenser le plus d'argent possible *(Carlier, 72)*. Il est peu probable que la consommation privée retrouve son rôle de locomotive de la croissance. D'abord parce que se manifeste une certaine saturation chez les consommateurs *suréquipés* *(R 11.75)*.
→ SOUS-ÉQUIPÉ.

SUREXPLOITATION sf. Mil. XXe. ■ Fait ou action de *surexploiter**. Son résultat.

● — À propos des ressources naturelles.

Le libéralisme tue la forêt, en tous temps et en tous pays ; car il en recherche le profit maximum par la *surexploitation* ou la vente comme terrain à bâtir, sans tenir compte de son importance écologique *(Saint-Marc, 71)*. Le développement de l'industrie pétrolière et gazière aboutit à la *surexploitation* des ressources du pays qui seront peut-être épuisées dans 20 ou 30 ans *(M. 24.1.75)*.

- **– À propos d'un être humain, d'une catégorie sociale, d'une collectivité.**

Le Parti (...) dénonce les conditions dans lesquelles les femmes travaillent, car elles subissent en général une *surexploitation* qui se manifeste de plusieurs façons *(Mauduit, 71)*. M. S. décrit le sort des vendeurs des magasins populaires et ajoute : « Qui pourrait rester insensible à une telle *surexploitation* ? » *(M. 9.9.72)*. À l'exploitation dont souffre le travailleur, s'ajoute un coefficient de *surexploitation* de la femme par l'homme, et cela dans toutes les classes *(Choisir, 73)*. Il serait facile de s'indigner (...) de la *surexploitation* subie par les travailleurs immigrés *(S 2.74)*.

SUREXPLOITER v. tr. ~ 1963. ■ Exploiter à l'excès.
L'emploi au part. passé / adj. est fréquent.

- **– À propos des ressources naturelles.**

Le Tiers Monde continuera à dévaster ses ressources naturelles, défrichant de nouvelles forêts et *surexploitant* toujours davantage ses terres de culture et d'élevage *(Young, 72)*.

- **– À propos d'un être humain, d'une catégorie sociale, d'une collectivité.**

Des travailleurs mal employés et *surexploités* *(J. Sauvageot, 68)*. Le travail féminin reste un travail subalterne et *surexploité (Morin, 73)*. La femme est plus qu'exploitée. Elle est *surexploitée (Choisir, 73)*. La bourgeoisie oppose entre eux les sexes, fait des hommes exploités les faux maîtres de femmes *surexploitées (M. 5.12.73)*.

SURF [sœrf] sm. Rép. ~1960. (Mot am., *surf-board*, de *surf*, « ressac », « lame en rouleau », et *board*, « planche »). ■ Sport nautique qui consiste à se faire ramener au rivage, debout sur une planche spéciale poussée par le déferlement des vagues.

Des vagues en « rouleaux » viennent presque toujours rendre la mer impraticable aux abords des plages. Il y a un avantage à cet inconvénient. C'est le *surf*, la nouvelle folie de la Côte d'Argent. Le *surf* consiste à glisser sur le dos des grosses vagues à l'aide d'une planche spéciale. Ce sport a été importé d'Hawaï via la Californie *(PM 10.9.66)*.
Le paradis du *surf* : Makaha, dans l'une des îles Hawaï, où les vagues atteignent parfois 9 m de haut *(PM 22.1.75)*. La planche à roulettes relève à la fois du *surf* et du patin à roulettes *(VR 28.5.78)*.

SURFACE (GRANDE)
→ GRANDE SURFACE.

SURFER ou SURFEUR, EUSE [sœrfœr] subst. ■ Personne qui pratique le *surf**.

Pendant que leurs Pénélopes respectives les attendent en bronzant, les *surfers*, ces demi-dieux qui marchent sur l'eau, chassent la vague à la manière des rois hawaiiens *(E. 31.7.67)*.
Boxeur, « *surfeur* » ou spéléologue *(E. 29.6.70)*.
Laura, petite *surfeuse* prodige (...) a gagné 17.500 F en un an dans les concours de surf *(PM 22.1.75)*.

SURFER [sœrfe] v. intr. ■ Pratiquer le *surf**.

Nous (les femmes des surfers) savons toutes, à nos dépens, que dès qu'un surfer s'arrête de *surfer*, c'est pour aller dormir *(E. 31.7.67)*.

SURGÉLATEUR adj. et sm. ■ Qui permet d'effectuer la *surgélation**.

La surgélation ne fait que débuter en France. C'est le poisson qui est le produit le plus consommé, mais notre flotte ne compte que deux bateaux *surgélateurs (F. 4.11.66)*.

SURGÉLATION sf. ■ Congélation rapide à très basse température.

Une vigoureuse politique d'investissements : centrale laitière, chaîne de *surgélation*, ateliers de conservation et de conditionnement des produits *(M. 31.12.65)*. Ce bateau géant ne pêchera pas lui-même. Il emportera dans ses flancs quatorze petits chalutiers construits... en plastique. Ils approvisionneront le navire principal, qui traitera au fur et à mesure par congélation et *surgélation* le poisson livré par ses quatorze satellites *(M. 20.5.66)*.
La date qui figure sur un produit surgelé est la date de *surgélation (Gaussel, 73)*. La « *surgélation* », congélation ultra-rapide obtenue industriellement par des méthodes spéciales mettant en œuvre des températures extrêmement basses, généralement inférieures à −40°C *(VR 18.5.75)*.

SURGELER v. tr. ~ 1960. ■ Traiter un produit alimentaire par la *surgélation**.

- **Verbe trans.**

Pour réaliser la lyophilisation il faut d'abord *surgeler* le produit à déshydrater (...) Le procédé nécessite des installations importantes comportant (...) des équipements frigorifiques suffisants pour *surgeler (VR 4.1.76)*.

- **Part. passé / adj. ~ 1960.**

Rem. Le mot *surgelé* a été défini par le décret du 9 septembre 1964 comme s'appliquant à « des produits soumis en vue de leur stabilisation à un abaissement de température suffisant pour permettre l'obtention « à cœur » d'une température égale ou inférieure à −18°C, appliquée le plus tôt possible après la capture, l'abattage ou la préparation » *(Gaussel, 73)*.

♦ Un plat cuisiné *surgelé* peut se conserver 24 heures chez soi, à la température ambiante ; 3

SURGELER

à 4 jours dans un réfrigérateur, 2 semaines dans le freezer *(F 25.9.61).* Lady P. a banni de son menu tout produit *« surgelé »,* et le saumon, les fraises que ses hôtes dégusteront seront de toute première fraîcheur *(M. 12.6.65).* Les deux premières affaires françaises de crèmes glacées et de produits *surgelés* se regroupent *(M. 14.11.74).* La vente des produits *surgelés* représentait, en France, 4 kg par habitant en 1975 *(VR 23.4.78).*

● **Part. passé substantivé.**

Le N° 1 de la conserve de légumes, spécialisé dans les *surgelés* et les plats cuisinés *(E. 29.6.70).* Certains consommateurs s'imaginent que la date qui figure sur un produit surgelé est une date limite de vente et s'indignent de trouver des *surgelés* périmés *(Gaussel, 73).* Dans l'industrie du *surgelé,* le groupe se classe en second *(M. 14.11.74).*

SURGÉNÉRATEUR, TRICE adj. et subst. ~ 1965. Techn. ■ Qui produit plus de noyaux fissiles qu'il n'en consomme.

● **Adjectif.**

Les hommes disposeront d'énergie en quantité illimitée quand les piles *surgénératrices* seront au point *(Sudreau, 67).* Petit à petit les réacteurs *surgénérateurs* s'acheminent vers la réalité industrielle *(En. 30.11.72).* Les réacteurs *surgénérateurs* sont une filière étudiée depuis le début des années 50 dans les pays très industrialisés (...) ils présentent l'avantage de fabriquer du plutonium à mesure qu'ils en brûlent *(M. 18.1.75).*

● **Subst. masc.**

Les *surgénérateurs* doivent produire plus de combustible qu'ils n'en consomment *(M. 10.5.66).* Les *surgénérateurs,* réacteurs à neutrons rapides qui donnent de la puissance électrique en même temps qu'ils transforment en matière fissile des matériaux dits fertiles, et cela à un rythme supérieur à leur propre consommation *(En. 21.5.71).* Après avoir construit de petits prototypes de *surgénérateurs* pendant les années 1950-1960, les États-Unis (...) *(M. 18.1.75).*
→ SURRÉGÉNÉRATEUR.

SURINFORMATION ou SUR-INFORMATION sf. ~ 1968. ■ Excès quantitatif d'informations qui aboutit à une mauvaise qualité de l'information.

Désencombrer les esprits (...) saturés par une *surinformation* quantitative *(NL 2.1.69).* Les communications de masse ont engendré un mélange de sous-information et de *sur-information (Guillain, 69).* On a plus écrit sur les journées de Mai-Juin 1968 que sur la Révolution française tout entière (...) Ce qui frappe d'abord, dans cet extraordinaire fatras, ce sont les contradictions (...) Quel bel exemple, pour les spécialistes des mass media et de la communication, que cette sous-information par la *surinformation* ! *(Viansson, 71).* Où conduit-elle, cette *sur-information* vieillie sitôt qu'elle a servi ? (...) Par son abondance et sa précarité, elle écrase les hommes, les aliène, les transforme en témoins provisoires et impuissants *(Pa. 2.74).* Jean F. a parlé devant l'Académie des sciences morales et politiques de la « *sur-information* » et de la « sous-information » — l'une engageant l'autre *(M. 7.5.75).*

SURINFORMÉ, E ou SUR-INFORMÉ, E part. passé / adj. et subst. ~ 1970. ■ Soumis à la *surinformation**.

● **Part. passé ou adj.**

Loin d'être sous-informée, la femme est *surinformée,* ce qui revient à ne pas être informée du tout et crée un profond désarroi *(Mauduit, 71).* Qui pourrait croire que dans ce monde *surinformé* il peut y avoir place pour la rumeur ? *(M. 24.11.74).*

● **Substantif.**

L'effet d'entraînement du premier tour des élections risque plus que jamais d'être décisif : si la majorité le maintient à un niveau suffisant, le sous-informé conjuguera ses deux conformismes et le *sur-informé* son refus et son mécontentement *(C. 6.2.73).*

SURMORTALITÉ sf. ~ 1950. ■ Excédent du taux de mortalité d'un groupe par rapport à celui d'un autre groupe.

En France la *surmortalité* masculine est un fait démographique bien connu *(Michel, 64).* Après 65 ans, la *surmortalité* masculine se trouve encore aggravée par les pertes dues à la guerre de 1914-18 *(Sartin, 68).* L'infarctus atteint même les travailleurs des classes défavorisées. Il n'en reste pas moins qu'une *surmortalité* frappe les chefs d'entreprise, les directeurs ou cadres supérieurs *(Sartin, 70).*

SURPATTE sf. Fam. ■ Surprise-partie.

Quelques jeunes gens d'« honorables » familles sont réunis pour une *« surpatte »* que les « croulants » s'obstinent encore à baptiser surprise-partie *(O.R.T.F. 1.59).*
→ SURBOUM.

(-)SURPRISE Second élément de subst. composés dans lesquels il a la valeur des adj. : *brusque, inattendu, soudain,* etc.

Rem. Lorsque le premier élément est au pluriel, *-surprise* reste parfois invariable.

— **Le subst. premier élément est un nom de chose abstraite.**

○ Le goût des *accélérations surprises* et du 180 chrono n'est pas affaire d'âge mais de tempérament *(Pub. E. 17.3.69).* Un terrain favorable aux *actions-surprises (M. 8.6.66).* La réprobation indignée des masses, lassées de voir se renouveler périodiquement depuis des mois le scénario de l'*agression-surprise (M. 12.1.69).* L'aviation militaire a riposté à l'*attaque-surprise (M. 17.7.69).* Voulez-vous amuser, surprendre ? Venez voir les *cadeaux-surprise* amusants et originaux *(Pub. F. 15.12.66).* Supprimons les *carrefours-surprises,* les virages sans visibilité *(A. 5.6.69).* Les Français ont été déconcertés par la *dévaluation-surprise* de l'été *(E. 1.9.69).* M. (un coureur cycliste) appréhende l'étape-marathon. Il craint que celle-ci permette le développement d'une *échappée-surprise (M. 19.7.69).* Une rapide voiture de tourisme des années à venir pourrait très bien, pour augmenter la décélération lors d'un *freinage-surprise*, utiliser un volet de freinage *(A. 5.6.69).* Une *grève-surprise* avait réduit à l'inactivité 200 000 ouvriers, en raison du manque de pièces détachées *(F. 10.3.67).* La *grève-surprise* des agents de conduite a été déclenchée sans préavis par l'ensemble des syndicats *(M. 22.2.69).* De nombreuses *grèves surprises* avaient éclaté en mars dernier *(M. 11.11.69).* La *hausse-surprise* des tarifs d'autobus confirme l'impuissance des autorités devant la crise des transports en commun *(M. 10.4.70).* Plus de 60 % des avions perdus par les Américains au Vietnam du Sud ont été détruits au cours de *raids-surprises* des guérilleros du F.N.L. *(M. 11.1.68).* La « *réforme-surprise* » du recrutement des professeurs *(M. 9.5.69).* Les chaussées déformées, humides et glissantes, les *virages-surprises*, vous connaissez aussi ? *(Pub. A. 9.4.70).* La *visite-surprise* du premier ministre soviétique au président finlandais n'est sûrement pas motivée par une simple partie de pêche *(M. 10.10.68).*

∞ Ces *grossesses surprises* de la quarantaine sont relativement fréquentes. La femme cherche ainsi à se consoler de la perte des enfants qui grandissent et à se prouver qu'elle peut encore être mère jeune *(Chartier, 72).* Cette *perquisition-surprise* au domicile de P. L., inculpé d'homicide volontaire (...) *(M. 12.5.72).* Les Russes ont reproché aux Nord-Vietnamiens leur *offensive-surprise* de mars 1972 et leur indocilité *(Inf. 12.2.73).* Des *manifestations-surprise* se sont égrenées de l'Arc de Triomphe à la Nation *(F 17.12.73).*

— **Le subst. premier élément est un nom de personne ou de collectivité.**

L'hôtel, avec ses *hôtes-surprise*, c'est beaucoup plus amusant *(JF 21.3.71).* Une émission historique qui avait, comme l'a fait remarquer l'*invité-surprise* M. René B. davantage de chance d'attirer le public *(M. 9.12.72).* Le 20 janvier, concert d'un *groupe « surprise »* : les Frenchies *(E. 7.1.74).* Un spectacle où P. V. chansonnier du sarcasme recevra quelques *invités-surprises (O. 21.1.74).* Le *ministre-surprise* fait aujourd'hui le bilan d'une politique *(O. 24.2.74).* M. va-t-il s'ajouter à la liste des *vainqueurs-surprise* de la course cycliste Bordeaux-Paris qui ne décrochèrent aucune autre victoire sensationnelle ? *(Ch. fr. 4.74).*

SURPRIX ou SUR-PRIX sm. ~ 1968. ■ Prix excessif. — Supplément de prix.

Des *surprix* (sont) payés pour l'alimentation par la femme (...) disposant de peu de temps pour chercher la boutique la moins chère *(M. 17.9.68).* Ce *surprix* (de certains produits alimentaires subventionnés) ne fait qu'aggraver la surproduction *(E. 20.10.69).* L'Europe consacre 3 % de ses ressources à subventionner l'agriculture, soit directement, soit sous la forme de *surprix* payés par les consommateurs *(E. 3.1.72).* Une maison bien isolée coûte plus cher (...) l'achat d'un logement est si souvent à la limite des budgets familiaux que ce *surprix* est très difficile à supporter *(P. 1.4.74).* Le Commissariat général au Tourisme a lancé une campagne « Vacances sans *surprix*, vacances sans surprise » *(VR 23.6.74).* Le *surprix* exigé pour voyager sur « Concorde » — 20 % de plus qu'une première ordinaire — est bien moindre que celui qui sépare une première d'une classe touriste *(M. 21.1.76).* Les occasions de payer un *sur-prix* sont innombrables dans les zones touristiques *(M. 2.7.77).*

SURPUISSANCE sf. ~ 1965.

1. Techn. Surcroît de puissance (d'un moteur, d'une machine, etc.).

La traction électrique permet d'obtenir une très importante *surpuissance* momentanée *(VR 15.10.67).*

2. Surcroît ou excès de puissance (d'une personne, d'une collectivité, d'un État, d'une institution, etc.).

La lutte contre la *surpuissance* de la presse semble engagée *(M. 19.1.68).* La chance de l'Europe pour faire pièce à la *surpuissance* américaine *(E. 16.11.70).* Ces fils et ces filles qui ont beaucoup reçu et auxquels il a manqué l'adversité, sont les enfants directs de la *surpuissance* maternelle *(Sauvy, 70).*

SURPUISSANT, E adj. ~ 1968. ■ Qui dispose d'un surcroît ou d'un excès de puissance.

1. À propos d'objets techniques.

À condition d'être dotés d'une bonne vue et d'un télescope *surpuissant*, les cosmonautes devraient (...) *(PM 25.1.69).* Un klaxon de route *surpuissant (VR 13.4.69).* Les fusées lancées du sol sont déjà dépassées : qu'elles soient à ogives multiples ou *surpuissantes*, en cas d'attaque éclair, toutes seront détruites dans leurs silos *(E. 5.10.70).* Un rasoir conçu pour une main d'homme. Un outil *surpuissant* et doux, à la forme fonctionnelle *(Pub. E. 12.11.73).* Pour le métro parisien il faut un matériel légèrement *surpuissant* afin que l'incident « banal » n'entraîne qu'une perturbation négligeable *(R.G.C.F. 5.74).*

2. À propos de personnes ou de collectivités.

Ce pays, sorti *surpuissant* de deux guerres mondiales, a quelque mal à accepter des alliés qui ne soient pas des vassaux *(E. 26.2.68).*

SURRÉGÉNÉRATEUR, TRICE adj. et sm. ~ 1966. Techn. ■ Se dit d'un *réacteur** nucléaire, d'une pile atomique qui produisent plus de noyaux fissibles qu'ils n'en consomment pour la production d'énergie.

● **Adjectif.**

La formule des piles « *surrégénératrices* » est celle du proche avenir *(F. 5.12.66).* Les études nécessaires pour entreprendre la construction d'une centrale *surrégénératrice (M. 4.11.67).* Les réacteurs *surrégénérateurs* permettront d'abaisser considérablement le coût du kW nucléaire *(E. 29.7.68).* Un réacteur *surrégénérateur* produit du combustible à mesure qu'il en brûle *(M. 19.2.74).* Les recherches et les expérimentations sur les réacteurs *surrégénérateurs* refroidis au sodium liquide *(M. 21.6.78).*

● **Subst. masculin.**

Les « *surrégénérateurs* » seront des réacteurs qui produiront davantage de plutonium qu'ils n'en consomment *(F. 2.12.66).* Les réacteurs de l'avenir sont les *surrégénérateurs.* Ils utilisent des matières fissiles concentrées et ont la propriété de générer plus de plutonium

dans leur couverture qu'ils n'en consomment dans leur cœur *(Faire, 73)*. En attendant le *surrégénérateur*, il n'y a pas d'autres moyens, d'ici 20 ou 30 ans, que le réacteur à uranium enrichi *(P. 20.1.75)*. Un *surrégénérateur* est un réacteur nucléaire d'un type particulier, qui (...) permet (...) d'utiliser l'uranium 238 *(M. 19.1.80)*.
→ SURGÉNÉRATEUR.

SURRÉSERVATION
→ SURBOOKING.

SURVÊTEMENT sm. ■ Pantalon et blouson assez amples en jersey molletonné que les athlètes, les coureurs, etc., mettent par-dessus leur tenue de sport entre les épreuves.

Il (un coureur cycliste) remporta la première course. Après quoi, calme et souriant, il enfila son *survêtement* et contempla la deuxième demi-finale *(M. 17.8.57)*.
Nous ne sommes pas des cyclo-touristes ; nous sommes des « cyclo-sportifs », précise la femme, qui a revêtu son *survêtement* des matinées fraîches *(M. 23.7.77)*.

● Par ext.
Un *survêtement* – cagoule, couvre-chaussures et gants spéciaux – permet au combattant de se protéger contre les armes chimiques, biologiques et nucléaires *(M. 13.7.65)*.

SURVIRAGE sm. Mil. XXᵉ. Autom. ■ Le fait qu'un véhicule *survire*, c'est-à-dire que son train de roues arrière tend à glisser vers l'extérieur de la courbe, dès le début d'un virage (par opp. à *sous-virage*).

Tenue de route « incroyable » sur chaussée même mouillée, enneigée, glacée, aucune tendance au *survirage (M. 16.6.66)*.
Sur route sèche et dans les virages serrés, la roue arrière intérieure décolle d'abord, ce qui fait que l'accélération, qui provoque le *survirage*, est interrompue *(Tour. 19.4.79)*.

SURVIREUR, EUSE adj. Mil. XXᵉ. Autom. ■ Se dit d'un véhicule qui a tendance au *survirage**.

Quelle voiture merveilleuse ! (...) Elle s'est comportée exactement comme j'aime qu'elle le fasse : *survireuse* dans les virages *(Cd. 17.10.66)*.
La M. appartient au groupe des voitures *survireuses*. Sur route mouillée (...), l'arrière, dans les cas extrêmes, dérape en premier lieu *(Tour. 19.4.79)*.

SURVOLTÉ, E part. passé et adj. Fig.
1. (À propos de personnes ou de collectivités). Énervé, surexcité. — Enthousiaste, exalté, passionné.

○ Évitez les distances trop longues, les courses de vitesse, les *compagnons « survoltés » (Fa. 18.11.70)*. Quand il (un écrivain) est *survolté*, il a des qualités de jeune animal fougueux. Le reste du temps, il s'écoute parler *(M. 26.4.69)*. Des chaînes de *jeunes gens survoltés* se passent les pavés et les amoncellent entre les voitures renversées *(M. 8.5.68)*. Les pilotes de (voitures de sport) devant leur *public survolté*, voulurent prouver qu'ils étaient tous aussi capables de gagner que... F *(A. 15.8.54)*.

∞ Le débat à l'Assemblée nationale se résumera en une joute oratoire parfois violente, dans un hémicycle *survolté*, entre le Premier ministre et le leader de l'opposition *(Viansson, 71)*. La cigarette, dont le citadin *survolté* fait une grande consommation *(M. 19.9.73)*. Le consommateur, *survolté* par un environnement de plus en plus sophistiqué, n'est plus qu'un jouet entre les mains du producteur *(M. 5.6.74)*.

2. (À propos de choses, abstr. ou concrètes). Bruyant, trépidant. Qui marque ou suppose l'enthousiasme, l'exubérance, une intense vitalité.

Plus de quatre mille étudiants s'écrasent littéralement dans un amphithéâtre. L'*atmosphère* est *survoltée (E. 18.5.68)*. Le Français venu de la *capitale survoltée* et égoïste, se sent dépaysé en raison d'une sérénité, d'une gentillesse, d'une douceur et d'une serviabilité qui sont générales aux Antilles *(M. 23.4.65)*. Certains effets de notre *civilisation survoltée* peuvent se révéler particulièrement dangereux *(O. 25.11.68)*. Un *coin survolté* : une calanque en ébullition : on danse, on crie, on se dispute. Les femmes piaulent et vous diriez qu'elles vont se dévorer *(M. 6.2.59)*. Les romans d'aventure à l'américaine traduits en français dans une *langue* volontairement argotique et *survoltée*, offrent d'intéressants exemples d'équivalence *(Vinay, 68)*. Jeune, frénétique, *survoltée*, c'est une *ville* qui est peut-être trop bruyante, trop clinquante, mais son énergie est irrésistible *(Pub. M. 26.2.69)*.

SURVOLTER v. tr. Fig. ■ Galvaniser, surexciter quelqu'un.

Cette réputation d'invincibilité (d'une équipe de football) *survolte* l'adversaire, décidé à réussir l'exploit de l'année *(M. 8.3.55)*. Il (un chef d'orchestre) peut rester au pupitre immobile un long moment, pour « relaxer » ses musiciens, quitte à les *survolter* jusqu'à la frénésie l'instant après *(F. 24.2.69)*.

SUSPENSE [syspɛns] ou [sœspɛns] sm. Rép. mil. XXᵉ. (Empr. à l'angl. *suspense*, du fr. *suspens*).

1. Arrêt momentané de l'action dramatique (dans un film, un spectacle, un récit, un roman — surtout policier —, etc.) maintenue volontairement « en suspens », de manière à faire naître chez le spectateur, le lecteur, ou l'auditeur un sentiment d'attente angoissée ou de curiosité intense. — Par ext. Caractère de ce qui est de nature à provoquer ce sentiment.

Rem. Le fameux « *suspense* » jouit d'une très forte cote dans le jargon de notre époque *(Le Bidois : M. 3.9.58)*. Ce fameux « *suspense* », que l'on rencontre aujourd'hui dans tous les comptes rendus de films ou de romans policiers. Comme le notait Daninos, « un *suspense* infernal, un *suspense* du tonnerre, constituent de bonnes têtes d'affiche ». Si l'on n'y prend garde, cet intrus va s'installer définitivement dans notre vocabulaire. Mais je vois déjà d'heureux signes de réaction. (...) Dans un feuilleton littéraire intitulé « Jules Romains et le *suspens* », Émile Henriot déclarait très justement (en 1958) : « Pourquoi ne dirait-on pas en français *« suspens »*, comme « en suspens », qui existe et donnerait bien l'équivalent de *« suspense »* au sens propre d'arrêt, de suspension, d'attente avec une nuance d'inquiétude ? » Reste à savoir si nos compatriotes consentiront à renoncer aux blandices du *« suspense »* et se contenteront de « suspens », qui n'a pour lui que d'être français *(Le Bidois, 70)*.

♦ Ces émissions s'efforceront de démontrer que la qualité peut aller de pair avec l'intérêt soutenu et, disons le mot à la mode, avec le *« suspense »*. C'est qu'il y a toujours quelque chose de policier dans le développement d'un mensonge et nul art, mieux que la radiophonique, ne peut suivre cette lente progression *(O.R.T.F. 7.11.55)*. Et nous acclimatés sur les Champs-Élysées / doucement l'horreur en salle climatisée ; / de *suspense* en *suspense* et d'image en image, / le meurtre grimaçant imprime son grimage */(Aragon, 56)*. Pas de *« suspense »* : d'entrée de jeu, nous connaissons les assassins, les victimes, les mobiles du crime, et nous savons que le châtiment est inévitable *(O. 27.3.68)*. On retrouve (dans un film) tous les *suspenses* qui ont tenu haletants les jeunes lecteurs du roman ; mais les *suspenses* ne doivent pas se prolonger trop longtemps, sous peine de provoquer l'ennui *(PM 4.5.68)*.
De quoi se délecter : le réalisateur du film fait ricocher à plaisir le *suspense (P. 19.12.77)*. Une forme originale de *suspense* procurant aux lecteurs un sentiment mêlé d'amusement et d'angoisse *(M. 21.7.78)*. C'est un texte drôlement bien ficelé, avec juste ce qu'il faut de cadavres et de *suspense* pour tenir le lecteur en haleine *(M. 21.7.78)*.

2. Par ext. (dans d'autres domaines). Situation qui provoque une attente impatiente ou angoissée.

Soudain la cabine (du téléphérique) s'immobilisa, immobilisant du même coup le pérorant expert au moment précis où il prononçait : « coefficient de sécu... » Stupeur, silence. *Suspense* à tout casser. Les passagers examinaient la situation : juste derrière nous, un pylône ; à gauche, un à-pic de trois cents mètres : dessous, le gouffre *(Daninos, 58)*. C'est dans une tension extrême que devait s'ouvrir, devant une assistance encore sous le coup du *« suspense »* de la veille, l'audience du jeudi *(M. 24.9.66)*. Louis Armand avait créé du *« suspense »*, comme on ne dit pas dans le dictionnaire, en annonçant la veille : « Je serai à Lille. Si j'ai une voiture assez rapide, j'arriverai à temps » *(F. 10.12.66)*. Le 20 août 1968, Borman, Lovell and Anders sont officiellement désignés pour l'aventure Apollo. Objectif Lune. Pour leurs familles, c'est le début d'un grand *« suspense » (PM 28.12.68)*.
Le général M. assura que les mercenaires seraient extradés et qu'ils subiraient leur juste châtiment. Le *suspense* régna longtemps sur le sort de ces hommes *(Lantier, 69)*. (...) Au milieu de tout ce tintamarre (en mai 1968), frapper de stupeur tous les Français, semer l'inquiétude parmi eux et, à la faveur du *« suspense »* ainsi créé, reprendre l'initiative *(Viansson, 71)*. Ce constructeur (d'automobiles) nous a habitués aux folles surprises : nouveaux modèles, nouvelles techniques, heurs ou malheurs chargés de fracas et de *suspenses (P. 1.7.74)*. Signeront, signeront pas ? Jusqu'au bout, C.g.t. et C.f.d.t. auront entretenu le *suspense* dans la négociation *(E. 24.7.78)*.

SWING [swiŋ] sm. ■ Effet rythmique spécial à la musique de jazz.

La musique inhabituelle qui accompagnait les belles images de Venise dans le film « Sait-on jamais ? » rendirent presque universellement familiers le (Modern Jazz Quartet), sa sonorité tintinnabulante et feutrée, son *« swing »* discret soumis à la discipline du contrepoint *(E. 27.9.65)*.
L'image d'une certaine Amérique, celle des orchestres *« swing » / (E. 14.9.70)*.

SWINGUER [swinge] v. intr. ~ 1950. (De *swing**). ■ Jouer avec *swing**. Avoir le rythme du *swing**.

Les Rolling Stones (musiciens) ne *« swinguent »* pas. Ils sont une parodie grotesque du « rythm and blues » *(M. 31.3.66)*. Elle chante toujours aussi bien, *swingue* tout autant et sait de la même façon mettre une salle de deux mille places dans sa poche *(E. 16.6.69)*.
Une musique qui conjugue hier et demain, qui fugue et *swingue*, s'alanguit en cantate et flirte avec le rock *(E. 16.10.72)*. Une mini-grande formation, soutenue par une section de cordes et un groupe vocal. A mi-chemin du jazz et du pop. Élégant, raffiné, *swinguant (E. 19.11.73)*. Des pannes de courant pendant lesquelles on s'aperçoit que sans sono, peu de gens savent faire *swinguer* un public rien qu'en tapant du pied dans le noir *(O. 12.8.74)*.

SYMBIOSE [sɛ̃bjoz] sf. Fig.

1. Union étroite entre des personnes ou des collectivités.

On stérilise le débat en prétendant opérer d'abord la *symbiose* entre socialistes et libéraux. Au contraire, c'est leur opposition loyale et légale qui peut seule engendrer les tensions mesurées nécessaires au progrès *(M. 1.2.69)*.

2. Fusion, union de plusieurs choses.

La *symbiose* du progrès scientifique et du progrès technique (...) *symbiose* entre l'entreprise, l'administration et la communauté de recherche *(Hetman, 69)*. La *symbiose* des énergies dormantes de tous les continents, de toutes les races *(M. 18.2.69)*.

-SYMBOLE Second élément de subst. comp. Le premier élément désigne la personne, la collectivité ou la chose considérée comme un symbole.

Une *femme-symbole* d'une certaine misère morale ourlée de vison et cloutée de diamants *(E. 13.2.67)*. On peut parler d'ère de la « prospérité » (entre 1920 et 1929) par analogie avec les États-Unis d'Amérique, encore que ce *« mot-symbole »* s'appliquer moins justement à l'Europe (...) Strasbourg, *ville-symbole*, verra rentrer l'armée française le 24 novembre 1918 *(Agulhon, 71)*. La récupération par Damas de la *ville-symbole* de Kuneitra apparaîtra comme une victoire soviétique *(O. 7.5.74)*.

SYMBOLIQUE sf. (Emploi d'abord littéraire ou savant au XIXe s., rép. mil. XXe). ■ Ensemble de symboles qui caractérisent un système politique, une doctrine, etc.

> M. (homme politique) ne se réfère qu'à la *symbolique* de l'homme libre *(M. 8.10.65)*. Cette désignation (d'un ministre) n'est pas de pure routine : elle a été délibérée à l'Élysée. Dans la *symbolique* du régime, elle revêt donc une signification précise *(M. 18.1.67)*. Les poètes et les stylisticiens ont toujours reconnu l'existence d'une *symbolique* des sons dans l'emploi qu'en font les écrivains et dans les effets qu'ils tirent de la forme phonique des mots *(Guiraud, 67)*. Bien sûr, demeure la *symbolique* gaulliste : la croix de Lorraine, la commémoration du 18 juin, le Compagnonnage, l'idée gaulliste de l'honneur politique si proche de l'honneur militaire *(E. 27.11.67)*.
> Les exégètes de la *symbolique* du règne ne manqueront pas de relever que le Général de Gaulle quitte l'Élysée, au matin de sa « disparition », par la grille du Coq qu'il a franchie une seule fois en 10 ans *(Viansson, 71)*.

SYMPOSIUM [sɛ̃pozjɔm] sm. ~ 1955. (Du grec *symposion* « banquet, festin », par l'intermédiaire de l'angl.).

● — Par ext. Réunion, congrès scientifique au cours duquel un certain nombre de spécialistes étudient un sujet précis.

Rem. Le mot *symposium* a été utilisé dans la presse au sujet d'un congrès sur les antibiotiques. (...) Et sur les murs d'Aix-en-Provence, on a pu lire cet été des affiches annonçant une série de conférences de critique d'art sous le titre alléchant de « *symposium* international d'historiens d'art ». Le monde officiel aura beau patronner ce néologisme, il n'empêche qu'on ne peut raisonnablement lui faire désigner une « rencontre » intellectuelle. Ce *symposium* en vérité, ne s'imposait pas *(Georgin, 57)*. (Le) prétentieux « *symposium* » par quoi les Américains désignent un congrès ou une réunion et sur lequel les snobs de la plume se sont abattus comme des mouches sur une viande faisandée *(VL 1.64)*. Certains groupes médicaux de langue française employaient volontiers « *symposium* », mais ce n'est pas une raison suffisante pour le substituer à débat, congrès ou colloque. Car, si son accoutrement grec « impose » et même « en impose » à plus d'un, il me semble que « *symposium* »... ne s'impose pas *(Le Bidois, 70)*.
Au-delà d'une différence de terminologie, d'ailleurs peu significative, tous les séminaires, *symposium*, tables rondes, etc. sont loin d'avoir les mêmes objectifs et les mêmes ambitions *(En. 30.9.71)*.

♦ Un *symposium* international sur le thème « Problème de la publicité donnée à la procédure pénale » s'est tenu à Milan *(M. 2.6.59)*. Le *symposium* sur l'utilisation de la cybernétique dans les chemins de fer s'est tenu en novembre 1963 *(R.G.C.F. 4.64)*. Le *symposium* international d'interprétation des photographies aériennes pour la géologie, la cartographie et l'archéologie, se tient cette semaine à Paris *(F. 28.9.66)*.
Le premier *symposium* international de cybernétique ferroviaire s'était tenu à Paris en 1963. Il avait réuni plus de 400 délégués provenant de 32 pays. Le second *symposium* a eu lieu à Montréal en 1967 : 220 délégués environ ont participé à ce *symposium (R.G.C.F. 1.74)*. La Fédération internationale des pilotes de ligne a tenu pendant 3 jours à Versailles un *symposium* pour faire le point sur les détournements d'avions *(C. 29.9.78)*.
→ CARREFOUR, COLLOQUE, SÉMINAIRE, TABLE RONDE.

SYNCHRONISATION sf. Rép. mil. XXe. Spéc. Autom. ■ Conception d'une boîte de vitesse qui permet de passer d'un rapport à un autre sans que les pignons s'entrechoquent.

> De nos jours les boîtes de vitesses sont dotées d'un système de *synchronisation* qui supprime tout grincement, sans qu'on doive recourir à des artifices de conduite (...) La bague de *synchronisation* entraîne le pignon, c'est-à-dire l'accélère ou le ralentit, suivant qu'on « monte » ou « descend » les rapports *(Tour. 4.2.71)*.

SYNDICALISABLE adj. ~ 1970. Susceptible d'être *syndicalisé**.

> On estime que 90 à 95 % des ouvriers *syndicalisables*, en Suède, sont membres de la Confédération générale des travailleurs *(Faire, 73)*.

SYNDICALISATION sf. ~ 1963. Fait de se *syndiquer* ou d'être *syndiqué*. — Action de *syndicaliser** qqn ; résultat de cette action. — Fait qu'un groupement, une collectivité tend à s'orienter vers des revendications professionnelles de type syndical.

> Ce syndicat a doublé ses effectifs au cours des cinq dernières années, en maintenant un taux de *syndicalisation* qui lui permet de s'affirmer comme la seule organisation effectivement représentative *(F. 22.11.66)*. Un pays où le vote est obligatoire, le taux de *syndicalisation* un des plus élevés du monde et où les partis politiques sont des organisations aux filiales et aux ramifications multiples *(TC 4.7.68)*. La Fonction publique est un des secteurs où le taux de *syndicalisation* est probablement l'un des plus élevés *(Ens. 3.71)*.
> Le taux de *syndicalisation* des femmes n'est pas beaucoup plus bas que celui des hommes *(E. 21.5.73)*. Cette « *syndicalisation* » du mouvement lycéen a pour contrepartie une dépolitisation et un repli sur soi *(M. 12.11.78)*. Le taux de *syndicalisation* est d'environ 37 % en Allemagne fédérale *(M. 10.1.79)*.

SYNDICALISER v. tr. et réfl. ~ 1965. ■ Recruter des membres pour un syndicat. — Organiser la vie syndicale. — Donner une conscience syndicale à qqn.

● Verbe trans.
> Nous sommes favorables à un tel système s'il conduisait à « *syndicaliser* » les membres du conseil. Nous sommes hostiles au mouvement inverse ! *(M. 7.5.66)*.

● Part. passé et adj.
> Entre le nombre de gens qui ne sont pas *syndicalisés* et l'abstention dans les élections, il

y a un parallélisme *(O.R.T.F. 13.3.71)*. Les pigistes constituent une masse de manœuvre importante, atomisée, peu ou pas *syndicalisée* jusqu'à présent *(P.Ac. 9.74)*.
- **Verbe réfl.**
    Une réunion des syndicats afin d'étudier les moyens de forcer l'entreprise à laisser *se syndicaliser* les ouvriers des deux usines canadiennes *(E. 16.10.72)*.

SYNTAGME sm. Ling. Repris et rép. ~1960. ■ Suite d'éléments (morphèmes, mots) qui forment une unité dans une organisation hiérarchique de la phrase.

En linguistique structurale, on appelle *syntagme* un groupe d'éléments linguistiques formant une unité dans une organisation hiérarchisée. Le terme de *syntagme* est suivi d'un qualificatif qui définit sa catégorie grammaticale : *syntagme* nominal, *syntagme* verbal, *syntagme* adjectival, etc. Le *syntagme* est toujours constitué d'une suite d'éléments et il est lui-même un constituant d'une unité de rang supérieur ; c'est une unité linguistique de rang intermédiaire *(Dubois, 73)*.

SYNTHÉTISEUR sm. ~ 1960. Techn. ■ Appareil électro-acoustique qui permet d'effectuer une synthèse d'éléments sonores (parole, musique, bruits) à partir de leurs constituants.

Pour des raisons techniques, S. ne put, lors de son dernier concert, utiliser son *synthétiseur*, mais il improvisa abondamment au piano électrique, à l'orgue et au piano simple *(M. 11.10.70)*. Ce musicien follement doué offre grâce à son orgue, mais aussi grâce au « *synthétiseur* », des exemples fascinants de ce que peut être une musique à la fois populaire et terriblement élaborée *(F 19.1.74)*.

SYRO- Premier élément d'adj. comp. ethniques dans lesquels il signifie : qui concerne à la fois la Syrie et un autre pays.

Un trafiquant avait poussé le raffinement jusqu'à faire avaler par des chameaux de petits sacs de plastique remplis de morphine, avant de passer la frontière *syro-turque (Lamour, 72)*. Les échanges *syro-égyptiens* auront pour but de coordonner la politique des deux pays *(M. 5.12.73)*. Résister à toutes les tentatives visant à saboter l'amitié *syro-soviétique (M. 9.3.74)*.

SYSTÉMIQUE adj. et sf. ~ 1970. (De l'angl. *systemic*).

- **Adj. Qui se rapporte à un système, qui affecte ou concerne un système dans son ensemble, qui relève d'un système.**
    Le produit d'une approche « *systémique* » revêt la double caractéristique de produire des modèles cohérents et bien intégrés, mais multiples (...) L'on s'est résolu (...) à renoncer à la production d'une vue prospective qui soit « *systémique* » au sens de l'approche proprement futurologique *(Young, 72)*. Nous nous garderons bien d'ontologiser la notion d'erreur qui n'a de sens que dans les relations *systémiques* — informationnelles données (...) *(Morin, 73)*.
- **Subst. fém.**
    En utilisant la *systémique* à laquelle vous avez fait allusion, j'ai (...) *(France-Culture, 21.3.79)*.

T

TABAC (FAIRE UN) Fig. Fam. ■ Avoir un vif succès (notamment en parlant d'une pièce de théâtre, d'un acteur, ou de qqun qui paraît en public).

Pour *« faire un tabac »* à la tribune de l'Assemblée nationale, il suffisait (...) de demander, comme Michel D. : « Convient-il que l'ORTF organise la propagande des démembreurs de la France ? » *(O. 26.11.73)*. Le premier long métrage de Frank C. *fit un tabac* au Festival de Cannes *(O. 8.11.76)*. Sihanouk *a fait un « tabac »* jeudi soir au palais des Nations Unies à New York (...) le prince a obtenu un vif succès de curiosité et de sympathie *(C. 13.1.79)*.

TABAGISME sm. Rép. mil. XXe. ■ Intoxication et troubles neuropsychiques ou physiologiques provoqués par l'abus du tabac. Toxicomanie des personnes qui abusent du tabac.

Les méfaits du *tabagisme* ne sont plus contestés *(VR 19.10.75)*. La lutte contre le *tabagisme* marque le pas. En 1977, les ventes de cigarettes ont progressé de 2,6 % *(C. 25.8.78)*. Le comité d'experts que l'O.M.S. a constitué pour la lutte antitabac estime que « le problème du *tabagisme* revêt maintenant l'ampleur d'une épidémie mondiale » *(M. 9.4.80)*.

Rem. **Deux subst. sont utilisés concurremment pour désigner les personnes atteintes de *tabagisme*° ou qui abusent du tabac.**

Les *tabagistes* obligent les autres à fumer involontairement en respirant leurs fumées *(M. 21.10.72)*.

Le *tabagique* que l'on voulait atteindre par une campagne anti-tabac se voile la face, se bouche les oreilles *(E. 15.5.78)*.

TABASSAGE sm. Mil. XXe. Fam. ■ Action de tabasser qqn, de le rouer de coups.

Un ancien de la prison, décrivant les violences subies, parlait de dents cassées, de fractures, de *« tabassages »* systématiques *(M. 23.4.74)*.

TABLE- Premier élément de subst. comp. dont le second élément indique soit la fonction, soit la forme de la table.

Table-téléphone en stratifié blanc *(E. 16.11.70)*. *Table-bar roulante* sur roulettes chromées (...) *Table-cube* à coloris fumé, gris ou transparent *(Pub. El. 18.1.71)*. *Table-évier*, un plateau rectangulaire comprenant une ou deux cuves et un ou deux plans de décharge *(VR 17.6.73)*.

TABLE D'ÉCOUTE loc. subst. ■ Installation qui permet de surveiller des communications téléphoniques à l'insu des usagers.

C'est grâce aux écoutes téléphoniques, à en croire les policiers, qu'on déniche des truands, des trafiquants de devises. Mais ce n'est pas à cela, que servent les *tables d'écoute* en période d'élections *(E. 16.7.73)*. Au « groupement interministériel de contrôle » sont installées toutes les *tables d'écoute* de la région parisienne *(P. 24.12.73)*. Le député socialiste P. reproche, en privé, au secrétaire d'État, de l'avoir fait mettre sur *table d'écoute (E. 6.1.79)*.

TABLE RONDE loc. subst. Fig. 1956. (Sous l'influence de l'angl. *round table conference*) ■ Conférence (internationale), réunion (politique, professionnelle, syndicale, etc.), dans laquelle tous les partenaires discutent en principe à égalité.

Rem. Depuis quelques mois, tous les journaux emploient le terme de « table ronde » pour signifier « conférence ». L'usage ne date que de 1956, où une Conférence internationale fut surnommée « Conférence de la Table ronde » par la presse anglaise, que toute la presse du continent s'empressa d'imiter. (...) Quant à « *table ronde* » il est certain que l'image implique une égalité absolue des convives, des invités, des participants. Et pour le public, si peu versé qu'il soit dans les romans de chevalerie, il s'y ajoute l'idée que seuls de grands seigneurs sont priés de s'asseoir à ladite table. Cela posé, la plupart emploient sans doute ce terme sans bien le comprendre. La vogue n'en durera probablement point (Thérive : Cfr. *2.9.59*).

♦ Certaines réformes (en Algérie) qui, en d'autres temps, eussent été utiles et qui pourront le devenir quand « le préalable de la *table ronde* » sera chose acquise... *(TC 7.10.55)*. Au cours du congrès sera organisé un « théâtre permanent de psychodrame », ainsi qu'une série de « *tables rondes* » sur les problèmes les plus divers *(M. 25.7.64)*. De nombreux entretiens et rapports alterneront avec des « *tables rondes* » et des présentations de films concernant toutes les spécialités (de la médecine) *(M. 2.10.66)*. (On) vient d'annoncer une réorganisation de l'École des langues orientales vivantes, à l'issue de la « *table ronde* » qui a réuni des représentants du ministre, l'administrateur de l'école et les quatorze membres, étudiants et enseignants, de la commission paritaire de l'école *(M. 10.10.68)*. On ferait une large place aux conférences, aux « *tables rondes* », aux débats sur l'actualité *(M. 14.9.68)*. Une « *table ronde* » sur le thème « Secteur concurrentiel et administration dans une économie concertée » mettra en présence MM. (...) *(M. 18.2.69)*. Les auditeurs et les téléspectateurs (sont) gorgés de discours, de « face à face » et de « *tables rondes* » (pendant la campagne électorale) *(M. 25.5.69)*.
Chacun utilise tous les moyens dont il dispose pour attirer des personnalités influentes ou symboliques dans des colloques, des « *tables rondes* » (...) *(Viansson, 71)*.

→ CARREFOUR, COLLOQUE, SÉMINAIRE, SYMPOSIUM.

TABLEAU DE BORD Loc. subst. Fig. Mil. XXe. ■ Ensemble d'informations représentant une situation économique.

Nous allumons le clignotant des prix sur le *tableau de bord* de la conjoncture économique, précise un statisticien *(E. 3.2.75)*.

TABLOÏD [tablɔid] adj. et subst. Mil. XXe. (Nom déposé. Mot angl.). Par ext. Périodique de petit format.

La presse de style « *tabloïd* » et la publicité dévoilent les satisfactions offertes par le marché aux riches et aux villes *(N 4.69)*. Ils ont mis au point l'écriture *tabloïd* » — au sens de « comprimé » — qui consiste à dire de façon aussi laconique, claire, complète, attrayante que possible le maximum de choses en un minimum de lignes *(E. 18.2.74)*.

TACHISTOSCOPE [takistɔskɔp] sm. ~ 1960. (Du gr. *takhistos*, superlatif de *takhus*, « rapide », et *-scope*, du gr. *skopeîn*, « examiner » observer »). Techn. ■ Appareil qui permet de projeter pendant un bref instant des images lumineuses afin d'observer et de mesurer la rapidité de perception d'une personne.

Toutes les études effectuées avec *tachistoscope* ont abouti à ce paradoxe qu'il faut autant de temps pour lire un ensemble graphique ayant un sens, par exemple un mot de sept lettres, que pour lire chacune des lettres isolées qui compose ce mot *(Lobrot, 72)*.

TACHYGRAPHE [takigraf] sm. Par ext. ~ 1970. ■ Appareil enregistreur qui permet de contrôler non seulement la vitesse mais aussi d'autres éléments de la conduite d'un véhicule routier.

Le décret du 30.12.1972 concerne l'installation et l'utilisation d'un appareil destiné à faciliter le contrôle des conditions de travail dans les transports routiers (...) Un tel appareil est habituellement appelé « *tachygraphe* » *(R.G.C.F. 9.73)*. Le gouvernement français a exigé que les routiers remplacent leur carnet de route appelé « le menteur » par une sorte de boîte noire qui enregistre sur disque les données de conduite, vitesse, rotation, etc. Ce *tachygraphe*, puisqu'il faut l'appeler par son nom, a tout de suite été baptisé « le mouchard » *(O. 13.10.75)*. Le gouvernement britannique (...) refuse d'imposer aux véhicules commerciaux l'utilisation de *tachygraphes* qui contrôlent les temps de travail des conducteurs routiers *(M. 25.4.78)*.

→ BOÎTE NOIRE, CONTRÔLOGRAPHE.

TAILLEUR- Premier élément de subst. comp. dont le second élément désigne la pièce vestimentaire qui, avec la veste, constitue le tailleur.

La directrice d'une très distinguée boutique a troqué le *tailleur-jupe* contre le *tailleur-pantalon (E. 7.10.68)*. La vente de manteaux ou de *tailleurs-pantalons* d'hiver se termine à la Toussaint *(E. 16.11.70)*.

TAKE-OFF [tɛkɔf] sm. ~ 1960. (Mot angl., « décollage » d'un avion). Fig.

1. Écon. ■ *Décollage*[*] (fig.) Début d'une croissance rapide, d'un essor, d'une forte expansion.

L'économie de pays comme la Côte d'Ivoire et le Cameroun pourrait dès maintenant envisager (le) *take off*, (grâce à) un plan capable de (faire) « décoller » les économies africaines *(Dumont, 62)*. Après la victoire (du Japon) sur la Russie tsariste dans la guerre de 1904-1905, c'est vraiment le « décollage », le *take-off*, selon l'expression des économistes américains d'aujourd'hui *(Guillain, 69)*.
Les révolutions des temps modernes ne naissent pas de l'arriération, mais du décollage, du *take-off*, du mouvement qui arrache une nation à son arriération *(Daix, 73)*. On place habituellement le *take-off* de l'économie anglaise aux alentours des années 1780 *(Inf. 1.1.73)*.

2. Par ext. (dans d'autres domaines).

La linguistique a réalisé au XXe siècle ce « *take off* » — pour employer l'expression consacrée en économie — qui fut celui de la physique au XVIIe siècle, de la chimie au XVIIIe, de

TAKE-OFF 654

la biologie au XIXe. Elle a « décollé », accompli cette mutation par laquelle un ensemble de vues justes fait place à un corps de lois, par laquelle ce qui n'était que discipline devient science *(E. 25.3.68).*

TALKIE-WALKIE [tokiwoki] sm. ~ 1954. (Mot am. *talkee*, « bavardage », *walk*, « promenade ») ■ Émetteur-récepteur portatif de radio, à faible portée.

Le policier tira de la poche de sa gabardine un *talkie-walkie* et articula, en collant presque ses lèvres contre le minuscule micro : — Avons franchi le carrefour *(Kenny, 54).* Pour tenter de réduire les difficultés de la circulation, la direction des transports toulonnais a décidé de doter de « *talkies-walkies* » les chauffeurs d'autobus *(F. 20.9.66).* Trois terroristes ont été arrêtés. Ils étaient en possession de trois cents grenades et de plusieurs « *talkies-walkies* » *(M. 16.1.68).* Sur le « Magdala » (pétrolier géant), vingt-neuf hommes surveillent les mouvements du (navire). Ils se déplacent sur le pont de 325 mètres à bicyclette, et se parlent par *talkie-walkie (E. 24.2.69).*

Des centaines d'appels ont bloqué le téléphone de celle qui avait pris l'initiative du mouvement et qui dut alors communiquer par *talkie-walkie* avec ses consœurs *(M. 8.3.72).*
→WALKIE-TALKIE.

TAMBOUR sf. Spéc. ~1960. Inform. *Mémoire** d'un *ordinateur** dans laquelle le support magnétique est en forme de cylindre.

Les diverses manœuvres de pilotage automatique sont programmées et enregistrées sur les mémoires à *tambour* placées à bord du vaisseau spatial *(M. 10.7.74).*

TAMPONNEUSE (AUTO) (-) Loc. subst., surtout au plur. Rép. mil. XXe. ■ Attraction de fête foraine dans laquelle un certain nombre de petites voitures électriques bi-places, protégées par des bourrelets de caoutchouc, circulent et s'entrechoquent sur une piste.

Des *autos tamponneuses* multicolores qui s'entrechoquaient, faisant jaillir des gerbes d'étincelles *(Cardinal, 75).* Un jeune homme avait pris place dans une *auto-tamponneuse* et il s'apprêtait à descendre alors que toutes les voitures n'étaient pas encore immobilisées *(M. 22.4.78).*

TANDEM sm. Fig. Fam. Rép. mil. XXe.

1. **À propos de deux personnes qui ont une activité en commun ou qui unissent leurs efforts.**

   C'est ainsi que le *tandem* des frères C. (fut sélectionné) pour l'équipe de rugby de L. *(M. 12.1.68).* Certains pensent que la rénovation de la gauche supposerait que le *tandem* D.-M. (deux hommes politiques) obtienne plus de voix que le parti communiste *(M. 25.5.69).* Michel D. (réalisateur) et sa complice, la scénariste et dialoguiste Nina G. forment à présent le *tandem* n° 1 du cinéma français *(E. 29.3.71).*
   Dans les entreprises hongroises le *tandem patron-responsable syndical* se révèle assez efficace *(Bauchard, 72).* Un jeune *tandem*, composé d'un inspecteur des finances, et d'un ingénieur des mines, déposa son rapport sur le coût de l'avion Concorde en mars 1965 *(Exp. 6.73).* Les films du *tandem* De Sica-Zavattini triomphèrent sur tous les écrans du monde *(M. 15.11.74).*

2. **A propos d'une personne et d'une chose bien adaptées l'une à l'autre.**

   (Dans cette voiture) les possibilités du *tandem voiture-conducteur* sont multipliées au moins par deux et la sécurité est peut-être décuplée *(A. 12.2.70).*

3. **Par ext. Ensemble de deux éléments qui se complètent, s'harmonisent.**

   Les armes nouvelles ont toujours transformé le monde : le « *tandem cheval-épée* » a été l'instrument des grandes invasions *(Sudreau, 67).* Il est probable qu'au bureau, elles (des robes) prendront la relève du *tandem jupe-pull (E. 25.10.65).* À chaque instant (pendant les Jeux Olympiques) informer par écrit 2 400 journalistes des résultats parvenus simultanément des huit lieux d'épreuves : ce sera l'ouvrage de petites offset de bureau et du « *tandem* » *graveur-duplicateur (Pub. M. 18.1.68).*
   Des vagues d'estivants qui, avec l'urbanisation croissante du littoral et la pollution de la mer ont épuisé les charmes du *tandem* mer et sable *(P. 21.5.74).*

EN TANDEM loc. adj. et adv. ■ Ensemble. En bonne harmonie, en bon accord.

● Adjectif.

Il ne suffit pas toujours pour réussir un long voyage *en tandem* de partager les mêmes schémas de pensée *(Collange, 72).*

● Adverbe.

Moi et ma copine on travaille *en tandem (Saint Pierre, 72).*

TANGENTE (PRENDRE LA) Loc. Fig. ■ Éviter plus ou moins habilement de donner une réponse claire ou de prendre parti dans une situation embarrassante ; recourir à des faux-fuyants.

Lorsqu'elle ne veut pas répondre, elle *ne prend pas la tangente*, elle ne louvoie pas. Non, elle déclare avec simplicité qu'elle ne veut pas répondre *(Saint Pierre, 72).*

TANGENTER v. tr. ~ 1970. Longer, côtoyer.

La voie ferrée vient *tangenter* la Seine à la hauteur du Pont de St. Cloud *(VR 7.7.74).*

TANKER [tăkɛr] ou [tăkœr] sm. (Mot angl.) ■ Navire citerne destiné au transport des produits pétroliers en vrac.
Rem. Les équivalents français recommandés officiellement sont, selon les cas, pétrolier, butanier, méthanier, navire citerne, etc.
Des tuyaux flexibles relient l'épave du superpétrolier aux petits *tankers* qui recueillent le pétrole transvasé *(E. 27.3.78)*. Dans la Manche, les *tankers* devront circuler plus loin des côtes *(M. 4.1.79)*.
→ SUPERPÉTROLIER, SUPERTANKER.

TANKISTE sm. Mil. XXe. (De *tank*, « char de combat »). ■ Militaire qui fait partie d'une unité de blindés ou de l'équipage d'un char.
Ces *tankistes* allemands, ces paras anglais, ces fantassins américains qui s'affrontèrent en juin 1944 *(M. 12.7.73)*. Moi, dit un *tankiste* israélien, j'étais sur un Sherman. C'est du bon matériel. Les Américains savent construire les tanks *(E. 22.10.73)*.

TAPER v. tr. Spéc. Pop. Atteindre (une certaine vitesse).
C'est une voiture qui « *tape* » le « 160 chrono », tout au moins sur le papier *(C. 15.3.73)*.

TAPIS (AU) Loc. Fam. Dans les tours *aller au tapis*, *être au tapis*, *envoyer qqn au tapis*, etc. (D'après l'emploi dans le vocab. de la boxe). Être/mettre hors de combat.
1. À propos de soldats, de combattants armés. ■ Blessé ou tué (au combat).
L'armée dépassée, sans chef, sans réflexes ! 35 hommes sont *au tapis*. L'embuscade a parfaitement réussi *(Courrière, 69)*. Notre seule chance est qu'ils comprennent le nombre de types qu'on peut leur foutre *au tapis* et qu'ils décident que ça ne vaut pas le coup *(Bonnecarrère, 72)*.
2. Fig. À propos d'une personne ou d'une collectivité (entreprise, etc.). ■ Hors de course, éliminé par la concurrence.
La crise pétrolière n'est pas sans conséquence pour l'industrie automobile. Les firmes les plus vulnérables sont, naturellement, les plus touchées (...) Citroën est la première *au tapis (C. 30.6.74)*. Près de 400 apprentis vedettes seront lancés, cette année (...) Au 1er janvier 1976, 98 % d'entre eux se retrouveront, plus ou moins meurtris, *au tapis (E. 20.1.75)*. Cette lutte au couteau entre fabricants américains, japonais et européens de magnétoscopes en a laissé plus d'un *au tapis*, exsangue, ayant englouti des sommes colossales *(P. 18.12.78)*.

TAPIS DE BOMBES Loc. subst. (Trad. de l'angl. *bomb carpet*). ■ Méthode de bombardement aérien massif qui consiste à larguer, lors de la même attaque, un grand nombre de bombes réparties avec une forte densité sur toute la surface de l'objectif.
Le « *tapis* » se déroule avec une précision mécanique : une bombe tous les dix mètres, sur une zone qui couvre parfois plusieurs dizaines de kilomètres carrés *(E. 26.9.65)*. (Des) attaques (aériennes) cent fois répétées et des *tapis de bombes* déroulés pour tout écraser *(M. 15.11.67)*.

TASSE À CAFÉ Loc. subst. (Arg. des *motards**). ■ Motocyclette de faible cylindrée.
Il faut connaître l'argot des initiés de la moto : *tasses à café*, petites motos de 50 cm³ *(PM 30.1.71)*.
→ CUBE (GROS).

TASSEMENT sm. Fig. Écon., pol., etc. ■ Ralentissement des progrès après une période de plus forte croissance.
Le trafic voyageurs après un début d'année prometteur, a connu un net *tassement*, imputable aux conditions météorologiques *(M. 24.6.64)*. Ce *tassement* du rythme de progression est sans doute imputable au plan de stabilisation *(M. 19.7.64)*. Les tirages des journaux « du cœur » se maintiennent à peu près, malgré un *tassement* inévitable dont les causes étaient multiples *(T. 4.65)*. Le « *tassement* » de l'offensive de la gauche s'est caractérisé par la médiocre participation des masses aux mouvements sociaux de décembre *(M. 14.1.68)*. Tous les sociologues sont d'accord pour constater que le « boom de la pratique (religieuse) » enregistré dans les années cinquante a fait place à un *tassement (Duquesne, 70)*.
Les fabricants américains et européens d'ordinateurs sont inquiets du *tassement* général de leurs affaires *(E. 6.12.71)*. Dans les Alpes françaises (...) il y a eu un *tassement* des industries lourdes installées dans les vallées *(C. 27.12.75)*. Le *tassement* de l'activité des banques contraste avec les prévisions optimistes *(E. 29.6.78)*.

T. A. T. [teate] ou **T A T** [tat] sm. 1969. (Sigle de l'angl. *Thematic Apperception Test*, « test thématique d'aperception »). Psychan., psychol. Test projectif qui amène le sujet à extérioriser ses tendances, à manifester son caractère en interprétant des dessins ambigus.
Le Thematic apperception Test — *T.A.T.* — est composé de 2 séries de 10 planches représentant des scènes à un ou plusieurs personnages, ou des paysages. L'image est suffisamment imprécise pour permettre diverses interprétations. À propos de chaque planche, le sujet devra élaborer une histoire *(Joos, 71)*.

TAXI sm. Spéc. À propos de personnes.
1. Fam. ■ Chauffeur de taxi. — Métier des chauffeurs de taxis.
Un voyou ne pourra jamais savoir si le « *taxi* » qui le conduit est armé ou pas. Bien sûr,

TAXI

chaque « *taxi* » a « sa » solution au problème des agressions par des clients. Tous les « *taxis* » vantent les avantages du radio-appel en matière de sécurité *(C. 27.2.72)*. Le « *taxi* » me dit : — « Les élections, c'est comme le sport. Ce n'est plus du sport. Ce sont des affaires. ». Ce chauffeur avait du génie *(C. 29.3.73)*. Sur 65 femmes *taxis*, 15 seulement font la nuit. « La nuit c'est moins dur », dit l'une de ces audacieuses *(P. 29.4.74)*.

2. (De *taxe*) ~1950. **Arg. Homme de paille qui fournit des factures de complaisance à qqn qui veut frauder le fisc.**

Rem. Dans les trafics à base de fraude fiscale, la cheville ouvrière est le « *taxi* ». Voici la définition qu'en donne l'avocat général C. : « Le nom de *taxi* dans le jargon des fraudeurs provient de la technique qui fut mise au point à partir de 1950 pour frauder la taxe sur le chiffre d'affaires (T.V.A.). La taxe étant déductible, le représentant d'une firme fictive qui remet à un commerçant une facture de complaisance, et reçoit un paiement simulé, procure à ce commerçant un crédit de taxe. C'est pourquoi les hommes de paille, fournisseurs de fausses factures, furent appelés des « taxeurs », nom qui dégénéra en celui de « *taxi* » et qui est demeuré, même quand la fraude ne porta plus sur la T.V.A., mais sur les impôts directs ou sur tout autre genre de malversation. » *(M. 10.7.73)*.

♦ Monsieur R. n'aurait été ni « *taxi* », c'est-à-dire vendeur de fausses factures, ni utilisateur de « *taxis* » *(E. 3.1.72)*. Le métier de « *taxi* » est parfois dangereux : la police retrouve facilement ces hommes de paille *(M. 10.7.73)*.

-TAXI Second élément de subst. composés.

Deux individus, après l'heure supposée du crime (assassinat d'un chauffeur de taxi) avaient téléphoné à une *borne-taxis* (qui permet de demander un taxi par téléphone) *(F. 7.1.67)*. Les *bus-taxis* (taxis collectifs) sont prévus pour les quartiers où la circulation est particulièrement dense *(E. 8.7.68)*. Lors du passage de la commande de votre costume, vous recevrez deux « *chèques-taxi* » (qui permettent de payer une course en taxi) *(Pub. M. 14.1.66)*. L'organisation des *radio-taxis* dans les gares de Paris *(VR 18.12.66)*.
→AVION-TAXI.

TAXI-GIRL [taksigœrl] sf. ~ 1950. (Mot am.). ■ Jeune femme qui, dans un bar, un cabaret, danse avec les clients moyennant rétribution. — Entraîneuse.

À Bangkok, Max a rencontré une « *taxi-girl* » d'origine chinoise *(F. 12.11.66)*. L'histoire d'une comtesse russe exilée, qui faisait la *taxi-girl* dans les dancings de Hong-Kong *(F. 7.1.67)*. Pour séduire le milliardaire qui l'a fait danser, la *taxi-girl* de Hong-Kong joue les passagères clandestines *(F. 13.1.67)*.

TAXIWAY [taksiwɛ] sm. ~ 1950. (Mot angl.). Aéron. ■ Piste de largeur réduite utilisée par les avions pour circuler entre les aires de stationnement et les pistes d'envol ou d'atterrissage d'un aéroport.

Le commandant de bord du Boeing 747 a lâché les freins de son « jumbo-jet » pour quitter le point de stationnement Delta 9, à l'aéroport d'Orly, et gagner, par le *taxiway* 2B, la piste d'envol *(O. 27.1.75)*.

TEC [tɛk] subst. invar. Sigle pour T(onne) (d')E(quivalent) C(harbon) Métrol. ■ Unité de mesure thermique correspondant à la quantité de thermies produite par une tonne de charbon, et appliquée à d'autres sources d'énergie (pétrole, gaz, naturel, etc.).

Un récent rapport évalue les besoins en énergie de la Communauté européenne en 1985 à 1.810 millions de *tec* — tonnes d'équivalent charbon — contre 844 en 1970 *(S. 9.73)*.
→TEP.

TECHNÉTRONIQUE adj. ~ 1969. (De *techn*ologie et élec*tronique*) ■ Qui est déterminé ou influencé à la fois par la technologie et l'électronique.

Nous allons entrer dans une nouvelle phase de l'histoire humaine : l'ère « *technétronique* » dans laquelle nos sociétés seront modelées par l'action de la technologie et de l'électronique, notamment les ordinateurs et leurs systèmes de communication *(E. 30.3.70)*. Un futurologue annonce que dans la *société technétronique*, « la conduite humaine deviendra moins spontanée » *(Duquesne, 70)*.
Dans son dernier livre paru à la fin de 1970 aux États-Unis, Z.B. propose de substituer à société post-industrielle l'expression de *civilisation « technétronique »*. « *Technétronique* » suggère, en effet, une production fondée non plus sur le travail manuel mais sur l'électronique et la technologie *(E. 5.4.71)*.
Le caractère culturel des échanges à venir dépasse de beaucoup le stade « *technétronique* ». Car plus que *technétronique*, la civilisation à venir sera celle de la science, de l'intelligence et de l'imagination *(Exp.2.72)*.

TECHNICIEN, NE adj. ~ 1960. ■ Caractérisé ou déterminé par la technique.

Le souci de rentabilité peut parfois servir de frein à la démesure *technicienne (N. 4.69)*. Les aliénations provoquées par l'opulence de nos sociétés *techniciennes (N 7.71)*. En collusion avec le monde *technicien*, l'enseignant ne risque-t-il pas de « perdre son âme » ? (...) Succédant à l'époque artisanale et féodale, l'époque *technicienne* est marquée par l'avènement de la machine *(Peretti, 72)*. La mise en valeur des territoires des Indiens d'Amazonie, et même le simple contact avec la civilisation *technicienne* vont détruire ces civilisations dites « primitives » *(Exp. 12.72)*. La ville *technicienne* conditionne et agresse tout à la fois ses habitants *(Barde, 73)*.

TECHNICIEN (OFFICIER) sm. 1965. Milit. ■ Officier de l'armée de terre ou de l'air appartenant au corps des spécialistes dits *officiers techniciens* qui, en principe, n'exercent pas de commandement.
> Le recrutement par concours des *officiers techniciens* se ferait, dans les trois armées, au grade de sous-lieutenant *(M. 13.2.75)*.

TECHNICISATION ou **TECHNISATION** sf. Action de *techniciser** ou *techniser** ; son résultat.
> La *technicisation* de la vie administrative et politique de l'État est particulièrement dangereuse pour les libertés et la démocratie. La menace aujourd'hui est une véritable confiscation de l'appareil de l'État par les technocrates *(Schwœbel, 68)*.
> Une réforme des études de médecine (qui) espère trouver dans la psychologie sociale une meilleure (...) *technicisation* de la pratique *(N 1.71)*. La banalisation de l'information, la *technicisation* du processus de communication, en particulier par l'emploi d'ordinateurs (...) *(Thoenig, 73)*.
>
> Une spécialisation et une *technisation* croissante de la formation de la majorité des étudiants *(M. 1.10.64)*. Selon l'auteur du livre « les réseaux pensants », il y a une marge étroite entre la socialisation de la technique et la *technisation* de la société *(M. 2.12.78)*.

TECHNICISER ou **TECHNISER** v. tr. ■ Rendre technique ; munir de moyens, de perfectionnements techniques.
> La mémoire est le type du processus cumulatif et par conséquent l'organe essentiel des machines (ordinateurs) qui matérialisent et *technicisent* le processus considéré *(H. Lefebvre, 68)*.
> Une industrie qui va jusqu'à (...) *techniciser* notre style de vie personnel *(Bordier, 73)*. Les responsables de l'Équipement n'arrivent pas à « *techniciser* » l'urbanisme (...) La ville n'est pas la route *(Thoenig, 73)*.

● Part. passé et adj.
> Ce n'est pas un hasard si les Hollandais colonisent l'Europe agricole : leur agriculture est développée et *technicisée* au point qu'ils arrivent à écouler leurs laitues à Marseille, leurs tomates en Languedoc, leurs saucisses à Bordeaux *(E. 1.4.68)*. Un environnement urbain complètement *technicisé* (...) L'expansion indisciplinée et incohérente que les sociétés *technicisées* ont pratiquée pendant les dernières décennies *(Dubois, 72)*. Une nouvelle promotion des consciences dans un univers exponentiellement *technicisé (Onimus, 73)*.
>
> Un environnement où l'ordre abstrait *technisé* a remplacé l'ordre organique *(M. 6.12.69)*.

TECHNICITÉ sf. Spéc. 1970. (Emploi critiqué). Habileté et connaissances d'un technicien.
> Nombre d'entre eux possédaient des titres authentiques d'ingénieur et avaient déjà fait preuve de leur *technicité (Lantier, 69)*. Les ingénieurs des Ponts et Chaussées régissent tout ce qui se construit en France (...) comme maîtres d'œuvre ou « conseils » ils prêtent leur *technicité* aux collectivités publiques *(E. 3.7.72)*.

TECHNICO- Premier élément d'adj. composés servant à qualifier soit des personnes ayant des compétences dans un domaine technique en même temps que dans un autre, soit des choses relevant d'un domaine technique en même temps qu'un autre.
Rem. Technico-commercial et Technico-économique sont traités plus loin en articles séparés à leur place alphabétique.

O Le capitaine du navire, je l'ai rencontré deux fois dans mes croisières *technico-pétrolières (F. 7.2.69)*. Retard de la force de frappe, amertume et pauvreté des troupes conventionnelles, opposition entre les armes, voilà les éléments qui expliquent l'*évolution technico-politique* d'une partie de l'état-major *(E. 20.1.69)*. Nous assistons à un *règlement de comptes technico-politique* entre les plus fidèles partisans de l'économie capitaliste *(M. 9.1.66)*. La réforme régionale a submergé, la semaine dernière, la tribune du Palais-Bourbon et les écrans de télévision sous les flots de l'éloquence *technico-provinciale* de 93 députés *(E. 16.12.68)*. Examiner de façon régulière les problèmes pratiques posés par l'exécution des *accords commerciaux, économiques et technico-scientifiques* existants *(M. 5.1.68)*. La négociation s'est conclue par la signature d'un protocole de *collaboration technico-scientifique* dans le domaine automobile *(M. 3.5.66)*. En face de cet *ordre technico-scientifique* qui va transformer la société américaine, l'Europe reste sans conception scientifique *(En. 30.8.69)*.

∞ La ville requiert une certaine rationalisation de l'existence où chaque homme est une cellule de ce grand corps *technico-social (Lacombe, 71)*. Un complexe *technico-industriel (Exp. 11.71)*. L'atmosphère *technico-clinique* d'une salle d'ordinateurs *(Elgozy, 72)*. Le budget économique n'a guère servi d'appât *technico-idéologique* pour obtenir des syndicats (...) une caution de la politique monopoliste *(Herzog, 72)*. Cette proposition de consortium *technico-financier* était inopportune *(Deloraine, 73)*. À Mururoa, où l'on expérimente la bombe H française, S découvre une étonnante aventure « *technico-militaro-exotique* » *(P. 4.2.74)*.

TECHNICO-COMMERCIAL, E adj. et subst. 1964. ■ Qui relève à la fois du domaine technique et du domaine commercial.
● Adjectif.
> (Une) société d'électronique recherche un collaborateur *technico-commercial (M. 23.4.66)*. Directeur *technico-commercial*, ayant bonnes connaissances mécanique générale et expérience *technico-commerciale*, capable d'assumer la direction et la coordination des services techniques et commerciaux *(Ann. M. 23.9.70)*. Le jargon *technico-commercial* des revendeurs de chaînes hi-fi *(VR 16.5.71)*. Un réseau *technico-commercial* au service de la clientèle, avant et après la vente *(Pub. Inf. 12.2.73)*. Ce raisonnement mérite d'autant plus l'examen qu'il dépasse le cadre *technico-commercial (E. 20.1.75)*.

● Subst. masc.
Les jeunes scientifiques font en général un stage dans les organismes de recherche en attendant d'être envoyés dans l'industrie ou le *technico-commercial (NC 12.72).*

TECHNICO-ÉCONOMIQUE adj. ■ Qui relève à la fois du domaine technique et du domaine économique.

Déterminer les « aires » des cultures en considérant les critères *technico-économiques (M. 10.1.68).* Certains dirigeants, qui invoquent des considérations *technico-économiques,* répugnent en fait à déléguer leurs attributions *(E. 11.1.71).* Les théories économiques néo-classiques et keynésiennes pensent la production sous son aspect technique ou *technico-économique (Herzog, 72).* Dans des sociétés stables les bases *technico-économiques* ne changent guère *(Duverger, 73).* Des études *technico-économiques* ont montré la nécessité d'adopter un tracé autorisant les grandes vitesses *(VR 15.6.73).* On a donné une importance excessive aux motivations *technico-économiques* de notre civilisation *(SV 9.73).* Une vieille nation transformée par la révolution *technico-économique* de ces dernières années *(P. 7.5.74).*

TECHNICOLOR (EN) loc. adv. (D'après le nom déposé d'un procédé de cinéma en couleur). ■ Multicolore ; de couleurs gaies et vives.

Voici l'heure (l'époque de Noël) où tout un univers doré sur tranche, imprimé *en technicolor,* rappelle à l'ordre et convoque d'urgence à l'École de la Perfection le monde négligent de la réalité *(F. 9.12.66).*

TECHNO(-) Premier élément (du gr. *teknê,* « métier », « procédé ») qui sert à former des adj. et des subst. comp. Quelques-uns sont traités plus loin en articles séparés à leur place alphab. D'autres sont répartis dans les rubriques ci-après.

● Adjectifs.

La propagation de la nouveauté sous la forme de modèles *techno-économiques* nouveaux *(Lacombe, 71).* Les recherches en cours sur l'utilisation des satellites pour l'éducation sont significatives d'une conception *techno-centrique* de l'éducation *(Gabaude, 72).* D'incorrigibles tendances de nos sociétés *techno-illogiques (Elgozy, 72).* L'esprit d'une civilisation peut profondément changer, en cédant la place à une nouvelle phase *techno-sociologique* ou *techno-biologique (Peretti, 72).* La fringale qui domine notre société *techno-économico-bureaucratique (C. 2.8.72).* Les élites militaires, l'appareil bureaucratique de l'État soutenu par des éléments de la bourgeoisie nationale, forment une véritable bourgeoisie *techno-militaire (Faire, 73).* Le projet *techno-politique* de l'avion Concorde a manqué d'une étude préliminaire sérieuse *(Exp. 6.73).* Une société *techno-démocratique* où l'enseignement secondaire s'ouvre à toutes les catégories sociales *(M. 13.2.75).* L'auteur trace un tableau de notre monde *technophallocrate (E. 13.2.78).*

● Subst. (noms de personnes ou de collectivités).

Des *technopoliticiens* venus des grands corps, passés par les cabinets ministériels, et qui seront ministres sous peu *(E. 1.10.73).*

● Subst. (noms de choses abstr.).

Les jeunes Rastignac qu'on parachute de Paris dans une province colonisée à coups de relations, de services rendus, de *technopolitique* et de publicité *(O. 29.1.73).* Dans la *technodémocratie,* l'économie repose sur de grandes entreprises collectives, nationales ou multinationales *(Duverger, 73).*

TECHNOBUREAUCRATIE ou TECHNO-BUREAUCRATIE sf. ~ 1965. ■ Système qui unit les caractères de la *technocratie** et de la bureaucratie.

Dans son livre « Marx contre Marx », critique corrosive de la *technobureaucratie* communiste, Marc P. constate (...) *(E. 29.3.71).* Les sociétés actuelles ont tendance à créer une *techno-bureaucratie* qui affirme sa suprématie au nom de l'efficacité *(M. 25.1.72).* L'autogestion est à la fois le cauchemar du capitalisme à l'Ouest, et des *technobureaucraties* à l'Est *(Garaudy, 72).* Les élus sont dépossédés d'une grande partie de leurs pouvoirs au profit de la *techno-bureaucratie (Faure, 73).*

TECHNO-BUREAUCRATIQUE adj. ■ Qui relève de, qui est caractérisé par la *technobureaucratie*.*

Pour partir en vacances, pour recevoir une paie à la fin de la semaine, pour acheter une automobile, il faut que ce système de production continue à fonctionner, système qui ne va pas sans une *hiérarchie techno-bureaucratique* dont il n'est pas impossible de modifier le style, mais qu'aucune révolution n'éliminera (...). Le style des relations humaines demeure marqué par l'accentuation de la hiérarchie alors que celle-ci, réduite aux *nécessités techno-bureaucratiques,* ne devrait pas exclure les relations interpersonnelles, plus libres, plus égalitaires (...). La révolution de Mai a réfuté, en apparence du moins, le despotisme de la *rationalité techno-bureaucratique* de la « société industrielle » *(E. 12.5.68).* C'est à partir de cette révolte fondamentale qu'ont pu s'exprimer ensemble, mêlées, les révoltes contre la société capitaliste et contre la *société techno-bureaucratique,* la revendication du bien-être et la revendication de l'au-delà du bien-être *(M. 6.6.68).*

TECHNOCRATIE

TECHNOCRATE sm. ~ 1920. Repris mil. XXe. (De *technocratie**). (Souvent péj.). ■ Personne — par ex. *grand* commis* — à qui sa haute compétence technique permet d'avoir un rôle souvent déterminant, bien que rarement connu du public, dans la préparation et l'exécution des décisions du pouvoir. On l'accuse volontiers de privilégier les aspects techniques d'un problème, d'un programme, et d'en sous-estimer les côtés sociaux et humains.

Rem. Le *technocrate* est quelqu'un qui, en raison de sa compétence technique, tend à régenter les domaines de la vie sociale qui échappent à sa spécialité ou tend à y intervenir de façon abusive *(Birou, 66)*. On a proposé pour traduire « manager » le mot « *technocrate* », mais il ne convient pas. Le *technocrate* est une caricature de manager. Le *technocrate* part d'un principe, qu'il ne songe même pas à discuter, et l'applique sans souci des conséquences. Le manager a de la sympathie pour l'objet de son activité ; il y a souvent un fond d'hostilité, voire de fanatisme, chez le *technocrate*, visible dans son vocabulaire. Jamais un manager ne dirait qu'il « faut matraquer le petit commerce » *(VL 10.68)*. Le mot de « *technocrate* » est une injure si violente, si universelle, que l'on imagine un dialogue renouvelé de Courteline entre deux simples, dont le second répondrait au premier : « Vous en êtes un autre » *(Sauvy, 68)*. Dans le vocabulaire courant, ce mot de « *technocrate* » tend à s'identifier avec ces injures d'un goût douteux qu'échangent deux automobilistes dans une rue encombrée *(E. 1.12.69)*.
Qu'on cesse d'abord d'étendre abusivement l'emploi des mots. Non, le sous-chef du service de la voirie à la préfecture de Mende n'est pas un *technocrate*, car il n'a ni le savoir ni le pouvoir requis pour l'appellation. Il peut être que brillant. Diplômé d'une très grande école, issu d'une famille au moins bourgeoise (...) Le *technocrate* pense parfois faux, mais il s'exprime juste et avec élégance *(M. 27.2.77)*.

♦ Le remodelage du visage du pays n'est pas l'affaire de *technocrates* quelconques, mais celle d'hommes d'entreprise *(M. 19.2.57)*. Ceux qu'on nomme *technocrates* (...) devraient être pleinement satisfaits d'un régime qui comble leurs vœux les plus anciens et les plus audacieux, qui s'efforce de parler le langage de l'avenir et met l'accent sur toutes les techniques *(M. 22.7.59)*. Le (ministre de l'Industrie) est par hérédité un politique. Par formation, c'est un juriste ; par goût, un économiste ; par conviction, un planiste : bref, l'archétype du « *technocrate* » *(M. 1.1.60)*. Les « politiques » sont en nette minorité dans les « entourages » ministériels. Les « grands corps » y règnent en maîtres, ainsi que les techniciens, baptisés, quand ils ont déçu ou qu'on ne les comprend pas, *technocrates*... La disparition du général de Gaulle entraînera peut-être un retour temporaire aux délices et poisons du gouvernement d'assemblée : elle ouvrira peut-être la voie à un régime autoritaire ; elle verra sûrement s'épanouir, à l'abri d'un de ces systèmes ou à leur place, le pouvoir des *technocrates* *(M. 7.11.61)*. (Le) colonel, au nom des anciens maquisards, s'était révolté contre l'influence grandissante des *technocrates* au gouvernement et dans l'armée *(O. 27.12.67)*. Une « couche » sociale tend à devenir caste ou classe : les *technocrates*. La dénomination se modifie ; il convient de dire : « société technocratique ». Mais les *technocrates* n'agissent que par la voie organisationnelle et institutionnelle. On dira donc : « société technocratico-bureaucratique » *(H. Lefebvre, 68)*. On comprend l'attrait que peut exercer cette idée qu'il y a une science du gouvernement des sociétés permettant, à tous les niveaux, des calculs et des prévisions exacts. Le *technocrate* serait ainsi aux sociétés ce que le technicien est aux réalités matérielles. Il est de bon ton, aujourd'hui, d'attaquer les *technocrates* au nom de l'homme. En calculant et en prévoyant, en organisant ils violeraient les âmes, contraindraient les libertés, traiteraient les humains en choses, les sur-réprimeraient, les réifieraient. (...) Or, la théorie dont usent les *technocrates*, tout calculateurs qu'ils soient, n'a jamais dépassé le stade de l'empirisme le plus fade. Si le *technocrate* est « méchant » ce n'est pas qu'il réifie l'homme, c'est qu'il est sans concept *(P.E.P. 69)*. En face des syndicats, se dressent les économistes, qui estiment que la France n'est pas encore en état de se payer ce luxe (la retraite à 60 ans). Argument peu convaincant aux oreilles des salariés, pour qui les *technocrates* sont toujours des rabat-joie *(E. 5.4.71)*. Le *technocrate* n'est pas une espèce fraîchement apparue dans la zoologie administrative, mais l'un des plus anciens rouages qui permettent aux hommes de vivre en société. (...) Voués au service de l'État, les *technocrates* s'imposent par leur compétence au monde politique et tendent à se confondre avec lui *(En. 17.4.71)*.
Un merveilleux programme sortait tout armé de la tête de *technocrates* avertis *(Baudelot, 72)*. Qui accuse-t-on de tirer les ficelles ? Les *technocrates* du ministère des finances *(Exp. 12.72)*. Ces jeunes hommes se veulent techniciens, économistes et n'ont pas peur du nom de *technocrates* *(O. 29.1.73)*. La froideur du *technocrate* incapable de saisir la dimension humaine des questions *(M. 27.11.74)*. La crise actuelle prouve que les *technocrates* si fiers de leur savoir et si soucieux de prospective n'avaient rien prévu *(M. 23.5.75)*. La plupart de nos contemporains gardent confiance : les *technocrates* trouveront bien le moyen de nous sortir de là *(C. 1.9.78)*. (Pour) la desserte de Nancy (...) il eût été préférable de s'en remettre aux « *technocrates* », ou plutôt aux techniciens et aux critères objectifs auxquels ils se réfèrent *(M. 22.11.78)*.

TECHNOCRATIE sf. Attesté 1934. (De *techno-* et suff. *-cratie*, sous l'infl. de l'angl. *technocracy*). Rép. mil. XXe. (Souvent péj.). ■ Type de société dans laquelle des experts, des *technocrates**, ont un pouvoir de fait très étendu et souvent jugé excessif, notamment parce qu'il est ou semble plus réel et moins contrôlable que celui des hommes politiques élus (maires, députés, etc.).

La haute administration, que le public appelle *technocratie* *(F. 25.11.61)*. Les conditions de la vie moderne, les profondes transformations économiques et sociales, la technicité sans cesse accrue des questions, tout semble apparemment favoriser la « *technocratie* ». Celle-ci, par essence, est déshumanisée et elle déshumanise l'individu *(Ens. 4.64)*. La lutte pour l'homme ne pourra aboutir qu'en mobilisant tous les moyens de la science la plus précise et la plus valable, sans céder pour cela aux mythes de la *technocratie* *(M. 5.8.65)*. La *technocratie* est formée par un groupe de hauts fonctionnaires remarquablement compétents, coulés dans le moule de deux ou trois grandes écoles dont les méthodes diffèrent mais dont l'esprit est identique, dévoués corps et âme au service public et dont le pouvoir

vient directement de ce qu'ils sont l'État. (...) La *technocratie* constitue aux yeux de l'opinion une puissance sans visage dont le pouvoir fascine et sur laquelle, parce qu'elle est anonyme, il est commode de faire tomber toutes les critiques *(En. 17.4.71)*. Mobiliser la crème de la *technocratie* et ne pas faire marcher le téléphone (...) on peut penser que c'est décourageant *(Débats Assemblée nationale 20.4.71, in M. 22.4.71)*.
Les petits commerçants, les petits agriculteurs, tous ces « blessés de la croissance », comme on dit dans les cercles de la *technocratie* parisienne *(O. 23.12.72)*. Ce régime oscillait entre nationalisme conservateur et *technocratie* moderne *(M. 29.11.73)*. Le gaullisme c'était, entre autres choses, l'arrivée au pouvoir, à l'ombre du général de Gaulle, d'une nouvelle *technocratie* qui n'était ni de droite ni de gauche, mais de nulle part *(P. 7.5.74)*. Quand un plan technique a été mis sur les rails, ça ira jusqu'au bout. Voilà la véritable *technocratie (M. 23.5.75)*. Le ministère des Finances, fief de la fine fleur de la *technocratie* d'État, les inspecteurs des Finances *(E. 10.4.78)*. Dans les discours politiques de tous bords, c'est devenu un aphorisme que de faire de la « *technocratie* » la source de tous les maux dont est accablée notre société. Le caractère inhumain de ses décisions, le secret dont elle entourerait celles-ci, seraient à la source de toutes les erreurs commises *(M. 22.11.78)*.

TECHNOCRATIQUE adj. ~ 1950. Propre ou relatif à la *technocratie**, aux *technocrates**.

C'est là qu'intervient la *déformation technocratique*. Par exemple, en matière de logement, on préférera le grand ensemble, moins coûteux et même, parfois, relativement confortable pour un prix donné, à la solution familiale, préférable pour l'épanouissement humain *(M. 5.8.65)*. Il existe au Sud-Vietnam, dans la jeune *génération* qu'on pourrait qualifier de « *technocratique* », un certain nombre d'hommes qui se disent disposés à tenter l'expérience de la cohabitation avec le Front *(E. 12.9.65)*. (Le) véritable danger n'est pas le « pouvoir personnel » au sens classique du terme, mais le *gouvernement technocratique (F. 19.11.66)*. Il appartient aux hommes politiques d'éviter le *pouvoir technocratique* des machines électroniques, de maintenir à leurs places respectives science et politique *(F. 2.12.66)*.
Au sein de notre *société technocratique*, brutale et exigeante, l'élu trouve sa place entre l'individu et le pouvoir *(Gros, 70)*. Ce que nous voyons, c'est une *caricature technocratique* du changement nécessaire : les polytechniciens et les énarques qui nous gouvernent n'ont pas le sens des réalités de l'O.R.T.F. *(E. 8.2.71)*. Le modernisme est invoqué en des termes purement techniques que l'on peut retrouver dans la *littérature technocratique* (Baudelot, 72). Un *système d'éducation* sélectif et *technocratique* conforme aux intérêts du capitalisme *(Gabaude, 72)*. Dans une *société technocratique*, le pouvoir du médecin est transféré progressivement sur les actes techniques et sur les médicaments *(N 10.72)*. Les changements de comportement sont plus importants que les *innovations technocratiques (Exp. 2.73)*. Les licenciements, qu'on appelle « dégraissement des structures » en jargon *technocratique (E. 6.8.73)*. Le nouveau ministre des Finances se contentera-t-il d'appliquer les techniques bien connues en mélangeant toutes les herbes de la *sauce technocratique*? *(M. 30.5.74)*. On ne parle pas encore de chômage : ce mot a disparu du *vocabulaire technocratique (E. 16.12.74)*.
L'*idéologie technocratique* veut que l'on préfère la virtuosité du « comment » à la réalité du « pourquoi », la fonctionnalité des objets à leur nécessité *(M. 23.4.78)*. La montée de la bourgeoisie a été concomitante de celle du livre, l'apparition des *castes technocratiques* du développement de l'économie *(M. 25.5.78)*. Sous le terme austère et apparemment *technocratique* de « réforme des collectivités locales » se cache une grande ambition *(E. 19.6.78)*. Les comités d'habitants critiquent la *méthode technocratique* qui préside à la réalisation du projet des Halles *(M. 7.7.78)*. Le *pouvoir technocratique* est la véritable dictature des temps modernes, contre laquelle la vieille démocratie parlementaire peut d'autant moins qu'elle l'a elle-même enfantée *(M. 13.7.78)*.

TECHNOCRATISATION sf. ■ Action de *technocratiser** quelque chose ; résultat de cette action.

Dans la réforme proposée par le ministre, il s'agirait d'une « *technocratisation* » de l'enseignement, plutôt que d'un effort réel pour améliorer la formation scientifique et professionnelle *(M. 8.2.66)*. M. écrit dans « les Temps modernes » : « La lutte contre la *technocratisation* de l'Université est bien un axe de lutte qui répond aux conditions politiques présentes » *(G. Martinet, 68)*.

TECHNOCRATISER v. tr. ~ 1965. ■ Soumettre au contrôle, à l'influence, au pouvoir des *technocrates**.

Le gouvernement veut *technocratiser* la Sécurité Sociale *(E. 17.7.67)*.

● Part. passé adjectif.

Face à ces exécutifs de plus en plus *technocratisés*, les assemblées se sentent désarmées *(M. 26.8.64)*.

TECHNOCRATISME sm. Pol. ■ Système qui donne une place importante ou prépondérante aux *technocrates**.

Un esprit beaucoup plus réformiste que révolutionnaire, inspiré de ce « *technocratisme* » libéral et « privé » qui caractérise toujours la pensée politique et économique britannique, par opposition au « *technocratisme* » d'État en faveur dans d'autres pays *(M. 15.6.68)*. (...) L'arrivée sur la scène politique d'une génération de techniciens et de jeunes cadres et la progression de la culture littéraire. Un réalisme teinté de *technocratisme* tendait à l'emporter sur le romantisme populiste *(Martinet, 68)*. La restructuration de l'industrie française dans un style débarrassé de la bureaucratie et du *technocratisme (E. 1.9.69)*.
Par la vigueur de leur refus, les jeunes nous retiennent sur la pente d'un *technocratisme* qu'encourage l'accélération des progrès techniques *(O. 29.12.69)*. La bourgeoisie industrielle française est nationale et européenne. Son idéologie est aujourd'hui mêlée d'un nationalisme austère et de *technocratisme (Faire, 73)*. G., symbole du conservatisme hautain et du *technocratisme* méprisant *(O. 7.5.74)*. Le président balaya ceux qui incarnaient à ses yeux le nationalisme ou le chauvinisme, le libéralisme, le *technocratisme (M. 12.10.77)*.

TECHNOSTRUCTURE ou TECHNO-STRUCTURE sf. (D'après l'am. ; Galbraith, 1967). Rép. ~1970. ■ Ensemble de *technocrates**, d'experts, de savants, de *managers**, de personnalités diverses qui ont une influence prépondérante sur les choix et décisions d'ordre économique, politique, social, culturel. (Dans une entreprise, un secteur industriel, une ville, un État, etc.).

M. décrivait récemment le glissement du pouvoir réel, échappant de plus en plus aux gouvernants nominaux et aux élus, entre les mains des membres de ce qu'il nommait la « *technostructure* ». Pour lui, cette *technostructure* comprend les collaborateurs directs du président de la République et du Premier ministre, en prise avec leurs homologues dans les cabinets ministériels, en rapport ainsi, d'une part avec les ministres, d'autre part avec les directeurs des administrations centrales *(M. 7.10.69)*.
La *technostructure* dirigeante n'a pas pour objet de créer des profits personnels et même, comme l'a montré Galbraith, elle est moins animée par la recherche d'un profit total maximisé que par sa disposition à assurer sa survie et autant que possible son expansion *(N 7.71)*. Le phénomène d'appropriation progressive du savoir par la *technostructure* place la majorité de la population dans une situation de totale dépendance à l'égard de ceux qui créent, diffusent et transforment la connaissance *(Gabaude, 72)*. Une remise en cause implique la reprise par les travailleurs de centres de décision abandonnés à une « *techno-structure* » para-étatique *(Bauchard, 72)*. L'évolution vers les *techno-structures* a réduit en tous domaines la participation des travailleurs et des citoyens en général à des décisions qui les dépassent *(Onimus, 72)*. Ceux qui constituent la « *technostructure* » sont les détenteurs du « savoir », source principale de la créativité, de l'innovation, du progrès économique et social *(NC 12.72)*. La *technostructure*, ce sont les nouvelles élites issues de la science et de la technologie qui, dans les États capitalistes avancés, se substituent progressivement aux anciennes élites issues de la richesse *(E. 9.12.74)*. Du côté des *techno-structures*, opacité absolue de gestion, à l'abri de quoi il ne s'agit que de maintenir les privilèges exorbitants d'un certain nombre de cadres supérieurs (...) qui ne répondent jamais réellement de leurs erreurs devant les actionnaires *(M. 13.7.78)*.

TEENAGER ou TEEN-AGER [tinedʒœr] subst. (Mot angl.) ■ Garçon ou fille de 13 à 19 ans.

Il s'agit d'inventer un mot nouveau qui traduise l'expression américaine « *teenagers* », qui désigne tous les adolescents de 13 à 20 ans *(VL 10.62)*. Le succès de l'émission est immense chez les décagénaires — comment traduire *teenagers* ? *(M. 6.7.63)*. Le héros de la pièce (de Tennessee Williams) est devenu guide dans une miteuse agence de tourisme au Mexique. Parmi ses clientes, se trouve une « *teenager* » déchaînée qui, un soir à l'étape, se fourre littéralement dans son lit *(M. 24.11.64)*. On brise les lampadaires, des vitres d'automobiles, de fenêtres ou d'étalages. On lance la pierre et l'on file dans la nuit. On a franchi la frontière du défendu, si attirante pour les *teen-agers (Bernard, 64)*. Les livres de poche et les éditions à prix réduit se multiplient ; les « *teenagers* » forment désormais un public qui dispose d'un pouvoir d'achat propre *(Errera, 68)*. Pour les « *teen-agers* » — en français, préadolescents et adolescents — les magasins proposent des modèles échelonnés en taille de 12 à 18 ans environ *(VR 5.4.70)*.
→ DÉCAGÉNAIRE.

TEE(-)SHIRT ou T(-)SHIRT [tiʃœrt] sm. (Nom déposé. Mot angl., de *T* et *shirt*, « chemise » ; « chemise en forme de T »). ■ Maillot de corps à manches courtes et qui a la forme d'un T. — Par ext. Chemisette en jersey de coton, sans col et à manches courtes.

Avant l'arrivée des spectateurs, et un long temps après, les comédiens se contentent de déambuler et de deviser en tenue de travail — *tee-shirts*, blue-jeans — sur le plateau vide de tout décor *(M. 1.7.66)*. De tous les articles proposés par ces drugstores d'un genre nouveau, ce sont encore les *tee-shirts* qui demeurent les plus vendus *(F. 15.12.66)*. Long *tee-shirt* zébré rouge vif et blanc pour lui, vaste veste à fentes-chemise pour elle *(E. 12.6.67)*. En Guyane, Jean abandonna une partie de ses bagages, ne conservant qu'une moustiquaire, un hamac, une couverture, deux pantalons et un jeu de *tee-shirts (FP 4.69)*. Les enfants ont déjà enfilé leurs *tee-shirts (M. 6.11.69)*.
Emprunté au vestiaire masculin, où il n'était qu'un maillot de corps, le *tee-shirt* fait une carrière surprenante (...) le plus simple, en jersey de coton, peut s'orner d'un dessin appliqué, devise, motif pop ou poétique *(VR 26.3.72)*. Grande uniformité chez les garçons. D'abord, le jean, des *tee-shirts*, des pulls (...) une parka pour le vélomoteur *(O. 16.10.78)*.
Tout un art du vêtement que les Français récupèrent : les jeans, les *T-shirts*, les blousons, les chemisettes flottantes *(E. 29.10.73)*. André V., le skipper, était vêtu des lambeaux d'un *T-shirt* enfilé à Capetown et resté « à poste » depuis lors *(E. 24.12.73)*.

TEINTANT, E adj. ■ Qui sert à colorer, à teinter.

Mme E. a perdu un lundi entier à chercher un volontaire pour tester deux nouvelles crèmes « *teintantes* » pour hommes *(E. 18.12.67)*.

TÉLÉ(-)

TÉLÉ(-) Élément préfixal (du gr. *têle*, « loin », « à distance ») qui sert à former de nombreux composés, surtout subst. et adj., dans lesquels il peut avoir les fonctions et les valeurs suivantes :
1. premier élém., signifiant : « à distance, au loin, de loin ».
2. préfixe, tiré de *télévision*, et signifiant : « relatif ou propre à la télévision ».
3. préfixe, tiré de *téléphérique*, et signifiant : « qui ressemble au téléphérique ».

Certains composés sont traités plus loin en articles séparés à leur place alphab. D'autres sont répartis dans les rubriques ci-après.

1. Télé(-) signifie : *à distance, au loin, de loin* (il forme surtout des substantifs).

Rem. L'éloignement de « *télé-* » de son aire lexicale première, et ses emplois de plus en plus fréquents dans le lexique vulgarisé de la télévision, le rendent apte à fonctionner avec la valeur sémantique du radical grec — « de loin » — dans des lexiques non scientifiques *(Peytard : CL 64.1)*.

Substantifs (noms de choses abstraites ou concrètes)

O Un contrat a été passé entre les P.T.T. et un homme d'affaires pour la création d'un service de « *télé chansons* ». L'amateur peut écouter en composant un numéro sur son cadran de téléphone, et pour le prix de la communication, la « chanson du jour » *(M. 23.1.57)*. La mise au point des matériels de *télé-communications*, télémesure et télécommande *(M. 19.5.66)*. Le transport des malades et blessés dans des véhicules spéciaux équipés d'un matériel de *télédiagnostic (M. 7.1.67)*.
Le *téléimprimeur*, en relation directe avec l'ordinateur *(VR 16.2.69)*. M.V. spécialiste des problèmes de traitement à distance de l'information et responsable du système de *télé-information* du Groupe D. *(M. 2.10.66)*. Les données de *télémesure*, c'est-à-dire toutes les mesures automatiques qui renseignent sur le bon fonctionnement du vaisseau spatial *(M. 25.12.68)*. Un nouvel instrument de travail, le *télénaute* : cet engin mobile et télécommandé permet aux observateurs restés sur le navire de voir le fond grâce à un circuit de télévision et d'y faire des prélèvements. L'appareil, conçu pour résister à des pressions de 100 atmosphères, pourra donc descendre à 1 000 mètres *(M. 24.3.66)*. Un équipement ultra-moderne qui comporte : (...) un dispositif de *télé-signalisation* renseignant le centre de Saint-Malo sur l'état des organes de l'usine *(F. 28.11.66)*. « Monitorage » nous avait paru une francisation acceptable de « monitoring ». Or, ce néologisme a été trouvé lourd et laid. (...) *Télésurveillance* était fréquemment proposé. Depuis, nous l'avons rencontré dans de nombreux articles. *Télésurveillance* a donc pris, dans notre liste la place de monitorage *(TAM, 68)*. Un nouvel appareil de *télé-surveillance* électronique grâce auquel les médecins ne seront plus dérangés par les fausses alertes qu'ils redoutent tous et qui fatiguent rapidement les infirmières chargées de surveiller les patients *(F. 7.2.69)*. Des crédits ont été débloqués pour l'achat de nouveaux cinémomètres-radars qui s'ajoutent aux *télétachymètres* (qui permettront de contrôler à distance la vitesse des automobiles) *(C. 1.4.70)*.

∞ Ce poste de commande centralisé assurera par télécontrôle l'automatisme complet du trafic *(Cazaux, 71)*. Une *télévente* permet de tirer le maximum d'avantages d'une campagne publicitaire *(En. 2.4.71)*. Dans la mesure où les décisions sont prises de façon impersonnelle et lointaine, à distance, dans la mesure où l'entreprise est animée par un « *télé-commandement* », ce commandement prend des décisions sans tenir compte des réalités concrètes *(Peretti, 72)*. La 2e étape de notre passage à l'informatique consiste à généraliser la technique du « *téléprocessing* », c'est-à-dire à installer des terminaux dans nos agences, ce qui leur permettra d'utiliser elles-mêmes et sans relais l'ordinateur *(R 3.72)*. Il existe un grand nombre de méthodes permettant d'acheminer des solides par *télétube (R.G.C.F. 6.72)*. Des installations de *télépancartage* destinées à renseigner les usagers sur la destination des trains ont été mises en service *(VR 23.7.72)*. La *téléthermographie* statique : son principe est de recueillir sur un film sensible l'image du patient donnée par le rayonnement infrarouge émis sur la peau *(SV 9.73)*. D. était sensible, à 5.000 km, à ce que lui transmettait son ami. C'était souligner l'existence d'un lien *télépathique* – un *télé-lien* – entre certains hommes *(P. 17.12.73)*. La NASA s'est longuement préparée à cette ère de la *télé-éducation* et de la *télé-médecine (M. 2.6.74)*. Les premières études et réalisations sont si éloignées des robots à l'image de l'homme, que les ingénieurs préfèrent parler d'automates, de *téléopérateurs*, ou simplement de machines automatiques *(M. 31.7.74)*. Un système de « *télégrisoumétrie* » permet de relever à distance la présence de gaz et donne toutes les 7 minutes les indications recueillies par 80 postes de mesure placés dans les galeries *(M. 31.12.74)*. Un service de « *téléconférence* » a été inauguré entre Nantes et Saint-Nazaire (...) Chaque *télécentre* comportera une salle où 6 participants prendront place devant les micros ; il disposera d'un système de *téléécriture* qui transmettra dans l'autre salle des courbes et des croquis, d'un système de *téléprojection*, qui projettera des microfiches, et enfin d'un système de *télécopie (M. 8.4.76)*. La formule du *télétexte* emploie des machines à écrire à mémoire qui sont commandées à distance par des cassettes *(M. 24.11.77)*.

Adjectifs ou part. passés.

La station au sol chargée de la récupération des données *télémétriques* du troisième étage et du satellite durant le vol spatial *(F. 15.11.66)*. Un système *télémétrique* destiné à recueillir régulièrement des données sur le « smog » : des ordinateurs électroniques fourniront tous les quarts d'heure un schéma des conditions atmosphériques *(F. 28.11.66)*.
Tout groupe hydroélectrique neuf est entièrement automatisé et *télécommandable*, afin de réduire ou supprimer le personnel d'exploitation *(R.G.C.F. 1.74)*. On accusait l'Amérique d'avoir suscité les colonels grecs. On admet maintenant qu'ils ont été *télérenversés* par Kissinger *(PM 3.8.74)*. La Météorologie nationale expérimente une sorte d'aile gonflée pourvue de deux moteurs *télépilotés* ; elle servira à l'observation de l'environnement *(E. 28.8.78)*.

TÉLÉ(-)

2. Télé(-) signifie : *relatif à la télévision* (il forme des substantifs et des adjectifs).

Rem. Le langage de la presse abuse des mots construits avec le préfixe « télé- » : qui est propre à la télévision *(Peytard : CL 64.1)*.

Substantifs (noms de choses abstr. ou concrètes).

O Une importante installation de *téléaffichage* (d'indications pour le public) à contrôle de commande par circuit intérieur de télévision est en cours de réalisation *(VR 20.4.69)*. L'étonnante maîtrise, la puissance d'expression de L. avec ses *télécaméras* (caméras de télévision) (...) *(M. 27.4.56)*. De cette réunion, assimilée à tort à un « *télé club* » (club de téléspectateurs), s'est dégagée une série d'interrogations sur le problème du « direct », du théâtre filmé, des variétés ou du ballet à la T.V. *(M. 13.4.66)*. L'inauguration de la *télé-couleur* (télévision en couleur) en France, n'est qu'une péripétie *(PM 30.9.67)*. Paul M., qui avait créé le rôle de Judas à la scène, l'a repris pour le *télécran* (...) *(M. 27.4.56)*. Les personnes impressionnables avaient été priées de s'écarter du *télécran* car le reportage de cette opération du cœur était réalisé en direct, (...) *(M. 10.2.57)*. Mme E. a invité des amis à une « *télé-party* » (soirée passée à regarder, en groupe, un programme de télévision). Cette coutume se généralisant, les boutiques proposent maintenant des plateaux à alvéoles pour dîner comme en avion en regardant une émission importante *(E. 27.11.67)*. Vous invitez quelques amis à une *télé-party*. Un geste maladroit, un verre tombe... Et vous obtenez une moquette au jus de fruit *(FP 11.68)*. *Télé-philatélie*. Émission sur Florence, ville d'art, vue « à travers » les timbres-poste évoquant ses splendeurs *(ST 14.1.67)*. Grâce à un appareil qui peut se brancher sur n'importe quel récepteur, les téléspectateurs n'auront qu'à introduire une « cassette » pour voir sur le petit écran le film de leur choix. Ce *téléprojecteur* doit permettre à chacun de voir ou de revoir à l'heure qui lui convient, les films qui l'intéressent, ou la séquence de son choix *(M. 21.2.69)*. À moins d'être un bourreau d'enfants, il devient de plus en plus difficile de fermer à clé le *télérécepteur* entre le 24 décembre et le 1er janvier *(F. 5.1.67)*. L'assiette pour *télé-repas* si nous invitons des amis à une soirée sur petit écran : cette assiette de porcelaine blanche compartimentée comme certains plateaux d'avions simplifie le service *(M. 18.12.66)*. À Versailles, le service des *téléreportages* (reportages télévisés) aura définitivement fait ses preuves *(M. 25.12.53)*. Un des *télé-services* de la nouvelle Télé-Université nationale *(Escarpit, 64)*. Les réalisateurs d'émissions dramatiques devront désormais tenir compte de la nature des œuvres théâtrales qu'ils veulent porter à la télévision, car, dans le comique en particulier, le *télé-théâtre* apparaît de plus en plus comme un genre faux *(M. 10.9.66)*.

∞ Des séries d'émissions organisées pour des *télé-clubs*, regroupaient une trentaine de personnes *(Chabaud, 70)*. L'âge de la radio-télévision scolaire, de la *télépédagogie (E. 27.9.70)*. Le présentateur du journal télévisé se sert du *téléprompteur*, procédé qui consiste à faire défiler le texte face au journaliste *(E. 25.2.74)*. 70 % des personnes interrogées ont estimé ces speakerines utiles et agréables. Voici ces huit *télésourires* qui symbolisent pour nous les deux chaînes *(Tj 9.3.74)*. La France veut-elle rester présente sur tous les écrans du monde, grâce à ses films, ainsi que sur les ondes, grâce à ses *téléfilms*? *(M. 25.1.78)*.

Substantifs (noms de personnes).

O « *Téléastes* » : ceux qui font de la télévision, comme « cinéastes » : ceux qui font du cinéma *(Fa. 6.11.68)*. Nous (les rédacteurs de l'hebdomadaire « Télérama ») acceptons (...) « *téléaste* » (réalisateur d'émissions, de films pour la télévision), calqué sur « cinéaste » *(VL 1.63)*. Entre les mains du « *téléaste* », le charmant conte se métamorphose en un sombre roman du mal permanent... *(F. 29.11.66)*. *Télé-auditeur* et téléspectateur attentif, il crut au pétrole saharien, aux merveilles du Marché commun *(F. 23.11.66)*. Les conseils prodigués par les spécialistes de la télévision qui entourent chacun des *télé-orateurs* risquent de finir par les troubler *(F. 18.11.65)*. Le rôle d'un *téléreporter* qui interviewe le gagnant d'un concours *(ST 4.10.69)*.

∞ Ce soir-là nous avions absorbé le journal télévisé, des variétés, un mini-western (...) ainsi à longueur de soirée, nous consommions de la télé (...) Bref, nous étions en passe de devenir des *télédrogués (O. 28.2.72)*. Que vous soyez cinéphiles, radiophiles ou *téléphiles* les journalistes ont la prétention de vous intéresser tous au festival de Cannes *(Téla. 26.5.73)*. Le dialogue doit amener le *téléaste* et le spectateur à mieux se connaître et à mieux comprendre l'époque *(Téla. 23.2.74)*.

Adjectifs ou participes passés.

La stupidité de l'opinion française, transistorienne et *téléspectatrice (Revel, 65)*. La télévision française a diffusé, au cours de ses journaux *télévisés* de jeudi soir, un film sur la guerre du Vietnam *(M. 25.12.65)*. Les pays les plus fortement « *télévisionnés* » (riches en récepteurs de télévision), pour oser un affreux néologisme, sont aussi les plus urbanisés, ou en voie de l'être, ou bien les plus riches *(C. 12.2.70)*.

Cette nourriture psychologique des mass-media ne met pas en veilleuse l'esprit critique ; les participations *télévisionnaires* nourrissent les communications vécues entre les personnes. On parle des films, des stars, des faits divers *(Lacombe, 71)*.

3. Télé(-) signifie : *qui ressemble au téléphérique.*
Dans le vocabulaire du tourisme, des transports, des sports d'hiver et de montagne, etc., pour désigner différents engins de remontée mécanique, de transport terrestre ou marin.

O Nos champs de neige vastes et sans danger vous attendent avec une école de ski, deux téléskis, un *télé-baby (Pub. M. 11.68)*. Les deux engins lourds : téléphérique de D. et *télébenne* (var. pour télé-cabine) de S. *(Dunlop, 66)*. Cette *télécabine* franchit une dénivellation de 720 mètres. Équipée de 86 cabines elle assurera le transport de 555 skieurs à l'heure *(M. 13.1.65)*. Dans le ciel passe une *télécabine* très haut suspendue *(M. 11.8.68)*. Le *télé-canapé* sera constitué de petits wagons montés sur pneus qui rouleront sur deux rails et qui transporteront, assis de côté, environ 1 000 à 1 500 passagers. Les voyageurs sont tous assis côte à côte, sans vis-à-vis, dans de petits wagons à ciel ouvert *(VR 3.7.66)*. Les compléments d'un chemin de fer de montagne, à savoir un *téléluge*, un téléski, un télésiège *(VR 11.9.66)*. La nouvelle cité est reliée à La Plagne par un *télémétro (M. 22.12.70)*.

∞ Au sud des Landes, les complexes de loisirs seront totalement interdits à l'automobile. On y circulera grâce à un réseau de *télénacelles* et de monorails *(PM 22.6.74)*. Avec 44 remontées mécaniques — 37 *téléskis*, 2 *télésièges*, 3 *télécabines* et 2 *téléphériques* — la station de S. figure en bonne place *(M. 22.3.75)*.

TÉLÉ sf. Fam. Abrév. par apocope de : *télévision*

Le mot « *télé* », avec ce qu'il suggère de distances, évoque le facteur de rapprochement le plus puissant qui ait jamais été mis à la disposition de l'homme : la télévision *(Cl.f. 3.59)*. Le père pivota pour ouvrir la *télé* (...) l'image dansota, il n'arrivait pas à la régler *(Rochefort, 61)*. On râle contre la *télé*, mais c'est bien commode (...) Avant, on pouvait pas lire le journal à table, c'était pas poli. Maintenant on peut. C'est une sacrée amélioration *(Fallet, 64)*. Nicole le trompe avec la *télé*. Aucun autre amour ne nous sépare, se dit Julien, mais la *télé* nous sépare (...). Mais si Nicole est fidèle n'est-ce pas grâce à la *télé* ? La *télé* apporte les aventures toutes mâchées à domicile. Nicole avait été absolument obsédée par les écrans de télévision (...). Julien se prenait à haïr la *télé (Ragon, 66)*. La *télé* a obligé, en décembre 1965, les candidats — à la Présidence de la République — à donner le meilleur d'eux-mêmes (...). Le général de Gaulle est redevenu un homme contraint de répondre et d'argumenter, de toucher et d'émouvoir. Ce qu'aucune personnalité n'avait réussi — humaniser de Gaulle — la *télé* l'a fait tout naturellement *(Moreau, 67)*. On peut voir la *télé*, Maman ? (...) Ils se ruent dans la pièce voisine où on a installé la *télé*. À Toulouse elle était dans la salle à manger. (...) Ici on est bien plus heureux, sauf pour la *télé* que Papa n'a pas voulu mettre près de la table : « On ne peut jamais parler avec cet engin » *(FP 5.71)*.
Vous demandez-vous parfois ce que la télévision est en train de faire de vos enfants ? Car ils s'en gavent, n'est-ce pas ? de cette *télé* spectacle, de cette *télé* feuilleton, de cette *télé* pollution qui souille les esprits, les consciences, les cœurs (...) De cette *télé* succès faite pour des gorets idolâtres du Veau d'or *(Can. 30.1.74)*.

● **Apposition ou second élément de subst. comp.** ■ **Qui appartient, qui est relatif à la télévision.**

Il faut une grande humilité : se pencher sur elle et attendre qu'elle parle. Beaucoup de journalistes-*télé* n'ont pas cette patience *(E. 5.6.67)*. L'intrigue-*télé* (...) nécessite densité et rapidité *(E. 16.10.67)*. « Manon des sources » (...) a enchanté les amateurs de feuilleton *télé (E. 17.3.69)*.
Les écrans de cinéma sont tous réduits au format « petit écran » pour retrouver l'ambiance *télé (M. 10.3.74)*.

TÉLÉAFFICHAGE sm. ~ 1965. Techn. ■ Système qui permet de télécommander l'affichage d'informations (horaires, destinations, provenances, etc.) destinées aux voyageurs, aux passagers dans un aéroport, une gare, etc.

La gare Saint-Lazare a été dotée d'un dispositif de *téléaffichage* des trains *(R.G.C.F. 11.71)*. Les progrès réalisés dans le domaine des relais électromagnétiques et électroniques ont permis de renseigner le public simultanément en plusieurs points d'une gare à partir d'une commande centrale (...) Il s'agit là des dispositifs modernes de *téléaffichage (R.G.C.F. 3.73)*.

TÉLÉCOMMANDÉ,E part. passé ou adj. Fig. 1967. ■ Commandé de loin ; influencé, inspiré (par).

D'après ce texte (...) l'accusé paraît avoir été *télécommandé (M. 13.3.69)*. La publicité, la commercialisation des loisirs conditionnent et donnent l'illusion du choix. D'autre part, les compensations fournies par ces loisirs *télécommandés* peuvent supprimer toute réelle ambition et tout dynamisme *(Lacombe, 71)*. Les réflexions de l'auteur ne sont *télécommandées* ni par Marx, ni par Freud, ni par Marcuse, ni par aucun de nos maîtres à la mode *(E. 4.2.74)*. Il y a quelques mois, les ouvriers au port de Saint-Laurent au Canada s'étaient mis en grève. On a découvert (...) que leur mouvement était *télécommandé* des États-Unis *(P. 1.7.74)*. Le pouvoir patronal est toujours présent dans les usines, en dépit de l'extension des multinationales *télécommandées (M. 8.1.78)*. Souvent on a l'impression que tel putsch plus ou moins *télécommandé* a un caractère préventif, qu'il s'agit de bloquer une évolution jugée dangereuse *(M. 12.7.78)*.
→ TÉLÉGUIDER.

TÉLÉCOPIE sf. ~ 1960. ■ Procédé de télégraphie analogique qui permet d'obtenir à distance une photocopie d'un document graphique en utilisant une ligne téléphonique.

Le système de *télécopie* le plus simple, le plus rapide, le plus économique ne nécessite pas de papier spécial *(Pub. Inf. 15.1.73)*. Faire à distance la photocopie d'un document par le canal d'une ligne téléphonique semble encore une curiosité. Pourtant, les débuts de la *télécopie* sont presque aussi anciens que ceux du télégraphe *(M. 12.2.75)*. Le développement accéléré de la *télécopie* et de la téléimpression est désormais probable à brève échéance *(C. 5.7.78)*.

TÉLÉCOPIEUR sm. ■ Appareil utilisé pour la *télécopie**.

Il y a plus de 15 ans, apparaissait sur le marché le premier *télécopieur* sur papier normal *(Inf. 18.12.72)*. Le *Télécopieur* 400 occupe moins de place qu'une machine à écrire. Il est branché sur le téléphone et s'utilise très simplement. Il suffit de composer le numéro de téléphone de votre correspondant, de glisser dans le *Télécopieur* le document que vous désirez expédier et d'appuyer sur le bouton d'envoi. Quelques minutes plus tard, votre correspondant reçoit une copie parfaite *(Pub. P. 14.1.74)*.

TÉLÉDÉTECTION sf. ~ 1960. Did. ■ Technique de détection à distance d'informations sur la surface de la Terre, l'atmosphère, les planètes, par enregistrement du rayonnement électromagnétique.

La *télédétection*, technique encore balbutiante, née avec les premières observations aériennes, doit inventer de nouvelles méthodes *(E. 26.11.73)*. Le ministre de la qualité de la vie a survolé la région parisienne à bord d'un avion de l'Institut géographique national participant à une expérience de *télédétection* de la pollution des eaux de la Seine *(M. 16.7.75).* Les techniques hautement sophistiquées de la *télédétection* sont encore assez mystérieuses pour les utilisateurs. Sera-t-il nécessaire que les techniciens de la *télédétection* se spécialisent dans une branche donnée d'application ? La solution (...) sera probablement dans la formation d'équipes pluridisciplinaires réunissant télédétecteurs et utilisateurs *(M. 24.5.78).*

TÉLÉDISTRIBUTION sf. 1960. Techn. ■ Procédé qui consiste à transmettre par câbles ou relais hertziens des programmes télévisés ou des enregistrements *vidéo** en circuit fermé.

Un jour la plupart de nos téléviseurs recevront leurs images par le canal d'un câble. Voilà ce que les Français commencent à découvrir sous le nom de « *télédistribution* » *(M. 19.1.72).* La *télédistribution* est prête à engendrer une nouvelle forme de communication à l'échelle locale *(M. 1.6.72).* Des réseaux câblés vont être installés en Espagne en 1973, pour la *télédistribution* en couleur *(En. 7.12.72).* L'apparition de la *télédistribution* condamne l'illusion du monopole de l'O.R.T.F. *(Inf. 1.1.73).* La multiplication des chaînes de télévision est complétée par l'apparition de nouvelles techniques, notamment la *télédistribution* par câbles coaxiaux *(MD. 3.74).* Tout est prêt pour l'installation d'un réseau de *télédistribution* dans la ville de Nice *(M. 6.6.74).*

Rem. **Le subst.** *télédistribution* **est en concurrence avec la loc.** *télévision par câble(s).*

La *télévision par câble,* c'est la possibilité de capter non plus deux ou trois programmes, mais jusqu'à cent *(El. 1.5.72).* A.L. vient de réinventer la *télévision par câble,* en circuit fermé, la télédistribution *(E. 7.8.72). Télévision par câble* : une télévision « à la carte » qui permettra de diversifier les programmes et de monter des émissions locales *(E. 11.6.73).*

TÉLÉENSEIGNEMENT ou TÉLÉ-ENSEIGNEMENT sm. ~ 1960. Did. ■ Mode d'enseignement qui utilise comme supports la radio et/ou la télévision.

(Le *télé-enseignement)* intéresse les étudiants qui apprennent hors des murs de l'université et qui, exerçant un métier, ne peuvent s'instruire qu'en marge de leur activité professionnelle *(M. 12.7.64).* Le Centre national de *télé-enseignement* affirme qu'il sera dans l'impossibilité d'assurer la préparation des nouveaux programmes de première année, étant donné leur extrême diversité et leur spécialisation excessive *(M. 10.5.66).* L'expérience de *télé-enseignement* du Québec, destiné à trois cent mille habitants défavorisés du nord de la province *(M. 23.3.69).*
Dans le cas d'enseignement dans le milieu familial, il est fait appel au service de *téléenseignement* de l'Éducation Nationale qui peut au besoin décider de l'intervention de répétiteurs auprès de l'enfant *(Gabaude, 72).*

TÉLÉGÉNIE sf. ~ 1965. ■ Qualité de qqn ou de qqch qui est *télégénique**.

M.Marcel B., candidat prévu, est un homme visiblement honnête et sincère, mais dépourvu de « *télégénie* » *(E. 29.11.65).* L'apparition du chancelier fédéral Brandt, dont la « *télégénie* » et les qualités de tribun populaire sont incontestables, peut faire sensation *(M. 16.4.66).* Certains ont pris l'habitude de juger des livres d'après la *télégénie* de leurs auteurs *(Moreau, 67).* Découpage, mise en scène, bruitage, truquage sont tous réussis et les rires en voix off ajoutent une dimension à la *télégénie* de l'ensemble (d'une émission) *(C. 31.8.69).*
Les dirigeants gauchistes que l'on voit sur le petit écran sont explicitement choisis pour leur vertu charismatique propre et, plus particulièrement, pour leur *télégénie (Searle, 72).*

TÉLÉGÉNIQUE adj. 1961. (D'après *photogénique*). ■ Qui produit une impression favorable dans une émission de télévision.

Et si l'on pouvait faire basculer (dans l'opposition) l'électorat féminin ? Avec un bon slogan peut-être, ou un candidat *télégénique (M. 4.10.64).* Les comédiens ne sont pas des pantins. Ceci est admirablement réussi. Et particulièrement *télégénique (C. 16.2.69).*
On peut être un bon écrivain et avoir une apparence peu « *télégénique* », comme on dit *(Fa. 10.2.71).* Candidats à la présidence de la République, sachez que le téléspectateur est un connaisseur. La preuve ? Aucune de vos qualités *télégéniques* n'a jamais convaincu plus de 58 % d'entre eux *(P. 7.5.74).*

TÉLÉGESTION sf. ~ 1966. Inform. ■ Gestion à distance d'un ensemble industriel, d'une installation technique, au moyen d'un système de *téléinformatique**.

Les systèmes de *télégestion* peuvent être plus ou moins évolués (...) Dans un premier cas, le système se limite à la transmission de messages de terminaux vers l'ordinateur. Dans un second cas il y a échange d'information entre l'ordinateur et ses terminaux *(Pilorge, 66).* Parmi les applications de la *télégestion,* il faut citer la gestion des stocks *(VR 11.7.71).* Les nouvelles possibilités des mini-ordinateurs en temps réel et de la *télégestion* élargissent le choix des solutions informatiques offertes par les ordinateurs de bureau *(M. 18.5.74).*

TÉLÉGUIDER v. tr. Fig. ■ Diriger, influencer de loin, parfois de façon occulte.

R. avait *téléguidé* son crime depuis la prison de M. *(Orieux, 65).* Avant de se faire *téléguider,* déborder, escamoter, avant de s'enivrer de leur propre violence, ils (certains jeunes) ont eu le temps de mettre en accusation cette société de faux besoins et de faux loisirs qui déshonore l'Occident *(M. 26.6.68).* Prudent, il (le chef d'un syndicat) avait commencé par prendre du recul et en ne participant pas personnellement aux discussions. Ayant réuni son Bureau fédéral, il *téléguidait* les opérations *(E. 12.10.70).*
La bonne volonté et la conscience professionnelle de tous ces fonctionnaires d'autorité

TÉLÉGUIDER

sont malheureusement trop souvent contrecarrées par un quelconque chef de service anonyme dans un ministère, qui les *téléguide* de Paris *(Gros, 70).*

● **Participe passé et adjectif.**

O Par des ventes judicieuses, on fait baisser le cours de l'or à Paris. Par des *achats téléguidés* sur les places suisses, on fait remonter artificiellement le cours du franc français *(O. 17.3.67).* Au lendemain de la Seconde Guerre mondiale, on a assisté à un retour massif du culte de « la femme au foyer » mère attentive certes, mais aussi grande *acheteuse téléguidée* par les messages publicitaires à la radio ou à la télévision *(Fa. 22.4.70).* Tout le mal, ou tout le bien, viendrait de l'initiative de quelques *étudiants téléguidés (O. 26.6.68).* Sans aller jusqu'à soutenir, que l'*opération* avait été « *téléguidée* », il se borna à mettre en valeur un certain nombre de détails qui pouvaient donner à penser que la police avait été parfaitement tenue au courant des intentions des accusés *(M. 31.5.64).*

∞ Lorsque la *presse* est *téléguidée*, la crédibilité des nouvelles et des commentaires est entamée *(TL 21.11.71).* Les deux *fractions* dissoutes du Front de libération de la Bretagne sont accusées d'être *téléguidées* d'Irlande par l'Ira *(E. 4.2.74).* Le *choix* de l'acheteur ne doit pas être *téléguidé* par les firmes qui ont les moyens de faire de la publicité *(E. 8.3.76).*
→ TÉLÉCOMMANDÉ,E.

TÉLÉINFORMATIQUE sf. et adj. ~ 1968. Inform. ■ Technique qui utilise les moyens des télécommunications (circuits télégraphiques ou téléphoniques) pour transmettre des données *informatiques**, échanger des informations entre *ordinateurs**.

● **Subst. fém.**

La *téléinformatique,* qui conjugue les moyens des télécommunications et de l'informatique, est porteuse de promesses remarquables *(Perroux, 69).* L'informatique devenue *téléinformatique* offre aux Sociétés modernes la possibilité de s'affranchir de la tyrannie du nombre *(E.U. vol. 6, 1970).* L'extension du réseau de *téléinformatique* a été activement poursuivie *(R.G.C.F. 9.73).* L'installation d'un réseau de *téléinformatique* en temps réel nécessite de lourds investissements *(En. 5.12.73).* La *téléinformatique* doit accélérer les processus de décentralisation et de décongestion si nécessaires à notre administration *(M. 30.11.74).*

● **Adjectif.**

Le plan prévoit d'installer un centre de calcul, une unité de recherche *téléinformatique (C. 15.10.69).* Prendre en charge la gestion de réseaux *téléinformatiques* de plus en plus complexes *(Exp. 11.71).* L'administration française aurait à installer, entretenir et exploiter 25.000 liaisons *téléinformatiques* d'ici à 1976 *(Exp. 7.72).* Une équipe d'ingénieurs et de techniciens chargés d'assurer l'extension et la maintenance d'un important réseau *téléinformatique (M. 28.2.74).*

TÉLÉMATIQUE sf. et adj. 1978. (Rapport Nora et Minc sur « l'Informatisation de la société », in *Documentation française, mai 1978*). ■ Ensemble des perspectives ouvertes par la combinaison des moyens de l'*informatique** avec ceux des télécommunications.

Rem. Le rapport Nora-Minc attirait l'attention sur le « nouveau monde » que créerait bientôt le rapprochement entre deux techniques d'avant-garde : l'informatique et les télécommunications. Nora et Minc baptisaient le fruit de ce mariage d'un néologisme qui entra aussitôt dans la langue française : la *télématique (E. 23.12.78).*

● **Subst. fém.**

Née du mariage de l'ordinateur et des réseaux de transmission, la *télématique* (...) sera bientôt — avec l'énergie — le secteur économique essentiel dans les pays développés *(M. 20.5.78).* Un conseil restreint tenu à l'Élysée vient de décider une série de mesures qui tendent à mettre la France à l'heure de la *télématique* pour les 20 prochaines années *(M. 2.12.78).*

● **Adjectif.**

À terme, c'est le pouvoir économique et politique qui est l'enjeu de la révolution *télématique (E. 22.5.78).*
→ BUREAUTIQUE.

TÉLÉONOMIE sf. ~ 1970. Biol., phil. ■ Étude des lois de la finalité.

Ceux-ci (les êtres vivants) se distinguent de toutes les autres structures, de tous les systèmes présents dans l'univers, par cette propriété que nous appelerons la *téléonomie (Monod, 70).* Pour ne pas parler de finalité on invente le mot *téléonomie.* Monod est bien obligé d'accepter l'existence d'une *téléonomie,* c'est-à-dire d'un projet, d'un programme exécuté par l'évolution des êtres vivants *(Chabanis, 73).*

Rem. **L'adj. *téléonomique* est attesté.**

Nous choisirons arbitrairement de définir le projet *téléonomique* essentiel comme consistant dans la transmission, d'une génération à l'autre, du contenu d'invariance caractéristique de l'espèce. Toutes les structures, toutes les performances, toutes les activités qui contribuent au succès du projet essentiel seront donc dites « *téléonomiques* » (...) Le jeu, par exemple, chez les jeunes de mammifères supérieurs, est un élément important de développement psychique et d'insertion sociale. Il a donc une valeur *téléonomique* comme participant à la cohésion du groupe *(Monod, 70).*

TÉLÉPHONE ARABE loc. subst. Fig. Fam. ■ Transmission rapide des nouvelles, de *bouche** *à oreille,* ou par messagers.

Une foule pour laquelle, l'information dispensée par toute la presse parlée, écrite ou en images étant priori suspecte, le « *téléphone arabe* » et la rumeur sont les moyens de communication *(Viansson, 71).* Une sorte de service parallèle de bourse aux postes d'enseignants se crée spontanément devant les bureaux (...) Système D et « *téléphone arabe* » tiennent lieu d'ordinateur *(M. 26.9.74).*

TÉLÉSCAPHE sm. 1966. ■ Téléphérique immergé dont les passagers sont transportés dans des cabines étanches de *plexiglas**, où règne la pression atmosphérique normale.
> Le premier prototype du *téléscaphe* a été présenté aux journalistes. L'appareil se présente comme un téléphérique sous-marin (...) *(M. 14.7.66)*. L'Administration n'a pas encore prévu de rubrique dans laquelle ranger cet engin bizarre qu'est le *téléscaphe* *(A. 5.6.69)*.

TÉLÉSPEAKERINE [telespik(ə)rin] sf. ~ 1965. ■ *Speakerine** chargée d'annoncer et/ou de présenter des programmes à la télévision.
> Si vous êtes jolie, si vous avez une voix agréable, et si vous avez entre 20 et 25 ans ; si vous possédez deux langues étrangères (...) vous pouvez prétendre au titre de *téléspeakerine* *(ST 24.4.65)*. Les *téléspeakerines*, ces ravissantes femmes-troncs qui apparaissent (...) chaque soir aux étranges lucarnes *(ST 30.3.68)*. Les journalistes d'Antenne 2 travailleront sans filet (...) avec le risque de ces bafouillages qui étaient jusqu'ici l'apanage des *téléspeakerines* *(E. 13.1.79)*.

TÉLÉSPECTATEUR, TRICE subst. ~ 1960. ■ Personne qui regarde la télévision.
> (...) en laissant le *téléspectateur* regarder en face le drame vietnamien *(M. 10.4.66)*. Le directeur d'Antenne 2 avait annoncé son désir de s'entretenir avec des *téléspectateurs* pour connaître leur sentiment sur d'éventuels changements de programmes *(M. 30.3.75)*. Du cinéma sur le petit écran ?? Jamais le samedi (...) Les *téléspectateurs* n'ont jamais caché leur mauvaise humeur, face à cette pénalisation *(E. 28.4.79)*.

TÉLÉTHÈQUE sf. ~ 1966. (D'après biblio*thèque*, disco*thèque*, etc.). Did. ■ Collection de documents d'archives de télévision. — Lieu où l'on conserve ces documents.
> Un de ces « moments » de la télévision dont il faudra garder trace dans une future « *téléthèque* *(C. 28.11.68)*. Je souhaite que l'on puisse bientôt constituer une *téléthèque* où seraient conservées les meilleures émissions *(TR 9.2.74)*.

→ -THÈQUE.

TÉLÉTRAITEMENT sm. Mil. XXe. Inform. ■ Mode d'utilisation d'un *ordinateur** relié par voie téléphonique ou télégraphique à des sources d'information éloignées de l'unité centrale.
> **Rem.** *Télétraitement* est recommandé officiellement pour remplacer l'anglicisme *teleprocessing*.
> Arrêté du 29.11.73 relatif à l'enrichissement du vocabulaire de l'informatique. — *Télétraitement* : mode suivant lequel les données sont émises ou les résultats reçus par ou sur des terminaux éloignés de l'ordinateur — en anglais : « teleprocessing » — *(J.O. 12.1.74)*.
> ♦ Un dispositif de *télétraitement* des informations, comprenant 28 postes pour l'« entrée » des données et 28 postes pour leur « sortie » *(M. 2.1.68)*. Le développement de la télétransmission et du *télétraitement* se répercutera sur celui des unités centrales *(Exp. 7.72)*. Le *télétraitement* en est encore, au début des années 1970, à sa phase élémentaire *(Rousset, 73)*.

TÉLÉVISEUR sm. ~ 1960. ■ Récepteur de télévision.
> Tyran domestique installé à la meilleure place, qui s'impose à tous sans distinction d'âge ni de sexe, le *téléviseur* règle la vie et gouverne l'emploi du temps *(Moreau, 67)*. Les *téléviseurs* à télécommande vous promettent le monde à portée de doigt *(M. 23.4.78)*.

TÉLÉVISION PAR CÂBLE
→ TÉLÉDISTRIBUTION (Rem.).

TÉLÉVISUEL, LE adj. Rép. mil. XXe. ■ Qui est destiné ou adapté à la télévision (considérée comme moyen d'expression). — Qui concerne, qui utilise la télévision.
> François Mauriac a dit (...) la satisfaction que lui donnait cette transcription de « Destins » en langage *télévisuel* (...) L'œuvre *télévisuelle* possède la respiration interne de l'œuvre littéraire *(M. 27.5.65)*. Certaines œuvres ne se prêtent pas à une transposition *télévisuelle* *(M. 31.12.67)*. S'adressant à un public qui est une « masse », l'art *télévisuel* est amené (...) à présenter à la société ce qu'elle a coutume de valoriser (...) L'important de ce voir si le message *télévisuel* est bien par vocation uniquement destiné à favoriser la passivité et le conformisme *(N 4.69)*. Toutes les formes de littérature fantastique, écrite, théâtrale, cinématographique ou *télévisuelle* *(Drouet, 72)*. Des émissions qui existent depuis l'aube des temps *télévisuels* *(E. 24.1.72)*. Ni Paule ni Simone (...) réservées et modestes, n'étaient très tentées par cette expérience *télévisuelle* (...) Amies dans la vie, elles sont restées amies pour les besoins de l'émission *(Victor, 73)*. La politique actuelle sacrifie autant la création *télévisuelle* que la création cinématographique française *(M. 25.1.78)*. Maîtrise du propos, de l'argument, du ton, clarté de l'exposé, le chef de l'État connaît son métier « *télévisuel* » *(M. 20.4.79)*.

TÉLEX sm. Mil. XXe. ■ Système qui permet de transmettre à distance des messages dactylographiés, au moyen de *téléimprimeurs* équipant les postes d'abonnés.
> — « Venez donc dans la salle des *télex* (...) ». Les « *télex* » fonctionnaient, les renseignements affluaient de Paris et de la province *(Saint Pierre, 70)*.

● Par ext., le message lui-même.
> Les plantons ont apporté un *télex* chiffré : « L'un des principaux chefs de la rébellion a été arrêté » *(Courrière, 69)*.

TÉLEX

(-) télex. Apposition ou second élément de composés.

Les *communications* télex (...) risquent d'être perturbées *(F. 11.11.66)*. Nos chercheurs vont donner la réponse, grâce à un service international d'*ordinateur-télex (Pub. M. 12.6.69)*. L'important, ce sont les *ordres-télex* ou les coups de téléphone des gros clients étrangers *(E. 4.12.67)*. Le *service télex* sera ouvert avec le Pakistan à dater du 1er juin 1969 *(M. 31.5.69)*.

(-) TÉMOIN Second élément de subst. comp. dont le premier élément désigne une chose concrète, ou plus rarement abstr. — parfois aussi une collectivité — qui sert de point de comparaison, qui permet un contrôle, permet d'être informé sur d'autres objets, d'autres choses analogues.

O Vous vous ferez une opinion en venant visiter l'*appartement-témoin (Pub. M. 19.7.69)*. Des *bornes témoins* furent placées dans le sol. L'une d'elles s'enfonça de 1 mètre en quinze jours *(M. 29.5.66)*. Des *boutiques témoins* permettraient de contrôler les abus *(Dumont, 62)*. Quand la bière est brassée, on en prend un peu, on remplit une petite bouteille et on l'enferme dans le noir. Cela s'appelle un *échantillon-témoin* : tous les jours, on l'examine *(Pub. FP 4.69)*. *Lampe-témoin* très visible pour indiquer que le fer (à repasser) est sous tension *(M. 17.11.66)*. Un tableau signalant certains défauts de fonctionnement par allumage de *lampes témoins (VR 29.3.70)*. Le logement dans lequel nous nous trouvons est un *logement témoin*, celui que l'on montre aux étrangers qui viennent visiter S. *(Bernard, 64)*. La coopérative maritime d'E. envisage la création d'une douzaine de *magasins-témoins (M. 4.12.64)*. Visite tous les jours de la *maison-témoin (Pub. M. 29.6.66)*. Un *projet-témoin* prenait pour cible (l'aménagement d'un parc naturel) une forêt de 5000 hectares *(M. 5.10.66)*. L'industrie automobile, *secteur-témoin* de toute la production industrielle française *(M. 19.7.64)*.

OO Il ne faut pas accuser les promoteurs à priori de mauvaise foi, même si la fameuse *cuisine-témoin* est un trompe-l'œil tentateur. Il serait plus raisonnable de savoir ce que doit être une cuisine bien équipée *(M. 23.9.70)*. J.F. écrivait que la Corrèze serait le *département-témoin* des élections législatives *(E. 8.2.71)*. Si les enfants du *groupe-témoin* avaient reçu (...) la même stimulation que les enfants du groupe sur lequel a porté l'expérience, ils auraient évolué comme eux *(Young, 72)*. Nous retenons ici les problèmes qui touchent à la diffusion des films en province, en prenant une *ville-témoin*, Tours *(M. 21.3.74)*.

TEMPO sm. Fig. (D'après l'emploi dans le vocab. de la musique).
■ Rythme d'une action.

Cette mobilité des personnages, qui donnaient à telle affaire de cœur ou d'intérêt non seulement un « *tempo* » particulier mais aussi une conclusion différente de celle qu'elle aurait eue sans l'emploi de la voiture automobile *(Gascar, 67)*.
Peut-être Giscard n'est-il pas tenté de précipiter le *tempo* de l'épreuve de force *(P. 27.5.74)*.

TEMPS PARTAGÉ loc. subst. ~ 1960. (Trad. de l'angl. *time*-sharing*).
Inform. ■ Technique qui consiste à utiliser simultanément, à partir de plusieurs *terminaux**, un *ordinateur** unique.

Rem. Il y a, dans le télétraitement, plusieurs niveaux de complexité et de raffinement ; ce que l'on appelle la « pyramide des applications ». L'actuel sommet de la pyramide, c'est le « time-sharing », le « *temps partagé* ». Ici, tous les travaux sont traités simultanément, ou plutôt, semblent l'être en raison de la vitesse de calcul de l'ordinateur. S'il a dix utilisateurs qui le sollicitent simultanément, l'ordinateur partage équitablement son temps entre eux : il leur consacre à chacun un dixième de seconde toutes les secondes, et ainsi de suite. Si bien que chaque utilisateur reçoit des résultats en continu ; il a le sentiment d'être seul à travailler sur l'ordinateur *(E. 22.1.68)*. Le *temps partagé* (est) appelé également l'utilisation de l'ordinateur en partage de temps. (...) L'idée directrice du travail en *temps partagé* est de mettre à la disposition d'un utilisateur possédant un terminal, une ligne téléphonique, l'usage d'un ordinateur. Cette liaison permet à l'utilisateur abonné au service *temps partagé* de questionner l'ordinateur sans contrainte, sans attente, au moment qu'il aura choisi *(Pilorge, 69)*.

♦ A l'Université de L., le Pr B., qui est un des pionniers de l'enseignement de l'informatique, a eu l'idée de faire appel aux techniques de « *temps partagé* » *(E. 4.11.68)*. Ce n'est qu'à partir de 1968 que la télé-informatique est devenue en France un produit « banal » — ou presque — grâce à l'ouverture des premiers centres de « time sharing » (ou) *temps partagé* *(M. 2.5.71)*.
A l'aide d'un terminal-machine à écrire imprimante installé chez eux, des particuliers peuvent acheter du temps de calcul sur les machines. Ces dernières peuvent donc être utilisées par de multiples clients ; on dit qu'elles fonctionnent en « *temps partagé* » *(M. 9.3.74)*.

TEMPS RÉEL loc. subst. ~ 1960. (Trad. de l'angl. *real time*). Inform.
■ Rythme de succession des opérations (d'un *ordinateur**) compatible avec le rythme réel d'arrivée des données.

Un ordinateur qui travaille en « *temps réel* » est une machine qui répond immédiatement aux ordres qui lui sont transmis, contrairement à d'autres ordinateurs qui répondent seulement après plusieurs secondes ou plusieurs minutes *(O. 21.10.68)*.
Cette société, qui possède un ordinateur depuis 1962, se prépare à mettre en œuvre un ordinateur 3e génération en vue d'accéder à une gestion *temps réel (M. 9.1.69)*.
Le développement des traitements en « *temps réel* » dans la réservation électronique des places, qui se fera en présence du client, rendra inacceptables des pannes d'ordinateur que l'on acceptait pour des traitements en « temps différé » *(VR 17.12.72)*. L'informatique des transports est essentiellement une gestion en « *temps réel* » : gestion des flottes, des équipages, de la capacité offerte *(R.G.C.F. 6.74)*. Le détecteur de pollution, l'agriculteur ou le pêcheur ont un besoin impératif de recevoir les données de la télédétection en *temps réel (M. 24.5.78)*.

TERMINAL, E

TENNIS sm. plur. Spéc. (par ellipse de : *chaussures de tennis*).
■ Chaussures de toile à semelles de caoutchouc.
Un endroit où les jeans délavés voisinent librement avec la cravate, les « *tennis* » hors d'âge avec les talons hauts *(M. 26.4.78)*.

TÉNOR sm. Par ext. Fam. ■ Personne (ou collectivité) qui joue un rôle de premier plan dans sa spécialité, dans son domaine.
Au Palais-Bourbon, les *ténors* de l'opposition se succèdent à la tribune pour répondre au Premier ministre *(Viansson, 71)*. Les grands *ténors* du cinéma ont reçu leur juste compte d'éloges, les salissures du tissu, autrement dit à ce que l'eau ne se mette pas en boules *11.1.72)*. La saison avait mal débuté pour les grands *ténors* du voyage organisé *(M. 18.1.75)*.

TENSIO-ACTIF, IVE adj. et sm. Mil. XXe. Chim. Se dit de produits, de substances qui augmentent les propriétés de *mouillage* d'un liquide.
Cette substance est justement la responsable des mousses qui fleurissent sur les fleuves en aval des barrages et des écluses. Il s'agit d'un produit appelé mouillant, ou plus scientifiquement *tensio-actif*. Son rôle consiste d'une part à mouiller, comme son nom l'indique, les salissures du tissu, autrement dit à ce que l'eau ne se mette pas en boules comme sur une surface grasse, mais forme un film, et d'autre part à décoller les salissures et les maintenir en suspension dans l'eau de lavage *(C. 6.6.70)*. Parmi les diverses substances utilisées dans les produits d'hygiène et de beauté, on peut mentionner des agents *tensio-actifs (Gaussel, 73)*. Une lessive contient des substances « *tensio-actives* » qui détachent les salissures et les mettent en suspension dans l'eau *(S. 5.73)*.

TENTE- sf. Premier élément de subst. comp. dont le second élément indique soit la fonction, soit la forme de la tente.
Les uns se dirigent vers la *tente-marabout* où sont installées des douches de campagne ; d'autres attendent pour aller prendre un « jus » sous la *tente-réfectoire (E. 19.4.65)*. Une *tente-cabine* a été dressée en lisière d'un bois *(Bonnecarrère, 72)*. Autour du terrain, les *tentes-dortoirs* et les *tentes-abris* pour le matériel forment un ensemble harmonieux *(VR 26.3.72)*. Sous la *tente-studio*, le réalisateur feuillette ses notes *(E. 22.4.74)*. Les J. ont planté leur *tente-caravane* sur le terrain de camping de M. *(M. 23.7.77)*.

TEP [tɛp] subst. invar. Sigle pour *T(onne) (d') É(quivalent) P(étrole)*. (D'après le modèle *TEC**). Métrol. ■ Unité de mesure thermique correspondant à la quantité de thermies produite par une tonne de pétrole brut.
Le conseil de planification sur l'énergie a décidé qu'en 1985 la France devra se contenter de 240 millions de *tep* – tonnes d'équivalent pétrole – au lieu de 285 prévus par le VIe plan *(E. 17.2.75)*.

TERMAILLAGE sm. 1974. (De *terme*, et *maille*, d'après l'angl. *leads and lags*). Écon.
Rem. *Termaillage* : changement dans le rythme des règlements internationaux, caractérisé par une accélération et un retard, en sens inverse, du recouvrement des créances et du paiement des dettes *(J.O. 3.1.74)*.
♦ Une contraction désormais classique des termes de paiement du commerce extérieur – leads and lags ou *termaillage* – dont les variations affectent sensiblement les balances de paiement en accélérant ou en freinant les entrées et sorties de devises *(M. 22.1.74)*.

TERMINAL, E sm. et adj. (De l'angl. *terminal*, « terminus »).
1. Ensemble d'installations techniques et d'équipements divers implantés en des points de concentration ou d'aboutissement d'un important trafic maritime, fluvial, ferroviaire, routier, aérien, etc.
● 1.1. (~ 1950). Ensemble d'installations qui permettent de charger ou décharger, de stocker des produits pétroliers.
Le *terminal* méthanier de Fos doit recevoir le gaz algérien *(M. 6.12.72)*. Les travaux du *terminal* pétrolier d'Antifer avancent rapidement (...) On songe aussi à un *terminal* pour le gaz naturel liquéfié *(M. 23.2.75)*.
● 1.2. (~ 1970). Ensemble d'installations (dans un port, une gare de marchandises soit ferroviaire soit routière, etc.) qui permettent la manutention de marchandises diverses, en vrac, en *conteneurs**, *transconteneurs**, etc.
Les *terminaux* de transport sont un peu les poumons d'une nation *(D. En. 5.71)*. Au sud de la grande écluse est projetée la construction d'un *terminal* disposant de 2300 mètres de quai et de 160 ha. de terre-pleins desservant 7 postes pour les porte-conteneurs *(VR 10.10.71)*. Le nouveau *terminal* est équipé de 4 portiques de 40 tonnes, d'une plate-forme pour navires roll-on-roll-off (...) *(VR 19.11.72)*. La position géographique de ce site, le fait qu'il soit directement relié aux réseaux ferroviaire et autoroutier internationaux, son accès direct à la mer, toutes les conditions sont réunies pour en faire un *terminal* de classe européenne *(M. 16.5.74)*. On achève les équipements du *terminal* de l'autoroute « la Languedocienne ». La gare de péage où se fera le raccordement avec l'autoroute espagnole est presque terminée *(M. 3.4.76)*. Les trois *terminaux* à conteneurs du Havre sont exploités selon le même principe (...) des *terminaux* ferroviaires y sont associés *(R.G.C.F. 11.78)*.
● 1.3. (~ 1970). *Aérogare** urbaine, ou installations d'accueil situées en ville pour les passagers du transport aérien.
● Subst. masc.
La gare de Londres-Victoria est un remarquable point de correspondances et d'éclatement

du trafic, justifiant ce « *terminal* » urbain *(VR. 14.2.71)*. Les hôtesses de l'aéroport m'ont dit qu'à cette heure tardive, il n'y avait que la liaison vers le « *terminal* » de la porte Maillot (...) J'ai dû subir l'incommodité de ce « *terminal* », mal relié au métro *(M. 11.3.75)*.

● Adjectif.
Une aérogare *terminale* a été réalisée à Londres-Victoria pour les passagers de l'aéroport de Gatwick *(VR 14.2.71)*.

2. (~ 1960). Inform. **Organe d'entrée et de sortie relié à un ordinateur central et qui permet de transmettre à celui-ci des données (questions) ou d'en recevoir des informations (réponses).**

● Subst. masc.
La téléinformatique par la liaison de multiples « *terminaux* », met à la portée de chacun les plus grands centres d'information de notre planète. (...) On aura toujours sous la main, sous forme d'un *terminal*, toutes les ressources de l'informatique *(F. 26.9.68)*. Avec le développement du marché électronique, le *terminal* devra être toujours plus différencié selon chaque type de clientèle et sera de plus en plus répandu, tandis que le grand ordinateur fera partie des accessoires essentiels mais normaux de la grande entreprise *(M. 17.12.68)*. L'agent de réservation (d'une compagnie aérienne) a devant lui un écran cathodique — semblable à celui d'un poste de télévision — et un clavier de machine à écrire : le « *terminal* ». Grâce lui, il peut interroger la « mémoire » de l'ordinateur qui se trouve à Londres ou à Rome et dans laquelle sont emmagasinées des millions d'informations *(M. 25.5.69)*. On estime aujourd'hui à un millier le nombre des *terminaux* installés chez des clients par des sociétés de télétraitement (...). Un « *terminal lourd* » (...) peut maintenant être constitué par un petit ordinateur muni des périphériques habituels et connecté à distance à un ordinateur plus puissant *(M. 2.5.71)*.
Dans la chambre de contrôle des vols spatiaux, des centaines de *terminaux* d'ordinateurs permettent de suivre à chaque instant le fonctionnement de chaque élément de la fusée *(P. 9.10.72)*. Trois *terminaux* ont été mis en place dans le bureau de réservation des places et d'émission des billets *(VR 23.6.74)*. Il y a les filles qui alignent des chiffres sur des machines poussives aux chariots lourds, et les « privilégiées » de l'électronique qui tapent sur les claviers plus doux de *terminaux* d'ordinateur *(O. 27.1.75)*. Un *terminal* questions-réponses est placé sur chaque machine, et l'ensemble est relié à l'ordinateur central de gestion de la firme *(M. 11.10.75)*. Le groupe d'étude du *terminal* d'avenir a été créé en 1976 (...) Les études s'orientent vers un *terminal* « intelligent » à mémoires de travail et de stockage *(VR 7.1.79)*.

● Adjectif.
Il y a quelques semaines une société d'électronique présentait un nouvel équipement *terminal* pour ordinateurs, spécialisé dans la saisie directe et décentralisée des données *(En. 21.5.71)*.

TERMINALE sf. ■ **Classe de fin d'études secondaires.**

Débarrassé d'une épreuve, le bachot 69 portera sur les programmes de *terminale (E. 7.10.68)*.
Rater le bac se conçoit à peine dans la *terminale* C d'Evry *(M. 15.6.78)*. Moins de 10 % des enfants entrés en sixième se retrouvent plus tard en *terminale* C, voie royale pour la réussite *(E. 31.7.78)*. La Fondation franco-américaine (...) consacre une part des fonds qu'elle recueille à aider 80 professeurs d'anglais de *terminale* à aller visiter les États-Unis. Les États-Unis sont, en effet, au programme des classes de *terminale (E. 25.11.78)*.

TERMINOGRAPHIE sf. 1975. Néol. proposé par A. Rey (cf. cit. ci-après) pour désigner l'activité des spécialistes de la terminologie (vocab. des diverses spécialités techniques, scientifiques, etc.).

La récolte, le stockage et la diffusion des informations mettent la terminologie en rapport avec les sciences et techniques documentaires ; le traitement des unités avec la lexicographie ; l'aspect interlinguistique, avec la traduction. La nature de cette pratique, l'apparition d'une profession comparable à celle du lexicographe, de documentaliste, de traducteur (...), m'incite à proposer, pour la distinguer de l'analyse théorique des processus de conceptualisation et de nomination, le néologisme de *terminographie* — avec terminographe, terminographique —. Ce « terme » pourra être défini en contraste avec lexicographie, contraste portant sur deux types d'activités fort analogues (...) L'opposition portera (...) sur les domaines plus spécifiques pour la *terminographie* — nomenclatures scientifiques et techniques, avec des interférences nombreuses entre elles et les vocabulaires plus généraux — (...) *(A. Rey, B.d.m. n° 10, 1975)*.

TERMINOLOGUE subst. Mil. XXe. (D'abord au Québec). Did. **Spécialiste de la *terminologie* (au sens de : étude systématique des vocab. spécialisés — techniques, sciences, etc. —).**

L'activité du « *terminologue* » [= terminographe] n'est pas identique à celle du lexicographe-linguiste ; elle a plus de points communs avec celle du lexicographe-encyclopédiste, mais garde son originalité par tous ses points d'application : collecte et organisation de l'information plus exigeante, nécessité d'une normalisation, diffusion auprès d'un public d'utilisateurs actifs et sélectionnés *(A. Rey, B.d.m. n° 10, 1975)*.

TERRAPLANE sm. Nom déposé. ~ 1960. ■ **Véhicule à *coussin* d'air* qui se déplace au-dessus du sol.**

Le gouvernement a commandé son premier « *terraplane* » pour le Tchad et étudié un « agriplane » qui permettrait l'épandage des engrais *(M. 27.6.70)*.
→ AÉROGLISSEUR, NAVIPLANE.

TERRASSE- Premier élément de subst. comp. dont le second élément indique la fonction de la terrasse.

Cette *terrasse-solarium* (...) jaillit dans le vide pour vous offrir encore plus de soleil *(Pub.*

PM 5.12.70). Au 7e étage de l'hôtel, sur la *terrasse-salle à manger,* une dizaine de garçons servaient trois clients étrangers *(E. 10.9.73).*

-TERRASSE Second élément de subst. comp. dont le premier élément désigne ce qui est installé en terrasse ou sur une terrasse.

Cinq hélicoptères descendent sur l'immense *toit-terrasse* du hall municipal *(E. 29.5.67).* La réfection du *bar-terrasse* n'est pas terminée *(PM 11.4.70).* L'hôtel possède un *jardin d'enfants-terrasse (E. 23.11.70).* Un *balcon-terrasse* prolonge l'appartement *(Pub. E. 20.11.72).* À vos pieds, la dalle-promenade truffée de *jardins-terrasses,* où l'on se promène au-dessus des voitures *(F. 24.1.74).*

TERRIBLE adj. et adv. Spéc. ~1960. Fam. (avec valeur d'intensif admiratif).

● **Adj.** (À propos de personnes ou de choses). Excellent ; imbattable, irrésistible, sensationnel, etc.

Rem. L'adjectif « *terrible* » est l'un des piments importants de « Salut les copains » (titre d'une revue de jeunes) *(Es. 2.64).*

♦ Des *chaussettes* gaies que vos amis trouveront « *terribles* » *(O. 28.2.68).* Sophie est restée plantée plus d'une heure devant la présentation de mode du Bon-Marché : des *mini-jupes* — *terribles* ! — mais on s'en lasse ! *(VR 4.12.66).* Bibliothèques vitrées : *Prix terribles (Pub. M. 20.10.65).* Le prof de maths, il est un peu dingue, mais le *prof* de philo est *terrible* ! *(E. 19.9.66).*

● **Adv.** Très bien, excellemment, extraordinairement.

« Ça pousse *terrible* » se traduit par : « elle (une voiture) a de très fortes accélérations » *(ER 28.9.67).*

TERTIAIRE adj. et subst. Spéc. Écon. Rép. mil. XXe.

● **Adj.** Qui relève du *secteur tertiaire* (cf. ci-après subst. masc.)

Une vraie ville ne peut se concevoir sans des activités « *tertiaires* » dynamiques *(En. 13.4.68).*

Tant que la grande majorité des hommes étaient voués au travail manuel, les dos se courbaient avec une certaine résignation. Il en est de moins en moins ainsi dans la *civilisation tertiaire (Sauvy, 70).* La notion de *secteur tertiaire* est apparue avec la théorie des trois secteurs vers 1930. Elle fut reprise et vulgarisée en 1940 (...) La région parisienne et la Provence-Côte d'Azur sont à la fois très urbanisées et très *tertiaires.* Ces deux régions sont les seules à avoir un pourcentage d'*emplois tertiaires* supérieur à la moyenne nationale (...) La *société tertiaire* n'emploie des femmes en majorité que dans les professions ou les postes les moins élevés *(D. En. 2.71).* C'est dans les agglomérations les plus « *tertiaires* » que les emplois féminins de services se développent le plus. Ils croissent beaucoup moins vite dans les villes de tradition industrielle *(C. 26.1.72).*

● **Subst. masc.** Ellipse pour « *secteur tertiaire* » ■ Ensemble des activités économiques dites de *services** (commerce, assurances, banques, hôtellerie, restauration, transports, etc.).

Rem. 1. Le « primaire », c'est la matière non élaborée : du minerai de fer jusqu'à la sardine frais pêchée ; le « secondaire », c'est l'industrie de transformation, le « *tertiaire* », c'est le reste : la distribution, le commerce, les affaires, l'information et toutes les activités afférentes *(O. 13.3.68).*

Rem. 2. La plupart des définitions caractérisant le *tertiaire* par son faible taux de progrès technique, on peut s'interroger sur leur validité, car de nombreux exemples, parmi les activités tertiaires les plus importantes, militent contre cette affirmation. Qui peut nier les gains de productivité observés à la S.N.C.F., dans les télécommunications ou les banques ? *(D. En. 2.71).*

♦ L'évolution des sociétés industrielles tend à l'accroissement du *tertiaire,* et spécialement de cette fraction qu'on pourrait appeler le « *tertiaire* supérieur » *(M. 20.5.64).* Le *tertiaire* recouvre les services, les administrations. Il se fait envahissant. Son rôle s'amplifiera *(M. 4.10.67).*

Le *tertiaire* nécessaire à la croissance industrielle ne saurait être confondu avec le *tertiaire* du divertissement et du loisir *(Perroux, 69).* Ce qu'on appelle le « *tertiaire* noble » : sièges sociaux, banques, universités, presse, etc. *(LF 1.4.70).* Dans le *tertiaire* comment comparer, par exemple, la productivité d'un coiffeur et celle d'un enseignant et chiffrer l'évolution de cette productivité ? (...) Seule la bureaucratie du *tertiaire* tend à devenir féminine *(D. En. 2.71).* C'est la création d'industries qu'il aurait fallu obtenir dans cette ville déjà remplie par le *tertiaire (M. 4.5.72).* Permettez-moi cette définition réaliste de la Banque de France : un asile d'O.S. du *tertiaire (Exp. 2.73).*

● **Subst.** (À propos de personnes). Qui a une activité *tertiaire**, est employé dans le *tertiaire**.

Rem. On pourrait presque donner du *tertiaire* la définition suivante : tout homme qui ne peut expliquer clairement à ses enfants ce qu'il fait (...). Il fut un temps où presque tous les hommes arrachaient quelque chose à la nature : les récoltes, l'élevage, la pêche et jusqu'aux mines sont ici visés. Un tel travail est premier, historiquement et logiquement, et ceux qui l'accomplissent sont des travailleurs primaires. D'autres, qui transforment les produits bruts arrachés à la nature, qui les reprennent une seconde fois pour les convertir en une infinité d'objets (...) sont devenus de plus en plus nombreux dans un second temps de l'histoire (...). Ce sont les travailleurs secondaires. Les « *tertiaires* », pour leur part, ne reprennent pas « une troisième fois » les produits élaborés par l'industrie pour en faire autre chose. Ils sont troisièmes, simplement dans l'ordre historique *(Praderie, 68).* La notion de « *tertiaire* » familière aux économistes, ne l'est guère à l'opinion : les petites annonces n'utilisent pas ce vocable, le public non plus. S'il n'y a jamais eu autant de « *tertiaires* », l'homme de la rue ne sait pas exactement de quoi il s'agit *(M. 24.9.68).*

TERTIAIRISATION [tɛrsjɛrizasjɔ̃] ou **TERTIARISATION** [tɛrsjarizasjɔ̃] sf. ~ 1970. (De *tertiaire*). Sociol. ■ Accroissement des activités du secteur *tertiaire**, et diminution corrélative de celles des autres secteurs.

Tertiairisation
> Bureaux d'études, laboratoires de recherches prolifèrent d'un bout à l'autre de l'horizon des affaires : « *tertiairisation* de l'industrie », disent dans leur jargon, les économistes. Et même de l'agriculture : celle-ci doit perdre, d'ici à 1980, un million des siens, mais l'emploi dans le commerce agro-alimentaire se renforce *(E. 29.3.71)*.
> Le vieillissement de la population dans le centre de Milan a pour cause la cherté des logements et la « *tertiairisation* » d'une ville qui était le siège des plus grosses industries italiennes *(M. 19.4.78)*.

Tertiarisation
> Non seulement, écrivent (les auteurs du livre « La civilisation technicienne à la dérive »), il y a un ralentissement du progrès technologique, mais il devient de moins en moins efficace, du fait de la « *tertiarisation* » de l'économie *(M. 29.6.79)*.

(-)TEST Second élément de subst. composés désignant quelque chose qui sert de référence, qui constitue un essai, une expérience.

○ 1970 est l'*année-test* désignée comme devant marquer le début d'une ère de prospérité pour le pays *(M. .9.1.68)*. Cette grève est un *conflit-test* pour les imprimeries *(M. 16.2.67)*. Dans certains *départements-tests* (est envisagée) la suspension immédiate du permis des conducteurs les plus dangereux *(M. 22.3.67)*. Le maximum de précautions ont été prises pour que cette *élection-test* soit sincère *(M. 4.1.68)*. L'autogestion, *expérience-test* du régime *(M. 18.12.67)*. Quelle valeur accorder à cette *grève-test* d'une usine réputée traditionnellement « usine-thermomètre » du climat social ? *(O. 9.12.68)*. Le succès de cette *grève-test* a amené les dirigeants de l'organisation à étendre à toute la France le mot d'ordre d'arrêt du travail *(M. 28.2.69)*. Région frontière, l'Alsace est aussi une *région-test* où se comparent les potentiels économiques français et allemand *(E. 17.3.69)*. Pour vérifier s'il est économiquement profitable de transporter le pétrole d'Alaska par la voie maritime, de nouveaux *voyages-tests* pourront être décidés *(M. 16.11.69)*. À Paris, des « commandos de l'air pur » traquent les fumées dans certaines *zones-tests (É. 24.4.67)*.

∞ Une fraction de suspension ainsi qu'une fraction du plasma sont respectivement additionnées de réactifs : *globules-tests* et *sérums-tests* — *(FL 20.7.70)*. Le ministère de la Santé semble disposé à considérer Vichy comme une *opération-test* de la relance du thermalisme *(M. 29.7.70)*. Vous avez un produit à vendre, un *marché-test* à explorer *(Exp. 1.72)*. Une fois de plus, les divisions idéologiques affaiblissent le syndicalisme. Il s'agit pourtant d'une *bataille-test (E. 16.10.72)*. Sécurité dans le métro : un service d'agents de police en uniforme serait assuré dans des *stations-tests (M. 20.7.73)*. Les producteurs du film décident d'organiser, malgré l'interdiction, une projection à Grenoble, *ville-test (P. 10.12.73)*. Dans son livre, S. envisage avec quelques détails les « *faits-tests* » *(M. 10.4.74)*. Le ministre de la Santé demande à ses laboratoires de réaliser sur 84 plages des contrôles de pollution bactérienne à partir de *germes pathogènes-tests (P. 1.7.74)*.

TESTER v. tr. D'abord : soumettre à des tests. — Par ext. ■ Contrôler, essayer, mettre à l'épreuve.

Construction « active ». (Le compl. du verbe est le plus souvent un nom de chose abstraite, parfois concrète).
> Ce « bain de foule » le « requinque », dit le Général, et il peut *tester*, lors de ces déplacements, l'*accueil* fait à ses décisions : le voyage provincial est un baromètre *(E. 17.5.65)*. Avant de commercialiser ses *créations*, elle les soumet toutes à une impitoyable épreuve-vérité : elle les « *teste* » dans les décors réels *(JF 13.1.68)*. Une jurisprudence isolant chaque article du code du travail pour « *tester* » son *orthodoxie* au regard du seul droit civil *(Errera, 68)*.
> La C.G.T. et la C.F.D.T. veulent *tester* leur nouveau *rapprochement* (En. 2.4.71). Les dernières semaines ont été l'occasion de « *tester* » la *mission* interministérielle *(M. 21.4.72)*. La voiture prototype introduite (...) dans des trains réguliers, devait permettre de faire *tester* les *aménagements* par la clientèle *(R.G.C.F. 11.74)*. Il faut encore *tester* quelques *magasins* situés aux alentours de la place de la Madeleine *(M. 25.12.77)*.

Au passif.
> Ce *produit* a été « *testé* » depuis un an dans un département pilote *(Fa. 1.5.68)*. Les *questionnaires* sont systématiquement « *testés* » avant le lancement des sondages, pour mesurer l'impact des questions posées *(PM 21.4.73)*. Tant que le *plan* n'aura pas été *testé* avec rigueur (...) *(FP 9.73)*.

TESTEUR sm. Mil. XXe.
1. **Personne qui fait subir des tests.**
> Des chômeurs subissent le feu roulant de *testeurs* indiscrets *(C. 9.2.69)*.
> Des maîtres experts en caractérologie et en docimologie, *testeurs* habiles, pratiquants de la dynamique de groupe, psychanalystes à l'occasion *(Massian, 72)*.

2. **Appareil de contrôle qui permet d'observer certains phénomènes.**
> Des « *testeurs* » spéciaux, placés aux points vitaux des voitures, enregistrent toutes les données et éventuellement les fatigues : usure des freins, températures d'huile, suspensions, etc. *(M. 2.5.66)*.

TÊTE CHERCHEUSE loc. subst. fém. Fig. (D'après *fusée à tête chercheuse*.). Personne ou groupe qui a un rôle d'information ou qui est à l'avant-garde d'une recherche.
> Les groupes de pression sont munis (...) de *têtes chercheuses* qui se déplacent en même

temps que les centres de décision publics *(P.E.P., 69)*. Les jeunes militants ambitionnent d'être la *tête chercheuse* de la majorité *(M. 7.4.70)*.
Plus « *tête chercheuse* » que syndicat de masse, la CFDT doit vivre à l'ombre de la CGT tout en se singularisant (...) Le seul fait que les idées CFDT soient a posteriori avalisées par le gouvernement ou par la CGT, témoigne de l'importance des hommes de la CFDT comme « *têtes chercheuses* » *(Bauchard, 72)*. Depuis 1970 la presse a fait écho aux travaux et aux réflexions des « *têtes chercheuses* » de notre époque, qu'il s'agisse de grands esprits, de sociologues ou de psychologues *(E. 12.7.76)*.

TÊTE DE LECTURE loc. subst. fém. Mil. XXe. Électron., Inform.
■ Organe d'un électrophone, d'un magnétophone, d'un *ordinateur**, etc., qui effectue la « lecture » des informations à reproduire.

Une *tête de lecture* rase la surface d'un disque tournant à plus de 3.000 tours-minute. Sur ce disque des « tops » magnétiques constituent l'information enregistrée. En les survolant, la *tête de lecture* alimente l'ordinateur *(E. 16.7.73)*. Le lecteur de bande magnétique doit être un appareil de précision avec un positionnement de la *tête de lecture* au millième de millimètre près *(E. 11.2.74)*. Les *têtes de lecture* et d'enregistrement des magnétophones à cassette ont été perfectionnées, et la bande peut passer près d'elles sans les user ou les encrasser outre mesure *(M. 9.3.77)*.

TÊTE D'ŒUF loc. subst. fém. (Trad. de l'am. *egghead*). Fig. Iron.
■ Intellectuel (subst.).

La dernière des « *têtes d'œuf* », ces intellectuels installés comme conseillers à la Maison-Blanche par le président Kennedy, vient de remettre sa démission *(E. 19.12.65)*. Les moyennes entreprises préfèrent souvent les élèves de l'École française des attachés de presse, alors que les très grosses sociétés choisissent plutôt les « *têtes d'œuf* » du C.E.L.S.A. (Centre d'études littéraires supérieures appliquées) *(O. 13.3.68)*. Les intellectuels américains, ceux qu'il appelle « egg heads », les « *têtes d'œuf* », le (un acteur de cinéma) considèrent comme un irresponsable *(E. 8.7.68)*. Le gouverneur R. a horreur des « *têtes d'œuf* » universitaires. Horreur de tous les campus *(O. 10.7.68)*.
Ces « *têtes d'œufs* » aux cerveaux compliqués qui forment l'intelligentsia américaine *(PM 22.11.69)*.

TÉTRACYCLINE sf. ~ 1960. Méd. ■ Antibiotique à large spectre d'action, voisin de la *terrafungine*.

Certaines substances antibiotiques du groupe des *tétracyclines* seraient efficaces pour lutter contre ces maladies *(F. 23.9.70)*. Quand la *tétracycline* fut introduite en Grande-Bretagne, il y a une quinzaine d'années, son prix fut fixé à 1.200 F les mille comprimés *(Bosquet, 73)*.

TÉTRAPHONIE sf. ~ 1970. (Du gr. *tétra*, « quatre », et *-phonie*). Techn.
■ Procédé d'enregistrement et de reproduction des sons musicaux qui utilise quatre canaux, afin de recréer l'impression de relief sonore propre à une salle de concert ou à un studio d'enregistrement.

À l'horizon de la hifi, s'annonce la *tétraphonie*. La stéréophonie multipliée par deux, si on veut. Quatre enceintes acoustiques au lieu de deux. Toujours plus fort. Toujours plus cher *(E. 5.3.73)*. Il y a deux ans, on vit apparaître les premiers équipements expérimentaux en *tétraphonie* qui, avec leurs deux amplificateurs supplémentaires, étaient aptes à traduire ces fameuses réverbérations complémentaires *(VR 22.4.73)*.

Rem. L'adj. dérivé *tétraphonique* est attesté.
→ QUADRIPHONIE.

TEXTILE subst. Spéc. ~ 1970. Fam. ■ Surnom que les naturistes, les nudistes, donnent aux non nudistes.

Dans le parc, qu'une haute muraille isole des « *textiles* » — c'est-à-dire du commun des mortels — les naturistes vivent, sans complexes, des vacances familiales *(E. 13.7.70)*. Les adeptes du naturisme trouvent ici où tout le monde vit nu, le calme. Dès le vestiaire ils cessent d'être des « *textiles* » *(PM 5.5.73)*.

TEXTURER v. tr. Spéc. ~ 1970. Techn. ■ Ajouter aux aliments un produit dit « texturant », afin de leur donner une texture déterminée.

Les chimistes cherchent à donner à ces protéines une apparence « comestible », en les *texturant*, c'est-à-dire en en faisant des fibres analogues aux fibres musculaires, pour reconstituer une sorte de viande artificielle *(O. 12.8.74)*.

TGV ou T.G.V. [teʒeve] sm. ~ 1970. ■ Sigle pour *T(rain) (à) g(rande) v(itesse)*, parfois aussi interprété *t(rès) g(rande) v(itesse)*.

Le *T.G.V.* se place sous le double signe de la continuité et de l'innovation *(VR 9.4.72)*. Sur la nouvelle ligne ferrée Paris-Lyon circuleront, vers 1980, des trains à très grande vitesse — *T.G.V.* — *(M. 9.1.75)*. Pour parcourir Paris-Lyon en 2 heures, les *TGV* à turbines eussent consommé 170 kcalories au siège-kilomètre. Les *TGV* électriques n'en consommeront que 100 *(R.G.C.F. 12.76)*. Le Conseil d'État a rejeté les requêtes (...) contre la construction de la voie ferrée sur laquelle rouleront des trains à grande vitesse — *T.G.V.* — *(M. 25.1.77)*. La gare de Paris-Lyon est en pleine transformation (pour) préparer l'arrivée du *T.G.V.* — train à grande vitesse — *(O. 30.12.78)*. La présentation officielle du train à grande vitesse — *TGV* — au ministre des Transports et à la presse a eu lieu le 16 janvier entre Strasbourg et Colmar. Le parcours fut effectué à bord du *TGV* de présérie n° 2, à la vitesse de 260 km/h, vitesse commerciale normale du train *(VR 28.1.79)*. Progrès technologique indiscutable, le *T.G.V.* va modifier la géographie régionale et bouleverser les habitudes de transport *(M. 18.4.79)*.

● **En apposition.**
Les *rames TGV* se différencieront sensiblement des matériels conventionnels (...) Le *matériel TGV* n'est pas révolutionnaire, mais, plus subtilement, évolutionnaire (...) Une telle réalisation imposait de mettre en place un organisme chargé de suivre l'ensemble de l'*opération TGV (R.G.C.F. 12.76)*.
Jean P., ingénieur à la S.N.C.F., supervise la construction de la *ligne T.G.V.* sur les lots 7, 8, 9 et 10, soit 165 km à travers Saône-et-Loire, Ain et Rhône *(O. 12.2.79)*.

THALASSOTHÉRAPIE sf. (Du grec *thalassa*, « mer »). Repris et rép. mil. XXe. ■ Traitement médical par les bains de mer et le climat marin.

Le succès croissant des bains de mer et leur utilisation à des fins thérapeutiques ont incité à créer un Centre d'études dont la mission sera de faire le point des avantages et des dangers de la « *thalassothérapie* » *(F. 31.12.60)*. Le ministre de la Santé publique a inauguré le nouveau centre de *thalassothérapie* qui permettra d'appliquer les méthodes les plus récentes de la thérapeutique marine *(M. 14.5.64)*. Le syndicat national des établissements de *thalassothérapie* a dressé le bilan des résultats obtenus par ce traitement, qui utilise dans un but thérapeutique les propriétés de l'eau de mer et des climats marins *(M. 26.3.69)*.

THALASSOTHÉRAPEUTE subst. ■ Spécialiste de la *thalassothérapie**.

(La vieille dame) a dit leur fait aux *thalassothérapeutes* qui n'ont pas réussi à la soulager *(Groult, 68)*.

THALIDOMIDE sf. ~ 1960. (Nom déposé). Méd. ■ *Tranquillisant** dont le pouvoir tératogène apparut vers 1961, après qu'il eut été administré à des femmes enceintes (un procès retentissant, en 1962, contribua à la diffusion du mot).

Le LSD provoque, chez les utilisateurs, une dislocation des chromosomes susceptible d'entraîner des malformations chez leurs descendants. Comme la *thalidomide (E. 13.11.67)*.
Il est possible que nous assistions (...) à une nouvelle « affaire de la *thalidomide* », déclarait un pédiatre *(E. 30.3.70)*.
Lors du drame de la *thalidomide*, il fallut des mois pour retirer du commerce les médicaments suspects, car la substance coupable était vendue sous des centaines de noms *(Gaussel, 73)*.

THANATOLOGIE sf. Rép. mil. XXe. (Du gr. *thanatos*, « la mort », et *-logie*). ■ Étude des différents aspects (biologiques, sociologiques) et des circonstances de la mort.

Le premier livre de *thanatologie*, petit guide de la psychologie de la mort, est destiné aux médecins, pour une meilleure assistance des mourants *(E. 21.9.70)*. Comme l'a expliqué le docteur L., au cours d'une conférence à la Société de *thanatologie*, il y a « trois morts » du vieillard en hospice *(M. 5.6.74)*.

THÉÂTRALISATION sf. ■ Action de *théâtraliser** ; son résultat.

Derrière chaque lazzi du personnage, le dédoublement de la *théâtralisation* et du rire cache une tentative de libération *(O. 6.4.69)*.
G., auteur dramatique polonais, fait table rase de l'esthétique de la *théâtralisation (E. 12.11.73)*.

THÉÂTRALISER v. intr. ou tr. ■ Prendre ou donner un caractère conforme aux exigences de l'œuvre théâtrale.

À trop vouloir « *théâtraliser* », la danse ne fait plus le poids... *(M. 18.11.66)*. L'adaptation à la scène d'une correspondance à quelque chose d'absurde. Ici, ni l'écrivain ni ses proches ne se donnent en spectacle. C'est donc un contresens de *théâtraliser* si peu que ce soit leurs écrits *(M. 23.3.69)*.
● **Part. passé ou adjectif.**
R. fait ses premiers pas d'auteur et de metteur en scène avec un fait divers authentique à peine *théâtralisé (E. 6.8.73)*.

THÉÂTRALISME sm. Rép. mil. XXe. Psychol. ■ Tendance à prendre des attitudes théâtrales excessives en présence de tiers.

Reich croit devoir mettre en question la valeur structurante du complexe d'Œdipe, n'y voulant voir qu'un *théâtralisme* restreint à trois personnages : le père, la mère et l'enfant *(N 1.71)*. Médecin de campagne, le Dr. G. refuse cet étalage de choses tellement personnelles. Exposer à la radio, pour des millions d'auditeurs, cette sorte de problèmes sexuels ne va pas sans un certain *théâtralisme (E. 25.2.74)*.

THÉÂTRALITÉ sf. ■ Qualités théâtrales d'une œuvre.

L'intimisme du petit écran, loin de donner de la grandiloquence à ces élans fous et ces tirades emportées, en faisait apparaître le lyrisme et le pouvoir de fascination. Exemple peu banal d'une *théâtralité* exacerbée par la télévision *(M. 2.1.66)*. Ce « Triomphe de la sensibilité », c'est à peine une pièce, (...) sous les dehors d'une féerie extravagante : la flûte n'est pas encore tout fait enchantée, mais c'est déjà la *théâtralité* dont se serviront Mozart et son librettiste *(E. 31.7.67)*.

THERMO(-)

-THÉÂTRE Second élément de subst. comp. dont le premier élément désigne soit le lieu (autre qu'un théâtre) où l'on donne une représentation théâtrale, soit le genre de cette représentation, ou du spectacle proposé, soit encore une situation quelconque qui sert de cadre à une représentation, à un spectacle.

« La Vieille G. », *cabaret-théâtre* rue du Puits-de-l'Ermite (...) *(E. 19.12.66)*. 34 troupes originaires de 30 pays se produiront partout dans la ville, au théâtre municipal, dans les *cafés-théâtres*, dans la rue *(E. 7.4.69)*. Tous les soirs, entre les fumets de la cuisine hongroise et les labyrinthes du théâtre de chambre, Stephan M. vit une exceptionnelle aventure : directeur et cuisinier d'un *restaurant-théâtre (E. 5.10.70)*. « Bain d'oiseau » de Léonard M., mis en scène et joué par Stephan M. : une belle réussite du *café-théâtre (E. 19.10.70)*. Comme on gèle dans cette *cartoucherie-théâtre*, on se réchauffe en faisant les cent pas d'une palissade à une autre en suivant Louis XVI et les sans-culottes *(PM 23.1.71)*. Callas utilise la musique pour jouer et joue dans la musique, l'effet d'ensemble étant un *chant-théâtre* absolument intégré *(P. 3.12.73)*. La nouvelle revue que présente le sympathique *dîner-théâtre (E. 24.12.73)*. Un festival international du *café-théâtre* qui sera précédé d'une réunion des auteurs du nouveau théâtre *(M. 17.1.74)*.

THÉMATIQUE sf. Rép. mil. XXe s. (en dehors du lexique de la musique) ■ Ensemble de thèmes.

Telle est la péripétie ou, comme on dirait aujourd'hui, la *thématique* de la tragédie dont nous voyons en ce moment le premier acte se dérouler *(M. 8.12.57)*. Chaque ensemble de symboles se lie à une *thématique (Lefebvre, 68)*. Les œuvres inscrites au programme sont regroupées en fonction d'une « *thématique* » *(M. 16.11.69)*. Dans la *thématique* des manœuvres militaires ou des discussions d'états-majors *(O.R.T.F. 18.4.70)*.

THÉORICO- Premier élément de quelques adj. composés.

Le mouvement *théorico-pratique* contemporain de la psychanalyse *(NC 12.72)*. De ce choix *théorico-politique* — il n'y a qu'un arabe et le Coran est son modèle — découlent un certain nombre de conséquences *(Maschino, 73)*.

-THÈQUE Élément suffixal (du gr. *thêkê*, « coffre », « armoire », « réceptacle ») qui sert à former des subst. féminins. Parmi ceux qui semblent de création ou de diffusion récente (mil. XXe.), on trouvera dans ce dictionnaire : *bandothèque**, *cassettothèque** (s.v. *cassette*, Rem.) *diathèque**, *discothèque**, *ludothèque**, *magnétothèque**, *médiathèque**, *musicothèque**, *sonothèque**, *vidéothèque**.

·(-)THÉRAPIE Élément suffixal (du gr. *therapeia*, « soin ») qui sert à former des subst. fém. dans le vocab. méd.
Seuls sont cités ici quelques comp. qui semblent de création récente. L'emploi du trait d'union est hésitant.

Deux enfants découvrent l'univers de 2.440. Tout y est extraordinaire (...) : les cliniques de *gastrothérapie* où une machine détermine ce qu'il y a lieu de manger *(Herp, 73)*. La découverte et la compréhension des effets des odeurs sur le comportement pourraient ouvrir un nouveau chapitre de la pharmacologie : « l'*olfactothérapie* » *(O. 1.10.73)*. Tout semble fait pour prouver que la *sexo-thérapie* est un des outils dont dispose la société américaine pour améliorer son fonctionnement *(M. 21.12.74)*.
→ ERGO-, THALASSOTHÉRAPIE.

THERMICIEN, NE subst. Mil. XXe. Did. Sc. et Techn. ■ Spécialiste de la *thermique*, partie de la physique appliquée qui traite de la production et de l'utilisation de la chaleur.

Les *thermiciens* conseillent les chaudières de chauffage central en acier, meilleur conducteur de la chaleur que la fonte *(Europe I 28.11.73)*. La régulation du chauffage est l'affaire des *thermiciens*, un appoint électrique complétant une énergie solaire fluctuante *(E. 3.7.78)*.

THERMO(-) (Du gr. *thermos*, « chaud »). Premier élément d'adj. et de subst. comp. qui caractérisent ou désignent des choses dans lesquelles intervient la chaleur. Ces composés sont nombreux dans les vocab. scientifiques et techniques, ainsi que dans celui de la publicité commerciale. Les mots *thermographie*, *thermonucléaire*, et *thermoplastique* sont traités plus loin en articles séparés. L'emploi du trait d'union est peu fréquent.

Adjectifs (parfois part. passés).

Les freins *thermostables* de la voiture donnent entière satisfaction *(F. 4.11.66)*. Un appareil *thermo-hygrométrique* pour créer et maintenir un juste degré d'humidité *(F. 17.11.66)*. La plus grande partie des parois du bâtiment est équipée de doubles vitrages *thermo-réfléchissants (R.G.C.F. 11.68)*. Le gant F. qui est à la fois *thermoactif* et électro-statique aide la mousse du bain à pénétrer *(Pub. JF 10.5.69)*. Chauffage direct par convecteurs muraux contrôlés par un dispositif de régulation *thermostatique (Pub. E. 2.11.70)*. Depuis la pile électrique de 1 cm de diamètre jusqu'au tapis de 6 m de long (...) notre gamme de matériel d'emballage sous film *thermorétractable* est la plus complète du marché français *(Pub. Exp. 11.71)*. Pupitre en plastique *thermoformé* qui résiste aux taches et aux gestes brusques *(PM 1.7.72)*. Chausson en matière *thermo-déformable* inventé pour épouser parfaitement la forme du pied *(Pub. E. 20.11.72)*. Des gaines *thermo-sondables* à tout faire complètent l'éventail de ces produits d'emballage *(SV 3.73)*. Des chaussures de ski à

THERMO(-) 676

coque moulée en polyuréthane, *thermo-moulantes* se conformant à la forme du pied *(P. 10.12.73)*. La véritable révolution que connaissent les embarcations de moins de 5 m vient de l'utilisation massive du plastique *thermoformable* *(SV 1.74)*. Faites vous-mêmes des ourlets. Utilisez un voile *thermocollant* qui vous fait gagner du temps *(Pub. FP. 2.74)*. Le hall d'entrée a été réduit de moitié en hauteur au moyen d'un faux plafond en dalles *thermo-phoniques* *(R.G.C.F. 6.74)*. La plupart de ces vaccins sont aujourd'hui purifiés, lyophilisés, certains sont *thermostabilisés* *(M. 8.1.75)*. Dans la syncope dite « *thermodifférentielle* », la différence de température entre l'eau et le corps provoque un évanouissement *(S 7.75)*.

Substantifs (noms de choses abstr. ou concrètes).

Les appareils de *thermocopie* utilisent les propriétés de la chaleur *(En. 5.4.69)*. Le *thermoscope* a la taille d'un petit transistor. Il en sort un fil muni à son extrémité d'une résistance ultra-sensible à la chaleur. Il suffit de la prendre entre le pouce et l'index (...) jusqu'à ce que l'aiguille du cadran reste fixe. On lit alors sur l'écran, à un dixième près, l'écart de température par rapport au début du cycle *(El. 1.2.71)*. Le *thermo-relieur* est un appareil qui permet de relier en quelques minutes tous les documents, quelles que soient la force et la qualité du papier *(Inf. 12.2.73)*. Le froid à 1.800 ou 2.000 mètres d'altitude est parfois très vif ; il saisit d'autant plus les tout-petits que leur *thermorégulation* est imparfaite *(M. 24.11.73)*. Les machines à laver M. sont munies d'un système de *thermodictage* exclusif. Vous programmez la température qui sera maintenue constante pendant tout le cycle de lavage *(Pub. E. 3.12.73)*. La technique, dite de la *thermomousse* permet d'obtenir un matériau très différent de la mousse d'argile (...) La couleur de la brique est foncée *(M. 14.11.74)*. Un ventilateur commandé par un *thermorupteur*, appareil électrique qui a pour but de mettre en action le ventilateur à une température déterminée *(S. 1.75)*. La *thermocompression* a pour objet de substituer à l'énergie électrique celle qui existe à l'état potentiel dans les calories « tièdes » (...) Les pompes à chaleur pourraient puiser, quasi gratuitement dans les milieux à température « douces » 30° à 40° C pour faire fonctionner leurs compresseurs *(S. 4.75)*.

THERMOGRAPHIE sf. Méd. 1968. ■ Méthode de diagnostic qui se fonde sur un enregistrement — par détection du rayonnement infrarouge émis naturellement par le sujet — des différences de température apparaissant entre deux zones à la surface du corps dans le cas où l'une d'elles est le siège d'un processus pathologique.

Un nouvel outil pour détecter les maladies : la *thermographie* ; l'idée est simple : de nombreuses maladies s'accompagnent de perturbations thermiques. Dans un cancer du sein, par exemple, l'élévation de la température des tissus peut varier de 1 à 8 degrés. Reste à la visualiser sur papier photographique *(Inf. 2.7.73)*. La *thermographie* permet de déceler directement la maladie. En « visualisant » grâce à la chaleur émise par les divers territoires de la peau, l'état de santé des organes sous-jacents *(SV 9.73)*. La mise au point de la *thermographie*, ou enregistrement par une caméra à infrarouges des différences de température locales, a largement profité au dépistage des cancers du sein *(M. 23.10.74)*.

THERMONUCLÉAIRE adj. ~ 1953. Phys. ■ Se dit des réactions nucléaires qui concernent la « fusion » de noyaux d'isotopes légers et qui se produisent à très hautes températures. — Se dit en outre des applications (par ex. militaires) de ces réactions.

En cas de guerre *thermonucléaire*, les porte-avions constitueront des cibles idéales *(M. 2.8.66)*. La complexité des problèmes qu'il faudra maîtriser pour aboutir à un premier réacteur *thermonucléaire* à laser (...) *(M. 26.6.74)*. (...) pour nous ouvrir la voie de la fusion *thermonucléaire* contrôlée, et donc de l'énergie inépuisable *(M. 7.11.74)*. La Chine ajoute à ses multitudes humaines un impressionnant arsenal *thermonucléaire* *(M. 7.2.75)*. Les missiles M-20 ont une portée de 3.500 kilomètres et une puissance *thermonucléaire* mégatonnique *(M. 23.11.78)*.

THERMOPLASTIQUE adj. et subst. 1956. Techn. ■ Se dit d'une substance ou d'une matière qui se ramollit sous l'action de la chaleur sans que ses propriétés soient modifiées.

Cette machine pratique des soudures « invisibles » sur des fibres *thermoplastiques* *(M. 12.6.69)*. Un nouveau laminé *thermoplastique* spécialement étudié pour remplacer le bois *(C. 14.4.71)*. Les lignes blanches sur les routes peuvent être tracées soit avec de la peinture, (...) soit par collage de bandes *thermoplastiques* au chalumeau *(F. 17.5.74)*.

THÉSARD, E subst. Fam. ■ Personne qui prépare une thèse de doctorat.

54 % des chercheurs du C.N.R.S. gagnent moins de 1.800 F par mois : un attaché, « *thésard* », le plus souvent engagé à l'issue du troisième cycle en gagne 1 250 au début *(O. 17.4.68)*.
Un directeur de recherches a un certain pouvoir sur ses *thésards*, mais ceux-ci ont aussi la possibilité de le quitter pour un autre *(N 6.70)*.

THRILLER [srilœr] ou [trilœr] sm. Rép. mil. XXe. (Mot angl., « qui effraie », « qui fait tressaillir »). ■ Film, pièce, roman (par ex. policier) à *suspense*° et conçus pour procurer des émotions fortes.

« Le Casse » (film policier) est un *thriller* aux rebondissements incessants *(VR 19.12.71)*. Grâce à ses relations dans le milieu, le protagoniste du film coince le tueur qui se suicide. Il s'agit, on le voit, d'un *thriller* classique *(VR 23.4.72)*. Les auteurs de roman « policier » ont toutes les audaces ; mais aucun d'eux, jusqu'à présent, n'avait eu celle-ci : situer un « *thriller* » dans le milieu de la haute finance *(E. 5.11.73)*. Son film avait débuté comme un « *thriller* » de bonne facture hollywoodienne *(E. 15.4.74)*.

THROMBOSE (GRÈVE)
→ GRÈVE (-) TROMBOSE.

THYRISTOR [tiristor] sm. Rép. ~1960. (De *thyr*atron, et trans*istor*). Électron. Techn. ■ Élément à conduction unidirectionnelle, comportant des *semi-conducteurs* et une électrode de commande permettant de déclencher le passage d'un courant électrique.

Il n'est guère de revue technique aujourd'hui qui n'abonde en articles sur la théorie et les applications des semi-conducteurs contrôlés, plus communément appelés maintenant « *thyristors* » ; mais, si l'on en parle beaucoup, on en ignore généralement les applications réelles *(VR 22.9.68)*. Il semblerait très simple d'équiper les groupes des sous-stations de *thyristors*, qui permettent de régler la tension à volonté *(VR 11.4.71)*. Le *thyristor* (...) occupe maintenant la première place dans la conception des équipements (en) courant monophasé *(R.G.C.F. 1.73)*. C'est véritablement de révolution qu'il faut parler si l'on veut caractériser la nouveauté qu'apporte l'avènement du *thyristor*. En permettant la réalisation du hacheur de courant, le *thyristor* a réalisé (...) le transformateur de courant continu *(R.G.C.F. 7.74)*. L'intérêt du redresseur à *thyristors* sur les locomotives est (...) de permettre, sans aucun dispositif mécanique, un réglage très progressif de la tension d'alimentation des moteurs *(RG.C.F. 12.78)*.

TICKET (AVOIR LE ou UN) loc. verbale. Fam. Faire une conquête, plaire à quelqu'un.

Surboum chez Martine. Robe rose, j'ai le « *ticket* » avec le brun de Gisèle *(Groult, 68)*.
La fille au chinetoque (= du Chinois), le marchand de soupe, près du ponton, elle avait un *ticket* pour lui ! *(Schœndœrffer, 76)*.

TICKET- Premier élément de subst. comp. dont le second élément désigne ce à quoi le ticket donne accès ou droit.

Le rapide remplace le bon, le rationnel supplante le succulent. Le *ticket-repas*, le repas-plateau, il faut presque les faire oublier au client *(O. 23.12.72)*. Ces avantages ont conduit 6.000 entreprises à adopter le *ticket-Restaurant (Pub. O. 22.4.74)*.

TICKET MODÉRATEUR sm. Mil. XXe. ■ Quote-part des frais médicaux et pharmaceutiques que la Sécurité sociale française laisse à la charge de l'assuré.

Si le gouvernement publie prochainement le décret majorant le *ticket modérateur* pour plusieurs centaines de produits pharmaceutiques, une action nationale sera immédiatement déclenchée par les syndicalistes *(M. 26.3.77)*.

TIERCÉ sm. 1954. (Par ellipse de *Pari tiercé*).

1. **Forme de pari mutuel où l'on mise sur trois des chevaux engagés dans la même course.**

   Demain, dimanche, (...) sur le coup de midi, (il) s'en irait boire l'apéro, non sans avoir joué 1.7.9. au *tiercé*. 1.7.9. : il ne changerait pas d'un chiffre. (...) La carotte du *tiercé* se promenait ainsi chaque dimanche sous le nez de la France éblouie. (...) Chez R. (bistrot), on commentait à tue-tête les résultats du *tiercé* de la veille. (...) *(Fallet, 64)*. L'astrologue de service, qui jusque-là limitait les conseils à votre vie sociale ou sentimentale, ajoute maintenant, suivant votre signe, les nombres qui vous seront bénéfiques au *tiercé (M. 14.10.65)*. Gabriel, à qui ses gains énormes avaient valu le surnom de « roi du *tiercé* », a comparu devant le tribunal. Il répondait du délit d'escroquerie au préjudice du P.M.U. à la suite d'un *tiercé* frauduleux *(M. 1.7.66)*. Le *tiercé*, institution nationale, a trouvé dans la télévision son support idéal avec les reportages en direct depuis les hippodromes d'Auteuil et de Longchamp *(Moreau, 67)*. Pour justifier son nom au *tiercé*, le fisc n'est pas à court d'arguments : (...) il est normal de pénaliser les joueurs au profit des contribuables *(E. 20.1.69)*.
   « J'ai commencé à m'intéresser au *tiercé* en 1958, 4 ans après sa création », raconte P. des Moutis. (...) On avait appris sa définition du *tiercé* : « C'est une entreprise de vente de rêve » *(Lesparda, 69)*. « Le *tiercé* se présente comme une drogue collective entraînant des familles aux faibles revenus vers une nouvelle forme d'aliénation », écrit l'archevêque de Marseille qui poursuit : — Le *tiercé* est devenu une drogue nationale (...) J'ai peur pour l'avenir d'un pays qui croit au « Père Noël » du *tiercé* et qui entretient son mythe *(C. 11.1.75)*. Au rythme de 2 *tiercés* par semaine, la France turfiste perd globalement quelque 200 millions de francs par mois *(M. 6.3.76)*.

● Par ext. **somme gagnée grâce à ce pari.**

   Il y a des coups qu'on ne réussit pas deux fois. C'est comme le gars qui a touché un très gros *tiercé* dans l'ordre et qui continue de jouer pendant des mois et même des années. Il est tout surpris que ça ne se reproduise plus *(Floriot, 70)*.
   → QUARTÉ.

2. **Concours, jeux publics qui s'inspirent du *tiercé*.**

   En participant au concours *tiercé*-sondage du journal, vous pouvez gagner un appartement *(M. 6.5.66)*. Des jeux-concours, tel un *tiercé* portant sur les trois premiers de l'étape (du Tour de France) Bordeaux-Brive *(M. 19.7.69)*.

3. **Par méthaph. Série de trois éléments (personnes, collectivités, choses abstr. ou concrètes), souvent en concurrence entre eux ou avec des tiers.**

   Après un magnifique *tiercé* : « La Guerre est finie », « le Roi de cœur », « le Voleur », Geneviève B. va tourner le prochain film de Lelouch *(MC 15.9.66)*. 4,4 ou 4,7 ou 5,2 %, tel est le *tiercé* de la croissance pour 1972 *(En 9.12.71)*. Si l'agent de maîtrise veut faire le *tiercé* de ses insatisfactions, celle qu'il place en tête, avant l'amenuisement de ses responsabilités, avant le salaire, c'est la difficulté de ses relations avec la base *(E. 6.73)*. La Xe Coupe du Monde de Football a connu sa révolution avant même la lutte finale : élimination de l'équipe d'Italie, généralement donnée dans le *tiercé* des favoris *(O. 1.7.74)*. L'Institut pluviométrique de V. n'a signalé que 625,7 l. d'eau par m², 1973 étant rangé dans le *tiercé* d'années sèches : 1972, 624,1 l. par m² ; 1971, 684,5 l. par m² *(GL 17.7.74)*. Dans le *tiercé* des prétextes choisis pour mettre à mal la réforme du Conseil constitutionnel, les deux premiers chevaux étaient faciles à trouver *(P. 14.10.74)*. Quelles sont les stations de sports d'hiver où l'on risque le moins d'attendre aux remontées mécaniques ? Dans le *tiercé* vainqueur, un outsider, Flaine, une gagnante discrète, les Arcs, et une valeur confirmée, Val d'Isère *(P. 16.12.74)*. Le *tiercé* gagnant de cet hiver, robe-housse, jupe mi-mollet, cape longue, battu par un outsider, le fourreau *(E. 3.2.75)*. Le P.c.f. est le seul à avoir réussi un étonnant *tiercé* politique : il est en mauvais termes avec Moscou, avec le Parti socialiste et avec le gouvernement *(E. 31.7.78)*. Le « *tiercé* » gagnant, pour la Bretagne, c'est l'agriculture, la pêche et le tourisme *(C. 5.4.78)*.

TIERCÉISTE subst. et adj. ~ 1960.

Subst. ■ Personne qui joue régulièrement au *tiercé**.

Si la clientèle des champs de courses a un peu augmenté depuis l'avènement du tiercé, le volume des jeux de semaine n'a pas sensiblement progressé, ce qui fait dire à tous les spécialistes que le « *tiercéiste* » n'est ni un vrai joueur ni un vrai turfiste *(M. 14.10.65)*. 95 % des *tiercéistes* risquent moins de 7 F par semaine au P.M.U. *(E. 20.1.69)*. Quand les *tiercéistes* se présentent dans un bureau du P.M.U., on ne s'informe pas de leur identité *(Lesparda, 70)*. Le turfiste en veut au *tiercéiste* qui remplace les chevaux par des additions et des soustractions *(P. 13.5.74)*.

Adj. ■ Du *tiercé** ; marqué par le *tiercé** ; qui parie au *tiercé**.

Ces chevaux sont confiés à deux hommes bien connus de la France *tiercéiste (Lesparda, 70)*. La France *tiercéiste* est assoupie depuis cinq mois *(M. 6.3.76)*.

TIERS MONDE Loc. subst. 1956. ■ Ensemble des pays *non**-alignés* et en *voie** de développement.

Rem. Quand nous avons, Alfred Sauvy et moi (Georges Balandier, ethnologue) retenu cette expression en 1956, nous ne lui donnions pas le sens qu'elle a pris aujourd'hui. Le *tiers monde*, ce n'était pas, pour nous, un « troisième monde », entre le monde capitaliste développé et le monde socialiste en développement. C'était une référence à la célèbre formule de Sieyès : « Qu'est-ce que le Tiers État ? Rien. Que veut-il être ? Tout » *(E. 27.11.72)*.

♦ Il vaut mieux que les pouvoirs de secrétaire général de l'O.N.U. soient détenus désormais par un représentant du « *tiers monde* ». Il est dans l'ordre naturel des choses que le « *tiers monde* » asiatique et africain (...) assume l'une des siens la plus grande responsabilité dans le fonctionnement de l'O.N.U. *(M. 14.11.61)*. Les théoriciens, pour qui la révolution populaire est désormais la seule voie susceptible de conduire les pays du « *tiers monde* » vers le progrès *(M. 9.7.65)*. Les exigences des hommes du « *tiers monde* » montrent ce que devraient être les lignes directrices d'une décolonisation véritable *(M. 12.12.65)*. Les « non alignés » virent ainsi le jour. On leur donna le nom de « *tiers monde* » et notre planète se trouva coupée en trois *(M. 4.6.66)*. Beaucoup d'États du *tiers monde* sont encore monodimensionnels, c'est-à-dire que le système politique s'y trouve réduit à la dimension et à la symbolique d'un chef *(E. 19.7.71)*. La plupart des sociétés rurales qui constituent encore l'essentiel du *tiers monde* restent fidèles à la tradition des familles nombreuses *(M. 10.9.72)*. La Suisse, plaque tournante pour le développement du *tiers monde* : c'est notre souhait *(GL 29.7.74)*. R.C. fut le promoteur d'une doctrine de l'égoïsme sacré face au *tiers monde (M. 11.2.75)*. N'osant s'affronter directement, les géants doivent le font par *tiers monde* interposé *(E. 13.2.78)*. Le *tiers monde* ne constitue pas un bloc homogène, il est même plus divers que la communauté occidentale, tant en matière de système politique que de niveau de développement *(M. 9.11.78)*. Contrairement à ce que la logique pourrait faire croire, ce sont les pays développés qui, sur le terrain économique, craignent le *tiers monde* et non l'inverse *(C. 20.1.79)*.

→ QUART(-)MONDE.

TIERS-MONDISME sm. ~ 1970. ■ Souci, volonté de se solidariser avec le *tiers** monde.

La solidarité (du militant chrétien) avec les peuples d'outre-mer a déterminé chez lui des tendances qui l'ont porté plus loin que ne l'avaient fait la lutte contre l'occupant et la bataille syndicale. C'est le « *tiers-mondisme* » qui a conduit de nombreux catholiques à rejeter définitivement le M.R.P. (parti politique) *(N 10.70)*. Le « *tiers-mondisme* » selon René Dumont, c'est aller sur place, y travailler comme ouvrier ou paysan, y vivre pauvrement *(C. 9.5.73)*. Le *tiers-mondisme* béat de ceux qui, ne sachant comment faire la révolution chez eux, espéraient plus ou moins inconsciemment la réaliser par tiers monde interposé *(O. 19.6.78)*.

TIERS-MONDISTE adj. et subst. ~ 1970.

Adj. ■ Inspiré par le *tiers**-mondisme.

Il existe, dans l'extrême gauche occidentale, une sorte de tentation « *tiers-mondiste* » : la révolution ne peut venir que du tiers monde *(E. 27.11.72)*. Je signale un numéro spécial du mensuel chrétien « Notre Combat », remarquable par le sérieux des analyses, la solidité de l'information et une absence de démagogie « *tiers-mondiste* » qui réconforte *(O. 14.1.74)*. G. était un représentant de la gauche internationale *tiers-mondiste (E. 15.5.78)*. Tito n'est-il pas clairement socialiste, *tiers-mondiste* et non aligné ? *(P. 26.6.78)*.

Subst. ■ Personne ou collectivité qui se sent, se déclare solidaire du *tiers** monde.

Les « *tiers-mondistes* » surestiment les profits que les pays industriels tirent de l'exploitation des pays pauvres. Il n'en est pas moins certain que le fossé se creuse chaque jour davantage entre les nations industrielles et les pays sous-développés *(Martinet, 73)*.

TIERS(-)TEMPS sm. ou **TIERS TEMPS PÉDAGOGIQUE** loc. subst. Attesté ~ 1964, officialisé 1969 (cf. cit. 2.9.69 ci-après). Did. ■ Répartition de l'horaire hebdomadaire, dans les écoles élémentaires et maternelles françaises, en 3 parties inégales (français et calcul : 15 h. ; disciplines dites « d'éveil » : 6 h. ; éducation physique : 6 h.).
Rem. L'emploi du trait d'union est rare.

♦ Le député propose de développer la pratique du *tiers-temps* ou du mi-temps et de multiplier les séances de plein air *(M. 28.10.67)*. Les expériences de *tiers temps pédagogique* qui ont eu lieu depuis 1964 apparaissaient jusqu'alors comme des tentatives sporadiques soumises à autorisation. Désormais, cette autorisation ne sera plus indispensable pour la pratique des horaires définis par l'arrêté du 7 août 1969 *(Circulaire du ministère de l'Éducation nationale, 2.9.69)*. Il y a peu de temps, le secrétaire d'État à la Jeunesse et aux Sports, parlait de « révolution pédagogique », à la suite de l'arrêté du 7 août 1969 instituant le *tiers temps*. Ainsi donc le « *tiers temps pédagogique* » est officiellement institué dès cette rentrée scolaire. (...) L'institution du *tiers temps pédagogique* correspond aux revendications que nous avons formulées et justifiées *(École libératrice, 19.9.69)*. La grande réforme du primaire reste, pour sa deuxième année d'application, celle du « *tiers temps* » *(F. 8.9.70)*.
On a mis en place dans les écoles primaires un « *tiers temps pédagogique* » qui n'était qu'une nouvelle pédagogie ouverte, vivante, où l'instituteur laissait en principe libre cours à l'initiative de l'enfant pour certaines disciplines *(O. 13.9.71)*. La circulaire du 2 septembre 1969 engage les instituteurs à remplacer les cours de sciences naturelles, d'histoire, de géographie par la formule du « *tiers temps* » *(E. 25.11.78)*.

TILT sm. ~ 1965. (Mot angl., « action de basculer »). ■ Déclic qui, au billard électrique, signale la fin d'une partie ou son interruption à cause d'une faute.
Faire tilt loc. fig. Fam. ■ Avoir l'effet soudain d'un déclic, d'un signal. Donner ou avoir une inspiration subite. Faire mouche. — Échouer.

La caisse de la Société des auteurs et compositeurs *fait « tilt »* chaque fois que se jouent, quelque part dans le monde, les plus fameuses des trouvailles musicales de M.T. *(E. 28.6.65)*. Ne secouez pas trop votre récepteur demain, il risque de *faire « tilt »* à tout moment, lors de l'émission de Michèle A. *(F. 8.11.66)*. Que feront ces jeunes dans ces maisons ? Ils joueront au billard électrique ? Dans l'esprit de M.V., cette boutade *fit « tilt »* *(E. 2.10.67)*. Il y a de bons moments de cocasserie et de loufoquerie dans ce film. L'arrivée de Mr Freedom en France, sa rencontre avec Super-French-Man et ses ministres billards électriques qui *font « tilt »* à la commande *(M. 11.1.69)*. Le manifeste me rappelle l'idéal de société de style américain. Mais, parmi mes camarades, un certain nombre de paragraphes, notamment sur le plan économique et social, ont *fait tilt (E. 23.2.70)*. L'ensemble de l'analyse d'A. Toffler (dans son livre « Le Choc du futur ») est saisissante par son actualité vécue, et par la façon qu'a l'auteur de vous *faire « tilt »* dans la tête *(E. 25.1.71)*.
Ce n'est qu'à Tananarive que j'ai su combien j'avais eu peur ce soir-là, dans une ruelle obscure de Jordanie. La mécanique, bizarrement *n'a fait tilt* qu'à distance *(Chalais, 72)*. Le mécanisme qui va *faire tilt* en mai 68 s'est mis en marche, il va prendre une telle accélération qu'il va au début passer inaperçu aux yeux de la génération en place *(Oury, 73)*. Cette remarque *fit « tilt »* en me mettant profondément en question *(Raimbault, 73)*. Jacqueline B. lui propose de travailler en équipe avec J. « Le mot équipe *a fait tilt* », dit A., « j'ai accepté » *(E. 15.1.73)*. L'enseignant débutant arrive parmi 40 élèves du même âge, de niveaux sociaux différents. Alors, ou ça *fait tilt* ou ça colle *(M. 22.7.73)*. Cette phrase dans le dernier livre de Michèle P. « Entre chienne et louve », *fait tilt* quand je la lis ... J'aurais aimé l'écrire ! *(El. 20.2.78)*.

TIMBRE-AMENDE sm. ■ Vignette qui atteste le paiement d'une amende.

Pour payer la contravention, il faut coller sur une carte perforée, un *timbre-amende* de 10 F. en vente dans les bureaux de tabac *(El. 14.9.67)*. Les automobilistes parisiens ont fortement tendance à classer dans un tiroir les papillons qu'ils trouvent sur leur pare-brise. À peine 12 % de ces papillons sont retournés à la préfecture de police, munis du *timbre-amende (E. 18.2.74)*.

TIME-SHARING [tajmʃɛriŋ] sm. (Mot angl., « découpage, partage de temps »). Inform. ■ Anglicisme dont les équivalents fr. officiellement recommandés sont *temps* partagé* ou *partage de temps*.

En permettant à plusieurs abonnés d'utiliser en même temps un même ordinateur — par l'intermédiaire de leur propre téléphone et d'un simple clavier de machine à écrire — le *time-sharing* préfigure (une) utilisation « universelle » de l'informatique *(M. 24.9.68)*. Le système baptisé « *time sharing* » permet à des milliers d'industriels, d'hommes d'affaires, de médecins, de chercheurs, de financiers, etc., d'utiliser, à distance et en direct, les services d'un ordinateur *(En. 5.4.69)*.
La technique du *time-sharing* permet d'utiliser simultanément l'équipement informatique pour répondre à des besoins de nature différente et, le cas échéant, en des lieux relativement éloignés *(Schwartz, 73)*.

TIMING [tajmiŋ] sm. Mot anglais. ■ Action d'établir un emploi du temps, de prévoir les phases successives d'une opération.

Le *timing* : si j'emploie ce mot étranger c'est qu'il n'a pas d'équivalent français *(Larminat, 62)*.
La cuisine n'a pas un *timing* aussi rigoureux que les fusées à Cap Kennedy *(FL 12.5.66)*.
Timing : emploi du temps. Prévoir un *timing* : s'efforcer de savoir ce que l'on va faire aux heures données de la journée *(FP 9.70)*.
Bien sûr, on peut en avoir assez des « *timing* » (...) mais ne trouvez-vous pas qu'« emploi du temps » a de désagréables résonances scolaires ? *(O. 7.5.73)*.

TIR sm. Fig. ■ Ligne de conduite. (Surtout dans les tours *ajuster, rectifier le tir*).

Le 18 novembre, à Vienne, les ministres arabes du Pétrole ont *ajusté le tir* de l'arme du pétrole *(E. 26.11.73).* Il y a des cas vraiment difficiles pour lesquels le médecin spécialiste est mieux outillé que le généraliste. Il aide alors (celui-ci) à *rectifier le tir (Beunat, 74).*

TIRE-FESSES sm. Fam. Rép. ~1960. ■ Remonte-pente, téléski.

Les deux stations classées et les dix centres de sports d'hiver recensés ne sauraient suffire. Sitôt la neige tombée, remonte-pentes artisanaux et *tire-fesses* bricolés fleurissent dans les prés *(A.A.T. 6.70).*
Voilà qui exclut la construction de tout remonte-pente, téléférique et autre *tire-fesses (Carlier, 72).* Ces mini-randonnées empruntent indifféremment les pistes et les itinéraires en neige vierge, les *tire-fesses* ou les peaux de phoque *(P. 24.12.73).* Le ski de fond : fuite loin des stations de ski urbanisées et des *tire-fesses* embouteillés *(P. 11.11.74).* Cet hiver les joies du ski coûteront plus cher que l'an dernier (...) chambres, restaurants, snacks, « *tire-fesses* » ou télé-cabines, tout subira une hausse *(M. 11.10.75).*

TISANIÈRE sf. Repris mil. XXe, par suite de la vogue des objets anciens. (De *tisane*, peut-être d'après *cafetière, théière*) ■ Récipient dans lequel on fait infuser une tisane.

Un fabricant vient de lancer la *tisanière* pour quatre. En céramique brique, elle évite plateau et tasses débordantes *(E. 2.1.67).* Une « *tisanière* » en céramique rustique permet de garder au chaud l'infusion grâce à une veilleuse à huile *(M. 5.12.67).*

TISSU sm. Fig. Spéc. Rép. ~1965. Sociol., Écon. ■ Ensemble d'éléments analogues ou complémentaires organisés en un tout homogène.

Rem. 1. **Dans ces emplois** « **tissu** » **est construit le plus souvent avec un adj. postposé. Parmi les syntagmes les plus fréquents,** *tissu industriel, tissu social, tissu urbain* **sont chacun l'objet d'une rubrique séparée.**

Rem. 2. **Dans certains des exemples ci-après, la métaphore est mise en évidence par différents lexèmes appartenant au « champ sémantique » de** *tissu.*

● — Champ sémantique de *tissu* (= textile).
adj. : *lâche (Exp. 11.71). serré (M. 7.9.73).*
subst. : *trame (Lacombe, 71).*
verbes : *recoudre (N 6.70). déchirer (E. 22.7.74). se défaire (M. 28.4.76).*

● — Champ sémantique de *tissu* (au sens biol.).
adj. : *conjonctif (Rousset, 73).*
subst. : *décomposition (E. 10.2.75).*

Tissu industriel

Une vraie ville ne peut pas se concevoir sans un « *tissu* » *industriel* dynamique *(En. 13.4.68).* Trop de firmes de notre « *tissu* » *industriel* ont tout pour vivoter longtemps et s'éteindre en douceur *(Exp. 11.71).* La recherche ne peut s'épanouir que là où existe un *tissu industriel* et universitaire *(E. 12.11.73).* Les firmes d'ingénierie pourront opérer un véritable transfert technologique, en faisant évoluer le *tissu industriel* du pays acheteur *(M. 11.10.75).* Il faut sauvegarder le *tissu industriel* actif de la région *(C. 15.1.76).* L'énergie solaire apportera une contribution significative à notre économie en utilisant un *tissu industriel* très diversifié *(M. 20.5.78).* L'école, pour ne pas se couper de l'activité économique ou intellectuelle, doit être insérée dans un *tissu industriel* ou universitaire existant *(E. 19.6.78).* Notre *tissu industriel* demeure fortement imprégné par la vieille tradition protectionniste *(C. 8.9.78).* La reconversion sur place des ouvriers de la sidérurgie est plus difficile en Lorraine que dans la Ruhr, faute de *tissu industriel* d'accueil à proximité *(M. 15.2.79).*

Tissu social

La sociologie doit tenir compte des activités réelles de l'homme et des divisions que celles-ci introduisent inévitablement dans le *tissu social (Freund, 65).* Un réseau de solidarité avec docteurs, avocats de bonne volonté et amis, crée un *tissu social* qui s'arrache au circuit du profit ; du temps, des services sont consacrés à des activités gratuites, utiles *(Droit, 72).* À la société rurale succède un *tissu social* complexe, hétérogène, plus mobile, en transformation rapide *(Thoenig, 73).* Densifier dans les centres urbains, où le terrain est cher, cela signifie souvent expulser les occupants modestes vers la périphérie (...) c'est-à-dire détruire le *tissu social* des villes *(E. 25.2.74).* Il y a en toute femme deux personnes : l'une, qui est inscrite dans le *tissu social* et qui peut selon les cas, vouloir le conserver intouché, le transformer, voire le déchirer *(E. 22.7.74).* Les Africains ont conservé le secret d'un *tissu social* dense et riche qui nous donne, par opposition, l'impression d'être orphelins dans la foule *(C. 7.1.76).* La Poste contribue à une libre circulation des idées correspondant à toutes les composantes du *tissu social* national *(C. 6.10.78).*

Tissu urbain

Los Angeles a pu se payer 600 km d'autoroutes urbaines pour compenser les insatisfactions nées d'un *tissu urbain* distendu *(C. 13.5.69).* Ce courant (la fuite) ne peut être inversé que si l'on parvient à recoudre le *tissu urbain*, à concentrer davantage l'habitat et les diverses fonctions urbaines (...) il faut créer des « piazzas », prévoir dans le *tissu urbain* des espaces de rencontre et de repos *(N 6.70).* Quand les structures variées constituent un réseau cohérent, avec un enchaînement harmonieux de toutes les trames, on peut dire que l'on a un bon *tissu urbain (Lacombe, 71).* Le coût des autoroutes en *tissu urbain* rend cette solution très vite prohibitive *(VR 14.2.71).* Le *tissu urbain* restera assez lâche pour éviter toute sensation d'étouffement *(Exp. 11.71).* En une soirée de TV j'ai entendu dire par un couturier à propos de sa collection qu'il jouait avec les volumes, tandis qu'un architecte exposait ses démêlés avec le « *tissu urbain* » *(Daninos, 72).* Les aéroports gênent des millions de personnes enserrées dans un *tissu urbain* dense *(Barde, 73).* Plus de 60 % de la population de la ZUP est d'origine rurale et se trouve mal à l'aise dans un *tissu urbain* très serré *(M. 7.9.73).* Il s'agit de créer un *tissu urbain* qui permette l'épanouissement, le bonheur de chacun *(P. 30.9.74)*. Réduire les traumatismes sociaux qui accompagnent la transformation du *tissu urbain* *(M. 16.10.74)*.

Tissu + adj. divers.
La prolifération des Z.U.P., des Z.A.D., des communautés urbaines et des besoins en équipements correspondants a fait éclater le *tissu politico-administratif* *(Lacombe, 71)*. L'encombrement de la banlieue et la rapidité d'insertion de la métropole dans le *tissu rural* (traduisent) concrètement « l'éloignement de la Nature » *(Saint-Marc, 71)*. L'enseignement national, surtout historique et littéraire, ce *tissu culturel* (est) étriqué, faussé par un égocentrisme collectif quasi pathologique *(Garric, 72)*. Les corps intermédiaires sont le *tissu conjonctif* de la bureaucratie *(Rousset, 73)*. Nous avons pris la première page de la revue. Cela dura plus d'une heure. Peu à peu se dégageait un *tissu verbal* dense et fort *(Daix, 73)*. Qu'est-ce qui empêche l'État et la bureaucratie de faire basculer la France dans un totalitarisme ? Sinon l'épaisseur de notre *tissu démocratique* *(P. 30.9.74)*. Ce qui risque de transformer en moribond un pays déjà malade, c'est la décomposition rapide du *tissu économique* *(E. 10.2.75)*. L'inquiétude provient de la rapidité avec laquelle se défait le *tissu traditionnel* des zones rurales les plus pauvres *(M. 28.4.76)*.

TOBOGGAN [tɔbɔgã] sm. Spéc. ~1960. (Nom déposé : cf. Rem. ci-après, cit. *M. 17.1.71)*. ■ Courte voie routière, généralement provisoire (par ex. viaduc métallique démontable) qui enjambe un carrefour, une autre voie, etc.

Rem. Deux locutions hâtivement inventées par la presse — « *toboggan* » et « miniberge » — ont acquis définitivement droit de cité *(F. 20.1.67)*.
Les viaducs métalliques démontables — puisque « *toboggans* » est une marque déposée — sont certes utiles, mais laids et désagréables pour les riverains *(M. 17.1.71)*.

♦ Le *toboggan* du pont de Saint-Cloud, loin d'améliorer la circulation, l'encombre. Chacun veut en effet satisfaire à la toboganophilie, et va, en voiture, voir le *toboggan* *(C. 28.6.69)*. À la traversée de V. il n'y a plus d'autoroute, mais simplement une artère urbaine à grand trafic hachée de feux rouges. Un « *toboggan* » a été promis... en attendant la véritable autoroute, sur l'autre rive du Rhône (...). À L., on discute de l'opportunité de construire un *toboggan* provisoire pour relier deux autoroutes à travers la ville *(VF 30.10.70)*. (Le ministre) indique que sera généralisé le recours aux *toboggans* et aux « mini-souterrains » qui peuvent être construits rapidement *(M. 6.11.70)*.
La technique des viaducs métalliques démontables, dénommés aussi « *toboggans* » ou « autoponts », apporte une réponse à de nombreux problèmes de circulation *(C. 28.1.72)*. Les riverains devront s'armer de patience : le *toboggan* métallique qui, depuis 4 ans, déshonore le carrefour n'est pas près d'être démonté *(M. 8.3.73)*. Le *toboggan* qui permet le franchissement de la tête du pont de Saint-Cloud sera fermé à la circulation une semaine, afin de refaire la chaussée de cet ouvrage provisoire *(M. 15.8.73)*.

TOILETTAGE sm. Rép. mil. XXe.
1. Ensemble des soins de propreté donnés à des animaux d'appartement.
Les honoraires prévus pour l'expertise psychiatrique, y compris l'examen médical général sont légèrement inférieurs à deux fois le prix du *toilettage* d'un chien *(N 1.70)*.

2. Fig. Légères retouches, réformes partielles, modifications de détail.
Au lieu de remanier complètement le gouvernement, le Président de la République se contentera probablement de procéder à un simple *toilettage* *(O. 13.3.73)*. De vagues promesses de « *toilettage* » de la Constitution ont été faites par le Premier ministre *(E. 29.10.73)*. Un bon correcteur fait un texte typographiquement irréprochable d'un manuscrit qui serait refusé au certificat d'études (...) Le maintien d'une orthographe correcte dans l'ensemble de la production imprimée (...) est pour une bonne part le résultat d'un *toilettage* discret *(J. Cellard, M. 12.3.74)*.

TOILETTER v. tr. ■ Nettoyer.
À Cannes, 40 à 50 employés municipaux passent leur temps, en saison, à « *toiletter* » 8 km de littoral *(M. 22.6.74)*.

TOM ou T.O.M. [tɔm] ■ Sigle pour T(erritoires) (d')O(utre) M(er).
Un territoire d'outre-mer — *TOM* — qui a son autonomie interne depuis 1961 *(P. 28.5.73)*.
→ D.O.M.-T.O.M.

TOMBER v. intr. Spéc.
1. (Sujet nom de personne). Fig. Fam. ■ Être arrêté ou mis hors d'état de poursuivre une activité (généralement illégale).
De temps en temps l'un de nous (patrons d'hôtels de passe) « *tombe* » : on le poursuit, on ferme quelques-unes de ses chambres *(E. 28.8.72)*. L'opération du 24 janvier 1973 a fait « *tomber* » trois proxénètes, qui ont été impliqués dans cette procédure *(M. 8.12.73)*. Quand un vieux cheval de retour « *tombe* » pour port d'armes prohibé, il n'écope que de 3 mois, le minimum de la peine, alors qu'il risque 3 ans *(PM 15.3.75)*. Mon guide demande des nouvelles des deux autres drogués. « Ils sont *tombés* », explique notre interlocuteur. Traduction : ils sont en prison ou à l'hôpital *(E. 28.4.75)*.

2. (Le sujet désigne une information, une nouvelle, surtout dans le vocab. du journalisme) ■ Être annoncé.
À 21 h 58, le « flash » *tombe*, comme disent les journalistes, sur les téléscripteurs de l'Agence France-Presse : « Pompidou est mort » *(P. 8.4.74)*. Quand *tombe* lundi soir le communiqué de Citroën, le monde des affaires et celui de l'automobile, passé le premier moment de stupeur, ont même un sourire amusé *(P. 1.7.74)*.

TOMBER v. tr. Fig. Fam. Pol. ■ Vaincre un adversaire.
Aux élections législatives de 1967 cet ancien inspecteur de l'Éducation nationale a « *tombé* » le ministre des Armées *(E. 13.3.72)*.

TOMETTE

TOMETTE sf. (Mot régional) Rép. mil. XXe. ■ Petite dalle en terre cuite servant au carrelage des sols.

On y monte (dans un bâtiment) par six ou sept marches de briques ; puis c'est un long couloir dallé de *tomettes (Bataille, 66)*. Des villas fortement enracinées dans la tradition par le choix des matériaux : toits d'ardoises, dallages de « *tomettes* », revêtements de marbre... *(F. 24.11.66)*.

TONUS sm. Spéc. Rép. mil. XXe. ■ Dynamisme, énergie, vitalité, combativité.

(Pour) redonner du *tonus* à leurs troupes, les organisations syndicales envisagent de nouvelles actions *(F. 24.11.66)*. Les sélectionneurs formeront l'équipe qui rencontrera celle d'Irlande à Colombes. Sans doute vont-ils chercher à lui rendre l'élan et le « *tonus* » qu'elle semble avoir perdus *(M. 16.1.68)*.

TOP [tɔp] sm. Spéc.
1. Techn. Brève impulsion électrique.

La bande temps du programmateur se réenroule en fonction des *tops* d'espace *(R.G.C.F. 9.72)*. Une tête de lecture rase la surface d'un disque tournant à plus de 3.000 tours-minute. Sur ce disque des « *tops* » magnétiques constituent l'information enregistrée *(E. 16.7.73)*.

2. Radio, Télév. Bref signal sonore ou visuel indiquant le début d'un enregistrement, d'une émission.

À 21 h 58, le 3 avril, la télévision vient de donner le *top* de départ à la semaine de lutte contre le cancer *(P. 8.4.74)*.

3. Fig. Signal ; *feu* vert* (Fig.).

Le Président donne le « *top* » pour le lancement du VIe plan *(O. 1.3.71)*.

TOP SECRET [tɔpsəkrɛ] Loc. adj. ~ 1960 (De l'angl.) Très secret.

C'est une mission « *top secret* ». L'État-major de Paris ne sait rien *(Courrière, 69)*. S. me charge de missions plus ou moins importantes, avec des documents plus ou moins « *top secret* » *(Saint Pierre, 70)*. En dehors du Président de la République, et du commandant en chef, personne ne connaissait le détail des activités « *top secret* » du mystérieux colonel *(Courrière, 69)*. Le maître de maison s'étonnait de cette présence alors qu'ils ne traitaient des problèmes « *top secret* » *(Massu, 71)*. Une mystérieuse Division 4 où tout est *top secret*, jusqu'au nombre des ingénieurs et savants *(E. 20.11.72)*. *Top secret* (pendant le tournage d'un film) : embargo sur le script, gags mis sous clef, metteur en scène insaisissable, acteurs muets et plateau interdit, c'est le mystère *(E. 25.6.73)*.

TOTAL, E adj. et subst. Par ext.
1. (À propos d'institutions, de collectivités, de choses abstr. ou concrètes) ■ Considéré, étudié, pris, utilisé, dans son intégralité, dans toutes ses *dimensions**.

Le Paris, vétéran de deux millénaires (...), mais aussi le Paris d'aujourd'hui (...) et l'étourdissante capitale (...) de l'An 2.000, tout cela, c'est-à-dire un Paris *total*, saisi dans toutes ses dimensions, le vouloir mettre en une seule galerie d'exposition (...) (est-ce un) défi ? *(LF 7.7.66)*. Lorsque le produit final est d'une complexité telle qu'un seul ouvrier ne peut le monter, certaines entreprises fabriquent en « production *totale* » des composants ou des sous-parties (...) Le travailleur peut dire : « C'est moi qui ai fait le châssis complet ». Auparavant, il devait se contenter de penser : « Dans cette chose-là, j'ai foré 317 trous. » *(Exp. 11.71)*. Chaque fois que des combustibles (...) sont utilisés pour produire l'énergie électrique, les 2/3 de la chaleur sont relâchés dans la nature. Cette chaleur perdue peut être utilisée pour fabriquer de la vapeur (...) Cette méthode est connue sous le nom d'« énergie *totale* » *(S. 1.75)*.

Rem. 1. Sont également attestés :
Médecine *totale (O. 18.5.66)* ; ville *totale (O. 21.9.66, El. 18.5.70)* ; « connaissance *totale* » *(LF 19.1.67)* ; voiture *totale (E. 8.4.68)* ; meuble *total (R 4.68)*, etc. (cf. aussi B.d.m., n° 5, 1973).

2. Spéc. (Dans le domaine des loisirs et des sports) ■ Dont on tire tout le parti possible, dont on profite au maximum.

Du ski *total*. Quitter son hôtel ou son chalet skis aux pieds et y revenir de même *(El. 16.2.67)*. Les Européens commencent à prendre goût au ski *total* des grandes stations *(Inf. 18.12.72)*.

Rem. 2. Sont également attestés :
Football *total (Eq 25.7.66)* ; Vacances *totales (E. 19.2.68, El. 23.6.69* etc.) ; « voyage *total* » *(M. 20.2.68)*.

3. (Dans le domaine des arts, et notamment des arts du spectacle).
● — (À propos d'une œuvre, d'une représentation, d'un moyen d'expression) ■ Qui comporte des éléments empruntés à des genres multiples, ou différents de celui que désigne éventuellement le subst. déterminé par *total*.

Un spectacle « *total* ». La musique d'un groupe pop, (...) de la danse, du mime, des paroles, des costumes de rêve, des accessoires de cauchemar *(O. 21.6.71)*.

Rem. 3. Sont également attestés :
Film *total (LF 17.3.66)* ; théâtre *total (LF 7.7.66)*, etc. cf. Rem. 4) ; opéra *total (LF 7.7.66)* ; art *total (Ar 14.9.66)* ; langage *total (E. 24.4.67)* ; show *total (El. 5.5.69)* ; création *totale (El. 27.4.70)* ; livre *total (R 7.72)*, etc.

Rem. 4. L'un des tours les plus souvent attestés est *théâtre total* (cf. B.d.m. n° 5, 1973 : 9 ex. relevés entre 1966 et 1971).

● — (A propos de personnes : artistes, écrivains, etc.) ■ Qui participe à la création, à la représentation, etc., d'une œuvre dite *totale*.

« Spectateur *total* » *(E. 10.2.69)* ; « musicienne *totale* » *(LF 4.6.69)* ; « auteur *total* » *LF 4.2.70)* ; peintre *total (LF 4.8.71)*.

4. **Spéc.** (substantivé au fém., dans le syntagme *« une totale »*, peut-être par ellipse d'*hystérectomie totale*). **Méd. et Fam.** ■ Ablation des organes génitaux féminins.

Elles (=les femmes) savent toutes ce qu'est une *« totale »* et sont toutes terrifiées par cette castration *(Soubiran, 75).*

TOUCHE (SUR LA) loc. Fig. Rép. mil. XXe. (D'après l'emploi dans le vocab. du football, du rugby, etc.)

1. (À propos de personnes ou de collectivités) ■ À l'écart ; en dehors du mouvement. Tombé en discrédit, en disgrâce.

Après la grève de mai-juin à l'ORTF, deux des plus grands reporters (...) sont mis *sur la touche (E. 12.8.68).* Depuis son éviction du pouvoir en juillet dernier, l'ex-Premier ministre gardait une certaine réserve. Il restait *sur la touche (O. 25.11.68).* Quand la guerre prit fin, on pensa d'abord aux affaires, ce fut, pour les petits et les gros malins, la mine d'or. Les idéalistes furent rejetés *sur la touche* d'où ils assistèrent impuissants aux combats des clans *(C. 26.4.72).* Le président du conseil d'administration mit *sur la touche* un certain nombre de membres des familles associées et donna le gouvernement de l'entreprise à des techniciens *(Exp. 2.73).* Un malchanceux scénariste, fils de famille incapable, vedette *sur la touche* (...) *(M. 22.2.74).* L'absence de consultation a mis la France *sur la touche* pendant toute la crise du Proche-Orient *(E. 1.7.74).* L'Europe, sevrée de son indispensable pétrole, a cherché (en 1973) à se tenir à l'abri (...) elle a voulu rester *sur la touche (M. 24.11.74).* Ceux qui ne sont pas des chômeurs au sens habituel du terme (...) sont inscrits, répertoriés et mis *sur la touche*. Le moment venu, on les convoquera *(M. 23.2.75).* Les Britanniques (...) ont choisi de rester *sur la touche* de l'Europe monétaire *(C. 16.2.79).*

2. (À propos de choses) ■ Laissé de côté, oublié ; en souffrance.

Air-Inter était un porte-drapeau idéal pour relancer la politique d'aménagement du territoire, quelque peu *sur la touche (M. 11.5.72).* Au bout de six semaines de grève des informaticiens, la banque est aveugle (...) Tout mouvement de fonds est interdit. Chaque jour, 5 à 600.000 chèques restent *sur la touche (E. 25.3.74).*

TOUR sf. Spéc. ~ 1960. ■ Immeuble très élevé, à usage d'habitations ou de bureaux. (Ce terme s'emploie plutôt que *gratte-ciel* lorsqu'il s'agit de constructions situées en France).

Une offensive (...) contre l'invasion de la neige par le béton (...) a condamné les *tours-gratte-ciel*, présentées par certains promoteurs comme le « signal » de leur station *(Carlier, 72).* Les immeubles de grande hauteur (...) sont soit des H.L.M. à la périphérie des grandes villes, soit des *tours* « de standing » au centre des villes *(M. 27.10.73).* Une annonce pour lancer la commercialisation des appartements d'une *tour* édifiée sur le « front de Seine » *(M. 27.2.77).* L'urgence et la pénurie des années 50 suffisent-elles à justifier ces *tours* et ces barres ? *(M. 20.6.78).*

TOUR- Premier élém. de subst. comp. dans lesquels le second élém. indique la destination de la *tour**.

150 familles expropriées ont été relogées dans une *tour-immeuble* construite près du pont de C. *(C. 29.12.71).* En 1971, l'incendie d'une *tour-hôtel* de Séoul fait 150 victimes *(O. 3.12.73).* La nouvelle maison des jeunes comprendra, dans une construction ultra-moderne, une *tour-centre d'hébergement* de 55 chambres *(PM 31.12.73).* Une *tour-hôtel* de 1.000 chambres et de 130 m de haut *(E. 25.2.74).*

-TOUR Second élément de subst. comp. dont le premier élément indique la destination de la *tour**.

Tour familiale : vacances collectives mises au point par l'Association Village Vacances Tourisme. Les parents vivent en toute liberté dans un *hôtel-tour (E. 2.11.70).*

Rem. **La construction la plus fréquente est *immeuble-tour*.**

TOUR DE REFROIDISSEMENT Loc. subst. fém. Techn. ■ Installation destinée au refroidissement et à la récupération de l'eau rejetée par une centrale *nucléaire**.

Pour chacune des 2 centrales nucléaires du Bugey, il faudra construire deux *tours de refroidissement*, car l'eau du Rhône ne suffit plus. Chaque *tour de refroidissement* aura 130 m de haut et 100 m de diamètre *(M. 8.6.74).*

TOUR DE TABLE Loc. subst. masc. Fam. ■ Méthode qui consiste en ce que la personne qui dirige un débat, une discussion, ou préside une réunion, demande successivement l'avis de tous les participants (en leur donnant la parole dans l'ordre selon lequel ils sont groupés autour de la table).

Le Président de la République invite les ministres à se prononcer dans un *« tour de table »*. Tous sont d'accord sur la fermeté *(PM 6.12.69).* Au conseil des ministres du 15 mars chacun raconte à tour de rôle sa propre expérience électorale (...) Ce *« tour de table »* n'est pas agréable pour les battus *(Viansson, 71).* Dans le *« tour de table »* auquel a donné lieu le choix de la date de l'élection présidentielle, M. P. a indiqué (...) *(M. 7.4.74).* Dès que se présente un choix important, le président de l'entreprise fait un *tour de table* et nous demande notre avis *(E. 3.7.78).*
→ BRAIN*-STORMING, DYNAMIQUE* DES GROUPES, REMUE*-MÉNINGES.

TOUR(-)OPÉRATEUR sm. ~ 1975. Francisation partielle de l'angl. *tour* operator*.

Les annulations de vols se limitent à un tout petit nombre. Les accords passés avec les *tours-opérateurs* restent valables *(M. 26.11.77)*. Cette année 73 *tours-opérateurs* et agences de voyages participeront à la semaine mondiale du tourisme *(M. 10.2.78).*

TOUR(-)OPERATOR sm. ~ 1970. (Mot angl.). ■ Entreprise qui commercialise des voyages organisés.

Rem. Les fabricants de voyages organisés sont appelés dans le franglais de leur profession « *tours operators* » *(E. 27.8.73).*

♦ Les commissions que les agences touchent auprès des transporteurs, hôteliers et *tours-operators* sont de 7 à 7,5 % pour un billet d'avion, 8 à 10 % pour un séjour d'hôtel *(Exp. 7.72).* Pour surmonter sa crise de croissance, le *tour operator* ne peut compter sur personne. Les banques sont réservées envers cette profession nouvelle qui leur semble aléatoire (...) Au *tour operator* qui lui assure le remplissage de son hôtel 6 mois par an, l'hôtelier peut consentir une ristourne de 50 % et plus *(E. 27.8.73).* En 3 ans la vente des produits touristiques a doublé. Certains « *tours operators* » ont augmenté de plus de 100 % leur chiffre d'affaires *(M. 4.5.74).* On suggère la création d'agences de voyages interétatiques traitant avec les *tours-operators* et leur faisant concurrence *(M. 1.10.77).* Depuis une quinzaine d'années les *tours-operators* ont connu une prospérité confortable *(C. 27.8.78).*
→ AGENT DE VOYAGE.

TOURISME sm. Spéc. ~ 1970. (Dans certains tours lexicalisés ou qui semblent en voie de lexicalisation).
Tourisme + adjectif.

Le programme de la zone touristique en Bretagne fait une large place au *tourisme social* qui doit permettre aux familles à revenus modestes de venir s'y reposer *(O. 1.2.71).* Nous proposons le calme et le silence à ceux qui veulent découvrir la vraie nature. Pour mettre au point ce « *tourisme vert* » on a recensé les gîtes ruraux et les fermes camping *(M. 19.2.72).* Partir avec le Club, c'est au minimum partir faire du *tourisme sociologique,* et ce peut même être contribuer au progrès culturel *(Laurent, 73).* D'aucuns imaginent au Moyen-Orient un « *tourisme industriel* » : (...) les consommateurs d'or noir auront à cœur, à leur avis, de venir s'informer sur place *(M. 12.11.74).*

Tourisme + de + substantif.

Le *tourisme d'affaires* est promis à une forte croissance (...) Les usines Renault reçoivent plus de visiteurs que Notre-Dame de Paris. Le *tourisme d'affaires* atteint 25 à 30 % du chiffre d'affaires des hôtels ou des restaurants *(M. 3.1.73).* Dans l'intelligentsia, c'est la mode de froncer le sourcil quand on parle du *tourisme de masse (C. 14.9.78).*

TOURISTE - Premier élément de subst. comp. dont le second élément désigne un autre trait caractéristique, une autre activité du touriste.

Le Parc naturel est le meilleur moyen de fixer la population dans un cadre qu'elle aime et que les *touristes-citadins* désirent trouver (...) La protection de la vie des plantes et des animaux oblige au respect d'une réglementation acceptée par les *touristes-piétons (Carlier, 72).* Les organisateurs de voyages vous mâchent votre viande, puisque vous êtes des *touristes-clients (O. 22.1.73).* Lindner, ce *touriste-publicitaire* de New York, peint comme on prépare la « Une » d'un journal *(O. 21.1.74).* À l'intention des *touristes-vacanciers,* le Commissariat au Tourisme a lancé une campagne d'information *(VR 23.6.74).*

TOURISTICO - Premier élément d'adj. comp. ■ Qui concerne à la fois le domaine touristique et celui que caractérise le second élément.

L'ancien président s'était lancé dans de vastes entreprises *touristico-sportives (E. 29.11.71).* Les participants à ce circuit *touristico-obsidional* sur les champs de bataille sont-ils des férus de stratégie ou des amoureux d'Histoire ? *(E. 2.4.73).* Quelques curiosités *touristico-militaires,* dont un centre d'entraînement de paras et (...) une base aérienne *(Can. 23.1.74).*

Rem. Sont aussi attestés :
Touristico-politique *(M. 1.12.64).* Touristico-géographique *(R 9.67).* Touristico-sentimental *(LF 20.9.67).* Touristico-culturel *(E. 14.10.68).* Touristico-musical *(FL 11.8.69).* Touristico-littéraire *(O. 8.6.70).* Touristico-gastronomique *(LF 22.7.70).*
Cf. aussi *B.d.m. n° 11, 1976.*

TOURNANT, E adj. Fig. ■ Qui passe successivement d'une personne, d'une entreprise à une autre, d'un secteur, d'un service à un autre, d'une période à une autre, etc.

La cause majeure de déséquilibre physique et nerveux réside moins dans la double et la triple équipe que dans les *horaires tournants,* c'est-à-dire dans les changements hebdomadaires ou bi-mensuels d'équipes (...) Les médecins ont pu observer qu'il n'y avait pas de *système tournant* satisfaisant. Une désadaptation dans le sommeil se produit presque inévitablement *(Sartin, 70).* La *Présidence* est devenue *tournante* et le Comité de Gérance a vu sa composition portée à 18 membres *(R.G.C.F. 5.72).* Les retards du courrier ne seront pas tous dus aux *grèves tournantes* déclenchées par les syndicats des P.T.T. *(M. 25.10.78).*

TOURNANT sm. Fig. Rép. mil. XXe. ■ Changement plus ou moins radical, parfois soudain, notamment dans la vie pol., écon. ou sociale.

Rem. Sur le plan sémantique, *tournant* et *virage** sont souvent synonymes au fig.
Sur le plan syntaxique, les deux termes apparaissent fréquemment dans des constructions verbales où ils ont fonction de régime direct d'un verbe transitif. Si ce verbe est *prendre* (cas très fréquent), il régit soit *tournant* soit *virage,* et les chances d'apparition semblent à peu près égales pour les deux tours *prendre (le, son, un,* etc.) *tournant* et *prendre (le, son, un,* etc.) *virage.*
D'autres verbes, au contraire, se construisent de préférence soit avec *tournant,* soit avec *virage,* (et la réciproque est rare). Ainsi *marquer un tournant* est fréquent, alors que **marquer un virage* n'est guère attesté. Inversement, en face de nombreux

TOURNANT

ex. d'*amorcer (un, le, son*, etc.) *virage**, il est assez rare de rencontrer ce verbe avec *tournant*.

Marquer un tournant. (Le sujet est un nom de chose) ■ Être le signe extérieur d'un changement important.

O Le *congrès* de la construction en 1954 *marqua* le « *tournant* déchirant » de l'architecture soviétique *(M. 10.6.60)*. Cette *date* du 1er juillet 1960 — entrée en vigueur de l'association européenne de libre échange —, *marque* une étape, ou plus qu'une étape, un *tournant (R.S.R. 4.7.60)*. Cette *manifestation marque* un véritable *tournant* dans la politique de la radio *(M. 6.10.65)*. Un *phénomène* qui *marque* « un *tournant* dans la civilisation industrielle » *(M. 22.12.61)*. Sauf pour quelques individus privilégiés, la *quarantaine marque* un *tournant* décisif *(E. 12.9.66)*. Le *Salon* 1968 *marquera* un *tournant* dans la politique des constructeurs (d'automobiles) *(E. 2.10.67)*. Ce nouveau *train* semble *marquer* un *tournant* dans la politique commerciale des chemins de fer *(VR 2.11.69)*.

∞ La période 1960 à 1963, en France, a *marqué un tournant* : ce *tournant* s'est trouvé très *marqué* aussi en Allemagne fédérale à partir de 1965 *(N 7.71)*. Ces deux mois ont *marqué un « tournant »* : les patrons qui n'avaient guère accordé d'attention aux problèmes de personnel ont parfois compris qu'il fallait faire quelque chose *(Inf. 12.2.73)*. Ce sondage *marque* sans doute un *tournant* décisif dans la campagne du premier tour des élections *(P. 29.4.74)*. Cette étude sur les « freinateurs d'alcoolémie » *marque un tournant* dans la lutte contre l'alcoolisme *(E. 3.2.75)*.

Prendre le (ou : un, etc.) tournant. ■ Opérer une *reconversion**, une transformation.

● Construction « active ».

● — (Le sujet est un nom de chose abstraite).

Au cours de ces dernières années, la *climatologie* a *pris un tournant* décisif *(R.E.S. 4.63)*. L'*enseignement* français est en train de *prendre un tournant* décisif. La réforme est en cours *(M. 17.1.65)*. La musique *ne prend son tournant* décisif qu'à Vienne *(O. 27.3.68)*. Il faut que l'*urbanisme prenne un tournant* décisif *(M. 23.7.69)*.
Entreprise il y a presque vingt ans, la *construction* de l'Europe *a pris un tournant* important en 1972 *(Exp. 1.73)*.

● — (Le sujet est un nom de personne ou de collectivité).

Les *leaders ont* déjà *pris* discrètement *le tournant (M. 7.2.64)*. Le jour du rétablissement de la paix viendra : *nous avons pris le tournant* décisif *(M. 17.7.69)*. Le *premier secrétaire* est tombé parce qu'il n'avait pas su *prendre le tournant (M. 7.1.68)*.
La politique s'est peu préoccupée, jusqu'à ces temps derniers, de l'homme non producteur. Mais voici que depuis 1960 nos *sociétés prennent un* grand *tournant (N 7.71)*. N. (auteur de Boulevard à succès) ne veut plus écrire ces scènes truquées, pleines de vieilles ficelles. Il a mauvaise conscience, *il veut prendre un tournant (E. 15.1.73)*. Rien ne prépare plus mal la France à *prendre le tournant* nécessaire que la politique suivie par ses gouvernements depuis 15 ans *(E. 3.12.73)*.

● Construction « passive ».

Le grand *tournant de la négociation* entre les Six et la Grande-Bretagne *sera pris (M. 10.10.62)*. Le *tournant était pris* et le génie créateur de Monaco s'orienta résolument vers la recherche d'activités industrielles *(TL 14.3.65)*. Le « *tournant* » capital *a été pris* avec la télévision *(M. 25.4.69)*. On a choisi de frapper fort, pour montrer qu'un *tournant est pris (M. 12.9.70)*.
Mao Tse-toung est âgé. Il importe que le grand *tournant soit pris* pendant qu'il est encore là. Il faut que son nom prestigieux soit attaché à la « normalisation » des relations sino-japonaises *(M. 26.9.72)*.

Verbe trans. (autre que *prendre* ou *marquer*) + tournant ou (plus rarement) tournant + verbe trans. ou réfl.

O Il *aborde* alors *le tournant* classique de toute carrière de cadre supérieur : lui fallait-il ou non changer de société ? *(E. 3.8.68)*. Étienne J. vient de noter, à propos de certains travaux récents, qu'il pourrait *s'amorcer « un tournant* dans l'histoire de la géographie » *(M. 8.11.64)*. La jeune Ve République est *arrivée à un tournant* : elle doit, soit poursuivre la voie parlementaire traditionnelle, soit s'engager sur de nouveaux chemins *(F. 12.1.60)*. Tout changement important de nos structures *constituerait un tournant* décisif dans les esprits et dans les faits *(M. 1.2.69)*. Les années d'apogée (du règne de Louis XIV) paraissent *dessiner un tournant* à la suite duquel va découvrir une nouvelle Europe *(M. 24.9.66)*. Le général de Gaulle a *fait franchir* à la France *le tournant* décisif de la décolonisation *(F. 17.10.61)*. Un *tournant* pourrait *se produire* si le gouvernement nord-vietnamien acceptait enfin un dialogue *(C. 10.7.65)*. Nous devons avoir bien conscience de *vivre un tournant* de la civilisation et d'être placés devant une œuvre immense : refondre les ordonnances urbaines selon de nouveaux plans et de nouvelles méthodes *(M. 3.1.60)*.

∞ « La Strada » *a représenté*, dans le cinéma italien, *le tournant* décisif du néo-réalisme. Plus qu'un *tournant*, même, une rupture *(E. 30.11.69)*. Le véritable *tournant* de la politique américaine vis-à-vis de Pékin *fut amorcé* bien plus tôt *(En. 4.11.71)*. Jean Piat *négocie ce tournant* de sa carrière théâtrale avec brio *(E. 15.1.73)*. Cette recherche *constitue un tournant* essentiel dans la course à l'éclaircissement du dilemme qui paralyse la science médicale dans son combat contre le cancer *(E. 9.12.74)*. Cette affaire *illustre* bien *le tournant* actuel de la formation permanente *(P. 27.1.75)*. Le *tournant* informatique *n'apportera* pas de gain de productivité massif dans l'activité de main d'œuvre *(C. 5.7.78)*.

Tournant (dans des constructions non verbales).

Ce *tournant* capital dans la politique de l'urbanisme *(E. 2.4.73)*. Tournant décisif du Mouvement français pour le planing familial : à l'issue du congrès (...) ses délégués se sont prononcés pour l'avortement et la contraception libres *(E. 11.6.73)*. Peu préparé au *tournant* du « sous-nationalisme », le Parti socialiste belge effectue un virage à gauche *(E. 4.3.74)*. Un *tournant* pour le Centre d'animation culturelle de Cergy *(C. 13.1.79)*.

→VIRAGE.

TOURNER

TOURNER v. intr. Fig. Spéc. Rép. mil. XXe.
1. (D'après l'emploi du verbe à propos de machines, moteurs, etc.). Par métaph. (À propos de personnes, de collectivités, ou de choses). ■ Avoir un bon rendement, un rythme de fonctionnement régulier, satisfaisant ou rapide.

Il est peu probable que nos ventes croîtront beaucoup d'ici à la fin de l'année, une *firme* sur deux « *tournant* » au maximum de ses capacités *(M. 13.9.69)*. Créée avant la guerre, la *station* (de sports d'hiver) n'a vraiment commencé à « *tourner* » qu'à partir de 1946 *(M. 22.3.66)*. Dans une dizaine de mois cette *usine* (la Maison de la Radio) dont la matière première est l'information, la musique, la culture et les variétés, *tournera* à plein régime *(M. 11.12.63)*.
L'équipe de football des Pays-Bas, c'est une mécanique parfaitement rodée qui *tourne* à plein régime, avec des reprises et des accélérations fulgurantes *(P. 1.7.74)*.
Les magistrats sont les premiers à souffrir des lacunes de notre organisation judiciaire et des moyens réduits mis à leur disposition pour la « faire *tourner* » correctement *(C. 30.9.69)*.

2. Écon. Se dit de stocks de marchandises, à propos de leur renouvellement.

Les hypermarchés sont des affaires des plus rentables. Le libre-service réduit les frais généraux et incite à la consommation. Les *stocks* « *tournent* » très vite : 23 jours après réception d'un lot d'articles par « Carrefour », tout est vendu et l'argent encaissé *(Pa. 10.74)*.

TOURNER ROND Loc. verbale. Fig. Fam. Rép. mil. XXe. (D'après l'emploi à propos de machines, moteurs, etc.).
1. À propos de choses (abstr. ou concrètes). ■ Fonctionner correctement, de façon satisfaisante.

O Un directeur a besoin de liberté d'action, d'autonomie. Quand il peut choisir ses moniteurs, sa *colonie* de vacances *tourne rond (F. 2.11.66)*. Notre *intimité* (d'un jeune ménage) — qui *tournait rond* — avait besoin de se roder *(Bazin, 50)*. Tant que vécut le père, tout marchait bien. Le *monde tournait rond (Ragon, 66)*. Le *sketch* le plus accompli, celui qui *tourne* le plus *rond*, m'a paru être celui de Bertrand T. qui raconte dans un style net et sans bavures une histoire compliquée *(M. 3.1.65)*.

∞ Quelque chose *ne tourne pas rond* dans les Postes, déclare ce gréviste. Pas de négociations en vue, un mécontentement profond, tout laisse prévoir des perturbations importantes *(M. 24.10.74)*. Je suis pris d'une étrange sensation d'ironique bien-être : le monde *tourne rond*, Paris couronne ses écrivains, une institution (l'Académie Goncourt) parmi d'autres a parfaitement fonctionné *(J.P. Moulin, 75)*.

2. À propos de personnes. (Le plus souvent dans le tour négatif *ne pas tourner rond*). ■ Ne pas être en bon état physique ou nerveux. Être dans une situation difficile. — Agir ou penser de façon déraisonnable ou insensée.

Dites donc, votre copain Jean (...) (il ne) *tourne pas rond*, reprit le bistrot en secouant la tête. Tout à l'heure, il m'a bu au nez cinq fines, coup sur coup, vous vous rendez compte ? *(Cesbron, 52)*. Ce jeune ménage *ne tourne pas rond*. Lui est ouvrier agricole. Il s'est abîmé la patte dans une machine, un soir qu'il était fin saoul, et personne n'en veut plus *(Saint Pierre, 54)*. Je déteste qu'on me parle de ma mort. Nous mourrons, bon : eh bien n'y pensons pas. Elle *ne tourne pas rond* du tout, Denise *(Saint-Lô, 64)*. Un psychologue essaiera de voir ce qui *ne tourne pas rond*. — *Tourner rond* : qu'est-ce que ça veut dire ? À mon avis ça *ne tourne pas* tellement *rond* chez les gens que tu juges normaux. Si Catherine est intéressée par autre chose (que ses études), ça ne veut pas dire qu'elle a l'esprit dérangé *(Beauvoir, 66)*.
Cette fichue ville (Venise), les types qui l'ont construite ne devaient pas *tourner rond*. Même avec un plan, on s'y perd ! *(Bruce, 72)*.

TOUS AZIMUTS
→ AZIMUTS (TOUS).

TOUT, E, TOUS adj. Spéc. Dans des tours elliptiques du type *tout(e)/tous* + subst., qui ont la fonction soit d'une phrase substantive du type : *(adj.)* + *prép.* + *tout(e)/tous* + *art.* + *subst.*, soit d'une phrase verbale (ex. *tout confort* = qui a, qui offre tout le confort souhaitable ; cf. aussi les cit. ci-après).

Il se fait en France 45 milliards d'heures de travail ménager, alors que le travail professionnel *toutes catégories* est inférieur : 43 milliards d'heures *(Roudy, 70)*. Il fallait adapter la construction à l'utilisation prévue et ne pas chercher le thyristor universel « *toutes qualités* » (= ayant toutes les qualités) *(R.G.C.F. 1.72)*. Les bilans des marchands de voyage français font sourire ces géants *toutes saisons* et *toutes destinations* (= qui offrent des voyages en toutes saisons et pour toutes les destinations) *(M. 19.2.72)*. L'amélioration des contrôles automatiques de pilotage des avions laisse entrevoir pour un avenir très proche un véritable atterrissage « *tous temps* » (= par tous les temps) *(E. 13.3.72)*. Meubles *tous budgets* (= pour tous les budgets) *(Pub. E. 20.11.74)*. Vos collaborateurs auront à portée de la main une station téléphonique « *tous services* » (= apte à tous les services, ou : reliée à tous les services de l'entreprise). Ainsi pourront-ils commander l'ouverture ou la fermeture des contacts-avertisseurs d'alarmes, être informés d'un incident technique impromptu *(Pub. Exp. 12.72)*. Les ingrédients du film de cape et d'épée *tous publics* (= pour, destiné à tous les publics) *(E. 25.6.73)*. La Grande Encyclopédie met à votre portée la formation et l'information « *tous horizons* » (= sur/dans tous les horizons ou domaines) *(Pub. E. 26.11.73)*. La petite table « *tout service* » (= apte à tout service, à tous les services) robuste et élégante *(Pub. FP 11.73)*. Ces chapardeurs « *tous rayons* » (= qui chapardent dans tous les rayons), nés avec les supermarchés, se sont multipliés avec eux *(E. 10.12.73)*. À l'heure du tourisme montagnard *toutes saisons*, le Briançonnais peut annoncer des atouts maîtres *(M. 22.3.75)*. L'hélicoptère n'est pas un moyen de combat *tout temps (M. 30.5.78)*.

Tous terrains ou tout (-) terrain. (Sur le modèle : *véhicule tous terrains*). Fig. ■ Qui convient ou qui est adapté à toutes sortes d'activités, de nécessités, de situations, etc.

> M.F. continue de faire de la persuasion *tout-terrain* le principal moteur de son activité *(E. 30.9.68)*. Le cuir *tout terrain* : les professionnels du cuir savent que leur industrie a besoin de restructuration et de débouchés nouveaux *(E. 14.9.70)*. Bébé dans le métro, le train, l'avion ; Bébé calé dans le chariot du super-marché ; aucun doute, nous vivons l'époque du bébé *tout-terrain (FP 12.7.72)*. L'arkhê-société a constitué une organisation *tout terrain* qui lui a permis de s'introduire dans le froid polaire et dans la forêt tropicale, dans le désert et dans les marais *(Morin, 73)*.

TOUT (-) + subst. (nom de lieu, d'institution, etc.) sm. (Sur le modèle : « *Le Tout Paris* »). ■ Ensemble de personnalités qui comptent dans la vie mondaine du lieu ou de l'institution désignés par le second élément.

> Le soir de la première du film, au cinéma des Ambassadeurs, les embrassades affectueuses dont les acteurs principaux étaient l'objet n'étaient pas toutes sincères, mais elles étaient toutes significatives. Le *Tout-Cinéma*, depuis deux ans, surveillait d'un œil narquois la préparation de ce film *(E. 19.12.66)*. Ces hôtels où vécurent Stendhal, Verlaine, Baudelaire et, plus près de nous, le *Tout-Saint-Germain-des-Prés (M. 15.2.72)*. Un homme âgé, élégant, séduisant, membre du *Tout-Lima (M. 16.2.72)*.

TOUT (-) adv. Spéc. Dans des tours elliptiques du type *tout + adj.* ou *tout + subst.* qui constituent des sortes de composés (le trait d'union relie parfois les deux éléments) et qui ont la fonction soit d'un adj. ou d'un part. passé, soit d'une phrase verbale, soit d'un subst. neutre (masc.). *Tout* signifie : exclusivement ; ou : entièrement, tout à fait.

● Le composé a la fonction soit d'une phrase verbale, soit d'un adj. ou d'un part. passé.

> Pouvoir « marier » avec vos vêtements ou vos accessoires ce maquillage des yeux *tout-prune, tout-chamois, tout-turquoise (Pub. El. 19.10.70)*. Les pistes HI-FI, grâce à de nouveaux amplis « *tout transistor* » *(Pub. PM 28.11.70)*. Les connaisseurs préconisent dans les repas « *tout-champagne* », une graduation depuis les « sans-année », légers, sur les entrées et les poissons, jusqu'aux vieux millésimes pour agrémenter les fins de repas *(JF 23.2.71)*. La gamme des cuisinières « *tout électriques* » automatiques et sûres *(Pub. MF 10.73)*. L'économie de chauffage, liée à l'isolation du local, a été mise en vedette lors de la promotion du chauffage « *tout électrique* » *(M. 6.6.74)*. Un téléviseur « *tout circuit intégré* » sera beaucoup plus facile à réparer *(M. 8.10.75)*.

● Le composé a la fonction d'un subst. neutre (masc.).

> Dans ce livre, un technocrate se fait l'apôtre de ce « *tout électrique* » mis en cause par F. de Closets, dont la conjoncture étant ce qu'elle est, le « *tout électrique* » a pour corollaire le « *tout nucléaire* » avec ses dangers réels *(MD 2.74)*. E.D.F. s'orientait résolument vers l'usage du fuel. Il ne s'agissait pas de faire passer le réseau électrique au « *tout fuel* », mais de ne pas persévérer dans la voie du « *tout charbon* » *(M. 24.1.75)*. On obtiendra dans quelques années le « *tout solaire* », grâce à un stockage saisonnier conservant la chaleur de l'été pour l'hiver *(E. 3.7.78)*.

TOUT (-) COMPRIS Loc. adj. et subst. Se dit d'un prix (de pension, de séjour, de voyage, etc.) qui inclut, outre les prestations principales, un certain nombre de frais annexes (service, taxes, etc.).

Adjectif.

> Un circuit *tout-compris* qui vous emmène à travers des paysages inoubliables *(Pub. F 23.9.70)*. Tous les appartements sont livrés équipés (...) et en option « *tout compris* » : l'ameublement forfaitaire *(Pub. Exp. 12.72)*. Les agences proposent des forfaits « *tout compris* » ; avion jusqu'en Laponie, séjour et guides *(Fa. 5.12.73)*. Une agence parisienne propose un voyage-séjour « *tout compris* », même le check-up *(O. 18.2.74)*. Les M. sont les princes du charter, les nouveaux riches de l'aventure *tout-compris (P. 27.5.74)*.

Subst. masc.

> Au forfait « remontées mécaniques », la station ajouta le forfait hôtel, offrant ainsi un véritable « *tout compris* » pour une période minimum de sept jours avec pension complète *(F. 18.11.66)*. Dans ce train moderne, tous les services fournis pendant le voyage, y compris le dîner et le petit déjeuner, sont inclus dans le prix du billet. Cette formule du « *tout compris* » semble rencontrer un vif succès *(M. 30.9.69)*.
> La notion de « *tout compris* » signifie que, en s'adressant au club, l'individu achète plus un maximum qu'un minimum : il ne court ainsi aucun risque de privation-frustration dans ses vacances, puisqu'il aura déjà tout payé *(Laurent, 73)*.

TOUT OU RIEN [tuturjɛ̃] sm. ■ Solution extrême, radicale, sans compromis, sans nuances.

> Le personnel n'est plus aussi uni qu'autrefois : s'il demeure encore 3 ou 400 irréductibles, partisans du « *tout ou rien* », quelque 200 ouvriers se sont, contre l'avis de la C.F.D.T. majoritaire, fait inscrire à l'Agence pour l'Emploi *(O. 12.11.73)*. Cette jeune institutrice porte un regard critique sur l'instruction. Mais elle refuse le « *tout-ou-rien* » de ses jeunes collègues révolutionnaires *(O. 7.1.74)*.

TOUT (-) VA (À) loc. adj. et adv. Fam. Rép. ~1970.
Adj. (Déterminant un nom de chose abstr.) ■ Très fort, très vif. — Désordonné, immodéré, incontrôlé.

> Dans notre situation présente d'inflation *à tout va* (...) *(M. 30.5.74)*. Les banquiers aidaient généreusement les entreprises au temps de l'expansion *à tout va (M. 10.1.75)*. Le temps

TOUT (-) VA (À)

du progrès à *tout va* est passé, on entre dans celui de l'austérité *(M. 28.3.75)*. Plusieurs industries avaient mené, pendant les dernières années du « boom », une politique d'extension à *tout va (M. 9.5.78)*. La section française d'Amnesty International connaît actuellement une croissance à *tout va (M. 30.5.78)*.

Adv. ■ Beaucoup. — Inconsidérément, sans frein, sans mesure.

Les compagnies aériennes s'étaient laissé entraîner dans une affolante surenchère, en achetant à *tout va* des avions *(E. 9.12.74)*. Pour aider les viticulteurs pauvres, le contribuable français dépense un milliard, en accordant à *tout va* une distillation des surplus *(P. 11.8.75)*. Fortement endetté, le groupe ne peut se permettre d'investir à *tout va*, si ses résultats ne se redressent pas *(E. 22.5.78)*.

TOXICO subst. Rép. ~ 1965. Abrév. fam. de *toxicomane*.

Une pièce est réservée à l'accueil des *toxicos*, de leurs parents, de leurs amis *(O. 22.10.73)*. Nous avons parlé de l'action menée par R., sa femme et des compagnons pour réapprendre à vivre à d'anciens drogués. Ce Centre peut aujourd'hui aider davantage de jeunes *toxicos (Pa. 10.74)*. Je réalisais (...) qu'un *toxico* n'avait de chances de s'en sortir que s'il effectuait une démarche volontaire. Mais (...) un drogué, volontaire à dix heures ne le sera plus, quelquefois, cinq minutes après *(Olievenstein, 77)*.

TOXICO-DÉPENDANCE sf. ~ 1970. Did. ■ État pathologique qui rend le sujet incapable de se passer d'une drogue, d'un produit toxique qu'il a pris l'habitude d'absorber.

Les effets de l'alcool correspondent rigoureusement aux définitions des *toxico-dépendances* fixées par l'O.M.S. : accoutumance, tolérance, assuétude *(M. 27.1.74)*.

TOXICOPHILIE sf. ■ Attirance, goût pour les produits *hallucinogènes**, etc.

Le professeur D. a retenu trois sortes de motivations psychologiques principales des *toxicophilies* aux « onirogènes » : le besoin d'évasion, la curiosité et la pression psychologique du « groupe » *(M. 26.2.69)*.

TRACTABLE adj. ■ Qui peut être tracté par une automobile.

La série des *caravanes tractables* par une petite voiture *(A. 29.1.70)*. Un *voilier tractable* derrière une voiture *(O. 20.1.69)*.
La caravane est *tractable* par une voiture de tourisme *(E. 14.9.70)*.

TRACTIONNAIRE sm. Ch. de fer. ■ Agent du service de la traction.

Sa longue carrière de *tractionnaire*, commencée il y a 20 ans sur les locomotives à vapeur en tête des lourds trains de minerai, continuée sur les « Pacific » assurant les rapides du réseau, se poursuit maintenant aux commandes des machines électriques « universelles » du dépôt de S. *(VR 26.11.72)*.

TRACTORISTE subst. ~ 1960. ■ Conducteur ou conductrice de tracteur (agricole).

Soljenitsyne les dénombre : orthodoxes et juifs, biologistes ou philologues, ingénieurs et lampistes, professeurs d'université, *tractoristes*, tout le monde *(P. 4.2.74)*.

TRAFICOTAGE sm. Fam. Rép. ~1960. (De *traficoter*, fréquentatif de *trafiquer*). ■ Action de se livrer à de petits trafics, à de petites opérations commerciales plus ou moins malhonnêtes ou illicites.

Cette histoire sent sa comédie bourgeoise avec ses *traficotages* sordides et ses gros sous *(C. 14.2.76)*.
→ MAGOUILLE.

1. TRAIN (+ de + substantif) ou TRAIN (+ adjectif) sm. Fig. ■ Série d'actes d'ordre administratif, politique, social, etc.

Train + de + substantif.

○ Un « *train* » important *d'arrêtés de titularisation* des professeurs avait été « lancé » *(US 15.11.66)*. Le premier ministre a annoncé un *train de décisions* qui sont appelées à faire date *(M. 18.1.68)*. Ce qui me fâche dans ce *train d'expulsions* (d'étrangers), c'est d'y retrouver un schéma trop connu *(O. 15.7.68)*. Trente-cinq condamnés bénéficient de réductions de peine. Après ce « *train » de grâces*, 176 condamnés demeurent encore détenus *(M. 25.12.65)*. Tokyo (annonce) un premier « *train » de libéralisation* qui se propose d'entrouvrir la porte aux investissements étrangers *(Guillain, 69)*. On parle ces jours-ci d'un premier « *train » de licenciements* à l'Opéra *(O. 3.1.68)*. Le gouvernement a décidé de lancer un second *train de mesures* dont le Parlement sera saisi *(M. 9.4.66)*. Après la loi universitaire, après les droits syndicaux dans l'entreprise, nous en sommes arrivés au troisième « *train » des grandes réformes* annoncées : la région et le Sénat *(C. 13.12.68)*.
∞ Le dernier *train de négociations* dans le secteur nationalisé arrivera difficilement à bon port *(C. 19.2.72)*. Les deux ministres préparent un *train de textes (O. 3.9.73)*. Le partage incertain entre les « *trains » de mesures* conjoncturelles et les choix à moyen terme *(M. 26.2.74)*.

Train + adjectif.

Rien ne permet d'affirmer que le gouvernement ne lancera pas d'ici la fin de l'année un nouveau petit « *train social* », qui apporterait un « saupoudrage » dosé entre diverses catégories *(M. 18.11.66)*.
Les dernières initiatives en vue de faire avancer le *train européen* ne connaissent pas un sort très heureux *(C. 16.2.79)*.

2. TRAIN

2. TRAIN (dans des locutions verbales) sm. Fig.
Monter dans le train (en marche) ■ S'associer, soit par conviction, soit par nécessité, soit par opportunisme, à une action déjà entreprise, à une opération en cours.

> L'avocat demande d'en finir avec la nostalgie du (passé) et de *monter dans le train* s'ils veulent que le « pays » aille quelque part *(O. 10.2.69).* Arriver à temps pour le *train* d'une carrière professionnelle et réussir à bousculer les autres pour *monter dedans* représente un problème angoissant et demande des exploits acrobatiques *(Guillain, 69).* Si on ne fait pas cette contestation (des idées), eh bien la France ne *montera* pas *dans le train* de la civilisation moderne *(O.R.T.F. 28.3.70).* Languedocien rigide, Jean Vilar s'est interdit, par sens moral, de « *monter dans le train en marche* » de la révolution *(E. 2.11.70).* Ceux qui s'étaient tenus à l'écart de l'accord entre le parti socialiste et le parti communiste se disposent à *monter dans le train en marche (O. 24.9.73).*

Rem. 1. Dans certains exemples des deux rubriques suivantes et des variantes signalées à la suite (Rem. 2.), la métaphore est soulignée par un ou plusieurs lexèmes appartenant au « champ sémantique » ou au « champ associatif » de *train*. On peut noter :

● — Des subst. :
> *marche-pieds, voyage (PM 13.8.66)* ; *locomotive (M. 2.6.68)* ; *voie de garage, voie (US 23.5.73)* ; *gare (E. 25.6.73)* ; *ticket, tarif (M. 17.4.74).*

● — Des verbes :
> *ralentir (PM 13.8.66)* ; *s'arrêter (M. 12.6.71)* ; *rouler (C. 6.1.73 ; E. 25.6.73)* ; *dérouter (US 23.5.73).*

● — Des adv. ou loc. adv. :
> *à belle allure (C. 6.1.73)* ; *de plus en plus vite (E. 25.6.73).*

Prendre le (ou : un) train (+ de + subst.). (Même sens que la loc. *monter dans le train*, ci-dessus).

> La chimie française *prend le train* des rapprochements pour rester dans le peloton de tête européen *(E. 28.4.69).* Les entreprises françaises qui ont *pris* le premier *train* des méthodes modernes de gestion (...) *(E. 10.11.69).* L'hôtellerie *prendra*-t-elle le *train* de la civilisation des loisirs ? *(C. 23.11.69).* Les fabricants n'ont pas *pris le train* du jersey *(E. 13.4.70).* Les affaires internationales *ont pris un train* qui *roule* de plus en plus vite, vers une gare appelée « Coexistence pacifique » *(E. 25.6.73).*

Prendre le train en marche. (Même sens que la loc. *monter dans le train en marche*).

> Bien qu'il ait, en quelque sorte, « *pris le train en marche* », avec toutes les difficultés que cela peut comporter, le nouveau rapporteur général a poursuivi les travaux commencés par son prédécesseur *(M. 9.3.66).* Plus le *train* yéyé ralentira et plus nombreux seront ceux qui voudront le *prendre en marche.* Sur les marches-pieds, les places ne sont pas chères. Mais valent-elles le voyage ? *(PM 13.8.66).* Depuis que l'on a installé Picasso au Grand-Palais, il y a beaucoup de choses que les gens continuent à ne pas comprendre, mais ils le disent à voix basse : on a peur de ne pas être dans le coup. Le *train* de l'Hommage est parti : il faut le *prendre en marche (Daninos : E. 20.2.67).* Sera-t-il possible à certains opposants actuels de se reconvertir à temps et de *prendre le train en marche* ? *(O. 21.2.68).* Les lycéens de J. ont effectivement *pris en marche le train* de la réforme : mais ils veulent à présent être dans la locomotive *(M. 2.6.68).* Ce livre est un essai loyal pour briser la réputation d'ésotérisme des nouvelles mathématiques et permettre aux adultes, et spécialement aux parents dépassés par l'événement, de « *prendre le train en marche* » *(VR 24.11.68).* Le général de Gaulle a *pris le train* du Marché Commun *en marche (O.R.T.F. 22.2.69).* Certains étudiants pourront « *prendre le train en marche* » : après avoir suivi un enseignement de « transfert » d'une durée d'un an *(M. 14.10.69).* Paris, Bonn et Bruxelles ont-ils vraiment la même conception de la manière de *prendre en marche le train* américain ? *(M. 6.11.70).* Dans l'hypothèse où le Royaume-Uni *prendrait*, comme on dit, *le train en marche* (= le Marché Commun) (...) *(Déclaration du ministre français des Affaires étrangères, R.S.R. 13.5.71).*
> Le mouvement de grève à la S.N.C.F. est venu de la base et l'on dira peut-être que la C.G.T. *va prendre le train en marche*, ce qui n'est pas facile quand il a précisément tendance à s'arrêter *(M. 12.6.71).* Qui donc *a pris le train en marche* ? En fait certains se sont vainement efforcés de le dérouter sur une voie de garage. Mais notre syndicat ne s'est pas détourné de la voie qu'il avait choisie et les actions de grève des 14 et 15 mai ont montré que cette voie était la bonne *(US 23.5.73).* L'Angleterre a exprimé le désir de *prendre le train en marche* avec un ticket réduit d'ailleurs, avec un tarif préférentiel. Si elle ne veut pas suivre maintenant, je crois que l'Europe peut continuer et l'Angleterre courra un petit peu plus vite pour *prendre le train en marche (M. 17.4.74).*

Rem. 2. Plusieurs variantes du tour précédent sont attestées. La modification concerne un ou plusieurs des points suivants :

● — l'ordre des 2 derniers segments (*train*, régime direct ; *en marche*, régime indirect) est inversé.

> En cherchant à encourager la création de zones piétonnières, le ministre *prend en marche le train*, un train qui roule déjà à belle allure : des expériences de ce genre ont été tentées ailleurs *(C. 6.1.73).* Les téléspectateurs désireux de suivre le feuilleton de la « une » (= 1re chaîne) devaient *prendre en marche le train* de la « deux » (= 2e chaîne) *(M. 20.4.73).*

● — le subst. régime indirect du verbe *prendre (en marche)* est remplacé par le syn. *en route.*

> Le P.c. fait plus que *prendre en route un train* parti tout seul, qu'épauler un mouvement d'opposition à la hiérarchie *(E. 12.7.76).*

● — le verbe *prendre* est remplacé par un autre (à l'exception de *monter*, cas traité plus haut).

> Le roi Hussein impressionné par les concessions déjà arrachées à Israël, en vient à regretter de ne pas s'être jeté dans la bataille avec les Syriens et les Égyptiens. Mais il peut encore

2. TRAIN

sauter dans le train (P. 21.5.74). À Aix-en-Provence, c'est le développement intense de la vie culturelle qui a amené les commerçants à *sauter dans le train en marche (C. 16.4.78).*

TRAIN- Ch. de fer. Premier élément de subst. comp. dont le second élément caractérise la nature ou la fonction du train.

La solution optimale est la mise en marche de *trains-blocs* dont le prix de revient est particulièrement bas du fait qu'on évite toute manœuvre dans les gares de triage *(R.G.C.F. 10.71).* L'agence de voyages met à la disposition de sa clientèle des *trains-charters* à destination des champs de neige *(VR 16.1.72).* Le train « Forum », *train-exposition* itinérant de la S.N.C.F. a effectué 2 circuits, comportant 32 étapes dans des gares *(Inf. 1.1.73). Trains-universités* : une utilisation intelligente du trajet domicile-travail : dans les trains de banlieue de la ville de New York, les passagers peuvent suivre des cours de niveau universitaire *(Inf. 8.1.73).* Dans le domaine des transports internationaux (...) les « *trains-plan* » assurent notamment un trafic rail-route et de transconteneurs *(R.G.C.F. 9.73).* Le « Spécial 2000 » : Train de luxe et *train-gadget* à la fois, avec son cinéma, son bar, les fauteuils profonds, sa boutique, le sourire de ses hôtesses et de ses stewards *(P. 4.2.74).*

TRAIN D'AFFAIRES
→ AFFAIRES (D').

TRAIN SPATIAL loc. subst. ~ 1960. Astron. ■ Ensemble des *capsules** ou *modules** qui, lors d'une expédition interplanétaire, circulent tantôt arrimé(e)s les un(e)s aux autres (d'où le nom de « train »), tantôt séparément, selon les phases de l'opération.

On a été vivement frappé, en septembre dernier, lorsque M. K. a annoncé, la préparation par les soviétiques d'un *train spatial* de 60 t *(E. 13.4.61, in Guilbert, 67).* Les « wagons » de ce *train spatial,* à l'aide de rétrofusées, sont en mesure de se séparer les uns des autres *(Paris-Presse 18.6.63, in Guilbert, 67).* L. fait part du bruit qu'il entend, provenant de l'arrière du *train spatial.* (...) Il s'agit d'abord que le module de service soit largué. En fait, la séparation intervient sans difficulté après que le *train spatial* a placé son axe perpendiculairement à la trajectoire afin d'éviter que soit modifiée la vitesse d'Apollo 13 *(Air 25.4.70).*
→ COSMONEF, LEM.

TRAÎNE- Premier élément (du v. *traîner*) formant des subst. comp. (sur le modèle qui a donné plus anciennement *traîne-misère, traîne-savates, traîne-semelles,* etc.) dont le second élément désigne un objet (chaussure, vêtement, etc.). Le composé désigne, avec une connotation souvent iron. ou péj., un individu mal vêtu, miséreux ou d'aspect inquiétant.

Le pauvre con de *traîne-bottes* de la Wehrmacht était mû par les mêmes ressorts de propagande que les bidasses français, les Tommies ou les Popof (...) ça me fait toujours mal de voir des soldats attifés comme des *traîne-patins (Bonnecarrère, 72).* Chaque génération a eu ses crapules et ses *traîne-patins (Pauwels, 72).* « Interdit aux nomades » exprime une incurable méfiance à l'égard des gens qui ne sont pas d'ici, qui viennent d'on ne sait où et vont Dieu sait où : les cheminaux, les *traîne-bâtons* et les romanichels *(Calan, 74).* Des *traîne-blue-jeans* au froc délavé *(S. 12.4.74).*

TRAINING [trɛniŋ] sm. (Mot angl., « entraînement »). ■ Vêtement de sport.

Appelé « *training* » par les stylistes, le pull-over à cagoule en coton molletonné des sportifs gagne des supporters en France *(E. 10.3.75).*

TRAINING AUTOGÈNE sm. ~ 1960. ■ Méthode psychothérapeutique de relaxation.

Des séances de relaxation quotidienne dirigées selon le principe du *training autogène (M. 17.4.65).* Le *training autogène,* qui est une méthode d'auto-hypnose, connaît en Occident un succès considérable *(R 2.74).*

TRAJECTOGRAPHIE sf. ~ 1966. Astron. ■ Étude et surveillance des trajectoires des engins spatiaux, des fusées, satellites, etc.

La réalisation d'un système de *trajectographie* de sauvegarde du champ de tir spatial des Landes a été confié à la Société d'équipements spatiaux et astronautiques *(F. 27.1.67).* Le système de communications installé à bord permet aux stations terrestres de suivre le vaisseau (spatial) sur sa trajectoire, de déterminer les éléments de cette trajectoire avec une grande précision. Toutes ces mesures, les appareils de bord les fournissent aussi automatiquement aux pilotes. Ces doubles calculs de « *trajectographie* », effectués de façon indépendante, sont un facteur important de sécurité *(M. 25.12.68).* Pendant le lancement, le centre technique continue de centraliser les informations en provenance des radars, des antennes, des cinéthéodolites ; entre lui et les moyens de *trajectographie* au sol s'interpose un calculateur qui traite les informations — distance de la fusée, altitude, point d'impact si elle retombait *(M. 26.3.70).*

TRAMPOLIN sm. ou TRAMPOLINE sf. ~ 1965 (De l'esp. *trampolin* ou de l'ital. *trampolino,* cf. fr. *tremplin*). ■ Sport qui consiste à sauter debout sur une surface élastique en cherchant à rebondir le plus haut possible.

Les enfants sont pris en main par des moniteurs qui les initient aux agrès, au *trampolin,* aux jeux de plage *(M. 6.9.75).*

Trampoline : Un sport en pleine expansion, inscrit au programme des prochains jeux olympiques *(P. 2.4.73)*.

TRANCHE sf. Fig. Spéc. ■ Partie d'un ensemble ; phase d'une opération ; partie d'une collectivité.

Quatre films, d'un budget de 70 000 dollars, sont inscrits au programme d'une première « *tranche* ». À l'occasion d'une seconde « *tranche* », il est question que Radio-Canada commande des « superproductions » montant à 150 000 dollars *(M. 29.8.64)*. Périodiquement la gauche part à la conquête d'une nouvelle *tranche* de « progrès » *(Mounier, 66)*. Les candidats sont convoqués par « *tranches* » successives *(M. 15.6.68)*. Créer des universités pluri-disciplinaires qui ne soient plus cloisonnées en facultés défendant jalousement leur « *tranche* » du savoir *(M. 17.9.68)*. Mettre en place la première *tranche* de l'équipement électronique *(VR 13.4.69)*. M. G. cesse d'assumer la « *tranche* » quotidienne du matin (des émissions de radio) *(M. 14.10.69)*. La première *tranche* d'un contingent de six mille soldats *(M. 6.11.69)*.
Le futur port de plaisance en eau profonde de C. ne comportera, dans une première phase, qu'une centaine de résidences et 200 places d'ancrage (...) Cette « *tranche-pilote* » doit être suffisamment modeste pour ne pas entraîner de perturbations dans l'équilibre naturel de la région *(M. 15.1.72)*. Certains trains express comprennent des *tranches* multiples qui sont détachées dans les gares d'« éclatement » et, au retour, regroupées dans les gares de soudure ; ces manœuvres sont sources de retards *(VR 23.7.72)*. L'E.D.F. prévoit l'engagement, d'ici à l'an 2000, de quelque 200 *tranches* nucléaires *(S. 3.74)*.

TRANQUILLISANT sm. et adj. Mil. XXe. (adaptation de l'angl. *tranquillizer*).

1. Méd. Médicament sédatif non hypnotique du système nerveux, qui agit comme calmant global (*neuroleptique**), ou en faisant disparaître l'anxiété.

Il (un médecin) se bornait le plus souvent à prodiguer *tranquillisants* et euphorisants *(Vailland, 60)*. Quand il avait à fournir un effort exceptionnel au laboratoire ou dans un congrès, elle dosait ses stimulants et ses *tranquillisants (Escarpit, 64)*. Elle se gava de *tranquillisants* décontrariants et d'harmonisateurs *(Beauvoir, 66)*.
Ce médicament est un neuroleptique, c'est-à-dire un *tranquillisant* majeur (...) à usages multiples *(E. 17.9.73)*. On vend en France, chaque année, plus de 35 millions de boîtes de *tranquillisants*, euphorisants et sédatifs de toutes sortes *(M. 27.2.77)*.

2. Par métaph.

Une Église apportant à l'homme angoissé de cette fin de siècle les *tranquillisants* spirituels qui lui sont nécessaires *(Duquesne, 70)*.
L'urbanisme (...) ne serait-il pas (...) le plus grand ennemi de la ville ? Ne serait-il pas qu'un *tranquillisant* social ? *(Ragon, 71)*. Un faux romantisme masquant la réalité et servant de *tranquillisant* face à une vérité trop cruelle *(E. 27.3.72)*.

TRANS(-) Élément préfixal (du lat. *trans*, « par-delà ») qui, en français contemporain, sert à former surtout des adj. et des subst. comp.

Quelques-uns d'entre eux sont traités plus loin, en articles séparés, à leur place alphab. D'autres sont répartis dans les rubriques ci-après. L'emploi du trait d'union est parfois hésitant, mais relativement rare.

1. Dans des comp. dont la « base » (second élém.) est un terme géogr., le plus souvent un adj., parfois un subst. (ex. Manche, Vosges). Le comp. a généralement une fonction adjective, ou parfois substantive (s'il s'agit d'un adj. substantivé).

Trans- signifie : à travers, au-delà de, de part et d'autre de (ce que désigne la « base »).

● — Le composé a une fonction adjective.

Un des quadrimoteurs qui inaugurent la ligne « *transpolaire* » s'est posé à Copenhague *(M. 17.11.54)*. Dans un avion *transpolaire*, entre le Japon et Paris *(JF 17.4.65)*. La première course *transpacifique* en solitaire *(A. 5.6.69)*. L'arabe avait peu déteint sur le français *transméditerranéen*. C'est l'espagnol qui a enrichi de nombreux termes le français d'Afrique du Nord *(VR 29.3.70)*. L'Iran vendra du gaz aux Russes, grâce au gazoduc *transiranien (E. 14.6.70)*. La grande diagonale *transeuropéenne* de forte densité s'allongeant des Pays-Bas au Nord de l'Italie *(Young, 72)*. Une heureuse solution au problème des transports Trans-Vosges *(VR 5.3.72)*. Un canal *transaquitain*, parallèle à la côte de la Gironde à l'Adour, devait relier entre eux les lacs et les bassins *(M. 21.4.72)*. Un navire apte à assurer tous les types de trafic *transmanche (R.G.C.F. 7.74)*. Hovercraft, avec 1.200.000 voyageurs, a assuré le tiers du trafic *trans-Manche* au départ de Calais en 1976 *(M. 11.6.77)*.

● — Le composé a une fonction substantive.

3e tunnel d'Europe, après ceux du Mont Blanc et du Grand Saint-Bernard, le *transpyrénéen* devrait intensifier les échanges commerciaux *(E. 16.11.64)*. La *transamazonienne* (...) est une simple route à deux voies (...) Parallèle à l'Amazone, elle reliera les ports atlantiques aux frontières du Pérou et de la Bolivie *(R. 5.74)*.

2. Dans des composés divers. *Trans-* signifie : qui dépasse, qui transcende, qui est situé au-delà de, en dehors de (ce que désigne la « base »).

● — La base est un adj. et le comp. a une fonction adjective.

La culture *transmondaine*, caractérisée par le mépris des activités terrestres, de la science et des techniques (...) L'homme *transmondain* a produit l'Inquisition *(Young, 72)*. Un facteur d'interprétation économique est la création de firmes que Pisar appelle des firmes *transidéologiques*. On connaît bien l'existence des banques soviétiques en Europe occidentale (...) *(Faire, 73)*. Dépasser le fixisme *transculturel* dans lequel nous sommes tous engagés *(Laplantine, 73)*. La société dispose de « patterns » *transindividuels*, notamment la classe et le rôle, qui demeurent stables, tandis que les individus transitent (...) Un Centre où pourraient, non seulement s'effectuer des échanges interdisciplinaires entre sciences biologiques et sciences humaines, mais se dégager et se déployer une pensée

TRANS(-) 692

véritablement *transdisciplinaire (Morin, 73)*. Dans notre espèce, les effets cumulatifs de la malnutrition et des mauvaises conditions socio-culturelles sont également *transgénérationnels* : ils se perpétuent par la diminution de la capacité de la mère à engendrer des enfants en bonne santé *(Larmat, 73)*. Les responsables du Plan, en Chine, veulent assurer les approvisionnements alimentaires par le maintien de stocks *transannuels (Exp. 1.73)*.

● **— La base est un subst. et le comp. a une fonction substantive.**

En se réunissant chaque semaine pour confronter leurs recherches, Renan, Berthelot et Claude-Bernard ont été les premiers à pratiquer la « *trans-disciplinarité* » *(Téla. 15.12.73)*. La conscience de la mort (...) est constituée par l'interaction d'une conscience objective qui reconnaît la mortalité, et d'une conscience plus subjective qui affirme sinon l'immortalité, du moins une *transmortalité (Morin, 73)*.

TRANSCODAGE sm. ~ 1966. ■ Action de *transcoder** ; son résultat.

En Europe, le bloc SECAM se trouve coupé en deux : pour les échanges de programmes, les émissions devront subir un double « *transcodage* », à moins qu'elles ne transitent par un satellite de communication *(M. 24.7.66)*. L'O.R.T.F. commence à essayer un appareil de « *transcodage* » des signaux de télévision en couleur *(M. 21.4.67)*. Le *transcodage* SECAM-PAL a permis de retransmettre les jeux olympiques de Grenoble pour 31 organismes étrangers de télévision *(Fa. 13.11.68)*.
→ SECAM.

TRANSCODER v. tr. Télév. ■ Transposer (des images télévisées en couleur, etc.) d'un système à un autre.

Les images couleur envoyées de Stockholm selon le procédé PAL seront « *transcodées* » en SECAM pour leur diffusion en France *(M. 6.6.69)*.

TRANSCODEUR sm. ■ Appareil utilisé pour *transcoder**.

L'O.R.T.F. doit posséder un appareil électronique qui sache traduire en PAL des émissions qui étaient à l'origine en SECAM. Un tel appareil est appelé *transcodeur (M. 21.3.67)*. Un « *transcodeur* » qui s'adapte facilement au récepteur permet la conversion du SECAM en PAL ou vice versa *(M. 10.10.69)*. Les téléspectateurs alsaciens, qui peuvent recevoir trois programmes de l'Allemagne voisine, achètent volontiers un récepteur PAL. Il leur suffit d'un *transcodeur* de 200 F pour suivre aussi les émissions françaises *(E. 16.3.70)*.
Des circuits PAL auxquels on a adjoint un « *transcodeur* » qui transforme le PAL en SECAM *(M. 8.10.75)*.

TRANSCONTAINER sm. ~ 1968. ■ *Container** ou *conteneur** à grande capacité, utilisé surtout pour les transports internationaux de marchandises.

Rem. La forme francisée *transconteneur** est officiellement recommandée pour remplacer cet anglicisme.

♦ Avec le *transcontainer* nous allons disposer d'un moyen pour réaliser le porte à porte *(VR 15.12.68)*. Ces caisses, ce sont, mot magique de notre époque, des « *transcontainers* » qui symbolisent une véritable révolution en matière de transport. (...) Seront utilisés des *transcontainers* plats qui comportent des ridelles, ou des *transcontainers* tombereaux pour des marchandises de grande densité. Le *transcontainer* symbolise le moyen de transport-type des économies hautement industrialisées *(VR 11.5.69)*. Des semi-remorques « squelette » pour le camionnage des *transcontainers (D. En. 5.69)*. Le « *transcontainer* express », arme de dissuasion ferroviaire face à la concurrence de la route *(C. 11.11.69)*.
Il faut accomplir dans le système des acheminements une révolution dont l'extension du *transcontainer* ne sera que l'un des aspects *(Cazau, 71)*. Des marchandises en provenance d'U.R.S.S. sont amenées en France dans des *transcontainers* soviétiques *(R.G.C.F. 7.73)*. L'apparition du grand container dit « *transcontainer* », dont la longueur peut atteindre 12 mètres et la capacité 60 m³ a été une véritable révolution *(R.G.C.F. 7.74)*.

TRANSCONTENEUR sm. ~ 1968. ■ Forme francisée de *transcontainer**.

Les grands centres ferroviaires sont dotés d'installations pour le trafic *transconteneurs (M. 14.11.72)*. Dans le domaine des transports internationaux, les « trains-plan » assurent notamment un trafic rail-route et de *transconteneurs (R.G.C.F. 9.73)*.

TRANSFÉRENTIEL, LE adj. 1955. Psychan. ■ Relatif au transfert.

Le psychanalyste (...) insiste sur la nécessité d'une implication affective totale — *transférentielle* et contre-*transférentielle* — du thérapeute dans la relation qui l'unit à son patient *(Laplantine, 73)*.

TRANSFERT (MACHINE-)
→ MACHINE-TRANSFERT.

TRANSFORMATIONNEL, LE adj. ~ 1960. Ling. ■ Qui concerne les transformations.

On appelle grammaire *transformationnelle* une grammaire comportant des règles qui établissent des équivalences entre divers types de phrases, dont elle rend compte par des opérations explicites *(Dubois, 73)*.

TRANSFRONTALIER, ÈRE ou TRANS-FRONTALIER, ÈRE adj. ■ Qui traverse une frontière ; qui s'étend des deux côtés d'une frontière (région, etc.) ; qui vit et travaille de part et d'autre d'une frontière (personne).

En constituant avec la province italienne voisine une véritable région *transfrontalière*, le département des Alpes-Maritimes peut espérer vaincre ces déséquilibres *(M. 26.11.77)*.

Ces deux villes d'Alsace comptent quelque 20 % de travailleurs frontaliers — ou, pour user d'une terminologie plus exacte, qui est employée par l'INSEE — de travailleurs « *trans-frontaliers* » (...) Il faut mettre à l'actif du travail « *trans-frontalier* » (le fait) qu'il s'inscrit dans une continuité historique : les frontières des États sont une chose, les traditions locales en sont une autre *(M. 10.6.78).*

TRANSISTOR [trãzistɔr] sm. ~ 1950 (De l'angl. *trans(fer) (res)istor*, « résistance de transfert »).
1. **Électron.** ■ Dispositif à *semi**-*conducteurs* qui peut remplacer un tube électronique et qu'on utilise comme redresseur, amplificateur ou interrupteur de courants électriques.
   Dans le *transistor* bipolaire représenté, on (...) a réalisé, grâce au faible courant fourni à la plaquette, une circulation de trous assez importante. Le *transistor* est un amplificateur *(M. 1.11.72).* J. met en marche le *transistor* pour meubler ce silence. Il appuie sur le déclencheur de la modulation de fréquence (...) J. promène l'aiguille du *transistor*, de station en station *(Ragon, 66).* Le rôle joué par la radio en temps de crise grave n'est pas une nouveauté, on se souvient que les *transistors* du contingent firent échouer le putsch d'avril 61 à Alger (...) Dans la mouvance des événements de mai 1968, les atouts de la radio furent renforcés par la mobilité des auditeurs, grâce aux *transistors* (...) Les auditeurs étaient partout, fondus à la foule. Ils marchaient avec leurs *transistors.* Ils sortaient leurs *transistors* sur les balcons au-dessus des barricades (...) On écoutait autour des *transistors* en grappes. Ah ! le beau public qu'ils ont eu, les *transistors* ! *(Labro, 68).*

2. **Par ext. (langage courant).** ■ Appareil récepteur portatif de radio, équipé de *transistors** et qui peut être alimenté par des piles ou par le secteur.
   Les postes de radio et de télévision diffusent, toute la nuit du 23 avril 1961 les appels du général de Gaulle et du Premier ministre. En Métropole et surtout en Algérie ces appels seront écoutés et souvent suivis d'effets. Ce sera la grande victoire des *transistors (Passeron, 62).*
   Les *transistors* avaient puissamment contribué, lors du putsch des généraux d'Alger en avril 1961, à assurer la victoire de la légalité en faisant parvenir aux soldats du contingent, aux officiers hésitants, les appels et les ordres du général de Gaulle par-dessus la tête des généraux rebelles *(Viansson, 71).* Une radio de divertissement, destinée à un auditoire passif (...) public du *transistor* et de l'autoradio *(M. 22.9.74).* Dans les chaises-longues, les campeurs somnolent (...) La musique des *transistors* couvre presque le bruit de la circulation *(P. 17.7.78).*

TRANSISTORISATION sf. ■ Action d'équiper (un récepteur de radio, de télévision, etc.) avec des *transistors** (1.)
   Au Salon de l'électro-acoustique, peu de nouveautés techniques. La *transistorisation* des équipements se poursuit, mais il n'y a là que l'amplification d'un mouvement qui existe depuis plusieurs années *(M. 6.4.67).*
   La *transistorisaton* des téléviseurs a commencé depuis plusieurs années, mais le principal obstacle pour une *transistorisation* totale porte encore sur les circuits de puissance, surtout dans les téléviseurs couleur *(C. 19.1.72).* La *transistorisation* intégrale apporte une sécurité de fonctionnement inconnue jusqu'à ce jour *(Pub. E. 12.11.73).*

TRANSISTORISER v. tr. ~ 1960. **Électron.** ■ Équiper de *transistors** (1.)
● **Part. passé / adj. (C'est la forme de loin la plus fréquente).**
   Les Japonais ont été les premiers à mettre sur le marché un *appareil transistorisé* pour prises de vues enregistrées sur bande magnétique, à l'usage de la télévision *(Guillain, 69).* 100 % *transistorisé* et spécialement conçu pour la couleur, ce *téléviseur* portatif est équipé pour recevoir dans l'avenir toutes les nouvelles chaînes dès leur mise en service *(E. 16.6.69).* Un *téléviseur* en couleur possède des circuits stabilisateurs internes, surtout s'il est *transistorisé* : de ce fait l'influence des perturbations lentes du secteur sera moindre que sur un récepteur de conception plus ancienne *(SV 10.70).*
   Pour le prochain Salon radio-TV, ces appareils pourraient être intégralement *transistorisés (C. 19.1.72).*
   L'allumage à bobine et rupteur a participé à la vie de l'automobile depuis ses débuts. Aujourd'hui les lui succèdent les systèmes d'allumage *transistorisés (AAT 2.78).* Ce nouveau moteur est doté de l'allumage *transistorisé (C. 26.8.78).*

TRANSITION (CLASSE DE) Loc. subst. fém. ■ Classe du premier cycle de l'enseignement secondaire (en France) qui accueille les élèves dont le niveau est jugé insuffisant pour une classe dite normale.
   Dans ces *classes de transition* (on emploie) une « méthode globale » et répétitive visant à « tout » apprendre à partir d'un fait, puis d'un autre *(Baudelot, 72).* Dans les *classes de transition* (...) on souffre de l'échec, mais on s'accroche à l'espoir de franchir un jour le fossé maudit et de se retrouver dans une « vraie » 5e ou 4e *(Drouet, 72).* Dès la 6e, les élèves sont divisés en classes normales et en *classes « de transition »* (...) Ce ne serait pas tellement grave si « transition » n'était pas devenu synonyme de « dépotoir » *(E. 16.9.73).*

TRANSNATIONAL, E adj. ~ 1965. ■ Qui dépasse le cadre national ; relatif à l'ensemble des nations. - Parfois pour : international.
Rem. « *Transnational* », c'est le nouveau mot à la mode *(M. 22.7.65).* La fortune sourit toujours aux audacieux, mais aujourd'hui elle les préfère cosmopolites. C'est-à-dire capables de regarder au-delà des frontières (...) Dans le franglais de 1970, on dit plutôt multinational ou encore *transnational.* Peut-être parce que le cosmopolitisme est taxé d'infamie par les idéologies *(E. 25.5.70).*
O Le second pas que nous ferons sera d'organiser, sur une *base transnationale*, l'élection de délégués chargés de défendre la cause de l'homme, d'élaborer la loi d'un monde pacifique et civilisé *(M. 4.3.66).* Les citoyens du monde ont décidé d'organiser des *élections trans-*

nationales pour désigner les premiers délégués à un congrès permanent des peuples *(M. 23.11.68)*. M. L. Armand a plaidé en faveur d'*entreprises « transnationales »*, qui seraient « les meilleurs avocats du dialogue et de la coopération entre l'Europe et les États-Unis » *(M. 10.6.66)*. Une *institution transnationale* est celle dont les activités dépassent les limites nationales et qui a une vision planétaire des choses : en cela, elle se distingue d'une institution internationale dont les activités résultent d'une coopération entre plusieurs nations *(Hetman, 69)*.

∞ Les caractéristiques fondamentales d'un éventuel *réseau* ferré *transnational (VR 16.5.71)*. Les *parcours transnationaux* qui relient les grandes agglomérations européennes *(R.G.C.F. 1.72)*. La sacro-sainte idée de la souveraineté nationale empêche d'opposer aux *puissances* privées *transnationales* la volonté d'une puissance publique susceptible de les contrôler *(M. 22.1.72)*. Une *construction transnationale* de toutes les entités physiques européennes *(Exp. 7.72)*. L'instauration de structures étatiques européennes serait le coup d'envoi d'une *restructuration transnationale* des industries européennes. Les grandes entreprises françaises ne se sentent pas encore prêtes à siéger à la table où se négocieraient les *fusions transnationales* avec leurs homologues allemandes ou britanniques *(Faire, 73)*. Il faut adapter à l'*infrastructure* économique *transnationale* une superstructure politique adéquate *(E. 12.2.73)*. Des *sociétés transnationales* peuvent opérer dans une région donnée du monde sans tenir compte des obstacles, des limites imposées par les structures politiques, les restrictions ou les habitudes nationales *(Inf. 12.2.73)*. Le choc de la guerre (de 1914-1918) avait propagé la conviction que, par delà les affrontements sanglants entre nations, toute une *civilisation transnationale* était en faillite *(Grosser, 78)*. Est-ce par l'intermédiaire d'une semi-stabilité des taux de change que l'on créera une zone indépendante de la *monnaie transnationale*, celle des États-Unis ? *(E. 3.7.78)*. Une étude préparée par le secrétariat des Nations Unies dénonce la main-mise du « *conglomérat transnational* multiproducteur du tabac » *(M. 4.10.78)*.

TRANSPLANT sm. Mil. XXᵉ. Biol. Méd. ■ Fragment de tissu ou organe destiné à être transplanté.

Le *transplant* est un véritable corps étranger contre lequel l'organisme greffé se défend et qu'il tend à éliminer *(FL 10.7.67)*.
On craint que certains épisodes immunologiques, qui peuvent survenir dans les allogreffes d'organes et qu'on désigne sous le nom de « crises du *transplant* », ne soient beaucoup plus difficiles à maîtriser pour le cœur que pour le rein *(M. 18.1.68)*.
Les *transplants* libres en sont encore aux balbutiements : il s'agit de prélever un fragment cutané — au niveau de l'aine par exemple — et de le transplanter au niveau du cou ou de la face, là où la peau manque *(P. 30.9.74)*.

TRANSPLANTÉ, E part. passé subst.

1. **Personne qui s'est établie dans un lieu (pays, région) dont elle n'est pas originaire et où elle ne s'est pas encore adaptée.**

    En dépeuplant les campagnes et en fixant dans des agglomérations, qui n'étaient pas préparées à les recevoir, une masse de *transplantés*, la révolution industrielle a changé brutalement les rapports qui existaient entre la campagne et la ville *(Ragon, 71)*.

2. Méd. ■ **Malade sur lequel a été greffé un organe, un fragment de tissu.**

    Après la mort du dernier greffé du cœur français, le chirurgien qui l'opéra le 24 janvier a déclaré : « le décès de notre *transplanté* cardiaque est dû à une complication cérébroméningée, vraisemblablement infectieuse *(C. 21.3.73)*. Les défenses immunologiques des drogués du chanvre indien sont à peine supérieures à celles des *transplantés* rénaux sous thérapie immuno-suppressive depuis une année au moins *(E. 29.10.73)*.

TRANSPONDEUR sm. ~ 1950. (De *trans(metteur)* et *(ré)-pondeur*). Techn. ■ Appareil destiné à répondre à une impulsion radar.

Le Boeing 747 possède tous les dispositifs dont la technique s'est enrichie au cours des dernières années : *transpondeurs*, radar-météo, enregistreurs de vol (...) Un équipement remarquable comportant en particulier *transpondeur*, pilote automatique, radio-altimètre *(Cazaux, 71)*.

TRANSPORT À LA DEMANDE
→ DEMANDE (TRANSPORT À LA).

TRANSSEXUALISME sm. 1956. Psychopath. ■ Sentiment délirant qu'éprouve une personne physiquement normale, d'appartenir au sexe opposé. — Désir de changer de sexe.

Rem. Le terme de « *transsexualisme* » qui tend à se substituer aujourd'hui à celui d'inversion sexuelle semble se référer particulièrement à cette attitude qui ne se contente pas de renier son sexe normal mais revendique la reconnaissance du sexe adverse en recourant au besoin, quant aux hommes, aux ressources de l'hormonothérapie, voire de la chirurgie castratrice et plastique pour transformer leur morphologie. Le *transsexualisme* féminin serait exceptionnel *(MP 69)*.

♦ Le passage du travestisme au *transsexualisme* représente, parfois, un besoin irrépressible *(E. 4.1.71)*. Un autre cas de *transsexualisme* qu'il m'a été donné de voir (est celui) du désir que peuvent avoir les homophiles féminines, unies en couple, d'avoir un enfant *(N 2.72)*. Traditionnellement, pour l'opinion, parce qu'ils s'écartent tous deux de la sexualité « normale », l'homosexualité et le *transsexualisme* sont des phénomènes voisins et liés *(M. 7.11.73)*.

TRANSSEXUALISTE subst. Variante de *transsexuel* (subst.).

Certains homosexuels sont franchement délirants ; il s'agit notamment des *transsexualistes* qui ont la conviction d'appartenir à l'autre sexe et exigent des chirurgiens une transformation complète de leur corps *(N. 2.72)*.

TRANSSEXUEL, LE adj. et subst. ~ 1965. Se dit des personnes qui éprouvent les sentiments, les désirs caractérisant le *transsexualisme**, ou du comportement sexuel de ces personnes.
>Pour le docteur H., on ne peut assimiler *transsexuels* et homosexuels : le *transsexuel* se distingue par sa volonté de transformation physique ou, si l'on veut, par son désir d'adapter son physique au psychisme *(M. 30.9.69)*.
>Un *transsexuel* masculin — car il en est de féminins — dira qu'il a une âme de femme dans un corps d'homme par une erreur incompréhensible de la nature *(M. 7.11.73)*.

TRANSSONIQUE adj. 1953. Phys. ■ Se dit des vitesses proches de celles du son (de 0,8 à 1,2 *mach**). — Se dit aussi des appareils et installations qui servent à l'étude expérimentale de ces vitesses.
>Le système de réchauffe a été étudié afin d'augmenter la poussée du moteur (des avions). Il était conçu à l'origine pour être utilisé au décollage. Des développements plus récents permettent de l'utiliser au cours de l'accélération *transsonique (Cazaux, 71)*.

TRAUMATISANT, E adj. Rép. mil. XXe. (D'après l'emploi en psychanalyse). ■ Qui *traumatise** et, par ext., qui est très pénible (surtout moralement).
>O Le professeur L. dressa un bilan des *aspects traumatisants* de la scolarité *(M. 29.11.68)*. La vie actuelle pèse lourdement sur chacun d'entre nous par ses *bruits traumatisants* auxquels nous nous adaptons plus ou moins mal *(F. 26.1.67)*. Plus les enfants sont jeunes, plus la *collectivité* est *traumatisante (M. 16.11.69)*. Assouplir et simplifier tous les systèmes de contrôle en remplaçant la *composition* « jugée *traumatisante* » par des exercices plus nuancés, en supprimant le classement des élèves et en changeant l'échelle des notes *(E. 13.1.69)*. L'O.R.T.F. ne pourrait-il nous offrir des *indicatifs* moins *traumatisants*? *(ST 29.3.69)*. Le psychodrame permet de faire rejouer aux malades, d'une façon imaginaire sur les scènes d'un théâtre, les *scènes traumatisantes* qui sont à l'origine de leurs névroses *(M. 25.7.64)*.
>∞ Lorsque la jeune fille entre dans le monde du travail, le décalage entre la vision du monde qu'elle s'était faite pendant ses études et la réalité est tel qu'elle en subit un *choc* parfois *traumatisant (Roudy, 70)*. Souvenir encore *traumatisant* pour nombre de « patrons » français en 1968, ou pour leurs fils, les occupations (d'usines) de 1936, à l'aube du Front populaire *(Viansson, 71)*. Caractère *traumatisant* de la fiscalité *(En. 8.3.71)*. « La *télévision*, dit M.M., est *traumatisante*. Elle doit devenir sécurisante » *(E. 5.6.72)*. Le Groupe d'Aide Psycho-Pédagogique apporte une *aide* souple, non *traumatisante* pour l'enfant. Un élève est faible en calcul ? Le Groupe intervient seulement sur le point où l'enfant est en difficulté et le remet à flot *(FP 9.73)*. La *crise* de l'Église catholique est particulièrement *traumatisante* pour les cadres, parce qu'il y avait chez eux un fort élément de catholicisme *(P. 24.3.75)*. L'Amérique du Nord a été la première saturée d'une *littérature* dure, *traumatisante* qu'elle avait la première exaltée *(M. 17.12.76)*.
→ SÉCURISANT.

TRAUMATISATION sf. ■ Action de *traumatiser** ; son résultat.
>Des modifications techniques permettraient de réduire le bruit (des avions), mais plutôt que d'y obliger les compagnies aériennes, on accepte la *traumatisation* des populations voisines des aéroports (...) On a vu les troubles psychophysiques très graves dus à la montée des nuisances dans les grandes agglomérations (...) Cette *traumatisation* du corps et de l'esprit, indépendamment d'une atteinte grave à la personnalité de l'homme, se traduit par de lourdes dépenses individuelles et collectives *(Saint-Marc, 71)*.

TRAUMATISER v. tr. Spéc. Rép. mil. XXe. (peut-être sous l'influence du vocab. de la psychanalyse).
1. Traumatiser quelqu'un (individu ou collectivité). ■ Soumettre à un choc psychique qui entraîne une perturbation plus ou moins durable. — Par ext. : troubler profondément. (par opp. à *sécuriser**).
● Construction « active ».
>(Très souvent) la victime d'un viol collectif garde le silence sur des faits dont elle a honte, et qui l'*ont* profondément *traumatisée (M. 1.9.66)*. Les récents événements du Proche-Orient *ont traumatisé* Chagall : il semble désespérer de la condition humaine *(E. 26.6.67)*. Certaines séquences du film risquent de choquer violemment, voire de *traumatiser* les âmes sensibles *(PM 23.3.68)*. Il ne faut pas « *traumatiser* » les enfants : plus de notes, plus de compositions *(C. 25.3.69)*. Il est probable que la décadence de la foi, la dégradation du sentiment religieux, en un mot « la mort de Dieu » *ont* profondément *traumatisé* l'âme du monde européen *(N 4.69)*. L'affrontement entre le marxisme et le christianisme (...) continue de marquer et de *traumatiser* l'intelligence contemporaine *(C. 22.5.70)*. Il n'en fallait pas plus à cette époque, les dernières années vingt, pour complexer — *traumatiser*, bien sûr, aujourd'hui — un provincial *(Daninos, 70)*. Faire gagner 2 ou 3 heures à quelques milliers de riches voyageurs ne doit pas être obtenu en *traumatisant* les millions d'habitants proches des aérodromes *(Saint-Marc, 71)*. Une simplification sauvage de l'orthographe risquerait de *traumatiser* pour plusieurs générations les Français accoutumés à l'orthographe traditionnelle *(F. Mars, C. 2.5.71)*. Pourquoi a-t-on *traumatisé* la population avec cette annonce spectaculaire de 12.350 suppressions de postes ? *(E. 29.11.71)*. Les instructions officielles attirent l'attention des correcteurs sur le cas des élèves « redoublants », afin que la « forme des textes, des exercices et des problèmes » ne puisse les « *traumatiser* » *(M. 11.12.71)*. Si je stationne 10 minutes de trop quelque part, je serai immédiatement verbalisé, mais si je *traumatise* tout un quartier en installant une usine bruyante, il ne m'arrivera rien *(M. 27.1.72)*. Les réformes liturgiques du concile Vatican II ont *traumatisé* une minorité de fidèles *(M. 2.10.75)*.
● Construction passive. (Le part. passé est parfois adjectivé.)
>Si le couple est instable ou désuni, l'enfant sera *traumatisé* par le sentiment de son insécurité *(E. 22.8.66)*. *Traumatisée* depuis de longs mois par la baisse qui a dégradé

toutes les positions les plus sûres de l'épargne, la Bourse n'accordait d'attention qu'aux nouvelles décourageantes pour son avenir *(F. 12.11.66)*. Les entreprises françaises, *traumatisées* par l'échénce européenne (...) *(TC. 8.5.68)*. La population européenne, *traumatisée* par les attentats dont Alger venait de connaître les conséquences sanglantes (...) Devant les cadavres éventrés, ça a été le choc décisif. S. est *traumatisé*, choqué — au sens médical du mot — par l'indicible horreur du massacre *(Courrière, 69)*. Au milieu de cette jeunesse perturbée, *traumatisée*, les surveillants généraux ont tenté de faire leur métier au mieux *(M. 11.9.69)*. On est frappé par le nombre d'adolescents « *traumatisés* » par l'éclatement de la cellule familiale *(O. 20.4.70)*. Les autorités parisiennes avaient commis l'erreur d'affecter à Alger certains fonctionnaires dont la personnalité avait été fortement *traumatisée* par la déportation *(Massu, 71)*. Le Général G., *traumatisé* par la déroute de 40, par l'abandon de l'Empire colonial, de l'Indochine et de ses populations chrétiennes, voulait éviter le « déshonneur » de l'armée (...) Depuis la fusillade de la rue d'Isly (à Alger), l'armée était *traumatisée (Courrière, 71)*. *Traumatisés* par 22 mois de troubles, les enfants de 3 à 5 ans ont inventé un nouveau jeu dans les nurseries de Belfast : l'émeute *(E. 29.3.71)*. « La population est très *traumatisée* », observe le maire. « Il y a une certaine jeunesse désespérance », constate le curé : le village va se trouver dans la zone de bruit intense du nouvel aéroport *(C. 7.5.72)*. Laetitia M. (...) encore *traumatisée* par ce qu'elle venait d'avouer, parcourait la salle (d'audience) d'un regard vague et perdu *(Saint Pierre, 72)*. Ce qui compte, c'est de savoir admettre qu'on s'est *traumatisé*, sans en être complètement *traumatisé (E. 17.9.73)*. À la récente conférence de P., en Finlande, les délégations occidentales ont été « *traumatisées* » — c'est le mot d'un participant — par les déclarations violentes et catégoriques des Soviétiques *(E. 17.9.73)*.

2. Traumatiser quelque chose. ■ Abîmer, détériorer.

On ne doit pas *traumatiser*, si j'ose dire, *un monument* historique *(O.R.T.F. 24.1.70)*. Un vaste chantier à ciel ouvert qui « *traumatiserait* » le quartier (des Halles, à Paris) *(M. 13.6.70)*.
Des roues un peu *traumatisées* par de nombreux essais de freinage *(VR 10.10.71)*.

TRAUMATISME sm. Fig. ■ Choc (psychologique) subi par une personne ou une collectivité.

Pour (...) la société (...) des *traumatismes* politiques pouvaient résulter d'une multiplication de conflits sociaux non maîtrisés *(Exp. 3.72)*. Pour ces délinquants primaires, l'entrée dans le monde carcéral représente un *traumatisme* intolérable *(E. 30.10.72)*. Les dirigeants des aciéries lorraines avaient annoncé brutalement un plan de reconversion entraînant 12.500 suppressions d'emplois. Ils auraient pu éviter ce *traumatisme (E. 11.6.73)*.

TRAUMATOLOGUE ou TRAUMATOLOGISTE sm. ■ Médecin, chirurgien spécialisé dans le traitement des victimes d'accidents (de la circulation, du travail, etc.).

Si le chirurgien de service n'est pas *traumatologue* (...) *(A.A.T. 6.65)*. On manque cruellement de *traumatologistes* pour n'avoir pas prévu, il y a quinze ans, que le nombre des accidentés de la route passerait de 65 000 à 230 000 *(E. 17.3.69)*.

TRAVAILLÉ, E part. passé adj. Spéc. Se dit d'une période (heure, jour) pendant laquelle on travaille. (par opp. à *chômé*).

Actuellement, les heures non « *travaillées* » au-dessous de la quarantième sont indemnisées 5,10 fr *(M. 9.1.75)*. Le nombre d'heures *travaillées* en novembre dans le bâtiment a baissé de 8 % sur l'an dernier *(E. 20.1.75)*.

TRAVELLER'S CHÈQUE (ou : CHECK) [travəlœrʃɛk] ou [travlœrʃɛk] sm. Mil. XXe. (Mot angl., de *travel(l)er*, « voyageur »). ■ Chèque de voyage.

L'argent liquide est anonyme. Les *Travellers Chèques* sont de l'argent personnalisé : chaque chèque porte votre signature, vous seul pouvez le dépenser *(E. 18.7.66)*. « Je n'ai jamais vu un touriste américain sans *traveller's checks* » *(E. 15.7.68)*. Cette vieille dame, de passage à Alicante, transportait dans son sac 10.000 fr en espèces, et elle ignorait l'usage des *traveller's checks (E. 21.9.70)*.

TRAVERSÉE DU DÉSERT Loc. subst. Fig. Rép. mil. XXe. (Allusion à un récit biblique de l'Ancien Testament — Livre de l'Exode —).
1. Période durant laquelle un homme ou un parti politique est tenu ou se tient volontairement à l'écart du pouvoir ou de la vie publique.
● **— D'abord à propos du Général de Gaulle, pour la période comprise entre son départ du gouvernement (1946) et son retour au pouvoir (1958).**

De Gaulle n'a pas oublié les conditions dans lesquelles il a quitté les affaires de l'État en 1946, pour entamer une « *traversée du désert* » qui allait durer douze ans *(M. 30.3.69)*. Il y a une grande différence entre la période actuelle de sa retraite et sa retraite précédente, qu'on appelait « *la traversée du désert* », de 1946 à 1958. Pendant la « *traversée du désert* », en effet, le général de Gaulle a toujours indiqué qu'il n'avait cessé de représenter la légitimité de la France *(M. 5.11.69)*. En 1951, le système électoral des apparentements provoqua l'échec du R.P.F. (Rassemblement du peuple français, parti gaulliste), et retarda de sept ans le retour du général de Gaulle aux affaires. La *traversée du désert* qui aurait pu ne durer que cinq ans, en dura douze *(G. Grandval, in M. 22.8.71)*.
Pendant la « *traversée du désert* » du général de Gaulle, la France fut beaucoup plus attentiste qu'européenne *(M. 5.8.78)*.

● **— Par ext. À propos d'autres hommes politiques.**

On pouvait admettre que P. Mendès-France mette fin à sa *traversée du désert* et intervienne dans cette campagne pour l'élection à la Présidence de la République *(TC 22.5.69)*. M. B., un des leaders de l'opposition chrétienne-démocrate, a adjuré ses amis de se préparer à une longue « *traversée du désert* » *(M. 19.11.69)*. Sa « *traversée du désert* » — trois ans de cellule dans la prison spéciale de M. — devait faire de lui (Gomulka) un personnage de

légende *(E. 16.2.70)*. Dès son message inaugural, le nouveau chef de la Maison Blanche se voulut conciliant. La *traversée du désert*, dit-on, l'a mûri. C'est à un « nouveau Nixon » que nous avons affaire *(M. 24.1.71)*.
Vous (V. Giscard d'Estaing) avez été, en janvier 1966, privé de votre portefeuille de ministre des Finances. Cette *traversée du désert* a-t-elle été dure pour vous ? *(Exp. 2.73)*. Le président de ce parti ignorait que sa *traversée du désert* durerait 16 ans *(P. 3.6.74)*. La confortable *traversée du désert* du leader de l'opposition fut émaillée de déclarations bruyantes et simplistes *(M. 16.3.75)*.

2. Par ext. Période de transition ou d'attente, de difficultés ou de crise, d'activité ralentie ou d'inactivité forcée, par laquelle passe une personne, une collectivité, une institution, un secteur économique, etc.

Deauville, est en train de s'équiper en résidences secondaires. La *traversée du désert* touche à sa fin, un nouveau Deauville est en train de naître *(F. 12.12.69)*. Les chiffres, loin de confirmer (...) le déclin du rail, montrent au contraire qu'après une difficile *« traversée du désert »*, celui-ci prend un nouvel essor *(VR 14.2.71)*.
Va-t-on vers un redressement économique rapide — auquel cas l'année 1972 n'apparaîtrait que comme une *« traversée du désert »* un peu pénible — ou restera-t-on durablement dans une situation proche du marasme ? *(M. 11.6.72)*. La grande majorité des lycéens font pour le moment leur *traversée du désert*. *(PM 25.11.72)*. J'ai tout lieu de croire que la longue *traversée du désert* de la science-fiction française est maintenant terminée *(Sadoul, 73)*. L'Opéra de Paris sort de sa *traversée du désert* avec une reprise éblouissante des « Noces de Figaro » *(PM 21.4.73)*. Dans l'armée de terre, l'avancement est bloqué ; les capitaines commencent ce qu'ils appellent leur *« traversée du désert »* : pendant 8, 10, 12 ans, un capitaine breveté d'état-major piétine (...) au même grade *(E. 10.2.75)*. Les cyclotouristes ont connu, eux aussi, leur *traversée du désert*, sombre époque où la voiture était reine *(M. 22.3.75)*. Le secrétaire général du Conseil œcuménique des Églises a souligné que les Églises chrétiennes étaient engagées dans une *traversée du désert* (...) Dans cette *traversée du désert*, elles auront à faire preuve de courage et de lucidité *(M. 21.12.75)*. Les commandes de l'Administration ont permis à cette entreprise pendant la *traversée du désert* de rester techniquement dans la course. Quand le marché a repris (...) *(E. 19.4.76)*. En 1966 le football français était en pleine *traversée du désert* *(M. 18.11.77)*. Cette *« traversée du désert »* déjà commencée touche de plein fouet les entreprises de travaux publics les plus fragiles *(M. 7.5.78)*. Au moment où le projet de la nouvelle voie ferrée Paris-Sud-Est est sur le point d'aboutir, où l'on atteint presque le bout du tunnel, il faut rappeler qu'il y eut aussi une *« traversée du désert »* *(VR 25.2.79)*.

TRÈFLE sm. Spéc. ~1960. Dans les tours *as de trèfle, carrefour en trèfle, croisement en trèfle*, etc., ou par ellipse, *trèfle*. ■ Carrefour routier ou *autoroutier**à plusieurs niveaux et à raccordements courbes, tracés en forme de trèfle à quatre feuilles.

Les *trèfles* des nœuds autoroutiers, forme nouvelle du manège de foire *(M. 24.4.74)*.

TREIZISTE sm. ■ Joueur de rugby à treize.

Les attaquants vont droit, n'ayant d'autres soucis que de mettre en action deux ailliers, pratiquement indéracinables lorsqu'ils chargent à la manière des *« treizistes »* *(F. 4.2.67)*.

TRÉMIE sf. Spéc. Mil. XXe. Techn. ■ Excavation ou superstructure en forme de pyramide tronquée et renversée, prévue soit pour recevoir un escalier ou une rampe d'accès à un passage souterrain destiné aux piétons ou aux véhicules, soit pour servir de cheminée d'aération.

La réalisation d'une dalle-jardin au-dessus des voies de la gare Montparnasse a fait l'objet de plusieurs études (...) La nécessité d'assurer une ventilation convenable de la gare impose de placer des *trémies* d'aération importantes, à cause de l'utilisation de locomotives Diesel *(M. 14.12.72)*. La *trémie* de l'escalier de descente au passage souterrain de la gare de D. *(VR 25.2.73)*. Le passage souterrain avec *trémies* couvertes construit à B. constitue une amélioration appréciable pour les voyageurs *(VR 28.1.79)*.

TRENTE-TROIS TOURS Loc. subst. masc. Ellipse pour : disque *microsillon** dont la vitesse de rotation est de trente-trois tours à la minute.

Jean-Marc C., avec 3 *trente-trois* tours, s'est taillé la part du lion sur le marché du disco *(P. 10.4.78)*.
→ QUARANTE-CINQ TOURS.

TREUILLAGE sm. (De *treuil*) Spéc. Mil. XXe. ■ Utilisation d'un treuil lors d'une opération de sauvetage pour porter secours à des alpinistes, des mineurs, etc.

Un procédé nouveau de secours (à des alpinistes en difficulté) fut improvisé le *treuillage* depuis une benne de téléphérique *(TG 8.8.70)*.
Les équipages de la base d'hélicoptères de T. ont effectué des démonstrations en haute montagne, avec *treuillage* de blessés fictifs et avec des chiens d'avalanche *(M. 10.12.77)*.

TREUILLER v. tr. ■ Elever ou descendre des charges (personnes ou choses) au moyen d'un treuil.

Le sauveteur et son chien arrivent, *« treuillés »* par un hélicoptère sur les lieux de l'avalanche *(PM 6.4.74)*.

TRÈVE DES CONFISEURS Loc. subst. fém. Fam. ■ Suspension traditionnelle de l'activité politique et sociale pendant la période des fêtes de Noël et du Nouvel An.

À peine terminée la *trêve des confiseurs*, les conversations reprennent, un compromis est trouvé le 9 janvier 1968 *(Viansson, 71)*. La *trêve des confiseurs* a permis aux parlementaires de se replonger pendant un mois dans la France provinciale, celle de leur circonscription *(En. 20.1.72)*.

TRI(-) Préfixe (Du lat. et du gr. *tri*, « trois ») qui sert à former des adj. et des subst. comp., dont de nombreux mots savants (chimie, etc.). Quelques composés sont traités en articles séparés à leur place alphab. D'autres sont répartis dans les deux rubriques ci-après. L'emploi du trait d'union, relativement rare, est parfois hésitant.

Adjectifs.

Cette simplification d'une tâche *triquotidienne* vaut bien qu'on lui sacrifie un peu de place *(E. 17.5.65)*. La corvée ingrate de la vaisselle *tri-quotidienne (E. 18.10.65)*. Les délégations latino-américaines ont insisté pour que la première conférence des trois continents prenne des décisions concrètes, remettant à plus tard la question de savoir s'il fallait ou non remplacer « afro-asiatique » par « *tricontinental* » *(M. 18.1.66)*. L'Organisation mondiale de la santé projette d'implanter un Centre de recherche *trinational* — Argentine, Chili, Uruguay — en Amérique latine *(M. 18.1.72)*. Un repli relatif des États-Unis sur eux-mêmes, et une acceptation de leur part d'un capitalisme mondial *tripolaire*, américain, européen et japonais *(Faire, 73)*. Le Japon, l'Allemagne fédérale et la France ont signé un accord *trilatéral* de coopération technique dans le domaine nucléaire *(M. 21.6.78)*.

Substantifs.

Une époque de scolarisation sans précédent, où le bilinguisme, le *trilinguisme* même, devrait aller de soi *(Dev. 10.11.70)*. Les bâtons sont reproduits en trios — trois grands, trois petits, etc. — ou en *trichotomies* — grand, moyen, petit, grand, moyen, etc. *(Florès, 72)*. Un solvant utilisé pour le nettoyage à sec, le 1-1 *trichloréthane* stabilisé *(M. 11.9.74)*. L'exercice physique joue probablement un rôle bénéfique en abaissant le taux de certains corps contenus dans le sang, comme les *triglycérides* incriminés dans l'athérosclérose *(M. 16.10.74)*. Une *tri-corps*, voiture comprenant 3 compartiments séparés : moteur, habitacle, coffre *(M. 8.4.78)*. Cette année au Festival du Son une quinzaine d'exposants présentent la *triphonie* qui semble plus rationnelle que la quadriphonie *(VR 23.4.78)*.

TRIAL [trijal] sm. ~ 1970. (Mot angl., « épreuve », « essai »). ■ Course d'adresse à motocyclette en terrain varié (en dehors des routes et des chemins). — Par ext. Motocyclette spécialement conçue pour ce sport.

Rem. Sous le nom bizarre de « *trial* » un nouveau style de moto est en train de séduire les jeunes Français. Les « *trials* » sont faits pour circuler partout, quelle que soit la nature du terrain *(PM 17.10.70)*.

♦ Les plus déterminés ont fait du *trial* : des parcours vertigineux, coupés de zones abruptes, tourmentées et boueuses où chaque pied posé par terre vaut une pénalisation *(O. 1.4.72)*. La moto tous terrains est plus rustique que la moto classique. Certains modèles sont conçus pour les compétitions de cross, le *trial* (...) *(P. 13.5.74)*. Dans le créneau des motos conçues pour le « *trial* », l'entreprise espagnole B. conserve sa supériorité *(E. 19.4.76)*.

TRIALOGUE [trijalɔg] sm. 1979. (D'après *dialogue*, dans lequel le préfixe *dia-* est souvent pris par erreur pour le préfixe *di-*, « deux fois », « double » ; cf. aussi *monologue*, dont la présence à côté de *dialogue* a pu favoriser la création de *trialogue*).

1. Pol. Conférence, débats, entretiens, auxquels participent trois partenaires (individus ou collectivités).

Rem. 1. La grande idée nouvelle à l'ordre du jour au sommet de Kigali sera celle du « *trialogue* » — dialogue à trois — euro-africo-arabe. M. Giscard d'Estaing, qui a le sens de la formule, fût-elle légèrement barbare, a, pour la première fois, évoqué ce « *trialogue* » au cours de sa conférence de presse du 15 février *(M. 20.5.79)*.

Rem. 2. Le néologisme « *trialogue* » ne survivra peut-être pas aux circonstances qui lui ont donné naissance (...). Si l'usage (...) devait révéler (...) la viabilité de « *trialogue* », les défenseurs de ce terme insolite à l'heure où j'écris pourraient insister sur sa parfaite « lisibilité » *(F. Mars, C. 9.6.79)*.

♦ Le « *trialogue* » (...) euro-afro-arabe (...) permettrait aux pays de la Communauté économique européenne d'échapper au tête à tête du dialogue euro-arabe *(M. 20.5.79)*.

2. Par ext. Dans d'autres domaines.

La réservation (électronique) des places à la SNCF est devenue, selon un mot à la mode, un véritable « *trialogue* » entre le voyageur, l'employé de la réservation et l'ordinateur *(C. 23.6.79)*.

TRIANGULAIRE adj. Fig. Spéc. Mil. XXe. Pol. Se dit d'une élection qui se joue entre trois candidats.

Au Chili, Allende, avec 36 % des suffrages, s'est trouvé élu dans une élection *triangulaire*. Un second tour aurait peut-être entraîné sa défaite *(M. 19.9.73)*. Les électeurs seront enfermés dans un carcan « bipolarisant » plus étroit et plus rigoureux que jamais. Seuls ceux qui sont inscrits dans la 5e circonscription du Finistère auront le choix entre trois candidats, alors que le nombre des élections « *triangulaires* » avait été de 46 le 30 juin 1968 et de 67 le 11 mars 1973 *(M. 18.3.78)*.

TRIBALISME sm. Spéc. ■ Phénomène social de formation de groupes, de bandes (notamment de jeunes), dans les sociétés industrialisées.

Le nombre d'êtres humains en circulation, la compression démographique sont tels que chaque adolescent qui entre dans la vie se sent diminué, écrasé, dépersonnalisé sous le poids du nombre, ce qui explique le phénomène du « *tribalisme* » *(M. 11.12.72).*

TRICARD, E adj. et subst. Par ext. (du sens argotique « mis en quarantaine »). ■ Mis à l'écart, à l'index, à la porte.

Après des études mouvementées à travers 14 établissements, Frédéric, « *tricard* de tous les lycées de France » pour insubordination, décida de faire sa médecine *(P. 26.5.75).* Ceux qui se trouveraient en infraction seraient déclarés « *tricards* » — comme on dit dans le milieu —, c'est-à-dire exclus de Marmottan (centre de cure pour drogués) *(Olievenstein, 77).*

TRIDIMENSIONNEL, LE adj. ~ 1950. (De l'angl. *tridimensional*). ■ Qui a trois dimensions ; qui se développe dans un espace à trois dimensions. — Qui donne l'impression du relief.

Grâce au radar *tridimensionnel* les marins ont deux ou trois minutes pour réagir à l'attaque d'un avion de la génération actuelle *(M. 28.1.71).* Le procédé d'impression *tridimensionnelle* utilise le principe de la vision stéréoscopique (...) il permet des effets attrayants sur des emballages, des cartes postales, etc. *(G.L.E., S. 2, 1975).*

TRILOGIE sf. Par ext. ■ Ensemble de trois choses quelconques ou de trois personnes.

Le mouvement doit agir sur trois fronts : les problèmes universitaires, sociaux et culturels. C'est contre le principe de cette « *trilogie* » que la minorité bataille depuis un an, estimant que seuls les problèmes universitaires sont du ressort du mouvement estudiantin *(M. 9.7.65).* Analyste, programmeur, opérateur, voilà la *trilogie* nouvelle des serviteurs des nouvelles machines *(M. 5.2.66).*

TRIMARAN [trimarã] sm. 1958 (in Merrien, *Dictionnaire de la mer*). (De *tri-*, et cata*maran*, dans lequel *cata* a été interprété à tort comme un préfixe). Mar. ■ Embarcation à voiles composée de trois coques parallèles — une centrale et deux latérales plus petites — fixées ensemble par une armature rigide.
Ce type de bateau est souvent utilisé dans les compétitions.

La Transatlantique en double (est) une course (...) dont le départ sera donné le 26 mai (...). La confrontation entre les multicoques — ce sont tous des *trimarans* — et les monocoques rehausse l'intérêt de la compétition. On suivra avec une attention spéciale le comportement du nouveau *trimaran* à plans porteurs, appelés hydrofoils (...) long de 16,50 m., pesant six tonnes et portant 196 m² de voilure *(M. 26.5.79).* Ils avaient quitté les Bermudes à bord d'un *trimaran* (...). Ce fut le drame (...) Nicolas Angel raconte cette terrible aventure dans « Chavirage en *trimaran* », un livre qui paraît ces jours-ci *(P. 25.6.79).*

TRIOMPHALISME sm. Rép. mil. XXᵉ. ■ Opinion exagérément flatteuse qu'une personne ou une collectivité a d'elle-même. — Attitude qui consiste à afficher sans retenue son *autosatisfaction**, sa foi dans la justesse de sa cause, ou à souligner bruyamment ses propres succès.

Quand j'entends ce mot à la mode, ce « *triomphalisme* », je ressens comme des nausées. Que faut-il faire alors, être défaitiste ? *(Vigil, 67).* Après une phase de *triomphalisme*, les économistes américains éprouvent des doutes *(M. 31.12.68).* Une tentative pour obtenir plus de profondeur dans l'analyse, plus d'esprit critique et moins de « *triomphalisme* » *(M. 29.5.69).* Il y a un mot que vous avez dû entendre, même si vous n'êtes pas un pratiquant, c'est le mot *triomphalisme*. Le nouveau clergé a une peur panique que l'Église risque de prendre un air triomphal ou triomphant dans ses manifestations *(O.R.T.F. 4.4.70).*
Le Premier ministre a compris que sa politique contractuelle, pour être poursuivie, demandait une grande discrétion et écartait tout *triomphalisme (E. 19.10.70).* La division de la France en deux moitiés à peu près égales ne serait grave que si les uns affichaient un *triomphalisme* de mauvais aloi, et si les autres cédaient par trop à l'amertume *(C. 21.5.74).* En France, tout bien pesé, rien n'autorise ni le *triomphalisme*, ni le catastrophisme *(E. 29.3.76).* Il convient de préciser le sens que l'on attribue au « *triomphalisme* ». S'il s'agit d'une manifestation arrogante de supériorité à caractère revanchard, il est certain que ce *triomphalisme* est haïssable et à proscrire absolument. Mais s'il s'agit tout simplement d'une joyeuse confiance en soi, en sa force, en l'avenir, alors, vive ce *triomphalisme*-là ! *(M. 22.4.76).* La gauche a gagné les voix et des sièges, mais moins qu'elle l'espérait ; l'autre camp en a perdu moins qu'il le craignait, mais assez pour ne pas s'abandonner au *triomphalisme (M. 21.3.78).* Le ministre de l'Économie a commenté les derniers résultats connus en matière de hausse des prix de détail. Sans *triomphalisme* aucun. En effet, comment faire du *triomphalisme* en bouclant l'année 1978 avec une hausse de 9,7 % ? *(C. 26.1.79).*

TRIOMPHALISTE adj. et subst. ~ 1960. ■ Qui fait preuve de *triomphalisme**. Qui dénote le *triomphalisme**.

O Le mot « objectivité » désigne une *attitude* assez simple, quoique un peu « *triomphaliste* » pour celui qui s'en targue *(C. 8.10.69).* Un jeune historien, ému par ce qu'il appelle la *commémoration triomphaliste* de la Commune (de Paris, en 1871), cette centenaire représentée par les marxistes comme la matrice du XXᵉ siècle *(E. 29.3.71).* Le premier livre imprimé en France en 1470 est clos par cette *phrase triomphaliste* à la gloire de Paris : « Paris la Royale, nourrice des muses, comme le soleil répand la lumière, Tu répands la science dans le monde. » Il y a 500 ans ! *(C. 19.4.70).* Le titre de Monseigneur attribué aux

TRIOMPHALISTE 700

évêques n'est pas plus « *triomphaliste* » que celui d'Excellence généreusement attribué à nos ministres et ambassadeurs *(M. 5.1.66)*.

∞ La Casbah d'Alger s'est transformée, le 30 juin 1962, en une gigantesque salle des fêtes. Les murs sont couverts d'*images d'Épinal triomphalistes (E. 3.7.72)*. Un *rapport triomphaliste* établi par un certain nombre d'experts fondait sa foi dans la persistance de la prospérité sur (...) *(M. 28.9.74)*. Le journal « Le Monde » se maintient à contrecourant de la crise, et son administrateur aligne des *chiffres* qui, sans être *triomphalistes* — on n'est jamais vulgairement *triomphaliste* au « Monde » — sont de loin les plus encourageants de la presse *(O. 30.6.75)*. Nous sommes « conformisés » à une médecine envahissante et *triomphaliste (M. 17.5.78)*. Certains estiment que la personnalité du nouveau Pape est de nature à éviter le risque d'une *réaction triomphaliste* de l'Église *(M. 22.10.78)*.

TRIP sm. ~ 1970 (Mot am., « voyage »). Pop. ■ Absorption de drogues hallucinogènes,* notamment de *L.S.D.**. — État qui en résulte.

Les *trips*, ces voyages que l'on fait dans le rêve *(Bodard, 71)*. Il s'agit d'entraîner un groupe d'individus dans une exploration de leurs structures mentales, de les conduire vers une aventure qui ressemblera à un « voyage » psychédélique, mais bien entendu sans la moindre utilisation de stimulants chimiques ou bio-chimiques. Un *« trip »* sans L.S.D. *(N. 2.72)*. J'ai commis l'erreur d'accepter un *trip* d'acide (L.S.D.) que j'ai mal supporté *(M. 19.7.78)*.

→ DÉFONCE, VOYAGE.

TRIPTYQUE sm. Fig. Spéc. ■ Ensemble constitué de trois éléments.

C. avait renouvelé l'offre du gouvernement français, le fameux *triptyque* : cessez-le-feu, élections, discussions *(Courrière, 69)*.

→ VOLET.

TRIRÉACTEUR sm. ~ 1960. ■ Avion propulsé par trois réacteurs.

Le *triréacteur* de transport DC 10 a commencé ses essais en vol *(JF 22.9.70)*. Le *triréacteur* DC-10 est entré en service commercial le 5 août 1971 *(M. 5.3.74)*.

TRISOMIE sf. Méd. ■ Anomalie due à la présence d'un chromosome en surnombre dans une paire.

On a découvert en 1959 que le mongolisme est dû à la présence d'un chromosome « 21 » surnuméraire : cette maladie s'appelle aussi *« trisomie* 21 » (...) La *« trisomie* 13 » provoque des malformations généralement incompatibles avec la vie *(O. 27.3.68)*.

La *trisomie* 21 (est) due presque toujours à une « erreur » dans la disjonction des chromosomes lors de la (phase) qui prélude à la formation du gamète femelle, l'ovule *(Larmat, 73)*.

TROÏKA sf. Fig. (Mot russe). ■ Ensemble de trois personnes, de trois entreprises, etc.

Hitler avait chargé Skorzeny de « liquider la *troïka* » Roosevelt, Staline, Churchill au cours de la conférence de Téhéran, en novembre 1943. Le but de l'opération était de kidnapper le président Roosevelt et de l'amener à Berlin *(M. 24.8.65)*. On peut retenir de l'opération de concentration industrielle qui a amené le rapprochement entre Th., H., et B. (trois entreprises), que B. est second dans la *troïka (M. 16.3.67)*.

À Moscou, la *« troïka »* de MM. Brejnev, Kossyguine et Podgorny se rend, pour l'occasion au Bolchoï *(E. 29.3.71)*. À Bruxelles la Commission des Communautés européennes se préparait à soutenir l'idée que ce projet n'était pas incompatible avec celui défendu parallèlement par les membres de la *« troïka »* : Grande-Bretagne, République fédérale d'Allemagne et Pays-Bas *(M. 23.11.73)*. Les « colombes » remettent en cause la politique suivie par la *« troïka* des faucons » : Golda Meir, Moshe Dayan, Israël Galili *(M. 10.3.74)*.

TROIS-ÉTOILES
→ ÉTOILE.

TROIS GRANDS
→ GRAND.

TROISIÈME ÂGE
→ ÂGE (PREMIER, DEUXIÈME, ETC.).

TROISIÈME FORCE
→ FORCE (TROISIÈME).

TROISIÈME GÉNÉRATION
→ GÉNÉRATION.

TROISIÈME NIVEAU Loc. subst. ~ 1965. (Trad. de l'angl. *third level*). Aviat. Surtout dans les tours : *compagnie du troisième niveau, ligne du troisième niveau*, etc. ■ Qui assure les relations aériennes régulières sur des lignes régionales.

Rem. *« Troisième niveau »* est la traduction littérale de « Third level », ce qui n'explique d'ailleurs rien si l'on ne sait pas qu'aux U.S.A. les compagnies aériennes assurant des services réguliers sont classées en catégories. La 3e catégorie est celle des plus petites compagnies assurant des liaisons à faible distance *(VR 26.3.72)*.

♦ Un biréacteur destiné à la desserte des lignes courtes du *« troisième niveau » (VR 27.6.71)*. 13 compagnies dites du *« troisième niveau »*, membres de l'Association des transporteurs aériens régionaux, desservent régulièrement une cinquantaine de villes en France *(M. 18.5.72)*. *Troisième niveau* : « Air Anjou » assure depuis le 12 novembre la ligne Aurillac-

Lyon (...) « UAR » (Union aéronautique régionale) a reçu l'agrément pour l'exploitation d'une ligne régulière Aurillac-Paris *(VR 28.1.79).*

TRONC COMMUN loc. subst. Fig. ■ **Enseignement qui porte sur un programme de base unifié et que l'on donne durant la période initiale d'un cycle d'études à tous les élèves ou à tous les étudiants, avant qu'ils se spécialisent.**

La solution la plus rationnelle consiste à imposer une orientation autoritaire bien avant le baccalauréat, à la sortie du *« tronc commun » (M. 20.5.64).* L'un des points importants de ce colloque fut l'accord sur une première année de *« tronc commun »* en sixième *(M. 7.5.66).* Le ministre de l'Éducation nationale a exprimé sa volonté de proposer à tous les enfants un enseignement unique, un véritable *« tronc commun »* qui comportera essentiellement l'étude du français, des mathématiques et d'une langue étrangère *(Fa. 18.9.68).* Ce premier cycle, qui accueillerait tous les bacheliers, durerait deux ans, et sa première année constituerait un *« tronc commun »* pour tous ceux qui se destinent aux écoles de médecine, de sciences, de pharmacie *(M. 25.5.69).* Le second cycle de l'enseignement secondaire doit, jusqu'à la terminale, éviter les cloisonnements et les spécialisations précoces. L'institution du *tronc commun* répond à cette préoccupation *(M. 23.9.69).*
Je (= un professeur de Faculté de médecine) dis non à un *tronc commun* non médicalisé, non pas parce que commun, mais parce que trop riche d'enseignements non indispensables *(E. 22.12.69).*

TROPICALISME sm. ~ 1970. ■ **Nom d'un mouvement artistique (notamment musical) né au Brésil en 1968.**

Mélange de rythmes tropicaux, de jazz et de folk-songs, le *tropicalisme* a (...) supplanté en Amérique du sud, la bossa-nova, *(E. 8.11.71).* Ce bouillonnement brûlant, cette lave en ébullition — bref, cet expressionnisme fiévreux —, voilà ce qu'on appelle *tropicalisme* (...). C'est du cinéma volcanique *(O. 9.12.74).*

TROPOSPHÉRIQUE adj. ~ 1950. ■ **Relatif à la *troposphère*, couche atmosphérique comprise entre la surface de la Terre et la stratosphère.**

Notre radio-téléphone et les télétypes correspondants fonctionnaient remarquablement, sauf à certaines heures où les conditions *troposphériques* ne se prêtaient pas à la propagation des ondes *(Ailleret, 68).* Des études sur les possibilités de transmission à grande distance par une technique faisant appel à la propagation *troposphérique (Deloraine, 73).*

TROU sm. Fig. Spéc. Dans les tours : *faire le trou, créer le trou* (d'après l'emploi dans le vocab. de certains sports : établir ou augmenter un écart entre soi et ses poursuivants). ■ **Prendre une avance décisive sur ses concurrents, s'assurer l'avantage sur eux.**

(Cela) offre peut-être à M. sa meilleure chance de *« faire le trou »* face aux Japonais *(P. 27.8.73).* Ce sondage marque sans doute un tournant décisif dans la campagne présidentielle. En moins de quatre jours, Giscard a *créé le trou.* Il devance désormais Chaban de 13 points au lieu de 3 points le 22 avril. Ce décollage exceptionnellement rapide de Giscard (...) *(P. 29.4.74).*

TRUFFER v. tr. et réfl. Fig. Rép. mil. XXe. ■ **Parsemer (de).**

● Part passé ou adj.
Cette ligne de chemin de fer est *truffée* d'ouvrages d'art *(VR 23.7.72).* Dans une pièce *truffée* de projecteurs, les rockers lancent leur long cri *(E. 8.4.74).*

● Verbe réfl. (à sens passif).
Toulouse *se truffe* de bouts de voirie inutiles *(O. 17.11.75).*

TRUSTER [trœste] v. tr. Fig. Fam. Rép. mil. XXe. ■ **Accaparer, monopoliser (des honneurs, des récompenses, des succès, des postes, etc.).**

À lui seul, le S. C. Swimming Club a *trusté* neuf *couronnes (E. 7.10.68).* Quand les Américains ont *trusté* les *médailles* aux Jeux olympiques, les journaux américains en ont parlé sur une seule colonne en quatrième page *(E. 2.11.64).* L'U.R.S.S. et l'Allemagne de l'Est ont dominé les autres équipes, *trustant* les *médailles (GL 29.8.66).* Ses amis *trustent* égoïstement les *présidences* de commissions à l'Assemblée nationale *(O. 24.1.68).* L'homme qui fit connaître le tour de Corse au monde en y *trustant* les *victoires (A. 30.11.68).*

T-SHIRT
→ TEE-SHIRT.

TUBA sm. ■ **Tube de respiration, utilisé pour la plongée sous-marine.**

L'équipement de base pour la plongée sous-marine est essentiellement constitué d'un masque, d'un *tuba,* droit et souple, et de palmes *(VR 12.7.70).*

TUBE sm. Spéc. Fam. ~1965. ■ **Chanson, disque à grand succès.** — Par ext. Ce succès lui-même.

La carrière de ce jeune chanteur, pianiste, harmoniciste, n'est qu'une longue suite de triomphes et de *« tubes » (E. 16.10.67).* La pop music exige que l'on fasse sans cesse des disques — et si possible des *tubes* — sous peine de tomber dans l'oubli *(O. 27.12.67).* Son *« tube »* de l'époque (était) une très jolie chanson, « L'Eau vive » *(PM 27.4.68).* Les auteurs ne voulaient plus écrire pour nous, les vieux. Ils préféraient fabriquer des *« tubes »* à la chaîne pour de jeunes météores lanceurs de disques *(E. 13.4.70).*
Le directeur du théâtre du Palais-Royal a choisi parmi les innombrables airs que tout le

TUBE

monde fredonne, 63 des plus connus, véritables *« tubes »* qu'il a reliés entre eux *(PM 24.6.72).* Ce tango lancinant, tragique, sera un *tube (E. 11.6.73).* Chaque été, une dizaine de *tubes* crèvent les amplificateurs. Avant d'être oubliés, l'hiver venu *(E. 16.7.73).*

TUNER [tynɛr] ou [tjunœr] sm. ~ 1960. (Mot angl., de *to tune,* « accorder »). ■ Amplificateur accordé de haute fréquence utilisé dans un récepteur de radio (particulièrement pour la modulation de fréquence) ou de télévision.
Par ext. ■ Récepteur de *modulation* de fréquence* sans amplificateur ni système acoustique, destiné à être incorporé dans une chaîne de *haute* fidélité*.

Le premier spécialiste français pour la fabrication des *tuners* U.H.F. *(M. 4.2.66).* La haute fidélité chez vous à un prix imbattable : 4 *tuners* amplificateurs stéréophoniques — modulation de fréquence, grandes ondes, petites ondes, ondes courtes — dont deux totalement transistorisés *(F. 9.12.66).*
Cette firme propose 2 types de platines, 4 modèles d'amplis, 8 enceintes différentes, sans oublier les *tuners*, ces maillons spéciaux qui permettent d'écouter France-Musique en haute fidélité *(PM 2.11.68).* Ce *tuner* 4 gammes est doté en modulation de fréquence du « silent tuning » ; en modulation d'amplitude d'une sélectivité variable et d'un cadre ferrocapteur *(Pub. PM 5.12.70).* Pour mériter l'appellation haute fidélité, il faut que le *tuner* puisse capter les émissions en modulation de fréquence, même celles diffusées en stéréophonie *(VR. 16.5.71).* Le *tuner* reçoit la source sonore en ondes hertziennes et la transforme en signal électrique *(O. 31.12.73).*

TUNNEL sm. Fig. Rép. ~1960. ■ Période de difficultés dont la fin n'est pas encore en vue.

La plupart des articles de sports d'hiver fabriqués en France sont plus chers que les articles offerts par les Autrichiens, les Allemands, les Suisses et les Japonais. Nos fabricants se trouvent-ils, comme le disent certains, dans le *tunnel* ? *(En. 2.12.71).* La sous-traitance n'est pas encore sortie du *tunnel.* Mais diverses actions en sa faveur sont la preuve qu'elle n'est plus considérée comme la parente pauvre de l'économie *(C. 21.3.73).* La crise s'installe et la gauche craque, « La fin du *tunnel,* c'est pour 1985, pas avant », confie un leader syndical *(Exp. 12.77).* Il y a un an, nos responsables politiques prédisaient la fin du *tunnel* et le dépassement de la crise (...) Qu'en est-il aujourd'hui ? Notre pays est toujours dans le *tunnel* ! Il s'enfonce dans la crise *(C. 1.2.79).*

TUNNELIER sm. Techn. Rép. Mil. XXᵉ. ■ Machine utilisée pour le forage des tunnels.

Le percement du tunnel commencera par les puits d'accès et la galerie de service où seront essayés les premiers *tunneliers (R.G.C.F. 12.72).* La méthode de forage envisagée pour ce tunnel a recours aux *« tunneliers ».* La vitesse d'avancement est évaluée à 600 ou 700 mètres par mois *(MD 2.74).*

TURBO (-) Premier élément (de *turbine,* du lat. *turbo,* « toupie », « tourbillon ») qui sert à former surtout des subst. comp. appartenant à des vocab. techniques. Deux d'entre eux sont traités plus loin en articles séparés.
Quelques adj. composés sont également attestés, par ex. :

Cet air traverse d'abord l'échangeur de chaleur où il cède une partie de ses calories à l'air extérieur de refroidissement ; ensuite, il se détend dans le groupe *turbo-réfrigérateur* où il achève de se refroidir *(R.G.C.F. 5.72).*

TURBORÉACTEUR sm. Rép. mil. XXᵉ. Aéron. ■ Turbine à gaz qui fonctionne par réaction directe dans l'atmosphère.

Cette cellule doit satisfaire aussi bien au lavage et à la peinture de l'avion qu'au changement d'un des *turboréacteurs (Cazaux, 71).*

TURBOTRAIN sm. 1968. Ch. de fer. ■ Rame automotrice propulsée par des turbines à gaz.

La nouvelle liaison Paris-Cherbourg par *turbotrain* a été inaugurée le 24 septembre *(M. 26.9.70).* Le *turbotrain,* ce dernier-né de la traction, va permettre aux usagers de circuler entre grandes villes, dans de parfaites conditions de confort *(M. 14.11.72).* L'utilisation en traction ferroviaire de la turbine à gaz a mis à la disposition de la clientèle des *turbotrains* plus rapides et plus confortables que les autorails courants *(R.G.C.F. 7/8.72).*

TURNOVER ou **TURN-OVER** [tœrnɔvœr] sm. (Mot angl., « écoulement du stock »). Écon. ■ Taux de renouvellement du personnel dans une entreprise.

Chez Volvo et Saab, en dépit d'un salaire horaire de 18 F, le *« turnover »* était jusqu'ici de 30 % *(O. 20.11.72).* L'absentéisme et le *« turn-over »*, c'est-à-dire la rotation du personnel dans l'entreprise, deviennent de plus en plus des maux structurels de l'industrie automobile *(C. 6.5.73).* Dans 5 ou 6 ans elle sera première vendeuse, si tout va bien, c'est-à-dire si le *« turnover »* pratiqué dans les grands magasins comme dans d'autres entreprises du secteur tertiaire ne l'écarte pas de sa tâche *(M. 23.4.74).*
Chaque année, 40 % des postiers de la capitale quittent la région parisienne. Aucune organisation ne pourrait résister à un tel *« turn over » (M. 24.1.79).*

TV ou T.V. [teve] sf. (Emprunt à l'angl.). Sigle pour *t(élé)v(ision)*, employé notamment en Suisse romande, au Québec, etc.
Rem. Télévision a déjà deux formes abrégées : *T.V.*, probablement emprunté à l'anglais, et qui nous semble un peu pédant, et « télé », qui reste assez familier *(Ch. Muller, Cl. f. mars-avril 1959).*
♦ Jusqu'en 1960, la *TV* est demeurée confidentielle (...). On n'a pas encore trouvé la formule qui assurerait au développement de la *TV* scolaire le concours de la grande majorité des maîtres *(Moreau, 67).*
La plus importante affaire de location *T.V.* dans le monde *(En. 9.4.71).* Le premier récepteur *TV* portable noir et blanc c'était (...) *(Pub. O. 12.11.73).* Un récepteur *T.V.*, dont l'usage est partout répandu maintenant *(Ch. fr. 1.74).*
→ TÉLÉ.

T.V.A. [tevea] sf. 1954. ■ Sigle de *T(axe) (à la) V(aleur) A(joutée)*, imposition qui porte sur le surcroît de valeur (ou valeur ajoutée) apporté à un produit par la transformation qu'il a subie.
La CGT demande la réduction des taux de *T.V.A.* sur tous les produits de consommation *(Bauchard, 72).* Les réglementations du Marché commun et la *T.V.A.* facilitent tout un ensemble de combinaisons « juteuses » *(M. 2.4.77).*

TWEETER [twitœr] sm. ~ 1950 (Mot angl., de *to tweet* « pépier »). Techn. ■ Haut-parleur qui reproduit les sons aigus (par opp. à *woofer**).
Un « woofer » pour fréquences basses et un « *tweeter* » très précis pour fréquences plus élevées *(Dev. 26.11.70).* Une bonne enceinte réunit plusieurs haut-parleurs, le woofer qui reproduit les graves, le médium, et le *tweeter* qui reproduit les aigus *(Pub. O. 12.11.73).* Comment faire vous-même de la fausse stéréophonie avec un disque mono : au lieu de deux enceintes acoustiques identiques, placez à droite un « boomer » — haut-parleur de graves — et à gauche un « *tweeter* » — haut-parleur d'aigus *(VR. 9.4.78).*

TWIN-SET [twinsɛt] sm. ~ 1950. (Mot angl., de *twin*, « jumeaux », et *set*, « ensemble »). ■ Ensemble constitué par une veste de tricot et le chandail assorti.
Twin-set « arc-en-ciel » en acrylique : veste longue rayée, large sur pull à rayures coordonnées (...) le cardigan 120 F *(Pub. El. 5.4.71).*

-TYPE Apposition ou second élément de subst. comp. dont le premier élément désigne soit une personne ou une collectivité, soit une chose abstr. ou concrète, qui sert ou peut servir de modèle, de référence.
Rem. Des subst. comp. en *-type* ont été formés déjà dans le passé. Ainsi les **Matériaux pour l'histoire du vocab. fr. (Vol. 15, 1978).** en citent 19 ex. de la 1ère moitié du XXe s., dont **16 relevés entre 1920 et 1932. Toutefois, le phénomène semble s'intensifier dans la seconde moitié de ce siècle, si l'on en juge par le nombre d'ex. recueillis en quelques années et classés dans les deux séries ci-après, dont chacune ne concerne qu'une période de 4 à 5 ans.**

○ Les prix auront augmenté de 6 % du 1er juin 1968 au 1er mars 1969 : ce calcul est effectué à partir du *budget-type* de la commission supérieure des conventions collectives *(M. 26.2.69).* La Suisse est un centre, s'il est permis de dire, particulièrement central. C'est le *carrefour-type (E. 9.9.68).* Le comité interministériel établira le texte de la *convention-type* qui liera l'Éducation nationale au ministère des Affaires sociales et aux employeurs *(F. 11.1.67).* La *durée-type* d'un séjour à l'étranger était de trois semaines, elle est devenue de huit jours *(A. 5.6.69).* Ses cheveux raides tombaient sur ses épaules. Elle portait un jean et un chandail noir à col roulé. Une pile de livres se dressait à côté d'une tasse de café à demi pleine. Elle fumait. L'« *étudiante-type* » *(Saint-Lô, 67).* Toronto me paraît l'*exemple-type* de ce qui est actuellement possible au niveau d'un département universitaire bien doté *(CL 67).* Une *figure-type* d'éditeur pour qui la profession n'est ni un commerce, ni une industrie tout à fait comme les autres, se faisant de sa propre indépendance un impératif (...) *(M. 13.9.69).* La pièce ne comporte qu'une suite de saynètes entre *personnes-types* : le valet, la vieille coquette, l'intrigant, etc. *(M. 21.4.66).* M. B. affirme que les normes architecturales et les « *plans-types* » adoptés pour la construction des collèges sont beaucoup trop rigides *(M. 18.6.66).* Un *portrait-type* de la célibataire française moyenne *(M. 29.1.69).* Chaque fiche porte la question ou l'objection supposée et donne en quelques lignes la « *réponse-type* » *(M. 25.5.69).* Pour donner de la force à son film, Howard H. se contente de reprendre une *situation-type* : un shérif assisté d'un ami et d'un allié inexpérimenté, tente d'arrêter un gros propriétaire criminel aidé de tueurs compétents *(E. 3.7.67).* Une détermination des besoins financiers pourrait être réalisée en fonction des divers services indispensables à une *ville-type (Moulin, 68).*

∞ Cette *famille-type* pourra continuer à recevoir les allocations scolaires fédérales-provinciales *(Dev. 26.9.70).* Il avait établi une *lettre-type* à adresser au procureur de la République à Alger pour déposer plainte *(Massu, 71).* Les corrections seront personnalisées : pas de *corrigé-type (Pub. El. 18.1.71).* La *ration-type* comprend 15 kg de riz, un 1/2 kg de sel et dix boîtes de corned-beef protéiné par personne et par mois *(Lamour, 72).* Il y avait, plus ou moins explicitement, un « *élève-type* » défini par l'exercice étalonné de performances « moyennes » *(Peretti, 72).* Ce n'est pas uniquement en calculant des moyennes ou des *écarts-types* (...) que l'on fait de la recherche pédagogique *(Gabaude, 72).* Les gens du retour à la terre sont marginaux, mais, pour le Dr. R. (ce n'est) pas de la *marginalité-type (O. 30.4.73).* Selon le ministre du développement industriel, M. Claude N. n'est pas un industriel, mais un « *manager type* » *(Ex. 7.1.74).* Le *consommateur-type*, aux besoins connus et classés une fois pour toutes, ça n'existe pas *(El. 28.1.74).* L'« Apothéose de Napoléon » par Appiani pour Milan est l'*exemple-type* d'un « triomphalisme » qui ne nous touche plus *(M. 31.1.74).* Comment un ballot intégral pouvait-il devenir tantôt le héros parfait, tantôt l'*espion-type* ? *(FS 19.3.74).* Ici, pas d'*appartement-type* qu'on répète et qu'on empile sur un nombre d'étages maximal. Tous sont différents *(O. 25.3.74).* L'Ordre des médecins a mis au point des *contrats-types* pour les médecins recrutés pour effectuer des contre-visites dans les entreprises *(M. 26.2.75).*

U

UBUESQUE [ybyɛsk] adj. (De « Ubu roi », pièce — 1888-1896 — d'Alfred Jarry). Rép. mil. XXᵉ. ■ D'un comique grinçant, grotesque. — (parfois) Absurde.

La compagnie C. accentue malencontreusement l'*aspect ubuesque* et scolaire de la pièce. Vêtus de toiles de sac et d'accessoires d'automobiles, la plupart des tout jeunes comédiens installent sur la scène une ambiance de fête de fin d'année *(M. 7.4.64)*. Une *farce* diabolique, *ubuesque*, cauchemardesque *(M. 29.4.64)*. Derrière la façade d'une administration héritée des Anglais, le *monde ubuesque* des révolutions africaines *(F. 16.11.66)*. Trop souvent (la télévision) tant au point de vue de la culture que de l'information, prend le *visage ubuesque* d'une « machine à décerveler » *(FL 1.12.66)*.
En Belgique, il y a aussi, comme partout, des règlements stupides. Ainsi, il est interdit de servir des eaux-de-vie dans les restaurants. Bon ! (...) Mais les crêpes flambées ? Elles figurent sur les cartes. On les flambe en cuisine. On n'a pas le droit de les servir en salle. C'est *ubuesque*, non ? *(M. 11.12.71)*.

U.E.R. [yeɛʀ] Sigle pour : *U*nité d'*e*nseignement et de *r*echerche (dans l'organisation universitaire introduite en France par la loi de 1968).

Si cette évolution se confirme, l'enseignement supérieur deviendra un enseignement secondaire prolongé, et les Unités d'enseignement et de recherche — *U.E.R.* — des super-lycées *(M. 13.11.69)*.
La pluridisciplinarité, la transformation de la pédagogie, la création des systèmes d'unités d'enseignement et de recherche, *U.E.R.*, qui remplacent les Facultés, tout (dans la loi de 1968) est hardiment réformateur *(Vianson, 71)*. Si l'on construit un tableau montrant par *U.E.R.* la proportion d'étudiants pourvus de mentions au baccalauréat en les différenciant par sexe, on se rend compte que les filles sont beaucoup plus brillantes que les garçons *(O. 19.6.78)*.

UFOLOGUE subst. (De *Ufo*, sigle pour les mots angl. *u(nknown) f(lying) o(bject)*). ■ Personne qui étudie les questions relatives aux *ovnis**, ou objets volants non identifiés.

M.N. (...) de l'Institut d'Astrophysique de Paris, (met en doute) l'existence de ce que les *ufologues* appellent à tort ou à raison un O.V.N.I., et la masse des gens une « soucoupe » *(O. 11.3.74)*.

ULTRA subst. et adj. XVIIIᵉ., repris mil. XXᵉ. Spéc. Pol.

Rem. **Pendant la guerre qui aboutit en 1962 à l'indépendance de l'Algérie, le terme fut souvent employé à propos des *activistes* et des partisans les plus résolus de l'« Algérie française ».**

Il est étonnant d'entendre des personnalités politiques, (...) s'étonner de l'emploi du mot « *ultra* », le déclarer inadéquat et même incompréhensible et aller jusqu'à défier qu'on puisse le leur expliquer. Il faut qu'elles aient oublié leurs études pour ne plus savoir que les *ultras* sont tout simplement ceux-là qui se montrent plus royalistes que le roi. Si le roi le leur dit, ils peuvent l'en croire... Les « *ultras* » ce sont bien évidemment les chevaliers de l'au-delà : ceux qui, dans un rayonnement ultra-violent de paroles et d'actes, vont toujours plus outre, outrancièrement, outrageusement, qui outrecuisent, outrepassent, et même si j'ose cette allusion à l'« Algérie de papa », qui outrepapassent *(M. 26.5.59)*.

● Subst. ■ Extrémiste de droite ; réactionnaire. — Par ext. Extrémiste en général.

Les conjurés appartenaient à l'origine à des *groupements d'« ultras »*. Assurer le maintien de l'Algérie française était leur commun objectif *(M. 2.3.57)*. Si le gouvernement est incapable d'empêcher les attentats des *ultras français*, comment reprocher au G.P.R.A. (gouvernement provisoire de la République algérienne) de ne point empêcher ceux des

ultras musulmans? (M. 15.4.61). La peur des jacobins et la peur des *ultras* ont dominé la vie politique (M. 16.7.64). (Après un) gros incident militaire : un accord passé le lendemain semble avoir mis un terme à l'affaire mais c'est compter sans les *ultras* des deux camps (M. 8.8.64).
Après ces couplets qui convenaient particulièrement aux *ultras*, le ministre poursuivit (...) (Courrière, 68). La police d'État, renforcée, reporte sa vigilance sur les partisans de l'Algérie française qu'on affuble pour les déconsidérer du nom d'« *ultras* » ou d'« activistes » (Tripier, 72). Les *ultras*, menés par l'évêque de Tolède, soutenus par l'Opus Dei, partent en guerre contre les libéraux (O. 11.3.74).

- **Adj.** ■ Qui relève de l'extrémisme, notamment de l'extrémisme de droite.

On ne manquera pas ensuite, par une sorte de raccourci, de proclamer que le Ministre a fait un discours *ultra* (Courrière, 68). Les consignes *ultras* ont été bien suivies. Toutes les baies du Gouvernement général, l'immeuble aux mille fenêtres, sont refermées. C'est un symbole d'hostilité (Courrière, 69). Les mouvements d'anciens combattants, des plus mesurés dans leurs engagements aux plus *ultras* (Viansson, 71). Largement minoritaire, rarement exprimée en revendications claires, cette contestation « *ultra* » n'en est cependant pas moins réelle (Inf. 12.2.73).

ULTRA(-) Élément préfixal (du lat. *ultra*, « au-delà ») qui sert à former des adj. et des subst. comp. dans lesquels il indique soit un degré très élevé, soit un degré excessif, une intensité jugée trop forte.

Rem. Ce préfixe a une forte productivité en fr. contemporain, notamment dans le vocab. de la publicité — où il est en concurrence avec *super* —, dans le vocab. polit. et dans certains vocab. techniques. Deux composés, *ultracentrifugation* et *ultra-gauche*, sont traités plus loin à leur place alphabétique. D'autres sont répartis dans les rubriques ci-après.
La graphie avec trait d'union est largement dominante. Toutefois, quelques comp. dont le second élém. commence par une consonne sont écrits tantôt en un seul mot, tantôt avec trait d'union.

Ultra(-) + adjectif ou part. passé. L'adj. composé ainsi formé détermine le plus souvent un nom de chose abstr. ou concrète, plus rarement un nom de personne ou de collectivité.

Ultra a le sens soit des adv. *très, extrêmement* (haut degré), soit des adv. *trop, exagérément, excessivement*.

○ Ce chantier naval le plus moderne du monde représente une véritable révolution en matière de construction navale. Tout y est *ultra-automatisé* (E. 10.5.65). Politique « *ultra-chauvine* » (E. 17.3.69). Cette nouvelle mode est très suggestive dans ce qu'elle prétend cacher. Ainsi les nouveaux maillots de bain sont *ultra-collants* (M. 14.7.66). Le livre *ultra-complet* passe en revue les mille attraits de la Savoie (GL 28.8.65). Ce haut fonctionnaire se conduit d'une façon singulière en rendant publics des documents *ultra-confidentiels* (E. 19.12.66). Les joueurs posent dans leurs costumes *ultra-confortables*, ultra-légers (ST 14.6.69). Toutes les nations industrielles font en général des politiques centristes. D'ordinaire, leurs *gouvernements* ne sont ni révolutionnaires ni *ultra-conservateurs* (M. 7.1.66). Un *groupe de pression* politique *ultra-conservateur* (M. 25.3.66). La volonté de M. de mettre sur pied un *mouvement ultra-conservateur* a été rejetée par la majorité du pays (M. 5.11.64). Deux *associations* de magistrats, l'une *ultra-conservatrice*, l'autre modérée et soucieuse d'adapter la jurisprudence à l'évolution de la société (M. 4.4.66). La politique (d'un fabricant de meubles) avait été conçue pour un *circuit ultra-court* : la vente par correspondance et la vente directe (En. 5.4.69). Au dernier salon du prêt-à-porter, les fabricants ont présenté à la presse des *modèles ultra-courts* tout en spécifiant bien qu'ils seraient livrés « au genou » (M. 14.7.66). Dans une partie de l'Europe on a coutume de regarder les pays scandinaves comme des *nations ultra-développées* sur les plans économique, social et culturel (M. 19.1.68). Une petite *lampe ultra-élégante*, ultra-utile (Pub. JF 8.10.66). Chemise longue à pans de *jersey-ultra-fin* (E. 16.6.69). Les rasoirs électriques s'améliorent tous les ans. Les dernières créations sont à *grille ultra-fine* (M. 16.6.66). S. enseigne une *mécanique* qui pour ne pas être *ultra-futuriste* à l'immense mérite de correspondre à la réalité (Ch. f. 1.67). Une bataille entre *étudiants* « *ultra-gauchistes* » et (les) policiers (M. 25.5.69). Ces *boutiques ultra-jeunes* où l'on n'ose plus entrer (EL 18.3.69). Les *appareils* enregistreurs *ultra-légers* des séismologues et des vulcanologues pèsent 500 grammes chacun (M. 12.4.66). Ces *moteurs* (d'automobile) sont de très faible hauteur, extraordinairement compacts et *ultra-légers* (M. 17.12.66). Veste-gilet *ultra-longue* (E. 24.4.67). Matériel militaire lourd et *ultra-lourd* (M. 16.2.67).

Dans un *monde ultra-mécanisé*, la société de science-fiction est une société où la machine tient la plus grand rôle (M. 7.6.67). On pourra loger seize de ces *circuits ultra-miniaturisés* sur une surface d'un centimètre carré, leur épaisseur n'étant que le tiers de celle d'un cheveu (SV 2.67). Une *argumentation ultra-nationaliste* de caractère nettement totalitaire (M. 22.3.57). Le général souhaiterait éliminer les *éléments ultranationalistes* de son cabinet (M. 31.12.66). Le secrétaire local du *parti ultra-nationaliste* vient d'être assassiné par des inconnus (M. 29.4.66). Les nouveaux faux *cils ultranaturels* inventés par le grand spécialiste du maquillage de théâtre (Cd. 17.10.66). Ce *régime* politique *ultra-paternaliste*, retardataire (PM 5.10.68). La *crème ultra-pénétrante* et non grasse, ne tache pas (E. 31.5.65). En dépit de « *gadgets* » *ultra-perfectionnés* le commandement militaire semble être sérieusement paralysé (M. 29.12.65). Une *machine à laver ultra-rapide* sera prochainement commercialisée (E. 25.10.65). M. B. a revu le film de ses premières *photos ultra-rapides* : l'envol d'une mouche (...) (M. 18.3.66). Quels que soient les progrès de l'aviation, la multiplication des autoroutes, le *train ultra-rapide* a de beaux jours devant lui (Ch. f. 9.65). Un *gouvernement ultra-réactionnaire* et corrompu qui ne saurait en aucun cas vaincre le puissant mouvement de colère populaire (M. 4.3.66). « Qu'attend-on pour mettre à la raison ce dangereux individu qui déshonore notre ville ? » écrivait (un) *journal* à sensation, *ultra-réactionnaire* (O. 17.4.68). Le néophyte en matière de microcopie veut bien admettre qu'il soit commode d'enregistrer les documents sous cette *forme ultra-réduite*. Mais un rangement commode n'est pas tout (M. 13.10.66). C'était la première fois que des journalistes étaient autorisés à pénétrer dans le *dispositif*, considéré comme *ultra-secret* où les prototypes des engins sol-sol-balistiques stratégiques sont essayés et mis au point (F. 12.11.66). Fort D. un centre de recherches, *établissements ultra-secrets* où 7 000 savants et techniciens (...) (O.

10.7.68). Les lettres, dont les enveloppes ne furent pas retrouvées, (avaient) pu être fabriquées pour masquer une *mission ultra-secrète (F. 10.1.67).* Un nouveau parti réactionnaire *ultra-ségrégationniste (F. 15.11.66).* Au XIXe siècle il y a une véritable inflation de dictionnaires de langue extensifs ; mais on compte aussi une multitude de petits dictionnaires *ultra-sélectifs* procédant à des découpes plus ou moins arbitraires du vocabulaire commun *(Wagner, 67).* La voiture électrique sera *ultra-silencieuse.* Elle démarrera et roulera sans bruits *(PM 27.4.68).*

∞ Après avoir avalé deux *cafés ultra-serrés* (...) *(Lesparda, 70).* Une *nation ultra-civilisée (Daninos, 70).* Marches militaires et *protocole ultra-cérémonieux (PM 7.3.70).* Crayon à mine *ultra-tendre (Pub. JF. 12.3.70).* Des querelles intestines qui n'intéressent qu'un petit monde *ultra-parisien (E. 26.10.70).* Des *mocassins ultra-souples* en cuir mat *(E. 30.11.70).* Une *enfant* très intelligente et précoce mais nerveuse et *ultra-sensible (Massu, 71).* Cette agitation permanente finit par dissocier les *mouvements ultra-révolutionnaires* des organisations plus traditionnelles de syndicats *(Bauchard, 72).* À partir du moment où la fille se plie aux volontés de ses parents, elle sera même *ultra-traditionnelle (Calame, 72).* Le *tempérament* inventif, *ultra-démocratique* et superdynamique des Américains *(Young, 72). Groupes ultra-minoritaires* presque exclusivement attentifs à la réalisation de quelques utopies *(École, 72).* Une *perspective ultra-pessimiste* du problème de la drogue *(C. 26.4.72).* Le *système* social français est *ultra-protecteur (En. 1.9.72).* Un *pouvoir ultra-centralisé* tout entier dominé par une poignée d'hommes *(Faire, 73).* Prédisposer le spectateur à vivre une *expérience ultra-complexe (O. 3.9.73).* Très riche, *ultra-concentrée,* la crème contient une huile biologique d'une finesse extrême (...) tous les types de *peaux,* normale, sèche, *ultra-sèche (MF 10.73).* Un *armement ultra-moderne,* c'est-à-dire *ultra-meurtrier* et *ultra-agressif (France culture, 13.10.73).* Un *théâtre ultra-sophistiqué,* qui doit se voir et s'entendre dans plusieurs sens *(O. 12.11.73).* Les magnétophones, les lecteurs-enregistreurs de cassettes, les casques, tout est *ultra-éprouvé, ultra-testé* en laboratoire *(P. 26.11.73).* Créer un problème moral, donc un problème tragique dans des *circonstances ultra-comiques (E. 10.12.73).* Des *montures* de lunettes *ultra-légères (Pub. El. 28.1.74).* Des *chaînes* stéréo *ultra-sophistiquées (El. 4.3.74).* Posemètre *ultra-sensible* permettant une précision absolue même dans la pénombre *(Pub. E. 25.3.74).* Un *appareil* de photo *ultra-facile* à manier *(Pub. E. 25.3.74).* Des *techniques* médicales *ultra-coûteuses (F. 1.10.74).* Une *serre ultra-sophistiquée* dont la climatisation est commandée par un cerveau électronique *(M. 9.11.74).* L'expansion transforma les paysans du Liechtenstein en *salariés ultra-nantis* d'un « État industriel » de poche *(M. 23.1.75).* Des *options ultra-spécialisées* en classes terminales, transformées en fausses propédeutiques *(M. 1.2.75).* Des « *fractions* organisées » cherchant à « inféoder la CFDT à des *groupements* extérieurs », autonomes ou *ultra-gauchistes (C. 5.8.78).*

Ultra (-) + substantif (nom de personne ou de collectivité). Le subst. comp. désigne le plus souvent les adeptes d'une doctrine, les adhérents d'un parti extrémistes.

C'est un cheminement intellectuel qui fait horreur aux *ultra-conservateurs (M. 22.9.65).* Les grandes puissances sont opposées à l'irrédentisme des *ultra-nationalistes* israéliens et des organisations de résistance palestiniennes *(M. 29.5.69).* Critiqué par les *ultra-gauchistes* qui l'accusent de mollesse, il sera à nouveau à l'autre des positions de mai 1968 dans une situation délicate *(Viansson, 71).* L'organisation de l'armée secrète, animée par des *ultra-colonialistes* qui veulent garder l'Algérie française *(Minces, 72).* Il est impossible, même pour un *ultra-libéral,* de laisser construire n'importe quoi, n'importe où *(Martinet, 73).*

Ultra (-) + substantif (nom de chose abstraite).

● — Le subst. composé désigne soit une doctrine politique ou philosophique extrémiste, soit plus généralement une mentalité, une prise de position, une institution, etc., jugées excessives.

L'*ultra-libéralisme* actuel ne crée pas seulement une grande injustice dans l'occupation de l'espace naturel, il y réduit dangereusement le triple droit social de promenade, de vue et d'usage *(Saint-Marc, 71).* Cet « au nom de quoi ? » que l'*ultra-rationalisme* contemporain introduit au cœur de toutes les croyances *(Lacombe, 71).* Ce livre (« Le scandale de Paris ») montre comment l'*ultra-centralisation* engendre l'extrême incohérence *(E. 1.3.71).* L'*ultragauchisme* des « gardes rouges » résulte non seulement de la suspicion universelle (...) mais aussi de leur manque d'information *(O. 10.12.73).* Il semble que l'on s'oriente vers une *ultraspécialisation* tant au point de vue agricole qu'industriel *(F 25.1.74).*

● — Le subst. composé désigne un procédé technique. *Ultra-* marque un degré très élevé de ce que signifie le second élément.

Tandis que l'électronique continue sa révolution permanente, les techniciens renoncent aux découvertes récentes de l'*ultraminiaturisation* afin d'exploiter, de manière économique, une technologie déjà périmée *(O. 30.12.68). Ultra-pasteurisation.* Ce lait est porté à 150°C *(VR 1.3.70).*

Ultra + substantif (nom de chose concrète).

● — Le subst. composé appartient souvent à un vocab. technique et/ou à celui de la publicité. *Ultra-* souligne que les caractéristiques de ce que désigne le second élém. sont présentes à un degré extrême.

Chaque *ultramicrofiche* peut contenir les photographies — réduites 150 fois — de 3.000 pages (...) Une nouvelle matière plastique transparente et résistante donne à l'*ultramicrofiche* des avantages décisifs par rapport à la microfiche usuelle (...) elle en empêche l'usure et la détérioration *(N 6.70).* Peaux sèches et peaux à tendance sèche : *ultra-émulsion* biovitaminée *(Pub. MF. 10.73).*

ULTRACENTRIFUGATION sf. Spéc. ~1970. ■ Procédé de séparation d'isotopes d'un élément, par ex. de l'uranium naturel, au moyen de centrifugeuses qui tournent à très grande vitesse.

La Grande-Bretagne, les Pays-Bas et l'Allemagne fédérale signèrent un accord tripartite pour la production en commun d'uranium enrichi à partir du procédé d'*ultracentrifugation (P. 21.11.73).* La diffusion gazeuse est connue et éprouvée depuis 30 ans (...) L'*ultracentrifugation,* en revanche, si elle semble porteuse d'avenir, garde encore un caractère expérimental *(O. 3.12.73)*. Il n'est pas exclu que la mise au point de la technique d'enrichissement par *ultra-centrifugation* puisse permettre la construction de petites usines d'enrichissement de l'uranium *(M. 10.7.74)*.

ULTRA(-)GAUCHE sf. ~ 1968. Pol. ■ Ensemble des groupements qui se rattachent plus ou moins directement au *gauchisme**.

Le hasard suscite l'ébranlement du mois de mai et l'avènement (...) d'une *ultra-gauche* poétique *(E. 11.11.68)*. Parti d'accueil pour l'*ultra-gauche* de toutes tendances, le PSU (...) *(E. 29.11.71)*. Ses ennemis se situent à gauche, à l'extrême gauche ou à l'*ultra gauche (P. 17.12.73)*. R.D. dissocie soigneusement l'*ultra-gauche* européenne de l'extrême gauche latino-américaine *(M. 1.3.74)*. Les contestataires se divisent. Il y a les « gauchistes » qui contestent la manière dont l'« *ultra-gauche* esthétique » a contesté *(M. 15.6.74)*. Dès 1971 l'*ultra-gauche* se dispersait en de multiples directions *(M. 24.4.75)*.

UNDERGROUND [œndərgrawnd] ou [œndɛrgrawnd] adj. et sm. inv. ~ 1965. (Mot angl., « souterrain »).

1. **Se dit d'un mouvement d'avant-garde, indépendant des circuits normaux de la diffusion commerciale, et qui veut intégrer tous les courants et toutes les formes d'art et d'expression (presse, films, etc.)**

Rem. Ce qu'on appelle « *underground* », c'est le nouveau nom donné à l'avant-garde (...) Ils se veulent en dehors de tout circuit commercial, ils lisent la philosophie bouddhiste, ils pratiquent — ou ils se vantent de pratiquer — le yoga (...) Fortement influencé par l'esthétisme d'un Oscar Wilde, par le dadaïsme et par le surréalisme, l'art « *underground* » se veut avant tout un mélange de tous les arts (...) né aux États-Unis, il a conquis Paris voici quelques mois *(O. 8.11.67)*.

- **Adjectif.**

  La culture *underground* surgit à la surface en un mois, sous forme de publicité « psychédélique » à la télévision *(N 6.70)*. Ceux qui ont lancé et soutiennent ce qu'on appelle aujourd'hui la presse « *underground* » se réfèrent aux canards du siècle passé pour justifier leur entreprise (...) Beaucoup de journaux « *underground* » ont refusé (la voie de la politisation) par crainte d'une éventuelle répression (...) Des émissions de radio « *underground* » sont financées par (des) mécènes (...) Les Américains connaissent aussi un cinéma « *underground* », né autour de 1965 d'une scission au sein du mouvement indépendant (...) Un film « *underground* » est une œuvre entièrement contrôlée par son auteur, de la production à la projection. Il n'est pas clandestin mais il sort des circuits ordinaires, c'est-à-dire qu'il n'est montré que dans les universités ou certaines salles spécialisées dans l'animation culturelle *(Amblès, 72)*. C'est le seul acteur de sa génération capable de tenir le rôle de Rimbaud dans un film « *underground* » *(P. 20.5.73)*. Les auteurs (d'une bande dessinée) donnent libre cours à leur imagination sarcastique, dans le plus pur style *underground (M. 6.12.73)*. C'est long, vulgaire et cela ne fait rire que quelques initiés de l'humour *underground (E. 17.12.73)*. À l'époque il y a eu un certain nombre d'essais *underground*. La plupart restaient très poétiques parce que les réalisateurs ne pouvaient pas se payer le matériel nécessaire au son synchrone *(M. 30.1.75)*.

- **Subst. masc.**

  50.000 fans sont venus à St. Ouen pour signer tous ensemble un acte de naissance populaire : l'*underground* à Paris *(PM 21.4.73)*. Un jeune éditeur qui a fait ses classes dans l'*Underground (E. 13.10.73)*. Une farce agressive, bariolée, subversive, entre l'expressionnisme allemand et l'*underground* new-yorkais *(O. 18.2.74)*.

2. **Par ext. Se dit d'activités clandestines ou *parallèles**.*

- **Adjectif.**

  Un troc florissant s'est établi : une économie de marché « *underground* » en quelque sorte *(Inf. 8.1.73)*.

- **Subst. masc.**

  Sans statut aucun ni reconnaissance officielle, l'*Underground* de la magie n'a cessé de grandir *(E. 3.1.72)*. Autour du système juridique subsistent de larges plages d'un « *underground* » politique où le financement des partis, la trésorerie des campagnes électorales, l'intervention des « mass media » continuent à obéir à des lois qui se moquent souvent des règles de la démocratie *(M. 6.9.73)*. L'occultisme constitue un univers souterrain, un *underground* — qui rejoint parfois l'*underground* hippie — ; il participe d'une contre-culture populaire et folklorique *(P. 3.12.73)*.

UNE sf. Surtout dans le tour *(à) la une* : (à) la première page (d'un journal, d'un illustré).

Lindner, ce touriste-publiciste de New-York, peint comme on prépare *la « Une »* d'un journal *(O. 21.1.74)*. C'est l'escalade de la gloire : interviews, photos *à la « une »* des magazines *(P. 1.4.74)*.

- **Par ext. Au premier plan.**

  L'avenir de notre défense est maintenant posé devant la conscience nationale ; c'est le sort de la paix dans le monde qui, en France, affleure *à la « une »* de l'actualité *(M. 21.7.73)*.

UNI(-) Préfixe (du lat. *unus*, « un », « un seul ») qui sert à former des adj. et des subst. comp. Quelques uns sont traités plus loin en articles séparés, à leur place alphab. D'autres sont répartis dans les deux rubriques ci-après.

- **Adj.**

  Faute d'espace, ce tronçon (d'autoroute) ne comporte que trois pistes *unidirectionnelles* dans chaque sens *(M. 26.10.66)*. Ce cadre, *unidisciplinaire*, hautement hiérarchisé, obéit à des règles strictement inverses de celles propices à la découverte *(M. 7.1.67)*. Les pays modernes *uninationaux* aspirent d'une manière générale à l'élimination des diversités régionales tranchées, en particulier en matière de langue *(Cohen, 71)*. Un espace *unimonétaire* tel que celui constitué par une nation ou par un marché commun régi par une seule monnaie *(Simonnot, 72)*. À l'époque, aux États-Unis, Blancs et Noirs vivaient le plus souvent dans des quartiers *uniraciaux* éloignés les uns des autres *(Raspail, 73)*. Selon notre confrère belge, les frais d'isolation d'une maison *unifamiliale* nouvelle s'élèvent à 40-45.000 francs belges *(F 16.5.74)*. Selon l'auteur, le type d'autogestion défendu par la C.F.D.T. établit à tort une liaison *univoque* entre certains maux de notre société et la logique capitaliste *(M. 13.5.78)*.

● **Sm.**

Les explications du secrétaire d'État souffrent de l'*unilatéralisme* dénoncé par les divers spécialistes *(M. 19.4.66)*. Le Premier ministre a fait remarquer qu' « une politique de bilinguisme ou d'*unilinguisme* scolaire ne réglera pas le problème fondamental du rayonnement et de la diffusion de notre langue dans le domaine économique » *(M. 9.1.69)*. Des crises ont éclaté ici ou là, faisant les titres des journaux au Canada et à l'étranger. On s'est battu à Saint-L. pour ou contre l'*unilinguisme (M. 6.3.70)*.
Le magnifique calcul (...) auquel se référait Jacques Monod s'inspirerait de données assez fausses — par *unilatéralité (Beigbeder, 72)*. Tonique pour mise en plis en Flacon ou *unidose (Pub. MCL 5.74)*.

UNIDIMENSIONNEL, LE adj. et sm. 1968. (D'après le titre anglais d'un livre de H. Marcuse, « *The one-dimensional man* », traduit en français par : « L'Homme unidimensionnel ») ■ Qui n'a qu'une dimension.

Adjectif.

M. Marcuse voit dans nos sociétés consommatrices un « *homme unidimensionnel* » (...) Chaque week-end, l'*homme unidimensionnel* se métamorphose, dans sa résidence secondaire, en homme multidimensionnel, partagé entre le monde abstrait de la marchandise et le monde concret des animaux et des plantes *(Berl, 69)*. L'on comprend le rôle qu'a pu jouer la pensée de Marcuse dans la révolte contre cette culture répressive et ce savoir positiviste, « *unidimensionnel* » comme la société dont il est à la fois l'expression et le gardien *(Garaudy, 72)*. Être un homme multidimensionnel peut être pris en deux sens : un homme affirmant, face à la société *unidimensionnelle*, la multiplicité des dimensions de la réalité sociale (...) La pensée *unidimensionnelle* est systématiquement favorisée par les responsables politiques et par ceux qu'ils chargent de dispenser la grande information *(Young, 72)*. Dans un univers qui tend à être « *unidimensionnel* », capable de réabsorber toute opposition, la pratique religieuse peut apparaître comme un des « points de rupture » possible, par où la contradiction peut être introduite ou en tous cas accentuée *(Guichard, 72)*. Inventer des vacances qui permettraient réellement aux individus de se développer — si l'on donne un sens fort à cette notion de développement, donc en dépassant l'habituelle signification *unidimensionnelle* propre à l'humanisme intellectualisant *(Laurent, 73)*.

Subst. masc.

L'analyse de cette société à tort de (...) ne pas savoir repérer dans l'*unidimensionnel*, pour parler avec Marcuse, des dimensions divergentes *(M. 6.8.68)*.

***Rem.* Le sf. dérivé *unidimensionnalité* est attesté.**

Le problème se posera à l'homme de l'an 2000 de savoir si cette culture du choix demeure une réalité et s'il ne vit pas plutôt l'avènement d'une nouvelle culture : une culture de participation à l'édification d'une société unidimensionnelle, une culture de l'*unidimensionnalité (Young, 72)*.

UNIDIRECTIONNEL, LE adj. Par ext. (D'après l'emploi dans les vocab. scientifiques et techniques).
■ Qui concerne (ou qui va dans) une seule direction. — Qui est réservé à une seule direction.

Le caractère progressif, continu et *unidirectionnel* de l'évolution des dessins vers la « bonne forme » (...) *(Florès, 72)*. La S.N.C.F. a adopté des distributeurs de billets dits « *unidirectionnels* », bien que ce terme ne soit pas tout à fait exact. En réalité il s'agit d'appareils « à prix unique », mais qui peuvent délivrer des billets valables pour plusieurs destinations lorsque la taxe est la même *(VR 30.7.72)*. Le boulevard périphérique à Paris comporte deux chaussées *unidirectionnelles* nettement matérialisées *(C. 3.12.72)*.

UNISEX ou UNISEXE adj. et sm. Rép. ~1960. Se dit d'une mode, de vêtements, coiffures, etc., destinés indifféremment aux femmes et aux hommes.

Adjectif.

Le courant « *unisexe* » qui déferle en ce moment sur la mode *(El. 12.1.70)*. Un autre phénomène est l'apparition d'une mode *unisexe*. Autrefois, le vêtement était aussi un signe de différenciation entre les sexes. C'est une valeur que les jeunes lui refusent *(Mauduit, 71)*. La vogue du vêtement *unisexe*, de la coiffure androgyne *(E. 4.1.71)*. Chez E., on peut acheter des bijoux *unisex (E. 13.3.72)*. Le jean, ce pantalon masculin par excellence, est devenu le pantalon *unisexe* par excellence *(O. 3.9.73)*. Les tendances « *unisex* » trahissent une profonde remise en ordre ou en désordre de distinctions solidement établies *(Steiner, 73)*.

Subst. masc.

Certains flairent dans l'« *unisexe* » la disparition pure et simple de la mode (...) D'autres, au contraire, y entrevoient la libération complète du costume, la levée de tous les interdits, de toutes les conventions *(O. 22.6.70)*. Après l'*unisexe*, mères et filles adoptent le même uniforme. La combinaison, en effet, tenue décontractée, convient aussi bien à la silhouette d'une petite fille qu'à celle d'une femme *(E. 28.9.70)*.

UNITÉ D'ENSEIGNEMENT ET DE RECHERCHE
→ U.E.R.

UNITÉ DE VALEUR Loc. subst. 1968. (Dans l'enseignement universitaire en France). ■ Ensemble cohérent de connaissances dans une branche ou sur un sujet déterminé, sanctionné par un contrôle. Ce système a remplacé le régime des « années d'étude » à programme rigide.

>   Chaque diplôme requiert un nombre donné d'*unités de valeur*, mais celles-ci peuvent être obtenues dans un large éventail de cours *(N 6.70)*. Dans la réforme de 1968, les *unités de valeur* sont substituées aux certificats de licence *(Viansson, 71)*. En faculté des lettres, les cours magistraux sont tombés depuis longtemps en désuétude. Ainsi dans le projet de la loi d'orientation, la pédagogie est fondée sur le système des *unités de valeur (M. 8.11.78)*.
>   **Rem.** L'abréviation **U.V.** [yve] est courante.
>   Les cours ont commencé mais elle — une jeune étudiante — ne sait toujours pas quelles *U.V.* — unités de valeur — sont obligatoires pour obtenir le Deug *(E. 5.11.78)*. Ici, les enseignants s'arrangent pour placer leurs unités de valeur semestrielles en début d'année universitaire, dit un maître assistant de psychologie. S'ils ont le malheur d'enseigner ces *U.V.* après février, ils font cours à des salles vides *(M. 21.6.78)*.

UPÉRISATION sf. ~ 1960. (Contraction de *ultra pasteurisation*, sous l'influence de l'angl. *uperization*). ■ Procédé de stérilisation de produits alimentaires (lait, etc.) par injection de vapeur à haute température.

>   *Upérisation* ! Voilà un nouveau procédé : injection de vapeur à haute température — 150° — sur le produit à conserver, refroidi ensuite sous vide *(FP 2.69)*.

UPÉRISÉ, E part. passé et adj. ~ 1960. ■ Traité par *upérisation**.

>   Un peu plus de technique (...) et le lait « *upérisé* » ravitaille l'Afrique noire *(VR 1.3.70)*.

URANIUM ENRICHI
→ ENRICHI.

URBANISABLE adj. ~ 1970. ■ Propre à être *urbanisé**.

>   200 hectares *urbanisables* à raison de 40 logements à l'hectare *(Martinet, 73)*. Certaines coulées d'avalanche, remarquent des techniciens, slaloment bizarrement entre des terrains *urbanisables (E. 10.2.75)*.

URBANISATION sf. Attesté avant 1924 (cf. *Matériaux ..., 2ᵉ série, vol. 15, 1978*). Rép. mil. XXᵉ.

1. **Concentration de plus en plus forte de la population dans les agglomérations urbaines.**

>   **Rem.** L'urbanisme consiste à ordonner un certain équipement matériel dans un espace déterminé. L'*urbanisation* est un processus économique, social et culturel exprimant une évolution des modes de vie et des conceptions de la société et du rôle des individus dans un univers en perpétuelle modification *(M. 3.1.68)*. Par *urbanisation* il faut entendre non seulement les transformations de la vie matérielle et des comportements, mais les nouvelles formes de pensée, les nouveaux systèmes de valeurs qui apparaissent lors du passage progressif d'une culture rurale à une culture urbaine *(Chombart, 68)*. L'*urbanisation* est le processus selon lequel la population vivant en milieu urbain augmente à la fois par accroissement des villes déjà existantes et par création de villes nouvelles *(Lacombe, 71)*.
>   ♦ Témoin de l'*urbanisation* galopante du XIXᵉ siècle, Jules Verne imagina que les villes pourraient atteindre 10.000.000 d'habitants *(Ragon, 71)*. La vigueur du processus d'*urbanisation* et de son cortège de conséquences traumatisantes bien connues — encombrement, bruit, atmosphère polluée — uniformise les comportements des citadins *(M. 1.6.72)*. Le phénomène d'*urbanisation* a entretenu la tendance à la hausse des prix : stimulation des désirs, transports longs, besoins d'évasion vers les résidences secondaires, etc. *(M. 10.11.74)*.

2. **Aménagement, équipement d'un quartier, d'une région, d'une zone, qui tend ou aboutit à leur donner un ou des caractères urbains.**

>   La ville de Strasbourg se prononça en juillet 1956 pour l'*urbanisation* de l'Esplanade (ancien terrain militaire) *(M. 5.7.57)*. Est-il possible, sans recourir à l'appropriation collective des terrains urbains vacants, de poursuivre l'œuvre nécessaire de construction et d'*urbanisation* ? *(Chandernagor, 67)*. Les besoins en architecture n'ont jamais été aussi grands dans une civilisation qui va vers l'*urbanisation* généralisée *(M. 26.6.68)*. Cette grande région parisienne se prête admirablement à la réalisation d'une politique prospective associant l'*urbanisation* diffuse à une *urbanisation* ponctuelle de pôles de commandement et de services et à une *urbanisation* d'axes économiques et de loisirs. Ainsi se développera une *urbanisation* régionale, naîtra une « ville-région » *(M. 1.2.69)*. L'*urbanisation* se fait dans l'anarchie et dans un gâchis certain de ressources naturelles, de moyens financiers, d'imagination et d'hommes *(C. 22.10.69)*. Créer des zones d'aménagement concerté, aboutirait à une *urbanisation* en tache d'huile, à une *urbanisation* sauvage *(M. 16.11.69)*.
>   Une *urbanisation* qui a ouvert de belles avenues, construit des immeubles, fleuri un square, aménagé des terrains de sport *(Massu, 71)*. Cette doctrine d'*urbanisation* intensive s'est traduite par une attribution préférentielle des crédits de l'État aux grandes villes et principalement à Paris *(Saint-Marc, 71)*. Une *urbanisation* réussie, c'est d'abord celle où la densité d'occupation des sols n'est pas trop élevée (...) Une *urbanisation* réussie, c'est surtout celle qui comprend les équipements nécessaires *(E. 27.5.74)*. L'*urbanisation* systématique des sites de qualité risque de concentrer l'effort de développement sur les grosses agglomérations *(M. 1.2.75)*.

URBANISÉ, E

URBANISÉ, E part. passé et adj. Rép. mil. XXe. ■ Qui a un ou des caractères urbains. — Où ont été construits un habitat et des équipements de type urbain.

Il faut sauvegarder une Nature ruralisée, une Nature *urbanisée* et une Nature sauvage *(Saint-Marc, 71)*. Il est difficile de trouver la place pour des voies nouvelles, de quelque nature qu'elles soient, en milieu fortement *urbanisé (R.G.C.F. 4.73)*. Au volant de son semi-remorque (...) il aurait pu utiliser l'autoroute et éviter les zones *urbanisées*, comme les gens de la région ne cessent en vain de le demander *(P. 17.7.78)*.

URBANISTIQUE adj. ~ 1960. ■ Relatif à l'*urbanisation**, à l'urbanisme.

O Les acquéreurs éventuels (de logements) sont dans leur grande majorité séduits par la conception *urbanistique* nouvelle que leur propose Villagexpo : hameaux de maisons individuelles, coulées de verdure entre les hameaux *(F. 18.11.66)*. Parlant des études d'urbanisme qui viennent d'être introduites à l'école, M. O. a souligné que c'était la « dimension *urbanistique* de l'architecture » qui était la base de cet enseignement *(F. 24.11.66)*. (Le) président du Conseil de Paris refuse de subir la « tyrannie d'un *dirigisme urbanistique*» *(E. 19.2.68)*. Il dessina sa Zup dans l'*esprit urbanistique* alors de rigueur, c'est-à-dire un habitat au calme, avec des circulations à l'extérieur. Tout était parfait *(Ragon, 66)*. La réalisation d'un métro engage des *intérêts* économiques, *urbanistiques* et financiers considérables *(M. 17.6.64)*. Le gratte-ciel faisait en quelque sorte son entrée dans la *planification urbanistique (M. 29.8.65)*.

∞ L'anarchie *urbanistique* risque de se heurter à une curieuse association : sur les pas des architectes et des avocats nouvellement installés, les vieux habitants du quartier, boutiquiers et retraités, ont décidé de le défendre *(E. 11.5.70)*. L'urbaniste professionnel est à la politique *urbanistique* et urbaine ce qu'est l'économiste par rapport à la politique générale du gouvernement *(Lacombe, 71)*. De 1921 à 1932, parallèlement à la révolution politique, économique et artistique, une révolution architecturale et *urbanistique* se produit en U.R.S.S. (...) Toute la pensée *urbanistique* d'avant-garde, entre les deux guerres mondiales, s'est condensée dans un manifeste, rédigé par le Corbusier et intitulé la « Charte d'Athènes » (...) Autre forme de démagogie *urbanistique*, celle qui consiste à dénigrer les immeubles collectifs dans les villes, au profit de la maison individuelle *(Ragon, 71)*. Démolir les Halles de Baltard, c'était un assassinat *urbanistique* plus encore qu'architectural *(E. 14.8.72)*. Un des arguments opposés aux nouveautés *urbanistiques* et architecturales telles qu'on les rencontre à la Défense est qu'elles déconcertent l'homme contemporain *(M. 22.1.78)*.

Rem. 1. Une trentaine d'autres exemples sont énumérés in **B.d.m. n° 3, 1972.**
Rem. 2. L'adverbe *urbanistiquement* est attesté.

Une ville écologique, *urbanistiquement* en avance sur son époque *(M. 22.1.78)*.

USINE À ... Loc. Rép. ~1960. Péj. ■ Organisme ou centre qui exerce des activités, qui fournit des prestations, des services (commerciaux, sanitaires, sportifs, touristiques, intellectuels, etc.) à une cadence, ou à une échelle, selon des modalités et un rythme qui rappellent fâcheusement ceux de l'industrie (*massification**, atmosphère impersonnelle).

Usine + à + infinitif.

Sous l'impulsion des médecins spécialistes, Vichy, grâce à la vertu de ses eaux, à ses installations de balnéothérapie et de mécanothérapie, est devenu une véritable *usine* « à regonfler » comme le disent, dans leur jargon, les athlètes *(Pub. PM 23.3.68)*. Les « *usines à vendre* », supermarchés et hypermarchés, installent leurs grandes surfaces de vente aux quatre coins de la France urbaine en se livrant à une concurrence féroce *(Lacombe, 71)*. Les néons des brasseries neuves, grands paquebots gorgés de boustifaille, *usines à boire, à manger, à se chauffer*. Gigantesques abreuvoirs sophistiqués, simili-cuir, simili-cuivre, simili-accueil *(O. 3.12.73)*.

Rem. 1. Autres exemples attestés :
Usine à penser (E. 17.4.67). « *Usines à marier* » *(O. 27.3.68)*. *Usine à enseigner (O. 30.4.68)*. *Usines-à-vendre* aux enseignes superlatives *(O. 17.6.69)*.
cf. aussi **B.d.m. n° 5 1973.**

Usine + à + subst. (nom de chose abstr. ou concrète).

Tony B. a mis tous les atouts dans son jeu. Count B. et sa fantastique *usine à swing* le soutiendront pendant cette épreuve décisive *(E. 29.5.67)*. La majorité des hommes et bientôt des femmes, prend aujourd'hui un repas par jour à l'extérieur. Elle doit alors s'installer dans des *usines à repas*. Tout contact humain y est exclus. Le symbole et le charme de la nourriture prise en sont bannis *(N. 7.71)*. La décision était prise d'amputer le parc de la Vanoise à peine créé pour envahir l'une de ses franges les plus vivantes par des gratte-ciel et des « *usines à ski* » *(Carlier, 72)*. L'organisation patronale est une *usine à dossiers (Inf. 18.12.72)*.

Rem. 2. Autres exemples attestés :
Usines à comics (LF 30.6.66). *Usine à bronzage (O. 27.7.66)*. *Usine à diagnostic* (=hôpital) *(O. 4.1.67)*. « *Usine à idées* » *(O. 21.7.69)*. *Usines à fripes (O. 25.8.69)*. *Usine à pellicule* (cinéma) *(F. 3.8.70)*. *Usine à vacances (O. 22.3.71)*. *Usine à soins* (=hôpital) *(E. 17.1.72)*.
cf. aussi **B.d.m. n° 5 1973.**

Usine + à + subst. (nom de personne ou de collectivité).

Au lieu de ces véritables *usines à diplômés* – ou à *chômeurs* – que nous voyons trop souvent, nous avons ici un système ingénieusement articulé de cloîtres et de pavillons très bas où grâce à de nombreuses salles de travail mises à la disposition des étudiants, une sorte de vie communautaire devrait pouvoir naître *(O. 10.1.72)*.

Rem. 3. Autres exemples attestés :
«*Usine*» *à guérilleros (M. 3.1.68)*. *Usine à gentlemen (O. 19.5.69)*. *Usine à skieurs (Carlier, 72)*.

U.V.
→ UNITÉ DE VALEUR.

V

(-)VACANCES Appos. ou second élément de subst. comp. dans lesquels (-)*vacances* tient lieu d'un complément prépositionnel : *de vacances, pour les vacances*, etc.

Pensez à tous les *services-vacances* du groupe et vous n'aurez plus à penser à rien *(Pub. E. 29.6.70)*. La municipalité achève la construction d'un *village-vacances* dont les premiers pavillons étaient tous loués cet été *(M. 23.9.70)*. Un système informatique offre au candidat vacancier les *solutions vacances* les plus compétitives, grâce à un ordinateur qui centralise, classe et diffuse plus de 50.000 variantes de vacances *(D.En. 2.71)*. Quelques milliers de « *semaines-vacances* » ont été vendues depuis le printemps *(Exp. 7.72)*. Un *appartement « vacances »*, c'est avant tout un capital « pierre », solide et dont la valeur ne fait que croître *(Pub. Exp. 12.72)*. Les « *bons vacances* » sont distribués par les caisses d'Allocations familiales à leurs cotisants dont les ressources sont inférieures à un certain seuil *(S 7.73)*. Les installations ont compté, pendant la saison d'hiver, 35.867 *journées-vacances (M. 1.2.75)*.

VACANCIER, ÈRE subst. et adj. Attesté 1925 (d'abord régional). Rép. mil. XXe.

● Subst. Personne qui se trouve en vacances dans un lieu autre que son domicile habituel.

Rem. 1. Un texte de 1928 (M. Genevois, « Les Mains vides ») est cité in *TLF, Tome 4, s.v. cafard 1.A.*

Rem. 2. Les jours ensoleillés que nous avons eus, en août et septembre 1955, auront valu, de surcroît aux soucieux de bon langage, le plaisir de voir fleurir une expression bien française qui, à ce titre, mérite des égards : c'est le mot « *vacancier* », entendu récemment, accompagné de son féminin « *vacancière* », ce qui ajoutait à son attrait. (...) *Vacancier* s'est présenté au moment où on l'attendait. Rien ne peut s'opposer à son usage dans tous les milieux. Son aspect un peu vulgaire ne lui messied pas, ajoutant, pourrait-on dire, au charme de sa simplicité. (...) Bonne chance à « *vacancier* » *(F. mod. 1.56)*. *Vacancier*, connaît depuis quelque temps la vedette. « *Vacancier* » n'est plus comme en pays d'oc un mot ancien et de terroir, mais un apport extérieur (...). Peut-être s'agit-il d'un dérivé néologique : ou du moins senti comme tel : (...) « *Vacancier* », utilisé depuis longtemps dans le Sud-Ouest, tend à gagner de proche en proche quantité de régions, et le voici qui pénètre jusqu'en première page des journaux parisiens. Quelle sera sa fortune ? Il a pour lui la simplicité et la clarté de sa formation qui le dépouille de toute amphibologie *(G. Antoine : F. mod. 1.57)*. Beaucoup s'opposent à « *vacancier* », mais j'estime que l'on fait erreur en disant que ce mot est nouveau et péjoratif. Il y a au moins trente ans que j'entends, dans ma profession, parler de « *vacanciers* ». Ce n'est pas du tout péjoratif *(VL 11.63)*. Le monsieur qui va dans un camp passer ses vacances, on peut l'appeler «*vacancier*», mais le monsieur qui va à Saint-Tropez à la belle saison, on l'appellera un « estivant ». Il est difficile de l'appeler « *vacancier* » ou touriste *(VL 11.63)*. Le néologisme « *vacancier* », non encore admis dans les dictionnaires mais qui s'est beaucoup répandu depuis quelques années, a ses partisans et ses adversaires. Il n'est pas particulièrement joli. Mais il est régulièrement formé. Il paraît que *vacancier* prend une valeur péjorative dans certaines provinces : n'en est-il pas de même pour « parisiens » ? Mais les mots qu'on proposerait à sa place (voyageur, touriste, estivant, etc.) ne conviennent pas (...) Force me semble donc de se rabattre sur *vacancier* ou sur villégiateur *(Georgin, 64)*.

♦ Ce pays offre tout ce que recherchent les *vacanciers* : le soleil, les plages de sable fin, les montagnes *(M. 12.10.62)*. À Pâques, les trains ont été pris d'assaut et la S.N.C.F. a dû mobiliser toutes ses ressources pour acheminer les « *vacanciers* » vers la campagne et la montagne *(C. 27.3.64)*.

Toutes les stations du Dauphiné s'intéressent au *vacancier* hivernal *(VR 5.11.72)*. Après une nuit à D., les *vacanciers* filent vers la Provence ou la Côte d'Azur *(M. 21.1.76)*. Ces renseignements évitent au *vacancier* de se faire « avoir » *(M. 2.7.77)*. L'augmentation des bas salaires créera une nouvelle couche de *vacanciers (Exp. 12.77)*. Les *vacanciers* craignent de retrouver leur home pillé par des cambrioleurs *(P. 10.7.78)*. Une meilleure répartition géographique des *vacanciers* serait économiquement plus judicieuse que l'entassement actuel sur la bande côtière *(M. 25.7.78)*.

- **Adj. Relatif aux vacances. Pour les vacances. Destiné aux vacances.**

    La forme moderne de l'invasion est la prospection touristique, et un demi-millénaire après la chute de Constantinople, le « Drang nach Osten » des *peuplades vacancières* d'Europe occidentale est la réplique tardive à l'antique poussée de l'Asie vers l'ouest *(M. 29.8.65)*. La secrétaire du syndicat d'initiative est très au fait des *réalités vacancières* d'aujourd'hui *(TL 28.3.68)*. Les événements de mai et juin ne semblent pas avoir modifié les habitudes des Français. À peine deux mois séparent l'euphorie révolutionnaire de l'*euphorie vacancière (O. 15.7.68)*. Des « retombées » (du trafic de la drogue) se manifestent dans les *localités vacancières* voisines *(C. 20.9.69)*.
    On urbanise actuellement toute la côte du Languedoc et du Roussillon pour les *migrations vacancières* annuelles *(Ragon, 71)*. Des investissements en *équipements vacanciers*, qu'il s'agisse d'hôtels, de téléfériques ou de restaurants *(Young, 72)*. On ne peut rêver coin plus sauvage, plus éloigné de la *civilisation* industrielle et *vacancière*, plus préservé du bruit et de l'agitation *(M. 10.9.72)*. Ce serait cela, la *révolution vacancière* : le triomphe de l'imagination et du désir quelques semaines par an *(Laurent, 73)*. Rien n'est plus fluctuant que la clientèle d'une *ville vacancière (M. 7.7.73)*. Les Lyonnais partent à la conquête de la Savoie en grandes *vagues vacancières (P. 11.11.74)*. Saint-Tropez vit sur sa *réputation vacancière*, faite de tolérance extrême, d'anti-conformisme *(M. 26.4.75)*. La langueur frappe l'économie française pendant les beaux jours et une frénésie inverse touche les *activités vacancières (M. 27.9.75)*.

VACATAIRE subst. ~ 1950. ■ Personne à laquelle on confie une tâche précise pour un temps déterminé.

Licenciement de 6 assistants à l'Université de Paris Dauphine, réintégrés après une campagne de soutien ; deux *vacataires* licenciés *(Ecole, 72)*.

VAGUE sf. Fig. Par métaph. ■ Phénomène de grande ampleur et de durée limitée. — Série.

La *vague* démographique reflue : les effectifs diminuent légèrement dans l'enseignement primaire *(E. 16.9.74)*. La semaine dernière, une première *vague* de pronostics sur l'élection du prochain Pape a déferlé sur l'opinion publique *(C. 17.8.78)*.

VAGUE (NOUVELLE)
→ NOUVELLE VAGUE.

VAGUES sf. plur. Fig. Fam. Dans les tours *faire des vagues* : choquer, inquiéter, scandaliser ; faire du « bruit » (fig., fam.) ; — *ne pas faire de vagues* (ou, par ellipse, à l'impératif, *pas de vagues !*) : éviter tout éclat, toute décision impopulaire, toute prise de position trop voyante, etc.

La France a besoin qu'on la gouverne, non point avec le seul souci de *ne pas* « *faire de vagues* », de colmater les brèches et d'apaiser au jour le jour les esprits, mais aussi en devançant les événements *(M. 6.11.71)*. Le référendum Pompidou n'a pas fini de *faire des vagues* en Grande-Bretagne *(E. 27.3.72)*. Au Parlement européen de Strasbourg, l'arrivée des Britanniques va *faire quelques vagues (C. 16.1.73)*. Le seul mot d'ordre chez nous, c'est : *pas de vagues* ! *(O. 24.9.73)*. Si l'on arrête des terroristes arabes, on les expulse à la sauvette ; on les refile en douce à qui en voudra, mais *pas de vagues* ! *(P. 27.1.75)*.

VALABLE adj. Spéc. Rép. mil. XXe.
Rem. Cet emploi a été diversement apprécié par plusieurs grammairiens.

Valable ! Encore un de ces adjectifs à la mode depuis quelques années et dont on abuse au point qu'ils ne signifient plus rien du tout *(VL 7.55)*. Parmi les mots qui ont fait peau neuve au cours de ces dernières années, *valable* mérite une mention toute particulière. Normalement, ce qualificatif s'applique aux choses et signifie « acceptable », « recevable ». Mais peu à peu le sens de ce mot s'est considérablement altéré, puisqu'on l'emploie de plus en plus pour marquer l'excellence d'une chose ou d'une personne dans tel ou tel domaine. On croit aujourd'hui faire l'éloge d'un boxeur, d'une actrice, d'un roman ou d'un film en les qualifiant de « valables » (...) Il est curieux que cette nouvelle acception ait eu tant de succès dans certains milieux cultivés. Nos critiques littéraires, notamment, lui ont fait un accueil empressé. Les tenants de cette nouvelle acception diront peut-être qu'aucun adjectif dérivé de valeur ne permet de rendre cette idée d'excellence, de haute qualité. Mais cette objection n'est pas... valable, car la langue peut exprimer la qualification autrement que par un adjectif : à preuve, un homme de goût, des gens de qualité, des objets de valeur, etc. *(Le Bidois, M. 18.6.58)*. « Valable » se prend assez fréquemment, surtout dans la langue des journalistes et des critiques, au sens laudatif de « de valeur » — mais il ne semble pas que ce glissement de sens ait reçu jusqu'ici l'approbation du bon usage *(Grevisse, 59)*. (Signalons) le succès éclatant de *valable* (...) : de « qui a une certaine valeur, donc acceptable », on a passé par extension au sens : « qui a une valeur certaine, donc de bonne qualité » (...) Telle est la valeur de l'homologue « valuable » en anglais. Pour moi, j'y suis accoutumé, et je ne vois plus comment dire autrement de manière courte *(Cohen, H. 14.1.63)*. Je considère comme une impropriété l'extension de sens récente de *valable*. Cet adjectif, qui signifie acceptable, admissible, et qui s'applique à un argument, une excuse, a pris depuis peu, particulièrement dans la langue de la critique littéraire, le sens de : de valeur ! (...) On l'emploie même à propos des hommes. (...) Je sais bien que ce sens inédit nous est venu de l'anglais. C'est bien pour cela que je n'en veux pas *(Georgin, 64)*.

1. **(À propos de choses abstr. ou, plus rarement, concrètes). ■ Appréciable ; de bonne qualité, etc.**

O Dans les bibliothèques, il ne se cache pas seulement des *choses valables*, et une découverte n'est pas obligatoirement un exploit *(Fa. 27.3.68)*. Nous jugeons si la personne est intéressante, sa *conversation valable (Fa 10.7.68)*. Les milieux aisés auront toujours le moyen de faire redoubler leur enfant dans un des *cours de rattrapage valables (C. 25.6.66)*. Peut-être cet *instant* de leur vie est-il l'un des plus *valables ? (Mallet-Joris, 70)*. Les investigations systématiques se poursuivent, mais pour l'heure aucune piste *valable* ne peut être suivie (pour retrouver un assassin) *(M. 5.6.64)*. Il y a, à V., deux cent cinquante potiers dont dix seulement vendent une *production « valable » (M. 15.10.65)*. La formule « libre-service » associée à l'utilisation de plats cuisinés de qualité, préparés à l'avance, fournit une *solution valable (VR 19.7.70)*. Ne pourrait-on envisager des séjours à Paris pour les jeunes provinciaux, souvent privés de *théâtre valable ? (US 14.5.56)*.

∞ L'automobile japonaise possède généralement un *moteur* très *valable*, voire brillant *(AAT 5.70)*. La carence parentale entraîne, selon un éducateur, l'absence d'*images* adultes *valables* dans la psychologie du jeune inadapté *(M. 8.3.72)*.

2. (À propos de personnes ou de collectivités). ■ Capable ; estimable ; de valeur.

Plus tôt l'opposition manifestera nettement son accord sur un *candidat* unique *valable*, plus elle donnera à celui-ci de chances de succès *(M. 11.12.63)*. Impossibilité pour la France d'être une *partenaire valable* dans l'Europe nécessaire et indispensable *(M. 12.12.65)*.
S. examine la situation et tente de constituer une *équipe « valable »* (...) L., l'homme des *intermédiaires valables* ou non *(Courrière, 69)*.

→ INTERLOCUTEUR* VALABLE.

VALEUR-REFUGE
→ (-) REFUGE.

VALISE (MOT-) sm. Did. Mot formé — souvent par jeu — en combinant deux éléments (morphème, syllabe, ou groupe de syllabes) empruntés à des lexèmes plus anciens. Ex. *franglais** (de *français* et an*glais*), *motel**, *stagflation**, etc.

La nouvelle crise allie paradoxalement l'inflation monétaire et la stagnation économique... Pour désigner cette situation, on a forgé « stagflation », en prenant le début de l'un des deux mots et la fin de l'autre. C'est ce qu'on appelle généralement un *mot-valise (J. Batany, VR 9.2.75)*.

Rem. Les *mots-valises* sont parfois aussi appelés *mots-centaures* ou *mots-portemanteaux*, ou encore *acronymes* (du gr. *acros*, « extrême »).

VALORISANT, E adj. ■ Qui *valorise** (qqch ou qqn).

O Il importe d'enlever au tabac l'*auréole* à la fois *valorisante* et hédonique dont l'ont paré les campagnes publicitaires *(M. 28.10.66)*. A partir de 1950, le rasoir électrique a pris sa place dans la bourgeoisie française. Il a été un *objet* de standing *valorisant*, complément du réfrigérateur et de la voiture *(O. 31.3.69)*. Des hommes pourvus d'une *situation* qu'ils jugent insuffisamment « *valorisante* », comme on dit dans le jargon psychotechnique *(M. 26.10.66)*. Les esprits ne sont point tous ouverts aux mêmes possibilités, mais cette diversité n'équivaut nullement à des *situations valorisantes* pour les uns et humiliantes pour les autres *(M. 12.10.68)*.

∞ Les *réponses* « *valorisantes* » sont celles qui dénotent de la part du héros une attitude constructive *(Joos, 71)*. L'*acquisition* par un ouvrier d'un geste purement technique produisant une œuvre parcellaire ne pourra pas être vécue comme *valorisante* pour l'ensemble de sa personnalité *(Gabaude, 72)*. Les producteurs de Banyuls croient bénéficier d'une *image* plus « *valorisante* » que celle des autres viticulteurs du Roussillon *(P. 26.5.75)*. L'*intellectualisme* apparaît à Fabienne bien plus *valorisant* que le mariage d'amour... *(FP 3.78)*.

VALORISATION sf. ■ Action de *valoriser** quelqu'un ou quelque chose ; résultat de cette action.

● — À propos de personnes.

Cette *valorisation* de la personne âgée en corrélation avec une socialisation de sa prise en charge aura pour conséquence une médicalisation durable des zones rurales *(C. 2.10.69)*. Les jeunes délinquants du contingent trouvent dans les activités de l'armée une certaine *valorisation (France Culture 18.4.70)*. Pour de nombreuses compagnies, le transport aérien reste un « transport de *valorisation sociale* ». Il s'agit de satisfaire les goûts et les caprices de la clientèle *(M. 7.6.72)*. L'apprentissage d'une langue est, pour un individu, un moyen de *valorisation culturelle (M. 19.9.73)*.

● — À propos de choses.

Un chemin de fer suburbain ne se conçoit pas autrement qu'électrique, tant pour des motifs de *valorisation* de l'infrastructure que d'insertion dans l'environnement *(R.G.C.F. 4.73)*.

VALORISER v. tr. ou réfl. Rép. mil. XXe.

Verbe trans. ■ Donner de la valeur à, augmenter la valeur de (qqch ou qqn).

● — Le compl. est un nom de chose (abstr. ou concrète).

Il n'y a pas de nouvelles Renault au Salon de l'auto, mais des modifications qui *valorisent* les modèles existants *(M. 6.10.67)*. Les gadgets à la mode sont l'objet d'un engouement aussi éphémère qu'inoffensif. Le fait d'être interdits (par les parents aux enfants) peut par contre les *valoriser* exagérément *(FP 4.69)*.
Tout cela a pour effet de *valoriser* l'« école parallèle », c'est-à-dire ce que la presse, la radio, la télévision et le cinéma, la publicité (...) nous apprennent *(En. 21.5.71)*. On apprend à *valoriser* l'avancement hiérarchique, la soumission et la passivité *(Illich, 73)*. Il est nécessaire de *valoriser* les infrastructures — existantes ou à créer — par un matériel roulant capable de leur conférer le débit maximal *(R.G.C.F. 4.73)*. La griffe des grands créateurs signe beaucoup moins les robes du soir ou les tailleurs, qu'elle ne *valorise* des parfums,

VALORISER   714

des foulards, des sous-vêtements, des colifichets (M. 21.7.73). Depuis 28 ans M. Alain Decaux se produit à la radio et à la télévision (...) de préférence « en direct », ce qui *valorise* encore la performance (M. 17.2.79).

● — Le compl. est un nom de personne ou de collectivité.
Il faut obtenir de l'enfant qu'il soit propre, en lui faisant comprendre que la propreté le *valorise* (E. 14.1.74). L'amour (...) reconnaît autrui et le *valorise* (C. 14.3.79).

Verbe réfl. (Sujet nom de personne) ■ **Se donner de la valeur.**
Les femmes ne visent ni à la puissance ni à la gloire, mais elles désirent *se valoriser* vis-à-vis d'elles-mêmes (M. 28.1.65).
On *se valorise* en dévalorisant le monde (Pauwels, 72).

VALSE DE (+ subst.) Fig. Fam. Changements répétés. — Spéc., dans le tour *valse des étiquettes* : hausses soudaines ou successives (à intervalles rapprochés) des prix de détail, matérialisées par l'échange des étiquettes sur lesquelles ces prix sont inscrits.
Ce que, dans le petit commerce, on appelle « la *valse des étiquettes* » ne tient aucun compte des réalités que recouvrent, mais que ne définissent plus ces étiquettes (E. 16.10.72). Le secrétaire général de F.O. a fait remarquer au ministre des finances que les contrôles des prix étaient insuffisants. Il a décrit la *valse des étiquettes* qui a lieu dès qu'un produit se vend bien (M. 6.9.73).

VALSE-HÉSITATION sf. Fig. (Du nom d'une valse caractérisée par des pas en avant, puis en arrière). ■ **Attitude hésitante caractérisée par des décisions, des déclarations, des actions contradictoires.**
Les bénéficiaires de cette *valse-hésitation* seront les États-Unis qui trouveront aisément dans la vaste panoplie de leur industrie aéronautique, l'avion qu'il faut pour inonder le marché mondial (F. 2.11.66). Les industriels français, déchirés entre l'envie du pactole et la crainte des risques à courir, mènent pendant des années une *valse-hésitation* ponctuée périodiquement par des « cocoricos » définitifs (E. 15.1.68). Jeudi, après quarante-huit heures de *valse-hésitation*, le ministre démissionnait (E. 1.4.68). La C.F.D.T. doit préciser son attitude vis-à-vis de la C.G.T., et mettre fin à la *valse-hésitation* entre les deux centrales (M. 23.3.69).
Pour faire ce livre, il a fallu (...) deux mois de *valse-hésitation*, de brouillons qu'on déchire, de ratures et d'angoisse folle (Mauduit, 71). Si (...) le thème de l'autogestion triomphe, les relations de la CFDT avec le PC et la CGT cesseront progressivement d'être une *valse-hésitation* entre la fascination et l'épouvante (Inf. 28.5.73). Le cœur mène entre deux femmes une *valse-hésitation* à mille temps (P. 17.12.73). Après une *valse-hésitation* de plusieurs mois, la France a décidé de continuer la construction du lanceur de satellites Ariane (M. 18.10.74). La *valse-hésitation* autour de la réforme de la formation professionnelle autorise quelques doutes sur l'efficacité de ces mesures (M. 19.2.75). La *valse-hésitation* des projets se danse toujours autour du fameux « trou » des Halles à combler (M. 7.2.76). Entre ces poussées de satisfaction bien légitimes et les accès d'humilité, c'est une perpétuelle *valse-hésitation* (M. 2.4.76). Il y a 75 ans que se pose la question (...) et il en a fallu 72 pour aboutir. Les raisons de cette longue *valse-hésitation* étaient de plusieurs ordres (R.G.C.F. 9.76). Une *valse-hésitation* a conduit l'École normale supérieure de Saint-Cloud — sur le papier du moins — d'Orsay à Marseille, et d'Orléans à Saint-Quentin-en-Yvelines (E. 19.6.78).

VAMPER [vãpe] v. tr. Attesté 1952 (*Matériaux... 2ᵉ série, vol. 6, 1974*). (De l'angl. *vamp*, abrév. de *vampire*). Fam. ■ **Séduire par des allures de *vamp*. — Par ext. Essayer de séduire qqn, d'obtenir qqch au moyen de procédés utilisés par une *vamp*.**

● Verbe trans.
N., jolie petite blondinette affriolante qui joue à *vamper* — quelques séances de strip-tease aidant — ses camarades (O.R.T.F. 4.59). Les plaisantins feront des gorges chaudes à voir (dans un film) un beau jeune homme « *vamper* » de A à Z une famille bourgeoise (M. 1.2.69). C'est une (fille) redoutable : d'entrée de jeu, elle vous « *vampe* » ; avant que vous ayez ouvert la bouche, elle a tiré à elle toute la couverture (C. 16.3.69).
Bérénice, après avoir été mariée trois fois, vécut pendant 25 ans dans l'inceste avec son frère, avant de *vamper* — elle avait alors 45 ans — un Titus sourd à sa mauvaise réputation (M. 20.7.78).

● Au passif
L'inspecteur B. a failli être « *vampé* » par l'attirante Claudine C. qui se jouait du cœur des hommes avec une facilité diabolique (C. 6.5.72).

● Part. passé et adj.
Un ami permet au jeune don Juan « *vampé* » de faire le point sur les difficultés et les contradictions de l'adolescence (E. 20.11.67).

VANITY CASE sm. 1967 (Mot angl., de *vanity*, « vanité » et *case*, « valise »). ■ **Petite mallette utilisée par les femmes comme nécessaire de toilette.**
Cette voiture accepte tout, de la malle au *vanity-case*. Et au dernier moment, elle a encore une toute petite place pour le dernier paquet que vous aviez oublié (E. 15.2.71).

VAP (E) [vap] sf. (surtout au plur.). Pop. ■ **État d'hébétude provoqué par un malaise, l'alcool, la drogue, un choc physique ou moral.**
Rem. La graphie hésite, au sing. entre *vape* et *vap* ; au plur. entre *vapes*, *vaps*, et *vap*.
Ludovic plaça sur sa langue la gélule de cyanure. En deux secondes, il fut dans les *vap*... (Daninos, 70). Pourquoi cette fille a-t-elle tué son mari ? Elle (est) la moitié du temps lucide (...) et l'autre moitié dans les *vaps* (Saint Pierre, 72).

VAPOCRAQUEUR sm. ~ 1960. Techn. ■ Installation *pétrochimique** de *vapocraquage* (craquage en présence de vapeur d'eau).
<blockquote>Naphtachimie qui devait augmenter ses unités de *vapocraqueur* de Lavera de 200.000 t, hésite à poursuivre son projet *(En. 5.12.73).* Le Quatar a financé en partie le *vapocraqueur* de Dunkerque *(M. 15.2.79).*</blockquote>

VARAPPEUR sm. Rép. mil. XXe. ■ Alpiniste qui fait de la *varappe* (ascension d'une paroi rocheuse).
<blockquote>Un éboulement s'est produit dans les rochers de F., lieu fréquenté par les amateurs d'alpinisme. Deux *varappeurs* ont été écrasés par un rocher *(M. 2.11.66).*</blockquote>

VARIANCE sf. Statis. ■ Carré de l'écart type.
<blockquote>H. Fisher (a mis) au point une méthode statistique, l'analyse de *variance* qui permet l'analyse de résultats dépendant de plusieurs variables *(Gabaude, 72).* La part de la *variance* des salaires expliquée par les écarts interentreprises est plus grande pour les ouvriers que pour les non ouvriers *(Simonnot, 72).*</blockquote>

VARIATEUR sm. Spéc. Électr. ■ Appareil qui permet de doser l'intensité du courant selon les besoins.
<blockquote>Une nouvelle rôtissoire-four à porte en verre trempé, est dotée d'un *variateur* à 8 allures de chauffe permettant tous les types de cuisson *(M. 2.3.74).* On peut poser un *variateur* d'intensité dans une chambre, pour lire quand l'autre dort *(M. 15.2.75).*</blockquote>

VASECTOMIE sf. Méd. ■ Résection partielle ou totale des canaux déférents.
<blockquote>La *vasectomie*, opération tout à fait bénigne, est, à la différence de la pilule, irréversible *(E. 30.8.70).* Un des moyens de contraception les plus sûrs est de pratiquer une *vasectomie* chez les hommes (...) un million d'Américains adultes ont subi à l'heure actuelle une *vasectomie* pour des raisons uniquement anticonceptionnelles *(P. 28.5.73).*</blockquote>

VASSALISATION sf. (De *vassaliser*). ■ Action d'asservir une communauté ethnique.
<blockquote>L'Afrique risque une certaine forme de *vassalisation* néocoloniale *(Dumont 62).* Certains pays d'Europe occidentale sont tellement habitués à la domination des U.S.A., tellement dociles à leur propre *vassalisation*, que toute résistance collective devient difficile *(M. 31.3.66).* Il faut avoir l'esprit curieusement orienté pour imaginer qu'une Europe politiquement unie n'aura d'autre désir, bien qu'elle maintienne sans doute la notion d'alliance, que de se précipiter dans la *vassalisation (M. 21.4.66).*
Deux blocs de puissances dont tout le système est l'organisation permanente et structurelle de la *vassalisation* et de la satellisation de tous les peuples peu à peu dépossédés de leur réalité nationale *(M. 12.2.74).*</blockquote>

VASTITUDE sf. (De *vaste*). ■ Caractère de ce qui est vaste, au sens concret ou abstrait.
<blockquote>La géographie scolaire est une rebutante discipline cumulative qui, gardant de sa nature universitaire un champ quasiment illimité, ajoute à cette *vastitude* la difficulté de toute une somme d'abstractions prématurées qui la dessèchent *(M. 17.10.65).* L'impression de « *vastitude* » sauvage que donne la forêt aquitaine *(M. 22.2.70).*
Il n'est pas possible à un homme libre de pénétrer librement dans cette *vastitude* de l'Union soviétique en traçant son itinéraire au gré de sa curiosité *(PM 17.10.70).*</blockquote>

VA-T-EN-GUERRE [vatãger] subst. inv. et adj. (Probablement d'après le début d'une chanson pop. et burlesque du XVIIIe s. : « Malbrough — nom déformé du duc de Marlborough — s'en *va-t-en guerre*... »). Se dit d'une personne belliqueuse, combative, fanfaronne, ou querelleuse.
● Subst.
<blockquote>Les « *va-t-en guerre* » sont extrêmement rares parmi les satellites de l'U.R.S.S. *(F. 1.12.66).* Un référendum en France pourrait départager les partisans de la neutralité de ceux que le Général qualifie de « légers *va-t-en guerre* » *(E. 26.6.67).*
Une jeune fille disait : « Je ne veux pas me syndiquer parce que je suis fiancée. Mon fiancé dirait : « Qu'est-ce que c'est que cette *va-t-en guerre*... » *(E. 21.5.73).*</blockquote>
● Adj.
<blockquote>En dépit d'un passé quelque peu *va-t-en guerre*, le nouveau Président est un républicain *(M. 31.12.68).*</blockquote>

VATICANISTE subst. ■ Spécialiste de l'étude des questions qui concernent le Vatican, le Saint-Siège.
<blockquote>N'était-ce pas l'occasion de réunir chrétiens et communistes, *vaticanistes* et observateurs politiques pour parler de ce nouveau pape encore mal connu ? *(M. 7.12.78).*</blockquote>

VAUTOUR sm. Fig. Spéc. ~ 1967. (D'après l'angl. *vulture*). ■ Partisan d'une attitude intransigeante, des solutions de force, dans le règlement d'un conflit (Par opp. à *colombe**).
<blockquote>Le président Johnson l'a emporté sur les partisans de l'extension des hostilités (au Vietnam), ceux qu'on appelle les *vautours* (...) Encore un pacifiste pour le Vietnam qui est un foudre de guerre quand il s'agit d'Israël ! Toutes les « colombes » sont devenues des « *vautours* » *(PM 27.4.68).*</blockquote>
→ ÉPERVIER, FAUCON.

VEAU sm. Fig. Rép. ~ 1960.
1. **Fam. et péj. Personne sans énergie, sans volonté, sans caractère.**
    Le premier des Français (= le général de Gaulle) confie à l'un de ses interlocuteurs que les Français sont des *veaux (Daninos, 69)*. L'avis de la population (...) il ne s'en souciait pas : des *veaux* qui suivraient le plus fort *(M. 17.9.71)*.
2. **Pop. Médiocre cheval de courses.**
    On a le droit de traiter les chevaux de « *veaux* » s'ils vous déçoivent, de « morts » quand ils ne sont pas à la hauteur de leurs promesses, de « chiens » quand ils ne méritent que la boucherie ; en revanche, s'ils sont rapides au delà de toute espérance, on leur donne de la « locomotive », ou même de l'« avion » *(P. 13.5.74)*.
3. **Fam. Automobile dont les reprises manquent de nervosité.**
    Les enfants commentent les progrès de l'industrie automobile : « Tiens, la nouvelle M. — Peuh ! un *veau* ! Elle ne monte même pas à 200 ! » *(Kubnick, 67)*. L'avenir de l'automobile ? Des « *veaux* » qui rouleraient à l'essence ordinaire, plus lourds, plus lents, plus chers ? *(PM 7.10.72)*.

VECTEUR sm. Spéc.
1. **Biol. Être vivant qui transmet un germe infectieux après évolution dans son propre organisme.**
    Cette propagation inexorable de la « rage sauvage » tient à la nature même des animaux qui en sont les *vecteurs*. (...) La « rage sauvage » dont, en Europe, le principal *vecteur* est le renard *(M. 2.1.69)*. Le renard serait le principal *vecteur* de la rage sylvatique dans les pays de l'Est *(Fa. 15.4.70)*.
2. **Milit. ~ 1960. Bombardier, missile, sous-marin, etc., conçus pour transporter une charge nucléaire et la lancer sur l'objectif.**
    L'accord SALT fixant le nombre des *vecteurs* stratégiques au même chiffre pour les États-Unis et l'Union soviétique *(M. 31.5.78)*. Le programme A.S.M.P. est un missile lancé par un avion, avec une portée supérieure à 100 kilomètres pour permettre à l'appareil *vecteur* de ne point trop s'approcher de la défense anti-aérienne adverse *(M. 23.11.78)*.
3. **Fig. Chose (abstr. ou concrète) ou personne qui sert d'intermédiaire.**
    — À propos de choses.
    Si un vendeur vend un produit connu de celui auquel il téléphone, c'est le produit qui lui servira de *vecteur* et, en quelque sorte, de carte de visite *(En. 2.4.71)*. Il y a une telle invasion de jouets que l'on se sent, paraît-il, agressé par les jouets, eux-mêmes souvent *vecteurs* d'agressivité *(Daninos, 72)*. Toutes sortes d'activités pratiques et techniciennes, authentiques *vecteurs* de la culture *(Gabaude, 72)*. La caractéristique essentielle de l'environnement urbain est d'être un *vecteur* d'information et de communication *(Calame, 76)*. Les vidéo-cassettes et le câble, ces deux *vecteurs* de l'audio-visuel *(M. 20.2.72)*. Le débat sur la violence a, dans le public, deux sources : les commentaires qu'elle provoque, les faits qui sont rapportés. Dans les deux cas, un « *vecteur* » commun : la presse *(M. 22.1.76)*.
● **— À propos de personnes ou de collectivités (organismes, etc.).**
    Vecteur de la politique arabe du général de Gaulle, Air France a bénéficié d'un traitement de faveur. À l'époque, les transporteurs arabes reçurent ordre de lui donner l'avantage sur ses concurrents étrangers *(M. 14.11.74)*. Ces résidents secondaires sont, par leur présence trop massive, *vecteurs* d'« épidémies » : spéculation, renchérissement des terres, des bois et des maisons, dégradation des sites *(M. 15.1.76)*.

VEDETTARIAT sm. (De *vedette* ; cf. Rem. ci-après). 1947. Rép. mil. XXe. **Condition, situation sociale des vedettes (du spectacle, de la chanson, du sport, etc.). — Attitude de vedette ; cabotinage. Par ext. Situation de qqn ou de qqch qui est mis en vedette, que l'on traite comme une vedette.**

Rem. En Amérique le mot « star » a donné naissance au mot « stardom », qui définit l'état de star. Le langage cinématographique français ne possédait aucune expression équivalente, les auteurs de cette étude, voyant là une lacune, ont inventé — en 1947 — le mot « *vedettariat* », sur le modèle du mot « sociétariat », qui représente pour les comédiens de la Maison de Molière l'échelon le plus élevé auquel ils puissent prétendre s'élever. Pourquoi l'état, la dignité de vedette ne seraient-ils pas qualifiés de *vedettariat* ? Ce néologisme a été recueilli par les « Nouvelles littéraires » et utilisé par Léo Sauvage dans plusieurs articles publiés par « le Figaro » *(R. Jeanne et Ch. Ford : VL 5.55)*.
Le ridicule *vedettariat* (a été) forgé sur le mot « vedette » par un journaliste facétieux. Cette dérivation barbare provient d'une fausse analogie avec les mots en -aire, du type notaire, salaire, secrétaire, qui donnent des dérivés en -ariat *(Le Bidois : M. 25.4.62)*.
♦ La télévision installe une école spéciale avec cours en trois langues, est-ce la mort du *vedettariat* indigène, de la star bien de chez nous ? *(E. 11.12.67)*. Avant d'accéder au *vedettariat*, Jean-Paul B. s'illustra dans de nombreuses productions *(F. 16.3.68)*. La danse, il (un directeur de ballets) l'a bouleversée, virilisée, épurée, mais sans réussir encore à l'arracher au *vedettariat (O. 29.7.68)*. Renonçant totalement à la facilité, au bavardage, au *vedettariat* journalistique, Pierre D. témoigne d'un retour aux sources du journalisme adapté aux moyens modernes de la radio *(En. 25.1.69)*. Il (un acteur) a gravi à un les échelons du *vedettariat (R.S.R. 18.5.71)*.
Un aspect de l'affaire a pu choquer ceux qui ont vu à la télévision et entendu à la radio l'interview de la petite victime du rapt (...) Le *vedettariat* n'est bon pour personne. A fortiori pour un enfant *(C. 19.1.72)*. La médecine a fait son entrée sur la place publique. On peut le déplorer : le *vedettariat* va remplacer le mandarinat *(E. 17.9.73)*. Le *vedettariat* sévit de plus en plus, à Paris comme en province *(M. 7.3.74)*. Le futur Monsieur Drogue (...) ne sera pas le docteur O., soupçonné de *vedettariat (O. 9.5.77)*. Tout le monde sait combien les adolescents sont sensibles au *vedettariat (C. 30.9.78)*.

VEDETTE sf. Spéc. Ling. (Souvent dans les tours : *mot vedette, terme vedette*). ■ *Adresse** ou *entrée** d'un article de dictionnaire.
> Quant à savoir ce que représente le *mot vedette* pour l'usager (...) la *vedette* en tant que forme matérielle, n'est pas un signe, ni un signifiant particulier (...) ; elle n'est plus qu'un signal commode des signifiants virtuels *(P. Imbs, T.L.F. Tome I, Préface p. XXIX, 1971).*

(-)VEDETTE Second élément de subst. composés.
1. (Après un nom de personne, surtout dans les spectacles, le sport, etc.). ■ Qui est très connu, renommé, a un rôle de premier plan.
> Jean B., le nouvel *animateur-vedette* de Radio-Luxembourg *(E. 17.10.66).* La remontée du club (de football) coïncide, d'une part, avec le limogeage de l'entraîneur et, d'autre part, avec le retour dans l'équipe du *joueur-vedette (M. 3.12.68).* Karine, *mannequin-vedette,* allie un grain de folie à un fond de sagesse *(JF 12.3.70).* La cinquième biennale des Antiquaires groupe plus de 100 antiquaires, 19 décorateurs et les *joailliers-vedettes* de Paris *(El. 28.9.70).* Les belles joues d'Ulla, *cover-girl vedette (El. 26.10.70).*

2. (Après un nom de chose). ■ Qui est très en vue, très important, au premier plan ; principal.
○ Une *« candidature-vedette »* de dernière minute soulève déjà des remous *(M. 31.1.67).* En Afghanistan, le *chantier-vedette* demeure Aï-K., à la frontière soviétique *(M. 4.1.69).* Notre *dossier vedette* de ce mois traite du problème des « Télécommunications » sous tous ses aspects *(Pub. M. 25.3.69).* « Cinq colonnes à la une » fut longtemps l'*émission-vedette.* Mais, depuis le lancement d'un hebdomadaire télévisé, elle a eu quelque mal à trouver son « second souffle » *(M. 14.7.66).* Nous ne sommes qu'à la moitié du Festival et tous les *films-vedettes* restent à voir *(M. 5.9.64).* M. ne pouvait plus ignorer la nécessité d'élargir son marché et d'adjoindre à son *meuble vedette* d'autres articles destinés à une clientèle plus large *(En. 5.4.69).* C'est un avantage exclusif que vous offre P. dans ses *modèles vedettes (Pub. E. 25.4.66).* Cannes, *station vedette* de la Côte d'Azur *(Dunlop, 66).* La session du Conseil de Paris dont le *sujet vedette* sera la rénovation des Halles *(M. 25.9.68).*
∞ Pour ne retenir que quelques *grèves vedettes,* c'est encore le salaire qui est au centre des grands conflits *(MF 12.2.73).* Une des *silhouettes-vedettes* du Prêt-à-porter dont vous allez découvrir toutes les tendances et toutes les séductions *(El. 4.3.74).* En Savoie, Tignes, Val d'Isère et les Trois Vallées sont les *domaines vedettes,* entièrement parcourables skis aux pieds *(P. 16.12.74).* La *voiture vedette* de ce constructeur fait des ravages dans les rangs de la concurrence *(P. 24.2.75).* Les tumeurs du sein sont, maintenant, un *cancer vedette* (Soubiran, *75*).

VEDETTISATION sf. (De *vedette,* et suff. -*isation*). ■ Action de mettre quelqu'un au rang de vedette, de le considérer, de le traiter comme une vedette, même s'il n'appartient pas au monde du spectacle.
> L'émission qui a mis face à face le cardinal Daniélou et Roger Garaudy connaît un retentissement indéniable. Ce phénomène tient pour une part à la *« vedettisation »* des personnalités que seul le petit écran souligne avec autant d'éclat *(C. 22.5.70).*
> Le secrétaire général du PC ne peut que réagir à la montée en flèche, à la *vedettisation* du secrétaire général de la CGT *(Bauchard, 72).*

VEDETTISME sm. Mil. XXe. Péj. ■ Admiration excessive que le public voue aux vedettes (du spectacle, du sport, etc.).
> Rem. Nous avons récemment trouvé dans un journal spécialisé le mot *« vedettisme »* pour désigner ce que, par ailleurs, on a parfois appelé « vedettomanie » *(VL 5.55).*
♦ On cherche (pour l'Opéra) un nouveau public en jouant la carte du *vedettisme* et de la publicité, sans penser que la qualité s'impose, d'elle-même *(O. 21.2.68).*
> Un phénomène marquant de la vie musicale de notre temps : le *vedettisme,* surtout en ce qui concerne les chefs d'orchestre, chapitre sur lequel on touche au fanatisme *(FL 20.7.70).*

VÉGÉTALIEN, NE adj. et subst.
● Subst. ■ Adepte du *végétalisme**.
> Le restaurant reçoit de 50 à 80 clients au déjeuner. Beaucoup sont des *végétaliens* de longue date *(PM 24.6.72).*
● Adj. ■ Conforme ou relatif au *végétalisme**.
> Un régime *végétalien* ne comprend que des végétaux, alors que le régime végétarien inclut aussi les œufs et les produits laitiers *(El. 5.11.73).*

VÉGÉTALISME sm. Rép. mil. XXe. ■ Régime alimentaire ne comportant que des produits d'origine végétale.
> Le *végétalisme,* c'est le végétarisme absolu. Régime composé exclusivement de produits non animaux. Viandes, œufs, poissons, laitages sont totalement proscrits *(PM 24.6.72).*

VÉHICULAIRE adj. Rép. mil. XXe. Did. Se dit d'une langue — généralement de grande diffusion — qui sert pour la communication entre des peuples ou des communautés pratiquant des langues différentes, de diffusion limitée, dites par opp. *vernaculaires.*
> Le XIe congrès de l'Association internationale des journalistes de langue française a examiné le problème du français, langue *véhiculaire* et moyen de communication *(B.N.F. 27.11.71).* Dans les régions où vivent plusieurs communautés linguistiques différentes, une des langues de la région peut être utilisée d'une manière privilégiée pour l'intercommunication. On dit alors que la langue est *véhiculaire* ou supralocale (...) Dans toute l'Afrique dite francophone, le français peut être considéré comme une langue *véhiculaire (Dubois, 73).*

VÉLIVOLE

VÉLIVOLE adj. et subst. Rép. mil. XXe.
- **Adj. Relatif au vol à voile.**
  Pour apprendre à piloter un planeur il faut s'inscrire dans un aéro-club comportant une section *vélivole* (...) La participation des femmes aux activités *vélivoles* augmente lentement *(T 10.72)*.
- **Subst. Personne qui pratique le vol à voile.**
  Si, le plus souvent, le *vélivole* prend place à bord d'un planeur monoplace, il apprend à piloter à bord d'un biplace équipé de double commande *(T 10.72)*. Ces *vélivoles* sont installés depuis 1938 à Fayence, qui est devenu le centre de vol à voile le plus important d'Europe *(M. 26.3.75)*.

VÉLOCISTE subst. ■ **Spécialiste de la réparation et de la vente des cycles (bicyclettes, cyclomoteurs, vélomoteurs, etc.).**
De mémoire de *vélociste*, on n'avait jamais vu une telle affluence au Salon du cycle *(M. 11.10.75)*.

VÉLOMOTORISTE subst. ■ **Personne qui circule sur un vélomoteur.**
Pour 4 000 jeunes cyclistes et « *vélomotoristes* » on n'a enregistré à M., en un an, que dix accidents, ce qui est minime *(E. 3.10.66)*.
La nouvelle législation implique un risque accru d'accidents, à mettre au compte de l'inexpérience du « *vélomotoriste* » qui, dès ses 18 ans, pourrait passer de sa 80 cm^3 à un bolide cubant 900, 1000 ou 1100 cm^3 *(M. 22.7.78)*.

VÉLOSKI sm. ■ **Équivalent francisé parfois employé pour *ski*-bob*.**
Guère apprécié des skieurs car il abîme les pistes, le *véloski* (...) *(PM 14.11.70)*. Le *véloski* et le bobsleigh peuvent tenter les non-skieurs *(E. 19.2.73)*.

VENDEUR DE (+ subst.) Spéc. Péj. ■ **Personne dont l'activité commerciale est considérée comme mercantile, inspirée surtout par le goût du lucre.**
On a parlé « neige » en l'appelant « produit » : quel est son meilleur « profil », quels ingrédients peut-on y incorporer, quelle étiquette lui attribuer pour mieux la « vendre » aux skieurs et aux vacanciers d'hiver ? Un vocabulaire à faire frémir tous les amoureux des cimes. Les *vendeurs de neige*, eux, prenaient fébrilement des notes *(P. 10.12.73)*.

Rem. 1. Sont également attestés :
Vendeur de rêves *(MC 15.9.66)*. *Vendeur* de tranquillité *(PM 27.1.68)*. *Vendeur* de climat *(O. 20.3.68)*. *Vendeur* de tourisme *(O. 24.4.68)*. *Vendeurs* de santé *(El. 25.5.70)*. *Vendeur* d'érotisme *(El. 6.11.72)*.
(cf. aussi *B.d.m. n° 5, 1973*).

Rem. 2. Le tour *marchand* de (+ subst.)* semble plus fréquent dans cet emploi.

VENDRE v. tr. Spéc. Mil. XXe.
1. **Péj. Proposer, selon des méthodes commerciales ou mercantiles, une chose autre qu'une marchandise.**
   — **Dans le domaine du sport et du tourisme.**
   Vendre les petits séjours (...) *Vendre* des vacances (...) *Vendre* des week-ends *(E. 12.12.66)*. *Vendre* du voyage *(E. 10.2.69)*. *Vendre* du week-end *(O. 11.5.70)*. *Vendre* de la neige *(El. 9.11.70)*.
   (Cf. aussi *B.d.m. n° 5, 1973*).
- — **Dans d'autres domaines.**
   Vendre du rêve *(O. 25.5.66)*. *Vendre* du scandale (...) *Vendre* du sensationnel *(O. 6.7.66)*. *Vendre* du sommeil *(FL 6.4.70)*.
   (Cf. aussi *B.d.m. n° 5, 1973*).
2. **Fig. Fam. Faire accepter qqch., le rendre attrayant, crédible ou supportable (Le subst. compl. désigne souvent une notion abstr.).**
   Le ralentissement de l'économie allemande permettra de *vendre* plus facilement une politique de stabilisation *(En. 30.11.72)*. Un élément est apparu comme primordial : l'intervention directe de l'opinion publique, dont le soutien ou l'hostilité pèsent fortement dans la balance. Il s'agit désormais de savoir lui « *vendre* » la grève » *(Inf. 12.2.73)*. Un atout pour « *vendre* » l'Europe aux électeurs *(C. 16.2.79)*.
- **Pronominal à sens passif.**
   La langue française *se vend* bien au Japon *(En. 11.10.73)*.

VÉNÉROLOGISTE sm. ■ **Médecin spécialiste des maladies vénériennes.**
Les maladies vénériennes sont en passe de devenir un des problèmes majeurs de santé dans la seconde moitié du XXe siècle, écrit un *vénérologiste* américain *(E. 7.10.68)*.

VENT (DANS LE) Tour à fonction d'adjectif, épithète ou attribut, ou d'adverbe. ■ **À la mode, au goût du jour, dans la *course**, moderne.**
1. **Avec un nom de chose (souvent abstr.), de collectivité, d'organisme, d'institution, etc.**
○ L'anecdote *dans le vent* d'un couple se rendant acquéreur d'une résidence secondaire *(E. 12.10.70)*. Lorsqu'un chef-lieu de canton veut démontrer qu'il est « *dans le vent* », il creuse une piscine *(Merlin, 66)*. On appréciera la comédie douce-amère furieusement « *dans le vent* » *(M. 3.12.68)*. Les gadgets électoraux et le tapage publicitaire qui caractérisent les démocraties *dans le vent (M. 2.3.66)*. De plus en plus, galeries et collectionneurs s'intéressent à la peinture en fonction de la mode. On aime non des personnalités, mais des écoles *dans le vent (E. 2.11.64)*. Les musées de peinture savent se mettre *dans le vent (A.*

15.8.68). Le nouveau long drink ne s'appellera pas Mousquetaire mais Big Boss. Il est vrai que le vieil armagnac portera, lui, un *nom* moins « *dans le vent* » : Marquis de Caussade *(M. 22.10.65).* La *nuance* et la demi-teinte ne sont guère « *dans le vent* » aujourd'hui *(M. 17.12.65).* O. préfère dans sa publicité mettre l'accent sur des *références* tout aussi sérieuses, mais plus *dans le vent (En. 13.8.68).* M. de G., député gaulliste, présente une *résolution* « *dans le vent* », en introduisant la notion nouvelle d'urbanisme souterrain *(O. 13.3.68).* Des hommes à la peau tendue sur les muscles, à la *silhouette* « *dans le vent* », amateurs de voiture de sport, voire aviateurs *(PM 2.4.66).* B. est ennuyeux et pédant, il a un *souci* de clarté, de précision et d'élégance invisible qui n'est pas du tout « *dans le vent* » *(O. 13.3.68).* Europe 1 s'est acquis la faveur de la jeunesse avec un sens de l'adaptation qui en fait vraiment la *station* « *dans le vent* » *(M. 25.6.64).* Le style de l'émission est un *style* dynamique, « *dans le vent* », au diapason de l'actualité *(M. 14.2.69). Système dans le vent* : la résidence de vacances à L., le studio tout confort pour quatre personnes, avec service hôtelier à la demande, coûte 50 000 F. Mais il rapporte *(E. 27.1.69).* Très *dans le vent* : les *tailleurs* sport en tweed quadrillé à veste classique et jupe-bermuda *(F. 29.7.64).*

∞ En acceptant de dépenser 30 millions, la municipalité de Vittel avait fait du *thermalisme dans le vent (E. 18.9.72).* La *mode rétro* est très « *dans le vent* », dans la couture notamment, mais en radio et en télévision on s'étonne qu'elle puisse être appliquée avec le même succès *(C. 24.11.74).* Même fardé de *linguistique dans le vent*, le « cadavre exquis » des surréalistes ne peut plus faire figure de nouveauté *(M. 24.1.75).* La rue piétonne est devenue un gadget à la mode, dont aucune *ville* un peu *dans le vent* ne saurait se priver *(M. 27.3.76).* Le présupposé fondamental de ces émissions était celui-ci : *L'Église et ses institutions* c'est « out ». Elles ne sont plus « *dans le vent* » *(C. 29.8.78).*

2. Avec un nom de personne ou un pronom.

O Ses *auteurs* favoris sont « *dans le vent* » *(FL 23.6.66).* Quelques personnages types : la *cartomancienne dans le vent*, le photographe de mode, le publiciste, la femme à « minets » *(M. 4.10.68).* Je fais partie de *ceux* qui sont « *dans le vent* », mais j'en paie le tribut ! *(Pub. F. 2.11.66).* Un *collectionneur* de vieilles voitures (...) est *dans le vent (A. 17.7.69).* Sous prétexte d'être, comme on dit, « *dans le vent* », elle veut s'adjoindre des activités qui ne sont pas les siennes *(M. 31.12.67).* Pour être une *femme dans le vent*, une femme libre et qui réussit dans la vie, qu'est-ce qu'on en a à foutre, d'un cœur ? *(Beauvoir, 66).* Quatre *garçons dans le vent* : les Beatles *(E. 21.9.64).* Ses *héros* sont résolument « *dans le vent* ». Ils ne sont pas comptables, métallos ou vendeuses, comme un chacun : elle est script-girl, lui pilote de voiture de course, et voilà qui vous a, n'est-il pas vrai, une autre allure ! *(ST 4.6.66).* Le *leader* centriste a délibérément choisi de n'être pas *dans le vent*, il s'est fermement situé à contre-courant de la mode *(E. 19.9.66).* « Le Temps des guitares » (chanson) a remis Tino Rossi *dans le vent (E. 21.9.64). Vous* qui êtes toujours tellement *dans le vent*, ne me dites pas que vous êtes féministe. Le féminisme, aujourd'hui c'est dépassé *(Beauvoir, 66).*

∞ Les femmes étaient fascinées par la silhouette sportive de ce champion du XXe siècle, « *homme dans le vent* » *(Daninos, 70).* Édith, pas coquette, s'habille comme un épouvantail, même si elle met des minijupes pour être *dans le vent (Bodard, 71).* On se demande comment les Transalpins ont pu, avec ce style d'arrière-garde, obtenir des résultats convaincants (...) À croire qu'ils ont été un moment *dans le vent*, ou bien que le football d'alors allait à reculons *(O. 1.7.74).* Comment manifester sa différence ? En s'habillant autrement. Pour être *dans le vent*, montrer qu'on a réussi, on portera donc des vêtements de travail, ceux du paysan d'hier *(P. 28.7.75).* Le bronzage devient une manifestation de la société de consommation, et donc anti-écologique lorsqu'il est uniquement motivé par le souci d'être « *dans le vent* » *(M. 1.7.78).*

→ IN

VENT SOLAIRE sm. Astr., phys.

Rem. Le *vent solaire* est un flux de particules très énergétiques que le soleil émet par bouffées, lors des paroxysmes de son activité, à des vitesses supérieures à la vitesse parabolique sur cet astre. (...) Ces particules peuvent constituer un danger pour l'astronaute qui y serait exposé pendant un temps assez long *(Dt. astron.).* Les aurores « calmes » appartiennent au « *vent solaire* », ce flux de particules que le soleil souffle vers les planètes *(M. 1.9.64).*

♦ Le heurt du *vent solaire* contre le champ magnétique de la Terre forme, à l'avant de la magnétosphère, une sorte d'onde de choc *(M. 11.1.68).*

VENTILO-CONVECTEUR sm. ~ 1970. Techn. ■ Appareil utilisé pour la *climatisation** des locaux.

Une nouvelle génération de climatiseurs est apparue récemment sur le marché : le *ventilo-convecteur* (...) Conçu pour le conditionnement de l'air d'immeubles de bureaux, ce type d'appareil est à mi-chemin entre le terminal d'une installation centralisée et le climatiseur individuel *(M. 6.6.74).* Dans le domaine de la climatisation, les *ventilo-convecteurs* offrent des possibilités nouvelles (...) Comme mode de chauffage, les *ventilo-convecteurs* peuvent utiliser diverses formes d'énergie *(B.N.F. 1.2.75).*

(-) VENTOUSE Appos. ou second élém. de subst. comp.

1. À propos d'objets divers munis d'un dispositif qui permet de les faire adhérer par vide partiel sur une surface plane.

L'épreuve finale comportait un long parcours à la nage, sous l'eau, de nuit, assez semblable à celui que James Bond accomplit quand il pose la *mine-ventouse* contre la coque d'un navire *(E. 19.12.66).* Nous rejoignons la voiture présidentielle. L'escorte croira qu'il s'agit d'un message urgent. Dès que je parviens à la hauteur de la D.S., je colle contre la porte arrière une *mine-ventouse* et nous redémarrons en flèche. Cinq secondes après, il ne restera plus rien de (la voiture et de ses occupants) *(Caviglioli, 72).*

2. Fig. Dans le tour *voiture(-)ventouse* : véhicule automobile qui occupe pendant une durée excessive une place de stationnement dans une ville.

Trop de *voitures-ventouses*, comme les ont appelées les spécialistes de la circulation, stationnent dans Paris *(M. 3.11.61).* Les commerçants sont partis en guerre contre les « *voitures ventouses* » qui empêchent le stationnement de leurs clients *(C. 5.3.70).* C'est

(-) VENTOUSE

une des villes qui offrent le plus de places de stationnement par rapport à sa dimension. Mais ces places sont mangées par les *voitures-ventouses (M. 9.12.77).*

VERBALISATION sf. Psychol. ■ Action de *verbaliser** ; son résultat.

Tous les filmophages ont un facteur commun : l'angoisse. Vis-à-vis de laquelle le psychiatre a noté trois attitudes. D'abord la *verbalisation* : le filmophage exprime d'emblée l'émotion que le film lui a procurée. Il ne peut s'empêcher de la faire partager *(E. 25.12.67).*

VERBALISER v. tr. et intr. Psychol., etc. ■ Exprimer, formuler au moyen du langage.

● V. trans.

Aussi longtemps que les choses n'ont pas été dites, formulées, *verbalisées,* elles n'ont pas d'existence *(E. 2.9.68).*
Je voyais revivre par mes malades dans cette maison de retraite cette même expérience (...) avec beaucoup moins de possibilités de *verbaliser* leurs problèmes *(N 2.72).*

● V. intr.

Ils (= certains psychiatres) ne s'occupaient pas de ceux (des toxicomanes) qu'ils appelaient débiles. Ils (disaient) ne pas pouvoir prendre en charge un sujet incapable de *verbaliser* convenablement *(Olienvenstein, 77).*

VERBO(-) Premier élément d'adj. comp. désignant des relations entre la parole et la fonction évoquée par le second élément.

L'Enseignement Secondaire refuse toute spécialisation précoce et se donne pour fin une culture désintéressée à dominante littéraire : sa pédagogie, de type *verbo-conceptuel,* est orientée vers la spéculation, l'analyse et le jeu des idées *(Gabaude, 72).* Le Dr D. et ses disciples s'attaquent à la thèse qui fait appel aux désordres de l'activité *verbo-auditive* et tentent de montrer que les pourcentages de tels désordres dans une population de dyslexiques sont faibles et non significatifs (...) (Les débiles mentaux) conservent, d'après nous, un potentiel intellectuel normal mais leur équipement *verbo-moteur* déficient les empêche soit de développer cette intelligence, soit de l'utiliser, soit de la manifester *(Lobrot, 72).* Sokolov affirme que des activités *verbomotrices* sont à un certain degré décelables chez tous les sujets et conclut que celles-ci sont une composante indispensable de leur activité mentale *(Oléron, 72).*

-VÉRITÉ Second élément de subst. comp. désignant des œuvres cinématographiques, littéraires, etc. (ou des procédés de composition) dont les auteurs cherchent à représenter la réalité le plus fidèlement possible.

○ Ce que le naturalisme conçu avant le cinéma peut encore apporter, à l'heure de la *caméra-vérité,* pour renouveler les rapports scène-salle et pour exercer les comédiens à la copie exacte de l'existence *(M. 29.6.66).* J'ai préféré (...) être témoin de mon époque. C'est pourquoi j'ai eu recours à la méthode du *cinéma-vérité (M. 21.8.64).* Conçu comme un documentaire, et dans le style du *cinéma-vérité* – tous les rôles sont tenus par des habitants – le film donne une impression de réalisme par moments insupportable *(M. 31.3.66).* Un monde matériel qui est celui du *cinéma-vérité* : le film a été tourné dans les rues, dans les cafés, dans les gares, dans la foule, sans prévenir. Le train est un vrai train. Il n'y a pas de figurants, pas un seul décor *(M. 25.1.67).* Leur cinéma n'est pas un cinéma d'esthète ou d'auteur, mais un cinéma de cameramen et de magiciens du son : un cinéma de témoins. Car sans studio, sans vedette et sans marché ils ne pouvaient que faire un cinéma de constat sur la réalité quotidienne. (Avec) un matériel léger, style *cinéma-vérité,* ils sont donc descendus dans la rue *(M. 22.2.69).* La télévision et le *cinéma-vérité* nous ont appris à découvrir la valeur du document brut. En traitant comme un reportage ces séquences de la prison, Claude L. a gagné la partie *(M. 31.1.70).* Ce *document-vérité* a été tourné comme à l'habitude sans aucun comédien, les magistrats et auxiliaires de justice ayant accepté exceptionnellement, et pour la première fois, de tenir leur propre rôle dans une dramatique filmée *(M. 20.10.67).* Le domaine déjà riche de la *littérature-vérité* s'est peut-être enrichi d'un classique *(O. 17.4.68).* C. se plaît à répéter que rien n'est inventé dans son « *roman-vérité* ». Le livre est un montage d'interviews conduites par l'auteur auprès de la plupart des personnes impliquées dans ce crime *(M. 24.9.66).* On a fait grand tapage il y a deux ans, avec le *roman-vérité* que Truman Capote prétendait avoir inventé en écrivant « De sang-froid », récit où-tout-était-vrai d'un crime exceptionnel *(O. 17.3.68).*

∞ Un nouveau film qui se réclame de l'école montante de « l'écriture par l'image ». Le réalisateur a fait ses classes de *télévision-vérité* avec « Les Femmes aussi » *(E. 23.11.70).* Merci à Gérard G. d'avoir su doser fiction et réalité pour faire naître, en ce temps morne d'information-massue, le miracle de ces inoubliables moments de *ciné-vérité (Pa. 13.12.73).* Dans ce *cinéma-vérité,* l'essentiel est dit par l'image douce ou provocante *(FS 3.4.74). Film-vérité* – ou qui se donne pour tel –, « Exhibition » reprend la formule de « La tête et les jambes » : une séquence intellectuelle, une séquence « sportive », une tranche d'interview, une tranche de reportage *(P. 11.8.75).*

→ OPÉRATION(-) + subst.

VÉRITÉ (DE) loc. adj. (Après un subst. désignant une mesure de durée ou une notion de temps. D'abord, semble-t-il, dans le tour *heure de vérité*, peut-être traduit de l'espagnol *la hora de la verdad*, moment décisif de la corrida, lorsque le matador doit faire la preuve de sa maîtrise en mettant à mort le taureau). Cette construction, devenue fréquente en français, s'est étendue à d'autres subst. désignant une notion de temps, tels que *minute, mois, semaine*, etc.
■ Instant, moment décisifs, où il devient impossible d'esquiver une difficulté, une question, de cacher, déguiser ou fuir une réalité, fût-elle déplaisante, où il faut inéluctablement affronter la vérité.

○ La démocratie allemande sortira peut-être renforcée de cette épreuve. À condition qu'elle dispose d'hommes ayant le courage et le talent nécessaires pour faire face à cette *heure de vérité* (FL 1.12.66). De Gaulle admettra-t-il enfin que l'État, comme les particuliers, doit adapter ses ambitions à ses moyens ? À défaut, l'*heure de vérité* ne manquerait pas de sonner, celle où l'événement garde seul pouvoir d'enseigner (M. 13.3.69). Les jeunes enseignants vivront, en cette semaine de rentrée des classes, la *minute de vérité*, le premier vrai face-à-face avec des élèves (E. 19.9.66). Daudet ne peint pas, il filme, il saisit ses modèles dans le feu de l'action, dans leurs *minutes de vérité* (M. 7.6.68). Septembre va être le *mois de vérité* pour le système monétaire international (E. 1.9.69). Presque à l'improviste, la Communauté européenne des Six se trouve maintenant confrontée à des réalités (économiques et monétaires) qu'habituellement elle trouve pratique de dissimuler. Il est ainsi des *moments de vérité* où les questions importantes ne peuvent plus être esquivées (M. 9.5.71).

∞ L'*heure de vérité* monétaire a sonné : les 13 et 14 décembre, les présidents Nixon et Pompidou se rencontrent aux Açores (E. 29.11.71). Pour l'économie occidentale, 1974 sera l'*année de vérité* : les transformations à accomplir dépassent en ampleur la reconversion d'une économie de guerre en économie de paix (E. 3.12.73). Pour lui comme pour moi était venue la *minute de vérité*. On allait me dire pour combien de temps nous allions être séparés (Gérard, 74). L'ORTF vient de vivre une de ces semaines de folie dont il a le secret. Qui sait ? Peut-être une *semaine de vérité* ? (P. 24.6.74). Les dirigeants de l'union de la gauche sont parvenus à l'*heure de vérité* : l'épreuve de force dans laquelle ils sont engagés depuis plus de 4 mois va connaître son dénouement (M. 23.9.77).

VERROU sm. Fig. Spéc. (Peut-être d'après l'emploi dans le vocab. militaire).
1. Obstacle qui gêne ou empêche le déroulement d'une action, d'un processus.
L'adoption d'une motion de censure entraînerait la dissolution de l'Assemblée. C'est ce *verrou* qui commande la discipline de tous les élus de la majorité (O. 6.3.68). L'ORTF est devenu difficilement gouvernable. Les *verrous* : la « technostructure » et les féodalités qui, en se heurtant, compromettent l'application des réformes nécessaires (Inf. 1.1.73).
2. Sport (Trad. de l'ital. « catenaccio »). Au football : tactique exclusivement défensive d'une équipe qui se groupe le plus souvent possible en formation serrée devant ses propres buts.
La baisse de popularité du football serait imputable à l'évolution de la tactique sur le terrain. Elle sacrifie la vivacité au *verrou*, au « catenaccio », disent les experts. Ce qui compte, ce n'est plus marquer un plus grand nombre de buts que l'adversaire, mais en encaisser le moins possible (E. 21.4.69).

Rem. Une quinzaine d'autres exemples sont énumérés in *B.d.m. n° 3, 1972*.

VERT, E adj. Spéc. Mil. XXᵉ.
1. Relatif à l'agriculture, aux agriculteurs, aux problèmes et à la politique agricole.
● — Dans le tour *Europe Verte* : Communauté européenne agricole.
On compte que l'accord réalisé (entre les ministres de l'Agriculture) donnera une impulsion nouvelle à la construction de l'« *Europe verte* » (M. 16.12.64).
Le Marché commun agricole — ou « *Europe verte* » édifié à partir de 1962 (...) devait devenir l'un des principaux fondements de la fusion complète des économies européennes (O. 4.10.71).
L'*Europe verte* est le symbole même de la solidarité communautaire (Exp. 11.71). À Bruxelles les négociateurs de l'*Europe verte* avaient préparé de solides monnaies d'échange (P. 23.4.73).

● — (∼ 1960). Dans le tour *Révolution verte* : modification profonde des méthodes agricoles, introduite dans certains pays du *tiers* monde* afin d'améliorer les rendements.
Pour le tiers monde, la décennie 1960-1970 a été celle de la « *révolution verte* ». La mise au point de nouvelles variétés de blé, de riz, de maïs, a permis dans certains pays de multiplier les rendements de certaines terres par 2 ou par 3 (R 2.72). La « *révolution verte* » devait en principe sauver de la faim les pays du tiers-monde, grâce notamment au perfectionnement des façons culturales (M. 8.3.73). Il faudrait que la « *révolution verte* » — conjugaison de l'irrigation, des engrais et des semences à hauts rendements — fasse de nouveaux et très rapides progrès (S 2.74). Une série de découvertes biologiques commencent, de donner, sur le terrain (...) ce qu'on a appelé *révolution verte* (E. 3.2.75).

● — Dans des tours divers.
Auteur d'un « *plan vert* », il est accusé par les « petits agriculteurs » de vouloir « détruire l'agriculture » allemande (O. 31.1.68). Les prix agricoles sont fixés dans une unité de compte qui est l'équivalent du dollar : (c'est) le « *dollar vert* » (E. 3.11.69). Après avoir conquis les paysans de la Corrèze, le plus efficace des jeunes loups est-il parvenu à réconcilier le *pouvoir vert* avec le pouvoir tout court ? (E. 19.2.73). Une dévaluation du « *franc vert* » permettrait de relancer les exportations agricoles (P. 1.7.74). Les viticulteurs

VERT, E

languedociens envisagent une *« marche verte »* de Perpignan à Vintimille si les pouvoirs publics ne trouvent pas de solution aux problèmes de la viticulture *(M. 29.11.75).*

Rem. D'autres exemples sont énumérés in *B.d.m. n° 5, 1973.*
→ OR VERT.

2. Relatif à l'horticulture ou au jardinage.

Pour 59 % des ménages, le jardinage est devenu le loisir n° 1. Les fanatiques de la *révolution verte* consacrent, chaque année, de 4,5 à 6 milliards de Francs à leur hobby *(E. 21.4.79).* Le Comité national interprofessionnel de l'horticulture (...) a mis en place le *« téléphone vert »,* service de conseils gratuits aux jardiniers amateurs *(E. 21.4.79).*

3. Relatif à des activités non agricoles (loisirs, sports, etc.) pratiquées épisodiquement à la campagne, surtout par des citadins.

● — Dans le tour *classe verte* : organisation de la vie scolaire qui comporte, pour de jeunes citadins appartenant à la même classe, des séjours collectifs à la campagne, au cours desquels les journées sont partagées entre des activités scolaires et des activités de plein air.

Une belle école dans la campagne : de temps en temps des petits Parisiens viennent s'y refaire une santé. C'est une *« classe verte »* (R 2.71). Revenant d'une *classe « verte »* — séjour à la campagne analogue aux classes de neige — des enfants expriment la nostalgie de la liberté dont ils jouissaient là-bas *(M. 6.2.72).*
→ CLASSE(S) DE...

● — Dans le tour *moto verte*. ~ 1970. Utilisation de la motocyclette pour des randonnées dans la campagne ou en forêt, en dehors des routes et chemins

Au prix d'un effort de codification et d'un compromis facile à trouver, les nuisances de la *moto verte* seraient égales à zéro. Des itinéraires autorisés et des zones défendues (...) *(O. 24.9.73).* Comment deux modes aussi contradictoires que l'écologie et la *moto verte* peuvent-elles prospérer sans problèmes ? *(C. 26.9.78).*

● — Dans des tours divers.

« Nous proposons le calme et le silence des vastes forêts (...) à ceux qui veulent découvrir la vraie nature ». Pour mettre au point ce *« tourisme vert »,* on a recensé les gîtes ruraux et les fermes camping *(M. 19.2.72).* Le débat sur la finalité des villes et la lutte pour un meilleur environnement ont contribué à créer la fameuse *« vague verte »,* le retour à la province natale *(M. 2.5.74).* J'arpente, à pied, la campagne avoisinante. J'ai rencontré le vrai luxe : calme, espace, air pur. (J'ai) redécouvert les charmes trop souvent oubliés de la *France verte,* celle de l'intérieur *(P. 21.5.74).* L'Association des *stations vertes* groupe actuellement 385 communes bénéficiant d'un label apprécié des amateurs de vacances calmes *(VR 27.3.77).*

4. Relatif à l'aménagement d'*espaces* verts* (parcs, jardins) dans les villes, les *conurbations**. — Par ext. Relatif à l'aménagement d'un site quelconque.

Napoléon III, qui connaissait bien les parcs anglais, voulut faire de Paris une *« ville verte ».* Mais (...) au lieu de répartir la verdure dans la capitale, il l'isola *(Ragon, 71).* Ce sud-ouest rural est l'un des *« poumons verts »* de Paris *(Saint-Marc, 71).* Il faut sauver à tout prix l'espace central, le *« cœur vert »* qui doit offrir aux citadins des possibilités récréatives suffisamment proches du centre de chaque ville *(R 3.71).* Rouen organise une *« Semaine verte »* pour rendre aux citadins le goût de la nature dans la ville *(C. 29.3.73).* Cette *coupure* — dite *verte,* car elle est un espace où la verdure, la nature animale et végétale devraient être conservées — est destinée à séparer les régions de grand développement industriel de la Basse-Seine *(S 5.73).* Pourquoi un *plan vert* ? Parce que les espaces de même couleur sont dramatiquement insuffisants à Paris *(M. 26.9.74).* Le plan de l'architecte espagnol est un jardin. Mais un jardin architecturé et géométrisé. C'est une *« architecture verte »* où les arbres tiendraient en quelque sorte le rôle de colonnes de pierres *(M. 8.10.74).* Dijon est devenue l'une des *cités* les plus *vertes* de France (...) On a aménagé places et carrefours, ouvert une *coulée verte* à travers la ville et créé de grands parcs à la périphérie *(M. 9.11.74).* L'établissement public d'aménagement (...) s'est soucié de sauvegarder et d'aménager la *ceinture « verte »* de la ville nouvelle *(M. 1.6.76).* Melun-Sénart, *ville verte,* et Evry, ville plus minérale, sont face à face *(M. 1.7.78).* L'entretien des squares et jardins de la Ville de Paris est (...) difficile (...) en raison de déprédations (...) ou d'actes de vandalisme délibéré (...) La capitale n'a pas l'exclusivité (de) la *« casse » verte (M. 3.4.79).*

5. ~ 1970. Relatif à la défense de l'*environnement**, au mouvement *écologique**.

● — *Vert* détermine un subst. désignant une chose (abstr. ou concrète).

Durant une semaine, les *manifestations « vertes »* se multiplient : conférences, inauguration de jardin, plantation d'arbres se succèdent *(C. 29.3.73).* Tout d'abord amusés par les rêveries de ces promeneurs solitaires (= les écologistes), hommes politiques, notables et élus ont dû bon gré mal gré se résigner. Et marcher à leur tour à pied, un jour de mai, sous la *bannière verte (P. 10.10.77).* La Délégation à la Qualité de la vie fut créée en février dernier, quand il fallait à tout prix disputer à la gauche les *suffrages « verts » (O. 5.6.78).* Le *retour à la terre* ? Une mode qui a suivi les premiers symptômes du ras le bol citadin, une utopie écologique jugée sans indulgence par les vrais paysans : c'est ce que l'on disait hier. Aujourd'hui le grand *rêve vert* est vu d'un autre œil *(E. 18.9.78).*

● — *Vert* détermine un subst. désignant une personne ou une collectivité qui défend l'*environnement**, s'intéresse à l'*écologie**.

Des *« candidats verts »* : 60 associations de défense de l'environnement ont décidé de participer activement aux prochaines élections cantonales. Le mouvement écologique en fera autant *(M. 21.1.76). Candidats verts* en Belgique : les défenseurs belges de l'environnement vont présenter des listes lors des élections du 17 avril *(M. 9.4.77)* L'écologisme est né en Alsace puisque le premier *candidat « vert »* présenté à une élection le fut à Mulhouse en 1973 *(M. 6.6.78).*

Rem. L'emploi dans ce sens de *verts,* sm. plur., est attesté.

La campagne électorale (...) est devenue une mêlée où il est difficile de distinguer la gauche de la droite et des *verts* — écologistes —. (...) À qui les *verts* vont-ils ravir des voix ? *(C. 28.4.79).*

VERTÉBROTHÉRAPEUTE sm. Méd. ■ Spécialiste de la *vertébrothérapie*, ou traitement des vertèbres au moyen de manipulations de la colonne vertébrale.

> Ces nombreux chiropractors ou *vertébrothérapeutes*, dont l'habileté n'est pas en cause mais qui, sans examen médical préalable, prétendent effectuer une remise en place de vertèbres prétendument déplacées *(O. 14.2.68)*.

VERTICAL, E adj. Spéc. ~ 1960. (Dans la vie pol., sociale, syndicale). ■ Organisé, structuré selon un ordre hiérarchique.

> Il y avait le Comité central, puis, dans l'ensemble du territoire, 6 délégations régionales du Comité central nommées par lui. Au-dessous, chaque province avait son comité élu par le congrès du Parti, lequel était élu à partir des comités primaires. C'était une organisation *verticale (E. 21.10.68)*. Le développement de la structuration *verticale* permet la grève générale, (et la) paralysie de la vie du pays *(Jouhaud, 69)*. Le patronat prône une mensualisation « *verticale* », par catégories professionnelles : chacune, à partir des plus qualifiées, recevrait à son tour l'ensemble des avantages de la mensualisation. Les syndicats préfèrent la procédure « horizontale ». Tous les « horaires » (= salariés payés à l'heure) seraient mensualisés en même temps *(E. 27.4.70)*. Le sentiment « *vertical* » des valeurs que les structures hiérarchiques représentent en France est très fortement enraciné dans notre univers intellectuel tel qu'il est fabriqué par tout notre enseignement. Il faut être le premier en classe — ou à l'examen —, il faut être en compétition avec les autres *(Peretti, 72)*. On a jusqu'ici renforcé les liaisons *verticales* pour mieux imposer et contrôler les priorités définies par le pouvoir central, en sacrifiant les liaisons horizontales d'interdépendance technologique qui relient les entreprises les unes aux autres *(Exp. 2.73)*.

Rem. Sont également attestés :
> Syndicats « *verticaux* » *(M. 10.1.68)*. Ségrégation *verticale (R 5.68)*. Organisme exécutif « *vertical* » *(O. 12.6.68)*.
> Cf. aussi *B.d.m. n° 3, 1972*.

VERTIPORT sm. (Mot am., de *verti*(cal) et (air)*port*). ■ Terrain destiné à l'atterrissage et au décollage des hélicoptères et des avions à décollage court (*ADAC**).

> Le *vertiport* au cœur des villes. (...) Il s'agit de décongestionner les aéroports actuels en donnant de nouveaux points d'atterrissage aux avions légers d'affaires et aux hélicoptères. Ce nouveau type d'aérodrome est encore à l'état d'épure mais il a déjà un nom : *vertiport (E. 22.1.68)*.
> La généralisation des avions à décollage court et des hélicoptères (nécessitera), la mise en service de nombreux *vertiports (E. 12.8.68)*.

VIABILISER v. tr. ~ 1950. (De *viabili*té et suff. -*iser*). ■ Équiper de voirie, de canalisations (eau, électricité, égouts, etc.), un terrain, une zone que l'on veut *urbaniser*, rendre propre à la construction.

● Verbe trans.
> L'E.d.f. propose à la mairie de *viabiliser* un emplacement susceptible d'accueillir des foyers condamnés *(E. 2.12.68)*. C'est l'État qui a démoustiqué, assaini, *viabilisé* et équipé la côte (du Languedoc) aux frais des contribuables *(Bosquet, 73)*. Dans la région parisienne, les promoteurs se heurtent à la difficulté de trouver de l'espace, d'abord. A celle de libérer l'emplacement choisi ensuite, puis de le *viabiliser (E. 12.11.73)*.

● Au passif, et part. passé / adj. (forme très fréquente, notamment dans la publicité immobilière).
> Cinq mille hectares ont été « *viabilisés* » : adduction d'eau, route, électricité *(E. 31.5.65)*. Entre les Maures et l'Estérel magnifiques *lots* de 3 000 à 7 000 m² entièrement *viabilisés (M. 17.5.66)*. Mettre à la disposition des collectivités un *lotissement viabilisé (VR 15.3.70)*. *Parcelles viabilisées* en bordure de mer. Accès facile par bonnes routes. Eau et électricité assurées *(M. 16.6.66)*. Beau *terrain* réellement *viabilisé (Ann. M. 13.7.65)*. *Terrains* à construire *viabilisés* ; lots de 700 m² *(P. 27.8.73)*.

VIBRAPHONISTE subst. ■ Musicien qui joue du *vibraphone* (instrument de musique, surtout de jazz).

> Le grand *vibraphoniste* Lionel H. a souffert d'être entouré d'une formation hâtivement rassemblée *(M. 28.7.64)*.
> Il a joué deux ans avec le quartette du *vibraphoniste* de jazz Gary B. *(E. 29.6.70)*.

VIBRO- Premier élément de subst. et d'adj. comp. qui désignent des appareils ou caractérisent des procédés utilisant les phénomènes vibratoires.

● Substantifs.
> L'exécution de chaque forage a exigé le battage préalable d'une enceinte en palplanches : l'emploi d'un *vibrofonceur* de 2,6 tonnes a permis de battre assez silencieusement pour qu'aucun riverain ne soit dérangé *(VR 21.5.72)*. De nombreux aspirateurs — balais et traîneaux — peuvent recevoir un *vibro-batteur* pour tapis *(VR 19.11.72)*.

● Adjectifs.
> Traitement draineur *vibro-relaxant (Pub. FP 1.74)*. Le bain *vibrodynamique* en baignoire, sous pression réglable d'air et d'eau *(Pub. FP 1.74)*.

VIDÉO

VIDÉO sf. (parfois sm. : cf. Rem. ci-après) et adj. ~1970. Abrév. de *vidéophonie*, ou aussi de *vidéofréquence*. ■ Technique *audio*-visuelle* qui permet d'enregistrer sur un support magnétique l'image et le son au moyen d'une caméra de télévision et d'un *magnétoscope**, puis de reproduire cet enregistrement sur un écran de télévision.

● Subst. féminin.

La *vidéo* légère, en permettant de projeter immédiatement le matériel enregistré, facilite la communication *(M. 17.1.74)*. Chaque groupe, constitué plus ou moins par affinités, utilise la *vidéo* dans une optique qui lui est propre (...) L'important, dit un jeune, c'est de montrer que la *vidéo* est quelque chose de simple et de très amusant (...) Un équipement pour la *vidéo* fixe : 10 studios, 27 magnétoscopes, un auditorium, 4 télécinémas ; et un équipement pour la *vidéo* mobile : 28 cars ou véhicules *(M. 14.12.75)*. Des revues spécialisées se créent, vouées à la célébration exclusive du nouveau culte de la *vidéo*·*(P. 18.12.78)*. Le dernier Salon de l'Audio-visuel a marqué un tournant dans l'avènement de la *vidéo*, à laquelle il pouvait même paraître exclusivement consacré *(VR 25.2.79)*.

***Rem.** Le subst. vidéo s'emploie parfois au masculin, notamment au Québec.*

L'évaluation du rôle du *vidéo* n'est pas facile. Souvent les bandes enregistrées ne furent pas visionnées faute de temps, mais quand elles le furent, le résultat fut toujours encourageant *(Amblès, 72)*.

● Adj. inv. ou apposition.

Un disque *vidéo* est un disque souple, sur lequel ont été enregistrés images et son *(E. 20.7.70)*. L'équipement *vidéo* ne crée pas le dynamisme (si celui-ci) n'existe pas (...) Chacun (des groupes) eut à réaliser un petit film *vidéo* (...) Il convient de rechercher un langage *vidéo* qui ne soit pas le décalque pur et simple du langage cinématographique (...) Nous donnons à l'outil *vidéo* sa véritable fonction : démystifier (sic) la télévision *(Amblès, 72)*. Ce centre comprend un théâtre, deux restaurants, une galerie d'art, une salle « *vidéo* », un sauna *(E. 24.12.73)*. Deux cents heures de bande *vidéo* ont été enregistrées *(M. 17.1.74)*. Cette société entre dans la bataille du disque *vidéo* *(E. 11.2.74)*. La station de Lille nous prêtera un car *vidéo* qui stationnera auprès du studio *(M. 17.1.75)*. Le jeu *vidéo* fait fureur. Ces petites boîtes qu'il suffit de brancher sur un téléviseur pour faire apparaître des taches lumineuses, permettant de jouer au tennis sans raquette ou au football sans ballon, marquent le début d'une ère nouvelle pour la télévision *(P. 13.3.78)*.

VIDÉO(-) ~ 1960. Premier élément (du lat. *video*, « je vois », emprunté par l'angl.) qui sert à former des subst. et des adj. comp. techniques appartenant au vocab. de la télévision (emploi des *vidéofréquences*). Quelques comp. sont traités plus loin, en articles séparés, à leur place alphab. D'autres sont répartis dans les deux rubriques ci-après. L'emploi du trait d'union est hésitant.

● Substantifs.

À l'occasion de rencontres avec des spécialistes, le technicien (...) s'informa de l'existence de la *vidéo-télévision* *(Amblès, 72)*. Dix-sept sociétés sont concernées par les problèmes de *vidéocommunication* — production et distribution — *(En. 7.12.72)*. Il faut noter l'apparition des *vidéogrammes*, c'est-à-dire de cassettes permettant l'enregistrement sur bande des images et des sons et leur reproduction. Les *vidéogrammes* vont constituer un nouveau moyen de diffusion d'une puissance incomparable *(Belloin, 73)*. Les premiers médecins généralistes « cobayes » se sont déclarés convaincus. Chaque jour, une dizaine de « *vidéo-parties* » vont être organisées pour convaincre les autres en attendant que chaque généraliste constitue sa *vidéothèque* personnelle *(E. 15.1.73)*. On a lancé récemment un *vidéo-magazine* des architectes et du bâtiment, susceptible d'intéresser 1.260 architectes, bureaux d'études et entrepreneurs *(M. 8.1.74)*. À Grenoble, l'expérience d'une « information différente » faite par « *vidéogazette* » aura besoin du renfort logistique de la télédistribution *(M. 1.1.75)*. Stages d'initiation au ski et de perfectionnement à la compétition ; *vidéo-tests* chronométrés *(M. 14.6.75)*. Le premier « Centre de *vidéo-rencontres* », ouvert à Paris, espère obtenir le même succès que ceux qui fonctionnent déjà à Montréal *(M. 15.6.75)*. Ce satellite assurera le développement de nouveaux modes de communication : télécopies et *vidéo-conférences* *(E. 3.3.79)*.

● Adjectifs.

Cette société a abandonné l'enregistrement par hologrammes pour se ranger dans le camp des fabricants de « lecteurs » *vidéomagnétiques* *(M. 8.1.74)*.

VIDÉOCASSETTE ou **VIDÉO-CASSETTE** sf. ~ 1970. ■ *Cassette** contenant une bande *vidéo** sur laquelle ont été enregistrés l'image et le son d'un programme télévisé et que l'on place dans un *lecteur** relié à un téléviseur afin de reproduire ce programme.

Le but recherché est simple : faire apparaître sur votre écran de télévision normal le programme de votre choix. Ce programme est enregistré sur une *vidéo-cassette*, très semblable, en général, à une bobine de magnétophone. On introduit des *vidéo-cassette* dans un *téléplayer* — un appareil de lecture son-image — qui, relié à un téléviseur, diffuse sur son écran le film choisi *(FL 11.1.71)*. Rappelons ce que sont les *vidéo-cassettes* : le moyen, pour un particulier, de faire demain son propre programme de télévision, grâce aux « images en conserve » qu'il a pu enregistrer ou louer à un organisme de production. La possibilité aussi de se monter une téléthèque *(M. 24.4.71)*.
La télévision ressemblait jusqu'ici à une sorte de manuscrit collectif. Voici qu'elle passe brusquement à l'âge de l'imprimerie avec les *vidéocassettes* *(Garric, 72)*. L'usage de la *vidéo-cassette* (...) sera très intimement lié à celui de la télévision par câble *(M. 20.2.72)*. De vastes perspectives semblaient s'offrir à l'industrie de la *vidéocassette* *(M. 8.1.74)*. Karajan sera le premier à mettre en route la diffusion sur cassettes et sur *vidéo-cassettes* de cette prodigieuse musicothèque dont il a inventé les méthodes et la technique *(P. 26.6.78)*. On peut demander une recette de cuisine enregistrée sur *vidéo-cassette* *(M. 12.7.78)*.

VIDÉODISQUE ou VIDÉO-DISQUE sm. ~ 1970. ■ Disque qui permet de reproduire, sur un écran de télévision, les images enregistrées.

Cette année, tous les systèmes de reproduction de l'image et du son seront présents à l'exposition. L'an dernier le *vidéo-disque* avait fait défection au dernier moment *(M. 20.2.72).* Il semble que le *vidéo-disque* — sans supprimer le recours à la vidéo-cassette pour des usages plus collectifs — soit la formule d'avenir pour le grand public *(M. 8.1.74).* Pour copier une bande magnétique il faut la dérouler entièrement, et recommencer chaque fois, ce qui revient forcément cher. Au contraire, le *vidéo-disque* peut être reproduit par simple pression, d'un coup, en série *(E. 11.2.74).* Par rapport au disque sonore, le *vidéodisque* de même durée devra porter environ 250 fois plus d'informations (...) Le *vidéodisque* n'est pas encore commercialisé, mais de nombreux modèles existent en laboratoire *(M. 24.7.74).* Ayant franchi depuis 2 ans le stade du laboratoire, le *vidéodisque* à lecture optique s'annonce comme une des grandes réussites technologiques (...) dans le domaine audio-visuel *(M. 4.6.78).*

VIDÉOPHONE sm. ~ 1955. (De *vidéo*, et télé*phone*). ■ Téléphone combiné à un écran de télévision, qui permet aux correspondants de se voir dès qu'ils décrochent le combiné.

Rem. 1. Ce terme a été critiqué (On a proposé de le remplacer par *visiophone*).

Voici à l'horizon un nouveau monstre : c'est le *« vidéophone »*. Il s'agit d'un téléphone doublé de télévision, qui permet de voir le correspondant en lui parlant. Mais si l'invention est belle, le nom qui la désigne est bien mal formé. Comment peut-on accoler la première personne d'un indicatif latin à un radical grec ? Comme hybride gréco-latin on n'avait jamais réalisé une telle perfection dans l'horreur *(Dauzat : M. 5.10.55).*

♦ Le téléphone à images — *vidéophone* — application géniale (...) *(C. 14.11.69).* Serons-nous moins « présents » à 5.000 km en *vidéophone* que dans l'échange si difficilement combiné de coups de téléphone, de lettres et de photos dont il faut se contenter aujourd'hui ? *(Young, 72).*

Rem. 2. Le sf. dérivé *vidéophonie* est attesté.

Des conseils d'administration tenus en *vidéophonie (Young, 72).*

VIDÉOTÉLÉPHONE sm. ~ 1970. Variante de *vidéophone**.

Le *vidéotéléphone* permet à ceux qui l'utilisent de s'entendre et de se voir sur un écran jumelé avec leur combiné *(ST 15.5.71).* Un voyage d'affaires intercontinental consomme 10 fois plus d'énergie qu'une conversation de 8 heures avec *vidéotéléphone* (...) L'énergie contenue dans 5 litres d'essence permettrait de dialoguer pendant 60 heures par l'intermédiaire d'un *vidéotéléphone (M. 22.2.74).*

Rem. L'adj. dérivé *vidéotéléphonique* est attesté.

Avec le clavier ou l'écran sonore de nos appareils *vidéotéléphoniques*, ne pourrions-nous point participer déjà à toutes les décisions de nos chefs d'entreprise et de nos gouvernants ? *(Elgozy, 72).*

VIDÉOTHÈQUE sf. ■ Collection de *bandes vidéo** ou de *vidéodisques**, et lieu où on les entrepose.

Il existe à l'O.R.T.F. une *vidéothèque*, par opposition à la magnétothèque qui est réservée aux bandes sonores *(B.d.m., n° 3, 1972).* En attendant que chacun des 27.000 médecins généralistes constitue sa *vidéothèque* personnelle (...) *(E. 15.1.73).* Dans 5 ans, dans 10 ans, entre sa discothèque et sa bibliothèque, il faudra faire de la place pour une *vidéothèque (E. 4.11.78).*

→ -THÈQUE.

VIDEUR sm. ■ Homme vigoureux engagé pour expulser d'un local public (salle de bal, boîte de nuit, lieu de réunion politique, etc.) les indésirables qui troublent l'ordre.

Une dizaine d'individus, exerçant la fonction de *videurs* dans des boîtes de nuit, tous armés de matraques, de poignards, de rasoirs *(M. 12.10.72).* Je n'ai que faire des casseurs dont on fait généralement les *videurs* de boîtes de nuit ou de concerts de rock *(M. 24.9.78).*

→ BRAS (GROS), MUSCLÉ(2).

VIGILE sm. Rép. ~1960. ■ Gardien chargé de la surveillance de locaux administratifs, industriels, universitaires, etc.

L'explosion aurait pu faire une victime si l'engin avait été plus puissant. En effet un *vigile* se trouvait à moins de 3 mètres de la porte quand la déflagration s'est produite *(M. 21.7.61).* Il était un peu plus de minuit lorsqu'un *vigile* aperçut les premières lueurs de l'incendie et alerta aussitôt les pompiers *(M. 13.1.68).*

Un professeur enseigne à la Faculté de Droit sous la protection de *vigiles* (...) tentatives pour l'introduction définitive de *« vigiles »* universitaires sur les campus (...) À L., 10 élèves passent en conseil de discipline pour avoir (...) dirigé une grève. Les *vigiles* universitaires sont dans le lycée pendant le déroulement du conseil *(École, 72).* Un vol de tapis a eu lieu entre 20 h et minuit au centre commercial de V. Les *vigiles* chargés de la surveillance de ce centre auraient aperçu une voiture (...) *(M. 29.6.74).* Face aux attaques de bandes de jeunes, quelques magasins utilisent des entreprises extérieures de *vigiles* musclés *(M. 8.4.78).* Les *vigiles* des grandes surfaces sont efficaces. « Vigiles ? Ah non ! Ne confondez pas ; Nous sommes agents de protection », disent les deux anges gardiens du centre commercial d'A. *(M. 9.3.80).*

VIGNETTE

VIGNETTE sf. Spéc. ~ 1960. ■ Petite étiquette qui porte l'estampille de l'État et que les automobilistes doivent acheter chaque année ; ils la collent sur le pare-brise de leur voiture pour attester qu'ils ont payé la taxe sur les véhicules automobiles.
> Les droits de succession (...) pseudo-impôt sur le capital (...) rapportent moins que la *vignette* auto *(Exp. 11.71)*. Un nouveau barème de la « taxe différentielle sur les véhicules à moteur » — la *vignette* — avait été annoncé *(C. 8.9.78)*.

VILLAGE- Premier élément de subst. comp. dont le second élém. indique une fonction, une caractéristique soit du village considéré, soit d'un type d'agglomération dénommée « village ».
> M. P. considère qu'il faut aménager l'espace rural autour de *villages-centres* bien équipés *(Allauzen, 67)*. Les parterres éblouissants du célèbre *village-hôtel* d'Agadir *(Pub. PM 14.3.70)*. La municipalité achève la construction d'un *village-vacances* dont les premiers pavillons étaient tous loués cet été *(M. 23.9.70)*. Des retraités quittent les grandes agglomérations trop coûteuses pour s'installer à la campagne, soit individuellement, soit dans des « *villages-retraite* » *(Saint-Marc, 71)*. Le ministre ne cache pas son émerveillement : « C'est un *village-musée* vivant, dit-il, un lieu où souffle l'esprit » *(Carlier, 72)*. Un immense *village-dortoir* construit à la hâte dans les années 60 pour accueillir les rapatriés d'Afrique du Nord *(M. 27.1.72)*.

VILLE(-) Premier élément de subst. comp. dont le second élém. indique une fonction, une caractéristique de la ville ou du type d'agglomération considérée.
> Le Pont Neuf à Paris, le Rialto à Venise, le Ponte Vecchio à Florence, ont été jadis les marchés les plus importants de leurs villes. C'étaient donc presque déjà des *villes-ponts (Ragon, 63)*. Faire passer la masse informe de la banlieue à l'état de *villes-satellites (E. 28.6.65)*. (Cette) commune est une sorte de *ville-rue*. Toute l'animation se fait le long de deux routes *(Mollo, 69)*. Nous essayons de contribuer au développement économique d'une région en créant des emplois près des *villes-dortoirs (Gros, 70)*. Des villes nouvelles, envisagées tout le long du parcours Paris-Le Havre, forment en quelque sorte les étapes d'une *ville-galaxie*, ayant Le Havre comme tête de pont *(Ragon, 71)*. C'était une petite *ville-marché*, colorée et jacassante *(PM 20.3.71)*. Strasbourg, admirable *ville-jardin*, percée de larges boulevards, sertie de canaux pittoresques *(Exp. 11.71)*. Paris se transforme en *ville-bureaux (E. 22.11.71)*. La future *ville-mammouth* de Fos risque de transformer (les Alpilles) en arrière-pays bétonné *(Carlier, 72)*. S'il est déraisonnable de parler à propos de Paris de « *ville musée* », Paris a cependant ses « quartiers musées » *(M. 1.12.73)*. Il manque au département une vraie *ville-leader (P. 14.1.74)*.
> **Rem.** Trois composés en *ville-*, attestés plus anciennement, sont cités in *Matériaux..., 2e série, vol. 15, 1978*. **Une soixantaine d'autres composés de ce type sont relevés avec leurs sources et classés in *B.d.m. n° 5, 1973*.**
→ (-)DORTOIR, SATELLITE(2).

VILLE NOUVELLE sf. ~ 1965. ■ Vaste agglomération urbaine (généralement prévue pour plus de 100.000 hab.), créée de toutes pièces dans un site non ou peu bâti, et conçue pour avoir une vie indépendante (habitat, emplois, équipements collectifs, zone industrielle, voirie, réseau de transports, etc.) de la grande ville existante à proximité de laquelle elle est construite et dont elle doit contribuer à empêcher l'expansion désordonnée, sans en devenir une annexe ou un *satellite(2)**.
> Pontoise, Evry étaient des petites villes provinciales. Demain une urbanisation massive, (amènera dans chacune d'elles, promue au rang de « *ville nouvelle* » selon le schéma directeur de la région parisienne, plusieurs centaines de milliers d'habitants *(Saint-Marc, 71)*. Le schéma directeur de la Région de Paris en 1965 a prévu plusieurs grandes *villes nouvelles* devant atteindre de 300.000 à 500.000 habitants chacune à la fin du siècle *(Young, 72)*. Dans le pourtour des *villes nouvelles*, les opérations d'urbanisme vont bon train *(M. 15.1.75)*. Le 8 décembre sera mise en service la branche du R.E.R. vers la *ville nouvelle* de Marne-la-Vallée *(M. 9.12.77)*. Actuellement 9 *villes nouvelles* se construisent en France : 5 en région parisienne et 4 en province (...) À l'origine de l'aventure des *villes nouvelles* : l'urbanisation sauvage qu'il convenait d'endiguer, et la charge devenue insupportable des migrations alternantes propres aux vieilles cités-dortoirs *(VR 5.11.78)*. Le 8 février 1968, un Comité interministériel d'Aménagement du territoire adoptait le principe de création de la « *ville nouvelle* » de l'Isle-d'Abeau, à 30 km à l'est de Lyon *(VR 24.12.78)*.

VIOLEUR sm. Rép. ~ 1975. ■ Homme qui a commis un ou plusieurs viols.
> Les femmes souhaitaient qu'on dénonçât le viol publiquement, et pas seulement le *violeur* à huis clos. Pour elles, la gravité du viol ne devait se mesurer au nombre d'années de prison du *violeur (M. 26.4.78)*. La lutte contre le viol passe par la lutte contre tous les *violeurs (O. 22.5.78)*. Trois hommes étaient accusés du viol de deux jeunes femmes (...) Le procès des *violeurs* a eu lieu les 2 et 3 mai 1978 devant la Cour d'assises *(M. 15.3.79)*.

VIRAGE sm. Fig. Rép. mil. XXe. ■ Changement important ou radical, parfois soudain, d'une attitude, d'une orientation, d'une politique, etc.
Rem. 1. cf. TOURNANT Rem.
Amorcer (le, son, un) virage.
● Construction « active » (Sujet nom de personne ou de collectivité).
> F. a *amorcé son virage* pour se lancer à la conquête des marchés étrangers *(E. 2.10.67)*.

Les nationalistes flamands ont *amorcé un virage* à gauche *(O. 27.3.68)*. De Gaulle n'avait-il pas déjà *amorcé un virage* pro-américain à partir de mai 1968 ? *(Inf. 15.1.73)*. La C.F.D.T. vient d'*amorcer un* nouveau *virage* lors de son congrès *(Exp. 6.7.73)*. En une phrase murmurée à la radio, Mitterand a *amorcé* l'*un des* derniers *virages* avant la ligne droite de la course présidentielle *(P. 1.4.74)*. Le ministère de l'Éducation *amorce un « virage »* en faveur des petites écoles rurales *(M. 18.12.75)*. La société R. a investi 1 million de F. pour *amorcer le virage* de l'électronique *(C. 21.9.78)*.

● Construction « passive ».

Quels que soient les résultats de l'expérience économique en cours, *un virage a été amorcé* (F. 10.6.60).

● Part. passé.

S. confirme le *virage amorcé (Courrière, 69)*.

Prendre (le, son, un) virage.

Rem. 2. Les métaphores routières ne datent pas d'hier. De nos jours l'habitude est si bien prise qu'on ne demande plus à un chef l'autorisation d'agir, mais le feu vert. On ne change plus d'idée : on *prend un virage* (M. 9.6.61).

● **Construction « active »** (Sujet nom de personne ou de collectivité, parfois nom de chose).

Avec Radiguet, vous (Cocteau) avez *pris un virage* difficile. Lancé comme un bolide, au moment où vous l'avez rencontré, vers des paradis bizarres, vous avez soudain décidé de freiner et de choisir, à la fourche, la route classique *(A. Maurois : Discours Acad. française 20.10.55)*.
G. L. saura-t-elle trouver sa voie, *prendra-t-elle le bon virage* ? D'autres qui ont son âge ont su transformer ce tournant dangereux en artère royale *(JF 30.10.65)*. Les patrons alsaciens se préparent à *prendre un virage* difficile : celui que leur imposent l'instauration du Marché commun et l'abaissement des frontières douanières *(M. 28.3.67)*. Ce n'est pas un vrai tournant, mais c'est tout de même un petit *virage* qu'a *pris* le parti *(O. 24.1.68)*. Les Hautes-Alpes (département) étaient mal préparées à *prendre le virage* de la révolution industrielle *(M. 3.6.68)*. L'aggiornamento conciliaire a *fait prendre* à la théologie romaine *un virage* opportun mais brusque *(M. 8.6.68)*. La Régie Renault fut l'une des premières à *prendre le virage* à grande vitesse : après la série des voitures à moteur arrière, vint l'offensive des tractions avant *(A.A.T. 10.69)*.
Le Commissariat à l'énergie atomique *prend un* triple *virage*. Dans le nucléaire, il tend de plus en plus à se comporter en industriel (...) *(En. 7.12.72)*. Le ski *prend un nouveau virage*, vers l'efficacité *(E. 15.1.73)*. Il est vivement déconseillé de *prendre un virage* en freinant ; c'est pourtant ce que s'apprête à faire, contraint et forcé, le ministre des Finances *(E. 3.12.73)*. Les jeunes médecins reprochent aux patrons de ne pas avoir su *prendre le virage* de la médecine scientifique *(Beunat, 74)*. Claude Lelouch fait partie de ces cinéastes dont la carrière *a pris* à Cannes *son virage* décisif *(P. 21.5.74)*. L'administration Carter *a pris* aux États-Unis depuis quelques mois *un virage* sensationnel vers la libéralisation du transport aérien *(M. 11.1.79)*.

Rem. 3. **La variante plur. *prendre les virages* est attestée.**

(On) a relevé sinon un changement radical de méthode dans la diplomatie française (...), du moins une modification. (...) mais on croit qu'à Paris on n'a voulu *prendre les virages* qu'avec prudence *(Mengin, 71)*. Cet homme politique a su *prendre les virages* au bon moment *(C. 11.2.79)*.

● Construction « passive ».

Un virage financier brutal et aléatoire *a été pris* qui engage le présent et l'avenir *(M. 20.11.59)*. Il faudra rémunérer un certain nombre de bénévoles. *Le virage a été pris* pour certains permanents de mouvements : animateurs, moniteurs, etc. *(C. 19.4.70)*.

● Part. passé.

Rien ne change au festival de Bayreuth, si ce n'est le *virage pris* après la guerre grâce à Wieland Wagner, petit-fils de Richard *(P. 11.8.75)*.

Verbe trans. (autre qu'*amorcer* ou *prendre*) + virage.

○ Le *virage* technologique qu'*accomplit* en ce moment l'horlogerie suisse *(C. 8.10.69)*. Le *virage*, l'orientation nouvelle des programmes (de radio), c'est nous qui l'avons *décidé (O.R.T.F. 4.1.69)*. J'ai trouvé de Gaulle étonnant de lucidité et de courage. Nous avons évoqué le drame algérien, et il m'a dit, à ce propos : « La France a *fait son virage*, et j'ai le sentiment que le F.L.N. est à son tour en train de prendre le sien... » *(M. 13.1.62)*. Le ministre des Finances avait *négocié le virage* de la hausse de la taxe *(E. 28.4.69)*. Le président brésilien s'est décidé à *opérer un* très net *virage* à gauche et à abandonner la politique d'atermoiements *(M. 19.3.64)*.

∞ Dans le domaine du software, les Français sont très bien placés pour *aborder le virage* des années 75 *(En. 4.11.71)*. L'habileté tactique des communistes italiens n'a pas *évité ce virage* à gauche, qui ressemble parfois à un débordement (...) *(Faire, 73)*. La Finlande ne peut se permettre de *rater son virage* industriel *(Exp. 1.73)*. Les relations franco-allemandes *abordent*, avec Giscard et Schmidt, un nouveau *virage (C. 2.6.74)*. La C.F.D.T. se défend d'*effectuer un virage* politique *(M. 28.4.78)*. Il n'est peut-être pas trop tard pour repartir sur de nouvelles bases, en *négociant* socialement le *virage* industriel de la sidérurgie, comme l'ont fait plusieurs de nos voisins *(M. 15.2.79)*. La politique solaire française paraît *aborder un* léger *virage (M. 16.2.79)*.

Verbe d'état + virage.

La phase prépubertaire et pubertaire *est un virage* important de l'évolution physiologique et psychologique de l'enfant vers l'adulte *(VR 10.10.71)*. Le programme de maintien à domicile des personnes âgées *représente un virage* à 180° par rapport à la politique de ségrégation en hospices et maisons de retraite suivie jusqu'ici *(E. 27.5.74)*.

Virage (dans des constructions non verbales).
Virage est souvent déterminé par un adjectif.

Virage soviétique pour faciliter la rencontre « au sommet » *(M. 4.3.58)*. Le *brusque virage* de la politique italienne *(M. 27.10.64)*. *Virage décisif* dans les relations franco-algériennes *(E. 18.10.65)*.
Un *virage silencieux* mais *capital* de la politique française *(Mengin, 71)*. Le *virage* pro-

VIRAGE

américain de la politique et de la diplomatie française *(Inf. 8.1.73)*. La portée réelle du *virage stratégique* de la C.F.D.T. *(C. 23.8.78)*.
→ NÉGOCIER, TOURNANT.

VIRAL, E adj. ~ 1950 (De *virus*). Méd. ■ Relatif à un virus ou provoqué par un virus.

Lors de cette infection *virale* (...) la constitution génétique de la cellule a été modifiée *(M. 23.1.66)*.

VIRER SA CUTI Loc. Fig. Fam. (D'après le sens courant de cette expression : avoir pour la première fois une *cuti(réaction)* positive). ■ Changer d'attitude ou d'opinion.

L'étranger qui arrive en Algérie (pendant la guerre) est retourné par ce qu'il voit (...) et il « *vire sa cuti* ». C'est la nouvelle expression à la mode. Un Métropolitain qui a compris le problème y a rejoint les ultras a « *viré sa cuti* » *(Courrière, 69)*. « D. a viré sa cuti ». Tel était le titre d'un grand hebdomadaire parisien qui expliquait que le commandant en chef s'était laissé prendre aux mirages de vues simplistes sur le problème politique algérien *(Courrière, 71)*.

VIROLOGIE sf. Méd. ■ Étude des virus et des ultravirus.

L'Institut français de *virologie* (est) attelé à la mise au point de nouveaux virus-vaccins *(M. 12.12.67)*. La *virologie*, l'immunologie, la cardiologie, domaines privilégiés dans lesquels s'effectuera la coopération entre la France et l'U.R.S.S. *(M. 11.1.69)*.
Les ingénieurs qui conçoivent les installations d'épuration de l'eau n'ont pas reçu l'enseignement nécessaire en microbiologie, *virologie*, écologie *(Saint-Marc, 71)*.

VIROLOGIQUE adj. Méd. ■ Relatif à la *virologie**.

Les animaux (de laboratoire) sont soumis à des vérifications constantes pour l'élimination des tares et notamment à des contrôles *virologiques*, bactériologiques, histologiques et biochimiques *(F. 20.9.66)*.

VIROLOGISTE ou VIROLOGUE subst. ■ Spécialiste de la *virologie**.

Dans l'amphithéâtre de l'institut Pasteur, 150 *virologues* du monde entier écoutent les propos de l'un des leurs *(PM 5.12.70)*.

VIRUS sm. Fig. ■ Goût très vif ou excessif pour quelque chose. Crise, malaise (fig.).

J'ai attrapé le *virus* du cinéma et c'est devenu une véritable obsession *(F. 3.12.66)*. Les États-Unis ont contracté le *virus* de l'impérialisme colonial au moment où les Européens perdaient le leur *(E. 15.1.68)*. Le *virus* inflationniste atteint l'Allemagne *(M. 30.9.69)*. Ce qu'il faut, ont affirmé (les orateurs du Rassemblement wallon) c'est débarrasser notre vie politique du *virus* linguistique *(M. 9.1.70)*.
Ce film prémonitoire dénonçait le *virus* de la bagnole *(TR 1.74)*.

VISAGE sm. Fig. Par ext. ■ Aspect extérieur, style. (À propos d'une chose, abstr. ou concrète, d'une institution, d'une collectivité, etc.).

La France a très tardivement découvert le nouveau *visage* de l'industrie textile *(En. 9.4.71)*. Les funérailles vont changer de *visage* : un nouveau rituel a été approuvé par les évêques *(M. 30.11.71)*. Un jeune architecte d'intérieur a donné au Grand Hôtel son nouveau *visage* *(M. 12.2.72)*. Les cheminots de la section « travaux » ont la charge de donner à cette ligne de chemin de fer un nouveau « *visage* » *(VR 16.4.72)*. Le « Daily Express » a donné un *visage* nouveau aux quotidiens, par la typographie, l'usage de la photo, mais aussi par une nouvelle forme d'écriture. Celle-ci est à base de la rapidité, de la concision *(E. 18.2.74)*. Le Katholikentag révèle le *visage* d'une Église catholique puissante et monolithique en Allemagne *(C. 15.9.78)*. Le désir de changer et surtout la soif du gain commanderont largement le *visage* du nouveau Milan : de 1950 à 1960, on construira davantage que dans les trois décennies précédentes *(M. 19.4.78)*.

VISAGE HUMAIN (À) Loc. adj. ~ 1968.
Socialisme à visage humain.
D'abord à propos du « Printemps de Prague » (1968), puis à propos du socialisme dans d'autres pays.

Un *socialisme à visage humain* sera reconnu comme légitime par les évêques *(E. 16.10.72)*. La Tchécoslovaquie a passé cette semaine sous silence le 7e anniversaire de l'entrée dans le pays des forces du Pacte de Varsovie venant apporter une « aide fraternelle » contre le « *socialisme à visage humain* » de Dubcek *(C. 24.8.75)*. Je me demande, parfois, s'il ne serait pas plus facile de « socialiser le capitalisme » (...) plutôt que de courir après un *socialisme à visage humain*, lequel n'a jamais pu être réalisé nulle part *(Cesbron, 77a)*.

Substantif + à visage humain.
Le subst. désigne soit un système politique ou économique autre que le socialisme, soit une institution, un organisme, une collectivité, une activité, ou même une notion abstr. quelconque.
La loc. signifie : mesuré, modéré ; ou bien : qui tient compte des droits de l'homme, qui respecte le plus possible l'individu, la personne.

La présente revue (...) pourquoi répudierait-elle des tentatives, si périlleuses soient-elles, qui s'inspirent de cet idéal identifié ici même par Mario Wandruszka : « une *linguistique à visage humain* » ? *(F. Mod. 1.71)*. L'auteur consacre un chapitre à ce qu'il appelle une *Église à visage humain (Pa. 7.72)*. Une *économie à visage humain*, c'est d'abord, une *entreprise à visage humain (E. 14.1.74)*. L'actuel ministre des finances s'est efforcé de présenter une *droite à visage humain* au-delà des aspects inquiétants de beaucoup de

ses supporters. Son désir d'ouverture sociale est sincère *(M. 8.5.74)*. Bien que le mont Everest ait été vaincu 8 fois déjà en 21 ans, ses 8.848 mètres demeurent un défi considérable. « Notre but n'est pas de tenter l'exploit ; c'est une aventure « *à visage humain* » que nous voulons réussir » *(M. 29.6.74)*. En Italie, où la démocratie chrétienne s'affaisse dans la corruption et l'anarchie, le vide est rempli peu à peu par un *communisme à visage humain* (O. 23.6.75).
Rendre possible la mise en œuvre progressive d'un *urbanisme à visage humain (M. 10.1.78)*. Préparer un *avenir à visage humain* au-delà des polémiques politiciennes qui ont abaissé la campagne électorale au plus bas niveau de pensée et d'imagination *(M. 20.4.78)*.
Il convenait de faire de cet immense ensemble immobilier, où habitent aujourd'hui quelque 25.000 personnes, une vraie cité au sens traditionnel du mot : le *gigantisme à visage humain*, en quelque sorte *(M. 26.4.78)*. Si le nouveau ministre des Affaires étrangères a grimpé si vite la hiérarchie de l'État-Giscard, c'est (…) aussi qu'il incarne, à sa façon, le « *giscardisme à visage humain* » *(O. 4.12.78)*.

Rem. La loc. s'emploie parfois à propos de personnes qui savent « humaniser » une activité, une fonction passant pour avoir quelque chose d'impersonnel, voire d'« inhumain »
Les journalistes avaient eu l'heureuse surprise de découvrir un « *énarque à visage humain* », l'un des ministres les plus accessibles de la Ve République *(M. 30.5.74)*.

VISAGISME sm. (Nom déposé). Rép. mil. XXe. ■ Ensemble des soins et des techniques utilisés pour mettre en valeur la beauté d'un visage par l'harmonie entre la coiffure et le maquillage.

La IIe conférence de « *visagisme* social » a obtenu un grand succès. F., visagiste de l'Institut de beauté, y a parlé du devoir pour chaque femme de mettre en valeur sa beauté, de camoufler ses imperfections esthétiques *(M. 15.11.56)*.

VISAGISTE subst. (Nom déposé). (Attesté 1936, in *PR 77*). ■ Esthéticien(ne) spécialisé(e) dans le *visagisme**.

L. eut la surprise de découvrir, chez un « *visagiste* » parisien très connu des masques de chats et de chouettes qui ressemblaient étrangement aux siens *(ST 20.1.68)*.
Un personnel qualifié se tiendra à votre disposition (…) Chacune pourra apprendre à mettre en valeur sa personnalité avec l'aide d'une *visagiste (Pub. VB 1.74)*.

VISIOPHONE sm. ~ 1970. ■ Téléphone équipé d'un écran de télévision qui permet à l'utilisateur de voir son correspondant. (Ce terme a été proposé pour remplacer *vidéophone**).

Certains veulent « accrocher » le *visiophone* aux normes téléphoniques — transmission sur lignes bifilaires de qualité moyenne et acheminement par des centraux relativement classiques — (…) D'autres préféreraient faire du *visiophone* avec la qualité « télévision » *(M. 19.1.72)*. Le Centre national d'études des télécommunications expérimentera de 1972 à 1974 un premier réseau de *visiophone (M. 19.1.72)*. Chaque participant avait devant lui un écran de *visiophone* où il voyait l'image de la personne qui parlait *(M. 15.10.75)*.

Rem. Le sf. dérivé *visiophonie* est attesté, ainsi que le composé *visioconférence*.
Des Parisiens et des Genevois ont discuté ensemble au cours de la dernière semaine. Chacun voyait son vis-à-vis et pourtant plus de 500 kilomètres les séparaient. Il s'agissait de conférences en « *visiophonie* » organisées à titre expérimental (…) Ce système de « *visioconférence* » n'exige pas plus de voies de transmission qu'un visiophone reliant deux interlocuteurs *(M. 15.10.75)*.

VISITEUR, EUSE subst. Spéc. Rép. Mil. XXe. ■ Personne qui fait régulièrement des visites, professionnelles ou bénévoles, par ex. à des médecins, pour leur présenter des médicaments (*visiteur médical*), ou bien à des prisonniers, des malades, des nécessiteux, dans un but social ou philanthropique.

Une *visiteuse de prison* s'était avancée à la barre, prenant la défense de l'accusée d'une voix que l'émotion faisait trembler *(Saint Pierre, 72)*.

VISUALISATION sf. Inform., etc. ■ Action de *visualiser** ; son résultat.

Les services de l'équipement demandent à ceux qui veulent construire dans toute zone sensible une « *visualisation* » de leurs projets, notamment à l'aide de photomontages *(M. 9.12.72)*. Les cristaux liquides ont la propriété de changer de couleur sous l'impulsion d'un courant électrique ou d'une variation de température. On a pensé un temps qu'ils allaient envahir toute l'industrie de la *visualisation* (…) les premières montres électroniques ne seront sans doute pas équipées d'une *visualisation* « à cristaux liquides » mais de dispositifs plus conventionnels *(F 18.6.73)*. L'indexation des trains apporte une aide substantielle au régulateur — agent chargé du contrôle de la circulation des trains sur une ligne — (…) par affichage ou *visualisation* sur son pupitre de l'index des trains relevé en certains points de passage importants *(R.G.C.F. 6.74)*. Dans une école en Californie, des enfants de 8 ans apprennent à programmer, manipulent des claviers et des écrans de *visualisation* en s'amusant. Ils n'ont plus peur de l'ordinateur *(C. 15.9.78)*.

VISUALISER v. tr. Spéc. Inform. Rép. ~1970. ■ Faire apparaître sur un écran ou une console des résultats d'un traitement d'information, sous forme alphanumérique ou graphique.

● Verbe trans.

Le port du Havre vient de se doter d'un système de contrôle, nouveau pour le trafic maritime. Il permet de centraliser les informations transmises par deux radars et de les *visualiser* sur des écrans de télévision *(E. 18.2.74)*. La xéroradiographie (…) permet de *visualiser* parfaitement les tissus mous : muscles, tendons, viscères *(M. 18.12.74)*. On détecte aujourd'hui la pollution des eaux des fleuves en relevant les écarts de température en surface (...) un film permet de *visualiser* les points les plus sombres, qui représentent les températures les plus élevées, ainsi que les gris clairs, qui représentent les températures les plus basses *(M. 16.7.75)*. L'opérateur peut *visualiser* un résultat, lui apporter des corrections ou le compléter avant impression (...) et le terminal (de l'ordinateur) n'imprime que ce qu'il est nécessaire d'imprimer *(VR 7.1.79)*.

● Part. passé ou adj.

La commande des trains par ordinateurs obligera à créer des postes centraux de commande où il sera possible d'obtenir des informations *visualisées* sur la position et la composition des trains *(VR 20.9.70)*.

VITALISER v. tr. Spéc. (Dans le vocab. de la publicité commerciale).
■ Donner de la vitalité à qqch.

Un shampooing traitant qui *vitalise* les cheveux *(Pub. PM 30.1.71)*. Votre cheveu a repris du corps et de la vigueur : il est «*vitalisé*» *(Pub. MCL 5.74)*.

VIVABLE adj. Spéc. Fam. ■ Se dit d'un lieu où les conditions de vie, de travail, sont supportables.

Certaines filatures, où les ouvrières travaillaient dans une chaleur étouffante, deviennent des ateliers propres et *vivables (E. 29.11.71)*.
→ INVIVABLE.

VOIE DE DÉVELOPPEMENT (EN) Loc. adj. Écon. Se dit de pays dont le niveau économique n'a pas encore atteint celui des pays industrialisés. (Cette loc. tend à remplacer l'adj. *sous*-développé*).

Un expert propose aux pays *en voie de développement* une série de mesures pour minimiser les méfaits du tourisme *(M. 1.10.77)*. Le renouvellement du parc existant, la venue de nouveaux clients, la percée de l'automobile dans les pays *en voie de développement* assurent une base solide à l'industrie automobile *(C. 6.10.78)*.

VOIE DE GARAGE loc. subst. fém. Fig. Rép. mil. XXe.

1. **Situation de quelqu'un qui a été mis à l'écart (de la vie politique, etc.), qui est tombé en disgrâce ou dans l'oubli. — Fonction, place, poste, sans avenir.**

François Mauriac trouve merveilleux d'achever sa carrière comme journaliste «sans quoi, dit-il, je serais sur une *voie de garage*» *(M. 1.3.63)*. Le train du général de Gaulle s'était engagé (depuis 1958) sur une *voie de garage* : il revenait (en mai 1958) pour un dernier voyage *(Cheverny, 63)*. Les adversaires de M. Ehrard avaient poussé celui-ci (en 1960) à poser sa candidature à la Présidence de la République et les adversaires de M. Adehauer avaient tenté de faire de même avec le vieux chancelier. D'un côté comme de l'autre, on avait tenté de placer l'un des deux hommes sur une *voie de garage (C. 25.2.64)*. On remarque (dans le film) le sympathique Michel S. (acteur), qu'un sort injuste avait dirigé sur la *voie de garage (Can. 30.9.64)*. L'Institut (des hautes études de défense nationale) n'offre aucun avantage de carrière. C'est pour les hauts fonctionnaires une sorte de parenthèse et, pour quelques-uns, une solution insuffisante *(Sauvy, 70)*. L'ancien commandant en chef de l'armée française en Algérie avait espéré en terminer avec «sa» guerre et de Gaulle ne lui en avait pas laissé le temps. Et tout cela pourquoi ? Pour une retraite forcée à Fontainebleau. Une *voie de garage* de luxe ! Commandant en chef du Centre Europe, c'était une sinécure offerte «en compensation» *(Courrière, 71)*. Les étudiants des facultés qui croyaient que l'Université et une pièce maîtresse du système, se découvrent sur une *voie de garage* (...) Une université parallèle est en train de se développer : celle du patronat, qui dispense le savoir utile et prépare aux carrières utiles *(Bosquet, 73)*.

2. **Mise en réserve, en attente, etc. (de quelque chose).**

Il n'existe qu'une seule voie de raison : «Sauver le Marché commun.» L'unique manière de s'engager dans cette seule voie est probablement d'oublier momentanément la supra-nationalité, (de) mettre la politique sur une *voie de garage (PM 17.7.65)*.
En 1968 et après, la C.g.t. s'est vu reprocher d'avoir récupéré le mouvement déclenché par des forces qui échappaient à son contrôle, puis de l'avoir poussé sur une *voie de garage (E. 25.3.74)*.

VOIE EXPRESS
→ (-) EXPRESS 1.

VOIR v. trans. Fig. (Avec pour sujet un nom de chose abstraite et souvent concrète). *Voir* a dans cette construction la fonction d'une sorte de semi-auxiliaire, vidé de son sens originel. On ne cite ici que des cas d'emploi de cette construction avec un sujet nom de chose (plus ou moins personnifiée, au début du moins, dans l'esprit de l'usager), emploi qui semble assez récent (l'emploi avec un sujet nom de personne est déjà ancien), et qui s'est répandu rapidement au milieu du XXe s. Le complément de *voir* est souvent une proposition infinitive.

○ L'*aéroport* du Bourget *voyait* se poser sur son terrain l'avion de N. *(C. 28.11.69)*. L'année 1970 *verra* l'achèvement du programme d'électrification *(M. 16.12.69)*. L'*anxiété*, la tension nerveuse, les *agressions* émotives de toutes sortes, *verront* leurs effets cardiaques atténués par l'usage des nouveaux «régulateurs de l'humeur» *(M. 8.1.70)*. Sous les rafales du mistral (...) les *autos voient* leur marche ralentie *(M. 7.11.62)*. La *disparition* du général de Gaulle (...) *verra* sûrement s'épanouir le pouvoir des technocrates *(M. 7.11.61)*. Étant donné la concentration des congés, la *France voit* baisser sa production de 40 % pendant le mois d'août *(M. 20.2.70).* Berceau de la Croix-Rouge, *Genève voit* son rôle international grandir en abritant le B.I.T. et la S.D.N. *(A. 22.5.69).* Les *journaux* (de la Côte d'Azur) sont parmi les seuls à *voir* leur tirage augmenter pendant la période estivale *(En. 29.11.69).* Le *lac* tranquille qu'est habituellement la Confédération (helvétique) *voit* sa surface se rider *(C. 23.4.70).* La *ligne a vu* son trafic s'accroître ces dernières années *(VR 19.10.69).* Science en plein essor, la *linguistique voit* augmenter par milliers le nombre de ses chercheurs *(EU 4.71).* Les *matières premières* ne *verront* pas leurs cours diminuer *(En. 31.1.70).* Le *Mistral* (train) *voit* son temps de stationnement à Lyon réduit à 4 minutes *(Ch. f. 3.60).* Le *mois d'octobre* devrait *voir* s'achever l'électrification d'un nouveau tronçon *(Ch. f. 3.58).* Les *rues* de désserte et les voies riveraines *ont vu* leur trafic croître subitement *(C. 28.12.69). Saint-Raphaël a vu* son nombre d'habitants doubler depuis 1950 *(Dunlop, 66).* En 1969, la S.N.C.F. *a vu* son trafic augmenter *(M. 28.2.70). Terrains* et maisons *ont vu* leurs prix pratiquer une vigoureuse escalade *(R. 29.9.69).* Des *territoires* qui ont été appelés « parcs nationaux » devront *voir* leur dénomination modifiée le moment venu *(M. 28.11.70).* Certains *trains verront* leurs performances améliorées *(E. 4.5.60).* Les *transports routiers avaient vu* s'accroître leurs moyens d'action *(VR 14.12.69).* Une *usine voit* ses machines arrêtées (par une coupure de courant électrique) *(C. 27.11.67).* Bien des *villes ont vu* ou *verront* leurs équipements universitaires éclater en plusieurs morceaux aux quatre points cardinaux *(M. 28.2.67).* Une *voiture* à moteur arrière, si vous la chargez beaucoup à l'arrière, *verra* son centre de gravité se rapprocher fâcheusement de l'arrière *(FP 11.67).*

∞ Ces *consultations* électorales et référendaires (...) *avaient vu* naître la Ve République *(Viansson, 71).* Les *liqueurs* françaises pourraient *voir* leurs prix grimper en moyenne de 3 F par bouteille (...) Le *charbon* dont l'extraction est de moins en moins rentable, va *voir* sa production diminuer *(En. 9.4.71).* La *préfecture* du Val-de Marne *verra* en 1972 démarrer la construction de plusieurs bâtiments administratifs *(C. 9.1.72).* La ·*gare* de M. *ne voit* s'arrêter qu'une dizaine de trains par jour *(VR 16.4.72).* L'*avion verra* sans doute diminuer le handicap de ses tarifs élevés *(R.G.C.F. 5.72).* La *sécrétion* lactée, diluée au début des tétées, s'épaissit par la suite et *voit* sa concentration en lipides quadruplée à la fin du repas *(M. 10.5.73).* Un appareil (...) placé sous un avion, « enregistre » le paysage à la manière d'une caméra. Chaque *point* survolé *voit* son émission de rayons infra-rouges notée et sa température consignée sur une bande magnétique *(M. 16.7.75).* Les *cigarettes* sans filtre, les plus dangereuses, qui perdaient du terrain, *ont vu* leur vente augmenter brusquement *(E. 15.5.78).* En juin, les *hôtels*, les villas et les *campings ont vu* leur taux de location baisser de 50 % à 80 % par rapport aux autres années *(RL 11.7.78).* Un *tarif a vu* sa forme modifiée pour des raisons de simplification et de meilleure adaptation aux coûts *(M. 31.5.78).* À l'occasion des vacances de février, la *gare* de Paris-Lyon, qui conduit aux champs de neige alpins, *verra* partir 206 trains *(M. 7.2.79).*

VOIR (SE) v. réfl. Fig. (Avec pour sujet un nom de chose). Construction à sens passif qui était employée déjà dans la langue classique, mais surtout avec un sujet nom de personne, ou, plus rarement en date plus récemment, de collectivité personnifiée (noms de pays). Tel est le cas pour les nombreux exemples que cite H. Stimm dans « Syntactica und stilistica » (Mélanges Ernst Gamillscheg, Tübingen 1957, pp. 581 sqq.). L'emploi de ce tour avec un nom de chose concrète comme sujet du verbe *voir* semble récent (ou de diffusion récente). Il correspond, comme dans le cas ci-dessus (cf. Voir*), à une certaine personnification des choses, et fournit assez souvent une formule sentie par l'utilisateur comme plus vivante, sinon plus simple, que les constructions traditionnelles.

Parce que certains grands *axes* routiers *se voient* « interdits », d'autres artères se doivent d'être « réglementées » *(C. 25.12.69).* La *bouteille* d'eau minérale *se voit* facturée à 4,50 F *(A. 15.8.68).* La *Bretagne s'est vu* définir par le gouvernement une vocation électronique *(En. 30.1.71).* Le *carburateur se voit* rempli d'essence de mauvaise qualité (Df. élec.). Un *centre de tri* (postal) *se voit* d'un seul coup submergé de 50 000 plis *(C. 23.10.69).* Des *fonds se verraient* affectés à un mécanisme de concours mutuel *(E. 26.10.70).* Le (...) *médicament se voit* administré sur ordonnance et remboursé par la Sécurité sociale *(E. 16.2.70).* La *Poste se voit* chaque année chargée d'acheminer et de distribuer quelque dix milliards d'objets de correspondance *(C. 23.10.69).* Aubaine pour le paysan propriétaire : son *terrain* de faible rapport *se voyait* soudain valorisé *(TG 21.8.71).* Les *véhicules lourds se voient* interdire l'accès de tout le réseau routier les dimanches *(M. 25.3.70).*
L'*unité* illusoire de l'État politique et de la hiérarchie sociale (...) *se voit* sapée par la base *(Viansson, 71).* Les *réseaux* de chemins de fer *se voyaient* appliquer pour la première fois un statut consacrant l'unité de leurs problèmes *(R.G.C.F. 5.72).*

VOITURE(-) Premier élément de subst. comp. ■ Véhicule dont une caractéristique, une fonction, ou une utilisation (normale ou abusive) est précisée par le second élément du composé.

○ Dès les premières pentes du col, il (un coureur cycliste) se laissa glisser en queue du peloton et renonça à poursuivre. Il monta dans la *voiture-balai*, destinée à recueillir les coureurs qui abandonnent la course *(C. 3.7.65).* Il semble que la généralisation de la climatisation, améliorant le confort des *voitures-coaches* (voitures de chemin de fer non divisées en compartiments), soit de nature à modifier les goûts de la clientèle, dont une part considère le compartiment comme un héritage du passé et préfère l'ambiance plus ouverte de la *voiture-coach (VR 12.4.70).* Le nombre des *voitures-épaves*, abandonnées sur la voie publique par leur propriétaire ne cesse d'augmenter *(M. 14.11.67).* L'emploi par la police de « *voitures-pièges* » circulant anonymement sur les routes doit être étendu *(M. 3.6.66).* Les « *voitures-pièges* » seront munies de dispositifs de contrôle destinés à photographier les véhicules en infraction et à vérifier leur vitesse *(M. 1.7.66).* Les *voitures-pièges*, moyen (...) d'assurer la police de la route : une de ces voitures est plus efficace que cent agents en uniforme *(M.2.11.69).* Une *voiture-radio* communiquait à mesure la progression du convoi à tous les postes de gendarmerie sur son passage *(E. 31.10.66).* À la suite d'un

VOITURE(-) 732

appel lancé aussitôt par la police municipale à toutes les *voitures-radio*, un barrage a permis d'interpeller Ch. M. trente minutes après la fusillade *(F. 6.1.67)*.

∞ Il ne fallait pas confondre voiture utilitaire, moyen de transport, avec la *voiture-joujou*, la *voiture-balade*, la *voiture-prestige* (Grello, 73). Le train « Forum » est composé de 5 *voitures-exposition* auxquelles peuvent être adjointes des voitures spéciales telles que *voiture-bar*, *voiture-studio*, *voiture-cinéma*, *voiture-lits (Inf. 1.1.73)*. De nouveaux aménagements en ont fait de véritables *voitures-hôtel* avec, outre les compartiments-lits et les toilettes, une cuisine, une salle-à manger-bureau et des douches *(R.G.C.F. 6.73)*. Les collectivités peuvent louer (...) la *voiture-croisière* avec douches et salon de coiffure *(VR 17.6.73)*. L'automobile n'est pas morte ! Mais, en un an, elle a changé de nature : la *voiture-objet* succède à la *voiture-passion (P. 26.5.75)*. Le mythe de la « *voiture-maîtresse* » ne s'estompe que lentement *(P. 17.5.76)*.

→ (-) VENTOUSE (2.)

VOLANT sm. Fig. ~ 1950. (Surtout dans des tours du type *volant de manœuvre*, *volant de sécurité*, etc.). ■ Réserve, marge qui permet d'assurer la bonne marche d'une opération, le déroulement régulier d'un processus et de faire face à certains imprévus.

Des intérimaires travaillent à la chaîne. Elles sont plusieurs centaines, simple *volant* de main d'œuvre que l'on renvoie au gré des besoins *(M. 24.9.78)*.

VOLAPÜK [vɔlapyk] sm. Spéc. Péj. Mil. XXe. (Probablement à la suite d'une déclaration polémique du général de Gaulle, assimilant le *volapük*, langue internationale artificielle, au jargon en usage dans certaines institutions internationales, et de là à ces institutions elles-mêmes, considérées comme incompatibles avec la souveraineté nationale).

■ Langage corrompu, plus ou moins incompréhensible. Jargon, charabia.

Cette évolution (vers des institutions à caractère supranational) est grosse d'une mortelle menace pour notre pays (...) Nous risquons de voir sous nos yeux s'accomplir l'irrémédiable, c'est-à-dire la fusion de la France dans une masse informe (...) Naturellement notre langue sera éliminée (...) et il est vraisemblable que les inscriptions sur nos monuments seront traduites en « *volapük* » *(P. Lefranc, M. 6.2.79)*.

VOLET sm. Fig. Rép. mil. XXe. (Souvent construit avec un adj. numéral — surtout ordinal : premier, second, etc. — et dans des tours où figurent également les mots *triptyque* ou, plus rarement, *diptyque*, attestant la survivance de la métaphore qui est probablement à l'origine de cet emploi de *volet*).

● Partie d'un ensemble, d'un tout. — L'un des aspects, considéré isolément, d'une chose (presque toujours abstr.).

Rem. Il s'agissait avant tout d'ouvrir un dossier, d'y verser une pièce ou deux et d'en refermer soigneusement les *volets* ; qui dit dossier dit triptyque, qui dit triptyque dit *volet*, et *volet*, cela sonne mieux *(Daninos, 70)*.

♦ L'accord sur le règlement financier agricole est enfin (réalisé). Depuis un an les vieux routiers de Bruxelles attendaient avec impatience ce troisième *volet* indispensable du triptyque agricole commun *(M. 12.5.66)*. Ce magnifique musée ne constitue en fait, que le premier *volet* du musée de plein air des Landes *(C. 8.10.69)*. Un des quatre *volets* que comporte ce plan *(M. 15.1.70)*.
Le Premier ministre a livré le deuxième *volet* de sa philosophie pour parvenir à une « nouvelle société » *(En. 23.4.71)*. Les ligues contre le bruit mettent l'accent sur deux *volets* : « maintenant » et « demain » *(M. 25.1.72)*. Un des *volets* de notre politique de défense, c'est la Force nucléaire stratégique *(E. 27.3.72)*. Le premier *volet* d'une véritable politique de la femme doit être la lutte contre toutes les discriminations actuelles *(M. 2.10.74)*. Après avoir examiné dans un premier article les rapports de la justice et de la police, M.P. propose dans un second *volet*, une série d'innovations *(M. 22.1.77)*. La première étape des travaux a été (...) La deuxième étape de fécondation en laboratoire a pu être réalisée grâce à (...) En revanche, les deux savants anglais ont longtemps piétiné sur l'obstacle à la réalisation de l'implantation utérine de cet ovule fécondé, troisième *volet* de ce triptyque *(M. 27.7.78)*. Le nouveau plan de sauvetage de M. Barre devrait comporter deux *volets* (...) Le deuxième *volet* met en cause les structures de production *(C. 20.9.78)*. Le matériel roulant ne constituait qu'un *volet* du diptyque proposé à la sagacité des services d'études *(Ch.f., N° 334, 1979/1)*.

VOLLEYEUR, EUSE subst. Rép. mil. XXe. ■ Joueur(euse) de volley-ball.

Une enquête effectuée sur 16 internationaux et espoirs donne, pour le *volleyeur*, le profil de personnalité suivant : rapidité, très grande impulsivité, forte sociabilité (...) *(M. 26.3.70)*.

VOLONTARISME sm. (D'après les emplois en phil. et en psychol.).

■ Attitude de qqn (homme d'État, dirigeant, parti, etc.) qui proclame clairement et fermement ses intentions, qui mène une politique énergique, qui cherche à peser sur les événements plutôt qu'à se contenter de les subir ou de les observer.

Les *volontarismes* politiques interviennent pour corriger ces tendances « naturelles » du marché ; dans un pays où les traditions centralisatrices et étatiques sont aussi fortes qu'en France, il est inévitable que les hommes au pouvoir soient les premiers à tenter d'effectuer cette correction *(Martinet, 73)*. À la démarche « intellectuelle et libérale » de l'actuel chef de l'État, le président du R.p.r. oppose « le *volontarisme* » du général de Gaulle *(E. 12.6.78).*

VOLONTARISTE adj. Pol. ■ Qui pratique le *volontarisme**(personnes).
— Décidé, délibéré ; énergique (attitude, comportement, etc.). — Qui est marqué par le *volontarisme**(décision, ligne politique).

On s'est fixé pour l'horizon 1975 un objectif de maintien du parc de matériel roulant à son niveau actuel. On doit noter le caractère *volontariste* de cet objectif. Le niveau de la demande en pointe — qui détermine le volume total du parc — s'est en effet accru au cours des dernières années *(Doc. Fr. 71).* Cette victoire que le nouveau Président de la République remporte aujourd'hui sur ses nerfs, son éducation, son tempérament, n'est pas l'épisode le moins intéressant d'une aventure prodigieusement « *volontariste* » *(P. 21.5.74).* L'établissement public d'aménagement a imaginé une politique de l'environnement très *volontariste.* Il s'est soucié de sauvegarder et d'aménager la ceinture « verte » de la ville nouvelle *(M. 1.6.76).* Être à gauche, c'est réclamer un changement social *volontariste,* à obtenir grâce à la maîtrise de la collectivité nationale sur son économie *(Grosser, 78).* Ni Paris ni la Défense ne se sont faits en un seul jour. Mais précisément, parce que cette dernière est de bout en bout une opération *volontariste,* beaucoup se sont penchés sur son devenir *(M. 22.1.78).* M. Giscard d'Estaing veut encore « respirer » avant de déclarer sa candidature à l'élection présidentielle de 1981. Mais les trois ans à peine qui lui restent seront-ils aussi spectateurs, aussi peu *volontaristes,* aussi simplement manœuvriers que la première moitié de son mandat ? *(M. 23.11.78).* Selon M.B., la crise actuelle de la sidérurgie n'est pas une fatalité et il faut prendre les moyens d'une politique *volontariste* axée sur la modernisation de l'appareil productif et celle du secteur industriel *(C. 13.2.79).*

VOLUCOMPTEUR sm. Rép. mil. XXe. Nom déposé (de *volu*me et *compteur).*
Techn. ■ Appareil de mesure monté sur un distributeur de fluides — notamment de produits pétroliers — et qui indique la quantité distribuée ainsi que le prix à payer.

La lecture des tarifs inscrits sur les *volucompteurs* et des panneaux de limitation de vitesse a douché la passion des Français pour la voiture *(Exp. 3.74).* Les automobilistes auront le choix entre les 50 cassettes que les stations-services mettront en vente à côté de leurs *volucompteurs (M. 31.5.78).*

VOULOIR- Premier élément de subst. comp., infinitifs substantivés (sur le modèle plus ancien qui a formé par ex. *vouloir-vivre* ; cf. aussi *savoir**). ■ Le composé marque la volonté de réaliser l'action, d'atteindre l'état que désigne l'infinitif second élément.

La stabilité affective, nécessaire à tout apprentissage, garante de la disponibilité indispensable, condition de la confiance et du *vouloir-apprendre (Bourcier, 64).* Un certain pourcentage de toxicomanes dans une communauté donnée risque de compromettre durablement sa capacité d'adaptation, son *vouloir-survivre (Inf. 12.2.73).*

VOULOIR (SE) (+ attribut). (Avec pour sujet un nom de chose) ■ Chercher, tendre à être (ce que désigne l'attribut).

Rem. Une construction qui « fait riche » (...) c'est « *se vouloir* » suivi d'un attribut. (...) Le tour est encore plus suspect lorsque le sujet de « *se vouloir* » est une chose. (...) Le lecteur qui n'est pas initié aux arcanes du jargon contemporain est en droit de se demander quelle saveur particulière nos critiques peuvent découvrir dans cette étrange construction *(Le Bidois, 70).*

♦ Jamais *art* ne *se voulut* aussi social *(E. 6.1.69).* Le Budget *se veut* « le fidèle serviteur du Ve Plan » *(E. 19.9.66).* Le Figaro littéraire, qui *se veut* brillant de jeunesse, accuse notre vieillissement *(F. 28.11.66).* Le jazz *se veut* art *(M. 28.7.64).* Le dernier portrait du roi est lui-même adouci par la dignité que son historien lui reconnaît dans l'épreuve. Peinture d'un homme et d'un siècle qui *se veut* objective *(M. 24.9.66).* La radio d'État, *se voulant* caustique, (...) *(F. 28.11.66).* L'ex-gauche française se détourne de toute opposition efficace au nom d'un *réalisme* qui *se veut* moderne *(Revel, 65).*

VOYAGE sm. Fig. Fam. ~ 1960. ■ État provoqué par l'absorption d'*hallucinogènes** et notamment de *L.S.D.**.

Le culte du LSD ne cesse de se répandre. Aux États-Unis, il touche maintenant les lycéens, qui tentent le « *voyage* » : ainsi désigne-t-on l'expérience délirante. On parle de centaines de milliers d'adeptes. Des *voyages* collectifs sont même organisés *(E. 25.4.66).* Un *voyage,* c'est le terme qu'utilisent ceux qui font l'expérience du L.S.D. et qui en rapportent, parfois, l'impression d'une renaissance *(N 1.71).* La jeune mariée était en train de raconter qu'à leur arrivée dans cette maison, son premier « *voyage* » avec du L.S.D. avait été pénible. Elle avait vu des insectes qui grouillaient partout *(Bertin, 72).* À chaque procès contre des usagers de la « drogue » surgissent à la barre des individus dont les appartements abritent les « *voyages* » *(E. 10.12.73).*
Je les voyais se partager le L.S.D. (...) Puis, en une communion hallucinée, ils (= les hippies) s'offraient, tous ensemble, un *voyage* à l'acide *(Olievenstein, 77).*
→ DÉFONCE, TRIP.

VOYAGE- Premier élément de subst. comp. dont le second élément indique le caractère ou l'objet du voyage.

Pas de vrai problème à l'horizon, sauf peut-être ce *voyage-corvée* à Lyon *(Lesparda, 70).* Les conditions de ce *voyage-visite* au départ de Paris sont très intéressantes *(PM 15.11.70).* Une centaine seulement de chefs d'entreprise ont demandé à bénéficier des avantages accordés pour les *voyages-prospection* aux États-Unis *(Exp. 2.71).* Être membre du Club est la seule condition à remplir pour profiter des conditions exceptionnelles de ces

VOYAGE-

voyages-séjours (El. 15.2.71). Spécialisée dans la préparation de *voyages-découvertes,* une agence propose des séjours (...) *(E. 20.11.72).*

VOYAGER v. intr. Fig. Fam. ■ Faire un « *voyage* »* provoqué par un *hallucinogène**.

Les jeunes gens *voyagent* au L.S.D. comme aux États-Unis, où, faute de pouvoir imaginer comment les choses pourraient être autrement, il ne reste plus qu'à s'en évader *(E. 12.12.66)*: La cigarette de marijuana fait « *voyager* » *(E. 1.9.69).*

VOYAGEUR, EUSE subst. Spéc. ■ Personne qui fait un *voyage** provoqué par l'absorption d'un *hallucinogène**.

Le traitement vise à créer un état de sécurité totale, avec une intervention minime du médecin, celui-ci laisse le « *voyageur* » affronter seul ses problèmes avec l'aide du retour intérieur provoqué par le L.S.D. *(Ar 27.4.66).*

VOYEURISME sm. ■ Perversion du *voyeur*. — Par ext. : curiosité.

Le *voyeurisme*-fétichisme-sadisme du photographe amateur risquait moins de traumatiser que de faire sourire *(M. 22.11.68).* Comme si la vue ne suffisait pas, on nous distille des confidences arrachées à la honte, pour lesquelles nous manquons de vocabulaire, le mot *voyeurisme* n'ayant pas encore, pour l'oreille, trouvé d'équivalent *(M. 30.11.68).*
Le goût de la correspondance et des journaux intimes relève trop souvent du *voyeurisme (E. 10.5.70).* On rêve de ce qu'un Buñuel aurait pu faire de cette histoire à la fois romantique et sulfureuse. Samperi a préféré miser sur le rire gras et le *voyeurisme* élémentaire *(E. 14.1.74).* Une immense flotte de films « porno » satisfait au *voyeurisme* de millions de spectateurs *(PM 4.1.75).*

VOYEURISTE adj. ~ 1970. ■ Qui relève, qui s'inspire du *voyeurisme**.

Une jeune fille de 24 ans, qui avait toujours eu des tendances homophiles (...) avait gardé sa composante *voyeuriste (N 2.72).*

V.R.P. [veɛrpe] sm. ■ Sigle de *V*(oyageur), *R*(eprésentant), *P*(lacier).

L'employeur cherchera plus volontiers un technico-commercial, un promoteur de ventes ou un fondé de pouvoir : cela sonne mieux et permet de ne pas accorder le statut de V.R.P. et les avantages qui s'y attachent : le voyageur-représentant-placier salarié recevant des commissions avec, souvent un fixe de base *(Exp. 3.72).*

VS [vɛrsys] Prép. ~ 1965. (Abrév. de *versus*, mot latin., empr. par l'angl.). Did. ■ Par opposition à ...

Si l'on consent tout juste à laisser aux siècles derniers une division des pouvoirs basée sur les antagonismes Monarchie *vs* République, Pouvoir armé *vs* Pouvoir civil, Cléricalisme *vs* Laïcité, personne ne paraît encore douter de l'adéquation,du bipôle Capital *vs* Travail à figurer notre ordre socio-économique et politique *(O. 27.2.78).*

VULCANOLOGUE subst. ■ Variante de *volcanologue*, spécialiste de l'étude des phénomènes volcaniques, de l'exploration des volcans.

Une violente polémique oppose Michel Siffre, qui est à l'origine de l'expérience — un séjour de 4 mois sous terre et sans montre — et le célèbre *vulcanologue* Haroun Tazieff *(Au. 8.4.65, in Matériaux..., 2e série, vol. 3, 1972).* Il s'agit pour les experts — *vulcanologues,* géologues, zoologues, botanistes — d'étudier l'éruption, ses causes, ses phases, ses effets *(Bazin, 70).*

VUMÈTRE sm. Mil. XXe. (De *VU* « unité de volume acoustique » et suff. *-mètre*). Techn. ■ Dispositif de réglage ou de mesure, utilisé notamment dans les studios de radiodiffusion, pour les *chaînes** *hi-fi**, etc.

Les deux voyants rouges situés entre les dernières touches et le *vumètre* à aiguille visualisent le parfait réglage sur une émission FM *(PM. 29.11.69).*

W X Y

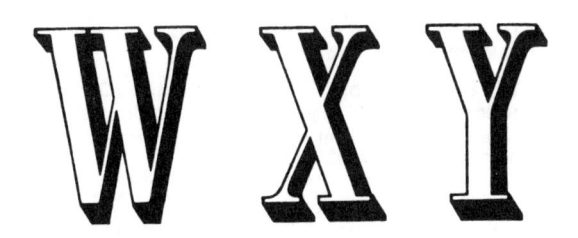

WALKIE-TALKIE [wokitoki] sm. (Mot anglo-américain) ■ Émetteur-récepteur portatif de radio, à faible portée.

Les deux cent cinquante techniciens, assistants, opérateurs, machinistes, (...) acteurs et figurants nécessaires à la scène (dans un film) sont disséminés sur plus d'un kilomètre carré. Un réseau serré de *walkies-talkies* permet d'assurer les liaisons instantanées sur ce vaste champ de bataille *(E. 23.8.65)*. Dans une rue parisienne, deux agents de police réglaient la circulation à l'aide d'un *walkie-talkie* (...) (du) fond de son jardin, un industriel en vacances commandait par *walkie-talkie*... un jus d'orange à sa cuisinière *(E. 20.12.65)*. Le « *walkie-talkie* » et non pas « talkie-walkie » comme on l'appelle souvent en France, depuis quelques années, faisait la joie des enfants *(F. 7.2.67)*. K. (champion de ski) est transporté à l'entraînement par hélicoptère et conseillé en descente par *walkie-talkie (O. 7.2.68)*. Vous pouvez voir un jeune homme tenant près de son visage un petit poste émetteur-récepteur dit « *walkie-talkie* » *(A. 22.5.69)*.
→ TALKIE-WALKIE.

WESTERN-SPAGHETTI [wɛstɛrnspagɛ(t)ti] sm. 1968. Fam. Iron. ■ Variante de *spaghetti**-western*.

Voilà du meilleur cinéma d'aventures, dépouillé de tout manichéisme outrancier et de violences inutiles comme dans les *western-spaghetti (PM 30.10.70)*. Trinita, un personnage au succès fabuleux — qui a remplacé les colts de John Ford par les gifles des marionnettes siciliennes — Trinita, une série de *westerns-spaghetti*, qui a établi de nouveaux records de recettes en Italie *(M. 14.12.73)*. Tout le film repose sur cette confrontation entre le héros fatigué et le jeune loup désinvolte, interprété par le plus célèbre produit du *western-spaghetti (E. 17.12.73)*.

WOOFER [wufœr] sm. Mot angl. Techn. ■ Haut-parleur qui reproduit les sons graves (par opp. à *tweeter**)

Une bonne enceinte réunit plusieurs hauts-parleurs, le *woofer* qui reproduit les graves, le médium et le tweeter qui reproduit les aigus *(Pub. O. 12.11.73)*.

XÉROGRAPHIE [kserɔgrafi] ou **XÉROCOPIE** sf. ~ 1950. Noms déposés (Du gr. *xêros*, « sec »). ■ Procédé de *reprographie** permettant de reproduire des documents sans contact.

La *xérographie* — méthode de reproduction des documents sur papier ordinaire. Elle vient d'être agréée par le ministère de la Justice comme moyen de reproduction légale *(F. 13.10.61)*. Une percée technologique : l'invention de la *xérographie*. Ce procédé repose sur l'emploi d'un cylindre à imprimer revêtu de sélénium qui permet de faire autant de copies qu'on le veut, sans séchage et sur n'importe quel papier *(Hetman, 69)*.

La *xérocopie* est issue d'un procédé entièrement automatique qui permet d'obtenir sur papier courant, à grande vitesse et en nombre illimité, la reproduction à sec de tout document *(Pub. M. 26.2.65)*.

Rem. L'adj. dérivé **xérographique** et le comp. **xéroradiographie** sont attestés.

En louant un de ces duplicateurs, vous obtenez tous les avantages de la reproduction *xérographique* avec un tarif duplication *(Pub. E. 29.4.74)*.

La radiographie (...) vient de connaître un important perfectionnement technique. La *xéroradiographie* utilise, à la place de l'émulsion à bromure d'argent, un photoconducteur, le sélénium, qui est chargé en particules électriques *(M. 18.12.74)*.

YAKA ou **Y'A QU'A** [jaka] (D'après la prononciation fam. de la loc. verbale « il n'*y a qu'à*... » [+ inf.]). Fam. ■ Il suffit de ... [+ inf.].

Il m'arrive de débattre de questions d'ordre social avec mon fils, dont l'argument majeur se ramène toujours au *jaka*. *Yaka* donner un salaire aux étudiants, *yaka* fixer la retraite à

55 ans, *yaka* rallonger les vacances, pour mieux les étaler *(Massian, 72)*.
Suffit-il, pour résorber le chômage, d'appliquer ce qu'on appelle plaisamment la doctrine du « *Y'a qua* » : il n'y a qu'à faire ceci ou cela et tout rentrera dans l'ordre *(C. 12.9.78)*.
→ NYAKA.

YAOURTIÈRE [jaurtjɛr] sf. ■ Appareil ménager qui sert à fabriquer les yaourts.

Depuis quelques mois, les ventes de *yaourtières* électriques se multiplient. Ces appareils permettent de réussir sans difficulté des yaourts naturels ou aromatisés *(M. 26.7.75)*. La *yaourtière* fait gagner de l'argent sur l'achat des yaourts du commerce. Mais on peut, pour les faire, se servir d'un autocuiseur *(VR 15.4.79)*.

YÉ-YÉ ou YÉYÉ [jeje] subst. et adj. 1962. Fam. (Du refrain d'une chanson américaine : « *yeah ... yeah* », altération de *yes*).

1. Se dit de chanteurs qui utilisent un rythme spécial venant des États-Unis ; se dit également de leurs *fans**.

    Dans son livre, (l'auteur) s'efforce d'analyser, des « zazous » aux « *yé-yé* », le phénomène de la chanson *(M. 7.4.66)*. Chanson de J. D., le premier « *yé-yé* qui rit » *(PM 8.10.66)*. Les vêtements sont tout bêtement en laine pour les femmes ; en velours pour les hommes, et pas seulement pour les « *yéyés* » mais aussi pour les « croulants » de 30 ans *(F. 24.11.66)*. Auparavant, une seule « *yéyé* » de service, Monique H. : mini-robe rose, talent idem *(F. 31.12.66)*. La musique rock, les *yé-yé*, les Beatles ne sont pas éternels *(F. 11.1.67)*. Et C., le *yéyé* de choc, hilare, promène une bouille réjouie en expliquant que le jazz, y'a que ça de vrai *(O. 25.11.68)*.
    R. vient de créer (à Paris) la première boutique pour *yéyé* snob *(YF 22.9.70)*. On peut se demander si l'un des faits notables de l'année (1963) (...) n'est pas cette soirée de juin, place de la Nation (...) Pourquoi relever ce Marignan des *yéyés*, cet Austerlitz des twisteurs ? Pas seulement parce que les « idoles » ont réuni plus de jeunes en un soir que n'en rassemblera jamais le général de Gaulle *(Viansson, 71)*.

2. Par ext.
● Subst. Allure, comportement, style de ces chanteurs ou de leurs *fans**.

    Une jeune bourgeoise qui lit trop les magazines et aime trop le « *yéyé* » *(M. 19.5.64)*. En France, c'est le triomphe du « *yéyé* ». L'idée s'en impose à tel point que toute l'évolution récente de la musique rythmée américaine sera jugée dans cette optique *(O. 20.7.70)*. 200.000 jeunes Parisiens, réunis place de la Nation, acclament leurs « idoles », les champions du « *yéyé* » *(Viansson, 71)*.

● Adj. Inspiré par le *yéyé*. — Se dit aussi des adeptes de ce style, des lieux où ils se rencontrent.

    Franck avait, dans une « boîte *yé-yé* » du quartier Pigalle, fait la connaissance de Françoise... *(F. 23.11.66)*. La mode des uniformes d'époque envahit Paris. Quelques *boutiques* « *yéyé* » ont très vite su répondre à l'appel *(E. 27.3.67)*. J. R., 23 ans, il prépare un diplôme de kinésithérapeute. Mais je l'ai rencontré dans le *caveau yéyé* de « la Vallée heureuse », où va danser le soir la jeunesse *(E. 24.10.66)*. Les radios, poussées par les maisons de disques, ont imposé la *chanson yéyé*, la seule qui fût considérée comme commerciale *(F. 20.12.66)*. J. met en marche le transistor, pour meubler ce silence. Toujours la *chansonnette yéyé (Ragon, 66)*. Les cannes vont-elles redevenir à la mode ? (Trois) *musiciens yéyés* et chevelus sont descendus de Belleville pour en lancer la mode aux Champs-Élysées *(F. 20.9.66)*. Un *orchestre yé-yé* en tournée *(E. 29.5.67)*. Une jeune *vedette* « *yé-yé* » fit téléphoner en force à un poste périphérique le soir où les auditeurs participaient au classement de leurs chansons préférées *(M. 24.12.66)*.
    Le phénomène *yéyé*, le rock, la guitare, le nomadisme estival débouchent sur l'apparition des beatniks, puis des hippies *(Viansson, 71)*.

Z.A.C. ou ZAC [zak] sf. 1967. Sigle formé des initiales de : *z(one) (d')a(ménagement) c(oncerté).* ■ Zone créée par une loi foncière de 1967.

Rem. Z.A.C. — Zone d'aménagement concerté : secteurs à l'intérieur desquels l'État, la commune ou un établissement public décide d'intervenir pour réaliser ou faire réaliser l'aménagement ou l'équipement des terrains *(M. 6.2.73).*

♦ Pour « désenclaver » leurs nouvelles villes, les réalisateurs du projet seraient disposés à participer, dans le cadre de zones d'aménagement concerté — Z.A.C. — au financement de certaines infrastructures *(M. 30.4.70).* La loi d'orientation foncière a prévu que les opérations de rénovation urbaine seraient menées sous le régime des Z.A.C. Les constructeurs peuvent être dispensés de payer la taxe locale d'équipement, à condition qu'ils prennent en charge le coût d'un certain nombre d'équipements *(M. 22.4.71).*
Une des manières d'obtenir du terrain pour des constructions de logements réservés aux étrangers est la procédure de réservation automatique de 5 % du terrain dans les zones d'aménagement concerté ou Z.A.C. *(Calame, 72).* Les opérations du type Z.A.C. se situant hors du tissu urbain existant ne devraient pas comprendre de tours ni de barres *(O. 24.9.73).*
Après de nombreuses délibérations du conseil municipal avait été pris l'arrêté créant la ZAC de rénovation urbaine couvrant 13 hectares *(M. 8.4.80).*

Z.A.D. ou ZAD [zad] sf. 1962. ■ Sigle formé des initiales de : *z(one) (d')a(ménagement) d(ifféré).*

Rem. C'est une loi du 26 juillet 1962 qui a institué les Z.A.D. ou zones d'aménagement différé. Lorsqu'un secteur donné est placé sous le régime de cette loi, les propriétaires désireux d'aliéner leur bien doivent obligatoirement déclarer à l'administration leur intention de vente et le prix demandé *(M. 3.11.67).*

♦ Les Z.A.D. s'inspirent des mêmes principes que les Z.U.P., mais la puissance publique y dispose de prérogatives plus importantes *(T. 12.70).* Z.A.D. Sa création permet aux pouvoirs publics d'exercer un droit de préemption sur les ventes effectuées dans un certain périmètre. Aux Halles, la Z.A.D. s'étend sur 47 hectares *(M. 22.4.71).*
La ZAD a été délimitée en 1969 pour éviter l'urbanisation des abords de l'autoroute : elle donne à l'État une priorité d'achat des terrains mis en vente afin de juguler la spéculation foncière *(M. 30.1.74).* La ZAD permet aux pouvoirs publics d'exercer un contrôle sur le marché foncier d'une zone durant 8 ans *(M. 9.12.77).*

ZADER [zade] v. tr. 1962. ■ Soumettre un terrain (et son propriétaire) au régime des Z.A.D.*

● Verbe trans.

Le ministre a dit : « J'ai été amené à « zader » des surfaces importantes pour éviter toute montée des prix des terrains *(C. 28.1.70).* Dès 1970 M.B. avait décidé de « zader » 160.000 hectares. Ainsi avait-il coupé court à la flambée des prix *(M. 21.4.72).* On aurait pu « zader » cette zone pour contrôler les prix. On aurait pu faire acheter par la collectivité des terrains bien situés *(M. 28.4.78).*

● Au passif et part. passé/adj.

Les Z.A.D., créées pour éviter la spéculation foncière ont créé deux catégories de propriétaires : les propriétaires libres et les propriétaires « zadés » *(F. 28.1.67).* 25.000 hectares furent « zadés », ce qui veut dire en fait que leur prix était bloqué *(O. 17.8.70).* Une municipalité peut placer un terrain à bâtir dans une zone d'aménagement différé — Zad — et la ville a, pendant 8 ans, un droit de préemption sur ce terrain au prix où il a été « zadé » *(E. 12.2.73).* À la limite, l'ensemble des terrains d'une agglomération devrait être « zadés ». Cela permettrait d'y surveiller les ventes d'immeubles et de terrains *(M. 16.10.74).* Cette partie de la ville nouvelle est *zadée*, les pouvoirs publics ont donc pris les moyens d'empêcher la spéculation foncière sur ces terrains *(M. 9.12.77).*

ZÈLE (GRÈVE DU)
→ GRÈVE DU ZÈLE.

ZÉRO (CROISSANCE)
→ CROISSANCE ZÉRO.

ZESTE [zɛst] sm. Fig. Fam. Repris et rép. ~ 1960. ■ Très petite quantité ; faible dose (fig.)

La rondeur joviale, le « *zeste* » *d'accent* (d'un artiste) *(PM 19.10.68)*. Dans une société anonyme, où est le sentiment ? Où est la place pour ce *zeste de folie*? *(M. 8.3.66)*. Un *zeste de Guitry*, une pincée de Feydeau, un décor orange (...) Irrésistible soirée *(PM 26.10.68)*. Le jury apprécie différemment ce qui est écrit par un étudiant et ce qui est rédigé par un fonctionnaire. Dans la copie de ce dernier, il cherche le *zeste de sagesse* acquise, le soupçon d'expérience humaine *(PM 28.12.68)*.
Un *zeste* de rapport Paye, deux doigts de rapport le Tac. une pincée de mauvaise humeur U.d.r. et une bonne mesure d'initiatives personnelles, c'est le « cocktail O.r.t.f. » *(E. 5.6.72)*. Un côté « Joseph Prud'homme », un côté « Milord l'Arsouille », avec ce *zeste* de « populo » qui lui fait dire « Allez la France » *(O. 29.1.73)*. Trois doigts de sentiments, quelques gouttes de violence, un *zeste* d'humour, une bonne mesure de suspense dans ce film *(PM 21.4.73)*. Aux Halles (c'est) moitié faune, moitié snobs avec un *zeste* de Tout-Paris et la publicité papotine qui convient *(M. 15.9.73)*. « Le Premier ministre a livré l'Angleterre à l'Europe de M. Pompidou », a déclaré le leader de l'opposition. Ce *zeste* de xénophobie (...) *(E. 18.2.74)*. Les hommes d'Église eux-mêmes n'aiment guère faire allusion au diable. Peut-être par crainte de réveiller ce petit *zeste* de superstition qui sommeille en tout homme *(PM. 5.10.74)*.

ZICRAL sm. ~ 1970. (Nom déposé). ■ Alliage d'aluminium utilisé pour fabriquer certains skis.

Le « mariage » Polyuréthane-*zicral* donne à ce ski une aisance parfaite, particulièrement en neige profonde *(Pub. E. 20.11.72)*. Le *zicral* est plus rigide que la fibre de verre, et surtout il a les mêmes caractéristiques dans toutes les directions. Les skis auront donc peu de souplesse latérale *(M. 13.2.74)*.

1. ZINZIN [zɛ̃zɛ̃] sm. ~ 1960. (Abrév. plaisante fondée sur le syntagme « de*S IN*vestisseur*S IN*stitutionnels », prononcé en faisant entendre les deux liaisons). À la Bourse : personne chargée d'acheter afin de maintenir les cours.

Les interventions de ceux que les boursiers appellent les.« *zinzins* » sont insuffisantes *(PM 30.1.71)*.

2. ZINZIN [zɛ̃zɛ̃] sm. ■ Bastringue, bal populaire, orchestre bruyant.

Les « *zinzins* » sont populaires ici, explique un étudiant, on vient pour draguer, boire, danser, oublier que la vie n'est pas marrante. Exactement comme des prolos dans un bal du samedi (...) Ce soir, le « *zinzin* » ne fait pas recette. La musique ne brasse que le vide *(M. 21.6.78)*.

ZIP [zip] sm. ~ 1965. (Nom déposé). ■ Fermeture à *glissière**.

Tailleur de bure brune à galon jaune avec jupe-portefeuille et blouson à *zip* *(F. 3.11.66)*. L'homme nouveau style veut « s'afficher » : (il choisit) la veste Mao à fermeture *ZIP* *(FP 10.68)*.
Un collant tout-en-un, fermé par un *zip* au ras du cou *(JF. 29.9.70)*. Imperméable en nylon enduit ou en coton enduit, fermé par un *zip* *(E. 15.3.71)*.

ZIPPER v. tr. 1965. (De *zip**). ■ Munir d'une fermeture à glissière.

● Verbe trans.
Mme E. a *zippé* une de ses robes avec des nouvelles fermetures à glissières P. *(E. 26.10.65)*.
● Part. Passé/adj. (Cette forme est de loin la plus fréquente).
Anorak marine à capuchon, *zippé* en haut en bas *(Fa. 30.10.68)*. Pour l'apprentie-mousse, blouson *zippé*. (...) minijupe à pli creux *(E. 17.4.67)*. Elle est apparue en *tailleur-pantalon* beige « *zippé* » jusqu'au cou sous son manteau d'ocelot *(PM 20.4.68)*.
Dans un patchwork, jupe maxi *zippée* (...) Pardessus *zippé* devant, complété d'un capuchon *(JF. 14.9.70)*. Blouson et jupe *zippés* de haut en bas *(El. 21.9.70)*. Une veste longue en velours, poches verticales *zippées* et grandes poches appliquées *(P. 27.8.73)*. Une besace à lanière réglable *zippée* dessus et cloutée sur le fond *(Pub. El. 24.12.73)*.

ZONAGE sm. 1953. ■ Répartition d'un territoire, d'une ville, en différentes zones dont chacune est spécialisée dans une fonction, une activité (agriculture, industrie, habitat, etc.).

Depuis quelques années le *zonage* des terres vise à séparer les terres agricoles des zones à urbaniser (...) Il ne faut pas « miter » les sols agricoles en permettant de construire n'importe où *(C. 26.8.78)*.

ZONING sm. ■ Terme dont la forme francisée est *zonage**.

Un architecte s'en prend à tout ce qui fait le credo de l'urbanisme contemporain : le mal du « *zoning* », la ségrégation des fonctions travail et habitat, la disparition du quartier *(Ragon, 71)*. Ce *zoning* s'organise de façon exemplaire dans la mesure où les activités industrielles (...) le Centre d'affaires et les ensembles d'habitation, nouveaux et anciens, s'imbriquent harmonieusement *(Exp. 1.72)*. L'espace piéton comporte un risque, épouvantail des urbanistes et des sociologues : le *zoning*, le découpage de la ville en secteurs aux fonctions distinctes et spécialisées *(R. 6.75)*.

ZOOM [zum] sm. ~ 1950. (Mot am.). Cin., télév.
1. **Effets d'éloignements et de rapprochements successifs obtenus en variant les plans (plan moyen, plan rapproché, gros plan, etc.), au moyen d'une caméra dont la distance focale est continûment variable.**
Rem. *Zoom* : objectif photographique ou cinématographique qui permet de passer d'un plan général à un gros plan sans avoir à bouger l'appareil *(Dt. télév.)*. Est-ce que « dérive optique » ne pourrait pas être employé comme équivalent de « *zoom* » ? — En Belgique, « *zoom* » est devenu une marque commerciale. Nous n'avons pas donné d'équivalent à « *zoom* ». — Le problème de « *zoom* » est difficile à résoudre. Au Canada, pas d'équivalent non plus ? — Si les Canadiens n'ont rien trouvé, c'est que le problème de « *zoom* » est vraiment difficile à résoudre ! — Le mot « *zoom* » a l'avantage très grand, comme tous les mots courts, de pouvoir former à l'occasion des dérivés ou même des composés. C'est un mot qui dit lui-même, d'une façon onomatopéique, assez bien ce qu'il veut dire. (...) L'assemblée ratifie l'emploi de « *zoom* » sous une forme francisée : *zoum (VL 1.63)*.

♦ Des Bahamas, nous n'avons que la façade mythique à la James Bond que C. feint de percer à grands coups de « *zoom* ». Son opérateur a beaucoup de talent, mais les images sont montées avec un parti pris évident d'imposer une vision toute faite *(M. 26.3.67)*. Les grands témoins de pierre construits prennent place dans notre imagination, dans l'époque même des gravures que la caméra vient parfois animer en surimpression. Le *zoom* rend ici des services inappréciables : avec de rapides changements de champ, il fait vivre l'immobile *(M. 3.1.68)*. Le film le plus « expérimental », le plus anti-commercial du festival, exemple parfait de cinéma « contemplatif » : quarante-six minutes d'un mouvement de *zoom* presque ininterrompu dans une pièce vide *(M. 12.1.68)*.
La technique de ce film est systématiquement axée sur le *zoom*, le filtre, le cadrage rare et l'image distorsionnée *(C. 4.7.70)*.

2. **Objectif spécial employé pour obtenir les effets de «** *zoom* **» (1).**
La deuxième innovation de ce modèle est de proposer un *zoom* comme objectif standard. Ce *zoom* ne pèse que 300 grammes *(AAT 2.78)*.

ZOOPHILE adj. ■ **(Chose) qui est une marque d'intérêt pour les animaux. — (Personne) qui aime les animaux.**
La duchesse de Windsor a dit combien elle était heureuse de participer à cette *fête zoophile (F. 12.12.66)*. Au cours d'une réception très parisienne, le gagnant (d'un concours) a assisté, entouré de *personnalités zoophiles* et de représentants de la presse, à la pesée de sa charmante bête (un chat) *(F. 11.11.66)*.

Z.U.P. ou ZUP [zyp] sf. 1958. ■ **Sigle formé des initiales de :** *z(one) (à) u(rbaniser) (en) p(riorité)*.
Rem. Les *Z.U.P.*, ou zones à urbaniser en priorité, sont des ensembles fonciers constitués par une ou plusieurs communes à la périphérie des agglomérations existantes, gérées par des promoteurs publics et privés. Elles se chargent d'équiper les terrains ; les communes peuvent par ce système acheter les terrains au prix du marché grâce au droit de préemption dont elles bénéficient. Elles les revendent ensuite équipés, soit au prix coûtant, soit au plus offrant. La formule des *Z.U.P.* n'a pas donné les résultats escomptés car les promoteurs privés n'ont pas baissé le prix de vente des logements *(T. 12.70)*.
Z.U.P. — Zone à urbaniser en priorité : périmètre à l'intérieur duquel une collectivité publique décide d'aménager des équipements et de construire ou de faire construire des logements. Cette formule fut créée en 1958 *(M. 6.2.73)*.

♦ La *Zup* est un fromage. (...) Une *Zup*, ça rapporte ! Demandez à dix architectes pris au hasard quel est leur suprême désir, neuf vous répondront : Obtenir une *Zup*. » (...) Mais si l'on veut faire dans cette *Zup* un urbanisme réel, si l'on veut échapper au conformisme, alors les ennuis commencent. (...) Une *Zup*, c'est vraiment l'entrée dans le monde commercial de l'architecture *(Ragon, 66)*. Créer de toutes pièces une ville nouvelle en pleines terres labourées, désignées sous le nom barbare de *Z.U.P.*, qui signifie je crois, « zone à urbaniser par priorité » *(Merlin, 66)*. La *Z.U.P.* « nouvelle version » en resterait à la première tranche de travaux et, sur les 2 600 logements inscrits au programme, 600 seraient construits. La ville aurait quelque 15 000 habitants au lieu des 30 ou 40 000 que prévoyait le plan initial. Les édiles de F. réclament un plan de masse ajusté aux nécessités d'une « mini-*Z.U.P.* », mais comprenant les éléments indispensables à une ville de 15 000 habitants *(M. 19.10.66)*. Une *Z.U.P.* est en train de naître en pleine campagne : 9 500 logements, avec le cocktail habituel de ce qui est à louer et de ce qui est à vendre, et la projection, habituelle elle aussi, de tout ce qui manque ailleurs : piscine et terrains de sports *(M. 11.1.67)*. J'ai lu, avec intérêt votre article sur « les naufragés de la *Zup* » de B. La *Zup* dès le début, a été décriée, et cela a sans doute aidé à créer une sorte de psychose qui fait que même les mal-logés n'y veulent pas habiter *(E. 10.5.71)*.
Toutes les villes avaient, dans leur périphérie, une ou plusieurs *zup* où l'on déversait le trop-plein démographique *(E. 2.4.73)*. Plus de 60 % de la population de la *ZUP* est d'origine rurale et se trouve mal à l'aise dans un tissu urbain très serré *(M. 7.9.73)*. Plus du tiers des logements construits en France depuis la guerre constituent ces « *Z.U.P.* » que l'on conteste de plus en plus *(O. 26.6.78)*.

ZUPÉEN, NE subst. (De *Zup**, peut-être d'après *Europe/Européen*). ■ **Habitant d'une** *Zup**.
La municipalité va construire dans la Zup de B. des équipements sportifs, et s'emploie à créer des groupes d'intérêt, pour que les *Zupéens* se rencontrent et se connaissent *(E. 10.5.71)*.

Photocomposition informatisée
par la S.C.I.A. — Armentières

Aubin Imprimeur
LIGUGÉ, POITIERS

Achevé d'imprimer en mai 1987
N° d'impression L 24520
Dépôt légal mai 1987 / Imprimé en France

Relié par la SIRC à Marigny-le-Châtel

Ouvrages édités par Les Dictionnaires LE ROBERT
107, avenue Parmentier - 75011 PARIS (France)

Dictionnaires de langue :

— *Grand Robert de la langue française* (deuxième édition).
Dictionnaire alphabétique et analogique de la langue française (9 vol.).
Une étude en profondeur de la langue française : 80 000 mots.
Une anthologie littéraire de Villon à nos contemporains : 250 000 citations.

— *Petit Robert 1 [P. R. 1].*
Dictionnaire alphabétique et analogique de la langue française
(1 vol., 2 200 pages, 59 000 articles).
Le classique pour la langue française : 8 dictionnaires en 1.

— *Robert méthodique [R. M.].*
Dictionnaire méthodique du français actuel
(1 vol., 1 650 pages, 34 300 mots et 1 730 éléments).
Le seul dictionnaire alphabétique de la langue française
qui groupe les mots par familles.

— *Micro-Robert.*
Dictionnaire du français primordial
(1 vol., 1 230 pages, 30 000 articles).
Un dictionnaire d'apprentissage du français.

— *Dictionnaire universel* d'Antoine Furetière
(éd. de 1690, préfacée par Bayle).
Réédition anastatique (3 vol.), avec illustrations du XVIIe siècle
et index thématiques.
Précédé d'une étude par A. Rey :
« Antoine Furetière, imagier de la culture classique. »
Le premier grand dictionnaire français.

— *Le Robert des sports :*
Dictionnaire de la langue des sports
(1 vol., 580 pages, 2 780 articles, 78 illustrations et plans cotés),
par Georges Petiot.

Dictionnaires de noms propres :
(Histoire, Géographie, Arts, Littératures, Sciences...)

— *Grand Robert des noms propres.*
Dictionnaire universel des noms propres
(5 vol., 3 450 pages, 42 000 articles, 4 500 illustrations couleurs et noir, 210 cartes).
Le complément culturel indispensable du *Grand Robert de la langue française.*

— *Petit Robert 2 [P. R. 2].*
Dictionnaire des noms propres
(1 vol., 2 000 pages, 36 000 articles, 2 200 illustrations couleurs et noir, 200 cartes).
Le complément, pour les noms propres, du *Petit Robert 1.*

— *Dictionnaire universel de la peinture.*
(6 vol., 3 000 pages, 3 500 articles, 2 700 illustrations couleurs).

Dictionnaires bilingues :

— *Le Robert et Collins.*
Dictionnaire français-anglais / english-french
(1 vol., 1 500 pages, 225 000 « unités de traduction »).

— *Le « Junior » Robert et Collins.*
Dictionnaire français-anglais / english-french
(1 vol., 960 pages, 105 000 « unités de traduction »).

— *Le « Cadet » Robert et Collins.*
Dictionnaire français-anglais / english-french
(1 vol., 620 pages, 60 000 « unités de traduction »).

— *Le Robert et Signorelli.*
Dictionnaire français-italien / italiano-francese
(1 vol., 3 000 pages, 339 000 « unités de traduction »).